I0041979

ENCYCLOPÉDIE

MÉTHODIQUE,

O U

PAR ORDRE DE MATIÈRES;

PAR UNE SOCIÉTÉ DE GENS DE LETTRES,
DE SAVANS ET D'ARTISTES;

Précédée d'un Vocabulaire univerſel, *ſervant de Table pour tout*
l'Ouvrage, ornée des Portraits de MM. DIDEROT & D'ALEMBERT,
premiers Éditeurs de *l'Encyclopédie.*

Z.

ENCYCLOPÉDIE
MÉTHODIQUE.

FINANCES.

TOME TROISIÉME.

BIBLIOTHÈQUE ROYALE

A PARIS,

Chez PANCKOUKE, Libraire, hôtel de Thou, rue des Poitevins;

A LIÉGE,

Chez PLOMTEUX, Imprimeur des Etats.

M. DCC. LXXXVII.

● *AVEC APPROBATION, ET PRIVILÉGE DU ROI.*

MAGASIN (droit de). Impofition à laquelle font affujetties les marchandifes étrangères , dans les douanes du royaume de Naples. Les marchandifes du pays en font exemptes. *Voyez* NAPLES.

MAILLE ou OBOLE , f. f. Monnoie de billon, qui a eu cours en France pendant la troifième race , & jufqu'au commencement de ce fiècle. *Maille* ou *obole*, dit M. Leblanc ne font qu'une même chofe , & ne valent que la moitié du denier ; c'eft par cette raifon qu'il y a eu des *mailles parifis* & des *mailles* tournois.

On trouve plufieurs monnoies d'argent de la feconde race , qui pèfent juftement la moitié du denier de ce temps-là , & qui par conféquent ne peuvent être que l'obole.

La *maille* ou l'*obole*, n'étoit pas , comme on le croit, la plus petite de nos monnoies. Il y en avoit une autre efpèce, qui étoit la demi *maille*, & la quatrième partie du denier. Cette demi-*maille* porte le nom de pite, & Bareme diftingue encore la *femi-pite*, qui faifoit la huitième partie d'un denier. Mais il eft fort incertain de favoir, fi ces fractions de denier, au-deffous de l'obole , étoient des pièces de monnoie très-anciennes, ou une fimple monnoie de compte , & fictive.

MAIN- LEVÉE, f. f. qui fignifie en langue fifcale , l'abandon ou la reftitution de chofes faifies.

On diftingue plufieurs fortes de *main-levées*.

La *main-levée* pure & fimple, c'eft-à-dire celle qui eft ordonnée ou confentie fans aucune reftriction ni condition.

La *main-levée* fous caution, s'exécute en rendant les objets faifis , au moyen d'un cautionnement foufcrit d'un particulier , par lequel il s'oblige , ou à repréfenter les objets , ou à payer leur valeur eftimée de concert, entre les faififfans, le propriétaire & la caution.

La *main-levée* provifoire, eft celle qui s'accorde après la faifie , par un employé inférieur, jufqu'à ce qu'il ait reçu les ordres de fon fupérieur immédiat, qui , de fon côté , prend ceux de fes commettans. Cette *main-levée* n'a jamais lieu fans un cautionnement qui repréfente la valeur des chofes rendues.

La *main-levée* définitive eft celle qui eft accordée fans reftriction & fans retour , fous les conditions ftipulées dans l'acte de *main-levée* ; elle eft la fuite de la *main-levée* provifoire qui devient définitive.

Pour ne pas fortir des bornes du ftyle propre à la fifcalité, nous devons obferver que des marchandifes de contrebande, lorfqu'elles font faifies , ne font jamais fufceptibles de *main-levée*, parce que les loix prononcent expreffément leur confifcation. Ou fi l'on veut obtenir leur *main-levée*, c'eft auprès du miniftre des finances qu'il faut la folliciter, comme interprète du légiflateur; mais le fermier ou le régiffeur , ne peut ni ne doit l'accorder, attendu qu'il n'eft que l'inftrument de l'exécution de la loi.

MAIN-MORTE. On a expliqué au mot GENS, fecond volume, *page* 384, ce que l'on entend ordinairement par les mots de GENS DE MAIN-MORTE.

Indépendamment de cette acception , le terme de *main-morte* fert encore à défigner un droit feigneurial , qui n'a pu être que celui de la force fur la foibleffe : droit que des hommes puiffans fe font arrogés très-anciennement , & qui a confifté à attacher à la glèbe dépendante de leurs feigneuries , d'autres hommes foibles & pauvres , qui fe font foumis, par néceffité ou par befoin, à cette fervitude. Ainfi , en vertu du droit de *main-morte*, les pauvres ferfs , végétans fur la terre à laquelle ils étoient enchaînés pour la cultiver, n'avoient pas même la propriété de leurs perfonnes ; eux & leur poftérité appartenoient à la feigneurie , & ce qu'ils pouvoient acquérir par leur travail pendant leur vie , lui étoit encore dévolu à leur mort.

Comme le droit de *main-morte* appartient plus particulièrement à la jurifprudence qu'à la fcience des finances , nous bornerons ici tout ce que l'on pourroit en dire. Mais nous remarquerons avec une joie mêlée d'attendriffement & de reconnoiffance , que Louis XVI a donné , au mois d'août 1779, l'exemple le plus frappant de fon amour pour l'humanité , en aboliffant la fervitude dans fes domaines, & en fupprimant le droit de fuite dans tout le royaume ; c'eft-à-dire le droit en vertu duquel des feigneurs de fiefs réclamoient l'héritage d'un homme né dans l'étendue de leur feigneurie, quoiqu'il s'en fût abfenté depuis longtemps , & qu'il eût établi fon domicile dans un lieu franc.

Rappellons ici le préambule de cette loi, monument éternel de gloire pour le fouverain , & objet de la plus vive affection pour un peuple fenfible.

Louis , &c... Conftamment occupés de tout

A

ce qui peut intéreſſer le bonheur de nos peuples, & mettant notre principale gloire à commander une nation libre & généreuſe, nous n'avons pu voir, ſans peine, les reſtes de ſervitude qui ſubſiſtent dans pluſieurs de nos provinces ; nous avons été affectés, en conſidérant qu'un grand nombre de nos ſujets ſervilement encore attachés à la glèbe, ſont regardés comme en faiſant partie, & confondus, pour ainſi dire, avec elle : Que privés de la liberté de leurs perſonnes & des prérogatives de la propriété, ils ſont mis eux-mêmes au nombre des poſſeſſions féodales ; qu'ils n'ont pas la conſolation de diſpoſer de leurs biens après eux ; & qu'excepté dans certains cas rigidement circonſcrits, ils ne peuvent pas même tranſmettre à leurs propres enfans, le fruit de leurs travaux : Que des diſpoſitions pareilles ne ſont propres qu'à rendre l'induſtrie languiſſante, & à priver la ſociété des effets de cette énergie dans le travail, que le ſentiment de la propriété la plus libre eſt ſeul capable d'inſpirer.

Juſtement touchés de ces conſidérations, nous aurions voulu abolir, ſans diſtinction, ces veſtiges d'une féodalité rigoureuſe ; mais nos finances ne nous permettant pas de racheter ce droit des mains des ſeigneurs, & retenus par les égards que nous aurons dans tous les temps, pour les loix de la propriété, que nous conſidérons comme le plus ſûr fondement de l'ordre & de la juſtice, nous avons vu avec ſatisfaction, qu'en reſpectant ces principes, nous pouvions cependant effectuer une partie du bien que nous avions en vue, en aboliſſant le droit de ſervitude, non-ſeulement dans tous les domaines en nos mains, mais encore dans tous ceux engagés par nous & les rois nos prédéceſſeurs ; autoriſant à cet effet les engagiſtes qui ſe croiroient léſés par cette diſpoſition, à nous remettre les domaines dont ils jouiſſent, & à réclamer de nous, les finances fournies par eux ou par leurs auteurs.

Nous voulons de plus, qu'en cas d'acquiſition ou de réunion à notre couronne, l'inſtant de notre entrée en poſſeſſion dans une nouvelle terre ou ſeigneurie, ſoit l'époque de la liberté de tous les ſerfs ou main-mortables qui en relèvent : Et pour encourager, en ce qui dépend de nous, les ſeigneurs de fief & les communautés à ſuivre notre exemple ; & conſidérant bien moins ces affranchiſſemens comme une aliénation, que comme un retour au droit naturel, nous avons exempté ces ſortes d'actes, des formalités & des taxes auxquelles l'antique ſévérité des maximes féodales les avoit aſſujettis.

Enfin, ſi les principes que nous avons développés nous empêchent d'abolir ſans diſtinction le droit de ſervitude, nous avons cru cependant qu'il étoit un excès dans l'exercice de ce droit,

que nous ne pouvions différer d'arrêter & de prévenir : nous voulons parler du droit de ſuite ſur les ſerfs & main-mortables, droit en vertu duquel des ſeigneurs de fief ont quelquefois pourſuivi, dans les terres franches de notre royaume & juſques dans notre capitale, les biens & les acquêts de citoyens éloignés depuis un grand nombre d'années du lieu de leur glèbe & de leur ſervitude ; droit exceſſif que les tribunaux ont héſité d'accueillir, & que les principes de juſtice ſociale ne nous permettent plus de laiſſer ſubſiſter. Enfin, nous verrons avec ſatisfaction que notre exemple, & cet amour de l'humanité, ſi particulier à la nation françoiſe, amènent, ſous notre règne, l'abolition générale des droits de *main-morte* & de ſervitude, & que nous puiſſions être ainſi témoins de l'entier affranchiſſement de nos ſujets, qui, dans quelque état que la providence les ait fait naître, occupent notre ſollicitude, & ont des droits égaux à notre protection & à notre bienfaiſance. A ces cauſes, &c. &c.

MAISON DU ROI, ſ. ſ. Sous ce nom on comprend tous les officiers attachés au ſervice de la perſonne du roi & de ſa famille. Mais l'on diſtingue la *maiſon du roi* militaire, de la *maiſon du roi* domeſtique. Comme cette dernière, forme un objet de dépenſe, pour les finances de l'État, de vingt-ſept millions ſept cent mille livres ; & que dans tous les temps, les adminiſtrateurs de cette partie, l'ont jugée ſuſceptible de réforme, à cauſe des abus ſans nombre, qui s'étoient gliſſés dans la manutention inférieure, trop diviſée pour être ſuivie & ſurveillée ; nous devons à l'hiſtoire des finances, le détail des moyens ſucceſſivement employés pour établir l'ordre à cet égard, ſans rien diminuer de l'éclat & de la pompe qui ſont néceſſaires à la dignité du ſervice intérieur d'un grand monarque.

On trouve dans les mémoires publiés en 1782, ſur les travaux de M. Turgot, que ce miniſtre s'étoit occupé, en 1775, d'une réforme conſidérable dans la *maiſon du roi* ; que ce projet, dont l'adoption paroiſſoit ſûre, « préſentoit au total, & pour la ſuite, une économie de quatorze millions ; mais qui, par la néceſſité des rembourſemens, des penſions & des indemnités auxquels cette réforme donnoit lieu, ne devoit délivrer pour le moment, que cinq millions de revenu ; que la ceſſation d'intérêts, produite par le rembourſement des charges & l'extinction progreſſive des traitemens viagers, devoient ajouter environ un million tous les ans à ce revenu libéré, juſqu'à ce que le profit de la réforme fût complet ».

L'année ſuivante, l'homme déjà célèbre, qui venoit d'être appelé au partage des travaux de l'adminiſtration générale des finances, par la direction du tréfor royal, & devoit bientôt après déployer feul fes talens & fes reffonrces dans cette partie, commença par mettre de l'ordre dans les dépenfes de la *maifon du roi*, afin d'en accélérer & d'en affurer le payement.

En conféquence, il propofa au roi le réglement du 22 décembre 1776, qui annonçoit tout ce qu'il pouvoit attendre de la juftice & des vues d'économie de fa majefté. On en jugera mieux par le langage même de la loi.

Le roi perfuadé que l'ordre & l'économie dans l'adminiftration des finances, forment une des principales fources du bonheur des nations & de leur puiffance, s'eft fait rendre compte des dépenfes de fa *maifon*; & fa majefté a reconnu que le retard dans les payemens occafionnoit le renchériffement général des fournitures & des entreprifes de toute efpèce : En effet, chacun des contractans doit naturellement exiger un intérêt proportionné au bénéfice de fes fonds, & chercher encore la compenfation de l'inquiétude inféparable d'un long crédit ; quelquefois même cette inquiétude exagérée pourroit occafionner des marchés abufifs; & fa majefté verroit avec peine une façon de traiter, également contraire à l'économie & aux principes d'ordre & de morale qu'elle aura toujours à cœur de maintenir.

Sa majefté a de plus apperçu, que la néceffité où l'on étoit de ne payer les dépenfes ordinaires & extraordinaires, que trois ou quatre ans après qu'elles avoient été faites, pouvoit y déterminer avec plus de facilité, & ôtoit aux adminiftrateurs de fes finances le moyen de comparer annuellement fes dépenfes avec fes reffources, & de l'avertir à temps de la difproportion qui pourroit fe trouver entr'elles.

Sa majefté, en conféquence, a pris la réfolution de rapprocher le terme des payemens, de l'époque des dépenfes ; mais elle a fenti en même temps la néceffité de prendre des mefures convenables pour liquider d'une manière certaine les créances de ce genre qui fe trouvent arriérées; & fur l'apperçu qui lui en a été préfenté, fa majefté a penfé qu'elle pourroit les acquitter dans l'efpace de fix années, en y deftinant, pendant les trois premières, à commencer de 1777, un fonds de quatre millions, lequel fera augmenté pendant le cours des trois autres années, jufqu'à la concurrence du montant entier de ces créances.

Sa majefté s'eft déterminée d'autant plus volontiers à cet arrangement, qu'il en réfultera un véritable avantage pour les entrepreneurs & fournisfeurs de fa *maifon*, puifque de cette manière ils verront un terme à la liquidation parfaite de leurs créances, tandis que dans l'état actuel ils fe

trouveroient obligés de remplacer chaque année un rembourfement par un nouveau crédit.

Si fa majefté a cru devoir s'occuper d'abord de l'acquittement de cette nature de dettes, parce que c'eft l'objet qui produit ou entretient davantage le défordre, & qui met le plus d'obftacle à l'économie, elle ne perd point de vue les gages & appointemens de fa *maifon* qui font arriérés, & qui ont un droit égal à fa protection : elle fe propofe de les acquitter en entier, auffitôt que l'état de fes finances pourra le permettre ; & pour fe lier dès-à-préfent à l'exécution d'un plan fi conforme à l'équité, fa majefté a réfolu de deftiner à leur payement, dès l'année 1777, un fonds extraordinaire de cinq cents mille livres, applicable par préférence à la liquidation des plus petites parties, afin qu'il tourne au foulagement des perfonnes qui en ont le plus de befoin, & qui n'ont auprès de fa majefté d'autre appui que fa juftice.

Après avoir ainfi rétabli l'ordre & la clarté dans une partie effentielle de fon fervice, fa majefté attend du zèle des ordonnateurs de fa *maifon*, qu'ils s'empresferont de feconder fes vues, en lui remettant inceffamment un plan général d'économie fur la partie confiée à leur furveillance, afin qu'éclairée par leur expérience & par leurs lumières, elle faffe connoître fes intentions à cet égard : Et fa majefté veut que les dépenfes ordinaires une fois fixées, tous les projets de dépenfes extraordinaires foient accompagnés à l'avenir d'un état qui indique la fomme à laquelle elles pourront s'élever ; fon intention même eft de renvoyer au commencement de chaque année à ftatuer fur toutes les parties de ces dépenfes qui ne feront pas preffées, parce que c'eft l'époque où elle pourra juger plus fûrement de la fituation générale de fes finances.

Sa majefté témoigne d'avance qu'elle recevra avec intérêt & fatisfaction les moyens qui lui feront préfentés, pour concilier avec une fage économie, les dépenfes que l'éclat de fa couronne peut exiger ; mais voulant que la plus parfaite juftice foit la condition inféparable de toutes fes difpofitions, elle déclare qu'elle rejetteroit des plans d'économie, où d'anciens ferviteurs ne recevroient pas la retraite raifonnable qui leur feroit dûe, & où des charges feroient fupprimées avant qu'on eût affuré le rembourfement comptant de leur finance.

Par ces différentes confidérations, fa majefté a ordonné & ordonne ce qui fuit :

ARTICLE PREMIER.

L'année révolue de toutes les dépenfes de fa *maifon du roi*, tant par entreprifes que par fournitures, fera à l'avenir payée comptant au tréfor royal , dans le courant de l'année fuivante , à raifon d'un douzième par mois, & ce , à commencer du premier de janvier 1777 , pour les dépenfes de 1776 , & ainfi de fuite , d'année en année.

II.

Toutes les créances antérieures au premier janvier 1776 , pour ces mêmes objets de fournitures & entreprifes , feront acquittées dans l'efpace de fix années , & il fera fait à cet effet un fonds de quatre millions pendant les trois premières années , à commencer en 1777 ; & ce fonds fera augmenté , pour les trois dernières , jufqu'à la concurrence du montant entier de ces créances : Sa majefté fe réfervant d'indiquer l'ordre des rembourfemens , d'après la connoiffance précife qui lui fera donnée de la date de ces créances & de leur objet.

III.

Il ne fera délivré aucun effet négociable pour totalité ni partie des rembourfemens indiqués par l'article précédent ; mais ils feront faits fuivant l'ufage , fur des états de diftribution , à chacune des époques fixées pour le payement.

IV.

Indépendamment du fonds ordinaire , deftiné à payer chaque année une année des gages & appointemens de la maifon de fa majefté , il fera fait , à commencer de l'année prochaine , un fonds extraordinaire de cinq cents mille livres , applicable à la liquidation des autres arrérages de ces mêmes gages , & par préférence au payement des plus petites parties ; fe réfervant fa majefté , d'augmenter ce fonds auffitôt que les circonftances pourront le permettre.

V.

Les diverfes perfonnes qui prennent directement les ordres de fa majefté , pour les dépenfes de fa maifon , lui remettront avant deux mois , du jour de la publication du préfent réglement , un projet général d'économie , relatif à leur département , fur lequel projet fa majefté fera connoître fes intentions.

VI.

A moins de circonftances particulières , tous les projets de dépenfes extraordinaires ne feront préfentés à fa majefté qu'au mois de décembre de chaque année , pour l'année fuivante ; & dans tous les cas il y fera joint un état des fonds que ces dépenfes pourront exiger.

Fait à Verfailles le 22 décembre 1776.

Cette première opération fut fuivie , deux années après , de la fuppreffion de tous les tréforiers des maifons du roi & de la reine , qui étoient en beaucoup trop grand nombre pour que leur comptabilité fût parfaitement éclairée , & leur manutention économique.

Cette fuppreffion comprit l'office de tréforier général de la maifon du roi ; les trois offices de contrôleurs généraux des tréforiers de cette maifon ; les trois offices de tréforiers de la bouche , connus fous le nom de maîtres de la chambre aux deniers ; l'office de tréforier de l'argenterie des menus plaifirs & affaires de la chambre du roi ; l'office de tréforier général des écuries & livrées ; les trois offices de tréforiers de la prévôté de l'hôtel ; l'office de tréforier de la venerie , fauconnerie & toiles de chaffe ; les trois offices de contrôleurs dudit tréforier ; l'office de tréforier des offrandes & aumônes ; l'office de tréforier général des bâtimens ; enfin , l'office de tréforier de la maifon de la reine.

Ces difpofitions furent l'objet de l'édit du mois de juillet 1779 , enregiftré à la chambre des comptes le 17 du même mois.

L'année fuivante , trois édits du mois de janvier apportèrent de nouveaux changemens dans la conftitution des maifons domeftiques du roi & de la reine. Tous les offices de ces maifons , qui , jufqu'alors avoient été à la nomination des officiers pourvus des grandes charges de la couronne , comme le grand-maître , le grand-écuyer , le grand veneur , &c. furent déclarés réunis aux parties cafuelles , comme faifant partie du domaine de la couronne ; & il fut fait défenfe de n'en acquérir que du tréforier général des revenus cafuels , en repréfentant toutefois l'agrément par écrit des fupérieurs refpectifs de ces offices.

Le fecond de ces édits fupprime différentes charges & offices , & établit un comité compofé de commiffaires , pour remplir les fonctions dont chaque titulaire étoit tenu en particulier.

Il convient de faire connoître ce nouvel arrangement , qui fubfifte encore , par le précis du titre de fon origine ; on en fera plus à portée de juger des vues de cette inftitution , & de l'utilité dont elle doit naturellement être , en fuivant l'efprit qui a préfidé à fon établiffement.

Louis , &c. A tous préfens & à venir ; falut. Ayant reconnu que fans des changemens effentiels & conftitutifs dans la direction des dépenfes de notre maifon , on ne parviendra que difficilement à des améliorations efficaces & permanentes , nous avons commencé par remédier au trop grand nombre de caiffes & de tréforeries , en les réduifant toutes à une feule. Nous avons enfuite , par notre édit de ce jour , réuni tous les offices de notre maifon à nos parties cafuelles ; & maintenant , pour continuer à remplir le plan que nous nous fommes prefcrit , nous avons jugé à propos de fupprimer les charges de contrôleurs généraux de notre maifon & chambre aux deniers ; celle d'intendant & contrôleur général des meubles de la couronne ; les offices d'intendans & contrôleurs généraux de nos écuries ; ceux d'intendans & contrôleurs généraux de l'argenterie, menus-plaifirs & affaires de notre chambre ; & les deux charges de contrôleurs généraux de la *maifon* de la reine, notre très-chère époufe & compagne : Et nous voulons qu'il foit pourvu au remboursement de ces divers offices en argent comptant, d'après la liquidation qui en fera faite ; en même temps nous avons jugé convenable de suppléer aux fonctions divifées de ces différens officiers, par l'établiffement d'un bureau, fous le nom de *bureau général des dépenfes de la maifon du roi*, lequel fera compofé de deux magiftrats choifis dans notre chambre des comptes, & de cinq commiffaires généraux verfés dans cette manutention, & qui, en réuniffant differentes connoiffances, pourront cependant conduire dans un même efprit & avec des principes uniformes, le détail entier des dépenfes de notre *maifon* : ce bureau s'occupera inceffamment de l'examen de toutes les parties, afin d'y apporter la plus grande clarté, & de propofer les améliorations de tout genre dont elles feront fufceptibles ; & il rendra un compte exact de fes travaux & de fes opérations, tant au miniftre de notre *maifon*, qu'à celui de nos finances.

Au moyen d'un établiffement ainfi fondé, les réformes & les changemens utiles, à l'exécution defquels les circonftances actuelles formeroient encore obftacle, feront dès-à-préfent reconnus préparés & mis en ordre, & nos adminiftrations générales pourront puifer en tout temps dans un bureau commun & dépendant d'elles, toutes les lumières néceffaires pour achever les plans que nous aurons approuvés.

Nous maintenons nos grands & premiers officiers, dans le droit honorable de prendre directement nos ordres, de les tranfmettre, & de veiller fur leur exécution ; mais appelés à nous fervir dans nos provinces & dans nos armées, & ne pouvant fe livrer, dans tous les temps, à des détails de finances & d'économie qui exigent une affiduité & une furveillance continuelles, nous avons penfé qu'ils verroient fans peine, que cette partie d'adminiftration fût déformais féparée de leurs nobles fonctions auprès de notre perfonne, & nous avons trop de preuves de leur zèle & de leur attachement, pour n'être pas certains qu'ils s'emprefferont à feconder les plans généraux que nous formons, dans la vue de maintenir la règle dans nos finances ; & pour convaincre de plus en plus nos fidèles fujets, du defir que nous avons de ne recourir à de nouvelles impofitions, qu'après avoir fait valoir toutes les reffources que l'ordre & l'économie peuvent nous préfenter. A ces caufes, &c.

ARTICLE PREMIER.

Nous avons éteint & fupprimé, éteignons & fupprimons les deux charges de contrôleurs généraux de notre *maifon* & chambre aux deniers ; celle d'intendant & contrôleur général des meubles de la couronne ; les deux offices d'intendans & contrôleurs généraux de nos écuries ; les trois offices d'intendans & contrôleurs généraux de l'argenterie, menus-plaifirs & affaires de notre chambre ; & les deux charges de contrôleurs généraux de la *maifon* de la reine, notre très-chère époufe & compagne.

I V.

Nous avons établi & établiffons un bureau, fous le titre de *bureau général de la maifon du roi*, lequel fera compofé de deux magiftrats de notre chambre des comptes, & de cinq commiffaires généraux, que nous choifirons de préférence parmi les perfonnes les plus verfées dans la manutention des diverfes dépenfes de notre *maifon*, afin que le fervice n'éprouve aucune lenteur ni interruption ; le premier commis de notre *maifon* & celui de nos finances, affifteront à ce bureau, & il fera préfidé par le miniftre de notre *maifon* & par celui de nos finances, ou en leur abfence, par l'un des magiftrats de notre chambre des comptes, ci deffus défignés.

V.

Lefdits cinq commiffaires généraux prêteront ferment entre les mains de notre très-cher & féal chevalier chancelier, ou garde des fceaux de France.

V I.

Lefdits commiffaires dépoferont à notre tréfor royal, par forme de finance, une fomme de cinq cents mille livres chacun, laquelle leur fera rendue en cas de démiffion ou autre changement, ou à leurs héritiers en cas de mort.

V I I.

Lefdits commiffaires retireront chacun cinq pour cent de leur finance, fans affujettiffement au dixième d'amortiffement, centième denier ni aucunes retenues quelconques ; ils recevront pareillement la fomme de quinze mille livres pour leur tenir lieu d'appointemens, entretenement & émolumens quelconques.

V I I I.

Attribuons exclufivement audit bureau, le droit de connoître, fuivre & arrêter définitivement toutes les dépenfes de notre *maifon* & de celle de la reine, & d'en ordonner le payement à quel titre & fous quelque dénomination que ces dépenfes foient faites ; révoquant à cet effet tous pouvoirs de quelque nature qu'ils puiffent être, délégués par les rois nos prédéceffeurs ou par nous mêmes, & à toutes perfonnes de quelque état & condition qu'elles foient, qui cefferont d'avoir lieu pour l'avenir ; à compter du premier avril prochain, & auxquels nous dérogeons expreffément par le préfent édit.

IX.

Les dépenfes de tout genre feront rapportées audit bureau, pour y être examinées, difcutées, arrêtées définitivement, & être enfuite recueillies dans les écroues & cahiers qui feront également vérifiés audit bureau, avant d'être préfentés en notre chambre des comptes, par le tréforier général lors de la reddition de fon compte.

X.

Tous les marchés, de quelque nature qu'ils foient, après avoir été publiés & affichés, & les différentes foumiffions examinées au bureau, feront paffés au rabais, & aucun ne fera valable, s'il n'eft revêtu des fignatures des cinq commiffaires, & approuvé par le miniftre de notre *maifon* & celui de nos finances.

XI.

Les écroues qui contiennent la dépenfe ordinaire, & les cahiers qui contiennent la dépenfe extraordinaire, ainfi que le compte du tréforier général, feront fignés par le fecrétaire d'Etat de notre *maifon*, & par les cinq commiffaires généraux, avant d'être préfentés à notre chambre des comptes.

XII.

Aucune dépenfe courante ou extraordinaire, & autre que celles comprifes dans les états de notre *maifon*, ne pourra être payée à aucun officier, ouvrier ou fourniffant, que fur un mandement motivé & figné des cinq commiffaires généraux; lefquels mandemens le tréforier général fera obligé de rapporter au bureau, avec les pièces juftificatives de fon compte, qui y fera examiné, vérifié & figné avant d'être préfenté à notre chambre des comptes.

XIII.

Pour faciliter l'exécution de nos ordres ou de ceux que donneront en notre nom, les grands officiers & autres fupérieurs de notre *maifon*, chacun des cinq commiffaires généraux fera attaché plus particulièrement à un département, pour en diriger & fuivre les dépenfes, & en faire le rapport au bureau; & nous autorifons le tréforier à payer jufqu'à la concurrence de dix mille livres fur la fignature d'un feul de ces commiffaires, pour les objets preffés & imprévus, concernant le département dont ce commiffaire dirigera particulièrement les dépenfes; à la charge par ledit tréforier, de faire échanger, dans le cours du mois au plûtard, lefdits mandats particuliers, contre des états arrêtés par le bureau général.

XV.

Provifoirement nous défendons à nos amés & féaux confeillers les gens tenant notre chambre des comptes à Paris, d'allouer audit tréforier général, dans fes comptes, aucun article de dépenfe, qu'il ne foit compris dans les écroues ou cahiers, fignés du fecrétaire d'Etat de notre *maifon*, & des cinq commiffaires généraux, conformément à l'article XI du préfent Edit, & foutenus des pièces d'ufage en matière de comptabilité.

XVI.

Le réglement des dépenfes des bâtimens, exigeant des connoiffances & des études particulières, n'entendons rien changer quant-à préfent, à l'ordre actuel établi à cet égard ; mais voulons que le tréforier donne, mois par mois, au bureau, copie de fon livre de dépenfe pour la partie des bâtimens, comme pour toutes les autres, ainfi que copie du compte entier de l'année, lefquels feront vifés & enregiftrés au bureau, pour faire partie du compte général des dépenfes de notre *maifon*. Si donnons en mandement, &c.

Au mois de mars fuivant, des lettres patentes ordonnèrent que la quittance de finance délivrée au tréfor royal, pour les cinq cents mille livres que chaque commiffaire général de la *maifon* du roi étoit tenu d'y dépofer, en vertu de l'article VI de l'édit qu'on vient de voir, demeureroit fpécialement affectée & hypothéquée aux mêmes perfonnes & pour les mêmes caufes pour lefquelles les brevets ou lettres des offices fupprimés étoient hypothéqués.

L'établiffement du bureau général des dépenfes de la *maifon du roi* fut juftifié la même année par la réforme confidérable dont le miniftre des finances lui donna le projet à examiner, & que l'édit du mois d'août 1780 adopta entièrement dans les termes fuivans :

Louis, par la grace de Dieu, &c. Après avoir examiné avec attention le rapport qui nous a été fait, des premiers travaux du bureau général établi par notre édit du mois de janvier dernier, nous nous fommes déterminés à faire une très-grande réforme dans la partie la plus effentielle des dépenfes de notre *maifon*.

Nous avons vu, qu'en prefcrivant des réunions, en réglant des parties principales par des abonnemens, en fupprimant diverfes tables, & en établiffant un nouvel ordre, nous pourrions procurer à nos finances une épargne confidérable : Qu'à la vérité cette réforme, & tout le plan que nous avions adopté, rendoient indifpenfable la fuppreffion d'un très-grand nombre d'offices ; mais que nous ne devions pas être arrêtés par cette confidération, dès que nous prenions foin de rendre une parfaite juftice à tous les titulaires; qu'en même temps fi nous fixions notre attention fur les différens priviléges attachés à ces charges, nous ne pouvions nous difpenfer d'envifager comme une difpofition d'ordre public, celle qui tendroit à diminuer fucceffivement des prérogatives onéreufes à nos autres fujets, & fi préjudiciables aux intérêts des habitans des campagnes ; qu'enfin c'étoit encore un bien important à nos yeux, que de faire ceffer entièrement dans notre *maifon*, les abus inféparables de cette multitude de charges & d'occupations inutiles, & d'y fubftituer un ordre clair, fimple, tel que nous l'aimons en toutes chofes, & qui nous paroit plus grand & plus digne de nous, que ce fafte obfcur & difpendieux dont nous étions environnés.

En conféquence, nous avons jugé à propos de fupprimer quatre cents fix charges, créées fous différentes dénominations, pour le fervice de nos tables, & dont le détail eft compris dans l'article premier de cet édit.

Nous avons enfuite examiné avec attention quelles étoient nos obligations envers les propriétaires, & nous ne pouvons diffimuler que cet examen nous a préfenté des difficultés & des incertitudes. Nous avons reconnu qu'il n'exiftoit aucune trace de la finance primitive de ces charges, dont le plus grand nombre provient originairement d'anciens dons faits par les rois nos prédéceffeurs ; mais confidérant que la vente en a été autorifée pendant une longue fuite d'années, foit au profit des titulaires, foit en faveur des parties cafuelles du grand maître de notre *maifon*, nous croyons de notre équité d'y reconnoître une finance, lors même qu'aucun brevet d'affurance ou de retenue n'y auroit été attaché ; & nous avons bien voulu prendre pour bafe, les tarifs approuvés par nous, ou fuivis par le grand-maître de notre *maifon*. En même temps cependant, nous avons vu que les charges dont nous venons d'ordonner la fuppreffion, n'étoient qu'une poffeffion viagère ; qu'ainfi, en nous occupant du rembourfement des titulaires, nous aurions pu, fans injuftice, prendre en confidération la durée plus ou moins longue de leur jouiffance, de la même manière qu'on chercheroit à évaluer le capital d'une rente à vie fi l'on vouloit l'éteindre au milieu de fon cours ; mais ces diverfes combinaifons ne pouvant jamais avoir un caractère évident de juftice, & voulant d'ailleurs traiter favorablement les perfonnes dont un grand nombre font attachées depuis longtemps à notre fervice, fur-tout à l'époque d'une réforme avantageufe à nos finances, nous nous fommes déterminés à rembourfer en plein, ces offices, dans l'efpace de cinq années, en payant en attendant, cinq pour cent d'intérêt, fans re-

tenue, fi mieux n'aiment les titulaires accepter une rente fur leur tête & celles de leurs femmes, l'une & l'autre rentes fujettes au dixième ; enfin fi, pour l'arrangement de leurs affaires ou de leurs familles, ils préféroient de ne convertir qu'une partie de leur capital de cette dernière manière, & de fe faire rembourfer l'autre, nous avons jugé à propos de leur en accorder la liberté.

Nous voulons bien auffi maintenir dans la jouiffance des priviléges, pendant leur vie, ceux des titulaires qui feroient à notre fervice depuis vingt ans, ou ceux dont les pères auroient poffédé des offices dans notre *maifon*. Enfin, nous déterminerons auffi la retraite qui fera due à tous ceux qui font fous les ordres des différens officiers que nous fupprimons. Et comme nous fommes inftruits que depuis l'époque où nous avons annoncé pofitivement les vues de réforme dont nous étions occupés, il ne s'eft préfenté aucun acquéreur pour les offices-bouche & communs de notre *maifon*, ce qui a empêché plufieurs titulaires de confommer des arrangemens qui convenoient effentiellement à leur fituation. Nous voulons, que la famille de ceux qui feroient décédés depuis le premier janvier, participe au bénéfice des rembourfemens que nous indiquons, renonçant à profiter, dans cette circonftance, de l'extinction de ces charges, quoiqu'elles foient tombées de droit, dans nos revenus cafuels. C'eft ainfi que nous avons pris foin de la juftice qui pouvoit être due à nos différens ferviteurs, nous réfervant même de fuppléer particulièrement à ce qui pourroit avoir échappé à notre attention.

Au moyen de ces divers arrangemens, de la réforme des tables qui les accompagne, & de toutes les autres difpofitions qui font prefcrites dans un réglement que nous rendons à ce fujet, nous remarquons avec fatisfaction, que cette partie de nos dépenfes fera confidérablement réduite, fans nuire au véritable éclat de notre *maifon*, & fans aucune injuftice envers perfonne.

Nous encourageons d'ailleurs le bureau général à fuivre fon travail, nous propofant de donner la même attention aux autres rapports qui nous feront faits, afin de pouvoir ordonner fucceffivement tous les plans d'ordre & d'économie qui nous auront paru raifonnables. A ces caufes, & autres à ce nous mouvant, &c.

ARTICLE PREMIER.

A compter du premier octobre prochain nous avons éteint & fupprimé, éteignons & fupprimons les charges dont l'état eft ci-après.

II.

Nous nous chargeons du rembourfement des finances defdites charges fupprimées, foit qu'elles aient été à notre nomination, soit qu'elles aient été à celle du grand-maître de notre *maison* & dans son casuel, jusqu'au jour où nous les avons réunies au domaine de notre couronne, par édit du mois de janvier dernier.

III.

Nous avons liquidé & liquidons la finance de chacune desdines charges, à la somme énoncée audit état.

IV

Lesdits remboursemens seront faits aux officiers supprimés, soit en argent comptant dans le cours de cinq années, avec des intérêts dégradatifs, sur le pied de cinq pour cent, sans retenue, jusqu'au parfait remboursement, soit en rentes viagères à dix pour cent sur leur tête, ou à neuf pour cent sur leur tête & sur celle de leurs femmes, avec la retenue du dixième; soit enfin partie en argent dans le cours desdites cinq années, & partie en rentes viagères, comme est dit ci-dessus, au choix des propriétaires : les contrats viagers feront passés par les commissaires de notre conseil, que nous autoriscrons à cet effet.

V.

Et afin de pourvoir auxdits remboursemens, il sera fait entre les mains du trésorier général de notre *maison*, un fonds extraordinaire des deniers de notre ferme des postes, que nous hypothéquons spécialement à cet effet, sans que, pour quelque cause que ce soit, cette destination puisse être intervertie.

VI.

Les pourvus desdites charges supprimées, remettront en notre conseil leurs titres de propriété, pour qu'il soit procédé à leur remboursement, & ils déclareront en même temps de quelle manière ils entendent qu'il leur soit fait, d'après le choix qui leur est offert dans l'article IV ci dessus.

VII.

Les intérêts des remboursemens que les officiers demanderont en deniers comptans, ainsi que les rentes viagères qui auront été constituées, feront également payés à compter du premier octobre 1780, jour de la suppression des charges.

VIII.

Voulons que les veuves & les enfans des officiers qui sont morts en possession de leurs offices, depuis le premier janvier 1780, jusqu'au jour de la publication du présent édit, soient remboursés desdits offices, renonçant à leur égard aux droits de nos revenus casuels.

IX.

Voulons aussi que tous ceux des officiers supprimés, qui ont rempli les fonctions de leurs charges pendant vingt ans, & que ceux qui n'ayant personnellement rendu que des services moins anciens, mais dont les pères auront également exercé des charges auprès de nous, jouissent pendant leur vie de tous les priviléges, exemptions & immunités accordés aux autres officiers commensaux de notre *maison*; &, à cet effet, il sera dressé par le secrétaire d'Etat, une liste de ceux qui auront droit à ces priviléges, après qu'il lui en aura été dûment justifié par lesdits officiers.

XI.

Voulons que le fonds annuel appliqué ci-devant aux dépenses de notre chambre aux deniers, continue d'être fait à l'avenir sur le même pied, malgré les économies résultantes du nouvel ordre, & qu'il y soit ajouté chaque année un supplément pour accélérer d'autant les remboursemens annoncés par le présent édit. Si donnons en mandement, &c.

ÉTAT des charges dont la suppression est ordonnée, & montant de leurs finances.

18 Gentilshommes servans	6 à	15000 liv.	90000 liv.
	12 à	12000	144000.
16 Contrôleurs-clercs d'office	à	50000	800000.
6 Huissiers de salle	à	8000	48000.
6 Huissiers du chambellan	à	12000	72000.

1154000.

D'autre

D'autre part.. 1154000 l.

PANNETERIE-BOUCHE.

1	Chef ordinaire...............................	à 90000.............	90000.
12	Chefs de quartier............................	à 38000.............	456000.
1	Aide ordinaire	à 50000.............	50000.
4	Aides de quartier	à 36000.............	144000.
1	Sommier ordinaire pour le linge	à 18000.............	18000.
2	Sommiers par femeftre	à 15000.............	30000.
1	Lavandier ordinaire	à 60000.............	60000.

ÉCHANSONNERIE-BOUCHE.

1	Chef ordinaire	à 70000.............	70000.
12	Chefs de quartier	à 36000.............	432000.
1	Aide ordinaire	à 50000.............	50000.
4	Aides de quartier	à 34000.............	136000.
4	Sommiers...................................	à 15000.............	60000.
4	Coureurs de vin............................	à 24000.............	96000.
2	Conducteurs de la haquenée.................	à 30000.............	60000.

CUISINE-BOUCHE.

2	Écuyers ordinaires	à 90000.............	180000.
8	Écuyers de quartier	à 48000.............	384000.
4	Maîtres-queux..............................	à 36000.............	144000.
4	Hâteurs	à 36000.............	144000.
4	Potagers	à 36000.............	144000.
4	Pâtiffiers..................................	à 25000.............	100000.
3	Galopins...................................	à 12000.............	36000.
4	Porteurs...................................	à 24000.............	96000.
4	Gardes-vaiffelle	à 13000.............	52000.
2	Huiffiers..................................	à 8000.............	16000.
2	Sommiers du garde-manger..................	à 12000.............	24000.
2	Sommiers des broches	à 12000.............	24000.
2	Avertiffeurs................................	à 14000.............	28000.
4	Porte-tables................................	à 12000.............	48000.
4	Lavandiers bouche & commun	à 15000.............	60000.
4	Serdeaux	à 8000.............	32000.

PANNETERIE-COMMUN.

13	Chefs.....................................	à 10000.............	130000.
12	Aides de quartier	à 8000.............	96000.
6	Sommiers..................................	à 15000.............	90000.
2	Lavandiers.................................	à 15000.............	30000.

ÉCHANSONNERIE-COMMUN.

20	Chefs.....................................	à 20000.............	400000.

5313000 liv.

225	*Ci-contre*............................		5313000 liv.
12	Aides de quartier.........................	à 15000.............	180000.
1	Maître des caves.........................	à 15000.............	15000.
4	Sommiers de bouteilles...................	à 15000.............	60000.
2	Sommiers de vaiſſelle....................	à 12000.............	24000.

CUISINE-COMMUN.

12	Ecuyers.................................	à 26000.............	312000.
8	Maîtres-queux.........................	à 14000.............	112000.
8	Potagers..............................	à 14000.............	112000.
12	Hâteurs...............................	à 10000.............	120000.
4	Pâtiſſiers.............................	à 25000.............	100000.
2	Gardes-vaiſſelle.......................	à 14000.............	28000.
1	Garde-vaiſſelle par commiſſion...........	à 10000.............	10000.
2	Verduriers.............................	à 25000.............	50000.
8	Huiſſiers.............................	à 6000.............	48000.
12	Galopins..............................	à 8000.............	96000.
12	Porteurs..............................	à 8000.............	96000.
3	Sommiers du garde-manger..............	à 12000.............	36000.
4	Sommiers des broches..................	à 12000.............	48000.
2	Falotiers.............................	à 34000.............	68000.

PETIT-COMMUN.

1	Maître d'hôtel, ſervant à la table du grand-maître..	à 30000.............	30000.
1	Maître d'hôtel, ſervant à la table du chambellan...	à 30000.............	30000.
1	Sommelier du grand-maître................	à 35000.............	35000.
1	Sommelier garde-vaiſſelle du chambellan.........	à 35000.............	35000.
1	Bouteiller du chambellan..................	à 60000.............	60000.
4	Ecuyers...............................	à 40000.............	160000.
2	Aides.................................	à 10000.............	20000.

FRUITERIE.

1	Chef ordinaire.......................		à 20000.............	20000.
12	Chefs de quartier...........	6 en hiver.....	à 40000.............	240000.
		6 en été.......	à 30000.............	180000.
12	Aides de quartier...........	6 en hiver.....	à 35000.......	210000.
		6 en été......	à 28000.............	168000.
2	Aides pour les fruits de Provence.............		à 8000.............	16000.
4	Sommiers.............................		à 12000.............	48000.

FOURRIÈRE.

20	Chefs................	10 en hiver....	à 25000.............	250000.
		10 en été......	à 18000.............	180000.
15	Aides................	8 en hiver....	à 20000.............	160000.
		7 en été......	à 15000.............	105000.
2	Porte-tables.......................		à 12000.............	24000.
1	Menuiſier..........................		à 10000.............	10000.

D'autre part... 8657000 liv.

CHARROIS.

1	Waguemeſtre .... à 30000	30000.
1	Aide-Waguemeſtre .... à 25000	25000.
2	Capitaines de charrois .... à 25000	50000.

MARCHANDS-FOURNISSEURS.

4	Boulangers .... à 3000	12000.
2	Pourvoyeurs .... à 3000	6000.
1	Marchand de vin .... à 3000	3000.

406 charges, dont les finances forment un total de .... 8,786,000 liv.

Fait & arrêté à Verſailles, le 17 août 1780.

La même année un arrêt du conſeil, du 15 décembre, régla la forme dans laquelle devoient être faits tous les rembourſemens de ces offices ſupprimés, & conſolida définitivement cette opération, qui, ſuivant l'article IV, de l'édit de ſuppreſſion, a été terminée l'année dernière 1785. Au reſte, voici comment le miniſtre, qui avoit eu le courage de tenter cette réforme, en rendoit compte au roi en 1781.

» Auſſitôt que votre majeſté m'en a donné » la permiſſion, je me ſuis livré à l'examen de » toutes les économies raiſonnables qu'on pou- » voit propoſer dans les dépenſes de ſa *maiſon*, » & j'ai bientôt vu que pour en connoître & » en approfondir les détails, il falloit néceſ- » ſairement modifier l'autorité attribuée à chaque » ordonnateur; & qu'en conſervant l'éclat & » l'honorifique de leurs charges, il étoit eſſentiel » de rapporter toute la partie de finance, à un » bureau commun au miniſtre de la *maiſon* de » votre majeſté, & à celui de ſes finances.

» Cette première idée, quoique ſimple & » raiſonnable, parut d'abord hardie, & j'ignore » ſi elle m'a fait des ennemis, car je n'ai jamais » arrêté ma vue ſur ces combinaiſons particu- » lières. J'ai cru que la ſeule manière dont votre » majeſté devoit être ſervie, & la ſeule auſſi » dont il me convenoit de la ſervir, c'étoit » d'étudier mes devoirs & de les ſuivre; qu'il » n'y avoit point d'autre marche digne d'une » grande place & d'une ame élevée; & comme » de pareils motifs ont toujours dirigé ma con- » duite, j'ai eſpéré qu'un jour ou l'autre, on » y rendroit juſtice, & qu'on ſauroit diſtinguer » cette fermeté ſimple, qui conduit les pas » d'un adminiſtrateur, par-tout où il y a du » bien à faire, de ce fol eſprit de prétention, » qui recherche l'autorité, pour le vain plaiſir » de la déployer.

» Quoi qu'il en ſoit, après avoir ainſi pro- » curé à l'adminiſtration des finances les lumières » dont elle étoit privée, faute d'avoir eu ſeule- » ment le pouvoir d'obtenir des renſeignemens, » on a commencé par examiner la partie la plus » eſſentielle, vulgairement connue ſous le nom » de chambre aux deniers; & l'on a vu bientôt » que le nombre des tables, leur conſtitution, » celles des offices & des cuiſines, tout étoit » un modèle de dépenſes inutiles & compli- » quées.

» Une multitude d'officiers étoient tout à la » fois fourniſſeurs, apprêteurs & convives. Une » dépenſe exagérée en étoit la ſuite, & des » privilèges à charge à vos provinces étoient » encore l'effet de cette conſtitution. Mais toutes » ces connoiſſances, tous ces projets de réforme, » ſi ſouvent entrepris & abandonnés, à quoi » euſſent-ils abouti ſans le goût particulier de » votre majeſté, pour l'ordre & pour la vraie » grandeur. Elle a tout examiné, tout vu par » elle-même. Elle a donné ſon approbation à » un plan ſimple, qui, ſans nuire à la ponc- » tualité de ſon ſervice, & à ſon éclat au-dehors, & » diminuera la dépenſe de près de moitié, & » procurera encore un grand bien d'adminiſtra- » tion, en ſupprimant beaucoup de privilèges » & d'occupations inutiles; en même temps le » plan de réforme a été combiné avec aſſez d'at- » tention, pour que les intéreſſés même, ſubju- » gués par l'eſprit de juſtice de votre majeſté, » aient été forcés d'y applaudir. »

La nouvelle conſtitution de la *maiſon* domeſ- tique du roi n'a éprouvé, depuis 1781, que quelques changemens dont on va faire mention.

Un édit du mois de Janvier 1782 a ſupprimé la charge de contrôleur ordinaire de la cuiſine- bouche, & la convertie en celle de contrôleur ordinaire; en même temps il a été créé quatre charges de contrôleurs de la *maison* du roi, servant par quartier.

L'office de tréforier de la *maison* de la reine, celui de tréforier des bâtimens du roi, ont été rétablis en 1783 & 1784.

On a vu que parmi les motifs de la fuppreffion d'un fi grand nombre de charges domeftiques, le défir de réduire les priviléges qu'elles procuroient, & qui devenoient, par leur multiplication, très onéreux aux autres fujets, principalement dans les campagnes, n'avoit pas échappé à l'attention paternelle du roi, & aux vues bienfaifantes & courageufes du miniftre des finances. En 1782 des lettres-patentes, du 25 novembre, réglèrent le nombre, & défignèrent les noms & les qualités de ceux qui continueroient à jouir des priviléges de la commenfalité. Des quatre cent-fix officiers fupprimés, cent cinquante-deux feulement furent dénommés, & cette jouiffance leur a été accordée, tant pour ceux que pour leurs veuves, tant qu'elles refteroient en viduité.

MAITRE. f. m., qui défigne une fupériorité, un commandement, ou qui eft un titre attaché à plufieurs offices ou charges, dont les pourvus ont une jurifdiction attribuée au corps dont ils font membres, comme les *maîtres* des comptes, les *maîtres* des requêtes, ou rempliffent des fonctions ifolées, relativement à la police de quelque objet particulier, comme les *maîtres* des eaux & forêts, les *maîtres* des ports.

Un dictionnaire de finance ne devant faire mention que des officiers qui ont des rapports avec cette partie, nous ne nous arrêterons qu'aux *maîtres* des ports. On peut voir au mot CHAMBRE DES COMPTES, *tom.* 1, *pag.* 223, ce qui a été dit des officiers qui compofent cette cour fouveraine, & de leur ancienneté.

Quant aux *maîtres* des ports, ce font des juges établis pour connoître des conteftations qui s'élèvent fur la perception des droits de traites, c'eft-à-dire d'entrée & de fortie du royaume. Leur origine remonte à 1304; mais cependant avec quelque différence entre l'étendue de leur jurifdiction, & celle de l'autorité dont jouiffoit Geoffroy Coquatrix, qui peut être regardé comme le premier *maître* des ports & paffages du royaume.

Il lui fut expédié une commiffion, le 6 février de cette année 1304, pour veiller à l'exécution de l'ordonnance du premier du même mois, par laquelle il étoit défendu de tranfporter hors du royaume des marchandifes prohibées, & pour délivrer des permiffions de les exporter, au moyen de la fomme qu'elle régleroit.

Il paroît cependant qu'avant Coquatrix il exiftoit des gardes particuliers des paffages fur les frontières; car on trouve dans des lettres données à Vincennes, par Philippe-le-Bel, le dimanche après la Magdeleine, le 28 juillet 1303, & adreffées aux gardes des ports : *Cuftodibus portuum & paffagiorum, finium regni noftri, ubilibet deputatis.*

Au refte, la commiffion de Coquatrix portoit, que cet officier étant par lui-même très-parfaitement inftruit des befoins du royaume, il y conferveroit les chofes néceffaires à fa confommation, & après y avoir fuffifamment pourvu, régleroit, à proportion de l'abondance de ces chofes, ce qu'il conviendroit d'en laiffer fortir pour l'ufage des feuls alliés de l'Etat. En conféquence il lui eft donné tout pouvoir de mettre des gardes à l'entour des paffages du royaume, dans les bailliages & fénéchauffées d'Amiens, Chaumont, Caux, Rouen & Caen, du Poitou & de la Saintonge; de déplacer ceux qui pouvoient y avoir été établis, d'en fubftituer d'autres; enfin, d'y faire généralement tout ce qu'il jugeroit néceffaire pour l'exécution de l'ordonnance du premier février 1304.

La fortie des marchandifes n'étoit défendue que pour faire acheter la permiffion de les enlever. Lorfque les gardes des paffages eurent été placés, un mandement du 25 avril 1310, leur enjoignit de faire porter aux tréforiers à Paris, tout l'argent qui proviendroit des ports & paffages, avec défenfe à chacun d'eux de rien ftatuer en l'abfence des autres.

Philippe-le-Long renouvella, le 19 mai 1321, aux gardes des ports & paffages les défenfes de laiffer fortir aucunes marchandifes fans payer finance, qui feroit réglée par la chambre des comptes de Paris. Cette cour chargea les trois commiffaires ou furintendans, déja nommés dans le mandement de 1310, de recevoir cette finance, & expédier les permiffions de *traire les marchandifes hors du royaume.*

La chambre des comptes dreffa une inftruction en conformité de ce réglement. Ainfi, lorfqu'une fociété de marchands vouloit faire la traite, elle s'adreffoit à cette chambre, qui fixoit la fomme qui devoit être payée, & faifoit expédier une commiffion aux trois commiffaires, pour les inftruire de la qualité & de la quantité des marchandifes dont l'exportation étoit permife, & de la fomme qu'ils avoient à recevoir. Ceux-ci, après l'avoir reçue, délivroient un refcript adreffé aux gardes des ports, qui l'enregiftroient, & mettoient un feing ou une marque fur chaque ballot, jufqu'à ce que la fortie du royaume fût effectuée.

C'étoit entre les mains de ces mêmes commiffaires, que les gardes des ports, lors de leur inftallation, donnoient caution, & prêtoient ferment de garder fidellement le port ou paffage, à l'infpection duquel ils étoient nommés, & de ne faire aucun tort au roi ni au public ; c'eft-à-dire, de ne rien exiger des marchands fans caufe raifonnable, d'empêcher le tranfport, hors du royaume, des marchandifes défendues, fi elles n'étoient accompagnées de permiffions requifes ; de prendre & arrêter les marchandifes comme forfaites au roi, & les mettre, fans en rien retenir, entre les mains des commiffaires ou de leurs députés, en donnant aux marchands fur lefquels elles étoient prifes, des lettres contenant les motifs de leur confifcation, afin que dans le cas où la reftitution en feroit ordonnée, les marchands puffent recouvrer leurs marchandifes fans aucune diminution.

On voit dans différens réglemens qui confirment la prohibition de faire fortir des armes, des chevaux & autres chofes propres à la guerre, notamment dans ceux de 1357, 1361, 1383, 1384 & 1386 ; que le *maître & vifiteur général des ports & paffages* eft autorifé à lever cette prohibition, & même à prendre profit par compofition, *felon la valeur des chofes*.

On juge bien qu'alors un *maître* des ports étoit un perfonnage très-confidérable. Un mémoire de 1324 porte, que lorfque le fieur Mahi de Varennes, *maître & vifiteur des ports & paffages* ès frontières de la mer, depuis Honfleur jufqu'au mont Saint-Michel, alloit faire la vifite des ports & paffages, il avoit à fa fuite vingt quatre chevaux & trente-deux perfonnes, pour la dépenfe defquels il lui étoit paffé chaque jour cent-un fols deux deniers tournois ; le marc d'argent étoit alors à quatre livres douze fols 11 deniers & demi.

La jurifdiction du *maître* vifiteur général des ports & paffages du royaume étoit très-étendue. Il connoiffoit de toutes les matières de contrebande, parmi lefquelles étoient fur-tout, l'or, l'argent & le billon, dont la fortie étoit défendue fous des peines très-graves. Il n'y avoit en ce temps là qu'un feul *maître* des ports pour tout le royaume ; auffi les baillis & les fénéchaux entreprenoient fouvent fur fa jurifdiction.

Mais en 1357, il fut rendu une ordonnance portant mandement aux gens des comptes d'établir & inftituer pour la garde & vifitation des ports & paffages, deux ou plufieurs *maîtres-vifiteurs & gardes*, à tels gages & en tel nombre que bon leur fembleroit, leur permettant de deftituer ceux qui étoient établis, fi befoin étoit, & approuvant par avance tout ce qu'ils feroient & ordonneroient à cet égard.

Il paroît que l'exécution de cette ordonnance fut différée jufqu'à la fin de 1360, ou au commencement de 1361, & que dans cet intervalle les baillis, fénéchaux, prévôts & autres femblables officiers ayant continué de faire des entreprifes fur la jurifdiction du *maître* des ports & paffages, qui étoit alors Guillaume-Charles Soumartin, il lui fut accordé, le 12 juillet 1358, des lettres conformes à fes conclufions.

Ces lettres firent défenfes aux fénéchaux, baillis & autres officiers, fous peine d'encourir l'indignation de fa majefté, de s'immifcer à connoître des caufes concernant l'office & jurifdiction dudit *maître* & garde des ports & paffages.

Mais en 1360, la jurifdiction & les fonctions de ce *maître* des ports furent beaucoup reftraintes par l'établiffement de quatre offices femblables ; l'un dans les fénéchauffées de Carcaffonne, Beziers & Lyon.

Un fecond dans la fénéchauffée de Touloufe.

Un troifième dans celle de Beaucaire & de Nifmes.

Un quatrième dans les bailliages d'Amiens, Lille, Douay & Tournay.

On a vu ci-devant, que dès 1324 il en exiftoit un cinquième dans la Normandie, indépendamment de celui de Paris, dont le département embraffoit les provinces voifines de la Bretagne.

Tous les *maîtres* des ports, créés en 1360, prêtèrent ferment à la chambre des comptes, & furent tout à la fois, comme les deux anciens vifiteurs généraux, receveurs & juges.

Le titre de vifiteur les obligeoit à faire, ou par eux-mêmes, ou par leurs lieutenans, trois ou quatre fois l'année des vifites dans tous les ports & paffages fitués fur les frontières du royaume, dans les bailliages & fénéchauffées de leurs diftricts.

Comme receveurs, c'étoit à eux, ou à leurs lieutenans & prépofés, que l'on payoit le droit de haut paffage, celui de rêve, avant qu'il fût paffé en ufage de les donner à ferme.

Enfin, comme juges ils prononçoient fur les délits commis par les fous-vifiteurs, fergens, gardes, notaires, commiffaires & autres officiers qu'ils prépofoient à la garde des ports & paffages ; ils en ordonnoient la punition jufqu'à fentence définitive, fauf l'appel à la chambre des comptes. Ils connoiffoient auffi de toutes les contraventions, aux droits de haut paffage & de rêve, & aux loix concernant la traite des marchandifes. C'eft ce qui réfulte de différens réglemens anciens, notamment des 25 mars 1360, 29 juillet 1383, 22 octobre 1386, 31 décembre 1393.

L'établissement des droits d'aides & de foraine, en 1360 & les années suivantes, apporta par la suite des changemens dans l'état & les fonctions des *maîtres* des ports. Il fut créé des généraux-conseillers sur le fait des aides, & des receveurs & contrôleurs, pour faire la recette de ces droits.

Ces receveurs furent bientôt après chargés de toute la recette des droits du roi, & les *maîtres* des ports ayant été créés en grand nombre dans tout le royaume, avec des lieutenans, par l'édit & les lettres patentes de septembre 1539 & novembre 1541, ils restèrent subordonnés aux généraux des aides, n'ayant plus que la jurisdiction civile & criminelle dans leur district, comme tous les autres juges des droits de traites foraines, établis en même temps. Cependant les *maîtres* des ports avoient des lieutenans généraux & des lieutenans particuliers qui remplissoient leurs fonctions, & les suppléoient, conformément au titre de leur création. Les premiers tenoient encore un rang distingué : c'est ce qui se voit à l'occasion de l'édit donné à Tonnerre, le 30 avril 1542, portant appréciation des marchandises.

En conséquence de cet édit, il fut adressé une commission particulière, le 3 juin suivant, à Guillaume Lenoble, *maître* des ports de la ville de Lyon, pour lui enjoindre de se transporter en Normandie, en l'absence du général des aides, à l'effet d'entendre les plaintes des marchands de cette province, sur les omissions qui se trouvoient dans l'appréciation dont il s'agit.

Henri II, par son édit du mois de septembre 1549, ayant érigé en titre d'office, des visiteurs, peseurs, nombreurs, concierges & gardes dans chaque bureau de foraine, continua en même temps aux *maîtres* des ports, & à leurs lieutenans, la connoissance, en première instance, des différends & contraventions qui pourroient survenir au sujet des droits : il fut aussi ordonné que les *maîtres* des ports, ou leurs lieutenans, signeroient les passe-ports, obligations, décharges & autres actes expédiés dans les bureaux de la foraine ; & comme les fonctions de tous ces officiers demandoient une assiduité continuelle, le roi leur accorda le tiers des confiscations & amendes qui auroient lieu, & en outre le cinquième des droits qui se régissoient alors. Ces dispositions furent confirmées par des lettres-patentes du même prince, du 14 novembre 1551, & ensuite par un édit de 1578.

Mais les droits que prenoient les *maîtres* des ports & les officiers des bureaux, ayant été compris en 1596, dans le bail des droits de la foraine & autres, réunis en ferme générale, la plus grande partie de ces charges, qui n'avoit pas été levée aux parties casuelles, resta sans acquéreurs. Ce-

pendant les *maîtres* des ports de Provence & de Languedoc continuèrent leurs fonctions & remplacèrent les droits supprimés, par d'autres qu'ils exigeoient arbitrairement des négocians. Ceux-ci se plaignirent, & furent soutenus par le fermier général de la foraine, qui intervint dans l'affaire portée à la cour des aides de Montpellier. Le 4 décembre 1614, cette cour rendit un arrêt contradictoire qui, provisoirement, régla les droits des officiers à seize sols pour chaque passeport. Ces seize sols devoient être distribués de la manière suivante, savoir :

Aux *maîtres* des ports ou son lieutenant, quatre sols.

Aux contrôleurs & greffiers, cinq sols.

Aux visiteurs, peseurs & calculeurs, trois sols six deniers.

Au receveur, un sol six deniers.

Aux gardes, un sol.

Le même arrêt fixe aussi les droits à payer pour les obligations ou acquits-caution, les certificats de chargement & déchargement, ou cancellations d'acquits.

Cet état des choses paroît avoir subsisté jusqu'en 1649, que tous les droits perçus par les officiers dans les bureaux, furent encore compris dans le bail des fermes, pour être levés au profit du fermier. Mais la cour des aides de Montpellier n'ayant enregistré ce bail qu'avec des modifications, en faveur de ces officiers, le fermier obtint, le 8 juillet 1650, un arrêt qui leur fit défenses d'en exiger aucuns. Cette suppression d'émolumens acheva de faire tomber les offices de *maîtres* des ports.

L'édit du mois de mai 1691, supprima tous ceux qui étoient vacans en grand nombre, & créa de nouvelles jurisdictions des traites, en donnant au chef le titre de président, avec tous les priviléges dont avoient joui ou dû jouir les *maîtres* des ports, & en leur accordant l'hérédité, avec les priviléges attribués aux élus dans les pays d'élection.

A cette époque il n'existoit plus de *maîtres* des ports qu'en Languedoc & en Provence, & un à Rouen. Le commerce représenta au commencement de ce siècle, que dans ces deux provinces, quelques *maîtres* des ports exigeoient des droits d'expédition, tandis que d'autres ne s'en attribuoient aucuns, de façon qu'il sembloit que l'usage seul autorisoit cette exaction. Un arrêt du conseil, du 21 août 1701, ordonna aux *maîtres* des ports de Toulon, Arles, Beaucaire, Narbonne & Villeneuve-les-Avignon, de remettre les titres de leur perception, entre les mains de l'intendant de Languedoc. Sur l'avis de ce magiſtrat, un nouvel arrêt du conſeil, du 25 novembre 1702, maintint les officiers des maîtriſes des ports du Languedoc, dans la faculté de percevoir les droits d'expéditions portés par l'arrêt de la cour des aides de Montpellier, du 14 décembre 1614; voulant ſa majeſté, porte encore cet arrêt, que les marchands & voituriers demeurent déchargés du payement des parts & portions de ceux qui ſeront abſens des bureaux où ſe feront les expéditions. Un autre arrêt du conſeil, du même jour, ordonna auſſi à l'égard des officiers des maîtriſes des ports de Provence, qu'ils continueroient à jouir des droits d'expédition portés par l'arrêt de la cour des comptes d'Aix, du 30 juin 1664. Ces droits ſont en même temps rappellés & fixés, les marchands ſont déchargés du payement des parts & portions de ceux qui ſeront abſens, & il eſt défendu à ces officiers, comme à ceux du Languedoc, de faire aucun traité, ni directement, ni indirectement avec les receveurs ou commis des fermes, pour raiſon des fonctions de leurs offices & de la perception deſdits droits, à peine de nullité & de 300 liv. d'amende.

Quoique les maîtres des ports du Languedoc aient encore été confirmés dans la perception de leurs droits, par arrêt du conſeil du 22 mars 1746; cependant elle a toujours ſouffert des difficultés de la part des prépoſés des fermes, qui ont conſtamment refuſé de permettre à ces juges de prendre une place dans leurs bureaux, pour remplir leurs fonctions, & recevoir leurs attributions. Auſſi pluſieurs de ces juges prennent le parti de ſe abonner au receveur des fermes, en viſant les expéditions en blanc, & les lui laiſſant, pour conſtater la préſence de ce juge.

MAITRE des requêtes, ou MAITRE des requêtes de l'hôtel du roi, libellorum ſuplicum magiſter, & anciennement, requeſtarum magiſter. C'eſt un magiſtrat ainſi appellé, parce qu'il rapporte au conſeil du roi les requêtes qui y ſont préſentées. On n'en fait mention ici, que parce que ce ſont ces magiſtrats qui, par état, ſont chargés des détails de l'adminiſtration des finances, tant à Paris que dans les provinces, & qui deviennent en conſéquence rapporteur de toutes les affaires qui concernent cette partie.

Il eſt difficile de fixer l'époque de l'établiſſement des maîtres des requêtes, leur origine ſe perd dans l'antiquité de la monarchie; mais leur nombre a beaucoup varié. Il paroît, par une ordonnance de 1185, qu'ils n'étoient pour lors que trois.

En 1289, Philippe-le-Bel porta leur nombre juſqu'à ſix, dont deux ſeulement devoient ſuivre la cour, & quatre autres ſervir en parlement.

Au commencement du règne de François premier, ils n'étoient que huit, & ce prince eut bien de la peine à en faire recevoir un neuvième en 1522. Mais dès l'année ſuivante il créa trois charges nouvelles. Ce n'a plus été depuis qu'une ſuite continuelle de créations & de ſuppreſſions, dont il ſeroit inutile de ſuivre les détails. Les charges de maître des requêtes s'étoient multipliées en 1750 juſqu'à quatre-vingt-huit. Elles ont été réduites à quatre-vingt, par le réglement de 1751.

Les fonctions des maîtres des requêtes ſe rapportent à trois objets principaux.

Le ſervice du conſeil, celui des requêtes de l'hôtel, & les commiſſions extraordinaires du conſeil.

Ils forment, avec les conſeillers d'état, le conſeil privé de ſa majeſté, que tient le chancelier, & ils y rapportent debout; mais au conſeil de la direction des finances ils ſont tous aſſis. Ils entrent auſſi au conſeil des dépêches & au conſeil royal des finances; & lorſqu'ils ſont chargés d'y rapporter des affaires en préſence du roi, ils font leur rapport debout, à côté de ſa majeſté.

C'eſt parmi les maîtres des requêtes que l'on choiſit les intendans des provinces, les intendans des finances & les intendans du commerce. Auſſi, tout ce qui a été dit ſous ces mots s'applique naturellement aux maîtres des requêtes.

On a vu, en 1783, quatre maîtres des requêtes être chargés, ſous le titre d'intendans, des détails relatifs aux ponts & chauſſées, aux impoſitions, aux droits des fermes, & aux municipalités.

MAITRISES. ſ. f. On entend, par le mot maîtriſe, la faculté qu'une perſonne acquiert d'exercer un art ou un métier, moyennant un droit qu'il paye au roi. Sous ce point de vue, les maîtriſes doivent être conſidérées dans leurs rapports avec les finances qui en tirent des reſſources, ſur-tout depuis la réforme qu'elles ont ſubie, & le nouveau régime auquel on les a aſſujetties.

L'article maîtriſe, dans l'ancienne encyclopédie, renferme des vues trop ſages, & des obſervations trop intéreſſantes & trop honorables à ſon auteur, M. Faiguet de Villeneuve, pour ne pas en donner ici une analyſe. Mais avant de remplir cette tâche, rapportons les propoſitions du tiers-État au roi, dans la dernière aſſemblée de la nation, tenue en 1614, & dont la clôture ſe fit en 1615. Tout ce que l'on a dit poſtérieurement, ſur l'abus des maîtriſes & jurandes, ſemble n'être que le commentaire de ce que nos bons aïeux propoſoient au roi, dans cette aſſemblée générale.

» Que toutes *maîtrises* de métiers , érigées
» depuis les Etats tenus à Blois , en l'an 1576,
» seroient éteintes , fans que par-ci après elles
» puissent être remises , ni aucunes autres de
» nouveau établies , & soient les exercices desdits
» métiers laissés libres à vos pauvres sujets , sous
» visite de leurs ouvrages & marchandises , par
» experts & prudhommes , qui , à ce , seront
» commis par les juges.

» Que tous édits d'arts & métiers , ensemble
» toutes lettres de *maîtrise* , ci-devant accordées ,
» en faveur d'entrées , mariages, naissance , ré-
» gence des rois & reines , leurs enfans , ou
» d'autres causes quelles qu'elles soient , soient
» révoquées , sans qu'à l'avenir il soit octroyé
» aucune lettres de *maîtrise* , ni fait aucun édit
» pour lever deniers sur artisans , pour raison de
» leurs arts & métiers ; & où aucunes lettres
» de *maîtrise* , ou édits seront faits & accordés
» au contraire , soit enjoint à vos juges de n'y
» avoir aucun égard.

» Que les marchands & artisans , soit de mé-
» tiers-jurés , ou autres métiers , ne payent ou
» donnent aucune chose pour leur réception ,
» levement de boutiques ou autres , soit aux
» officiers de justice , soit aux maîtres-jurés , &
» visiteurs des métiers & marchandises ; & ne
» fassent banquets ou autres dépenses quelcon-
» ques , ni même pour droits de confrairie ou
» autrement , sous peine de concussion à l'en-
» contre desdits officiers , & de cent livres d'a-
» mende contre chacun desdits jurés , ou autres,
» qui auront assisté au banquet , pris salaires ,
» droits de confrairie , ou autres choses ».

Les *maîtrises* & réceptions sont censées établies pour constater la capacité requise dans ceux
qui exercent le négoce & les arts , & encore
plus pour entretenir parmi eux l'émulation , l'ordre & l'équité ; mais au vrai ce n'est qu'un impôt sur l'industrie , une sorte de monopole très-
nuisible à l'intérêt national , & qui n'a nul rapport avec les sages dispositions qui doivent diriger le commerce d'un grand peuple.

Les Egyptiens , les Grecs , les Romains con-
servoient beaucoup d'ordre dans toutes les parties
de leur gouvernement ; cependant on ne voit
pas qu'ils eussent adopté les *maîtrises* , ou la profession exclusive des arts & du commerce. Il étoit
permis chez eux , à tous citoyens d'exercer un
art ou un négoce , & à peine , dans toute l'histoire ancienne , trouve t-on quelque trace de ces
droits privatifs , qui font aujourd'hui le principal
réglement des corps & communautés mercantiles.

On sait que les *maîtrises* ont beaucoup dégénéré de leur institution. Elles consistoient plus
dans les commencemens , à maintenir le bon ordre

parmi les ouvriers & les marchands , qu'à leur
tirer des sommes considérables ; mais depuis qu'on
les a tournées en tributs , ce n'est plus , *comme
dit Furetiere* , que cabale , ivrognerie , monopole ;
les plus riches ou les plus forts viennent communément à bout d'exclure les plus foibles , &
d'attirer ainsi tout à eux : abus constans que
l'on ne pourra jamais déraciner , qu'en introdui-
sant la concurrence & la liberté dans chaque profession.

Au reste , il ne faut pas confondre ensemble
ce qu'on appelle *maîtrise* & police ; ces idées
sont bien différentes , & l'une n'annonce peut-
être jamais l'autre. Aussi ne doit-on pas rapporter l'origine des *maîtrises*, ni à un perfectionnement de police , ni même aux besoins de l'Etat ;
mais uniquement à l'esprit de monopole qui
règne d'ordinaire parmi les ouvriers & les marchands.

Cet esprit est tel , que lorsque le gouvernement annonce des *maîtrises* de nouvelle création ,
les communautés s'empressent de les acquérir
pour elles-mêmes , afin de diminuer le nombre
de leurs membres , & affoiblir la concurrence
de ceux qui viendroient travailler comme eux.

Si l'intention du gouvernement est , comme
on le doit supposer , de favoriser la population ,
le plus sûr moyen est d'alléger toutes les gênes
qui éloignent des artisans industrieux & pauvres,
des *maîtrises* qu'ils ne peuvent obtenir que par
argent. Comme il est difficile de passer maître ,
& qu'il n'est pas possible de travailler sans cette
qualité , & de soutenir une femme & des enfans,
bien des gens craignent cet embarras , ils renoncent pour toujours au mariage , & s'abandonnent
ensuite à la paresse & à la débauche. D'autres ,
effrayés des mêmes difficultés , pensent à chercher au loin de meilleures positions. Persuadés,
sur le bruit commun , que les pays étrangers
sont plus favorables , ils y portent comme à
l'envie , leur courage & leurs talens. Du reste , ce
ne sont pas les disgraciés de la nature , les foibles , ni les imbéciles qui sont gens à s'expatrier ;
ce sont toujours les plus vigoureux & les plus
entreprenans qui vont tenter fortune chez l'é-
tranger , & quelquefois même jusqu'aux extrémités de la terre. Ces émigrations , qui ne font
pas honneur à notre police , & que différentes
causes occasionnent tous les jours , ne peuvent
qu'affoiblir sensiblement la puissance nationale ,
& c'est une raison importante de travailler à les
prévenir.

Un moyen des plus efficaces , seroit d'attribuer
des avantages solides à la société conjugale qui
cultive une profession , de rendre les *maîtrises*
gratuites ou peu coûteuses aux gens mariés , tandis qu'on les vendroit fort chères aux célibataires,

taires, fi l'on n'aimoit encore mieux leur donner l'entière exclufion.

Quoi qu'il en foit, les *maîtrifes*, je le répète, ne font point une fuite néceffaire d'une police exacte ; elles ne fervent proprement qu'à fomenter la division & le monopole, & il eft aifé, fans *maîtrifes*, d'établir l'ordre & l'équité dans le commerce.

On peut former, dans nos bonnes villes, une chambre municipale, compofée de cinq ou fix échevins, ayant un magiftrat à leur tête, pour régler gratuitement tout ce qui concerne la police des arts & du négoce, de manière que ceux qui voudront fabriquer ou vendre quelques marchandifes ou quelque ouvrage, n'auront qu'à fe préfenter à cette chambre, déclarant à quoi ils veulent s'attacher, & donnant leur nom & leur demeure, pour que l'on puiffe veiller fur eux par des vifites juridiques, dont on fixera le nombre & la rétribution, à l'avantage des furveillans.

A l'égard de la capacité requife pour exercer chaque profeffion, en qualité de maître, il femble qu'on devroit l'eftimer en bloc, fans chicane & fans partialité, par le nombre des années d'exercice ; c'eft-à-dire, que quiconque prouveroit, par exemple, huit ou dix ans de travail chez les maîtres, feroit cenfé pour lors, par ce fait, fans brevet d'apprentiffage, fans chef-d'œuvre, & fans examen, raifonnablement au fait de fon art ou de fon négoce, & digne de parvenir à la *maîtrife*.

Une chofe certaine, c'eft que ce ne font point les gênes ,les difficultés qui forment les ouvriers, c'eft le goût des riches, & le prix qu'ils mettent aux beaux ouvrages.

On doit inférer de ces réflexions, que tous les fujets étant également chers, & également foumis au roi, fa majefté pourroit, avec juftice, établir un réglement uniforme pour la réception des ouvriers & des commerçans.

Qu'on ne dife pas que les *maîtrifes* font néceffaires, pour affeoir & pour faire payer la capitation ; puifque tout cela fe fait bien dans les villes où il n'y a que peu ou point de *maîtrifes* ; d'ailleurs on conferveroit toujours les corps & communautés, tant pour y maintenir l'ordre & la police, que pour affeoir les impofitions publiques.

On peut croire que les *maîtrifes* font éluder la capitation à nombre de fujets qui la payeroient en tout, autre cas ; car la difficulté de devenir maître, en force plufieurs à vieillir garçons, courtiers ou compagnons, qui, fans ceffe ifolés ou errans, efquivent affez facilement les impofitions perfonnelles ; au lieu que fi les *maîtrifes* étoient

plus acceffibles, il y auroit conféquemment plus de maîtres, qui tous payeroient la capitation à l'avantage du roi & du public.

Un autre avantage qu'on pourroit trouver dans les corps, que le lien des *maîtrifes* réunit de nos jours, c'eft qu'au lieu d'impofer aux afpirans des taxes confidérables qui fondent prefque toujours entre les mains des chefs, on pourroit, par des difpofitions plus fages, procurer des reffources à tous les membres, contre le défaftre des faillites ; par exemple, en faifant dépofer au candidat une fomme fixe dans une caiffe commune, qui en payeroit l'intérêt, & qui lui procureroit dans fon corps un crédit avantageux.

Pour répondre à ce que l'on dit fouvent contre la liberté des arts & du commerce ; favoir, qu'il y auroit trop de monde en chaque profeffion, il eft vifible que l'on ne raifonneroit pas de la forte, fi l'on vouloit examiner la chofe de près ; car enfin, la liberté du commerce feroit-elle quitter à chacun fon premier état pour en prendre un nouveau ? Non, fans doute ; chacun demeureroit à fa place, & aucune profeffion ne feroit furchargée, parce que toutes feroient également libres. A la vérité, bien des gens, à préfent trop miférables pour afpirer aux *maîtrifes*, fe verroient tout-à-coup tirés de la fervitude, & pourroient travailler pour leur compte, & le public gagneroit à cette concurrence.

Mais, dit-on, ne fentez-vous pas qu'une infinité de fujets, qui n'ont aucun état fixe, voyant la porte des arts & du négoce ouverte à tout le monde, s'y jetteroient bientôt en foule, & troubleroient ainfi l'harmonie qu'on y voit regner ?

Plaifante objection ! Si l'entrée des arts & du commerce devenoit plus facile & plus libre, trop de gens, dit on, profiteroient de la franchife. Hé ! ne feroit-ce pas le plus grand bien que l'on pût défirer ? Si ce n'eft peut-être qu'on croie qu'il vaut mieux fubfifter par quelque induftrie vicieufe, ou croupir dans l'oifiveté, que de s'appliquer à quelque honnête travail. En un mot, il eft difficile de comprendre qu'on puiffe héfiter, pour ouvrir à tous les fujets la carrière du négoce & des arts, puifqu'enfin, il n'y a pas à délibérer, & qu'il eft plus avantageux d'avoir un grand nombre de travailleurs & de commerçans, dût-il s'en trouver quelques-uns de mal-habiles, que de rendre l'oifiveté prefqu'inévitable, & de former ainfi des fainéans, des voleurs ou des filoux.

Outre l'inconvénient qu'ont les *maîtrifes*, de nuire à la population, comme on l'a montré ci-devant, elles en ont un autre, qui n'eft guères moins confidérable. Elles font que le public eft beaucoup plus mal fervi. Les *maîtrifes*, en effet, pouvant s'obtenir par faveur & par argent, &

C

ne suppofant essentiellement , ni capacité , ni droiture dans ceux qui les obtiennent, elles font moins propres à diftinguer le mérite , ou à établir la juftice & l'ordre parmi les ouvriers & les négocians , qu'à perpétuer, dans le commerce, l'ignorance & le monopole, en ce qu'elles autorifent de mauvais fujets, qui nous font payer enfuite , ou ne dit pas feulement les frais de leur réception , mais encore leurs négligences & leurs fautes.

A peu près dans le même temps que paroiffoient les obfervations que l'on vient de voir, dans la première édition du dictionnaire encyclopédique, un anonyme publia des confidérations fur le commerce , & en particulier fur les communautés & les *maîtrifes*.

La matière y eft traitée fous tous fes rapports, avec l'intérêt du commerce général , avec l'intérêt de l'agriculture , & avec celui de l'Etat. Par-tout on reconnoît un homme animé par l'amour du bien, & un écrivain exercé, chez qui la profondeur de la difcuffion ne nuit point à la clarté des objets.

Pour y répandre plus d'ordre & fixer les idées d'une manière plus précife, il divife fon fujet en quatre queftions.

1°. Quels font les obftacles qu'apportent au travail & à l'induftrie, les corps de métiers, ou *maîtrifes*,

2°. Quels font les avantages qui reviendroient à l'Etat de leur fuppreffion ?

3°. Quelle feroit la meilleure méthode d'y procéder ?

4°. Les fecours que les corps de métiers ont fournis à l'Etat, lui ont-ils été utiles ou nuifibles ?

PREMIÈRE ET IIe. QUESTIONS.

L'inftitution des corps de métiers ou *maîtrifes*, tels qu'on les voit aujourd'hui, n'eft pas fort ancienne. Il eft vrai que fous la feconde race, on trouve déjà des établiffemens de communautés : celui qui avoit infpection fur tout ce qui a rapport au commerce, s'appelloit *Roi des merciers*. Les fonctions de ce magiftrat avoient beaucoup de reffemblance avec celles du prévôt des marchands. Ce dernier nom a été fubftitué au premier , dès la fin du treizième fiècle, fuivant Chopin. Mais ces communautés n'étoient dans leur origine, qu'une union, une efpèce de confrairie d'hommes, que la reffemblance de profeffion avoit réunis fous des réglemens convenus entr'eux. On ne voit aucuns ftatuts autorifés par les magiftrats ou par lettrespatentes, avant le douzième ou treizième fiècle. On prétend même que ce n'eft que fous faint Louis, que les marchands & les artifans furent

partagés en communautés. Ces corps n'étoient pas nombreux alors ; peut-être même ceux des marchands de Paris étoient-ils fixés à fix, qui portent encore le nom des fix premiers corps. Leur nombre s'eft fucceffivement accru par les édits de Charles IX , de Henri IV , & de Louis XIV.

En 1673, Paris comptoit foixante communautés. L'édit du mois de mars de la même année les fit monter à quatre-vingt-trois. Le fyftême de réduire tout en corps de jurande ayant prévalu, on y comptoit , environ vingt ans après , comme aujourd'hui, plus de cent-vingt communautés. Ce fyftême paffa de la capitale , dans les provinces; tous les corps voulurent être décorés de lettrespatentes. Ils propofèrent des réglemens fur le modèle de ceux de Paris ; ils furent adoptés : c'eft par cette raifon que le même efprit les a tous dictés , & qu'ils paroiffent copiés les uns fur les autres.

Les réglemens font de deux efpèces. Les uns ont été donnés pour la police & la difcipline de ces corps ; les autres, pour la qualité & la perfection des ouvrages qui font l'objet de leur art. C'eft dans ces réglemens que nous allons puifer les raifons qui nous déterminent à croire que les corps de métiers, tels qu'ils fubfiftent aujourd'hui, font préjudiciables au progrès de l'induftrie. Voici les principaux articles qui paroiffent apporter le plus d'obftacles à l'avantage des arts & du commerce.

1°. Le nombre des apprentifs fixé à un feul.

2°. La longueur de l'apprentiffage & du compagnonage.

3°. La différence qu'on y fait des étrangers aux fils de maîtres.

4°. Le prix coûteux des frais de réception à la *maîtrife*.

Tous les réglemens défendent expreffément, plufieurs même , fous peine d'amendes confidérables, d'avoir plus d'un apprentif à la fois. Ils permettent feulement d'en prendre un fecond, dans la dernière année de l'apprentiffage du premier. Il y a très-peu de corps qui tolèrent deux apprentifs.

Cette claufe, que l'on trouve dans tous les ftatuts, n'eft-elle pas contraire à la propagation des arts, & totalement oppofée aux principes qu'on devroit fuivre, pour multiplier, autant qu'il eft poffible, les hommes occupés ? Elle n'a pas été dictée , fans doute, par l'impoffibilité de former plufieurs apprentifs à la fois : il n'en coûteroit prefque pas plus de foin aux maîtres, pour en inftruire plufieurs, que pour en former un feul. Il eft aifé de s'appercevoir qu'ils ont craint d'avoir trop de concurrens dans leur art.

Comme ils ont eux-mêmes proposé ces réglemens, ils font l'ouvrage de l'intérêt particulier ; mais l'intérêt particulier eſt ici oppoſé à celui de l'Etat. L'avantage du premier, eſt de reſtreindre dans le moins de mains, le privilège d'une profeſſion ; celui de l'Etat, au contraire, eſt d'applanir la route qui conduit au travail, d'en multiplier les voies, & de procurer les moyens de nourrir, par une occupation journalière, le plus d'hommes qu'il eſt poſſible.

L'office de la loi ne devoit pas être de fixer le nombre des ouvriers, ſa fonction devoit avoir un but tout oppoſé ; car le nombre des ouvriers peut être quelquefois trop petit, mais ne peut jamais être trop grand, & ne l'eſt jamais en effet, parce que la conſommation le réduit toujours dans la juſte proportion du beſoin ; ſi ce beſoin diminue, le nombre des ouvriers diminue dans le même rapport, ſans le ſecours de la loi. Si, au contraire, ce beſoin augmente, la loi qui limite le nombre des ouvriers, s'oppoſe à l'augmentation néceſſaire. Elle donne des bornes au nombre des ouvriers, tandis que le beſoin peut n'en pas avoir dans la même proportion ; l'Etat perd alors l'occaſion & le moyen d'occuper plus d'hommes, & arrête conſéquemment l'induſtrie. On n'auroit couru aucun danger, en laiſſant la liberté de former autant d'apprentifs que la conſommation l'exigeroit ! elle eût été la meſure & la régle du nombre néceſſaire. Il ne falloit point de loi à cet égard, & celle qui le fixe ne peut être que préjudiciable.

L'intérêt particulier a pris auſſi toutes les précautions poſſibles pour rendre l'apprentiſſage long & difficile. Les maîtres, non contens de fixer le nombre des apprentifs à un ſeul, ont allongé, autant qu'ils ont pu, la durée de l'apprentiſſage. Dans certains corps, ils exigent trois ans, dans d'autres quatre ; enfin, juſqu'à dix ans. Ce long terme n'eût pas été un obſtacle aſſez grand pour diminuer le nombre des aſpirans à la *maîtriſe*, ils ont ajouté le compagnonage, eſpèce de ſervitude, dont la durée eſt toujours double, quelquefois triple de l'apprentiſſage ; de ſorte que, pour parvenir à la *maîtriſe*, il faut faire preuve de ſept, de dix, quelquefois de douze ans de travail en qualité d'apprentif ou de compagnon. Quel eſt l'aſpirant qui ne ſera pas rebuté par le terme d'une ſi longue épreuve ? Peut-être, dira-t-on, la difficulté de la profeſſion rend-elle cette épreuve indiſpenſable ? Non, ſans doute : au moins auroit-on bien peu préſumé de l'intelligence humaine, en ſuppoſant qu'il faut ſept ans pour apprendre à conſtruire un tonneau, & dix ans pour apprendre à faire un bonnet. D'ailleurs, quelle eſt dans les arts la choſe de théorie ou de pratique qu'on puiſſe eſpérer de ſavoir jamais, ſi on n'en eſt capable au bout de quelques

années ? La longueur des apprentiſſages a donc été exigée par les maîtres, non-ſeulement pour diminuer le nombre des aſpirans, mais pour jouir plus longtemps de leur travail. Le poſſeſſeur tranquille d'un privilège de *maîtriſe* ſe fait ſervir pendant pluſieurs années par ſon apprentif, à qui il fait même payer le ſervice qu'il en reçoit.

Les droits que les réglemens permettent de lever ſur les aſpirans, doivent être mis au nombre des obſtacles nuiſibles que les corps oppoſent à l'induſtrie. En effet, l'apprentif eſt obligé de payer les frais d'enregiſtrement, de chapelle, de confrairie, de bien-venue. Si nous ajoutons à ces droits, dont une partie ſe renouvelle tous les ans, les conditions que les maîtres impoſent aux parens de l'aſpirant, pour le recevoir ; ſi nous y joignons les honoraires des gardes & jurés, les frais de chef-d'œuvre & de réception, on verra qu'une grande partie du peuple n'eſt pas en état de payer des ſommes auſſi conſidérables, pour obtenir le privilège d'exercer une profeſſion, c'eſt-à-dire, la permiſſion de n'être pas oiſif & vagabond. De-là ce grand nombre de mendians, qui, rebutés des difficultés qu'on oppoſe au beſoin où ils ſont de travailler, préfèrent la fainéantiſe, & errent en demandant un pain qu'on ne leur permet pas de gagner. Que d'obſtacles ces réglemens n'oppoſent-ils pas aux pères de famille pour l'établiſſement de leurs enfans ? Y en a-t-il beaucoup entr'eux aſſez aiſés, non-ſeulement pour perdre le produit du travail de leurs enfans, pendant ſix ou ſept ans, mais encore pour payer les droits que les communautés exigent ? Nous ſommes tous les jours témoins de la gêne où ces frais multipliés réduiſent les parens ; & s'ils ſont chargés d'une nombreuſe famille, ils ne peuvent pas, ſans ſecours, pourvoir aux moyens de faire inſtruire leurs enfans dans une profeſſion. Ces obſtacles ſont d'autant plus contraires au bon ordre, que les arts & métiers ſont le patrimoine naturel du peuple, & que ce peuple devant toujours être cenſé pauvre, par la loi, puiſqu'il eſt obligé de travailler pour vivre, il falloit qu'elle lui rendît cette façon de ſubſiſter, la plus aiſée & la moins coûteuſe.

De quelque côté qu'on enviſage la différence que les ſtatuts mettent entre les étrangers & les fils de maîtres, elle eſt injuſte & déraiſonnable. Ouvrons les réglemens, & nous lirons dans tous, l'injuſtice des conditions qui obligent les étrangers à un plus long terme d'apprentiſſage. Nous y verrons même, que les fils de maîtres, dans le plus grand nombre des corps, ſont affranchis des preuves & du chef-d'œuvre. Sont-ils donc nés avec plus de talens & de lumières ? L'avantage d'être fils de maître, leur donne-t-il plus d'aptitude & de connoiſſance ? On répondra, ſans doute, qu'étant cenſés travailler depuis leur bas âge, fous les yeux de leurs parens, on doit les fuppofer inftruits, & par conféquent les difpenfer du chef-d'œuvre. Par cette raifon on devroit en difpenfer les étrangers, puifque les longues épreuves auxquelles on les affujettit, doivent leur donner les mêmes connoiffances & la même capacité. Mais, quelle eft la bifarrerie de cette diftinction? Les réglemens appèlent étrangers, ceux qui ne font pas nés dans la ville où ils veulent exercer une profeffion, ou qui n'y ont pas fait leur apprentiffage. En vain réclameroientils qu'ils ont des leçons de maîtres habiles dans leur art; en vain produiroient ils des garans; en vain objecteroient-ils, contre cette injufte exclufion, qu'ils font fujets du même prince, qu'ils obéiffent aux mêmes loix. Ils font punis de l'influence de l'aftre malheureux qui leur a fait recevoir l'apprentiffage ou la naiffance à quelque diftance du lieu où ils veulent être reçus maîtres. En conféquence on les condamne nonfeulement à un plus long compagnonage, mais à payer des droits triples, quelquefois dix fois plus grands que ceux que payent les fils de maîtres, ou les apprentifs de ville. L'amour feul peut les difpenfer de cette exaction; il ne leur refte de reffource que celle de plaire à la veuve ou à la fille d'un maître, & d'en obtenir la main.

Tous ces frais épuifent les facultés des parens de l'afpirant, ils ne peuvent plus faire la dépenfe d'une lettre de *maîtrife*, & l'apprentif eft obligé de refter toute fa vie dans la fervitude du compagnonage. Cette obligation forcée ne l'encourage pas à perfectionner un art dans lequel il fera toujours mercenaire. Il en réfulte un autre inconvénient qui tient de la barbarie. Un ouvrier, fouvent reçu à la *maîtrife*, par la raifon qu'il eft fils de maître, n'ayant aucun talent, & foutenant fa boutique par le travail des compagnons, peut s'enrichir de l'habileté de ces ouvriers, lefquels, quoiqu'ils poffèdent toutes les connaiffances requifes pour vivre libres & travailler en leur nom, ne le peuvent, faute de pouvoir acheter des *maîtrifes*. Ainfi, l'ouvrier habile, mais pauvre, ne peut fortir de l'efclavage & de l'indigence, & l'ouvrier ignorant, mais affez aifé pour acheter une *maîtrife*, peut s'enrichir: la fortune n'eft plus la récompenfe des talens, vice politique, abfolument contraire à l'émulation.

Tous ces ftatuts ont donc été dictés par l'efprit d'intérêt particulier. Les maîtres, en les dreffant, ont veillé, avec l'attention la plus fcrupuleufe, à empêcher le partage des privilèges, & à reftreindre le nombre des maîtres; ils ont femé les approches de la *maîtrife* de tous les frais & de toutes les difficultés poffibles. Les corps de métiers ne peuvent donc être envifagés, que comme autant de fociétés d'hommes privilégiés

exclufivement à tous autres, qui n'ont pas comme eux, acheté le droit d'exercer une profeffion à prix d'argent, ou par un long apprentiffage. Ces hommes, autorifés par la loi, s'en font un rempart contre l'induftrie de ceux qui voudroient partager avec eux le bénéfice des arts & du commerce. Retranchés à l'abri des ftatuts, ils ont hériffé de gênes & d'obftacles la route qui conduit à l'art qu'ils profeffent. Ces compagnies occupent dans la république autant d'efpaces féparés, dont les extrêmes font des fources fécondes de difcorde. Les gardes & les jurés de ces compagnies veillent fans ceffe à la barrière, pour empêcher qu'on n'en franchiffe les limites.

On peut confidérer, que par le privilège exclufif, donné à un nombre limité d'hommes, comme s'il étoit donné à un feul; il en réfulte le même inconvénient. Le poffeffeur du droit exclufif s'endort à l'ombre du privilège, ne craignant pas la concurrence, il ne veille pas à la plus grande perfection. Il en eft de même d'un corps ou d'une compagnie où il n'eft pas permis à tous d'entrer. Le bénéfice refferré entre les mains d'hommes privilégiés, les met à l'abri de la concurrence; ce gain affuré les rend négligens & pareffeux, ce qui n'arriveroit pas, s'ils n'étoient pas les maîtres de limiter le nombre des privilèges; ils feroient & plus vigilans & plus habiles: c'eft ainfi que les arts dégénèrent, ou n'acquièrent aucun accroiffement. Loin donc, que les corporations tendent à la propagation du commerce, elles tendront toujours à la diminution & au monopole.

Elles pouvoient être avantageufes lorfque le commerce étoit encore au berceau; il étoit jufte, fans doute, d'attirer par des privilèges extraordinaires, les ouvriers qui nous apportoient leur induftrie. Dans la renaiffance des arts, il falloit récompenfer ceux qui faifoient de nouvelles découvertes, ou qui inventoient de nouvelles manufactures. On ne pouvoit trop hâter la fortune de ces citoyens induftrieux, lorfqu'il falloit un bénéfice prompt & rapide, pour réveiller, par l'exemple, l'engourdiffement où l'ignorance avoit plongé nos ancêtres.

Dans le douzième & treizième fiècle, les arts étoient prefque méconnus: c'eft alors qu'on a commencé à donner des privilèges aux corps de métiers. Mais fi cette politique étoit néceffaire lorfqu'il falloit, non-feulement infpirer l'amour du travail, mais encore apprendre à travailler, elle peut être aujourd'hui auffi pernicieufe qu'elle a été utile. La loi doit changer comme les circonftances. Il eft moins queftion à préfent, d'enrichir un petit nombre d'ouvriers, que de répandre dans le plus de mains qu'il eft poffible, la pratique des arts, & d'augmenter le peuple dans le commerce. Les corps privilégiés feront toujours un effet contraire. Cependant, comme ce font les hommes qui font le commerce, & qu'on ne peut faire un grand commerce que par un grand nombre d'hommes, on ne fauroit trop les multiplier, & on ne peut les multiplier, qu'en rendant plus faciles, aux regnicoles & aux étrangers, les moyens de travailler. Ainfi, outre le préjudice immédiat que les communautés apportent aux progrès de l'induftrie, & à la multiplication des ouvriers, elles nuifent encore à la population en général.

Si nous connoiffons la caufe de nos pertes, il faut chercher les moyens d'en arrêter les progrès. Un de ceux qu'on pourroit employer avec fuccès, feroit de multiplier les occafions de travailler, & de rendre plus facile l'admiffion de nos arts & métiers, foit aux nationaux, foit aux étrangers. Il feroit avantageux d'attirer ceux-ci par tous les moyens poffibles. Le plus efficace, fans doute, feroit de leur donner des permiffions moins gênantes & moins coûteufes de s'occuper dans nos provinces. Mais les ftatuts que nous avons donnés aux marchands & aux artifans y apportent un obftacle prefque infurmontable. Le même efprit les a tous diftés ; on diroit qu'on s'eft fait une étude particulière d'en rendre les approches inacceffibles aux étrangers. Confultons les autres nations commerçantes ; elles favent combien eft importante l'acquifition des hommes, & fur-tout des hommes utiles. Elles favent que l'Etat le plus puiffant n'eft pas celui qui compte le plus grand nombre de provinces, mais le plus grand nombre d'hommes induftrieux. Loin d'affujettir les étrangers à des formes gênantes, à des contraintes rebutantes & loin de les écarter par des pratiques ferviles & difpendieufes, elles les invitent par des fecours, par des récompenfes, ou au moins par une liberté abfolue, de faire ufage, comme il leur plaît, de leurs connoiffances & de leurs talens.

Nous n'ignorons pas qu'il y a à Londres & dans plufieurs villes d'Angleterre, des corporations dans lefquelles il n'eft pas permis aux étrangers d'entrer, même à prix d'argent. Depuis longtemps la nation réclame en vain contre cette injufte exclufion : les corps ont eu jufqu'à préfent le crédit de conferver leurs privilèges. Quelles ont été les fuites de cette politique ? Les arts, enfans de la liberté, ont quitté les cités où ils étoient captifs & contraints, pour fe retirer dans les villes où on les a affranchis de toute fervitude. Les villes de Manchefter, Leeds, Hallifax, Birmingham, &c. ont reçu, avec ufure, la récompenfe de l'afyle qu'elles leur ont ouvert. Riches & peuplées, elles poffédent aujourd'hui des manufactures plus nombreufes & plus belles que celles de la capitale.

Tel fera toujours l'effet des gênes dans lefquelles les corporations enchaînent l'induftrie : ennemie de la contrainte, elle fe réfugiera néceffairement dans les lieux où elle fera plus libre. Un François, qui aura appris fon métier en un an ou deux, & qui ne peut l'exercer en France, en fon nom, fans fe foumettre encore à fept ou huit ans d'apprentiffage dont il n'a plus que faire, paffera dans le pays étranger où il eft maître d'abord.

Si, au contraire, un étranger, attiré par la douceur du climat, veut venir s'établir en France, nous le rebutons par la durée interminable de l'apprentiffage, & par le prix énorme des lettres de *maîtrife* ; double abus dans notre légiflation, qui tend d'un côté à dépeupler l'Etat, & nous prive de l'autre des moyens de réparer nos pertes.

Le préjudice que les corps de métiers apportent à la population, s'étend non-feulement à la confommation intérieure qui feroit plus grande, mais encore à l'exportation qui feroit plus confidérable. L'effet naturel des corporations eft d'augmenter le prix des ouvrages ; cette augmentation caufe un dommage direct & immédiat, elle fait acheter plus cher à la nation, la néceffité de fe vêtir, de fe nourrir, de fe loger, &c. Un autre plus pernicieux encore, quoique moins direct, elle enchérit, pour l'étranger, les ouvrages de notre induftrie.

On peut divifer toutes les communautés en deux claffes.

L'une travaille pour les befoins intérieurs, tels font les boulangers, menuifiers, maçons, cordonniers, &c.

L'autre travaille pour la confommation intérieure & extérieure : tels font les tifferands, drapiers, teinturiers, marchands, & tous ceux qui ont rapport à la fabrique ou à l'apprêt des étoffes.

Ces deux claffes, par les abus autorifés dans leurs ftatuts, impofent, la première, à tous les ordres de l'Etat, une efpèce de contribution, un impôt réel qui augmente les dépenfes de la fubfiftance ; la feconde, lève fur les étrangers un tribut plus fort que les autres nations commerçantes : tribut qui nous privant de la préférence, doit diminuer nos exportations, & refouler inconteftablement fur le principe, c'eft-à-dire fur la culture & la multiplication des matières premières.

Il n'eft pas difficile de prouver que les privilèges & les ftatuts des corps de métiers augmentent le prix de l'induftrie.

On doit convenir qu'ils limitent le nombre des ouvriers, & que moins il y a d'ouvriers dans une même profession , plus ils font maîtres d'impofer des conditions dures à celui qui a befoin de leurs ouvrages. On ne peut empêcher ce monopole, que lorfque le confommateur pourra choifir entre le plus grand nombre d'ouvriers du même art. Cette poffibilité du choix laiffe la liberté à l'acheteur de comparer & de s'adreffer à celui qui met fon travail à plus bas prix. L'ouvrier lui-même , inftruit de la préférence qu'on veut donner à un autre, fe relâche de fes prétentions & fe contente d'un gain plus modique. C'eft l'effet de la concurrence, le principe le plus étendu & le plus fecond du commerce; on fauroit trop lui donner d'activité; tout privilège exclufif s'oppofe à l'avantage qu'il peut procurer; mais les corps de métiers font réellement autant de privilèges exclufifs qui limitent le nombre des ouvriers; ils font donc contraires au principe qui opère le plus bas prix.

On peut s'en convaincre par les plaintes même des communautés. Depuis que le luxe a multiplié nos befoins , que nos modes & nos goûts, adoptés dans prefque toutes les cours de l'Europe, ont augmenté l'exportation, la portion des hommes deftinés à cet emploi, eft multipliée : les arts font répandus dans un plus grand nombre de mains, le bénéfice, en fe partageant , eft diminué. On entend tous les jours fe plaindre qu'on ne fait plus dans le commerce les grandes fortunes qu'on y faifoit, lorfqu'il étoit entre les mains de peu de négocians. On entend déclamer contre le trop grand nombre de marchands & d'artifans, fur-tout contre ceux qui fe bornent à un gain modique. Tel eft le langage de l'intérêt particulier , & du défir de faire une fortune prompte & rapide. Il eft vrai que plus il y a de concurrens, plus le gain du particulier fe partage & diminue. Outre que cette diminution tend à nous obtenir la préférence fur nos rivaux, & à multiplier nos ventes , il importe plus à la république , que le commerce compte cent maifons aifées, que dix maifons opulentes. Ces cent maifons, qui gagneront chacune annuellement trois à quatre mille livres, feront plus de confommation, éleveront plus de citoyens, feront d'une plus grande reffource dans les befoins preffans de l'Etat, que dix maifons de trente mille livres de rente.

Les corporations nous offrent d'autres raifons d'une augmentation forcée du prix des marchandifes. Les ouvriers occupés à les fabriquer, à les teindre & à leur donner l'apprêt, les marchands qui les achètent & les exportent , ont obtenu ce privilège, foit en confacrant fept, jufqu'à dix ans de leur travail pour les maîtres, foit en débourfant des fommes confidérables pour la *maîtrife* ou les charges des communautés. Cet ouvrier, ce marchand ne peut fe dédommager de fes dépenfes qu'en augmentant le falaire de fon travail. Il les prélève fur fon induftrie , & fe revanche réellement fur le confommateur. Si les frais qu'il a payés pour fon privilège, au lieu d'être prodigués à des pratiques inutiles , étoient employés à la conftruction des inftrumens, des métiers & des uftenfiles néceffaires à fa profeffion. Si ces fommes reftoient entre fes mains , comme un capital utile à l'achat de fes matières, & comme un fonds deftiné à fon commerce, il pourroit travailler & vendre à meilleur marché, & ne pas impofer une loi fi pefante aux nationaux & aux étrangers qui emploient fon induftrie.

Cette augmentation fe répète & fe multiplie fur le même objet, par la fubdivifion prefqu'infinie des corps de métiers. Suppofons qu'une étoffe, avant d'arriver à fa perfection, paffe néceffairement par les mains de cinq ou fix corps, qui ont le privilège de faire fur cette marchandife telle opération ; il eft certain que chaque corps aura impofé fur cette étoffe une augmentation de prix; que ces cinq ou fix augmentations, fi modiques qu'on les fuppofe , feroient, en fomme , une augmentation confidérable. C'eft ainfi que nous n'avons pas apperçu le tort que les corps de métiers font à la concurrence, & à la balance du commerce, dans lequel il n'y a point de petite économie. C'eft ainfi que nos voifins, affranchis de cette multiplicité d'impôts & d'exclufions, obtiennent la préférence , en flattant l'utilité du confommateur. Ce que nous difons n'eft point imaginaire : jettons les yeux fur la plûpart de nos manufactures , & nous verrons que dans les villes où les corporations font établies, plufieurs de nos étoffes paffent, avant l'exportation, par l'impôt de cinq ou fix communautés. On peut comparer le prix de ces ouvrages avec celui des marchandifes faites dans des lieux francs , & fe convaincre de la différence. C'eft donc attaquer directement le principe qui donne le plus d'activité & d'étendue au commerce , c'eft-à-dire la modicité du prix.

Le bon marché eft l'arme la plus formidable avec laquelle on puiffe combattre les efforts de nos rivaux ; le confommateur ne réfifte pas à cet attrait. Levons donc tous les obftacles qui s'oppofent à la fécondité de ce principe. Ces obftacles font d'autant plus grands, qu'ils font refpectables & qu'ils portent le fceau de l'autorité.

On les rencontre dans les droits que nous levons pour le paffage de nos denrées d'une province à l'autre, comme fi la France étoit étrangère au milieu de fon fein même, de forte qu'une marchandife, par les divers droits qu'elle acquitte , fe trouve , fur nos frontières, augmentée de cinq , & quelquefois de huit ou dix pour cent.

On trouve ces obstacles dans le haut prix de l'intérêt de l'argent, relativement à celui des Etats voisins; la progression de cette différence, soumise au calcul, est immense & presqu'incroyable : l'industrie en souffre tout le dommage. On les trouve encore dans les statuts pour la police des corps de métiers, qui augmentent, comme nous venons de le voir, le prix de nos ouvrages, & dans les réglemens qu'on a donnés aux communautés, pour la qualité, largeur & perfection des marchandises.

Quand on a lu l'immense recueil de ces réglemens, voici l'impression que ce long & pénible travail laisse dans l'esprit du lecteur fatigué. Il compare cette énorme collection à une édifice sans proportion, dont toutes les parties ont été construites en détail, dépendamment des temps, de l'opinion, des circonstances : ceux qui les ont faits n'appercevoient que le côté qu'ils bâtissoient, sans considérer la liaison qu'il devoit avoir avec l'ensemble. On construisoit, selon le besoin, on détruisoit de même. On y reconnoît la touche & la manière des inspecteurs, qui, depuis cinquante ans, n'ont fait des réglemens que par état & pour paroître nécessaires. Ils sont partis d'un principe qui prouve incontestablement que ce ne sont pas des commerçans qui les ont faits, mais des hommes qui manquoient des connoissances & de l'expérience que l'on n'acquiert que par la pratique & une longue habitude du commerce. De-là cette contradiction manifeste qu'on y rencontre.

Il est vrai que M. Colbert a consulté les négocians les plus célèbres, pour dresser les réglemens que nous devons à ce protecteur des arts & du commerce. Cependant, quoiqu'ils soient bien plus parfaits que ceux qu'on a faits depuis, on n'y trouve pas cette unité de vue, ce fil systématique de principes qu'on y désireroit : ce défaut vient de ce que ceux, dont il a pris les avis, ne pouvoient traiter que des parties séparées, que des branches à part, & ne dissertoient que sur la partie du tout qui étoit sous leurs yeux : aussi étrangers pour les autres objets, que familiers avec ceux qu'ils traitoient, ils ne voyoient l'ensemble que sous une seule face.

On devoit voir l'objet plus en grand, en rapprocher les différens rapports, & composer un corps qui pût favoriser la marche de l'industrie, puiser dans sa nature même, le mobile qui l'anime, l'aiguillonne, la propage & lui donne la vie.

Il falloit rapporter à un plan général les divers matériaux que les observations particulières avoient amassés; c'est ce qu'on n'a pas fait. Les parties ont été savamment traitées séparément; mais on n'apperçoit aucune liaison qui les dirige

à un centre, à un point unique. Le système pèche par ses fondemens même, & ne s'est soutenu que parce qu'on a dérogé aux régles qui l'ont élevé : espèce de paradoxe qu'il sera aisé de développer, en faisant voir combien on s'est trompé dans les principes.

On a supposé gratuitement, dans tous ces réglemens, que le fabricant & le marchand n'avoient d'autre but que de tromper, d'autre intérêt que d'être fripons. Nos ordonnances partant de cette conviction, ne tendent qu'à empêcher la fraude. Toute leur fonction se borne à donner des régles pour la qualité de tels ouvrages, & à infliger des peines & des amendes contre ceux qui y contreviendront. Voilà, en deux mots, l'esprit de toutes nos ordonnances.

En conséquence on a répandu dans les fabriques, des inspecteurs, pour veiller à l'exécution de ces réglemens. On les a même chargés d'employer à cet effet la rigueur & la sévérité.

Voici les propres termes de M. Colbert, art. IX, des instructions qu'il donne aux inspecteurs. Il leur enjoint de *tenir les jurés dans leur devoir, & d'imprimer la crainte dans l'esprit des ouvriers & des façonniers.* Nous ne nous arrêterons pas à remarquer que cet article étoit inutile pour des hommes toujours trop portés à appésantir le poids de l'autorité : nous nous contenterons de considérer, qu'on devoit puiser les principes de nos loix, dans la nature même du commerce, & qu'on s'en est écarté.

En effet, loin que le fabricant & le marchand soient conduits par l'envie de tromper, comme on le suppose, il faut qu'on ait conçu une bien fausse idée des ressorts qui soutiennent le commerce, si on n'est pas persuadé que la bonne foi en est l'ame, la base & l'agent le plus actif.

Le commerce peut-il subsister sans le crédit, le crédit sans la confiance, la confiance sans la bonne foi? Quel est dans tous les temps l'état d'un homme qui fait le commerce? Le voici. Il est possesseur d'un bien qui n'est pas entre ses mains, d'un bien qui circule dans celles de ses correspondans, presque toujours sur leur simple parole; d'un bien qui ne rentre chez lui que pour en sortir avec la même facilité.

Si un négociant ne peut étendre ses correspondances, assurer son crédit, qu'autant qu'il a de la bonne foi; si son intérêt l'oblige même plus que tout autre sujet à en avoir, il falloit que la loi lui en supposât.

D'un autre côté, s'il est vrai que tous les efforts du fabricant ou du marchand tendent à augmenter son capital, il n'est pas moins vrai que ce n'est pas par un gain illicite & momentané qu'ils peuvent parvenir à une fortune solide & constante, mais par la continuité non interrompue de gains modiques & limités dans les justes bornes de l'honnêteté.

Comme il est de l'utilité du négociant de s'attirer la confiance de ses correspondans ; qu'il ne peut la conserver que par la probité & la bonne foi , il est certain, que l'envie même de gagner l'engage & le force à ne pas tromper. Elle est même un frein d'autant plus puissant, que ce frein est pris dans la nature de l'intérêt personnel, & qu'il existera toujours par la concurrence.

Dans le nombre des commerçans, il s'en trouve, sans doute, qui sont assez inconsidérés pour se laisser séduire par l'appât d'un gain trop rapide ; mais ce petit nombre sera assez puni de sa mauvaise foi , par le défaut de confiance & de débit. On ne trompe pas longtemps impunément. Le législateur devoit donc regarder ces fraudes passagères comme une affaire de particulier à particulier , intéressé à ne pas se laisser tromper ; comme une fraction à négliger dans la somme totale du commerce.

Il devoit avoir en vue le plus grand nombre conduit , pour son utilité même , par la probité, & ne pas partir d'un principe aussi faux que déshonorant.

Il devoit enfin ne pas prendre , pour unique objet de la loi qu'il vouloit promulguer , des contraventions rares & particulières , qu'on suppose générales gratuitement , comme si tous les contrats de vente étoient ou devoient être nécessairement frauduleux.

Chez les nations où ce ne sont pas des inspecteurs qui font les réglemens ; chez les peuples où les fabricans habiles, les négocians consommés composent le tribunal du commerce, comme juges naturels de cette partie de l'administration , où les talens & l'expérience sont les seuls degrés par lesquels on peut monter à ces places importantes qu'on n'achete pas ; enfin, où ce sont des commerçans qui ont fait le petit nombre de réglemens nécessaires pour l'avancement du commerce, on n'a pas cru devoir supposer que la fraude en fût inséparable. Au contraire, on a présumé que l'intérêt de tout marchand ou fabricant le portoit à être de bonne foi ; qu'il étoit inutile que le souverain veillât continuellement, & interposât son autorité pour des maux rares & particuliers ; on a cru que pour donner une base solide à l'industrie , & en faciliter la propagation, il falloit plus d'exécutions que de réglemens , plus de récompenses que de loix , plus de liberté que de contrainte. C'est en Angleterre , c'est en Hollande , les pays les plus commerçans de l'Europe, qu'on a osé penser ainsi ; c'est dans ces deux Etats , que la sagesse des loix & la solidité des principes ont été prouvées par les succès les plus brillans.

Qu'est-ce qu'un réglement ? C'est une loi qui statue sur la largeur , la longueur, la quantité de portées d'une étoffe , la qualité de la matière qui y doit être employée, &c. ; enfin, sur toutes les parties d'un ouvrage quelconque. En conséquence, tout fabricant est obligé nécessairement de travailler sous les conditions données , & on appelle en France une marchandise parfaite , celle qui est conforme aux réglemens. Mais examinons s'il peut y avoir une loi qui ordonne invariablement de fabriquer une étoffe de telle manière , & si l'avantage du commerce permet qu'elle subsiste.

Supposons un moment que nos réglemens aient statué sur tous les ouvrages de notre industrie , il s'ensuivroit de l'invariabilité de la loi , que ces ouvrages ne changeroient jamais ; de sorte que, fixés il y a cinquante ans , à une telle forme, ils la conserveroient toujours , & seroient encore aujourd'hui les mêmes. Cependant , quel est l'usage & l'emploi qu'on doit en faire ? Ne sont-ils pas destinés à satisfaire , à tenter même le goût du consommateur ? Mais ce goût est-il invariable ? Ne dépend-il pas au contraire de la chose du monde la plus arbitraire , la plus mobile & la plus changeante , le caprice , la fantaisie ?

Si ce sont-là les deux ressorts , qui animent & nourrissent l'industrie , qui occupent tant de bras , qui meuvent enfin toute la machine du commerce , il ne faut point de loi fixe & immuable , qui en empêche la mobilité. Le consommateur est libre, sans doute, d'ordonner sur la qualité, la largeur , le dessein ; enfin , sur toutes les parties d'une étoffe : il faut donc qu'il soit libre à la nation qui la fabrique , de la faire comme celui qui l'emploie, désire qu'elle soit faite. La loi positive & inflexible ne seroit bonne tout au plus , que dans le cas où nous pourrions commander au consommateur de ne point changer, où nous pourrions lui imposer de s'habiller invariablement d'une étoffe telle que nos réglemens exigent qu'elle soit fabriquée. Mais , loin d'avoir ce crédit sur l'étranger, nous ne l'avons pas sur nous-mêmes. En effet, commande-t-on à la fantaisie ? Puisque c'est cette fantaisie qu'il faut satisfaire , provoquer même ; puisque c'est le seul objet , l'unique but du commerce , & qu'on ne peut y atteindre que par la variété & le changement. Toute loi qui fixe immuablement une étoffe à une telle forme , à une perfection invariable , est donc absolument contraire à la propagation du commerce.

On s'est grossièrement trompé au désavantage de l'Etat , quand on a exigé de nos fabricans , qu'ils se conformassent toujours aux mêmes réglemens. Que d'entraves ne donnent-ils pas à l'industrie ? Que d'obstacles n'ont-ils pas apporté à la consommation ? Si on vouloit , il y a cent ans , un drap fort , & qu'aujourd'hui on préfère

un

un drap léger, faudra-t-il s'obſtiner à faire un drap fort ? Si on préféroit, il y a cent ans, une étoffe chère, mais capable de réſiſter longtemps aux frottemens & à la fatigue, & qu'à préſent on déſire des étoffes plus apparentes que ſolides, plus brillantes que durables, faudra-t-il ſe roidir contre le goût du conſommateur ? Mais, dira-t-on, ce goût eſt mauvais ; nos étoffes anciennes étoient meilleures. Qu'importe que le goût ſoit mauvais, l'objet du commerce n'eſt pas d'examiner ce goût, mais de le ſatisfaire.

Il ne faut pas appeler parfaite, une marchandiſe conforme à nos loix ; cette perfection, peut-être, eſt très-ſouvent préjudiciable à l'Etat. En voici un exemple. Depuis près de cent ans, les réglemens défendent rigoureuſement de mêler la ſoie cuite à la ſoie crue, dans la fabrique de nos étoffes. En vain ſommes témoins de l'avantage que les étrangers tirent de ce mélange ; en vain les Anglois, les Hollandois, les Suiſſes, les Eſpagnols même ont trouvé, par ce moyen, la poſſibilité d'établir un prix plus modique, & de nous vendre ces étoffes à nous-mêmes. Le réglement eſt inflexible ; ſi un fabricant induſtrieux oſe s'en écarter, pour reſtituer à ſa nation les ventes que le réglement lui a fait perdre, c'eſt un coupable, c'eſt un réfractaire contre lequel les inſpecteurs ſéviſſent, par la rigueur des amendes & des confiſcations. Tel eſt le préjudice qu'apporte l'invariabilité des réglemens.

Puiſque l'on convient que le conſommateur eſt libre d'ordonner, comme il lui plaît, il faut convenir en même temps, que le fabricant doit avoir la liberté de ſuivre ſes ordres : voilà le principe le plus fécond, & le moyen le plus infaillible d'étendre & d'augmenter nos exportations. Ecoutons ſur ce ſujet Jean de Witt, qu'on ne peut pas ſoupçonner de s'être trompé en matière de commerce. « C'eſt une choſe dommageable » & très-inutile, de borner les manufactures par » des halles ou des corps de métiers, ou direc- » teurs, ou prévôts, (c'eſt-à dire des inſpecteurs,) » & d'ordonner de quelle manière les manufac- » tures que l'on débite dans les pays étrangers » doivent être faites. Il paroit riſible de vouloir » contraindre les étrangers d'acheter de nous » telles marchandiſes, & faites de la manière » qu'il nous plaît, ou que les autres ne feront » pas les marchandiſes que nous défendrons. Le » commerce veut être libre. Chaque marchand » achete les choſes qu'il trouve bon ; & il eſt » naturel que les ouvriers faſſent de la manière » qu'ils les peuvent mieux débiter, &c.

Ce que nous venons de dire ne doit pas diſpenſer de la reconnoiſſance qu'on doit à M. Colbert, pour les réglemens qu'il nous a laiſſés. La plûpart ne ſont devenus préjudiciables, que par l'abus que les inſpecteurs en ont fait. On ne devoit

les conſidérer que comme des inſtructions néceſſaires que ce miniſtre donnoit alors aux ouvriers, pour leur apprendre ce qu'ils ignoroient, mais non pas comme des loix éternelles, qui obligeaſſent, pour toujours, le fabricant à les ſuivre à la lettre.

Nous oſons préſumer de la capacité & des lumières de ce grand homme, que s'il étoit témoin de l'état actuel de notre commerce, il penſeroit que dès que le fabricant eſt inſtruit, l'émulation animée & l'induſtrie en action, ce n'eſt plus un réglement qu'il faut ſuivre, mais la loi de la concurrence & de la conſommation. Il penſeroit, ſans doute, que la perfection d'une étoffe, conſiſte moins aujourd'hui dans ſa conformité avec d'anciens réglemens, que dans le rapport qu'elle doit avoir avec les étoffes concurrentes de nos voiſins. En effet, s'il eſt utile à un Etat de faire du parfait, il ne lui eſt pas moins avantageux de faire du médiocre, du mauvais même, pourvu que le bas prix invite & détermine la conſommation. Si une marchandiſe bonne eſt trop chère pour la concurrence & l'exportation, c'eſt la plus mauvaiſe que l'Etat puiſſe fabriquer : ſi, au contraire, la modicité du prix, relativement à ſa qualité, procure un grand débouché, c'eſt la plus utile & la plus parfaite que l'Etat puiſſe faire, fût-elle contraire à nos loix.

Heureuſement pour le commerce de la nation, une partie des ouvrages de nos fabriques, c'eſt-à-dire, ceux qui ont depuis quelque temps procuré plus d'exportation, ſont affranchis de la ſervitude du réglement. Les citoyens induſtrieux, à qui nous en devons l'établiſſement, ſçavoient que la vente dépendoit du goût & du caprice toujours changeant ; ils ont exigé la liberté d'en ſuivre les variations. Enfin, voici en quoi les inſpecteurs ſe ſont trompés. Perſuadés que les réglemens devoient guider & déterminer la conſommation, ils ont pris les premiers pour la cauſe, & la ſeconde pour l'effet : tandis que la conſommation eſt la cauſe première, & que le réglement ne doit en être que l'effet.

Cependant le commerce varie ſans ceſſe dans ſes objets ; chaque année apporte de la différence dans ſes ventes ; c'eſt une roue mobile qui ne doit ſouffrir aucun repos, & préſenter, pour ainſi dire, à chaque rotation, des productions nouvelles, à des objets neufs, capables de tenter le goût du conſommateur. Cette conſtante variation, ſi on la ſuivoit dans toutes ſes viciſſitudes, exigeroit un trop grand nombre de réglemens ; cette multiplicité produiroit encore un plus grand inconvénient. On doit donc conclure qu'il faut laiſſer agir la conſommation, & qu'elle doit être la ſeule règle qu'il faut ſuivre ; l'utilité perſonnelle, qui ne ferme jamais les yeux ſur les véritables intérêts, guidera, ſans le ſecours de l'autorité, vers l'objet qui procure une vente plus prompte & plus facile.

Il arrivera néceſſairement que les marchandiſes qu'on fabriquera ſans réglement, ſeront bonnes ou mauvaiſes pour la conſommation. Si elles ſont bonnes, la loi eſt inutile ; ſi elles ſont mauvaiſes, elles tomberont par le défaut de débit. La loi n'eſt donc plus néceſſaire : on ne s'obſtine pas longtemps à faire ce qui ne ſe vend pas. Ainſi l'intérêt, mieux que tout réglement, invitera à fabriquer ce qui ſe vend, & tout l'objet ſera rempli pour l'avantage de l'Etat.

Ceci ſert de réponſe à l'objection qu'on peut faire, que la médiocrité de la qualité, ſi on laiſſe le fabricant libre, décréditera nos fabriques. Ne doit-on pas convenir que le fabricant ſera intéreſſé à faire la qualité qui lui procurera plus de vente, il fera ce qui convient à la plus grande conſommation, & par conſéquent ce que l'Etat doit déſirer qu'il faſſe ? Nous prions encore ceux qui font cette objection, de conſidérer que la mévente vient moins du défaut de perfection poſitive, que du peu de rapport de la qualité d'une étoffe, avec le goût du conſommateur, ou plus encore du peu de proportion de ſon prix avec celui que le conſommateur exige. Comme nos réglemens ne pouvoient pas ſtatuer ſur le prix, ils ne pouvoient pas non plus ordonner une per-fection invariable.

La loi que l'on feroit à l'égard du prix, ne feroit pas plus ſage que l'ordonnance de Louis XII, qui, attribuant l'augmentation des draps, au trop haut prix de l'intérêt, au lieu d'en diminuer le taux, fixa la valeur des draps. Nos réglemens & nos corps de métiers cauſent ici le même pré-judice ; ils fixent la marchandiſe à la même per-fection, & à la même forme, & par conſéquent au même prix. Il faut donc remédier aux maî-triſes, & aux réglemens, comme on auroit dû remédier au taux du prêt. Ils portent dans ce cas nos marchandiſes à une valeur trop haute pour la concurrence. On pourroit même aſſurer que leur ſuppreſſion procureroit la perfection relative, la ſeule qu'on doit déſirer.

Le fabricant, maître alors de faire auſſi mal qu'il voudroit, n'ignoreroit pas que ſes concur-rens ont la même liberté : il ne lui reſteroit d'autre reſſource, pour s'attirer la préférence, que de trouver dans ſon économie & dans ſon induſtrie, les moyens de perfectionner au plus bas prix poſ-ſible. Il n'auroit pas, comme aujourd'hui, un degré fixe de bonté qu'il ne veut jamais paſſer, & en deçà duquel il s'arrête toujours, dans l'eſ-pérance que ſes fautes ſeront ignorées ou tolé-rées par l'indulgence ou par la faveur. Enfin, l'intérêt & la concurrence, les deux agens les plus puiſſans du commerce, ſont plus efficaces

que l'inſpection & les réglemens. On croit donc devoir conclure que le légiſlateur ne pouvoit pas plus ordonner ſur la perfection, la forme & la qualité, que ſur le prix, la couleur, le deſſin, l'eſpèce même. Ce ſont des objets que la vente ſeule doit diriger. En vain M. Colbert invite, dans l'article XXVII des inſtructions qu'il donne aux inſpecteurs, les fabricans à travailler en drap plutôt qu'en droguet, parce que, dit-il, la mode des droguets venant à changer, ils ſe trouveront ſans travail, & auront perdu l'habitude des draps. Ce n'eſt point à l'autorité à ordonner quelle eſ-pèce on doit fabriquer : le fabricant, plus éclairé par ſon intérêt que par la loi, fera toujours ce que la vente lui commande & lui preſcrit.

Nos réglemens cauſent des maux plus funeſtes encore à l'induſtrie, ſoit dans l'imitation, ſoit dans l'invention des manufactures.

Nos rivaux nous enlèvent tous les jours la pré-férence, par une fécondité preſque inépuiſable d'inventions nouvelles. Il ſeroit, ſans doute, à déſirer que nous fuſſions auſſi féconds & auſſi inventifs, ou au moins que nous puſſions les imiter le plus promptement poſſible ; mais notre légiſlation s'oppoſe à ce double avantage.

Suppoſons qu'un ouvrier François imite ou invente une fabrique inconnue ; nos réglemens, qui n'ont ſtatué que ſur ce qui exiſtoit alors, ne l'ont ni prévu, ni pu prévoir. Cet ouvrier doit s'attendre à l'oppoſition de ſes concurrens ja-loux. Ils prendront le réglement pour pré-texte, & le peindront comme un novateur, comme un homme hors de la loi, qui fait ce qu'elle n'ordonne pas. Ils la feront ſervir d'obſtacle à ſes talens. Sa conſtance obtiendra ſans doute que ſes épreuves ſoient ſoumiſes à l'examen de l'inſpecteur ; ce juge, dépourvu de l'intelligence néceſſaire dans cette circonſtance, ne pourra porter qu'un jugement imparfait. Il en fera cependant au conſeil un rapport avan-tageux ou défavorable : ſi ſon avis eſt contraire, les efforts du fabricant ſeront perdus pour lui-même & pour l'Etat. Comment ce citoyen in-duſtrieux pourra t-il, du fond de la province, ſe faire entendre dans la capitale ? Sa voix pourra-t-elle percer juſqu'au conſeil du commerce ?

Si l'inſpecteur donne un avis favorable, le fabricant ne ſera guère plus heureux. Le conſeil conſultera les inſpecteurs généraux. La plupart fixés à Paris, ſont ils inſtruits de l'état actuel du commerce, des changemens qu'il exige dans les fabriques ? Ils ne connoiſſent de celles-ci que les réglemens & les mémoires, foibles guides pour les éclairer ſur ce que les circonſtances demandent. L'avis paſſera à M. le contrôleur général : ce miniſtre, toujours ſurchargé, & ſou-vent occupé d'objets plus preſſans, fera une réponfe tardive; cette réponfe paffera au confeil du commerce : peut-être du confeil à l'intendant, & de l'intendant à l'infpecteur. Quelle marche! quelle lenteur, & qu'elle eft peu propre à favorifer la célérité des opérations de l'induftrie, qui ne peuvent être ni trop vives ni trop promptes! L'ouvrier cependant fera des efforts, craignant de n'être pas entendu par des mémoires; il fe tranfportera à Paris, pour folliciter la permiffion d'être utile au commerce de fa patrie. Il achetera ce privilége par de longues & pénibles démarches. Son extérieur fimple, fon maintien modefte & craintif; fon élocution embarraffée; fes mains portant peut-être encore les marques de fon induftrie; ftigmates ignobles aux yeux de l'opulence, ne l'annonceront pas avantageufement. Il parviendra cependant jufqu'à l'oreille de fon juge; celui-ci l'écoutera avec bonté, louera fes efforts, & encouragera fes talens. Mais, quel préjudice ces longueurs & ces démarches n'apportent-elles pas aux progrès de l'induftrie?

1°. Il y a peu d'ouvriers qui puiffent faire des avances auffi confidérables; ils ont plus de talens que de fortune.

2°. Le fabricant eft obligé de prélever ces dépenfes fur le prix de ce qu'il invente ou qu'il imite : l'augmentation du prix eft un grand obftacle dans le commencement de l'établiffement d'une manufacture; la confommation en eft beaucoup moins grande.

3°. Le retard eft le plus grand dommage qu'on puiffe caufer à l'efprit imitateur, & l'imitation n'eft utile qu'autant qu'elle eft prompte & rapide : peut-être que dans l'inftant que le fabricant obtient, l'inftant de la mode eft déja paffé.

4°. Tous ces obftacles caufent un double préjudice pour la concurrence avec nos voifins, qui font libres, & qui n'ont que la confommation & le befoin pour règle.

Si nous inventons, ils nous imitent dans le moment, & partagent le fruit de nos découvertes. S'ils inventent, nous ne pouvons les imiter affez promptement. Ils jouiffent de tout le bénéfice de de leurs inventions; & quand nous fommes parvenus à les imiter, ils ont déjà fubftitué une nouvelle pratique qui les dédommage du bénéfice que nous partageons avec eux fur les autres objets.

Le commerce des Suiffes eft une preuve de ce que nous avançons. Depuis longtemps ils s'occupent à nous imiter. A peine avons-nous inventé, qu'ils exécutent ce que nous faifons, en moindre qualité, il eft vrai; mais à bien plus bas prix : ils trouvent par-là, le moyen de nous inonder de leurs ouvrages, qui nous tentent par la modicité du prix.

On ne doit donc pas s'étonner, fi nous fommes prefque toujours devancés par nos rivaux, quoiqu'ils n'aient peut-être pas reçu un efprit auffi actif & auffi inventeur. Ont-ils les mêmes difficultés à vaincre, les mêmes dégoûts à effuyer, les mêmes barrières à franchir? Notre légiflation s'oppofe à la nature, la leur l'anime & la provoque. Combien d'induftrie étouffée! Combien d'imitations retardées! Combien d'inventions perdues par les entraves dans lefquelles nous avons enchaîné les talens!

Les infpecteurs n'ont multiplié les réglemens que pour multiplier les contraventions & pour étendre leur empire. Le confeil, accoutumé à voir des manufactures, par le tableau infidèle qu'ils tracent à fes yeux, ne juge de l'utilité des infpecteurs que par le nombre des infractions qu'ils expofent : leur intérêt les engage à les multiplier. Féconds en procès-verbaux inutiles, & ftériles en opérations néceffaires, ils peignent fans ceffe le marchand & le fabricant, qui font forcés de fe conformer à la confommation, comme des rebelles qui n'ont d'autre but que de s'affranchir de la loi. Sous ces fauffes couleurs, ceux-ci paroiffent coupables par l'endroit même qui les rend utiles à la patrie. Retranchés dans l'inflexibilité des réglemens, les infpecteurs captivent l'induftrie, découragent les efforts, coupent les ailes au génie.

Nous fçavons qu'il en eft qui font conduits par des vues utiles & par l'amour du bien public : nous faifons avec plaifir cet aveu, & nous leur rendons toute la juftice qu'ils méritent. Mais, quelles font les lumières, quelle eft l'expérience du plus grand nombre de ces hommes commis pour diriger nos manufactures? La plûpart font tirés d'un état éloigné de toute idée de commerce.

Les uns font élevés à ces places importantes dans notre adminiftration actuelle, par les mains de la faveur, qui donne les emplois, mais qui ne donne pas l'intelligence. Les autres, le croiroit-on, n'ayant pu commercer fans déshonneur, ont cru laver, par cette commiffion, l'opprobre dont ils avoient été flétris. Voilà les guides, voilà le flambeau qu'on donne au fabricant pour l'éclairer. Ces arbitres de la perfection de nos manufactures, connoiffent-ils les diverfes pratiques de la main-d'œuvre, les différentes opérations de l'ouvrier? Suivent-ils la méchanique des inftrumens, des métiers? Quelle feroit leur meilleure forme, leur ftructure la plus parfaite pour économifer le travail des hommes? Connoiffent-ils la meilleure conftruction des fouleries, le temps que le foulon doit y donner, la quantité, la qualité d'eau, la meilleure terre qu'il doit employer? Connoiffent-ils l'art des teintures, des apprêts, des blanchiffages, &c.? Leur doit-on, fur ces objets, des idées neuves de perfection ou d'invention ? Suppofons qu'ils aient ces connoiffances ? connoiffent-ils les matières premières, leur différence, leur qualité, l'ufage le plus favorable qu'on en peut faire, la plus grande épargne qu'on peut y obferver ? Connoiffent-ils le meilleur mélange, le jufte degré qu'exige la perfection, la manière la plus prompte & la moins coûteufe d'y procéder ; enfin, les manœuvres par lefquelles les matières doivent paffer pour tendre à la plus grande économie ? Suppofons, encore une fois, qu'ils foient inftruits, il y aura toujours un objet fur lequel heureufement le réglement n'a pu ftatuer ; & c'eft peut-être par cette raifon que dans cette partie nous avons devancé de très-loin nos émules. Nous voulons parler du deffin, l'appanage exclufif du génie. Quelle élégance, quelle variété ! Quelle vérité d'imitation dans les objets que repréfente la tiffure de nos étoffes de foie ! Ils ne fçavent ni l'ufage ni la deftination de ces ouvrages, ni les raifons qui déterminent le fabricant à leur donner telle forme ; ils ne font pas non plus inftruits de la volonté & de l'ordre du commettant.

Certes, il ne feroit pas prudent d'obliger le fabricant à en informer les infpecteurs. Le commerce doit être envifagé comme un tout, compofé de correfpondances particulières, qui appartiennent à l'induftrie de chaque individu qui les entretient. C'eft un fanctuaire refpectable, il ne faut point lever le voile myftérieux qui le couvre.

Cependant les infpecteurs, fans la connoiffance indifpenfable de la deftination : connoiffance qu'ils n'ont pas, & qu'ils ne doivent pas avoir, ne font-ils pas expofés à faire fans ceffe des fautes ? Les exemples fourmillent de ces fortes de méprifes de leur part.

En voici un, entre le grand nombre de ceux que nous pourrions citer.

On fabriquoit autrefois à Arconfat, village du Foreft, fitué à deux lieues de Thiers, des cifeaux de fer, que les marchands de Marfeille vendoient au Levant, en Barbarie & en Efpagne. Les infpecteurs qui veilloient fur cette fabrique, ont trouvé mauvais qu'on achetât des cifeaux fans trempe, n'imaginant pas qu'on en pût faire ufage. Ils en arrêtèrent la fabrication, comme contraire aux réglemens. On a découvert longtemps après, que ces cifeaux de fer fervoient à moucher les chandelles en Barbarie & ailleurs. Mais il n'étoit plus temps, la fabrique d'Arconfat étoit tombée, & en conféquence plufieurs villages des environs furent ruinés & dépeuplés.

Si les Barbarefques faifoient des cifeaux pour nous, *dit l'homme connu, de qui nous tenons ce fait*, il ne feroit pas étonnant qu'ils fuffent capables d'une pareille méprife. Avouons-le, les infpecteurs n'apportent dans leur emploi, que la connoiffance des réglemens. Un homme, qui a une grande expérience de notre commerce, & qui y tient un rang diftingué, difoit d'eux, en leur appliquant ce que Cicéron difoit des Augures, qu'il ne concevoit pas comment deux infpecteurs pouvoient fe rencontrer fans rire. Le même répondoit à des fabricans qui demandoient un infpecteur : *qu'il lui fembloit entendre des grenouilles demander un roi*.

En effet, toute la fonction des infpecteurs fe borne à faire exécuter les réglemens. Ils font leur devoir, ou ils ne le font pas.

S'ils font leur devoir, ils font auffi funeftes à l'imitation, à l'invention, à la perfection relative, enfin, à la propagation de l'induftrie, que le réglement même.

S'ils ne font pas leur devoir, ils font inutiles : ce feroit peu fi leur exiftence n'étoit pas coûteufe, & fi leur emploi n'étoit pas un fardeau pefant pour l'induftrie. Pourquoi donc charger la marchandife de droits prodigués à nourrir des hommes pernicieux ou inutiles ?

Avons-nous des infpecteurs pour les autres objets où la fraude eft plus aifée que dans les fabriques ? En avons-nous pour les épiceries, pour les matières propres à la teinture ? En avons-nous pour les vins ? En avons-nous pour les dentelles ? Ces branches de notre commerce font-elles moins fécondes, parce qu'elles ne font pas foumifes à l'examen des infpecteurs ? Quand voudrons-nous imiter à cet égard les nations les plus commerçantes du monde ?

Les Indiens, ces tifferans habiles, à l'induftrie defquels l'Europe paye annuellement un tribut de plufieurs millions d'or; ces artifans célèbres, pour lefquels nous fouillons fans relâche les mines du Bréfil & du Pérou, doivent-ils la perfection de leurs fabriques à des réglemens, à des infpecteurs ? Les manufactures de Suiffe, de Verriers, celles d'Aix-la-Chapelle, ont-elles des réglemens, ont-elles des infpecteurs ? En font-elles moins floriffantes ? Quiconque voudra réfléchir profondément fur la nature du commerce, & fur les véritables principes de la confommation, conviendra que le confommateur eft l'infpecteur né des fabriques ; & après lui le fabricant ou le marchand qui reçoit fes ordres & qui les fait exécuter. Heureufe la nation, où l'induftrie libre, ignore jufqu'au nom d'infpecteur ! Nous défiant de notre propre expérience, nous avons confulté ceux qui dirigent les plus belles manufactures de France ; nous avons pris l'avis des négocians qui ne connoiffent pas feulement la fituation actuelle de notre commerce, mais celle de tous les commerces de l'Europe, qui les ont confidérés, autant en politiques qu'en négocians, qui en ont combiné les principes & les effets, & les ont comparés avec notre législation. Nous avons recueilli leurs suffrages, & nous osons assurer que la plupart des hommes célèbres en ce genre de connoissances, pensent que les réglemens, les inspecteurs & les *maîtrises*, sont plus nuisibles que favorables à l'industrie ; qu'il ne faut d'autre loi que celle qui donnera plus de liberté à l'émulation, & plus de facilité à l'exportation, par la suppression des droits & des impôts. S'il en est qui insistent sur la nécessité de l'inspection, ceux-là conviennent qu'on ne devoit pas la confier à des hommes sans expérience du commerce, qui ont intérêt de multiplier les contraventions, pour rendre leur existence nécessaire, & qui, par leur aveugle inflexibilité, rendent la condition du fabricant la plus malheureuse & la plus rebutante de toute la société.

Ils pensent qu'il seroit plus prudent de charger des visites ceux qui ont acquis, par leur état & par un long exercice, les connoissances requises à cet emploi. En effet, ne seroit-il pas plus utile de faire examiner & juger la qualité des ouvrages, par une assemblée de fabricans & de marchands choisis, qui auroient travaillé au moins vingt ans dans le commerce, qui en auroient suivi les vicissitudes, & seroient instruits, par une longue pratique, des vrais principes de la consommation ? Ces juges expérimentés informeroient, tous les ans, le conseil, de la position présente de la fabrique, des objets qui ont le plus de cours, de ceux qu'il faut le plus encourager, des ouvrages les plus avantageux à l'État, soit par les matières qu'on y emploie, soit par l'usage qu'on en fait au-dedans ou au dehors du royaume ; ils l'instruiroient du goût actuel du consommateur, des moyens de le tenter, des débouchés qu'on a gagnés ou perdus, des causes qui pourroient augmenter les uns, ou réparer la perte des autres. Le conseil auroit, par ce secours, non pas une liste sèche & stérile de contraventions particulières, mais un tableau fidèle & raisonné de l'objet en grand, dans lequel on ne s'occuperoit pas de détails minutieux ou inutiles. Un prix, ou deux, distribué, tous les ans, à l'ouvrier, ou au négociant qui, au suffrage de ses concitoyens, auroit inventé, perfectionné ou ouvert un nouveau débouché, feroit plus d'effet, allumeroit plus d'émulation que les réglemens n'en ont étouffé, & répareroient peut-être, en peu d'années, toutes les pertes que les inspecteurs nous ont fait faire.

Tels sont les principaux obstacles que les corps de métiers, tels qu'ils subsistent par leurs réglemens, soit pour la discipline, soit pour la perfection des ouvrages, apportent à la propagation de l'industrie & à l'avantage de l'État. Les bornes d'une dissertation ne nous permettent pas d'entrer dans un plus grand détail. Nous nous conten-

terons d'observer que ces loix sont contraires aux principes avoués de toutes les nations, qui ont le mieux connu les ressorts les plus puissans du commerce. Ces principes ne sont pas nombreux ; ils se réduisent à ceux-ci. Il faut

1°. Rendre le commerce aisé, libre & nécessaire.

2°. Faire ensorte qu'il soit de l'intérêt des autres nations de commercer avec nous.

3°. Multiplier les mains, & augmenter le peuple dans le commerce.

Pour augmenter les mains dans le commerce, il faut pratiquer ce qui suit.

1°. Rendre nos compagnies de marchands & d'artisans plus aisées, & les établir sur des bases plus étendues.

2°. Donner une admission plus libre à tout homme, tel qu'il soit, dans nos corps de marchands & d'artisans, & une permission plus libre d'être bourgeois de nos villes & de nos bourgs.

3°. N'empêcher qui que ce soit, d'avoir autant de métiers, d'instrumens, d'ustensiles que son industrie peut en employer.

Voilà les axiômes du commerce ; voilà la base fondamentale du système que nos rivaux ont adopté pour favoriser l'émulation. On ne peut les soupçonner d'être ignorans ou mal-adroits en cette partie. Le succès dont nous sommes témoins, réclameroit contre le doute qu'on en formeroit. Cependant est-ce-là les fondemens sur lesquels nous avons élevé le système de notre commerce ? Sont-ce-là les principes que nous avons suivis dans l'établissement de nos corps de métiers ?

Les avantages qui résulteroient de la suppression des réglemens & des loix bisarres de nos communautés, on peut les appercevoir par l'exposition que nous venons de faire des obstacles qu'ils opposent. L'industrie seroit plus libre, l'émulation plus encouragée, la concurrence plus active, les arts plus perfectionnés. Ce ne seroit plus celui qui pourroit acheter un privilège, qui auroit droit d'exercer une profession ; mais celui qui en seroit capable ; les connoissances & l'habileté deviendroient indispensables. Le haut prix des *maîtrises* n'excluant plus les prétentions & le droit des compagnons habiles, de travailler en leur nom, ce seroit l'ouvrier le plus intelligent qui auroit le plus de vogue & de réputation, les talens pauvres ne seroient plus esclaves & mercenaires ; ils pourroient sortir de l'indigence ; la fortune seroit la récompense du travail. Les aspirans ne seroient point découragés par des épreuves interminables & inutiles. Le terme de l'apprentissage seroit celui où ils n'auroient plus befoin d'inftruction. Une année ou deux fuffiroient pour acquérir les lumières néceffaires à la profeffion qu'ils voudroient embraffer. Les pères de famille ne feroient plus privés, pendant un fi long-temps, du travail de leurs enfans. Ils pourroient les faire inftruire à moins de frais, & recueillir des fruits moins tardifs de leurs dépenfes. Le nombre des enfans, loin d'être alors une charge pefante & fans aucun fecours pour le chef, deviendroit un moyen de plus pour fa fubfiftance, & un foulagement dans fes travaux. La population augmenteroit, les mariages feroient moins rares & moins ftériles, parce que le peuple ne craindroit plus d'avoir une trop nombreufe famille.

La confommation intérieure & extérieure feroit plus grande, & réagiroit fur le principe; c'eft-à-dire, fur la culture des terres. Nous n'inviterions pas nos propres fujets à fortir de nos provinces, pour porter leurs connoiffances chez les nations où l'induftrie n'eft point captive. Les étrangers, attirés par la douceur & l'urbanité de nos mœurs, pourroient réparer nos anciennes pertes, & fixer dans nos bourgs & dans nos villes, des talens qu'on ne contraindroit plus par des loix injuftes.

La fuppreffion des corporations privilégiées, nous offre encore d'autres avantages. Le prix des ouvrages feroit plus modique; la concurrence & l'exemption des frais de *maîtrife* procureroient cette diminution. Les étrangers trouveroient plus d'utilité à employer notre induftrie. Les marchands & les artifans, guidés feulement par le goût du confommateur, n'auroient plus pour barrières, des loix inflexibles & immuables; leur intérêt, d'accord en ce point avec celui de l'état, les conduiroit vers l'objet le plus favorable à la concurrence. Nos marchandifes n'auroient plus une perfection pofitive & limitée, mais une perfection rélative au goût & au prix le plus avantageux à la confommation.

L'ouvrier dégagé des entraves du réglement, imiteroit auffi promptement que l'utilité l'exigeroit. L'efprit inventeur auroit plus de carrière; il parcoureroit un plus grand efpace; la liberté rallumeroit l'émulation éteinte par les obftacles; chacun pourroit moiffonner le champ de l'induftrie. On ne verroit pas nos provinces inondées d'étoffes étrangères que nous fourniffent les Anglois, les Suiffes, les Hollandois, parce qu'ils font les maîtres de tenter & de fatisfaire notre goût inconftant & volage, & qu'ils nous déterminent par le bon marché.

Nous croyons devoir ajouter que la partition que nous avons faite du corps de l'induftrie en une infinité de branches fubdivifées, auxquelles nous avons donné des privilèges exclufifs, eft une fource intariffable de divifions & de procès. Cha-

cune de ces branches peut être conçue comme un efpace circulaire infcrit dans l'aire générale: ces cercles fe touchent néceffairement en un point. C'eft cette tangence funefte qui fait naître les conteftations dont nos tribunaux retentiffent tous les jours. La communauté voifine d'une autre, difpute fans ceffe fur des objets indivis & communs qui n'ont pas été & qui n'ont pu être marqués avec affez de précifion. Ce point de difcorde eft un impôt confidérable fur nos ouvrages. Combien de frais n'a-t-il pas occafionnés? Combien de fois n'a-t-il pas employé la plume & l'organe de ces hommes qui ne vivent que de nos fottifes & de nos difputes? Les corps empruntent pour foutenir leurs droits; & comme l'iffue d'un procès eft prefque auffi fatale, dans la victoire, que dans la défaite, ces corps reftent toujours chargés d'emprunts accumulés qui les endettent. La rente de ces fonds eft payée annuellement par les ouvriers qui compofent ces communautés: c'eft un fardeau pour l'induftrie, qui fera d'autant plus pefant que l'argent fera plus haut & le corps moins nombreux. Ce double mal exifte, l'intérêt eft haut, & nos réglemens s'oppofent à la population des communautés.

La fuppreffion de tous les privilèges exclufifs des corps de métiers tariroit donc la fource de ces dépenfes onéreufes. Il en réfulteroit un autre avantage pour l'état; la circulation feroit active. Nous n'entendons pas feulement par circulation, celle des matières premières, des matières fabriquées, ou celle de l'argent qui les repréfente. Il y a une autre circulation auffi néceffaire à une nation commerçante; c'eft celle des talens.

Il eft utile que tous les membres de la fociété des hommes deftinés au travail, puiffent circuler avec la plus grande facilité dans tous les genres de profeffion; c'eft-à-dire, que le fils d'un maître d'un tel art, doit avoir la liberté d'entrer avec les moindres frais poffibles dans un autre, fi la nature, le goût & l'aptitude l'y invitent. C'eft la liberté de ce paffage d'une profeffion à une autre; c'eft la faculté libre donnée aux fils des artifans de fe croifer dans toutes les profeffions & de choifir le métier qui lui plaît le plus, qui procure le plus d'émulation & de concurrence. Or nos communautés s'oppofent à l'avantage de cette circulation.

Un fils de maître pourra, il eft vrai, profeffer l'art de fon père fans être affujetti à une grande dépenfe; mais il ne peut pas paffer dans une autre communauté, fans fe foumettre à un long efclavage, fans faire perdre à fes parens, fept ou huit ans de fon travail, & fans l'obliger à de groffes avances pour fa réception. Cependant un père chargé d'une nombreufe famille, doit chercher à leur donner des profeffions différentes; foit pour éviter les jaloufies & les querelles, foit pour leur procurer une fubfiftance plus facile. Souvent l'art qu'il profeffe n'eft pas propre au tempérament ou à l'inclination d'une partie de fes enfans : celui-là fera peu adroit dans telle profeffion, qui eût été habile dans une autre. On ne fauroit trop favorifer la nature, & le penchant qu'elle nous a donné en naiffant, pour l'efpèce de travail qui nous convient le mieux. Cette confidération nous paroît importante, & doit être mife au rang des plus grands obftacles que les *maîtrifes* ou corps de métiers oppofent aux progrès de l'induftrie. Leur fuppreffion leveroit ces obftacles, & procureroit par conféquent un grand avantage a l'état.

On croit avoir expofé les effets que les privilèges des communautés produifent fur les arts & fur le commerce, & l'utilité que l'état retireroit de leur fuppreffion. Il refte à confidérer quelle feroit la meilleure méthode d'y procéder, & à examiner, fi les fecours que les corps de métiers ont fournis à la nation, ont été nuifibles ou avantageux. Nous commencerons par l'examen de ce dernier point, parce que nous ne pouvons pas donner les moyens de fuppreffion, que nous n'ayons expofé les obftacles qu'il faut lever, & ces fecours font aujourd'hui les obftacles les plus grands qui s'y oppofent.

SECONDE QUESTION.

Les fecours que les corps de métiers ont donnés à l'état, ont-ils été nuifibles ou avantageux ?

Quelle feroit la meilleure méthode de procéder à la fuppreffion de ces corps ?

Depuis qu'on a envifagé les corps de métiers comme une reffource de finance, on s'eft écarté des véritables principes qui encouragent les arts, animent les talens, & enrichiffent l'état. Le plus folide & le plus fécond fans doute, eft de ne pas changer l'induftrie, d'exempter d'impôts les matières premières, les matières fabriquées, & le fabricant confidéré comme tel ; ou du moins de n'exiger que des droits légers & toujours moindres que ceux qu'on leve fur les mêmes objets dans les états concurrens : mais comme il faut que la nation trouve les moyens de pourvoir à fes befoins & à fa fûreté, on pourroit faire tomber la plus grande partie des impôts, fur la confommation & fur les objets purement de luxe. Cette augmentation feroit répartie fur tous les ordres de l'état, & l'induftrie ne feroit chargée qu'en raifon de ce qu'elle confomme. Telle a toujours été l'attention du légiflateur, chez les peuples qui ont voulu s'agrandir par le commerce ; & l'avantage que la France en retireroit nous paroît tellement évident, que nous croyons qu'il n'a pas befoin de preuves. Si on en demandoit une, nous apporterions pour garans de ce que nous avançons, les fuccès des Nations qui ont adopté ce fyftême. En effet, les arts & le commerce ne peuvent s'accroître, qu'autant que ceux qui les ont embraffés recueilleront des fruits plus abondans de leurs travaux. La contrainte & les taxes font les obftacles les plus grands qu'on puiffe oppofer à leurs efforts.

Que dirions-nous du poffeffeur d'une terre, qui ne permettroit à fes fermiers de la cultiver, qu'en leur vendant ce privilège à prix d'argent, qui exigeroit d'eux des avances confidérables, lèveroit des taxes fur leur moiffon, & n'en permettroit la fortie qu'à prix d'argent ? Croyons-nous qu'il gagneroit beaucoup, & que ces claufes augmenteroient fon revenu ? Non, fans doute ; fes fermiers calculeroient, & n'offriroient qu'un prix proportionné aux charges qu'il leur impoferoit. Sa terre diminueroit de valeur ; & peut-être feroit-elle bien tôt fans cultivateurs. S'il vouloit les contraindre, il les verroit fe refugier chez ceux qui leur feroient des conditions plus favorables : l'application n'eft pas difficile à faire.

Les arts, le commerce, font une terre dont le prince doit encourager la culture ; il ne pourra l'améliorer qu'autant que fes loix ne s'oppoferont pas aux efforts & à l'utilité des marchands, des artifans & des fabricans qui en font les cultivateurs : plus ils feront libres, plus ils trouveront d'intérêt à travailler, & plus ils feront animés à faire valoir le fonds qui leur eft confié. Leur aifance fera celle du propriétaire ; il fera plus riche en hommes & en revenu. Si au contraire il gêne par des fervitudes ; s'il exige des fubfides trop prompts & trop onéreux, il découragera ceux qui cultivent, & les invitera à paffer dans les pays où ils feront affranchis de ces contraintes.

Quoique la France n'ait pas confidéré, jufqu'à préfent, la propagation des arts & du commerce, comme le principal moyen d'agrandir fa puiffance ; cependant elle n'auroit pas tant chargé l'induftrie, fi des befoins urgens ne l'y avoit forcée fur la fin du dernier règne. Les finances épuifées par des guerres malheureufes avoient fait tomber le crédit de l'état. Le gouvernement ne trouva d'autre reffource que de fe fervir de celui des communautés. Quelques édits antérieurs les avoient multipliées : celui de 1691, les fubdivifa prefqu'à l'infini pour favorifer le fyftême d'impôts qu'on méditoit. On partagea alors les diverfes profeffions en tant de branches, qu'on fit à Paris un corps de jurande des crieurs de vieux fers. Cette communauté feule paya alors trois mille livres pour l'incorporation des charges créées.

Depuis cette époque jufqu'en 1707, on vit un grand nombre d'édits fe fuccéder rapidement, les uns fupprimant des corps entiers, avec injonction aux maîtres qui les compofoient, de fermer leurs boutiques, créoient en leur place, des charges héréditaires que le traitant affermoit & revendoit à ceux qui vouloient obtenir la permiffion d'exercer la profeffion qu'ils avoient embraffée. Tel fut l'édit du mois de décembre 1704, qui fupprima la communauté des limonadiers pour créer en leur place 150 privilèges héréditaires mis en parti. Les autres érigeoient en titres d'offices les places de jurés, gardes, examinateurs & auditeurs des comptes, infpecteurs & autres officiers, &c. Toutes ces charges étoient autant de gênes pour les communautés; elles les rachetèrent pour les incorporer. Outre ces dépenfes onéreufes, elles furent encore taxées à des fommes particulières pour fubvenir à la néceffité préfente. Les corps ne levèrent pas fur chacun de leurs membres les impôts qu'on exigeoit: ils étoient trop confidérables, & auroient dérangé la fortune du plus grand nombre. Il leur fut permis d'emprunter, & nous croyons que ces fecours ont été préjudiciables à l'état.

1°. Parce que depuis ce temps l'induftrie a été chargée de rentes.

2°. Parce que pour en favorifer le paiement, les droits de vifite & marque furent augmentés par la déclaration du 30 décembre 1704.

3°. Parce que les corps ont obtenu, en conféquence de ces emprunts, la permiffion d'augmenter les lettres de *maitrife*.

Les dettes, dès-lors, des communautés, devinrent confidérables.

On évalue les emprunts de la ville de Lyon à près d'un million; ceux de la ville de Paris doivent être au moins triples. Si nous jugeons par comparaifon des dettes que les autres villes ont contractées à cet effet en divers temps, & dont elles paient encore la rente; nous croyons qu'on peut, fans exagérer, les porter à trente millions au moins. Voilà un capital immenfe dont l'induftrie eft chargée depuis plus de cinquante ans. Dans l'efpace de ce temps la fomme des intérêts a excédé celle des capitaux; c'eft-à-dire, que ce font plus de trente millions qui font fortis une feconde fois du commerce & de l'induftrie. Combien ces fommes immenfes n'auroient-elles pas fructifié entre les mains des négocians & du peuple? Combien la fomme d'argent qui appartiendroit aux arts, fans aucun impôt, ne feroit-elle pas augmentée? Combien n'auroit-elle pas facilité d'exportations, procuré d'échanges favorables, & par conféquent enrichi l'état? Le moyen le plus certain d'augmenter la concurrence, c'eft d'augmenter le capital de l'induftrie.

Une nation ne peut faire pancher la balance & accroître le nombre de fes préférences, qu'autant que l'induftrie travaillera autant qu'il eft poffible, fur fes propres fonds. La France ne fe trouve pas dans cette heureufe fituation: le commerce y eft

chargé de l'intérêt d'une fomme qu'il n'a pas empruntée pour groffir fon capital & faciliter fes opérations; mais d'une fomme au contraire qui a diminué fes propres fonds, & dont il n'a pu fe fervir pour fon accroiffement.

Telle eft la nature de l'intérêt, que l'emprunteur le paie fans fe dégager. Le temps, loin d'alléger fes fers, les appéfantit. Chaque jour ajoûte un anneau à fa chaîne, & plus elle s'allonge plus le poids en eft onéreux. Les fecours que les corps de métiers ont donné à l'état, ne doivent donc pas être puifés dans les feuls moyens d'enrichir la nation: ils embarraffent & rétréciffent la route qui l'auroit conduite au plus haut dégré de cette forte de puiffance que l'on acquiert par un grand commerce. Ceux qui les ont exigés y ont été forcés fans doute par la néceffité indifpenfable où ils fe trouvoient de pourvoir promptement & par toutes fortes de voies aux befoins preffans de l'Etat affoibli & décrédité.

Ces fecours prêtés à la nation, apportent un autre obftacle à l'induftrie. L'ouvrier n'eft plus taxé comme citoyen feulement, mais encore comme ouvrier. Cet homme utile eft même impofé fous trois dénominations différentes.

1°. Il paie à l'état comme tout autre fujet.

2°. Il paie à la communauté fa portion des rentes dont elle eft chargée.

3°. Il paie encore comme artifan, fabricant ou marchand, fa part dans les fommes que le prince leve fur toute l'induftrie.

Toutes ces impofitions multipliées découragent fans doute fes efforts; d'un autre côté, elles tendent à augmenter le prix de nos ouvrages: elles font donc préjudiciables. Les moyens qu'on a procurés pour acquitter les rentes des fommes empruntées, paroiffent également contraires aux véritables intérêts de l'état. L'augmentation permife des vifites & marques, augmentent néceffairement la marchandife, & conféquemment s'oppofe à la concurrence. Peut-être, dira-t-on, ces droits qui étoient modiques, le font encore malgré l'augmentation; deux ou trois fols d'impôts fur une pièce de drap, de ferge ou d'étoffe de foie, ne peuvent pas influer beaucoup fur fon prix. Ce droit feul, il eft vrai, feroit peu d'effet; mais ce droit ajoûté à une infinité d'autres influe néceffairement. Nous le répetons, il n'y a point de petite économie dans le commerce: la concurrence eft aujourd'hui dans un tel point d'équilibre, qu'un ou deux pour cent peuvent donner ou enlever la préférence, ouvrir ou fermer un débouché.

Confidérons le corps de l'induftrie chargé d'un capital de trente millions, dont la rente moyenne eft au moins d'un million. Ajoutons-y l'impôt de
trois

trois fols par pièces fabriquées ; nous pouvons fuppofer qu'il fe fabrique en France , année commune , plus de quatre millions de pièces. Ceux qui font inftruits de l'état de nos fabriques dans tous les genres , feront convaincus que la fuppofition n'eft pas exagérée. Cependant cette impofition fait une fomme fur l'induftrie de . . . .

. . . . 600000 liv. 0 f. 0 d.

. Ajoutons-y la rente des fommes prêtées à l'état. . 1,000000 liv. 0   0

                   1,600,000 liv. 0   0

Voilà un impôt annuel de feize cens mille livres prélevé fur nos ventes , avant que l'induftrie puiffe tirer aucun bénéfice de fon travail. Cet impôt qui doit néceffairement influer fur le prix de nos ouvrages , & en diminuer la confommation , feroit cependant un effet peu fenfible , s'il n'étoit accompagné d'autres caufes d'une plus grande augmentation : telle eft celle que les ouvriers font obligés d'impofer , fur le motif qu'ils ont acheté cher leur Maîtrife , & qu'ils font chargés de frais pour acquitter les rentes de leur communauté. Ces diverfes augmentations , ne fuffent-elles que de trois fols par pièce , fi l'étoffe ou l'ouvrage quelconque paffe par quatre communautés , cette augmentation répétée quatre fois fera la fomme de douze fols , & par conféquent celle de deux millions , quatre cens mille livres , fur la totalité de quatre millions de pièces.

Cet impôt , tout confidérable qu'il eft , n'équivaut pas encore aux droits que le prince leve fur les marchandifes , pour le paffage d'une province à l'autre : ce dernier objet eft immenfe. On ne doit donc pas être étonné de l'inutilité des efforts de notre induftrie pour faire pancher la balance en fa faveur , puifqu'elle eft arrêtée par tant d'obftacles. La nation doit payer conféquemment fes befoins plus cher , & la concurrence perdre beaucoup d'exportations.

Si l'état au contraire affranchi de fes charges , pouvoit tous les ans diminuer fur le prix de fes fabriques , deux ou trois millions , la confommation intérieure & extérieure n'en feroit-elle pas plus confidérable ? On employeroit plus d'ouvriers & plus de matières ; la population feroit plus grande & la culture plus encouragée. Cependant la levée des impôts & la fuppreffion des dettes & des privilèges des corps de métiers , pourroient procurer cet avantage , & laiffer encore à l'induftrie plufieurs millions de bénéfice de plus qu'elle ne fait aujourd'hui.

Les communautés , endettées pour les befoins de l'Etat , ont cherché tous les moyens de diminuer le fardeau dont ces emprunts les chargeoient ; en

conféquence elles ont augmenté les privilèges de Maîtrife pour ceux qui feroient reçus à l'avenir. Les maîtres , pour favorifer leur poftérité , n'ont fait tomber cette augmentation que fur les étrangers , c'eft-à-dire , fur ceux qui n'auroient pas fait leur apprentiffage , ou qui ne feroient pas nés dans la ville où ces corps étoient établis. Plufieurs requêtes préfentées à cet effet ont été écoutées. Nous allons en extraire une de la communauté des tailleurs d'habits de la ville de Lyon ; elle fervira d'exemple pour toutes , parce qu'elles préfentent toutes les mêmes motifs. On verra par ceux qui y font expofés , combien les dettes des communautés ont fait de tort à l'induftrie , & combien l'efprit des corps de Maîtrife eft contraire au bien de l'état.

L'article VI des anciens réglemens fixoit à quarante liv. le droit de réception à la maîtrife pour les étrangers ; les fils de maîtres ne payoient que le tiers feulement. Les frais de confrairie étoient de vingt fols pour les maîtres , dix fols pour les veuves , & cinq fols pour les compagnons. Comme ces droits étoient modiques , le nombre des maîtres s'étoit multiplié ; la concurrence étoit établie : ils gagnoient moins ; mais plus de bras étoient occupés pour la même fomme , & le public étoit fervi à meilleur marché. Différentes impofitions fur cette communauté l'autorifèrent à demander au confulat , que pour les acquitter il lui fût permis d'augmenter les frais de réception. Ils furent d'abord fixés à cent liv. , enfuite augmentés du double ; enfin ils montèrent à quatre cent liv. Quelles font les raifons que les maîtres expofent ? Ils fe plaignent de ce que l'état doit le plus defirer ; favoir , que la modicité du prix de l'apprentiffage & des Maîtrifes a trop multiplié les maîtres : ils avouent de bonne foi , qu'ils ne demandent une augmentation que pour en diminuer le nombre ; ce font leurs propres termes. *Mais comme la fomme de cent livres ne s'eft pas trouvée affez forte pour arrêter la multiplicité des maîtres , le nombre n'a pas laiffé d'augmenter comme auparavant ; . . . .* « l'intention de la
» communauté feroit , meffieurs , de fixer à l'avenir les droits de réception à la fomme de quatre
» cens livres , & cela feulement pour les étrangers
» récipiendaires qui n'auront pas fait leur apprentiffage dans la ville ; qu'à l'égard des apprentifs
» de la ville , on leur diminueroit un quart de
» cette fomme , à ceux qui épouferoient des veuves
» de maîtres , ou ceux qui épouferoient des filles
» de maîtres , ils demeureroient fixés à la fomme de
» trente-trois liv. fix fols huit den. comme ci-de-
» vant... Pour rendre plus fenfible la juftice de ce
» projet , la communauté a l'honneur de repréfenter
» qu'il n'eft point de ville dans le royaume , où les
» droits de réception foient fi modiques qu'à
» Lyon.

» A Paris il en coûte mille livres , à Touloufe
» Bordeaux , Marfeille , Montpellier , Nantes , la

» Rochelle, Clermont, Riom, & plufieurs autres
» villes moins confidérables, les droits font de
» cinq cens livres ; le tout outre le chef-d'œuvre
» qu'on n'eft pas obligé de faire à Lyon. . . . . »
Peu après ils appuient leur demande de ce motif : « On comprend bien que cette augmentation
« de droits rendant l'entrée à la *Maîtrise* un peu
» plus difficile, pourra diminuer à l'avenir le
» nombre des droits de réception ; ils feront plus experts,
» plus aifés, &c. . . . . »

On voit que cette requête ne préfente aucun
motif raifonnable pour l'intérêt même de la communauté. Car, 1°. moins il y aura de maîtres,
plus la portion des charges fera grande pour chaque maître. 2°. Ce n'eft pas le moindre nombre
qui rend les maîtres plus experts ; au contraire
l'habileté eft l'effet de la concurrence. On remar-
quera feulement que les dettes contractées par les
corps de métiers ont caufé l'exceffive augmentation des droits de réception à la *maîtrise*. Qu'en
eft-il arrivé ? Les étrangers n'ont pu en faire la dépenfe ; les réceptions ont été rares ; le nombre des
maîtres eft diminué, & leur contribution augmentée.

On doit furtout obferver combien les *Maîtrifes*
s'oppofent à la propagation des arts, & combien
eft injufte la loi qui augmente le droit pour les
étrangers.

Il faut confidérer encore, que la portion du
peuple qui fouffre le plus, ce n'eft pas la poftérité
de ceux qui font reçus maîtres dans une profeffion ; mais ceux qui ont le malheur d'être nés de
compagnons pauvres, qui n'ayant pu achetter des
Maîtrifes, n'ont pu en tranfmettre les privilèges
à leurs enfans ; & plus encore ceux qui font nés
de parens qui n'ont pas eu le moyen de s'inftruire
dans aucune profeffion. Cette partie du peuple eft
la plus indigente, & celle qui a le plus befoin de
travailler.

Cependant ce font-là les hommes que nos réglemens appellent étrangers ; ce font ceux pour
lefquels on a le plus multiplié les obftacles, auxf-
quels on a laiffé moins de reffources dans les arts
& métiers ; enfin cette portion de la fociété qu'on
écarte du travail par le plus de gênes & d'impofitions.

Ne nous étonnons donc pas, comme nous l'a-
vons déja obfervé, que les mendians foient fi
nombreux. Il eft vrai que quelques-uns d'entre eux
ont embraffé cet état par l'amour de l'indolence
& de la fainéantife ; mais le plus grand nombre eft
réduit à cette vie inutile & onéreufe par les difficultés dont nous avons fémé la route qui conduit
au travail, & par le haut prix auquel nos loix ont
porté les moyens de s'occuper. Ce prix été beaucoup augmenté, comme nous venons de le voir,
depuis que les communautés ont emprunté pour

les befoins de l'état. Ces fecours ont donc été nuifibles & préjudiciables ; ils ont donc caufé un plus
grand dommage que n'en auroient caufé nos réglemens : en rendant plus difficiles les approches
de la *Maîtrise*, ils ont conféquemment diminué
le nombre des maîtres. Cette diminution, par
charges reftant les mêmes, a augmenté l'impofition de chaque contribuant. Il en eft réfulté un
double mal ; la diminution des maîtres a diminué
la concurrence, qui feule diminue le prix des ouvrages ; elle a augmenté encore la portion des rentes de la communauté que chaque maître doit
payer : autre raifon pour foutenir la main-d'œuvre à un haut prix.

Ainfi la nation paie, fans s'en appercevoir, le
furhauffement des denrées occafionné par les emprunts des corps de métiers, dont les maîtres
feuls profitent ; & elle le paie fans tarir la fource
du mal qui fubfifte & fe perpétue. On ne peut
donc trop fe hâter d'éteindre ces dettes onéreufes. La néceffité de le faire eft d'autant plus pref-
fante, qu'on ne peut remédier aux obftacles que
les corps de métiers oppofent aux progrès de l'induftrie, fans procéder auparavant à la liquidation de ces dettes.

Elles ont été contractées pour l'Etat ; c'eft par
conféquent un dépôt facré. La bonne foi & le
crédit de la nation exigent qu'elles foient religieu-
fement payées ; il ne feroit ni jufte ni raifonnable
de les fupprimer. Mais qui doit les acquitter ?
L'Etat, pour le befoin duquel elles ont été contractées. Il y eft d'autant plus intéreffé, qu'il en
fupporte le fardeau.

Peut-être cette partie de la nation qui n'appartient pas à la claffe des artifans, des fabricans &
des marchands, réclamera contre la part qu'elle
doit payer de ces emprunts ; mais nous obferve-
rons qu'il eft jufte qu'elle y contribue.

1o. Parce que le rembourfement de ces emprunts diminuant le prix de la main-d'œuvre, diminuera celui de la fubfiftance.

2o. Parce que, fi l'Etat n'avoit pas tant demandé aux corps de métiers, il auroit plus demandé au refte de la nation.

3o. La plus grande partie de ceux qui refufe-
roient aujourd'hui, defcend de parens qui étoient
dans la claffe de l'induftrie, lorfqu'elle a fait ces
emprunts. Leur fortune vient du bénéfice qu'ils
ont fait dans les arts & le commerce ; ils doivent
donc par reconnoiffance contribuer au rembourfement des dettes du commerce.

4o. Quand même il feroit certain, que ni eux,
ni leurs pères, ne doivent leur aifance aux arts ni
au commerce, au moins ils defcendent de ceux
qui ont prêté à ces communautés pour les befoins
de l'état. Peut-être même font-ils poffeffeurs d'une
partie des contrats. Or il n'eft pas injufte qu'ils

contribuent au remboursement de ces capitaux dont la rente leur a produit depuis la création de la dette, deux fois le fonds, sans aucune industrie de leur part.

Nous devons observer ici qu'un Etat qui veut s'agrandir par le commerce, doit faire tomber le plus qu'il est possible, les impositions sur ceux qui vivent dans le repos, du revenu d'un argent prêté. Le législateur d'une nation commerçante doit mettre une grande différence entre l'utilité du produit fait sur un capital par l'industrie, & le produit fait par l'indolence sur de simples contrats. L'effet qui résulte de ces deux produits, pour l'avantage ou le désavantage de l'Etat, est tellement différent que les loix ne sauroient trop seconder le premier, & trop diminuer le second. Parce que le premier n'est jamais pris que sur la nation, il ne peut enrichir un sujet qu'aux dépens d'un autre. Le second au contraire rend les étrangers tributaires & augmente le capital de l'Etat. D'ailleurs, plus le premier sera grand & répandu, plus le nombre des hommes industrieux augmentera : plus le second sera borné, plus les possesseurs des rentes seront forcés de travailler, & plus le nombre des citoyens oisifs diminuera.

Tels sont les moyens que nous proposons pour le remboursement des emprunts. Comme ce seroit perpétuer le mal qu'on veut guérir, que de charger les matières premières, les marchandises, les métiers, & les fabricans ou artisans considérés comme tels, on pourroit lever la somme destinée à éteindre ces dettes sur les objets purement de luxe : telle seroit une taxe sur les propriétaires & sur les maîtres en raison des domestiques, des chevaux, des équipages, des fenêtres, des portes cochères, &c.... On pourroit même imposer les dorures vendues en détail.

2°. Permettre des octrois sur les boissons dans les villes de corporation où ces droits ne sont pas établis, & dans celles où ils existent. Le prince, ami des arts & protecteur du commerce, pourroit en leur faveur céder tous les ans une somme dans la portion des octrois qu'il se réserve. Il a déja donné des exemples de cette libéralité pour des objets moins intéressans pour l'Etat.

3°. Créer une loterie à cet effet, ou faire une retenue sur celles qui existent.

4°. On n'ose proposer un moyen qui seroit plus prompt & moins onéreux ; ce seroit de suspendre pendant un tems la nomination de quelques abbayes, ou de réserver sur le revenu des bénéfices dont le prince feroit la nomination, une somme proportionnée à la valeur de ces bénéfices.

On sent les objections fondées à beaucoup d'égards contre l'emploi de ce moyen.

Quoi qu'il en soit, les fonds destinés passeroient tous les ans au bureau du commerce, qui seroit instruit par des états exacts & authentiques des emprunts de tous les corps de métiers. Il répartiroit annuellement à chaque communauté, en proportion de ses charges, des sommes qui en peu d'années rembourseroient le capital. Les contrats sur les tailles dont plusieurs corps sont possesseurs, pourroient encore aider à ce remboursement.

Les emprunts des corps de métiers sont l'obstacle éternel qu'ils opposent aux différentes réunions qu'on a voulu faire, & à la diminution des privilèges de *Maîtrise* que le gouvernement désire. Ces dettes ont fait de chaque communauté autant de corps de débiteurs à part, qui ne veulent pas acquitter, & qu'il n'est pas juste d'obliger à acquitter les dettes des autres. Si ces emprunts étoient remboursés, non-seulement cet obstacle seroit levé ; mais il seroit facile de ne faire de toute l'industrie qu'un ensemble, & pour ainsi dire, qu'un seul & même corps. Les différentes classes qui la composent ne seroient plus séparées par des intérêts contraires qui la désunissent. Pour y parvenir, c'est ainsi que nous croyons qu'il faudroit procéder.

1o. Réunir ces différentes classes sous le moins de dénominations & en moindre nombre qu'il seroit possible.

2o. Il faudroit que ces communautés d'hommes réunis sous le nom de leur art, ne fussent plus que de simples associations, sans aucun privilège exclusif ; c'est-à-dire, que ces hommes ne fussent en communauté, que par forme de récensement seulement ; qu'il fût permis à tout sujet de s'y faire inscrire, si son intérêt l'exige. Il faudroit défendre, sous des peines très-expresses, de recevoir pour l'enregistrement, aucun droit.

3o. Permettre à tout artisan de passer gratis d'une communauté dans un autre, s'il le trouve avantageux : enfin comme les talens ne peuvent se perfectionner que par la liberté absolue de s'exercer comme il leur plaît, dans tous les arts, il faut que cette liberté soit gratuite. Il résulte de tout ce que nous venons de dire, qu'on doit proscrire presque tous les articles des réglemens. Pour la police des corps, nous croyons qu'il seroit avantageux d'y substituer ceux-ci.

1o. Permettre, comme nous l'avons déjà dit, à tout ouvrier d'avoir autant de métiers & d'apprentifs qu'il voudra.

2o. Ne point prolonger le tems de l'apprentissage au-delà de deux années. Nous ne voyons pas même qu'il soit besoin qu'aucune loi le rende nécessaire ; car celui qui veut travailler dans un art, a intérêt d'apprendre cet art. Or où l'intérêt commande, il ne faut point de loi.

3o. Supprimer tout compagnonage ; c'est une servitude barbare : nous rougirons un jour de l'avoir autorisée. L'ouvrier doit, au sortir de son apprentiſſage, avoir la permiſſion de travailler en ſon nom & pour ſon compte, s'il le juge utile & convenable.

4°. Supprimer tout chef-d'œuvre ; c'eſt une pratique auſſi diſpendieuſe que ſuperfluë. On objectera peut-être, que pour recevoir un ouvrier dans une profeſſion, il faut qu'il faſſe preuve qu'il ſait l'exercer. Nous répondons que ce n'eſt pas à la loi à examiner ſi le récipiendaire eſt capable ou non ; il ſuffit qu'il s'offre à travailler pour être reçu : elle doit le ſuppoſer inſtruit, parce qu'il eſt de ſon intérêt qu'il le ſoit. Quel préjudice pour l'Etat peut-il réſulter de cette admiſſion ?

Cet homme ſera capable ou ne le ſera pas. S'il eſt capable, l'admiſſion eſt avantageuſe ; s'il ne l'eſt pas, la diſette & le malaiſe ſeront le châtiment infaillible de ſa témérité. Son exemple ne ſera pas ſuivi ; l'utilité perſonnelle nous eſt garant qu'il ſera rare. Il ne peut donc en arriver qu'un mal particulier & peu commun ; l'Etat, en ſupprimant le chef-d'œuvre, aura ôté tout prétexte de refuſer celui qui ſe préſente pour travailler ; il aura encore évité à l'induſtrie, une occaſion de dépenſe.

5°. Regarder tous les ſujets du même prince, comme enfans d'un même père, comme membres d'une même famille ; leur laiſſer la liberté entière de porter, ſans aucun frais, leurs talens dans les villes où ils voudront ſe fixer. Quoi de plus inconſéquent que de traiter d'étranger, un ouvrier né dans le ſein du royaume ? Un fabricant d'Amiens ou de Rouen, ceſſe-t-il d'être François parce qu'il veut paſſer de Picardie en Normandie ? Perd-t-il, en ſe déplaçant, le droit que ſa naiſſance lui a acquis ; & toute la France n'eſt-elle pas ſa patrie ?

6°. Défendre tout droit de réception à la maîtriſe, taxe ſur les maîtres, métiers, apprentifs, compagnons ; enfin tout impôt de communauté quelconque ; les ouvriers, nous le répétons, ne doivent contribuer que comme citoyens ſeulement.

7°. Ne faire aucune diſtinction d'un Anglois, Hollandois, &c. avec un François, pour l'admiſſion dans nos corps de métiers. S'il y en avoit une à faire, ce ſeroit en faveur des étrangers, pour les inviter à peupler nos provinces : Peut-on trop multiplier les habitans d'un Royaume commerçant ?

8°. Ne laiſſer ſubſiſter les règlemens pour nos manufactures, que comme un dépôt d'inſtructions, un recueil de leçons & de conſeils que l'Ouvrier conſultera, s'il le croit utile. Mais il faut leur ôter toute l'autorité d'une loi qui contraint & qui oblige. La ſeule règle & la plus infaillible, c'eſt la vente ; c'eſt la conſommation

9°. Proſcrire toute amende & confiſcation, châtiment auſſi rigoureux qu'inutile à la perfection. L'ouvrier qui a fait une étoffe d'une médiocre qualité, n'eſt-il pas aſſez puni de ſon impéritie, par la perte qu'il ſouffre dans la vente de cette étoffe, ſans l'impoſer encore à une peine pécuniaire ? La marchandiſe ſe vend toujours en raiſon de ſa qualité ; ainſi le moindre prix ſera le châtiment inévitable de celui qui fait mal : Pourquoi ajouter à cette peine la rigueur des amendes ?

10°. Obliger ſeulement le fabricant, comme on le fait aujourd'hui, à tiſſer ſur le bout de chaque pièce qu'il met en vente, ſon nom & ſa demeure ; il pourra en outre y attacher un plomb ſur lequel ſeront auſſi imprimés ſon nom, ſa demeure & l'eſpèce de marchandiſe. Le ſceau de l'ouvrier ſervira à l'accréditer, s'il fait bien, & à le décréditer s'il fait mal. La meilleure qualité relative à la conſommation, ſera alors le moyen de le faire connoître & d'augmenter ſa fortune. L'inutile conformité à des règlemens immuables ne confondra plus tous les ouvriers ; ils ne ſeront diſtingués que par la qualité de leurs ouvrages, moyen infaillible d'allumer l'émulation.

11°. Punir ſévèrement l'ouvrier qui emploiera le nom d'un autre : c'eſt un larcin qui mérite un châtiment rigoureux. Ne point tolérer l'abus commun dans quelques fabriques, des marques héréditaires. N'en permettre, ſous aucun prétexte, le tranſport d'un ouvrier à un autre. Chaque ouvrier doit avoir ſon coin, & ce coin doit périr avec lui. Enfin comme cette empreinte ne doit ſervir qu'à faire l'éloge ou le blâme de l'ouvrier, il ne faut ſouffrir aucune fraude à cet égard. Elle eſt commune dans la coutellerie & dans la quincaillerie. Les marques que les fabricans ſont obligés d'imprimer ſur leurs ciſeaux, couteaux & autres ouvrages, ſont héréditaires dans les familles & ſe vendent au profit de ceux à qui elles paſſent par ſucceſſion. Il y a telle marque achalandée qui ſe vend dix mille francs. Le prix des marques ordinaires eſt de quarante à ſoixante livres. On aſſure qu'à Thiers, on a offert juſqu'à vingt-deux mille liv. de celle de Palme ; c'étoit la plus accréditée. Cet abus eſt doublement préjudiciable. 1°. Comme cette marque eſt imprimée ſur des ouvrages qui ne ſont plus faits, ou dirigés par le même ouvrier, c'eſt favoriſer la fraude ; on achete toujours ſur le crédit de la marque, & les marchandiſes qui ne ſont plus les mêmes. 2°. Le haut prix de ces marques doit influer néceſſairement ſur le prix des ouvrages. L'on ne doit pas être ſurpris ſi nos quincailleries ſont beaucoup plus chères que celles de l'étranger.

12°. Il ſuffiroit d'appliquer le plomb public de viſite & marque, aux marchandiſes deſtinées à la conſommation intérieure, non pas pour faire preuve que ces marchandiſes ſont fabriquées conformément aux règlemens ; mais ſeulement pour conſtater qu'elles ſont faites en France, & qu'elles peuvent s'y conformer.

Une loi qui ordonneroit que toutes les marchandiſes qui arrivent dans toutes les villes du Royaume, ſeroient viſitées pour reconnoître ſi elles portent la marque authentique du lieu où elles ont été fabriqués, obligeroit le fabricant à porter au plomb les ouvrages qu'il deſtine à la conſommation intérieure. Son intérêt l'y inviteroit, parce qu'il ſeroit inſtruit que, ſans cette condition, il ne pourroit s'en procurer une vente libre dans le Royaume ; mais il ne faudroit pas l'y contraindre par aucune loi, ni l'en punir ſous aucun prétexte : en voici la raiſon ; c'eſt que le plomb public ne ſeroit point néceſſaire pour les marchandiſes qui doivent ſe conſommer hors du Royaume, que dans le cas ſeulement où le conſommateur l'exigeroit. Or ce cas ne ſeroit pas commun. On peut objecter que ſoit au-dedans, ſoit au-dehors du Royaume, le conſommateur peut exiger que les marchandiſes qu'il demande ſoient faites conformément aux règlemens. Quoique ce cas ne puiſſe arriver que très-rarement, cependant il eſt poſſible. Pour y ſatisfaire, on peut appliquer ſur ces marchandiſes un plomb ſur lequel ſeront inſcrits d'un côté ces mots : *Conforme aux règlemens* ; de l'autre, le nom de l'endroit où elles ſont fabriquées. Cette empreinte ne ſera donnée qu'aux étoffes qui auront été reconnues telles, & dans le cas ſeulement que le marchand ou le fabricant l'exigera. Cependant pour ne point favoriſer l'erreur, il ſeroit néceſſaire d'inſtruire par des avis publics les nations avec leſquelles nous commerçons, qu'à l'avenir on ne donnera ce plomb qu'aux marchandiſes conformes aux règlemens, & que les autres porteront ſeulement le plomb de l'ouvrier, lequel indiquera ſon nom, ſa demeure & l'eſpèce de marchandiſe.

Par ce moyen on ſatisferoit le goût du conſommateur, qui étant maître de demander des marchandiſes libres & conformes aux règlemens, feroit choix de celles qui lui ſeroient plus avantageuſes. On pourroit connoître en peu d'années quelles ſont celles qui ont procuré plus de conſommation, & ſe convaincre ſi nos règlemens ſont auſſi utiles au commerce qu'on le penſe. L'expérience, guide infaillible, décideroit de l'avantage ou du préjudice qu'ils procurent à l'état.

13°. Les marques ci-deſſus doivent être appliquées par d'anciens marchands & fabricans choiſis, qui ne recevront d'autre droit que le prix intrinſèque du plomb. Pour éviter même le monopole à cet égard, il faudroit qu'il fût libre au fabricant de livrer le plomb ſur lequel l'empreinte ſe feroit gratis.

14°. Supprimer les inſpecteurs. Nous ne nous adreſſerons pas à ceux qui ſont plus jaloux de leur autorité que de l'avancement des manufactures. Ceux-là ſont le peuple des inſpecteurs ; ils ne méritent aucune attention : c'eſt au témoignage de ceux qui ſont guidés par l'amour du public, que nous eſtimons aſſez pour les croire capables de ſacrifier leur intérêt à celui de l'Etat ; (nous croyons même qu'ils compoſent le plus grand nombre,) c'eſt à leur témoignage, diſons-nous, que nous oſons appeller de leur inutilité. Ils doivent convenir de bonne foi, que s'ils ſont inſtruits de la fabrique ſur laquelle ils veillent, ils tiennent ces inſtructions & ces lumières des fabricans & des commerçans de cette fabrique. C'eſt aux conférences fréquentes qu'ils ont enſemble ſur le commerce ; c'eſt à l'accord & à l'intelligence qui règne entr'eux & les commerçans ; c'eſt aux efforts communs des uns & des autres, pour la perfection & pour l'aggrandiſſement de la fabrique ; enfin c'eſt ſur-tout aux avis que les négocians leur donnent de la volonté du commettant, qu'ils doivent le bien qu'ils procurent dans leur emploi. Ils avoueront avec la même droiture, que pour procurer ce bien, ils ſont obligés dans mille occurrences, de faire plier la loi aux circonſtances & à ce que la conſommation exige.

Ainſi il réſulte, que s'il n'y avoit pas d'inſpecteurs, le fabricant & le marchand ne ſeroient pas moins inſtruits, & ne ſeroient pas moins intéreſſés à étendre la conſommation de la fabrique ; que ce ſeroit une ſuperfluité ou un obſtacle de moins.

Que, dès que l'avantage du commerce force ſouvent les inſpecteurs éclairés à s'écarter de la loi, leur emploi devient arbitraire en bien des cas. Or rien de plus contraire au bon ordre & à une ſage adminiſtration, que de confier les exceptions de la loi à un ſeul, ſi intelligent qu'on le ſuppoſe. Il reſte toujours de l'homme, dans l'eſprit le plus droit & le mieux intentionné. Que feroit-ce, ſi ces inſpecteurs étoient conduits par l'envie d'étendre leur empire, & par des vues contraires au bien public ? Que de maux n'en réſulteroit-il pas pour le commerce & pour l'accroiſſement de l'induſtrie ? Leur ſuppreſſion procureroit encore l'avantage de trouver dans leurs appointemens des moyens d'éteindre les dettes des communautés.

Telles ſont les obſervations que l'amour ſeul de la perfection des arts & de l'avancement du commerce, nous a fait faire. Nous croyons avoir expoſé dans la première partie les abus autoriſés par les corps de métiers, le préjudice qu'ils cauſent à l'état, & l'avantage qu'il retireroit de la proſcription de ces abus.

Nous avons obſervé dans la ſeconde, que les

dettes des Communautés font un fardeau onéreux pour l'induſtrie & pour la nation, & qu'elles oppoſent le plus grand obſtacle à la liberté qu'on doit donner aux arts & aux talens.

Nous avons propoſé les moyens du rembourſement, & indiqué les changemens qu'il conviendroit de faire dans nos règlemens pour favoriſer l'induſtrie.

Nous ne pouvons cependant pas nous empêcher, en finiſſant, de rappeler ce que nous avons dit au commencement de cette diſſertation. La plus grande liberté qu'on donnera aux artiſans & aux marchands ne procurera aucun bien à l'état; l'effet même en ſera préjudiciable, ſi le gouvernement ne commence par encourager l'agriculture. L'admiſſion plus facile dans nos arts & métiers, pourroit enlever plus de ſujets à la claſſe des laboureurs; ils y ſont déja aſſez invités par d'autres motifs. Cette claſſe la plus utile, qui fournit à toutes les autres, & dans laquelle il n'en rentre aucune, pourroit faire encore de plus grandes pertes, & la culture en ſouffriroit davantage. On n'aura donc rien fait en faveur du commerce, & l'édifice ſera toujours chancelant, ſi on n'en affermit la baſe, & ſi on ne multiplie les matières premières. Malheureuſement le luxe actuel ne tend pas à augmenter la conſommation des ouvrges faits de nos propres denrées. Les laines d'Eſpagne, le poil & les ſoies ſont employés dans la plûpart de nos étoffes. De ces matières, les unes ne croiſſent pas dans nos provinces, les autres n'y croiſſent pas en aſſez grande abondance. Cette partie de notre commerce ne nous eſt pas plus avantageuſe que celui des Indes; nous n'avons intérêt de le faire qu'afin que les autres ne le faſſent pas pour nous. En manufacturant des denrées exotiques, on ne gagne que la main-d'œuvre; on n'amaſſe que des richeſſes fictives & de convention : on n'acquiert pas les ſeules richeſſes ſolides & indépendantes; c'eſt-à-dire, les matières premières. Loin qu'une grande partie de nos manufactures réagiſſent ſur l'agriculture, elles ne ſervent qu'à enrichir le cultivateur étranger. Le mal n'eſt peut-être pas ſans remède. Ne pourroit-on pas multiplier encore nos ſoies? Seroit-il impoſſible de changer ou du moins de perfectionner la nature de nos laines, en croiſant les races de nos moutons avec celles des moutons de Barbarie, d'Eſpagne ou d'Angleterre? La France ne peut-elle pas faire ce que Madrid & Londres ont fait? Si le canal qui joint les deux mers, a immortaliſé le dernier règne, peut-être l'exécution de ce projet ne procureroit-il pas moins de gloire au prince ſous le règne duquel nous avons le bonheur de vivre : Enfin comme tous nos procédés en matière de commerce, tendent plus à multiplier le ſigne que la choſe, cette multiplication ne produit d'autre effet que d'augmenter le prix des denrées, & de rendre au peuple la ſubſiſtance plus difficile, parce que ſon ſalaire n'eſt pas augmenté dans le même rapport : d'où il ſuit que quoique la maſſe d'argent ſoit augmentée, l'Etat n'en eſt pas réellement plus riche, & que le peuple en eſt plus pauvre. Il n'en eſt pas de la répartition de l'argent comme de celle des denrées. Plus le premier ſera abondant, moins il en appartiendra au peuple, parce que le haut prix des denrées conſommera ſon ſalaire en ſubſiſtances : plus au contraire les denrées ſeront abondantes, plus le prix en ſera modique, & plus le peuple aura d'aiſance. On doit conſidérer encore, qu'une grande partie des denrées commencent par appartenir au peuple, & qu'il n'en eſt pas ainſi de l'argent. On ne peut donc remédier à ce ſurhauſſement que produit l'entrée du ſigne, qu'en multipliant les matières premières dans la même proportion qu'on en multiplie l'image. Mais on ne peut y parvenir & faire le bonheur du peuple, qu'en encourageant l'agriculture, la ſource unique des richeſſes fixes & permanentes.

Les conſidérations qu'on vient de lire, n'ont pas été ſans fruit; ſoit quelles aient été connues du gouvernement, ou ſoit qu'étant l'effet de la méditation d'un eſprit juſte & inſtruit dans les matières d'économie politique, elles ſoient préſentées naturellement aux perſonnes qui pouvoient influer ſur cette partie d'adminiſtration; on a vu, en 1776 & les années ſuivantes, ſe réaliſer une partie des vœux & des projets de l'auteur de ces conſidérations : nouvelle preuve que la liberté d'écrire ſur tout ce qui intéreſſe la proſpérité de l'Etat, contribue à répandre la lumière; & finit, tôt ou tard, par avoir de l'utilité.

M. Turgot, contrôleur général des finances, qui avoit conſtamment manifeſté ſon zèle pour la liberté, fut le premier à propoſer, en 1776, la ſuppreſſion de toutes les communautés, jurandes & *maîtriſes*, par l'édit du mois de février de cette même année. On peut voir dans le préambule de cet édit, avec quelle force de raiſon ſont préſentés les avantages de la liberté, appliqués aux arts & métiers. Cet édit étant rapporté en entier dans le dictionnaire du commerce, nous nous abſtiendrons de le donner ici. Mais nous ne devons pas omettre de dire, que ce monument, élevé en l'honneur de la liberté, ne ſubſiſta que juſqu'au mois d'août de la même année 1776, qu'il fut détruit dans la majeure partie.

Cependant, le nouvel édit, en rendant l'exiſtence aux corps, communautés & *maîtriſes*, leur a donné une forme très-différente de celle qu'ils avoient eue précédemment; l'entrée des arts eſt devenue beaucoup plus facile, au moyen d'une finance très-inférieure à celle qui avoit été payée juſqu'àlors; pluſieurs communautés ont été réunies; ce qui diminue le nombre des procès. Enfin , cet édit femble avoir concilié , par le rétabliffement des anciennes corporations & *maîtrifes* , l'avantage de ceux qui peuvent y prétendre , avec l'intérêt des finances de l'État , dont les revenus cafuels ont reçu un accroiffement très-fenfible , au moyen de l'attribution au roi , des trois-quarts des droits de *maîtrifes* , & de la formalité de l'infcription , en payant annuellement le dixième du montant du droit fixé pour l'admiffion. Il eft vrai que le roi fe chargeoit d'acquitter les rentes & les dettes dont les corps & communautés étoient grevés.

Cet édit , du mois d'août 1776 , doit être configné ici comme une loi burfale , qui , par fes difpofitions , procure des reffources au fifc , pour le moment préfent , & lui en prépare encore d'autres toutes les fois que les befoins l'exigeront.

Louis , par la grace de Dieu , &c. Notre amour pour nos fujets nous avoit engagés à fupprimer par notre *édit* du mois de février dernier , les jurandes & communautés de commerce , arts & métiers : toujours animés du même fentiment & du défir de procurer le bien de nos peuples , nous avons donné une attention particulière aux différens mémoires qui nous ont été préfentés à ce fujet , & notamment aux repréfentations de notre cour de parlement ; & ayant reconnu que l'éxécution de quelques-unes des difpofitions que cette loi contient , pouvoit entraîner des inconvéniens , nous avons cru devoir nous occuper du foin d'y remédier , ainfi que nous l'avions annoncé ; mais perfévérant dans la réfolution où nous avons toujours été de détruire les abus qui exiftoit avant notre édit , dans les corps & communautés d'arts & métiers , & qui pouvoient nuire au progrès des arts , nous avons jugé néceffaire , en créant , de nouveau , fix corps de marchands & quelques communautés d'arts & métiers , de conferver libres certains genres de métiers ou de commerces qui ne doivent être affujettis à aucuns règlemens particuliers ; de réunir les profeffions qui ont de l'analogie entr'elles , & d'établir à l'avenir , des règles dans le régime defdits corps & communautés , à la faveur defquelles la difcipline intérieure & l'autorité domeftique des maîtres fur les ouvriers , feront maintenus , fans que le commerce , les talens & l'induftrie foient privés des avantages attachés à cette liberté qui doit exciter l'émulation fans introduire la fraude & la licence. La concurrence établie pour des objets de commerce , fabrication & façon d'ouvrages , produira une partie de ces heureux effets ; & le rétabliffement des corps & communautés , fera ceffer les inconvéniens réfultans de la confufion des états. Les profeffions qu'il fera libre à toutes perfonnes d'exercer indiftinctement , continueront d'être une reffource ouverte à la partie la plus indigente de nos fujets ; les droits & frais pour parvenir à la réception dans lefdits corps & communautés , réduits à un taux très-modéré , & proportionné au genre & à l'utilité du commerce & de l'induftrie , ne feront plus un obftacle pour y être admis ; les filles & femmes n'en feront pas exclues ; les profeffions qui ne font pas incompatibles , pourront être cumulées ; il fera libre aux anciens maîtres , de payer des droits peu onéreux , au moyen defquels leurs anciennes prérogatives leur feront rendues ; ceux qui ne voudront pas les acquitter , n'en jouiront pas moins du droit d'exercer , comme avant notre édit , leur commerce ou profeffion. Les particuliers qui ont été infcrits fur les livres de la police , en vertu de notredit édit , jouiront auffi , moyennant le payement qu'ils feront chaque année d'une fomme modique , du bénéfice de cette loi. La facilité d'entrer dans lefdits corps & communautés , les moyens que notre amour pour nos fujets , & des vues de juftice , nous infpireront , feront ceffer l'abus des priviléges. Nous nous chargerons de payer les dettes que lefdits corps & communautés avoient contractées ; & jufqu'à ce qu'elles foient entièrement acquittées , leurs créanciers conferveront leurs droits , privilèges & hypothèques ; nous pourvoirons auffi au payement des indemnités qui pourroient être dues à caufe de la fuppreffion des corps & communautés ; les procès qui exiftoient avant ladite fuppreffion , demeureront éteints , & nous prendrons des mefures capables d'arrêter les conteftations fréquentes qui étoient fi préjudiciables à leurs intérêts & au bien du commerce. En rectifiant ainfi ce que l'expérience a fait connoître de vicieux dans le régime des communautés , en fixant par de nouveaux ftatuts & règlemens ; un plan d'adminiftration fage & favorable , lequel dégagera des gênes que les anciens ftatuts avoient apportées à l'exercice du commerce & des profeffions ; & détruifant des ufages qui avoient donné naiffance à une infinité d'abus , d'excès & de manœuvres dans les jurandes , & contre lefquels nous avons dû faire un ufage légitime de notre autorité , nous conferverons de ces anciens établiffemens , les avantages capables d'opérer le bon ordre & la tranquillité publique. A ces caufes , & autres , &c.

ARTICLE PREMIER.

Les marchands & artifans de notre bonne ville de Paris , feront claffés & réunis fuivant le genre de leur commerce , profeffion ou métier ; à l'effet de quoi nous avons rétabli & rétabliffons & en tant que befoin eft , créons & érigeons , de nouveau , fix corps de marchands , y compris celui des orfèvres , & quarante-quatre communauté d'arts & métiers : voulons que lefdits corps & communautés jouiffent , exclufivement à tous autres , du droit & faculté d'exercer les commerces , métiers & profeffions qui leur font at-

tribués & dénommés en l'état arrêté en notre confeil, lequel demeurera annexé à notre préfent
édit.

I I.

En ce qui concerne les autres commerces,
métiers & professions, dont la lifte fera pareillement annexée à notre préfent édit, il fera permis à toutes perfonnes de les exercer ; à charge
feulement d'en faire préalablement leur déclaration, devant le fieur lieutenant général de police :
ladite déclaration fera infcrite fur un regiftre à ce
deftiné, elle contiendra les noms, furnoms, âge
& demeure de celui qui fe préfentera, & le
genre de commerce ou travail qu'il fe propofera
d'exercer. En cas de changement de profeffion ou
de demeure, comme auffi en cas de ceffation,
lefdits particuliers feront pareillement tenus d'en
faire leur déclaration, le tout fans aucuns droits
ni frais.

I I I.

N'entendons comprendre dans les difpofitions
des articles précédens, le corps des apothicaires ;
nous réfervant de nous expliquer particulièrement
fur ce qui concerne la profeffion de la Pharmacie.

I V.

Il ne fera rien innové en ce qui concerne la
communauté des maîtres barbiers-perruquiers-étu-
viftes, lefquels continueront de jouir de leurs offices comme par le paffé, jufqu'à ce qu'il en foit
par nous autrement ordonné : permettons néanmoins aux coeffeufes de femmes, d'exercer librement leur profeffion : à la charge feulement de
faire la déclaration ordonnée par l'art. II.

V.

Les marchands des fix corps jouiront de la prérogative de parvenir au confulat & à l'échevina-
ge, ainfi qu'en jouiffoient ci-devant les fix anciens
corps de marchands, le tout fuivant les conditions portées aux articles fubféquens.

V I.

Ceux qui voudront être admis dans les corps
ou communautés créés par l'article Ier feront tenus de payer indiftinctement, pour tout droit d'admiffion ou réception, les fommes fixées par le tarif que nous avons fait arrêter en notre Confeil,
& qui fera annexé à notre préfent édit.

V I I.

Ceux qui avoient été reçus maîtres dans les anciens corps & communautés, & leurs veuves,
pourront continuer d'exercer leur commerce ou
profeffion fans payer aucuns droits ; mais ils ne
pourront être admis comme maîtres dans les nouveaux corps & communautés, ni faire un nouveau commerce, ou participer aux avantages &
privilèges defdits corps & communautés, qu'en
payant, & ce dans trois mois, pour tout délai,

les droits de confirmation, de réunion ou d'admiffion dans les fix corps, que nous avons fixés ;
favoir,

Le droit de confirmation au cinquième des droits
de réception ;

Celui de réunion d'un commerce ou d'une profeffion dans lequel fe trouvera compris le droit de
confirmation, au quart de ladite fixation, ou au
tiers, lorfqu'il fe trouvera plus d'un genre de
commerce ou de profeffion réuni ;

Et enfin, le droit d'admiffion dans l'un des fix
corps, lequel fera indépendant du droit de confirmation & de réunion, au tiers de ladite fixation :

Le tout conformément au tarif annexé au préfent édit.

V I I I.

Les marchands & artifans de l'un & de l'autre
fexe, qui ont été infcrits fur les livres de la police, depuis le mois de mars dernier, pourront
continuer d'exercer librement leur commerce ou
profeffion, à la charge feulement de payer annuellement, à notre profit, & tant qu'ils continueront ledit exercice, un dixième du prix fixé par le
tarif, pour l'admiffion dans chacun des corps ou
communautés dont dépendra le commerce ou la
profeffion pour lequel ils fe font fait enregiftrer ; fi
mieux ils n'aiment fe faire recevoir maîtres, aux
conditions portées en l'article VI, & de la manière qui fera ordonnée ci-après.

I X.

Les maîtres & maîtreffes des corps & communautés qui défireront cumuler deux ou plufieurs commerces ou profeffions dépendans de différens corps
ou communautés, feront tenus de fe préfenter au
lieutenant général de police ; & dans le cas où il
jugera que lefdits commerces ou profeffions ne font
point incompatibles, & que leur réunion ne peut
nuire à la police ni à la fûreté publique, il leur
fera délivré, fur les conclufions de notre Procureur au Châtelet, une permiffion fur laquelle ils
feront reçus & admis dans lefdits corps & communautés, en payant toutefois les droits fixés par
le tarif, pour l'admiffion & réception dans chacun defdits corps & communautés.

X.

Les filles & femmes feront admifes & reçues
dans lefdits corps & communautés, en payant
pareillement les droits fixés par ledit tarif, fans
cependant qu'elles puiffent, dans les communautés d'hommes, être admifes à aucune affemblée,
ni exercer aucune des charges : les hommes ne
pourront pareillement être admis aux affemblées,
ni exercer aucunes charges dans les communautés
de femmes.

X I.

Les veuves des maîtres qui feront reçus par la
fuite,

fuite, ne pourront continuer plus d'une année, à compter du jour du décès de leurs maris, leurs commerces ou leurs professions, à moins que dans ledit délai elles ne se fassent recevoir maîtresses dans le corps ou la communauté de leurs maris ; & dans ce cas, elles ne paieront que la moitié des droits fixés par le tarif : ce qui sera pareillement observé pour les hommes qui deviendront veufs d'une maîtresse.

X I I.

Nul ne pourra être admis à la *maîtrise*, avant l'âge de vingt ans pour les hommes, s'il n'est marié ; & de dix-huit ans pour les filles, à peine de nullité des réceptions, & de perte des droits payés pour icelles ; sauf à nous à accorder, dans des cas favorables, telles dispenses que nous jugerons convenables.

X I I I.

Les étrangers pourront être admis dans lesdits corps & communautés, aux conditions portées aux articles précédens ; & dans ce cas, voulons qu'ils soient affranchis du droit d'aubaine, pour leur mobilier & leurs immeubles fictifs seulement.

X I V.

Les maîtres & maîtresses qui auront payé les droits, & ceux qui seront reçus par la suite, jouiront dans nos provinces, du droit qui étoit attaché aux *maîtrises* supprimées ; ils pourront en conséquence exercer librement, dans tout notre royaume, leur commerce ou profession ; à la charge par eux de se faire enregistrer sans frais, au bureau du corps ou de la communauté de la ville en laquelle ils voudroient faire leur résidence.

X V.

Il sera fait, dans chaque corps ou communauté, trois tableaux différens. Le premier contiendra les noms, par ordre d'ancienneté, de tous ceux qui auront payé les droits de confirmation, de réunion & d'admission dans les six corps, & les droits de confirmation & de réunion dans les autres communautés ; le second tableau contiendra les noms des anciens maîtres qui n'auront pas acquitté les droits ci-dessus : & enfin, le troisième tableau contiendra les noms de ceux qui ont été enregistrés depuis le mois de mars dernier, sur les livres de la police. Ceux ou celles qui seront reçus à l'avenir dans lesdits corps & communautés, seront inscrits à la suite du premier tableau ; & seront lesdits tableaux arrêtés chaque année, sans frais, par le lieutenant général de police.

X V I.

Les anciens maîtres qui n'ayant point acquitté, dans les trois mois, les droits établis par l'article VII, seront compris dans le second tableau, ne seront admis à aucune assemblée ; ils ne participeront point à l'administration ni à aucune des

prérogatives des corps & communautés, & ils seront tenus de se renfermer dans les bornes du commerce ou de la profession qu'ils avoient droit d'exercer avant la suppression des *maîtrises*, & ce néanmoins sous l'inspection des gardes, syndics & adjoints des corps & communautés auxquels ils seront agrégés, pour l'exercice de leur commerce ou profession seulement, ainsi que pour le payement des impositions.

X V I I.

A l'égard des particuliers qui se trouveront inscrits sur les registres de la police, ils seront pareillement tenus de se renfermer dans l'exercice du commerce ou de la profession pour lesquels ils ont été inscrits, sans pouvoir participer ni aux prérogatives, ni à l'administration des corps & communautés auxquels ils ne seront pareillement qu'agrégés ; & faute par eux de payer les droits portés en l'article VIII, ils seront de plein droit déchus de l'exercice de tout commerce & profession dépendans desdits corps & communautés, rayés du tableau, & réputés ouvriers sans qualité.

X V I I I.

Lesdits corps & communautés seront représentés par des députés au nombre de vingt-quatre pour les corps & communautés qui seront composés de moins de trois cens maîtres ; & de trente-six pour ceux qui seront composés d'un plus grand nombre. Lesdits députés seront présidés par des gardes ou syndics & leurs adjoints, & pourront seuls s'assembler & délibérer sur les affaires qui intéresseront les droits des corps & communautés. Les délibérations qui seront prises dans lesdites assemblées, obligeront tout le corps ou la communauté, & ne pourront néanmoins être exécutées qu'après avoir été homologuées ou autorisées par le lieutenant général de police.

X I X.

Lesdits députés seront choisis dans des assemblées qui seront indiquées à cet effet tous les ans, par le lieutenant général de police ; elles se tiendront dans le lieu qui sera par lui désigné : voulons qu'elles ne soient composées que de la classe des Membres qui seront imposés à la plus forte taxe d'industrie, au nombre de deux cents pour les corps & communautés qui seront composés de moins de six cents maîtres ; & de quatre cents pour ceux qui seront composés d'un plus grand nombre : voulons pareillement que les députés ne puissent être choisis que dans ladite classe & nommés par la voie du scrutin, sans pouvoir être continués.

X X.

Et afin que les assemblées dans lesquelles il sera procédé au choix & à la nomination des députés, ne soient ni trop nombreuses ni tumultueuses ;

voulons que dans les corps ou communautés dont les affemblées feront compofées de plus de cent maîtres, lefdites affemblées foient faites divifément & par centaine, & qu'il foit formé à cet effet, par le lieutenant général de police, une divifion de notre bonne ville de Paris & de fes faubourgs, en quatre quartiers; & les maîtres domiciliés dans chacun de ces quartiers ou dans deux quartiers réunis, choifiront & nommeront féparément & en des jours différens, les députés de chaque divifion.

X X I.

Il y aura dans chacun des fix corps, trois gardes & trois adjoints, & dans chaque communauté deux fyndics & deux adjoints, lefquels auront la régie & adminiftration des affaires, & la manutention des revenus defdits corps & communautés; & feront chargés de veiller à la difcipline des membres & à l'exécution des règlemens, &c.

X X I I I.

Les gardes, fyndics & adjoints, ne pourront procéder à l'admiffion d'un maître ou d'une maîtreffe qu'après qu'il aura prêté le ferment accoutumé devant notre procureur au châtelet; à l'effet de quoi deux defdits gardes, fyndics ou adjoints, feront tenus de fe rendre avec l'afpirant, en fon hôtel; & il fera fait mention de ladite preftation de ferment dans l'acte d'enregiftrement de la réception fur le livre de la communauté.

X X I V.

Les gardes, fyndics & adjoints, procéderont feuls à l'admiffion des maîtres & à l'enregiftrement de leur réception fur le livre de la communauté, & les honoraires qui leur feront attribués pour les réceptions, feront partagés également entr'eux: leur défendons d'exiger ou recevoir des récipiendaires fous quelque prétexte que ce puiffe être, aucune autre fomme que celles qui leur feront attribuées ainfi qu'à la communauté; même d'exiger ou recevoir defdits récipiendaires, à titre d'honoraire ou de droit de préfence, aucuns repas, jetons ou autres préfens, fous peine d'être procédé contr'eux extraordinairement comme concuffionnaires, fauf aux récipiendaires à acquitter par eux-mêmes le coût de leurs lettres de maîtrife & le droit de l'Hôpital, duquel droit ils feront tenus de repréfenter la quittance avant d'être admis à la maîtrife.

X X V.

Les droits dûs aux officiers de notre châtelet pour l'élection des adjoints & la réception des maîtres & maîtreffes, font & demeureront fixés: favoir, à notre procureur au châtelet pour l'élection des trois adjoints dans chacun des corps, y compris fon tranfport en leur bureau, à la fomme de quarante-huit livres; pour l'élection des deux adjoints dans les communautés, à celle de vingt-quatre livres; & pour chaque réception de maî-

tre ou maîtreffe, à la fomme de vingt-quatre livres lorfque les droits de réceptions excéderont celle de quatre cents livres; & à douze livres lorfque lefdits droits feront de quatre cents livres & au-deffous; aux fubftituts de notre procureur au châtelet, à quatre livres pour chaque élection des adjoints, & quatre livres pour chaque réception; & au greffier pour chacune defdites élection & réception, cinq livres, en ce non compris les droits de fcel & fignature.

X X V I.

Le quart des droits de réception à la maîtrife dans lefdits corps & communautés, fera perçu par les gardes, fyndics & adjoints, & fera employé, à la déduction du cinquième dudit quart, que nous leur attribuons pour leurs honoraires, aux dépenfes communes du corps ou de la communauté: dans le cas où le produit dudit quart ne fe trouveroit pas fuffifant pour fubvenir à ladite dépenfe, l'excédant fera impofé fur tous les membres du corps ou de la communauté, par un rôle de répartition qui fera fait au marc la livre de l'induftrie, & déclaré exécutoire par le lieutenant général de police.

X X V I I.

Les trois autres quarts feront perçus à notre profit, & feront employés avec le produit de la vente qui a été ou fera faite du mobilier & des immeubles des anciens corps & communautés, à l'extinction & à l'acquittement des dettes & rentes que lefdits corps & communautés pouvoient avoir contractés, tant envers nous qu'envers des particuliers, ainfi qu'au payement des indemnités qui pourroient être dûes, à quelque titre que ce foit, à caufe de la fuppreffion defdits corps & communautés, & enfin à l'acquittement des penfions à titre d'aumône que quelques-uns des anciens corps & communautés étoient autorifés à faire à leurs pauvres maîtres & à leurs veuves.

X X V I I I.

Les gardes, fyndics ou adjoints ne pourront former aucune demande en juftice, autre que celle en validité de faifies faites de l'autorité du lieutenant général de police, appeler d'une fentence ni intervenir en aucune caufe, foit principale, foit d'appel, qu'après y avoir été fpécialement autorifés par une délibération des députés du corps ou de la communauté, & ce, fous peine de répondre en leur propre & privé nom de l'évènement des conteftations; fi mieux ils n'aiment cependant pourfuivre lefdites affaires pour leur compte perfonnel, & ce à leurs rifques, périls & fortune.

X X I X.

Les gardes, fyndics & adjoints ne pourront faire aucun accommodement fur des faifies qui feront caufées par des contraventions à leurs ftatuts & règlemens, qu'après y avoir été autorifés par le fieur lieutenant général de police, & aux conditions par lui réglées, fons peine de deftitution de leurs charges & de trois cents livres d'amende, dont moitié à notre profit, & l'autre moitié à celui de la communauté ; & lorfque le fond des droits du corps ou de la communauté fera contefté, il ne pourront tranfiger qu'après une délibération des députés du corps ou de la communauté, revêtue de l'autorifation du lieutenant général de police, fous peine de nullité de la transaction & de pareille amende.

XXX.

Ils ne pourront faire aucunes dépenfes extraordinaires, autres que celles qui feront fixées par la fuite par des règlemens particuliers, ni obliger le corps ou la communauté pour quelque caufe ou en quelque manière que ce puiffe être, qu'après y avoir été autorifés par une délibération dûment homologuée, ou une ordonnance fpéciale du lieutenant général de police, &c.

Défendons auffi auxdits corps & communautés de faire aucuns emprunts, s'ils n'y font autorifés par des édits, déclarations ou lettres patentes dûment enregiftrés.

XXXI.

Les gardes, fyndics & adjoints feront tenus, deux mois après la fin de chaque année de leur exercice, de rendre compte de leur geftion & adminiftration aux adjoints qui auront été élus pour leur fuccéder, & aux députés du corps ou de la communauté qui auront élu lefdits nouveaux adjoints, lequel compte fera par eux examiné, contredit, fi le cas y échet, & arrêté, & le reliquat fera remis provifoirement aux gardes, fyndics & adjoints lors en charge : nous réfervant de prefcrire la forme en laquelle il fera procédé à la révifion des comptes defdits corps & communautés : défendons au furplus très-expreffément d'y porter aucune dépenfe pour préfens à titre d'étrenne, ou fous quelque prétexte que ce puiffe être, fous peine de radiation defdites dépenfes, dont lefdits gardes, fyndics & adjoints demeureront refponfables en leur propre & privé nom.

XXXII.

Toutes les conteftations à naître concernant les corps des marchands & communautés d'arts & métiers, & la police générale & particulière defdits corps & communautés, continueront d'être portées en première inftance aux audiences de police de notre châtelet, en la manière accoutumée, fauf l'appel en notre parlement.

XXXIII.

Les ordonnances & règlemens concernant le colportage, feront exécutés : en conféquence, faifons défenfes aux maîtres & maîtreffes des corps & communautés, à ceux qui leur feront agrégés, & à tous gens fans qualité, de colporter, crier & étaler aucunes marchandifes dans les rues, places & marchés publics, & de les porter de maifons en maifons pour les y annoncer, fous peine de faifie & confifcation defdites marchandifes & d'amende : n'entendons comprendre dans lefdites défenfes les marchandifes de fruiterie, les légumes, herbages & autres menues denrées & marchandifes, dont l'étalage & le colportage dans les rues, ont été de tout tems permis, ainfi que celles dont le débit tient aux profeffions libres, & qui font comprifes dans la lifte annexée à notre préfent édit.

XXXIV,

Voulons néanmoins que les pauvres maîtres & veuves de maîtres, qui ne feront point en état d'avoir une boutique, puiffent, après avoir obtenu les permiffions requifes & ordinaires, tenir une échope ou étalage couvert & en lieu fixe, dans les rues, places & marchés, pourvu qu'ils n'embarraffent point la voie publique ; à la charge par eux d'en faire leur déclaration au bureau de leur corps ou communauté, même de renouveller ladite déclaration à chaque changement de place, & d'avoir dans l'endroit le plus apparent de leur échope ou étalage, un tableau fur lequel feront imprimés en gros caractères, leurs noms & qualités ; & dans ce cas, lefdits maîtres ou veuves de maîtres feront tenus de faire perfonnellement par eux-mêmes, leurs femmes ou enfans, leur commerce, fans pouvoir fe faire repréfenter par aucun autre prépofé, auxdites échopes ou étalages, fous les peines portées en l'article précédent. N'entendons comprendre dans les marchandifes qui pourront être ainfi étalées, celles de matières d'or & d'argent, ainfi que les armes offenfives & défenfives, dont nous défendons l'étalage & le colportage.

XXXV.

Les maîtres & agrégés ne pourront louer leur maîtrife, ni prêter leur nom, directement ou indirectement à d'autres maîtres, & particulièrement à des gens fans qualité, fous peine d'être deftitués de leurs maîtrifes & privés du droit qu'ils avoient d'exercer leur commerce ou profeffion, même d'être condamnés à des dommages & intérêts, & à une amende envers le corps & la communauté.

XXXVI.

Défendons à toutes perfonnes fans qualité, d'entreprendre fur les droits & profeffions defdits corps & communautés, à peine de confifcation des marchandifes, outils & uftenfiles trouvés en contravention, d'amende & de dommages-intérêts ; le tout applicable ; favoir, les trois quarts aux corps & communautés, & l'autre quart aux gardes, fyndics & adjoints qui auront fait la faifie. Permettons néanmoins à tous particuliers de faire le commerce en gros, lequel demeurera libre comme par le paſſé. Voulons pareillement que tous les habitans de notre bonne ville de Paris puiſſent tirer directement des provinces , & en acquittant les droits qui peuvent être dûs , les denrées & marchandiſes qui leur feront néceſſaires pour leur uſage & leur conſommation ſeulement.

XXXVII.

Tous les maîtres & agrégés dans chaque corps ou communauté , pourront s'établir & ouvrir boutique par-tout où ils jugeront à propos , ſans avoir égard à la diſtance des boutiques ou atteliers ; à l'exception cependant des garçons ou compagnons , leſquels en s'établiſſant , feront tenus de ſe conformer à l'égard des maîtres chez leſquels ils auront ſervi & travaillé , aux uſages admis dans chaque corps & communauté , ou aux règlemens qui ſeront faits à ce ſujet.

XXXVIII.

Les maîtres ne pourront , s'ils n'y ſont expreſſément autoriſés par leurs ſtatuts , donner aucun ouvrage à faire en ville , ni employer aucun apprentif , compagnon ou ouvrier , hors de leurs boutiques , magaſin ou atteliers , & ce , ſous quelque prétexte que ce puiſſe être , ſi ce n'eſt pour poſer & finir les ouvrages qui leur auront été commandés dans les lieux pour leſquels ils feront deſtinés , ſous peine de confiſcation deſdits ouvrages ou marchandiſes , & d'amende : leur défendons pareillement , & ſous les mêmes peines , de tenir & d'avoir plus d'une boutique ou attelier , à moins qu'ils n'aient obtenu la permiſſion de cumuler deux profeſſions dans pluſieurs corps ou communautés.

XXXIX.

Il ſera procédé à de nouveaux ſtatuts & règlemens , pour chacun des ſix corps & des quarante-quatre communautés , créés par le préſent édit , par leſquels il ſera pourvu ſur la forme & la durée des apprentiſſages qui ſeront jugés néceſſaires pour exercer quelques-unes des profeſſions ; ſur les viſites que les gardes , ſyndics & adjoints feront tenus de faire chez les maîtres pour y conſtater les défectuoſités ou mal - façons des ouvrages & marchandiſes ; faire la vérification des poids & meſures , & ſur tout ce qui pourra intéreſſer leſdits corps & communautés , & qui n'aura pas été prévu par les diſpoſitions de notre préſent édit ; à l'effet de quoi les gardes , ſyndics , adjoints & députés , remettront , dans l'eſpace de deux mois , au lieutenant général de police , les articles des ſtatuts & règlemens qu'ils eſtimeront devoir propoſer , &c.

XL.

Les règlemens concernant la police des compagnons d'arts & métiers , notamment les lettres patentes du 2 janvier 1749 , ſeront exécutés ; en conſéquence , défendons auſdits compagnons de quitter leurs maîtres ſans les avoir avertis dans le

tems fixé par leſdits règlemens , & ſans avoir obtenu d'eux un certificat de congé , dans lequel les maîtres rendront compte de la conduite & du travail deſdits compagnons. Défendons aux maîtres de refuſer leſdits certificats après le tems de l'avertiſſement expiré , ſous quelque prétexte que ce puiſſe être ; voulons qu'à leur refus , les gardes , ſyndics ou adjoints , ou au refus de ceux-ci , le lieutenant général de police puiſſe , après avoir entendu le maître , délivrer au compagnon une permiſſion d'entrer chez un autre maître : défendons pareillement à tous les maîtres de recevoir aucun compagnon , qu'il ne leur ait repréſenté le certificat de congé ci deſſus preſcrit , ou la permiſſion qui en tiendra lieu , & ſous telles peines qu'il appartiendra contre les maîtres , garçons ou compagnons.

XLI.

Tous ceux qui ſe prétendront créanciers des anciens corps & communautés , ſeront tenus de remettre , ſi fait n'a été , dans deux mois pour tout délai , à compter du jour de l'enregiſtrement & publication de notre préſent édit , au lieutenant général de police de la ville de Paris , les titres de leurs créances , enſemble toutes les pièces juſtificatives de leur propriété ou copies d'icelles duement collationnées par-devant notaires , pour être procédé par ledit lieutenant général de police , à la liquidation deſdites créances , & pourvu ſur ces ordonnances au paiement des arrérages de rentes , ainſi qu'au rembourſement des capitaux.

XLII.

Il ſera procédé à la vente des immeubles réels & fictifs , qui appartenoient auſdits corps & communautés , par-devant ledit lieutenant général de police , à la requête , pourſuite & diligence de notre procureur au châtelet , & ce , en la forme preſcrite pour l'aliénation des biens des gens de main-morte , pour les deniers en provenans , être employés à l'acquittement des dettes deſdits corps & communautés , & aux indemnités auxquelles nous nous réſervons de pourvoir : exceptons néanmoins de ladite vente , les immeubles appartenans au corps des orfévres qui n'ont point été ſupprimés , ainſi que les maiſons que nous jugerons néceſſaires à aucuns des autres corps pour y tenir leurs bureaux : Voulons que ce qui reſtera du prix deſdites ventes , ainſi que les trois quarts des droits de réception à la *Maîtriſe* , leſquels ſeront perçus à notre profit , demeurent ſpécialement affectés au paiement des principaux , arrérages de rentes & acceſſoires , juſqu'à l'extinction d'iceux.

XLIII.

Faiſons défenſes auſdits corps & communautés , compagnons , apprentis & ouvriers , d'établir ou renouveler les confréries & aſſociations que nous avons ci-devant éteintes & ſupprimées , ou d'en établir de nouvelles ſous quelque prétexte que ce foit, fauf à être pourvu par le fieur arche-vêque de Paris en la forme ordinaire, à l'acquit des fondations & à l'emploi des biens qui y étoient affectés.

XLIV.

Tous les procès qui exiftoient entre les corps & communautés de notre bonne ville de Paris, au jour de leur fuppreffion, ou pour faifies faites à leur requête, demeureront éteins & affoupis, à compter dudit jour ; fauf à être pourvu, fi fait n'a été, par le lieutenant général de police, à la reftitution des effets faifis & au paiement des frais faits jufqu'audit jour.

XLV.

Supprimons les lettres domaniales qui étoient ci-devant accordées en notre nom, & moyennant une redevance à notre profit, pour la vente en regrat de la marchandife de fruiterie, de la bière, de l'eau-de-vie & autres menues marchandifes ; Nous réfervant de pourvoir à cet égard à l'indemnité de qui il appartiendra : Voulons que lefdites marchandifes en regrat foient vendues librement, à l'exception néanmoins de la bière, du cidre & de l'eau-de-vie dont la vente en boutique appartiendra ; favoir, celle de la bière, aux limonadiers & vinaigriers en concurrence avec les braffeurs ; & le cidre & l'eau-de-vie auxdits limonadiers & vinaigriers exclufivement : Notre intention étant que le débit de l'eau-de-vie à petite mefure, puiffe fe faire fur la permiffion du fieur lieutenant général de police, délivrée fans frais, dans les rues & fur les tables hors defdites boutiques, & dans des échoppes.

XLVI.

Tous ceux qui étoient en poffeffion d'accorder des privilèges d'arts & métiers, feront tenus de remettre, dans un mois pour tout délai, entre les mains du contrôleur général de nos finances, leurs titres & mémoires, pour être par nous pourvû, foit à la confervation de leur droit, foit à leur indemnité ; & jufqu'à ce, voulons qu'ils ne puiffent concéder aucun nouveau privilège.

XLVII.

A compter du jour de la publication de notre préfent édit, nul ne pourra fe faire infcrire fur les regiftres de la police, pour avoir le droit d'exercer un commerce ou une profeffion dépendant defdits corps & communautés : Exceptons néanmoins les habitans du fauxbourg Saint-Antoine, & des autres lieux jouiffant des privilèges ; & pour leur donner une nouvelle marque de notre protection, leur accordons un délai de trois mois, à compter dudit jour, pour fe faire infcrire fur lefdits regiftres ; au moyen de quoi, & en fe conformant aux difpofitions de l'article VIII, ils jouiront du droit d'exercer leurs commerce & profeffion, tant

dans ledit fauxbourg Saint-Antoine & autres lieux prétendus privilégiés, que dans l'intérieur de notre bonne ville de Paris ; paffé lequel délai de trois mois, ceux defdits habitans qui ne fe feront pas fait infcrire, ne feront plus admis à ladite infcription, & ils ne pourront exercer aucun commerce ni profeffion dépendans defdits corps & communautés, à peine de faifie, amende & confifcation, à moins qu'ils ne fe faffent recevoir à la *Maîtrife*.

XLVIII.

Maintenons & confirmons, en tant que de befoin, les feigneurs, tant eccléfiaftiques que laïcs, propriétaires de haute-juftice dans notre bonne ville, fauxbourgs & banlieue de Paris, en tous les droits qui y font inhérens : Voulons néanmoins que pour le bien & la fûreté du commerce & le maintien de la police générale, les marchands & artifans qui font établis, ou qui voudroient s'établir dans l'étendue defdites juftices, territoires, enclos de leurs maifons & autres lieux en dépendans, foient tenus de fe faire infcrire fur les regiftres de la police, dans le même délai de trois mois, ou de fe faire recevoir à la *Maîtrife*, & ce, aux conditions & fous les peines portées aux articles précédens ; fauf à être par nous pourvu, s'il y a lieu, envers lefdits feigneurs, à telle indemnité qu'il appartiendra.

XLIX.

Avons pareillement maintenu & confirmé, maintenons & confirmons l'hôpital de la Trinité & celui des Cent-filles, dans les droits & privilèges dont ils jouiffoient avant la fuppreffion des *Maîtrifes* dans les corps & communautés d'arts & métiers : Voulons en outre, qu'il foit payé à l'avenir audit hôpital de la Trinité, la moitié du droit dû à l'Hôpital général par chaque récipiendaire, lequel fera auffi tenu d'en repréfenter la quittance avant de pouvoir être admis à la *Maîtrife*.

L.

Nous nous réfervons au furplus d'étendre, s'il y a lieu, les difpofitions de notre préfent édit, aux corps & communautés d'arts & métiers des différentes villes de notre royaume, ou d'y pourvoir par des règlemens particuliers, fur le compte que nous nous ferons fait rendre de l'état & fituation defdits corps & communautés.

LI.

Avons dérogé & dérogeons par le préfent édit, à tous édits, déclarations, lettres patentes, arrêts, ftatuts & règlemens contraires à icelui. Si DONNONS EN MANDEMENT, &c. &c. A Verfailles au mois d'août l'an de grace 1776.

ÉTAT des six corps de marchands , & des quarante-quatre communautés d'artisans , rétablis , créés & réunis par l'édit de ce mois.

Contenant l'indication des genres de commerce & des professions qui sont attribués à aucuns desdits corps ou communautés , soit exclusivement , soit concurremment entr'eux.

En général, tous les fabricans & artisans qui font partie des corps & communautés, auront le droit de vendre non-seulement les marchandises & les ouvrages qu'ils auront faits ou fabriqués , mais encore tous ceux qu'ils auront droit de faire & fabriquer , & même de les tirer des provinces , ainsi que les matières premières qu'ils employeront, par concurrence avec les marchands.

SIX CORPS.

INDICATION des genres de commerce , & des professions attribués à chaque corps.

Nos.	Dénomination des six corps.	Attribution.
1.	Drapiers. . . . . . . Merciers.	Le drapier-Mercier pourra tenir & vendre en gros & en détail , toutes sortes de marchandises , en concurrence avec tous les fabricans & artisans de Paris , même ceux compris dans les six corps ; mais il ne pourra fabriquer ni mettre en œuvre aucunes marchandises , même sous prétexte de les enjoliver.
2.	Epiciers.	*Objets de commerce , réunis aux épiciers , en concurrence seulement avec quelques communautés.* Le commerce des drogues simples , sans manipulation. Celui du vinaigre indéfiniment , en concurrence avec le vinaigrier. Celui de l'eau-de-vie & des liqueurs , même en détail , sans pouvoir les servir & donner à boire dans leurs boutiques & magasins. Le café brulé , en grain & en poudre , en concurrence avec le limonadier. La graineterie indéfiniment , en concurrence avec le grainier.
3.	Bonnetiers. . . . . . Pelletiers.. . . . . . Chapeliers.	Ils pourront seuls exercer la profession de coupeur de poil.
4.	Orfèvres . . . . . . Batteurs d'or. . . . . Tireurs d'or.	La mise en œuvre en pierres fines seulement , en concurrence avec les lapidaires.

Nos.	Dénomination des Communautés.	Attributions.
5.	{ Fabricans d'étoffes & de gaze. { Tissutiers, rubaniers. . .	La peinture des gazes & des rubans, en concurrence avec les peintres.
6.	Marchands de vin.	

QUARANTE-QUATRE COMMUNAUTÉS.

Nos.	Dénomination des Communautés.	Attributions.
1.	Amidonniers.	
2.	{ Arquebusiers. . . . . { Fourbisseurs. . . . . . { Couteliers.	Faculté de fabriquer & polir tous les ouvrages d'acier.
3.	Bouchers.	
4.	Boulangers.	Faculté d'employer, en concurrence avec les pâtissiers, le beurre, le lait & les œufs dans leur pâte.
5.	Brasseurs.	
6.	{ Brodeurs. { Passementiers Boutonniers.	
7.	Cartiers.	
8.	Chaircutiers.	
9.	Chandeliers.	
10.	Charpentiers.	
11.	Charrons.	
12.	{ Chaudronniers. { Balanciers. { Potiers d'étain.	
13.	{ Coffretiers. . . . . . { Gainiers.	En concurrence avec le sellier, pour faire & garnir les vaches ou malles d'impériales des chaises & carrosses.
14.	Cordonniers.	
15.	{ Couturières. . . . . . { Découpeuses.	En concurrence, pour la garniture des robes, avec les ouvrières en modes; & pour les corps de femme & enfans, avec les tailleurs.
16.	{ Couvreurs. { Plombiers. { Carreleurs. . . . . . { Paveurs.	La profession de carreleur, réunie aux couvreurs, paveurs.
17.	Ecrivains.	

Nos.	Dénomination des communautés.	Attributions.
18.	Faiseuses.& marchandes de modes. Plumassières.	La broderie, en concurrence avec les brodeurs. La découpure, en concurrence avec les couturières.
19.	Faïenciers. Vitriers. Potiers de terre.	La concurrence avec le mercier, pour la vente des porcelaines. En concurrence avec le mercier, pour la vente des poteries de terre. Le commerce de potier de terre, réuni au faïencier.
20.	Ferrailleurs. Cloutiers. Epingliers.	Le commerce de petite clincaillerie, en échope, ou étalage seulement, & non en boutique, ni magasin; & ce, en concurrence avec le mercier.
21.	Fondeurs. Doreurs } sur métaux.. Graveurs	Les fontes garnies en fer, en concurrence avec le mercier.
22.	Fruitiers-orangers. Grainiers.	Le commerce des graines, en concurrence avec l'épicier.
23.	Gantiers. Boursiers. Ceinturiers.	
24.	Horlogers.	
25.	Imprimeurs en taille-douce.	
26.	Lapidaires.	La mise en œuvre en fin, en concurrence avec les orfèvres, & en faux exclusivement.
27.	Limonadiers. Vinaigriers.	La profession de confiseur, en concurrence avec l'épicier & le pâtissier. La vente du vinaigre, en concurrence avec l'épicier. Le commerce d'eau-de-vie & de liqueurs en gros & en détail, en concurrence pour la vente en gros avec l'épicier. Le détail de la bierre, en concurrence avec les brasseurs, & le cidre exclusivement, ainsi que le droit de servir & donner à boire dans leurs boutiques l'eau-de-vie & les liqueurs.
28.	Lingères.	
29.	Maçons.	
30.	Maîtres en fait d'armes.	
31.	Maréchaux - ferrans. Éperonniers.	Le maréchal-grossier, réuni au taillandier-serrurier.

Nᵒˢ.	Dénomination des communautés.	Attribution.
32.	Menuifiers-ébeniftes. Tourneurs. Layetiers.	
33.	Paulmiers.	
34.	Peintres. Sculpteurs.	En bâtimens, voitures & meubles, vernifleurs, doreurs fur bois, fculpteurs-marbriers ; le commerce des tableaux, en concurrence avec le mercier & le tapiffier ; & celui des couleurs, en concurrence avec l'épicier. La peinture & la fculpture, comme art, libres.
35.	Relieurs. Papetiers - colleurs, & en meubles.	Le commerce de tout ce qui fert à l'écriture & au deffin, en concurrence avec le mercier. La peinture & le vernis des papiers, en concurrence avec le peintre.
36.	Selliers. Bourreliers	La concurrence avec les ferruriers, pour faire & pofer les ftors, & ferrer les portes de voitures.
37.	Serruriers. Taillandiers ferblantiers. Maréchaux - groffiers	Les maréchaux-ferrans, féparés.
38.	Tabletiers. Luthiers. Eventailliftes.	La peinture & le vernis, relatifs à ces profeffions ; en concurrence avec le peintre fculpteur.
39.	Tanneurs-Hongroyeurs. Corroyeurs. Peaulliers. Mégiffiers. Parcheminiers.	
40.	Tailleurs Fripiers d'habits & de vêtemens, en boutique ou échope.	Faculté de faire des boutons d'étoffe, en concurrence avec le paffementier-boutonnier. Les fripiers brocanteurs, achetant & vendant dans les rues, libres, en obfervant les réglemens de police ; fa majefté fe réfervant d'en fixer le nombre, s'il y a lieu. Les fripiers en meubles, réunis aux tapiffiers.
41.	Tapiffiers. Fripiers en meubles & uftenfiles. Miroitiers.	Les fripiers d'habits, réunis aux tailleurs.

41. {
Teinturiers en foie, &c.
Idem du grand teint.
Idem du petit teint.
Tondeurs } de draps.
Foulons }

43. {
Tonneliers.
Boiffeliers.

44. {
Traiteurs. . . . . .
Rôtiffeurs. . . . .
Pâtiffiers. . . . . .
} La profeffion de confifeur en concurrence avec l'épicier & le limonadier.

Fait & arrêté au confeil d'Etat du roi, tenu à Verfailles le 11 août 1776.

LISTE des profeffions, faifant partie des communautés fupprimées, qui qui pourront être exercées librement

Bouquetières.
Broffiers.
Boyaudiers.
Cardeurs de laine & coton.
Coeffeufes de femmes.
Cordiers.
Fripiers - brocanteurs, achetant & vendant dans les rues, halles & marchés, & non en place fixe.
Faifeurs de fouets.
Jardiniers.
Linières-filaffières.
Maîtres de danfe.
Nattiers.
Oifeleurs.
Pain-d'épiciers.
Patenotriers, bouchonniers.
Pêcheurs à verge.
Pêcheurs à engin.
Savetiers.
Tifferands.
Vanniers.
Vidangeurs.

Sans préjudice aux profeffions qui ont été jufqu'à préfent libres, & qui continueront à être exercées librement.

Fait & arrêté au confeil d'Etat du roi, tenu à Verfailles, le 11 août 1776.

TABLEAU de comparaison entre les droits & frais de réception qui étoient exigés anciennement dans les corps & communautés, & ceux qui sont fixés par le nouveau tarif.

On observe que dans beaucoup de communautés on recevoit plus de maîtres sans qualité, que d'apprentis, & que ces premiers payoient le double des autres ou environ.

Pour présenter un état exact de comparaison, on a donc été obligé de marquer par un *A* ou un *S*, les réceptions qui se faisoient le plus communément dans chaque communauté, soit des apprentis, soit des gens sans qualité

A, *signifie apprenti.*   S, *sans qualité.*

SIX CORPS.	Anciens droits, & Frais de réception.	TOTAUX.	NOUVEAU TARIF.
1. Drapiers. . . . A. . . 3240 l. Merciers . . . S. . . 1700.		. . . 4940 l.	. . . 1000 l.
2. Epiciers . . . . S.		. . 1700	. . . 800.
3. Bonnetiers. . . A. . . 1500. Pelletiers. . . . A. . . 1000. Chapeliers. . . . A. . . 1000.		. . . 3600	. . . 600.
4. Orfèvres. . . . S. . . 2400 Batteurs d'or . . . Tireurs d'or . . .	Ces deux communautés ne recevoient pas de maîtres étrangers; les fils succédoient aux pères.	. . . . .	. . 800.
5. Fabricans d'étoffes & de gazes. . . S. . . 1000 Tissutiers-rubaniers. . A. . . 750		. . . 1750	. . 600.
6. Marchands de vin. . A.		. . . 800	. . . 600.

COMMUNAUTÉS.		Anciens droits, & Frais de réception.	TOTAUX.	NOUVEAU TARIF.
1.	Amidonniers . . . A.		450 l.	300 l.
2.	Arquebusiers. . A.	650 l.		
	Fourbisseurs. . . A.	1200	2550	400.
	Couteliers. . . A.	700		
3.	Bouchers. . . . A.		1500	800.
4.	Boulangers.. . . A.		900	500.
5.	Brasseurs. . . . A.		1100	600.
6.	Brodeurs. . . . A.	666	1066	400.
	Passementiers-Bonnetiers A.	400		
7.	Cartiers. . . A.		1000	400.
8.	Chaircuitiers. . A.		1200	600.
9.	Chandeliers. . A.		900	500.
10.	Charpentiers. . A.		1800	800.
11.	Charrons. . A.		1500	800.
12.	Chaudronniers. . A.	520		
	Balanciers. . . A.	450	1770	300.
	Potiers d'étain. . A.	800		
13.	Coffretiers. . . A.	700	1300	400.
	Gainiers. . . . A.	600		
14.	Cordonniers.. . . A.		350	200.
15.	Couturières. . . A.	175	475	100.
	Découpeuses. . . A.	300		
16.	Couvreurs. . . A.	1300		
	Plombiers. . . A.	1000	3962	500.
	Carreleurs. . . S.	750		
	Paveurs. . . A.	912		
17.	Ecrivains. . . S.		500	200.
18.	Faiseuses & marchandes de modes. . A.	800	1300	300.
	Plumassières . . A.	500		
19.	Faïenciers. . . A.	750		
	Vitriers. . . A.	900	2400	500.
	Potiers de terre. . A.	750		
20.	Ferrailleurs. . . S.	400		
	Cloutiers. . . A.	300	1200	100.
	Epingliers. . . A.	500		
21.	Fondeurs. . . A.	500		
	Doreurs } sur métaux. A.	600	1600	400.
	Graveurs } A.	500		
22.	Fruitiers orangers S.	900	1400	400.
	Grainiers. . . A.	500		

COMMUNAUTÉS.		Anciens droits, & Frais de réception.	TOTAUX.	NOUVEAU TARIF.
23. { Gantiers.	A.	630 l.		
Boursiers.	A.	480	1510 l.	400. l.
Ceinturiers.	A.	400		
24. Horlogers.	A.		909	500.
25. { Imprimeurs en taille-douce.	A.		650	300.
26. Lapidaires.	A.		500	400.
27. { Limonadiers	A.	1400	2100	600.
Vinaigriers.	A.	700		
28. Lingères	S.		1200	500.
29. Maçons.	S.		1700	800.
30. Maîtres d'armes	{ ne rendoient pas de comptes.			200.
31. { Maréchaux-ferrans.	A.	1800	2400	600.
Eperonniers.	A.	600		
32. { Menuisiers.	A.	900		
Tourneurs.	A.	418	1878	500.
Layetiers.	A.	560		
33. Paumiers.	S.		1500	600.
34. Peintres & sculpteurs.	A.		500	500.
35. { Relieurs de livres.	A.	600	1000	200.
Papetiers-coleurs.	A.	400		
36. { Selliers	A.	1500	2400	800.
Bourreliers.	A.	900		
37. { Serruriers.	A.	968		
Taillandiers.	A.	600	3368	800.
Maréchaux-grossiers.	A.	1800		
38. { Tabletiers.	A.	650		
Luthiers	A.	400	1570	400.
Eventaillistes.	A.	520		
39. { Tanneurs.	A.	800		
Corroyeurs.	A.	1000		
Peaussiers.	A.	600	3900	600.
Mégissiers.	A.	700		
Parcheminiers.	A.	800		
40. { Tailleurs.	A.	420	1138	400.
Fripiers d'habits.	A.	718		
41. { Tapissiers.	A.	700		
Fripiers en meubles.	A.	718	2118	600.
Miroitiers.	A.	700		

COMMUNAUTÉS.	Anciens droits, & Frais de réception.	TOTAUX.	NOUVEAU TARIF.
42. { Teinturiers en soie, &c. *A* . . . 900 l. *Idem* du grand teint. } ne rendoient pas *Idem* du petit teint. } de comptes. Tondeurs } de draps. } *A*. . . . 450 Foulons } ne rendoient pas de comptes.		. . 1350 l.	. 500 l.
43 { Tonneliers. . . . . *A* . . . 800 Boisseliers. . . . . *A* . . . 350		. . 1250	. . 300.
44 { Traiteurs. . . . . . *A* . . . 600 Rôtisseurs. . . . . *A* . . . 1000 Pâtissiers. . . . . *A* . . . 1300		. . 2900	. . 600.

Cet édit de 1776, fut suivi d'un grand nombre d'autres réglemens analogues, & propres à consolider les nouveaux arrangemens qu'il venoit de faire, & dans lesquels les intérêts du fisc ne furent point oubliés.

Les corps & communautés supprimés avoient des dettes; l'arrêt du conseil du 28 avril 1777, nomma des commissaires pour en faire la liquidation.

Un autre arrêt du 9 décembre, ordonna que toutes les rentes constituées par les communautés d'arts & métiers dans le ressort du parlement de Paris, seroient assujetties à la retenue des deux vingtièmes & quatre sols pour livre du premier vingtième, à commencer du premier avril.

L'année suivante, un arrêt du conseil du 20 avril, régla que le dixième du droit d'admission aux *maitrises*, dû par les particuliers inscrits à la police, seroit acquitté tous les ans entre les mains du trésorier des revenus casuels, dans le courant du mois de janvier, à peine d'être déchus de la faculté de continuer leur commerce & profession.

On passe sur une infinité d'autres loix qui firent successivement, dans toutes les autres villes du Royaume, la réforme exécutée à Paris & dans le ressort du parlement de cette ville, sur les *maitrises* & les corporations. Plusieurs furent réunies; d'autres créées; mais l'admission dans toutes, fut bientôt subordonnée au payement des droits fixés par les nouveaux tarifs, applicables à chaque ville; droits dont le quart fut attribué à la communauté des récipiendaires, à la déduction d'un cinquième, pour les soins des syndics & adjoints; & les trois autres quarts furent perçus au profit du roi.

La nouvelle constitution des *maitrises*, ou communautés d'arts & métiers à Paris, donna lieu à une nouvelle méthode pour la répartition & le recouvrement des impositions. Dans la vue de prévenir les taxes arbitraires ou les négligences des députés, ou syndics & gardes de chaque corporation, l'arrêt du conseil du 14 mars 1779, ordonna, que la capitation seroit divisée en vingt-quatre classes, fixées par un tarif, & dans lesquelles tous les membres de chaque communauté seroient distribués par le lieutenant général de police.

En même-tems les deux vingtièmes d'industrie, auxquels sont assujettis tous les marchands & artisans, furent réglés aux trois quarts du principal de la capitation, non compris les sols pour livre.

Cette forme d'imposition, qui classe les contribuables, & les met d'abord à portée d'être instruits de ce qu'ils auront à payer pour leur quote-part, paroissant susceptible d'un usage général, & d'une application avantageuse à toutes les professions, il n'est pas inutile de la faire connoître. Mais, pour remplir cet objet, il suffira de rapporter le tarif de la taxe affectée à chaque classe, & dont la quotité va en diminuant, en raison de la dégradation des classes. Au reste on voit, par la distribution des classes assignées à chaque corps & communautés, que les membres qui les composent, sont circonscrits dans un nombre déterminé de classes proportionnées au gain & à l'aisance que doit leur procurer l'exercice de leur *maitrise*.

TARIF contenant la taxe de capitation fixée pour chacune des claffes affignées aux corps & communautés d'arts & métiers de la ville de Paris, privilégiés de l'hôtel, & profeffions libres.

1ère. Claffe	à	trois cents livres, ci	300 l.
2e. Claffe	à	deux cent-cinquante livres, ci	250.
3e. Claffe	à	deux cents livres, ci	200.
4e. Claffe	à	cent foixante-quinze livres, ci	175.
5e. Claffe	à	cent cinquante livres, ci	150.
6e. Claffe	à	cent vingt-cinq livres, ci	125.
7e. Claffe	à	cent livres, ci	100.
8e. Claffe	à	quatre-vingts livres, ci	80.
9e. Claffe	à	foixante-dix livres, ci	70.
10e. Claffe	à	foixante-livres, ci	60.
11e. Claffe	à	cinquante livres, ci	50.
12e. Claffe	à	quarante-cinq livres, ci	45.
13e. Claffe	à	quarante livres, ci	40.
14e. Claffe	à	trente-cinq livres, ci	35.
15e. Claffe	à	trente livres, ci	30.
16e. Claffe	à	vingt-cinq livres, ci	25.
17e. Claffe	à	vingt livres, ci	20.
18e. Claffe	à	quinze livres, ci	15.
19e. Claffe	à	douze livres, ci	12.
20e. Claffe	à	neuf livres, ci	9.
21e. Claffe	à	fix livres, ci	6.
22e. Claffe	à	quatre livres, ci	4.
23e. Claffe	à	cinquante fous, ci	2 10 fols.
24e. Claffe	à	trente fols, ci	1 10.

DISTRIBUTION des claffes ci-deffus affignées à chaque corps & communautés, & profeffions libres, ainfi qu'aux privilégiés de l'hôtel.

Les *drapiers-merciers* feront diftribués en vingt claffes; depuis & compris la première à trois cens livres, jufques & compris celle de neuf livres.

Les *épiciers*, en feize claffes; depuis celle de cent cinquante livres, jufqu'à celle de neuf livres.

Les *pelletiers*, *bonnetiers*, *chapeliers*, en quinze claffes; depuis celle de cent vingt-cinq livres, jufqu'à celle de neuf livres.

Les *orfévres*, *batteurs & tireurs d'or*, en dix-huit claffes; depuis celle de deux-cens livres, jufqu'à celle de neuf livres.

Les *fabricans d'étoffes & de gazes*, *tiffutiers*, *rubaniers*, en treize claffes; depuis celle de foixante livres, jufqu'à celle de quatre livres.

Les *marchands de vin*, en feize claffes; depuis celle de cent cinquante livres, jufqu'à celle de neuf livres.

Le *collège de pharmacie*, en quatorze claffes; depuis celle de cent livres, jufqu'à celle de neuf livres.

Les *imprimeurs-libraires*, en vingt claffes; depuis celle de deux cens livres, jufqu'à celle de quatre livres.

Les *perruquiers-coeffeurs de femmes*, en huit claffes; depuis celle de trente livres, jufqu'à celle de quatre livres.

Les *amidonniers*, en fix claffes; depuis celle de vingt livres, jufqu'à celle de quatre livres.

Les *arquebufiers*, *fourbiffeurs*, *couteliers*, en dix claffes ; depuis celle de trente livres, jufqu'à celle de trente fous.

Les *bouchers*, en treize claffes ; depuis celle de quatre-vingts livres, jufqu'à celle de neuf livres.

Les *boulangers*, en douze claffes ; depuis celle de foixante livres, jufqu'à celle de fix livres.

Les *braffeurs*, en huit claffes ; depuis celle de cent cinquante livres, jufqu'à celle de quarante-cinq livres.

Les *brodeurs*, *paffementiers*, *boutonniers*, en quinze claffes ; depuis celle de foixante livres, jufqu'à celle de trente fous.

Les *broffiers*, *vergetiers*, *vanniers*, *nattiers*, *patenotriers*, *bouchonniers*, en fept claffes ; depuis celle de quinze livres, jufqu'à celle de trente fous.

Les *chaircutiers*, en onze claffes ; depuis celle de foixante livres, jufqu'à celle de neuf livres.

Les *chandeliers*, en douze claffes ; depuis celle de foixante livres, jufqu'à celle de fix livres.

Les *charpentiers*, en quatorze claffes ; depuis celle de cent livres, jufqu'à celle de neuf livres.

Les *charrons*, en treize claffes ; depuis celle de foixante-dix livres, jufqu'à celle de fix livres.

Les *chauderonniers*, *balanciers*, *potiers-d'étain*, en quatorze claffes ; depuis celle de cinquante livres, jufqu'à celle de trente fous.

Les *coffretiers-gaîniers*, en neuf claffes ; depuis celle de trente livres, jufqu'à celle de cinquante fous.

Les *cordonniers*, en quatorze claffes ; depuis celle de cinquante livres, jufqu'à celle de trente fous.

Les *couturières-découpeufes*, en neuf claffes ; depuis celle de vingt-cinq livres, jufqu'à celle de trente fous.

Les *couvreurs*, *plombiers*, *carreleurs*, *paveurs*, en quinze claffes ; depuis celle de quatre-vingts livres, jufqu'à celle de quatre livres.

Les *écrivains*, en fept claffes ; depuis celle de vingt livres, jufqu'à celle de cinquante fous.

Les *faifeufes* & *marchandes de modes*, *plumaffières-fleuriftes*, en douze claffes ; depuis celle de quarante-cinq livres, jufqu'à celle de cinquante fous.

Les *fayanciers*, *vitriers*, *potiers-de-terre*, en treize claffes ; depuis celle de foixante livres, jufqu'à celle de quatre livres.

Les *férailleurs*, *cloutiers*, *épingliers*, en fept claffes ; depuis celle de quinze livres, jufqu'à celle de trente fous.

Les *fondeurs*, *doreurs* & *graveurs fur métaux*, en douze claffes ; depuis celle de cinquante livres, jufqu'à celle de quatre livres.

Les *fruitiers-orangers*, *grainiers*, en douze claffes ; depuis celle de foixante livres, jufqu'à celle de fix livres.

Les *gantiers*, *parfumeurs*, *bourfiers*, *ceinturiers*, en dix-huit claffes ; depuis celle de cent vingt-cinq livres, jufqu'à celle de cinquante fous.

Les *horlogers*, en douze claffes ; depuis celle de foixante livres, jufqu'à celle de fix livres.

Les *imprimeurs en taille-douce*, en neuf claffes ; depuis celle de trente livres, jufqu'à celle de cinquante fous.

Les *lapidaires*, en dix claffes ; depuis celle de quarante-cinq livres, jufqu'à celle de fix livres.

Les *limonadiers*, *vinaigriers*, en dix-huit claffes ; depuis celle de cent cinquante livres, jufqu'à celle de quatre livres.

Les *lingères*, en feize claffes ; depuis celle de cent livres, jufqu'à celle de quatre livres.

Les *maçons*, en quinze claffes ; depuis celle de cent livres, jufqu'à celle de fix livres.

Les *maîtres d'armes*, en fix claffes ; depuis celle de quinze livres, jufqu'à celle de cinquante fous.

Les *maréchaux-ferrant*, *éperonniers*, en douze claffes ; depuis celle de foixante livres, jufqu'à celle de fix livres.

Les *menuifiers*, *ébéniftes*, *tourneurs*, *layetiers*, en dix-huit claffes ; depuis celle de cent livres, jufqu'à celle de trente fous.

Les *papetiers-colleurs* & *en meubles*, *cartiers-relieurs*, en feize claffes ; depuis celle de quatre-vingt livres, jufqu'à celle de cinquante fous.

Les *paumiers*, en huit claffes ; depuis celle de trente livres, jufqu'à celle de quatre livres.

Les *peintres*, *fculpteurs*, en feize claffes ; depuis celle de quatre vingt livres, jufqu'à celle de cinquante fous.

Les *felliers-bourreliers*, en dix-huit claffes ; depuis celle de cent cinquante livres, jufqu'à celle de quatre livres.

Les *ferruriers*, *taillandiers*, *ferblantiers*, *maréchaux groffiers*, en dix-fept claffes ; depuis celle de cent livres, jufqu'à celle de cinquante fous.

Les *tabletiers*, *luthiers*, *évantaillistes*, en quatorze claffes ; depuis celle de foixante livres, jufqu'à celle de cinquante fous.

Les

-: Les *tanneurs*, *corroyeurs*, *peauffiers*, *mégiffiers*, *parcheminiers*, en feize claffes ; depuis celle de cent livres, jufqu'à celle de quatre livres.

Les *tailleurs-fripiers d'habits* en dix-huit claffes; depuis celle de cent livres, jufqu'à celle de trente fous.

Les *tapiffiers*, *fripiers en meubles*, *miroitiers*, en dix-huit claffes ; depuis celle de cent cinquante livres, jufqu'à celle de quatre livres.

Les *teinturiers en foie du grand & du petit teint*, *tondeurs & foulons de draps*, en quinze claffes ; depuis celle de cent livres, jufqu'à celle de fix livres.

Les *tonneliers*, *boffeliers*, en huit claffes ; depuis celle de vingt-cinq livres, jufqu'à celle de cinquante fous.

Les *traiteurs*, *rôtiffeurs*, *pâtiffiers*, en treize claffes ; depuis celle de foixante livres, jufqu'à celle de quatre livres.

Les *tifferahds*, *cordiers*, *criniers*, *faifeurs de fouets*, *liniers*, *filaffiers*, en fept claffes ; depuis celle de quinze livres, jufqu'à celle de trente fous.

. Les *bouquetières*, en cinq claffes ; depuis celle de neuf livres, jufqu'à celle de trente fous.

Les *jardiniers*, en fept claffes ; depuis celle de quinze livres, jufqu'à celle de trente fous.

Les *favetiers*, en cinq claffes ; depuis celle de neuf livres, jufqu'à celle de trente fous.

Les *marchands & artifans privilégiés de l'hôtel*, en feize claffes ; depuis celle de cent vingt-cinq livres, jufqu'à celle de fix livres.

Fait & arrêté au confeil d'état du roi, tenu à Verfailles, le 14 mars 1779.

Dans la vue de s'affurer fi la finance due au roi, lors de l'admiffion aux *maîtrifes*, étoit exactement payée, un arrêt du confeil, du 30 juin 1785, a ordonné que les intendans, ou leurs fubdélégués fe feroient repréfenter les regiftres des communautés d'arts & métiers, pour s'affurer fi tous les récipiendaires ont payé cette finance.

MAÎTRISE des eaux & forêts. Nom d'une jurifdiction qui connoît, en première inftance, de tout ce qui a rapport aux bois, aux rivières, à la pêche, tant au civil qu'au criminel. *Voyez*, pour l'hiftorique des officiers que compofent cette jurifdiction, & pour le détail, des cas de leur compétence, *le dictionnaire de jurifprudence*.

.ᶜMALTHE. (ordre de) On ne trouve ici l'or-
Tome III. Finances.

dre de Malthe, que parce qu'il jouit de plufieurs privilèges relatifs aux finances.

On a vu au mot CLERGÉ, qu'il paie avec le clergé des frontières la capitation par un abonnement de trente-fix mille livres ; on doit ajouter que cet abonnement a été augmenté, & qu'il s'élève aujourd'hui à près de quarante mille livres pour cette impofition, & qu'il eft de cent dix mille livres pour les vingtièmes.

Lorfque les grains étoient fujets aux droits locaux des provinces, par lefquelles ils étoient exportés, l'ordre de Malthe jouiffoit de l'exemption des droits de réapréciation de la foraine fur les bleds provenant des terres qu'il poffède en Provence & en Languedoc, conformément aux articles 284 & 296 du bail de Forceville ; mais aujourd'hui que les grains fortant du royaume ne doivent qu'un modique droit, lorfque l'exportation en eft permife, ce privilège eft fans effet.

L'ordre de Malthe ne jouit d'ailleurs d'aucune autre immunité relativement aux autres droits des fermes, des aides & des domaines. L'arrêt du confeil du 13 février 1751, & la décifion du confeil du 20 feptembre 1748, ont expreffément jugé contre la prétention de l'ordre de *Malthe* relativement aux droits de traites.

MALTÔTE ou MALETÔTE, f. f. Qui vient de deux mots de la baffe latinité *male toftum*, pour dire mal exigé, mal perçu. On en a fait *maltotier*, pour fignifier celui qui exerce la maltôte. Voici ce qu'on lit dans la première édition del'Encyclopédie, fous le mot MALTÔTE.

« Quoiqu'il faille diftinguer les maltôtiers qui per-
» çoivent des tributs qui ne font pas dûs, de ceux
» qui ont pris en partie des contributions impofées
» par une autorité légitime, cependant on eft en-
» core dans le préjugé, que ces fortes de gens en
» général ont le cœur dur par état, parce qu'ils
» augmentent leur fortune aux dépens du peuple
» dont la mifère devient la fource de leur abon-
» dance.

» D'abord ce furent des hommes qui s'affem-
» blèrent fans fe connoître, qui fe lièrent étroite-
» ment par le même intérêt, qui, la plupart fans
» éducation & fans étude, fe diftinguèrent par
» leur fafte, & qui apportèrent dans l'adminif-
» tration de leur emploi, une honteufe & fordide
» avidité, avec la baffeffe des vues que donne or-
» dinairement une extraction vile, lorfque la ver-
» tu, l'inftruction, la philofophie, l'amour du
» bien public, n'a point ennobli la naiffance ».

L'acception de ce mot, eft entièrement dénaturée aujourd'hui dans les provinces, puifqu'on y dit d'un particulier qui pratique quelque ma-

H

nœuvre frauduleufe , relativement aux droits du roi , il *fait la maletôte*. Mais le nom de maltotier eft partout une injure que l'on applique également aux gens attachés aux emplois de finances , & à des financiers qui ont l'ame dure , & l'abord repouffant comme M. Turcaret.

MALVERSATION , f. f. Par lequel on entend toute vue qui tient au défaut de probité & de délicateffe , dans l'exercice d'un emploi ou d'une commiffion , comme corruption , exaction , concuffion , infidélité.

MANDEMENT , (droit de) ou de SAUF-CONDUIT. Ce droit fait partie de celui de la douane de Lyon , & ne fe perçoit que fur les étoffes de foie étrangères qui viennent de Gènes ou d'Italie. On peut voir par ce qui en a déjà été dit au mot DOUANE DE LYON , tome premier , pag. 631 , que le nom de droit de *mandement* paroît venir de ce qu'il falloit un ordre ou un fauf-conduit du fouverain , pour que les étoffes de Gènes puffent entrer dans le Royaume.

Le droit de *mandement* fut impofé par l'édit de 1540 , à raifon de deux écus par pièce de velours , de trois livres par pièce de fatin , & trente fols par pièce de taffetas , indépendamment du droit de douane de Lyon , réglé à cinq pour cent de la valeur.

Mais comme le commerce eft toujours très-habile à profiter des circonftances qui peuvent lui fervir à éluder ou à diminuer les droits dont il eft grevé , l'aunage des pièces fur lequel portoit uniquement la fixation du *droit de mandement* , augmentoit journellement , fans que la quotité de la perception s'accrût en proportion. Dans la vue de parer cet abus , il fe fit en 1724 , une tranfaction entre les fermiers du roi & le commerce de Lyon , repréfenté par le prevôt des marchands & les plus notables négocians. On convint de fixer le poids & l'aunage de chaque pièce en même-tems que le droit qui feroit perçu :

SÇAVOIR,

Sur les velours , par pièce
de quinze aulnes , en couleur
ordinaire . . . . 9 fols 9 d. par livre.

En couleur fine 8   par livre.

Sur les damas , par pièce de
trente aulnes 2   par livre.

Sur les fatins , la pièce pe-
fant huit livres 7   6 par livre.

Sur les taffetas , la pièce
pefant huit livres . . . . ; 3 f. 9 d. la livre.

On a dit au *tome premier* , *pag.* 646 , que le produit de ce droit eft appliqué à des gratifications qui s'accordent par le miniftre des finan-

ces , à des fabricans ou ouvriers , qui fe diftinguent dans leur état , par des découvertes utiles ; mais que ce produit fe confond avec celui de la ferme générale , à la charge feulement de faire l'avance de ces gratificatious , dont elle eft remboursée.

MANIEMENT , f. m. , qui fignifie l'action de tenir , de manier de l'argent. On dit d'un caiffier , d'un receveur , fon *maniement* eft confidérable. Il a un *maniement* d'un million par mois.

MANIFESTE , f. m. , qui eft paffé de la langue politique , dans celle du commerce & de la finance.

En politique , un *manifefte* eft un écrit public dans lequel les fouverains établiffent leurs droits & leurs prétentions , les motifs qui les fondent , ou les raifons qu'ils ont de tenir une conduite hoftile.

Dans le commerce & dans les ports de la Méditerrannée feulement , on appelle *manifefte* , la police ou déclaration de la cargaifon d'un navire qui aborde. On en a vu un exemple , pag. 708 du fecond volume , ou eft rapporté une analyfe de l'arrêt du confeil du 10 juillet 1703 , qui ordonne la remife au bureau des fermes du *manifefte* de chaque gros bâtiment , arrivant à Marfeille du Levant : c'eft cette dernière acception du mot *manifefte* qui a donné lieu au droit de même nom qui fubfifte dans ce port , & qui eft fixé à cinq fols pour l'enregiftrement de chaque *manifefte* , par le même arrêt. Ainfi l'origine du droit de *manifefte* ne remonte qu'à l'année 1703 ; & fon payement n'étoit que le prix de l'enregiftrement fait par les commis du fermier : auffi jufqu'en 1766 , le produit de ce droit , qui eft d'environ fix à fept cent livres , fe partageoit entre les commis du bureau du poids & caffe , fans en rendre aucun compte : à cette époque , les fermiers généraux prefcrivirent au receveur de ce bureau d'en faire recette dans fes comptes , ainfi que des autres droits du roi. En 1771 , le droit de *manifefte* a été affujetti aux huit fols pour livre , & en 1781 , il y a été ajouté deux nouveaux fols pour livre , en forte qu'il eft actuellement de fept fols fix deniers par *manifefte*. Son produit , comme on le penfe bien , varie fuivant l'état de profpérité ou de langueur , dans lequel fe trouve le commerce du Levant. En 1763 & 1764 , le droit de *manifefte* a donné à-peu-près neuf cent livres de recette.

MANTOUE , duché , fitué en Italie ; on va faire connoître les impôts qu'il paye & les reffources fifcales qu'il procure.

C'eft dans la collection des mémoires imprimés au Louvre , fous les ordres de M. de Beaumont , intendant des finances, & publiée en 1768, que nous puisons tout ce qui va suivre.

Les revenus du souverain, dans le duché de Mantoue, dérivent de trois sources :

1°. Des fonds domaniaux ou allodiaux.

2°. Des droits qui composent la ferme générale.

3°. Du produit de la taille réelle.

Fonds domaniaux ou allodiaux.

Les fonds allodiaux sont régis & administrés par un agent qui est sous l'inspection de la chambre des finances ; il a été fait pendant la dernière guerre des aliénations d'une partie de ces fonds : leur produit annuel forme, dans l'état actuel, un objet de quatre vingt à quatre vingt dix mille livres, monnoie de France.

Fermes générales.

Les droits qui composent le bail de la ferme générale, sont assez multipliés ; ils sont environ au nombre de quarante-deux.

Les principaux consistent dans les douanes, les contrats, les droits sur le sel, la viande & le vin, & dans les droits d'entrée & de sortie.

Les droits sur la viande reviennent à 5 sols (ou 3 sols 4 deniers, monnoie de France : mais la livre étant de vingt-quatre onces, c'est, monnoie de France, 2 sols 3 deniers) par livre, poids & monnoie du pays.

Les droits sur le vin sont de vingt pour cent de sa valeur.

Le prix du bail de la ferme générale forme un objet d'environ douze cent mille livres par an.

Impositions sur les fonds ou taille réelle.

Il a été établi dans le duché de Mantoue, un cadastre dont les opérations ont été réglées & déterminées par les mêmes principes, d'après lesquels a été formé, sous la dénomination de censimento & par les soins de l'abbé de Néry, le cadastre du Milanois.

Ce cadastre contient une description générale de tous les fonds qui sont sujets à l'imposition ou taille réelle.

Ces fonds sont divisés en trois classes.

Dans la première, sont compris ceux qui produisent du riz, ou qui forment des pâturages, & qui sont ou arrosés, ou susceptibles de l'être par les rivières & canaux.

La seconde comprend les fonds que l'on regarde comme bons.

La troisième enfin, ceux dont les produits sont de peu d'objets.

Les fonds compris dans la première classe & les jardins, paient, sans distinction, 11 livres 8 sols (neuf livres 12 sols 4 deniers, monnoie de France.) par biolche ; la biolche forme une étendue de terrein de huit cents toises quarrées.

Les fonds de la seconde classe sont taxés à raison de 5 livres 14 sols, monnoie du pays, par biolche, (4 livres 13 sols, monnode France).

Les taxes sur les fonds de la troisième classe varient suivant les lieux où les fonds sont situés ; quelques-uns de ces fonds payent depuis 3 livres jusqu'à 4 livres (depuis 52 sols jusqu'à 3 livres 8 sols, monnoie de France) par biolche.

Le montant de ces taxes est acquitté en trois paiemens égaux, savoir, un tiers au mois de mars, un tiers au mois de juin, & le dernier au mois d'octobre.

Les maisons des villes sont pareillement sujettes à la taille réelle ; mais l'objet de cette taille est si modique, que le plus bel hôtel ne paie que cent livres, ou (85 livres, monnoie de France) par an ; les maisons de campagne ne sont point assujetties à cette taille.

Les fonds ecclésiastiques, qui sont aliénés à bail emphytéotique, sont moins chargés que les autres.

Les fonds qui appartiennent à des particuliers qui sont absens, paient, en sus de la taxe ordinaire, 52 sols (34 sols 8 deniers, monnoie de France) de plus par biolche.

Les moulins & autres usines, pour l'exploitation desquels l'usage des eaux des rivières ou canaux est nécessaire, paient une taxe qui revient à celle qu'acquittent quarante biolches de terre qui jouissent de l'usage de ces mêmes eaux.

Le recouvrement des taxes imposées sur les fonds, ou de la taille réelle, se fait de la manière dont on va rendre compte.

Dans les premiers jours de chaque année, la chambre des finances fait adresser aux propriétaires ou possesseurs des biens fonds dans chaque district, un billet imprimé, dans lequel sont rappellés la quantité des biolches qu'il possède, la qualité des fonds qui les composent, & le montant de la somme qu'il doit acquitter.

Faute de paiement dans les délais qui sont fixés, le redevable est exécuté sans aucune formalité, & il est obligé de payer en outre dix pour cent du montant de sa contribution.

H ij

Si le redevable est hors d'état de payer, il doit se pourvoir avant l'échéance du paiement, devant le tribunal auquel l'administration & la jurisdiction sur ce qui concerne cette imposition, sont confiées.

Ce tribunal peut accorder des délais pour l'acquittement de la taxe ; mais si le redevable se prétendoit exempt, sa prétention ne pourroit être accueillie, parce que l'on regarde comme un principe certain, qu'aucun possesseur de fonds ne peut à quelque titre que ce soit, être exempt du paiement de l'imposition réelle.

C'est ce tribunal qui connoît de toutes les contestations qui surviennent dans la répartition & la levée de l'imposition ; c'est de même de son autorité que se font tous les payemens ordinaires & extraordinaires ; mais quant à ces derniers, lorsqu'ils excèdent la somme de cent florins, il ne peut rien prescrire, qu'il n'y soit autorisé par un ordre supérieur du gouvernement.

C'est le président de ce tribunal qui a l'inspection & le contrôle de la caisse, dans laquelle sont versés les fonds qui proviennent de l'imposition réelle.

MANUFACTURES, s. f. Par lequel on désigne un lieu où plusieurs ouvriers rassemblés concourent à la fabrication d'une même sorte d'ouvrage, sous les yeux & par les soins d'un entrepreneur.

Mais on doit distinguer les *manufactures* réunies, telles que les forges, les fonderies, les trifileries, les verreries, les fabriques de porcelaines, &c. qui par leur nature, sont assujetties à être placées dans un certain terrain, des *manufactures* dispersées. Celles-ci, comme les fabriques de draps, de serges, de toiles, d'étoffes de toute espèce, entretiennent à la vérité un grand nombre d'ouvriers ; mais il n'est pas nécessaire qu'ils soient rassemblés dans un même emplacement, sous un même toit. L'entrepreneur de ces *manufactures* peut distribuer les matières premières qu'il veut employer, aux cardeuses, aux fileuses, aux teinturiers, & ensuite aux tisserands ; chacun de ces artisans travaille dans sa maison, & se fait aider encore par sa femme, par des enfans & des compagnons.

Comme l'une & l'autre de ces *manufactures* sont également intéressantes dans un Etat, & que partout elles ont des rapports nécessaires avec la finance, parce que c'est de l'administration de cette partie, que découlent les faveurs & les encouragemens ; nous devons d'après l'auteur de l'article *manufactures* dans l'ancienne Encyclopédie, rappeller ici en quoi peuvent consister ces faveurs & faire mention de ce qui a été réglé à cet égard, depuis quelques années.

La protection que les *manufactures* attendent du gouvernement, doit avoir pour objet de faciliter la fabrication des ouvrages, en modérant les droits sur les matières premières qui se consomment, & en accordant quelques privilèges ou exemptions aux ouvriers les plus nécessaires & dont l'emploi exige des connoissances & des talens : mais aussi en réduisant les immunités aux ouvriers de cette espèce, une plus grande extension seroit inutile à la *manufacture* & onéreuse au reste du public. Il ne seroit pas juste dans une *manufacture* de porcelaine, par exemple, d'accorder les mêmes distinctions à celui qui jette le bois dans le fourneau, qu'à celui qui peint & qui modèle ; car si les exemptions sont quelquefois utiles pour exciter l'émulation & faire sortir les talens, elles deviennent, quand elles sont mal appliquées, très-nuisibles, au reste de la société, & en ce que retombant sur elle, leur effet est de dégoûter des autres professions non moins utiles que celles que l'on veut favoriser.

Il est d'ailleurs une observation à faire, & elle se présente fréquemment ; c'est que le dernier projet étant toujours celui dont on veut se faire honneur, on y sacrifie presque toujours les plus anciens établissemens : delà le peuple & notamment les laboureurs qui sont les premiers & les plus utiles manufacturiers de l'Etat, ont toujours été immolés aux autres ordres ; & par la raison qu'ils sont les plus anciens, on les protège beaucoup moins.

Un autre moyen de protéger les *manufactures*, est de diminuer les droits de sortie pour l'étranger, & ceux de traite & de circulation dans l'intérieur de l'Etat.

C'est ici l'occasion de dire, que la première, la plus générale, & la plus importante maxime qu'il y ait à suivre sur l'établissement des *manufactures*, est de n'en permettre aucune, (hors le cas d'absolue nécessité) dont l'objet soit d'employer des matières premières venant de l'étranger, si sur tout on peut y suppléer par les matières du pays, fussent-elles mêmes en qualité inférieure * *.

En 1779, l'homme d'Etat qui administroit les finances, porta une attention éclairée sur la condition des *manufactures*, & il fut pourvu par différens règlemens à tout ce qui pouvoit exciter l'émulation & encourager l'industrie. Des lettres-patentes du 5 mai annoncèrent d'abord les intentions bienfaisantes du gouvernement, & furent suivies de plusieurs autres lettres-patentes, du premier, du 4 & du 28 juin, du 22 juillet 1780, & de divers arrêts du conseil, pour établir des bureaux de marque & de visite & prescrire une police générale dans la fabrication, tant des étoffes de laine, que des toiles & toileries dans les différentes provinces du royaume.

Au refte, on ne peut mieux faire connoître les grandes vues de l'adminiftrateur des finances fur les *manufactures*, qu'en tranfcrivant ici l'article par lequel il rendoit compte au roi en 1781 de tout ce qu'il avoit fait, & de tout ce qu'il projettoit fur cet objet important.

« Une grande queftion relative aux *manufactures*, agitoit depuis nombre d'années l'adminif-tration & le commerce ; & en effet, c'étoit la plus importante de toutes. M. Colbert qui donna le plus grand mouvement à l'établiffe-ment des *manufactures* en France, & qui hâta leur progrès, avoit jugé à propos de guider les fabricans par des règlemens ; & comme on attribue prefque toujours les grands effets aux difpofitions des hommes, plutôt qu'à la nature des chofes dont l'empire eft plus grand, mais moins vifible, les fucceffeurs de M. Colbert ayant envifagé ces règlemens comme la prin-cipale caufe de l'état floriffant des *manufactures* en France, ils avoient cru bien faire en les étendant encore, en les multipliant & en apportant une grande rigueur à leur obfervation.

» Mais ces entraves qui avoient protégé l'en-fance des *manufactures*, étoient devenues in-commodes, à mefure que leur légiflation s'étoit compliquée, & à mefure fur tout que la va-riété dans les goûts & les changemens dans les modes avoient appellé le génie de l'induftrie à plus de liberté & d'indépendance ; alors les bar-rières des règlemens furent fouvent franchies, & leur rigueur une fois éprouvée, on fe jetta bientôt dans l'autre extrême, & la liberté indé-finie fut envifagée comme la feule idée raifon-nable.

» Les règlemens quelque tems après reprirent leur avantage, & dans ces combats plus ou moins longs, entre les règles & la liberté, on vit le commerce & les *manufactures* continuelle-ment inquiétés.

» Une circonftance entr'autres contrarioit la circulation ; c'eft que le même plomb, les mê-mes marques fervant également à juftifier de la fabrication nationale & de fa régularité, les manufacturiers qui ne vouloient pas fe fou-mettre aux combinaifons prefcrites, étoient forcés de renoncer aux fignes diftinctifs, & dès-lors, leurs étoffes confondues extérieurement avec toutes les étoffes étrangères, étoient de même fujettes à des faifies ; l'adminiftration cherchoit bien à tempérer dans fes décifions, la rigueur des loix ; mais le commerce n'étoit pas moins expofé à des difcuffions & à des len-teurs.

» D'un autre côté, pour applanir tous ces obf-tacles, anéantir abfolument & par une loi pofi-

tive toute efpèce de règlemens, de marques ou d'examens ; c'étoit rifquer la réputation des fa-briques françoifes, c'étoit ôter aux confommateurs étrangers & nationaux la bafe de leur confiance ; enfin, c'étoit aller contre les idées des vieux fabricans qui avoient vu leurs *manufactures*, & celles de leurs peres, profpérer à l'ombre des loix d'ordre.

» C'eft au milieu d'une pareille confufion & de ce combat de principes, que je me fuis occupé avec MM. les Intendans du commerce, des moyens d'applanir les difficultés & de con-cilier les différentes vues d'adminiftration. L'on croit y être parvenu par les lettres-patentes que votre majefté a rendues au mois de mai 1779, & dont toutes les difpofitions tendent à mé-nager à l'efprit inventif des *manufactures*, fon effor & fa liberté ; fans priver les étoffes qui feroient fabriquées d'après d'anciennes règles, du fceau qui l'attefte.

» On a penfé auffi qu'il étoit effentiel de fim-plifier ces règles, afin de rendre leur obferva-tion plus facile & moins contentieufe ; & c'eft ce qui a été exécuté par diverfes loix qui ont fuivi les lettres-patentes dont il a été parlé.

» En même-tems que j'ai donné une attention générale aux loix fondamentales des *manufac-tures*, j'ai cherché à encourager celles qui man-quoient encore en France, & je puis affurer votre majefté, que le génie de fes fujets eft tellement propre aux arts & aux *manufactures*, que l'adminiftration n'a pas befoin de fe déter-miner à beaucoup de facrifices, pour faire jouir le Royaume de toute l'étendue & de toute la perfection d'induftrie qu'on peut défirer encore. L'effentiel eft de protéger cette induftrie par des traités qui foient favorables au commerce.

» Ce n'eft pas cependant que les différentes fortes de *manufactures* foient également répandues dans vos provinces ; mais cette uniformité n'eft pas néceffaire ; peut-être même y a-t-il des incon-véniens à vouloir par de trop grands encourage-mens, établir dans certains lieux, les mêmes fabriques qui profpèrent ailleurs d'elles-mêmes, c'eft exciter des jaloufies & expofer l'adminif-tration à agir fans ceffe.

» J'ai vu naître auffi beaucoup d'émulation de l'inftitution que votre majefté a faite d'un prix annuel en faveur de l'invention la plus utile au commerce & aux *manufactures*. *Voyez* IN-DUSTRIE, deuxième vol. pag. 598. La gloire de toute efpèce eft l'heureux mobile des Fran-çois, & on peut dans toutes les adminiftra-tions tirer un grand parti de ce noble & bril-lant caractère.

» Il eft des arts diftingués qui ne font point

» du département des finances ; mais ils l'intéres-
» sent infiniment par leur influence sur le com-
» merce & sur les *manufactures*. D'ailleurs, c'est
» en partie par la célébrité des arts & par leur
» perfection qu'on attire, dans un Royaume,
» voyageurs & les étrangers ; & je ne crains
» point de dire que la dépense de ces étrangers
» dans vos Etats, est un des meilleurs commerces
» de votre Royaume. On présume par différens
» renseignemens, qu'en tems de paix, ces dépenses
» occasionnent un versement en France de plus de
» trente millions par an.

» Je vois donc, sire, qu'il importe à la pros-
» périté de l'Etat, que les talens distingués y
» soient excités & favorisés, d'autant plus qu'au-
» jourd'hui, soit que les hommes supérieurs soient
» rares, soit que les arts soient assez avancés,
» pour qu'il soit difficile d'élever la tête au-dessus
» des rangs ordinaires, votre majesté ne sera obli-
» gée qu'à une très-petite dépense, pour ménager
» à son royaume tout l'éclat qu'il peut tirer de la
» réunion des hommes célèbres. »

MARAIS SALANS. On donne ce nom à des
lieux voisins de la mer qui sont entourés de digues, & dans lesquels on y fait entrer ses eaux,
pour fabriquer du sel ; cette formation s'opère par
l'évaporation des parties aqueuses, soit par l'action du soleil, soit par celle du vent & de la sé-
cheresse ; de façon que le résidu de cette eau sur
le marais, devient du sel marin.

En Languedoc & en Provence, on appelle
salins, ce que l'on désigne par le nom de *marais
salans* dans les provinces situées sur l'océan.

On conçoit aisément qu'aussi-tôt que le roi se
fut réservé le privilège exclusif de vendre le sel
en détail dans le Royaume, il devint nécessaire
d'assurer l'approvisionnement des greniers destinés
à fournir à la consommation intérieure ; c'est dans
cette vue que l'ordonnance des gabelles du mois
de mai 1680, enjoint aux propriétaires des *marais salans*, « de les entretenir & de les sauner
» suffisamment, pour que l'adjudicataire de la
» ferme des gabelles puisse y prendre chaque an-
» née jusqu'à la concurrence de quinze mille muids
» de sel, mesure de Paris. »

Dans les mêmes vues, divers arrêts du conseil
ont, en différens tems, accordé à cet adjudicataire
la préférence sur tout autre acheteur pour les sels
nécessaires au fournissemens des greniers, & quelquefois ont fixé le prix auquel les sels seroient payés
aux propriétaires des *marais salans*.

D'un autre côté, l'intérêt de ces propriétaires
a été ménagé par la défense expresse à cet adjudicataire de faire venir des sels du pays étranger
pour ses approvisionnemens, sans en avoir obtenu du roi une permission par écrit. On ne trouve

qu'un seul de ces adjudicataires qui ait demandé
& obtenu cette permission en 1598, sous le règne
de Henri IV. Ses motifs furent bien moins la disette de sel sur les *marais salans*, que les difficultés qui lui furent faites par les propriétaires,
jaloux & fâchés de voir que le roi venoit de se
réserver le droit d'approvisionner seul les greniers du Royaume.

Comme les *marais salans* se sont beaucoup
multipliés depuis un siècle, il n'est pas à craindre que le manque de sel force jamais l'adjudicataires des gabelles à recourir aux étrangers pour
ses approvisionnemens. Lorsque les mauvais tems
ou des accidens ont altéré ou diminué la récolte
des sels, sur les *marais salans*, de manière à laisser
craindre qu'ils ne puissent fournir à la fois, à la
consommation des greniers, à celle des pays rédimés, & à celle de la pêche, le gouvernement
permet & aux armateurs pour la pêche & aux habitans des pays exempts de gabelles, de faire
venir des sels d'Espagne & de Portugal, ainsi
qu'il est arrivé en 1708 & 1713.

D'autrefois on défend momentanément l'exportation des sels à l'étranger, & on permet l'introduction des sels d'Espagne ou de Portugal,
pour être seulement employé à la pêche. Les
arrêts du conseil des 23 septembre 1770, & 5
novembre 1774, autorisèrent cet arrangement ;
mais il ne subsista qu'autant que les circonstances
l'exigeoient. *Voyez* au mot FOURNISSEMENT,
tome second, pag. 261.

Les formalités prescrites par l'ordonnance de
1680, pour les chargemens de sel aux *marais
salans*, sont consignées dans l'art. 5 du titre des
droits sur le sel, de l'ordonnance de 1680. Il
porte : « Enjoignons aux maîtres des navires,
» barques & autres vaisseaux à leur arrivée aux
» ports, havres & rades dans l'étendue de la
» ferme, de donner dans les vingt-quatre heu-
» res, au commis du plus prochain bureau, une
» déclaration signée d'eux, contenant leur pays
» & demeure, le nom & le port des vaisseaux
» & la quantité du sel qu'ils entendront charger
» sur les *marais salans*, de prendre un congé du
» déchargement, de le faire viser au capitaine de
» la patache établie pour la conservation de nos
» droits, & de bailler bonne & suffisante cau-
» tion de les payer, le tout avant que de charger
« le sel qu'ils auront acheté, à peine de confisca-
» tion & de trois cens livres d'amende.

ARTICLE VI.

» Défendons aux propriétaires, des *ma-
» rais salans*, & à leurs préposés, de délivrer le
» sel aux mesureurs, & aux mesureurs de le me-
» surer, aux chargeurs de le verser dans les bar-
» ques, & aux maîtres des barques de le char-
» ger dans les navires qu'entre deux soleils, &

» après qu'il leur fera apparu du congé de charge-
» ment, vifé du capitaine de la patache, en-
» femble du cautionnement qui aura été paffé, à
» peine de trois cent livres d'amende contre cha-
» cun des contrevenans. »

Les articles 7, 8, 9, 10 & 11 du même titre, règlent tout ce qui a pour objet de prévenir
l'enlèvement des fels en fraude des droits, ou des
déclarations frauduleufes fur les quantités, qui font
chargées.

L'arrêt du confeil revêtu de lettres-patentes du
22 février 1729, rappellé dans l'article 20 du bail
des fermes, fait à Jacques Forceville; enjoint encore aux maîtres de bâtimens & de barques qui
chargeront des fels pour Dunkerque, Calais,
Boulogne & Etaples, de rapporter dans le port de
deftination, dans le tems prefcrit, huit razieres
de fel de deux cent cinquante liv. pefant, chacune
pour chaque muid qu'ils juftifieront avoir chargé
aux *marais falans*, à peine d'être condamnés ou
leurs cautions à l'amende de quatre cens livres.

MARC, f. m. C'eft le nom d'un poids dont
on fe fert en France & dans plufieurs Etats de
l'Europe, pour péfer diverfes fortes de marchandifes, & particulièrement l'or & l'argent.

François Garrault, ancien général des monnoies, dit, dans fes mémoires fur les poids &
mefures, imprimés en 1595, que la livre de feize
onces étoient connue du tems de Charlemagne,
& qu'elle portoit déjà le nom de *poids de marc*,
parce que c'étoit le poids dont fe fervoit les marchands, & il ajoute que cet Empereur ordonna
que tous les autres poids fuffent réduits au *poids
de marc*.

D'autres écrivains penfent très-différemment;
ils affurent au contraire, que jufqu'au règne de
Philippe Ier, on s'eft fervi en France de la livre
romaine, compofée de douze onces, plus foibles
d'un neuvieme que les onces du *poids de marc*.

Malgré ces contradictions, il paroît certain
que Charlemagne inftitua un poids particulier,
& que fous fon règne on fabriqua des deniers
d'argent qui pefoient vingt-huit grains forts; &
comme la levée numéraire étoit alors compofée
de deux cent-quarante deniers, comme aujour-
d'hui; il s'enfuit qu'en multipliant ces deux cent
quarante deniers par vingt-huit grains quatre
cinquièmes, le réfultat fera fix mille neuf cent
douze grains, qui, divifés par douze, nombre des
onces de la livre de ce tems-là, donneront cinq
cent foixante-feize grains par once, quantité égale

à celle que contiennent les onces de la livre *poids
de marc*.

Quelques écrivains penfent que ce fut l'altération du titre des efpèces qui fit quitter la livre de
douze onces, pour prendre le *marc* de huit onces,
parce qu'effectivement une livre d'argent monnoyé
ne contenoit plus que huit onces d'argent fin.

Quoi qu'il en foit, le marc dans la divifion la
plus ufitée, eft compofé de huit onces.

L'once comprend huit gros.

Le gros, trois deniers.

Le denier, vingt-quatre grains.

Le *marc*, par conféquent 4608 grains.

En Efpagne, en Portugal, le marc eft également de huit onces & de 4608 grains.

Pour nous renfermer dans ce qui concerne le
marc en France, il convient d'abord de dire, que
c'eft le poids ufité pour péfer & évaluer les matieres d'or & d'argent. Par évaluer, on n'entend
pas leur valeur intrinfèque, qui eft toujours la
même; mais la fixation de leur valeur courante,
en raifon de leur abondance ou de leur difette.
Ainfi, on conçoit que quoique une livre d'or &
une livre d'argent fin ne fuffent pas d'une nature
différente, il y a fix ou fept cens ans de ce qu'elles
font aujourd'hui; cependant elles devoient avoir
un prix plus confidérable, par la raifon que ces
métaux étoient plus rares. On donnoit par conféquent, pour un huitième de *marc*, ou une once,
pour une très petite portion de ces métaux, une
fomme de denrées ou de travail, qu'aujourd'hui
on ne peut obtenir que pour le triple, le quin-
tuple ou le décuple de cette portion.

Ainfi, lorfqu'en 1307, fous le règne de Philippe-le-Bel, le *marc* d'argent valoit de cinquante-cinq fols à trois livres, les meilleurs charpentiers & maçons gagnoient dix-huit deniers
par jour fans être nourris, & douze deniers
étant nourris; les autres ouvriers du même genre
ne gagnoient que douze deniers, fans être nourris, ou huit s'ils l'étoient.

Afin de mettre à portée de fuivre l'augmentation progreffive de la valeur du *marc* d'or &
d'argent, on va donner ici un tableau des variations qu'il a éprouvées à cet égard depuis le
douzième fiècle, jufqu'en 1784; mais on prévient
que lorfque fous le même règne, il y a eu plufieurs fixations différentes, on les a réunies en
une fomme, pour prendre la moyenne proportionnelle, & on en fait mention.

TABLE du prix du marc d'or *& d'argent , pendant les règnes des Rois ci-après désignés*

NOMS DES ROIS.	TEMPS DE LEURS RÈGNES	PIED commun des différens prix pour lesquels le *marc d'or* & celui d'argent ont eu cours pendant les années du règne de chaque roi.		NOMBRE des différentes fixations pendant chaque règne.
		Marc d'or	*Marc d'argent*	
		l. f. den.	l. f. den.	
Louis VI.	1108 à 1137	20		Or , feule fixation pendant fon règne. Argent, on n'en trouve point la fixation.
Louis VII	1137 à 1179		2 6 8.	Or, on n'en trouve point la fixation. Argent, l'évaluation ci-contre , a été faite fur deux fixations différentes.
Philippe - Augufte . . .	1179 à 1223		2 10	Or, *id.* , comme à l'article précédent. Argent, évaluations fur deux fixations égales.
Louis IX, dit St. Louis	1226 à 1270		2 14 7	Or, *id.* , comme aux précédens art. Argent, feule fixation pendant fon règne.
Philippe III, dit le Hardy	1270 à 1285		2 14 9.	Or, *id.* , comme aux articles précédens. Argent, évaluation fur deux fixations différentes.
Philippe IV , dit le-Bel.	1285 à 1314	49 14 5	4 12 $3\frac{10}{11}$.	Or, cinq fixations différentes. Argent, vingt-deux, *id.*
Louis X, dit Hutin. . .	1314 à 1316	46 3 4	2 4 $3\frac{1}{2}$.	Or, trois fixations différentes. Argent, deux, *id.*
Philippe V, dit le Long.	1316 à 1322	56 15	2 19 8.	Or, deux fixations. Argent, trois.
Charles IV , dit le-Bel.	1322 à 1328	60 8 $4\frac{1}{2}$	4 12 11 $\frac{1}{2}$.	Or, deux fixations. Argent, fix.
Philippe VI , dit de Valois.	1328 à 1350	80 7 $7\frac{19}{11}$	6 8 $2\frac{6}{11}$.	Or, trente-une fixations. Argent, trente-trois.
Jean II.	1350 à 1364	63 18 $11\frac{1}{9}$	12 15 $3\frac{3}{43}$.	Or, dix-huit fixations. Argent, quatre vingt-fix ; l'une defquelles a été portée jufqu'à cent deux livres le marc.
Charles V , dit le Sage.	1364 à 1380	62 5	5 9.	Or, deux fixations. Argent , quatre.
Charles VI	1380 à 1422	85 13 $3\frac{1}{2}$	10 9 $3\frac{10}{20}$.	Or, vingt-une fixations. Argent, vingt.
Charles VII	1422 à 1461	91 5 $\frac{11}{16}$	8 14 $8\frac{1}{13}$.	Or, trente-fix fixations. Argent, trente-fix , *id.*
Louis XI.	1461 à 1483	110 10	9 5.	Or, trois fixations. Argent, deux.
Charles VIII.	1483 à 1498	130 3 4	11.	Or, deux fixations égales. Argent, deux , *id.*
Louis XII . . . . , . .	1498 à 1515		12 1 8.	Or, on n'en trouve point la fixation. Argent, quatre, *id.*
François Ier.	1515 à 1547	156 3 9	13 1 3.	Or, feule fixation. Argent , quatre fixations différentes.

Henri

Suite de la table du prix du marc d'or & d'argent, *pendant les règnes des rois ci-après désignés.*

NOMS DES ROIS.	TEMPS DE LEURS RÈGNES.	PIED commun des différens prix, pour lesquels le marc d'or & celui d'argent ont eu cours pendant les années du règne de chaque roi.		NOMBRE des différentes fixations pendant chaque règne.
		Marc d'or	Marc d'argent	
		l. f. den.	l. f. den.	
Henri II........	1547 à 1559	172	14 11 8	Or, deux fixations différentes. Argent, trois, *id.*
Charles IX......	1560 à 1574	192 10	16 7 6	Or, deux fixations différentes. Argent, deux, *id.*
Henri III.......	1574 à 1589	222	18 11 8	Or, deux fixations égales. Argent, trois fixations différentes.
Henri IV	1589 à 1610	240 10	20 5 4	Or, feule fixation. Argent, *id.*
Louis XIII.	1610 à 1643	327 8 10	25	Or, trois fixations différentes. Argent, trois, *id.*

Différentes évaluations.

Louis XIV	1643 à 1715	441 8 9½	29 6 11.	Or, quatre fixations, jufques & compris 1687 feulement. Argent, on ne rapporte que la fixation de 1679.
		507 10	32 8.	Fixation de 1693.
		543 15	36.	*Idem,* de 1704.
		600	40.	*Idem,* de 1709.
Louis XV.........	1715 à 1774	523 12 8	34 18 2.	22 décembre 1715.
		515 9 1	34 7 3.	Premier janvier 1717.
		654 10 10	43 12 8.	Premier juin 1718.
		750 10 10	50 12 4.	En 1719, or, cinq fixations différentes.
		1963 12 8	130 18 2.	31 juillet 1720, il y eut quatorze fixations cette année. On a pris la plus haute.
		1087 2 8	74 3 7.	20 août 1723.
		965 9 1	66.	11 février 1724. Il y eut trois autres fixations cette même année, pour baiffer ce taux.
		641 9 1	44 8.	1er. novembre 1724.
		740 9 1	51 3 3.	18 juin 1726. Il y avoit eu trois autres fixations cette même année.
		784 11 11	53 9 2.	15 mai 1773. Difpofition confirmée par la déclaration du 23 mai 1774, rendue à l'avènement de Louis XVI au trône, le 10 de ce mois.

MARC-D'OR. (droit de) Chaque fois qu'un particulier obtient une grace, une faveur, une commission ou une charge, il est tenu, avant l'expédition de ses provisions ou avant son installation dans ses nouvelles fonctions, de payer une finance à laquelle on a donné le nom de droit de *marc-d'or.*

Cette finance, qui remonte à 1578, fut imposée, par l'édit du mois d'octobre, sur tous ceux qui seroient pourvus d'offices vénaux ou non vénaux, ordinaires ou extraordinaires, à titre de *droit de serment,* suivant la taxe qui seroit ordonnée.

La déclaration du 7 décembre 1582, ayant attribué les deniers provenant de cette taxe à l'ordre du Saint-Esprit, il fut ordonné que le droit de serment porteroit la dénomination de *marc-d'or,* & que les fonds qui en proviendroient, serviroient à payer les pensions des chevaliers du Saint-Esprit & les dépenses de cet ordre. Ce nom de *marc-d'or* fut adopté, parce que certains offices étoient taxés à un *marc-d'or,* d'autres à six onces, quatre onces, &c.

L'édit du mois de décembre 1656, ordonna que le droit de *marc-d'or* seroit doublé & payé pour toute sorte d'offices, casuels, domaniaux héréditaires, de justice, police, finance, de chancellerie, & tous autres généralement quelconques, à l'exception de ceux de la grande chancellerie seulement.

Cet édit fut suivi d'un grand nombre d'autres règlemens, tantôt pour étendre, tantôt pour modifier la perception de ce droit. Elle fut règlée par des tarifs arrêtés au conseil en 1704 & 1748; mais en 1770, elle reçut d'abord une augmentation d'un tiers, par la déclaration du 4 mai; & ensuite une extension considérable, par l'édit du mois de décembre de la même année. Comme les dispositions de cet édit sont encore dans toute leur vigueur, c'est un motif pour le consigner ici & faire connoître, en substance, tous ceux dont il a été suivi jusqu'à présent, & qui ont fixé définitivement la quotité du droit de *marc-d'or,* dont chaque nature de charges, d'emploi & de place étoit susceptible.

Louis, par la grace de Dieu, &c. Le *marc-d'or* étant un droit attaché à notre souveraineté, & payé en reconnoissance du bienfait que tiennent de nous, ceux auxquels nous conférons nos offices, nous avons pensé que si tous les offices sans exception, même ceux qui sont les moins lucratifs, devoient être assujettis à ce droit, à plus forte raison étoit-il juste de tirer un avantage pour nos finances, des autres graces, honneurs, droits, titres & commissions que nous conférons, ainsi que des titres & commissions que nos fermiers, cautions desdits fermiers, régisseurs & cautions des-

dits régisseurs, accordent en ladite qualité, pour la direction & régie de nos affaires, ainsi que pour la perception de nos droits, d'autant plus que la plupart desdites graces, honneurs, droits, titres & commissions sont donnés gratuitement, & rapportent des produits très-avantageux à ceux qui en jouissent. A CES CAUSES & autres à ce nous mouvant, de l'avis de notre conseil, & de notre certaine science, &c. ordonnons, voulons & nous plaît ce qui suit :

ARTICLE PREMIER.

A compter du jour de la publication du présent édit, il ne pourra être scellé, en notre grande chancellerie, aucunes lettres de provision ou commission d'offices, de quelque nature qu'ils soient & sans aucuns excepter, soit que lesdites provisions ou commissions soient expédiées en commandement & par nos secrétaires d'état, ou en la forme ordinaire, qu'au préalable le *marc-d'or* desdits offices n'ait été payé par les impétrans, & que sur la quittance dudit droit : déclarons en conséquence nulles & de nul effet, à compter du jour de la publication du présent édit, toutes exemptions dudit droit qui pourroient avoir été accordées par quelques titres que ce soit, auxquels nous avons dérogé & dérogeons.

I I.

Le droit de *marc-d'or* de tous les offices de finance, sera & demeurera à l'avenir fixé au quarantième de la finance desdits offices; dérogeant à cet égard aux tarifs arrêtés en notre conseil les 7 octobre 1704, & 30 avril 1748, & à tous autres; déclarons que si lesdits offices tomboient au remboursement, ils ne seront remboursés que sur le pied de l'évaluation qui leur aura été donnée par ceux qui payeront le droit de *marc-d'or.* Ordonnons, à l'égard de ceux qui pourroient avoir été pourvus desdits offices en survivance, qu'ils ne pourront entrer en exercice qu'au préalable ils n'aient payé ledit droit de *marc-d'or* sur le pied fixé par le présent article, sauf à leur tenir compte sur icelui, du droit qu'ils peuvent avoir payé pour l'obtention de leurs provisions. A l'égard des droits de cinq sous par livre attribués à nos secrétaires du roi, sur le principal du droit de *marc-d'or,* & des seize deniers pour livre aussi attribués, sur ledit principal, aux quatre secrétaires-greffiers de notre conseil, lesdits droits continueront d'être perçus sur le pied auquel ledit droit de *marc-d'or* avoit été fixé par les tarifs arrêtés en notre conseil les 7 octobre 1704, & 30 avril 1748, pour tous les offices compris au présent article.

I I I.

Tous ceux qui tiennent nos fermes & leurs cautions, les régisseurs de nos droits & leurs cautions, ne pourront à l'avenir entrer en jouissance desdites fermes & régies, ni les baux & résultats en être fcellés, qu'ils n'aient payé, entre les mains du tréforier du *marc-d'or* en exercice, le droit de *marc-d'or*, que nous fixons au quarantième de leurs fonds d'avance.

IV.

Tous ceux qui font pourvus de commiffions de nos fermiers généraux, des adminiftrateurs des poftes, des fermiers des poudres & falpêtres, & autres fermiers & régiffeurs de nos droits, auxquelles commiffions il y a des privilèges & exemptions attachés, feront tenus, pour continuer de jouir defdits privilèges & exemptions (faute de quoi nous les en déclarons déchus), de payer, dans deux mois, pour tout délai, à compter du jour de la publication du préfent édit, un droit de *marc-d'or*, fur le pied du quarantième de leur cautionnement, pour ceux qui en ont fourni ; & à l'égard de ceux qui n'ont fourni aucun cautionnement, fur le pied du cinquième de leurs appointemens annuels.

Voulons qu'à l'avenir, ceux qui feront pourvus defdites commiffions, ne puiffent entrer en exercice, ni jouir des droits, privilèges & exemptions y attribués, qu'ils n'aient payé le *marc-d'or*, conformément au préfent article, & qu'ils n'en aient fait enregiftrer les quittances, conjointement avec leurs commiffions, aux greffes des hôtels-de-ville, des élections ou autres juridictions qu'il appartiendra. Faifons en outre défenfe de délivrer aucunes defdites commiffions, & à tous commis d'exercer les fonctions de leur emploi fur icelles, qu'elles n'aient été vifées par l'un des deux contrôleurs du *marc-d'or*, que nous commettons à cet effet, à peine contre les contrevenans, du triple droit qui auroit dû être payé pour lefdites commiffions, & de deftitution de leur emploi.

V.

Affujettiffons auffi au paiement dudit droit de *marc-d'or*, conformément au tarif ci-attaché fous le contre-fcel de notre préfent édit, tous ceux qui feront pourvus à l'avenir de charges, places & offices auprès de notre perfonne : voulons que ceux qui feront reyêtus dorénavant defdites charges, places & offices, foient tenus de joindre à la copie collationnée de leurs provifions, copie auffi en forme de la quittance dudit droit de *marc-d'or*, pour la première fois feulement, avant de recevoir leurs gages & émolumens ; en conféquence, défendons à tous tréforiers & payeurs defdits gages & émolumens, de les acquitter, à moins qu'il ne leur ait été juftifié du paiement dudit droit.

VI.

Le droit de *marc-d'or* fera pareillement payé, conformément au fufdit tarif, par tous ceux auxquels nous accorderons des brevets pour graces, honneurs, titres, dignités & fervices, tant civils que militaires, ainfi que pour toutes lettres d'érections de terres en dignités, lettres de nobleffe, reconnoiffance ou confirmation de nobleffe. Ne pourront lefdits brevets & lettres, être fcellés fans que le paiement dudit droit n'ait été juftifié par la repréfentation de la quittance du tréforier du *marc-d'or* en exercice.

VII.

Seront pareillement affujettis au droit de *marc-d'or*, conformément au fufdit tarif, toutes lettres portant établiffement de droits, conceffions, privilèges & autres graces généralement quelconques.

VIII.

Ceux qui fe feront pourvoir d'offices qui donnent la nobleffe, fans exception, feront tenus de payer, outre les droits de *marc-d'or* ordinaires, un fecond droit pareil à celui qui fera payé pour les lettres de nobleffe.

IX.

Faifons défenfes aux grands audienciers en notre grande chancellerie, & aux gardes des rôles des offices de France, de préfenter au fceau aucunes provifions, commiffions, lettres de nobleffe, de dons & autres, qu'il ne leur ait été juftifié du paiement des droits de *marc-d'or*, par la repréfentation de la quittance en original, à peine de répondre defdits droits en leur propre & privé nom. Si donnons en mandement, &c. &c. Donné à Verfailles au mois de mars, l'an de grace 1770, & de notre règne le cinquante-fixième.

RÉGLEMENT fait par le roi, fur les taxes du droit de marc d'or *, que fa majefté veut être payé par tous les officiers poffédant des offices qui n'avoient point encore été affujettis audit droit, & par tous ceux de fes fujets qui obtiendront des graces, dons, honneurs, droits & titres; & par les fermiers, adminiftrateurs & régiffeurs des revenus de fa majefté, leurs commis & prépofés, à compter du premier décembre 1770.*

PREMIÈREMENT.

Charges & offices de la maifon du roi.

Ces officiers payeront fur le pied de la finance de leurs offices, ainfi qu'il en fuit ·

Pour les finances de..........	1000	à	2000 l.	121 l. 10 ſ.
Pour celles de	2000	à	3000	162.
Pour celles de	3000	à	5000	243.
Pour celles de	5000	à	8000	324.
Pour celles de	8000	à	12000	405.
Pour celles de	12000	à	16000	486.
Pour celles de	16000	à	20000	648.
Pour celles de	20000	à	30000	810.
Pour celles de	30000	à	40000	972.
Pour celles de	40000	à	50000	1134.
Pour celles de	50000	à	60000	1296.
Pour celles de	60000	à	70000	1458.
Pour celles de	70000	à	80000	1620.
Pour celles de	80000	à	90000	1782.
Pour celles de	90000	à	100000	1944.

Et pour celles de 100000 livres & au-deffus, le quarantième de la finance.

Offices de finance.

Tous les tréforiers, receveurs généraux & particuliers, & payeurs ayant maniement de deniers royaux, ainfi que leurs contrôleurs, payeront le quarantième de leur finance.

Fermiers, adminiftrateurs & régiffeurs.

Les fermiers généraux & adminiftrateurs des poftes, & tous les autres fermiers ou régiffeurs des droits royaux, payeront de même fur le pied du quarantième du montant de leurs fonds d'avance.

Employés & commis.

Les employés & commis des fermes, poftes, poudres, régies, & autres, payeront :

SAVOIR:

Ceux qui fourniffent des cautionnemens, le quarantième du montant defdits cautionnemens.

Ceux qui ne fourniffent pas de cautionnement, payeront le cinquième du montant de leurs appointemens annuels.

Graces particulières.

Les brevets de dons, payeront le quarantième de la valeur effective du don contenu auxdits brevets.

Les gratifications une fois payées, payeront de même le quarantième du montant de la gratification.

Les gratifications & penſions annuelles, payeront le cinquième d'une année de revenu.

Honneurs & dignités.

Les brevets de duc.................4000 l.
Ceux de comptes & marquis.........3000
Ceux de barons....................1500

Les lettres d'honneur payeront :

SAVOIR :

Pour les charges de finance, le quart des droits
de *marc-d'or*, dûs pour les proviſions des offices
de pareille nature.

Et pour toutes les autres charges, la moitié des
droits de *marc-d'or*, dûs pour les proviſions des
offices de même nature.

Les lettres de nobleſſe, reconnoiſſance ou confirmation de nobleſſe.................2000 l.

Erection de terres en dignités.

Pour une pairie,...................12000 l.
Pour un duché héréditaire........... 8000
Pour un comté ou un marquiſat....... 6000
Pour une baronnie................. 3000
Pour un fief noble............ 1500

Droits, conceſſions & privilèges.

Les brevets contenant des conceſſions de droits
utiles ou honorifiques, ou autres privilèges, payeront le quarantième de l'évaluation qui ſera faite
par le ſieur contrôleur général des finances, de la
valeur deſdites conceſſions.

Fait & arrêté au conſeil d'état du roi, ſa majeſté y étant, tenu à Verſailles le 2 décembre
1770.

L'année ſuivante, l'arrêt du conſeil du premier
février 1771, ordonna que ceux qui à l'avenir entreroient en jouiſſance d'office de finances dont ils
auroient été pourvus en ſurvivance, ſans avoir
ſatisfait aux diſpoſitions de l'édit qu'on vient de
voir relativement au droit de *marc-d'or*, ſeroient
tenus de payer le triple du droit, à la pourſuite &
diligence du contrôleur des bons d'état du conſeil.

L'édit de 1770, qui avoit renouvellé l'impoſition du droit de *marc-d'or* ſur les offices, n'avoit
fait aucune exception. Les ſecrétaires du roi &
officiers de la grande chancellerie réclamèrent
l'exemption dont ils avoient toujours joui à cet
égard ; ils rappellèrent les anciens règlemens, &
notamment les édits d'octobre 1578, décembre
1656, & mars 1704, dont les diſpoſitions avoient
été confirmées par la déclaration du 30 avril 1748.

Sur ces repréſentations intervint la déclaration
du 16 août 1772, dont voici le contenu.

ARTICLE PREMIER.

Ceux qui ſe feront pourvoir à l'avenir d'offices
de nos ſecrétaires, maiſon, couronne de France
& de nos finances, ou d'autres offices en notre
grande chancellerie, ſeront diſpenſés de payer le
droit de *marc-d'or* ordonné par notre édit de décembre 1770.

II.

Leſdits officiers qui obtiendront des lettres
d'honneur ou de vétérance ſeront également diſpenſés de payer les droits de *marc-d'or* ordonnés
par ledit édit.

III.

Nos ſecrétaires, maiſon, couronne de France
& de nos finances, & les pourvus d'office de
notre grande chancellerie, auxquels la nobleſſe eſt
attachée, qui ſe feront pourvoir d'autres offices
donnant la nobleſſe, ſeront diſpenſés du paiement du droit de *marc-d'or*, quand même il n'y
auroit pas vingt ans qu'ils fuſſent pourvus deſdits
offices de nos ſecrétaires, ou des offices de la
grande chancellerie donnant la nobleſſe.

IV.

Les enfans & petits enfans de nos ſecrétaires
du grand collège ou des pourvus d'offices de la
grande chancellerie donnant la nobleſſe, qui ſe
feront pourvoir d'offices donnant la nobleſſe, ne
payeront point le droit de *marc-d'or* de nobleſſe,
quoiqu'il n'y eût pas vingt ans que leur père ou
ayeul fût pourvu de leur office, pourvu toutefois que ledit père ou ayeul en ſoit encore pourvu.

V.

Les diſpoſitions contenues en la préſente déclaration auront un effet rétroactif à compter du
jour de notre édit du mois de décembre 1770,
qui ſera au ſurplus exécuté en tout ſon contenu.

Donné à Verſailles, &c. le 16 août 1772.

Conformément à l'arrêt du conſeil du 5 décembre de la même année, toutes les fois que le
droit de *marc-d'or* eſt dû à raiſon de la finance des
offices, il doit être payé ſur l'évaluation de leur
prix, faite en exécution de l'édit du mois de février 1771, pour payer le droit annuel de centième denier ; en conſéquence les tréſoriers du
marc-d'or doivent ſe faire repréſenter un certificat
du tréſorier des revenus caſuels, & ſe conformer
au prix d'évaluation qui s'y trouve rapporté.

Les années ſuivantes virent paroître un grand
nombre d'arrêts du conſeil concernant le droit de
marc-d'or à payer par différens pourvus d'office.
Nous allons en faire mention ſuivant l'ordre de
leurs dates.

L'article 42 de l'arrêt du conseil du 6 juin 1772, ordonna la réduction de moitié fur les droits de fceau, marc-d'or gardes des rôles & autres frais de provisions des offices levés vacans, & celle au tiers, pour les offices levés la première fois depuis leur création.

L'arrêt du conseil du 10 janvier 1773, ordonne que le droit pour les commissions à office d'huissiers, fergens, notaires, tabellions, garde nottes & procureurs qui pourront être expédiées par la suite, fera payé à raison de la moitié de la somme à laquelle chacun desdits offices eft taxé par le tarif joint à la déclaration du 30 avril 1748, en y ajoutant l'augmentation ordonnée par la déclaration du 4 mai 1770 ; les huit fols pour livre du tout, tant que dureront les huit fols pour livre en fus des droits du roi, & fix fols quatre deniers pour livre feulement fur la moitié de la somme fixée par la déclaration du 30 avril 1748, pour les fecrétaires du roi du grand collège & les greffiers du conseil auxquels ils appartiennent en vertu de l'aliénation qui leur en a été faite par fa majefté ; voulant cependant fa majefté que la modération qu'elle vient d'accorder fur ledit droit de marc-d'or, n'ait lieu que pour les commissions qui ne feront pas données pour un tems plus long que neuf années, & que dans le cas où lefdites commissions feroient pour un tems plus long que neuf années, le droit de marc-d'or foit payé comme il le feroit pour les provisions desdits offices.

L'arrêt du conseil du 22 janvier de la même année, fixa le marc-d'or à payer par les prévôts, lieutenans & autres officiers des maréchauffées dans les termes fuivans :

Le roi étant en fon conseil a ordonné & ordonne qu'il fera payé pour le marc-d'or des offices de prévôts généraux des maréchauffées des départemens de Paris, Amiens, Châlons, Orléans, Tours, Bourges, Moulins, Clermont, Lyon, Poitiers, Rouen, Bretagne, Bordeaux, Grenoble, Languedoc, Auch, Alface, comté de Bourgogne, Duché de Bourgogne & Lorraine, tous fixés à quarante mille livres de finance, par l'état joint à la déclaration du 9 avril 1720, onze cens trente-quatre livres de principal, en exécution, tant du tarif du 7 octobre 1704, que de la déclaration du 4 mai 1770 ; huit fous pour livre de ladite fomme principale, tant que dureront les huit fous pour livre établis en fus des droits du roi ; & fix fous quatre deniers pour livre, fur fept cens cinquante-fix livres feulement, pour les fecrétaires du roi du grand collège & les greffiers du conseil, auxquels lefdits fix fous quatre deniers pour livre ont été aliénés.

Pour les offices de prévôts généraux des maréchauffées des départemens de Soiffons, Limoges,

la Rochelle, Caen, Alençon, Montauban, Provence, Rouffillon, Metz, Flandre & Haynault, tous fixés à trente mille livres de finance, par l'état joint à la déclaration du 9 avril 1720, neuf cens foixante-douze livres de principal, en exécution, tant du tarif du 7 octobre 1704, que la déclaration du 4 mai 1770 ; huit fous pour livre de ladite fomme principale ; & fix fous quatre deniers pour livre fur fix cens quarante-huit livres feulement, pour les fecrétaires du roi du grand collège & les greffiers du conseil.

Pour les offices des lieutenans des prévôts des différens départemens, qui ont tous été fixés à quinze mille livres de finance, par l'état joint à la déclaration du 9 avril 1720; quatre cens quatre-vingt-fix livres de principal, en exécution, tant du tarif du 7 octobre 1704, que de la déclaration du 4 mai 1770; huit fous pour livre de ladite fomme principale ; & fix fous quatre deniers pour livre, fur trois cens vingt-quatre livres feulement, pour les fecrétaires du roi du grand-collège & les greffiers du conseil.

Pour les offices d'affeffeurs, cent vingt-une livres dix fous de principal ; huit fous pour livre de ladite fomme principale, & fix fous quatre deniers pour livre fur quatre-vingt-une livres feulement, pour les fecrétaires du roi du grand-collège & les greffiers du conseil.

Pour les offices de procureurs du roi, cent foixante-deux livres de principal, huit fous pour livre de ladite fomme principale, & fix fous quatre deniers pour livre fur cent huit livres feulement, pour les fecrétaires du roi du grand-collège & les greffiers du conseil.

Et pour les offices de greffiers, quatre-vingt-une livres de principal, huit fous pour livre de ladite fomme principale, & fix fous quatre deniers pour livre, fur cinquante-quatre livres feulement, pour les fecrétaires du roi du grand-collège & les greffiers du conseil.

L'arrêt du conseil du 28 février de la même année 1773, fixa le droit de marc-d'or à payer par les officiers du bureau des finances de Befançon.

Une déclaration du 5 mars fuivant, modéra à moitié le droit de marc-d'or de noblesse à payer par ceux qui fe feroient pourvoir d'offices qui ne donnent point la noblesse au premier degré.

Deux arrêts du conseil d'état du 14 mars, réglèrent la quotité des droits du marc-d'or qui feroient payés pour les offices de la cour fouveraine de Lorraine, & pour les offices de la chambre des comptes, cour des aides & des monnoies de Nancy.

Le mois fuivant, un arrêt du confeil du 18, modéra aux deux tiers le droit de *marc-d'or* à payer pour les lettres d'honneur des offices des bureaux des finances.

Dans la vue d'affurer le paiement du droit de *marc-d'or* dans tous les cas où il eft dû, & pour prévenir la fraude qui pouvoit fe commettre à ce fujet, l'arrêt du confeil du 2 mai 1773, ordonna comme celui de 1771, que ceux qui n'auroient pas payé le droit en queftion, avant le fceau de leurs lettres ou brevets, feroient tenus de payer le triple

droit, & les huit fols pour livre, à la pourfuite & diligence du contrôleur des bons d'état du confeil, qui eft commis à cet effet.

Un nouvel arrêt du 16 mai de la même année 1773, fixa les droits de *marc-d'or*, à payer pour différentes lettres de conceffion, privilèges & autres graces généralement quelconques dans les termes fuivans.

Le roi étant en fon confeil, a ordonné & ordonne qu'il fera payé pour le droit de *marc-d'or* des

Lettres de difpenfe d'âge, trente livres, ci.............................. 30 livres.

Lettres de difpenfe d'alliance, trente livres, ci.......................... 30.

Lettres de difpenfe de parenté, trente livres, ci.......................... 30.

Lettres de difpenfe de grades, trente livres, ci........................... 30.

Lettres de difpenfe de fervice, cinquante livres, ci....................... 50.

Lettres de difpenfe d'études, cinquante livres, ci......................... 50.

Lettres de difpenfe d'apprentiffage, trente livres, ci...................... 30.

Lettres de compatibilité, trente livres, ci................................ 30.

Lettres de foi & hommage, trente livres, ci............................... 30.

Lettres de furféance, ou commiffions expédiées fur les arrêts de furféance,

    cinquante livres, ci.. 50.

Lettres portant permiffion de faire imprimer, douze livres, ci............. 12.

Privilèges pour faire imprimer, quarante livres, ci....................... 40.

Lettres de rémiffion, dix livres, ci..................................... 10.

Veut cependant fa majefté que les lettres de rémiffion, qui feront fcellées *pro Deo*, foient difpenfées de tous droits de *marc-d'or*, & que celles dont l'aumône fera fixée à moins de dix livres, ne paient pour le droit de *marc-d'or*, que la même fomme qui aura été fixée pour l'aumône, le tout en principal, avec les huit fols pour livre en fus. Veut fa majefté que dans le cas où aucunes des lettres contiendroient plufieurs difpenfes, le droit de marc-d'or foit payé pour chaque difpenfe tel qu'il eft ci-deffus fixé.

Exempte fa majefté du payement dudit droit de *marc-d'or* les lettres de terrier.

Les difpofitions de cet arrêt ont reçu différentes exceptions par la déclaration du roi, du 26 décembre 1774. Ce règlement a affranchi du droit de *marc-d'or*.

1°. Les lettres contenant permiffion d'établir des manufactures, forges, vetreries, tuileries, & de faire d'autres établiffemens femblables.

2°. Les lettres contenant permiffion de vendre différens remèdes & des ouvrages mécaniques.

3°. Les lettres portant permiffion aux villes, communautés, maifons religieufes & autres gens de main-morte, de faire des emprunts.

4°. Les lettres de difpenfe d'apprentiffage.

5°. Les permiffions de faire imprimer.

6°. Les privilèges pour faire imprimer.

7°. Les lettres de furféance.

8°. Les lettres de grace & de rémiffion.

9°. Les lettres portant établiffement de foires & marchés.

Comme il n'étoit pas jufte que le droit de quittance du *marc-d'or*, qui étoit fixé à trois livres douze fols, & deux livres quatre fols pour le contrôle, fût toujours le même, lorfque la quotité du droit de *marc-d'or* étoit modique ; des lettres-patentes du premier juin 1773, modérèrent ce droit au tiers, pour tous les objets dont le *marc-d'or* feroit fixé à moins de dix livres en principal, & à moitié, pour tous les objets dont le *marc-d'or* feroit depuis dix livres, jufqu'à quinze livres auffi en principal.

L'arrêt du conseil du 17 juillet, ordonne que tout officier, qui, en se démettant de son office, s'en réservera & obtiendra la survivance en cas de décès de son successeur avant lui, payera pour droit de *marc-d'or* de ladite survivance, la moitié de la somme à payer par le nouveau pourvu dudit office, soit que la survivance soit accordée par des lettres particulières, soit qu'elle soit accordée par les provisions du nouveau pourvu : veut sa majesté que la même disposition ait lieu pour ceux qui ayant des commissions de quelque nature qu'elles soient, s'en démettroient avec la même réserve de survivance. Enjoint sa majesté aux grands audienciers & gardes des rôles, de veiller à l'exécution du présent arrêt, sous les peines portées par l'édit du mois de décembre 1770.

Un arrêt du conseil du 18 octobre de la même année, s'est expliqué sur le droit de *marc d'or*, à payer par les offices sur les ports, quais, &c., de la ville & fauxbourgs de Paris, de la manière suivante : le roi étant en son conseil, a ordonné & ordonne qu'à l'avenir, en cas de mutation de tous les offices sur les ports, quais, chantiers, halles, places, foires & marchés de la ville, fauxbourgs & banlieue de Paris, énoncés, tant en l'Edit du mois de juin 1730 qu'au rôle annexé à l'arrêt du conseil du 13 janvier 1733, ainsi que des offices qui dépendoient ci-devant de l'hôtel-de-ville de Paris, dans la nomination desquels sa majesté est rentrée par l'arrêt de son conseil du 15 septembre 1771, & qui sont énoncés dans l'état y annexé, le droit de *marc-d'or* sera payé à raison de la moitié du prix desdits offices porté par les rôles arrêtés au conseil en conséquence de l'édit du mois de février 1771, dans la proportion fixée par le tarif joint à l'arrêt du 7 octobre 1704, avec l'augmentation ordonnée par la déclaration du 4 mai 1770, conformément à l'état de fixation ci-annexé, & les huit sols pour livre établis en sus des droits du roi ; à l'effet de quoi sa majesté enjoint aux trésoriers du *marc d'or*, de se faire représenter un certificat de la fixation dudit prix délivré par le trésorier général de ses revenus casuels, pour s'y conformer dans la recette desdits droits de *marc-d'or*: dérogeant sa majesté, pour ce qui concerne le *marc-d'or* desdits offices, tant au rôle annexé à l'arrêt du conseil du 13 janvier 1733, qu'à sa déclaration du 30 avril 1748, & autres règlemens contraires aux dispositions du présent arrêt : & à l'égard des cinq sols pour livre en sus des droits de *marc-d'or*, aliénés par sa majesté aux secrétaires du roi du grand collège, & des seize deniers aussi aliénés aux greffiers du conseil; sa majesté, veut qu'ils ne soient exigibles, que sur la portion desdits droits de *marc-d'or* qui sera payée en exécution du tarif du 7 octobre 1704 seulement, suivant la distinction faite par l'état ci-annexé, sans y comprendre l'augmentation résultante de la déclaration du 4 mai 1770. Fait au conseil d'état du roi, sa majesté y étant, tenu à Fontainebleau le 18 octobre 1773.

ÉTAT des sommes que le roi veut & entend être payées pour le droit de marc d'or, *en principal, des offices sur les quais, ports, chantiers, halles, foires, places & marchés de la ville de Paris, créés par l'édit de juin 1730, & de ceux ci-devant dépendans de l'hôtel-de-ville, dans la nomination desquels sa majesté est rentrée par l'arrêt de son conseil du 15 septembre 1771.*

Les offices dont l'évaluation, faite en exécution de l'édit du mois de février 1771, sera au-dessous de 500 livres, payeront :

Pour moitié de la somme due, d'après le tarif du 7 octobre 1704 .... 21 l. ⎫
Et pour moitié de l'augmentation ordonnée par la déclaration du 4 mai 1770 10   10 f. ⎬ 31 l. 10 f.

Ceux de 500 l. à 1000 l. payeront comme ci-dessus ⎰ 1°...... 27 ⎱ 40   10.
                                                    ⎱ 2°...... 13   10 ⎰

Ceux de 1000 à 2000 l. payeront comme ci-dessus ⎰ 1°...... 40   10 ⎱ 60   15.
                                                 ⎱ 2°...... 20   5 ⎰

Ceux

Ceux de 2000 l. à 3000 l. payeront comme ci-deſſus $\begin{cases} 1^o \dots & 54 \\ 2^o \dots & 27 \end{cases}$ } 81 l.

Ceux de 3000 à 5000 payeront comme ci-deſſus $\begin{cases} 1^o \dots & 81 \\ 2^o \dots & 40 \ 10 \ f. \end{cases}$ } 121 10 f.

Ceux de 5000 à 8000 payeront comme ci-deſſus $\begin{cases} 1^o \dots & 108 \\ 2^o \dots & 54 \end{cases}$ } 162.

Ceux de 8000 à 12000 payeront comme ci-deſſus $\begin{cases} 1^o \dots & 135 \\ 2^o \dots & 67 \ 10 \end{cases}$ } 202 10.

Ceux de 12000 à 16000 payeront comme ci-deſſus $\begin{cases} 1^o \dots & 162 \\ 2^o \dots & 81 \end{cases}$ } 243.

Ceux de 16000 à 20000 payeront comme ci-deſſus $\begin{cases} 1^o \dots & 216 \\ 2^o \dots & 108 \end{cases}$ } 324.

Ceux de 20000 à 30000 payeront comme ci-deſſus $\begin{cases} 1^o \dots & 270 \\ 2^o \dots & 135 \end{cases}$ } 405.

Ceux de 30000 à 40000 payeront comme ci-deſſus $\begin{cases} 1^o \dots & 324 \\ 2^o \dots & 162 \end{cases}$ } 486,

Ceux de 40000 à 50000 payeront comme ci-deſſus $\begin{cases} 1^o \dots & 378 \\ 2^o \dots & 189 \end{cases}$ } 567.

Ceux de 50000 à 60000 payeront comme ci-deſſus $\begin{cases} 1^o \dots & 432 \\ 2^o \dots & 216 \end{cases}$ } 648.

Ceux de 60000 à 70000 payeront comme ci-deſſus $\begin{cases} 1^o \dots & 486 \\ 2^o \dots & 243 \end{cases}$ } 729.

Ceux de 70000 à 80000 payeront comme ci-deſſus $\begin{cases} 1^o \dots & 540 \\ 2^o \dots & 270 \end{cases}$ } 810.

Ceux de 80000 à 90000 payeront comme ci-deſſus $\begin{cases} 1^o \dots & 594 \\ 2^o \dots & 297 \end{cases}$ } 891.

Ceux de 90000 à 100000 payeront comme ci-deſſus $\begin{cases} 1^o \dots & 648 \\ 2^o \dots & 324 \end{cases}$ } 972.

Et ceux de 100000 l. & au-deſſus, payeront comme ci-deſſus, dans les proportions fixées par le tarif du 7 octobre 1704, avec l'augmentation ordonnée par la déclaration du 4 mai 1770.

Fait & arrêté au conſeil royal des finances, tenu à Fontainebleau le 18 octobre 1773.

Comme l'objet de tous les règlemens ſur cette matière, étoit d'augmenter le produit du droit de *marc-d'or*, & non de le diminuer ; l'année ſuivante, un arrêt du 10 janvier, ordonna que lorſque le droit de *marc-d'or* des offices de finance, fixé par l'édit de décembre 1770, ſur le pied du quarantième de la finance, ſeroit moindre que

que la fixation portée par le tarif de 1748 ; il ſeroit payé tel qu'il eſt réglé par ce dernier tarif, avec l'augmentation ordonnée par la déclaration du roi, du 4 mai 1770.

Le 14 avril 1773, un'arrêt du conſeil ordonna que ceux qui ſe feroient à l'avenir, pourvoir des offices dont le tarif de 1748 avoit fixé le droit de *marc-d'or*, paieroient le droit sur le pied de l'évaluation faite de ces offices, en exécution de l'édit du mois de février 1771, dans la proportion fixée par le tarif du 7 octobre 1704; en exceptant toutefois de cette règle les offices sur les ports, quais, chantiers, halles, foires & marchés de la ville & banlieue de Paris, desquels le droit continueroit d'être payé, ainsi qu'il est prescrit par l'arrêt du conseil du 18 octobre dernier.

Deux autres arrêts des 26 mai & 10 juillet 1774, furent rendus dans les mêmes vues, pour la Corse; le premier régla la quotité des droits de *marc-d'or*, à payer par les différens offices de judicature, de prévôté, amirauté & maîtrise particulière des forêts, créés & établis en Corse. Le second, statua que dans le cas où des pourvus d'offices en Corse, passeroient à d'autres offices aussi en Corse, il leur seroit tenu compte sur le nouveau droit de *marc-d'or*, à payer pour cette mutation, du montant de celui qu'ils auroient payé, pour l'office qu'ils quitteroient.

L'administration des finances étant passée dans des mains moins fiscales que celles qui les dirigeoient depuis 1770; on vit les principes de la perception du droit de *marc-d'or* mitigés & souffrir des exceptions.

La première qui eut lieu, fut l'objet de la déclaration du 26 décembre 1774, dont il a déjà été parlé. Il y est dit, qu'à l'avenir, & à compter du jour de l'enregistrement des présentes, les officiers des cours souveraines, les maîtres des requêtes ordinaires de l'hôtel, les présidens-trésoriers de France & généraux des finances, & les officiers des bailliages, sénéchaussées & autres sièges royaux de justice, qui après vingt ans consécutifs & accomplis de service dans leurs offices, obtiendront des lettres d'honneur ou de vétérance, ne seront

point assujettis au droit de *marc-d'or* ordonné pour lesdites lettres par l'édit du mois de décembre 1770, dont nous les avons relevés & dispensés, relevons & dispensons : voulons que ceux desdits officiers qui auroient obtenu lesdites lettres d'honneur ou de vétérance, avant lesdites vingt années de service, consécutives & accomplies, restent assujettis aux dispositions dudit édit, ainsi que tous les autres officiers non désignés en ces présentes, dans lesquelles nous n'entendons point comprendre les notaires, commissaires, procureurs, greffiers & huissiers, qui resteront de même, assujettis pour lesdites lettres d'honneur ou de vétérance, aux dispositions dudit édit.

Un arrêt du conseil du 10 mars 1775, restreignit le droit de *marc-d'or* établi généralement sur les charges & offices de la maison du roi à ceux de ces offices, dont les provisions sont scellées à la grande chancellerie.

Suivant l'article 6, de l'édit de décembre 1770, tous les brevets pour graces, honneurs, titres, dignités & services, tant civils que militaires, devoient être assujettis au payement du droit de *marc-d'or*, & l'exécution de cette disposition avoit été nommément ordonnée par l'arrêt du 4 août 1773, à l'égard des brevets de capitaine d'infanterie & de cavalerie, dragons & autres. Les brevets de lieutenans & d'un grade inférieur avoient été seuls exemptés du droit.

L'arrêt du conseil du 13 avril de la même année 1775, donna une nouvelle étendue à cette exemption, & fixa définitivement la quotité du droit dû, suivant les grades militaires, & pour tous les emplois dépendans du ministère de la guerre. Il fut ordonné par l'article premier, qu'il seroit payé pour le droit de *marc-d'or*, tant en principal, que huit sols pour livre, tant qu'ils subsisteroient;

S A V O I R :

Par les maréchaux de France, deux mille quatre cent livres, ci...............	2400 liv.
Par les commissaires, à la nomination des maréchaux de France, vingt-quatre livres, ci	24.
Par le colonel-général de la cavalerie, deux mille cinq cent livres, ci..........	2500.
Par le mestre-de-camp général de la cavalerie, deux mille livres, ci.............	2000.
Par le commissaire-général de la cavalerie, mille livres, ci....................	1000.
Par le colonel-général des dragons, trois mille deux cent livres, ci..........	3200.
Par le mestre-de camp-général des dragons, quinze cent livres, ci..........	1500.
Par le colonel-général des Suisses & Grisons, treize mille livres, ci..........	13000.
Par le capitaine-lieutenant des gendarmes de la garde, cinq mille livres, ci......	5000.
Par le capitaine-lieutenant des chevaux-légers, cinq mille livres, ci..........	5000.
Par les capitaines-lieutenans des mousquetaires, trois mille deux cent livres, ci...	3200.
Par le capitaine-lieutenant des grenadiers à cheval, sept cent livres, ci............	700 liv.

Par les officiers de maréchauffées, les sommes fixées par l'arrêt du conseil du 22 janvier 1773.

Par les gouverneurs, lieutenans-généraux & lieutenans de roi des places de guerre, les sommes qui feront fixées particulièrement pour chacun d'eux, en cas de mutation, à raison du cinquième de leurs appointemens & émoluméns, avec les huit fols pour livre en fus.

ARTICLE II.

N'entend point fa majesté affujettir audit droit de marc-d'or les provisions, commissions, brevets ou pouvoirs des officiers à la nomination des maréchaux de France, autres que les commissaires des guerres à leur nomination, qui y font affujettis par l'article précédent ; les provisions des commissaires provinciaux & ordinaires des guerres & des troupes de la maison du roi, qui en ont été exemptés par arrêt du 20 septembre 1773.

Des lieutenans-généraux dès armées de fa majesté.

Des lieutenans-généraux commandans en chef les armées.

Des commandans de la cavalerie dans les armées.

Des intendans des armées.

Des colonels & des meftres-de-camp avec troupes, ou pour en donner le rang.

Des lieutenans-colonels ; foit en pied, foit pour en donner le rang.

Des capitaines de cavalerie, de dragons ou d'infanterie, foit en pied, foit pour en donner le rang.

Des lieutenans de roi des places de guerre.

Des majors des places de guerres & autres.

Des majors généraux des logis des camps & armées & de la cavalerie.

Des capitaines lieutenans des compagnies de gendarmerie.

Des capitaines des gardes-françoises & fuiffes.

Des officiers des milices, gardes côtes.

Dérogeant fa majesté, en tant que de befoin, & pour cet égard feulement, à l'édit du mois de décembre 1770, qui, pour le furplus, fera exécuté felon fa forme & teneur.

Dans la même année 1775, l'arrêt du conseil du 6 septembre, ordonna que ceux qui feroient reçus dans les charges de premier préfident, préfidens à mortier, préfidens, procureur général, avocats généraux, & conseiller au parlement de Bretagne, feroient difpenfés comme nobles, du payement de droit de marc-d'or de noblesse, fans

être tenus de repréfenter leurs titres, pour obtenir un arrêt de difpenfe particulière ; fans comprendre dans ces difpofitions, les greffiers en chef, fubftituts du procureur général & premier huiffier audiencier, qui feroient tenus de payer le droit de marc-d'or de noblesse, s'ils n'étoient pas nobles, ou de juftifier de leur noblesse pour en obtenir l'exemption.

Enfin, l'arrêt du 9 février 1776, ftatua que ceux qui fe feroient pourvoir des offices de lieutenans généraux, civil, de police & criminel, & de lieutenans particuliers au châtelet de Paris, paieront le droit de marc-d'or de noblesse, tel qu'il eft fixé par l'édit de décembre 1770, pour les offices donnant la noblesse ; que ceux qui fe feroient pourvoir des offices de conseillers, ou de ceux d'avocats & procureurs du roi audit châtelet, ne payeroient que la moitié du droit de marc-d'or de noblesse, avec les huit fols pour livre ; mais que ce droit ne feroit payé que par ceux des récipiendaires qui ne feroient pas nobles, le roi fe réfervant d'en exempter ceux qui juftifieroient de leur noblesse.

Afin de ne rien omettre de ce qui concerne le droit de marc-d'or, nous ajouterons ici que le tréforier général de cette partie prend chaque année fur fon produit, une fomme de fix cent mille livres pour la remettre au grand tréforier de l'ordre du Saint-Efprit, auquel cette fomme eft attribuée à titre de dotation, & qu'en 1778, une déclaration du 11 avril, régla la comptabilité des tréforiers & contrôleurs du marc-d'or.

Mais l'édit du mois de mai 1783, fupprima les deux charges de tréforiers, & celles des deux contrôleurs qui exiftoient depuis 1734, & dont les finances réunies étoient de douze cent mille livres, pour être rembourfées par l'ordre du Saint-Efprit ; mais en même-tems il fut recréé & établi un feul office de tréforier général du droit de marc-d'or, pour être poffédé héréditairement, fans payer de centième denier, mais feulement le droit de marc-d'or, en cas de mutation. La finance de cet office a été fixée à quatre cent mille livres ; avec feize mille livres de gages, trois deniers pour livre de taxation fur le montant de fa recette, & huit mille livres d'attribution, pour le payement des rentes conftituées par l'ordre du Saint-Efprit.

Pour fuivre la légiflation de cette partie jufqu'au premier janvier 1786, nous devons ajouter que la déclaration du 25 novembre 1785, a exempté du droit de marc-d'or, les lettres d'honneurs accordées aux magiftrats, qui paffent des cours, aux conseils de fa majesté, maitres des requêtes, ou conseillers d'état.

Un arrêt du conseil d'état, du 2 décembre de la

même année, a exempté du droit de *marc-d'or* les provisions d'offices du point-d'honneur.

Et un autre arrêt du 5 du même mois, accorde une modération du droit de *marc-d'or* sur les lettres-patentes, qui autorisent les gens de mainmorte à recevoir pour des fondations d'utilité publique, des biens de la nature de ceux dont l'acquisition leur est interdite par l'édit du mois d'août 1749.

On peut évaluer le produit annuel du droit de *marc-d'or* à seize cens mille livres.

MARCHANDISES, s. f., sous lequel on comprend tout ce qui peut faire objet de commerce en gros & en détail. Ainsi les grains, l'eau, la neige, la glace, le sable, les pierres, sont des *marchandises*.

Quoique ce mot appartienne spécialement à un dictionnaire de commerce, il n'est cependant pas inutile de le placer ici, pour considérer les *marchandises* dans leur rapport avec les finances; ainsi nous dirons, qu'il n'en est d'aucune nature, d'aucun genre, d'aucune espèce, qui ne doive un droit au fisc, lorsqu'elles sont importées dans le royaume, ou lorsqu'elles en sont exportées. Nous ferons connoître le petit nombre d'exceptions à ce principe général, & nous indiquerons quelles sont les *marchandises* qui jouissent d'une modération des droits.

Toutes les productions de la nature & toutes celles de l'industrie humaine, étant, sous la dénomination de *marchandises*, assujetties à des droits non-seulemnt à l'entrée & à la sortie de la France; mais encore au passage des provinces des cinq grosses fermes dans les provinces réputées étrangères, pour fixer la quotité des droits dont chaque espèce de *marchandises* étoit susceptible, suivant sa nature & sa valeur, on a formé des tarifs qui désignent les *marchandises*. Comme il étoit impossible de les dénommer toutes, il a été ordonné que celles de ces *marchandises* dont il ne feroit pas fait mention dans les tarifs, acquitteroient les droits à raison de leur valeur; c'est-à-dire, de trois, cinq ou six pour cent de cette valeur prise sur le lieu. Au moyen de cette disposition finale exprimée dans tous les tarifs, il n'est aucunes choses sous le soleil qui ne doivent payer des droits, sans égard pour leur destination, & pour l'usage auquel on veut les employer; on insiste sur cette observation, parce que grand nombre de personnes se persuadent mal à-propos, qu'une chose qui est pour leur propre usage, & non pas un objet de trafic, doit être affranchie des droits.

Les denrées ou *marchandises* qui ont obtenu quelque immunité à cet égard, la doivent à une loi expresse du prince, en considération de leur utilité, où en jouissent en vertu de quelques anciens usages empruntés des Romains & fondés sur les convenances publiques. Par exemple, les matières premières, comme les laines, les cotons, les poils de chèvre, &c., ont été jugées susceptibles de cet affranchissement. Les habits, les nippes, tout ce qui appartient à l'habillement des voyageurs, à leurs commodités & à leur usage personnel, est dans le second cas; mais des vieux habits, de vieilles hardes dont on feroit commerce, rentreroient dans la classe des *marchandises* sujettes aux droits; car les agens du fisc à qui est due la rédaction du tarif d'entrée des cinq grosses fermes, ont porté sur ce point l'exactitude si loin, qu'on y trouve dénommés, les vieilles bottes, les vieux manteaux, les vieux souliers & le vieux linge; tandis qu'à d'autres égards, ils ont laissé subsister les inconséquences, les bizarreries & les contradictions.

Dans tous les cas, quelque espèce que ce soit de *marchandise* entrant dans le royaume ou en sortant, exempte ou sujette, doit être déclarée au bureau des fermes, & visitée par les commis. On sent que cette formalité qui est prescrite par l'article premier, du tit. 2 de l'ordonnance des fermes du mois de février 1687, à peine de confiscation de la *marchandise*, de la voiture & de trois cens livres d'amende, étoit indispensable pour mettre les préposés du fisc, en état de juger de la qualité & d'établir en conséquence la perception des droits.

Mais l'article 2, du titre premier, fait une distinction dans les *marchandises*, pour les assujettir aux droits. Il porte, qu'il ne fera fait aucune déduction des caisses, tonneaux, serpillères, & de ce qui sert à l'emballage des *marchandises*, dont les droits se paient au poids, si ce n'est sur les *marchandises* d'or, d'argent & de soie, & sur les drogueries & épiceries. *Voyez* ce dernier mot. Comme toutes ces *marchandises* sont en général assujetties à des droits plus forts que celles d'un autre genre, cette augmentation compense la faveur qui leur est accordée par cet article. *Voyez* au surplus les mots, ACQUITS, BRUT, BUREAU, DÉCLARATION, NET, VISITÉ; on y trouvera tout ce qui est prescrit à l'égard des *marchandises* importées dans le Royaume, ou exportées.

Après avoir donné sous le mot contrebande, l'état de toutes les *marchandises* réputées de ce genre, il convient de présenter ici l'énumération.

1°. Des *marchandises* qui sont exemptes de tous droits à l'entrée du royaume, avec le titre de leur affranchissement & de celles qui jouissent d'une modération de ces mêmes droits.

2°. Des *marchandises* également exemptes de droits à la sortie du royaume, ou jouissant d'une réduction de ces droits.

3°. Pour juſtifier ce que nous avons dit des imperfections du tarif de 1664, de celles du tarif de la douane de Lyon & de la Foraine, & en général de tous les tarifs, aux mots DROIT, DOUANE DE LYON, FORAINE, PATENTE DU LANGUEDOC, TARIF ; nous donnerons un relevé des divers articles claſſés parmi les drogueries, épiceries, dans quelques tarifs, & mis au rang des marchandiſes en d'autres, quoique dans tous les cas, il s'agiſſe de percevoir les droits du roi, & que cette variété dans la claſſification des marchandiſes, accroiſſe ou diminue la perception ; & par conſéquent, la rende abſolument contradictoire ; on verra ſous les mots BRUT, DROGUERIES & NET, que tout ce qui eſt réputé marchandiſe, doit les droits au poids brut ; c'eſt-à-dire, y compris le poids de l'emballage ; au lieu que ce qui eſt conſidéré comme drogueries, épiceries, ne paye les droits qu'au net, déduction faite de ce qui contient ou enveloppe les objets.

ÉTAT des marchandifes & denrées exemptes de droits à l'entrée du royaume.

Nature des *marchandifes*.	Titres de leur affranchiffement.
Agrès, apparaux, débris de navire échoués fur les côtes de France...........................	Décifion du confeil, du 10 mars 1758.
Arbres propres à être plantés.................	Décif. du confeil, du 3 février 1752.
Bois de conftruction pour la marine, dans les cinq groffes fermes.	Arrêt du 19 avril 1668.
Caractères d'imprimerie.....................	Réglement du mois de février 1723.
Caftor en peaux & en poils.................	Arrêt du 12 février 1760.
Cendres de Varèch.........................	Décifion du confeil, du 18 feptembre 1778, renouvellée en 1779 & 1780.
Chanvres & lins en maffe ; cotons en laine, poils de chèvre & de chameaux ; laines non filées..	Arrêts des 12 novembre & 10 décembre 1749.
Bourre, ou laine groffière....................	Décif. du confeil, du 12 février 1750.
Cochenille, deux cent dix quintaux accordés aux fabriques du Languedoc, fur les paffe-ports de l'intendant.	Arrêt du 3 décembre 1712.
Engrais, comme fumier, cendre de houille, colombine, ou fiente de pigeon...............	Arrêt du confeil, du 23 octobre 1753.
Galons d'or & d'argent vieux, propres à être convertis en lingots ; les lingots................	Arrêts du 10 juin 1755 & 13 juillet 1756.
Graine de vers à foie.......................	Décif. du confeil, du 15 mars 1753.
Huiles de poiffons de pêche françoife..........	Arrêt du confeil, du 12 février 1760.
Morue verte & fèche, de pêche françoife......	Arrêts des 26 mars 1743, 30 janvier 1775.
Perles non montées ; diamans non mis en œuvre.	Arrêts du 5 février 1678.
Salpêtre.................................	Arrêt du 24 juin 1775.
Tableaux de famille........................	Décif. du confeil, du 22 janvier 1750.
Terre à porcelaine.........................	Arrêt du 31 août 1728.
Idem à poterie............................	Décif. du 19 juillet 1751.
Terre ou fable à four, de verreries, faïenceries, &c.	Arrêt du confeil, du 3 novembre 1778.

Les *marchandifes* & denrées fuivantes, jouiffent de la modération de moitié des droits d'entrée & de circulation : telles font les drogueries propres à la teinture, comme la cochenille, l'indigo, la guance, la noix de Galle, le fumac, l'alun, la potaffe, le fel ammoniac, les bois de Bréfil, Bréfillet, Campêche, d'Inde, Fernambouc, & autres bois, auffi propres à la teinture.

Article 6 de l'arrêt du 15 mai 1760.

Les fuifs apportés de l'étranger, jouiffent auffi de la remife des trois-quarts des droits, fuivant l'arrêt du confeil, du 28 novembre 1768.

ÉTAT des marchandises *exemptes de droits à la sortie du royaume, ou jouissant de la modération de ceux qui ont lieu.*

Bonneterie, & tous les ouvrages de ce genre.......	Arrêts des 13 octobre 1743.
Caractères d'imprimerie, vieux ou neufs..........	Décision du conseil, du 13 juillet 1775.
Cartes à jouer	Arrêts des 23 octobre 1703, 23 décemb. 1704.
Chapeaux & chapellerie.......................	Même arrêt que pour la bonneterie.
Draperie de toutes sortes	*Idem.*
Dragées de Keyffer	Décif. du conseil, du 27 janvier 1763.
Drogueries, épiceries de nature étrangère....... }	Difpofition finale du tarif de 1664; arrêt de 1549.
Etoffes de soie, laine, fil & coton..............	Arrêt de 1743.
Galons, franges, paffemens, dentelles d'or & d'argent, fin ou faux; boutons, &c; habillemens & parure en pelleterie. .... }	Un pour cent de la valeur; arrêt du 15 mai 1760.
Livres & librairie............................	Réglement de 1723.
Mercerie de toute efpèce. *Voyez* ce mot..........	Un pour cent, comme les galons; arrêt du 15 mai 1760.
Navires conftruits en France...................	Décif. du conseil, du 12 octobre 1758.
Or, argent en lingots & en efpèces.............	Décif. du conseil, du 13 juillet 1756.
Ouvrages d'orfèvrerie, fourbifferie, horlogerie des fabriques de Paris...................	Deux pour cent de la valeur. Arrêt du premier août 1733.
Papiers blancs, &c............................	Arrêts des 24 décembre 1701; 23 décembre 1704.

NOTA. Ces papiers reftent affujettis aux droits locaux, fur leur paffage, pour aller à l'étranger; de façon que les provinces intérieures ont le double défavantage, de payer ces droits, & de faire plus de frais pour l'exportation des papiers.

Peaux d'agneaux apprêtées, du Briançonnois........	Décif. du conseil, du 18 mars 1758.
Perles, diamans, & pierres montées.............	Décif. du conseil, des 16 mai & 22 août 1750
Poudre d'Ailhaud	Lettres-patentes du 25 avril 1769.
Porcelaine de la manufacture de Sévres..........	Arrêt du 19 août 1753.
Quincaillerie	Un pour cent, comme la mercerie; même arrêt
Rubans de toute efpèce	*Idem.* *Idem.*
Savons, comme les étoffes....................	Arrêt du 14 novembre 1757.
Syrops & mélaffes des raffineries de France........	Arrêt du 10 mars 1763.
Toiles de toutes qualités.....................	Comme les étoffes.
Vins à la fortie du Languedoc & de la Provence.....	Deux tiers des droits de fortie. Arrêts des 14 décembre 1769, & 16 mars 1775.

RELEVÉ des articles·classés parmi les drogueries & épiceries , dans quelques tarifs , & mis au rang des marchandises, en d'autres tarifs.

DÉNOMINATION DES MARCHANDISES.	Articles compris au tarif du droit des drogueries , épiceries, appellé *quatre pour cent* , arrêté le 10 septembre 1549 , & qui sembleroit devoir faire une loi générale sur ce point.	CLASSES dans lesquelles ces articles sont portés dans les tarifs.			Articles imposés à la sortie, dans le tarif de 1664 , comme *marchandises* , quoique drogueries , ou non imposés comme drogueries, quoique *marchandises*.	Observations
		Du 27 octobre 1632. Pour le droit de douane de Lyon.	Du 27 septembre 1688. Pour le droit de comptablie à Bordeaux.	Du 18 septembre 1664. Pour l'entrée des cinq grosses fermes.		
Alun	dénommé.	droguerie	droguerie	*marchandise.*	imposé.	
Amandes	*idem*	Les étrangères, droguerie. Celles du pays, *marchandise.*	droguerie	*idem*	imposées.	
Amidon	*idem*	droguerie	droguerie	*marchandise.*	imposé.	
Avelines	*idem*	*idem*	*idem*	*marchandise.*	imposées.	
Bois d'ébène	non dénommé·	*idem*	*idem*	*marchandise.*	imposé.	
Bois d'Inde , Brésil , & autres , pour la teinture	dénommé.	*idem*	*marchandise.*	*marchandise.*	imposé.	
Bois de rose	non dénommé.	*idem*	droguerie.	*Marchandise* , sous le nom de *bois rouge* & *rozart.*	non imposé.	
Bray	dénommé.	non compris	Bray étranger, *marchandise. Voyez* RAISINE. Le goudron , droguerie.	*marchandise.*	imposé.	
Cantarides	dénommées.	drogueries.	drogueries.	drogueries.	imposées.	Comme droguerie , elles ne dévroient aucun droit de sortie.
Capres	dénommées.	Comprises parmi les *marchandises* , en les soumettant au droit de quatre pour cent.	*idem*	*marchandise.*	imposées.	
Céruse , ou blanc de plomb.	dénommé.	droguerie.	*idem*	*marchandise.*	non imposé.	
Cire	dénommée.	droguerie.	droguerie.	droguerie.	imposée.	L'arrêt du 9 juillet 1754 a tiré les cires de la classe des drogueries ; en permettant leur entrée par tous les bureaux.

RELEVÉ des articles classés parmi les drogueries & épiceries, dans quelques tarifs, & mis au rang des marchandises en d'autres tarifs.

DÉNOMINATION DES MARCHANDISES.	Articles compris au tarif du droit des drogueries, épiceries, appellé *quatre pour cent*, arrêté le 10 septembre 1549, & qui sembleroit devoir faire une loi générale sur ce point.	CLASSES dans lesquelles ces articles sont portés dans les tarifs.			Articles imposés à la sortie, dans le tarif de 1664, comme *marchandises*, quoique drogueries, ou non imposés comme drogueries, quoique *marchandises*.	Observations
		Du 27 octobre 1632. Pour le droit de douane de Lyon.	Du 22 septembre 1688. Pour le droit de comptablie à Bordeaux.	Du 18 septembre 1664. Pour l'entrée des cinq grosses fermes.		
Cire d'Espagne	non comprise.	droguerie.	droguerie.	marchandise.	non imposée.	
Citrons	non compris.	*idem.*	*idem.*	*idem.*	imposés.	
Colle	dénommée.	*idem.*	marchandise.	{ de toute sorte, à la *marchandise*, excepté celle de poissons, qui est à la droguerie. }	{ La seule colle de poisson, est imposée. }	
Confection d'al-kermès	non dénommée.	*idem.*	droguerie,	droguerie,	imposée.	*Voyez* l'observation à CANTARIDES.
Confitures	dénommée.	*idem.*	droguerie.	marchandise.	*idem.*	
Couperose	dénommée.	*idem.*	droguerie.	*idem.*	non imposée.	
Dragées	*idem.*	non comprises.	non dénommées	marchandise.	imposées.	
Eau de fleur d'orange.	{ L'on y trouve, *eau de fleur de violette.* } *idem.*		droguerie.	{ & autres de senteur, à la *marchandise.* }	imposée.	*Voyez* CANTARIDES.
Eau de nard, & naphe	dénommée.	*idem.*	marchandise.	marchandise.	*idem.*	
Ecorce de citrons confits.	non dénommée.	*idem.*	droguerie.	*idem.*	*idem.*	
Eponge	dénommée.	*idem.*	marchandise.	*idem.*	*idem.*	
Fenoüil	*idem.*	*idem.*	droguerie.	*idem.*	non imposée.	
Florée	*idem.*	*idem.*	non dénommée.	*idem.*	imposée.	
Figues	{ Comprises avec raisins. }	*idem.*	droguerie.	*idem.*	*idem.*	
Fustet	dénommé.	*idem.*	{ Le fustet rapé, droguerie. }	*idem.*	*idem.*	
Galles	*idem.*	*idem.*	droguerie.	*idem.*	non imposées.	
Garence	*idem.*	*idem.*	{ non dénommée; la gaude, *marchandise.* }	*idem.*	imposée.	
Graine jaune	non dénommée	*idem.*	non dénommée.	*idem.*	non imposée.	

RELEVÉ des articles classés parmi les drogueries & épiceries dans quelques tarifs, & mis au rang des marchandises en d'autres tarifs.

DÉNOMINATION DES MARCHANDISES.	Articles compris au tarif du droit des drogueries, épiceries, appellé *quatre pour cent*, arrêté le 10 septembre 1549, & qui sembleroit devoir faire une loi générale sur ce point.	CLASSES dans lesquelles ces articles sont portés dans les tarifs.			Articles imposés à la sortie, dans le tarif de 1664, comme *marchandises*, quoique drogueries, ou non imposés comme drogueries, quoique *marchandises*.	Observations
		Du 27 octobre 1632. Pour le droit de douane de Lyon.	Du 22 septembre 1688. Pour le droit de comptablie à Bordeaux.	Du 18 septembre 1664. Pour l'entrée des cinq grosses fermes.		
Graine de jardin non dénommée.	droguerie.	*marchandise.*	*marchandise.*	impofée.		
Graine de moutarde	*idem.*	*idem.*	*idem.*	*idem.*	non imposée.	
Grenades	dénommées.	*idem.*	non dénommées.	*idem.*	imposées.	
Huile d'aspic	*idem.*	*idem.*	droguerie.	*idem.*	non imposée.	
Huile, ou graisse de baleine & de poisson	non dénommée	Huile de poisson, à la droguerie. Graisse de baleine, à la *marchandise* avec l'huile de lin.	marchandise.	*idem.*	imposée.	
Huile d'olive	dénommée.	de France, à la *marchandise*; étrangère, à la droguerie.	marchandise.	*idem.*	*idem.*	
Huile de chanvre	*idem.*	non dénommée.	droguerie.	*idem.*	*idem.*	
Jayet, lisse & brut	non dénommé.	droguerie.	*marchandise.*	Compris à la *marchandise*, à l'article de la mercerie.	*idem.*	
Ivoire, ou dent d'éléphant	*idem.*	*idem.*	*marchandise.*	*Marchandise*, au nom de dents d'éléphant.	*idem.*	
Indigo	dénommé.	*idem.*	droguerie.	*marchandise.*	non imposée.	
Lacque	*idem.*	*idem.*	droguerie.	Lacque de Venise; lacque ronde & platte, à la droguerie. Lacque de Venise, pour teinture, à la *marchandise*.	Il n'y a d'imposée que la lacque de Venise, pour teinture.	La lacque est, comme *marchandise*, imposée à seize liv. le quintal; & comme droguerie, à trente liv. le quintal.
Miel	*idem.*	*idem.*	droguerie.	droguerie.	imposé.	
Ocre, ou craie blanche, noire ou rouge.	non dénommée.	*idem.*	droguerie	*marchandise.*	*idem.*	

RELEVÉ des articles classés parmi les drogueries & épiceries, dans quelques tarifs, & mis au rang des marchandises, en d'autres tarifs.

DÉNOMINATION DES MARCHANDISES.	Articles compris au tarif du droit des drogueries, épiceries, appellé *quatre pour cent*, arrêté le 10 septembre 1549, & qui sembleroit devoir faire une loi générale sur ce point.	CLASSES dans lesquelles ces articles sont portés dans les tarifs.			Articles imposés à la sortie, dans le tarif de 1664, comme *marchandises*, quoique drogueries, ou non imposés comme drogueries, quoique *marchandises*.
		Du 27 octobre 1631. Pour le droit de douane de Lyon.	Du 22 septembre 1688. Pour le droit de comptablie à Bordeaux.	Du 18 septembre 1664. Pour l'entrée des cinq grosses fermes.	
Olives	dénommées.	droguerie.	droguerie.	*marchandise.*	imposé.
Oranges	*idem*	*idem.*	non dénommées *idem.*		*idem.*
Orseille, ou tournesol	*idem.*	*idem.*	{ droguerie. La perelle est *idem.* marchandise. }		*idem.*
Os de seiche	non dénommés.	*idem.*	non dénommés. *idem.*		non imposés.
Pérelle en teinture.	non dénommée.	{ Perelle du Puy, pour teinture, à la *marchandise*. Perelle en teinture, du pays, à la droguerie. } *marchandise.*		marchandise.	imposée.
Pierre-ponce	dénommée.	droguerie.	droguerie.	*idem.*	non imposée.
Pignons	*idem.*	*idem.*	*idem.*	*idem.*	imposés.
Pistaches	*idem*	*idem.*	non dénommées *idem.*		non imposées.
Poix Poix-raisine	*idem.*	*idem.*	droguerie.	*idem.*	imposée.
Poudre de violette, ou de Chypre.	*idem.*	*idem.*	*marchandise.*	*idem.*	{ Imposée à poudre de senteur. }
Poudre à canon	non dénommée.	*idem.*	*idem.*	*idem.*	{ Imposée; mais prohibée pour l'étranger. }
Pruneaux, de toute sorte.	dénommés.	*idem.*	*marchandise.*	*idem.*	imposés.
Perles	*idem.*	*idem.*	{ Les perles fausses, mar- *idem.* chandise. }		{ Imposées à pierreries; mais prohibées pour l'étranger. }
Racine de Savoye	*idem.*	*marchandise.*	non dénommée	non dénommée	non imposée.
Raisins de Damas, Corinthe, Savoye, & du crû de France.	*idem.*	droguerie.	droguerie.	*marchandise.*	imposés.
Riz	*idem.*	*idem.*	*idem.*	*idem.*	*idem.*

RELEVÉ des articles classés parmi les drogueries & épiceries, dans quelques tarifs, & mis au rang des marchandises, en d'autres tarifs.

DÉNOMINATION DES MARCHANDISES.	Articles compris au tarif du droit des drogueries, épiceries, appellé *quatre pour cent*, arrêté le 10 septembre 1549, & qui sembleroit devoir faire une loi générale sur ce point.	CLASSES dans lesquelles ces articles sont portés dans les tarifs.			Articles imposés à la sortie, dans le tarif de 1664, comme *marchandises*, quoique drogueries, ou non imposés comme drogueries, quoique *marchandises*.
		Du 27 octobre 1632. Pour le droit de douane de Lyon.	Du 22 septembre 1688. Pour le droit de comptablie à Bordeaux.	Du 18 septembre 1664. Pour l'entrée des cinq grosses fermes.	
Saffran	dénommé.	droguerie.	droguerie.	droguerie.	Celui du crû de France, imposé.
Sel ammoniac.	*idem.*	*idem.*	*idem.*	*marchandise.*	non imposé.
Salpêtre	non dénommé.	*idem.*	droguerie.	*idem.*	Imposé ; mais prohibé à la sortie.
Sarsacole	dénommé.	non dénommé.	droguerie.	*idem.*	non imposé.
Savons	*idem.*	droguerie.	*marchandise.*	*idem.*	impofé.
Soude	non dénommée.	*idem.*	droguerie.	*idem.*	*idem.*
Sumac	dénommé.	*idem.*	*idem.*	*idem.*	Celui du crû de France, imposé.
Terramerita	dénommée sous le nom de *couremne.*	*idem.*	*idem.*	*idem.*	non imposé.
Terre rouge	non dénommée.	*idem.*	*idem.*	*idem.*	*idem.*
Terre sigillée	dénommée.	*idem.*	*idem.*	*idem.*	*idem.*
Verdet.	*idem.*	*idem.*	*idem.*	droguerie.	impofé.
Vermillon, ou sinabre	dénommé sous le nom de *sinabrium.*	*idem.*	*idem.*	*marchandise.*	non imposé.
Vernis à peindre	dénommé sous le nom de *sandarac.*	*idem.*	non dénommé.	*idem.*	*idem.*

AUTRES *observations sur ces quatre tarifs.*

On trouve dans le corps du tarif de 1549, roses de Provins, manne de Provence & Dauphiné ; olives de Gènes, Provence & Languedoc ; figues de Languedoc, Provence & autres ; cependant l'article final de ce même tarif, porte que ce droit ne sera pas perçu sur les drogueries & épiceries du cru du royaume.

Le tarif de la douane de Lyon, comprend les câpres parmi les *marchandises*, & néanmoins les soumet au droit de quatre pour cent, qui n'est dû que sur les drogueries, épiceries.

L'huile de poisson est classée dans le même tarif au rang des drogueries, & cependant l'huile ou graisse de baleine est dénommée parmi les *marchandises*, au mot HUILE, de lin, de navette, ou graisse de baleine.

La perelle du Puy, pour teinture, est dénommée droguerie, & la perelle du pays, est *marchandise* ; cependant le Puy est la capitale du Velay, contigu au Lyonnois.

Les contradictions du tarif de 1664, ne sont ni moins nombreuses ni moins sensibles.

Tous les articles compris à l'entrée dans la classe des *marchandises*, devroient être imposés à la sortie, suivant le principe que les drogueries, épiceries, sont exemptes de droits en ce cas.

Néanmoins le bois rozart, la céruse, la couperose, le fenouil, les galles, le rocou & beaucoup d'autres articles énoncés comme *marchandises*, à l'entrée, ne sont pas tarifés à la sortie. De même, quoique les colles de toute sorte, soient comprises, à l'entrée, dans la classe des *marchandises*, la colle de poisson est cependant mise au rang des drogueries; & par l'inconséquence la plus bizarre, les colles de toutes sortes qui devroient, comme *marchandises*, être imposées à la sortie, ne le sont pas, & la colle de poisson qui devroit être exempte de ces mêmes droits de sortie, puisqu'elle est expressément dénommée comme droguerie, est tarifée.

Il semble que pour faire cesser toute bizarrerie & toute variété dans la classification des drogueries & des *marchandises*, on pourroit ordonner, comme on a fait pour la mercerie; que tout ce qui seroit dénommé comme droguerie, dans le tarif de 1664, le seroit également dans tous les bureaux de perception des droits des fermes, & assujetti aux droits en conséquence.

Dans le nombre des *marchandises*, il en est plusieurs qui par leur nature, ne peuvent entrer que par certains ports ou bureaux, à l'exclusion de tous autres: on en donnera l'état au mot PROHIBITION LOCALE. En effet, ces *marchandises* ne sont pas dans la classe des *marchandises* absolument & généralement prohibées à l'entrée du Royaume; on les a soumises seulement à une prohibition locale; c'est-à-dire, on a expressément fixé leur entrée par certains lieux désignés, comme placés sur la route qu'elles doivent naturellement tenir, & les bureaux que les agens du fisc y ont établis, ont dû être composés de sujets instruits dans la connoissance des *marchandises*, dont l'admission a lieu sur leur examen. D'après cet arrangement, toute autre entrée a été interdite. *Voyez* PROHIBITION LOCALE.

On ne parlera pas ici des *marchandises* destinées pour les armemens des Isles & Colonies Françoises; on s'est assez étendu à cet égard, & sur celles qui en sont apportées en retour, dans l'article de ce commerce, aux mots ISLES ET COLONIES - FRANÇOISES.

De même l'article LEVANT (commerce du) satisfait à tout ce qu'il importe de savoir sur cet objet.

Sous les mots CINQ GROSSES FERMES, DROITS, UNIFORMES, ÉTRANGERES, (provinces réputées) on a expliqué quand & pourquoi les *marchandises* passant des unes dans les autres, en venant de l'étranger, ou en y allant, devenoient susceptibles ou exemptes de droit.

On parlera des *marchandises* gâtées, avariées ou sauvées du naufrage, au mot NAUFRAGE ; de celles de PRISE, sous ce dernier mot.

Ainsi pour terminer cet article & y comprendre tout ce que le régime fiscal ordonne ou établit relativement aux *marchandises* ou abandonnées dans les bureaux, ou lors d'une saisie, ou restées dans les douanes, sans être réclamées; & finalement aux *marchandises* égarées & mêlées, & aux *marchandises* de retour, nous allons donner quelques éclaircissemens sur chacun de ces cas particuliers.

Le propriétaire d'une *marchandise* peut la délaisser dans un bureau, lorsqu'après l'avoir déclarée, il trouve que la quotité des droits est supérieure à la valeur de cette *marchandise*, soit qu'elle ait été gâtée, ou que le droit soit hors de toute proportion avec le prix qu'il peut vendre sa *marchandise*. Ainsi on a vu dans l'arrêt de 1778, au bureau de Vienne, où se perçoit la douane de Valence, des particuliers abandonner un chargement de sable, propre à construire des fours de verreries, parce que le montant du droit excédoit le prix de ce sable.

Une décision du conseil du 6 avril 1747, autorise cette conduite qui est fondée sur la justice; car si j'offre d'abandonner ma *marchandise* plutôt que d'en payer les droits, c'est une preuve que je ne peux pas en tirer parti.

Des *marchandises* abandonnées lors d'une saisie; c'est-à-dire, au moment où le conducteur se voit découvert & prend la fuite, doivent être conduites au bureau pour y être visitées, pesées ou mesurées; & on doit en dresser procès-verbal. Cette circonstance fait la matière de l'article 17, du tit. 11, de l'ordonnance de 1687, lequel traite de tout ce qui a rapport aux saisies, pour ce qui concerne les droits de traites. *Voyez* PROCESVERBAL.

Cet article 17 porte, « que les *marchandises* » saisies qui auront été abandonnées par les mar- » chands & voituriers, & qui ne seront point » réclamées dans la huitaine, pourront être con- » fisquées & vendues en présence du procureur » du roi sur les lieux, huit jours après la con- » fiscation jugée, en faisant faire toutefois, préa- » lablement, trois proclamations, par trois jours » différens, tant à la porte de l'auditoire du ju- » ge, qu'à celle du bureau, & en cas que dans » la suite la restitution en fût ordonnée, le fer- » mier sera tenu seulement de rendre le prix porté » par le procès verbal de vente. »

Les formalités prescrites par cet article, ont un double objet; 1°. de faciliter aux propriétaires des *marchandises*, les moyens d'être avertis de leur faifie actuelle & de leur vente future, & de les recouvrer en payant l'amende ;

– 2°. De difpenfer le fermier de garder ces *marchandifes* pendant un très-long tems, & de le mettre à l'abri des prétentions de dommages-intérêts de la part des propriétaires, puifque cet abandon de *marchandifes* ne peut jamais être une chofe de fon fait, ni de fes prépofés. *Voyez* au furplus le mot SAISIE.

A l'égard des *marchandifes* & effets laiffés dans les bureaux, les arrêts du confeil & lettres-patentes du 13 août 1726, ordonnent qu'après être reftés deux ans dans les douanes fans être reclamés, ils feront vendus au plus offrant & dernier enchériffeur.

L'article 404, du bail fait à Jacques Forceville en 1738, règle tout ce qui a rapport à cet objet de la manière fuivante. « Les propriétaires des » balles, ballots, caiffes, coffres, malles, va-» life, porte-manteaux, tonnes, tonneaux, bar-» rils, bannes, cantines, pots, vafes, vaiffeaux, » paniers, facs, boêtes, & de toutes autres for-» tes de paquets de *marchandifes*, & effets portés » dans les douanes par les voituriers, rouliers, » meffagers & autres, feront tenus de les reti-» rer au plus tard dans deux ans après qu'ils y » auront été portés ou remis; après lequel tems, » nous autorifons l'adjudicataire à préfenter re-» quête aux juges des fermes, pour faire ordon-» ner que l'état qui aura été dreffé par fes com-» mis, defdites balles, caiffes, coffres, malles, » tonneaux, paniers, boêtes, &c. & de toutes » autres fortes de paquets de *marchandifes* & ef-» fets, fera affiché fur les lieux, dans les en-» droits accoutumés, à ce que les propriétaires » aient à les retirer dans un mois; finon, & à » faute de ce, qu'il en fera fait ouverture en pré-» fence de notre procureur defdites jurifdictions, » du procureur du fermier & de fes commis, » & des voituriers & meffagers, qui feront ap-» pellés à cet effet, pour reconnoître les balles, » caiffes & autres paquets qu'ils y auront ap-» portés :

» Que s'il fe trouve des papiers dans lefdites » balles, caiffes & autres paquets, il en fera fait » inventaire fommaire par les juges, qui en dref-» feront leur procès-verbal, après les avoir pa-» raphés, pour être enfuite lefdits papiers dé-» pofés à leur greffe, dont le greffier fe chargera » fur un regiftre coté & paraphé par le juge & » notre procureur, pour être rendus à ceux qui » juftifieront qu'ils leur appartiennent; & qu'à » l'égard des *marchandifes* & de tous autres ef-» fets, ils feront vendus au plus offrant & der-» nier enchériffeur, en préfence de notre pro-» cureur fur les lieux, du procureur du fermier

» & de fes commis, dans les bureaux defdites » douanes, après trois proclamations par trois » jours différens, tant à la porte de l'auditoire » du juge, qu'à celle du bureau de la douane, » conformément à l'article 17, du tit. 11 de » l'ordonnance des fermes de 1687; après quoi » nos fermiers, concierges, gardes magafins & » autres commis des fermes, feront & demeure-« ront bien & valablement déchargés defdits pa-« piers, effets & *marchandifes*.

» Ordonnons que fur les deniers provenans » defdites ventes, l'adjudicataire fera payé par » préférence, tant des frais qu'il aura faits pour » faire faire lefdites affiches, ouverture, defcrip-» tion, proclamation & vente, que des droits » des fermes qui feront dûs pour les *marchnadi-» fes* & effets, & après eux les meffagers, voi-» turiers & rouliers, feront payés du port.

» Et fur le furplus des deniers provenans def-» dites ventes, il en fera prélevé un fol pour » livre pour tous frais de juftice, fans que les » juges & officiers puiffent prétendre de plus gran-» des fommes, & le reftant defdits deniers fera » délivré à l'adjudicataire, pour nous en comp-» ter, outre & par-deffus le prix de fon bail, » conformément à l'arrêt de notre confeil, & » lettres-patentes fur icelui du 13 août 1726. »

Un arrêt contradictoire de la cour des aides de Paris, du 27 mars 1748, a jugé que le fermier & les commis du bureau, ne font point refponfables des *marchandifes* qui s'y égarent; & l'arrêt du confeil du premier juillet 1749, a confirmé ce jugement.

A l'égard des *marchandifes* mêlées, il eft défendu par la décifion du confeil du 27 février 1763, de mêler des *marchandifes*, exemptes de droits à la circulation, avec d'autres *marchandifes* fujettes aux droits, à peine de perdre l'exemption dont jouiffent les premières.

On appelle *marchandifes de retour*, des étoffes, qui après être paffées en pays étranger, où elles ont été rebutées pour caufe d'accidens ou de détériorations, reviennent en France pour retourner aux lieux de la fabrique, y être réparées & rentrer enfuite dans le commerce. On ne met au rang des *marchandifes de retour*, que les étoffes, parce qu'elles ont un caractère national que leur impriment les noms & la marque du fabricant, & qui indique fûrement leur origine.

Ainfi, lorfqu'un négociant fe trouve forcé de faire revenir du pays étranger, des étoffes ou ouvrages de draperie & bonneterie qu'il y a envoyées, il doit s'adreffer à la ferme générale, en indiquant le bureau par lequel fes *marchandifes* rentreront en France. Elle donne des ordres aux préposés de ce bureau de les admettre, pourvu que chaque pièce porte les plombs & marque prescrits par les règlemens sur les manufactures.

Une seconde condition mise à cette admission en retour, est celle de payer le droit d'un pour cent, de la valeur de la *marchandise*.

On fonde cette perception sur les décisions du conseil des 7 mai 1736, & 17 janvier 1751, qui portent que toutes *marchandises* doivent les droits autant de fois qu'elles passent & repassent par les bureaux des fermes, sans pouvoir être reconnues pour avoir déjà acquitté ces droits : mais ne pourroit-on pas objecter que dans la circonstance dont il s'agit, des étoffes envoyées à l'étranger, ont joui d'un affranchissement absolu accordé par la loi, comme un moyen de faveur & d'encouragement ; que dès-lors, c'est s'écarter de l'esprit & des vues du législateur, que d'assujettir à un droit, quelque modique qu'il soit, une *marchandise* que quelque vice ou défectuosité fait rejetter, & qui par-là, devient une perte ou une augmentation de dépense pour le propriétaire ; car il arrive qu'il préfère de la vendre à vil prix, plutôt que de la faire revenir en France, où il a payé des frais de transport & des droits.

On peut présumer que si les choses avoient été présentées au conseil sous cet aspect, le bien du commerce dont il est animé, l'eût empêché d'approuver formellement cette perception d'un pour cent, comme il l'a fait par ses décisions des 10 février 1758, & 31 juillet 1761 ; & qu'ensuite, cette suppression eût été exprimée dans les baux des fermes.

Le produit de ce droit d'un pour cent sur les *marchandises* de retour, ne faisant peut-être pas un objet de douze cens livres dans tout le Royaume, on ne voit aucun inconvénient à le supprimer, en laissant néanmoins subsister les formalités qui s'observent, & la peine du payement des droits, lorsque le défaut de marques & de plombs des fabriques Françoises, laisseroit des doutes sur la véritable origine des *marchandises*.

Une décision ministérielle du 21 août 1753, a prononcé que les *marchandises* de bijouterie, d'orfèvrerie, horlogerie, marqueterie & porcelaine qui sont envoyées à Constantinople, devoient également jouir de la faveur du retour, pourvu qu'elles soient expédiées par acquit à caution, de Marseille pour la douane de Paris, où le droit d'un pour cent, sera acquitté.

On appelle *marchandises* d'œuvre de poids, celles qui ne sont pas du genre des drogueries & épiceries, & doivent le droit du domaine & barrage à Paris, à raison de trois sols par quintal. *Voyez* ce qui a été dit au mot DOMAINE ET BARRAGE, tome premier, pag. 618.

MARCHES AVANTAGÈRES. Le nom de *marche*, qui veut dire frontière, est passé du dictionnaire géographique dans la langue fiscale avec la même signification. Ce mot de *marche* vient des termes latins *marca*, *marchea*, d'où l'on a appellé *marcheus*, marquis en françois, & *margrave* en allemand, celui qui commandoit sur une frontière.

Mais pour ne pas nous écarter de notre but, qui est de considérer les mots & les choses dans leur rapports avec les finances, nous devons observer que le mot *avantagère*, joint à celui de *marche*, désigne les privilèges & avantages dont jouissent les habitans du canton des *marches*.

Les *marches avantagères* ou *marches communes* de Bretagne & de Poitou, forment le canton sur lequel sont situés plusieurs villages qui, sans être d'aucune de ces provinces, jouissent d'une condition particulière. Au reste, l'arrêt du conseil du 14 juin 1777, qui a confirmé les privilèges des habitans de ces marches, va nous instruire de l'historique & de l'origine de ces privilèges, de leur consistance, & du nombre des villages qui doivent en jouir.

Sur la requête présentée au roi, en son conseil, par Charles de la roche Saint-André, syndic général des habitans des paroisses & enclaves des *marches communes* franches de Poitou & de Bretagne ; contenant qu'à l'avènement des rois à la couronne, les pays & provinces de leurs dominations, s'empressent de rendre hommage au nouveau monarque, & de réclamer de lui la confirmation des traités & privilèges convenus vis-à-vis d'eux, ou qui leur ont été accordés. Le respect & la fidélité des *marches* pour sa majesté ne sont pas moins sincères ; mais les droits & privilèges dont ce canton réclame la confirmation, sont d'une nature particulière à ce pays, & tiennent à sa propre constitution. Le canton des *marches* est une portion de pays particulier entre la province de Poitou & celle de Bretagne ; il forme la lisière de chacune de ces provinces, & est toujours resté en commun entre les ducs de Bretagne & les Comtes de Poitou : enfin, par l'impossibilité de fixer les limites de ces deux provinces, il a été convenu que cette partie du pays ne dépendroit pas plus de l'une que de l'autre, & c'est en conséquence qu'on lui a donné la dénomination de *marches communes* du Poitou & de la Bretagne.

La nature de cette constitution nécessitoit une espèce de gouvernement à ce canton ; de-là sont nés les droits & privilèges des *marches communes*, & qui remontent aux tems les plus reculés. Dès 1434, le canton étoit exempt de tous subsides ; en conséquence, Jean V, duc de Bretagne, par sa lettre du 14 avril de cette même année, le déchargea de ceux qu'il avoit demandés à la province de Bretagne ; en 1438 , Charles VII , comte de Poitou , & Jean V , duc de Bretagne ; se réunirent pour faire vérifier les droits & privilèges des *marches* ; ils nommèrent respectivement des commissaires pour se transporter sur les lieux : & d'après vérification faite, Charles VII donna ses lettres du 2 août 1439 , par lesquelles , voulant tenir & garder ledit canton dans les droits , privilèges & libertés dont il avoit accoutumé jouir & user , de toute ancienneté , il a été ordonné que les habitans des *marches communes* desdits pays de Poitou & de Bretagne , jouiroient franchement , des libertés , franchises & droits desquels ils avoient accoutumé de jouir ; que ces mêmes privilèges ont été ensuite confirmés par d'autres lettres , conjointement données par Charles VII & Jean V , duc de Bretagne , du 29 mars 1441 , & scellées du double sceau de la France & du duché de Bretagne ; que les droits , franchise & privilèges des *marches* ont été successivement confirmés par Charles VIII en 1492 , par Louis XII, par l'acte de son mariage avec Anne de Bretagne en 1498 , & dans lequel il est convenu expressément de maintenir les *marches* dans leurs droits & franchises. Henri II , à son avènement à la couronne , voulut également s'assurer de l'existence de ces privilèges , & le procès-verbal des commissaires par lui nommés, du 22 novembre 1548 , porte expressément ʺ que les paroisses des *marches* , de toute ancienneté , étoient franches & ʺ libres de la contribution aux tailles , fouages , ʺ impôts , billots , aides , huitièmes , quart & ʺ demi-quart , guets & gardes , pavages , aides ʺ & contributions pour le fait & entretien des ʺ gens de guerre & autres droits & devoirs , au ʺ lieu desdits quarts & demi-quarts , réparations ʺ des villes & autres subventions , & impositions ʺ quelconques , en payer ni contribuer esdits pays ʺ de Bretagne & Poitou..... depuis cent soixante ʺ ans , sans que les habitans aient mémoire du ʺ contraire..... qu'ils ont joui & jouissent paisiʺ blement comme dessus est dit , par octrois , acʺ cords & convenances entre les comtes desdits ʺ pays & comtes de Poitou , rois de France & ʺ duc de Bretagne , barons & seigneurs proʺ ches ʺ. Ce même procès-verbal fait mention de la représentation aux commissaires des différens titres originaux ci dessus ; il y est même question d'autres titres , savoir de jugemens rendus en l'élection de Poitou , portant confirmation de ces mêmes privilèges. C'est en conséquence , que par lettre du 25 avril 1548 , Henri II a confirmé le canton des *marches* dans les libertés , privilèges & franchises relatés au procès-verbal des commissaires de sa majesté.

De quelque peu de durée qu'ait été le règne de François II , ce souverain , instruit de l'origine & de la nature des privilèges des *marches* , a pris soin de conserver ces mêmes privilèges , & de la

manière la plus particulière ; c'est ce qui résulte des lettres patentes par lui données à Saint-Germain au mois de septembre 1560 , en ces termes : ʺ Voulant continuer les habitans des *marches* ʺ dans leursdits privilèges , usages , libertés , pour ʺ les mêmes causes & considérations qui ont mû ʺ nos prédécesseurs , & autres , à ce nous mouʺ vans , de notre certaine science , grace spéciale , ʺ pleine puissance & autorité royale , avons conʺ tinué , confirmé , loué & approuvé , contiʺ nuons , confirmons , louons & approuvons par ʺ lesdites présentes , tous & chacun lesdits usaʺ ges , droits , libertés , immunités , tant en géʺ néral qu'en particulier ; voulons , ordonnons ʺ & nous plaît qu'ils en jouissent & usent pleiʺ nement & paisiblement , dorénavant , perpéʺ tuellement & à toujours , tant & si avant que ʺ leurs prédécesseurs en ont ci-devant dûment & ʺ justement joui & usé , & qu'ils en jouissent & ʺ usent encore de présent ʺ. Pareilles confirmations ont eu lieu sous le règne d'Henri III par lettres patentes du 22 mars 1584 ; sous Henri IV en 1606 , sous Louis XIII en 1626 , sous Louis XIV en 1659 , sous Louis XV en 1729 ; enfin depuis 1438 jusqu'à ce jour , les *marches* ont eu l'avantage de voir reconnoître leurs privilèges par tous les rois prédécesseurs de sa majesté.

Ces privilèges & franchises tiennent à la propre constitution des *marches* , qui forment les limites des provinces respectives du Poitou & de la Bretagne , & cependant ne dépendant ni de l'une ni de l'autre de ces deux provinces , doivent avoir un régime & un gouvernement particulier , qui ne tiennent pas plus de l'administration du Poitou que de celle de la Bretagne , & lui soient absolument propres & particuliers. L'impossibilité de fixer les limites de ces deux provinces entre elles , est l'origine de la constitution des *marches* ; ainsi ces mêmes privilèges & prérogatives , loin de puiser leur source dans les titres de concession & de libéralité des rois , la tirent, de la nature & de la situation de cette portion de pays , ce qui en justifie dès-lors l'ancienneté. C'est de ces mêmes privilèges que le suppliant , en sa qualité de syndic général , réclame de sa majesté la reconnoissance & confirmation : il a d'autant plus lieu de l'espérer , que si les *marches* y ont été confirmées dans les temps malheureux de troubles & de divisions , ils doivent l'être à bien plus juste titre sous un gouvernement que tous les peuples s'empressent de reconnoître , & sous un souverain qui ne s'est annoncé à ses sujets que par des actes d'amour pour ses peuples & pour le maintien des loix. Requéroit à ces causes le suppliant qu'il plût à sa majesté ordonner que les lettres patentes de 1438, 1441, celles de 1548, 1559, 1584, 1606, 1626, 1659 & 1729, seront exécutés selon leur forme & teneur ; ce faisant , maintenir & garder les habitans des paroisses

roiſſes , enclaves & hameaux des *marches* communes de Bretagne & de Poitou dénommés auxdits arrêts , dans leurs exemptions, franchiſes & privilèges, les déclarer exempts de toutes tailles, fouages, crûes, ſubſiſtances, impôts, aides, huitièmes, traites foraines & domaniales pour les choſes crûes & tirées deſdites *marches*, & qui y ſeront apportées d'ailleurs, pour y être conſommées, quartiers d'hiver, logement de gens de guerre, taxes faites ou à faire & autres impoſitions généralement quelconques, miſes & à mettre dans l'une ou l'autre deſdites provinces de Poitou & de Bretagne ; faire défenſes à toutes perſonnes de les y troubler en quelque manière & façon que ce ſoit, directement ni indirectement, même aux officiers des élections de Mauléon & des Sables, tréſoriers de Bretagne & Poitou, fermiers, clercs, commis & autres de les comprendre dans leurs départemens auxdites tailles, fouages & autres ſubſides qui ſe lèvent dans leſdites provinces ; aux aſſéeurs & collecteurs deſdites tailles & fouages de les impoſer, ſous quelque prétexte que ce ſoit ou puiſſe être, dans les rôles qu'ils en feront pour les terres qu'ils poſſèdent & exploitent dans les paroiſſes ſujettes auxdites tailles & fouages, tant & ſi long-tems qu'ils ſeront demeurans dans leſdites paroiſſes, enclaves & hameaux des *marches* communes de Bretagne & de Poitou ; les décharger à toujours du droit de joyeux avènement, tant pour le paſſé que pour l'avenir ; déclarer ledit droit compris & conſommé dans la preſtation annuelle de ſix cens livres d'une part, & de cent vingt-huit livres d'une autre ; les décharger de toutes autres taxes faites ou à faire pour raiſon de la confirmation de leurs privilèges, & ſous quelqu'autre prétexte que ce ſoit, révoquant à cet effet tous autres arrêts à ce contraires, à la charge de continuer de payer ladite ſomme de ſix cens livres d'une part & de cent vingt-huit livres de l'autre, ès mains du receveur des fouages du comté Nantais ; ordonner que les procès & différens qui pourroient intervenir, tant pour la levée de cette ſomme de ſix cens livres que de celle de cent vingt-huit livres de preſtation annuelle & de toutes impoſitions que l'on pourroit prétendre ſur eux au préjudice de cet arrêt, ſeront traités & jugés par le ſénéchal de Nantes, & par appel au parlement de Rennes, auxquels ſa majeſté attribuera toutes juridiction & connoiſſance de cauſe, & icelles interdira à tous autres juges & commiſſaires quelconques, & ſans préjudicier aux droits des ſeigneurs deſdites *marches* & de leurs juridictions, & autres cas : comme auſſi autoriſer le ſyndic général deſdites *marches*, d'impoſer telle ſomme qui ſera jugée néceſſaire dans l'aſſemblée générale, pour fournir aux frais des pourſuites néẽs & à naître, à l'occaſion des cauſes, inſtances ou procès que les habitans auroient à ſoutenir pour le maintien deſdits privilèges, ſoit au conſeil, ſoit

au parlement de Bretagne, ou dans toutes autres juridictions, laquelle ſomme ſera répartie ſur tous les biens-fonds ſitués dans leſdites *marches communes* & qui en dépendent ; enſemble ſur les eccléſiaſtiques, ſur leurs biens propres & particuliers ; & pour l'exécution de l'arrêt à intervenir, ordonné que toutes lettres & arrêt requis & néceſſaires ſeront expédiés. Vû ladite requête, enſemble les pièces jointes ; ſavoir la lettre de Jean V, duc de Bretagne du 17 avril 1434 ; les lettres patentes des 21 avril 1438 & 14 mars 1441 ; le procès-verbal d'enquête du 22 novembre 1548 ; les lettres patentes des 25 avril 1548 & ſeptembre 1560 ; arrêts du conſeil de 1626 ; arrêts du conſeil & lettres patentes de 1659, 23 août 1729, & 5 ſeptembre 1730 : oui le rapport du ſieur Taboureau, conſeiller d'état ordinaire, & au conſeil royal, contrôleur général des finances ; ſa majeſté ayant aucunement égard à ladite requête, & ſans s'arrêter à l'arrêt de la cour des aides de Paris du 5 avril 1734, à l'arrêt du conſeil du premier mai 1770, & à l'arrêt du parlement de Bretagne du 11 avril 1775, a ordonné & ordonne que les habitans des *marches* communes de Bretagne & de Poitou, ſavoir les habitans de la paroiſſe de Cugan, ceux de la paroiſſe de Geſtigné, ceux de la paroiſſe de la Bruſſière, ceux de la paroiſſe de Bouſſay, ceux des hameaux du Baril, la Rouzière, la Perduere, le Mottay, l'Hopitau, Belair, la Roche-Marie, la Doucetière, la Marzelle, la Petite-Doucetière, la Galetière, le Bois-joli, la Bourroiric, la Filée, la Jarie, la Poitière, la Guillote, Luſteau, la Boucherie, le Bourg-Vazon, la Moriſſière, la Rochette, la Zuioubar, Quinquinavant, le Chiron, l'Oprée, la Croix, la Grivelière, la Guinaudière, le Vrignay, le Hozier, la Jordronière, l'Angle & le Haut-Vrignay, Gojou, qui compoſent l'enclave dite de la Trinité-de-Machecoul, laquelle enclave faiſant partie deſdites *marches communes*, dépend de la paroiſſe de la Trinité-de-Machecoul, entièrement ſituée pour le ſurplus en la province de Bretagne : ceux de la maiſon-du-Puy-Rouſſeau, & des hameaux de la Poirière, les Plantes, les Grenouières, les Ruelles, le Retaillon, la Sauſais, la Diderie, les Glandières, la Raincinière, la Maiſon-neuve, la Cheſſelerie, le Peau, la Butte, l'Épinacière, les grands & petits Poutraux, Bois-joli, les Chauvetières, les Landes, les Baſſes-Longeais, le Sableau, le Pleſſis-Viaux, la Bourſaudière, l'Hilaire, le Pay, le Vrignais, la Bethuiſière, la Gauvardière, les Étoubles, le Marchantier, la Billonière, le Chiron, la Breuclière, la Blanchardière, l'Ardoizière, la Bonnelière, la Moratière, la Fontclauſe, l'Herbertière, la Giraudière, Varne, la Coutelerie, la Laumière, la Fouacerie, la Tardoirie, les Égeons, la Gandinière, le Paſty, le Champfleuri & le Gavigneau, qui compoſent l'enclave dite de la Garnache, laquelle faiſant partie deſ-

M

dites *marches communes*, dépend de la paroisse de la Garnache, entièrement située pour le surplus dans la province de Poitou : ceux du bourg de Bois-de-Cené, de la Maison-de-la-Baillie, & des hameaux des grandes & petites Raillières, la Gabetrie, les Loges, la Mourlière, la haute & petite Cailletières, la Rousselière, le Gaveau, la Navarière, les Fretières, la Piltière, la Roche-Brigeon, les Blutières, la Giraurdière, la Ditière, la Boursaudière, la Poinière, la Poupetière, la Marchoirie, l'Épine, la Michelerie, la Briguetrie, la Grolière, la Griguenière, le Queribonneau, la Marcetière, la Moratière, la Couartière, le Bois-Bourdeau, la Bardonière, les Hammeaux, la Polezière, le Chiron, Reulleau, la Platerelle, le Picq, la Simonière, la Rivière, l'Essart, les Loquets, la Chaussée, les Chirons près le bourg, la Vesserie, la Papinière, l'Hommeau, Mauregard, l'Isle-Jean le Cinqsols, la Denizière, le Chotard, la Bardoue, le Chiport, le Port-de-la-Roche, le Pré-Pichon, les grandes & petites Censeries, Durand, le Cul-du-Pré, la Petite-Ecurie, la Frête, la Guillaudière, la Barbaudrie, la Croix-du-Guignard, le gros Couëf, les Murs, les Rulleaux, la Chêtre, les Thibaudières, les Borderies, la Saleverte, le Boiveau, le Courtil-Blanchard, la Chape, la Grange, le Plaurit & le Clouzeau, qui composent l'enclave dite le Bois-de-Gené, laquelle faisant partie desdites *marches communes*, dépend de la paroisse de Bois-de-Cené, entièrement située pour le surplus, nommée Isle Chauvet dans la province de Poitou : ceux de la paroisse de Paux, ceux du bourg de Saint-Colombain & des hameaux du Plessis Baudry, la Marnière, le Pont-Luetière, le Puy-Milon, les Vergues, la Relaudière, la Sale, le Grand-Bois, Roquet, la Renaulière, le grand & le petit Racinoux, le Coudrai, le Pay Richereau, Champagnai, la Bretinière, les Noyers, la Mouchetière, la Sorinière, le Forsin & la Burbatière, qui composent l'enclave dite de Saint-Colombain, laquelle faisant partie desdites *marches communes*, dépend de la paroisse de Saint-Colombain, entièrement située pour le surplus en la province de Bretagne : ceux de la maison prieurale de Saint-Étienne-de-Corcoué, de la maison du sieur Choblet du Chafaut, & de celles des nommés Jacques Graton, Charles Chardavoine, Paul Brétagne, Pierre Thibaud, Marie Simaillau, veuve Bussy, Pierre Belouard & Anne Jamoneau, veuve Pelletier, lesquelles maisons sont situées dans le bourg de Saint-Étienne-de-Corcoué, la maison noble du Coin & des hameaux de la Vallée, la Forgetière, la Martinière, les grandes & petites Janfraires, la Gautrie, la Landière, Favet, la Normandière, la Paquetière & la Maison-neuve, lesquelles maisons & hameaux composent la Marche dite Saint-Étienne-de-Corcoué, laquelle *marche* faisant partie desdites *mar-*

ches *communes*, dépend de la paroisse de Saint-Étienne-de-Corcoué, entièrement située pour le surplus dans la province de Poitou : ceux de la maison du Retail & des hameaux de Villeneuve, la Barangerie, la Rolandrie, la Cornetière, la Faverie, la Renaudrie, la Sorinière, la Devinière, le Pay, le Puisborne, la Fuye, le Retai, la Crochetière & la Planche, qui composent l'enclave dite du Retail, laquelle faisant partie desdites *marches communes*, dépend de la paroisse du Luc, située pour le surplus, partie en la province de Bretagne & partie dans celle de Poitou : ceux de la paroisse de Saint-Étienne-du-Bois, ceux du bourg commun de Legé, ceux du bourg propre dudit Legé, à l'exception néanmoins de ceux qui habitent les maisons des sieurs Dorion de la Forêt, de Pierre Orceau, la veuve Fort, Gobin de la Gaillardière & Jenlin des Borderies, qui quoique situées dans ledit bourg propre, dépendent de la province de Bretagne : ceux des hameaux des Gauvières, la Domangère, l'Hilairière, la Chanvière, la Guichère, la Retière, la Duchère, la Gestière, la Bezilière, les Goupilleau, la Sorderie, la Pannière, les Moulins-Bonneau, la Moisnardière, les Forges, la Violière, la Tirelière, la Peaudère, la Naulière, la Couarde, la Parnière, la Garelière, la Bretinière, la Goischonière, l'Épinai, la maison du Bois-chevalier, la Gaillardière, la Voisinière, la Boissardière, le Cormier, le Douet, la Bernardière, la Cadinière, la Giffraire, la Croix-Boizeau, Salvert, la Segouinière, la Guilbaudière, la Laigne, la Birocherie, la Dupetière, le Fief-au-malade, la Luchezière, la Pouzinière, la Lande, la Bretonière, la Guenizière, la Bourie, la Belinière, le Mottay, les Mesliers, la Haye, les Barres, l'Andouinière, Louche du-four, le Moulin-en-Guerin, la Chaussée, Bujard, Saint-Laurent, les Perières, la Goislière, la Coudraye, la Ville-du-bois, qui composent la censive & terroir de la Boëce, lesquels bourgs, censive & terroir de ladite Boëce, faisant partie desdites *marches com-munes*, dépendent de la paroisse de Legé, entièrement située pour le surplus dans la province de Bretagne : ceux des hameaux de la Brejonnée, la petite Villeneuve, la Violière, les Revelières, la Gobinière, la Brosse, la Giraudière, les Chauvetières du moulin des Chauvetières, la Foucherie, la Barazière, le Pas-de-Mache-coul, la Grolière, le Breuil, les grandes & petites Drosnières, la Morelière, la Maison-neuve, le Pas-châtaignier, la Complonière, le Guide-Salmon, la Joubertière, la Genaudière, la Haute-Tiercerie & le haut de Richebonne, qui composent la *marche* dite de Grande-lande, laquelle *marche* faisant partie desdites *marches communes*, dépend de la paroisse de Grand-lande, située pour le surplus dans la province de Bretagne & dans celle de Poitou : lesdites paroisses, enclaves, *marches*, hameaux & autres lieux ci-dessus désignés, composant seuls lesdites *marches* de Bretagne & de Poitou, seront & demeureront exempts de toutes tailles, fouages, crûes & subsistances, quartier d'hiver, imposition pour le logement de gens de guerre & autres dans l'étendue desdites *marches*, à la charge par eux d'acquitter annuellement la prestation annuelle de six cens livres d'une part, & de cent vingt-huit livres d'une autre; lesquelles deux sommes réunies, formant ensemble celle de sept cent vingt-huit livres, continueront d'être payées entre les mains du receveur des fouages du comté Nantais, & sans que la jouissance desdites exemptions & privilèges, de quelque nature qu'ils soient, puisse être en aucun cas, prétendue par d'autres habitans que ceux spécialement & nommément désignés au présent arrêt.

Et à l'égard des habitans desdites *marches communes* de Bretagne & de Poitou qui posséderoient & feroient valoir terres ou fermes, hors de leur territoire, veut & ordonne sa majesté qu'ils soient imposés dans les paroisses où ils posséderont & feront valoir lesdites terres ou fermes, hors de l'étendue desdites *marches*, & soient assujettis à toutes les impositions qui auront lieu dans lesdites paroisses voisines, à proportion des autres contribuables d'icelle, & eu égard aux héritages qu'ils y posséderont & dont ils dépouilleront les fruits, lesquels fruits ils ne pourront enlever desdites paroisses où ils auront été imposés, qu'en payant au préalable, si ledit paiement n'avoit été par eux précédemment fait, les sommes auxquelles ils auront été cotisés, ou en donnant caution valable & suffisante de les acquitter dans les termes qu'elles sont dûes & échues.

Ordonne sa majesté que les habitans desdites *marches communes* seront & demeureront assujettis, comme ils l'ont été jusqu'à présent, à l'imposition des vingtièmes, ainsi que de toutes les autres impositions territoriales qui pourront être ordonnées & réparties à l'avenir sur les possesseurs des biens-fonds & autres droits réels indistinctement; comme aussi, que la somme à laquelle lesdites *marches communes* ont été abonnées pour lesdits vingtièmes, par arrêt du conseil du 26 septembre 1773, cessera d'être versée entre les mains des receveurs généraux de la province de Bretagne, ainsi que l'ordonnoit ledit arrêt, pour être payée à l'avenir, & à compter de 1777, entre les mains du garde du trésor royal, en deux paiemens égaux, le premier à la fin de juin, le deuxième au dernier décembre de chaque année.

Ordonne pareillement sa majesté que les habitans desdites *marches communes* continueront d'acquitter la capitation & autres impositions qui auront été ordonnées par sa majesté, au marc la livre d'icelle, partie dans la province de Bretagne, & partie dans celle de Poitou, ainsi que cela s'est

observé jusqu'à présent, & ce jusqu'à ce qu'il ait plu à sa majesté de manifester ses intentions sur la demande formée par les habitans desdites *marches*, à l'effet d'être reçus à abonner ladite imposition, sur le fondement que leur territoire forme une administration absolument distincte & séparée des provinces de Bretagne & de Poitou. Veut sa majesté que, conformément à son édit du mois de mars 1774, les habitans desdites *marches* soient & demeurent dispensés du droit de joyeux avènement, comme aussi que les procès & différends qui pourroient intervenir pour la levée & imposition de la prestature annuelle ci-dessus énoncée, soient traités & jugés par le sénéchal de Nantes, & par appel, au parlement de Rennes, auxquels sa majesté a attribué toute juridiction & connoissance de cause, & icelle interdite à tous autres juges, & sans préjudice des droits des seigneurs desdites *marches*, & de leurs juridictions & autres cas. Et à l'égard des contestations qui pourroient survenir à l'occasion de l'imposition des habitans desdites *marches* dans les paroisses voisines, à raison des héritages qu'ils y posséderoient ou feroient valoir, veut sa majesté que les habitans desdites *marches* ne puissent procéder ailleurs & en première instance, que dans les élections ou autres juridictions dont ressortiront les paroisses dans les rôles desquelles ils auront été imposés, & par appel, s'il y a lieu, dans les cours dont releveront les juridictions desquelles il aura été interjeté appel.

Confirme également sa majesté, les habitans desdites *marches communes* dans l'exemption, franchise & immunité des droits de traites foraines & domaniales pour les choses crûes & expédiées desdites *marches*, ou qui y seront apportées d'ailleurs pour y être consommées, à la charge par eux de se conformer exactement aux dispositions de l'ordonnance des fermes de 1687, & de remplir les formalités établies pour la sûreté de la régie des droits du roi, & pour celle du commerce: permet sa majesté au syndic général desdites *marches*, d'imposer les sommes nécessaires pour subvenir au paiement des frais qui seroient occasionnés par des procès entrepris ou soutenus au nom des habitans desdites *marches*, pour quelque cause, & dans quelque juridiction que ce soit, lorsque toutefois lesdits procès auront été entrepris en vertu d'une délibération des représentans desdites *marches communes*, arrêtée dans une assemblée tenue en la manière ordinaire & accoutumée; ou que le montant des frais dont l'entier remboursement sera devenu nécessaire, aura été constaté dans une assemblée des commissaires desdites *marches*: & pour l'exécution du présent arrêt, seront toutes lettres patentes requises & nécessaires expédiées. Fait au conseil d'état du roi tenu à Versailles le 24 juin 1777.

On a vu en quoi consistent les privilèges des habitans des *marches* relativement aux aides, aux droits de traite, aux tailles & fouages, aux vingtièmes & à la capitation. Comme les deux provinces, fur les frontières defquelles le canton eft fitué, ne font pas fujettes aux gabelles, cet impôt n'y a pas lieu; mais le tabac y eft établi comme dans le refte du royaume.

A l'égard des droits de contrôle & de douanne dont il n'eft fait aucune mention dans l'arrêt qu'on vient de voir, ils s'y levent comme partout. L'arrêt du confeil du 7 avril 1744, rendu contradictoirement entre les habitans des *marches communes* & les fermiers des domaines, a ordonné que les droits de centième denier de franc-fiefs & amortiffement dûs pour biens fitués dans les paroiffes des *marches communes* appartiendroient aux deux fermiers des généralités de Bretagne & de Poitou, chacun par moitié. Cet arrangement bon, lorfque les droits domaniaux étoient foufermés par généralités, devient nul aujourd'hui que tous ces droits font réunis dans une même main & adminiftrés pour le roi, à moins qu'il ne paroiffe utile de conferver toujours le produit de chaque généralité en particulier.

MARCHÉ, f. m. C'eft une convention qui comprend des claufes & conditions qui doivent être remplies, & dont l'objet eft toujours fufceptible d'évaluation en argent. Au titre les marchés ou conventions deviennent fujets aux droits de contrôle fur le pied réglé par les articles 3 & 4 du tarif du 29 feptembre 1722.

Bofquet, auteur d'un dictionnaire des droits de domaine très-eftimé, rapporte, au mot *marché*, plufieurs décifions du confeil intervenues fur des conteftations élevées pour raifon de la quotité des droits de contrôle auxquels le fermier vouloit affujettir différens *marchés*.

Ainfi une entreprife pendant dix ans pour l'entretien du port de Cette, à raifon d'une fomme annuelle fixée; une convention faite avec un prêtre, pour qu'il exerce pendant quatre ans les fonctions de fon miniftère moyennant un honoraire annuelle; un *marché*, fait avec des forgerons pour exploiter pendant neuf années une forge à raifon d'un falaire fixe par millier de fer, tous ces actes doivent les droits de contrôle, les deux premiers fuivant l'article 61 du tarif; l'autre d'a près l'article 31, comme traité dont les fommes ne font pas déterminées.

Tous marchés entre marchands & faits pour caufe de leur commerce, font fujets à la formalité du contrôle, & ne participent aucunement à l'exception faite en faveur des billets de marchands. Ils ne peuvent être produits en juftice qu'après avoir été contrôlés comme tous autres actes fous fignature privée; c'eft ce qui eft or-

donné par les arrêts du confeil des 21 mars 1722, 15 mars 1723, & 29 mars 1729, confirmés par les décifions du confeil des 11 décembre 1734; 3 mai, premier novembre 1738, & 23 janvier 1751.

Les droits de contrôle des marchés pour la marine, ne font que de la moitié des droits réglés pour les autres *marchés*, fuivant l'article 62 du tarif de 1722; mais ces droits font dûs en entier pour le contrôle des quittances donnés en conféquence de ces *marchés* par les commiffaires ou intendans de cette partie.

MARCHÉS A TERME. Nom particulier, par lequel on a défigné une efpèce nouvelle d'agiotage, introduite fur la place en 1785, & qui confiftoit à vendre, à une époque fixe, une quantité convenue d'effets royaux à prix déterminé; enforte que, fans rien livrer au terme arrêté, le vendeur étoit obligé de bonifier le prix convenu, fi les effets défignés avoient un cours au-deffus de la valeur déterminée par le *marché*; au contraire, l'acheteur payoit le furplus de cette valeur fi elle excédoit celle qui étoit portée dans le *marché*. Ces *marchés à terme* étoient une forte de pari que telle nature d'effets vaudroit tel prix à telle époque. Mais comme ils laiffoient à la mauvaife foi une grande facilité de commettre toute forte d'abus, le gouvernement jugea à propos de les défendre par l'arrêt du confeil du 7 août 1785.

Ce premier acte de légiflation fut fuivi d'un autre arrêt du confeil du 2 octobre, pour ordonner la liquidation des fommes comprifes dans ces *marchés*.

Le préambule de ce dernier arrêt, expofant avec autant de clarté que d'énergie & de précifion, tout ce qui pouvoit réfulter de fâcheux pour la foi publique de ces fortes de *marchés*, c'eft un motif pour le rapporter; on y joindra auffi fon difpofitif pour être difpenfé de donner ici celui du 7 août précédent.

Le roi s'étant fait repréfenter l'arrêt rendu en fon confeil le 7 du mois d'août dernier, qui renouvelle les ordonnances & réglemens concernant la bourfe, & s'étant fait rendre compte de la nature, du montant & des échéances des compromis & marchés à termes qui ont été contrôlés par le premier commis des finances en exécution de cet arrêt, fa majefté a reconnu que fi la maffe de pareils engagemens, portée à l'égard de certains effets au-delà même de ce qui en exifte, prouve de plus en plus combien il étoit néceffaire d'en réprimer l'abus, elle n'eft cependant pas auffi effrayante en réalité qu'elle l'eft en apparence; les reventes multipliées du même objet faifant monter la fomme totale des *marchés* beaucoup au-deffus de celle des effets à livrer. Sa majefté eft informée que l'obligation de déposer ces effets dans le terme qu'elle a prescrit a déjà fait liquider une partie des compromis, qu'elle n'a embarrassé que ceux qui s'étoient engagés au-delà de leurs moyens, & que cet embarras même n'a pu paroître aux yeux des gens instruits, qu'une leçon pour l'imprudence, & une crise salutaire, qui, loin de porter la moindre atteinte au crédit du trésor royal, a servi à démontrer qu'il est assis sur des bases inébranlables & indépendantes de toute espèce de négociation particulière; que néanmoins il en est résulté une inquiétude vague parmi les capitalistes, qui, effrayés de cette foule exorbitante d'engagemens d'un genre insolite, & ne sachant pas jusqu'à quel point les engagemens des maisons de commerce & de banque qui s'y trouvoient compromises pourroient influer par contre-coup sur la situation de celles même qui n'y avoient aucune part, ont suspendu à l'égard de toutes leur confiance, ont resserré leurs fonds & différé leurs placemens; ce qui a produit, au milieu de la plus grande abondance de numéraire, toutes les caisses publiques étant garnies, tous les paiemens se faisant avec la plus grande exactitude, & plusieurs même étant anticipés, un moment de langueur dans la circulation, une sorte de stagnation sur la place, & la dépression instantanée de quelques effets. Dans cette circonstance, sa majesté ne voulant pas borner ses vues bienfaisantes à ce que l'ordre public a exigé d'elle pour faire cesser l'agiotage effréné qui s'étoit introduit, & désirant faire disparoître le plutôt possible, des embarras dont la prolongation seroit nuisible au commerce, elle a jugé convenable d'accélérer l'effet de la disposition de son arrêt du 7 août dernier, qui a eu pour but de distinguer les contractans en état de remplir leurs engagemens d'avec ceux à qui la livraison de ce qu'ils ont vendu seroit dans tous les cas impossible; & elle a pensé qu'il étoit de sa bonté autant que de sa justice, de mettre les vendeurs & les acheteurs également à portée de liquider sans délai leurs intérêts respectifs par une conciliation équitable, à défaut de laquelle elle s'est réservée d'y statuer elle même en connoissance de cause, afin que bientôt il ne reste plus aucune trace de ce vertige de spéculation désordonnée, qui, n'ayant pas encore eu d'exemple dans le royaume, nécessitoit un remède extraordinaire en s'y déterminant à prévu que ceux qui ont intérêt à soutenir les compromis prétendroient qu'empêcher leur exécution ou y mettre des conditions, c'étoit porter atteinte à la propriété & détruire, par l'intervention de l'autorité, la liberté des engagemens volontaires. Jamais les droits de la propriété & de la liberté sociale ne furent plus en sûreté que sous le règne de sa majesté; mais autant elle est résolue de les maintenir religieusement, autant elle est éloignée d'admettre pour conséquence de ce principe inviolable, qu'il soit permis de tendre des pièges à la foi publique en vendant ce qu'on n'a

pas, ce qu'on ne peut pas livrer, ce qui même n'existe pas; il est évident que si pareilles ventes sont nulles par elles-mêmes, elles sont surtout intolérables lorsqu'elles portent sur les effets publics, lorsqu'elles violent toutes les règles prescrites pour leurs négociations, lorsque sur leurs bases fictives s'accumule successivement une foule d'engagemens & de billets illusoires qui grossissent excessivement le volume apparent des papiers commerçables, altèrent leur circulation par un mélange suspect, & tendent à détruire toute confiance. Faire envisager ces marchés comme n'étant en dernier résultat que des paris sur le cours éventuel de la place, ce n'est pas les légitimer: quand il seroit permis de supposer que la vigilance du souverain qui s'étend jusques sur la conservation des fortunes de ses sujets dût fermer les yeux sur toute espèce de jeux & de paris, pourroit-elle souffrir que leur licence, se déguisant sous un faux titre, prît les caractères des contrats de vente, en dénaturât les conditions, & portât le trouble & la confusion dans la négociation des effets royaux? Sa majesté a donc acquis de nouveaux droits à la reconnoissance de ses peuples par le soin qu'elle a pris de les préserver d'un tel désordre, ainsi que par les mesures qu'elle prend aujourd'hui dans la vue de terminer promptement la liquidation du passé, & de ne laisser aucun doute sur ses intentions pour l'avenir. A quoi voulant pourvoir, vu les mémoires présentés par différentes maisons de commerce & de banque. Oui le rapport du sieur de Calonne, &c. Le roi a ordonné ce qui suit:

ARTICLE PREMIER.

Les porteurs des *marchés à termes* & compromis, contrôlés en exécution de l'arrêt du 7 août dernier, qui seront en état d'effectuer le dépôt ordonné par l'article VII dudit arrêt, déposeront, avant le 20 du présent mois, entre les mains de l'un des syndics des notaires, les effets dont ils auront promis la livraison; & aussitôt après, l'acte de dépôt contenant la qualité & les numéros desdits effets, sera par eux représenté aux sieurs Lenoir, conseiller d'état; de Crosne, lieutenant général de police; & de Grandvelle, maître des requêtes, que sa majesté a commis & commet pour procéder, en la présence, tant des vendeurs que des acheteurs qui seront appelés par eux, à la liquidation des sommes qui pourront revenir aux uns ou aux autres, pour perte ou bénéfice, & à la fixation des époques auxquelles devront se faire les paiemens.

I I.

Ceux des porteurs desdits *marchés* ou compromis qui seront hors d'état de satisfaire avant le 20 de ce mois, au dépôt ordonné des effets à livrer, seront tenus de représenter dans le même délai lesdits marchés ou compromis auxdits sieurs commiffaires auxquels ils feront, en préfence des parties intéreffées, leurs déclarations & propofitions fur les moyens de remplir leurs engagemens, ou fur les arrangemens de liquidation qui pourroient y fuppléer.

III.

Autorife fa majefté lefdits fieurs commiffaires à liquider & régler les intérêts refpectifs des parties contractantes, elles préfentes ou dûement appellées, aux conditions qu'ils jugeront les plus équitables, & à prononcer fur la validité ou nullité des engagemens, ainfi qu'il appartiendra, en fe faifant affifter pour lefdites liquidations & réglemens, tant par le premier commis des finances, que par tels financiers & banquiers qu'ils voudront appeller.

IV.

Dans le cas où aucune des parties refuferoit d'accéder aux arrangemens propofés, ou à ce qui auroit été réglé par lefdits fieurs commiffaires, il fera dreffé procès-verbal des dires refpectifs, lequel fera remis au contrôleur général des finances, pour en être rendu compte à fa majefté, & y être ftatué par elle en fon confeil.

V.

Les *marchés à termes ou compromis* pour effets royaux ou autres quelconques, à l'égard defquels les parties n'auront pas effectué avant le 20 de ce mois le dépôt ordonné par l'arrêt du 7 août dernier, & ne fe feront mifes ni l'une ni l'autre en devoir de faire liquider & régler leurs intérêts par lefdits fieurs commiffaires dans le même délai, feront & demeureront nuls & de nul effet : défend fa majefté d'en fuivre en aucune manière l'exécution.

VI.

Ordonne pour l'avenir, fa majefté, que la difpofition de l'article 7 de fon arrêt du 7 août dernier, par laquelle, conformément aux anciennes ordonnances, elle a déclaré nuls les *marchés & compromis* d'effets royaux & autres quelconques, qui fe feroient à termes fans livraifon defdits effets, ou fans le dépôt réel d'iceux, fera exécutée felon fa forme & teneur, dans tout fon royaume ; entend fa majefté qu'il pourra feulement être fuppléé au fufdit dépôt par ceux qui, étant conftamment propriétaires des effets qu'ils voudroient vendre, & ne les ayant pas alors entre leurs mains, dépoferoient chez un notaire les pièces probantes de leur libre propriété.

VII.

A évoqué & évoque fa majefté, à elle & à fon confeil, toutes les conteftations nées & à naître à l'occafion du préfent arrêt, & de celui du 7 août dernier, s'en réfervant la connoiffance, icelle interdifant à fes cours & juges.

MARÉCHAUSSÉE, f. f., corps de troupes à cheval, inftitué fur le pied militaire, pour veil-ler au maintien du bon ordre & de la police fur les chemins, dans les foires, marchés & toutes les affemblées publiques. On croit que le nom de *maréchauffée* a été donné à ce corps, parce qu'il eft immédiarement fubordonné aux maréchaux de France.

Les ordonnances du 28 avril & du 30 décembre 1778, ont donné aux *maréchauffées* la conftitution quelles ont aujourdhui, & réglé tout ce qui concerne leur compofition, leur fervice, leur difcipline, & leur paye, en lui affignant le rang après la gendarmerie, comme faifant corps avec elle. Au refte, fans entrer dans aucun détail fur fes fonctions, fur fon régime intérieur, ni fur fon utilité ; nous n'avons à confidérer la *maréchauffée* que dans fes rapports avec les finances ; c'eft-à-dire, indiquer comment elle peut les fervir, & la dépenfe annuelle quelles occafionnent.

Suivant l'article 20 de l'arrêt du confeil, du premier juin 1775, les frais de courfe & de vacation des *maréchauffées*, dans les cas de fervice extraordinaire, doivent être payés à raifon de fix livres par jour pour l'exempt, pour le brigadiar cinq livres, pour le fous-brigadier, quatre livres dix fols, & pour le cavalier, quatre livres.

L'article 21 du même arrêt du confeil porte ; « la *maréchauffée* fera payée également, & fur le même pied par les fermiers-généraux, entrepreneurs des meffageries & autres particuliers, lorfquelle fera requife de prêter main forte aux employés des fermes, d'efcorter les meffageries ; ou enfin, de prêter fecours aux citoyens. »

Les *maréchauffées* jouiffent comme toutes les autres troupes de l'exemption de tous droits de bacs fur toutes les rivières du royaume, en vertu de l'arrêt du confeil, du 5 décembre 1773, & font payées par les tréforiers de la guerre, entre les mains defquels il eft fait un fonds deftiné à cette folde.

Il ne s'agit plus que de confidérer les *maréchauffées* du côté de la dépenfe annuelle qu'elles coûtent à l'Etat.

Tout le corps des *maréchauffées* du royaume, eft compofé de trente-quatre compagnies, en y comprenant celle de l'ifle de France, qui eft fous les ordres particuliers du miniftre de Paris, & qui jouit d'un traitement différent des autres compagnies.

Les trente-trois compagnies font réparties dans trente-une généralités & dans l'ifle de Corfe. La trente-troifième, eft celle qui précède & fuit le roi dans fes chaffes & dans fes voyages. Elles font compofées de trente-trois prévôts généraux ; cent onze lieutenans, cent foixante-fept fous-lieutenans ; cent cinquante-un maréchaux-des-logis, fept cent trente-deux brigadiers, deux-mille fix cens quarante-neuf hommes, & trente-trois trompettes.

Six inspecteurs généraux sont chargés de faire les revues de ce corps.

Ces six inspecteurs, à quatre mille livres d'appointement chacun, & deux mille livres pour frais de tournée, coûtent annuellement trente-six mille livres, ci . . . . 36000 l.

Les 33 prévôts généraux ont,	Pour appointemens 2400 l.	1,15500.
	Fourrage . . . 300.	
	Frais de tournée . . 600.	

111 Lieutenans.	Appointemens . . 1000.	1,99800.
	Fourrage . . . . 300.	
	Frais de tournée . . 300.	

| 167 Sous-lieutenans. | Appointemens . . 1000. | 2,17100. |
| | Fourrage . . . . 300. | |

151 Maréchaux-des-logis, soldés à . . . . 600.   90,600.

732 Brigadiers, à . . . . 450.   3,29400.

2649 Cavaliers, à . . . . 366.   9,69534.

33 Trompettes, à . . . . 270.   8910.

Fourrage des maréchaux-des-logis, brigadiers, cavaliers, &c. faisant trois mille cinq cent trente-deux hommes, à . . . 300.   1,059600.

Il faut observer encore, qu'indépendamment de ce traitement, payé par le roi aux officiers de *maréchaussée*, ils reçoivent encore des provinces une somme fixe pour leur logement.

SÇAVOIR:

Les prévôts généraux . . . . . 500 l.

Les lieutenans . . . . . . 150.

Et les sous-lieutenans . . . . 150.

Comme à chaque prévôté générale est attachée une jurisdiction, composée du lieutenant déjà nommé, d'un assesseur, d'un procureur du roi, & d'un greffier, qui sont payés sur les fonds des *maréchaussées*, il faut ajouter cette dépense à celle ci-dessus.

113 Assesseurs, à raison de trois cent livres, qui déduction faite des deux vingtièmes & deux sols pour livre, restent réduits à . . . . 267 l. . . 30,171 l.

113 Procureurs du roi, à . . . *idem*. . . 30,171.   95,541.

113 Greffiers à trois cents cinquante livres, réduits à trois cents onze livres dix sols . . . . . . 35,199.

Cette troupe étant habillée tous les deux ans, il est fait un fonds annuel, pour la masse de cet habillement, à raison de quarante-cinq livres pour les maréchaux-des-logis; de quarante-deux pour les brigadiers,

3,121985 l.

D'autre part. . . : : : : : ; : : : :   3,121,985 l.

de quarante pour les cavaliers, & cinquante livres pour les trompettes ; ce qui forme un objet de . . . . .   144,489.

De même, le fonds annuel de remonte, à raison de trente livres pour les trois mille cinq cent trente-deux hommes, s'élève à cent cinq mille neuf cent soixante livres, ci . . . .   105,960.

Si l'on ajoute à ces frais les charges particulières, qui sont encore acquittées sur les fonds des *maréchauffées*, telles que la dépense de la garde du doyen des maréchaux de France, les appointemens pour son secrétaire, pour celui du tribunal ; pour le rapporteur ; pour le procureur du roi de la connétablie ; pour le procureur général des *maréchauffées*; pour celui du grand-conseil, &c. ; & pour une indemnité de quinze mille livres au prince de Condé, à cause du remboursement des offices de la *maréchauffée* de Bourgogne. Ces charges font un objet de quarante-un mille livres, ci . . . . .   41,000.

Dépense des *maréchauffées* du royaume, y comprise celle de Corse ..   3,423434.

La compagnie de *maréchauffée* de l'Isle de France, est, comme on l'a dit, un corps à part, quoique composée de même que les autres compagnies ; mais elle est sous les ordres immédiats du ministre de Paris, & n'est point payée par les tréforiers de la guerre.

Elle est composée d'un prévôt-général, de cinq lieutenans, de sept sous-lieutenans, d'un affesseur, d'un procureur du roi, d'un greffier, de huit maréchaux-des-logis, dix-sept brigadiers, soixante-quinze cavaliers & un trompette. Elle a son payeur particulier, qui paye aussi la garde de Paris, & reçoit ses fonds du trésor royal.

Comme cette compagnie a un supplément de solde assez confidérable, elle coûte seule, chaque année, cent quatre-vingt quinze mille liv.   195,000.

Ainsi, l'univerfalité de la dépense des *maréchauffées* du royaume, est de . . . .   3,618,434 livres.

MARQUE, f. f., par lequel on défigne un caractère ou un fceau qu'on imprime à différentes fortes d'ouvrages ou de marchandifes. Comme cette opération ne fe fait en général, qu'en payant au fifc un tribut qui est réglé par la loi, on a donné le nom de droit de *marque* à cette redevance.

Il s'agit donc de raffembler ici des éclairciffemens fur les différens droits de *marque* qui fe perçoivent, fur les cas où ils font dûs & fur leur quotité refpective.

Mais avant d'entrer dans les détails propres à la faire connoître, il convient d'obferver que dans la vue d'écarter les étoffes étrangères qui pouvoient être introduites clandeftinement par les provinces frontières ; les règlemens des mois de janvier 1599, mars 1671 & avril 1693, avoient ordonné que toutes les pièces d'étoffes de laine ou mêlées de foie, de laine & de poil, qui feroient trouvées lors des vifites dans les bureaux des fermes, fans aucun plomb ou *marque* de fabrique, feroient réputées de fabrique étrangère, & comme telles faifies, avec amende de trois mille livres.

Le titre 4, de l'ordonnance du mois de février 1687, eft confacré en entier à prefcrire comment les toiles fabriquées dans les manufactures fituées fur les frontières de la Picardie, feront marquées fur les métiers, ainfi que les étoffes manufacturées dans les frontières des provinces de l'étendue de

la

la ferme, foit avant leur blanchiffage, ou de paffer au foulon.

En 1733 & 1734, il fut fait d'autres règlemens
pour les manufactures d'étoffes de laine, & ils
font rappellés dans l'article 405 du bail de Forceville.

En 1777, les anciens règlemens ont été changés & modifiés. *Voyez* MANUFACTURE.

On diftingue plufieurs droits de *marque*.

Celui qui a lieu fur les cuirs & les peaux.

Le droit de *marque* des fers

Le droit de *marque* d'or & d'argent.

Le droit de *marque* fur les papiers & les cartes.

Le droit de *marque* & contrôle des toiles.

On a parlé au mot CUIRS, du droit dont ces
marchandifes font fufceptibles & des foins que
l'on prend pour qu'elles reçoivent une *marque* ou
empreinte qui conftate que les droits ont été acquittés.

Le droit de la *marque* des fers a le même objet;
mais il eft d'une origine bien plus ancienne. Dans
la vue de la faire connoître, nous allons rappeller
ici quelques faits hiftoriques, en empruntant cet
article de la collection des mémoires imprimés au
Louvre, fous les ordres de M. de Beaumont, intendant des finances.

L'auteur du traité du domaine, M. le Févre de
la Planche, prétend, que d'après le principe, que
ce qui n'a point de maître, appartient à la puiffance publique; les mines cachées dans les en-
trailles de la terre, ne doivent point être à la
difpofition des particuliers.

Il obferve cependant, qu'elles n'ont jamais été
regardées comme appartenantes au fouverain, fans
doute par la raifon qu'on ne pouvoit réputer biens
vacans, ce qui dans la réalité faifoit partie d'un
fond appartenant à un propriétaire certain.

Il cite différentes loix qui font connoître que
dans l'ancien droit Romain, les mines appartenoient au propriétaire de l'héritage où elles fe
trouvoient; qu'il en difpofoit librement, comme
des autres fruits de fa terre; que celui qui en faifoit la découverte, n'y pouvoit rien prétendre, à
moins qu'il n'eût trouvé ces mines dans des terres
défertes & abandonnées.

Il ajoute que les empereurs changèrent cette loi
& s'attribuèrent des droits fur les mines, en quelque lieu que la découverte en eût été faite, fuivant les différens ufages des lieux, *pro varietate
provinciarum*.

L'auteur du *Traité hiftorique de la Souveraineté*,
  Tome III. Finances.

avance, qu'indépendamment des terres que les
Romains attribuèrent à l'état, après la conquête
des Gaules, ils attribuèrent encore au domaine
du fouverain, les métaux & toutes les matières
profitables qui pouvoient fe tirer du fein de la
terre, non-feulement dans l'étendue des fonds,
dont l'état avoit la propriété; mais auffi dans ceux
des fujets, dont la jouiffance fût reftreinte à la fu-
perficie.

Que le droit fut enfuite fixé à dix pour cent,
fur ce qui fe tiroit des carrières de marbre & de
pierre, dans les terres dépendans du domaine;
favoir, cinq pour cent, comme trait-foncier, &
cinq pour cent pour trait de fouveraineté; ainfi,
dans les fonds appartenans aux fujets, il ne fut
perçu au profit de l'état que cinq pour cent fur
les carrières de marbre & de pierre feulement;
mais l'état fe réferva entièrement les mines d'or,
d'argent & autres métaux: il employoit pour
fouiller ces mines, les criminels condamnés à ces
travaux, qu'on regardoit avec raifon comme un
genre de fupplice.

Sans difcuter ici ce qu'ont dit les différens écrivains pour établir les droits que nos rois de la
première & de la feconde race levoient fur le produit des mines; il fuffira de remonter aux lettres-
patentes, données par Charles VI, le 30 Mai
1413.

Plufieurs feigneurs, tant eccléfiaftiques que féculiers, prétendoient s'attribuer le dixième fur
les mines, & troubloient fous différens prétextes
les travaux des ouvriers qui y étoient employés.
Charles VI voulant réprimer ces entreprifes,
comme contraires aux droits & prééminences de
la couronne, déclara qu'à lui feul & pour le tout,
appartenoit la dixième partie des métaux tirés des
mines, & que nul feigneur fpirituel ou temporel
de quelqu'état, dignité, prééminence, condition
ou autorité qu'il fut dans le royaume, n'y pouvoit rien prétendre.

Les lettres-patentes que l'on vient de rappeller,
permettent aux ouvriers mineurs & autres de chercher des mines par-tout où ils en pourront trouver, y travailler & fondre en payant au roi le
dixième franc, avec injonction aux feigneurs hauts
& bas-jufticiers, de bailler & délivrer aux ouvriers, marchands & maîtres des mines, (en
payant par eux jufte & raifonnable prix) chemins & voies, entrées iffues par leurs terres,
bois, pays & rivières, & autres chofes néceffaires.

Ces lettres-patentes ont été confirmées par les
édits de Charles VIII, des mois de février &
de novembre 1483; par les lettres-patentes de
François Ier, des 29 décembre 1519 & 18 octobre 1521; par celles de François II, du 29

N

juillet 1560, & par la déclaration de Charles IX
du 26 mai 1563.

Ces différens titres portent, qu'il ne pourra,
fans permiffion du roi, être ouvert aucune mine
d'or, d'argent, de cuivre, acier, fer, étain,
plomb, azur d'acre, azur commun, verdet ou
naturel, antimoine, octe, orpiment, foufre,
calamite, boliarmeni, fel ammoniac, vitriol,
alun, gomme terreftre, pétrole, charbon terreftre, houille, fel gemme, fel nitre, falpêtre,
couperofe, jayet, jafpe, ambre, agathe, cryftal,
calcédoine, marbre, pierres fines, ou communes, ou autres fubftances terreftres de mines.

La France, dit M. de Thou, outre l'avantage
d'un terrein très-fertile, a encore celui que la nature accorde quelquefois, par manière de compenfation à des terres ingrates & ftériles, des
mines de différens métaux.

On donna fous Henri IV, avis au gouvernement
de quelques mines d'or, d'argent, de cuivre &
d'étain, qu'on faifoit plus abondantes qu'elles n'é-
toient: ce prince, par un édit du mois de juin
1601, confirma à fon profit, le droit de dixième
fur les mines & minières; mais il en excepta celles de foufre, falpêtre, fer, ocre, pétrolle, charbon de terre, ardoife, plâtre, craie, & autres
fortes de pierres pour bâtimens & meules de moulins; il les exemptoit, difoit ce prince, par grace
fpéciale, en faveur de fa nobleffe & de fes bons
fujets, propriétaires de ces lieux.

Il créa par le même édit un grand-maître & réformateur général des mines & minières de France,
fur les commiffions duquel devoit fe faire l'ouverture des mines; un lieutenant-général, qui en
l'abfence du grand-maître, devoit exercer le même pouvoir que lui; un contrôleur-général, un
greffier & un fondeur effayeur, & affineur général.

Le même édit attribua aux feigneurs hauts-juf-
ticiers & fonciers des lieux où les mines feroient
ouvertes, un droit de quarantième denier, qui
leur feroit payé par l'entrepreneur après le dixième du roi, fous la condition néanmoins qu'ils
n'auroient point ce quarantième, fur les mines où
le roi ne percevroit pas le dixième; c'eft-à-dire,
fur les mines exceptées.

Louis XIII créa un nouvel office de grand-
maître, par édit du mois d'août 1636; il fut fupprimé par un autre édit du mois de mars 1644,
portant création de deux autres offices de grand-
maîtres, furintendans des mines de France, pour
être exercés par ceux qui en feroient pourvus alternativement, avec celui qui avoit été créé en
1601.

On a vu que par l'édit du mois de juin 1601,

les mines de fer étoient du nombre de celles qui
avoient été exceptées, par grace, du dixième appartenant au roi; mais comme le fer forgé eft du
plus grand ufage dans une infinité d'ouvrages, &
qu'il arrivoit des accidens fréquens, par l'emploi
que l'on faifoit dans ces ouvrages, du fer aigre;
les commiffaires établis par Henri IV pour le rétabliffement du commerce & des manufactures,
avoient repréfenté dès 1608, dans un avis qu'ils
donnèrent le 16 mars, que la fabrication des fers
très-négligée, tant qu'avoient duré les guerres civiles, continuoit à dépérir; qu'on ne ceffoit de
porter des plaintes de la fubftitution qui avoit été
faite de l'ufage du fer aigre, à celui du fer doux;
que la France qui fourniffoit précédemment la
quincaillerie aux étrangers, étoit réduite à celle
qu'ils lui apportoient: ces commiffaires propofèrent de faire diftinguer par des marques, les fers
doux & aigres, qui feroient fabriqués dans le
royaume, ou qui y feroient importés, & d'a-
jouter aux droits qui fe percevoient déja fur les
fers aigres amenés de l'étranger, un nouveau droit,
qui n'auroit lieu ni fur les fers doux importés, ni
fur les fers aigres exportés.

On prétend que cet avis, qui ne fut alors fuivi
d'aucune réfolution, fut un des motifs de l'édit
donné au mois de février 1626. Cet édit eut encore, felon les apparences, une autre caufe qui
peut même être confidérée comme la principale.
La feconde, des guerres de religion qui ont troublé le règne de Louis XIII, venoit de commencer, & le cardinal de Richelieu qui méditoit
déjà le fiège de la Rochelle, étoit dans des circonftances à ménager à l'Etat les reffources néce-
faires pour une augmentation de revenu. On avoit
pour prétexte des droits en queftion, l'exiftence
du droit domanial, du dixième des mines &
l'intérêt du commerce & des productions du
royaume, d'après les détails que l'on vient de rappeller.

Ce furent ces confidérations qui déterminèrent
l'édit du mois de février 1626, par lequel Louis
XIII créa un contrôleur vifiteur, & deux maîtres
experts dans chaque bailliage & fénéchauffée, &
un contrôleur vifiteur général pour chaque province, à l'effet de veiller à la fabrication des ouvrages de fer, rétablir l'ufage du fer doux, pour
tous les ouvrages de quincaillerie, coutellerie,
ferrurerie, &c., ne permettre l'emploi du fer aigre, que dans les gros ouvrages dont la rupture
n'avoit aucun inconvénient dangereux, & marquer à cet effet le fer doux & aigre, de lettres
différentes, au fortir des forges, ou à l'entrée du
royaume.

Le même édit ordonna qu'il feroit perçu dix
fols par quintal de fer doux ou aigre, fur lefquels
dix fols furent attribués aux contrôleurs & maî-

tres experts pour leurs gages & émolumens, & vingt fols par quintal d'acier ; que les mêmes droits feroient levés fur le fer doux & l'acier venant des pays étrangers, & qu'il feroit perçu douze fols par quintal du fer aigre qui en feroit apporté.

En 1628, on mit en queftion fi les ouvrages de fer & d'acier venant de l'étranger, devoient fupporter la même impofition ; l'édit de 1626 ne faifoit mention que des fers & acier ou fabriqués dans le royaume, ou qui y feroient importés. On en tiroit la conféquence, que cet édit ne parlant que de barres & de billes, fes difpofitions ne pouvoient être appliquées aux matières ouvrées ; il fut décidé avec raifon, par un règlement du confeil du 18 avril 1628, que les ouvrages apportés des pays étrangers, demeureroient affujettis au payement des droits.

Dans le même tems, les marchands d'acier du Nivernois & du pays de Donzy, fe plaignirent que leurs aciers fort inférieurs à ceux des pays étrangers, ne pouvoient fupporter un droit de vingt fols par quintal : le confeil eut égard à leurs repréfentations ; le droit fur les aciers de leurs fabriques fut réduit à moitié par arrêt du 22 décembre 1629, & leur commerce encouragé encore par d'autres facilités.

L'édit de 1626, n'avoit parlé que du fer conduit à fa perfection : il étoit jufte d'impofer les gueufes & les fontes ; mais en même-tems de n'en pas régler l'impofition fur le même pied que celle du fer épuré, des arrêts du confeil des 20 juin 1631, & 16 mai 1635, la réglerent à fix huit deniers par quintal, & autorifèrent le fermier à lever fon droit, fur les gueufes mêmes, à condition que le fer qui en proviendroit, demeureroit affranchi.

On n'avoit point impofé les mines, & ce filence laiffant toute liberté de les exporter à l'étranger, étoit également préjudiciable, & aux revenus de l'état, & au commerce de la nation ; la fortie en fut défendue, ou ne fut du moins permife, qu'au moyen du payement d'un droit fur la quotité duquel il n'exifte aucun renfeignement bien certain.

Au furplus, les droits de la *marque* des fers ont été, de même que la plûpart des autres droits des fermes, affujettis aux *parifis*, fols & fix deniers ; à mesure que ces impofitions acceffoires ont été établies, quelques maîtres de forges ont effayé de s'y fouftraire ; mais ils ont été déclarés fujets à les payer par arrêt du confeil du 26 octobre 1675.

C'eft d'après les différens règlemens que l'on vient de rappeller, qu'a été rédigé le titre de l'ordonnance des aides de 1680 ; intitulé, *des droits de Marque fur les fers, acier, & mine de fer.*

Par l'article premier de ce titre, le droit doit être levé.

1°. A raifon de treize fols fix deniers par quintal de fer.

2°. De dix-huit fols par quintal de quincaillerie groffe ou menue.

3°. De vingt fols par quintal d'acier.

4°. De trois fols quatre deniers par quintal de mine de fer, lavée & préparée.

Chaque quintal de cent livres, poids de marc.

Le droit fur la mine de fer brute & terrée, fe perçoit à raifon de dix pour cent de fa valeur, fur l'eftimation qui en eft faite de gré à gré, ou par experts convenus ou nommés d'office par le juge.

On obferve que dans la fixation portée par cet article, on a compris, pour le fer, la quincaillerie & la mine de fer, le droit d'augmentation, ou *parifis*, fol & fix deniers pour livre ; mais le quintal d'acier a été fixé fur le même prix que les droits avoient été impofés par l'édit de 1626.

L'article 2 du même titre de l'ordonnance porte, qu'il fera au choix du fermier, de fe faire payer par quintal de fer fuivant l'article précédent, ou par quintal de gueufe, & dans ce dernier cas, les droits par quintal de gueufe, feront fixés à huit fols neuf deniers.

La première fonte de la mine produit des gueufes, & les gueufes produifent du fer forgé, en les travaillant & les paffans à l'affinerie où elles fe refondent de nouveau.

L'article 3 enjoint aux maîtres de forges, de couler les gueufes dans des moules numérotés, en forte qu'elles foient marquées 1, 2, 3, &c.; ainfi conféceutivement, jufqu'à la fin d'un même ouvrage, tant que le premier feu durera, pour être enfuite par eux pefées ; defquels nombre & poids, ils doivent tenir regiftre, qu'ils font tenus de repréfenter aux commis, lorfqu'ils font leur vifite ; le tout à peine de confifcation & de cent livres d'amende.

L'article 4 leur défend de *marquer* d'un même nombre deux ou plufieurs gueufes du même fer & ouvrage, à peine de confifcation des gueufes qui fe trouveront marquées doubles & de cent livres d'amende.

Aux termes de l'article 5, les maîtres de forges, à chacun des ouvrages du fourneau & au changement de feu, doivent reprendre le même ordre dans les numéros & les *marques*, & mettre les nouvelles gueufes dans un lieu féparé de celles qui refteront du feu précédent, à peine de confifcation & de cent livres d'amende.

L'article 6 leur fait défenfes de mettre le fourneau au feu, fans avoir averti, par écrit, les commis du jour & de l'heure, à peine de confifcation des gueufes qui en feront provenues, jufqu'au jour de l'avertiffement, & de cent livres d'amende.

L'art. 7 enjoint aux commis de vérifier le nombre & le poids des gueufes, dont fera fait mention fur les livres ; & en cas de fraude, d'en dreffer procès verbaux, de faire les pourfuites, vifites, exercices & inventaires ; dreffer & faire exécuter les contraintes ; le tout ainfi que pour les droits d'aides de détail fur le vin.

L'art 8. rend les propriétaires des forges & fourneaux folidairement refponfables, avec les maîtres des forges, de ce qui fera dû des droits pour les derniers trois mois précédant la fortie des maîtres de forges, fauf au fermier des droits du roi, qui aura négligé de fe faire payer, à fe pourvoir pour le furplus contre les maîtres de forges feulement.

L'article 9 enjoint à ceux qui auront des mines de fer dans leur fonds, à la première fommation qui leur fera faite par les propriétaires des fourneaux voifins, d'y établir des fourneaux pour convertir la matière en fer ; finon, permet aux propriétaires de fourneaux de proche en proche, & à ceux qui les font valoir, de faire ouvrir la terre & en tirer la mine de fer, en payant aux propriétaire des fonds, pour tout dédommagement, un fol pour chaque tonneau de mine de cinq cent livres pefant.

Cet article exige quelques obfervations. Par lettres-patentes de Charles VI, que l'on a rappellées, il étoit permis à tous mineurs & autres, de chercher & travailler les mines dans tous les lieux où ils en trouveroient.

L'article premier de l'édit de 1626, enjoint aux propriétaires ou fermiers des terres où les mines fe trouvent, de les ouvrir, ou permettre après la première requifition que l'ouverture s'en faffe.

Et l'arrêt du confeil du 20 juin 1631, autorife les maîtres de forges à extraire les mines dans tous les lieux & endroits où ils en trouvent, en dédommageant les propriétaires, fuivant l'eftimation.

L'article 9 de l'ordonnance de 1680, que l'on vient de rappeller, fixe ce dédommagement.

Ces différens règlemens avoient été faits pour procurer l'abondance des matières dans le royaume, en en facilitant l'extraction ; mais les établiffemens des fourneaux, forges, martinets & verreries, s'étoient tellement multipliés, qu'une partie confidérable des bois deftinés au chauffage, étoit confommée par ces nouveaux établiffemens, que l'adminiftration regardoit comme ne devant être mis en ufage que pour la confommation des bois qui n'étoient pas à portée des rivières navigables, & qui par leur fituation ne pouvoient fervir ni aux conftructions ni au chauffage.

Ces confidérations fixèrent l'attention du confeil & déterminèrent l'arrêt du 9 août 1723, qui fait défenfe d'établir à l'avenir aucuns fourneaux, forges, martinets & verreries, augmentation de feux & de marteaux, finon en vertu de lettres-patentes bien & duement vérifiées, à peine de trois mille livres d'amende, de démolition des fourneaux, forges, martinets & verreries, & de confifcation des bois, charbons, mines & uftenfiles fervant à leur ufage.

Suivant l'article 10 du même titre de l'ordonnance de 1680, les mêmes droits doivent être tirés fur les fers, fontes & acier qu'on tranfporte des pays étrangers ou des provinces du royaume, dans lefquelles ces droits ne font point établis, & qui entrent dans celles qui y font fujettes.

L'article 11 fait défenfes à tous marchands, tant étrangers qu'autres qui amènent du fer doux ou aigre, fonte & acier, ouvrés & non ouvrés des pays étrangers ou des provinces non fujettes aux droits, dans celles où ils ont cours, de paffer le premier bureau fans faire de déclaration & fans payer les droits, à peine de confifcation & de cinq cent livres d'amende.

L'article 12 déclare fujettes au payement des droits, les quincailleries groffes & menues, même celles qui fous le titre de merceries peuvent être amenées des pays étrangers dans l'étendue de la ferme, fous les peines contenues en l'article précédent.

L'article 13 défend d'exiger aucuns droits fur la groffe & menue quincaillerie, fabriquée dans l'étendue de la ferme, & fur celle qui vient des provinces, où les droits n'ont point cours, à peine de concuffion.

Cette dernière avoit été affujettie au payement des droits par l'arrêt du confeil du 20 août 1659 ; mais l'ordonnance l'en a déclaré, ainfi qu'on vient de le voir, exempte, parce que le fer & l'acier dont elle eft compofée, venoient ou des forges du royaume ou des pays étrangers, & qu'en l'un & l'autre cas, les droits en avoient été ou dû être payés.

L'article 14 aſſujettit au payement des droits, les mines de fer qu'on tranſporte dans les pays étrangers ou dans les provinces où les droits n'ont pas cours; fait défenſes aux marchands & voituriers de dépaſſer les premiers bureaux de leur route, ſans en faire déclaration & ſans payer les droits, à peine de confiſcation & de cinq cens livres d'amende.

Aux termes de l'article 15, les fermiers du domaine & les propriétaires des forges, de quelque qualité qu'ils ſoient, ſont ſujets au payement des droits, même les eccléſiaſtiques pour celles qui ſont du temporel de leur bénéfice, quoiqu'ils les faſſent valoir par les mains de leurs domeſtiques.

On obſerve qu'on ne peut pas prétendre que le droit de la *marque* des fers ait été porté au-deſſus de l'ancien dixième des mines dont ce droit eſt en quelque ſorte repréſentatif: les treize ſols ſix deniers impoſés par quintal de fer, en y ajoutant les anciens quatre ſols & les deux nouveaux ſols pour livre, ne montant qu'à dix-ſept ſols ſept deniers, & le quintal du moindre fer, qui à la forge s'achette plus de dix livres, le quintal du moindre acier; c'eſt-à-dire, par exemple, de l'acier du Nivernois, qui n'eſt à proprement parler, que du bon fer, & ne ſe vend pas la moitié des aciers étrangers, vaut au moins treize à quatorze livres, & la totalité des droits de *marque* auxquels il eſt ſujet, n'eſt que d'une livre ſix ſols.

Il eſt intervenu depuis l'ordonnance de 1680, différens règlemens, ſoit par rapport à la perception des droits de *marque* ſur les fers, ſoit relativement à leur régie. On ſe bornera à rappeller les principaux pour procurer une connoiſſance plus parfaite de la nature de ces droits, & des meſures qui ont été priſes pour en aſſurer le recouvrement.

Des arrêts du conſeil des 15 novembre 1707, & 9 janvier 1712, avoient preſcrit différentes diſpoſitions pour arrêter les fraudes qui ſe commettoient journellement contre les droits de *marque*, & principalement ſur les fers, aciers & quincailleries tranſportés de la province de Dauphiné, dans laquelle les droits n'ont pas été établis à la fabrication, dans le Forez & le Lyonnois, pays ſujets aux droits d'aides, & à l'entrée deſquels les droits de *marque* ſont dûs; ainſi que pour prévenir les enlèvemens des fers, aciers, & mine de fer du Dauphiné pour la Savoie & la Provence ou le Languedoc, ou de la Savoie pour le Dauphiné, ſans payer les droits en queſtion; mais les précautions priſes par ces deux arrêts, ayant été reconnues inſuffiſantes, il en fut rendu un nouveau le 12 ſeptembre 1724, ſur lequel il fut expédié des lettres-patentes, enregiſtrées en la cour des aides de Paris le 18 décembre ſuivant.

Cet arrêt ordonne que le droit de *marque* ſera perçu ſur les fers & aciers, quincailleries & mine de fer venant des états de Savoie & autres pays étrangers, dans la province de Dauphiné, & ſur ceux qui ſeront enlevés de cette province pour la Savoie, la Provence, le Languedoc, le Vivarais & autres pays où les aides n'ont pas cours, ainſi que ſur ceux qui ſeront deſtinés pour le Forez, le Lyonnois & autres lieux ſujets aux aides.

Il enjoint aux marchands, voituriers & conducteurs des fers, aciers quincailleries & mines de fer, de faire leur déclaration & d'acquitter leurs droits; ſavoir pour les fers, &c., qui viennent du dehors de la province de Dauphiné dans les premiers bureaux à l'entrée de cette province, & pour ceux qui ſont deſtinés à en ſortir, ſoit pour les pays étrangers ou réputés étrangers ou pour les provinces ſujettes aux droits d'aides, dans les bureaux établis dans l'intérieur de la même province de Dauphiné, & avant l'enlèvement, le tout à peine de confiſcation & de cinq cens livres d'amende.

Il ordonne qu'à la diligence du fermier, il ſera établi des bureaux, tant à l'entrée du Dauphiné, ſur les routes principales que dans l'intérieur, & à la proximité, autant qu'il ſe pourra, des forges, fourneaux, martinets & atteliers, en ſorte que les marchands & autres, n'aient au plus qu'une lieue pour aller faire leur déclaration, & acquitter les droits; qu'il ſera à cet effet dreſſé par l'intendant de la province, un état des forges, martinets & autres atteliers qui devront répondre à chacun de ces bureaux; que cet état ſera dépoſé au greffe du juge de la *marque* des fers, & à ſon défaut, au greffe du juge des traites.

Il enjoint ſous les mêmes peines, aux maîtres de forges, marchands, & à toutes autres perſonnes qui voudroient faire tranſporter d'un lieu à un autre, dans l'étendue de la province de Dauphiné, des fers, aciers & quincailleries, d'en faire avant l'enlèvement, leur déclaration au prochain bureau d'arrondiſſement, & d'en prendre un acquit à caution, contenant ſoumiſſion de rapporter dans le tems qui ſera réglé par la ſoumiſſion, eu égard à la diſtance des lieux, certificats en bonne forme, ſignés des commis & gardes des fermes, de la deſcente & déchargement au lieu de la deſtination, ou de payer le quadruple des droits, dont ils donneront caution qui ſera ſa ſoumiſſion ſur le regiſtre, ſi mieux ils n'aiment conſigner les droits, leſquels leur ſeront rendus en rapportant le certificat de décharge.

Il déclare nuls les acquits de payement de droits & acquits à caution qui pourroient être rapportés d'autres bureaux que ceux de chaque arrondiſſement, conformément à l'état qui doit être dreſſé.

Il fait défenses, sous les mêmes peines, aux maîtres de forges & martinets qui seront situés près de la chapelle de Bar, & à tous autres, d'enlever des fers, aciers & mines du lieu d'Arvillard en Savoie, & autres lieux, ni d'y en transporter du Dauphiné sans en avoir payé les droits ; & à toutes personnes de faire des magasins & entrepôts dans les quatre lieues près des limites de la province, à peine de confiscation & de cinq cens livres d'amende.

Il fait défense au fermier des droits d'aides de la généralité de Lyon & à ses commis, à peine de concussion, de percevoir à l'entrée de cette généralité, le droit de *marque* sur les fers, aciers & quincailleries, qui y entreront du Dauphiné, en justifiant du payement qui en aura été fait dans cette dernière province ; l'autorise néanmoins à faire la saisie de tous les fers, aciers & quincailleries qui ne seront pas accompagnés d'acquits & passavants, faisant foi que les droits en ont été payés dans les bureaux du Dauphiné.

Il permet aux fermiers de continuer la perception du droit de *marque* à l'entrée de la généralité de Lyon sur les fers, aciers & quincailleries venant de Languedoc, Vivarais & autres lieux où les droits ne sont pas établis, & de conserver, tant aux entrées de la ville de Lyon, que sur les frontières de cette généralité, les bureaux existans, même d'en établir de nouveaux, pour la représentation des acquits des droits qui auront dû être payés en Dauphiné.

Les arrêts du conseil du 5 janvier 1713, & 12 mai 1716, déclarent sujettes au payement du droit de *marque*, les différentes fournitures faites pour le service du roi & de ses armées ; & un autre arrêt du 9 juillet 1779, a réglé la perception à faire du droit dont il s'agit sur les effets & munitions d'artillerie : en voici les dispositions principales.

ARTICLE PREMIER.

Il est dit que le droit domanial de la *marque* des fers continuera d'être perçu, ainsi qu'il a été ordonné par l'arrêt du conseil du 12 mai 1716, sur les fontes, bombes & boulets coulés dans les fourneaux des provinces assujetties audit droit, sans que la destination desdites fontes, effets & munitions d'artillerie, pour le service du roi & de ses armées, puisse dispenser les maîtres des forges, ni du payement du droit, ni des déclarations qu'ils doivent faire, & des autres obligations qui leur sont imposées par les règlemens.

Après avoir ordonné par l'article 2, aux conducteurs des armes, bombes & boulets, &c., d'en faire déclaration au premier bureau & d'en acquitter les droits. Veut sa majesté, porte l'article 3, qu'en cas de contravention à l'art. précédent, les effets & munitions d'artillerie à elle appartenans, ou destinés pour son service, *ne puissent être saisis ni arrêtés ;* mais que les employés des fermiers ou régisseurs constatent lesdites contraventions par des procès-verbaux, dont une expédition sera adressée sur le champ à l'administration des finances, & un double au secrétaire d'état de la guerre, pour, sur l'examen desdits procès-verbaux, les entrepreneurs, conducteurs & voituriers, être punis suivant l'exigence des cas, & être pourvu au payement des amendes, dommages & intérêts qu'ils pourroient avoir encouru.

Entend sa majesté, (par l'article 4) que le droit de *marque* des fers, ne soit payé qu'une seule fois sur les armes, effets & munitions d'artillerie destinés pour son service ; en conséquence lesdites armes, effets & munitions pour lesquels ledit droit aura déjà été acquitté, soit dans les fourneaux, soit dans un précédent transport, pourront passer dans des places, ou d'un des arsenaux du royaume dans un autre, sans être assujettis au nouveau payement du droit, encore que dans leur transport, ils passassent d'une province non assujettie, à une province sujette ; ordonne sa majesté, que dans ce dernier cas, lesdites armes, munitions & effets d'artillerie, soient conduits au premier bureau d'entrée de leur route, où les commissionnaires, voituriers ou conducteurs représenteront, outre les passeports ordinaires, un certificat de l'officier commandant dans la place ou arsenal, & de leur destination, lesquels passeports & certificats seront rendus après avoir été visés par les employés.

Suivant l'article 5, il en sera usé de la même manière pour les armes & munitions d'artillerie, qui, après être sortis du royaume, pour le service du roi dans l'isle de Corse ou dans les Colonies, seroient ramenées dans le royaume, pour être remises dans les arsenaux ou employés à la défense des places.

Article 6, également tous les effets & munitions d'artillerie qui auroient été employés hors le royaume au service des armées ou à la défense des places, pourront y rentrer, en exemption du droit de *marque* des fers, moyennant la représentation des passeports & des certificats des officiers chargés d'ordonner la conduite & la destination desdits effets & munitions.

Article 7 ; entend sa majesté, qu'aucune clause insérée dans les passeports, puisse être regardée comme dérogatoire aux dispositions du présent arrêt ; défend sa majesté, aux fermiers ou régisseurs, d'y avoir égard ; & aux commissionnaires & conducteurs de s'en prévaloir, pour refuser le payement du droit ou couvrir les contraventions qu'ils

auroient pu commettre, &c. Fait au conseil d'é-
tat, le 9 juillet 1779.

Un arrêt du 11 juillet 1716, prescrit les formalités qui doivent être observées pour la régie
& exercice des fourneaux, & la perception des
droits; il enjoint aux maîtres des fourneaux &
forges de fournir aux commis du fermier les romaines & autres ustensiles, & les hommes nécessaires pour la vérification des gueuses.

Il leur enjoint de tenir des registres cottés & paraphés par le juge de la *marque* des fers, & en
cas d'éloignement, par le juge royal du lieu &
sans frais, pour y inscrire le nombre & le poids
des gueuses qu'ils couleront, à peine de confiscation & de cent livres d'amende, & de représenter ces registres à toutes réquisitions.

Il paroît qu'il s'étoit élevé des difficultés de différens genres dans la régie & exercice des fourneaux des maîtres de forges; le préambule de l'arrêt du conseil du 7 mars 1747, revêtu de lettres-
patentes, enregistrées en la cour des aides de Paris, le 14 avril suivant, fait connoître que plusieurs maîtres de forges refusoient de péser ou faire
péser en présence des commis les fontes, tant en
gueuses que marchandes, jets, pièces défectueuses & fontes de bocages, & de leur en déclarer
le nombre & le poids, pour être porté sur leur
champ sur leur registre, quoique cet usage fut
établi dans la plupart des provinces du royaume;
qu'ils s'opposoient pareillement aux vérifications
des commis & contrôleurs ambulans; qu'ils transportoient de la moulerie à la raperie, les fontes
marchandes, avant d'être pésées, sous prétexte
du sable dont elles étoient chargées, & des ébarbures qu'il en falloit détacher, & qu'elles devoient être rapées avant d'en constater le poids,
ce qui leur donnoit la facilité d'en soustraire une
partie, & de substituer des petites pièces à des
grandes qu'ils confondoient avec des ouvrages des
précédens fondages; au moyen de quoi ils élu-
doient le payement de la plus grande partie des
droits; que cependant les chaudières, marmites,
réchauds, poêles ronds & leurs bonnets, avoient
seuls besoin d'être rapés pour acquérir le dégré
de perfection qui en facilitoit le débit; que les
maîtres des forges vendoient ces matières à un
prix aussi considérable, que le fer tiré & parfait,
& qu'ils n'en payoient les droits que sur le pied
des fontes ou gueuses; que ces maîtres de forges
qui étoient dans l'usage de faire les jets de leurs
fontes marchandes de dix-huit & vingt livres pesant & plus, prétendoient n'en point devoir les
droits, non plus que des pièces défectueuses &
fontes de bocages, sous prétexte qu'ils ne pouvoient que les rejetter dans les fourneaux pour y
être fondues, quoiqu'il fut constant que ces jets,
pièces défectueuses & fontes de bocages pouvoient
se convertir sur le champ en fer.

Les dispositions de l'arrêt du conseil & des lettres-patentes du 7 mars 1747, ont pour objet
de remédier à ces différentes fraudes, & elles
ordonnèrent en conséquences ce qui suit:

1°. Il enjoint aux maîtres de forges & fourneaux, de péser ou faire péser les fontes en gueuses, gueusets, bocages & généralement toute
nature de fonte, provenant de leurs fourneaux,
en présence des commis aux exercices, immédiatement après le refroidissement de ces matières,
& de leur en déclarer ou faire déclarer le poids
par celui qui aura fait la pesée, pour être par eux
porté sur le registre d'exercice, à peine de confiscation & de cinq cens livres d'amende.

La déclaration doit être signée sur le registre
des commis, par le maître des forges, facteur ou
principal ouvrier qui l'aura faite, conjointement
avec les commis, sans préjudice de l'enregistrement prescrit par l'ordonnance, sur le registre
des maîtres de forges, du nombre & poids des
gueuses.

2°. Les maîtres de forges qui feront couler,
soit dans des chassis ou en fosses, dans des moules
de terre cuite, soit autrement, des fontes appellées communément fontes marchandes, telles que
sont les contre-cœurs de cheminées, plaques unies
ou figurées, chaudières, pots, marmites, fourneaux, tuyaux, bombes, boulets, & généralement
toutes autres sortes de fontes marchandes, sont
tenus immédiatement après chaque coulaison, &
avant que les matières soient refroidies, de déclarer la quantité & qualité des marchandises
jettées au moule, en les désignant, les marmites
& chaudières par le nombre de points ou numéros; les contre-cœurs de cheminées ou plaques
unies ou figurées, par la longueur, largeur &
ornemens; les bombes & boulets par les diamètres; les tuyaux par les longueur & diamètres,
& les autres marchandises par quelques marques
distinctives, afin que les commis en puissent faire
préliminairement l'enregistrement sur leur registre
d'exercice, qui doit être signé, ainsi qu'il est prescrit par l'article précédent, & porté pareillement
sur le registre des maîtres de forges; le tout à
peine de confiscation & de cinq cens livres d'a-
mende.

3°. Les maîtres de forges doivent, sous les mêmes peines, représenter aux commis aux exercices
toutes les pièces de fonte provenant de chaque
coulaison contenues dans leur enregistrement préliminaire, & en faire la pesée en leur présence,
aussi-tôt après le déboulage & qu'elles sont refroidies, ou du moins dans l'intervalle d'une coulaison à l'autre, dans le même lieu où elles ont
été coulées, ou en cas d'impossibilité, dans le
lieu le plus proche, autre néanmoins que la raperie & le magasin: ils sont tenus d'en déclarer

le poids aux commis, qui, dans l'inſtant, doivent le porter ſur leur regiſtre d'exercice, par un nouvel acte, à la ſuite de celui de leur enregiſtrement préliminaire; il doit être ſigné par les maîtres de forges, leurs commis ou principaux ouvriers, & le poids de ces fontes porté pareillement ſur le regiſtre des maîtres de forges, à peine de confiſcation & de cent liv. d'amende.

4°. Les commis aux exercices & les maîtres de forges, ne peuvent reſpectivement exiger que la peſée, tant des fontes en gueuſes, que des fontes marchandes, ſoit faite pendant la nuit.

5°. Il eſt défendu à peine de confiſcation & de cinq cens livres d'amende, aux maîtres de forges d'enlever, échanger, ni tranſporter à leur raperie, ou dans leurs magaſins, le tout ou partie, tant des fontes en gueuſes, que des fontes marchandes, provenant de chaque coulaiſon, ni de mêler celles d'une coulée avec l'autre, qu'elles n'aient été préalablement vûes & examinées par les commis aux exercices, peſées par les maîtres de forges, le poids déclaré aux commis & l'enregiſtrement fait.

6°. Pour tenir lieu d'indemnité aux maîtres de forges, par rapport aux ébarbures & au ſable qui ſe trouve attaché ſur les chaudières, marmites, réchauds, poëles ronds & leurs couvercles ſeulement, qui ne peut être détaché que par le moyen de la lime ou de la rape, il leur doit être fait une diminution de cinq pour cent ſur ce poids.

7°. Si les commis jugent la peſée & la déclaration ſuſpectes, & veulent en faire la vérification, ils doivent le déclarer à celui qui a fait la déclaration, & faire ſur le champ la nouvelle peſée, & en cas de fraude, en dreſſer procès-verbal; autrement ils n'y ſont pas recevables, ſauf au contrôleur ambulant, lorſqu'il ſe tranſportera ſur les lieux, de faire peſer en ſa préſence celles des gueuſes ou fontes marchandes exiſtantes, qu'il jugera à propos, & de procéder à la ſaiſie, ſi le cas y échoit.

Il eſt défendu aux maîtres de forges d'enlever ni divertir aucune des fontes, dont les commis auront déclaré vouloir vérifier le poids, que la vérification n'ait été faite: il leur eſt enjoint de leur fournir à cet effet les poids romaines & ouvriers néceſſaires, le tout à peine de confiſcation & de cinq cens livres d'amende.

8°. Il eſt pareillement défendu aux maîtres de forges d'enlever ni divertir des jets provenans des fontes marchandes; ils ſont tenus de les faire péſer dans le lieu & dans le tems même de la peſée des fontes, en préſence des commis, & de leur en déclarer le poids, pour être porté ſur

leur regiſtre, ainſi que celui des fontes; & s'ils ne veulent, ou ne peuvent pas convertir en fer tiré & parfait, le tout ou partie des jets, ainſi que les pièces défectueuſes ou caſſées, & qu'il ſoit plus convenable de les jetter dans leur fourneau pour y être refondues, la peſée en doit être faite pareillement en préſence des commis qui doivent inſcrire le poids ſur leur regiſtre après qu'ils ont vû rejetter dans le fourneau les matières dont il doit être tenu compte aux maîtres des forges, à la fin de chaque quartier ou de chaque feu.

9°. Enfin, le neuvième & dernier article, ordonne l'exécution des règlemens précédens ſur le fait de la régie & perception des droits de *marque* des fers dans les diſpoſitions qui ne ſont point contraires au préſent règlement.

Les diſpoſitions que l'on vient de rappeller de l'ordonnance de 1680, & des règlemens poſtérieurs, font connoître qu'il y a en France des provinces où les droits de *marque* ont cours, & d'autres qui n'y ſont pas ſujettes.

L'édit de 1626 paroiſſoit annoncer que ce droit domanial & comme repréſentatif du dixième des mines, ſeroit perçu dans tout le royaume; mais cet édit n'a point été enregiſtré dans toutes les cours, & ces droits n'ont pas même lieu à la fabrication dans l'étendue de tous les parlemens où il a été enregiſtré.

Il l'a été dans les parlemens de Paris, Dijon, Metz, Touloufe & Grenoble; mais le droit n'a point été établi à la fabrication dans tout le reſſort du parlement de Toulouſe & dans celui de Grenoble.

Le Languedoc en a été déchargé par lettres-patentes du mois de décembre 1659, ſur les repréſentations des Etats de la province; le droit perceptible dans le reſſort du parlement de Toulouſe, n'y ſubſiſte par conſéquent plus, qu'aux entrées du Languedoc, & dans le comté de Foix & pays adjacens.

Le comté de Foix, le Quercy, l'Armagnac, le comté de Bigorre & les autres pays dépendans du parlement de Toulouſe, jouiſſent d'un traitement à-peu-près auſſi favorable que le Languedoc, quoiqu'ils n'aient aucun privilège à cet égard.

La différence de travail des forges de ces provinces où le fer ne ſe coule point en gueuſes, & ſe façonne au contraire en petite partie à la ſortie des tourneaux, eût rendu la perception des droits très-difficile & tellement diſpendieuſe, qu'il eût été à craindre que les frais de régie n'euſſent excédé les produits.

On s'eſt contenté de percevoir les droits à l'arrivée

l'arrivée des fers & aciers importés de l'étranger ou des provinces non fujettes, & au paffage fur ce qui fort du canton où font fituées les principales mines & ufines affujetties.

Il eft d'ailleurs à remarquer que la fixation des droits a éprouvé, dans ces pays, une forte d'altération; on l'a accommodée aux ufages locaux. Un arrêt du confeil du 18 octobre 1681, a porté le droit du quintal de fer à quinze fous, & réduit celui des mines à deux fous par quintal ou cinq fous par charge; ainfi le droit des fers dans les provinces dont il s'agit eft d'un fol fix deniers plus fort que celui qui eft réglé par l'ordonnance de 1680; mais en revanche celui des ufines eft plus foible d'un fol ou quatre deniers, & cette compenfation eft entièrement à l'avantage du redevable : il fort autant de mine que de fer, & au lieu que dix-huit deniers ne font environ qu'un dixième, ajouté au droit des fers, feize deniers

font plus qu'un tiers retranché du droit des mines.

On peut attribuer aux mêmes motifs la décharge que l'on a également laiffé fubfifter dans le Dauphiné.

L'édit de décembre 1654, avoit ordonné la perception du droit de *marque* dans la Normandie; mais elle en a été déchargée par un autre édit du mois de décembre 1660, & l'on fe contenta pour lors, du paiement d'une fomme fixe deftinée à indemnifer l'adjudicataire auquel on avoit affermé les droits fupprimés.

Le précis que l'on va raffembler dans un même tableau, rendra plus fenfible ce qui vient d'être expofé des différens pays où le droit de la marque des fers a cours, & des diverfités qui ont lieu dans la perception.

DÉSIGNATION	NATURE
DES pays où le droit de marque *a cours.*	*DES perceptions établies dans chacun des différens pays.*
Tout le reffort du parlement de Paris, à l'exception du pays d'Aunis,	A la fabrication & à l'arrivée, fur ce qui vient de l'étranger ou des provinces du royaume non affujetties.
Tout le reffort du parlement de Grenoble.	A l'entrée, fur ce qui vient de l'étranger, & à la fortie, fur ce qui ayant été fabriqué dans le reffort, paffe à l'étranger ou dans les autres provinces du royaume, fujettes ou non fujettes.
Tout le reffort du parlement de Touloufe.	A l'entrée, fur ce qui vient de l'étranger, ou des provinces non fujettes, & au paffage, fur ce qui fort des mines & ufines établies dans les provinces autres que le Languedoc.
Tout le reffort du parlement de Normandie.	A l'entrée, fur ce qui vient de l'étranger.

Immédiatement après l'ordonnance de juin 1680, le droit de marque des fers fut uni à la ferme générale des aides; il en fut fait enfuite une ferme particulière, qui a fubfifté jufqu'en 1720, que toutes les fermes du roi furent mifes en régie fous le nom de Charles Cordier; depuis qu'à cette régie, le bail en forme a fuccédé, ce droit a toujours fait partie de la ferme des aides.

Si l'on fait attention à l'origine qu'on a cherché à lui donner, il peut être regardé comme domanial; fi l'on confidère la forme de la perception, il eft devenu un droit d'impofition exigible aux entrées, aux forties & à la fabrication; envifagé comme dû aux entrées & aux forties, il rentre dans la claffe des droits de traites; regardé comme dû à la fabrication & régi par exercice, il eft analogue aux droits d'aides.

Par l'article 50 du titre commun pour toutes les fermes, le roi a déclaré que la connoiffance des contestations pour tous les droits compris dans l'ordonnance du mois de juin de 1680, appartenoit aux officiers des élections en première instance, excepté feulement quelques-uns de ces droits pour lefquels fa majefté avoit établi ou commis d'autres juges, à la charge, en l'un & l'autre cas, de l'appel aux cours des aides ; cette exception reçoit particulièrement fon application aux droits de marque des fers, aciers & fontes de fer.

Poftérieurement à l'ordonnance de 1680, il a été établi des juges particuliers pour cette partie, à Chaumont en Baffigny, à Saint-Dizier, à Sedan, Angoulême, Nevers, Poitiers, le Mans, Dijon, Metz, Grenoble & à Foix. Partout ailleurs la connoiffance des conteftations appartient aux élections ou aux juges des traites, fauf l'appel en la cour fupérieure.

On a du remarquer que les droits de *marque* des fers font divifés en deux parties.

Ceux qui fe perçoivent à la fabrication dans les forges & fourneaux, font entrés dans la confiftance de la régie générale, pour être perçus conjointement avec les droits d'aides auxquels ils font très-analogues, puifque leur confervation & leur fuite exigent des exercices, des vifites, & des actes fur les regiftres portatifs.

Les droits de *marque* des fers qui font dûs à l'entrée & à la fortie du royaume ou des différentes provinces, font partie du bail de la ferme générale qui les fait percevoir par les bureaux des droits de traites.

Le produit de la première partie des droits de *marque* de fers eft un objet d'environ huit ou neuf cent mille livres.

Celui de la feconde partie eft pour la ferme générale de cent mille livres.

Dans la vue de ne rien omettre de ce qui a rapport au droit de *marque* des fers, il convient de donner ici le difpofitif d'un arrêt de la cour des aydes de Paris du 23 février 1781, qui fait le dernier réglement fur cette partie.

La cour faifant droit fur les conclufions du procureur général, ordonne que les ordonnances, édits & déclarations concernant les droits de *marque* fur les fers, & notamment les lettres-patentes du 7 mars 1747, regiftrées en la cour le 14 avril fuivant, feront exécutées felon leur forme & teneur ; en confequence que les maîtres & régiffeurs de la forge de Ruelle en Angoumois, & tous autres maîtres de forges & fourneaux feront tenus :

1°. Avant de pouvoir mettre ou remettre le fourneau en feu, d'avertir par écrit les commis du fermier ou regiffeur du jour & de l'heure, à peine de confifcation des fontes qui en feront provenues, & de trois cens livres d'amende.

2°. Seront pareillement tenus, immédiatement après chaque coulaifon, & avant que les matières foient refroidies, de déclarer la quantité & qualité des marchandifes jettées au moule, en les défignant : favoir, les canons, bombes & boulets, par leur calibre & leur diamètre, & les autres marchandifes par leurs dimenfions, ornemens & autres marques diftinctives, afin que les commis en puiffent faire préliminairement l'enregiftrement fur leur regiftre d'exercice ; lequel fera figné par les maîtres de forges, leurs commis, facteurs ou principaux ouvriers, conjointement avec lefdits commis aux exercices ; & s'ils ne favent figner, ou en cas de refus, il en fera fait mention ; & fera ledit enregiftrement préliminaire, porté par ledit maître de forge, fes commis ou facteurs, fur le regiftre coté & paraphé par le juge de la *marque* des fers, que ledit maître de forge fera obligé d'avoir à cet effet, le tout à peine de confifcation & de cinq cens livres d'amende.

3°. Seront tenus en outre, fous les mêmes peines, conformément aux articles 3 & 7 des lettres-patentes du 7 mars 1747, auffitôt que les canons, ou autres pièces de fonte marchande feront refroidies, de les déclarer & représenter aux commis, & en leur préfence de les faire pefer, ainfi que leurs jets & coulées fuperflues, dans le lieu où le tout a été coulé, pour être porté en nombre, poids & mefure, tant fur le regiftre des commis, que fur celui des maîtres de forges, en la manière ci-deffus, par un nouvel acte, à la fuite de celui d'enregiftrement préliminaire, à l'effet de laquelle pefée lefdits maîtres de forges auront poids, balances & romaines fuffifantes & duement égandillées, & feront tenus de les fournir aux commis, avec les ouvriers néceffaires, toutes les fois qu'ils le requerront.

4°. Ne pourront en aucun cas lefdits maîtres de forges, enlever ou transporter leurs ouvrages, même lefdits jets de fonte ou pièces défectueufes qu'ils voudroient refondre, que toutes les formalités ci-deffus n'aient été obfervées, & feront tenus de fouffrir toutes vifites & inventaires des commis, & à cet effet, de leur faire ouverture ; toutes les fois qu'ils en feront requis, de leurs atteliers & magafins, & de représenter les pièces de fer qu'ils auroient en leur poffeffion, le tout à peine de confifcation & de cinq cens livres d'amende.

MARQUE ET CONTROLE, (droit de) fur les ouvrages d'or & d'argent. Le même ouvrage qui nous a fourni les détails qu'on a préfentés fur le droit de la marque des fers, va encore nous mettre à portée d'en donner fur celui de la *marque & contrôle* des ouvrages d'or & d'argent. *Collection de mémoires fur les droits & les impofitions*, tom. 3, *pag.* 439.

Il a été rendu en France différentes ordonnances & déclarations, dont l'objet a été de prévenir la diffipation des matières d'or & d'argent en ouvrages purement de luxe : ces loix ont réglé le poids & le titre de la vaiffelle d'argent & de tous les autres ouvrages d'orfévrerie ; elles ont ordonné l'établiffement des maîtres & gardes des orfévres dans toutes les villes où il y a jurande, pour veiller à la bonté des ouvrages ; & enfin elles ont impofé des droits, dans la vue, en augmentant le prix des ouvrages, d'en diminuer la confommation, comme préjudiciable, non-feulement à la fabrique des monnoies, mais encore au commerce qui ne pouvoit s'entretenir que par l'abondance & le cours de l'argent monnoyé.

Nous avons un édit du mois de feptembre 1579, donné par Henri III, qui contient un réglement fur les ouvrages d'orfévrerie, & porte en même tems création d'un droit appellé droit de remède, parce qu'il devoit rendre à l'or & l'argent, dont les ouvrages étoient compofés, le prix que leur ôtoit l'alliage ou remède que les orfévres y mettoient pour les rendre plus lians & les travailler plus facilement.

Cet édit fut révoqué fous Louis XIII, par un autre édit du mois d'octobre 1633, qui fubftitua au droit de remède, un droit de trois fols par once d'orfévrerie & autres ouvrages faits hors les monnoies, & par fa déclaration du 10 feptembre 1636, ce prince ordonna qu'il feroit payé fix livres par chaque once d'or.

On appelloit alors droits de feigneuriage, ceux qui fe levoient fur les ouvrages d'or & d'argent, à l'inftar de ceux qu'on prenoit à la fabrication des monnoies.

Par édit du mois d'avril 1642, Louis XIII créa trois offices de tréforiers receveurs généraux des droits concernant les ouvrages d'orfévrerie ; mais ces offices, & les droits dont la recette leur étoit attribuée, furent fupprimés par édit du mois de mars 1643 ; & les chofes reftèrent en cet état jufqu'en 1672, que l'exécution des anciennes ordonnances, qui limitoient le poids des ouvrages d'orfévrerie, fut renouvellée par une déclaration du 31 mars de la même année, ordonnant, qu'à l'avenir il feroit levé, dans tout le royaume, un droit de *marque* de vingt fous par marc d'argent, & trente fous par once d'or qui feroient mis en œuvre par les orfévres, batteurs & tireurs d'or, & autres ouvriers travaillans en or & en argent, qui payeroient ces fommes aux

fermiers des monnoies, à l'effet de quoi il feroit établi un commis au bureau commun des orfévres, batteurs & tireurs d'or, pour contremarquer les ouvrages d'un nouveau poinçon, portant la marque d'une fleur-de-lys avec la lettre de la monnoie au-deffous ; il fut fait défenfe à ces ouvriers d'expofer en vente aucun ouvrage qu'il n'eût été marqué, & ce droit payé, à peine de confifcation & de trois cens livres d'amende.

On obferve que le marc d'or a toujours été eftimé douze à treize fois plus que le marc d'argent ; les droits établis par la déclaration de 1672, font dans cette proportion.

Ils furent doublés par la déclaration du 17 février 1674, qui ordonna qu'il feroit levé deux livres fur chaque marc d'argent, & trois livres fur chaque once d'or mis en œuvre par les orfévres & autres ouvriers en or ou argent.

L'ordonnance du 22 juillet 1681, contient un titre exprès fervant de réglement général pour la perception du droit de *marque* fur l'or & l'argent, impofé par les déclarations de 1672 & 1674.

Au mois d'août 1696, le roi créa, en titre d'offices, dans tout le royaume, des contrôleurs de la marque & vifite de toutes fortes d'ouvrages d'or & d'argent, mis en œuvre, hors des monnoies, & il aliéna à leur profit les droits antérieurement établis ; à la charge qu'au lieu de deux livres, il ne feroit levé que vingt fous par marc de l'argent trait, tiré, dégroffi, & filé, par les tireurs d'or & d'argent de la ville de Lyon ; cet édit ordonna que dans les villes & lieux où il n'y avoit pas de corps de communautés d'orfévres, ou d'autres ouvriers travaillant l'or & l'argent, & où néanmoins plufieurs particuliers, orfévres ou autres, s'étoient établis, y fabriquoient & faifoient commerce de ces ouvrages, ils feroient tenus de fe faire infcrire, dans la plus prochaine ville du lieu où il n'y avoit pas maifon commune & jurande de leur art & métier, & d'y envoyer leurs ouvrages pour y être effayés, vifités, marqués, contremarqués, & les droits payés, à peine de confifcation & de trois cens livres d'amende.

Immédiatement après la paix de Ryfwick, cette aliénation fut révoquée, les offices de contrôleurs fupprimés, & le droit de *marque* réuni dans la main du roi, comme avant l'édit de 1696.

La guerre ayant recommencé, des édits des mois de janvier & juin 1705, novembre 1707, & janvier 1708, créèrent des offices d'effayeurs & contrôleurs des ouvrages d'orfévrerie, tant à Paris que dans vingt fix autres villes principales du royaume, avec attribution de feize fols par marc d'argent, & vingt-quatre fols par once d'or, de tous les ouvrages & matières fujets aux droits de la ferme de la marque d'or & d'argent.

Ces offices furent depuis fupprimés par édit des mois d'août 1718, & mai 1723, & les droits qui leur avoient été attribués, réunis à la ferme de la *marque* d'or & d'argent, pour être levés conjointement & dans la même forme.

Les différents droits que l'on a rappellés, & qui font réunis, montent, pour chaque once d'or, à quatre livres quatre fols, & pour chaque marc d'argent, à deux livres feize fols ; ces mêmes droits ont depuis été affujettis aux quatre fols pour livre par lettres-patentes du 7 octobre 1723, aux deux nouveaux fols pour livre établis par les déclarations des 3 février 1760, & 21 novembre 1763, & aux quatre nouveaux fols pour livre établis par l'édit de novembre 1771, & par celui d'août 1781, en forte qu'ils font à préfent, (en 1786) par marc d'argent, de quatre livres quatre fols ; & par once d'or de fix livres fix fols y compris tous les acceffoires.

On doit obferver qu'il fe perçoit dans Paris deux vingtièmes des droits principaux au profit de l'hôpital général, vingtièmes qui font encore fujets aux dix fols pour livre.

La communauté des orfévres a auffi obtenu un droit de cinq fols par marc d'argent & de dix fols par once d'or, fur tous les ouvrages fabriqués dans Paris par les orfévres feulement ; ce droit s'appelle droit de *main-d'œuvre*, & a été accordé à la communauté des orfévres pour les réparations de leur chapelle, pour la conftruction d'une nouvelle maifon commune & l'acquittement des dettes de leur communauté.

Le droit de *marque* fur les ouvrages d'or & d'argent eft général, dans tout le royaume, à la feule exception des provinces de Franche-Comté, Alface, la Lorraine, le Rouffillon, la Flandre, le Hainault, l'Artois & le Cambrefis ; le Bearn jouit auffi du même affranchiffement, mais fans aucun titre connu. Au refte, tous les ouvrages d'or & d'argent qui font importés de ces provinces dans celles qui font fujettes aux droits, doivent les payer de même que les ouvrages introduits du pays étranger.

Le fermier de ce droit a un poinçon appellé de charge, pour marquer, fans droits ni frais, les ouvrages qui fe commercent ; un autre poinçon appellé de décharge, pour marquer les ouvrages entièrement finis & prêts à être livrés aux acheteurs, & à l'appofition duquel le droit de *marque* doit être payé, & un cachet particulier pour les mêmes ouvrages qui ne peuvent, fans crainte de détérioration, fouffrir la *marque* des poinçons.

Suivant l'article 8 de l'ordonnance de 1681, les empreintes des poinçons & cachets doivent être infculpées fur une table de cuivre & dépofées au greffe de la cour des monnoies de Paris, & en l'hôtel de la monnoie de Lyon.

Le même article défend à toutes perfonnes de les contrefaire à peine de trois mille livres d'amende pécuniaire, d'amende honorable & des galères pour cinq ans ; & en cas de récidive, des galères à perpétuité.

La déclaration du roi du 4 janvier 1724, prononce les mêmes peines que celles portées par les ordonnances contre les faux monnoyeurs.

Suivant cette déclaration, lorfque le poinçon de la maifon commune des orfévres, & celui du fermier, fe trouvent contrefaits, & que le procès-verbal eft dreffé par les commis du fermier, la connoiffance en appartient en première inftance aux officiers des élections, & par appel aux cours des aides ; mais s'il ne fe trouve de falfifié que le poinçon de la maifon commune, & que les maîtres & gardes de l'orfévrerie, ou les officiers des monnoies faffent la faifie, fans le concours des commis de la ferme, l'inftruction doit être faite & jugée par la cour des monnoies.

Suivant les différens réglemens, les orfévres & autres ouvriers en or & en argent, font tenus d'avoir un poinçon particulier, & d'en marquer tous les ouvrages qu'ils commencent, tant aux pièces principales, que d'applique & garnifon.

Auffitôt que ces ouvrages font dégroffis, ils font obligés de les porter au bureau de la *marque* pour les faire marquer du poinçon de charge du fermier, & faire leur foumiffion de les rapporter au même bureau lorfqu'ils feront achevés & en état d'être livrés.

A l'inftant que le poinçon de charge eft appofé & les foumiffions faites, ils doivent porter les mêmes ouvrages au bureau des maîtres & gardes de l'orfévrerie, pour être effayés & marqués du poinçon de la maifon commune, s'ils font aux titre & poids portés par les ordonnances.

Après que les ouvrages font entièrement finis & polis, ils font tenus de les rapporter au bureau du fermier, qui en recevant d'eux le droit de *marque*, appofe fon poinçon de décharge, & en même tems décharge leur foumiffion.

Un exemple rendra plus fenfible ce que l'on vient d'expofer.

Un orfévre qui fe propofe de faire un gobelet, forge chez lui un morceau d'argent qu'il ne fait que dégroffir ; il en applatit un petit coin de la largeur & épaiffeur d'une pièce de douze fols, il applique enfuite fon poinçon particulier, dont l'empreinte a été dépofée au greffe des monnoies lorfqu'il y a été reçu maître orfévre & a prêté ferment ; il porte enfuite ce morceau d'argent au bureau du fermier où on le pèfe ; & pendant qu'on le marque du poinçon de charge, cet orfévre, foit par lui-même, où fon fondé de pro-curation, figne fur un regiftre deftiné à cet ufage, un acte par lequel il reconnoît avoir, tel jour, fait marquer du poinçon de charge du fermier, un morceau d'argent de tel poids, qu'il deftine pour faire un gobelet, qu'il fe foumet & s'oblige de rapporter au bureau lorfqu'il fera fini, pour être pefé, en payer les droits, & être marqué du poinçon de décharge du fermier. Il figne cette déclaration fur le regiftre, & le commis qui le tient lui délivre de fa déclaration, une ampliation qu'il certifie vé-ritable ; l'orfévre, muni de cette ampliation, fait de cette pièce un paquet fur lequel eft fon nom, fa qualité, fa demeure ; il le porte dans le bureau de la maifon commune des orfévres.

Un des gardes en charge prend cette pièce d'argent, coupe un petit morceau de l'endroit applati dont il fait l'effai.

Si par l'épreuve ce morceau d'argent fe trouve au titre prefcrit par les réglemens, le garde en charge marque cette pièce en préfence du com-mis du fermier, conformément à l'ordonnance de 1681, & aux lettres-patentes du 11 novembre 1733 ; l'orfévre emporte alors la pièce chez lui, & en forme le gobelet ; lorfqu'il eft fini, il le rap-porte au bureau du fermier où on le pèfe, il en paie les droits ; le fermier le marque du poin-çon de décharge & quittance la foumiffion.

Si au contraire cette pièce ne fe trouve pas au titre, on n'y applique pas le poinçon de la maifon commune, l'orfévre eft obligé de la re-fondre pour l'affiner, après avoir repréfenté cette même pièce au bureau du fermier pour y faire biffer le poinçon de charge qui y avoit été appofé & faire annuller la foumiffion qu'il avoit fignée.

Dans tous les cas, il eft prefcrit au fermier, par l'arrêt contradictoire de la cour des monnoies du 11 juin 1660, de n'appliquer fon poinçon de décharge, fur aucuns ouvrages d'or ou d'argent, de quelque nature qu'ils foient, qu'il ne lui foit préalablement apparu fur iceux, du poinçon de la maifon commune des orfévres à ce deftiné.

Ce détail contient ce qui a lieu pour tous les ouvrages d'or & d'argent qui font affez forts pour fupporter la *marque* de charge & le poinçon de décharge.

Quant aux petits ouvrages d'or qui font trop délicats, on fe contente de les effayer aux tou-chaux après qu'ils font finis ; les gardes y mettent un petit poinçon deftiné à cet ufage, & le fer-mier y en appofe un autre, en percevant les droits.

Un édit du mois de mars 1700, avoit fixé le poids qui pouvoit être donné aux ouvrages d'or & d'argent, avec défenfe à tous orfévres & autres ouvriers d'en fabriquer qui excédaffent ce poids, à peine de confifcation & de trois mille livres d'a-mende, de perte de la maîtrife contre les maîtres, & de ne pouvoir y être admis, contre les com-pagnons & apprentifs.

Ces difpofitions ayant été renouvellées par la déclaration du 23 décembre 1721, & fubfiftant encore, il ne peut être fuperflu de les rapporter.

Louis, par la grace de Dieu, roi de France & de Navarre, &c.

Nous fommes toujours perfuadés que nous ne pouvons apporter trop d'attention pour réprimer le luxe qui caufe la ruine de nos fujets, & pour empêcher que les matières précieufes d'or & d'ar-gent ne foient employées en ouvrages d'orfévre-rie inutiles & fuperflus ; c'eft dans cette vue que nous avons défendu de fabriquer aucun ouvrage d'or excédant le poids d'une once, & de fabri-quer pareillement aucune vaiffelle d'argent plate, fans notre permiffion par écrit, jufqu'à ce que par nous il en eût été autrement ordonné ; mais notre intention n'a pas été d'interdire, pour toujours, à nos fujets, l'ufage raifonnable des bijoux d'or, ni celui de la vaiffelle d'argent d'un poids fuffifant pour la pouvoir conferver fans dépériffement.

Nous fommes d'ailleurs informés que depuis notredite déclaration il s'eft introduit dans notre royaume, par des brocanteurs & colporteurs étrangers, une grande quantité de tabatières, étuis & autres bijoux d'or, la plupart à bas titre, ce qui a caufé un double préjudice à nos fujets, dont les uns ont été trompés, & les autres pri-vés du profit de la fabrication, qui excède fou-vent la valeur de la matière, & dont le prix a paffé à l'étranger.

Nous favons même que le titre de l'or, réglé par les ordonnances à vingt-deux karats un quart de remède, ne peut être obfervé que pour les médailles, jettons & ouvrages folides ; mais que les ouvrages dans lefquels il entre de la foudure, ne pouvant être travaillés, on s'en eft tellement écarté, qu'il s'en trouve qui ne font pas même à quatorze karats. A quoi nous croyons qu'il eft également néceffaire de pourvoir pour la fureté de nos fujets. A ces caufes, de l'avis de notre très-cher & très-amé oncle le duc d'Orléans, &c. &c. nous avons, par ces préfentes fignées de notre main, dit, déclaré, ordonnons, voulons & nous plaît :

ARTICLE PREMIER.

Qu'il puisse être fabriqué, dans l'étendue de notre royaume, pays, terres & seigneuries de notre obéissance, des bijoux d'or, comme tabatières, étuis & autres, jusqu'au poids de sept onces au plus.

Qu'il puisse être pareillement fabriqué, conformément à l'édit du feu roi notre très-honoré seigneur & bisayeul, du mois de mars 1700, & à l'ordonnance de police du 10 juillet 1701, rendue en conséquence dudit édit, des bassins d'argent de douze marcs, des plats de huits marcs, des assiettes d'argent de trente marcs à la douzaine, des soucoupes de cinq marcs, des aiguieres de sept marcs, des flambeaux & chandeliers de cinq marcs, des sucriers de trois marcs, des salieres, des poivrieres & autres menues vaisselles, pour l'usage des tables, de deux marcs, des rechauds de six marcs, des caffetières & chocolatières de même poids, des porte-huiliers, jattes, saladiers, boëtes à sucre & tasses couvertes, de trois marcs, des bassinoires de neuf marcs, des pots à thé, bassins à barbe, coquemards, pots à l'eau & poëlons de cinq marcs, des écritoires garnies de leur encrier, poudrière & sonnettes de six marcs.

I I.

Faisons défense à tous orfévres & autres ouvriers de fabriquer aucuns ouvrages d'or & d'argent excédant le poids ci-dessus marqué, à peine de confiscation & de trois mille livres d'amende, & encore contre les maîtres, de perte de la maîtrise, & contre les compagnons & apprentifs de ne pouvoir être admis à la maîtrise.

I I I.

Défendons aussi aux maîtres & gardes des orfévres & à notre fermier de la marque d'or & d'argent, d'apposer aux ouvrages excédans lesdits poids, aucuns de leurs poinçons, à peine d'être condamnés solidairement en ladite amende de trois mille livres, & de pareille déchéance de la maîtrise à l'égard desdits maîtres & gardes des orfévres.

I V.

Voulons que ceux qui vendront & débiteront des ouvrages d'or & d'argent, qui n'auront point été essayés, ni marqués du poinçon des maîtres & gardes des orfévres de l'une des villes de notre royaume où il y a maison commune établie, soient aussi, outre la confiscation desdits ouvrages, condamnés en pareille amende de trois mille livres, jusqu'au paiement de laquelle ils tiendront prison.

V I.

Permettons aux ouvriers & horlogers de fabriquer & vendre des menus ouvrages d'or sujets à souder, comme croix, tabatières, étuis, bou-

cles, boutons, boëtes de montres & autres, au titre seulement de vingt karats un quart, au remède d'un quart de karat; leur défendons, sous quelque prétexte que ce soit, d'en fabriquer & vendre au-dessous du titre ci-dessus prescrit. Voulons que les autres ouvrages d'or ne puissent être fabriqués qu'au titre de vingt-deux karats un quart de remède, conformément aux anciennes ordonnances, & qu'il n'en puisse être fait aucun du poids excédant sept onces, sans notre permission par écrit, le tout sous les peines ci-dessus ordonnées.

X.

Défendons à tous orfévres, jouailliers, tireurs & batteurs d'or & d'argent & autres employans lesdites matières, de travailler dans des monastères & autres lieux clos, ainsi que dans les lieux privilégiés, ou prétendus tels, si ce n'est en nos galeries du Louvre, sous peine de trois ans de galères.

X I.

Voulons que tous les ouvrages saisis à la requête de notre fermier du droit de *marque*, soient remis au greffe de la cour des monnoies, ou des monnoies les plus prochaines, pour y rester pendant le tems de quinzaine au plus, & être le titre jugé suivant l'ordonnance; ce que nous voulons être exécuté, soit que les juges qui connoissent des droits de nos fermes, accordent main-levée des ouvrages saisis, ou qu'ils en ordonnent la confiscation, ou même que les parties s'accordent. Faisons défense à tous greffiers, gardiens & dépositaires, de les remettre ailleurs, & au fermier de nos droits de les rendre aux parties saisies, que le titre n'ait été jugé, à peine d'en répondre, & de mille livres d'amende contre chacun des contrevenans. Voulons que les ouvrages qui ne se trouveront point au titre, soient portés aux hôtels des monnoies, & le prix d'iceux remis sur le champ à notredit fermier, en cas que la confiscation ait été prononcée à son profit, sauf à prononcer telles condamnations qu'il appartiendra contre les orfévres & ouvriers qui auront fabriqué lesdits ouvrages, & contre ceux qui les auront exposés en vente. Si donnons en mandement, &c. Donné à Paris le 23e jour de novembre 1721.

Ces mêmes réglemens font défenses aux gardes & maîtres des orfévres, mayeurs & fermiers de la *marque*, d'apposer aucun de leur poinçon aux ouvrages d'un poids qui excéderoit la fixation, à peine d'être condamnés solidairement en trois mille livres d'amende, & de déchéance de leur maîtrises à l'égard des maîtres & gardes des orfévres.

Par des arrêts du conseil des premier août 1733, & 20 juillet 1751, les droits de sortie du royaume sur les vaisselles d'or & d'argent, & tous autres ouvrages d'orfévrerie, fabriqués dans la ville de Paris feulement, & deftinés pour les pays étrangers, ont été réduits au tiers des droits qui fe paient fur ces ouvrages dans tous les autres cas; à l'égard des droits de *marque* & de *contrôle*, vingtième & fou pour livre de ces droits pour l'hôpital, il a été ordonné qu'ils feroient perçus à l'ordinaire; mais que les deux tiers en feroient reftitués en la manière prefcrite par l'arrêt de 1733.

Ce dernier arrêt ordonne que les ouvrages d'or & d'argent déclarés pour la deftination étrangère, feront portés au bureau de la *marque* & *contrôle*, pour y être marqués d'un poinçon de décharge particulier; qu'il fera fait mention, fur un regiftre tenu à cet effet par le fermier, & d'après la déclaration des orfévres, fourbiffeurs & horlogers, des poids & qualités de ces ouvrages, des noms & demeures de ceux auxquels ils feront adreffés, avec foumiffion de la part des déclarans, de faire fortir ces ouvrages dans les termes portés par l'acquit à caution, & par le dernier bureau de fortie défigné dans la foumiffion, & un de ceux que l'article 6 de cet arrêt dénomme fur toutes les frontières du royaume.

Les acquits à caution doivent être rapportés déchargés, au bureau de la douane, dans le terme fixé par ces acquits, fous peine, contre ceux qui ont fait les envois, d'être, non feulement privés de la reftitution des deux tiers du droit de contrôle; mais encore d'une amende du quadruple des droits de fortie; lefquelles peines doivent avoir également lieu contre ceux qui rapportent des acquits à caution, dont les décharges ne fe trouvent pas véritables.

Le fermier eft autorifé à faire faire deux poinçons particuliers pour marquer les vaiffelles & ouvrages deftinés pour l'étranger, l'un pour les ouvrages d'or, l'autre pour les ouvrages d'argent. Ces poinçons doivent être infculpés au greffe de l'élection de Paris feulement.

La réduction des droits de fortie, & la reftitution des droits de contrôle, ont été étendus, par un arrêt du 24 mai 1765, aux vaiffelles d'or & d'argent, & à tous autres ouvrages d'orfévrerie deftinés pour les colonies.

Et deux autres arrêts des 6 avril & 28 mai 1770, ont ordonné l'exécution de ceux du premier août 1733, & 24 mai 1765.

Aux termes des déclarations des 3 février 1685, & 26 janvier 1749, les droits de *marque* & *contrôle* font dûs, non feulement fur toutes fortes d'ouvrages neufs, mais encore fur la vieille vaiffelle & autres gros ouvrages qui font revendus par les marchands orfévres & autres traficans & travailleurs en or & en argent, autant de fois qu'ils en font la revente, quoique les ouvrages aient déjà été marqués, & les droits payés, lors de la première vente.

L'article 17 de l'ordonnance de 1681, enjoint au fermier de remettre, à la fin de fon bail, entre les mains de celui qui le remplace, les poinçons & cachets fervant à la marque de l'or & de l'argent, à peine de dix mille livres d'amende qui doit-être encourue après la première fommation qui lui en aura été faite.

Cette difpofition a pour objet de prévenir l'abus qui pourroit être fait de ces poinçons & cachets, fi la négligence du fermier fortant, les faifoit tomber dans des mains étrangères. Le fermier entrant obtient ordinairement un arrêt qui l'autorife à faire brifer, en préfence des officiers de l'élection, les anciens poinçons & cachets, & à en faire fabriquer de nouveaux; en ce cas, les ouvrages qui font dans la poffeffion des orfévres & autres marchands & ouvriers, & qui ont été marqués du poinçon de décharge du précédent fermier, le font par le nouveau, avec les délais & les formalités prefcrites par les déclarations de 1685 & 1749, du poinçon de contre marque deftiné à cet ufage, fans qu'il puiffe, pour raifon de cette nouvelle *marque*, exiger aucun droit ni frais. *Voyez* CONTRE-MARQUE..

L'article 11 de la même ordonnance de 1681, autorife le fermier à faire des vifites chez les orfévres, jouailliers & autres ouvriers travaillant & vendant des ouvrages d'or & d'argent, en fe faifant affifter d'un officier de l'élection du lieu où la vifite fera faite. Ces difpofitions ont été la fuite d'une contravention relative aux droits de la *marque* d'or & d'argent, commife par Louis Blandin, âgé d'environ quinze ans, fe difant apprentif metteur-en-œuvre, qui avoit été trouvé faifi de quatre boucles d'argent par lui fabriquées, fans avoir été marquées d'aucun poinçon, foit de maître, foit de charge du fermier, foit de la maifon commune; la cour des aydes de Paris rendit, le 16 décembre 1763, un arrêt contradictoire, par lequel elle confirma, avec amende & dépens, deux fentences de l'élection de cette ville des 29 avril 1761, & 9 février 1763, qui, fans avoir égard à la demande en nullité à la procédure formée par Pierre Blandin père, l'avoient condamné, & par corps, comme garant & refponfable civilement des faits de Louis Blandin fon fils mineur, à payer la fomme de quatre cens livres d'amende, & aux dépens prononcés contre ce dernier par la première de ces fentences.

Ainfi, cet arrêt a jugé deux queftions également importantes : la première, qu'un enfant mineur de quatorze ou quinze ans, quoique demeurant chez fon père, peut être affigné feul, en conféquence d'un procès-verbal de faifie faite fur lui, fans que le fermier foit obligé d'affigner en même-temps le père pour autorifer fon fils.

La feconde, que le père eft civilement garant & refponfable des condamnations prononcées par défaut contre fon fils mineur demeurant chez lui, quoique dans l'efpèce, le père prétendît exciper de ce que fon fils étoit apprentif metteur-en œuvre, & que la faifie avoit été faite dans la chambre de deux compagnons avec lefquels il travailloit.

Toutes ces difpofitions font conformes à l'article 29 du titre commun de l'ordonnance de 1681, à la déclaration du 30 janvier 1714, pour les aides, à celle du 12 juin 1722, pour les gabelles.

Par arrêt rendu au confeil d'état du roi, le 11 avril 1769, il a été enjoint aux fyndics de la communauté des Juifs de Metz, de remettre au bureau du contrôle de la *marque* d'or & d'argent, établi en cette ville, un état des Juifs qui voudroient faire commerce d'ouvrages d'or & d'argent, & ordonné que ceux qui feroient infcrits fur cet état tiendroient des regiftres, fur lefquels ils tranfcriroient, jour par jour, les pièces de vaiffelle & autres ouvrages d'or & d'argent qui leur feroient apportés : le même arrêt a fait défenfes à tous les Juifs qui ne feroient point infcrits, de vendre aucunes vaiffelles, ni aucun ouvrage d'or & d'argent ailleurs qu'au change de la monnoie, ou aux orfèvres-jurés des villes de Metz, Toul & Verdun, à peine de confifcation, & de trois mille livres d'amende ; en conféquence le fermier a été autorifé à fe tranfporter chez les Juifs traficans ou autres, pour y faire la vifite de tous les ouvrages & vaiffelles d'or & d'argent en vieux & en neuf, & faifir ceux qui fe trouveroient en contravention aux réglemens, & dont les droits n'auroient pas été acquittés.

Par un autre arrêt rendu au confeil le 20 juin fuivant, le roi, en renouvellant les difpofitions, tant du titre des droits de *marque* fur l'or & l'argent, de l'ordonnance du mois de juillet 1681, que de la déclaration du 26 janvier 1749, a caffé une fentence de l'élection de Noyon du 17 mai 1769, par laquelle les orfèvres de cette ville avoient été affranchis de la *marque & contrôle* des menus ouvrages, tels que ceux d'or & d'argent ; en conféquence fa majefté a ordonné que les orfèvres de cette ville, ainfi que ceux de Blois qui avoient pris des délibérations aux mêmes fins, feroient tenus d'apporter, au bureau du fermier, tous les ouvrages de cette efpèce qui feroient en leur poffeffion, même ceux qui feroient revêtus du cachet du fermier, pour être marqués du poinçon de décharge & les droits être payés de ceux fur lefquels il n'auroit pas été précédemment ap-

pofé de cachet ; elle a enjoint aux orfèvres de Blois & à tous autres, de déclarer au bureau du fermier chaque fois qu'ils entreprendroient une fabrication de menus ouvrages, la quantité de matières d'or & d'argent qu'ils fe propoferoient d'y employer, & les repréfenter, après leur perfection, pour être marqués du poinçon de décharge du fermier, & les droits payés ; elle leur a pareillement enjoint de préfenter par eux-mêmes, ou par leurs officiers, les ouvrages qu'ils apporteroient au bureau du fermier pour être marqués, & de les tenir devant le commis marqueur, pendant l'appofition du poinçon, à peine, contre les refufans, de vingt livres d'amende. Un arrêt du confeil du 10 juillet 1770, en développant les règles fur cette partie, ordonne encore l'exécution de cet arrêt de 1769, dont on vient de donner le précis.

Deux autres arrêts rendus au confeil, le 15 août 1769, ont renouvellé les difpofitions d'anciens réglemens dont l'exécution fouffroit de tems en tems des difficultés.

Par le premier, le roi a ordonné aux officiers des élections de fe conformer aux réglemens des 18 août 1685, & 5 décembre 1705, concernant la régie & perception des droits de *marque* fur les ouvrages d'or & d'argent ; en conféquence fa majefté enjoint au premier de ces officiers qui feroit requis, d'accompagner les commis du fermier dans leurs vifites, de fe tranfporter dans tous les lieux qui lui feroient indiqués par lefdits commis, pour être préfent à leurs vifites, vifer, attefter & parapher leurs procès-verbaux, fans que le fermier fût tenu de préfenter requête à cet effet, ni que les officiers puffent exiger l'affiftance du procureur du roi, ni celle du greffier ou de l'huiffier de l'élection, finon, en cas de rébellion ou autres, dans lefquels le miniftère du procureur du roi ou du greffier feroit néceffaire : elle a fixé le falaire des officiers à trois livres pour chaque vacation de trois heures au moins, dans le lieu du fiège de l'élection, fans cependant rien innover à l'ufage établi pour les élections de Paris & de Lyon. Elle a d'ailleurs ordonné la reftitution au profit du fermier, de ce qui avoit été perçu au-delà de la fomme de trois livres par vacation, & fait défenfe aux officiers des élections d'exiger autres ni plus grands droits, ni de refufer leur affiftance aux vifites dont ils feroient requis, à peine d'interdiction.

Par le fecond de ces arrêts, le roi, en interprétant autant que de befoin l'article 21 de la déclaration du 26 janvier 1749, portant réglement pour la régie & perception des droits de *marque* & de *contrôle* fur les ouvrages d'or & d'argent, a permis aux prépofés du fermier de ces droits, de fe faire affifter du premier juge qu'ils requerreroient, même d'un juge de feigneur, & à leur défaut

d'un

d'un notaire, dans les visites qu'ils feroient dans les villes où il n'y a point siège d'élection, soit que dans ces villes il y ait maison commune & jurande d'orfévres, soit qu'il n'y en ait point : sa majesté a fixé les honoraires de leurs vacations sur le même pied qu'ils sont réglés pour les officiers des élections.

Ces dispositions ont été confirmées par des lettres-patentes du roi du 21 mai 1771.

Par arrêt du 6 février 1777, la cour des aydes de Paris, en ordonnant « que les réglemens concernant les droits de *marque & de contrôle*, sur » les ouvrages d'or & d'argent, & les visites & » exercices des commis, seroient exécutés selon » leur forme & teneur ; a enjoint à Pierre-Nico-» las Sommé, marchand orfévre de Paris, de s'y » conformer, & de souffrir paisiblement ces vi-» sites & exercices ; de représenter à la première » réquisition des commis, ses ouvrages d'or & » d'argent, même ceux qu'il pourroit avoir dans » ses poches, de vuider & retourner sesdites » poches quand il en sera requis ; comme aussi, » de porter honneur & respect aux juges qui as-» sisteroient ces commis, & d'obéir à leurs or-» donnances ; & pour les refus & manque de » respect, insultes & contraventions constatées » par le procès-verbal du 5 novembre 1774, a con-» damné ledit Sommé, même par corps, à cinq » cens livres d'amende, confisqué la valeur de six » cuillers à caffé qu'il a refusé de soumettre à » l'examen des commis, avec trois cens livres » d'autre amende à cet égard ; & lui a fait dé-» fense de récidiver sous peine de punition exem-» plaire ».

La même cour des aydes a enjoint, le 18 fé-vrier 1777, à la veuve de Louis Mothet, mar-chand orfévre à Paris, & à Louis Mothet, son fils aîné, de souffrir & laisser faire aux commis, toutes les fois qu'ils se présenteront assistés d'un juge, les visites qu'ils requerront, dans les lieux occupés par ladite veuve, & d'être présente aux-dites visites ; ou de commettre quelqu'un pour y être présent ; & pour s'y être refusé le 17 février 1769, les condamne, solidairement & par corps, en deux cens livres d'amende, avec l'impression & l'affiche de l'arrêt.

Le roi ayant été informé que dans le nombre des effets déposés au Mont-de-Piété établi à Pa-ris, & qui étoient dans le cas d'être vendus faute d'avoir été retirés par les propriétaires dans le délai fixé, il se trouvoit beaucoup d'ouvrages d'or & d'argent ou garnis de ces métaux, dont les droits de *marque & contrôle* n'avoient pas été acquittés précédemment, sa majesté a jugé qu'il étoit juste, conforme aux réglemens, & convenable aux in-térêts du commerce, que les droits de *marque & contrôle* fussent payés sur ces ouvrages ; en consé-

quence elle a rendu en son conseil, le 18 mars 1779, un arrêt qui contient les dispositions sui-vantes :

ARTICLE PREMIER.

« Les droits de *marque & contrôle*, & les huit » sols pour livre en sus, établis par les ordon-» nances & réglemens, seront perçus sur les ou-» vrages d'or & d'argent déposés au Mont-de-» Piété, qui seront dans le cas d'y être vendus, » & dont lesdits droits n'auront pas été précé-» demment acquittés : veut sa majesté que les gar-» nitures, appliques & autres accessoires d'or & » d'argent qui entreront dans la composition des » ouvrages, dont le corps ne seroit pas desdites » matières, soient également sujets aux droits de » *marque & contrôle* & sol pour livre d'iceux, tou-» jours dans le cas ci-devant exprimé, ou lesdits » ouvrages, garnitures, accessoires, n'auront pas » précédemment acquitté lesdits droits, & seront » destinés à être vendus, faute par les proprié-» taires de les avoir retirés dans le tems fixé ; » n'entendant pas sa majesté que la perception ait » lieu, tant sur les ouvrages marqués ou non » marqués que les propriétaires retireront du » Mont de Piété dans le terme prescrit, que sur » les ouvrages dont les *marques* justifieront que » les droits en ont été précédemment acquittés.

II.

» Les droits sur les ouvrages non revêtus des » *marques*, ou dont lesdites *marques* seroient » reconnues fausses, seront liquidés d'après la » matière & le poids, si les ouvrages ou garni-» tures peuvent être pesés sans inconvénient, & » en cas d'inconvénient pour la pesée, d'après » l'évaluation du poids des matières, telle qu'elle » sera réglée de bonne foi, entre les employés » des régisseurs ou fermiers des droits de *marque* » *& contrôle*, & les personnes chargées par l'ad-» ministration du Mont-de-Piété de l'estimation » des effets déposés.

III.

» Après la liquidation des droits, & avant que » les ouvrages qui y seront sujets puissent être ven-» dus, ils seront marqués dans le bureau du Mont-» de-Piété, des poinçons du régisseur ou du fer-» mier, & les droits liquidés, seront retenus sur » ce qui restera du prix de la vente desdits ou-» vrages, après que ledit Mont-de-Piété sera en-» tièrement rempli de ce qu'il est autorisé à retenir » pour ses avances, les intérêts & les frais : veut » sa majesté qu'en cas que le restant net du prix » de la vente, ne fut pas suffisant pour acquitter en » partie ou en totalité lesdits droits, les régisseurs » ou fermiers ne puissent rien exiger au-delà dudit » restant net, justifié par le procès-verbal de vente » & par le décompte des retenues faites par le » Mont-de-Piété.

IV.

» Veut au surplus sa majesté que les ordon-

P

» nances, édits, réglemens & arrêts rendus pour
» la perception des droits de *marque & contrôle*
» fur les ouvrages d'or & d'argent, & notam-
» ment les articles 2, 3, 14, 16 & 17 de la
» déclaration du 26 Janvier 1749, concernant le
» droit de revente dû par les orfévres, fabricans
» & traficans, foient exécutés felon leur forme
» & teneur, en tout ce qui ne fera pas contraire
» au préfent arrêt ».

Deux arrêts de la cour des aydes des 30 janvier
& 26 Juin 1781, ont ordonné l'exécution des
anciens réglemens.

Le premier rappelle les articles 14 & 16 de la
déclaration du 24 janvier 1749, & en conféquence affujettit les marchands merciers, bijoutiers, à la tenue des regiftres pour y infcrire la
vaiffelle & les ouvrages d'or & d'argent, vieux
ou réputés vieux, à peine de cent livres d'a-
mende.

Le fecond ordonne que les marchands orfévres
feront tenus de faire leurs déclarations & foumiffions au bureau du régiffeur du droit de la
marque d'or & d'argent, pour les petits ouvrages
qui ne pourront pas fupporter l'appofition des
poinçons de la régie, conformément à l'article 9
de la déclaration du 26 janvier 1749.

Le produit du droit de la *marque & contrôle*
fur les ouvrages d'or & d'argent ne s'éleve dans
tout le royaume qu'à environ treize cens mille
livre par an, y compris les dix fols pour livre,
& la ville de Paris en donne les trois quarts.

On eftime que la fraude enleve les quatre cinquièmes du produit que ce droit donneroit naturellement, fans l'extrême facilité que trouvent
ceux qui travaillent l'or & l'argent, à fabriquer
ou fe procurer de faux poinçons, mais fi bien contrefaits qu'il eft prefque impoffible d'en conftater
la fauffeté. On remarque même que depuis que
ce droit a fubi, comme les autres, l'augmentation des deux fols pour livre, la fraude a pris
beaucoup d'accroiffement, & continue à s'étendre davantage de jour en jour.

Il feroit donc à defirer qu'on pût remplacer
cette branche de revenu par une impofition particulière fur tous les ouvriers qui travaillent l'or
& l'argent, dans la proportion de la quantité qu'ils
emploient ou qui entre dans leur commerce ;
comme ce travail & ce commerce refteroient néceffairement affujettis à la police déjà établie pour
parvenir à affurer le titre de ces métaux, il femble, qu'au moyen du relevé des ouvrages préfentés
à l'effai aux gardes de l'orfévrerie, foit qu'ils euffent été travaillés en France, foit qu'ils y fuffent
venus de l'étranger, il ne feroit pas difficile de
calculer le montant de la nouvelle taxe que chacun

auroit à payer, & de le combiner avec la valeur
des objets.

On trouvera fous le mot PAPIER, tout ce qui
concerne cette marchandife, tant par rapport au
droit de *marque*, auquel elle étoit anciennement
affujettie, que relativement à ceux qui ont été
enfuite impofés à l'entrée des villes du royaume.
Voyez PAPIER.

MARQUE ET CONTROLE DES TOILES.
(droit de) On a annoncé, au mot CONTRÔLE,
qu'on traiteroit de ce droit dans cet article : on
ne trouve aucun réglement qui indique fon origine
& par quels motifs il a été établi. Il paroit, par
les termes même du titre de l'ordonnance du 22
juillet 1681, par lequel il a été rénouvellé, qu'il
exiftoit antérieurement, & que cette ordonnance
ne fait que donner une nouvelle fixation à fa
quotité.

Quoiqu'il en foit, la fixation de ce droit n'a
éprouvé aucun changement depuis cette époque,
fi ce n'eft par l'addition des dix fols pour livre.

On va rappeller le titre qui concerne ce droit.

ARTICLE PREMIER.

Nos droits fur les toiles, futaines, bazins,
cannevas, coupons, coutils & treillis, feront
levés fuivant la fixation portée par le tarif attaché
fous le contrefcel des préfentes.

I I.

Sera levé le fimple droit porté par le tarif,
fur les pièces de toiles de quarante aunes & au-
deffous, même fur celles qui font coupées en
draps, nappes & autres commodités du ménage,
pourvu qu'elles foient neuves.

Le double fur les pièces au-deffus de quarante
aunes, jufqu'à quatre-vingt, & le triple fur celles
au-deffus de quatre-vingt aunes.

I I I.

Déclarons fujettes à nos droits, les toiles amenées des pays étrangers ou de nos provinces, dans
lefquelles les droits de nos fermes ne font établis
que dans notre bonne ville & fauxbourgs de Paris,
pour y être employées ou pour paffer de bout.

Les articles 4, 5, 6, 7 & 8, prefcrivent les
formalités qui doivent être remplies à l'égard des
toiles à leur arrivée ; celles qui proviennent des
provinces des cinq groffes fermes, doivent être
portées directement à la halle aux toiles, & les
autres amenées des provinces étrangères ou des
pays étrangers, doivent être conduites à la
douane.

Défendons, porte l'article 9, fous peine de
cent livres d'amende, d'enlever les toiles du bureau, ou de la halle aux toiles, qu'elles n'aient

été marquées par les commis ; ce qu'ils feront tenus de faire inceffamment , enforte qu'elles ne demeurent pas plus de trois jours dans le bureau.

Les articles 10 & 11 fixent les heures auxquelles la halle doit être ouverte , & défendent à tous autres marchands que les marchandes lingères , d'y faire des achats , & ordonnent à ces marchandes , ainfi qu'aux forains , de ne faire décharger en leurs maifons ou magafins , aucunes toiles, qu'après qu'elles auront paffé à la douane ou à la halle aux toiles.

X I I.

Déclarons fujettes à nos droits , les toiles qui feront ramenées à Paris des bueries de Senlis , Beauvais & des autres lieux , enfemble des foires de Saint-Denis , fi les marchands & voituriers ne font apparoir de la marque des commis ; pour cet effet leur enjoignons de les repréfenter au bureau avant que de les conduire dans leurs maifons ou magafins , à peine de confifcation & de cent livres d'amende.

X I I I.

Les articles précédens pour les toiles , feront exécutés pour les futaines , bafins , canevas , coupons , coutils , treillis , & autres marchandifes de fil , fur les mêmes peines en cas de contravention.

TARIF des droits de marque & contrôle , qui doivent être levés fur les toiles , canevas , coutils , futaines , &c.

Pour chaque pièce de toile de lin de quarante aulnes & au-deffous......	5 fols	4 deniers.
Pour celles au-deffus de quarante aulnes jufqu'à quatre-vingt-dix..........	10	8.
Pour, idem, au-deffus de quatre-vingt............................	16.	
Pour chaque pièce de chanvre , de quarante aulnes , & au-deffous........	4.	
Pour, idem, au-deffus de quarante jufqu'à quatre-vingt................	8.	
Pour, idem, au-deffus de quatre-vingt............................	12.	
Pour chaque pièce d'étoupe , canevas & treillis, de quarante aulnes & au-deffous	2	8.
Pour celles au-deffus de quarante jufqu'à quatre-vingt.................	5	4.
Pour celles au-deffus de quatre-vingt............................	8.	
Pour chaque pièce de bazin , aulnage ordinaire.......................	2	8.
Pour chaque pièce de futaine & toile de coton.......................	2	8.
Pour chaque pièce de toile de coutil , de quarante aulnes & au-deffous....	5	4.
Pour celles au-deffus , de quarante jufqu'à quatre-vingt..............	10	8.
Pour celles au-deffus de quatre-vingt............................	16.	
Pour chaque botte de ferviette , contenant quatre douzaines & au-deffous...	5	4.
Pour chaque pièce d'Hollande , demi-Hollande , toile de Gand , Lille , Courtray , Malines , &c. , de toute autre pareille , de quarante aulnes & au-deffous...	6	9.
Pour celles au-deffus de quarante aulnes jufqu'à quatre-vingt............	13	6.
Pour celles au-deffus de quatre-vingt............................ 1 l.		3.
Pour chaque pièce de linon , baptifte , & autres de femblable nature......	6	9.
Pour chaque tire de fix coupons de deux aulnes & au-deffous..........	6	9.
Pour chaque pièce de treillis d'Allemagne , Lyon & autres lieux , de quarante aulnes & au-deffous.................................	2	8.
Pour celles au-deffus de quarante aulnes jufqu'à quatre-vingt...........	5	4.
Pour celles au-deffus de quatre-vingt aulnes...................	8.	
Pour chaque pièce de toile de Bretagne , de fix à fept aulnes de longueur...	2	8.

Pour les toiles peintes & imprimées, les droits en feront payés fur le pied des toiles ci-deffus, dont elles feront le plus approchantes.

Le droit de *marque & contrôle* des toiles, donne un produit d'environ quatre-vingt mille livres.

MARSEILLE, ville & port de mer, dont la conftitution eft unique dans le royaume. Les priviléges dont elle jouit par rapport aux droits du roi, & aux impofitions, méritent qu'on donne ici quelque connoiffance de fa condition à cet égard, de fon commerce & de fon adminiftration intérieure.

On a rapporté à l'article LEVANT, un précis des édits & déclaration de 1669, & de l'arrêt du confeil du 10 juillet 1703, qui font les titres de l'affranchiffement de la ville de Marfeille. On peut y voir, par quels moyens M. Colbert chechoit à y ranimer le commerce alors étouffé, fous une multitude de droits, & à groffir la population, en invitant les étrangers à venir s'établir dans ce port.

Ces règlemens donnoient la liberté de faire entrer & fortir fans payer aucuns droits, toutes efpèces de marchandifes, à l'exception de celles qui font prohibées pour l'intérêt général de l'Etat & des fabriques nationales. Ils y fupprimoient tous les bureaux des fermes, en ne confervant dans Marfeille & fon territoire que le bureau des chairs & poiffons falés, dépendans de la ferme des gabelles; celui du poids & caffe, pour les prohibitions; le bureau du domaine d'occident, pour le commerce des ifles, & le bureau de la ferme du tabac.

Ainfi Marfeille fur ces quatre points, refta affimilée aux autres villes du royaume : en forte qu'elle eft tantôt nationale & tantôt étrangère.

Les circonftances dans lefquelles cette ville eft confidérée comme faifant partie du royaume, font comme on vient de le dire, celles où par des vues politiques, il a été établi des droits propres à repouffer tout ce qui pouvoit nuire à la profpérité générale; l'arrêt du 3 juillet 1759, a en conféquence ordonné que toute marchandife prohibée dans le royaume, le feroit également à Marfeille, fauf les étoffes qui proviennent du commerce du Levant.

L'intérêt de la culture des Colonies, a fait impofer à l'entrée de Marfeille les droits uniformes qui ont lieu fur les fucres étrangers, par le tarif de 1667, & par l'arrêt du confeil du 25 avril 1690.

L'intérêt de la pêche nationale, fait de même percevoir dans cette ville les droits généraux auxquels tout poiffon de pêche étrangère a été affujetti par l'arrêt du 6 juin 1763.

Enfin, toutes les toiles de coton peintes ou blanches qui viennent de l'étranger, autres que celles du retour du commerce du Levant, font fujettes à Marfeille aux mêmes droits que dans les autres ports, en conformité de l'arrêt du 13 août 1772; & à être plombées au bureau du poids & caffe.

Les bas, la bonneterie & les étoffes de laine, venant de l'étranger, font abfolument prohibés à *Marfeille*, par l'arrêt du 24 février 1767.

A l'égard du fel & du tabac étrangers, on fent bien que le privilége exclufif du fermier qui en fournit *Marfeille* comme le refte du royaume, n'y tolère pas de concurrence.

Cette ville confidérée comme nationale, fe préfente fous un afpect abfolument oppofé à fa conftitution de ville étrangère.

Les chofes fabriquées jouiffent d'une modération de droits par des règlemens particuliers.

Tels font les bas de fil & coton, les bas de laine, les bas de foie, les bonnets de laine & coton; les arrêts du confeil des 5 décembre 1667, & 22 décembre 1744, les admet à ne payer que les droits ordinaires des tarifs qui ont lieu dans les provinces où ils font importés; mais cette faveur eft fubordonnée à deux conditions; 1°. celle que les bas & bonnets feront marqués du nom & de la demeure du fabricant à *Marfeille*, conformément à l'arrêt du confeil du 2 janvier 1734; 2°. que ces marchandifes feront accompagnées du certificat du fabricant qui devra être vifé des échevins. Ces formalités font prefcrites également pour les chapeaux de poil & de laine, les favons, les fucres rafinés, les peaux & cuirs aprêtés, les toiles piquées & ouvrées, l'amidon, les bouteilles de verre, les clous, les cires ouvrées & blanches, la fayance, les liqueurs & les pipes à tabac qui font dans le même cas que la bonneterie.

Cette faveur tire fon origine d'une ordonnance de l'intendant de Provence du 3 juin 1688, confirmée par divers arrêts du confeil, rendus fur les repréfentations des fabricans de *Marfeille*, qui ont expofé que pour être établis dans une ville, regardée & traitée comme pays étranger, ils n'en étoient pas moins fujets aux charges néceffaires pour fubvenir à fes dépenfes, & conféquemment fondés à réclamer toutes les faveurs dont jouiffoient les fabriques nationales.

Les différens fabricans de *Marseille* ont aussi la faculté de tirer du royaume des peaux & poils de lièvre & de lapin, des laines, des soyes, des peaux, du chanvre, en ne payant que les droits ordinaires des tarifs, ou sans en payer aucune pour les espèces qui jouissent d'une libre circulation, comme les laines, les chanvres. Pour prévenir les abus, les quantités de matières que chacun de ces fabricans peut extraire du royaume, sont fixées par des états généraux, arrêtés chaque année par la chambre du commerce, sur la demande de chacun d'eux; & les états n'ont leur effet qu'après avoir été visés par l'intendant.

Le directeur des fermes, fait en conséquence tenir un compte ouvert pour chaque fabricant, & lorsqu'il veut faire venir quelques portions des matières dont il a besoin, il lui est délivré des passavans jusques à concurrence de la somme totale qui lui est assignée par l'état général.

Marseille, par son commerce, à des relations au Levant, en Afrique, en Espagne, en Italie, dans le Nord de l'Europe, à l'Amérique & dans l'intérieur du royaume.

On a vu au mot LEVANT, quelles sont les marchandises qu'on y envoie, celles qu'on en tire, & àquelles formalités elles sont sujettes. On observera encore, que ce sont les manufactures du Languedoc qui fournissent tous les draps destinés pour ce commerce; qu'on y fait passer aussi des étoffes de soie de Lyon, des marchandises de bijouterie, de mercerie, d'horlogerie, orfèvrerie & ébénisterie, qui payent une partie de la valeur des marchandises qu'on en tire, & que la solde de ce commerce se fait en indigos, en sucres & cafés de nos Colonies, en cochenille & en monnoies étrangères.

Les marchandises que *Marseille* reçoit du Levant, consistent en bleds, en ris, en cafés d'Arabie, en cotons, en laines, en poils de chèvre, en soies & en drogueries de toute espèce; & enfin, en quelques étoffes de soie & coton dont l'entrée & la consommation sont défendues dans le reste du royaume. Ces étoffes dont le retrait est nécessaire pour entretenir notre commerce en Turquie, peuvent être regardées comme une charge préjudiciable aux fabriques nationales; mais elle est d'un objet si médiocre au moyen de ce que la consommation de ces étoffes est concentrée à *Marseille*, qu'elle ne peut pas balancer les avantages infinis que ce commerce procure à cette ville; elle est un entrepôt immense de toutes les marchandises du Levant, & le transit dont elle jouit dans le royaume, lui en procure le débouché en Allemagne, en Suisse & en Savoie. *Voyez* l'article LEVANT.

Le commerce que *Marseille* fait en Afrique, c'est-à-dire, dans le Etats barbaresques, consiste moins dans le débit des marchandises du royaume, que dans le retrait de celles qu'on apporte de ces régions. Ce sont des bleds, de l'orge & des fèves; articles très-importans pour la Provence, & pour les côtes de l'Italie, où on les réexporte; des huiles, du corail, des cuirs, des cires, des cendres, des soudes, sont encore des objets de retour; & comme les vins & les eaux-de-vie sont les choses les plus considérables qu'on embarque pour la Barbarie, & qu'ils ne suffisent pas pour solder la balance du commerce, on y envoie des piastres.

Ce commerce se fait exclusivement par une compagnie royale, érigée par arrêt du conseil du 21 novembre 1740, qui a ses principaux établissemens en France, à *Marseille*, & dans le royaume d'Alger, à Bone & à Calle. C'est dans le dernier endroit qu'est le principal comptoir de cette compagnie, & elle peut seule envoyer des marchandises dans ces lieux qui lui ont été concédés; mais le reste du royaume d'Alger est ouvert à tous les négocians. Elle a environ cent ou cent vingt navires occupés aux transports des grains qu'il lui est permis d'exporter d'Afrique, & son capital originairement formé de douze cent mille livres, peut s'élever aujourd'hui, en 1784, à environ trois millions & demi. Cette compagnie jouit de l'exemption des droits de sortie sur les denrées principales, qu'elle exporte pour ce commerce, en vertu de l'édit du mois de février 1741.

Le commerce de *Marseille* avec l'Espagne, consiste à y porter des bijouteries, de la mercerie & de la quincaillerie, des toiles, des étoffes, des chapeaux, des dentelles & de la morue : en échange on en reçoit de la soie, de la cochenille, du cacao, des huiles, des joncs appelés auffes, des soudes, du quinquina & d'autres drogueries des Indes Espagnoles, & principalement des piastres.

En Italie, *Marseille* envoie des cafés & des sucres des Colonies, & cette ville en reçoit des huiles nécessaires pour les fabriques de savon, & pour brûler, des bleds, de grandes quantités de soies, de la manne & quelques autres drogueries qui viennent de la Calabre & de la Sicile.

Les objets du commerce de *Marseille* avec le Nord, sont des chanvres, des bois de construction & de charpente, des suifs, des goudrons, des fers doux en verges & en barres, des cuivres & des fers-blancs qui viennent de Suède, & des villes Anséatiques qui fournissent encore des bleds. La Hollande donne des poivres & des épiceries. Ce qu'on exporte dans ces pays en échange, se réduit à des vins, des eaux-de-vie, des savons & des marchandises du Levant.

Dans tous les cas, les bâtimens arrivant à *Marseille*, doivent, comme le porte l'arrêt de 1703, une déclaration détaillée de leurs chargemens au bureau du poids & casse, en y remettant leur manifeste, & payant cinq sols pour l'enregistrement qui en est fait. Ce droit a été assujetti aux dix sols pour livre, par l'édit d'août 1781.

Marseille ayant été assimilée aux autres ports du Royaume, par les lettres-patentes du mois de février 1719, qui l'ont admise à faire le commerce des Isles & Colonies Françoises, tout le régime fiscal dont il a été parlé aux mots ISLES DE L'AMÉRIQUE, s'observe à *Marseille*, ainsi que dans les autres places maritimes.

Il en est de même pour les marchandises de retour : à leur arrivée à *Marseille*, elles acquittent seulement le droit du *domaine d'Occident*; ceux de consommation imposés à l'entrée du royaume, ne sont dûs que lorsque les denrées sortent du territoire de *Marseille*, pour passer en Provence.

La traite des Nègres qui est liée au commerce des Colonies, se fait encore à *Marseille*; mais elle est peu considérable, & d'ailleurs réglée dans ce port comme dans le reste du royaume, par des loix d'une exécution générale & uniforme.

C'est dans son territoire & dans celui de la Provence, que *Marseille* trouve en partie les alimens du commerce qu'elle fait avec les provinces Occidentales & Septentrionales de la France. Elle leur fournit des savons, des huiles, des amandes, des prunes, des figues, des vins & des eaux-de-vie : elle leur fournit aussi des cotons en laine & des cotons filés, soit du Levant, soit de l'Amérique, des drogueries, &c., & elle en reçoit des morues sèches & des poisson salés, qui font la nourriture ordinaire des artisans des villes & des journaliers des campagnes.

Afin d'empêcher que le reste de la province ne participe aux franchises & libertés dont jouit *Marseille* & son territoire; cette ville est enceinte d'un mur qui les sépare entièrement du pays non privilégié; à chaque point de communication par les routes, sont situés des bureaux de la ferme où tout est déclaré, visité & acquitté, comme en venant du pays étranger, ou en y allant, sauf les exceptions en faveur des fabriques.

On a vu au mot GRENIER A SEL, que celui de *Marseille* consommant quatorze mille cent quarante minots de sel annuellement, au prix de vingt-quatre livres neuf deniers, donne un produit d'environ trois cens quarante-deux mille livres.

Le produit de la partie du tabac, sans être aussi considérable, est néanmoins intéressant; mais, on ne peut l'évaluer avec précision, attendu que ce qui est vendu de cette denrée dans *Marseille*, est consommée hors de son enceinte.

Les droits de contrôle des actes, insinuation, centième denier, &c., ayant lieu à *Marseille*, comme dans le reste de la Provence, on peut en estimer la recette à environ douze à treize cent mille livres, pour la province.

Les droits de traites payés à *Marseille*, n'étant qu'une avance faite par le négociant qui s'en rembourse sur le consommateur, leur produit ne peut-être calculé que sur le pied de la consommation de cette ville, & c'est beaucoup l'évaluer, que de le porter à cent mille livres.

Quant aux vingtièmes & à la capitation; ces impositions n'ont pas lieu à *Marseille*, au moyen d'un abonnement qui les remplace & qui est de huit cens mille livres par an : en conséquence, les terres & les maisons de *Marseille* & de son territoire, ne supportent aucunes charges quelconques. Toutes les impositions sont payées avec le produit des droits établis dans la ville, sur les farines, sur les viandes & les vins qui s'y consomment.

Ces droits forment une ferme générale, dont le prix annuel est de seize cens mille livres.

Leur perception se fait sur les grains convertis en farines, dans les moulins du territoire, ou sur les farines qui y sont apportées du dehors, à raison de six livres, par charge du poids de trois cens livres, poids de table, ou deux cens cinquante-huit livres, poids de marc.

Le fermier a seul la faculté de faire tuer les bestiaux & d'en débiter la viande. Le droit qu'il perçoit sur celle qui est apportée du dehors, revient à-peu-près à deux sols quatre deniers par livre.

Quant aux droits sur les vins, ils varient suivant la profession de ceux qui les vendent. Les vins consommés dans les auberges & hôtelleries, chez les traiteurs, paient un sol par pot; ceux qui se débitent dans les tavernes & les bouchons, ne sont sujets qu'à douze sols par millerolle, qui est de soixante pots.

Jusqu'en 1776, la ville de *Marseille* avoit joui du privilège exclusif de vendre dans son enceinte les vins de son territoire : écoutons ce qu'en dit l'édit du mois de février de cette même année.

« Aucune ville n'a porté ce privilège à un plus » grand excès, aucune ne l'a exercé avec plus » de rigueur. De tems immémorial, lorsque *Marseille* jouissoit d'une entière indépendance, elle » avoit interdit toute entrée aux vins étrangers.

» Lorfqu'elle fe remit fous l'autorité des Comtes » de Provence, elle exigea d'eux, par des ar- » ticles convenus en 1257, fous le nom de *cha-* » *pitres de paix*, qu'en aucun tems ces princes ne » fouffriroient qu'on portât dans cette ville du » vin ou des raifins, nés hors de fon territoire, » à l'exception du vin qui feroit apporté pour » être bu par le Comte & la Comteffe de Pro- » vence & leur maifon, lorfqu'ils viendroient à » *Marfeille* & y demeureroient, de manière ce- » pendant, que ce vin ne fût pas vendu.

» En 1294, un ftatut municipal, ordonna que » le vin qui feroit apporté en fraude, feroit ré- » pandu, les raifins foulés aux pieds, les bâti- » mens ou charrettes brûlés, & les contrevenans » condamnés en différentes amendes.

» Un règlement du 4 feptembre 1610, ajouta » à la rigueur des peines prononcées par les pré- » cédens règlemens, celle du fouet contre les » voituriers qui amèneroient du vin étranger dans » la ville de *Marfeille*.

» C'eft ainfi que par un renverfement de toutes » les notions de morale & d'équité, un vil inté- » rêt follicite & obtient, contre des infractions » qui ne bleffent que lui, les peines flétriffantes » que la juftice n'inflige même au crime qu'à re- » gret, & forcée par le motif de la fûreté publi- » que.

» Différens arrêts du confeil & du parlement » de Provence, des lettres-patentes émanées des » rois nos prédéceffeurs, ont fucceffivement au- » torifé ces règlemens Un édit du mois de mars » 1717, portant règlement pour l'adminiftration » de la ville de *Marfeille*, confirme l'établiffe- » ment d'un bureau particulier, chargé fous le » nom de bureau du vin, de veiller à l'exécution » de ces prohibitions.

» L'article 95 de cet édit, fait même défenfe » à tous capitaines de navires qui feront dans le » port de *Marfeille*, d'acheter pour la provifion » de leur équipage, d'autre vin que celui du » territoire de cette ville ; & pour prévenir, » eft-il dit, les contraventions au préfent arti- » cle, les échevins ne figneront aucune patente » de fanté pour les bâtimens de mer qui feront » nolifés dans ladite ville, & qui en partiront, » qu'il ne leur foit apparu des billets de vifite des » deux intendans du bureau du vin & de leur cer- » tificat, portant que le vin qu'ils auront trouvé » dans lefdits bâtimens de mer, pour la provifion » de leurs équipages, a été acheté dans la ville » de *Marfeille*.

» Comme fi l'attention d'un fait devoit dépen- » dre d'une circonftance abfolument étrangère à » la vérité de ce fait ! Comme fi le témoignage de » la vérité n'étoit pas dû à quiconque la réclame !

» Comme fi l'intérêt qu'ont les propriétaires des » vignes de *Marfeille* à vendre leur vin un peu » plus cher, pouvoit entrer en quelque confidé- » ration, lorfqu'il s'agit d'un intérêt auffi im- » portant pour l'Etat & pour l'humanité entière, » que la fécurité contre le danger de la conta- » gion !

» Le corps-de-ville de *Marfeille* a étendu l'ef- » fet de cette difpofition de l'édit de 1717, juf- » qu'à prétendre interdire aux équipages des bâ- » timens qui entrent dans le port de *Marfeille*, » la liberté de confommer le vin ou la bierre » dont ils font approvifionnés pour leur voyage, » & les obliger d'acheter à *Marfeille* une nou- » velle provifion de vin. Cette prétention forme » la matière d'une conteftation entre la ville de » *Marfeille* & les Etats de Languedoc.

» La ville de *Marfeille* s'eft même crue en droit » d'empêcher les vins des autres parties de la Pro- » vence, d'emprunter fon port pour être ven- » dus aux étrangers. Ce n'eft qu'après une lon- » gue difcuffion, qu'une prétention auffi injufte » & auffi funefte au commerce général, a été » profcrite par un arrêt du confeil du 16 août » 1740, & que le tranfit des vins par le port » de *Marfeille* a été permis, moyennant certaines » précautions.

» Par-tout où un pareil privilége exifte, il eft » nuifible au peuple confommateur, nuifible au » commerçant ; les propriétaires des vignes ne » font favorifés en apparence qu'aux dépens des » autres propriétaires & de tous leurs conci- » toyens.

» Dans *Marfeille*, dont les chefs fe montrent » fi zélés pour l'exclufion des vins étrangers, » cette exclufion eft contraire aux intérêts du » plus grand nombre des habitans de la ville, » qui, non-feulement, font forcés de confom- » mer du vin médiocre, & au prix que le défaut » de commerce rend exceffif ; mais qui même » feroient obligés de fe priver entièrement de » vin, fi malgré la défenfe de faire entrer dans » cette ville des vins prétendus étrangers, ceux » qui font fi jaloux de cette défenfe & du pri- » vilége exclufif qu'elle leur donne, ne fe réfer- » voient pas auffi le privilége de l'enfreindre par » une contrebande notoire, puifqu'il eft notoi- » rement connu que le territoire de *Marfeille* ne » produit pas la quantité de vin néceffaire pour » les befoins de fon immenfe population.

» Auffi, n'eft-ce que par les voies les plus » rigoureufes, que le bureau du vin peut main- » tenir ce privilége odieux au peuple, & dont » l'exécution a plus d'une fois occafionné les rixes » les plus violentes.

» Ceux donc qui ont obtenu de nos prédécef-

» feurs l'autorifation des prétendus priviléges de
» *Marfeille*, Bordeaux & plufieurs villes, n'ont
» point ftipulé le véritable intérêt de ces villes,
» mais feulement l'intérêt de quelques-uns des
» plus riches'habitans, au préjudice du plus grand
» nombre & de tous nos autres fujets.

» Ainfi, non-feulement le bien général de no-
» tre royaume, mais l'avantage réel de ces mê-
» mes villes qui font en poffeffion de ces privilé-
» ges, exigent qu'ils foient anéantis. »

En conféquence, les difpofitions de cet édit
mémorable, révoquèrent tout privilége, tendant
à empêcher l'entrée, le débit & l'entrepôt des
vins & eaux-de-vie, dans les villes, bourgs &
autres lieux qui ont joui de ce droit, & fupprimèrent à *Marfeille* expreffément, les officiers, compofant le bureau des vins, & toute adminiftration
femblable.

Cet état des chofes n'a éprouvé de changement qu'en 1782, qu'une affemblée générale des
citoyens, autorifée par l'arrêt du confeil du mois
de novembre, & homologuée à la cour des aides le 4 avril 1783, a délibéré d'impofer un droit
de trente fols par millerolle fur tous les vins
étrangers introduits dans la ville de *Marfeille* &
fon territoire. Cette perception qui eft régie par
le corps municipal, paroît annoncer un produit
annuel de deux cent mille livres. Ainfi, la maffe
du revenu de la ville de *Marfeille*, eft compofée
de dix-huit cens mille livres dans les deux articles qu'on vient de voir ; en y ajoutant les rentes qu'elle a fur les tailles & pour rembourfement d'offices, fur l'hôtel-de-ville de Paris, fur
les Etats de Bretagne ; le produit de différentes
locations de bancs, de places, & d'étaux aux poif-
fonneries, de caves, boutiques, entrefols au
palais de juftice ; le produit des droits de confignation des greffes, & quelques autres droits
cafuels ; on trouvera que la ville de *Marfeille*
jouit d'un revenu de plus de deux millions fix
cens mille livres.

C'eft fur ce revenu que font payées les impofitions royales, qui font, comme on l'a dit, de
huit cens mille livres. Enfuite, elle a fes dépenfes particulières, comme de l'entretien des
collèges, de l'Académie des beaux-arts, de l'hôpital du faint-Efprit, des milices garde-côtes, de
celui de fon pavé & de fes aqueducs & fontaines publiques ; & enfin, des lanternes, pour
éclairer la ville ; nouvel établiffement, qui coûtera par eftimation, à peu près quatre-vingt mille
livres par année. Cette ville a entrepris depuis
quatre années, de refaire à fes frais les grandes
routes de fon territoire, qui font devenues très-
mauvaifes ; on évalue cette dépenfe à près de trois
millions.

Quelque foit le réfultat du rapprochement des
dépenfes de la ville de *Marfeille* auprès de fes
revenus, on ne peut difconvenir que la condition de fes habitans ne foit très-douce, en confidérant, que quoique le commerce excluff duLe-
vant, celui des ifles & des états voifins, doivent
néceffairement y produire une grande activité &
une grande induftrie, dont l'aifance eft la fuite ;
cependant, leurs impofitions ont éprouvé peu
d'augmentation depuis dix années, & ne font que
d'environ huit livres par tête, puifque l'on y
compte une population de cent mille perfonnes.

MASPHENING. (droit de) Ce droit n'eft
connu qu'en Alface ; mais quoique le roi la poffède en toute fouveraineté, il s'y trouve différentes terres de feigneurs qui relevoient autrefois immédiatement de l'Empire & de l'Empereur, &
qui ont été confervées dans leurs privilèges ; en
forte que les feigneurs y jouiffent d'une partie des
droits régaliens, & de la fupériorité territoriale.
On entend par droits régaliens, celui de lever
des tributs fur les peuples, fur les marchandifes ;
celui de battre monnoie, de commettre des juges
pour rendre toute juftice civile & criminelle ;
celui d'accorder des priviléges & des difpenfes,
de donner afyle aux Juifs, &c. &c.

Mais il y a cette différence, entre la fupériorité
territoriale à laquelle font attachés les droits dont
on vient de faire l'énumération, & le domaine
fuprême, ou la véritable fouveraineté ; c'eft que
le domaine eft indépendant, au lieu que la fupériorité territoriale lui eft foumife & fubordonnée
dans l'exercice de tous les droits qu'elle donne.
Ainfi ce que peuvent les feigneurs, vaffaux de
de l'Empire dans leur territoire, en vertu de cette
fupériorité, l'Empereur & l'Empire le pouvoient
chez ces mêmes feigneurs, en vertu de la fouveraineté ou du domaine fuprême.

Mais depuis que l'Alface a été cédée à la
France en 1697, par le traité de Rifwick ; les
droits de fupériorité territoriale dans les feigneuries
d'ancienne domination, ont été réduits dans le
droit de vendre du fel, dans celui de lever le
droit de *Mafphening*, & dans le droit de protection aux Juifs. Elles font d'ailleurs fujettes à une
partie des impofitions territoriales qui fe lèvent
dans le refte de l'Alface, comme les vingtièmes
& la fubvention qui remplace la taille. Si les feigneurs veulent impofer quelque contribution particulière pour leur utilité, ils doivent en obtenir
la permiffion du roi, & elle n'eft accordée qu'a-
près qu'on a reconnu la néceffité & la deftination
du nouvel impôt.

Pour revenir au droit de *Mafphening*, on n'en
connoît pas l'origine, & tous les titres de fa perception fe réduifent à un ancien ufage pratiqué

avant la ceſſion faite de l'Alſace, par la maiſon d'Autriche.

Ce droit qui eſt de la nature des droits d'aides, conſiſte dans la ſomme de ſeize ſols huit deniers, qui ſe lève par chaque meſure de vin, de quelque qualité qu'il ſoit vendu en détail par les cabaretiers, & de huit ſols quatre deniers par meſure de bierre. La meſure eſt de trente-deux pots, ou ſoixante-quatre pintes de Paris.

Les maîtres des poſtes aux chevaux, qui ſont la plûpart cabaretiers, ſont exempts de ce droit, pour cent meſures de vin par année; mais ils le payent ſur ce qu'ils conſomment au-delà de cette quantité.

L'eau-de-vie & toutes les liqueurs ne ſont pas ſujettes au droit de *Maſphening*. Le produit de ce droit, y compris les dix ſols pour livre, peut aller à cent mille livres. Il appartient à la régie générale, depuis le bail paſſé en 1780, époque à laquelle ce droit a été retiré à la ferme générale.

Ce même droit ſe perçoit dans les terres de l'ancienne domination de la maiſon d'Autriche, concurremment avec les ſeigneurs, qui appellent la portion dont ils jouiſſent, *umgueld*. Mais dans les terres de la nouvelle domination; c'eſt-à-dire, celles qui dépendent de la France, les ſeigneurs jouiſſent du droit de *Maſphening*, qu'ils appellent auſſi *umgueld* à l'excluſion du roi.

MASSE, ſ. f., qui ſignifie dans la langue propre aux gabelles, la quantité de ſel emplacée dans chaque grenier pour ſa conſommation annuelle. On dit en conſéquence, la *maſſe* a été entamée à telle date, & n'a pas rapporté le minot au muid; dès-lors on ne peut prétendre à une gratification de *bon de maſſe*. *Voyez* BON. On y explique en quoi conſiſtent ces ſortes de gratifications, & dans quels cas elles s'accordent par les fermiers généraux.

MASSICAULT. (droit de) On donnoit ce nom à des droits créés par la déclaration du mois de ſeptembre 1638, pour être levés ſur les vins & autres denrées. Ils furent appellés *de Maſſicault*, du nom du premier particulier auquel ils furent affermés.

La néceſſité d'entretenir pluſieurs armées pour être en état de s'oppoſer aux forces de la maiſon d'Autriche, avoit épuiſé les grandes levées de deniers, dont Louis XIII avoit ſurchargé ſes ſujets. Cependant il falloit de l'argent, en attendant la paix: on ne trouva pas de moyen plus doux, pour s'en procurer que d'augmenter les droits déjà impoſés ſur certaines denrées & marchandiſes entrant & ſortant par les ports du royaume, les moins grévés de droits. En conſéquence, il

fut rendu trois déclarations le 16 ſeptembre 1638, portant que ces nouveaux droits ſeroient levés pendant deux années, à commencer au premier octobre ſuivant, dans les provinces de Normandie, Poitou, Aulnis, Iſle de Rhé, dans les ports de la Rochelle, & Marans, & dans l'Anjou.

Les mêmes déclarations ordonnoient, que ces droits ſeroient payés outre & par-deſſus les anciens, dans les mains de ceux que ſa majeſté commettroit pour en faire la recette, & que leur produit ſeroit par eux porté au tréſor royal, pour être employé aux frais de la guerre, ſans aucun divertiſſement; & que toutes perſonnes ſeroient tenues de les payer, de quelque qualité & condition qu'elles fuſſent; encore que les denrées & marchandiſes fuſſent pour le ſervice & l'uſage de ſa majeſté, ou pour la proviſion & fourniture de ſes armées de terre & de mer; nonobſtant même les privilèges des foires franches de la ville de Rouen; & en cas de contravention, les mêmes loix prononçoient la ſaiſie & confiſcation des objets, ſans autre forme de procédure, quand même les anciens droits auroient été payés; enfin, il étoit dit encore très-expreſſément, qu'après l'expiration des deux années, ces droits ſeroient éteints & ſupprimés.

Leur levée fut d'abord affermée au nommé Jean Fournier, dans la Normandie, à la Rochelle, à Marans & dans l'Iſle de Rhé, moyennant cent cinquante mille livres par année, l'argent étoit alors à vingt-cinq livres le marc: mais cet adjudicataire ayant éprouvé des oppoſitions de Noël de Pars, fermier des cinq groſſes fermes; Jean Maſſicault ſe préſenta alors au conſeil, & offrit la même ſomme que Fournier, en conſentant de plus, à l'affranchiſſement des droits en faveur du peſtu ou tabac, de l'indigo, le paſtel, les pruneaux & le ſavon, entrant en Normandie, à la Rochelle & Marans, & ſous la condition que Fournier compteroit des deniers qu'il auroit reçus depuis le premier octobre, & que le roi ſeroit chargé du dédommagement de ce dernier.

Ces propoſitions furent acceptées par l'arrêt du conſeil du 17 novembre 1638, & il fut ajouté à l'affranchiſſement propoſé, celui des vins, ſortant de la Rochelle & de Marans.

Maſſicault ſe rendit auſſi adjudicataire des mêmes droits dans l'Anjou, dans les duchés de Beaumont, de Thouars, & la châtellenie de Chantoceaux pour le même tems.

Mais ces droits qui devoient ceſſer au premier octobre 1640, furent prorogés pour deux autres années, par la déclaration du 22 mars de cette même année. A la fin de 1642, ils furent réunis aux droits des cinq groſſes fermes, & compris dans le bail qui en fut fait à la Ruelle, pour en jouir pendant dix années.

Cet adjudicataire ayant renouvellé la prétention de Maſſicault, qui avoit voulu en 1639 aſſujettir les poiſſons de la pêche des habitans des ports de Normandie, aux droits nouveaux ; elle fut de même proſcrite par l'arrêt du conſeil du 4 décembre 1643, comme elle l'avoit été par celui du 17 ſeptembre 1639.

Le bail de la Ruelle n'avoit été enregiſtré à la cour des aides, qu'à la charge de jouir trois mois ſeulement, par proviſion, de ces droits additionnels, pendant leſquels il ſeroit tenu de rapporter des lettres-patentes impoſant ces droits. Il s'étoit écoulé plus d'une année ſans que la Ruelle eut ſatisfait à cet arrêt d'enregiſtrement ; on voulut le troubler dans la perception de ces droits ; trois nouvelles déclarations du mois de novembre 1648, la confirmèrent & ordonnèrent qu'elle auroit lieu de la même manière que celle des autres droits des fermes.

Pinſon ſuccéda au bail de la Ruelle, & n'éprouva plus de difficultés, ſi ce n'eſt de la part de quelques officiers & receveurs des traites d'Anjou, qui prétendirent être fondés à faire la recette des nouveaux droits, à l'excluſion du fermier des cinq groſſes fermes.

Des lettres-patentes du mois de décembre 1652, ordonnèrent que la levée en ſeroit toujours continuée, conjointement avec celle des droits des cinq groſſes fermes, & défendirent à toutes perſonnes de troubler les fermiers & de s'entremêler de la recette des deniers de ſes fermes, à peine de répondre du retardement que pourroit ſouffrir le ſervice du roi.

C'eſt ainſi que l'établiſſement perpétuel des droits de Maſſicault fut aſſuré, malgré la clauſe expreſſe de ſa création, ſeulement pour deux années. Ces droits paſſèrent ſucceſſivement de bail en bail à l'adjudicataire des cinq groſſes fermes, juſqu'à la rédaction du tarif de 1664, dans lequel ils furent confondus, ou pour lequel ils furent ſupprimés, comme le porte le préambule de ce tarif. Il paroît cependant que les douze livres par tonneau de vin, ſortant de la ville & banlieue de Rouen, compris dans le même tarif, ſont un reſte de ces droits, comme s'en explique l'article *Vin*, au tarif de ſortie.

MATRICULE ou IMMATRICULE, ſ. f. par lequel on déſigne en général un regiſtre ſur lequel on inſcrit les noms des perſonnes, pour conſtater leur état & leur qualité.

Pour ne parler que des *matricules* qui ont rapport aux finances, il convient de ſe borner à celles qui ſont tenue par les payeurs des rentes à l'hôtel-de-ville de Paris. Chaque payeur a une *matricule* ou regiſtre, ſur lequel il inſcrit les diverſes mutations de propriété des rentiers, & leurs qualités, en faiſant l'extrait ou l'analyſe des piè

ces qui lui ſont fournies. Cette opération s'appelle dreſſer des *immatricules*.

Les payeurs ſont autoriſés à délivrer les *immatricules* ou extraits de leurs regiſtres, & elles tiennent lieu des pièces néceſſaires pour conſtater la propriété d'une rente ; elles ſervent auſſi à faire expédier des lettres de ratification au ſceau, en faveur des acquéreurs. Si une rente perpétuelle ſe diviſoit en dix parties qui donnaſſent lieu à dix contrats, il ſeroit dû dix droits d'*immatricules*.

L'édit du mois de décembre 1635, a fixé les droits dûs par les parties, pour les *immatricules*, & ils n'ont pas varié depuis cette époque ; mais ils ont été confirmés par différens arrêts du conſeil, & notamment par celui du 9 mai 1716. Ils ſont de trente ſols pour toutes les rentes au-deſſous de cent livres, & de trois livres pour celles qui ſont de cent livres & au-deſſus, à quelques ſommes qu'elles puiſſent monter.

Ces droits ſe retiennent par les payeurs, lors du payement des rentes, & le contrôleur eſt tenu d'en faire mention ſur ſon regiſtre.

On conçoit aiſément que ſi une rente perpétuelle qui paſſe de ſucceſſion en ſucceſſion, donne lieu chaque fois à la perception d'un droit de *matricule* ou *immatricule*, à cauſe de la mutation de propriété ; il en eſt tout autrement d'une rente viagère. Ce qui en eſt dû, à la mort du particulier, ſur la tête duquel elle eſt conſtituée, ſe paye à ſes héritiers, en juſtifiant de leurs droits ; les pièces qui conſtatent ce droit une fois enregiſtrées, le droit de *matricule* ſe paye avec la rente qui reſte éteinte.

MÉAGE, (droit de) ce droit fait partie de celui de traite vive de Nantes, de même que le droit de Rebillotage. Voyez *Traite vive de Nantes*.

MÉDIANNATA. (droit de) Il fait partie des finances du roi d'Eſpagne, & conſiſte dans la moitié du revenu que produiſent pendant la première année, toutes les dignités, les charges, les offices & emplois conférés par le ſouverain ou par ſon conſeil. Perſonne n'en eſt exempt, pas même les infants-d'Eſpagne. *Voyez* ESPAGNE, tome 2, page 73.

On peut comparer le droit de *médiannata*, au droit de marc-d'or, qui ſe paye en France, à la mutation de toutes les charges & offices par le nouveau pourvu. *Voyez* MARC-D'OR.

MÉLASSE, ſ. f., c'eſt le ſuc mielleux qui découle des moules dans leſquels on met la liqueur extraite des cannes de ſucre, ou du ſucre même, pour lui donner de la conſiſtance, & le raffiner.

On ne parle ici de la *mélaſſe*, que pour dire

que celle qui provient des raffineries du Royaume, ne doit aucun droit à la circulation, excepté toutefois, la *mélasse* provenant de Bretagne ; l'arrêt du conseil du 10 mars 1763, qui a prononcé cette distinction, assujettit cette dernière, à dix sols par quintal à l'entrée des provinces dans lesquelles elle est importée.

A Paris, la *mélasse* doit des droits bien plus considérables quand elle y est introduite.

L'arrêt du conseil du 14 mars 1777, va en expliquer les motifs, & apprendre en même-tems la quotité des droits, & au profit de qui ces droits sont perçus.

Le roi étant informé que nonobstant les défenses portées par les règlemens, il s'est élevé dans la ville & fauxbourgs de Paris, un grand nombre de laboratoires où l'on distille de la *mélasse* fermentée, pour en tirer des eaux-de-vie simples, rectifiées & esprit-de-vin.

Que ces liqueurs passent ensuite dans le commerce, où elles sont employées aux mêmes usages que les eaux-de-vie & esprit-de-vin ordinaires.

Que ces fabrications clandestines ont déjà occasionné des chûtes notables dans le produit des droits d'entrée sur les eaux-de-vie & esprit-de-vin, & qu'elles menaceroient ces droits d'un anéantissement prochain, s'il n'y étoit pourvu.

Que la *mélasse* n'est point un objet de première nécessité ; qu'elle n'est point employée dans les arts ; que ses usages sont très-limités, & qu'elle peut être remplacée avec avantage dans tous les cas, par le sucre, la cassonade & le miel.

Sa majesté a jugé que l'imposition d'un droit à l'entrée de Paris, pour cette matière, représentatif de celui qui seroit dû à la fabrication de l'eau-de-vie qui en provient, si cette fabrication étoit permise, seroit le moyen le plus simple, sans être à charge au peuple, de faire tomber ces fabrications intérieures, de prévenir dans Paris des recherches & des visites contraires à la liberté naturelle ; enfin d'éviter aux citoyens l'occasion de procès qui peuvent opérer leur ruine. A quoi voulant pourvoir : ouï le rapport du sieur Taboureau, &c. ; le roi étant en son conseil, a ordonné & ordonne, qu'à compter de huitaine après la publication du présent arrêt, il sera payé au profit de l'hôpital général, un droit de vingt livres par quintal, sur toute la *mélasse* qui entrera dans la ville, fauxbourgs & banlieue de Paris, lequel droit sera perçu par l'adjudicataire des fermes générales, pour en compter, dans la forme accoutumée, aux administrateurs dudit hôpital. Fait au conseil d'état du roi, sa majesté y étant, tenu à Versailles le 14 mars 1777.

Sur cet arrêt ont été expédiées des lettres-patentes, enregistrées le 16 du même mois à la cour des aides de Paris, à la charge que les contestations qui naîtront sur la perception de ce droit, seront portées en première instance en l'élection, & par appel en la cour.

MEMBRES, (droit des quatre membres de la Flandre maritime.) On a vu à l'article FLANDRE, tom. 2, pag. 219, quelles sont les villes qui composent la Flandre maritime, & comment furent d'abord établis les trois *membres* ; termes qui désignoient une forme de gouvernement municipal ; & quand il fut ajouté un quatrième *membre*, formé par la ville de Bruges. On a dit aussi que ces quatre *membres* de Flandres représentoient les Etats & toutes les villes & châtellenies de la province ; qu'ils avoient imposé en différens tems, sur les boissons, sur les bestiaux & autres denrées, plusieurs droits dont ils avoient l'administration, qui, par cette raison, étoient connus sous la dénomination de droits des quatre *membres* ; & qu'enfin, après la prise de la ville de Bergues en 1678, Louis XIV réunit à son domaine ces droits des quatre *membres*.

Ils firent long-tems partie de la sous-ferme des domaines, & ils sont rappellés dans l'article 495 du bail général, fait à Forceville en 1738. Lorsque toutes les sous-fermes furent supprimées en 1756, les droits des quatre *membres* de la Flandre furent régis par les fermiers-généraux, ainsi que tout ce qui avoit été sous-fermé ; mais cet arrangement ne subsista que trois années.

La guerre qui duroit depuis près de trois ans, rendoit le besoin d'argent pressant ; on fit une ressource des *droits des quatre membres*, en remettant leur régie aux magistrats des chefs-collèges de la Flandre, moyennant une somme annuelle de six cens mille livres, & une avance de huit millions qu'ils versèrent dans le trésor royal. Tel fut l'objet de l'arrêt du 12 novembre 1759.

Avant que de suivre la régie des droits des quatre *membres* dans les vicissitudes qu'elle a éprouvées, il convient de faire connoître sur quels objets porte leur perception.

1°. Sur l'eau-de-vie, dont la vente se fait, comme en Haynault exclusivement, par les fermiers du régisseur.

Quelques villes, comme Bergues & Hazebrouck, ont cependant des cantines, ou cabarets militaires, qui sont exempts de droits, soit à cause de ceux qui se perçoivent au profit des villes sur ces mêmes eaux-de-vie, soit par ménagement pour les troupes qui composent la garnison de ces villes.

2°. Sur le vin & le vinaigre de vin ; la province n'en produifant point, les droits font dûs, ou à l'arrivée ou à l'encavement chez le proprié- taire. Le bourgeois paye moins que le marchand en gros, & celui-ci, moins que le cabaretier ♀ mais ce dernier a l'avantage de ne payer qu'à me- fure du détail. Les marchands en gros établis avec la permiffion du fermier ou régiffeur, ont auffi la facilité de ne payer qu'à mefure des livraifons, & font tenus de fouffrir les vifites & exercices des commis.

3°. Sur les bierres. Le droit fe paye à l'enton- nement, pour celles qui font fabriquées dans la province, & à l'entrée pour celles qu'on y impor- te de l'étranger, en raifon de ce que la bierre eft; il y a différence de quotité, entre la bierre forte & la petite bierre.

Le produit des droits fur les bierres, étant le plus confidérable, les ordonnances des quatre *membres* ont apporté beaucoup de précautions contre la fraude & les abus, & ces moyens ont été foutenus tant par divers arrêts du confeil, que par les ordonnances des intendans de la Province, à qui la compétence de ces droits eft attribuée.

4°. Sur les cidres; mais le droit n'a été établi qu'en 1725, par un arrêt du confeil, qui a étendu à la Flandre maritime, l'exécution d'un autre ar- rêt du confeil du 22 novembre 1694, qui avoit affujetti, dans le Hainault, les cidres aux mêmes droits que les biertes, dans la vue de conferver les droits dûs fur cette dernière boiffon.

5°. Sur les grains au moulage. Ce droit fe paye en nature dans les villes de Bergues, Deulemont & Steenwirck; mais dans le refte de la province, il a été converti en une taxe par tête.

6°. Sur les fels & le poiffon falé. A l'égard des fels, comme les fels font dûs par facs de cette denrée, le fel blanc paie un tiers moins que le gris, proportionnellement à ce qu'il a perdu par le rafinage.

7°. Sur les beftiaux; ils font de trois efpèces; favoir, à la boucherie avant que les beftiaux foient tués; c'eft pourquoi on l'appelle droit de tuage.

Le droit de vaclage ou pâturage qui a lieu fur les beftiaux pâturans pendant les mois de mai, juin, juillet, août, feptembre & octobre.

Enfin, le droit de vidangle dû fur les beftiaux fortans de la province.

Les droits des quatre membres font affujetis aux dix fols pour livre, excepté le droit fur l'eau- de-vie & le droit de moulage qui ne fupportent que fix fols.

L'aliénation de ces droits à la province ne dura que fept ans. Un arrêt du 30 juin 1766, pourvut au remboursement de la partie des huit millions qu'elle avoit empruntées, & au paiement des intérêts;

ces droits furent remis entre les mains d'une com- pagnie de financiers, moyennant trois millions une fois payés, pour être régis pendant dix années; mais dès la troifième, on reconnut que ce prix d'aliénation n'avoit pas été proportionné aux produits. En conféquence un premier arrêt du confeil du 9 octobre 1769, ordonna que cette aliénation feroit réfiliée, & que la perception des droits fe feroit pour le compte du roi.

Un fecond arrêt du 16 janvier 1770, chargea la compagnie des aliénataires de cette régie pen- dant quatorze ans, à commencer du premier janvier.

Les intéreffés avoient financé, y compris les trois millions payés primitivement, trois millions quatre cens mille livres. A ces fonds ils ajoutèrent deux cent mille livres pour faire face au com- merce d'eau-de-vie dont ils avoient le privilège exclufif, & il leur fut accordé, pour traitement, intérêts de fonds & droits de préfence, à-peu- près neuf pour cent, déduction faite du dixième d'amortiffement impofé fur tous les produits des affaires de finance, comme on l'a dit au mot CAISSE D'AMORTISSEMENT. Le furplus de la recette étoit verfé au tréfor royal.

En 1777, cette régie des droits des quatre *membres*, fut fupprimée, ainfi que celle des hypo- thèques, droits réfervés, &c. De ces diffé- rens droits, on forma une première régie géné- rale, qui en 1780, reçut la confiftance qu'elle a actuellement : mais comme on l'a vu au mot BAIL, les droits des quatre *membres*, qui portent fur les fels & le poiffon falé; les droits de vidan- gle dûs fur les beftiaux, furent diftraits de la maffe pour entrer dans le bail de la ferme géné- rale, à caufe de leur analogie avec les droits de traites, à commencer du premier janvier 1781.

Le produit brut du droit fur les fels & le poif- fon falé, eft année commune, d'environ huit mille fix cens livres.

Celui du droit de vidangle, de treize mille livres.

Et comme le produit brut de tous les droits des quatre *membres*, avoit été évalué à neuf cent mille livres; il réfulte de cette diftraction, qu'il en étoit refté à la régie générale, pour environ huit cent quatre-vingt mille livres, fur quoi il faut déduire près de cent mille livres pour les frais de régie.

La jufteffe de ce calcul a été juftifiée par les produits des années 1781, 1782 & 1783. Ils fe font élevés, la première année à . 917,985 l. La feconde à . . . . 899,965. La troifième à . . . . 908,360.

On a rapporté au mot FLANDRE, page 216, l'édit du 12 août 1784, qui a retiré les droits des quatre *membres* à la ferme & à la régie générales, pour en redonner la régie à la province qui la réclamoit. Cette régie eſt fixée à dix années, moyennant huit cens mille vingt-trois livres par chaque année, & une avance de dix millions au tréſor-royal, dont l'intérêt n'eſt payé qu'à quatre & demi pour cent : ainſi la province en réclamant la régie de ces droits, ne peut avoir eu d'autre vue, que de gagner de la douceur & des ménagemens dans la levée de ces droits, dont le produit net, ne monte guère qu'à huit cens & quelques mille livres, puiſqu'elle peut avoir emprunté différentes parties des dix millions, à un intérêt plus haut que celui qu'elle reçoit.

MÉMOIRE, ſ. m. ; en finance, le mot de *mémoire* a deux acceptions ; il ſignifie d'abord, comme au palais, un écrit inſtructif ſur une affaire.

Tous les projets de finance, toutes les propoſitions de nouvel établiſſement de commerce ou d'induſtrie, ayant néceſſairement des rapports avec les droits du fiſc ; il eſt d'uſage que le miniſtre des finances faſſe communiquer aux fermiers du fiſc ou à ſes régiſſeurs, les écrits qui contiennent ces projets ou propoſitions. Ceux-ci répondent à cette communication par un *mémoire*, dans lequel ils diſcutent l'objet propoſé, ſous ſon rapport avec les droits qu'ils ont affermé ou qu'ils régiſſent ; ils font voir les inconvéniens de l'admiſſion du projet, ou montrent le danger qui en réſulteroit pour l'intérêt général de l'Etat, auquel eſt toujours uni l'intérêt particulier de leur ferme.

Ce *mémoire* porte le nom de mémoire au conſeil, & c'eſt ſur ſa marge que le miniſtre donne ſa déciſion, pour admettre ou rejetter la choſe propoſée : en même-tems il eſt écrit aux propoſans, en conformité de la déciſion.

Toutes les affaires de finance qui ne ſont pas contentieuſes, celles qui n'entraînent pas une inſtance réglée, ſe traitent par *mémoires*, & ſe décident ainſi miniſtériellement ; c'eſt-à-dire, par voie d'adminiſtration.

La ſeconde acception du mot *mémoire*, s'emploie dans les comptes de finance & autres ; lorſqu'on inſère, dans un compte, un article qui ne fait ni recette ni dépenſe, mais qui eſt néceſſaire comme éclairciſſement & pour ſervir à l'intelligence de pluſieurs autres articles.

MER, ſ. m., par lequel on déſigne l'immenſe amas d'eaux qui environnent la terre. On n'en parle ici que pour remarquer, que comme la politique entre les ſouverains a réglé que les eaux de la *mer* appartiendroient, dans l'eſpace de de deux lieues, depuis la côte, au Royaume qu'elles baignoient, de même la finance a jugé que pour les intérêts du fiſc, il convenoit de vi-ſiter les bâtimens qui ſe trouvoient dans cet eſpace fatal, au-delà duquel commence l'empire de la liberté : ainſi toutes les fois qu'un navire eſt près de la côte & dans les deux lieues qui la bordent, il devient ſujet à la viſite des agens du fiſc, qui ſont fondés ſur les ſoupçons d'un commerce clandeſtin & de contrebande. « Permettons, » porte l'article 391, du bail de Forceville, aux-» dits employés, en cas de refus ou de réſiſtance, » de contraindre, par force, les maîtres des bâti-» mens de venir à bord : voulons qu'en cas de » fraude ou faux connoiſſemens, les petits bâti-» mens de *mer* qui ſe trouveront chargés de mar-» chandiſes de contrebande, ou de ſel, en tout » ou en partie, enſemble leurs chargemens, ſoient » confiſqués au profit de l'adjudicataire, & les » maîtres deſdits bâtimens, matelots & autres, » compoſant l'équipage, ſoient condamnés aux » peines portées par les ordonnances & règle-» mens rendus ſur le fait du faux-ſaunage & de » marchandiſes prohibées, ſuivant l'arrêt de no-» tre conſeil du 9 mars 1719. »

MERCERIE, ſ. f., par lequel on déſigne communément toutes les marchandiſes dont un marchand reçu maître mercier, peut faire commerce ; mais dans le dictionnaire du fiſc, on entend par le mot de *mercerie* une claſſe de marchandiſes ſoumiſes à des droits uniformes, à l'entrée & à la ſortie du royaume. Sous ce dernier aſpect, il eſt à propos de faire connoître toutes les ſortes de marchandiſes que le fiſc comprend ſous le nom de *mercerie*, & qui acquittent les droits en conſéquence.

Avant de donner l'état de ces marchandiſes, nous devons obſerver que l'arrêt du conſeil du 15 mai 1760, a ordonné que la *mercerie*, & ce qui eſt réputé *mercerie*, acquitteroient à toutes les entrées du Royaume, douze livres dix ſols par quintal péſant.

Mais comme il ſe trouvoit une grande diverſité dans les tarifs pour la claſſification des objets de *mercerie*, en ſorte que dans les uns, une choſe réputée *mercerie*, ne l'étoit pas dans les autres ; le conſeil ordonna par ſon arrêt du 11 février 1762, que tout ce qui ſeroit compris dans la claſſe de la *mercerie*, au tarif de 1664 ; c'eſt-à-dire des cinq groſſes fermes, ſeroit également réputé *mercerie* dans les autres tarifs des provinces réputées étrangères, & comme tel aſſujetti aux droits impoſés par l'arrêt du 15 mai 1760, & aux droits de circulation.

Ces derniers droits ſur les marchandiſes de *mercerie* qui paſſent des provinces réputés étrangères, dans celles des cinq groſſes fermes, ſont de quatre livres par quintal, & de plus les dix ſols pour livre.

ÉTAT des marchandises placées dans la classe de la mercerie *, par le tarif de 1664, & qui y ont été ajoutées postérieurement, avec le titre de leur classification.*

Il faut observer que parmi les différens titres de la classification des objets réputés *mercerie*, on doit distinguer le tarif de 1664, qui n'est point rappellé, les décisions du conseil, qui sont citées, & les explications, qui sont l'interprétation de la loi donnée par les fermiers du fisc, ou l'approbation d'un usage établi.

Aiguilles de montre, comme ouvrage de cuivre fin.	Arrêt du 4 août 1750.
Alènes	Décision du conseil, du 26 janvier 1736.
Ambre jaune, en chapelet & autres ouvrages	
Armes, arquebuses, pistolet & autres armes.....	

Nota. Que les armes étant prohibées à la sortie du royaume, elles ne peuvent être sujettes aux droits qu'à l'entrée, ou lorsqu'elles sortent des cinq grosses fermes, pour passer dans les provinces réputées étrangères.

Balais de salle.	
Bandoullières.	
Bassins & coupes de verre.	
Baudriers.	
Boêtes ferrées, malles & bougettes.	
Boêtes de sapin, peintes....................	Décision du 10 juin 1743.
Boêtes de miroir, sans enrichissement.	
Bombasins, de toute sorte.	
Boucassins, ou futaine d'Allemagne.	
Boucles de fer & acier, pour souliers.	
Boucles de cuivre, pour *idem.*	
Bourses de cuir & de laine.................	Décision du conseil, du 12 novembre 1742.
Boutons étamés & d'étain, pour manches......	*Idem,* 21 janvier 1743.
Boutons de fil, crin, verre & rocaille.	
Boutons de poil de chèvre, faits à l'aiguille, assortis.	
Briquets polis par la lime...................	Décision du conseil, du 21 janvier 1743.
Brosses à frotter, à peindre & pour habits & souliers.	
Cabinets d'Allemagne de peu de valeur.	
Cadenats (les petits).	
Cadres & bordures de tableaux.	
Campanes, ornemens de fil ou laine, représentans la forme d'une cloche.	
Canifs ou canivets, c'est à-dire petits canifs.	
Cannes, roseaux, jets non montés ou montés de cocos. Etant montés ils doivent à l'estimation.	Décision du conseil, du 12 août 1722.
Cannes ou bâtons vernis....................	Décision du conseil, du 16 septembre 1761.
Cartes à jouer, à la sortie, prohibées à l'entrée.	

Ceintures de fil & de laine.

Ceinturons non garnis de foie ni d'or , ni d'argent ,
  fin ou faux.............................. Explication du 12 novembre 1731.

Chaînes de montre d'acier poli.............. *Idem*, du 21 août 1768.

Chantepleures de cuivre.

Cire d'Efpagne......................... Explication du 5 juillet 1731.

Cifeaux fins & communs.

Cloches de verre pour lanternes , garnies ou non ,
  de cuivre.............................. Explication du 9 juillet 1764.

Cloux de cordonnier & fellier , dorés , ou de cuivre.

Colliers de verre , non garnis de foie.

Coquilles de nacre.

Cordes à boyaux.

Cordons de toute forte , fans or , argent , ni foie.

Cornets à jouer.

Cornes de lanterne , à la fortie.............. Arrêt du 3 juillet 1692.

Couteaux de toute forte , & à cordonnier.

Cuillières de buis & de bois.

Cuillères à thé , de tombac.

Dez de verre ou de corne.

Dez à coudre , de cuivre ou d'acier.......... Décifion du confeil , du 25 avril 1720.

Ecritoires communes.

Eperons de fer.

Epingles.

Etriers.

Etuis de bois & d'os.

Eventails , les communs.

Fil d'albalètre.

Flacons de verre........................ Décifion du confeil , du 8 août 1753.

Flammes de maréchal.

Forces à tondre , (les petites).

Fouets , non garnis d'écaille , d'or , ou d'argent. Décifion du confeil , du 12 novembre 1731.

Fourchettes de cuivre & d'acier.

Fleurs artificielles....................... Explication du 18 novembre 1765.

Fleurets à faire des armes , pour la fortie...... Arrêt du 3 juillet 1692.

Ganfes de fil à treffer les cheveux........... Décifion du confeil , du 23 feptembre 1763.

Gants de cuir ou peau , à la fortie. A l'entrée , tous   Explication du 21 août 1766.
  ouvrages de ce genre font affujettis aux droits
  uniformes. *Voyez* Cuirs.

Glaces de peu d'étendue , petits miroirs........ Décifion du confeil , du 29 février 1768.

Grains de verre , verroterie ..:............. *Idem*, du 27 feptembre 1739.

Harnois de cuir , fimples , à la fortie........ Arrêt du 3 juillet 1692.

Horloges de fable.

Horloges de bois........................ Décifions du confeil , des 24 feptembre 1761 & 5
                                           mai 1773.

Jays ou jayets liffes ou brutes.............. Décifions du confeil , du 5 janvier 1774.

Jets ou joncs. (*Voyez* Cannes).

Jettons , autres que d'argent.

Images empreintes fur cornes ou autre matière....	Décifion du confeil, du 25 juin 1723.
Lacets de laine & fil, à la fortie.............	Arrêt du 3 juillet 1692.
Lames, gardes d'épée & plaques de fer.	
Lardoires fines, de cuivre.	
Limes fines, d'orfèvre.	
Luths, épinettes & autres inftrumens..........	Arrêt du 3 juillet 1692.
Malles. (*Voyez* BOÊTES).	
Manches d'alène.	
Meules, à la fortie.	
Miroirs communs, à la fortie	Arrêt du 3 juillet 1692.
Mors de bride............................	Explications des 15 & 8 novembre 1770.
Moulins à caffé avec entonnoirs de cuivre........	Explication du 10 mai 1742.
Si les entonnoirs font d'étain, les droits font dûs à l'eftimation.	
Oripeaux & cuirs peints.	
Ouvrages d'acier poli......................	Explication du 21 août 1768.
Ouvrages d'ozier, non compris les bouteilles & caiffes qui en font garnies.................	Décifion du confeil, du 10 mars 1763.
Ouvrages de cuivre fin......................	Arrêt du 4 août 1750.
Patenotres.	
Peignes de bois & d'ivoire	Arrêt du 3 juillet 1692.
Pelotons ou tabourets.	
Pinceaux.	
Plumes à écrire...........................	Décifions du confeil, des 5 décembre 1760 & 15 octobre 1761.
Poil de fanglier.	
Poupées habillées ou nues..................	Explication du 17 mars 1756.
Ramonettes, ou raquettes, foit pour jouer au volant, foit pour marcher fur la neige.	
Rafades. (*Voyez* GRAINS DE VERRE).	
Rubans & cordons de laine & fil.	
Sangles.	
Serrures, à la fortie......................	Décif. du confeil, des 14 fév. 1764 & 6 août 1768.
Soies de porcs. (*Voyez* POILS DE SANGLIER).	
Tabatières de carton, d'écaille, de vernis, non enrichies d'or ni d'argent	Décifion du confeil, du 12 octobre 1756.
Tableaux, à la fortie. Les tableaux ou portraits de famille, & des princes de la maifon royale, en franchife.	Décifion du confeil, du 22 janvier 1750.
Tapis de moucade.	
Tire-bouchons de fer ou de cuivre	Décifion du 21 janvier 1743.
Toile cirée, en tapifferie ; redingottes & autres....	Décifion du confeil, du 25 novembre 1748.
Verges, vergettes.	
Veftins..	
Vrilles montées, ou non montées, font dans la claffe de la quincaillerie........................	Décifion du confeil, du 5 décembre 1775.

Nota.

Nota. Lorſque la *mercerie* eſt mêlée avec de la quincaillerie, de manière à être confondue enſemble en une ſeule balle, les droits en ſont dûs comme *mercerie*, quoique déclarée quincaillerie aſſortie.

Mais ſi ces deux marchandiſes ſont ſéparées & déclarées diſtinctement, les droits ſont dûs en proportion de la quantité de chacune, ſuivant les déciſions du conſeil des 29 janvier 1752 & 13 avril 1759.

L'emballage doit être imputé proportionnellement au poids de chaque eſpèce.

Il faut obſerver que leur mélange devient indifférent à la ſortie, attendu que la *mercerie* & la quincaillerie ne doivent que le même droit d'un pour cent, fixé par l'arrêt du 15 mai 1760.

On doit ajouter ici, que toute eſpèce de marchandiſe, qui eſt réputée *mercerie*, eſt prohibée en venant d'Angleterre & des pays qui en dépendent, ſuivant l'arrêt du conſeil du 6 ſeptembre 1701.

Que toute marchandiſe de *mercerie*, apportée de Dunkerque dans le royaume, & déclarée d'Hollande, eſt réputée d'Angleterre, & en conſéquence prohibée, à moins qu'elle ne ſoit accompagnée de certificats des magiſtrats d'Hollande, portant qu'elle eſt de telle ou telle fabrique déſignée, & qu'il ne ſoit joint à ce certificat, l'acquit des droits payés à la ſortie de Hollande; c'eſt ce que le conſeil a décidé le 4 mars 1743 & 9 novembre 1753.

Il ſe préſente diverſes obſervations ſur les moyens de faire proſpérer le commerce des marchandiſes de *mercerie*, ſans nuire à l'intérêt des fabriques nationales; mais, comme elles ſont communes au commerce de la quincaillerie, nous remettons à les faire à ce dernier mot.

MESSAGERIES (ferme des). *Voyez* VOITURES PUBLIQUES. C'eſt ſous ce mot qu'on a raſſemblé tout ce qui concerne cette partie.

MESSETERIE ou MEZETERIE. (droit de) On peut voir par l'extrait de la capitulation paſſée entre la cour de France & celle de Conſtantinople à l'article LEVANT, que le droit de *mezeterie* ſe perçoit dans cette ville & à Galata, ſur certaines marchandiſes qui forment la claſſe de la *mezeterie*; ce ſont ſur-tout les pelleteries & le café; & que les François le doivent ſur le même pied que les marchands Anglois. On prétend que ce droit fut originairement établi au profit de la ſultane Validé, ou l'impératrice mère.

MESURE, ſ. f. MESURAGE, ſ. m. MESURER, v. act. On ne fait ici mention de ces trois mots, que par rapport à la ferme des gabelles, dans laquelle ils ſont fort uſités. Auſſi les titres 2, 3 & 4 de l'ordonnance des gabelles du mois de mai 1680, règlent tout ce qui concerne le *meſurage* & le *contremeſurage* des ſels, ſoit à leur enlèvement des marais ſalans, ſoit à leur dépôt à l'embouchure des rivières, ſoit enfin à leur emplacement dans les greniers.

On eſt entré à ce ſujet, au mot FOURNISSEMENT, dans tous les détails propres à mettre ſous les yeux, les opérations ſucceſſives de l'achat des ſels, de leur tranſport, de leur *meſurage*, pour les emplacer. On parlera encore de leur *meſurage* lors de la vente au public, à l'article SEL. *Voyez* les mots FOURNISSEMENT, ſecond volume, page 264; FOURNITURE, page 273. *Voyez* auſſi le mot MINOT, ci-après, & SEL.

MESUREUR, ſ. m., qui ſert à déſigner celui qui meſure. La fonction de meſurer a ſouvent été attribuée à des pourvus d'offices créés exprès pour la leur conférer excluſivement, moyennant une finance: mais ce n'eſt que dans les grandes villes que l'on a vu établir de ces prétendus officiers, & toujours dans la vue ſi louable du bien public.

Ainſi on a vu à Paris & dans quelques villes capitales, des titulaires d'offices, appellés jurés *meſureurs* de grains, de farines; jurés, porteurs, *meſureurs* de charbons; jurés, *meſureurs* d'aulx, d'oignons, de noix, noiſettes, châtaignes & autres fruits; des jurés *meſureurs* & porteurs de chaux, de plâtre, &c. &c.

Nous ne nous arrêterons pas à ces divers offices, dont toute l'utilité fut de produire quelques reſſources pour les finances de l'Etat, au tems de leur création; mais nous obſerverons que lorſque ſous Henri III, les greniers à ſel furent établis à-peu-près dans la forme où ils exiſtent encore, il fut érigé des offices de jurés *meſureurs* en chaque grenier. *Voyez* l'édit du mois de novembre 1576, qui ſe trouve dans Fontanon, & le titre des offices de *meſureurs* de ſel.

Mais il paroît que comme il ne leur étoit accordé aucune rétribution fixe par cet édit, ils n'ont long-tems joui que des ſommes, que d'abord les marchands de ſel, & enſuite l'adjudicataire des gabelles, vouloient bien leur payer pour le prix des ſervices qu'ils leur rendoient, en meſurant le ſel aux emplacemens & aux diſtributions.

Des offices auſſi peu lucratifs, ayant tenté peu de perſonnes, le plus grand nombre reſtoit aux parties caſuelles; pour en favoriſer la vente, le miniſtère imagina d'aſſurer par un édit du mois de février 1620, à ceux qui s'en feroient pourvoir, la prérogative d'en diſpoſer, ainſi que bon leur sembleroit ; ce que l'édit de 1576 avoit formellement refusé.

Ce moyen ne produisant pas encore l'effet que l'on s'en étoit promis ; un édit du mois de janvier 1622, substitua aux rétributions non réglées, que les *mesureurs* de sel, en titre d'office, avoient obtenues jusques-là, soit des marchands de sel, soit de l'adjudicataire ou des gabellans, une attribution de huit deniers par minot.

Il étoit alors d'usage, toutes les fois qu'il étoit créé de nouveaux offices, d'en confier la vente à des traitans, qui, au moyen des avances qu'ils faisoient au roi, jouissoient des émolumens de ces offices, jusqu'à ce qu'ils fussent parvenus à les vendre. Il y en eut cependant peu de vendus, parce que l'attribution si forte de huit deniers par minot, étoit plus que suffisante pour procurer aux traitans un bénéfice considérable sur leurs avances, en faisant exercer les offices pour leur compte.

Mais ces arrangemens faits dans un tems de régence, où le désordre marche à la suite du besoin, furent réformés par l'édit du mois de février 1634 ; il ordonna que, toutes les attributions obtenues depuis 1613, & spécialement celles que les *mesureurs* en titre d'office tenoient de l'édit du mois de janvier 1622, cesseroient d'être payées à ces officiers, sauf à eux à justifier des finances ou supplément des finances qu'ils auroient payé, pour être pourvu à leur remboursement, ainsi qu'il appartiendroit.

Il s'étoit élevé de toutes parts des réclamations contre l'édit de février 1634 ; un autre édit du mois de septembre de la même année, y statua dans les termes suivans ; « encore que, par notre édit » du mois de février dernier, nous ayons éteint » & révoqué les droits de huit deniers par mi- » not, attribués aux *mesureurs* de sel, voulons » néanmoins qu'ils jouissent à l'avenir de deux » deniers par minot dans tous les greniers, qui » est à chacun un denier, nonobstant la révoca- » tion faite desdits huit deniers dont ils jouis- » soient, sans que pour raison desdits deux de- » niers, ils soient tenus de payer aucune finance, » ni qu'il leur soit déduit aucune chose, sur ce » qu'ils ont payé en nos parties casuelles, pour » lesdits droits de huit deniers par minot à eux » attribués, dont nous voulons qu'ils soient en- » tièrement remboursés, attendu que lesdits » deux deniers leur seront payés pour leur peine » & salaire ».

Ce dernier édit a constamment été exécuté jusqu'à ce jour, à l'égard du petit nombre de mesureurs de sel, titulaires d'office, qui existent dans quelques greniers à sel ; & une multitude d'arrêts, soit du conseil, soit de la cour des aides, ont toujours jugé que ces mesureurs ne pouvoient exiger

aucune autre rétribution que celle de deux deniers par minot.

Cette disposition est encore confirmée par l'article 29 du bail de Forceville, qui porte de plus, que ces mesureurs en titre, ne pourront rien exiger des particuliers, à peine de concussion ; & qu'ils ne pourront s'immiscer aux descentes, mesurages & emplacemens, dans les dépôts, s'ils n'y sont appelés par l'adjudicataire, comme travailleurs ; auquel cas ils seront payés au prix qui sera convenu, sans que ces officiers puissent taxer leurs salaires, à peine de nullité, suivant les arrêts du conseil des 23 mars & 13 juillet 1688, 28 juin 1689, 6 août 1697 & 5 juin 1703.

Il paroît aussi par l'article 21 du bail de Forceville, qu'il existe des mesureurs de sel, en titre, aux marais de Brouage, puisqu'il prescrit l'exécution des arrêts du conseil du 22 octobre 1730, & lettres-patentes du 12 novembre suivant, qui ordonnent que l'enlevement des sels de dessus les marais de Soubise, Marennes, &c. ne pourra être fait que par le ministère des jurés mesureurs.

Il existe aussi à Bordeaux quatorze *mesureurs*, en titre d'office, dont les fonctions sont de mesurer, sous l'inspection des préposés de la ferme, appelés *contrôleurs à la taille des sels*, tous les sels qui viennent en cette ville, soit pour sa consommation, soit pour passer dans les pays au dessus de Bordeaux.

Les charges de ces *mesureurs* sont estimées quatre mille livres chacune, & rapportent de huit à neuf cent livres par année.

MILAN (duché de) ; autrement appelé le Milanois. Ce duché fait partie de l'Italie, & se trouve situé entre le pays des Grisons, l'Etat de Venise, & les duchés de Mantoue & de Parme.

La collection des mémoires imprimés au Louvre, concernant les impositions & les droits en Europe, & rédigés par feu M. de Beaumont, intendant des finances, est la seule source qui nous fournisse des renseignemens sur les revenus des différens Etats de l'Europe. Dans ces mémoires, il en est un qui traite des finances du duché de *Milan*. On va le donner ici en entier, comme on a fait ci-devant pour le duché de Mantoue. On ne peut s'empêcher d'observer à ce sujet, que les soins & le zèle que M. de Beaumont avoit mis à étendre nos connoissances, sur la nature des impôts établis chez les puissances de l'Europe, & sur la forme de leur recouvrement, mériteroient bien de produire des imitateurs. Ce digne magistrat, à qui trente années de travaux assidus dans l'administration, avoient procuré une grande considération au conseil, & l'estime générale de tous ceux dont il étoit connu, avoit fait adreffer aux ambaffadeurs & envoyés du roi dans les cours étrangères, des mémoires en forme de queftions fur les revenus de ces puiffances, & fur la manière dont ils étoient perçus. Les réponfes de ces miniftres ont fervi enfuite à la rédaction des mémoires qu'il a publiés en 1768. Mais le fruit qu'on peut en tirer, feroit bientôt nul, ou du moins très-mince, fi on négligeoit de continuer à recueillir des renfeignemens fur les mêmes objets, pour inftruire des changemens & des modifications que peuvent avoir reçues, depuis dix-huit ans, les différentes branches de revenus de ces Etats étrangers, avec l'accroiffement des lumières & des connoiffances en tout genre.

On fent que cette tâche ne peut être remplie que par des hommes publics, ou du moins par des perfonnes autorifées du gouvernement.

MÉMOIRE fur les impofitions du duché de Milan.

Le Milanois eft compofé de fix provinces qui formoient anciennement autant de républiques diftinctes & indépendantes les unes des autres, favoir:

La ville & le duché de Milan proprement dit.
La ville & principauté de Pavie.
La ville & comté de Crémone.
La ville & comté de Côme.
La ville & comté de Lodi.
Et la ville & feigneurie de Cafal-maggiore.

Les ducs de Milan, de la maifon de Vifconti, à mefure qu'ils les ont foumis à leur domination, les ont réunis à leur domaine; & c'eft de ces réunions qu'a été formé fucceffivement le Milanois: mais ces pays, quoique réunis fous un même fouverain, font encore confidérés, relativement aux droits d'entrées, de fortie & de tranfit des marchandifes & denrées, comme étant entièrement diftincts & féparés, c'eft-à-dire comme étant étrangers les uns par rapport aux autres.

Les impofitions qui s'y levent & les droits qui s'y perçoivent, peuvent être rangés fous trois claffes différentes.

La première comprend les impôts & droits domaniaux dénommés *Regaliens*, qui dans différentes circonftances ont été aliénés ou engagés, foit à des villes ou communautés, foit à des particuliers, & dans lefquels le fouverain peut rentrer lorfqu'il le jugera convenable.

Dans la feconde claffe fe rangent les impofitions qui font payées au fouverain directement, & qui font prefque toujours adminiftrées, foit à

titre de ferme générale, foit à titre de fermes particulières.

La troifième claffe enfin eft compofée de deux taxes, dont l'une eft réelle & l'autre perfonnelle.

On va rappeller féparément les différens objets qui compofent ces trois claffes.

PREMIERE CLASSE.

Impôts & droits domaniaux aliénés.

Le Milanois produit des grains en affez grande quantité pour fournir à la fubfiftance de fes habitans & à celle de fes voifins qui, dans différentes circonftances, fe font approvifionnés dans les greniers qu'il renferme.

On ne perçoit aucuns droits fur la circulation des grains dans le Milanois; on en perçoit feulement à l'exportation, & dont on rendra compte dans la fuite.

Les grains acquittent des droits lorfqu'ils font convertis en farine.

Ces droits, connus fous la dénomination de *droits de mouture*, confiftent dans une fomme de trois livres dix fols, monnoie du pays, ou (quarante-fix fols huit deniers, *monnoie de France*) qui fe paient par chaque mefure de farine; la mefure pefe cent cinquante livres, & chaque livre eft de vingt-huit onces.

Les meûniers, foit de la ville, foit de la campagne, auxquels on donne du grain à moudre, font obligés, lorfqu'il eft converti en farine, d'en faire la déclaration au bureau le plus prochain, & d'acquitter le droit, & le propriétaire leur en rembourfe le montant lorfqu'on lui rapporte la farine.

Les meûniers font affujettis à des vifites dont l'objet eft de prévenir les fraudes auxquelles ils pourroient fe livrer fans cette précaution.

2°. On perçoit un droit fur les fours ou boulangeries publics.

Il exifte, foit dans les villes, foit dans les campagnes, un certain nombre de fours qui font affermés à un entrepreneur général, qui les fous-ferme enfuite à des boulangers.

C'eft dans ces fours que fe cuit le pain qui eft deftiné à être vendu au public.

Le pain qui eft cuit dans les fours de la campagne, ne peut être apporté dans les villes.

Il eft cependant permis à tout particulier, foit de la ville, foit de la campagne, d'avoir un four chez lui, & d'y faire cuire le pain néceffaire pour fa confommation & celle de fa maifon; mais la facilité de trouver, à tout inftant, du pain dans les fours ou boulangeries publics, empêche qu'on ne fasse usage de cette faculté, & cette circonstance rend l'objet du produit des droits sur ces fours ou boulangeries publics, assez considérable.

3°. Quelques particuliers, tels que les aubergistes & les cabaretiers, paient des droits pour raison de la faculté qui leur est accordée de faire cuire chez eux du pain, & de le vendre au public.

4°. Les vins étrangers qui sont conduits dans le Milanois, sont sujets à des droits qui sont perçus, non-seulement sur la frontière, mais encore dans les différentes villes par lesquelles ils passent, & dans celles pour lesquelles ils sont destinés.

5°. Les vins du pays, lorsqu'on les transporte dans une ville, paient des droits d'entrée; s'ils sont conduits d'une province du Milanois dans une autre, ils acquittent des droits de transit seulement; enfin s'ils sont exportés, ils ne sont sujets qu'à des droits de sortie.

6°. Les aubergistes, les cabaretiers, soit de la ville, soit de la campagne, paient des droits pour raison du vin qu'ils vendent en détail. Les particuliers ont pareillement la faculté de vendre du vin en détail en payant une somme dont on convient avec eux.

Quant à ceux qui font le commerce de vin en gros, ils ne sont sujets à aucuns droits de ce genre; cette exemption a été principalement accordée en faveur des propriétaires de terres, afin de leur procurer la facilité de vendre leurs vins.

7°. Le nombre de boucheries, tant dans les villes que dans les différens bourgs & villages, est fixé & déterminé, ainsi que l'espèce des viandes qui doivent être vendues dans chaque boucherie.

Dans les unes on vend du bœuf & du veau, dans d'autres de la vache, & dans d'autres enfin du mouton, de la chevre & de l'agneau.

Les particuliers qui veulent vendre des menues viandes, comme l'agneau & le mouton, sont obligés de demander des permissions qu'on leur accorde moyennant une certaine somme.

Les droits qui doivent être acquittés pour chaque espèce de viande, sont réglés par un tarif qui fait la règle de la perception.

8°. Les particuliers qui, pour leur propre consommation, font tuer chez eux des bestiaux, paient un droit à raison de chaque pièce.

9°. Les chaircutiers peuvent seuls vendre les porcs, soit en gros, soit en détail: les droits qu'ils doivent payer sont pareillement réglés par des tarifs.

10°. La volaille & le gibier paient aussi des droits, soit aux entrées sur les frontières, soit à l'entrée dans les villes où ils sont transportés.

11°. L'eau-de-vie & les liqueurs fortes sont assujetties à des droits qui sont perçus à la vente en gros & à la vente en détail.

Celles qui sont destinées pour les particuliers, paient des droits, non-seulement à l'entrée du Milanois, mais même à l'entrée des villes.

12°. Les huiles qui sont fabriquées dans les campagnes, ne paient des droits qu'à leur entrée dans les villes; celles qui sont fabriquées dans les villes acquittent les mêmes droits; les huiles d'olives, qui viennent de l'étranger, sont pareillement sujettes à des droits comme marchandises étrangères.

13°. Il existe dans chaque ville du Milanois, des magasins de bois & de charbons, qui appartiennent à des particuliers qui les vendent au public, soit en gros, soit en détail: ces marchands paient des droits pour raison de la vente de ces bois & charbons; ils sont obligés de se conformer, pour le prix, aux taxes qui sont faites quatre fois l'année, & dont le montant est réglé eu égard à l'abondance ou à la disette, & au degré de besoin d'après la saison.

14°. Les barques ou chariots remplis de foin, sont pareillement sujets à des droits, dont le montant est fixé à raison du poids de la barque & du chariot. On connoît, par la grandeur de la barque & du chariot, ce qu'ils pesent, & c'est en conséquence que le droit est réglé.

15°. Les cuirs & peaux qui sont tannés & apprêtés, soit dans les villes, soit dans les campagnes, sont sujets à des droits; les cuirs & peaux en verd, qui sont exportés à l'étranger, paient pareillement des droits de sortie.

16°. La grande quantité de lacs, de rivières & de canaux qui environnent & qui traversent le Milanois, rend la pêche très-abondante. Le poisson paie des droits, non-seulement à l'entrée dans le Milanois, mais encore à l'entrée des villes.

Il arrive rarement à Milan du poisson de mer frais; celui qu'on y transporte ne paie que les mêmes droits que les poissons secs & salés.

Indépendamment des droits qui se paient à l'entrée du Milanois & des villes, on en perçoit encore à la vente; & ces différens droits réunis, augmentent considérablement le prix de toute espèce de poisson.

17°. Les œufs & les autres fruits & denrées qui sont apportés des campagnes dans les villes, sont assujettis à des droits d'entrée qui les tiennent toujours à un certain prix. Les revendeurs ne peuvent se présenter dans les marchés qu'à une heure qui est fixée, afin que les bourgeois & les particuliers puissent s'approvisionner les premiers.

18°. Les droits de péage qui se perçoivent sur les chemins, les ponts, les lacs, les rivières & canaux, forment un objet d'autant plus considérable, que ceschemins, ponts, rivières & canaux sont très-multipliés.

Ce sont les différens droits dont on vient de rappeller les détails, qui forment les droits domaniaux aliénés, ou dont la jouissance se trouve actuellement dans les mains des communautés & des particuliers ; on en évalue le produit annuel à six millions, monnoie de Milan, ce qui revient à environ quatre millions de notre monnoie.

Les aliénations de ces différens droits, déterminées successivement par les conjonctures & par les besoins de l'Etat, ont été faites par un tribunal qui est connu sous la dénomination de *chambre royale* ou *chambre du souverain*.

Chaque aliénataire a la libre administration des objets qu'il a acquis ; de-là l'établissement de quantité de bureaux, de gardes, qui sont d'autant plus multipliés, que quelquefois le même droit doit être acquitté dans deux bureaux différens, c'est-à-dire, par exemple, que le droit principal & originaire est payé dans les bureaux de la ferme générale, & l'augmentation créée & établie postérieurement, & par addition à ce droit, est acquittée dans le bureau de celui qui en a obtenu l'aliénation.

On regarde comme un principe certain que le souverain peut rentrer, quand il le juge convenable, dans les droits domaniaux qui ont été aliénés, en remboursant le montant des finances qui ont été payées lors des concessions qui en ont été faites ; mais la différence qui existe dans la valeur de la monnoie actuelle, par comparaison à celle de la monnoie qui avoit cours à l'époque des aliénations, occasionne souvent des difficultés dans la liquidation des sommes qui doivent être remboursées aux aliénataires ; & lorsque les circonstances ouvrent la voie à des reventes avantageuses, le souverain exerce le droit de rachat, & revend en même-tems les droits rachetés à des conditions plus avantageuses : ces reventes se font en la chambre royale ou chambre du souverain.

Les villes du Milanois, pour subvenir aux dépenses ordinaires dont elles sont tenues, & aux dépenses extraordinaires qui peuvent survenir, levent quelques taxes ou impôts ; mais ils ne sont perçus qu'après qu'ils ont été autorisés par le souverain, qui n'accorde, comme en France, ces octrois, qu'après que l'utilité & la nécessité en ont été constatées & reconnues.

SECONDE CLASSE.

Impositions & droits qui sont payés directement au souverain, & qui forment communément l'objet d'une ferme générale & de quelques fermes particulières.

FERME GÉNÉRALE.

Les objets qui composent la ferme générale, consistent :

1°. Dans l'achat, la vente & distribution du sel, qui sont donnés à ferme sous l'inspection de la chambre des finances de Milan, qui veille, d'une manière particulière, à ce qu'il ne soit livré au public, que du sel d'une bonne qualité, & qu'il ne se commette aucune fraude ni abus dans la manière de le mesurer. Cette chambre se conforme, dans son administration, au nouveau réglement, qui a été fait par l'impératrice-reine, & qui a fait cesser les abus qui avoient lieu auparavant, soit par rapport au mélange, soit par rapport à la mesure de cette denrée.

2°. L'entreprise des *marchandises* ou les droits qui se perçoivent à l'entrée, à la sortie & à la circulation des marchandises & denrées, forme encore un des objets de la ferme générale.

On se rappelle que le duché de Milan est composé de six provinces qui, quoique réunies sous une seule & même domination, sont néanmoins considérées comme étrangères les unes par rapport aux autres, relativement aux droits d'entrée, de sortie, & à la circulation des marchandises & denrées.

La multiplicité des droits auxquels cette circonstance donnoit lieu, les difficultés qui survenoient dans la perception, étoient très-préjudiciables au commerce en général, & très-onéreux pour les particuliers.

Il a été formé depuis peu, un nouveau réglement, par lequel, en supprimant plusieurs des droits qui avoient lieu, & en diminuant l'objet de quelques autres, la perception de ceux qui subsistent a été réglée par des principes uniformes.

Il a été en même-tems arrêté un tarif général qui contient, par ordre alphabétique, les différentes espèces de marchandises & denrées sujettes aux droits, les noms des villes & provinces dans lesquelles les droits doivent être perçus, la quotité de ces droits relativement à la quantité, au poids & à la mesure des marchandises. Le même tarif contient, par un article final, une énumération des marchandises & denrées qui n'étoient point susceptibles d'acquitter les droits relativement à leur quantité, poids ou mesures; ces droits sont réglés sur les marchandises, à tant par écu de leur valeur, au moyen de quoi cette perception est simple & facile.

L'entreprise du tabac forme le troisieme objet de la ferme générale.

Les fermiers tirent tout le tabac du pays étranger. Il ne s'en fait aucune culture dans le Milanois : le prix auquel il est vendu est considérable ; on prétend d'ailleurs que la contrebande sur cet objet est infiniment plus étendue que par rapport à tous les autres droits.

Le sel raffiné ou le sel blanc forme aussi l'objet d'un droit particulier, & qui est indépendant de celui qui se leve sur le sel ordinaire ; il fait partie de la ferme générale.

Le droit d'extraire le salpêtre, la fabrication & la vente de la poudre à tirer, sont aussi compris dans la ferme générale.

Les autres droits qui composent la ferme générale, sont les droits de la douane de Lodi, de Casal-maggiore & ceux qui se lèvent le long du fleuve du Pô, & d'autres droits locaux qui se perçoivent dans les villes de Crémone & Soresllora.

Les droits qui composent la ferme générale avoient toujours été régis & administrés par les fermiers, & l'on ne pouvoit en connoître le véritable produit.

Lors du dernier bail, l'impératrice-reine s'est réservé un tiers dans le produit total de cette ferme, & il a été établi deux régisseurs, qui, conjointement avec ceux qui sont choisis par les fermiers, président à toutes les opérations relatives à son exploitation, de manière que la conduite de ces fermiers est continuellement éclairée, & que le montant du produit des droits est exactement connu.

On ne néglige rien pour s'opposer à la contrebande. Le pays, du côté de la plaine, est fermé par trois rivières considérables, & qu'on ne peut passer à gué en aucun endroit ; ces rivières sont le Pô, le Tessin & l'Adda : d'ailleurs une troupe de hussards prête main-forte aux commis & court sans cesse le pays ; mais malgré ces précautions, les contrebandiers qui risquent tout & se regardent comme n'ayant rien à perdre, viennent par troupes sur-tout au-delà du Pô, & du côté de la Sardaigne & de Genes, & apportent sans cesse en fraude, du tabac, du sel & de l'huile.

Cette ferme rapporte environ cinq millions, monnoie de Milan, faisant, monnoie de France, trois millions trente trois mille trois cens trente-trois livres.

Fermes particulières.

Les objets qui composent des fermes particulières, consistent :

1°. Dans la fabrication & la vente exclusive des cartes à jouer, qui sont affermées à un particulier.

Toutes les cartes qui ne sont point de cette fabrique sont contrebande, & ceux qui s'en servent, soit dans les jeux publics, soit dans les maisons particulières, sont dans le cas d'une amende.

2°. Dans l'entreprise du théâtre de Milan, qui est donnée à ferme, les rois d'Espagne avoient affecté le produit de cette entreprise à la dotation & entretien du couvent des Vierges Espagnoles ; l'impératrice-reine a destiné un autre fonds à cette fondation.

3°. Le droit de donner à jouer aux jeux de hasard, est affermé à celui qui a l'entreprise du théâtre.

Ces jeux ne sont permis que pendant le tems que le théâtre est ouvert ; ils ne peuvent être joués que dans des salles qui sont destinées à cet usage & qui tiennent au théâtre ; il y a des salles pour la noblesse & d'autres pour la bourgeoisie : on peut pendant le carnaval se présenter à ces jeux, en masque ou sans masque, & au moyen d'une somme dont on convient avec l'entrepreneur, on peut, si on le veut, tenir la banque pendant le tems qui est fixé.

4°. Le privilège des loteries est pareillement affermé à une compagnie particulière ; il se fait deux tirages par mois : cette ferme rend environ cent mille livres par année.

5°. La poste aux chevaux est pareillement affermée, mais la poste aux lettres est en régie : le produit de cette régie, les frais prélevés, est affecté au remboursement d'une dette de l'Etat à laquelle il a été destiné.

6°. Le droit de chasse est pareillement en régie ; le produit en est peu considérable.

7°. Le gouvernement fait encore régir le droit sur la soie écrue. L'exportation qui s'en fait monte par année à douze ou quatorze millions de livres ; on perçoit à la sortie quinze sols par chaque livre.

8°. Il existe à Milan un tribunal qui est connu sous la dénomination de *tribunal de santé.*

On étoit obligé, avant de retirer de la douane les marchandises étrangères, & de les introduire dans la ville de Milan, d'aller à ce tribunal prendre un billet qui coûtoit dix sols, & par lequel il étoit attesté que les marchandises qu'on vouloit faire entrer, n'étoient suspectées, ni de peste, ni de contagion; cet usage a été restreint aux circonstances seulement où des inquiétudes fondées exigent cette précaution.

9°. On perçoit à l'exportation des grains & du riz, qui sont très-abondans dans le Milanois, des droits dont la régie se fait pour le compte du gouvernement.

TROISIEME CLASSE.

Taxes réelle & personnelle.

Ces deux taxes ont été substituées, sous la dénomination de *censimento*, à différentes impositions qui se levoient auparavant, & dont les produits étoient destinés, les uns aux dépenses qu'exigeoient l'entretien & le logement des troupes, & la subsistance des armées qui étoient à la charge du pays, & les autres à l'acquittement des dettes & dépenses dont les provinces, les villes & les communautés étoient tenues; c'est ce que les détails dans lesquels on se propose d'entrer, feront connoître.

Louis XII, pendant le tems qu'il occupoit le Milanois, avoit jetté les fondemens d'un cadastre ou taxe réelle.

François Sforce, second du nom, avoit porté ses vues plus loin; il avoit formé le projet de convertir, non-seulement les impositions, mais même tous les droits sur les denrées & marchandises dans l'intérieur de l'Etat, en une imposition sur les fonds; mais il n'eut pas le tems nécessaire pour exécuter ce beau plan.

L'empereur Charles-Quint, qui s'empara du duché de Milan, comme fief dévolu à l'Empire, n'adopta point le système de François Sforce; il rétablit les droits que ce duc avoit supprimés; & s'occupa en même-temps à donner une base stable & solide à l'imposition qui portoit sur les fonds, & qui étoit alors connue sous la dénomination de *Mensuale*.

Il étoit nécessaire, pour y parvenir, de procéder à l'arpentement & à l'évaluation des fonds; cette opération ne fut alors qu'entamée, & ne fut point portée, à beaucoup près, au degré de perfection nécessaire pour servir de règle immuable à la répartition.

Tant que le Milanois fut sous la domination des princes de la maison d'Autriche, qui occupoient le trône d'Espagne, l'opération du cadastre fut entièrement négligée, & les impositions anciennes continuèrent d'avoir lieu.

Ces impositions furent connues d'abord sous la dénomination de *Fodra*, depuis sous celles de *paie*, *fourrage*, *contribution*, *mensuale*, *diaria*, *dettes & dépenses des provinces*, *villes & communautés*. Leur produit étoit destiné, ainsi qu'on l'a observé, à l'entretien & au logement des troupes, à la subsistance des armées, & à l'acquittement des dettes & dépenses des provinces, villes & communautés.

Le montant de ces contributions étoit réglé par le souverain.

On fixoit ensuite, d'après un tarif qui étoit formé à cet effet, ce que chaque province, ville & communauté devoit supporter; & chaque province faisoit alors, sur les particuliers, la répartition & la levée, tant de ce qui concernoit la taxe destinée pour le service militaire, que pour l'acquittement des dettes & des dépenses des provinces, villes & communautés.

Les inexactitudes qui existoient dans le tarif, les abus qui s'étoient introduits dans la répartition, & la forme de la levée & perception, les excès auxquels on se portoit dans la répartition des sommes destinées pour les dépenses des provinces, des villes & communautés, excitoient sans cesse des réclamations & des plaintes qui firent connoître la nécessité de les prévenir par une imposition générale qui portât sur les fonds; & ces circonstances engagèrent l'empereur Charles VI à reprendre les moyens qui furent jugés les plus propres à parvenir, par la voie d'un cadastre général, à une imposition réelle; mais ce n'a été qu'en 1760 que cet ouvrage a été conduit à son entière perfection par les soins de l'impératrice-reine.

La base de cette opération a été un plan figuré & topographique de tout le territoire de Milan; ce plan comprend chaque héritage, chaque haie, chaque canal, représentés au naturel.

Une description jointe à ce plan, indique la qualité du sol & les autres renseignemens, qui ne pouvoient être rendus sensibles dans la carte.

C'est sur le registre qui contient cette description, que s'inscrivent les changemens qui surviennent journellement dans les possessions; & au moyen des renvois disposés avec ordre & intelligence, les mutations les plus fréquentes n'occasionnent aucune confusion.

Cette première opération exécutée, il a été question de déterminer le principe & la proportion de l'imposition réelle.

Pour y parvenir, il a été formé dans chaque lieu, un procès-verbal qui énonce la nature du territoire, l'objet du produit dont il est susceptible, les dépenses qu'exigent la culture des terres, la subsistance des colons & la nourriture des bestiaux ; & l'on est parvenu, par la combinaison de ces différentes circonstances, à connoître le produit net des terres qui a été évalué sur le pied de quatre pour cent.

Quant aux maisons, l'estimation en a été faite principalement, relativement à leur étendue & au genre de leur construction.

Le total de ces évaluations a été fixé à soixante-quinze millions d'écus de six livres, monnoie de Milan, faisant, monnoie de France, cinquante millions d'écus de six livres ou trois cens millions de livres. La répartition de la taxe a été réglée à raison de tant de sols & de deniers par écu.

Quant aux fonds ecclésiastiques, on les distingue en deux classes ; ceux que les ecclésiastiques possèdent depuis 1575, sont entrés dans l'évaluation générale, & acquittent les taxes comme les autres fonds.

A l'égard de ceux dont la propriété remonte au-delà de l'année 1575, il a été réglé, par un concordat fait en 1756, avec la cour de Rome, qu'ils ne contribueroient que pour un tiers de leur valeur, & qu'ils jouiroient de l'exemption quant aux deux autres tiers.

Ainsi la totalité du produit des fonds qui, dans l'évaluation générale, a été fixée à soixante quinze millions d'écus de six livres, se trouve réduite, par la distraction des deux tiers du produit des fonds que les ecclésiastiques possèdent avant 1575, à soixante cinq millions d'écus de six livres, monnoie de Milan, faisant, monnoie de France, quarante deux millions d'écus de six livres, ou deux cens cinquante-deux millions de livres, & c'est sur ce montant que tombe la taxe réelle.

Quant à la taxe personnelle, elle ne porte point sur les habitans des villes, qui en sont exempts à raison des autres impositions & droits auxquels ils sont assujettis ; mais uniquement sur les gens de la campagne qui ne sont point assujettis à ces impositions & droits. Il se leve cependant une taxe, à titre d'industrie, mais qui est fort modérée, & qui se répartit, sous la dénomination de taille, sur les différens corps des marchands des villes & provinces de l'Etat.

La taxe personnelle est réglée à sept livres par personne ; les ecclésiastiques, les femmes, les garçons jusqu'à l'âge de quatorze ans, & les hommes depuis l'âge de soixante ans, en sont exempts : un père de famille qui a douze enfans vivans, en est pareillement exempt.

Le réglement appellé la Sanction du Censimento, porte que l'intention de l'impératrice-reine, en ne fixant la taxe personnelle qu'au prix modique de sept livres, & en ordonnant qu'elle ne pourroit être augmentée, a été, que le pauvre pût la supporter, & qu'elle a en même tems considéré que l'industrie & les facultés des pauvres contribuables étoient peu susceptibles d'accroissement ; qu'elle veut au contraire que, pour le surplus & selon les besoins, on charge la taxe réelle des fonds, par voie de sur-imposition, comme sur un fonds appartenant à qui peut mieux supporter cette surcharge.

Le réglement fait même entrevoir la diminution de la taxe personnelle, à mesure que les communautés seront libérées de leurs dettes & engagemens.

On forme chaque année dans chaque communauté de la campagne, un registre, sur lequel sont inscrits avec exactitude, tous ceux qui sont dans le cas d'acquitter la taxe personnelle. Ces registres sont remis à des receveurs choisis dans chaque communauté, & qui sont chargés de faire la collecte, tant de la taxe réelle que de la taxe personnelle.

On se rappelle que le produit de la taxe personnelle est destiné en partie à acquitter les dettes & les dépenses, soit ordinaires, soit extraordinaires, qui sont à la charge des communautés.

Sur la fin de chaque année, il se tient à Milan une assemblée de l'Etat, à laquelle chaque province envoie un syndic & chaque ville un député.

On examine dans cette assemblée les dépenses ordinaires & extraordinaires qui ont été supportées, pendant l'année, par chaque province, ville & communauté ; & lorsque le montant de ces dépenses excède celui des fonds qui lui avoient été assignés, ou que le souverain exige un nouveau secours, cet excédant est ajouté l'année suivante par sur-imposition, non sur la taxe personnelle qui ne peut jamais être augmentée, mais sur la taxe réelle.

Les fonds qui proviennent de la taxe personnelle sont remis par le receveur de chaque communauté, savoir, moitié à la caisse de la province, d'où elle est ensuite versée dans la caisse du gouvernement, & l'autre moitié dans la caisse particulière de la communauté, pour être employée aux dépenses communes, conformément aux règles qui sont établies à cet effet.

Tous les objets qui sont relatifs à l'administration de la taxe réelle & de la taxe personnelle, sont réglés par un tribunal que l'on appelle le tribunal du censiment ; l'on expose que de tous les cadastres qui existent, il n'y en a aucun qui ait été fait avec plus d'exactitude, de précision & de

clarté

clarté, & qu'il n'y a pas un particulier qui ne soit à portée de connoître ce qu'il doit payer chaque année.

Au moyen de ce cadastre, l'on est parvenu à fixer une répartition juste & égale :

1°. Entre les différentes provinces dont le duché de Milan est composé.

2°. Dans chaque province, de communauté à communauté.

3°. Enfin dans chaque communauté, entre les différens possesseurs des fonds qui sont assujettis au paiement de cette taxe.

MINAGE. Droit seigneurial qui se perçoit sur les grains & denrées vendus dans les marchés & dans les foires. Le droit de minage reçoit, suivant les provinces, le nom de *leyde*, *couponage*, *stellage* ; mais tous ces droits sont confondus & compris dans la dénomination de *hallage*, parce qu'ils sont censés se percevoir sous les halles du seigneur, comme le prix de l'abri qu'elle procure aux marchandises & denrées, pour en faciliter l'étalage & la vente.

La perception de ces droits ne se fait pas d'une manière uniforme, & leur quotité varie suivant les lieux. Dans quelques endroits ils n'ont lieu que sur les marchandises & denrées apportées du dehors par les forains ; dans d'autres ils ne sont pas dûs sur les denrées du crû, apportées au marché par les propriétaires, ou sur celles qui appartiennent aux gens nobles.

A l'égard de la quotité, elle se perçoit le plus souvent en nature sur les grains, & consiste dans ce qui peut tenir entre les deux mains rapprochées, c'est ce qu'on appelle une jointée. Sur les autres denrées & marchandises, on perçoit le droit de *minage*, à tant par jour de marché, ou par abonnement annuel.

Les droits de *minage*, stellage & hallage, ont été confirmés par l'édit du mois de janvier 1697, à l'égard de ceux qui en jouissent par *titres de propriété bons & valables*, ou par une *possession centenaire*.

Un arrêt du conseil, du 10 août 1768, & un autre, du 13 août 1775, ont nommé huit commissaires, devant lesquels ils ordonnoient que tous seigneurs & propriétaires, à quelque titre que ce fût, qui percevoient des droits sur les grains, dans les marchés d'aucune ville, bourg ou paroisses, seroient tenus de représenter leurs titres, pour être statué ce qu'il appartiendroit.

Un autre arrêt du 3 juin 1775 a suspendu la

perception des droits de hallage & *minage*, qui avoit lieu sur les grains, au profit des villes, & le roi s'est chargé de pourvoir à leur indemnité, pour raison de la suppression du produit de ces droits, après qu'il auroit été justifié des titres de propriété, & de la nécessité du remplacement de ce produit.

MINE, s. f., qui a un grand nombre d'acceptions, & qui appartient à plusieurs sciences. En histoire naturelle, il signifie toute substance terreuse ou pierreuse, qui contient du métal.

En minéralogie, on appelle *mine*, les lieux souterrains d'où l'on tire les métaux, les demi-métaux, & toutes substances minérales, comme l'antimoine, le charbon de terre, le sel gemme, l'alun, les pierres précieuses, le vitriol, &c.

Dans l'art militaire, on donne le nom de mine à une galerie souterraine, dans laquelle on pratique une chambre ou fourneau que l'on remplit de poudre destinée à faire sauter l'endroit sous lequel cette chambre est construite.

Dans la science numismatique, on connoît les *mines* romaines & les *mines* hébraïques. Les premières étoient une monnoie qui valoit cent drachmes attiques, équivalentes à cent deniers d'argent, c'est-à-dire soixante-quinze à quatre-vingt livres.

La *mine* hébraïque se divisoit en soixante sicles, valant chacun à-peu-près cinquante sols de notre monnoie.

Enfin, dans le commerce, la *mine* est une mesure plutôt estimative que réelle, du moins en France ; car la mine est composée de plusieurs boisseaux, & on applique cette mesure indistinctement aux grains, aux charbons de terre & de bois.

Les *mines* qui produisent des métaux, ont formé, comme on l'a dit dans le discours préliminaire, une branche intéressante de revenu pour l'Empire romain, qui s'attribuoit la propriété du sein de la terre, en ne laissant à ses sujets que la jouissance de la superficie. Ceux même qui ramassoient de l'or ou de l'argent dans les rivières, étoient obligés d'en remettre le quart au trésor public.

La législation romaine sur ce point fut adoptée dans les Gaules, du moins quant au droit du fisc, sur toutes les matières profitables qui se tiroient du sein de la terre, non-seulement dans l'étendue des fonds appartenans à l'Etat, mais aussi dans les fonds dont la propriété étoit entre les mains des particuliers. Mais dans la suite, comme nous l'avons observé à l'article MAR-

QUE DES FERS, le droit que le seigneur percevoit sur les *mines* trouvées dans le territoire de sa justice, fut fixé au dixième du produit de la mine. Ces *mines* considérées comme une branche du revenu public, méritent d'être la matière d'un article dans le dictionnaire des finances ; elles sont d'ailleurs comprises dans le département de cette partie, & c'est à cette administration à donner ses soins pour les faire prospérer.

On trouve, sous Henri IV, un édit du mois de juin 1601, qui confirme à son profit le droit de dixième sur les *mines*, en exceptant toutefois les *mines* de fer, de soufre, de salpêtre, d'ocre, pétrolle, charbon de terre, ardoise, plâtre, craie & autres sortes de pierres pour bâtimens & meules de moulins : *mines* & carrières qu'il exemptoit, par grâce spéciale, en faveur de sa noblesse & de ses bons sujets, propriétaires des lieux.

Il paroît qu'en général on montroit peu d'ardeur pour la recherche & l'exploitation des *mines*, puisque dans l'assemblée des Etats généraux de la nation, tenue, pour la dernière fois, en 1614, le tiers-Etat faisoit les propositions suivantes, relativement aux *mines*.

» Pour inviter vos sujets, par l'espérance de
» quelques profits, à s'employer à l'ouverture
» des *mines* découvertes & à découvrir dans votre
» royaume, vos très-humbles sujets supplient
» votre majesté de remettre les droits qui pour
» ce vous appartiennent, & ordonner à vos
» juges de condamner tous coupeurs de bourse,
» blasphémateurs, fainéans, vagabonds, gens sans
» aveu, à travailler auxdites *mines*, & les faire
» délivrer, pour cet effet, aux maîtres d'icelles ;
» avec défense aux condamnés de laisser leurs
» ouvrages & s'absenter pendant le temps qu'ils
» auront été condamnés de servir aux *mines*, à
» peine d'être pendus & étranglés au lieu & à
» l'instant qu'ils seront trouvés ailleurs.

Si ce sage projet eût été exécuté, observe l'estimable écrivain qui nous a déjà fourni grand nombre de réflexions aussi justes que précieuses, la France eût retiré & retireroit encore des Pyrennées autant de richesses qu'en produisent ensemble les *mines* de Saxe, de Bohême & de Suède. C'est encore un des principaux moyens d'y parvenir, parce que ces sortes d'entreprises sont coûteuses & risquables dans leur principe ; un pareil encouragement équivaudroit à des récompenses en argent.

Quand même les *mines* des Pyrennées, en plomb, cuivre, fer, cobolt, or & argent, ne seroient pas aussi riches que les essais l'indiquent ; quand même elles ne rendroient qu'à peine la dépense de l'exploitation, l'Etat trouveroit encore un grand avantage à employer annuellement un ou deux millions à tirer de nos terres les métaux que nous tirons de l'étranger pour nos besoins. La dépense seroit faite dans le royaume ; des hommes, dont la société est privée par les autres genres de supplice, produiroient des valeurs ; il sortiroit moins d'argent pour la consommation de ces productions.

Qui nous empêcheroit encore d'acheter, pour ce travail, des esclaves à Malthe & chez tous les peuples qui sont en guerre avec les barbaresques ? Nous les instruirions dans notre religion ; on les marieroit, & leurs enfans étant déclarés libres, augmenteroient notre population.

Ce n'est pas qu'il n'y eût encore d'autres arrangemens à prendre, pour mettre en vigueur cette partie entièrement ignorée parmi nous. Beaucoup d'entreprises ont manqué par l'impéritie des entrepreneurs. Il conviendroit donc au préalable d'appeler des hommes intelligens dans cette partie, & c'est l'Allemagne qui les fournit ; & de faire voyager des élèves, déjà instruits, dans les établissemens étrangers. Les capitaux & l'envie de gagner ne manquent point ; & lorsqu'on pourra donner quelque confiance aux personnes qui se proposeront pour régir ces établissemens, on les verra bientôt florissans. Elles éviteront deux inconvéniens dans lesquels on est presque toujours tombé. Le premier, de commencer par des dépenses trop considérables : le second, d'effleurer les *mines* sans les fouiller.

La manière de procurer l'exploitation des *mines*, semble aussi partager les opinions ; & peut-être a-t-elle donné naissance à deux abus opposés, qui semblent également contraires à l'objet public.

L'un, est d'accorder des concessions trop étendues.

Le second, de permettre trop facilement à chaque particulier d'ouvrir des puits, qu'il abandonne bientôt après, faute de facultés.

Dans l'un & l'autre cas, l'Etat perd certainement des produits. Lorsque les concessions sont trop considérables, il se trouve nécessairement beaucoup de terrains utiles négligés. On borne l'industrie & l'emploi des capitaux ; on prive les propriétaires du terrain, des moyens d'en tirer un meilleur parti, par la concurrence des entreprises. Si des particuliers, peu opulens, ont la liberté de fouiller la terre à leur gré, ils se laisseront gagner par les eaux, ou bien ils ne tireront point de parti d'une *mine*, qui a besoin d'un achat considérable d'autres matières pour être mise en valeur.

Les grands établissemens, comme les fonderies,

font la dépenfe la plus coûteufe. Le grand point fembleroit être de parvenir à en établir plufieurs dans un même canton , & de répandre , par préférence , les encouragemens fur les compagnies les plus pécunieufes. Alors il fe formeroit infenfiblement , dans les environs , d'autres compagnies fubalternes, qui ne s'occuperoient que de la fouille des *mines*, dont elles vendroient le produit à la fonderie qui les traiteroit le mieux, & ces divers établiffemens fe foutiendroient réciproquement.

De toutes nos *mines* , celles de fer font les plus abondamment exploitées ; & malgré une longue expérience , il eft affez fingulier que nous n'en tirions pas tout le parti dont elles font fufceptibles. On doit l'attribuer principalement à nos loix , qui accordent exclufivement la *mine* au fourneau le plus voifin ; d'où il réfulte que l'entrepreneur n'eft pas le maître de fondre avec tout l'avantage qu'il retireroit des mixtions , s'il étoit libre de les prendre où il en trouve de convenables , & que la qualité de nos fers n'eft pas auffi parfaite qu'elle pourroit l'être.

Recherches & confidérations fur les finances , édition in·12 , tom. 1 , pag. 281.

C'eft avec raifon que M. de Forbonnais cherchoit , en 1754, à éveiller l'attention du gouvernement fur l'exploitation des *mines*. Cette branche d'induftrie , à la vérité , ne peut pas être d'une grande reffource pour les finances du roi, & c'eft, fans doute , ce qui l'a toujours fait négliger par les miniftres de cette partie ; cependant , comme elle eft propre à concourir à la profpérité générale de l'Etat , fous cet afpect , elle n'étoit pas indigne des regards d'un grand adminiftrateur.

Pour préparer des fuccès en ce genre , il falloit les leçons de l'étude & de l'inftruction ; c'eft ce qui fut fenti par l'homme d'Etat qui gouvernoit les finances , en 1778, & ne s'occupoit que des moyens d'enrichir le royaume. Un arrêt du confeil, du 12 juin , établit une chaire de *minéralogie & de métallurgie docimaftique* , en faveur du fieur Sage , très-favant dans ces fciences, & pour en donner des leçons publiques & gratuites.

Le préambule de cet arrêt va nous faire connoître fes motifs.

Le roi s'étant fait repréfenter les loix relatives à l'exploitation des *mines* de métaux & de minéraux, fa majefté a reconnu que cette partie des richeffes du royaume n'avoit point acquis toute la valeur dont elle étoit fufceptible , à caufe du défaut de connoiffance des ouvriers dans la minéralogie & la métallurgie, enforte que les entrepre-

neurs des *mines* de France étoient réduits à recourir à des étrangers , pour les mettre à la tête de leurs exploitations , & elle a jugé qu'il feroit utile d'établir une école publique où l'on enfeignât les principes de la fcience dont il s'agit , & la manière de la mettre en pratique. Le difpofitif nomme le profeffeur, règle fes appointemens à deux mille livres , & réferve de ftatuer ultérieurement fur tout ce qui fera relatif à ce nouvel établiffement.

Trois années fe pafsèrent fans qu'il fut fait aucune autre difpofition. On laiffa fructifier les leçons qui fe donnoient , jufques en 1781, qu'on jugea devoir en éprouver l'utilité en créant quatre infpecteurs des *mines*. Voici comment s'explique à ce fujet l'arrêt du confeil du 21 mars 1781.

Sur ce qui a été repréfenté au roi, étant en fon confeil , qu'un des moyens qu'on pourroit plus efficacement employer, pour retirer tout l'avantage qui peut réfulter de l'exploitation des fubftances métalliques qui fe trouvent dans le royaume, feroit de choifir un certain nombre de fujets inftruits qui , d'après les tournées qu'ils feroient annuellement dans différentes provinces , fe mettroient à portée de rendre compte à l'adminiftration , des *mines* exploitées , ou non exploitées qui y exiftent , & qui auroient des connoiffances affez étendues fur cette matière pour pouvoir juger de la manière dont fe font les exploitations ; s'affurer de la folidité & régularité des travaux ; veiller à la fûreté des ouvriers qui y font employés ; aider les entrepreneurs de leurs confeils , & indiquer à l'adminiftration celles defdites exploitations qui , à raifon de leur utilité & de leur importance , pourroient mériter plus particulièrement d'être encouragées. A quoi voulant pourvoir : oui le rapport du fieur Moreau de Beaumont , &c. le roi étant en fon confeil , a créé & établi quatre infpecteurs des *mines* & minières de fon royaume , auxquels il fera expédié des commiffions , & dont le traitement fera déterminé par l'adminiftrateur général de fes finances. Veut fa majefté que lefdits infpecteurs , d'après les ordres qui leur feront donnés par l'adminiftration , fe transportent tous les ans dans les provinces qui leur feront indiquées , à l'effet de vaquer aux opérations portées dans les inftructions qui leur feront données , & de dreffer un journal , tant defdites opérations , que des découvertes qu'ils feront , & qui feront de nature à mériter l'attention du gouvernement. Veut pareillement fa majefté que , lors de la vifite qu'ils feront des *mines* & fouilles en exploitation , ils veillent à ce qu'il foit promptement remédié aux travaux défectueux & qui pourroient mettre en danger la vie des ouvriers , ou occafionner quelques autres accidens. Défend fa majefté à toutes perfonnes , de quelque qualité & condition qu'elles puiffent être , de troubler lefdits infpecteurs dans

MIN

l'exercice de leurs fonctions, pour raison desquelles les entrepreneurs & intéressés dans lesdites *mines* & autres fouilles, seront tenus de les reconnoître en ladite qualité d'inspecteurs, & de leur fournir tous les éclaircissemens qu'ils pourront desirer. Ordonne en outre sa majesté que lesdits inspecteurs jouiront des privilèges, exemptions & prérogatives dont jouissent les inspecteurs, tant généraux que particuliers, des manufactures. Fait au conseil d'état du roi, le 21 mars 1781.

Ces préliminaires ne restèrent pas sans suite, malgré les changemens arrivés très-peu de tems après dans l'administration des finances.

Il fut créé une intendance générale des *mines*, minières & substances terrestres de France, & le magistrat qui en fut pourvu, s'appliqua particulièrement à faire prospérer cette branche d'industrie confiée à ses soins. Dans cette vue il pensa que l'instruction, les encouragemens, & des prix destinés à exciter l'émulation, étoient des moyens efficaces pour arriver au but qu'il se proposoit. Ces trois objets font la matière de l'arrêt du conseil du 19 mars 1783, conçu dans les termes suivans :

Le roi étant informé que l'art de découvrir & d'exploiter des *mines*, n'a pas fait dans son royaume les progrès dont il étoit susceptible : que, dans le nombre de ceux qui ont obtenu des concessions, les uns n'en ont fait aucun usage, d'autres y ont employé, sans fruit, des fonds considérables ; & que ceux qui ont réussi, n'en ont pas tiré tout le profit qu'ils devoient en attendre, par la difficulté de trouver des directeurs intelligens : sa majesté s'est fait rendre compte des différens moyens qu'on pourroit employer pour exciter un genre d'industrie dont les états voisins retirent de si grands avantages ; & elle a reconnu que ce n'étoit pas assez de donner des encouragemens à ceux qui voudroient se livrer à la recherche & exploitation des minéraux, qu'il falloit encore former des sujets pour conduire les ouvrages avec autant de sûreté que d'économie ; c'est par ces motifs que sa majesté a résolu d'établir une école de *mines*, à l'instar de celle qui a été établie avec tant de succès, sous le règne du feu roi, pour les ponts & chaussées. A quoi voulant pourvoir, &c. le roi étant en son conseil, a ordonné & ordonne ce qui suit :

ARTICLE PREMIER.

Il sera incessamment nommé deux professeurs, pour enseigner les sciences relatives aux *mines* & à l'art de les exploiter.

II.

L'un des professeurs sera chargé d'enseigner la chimie, la minéralogie & la docimasie ; l'autre professeur enseignera la physique, la géométrie souterraine, l'hydraulique, & la manière de faire avec plus de sûreté & d'économie les percemens, & de renouveller l'air dans les *mines*, pour y entretenir la salubrité ; il sera aussi connoître les machines nécessaires à leur exploitation, & la construction des fourneaux.

III.

Le cours d'étude sera de trois années, les leçons seront de trois heures, & chacun des professeurs en donnera trois par semaine, depuis le premier novembre jusqu'au premier juin.

IV.

Ceux qui se proposeront de suivre les cours d'étude, seront tenus de se faire inscrire chez l'ancien des professeurs, qui en rendra compte à l'intendant général des *mines*. Ils ne pourront être admis qu'à seize ans accomplis, & en justifiant qu'ils sont suffisamment instruits de la géométrie, du dessin, & des principes élémentaires de la langue allemande.

V.

Chaque élève subira tous les ans deux examens, l'un sur la théorie & l'autre sur la pratique, en présence de l'intendant général des *mines*, & ils seront interrogés par les professeurs & par les élèves.

VI.

Il sera fait, à la fin du mois de mai de chaque année, un examen général, où tous les élèves seront interrogés en présence de l'intendant général des *mines*, des deux professeurs, des inspecteurs & sous-inspecteurs qui se trouveront alors à Paris, & de six commissaires qui seront nommés à cet effet.

VII.

Les élèves qui se seront distingués par leur application & leur intelligence, seront envoyés par l'intendant général des *mines*, dans les exploitations qui seront dans un état de grande activité, pour y rester pendant les cinq mois de vacance, & s'y occuper à s'instruire de tous les objets relatifs à la pratique de ces travaux.

VIII.

Les concessionnaires des *mines* seront tenus de recevoir lesdits élèves, de les entretenir à leurs frais, à raison de soixante livres par mois, & de leur faciliter tous les moyens de s'instruire ; au moyen de quoi lesdits propriétaires seront affranchis des redevances qui leur auroient été imposées par les arrêts de concession.

IX.

Les directeurs des *mines*, veilleront sur la conduite desdits élèves, & leur donneront, à leur départ, des attestations suivant qu'ils les auront méritées, tant par leur conduite que par leur application.

X

Les élèves qui auront suivi pendant trois années consécutives les leçons des professeurs, qui auront subi, chacune desdites années, les examens ci-dessus prescrits, & qui se seront bien conduits dans les *mines* où ils auront été envoyés, seront admis au grade de sous-ingénieurs des *mines*, & il leur en sera expédié un brevet.

X I.

Les places d'inspecteurs & sous-inspecteurs des *mines*, ne pourront être données, à l'avenir, qu'à ceux qui auront mérité & obtenu le brevet de sous-ingénieur.

X I I.

Et afin d'encourager davantage l'étude d'une science aussi intéressante, sa majesté se propose d'y destiner chaque année une somme de trois mille livres pour douze places d'élèves, à raison de deux cens livres chacune, en faveur des enfans des directeurs & des principaux ouvriers des *mines*, qui n'auroient pas assez de fortune pour les envoyer étudier à Paris; le surplus sera employé à distribuer des prix à ceux qui auront été jugés les plus capables à l'examen général. Enjoint sa majesté au sieur Douet de la Boullaye, intendant général des *mines*, minières & substances terrestres de France, de tenir la main à l'exécution du présent arrêt. Fait au conseil d'état du roi, sa majesté y étant, tenu à Versailles le 19 mars 1783.

Cet arrêt fut suivi d'un autre du même jour, portant réglement sur l'exploitation des *mines* & dont nous allons rapporter les articles principaux.

Articles I & II.

Injonction à ceux qui exploitent actuellement des *mines*, ou prétendent avoir droit d'en exploiter, de remettre, dans trois mois, ès mains de l'intendant de la province, copie de ses titres de concession ou privilège, avec l'état détaillé de la *mine* & des ouvriers qu'il emploie, à peine de déchéance de son privilège.

I I I.

Fait sa majesté très-expresses inhibitions & défenses à toutes personnes, de quelque qualité & condition qu'elles soient, sous peine de saisie, amende & confiscation, de faire exploiter à l'avenir aucune *mine* ou minière d'or, d'argent ou autres métaux, ou demi-métaux & fossiles, sans en avoir préalablement obtenu la permission de sa majesté.

I V.

Les concessions des *mines* de métaux, demi-métaux & fossiles, dont l'exploitation n'aura pas été commencée dans le délai de la concession, ou qui auroit été suspendue pendant le même délai, seront & demeureront révoquées en vertu du présent arrêt, sauf à ceux qui les auroient obtenues, à se retirer par-devers sa majesté, pour en obtenir, s'il y échoit, le renouvellement.

V.

Les concessionnaires des *mines*, seront tenus, à compter de la publication du présent arrêt, de loger & entretenir un des élèves de l'école des *mines*, lorsqu'il sera envoyé par l'intendant général des *mines*, & ce pendant quatre mois chaque année, si mieux n'aiment leur donner soixante livres par chaque mois qu'ils seront employés auxdites *mines* enjoint sa majesté aux concessionnaires, de veiller à ce que lesdits élèves soient instruits par les Directeurs desdites *mines*, dans la pratique de tout ce qui peut concerner l'exploitation des *mines*; au moyen de quoi lesdits concessionnaires seront affranchis à l'avenir, des redevances annuelles qui leur ont été imposées par les lettres ou arrêts de concessions.

V I.

Aucun concessionnaire ne pourra abandonner l'exploitation, en tout ou en partie, des *mines* de sa concession, ni en ouvrir de nouvelles, sans l'approbation de sa majesté; à l'effet de quoi lesdits concessionnaires seront tenus d'instruire l'intendant de la province, des nouvelles ouvertures qu'ils feront dans l'intention de faire, ainsi que de la cessation de leurs travaux dans celles existantes.

V I I.

Les concessionnaires ne pourront débaucher ou prendre à leur service, les ouvriers qui auront travaillé dans d'autres *mines*, avant que le tems de leur engagement soit expiré; & les ouvriers ne pourront quitter leurs maîtres avant la fin de leur engagement; & en cas qu'ils n'aient point d'engagement, ils seront tenus de les avertir trois mois avant de les quitter.

V I I I.

Les inspecteurs ou sous-inspecteurs se transporteront chaque année, dans toutes les *mines* du département qui leur aura été assigné, & ils dresseront un procès-verbal sommaire de l'état des travaux déja faits & de leur avancement, ainsi que du nombre des ouvriers qui y sont employés & du produit; ils indiqueront aux directeurs, les moyens qu'ils doivent prendre pour avancer leurs travaux, augmenter les produits & prévenir tout accident; ils se feront rendre compte de la conduite des élèves: & seront lesdits procès-verbaux envoyés à l'intendant de la province, auquel ils rendront compte de leurs tournées, ainsi qu'à l'intendant général des *mines*; & s'il résulte de leur rapport que les entrepreneurs négligent leur exploitation, ou qu'ils emploient des moyens qui exposent la vie des travailleurs, ou que les particuliers, faute de fonds suffisans, ne puissent pas tirer tout l'avantage que l'on doit attendre de ces exploitations, il y sera pourvu ainsi qu'il appartiendra.

IX.

Ordonne au surplus, sa majesté, que les employés au service des *mines*, soient maintenus dans la jouissance des privilèges, franchises & exemptions qui leur ont été accordés.

Depuis que ces réglemens sont intervenus, il a été fait plusieurs concessions de *mines* dans les Pyrennées, parmi lesquelles il s'en trouve une de cobolt qui a un grand succès ; mais il n'est aucune *mine* qui soit exploitée pour le compte du gouvernement.

MINISTRE des finances. *Voyez* CONTRÔLEUR GÉNÉRAL DES.

MINOT. s. m. Mesure qui est d'un usage général dans le royaume, pour l'achat du sel sur les marais salans, par les fermiers du roi, & pour la vente de la même denrée au public. Cet usage est prescrit par l'article 5 du titre 3 de l'ordonnance des gabelles, du mois de mai 1680.

Antérieurement à cette ordonnance, lorsque l'édit du premier août 1661 prescrivoit, en Provence, de se servir du *minot*, au lieu de l'émine, il en fixa le poids à cent livres poids de marc, ou cent vingt-cinq livres poids de table, qui est celui de Provence.

Le *minot* se divise en demi-*minot* & quart de *minot*, qui doivent avoir un poids proportionné à leur subdivision. Il se divise aussi par boisseaux. Il en faut quatre, de chacun vingt-cinq livres, pour composer un *minot*, & le boisseau renferme seize litrons.

Il entre quatre *minots* dans un septier de sel, & douze septiers dans un muid, qui, par conséquent est composé de quarante-huit *minots*.

L'article 7 du même titre 3 qu'on vient de citer, ordonne que le compte du sel, dans les mesurages & contre-mesurages, sera fait *par minot*, depuis le premier jusqu'à douze, sans passer ce nombre, ensorte qu'après le douzième *minot*, le compte soit toujours recommencé depuis un autre premier *minot* jusqu'à un autre douzième, & ainsi successivement, à peine de cent-cinquante livres contre les mesureurs.

MINUTE, s. f., qui, dans la langue praticienne, signifie l'original d'un acte quelconque.

Dans les bureaux, *minute* signifie la première composition d'un bordereau, d'un compte, ou le premier jet d'un écrit, d'un mémoire instructif sur une affaire : il y a cette différence entre la minute d'un acte & celle d'une expédition de bureau ; c'est que la première fait foi par préférence aux copies tirées sur l'original, au lieu que la seconde ne peut que servir de renseignement.

Tous actes des notaires, greffiers & autres, qui sont assujettis au droit de contrôle, doivent recevoir cette formalité sur les minutes, & il doit en être fait mention sur les expéditions.

Les notaires, greffiers & autres personnes publiques, sont tenus de donner au fermier du domaine ou à ses commis, des extraits de tous les jugemens, actes & réglemens donnés sur des demandes faites en conséquence d'actes sous signatures-privées, même de leur communiquer leurs minutes & registres, toutes les fois qu'ils en sont requis, à peine de trois cens livres d'amende, suivant l'arrêt du conseil du 27 avril 1706.

Les préposés du fermier des domaines, ne doivent de leur côté, retenir les *minutes* des actes, que le tems nécessaire pour leur donner la formalité dont elles sont susceptibles ; & les notaires ou greffiers sont tenus de retirer leurs *minutes*, & d'en acquitter les droits.

MODÉRATION, s. f., qui a la même signification que remise, réduction, diminution. Lorsqu'on veut favoriser l'entrée ou la sortie de quelques espèces de marchandises, on leur accorde une modération de droits. Les bois de teinture & les drogues qui servent à teindre, sont dans ce cas, à l'entrée du royaume & à la circulation. La mercerie & la quincaillerie, ont de même obtenu, à la sortie, la modération de tous les droits, à celui d'un pour cent de leur valeur.

Modérer les droits, les taxes, c'est en accorder une réduction.

MONNOIE, s. f., par lequel on désigne toute espèce fabriquée d'un métal quelconque, mais dans l'usage commun, toute pièce valant depuis trois deniers jusqu'à vingt-quatre sols. Les *monnoies* sont un signe qui représente la valeur des choses, & qui se donne comme le prix de tous les objets susceptibles d'échange & de commerce.

Nous ne ferons pas ici l'histoire des *monnoies* anciennes & des variations arrivées dans leur composition, comme dans leur valeur. C'est au dictionnaire historique à remplir cette tâche. La nôtre va se borner à considérer les *monnoies* comme une branche des revenus du souverain, & sous ce point de vue, à expliquer en quoi consiste le bénéfice du roi sur la fabrication des *monnoies*, après en avoir fait connoître exactement le titre & le poids. Nous n'avons qu'à rappeler tout ce qu'a dit l'homme d'état, qui, après avoir administré les finances avec le plus grand succès, a publié les vues & les plans qu'il avoit dans cette partie pour le bonheur de la nation.

» Un usage très-préjudiciable aux intérêts du » souverain, s'étoit introduit, (Compte rendu » au roi en 1781, article MONNOIES) depuis » un très-grand nombre d'années; c'étoit d'aban- » donner à des particuliers, le bénéfice que le » roi fait en France sur la fabrication des *monnoies*; » bénéfice modéré, mais qui devient considéra- » ble, quand il s'applique à la somme totale des » fabrications, laquelle s'élève de quarante à cin- » quante millions en tems de paix; mais on ne » sait comment plusieurs personnes, en différens » tems, avoient su persuader à l'administration, » qu'au moyen de la faveur qu'ils sollicitoient, » ils feroient arriver en France de grandes som- » mes d'or & d'argent; & le ministre des finan- » ces, qui attachoit avec raison un haut prix à » multiplier le numéraire dans le royaume, » croyoit qu'on ne devoit pas avoir regret à un » sacrifice, pour remplir un but aussi intéres- » sant. Ce n'étoit-là une grande ignorance; » mais comme elle tient cependant à une con- » fusion d'idées, il est important de l'éclaircir, » afin qu'on ne retombe jamais dans une erreur » aussi préjudiciable aux intérêts de votre majesté.

» S'il est des particuliers favorisés, qui, sur » tous les métaux qu'ils portent aux hôtels des » *monnoies*, y reçoivent un ou deux pour cent » au-dessus du prix établi pour le public, ils » peuvent en sacrifiant un demi pour cent sur le » bénéfice, devenir comme les agens & les cour- » tiers, par les mains desquels passeront néces- » sairement tout l'or & l'argent qu'on eût porté » directement, sans eux, aux hôtels des *mon-* » *noies*; mais parce qu'il est ainsi des intermé- » diaires inutiles & coûteux entre les négocians » de France & le souverain, il n'en faut pas » conclure qu'ils aient aucunement servi à faire » entrer les mêmes métaux dans le royaume.

» L'or & l'argent n'y arrivent que par la puis- » sance du commerce national avec l'étranger, » & par le résultat des échanges. Quand la France » a vendu aux autres nations plus de marchandi- » ses qu'elle n'en a acheté d'elles, ce compte se » balance nécessairement avec l'argent; ainsi, » les plus riches financiers, les banquiers les » plus habiles, ou tout autre intermédiaire, » ne peuvent pas plus augmenter l'importation » de l'or & de l'argent en France, qu'ils ne peu- » vent la diminuer; ils influent même moins à » cet égard, que le plus petit fabricant de Lo- » dève ou de Louviers, qui parvient par son in- » dustrie, à augmenter d'une balle de drap le com- » merce du royaume avec l'étranger.

» Guidé par une idée aussi simple, je n'ai ad- » mis qui que ce soit à partager les bénéfices » de votre majesté sur la fabrication des *mon-* » *noies*; & l'on ne sauroit trop poser en princi-

» pe, que tout retour aux anciens erremens, » seroit un sacrifice absolument inutile de la part » du trésor royal.

» J'ai proposé à votre majesté de rendre une « loi sur la comptabilité des directeurs des *mon-* » *noies*; elle étoit bien nécessaire, puisque cette » comptabilité étoit en arrière depuis 1759, par » l'effet d'une ancienne discussion sur la manière » dont ils compteroient de leurs opérations, les- » quelles sont en effet soumises à diverses difficul- » tés, & exposées à une confusion facile.

» Un autre objet excitoit la réclamation gé- » nérale du public; c'étoit l'usage de délivrer » dans les payemens des sols enfermés dans des » sacs; usage qui avoit introduit la facilité d'y » mêler beaucoup de mauvaise *monnoie*. Cet » abus a été réprimé par un arrêt du conseil de » votre majesté.

» On doit observer qu'on se propose des em- » barras, en attendant trop long-tems le renou- » vellement des espèces courantes, parce que » leurs poids diminuant insensiblement par le » frottement & la vétusté, on ne peut éviter une » perte considérable, ou pour le souverain, ou » pour ses sujets, lorsque l'empreinte absolument » effacée, oblige nécessairement à cette opéra- » tion. »

Ici se présente naturellement, comme une suite & le développement de ces idées premières, tout ce que contient l'ouvrage publié, sous le titre de l'administration des finances; 1°. sur le titre & le poids des *monnoies* de France.

2°. Sur le bénéfice du souverain dans leur fa- brication.

3°. Sur les avantages ou les inconvéniens de ce bénéfice.

4°. Sur la cession à des particuliers de ce bé- néfice.

5°. Sur les changemens dans le titre, le poids & la valeur numéraire des espèces.

6°. Sur l'exportation & la fonte des espèces nationales.

TITRE ET POIDS DES MONNOIES DE FRANCE.

Monnoies d'or.

Trente louis-d'or neufs, de vingt-quatre francs, doivent peser un marc de huit onces.

Mais la fabrication est estimée bonne, quand les louis ne diffèrent que de quinze grains par marc, du poids prescrit par les ordonnances; & cette tolérance est appelée le *remède de poids*.

Le titre des louis-d'or de vingt-quatre francs, est fixé à vingt-deux karats, & l'or pur est réputé de vingt-quatre karats ; ainſi dans les *monnoies* d'or, exactement conformes au titre déterminé par la loi, il y auroit deux parties de cuivre ſervant d'alliage, contre vingt-deux parties d'or pur.

Mais la fabrication eſt eſtimée bonne, quand le titre des louis-d'or eſt de vingt & un karats, & vingt-deux trente-deuxièmes, c'eſt-à-dire, quand il ne diffère que de dix trente-deuxièmes de karat du degré de fin, preſcrit par les réglemens ; & cette tolérance eſt appellée le *remède de loi.*

Monnoies d'argent.

Huit écus de ſix livres & trois dixièmes, doivent peſer un marc de huit onces.

Mais la fabrication eſt eſtimée bonne, quand les écus ne diffèrent que de trente-ſix grains par marc, du poids preſcrit par les ordonnances.

Le titre des monnoies d'argent eſt fixé à onze deniers, & l'argent pur eſt réputé de douze deniers ; ainſi dans les eſpèces d'argent exactement conformes au titre preſcrit par la loi, il y auroit une partie de cuivre ſervant d'alliage, contre onze partie d'argent pur.

Mais la fabrication eſt eſtimée bonne, quand le titre des écus eſt à dix deniers vingt & un grains ; c'eſt-à-dire, lorſqu'il ne diffère que de trois vingt-quarrièmes de denier du degré de fin, preſcrit par la loi.

Monnoies de billon.

La *monnoie* de billon, qui a cours en France, eſt compoſée de pièces de deux ſous & d'un ſou ſix deniers.

Cent douze pièces de deux ſous, ſelon le réglement de 1738, devoient peſer un marc de huit onces ; mais la fabrication étoit eſtimée bonne, lorſque cent ſeize pièces ſeulement, équivaloient à ce poids.

Le titre fixé par l'ordonnance, étoit de deux deniers & demi d'argent pur, contre neuf deniers & demi de cuivre, & la tolérance ou le remède de loi, étoit réglé à quatre-vingt-quatrièmes de denier.

On ne peut donner aucun renſeignement exact ſur les pièces d'un ſou ſix deniers ; c'eſt un aſſemblage d'eſpèces de différens titres : la fabrication d'une partie remonte au treizième ſiècle, & la plus récente eſt du commencement du dix-huitième.

Il y a auſſi dans la circulation, des pièces d'un ſou, de deux liards ou d'un demi-ſou, & d'un liard ou d'un quart de ſou ; mais ces eſpèces ſont en entier de cuivre.

Bénéfice du Souverain, sur la Fabrication des Monnoies.

Monnoies d'or.

On paie aux hôtels des *monnoies*, ſept cens neuf livres d'un marc-d'or, au titre de vingt & un karats, & vingt-deux trente-deuxièmes.

On fait avec ce marc, trente louis-d'or valant ſept cens vingt livres.

Les frais de fabrication & les déchets, ſe montent à environ quarante ſous.

Ainſi le bénéfice du ſouverain ſe réduit à neuf francs par marc.

Ce qui répond à un & quatre quinzièmes pour cent.

Le bénéfice ſur cette fabrication, étoit autrefois beaucoup plus conſidérable.

L'or, au titre que je viens de citer, n'a été payé que ſix cens ſoixante-neuf livres deux ſous deux deniers, depuis l'époque du tarif de 1726, juſques en 1729 : ainſi le profit du Souverain, déduction faite des frais & des déchets, ſe montoit à quarante-huit liv. dix-ſept ſous dix deniers.

Ce qui faiſoit ſept & cinq ſeizièmes pour cent.

Le prix de l'or fut augmenté de quatre deniers pour livre en 1729, & d'une pareille quotité en 1755 ; mais ces changemens ne furent autoriſés que par des arrêts du conſeil.

Cet accroiſſement dans le prix de l'or, réduiſit le bénéfice du Souverain à cinq & onze vingtièmes pour cent en 1729, & à trois & neuf onzièmes pour cent en 1755.

Ce bénéfice a ſubſiſté, de cette manière, juſqu'en 1771, époque du tarif actuel ; mais l'adminiſtration s'eſt relâchée fréquemment de ſes droits, en faveur des particuliers qu'elle vouloit favoriſer.

Monnoies d'argent.

On paie aux hôtels des *monnoies*, quarante-huit livres neuf ſous d'un marc d'argent, au titre de dix deniers vingt & un grains.

On fait avec ce marc, huit écus de ſix livres & trois dixièmes, c'eſt à-dire, une ſomme équivalente à quarante-neuf livres ſeize ſous.

Les frais de fabrication & les déchets, ſe montent à environ quatorze ſous ſix deniers ; ainſi le bénéfice du ſouverain ſe réduit à douze ſous ſix deniers par marc.

Ce qui fait un & ſept vingt-quatrièmes pour cent.

Ce

Ce bénéfice a pareillement été plus confidé-rable autrefois.

Les directeurs des *monnoies*, felon le tarif de 1726, ne pouvoient payer que quarante-fix livres fept fous trois deniers de l'argent, au titre qu'on vient de défigner ; ainfi le bénéfice du fouverain, déduction faite des frais, fe montoit à deux livres quatorze fous fept deniers par marc, c'eft-à-dire, à cinq & fix feptièmes pour cent.

Les arrêts du confeil de 1729 & 1755, ayant augmenté le prix de l'argent, comme celui de l'or, de quatre deniers pour livre, le bénéfice du fouverain fut réduit à quatre & un huitième pour cent, de 1729 à 1755, & à deux & onze vingt-feptièmes pour cent, de 1755 à 1771.

Des avantages ou des inconvéniens du bénéfice que fait le roi, fur la fabrication des monnoies.

L'on a fouvent donné dans les extrêmes, en agitant cette queftion. Les uns ont envifagé le bé-néfice du fouverain, fur la fabrication des *mon-noies*, comme un impôt qui devoit repouffer l'or & l'argent, & faire refluer ces métaux vers d'au-tres pays. C'eft une marchandife, difoit-on, & qui doit venir avec plus d'abondance dans les lieux où elle eft la plus favorifée.

D'autres, au contraire, ont prétendu que le bénéfice du roi fur la fabrication des *monnoies*, étoit un trait de politique. Lorfque le fouverain, difoit-on, au moyen de fon empreinte, fait va-loir dans fes Etats, cent deux ou cent trois, un poids d'or & d'argent qui ne lui a coûté que cent, ces métaux, après avoir acquis ainfi une valeur furnaturelle & particulière à un certain pays, ne doivent plus en fortir, puifqu'ils perdroient au-dehors, la faveur que leur a donné l'autorité du prince. Ainfi, ajoutoit-on, le bénéfice que fait le fouverain fur la fabrication des *monnoies* natio-nales, eft le plus fûr moyen de prévenir leur exportation.

Je crois que ni l'une ni l'autre de ces propofi-tions, ne font juftes.

L'or & l'argent, fans doute, font une mar-chandife, puifque ces métaux fe vendent & s'a-chetent, & que leur prix eft fufceptible de varia-tion ; mais il ne faut pas conclure de cette quali-fication, que l'or & l'argent puiffent appartenir en plus grande quantité, aux nations qui en don-nent un plus haut prix. Un particulier auroit beau déclarer qu'il prendroit les écus pour foixante-cinq fous ; s'il n'avoit rien à donner en échange, on ne l'écouteroit pas : ou, s'il étoit affez infenfé pour troquer effectivement foixante-cinq fous contre un écu de foixante, on épuiferoit fa for-tune dans une journée.

Il en eft de même des nations : celles qui n'au-roient rien à répéter pour folde de leurs échan-ges, n'acquerroient ni or ni argent, quelles que fuffent les conditions fixées pour l'admiffion de ces métaux aux hôtels des *monnoies* : & fi le fou-verain fe déterminoit à en payer un prix fort au-deffus de la valeur courante, on fondroit à l'inf-tant la *monnoie* qu'il auroit donnée en échange ; & en lui revendant continuellement le même or & le même argent, on ne tarderoit pas à l'éclairer fur fa folie.

Suppofons, au contraire, un négociant qui ne voulût recevoir les écus que pour cinquante-huit fous, on n'en feroit pas moins commerce avec lui, s'il avoit des marchandifes à vendre ; on au-roit foin feulement de les lui payer un peu au-deffous du prix réel, afin de fe dédommager de la perte qu'on effuyeroit fur les efpèces qu'on au-roit à fournir pour folde d'échange.

Il eft aifé d'appliquer cet exemple aux tranf-actions générales des nations les unes avec les autres.

Enfin, l'expérience eft ici d'accord avec le rai-fonnement. Depuis 1726 jufques à 1755, le béné-fice du fouverain en France, a été, comme on l'a vu, beaucoup plus confidérable qu'il ne l'eft aujourd'-hui ; & pendant cet intervalle, il n'eft pas moins entré dans le royaume de grandes fommes d'or & d'argent, dont on a fait la converfion en *monnoies* courantes.

On tomberoit dans une autre erreur, ainfi que je l'ai annoncé, en prétendant que le bénéfice du roi fur la fabrication des *monnoies*, s'oppofe à leur exportation. Que la France, en effet, devînt dé-bitrice des autres nations, elle feroit forcée de s'acquitter avec de l'or ou de l'argent ; & les ef-pèces nationales fortiroient, n'importe le prix au-quel le fouverain auroit acheté les métaux em-ployés à leur fabrication ; car il eft impoffible aux nations d'acheter, de devoir & de ne pas payer.

Ainfi, le bénéfice que le fouverain fait en France fur la fabrication des *monnoies*, ne fauroit, ni empêcher l'introduction de l'or & de l'argent, ni en prévenir la fortie : ce bénéfice eft une petite circonftance, qui ne peut rien contre la force pré-dominante de la balance du commerce.

On va maintenant effayer d'indiquer les rapports fous lefquels le bénéfice que fait le roi fur les *mon-noies*, doit être confidéré.

Les befoins des fabriques de bijouterie, d'or-févrerie, & d'autres de même genre, étant très-limités, la plus grande partie de l'or & de l'argent qui entre en France, & qui s'y arrête, eft portée néceffairement aux hôtels des *monnoies* ;

le fouverain peut donc être confidéré comme le principal acheteur de l'or & de l'argent qui s'accumulent dans le royaume. Suppofons maintenant que le prince achete fur le pied de cent, un poids quelconque de ces métaux, qu'il fait fur le champ valoir cent deux, au moyen de l'empreinte qu'on y appofe en fon nom ; c'eft d'abord abfolument la même chofe que s'il rendoit poids pour poids, en retenant deux pour cent pour droit de fabrication. Ainfi, la plus jufte idée qu'on puiffe donner du bénéfice du roi fur la fabrication des *monnoies*, c'eft de comparer ce bénéfice à un droit impofé fur la plus grande partie de l'or & de l'argent qu'on introduit dans le royaume ; ou, ce qui eft la même chofe, à un droit impofé fur le paiement de la folde de commerce que les autres nations doivent à la France.

Cherchons maintenant à connoître l'effet précis d'un pareil droit.

La folde de commerce qui appartient à la France, eft le réfultat de la fupériorité de fes exportations fur fes importations : ainfi c'eft l'enfemble des exportations nationales qui fupporte l'impôt établi fur le paiement effectif de la folde dûe au royaume par les étrangers.

Maintenant il faut fe rappeller que le roi gagne un & quatre quinzièmes pour cent fur la fabrication des *monnoies* d'or, & un & fept vingt-quatrièmes pour cent fur la fabrication des *monnoies* d'argent : fuppofant donc la fabrication annuelle de ces deux fortes d'efpèces à environ quarante-cinq millions, en tems de paix, le bénéfice du fouverain, fur cette fabrication, feroit de fix cens mille livres environ ; & comme les exportations du royaume s'élèvent à environ trois cens millions, il en réfulte que le bénéfice fur les *monnoies* peut être comparé à un droit d'un cinquième pour cent, fur toutes les exportations nationales.

Je préfente donc ici un moyen fimple pour parvenir à mefurer exactement les effets du bénéfice que fait le fouverain à la fabrication des *monnoies* : ce moyen, pour me réfumer, fe réduit à comparer le produit de ce bénéfice avec la fomme générale des exportations.

Le principe qu'on vient d'établir doit faire connoître une autre vérité ; c'eft que, felon les circonftances de commerce d'un pays, le même bénéfice fur la fabrication des *monnoies*, a des effets différens. Suppofons, par exemple, que les échanges de la France, au lieu d'être de trois cens millions d'exportations, contre deux cens trente d'importations, fuffent de cent cinquante contre quatre-vingt, le royaume gagneroit la même folde de commerce, l'introduction des métaux précieux ne diminueroit point, & la converfion de ces métaux en *monnoies*, procureroit,

comme aujourd'hui, fix cens mille francs de bénéfice au fouverain ; mais cette fomme ne pouvant plus être rapportée qu'à une exportation de cent cinquante millions, l'impôt indirect fur cette partie du commerce national feroit de deux cinquièmes pour cent, & le double, par conféquent, de ce qu'il eft aujourd'hui.

Cette hypothèfe, qu'on peut varier de plufieurs manières, acheve de donner une jufte idée des rapports fous lefquels il faut confidérer le bénéfice du fouverain fur la fabrication des *monnoies*.

Que fi l'on fe rapproche maintenant de l'état actuel des chofes, on trouvera fans doute qu'un droit d'un cinquième pour cent fur les exportations du royaume, levé d'une manière imperceptible, ne peut porter aucun dommage au commerce de France ; & dans la néceffité où eft l'Etat de fe compofer un revenu confidérable, un bénéfice modéré fur la fabrication des *monnoies* ne doit point être rejetté : il feroit à defirer que les autres impofitions n'entraînaffent pas plus d'inconvéniens.

Ce profit du roi, fur la fabrication des *monnoies*, a de plus, l'avantage de n'occafionner aucun frais ; car les dépenfes de fabrication feroient les mêmes, quel que fût le prix donné pour les métaux qu'on vient de convertir en *monnoie*.

Je dois faire encore une obfervation : le bénéfice du fouverain fur la fabrication des *monnoies*, dérive, comme on l'a vu, du prix auquel il juge à propos de payer l'or & l'argent ; & la même fixation influe fur le cours de ces métaux dans le commerce ; en forte que fi le roi, renonçant à fon bénéfice, donnoit un & un quart pour cent de plus de l'or & de l'argent qu'on porte aux hôtels des *monnoies*, il renchériroit dans la même proportion, le prix de la matière première, néceffaire aux fabriques d'orféverie, de bijouterie, de galons & d'étoffes riches, & ce feroit une contrariété pour leur commerce avec l'étranger : auffi fous le feul rapport de l'intérêt de ces fabriques, il y auroit une grande convenance à baiffer davantage le prix de l'or & de l'argent, aux hôtels des *monnoies* ; mais il ne faut jamais, en adminiftration, favorifer une branche de commerce par une difpofition qui nuit à d'autres intérêts : le fouverain, d'ailleurs, a dans fes mains toutes fortes de moyens pour encourager, fans inconvénient, tel ou tel négoce en particulier, quand il le juge convenable.

Le bénéfice du fouverain fur les *monnoies*, contenu, comme aujourd'hui, dans des bornes raifonnables, ne peut produire aucun effet nuifible ; mais élevé trop haut, ce même bénéfice, qui eft, ainfi que je l'ai développé, une charge impofée fur les exportations du royaume, fe trouveroit en contradiction avec la politique , qui invite à exempter de droits la plus grande partie de ces exportations.

C'est ainsi qu'il faut , en administration , se défendre sans cesse des extrêmes : il est sans doute quelques principes absolus ; mais à chaque instant il se présente des applications où il faut concilier ces mêmes principes les uns avec les autres. L'administration a besoin de sagesse pour régler leurs limites respectives ; elle a besoin de la force la plus pénible de toutes, celle de s'arrêter à un point fixe , & de se retenir à propos ; & elle doit envisager comme un plaisir qui lui est interdit , le repos qu'éprouvent ceux qui gouvernent , lorsqu'ils prennent le parti de s'abandonner à la commodité des idées générales.

Il est encore une considération qui doit détourner le souverain de faire un bénéfice exagéré sur la fabrication des *monnoies* ; c'est qu'en achetant l'or & l'argent à un prix trop inférieur à la valeur que ces métaux acquièrent au moment de leur conversion en *monnoies*, une semblable disposition offriroit un appât de plus aux faux monnoyeurs ; ils peuvent sans doute satisfaire leur cupidité de plusieurs manières ; & la plus lucrative consiste à altérer le titre & le poids des espèces qu'on se permet de fabriquer ; mais ce genre de fraude peut être aisément reconnu : au lieu que si l'on trouvoit un bénéfice suffisant , en gagnant simplement la différence qui existeroit entre le prix de l'or & de l'argent en métal , & la valeur des *monnoies* d'un bon alloi , cette espèce de spéculation laisseroit beaucoup moins de traces.

Je voudrois avoir tout dit sur la question qui fait le sujet de ce chapitre ; car de telles discussions sont tellement abstraites & fugitives , qu'il est difficile d'y répandre assez d'intérêt pour dédommager de l'attention qu'elles exigent ; cependant je dois encore éclaircir un doute important & relatif à la même matière.

J'ai représenté qu'un bénéfice modéré de la part du souverain , sur la fabrication des *monnoies*, ne pouvoit pas arrêter l'introduction annuelle de l'or & de l'argent , parce que cette introduction étoit fondée sur la nécessité où se trouvoient les étrangers de s'acquitter de cette manière , de tout ce qu'ils devoient à la France : cependant on a remarqué qu'aux époques où l'on a haussé le prix de l'or & de l'argent aux hôtels des *monnoies*, soit en faveur du public en général , soit au profit particulier de quelques personnes privilégiées , la fabrication des *monnoies* a augmenté momentanément ; & comme on a souvent argué de cette circonstance , pour soutenir que l'abandon du bénéfice du roi sur les *monnoies* étoit un moyen efficace pour attirer , en tout tems , une plus grande somme d'or & d'argent

dans le royaume , il est important de jetter du jour sur l'erreur de cette induction.

L'on n'envoie de l'or & de l'argent en France ou dans tout autre pays , qu'après avoir recherché tous les moyens de s'acquitter avec une plus grande économie : ainsi les débiteurs de la France commencent par entrer en négociation avec les créanciers de ce royaume , afin d'obtenir d'eux des assignations ou des lettres-de-change , en vertu desquelles on puisse toucher , en France , les fonds dont on a besoin. Ces échanges entre les débiteurs & les créanciers d'un pays , ne s'exécutent point en masse , puisque ni les uns ni les autres ne sont réunis ; mais ces transactions se passent de particuliers à particuliers , & s'étendent à toutes les places commerçantes de l'Europe ; l'on y parvient par une multitude innombrable de combinaisons , & c'est ce qu'on appelle proprement , les *opérations de banque*. Cependant ces négociations , ces échanges & ces contr'échanges ont pour but , en dernière analyse , de parvenir à payer ce que l'on doit , avec la plus grande économie possible ; ainsi tous les acteurs & les intéressés dans le marché général de lettres-de-changes , ont toujours devant les yeux un point de comparaison ; c'est le prix auquel on peut se procurer des fonds dans toutes les villes commerçantes , en y envoyant de l'or & de l'argent effectif , & en convertissant ces métaux dans la *monnoie* courante , aux conditions fixées par chaque gouvernement.

Supposons maintenant qu'au milieu de cette lutte générale entre tous les débiteurs & tous les créanciers de la France , & au milieu de ce tourbillon de négociations , où tous les commerçans de l'europe prennent part , le souverain , tout-à-coup , hausse le prix de l'or & de l'argent dans son royaume , en changeant le tarif d'après lequel ces métaux sont reçus aux hôtels des *monnoies* ; alors une partie , ou des débiteurs de la France , ou des spéculateurs qui sont intermédiaires entr'eux , & les créanciers de ce royaume , se hâteront de profiter de la variation survenue sur le prix des matières ; & la solde due à la France par les étrangers se trouvera , cette fois-ci , réalisée en or & en argent , plus promptement qu'à l'ordinaire. Cette accélération qui n'a lieu qu'une fois , est d'une bien petite importance : qu'est-ce en effet , que dix ou quinze millions de numéraire , ajoutés un peu plutôt à une masse de deux milliards répandus dans l'universalité du royaume ? C'est donc une grande erreur que de prendre une pareille accélération pour un gain véritable , & de faire des sacrifices permanens à un effet instantané.

En général , on ne sauroit trop se tenir en garde , dans l'administration des finances , contre cette confusion si facile des vraisemblances avec

les vérités ; il ne faut, pour faifir les vraifem-
blances, qu'une attention fuperficielle ; elles viennent, pour ainfi dire, au devant de la penfée :
les vérités, au contraire, femblent fe tenir en
arrière, & l'étude & la réflexion peuvent feules
les découvrir.

De la ceffion, à des particuliers, du bénéfice du
fouverain fur la fabrication des monnoies.

Ce n'eft guères qu'en France où de pareilles
queftions peuvent être agitées ; encore, pour
s'excufer de le faire, convient-il de dire que cette
ceffion du bénéfice du roi fur les *monnoies*, eft
continuellement follicitée, & qu'elle a eu lieu,
tantôt complettement, & tantôt avec quelque
modification pendant la plus grande partie des
vingt années qui ont précédé mon adminiftration.

Des banquiers confidérables, & d'autres perfonnes, à l'aide de beaucoup de faveur & d'un
peu d'ignorance de la part des miniftres des finances, ont obtenu ce qu'elles vouloient en tenant à peu-près ce langage.

L'argent eft rare à Paris : c'eft que la fomme
du numéraire n'eft pas affez abondante dans le
royaume ; elle n'eft pas affez abondante, parce
qu'on ne frappe pas affez de nouvelles *mon-*
noies ; on n'en frappe pas affez, parce qu'il ne
vient pas fuffifamment d'or & d'argent de l'étranger ; il n'en vient pas fuffifamment, parce que
le fouverain gagne un ou deux pour cent fur la
partie de ces métaux qu'on porte aux hôtels des
monnoies : ainfi l'intérêt de l'État exige que le roi
renonce à ce bénéfice ; mais comme il faut encore du fecret, du favoir faire, & de grandes relations dans l'étranger, pour remplir le but qu'on
doit fe propofer, nous invitons, par un effet de
notre zèle, le fage, l'habile, l'incomparable miniftre des finances, à ne changer qu'en notre faveur, le prix de l'or & de l'argent ; nous ferons
avec cet encouragement, des facrifices à propos,
& nous nous engageons à faire porter aux hôtels
des *monnoies*, une fomme d'or & d'argent fupérieure, au moins de dix millions, à celle qu'on
y a remife pendant le cours de l'année précédente.

Le miniftre, fenfible à ces raifons, frappé de
ce difcours, & déjà préparé par un fentiment de
bienveillance, acquiefce à la demande qu'on lui
fait ; & ceux qu'on gratifie de cette manière, d'un
revenu du fouverain, font d'autant plus fûrs de
tenir parole, que leurs promeffes font communément faites à la veille de quelque événement
propre à augmenter naturellement l'introduction
de l'or & de l'argent dans le royaume ; tel, par
exemple, que l'arrivée prochaine des vaiffeaux
de regiftres, la paix, l'accroiffement de commerce qui en eft la fuite, quelque grand emprunt

où les étrangers s'intérefferont, & d'autres circonftances de cette nature. Enfin, ainfi que je l'ai
expliqué dans le chapitre précédent, tout accroiffement fubit, dans le prix fixé pour l'or &
l'argent aux hôtels des *monnoies*, doit hâter momentanément le paiement de la dette de commerce des étrangers ; & l'effet de cet accroiffement eft à peu-près le même, foit qu'on en faffe
jouir le commerce en général, foit qu'on cede
cet avantage à des particuliers, qui en facrifient une
portion aux divers agens des opérations de banque.

Cependant ceux qui ont obtenu de pareilles
faveurs de la part du gouvernement, ne manquent pas, au bout de l'année, de montrer les
états de fabrication ; & comme ces états, par les
diverfes raifons dont on vient de rendre compte,
doivent s'élever plus haut que ceux de l'année
précédente, on obtient facilement un nouveau
traité, & quelquefois encore d'autres témoignages
de reconnoiffance.

Il eft évident néanmoins que dans un pays où il
y a deux milliards de numéraire, on ne devroit
pas croire légèrement à la rareté réelle des efpèces.
Un ralentiffement momentané dans la circulation,
tient à une multitude de circonftances différentes ;
mais comme il en eft plufieurs qui font relatives
aux fautes de l'adminiftration, on fert l'amour-
propre du miniftre, lorfqu'on vient lui dire que la
difette d'argent eft la caufe de tout.

La France reçoit & recevra conftamment une
fomme d'or & d'argent proportionnée à l'étendue de fes créances fur les autres nations ; &
comme l'art du banquier le plus habile ne fauroit
augmenter cette introduction, il faut au moins,
lorfqu'on fe réfout au facrifice du bénéfice du
fouverain, fur la fabrication des *monnoies*, en
faire jouir le commerce en général ; & la conceffion d'un pareil avantage à quelques particuliers
favorifés, doit être mife au rang des largeffes re-
préhenfibles.

Tels font certainement les principes qui doivent
fervir de guide à l'adminiftration : & j'ajouterai
que, par-tout où le chef-lieu du gouvernement
fe trouve placé dans une ville méditerranée, &
où faute d'expérience, les idées de commerce ne
font pas familières, on doit s'en tenir aux maximes les plus fimples fur cette matière, & ne jamais prêter l'oreille aux exceptions. Il y a, s'il
eft permis de s'exprimer ainfi, tant d'affinités dans
la plupart des queftions d'économie politique,
que l'adminiftration de Paris ou de Verfailles,
n'eft communément, ni affez forte en connoiffances de ce genre, ni affez fecondée par les lumières générales, pour pouvoir fe défendre des
raifonnemens captieux, que l'intérêt particulier
ne manque jamais d'employer.

Des changemens dans le titre, le poids, & la valeur numéraire des espèces.

Si à l'époque d'une refonte générale des espèces, l'on augmentoit ou diminuoit leur poids, l'on amélioroit ou altéroit leur titre, cette opération ne produiroit aucun mal réel, pourvu que la valeur numéraire de ces mêmes espèces, fût augmentée ou diminuée dans une proportion équivalente; mais comme le souverain, ni personne, ne gagneroit rien à ce changement, il n'est pas vraisemblable qu'on en donne jamais le conseil; ce seroit occasionner, sans aucune utilité, beaucoup d'embarras, de soupçons, & de défiance.

Les opérations sur les *monnoies*, dont je veux parler ici, sont d'une toute autre nature. L'administration séduite par des apparences trompeuses, & troublée par le désordre des affaires, a souvent eu recours à des moyens dangereux; & se fiant aveuglément à des systèmes dont les inventeurs n'avoient eux-mêmes qu'une idée imparfaite & confuse; tantôt elle a altéré la valeur intrinsèque des espèces, sans réduire en proportion leur valeur numéraire, & tantôt elle a haussé cette valeur numéraire, sans rien changer à la valeur intrinsèque. Ces deux opérations sont absolument semblables, & dans leurs motifs, & dans leurs effets; & comme de pareils projets sont encore présentés dans tous les momens, où quelque embarras dans les finances se manifeste, je crois utile d'en rappeller le danger & les suites funestes.

Le souverain, en donnant à la *monnoie* courante, une valeur additionnelle, & absolument idéale, ne se détermine à une pareille disposition, que dans la vue de s'acquitter envers ses créanciers, avec une moindre quantité d'or & d'argent; & comme il ne leur doit pas seulement une somme quelconque de livres tournois, mais encore un paiement en espèces pareilles à celles qu'il a tacitement promises, il commet une injustice évidente, lorsqu'il manque à cet engagement.

Supposons qu'on paye les intérêts, ou les capitaux des créanciers de l'Etat, avec une *monnoie* dont on vient de doubler la valeur numéraire, sans rien changer ni à son poids, ni à son titre; ces créanciers voient à l'instant leur fortune réduite à moitié, puisque le prix de toutes les choses de la vie, essuie une révolution proportionnée à l'exhaussement de la valeur numéraire des espèces. En effet, les prix ne sont pas relatifs à la dénomination de louis ou d'écu, ni à la division de ces *monnoies*, en plus ou moins de livres tournois: ces prix se rapportent uniquement à leur valeur intrinsèque; & si l'on ne répète pas constamment dans les marchés, mon travail, ma marchandise tant d'écus ou tant de louis, contenant telle quantité d'or ou

d'argent fin; c'est que chacun s'habituant à regarder la valeur numéraire comme absolument liée à la valeur intrinsèque, on néglige de rappeller une idée qui n'est pas moins constamment sous-entendue.

Ainsi, le souverain peut donner aux *monnoies* le nom qu'il lui plaît; il peut hausser ou diminuer leur valeur numéraire; il peut, par de nouveaux tarifs, régler différemment la quantité d'or & d'argent qui doit entrer dans leur composition; il peut enfin, déranger & bouleverser toutes les mesures employées dans les marchés; mais il ne sauroit subjuguer cette opinion, qui seule détermine, d'après des rapports réels, ce qu'il faut échanger contre une pièce d'or & d'argent, d'un tel poids & d'un tel titre.

La valeur numéraire des *monnoies*, est à leur valeur intrinsèque, ce que les mots sont aux idées; & comme on ne pourroit pas hausser le prix d'une pierre colorée, en l'appellant, de par le roi, un rubis ou une émeraude, de même on ne peut pas augmenter la valeur effective d'un louis d'or ou d'un écu, en changeant la dénomination numéraire de ces espèces.

Cependant, la lésion qu'éprouveroient tous les créanciers de l'état, ne seroit pas le seul inconvénient attaché à l'opération dont je discute ici les effets. Le souverain auroit encore d'autres reproches à se faire: car en détruisant une *monnoie* dont il auroit haussé la valeur numéraire, sans en changer la valeur intrinsèque, & en acquittant ses engagemens de cette manière, il autoriseroit l'universalité des débiteurs, à en agir de même envers leurs créanciers; & l'infidélité du prince deviendroit celle de la moitié des habitans du royaume, envers l'autre moitié. Quel trouble! quelle chaîne d'injustices & de manquemens de foi! & c'est le protecteur de la sûreté publique qui seroit le premier moteur d'un pareil désordre! Les suites n'en seroient pas même circonscrites dans les limites du royaume; les étrangers qui commercent avec la France, y seroient enveloppés, & les uns gagneroient, les autres perdroient à ce bouleversement. Ceux qui, à l'époque de la variation des espèces, seroient débiteurs des François en livres tournois, s'acquitteroient avec une somme d'or & d'argent beaucoup moins considérable; & ceux au contraire, pour le compte de qui l'on auroit vendu des marchandises à crédit, ne réaliseroient qu'une partie de leurs créances.

Qui ne croiroit, au moins, que tant de maux ont été produits pour enrichir le trésor royal? c'étoit sans doute le but qu'on se proposoit; mais on est trompé dans sa combinaison. Le prince, à la vérité, diminue de moitié le poids de ses dettes, lorsqu'il se permet de les acquitter avec une *monnoie* dont il a doublé la valeur numéraire, sans rien changer à fa valeur intrinsèque : mais comme toutes les autres dépenses du souverain, font relatives, ou à fa maison, ou à fa marine, ou à fes armées, ou à fes besoins dans l'étranger; & que de telles dépenses font la représentation d'une valeur quelconque, fournie librement, soit en travail, soit en denrées ; ce contrat d'échange entre le roi & fes sujets, ne peut plus subsister aux mêmes conditions, du moment que la valeur numéraire des *monnoies* est changée. Alors le souverain est obligé d'augmenter les soldes, les gages, les appointemens, le fonds numérique applicable aux fournitures de toute espèce ; & il ne peut faire aucun profit sur la partie la plus considérable de ses dépenses.

Ce n'est pas tout, & ceci est une distinction importante : les impôts qui forment le revenu du prince, font de deux espèces : les uns font réglés à tant pour cent, de la valeur des productions ou des marchandises, & les autres font fixés à une quotité positive de livres tournois.

Le produit numérique des impôts proportionnés à la valeur des choses, s'élèveroit sans doute, en raison de la hausse qu'occasionneroit dans le prix de tous les biens, le changement apporté au cours des espèces ; & le souverain ne feroit ni perte ni gain sur cette partie de ses revenus.

Il n'en feroit pas de même des autres tributs : ainsi les redevances, les capitations fixes, les abonnemens de toute espèce, le profit résultant de la vente exclusive du sel & du tabac à des prix déterminés, le tarif des ports de lettres, les divers droits enfin, qui ne font pas réglés en raison de la valeur des productions ou des marchandises; toute cette classe importante des revenus du roi, essuieroit une diminution considérable, & la raison en est simple.

Tant qu'un louis-d'or, du titre & du poids de ceux qui ont cours aujourd'hui, représente vingt-quatre francs, une capitation de sept cent vingt livres ne peut être acquittée qu'avec trente louis, qui pésent un marc d'or : mais au moment où, par la loi du prince, le louis est déclaré égal à quarante-huit livres, il suffit de quinze louis pésant un demi-marc, pour acquitter cette même capitation.

Sans doute le souverain, dans la vue de tirer un profit certain de son opération, pourroit en même tems doubler tous les impôts qui consistent dans une quotité fixe de livres tournois ; il pourroit hausser pareillement le prix du sel & du tabac ; il pourroit faire une révision générale de tous les tributs, & modifier ceux dont la forme ou la constitution dérangeroient ses calculs. Mais alors, l'injustice du gouvernement envers les créanciers de l'Etat, paroîtroit dans tout son jour,

& l'on manqueroit absolument le but qu'on se feroit proposé ; car ce n'est jamais que pour essayer de la dissimuler, cette injustice, qu'on a recours aux opérations sur les *monnoies* : on espère dérober sa marche ; on se flatte de donner le change aux jugemens du public, à la faveur de ces combinaisons compliquées, dont les dangereux effets ne se développent pas tout-à-coup. Ainsi, pour retarder la réclamation publique, ou pour la rendre un moment incertaine, on ne craint point d'exciter un trouble général, en détruisant tous les rapports qui ont servi de base aux conventions sociales.

Ce n'est pas une telle politique qui sied à un grand monarque ; ce n'est pas celle qui s'accorde avec sa dignité. Il ne faut pas qu'il ajoute aux maux réels, tous ceux qui naissent du désordre & de la confusion ; il ne faut pas sur-tout, qu'il affoiblisse lui-même tous les principes de morale, en donnant l'exemple de la mauvaise foi la plus effrayante, celle qui paroît l'effet d'une combinaison réfléchie. Ah ! c'est dans les tems malheureux que l'Etat a plus besoin de toutes les vertus de son prince ; & loin qu'en de pareils momens, on doive conseiller au souverain aucune opération artificieuse, il faut l'en éloigner, en lui montrant que les détours & les déguisemens réussissent encore moins en administration qu'en politique, parce que c'est sur un théâtre ouvert à tous les yeux, qu'on est alors obligé de le employer, & qu'il est difficile d'en imposer, quand on est environné des regards de tout un peuple. Mais c'est sur-tout par de nobles mouvemens qu'il faut entraîner le cœur des princes vers tout ce qui est grand & honnête, & loin de les ramener timidement à de petits moyens, loin de leur proposer les armes, qui peuvent convenir au foible contre le puissant, il faut élever leur courage & les exciter à suivre une marche digne de la grandeur & de la majesté du chef de l'Etat.

Ainsi, dans la situation des finances la plus désespérée, il faut encore oser développer l'état des affaires ; il faut, en s'y montrant sensible, indiquer les divers moyens auxquels les circonstances obligent d'avoir recours ; il faut montrer que les plus doux font ceux qu'on a choisis ; il faut, pour ainsi dire, associer toute la nation à ses délibérations, & la rendre témoin des difficultés qu'on doit vaincre. Est-il un moment, où il soit moins permis de la tromper, que celui où l'on est contraint de la porter à des sacrifices ? Est-il un moment, où il soit plus nécessaire de captiver sa confiance, que celui où il faut, pour adoucir le présent, dissiper tous les nuages sur l'avenir ? Est-il un moment, où le souverain doive se montrer plus homme de bien, que celui où toutes les espérances & toutes les consolations tiennent à l'idée qu'on se forme de son caractère, & des principes de son gouvernement ? Non;

jamais il ne doit employer aucun art menfonger, dans les jours profperes, il n'en a pas befoin; & dans ceux de l'adverfité, il peut tout adoucir, tout calmer, tout fauver par une conduite vraie, fimple & découverte, & qui a ce grand avantage, entre tant d'autres, qu'elle fait, à l'inftant de l'intérêt du prince, l'intérêt commun, & qu'elle ouvre les reffources qui naiffent de l'amour de fes fujets, & de la confiance de ceux qu'on a pris foin d'éclairer. O puiffance trop peu connue de la franchife & de la vérité! tu vaus mieux pour les princes, que tous les raffinemens de l'adreffe & de la diffimulation; mais telle eft la grandeur & la majefté d'une idée fimple & pure, que les rois n'y atteignent prefque jamais, ni par les confeils, ni par les indications de leurs ferviteurs ou de leurs miniftres, & qu'ils ont befoin de s'y élever d'eux-mêmes, par le fentiment de ce qu'ils font, & de ce qu'ils doivent être.

Sur l'exportation & la fonte des efpèces nationales.

La fortie des efpèces nationales eft défendue en France; mais cette prohibition n'a jamais pu être maintenue; & quand il y a eu de l'avantage à l'exportation du numéraire, cette exportation s'eft faite, tantôt avec permiffion, tantôt par tolérance, & tantôt obfcurément. Mais, excepté les tems où la France entretenoit de grandes armées hors du royaume, il y a eu peu de momens où cette exportation ait été néceffaire: & les efpèces nationales n'ont pas tardé à rentrer, quand ces diverfes circonftances ont changé.

Cette fortie des efpèces, étoit autrefois envifagée d'une manière bien plus grave; mais c'étoit l'effet d'une ignorance qui s'eft un peu diffipée. Il eft tems de reconnoître que le gouvernement ne peut influer fur la confervation & l'accroiffement du numéraire, qu'en contribuant, dans toute l'étendue de fon pouvoir, à l'avantage du commerce national; avantage qui confifte à vendre aux étrangers plus qu'on n'achète d'eux.

Au refte, il fuffit de jetter un coup-d'œil fur les états de fabrication des *monnoies*, pour n'être pas inquiet de l'abondance du numéraire en France: & quand il arrive fortuitement, que par la combinaifon des changes ou du prix de l'or & de l'argent dans d'autres pays, on trouve fon intérêt à y faire paffer de la *monnoie* de France, il ne faut pas s'en mettre en peine; & l'on doit confidérer, qu'en s'oppofant à cette manière de faire des fonds dans l'étranger, quand elle eft la plus écdnome, on ne fait qu'obliger les fpéculateurs à chercher momentanément quelques détours plus onéreux au Royaume.

Nul effort de l'adminiftration, cependant, ne pourroit empêcher l'extraction des efpèces, fi par quelque révolution fatale au commerce de France, ce Royaume devenoit annuellement débiteur des autres nations; mais tant qu'il en fera créancier, & créancier d'une fomme confidérable, peu importe qu'accidentellement il forte des louis ou des écus; ces efpèces feront, à coup fûr, les premières qu'on renverra de l'étranger. Ne court-on point le danger qu'elles y foient fondues tout de fuite, & qu'ainfi cette portion du numéraire s'anéantiffe? cela peut-être; mais rien n'eft plus indifférent: car dès que la balance du commerce de l'année demeure favorable au royaume, il faudra bien qu'à la place de ces louis & de ces écus qu'on s'eft hâté de fondre, on envoie en France, une fomme d'autant plus grande, ou de piaftres, ou de lisbonines, ou de ducats, ou de lingots d'or & d'argent; & avec ces mêmes matières on fabriquera d'autres louis, d'autres écus; les ouvriers des *monnoies* y gagneront un falaire, & le fouverain un revenu.

La fonte de la *monnoie* courante eft pareillement défendue en France; & la peine des galères eft prononcée contre les délinquans.

On a rappellé & confirmé cette loi d'ignorance il y a deux ans; ainfi il n'eft pas indifférent de chercher à répandre du jour fur cette queftion.

La fonte des efpèces nationales eft confidérée, en France, d'une manière encore plus grave que leur exportation; mais l'une & l'autre de ces opinions font également aveugles.

On a vu que trente louis-d'or, valant fept cent vingt livres, pefoient un marc; & que quarante-neuf livres feize fous de *monnoie* d'argent répondoient à ce même poids. Les orfèvres ne peuvent donc trouver leur compte à fondre des louis & des écus neufs, que dans les momens où le marc d'or, au titre des louis, vaut plus de fept cens vingt livres, & où le marc d'argent, au titre des écus, vaut plus de quarante-neuf livres feize fols: or on fentira facilement combien ont dû être rares de pareils momens, puifque chaque année, depuis 1726, le commerce a porté aux hôtels des *monnoies* une fomme d'or & d'argent confidérable, & dont il a reçu le paiement, à des conditions fort inférieures aux prix ci-deffus, conformément aux divers tarifs dont j'ai donné connoiffance.

Mais lorfque, dans le cours d'une année, il arrive des momens où le prix de l'or & de l'argent s'élève affez haut pour qu'on trouve fon intérêt à fondre des louis ou des écus, le fouverain n'a aucun intérêt à s'y oppofer; c'eft un moyen, au contraire, d'empêcher que la hauffe paffagère de ces métaux n'aille trop loin; au lieu qu'en obligeant les orfèvres & les bijoutiers à fe pourvoir, à tout prix, d'or & d'argent venant de l'étranger, on renchérit leurs ouvrages, & l'on nuit à cette branche de commerce.

Cependant si les orfèvres & les bijoutiers fondent des louis & des écus pour les besoins de leur commerce, la quantité du numéraire ne sera pas moins la même au bout d'un tems donné ; car ces fabricans acheteront autant moins d'or & d'argent venus de l'étranger ; & puisque chaque année il doit s'en introduire en France une somme équivalente à la balance du commerce, la partie de cette somme qui n'aura pas été consommée par les orfèvres & les bijoutiers, se trouvera en accroissement de la quantité d'or & d'argent qu'on porte aux hôtels des *monnoies*.

Il n'est pas inutile de présenter les mêmes idées sous différentes formes, lorsqu'on discute une question à la fois abstraite & importante. Ainsi je me résumerai de cette manière sur le sujet que je traite en ce moment.

Supposons qu'il entre chaque année, en France, cinquante millions d'or & d'argent, & que cette somme soit le paiement nécessaire à la solde des échanges entre le royaume & les autres nations.

Supposons encore que sur ces cinquante millions, les orfèvres, les bijoutiers, les fabricans de galons, &c. en achetent habituellement dix pour les besoins de leur commerce.

Restera quarante millions, qui seront nécessairement portés aux hôtels des *monnoies* ; & cette somme composera l'augmentation du numéraire.

Que maintenant, & en admettant une autre hypothèse, on imagine que par une fluctuation singulière dans le cours des changes & dans le prix des métaux précieux, les mêmes fabriques d'orfèvrerie & de bijouterie aient trouvé momentanément leur compte à fondre des louis & des écus, & qu'elles l'aient fait dans le cours d'une année, jusqu'à la concurrence d'une somme de cinq millions ; certainement ces mêmes fabriques auront acheté d'autant moins d'or & d'argent venus de l'étranger ; & comme l'introduction de ces métaux est fixée à cinquante millions, par la loi impérieuse de la balance des échanges, si les achats des fabriques n'ont monté qu'à cinq millions dans l'espace d'une année, on en portera quarante-cinq aux hôtels des *monnoies*, au lieu de quarante ; & d'après cette marche inévitable, si l'on faisoit le compte de l'accroissement du numéraire, on trouveroit que cinq millions d'anciennes espèces auroient été fondues, & que la fabrication des nouvelles auroit été portée à quarante-cinq ; il s'ensuivroit donc, que cette seconde hypothèse, comme dans la précédente, l'accroissement du numéraire seroit toujours de quarante millions.

Ainsi, quoiqu'on ait peine à se persuader, en voyant des louis & des écus disparoître dans un creuset, que la somme du numéraire n'éprouve

aucune diminution, néanmoins, en examinant les effets de ces fontes d'espèces, dans l'espace d'une ou de deux années, on ne pourra contester la vérité de la proposition que j'ai avancée. Cependant comme cette vérité n'est sensible qu'à l'aide d'un raisonnement qui exige de l'attention, l'on ne doit pas douter qu'il n'y eût de grandes oppositions, & une réclamation presque générale, si l'on vouloit autoriser légalement la fonte des espèces nationales ; mais il n'est pas moins important d'éclairer l'administration, afin qu'on laisse tomber en désuétude un règlement si peu raisonnable, & qu'en observant le cours de l'opinion publique, on saisisse un moment convenable pour détruire absolument tous ces restes d'une ancienne ignorance.

Je sais bien qu'il est difficile de surprendre en flagrant délit, les fabricans qui fondent des louis ou des écus, puisque pour y parvenir, il faudroit placer des surveillans au milieu de leurs ateliers ; mais il y a toujours beaucoup d'inconvéniens à imposer sans nécessité, des loix contraires à l'intérêt particulier & qu'on peut si facilement enfreindre en secret ; car on engage ainsi les hommes à s'affranchir par degrés du joug de leur conscience. C'est assez d'exiger d'eux des sacrifices en faveur de tout ce qui est vraiment utile au bien de l'Etat ; il ne faut pas que des erreurs d'administration multiplient inutilement les devoirs & les asservissemens ; il ne faut pas non plus affoiblir le respect dû aux volontés du prince, en défendant ce qu'on ne peut empêcher ; & l'on ne doit pas exposer les citoyens à des inquisitions continuelles, en attachant des peines graves à des délits qu'on ne peut jamais reconnoître, & qu'on peut toujours soupçonner.

C'est ainsi, cependant, qu'en étudiant de près les différens sujets de l'économie politique, on apperçoit que, dans les parties même les plus inconnues & les plus délaissées, il existe une liaison intime entre les principes qui doivent servir de règle à l'administration, & les idées d'une saine morale, & c'est ce qui agrandit ces questions ; c'est ce qui les rend, par-dessus tout, intéressantes aux yeux de ceux qui aiment les hommes, & qui se plaisent à rencontrer par-tout les traces de cet ordre & de cet enchaînement dont l'intelligence profonde, fait du gouvernement une si belle & si noble science.

La déclaration du roi, du 30 octobre 1785, registrée en la cour des *monnoies* le 21 novembre suivant, ayant ordonné une refonte des espèces d'or, & augmenté la valeur intrinsèque de ce métal, il convient de faire connoître cette nouvelle loi, afin qu'on puisse faire la comparaison des maximes & des principes qu'elle contient, avec ce qui a été dit précédemment.

Louis,

Louis, &c. L'attention vigilante que nous donnons à tout ce qui peut intéresser la fortune de nos sujets & le bien de notre Etat, nous a fait appercevoir que le prix de l'or est augmenté depuis quelques années dans le commerce, que la proportion du marc d'or au marc d'argent étant restée la même dans notre royaume, n'est plus relative aujourd'hui à celle qui a été successivement adoptée en d'autres pays; & que nos *monnoies* d'or ont actuellement, comme métal, une valeur supérieure à celle que leur dénomination exprime, & suivant laquelle on les échange contre nos *monnoies* d'argent; ce qui a fait naître la spéculation de les vendre à l'Etranger, & présente en même temps l'appât d'un profit considérable à ceux qui se permettroient de les fondre, au mépris de nos ordonnances.

Le préjudice qui en résulte pour plusieurs genres de commerce, par la diminution déja sensible de l'abondance des espèces d'or dans notre royaume; a rendu indispensable d'en ordonner la nouvelle fabrication, comme le seul moyen de remédier au mal en faisant cesser son principe; mais en cédant à cette nécessité, notre premier soin, & la première base de notre détermination, ont été qu'elle ne pût causer la moindre perte aux possesseurs de nos *monnoies* d'or, qu'elle leur devînt même avantageuse: Et pour ne laisser aucun nuage sur cet objet important, nous avons voulu que le développement de toute l'opération, & la publication du tarif qui en présente les résultats, en manifestassent clairement la justice & l'exactitude.

La nouvelle *monnoie* d'or aura la même valeur numéraire que la *monnoie* actuelle; elle aura aussi le même titre de fin; il n'y aura de différence que dans la quantité de la matière, qui y sera réduite à sa juste proportion, & il sera tenu compte de cette différence aux possesseurs d'espèces d'or, lorsqu'ils les rapporteront à nos hôtels des *monnoies*; notre intention étant qu'ils profitent du bénéfice de l'augmentation sur le prix de l'or.

Par une opération dirigée aussi équitablement, le rapport de nos *monnoies* d'or aux *monnoies* d'argent, se trouvera rétabli dans la mesure qu'exige celle qui a lieu chez les autres nations, l'intérêt de les exporter disparoîtra, la tentation de les fondre ne sera plus excitée par l'appât du gain, notre royaume ne sera plus lésé dans l'échange des métaux, & il n'en pourra résulter ni dérangement dans la circulation, ni changement aucun dans le prix des productions & des marchandises, puisque toutes les valeurs se règlent relativement à l'argent, dont le cours sera toujours le même. A ces causes, &c. nous avons ordonné ce qui suit:

Tome III. Finances.

ARTICLE PREMIER.

Chaque marc d'or fin, de vingt-quatre karats, vaudra quinze marcs & demi d'argent fin de douze deniers, & sera reçu & payé dans nos *monnoies* & changes, pour la somme de *huit cent vingt-huit livres douze sous*, valeur desdits quinze marcs & demi d'argent au prix actuel de *cinquante-trois livres neuf sous deux deniers* le marc, fixés par le tarif de nos *monnoies*, du mois de mai 1773.

I I.

Toutes nos *monnoies* d'or ayant cours actuellement, *louis, doubles louis & demi-louis*, cesseront d'avoir cours, à compter du premier janvier prochain, & seront reçus & payés comptant en espèces, dans nos *monnoies* & changes, à compter du jour de la publication de la présente déclaration, jusqu'au premier avril prochain, sur le pied de *sept cents cinquante livres* le marc, ou *vingt-cinq livres* le louis, qui, par l'usage, n'auroit rien perdu de son poids; & sauf, en cas de diminution dans le poids, de faire sur ledit prix de vingt-cinq livres une diminution proportionnelle; ledit terme expiré, ils n'y seront plus reçus que sur le pied de *sept cent quarante-deux livres dix sous* le marc, ou *vingt-quatre livres quinze sous* par louis, ayant son poids complet.

I I I.

L'or, tant en lingots qu'en *monnoies* étrangères, apporté dans nos *monnoies* & changes, y sera payé en proportion de son titre de fin, sur le pied de *huit cent vingt-huit livres douze sous* le marc fin, & *trente-quatre livres dix sous six deniers* le karat, conformément au tarif annexé à la présente déclaration, dans lequel les *monnoies* étrangères ont été portées sur le pied de ladite augmentation.

I V.

Il sera fabriqué de nouveaux louis d'or, au même titre que ceux qui ont actuellement cours; chaque marc sera composé de trente-deux louis, afin qu'au moyen de l'augmentation survenue dans la valeur de l'or, chaque nouveau louis continue de valoir vingt-quatre livres, & ait précisément la même valeur en argent; lesquels louis porteront l'empreinte désignée dans la feuille attachée sous le contre-scel de la présente déclaration, & auront cours dans tout notre royaume pour vingt-quatre livres pièce.

V.

Le travail de la fabrication desdits louis, sera fait aux mêmes remèdes de poids & de loi que nos *monnoies* d'or actuelles, & sera jugé en notre cour des *monnoies*, conformément à nos précédens édits & déclarations.

V

V I.

Voulons que la refonte & fabrication des louis soient faites dans nos *monnoies* de *Paris*, de *Lyon*, *Metz*, *Bordeaux* & *Nantes* seulement ; que les lingots ou espèces d'or étrangères, qui pourront être apportés pendant cette nouvelle fabrication, soient également remis exclusivement auxdites *monnoies*, & que nos autres *monnoies* ne puissent fabriquer aucun louis à la nouvelle empreinte, jusqu'à ce qu'il en soit autrement ordonné.

Des règlemens postérieurs ont ensuite apporté différentes modifications à l'exécution de cette loi monétaire, soit en prorogeant le cours des anciens louis jusqu'au premier avril 1786, & ensuite jusqu'au premier janvier 1787, soit en ajoutant de nouvelles *monnoies* pour la fabrication, à celles qui étoient désignées exclusivement ; soit enfin, en prescrivant différentes règles pour la réception, aux hôtels des *monnoies*, des vieilles espèces d'or, pour leur change, & pour le payement de leur valeur.

C'est au dictionnaire des *monnoies* ou d'économie politique à faire connoître en détail, les dispositions successives qui ont été ordonnées par le gouvernement, pour le complément de cette grande opération.

MONNOIE. (billets de) On a dit au mot BILLET, tome premier, pag. 110, qu'il fut créé à plusieurs époques différentes, des billets de *monnoie*, tant à l'occasion des refontes d'espèces, que pour le paiement de la vaisselle d'argent que les particuliers portoient, à l'exemple du roi, aux hôtels des *monnoies*.

Cet expédient qu'on jugeoit nécessaire pour accroître le numéraire, a eu lieu deux fois en un demi siècle ; la première, en exécution de l'arrêt du 8 juin 1709 ; la seconde, en vertu des lettres-patentes du 26 octobre 1759.

La valeur totale de la vaisselle portée à la *monnoie* de Paris en 1709, ne s'éleva qu'à un million quatre cent quatre-vingt-douze mille sept cens dix-huit livres, qui fut payée trente-quatre livres le marc, prix qui avoit cours alors.

En 1759, on voit par les registres tenus à l'hôtel des *monnoies* de Paris, qu'on y reçut pour quatorze millions sept cens quarante-neuf mille cent cinquante-sept livres, qui fut payée cinquante-neuf livres cinq sols le marc d'argent fin, au titre de douze deniers ; quoique le prix courant du marc d'argent, ne fut qu'à cinquante-une livre trois sols trois deniers ; mais à cette époque, ces matières ne furent payées si haut que pour rendre aux particuliers les droits de contrôle qu'ils avoient acquitté, & faire remise du droit de seigneuriage,

qui appartient au roi, sur la fabrication des espèces.

En ajoutant au montant de la vaisselle portée aux *monnoies* en 1709, l'augmentation du prix qu'elle fut payée en 1759, on trouvera qu'au lieu d'un million quatre cent quatre-vingt-douze mille sept cens dix huit livres, elle eût donné deux millions cent vingt-cinq mille dix-huit livres ; mais cette somme comparée à celle de quatorze millions sept cens quarante-neuf mille cent cinquante-sept livres, prouve que ce genre de luxe s'est augmenté à Paris, dans l'espace de cinquante années, dans la proportion d'un à sept.

MONNOIES. (cour des) Cette cour fut établie en 1358, pour remplir les fonctions des *généraux maîtres des monnoies*, qui existoient long-tems auparavant.

La cour des *monnoies* est unique dans son genre ; elle connoît privativement à toute autre, & à tous juges ; 1°. de l'enregistrement des édits, déclarations & règlemens, concernant les *monnoies*, & de leur exécution.

2°. De la fabrication, du poids & du titre de toutes les espèces qui se fabriquent aux coins & armes du roi, ainsi que des jetons & médailles.

3°. Du crime de billonage, de distribution, d'espèces de criées, & de fabrication d'outils & ustensiles propres à fabriquer des *monnoies*.

4°. Des vols faits dans l'intérieur des hôtels des *monnoies*.

5°. Des contestations qui s'élèvent entre les directeurs, les changeurs & les particuliers qui apportent au change des matières d'or & d'argent.

6°. Des abus & malversations qui se commettent, tant par les officiers des *monnoies*, que par tous les artistes & ouvriers qui achetent, vendent & emploient les matières d'or & d'argent.

7°. De l'enregistrement des statuts des communautés de ces ouvriers, de leur admission à la maîtrise, & de leur prestation de serment.

8°. Enfin, des appellations des jugemens rendus, tant en matière civile que criminelle, par ses propres commissaires, par les commissaires en l'hôtel des *monnoies*, les prévôts, jurés, gardes & juges ordinaires dans les jurisdictions établies dans les provinces.

Jusqu'en 1738, il a existé trente hôtels des *monnoies*, où l'on fabriquoit des espèces, & auxquels étoient attachées des jurisdictions ; mais au mois de juin de cette même année, un édit supprima la *monnoie*, en laissant subsister la jurisdiction,

Au mois de février 1772, un autre édit fupprima treize *monnoies*, dans les villes d'Amiens, Befançon, Bourges, Caen, Dijon, Grenoble, Poitiers, Reims, Rennes, Riom, Tours, Troies, & Touloufe, en confervant les jurifdictions dans les villes ; mais une déclaration du 22 feptembre fuivant, rétablit celle de Touloufe ; en forte, qu'il exifte toujours le nombre de trente jurifdictions des *monnoies*, & feulement dix-fept hôtels où l'on fabrique. Ce font Aix, Bayonne, Bordeaux, la Rochelle, Lille, Limoges, Lyon, Metz, Montpellier, Nantes, Orléans, Paris, Pau, Perpignan, Rouen, Strasbourg, Touloufe.

En conféquence de l'article 12, de l'édit du mois de février 1772, on ne peut être pourvu d'aucun office dans les *monnoies*, fans l'agrément du miniftre des finances.

Pour avoir au furplus des connoiffances exactes de tout ce qui concerne l'adminiftration des *monnoies*, leur fabrication, leur titre, & même la valeur des efpèces étrangères, comparées aux nôtres, on ne peut mieux faire que de confulter l'almanach des *monnoies*, pour les années 1785 & 1786. C'eft l'ouvrage d'un homme d'efprit, qui connoît parfaitement le département auquel il eft attaché, & qui a eu le talent de préfenter l'inftruction fous une forme auffi agréable qu'amufante.

MONNOIE DES MÉDAILLES. Etabliffement fait en 1550, pour fabriquer des efpèces jufqu'en 1755, qu'il fut confacré à la feule fabrication des jetons & des médailles.

L'édit de juin 1696, article 27, défend de fabriquer ou faire fabriquer aucuns jetons, médailles, ou pièces de plaifir, d'or, d'argent ou d'autres métaux, ailleurs qu'en la *monnoie* des médailles, à peine de confifcation des outils & matières, & de mille livres d'amende contre chacun des contrevenans.

Les médailles d'or fe paient à la *monnoie* des médailles (en 1785), à raifon de huit cent vingt-quatre livres le marc, & les jetons ronds à huit cent huit livres le marc.

Ce prix eft indépendant de celui des quarrés qui fe payent au graveur, fuivant la nature de fon travail.

Les médailles & les jetons d'argent à Paris, font de foixante-treize livres le marc ; les jetons ronds, cinquante-fept livres quinze fols le marc.

Le prix des médailles de bronze, varie felon leur diamètre.

Quant aux tribunaux qui ont connu ancien-nement, & qui connoiffent des délits relatifs aux *monnoies*. Voyez le *Dictionnaire de Jurifprudence*. Il fuffit de dire qu'il n'exifte plus dans le royaume de cour fouveraine des *monnoies*, qu'à Paris, & que fa compofition a été fixée par l'édit du mois de juillet 1778.

MONOPOLE, f. m., ce terme vient de deux mots grecs, qui fignifient *vendre feul*. On a donné ce nom au trafic ou commerce exclufif d'une marchandife fait par un feul particulier ; en forte qu'il eft le maître d'y mettre le prix que règle fa cupidité. En général, le mot de *monopole* ne fe prend qu'en mauvaife part & emporte toujours l'idée d'un trafic odieux, foit qu'il appartienne à un feul, foit qu'il ait été concédé à une compagnie, parce que l'effet en eft conftamment le même ; celui de la cherté des marchandifes, qui font l'objet de ce trafic. Il eft fenfible que la liberté d'en vendre étant générale, la concurrence des vendans tourneroit au bénéfice des acheteurs. On n'a pas d'exemple que le *monopole* d'une denrée ait jamais produit autre chofe que le bien particulier de celui qui eft autorifé à l'exercer.

Chez les Romains, le crime de *monopole* étoit puni par la confifcation de tous les biens, & un exil perpétuel, comme on le voit par la loi unique, au code *de monopoliis*.

Dans tous les tems & dans tous les Etats, il y a eu des loix pour réprimer le *monopole* des particuliers ; mais les fouverains fe font attribués le droit de le faire, fur différentes denrées néceffaires à la vie.

Il eft un *monopole*, & peut-être le feul qu'un Etat pourroit exercer avec autant de gloire que d'avantages ; c'eft celui des grands talens dans tous les genres, & la France a de grandes facilités à cet égard ; les dons variés de la nature, un climat favorable, un gouvernement modéré, des couronnes d'opinion & de vanité qu'on y fait fi bien faire & fi bien donner ; que faut-il de plus pour attirer les hommes ; & fi l'on joint à ces jouiffances, des largeffes de la part du fouverain, il eft peu d'hommes fupérieurs en Europe, qui ne s'empreffât d'accourir aux invitations qui lui feroient faites de fe fixer, ou au moins de féjourner quelque tems dans un pays fi agréable.

Ecoutons fur ce fujet un miniftre des finances, celui qui, de tous ceux que nous avons vus, a fait le plus d'économies, dirigées par l'amour du bien public.

« Les miniftres des finances les plus auftères &
» les plus étrangers aux plaifirs du monde, ne
» doivent point réfifter aux petits facrifices nécef-
» faires, pour attirer en France les compofiteurs
» célèbres, & pour y retenir les talens qui bril-

» lent fur le théâtre : car, fous le fimple rapport
» de la balance du commerce, ils ont un motif
» pour y prendre intérêt.

» Le concours des étrangers en France, eft une
» des fources effentielles de la richeffe du royau-
» me, & il ne faut pas fe refufer aux modiques
» dépenfes qui peuvent augmenter cette affluence.
» C'eft fur-tout une petite vue que de découra-
» ger, par des traitemens impérieux, les perfon-
» nes qui font douées de talens infiniment rares,
» & l'homme public qui arrête uniquement fon
» attention fur leur état de dépendance, eft bien
» plus à fon autorité, qu'aux idées générales.

» J'euffe voulu, dans mon ambition pour la
» France, que tous les hommes vraiment fupé-
» rieurs dans tous les genres, y euffent été raf-
» femblés. Le nombre en eft fi petit, qu'il faut
» bien peu d'argent pour exercer un pareil *mono-*
» *pole.* De l'adminiftration des finances, tome 2,
» page 456, *in-8°.* »

MONTANT, f. m. C'eft un terme de comptabilité en finance, comme dans le commerce,
qui défigne le total de plufieurs fommes réunies
ou additionnées enfemble. On dit le montant de
fon compte, eft de ; le montant d'un inventaire.

Le réfultat d'un compte, d'un inventaire, fe
forme en comparant le *montant* de la recette avec
le *montant* de la dépenfe. Ce réfultat s'appelle
balance.

MONT-DE-PIÉTÉ, f. m. On défigne en
France, par le nom de *Mont-de-Piété*, ce que
l'on appelle *Lombard* à Amfterdam, c'eft-à-dire
un lieu où l'on prête de l'argent fur des gages,
moyennant un intérêt fixé par une loi particulière.
Il en a été queftion ci-devant au mot LOMBARD,
& nous avons promis de traiter de ces établiffemens à l'article *Mont-de-Piété*. Cette dernière
dénomination vient, à ce qu'il paroît, de ce
qu'une grande partie des bénéfices que procurent
les prêts qui font l'objet de ces inftitutions, eft
appliquée à des œuvres pies, ou de ce qu'elles
ont en vue de venir au fecours des pauvres qui,
dans un befoin, feroient forcés de vendre leurs
effets à vil prix, ou d'emprunter à un intérêt ruineux.

Le plus ancien *Mont-de-Piété* dont l'hiftoire
faffe mention, eft celui de *Padoue* établi en 1491.
Leon X, fut le premier pape qui autorifa cet établiffement par une bulle en 1551.

Dans la fuite, il s'en forma de femblables dans
les pays commerçans, comme la Flandre, le Haynault & l'Artois. Lorfqu'une partie de ces pays
fut cédée au roi par les traités des Pyrénées &
d'Aix-la-Chapelle, en 1659 & 1668, il fut fti-

pulé que les *Monts-de-Piété* établis dans les villes
feroient régis en conformité des lettres-patentes
du 18 janvier 1618, par lefquelles ils avoient été
inftitués.

Les *Monts-de-Piété* reftèrent long-tems concentrés dans les provinces qu'on vient de nommer,
malgré différents projets préfentés pour en établir en plufieurs villes de commerce, & notamment à Paris, Rouen, Bordeaux & Lyon. Mais
foit que ces projets ne démontraffent pas d'une
manière évidente les avantages de leur exécution
& laiffaffent craindre des inconvéniens en plus
grand nombre, foit que la matière n'eût pas encore été fuffifamment examinée & difcutée par
des perfonnes inftruites & animées par des vues
défintéreffées, foit enfin que les lumières de la
théorie, jointes aux leçons de l'expérience,
n'euffent pas encore été affez répandues, il fe
paffa plus d'un fiècle & demi entre l'érection du
Mont-de-Piété de la Flandre & celle du *Mont-de-*
Piété de Paris, qui ne date que de 1777.

On va voir, dans le préambule des lettres-patentes qui l'établirent, les motifs qui déterminèrent le roi & les vues qu'il s'eft propofées.

Louis, par la grace de Dieu, &c. Les bons
effets qu'ont produits & produifent encore les
Monts-de-Piété chez différentes nations de l'Europe, & notamment ceux formés en Italie, ainfi
que ceux érigés dans nos provinces de Flandre,
Haynault, Cambrefis & Artois, ne nous permettent pas de douter des avantages qui réfulteroient, en faveur de nos peuples, de pareils établiffemens dans notre bonne ville de Paris, &
même dans les principales villes de notre royaume : ce moyen nous a paru le plus capable de
faire ceffer les défordres que l'ufure a introduits,
& qui n'ont que trop fréquemment entraîné la
perte de plufieurs familles. Nous étant fait rendre compte du grand nombre de mémoires & de
projets préfentés à cet effet, nous avons cru devoir rejeter tous ceux qui n'offrent que des fpéculations de finance, pour nous arrêter à un plan
formé uniquement par des vues de bienfaifance,
& digne de fixer la confiance publique, puifqu'il
affure des fecours d'argent peu onéreux aux emprunteurs dénués d'autres reffources, & que le
bénéfice qui réfulta de cet établiffement, fera
entièrement appliqué au foulagement des pauvres
& à l'amélioration des maifons de charité. A ces
caufes & autres, à ce nous mouvant, de l'avis de
notre confeil, &c.

ARTICLE PREMIER.

Il fera inceffamment établi, dans notre bonne
ville de Paris, un *Mont-de-Piété*, ou bureau général de caiffe d'emprunt fur nantiffement, tenu
fous l'infpection & adminiftration du lieutenant-
général de police, qui en fera le chef, & de

quatre adminiſtrateurs de l'hôpital général, nommés par le bureau d'adminiſtration dudit hôpital général, & dont les fonctions feront charitables & entièrement gratuites.

I I.

Toutes perſonnes connues & domiciliées, ou aſſiſtées d'un répondant connu & domicilié, feront admiſes à emprunter les ſommes qui feront déclarées pouvoir être fournies, d'après l'eſtimation qui fera faite des effets offerts pour nantiſſement; & ces ſommes leur feront prêtées des deniers & fonds qui feront mis dans la caiſſe dudit bureau; ſavoir, pour la vaiſſelle & les bijoux d'or & d'argent, à raiſon de quatre cinquièmes du prix de la valeur au poids; & pour tous les autres effets, à raiſon des deux tiers de l'évaluation faite par les appréciateurs dudit bureau, qui feront choiſis dans la communauté des huiſſiers-commiſſaires-priſeurs de notre Châtelet de Paris, laquelle fera garante des évaluations, & percevra des emprunteurs, à l'inſtant du prêt, pour droit de priſée, un denier pour livre du montant de la ſomme prêtée.

I I I.

Permettons aux adminiſtrateurs d'établir auſſi, s'ils le jugent néceſſaire, dans notre bonne ville de Paris, ſous la dénomination de *prêt auxiliaire*, différens bureaux particuliers dudit *Mont-de-Piété* ou caiſſe d'emprunt, de ſommes depuis trois livres juſqu'à la concurrence de cinquante livres.

I V.

Il ne pourra être perçu ou retenu, pour frais de garde, frais de régie, & pour ſubvenir à toutes les dépenſes & frais généralement quelconques, relatifs audit établiſſement, ſous quelque prétexte & dénomination que ce puiſſe être, autre que pour les frais de priſée par nous ci-deſſus réglés, & pour ceux de vente dont il fera parlé ci-après, au-delà de deux deniers pour livre par mois du montant des ſommes prêtées; & le mois commencé fera payé en entier quoique non fini.

V.

Les effets mis en nantiſſement feront, au plus tard, à l'expiration de l'année du prêt révolue, retirés par les emprunteurs ou par les porteurs de la reconnoiſſance qui aura été délivrée audit Mont-de-Piété; ſinon, dans le mois qui courra d'après ledit tems écoulé, leſdits effets feront, par ordonnance du lieutenant-général de police, & par le miniſtère d'un des huiſſiers-commiſſaires-priſeurs de notre Châtelet de Paris, vendus publiquement, ſur une ſeule expoſition, au plus offrant & dernier enchériſſeur, aux lieux, jour & heures indiqués par affiches, contenant énumération de tous leſdits effets. Ce jour fera le premier non fériable d'après le 2 & le 16 de chaque mois.

V I.

Les deniers qui proviendront de la vente des effets mis en nantiſſement, feront remis aux propriétaires, après le prélèvement fait de la ſomme empruntée, & des deux deniers pour livre, par chaque mois échu, depuis le jour du prêt, juſqu'à celui de la vente.

V I I.

Les frais de vente feront de cinq ſous, pour les ventes du prix de vingt livres & au-deſſous; de dix ſous, au-deſſus de vingt livres juſqu'à cinquante livres; de vingt ſous, au-deſſus de cinquante livres juſqu'à cent livres; de vingt-cinq ſous, au-deſſus de cent livres juſqu'à deux cens livres, & toujours en augmentant de cinq ſous pour chaque cent livres de plus. Ces frais feront payés en ſus du prix de l'adjudication par les acheteurs. Exemptons leſdites ventes de tous droits, & même ceux du contrôle des procès-verbaux d'icelles, que nous diſpenſons d'être faits ſur papier timbré, ainſi que tous autres actes concernant l'adminiſtration dudit *Mont-de-Piété*.

V I I I.

Dans le cas où il feroit apporté au bureau ou caiſſe d'emprunt ſur nantiſſement, & dans les bureaux particuliers de prêt auxiliaire, quelques effets qui fuſſent reconnus, déclarés, ou même ſuſpectés volés, il en fera ſur le champ rendu compte au lieutenant-général de police, & il ne fera prêté aucune ſomme au porteur deſdits effets, qui reſteront en dépôt au magaſin deſdits bureaux, juſqu'à ce qu'il en ſoit autrement ordonné. Voulons que ceux qui les auront préſentés, ſoient pourſuivis extraordinairement, eux & leurs complices, ſuivant l'exigence des cas.

I X.

Tout effet qui fera revendiqué pour vol ou pour telle autre cauſe que ce ſoit, ne pourra être rendu au réclamant, qu'après qu'il aura juſtifié qu'il lui appartient, & qu'après qu'il aura acquitté en principal & droits, la ſomme pour laquelle ledit effet aura été laiſſé en nantiſſement, ſauf le recours dudit réclamant contre celui qui l'aura dépoſé, lequel en demeurera civilement reſponſable.

X.

Il fera prépoſé par le lieutenant-général de police, un ou pluſieurs commiſſaires du Châtelet & inſpecteurs de police, pour veiller au maintien du bon ordre dans ledit bureau général & dans leſdits bureaux particuliers; à l'égard des vérificateurs & contrôleurs de la régie deſdits bureaux général & particuliers, ils feront prépoſés & commis par le bureau d'adminiſtration.

X I.

Les prépoſés & employés, tant au bureau général qu'aux bureaux particuliers, feront ſous les ordres d'un directeur général, lequel sera nommé par le lieutenant-général de police & les administrateurs : lesdits préposés & employés seront présentés par le directeur, & pareillement nommés par le bureau d'administration, qui fixera leurs appointemens, ainsi que les honoraires du directeur, sous la condition, de la part des uns, de fournir un cautionnement avec hypothèque sur biens-fonds, & de la part des autres, de consigner telle somme en argent qui leur sera réglée pour leur cautionnement, laquelle sera déposée à la caisse du bureau d'emprunt, & dont il leur sera payé cinq pour cent d'intérêt par année.

X I I.

Le directeur général & tous les autres préposés & employés ne seront admis à faire leurs fonctions, qu'après avoir prêté serment de bien & fidèlement s'en acquitter, par-devant le lieutenant-général de police & les administrateurs, pour laquelle prestation de serment il ne sera exigé aucuns frais, ni même aucun droit quelconque, au profit du greffier que le bureau d'administration commettra pour la tenue du registre de ses délibérations.

X I I I.

Dans le cas où il seroit fait quelques oppositions sur le prix des effets vendus au *Mont-de-Piété*, elles ne pourront être formées qu'entre les mains du directeur & au bureau dudit établissement; & elles ne seront valables qu'autant qu'elles auront été visées par le directeur sur l'original; ce qu'il sera tenu de faire sans frais.

X I V.

Toutes les oppositions qui seront formées entre les mains du directeur, sur les effets déposés en nantissement au *Mont-de-Piété* avant la vente d'iceux, n'empêcheront point que ladite vente ne soit faite conformément aux dispositions de l'article V des présentes, sans qu'il soit besoin d'y appeler l'opposant, sauf à lui à exercer ses droits sur les deniers qui resteront après le prélèvement ordonné en l'article VI ci-dessus.

X V.

Toutes les contestations relatives à l'établissement, régie & administration desdits bureaux général & particuliers, seront portées par-devant le lieutenant-général de police, auquel nous en avons attribué la connoissance comme pour fait de police, sauf néanmoins l'appel en la Grand'-Chambre de notre cour de Parlement, pour y être fait droit en la forme prescrite par notre ordonnance du mois d'avril 1667, pour les appointemens à mettre.

X V I.

Il sera tous les mois fourni, par le directeur, au lieutenant-général de police & aux administrateurs, un bordereau de sa recette & dépense,

avec un tableau de situation de la caisse & du magasin; & chaque année il en sera rendu un compte général par-devant quatre de nos amés & féaux conseillers de la Grand'Chambre de notre cour de Parlement, en présence de l'un des substituts de notre procureur-général : ledit compte sera par eux clos & arrêté; un double d'icelui sera déposé au greffe de notre Parlement; & lorsqu'il se trouvera des fonds en caisse au-delà de ceux nécessaires pour la régie & les charges de l'établissement, ils seront appliqués au profit de l'hôpital général de notre bonne ville de Paris, suivant l'ordonnance qui en sera rendue par nosdits conseillers, ensuite de l'arrêté & clôture dudit compte.

X V I I.

Autorisons le lieutenant général de police & les quatre administrateurs, de faire tels réglemens qu'il appartiendra, concernant l'entrée & la sortie des gages ou nantissemens, la sûreté & conservation d'iceux, la tenue des registres, & généralement pour prescrire les formalités qui seront employées dans la régie & administration de ladite caisse d'emprunt, & des bureaux particuliers de prêt auxiliaire; à la charge que lesdits réglemens soient homologués en notre cour de Parlement sur la requête de notre procureur-général.

X V I I I.

Seront nos ordonnances, déclarations & les réglemens rendus au sujet de l'usure, exécutés suivant leur forme & teneur Si donnons en mandement, &c. Donné à Versailles le neuvième jour du mois de décembre, l'an de grace 1777, & de notre règne le quatrième.

L'année suivante, des lettres-patentes du y août autorisèrent le *Mont-de-Piété* à faire un emprunt, hypothéqué sur les revenus des hôpitaux, jusqu'à la concurrence de deux cens mille livres de rente.

D'autres lettres-patentes du 22 mars 1779, apprennent que le succès du *Mont-de-Piété* répondoit aux vues de son établissement, & qu'en considération de son utilité, il fut jugé convenable de déroger en partie à la déclaration du 14 décembre 1689, qui ordonnoit qu'en cas de vente de meubles & effets, par autorité de justice, toute argenterie & vaisselle d'argent seroient portées aux hôtels des monnoies, pour y être converties en espèces, & payées sur le pied des tarifs desdits hôtels.

En conséquence, les lettres-patentes de 1779, ordonnèrent que toute l'argenterie & la vaisselle d'argent qui auroient été mises en nantissement au *Mont-de-Piété*, & qui n'auroient pas été retirées dans l'année du prêt, seroient exposées en vente, conformément à l'article V des lettres-patentes de 1777, après qu'il auroit été reconnu qu'elles sont revêtues des marques prefcrites, avec la condition que les pièces qui ne porteroient pas les marques, ou qui en porteroient de fauffes, feroient portées aux hôtels des monnoies pour y être fondues.

* Quant à celles qui feroient en règle, l'article IV porte : les huiffiers-commiffaires-prifeurs, qui procéderont à l'adjudication des argenteries & vaiffelles d'argent qui feront dans le cas d'être mifes en ventes, ne pourront cependant adjuger que celles qui, par les enchères, feront portées, y compris les droits de vente à eux dûs, aux termes de l'article VII de nofdites lettres-patentes ; favoir, pour la vaiffelle plate, à quarante fous par marc, & pour la vaiffelle montée, à trois livres auffi par marc, le tout au-deffus dudit tarif, fuivant qu'il enfuit :

Jetons d'argent................................. 50 l. 17 fols 3 deniers.
Vaiffelle plate, de Paris, fans foudure.................... 50 13 6.
Vaiffelle plate, de Paris, avec foudure.................... 50 9 10.
Vaiffelle montée, de Paris................................ 50 2 4.
Vaiffelle plate, de province, fans foudure................ 49 18 8.
Vaiffelle plate, de province, avec foudure, & montée............ 49 11 3.

En 1781, les adminiftrateurs du *Mont-de-Piété* ayant repréfenté que les droits accordés aux huiffiers-prifeurs pour les ventes, n'étoient pas proportionnés à leurs travaux, & aux pertes qu'ils avoient éprouvées, des lettres-patentes du 7 janvier, dûment enregiftrées le 13 mars fuivant, ordonnèrent :

Que les frais de vente à la charge des adjudicataires d'effets, feroient, à compter de ce jour, de cinq fols pour les ventes du prix de dix livres & au-deffous.

De dix fols pour celles au-deffus de dix livres jufqu'à vingt livres.

De quinze fols pour celles au-deffus de vingt livres jufqu'à trente livres.

De vingt fols au-deffus de trente livres jufqu'à cinquante livres.

De trente fols au-deffus de cinquante livres jufqu'à cent livres.

De quarante fols au-deffus de cent livres jufqu'à cent cinquante livres.

De quarante-cinq fols au-deffus de cent cinquante livres jufqu'à deux cens livres, & toujours en augmentant de cinq fols pour chaque cinquante livres & plus ; que ces frais feroient payés en fus du prix de l'adjudication.

A ce que l'on vient de lire fur les *Monts-de-Piété*, nous ajouterons ce qu'en a dit l'adminiftrateur des finances, à qui eft dû leur établiffement, dans le compte rendu en 1781, & dans fon excellent ouvrage fur les finances.

« Le *Mont-de-Piété* établi en 1777, a eu le » fuccès qu'on en attendoit ; il a prêté à dix pour » cent fur gages, & en obfervant les menagemens » & les précautions morales qu'on a droit d'im-» pofer à une adminiftration publique ; il a dé-» truit ces établiffemens obfcurs d'ufure & de » rapine, où des hommes avilis & cupides, abu-» foient fans frein de l'empire que leur don-» noient, fur de jeunes gens, les momens de be-» foin & d'égarement.

» J'examine actuellement s'il ne conviendroit » pas de faire verfer dans cette caiffe, les fonds » des confignations, en ftipulant que le rembour-» fement feroit fait à volonté. Un dépofitaire qui » ne prête que fur gages & fous l'infpection des » magiftrats, eft furement le plus folide de tous ; » & vu l'emploi avantageux que cette caiffe fait » de fes fonds, elle pourroit emprunter moins » dans le public & payer quatre pour cent par » an des fonds provenans des confignations, ce » qui adouciroit infiniment le fort des débiteurs » faifis, ou celui de leurs créanciers ».

C'étoit affurément une très-bonne idée que d'affocier la caiffe des confignations à celle du *Mont-de-Piété*, & de donner ainfi du mouvement à des fonds morts pendant un grand nombre d'années, au profit des perfonnes à qui ces fonds confignés font adjugés après les difcuffions litigieufes qu'ils ont occafionnées. Par cet arrangement, des deniers qui reftent quelquefois quarante & foixante années confignés, auroient été doublés & triplés, & fait le bien des parties qui en euffent obtenu la délivrance ; au lieu que, dans l'état actuel des chofes, ces fonds ne peuvent être utiles qu'au receveur des confignations qui vraifemblablement ne les laiffe pas oififs.

Le chapitre XXII de l'ouvrage fur les finances, eft confacré à parler du *Mont-de-Piété*. Il appartient à ce dictionnaire.

L'ufure n'a aucune reffemblance avec les tranfactions ordinaires de la société, où les prêteurs & les emprunteurs, égaux par leurs rapports & par leur nombre, traitent ensemble du prix de l'argent, & font indistinctement soumis à l'effet des considérations universelles qui déterminent la mesure de l'intérêt.

L'usure ne s'applique jamais qu'à des situations particulières; c'est un abus de la force envers la foiblesse; c'est un empire exercé par l'avarice & la cupidité sur une classe d'hommes à qui le délire des passions ôte les moyens de se défendre; c'est un piège préparé contre les jeunes gens, les joueurs & tous ceux qui, emportés par le moment, détournent leurs yeux de l'avenir; ainsi, de même qu'on ne permet point à un mineur ou à un homme interdit, de contracter des engagemens, on doit pareillement condamner les marchés usuraires, puisque ces conventions indiquent presque toujours qu'une des parties contractantes est affoiblie par son aveuglement ou par son désordre. Il seroit donc absolument contraire aux bonnes mœurs de tolérer, dans une société policée, ces hommes endurcis & méprisables, qui attendent dans l'obscurité, que l'imprudence ou les égaremens leur amenent des victimes.

Mais les loix contre l'usure, les punitions infligées à ceux qui s'en rendoient coupables, n'avoient point arrêté ses progrès dans la capitale, & l'on ne pouvoit plus se dissimuler les difficultés insurmontables d'une pareille reforme; car à mesure que la surveillance de l'administration se réveilloit, les usuriers redoubloient de précautions pour cacher leur trafic criminel sous des formes légales en apparence. Il étoit donc devenu nécessaire d'opposer à cette dépravation un obstacle d'un nouveau genre; & l'institution d'un Mont-de-Piété déterminée au mois de décembre 1777, parut véritablement indiquée par les circonstances : c'est un établissement mêlé d'inconvéniens sans doute; mais les négociations tenébreuses dont il a tari la source, entraînoient des abus d'une tout autre importance.

Les conditions auxquelles le Mont-de-Piété prête sur gage, font équivalentes, à-peu-près, à un intérêt de dix pour cent par an; c'est, on en convient, un sacrifice considérable pour les emprunteurs; cependant si la certitude & la facilité d'une pareille ressource ont délivré du joug des usuriers, qui, non-seulement exigeoient vingt ou trente pour cent, mais qui enseignoient encore aux jeunes gens l'art de cacher leur inconduite; le Mont-de-Piété, sous ce rapport, a procuré de grands avantages. On est forcé quelquefois de transiger avec les erreurs & les passions des hommes; & cette institution, susceptible de critique, quand on en considère les effets d'une manière isolée, doit être jugée différemment, lorsqu'on examine la nature & l'étendue des inconvéniens dont ce même établissement est devenu la sauvegarde.

On demandera cependant pourquoi l'on n'a pas assujeti le Mont-de-Piété à faire des avances à un intérêt plus modéré; l'éclaircissement est facile à donner : c'est qu'alors le nombre des personnes qui auroient eu recours à de pareilles facilités, n'eût plus été proportionné à la mesure des ressources qu'on pouvoit procurer à cet établissement.

On ne doit pas, avec des moyens limités, se procurer un but indéfini. Il faudroit, à Paris, des capitaux immenses pour prêter sur gages à des conditions qui se rapprocheroient du cours habituel de l'intérêt. Le Mont-de-Piété n'avoit point été destiné à une entreprise de cette étendue; on vouloit seulement pourvoir, par sa médiation, à ces besoins imprévus & pressans qui mettoient dans la nécessité de recourir à des expédiens excessifs & susceptibles d'une infinité d'abus.

Au reste, les frais qu'exige une manutention vaste & compliquée, comme celle d'un Mont-de-Piété, font nécessairement très-considérables; aussi, quoique la somme des avances faites par cet établissement, dans le cours d'un année, se montent aujourd'hui (en 1784) à environ quinze millions, le bénéfice au delà de l'intérêt du fonds capital, ne s'élève pas à cinquante mille écus. Ce bénéfice est dévolu à l'hôpital général : disposition qui diminue encore les inconvéniens attachés à la fondation d'un Mont-de-Piété.

Je ne crois pas, cependant, qu'il convienne d'étendre ces établissemens aux villes de province. Il faut considérer de pareilles précautions, comme un adoucissement apporté aux abus qu'on ne peut empêcher; mais dans tous les lieux où le ressort de la police n'est pas trop considérable, il est aisé de détruire la profession des usuriers, ou de contenir du moins leur trafic dans des bornes connues.

Ce n'est aussi que dans le tourbillon d'une grande capitale, que la dépravation des mœurs oblige à des menagemens, & à une sorte de conciliation avec les vices, dont la destruction est impraticable. Ailleurs le remède donneroit l'idée du mal, & en voulant prévenir à l'avance les inconvéniens d'un désordre encore dans sa naissance, on y donneroit peut-être une extension dangereuse. Les hommes sous le regard de l'administration générale, font de véritables enfans, & les principes d'une sage éducation paroissent souvent applicables aux rapports qui existent, entre un souverain & les sujets confiés à sa tutelle.

MORTE-CHARGE. Terme de commerce & de

de douane pour fignifier qu'un vaiffeau n'a pas fa charge entière. On a vu, au mot FRET, que, fuivant l'ordonnance, le droit de fret eft dû fuivant la continence des navires jaugés à *morte-charge*, c'eft-à-dire, foit qu'ils aient une cargaifon complette ou partielle. *Voyez* FRET, *page 296 du* fecond volume.

MORALE, f. f. qui fignifie en général la fcience de bien vivre, de diriger fes actions vers le bonheur & la perfection. La *morale* expofe les vrais principes des devoirs, & montre les moyens de les remplir en en faifant connoître le motif & la fin. D'après cette définition de la *morale*, on fent qu'il en eft une générale conforme à la loi naturelle qui eft proprement la *morale* de l'homme; viennent enfuite la *morale* des fociétés, la *morale* des légiflateurs, la *morale* du citoyen, la *morale* des Etats, la *morale* des princes, la *morale* des magiftrats, la *morale* des militaires, la *morale* enfin de toutes les conditions, parce que chacune a des devoirs particuliers.

C'eft dans cette acception que nous confidérons ce mot, lorfque nous nous propofons de donner ici la *morale* des finances, c'eft-à-dire de leur adminiftration & des adminiftrateurs. Cette tâche feroit affurément impoffible à remplir par quiconque n'auroit pas joint les penfées d'une profonde méditation fur les finances, aux leçons que donne l'expérience de leur adminiftration; mais heureufement un homme de génie qui a reçu cette double inftruction, a bien voulu publier, pour celle de fes fucceffeurs, & même de tous les hommes publics, les principes qu'il a mis lui-même en pratique, & les réflexions qu'il a eu occafion de faire dans la place d'adminiftrateur général des finances. Empruntons fon propre langage, en raffemblant ici tout ce qui fe rapporte à notre but.

L'adminiftration des finances en France, furtout depuis que l'accroiffement des impôts, & l'augmentation de la dette publique en ont étendu les rapports, eft néceffairement devenue l'une des fonctions les plus importantes dont un homme puiffe être chargé. Cette adminiftration s'entremêle & s'unit à tout: elle atteint les hommes par le plus actif & le plus immuable de tous les refforts; l'efprit d'intérêt & l'attachement à fa fortune. Dans cette adminiftration l'on apperçoit à chaque inftant les difficultés qui naiffent de la diverfité des *intérêts*, dont toutes les claffes de la fociété font préoccupées.

Les propriétaires de terre, les créanciers de l'Etat, les négocians, les nobles & les roturiers, les hommes de travail & d'induftrie, dominés les uns & les autres par l'habitude continuelle des mêmes réflexions, confidèrent, fans y penfer, la plupart des actes de l'adminiftration des finan-

ces d'une manière particulière à leur état, & à la nature de leur fortune.

A cette diverfité d'intérêts fe joint encore une grande variété d'opinions fur les queftions générales de l'adminiftration; & leur abftraction favorifant tous les fyftêmes, c'eft un champ vafte où chacun peut s'étendre, & fe trouver continuellement en oppofition avec tout ce qu'on fait ou ce qu'on projette.

Ce genre de contrariété n'étoit pas autrefois compté parmi les difficultés de l'adminiftration; mais depuis que le progrès des lumières a rapproché les hommes qui font gouvernés, de ceux qui gouvernent, les miniftres font devenus les acteurs du théâtre du monde dont on s'occupe davantage, & dont on obferve le plus févèrement la conduite; & tandis que l'ancienne indifférence aux objets d'adminiftration laiffoit un libre cours aux erreurs de tout genre, l'attention qu'on y porte aujourd'hui, contraint les hommes les plus confians à une forte de circonfpection, falutaire fans doute, mais qui rend toutes les adminiftrations, & celle *des finances* en particulier, infiniment plus difficiles & plus laborieufes.

Une multitude d'obftacles naiffent encore de cette variété de formes, d'ufages & de privilèges qui s'opèrent & diftinguent les provinces du royaume les unes des autres: enfin une longue expérience de la vafcillation continuelle du gouvernement dans fes plans & dans fes fyftêmes, décourage les caufes fecondes, & entretient les oppofitions de tous ceux qui ont entre leurs mains quelques moyens de réfiftance.

C'eft à travers toutes ces difficultés que l'*adminiftration des finances* en France doit fe développer; il faut à la fois qu'elle éclaire, qu'elle calme & qu'elle guide les efprits: il faut que par une conduite conftamment jufte & bienfaifante, elle tempère l'action des *intérêts particuliers*, en les ramenant infenfiblement à l'efprit de fociété & aux idées d'ordre public.

Il faut fur-tout, que par une inquiétude active & continuelle, elle excite la confiance: ce fentiment précieux qui unit l'avenir au préfent, qui donne l'idée de la durée des biens & du terme des peines, & qui devient le plus fûr fondement du bonheur des peuples. C'eft alors que chacun envifage les contributions qui lui font demandées, comme un jufte concours au befoin de l'Etat, & comme le prix en quelque manière, & de l'ordre qui l'environne, & de la fûreté dont il jouit.

C'eft alors que les peuples prêtent l'oreille à la parole des rois & qu'ils s'y fient. Si un foulagement leur eft promis, ils en jouiffent à l'avance, & fi le terme d'un impôt leur eft annon-

X

eé, ils y croient & le fupportent comme un mal paffager.

C'eft alors que la publication des loix de finance eft attendue fans effroi, & qu'au milieu des circonftances les plus malheureufes, ces loix réveillent encore les idées de juftice & de patriotifme.

Mais que l'adminiftration des finances fe trouble & s'égare dans fes moyens, qu'elle foit infenfible ou imprévoyante; bientôt entraînée par le moment, les foins & les combinaifons du fifc s'empareront de toute fon attention; les peuples fe préfenteront à fon fouvenir, mais ce fera toujours fous la forme de contribuables. Elle pefera leurs forces, mais ce fera pour leur en demander le facrifice; elle eût accepté leur amour, mais il lui fuffira de leur obéiffance.

Alors les peuples à leur tour reprendront leur défiance; ils fe croiront oubliés, & tous leurs fentimens perfonnels fe ranimeront; on ceffera de lier leurs intérêts aux plans politiques, & ils s'ifoleront encore davantage; enfin cette adminiftration qu'ils euffent aimée comme leur fauvegarde, ils s'habitueront à l'envifager comme l'adroit ennemi de leur repos, & l'intérêt particulier s'élevera de toutes parts contre l'intérêt général.

Il faut un exercice aux paffions des hommes, & ils s'abandonneront tout entiers à celles qui contrarient l'ordre public, fi par une adminiftration injufte & indifférente, on les contraint à fe regarder comme étrangers à leur patrie. Qu'on ne penfe point que ces idées foient trop fugitives ou trop fubtiles, pour agir fur les fentimens d'un peuple; on pourroit le craindre fi les rapports de l'homme avec la fociété étoient foumis uniquement à la froideur du calcul ou à la mefure de l'intelligence; mais l'effet d'une habile adminiftration, c'eft d'entraîner en même-tems qu'elle perfuade; c'eft de fortifier les idées morales; c'eft d'exciter l'imagination; c'eft enfin d'unir les opinions & les fentimens par les liens de la confiance.

L'adminiftration des finances peut donc, comme on le voit, avoir la plus grande influence fur les vertus fociales & fur les maux publics. Celui qui en occupant cette place ne la confidérera point fous ces nobles rapports, ne s'élevera jamais à la hauteur des devoirs dont il a pris la charge, & n'en découvrira pas l'étendue.

Quelque impofant néanmoins que foit un pareil fpectacle, on ne doit point, en l'appercevant, fe livrer au découragement; la carrière qui s'offre aux regards d'un adminiftrateur, eft vafte fans doute; mais les routes n'en font point détour-

nées; les fentiers qu'il faut fuivre font faciles à reconnoître; & déjà, pour affurer les premiers pas, il fuffit d'un cœur droit & d'un efprit jufte; il fuffit peut-être, en commençant, d'adopter cette marche fimple, la même qui fied à tout, aux finances, à la politique, à la conduite morale, aux diverfes tranfactions entre les hommes; celle, enfin, qui indique fans peine; une ame honnête & les principes d'une généreufe éducation.

Mais il faut que ces principes fe foutiennent contre le temps, & s'affermiffent au milieu des obftacles; car la vertu néceffaire à un *adminiftrateur* n'eft pas une vertu commune; la moindre foibleffe, la moindre exception, deviennent fouvent une tache qu'on effaye en vain d'effacer: les hommes font fufceptibles d'enthoufiafme; mais ils le font auffi de préventions défavorables; qui naiffent rapidement, & ne fe diffipent point de même; car dans le tourbillon du monde, où les diftinctions, les nuances, & les explications doivent néceffairement échapper, on obéit longtemps aux premières impreffions.

A mefure qu'un adminiftrateur s'eft fait une grande réputation d'honnêteté, on devient plus rigoureux avec lui, on le fuit dans toutes fes actions; on le compare à lui même; l'on exige qu'il foit fidèle au modèle qu'il a donné, & dès la moindre faute dont on le croit coupable, on eft prêt à le ranger dans la claffe commune, & à s'affranchir des tributs d'eftime, dont la continuité devient pour la plûpart de ceux qui s'y foumettent, une fatigue ou un ennui.

Il faut auffi, pour faire impreffion, que les vertus d'un adminiftrateur foient parfaitement vraies; il faut qu'elles fe développent fans effort, & qu'elles paroiffent comme l'épanchement naturel d'une grande ame. Ce n'eft qu'à ce prix qu'elles ont, en tout temps, cette mefure & cette convenance qui leur eft propre; ce n'eft qu'alors, fur tout, qu'elles ont cette fuite & cette univerfalité quela plus laborieufe attention ne fauroit imiter; & il règne parmi les hommes raffemblés une forte d'inftinct, qui ne s'y méprend jamais. Auffi, quand la politique veut emprunter le langage de l'honneur & de la franchife, on s'en apperçoit à l'inftant, & à une forte de difcordance & de mal-adreffe, & à ce caractère de fatigue qui accompagne un rôle, & à cette exagération, qui eft le figne certain d'un fentiment compofé; mais les véritables vertus, les vertus foutenues feront toujours l'un des premiers fecours, & l'un des plus fûrs appuis d'un adminiftrateur.

La puiffance de la raifon, l'afcendant des qualités morales, ont une force invincible & qui s'accroît chaque jour. La confiance une fois établie,

tout devient facile & femble s'applanir. L'adminiftrateur, dont une fage circonfpection avoit
retardé la marche, s'avance plus hardiment lorfqu'il a fixé l'incertitude des premiers jugemens,
& qu'il s'eft étayé lui-même par fes actions.

Les nations reffemblent aux vieillards qu'une
longue expérience des erreurs & des injuftices
des hommes a rendu foupçonneux & défians,
& qui accordent lentement leur eftime & leur
approbation ; mais, lorfqu'un adminiftrateur a
triomphé de ces difpofitions, les difficultés dif-
paroiffent ; on croit alors à fes intentions. L'imagination, l'efpérance, ces précieux avant-cou-
reurs de l'opinion des hommes, viennent le fervir
& le feconder ; & par-tout, encouragé fur fa
route, il jouit, à chaque inftant, du fruit de
fes vertus.

Un adminiftrateur eft déja fort avancé, lorfqu'on commence à envifager fes paroles comme
la fidèle image de fa penfée, & il éloigne encore un ennemi dangereux, lorfque, par une
jufte mefure, & dans ce qu'il dit & dans ce
qu'il fait, il empêche l'imagination de s'exercer
contre lui.

Il en eft de la forfanterie en affaires, comme
des idées exagérées, ou de l'abondance des fu-
perlatifs dans le ftyle, dont l'effet eft prefque
toujours contraire à celui que l'orateur fe propofe.

Si c'eft par la vertu qu'on jette les premiers
fondemens d'une heureufe adminiftration, c'eft
par elle auffi qu'on tient à fes devoirs fans effort,
qu'on fe plaît dans fes facrifices, & qu'on trouve
comme une efpèce de délice au bien qu'on peut
faire.

C'eft encore par cette vertu qu'on lutte avec
tranquilité contre les paffions des hommes, &
qu'on connoît le contentement au milieu de
leurs injuftices ; c'eft par elle, enfin, qu'on voit
venir la défaite fans abattement, & qu'on fe relève encore après la difgrace.

Sans doute les grandes places offrent d'autres
plaifirs ; mais ce font des jouiffances de particuliers, femblables à-peu-près à toutes celles
que les différentes vanités recueillent dans le
monde. L'accroiffement de fa fortune, l'avancement de fa famille, les bienfaits répandus parmi
fes amis, les faveurs accordées à fes connoiffances,
la prévenance de tous ceux qui efpèrent, les
politeffes des grands, les mots obligeans des princes, le charme indéfini du pouvoir : en voilà
plus qu'il n'en faut pour attacher au miniftère,
les hommes qui fe bornent à l'envifager comme
un nouveau grade dans la fociété, ou comme un
heureux coup du fort, qui vient embellir fa
deftinée.

Mais, celui qui conçoit fes devoirs, celui qui
veut les remplir, méprifera toutes ces jouiffances ;
elles troublent l'imagination de l'homme privé,
mais elles font un objet d'indifférence pour le
véritable homme public ; le fage adminiftrateur
ne fe laiffera point éblouir par ces trompeufes
amorces. Il renoncera donc à la reconnoiffance
particulière, parce qu'il n'en méritera point s'il
eft toujours jufte. Mais il fe pénétrera de l'idée
de cette bienfaifance univerfelle, qui étend les
devoirs & les fentimens, & qui avertit de défendre l'intérêt général, contre les ufurpations de
l'intérêt perfonnel.

Un tel adminiftrateur appuiera le mérite ifolé
contre les efforts de la protection ; il rendra au
rang & à la naiffance ce qui leur eft dû ; mais
il ne fe laiffera point fubjuger par leur afcendant ;
il fçaura refpecter leurs droits fans en adorer le
preftige : fur-tout, il ne délaiffera jamais l'eftime pour la faveur ; & il aimera mieux que la
louange, ces bénédictions fecrètes du peuple,
qu'il n'entendra point, & cette opinion publique,
qui eft lente à fe former, & dont il faut attendre les jugemens avec patience.

Le moment peut-être où un miniftre des finances a le plus befoin de raffembler fes forces,
c'eft lorfqu'il doit réfifter, avec convenance, aux
follicitations des perfonnes qui tiennent le premier rang dans l'État, ou par leur naiffance,
ou par leur emploi. Elles apperçoivent rapidement quel eft le caractère du chef des finances ;
elles voient bien vîte s'il veut mettre fa force
dans fa conduite, ou s'il cherche à s'étayer du
crédit & de la faveur ; elles ne tardent pas à
diftinguer, fi c'eft aux principes ou aux perfonnes
qu'il a deffein de céder ; & felon qu'il fe montre
empreffé ou circonfpect, complaifant ou févère ;
felon qu'il eft vain dans fes manières, ou noble
dans fes fentimens ; enfin, felon qu'il eft debout
ou proflerné devant les airs de grandeur, les
courtifans s'approchent de lui, l'aiment & le
méprifent ; ou bien ils s'en éloignent, le haïf-
fent & l'eftiment. C'eft au miniftre à choifir
entre ces deux parts ; s'il a l'ame élevée & l'a-
mour de fes devoirs, il ne fera pas lent à fe
déterminer.

Il ne fuffit pas encore à un miniftre des finances, de préférer fes devoirs aux combinaifons
de fa politique ; il faut qu'il honore fes principes,
en les profeffant ouvertement ; il faut qu'il renonce à tous ces petits traités de l'homme public
avec l'homme particulier, & qui, prefque toujours, aviliffent l'un fans fervir l'autre.

Il eft, fur-tout, une forte de foibleffe men-
fongère, dont on n'a vu que trop d'exemples ;
c'eft de promettre aux follic5teurs puiffans, qu'on
appuiera leurs demandes auprès du roi, d'être

résolu cependant à ne point le faire, & de chercher uniquement, par cette diffimulation, à rejetter le refus fur la volonté du monarque. Le ministre veut, de cette manière, fe mettre à l'abri des reproches qu'il n'a pas le courage de fupporter; mais, rarement encore, avec cette politique, atteint-il au but qu'il s'eft propofé. C'eft plutôt en infpirant une parfaite eftime, qu'on peut obtenir des autres, un fentiment qui dédommage de l'irritation qu'on excite, dans toutes les occafions où l'on eft forcé de contrarier les intérêts particuliers; & comme ceux qui effuyent des refus, font plus aifément écoutés, lorfqu'ils peuvent diriger leurs plaintes contre le caractère du ministre en général, ils ne manquent jamais de faifir dans les formes, ou dans les circonftances, tout ce qui peut intéreffer les indifférens; & rien n'eft plus propre à foulever tous les gens honnêtes, que les apparences de fauffeté & d'hypocrifie.

Il faut que le fentiment de fes devoirs donne au ministre des finances la force de réfifter, s'il eft néceffaire, à l'afcendant même des princes du fang royal; il faut que fes yeux puiffent foutenir tant de rayons, & qu'il ofe défendre, près d'eux, avec une fermeté refpectueufe, tout ce qu'il croit jufte & raifonnable.

Si la fortune, ou la fimplicité de fa vie lui permettent de renoncer aux émolumens de fa place, ou de les fixer lui-même avec modération, il devra le faire, ne fût-ce que pour rendre fa tâche plus facile.

Enfin, l'adminiftrateur fenfible renoncera, fans doute, avec plus de regret, au plaifir de fervir fes amis; mais il confervera également ceux qui ne s'attachent que par l'eftime ou l'inclination; il perdra l'empreffement tumultueux des indifférens, & ces faux intérêts, qui prennent l'apparence du fentiment; mais il fe retrouvera dans fa retraite tel qu'il étoit auparavant, & il n'aura pas la douleur de voir difparoître, à fon réveil, les fictions qui avoient occupé fes fonges. Au bout d'un temps, il jouira de l'amour public, qui environne, comme un atmofphère bienfaifant, le ministre uniquement occupé de fes devoirs.

C'eft en France, fur-tout, qu'un adminiftrateur des finances peut obtenir cette efpèce de fentiment. Dans les pays defpotiques, le ministre des finances n'y peut être encouragé que par les regards & par l'approbation du monarque. L'efprit national, affoibli par la crainte, ne laiffe pas aux peuples l'effor néceffaire pour examiner, applaudir ou critiquer les loix qui les intéreffent.

Ce n'eft donc peut-être qu'en France, où, par un heureux mélange de liberté, de fenfibilité &

de lumières, & par le fouvenir de tant de maux caufés par l'adminiftration des finances, que le bon ministre peut jouir, à chaque inftant, du fruit de fes travaux.

Les François font fufceptibles de tous les mouvemens de l'ame, qui tiennent à l'affection, & à la confiance. C'eft par la faute de l'adminiftration, qu'un naturel fi propre au patriotifme, y eft fi rarement appliqué, & que cette grande vertu, qui, dans l'état de fociété, doit fervir de foutien à toutes les autres, n'a jamais jetté que de foibles racines.

L'on a fouvent agité, fi un homme fans principe, mais qui réuniroit à de grandes lumières un efprit fupérieur, n'étoit pas plus convenable à l'adminiftration, qu'un homme vertueux, mais dépourvu de talens. Cette queftion eft du nombre de celles qui ne peuvent jamais être foumife à une décifion fimple & abfolue. Le défaut de *morale* peut être moins dangereux que le défaut d'efprit, dans les places où l'intérêt particulier de ceux qui les occupent eft néceffairement uni à l'intérêt public.

Ainfi, dans l'adminiftration des finances d'un grand roi, ou dans toute autre, à la fois étendue, continuelle & diverfifiée; dans une adminiftration, fur-tout, où la confiance publique eft néceffaire, il femble qu'il n'eft aucun talent qui puiffe dédommager du manque de délicateffe & de vertu.

Les connoiffances, les lumières des autres peuvent fecourir un adminiftrateur médiocre; mais, quel reffort portera vers le bien public, celui qui ne fe croit lié à la fociété par aucune obligation? Quelle flamme échauffera les cœurs indifférens pour tout ce qui eft étranger à leur intérêt? Quel autre mobile que celui de la vertu, pourra foutenir l'attention du ministre dans cette fuite d'actions obfcures, qu'aucun éclat, qu'aucune gloire ne récompenfent? Comment, fur-tout, un homme public pourra-t-il infpirer l'amour du devoir à cette multitude de perfonnes qui doivent le feconder, s'il perd le droit de leur en infpirer par fon exemple? Comment cette chaîne de *morale* & d'honnêteté, qui doit s'étendre d'un bout du royaume à l'autre, ne fera-t-elle pas de toutes parts relâchée, fi le chef même de cette adminiftration ne la tient pas dans fa main, ou fi l'eftime qu'on a pour lui n'en refferre pas les nœuds?

Que deviendroit la fociété, fi le bien public dépendoit de l'union qu'un ministre met entre l'avantage de l'Etat & fon propre intérêt? Qui répondroit de la jufteffe des calculs d'un homme fi perfonnel & fi dégagé de toute autre inquiétude; alors même qu'on lui fuppoferoit le coup d'œil le plus lumineux, à quels rifques encore ne feroit-on pas expofé? Celui qui ne voit que lui dans les affaires, ne fème jamais que pour recueillir le lendemain, & le bien public eft le plus fouvent l'ouvrage du temps. Il faut quelquefois fe borner à pofer, pendant la vie, la première pierre de l'angle, & laiffer à fes fucceffeurs tout l'honneur de l'édifice. Il faut, à chaque inftant, fçavoir fe paffer de l'hommage des hommes, & chercher au fond de fon cœur une récompenfe qui fuffife, un fentiment dont on fe contente. Non, non! rien ne peut prendre la place des principes de *morale*, ni dans les gouvernemens, ni dans la vie privée. Ces principes font le réfultat d'une grande idée, religieufe pour les uns, refpectable pour tous. L'homme eft trop foible, trop environné d'écueils pour qu'on puiffe détruire les barrières qui l'arrêtent, & rompre les liens qui le contiennent. Ainfi, la défenfe du bien public ne doit jamais être remife qu'à ceux qui en ont le zèle, & qui s'en font un devoir.

Les principes de vertu font plus étendus encore que les lumières du génie. La *morale* eft l'efprit des fiècles; les talens font l'efprit d'un homme en particulier.

Quoique les qualités de l'ame foient un avantage infiniment précieux pour un adminiftrateur des finances, il eft encore des dons heureux de la nature, qui préparent aux qualités morales, les moyens de s'exercer; ce font eux qui étendent, pour ainfi dire, l'horifon de la bienfaifance publique; c'eft le génie, fur-tout, qui découvrant feul l'immenfité de la carrière que l'adminiftrateur doit parcourir, l'éclaire de fon flambeau, & nourrit fon courage.

Mais, rien n'eft plus rare que l'efprit, ou le génie d'adminiftration; non pas comme on l'explique dans la langue claffique des bureaux, où ce nom eft généralement accordé à la feule connoiffance des formes; non pas cet efprit, que les gens de robbe croient trop aifément être leur appanage exclufif: cet efprit, comme tous les autres, n'appartient ni à l'habit, ni au manteau; mais l'efprit d'adminiftration, tel qu'il s'entend dans la langue générale des nations.

Un tel efprit n'eft pas fimplement la faculté d'approfondir un objet, ni la capacité d'en bien comparer deux enfemble. Ce n'eft pas non plus uniquement cette attention vigoureufe, qui mène d'une première propofition à toutes celles qui s'y enchaînent, ni cette facilité de pénétration, qui aide à juger fur des apperçus. L'efprit d'adminiftration, dans fa perfection, eft un compofé de tous ces talens; c'eft un don de la nature, que l'éducation, l'étude & l'expérience fortifient, & que l'habitude de la réflexion perfectionne. Un immenfe tableau doit être l'œuvre de fa réflexion & de fa penfée; il faut qu'il en diftingue

les nuances; il faut qu'il apperçoive les abus avec l'utilité, les rifques avec l'avantage, les conféquences avec le principe; il faut qu'une idée nouvelle réveille en lui toutes celles qui s'y lient par quelque rapport.

En même temps qu'un adminiftrateur des finances, guidé par fon génie, doit s'élever aux plus hautes penfées & y puifer de nouvelles forces; il faut, par un contrafte fouvent pénible, qu'il fe livre au travail le plus laborieux; il faut qu'il fcrute les détails, qu'il en connoiffe l'importance, & qu'il la refpecte; il faut qu'il triomphe, par fon courage, des dégoûts attachés à ce genre d'application, & ne s'abandonne pas au charme des idées générales; car elles ne feroient que des abftractions inutiles, fans la certitude des détails.

Cette dernière fcience eft tellement indifpenfable, & pour projeter & pour agir, qu'on ne paroît qu'un enfant précoce, lorfqu'avec de l'efprit feul, on prétend diriger des affaires auffi compliquées que celles des finances. L'homme de génie, qui s'eftimoit capable de gouverner le monde, & qui croyoit n'avoir qu'à déployer fes aîles, eft arrêté dès fon premier effor, par les difficultés d'exécution qu'il n'a pas fçu connoître.

Ce font les détails relatifs à une affaire, qui en compofent les élémens, dont la réflexion doit faire ufage. Cette manière d'étudier les affaires eft la plus utile & la plus favorable à l'enfeignement. L'efprit ramène aifément à l'objet de fa méditation toutes les parties qui s'y rapportent, quand une fois il a faifi d'une façon nette & diftincte les faits effentiels & la chaîne des idées: mais, lorfqu'on cumule, fans néceffité, les obfervations, les exceptions, & toutes les légères différences, l'attention fe fatigue, l'efprit s'effraye, & ne démêlant plus la route, il renonce bientôt à la recherche de la vérité.

On ne peut jamais arriver à l'adminiftration des finances, qu'imparfaitement préparé, parce que cette adminiftration eft compofée d'une fi grande diverfité de devoirs, qu'il n'eft aucune éducation préalable qui puiffe y rendre entièrement propre. Auffi, dans le nombre de ceux qu'on voit parvenir à ce miniftère, les uns entendent particulièrement les détails de l'adminiftration des provinces; d'autres, les affaires contentieufes; d'autres, les principes du commerce; d'autres, la doctrine des impôts; d'autres, le ménagement du crédit & les combinaifons de finances; & c'eft par ce motif, fans doute, que dans une grande adminiftration, les qualités générales de l'efprit, & la faculté de s'inftruire, font un des fecours les plus néceffaires & les plus efficaces. En adminiftration, & fur-tout dans celle des finances , il ne fuffit pas de bien agir , il faut encore éviter les fautes : l'occafion d'en commettre fe préfente à chaque inftant ; fouvent même les premières en entraînent d'autres, tant la chaîne des erreurs eft facile à former , & tant les intérêts particuliers veillent de près fur l'homme public, pour l'aider à s'égarer , & pour tirer parti de fes méprifes.

L'ordre , dans la diftribution du temps & de fes occupations , eft infiniment néceffaire à un miniftre des finances ; car , fans cette attention, il verra fes momens envahis indifcrettement ; & s'il veut les regagner par la précipitation , il paffera rapidement d'un objet à un autre ; il s'agitera beaucoup , & il n'approfondira rien.

L'ordre , dans l'enchaînement de fes occupations , n'eft pas moins important ; il eft des affaires, qui , liées à la même circonftance , ou foumifes aux mêmes confidérations , exigent un double travail , lorfqu'on défunit inutilement leur examen : il en eft d'autres dont, après beaucoup de peines, on ne faifit les rapports qu'imparfaitement , parce qu'on n'a pas encore établi les principes généraux d'après lefquels on veut fe conduire.

L'ordre eft au fouvenir & aux idées, ce qu'eft la difcipline dans les armées. L'ordre feul a le pouvoir de rapprocher les objets ; c'eft la ligne droite en affaires , & l'on pourroit la définir comme la ligne en géométrie , la plus courte entre deux points. C'eft par pareffe & par inertie, plutôt que par confiance dans les talens , qu'on rejette le fecours de l'ordre & de la méthode. Quelquefois auffi l'on s'habitue à méprifer l'un & l'autre , parce que les hommes médiocres en font fufceptibles : mais tel qui les développe dans un petit nombre de combinaifons , feroit fouvent incapable d'un enchaînement plus étendu ; & peut-être que l'ordre, felon la multitude & la variété des objets auxquels il s'applique, eft plutôt une conception qu'une fimple méthode.

Si l'on raffemble un moment , dans fon efprit, les détails immenfes du chef de l'adminiftration des finances en France , on verra cette multitude de revenus & de dépenfes , cette diverfité d'impôts , cette bigarrure d'ufages , cette variété de privilèges , cette incertitude dans les principes, cette habitude de toutes les exceptions qui tiennent aux perfonnes ; ces prétentions différentes de la cour, de la nobleffe , des gens de robbe ; ces intérêts divers du commerce & de la finance ; ces befoins , enfin , d'un peuple immenfe , entouré de toute part par les lacs de l'impôt ; enfin , ces rapports continuels du tréfor royal avec toutes les branches du gouvernement.

Qu'après avoir confidéré quelques inftans ce tourbillon , que tant de circonftances imprévues

rendent encore plus confus , on arrête fes regards fur la puiffance commune d'un feul homme , comparée à une fi vafte furveillance & à une adminiftration fi compliquée : certainement , ce dont on fera le plus frappé , c'eft de l'infuffifance de l'inftrument pour un fi grand ouvrage.

Mais , puifque telle eft la nature des chofes, il faut qu'un adminiftrateur , continuellement frappé de la difproportion qui exifte entre fes forces & fa tâche , étende au moins fes facultés par tous les moyens qui font en fon pouvoir ; & le premier de tous , c'eft l'économie du temps.

Les diffipations , les plaifirs , n'appartiennent plus à l'homme public ; il faut qu'il joigne le travail au travail , la penfée à la penfée , & que le repos néceffaire au renouvellement de fes forces , fixe la durée de fes diftractions. Mais , pour être économe du temps , il ne fuffit pas, cependant , de fe dévouer en entier aux devoirs de fa place , il faut encore s'y appliquer avec art & méthode , fi l'on veut tenir cette chaîne générale , que l'adminiftrateur des finances doit fentir continuellement dans fes mains , s'il ne veut pas fe métamorphofer lui-même dans un agent aveugle , & qui ne peut appliquer fa force qu'aux objets dont il s'approche.

Le premier des confeils qu'on doit donner à tous les adminiftrateurs des finances , dont les occupations feront toujours néceffairement au-deffus de leurs moyens , c'eft de ne faire jamais ce que d'autres peuvent exécuter, ou auffi bien qu'eux , ou feulement d'une manière fuffifante. Les idées de perfection deviennent une penfée tyrannique , lorfqu'elles dégénèrent dans une inquiétude minutieufe , & cet efprit ne peut jamais dominer le chef d'une grande adminiftration , qu'aux dépens d'une attention plus générale & plus effentielle Ce n'eft pas qu'il foit permis de fe montrer indifférent aux détails ; mais c'eft bien moins par fon propre travail , que par le choix intelligent de fes feconds , qu'un miniftre peut remplir cette partie de fon département. Les hommes propres à être d'excellens premiers commis font infiniment rares , & ce feroit une erreur de penfer qu'on peut fuppléer par le nombre à la qualité.

La trop grande divifion des départemens , occafionne au miniftre une véritable perte de temps , & ces divifions, qui n'ont lieu que pour obliger plus de perfonnes , font abfolument contraires aux principes d'une fage adminiftration.

Les difficultés font bien plus grandes , & la perte de temps plus confidérable encore , lorfque les chefs de département, dont un miniftre a fait choix , font d'un état fupérieur à celui des premiers commis. Il n'eft point de prétention , qui ne prenne un petit efpace : on ouvre fon porte-feuille, on étale ſes papiers avec plus de nobleſſe & de lenteur; on deſtine quelques momens aux complimens ou aux diſcours de ſociété ; qui donnent l'air des uſages ou d'un rapprochement entre des perſonnes. Enfin, le rapport des affaires commence, le miniſtre gêné par plus d'égards, a beaucoup de peine à ſe garantir, & des explications ſuperflues, & des diverſions par leſquelles on échappe à ce qu'on ne ſait pas, & de l'adreſſe qu'on employe pour développer, non l'eſprit néceſſaire à la choſe que l'on traite, mais celui dont, par occaſion, on eſt bien aiſe de faire preuve.

C'eſt, pour ainſi dire, dès les premiers jours, qu'un adminiſtrateur des finances apperçoit la diſproportion de ſa tâche avec la meſure de ſes forces ; car il ne tarde pas à reconnoître, qu'il ne ſçauroit lire ni tous les mémoires qui lui ſont adreſſés, ni toutes les lettres qui lui ſont écrites, ni même quelquefois toutes celles qu'il ſigne. Il faut donc qu'il ſupplée, avec intelligence, aux ſacrifices que lui impoſent & les limites du temps, & les bornes de ſes facultés. Il faut donc qu'il adopte une méthode, à l'aide de laquelle il puiſſe diſcerner aiſément, ce qui exige de ſa part une attention détaillée, & ce dont il lui ſuffit de ſaiſir l'objet principal ; ce qu'il doit connoître par lui-même, & ce qu'il peut confier à l'examen des perſonnes dont il a éprouvé le caractère & le jugement.

Mais le plus ſûr, le plus grand moyen d'économiſer le temps, c'eſt d'oppoſer des principes généraux aux ſollicitations injuſtes, aux demandes indiſcretes, & de ne s'en écarter jamais. Ce ſont les exceptions qui obligent un miniſtre à ſoutenir thèſe, contre ceux qui argumentent de ces exceptions, pour en obtenir de pareilles. Ils ont alors à lui parler de tout ce qui leur eſt dû, en raiſon de ce qu'on a fait pour tel autre ; & le miniſtre, afin de diſſimuler ſes prédilections, eſt obligé d'écouter, avec patience, tous les détails les plus indifférens aux affaires publiques : les parens, les amis, les protecteurs à la cour, exigent bien plus de complaiſance encore, & le jour ſe paſſe à jouer le rôle d'un particulier en crédit, au lieu de remplir les devoirs de miniſtre.

Ce qui doit vraiment affliger, c'eſt que telle eſt l'immenſité des affaires, tel eſt le mouvement rapide qui en preſſe le cours, qu'on ne peut jamais ſauver aſſez d'inſtans pour s'inſtruire & pour réfléchir ; & cependant les jours entiers ne ſeroient pas trop longs pour étudier tous les abus, & pour préparer les plans de réforme.

Soyez donc économes du temps, vous qui en connoiſſez l'importance. Oh ! qu'il a de prix,

ce temps, pour un adminiſtrateur des finances, s'il contemple l'étendue de ſes devoirs, & les bornes de ſes facultés. Oh ! qu'il a de prix ce temps, pour celui qui eſt à portée de faire preſque à chaque inſtant quelque bien ! Le temps doit ſe préſenter alors à ſa réflexion, comme avec une ſorte de ſainteté ; & s'il eſt profondément ſenſible, cette idée le ſuivra ſans ceſſe, ou pour lui donner des jouiſſances, ou pour le tourmenter de regrets.

Il faut encore mettre la ſageſſe au rang des qualités les plus diſtinguées de l'eſprit d'adminiſtration ; & c'eſt en n'en faiſant qu'une vertu de tempérance ou de caractère, qu'on lui ravit une partie de l'hommage qui lui appartient. C'eſt cette ſageſſe qui fixe le point auquel les idées les plus ſalutaires commencent à ſe dénaturer ; c'eſt elle qui indique le moment où il faut agir, & celui où il faut s'arrêter : lente & circonſpecte dans ſa marche c'eſt à prévenir les fautes qu'elle s'applique eſſentiellement ; elle a l'œil ouvert ſur les dangers, & elle poſe des barrières ſur le bord des précipices : ſes triomphes ſont obſcurs, parce qu'elle ne ſe place point en dehors ; elle n'a point, comme le génie, la tête ceinte de lauriers ; mais, ce n'eſt qu'avec ſon ſecours, qu'on peut eſpérer d'en recueillir.

C'eſt, ſur-tout, lorſqu'on entre dans la carrière de l'adminiſtration, dénué des ſoutiens ordinaires, & même avec des préjugés à combattre, que la ſageſſe eſt néceſſaire. Il n'eſt pas permis de faire des fautes, à celui qui n'a pour appui que à celui qui doit, pour ainſi dire, forger lui-même ſes armes, & élever de ſes mains, le rempart qui doit lui ſervir de défenſe.

Combien n'eſt-il pas de difficultés pour un adminiſtrateur qui n'a qu'une ſeconde puiſſance ? Il en eſt dans les choſes ; il en eſt dans le caractère des hommes qui doivent le protéger & le ſoutenir ; il en eſt dans leurs diſpoſitions ; il en eſt que le public apperçoit, mais un plus grand nombre encore qu'il ignore, & dont on ne peut jamais l'inſtruire.

Il faut ſavoir ſurmonter le genre d'obſtacles ; il faut ſavoir diſtinguer les momens qui conviennent à la fermeté, & ceux où la patience & le ménagement ſont néceſſaires. C'eſt la ſageſſe encore qui tempère l'activité dangereuſe d'un adminiſtrateur, en l'aſtreignant à régler l'ordre & la ſucceſſion de ſes opérations ; de manière qu'elles s'entre-aident & ſe fortifient réciproquement.

Pluſieurs de ces opérations ne paroîtroient qu'une hardieſſe imprudente, ſi elles n'étoient pas précédées par d'autres, propres à préparer la confiance, & chacune a peut être beſoin d'un certain moment pour réuſſir : cette attention, cependant, eſt peu ſentie, parce que c'eſt un genre de mérite qui n'eſt jamais relevé par la louange ; le public qui juge toujours ſéparément toutes les diſpoſitions de l'adminiſtration, obſerve bien rarement cette ſuite & cet enchaînement, par l'effet deſquels cependant ſon opinion ſe prépare, s'accroît & s'affermit.

Ce ſont pourtant les vues générales, qui, ſeules, peuvent élever un adminiſtrateur au rang des hommes d'Etat ; c'eſt en atteignant à ces vues, qu'il s'affermit dans ſes principes, & paroît uniforme dans ſa conduite ; au lieu qu'en ſe bornant à attaquer les abus partiellement, il devient le jouet des détails qu'il croit dominer, & ſa force s'épuiſe en combats particuliers ; mais tout céde, au contraire, devant les efforts d'un gouvernement à qui l'on ſuppoſe cette ſuite & cette conſtance, que la connoiſſance profonde du bien public eſt ſeule capable d'inſpirer

Il ne faut, à la vérité, que du courage pour abattre les abus lorſqu'ils ſont portés à leur comble : comme on peut aveuglément promener la faux dans des champs négligés, & que le temps a couvert de ronces & de plantes ſauvages, de même, lorſque de longs troubles ont, comme on l'a vu, dans pluſieurs époques de la monarchie, introduit des déprédations révoltantes, & de tout les genres ; & lorſque ces déprédations ſont partout dénoncées d'une commune voix, on peut alors les attaquer ſans ménagement ; mais, lorſque les abus ſont plus déguiſés, lorſqu'ils ſont moins connus que préjugés, & lorſqu'on peut, ſans rougir, eſſayer de les défendre, il faut néceſſairement de l'application, du ſoin, de la perſévérance, de la ſageſſe & de la meſure pour faire goûter de nouveaux projets de finance, pour réformer bien les abus, & pour atteindre à ſon but, ſans déſordre & ſans confuſion.

Qu'on ne s'arrête pas au langage de quelques perſonnes qui diront peut-être, que les ménagemens, les conciliations ne ſervent qu'à rabaiſſer l'autorité ; qu'il faut que le roi écoute les rapports de ſes miniſtres, qu'il ſe rende certain du plus grand bien de l'Etat, qu'il l'ordonne enſuite, & qu'il ſe faſſe obéir.

Ces principes abſolus & généraux, ſont preſque toujours une ſource d'erreurs. Il eſt des cas, c'eſt ſans doute le plus grand nombre, où la marche de l'autorité eſt tellement tracée, qu'elle doit ſe garder de l'apparence du doute & de l'héſitation ; mais il exiſte auſſi des occaſions où la prudence & la nature des objets exigent une ſorte d'accord entre l'opinion publique & la volonté ſouveraine ; & c'eſt alors que le gouvernement doit s'eſtimer heureux de pouvoir écarter les allarmes & les faux ſoupçons, en rapprochant de ſes penſées & de ſes deſſeins les corps reſpectables qui influent ſur la confiance publique.

C'eſt, il eſt vrai, pour le ſoutien de la raiſon, que l'autorité doit être déployée ; mais les miniſtres les plus aſſurés de l'utilité de leurs vues, devroient encore, dans l'exécution, éloigner avec ſoin les actes de violence ; car les formes deſpotiques étant toujours d'une adminiſtration, ce que les hommes en pouvoir, ſaiſiſſent le mieux, & imitent le plus facilement ; il ſeroit bien à craindre que les mêmes moyens dont on auroit donné l'exemple, ne fuſſent employés en d'autres-tems, à faire prévaloir, ou des erreurs, ou de faux ſyſtêmes, ou peut-être encore des idées arbitraires & tyranniques.

Une conduite meſurée, caractériſe donc particulièrement une adminiſtration ſage & paternelle. C'eſt une adminiſtration ſemblable, qui dans tous les grands changemens, dans toutes les nouveautés importantes, ne ſe refuſe point à prendre de la peine, pour chercher avec ſoin, & les moyens de conciliation, & les tempérammens aſſortis aux hommes & aux circonſtances.

C'eſt une pareille adminiſtration qui ne ſe borne point à commander, mais qui veut encore guider l'opinion & éclairer les eſprits, afin de diminuer le beſoin de la force & de la contrainte. C'eſt elle encore qui met en lignes de compte les effets des paſſions & de l'ignorance, & qui ne dédaigne point d'y condeſcendre.

C'eſt elle enfin qui, calmant ſes propres élans vers le bien, où ſon amour trop ardent de la gloire, ne rejette point les ſecours du tems, & ne veut point ſemer & recueillir en un jour.

Il y a plus encore, les miniſtres qui dans toutes les affaires, ne connoiſſent que l'autorité, limitent de cette manière l'influence du ſouverain ; car en même-tems qu'ils dédaignent de préparer les eſprits & de rechercher le moindre concours, en même-tems encore qu'ils conſidèrent le myſtère, ſur tous les plans d'adminiſtration, comme l'attribut & le ſymbole des idées monarchiques, ils renoncent, ſans le témoigner, à tous les projets utiles, dès qu'ils apperçoivent de la difficulté à les mettre en exécution, par la ſeule impulſion du commandement ; & en reſtreignant ainſi les volontés du prince dans le cercle étroit des choſes communes ou particulières, c'eſt concevoir, & donner aux autres, une idée imparfaite de la grandeur & de la puiſſance du monarque.

La raiſon, la juſtice & la modération, ſont des guides qui rapprochent tous les hommes, lorſque la défiance ne les éloigne point, & lorſqu'ils ne ſont pas aveuglés, ou par un goût inconſidéré d'indépendance, ou par les préjugés d'une autorité mal entendue.

Enfin, c'eſt par la ſageſſe, que la fermeté de caractère devient une ſi grande qualité, tandis que féparée des lumières & de la prudence, cette fermeté n'eſt ſouvent qu'une force dangereuſe. Elle agit alors aveuglément, elle choque ou elle réſiſte au haſard & ſans convenance, & elle perd ainſi ſes droits à la reconnoiſſance des hommes. Mais la fermeté éclairée, celle qui ſoumet ſes actions aux loix de la ſageſſe, ſera toujours le plus grand reſſort des gouvernemens, & la première vertu d'adminiſtration. Car à quoi ſerviroient le génie qui forme les plans, la prudence qui les règle, la dextérité qui les fait adopter, ſi par foibleſſe de caractère, on les abandonnoit dès les premiers pas? A quoi ſerviroient l'eſprit & les lumières, ſi l'on étoit toujours prêt à agir contre ſa penſée; où ſi l'on manquoit de cette volonté qui fait commencer & pourſuivre, combattre & perſévérer?

Il eſt encore un genre de foibleſſe en adminiſtration, dont on eſt inſtruit par de fréquens exemples. C'eſt cette flexibilité de caractère qui entraîne un adminiſtrateur à dénaturer ſon propre ouvrage, en conſentant à des exceptions, ou à des modifications qui en altèrent l'eſprit & les principes. Cette eſpèce de foibleſſe eſt peut-être la plus dangereuſe de toutes; car l'adminiſtrateur qui ſouvent en rougit lui-même en ſecret, mais qui aime mieux expoſer la réputation de ſes lumières, que celle de ſon caractère, emploie quelquefois ſon adreſſe à juſtifier les changemens qu'il a faits contre ſa propre opinion; cependant, en agiſſant ainſi, il augmente ſes torts, puiſqu'il répand des doutes ſur les principes d'adminiſtration les plus ſalutaires, & fait, de cette manière, un mal qui dure long-tems après lui.

Un miniſtre foible, n'a point de vertus ſûres; &, fût-il honnête, il peut nuire encore davantage à l'adminiſtration qu'un homme ſans principes, mais dont le caractère a plus de tenue; celui-ci ſacrifie le bien de l'Etat à toutes ſes convenances; mais l'autre oppoſe à l'ordre public, l'intérêt & les paſſions de tous ceux qui l'approchent.

Il n'eſt donc rien qui relève davantage un miniſtre, que la fermeté dans ſes deſſeins & dans ſa conduite. C'eſt par cette puiſſance de l'ame que les facultés de l'eſprit deviennent utiles, & peuvent s'appliquer à l'adminiſtration; tandis que dénuées d'un pareil appui, elles ſemblent errer & demander un maître.

Le génie lui-même, cette lumière féconde, s'il ſe trouve uni, par malheur, à un caractère foible & puſillanime, ne devra point ſe haſarder dans la carrière de l'adminiſtration; il faut plutôt qu'il recherche la gloire qui appartient aux écrits ou à la parole, & il doit ſe garder de rabaiſſer dans l'opinion un des plus beaux dons de la nature,

en ſe montrant en ſpectacle inutile au haut de ces poſtes éminens, où il n'eſt permis de parler aux hommes que par ſes actions.

Enfin, c'eſt par l'idée que donne un homme public de ſon caractère, qu'il conſerve de la réputation; l'on ſe ſouvient encore aujourd'hui d'Ariſtide & de Caton l'ancien, qui n'étoient que des citoyens diſtingués dans Athènes & dans Rome; & tous les efforts de l'hiſtoire ont peine à graver dans la mémoire, les noms du plus grand nombre des ſouverains.

Si les qualités de l'ame ne ſont pas fortes & prononcées, on pourra réuſſir dans ſes projets, on pourra faire en adminiſtration, des diſpoſitions utiles ou des établiſſemens remarquables, ſans laiſſer cependant un long ſouvenir; c'eſt que les actions ſont comme autant d'idées éparſes, qui pour être raſſemblées en un point, doivent être unies ſans peine à l'opinion qu'on a conçue de celui qui les a faites. C'eſt alors ſeulement que les applaudiſſemens partiels & paſſagers, ſe changent en un ſentiment ſimple & durable, l'eſtime ou l'admiration pour la perſonne. Les actions ne nous repréſentent jamais que des effets, & c'eſt toujours la cauſe que nous cherchons & qui attire notre hommage; on ne ſait pas admirer long-tems l'homme qui fait de grandes choſes, ſans avoir un grand caractère. Colbert a beſoin d'être loué par le récit de ſon adminiſtration; Sully l'eſt à l'avance, par toutes les idées qui appartiennent à un grand caractère & qui ſe réuniſſent à ſon nom.

Un adminiſtrateur des finances ne peut trop apporter d'attention au choix des perſonnes qui ſont appellées à le ſeconder, car, ſelon leur eſprit & leur caractère, elles deviendront pour lui un obſtacle ou un ſecours. Celui qui a pu s'entourer d'hommes d'une trempe convenable, doit entretenir en eux l'amour de l'honneur, & il le peut déjà par l'aſcendant d'un grand exemple, mais il faut encore qu'il ſeconde habilement leur émulation.

Celui qui prend un véritable ſuccès à ſon adminiſtration, doit ménager ceux dont il peut tirer du ſecours: il doit ſentir, que ſous un pareil rapport, ils ſont bien plus précieux pour lui qu'il ne peut l'être pour eux; & il appercevra bientôt que tous les ſeconds d'une adminiſtration publique, s'ils ont un mérite réel, ſont principalement encouragés par l'attention qu'on donne à leurs talens. Obligés de travailler obſcurément & toujours pour la gloire d'autrui, il faut que le miniſtre les anime, & par un intérêt continuel au zèle qu'ils développent, & par cette approbation éclairée, la ſeule qui ſatisfaſſe celui qui prend de la peine.

On doit conclure de-là qu'il dépend d'un administrateur d'inspirer l'amour du devoir à tous ceux qui l'approchent ; ce sont des sentimens personnels mal entendus qui écartent les hommes de cette voie, & il suffit, pour les y retenir, de leur présenter avec force une autre ambition, & de les attacher à l'honnêteté par les distinctions qui lui appartiennent.

Mais plus on veut conduire les hommes par de pareils mobiles, plus il faut être juste envers eux. Cette réflexion s'applique également à tous les choix, à toutes les promotions qui sont dans la dépendance des ministres en général. Quel droit ont-ils d'exiger une vertu sévère, de celui qui doit sa place à une préférence injuste ; de celui qui a pu connoître par sa nomination même, l'indifférence du ministre pour le maintien de l'ordre, & pour l'observation des principes.

Ceux qui briguent des emplois de finance sans y avoir aucun titre, ceux qui déploient en faveur de leurs protégés le crédit dont ils jouissent, ne voient que les émolumens de ces places, & considèrent les nominations & les préférences, comme un simple jeu de la fortune ; mais le chef des finances doit s'en former une idée bien différente.

Il voit les rapports qui existent entre la régularité des perceptions & la sagesse des hommes à qui ces fonctions sont confiées ; entre le repos des contribuables & le caractère de ceux qui levent le tribut au nom du monarque. Il apperçoit encore l'heureuse influence de cette justice distributive, qui respecte les droits acquis par le travail & par des services ; & il regarde comme une atteinte à l'ordre public, tous les actes de faveur qui découragent le mérite & arrêtent son émulation.

Mais le ministre devient le plus coupable, lorsqu'il se laisse aller à des prédilections contraires à la justice ; il semble alors se rabaisser lui-même & se ramener à l'état privé. Il faut rompre avec toutes ces petites affections, ou savoir du moins les régler, lorsqu'on veut remplir ses devoirs & gouverner avec dignité. L'homme qui plaît, celui qu'on aime, est encore étranger à l'administration, elle n'a d'affinité qu'avec le mérite.

Un ministre des finances ne doit point être indifférent au choix des personnes avec lesquelles il contracte des liaisons ; on participe plus qu'on ne pense aux inclinations de ceux avec qui l'on vit. Ainsi, plus nos amis sont nobles dans leurs sentimens & dans leurs pensées, & plus il nous est aisé de suivre, sans foiblir, la route de l'honneur & de la véritable gloire.

Il faut une grande force dans le caractère pour n'être point amolli par le spectacle journalier de l'indifférence à tout ce qui est digne d'éloge ; & il est difficile de considérer une place d'administration sous les grands rapports qu'elle présente, lorsque ceux dont on est entouré, vous ramenent sans cesse à des considérations particulières, & lorsqu'ils jouissent bien plus avec vous de votre pouvoir, que de votre réputation.

Le séjour habituel de Versailles, peut encore affoiblir, dans un administrateur des finances, le goût & l'ardeur des grandes choses. Il y voit mettre tant de prix à des vanités, tant de valeur à des biens d'imagination, tant d'intérêt aux jeux de l'intrigue & de l'ambition, qu'il perd insensiblement la juste mesure de tout ce qui est digne d'estime.

Ce séjour est moins dangereux pour les autres ministres, parce que toutes les idées de gloire militaire & politique se lient davantage à l'appareil du faste & du pouvoir. Mais le chef des finances qui doit tourner constamment ses regards vers le bonheur & l'intérêt des peuples, ne trouve point sur un pareil théâtre d'encouragement convenable à ses méditations ; il semble que l'amour du bien public ait besoin d'un plus vaste horison, & qu'il se trouve comme gêné dans l'enceinte des cours, où tout se rapporte à un seul homme.

A l'égard des mœurs & de la conduite d'un administrateur des finances ; dans tous les états une vie régulière & une circonspection extérieure, honore un homme & font partie de ses devoirs. Cependant on ne peut disconvenir que cette décence publique ne soit sur-tout nécessaire à celui qui a le plus besoin de l'opinion, ou plutôt à celui qui doit la faire servir à de plus grandes choses.

Le ministre des finances doit ménager avec le plus grand soin, l'opinion publique ; malheur à lui s'il la dédaigne ; mais malheur à l'Etat davantage ; car si cet administrateur par indifférence ou par découragement renonce à l'espoir de la considération, il ne recherchera plus que les suffrages qu'on obtient avec des complaisances, & ce sera pour le sacrifice de l'ordre & par l'abandon des intérêts du prince qu'il grossira le nombre de ses alliés, & qu'il essayera de lutter contre le mépris. C'est aux amis du bien public à seconder les ministres qui tournent leurs premiers regards vers l'opinion publique, & qui montrent le désir de l'obtenir. Mais on ne doit rien espérer de ceux qui la bravent ; car c'est une preuve certaine qu'ils redoutent son jugement, & qu'ils ne veulent pas compter avec elle. *Voyez* OPINION.

Heureusement qu'on ne l'offense point sans risque ; car si l'on a vu des hommes estimables, succomber sous les attaques de l'envie ou de la méchanceté, plus souvent encore on a vu des

miniſtres entraînés par le mépris public , & dé-
laiſſés par ceux même à qui ils avoient immolé
leur réputation.

Il n'eſt point de bornes aux ſacrifices qu'on
exige d'un miniſtre facile ou courtiſan ; on ne
ſe trouve point humilié des refus qui ſont fondés ſur des règles générales , tant que l'adminiſtrateur tient avec rigueur à ſes propres principes ;
mais s'il admet des diſtinctions & des exceptions ,
s'il compoſe avec ſes devoirs , s'il n'eſt inébran-
lable que ſelon les hommes , & ſelon les occaſions , alors la vanité bleſſée & l'amour propre
exalté , donnent aux ſollicitations une nouvelle
véhémence ; on ne preſſe plus le miniſtre que
par des argumens tirés de comparaiſons faites
entre les perſonnes ; on lui demande raiſon de ſes
préférences ; & comme il s'eſt fait homme particulier , il ne peut plus ſe défendre comme homme
public. Alors après avoir cédé , il faut qu'il cède
encore , & en même-tems qu'il ſe voit ainſi pourſuivi par ceux qu'il néglige , ou qu'il ne peut
ſatisfaire , il ne tarde pas à être abandonné par
ceux même auxquels il a prodigué le plus de
complaiſance ; car au moment où la pudeur oblige
enfin le miniſtre à s'arrêter , ils profitent du plus
léger refus , ils le cherchent peut-être , afin de s'affranchir du joug de la reconnoiſſance ; & curieux
d'ajouter , s'il en eſt tems encore , les honneurs
de la vertu aux avantages du crédit & de la faveur , ils joignent leurs voix aux clameurs qu'on
élève contre le miniſtre qui s'eſt avili pour leur
plaire. Ainſi donc , ſentiment d'honneur , amour
de la réputation , politique même , tout indique
à un miniſtre la route qu'il doit ſuivre & le prix
qu'il faut mettre à l'opinion publique. Voyez ce
mot.

Un adminiſtrateur doit ſouffrir d'avoir tant & ſi
ſouvent à accorder à des conſidérations particulières qui ſont toujours perſonnelles ; car c'eſt pour ſe
ſoutenir plus ſûrement dans ſa place , qu'on appuie de ſon ſuffrage , des prétentions qu'on ré-
prouve au fond de ſon cœur , & dont une re-
commandation impoſante forme ſouvent le ſeul
titre.

Enfin on ne fait trop ce qu'on deſire quand on
attache un ſi haut prix à être le point unique où
une multitude inombrable de demandes aboutiſ-
ſent ; & il faut ſe bercer étrangement d'illuſions ,
pour aimer à voir ſon antichambre remplie de ſol-
liciteurs , qui , en vous quittant , ſe diviſent communément en deux bandes , les plaignans & les
ingrats.

Lorſque le miniſtre des finances a mûri , par la
réflexion & par le travail , les opérations qu'il
croit utiles à l'Etat , & lorſque ces diſpoſitions ont
mérité l'approbation de ſon maître , il lui reſte

encore à en développer les motifs dans les loix
qui émanent de l'autorité ſouveraine. Voyez
PRÉAMBULE.

Un adminiſtrateur des finances ne peut trop faire
uſage de cette franchiſe & de cette publicité qui
mettent la nation à portée de ſuivre la ſituation
des affaires , & qui manifeſtent à tous les yeux
ſes ſentimens du prince & ſes vues pour le bien de
l'Etat. C'eſt une marche qu'il eſt aiſé d'allier avec
la plus grande majeſté ; & ſi un miniſtre des finances veut réfléchir ſur ſon propre intérêt , &
écouter les conſeils de ſa politique perſonnelle ,
il trouvera que ces principes doivent faire la règle
de ſa conduite. Car de cette manière , & en aſſo-
ciant pour ainſi dire la nation à ſes projets , à ſes
actions , & comme aux difficultés qu'il faut vaincre ,
il pourroit eſpérer qu'au milieu des malheurs mêmes
on lui rendroit juſtice , & qu'on ſauroit diſtinguer
ce qui appartient aux circonſtances , de ce qu'il
faut attribuer à ſa perſonne.

Si au contraire d'épaiſſes ténèbres cachent l'intérieur des affaires de l'adminiſtration , au moindre embarras que le miniſtre des finances n'a point
ſçu prévenir , la haine & les reproches tombent
ſur lui. En vain cherche-t-il alors à appaiſer ces
mouvemens par des explications , il n'eſt plus
tems : on le demande à grands cris pour victime ;
les rois offrent quelquefois ſans peine de pareils
ſacrifices à l'opinion.

Il ſemble qu'on n'ait jamais aſſez ſenti , dans
aucune eſpèce d'adminiſtration , à quel point une
conduite ſimple & découverte ſeconde les vues
ſages & raiſonnables. On diroit que les hommes
parvenus aux grandes places , remplis d'un étonnement continuel , n'oſent plus ſe fier aux qualités communes , & croient devoir ſe revêtir de
celles qui ont la réputation d'appartenir à une
profonde politique. Les gouvernemens monarchiques , où le bien dans chaque partie n'eſt jamais avancé que par les chefs des départemens ,
auroient plus beſoin que d'autres , du ſecours des
lumières générales ; & cependant ces gouvernemens ont toujours paru les redouter ; c'eſt que
l'ignorance , eſt ſouvent pour les miniſtres , ce qu'eſt
l'étiquette pour les princes , un moyen d'éloigner
les obſervateurs.

Il y a lieu de croire que le relâchement d'un
grand nombre d'adminiſtrations eſt dû à l'obſcurité dont elles s'enveloppent ſi facilement. Tout
ſe fût ranimé , ſi elles avoient eu à comparoître devant le tribunal de l'opinion : les regards publics
ſont les ſeuls conſtamment clair-voyans ; & ce
ſont les ſeuls auſſi qui puiſſent ſuffire à l'immenſité
des obſervations , dont les diverſes parties de l'adminiſtration ſont ſuſceptibles : ſans doute ces regards importunent ceux qui gèrent les affaires avec

nonchalance ; mais ceux qu'un autre efprit anime, voudroient multiplier de toutes parts la lumière ; & ils ne voient de difficultés que dans les préjugés & dans l'ignorance. Il n'eft point d'habileté en adminiftration, féparée de la vérité & de la franchife ; c'eft prefque toujours où l'artifice commence, que l'intelligence finit.

Qu'on examine comment l'Angleterre a foutenu fon crédit, au milieu des circonftances les plus alarmantes, dans la guerre avec les Etats-Unis ; qu'on examine comment elle vient à bout de foulever, pour ainfi dire, un poids au-deffus de fes forces, on verra qu'elle doit une partie de ces avantages, à la connoiffance générale du rapport qui exifte entre les recettes & les dépenfes, & à la publicité de toutes les difpofitions d'adminiftration ; c'eft cette publicité qui arrête les écarts de l'ignorance & de l'inquiétude, & qui montre à chaque inftant le bien, près du mal ; la mefure des difficultés & l'étendue des reffources.

L'on a vu des adminiftrateurs aimer le myftère & l'obfcurité, comme un nuage qui les féparoit davantage des fpectateurs, & qui rendoit plus confufe la mefure de leurs talens & de leur capacité. Peut-être enfin qu'une conduite plus ferme & plus hardie n'eft jamais indiquée par l'efprit feul, & qu'elle tient à une forte de grandeur d'ame, dont l'étude & la réflexion n'ont jamais qu'une intelligence imparfaite.

On pourroit encore exiger d'un miniftre des finances, qu'il fût en état d'étendre fa vue au-delà des limites de fon adminiftration. Il devroit du moins réunir des notions générales fur les richeffes & le commerce des autres nations, fur la fomme de leur numéraire, fur la conftitution de leur crédit, fur l'importance de leur colonies, fur la balance refpective de leurs échanges. Toutes ces connoiffances, & beaucoup d'autres, font abfolument néceffaires à un miniftre des finances, non-feulement pour voir en grand, tous les rapports de l'adminiftration dont il eft chargé, mais encore pour n'être point étranger aux affaires publiques.

Du moment qu'on eut imaginé les emprunts, que l'on voulut chercher dans le crédit, des reffources nouvelles & précédemment inconnues, la fcience de l'adminiftration fe compliqua, l'on eut peine à concilier ce qu'il falloit à la puiffance, & ce que demandoit le bonheur. La nature des impofitions, la forme de leur recouvrement, influèrent fur le travail & fur la culture ; le pauvre, enveloppé dans les loix générales, eut un plus grand befoin de la protection immédiate du fouverain ; le rapport des richeffes numéraires avec la force de l'Etat, fit fentir l'importance des réglemens politiques de commerce ; le befoin de la confiance publique rendit toutes les erreurs de l'ad-

miniftration plus dangereufes ; enfin, à mefure que les fociétés ont vieilli & que l'autorité s'eft mêlée de tout, tantôt pour inftituer ou pour modifier, & tantôt pour défaire ou pour reconftruire, on a vu la profpérité des Etats dépendre beaucoup davantage de la fageffe des gouvernemens. Et comme tous les efforts des peuples, tous les moyens de puiffance font aujourd'hui repréfentés par l'argent & par la richeffe, entre toutes les adminiftrations, celle qui paroit la plus capable de fervir ou de contrarier les vues du fouverain, c'eft fans doute l'adminiftration des finances.

Le tems & la méditation des hommes ont, à la vérité, préparé prefque toutes les idées générales qui intéreffent le bonheur ; mais la timidité, la maladreffe, l'indifférence & quelquefois auffi l'empire des circonftances, ont multiplié les obftacles ou découragé ceux qui vouloient les combattre. Il faut être pénétré de l'importance de fes devoirs & s'y livrer tout entier ; il faut être capable de fentir, combien eft grande une place où l'on communique par la penfée avec le bonheur de tout un peuple, où l'on peut, à chaque inftant, faire aimer fon roi davantage, & rendre à fes fujets fes vertus plus fenfibles ; il faut trouver du plaifir au bien qu'on peut faire ; il faut s'attacher à la profpérité de l'état ; il faut aimer Rome & les Romains ; il faut enfin préférer la gloire, aux fatisfactions de la vanité, & la juftice des tems à venir, aux illufions de l'inftant préfent.

Le ménagement du crédit paroît, au premier coup d'œil, une adminiftration très-fimple, parce que tous les moyens qui concourent à entretenir la confiance, examinés féparément, ne font, ni obfcurs, ni difficiles à faifir ; mais ce qu'on conçoit facilement, ne s'apperçoit pas de même, & fouvent l'homme le plus capable de reconnoître l'analogie qui exifte entre deux idées, ne les eût jamais rapprochées.

Pourquoi donc le miniftre des finances qui fent la néceffité du crédit & qui veut exciter la confiance, s'écarte-t il fi fouvent de la route qui doit conduire à fes fins ? C'eft qu'en toute efpèce de conduite, pour concilier fans ceffe le but & les moyens, il faut unir une certaine force de méditation, à un regard actif & toujours vigilant.

L'on abonde en fecours quand on veut s'occuper de la modification des impôts & de toutes autres difpofitions générales d'adminiftration. Il exifte une tradition de connoiffances à cet égard, dont il eft aifé de profiter ; d'ailleurs, toutes ces parties ne font pas tellement liées enfemble, qu'on ne puiffe les traiter féparément, & les examiner en différens tems ; mais le crédit public ; ce qui l'entretient, ce qui l'étend, ce qui le fait naître, eft d'une toute autre nature ; la confiance eft une impreffion qui fe forme comme l'eftime , par une fuite d'actions convenables ; mais avec cette différence , que les méprifes de l'efprit y nuifent comme les fautes du cœur. Il faut donc réunir à des principes toujours honnêtes , une multitude de foins & d'attentions qui doivent varier felon les circonftances , & qu'il faut découvrir & diftinguer de foi même ; car pour s'aider dans cette recherche , on ne trouve nulle part , ni des préceptes imprimés , ni des leçons écrites.

En Angleterre , le crédit repofe fur des bafes fi fimples , fi claires , fi fortifiées par une longue habitude , & fur-tout tellement indépendantes de l'autorité , que fon maintien doit être bien plus attribué à la conftitution politique du pays , qu'à l'habileté de l'adminiftration.

Mais en France , une réunion de circonftances qui tiennent à la nature du gouvernement , exige , pour le crédit public , beaucoup de foins & de ménagemens.

L'autorité abfolue du fouverain , & la plénitude de la confiance publique , font deux idées qui ont befoin d'intermédiaires pour fe lier parfaitement enfemble ; cette autorité eft foumife , en France , à quelques tempéramens , lorfqu'il eft queftion d'augmenter les revenus du prince , parce que les loix qui établiffent de nouveaux impôts , doivent être enregiftrées dans les parlemens ; mais un fimple arrêt du confeil , ou un ordre miniftériel , autorifé par le prince , fuffifent pour fufpendre les paiemens , ou pour ordonner une réduction dans les intérêts.

On ne peut donc , en France , relever ou entretenir la confiance publique , qu'en raffurant fur les intentions du fouverain , & en perfuadant qu'aucun motif ne peut le porter à manquer à fes engagemens ; & comme l'importance du crédit eft maintenant généralement reconnue ; comme ce n'eft plus les injuftices volontaires qu'on redoute , mais les effets du défordre & de la néceffité , on fent aifément qu'une conduite économe & fage de la part de l'adminiftration des finances , eft une des premières bafes du crédit.

Il faut qu'on voie cette adminiftration s'appliquer fans relâche à la réforme des abus & des gains inutiles ; il faut qu'on la voie réfifter à toutes les prétentions de l'intérêt particulier ; il faut qu'on la voie occupée , & des difpofitions qui maintiennent le produit des revenus du roi , & de celles qui diminuent la fomme des dépenfes ; il faut qu'on foit perfuadé que cette adminiftration a conftamment devant les yeux l'état des affaires , & qu'on apperçoive l'ordre qu'elle établit pour y parvenir.

La fidélité la plus fcrupuleufe , & la régularité la plus exacte dans les paiemens , font une condition effentielle du crédit ; il faut auffi par des foins prévoyans , entretenir le tréfor royal dans une grande aifance , afin d'y trouver à chaque inftant , les reffources néceffaires pour fubvenir à ces ralentiffemens momentanés dans la circulation , qu'on prend fi facilement pour l'embarras des affaires ; opinion qui peut néanmoins occafionner une véritable gêne , fi on lui donne le tems de fe fortifier & de s'étendre.

Les lenteurs dans les paiemens , l'incertitude du jour précis où les rentiers doivent fe préfenter , les difficultés mal entendues , les formalités inutiles , enfin , tout ce qui femble indiquer que l'on veut gagner du tems , doit être évité avec le plus grand foin ; car il eft aifé d'appercevoir qu'un très grand nombre de particuliers affeoient bien moins leur jugement fur de profondes réflexions , que fur des notions familières. Il faut auffi , dans tout ce qui eft indifférent en foi , confulter le goût du public & fe prêter aux modifications qui lui font agréables ; l'on feroit fouvent des fautes , en s'en rapportant légèrement fur de pareils détails , à certains fubalternes , qui , trop épris du développement minutieux de l'autorité , voudroient , dans leur zèle indiscret , dicter des loix & des conditions , au plus libre de tous les fentimens , celui de la confiance.

Il eft encore d'autres foins importans pour le crédit. On ne doit jamais , dans les circonftances extraordinaires , recourir à plufieurs expédiens d'un même genre , ni à un trop grand nombre d'agens , parce que c'eft multiplier en apparence la fomme des befoins , & établir des rivalités contraires au fuccès qu'on fe propofe. Le fuccès d'un emprunt eft toujours incertain s'il n'eft pas rapide. La plus petite langueur eft interprétée d'une manière défavorable ; chacun alors prend du tems pour réfléchir ; l'on veut être déterminé par l'exemple , on s'attend réciproquement , & le calme augmentant la défiance , l'incertitude des capitaliftes fe change en un véritable découragement. *Voyez* INTÉRÊT , CRÉDIT PUBLIC.

L'adminiftration des finances en augmentant la confiance publique , accélère la circulation , & en accélérant la circulation , elle renouvelle & multiplie les moyens de prêter : c'eft ainfi qu'il exifte , entre le crédit & la rapidité de la circulation , une action & une réaction de la plus grande importance.

S'il eft facile de dire quelles font les qualités *morales* que l'on peut defirer dans un adminiftrateur des finances , il ne l'eft pas également d'indiquer les principes de théorie qui doivent fervir de guide , dans les travaux que cette place exige. Il eft impoffible de rallier à des idées fimples , toutes les combinaifons de l'adminiftration.

L'inftitution des fociétés fe reffent de la main des hommes , & l'on reconnoît leur ouvrage à la multiplicité des reflorts dont il eft compofé.

Les finances d'un grand royaume & l'étude des différens rapports qui en forment la fcience , préfentent , non-feulement une grande quantité de vérités importantes , mais dans le nombre, il en eft encore plufieurs qui rivalifent enfemble , & qu'il faut apprendre à concilier. Ce n'eft donc que dans le développement de chacune des parties , qu'on peut véritablement éclairer la méditation , & l'on ne feroit que l'égarer , fi en voulant la fimplifier , plus que la nature des chofes ne le comporte , on réduifoit fes efforts à la conception de quelques idées générales. Il en eft peu parmi celles qui font applicables aux impôts , au commerce , à l'induftrie , au crédit , au numéraire , à la circulation , aux richefles , aux dépenfes , au luxe & à tant d'autres objets politiques , qui ne foient fufceptibles de quelques réferves ou de quelques exceptions.

L'attention continuelle à l'intérêt du peuple , eft de toutes les obligations celle dont les rapports ont le plus d'étendue , & ce principe peut être regardé comme la morale entière d'une adminiftrateur. En effet , ce n'eft pas feulement comme un des plus faints devoirs de l'humanité que les miniftres des finances doivent confidérer le foin du peuple & la tutelle du pauvre ; mais c'eft parce qu'une telle follicitude eft le moyen efficace de contribuer à la profpérité d'un état & à fa force. Et certes , au milieu des paflions de ceux qui gouvernent le monde , il eft encore heureux que les intérêts de leur ambition s'accordent avec leurs devoirs , & que le fort de cette claffe nombreufe de leurs fujets qui vit du travail de fes mains , ait un rapport évident avec leur puiffance. Leur intérêt les invite donc à ménager & favorifer continuellement la claffe de leurs fujets la moins fortunée.

Un miniftre ne fauroit trop fe pénétrer de cette vérité. Ainfi , dans l'adminiftration des finances , un fentiment profond d'amour & de protection pour le peuple , devient un guide fidèle. Il ne faut pas feulement voir l'étendue des reffources de la France dans l'immenfité des impôts que paient fes habitans , mais il faut y lire en lettres de feu , l'effrayante étendue des facrifices que l'on en exige , & confidérer cette énormité des charges publiques , comme un vafte champ où la fageffe & la bienfaifance du fouverain peuvent s'exercer fans ceffe.

Il faut penfer que les richeffes des fouverains font le produit des impôts , & l'accumulation des facrifices de la généralité des citoyens ; de ce peuple fur-tout , qui ne reçoit , en récompenfe des travaux de fa journée , que la fubfiftance nécef-

faire pour lui donner la force de les reprendre le lendemain.

S'agit il de prendre un parti fur la meilleure manière de pourvoir à la confection des travaux publics? l'amour du peuple éloignera de la voie des corvées , non-feulement parce que cette méthode expofe à des abus d'autorité dont le foible eft plus aifément la victime , mais auffi parce que le travail étant une impofition perfonnelle , le pauvre & le riche y participent également , tandis que les contributions en argent ne fe répartiffent qu'en proportion des facultés.

Faut-il adopter une légiflation pour le commerce des grains ? l'amour du peuple empêchera d'abandonner aveuglément ce trafic aux excès de la liberté , afin de prévenir des fecouffes fubites dans le prix des fubfiftances , parce que ces mouvemens inattendus & paffagers , n'étant point fuivis promptement d'une révolution femblable dans le prix de la main-d'œuvre , expofent à de véritables fouffrances ceux qui vivent de leur travail.

Doit-on rédiger ou modifier les loix burfales ? l'amour du peuple excitera à rendre ces loix fimples & claires ; car fi le puiffant tire parti de leur incertitude pour échapper à ce qu'il doit légitimement , cette même obfcurité donne des moyens pour opprimer aifément l'homme ignorant & foible qui n'a ni l'inftruction , ni la confiance néceffaire pour fe défendre.

Vient-on à s'occuper des droits de gabelle ? le même fentiment fera connoître combien eft pernicieufe cette légiflation qui place autour de la pauvreté & de l'ignorance , des objets continuels de luxe & de tentation , & qui affujettit à des peines fi rigoureufes , ceux qui fe laiffent entraîner à ces dangereufes amorces.

Eft il queftion de faire choix d'une adminiftration intérieure pour la répartition & la levée des impofitions ? le foin du peuple détournera d'abandonner fes intérêts à l'autorité d'un feul homme , & on lui ouvrira de toutes parts les moyens de faire entendre fes plaintes. Plus on unit de près les hommes aux befoins de l'Etat , ou à ceux de leur province , & plus on leur communique cet efprit de famille qui difpofe fouvent aux mêmes facrifices dont on fe défendoit avec tant de vigueur , lorfqu'on n'avoit aucun rapport avec la chofe publique.

Les dons exceffifs , les privilèges étrangers au bien de l'Etat , tous ces projets d'un petit nombre d'hommes , feront rejettés par le même principe. L'économie paroîtra l'unique fondement d'une falutaire adminiftration ; & l'on fe fouviendra de ce mot heureux & concis , que les courtifans jouiffent des largeffes du prince , & le peuple de fes refus.

Enfin, lorſque les circonſtances contraindront à établir de nouveaux impôts, on n'héſitera point à les diriger préférablement ſur les objets de luxe & de richeſſe. On ſe ſouviendra que l'un des funeſtes effets de l'accroiſſement des impôts entre tant d'autres, c'eſt de rendre les recouvremens plus difficiles & la rigueur plus néceſſaire. On ſe ſouviendra, qu'en adminiſtration, à égalité davantages, les formes les plus ſimples doivent être préférées, parce qu'elles ſont comme des glaces tranſparentes, à travers deſquelles on juge aiſément des objets, au lieu que les méthodes compliquées deviennent tôt ou tard un voile épais ſous lequel les erreurs & les fautes demeurent impunément cachées. Partout & ſans ceſſe, la main bienfaiſante du ſouverain s'occupera de la protection & de la défenſe de cette partie malheureuſe de ſes ſujets, dont la voix ne ſe fait jamais entendre à l'avance, & qui ne fait long tems que bénir ou pleurer. Et ce qu'un monarque eût dû faire, par un ſentiment de juſtice & de pitié, lui retournera en accroiſſement de force & de puiſſance : belle union de la *morale* & de la politique ! C'eſt par un ſemblable accord, que la ſociété & ſes loix attirent notre reſpect ; & c'eſt alors auſſi que l'adminiſtration eſt grande, ſimple dans ſa conception, & juſte dans ſes moyens.

Cet amour du peuple eſt d'autant plus recommandable dans un miniſtre des finances, que tout aide à le diſtraire de ce ſentiment. Il vit au milieu d'une ville immenſe où tous les dehors du luxe & de la richeſſe ſe préſentent continuellement à ſa vue ; où l'on eſt préoccupé ſans ceſſe, & par les évènemens publics, & par les jeux de l'ambition, où chacun s'unit, ſoit par l'eſpérance, ſoit par la curioſité.

D'ailleurs, à meſure que la dette publique s'accroît, à meſure que les dons, les penſions ou les profits de finance s'étendent & ſe multiplient, il ſe forme dans l'Etat un parti conſidérable dont les intérêts ſe trouvent ſouvent en oppoſition avec ceux du peuple ; car toutes les perſonnes dont la fortune conſiſte en créances ſur le roi, ou en graces de la cour, prennent facilement à gré l'augmentation des tributs, tant il leur convient que les revenus de leur débiteur ſe groſſiſſent, ou que le tréſor royal ſoit plus d'argent à répandre. Et comme c'eſt au ſein de la capitale, que cet eſprit ſe développe ſourdement, le miniſtre des finances a beſoin d'appercevoir de lui-même, tous les ménagemens dûs à cette claſſe nombreuſe de la nation, qui a ſi peu de protecteurs agiſſans ; & s'il n'eſt pas doué de la ſenſibilité néceſſaire pour ſe remplir d'une telle ſollicitude, il y ſera foiblement ramené par tous les objets extérieurs qui l'environnent.

La fidélité dans les engagemens, doit être certainement comptée parmi les principes généraux qui doivent ſervir de baſe à une adminiſtration ſage & vertueuſe. Sans doute ſi l'on conſidéroit uniquement cette fidélité comme une vertu morale, elle n'appartiendroit pas plus étroitement à l'adminiſtration des finances, qu'à toutes celles qui compoſent le gouvernement. On ſe perſuadera que les ſouverains doivent ſe ſoumettre à quelques ſacrifices pour ne point manquer à ce principe, même à l'égard des conceſſions qu'ils n'auroient pas dû faire. La parole du roi, celle qui ſe donne en ſon nom, à tel objet qu'on l'applique, devroit être le plus reſpectable de tout les liens. Il y a quelque choſe de ſi grand & de ſi majeſtueux dans l'idée d'un ſouverain, que lorſqu'on eſſaie d'en approcher la plus légère apparence de fauſſeté, on croit ſon imagination coupable, & l'on ne peut pas ſupporter ce ſpectacle. Comment celui qui peut tout, ſe rabaiſſeroit-il à tromper ? Comment celui qu'on ne peut jamais contraindre, ſe permettroit-il d'oublier ſes promeſſes ? Et comment ſur-tout, s'eſt il trouvé quelquefois des miniſtres aſſez déréglés pour avilir à tel point le nom du prince, que de le faire ſervir à voiler l'indifférence de leurs principes, & à déguiſer la baſſeſſe de leurs propres menſonges ?

Si l'on conſidère cette fidélité dans les engagemens, ſous un point de vue politique, on trouvera qu'elle eſt dans l'adminiſtration des finances, un des devoirs les plus importans : car s'il eſt une partie des forces d'un empire qui ſe réunit & ſe développe à la ſeule voix de l'autorité, il en eſt une autre moins docile qui n'obéit qu'à la confiance.

Les impôts aujourd'hui ne ſauroient ſuffire aux beſoins étendus de la guerre, & il faut, par d'autres moyens, raſſembler les capitaux néceſſaires ; mais l'argent n'appartient à aucun lieu & n'eſt d'aucune patrie ; il fuit devant la contrainte & ſe cache devant les ſoldats qui viennent pour le ravir ; il faut donc le fixer & l'attirer par la confiance ; & comme il n'en exiſte point, ſous les gouvernemens qui n'ont ni vertu ni ſageſſe, il eſt arrivé que le beſoin du crédit a rendu quelques ſervices aux hommes, en échange des maux auxquels l'introduction de ce nouveau moyen de force a donné naiſſance. Et ſi le crédit a étendu l'eſprit de guerre & de conquête, la conduite néceſſaire pour l'obtenir, a tempéré l'exercice arbitraire de l'autorité ; en faiſant ſentir aux princes, que la juſtice & la douceur de leur gouvernement étoient une des conditions eſſentielles de cette puiſſance politique dont ils ſont ſi jaloux.

Quelquefois on a voulu conſidérer l'étendue de la dette publique comme abſolument indifférente ; on a dit que l'argent des impôts paſſoit aux rentiers ; celui des rentiers, aux ouvriers ou aux propriétaires de terres, & qu'ainſi la circulation rendoit tout égal. A ce langage, ne ſembleroit-il pas que les droits & les rapports des divers membres d'une société, sont comme des grains de sable qu'on peut mêler & bouleverser à son gré ? Est-ce donc une chose indifférente, que ces déplacemens de fortune, d'où naissent indispensablement, & la diminution des propriétés de ceux qui tiennent au sol & à la patrie, & l'augmentation des richesses de cette classe d'hommes qui, sous le nom de rentiers, peuvent devenir également citoyens de tous les pays.

Il faut donner avec réserve & promettre avec circonspection ; mais l'engagement du prince une fois contracté, cet engagement doit être rempli ponctuellement, & la veille du jour indiqué, plutôt que le lendemain. La politique du crédit le commande, autant que les règles de la justice ; car ce sont de si foibles ressources que celles qu'on se procure par les retards & par la longueur dans les paiemens, qu'on ne peut trouver aucune proportion entre ce foible avantage & les inconvéniens qui naissent de la plus légère apparence de gêne ou d'embarras.

En continuant de fixer l'attention sur les considérations générales & sur les principes qui composent la morale des finances & de ceux qui les administrent, on doit s'arrêter un moment sur l'influence des assemblées provinciales, & sur l'importance de la publicité de l'état des finances.

L'institution des assemblées provinciales présente au souverain un moyen efficace, & pour arriver sans efforts & sans aucun sacrifice de son autorité, à tous les biens dont les diverses parties de son royaume sont susceptibles, & pour en faire jouir ses sujets, à l'avance, par le sentiment qui naît de l'espoir & de la confiance.

Envain a-t-on représenté ces institutions comme contraires à l'autorité royale, ou comme opposées à la constitution de la monarchie. On a affecté de méconnoître leur véritable essence. En effet, on peut concevoir que la plénitude de l'autorité souveraine seroit altérée, si l'on donnoit à de nouveaux corps, des attributions qui apporteroient quelque obstacle ou quelque lenteur au développement & à l'exécution des volontés du prince, & tel eût été, peut-être, l'effet des administrations provinciales, si l'on eût soumis la levée des nouveaux impôts à leur assentiment, ou si, seulement, le droit d'enregistrement & de remontrances leur eût été communiqué ; ou enfin si on les eût fait participer, de quelque manière, aux prérogatives dont jouissent en France certains pays d'Etats. Mais les loix constitutives des administrations provinciales, circonscrivent, de la façon la plus positive, les fonctions que le souverain a jugé à propos de leur accorder.

Elles doivent s'occuper de répartir équitablement la taille, les vingtièmes, la capitation, les corvées & autres charges particulières à chaque province.

Elles peuvent chercher à rendre ces différens tributs plus doux & plus supportables : elles peuvent délibérer sur les modifications les plus convenables : elles peuvent s'appliquer à connoître les moyens les plus propres à encourager l'agriculture, le commerce & l'industrie de la province ; mais aucun changement essentiel ne doit avoir lieu qu'avec l'approbation du roi ; enfin, aucun des membres des assemblées provinciales ne peut être choisi, que d'après les formes d'élection établies par sa majesté, & aucun ne peut entrer en fonction, sans avoir obtenu l'agrément du roi. Ce sont donc comme autant de commissaires départis, autorisés par le souverain, à seconder en commun ses vues bienfaisantes, & à remplir une partie des devoirs, cumulés auparavant dans la seule personne d'un intendant.

Comment donc l'autorité du roi se trouveroit-elle compromise, parce qu'il auroit choisi les moyens les plus propres à faire de son pouvoir le plus bel usage ? Comment l'exécution de ses desseins se trouveroit-elle gênée par des administrations qui lui présenteroient les occasions les plus fréquentes de déployer son amour pour ses sujets, cette première volonté des bons rois ?

Où est donc la contrariété, où est la barrière que les administrations peuvent opposer à l'autorité ? Ces administrations, il est vrai, ayant une fois adopté des principes stables dans toutes les parties de l'économie intérieure d'une province, le recours à l'intervention du ministre, ou à celle d'un intendant, sous ses ordres, deviendroit beaucoup moins fréquent ; mais le besoin habituel de cette intervention ne rehausse point l'autorité royale ; il faut, sans doute, que d'un bout du royaume à l'autre on obéisse ; mais il n'est pas toujours nécessaire de commander : ce sont deux idées très-distinctes, & la confusion qu'on en fait, est la source des grandes erreurs d'administration dans un Etat monarchique.

Qu'on n'en doute donc point : ce qui exprime le mieux l'autorité du souverain, & ce qui la rappelle davantage, ce sont les établissemens propres à exciter & à féconder le bien public. Et à mesure que ce bien se développe, on croit plus que jamais, que le roi veille, que le roi veut, que le roi commande. *C'est à Versailles, où le bruit de ses gardes suffit pour annoncer sa présence ; mais, dans le fond des provinces, ce n'est que par ses bienfaits qu'il vit au milieu de ses peuples.*

Qu'on soit de bonne foi & qu'on suive les différens travaux des administrations provinciales qui sont établies, on reconnoîtra que la plûpart des

biens

biens de détail, dont chaque province eſt ſuſceptible, doit être, & ne peut qu'être l'ouvrage d'une adminiſtration, qui réunit aux connoiſſances locales, ces moyens de perſuaſion, qui ſont l'effet d'une diſcuſſion éclairée.

L'adminiſtrateur des finances ne peut rien appercevoir que de loin; à peine a-t-il le temps néceſſaire, pour ſuivre le courant des affaires, ſou pour s'occuper des grandes circonſtances; & craignant à chaque inſtant de ſe compromettre, il renonce à tout ce qui eſt difficile. Les intendans, qui ont l'envie du bien, & le talent néceſſaire pour l'exécuter, évitent auſſi tout ce qui peut occaſionner des réſiſtances ou des diſcuſſions. D'ailleurs, on peut le dire, ce n'eſt pas en général de ces magiſtrats qu'on doit attendre toutes les idées qui pourront concourir à la diminution de l'arbitraire, parce que cet arbitraire étend leur influence, & entretient le déſir & le beſoin qu'on a de leur plaire.

La publicité de l'état des finances ouvre une voie ſimple, l'établiſſement invariable du crédit, & ce crédit eſt aujourd'hui l'une des ſources les plus certaines de la puiſſance politique.

Tant que la confiance publique ne pourra pas être fondée ſur la connoiſſance de la ſituation des affaires, elle n'aura plus que des appuis incertains; & ſi les comptes publics peuvent être redoutables pour certains adminiſtrateurs, plus la nation doit ſe fortifier dans l'idée que cette inſtitution lui ſeroit très-utile.

Loin d'ici ces aveugles partiſans, ou ces faux interprètes de l'autorité, qui diſent qu'il eſt imprudent d'inſtruire les peuples, qu'il eſt dangereux de les habituer à raiſonner. Quelle étrange idée! & quelle calomnie, ſur-tout envers la nation françoiſe! Elle eſt prête à tout ſaiſir avec bienveillance quand elle apperçoit des intentions pures; quand elle croit qu'on l'aime & qu'on s'occupe de ſes intérêts; elle a de la gratitude pour ce que l'on fait, & pour ce que l'on veut faire; elle va, pour ainſi dire au-devant de ſes bienfaiteurs, elle les ſeconde par ſes vœux & par ſa confiance; mais elle déſire auſſi qu'on attache quelque prix à ſon ſuffrage; mais elle voudroit qu'on l'admît à l'œuvre du bien public; au moins par quelques ouvertures; au moins par quelques épanchemens vrais & ſenſibles. Un tel vœu ſûrement, n'eſt pas indiſcret, & c'eſt en le ſatisfaiſant qu'on peut faire naître le véritable patriotiſme; car pour éprouver ce ſentiment, il ne ſuffit pas, ſans doute, aux hommes réunis en corps de nation, d'être nés ſur les bords de la même rivière & de payer les mêmes tributs.

Il eſt encore un principe d'adminiſtration très-

important; c'eſt de lier, autant qu'il eſt poſſible, le bien qu'on eſt capable de faire, à des établiſſemens qui le rendent ſtable & indépendant des hommes & des circonſtances. Cette conſidération applicable à tous les pays, devient, ſur-tout, eſſentielle en France, où la ſucceſſion des miniſtres eſt une ſucceſſion d'opinions différentes. Sans doute les inſtitutions fondamentales elles-mêmes peuvent être changées ou modifiées; mais un adminiſtrateur honnête ne peut rien faire de mieux que de mettre autour de ſes ouvrages, les défenſes qui ſont en ſon pouvoir, & de donner enſuite la chaîne de ſes idées, afin qu'après s'en être écarté, l'on puiſſe un jour s'y reprendre, ſi de nouvelles réflexions y ramènent.

Lorſqu'un homme marche pas à pas dans l'adminiſtration; lorſqu'il met un prix continuel aux détails; lorſqu'en s'occupant de l'avenir, il veille également ſur le moment préſent; lorſqu'il calcule les affaires & les temps qui leur ſont propres; lorſqu'il enchaîne les opérations avec convenance; lorſqu'il les concerte avec réflexion, & les exécute avec gravité, ſi on lui reprochoit de l'exaltation, on entendroit ſans doute, par ce terme, ce mouvement de l'ame, qui donne de la vie à la penſée, & dont on ne doit jamais affoiblir ni réprimer l'eſſor. L'amour du bien, l'ambition de la gloire, ce langage qui appuye la raiſon & la rend ſenſible, on ne les doit qu'aux affections d'une ame paſſionnée; & c'eſt alors que les ſentimens de l'homme privé aident & ſecourent l'homme public.

C'eſt une grande inſtruction que le ſéjour des cours; c'eſt un grand voyage moral que le miniſtère des finances; & ſi l'exemple des adminiſtrateurs les mieux intentionnés & les plus vertueux, qui ont été les victimes de l'intrigue, de l'artifice & de la calomnie, pouvoient porter les hommes, appellés par un heureux naturel & par de grands talens, à courir la même carrière, à dévouer leur première attention au ſoin de ménager, n'importe par quels ſacrifices, tous ceux qui préparent ou qui modifient l'opinion des princes, il faut plaindre les princes de ne pouvoir juger par eux-mêmes des choſes qui intéreſſent le plus leur gloire, & des perſonnes qui les approchent. Quel malheur! que celui qui ſe doit tout entier aux intérêts publics, ſoit obligé d'écouter, à chaque inſtant, les conſeils d'une politique perſonnelle; tandis que pour remplir dignement les devoirs de l'adminiſtration, il faut s'abandonner avec confiance à une conduite noble, franche & courageuſe, la ſeule qui s'allie aux grandes penſées.

Les hommes, dans la ſociété journalière, doivent quelquefois leur accord à des illuſions, parce qu'ils ne luttent enſemble que d'amour-

propre ; mais , comme en affaires , les intérêts
font d'une autre nature , ce n'eſt que par la vérité qu'on ſe rapproche ; & le gouvernement
aura toujours un grand aſcendant lorſqu'il paroîtra la chercher , cette vérité , ſans prévention
& ſans amertume.

Tous les corps , dans un pays monarchique,
tel que la France , connoiſſent parfaitement la
puiſſance du ſouverain , & aux momens mêmes ,
où ils prétendent plus qu'ils ne leur appartient ,
ils ne demanderoient pas mieux que de ſe relâcher , ſi la ſageſſe & la bonne foi de l'adminiſtration leur préſentoient le point de raiſon où
elle veut s'arrêter.

Une des erreurs de l'adminiſtration en général ,
& de celle des finances en particulier , c'eſt de
ſe conduire avec les corps & les parlemens ,
tantôt d'après d'anciens ſouvenirs , & tantôt
d'après des préſages ; au lieu que la ſeule manière
ſage & grande à la fois , c'eſt de les conſidérer
hardiment tels qu'ils doivent être , & tels qu'ils
ſeroient en effet conſtamment , ſi l'adminiſtration entretenoit avec eux un commerce continuel
de raiſon , de franchiſe & de loyauté.

Mais le gouvernement craint l'empiétement de
ces corps ; de leur côté , ils redoutent ſes invaſions : & dans ce combat d'imagination , chacun
va ſouvent trop loin , parce qu'il n'eſt point de
ligne de démarcation pour les ſoupçons & la
défiance.

C'eſt ici qu'on découvre tout l'avantage qu'un
gouvernement pourroit tirer d'une modération
éclairée , mais exempte de foibleſſe : cette qualité devient , dans l'adminiſtration , la ſécurité de
tout le monde , & l'on jouit encore de la ſimple
juſtice comme d'un véritable bienfait , lorſqu'elle
eſt obſervée ſcrupuleuſement , par celui qui eſt
aſſez puiſſant pour y manquer ſans riſque.

Hommes publics , qui voulez arriver à la gloire,
qui voulez vous concilier l'amour de toute une
nation , ne ralentiſſez jamais votre marche pour
obſerver à chaque inſtant les petites trames des
cours : on ne peut être tant à ſoi-même , & veiller
aſſidument ſur les devoirs de ſa place ! Vous ,
ſur-tout , ames fières & honnêtes , vous qui ſerez
toujours ſuffiſamment inſtruites par un heureux
inſtinct ! que votre conduite perſonnelle réponde
aux hauts ſentimens qui doivent vous animer ;
ſoyez les gardiens fidèles des honneurs qui appartiennent à la vertu ; défendez ſa cauſe avec
de nobles armes : vous brillerez plus alors dans
votre défaite que l'intrigue dans ſon triomphe !
Mépriſez , confondez la politique adroite ; mais
ne deſcendez jamais dans ces arènes obſcures ,
où l'on s'exerce à dreſſer des embûches ; ſur-
tout , ne rehauſſez point involontairement ce

mépriſable talent , en lui rendant un hommage ,
par votre étonnement ou par votre crainte !

Sans doute , toutes les petites attaques , toutes
les menées ſourdes , qui viennent harceler un
miniſtre dans ſa route , ſont pénibles à ſoutenir ; & quand toutes ces traverſes viennent
ſe joindre aux fatigues inſéparables d'une grande
place , les jours ſont mêlés d'amertume : mais ,
ce n'eſt pas non plus par l'eſpoir des douceurs
d'une félicité privée , qu'il faut être attiré vers l'adminiſtration ; on y reconnoît bientôt qu'il eſt plus
aiſé d'exciter l'envie que de reſſentir le bonheur ,
& ce contraſte apparent ne doit pas ſurprendre.

Avant d'arriver au miniſtère on n'en connoît
que l'extérieur , & ce dehors annonce le pouvoir :
idée vague , indéfinie , & toujours agréable aux
hommes , parce que l'imagination lui prodigue
ſes couleurs , & parce que l'on enviſage la place
d'un miniſtre comme un point fortuné , où tous
les vœux doivent tendre , & dont l'illuſion
augmente par la difficulté d'y parvenir.

Il faut être attiré vers l'adminiſtration par l'a-
mour des grandes choſes , pour y trouver , non
pas encore le bonheur , mais cette ſatisfaction qui
naît d'un rapport entre ſes goûts & ſes occupations , entre ſon caractère & ſes devoirs. On
éprouve auſſi des peines ; mais les paſſions nobles
ont cet avantage , qu'elles vivent d'elles-mêmes
& s'alimentent de leur propre ardeur , & que
preſque toujours unies à de hauts ſentimens ,
elles rendent plus indifférent à ces illuſions de
la vanité , qui tour-à-tour vous flatent & vous dé-
çoivent.

De tous les attachemens qui ſont étrangers
aux mouvemens de la nature , le plus actif ,
celui qui enveloppe davantage toutes les penſées ,
c'eſt l'intérêt qu'on porte aux grands objets d'adminiſtration ; & lorſqu'on eſt capable d'en ſaiſir
les rapports , on trouve dans un pareil exercice
de l'eſprit une ſorte de majeſté , dont le ſentiment
vous élève & vous impoſe : c'eſt une occupation , dont les réſultats utiles & bienfaiſans
vous ramènent ſans ceſſe à l'amour de l'humanité ; c'eſt une conception enfin , dont la chaîne
eſt immenſe , & qui ſemble vous unir , par un
point , à l'ordre du monde , & à l'harmonie de
l'univers.

Ne déſirez point les grandes places , ames
douces & paiſibles , qui ne voulez que des jours
ſereins & des ſentimens agréables ; recueillez les
plaiſirs qui ſont près de vous ; cultivez le bonheur
dont vous avez fait l'épreuve , & jouiſſez tranquillement des ſatisfactions dont le temps ſeul
eſt l'ennemi : c'eſt au ſein de la vie privée que
l'ame peut conſerver ſes plus douces illuſions.
Les rapports circonſcrits de la ſociété établiſſent

entre les hommes une partie d'intérêt & de convenance, qui les porte à se confier à la pureté de leurs sentimens mutuels, & au désintéressement du goût qui les unit.

Mais dans les premières places du gouvernement, dans l'administration des finances, où tant d'intérêts aboutissent, qui fait développer autour de l'administrateur toutes les passions ; où enfin tant de gens peuvent attendre de lui de grands services, & où il n'en a point à demander, tous les rapports ordinaires sont bouleversés. On découvre alors trop distinctement l'influence de l'intérêt personnel sur les actions, sur les paroles & les sentimens ; & quand on voit encore ce même intérêt prendre continuellement le langage de l'estime & de l'admiration, le charme des premières idées de bonheur se dissipe, & l'on a peine à se défendre des plus tristes réflexions.

Mais ces réflexions n'arrêteront point l'ardeur de tous les petits ambitieux ; le spectacle qui se présente à l'avant-scène est trop brillant, pour qu'ils puissent porter plus loin leurs regards. Qu'elles ne ralentissent point non plus le zèle de ceux qui, avertis par un sentiment intérieur, qu'eux aussi sont propres aux grandes choses, ont un noble désir de la gloire : ce sont ceux qui entraînés par l'énergie de leur ame, se trouvent comme resserrés dans le cercle étroit des occupations ordinaires ; ce sont ceux, sur-tout, qui, épris de bonne heure des idées du bien public, en font l'objet de leur méditation, & l'intérêt de leur vie.

Allez en avant, vous qui vous reconnoîtrez à de pareils indices ; allez en avant, vous qui aurez des amis assez sûrs & assez éclairés pour revoir le jugement que vous aurez porté de vousmême. Allez en avant, vous qui, après avoir sondé les replis de votre cœur, croirez avec bonne foi que vous cédez bien moins au désir vaniteux d'être compté parmi les serviteurs d'un grand roi, qu'à l'espoir orgueilleux d'être utile à une grande nation.

Mais si vous parvenez aux premières places du gouvernement, courez-en noblement les hasards ; ne prétendez point concilier l'honneur avec la politique, la gloire avec les calculs personnels, la force avec la foiblesse ; sur tout, n'oubliez jamais, que de tous les sentimens qu'inspire un homme en pouvoir, l'estime est le seul qui lui reste après la disgrace.

Que cette idée ne vous abandonne point, & qu'elle serve de règle à votre conduite. Ne vous méprenez pas à l'empressement de ceux qui vous parleront de reconnoissance, & qui vous entretiendront de leur dévouement ; vous aurez peine

à les reconnoître, lorsque le vent de l'espérance ne les portera plus vers vous. Que de plus grandes idées vous occupent & vous élèvent, s'il se peut, à la hauteur du poste éminent que vous remplirez, afin que vous en regardiez l'éclat d'un œil tranquille, pour n'en redouter que les devoirs.

Et lorsqu'après avoir combattu selon vos forces, le moment sera venu où vous serez persuadé que vous ne pouvez aller plus loin, sans vous avilir, ou sans perdre des moyens qui sont indispensables pour faire le bien, quittez avec courage, & qu'un exemple honorable devienne votre dernier service.

On ne répétera pas ici ce qui a déjà été dit au mot IMPÔT ; on y trouve d'excellens principes de *morale*, applicables à la matière, & qui sont puisés dans la nature des choses, & dictés par la sagesse & la raison.

On va rassembler ici les différens passages que fournit l'ouvrage que nous analysons, & qui peuvent être présentés comme les leçons d'une méditation profonde, éclairée & soutenue par l'expérience.

Les meilleures institutions ont besoin d'être contenues dans de certaines bornes, & peut-être qu'en affaires publiques, il faut considérer l'exagération comme une métamorphose. Les établissemens sur-tout, où le moindre abus en retrace si facilement d'autres plus grands, & qui ne sont point effacés de la mémoire, exigent encore plus de circonspection. Il ne faut pas néanmoins que le souvenir des abus décourage des établissemens raisonnables. On doit élever des fanaux pour l'instruction ; on doit, par des dispositions prudentes, prévenir les écarts dangereux ; mais on auroit tort de sacrifier des avantages réels, à toutes les craintes que l'imagination peut présenter ; car de cette manière on seroit arrêté presque à chaque pas : tant est vaste le champ ouvert de toute part aux méprises de l'administration. D'ailleurs, il faut accorder quelque confiance aux progrès des lumières : l'ignorance d'un temps n'est pas celle d'un autre, & souvent c'est ce qu'on a fait une fois que l'on ne peut plus tenter.

Il est devenu difficile de tromper long-temps les hommes, dans toutes les dispositions publiques, où leur fortune est intéressée ; & si c'est une grande faute du cœur que de le vouloir, c'est aussi une grande erreur de l'esprit que d'y prétendre.

Il n'est point d'économie plus essentielle que celle dont la levée des deniers publics est susceptible : les dépenses inutiles ne sont jamais plus répréhensibles que lorsqu'elles se trouvent liées d'une manière plus étroite aux sacrifices des

Z ij

peuples, & cette union de la fortune de quelques particuliers aux privations générales, présente une idée également contraire à l'ordre public & au principe d'une saine morale.

Il est dans les affaires, dans les traités & les transactions une précaution qui peut toujours tenir lieu de science & d'habileté, & proscrira toute espèce de faveur; c'est une grande publicité; car de cette manière, l'intérêt personnel, excité par la concurrence, devient le promoteur de l'économie; au lieu que cet intérêt, dans les traités secrets, se tourne contre l'avantage de l'Etat, & devient l'ennemi le plus adroit & le plus dangereux qu'un bon ministre ait à combattre.

Que seroit-ce, si ce ministre étoit foible, s'il étoit disposé à juger favorablement des propositions qui seroient appuyées par des personnes auxquelles il voudroit plaire? Ah! s'il lui restoit un penchant pour le bien public, qu'il seroit heureux d'avoir établi un ordre où les regards de la nation deviendroient son soutien, & où il seroit ainsi contraint à ne servir que le roi, à n'aimer que l'Etat, & à n'écouter que son devoir.

En général, pour découvrir des moyens d'économie dans plusieurs objets, il ne faut que secouer plus ou moins fortement les chaînes de l'habitude, & y porter un examen réflechi; car une attention superficielle n'y trouveroit rien à redire.

Il est vrai que si l'on ne revêt pas un esprit vigoureux d'administration, on est aisément vaincu par les défenseurs de chaque dépense en particulier; car ceux-ci ont le grand avantage d'avoir simplement à prouver, que telle ou telle de ces dépenses réunit des convenances ou quelque utilité: or sous ce point de vue, de pareilles propositions sont presque toujours vraies; & l'on peut aisément les soutenir, toutes les fois qu'on considère la dépense d'une manière isolée, & sans prendre souci, ni du crédit public, ni des charges du peuple, ni des moyens qu'il faut employer pour suffire à l'ensemble des besoins de l'Etat.

C'est donc dans les idées générales, dans une forte de conception du bien universel, que l'homme d'état doit chercher du secours, & ces sortes d'idées deviennent fugitives ou pénétrantes, selon que l'esprit les rallie, & selon que le caractère y joint son mouvement. Mais à l'esprit qui sert de guide, & aux sentimens qui donnent une noble ardeur, il faut encore unir cette force de position & de circonstance qui aide à soutenir le choc des passions & à triompher d'elles; car en traçant un plan d'économie dans les finances, on apperçoit aisément quel est le concours nécessaire pour l'exé-

cution d'un pareil projet; on reconnoît que telle partie appartient aux simples efforts d'un bon administrateur des finances; telle autre à l'appui plus ou moins étendu qui lui seroit donné; telle autre à l'influence universelle d'un premier ministre; & telle autre uniquement au chef de l'empire.

Il faut le dire, pour l'encouragement des princes, ou pour leur consolation, l'exercice de l'économie est quelquefois pénible; mais comme c'est le seul des devoirs de la souveraineté qui donne l'idée d'un effort ou d'un sacrifice, c'est aussi celui qui imprime le plus de reconnoissance; on apperçoit le combat de l'homme avec le prince, & des affections personnelles avec les sentimens publics, & la nation ne sait comment payer d'assez d'amour le monarque qui fait le bien de l'Etat en triomphant de lui-même.

Le moment d'ailleurs arrive bientôt où l'économie donne ses fruits; l'on goûte alors la paix & la tranquillité; le retranchement des dépenses inutiles, multiplie les moyens de puissance & de bonheur; l'influence d'une bonne administration n'a plus d'obstacles à vaincre, & la prospérité de l'Etat éclate de toutes parts.

Qu'on ne s'y méprenne point, l'économie dans les affaires publiques n'est pas seulement une source de richesses, c'est encore un devoir éminent. L'économie, telle qu'on doit la concevoir, c'est-à-dire celle à qui la sagesse prête son flambeau, est seule capable d'unir la puissance à la justice, en ménageant les sacrifices des peuples & en mesurant toujours à l'utilité générale, l'emploi des deniers publics; c'est cette économie alors qui refuse pour moins exiger, qui retranche pour mieux donner; c'est elle qui avertit de ne point jetter la semence sur une terre ingrate & desséchée, afin de pouvoir la répandre sur les champs fertiles; c'est elle qui ne disperse pas la moisson, mais qui la recueille soigneusement, afin que le bienfait d'une saison serve à la subsistance de l'année.

Voyez encore le mot LUXE, on y parle des effets du défaut d'ordre & d'économie.

En matière de finances, toutes les propositions ont tant d'aspects différens, qu'on n'est jamais à l'abri d'erreurs, toutes les fois qu'on se détermine sur le rapport d'un petit nombre de personnes guidées par le même intérêt; car elles sont toujours en état de présenter plusieurs raisons qui paroissent plausibles tant que la contradiction n'est point entendue.

L'administration des finances doit bien prendre garde de céder trop facilement à l'autorité de certains faits isolés, dont les principaux agens de la finance, favent parfaitement fe fervir pour arriver à leurs fins.

La confiance foiblit, le fervice va manquer ; voilà des mots fort en ufage & bien impofans fans doute, mais pour en connoître l'aftuce ou le peu de juftefe, il ne faut qu'arrêter fon attention fur la petiteffe des moyens que ces mêmes perfonnes indiquent comme fuffifans pour réparer ce prétendu difcrédit. Ce n'eft point l'économie, ce n'eft point un redoublement d'ordre & de vigilance qu'elles confeillent, c'eft un plus grand nombre de financiers ou d'agens ; c'eft un plus grand refpect pour leurs convenances, ou une plus grande faveur pour leurs intérêts.

Auffi, entre toutes les difpofitions publiques dont un miniftre des finances peut s'occuper, ce font toujours les actes d'économie qui font les plus difficiles ; c'eft qu'on y prend toujours l'intérêt perfonnel corps à corps, & que dans ces combats particuliers on n'eft que foiblement foutenu par l'opinion publique ; elle ne peut en effet être éclairée que fur les grandes maffes ; elle rend bien hommage à l'efprit d'économie, mais dès que les objets fe compliquent, elle ne croit plus que fur parole, & dans une opération de finance, il y a mille cris qui étouffent la voix du réformateur. *Voyez* le mot RECEVEURS GÉNÉRAUX.

Une propofition changeant d'afpect toutes les fois qu'on l'examine avec quelque profondeur, & que les raifons en font développées, il s'en fuit qu'il eft très-important de recueillir les différentes opinions, avant de prendre un parti dans les difpofitions de finance un peu compliquées.

Les rois font expofés à fe tromper, & on peut même dire que ce rifque eft inévitable, toutes les fois qu'ils donnent des décifions majeures fur le rapport ifolé d'un chef de département : car il eft des affaires où, avec tout les fecours de l'efprit, ils ne peuvent jamais deviner les confidérations qui demeurent couvertes d'un voile, ou dont le premier mot n'eft pas donné ; mais un miniftre qui n'eft pas féparé des autres hommes par fa dignité, & qui eft à portée de s'entretenir avec les différentes perfonnes dont l'inftruction peut l'éclairer, trouve toutes les routes ouvertes pour arriver à la vérité.

Ce n'eft pas fans peine, & par un tour de main, lorfqu'il s'agit de réforme & d'économie, qu'on peut rendre fimple ce qui eft compofé, économe ce qui eft difpendieux, aifé ce qui eft difficile ; c'eft plutôt en étudiant foigneufement chaque partie, en modifiant ce qui paroît défectueux, & en ne différant jamais la réforme d'un abus dans l'attente incertaine d'une révolution plus complette ; c'eft encore en faifant moins d'u-

fage de fon imagination que de ce jugement qui fert à difcerner les moyens affortis aux hommes & aux affaires, & qui ne donne fon eftime qu'aux projets fufceptibles d'exécution ; marche pénible & fouvent fans éclat, mais la feule cependant qui approche au moins du but que tout homme d'état doit fe propofer.

Il doit auffi allier dans les réformes, autant qu'il eft poffible, l'avantage de l'Etat avec un fentiment d'humanité pour les perfonnes, en faifant des difpofitions qui leur affurent un remplacement, ou une penfion, ou une gratification annuelle, fuivant leur âge, leur capacité & le tems de leurs fervices. C'eft un examen qui exige du foin, car lorfqu'on ne prend pas la peine de le faire, l'étendue des prétentions peut rebuter, & alors les hommes dénués de reffources, font enveloppés durement dans un fyftême général d'économie. On découvre par-là qu'il n'eft rien de fimple & de facile en adminiftration, quand on veut allier tous les devoirs qu'impofent la fageffe, la juftice & la bonté, au lieu qu'en fe montrant, felon fon caractère, ou toujours févère, ou toujours facile, on n'a befoin, ni de réflexion, ni d'aucun empire fur foi-même.

Les gouvernemens ne doivent pas fe repofer fur les effets du tems pour réparer les maux qu'ils font, pour effacer les calamités qu'ils n'ont fçu ni prévenir ni tempérer, quand ils en avoient le pouvoir. Il ne leur eft pas permis d'être indifférens au moment préfent, & de fe confoler des maux dont ils font fpectateurs, en fe fiant à cette bienfaifance féconde de la nature, qui prend foin de l'efpèce humaine & la fait triompher des erreurs des adminiftrations & des iniquités politiques. Ainfi les guerres qui détruifent les hommes, le poids des impôts qui les décourage, les rigueurs qui les éloignent, & l'indifférence qui, dans des tems malheureux les livre à la merci des évènemens, toutes ces circonftances fur lefquelles le gouvernement influe immédiatement, occafionnent dans la population, dont l'accroiffement eft le figne & la profpérité des empires, des diminutions plus ou moins fenfibles, & il ne peut fuffire à un fouverain que le temps un jour les répare.

Si le nivellement des fortunes n'eft pas au pouvoir du gouvernement, il a d'autres moyens pour adoucir le fort du peuple ; diftributeur des impôts & de toutes les charges publiques ; mais à la fois furveillant & légiflateur, c'eft à lui d'empêcher qu'une claffe nombreufe d'hommes ne voient dans l'accroiffement de leur famille, une fource de peine & d'anxiétés, ou ne s'accoutument à devenir comme étrangers aux plus doux fentimens de la nature.

Que l'adminiftration eft grande & peut s'enorgueillir lorfqu'elle réfléchit fur tous les moyens qui lui font remis pour s'affocier, en quelque forte, à la providence & féconder l'un des plus beaux deffeins dont l'homme ait connoiffance ; la multiplication des hommes fur la terre, l'accroiffement de leur bonheur & la perfection de leurs lumières. Mais auffi que cette adminiftration eft petite & digne de mépris, lorfqu'avec une pareille carrière au-devant d'elle, on ne la voit s'agiter que pour des prérogatives ou des prétentions. Lorfqu'elle eft plus jaloufe de commander que de bien faire, & lorfqu'entourée des efclaves de la fortune, elle aime mieux jouir de leurs refpects, qu'étendre fes regards fur cet efpace immenfe, où la nature en filence follicite fes foins ! Oh, miniftres des rois, comment êtes-vous indifférens à votre véritable grandeur ! & tandis que dans la carrière où vous marchez, vous pourriez briller d'un éclat qui n'appartiendroit qu'à vous, comment en détournez-vous les yeux fi promptement, pour courir après ces vanités ridicules où vous avez tant de rivaux !

Lorfqu'on fe borne à confeiller des modifications dans les impôts, & que l'on renonce aux idées tranchantes de fuppreffion & d'abolition, on a communément moins de moyens pour perfuader : car l'exagération eft prefque toujours fimple dans fes développemens, & ardente dans fes mouvemens ; elle n'a rien de compofé, rien qui l'arrête, rien que les hommes ne faififfent avec facilité & qu'ils ne louent enfuite,avec toute la reconnoiffance de gens initiés fans peine à la fcience de l'adminiftration. Mais ce qui fied à l'éloquence, ne convient pas de même aux affaires ; celles des finances fur-tout, exigent, prefque fans ceffe, un efprit de mefure & de conciliation. Le bien & le mal, les avantages & les inconvéniens s'y trouvent fouvent tellement unis, & comme entrelaffés, qu'il eft aumoins difficile de les féparer d'une main violente.

Enfin on peut remarquer qu'il n'eft aucun pays où l'exagération dans les projets de réforme féduife autant qu'en France, & aucun en même-tems où l'exécution foit plus traverfée ; l'autorité y a fa force & fes réfiftances ; la juftice, fes règles & fes exceptions ; l'imagination, fon ardeur & fes prompts dégoûts ; l'opinion publique, fes décifions & fon inconftance ; enfin, l'inquiétude de fa fituation & l'empire de l'habitude, groffiffent encore le nombre des contradictions *morales*, qui impofent à tous les adminiftrateurs une marche prudente & circonfpecte ; auffi doivent ils moins afpirer à une perfection idéale, qu'à ces améliorations efficaces dont le plan modifié fagement s'adapte davantage aux hommes, aux momens & à l'état des affaires.

L'excès des impôts pouvoit être prévenu à la vérité, en oppofant dès long-tems une digue aux dépenfes, en veillant fur tous les abus intérieurs ; en réfiftant fur-tout à l'amour de la guerre & en réglant les écarts de la politique ; mais quand une longue fuite de fautes ou de malheurs ont élevé graduellement les befoins de l'Etat & les charges publiques, on ne doit pas croire qu'un grand royaume puiffe, au gré d'un fyftême, renoncer tout-à-coup à la branche de fes revenus la plus importante, ou en convertir purement & fimplement le produit, dans une addition, à d'autres tributs déjà portés à un point exceffif.

Après avoir tracé, comme le dit lui-même l'homme d'état dont nous analyfons l'ouvrage, une ligne à travers le labyrinthe de loix & d'ufages concernant l'impôt de la gabelle, pour en faciliter la réforme, dont il faut reconnoître la néceffité, il ajoute : c'eft affez avoir vécu fous des loix de finance, véritablement ineptes & barbares ; c'eft affez avoir expofé des milliers d'hommes aux attraits continuels de la cupidité ; c'eft affez avoir rempli les prifons & les galères de malheureux qui ne font fouvent inftruits de leurs fautes que par les punitions qu'on leur inflige ; c'eft affez avoir mis en guerre une partie de la fociété contre l'autre ! Ah ! des maux affez grands font autour de ceux que la mifère affaillit dès le berceau, fans les expofer encore à des dangers, où l'art le plus fubtil n'eût fu rien ajouter, & qui femblent comme autant de pièges deftinés cependant à cette claffe d'hommes, dont la vue eft obfcurcie par le manque d'éducation, & dont en même-tems toutes les actions font précipitées, parce que les befoins preffans de la vie les rendent chaque jour inquiets du lendemain ! Non, non, ce ne font pas des tentations qu'il faut leur préfenter ; c'eft le goût du travail, c'eft une récompenfe fuffifante à fa fuite ; ce font des encouragemens à ces emplois honnêtes du tems, qui laiffent à la confcience fa pureté, & à l'ame fes confolantes efpérances. Voilà les foins & les obligations d'un gouvernement ; voilà la tutele que vous devez à vos fujets, vous qui tenez en main la force & l'autorité ; vous qui faites les loix fur la terre ; vous qui avez pour devoir & pour augufte fonction, de maintenir les mœurs, d'entretenir l'ordre public, & de veiller à la garde du foible. Que vous vaudront près de ces nobles penfées, ce fafte éblouiffant, cette cour paffagère, ces trompeufes adulations ? C'eft l'ombre de la grandeur ; la grandeur elle-même, c'eft la puiffance de faire du bien à vingt millions d'hommes, c'eft l'ufage journalier de ce magnifique & touchant privilège.

Mais, hélas ! de quoi fervent ces réflexions. La faculté d'affocier les générations futures à l'exécution des vues politiques du moment ; la facilité de prendre fur leur fortune de quoi fervir les paffions guerrières, ont été la fource des dettes que les fouverains ont contractées. Comme tous les moyens de force aveuglement dirigés, la faculté d'emprunter eft devenue funefte aux nations. Pour en arrêter les effets pernicieux, il faudroit que les gouvernemens convînffent, par un pacte folemnel & fufceptible d'exécution, de ne jamais emprunter pour fe faire la guerre; mais la nation inférieure en richeffes ou en population, & fupérieure en crédit, voudroit-elle d'un pareil traité? Non fans doute, & dès-lors, pourroit-on propofer à fes ennemis de renoncer aux mêmes moyens? Ce feroit vouloir combattre avec l'arbalete, des bataillons entourés de bouches à feu. C'eft ainfi que de tant de manières, les rivalités de puiffance ont multiplié les moyens de deftruction & les facrifices des peuples.

Mais fans doute que le bien arrivera un jour de l'excès du mal; les nations qui font chargées d'une dette immenfe & d'impôts proportionnés, feront arrêtées dans leurs efforts; l'expérience apprend que c'eft à de pareilles circonftances qu'on doit le plus fouvent le retour de la tranquilité; & dans ces momens où la flatterie célèbre la modération & la magnanimité des princes, l'augufte vérité peut-être, ne trouveroit à parler que de leur impuiffance.

Lorfque le repos de la paix & l'action du commerce ont attiré de nouvelles richeffes, que les reffources du crédit ont commencé à renaître, alors auffi l'ambition & la politique fe réveillent; on forme de nouveaux projets pour s'entrechoquer & fe détruire, & les flambeaux mal éteints de la difcorde & de la guerre, fe rallument de toutes parts. Trifte deftin de la nature humaine! le cours de la fortune publique reffemble à celui de la vie, & les beaux jours de l'une & de l'autre, font également les précurfeurs d'une longue nuit!

Où faut-il donc chercher un adouciffement à tant de maux? Où faut-il donc placer quelque foible efpérance? C'eft dans la vertu des princes, encore plus que dans leur fcience; celle-ci n'eft prefque jamais égale aux difficultés; elle a peine à démêler la vérité dans ce dédale d'intérêts qui la cachent ou qui l'obfcurciffent.

Mais la vertu, ce fentiment fublime, fe trouve, comme la racine de toutes les penfées utiles, foit en adminiftration, foit en politique; c'eft elle qui arrête les projets injuftes & les folles dépenfes; c'eft la vertu qui en modérant les befoins, prévient le développement de toutes les reffources pernicieufes; c'eft la vertu qui, fimple dans fa conduite & ferme dans fes principes, trouve le bien fans efforts, & le fuit fans égarement; c'eft elle auffi qui, pour les fouverains, eft comme le fil d'Ariane, dans le labyrinthe des erreurs, des doutes & des incertitudes; enfin c'eft la vertu

qui, dans fa pleine étendue, eft pour ainfi dire à la fois, le motif & le moyen, l'action & la penfée, la femence du bonheur & le bonheur lui-même.

C'eft de la vertu encore d'un adminiftrateur, & de la fageffe de fon adminiftration, que dépendent la mefure & l'étendue des dépenfes imprévues, & tous les facrifices de charité, de libéralité & de profufion même qu'exigent quelquefois les circonftances. On fent combien il faut de rigidité pour contenir de pareilles dépenfes dans des bornes raifonnables. Chaque jour, chaque inftant offre l'occafion de donner ou de dépenfer inutilement, & le confentement du fouverain, n'eft pas toujours néceffaire aux actes de complaifance que le miniftre veut exercer; car il peut être libéral, & par des décifions de faveur fur le paiement des impofitions, & par le foutien qu'il accorde, à titre de juftice, à des réclamations, depuis long-tems prefcrites, & par le prix généreux qu'il met à des rachats ou à des indemnités, & par les facilités qu'il accorde à ceux qui font des fervices pour la finance, & par les places qu'il donne à la protection, & par celles qu'il multiplie fans néceffité & par tant d'autres moyens encore.

Chacun de ces objets, confidéré féparément, paroît quelquefois peu de chofe; mais au bout de trois cens foixante-cinq jours, dont eft compofée l'année, on voit, quand on y prend garde, une fomme confidérable de facrifices inutiles, être le fimple réfultat du caractère particulier du miniftre des finances. Il eft donc très-convenable de faire fouvent, à la fin de chaque mois, par exemple, le réfumé des dépenfes éparfes qui ne font point comprifes dans les charges ordinaires. Cette méthode ramène naturellement à l'ordre & à l'économie.

Une autre règle encore, dont tous les miniftres qui ont de l'expérience & de l'honnêteté, fentiront l'importance, c'eft de renvoyer toujours au roi les demandes de tous ceux qui par leur haute naiffance ou leur état à la cour, font affez près de fa perfonne pour follicier directement fes bontés. Un miniftre ne doit fon appui qu'à la juftice, aux fervices réels & au mérite ignoré; les demandes qui tiennent à des confidérations de faveur & de crédit ne font pas de fon reffort, & il a des reproches à fe faire, lorfqu'il confent feulement à en être l'organe. C'eft avec cette conduite que l'on écarte des propofitions indifcretes; c'eft avec cette conduite que l'on décourage les importuns; c'eft avec cette conduite que l'on perd auffi des titres à la reconnoiffance; mais on acquiert des droits à l'eftime publique.

Un miniftre des finances devroit lire & relire

le refcrit de l'empereur (en 1784.) Un prince, à la tête de deux cens mille hommes difciplinés, écrit que le fouverain *n'eft que l'adminiftrateur des revenus publics, & qu'il doit rendre compte à fes peuples de l'ufage qu'il en fait ;* & un miniftre des finances tiré de la foule des citoyeus, fans autre appui qu'une faveur paffagère, imagine quelquefois qu'une part de la fortune de l'État peut être employée à lui valoir des remercimens, & à lui procurer des amis ou des protecteurs.

MORTUAIRE. (droit) On appelle *droit mortuaire* dans les finances de l'électorat d'Hanovre, une redevance impofée à tout héritier, & qui confifte à donner le meilleur cheval ou la meilleure vache de la métairie qui lui eft dévolue par fucceffion. *Voyez* HANOVRE, *pag.* 462 du fecond volume.

MUCHEPOT, f. m. C'eft un terme confacré, de même que celui de *cachepot*, dans la langue propre à la régie des aydes, pour fignifier une vente en détail en fraude des droits, foit de vin, foit d'autres boiffons ; *muchepot* vient du vieux mot mucher, qui veut dire cacher ; un *muchepot* eft une maifon où l'on débite du vin ou du cidre par pots & bouteilles, en cachette, fans déclaration, & par conféquent fans payer les droits. Vendre à *muchepot* ou à *cachepot*, c'eft vendre clandeftinement du vin en détail. En Champagne on appelle vendre à oluffe, ce qu'on défigne par le nom de *muchepot*. Dans cette province, un oluffe eft un *muchepot* en Normandie, un cachepot, une guinguette ailleurs. *Voyez* ce qui a été dit au mot DÉTAIL, *tome premier, pag* 516, des mefures que l'on prend pour prévenir les *muchepots*. Tout *muchepot* ou cachepot, ou vente fans déclaration, eft défendue par arrêt du confeil du 30 juillet 1689, & 4 feptembre 1708, à peine de confifcation de toutes les boiffons trouvées dans la maifon, & de cent livres d'amende, qu'il eft défendu aux juges de modérer de plus d'un quart.

Les arrêts contradictoires de la cour des aydes de Paris, des 20 décembre 1718, & 9 décembre 1721, ont jugé que les commis n'avoient pas befoin d'une permiffion des juges pour entrer dans une maifon où l'on vend à *muchepot*, & qu'il fuffifoit qu'ils fuffent dans le cours de leurs exercices ordinaires, & qu'ils en fiffent mention dans leur procès-verbal.

MUID, f. m. C'eft une mefure fort en ufage dans le commerce; elle eft réelle pour les liquides, & idéale pour différentes chofes folides, comme le bled, la chaux & le charbon, &c.

Le *muid* fert dans les marais falans & dans les falins, pour vendre le fel à l'adjudicataire de la ferme des gabelles.

On a vu au mot FOURNISSEMENT, que l'ordonnance de 1680 prefcrit aux propriétaires des marais falans de les entretenir de façon à ce que l'adjudicataire des grandes gabelles puiffe y prendre, chaque année, quinze mille *muids* de fel.

Chaque *muid* eft eftimé du poids de quatre mille fept ou huit cens livres. On voit, par la récapitulation des quantités de fel confommés dans les pays de grandes gabelles, qui fe trouve au mot GRENNE, *pag.* 414 du fecond volume, que la maffe totale de cette confommation eft de près de feize mille *muids*, ce qui devient une probabilité que la population de cette partie du royaume eft augmentée d'un quinzième dans l'efpace d'un fiècle, puifque la fourniture totale des pays de grandes gabelles n'étoit, en 1680, que de quinze mille *muids*.

Dans les falins de Peccais, on diftingue le gros *muid* du *muid* ordinaire, en ce que le premier eft compofé de cent foixante onze minots, mefurés à la trémie, fuivant la déclaration du 9 juin 1711. Le gros *muid* eft le même que l'ancien *muid*, mefuré à la pelle, qui étoit compofé de cent quarante quatre minots, chaque minot pefant cinquante livres, ufage confirmé à Peccais, par l'arrêt du 21 mai 1737. *Voyez* les articles 224 & 226 du bail général des fermes fait à Jacques Forceville en 1738.

MUNICIPALITÉS. (département des) C'eft une des principales branches de l'adminiftration des finances, & dont l'objet eft de furveiller le régime & l'emploi des revenus des villes & des communautés d'habitans.

On diftingue ordinairement ces revenus en deux claffes ; la première comprend les biens patrimoniaux.

La feconde, les octrois à perpétuité, ou a tems.

A mefure que les villes fe font formées, les établiffemens néceffaires au bon ordre, à la police & à d'autres objets d'utilité publique, ont infenfiblement exigé des dépenfes annuelles. Les rois ou les princes, ou les feigneurs particuliers de qui ces villes dépendoient, dans les premiers tems, jugèrent convenable de leur affurer un revenu certain & proportionné à leurs befoins, & ils accordèrent à quelques-unes, ou la propriété de quelques terreins, ou l'abandon d'une partie des droits qui s'y percevoient à leur profit. Le plus grand nombre des villes principales du royaume jouit d'une portion plus ou moins confidérable de revenus qui ont cette origine, & c'eft à cette nature de biens que l'on donne le nom de biens patrimoniaux.

La

La deftination de ces biens annonce donc que le gouvernement eft intéreffé à veiller à leur confervation, à empêcher les corps municipaux de les aliéner ou de les engager fans la permiffion du fouverain, car fans cette précaution il pourroit arriver que telle ville, ou telle communauté tombât dans un tel état de détreffe, que le prince fût obligé de prendre dans fon tréfor, pour venir à leur fecours, ce qui accroîtroit les charges publiques.

Cependant à mefure que quelques villes, favorifées par une pofition heureufe ou par l'induftrie particulière de fes habitans, accrurent en population & en commerce, la reffource des biens patrimoniaux devint infuffifante. Le gouvernement fut donc obligé de pourvoir aux nouveaux befoins de ces villes, foit en leur concédant à perpétuité, ou pour un tems déterminé, des octrois, foit par des impofitions locales, & c'eft ce qui compofe la feconde claffe des revenus municipaux.

De ces détails fort une réflexion importante; c'eft que l'adminiftration des finances eft intéreffée de toutes les manières, & fous tous les rapports, à connoître & à furveiller l'ufage que les villes font de leurs revenus.

En effet, foit qu'on emploie la voie de l'impofition pour les mettre en état de fatisfaire à leurs charges, foit qu'on ait recours à des droits fur les confommations, foit qu'on faffe concourir enfemble ces deux moyens, il en réfulte toujours une augmentation dans la maffe des contributions publiques, & cette augmentation en rend la perception plus difficile & plus rigoureufe. Il en réfulte encore, dans le prix des denrées, un furhauffement qui en produit un femblable dans le prix des falaires, & nuit également aux manufactures ainfi qu'au commerce.

On ne trouve cependant aucunes difpofitions dans les loix municipales antérieures à 1764, qui annoncent que l'adminiftration eût jufques-là furveillé par elle-même la comptabilité des villes pour maintenir la balance entre les recettes & les dépenfes, pour prévenir les écarts & les erreurs, & les empêcher de faire ufage de reffources fouvent dangereufes ou oppofées aux vues générales du gouvernement.

Les articles 32, 33 & 34 de l'édit d'août 1764, ont prefcrit la manière dont les villes doivent rendre compte de leurs revenus patrimoniaux.

L'article 35 s'exprime ainfi : « L'extrait & l'arrêté defdits comptes fera envoyé au commiffaire départi, pour être par lui adreffé, avec fes obfervations, au contrôleur-général des finances, à l'effet de nous être repréfenté, tous

» les ans, un état général de l'adminiftration des » revenus de nos villes & bourgs, & d'y être » par nous pourvu en la forme ordinaire, ainfi » qu'il appartiendra ».

Les articles 36, 37, 38 & 39, règlent la forme dans laquelle les comptes des deniers d'octroi doivent être rendus aux chambres des comptes & aux bureaux des finances.

L'article 10 de la déclaration de 1766, renouvelle ces diverfes difpofitions.

Mais l'édit du mois de novembre 1771, ayant rétabli en offices, les charges municipales, en révoquant l'édit de 1764, & fans rappeller les difpofitions de cette dernière loi fur la comptabilité, elles font tombées en défuétude, & l'ancien ufage qu'elles avoient eu pour objet de réforme, s'eft renouvellé, au grand préjudice de l'uniformité & de l'exactitude.

Ainfi, dans l'état actuel des chofes, quelques villes rendent compte aux intendans de leurs biens patrimoniaux, & aux chambres des comptes, des deniers d'octroi. Dans d'autres villes c'eft le contraire; les juges ordinaires reçoivent les comptes des biens patrimoniaux, & l'intendant ceux des octrois; fouvent même, dans une généralité, l'ufage eft différent.

Dans le Languedoc, dans la Provence & la haute Guyenne, les revenus des villes font le plus communément mis en moins impofé, & les dépenfes s'impofent, c'eft-à-dire que les revenus fervent uniquement à payer le montant des impofitions auxquelles les villes font taxées; on ajoute enfuite aux impofitions, les dépenfes & les charges de chaque année. Ce moyen, à la vérité, empêche ces villes de contracter des dettes, mais il a de grands dangers; car la facilité de pourvoir ainfi aux dépenfes annuelles par une fimple addition aux impofitions, peut les multiplier, & de plus, entraîner des conféquences très-fâcheufes, fous une adminiftration peu prudente & peu circonfpecte.

Par exemple, telle ville qui n'a qu'un revenu patrimonial de treize mille trois cens quatre-vingt-fept livres, a fait, en 1783, une dépenfe de cent douze mille fept cens huit livres, en forte que cet excédent, qui étoit de quatre-vingt-dix neuf mille trois cens vingt & une livres, a été acquitté par addition aux impofitions.

Mais les plus grands abus qui naiffent de la divifion établie dans la comptabilité des villes, c'eft que les intendans n'ont prefque jamais qu'une connoiffance imparfaite de l'étendue & de l'emploi des revenus dont ils ne reçoivent pas les comptes, & que dès-lors, ils font continuelle-

ment expofés à être trompés fur la fituation réelle
des villes de leur généralité, ou à ne s'appercevoir de leur détreffe que lorfqu'elles ne peuvent
plus la cacher.

D'un autre côté, la partie des revenus dont
le compte eft rendu à la chambre, eft laiffée à
la difpofition des officiers municipaux qui font
renouvellés tous les ans ou tous les deux ans ;
ces revenus font, tantôt adminiftrés avec économie, tantôt fans modération ; tantôt par des perfonnes intelligentes & zélées, tantôt par des
hommes entreprenans, inconfidérés, inactifs ou
incapables ; & dans ces derniers cas, les dépenfes
fe multiplient fans néceffité, fouvent même fans
utilité, & cependant ces dépenfes font légales,
parce qu'on eft parvenu à tromper l'intendant par
des états de fituation inexacts ; ce magiftrat a donné fon avis avec confiance, & le confeil l'a adopté, en autorifant les dépenfes. Quand même,
avec des états de fituation, ce magiftrat pourroit
exiger des copies des comptes que les villes rendent aux chambres, cette précaution ne l'éclaire-
roit guères davantage, parce que les comptes font
toujours arriérés de plufieurs années, & qu'il n'y
trouveroit jamais des connoiffances applicables au
moment & à des circonftances différentes de ce
qu'elles étoient lors de la reddition de ces comptes.

La preuve que les états de fituation fournis aux
intendans font accommodés aux vues des municipalités, c'eft qu'on a vu le défordre porté à tel
point dans l'adminiftration des deniers de certaines
villes, qu'elles avoient des charges, pour vingt
mille livres au-delà d'un revenu de foixante-dix
mille livres, une maffe de dette de cent vingt
mille livres, & des entreprifes commencées pour
quatre cens mille livres. On fent bien que dans
une pofition fi fâcheufe, le gouvernement eft
obligé de venir au fecours de ces villes ; & voilà
comme leur dérangement, mafqué & favorifé par
l'ordre vicieux de leur comptabilité, devient très-
à charge aux finances de l'état.

Afin de prévenir tous ces inconvéniens qui font
inhérens à l'état des chofes, il femble qu'en fe
rapprochant des difpofitions de l'édit de 1764,
on pourroit trouver un moyen d'établir l'uniformité dans la comptabilité des villes, & d'en te-

nir les objets continuellement fous les yeux de
l'adminiftration.

Ce moyen feroit d'obliger toutes les villes &
communautés d'habitans qui ont des revenus,
de quelque nature qu'ils foient, même celles qui,
fans avoir des revenus, ont des dépenfes & des
charges qui s'acquittent annuellement par la voie
de l'impofition, à en rendre, tous les ans, un
compte régulier, indépendamment de celui qu'elles
pourroient être dans l'ufage de rendre, foit aux
chambres des comptes, aux cours des aydes, bureaux des finances, ou partout ailleurs.

Ce compte feroit envoyé, dans le courant de
juillet de chaque année, au miniftre des finances,
pour les villes capitales dont la comptabilité eft
plus chargée ; & par les autres villes moins confidérables, dans le mois d'avril. Il contiendroit
l'univerfalité des revenus, en diftinguant les patrimoniaux des autres, & de même l'univerfalité
des dépenfes de toute nature.

En même-tems ces villes feroient paffer un double
de ce compte à l'intendant de la généralité, qui
adrefferoit copie de l'arrêté de chaque compte,
au miniftre, avec les obfervations dont il le jugeroit fufceptible.

Cet établiffement d'ordre intérieur ne dérange-
roit rien, comme on l'a dit, à la comptabilité légale ; mais en le fuivant fidélement, l'adminiftration fe trouveroit à portée de connoître, d'une
manière fûre, la fituation des revenus municipaux, & de prévenir partout les abus & le dérangement. Les intendans y trouveroient auffi des
lumières certaines fur des objets qui échappent à
leur vigilance ; les villes même auroient par-là,
l'avantage de rendre leur comptabilité légale plus
facile, puifqu'elle fe trouveroit toute préparée
par celle qui auroit été envoyée au miniftre.
Enfin, fi la néceffité forçoit encore quelquefois
de recourir à des impofitions locales ou à des
nouveaux droits, pour tirer d'embarras des villes
obérées, cette reffource, ménagée avec prudence, feroit employée avec fidélité, & les facrifices du tréfor royal deviendroient infiniment
plus rares qu'ils ne le font aujourd'hui.

NAP

NAPLES (finances du royaume de), ou détail des impositions & des droits qui s'y lèvent.

C'est la collection des mémoires imprimés au Louvre, sous les ordres & par les soins de M. de Beaumont, intendant des finances, qui nous a fourni tout le morceau qui suit.

Voyez ce que nous avons dit de cette collection, à l'article MILAN, *pag.* 130.

Les impositions qui se lèvent, & les droits qui se perçoivent dans le royaume de *Naples*, consistent :

1°. Dans la contribution annuelle & générale des provinces.

2°. Dans un droit connu sous la dénomination de *valimento*.

3°. Dans les arrendemens ou revenus royaux, qui sont composés de la ferme du tabac, du produit des droits sur le sel, sur la soie, sur le salpêtre & la poudre à canon; du droit de vingt-trois *grains* par once de la douane de *Naples*, & du produit des droits de quelques autres petites douanes particulières; du droit de *Regicensali*, des droits sur le fer, sur la manne; des droits de poids & mesures, des droits sur l'huile, sur les cartes à jouer, sur la cire & le sucre, sur la chaux; des parties d'arrendement, des revenus ou produits de la douane de Foggia, des droits sur les offices, du droit de salme & de traite, du droit de deux pour cent sur les chebecs, des droits de relief & de quinze ans, des droits de sortie du royaume, & des droits connus sous la dénomination de *corps divers*.

On va rappeler successivement les détails qui sont relatifs à chacun de ces objets.

On exposera ensuite le montant des revenus que sa majesté Sicilienne retire de la Sicile & des présides de Toscane, sur lesquels on n'a pu se procurer les renseignemens que l'on auroit desirés.

PREMIER OBJET.

Contribution annuelle & générale des provinces.

La contribution annuelle & générale des provinces, est composée :

1°. De l'imposition connue sous la dénomination d'*adoha*, & qui porte sur les biens féodaux, qui payent à raison de vingt-six un quart pour cent, non de leur produit actuel, mais de celui auquel ce produit ou revenu a été évalué en l'année 1564 ; de manière que par les augmen-

NAP

tations qui sont survenues successivement dans le revenu des fonds, le produit de l'*adoha* est bien inférieur à celui que cette imposition rendroit, s'il eût été procédé à une nouvelle estimation ou fixation des revenus de ces fonds.

2°. De la capitation qui se lève sur les différentes classes des sujets.

3°. Des taxes qui sont imposées sur les biensfonds & sur l'industrie.

4°. Du tribut dont chaque province est tenue pour l'entretien des chemins publics & des ponts & chaussées.

Capitation.

Chaque père de famille paye, pour la capitation, dix *carlins* (quatre livres cinq sols, monnoie de France): ses enfans ne sont assujettis à cette imposition que lorsqu'ils quittent la maison paternelle pour en habiter une particulière, & qu'ils sont émancipés. Ceux qui doivent acquitter la capitation, ou leurs héritiers, sont inscrits sur un registre que l'on appelle *registre du dénombrement général*: on observe cependant que lorsqu'un particulier, sujet à la capitation, laisse plusieurs héritiers, un seul est assujetti à cette capitation.

Taxe sur les biens-fonds.

La taxe sur les biens-fonds est réglée d'après les appréciations qui sont faites des revenus que ces fonds produisent.

Taxe sur l'industrie.

La taxe de l'industrie est fixée relativement aux différens genres de commerce & de métiers que chacun exerce.

Contributions pour les chemins, ponts & chaussées

La contribution pour l'entretien des chemins publics, ponts & chaussées, forme un objet annuel de cent quatre vingt mille ducats, (sept cent soixante-cinq mille livres, de notre monnoie ; le ducat étant de quatre livres cinq sous de France). Cette contribution est perçue pour le compte du roi, qui fournit à la dépense des objets auxquels elle est destinée.

Le montant de la somme pour laquelle chaque district, chaque ville doit contribuer, est réglé & déterminé; & c'est d'après ce montant que la répartition est faite sur tous les contribuables.

On suppose qu'un district doive fournir, pour sa contribution, dix mille ducats, & que, d'après le nombre des personnes sujettes à la capitation, le produit de cette capitation forme un objet de deux mille ducats, il reſtera à lever huit mille ducats pour compléter les dix mille, montant de l'impoſition totale.

On fait alors une eſtimation ou appréciation des revenus que produiſent à chaque particulier, ſoit les biens-fonds qu'il poſſède, ſoit la profeſſion qu'il exerce.

Le réſultat de ces produits eſt diviſé en onces, dont chacune équivaut à ſix ducats, (vingt-cinq livres dix ſols, monnoie de France.)

Ainſi, en ſuppoſant que le total & l'enſemble des revenus, ſoit des fonds, ſoit de l'induſtrie, forment un montant de quatre-vingt mille onces, ou quatre cent quatre-vingt mille ducats de revenu; en ce cas, comme il s'agit de remplir les huit mille ducats qui reſtent à acquitter ſur la contribution générale, chaque particulier eſt tenu de payer un carlin, (le carlin vaut huit ſols ſix deniers, monnoie de France) par ſix ducats, (vingt-cinq livres dix ſols, monnoie de France,) de ſon revenu, & ainſi à proportion, ſuivant le plus ou le moins qui reſte à fournir, après la capitation prélevée.

Lorſqu'une communauté poſſède des fonds communaux, & que les revenus de ces fonds ſont employés au payement de la contribution qu'elle doit ſupporter, le montant de la taxe, ſur chaque once de revenu, diminue en proportion.

Il y a des diſtricts qui, peu conſidérables dans le principe, n'ont été chargés que d'une impoſition très-modique, & qui s'étant agrandis dans la ſuite, par la population & le défrichement des terres, jouiſſent, dans l'état actuel, d'un revenu très conſidérable, relativement à la contribution dont ils ſont tenus, & qui ne forme pas un grain, (neuf deniers, monnoie de France,) par once, ou (vingt-cinq livres dix ſous, monnoie de France,) de leur revenu.

Les règlemens ſur la levée & perception de la contribution annuelle & générale des provinces, font des défenſes d'impoſer ſur chaque once de revenu au-delà de douze grains, (ou dix ſols de France); & lorſque cette taxe n'eſt pas ſuffiſante pour acquitter cette contribution, on eſt dans l'uſage d'établir des droits ſur le pain, le vin, la viande, la neige ou quelqu'autre denrée : il eſt même des communautés qui, quoiqu'il ſoit enjoint d'établir la contribution d'abord ſur les fonds & l'induſtrie, préfèrent de l'acquitter, tant avec le produit de leurs revenus communaux, que par le moyen de quelques droits qu'elles s'impoſent volontairement.

Pour parvenir à fixer le montant de la ſomme que chaque once doit ſupporter dans la contribution, les membres de la communauté nomment deux particuliers qui font l'eſtimation, tant des revenus des laïques, que des revenus des eccléſiaſtiques; & c'eſt ſur cette eſtimation, qu'eſt réglée la contribution que chaque once de revenu doit payer.

On obſerve cependant que la moitié des onces des revenus des eccléſiaſtiques, eſt exempte de la contribution, en conſéquence d'un concordat qui a été paſſé, en 1741, entre le roi d'Eſpagne, actuellement règnant, & le pape Benoît XIV.

Le ſyndic & les élus de chaque communauté ou diſtrict, ſont tenus de faire chaque année, dans trois époques différentes, le recouvrement de la contribution, & d'en porter le montant au tréſorier provincial.

Lorſqu'ils ne peuvent parvenir à faire le recouvrement en entier, ils ſont obligés d'en donner avis à ce tréſorier, & de lui envoyer une note exacte de ceux qui ſont en retard de payer : le tréſorier leur envoie un écrivain qui demeure chez eux, & à leurs frais, juſqu'à ce qu'ils aient ſatisfait.

Quelques communautés, pour s'éviter les embarras de la collecte, donnent à titre de ferme le montant de la contribution, & le fermier s'oblige d'acquitter cette contribution pour elles.

Les communautés ſont auſſi dans l'uſage de prendre ſur le produit des onces, les dépenſes qui leur ſont particulières & perſonnelles, telles que celles qui ſont établies pour les ſaints protecteurs, pour les écoles, les avocats, les médecins, les hôpitaux & autres objets de ce genre; mais le montant de ces dépenſes doit, en ce cas, être fixé par la chambre royale *de la Sommaria.*

Pluſieurs communautés, lorſqu'il ſurvient quelque calamité publique, font des emprunts, pour acquitter la contribution, & payent tant pour cent d'intérêt : il en réſulte que, ſous prétexte de ces intérêts à acquitter, les communautés exigent, annuellement, des membres qui les compoſent, le double de ce que chacun devroit payer pour ſa contribution.

Chaque pays, ou diſtrict, a ſes officiers municipaux, & ſon caiſſier, qui eſt chargé des revenus publics.

Ces officiers ſont tenus, à la fin de chaque année, de rendre compte de leur adminiſtration devant deux reviſeurs, qui ſont choiſis à cet effet, par le pays ou diſtrict.

L'appel des jugemens, qui ſont rendus par ces reviſeurs, peut être porté devant un juriſconſulte, qui eſt pareillement choiſi par la communauté : les ſentences que rend ce juriſconſulte doivent être exécutées par proviſion; mais lorſque ces ſentences ont reçu leur exécution, celui qui fe croit fondé à s'en plaindre, peut s'adreffer à la chambre royale, qui prononce en dernier reffort.

Les univerfités ou communautés, qui n'ont point voulu adopter le fyftème des onces, relativement à la fixation des gabelles, ou droits fur le comeftible, fe font mifes dans la dépendance de la chambre royale.

Les gabelles portent uniquement, ainfi qu'on l'a déjà obfervé, fur les vivres & les denrées. La ville de *Naples*, celle de Salerne, & un très-petit nombre d'autres villes, qui en ont obtenu la permiffion, peuvent feules impofer des gabelles, ou droits fur les marchandifes.

Ces droits font affermés au plus offrant & dernier enchériffeur; les fermiers ne peuvent prétendre ni obtenir aucune indemnité, qu'ils n'aient rempli toutes les conditions de leur bail, & qu'ils n'en aient payé le prix.

Le gouvernement a établi dans chaque province, un tréforier, qui prend le titre de *receveur provincial* : les fonctions de ces receveurs, confiftent à exiger le montant de la contribution; à acquitter les dépenfes qui font à la charge du roi, dans la province où ils réfident, & à faire parvenir les deniers qui leur reftent, à la tréforerie générale à *Naples*.

Les offices de receveurs fe vendent à vie; la finance en eft réglée relativement à l'étendue de leurs fonctions, & aux profits qui en réfultent.

Chaque receveur a à fes ordres un nombre fuffifant d'officiers fubalternes, dont les appointemens font de trente à quarante ducats, (cent vingt-fept livres dix fols, à cent foixante dix livres, monnoie de France), par mois; les frais de bureau, le port des deniers, les caiffes, & autres dépenfes, font à la charge du roi.

Indépendamment de ces appointemens, ces officiers fubalternes font payés des vacations ou journées qu'ils emploient à parcourir les provinces, pour faire le recouvrement des impofitions : les receveurs font dans l'ufage de retenir à leur profit, un tiers du montant de ces vacations ou journées.

Ces receveurs exercent une forte de jurifdiction très-peu étendue, & qui eft uniquement relative à ce qui concerne le recouvrement. Ils font leur réfidence ordinaire auprès des tribunaux provinciaux; ils ne peuvent s'en éloigner qu'avec une permiffion de la chambre royale, à laquelle ils rendent compte de leur geftion, & qui nomme à cet effet un revifeur particulier pour chaque province.

Voici un tableau qui fera connoître, province par province, le montant de la contribution annuelle & générale, celui des charges qui font à acquitter fur cette contribution, & le produit net qui en réfulte.

NOMS des PROVINCES.	REVENUS PLEINS	CHARGES.	REVENUS NETS.
Terre de Labour.......	121,489 d. 24 g.	....	121,489 d. 24 g.
Comté de Molife......	43,306. 92.	3093 d. 70 g.	40,213. 22.
Principauté citérieure...	103,801. 22.	11,104. 12.	92,697. 10.
Principauté ultérieure...	64,740. 10.	2812.	61,928. 10.
Capitanate	89,067. 69.	7508. 25.	81,559. 44.
Bafilicate............	118,160. 68.	12,218. 54.	105,942. 14.
Bary...............	165,959. 53.	17,716. 23.	148,243. 30.
Otrante.............	150,727. 82.	21,520. 45.	129,207. 37.
Calabre citérieure	142,165. 20.	8070. 80.	134,094. 40.
Calabre ultérieure	184,523. 47.	14,588. 59.	169,934. 88.
Abruzza citérieure.....	76,238. 2.	4562. 67.	71,675. 35.
Abruzza ultérieure.....	146,127. 42.	6875. 42.	139,252.
TOTAL........	1,406,307 d. 31 g.	110,070 d. 77 g.	1,296,236 d. 54 g.
Monnoie de France....	5,976,805 l. 8 f. 3 d.	467,800 l. 7 f. 9 d.	5,509,005 l. 6 d.

Droit de valimento.

Ce droit confiste dans les sommes qui sont payées par les propriétaires des fiefs qui résident hors du royaume ; ainsi le prince de Civitella, le prince de Melfi, & la princesse de Cellamare, qui ont leur habitation à Rome, paient, le premier, mille ducats (quatre mille deux cens cinquante livres, monnoie de France) ; le second, douze cens quatre-vingt-onze ducats onze grains (cinq mille quatre cens quatre-vingt-sept livres deux sous trois deniers, monnoie de France) ; & la troisième, trois mille six cens ducats (quinze mille trois cens livres, monnoie de France).

Les barons qui possèdent les fiefs, sont pareillement tenus de faire leur résidence dans le royaume de Naples ; & lorsqu'ils établissent leur domicile dans quelque pays étranger, ils paient l'*adoha*, ou vingt-six un quart pour cent du revenu actuel des fiefs.

Lorsqu'ils veulent voyager, ils doivent en obtenir la permission du roi, & le tems de cette permission est ordinairement très-limité.

Arrendemens ou revenus royaux.

Dès les premiers tems de la monarchie, il a été établi des droits prohibitifs sur différentes sortes d'objets ; ces droits, qui ont été successivement augmentés, sont connus sous la dénomination d'*arrendamenti*.

La perception de ces droits étoit faite anciennement pour le compte du roi, par des personnes qui étoient préposées à cet effet ; mais dans la suite ils furent aliénés presqu'en entier à différentes personnes, qui formèrent un corps ou compagnie.

Ce corps ou compagnie choisit, tous les deux ans, quatre directeurs qui sont chargés du soin de faire la recette des droits, & d'en partager les produits entre les propriétaires, par proportion à leurs mises. Il y a dans la ville de *Naples* un délégué particulier pour chaque branche de ces revenus, & auquel appartient la connoissance des matières & contestations qui y sont relatives.

Sa majesté Catholique, informée que les pro-

duits de ces droits étoient très supérieurs aux finances pour lesquelles l'aliénation en avoit été faite, établit, sous la dénomination de *sur-intendance*, un tribunal auquel préside le secrétaire d'état qui a le département de l'*assiente*, ou des finances, & qui ressortit à la chambre royale de la *Sommaria* ; & dans la vue de réunir à sa caisse l'excédant de l'ancien revenu qui avoit été aliéné par les rois ses prédécesseurs, elle ordonna que les comptes & l'administration des droits seroient réglés par ce nouveau tribunal.

On va rappeller séparément chaque branche de ces revenus.

Ferme du tabac.

Le droit de la vente exclusive & du commerce du tabac, est affermé pour six années, à compter du premier janvier 1768, jusqu'au 31 décembre 1774, inclusivement, pour la somme de (quatre cens quarante mille ducats, ou un million huit cens soixante-dix mille livres, monnoie de France), par an.

Une partie de ce revenu a été aliénée jusqu'à concurrence de cent mille ducats par an, dont l'amortissement se fait d'année en année.

Quand il s'agit de procéder à l'adjudication de cette ferme, plusieurs habitans & négocians s'unissent & se divisent en vingt quatre colonnes égales ; les chefs élisent un administrateur général qui suit l'affaire.

Aussi tôt qu'il a été procédé à l'adjudication, les intéressés choisissent à leur gré, entre les présidens & les conseillers de la chambre, cinq officiers qui forment un tribunal, que l'on nomme *la junte du tabac.* Ce tribunal connoît & décide en dernier ressort, de toutes les matières relatives au commerce du tabac, aux sous-fermes & à la contrebande ; ceux qui sont employés au service de la ferme, ont leurs causes commises à ce tribunal, tant au civil qu'au criminel.

Voici les différentes qualités, & les prix des tabacs qui se vendent à la balance dans le magasin du Brésil à *Naples.*

Tabac particulier...	120 grains, ou douze carlins la livre de douze onces.	5 livres	2 sols,			
Fleur.............	80 grains.	3	8			
Brésil............	70	2	19	6 den.		monnoie de France.
Feuilles..........	60	2	11			
Moulu	30	1	5	6		
Lavé	33	1	8	6		

Autres feuilles	30 grains	1 livre	5 fols	6 den.	
Haché............	33	....	1	8	6
Forcé............	40	....	1	14	
Carada..........	40	....	1	14	
Virginie..........	40	....	1	14	

monnoie de France.

Ceux qui se débitent dans le magasin du roi, appellé *Séville*, font :

Le Havanne fin......	120 grains	5 livres	2 fols		
Le Havanne à sac....	60	....	2	11	
La petite Havanne ...	40	....	1	14	
Le rapé............	64	....	2	14	
L'appellé	54	....	2	5	6 den.
L'appellé de Paris....	100	....	4	5	
Le Virginie	40	....	1	14	
Le Séville..........	450	....	20	2	6
Le Lecce..........	100 grains	4	5 fols.		

monnoie de France.

Les intéressés dans la ferme du tabac, font dans l'usage de céder des provinces entières à des sous-fermiers qu'ils chargent d'une quantité considérable de tabacs, dont ils exigent le prix qu'ils y mettent.

Les sous-fermiers, ainsi que l'administrateur de *Naples*, entretiennent un nombre infini de gardes & de commis, qui parcourent les provinces pour y empêcher la contrebande ; ils font autorisés à faire, quand ils le jugent à propos, des visites dans les maisons des particuliers, dans les monastères, & même dans les églises.

Anciennement on forçoit les communautés à prendre une certaine quantité de tabac ; mais cet abus ne subsiste plus, & l'on ne vend du tabac qu'à ceux qui veulent en acheter.

Une des principales branches de l'industrie dans la province de Lecce, consiste dans la plantation du tabac ; mais le commerce en est presque entièrement restreint à cette province, par les droits exhorbitans qui font exigés lorsqu'on le fait passer à *Naples*, ou dans tout autre endroit du royaume.

Les peines contre ceux qui font la contrebande, font très-rigoureuses ; les militaires & les officiers royaux perdent leur emploi ; les autres font condamnés à des peines corporelles, ou à des amendes pécuniaires très-confidérables.

Le prix de la ferme est payé chaque mois d'avance.

Les intéressés dans la ferme font obligés de fournir, de leurs deniers, les fonds nécessaires pour le paiement des appointemens des officiers de la *junte*, & ces appointemens font indépendans de ceux que ces officiers reçoivent du roi, pour raison de leurs autres emplois & fonctions,

Ces intéressés font dans l'usage de former un fond d'avance de deux cens mille ducats, (huit cens cinquante mille livres, monnoie de France).

Le profit ordinaire, pendant un bail de six années, monte à trois cens cinquante mille ducats, (un million quatre cens quatre-vingt-sept mille cinq cens livres, monnoie de France), qui font répartis entre ces fermiers, proportionnellement à leurs mises.

Le tabac qui est pris en contrebande, & les amendes qui font prononcées, font au profit de la ferme.

Le secrétaire d'état des finances, auquel le tiers de ces confiscations & amendes appartient, le cède ordinairement au fermier, pour dix-neuf cens ducats, (huit mille soixante-quinze livres, monnoie de France).

Revenus ou arrendement du sel.

La vente du sel forme une des plus anciennes impositions qui ait lieu dans le royaume de *Naples*.

Comme la capitation étoit autrefois beaucoup plus forte qu'elle ne l'est actuellement, le roi faisoit donner *gratis* un *tomolo* de sel (le *tomolo* contient vingt-quatre mesures, la mesure quatre jointées, & la jointée, ce qu'on peut tenir dans les deux mains jointes ensemble), par chaque feu ; mais aujourd'hui on vend tout le sel.

On distingue dans le royaume de *Naples* deux espèces de sel ; le sel de mer qui est fabriqué, & le sel fossile que l'on tire principalement des montagnes de Calabre : l'un & l'autre appartiennent au roi.

La distribution du sel ne se faisoit point autrefois d'une manière uniforme dans toutes les provinces ; dans quelques-unes le *tomolo* étoit de quarante-huit *rotolos* ou quinze cens quatre-vingt-quatre onces , (l'once forme le seizième de la livre de France) ; & dans d'autres , il n'étoit que de trente-trois *rotolos* , ou mille quatre vingt-neuf onces ; mais sa majesté catholique a fait établir des poids & mesures uniformes , dans toute l'étendue du royaume , pour la vente du sel.

Le prix ancien & originaire du sel étoit de douze carlins (cinq livres deux sols , monnoie de France) , par tomolo ; mais il a été successivement établi sur cette denrée , d'abord une imposition de cinquante-deux grains & demi , savoir , quinze au profit de la ville de *Naples* , & trente-sept & demi au profit du roi , & depuis une autre imposition de quatre-vingt-deux grains & demi ; de manière que le sel se vend actuellement à raison de vingt-cinq carlins (dix livres douze sols six deniers , monnoie de France) , le tomolo , ou les quarante-huit rotolos.

Chaque imposition qui a été mise sur le sel , est gouvernée par un corps particulier d'administrateurs qui sont choisis par ceux qui traitent du montant de cette imposition ; ainsi , il y a trois corps d'administrateurs ; le premier , pour le prix ancien du sel , de douze carlins ; le second , pour l'imposition de cinquante-deux grains & demi , & le troisième , pour celle de quatre-vingt-deux grains & demi.

Chacun de ces trois corps est dirigé par quatre gouverneurs qui ont un juge délégué , qui décide en dernier ressort : le nombre des officiers & agens subalternes est très-considérable.

Il existe dans toutes les principales villes du royaume , des magasins dans lesquels les endroits les moins considérables viennent s'approvisionner.

Certains districts ou communautés prennent la vente du sel à titre de sous-ferme ; on leur délivre une quantité de sel déterminée , qu'ils revendent ensuite à un prix un peu au-dessus de celui qu'ils l'ont acheté.

Ceux qui avoient acquis les droits & impositions sur le sel , étoient dans l'usage d'administrer ces droits & impositions comme bon leur sembloit ; mais sa majesté catholique ayant reconnu que les profits que faisoient ces acquéreurs étoient très-considérables , elle s'est portée à faire administrer cette partie , de manière que les fonctions des gouverneurs qui sont préposés par les intéressés , consistent uniquement , quant à présent , à veiller à la sûreté des fonds de leurs commettans , & l'administration est dirigée par le roi , qui établit à cet effet des officiers dans les endroits où il est convenable qu'il y en ait.

Chaque manufacture de sel est dirigée par un

administrateur , duquel dépendent ceux qui la travaillent.

Les présidens ou gouverneurs des provinces décident les affaires sommaires qui requièrent célérité.

Les religieux mendians , ne paient qu'un seul grain (neuf deniers , monnoie de France) , par mesure ou quatre jointées de sel.

Les autres religieux , & les prêtres séculiers ne paient qu'un ducat trente-cinq grains (une livre neuf sols trois deniers , monnoie de France) , par tomolo de sel.

Les fermiers des herbages de la douane de Foggia , ne sont assujettis qu'à quatre carlins (une livre quatorze sols , monnoie de France) , par tomolo.

Les principaux magasins sont *Naples* , Salerne , Gaette , Capitello , Castelamare & Pouzzuols.

Le produit net des droits sur le sel est de trois cens-soixante-cinq mille cinq cens quatre-vingt-seize ducats cinquante-six grains (un million cinq cens cinquante-trois mille sept cens quatre-vingt-cinq livres six sols six deniers , monnoie de France).

Arrendement de la soie.

Il est permis à toutes personnes de faire de la soie ; mais dès qu'elle est faite , chaque particulier doit déclarer la quantité qu'il en a ; & pour prévenir la fraude , il est expressément défendu d'exercer le métier de tireur de soie sans une permission du gouvernement : ceux qui sont pourvus de ces permissions doivent déclarer la quantité de soie qu'ils ont tirée , & pour le compte de qui ils ont travaillé ; le propriétaire fait ensuite sa déclaration qui doit se trouver conforme à celle du tireur.

La soie que chaque propriétaire emploie pour son usage , est exempte de toute imposition ; celle qu'il vend est assujettie à un droit de vingt-huit grains (vingt un sols , monnoie de France) , par livre pesant.

L'arrendement de la soie se divise en deux parties , en soie de Calabre & soie de la terre de Labour : cette division vient de ce que dans le principe , on ne faisoit de la soie que dans la Calabre & dans la terre de Labour.

Les impositions & les droits établis sur la soie ont été aliénés , pour la plus grande partie , à deux compagnies , qui choisissent quatre gouverneurs pour veiller à la perception de ces droits ; mais le roi nomme un premier administrateur général pour la Calabre , & un second pour le surplus du royaume :

royaume : ces deux administrateurs, qui ont à leurs ordres tous les officiers subalternes, se font remettre les déclarations & perçoivent l'imposition dans le moment de la vente de la soie. Les propriétaires qui envoient leurs soies directement à la douane de *Naples*, ne paient à l'officier qui est sur le lieu, que six grains par livre ; le surplus des droits est acquitté lors de la sortie de la douane.

On observe au surplus que l'imposition sur les soies n'est point la même dans tout le royaume ; des motifs d'encouragement ont porté le gouvernement à les réduire dans certains districts ; la ville de *Naples*, les îles d'Ischia & de Procida, sont même entièrement exemptes de ces droits.

On doit pareillement observer que les droits dont on vient de faire le détail, ne portent que sur la soie crue, & non sur les soies ouvrées, sur lesquelles il a été établi une imposition particulière, & dont on parlera dans la suite.

Le produit net des droits sur la soie crue, monte à soixante-quatorze mille sept cens treize ducats (trois cens dix-sept mille cinq cens trente livres cinq sous, monnoie de France).

Arrendement du salpêtre & de la poudre à canon.

Cette branche de revenu, consiste dans le droit exclusif de fabriquer & vendre la poudre.

La Pouille est la province qui est la plus abondante en salpêtre.

Dans tous les endroits où il y en a des manufactures, le privilège exclusif de le travailler est affermé ; le fermier est obligé d'en fournir au roi une quantité fixe & déterminée, & de la qualité qui a été convenue, à raison de quinze ducats (soixante-trois livres quinze sols, monnoie de France), par quintal de cent vingt-cinq livres pesant ; le fermier dispose du surplus comme bon lui semble.

La poudre à tirer se vend depuis six jusqu'à douze carlins (depuis deux livres onze sols, monnoie de France, jusqu'à quatre livres deux sols les trente-trois onces, ou deux livres une once de France), le rotolo, suivant sa qualité.

Celle pour les feux d'artifice, trois & quatre carlins (depuis cinq livres cinq sols six deniers, jusqu'à une livre quatorze sols, monnoie de France) le rotolo.

Le salpêtrier & ses ouvriers ne peuvent être traduits que devant le juge qui leur est assigné dans la capitale ; il a le droit de prendre par-tout, sans rien payer, le fumier & la terre dont on tire le salpêtre.

Les salpêtriers sont exempts de toutes charges

publiques ; ils ne peuvent être arrêtés pour dettes ; ils ont des espions & des gardes pour veiller à la contrebande ; ils doivent porter le salpêtre dans les manufactures à poudre du roi, qui sont situées aux environs de *Naples*, & c'est de-là que sort la poudre pour être transportée dans tout le royaume.

Il est fait les défenses les plus expresses d'introduire des poudres étrangères.

Le roi a aliéné une partie du revenu sur la poudre, jusqu'à concurrence de trente mille ducats ; ainsi le produit annuel n'est que d'environ deux mille ducats (huit mille cinq cens livres, monnoie de France), outre la poudre que le roi consomme pour ses troupes, pour le service de l'Etat, & pour ses chasses.

Arrendement des vingt-trois grains par once de la douane de Naples.

Ce produit consiste dans les droits que paient les draps & étoffes de soie qui entrent dans la ville de *Naples*, soit qu'ils viennent de l'étranger ou de l'intérieur.

Deux officiers priseurs taxent ces marchandises, eu égard au prix qu'elles peuvent être vendues, & chaque once ou six ducats paie vingt-trois grains ; (sur vingt-cinq livres dix sols, monnoie de France, on paie environ dix-sept sols six deniers).

Les priseurs inscrivent leur estimation sur un registre, d'après la quantité qui a été déclarée, & le caissier perçoit le droit en conséquence.

Lorsque la marchandise sort de la douane, un réviseur constate si la déclaration qui a été faite est exacte ; si elle est reconnue fausse, la marchandise est confisquée, & le propriétaire encourt des peines proportionnées à l'importance de l'objet.

Arrendement connu sous la dénomination de Regi-Censali.

Ce revenu consiste dans les droits qui se perçoivent aux portes de *Naples* sur le grain, les légumes, les herbages, le verre, la poterie, & généralement sur toutes les denrées qui servent à la consommation des habitans, & dans le droit de boucherie.

Ces droits, qui ne sont relatifs qu'à la seule ville de *Naples*, ont été aliénés en partie ; ils produisent net vingt-sept mille huit cens quatre vingt-un ducats (cent dix-huit mille quatre cens quatre-vingt quatorze livres cinq sols, monnoie de France) : c'est le tribunal de la sur-intendance qui en a la direction.

Arrendement du fer.

Cette branche de revenu, consiste dans le droit

exclufif de tirer la mine, de fabriquer le fer, & de faire le commerce de celui qui vient de l'étranger fans être travaillé.

Le royaume de *Naples* fe divife, relativement à cette partie, en quatre départemens, dont chacun embraffe trois provinces.

Cet objet produit un revenu net de quarante-deux mille cent vingt-neuf ducats trente-huit grains (cent foixante-dix-neuf mille quarante-neuf livres quinze fols fix deniers, monnoie de France).

Le département de Calabre a feul le droit de travailler le fer, parce que c'eft dans cette province qu'exiftent les mines: le gouvernement donne aux ouvriers qui en font l'extraction, une certaine quantité de matières, fous la condition de lui en rendre la moitié en fer travaillé; on prend fur cette quantité ce qui eft néceffaire pour le fervice, & le furplus eft vendu au fermier qui en fait le commerce.

Arrendement de la manne.

Ce revenu confifte dans le droit exclufif d'acheter la manne de ceux qui la recueillent, & de la revendre enfuite au prix le plus avantageux qu'il eft poffible.

Il y a deux fortes de manne, celle de Pouille, & celle de Calabre.

Le gouvernement avoit pris le parti de confier cette partie à des adminiftrateurs; mais il a jugé depuis, qu'il étoit plus convenable d'affermer ce privilège.

Le fermier achete la manne de ceux qui l'ont recueillie, & la paie; favoir, la manne commune, trois carlins & demi le rotolo (une livre neuf fols neuf deniers, monnoie de France, les trente-trois onces), & cinq carlins (deux livres deux fols fix deniers, monnoie de France), la manne choifie.

Les propriétaires ne peuvent fe difpenfer de vendre la manne au fermier; il les entretient, d'ailleurs, un nombre d'efpions, qui parcourent les bois dans le tems de la récolte, & qui prennent, jour par jour, de ceux qui la font, une note de ce qu'ils ont recueilli; au moyen de quoi il fait la quantité que chacun doit en avoir.

Il paie aux propriétaires des bois cinq carlins (deux livres deux fols fix deniers, monnoie de France), par chaque *mannarole*, ou ouvrier qui eft employé à la récolte; mais ces propriétaires ne peuvent, en aucune manière, difpofer du produit de leurs arbres, pas même pour des médicamens pour eux; ils doivent acheter la manne

dont ils ont befoin, du fermier, ou *appaltateur royal*, qui la vend le plus cher qu'il peut.

Quoiqu'une partie du revenu de la manne ait été aliénée, les aliénataires n'ont aucune adminiftration fur cet objet; elle eft exclufivement confiée au tribunal de la fur-intendance.

Dans le tems de la récolte, les habitans des lieux font obligés d'y travailler; le tribunal de la fur-intendance a pleine & entière jurifdiction fur les employés; il établit des gardes où bon lui femble, pour empêcher qu'on n'enlève la manne, & qu'on n'en faffe commerce: les ouvriers qui travaillent à la récolte, ne peuvent, tant qu'elle dure, être conftitués dans les prifons, pour aucune dette, ni obligation civile.

Arrendement du poids & de la mefure.

Ce revenu confifte dans les droits qui font payés pour la marque des poids & mefures dont on fe fert dans le commerce.

Le droit de vifiter & marquer les poids & mefures, avoit été réuni à la monnoie, & les directeurs des monnoies le faifoient exercer dans les provinces par des perfonnes qu'ils y envoyoient.

Philippe II, fur les repréfentations qui furent faites des vexations auxquelles ceux qui étoient prépofés à cette police fe livroient, remit ce droit aux communautés, & convertit en une taxe, fur chaque feu, le produit qui en réfultoit; ainfi, le droit de marque, qui eft confié à un officier prépofé par le gouvernement, n'a plus lieu que dans la feule ville de *Naples*.

On paie pour chaque demi-canne, cinq grains (quatre fols, monnoie de France); pour une balance, un carlin (huit fols fix deniers, monnoie de France); pour le tomolo, deux carlins (dix-fept fols, monnoie de France); & ainfi, pour les autres poids & mefures, à proportion de leur grandeur.

Le produit net de ce droit eft de deux mille deux cens trente deux ducats quatre-vingt grains (neuf mille quatre cens quatre-vingt neuf livres huit fols, monnoie de France).

Les gouverneurs de l'Annonce, & les officiers des douanes, font fpécialement chargés de veiller aux contraventions; ils en donnent avis au fermier, qui traduit les contrevenans devant le juge qui eft établi à cet effet.

Arrendement des cartes à jouer.

Le droit exclufif de fabriquer les cartes à jouer, eft fous l'infpection de la chambre royale, qui l'afferme tous les dix ans ; le fermier sous-ferme ce droit dans les provinces : le produit net monte à trois mille ducats (douze mille sept cens cinquante livres , monnoie de France).

Arrendement de l'huile & du savon.

Les droits qui se perçoivent sur l'huile , sont de vingt-cinq grains (une livre , monnoie de France), par *staro*, sorte de mesure qui contient à-peu-près vingt-une livres d'huile.

La perception de ce droit est faite par les particuliers auxquels il a été aliéné ; ils entretiennent dans quatre endroits du royaume de *Naples*, un gouverneur ou administrateur, auquel il a été adjoint des officiers subalternes pour percevoir les droits.

Ceux qui récoltent l'huile, & qui la consomment pour leur usage, ne sont sujets à aucun droit ; elle n'y est assujettie que dans le cas de vente, ou lorsqu'on la transporte hors du lieu où elle a été fabriquée.

Ceux qui vendent l'huile pour le pays étranger, paient au fermier trente-trois carlins (quatorze livres six deniers, monnoie de France); par charge, qui contient dix-huit *staro*, ou trois cens soixante-dix-huit livres pesant ; deux carlins (dix-sept sols, monnoie de France), à la douane de chaque lieu où l'huile passe ; & dix carlins (quatre livres cinq sols, monnoie de France), au roi.

Les marchands obtiennent quelquefois des compositions sur les droits du fermier.

Le produit net, pour le roi, des droits sur l'huile, monte à trente-cinq mille quatre cens vingt-huit ducats cinquante-neuf grains (cent cinquante mille cinq cens soixante-onze livres dix sols, monnoie de France).

Les droits sur le savon sont pareillement aliénés à des particuliers ; mais indépendamment de ces droits, on paie au gouvernement dix carlins (quatre livres cinq sols, monnoie de France), par quintal de savon ; il a été établi à cet effet, dans chaque fabrique, un douanier, un peseur, un caissier & un reviseur.

Dans la fabrique de savon, à *Naples*, le droit s'acquitte sur la lie de l'huile qui doit le former, parce que l'on sçait que telle quantité de lie produit telle quantité de savon.

Le produit net de ce droit, est de quatre cent soixante-seize ducats, (deux mille vingt-trois livres, monnoie de France).

Arrendement de la cire & du sucre.

La cire qui se fabrique dans le royaume de *Naples*, n'est assujettie à des droits, que lorsqu'on la transporte pour être vendue hors du district dans lequel elle a été fabriquée : ces droits sont d'un grain & demi, (un sol trois deniers, monnoie de France,) par livre.

Celle qui vient du Levant ou de Venise, est sujette aux mêmes droits.

Le sucre, qui est importé dans le royaume de *Naples*, paye, à l'entrée, onze carlins & demi, (quatre liv. dix-sept s. neuf d. monnoie de France), par quintal. Il est encore sujet au même droit, lorsqu'il passe d'une province dans une autre, ou du territoire d'une douane dans celui d'une autre.

Ces droits donnent un produit net de dix-neuf mille ducats, (quatre vingt mille sept cent cinquante livres, monnoie de France.)

Arrendement de la chaux.

Chaque poids de chaux, qui entre dans la ville de *Naples* seulement, paye un droit de trois grains. (Le poids contient vingt rotolos, le rotolo trente-trois onces, & par conséquent deux livres une once pesant ; ainsi, le poids est de quarante-une livres quatre onces. Les trois grains reviennent à deux sols six deniers de France.)

Ce droit est formé de deux impositions, l'une ancienne, qui étoit d'un grain & demi, & la nouvelle, qui est pareillement d'un grain & demi.

Ces deux impositions sont perçues par deux officiers différens, qui reçoivent chacun un grain & demi.

Ces deux droits devroient produire autant l'un que l'autre ; mais comme, lors de l'établissement du nouvel impôt, il fut accordé plusieurs exemptions, le produit de l'ancienne imposition est évalué à huit mille six cent quatre-vingt sept ducats, & celui de la nouvelle, à sept mille soixante-dix ducats : ces deux sommes réunies forment celle de quinze mille sept cent cinquante-sept ducats, (soixante six mille neuf cent soixante-sept livres cinq sols, monnoie de France).

Parties d'arrendement.

Ces parties d'arrendement sont composées de différens objets :

1°. Sa majesté catholique avoit établi, sous la dénomination de *fonds de la caisse militaire*, une nouvelle imposition de trois cent mille ducats, dont le montant fut réparti sur les différens arrendemens ou branches de revenus dont on vient de faire le détail ; ce qui occasionna une augmentation assez forte sur chacun des droits dont ces arrendemens sont formés.

Depuis, & en laissant subsister les augmentations qui avoient lieu fur ces différens droits ou arrendemens, on a formé de l'impofition du fonds de la caiffe militaire, un corps d'impofition féparé & diftinct; il en a été aliéné jufqu'à concurrence de cent quarante-fept mille ducats, & il n'a plus été perçu au profit du roi, que cent cinquante-trois mille ducats, ci . . 153 mille ducats.

2°. Il eft rentré dans la caiffe de fa majefté Sicilienne, foit à titre de rachat, foit par démiffion d'emplois, foit par le décès de ceux qui les poffédoient, différentes parties qui ont été réunies à l'impofition du fonds de la caiffe militaire, & qui fe perçoivent en même temps.

Ces parties confiftent :

1°. Dans celles qui étoient affignées au grand-amiral, & qui montent à . . . 6936 ducats.

2°. Dans celles qui ont été rachetées de l'Electeur Palatin, & qui montent à . . . . . 392. 84 grains.

3°. Dans celles qui ont été rachetées fur les herbages de Foggia, & qui reviennent à 2094. 74.

4°. Dans les parties dévolues, qui font de mille vingt-trois ducats, ci . . . . . 1023.

Ces quatre objets réunis, forment un montant de . . . 10445 ducats 158 g.

Qui réunis aux cent cinquante-trois mille ducats de l'impofition du fonds de la caiffe militaire, donnent un revenu de cent foixante-trois mille quatre cent quarante cinq ducats cent cinquante-huit grains, (fix cent quatre-vingt quatorze mille fix cent quarante-huit livres, monnoie de France.)

Douanes.

Il exifte dans le royaume de *Naples* plufieurs douanes, dont les unes font établies dans les lieux maritimes les plus fréquentés & les plus commodes pour le commerce, les autres dans les principales villes du royaume, d'autres enfin fur les chemins publics, & principalement fur les frontières des différentes provinces.

L'adminiftration de ces douanes étoit anciennement divifée en quatre départemens.

Depuis, toutes les douanes, à l'exception de trois qui font dans la Pouille, & qui font demeurées fous l'infpection d'un gouverneur général, ont été mifes fous l'adminiftration du tribunal de la fur-intendance.

Des différens droits qui font perçus dans les douanes, les uns n'ont lieu que dans les douanes maritimes, d'autres font perçus dans toutes les autres douanes; quelques-uns de ces droits ont été donnés à titre de fiefs à des barons; quelques-autres ont été vendus à des communautés : il y a même quelques douanes entières, principalement dans les deux Calabres, qui ont été aliénées à des barons dans les lieux maritimes qui leur appartiennent.

Voici les différens droits qui fe perçoivent dans ces douanes.

Le premier eft un droit de place, qui confifte dans la perception de dix-huit grains, (treize fols par vingt-cinq livres dix fols, monnoie de France,) par fix ducats du prix & valeur de tous les contrats en général : cet impôt eft très-ancien, & doit fon origine aux princes Lombards.

Ce droit, pour les marchandifes de l'intérieur, eft perçu par les barons, ou par les communautés qui en donnent le montant, en déduction de celui des quarante-deux carlins qui font impofés fur chaque feu; mais c'eft le roi qui le perçoit fur les marchandifes étrangères qui entrent dans le royaume.

Les communautés font dans l'ufage d'affermer ce droit; en obfervant néanmoins d'en prefcrire le recouvrement d'une manière qui n'apporte aucune gêne ni entrave au commerce.

Les habitans des lieux, qui font le commerce entr'eux, ne font point affujettis à ce droit, qui n'a lieu pour les regnicoles, que lorfqu'ils trafiquent d'un lieu à l'autre : les étrangers, au contraire, l'acquittent doublement, puifque d'un côté ils le payent, & à l'entrée, & dans les lieux où ils s'établiffent; & ce qui paroîtra le plus fingulier, c'eft que ce droit eft acquitté à chaque vente & revente des marchandifes.

Le fecond droit confifte dans le *droit de magafin*, auquel les marchandifes étrangères font affujetties, à raifon de quinze grains, (douze fols, monnoie de France) par once, ou fix ducats de leur valeur. Les marchandifes du pays font exemptes de ce droit lorfqu'elles n'approchent point, foit par terre, foit par mer, de l'étendue de la jurifdiction de la douane de *Naples*.

La foie crue, qui ne payoit anciennement que fept grains & demi par livre, paye actuellement beaucoup plus.

Le troifième droit confifte dans le *droit d'ancrage*, c'eft-à-dire la taxe qui eft impofée fur les bâtimens, à raifon de leur entrée & de leur féjour dans les ports & baies du royaume.

Les vaisseaux à deux ponts, payent neuf ducats, (vingt-huit livres cinq sols, monnoie de France;) ceux à un pont, six ducats, (vingt-cinq livres dix sols, monnoie de France;) les bâtimens qui n'ont point de pont, payent trois ducats, (douze livres quinze sols, monnoie de France,) & les petites barques, à proportion de leur grandeur : ces droits sont perçus chaque fois que le bâtiment rentre dans le port, même après le voyage le plus court.

Le quatrième droit est celui d'*armement*: on le percevoit autrefois chaque fois que le bâtiment entroit dans le port, relativement à la valeur des armes ; mais actuellement ce droit se rachette pour toujours ; le prix en est arbitraire, & dépend du grand amiral ou de son lieutenant.

Le cinquième, est le *droit de fanal*, qui se paye par tous les vaisseaux indistinctement, à raison d'une tornèse ou demi-grain, (cinq deniers, monnoie de France,) par chaque tonneau.

Le sixième, est le *droit de nouvelle gabelle*.

Ce droit avoit été établi par Charles III de Duras, à raison de six grains, (quatre sols six deniers, monnoie de France,) par once de la valeur des marchandises qui entreroient ou fortiroient par toutes les côtes, depuis le fleuve Tronto jusqu'à la ville de Reggio. Il fut augmenté, en 1482, par Alphonse d'Arragon ; mais le propriétaire qui l'a acquitté une fois, peut faire entrer & fortir les mêmes marchandises tant qu'il le juge à propos, sans être assujetti à aucune nouvelle taxe.

Suivant la même ordonnance, par laquelle ce droit a été établi, tout bâtiment de trois cent tonneaux, qui s'arrête dans quelque endroit des côtes que l'on vient de rappeler, paye six ducats ; ceux au-dessous de trois cent tonneaux, trente carlins, (douze livres quinze sols, monnoie de France ;) & toutes les barques, quinze carlins, (six livres sept sols six deniers, monnoie de France,) soit que ces bâtimens soient chargés de marchandises ou non.

Le septième, est le droit de poids & mesure, qui ne s'acquitte que dans les douanes royales, à raison de cinq grains, (quatre sols, monnoie de France,) par quintal ; sçavoir, moitié par l'acheteur & moitié par le vendeur.

Les marchandises qui se mesurent avec des cannes, payent deux carlins, (dix-sept sols, monnoie de France,) par cent aulnes de canne; les toiles ordinaires blanches, ne payent que trois grains, (deux sols trois deniers, monnoie de France.)

Les toiles fines, les draps qui se vendent en pièces ou balles, les draps ou toiles ordinaires qui se tirent de la douane, sans convention de poids ni de mesure, ne sont point sujets à ce droit.

Les marchandises qui se mesurent par tomolo, payent un grain, (neuf deniers, monnoie de France,) par tomolo.

Le huitième est le *droit d'embarquement*, qui a été établi par Frédéric II.

Il se perçoit sur le poids des marchandises destinées à être embarquées, à raison de deux grains (un sol six deniers, monnoie de France), par quintal.

A ce droit d'embarquement, sont joints deux autres droits qui se perçoivent, l'un, à raison de cinq carlins, (deux livres deux sols six deniers, monnoie de France,) par cent ducats, sur toutes les marchandises qui sortent, après avoir été assurées ; l'autre, à raison de dix carlins, (quatre livres cinq sols, monnoie de France,) que payent ceux qui s'établissent dans les rues, pour faire le change de l'argent.

Le neuvième, est le *droit de sortie*, qui se paye pour les marchandises qui sortent du magasin du roi : le montant de ce droit varie dans les différentes douanes ; il est de dix pour cent à *Naples*. Ce droit est perçu sur les marchandises qui sont achettées à bord du bâtiment qui est dans le port, lors même qu'elles n'entrent pas dans la douane.

Le sel, le fer & les autres objets qui sont assujettis à d'autres droits, sont exempts de celui-ci ; mais les bois y sont sujets à leur sortie du royaume.

On paye à la sortie des denrées & bestiaux qui servent à la consommation du pays, un droit de *dernière sortie*, qui est de dix pour cent de la valeur : l'objet de ce droit a été d'empêcher l'exportation de ces denrées ; celui qui régit ce droit, porte le nom de *maître des vivres*.

On perçoit dans la douane de *Naples*, sous la dénomination de *nouvelles impositions*, d'autres droits, dont voici le détail.

Chaque livre de soie & de safran, paye à la sortie du royaume, un carlin, (huit sols six deniers, monnoie de France,) à moins qu'on ne soit en état de justifier que les droits établis sur ces marchandises, ont été acquittés dans le lieu de leur crû.

Chaque quintal de chanvre, qui sort du royaume, paye quinze carlins, (six livres sept sols six deniers) : le quintal, à *Naples*, est de cent-vingt-cinq livres pesant.

Le poisson salé, de toute espèce, paye à la sortie deux carlins, (dix-sept sols, monnoie de France,) par once ou six ducats ; celui qui vient de l'étranger paye les mêmes droits de douane que les autres marchandises.

Le droit connu sous la dénomination de *bondenier*, consiste dans un tarin, (dix-sept sols, monnoie de France, ou deux carlins,) qui est payé par chaque once de viande salée, de l'huile & des fromages : ce droit se divise en huit parties, dont cinq sont perçues par la ville de *Naples*, & trois par des aliénataires.

Indépendamment de ces droits de douane, la ville de *Naples*, pour se récupérer des sommes qu'elle a fournies au souverain, perçoit un droit de dix pour cent sur toutes les marchandises qui proviennent des fabriques & manufactures de cette capitale, soit qu'elles soient transportées dans l'intérieur du royaume, soit qu'elles passent à l'étranger.

Le roi ne possède qu'une partie des droits de douane qui existent dans le royaume de *Naples*, à cause des aliénations multipliées qui ont été faites par les rois ses prédécesseurs. Les produits des autres sont divisés en différentes branches que des particuliers sont dans l'usage d'achéter à vie : c'est ainsi qu'a été aliéné le droit pour le séjour des bâtimens dans les ports & baies du royaume, & ce droit, joint à celui de l'assurance & sortie des marchandises, forme l'office du *portulano*.

Le droit de ce portulano, s'étend sur toutes les côtes maritimes d'une province entière, & quelquefois au-delà.

Dans l'étendue du royaume de *Naples*, sont des villes & autres lieux qui, soit en conséquence de quelque privilège concédé par le souverain, soit parce qu'ils les ont acquis, sont exempts de tout ou partie de ces impôts.

Toutes les douanes sont régies comme celle de *Naples* ; mais dans celles qui sont de peu d'importance, souvent la même personne exerce deux ou trois emplois, & quelquefois même davantage.

On évalue ce que les droits de douane rapportent à sa majesté Sicilienne, à deux cent trente-sept mille quatre cent cinquante-sept ducats trente-neuf grains, (un million neuf mille cent quatre vingt treize livres dix-sept sols six deniers, monnoie de France.)

Douane de Foggia.

Les fonds que sa majesté Sicilienne possède dans la province de la *Capitanate*, & dont moi-

tié est destinée au pâturage des bestiaux, & l'autre à la culture du blé, sont affermés chaque année.

Ce corps de rente est très-ancien dans le royaume de *Naples* ; il existoit du temps des Romains, à la vérité sous une forme toute différente de ce qu'elle est aujourd'hui ; c'étoit alors un droit qui se levoit sur les bestiaux qui passoient, de l'Abbruzze, dans les pâturages de la Pouille, qui étoient possédés par des propriétaires particuliers.

Cette forme de perception n'éprouva aucun changement sous le règne de Frédéric II : ce fut sous les princes de la maison d'Anjou, qu'on établit un droit exclusif sur les pâturages destinés à l'engrais des bestiaux dans la Pouille ; & comme le Souverain n'étoit point encore, ainsi qu'on l'a déjà observé, propriétaire de ces pâturages, il les prenoit à titre de ferme de ceux qui les possédoient, & il les sous-fermoit ensuite aux bergers.

Alphonse d'Arragon donna, en 1445, une forme régulière à ce corps de rente ; il afferma les herbages à perpétuité ; il réunit en un seul & même droit, qu'il fixa à huit grains, (six sols trois deniers, monnoie de France,) par chaque tête de bétail, les différens droits qui étoient payés ; il ordonna que les habitans des deux Abbruzzes, du comté de Molise & de la terre de Labour, seroient tenus d'envoyer tous les ans leurs bestiaux dans la Pouille, & il s'obligea à leur procurer des pâturages suffisans.

Il fut, en conséquence, établi un directeur, qui connoissoit en même temps, à l'exclusion de tous autres juges, de toutes les contestations qui pouvoient s'élever, tant en matière civile que criminelle, entre les bergers & les propriétaires des bestiaux.

Les bestiaux, qui étoient inscrits pour le pâturage, cessèrent d'être sujets au droit de ponts, barques, chemins, & autres, auxquels ils étoient précédemment assujettis. Alphonse d'Arragon donna à cet établissement la dénomination de *douane* ; il prit ensuite toutes les mesures nécessaires pour procurer aux bestiaux une continuation de pâturages, depuis les endroits les plus reculés de l'Abbruzze, jusqu'à leur arrivée dans la Pouille.

On se rappelle que la propriété des pâturages ne résidoit point dans la main du souverain : la rébellion des barons, en 1458, fournit à Ferdinand premier une occasion pour acquérir la plus grande partie des fiefs qu'il tenoit à titre de ferme. On suivit la même marche lors des révoltes qui survinrent dans la suite ; & c'est ainsi

que furent formées infenfiblement les vaftes poffeffions de fa majefté Sicilienne dans la Pouille.

Comme les Barons poffédoient encore quelques
herbages, les vice-rois leur imposèrent l'obligation de les affermer à perpétuité; au moyen de
quoi tous les pâturages fe trouvèrent réunis dans
la main du domaine.

Les troubles, qui agitèrent le royaume fous
les fils & les neveux de Ferdinand d'Arragon,
entraînerent la ruine prefqu'entière de l'établiffement de la douane de Foggia. Les barons,
les communautés d'habitans, les maifons religieufes, les particuliers même s'emparèrent de
la plus grande partie des poffeffions du domaine.

Ces ufurpations engagèrent fucceffivement les
vice-rois à nommer des commiffaires, qui furent chargés de réunir tout ce qui avoit été ufur-
pé; il fut procédé, en 1647, à une révifion
générale, & le domaine fe mit en poffeffion de
tout ce qui fut jugé lui avoir appartenu.

Cette opération a éprouvé d'abord quelques
contradictions; elle n'eft même pas entièrement
terminée, & il arrive encore quelquefois, que
malgré la longue jouiffance des poffeffeurs, le
domaine s'empare de quelques fonds, lorfque
l'on juge qu'ils ont été diftraits de l'ancien domaine royal.

La redevance qu'Alphonfe d'Arragon avoit fixée
à huit grains, par tête de bétail, fut portée à
dix grains, par le vice-roi dom Pierre de Tolède. Le duc d'Albe l'augmenta, en 1554, de
deux autres grains & demi, ce qui fait douze
grains & demi, (neuf fols fix deniers, monnoie de France.)

On obferve, que tous les beftiaux en général, à l'exception des porcs, font admis dans
les pâturages; les bœufs, les vaches, les jumens & les buffles font comptés chacun pour
dix têtes: ainfi, ces beftiaux payent à raifon de
cent-vingt-cinq grains, (cinq livres cinq fols neuf
deniers, monnoie de France.)

Alphonfe d'Arragon fit venir d'Efpagne un
grand nombre de beftiaux choifis, & qui ont
tellement multiplié, qu'ils ont été le principe
de l'immenfe quantité que la Pouille en renferme
aujourd'hui. Il divifa ces beftiaux en bandes,
ou compagnies, auxquelles il donna le nom de
Locations, que portent aujourd'hui les vingt-deux
grandes portions, dans lefquelles le territoire de
la Pouille, connu dès le temps des Angevins,
fous la dénomination de Tavolière, a été depuis
divifé.

Voici maintenant de quelle manière les herbages font affermés.

L'herbage fe mefure dans la Pouille, par charretée, efpèce de mefure qui a été introduite par
les princes normands: chaque charretée comprend
vingt verfures, une verfure foixante pas carrés,
le pas fept pieds; ainfi la verfure répond à l'ancien arpent romain.

Une loi expreffe a fixé & déterminé le nombre
de beftiaux qui pouvoient fe nourrir fur l'étendue de terrein défigné par une charretée; mais,
comme cette fixation eft relative à la qualité des
herbages, elle varie néceffairement beaucoup.

Dans chaque location font infcrits les propriétaires de beftiaux, qui forment entr'eux la quantité que cette location peut contenir.

Le 25 novembre, époque à laquelle les beftiaux font rendus dans les environs de la Pouille,
chaque propriétaire déclare fecrétement au préfident de la douane, le nombre de beftiaux qu'il
veut introduire fous fon nom, ainfi que ceux
qui lui appartiennent, ou qui font cenfés lui
appartenir.

Le lendemain 26, on fait le relevé du regiftre
où les déclarations font infcrites; on calcule le
produit qui doit en réfulter; les beftiaux font
introduits dans la location; les pafteurs, ou
bergers, fubdivifent enfuite entr'eux les herbages,
& on affigne à chacun fa portion.

Ceux qui n'ont point envoyé, ainfi qu'ils y
font obligés, leurs beftiaux aux pâturages, font
condamnés à des amendes qui montent à fept
grains & demi, (fix fols, monnoie de France,)
par tête de beftiaux. Ces amendes font recou-
vrées par des officiers qui fe tranfportent dans les
campagnes, pour vérifier fi les beftiaux ont tous
été envoyés: on excepte cependant, de l'obligation d'aller aux pâturages, les beftiaux qui font
employés aux travaux de la campagne.

Indépendamment des quatre provinces qui font
nommément défignées pour envoyer leurs beftiaux aux pâturages, tout le gros bétail du royaume
doit y être conduit, fous peine d'amende.

On eft dans l'ufage de dreffer des procès-verbaux, qui contiennent une efpèce de généalogie
des beftiaux & de ceux qui en proviennent, afin
de connoître fi les propriétaires les envoient au
pâturage.

On fe rappelle qu'Alphonfe d'Arragon avoit
établi, de diftance en diftance, des pâturages, pour
faciliter aux beftiaux leur fubfiftance, pendant les
chemins qu'ils avoient à faire; Ferdinand, fon
fils, ajouta à cette première précaution, celle de
faire ouvrir, depuis les confins du royaume,
jufque dans la Pouille, des chemins de foixante
pas de largeur; la plupart de ces chemins n'exiftent plus aujourd'hui.

On se rappelle pareillement, que la moitié des fonds que sa majesté Sicilienne possède dans la Pouille, a été destinée pour la culture du bled ; cependant il n'y a guère que le tiers & demi de cette moitié, qui reçoive ce genre de culture ; le surplus est en pâturage, qui est destiné pour les bestiaux que l'on emploie à la culture.

Les terres destinées au labourage, sont affermées par versure, à raison de vingt-trois carlins & demi, (neuf livres quinze sols six deniers, monnoie de France,) pour chacune.

On suppose qu'un particulier prenne à ferme neuf cent versures, trois cents doivent rester vides, & deux cents sont assignées pour le pâturage ; ainsi, il ne peut cultiver que quatre cents versures, & cependant il est obligé de préparer les trois cents versures pour recevoir la semence ; & c'est celui qui entre en jouissance l'année suivante, qui lui rembourse les frais de cette culture.

Les cultivateurs, ou colons, jouissent des mêmes exemptions & privilèges qui sont accordés aux bergers ; mais, comme il a été reconnu que plusieurs habitans des villes, pour jouir de ces privilèges & exemptions, prenoient à ferme une seule versure de terre, il a été réglé que les baux ne pourroient être passés qu'aux habitans des campagnes qui résident dans l'étendue des fiefs.

L'administration de la douane de Foggia a été confiée, jusque vers la moitié du dernier siècle, à un douanier qui réunissoit toute l'autorité. Les abus qui résultoient de cette forme d'administration, ont engagé le gouvernement, d'un côté, à envoyer tous les deux ans à Foggia, un président de la chambre, qui est chargé de tous les détails relatifs à cette partie ; & de l'autre, d'établir dans cette ville un tribunal permanent.

Ce tribunal est composé :

1°. Du président-gouverneur, qui connoît de tout ce qui peut intéresser le domaine, des causes civiles & criminelles de tous les officiers de la douane, des contrats, des lettres de change, & autres objets de ce genre ; ses appointemens sont fixés à six mille ducats, (vingt-cinq mille cinq cent livres, monnoie de France,) par an.

2°. D'un auditeur, qui connoît de toutes les contestations civiles & criminelles, qui s'élèvent entre les particuliers : ses appointemens sont de mille ducats, (quatre mille deux cent cinquante livres, monnoie de France), par an.

3°. D'un avocat fiscal, qui exerce ses fonctions, tant devant le président que devant l'auditeur ; il a deux mille ducats, (huit mille cinq cent livres, monnoie de France,) d'appointemens.

4°. D'un avocat, qui est chargé de la défense des pauvres, dans les affaires criminelles ; & qui a toute jurisdiction sur les prisons de Foggia.

5°. D'un secrétaire, ou greffier, dont l'office est affermé sept mille huit cent ducats, (trente-trois mille cent cinquante livres, monnoie de France,) par an.

6°. Ce tribunal a à sa suite soixante écrivains, & vingt-quatre gardes à cheval, qui font des tournées dans le royaume, pour exiger le payement des amendes, & qui, dans la saison, gardent les entrées des herbages dans la Pouille.

Les offices de gardes à cheval se vendent, ou s'accordent, à titre de récompense, à des militaires ; ceux-ci les afferment environ trois cent ducats, (douze cent soixante-quinze livres, monnoie de France,) par an.

Le gouvernement tient encore à Foggia deux écrivains du patrimoine royal, qui sont chargés des écritures qui concernent les droits d'entrée.

Le président établit, chaque année, dans la plus grande partie des villes du royaume, un officier qui connoît de toutes les contestations sommaires entre les officiers de la douane ; il fait l'instruction des affaires criminelles, & les envoie au tribunal ; il n'a d'autre autorité que celle de faire mettre le coupable dans les prisons.

Les produits de la douane de Foggia consistent en deux parties :

1°. Dans le revenu des fonds domaniaux, dont on vient de rappeler l'administration.

Ce revenu forme un objet d'environ cinq cents mille ducats, (deux millions cent vingt-cinq mille livres, monnoie de France.)

2°. Dans le produit des amendes.

Ce fonds est administré par la chambre royale, qui l'afferme quarante-sept mille ducats, (cent quatre-vingt-dix-neuf mille sept cents cinquante livres, monnoie de France), par an. Le bénéfice des fermiers est ordinairement assez considérable.

On prétend que les obligations qui sont imposées aux cultivateurs, & aux propriétaires des bestiaux, & les amendes qui sont prononcées contr'eux, lorsqu'ils ne les remplissent pas, sont susceptibles de beaucoup d'inconvéniens ; mais, d'un autre côté, les propriétaires des bestiaux jouissent de différens avantages & privilèges.

1°. Tous les genres d'industie, qui sont sujets

à la douane de Foggia, font exempts de la taxe de l'once, dans chaque province, des droits de péage, & de tous autres droits de douane.

2°. Les marchandifes & denrées, telles que les laines, les fromages, les peaux, & les provifions de toute efpèce, font exemptes de tous droits, non-feulement pour le propriétaire de beftiaux qui les vend, mais encore pour celui qui les achette le premier, foit que la vente s'en faffe pour l'intérieur, ou pour l'étranger.

3°. Le propriétaire de beftiaux ne paie le fel que quatre carlins (une livre quatorze fols, monnoie de France) par tomolo de quarante-huit rotolos; on délivre à ce propriétaire la quantité qui lui eft néceffaire, foit pour la nourriture de fes beftiaux, foit pour faler fa viande & fes fromages.

4°. Les propriétaires des beftiaux & leurs bergers, lorfqu'ils paffent cinq mois entiers dans la Pouille, font exempts de toutes charges de bourgeoifie dans les lieux de leur réfidence.

Ils jouiffent encore de quelques autres privilèges, mais qui font peu importans.

La recette des douanes & redevances de la douane de Foggia eft faite par un receveur, qui eft attaché au tribunal, & qui a fous fes ordres un grand nombre d'officiers fubalternes.

Les propriétaires des beftiaux ne peuvent fortir de la Pouille, qu'ils n'aient acquitté au moins la moitié de ce qu'ils doivent : ils laiffent pour fûreté de l'autre moitié, les laines de leurs troupeaux.

Ces laines font tranfportées à Foggia, & remifes à quatre officiers, ou pefeurs royaux, qui en conftatent le poids, & tiennent une note de ceux à qui ils appartiennent : ces laines ne peuvent fortir des mains des pefeurs que lorfque les fommes dont elles forment le gage font entièrement payées.

Le produit net de la douane de Foggia, pour le domaine, eft évalué à trois cens cinquante-deux mille cinq cens neuf ducats quatorze grains (un million quatre cens quatre-vingt-dix-huit mille cent foixante-trois livres dix-fept fols, monnoie de France).

A la douane de Foggia eft jointe la douane de l'Abbruzze, qui confifte, ainfi qu'on l'a déjà obfervé, dans le produit des amendes par tête de beftiaux, foit grands, foit petits, qui n'ont point été envoyés aux herbages : cette douane eft affermée cinquante mille ducats (deux cens douze mille cinq cens livres, monnoie de France), par an.

Indépendamment des douanes dont on a rendu

compte, il en exifte d'autres dans l'Abbruzze, dans la Pouille, à Molfette & à Mola.

Ces deux dernières avoient été aliénées, favoir, celle de Molfette, au Baron de ce nom, & celle de Mola, au comte de Mola ; mais elles ont été rachetées par fa majefté Sicilienne, qui les adminiftre, non comme fouverain, mais comme propriétaire particulier.

Quant aux douanes de l'Abbruzze, & de la Pouille, elles font adminiftrées comme celles de Naples, avec cette différence néanmoins, que la plus grande partie des droits qui y font perçus, appartiennent aux offices des douaniers, que le gouvernement vend à vie à ceux qui veulent les acquérir.

Le produit de ces douanes, pour le roi, ne monte qu'à vingt-cinq mille deux cens quatre-vingt-un ducats vingt-quatre grains (cent dix-fept mille quatre cens quarante-cinq livres trois fols, monnoie de France).

Droit fur les offices.

Il exiftoit anciennement dans le royaume de Naples, fept grands officiers de la couronne, favoir :

Le grand connétable, ou général des armées.

Le grand jufticier, ou préfident de toutes les judicatures du royaume.

Le grand chambellan, ou le fur-intendant des finances.

Le grand amiral.

Le grand proto-notaire.

Le grand chancelier.

Et le grand fénéchal.

Ces offices ont été fupprimés, & font remplacés par les fecrétaires d'état, & les tribunaux fuprêmes.

Il n'exifte dans le royaume de Naples qu'un fiège d'amirauté, qui connoît des matières relatives à la marine & au commerce maritime ; mais les autres tribunaux peuvent en connoître pareillement.

Le tribunal fuprême de la chambre royale de Sainte-Claire perçoit, fur l'expédition des jugemens interlocutoires, des droits, dont une partie appartient au roi ; mais il n'en perçoit aucun fur les fentences définitives : c'eft ce tribunal qui eft chargé de l'exécution des ordres de la chancellerie royale, pour l'expédition des lettres-patentes des gouverneurs & juges, & pour les

C c

privilèges & les graces que fa majefté Sicilienne accorde.

C'eft le préfident du facré confeil qui exerce les fonctions du proto-notaire ; il expédie les provifions aux notaires & juges à contrats, & le roi les confirme enfuite.

La chambre royale de Sainte-Claire, & le proto-notariat, produifent net au roi, chaque année, douze mille cinq cens vingt-trois ducats (cinquante-trois mille deux cens vingt-deux livres quinze fols, monnoie de France).

Le papier marqué, dont on eft obligé de fe fervir dans certaines affaires, qui font portées au facré confeil, eft payé douze grains & demi (dix fols, monnoie de France), par feuille, & rapporte net quatorze cens quatre-vingt dix-fept ducats (fix mille trois cens foixante-deux livres cinq fols, monnoie de France).

On paie pour les lettres-patentes qui concernent les offices, le montant du revenu pendant quatre mois, de l'office pour lequel ces lettres font expédiées ; mais ce revenu eft toujours eftimé à un prix très-modique. On prenoit anciennement, fur ce produit, les appointemens des fecrétaires & des officiers de la fecrétairerie ; mais ces appointemens font payés actuellement fur le tréfor du roi, qui fait percevoir les droits des lettres-patentes, dont l'objet eft très-peu confidérable, par les remifes que l'on eft dans l'ufage de faire.

Les offices de portiers des tribunaux royaux ne rapportent pas davantage, parce que la cour les accorde ordinairement à titre de récompenfe : ces portiers font à-peu-près les fonctions d'huiffiers, pour raifon defquels on leur paie des droits très-modiques.

Les fonctions des portiers des tribunaux inférieurs, font les mêmes ; les droits qui leur font payés font de moitié moins forts ; les portiers de la chambre royale & des délégations, font payés le double de ces derniers.

Le produit des droits des offices de fecrétaires & de portiers, rapporte quatre mille quatre cens foixante-onze ducats cinquante graius (dix-neuf mille trois livres dix-fept fols fix deniers, monnoie de France).

Le facré confeil perçoit fur tous les jugemens définitifs qu'il rend, un droit, à raifon d'un & demi pour cent, de l'eftimation de la chofe jugée : ce droit, dont les confeillers partageoient entr'eux le produit, entre en entier dans les coffres du roi, depuis que leurs appointemens ont été augmentés de quatre cens ducats par an. On évalue le montant de ce droit à dix mille ducats

(quarante-deux mille cinq cens livres, monnoie de France).

Un autre objet de revenu confifte dans les différens offices qui ont été créés dans les tribunaux, & qui font vendus à vie.

Ces offices font les douze *meftro-dates*, ou gardes-notes du facré confeil, qui fe vendent depuis quatorze, jufqu'à vingt-quatre mille ducats (cent deux mille livres, monnoie de France).

L'office du fceau royal qui doit être appofé fur tous les décrets & jugemens exécutoires.

L'office de fecrétaire de la chambre royale, qui fe vend trente mille ducats (cent vingt-fept mille cinq cens livres, monnoie de France).

Les offices d'*attuario*, ou notaires publics, qui font au nombre de foixante, & qui ont chacun la direction d'une banque.

Ces offices fe vendent depuis trois mille jufqu'à trente mille ducats (depuis douze mille fept cens cinquante livres, jufqu'à cent vingt-fept mille cinq cens livres, monnoie de France).

Dans les tribunaux des provinces du royaume, il y a un fecrétaire & deux *meftro-dates*, l'un civil & l'autre criminel, dont les offices fe vendent ordinairement, à perpétuité, à des particuliers qui les afferment par l'entremife de la chambre royale : cette chambre royale eft chargée de veiller à la confervation des droits du roi & des intéreffés.

C'eft la chambre de la *Sommaria* qui exerce l'office de grand-chambellan, dont les droits ont été réunis à cette chambre.

Le roi nomme cependant un grand-chambellan, auquel il affigne une petite penfion annuelle. De tous les émolumens qui étoient attachés à cet office, il ne jouit que du *droit de tapis*, qui confifte dans la redevance qui eft due par chaque baron qui prend poffeffion d'un fief, foit à titre de fucceffion, foit à titre d'acquifition. Cette redevance eft de deux tarins, (dix-fept fols, monnoie de France) par chaque once, ou fix ducats du revenu du fief. On la nomme *droit de tapis*, parce que les barons avoient le droit de s'affeoir fur le tapis que l'on met fous les pieds du roi : elle produit douze cents ducats, (cinq mille cent livres, monnoie de France).

La chambre royale perçoit auffi des droits fur les révifions & clôtures des comptes. Ceux qui prennent à ferme, pour un temps limité, quelques fonds dépendans du domaine, payent le dixième du revenu d'une année ; ceux qui achètent un office à vie, payent le cinquième, & quelquefois la moitié du revenu d'un an.

Avant 1759, le produit de ces derniers droits étoit réparti entre les présidens de la chambre ; ils sont versés dans le trésor du prince, qui a assigné, à chaque président, quatre cents ducats d'appointement.

Le produit de ces droits forme un objet de treize mille six cent quatre-vingt ducats soixante-dix-huit grains, (cinquante-huit mille cent quarante-trois livres, monnoie de France).

Droits de salme & de traite.

Tous les comestibles, & principalement le bled, ne peuvent être embarqués sans une permission de la chambre royale, qui perçoit, pour la traite, une tornèse (les deux tornèses valent neuf deniers, monnoie de France) par tomolo, & un pareil droit pour la salme, ou droit de mesure. Ce sont les maîtres postulans qui sont chargés du recouvrement de ces droits ; ils produisent cinq mille six cents ducats, (vingt trois mille huit cent livres, monnoie de France).

Droits de deux pour cent sur les chebecs.

Les invasions fréquentes des corsaires de Barbarie, qui enlevoient les bâtimens destinés à transporter les marchandises d'un lieu du royaume dans un autre, engagèrent le gouvernement à former une escadre de chebecs, pour assurer la navigation ; & pour subvenir aux frais que cet établissement occasionna, les marchandises furent assujetties à un droit de deux pour cent : cet impôt n'a lieu que lorsque l'escadre des chebecs, galères ou vaisseaux, est hors de la darse de *Naples*. C'est le douanier des lieux d'où les marchandises sont transportées, qui le perçoit. *Voyez* CONVOI, *tom. 1, pag. 895.*

Droit de relief & de quinze ans.

Le droit de relief consiste dans la moitié du revenu d'une année, que les barons sont tenus de payer, lorsqu'ils prennent possession d'un fief, soit à titre gratuit, soit à titre onéreux. L'estimation de ce revenu est faite sur le produit du fief, pendant l'année dans laquelle le dernier baron est décédé. Ce sont les tribunaux provinciaux qui procèdent à cette estimation, sur les commissions de la chambre royale, qui fixe ensuite le montant du droit qui doit être acquitté. Ce sont les receveurs des provinces qui font le recouvrement.

Le droit de *quinze ans* consiste de même dans le relief que les églises & communautés sont tenues de payer tous les quinze ans, pour raison des fiefs qu'elles possèdent, & dont le montant est réglé sur le revenu du fief, pendant l'année dans laquelle le droit est payé : c'est Jeanne II qui a établi ce droit.

Droit de sortie.

Le droit de sortie a été établi en 1284, par Charles I d'Anjou ; il a été augmenté en 1454 & 1559. Le vice-roi, Don Jean Mauriquez, lui donna la forme dans laquelle il existe actuellement.

Dans son principe, le droit de sortie ne portoit que sur l'exportation des bleds hors du royaume ; mais dans la suite il a été étendu à toutes les liqueurs, & denrées comestibles qui sont exportés. Les premiers droits de sortie furent réglés à un tarin (dix-sept sols, monnoie de France) par salme, & à quinze carlins (six livres sept sols six deniers, monnoie de France, par trois tomolos, de vingt-quatre mesures chacun,) par charretée ; mais ils ont été portés depuis jusqu'à quatre ducats (dix-sept livres, monnoie de France) par charretée.

Le droit de sortie sur le grain est réglé, chaque année, par le gouvernement ; il n'est jamais au-dessous de dix-huit grains, (treize sols six deniers, monnoie de France,) ni au-dessus de trois carlins (vingt-cinq sols six deniers, monnoie de France,) par tomolo.

La soie, quoiqu'elle ne puisse être rangée dans la classe des comestibles, est cependant assujettie aux droits de sortie, comme formant une production nationale.

Les droits de sortie produisent annuellement un montant de cinquante huit mille cinq cent quatre-vingt-douze ducats douze grains, (deux cent quarante-neuf mille seize livres dix sols, monnoie de France).

La manufacture des pâtes, que l'on nomme *legorizia*, forme un privilège exclusif, que le gouvernement afferme ordinairement pour vingt-huit à trente mille ducats, (de cinquante-six à soixante mille livres, monnoie de France). Le fermier peut vendre les pâtes, & les sortir du royaume, sans être assujetti à aucun impôt.

L'huile n'est pareillement point sujette au droit de sortie : elle ne paie que l'impôt dont on a rappelé les détails dans le chapitre des arrendemens.

Corps divers.

Anciennement c'étoit le grand veneur qui pouvoit seul donner des permissions de chasse. Les droits attachés à cet office furent depuis aliénés aux barons, dans l'étendue des fiefs qu'ils possèdent, & la jurisdiction du grand-veneur ne s'étendit plus que sur les villes domaniales. L'office du grand-veneur se vendoit à vie, jusqu'à quatre vingt-dix mille ducats. Cet office a été racheté ; c'est la chambre royale qui afferme la chasse dans les lieux qui dépendent du domaine, & qui l'administre par elle-même dans la terre de Labour, où elle donne des permissions de chasse aux vassaux mêmes des barons. Chaque chasseur paie quatre carlins, (une livre quatorze sols, monnoie de France) & ceux qui veulent chasser dans les quartiers de réserves, en paient douze, (cinq livres deux sols, monnoie de France).

Le roi nomme un grand-veneur pour ses plaisirs; il donne des permissions de chasse *gratis.*

Les droits de l'office de grand-veneur rapportent net six mille six cent vingt-neuf ducats cinquante-cinq grains, (vingt-huit mille cent soixante quinze livres dix sols, monnoie de France).

Ceux de l'office de grand-courrier, ou sur-intendant des postes, soixante-quinze mille ducats, (trois cent dix-huit mille sept cent cinquante livres, monnoie de France).

Il existe dans la terre de Labour un capitaine des vivres, qui exerce la police dans les marchés, & qui connoit certaines contestations relatives à cette police. Il perçoit certains droits, dont le produit monte à deux mille cent trente-neuf ducats quatre-vingt-deux grains, (neuf mille quatre-vingt-quatorze livres, monnoie de France).

Il en est de même du capitaine des vivres de l'Abbruzze, qui est d'ailleurs spécialement chargé de veiller à ce qu'on n'exporte de cette province des vivres, pour les introduire dans les Etats voisins.

Cet office rapporte cinq mille sept cent vingt-cinq ducats soixante grains, (vingt-quatre mille trois cent trente-trois livres quinze sols, monnoie de France).

Les droits attachés à l'office du premier médecin consistent à avoir l'inspection sur toutes les drogues, à régler la quantité & le prix des médicamens, à donner des brevets aux sages-femmes, & des permissions de saigner à ceux qui ne font point chirurgiens privilégiés.

La chambre royale afferme chaque année les droits de cet office à des apothicaires ou autres, qui font des tournées dans les provinces. Le prix de cette ferme est de dix-huit mille trois cent un ducats, (soixante-dix-sept mille sept cent soixante-dix-neuf livres cinq sols, monnoie de France).

Sa majesté Sicilienne possède, dans les deux Calabres, une forêt immense, d'où l'on tire le bois & le goudron pour la darse royale, & dont on afferme l'herbage. Cette forêt est sous l'inspection d'un administrateur, qui a un *mestro-date,* dont les fonctions consistent à faire le recouvrement des amendes, qui sont prononcées contre ceux qui usent, sans permissions, des productions de cette forêt.

L'office de *mestro date* s'afferme annuellement cent soixante-deux ducats, (six cent quatre-vingt-huit livres dix sols, monnoie de France).

Il existe à *Naples* une loterie, que l'on appelle la *beneficiate,* & dont le produit peut être évalué à deux cent trente-trois mille six cent quatre-vingt-dix-huit ducats, (neuf cent quatre-vingt-treize mille deux cent seize livres dix sols, monnoie de France).

Ce produit est quelquefois plus considérable.

On évalue le produit des maisons, des cens & des fiefs, que le roi possède, tant dans la capitale que dans les provinces, à quatre-vingt-onze mille ducats soixante grains, (trois cent quatre-vingt-six mille sept cent cinquante-deux livres dix sols, monnoie de France).

Le connétable Colonne paie, pour le pâturage de ses troupeaux, quatre cents ducats, (dix-sept cents livres, monnoie de France).

On a vu, dans les détails qui concernent l'arrendement du sel, qu'il avoit été établi une nouvelle imposition de trente-sept grains & demi par tomolo. L'objet de cette imposition fut de se procurer annuellement l'équivalent d'un don gratuit, qui fut donné au roi, après la campagne de Velletry.

Par l'augmentation de population, & l'exactitude avec laquelle cette régie est suivie, le produit de l'imposition de trente-sept grains & demi a reçu un accroissement considérable. On évalue cette augmentation à soixante-quatorze mille soixante-deux ducats vingt-six grains, (trois cent quatorze mille sept cent soixante-quatre livres douze sols, monnoie de France) qui, déduction faite des charges, produit net soixante-sept mille neuf cent dix-sept ducats quatre-vingt-six grains, (deux cent quatre-vingt-huit mille six cent cinquante livres dix-sept sols, monnoie de France).

Les barons, dans la vue de restreindre le montant des droits de relief, se portent ordinairement, dans les déclarations qu'ils font des biens féodaux, à en diminuer la valeur. Le gouvernement fait faire, de temps en temps, des révisions, ou examens des titres & archives des barons : on transige avec eux sur les amendes qu'ils ont encourues. Cet objet forme un montant annuel de quatre mille ducats, (dix-sept mille livres, monnoie de France).

Les poix, tant blanches que noires de la forêt royale, produisent net dix-huit cents ducats, (soixante-seize mille cinq cents livres, monnoie de France).

Le bailliage, la paneterie de cette forêt, & les neiges de la Calabre, produisent quatre mille six

cent-fept ducats , (dix-neuf mille cinq-cent foixante-dix-neuf liv. quinze fols , monnoie de France).

La nouvelle mine de vitriol dans l'Abbruzze,
près de Caftel-Sangro , eft affermée quatre cent
quarante-huit ducats , (dix-neuf cent quatre livres ,
monnoie de France).

La gabelle de barlette , ou les droits fur les
enfeignes à vin , produifent net quatre vingt-trois
ducats foixante-treize grains , (trois cent cinquante-cinq livres dix-fept fols fix deniers , monnoie de France).

L'impofition appelée-corritura de Capo-di-monte ,
produit net fept cent foixante-treize ducats quarante grains , (trois mille deux cent quatre-vingt-
fix livres dix-neuf fols, monnoie de France).

Cette impofition confifte dans le droit que
payent , à l'entrée dans la ville de Naples , les
comeftibles , la poterie & le bois à brûler , qui
viennent des environs de Naples , & dont les habitans ne font point fujets à la capitation.

La pêcherie de Tarente rend fix cent foixante
ducats , (deux mille huit cent cinq livres , monnoie de France).

L'arrendement de la teinture en noir dans la
ville de Naples eft affermée mille ducats , (quatre
mille deux cent cinquante livres , monnoie de
France).

L'arrendement du fafran a été aliéné pour vingt-
huit mille ducats , (cent dix-neuf mille livres , monnoie de France) On prétend qu'il ne produit pas
cette fomme.

Les rentes qui proviennent des fonds qui appar-

tiennent au domaine, dans les lieux où il y a des
places , des châteaux & des forterefles , produifent
environ deux cent cinquante mille ducats , (un
million foixante-deux mille cinq cent livres , monnoie de France).

Les commandans des places jouiffoient anciennement des droits du roi fur la boucherie & les
fours , d'une certaine étendue de pâturage , &
autres droits. Tous ces objets ont été réunis au
domaine : les fonds qui en proviennent , font
deftinés pour des penfions , & il a été réglé des
appointemens aux commandans des places.

Le roi poffède auffi certains fonds particuliers ,
qui dépendent des places d'armes , des châteaux
& forterefles , & dont le produit avoit été deftiné
à fubvenir aux réparations que ces châteaux &
forterefles pouvoient exiger. Ce produit forme une
caiffe particulière , dont le gouvernement fait telle
difpofition qu'il juge convenable.

Enfin , on porte à deux cent cinquante mille
ducats (un million foixante-deux mille cinq cents
livres , monnoie de France) le produit de la vente
qui fe fait annuellement des charges & offices dans
les différens départemens.

On va réunir , fous un feul & même tableau ,
les différentes branches des revenus de fa majefté
Sicilienne dans le royaume de Naples. Ce tableau
eft divifé en trois colonnes , dont la première
contient les revenus en totalité ; la feconde , les
charges ; & la troifième , le produit net.

On ajoutera , à ce tableau, le montant des revenus
des préfides de Tofcane & de la Sicile , fur l'adminiftration defquels on n'a pu fe procurer des renfeignemens fuffifans.

TABLEAU général des revenus.

	REVENUS.	CHARGES.	NET.
Contribution générale..	1406307 d. 31 g.	110070 d. 77 g.	1296236 d. 54 g.
Droit de valimento.....	....	....	5891. 11.
Ferme du tabac	....	....	449000.
Revenu des fels	637229. 12.	271632. 54.	365596. 56.
Revenu de la foie	226598.	151885.	74713.
Poudre & falpêtre	....	....	20000.
23 grains par once de la douane de *Naples*	92415. 40.	80807. 40.	11588.
Regi-cenfali	47239.	19358.	27881.
Revenu du fer	294123. 36.	251993. 98.	42129. 38.
Revenu de la manne....	42664. 50.	19221. 50.	23443.
Poids & mefures	7635.	4402. 20.	3232. 80.
Cartes à jouer	15000.	12000.	3000.
Revenu de l'huile......	60776. 38.	2672. 79.	58103. 59.
Cire & fucre.........	19230.	230.	19000.
Impofitions fur la chaux.	15955.	198.	15757.
Parties d'arrendemens ..	309907. 2.	147000.	162907. 2.
Douanes	700492.	463034. 61.	237457. 39.
Douane de Foggia.....	....	....	352509. 14.
Différens droits	74466. 63.	2750. 94.	71715. 69.
Droits de fortie.......	68310. 82.	9717. 70.	58593. 12.
Corps divers	830892. 32.	53210. 37.	777671. 95.
Préfides de Tofcane	20361. 62.	1620. 97.	18740. 65.
Revenus de Sicile......	1444019. 70.	255604. 58.	1188415. 12.
TOTAL général.....	6,313,623 d. 18 g.	1,857,441 d. 35. g.	5,274,582 d. 6 g.
Monnoie de France	26,832,898 l. 10 f.	7,894,125 l. 15 f.	22,416,373 l. 15 f.

NATURALISATION, f. f., auquel on joint communément le mot acte de); c'eſt celui qui accorde à un étranger tous les droits & les privilèges des fujets nés dans le royaume.

Un acte de *naturalifation* eſt renfermé dans des lettres de naturalité qui s'obtiennent à la grande chancellerie ; mais pour jouir de leur effet , il faut que l'impétrant faſſe en France une réſidence conſtante. En 1718 , une déclaration du roi du 21 août , révoqua toutes lettres de naturalité accor-dées à des Génois qui ne faiſoient point leur réſidence actuelle dans le royaume.

Une autre du mois de Février 1720 , révoqua, en conformité , les lettres de naturalité accordées aux étrangers faiſant le commerce maritime, qui avoient conſervé leur domicile dans les Etats dont ils étoient fujets ; même les lettres de naturalité où la clauſe de non réſidence dans le royaume fe-roit employée , & déclara ces lettres nulles & non avenues. A défaut de lettres de naturalité , les étrangers qui meurent dans le royaume ne peuvent difpofer de leur fucceffion ; elle devient une au-haine pour le fifc, à moins qu'il n'y ait un traité particulier qui exempte de ce droit, les fujets de l'Etat où il eft né.

Lorfqu'un étranger naturalifé meurt en France, fes parens étrangers ne peuvent lui fuccéder, malgré les priviléges qu'ils peuvent avoir; fa fucceffion ne peut paffer qu'à des héritiers régnicoles; & à leur défaut elle appartient au roi.

C'eft ici le lieu de parler d'une très-mauvaife opération faite en 1709, & qui a rapport avec la *naturalifation*. L'eftimable auteur des recherches fur les finances en parle dans les termes fuivans :

On créa vingt mille livres de rentes pour être diftribuées parmi les familles naturalifées, & cet arrangement d'un mince objet, excita un cri général; les traitans ne fe contentèrent pas de troubler les defcendans de ceux qui s'étoient rendus volontairement fujets de la France, ils inquiétèrent une infinité de familles tranfplantées d'une province à l'autre.

Les étrangers que le commerce avoit appellés en France, & qui fe repofoient fur la foi des lettres de naturalité qu'on leur avoit vendues, donnèrent carrière à leurs plaintes. Plufieurs quittèrent la France, perfuadés que dans un moment de néceffité, ils deviendroient fans ceffe l'objet de nouvelles recherches, & ils repandirent au dehors un fâcheux préjugé contre le gouvernement.

L'article 17 de l'édit du mois de décembre 1708, ordonne l'infinuation des lettres de naturalité au bureau du domicile de celui qui les obtient.

Le droit d'infinuation eft fixé à cent livres par l'article 10 du tarif du 19 feptembre 1722; & il eft dû autant de fois qu'il y a d'impétrans. Cette difpofition, confignée dans la déclaration du 3 avril 1708, a depuis été confirmée par décifion du confeil du 7 feptembre 1727, à l'égard de lettres de *naturalité* accordées au père, à la mère, & aux enfans. *Voyez* au furplus, le dictionnaire raifonné des domaines de Bofquet.

NAUFRAGE. (droit de) On appelle droit de *naufrage* cette coutume barbare, qui a été long-tems établie, de s'emparer de tout ce que la mer jettoit fur les côtes, fans en excepter les hommes. Juvenal femble fe mocquer de cette maxime, lorfqu'il dit, Satyre quatrième, fi l'on en croit Palfurius & Armillatus, *fans doute deux financiers Romains*, les droits du fifc s'étendent fur tout ce que contient la mer;

Si quid Palfurio, fi credimus Armillato,
Res fifci eft, ubicumque natat.

Antonin fut le premier empereur qui fit parler l'humanité dans la loi concernant les *naufrages*, en réprimant les brigandages des habitans qui demeuroient près de la mer. Mais il fallut bien encore leur attribuer une part dans les chofes fauvées du naufrage, crainte d'un plus grand mal.

L'ufage inhumain de piller les chofes nauffagées fe rétablit dans les Gaules & l'Allemagne lors de l'invafion des Barbares. On le regardoit fi bien comme une récolte envoyée par la providence, qu'on rapporte que des prédicateurs en Allemagne demandoient qu'il fe fît beaucoup de naufrages fur leurs côtes. Et il s'eft trouvé un profeffeur de Hall qui a foutenu que ces prières n'étoient incompatibles, ni avec les règles de la charité, ni avec celles de la juftice. *Voyez* au furplus, le dictionnaire de jurifprudence au mot NAUFRAGE, & la déclaration du roi du 10 janvier 1770, qui prefcrit une manière uniforme de procéder dans les cas de *naufrage*.

NAUFRAGÉ, NAUFRAGÉE; adjectif qui fe dit, en matière de douane & de commerce, des marchandifes fauvées du naufrage. Le titre cinq de l'ordonnance du mois de Février 1687, renferme tout ce qui a rapport aux marchandifes qui font dans ce cas, & porte qu'elles ne feront fujette aux droits que dans le cas où elles feroient réclamées par les conducteurs ou propriétaires, dans l'an & jour de la publication qui fera faite de leur adjudication, pour être tranfportées hors du royaume.

Cette difpofition eft répétée dans l'article 397 du bail de Forceville, & l'article 398 ajoute: après l'an & jour expiré fans que les marchandifes nauffragées aient été réclamées, les droits feront payés par ceux qui les partageront, aux termes de l'article 26 de l'ordonnance pour la marine; & s'ils font obligés de les tranfporter hors du royaume, en cas que l'ufage en foit prohibé, elles ne feront pas fujettes aux droits, à la charge qu'elles feront exportées un mois après que le partage en aura été fait.

NÉGOCIATION, f. f. En matière de finance & de banque, on appelle négocier un effet, une lettre-de-change, l'action par laquelle on la cède ou tranfporte à un autre. *Négociation* eft cette action même.

Un arrêt du confeil du 7 août 1785, a renouvellé les ordonnances qui profcrivent toutes négociations abufives, & déclare nulles celles qui ont lieu hors de la bourfe de Paris, & faites fans l'entremife des agens de change.

NEGRES. (commerce des) On ne se propose pas de considérer ce trafic, ni comme théologien, ni comme philosophe ; sous ces deux rapports on ne manqueroit pas de le trouver odieux, contraire aux principes de la religion & à ceux de l'humanité ; ce seroit seulement ici le lieu de faire connoître le régime fiscal auquel la traite des *nègres* est soumise, si nous ne nous étions déjà suffisamment étendu sur cet objet à l'article GUINÉE, où se fait le principal commerce des *nègres*. On peut y avoir recours, *tom. II. pag. 458.*

NET, adjectif dont le substantif poids est sous-entendu. Ces mots sont fort en usage dans les douanes, pour désigner que la perception des droits se fait sur des marchandises d'un certain genre, au poids *net*, c'est-à-dire, en déduisant ce que pese leur enveloppe ou emballage.

Ainsi on dit les marchandises d'or, d'argent & de soie, les drogueries & épiceries, acquittent les droits au *net* ; les autres les doivent payer au brut. *Voyez* ce dernier mot.

NEUF LIVRES DIX-HUIT SOLS (droit de) par tonneau de vin entrant dans les provinces de Picardie & Champagne.

Ce droit, qui ne porte que sur les vins & autres boissons, se lève aussi en Normandie. On va faire mention de son origine & expliquer les deux cas dans lesquels il est dû, d'après le traité général des droits d'aides par le Fevre de la Bellelande.

Les guerres, tant intestines qu'étrangères, qui avoient déchiré l'Etat sous les règnes de Charles IX & Henri III, pendant une suite de trente années, avoient entièrement épuisé les finances. Henri IV, étant heureusement monté sur le trône qui lui appartenoit doublement, par droit de naissance & par droit de conquête, convoqua, en 1596, à Rouen, une assemblée de gens notables pour délibérer sur les moyens de pourvoir aux dépenses des armées & de la garde des frontières.

Un édit de mars 1597, fit connoître le résultat de cette assemblée qui consistoit à établir un nouveau droit d'un sol pour livre, sur toutes les denrées & marchandises entrant dans les villes, bourgs & bourgades du royaume, ou à la vente dans les foires & marchés, d'après l'évaluation faite par un tarif annexé à cet édit.

Cet impôt, établi d'abord pour trois ans seulement, fut prorogé, pour le même temps par déclaration du 3 août 1599, & supprimé en novembre 1602, sur les denrées & marchandises, à l'exception des vins, sur lesquels il continua d'avoir lieu en Picardie & Champagne, & dans la généralité de Rouen, avec quelque différence qu'on va expliquer.

Dès 1598, le droit de sol pour livre, créé l'année précédente, avoit été supprimé sur les denrées & marchandises, dans la Picardie, & remplacé par un droit de trois livres six sous, payable aux entrées sur chaque muid de vin ; & celui que le même édit de 1597 avoit nommément imposé sur le vin, fut converti, par lettres-patentes de janvier 1599, en un droit d'un sol par pot, payable à la vente en détail dans la même province & qui subsiste encore.

Ce premier droit de trois livres six sols par muid, est celui que l'ordonnance des aides, du mois de juin 1680, renouvelle sous le nom de *droit de neuf livres dix-huit sols par tonneau* ; & fixe à quatre livres quatre sols six deniers, à cause du parisis sol & six deniers pour livre qui sont compris dans cette fixation.

Originairement ce droit avoit été imposé à l'entrée de toutes les villes, bourgs & bourgades de la province de Picardie ; mais afin d'éviter toute contestation sur les lieux qui devoient être mis à ce rang, l'article premier du titre, qui comprend le droit dont il s'agit, a désigné les endroits où la perception doit s'en faire exclusivement,

SÇAVOIR.

Dans l'élection d'Abbeville. { Abbeville. Auxi-le-Château. Crecy. Le-Crotoy. Rue.

Dans l'élection d'Amiens. { Airenne, Amiens. Ault. Conty. Fromerie. Gamaches. Grandvilliers. Hornoy. Oizemont. Pequigny. Poix. Saint-Vallery.

Dans

Dans l'élection de
Doulens.
{
Ardres.
Boulogne.
Calais.
Corbie.
Daumare.
Doulens.
Esures.
Etaples.
Guines.
Hacquilliers.
Hons.
Huissens.
Marquise.
Montreuil.
Saint-Riquier.
Samer.
}

Dans l'élection
de Péronne.
{
Albert.
Arbonniere.
Atys.
Bray.
Fulvy.
Lyhons.
Lucheux.
Péronne.
}

De Montdidier.
{
Breteuil.
Montdidier.
Moreuil.
Roye.
}

De Saint-Quentin.
{
Beaurevoir.
Honnecourt.
Le-Catelet.
Saint-Quentin.
Saint-Sulpice, fauxbourg
de Ham.
}

On doit observer que le droit est dû, non-seulement sur les vins ordinaires & de liqueur, qui entrent dans ces villes & bourgs, mais dans les fauxbourgs, hameaux & écarts qui en dépendent.

Au reste, il est exigible au premier bureau de la route, à moins que le conducteur ne préfère de donner caution, pour assurer le payement au lieu même de la destination ; & il n'est dû qu'une seule fois, quoique le vin passe d'une élection dans une autre.

Personne n'est exempt de ce droit, pas même les ecclésiastiques, pour le vin du crû de leurs bénéfices, ou les gouverneurs de place, pour le vin de leur consommation, ou pour celle des garnisons.

Pour la conservation de ce droit il est défendu, par l'article 12 du même titre de l'ordonnance, de faire des entrepôts de vin dans les châteaux & villages. Cette disposition a été confirmée par deux arrêts du conseil des premier novembre 1757, & 9 mai 1758.

Dans la Champagne, le droit de sol pour livre à l'entrée des villes & bourgs, dont la suppression fut ordonnée en 1602; comme on l'a dit, resta imposé sur le vin à la sortie de cette province & de celle de Picardie, indépendamment de la perception établie dans cette dernière province par conversion, sur la vente en détail, & sur les entrées des villes & bourgs; ensorte que ce sol pour livre éteint, y laissa la malheureuse génération qui subsiste encore, de trois droits ; celui de *neuf livres dix-huit sols* par tonneau ; un second de trois livres converti en un sol par pot; & enfin le droit de trois livres par muid à la sortie de la province.

Ce droit de trois livres par muid, à la sortie des vins des généralités d'Amiens, Soissons & Châlons, est fixé, par l'ordonnance de 1681, qui y a réuni la subvention par doublement, & le droit du tarif de 1664, à treize livres dix sous par muid. L'article 238 du bail des fermes fait à Forceville en 1738, rappelle cette fixation & le privilège dont jouissent, à l'égard de ce droit de sortie, les villes de Boulogne, Calais & Etaples. On en a fait mention au mot BOULOGNE. *Voyez* le premier volume de cet ouvrage, *page* 131.

En Normandie, le droit de sol pour livre supprimé en 1602, fut la source de celui qui s'y perçoit sous la dénomination de *neuf livres* par tonneau. L'Etat ayant eu besoin, dans le même-tems, d'une somme de quatre cens mille livres, la généralité de Rouen fut imposée, pour sa cote part, à cent vingt mille livres, & la déclaration du 27 février 1703, régla que pour remplir cette somme on continueroit de percevoir les droits de trois livres par muid de vin, & vingt sols par tonneau des autres breuvages établis en 1597, à l'entrée des villes de Rouen, Dieppe & le Havre. Ces droits furent ensuite étendus dans les autres ports de la même généralité, sous prétexte de conserver l'égalité de traitement, & la balance du commerce entre ces villes.

Comme ce droit de vingt sols par muid de cidre & de poiré n'étoit pas dans la proportion de la valeur de ces deux boissons, puisque le cidre est d'un prix moitié plus considérable que celui du poiré, la déclaration du 16 mai 1603, régla qu'il seroit de quarante sols par tonneau de cidre, & de vingt sols par tonneau de poiré.

C'est sur ce pied que ce droit est fixé par l'ordonnance du mois de février 1680, rendue pour le reffort de la cour des aides de Rouen, en y ajoutant toutefois le parifis & l'augmentation, enforte que ce droit de *neuf livres* par tonneau, eft véritablement de douze livres deux fols trois deniers ou quatre livres neuf deniers par muid de vin, de quarante fols par tonneau de cidre, & vingt fols par tonneau de poiré.

Il a lieu, non-feulement à l'entrée des villes de Rouen, du Havre & dieppe, mais auffi dans les ports du Hoc, Caudebec, Quillebeuf, Harfleur, Honfleur, Fécamp, Tréport, Saint-Vallery en Caux, & autres ports circonvoifins, & dans les fauxbourgs dépendans de ces villes. Il eft dû fur les vins, cidres & poirés qui y font amenés, foit par terre, foit par eau, pour y être confommé ou vendu, & même pour paffer debout.

L'arrêt du confeil du 7 mai 1746, celui du 30 décembre 1755, & les lettres-patentes du même jour, enregiftrées à la cour des aydes de Paris, le 13 février 1756, ont ordonné que le droit de *neuf livres* par tonneau de vin feroit encore perçu à Orival, près d'Elbœuf, fur les vins qui y font amenés, tant par eau que par terre; fur ceux qui ferojent déchargés, en tout tems, de la Seine à terre, depuis l'embouchure de la rivière d'Andelle, qui fe jette dans ce fleuve à deux lieues au-deffus du pont de l'Arche, jufques & compris la banlieue de Rouen; & fur ceux qui feroient déchargés pareillement des bateaux à terre, quinze jours avant les foires de Rouen, pendant leur durée, & quinze jours après, depuis Vernon jufqu'au pont de l'Arche; dans le cas de contravention, ces règlemens prononcent une amende de cinq cens livres. La rigueur de cette peine a été mefurée fur la facilité de frauder, & fur la difficulté de l'empêcher, dans une étendue auffi confidérable de terrein, & elle a en vue de favorifer le commerce des foires de Rouen.

Au refte, le droit de *neuf livres* par tonneau de vin n'eft exigible qu'une feule fois. Les vins deftinés pour le commerce des îles & colonies françoifes, en font exempts. C'eft l'unique exemption que ce droit comporte. Les fecrétaires du roi y ont été nommément affujettis par la déclaration du roi du 12 mars 1737, enregiftrée à la cour des aydes de Rouen le 19 du même mois.

NICOTIANE, f. f.; premier nom que reçut le tabac en France, parce qu'il y fut apporté en plante par Jean Nicot, ambaffadeur en Portugal, de François II.
Voyez TABAC.

NITRIERE, f. f.; par lequel on défigne un lieu où il fe forme du nitre, foit naturellement, foit artificiellement.

Dans la vue de faire profpérer la régie des poudres & falpêtres, & de lui procurer l'abondance des matières premières qu'elle emploie, il a été formé, en 1774 & 1775, des *nitrières artificielles*, dont le fuccès a répondu à l'objet de leur établiffement, & il en eft réfulté qu'en 1777 on a aboli, par l'arrêt du confeil du 8 août, la recherche des terres falpêtrées que les falpêtriers étoient autorifés à faire dans les maifons, fans égard pour les propriétaires, à moins que ceux-ci ne vouluffent fe rédimer de cette fervitude par une contribution. Voici cet arrêt qu'il eft intéreffant de faire connoître. On peut au furplus confulter l'article POUDRES; on y rappelle tout ce qui a été fait en faveur de cette branche des revenus de l'état.

Le roi s'étant fait repréfenter les arrêts rendus en fon confeil, les 28 & 30 mai, & 24 juin 1775, portant établiffement de la régie des poudres; l'état de la récolte actuelle en falpêtre dans le royaume; celui de la confommation annuelle de cette matière dans fes Etats; celui des nitrières artificielles, formées depuis deux ans; & le compte rendu par l'académie royale des fciences, des mémoires qui lui ont été remis fur les moyens de fe procurer du falpêtre fans le fecours de la fouille chez les particuliers; fa majefté a vu avec regret que l'art de la nitrification, qu'elle a cherché à encourager par un prix de *fix mille livres*, & une protection toute particulière, n'étoit pas encore porté au point de permettre l'abolition de la fouille dans les maifons au premier janvier prochain: mais fi les befoins des arfenaux de terre & de mer, & ceux du commerce intérieur & extérieur ne permettent pas de renoncer, à cette époque, à un droit établi par la néceffité; fi la défenfe de fes peuples exige la durée d'une charge que fa bonté voudroit fupprimer; fa majefté veut au moins leur accorder, dès ce moment-ci, le foulagement que la prudence ne contrarie point; & en attendant que la diftribution du prix qu'elle a doublé, & que l'académie a jugé à propos de remettre à cinq ans, ait fourni des découvertes qui confirment fur la fiance des entrepreneurs de nitrières, déjà excitée par l'inftruction des régiffeurs des poudres, en attendant que le nombre de ces établiffemens fuffife pour remplacer ce que la ceffation totale de la fouille feroit perdre, fa majefté ne veut confulter que le defir qu'elle a de décharger les peuples, finon de l'embarras entier de la fouille encore indifpenfable, du moins des dépenfes réelles qui l'accompagnent dans plufieurs provinces, & de donner aux communautés les plus fatiguées par l'exercice de ce droit, les moyens de s'en rédimer dès-à-préfent, & pour toujours. Ouï le rapport du fieur Moreau de Beaumont, confeiller d'état, & ordinaire au confeil royal; le roi étant en son conseil, a ordonné & ordonne ce qui suit :

ARTICLE PREMIER.

A commencer du premier janvier prochain, les salpêtriers ne pourront faire la recherche des terres salpêtrées dans les caves & celliers, en aucun tems de l'année, ni dans les lieux d'habitation personnelle.

I I.

Fait sa majesté très-expresses inhibitions & défenses aux salpêtriers d'exiger, après le premier janvier prochain, des communautés ou particuliers, aucunes fournitures de bois ni aucunes voitures gratuitement, ou à un prix inférieur à celui courant, à peine de cent livres d'amende : veut sa majesté qu'ils se fournissent des bois nécessaires à leur travail, dans les ventes ou adjudications dans lesquelles il ne pourra leur être refusé audit prix courant & en payant comptant.

I I I.

Toute communauté qui voudra faire, pour une fois seulement, construire une seule nitrière artificielle, & y faire transporter à ses frais les terres salpêtrées des maisons, granges, écuries, bergeries, jouira à toujours de l'exemption de la fouille & des charges qui en font la suite, pourvu que la nitrière qu'elle formera soit proportionnée à la récolte de salpêtre qui se faisoit dans cette communauté, & qu'elle soit construite suivant une méthode approuvée par les régisseurs : pourront plusieurs communautés se réunir pour former une nitrière dans les mêmes proportions ; autorise à cet effet sa majesté, les sieurs intendans & commissaires départis dans les provinces, de recevoir les soumissions desdites communautés, dont ils auront soin de rendre compte au sieur directeur général des finances, à l'effet d'être ordonné par sa majesté ce qu'elle jugera convenable pour l'exécution de ces soumissions.

I V.

Seront également exemptes de la fouille & de toutes fournitures aux salpêtriers, les communautés & maisons religieuses qui auront établi des nitrières artificielles, produisant au moins mille livres de salpêtre par an ; & sa majesté exhorte lesdites maisons & communautés religieuses à lui donner, ainsi qu'à ses peuples, par l'établissement des nitrières, un nouveau témoignage de leur zèle & de leur amour pour le bien de l'état.

V.

Les salpêtriers continueront à prendre, comme ci devant, sans rien payer, les pierres, terres, plattras & matériaux salpêtrés, provenans des démolitions ; & jouiront aussi de cet avantage, en concurrence avec les salpêtriers, ceux qui seront autorisés à établir des nitrières artificielles : défend sa majesté aux propriétaires de maisons ou emplacemens, aux entrepreneurs de bâtimens, maitres maçons & aux officiers de la voierie, de faire ou laisser faire aucune démolition, sans en donner avis aux salpêtriers ou exploitateurs des nitrières établies dans le lieu ou dans l'arrondissement, & ce sous peine de cent livres d'amende pour chaque contravention.

V I.

Les salpêtriers ou exploitateurs de nitrières artificielles seront tenus de porter leur salpêtre brut au magasin de la régie le plus voisin de leurs ateliers, qui leur sera indiqué, toutes les quinzaines, ou au plus tard une fois chaque mois, à mesure de la fabrication, sans que les uns ni les autres en puissent disposer ou vendre, ni rafiner en quelque façon & sous tel prétexte que ce soit, à peine de confiscation, de trois cens livres d'amende, & de révocation ou de suppression de nitrière.

V I I.

Le sel marin provenant des ateliers à salpêtre sera remis à l'adjudicataire des fermes générales dans le lieu où le salpêtre sera livré, lequel en payera le prix, suivant les dispositions de l'arrêt du conseil du 4 mars 1772, dans la Touraine & à Paris ; se réservant sa majesté de statuer sur le prix des sels dans les autres provinces.

V I I I.

A commencer au premier janvier prochain, le salpêtre brut provenant de la fouille sera payé huit sous la livre dans toutes les provinces du royaume : le salpêtre provenant des démolitions, sans faire usage du droit de fouille, sera payé neuf sous la livre : le salpêtre provenant des nitrières construites & formées par des particuliers ou communautés & à leurs dépens, sera payé à raison de dix sous la livre ; le tout à condition qu'ils fourniront les quatre au cent gratis, suivant l'usage, & que le salpêtre de la fouille & des démolitions n'éprouvera pas au rafinage en trois cuites, plus de trente pour cent de déchet, & celui des nitrières artificielles, plus de vingt-cinq pour cent : se réservant sa majesté de faire distribuer par ses régisseurs des poudres, d'après les ordres qu'ils en recevront du sieur directeur général des finances, des gratifications particulières aux salpêtriers & fournisseurs, relativement à la quantité & à la bonne qualité de leurs fournitures, à la fin de chaque année.

I X.

Les salpêtriers pourvus de commissions de sa majesté continueront de jouir des privilèges & exemptions qui leur ont été accordés par les rois ses prédécesseurs, & notamment par l'arrêt du 13 février 1748, qui sera exécuté selon sa forme & teneur.

X.

Les particuliers autorisés par les régisseurs des

poudres à l'établissement des nitrières artificielles, ne pourront être augmentés à la taille, capitation, ni assujettis aux vingtièmes d'industrie pour l'exploitation des nitrières : jouiront lesdits particuliers de l'exemption personnelle de la milice & du logement en nature, de gens de guerre dans leurs ateliers, pourvu toutefois qu'ils justifient chaque année aux habitans, par un certificat en bonne forme du commissaire des poudres, & visé par le sieur intendant, qu'ils ont fourni réellement pendant l'année, mille livres de salpêtre brut dans les magasins de sa majesté.

X I.

Enjoint en conséquence sa majesté aux sieurs intendans & commissaires départis pour l'exécution de ses ordres, de tenir la main à l'exécution du présent arrêt; leur attribuant à cet effet la connoissance de toutes les contestations qui pourroient survenir à l'occasion d'icelui, circonstances & dépendances, l'interdisant à toutes ses cours & autres juges. Veut sa majesté que lesdits sieurs intendans envoient au sieur directeur général des finances, tous les six mois, l'état des nouveaux établissemens qui auront été formés dans leurs généralités, avec leurs observations sur tout ce qui pourra leur paroître intéressant pour améliorer le service des poudres & salpêtres qui se fait aujourd'hui pour le compte de sa majesté. Fait au conseil d'état du roi, sa majesté y étant, tenu à Versailles le huit août 1777.

NOBLESSE, f. f.; c'est une distinction instituée, dans la société, pour honorer les personnes, & adoptée dans presque tous les gouvernemens de l'Europe. Comme cette distinction est nulle dans la nature, & qu'elle n'en admet d'autre parmi les hommes que celle de l'organisation foible ou forte, il est fort à présumer que c'est la force qui a fait le premier noble, comme le premier maître. Cette *noblesse* primordiale, soutenue de l'ambition, a formé les Empires, & s'est ensuite attribué le droit de conférer une *noblesse* secondaire, soit comme récompense des services qu'elle avoit reçus, soit à prix d'argent; de-là les nobles se sont multipliés, & la petite gloire d'être assis au même rang a été un objet d'ambition & d'envie, pour tous ceux qui se trouvoient dans les classes inférieures. Les gouvernemens dans les tems de besoin ont mis à contribution cette vanité, en attachant la noblesse à des places ou à des offices dont la finance devenoit une ressource, ou en faisant rechercher si ceux qui s'attribuoient de nobles privilèges étoient fondés, & en les confirmant moyennant une nouvelle contribution.

Un édit du mois de mars 1696, conféra la *noblesse* à cinq cens personnes à la fois, moyennant une somme de six mille livres; mais cette *noblesse* ne dura que jusqu'en 1715. Le préambule

de cet édit est remarquable ; voici ce qu'il porte en partie :

« Si la noble extraction, & l'antiquité de la » race qui donne tant de distinction parmi les » hommes, n'est que le présent d'une fortune » aveugle, le titre & la source de la *noblesse* est » un présent du prince qui fait récompenser avec » choix les services importans que les sujets rendent à leur patrie. Ces services, si dignes de la » reconnoissance des souverains, ne se rendent » pas toujours les armes à la main ; le zèle se » signale de plus d'une manière, & il est des oc- » casions où, en sacrifiant son bien pour l'entretien des troupes qui défendent l'état, on mérite » en quelque sorte la même récompense que ceux » mêmes qui prodiguent leur sang pour le défendre, &c. »

On prétend que la première *noblesse* qui fut accordée en France, par lettres, ne remonte qu'à 1271, sous Philippe le Hardi, qui annoblit un nommé Raoul, orfévre. Philippe-le-Bel, en 1313, fit beaucoup de nobles pour réparer la perte de ceux qui avoient péri dans les croisades, & permit même aux roturiers de posséder des fiefs. Cette propriété produisit quelque-tems l'usurpation des immunités attachées à ces nobles possessions. Les successeurs de Philippe-le-Bel usèrent souvent de la prérogative de faire des nobles ; & quelquefois même en abusèrent, car on les vit accorder la *noblesse* à prix d'argent, l'éteindre ensuite, & la faire revivre en exigeant une nouvelle taxe.

C'est ainsi qu'Henri IV, après avoir annobli plusieurs personnes, au moyen d'une finance, dans le ressort du parlement de Paris, par édit de Mai 1593, révoqua toute *noblesse*, accordée depuis vingt ans, par l'édit de janvier 1598, & les rétablit ensuite par un autre édit de mars 1606.

Louis XIII signala la naissance de Louis XIV, en 1638, en accordant la *noblesse* à un nombre déterminé de personnes en chaque généralité, moyennant une finance, pour elles & leur postérité & lignée, tant mâles que femelles, nées & à naître ; & deux années après, un édit du mois de Novembre, révoqua tous annoblissemens accordés depuis trente années. Ce qui mérite sur-tout attention, c'est que cette révocation ayant été confirmée par déclaration de Louis XIII, du 16 avril 1643, un édit du mois de mai de la même année, à l'occasion de l'heureux avénement de Louis XIV au trône, conféra la *noblesse* à deux personnes par chaque généralité, en payant une finance de quatre mille livres.

Jamais la vanité des particuliers ne fut aussi fréquemment flattée & jouée que sous ce règne. Un édit d'octobre 1645, avoit créé cinquante *nobles* ès-villes franches de la province de Normandie ;

chaque annobli. fut confirmé dans la *noblesse*, qu'il avoit pu obtenir depuis 1606, par déclaration du 30 décembre 1656, en payant une somme de quinze cents livres ; deux personnes de chaque généralité, obtinrent des lettres de *noblesse* pour leur argent, en faveur de la paix des Pyrénées. Et deux édits des mois d'août & septembre 1664, révoquerent tous annoblissemens accordés trente années auparavant. Un arrêt du Conseil du 13 janvier 1667, expliqua encore que la révocation de la *noblesse* devoit avoir lieu depuis le premier janvier 1614, pour la province de Normandie, & depuis le premier janvier 1611, pour les autres provinces ; que tous les nobles par lettres, depuis ces époques jusqu'aux édits de 1664, seroient imposés à la taille, à l'exception de ceux qui auroient obtenu des lettres de confirmation, sur des exposés véritables, & duement enregistrés depuis 1664.

En 1696, on accorda des lettres de confirmation de *noblesse*, moyennant finance ; on créa des nobles au nombre de cinq cens comme on l'a dit précédemment ; en 1702 & 1711, on en créa trois cens ; mais en 1715, l'édit du mois d'août régla définitivement tout ce qui devoit être observé à cet égard.

Il éteignit & supprima tous les annoblissemens accordés depuis le premier janvier 1669, par lettres moyennant finance, en conséquence des édits de 1696, 1702 & 1711 ou autrement, & ordonna que tous les particuliers annoblis depuis ledit jour premier janvier 1689, ensemble leurs enfans & descendans, même les enfans & descendans de ceux desdits annoblis décédés, seroient imposés à la taille, & autres impositions & charges publiques, à compter du premier octobre 1715, à la réserve de ceux que sa majesté jugeroit à propos d'excepter, en considération des services importans rendus à l'Etat.

I I.

La *noblesse* au premier degré, accordée en conséquence de l'édit d'octobre 1704, aux officiers des cours & compagnies supérieures & bureaux des finances, fut pareillement révoquée, & ces officiers, leurs enfans & descendants, remis au même état qu'ils étoient auparavant, à l'exception des officiers du parlement, de la chambre des comptes & de la cour des aides de Paris, & des officiers & secrétaires des chancelleries.

I I I.

Révoque la *noblesse* au premier degré, accordée aux officiers du bureau des finances de Paris, par édit d'avril 1705.

I V.

Maintient les officiers des cours & compagnies supérieures & bureaux des finances, dans la *noblesse* graduelle, & dans les autres honneurs, prérogatives & privilèges attribués à leurs charges & dont ils jouissoient avant 1689.

V.

Sa majesté révoque aussi non-seulement la *noblesse* au premier degré accordée en 1706, aux échevins de Paris, & celle qui avoit été attribuée à différens offices, tant militaires que de judicature, police & finance, soit que ces offices eussent été créés avant ou depuis 1689 ; mais encore la *noblesse* graduelle accordée depuis le même-tems, moyennant finance, en quelque sorte & manière que ce fût, tant aux corps & compagnies, qu'à quelques officiers seulement qui n'en jouissoient pas avant 1689 ; voulant que tous les officiers, ensemble leurs enfans & descendans, fussent & demeurassent remis & rétablis au même état où ils étoient avant la concession du privilège.

Par l'article VI, la révocation est également prononcée de tous les privilèges & exemptions de taille, & autres charges publiques, accordés moyennant finance ou attribués à tous les offices, crées depuis le premier janvier 1689, dont la première finance ne se trouvoit pas de la somme de dix mille livres.

Enfin, l'article XVII ordonne que dans le premier chapitre des rôles, des tailles, seroient compris tous les annoblis par lettres depuis le premier janvier 1689, soit que ces lettres leur eussent été accordées par forme d'annoblissement, ou seulement de confirmation de réhabilitation, ensemble tous les officiers supprimés & ceux dont les privilèges sont révoqués par cet édit.

Ainsi de tous les *nobles* faits sous Louis XIV, il n'en est resté que ceux qui ont obtenu des lettres de réhabilitation & confirmation depuis 1715, ou des lettres particulières en conformité de la réserve faite par l'article premier de l'édit qu'on vient d'analyser.

On ne s'est étendu sur les différentes créations de *nobles*, que parce que ce titre bien constaté donne la faculté de posséder des fiefs sans payer le droit de franc-fief, qui, comme on l'a dit, n'est dû que par les roturiers.

Mais un françois qui a obtenu la *noblesse* d'un prince souverain, dans les Etats duquel il a résidé, ne peut jouir des privilèges qui y sont attachés, s'il ne lui est accordé des lettres de confirmation duement enregistrées, parce qu'il est de principe que le roi seul peut annoblir ses sujets.

Deux arrêts du conseil des 25 septembre 1733, & 18 octobre 1735, ont prononcé en conséquence. Le premier condamne au paiement du droit de franc-fief, le sieur Puech, quoiqu'il représentât avoir été pourvu en 1706 d'une charge d'auditeur en la chambre des comptes de Savoye, qu'il avoit exercée sept ans, lorsque Louis XIV étoit en possession de ce pays.

Le second condamne également le fieur Suleau de Maltoy, né françois, & annobli par le duc de Lorraine en 1720, à payer le droit de franc-fief d'une terre qu'il posſédoit en Bourgogne, fur le motif qu'il étoit annobli ; les motifs de cet arrêt, furent que, comme il étoit né fujet de la France, il ne pouvoit réclamer une *nobleſſe* qui n'avoit pas été approuvée par fon légitime fouverain. Cette difpofition fe trouve encore confirmée contre le même particulier, par une décifion du confeil du 4 décembre 1752, pour le nouveau droit de franc-fief qui lui étoit demandé.

Ainfi on voit que cette foumiſſion des non-*nobles* au droit de franc-fief, dû au fermier des domaines du roi, & très-vigilant fur-tout ce qui regarde la perception, fe lie naturellement à l'intérêt des autres impofitions, puifque du moment que le propriétaire d'un fief ne jouit pas de privilèges attachés à la *nobleſſe*, il rentre dans la claſſe de tous les autres fujets qui compofent le tiers état, & devient fujet à la taille, à la corvée, & à toutes les autres charges publiques.

Il n'eſt pas de notre plan de rechercher quelles font les prérogatives des perfonnes poſſédant la *nobleſſe*, dans les tribunaux, & relativement aux peines afflictives ; par quels actes cette *nobleſſe* peut être flétrie, aſſoupie & éteinte, & quelles profeſſions emportent la dérogeance ; ces différens points font du reſſort du dictionnaire de jurifprudence, & on peut le confulter.

Nous allons terminer cet article par le chapitre XIV, de l'excellent ouvrage intitulé de l'*Adminiſtration des Finances*, dans lequel un homme d'état, a confidéré en habile adminiſtrateur, quelles font les charges qui donnent la *nobleſſe* en France, quel en eſt l'effet par rapport au commerce & à l'efprit national.

Il ne m'avoit point paru indifférent de connoître quelle eſt la quantité de charges en France, qui procurent la *nobleſſe* héréditaire, foit dès l'inſtant qu'on en eſt revêtu, foit à la feconde ou à la troifième génération, foit au bout d'un certain nombre d'années de poſſeſſion. Le nombre paſſe quatre mille ; & je crois à-peu-près juſte l'énumération fuccinte que je vais en donner.

80 charges de maître des Requêtes.

1000 charges environ, dans les parlemens, en retranchant celles qui font poſſédées par les confeillers-clercs.

900 charges environ, dans les chambres des comptes, & les cours des aides.

70 dans le grand confeil.

30 dans la cour des monnoie.

20 au confeil provincial d'Artois.

80 au châtelet de Paris.

740 dans les bureaux des finances.

50 charges de grand baillifs, fénéchaux, gouverneurs & lieutenans généraux d'épée.

900 charges de fecrétaires du Roi.

Enfin, on peut fixer à 200 environ, les offices en commiſſion au parlement de Nanci, & au confeil fouverain d'Alface, plufieurs charges tenant en fecond ordre au confeil & à la chancellerie, celles aux tribunaux de la table de marbre, & quelques autres encore.

Il faut obferver cependant, qu'entre ces différentes charges, il en eſt un grand nombre qui, par le fait, ne deviennent pas une fource de nouveaux *nobles* : car depuis que le Royaume en eſt rempli, plufieurs cours fouveraines n'admettent que difficilement dans leurs compagnies, les familles bourgeoifes, qui n'ont pas encore acquis cette petite illuſtration.

En général, ce font aujourd'hui les charges les moins honorifiques & les moins utiles, qui multiplient davantage les annobliſſemens, parce qu'auſſi-tôt qu'on les a poſſédées le tems néceſſaire, pour tranfmettre à fes enfans les droits qui y font attachés, on cherche communément à s'en défaire.

Parmi les offices de ce genre, on remarque fur-tout ceux des fecrétaires du roi, & quelques autres, dépendans également de la chancellerie ; & quoique leurs fonctions réunies, n'exigent qu'un travail médiocre, le nombre des charges, néanmoins, s'élève maintenant à près de mille. Ce font les befoins d'argent, qui dans des tems de détreſſe, ont donné lieu à la création de beaucoup d'offices inutiles ; les promeſſes n'étoient plus eſtimées, les hauts intérêts ne féduifoient plus, on chercha des reſſources par la vente des privilèges, & pour colorer cette conceſſion, on imagina des fonctions, qu'on feignit d'envifager comme néceſſaires, & l'on y attacha la plus précieufe des prérogatives dans un Etat monarchique.

La politique & la faine raifon, s'élèvent également contre de pareilles inſtitutions ; une fource perpétuelle de nouveaux *nobles*, dénature l'idée qu'on doit fe faire de ces diſtinctions ; & l'accroiſſement du nombre des perfonnes qui jouiſſent d'exemptions dans le paiement des impôts, devient un véritable préjudice pour le reſte de la nation.

Ces confidérations font trop fenfibles, pour qu'il foit néceſſaire de s'y arrêter long-tems ; mais il en eſt une moins aperçue, & qui me paroît digne d'une grande attention.

Cette multitude de charges qui donnent la *nobleſſe*, & qu'on peut acquérir à prix d'argent, entretient un esprit de vanité, qui engage à renoncer aux établissemens de commerce ou de manufacture, au moment où par l'accroissement de sa fortune, on pourroit y donner la plus grande étendue; époque précieuse, où l'on est plus que jamais en situation de lier ses travaux & son industrie, à l'avancement de la prospérité de l'Etat : c'est alors, en effet, que les négocians peuvent se contenter d'un moindre intérêt de leurs capitaux; c'est alors, qu'ils peuvent faciliter le commerce d'exportation, par des avances; c'est alors qu'ils peuvent hasarder davantage, & ouvrir par des entreprises nouvelles, des routes encore inconnues. Je crois donc que toutes les dispositions publiques qui augmentent ou favorisent les vanités étrangères à l'état dans lequel les divers citoyens se trouvent placés, sont contraires à une saine politique. Je n'hésite point à dire que ces dispositions arrêtent en France, le développement entier des forces & du génie du commerce; & que c'est-là une des causes principales de la supériorité que conservent, dans plusieurs branches d'affaires, les nations où les distinctions d'état sont moins sensibles, & où toutes les pretentions qui en résultent, ne sont pas un objet continuel d'occupation.

Ces diverses réflexions semblent indiquer, qu'une des meilleures destinations du crédit en tems de paix, seroit d'emprunter les capitaux nécessaires, pour rembourser successivement toutes les charges inutiles qui transmettent la noblesse héréditaire; mais les longs abus dans l'ordre moral, comme les longues maladies dans l'ordre physique, permettent rarement d'employer des remedes trop actifs, sans s'exposer à quelque inconvénient. Rien ne semble moins raisonnable, que de faire des distinctions & des privilèges, un objet de trafic; mais lorsqu'il y a un si grand nombre de citoyens annoblis par des charges, qu'eux ou leurs peres ont achetées, ce n'est pas une disposition si simple, que de priver tout-à-coup le reste de la nation, de l'espoir d'obtenir les avantages qu'une grande partie de leurs égaux se sont procurés, par le mérite seul d'une fortune aisée; & si cette observation ne doit pas arrêter la réforme d'un abus qui s'accroît chaque jour, on est du moins conduit à penser, que pour adoucir une pareille disposition, il seroit convenable d'honorer davantage les états utiles, qui n'auroient plus la facilité d'arriver à la noblesse par la fortune.

Il faudroit, en même-tems, chercher à tempérer un peu les nombreuses prérogatives d'un seul ordre de la société; avantages qui semblent hors de toute proportion, lorsqu'on rapproche ces distinctions du titre originaire de ce nombre prodigieux de familles, qui n'ont acquis la noblesse qu'à prix d'argent : on examineroit peut-être alors de nouveau, si cette institution de nos jours est bonne, qui exige deux ou trois dégrés de noblesse, pour être

admis au rang d'officiers dans le service de terre & de mer; c'est trop peu, sans doute, à l'honneur des vrais chevaliers françois, dont les titres se perdent dans la nuit des tems; & dès-lors, cette même condition ne fait plus que peser sur des citoyens honorables par leurs sentimens, à l'avantage de ceux qu'une fortune du siècle a favorisés.

Il faudroit encore, toujours dans le même esprit, tâcher d'adoucir ces exceptions, qui, jusques dans la distribution des impôts, distinguent les états & les personnes.

Comment n'en résulteroit-il pas une source continuelle d'amertume & de jalousie, puisque l'homme le plus nouveau dans l'ordre de la noblesse, jouit de ces privilèges à l'égal des gentilshommes de la plus ancienne race? Qu'on me permette même de le dire, sous un rapport plus général, la simple raison n'indique point que la plus grande part aux avantages de la société, doive être accompagnée de la moindre part aux charges publiques; le service militaire, qui composoit autrefois l'un des sacrifices d'un ordre particulier de l'Etat, étant devenu un objet d'utilité, de faveur & de préférence, les premières causes des privilèges, sont sensiblement altérées; mais ces vieilles opinions tiennent encore dans toute leur force, & je ne conseillerois point d'offenser des prétentions que le tems a consacrées : on doit seulement avancer, vers un but raisonnable, par des moyens sages, & à l'abri de toute espèce de réclamations. L'un des motifs qui font tenir avec tant d'ardeur aux exemptions, c'est la tache imprimée sur certaines impositions; telles, par exemple, que la taille, la corvée, le logement des gens de guerre, & d'autres encore : ce seroit une folle entreprise que de prétendre déranger ces idées, & de vouloir assimiler indistinctement à de pareilles charges, tous les ordres de citoyens; mais à mesure qu'on s'occuperoit de modifier ces mêmes impôts, les difficultés disparoîtroient.

C'est ainsi, que la taille est une humiliation dans la partie du royaume où elle indique une infériorité d'état, tandis que le même impôt ne rabaisse personne, dans les provinces où ce tribut désigne uniquement une différence dans la nature des biens-fonds; c'est ainsi, qu'on peut ensuite asseoir sur ce genre de revenu, la dépense des chemins, sans que l'amour-propre d'aucun contribuable en soit offensé. D'ailleurs, en supposant un moment où le souverain seroit en état de remettre quelques impôts, pourroit-on faire aucune réclamation fondée, si ces soulagemens étoient appliqués par préférence, à égaliser davantage les charges des différens ordres des contribuables? Ce n'est jamais sur la nature d'un bienfait que personne élève des plaintes.

Enfin, il ne faut pas perdre de vue une grande idée générale. La plupart des Etats de l'Europe, font par leurs circonftances, ou guerriers, ou commerçans ; & l'efprit de leur gouvernement doit s'adapter à ces différences. La France, au contraire, doit être l'un & l'autre, elle eft rappellée aux idées de *nobleffe* & de fervice militaire, par fa conftitution monarchique ; & aux idées de commerce & de richeffes, par la nature de fon fol, par l'intelligence de fes habitans, & par la pofition du Royaume : ces différentes confidérations fe réuniffent, pour compofer fa puiffance ; il faut donc habilement les ménager toutes ; il faut, dans le même-tems qu'on nourrit les opinions qui enflamment l'honneur & le courage, ne point décourager celles qui attachent aux occupations utiles & fécondes de la fociété ; & comme les fentimens d'amour-propre & de vanité qui meuvent tous les hommes font, en France, un reffort encore plus puiffant, l'on ne doit pas le diriger aveuglément, & dégoûter des profeffions importantes, pour ajouter un petit triomphe de plus, à celles qui font déjà favorifées de tant de manières.

C'eft fur-tout dans les villes de grandes manufactures, ou de trafic maritime, qu'il faut prendre foin du relief & de la fatisfaction du commerce. Ainfi, pour citer un feul exemple, bien loin qu'on doive regarder comme importuns, les privilèges de la ville de Lyon, qui l'autorifent à fe garder elle-même, il faut, fi l'on y réfléchit en homme d'état, maintenir politiquement une conftitution, qui difpenfe de mêler les militaires & leurs prétentions, au milieu d'une cité floriffante par l'application univerfelle de fes habitans, aux occupations du commerce. Il feroit à défirer même, que dans les villes de ce genre, il n'y eût aucune grande cour fouveraine ; les diftinctions d'état qu'elles introduifent, nuifent fourdement à la confidération des négocians, & leur infpirent infenfiblement une ambition différente. Il y a, dans cet inftant en France, une grande affaire, dont l'origine vient de quelques places diftinctes affignées dans la falle de fpectacle de Bordeaux, aux échevins de l'ordre de la *nobleffe*, & à ceux du tiers-état. Qu'un véritable adminiftrateur public confidère, fi c'eft dans une ville dont le commerce enrichit la France, que de pareils ufages doivent fubfifter : de telles diftinctions, lorfqu'elles font hors de leur place, font peut-être un plus grand mal politique, que beaucoup de loix d'ignorance.

Ces réflexions ne s'écartent point du fujet que j'ai voulu traiter dans ce chapitre ; leur efprit fe lie parfaitement ; & l'on peut en tirer une nouvelle preuve, de l'efpèce d'obligation où eft le Gouvernement, de laiffer ouvertes les voies qui conduifent à l'acquifition de la *nobleffe*, fi en les fermant, il ne redouble pas de foins & de précautions, pour ménager aux autres états de la fociété, la confidération qui eft due à leur utilité & à leur importance.

Il feroit à défirer, fans doute, que tous les

moyens d'annobliffement à prix d'argent, n'euffent jamais été connus ; mais quand de pareils ufages fubfiftent depuis long-tems ; quand cette efpèce de lien eft établi entre les ordres de la fociété qui fe rapprochent par les lumières & l'éducation ; il faut, en le rompant, y apporter des ménagemens ; il faut en rendant plus difficiles tous les changemens d'état, adoucir en même-tems les motifs fenfibles de jaloufie. Peut-être quelques perfonnes trouveront-elles que tant de circonfpection eft inutile ; que le gouvernement auroit trop à faire, s'il pefoit fans ceffe & dans une exacte balance, les droits ou les prétentions de toutes les claffes de la fociété, & s'il s'inquiétoit de concilier ou de réunir tant de rapports différens : fans doute, c'eft à cette condition que l'adminiftration eft difficile ; mais les intérêts d'une nation, la juftice due à tous les ordres qui la compofent, ne font pas un fi petit objet, qu'on puiffe s'en occuper avec nonchalance : c'eft un ouvrage de peine ; mais fi beau dans fes fins, fi grand dans fes rapports, que l'on y doit au moins le tribut de fes forces.

NON-VALEUR, f. f., qui a la même fignification que perte en finance. Il y a peu de recettes qui n'éprouvent quelque non-valeur ; mais c'eft fur-tout dans celles des taxes, qu'elles font plus communes, foit par le décès, foit par l'infolvabilité des contribuables.

NORD, commerce du. On appelle commerce du *Nord*, celui qui fe fait avec les villes anféatiques, comme Hambourg, Brême, Lubeck, Dantzick avec le Dannemark, la Suède & la Ruffie.

Le commerce en général étant une des fources de la finance, c'eft par cette confidération, que nous avons traité de l'Inde, de celui du Levant, & de celui des Ifles & des Colonies françaifes. Les mêmes motifs nous déterminent également à nous arrêter quelques inftans fur le commerce du *Nord*. Nous avons à parler, des foins que fe font donnés les plus grands miniftres pour le faire profpérer, des obftacles qu'ils ont rencontrés, des encouragemens que ce commerce à reçu tout récemment, & enfin, de ceux qui pourroient promettre quelques fuccès.

Colbert, fut le premier qui parut fentir toute l'importance du commerce du *Nord*, que les Hollandois faifoient alors prefqu'exclufivement. En 1664, il accorda quarante fols de gratification par tonneau, à tout bâtiment françois, monté par un équipage françois, qui partiroit pour la mer Baltique, à condition de revenir chargé de goudrons, de matières & bois propres à la conftruction.

On a dit au mot *Droit*, tome. premier pag. 663, dans quelles vues & avec quelle adreffe ce grand homme, établit par la déclaration du 11 avril 1667, des droits uniformes fur certaines efpèces de denrées & de marchandifes. On a remarqué que l'objet

principal

principal de ce réglement, étoit d'atténuer le commerce des Hollandois, pour accroître le nôtre, sur-tout dans le *Nord*. Mais cette nation, si éclairée sur ses intérêts, employa tous les ressorts de la politique, pour se garantir des effets de cette déclaration, connue généralement sous le nom de tarif de 1667, & parvint véritablement en 1678, à faire modérer les droits qu'il comprend.

On voit par les dépêches de Colbert à M. de Pomponne, ambassadeur de France en Hollande, du 11 Mars 1669, que cet infatigable ministre vouloit tenter d'établir un commerce direct avec le *Nord*, en y portant nos vins & nos eaux-de-vie, sans recevoir la loi de la Hollande.

Malheureusement, dit M. de Fourbonnais, dans ses recherches sur les finances, on eût recours à l'exclusif; on forma une compagnie du *Nord*, & elle devoit faire pendant vingt ans le commerce de Zélande, de Hollande, des côtes d'Allemagne, du Dannemark, de la mer Baltique, de Suède, de Norvége & de Moscovie. Tous les sujets pouvoient y prendre un intérêt, à condition qu'il ne seroit pas moindre de deux mille livres.

Le roi accordoit à la compagnie, trois livres de gratification par barrique d'eau-de-vie, quelle transporteroit dans ces pays ; quatre livres par tonneau sur les autres denrées du crû du royaume, & autant sur celles qui seroient apportées à droiture.

Les munitions nécessaires à l'armement des vaisseaux, étoient exemptes de tous droits d'entrée & de sortie ; l'entrepôt des retours permis sans payer aucuns droits à la réexportation, attendu que ce commerce se fait pour la plus grande partie par échange ; sa majesté promet de faire prendre dans ses arsenaux, les marchandises propres à l'armement de ses vaisseaux, après que les intendants des ports les auront visitées, & de les faire payer comptant, ou bien sur le pied de la facture originale, en y ajoutant le change, le fret & les assurances ; ou bien sur le prix courant que les mêmes munitions navales vaudront dans les villes de Hambourg & Amsterdam.

Le roi offrit encore de faire l'avance, pendant six ans, sans intérêt, du tiers du fonds capital, même de supporter sur ses avances, les pertes qui pourroient-être soufferes pendant ces six années. Il fut permis à la compagnie, d'employer sur ses vaisseaux, la moitié de matelots étrangers, lesquels au bout de six ans de service, devoient recevoir des lettres de naturalité expédiéess sans frais.

Enfin, il étoit défendu de saisir les effets de la compagnie pour dettes des intéressés.

» Il n'étoit pas possible, dit l'historien de qui » nous empruntons ces détails, d'ajouter à ces fa- » veurs. Toutes les causes de découragement sont » prévues ; le grand article des provisions navales » est réglé tout-à-la-fois à l'avantage du com-

» merce, & à celui du roi, qui ne pouvoit espé- » rer de les acheter avec plus d'économie. Que » manquoit il donc à cet établissement pour le » soutenir ? Quelle fatalité domine sur nos desseins » les mieux concertés en apparence ? l'exclusif ré- » pond à tout.

» Si le roi eût accordé les mêmes graces à tous » ses sujets indistinctement ; qu'aulieu d'avance de » fonds, il eût daigné faire naviguer quelques es- » cadres dans ces mers, dans la saison où le com- » merce en est ouvert, nous aurions un commerce » du *Nord*.

» Quand même on nieroit la conclusion, car le » peuple superstitieux des monopoleurs est obstiné » pour l'ordinaire, on ne pourra pas dire du moins, » que l'exclusif ait réussi avec des conditions ca- » pables de créer une marine, de porter un com- » merce dans les extrémités de la terre les plus » inconnues, pourvu qu'il y eût des retours à » prendre.

» On objectera que la guerre survenue en 1672, » contribua à détruire cette navigation, & c'est » d'où se tire la preuve de ce qu'on avance contre » la compagnie du *Nord*. Toute compagnie, si » puissante qu'elle soit en capitaux, est bornée ; » ainsi chaque perte considérable qu'elle éprouve, » sur-tout dans les commencemens, diminue le » nombre de ses entreprises ; & il faut que celles » qu'elle peut encore exécuter, la dédommagent, » non-seulement de ses avances, mais aussi des » fonds perdus. Cela est souvent impossible à une » compagnie qui ne suit qu'un seul genre d'affai- » res, qui a toujours un grand fonds de dépenses » à satisfaire, soit qu'elle gagne, soit qu'elle per- » de. Loin de faire de nouveaux fonds, le décou- » ragement s'en mêle ; il faut par un calcul dé- » montré, qu'elle s'écrase dans un certain terme. » On omet le peu d'activité dans l'administration, » & les autres causes de décadence inséparables » d'une compagnie exclusive.

» L'exemple d'une pareille compagnie une fois » détruite, fait une telle impression, que personne » n'ose songer à la relever. On ne remonte point » aux causes. La compagnie est ruinée ; ce genre » de commerce est ingrat, dit-on, d'ailleurs ces » sortes de projets sont d'une exécution longue » pénible ; voilà une branche de commerce dé- » laissée.

» Au contraire, un commerce libre est la réu- » nion d'un nombre infini de sociétés volontaires. » Dans chaque port, un certain nombre d'arma- » teurs expédient leurs navires, dont les risques » sont partagés entre plusieurs intéressés. Si un » armement ne réussit pas, la portion d'intérêt de » chacun, est si foible, que le commerce n'en res- » sent point d'interruption. Dès qu'à l'aide du » calcul, on trouve l'espérance d'un bénéfice quel-

E e

« conque dans de nouveaux efforts, on refait des
» fonds, souvent plus considérables que les pre-
» miers; on court après son argent, & on le rejoint
» toujours quant on le suit sagement.

» D'un autre côté, si l'armement de l'un ne réussit
» pas, un autre qui s'y est mieux pris ou qui s'est
» trouvé dans une circonstance plus favorable, a
» gagné; son exemple soutient les autres, ou sa
» prospérité redouble ses entreprises. Quand même
» tous viendroient à perdre à la fois, les entre-
» prises seroient moins nombreuses; mais elles ne
» cesseront pas toutes, parce que l'habileté d'un
» négociant riche, consiste presque toujours à por-
» ter dans les lieux d'où le plus grand nombre se
» retire; d'après ce grand principe, que la sura-
» bondance produit la disette.

» On peut s'en rapporter à l'ambition des
» hommes pour le surplus; celui qui a fait un pro-
» fit est bientôt accompagné; les petites viciffi-
» tudes que produisent les accidens du commerce,
» ne sont l'affaire de personne, que de ceux qui
» perdent, & ne s'en plaignent pas; l'impression
» qu'elles font sur l'esprit des mauvais politiques,
» est une crainte puérile. Si Lisbonne ou Cons-
» tantinople ont reçu dans une seule année ce
» qu'elles ne peuvent consommer qu'en deux ans,
» il ne s'en suit pas qu'on soit une année sans y
» envoyer, cela par deux raisons; la surabondance
» baissant les prix, la consommation y sera plus
» grande, & dans le pays vendeur, la diminution
» de la demande fait diminuer les profits.

» De cette double diminution, naît la matière
» d'une nouvelle exportation, soit dans un endroit,
» soit dans un autre; ainsi, point de vuide dans l'oc-
» cupation du peuple. Quand même il y en auroit
» un peu, ce seroit après tout, avoir payé une
» journée double à un homme qui se repose le
» lendemain; mais encore un coup, la chose est
» impossible, elle n'est jamais arrivée, si la totalité
» du commerce a été libre.

» Il est bien certain qu'une nation réduite à une
» ou deux branches de commerce, ressentira vio-
» lemment l'interruption d'une seule; mais si elle
» en a dix à sa libre disposition, l'une dédomma-
» gera de l'autre; elle n'en perdra aucune, au con-
» traire. Enfin, lorsque le commerce est libre, la
» même prudence qui engage le négociant à par-
» tager ses risques, l'invite à varier ses spécula-
» tions.

» Le commerce du Nord, mérite de grandes con-
» sidérations. Il est d'un genre de nécessité pre-
» mière, dans tout pays où l'on veut entretenir
» une marine & une navigation considérable, puis-
» qu'il en fournit la matière. Il est ingrat, parce
» que les peuples de cette contrée, sont pauvres
» & sobres; ainsi point d'argent à en retirer; peu

» d'importations à y faire; les anglois y portent de
» l'argent; les hollandois qui y trafiquent avec plus
» davantage, se contentent de l'échange.

» Les hollandois, ont établi chez eux l'entrepôt
» de toutes les denrées du monde; ils composent
» les assortimens de chaque espèce qui doivent en-
» trer dans chaque navire qu'ils expédient. Si le
» lieu où ils doivent finir leur route, & prendre
» leur chargement principal, n'est pas propre à
» une grande consommation, ils partent plutôt,
» & font des escales, soit pour porter des mar-
» chandises à fret, soit pour y vendre la portion
» de leur cargaison qui convient aux ports où ils
» mouillent.

» Ainsi le prix du loyer du vaisseau pour tout le
» voyage, est payé moitié par les marchandises
» portées, moitié par les marchandises rapportées.
» S'ils alloient à morte charge, ce seroit sur les
» retours qu'il faudroit imputer la totalité du fret.

» Il est donc évident qu'entre deux nations,
» dont l'une ira chercher des matières dans le Nord
» avec un vaisseau vuide, & l'autre, avec un vais-
» seau rempli, la première aura payé les matières
» plus chères de la moitié du fret.

» Il est aisé de conclure, que si les françois veu-
» lent établir un commerce dans le Nord au pair
» des hollandois, il faut qu'ils se procurent les
» assortimens des denrées convenables à ces pays.

» Nulle autre nation ne possède un grand
» nombre davantages naturels pour ce commerce,
» ainsi que pour tous les autres, puisque nous pos-
» sédons une partie des denrées du midi de l'Eu-
» rope, & celles de son climat tempéré, avec les
» productions du Levant & des deux Indes; mais
» cela ne suffit pas. Si les hollandois composent la
» plus grande partie de leur cargaison avec les den-
» rées de France, ils y font aussi entrer celles du
» Portugal, de l'Espagne, de l'Italie, qui convien-
» nent à l'assortiment de ces pays.

» Il est donc indispensable pour le commerce
» du Nord, de pouvoir entreposer, dans nos ports,
» les denrées des autres pays qui y conviennent
» mieux que les nôtres, quoique de même genre.
» Si cet entrepôt n'est pas permis, nous ne ferons
» le commerce, ni de ces denrées, ni des nôtres.
» Si au contraire, nous le permettons, nous don-
» nerons un double accroissement à notre naviga-
» tion & à nos exportations, soit en pénétrant
» dans le Nord, soit en nous procurant de meil-
» leures conditions de la part des nations dont
» nous ferons valoir les denrées.

» Il est une autre observation à faire sur le com-
» merce du Nord de l'europe, en faveur de nos
» colonies du Nord de l'Amérique, qui peuvent

» nous fournir au moins des mâtures, des gou-
» drons, des chanvres, en attendant que le pays
» soit assez desséché pour produire de bon bois ;
» il paroîtroit donc naturel d'accorder aux produc-
» tions de nos propres colonies qui peuvent nous
» convenir actuellement, la même faveur qu'à celles
» du Nord.

» Finissons par remarquer qu'en tems de guerre,
» la sûreté de ce commerce exige de grandes pré-
» cautions, parce qu'il faut traverser un canal
» étroit, couvert de vaisseaux ennemis ; le parti le
» plus sûr, est de partir vaisseau à vaisseau par un
» tems fait, & Dunkerque par cette raison & par
» d'autres, paroît le port le plus propre à ce com-
» merce.

» On ne peut même dissimuler que cette difficulté
» d'entretenir notre commerce du Nord pendant la
» guerre, rendra toujours pour nous ce commerce
» un peu précaire ; car sa protection formeroit une
» diversion considérable à nos forces maritimes, si
» l'on vouloit la rendre efficace ; & manquant de
» retraite, le long des côtes d'Allemagne, cette
» protection devient même difficile.

» Un autre obstacle que nous rencontrerons à
» l'établissement du commerce du Nord, c'est la
» cherté de la navigation, & la médiocrité du
» bénéfice qu'il offre aux particuliers, tandis que
» nous avons d'autres branches de commerce d'un
» grand produit, & qu'il nous en reste même
» d'autres à ouvrir qui ne seroient pas moins lu-
» cratives & pas moins étendues. Il n'est pas non
» plus toujours possible à l'Etat d'accorder des
» gratifications considérables, & lorsqu'il en ac-
» corde, ce ne peut être qu'autant qu'il peut pré-
» voir le terme où ses sujets seront en état de s'en
» passer ».

A la suite de ses observations, l'écrivain estimable qui nous le fournit, propose d'ouvrir dans
nos ports un entrepôt perpétuel, & absolument
affranchi de droits à toutes les denrées, soit du
Nord, soit du midi ; nos navires y apporteront les
dernières, & les Suédois, les Danois, les Russes
en y important aussi les leurs, y chargeront en
retour celles du midi.

La base de ce système de commerce, seroit une
imposition de dix livres par tonneau, surtous les
vaisseaux étrangers sans distinction, excepté dans
le cas où ils apporteroient les denrées de leur propre cru ou de leurs colonies ; de manière que tous
nos traités de commerce, subsisteroient dans le tarif
qui seroit arrêté entre chaque nation, pour les
denrées réputées de son cru & du nôtre.

Depuis que ces observations remplies de bonnes
vues, ont été publiées, il est survenu des changemens dans la condition politique des Etats de l'Europe ; & ces changemens ôtent à ces vues une

partie de l'intérêt & de l'utilité qu'elles pouvoient
avoir pour le commerce du Nord en 1754.

1°. La France ne possède plus le Canada, depuis
le traité de paix de 1763 ; elle n'a point de colonie
septentrionale dont elle puisse tirer des brais, des
goudrons, des pelleteries, & les autres productions que fournit le Nord ; Voyez ce qui a été dit
du Canada, & des dépradations qui s'y sont commises, tom. I, pag. 169.

En second lieu, la guerre qui s'est élevée en
1777, & qui a donné naissance à la République des
états unis d'Amérique, a vu se multiplier beaucoup dans nos ports, les bâtimens Suédois, Danois,
Russes, les Impériaux & ceux des villes Anséatiques ; ensorte, que ce sont autant de nouveaux
concurrens pour le commerce du Nord ; & c'est
par ces nations que l'on s'est procuré des approvisionnemens immenses, en bois & en munitions,
propres à la construction & à la navigation.

Si la privation du Canada nous rend le commerce du Nord plus précieux & plus utile à présent, qu'en 1754, les circonstances le rendent aussi
plus difficile & moins lucratif à raison de la grande
concurrence, & à cause de l'activité que la dernière guerre a excitée parmi les nations septentrionales, en étendant leur commerce, & en accroîs-
sant leurs capitaux.

Ces considérations ont été si bien senties par le
gouvernement, qu'en même-tems qu'il a reconnu
l'importance du commerce du Nord, pour entretenir une marine respectable, & étendre notre navigation, il a jugé devoir accorder des encouragemens particuliers pour ce commerce, & faire à cet
effet des sacrifices sur ses finances.

C'est ce qui se trouve consigné dans l'arrêt du
Conseil du 25 septembre 1784, que l'on va rapporter.

Le roi voulant favoriser le commerce de ses
sujets dans le Nord : Ouï le rapport du sieur de
Calonne, &c. Sa majesté en son conseil a ordonné
& ordonne ce qui suit :

ARTICLE PREMIER.

Les approvisionnemens de bouche nécessaires
à l'armement des vaisseaux destinés au commerce
du Nord, seront exempts de tous droits de sortie,
en prenant un acquit à caution qui sera déchargé
par les consuls ou vice-consuls de France dans les
ports du nord où le roi entretient des consuls, &
par les officiers municipaux desdits ports dans
ceux où il n'y a point de consuls de France ; à la
charge que, pour les vins & liqueurs, ladite
exemption ne s'étendra qu'à la quantité d'une
pinte de vin, ou de deux pintes de bière ou de
cidre, & d'un quart de pinte d'eau-de-vie mesure

de Paris, par homme d'équipage, pour chacun jour que le voyage sera censé devoir durer, selon l'estimation de la chambre du commerce dans le ressort de laquelle sera le port du départ, & que le surplus desdits vins & liqueurs acquitera les droits de sortie.

I I.

Les marchandises du *Nord* apportées par vaisseaux françois dans les ports de France où la police de l'entrepôt est établie, y jouiront pendant six mois dudit entrepôt en justifiant de leur origine, & pourront dans ledit terme de six mois être réexportées par mer à l'étranger sans payer aucuns droits.

I I I.

Il sera payé pendant quatre années des primes aux capitaines ou armateurs des navires françois qui feront le commerce du *Nord*.

Ces primes seront durant la première année, à compter du jour de la publication du présent arrêt, de dix livres par tonneau du port des navires, lorsque lesdits navires auront été adressés à une maison françoise établie dans un port de la mer Baltique ; & de cinq livres pareillement par tonneau, lorsqu'ils l'auront été à une maison françoise établie dans un port de la mer d'Allemagne ou de la mer du *Nord*.

La seconde année, lesdites primes, dans ces mêmes cas, seront de six livres par tonneau pour le voyage de la mer Baltique, & de trois livres par tonneau pour celui de la mer d'Allemagne ou de la mer du *Nord*.

La troisième année, elles seront de quatre livres par tonneau pour la mer baltique, & de deux livres par tonneau pour la mer d'Allemagne ou la mer du *Nord*.

La quatrième année, elles seront de trois livres par tonneau pour la mer Baltique, & d'une livre dix sous pour la mer d'Allemagne ou pour la mer du *Nord*.

Lesdites primes seront payées au retour desdits bâtimens, par le receveur général des fermes dans le port où lesdits navires effectueront leur retour, sur le certificat du consul de sa majesté dans le district où la marchandise portée par un navire françois aura été adressée à une maison françoise.

I V.

Dans le cas où lesdits navires ayant fait le commerce du *Nord*, n'auront pas été adressés à une maison françoise, lesdites primes seront réduites à moitié.

Fait au conseil d'état du roi, sa majesté y étant, tenu à Versailles le vint-cinq septembre mil sept cent quatre-vingt-quatre.

On a dit au mot ISLES & COLONIES FRANÇOISES, tom. II, page 651, que ces possessions donnent environ cent quatre-vingt millions de livres de sucre, & soixante millions de livres de caffé, & que l'excédent de ce qui se consomme dans le royaume trouve un débouché certain dans le *Nord* sur-tout, où ces deux denrées sont devenues presqu'indispensables.

Si à ce rapport de nos Colonies avec le *Nord* de l'Europe, on ajoute le détail de toutes les matières & denrées que ce pays fournit, soit pour la construction & l'entretien de la marine, soit pour les arts ; on en conclura que le commerce du *Nord* est du plus grand intérêt pour nous, & que conséquemment il seroit à désirer qu'il pût être fait par des vaisseaux françois.

Malheureusement les Anglois & les Hollandois jouissent dans ces contrées d'une prépondérance fondée sur de longues habitudes, qui sont fortifiées par des établissemens de ces nations dans plusieurs villes principales. Ainsi pour balancer les succès de ces peuples, il faut divers genres d'encouragemens plus efficaces que ceux qui sont portés par l'arrêt qu'on vient de rapporter, & qui jusqu'à présent n'ont produit aucun effet.

Voyons d'abord en quoi consiste le commerce du *Nord*, & les objets d'échange qu'il consomme.

Le *Nord* fournit à la France des mâtures, des bois de construction, toutes sortes de planches, des chanvres, des lins, des goudrons, des brais, des fers, des cuivres, des cires, des toiles à voiles & autres propres pour l'habillement des gens de mer, des cuirs tannés & préparés, des crins frisés & unis, des soies de porc & de sanglier, des salpêtres, de la potasse, des pelleteries, des grains & des salaisons, des huiles & de la colle de poisson.

La France en échange approvisionne le *Nord* de ses productions coloniales, de ses productions territoriales, comme vins, sels, eaux-de-vie, & de ses manufactures.

La balance de ce commerce peut être estimée année commune de cinquante millions à notre profit ; mais elle en procureroit beaucoup davantage si du moins une partie de ces transports étoit exécutée par bâtimens françois. On compte à peine vingt bâtimens de notre nation qui vont dans le *Nord*, tandis qu'il en entre dans nos ports environ six cent cinquante chaque année, qui viennent charger nos denrées coloniales ; dans ce nombre les quatre cinquièmes sont Hollandois, Anglois & des villes anséatiques, le reste est composé d'Impériaux, Suédois, Danois & Russes ; ces derniers sont les moins nombreux, parce que les Anglois font presque exclusivement le commerce de cet empire, fur-tout depuis le traité qu'ils ont obtenu en 1766.

Au refte, il fe préfente plufieurs moyens pour faire participer la France au commerce direct du *Nord*, & fans leur concours tous les facrifices que le gouvernement pourra faire, feront abfolument en pure perte.

Le prèmier & un des plus efficaces, feroit de faire à l'exemple des Anglois & des Hollandois, des établiffemens de maifons folides & bien accréditées, dans les principales places de commerce, pour expédier les marchandifes du pays & recevoir celles de la France.

Plufieurs négocians de Paris, s'étoient affociés à cet effet, pour propofer au gouvernement d'entreprendre cet établiffement.

D'abord, ils auroient fondé des maifons de correfpondance, à Saint-Pétersbourg, à Riga, Archangel & Mofcow, pour la Ruffie.

A Memel, Kœnisberg, Stetin, pour la Pruffe.

A Stockolm & Gottembourg, pour la Suède.

A Coppenhague & Elfingor, pour le Dannemarck.

A Chriftiana, pour la Norvège.

Et à Dantzick, pour la Pologne.

Afin de procurer à l'entreprife du commerce du *Nord*, la folidité & la facilité propres à faire des opérations fructueufes, il ne paroît pas néceffaire d'accorder un privilège excluﬁf; mais une chofe plus utile & même indifpenfable, c'eft la protection des trois miniftres, des affaires étrangères, de la marine, & des finances.

Ainfi il conviendroit que le premier obtînt 1°. en Ruffie, l'exemption du droit de tonneau qui s'y perçoit, à raifon de cent vingt livres par navire françois, du port de deux cents tonneaux, en affranchiffant par réciprocité, les vaiffeaux Ruffes du droit de fret dans nos ports.

2°. Que les droits fur les importations adreffées à des maifons françoifes ou ruffes, par des navires françois, fuffent fixés au même taux que les droits payés par les anglois, avec faculté de les acquitter en roubles; car dans l'état actuel, les françois étant tenus de les payer moitié en rixdalles, & moitié en roubles, éprouvent un défavantage d'un pour cent.

3°. Que les vins de France fuffent traités comme ceux d'Efpagne & de Portugal, c'eft-à-dire, qu'ils n'acquitaffent que quatre roubles & demi par barriques, au lieu de quinze auxquels ils font fujets.

4°. Que la cour de Dannemarck réduisît les droits du Sund au même taux que ceux qui font payés par les anglois & qui font de moitié moins forts.

5°. Enfin, que les maifons de correfpondance, établies, comme on l'a vu, fuffent chargéesde toutes les opérations de banque, concernant le département des affaires étrangères.

Le miniftre de la marine pourroit, de fon côté, charger les maifons françaifes des achats & des commiffions pour ce département, & qui fe font aujourd'hui par des maifons angloifes & hollandoifes, afin que les étrangers puffent prendre confiance dans les premières.

Quant au miniftre des finances, on pourroit lui repréfenter que les primes accordées par l'arrêt de 1754, font abfolument infuffifantes, & qu'il feroit indifpenfable.

1°. De continuer, aux armemens pour le *Nord*, l'exemption portée par cet arrêt, mais de fixer à une année au lieu de fix mois, le terme de l'entrepôt accordé aux importations de cette contrée.

2°. D'affujettir à un droit de deux pour cent de la valeur, additionnel aux droits d'entrée ordinaires, les importations de la mer Baltique, lorfqu'elles feroient exécutées par vaiffeaux étrangers, expédiés par des maifons françoifes, & à quatre pour cent, fi les vaiffeaux étrangers étoient expédiés par des maifons étrangères. C'eft ainfi qu'il en eft ufé en Angleterre pour le commerce de Ruffie; mais peut-être que dans l'enfance de notre commerce avec le *Nord*, cet article eft-il encore fufceptible de modification en faveur des bâtimens étrangers, expédiés par des maifons françoifes, car il eft difficile de fe perfuader, que les navires françois foient d'abord en affez grand nombre pour fuffire aux tranfports des marchandifes d'envoi & de retour.

3°. Subftituer aux primes de l'arrêt du 25 feptembre, & qui font limitées à quatre ans, des primes plus confidérables, applicables également aux exportations de France & aux importations du *Nord*, pour avoir lieu pendant dix années. On pourroit même graduer ces primes de façon qu'elles fuffent plus fortes pour la mer Blanche, moindres pour la Baltique, & plus foibles pour la mer du Nord & d'Allemagne; & de façon encore que la fixième année, elles diminuaffent d'un cinquième; la feptième, de deux; la huitième, de trois, & ainfi jufqu'à la dixième année qu'elles ceeroient.

On a dit ci-devant, que pour établir folidement le commerce du *Nord*, il falloit non pas un privilège excluﬁf, mais feulement une protection particulière & marquée par des faveurs. On ne peut pourtant pas fe diffimuler qu'une entreprife, telle qu'on la conçoit, ne peut pas s'exécuter par des négocians ifolés. La bafe fur laquelle il femble néceffaire de la faire repofer, & d'affeoir fon crédit de manière à mériter confiance, eft une affociation connue & favorifée par le gouvernement, dans laquelle il mettroit des fonds, ainfi que du temps de Colbert, dont l'exemple eft ici d'un grand poids.

Cette affociation étoit formée, comme on l'a dit, & compofée de maifons connues par leur fortune & par des relations très-étendues. Elle fe propofoit :

1°. De placer à Paris le centre de fes opérations; de faire une mife de fonds de trois millions, & de demander au gouvernement un prêt de trois millions pendant dix ans, fans intérêt.

2°. De laiffer, en augmentation de fonds, tous les bénéfices de l'entreprife pendant le même temps, pour n'en faire qu'à l'expiration de ce temps, qui feroit auffi celui de l'affociation, à la réferve pourtant de l'intérêt à fix pour cent, qu'elle préleveroit pour les trois millions mis en caiffe.

3°. De demander au miniftre de la marine la fourniture, pour ces dix années, de toutes les munitions & denrées néceffaires à l'approvifionnement des chantiers & des arfenaux du royaume.

4°. De folliciter l'affranchiffement de tous droits d'entrée & de fortie, non feulement fur les exportations de France, mais auffi fur les retours du Nord, & le rembourfement de l'excédent des droits qu'elle auroit payés, tant en Ruffie qu'en Dannemarck, jufqu'à ce qu'un traité eût réduit ces droits à la même quotité qui eft payée par les Anglois.

5°. Enfin elle réclamoit jufqu'au temps où l'expérience l'auroit mife en état d'apporter de l'économie dans les frais de fa navigation, une prime de douze livres, par tonneau pour la mer d'Allemagne.

De vingt-quatre livres par tonneau, pour la mer Baltique.

De trente fix livres par tonneau, pour la mer Blanche.

En même temps, cette affociation ou compagnie s'obligeoit à foumettre toute fon adminiftration à un commiffaire du confeil, nommé à cet effet par le miniftre des finances.

A ne concerter fes opérations qu'avec les maifons françoifes, actuellement exiftantes dans les différentes échelles du Nord, ou avec celles qu'elle y établiroit en 1786.

A prendre, à fa charge, toutes les pertes & accidens qui arriveroient, & à fournir annuellement le tableau de fa fituation.

Jufqu'ici ces différentes propofitions font reftées fans effet. Mais peut-être qu'un jour, s'il eft poffible de faire concourir au même but les trois pouvoirs d'où dépendent leur admiffion, reconnoîtra-t-on qu'au moyen de quelque légère réduction fur chacun des articles propofés, il eft d'une fage politique de faire les facrifices demandés, pour donner à la nation une part dans le commerce direct du Nord, en lui procurant de nouvelles occafions d'exercer fon activité, & d'accroître fes forces maritimes.

NOTAIRE, f. m., officier public, établi pour recevoir les actes qui fe font volontairement entre les citoyens, & pour donner à ces actes la forme & l'autorité néceffaires pour affurer leur exécution.

Les fonctions des notaires renferment deux caractères d'une jurifdiction purement volontaire, qui ne participe en rien de la jurifdiction contentieufe. Le premier confifte en ce que la préfence & la fignature des notaires conftatent la vérité des actes qui font paffés devant eux; & le fecond, en ce que les actes des notaires, revêtus du fceau & des autres formalités prefcrites, donnent hypothèque fur les biens de l'obligé.

Chez les Romains, les notaires rédigeoient les actes feulement par notes abrégées. Ces actes n'étoient obligatoires qu'après avoir été écrits en lettres par les tabellions, & après que les contractans y avoient appofé leur fignature ou leur fceau, que c'étoit le tabellion qui faifoit l'acte même. Cet ufage a fubfifté long-temps en France, avec cette différence néanmoins, que les notaires faifoient les minutes des actes, & qu'ils les remettoient aux tabellions, pour en délivrer les expéditions. Les deux fonctions furent enfuite réunies; & jufqu'au quatorzième fiècle, les feigneurs ou leurs juges, regardant le notariat & le tabellionnage comme les greffes, qui font une dépendance de la juftice, y commirent leurs clercs, & fouvent leurs domeftiques.

Philippe-le-Bel, par fon ordonnance du mois de mars 1302, défendit aux fénéchaux, baillifs & autres jufticiers, d'établir à l'avenir des notaires, & fe réferva ce droit, comme étant un droit royal, pour en difpofer indépendamment de la juftice.

Ce prince excepta à la vérité les feigneurs propriétaires des grandes terres titrées, qui étoient dans l'ufage ancien d'y inftituer des notaires : *Nolumus autem quod prelatis, baronibus, & aliis fubditis noftris, qui de antiquâ confuetudine in terris fûs poffunt notarios facere , per hoc præjudicium contrarietur.*

Il eſt certain , dit l'auteur du Dictionnaire raiſonné des domaines , que le roi , non ſeulement comme ſouverain , mais encore comme premier ſeigneur féodal , direct & juſticier de toutes les terres du royaume , a le droit de créer des notaires royaux , avec faculté d'inſtrumenter dans les terres de tous les ſeigneurs , parce qu'il n'y en a aucuns qui ne tiennent de ſa majeſté leurs juſtices & ſeigneuries , médiatement ou immédiatement. Ainſi , l'exception que voulut bien faire Philippe-le-Bel ne doit pas être conſidérée comme une maxime dont on puiſſe tirer aucune conſéquence contre le droit du roi.

Philippe-le-Long en 1319, & Henri II en 1580, déclarèrent expreſſement que les notariats & les tabellionnages ſont du domaine de la couronne.

Un édit de François I du mois de novembre 1542 , ordonna la diviſion du titre des offices de notaires tabellions , en laiſſant au premier le droit de recevoir les actes ; & à l'autre , celui de les groſſoyer On voit , par cet édit , qu'il y avoit , dans chaque ſiège royal , un notaire ou tabellion. Comme celui qui réuniſſoit les deux titres , alors indivis , ne pouvoir ſuffire au ſervice du public , ſur-tout dans les lieux éloignés de ſon établiſſement , il y commettoit des perſonnes pour recevoir les actes. On penſa donc qu'au lieu de ces commis , il valoit mieux établir des notaires en titre d'office , en laiſſant toujours aux tabellions le droit de groſſoyer les actes. En conſéquence cet édit de 1542 créa des offices de notaires diſtincts de ceux de tabellions , dans tout le royaume , avec défenſes à tous juges-lieutenans ou greffiers de paſſer & recevoir aucuns actes & contrats volontaires , leur enjoignant de les faire expédier aux notaires & tabellions , chacun dans ſon reſſort , à peine de nullité. François I excepta encore , par cet édit , les ſeigneurs & barons qui avoient précédemment obtenu des droits de tabellionage.

Un édit de 1575 avoit érigé , en chaque ſiège royal , un office de garde-notte , pour avoir la garde de toutes les minutes des notaires après qu'ils feroient décédés ; mais ils furent ſupprimés en 1579 , & réunis aux offices des notaires.

Les édits de novembre 1582 , & janvier 1584 , réſervèrent au roi le pouvoir d'établir des notaires & ſergens royaux dans tout le royaume , ſauf encore les ſeigneurs haut-juſticiers , qui avoient joui juſques-là du droit de tabellionage.

Enfin , l'édit du mois de mai 1597 , enregiſtré au parlement le 21 du même mois , réunit au domaine tous les offices de notaires royaux du royaume , même dans les domaines tenus à titre d'appanage & d'engagement ; il unit auſſi à ces offices les droits de tabellions & gardes notes qui furent ſupprimés , & il ordonna la vente & aliénation à faculté de rachat perpétuel , deſdits offices , pour être à l'avenir les pourvus , nommés , *notaires gardes notes & tabellions héréditaires* , avec pouvoir de groſſoyer & faire , chacun en droit ſoi , les expéditions de tous les actes par eux faits & paſſés. En même-tems cet édit créa des offices de notaires dans tous les lieux où les tabellions avoient des commis.

Cette réunion ainſi commencée en 1597 , ne fut conſommée qu'en 1761 , que l'édit du mois de février renouvella la ſuppreſſion des tabellionages ſubſiſtans dans l'étendue des juſtices & domaines du roi , & fit défenſes aux tabellions de faire aucunes fonctions de leurs offices , à peine de nullité , ſauf à être pourvu à l'indemnité de ceux qui jouiſſoient des tabellionages ſupprimés , en juſtifiant de leurs titres , ſur le pied du produit d'une année commune formée ſur vingt de leurs tabellionages.

Au reſte , comme il n'eſt pas du reſſort de ce dictionnaire de donner l'hiſtorique complet des offices des notaires & d'expoſer en détail leurs fonctions & leurs obligations , nous devons nous contenter de conſidérer ces officiers publics dans leurs rapports avec les finances de l'état.

Ils ſont tenus de faire contrôler les actes qu'ils ont paſſés , dans la quinzaine de leur date , ſans pouvoir charger les parties d'y ſatisfaire ; en conformité de la déclaration du roi du 19 mars 1696 , l'arrêt du conſeil du 15 janvier 1697 , & ceux du 18 octobre 1718 , & 15 ſeptembre 1719.

Ils ſont reſponſables des dommages-intérêts réſultans de la nullité des actes non contrôlés , ſuivant l'arrêt du conſeil du 12 avril 1720.

Ils doivent dater leurs actes avant que de les faire ſigner des parties , & les ſigner eux-mêmes en même-tems ; arrêt du conſeil du 12 avril 1720, & déciſion du conſeil du 25 novembre 1747.

Ils doivent retirer leurs minutes des bureaux du contrôle , & payer proviſoirement les droits demandés , ſans pouvoir conteſter ſur la quotité ; arrêts du conſeil des 25 mai 1720, du 24 février 1722, 2 février 1723 , & déciſion des 11 mai 1748 , & 17 octobre 1750.

Ils ne peuvent recevoir en dépôt les actes ſous ſignature privée , à moins qu'ils ne ſoient contrôlés , ni faire des actes en conſéquence ; arrêt du conſeil des 6 août 1715 , 14 mars & 30 décembre 1721 ; mais les teſtamens des perſonnes vivantes , ne ſont point ſujets au contrôle , ſuivant la déciſion du conſeil du 29 août 1720.

Ils font tenus de fournir au fermier du domaine des extraits de leurs actes, & même de lui communiquer, ou à fes commis, leurs minutes & leur liaffes. Un grand nombre d'arrêts du confeil, notamment ceux du 10 mars 1705, du 27 juillet 1706, du 11 juillet 1721, du 5 décembre 1758, du 10 juin 1760, prefcrivent cette double obligation.

Voyez au furplus le dictionnaire de jurifprudence pour tout ce qui regarde les notaires royaux & les notaires feigneuriaux.

NOVALES, f. f.; on donne ce nom aux dîmes qui fe levent fur les fruits des héritages nouvellement défrichés, & qui depuis très-longtemps n'avoient pas porté de fruits fujets à la dîme.

Les *novales* appartiennent aux curés & non pas aux gros décimateurs.

NOVICIAT; les actes de noviciat, de vêture & de profeffion dans les communautés religieufes avoient été affujetis aux droits de contrôle par l'article premier du tarif du 29 feptembre 1722, qui en avoit fixé la taxe à quarante fols, excepté pour les ordres mendians qui devoient être contrôlés gratis; mais l'article 3 de l'arrêt de règlement, du 30 août 1749, a généralement déchargé toutes ces fortes d'actes de la formalité & du droit de contrôle.

NOUETTE; nom donné à des effets royaux créés en 1763, parce qu'ils étoient fignés de M. Nouette, tréforier général des invalides de la marine, & autorifé par arrêt du confeil.

Donnons ici l'hiftorique de ces effets. Après avoir indiqué les caufes de leur création, nous les fuivrons dans leur deftination, dans les changemens qu'ils ont éprouvé jufqu'à leur converfion en contracts.

La guerre de 1756, terminée par la paix de 1762, avoit laiffé une maffe confidérable de dettes dans l'intérieur du royaume, & dans les provinces frontières.

En 1760, l'arrêt du confeil du 18 mai, avoit ouvert un emprunt de cinquante millions, qui en grande partie étoit refté au tréfor royal, parce qu'on avoit réduit à moitié les droits & les facilités qui s'accordent ordinairement aux notaires & aux gens de banque. Ce fut avec les billets de cet emprunt qu'on imagina, en 1763, d'acquitter les dettes alors exiftantes, en ne payant toutefois les intérêts des fommes dues qu'environ un an après la remife de ces billets; voici quelle fut l'opération.

L'arrêt du confeil du 2 avril 1763, ordonna préalablement, la liquidation des dépenfes à la charge de l'extraordinaire des guerres, de l'artillerie & du génie, qui reftoient à acquitter dans l'intérieur du royaume & fur les frontières, jufques & compris l'année 1762, ainfi que de celles occafionnées par les armées pendant la guerre dernière.

Il fut déclaré que toutes les dettes dont le décompte n'auroit pas été fait dans trois mois, ou ne feroit pas vifé par l'intendant de la province, feroient nulles.

Le 23 octobre de la même année parut un fecond arrêt du confeil qui portoit, que les décomptes compris dans le rôle arrêté au confeil, feroient rapportés, à commencer au premier novembre, au fieur *Nouette*, tréforier général des invalides de la marine, que le roi commettoit à l'effet de les retirer.

L'article 3 de ce même arrêt autorifoit le fieur *Nouette* à donner en paiement de ces décomptes, fes promeffes au porteur, de fournir au mois de mai fuivant, des billets de l'emprunt de cinquante millions, garnis de neuf coupons d'intérêt, dont le premier commenceroit à courir au premier avril 1764.

En même-tems l'article 4 enjoignoit au tréfor royal de remettre au fieur *Nouette* les fommes néceffaires, en efpèces, pour acquitter les décomptes reunis d'une même perfonne, au-deffous de cinq cens livres, & les appoints qui ne pourroient être payés en billets.

En 1765, tous les créanciers de l'artillerie & du génie n'avoient pas encore fait liquider leurs décomptes, & réclamoient la faculté de remplir cette formalité. Elle leur accordée par l'arrêt du 25 août, qui leur prefcrivit de les rapporter, avant le premier décembre, au fieur *Nouette*, autorifé de nouveau à en donner fes reconnoiffances en échange, tant du capital que des intérêts, à cinq pour cent, du premier octobre au premier janvier 1766, pourvu que ces décomptes fuffent revêtus des formalités prefcrites par l'arrêt du 2 avril 1763.

Les fuccès de cette liquidation pour les dettes, à la charge de l'extraordinaire des guerres de l'artillerie & du génie, la firent appliquer aux dettes des colonies, depuis 1760 jufqu'en 1764, fans y comprendre les porteurs de lettres-de-change, & ce fut l'objet de l'arrêt du confeil du 29 août 1765; puis celui du premier feptembre fuivant, ordonna que ces décomptes feroient remis au fieur *Nouette*, pour les retirer & en donner fes reconnoiffances en échange, à la charge de les enregiftrer fur un regiftre paraphé du fecrétaire d'état de la marine.

On

On a vu, à l'article Caisse, qu'en 1763 & 1764, la caisse des amortiffemens, établie par l'édit de mai 1749, avoit été régénérée & mife en activité, & qu'il en avoit en même-tems été créé une autre fous le nom de caiffe des arrérages. Comme l'objet de la régénération de la caiffe des amortiffemens étoit de faire une liquidation générale des dettes de l'Etat, celles qui avoient été payées par le fieur Nouette, en billets, y furent néceffairement comprifes.

En conféquence, l'arrêt du confeil du 30 novembre 1765, ordonna que les reconnoiffances délivrées par ce tréforier, feroient rapportées au tréforier général de la caiffe des amortiffemens, lequel en délivreroit de nouvelles pour le montant des capitaux, garnies des coupons d'intérêt à cinq pour cent, lefdits capitaux devant être remboursés par la voie du fort en forme de loterie, fuivant ce qui eft prefcrit pour les dettes de l'Etat par l'édit du mois de décembre 1764, & que les intérêts feroient affujettis à la retenue du dixième ordonnée par cette édit.

Le premier décembre 1765, un arrêt du confeil accorda jufqu'au 25 du mois pour rapporter, au fieur Nouette, les décomptes des dettes de la marine & des colonies en France; & enfin celui du 5 janvier 1766, autorifa indéfiniment & généralement ce tréforier, à délivrer fes reconnoiffances aux créanciers de l'extraordinaire des guerres, de l'artillerie, du génie, de la marine & des colonies qui ne lui auroient pas rapporté leurs décomptes dans les délais fixés, quoique les délais fuffent expirés; & la converfion de ces reconnoiffances fut de nouveau prefcrite, par l'arrêt du confeil du 24 février fuivant, dans celles du tréforier de la caiffe des amortiffens qui feroient garnies de coupons d'intérêt à cinq pour cent.

L'arrêt du 13 avril de la même année, annonça que toutes les dettes de la guerre, de l'artillerie, du génie, de la marine & des colonies qui avoient été acquittées, ou qui devoient l'être, fuivant les états des intendans & ordonnateurs, montoient à foixante-dix millions huit cens foixante-quinze mille neuf cens cinquante livres, & fixa à cette fomme le montant des reconnoiffances nouette, avec défenfe d'en expédier au-delà.

L'opération, comme on voit, étoit terminée par cet arrêt; il ne reftoit plus qu'à régler la comptabilité de cette partie. L'arrêt du confeil du 2 août 1766, ordonna en conféquence que le fieur Nouette remettroit les décomptes & récépiffés qu'il avoit retirés des officiers, fourniffeurs & autres créanciers, aux tréforiers généraux des différens départemens, auxquels les créances fe rapportoient, jufqu'à concurrence de foixante-dix millions huit cens foixante quinze mille neuf cens cinquante livres; que pour valeur de cette fomme

les tréforiers fourniroient des quittances au tréfor royal; qu'ils en feroient dépenfe, chacun dans l'année de fon exercice, & en même-tems recette du montant des quittances des fonds de la caiffe des arrérages, & que le tréforier de cette caiffe rendroit au fieur Nouette les reconnoiffances qu'il avoit entre les mains, lefquelles, par ce moyen, deviendroient nulles.

Comme malgré cette dernière difpofition le fieur Nouette pouvoit être recherché par la chambre des comptes, à raifon des reconnoiffances qu'il avoit délivrées, il fut expédié, le 2 août 1766, des lettres-patentes qui, en confirmant les difpofitions que l'on vient de rappeler, difpenfèrent le fieur Nouette de rendre aucun compte à la chambre ni ailleurs.

On conçoit aifément que cette cour ne pouvoit tranquillement fe voir dépouiller de la connoiffance d'un compte de plus de foixante-dix millions qui, par fa nature, devoit naturellement lui être foumis; auffi, l'enregiftrement de ces lettres-patentes fouffrit beaucoup de difficultés; ce ne fut qu'après plufieurs conférences, auxquelles le comptable fut admis, & où il expliqua clairement que le compte qu'il rendroit, ne feroit que l'extrait des comptes des différens tréforiers qui étoient chargés en recette & en dépenfe, du montant des fommes portées dans les reconnoiffances fignées Nouette, qu'ainfi il en réfulteroit un double compte fans utilité, que la chambre enregiftra ces lettres-patentes le 5 feptembre.

Cet enregiftrement portoit, fous la condition que le fieur Nouette rapporteroit, dans trois mois, au greffe de la cour, un état figné & certifié de lui véritable, du montant des décomptes par lui remis aux différens tréforiers, jufqu'à concurrence de la fomme de foixante-dix millions huit cens foixante-quinze mille neuf cens cinquante livres, dont il auroit retiré les reconnoiffances, fans que celles du fieur de Gagny puffent être déclarées dettes de l'Etat portant intérêt, qu'après qu'il en auroit été ainfi ordonné par un édit duement enregiftré dans les cours; & fera très-humblement fuplié le roi de n'autorifer à l'avenir aucun arrangement de finance qui tendroit à convertir en capitaux portant intérêts, le paiement des dépenfes qui doivent être affignées & acquittées fur les différens départemens.

Pour terminer l'article des effets nouette; on doit dire qu'après leur converfion en reconnoiffance du fieur de Gagny, ils fubirent le fort général des effets & papiers royaux, qui furent réduits à moitié par l'arrêt du confeil du 24 janvier 1770, & enfuite convertis en contrats à quatre pour cent.

NOUVEAUX CINQ SOLS, droit d' des
F f

qui fe perçoit aux entrées des villes & lieux fujets, le plus fouvent, avec les anciens cinq fols : auffi joint-on communément ces deux droits enfemble. On a dit au mot ANCIENS CINQ SOLS, tout ce qui concerne la perception des anciens & *nouveaux cinq fols. Voyez* le premier volume de cet ouvrage, *pag.* 37 & *38*.

NOUVEL ACQUET, f. m. (droit de)

Ce droit a la même fource que celui d'amortiffement. Il eft également dû au roi, à caufe de fa couronne, & il eft domanial & imprefcriptible. Les arrêts du confeil des 21 décembre 1723, & 15 juillet 1749, déclarent, contre la prétention des Etats d'Artois & de ceux du Bearn, que le droit de *nouvel acquêt* eft du domaine de la couronne.

Voici les cas dans lefquels il eft dû.

1°. Par les communautés eccléfiaftiques, féculières & régulières, bénéficiers & autres gens de main-morte pour les biens qu'ils poffédent, jufqu'à ce qu'ils foient amortis, & pour ceux dont ils n'ont que la jouiffance fans propriété.

2°. Par les communautés laïques, les habitans des villes, villages & hameaux, pour les biens dont ils ont la poffeffion & l'ufage en commun, tels que les droits de pacage, de pâturage, de glandage, chauffage, fur des bruyères, landes & communaux, ou fur des bois taillis, bois de haute futaye, prés, herbages, terres vagues & vaines, & tous autres fonds généralement quelconques, quelle qu'ancienne que foit leur poffeffion, même les domaines congéables dont jouiffent les communautés en vertu de conceffion pour plus de neuf années.

Dans le tems où le recouvrement des droits d'amortiffement fe faifoit par traités, ou pour le compte du roi; de tems à autre, les gens de main-morte fe trouvoient fouvent poffédar des biens plufieurs années, fans payer ces droits; mais tous les biens qu'ils acquéroient, à quelque titre que ce fût, étoient reputés *nouveaux acquêts*, pour les diftinguer de ceux qu'ils poffédoient & qui étoient valablement amortis, & ils en devoient payer le droit de *nouvel acquêt* jufqu'à ce qu'ils fuffent amortis; ce paiement même fervoit à faire connoître les biens qui devoient être compris dans la première recherche des droits d'amortiffement.

Le droit de *nouvel acquêt* étoit réglé fur le prix d'une année du revenu pour vingt années de jouiffance, fuivant l'édit du mois de mars 1674, la déclaration du roi du 5 juillet 1689, & l'article 2 de celle du 9 mars 1700.

Mais l'édit du mois de mai 1708, ayant ordonné qu'à l'avenir les droits d'amortiffement feroient payés dans l'an & jour des acquifitions, il n'y a plus eu lieu au droit de *nouvel acquêt* pour les

biens dont les gens de main-morte ont eu la propriété poftérieurement au mois de mai 1708, parce que les droits d'amortiffement ayant été mis en ferme à cette époque, le fermier ne manque pas de faire payer ce dernier droit à l'expiration de l'année de la poffeffion.

Plufieurs arrêts ont condamné les gens de main-morte au paiement des droits d'amortiffement des biens qu'ils poffédoient avant 1708, indépendamment du droit de *nouvel acquêt*, depuis le jour de leur poffeffion jufqu'au premier mai 1708, par la raifon que l'édit qui a fait ceffer le droit en ordonnant le paiement de celui d'amortiffement dans l'année de l'acquifition, n'a point eu d'effet rétroactif. Parmi ces arrêts on peut citer celui du 22 avril 1738, rendu contre la maifon de Saint-Magloire à Paris, de la congrégation de l'Oratoire, & celui du 3 mars 1739, contre le chapitre de la cathédrale de Tours.

Suivant l'article 8 de l'arrêt de règlement du 13 avril 1751, les gens de main-morte, qui, pour fûreté de leurs créances, jouiffent des biens de leurs débiteurs à titre d'engagement ou autrement, doivent en payer les droits de *nouvel acquêt* pendant le tems de leur jouiffance, pourvu qu'elle n'excède pas dix années; car s'ils font autorifés par lettres-patentes, ainfi que le prefcrit l'édit d'août 1749, déjà rappellé au mot AMORTISSEMENT, tome premier, *page* 35, à en jouir plus long-tems, ils en doivent payer le droit d'amortiffement.

Lorfque les gens de main-morte n'ont qu'une jouiffance limitée à dix années & au-deffous, ou un ufufruit attaché à la vie de quelqu'un, ils ne doivent que le droit de *nouvel acquêt* qui doit être payé pour chaque année de jouiffance, à raifon du vingtième du revenu des biens, avec les dix fols pour livre.

L'arrêt du confeil du 27 novembre 1774, a ordonné que les maifons abbatiales, prieurales, canoniales & autres lieux clauftraux & réguliers qui ont été mis dans le commerce par location, demeureront, par grace, déchargés de l'amortiffement, tant pour le paffé que pour l'avenir, pourvu que l'ufage & la deftination n'en foient point changés & dénaturés pour toujours, & à la charge que le droit de *nouvel acquêt* en fera payé par les abbés, prieurs, bénéficiers, &c, pendant la durée des baux qu'ils en auront faits ou pourront faire; veut fa majefté, porte cet arrêt, que ledit droit ceffe d'être perçu lorfque les biens retourneront à leur première deftination; & que les arrérages de ce droit ne puiffent être exigés au-delà des vingt années antérieures à la demande ou au jour de la location.

L'arrêt du confeil du 22 novembre 1775,

de même ordonné que les édifices, maisons & bâtimens servant de casernes, qui n'auront pas été amortis, dont il sera passé des baux devant notaires, soit pour la totalité ou pour partie, pour les intervalles pendant lesquels il n'y sera pas logé des troupes, seront affranchis du droit d'amortissement; pourvu néanmoins que l'usage & la destination n'en soient point changés, & à la charge que le droit de *nouvel acquêt* en sera payé par les villes & communautés pendant la jouissance des particuliers qui les occuperont. Une décision du conseil du 19 décembre de la même année, en interprétant les dispositions de cet arrêt, porte qu'il sera exécuté, tant pour le passé que pour l'avenir, & que l'exemption qu'il prononce aura lieu, non-seulement pour les maisons & bâtimens servans de casernes, mais encore pour tous autres édifices employés au service du roi & à l'utilité publique, qu'une location passagère & momentanée ne pourra faire envisager comme étant changés pour toujours de destination.

L'arrêt du conseil du 29 janvier 1776, en confirmant l'exemption du droit d'amortissement accordée aux dîmes acquises par les curés des paroisses, au profit de leurs cures, ordonne que tous échanges, concordats, transactions & autres actes, par lesquels les curés ou vicaires perpétuels céderont des dîmes aux gros décimateurs ou curés primitifs, demeureront pareillement affranchis de tous droits d'amortissement & de *nouvel acquêt*.

La décision du conseil du 19 mars suivant, en déclarant ces dispositions applicables aux actes passés avant l'arrêt, de même qu'à ceux qui le feront dans la suite, en restreint l'effet aux seuls gens de main-morte qui font partie du clergé de France. *Voyez* CLERGE.

Il en est de même de l'arrêt du même jour 29 janvier 1776, qui décharge du droit de *nouvel acquêt* les baux qui seront faits par les abbés ou prieurs, en faveur de leurs religieux, soit qu'ils soient passés pour un terme au-dessus de neuf années jusqu'à vingt-neuf, soit même qu'ils soient faits pour avoir lieu pendant la vie des abbés ou prieurs, c'est-à-dire que cette faveur ne regarde que le clergé de France.

Ce corps assemblé, en 1776, réclama contre les dispositions de l'arrêt du 27 novembre 1774; il exposa qu'elles sembloient s'appliquer indistinctement à toutes les maisons, abbatiales, prieurales & autres, quoique parmi ces maisons il y en eût plusieurs qui, ayant été amorties, ne pouvoient plus être sujettes au droit de *nouvel acquêt*. Sur ces réclamations intervint l'arrêt du conseil du 29 janvier, que l'on va rapporter, afin d'établir, par les termes même de la loi, les principes de la matière.

» Vu par le roi, étant en son conseil, le mémoire que le clergé de France a présenté à sa majesté lors de sa dernière assemblée, contenant:

Que par un arrêt du conseil, rendu le 17 novembre 1774, il est ordonné que les maisons abbatiales, prieurales & canoniales, ensemble tous autres biens & héritages dépendans des lieux claustraux & réguliers, qui ont été ou seront mis dans le commerce, demeureront, par grace, déchargés, tant pour le passé que pour l'avenir, du droit d'amortissement, auquel leur location a été déclarée sujette par l'article II du règlement du 21 janvier 1738, pourvu néanmoins que l'usage & la destination n'en soient pas changés & dénaturés pour toujours; & à la charge que le droit de *nouvel acquêt* en sera payé par les abbés, prieurs, bénéficiers & autres gens de main-morte, pendant la durée des baux qu'ils en auront faits, ou qu'ils pourroient en faire.

Cet arrêt a été donné dans la supposition que les maisons affectées à l'habitation des bénéficiers, avoient joui, dans tous les tems, de l'exemption du droit d'amortissement; mais la déclaration du 5 juillet 1689, est la première loi qui ait accordé cette exemption aux places destinées à la construction des églises, & aux bâtimens servant actuellement au logement des personnes religieuses de l'un & de l'autre sexe, comme étant plus particulièrement dédiés à Dieu.

Il est certain qu'avant l'année 1689, tous les biens-fonds donnés aux gens de main-morte, ou par eux acquis, même les terreins sur lesquels il étoit bâti des églises ou des maisons pour loger les personnes religieuses, étoient assujettis à l'amortissement; d'où il résulte que l'amortissement général que le clergé a obtenu, en 1641, moyennant finance, pour tous les biens, sans exception, qu'il possédoit antérieurement, a frappé sur les lieux claustraux & réguliers qui n'en étoient point exempts, de même que sur les biens de tout autre genre. Aussi la déclaration du 5 juillet 1689, n'a-t-elle fait remonter qu'en 1561, l'immunité accordée, pour la première fois, aux logemens des bénéficiers, le clergé n'en ayant pas eu besoin pour un tems plus reculé.

Cependant l'arrêt du 27 novembre 1774, a confondu & rangé dans la même classe toutes les maisons abbatiales, prieurales & autres semblables, quoique celles acquises avant 1641, puissent être mises dans le commerce sans donner lieu au droit de *nouvel acquêt*, puisqu'elles sont amorties; celles même acquises depuis cette époque en sont pareillement exemptes, si leur location a précédé le premier janvier 1700, parce que le droit résultant de cette location a nécessairement été compris dans le dernier amortissement général qui a été accordé au clergé par les lettres-patentes du 19 juin 1746, pour raison des biens par lui acquis depuis 1641 jusqu'au premier janvier 1700.

A l'égard des maisons abbatiales, canoniales &

F f ij

autres de même nature, qui n'ont été acquifes que depuis le 24 juillet 1641, qui n'ont point été amorties, & qui n'ont été louées que depuis le premier janvier 1700, l'effet des lettres-patentes de 1746 ne peut pas s'y appliquer, parce que jouiffant encore, au premier janvier 1700, de l'exemption portée par la déclaration de 1689, le feu roi ne peut pas être cenfé les avoir déchargées d'un droit dont elles n'étoient point fufceptibles ; ainfi, par rapport à ces maifons, l'arrêt du 27 novembre 1774, doit être exécuté ; mais il y a lieu de le révoquer pour toutes les autres. Vu auffi la réponfe de Laurent David, adjudicataire des fermes générales-unies, le contrat paffé avec le clergé le 14 août 1641, la déclaration du 5 juillet 1689, le règlement du 21 janvier 1738, les lettres-patentes du 19 juin 1746, & l'arrêt du confeil du 27 novembre 1774. Tout confidéré : ouï le rapport du fieur Turgot, confeiller ordinaire au confeil royal, &c. &c. le roi étant en fon confeil, a déclaré & déclare valablement amortis les bâtimens & édifices fervant de maifons abbatiales, prieurales & canoniales, enfemble tous autres biens & héritages dépendans des lieux clauftraux & réguliers, qui étoient poffédés par le clergé avant l'année 1641, ou qui avant été acquis depuis cette époque, auront été donnés à loyer avant le premier janvier 1700, comme étant compris dans les amortiffemens généraux que le clergé a obtenus en 1641 & 1746. Veut & entend en conféquence, fa majefté, que les objets de ce genre foient & demeurent exempts de tous droits d'amortiffement & de *nouvel acquêt*, encore qu'ils aient été ou qu'ils foient mis dans le commerce & qu'ils produifent un revenu, fans néanmoins que les bénéficiers & autres gens de main-morte puiffent répéter les droits de cette efpèce qui auroient pu avoir été payés avant le préfent arrêt : ordonne au furplus que l'arrêt du confeil du 27 novembre 1774, fera exécuté felon fa forme & teneur, en ce qui concerne les maifons abbatiales, prieurales, canoniales & autres biens & héritages de même nature, qui ayant été acquis par le clergé depuis 1641, n'auront été donnés à loyer que depuis le premier janvier 1700, & qui n'auront point été amortis avec finance, ou qui ne feront pas réputés l'être, comme faifant partie de donations ou fondations faites par les rois prédéceffeurs de fa majefté. Fait au confeil d'état du roi, fa majefté y étant, tenu à Verfailles le vingt-neuvième janvier 1776. »

Poftérieurement le confeil a eu plufieurs occafions de confirmer la légiflation qui vient d'être expofée concernant le droit de *nouvel acquêt*.

Il a décidé, le 13 mai 1777, que les Bénédictins de Vertou devoient payer ce droit pour des biens tombés en déshérence, dont ils jouiffoient en vertu de leur feigneurie, & qu'ils avoient affermés en attendant la réclamation des héritiers.

Un arrêt du confeil du 13 mai 1777, a condamné les mêmes religieux à payer le droit de *nouvel acquêt* pour la location de neuf ans qu'ils ont faite des biens appartenans ci devant au couvent de la Chaume réuni au leur.

Un autre arrêt du 19 février 1781, condamne les Capucins de Montpellier à payer l'amortiffement, pour la partie de leur clôture dont ils retireront un revenu, s'ils la mettent dans le commerce pour y refter à perpétuité, ou feulement le droit de *nouvel acquêt* fi la location n'eft que momentanée, foit qu'ils faffent ouvrir ou non, une porte particulière pour communiquer dans l'intérieur de leur monaftère.

Ces religieux invoquoient l'exemption prononcée par l'arrêt de 1776, en difant que leur clôture exiftoit avant 1641, & qu'elle étoit cenfée comprife dans l'amortiffement général ; mais il leur a été obfervé qu'elle avoit été amortie fans finance en 1639, que dès-lors l'arrêt de 1776 n'étoit pas applicable à cette clôture, puifqu'il n'avoit eu en vue que les biens amortis avec finance.

On a dit que le fecond cas dans lequel eft dû le droit de nouvel acquêt, regarde les communautés laïques. Toutes celles qui poffèdent des droits d'ufages, généralement quelconques, à charge de cens ou autrement, ont été difpenfées d'en payer le droit d'amortiffement, parce qu'elles n'ont point de propriété de ces fortes de biens. Pour leur poffeffion commune & l'ufage général, elles font affujetties à payer une finance annuelle proportionnée à l'objet de cette jouiffance ; & c'eft à cette finance que l'on donne le nom de *droit de nouvel acquêt des ufages*.

L'édit du mois de mars 1672 a affujetti les communautés à payer, pour ce droit, des biens non amortis, la jufte valeur du revenu d'une année pour leur poffeffion jufqu'alors ; & la déclaration du 5 juillet 1689, ordonna que les ufages poffédés par les communautés, feroient taxés à proportion de la jouiffance qu'elles avoient eu depuis 1672.

Pour parvenir au recouvrement du droit de *nouvel acquêt des ufages*, plufieurs réglemens ont ordonné que les maires, confuls des villes, les fyndics des communautés remettroient aux intendans des provinces des déclarations certifiées, contenant les ufages qui leur appartenoient de tout temps, l'étendue & la qualité des terres qui y font fujettes ; que ces magiftrats en feroient le rapport au confeil, avec leur avis fur le revenu annuel de ces droits d'ufage, pour être enfuite arrêté des états, par provifion du droit de *nouvel acquêt*, à raifon de la jouiffance, depuis 1672, nonobftant toutes lettres d'amortiffement générales ou particulières ; & que, d'après ces états, les intendans impoferoient la fomme due par chaque communauté.

Parmi ces réglemens, il faut compter l'arrêt du conſeil du 23 janvier 1691, les déclarations du 9 mars 1700, les arrêts du conſeil des 21 juin 1712, 15 novembre 1720, & pluſieurs autres encore.

Le droit fut fixé fur le prix d'une année de revenu pour vingt années de jouiſſance paſſées; & à l'avenir, à raiſon du vingtième du revenu par chaque année, par l'édit de mai 1708, & celui de ſeptembre 1710.

Ce droit eſt dû ſans nulle diſtinction de la mouvance des biens, attendu qu'il appartient à la couronne, & qu'il eſt dû à titre de permiſſion donnée aux communautés de jouir de tous droits d'uſages quelconques, ſuivant l'arrêt du conſeil du 17 novembre 1722.

L'article 8 de l'édit du mois de mai 1708, ordonnoit que les ſommes dont les communautés laïques ſe trouvoient redevables pour le *nouvel acquêt* de leurs uſages, ſeroient impoſées par les intendans; & dans les pays d'Etats, par les députés ordinaires deſdits Etats, avec les deux ſols pour livre deſdites ſommes ſur tous les habitans ayant droits d'uſages, exempts ou non exempts, nobles & roturiers, privilégiés & non privilégiés.

La déclaration du 31 décembre 1709, & l'édit de ſeptembre 1710, ordonnèrent enſuite que le même droit ſeroit impoſé dans la même forme annuellement, depuis le premier mai 1708, à raiſon d'un vingtième du revenu deſdits uſages; & que ces droits ſeroient payés par les collecteurs & ſyndics des paroiſſes, ſur les ſimples quittances du fermier des domaines, viſées par l'un des contrôleurs généraux des domaines & bois.

Ces diſpoſitions furent encore renouvellées par l'arrêt du conſeil du 15 novembre 1720, qui ordonna que dans les provinces où le droit de *nouvel acquêt* avoit été négligé, les communautés ſeroient tenues de fournir des déclarations; mais que celles qui en avoient donné, en ſeroient diſpenſées.

Cinq années après, c'eſt-à-dire au mois de juillet 1725, par arrêt du conſeil du 17, il fut ordonné qu'à l'avenir l'impoſition du droit de *nouvel acquêt*, avec les ſols pour livre exiſtans, ſeroit faite annuellement & par avance, ſuivant la forme preſcrite, & conformément à l'arrêt du 9 ſeptembre 1723. Il eſt impoſé de plus un ſol pour livre pour la remiſe des collecteurs, des receveurs des tailles & des receveurs généraux des finances, à raiſon de quatre deniers pour livre pour chacune.

D'après les déclarations du roi, des 3 février 1728, 25 juillet 1733, 11 février 1739, 16 octobre 1743, 25 octobre 1749, & 7 octobre 1755, le droit de *nouvel acquêt* eſt levé ſur les habitans par les collecteurs, qui en remettent le montant aux receveurs des tailles; ceux-ci le remettent aux receveurs généraux des finances, par leſquels le droit principal eſt payé au fermier des domaines, avec les ſols pour livre.

Dans les pays d'Etats, ce ſont les tréſoriers généraux qui reçoivent le montant du droit dont il s'agit, ainſi que de celui des autres impoſitions; mais ils le remettent également au fermier des domaines, qui en donne ſes quittances.

Nous allons actuellement préſenter le tableau de ce que paye chaque province ou pays particulier, pour le droit de *nouvel acquêt*, en rapportant le titre de cette impoſition en principal.

ÉTAT général de l'impôsition du droit de nouvel-acquêt *, en principal par généralité & pays d'État, avec l'arrêt qui l'a ordonnée.*

NOM DE LA GÉNÉRALITÉ, OU DU PAYS.	MONTANT DU DROIT IMPOSÉ.	DATE DE L'ARRÊT qui l'a ordonné.	OBSERVATIONS
Aix ,..............	1957 liv. 10 fols.	Arrêts des 20 Juin 1713, & 15 Février 1716.	
Alençon	1655 14.	*Idem*, du 13 mars 1703.	
Amiens	2363 15.	*Idem*, du 3 juillet 1731.	Le montant du droit eſt compris dans l'abonnement des droits de contrôle. *Voyez* l'article FLANDRE, *tom.* 1, *pag.* 217.
Artois.............	....	*Idem*, 14 mars 1722, 21 Décembre 1723.	
Auch...............	4919 15.	Arrêt du 18 octobre 1723.	
Auvergne	2504 8.	Déclaration du 9 mars 1700.	
Bearn...............	*Voyez* PAU.		
Beſançon...........	4945.	Arrêts des 15 mai 1722, & 5 août 1732.	
Bordeaux	1321 6.	Déclaration du 9 mars 1700.	
Bourges............	1416 9.	Arrêt du premier décembre 1722.	
Bourgogne, Breſſe, Bugey & Valromey.	6000	*Idem*, 21 juin 1712, 15 février 1716, 13 mars 1722.	
Bretagne	7338 16.	Premier décembre 1718, 29 septembre 1722, 26 septembre 1724.	
Caen	5540.	*Idem*, du 5 décembre 1716.	Cet arrêt porte que cette ſomme ſera impoſée avec la taille, d'année en année.
Châlons	13,185 17.	*Idem*, 13 mars 1703.	
Flandre	Cette province eſt abonnée. *Voyez* le mot FLANDRE.	20 avril 1700, 7 mai 1716.	
Foix (pays de)......	*Voyez* TOULOUSE.		
Grenoble...........	4000.	Arrêt du 5 décembre 1724.	
Hainault	Cette province eſt abonnée pour les droits de contrôle. *Voyez* HAINAULT.		

SUITE de l'état général de l'imposition du nouvel - acquêt.

NOM DE LA GÉNÉRALITÉ, OU DU PAYS.	MONTANT DU DROIT IMPOSÉ.	DATE DE L'ARRÊT qui l'a ordonné.	OBSERVATIONS
Labour (pays de)....	1190 liv. 9 fols.	Arrêt du 26 février 1754.	
Languedoc...........	*Voyez* MONTPELLIER & TOULOUSE.		
La Rochelle	1016 19.	*Idem*, du 13 juillet 1723.	
Limoges	....	....	Il ne s'y impofe point de droit de *nouvel-acquêt*, parce qu'apparemment il n'y a point de droit d'ufages.
Lyon, Forez & Beaujolois	54,010 8.	Arrêt du 29 janv. 1704.	Dans cette fomme, qui eft le prix d'un abonnement, entrent, avec le droit de franc-fief, celui de *nouvel-acquêt*.
Metz	26,266 1. Pour fix années quatre mois de jouiffance.	Arrêt du 29 septembre 1711.	
Montauban..........	4982 5.	Déclaration du 9 mars 1700.	
Montpellier	10,000.	Arrêt du 6 janvier 1728.	
Moulins	2151 11.	*Idem*, 9 janvier 1717 & 3 janvier 1719.	
Baffe-Navarre	228 11.	Arrêt du 18 octobre 1723, 15 juillet 1749.	
Orléans	4714 11.	*Idem*, du 18 octobre 1723.	
Paris	3970 3.	*Idem*, du 24 juillet 1717.	
Pau (généralité de) ...	2247 12.	15 janvier 1718	Le Béarn eft compris dans cette fomme pour mille livres, fuivant l'arrêt du confeil, du 29 mai 1753.
Perpignan	*Neant*	Même obfervation qu'à Limoges.	
Poitiers	845 4.	Arrêt du 17 novembre 1722.	
Rouen..............	3108 18.	*Idem*, du 17 juillet 1717.	
Soiffons............	2931 4.	Déclaration du 9 mars 1700.	
Touloufe, pour le pays de Foix.	591 18.		
Tours	1502 liv. 5 fols.	*Idem*.	

NULLITÉ , f. f. , qui fignifie le vice d'un acte qui le rend nul & fans effet. *Voyez* le dictionnaire de jurifprudence.

NUMERAIRE , f. m. , par lequel on défigne la maffe des efpeces courantes en or & en argent , qui circulent dans un Etat.

Tout ce qu'on pourroit préfenter de plus intéreffant fur le *numéraire* de la France , fe trouvant dans l'ouvrage publié en 1784 , fous le titre *de l'adminiftration des finances* , on ne peut rien faire de mieux , que de donner ici les chapitres 8 , 9 & 10 , qui traitent , 1°. de la fomme du *numéraire* de la France.

2°. De l'augmentation progreffive du *numéraire.*

3°. Des avantages ou des inconvéniens de l'abondance du *numéraire.*

Ces différentes confidérations dues à un ancien adminiftrateur général des finances, prouvent qu'il n'eft point de matière , quelqu'abftraite qu'elle foit , que la méditation d'un homme de génie ne puiffe mettre à portée de l'intelligence des efprits les plus inappliqués & les moins pénétrans.

Le *numéraire* d'un pays a deux objets abfolument différens ; une partie fert de mefure continuelle dans les échanges , & devient le moyen néceffaire pour payer journellement les befoins & les commodités de la vie ; c'eft avec cette partie du *numéraire* , que d'un bout du royaume à l'autre , l'on fe préfente dans les marchés , dans les atteliers de travail & dans tous les lieux de trafic , pour fe payer réciproquement le prix du temps & des denrées. Le *numéraire* , fous ce rapport , eft foumis à une rotation continuelle , provoquée par les befoins journaliers & auffi immuable qu'eux.

A mefure que la population d'un Etat s'accroît , & que le prix des denrées augmente , la fomme du *numéraire* , employée à l'exécution des échanges , devient plus confidérable.

Comment peut-on être inftruit de la quantité des efpeces circulantes dans un pays ? C'eft la premiere queftion qui fe préfente en réfléchiffant fur le fujet que je vais traiter. On ne fauroit fansdoute parvenir à cette connoiffance , ni par une déclaration de la part de ceux qui font poffeffeurs du *numéraire* , ni par aucune efpece de recherche ou d'inquifition. Qui voudroit dire , fur ce point , la vérité & quel gouvernement auroit l'ineptie de faire de pareilles queftions ? Il faudroit même qu'il eût le pouvoir d'interroger , dans le même inftant , tous les habitans du royaume , puifque la monnoie change de propriétaire à tous les momens.

Il n'eft donc qu'une feule maniere de fe former une idée du *numéraire* qui exifte en France ; & comme en faifant des recherches fur la population, on calcule le nombre des naiffances , des morts & des émigrations ; de même , pour acquérir une opinion fur la quantité d'efpeces d'or & d'argent qui circulent dans le royaume , il faut vérifier d'abord jufqu'à qu'elle fomme on a porté la fabrication de ce *numéraire* ; & l'on doit examiner enfuite quelle portion a pu être diffipée , ou par des fontes accidentelles , ou par des naufrages , ou par l'exportation dans l'étranger. Ce qui étoit , ce qui n'eft plus ; voilà ce qu'il importe de connoître ou d'évaluer pour fe former une idée de la vérité.

La premiere de ces deux notions eft la plus facile à acquérir , parce qu'on tient le compte le plus exact aux hôtels des monnoies , de la quantité d'efpeces qui s'y fabriquent annuellement.

C'eft de l'année 1726 , que date la plus ancienne piece de monnoie d'or & d'argent ayant cours actuellement en France : Toutes les anciennes efpeces furent décriées à cette époque , & il y eut une refonte générale ; or , depuis ce tems-là jufqu'à la fin de l'année 1780 , la fabrication des monnoies d'or s'eft montée à neuf cent cinquante fept millions deux cent mille livres , & celle des monnoies d'argent à un milliard quatre cent quatrevingt-neuf millions cinq cent mille livres.

En tout , deux millards quatre cent quarante-fix millions fept cent mille livres.

Ainfi , en fuppofant feulement une fabrication de cinquante deux millions trois cent mille livres pendant les années 1781 , 1782, & 1783 (& elle a dû être beaucoup plus confidérable) , la fomme totale du *numéraire* fabriqué depuis 1726 , jufqu'au premier janvier 1784 , s'éléveroit à deux milliards cinq cent millions.

Il n'y a nulle incertitude fur de pareils faits ; il feroit très-difficile aux directeurs des monnoies d'en impofer , vu toutes les précautions qui font prifes à cet égard , & rarement en a-t-on conçu le foupçon. Mais lors même qu'il y auroit eu quelques infidélités commifes , ces infidélités ne tendroient pas à groffir , en apparence , la fomme de la fabrication ; mais à la diminuer au contraire ; c'eft-à-dire , à la préfenter au-deffous de la réalité , afin de s'approprier , en fecret , le bénéfice attaché à cette fabrication.

Ayant ainfi fait connoître la fomme des efpeces d'or & d'argent , qui ont été fabriquées depuis l'époque de la refonte générale , il refte à découvrir quelle partie de ce même *numéraire* a pu fe diffiper d'une ou d'autre maniere. Cette notion , fans doute , eft la plus difficile à acquérir , & l'on ne peut en approcher que par conjecture.

J'ai

J'ai déjà montré qu'on n'avoit jamais fondu en France, que de très-petites quantités de monnoies courantes, puisque chaque année, depuis 1726, on avoit vendu aux directeurs des monnoies une somme immense d'or & d'argent, à des conditions de beaucoup inférieures au prix qui pouvoit exciter à fondre les especes nationales

Les naufrages n'ont jamais pu faire perdre une somme importante de ces mêmes especes, puisque l'exportation momentanée qu'on en a faite pour d'autres pays de l'europe, a presque toujours eu lieu par terre; & les envois d'or & d'argent aux colonies, consistent principalement en piastres ou en monnoies de Portugal.

Reste à examiner, comme l'objet véritablement digne d'attention, quelle est la partie du *numéraire*, qui, après avoir été exportée dans les pays étrangers, n'est point rentrée dans le royaume: on ne peut sans doute en avoir aucune connoissance précise, puisque la sortie de l'or & de l'argent n'est point déclarée; mais ici, le raisonnement peut suppléer à l'insuffisance des notions positives.

La balance de commerce ayant été constamment favorable à la France, l'on n'a exporté des especes nationales, que dans les années où le souverain entretenoit des armées considérables en Allemagne & en Italie: l'on a pu aussi en faire sortir de petites quantités, lorsqu'une révolution passagere, dans le prix des changes & des matieres d'or & d'argent, donnoit lieu momentanément à cette spéculation: mais toutes ces especes exportées par l'un ou l'autre des motifs que je viens d'expliquer, ont dû rentrer, en grande partie, dans le royaume; & je vais tâcher de développer ces propositions.

Que dans les tems ordinaires il n'y ait jamais lieu de faire sortir de France la monnoie nationale; c'est ce qu'on sentira facilement, si l'on considere que ce royaume, ayant été constamment créancier des autres nations, il y est entré, chaque année, une somme considérable d'or & d'argent, qu'on a convertie en especes courantes aux hôtels des monnoies. Or, on doit se rappeler qu'en parlant de la fabrication des monnoies, j'ai montré que le résultat de cette opération pour les particuliers, consistoit à recevoir pour un marc d'or ou d'argent, au titre de la monnoie de France, un poids de louis ou d'écus, inférieur à celui qu'on avoit livré; & il s'ensuit nécessairement que si les étrangers avoient fait une extraction habituelle des especes de France, dans le tems qu'ils y envoyoient de l'or & de l'argent non monnoyé, ils auroient beaucoup perdu dans un pareil commerce; car la monnoie de France n'a, dans l'étranger, qu'un prix proportionné à son poids & à son

titre; & ce n'est que dans le royaume qu'elle jouit, du moins pleinement, de la valeur additionnelle qu'y donne l'empreinte & l'autorité du souverain.

Ainsi, par toutes ces raisons, on avanceroit une proposition très-exacte, si l'on disoit que l'importation en France, de l'or & de l'argent, en lingots ou en monnoies étrangeres, & de l'exportation, dans le même tems, des especes nationales, seroient un événement de commerce aussi extraordinaire que l'échange de cent aunes de draps contre 96 ou 98, d'une qualité parfaitement semblable.

Ce n'est pas tout: ces mêmes réflexions conduisent à faire appercevoir que lorsque, accidentellement, ou pendant le cours d'une guerre qui oblige à entretenir dans l'étranger de nombreuses armées françoises, on fait sortir du royaume des especes nationales, ces mêmes especes doivent y rentrer successivement, lorsque les circonstances extraordinaires, qui ont occasionné cette exportation, ne subsistent plus.

En effet, si-tôt qu'à la paix, la balance du commerce a repris toute sa supériorité, les étrangers débiteurs de la France, ont un grand intérêt à commencer par lui renvoyer ses propres especes: il leur est bien plus avantageux de s'acquitter de cette maniere, que de le faire en lingots d'or & d'argent, ou en monnoies étrangeres: car pour réaliser ces métaux en france, ils sont obligés d'en faire la conversion dans la monnoie nationale; ce qu'ils ne peuvent exécuter, qu'en se soumettant à la perte occasionnée, & par les frais de fabrication, & par le bénéfice appartenant au souverain. Que si, au contraire, on envoie en France des écus & des louis achetés hors du royaume, en raison simplement de leur poids & de leur titre, on profite alors de la valeur particuliere, que la loi du prince accorde aux especes revêtues de son empreinte; il arrive seulement que cette circonstance étant connue des vendeurs de monnoies françoises dans l'étranger, ceux-ci veulent en tirer quelque parti, & ils tâchent d'en soutenir le prix, un peu au-dessus de leur valeur intrinseque.

Enfin, l'expérience vient ici à l'appui du raisonnement: car dès les premieres années qui ont suivi les guerres d'Allemagne & d'Italie, on a vu constamment les especes de France rentrer avec abondance dans le royaume.

Cependant, on a pu fondre une partie de ces especes dans l'étranger, comme on l'a fait en France dans quelques momens passagers: on envoie aussi des louis à Geneve, en Suisse, & surtout en Italie, pour l'achat des soies; & ce sont les pays de l'europe où il en reste le plus, parce que dans quelques endroits, on a affigné à ces monnoies, un cours fixe, autorifé par le fouverain.

Il eft donc raifonnable de compter fur une diminution quelconque de *numéraire*, depuis ·1726 jufques à nos jours ; mais j'ai voulu montrer feulement, qu'on auroit tort de s'en former une idée exagérée, & je crois aller affez loin, en évaluant cette diminution de trois à quatre cents millions.

Et fi cette fuppofion étoit jufte, il faudroit eftimer le *numéraire* exiftant actuellement dans le royaume, à près de deux milliards deux cents millions.

Sur l'augmentation progreffive du numeraire *en France.*

Tant qu'on n'apperçoit aucune circonftance qui puiffe déranger fi-tôt la balance avantageufe du commerce en faveur de la France, c'eft par l'exemple du paffé, qu'il faut affeoir des conjectures fur l'accroiffement progreffif du *numéraire* national. Dirigeons donc nos premieres recherches de cette maniere.

Depuis le commencement de 1763, jufques à la fin de 1777, efpace de quinze années, & qui comprend toute la durée de la derniere paix, on a fabriqué aux hôtels des monnoies de France, pour fix cent foixante-quinze millions cinq cent mille livres, d'efpeces d'or & d'argent.

Suppofons que, fur cette fomme, foixante-quinze millions & demi aient été diffipés, ou par la fonte, ou par une difperfion dans les pays étranges, reftera fix cent millions, fomme qui doit répréfenter l'augmentation réelle de *numéraire*, pendant les quinze ans qu'on vient d'indiquer ; ce qui fait, pour l'année commune, quarante millions.

On peut donc, en jugeant de l'avenir par le paffé, eftimer à cette même fomme, l'augmentation future du *numéraire* ; & cette quantité, comparée à la maffe de deux milliards deux cents millions, qui exiftent actuellement, formeroit un accroiffement annuel, d'environ deux pour cent.

C'eft un grand fujet de réflexion que cette progreffion continuelle du *numéraire* : on y voit le motif, & du renchériffement du prix des chofes, & de l'augmentation naturelle du produit des impôts, & de l'accroiffement, en même tems, de plufieurs dépenfes publiques, & de la diminution enfin, de la valeur des fortunes de tous les fimples rentiers. A mefure, en effet, que l'or & l'argent deviennent plus abondans, les productions de la terre & de l'induftrie doivent hauffer de prix ; & l'on appercevroit, d'une maniere bien

plus fenfible, cet effet de l'augmentation du *numéraire*, fi par des confidérations d'ordre public, la fageffe des fouverains ne tempéroit pas, en diverfes circonftances, l'effor des fpéculations fur les grains, ce qui arrête le progrès naturel du prix de cette production ; & comme la plupart des falaires fe proportionnent au cours des denrées de néceffité, il arrive que le prix général des chofes n'augmente pas en raifon exacte de l'accroiffement du *numéraire*.

Il faut d'ailleurs obferver, que fi dans cet inftant l'augmentation annuelle des efpèces nationales, eft à la maffe actuelle de ces mêmes efpèces, dans une proportion de deux fur cent, cette proportion fera moins forte avec le tems. En effet, lorfque dans une vingtaine d'années, il y aura, comme il eft probable, près de trois milliards de *numéraire* en France, l'augmentation annuelle, en la fuppofant toujours de quarante millions, ne repréfentera plus qu'un & demi pour cent, de la maffe générale exiftante alors ; & cette même proportion ne fera plus que d'un pour cent dans cinquante ans, fi le *numéraire* fe trouve, à cette époque, deux fois plus confidérable qu'aujourd'hui : enfin, plus la fomme générale des efpèces nationales augmentera, & moins l'accroiffement annuel fera fenfible. Cette obfervation doit, je crois, fixer l'attention de ceux qui s'arrêteroient à préfager les effets avenirs de la progreffion annuelle du *numéraire*.

Je ne fais fi, en arrêtant fon attention fur l'accroiffement du *numéraire* de la France, pendant le cours de la précédente paix, on aura, comme je l'ai éprouvé, la curiofité de découvrir le rapport qui a pu exifter entre cet accroiffement & l'augmentation du *numéraire* dans le refte de l'Europe ; mais cette recherche ayant quelque importance, je vais hafarder d'indiquer, à cet égard, le cours de mes idées.

On peut réunir des notions vraifemblables fur la fomme d'or & d'argent introduite en Europe, pendant le cours de la derniere paix.

On peu évaluer d'affez près, la quantité de ces métaux expédiés pour les Indes, la Chine, le levant, & les côtes de Barbarie,

Suppofant donc qu'on connût la fomme d'or & d'argent arrivée en Europe, & la fomme qui en eft fortie, on auroit la mefure des quantités qui y font reftées ; & ces quantités une fois arbitrées, fi l'on favoit la part obtenue par la France, on jugeroit néceffairement de celle qui a dû appartenir au refte de l'Europe.

Recherchons donc ces divers élémens.

Il paroît, d'après les enregistremens, que depuis 1763 jusques en 1777, on a reçu, tant à Cadix qu'à Lisbonne, environ seize cents millions de métaux d'or & d'argent, expédiés des Indes occidentales.

Il faut ajouter à ce capital, les parties non enrégistrées qu'on a débarquées clandestinement ; & personne ne peut en avoir de connoissance exacte : il vient de plus, chaque année, une petite quantité de poudre d'or, apportée des côtes d'Afrique ; enfin, les productions de quelques mines d'argent, éparses dans toute l'Europe, augmentent encore d'une autre maniere, la somme des métaux précieux.

J'estimerai de deux à trois cent millions, l'ensemble de ces différens objets.

Les introductions d'or & d'argent, pendant les quinze années de le derniere paix, composeroient donc une somme de dix-huit-cent-cinquante millions.

Mais tout ce capital n'est point resté en Europe : la France seule, soit pour suffire à son commerce, soit pour subvenir aux frais d'administration, dans ses possessions au-delà du cap de Bonne-Espérance, a fait passer près de cent millions en piastres, tant aux Indes, qu'à la Chine, & à l'Isle-de-France, pendant le cours des quinze années, dont on forme ici le calcul. Les autres nations ont également fait des envois d'argent pour leur commerce à la Chine ; & les transactions des européens, au Levant & sur les côtes de Barbarie, donnent lieu à une modique exportation de piastres, de taleris & de monnoies d'or.

Je ne saurois indiquer, avec exactitude, la somme d'or & d'argent que ces différens besoins ont fait sortir de l'europe ; mais je ne m'écarterai gueres de la vérité, en évaluant cette exportation à environ trois cent millions.

Que si l'on déduit cette somme, des dix-huit-cent-cinquante millions introduits en Europe, on trouvera que l'augmentation des métaux précieux dans cette partie du monde, a dû s'élever à quinze-cent-cinquante millions, pendant l'espace qui s'est écoulé depuis 1763, jusqu'à la fin de 1777.

Voyons maintenant quelle a été la part de la France dans cet immense trésor.

On a déjà vu que pendant le même intervalle de tems, elle avoit augmenté son *numéraire* de six cents millions ; mais il faut joindre à l'acquisition de ce capital, toutes les sommes d'or & d'argent qui ont été employées dans le royaume, soit à l'augmentation du luxe national, en ouvrages

riches de toute espèce, soit uniquement au remplacement de la partie de ces magnificences qui se dissipe par le tems.

Il est bien difficile de se former une idée juste à cet égard : cependant d'après différentes notions, je ne crois pas courir le risque d'une grande erreur, en évaluant cette consommation des métaux précieux, à dix millions par an, en tems de paix ; ce qui feroit, pour quinze années cent cinquante millions. Ainsi, depuis 1763, jusqu'à la fin de 1777, le royaume paroîtroit avoir acquis sept-cent cinquante millions d'or & d'argent, dont les quatre cinquiemes auroient servi à l'accroissement réel de son *numéraire*.

Or, puisque la somme de ces métaux accumulés en Europe durant le même espace de tems, s'est élevée à quinze cent cinquante millions, il s'ensuit que la part des autres Etats a dû être de huit cent millions.

Et comme la somme employée par ces diverses nations, à l'augmentation & à l'entretien de leur luxe en ouvrages riches, doit naturellement être plus grande que celle qui a été employée en France au même usage, il est probable que sur la somme de huit cent millions, dévolue à tous les Etats de l'Europe, la France exceptée, il n'y a eu que six cent millions destinés à l'augmentation du *numéraire*.

Ainsi, l'accroissement du *numéraire* de la France, pendant quinze ans, seroit égal à l'accroissement du *numéraire* des autres pays de l'Europe, durant le même intervalle.

L'on ne doit point conclure de ce rapprochement, que la masse générale du *numéraire* de la France, soit dans une pareille proportion avec la masse générale du *numéraire* du reste de l'Europe : car pour tirer une pareille induction, il faudroit, qu'antérieurement à l'espace de tems qu'on vient de parcourir, la répartition de l'or & de l'argent en Europe, eût été constamment la même ; & c'est ce qu'on ne peut point calculer. Mais j'observerai seulement que si la subdivision future de ces métaux, étoit long tems telle qu'on vient de la préjuger pour toute la durée de la derniere paix, la différence de proportion qui pourroit exister dans le partage antérieur de ces métaux, deviendroit imperceptible.

Sur les avantages ou les inconvéniens de l'abondance du numéraire.

Le produit annuel des mines d'or ou d'argent, & l'introduction de ces métaux précieux en Europe, font les premieres sources de l'accroissement général du *numéraire* ; mais la part dont chaque pays en particulier fe rend propriétaire, dépend de la balance de fon commerce ; & c'eft pour rendre cette balance plus ou moins favorable, que les nations s'agitent & deviennent rivales les unes des autres. Quel eft donc le mérite fi grand de cette abondance & de cet accroiffement du *numéraire* ? eft ce la félicité publique, eft-ce la puiffance de l'Etat qui en dépend ?

L'étendue du luxe, les progrès de l'avarice & de la cupidité, voilà ce que les moraliftes imputent à l'accroiffement de l'or & de l'argent : & comme dans le même tems, beaucoup de gens ne voient, dans cet accroiffement, qu'une augmentation d'embarras, & une multiplication inutile des fignes d'échanges, on feroit tenté de fe défier de la politique qui attache tant d'intérêt, & à l'acquifition des métaux précieux, & à l'abondance du *numéraire*, dernier terme de cette efpece de conquête.

Effayons de répandre quelque jour fur une difcuffion fi intéreffante. J'obferverai d'abord que l'augmentation générale de l'or & de l'argent en Europe, ou l'accroiffement annuel de ces métaux dans un pays en particulier, font deux queftions abfolument différentes : les mines productives de l'Amérique pourroient ceffer tout-à-coup de fournir de nouveaux tréfors, que le defir d'obtenir une balance favorable de commerce, ne fubfifteroit pas moins ; il arriveroit feulement, qu'au lieu de fe difputer à l'envi une plus grande part dans la répartition des richeffes que les vaiffeaux de régiftre apportent du nouveau monde, on ambitionneroit d'ufurper par le commerce, une quantité quelconque du *numéraire* des autres nations, & l'on mettroit fa politique à s'enrichir ainfi de leurs dépouilles. Le vœu commun des nations, n'eft point un defir aveugle, & je vais tâcher de rendre cette vérité fenfible, fans employer aucun raifonnement abftrait.

Imaginons, par une fuppofition, qu'on eût découvert dans un autre hémifphère, un pays ignoré jufques-là, du refte du monde : fuppofons encore, qu'on vînt nous dire que ce pays, égal, fi l'on veut, en étendue au royaume de France, eft fécond & varié dans fes productions ; que de nombreufes communications y font établies ; que les propriétés y font fagement fubdivifées ; que l'Etat, enfin, eft gouverné, depuis long-tems, par de fages loix ; certainement on ne feroit point furpris, que la culture & la population d'un pareil pays, fuffent parvenues au plus haut degré, lors même que dix mille marcs d'argent compoferoient tout fon numéraire : on comprendroit fans peine, que la rareté de ce métal a permis de donner à une pièce de monnoie très-légère, une très-grande valeur, & l'on ne s'étonneroit point, qu'une pareille différence de mefure, n'eût point arrêté les progrès de la profpérité de l'empire.

Maintenant, & par une autre fuppofition, rapprochons, tout-à-coup de notre continent, ce pays inconnu, & qui, avec fi peu d'or & d'argent, n'étoit pas moins heureux & floriffant. Mêlé bientôt dans les combinaifons politiques, fes voifins étudieront fa foibleffe, & chercheront à en profiter ; ils appercevront, que dénué d'or & d'argent, ce nouvel Etat ne pourra, de long-tems, foudoyer aucune armée hors de fes frontieres ; ils iront plus loin, & ils calculeront que dans un pays, où la rareté des efpèces entretient à très-bas prix tous les biens de la vie, l'on peut avec une petite fomme d'argent, y raffembler des provifions, y établir des magafins, y corrompre, s'il le faut, les généraux, les foldats, les miniftres, & joindre, en un mot, à la force militaire, tous les autres moyens de conquête.

Alors le gouvernement, dans un pareil pays, ne tardera pas à fentir que, pour la puiffance de l'Etat, il devient de la plus grande importance que les richeffes *numéraires* y prennent de l'accroiffement par le commerce ; il ceffera d'envifager ces richeffes comme de fimples fignes d'échange, & pour en acquérir davantage, le fouverain défirera que fes fujets vendent beaucoup de marchandifes aux autres nations, & en achetent peu d'elles. Il étudiera comment ce projet peut être fecondé par les droits d'entrée & de fortie ; il examinera quelles font les productions particulières à fon pays, & il en excitera la culture : il voudra connoître quels font ailleurs les befoins de luxe & de vanité ; & il s'efforcera d'y adapter l'induftrie de fes fujets : il tâchera d'étendre le commerce, & par des traités avantageux, & par l'encouragement de la navigation, & par l'acquifition de quelque colonie qui produifent des biens étrangers au fol de fon royaume : enfin, plus éclairé chaque jour, il reconnoîtra que l'accroiffement de l'or & de l'argent, eft un des objets les plus importans de fa politique ; & il confidérera cette politique comme analogue & additionnelle à celle qui va le mettre dans la néceffité d'entretenir une armée pour fa défenfe ; tandis que s'il étoit encore le fouverain d'un pays, fans connexion avec les autres puiffances, il lui auroit fuffi d'avoir des deniers d'argent pour monnoie, & une maréchauffée pour foldats.

Ce que je viens de développer, d'une manière fenfible, par une fuppofition, eft abfolument applicable à l'état actuel de l'Europe : l'ambition de l'or & de l'argent s'eft mêlée fucceffivement à toutes les rivalités de puiffance ; & l'on a fenti plus fortement encore, l'utilité de la richeffe *numéraire*, au moment où l'ufage du crédit public a fait connoître toute l'étendue des fecours qu'on pouvoit tirer de la confiance, unie à l'abondance de l'or & de l'argent.

Lorsqu'on a montré ce que conseille impérieusement la loi de la nécessité ; lorsqu'on a vu ce qu'exige le besoin de puissance ; lorsqu'on a découvert ce qui importe aux passions ambitieuses des souverains, & lorsqu'on ne connoît encore aucun moyen pour rendre les sociétés justes, équitables & pleines de confiance les unes envers les autres, c'est malheureusement une question bien vaine, que d'examiner l'influence de l'or & de l'argent sur la félicité publique. Cependant, pour la consolation de l'humanité, j'essayerai de montrer, qu'entre tous les soins inquiets de la politique des souverains, celui qui tend à l'accroissement de la richesse *numéraire*, est moins en opposition qu'aucun autre, avec le bonheur des hommes. Et d'abord, je ne conviendrai point avec les poëtes & les orateurs, que cette multiplication de l'or & de l'argent par les trésors du nouveau-monde, ait prêté de nouvelles forces, ou donné un aliment de plus à l'avarice & à la cupidité : car ce n'est, ni à la nature, ni à la quantité du *numéraire*, que ces passions doivent leur naissance & leur exaltation. C'est à mesure que le tems & la variété des travaux & des talens ont multiplié les commodités & les jouissances ; c'est à mesure que le commerce a rapproché de tous les hommes, les diverses productions de la terre & de l'industrie, que le désir de la fortune a dû se généraliser & s'accroître ; & si l'or & l'argent ont irrité davantage l'imagination, ce n'est pas à leur quantité que cet effet doit être imputé, mais uniquement à leur qualité de monnoie. Supposons, en effet, que les signes communs des richesses n'eussent jamais existé, l'on eût couru, je le crois, avec moins d'ardeur après la fortune : tel homme qui franchit ses devoirs pour acquérir une somme d'argent, & pour obtenir une plus grande part de ce gage intermédiaire de tous les biens, ne l'eût pas fait peut-être, s'il eût été obligé de diriger sa cupidité vers un objet en particulier : il eût alors comparé le plaisir que donne une parure, un tableau, ou toute autre sorte de luxe, avec la honte ou le danger d'une action méprisable ; & sa passion sûrement eût été moins animée. Mais aussi, celui qui travaille jour & nuit pour augmenter honnêtement sa fortune, n'eût jamais eu la même activité, si les biens qu'il désire, d'une maniere confuse, sous l'image de l'or & de l'argent, eussent toujours pris, à ses yeux, une forme précise.

Ainsi, c'est d'une idée vague & indéfinie, que la monnoie tire une partie de son prix : une quantité quelconque de louis ou d'écus, n'est égale en réalité, qu'à la somme de biens qu'on peut avoir en échange ; mais comme on recherche, comme on acquiert l'or & l'argent, avant d'avoir déterminé l'usage qu'on se propose d'en faire,

l'imagination y ajoute ce qu'elle répand par-tout, un attrait de plus.

C'est donc uniquement sous le rapport de monnoie, que l'or & l'argent ont pu exciter davantage l'amour de la fortune, & toutes les passions qui tiennent à ce sentiment ; mais que la quantité de ces métaux précieux eût été plus ou moins considérable ; mais que les divers biens eussent été représentés par un denier, par une once, ou par une livre d'or, qu'ils l'eussent été même par du cuivre ou par tout autre métal, l'esprit d'intérêt eût été le même.

L'augmentation de l'or & de l'argent n'a point influé, non plus, sur les progrès du luxe : le même travail, la même industrie, les mêmes causes d'inégalités de fortune eussent subsisté, quelle qu'eût été la nature des signes d'échange, ou la quantité des monnoies. Cette derniere réflexion qui a besoin d'être développée, l'a été au mot LUXE. *Voyez* ce mot au second vol. de ce dictionnaire, pag. 776.

La plus grande contradiction qui semble exister entre l'accroissement annuel du *numéraire*, & la félicité publique, doit naître d'une observation qui se présente assez naturellement. L'introduction de l'or & de l'argent est par-tout le prix d'une quantité quelconque de productions de la terre & de l'industrie ; & l'on est tenté de regretter cet échange des biens réels, contre une matiére grossiere qui, par elle même, n'offre aucun plaisir, ni aucune jouissance. Un ami de la patrie doit cependant se calmer à cet égard, en observant que ces transactions sont absolument l'effet d'un libre arbitre : ainsi la société, qui obtient pour solde de son commerce avec les étrangers, une somme quelconque de métaux précieux, n'est pas plus à plaindre que ce nombre de particuliers qui, de retour d'un marché public, où ils ont vendu beaucoup de marchandises, n'emploient qu'une partie du produit à des achats utiles ou agréables, & remportent le reste en argent.

De même, dans le marché général de l'Europe & de l'univers, un pays, par une multitude de transactions dont le commerce est l'agent, tantôt échange une partie de ses productions contre d'autres, tantôt en réalise une quantité quelconque en argent ou en or ; & ce seroit entrer dans une question bien subtile, que de vouloir comparer le degré de bonheur qui résulte de ces diverses opérations. Comment pourroit-on apprécier le sentiment que procure la possession d'une monnoie, qui donne le tems de choisir, qui tranquillise sur les événemens, & qui fait souvent jouir en imagination, de satisfactions plus grandes qu'on n'en éprouvera peut-être, en réalisant ses projets ?

Enfin, lorsqu'on arrête son attention sur l'introduction annuelle du *numéraire*, dans un pays tel que la France, il faut encore obferver que cette introduction eft le prix d'un travail qui, fans le commerce étranger, n'eût peut-être point exifté : cependant, c'eft uniquement par l'affluence des occupations offertes de toutes parts à la multitude, que les hommes, dénués de propriété, peuvent au milieu des caprices de la richeffe, atteindre chaque jour à leur fubfiftance.

Ainfi, par une fiction, je me repréfente raffemblées toutes les familles dévouées aux travaux des manufactures, & je crois entendre le génie du commerce qui leur dit : » La France eft couverte d'or & d'argent ; mais une partie de ces richeffes eft entre les mains de gens qui, pour vous en donner la plus légere portion, attendent que vous eveillez leurs goûts & leurs fantaifies : venez à moi, & j'adoucirai votre afferviffement. Les différentes nations, d'un bout de la terre à l'autre, m'ont confié leurs befoins, & je leur ai fait connoître votre induftrie ; travaillez, & j'irai leur porter le fruit de vos peines : je vous rapporterai en échange, cet or & cet argent qui vous fout néceffaires pour obtenir votre fubfiftance ; fecondez-moi donc, & je rendrai votre fort moins dépendant des goûts, & de la volonté des hommes riches qui vous environnent. »

OBL

OBLAT, f. m. qui paroît venir d'*oblatus*, participe du verbe latin *offerre*, *offero*, fignifiant offrir. Ainfi, *oblat*, veut dire, offert, offrande. On donnoit anciennement le nom d'*oblat* à ceux qui fe dévouoient volontairement, où qui y étoient dévoués dès leur naiffance par leurs parens, à l'état monaftique.

Dans la fuite, on appella *oblat*, un foldat qui ne pouvant plus fervir à caufe de fes bleffures, de fon âge, ou de fes infirmités, étoit logé, nourri & entretenu dans une abbaye ou dans un prieuré de nomination royale. Il eft vrai que cet *oblat*, étoit tenu de balayer l'églife, de fonner les cloches, & de rendre quelques autres fervices du même genre; mais depuis l'établiffement de l'hôtel royal des Invalides en 1674, cette obligation de la part des abbayes & prieurés de nomination royale, a été convertie par l'édit du mois d'avril, en une penfion qu'elles doivent payer à cet hôtel.

Ces penfions d'abord fixées à cent livres pour chaque *oblat*, furent enfuite portées à cent cinquante livres vers la fin du règne de Louis XIV; mais en 1768, la déclaration du 2 avril ordonna qu'à compter du premier janvier précédent, la penfion d'*oblat* demeureroit fixée à la fomme de trois cent livres, qui feroit payée chaque'année de quartier en quartier, & par avance, au receveur de l'hôtel des Invalides, par tous les abbés &'prieurs du royaume, à peine d'y être contraints par faifie de leur temporel. Sa majefté fe réferva en mêmetems, d'accorder telle diminution qu'il appartiendroit, aux abbés & prieurs qui juftifieroient que les revenus de leurs bénéfices n'excédoient pas deux mille livres.

L'année fuivante, un arrêt du confeil, du 13 janvier 1769, interprétant cette réferve, ordonne que les abbés & prieurs qui juftifieront que les revenus de leurs bénéfices font au-deffous de mille livres, ne payeront que foixante-quinze livres pour la penfion d'*oblat*,& que ceux dont les revenus font de mille livres & au-deffus, mais qui n'exedent pas deux mille livres, ne payeront que cent cinquante livres pour la penfion dont il s'agit.

L'évaluation des revenus, doit fe faire, fuivant le même arrêt, fur,les baux & autres pièces indicatives de recette, fans autre déduction que celle des charges foncières, & fans que les décimes payées par les titulaires des bénéfices, puiffent être déduites fur le montant de ces revenus.

Une abbaye, ou un bénéfice ne peut jamais être fujet qu'à un droit d'*oblat* dans la proportion de fon revenu; enforte que celle qui a quatre-vingt, cent

OBM

mille, ou 'deux cents mille livres de revenu, ne paye pour cet objet que trois cents livres. Il femble qu'il feroit dans les règles de l'équité, que puifque un bénéfice qui a plus de deux mille livres de revenu paye trois cents livres toute abbaye qui a vingt, trente, quarante mille livres, pourroit payer autant d'*oblats*, qu'elle a de dix mille livres de revenu.

Au refte, le droit d'*oblat* ne s'élève annuellement qu'à la fomme de trois cent mille livres dans tout le royaume.

On retrouve en Angleterre, le droit d'*oblat*, fous le nom de *corodie*. Suivant les mémoires attribués à M. Greenville, fur l'adminiftration des finances de cet état, la corodie eft une charge ou retenue fur un évêché; elle vient de ce qu'anciennement les abbayes ou maifons religieufes, étoient tenues de donner à quelqu'un, qui leur étoit indiqué par leur fondateur, ou une fomme d'argent, ou la fubfiftance & l'habillement. On appelloit ce droit *corodie*. Les rois qui s'étoient fubftitués aux fondateurs, difpofoient de la corodie en faveur de tous les officiers de leur maifon. Aujourd'hui, les feuls chapelains du roi en jouiffent, en attendant qu'ils foient nommés à quelques bénéfices.

OBMISSION, f. f., qui vient d'obmettre. Faire l'obmiffion d'un article dans un compte, c'eft ne le pas employer. Les obmiffions de recette font encore plus dangereufes que les obmiffions de dépenfes; car fi celles-ci tournent en perte pour le comptable, les premières, lorfqu'elles font recônnues, entraînent fa condamnation à payer non feulement le montant de l'article obmis, mais le triple en fus, c'eft-à-dire, le quadruple de la fomme non employée, fans qu'il foit permis à la chambre des comptes de remettre ni modérer cette amende. Telles font les difpofitions de l'ordonnance de François I de 1532, & de l'édit du mois de juin 1716.

OBOLE, f. f. On diftinguoit anciennement des *oboles* d'or, des *oboles* d'argent & de cuivre, qui étoient des monnoies courantes. Dans le dix-feptième fiècle, il n'y avoit plus que des *oboles* de cuivre, appelées auffi mailles, qui valoient la moitié d'un denier, ou deux pites. Actuellement, en 1786, l'*obole* n'eft pas même une monnoie de compte : lorfqu'il y a des fractions de deniers, on les repréfente par leur quotité arithmétique d'un cinquième, deux cinquièmes-dixièmes ou quinzièmes de denier.

OCTROI, f. f., droits. On a donné le nom

d'*octroi* à des droits particuliers que les villes , bourgs & communautés ont obtenus des rois la permiſſion de lever ſur elles-mêmes , pour ſubvenir , à défaut de leurs revenus patrimoniaux , aux dépenſes expliquées par les lettres de conceſſion.

Il eſt probable que l'origine des droits d'*octroi* eſt de même date que celle des aides . avec leſquels ils ſemblent avoir pris naiſſance. Mais ce qu'on entend ici par aides , n'eſt pas ce qui compoſe les droits actuels des aides : c'étoit un ſecours , une ſubvention particulière que nos rois demandoient , dès le douzième ſiècle , aux bailliages & aux ſénéchauſſées , pour les beſoins du moment , & qui n'avoient lieu qu'une année.

C'eſt ainſi qu'on voit, en 1323 , une ordonnance du mois de janvier , impoſer le droit d'un denier par livre de la valeur des marchandiſes entrant à Paris , à commencer du premier février , avec la condition qu'à défaut de guerre , les deniers levés ſeroient partagés en trois parts , dont deux appartiendroient au roi , & la troiſième retourneroit au profit de la ville de Paris.

Il paroît , par ce que dit l'auteur du Guidon général des finances , ouvrage imprimé en 1605 , que le produit des *octrois* étoit conſidérable , puiſqu'il parle de *ſuper-intendans provinciaux des deniers d'octroi* , par devant leſquels les receveurs particuliers des villes devoient rendre leurs comptes. Ces conſeillers ſur-intendans des deniers, communs des villes , avoient été créés en 1550, par Henri II. Ils furent enſuite ſupprimés par l'article 94 du cahier des Etats d'Orléans , rétablis en 1585 , & définitivement abolis en 1588 , & réunis aux tréſoriers de France.

Il rapporte auſſi que , ſuivant un réglement de la chambre des comptes , du 6 août 1577 , il étoit défendu à tous receveurs de deniers communs d'employer en leurs comptes aucune partie des gages des gouverneurs , échevins , ni taxations faites aux prédicateurs & maîtres d'école , à peine de radiation pure & ſimple ; mais que par le cahier des Etats généraux de Blois , l'article 351 permit cette dépenſe , pourvu qu'elle n'excédât pas cent livres.

Le cardinal Mazarin , ayant penſé que le produit des droits d'*octroi* pouvoit faire une reſſource utile pour continuer la guerre d'Eſpagne , fit rendre , le 21 décembre 1647 , une déclaration portant , *que tous les deniers communs d'*OCTROI*, & autres qui ſe levoient au profit des villes & communautés , ſeroient portés à l'épargne , & il fut permis aux maires & échevins de lever , par doublement , les mêmes droits & *octrois *dans leſdites villes & communautés.*

L'exécution de cette déclaration fut quelque temps ſuſpendue par les troubles de Paris , & ordonnée de nouveau après qu'ils furent ceſſés , mais avec des modifications. Ce ne fut que ſous le miniſtère de Colbert, que fut conſommée cette grande opération de finance.

Un édit du mois de décembre 1663 , regiſtré en la chambre des comptes & en la cour des aides de Paris, le 31 du même mois , ordonna ; 1°. *qu'au lieu du revenu total , de tous les dons , conceſſions & octrois , tant anciens que nouveaux , & deniers communs , qui devoient être portés à l'épargne , en conſéquence de la déclaration de 1647 , il ſeroit ſeulement levé , au profit du roi , à perpétuité , la première moitié de tous leſdits droits , deniers communs & autres , même de ceux dont le temps , porté par les lettres de conceſſion , ſeroit expiré , qui ſe lèvent par les villes, bourgs , communautés & particuliers du royaume, pour dettes , ſubſiſtances , rentes , & autres charges & affaires , tant générales que particulières , en vertu de quelque titre ou uſage , en quelque manière & pour quelque cauſe que ce fût , ſans y comprendre cependant les deniers patrimoniaux. Voyez* ci-devant MUNICIPALITÉS.

2°. Que toutes dettes , ſubſiſtances , rentes & autres charges , tant générales que particulières , ſeroient priſes ſur l'autre moitié , dont la perception ſeroit continuée par les officiers municipaux auſſi à perpétuité , quand même le temps porté par l'*octroi* ſeroit limité ou expiré , le préſent édit leur tenant lieu à cet égard de lettres de confirmation & continuation.

L'ordonnance du mois de juillet 1681 , répéta & confirma ces diſpoſitions , en ajoutant des défenſes de lever les droits d'*octroi* ſur les biſcuits , vins , bière , cidres , huiles , vinaigres , chairs de bœuf & de porc ſalé , poiſſon ſalé , ris , fèves & autres denrées , boiſſons & liqueurs ſervant à l'avitaillement des vaiſſeaux de guerre , de ceux des compagnies de commerce , gardes-côtes & vaiſſeaux particuliers armés en guerre , ou pour faire le commerce.

Les eccléſiaſtiques , les nobles , ſecrétaires du roi , & autres , ont été expreſſément aſſujettis par divers arrêts du conſeil au payement de cette première moitié , quoiqu'ils fuſſent exempts de la ſeconde appartenant aux villes. Voyez le Traité général des aides.

On ſent aiſément que ces droits d'*octroi* varient dans les provinces & dans les villes , où ils ſont établis ſuivant les facultés , le commerce , les productions & le territoire de chaque lieu où ils ſe lèvent. Il y en a preſque autant d'eſpèces différentes , qu'il y a de villes. Dans les unes ils ſe lèvent à l'entrée , dans pluſieurs à la vente en gros , & dans d'autres à la vente en détail. Mais quelles que ſoient la nature & la forme des droits d'*octroi*, ils

ils doivent, suivant l'article V du titre qui les concerne dans l'ordonnance de 1681, être perçus & exercés au profit du roi, de la même manière que les autres droits d'entrée de gros & de détail qui appartiennent aux aides.

Cette première moitié des droits d'octroi avoit été comprise dans la ferme générale des aides dès 1663, par le bail passé à Rouvelin, le 25 septembre. Depuis cette époque, ils ont toujours continué à faire partie de cette ferme.

Ainsi les octrois, qui n'étoient, antérieurement à l'ordonnance de 1681, accordés que pour un temps limité, sont devenus perpétuels ; savoir, la première moitié au profit du roi, franche & sans aucune charge ; la seconde, en faveur des villes & communautés, sous la condition d'acquitter toutes les charges pour lesquelles les concessions ont été faites.

Les octrois que les villes ont obtenus postérieurement à 1681, ne sont pas dans le cas de ce partage, & se lèvent en entier à leur profit, ainsi que leurs droits patrimoniaux.

Sous ce dernier nom, on comprend les cens, rentes seigneuriales, le produit des maisons, étaux, places qui appartiennent aux villes ou dont elles ont l'usage & l'usufruit perpétuel. Il n'est pas question ici de ces droits ; nous n'avons à parler que de ceux d'octrois proprement dits ; mais il faut en distinguer trois sortes ; 1°. ceux dont la première moitié appartient au roi, dont la régie a été réunie à celle des aides.

2°. Les octrois réservés aux hôpitaux ; droits qui proviennent de la moitié des droits attribués aux offices municipaux en 1722, & destinés en 1724, à fournir des secours aux hôpitaux. Ensuite ces mêmes droits ont changé de destination, & reçus le nom d'octrois municipaux en 1746 ; puis, en 1777, on les a appelé octrois au roi. C'est ce qu'on expliquera dans la suite de cet article.

3°. Les octrois désignés aujourd'hui sous le nom de droits réservés, originairement établis pour acquitter les dons gratuits des villes. On a suffisamment fait connoître ces droits au mot DON GRATUIT, *premier vol. pag. 616 & suivantes.*

Remarquons d'abord que les premières villes & communautés qui sollicitèrent la permission de lever des droits sur les objets de leur consommation, durent éprouver de vifs regrets, lorsqu'elles virent le fisc s'en attribuer la moitié en la doublant, & augmenter non-seulement la quotité de cette première moitié par l'addition des sols pour livre successivement imposés, mais grever aussi la seconde moitié de cet accroissement, pour le percevoir en entier à son pro-

fit, & créer ensuite des octrois à l'imitation des anciens, pour être également sujets aux dix sols pour livre. Malheureusement les habitans de ces villes & les membres de ces communautés n'ont pas été à portée de reconnoître toutes les conséquences de ce choix d'imposition, quoique momentanée. Dans ce monde, sans cesse agité par la politique & renouvellé par la nature, une génération a sitôt disparu, que ses fautes, en matière d'impôt, vont toujours augmentant, comme les besoins du fisc, & finissent par accabler les générations suivantes, presque sans espérance de pouvoir s'en rédimer.

La première moitié des droits d'octroi établis dans les pays d'aides, se régit, comme on l'a dit, par les mêmes principes que les droits de ce genre, & sont compris dans le bail fait à Forceville en 1738, de tous les droits des fermes royales-unies, sous l'article 431, qui rappelle l'ordonnance de 1681. On en a fait connoître les dispositions. On ajoutera seulement que la connoissance des contestations relatives à ces droits est attribuée en première instance, comme celle des autres droits d'aides, aux officiers des élections, & par appel aux cours des aides.

Comme il est plusieurs villes où la première moitié de ces octrois est portée à une somme fixe, en raison du produit annuel, l'adjudicataire de la seconde moitié paye cette somme, & la ville jouit du reste : il ne peut y avoir qu'un adjudicataire pour le tout. Mais dans les lieux où la première moitié appartenante au roi, est donnée à un fermier particulier, ce fermier doit avoir la préférence pour la seconde moitié, suivant la déclaration du 4 mai 1688, afin d'éviter les frais de régie ; & l'adjudication doit être faite dans la forme que prescrivent les arrêts du conseil des 14 juin 1689, 3 janvier 1693, & 2 avril 1751.

Lorsque ce n'est pas le fermier des aides qui a l'adjudication de la seconde moitié des droits d'octroi, les commis aux aides, en conformité des arrêts du conseil des 15 novembre 1750, & 22 février 1757, sont tenus d'en faire la perception au profit de ceux qui l'ont obtenue, moyennant une retenue de six deniers pour livre, pour toute leur recette non excédente le prix des baux de cette seconde moitié, & d'un sol pour livre sur la partie excédente.

La seconde espèce d'octroi, appellée d'abord octrois des hôpitaux, ensuite octrois municipaux, & actuellement octrois au roi, vient, comme on l'a dit, des droits attribués, en 1722, aux offices de gouverneurs, lieutenans de roi & majors, maires, lieutenans de maire, échevins, consuls, capitouls, &c. Ces offices ayant été supprimés

H h

par édit de juillet 1724, il fut ordonné que les impositions & octrois des villes, deftinés au paiement de ces offices, demeureroient réduits à moitié; & les deniers en provenant, employés à fournir les fecours néceffaires aux hôpitaux du royaume.

C'eft alors que ces droits prirent la qualification d'octrois des hôpitaux.

La guerre allumée en 1742 exigeant des reffources extraordinaires, on reconnut que les offices municipaux fupprimés en 1724, & que l'on avoit rétablis par édit de novembre 1733, n'avoient été levés qu'en très-petit nombre. On penfa que leur finance pourroit devenir d'un objet confidérable, fi l'on obligeoit les villes à les acquérir. Mais comme elles ne pouvoient faire ce rachat que par des emprunts auxquels leurs revenus n'auroient pas fuffi, le roi confentit de fe charger de la fubfiftance des hôpitaux, & d'abandonner aux villes, pour un tems, la jouiffance de la moitié des droits dont il s'agit.

Il fut en conféquence ordonné par différens arrêts du confeil, & notamment par celui du 22 mai 1746, que les offices reftant à vendre en chaque généralité, demeureroient réunis aux corps des villes & communautés; & que pour leur faciliter le paiement de ces offices, il feroit fait des adjudications, pour un certain nombre d'années, des droits & octrois, dont la jouiffance leur étoit abandonnée, aux prêteurs qui fourniroient le montant des finances dûes par chaque ville & communautés.

Ces adjudications furent faites en différens temps pour huit, neuf, dix & douze années, fuivant l'importance des recouvremens, & le montant de la fomme à payer par chaque généralité. C'eft alors que ces droits prirent le nom d'octrois municipaux.

Le terme de l'expiration de ces fermes étant près d'arriver en 1755, un arrêt du confeil du 24 feptembre ordonna que ces droits continueroient d'être perçus au profit du roi, à compter du jour où chaque adjudication finiroit, jufqu'au 31 décembre 1767; & par réfultat du confeil du 28 feptembre 1755, il fut fait un bail général de ces droits à François Hacquin, pour en jouir jufqu'au dernier jour de 1761.

Des lettres-patentes du 27 juillet 1765, prolongèrent de nouveau la perception de ces droits pendant dix années, qui devoient finir le dernier décembre 1777; & deux arrêts des 31 juillet & 21 octobre de la même année, ordonnèrent que François Hacquin jouiroit de ces droits, avec la faculté de les faire percevoir par les perfonnes qu'il voudroit choifir, même par les receveurs & commis des cinq groffes fermes, aides & octrois,

moyennant des remifes ou appointemens réglés équitablement par ledit Hacquin.

Au premier janvier 1768, Hacquin étoit entré en jouiffance de fon bail. Un arrêt du confeil du 9 juillet 1769, renouvella les difpofitions des arrêts de 1765; & des lettres-patentes, en forme de déclarations du 2 août 1777, prolongèrent la perception de ces droits pour dix autres années, qui finiront en 1787.

En même temps, pour que cette perception n'eût rien d'arbitraire, ni d'obfcur, elle fut réglée par un tarif applicable à chaque généralité des provinces fujettes aux aides. La quotité des droits exigibles fur les efpèces de denrées & marchandifes dans chaque ville ou bourg, eft déterminée fuivant fon étendue & fa population. A cette époque, on appella ces droits octrois au roi.

Tous les droits ci-deffus, porte l'article final de ce tarif, « feront levés & perçus dans les mê- » mes cas & de la même manière que les droits » rétablis, conformément aux ordonnances & ré- » glemens rendus fur le fait defdits droits, que fa » majefté a déclaré & déclare communs aux droits » énoncés au préfent tarif, & feront payés, tant » dans les villes & bourgs y dénommés, que dans » tous les fauxbourgs, hameaux & écarts en dé- » pendans, qui font fujets aux charges & impo- » fitions defdites villes, conformément à l'arrêt » du confeil du 27 décembre 1746, par toute forte » de perfonne, de quelque état & condition qu'el- » les foient, même par les eccléfiaftiques, com- » munautés féculières & régulières pour les boif- » fons & denrées du cru de leurs bénéfices, nobles, » commenfaux, officiers des cours fouveraines, » & autres, privilégiés & non privilégiés, » exempts & non exempts, & par tous ceux qui » prétendent devoir être compris lefdites dé- » nominations, nonobftant tous privilèges & im- » munités, exemptions, paffeports, de quelque » efpèce qu'ils foient; édits, déclarations & let- » tres à ce contraires, auxquels fa majefté a dérogé » & déroge à cet égard feulement.

» Enjoint fa majefté à tous voituriers & particu- » liers qui voudront faire entrer des denrées, » boiffons, ou autres marchandifes fujettes aux » droits dans les villes, fauxbourgs, bourgs, & » lieux dénommés au préfent tarif, hameaux & » & écarts en dépendans, d'en faire déclaration » à l'arrivée, & d'en payer les droits comptant » aux bureaux des portes & barrières dans les » lieux où il y en a d'établis; & dans ceux où il » n'y a ni portes, ni barrières, aux bureaux pour » ce établis dans lefdits lieux; le tout à peine de » confifcation des denrées, boiffons & mar- » chandifes non déclarées, des chevaux, charet- » tes & harnois, & de deux cents livres d'amende-

» Ordonne pareillement que lefdits droits fe-
» ront perçus fur les vendanges & fruits à faire ,
» cidre & poiré, qui entreront & feront amenés
» dans les villes & bourgs fermés , où il ne fe fait
» point d'inventaire, à raifon de deux muids de
» vin pour trois muids de vendange , & d'un muid
» de boiffon pour trois muids de fruits , & ce à
» l'inftant de l'entrée.

» A l'égard des autres villes , fauxbourgs,
» bourgs, & lieux fujets, qui font ouverts , les
» droits y feront perçus fur les vins & boiffons
» qui y auront été façonnés , fur le pied des quan-
» tités portées aux inventaires , & le recouvre-
» ment en fera fait en la même forme & ma-
» nière que fe fait celui des anciens & nou-
» veaux cinq fols , & des droits d'infpecteurs aux
» boiffons.

» Veut fa majefté que les vins, demi-vins , vins
» de refoule , boiffons & piquettes tirées à clair,
» foient fujets aux mêmes droits que les vins ,
» excepté néanmoins les piquettes compofées de
» marc de raifin preffuré , & enfoncé dans les ton-
» neaux avec de l'eau ; lefquelles en demeureront
» exempts, conformément à l'arrêt du confeil du
» 9 février 1758.

» Déclare fa majefté avoir entendu comprendre,
» fous la dénomination de foin , les trèfles , fain-
» foin , luzerne, bourgogne, regain , & autres
» herbes qui fe fanent , & font employées à la
» nourriture des chevaux & beftiaux , fuivant, &
» ainfi qu'il eft porté par l'arrêt du confeil du 10
» août 1769.

» Ordonne au furplus que tous les réglemens ren-
» dus fur le fait des droits énoncés au préfent ta-
» rif, feront exécutés felon leur forme & teneur.
» Fait au confeil d'Etat du roi, &c. à Verfailles,
» le 2 août 1777.

Et comme il s'étoit élevé des conteftations fur
les cas où les droits dont il s'agit étoient dûs , quelques redevables ayant prétendu qu'ils ne les devoient qu'autant que les boiffons étoient tout-à-
la-fois vendues & confommées ; des lettres-patentes du 25 juillet 1781 , ordonnèrent que , nonobftant toute expreffion contraire qui pourroit
fe trouver dans la déclaration de 1777 , les droits
feroient levés fur les vins & boiffons entrés ou
façonnés dans les lieux fujets, pour y être vendus ou confommés.

Le produit des droits d'octrois municipaux ,
proprement dits, qui font perçus au profit du roi
dans les provinces fujettes aux aydes, eft un objet
de deux millions deux cens mille livres, y compris les dix fols pour livre auxquels ils font fujets. On ne parle pas des abonnemens accordés à
différentes provinces, & même à des villes, pour

cette impofition particulière , ni des octrois particuliers qui ont lieu à l'entrée de diverfes villes,
ou au débit de quelques denrées , & dont le recouvrement eft fait , ou pour le compte de ces
mêmes villes, ou des hôpitaux & des chambres
de commerce ; ils montent à environ vingt-fept
millions.

Les droits d'octroi ne fe perçoivent pas dans
le Languedoc, la Provence , la Lorraine , la
Flandre , le Hainault, l'Artois, le Cambrefis &
l'Alface.

Dans le Rouffillon & le pays de Foix , dans
les généralités de Limoges , Lyon , Riom , Befançon , Auch, Grenoble , Montauban & Metz ,
ils font repréfentés par des fommes fixes qui font
partie des impofitions , & font remifes aux receveurs généraux des finances , qui les verfent au
tréfor royal.

Ces fommes font , pour le Rouffillon , de
quinze mille livres.

Pour le pays de Foix, de douze mille livres.

Pour la généralité de Limoges , de foixante-
quinze mille livres.

Idem. De Lyon , trente mille livres.

Id. De Riom, foixante-dix-neuf mille livres.

Id. De Befançon, dix mille livres.

Id. D'Auch, cent quarante-cinq mille livres.

Id. De Grenoble , quatre-vingt-feize mille
livres.

Id. De Montauban , quatre-vingt-huit mille
fix cens foixante-dix-huit livres.

Id. De Metz , trente-neuf mille fept livres.

Dans la généralité de Tours ,

Pour la ville de Langeais , trois cens livres.

Pour la Bretagne , foixante mille livres.

Toutes ces fommes ont été affujetties aux dix
fols pour livre, en conféquence de l'édit du mois
d'Août 1781 , excepté l'abonnement de la Bretagne qui en a été exempt.

ŒCONOMAT, f. m. ; on donne ce nom à
une adminiftration qui eft chargée de la régie des
biens dépendans des bénéfices vacans dont la nomination appartient au roi. Les *œconomats* forment
un département ifolé , & le magiftrat qui en eft
chargé rend compte directement au roi de ce qui
le regarde.

ŒCONOMIE, f. f. ; par lequel on défigne
la prudence & le ménagement que l'on met dans
la dépenfe de fon bien ou de celui des autres. Pour
borner à la partie des finances, ce mot auquel tout

bon adminiſtrateur doit s'appliquer par principe, & pour le bonheur de la nation, nous devons parler de l'œconomie dont les frais de recouvrement ſont ſuſceptibles. *Voyez* RECOUVREMENT.

OFFICE, ſ. m. c'eſt un titre qui donne le pouvoir d'exercer quelque fonction publique.

On diſtingue les *offices* par des épithètes qui déſignent leur nature. Ainſi, l'*office* ancien eſt le premier créé, & l'alternatif celui qui donne l'exercice après l'ancien; le triennal, celui qui ne met en fonction que tous les trois ans.

L'*office* annal, eſt celui qui ne dure qu'un an.

Le caſuel, celui qui peut tomber aux parties caſuelles, par le défaut du paiement du centième denier.

L'*office* héréditaire, eſt celui qui paſſe aux héritiers du titulaire, & qui eſt ſujet à la retenue du dixième.

L'*office* comptable, eſt celui qui procure un maniement de deniers, & aſſujettit à rendre ſes comptes à la chambre des comptes.

L'*office* domanial, eſt celui qui dépend du domaine, comme ſont les *offices* de greffiers, notaires, tabellions royaux, &c.

Les *offices* de finance, rentrent pour la plupart dans la claſſe des *offices* comptables.

Enfin, l'*office* perpétuel eſt celui qui oblige le pourvu à des fonctions continuelles.

Quoiqu'en général, on attache la même ſignification aux mots *offices* & charges, il y a cependant une diſtinction à faire entre les charges & des *offices*. Les *offices* ſuppoſent une finance, au moyen de laquelle ils ſont acquis, aulieu que les charges peuvent s'obtenir ſans finance. Ainſi les places d'échevins, de conſuls, ſont des charges, puiſqu'elles donnent part à l'adminiſtration de la juſtice; & cependant, les titulaires ne les exercent qu'en vertu de leur élection & pour un tems limité. Au contraire, les pourvus d'*offices* les rempliſſent toute leur vie, d'après le droit qu'ils en ont acquis par la finance, payée au tréſor du prince.

Notre plan nous conduiſant à quelques détails hiſtoriques ſur les *offices*, nous devons d'abord dire que chez les romains, il n'y en avoit point de vénaux ni d'héréditaires. Les *offices* n'étoient alors que de ſimples commiſſions pour un an, & enſuite à vie. Les officiers qui repréſentoient la puiſſance publique, & que l'on appelloit magiſtrats, réuniſſoient tous les pouvoirs. Ils commandoient les armées, adminiſtroient la juſtice, & dirigeoient les finances.

Le ſouverain, étant la ſource de l'autorité, des honneurs & des dignités, *quia ab eo exeunt omnes dignitates, ut à ſole radii*, comme dit Caſſiodore; c'eſt à lui ſeul qu'il appartient de créer des *offices*, & de conférer le pouvoir de les exercer. Valerius Publicola, avoit fait paſſer en loi à Rome, que, quiconque s'immiſceroit à l'exercice d'un *office*, ſans conceſſion du peuple, ſeroit puni de mort, comme coupable de lèze-majeſté.

En France, ſous les deux premières races de nos rois, les officiers publics réuniſſoient tous les pouvoirs, ainſi que chez les Romains. Les plus conſidérables, étoient des commiſſaires royaux, que l'on appelloit fiſcalins, *miſſi fiſcalini*, lorſqu'ils exerçoient la partie de leur office qui avoit rapport aux finances. On les appelloit auſſi apôtres; nom emprunté des Juifs, qui qualifioient ainſi ceux qui étoient députés dans les provinces, pour exiger les tributs, & les faire porter au tréſor du fiſc.

Le premier ſoin des *miſſi fiſcalini*, étoit d'accélérer le recouvrement des anciennes impoſitions, & d'empêcher qu'il ne ſe fit aucune perception indue & irrégulière. Ils impoſoient le tribut ſur le clergé, & cette impoſition étoit à-peu-près, ce que ſont aujourd'hui les décimes.

On voit dans la vie de ſaint Sulpice, évêque de Bordeaux, que dans ce tems, il y avoit des aſſeeurs pour répartir avec équité les impôts ſur les contribuables, & que quoique le royaume fut extrèmement tourmenté par les invaſions des Normands, Charles le Chauve, défendoit les nouveaux impôts, & ordonnoit de lever les anciens avec ménagement.

Ces officiers du fiſc devoient donner leurs ſoins au domaine, faire rendre la foi hommage, les aveux & dénombremens, faire percevoir les cens & rentes, & acquitter tous les autres devoirs, & encore tenir état de tous les bénéfices royaux, c'eſt-à-dire, de *tous les fiefs*, ſoit qu'ils fuſſent poſſédés par les eccléſiaſtiques ou par des laïcs. Après leur miſſion expirée, ces officiers venoient rendre compte au roi & à ſon conſeil, de ce qu'ils avoient remarqué d'important, d'irrégulier dans leur département, avec leurs avis pour appliquer les remèdes convenables aux déſordres ou aux abus; c'eſt ainſi qu'ils donnoient matière à de nouvaux capitulaires ou à de nouvelles loix.

Marculfe, qui écrivoit l'an 660, ſous Clovis II, & qui nous a laiſſé en deux livres, les formules des lettres-patentes des rois, nous apprend par la forme des proviſions des duchés, comtés & patriciats, que ce n'étoit en ce tems-là que des *offices* de magiſtrature révocables à volonté.

Les choſes ſubſiſtèrent ainſi juſqu'au règne de Charles le ſimple, que les ducs & les comtes, même les évêques, commencèrent à s'approprier les provinces, villes & territoire qu'ils gouvernoient auparavant, ſous l'autorité du ſouverain. Ils exercèrent la juſtice & la puiſſance du glaive, non comme une autorité empruntée d'une puissance supérieure, mais comme un droit qui leur appartenoit en propre. Ils avoient été faits magistrats; ils en créèrent à leur tour, & leur communiquèrent le pouvoir souverain qu'ils avoient usurpé.

C'est dans cet état, que Hugues Capet trouva les choses, & qu'il fut forcé par les circonstances, à légitimer en quelque sorte toutes ces usurpations. De ces changemens dans les offices de magistrature, qui de royaux, devinrent seigneuriaux, il en résulta d'autres dans l'ordre public. Les loix anciennes furent négligées. Chacun de ces seigneurs en établit de nouvelles dictées par ses intérêts. De-là vint l'origine de la plupart des coutumes locales.

Mais pour revenir aux offices; ce ne fut que sous Louis le Gros & ses successeurs, lorsqu'ils eurent recouvré une partie des domaines de la couronne usurpés par les seigneurs, que les offices royaux de judicature commencerent à se multiplier. Alors ils étoient tenus par commission & seulement sous le bon plaisir du roi.

Les annales du royaume, apprennent que saint Louis défendit de vendre les offices de judicature, preuve qu'il s'en étoit vendu. Ses successeurs, & sur-tout Louis Hutin & Philippe-le-long, en ordonnerent la vente, ou plutôt l'aliénation, puisqu'ils se donnerent à ferme pour un tems fixe.

En 1356, Charles V n'étant que régent du royaume, ordonna que les prévôtés, tabellionages, vicomtés, clergées & autres offices appartenant au fait de justice, ne seroient plus vendus, ni affermés, mais qu'ils seroient donnés en garde à des personnes qui ne seroient pas du pays. Cette même loi fut renouvellée en 1360.

Charles VII, Louis XI & Charles VIII, ordonnerent qu'avenant vacation de quelqu'office de judicature, les autres officiers du même tribunal nommeroient à sa majesté deux ou trois sujets des plus capables pour en pourvoir le plus digne; voulant que ces offices fussent conférés gratuitement, afin que la justice fût administrée de même.

Mais sous Charles VIII, la vénalité des offices commença à s'introduire entre particuliers.

Son fils & son successeur Louis XII, qui avoit acquitté les dettes de son père, fut le premier qui tira de l'argent de la nomination aux offices de finance, & ce furent l'horreur des nouveaux impôts, & la crainte de charger le peuple qui le conduisirent à ce parti.

François I ensuite en tira de grandes ressources, dirigé par le chancelier Duprat, & pressé par Charles-Quint & les Anglois; il n'observa aucun ménagement, & créa une infinité de nouveaux offices qui furent vendus ouvertement au bureau

des parties casuelles, suivant le tarif qui y demeura déposé.

Les résignations d'offices furent autorisées sous le règne suivant de Charles IX, en payant le tiers de leur valeur; & en 1568, il fut permis aux héritiers des pourvûs d'offices qui avoient payé cette taxe, d'en disposer. Ce même prince ordonna que les greffes & autres offices domaniaux seroient vendus à faculté de rachat, au lieu d'être comme auparavant, donnés à ferme.

Henri III, abolit d'abord la vénalité des offices de judicature, mais elle tarda peu à être rétablie; & même en 1595, le parlement de Paris abolit le serment que l'on faisoit prêter aux officiers de judicature, de n'avoir point acheté leurs offices.

On a dit au mot Annuel, que ce fut sous Henri IV, que les offices furent rendus héréditaires, au moyen du paiement chaque année du droit de paulette.

Ils furent ensuite assujettis au prêt, qui se payoit dans les trois premières années du renouvellement de l'annuel, que l'on ouvroit tous les neuf ans.

Au reste, le fameux édit de 1771, qui a substitué le centième denier aux droits de prêt & annuel, va nous apprendre tout l'historique des taxes imposées sur les offices, & nous expliquer l'origine & la nature de ces offices.

Il est dit dans le préambule de cet édit, que les offices n'étant en eux mêmes que le droit de remplir, à la décharge du souverain, des fonctions essentiellement liées à sa jurisdiction & à son administration, la nomination à ces offices, étoit un des principaux attributs de sa souveraineté; que si en vertu de la plénitude & de l'universalité de son pouvoir, il faisoit exercer par des officiers, une portion de son autorité; ils ne pouvoient transmettre à leurs successeurs le dépôt qui leur étoit confié; que les besoins de l'Etat ayant exigé que François I & Charles IX, voulant que les titulaires pussent en conserver le prix, & le mettre dans le commerce, leur accorderent à tous, sans exception, la faculté de résigner, & se contenterent d'assujetir chaque résignataire à payer un droit de mutation, à condition que le résignant survivroit quarante jours à sa résignation; que dans la suite, Henri IV ayant considéré que le prix des offices formoit un objet important pour les familles, & ayant égard aux risques auxquels ces mêmes offices se trouvoient exposés par la règle des quarante jours, donna l'édit de 1604, pour dispenser de la rigueur de cette loi, moyennant le paiement du droit fixé par le même édit; mais que, ni la faculté de résigner, ni la sorte d'hérédité réſultante du paiement de ce droit, n'avoient pu donner atteinte au droit inſéparable de la ſouveraineté du roi, de diſpoſer des *offices* qui venoient à vaquer; que cette faculté & cette hérédité n'étoient qu'un privilège, qui ſans anéantir la règle générale, pouvoit ſimplement déterminer le choix que ſa majeſté faiſoit du ſucceſſeur à l'*office* & non le contraindre, & ne donnoit d'autre droit que de revendiquer la finance, laquelle ne devoit, en aucun cas, être confondue avec le corps de l'*office*; que c'étoit d'après ces principes, qu'en 1605, pour fixer, tant le prix de tous les *offices* du royaume, que la perception des droits auxquels ils étoient aſſujéttis, il en fut arrêté des états d'évaluation; que les divers changemens ſurvenus depuis, ayant augmenté la valeur des uns, & diminué celle des autres, notamment des *offices* de judicature, il n'y avoit plus aucune proportion entre leur valeur actuelle, & les anciennes évaluations, ni conſéquemment entre les droits dont ils étoient tenus envers ſa majeſté, & qui ne pouvoient néanmoins être perçus d'une manière équitable, que relativement à cette même valeur; qu'il y avoit d'ailleurs nombre d'*offices* d'une création poſtérieure, qui n'étoient point compris dans ces états d'évaluation, ce qui rendoit à leur égard la perception des droits du roi difficile, & ſouvent incertaine; que ſa majeſté avoit penſé depuis long-tems, que pour rémédier à ces inconvéniens, il étoit néceſſaire d'arrêter de nouveaux rôles d'évaluation de tous les *offices* de juſtice, police, finance & autres du royaume; que de tous les moyens qui lui avoient été propoſés, elle n'en avoit point trouvé des plus équitable que celui de laiſſer aux propriétaires d'*offices*, la liberté d'en fixer eux-mêmes la valeur ſous la condition que l'eſtimation qu'ils en feroient en formeroit à l'avenir le véritable prix; que ſa majeſté avoit en outre conſidéré que les *offices* dont la différence ne devroit conſiſter que dans la différence de leurs fonctions, puiſqu'ils émanoient tous d'une même origine, varioient néanmoins entre eux, par la diſtinction d'hérédité, de ſurvivance & de caſualité; que les édits & déclarations des mois de Décembre 1743, janvier & février 1745, ayant entr'autres admis pluſieurs officiers royaux à racheter le prêt & l'annuel avec attribution de l'hérédité ou de la ſurvivance, la plupart ne s'étoient point trouvés en état de ſatisfaire à ce rachat, enſorte que ſa majeſté avoit été obligée de les en décharger par ſa déclaration du 8 ſeptembre 1752, & d'ordonner que leurs *offices* demeureroient caſuels comme auparavant; qu'enconſéquence parmi les *offices* de même nature & de même juridiction, il s'en trouvoit qui étoient diſpenſés de l'annuel & d'autres qui y étoient ſujets, ce qui jettoit une grande confuſion dans les revenus caſuels de ſa majeſté, à quoi il importoit d'obvier pour l'avenir; que c'étoit dans cette vue qu'elle avoit réſolu de ré-

voquer toutes les hérédités & ſurvivances à quel titre qu'elles euſſent été établies, ſauf à indemniſer ceux qui en jouiſſoient, des finances qu'ils pouvoient avoir payées à cet effet, & de ramener tous les *offices* à une uniformité primitive, en les aſſujettiſſant tous indiſtinctement à la même nature de droits, à la réſerve des *offices* du conſeil & de ceux des cours ſouveraines, exceptés de l'annuel par la déclaration du 9 août 1722, en faveur deſquels, eu égard à la modicité des gages qui y étoient attribués, ſa majeſté avoit bien voulu continuer la même exemption.

Il eſt enſuite ordonné par les différens articles de cet édit aux pourvus d'*offices*, de faire une déclaration du prix auquel ils eſtimeront que ces *offices* doivent être fixés.

De rédiger cette déclaration pour les *offices* formant un même ſiège ou juriſdiction, dans une aſſemblée des membres du ſiège, de payer annuellement le centième denier du prix de l'évaluation, pour tenir lieu des droits de prêt & annuel.

Enfin, le droit de réſignation ou nomination des *offices*, eſt fixé irrévocablement au vingt-quatrième de leur évaluation, avec les deux ſols pour livre.

Cette loi fut ſuivie de pluſieurs autres règlemens dont il a été parlé au mot ANNUEL. Tels ſont l'arrêt du conſeil du 6 juillet 1772, qui preſcrit ce qui devoit être obſervé dans la perception du centième denier, & prononcé des peines contre ceux qui négligeroient de l'acquitter; celui du 30 décembre 1774, qui règle les formalités à remplir dans l'évaluation des *offices* des cours ſouveraines; l'arrêt du conſeil du 4 janvier 1777, qui excepte les provinces de Flandre, Hainault, Artois & l'Alſace, de l'exécution des nouvelles loix relativement à l'évaluation des *offices*.

Nous ne donnerons pas ici la nomenclature de tous les *offices* qui exiſtent dans le royaume. Cette connoiſſance n'ajouteroit rien à l'idée que nous avons donnée de l'inutilité d'un grand nombre d'*offices* & de la bizarrerie de leur dénomination au mot CHARGE, & encore à celui ENTRÉES de Paris, tome 2, page 48.

Mais nous allons terminer cet article par des réflexions pleines de ſens, & par des faits hiſtoriques relatifs aux *offices* que nous empruntons de l'eſtimable écrivain à qui l'on doit les *Recherches & conſidérations ſur les finances*.

Le dénombrement de tous les *offices* royaux, tant commenſaux que civils & militaires, ne ſeroit pas moins intéreſſant au ſoulagement des finances, qu'à la police d'un Etat. Toute création d'*office*, emporte avec elle trois ſortes de charges ſur le peuple ; l'une confifte dans le paiement des gages attribués aux officiers ; la feconde, dans les droits & les formalités qu'ils exigent en exerçant leurs *offices* ; la troifieme, dans l'augmentation des perfonnes privilégiées, quoique les corvées & les obligations à remplir reftent toujours les mêmes.

Il n'eft ici queftion que des charges directes fur le peuple ; car les *offices* multipliés & inutiles ont encore introduit deux grands vices dans le corps politique. L'un eft la diminution dans le nombre des travailleurs & l'efpèce de honte répandue fur le travail. Le fecond, eft une forte d'indépendance fondée fur les befoins apparens de l'Etat, qui conduit à la négligence dans l'obfervation des devoirs : un coupable qui tient à un corps, dont il faut faire le procès en forme, n'eft jamais dépoffédé.

La police de l'Etat eft donc intéreffée à tous égards, à ce que les charges & les *offices* foient dans la proportion le plus approchant du néceffaire. On doit même obferver que cette facilité de placer avantageufement fon argent, en fe procurant des diftinctions, foutient le prix des intérêts, ce qui nuit étrangement à la culture des terres & au commerce.

On a vu au mot CHARGE, que dans l'affemblée des Etats-généraux tenus en 1614, on difputa long-tems fur la vénalité & l'hérédité des *offices*. On demanda leur fupreffion ou aumoins leur réduction. Une compagnie de traitans, s'offrit de les rembourfer d'année en année, fur le pied de la première finance de leur création, à condition qu'ils pourroient les faire exercer pendant douze ans, & qu'ils jouiroient, pendant ce tems, de tous les gages, droits & émolumens attachés à ces *offices*. Mais le tiers-Etat rejetta ces propofitions comme fufpectes & ouvrant la porte à une infinité de vexations. Il repréfenta qu'il convenoit mieux que le roi eût feul le profit de ce rembourfement ; que les fommes étoient trop fortes pour des particuliers, puifque la valeur des *offices* & charges étoit de deux *cent millions*.

Si la valeur de tous les *offices* étoit eftimée deux cent millions en 1614, on en créa un fi grand nombre en 1622, que cette valeur eft portée à trois cent millions en 1626, dans un écrit ou l'on propofoit des moyens d'amélioration pour les finances du roi, & pour la profpérité de l'Etat.

En 1664, Colbert ayant defiré connoître combien il exiftoit d'*offices*, dans tout le royaume ; voici l'état qui en fut dreffé avec leur évaluation, avec les gages attachés aux *offices*, & le nombre d'officiers.

RELEVÉ de tous les offices de justice & de finances du royaume, en 1664.

GÉNÉRALITÉS.	PRIX COURANT.	GAGES.	EVALUATION aux PARTIES CASUELLES.	Nombre des Officiers.
Offices de Paris . . .	157,402,100 liv.	2,447,542 l.	58,911,955 livres.	5149.
De la généralité. . . .	7,211,090.	176,365.	4,656,500.	3111.
Soissons.	4,764,200.	201,751.	3,289,236.	1718.
Amiens.	6,178,790.	176,945.	3,442,877.	1705.
Châlons.	8,194,900.	236,792.	4,897,654.	2868.
Orléans.	9,282,460.	361,080.	5,944,933.	1895.
Tours.	15,008,900.	314,739.	8,451,893.	3012.
Bourges.	3,697,000.	166,904.	2,404,001.	1125.
Moulins.	6,626,500.	178,656.	3,538,844.	2062.
Lyon.	10,870,750.	302,468.	5,101,039.	1598.
Riom.	6,897,700.	193,898.	3,292,544.	1143.
Poiriers.	6,861,100.	183,760.	4,378,330.	1007.
Limoges.	5,504,350.	170,433.	2,864,663.	1052.
Bordeaux.	18,143,800.	353,401.	11,048,901.	2831.
Montauban.	6,057,650.	176,985.	3,248,493.	1497.
Rouen.	26,373,750.	380,141.	12,843,516.	2220.
Caën.	5,684,099.	158,567.	2,941,256.	1113.
Alençon.	5,577,550.	125,685.	3,298,463.	1056.
Grenoble.	12,693,600.	288,765.	4,918,803.	1049.
Dijon.	18,851,200.	312,453.	7,475,859.	2479.
Toulouse.	18,977,600.	297,550.	7,718,113.	1386.
Montpellier.	16,224,280.	360,265.	7,889,527.	1828.
Aix.	13,525,040.	265,475.	4,076,708.	1124.
Pau.	2,428,033.	35,022.	787,038.	267.
Metz.	6,205,600.	173,295.	2,937,030.	681.
Bretagne.	20,388,860.	189,910.	6,917,817.	804.
TOTAL GÉNÉRAL.	417,630,342 livres.	8,346,847 l.	187,276,978 livres.	45780.

Si

Si à la fomme des *offices* de juftice & de finance, on ajoute, dit le même écrivain, ceux des maifons royales & des *offices* militaires, le capital pourra paroître peu éloigné de huit cent millions.

Depuis 1664, jufqu'à la mort de Louis XIV, en 1715, on employa fouvent cette reffource, de créer des *offices* pendant la guerre, de les fupprimer en partie pendant la paix, & d'en recréer de nouveaux dès qu'elle étoit troublée. C'eft, fur-tout, pendant les douze premières années de ce fiècle, temps de revers & de calamités, qu'on fit ufage de ce moyen, fans ménagement & fans mefure, en y ajoutant encore le mal de les donner en traité à des financiers, qui en exigeoient les attributions avec la févérité la plus grande.

Une multitude de ces *offices* inutiles fut fupprimée pendant la régence, & dès-lors on commença à fubftituer à leur création, des emprunts viagers & en tontines. Mais il en reftoit encore un grand nombre, dans lequel il s'en trouvoit de très onéreux au commerce. Cette confidération détermina à chercher les moyens de les rembourfer avec le produit des droits attribués à ces *offices* : en conféquence on en fit une affaire de finance, dont nous rendrons compte, parce qu'une grande partie de ces droits fubfifte encore.

Nous devons auparavant donner ici les renfeignemens que l'on trouve dans l'ouvrage intitulé *de l'adminiftration des finances*, dont nous avons déjà tiré tant d'excellens morceaux, fur le capital des *offices* exiftans en 1784.

Le capital des *offices* de finance proprement dit, dans lefquels on comprend les recettes générales des finances, les recettes des tailles, les charges de payeurs des rentes, de gardes du tréfor royal, de tous les tréforiers des différens départemens, y eft évalué à cent-neuf millions.

Le capital de tous les autres *offices*, y compris les charges de la maifon du roi, n'eft porté qu'à cinq cent millions ; en forte qu'il en réfulteroit, ou que depuis 1664, il a été éteint pour cent-quatre vingt onze millions d'*offices*, ou que l'évaluation faite de ceux qui exiftoient à cette époque a été exagérée de quelques centaines de millions.

Offices, (droits des *offices* fupprimés.) On donne ce nom à différentes attributions attachées, 1°. aux *offices* de contrôleurs-vifiteurs des poids & mefures, créés en 1704, dans chaque ville ou bourg du royaume, où il y a fiège de bailliage, fénéchauffée, ou autre juftice royale.

2°. Aux *offices* de jurés-mouleurs, vifiteurs, comptèurs, pefeurs & mefureurs de bois à brûler, créés par édit du mois de mars 1696.

3°. Aux *offices* de vifiteurs-aulneurs & marqueurs de draps, établis par édit du mois de mars 1571.

4°. Aux *offices* de contrôleurs, vifiteurs & marqueurs de draps, eftamets, & autres étoffes de laine, créés par l'édit de décembre 1582, dans toutes les villes, bourgs & villages du royaume où il exifte des fabriques de ce genre.

5°. Aux *offices* de contrôleurs, vifiteurs & marqueurs de toiles, cannevas, coutils, futaines & treillis, créés en chaque ville, bourg & bourgade du royaume, par les édits de 1586 & juin 1627.

6°. Aux *offices* de vendeurs de poiffon de mer, frais, fec & falé, établis par édit du mois de janvier 1583, dans toutes les villes, bourgs, bourgades, havres & ports du royaume.

7°. Aux *offices* de jurés-mefureurs royaux de bled & autres grains, érigés par l'édit du mois de janvier 1697, en chaque ville ou bourg du royaume, où il y a foire ou marché, dans les ports & havres où il fe fait un commerce public de grains.

Les édits qui avoient créé ces différens *offices*, avoient en même temps accordé aux villes, corps & communautés la faculté de les réunir à leur adminiftration, ou de les fupprimer.

Des provinces, des villes & des corps firent ufage de cette faculté, & éteignirent les *offices* avec l'exercice & les droits. Quelques autres, & grand nombre de particuliers, acquirent ces *offices*, & les firent exercer à leur profit.

Les chofes étoient dans cet état, lorfque quatre arrêts du confeil, du 18 mai 1767, annoncèrent que le roi jugeoit avantageux de rentrer dans la pleine & entière jouiffance de tous ces *offices*, pour faire percevoir à fon profit les droits qui leur étoient attribués, fur le motif, que le montant des finances payées pour l'aliénation de ces *offices*, n'étoit point proportionné aux produits des droits qui leur étoient attribués.

Mais les difficultés de rétablir l'exercice & les droits de ceux de ces *offices* qui n'avoient été acquis par les provinces & villes, que pour être fupprimés, & qui en effet l'avoient été depuis long-temps, firent abandonner l'exécution de ces arrêts, & prendre un autre parti.

Ce fut de fupprimer, par l'édit du mois d'avril 1768, tous ces divers *offices*, foit qu'ils fuffent vacans aux parties cafuelles, foit qu'ils euffent été aliénés à des corps & communautés ; ou seigneurs particuliers, ou qu'ils fuſſent poſſédés par des titulaires ; ſauf à ceux qui auroient acquis ou réuni leſdits *offices*, & qui ſeroient en poſſeſſion de percevoir en totalité ou en partie les droits en dépendans, à produire au conſeil leurs titres, pour être procédé à la liquidation de leurs finances.

Le même édit ordonna, que dans tous les lieux où, à l'époque du 18 mai 1767, les droits attribués aux *offices* ſupprimés étoient perçus par les titulaires, ou par les corps & communautés, ou ſeigneurs particuliers, en vertu des acquiſitions, réunion ou rachat par eux faits, ils continueroient de l'être au profit du roi, juſqu'au 31 décembre 1774, & que les fonctions attribuées auxdits *offices* ſeroient exercées par des prépoſés, commis à cet effet, après, néanmoins, avoir prêté ſerment devant les juges qui connoiſſoient de ces droits.

En même temps, la ſuppreſſion de tous les *offices*, dont les droits n'étoient pas perçus avant le 18 mai 1767, fut formellement prononcée, ſans aucune exception, & François Noël fut d'abord ſubrogé à François Teſſier, commis pour faire la régie des autres, juſqu'au 31 décembre 1774.

Un édit du mois de ſeptembre 1759, avoit de même ſupprimé tous les *offices* établis dans la ville, ſur les ports, quais & halles de Paris, en conſervant aux titulaires l'exercice & les attributions juſqu'après la liquidation de leurs finances. Celui de 1768 ne changea rien à ces diſpoſitions, & la régie de Noël ne comprit pas les *offices* de la ville de Paris, leſquels, comme on l'a dit au mot ENTRÉES, *tome II, pag. 50*, ne furent définitivement éteints qu'en 1776 ; mais les droits attachés à ces *offices* continuèrent d'être perçus pour le compte du roi, & ſubſiſtent encore avec l'augmentation des dix ſols pour livre.

Le régiſſeur Noël, ayant éprouvé des conteſtations au ſujet de quelques *offices* de la même nature que ceux qui avoient été ſupprimés, mais qui ne ſe trouvoient pas expreſſément nommés dans l'édit de 1768, une déclaration du 15 décembre 1770 mit fin à ces conteſtations. Elle ordonna que tous les *offices* de la nature de ceux qui étoient dénommés dans l'article premier de cet édit, ſubſiſtant dans les provinces, à quelque époque, & ſous quelque dénomination qu'ils euſſent été créés, ſoit qu'ils fuſſent vacans aux parties caſuelles, ſoit qu'ils euſſent été aliénés à des corps, communautés ou ſeigneurs particuliers, ou qu'ils fuſſent poſſédés par des titulaires, ſeroient & demeureroient éteints & ſupprimés, comme s'ils euſſent été nommément ex-

primés, & que l'édit de leur création eût été ſpécialement énoncé.

En vertu de cette déclaration, les droits attribués à l'*office de jaugeur royal* des poids & meſures, dans la province de Normandie, créé en 1526, furent réunis au domaine, & perçus pour le compte du roi.

De même, les droits dépendans des *offices de contrôleurs, viſiteurs des poids & meſures*, dans l'Angoumois & la Saintonge, créés par édit de 1700, furent levés au profit du roi, & confirmés par l'arrêt du conſeil, du 13 ſeptembre 1776, qui rétablit le tarif primitivement établi.

Il reſte maintenant à donner des notions de cette multitude de droits attachés aux *offices* ſupprimés, & des motifs préſentés pour l'établiſſement des uns & des autres, toujours ſous l'apparence du bien public.

1°. L'édit du mois de janvier 1704, porte, que ſa majeſté ayant reconnu, que l'inexécution des anciennes ordonnances, rendues pour prévenir les infidélités des marchands & artiſans qui ſe ſervent des poids & meſures, donnoit lieu à beaucoup d'abus, elle s'eſt déterminée à rendre un édit, par lequel, en créant des *offices de contrôleurs, viſiteurs des poids & meſures*, a voulu aſſurer la fidélité des livraiſons.

Il fut permis à tous ſeigneurs eccléſiaſtiques & laïcs d'acquérir ces *offices*, pour réunir à leurs juſtices les fonctions & droits attachés à ces *offices*, & les faire exercer par telles perſonnes que bon leur ſembleroit. La perception des droits attribués à ces *offices* étoit réglée par le tarif annexé à l'édit de 1704, ſuivant les profeſſions, depuis celle d'apothicaire, épicier, taxées à douze livres, juſqu'aux couturières & férailleurs taxés à quarante ſols.

Cette taxe, ainſi réglée pour Paris, étoit réduite aux deux tiers dans les villes principales du royaume déſignées ; à moitié dans celles qui ont une juriſdiction royale, & au quart dans les autres villes & bourgs du royaume. Ces droits ont été ſupprimés par l'article 16 de l'édit du mois d'août 1781 dans tout le royaume, excepté dans la ville de Paris, où ces droits ſe lèvent encore.

2°. L'édit de mars 1696, qui établit des jurés mouleurs, viſiteurs, compteurs, meſureurs & peſeurs des bois & charbons dans toutes les villes du royaume, déſignées dans un état joint à cet édit, pouvoit avoir quelque utilité pour le fiſc.

Le tarif, qui accompagnoit cet édit, leur attribuoit dans les villes qu'il dénomme, trois ſols pour livre du prix du bois & charbon , lorſqu'il ſeroit vendu ſix livres la corde & au-deſſous.

Deux ſols ſix deniers , depuis ſix livres juſqu'à dix livres.

Et deux ſols , depuis dix livres & au-deſſus , & en proportion , pour les bois qui ſe vendent au poids , ainſi que pour les fagots , cotterets & autres bois à brûler.

A l'égard des villes non dénommées dans le tarif , les intendans furent autoriſés à arrêter des tarifs particuliers pour chacune , d'après l'eſtimation des maires & échevins. Tous ces tarifs furent réformés & convertis en un nouveau , par arrêt du conſeil du 15 novembre 1767 , pour avoir lieu dans toutes les villes & fauxbourgs du royaume , ſur le pied ſuivant , excepté les villes de Paris , Lyon & Rouen ,

S A V O I R :

Pour les bois à brûler de toute eſpèce , dans les villes & fauxbourgs en dépendans , où il y a Parlement ou autre cour ſouveraine , trente ſols par char ou chariot à quatre roues , & trois livres pour les charbons.

Vingt ſols par charretée ou voiture à deux roues ; & pour les charbons cinquante ſols ;

Dix ſols par cent de fagots & cotterets , par charge.

Cinq ſols par cent de bourrées ;

Deux ſols par ſomme de cheval ou mulet ; pour les charbons cinq ſols.

Un ſol , par charge d'âne , pour les bois ; & pour les charbons deux ſols ſix deniers.

Neuf deniers , par charge d'homme , & pour les charbons deux ſols.

Dans les villes & fauxbourgs en dépendans , où il y a évêché ou ſiège préſidial.

Vingt ſols par char ou charriot à quatre roues ; & pour les charbons cinquante ſols.

Quinze ſols par charrette ; & pour les charbons quarante ſols.

Sept ſols ſix deniers par cent de fagots & cotterets.

Trois ſols neuf deniers par cent de bourrées.

Un ſol ſix deniers par ſomme de cheval ou mulet ; & pour les charbons quatre ſols.

Neuf deniers par charge d'âne , & pour les charbons deux ſols.

Six deniers par charge d'homme ; & pour les charbons , un ſol ſix deniers.

Et dans les autres villes & fauxbourgs du royaume ,

Pour les bois , quinze ſols par char ou chariot.

Pour les charbons quarante ſols.

Dix ſols par charrette ou voiture à deux roues , de bois.

Trente ſols pour les charbons.

Cinq ſols par cent de fagots & cotterets.

Deux ſols ſix deniers par cent de bourrées.

Un ſol trois deniers par ſomme de cheval , pour le bois.

Pour les charbons trois ſols.

Neuf deniers par charge d'âne , pour le bois.

Un ſol ſix deniers pour les charbons.

Six deniers , par charge d'homme , pour le bois.

Et un ſol pour la charge de charbon.

Ces droits doivent être payés comptant par toute ſorte de perſonnes , privilégiées ou non privilégiées , avant de faire décharger les bois & charbons à leurs maiſons , à peine de confiſcation & de cent livres d'amende.

Les bourgeois , en juſtifiant une première fois aux bureaux de la perception des droits , des titres de propriété de leurs héritages , peuvent faire venir les bois à brûler & les charbons de leur crû , pour la proviſion de leur maiſon ſeulement , en payant la moitié des droits ci-deſſus fixés.

3°. Les *offices* de viſiteurs , auneurs & marqueurs de draps , créés , tant en 1571 que 1620 , avoient pour objet d'aſſurer la largeur & la longueur des pièces. Les pourvus de ces *offices* percevoient des droits , depuis ſix deniers juſqu'à ſix ſols , ſuivant l'étendue de la pièce qu'ils étoient obligés d'auner & de ſceller d'un plomb.

4°. Les contrôleurs , viſiteurs , marqueurs , établis en 1582 & 1584 , devoient veiller à la qualité & à la teinture de l'étoffe , moyennant une rétribution de deux ſols par pièce , indépendamment de celle qui ſe payoit aux officiers auneurs ,

5°. L'édit de janvier 1586 , portant création des *offices* d'auneurs-jurés de toiles , dans tous les lieux où il y a foires & marchés , avoit pour motif , de remédier aux abus qui s'étoient introduits dans le commerce par l'inexécution des règlemens qui avoient fixé la largeur & la longueur des pièces de toile, & il leur attribuoit un denier par aune.

Les contrôleurs, visiteurs & marqueurs de toiles & canevas, coutils, futaines, &c. établis par l'édit de juin 1627, avoient des attributions plus considérables.

Leurs droits étoient de quatre sols par pièce de trente aunes & au-dessous.

De trois sols par pièce de toile de chanvre, aussi de trente aunes & au-dessous.

De deux sols par pièce de toile d'étoupes & canevas, idem.

Et du double du droit pour les pièces au-dessus de trente aunes.

De cinq sols par pièce de quintin, toiles de Cambray, d'Hollande & batiste.

Et pareil droit pour les toiles étrangères de même nature & qualité.

6°. Les jurés vendeurs de poissons de mer, frais, sec & salé, créés par l'édit de janvier 1583, avoient pour fonctions de visiter le poisson & de s'assurer si ses qualités le rendoient commerçable. Il ne leur est point dû de droit pour cette visite ; mais ces officiers étant chargés de faire la vente du poisson, ils en remettent le prix aux marchands, en retenant un sol pour livre de ce prix.

On peut voir, dans le premier volume de cet ouvrage, au mot CHAMBRE DE LA MARÉE, quelles sont à Paris les fonctions, les obligations & les droits des différens officiers, jurés, vendeurs, compteurs de poisson, pag. 224.

7°. Suivant les édits de janvier 1569 & 1697, les jurés mesureurs royaux ont été créés pour mesurer exclusivement tous les blés & autres grains généralement quelconques qui seroient vendus & débités, tant dans les foires, marchés, ports, havres & autres lieux publics, que dans les maisons des particuliers, avec des mesures marquées des armes du roi, & étalonnées sur les anciennes matrices par les officiers de justice, avec défenses à tous marchands & habitans des lieux où les mesureurs seroient établis, de vendre ni acheter aucuns grains qu'ils n'eussent été mesurés par l'un des mesureurs royaux, à peine de confiscation des grains & de cinq cens livres d'amende.

L'édit de création leur attribuoit deux deniers par boisseau de froment, méteil, seigle & farine, & un denier par boisseau des autres grains. L'arrêt du conseil du 16 avril 1697, ordonna ensuite que ces droits seroient payés dans toute l'étendue du royaume, en proportion de la mesure de Paris, dont le poids est évalué à dix-huit livres cinq onces.

On a dit, ci-devant, que la perception de tous les droits attachés aux offices supprimés, devoit cesser le 31 décembre 1774. Dès 1771, l'article 3 de l'édit du mois de novembre ordonna qu'elle continueroit jusqu'au 31 décembre 1780, & ces droits, avec ceux du don gratuit, composèrent, en 1772, la régie de Bossuat, qui fut fondue, en 1777, dans la régie générale. Ils font aujourd'hui partie de la nouvelle régie générale formée en 1780, pour finir le 31 décembre de l'année courante 1786.

Les droits des offices supprimés ont été assujetis aux huit sols pour livre, par l'édit du mois de novembre 1771, & à deux nouveaux sols pour livre par celui d'août 1781 ; à l'exception néanmoins des droits attribués aux officiers mesureurs de grains.

Au reste, ce même édit de 1781, a supprimé, par l'article 16, dans tout le royaume, excepté dans la ville de Paris, la perception en principal & accessoires des droits attribués aux offices d'auneurs, contrôleurs, visiteurs, marqueurs de draps, & à ceux de jaugeurs, contrôleurs & visiteurs des poids & mesures.

Les fonctions des autres offices sont remplies par les préposés du régisseur général, ou par des abonnataires qui perçoivent les droits qui subsistent encore.

Le produit des droits des offices supprimés peut être évalué à environ treize cent mille livres.

La connoissance des contestations relatives à ces droits appartient, en première instance, aux élections, & par appel aux cours des aydes.

Dans le nombre des offices que les arrêts du 18 mai 1767 avoient supprimés, étoient compris ceux de jurés-priseurs, vendeurs de meubles, qu'il convient de faire connoître, parce qu'on a vu ces offices présenter aux finances, en 1780, une ressource de plus de sept millions.

L'édit du mois de février 1556, avoit créé des maîtres priseurs de meubles en chaque ville, bourg & bourgade du royaume, ou & en tel nombre que besoin seroit, avec attribution de différens droits.

Un autre édit de mars 1576, réunit ces offices à ceux des sergens ordinaires.

En 1696, un édit du mois d'octobre ordonna la distraction & désunion des fonctions des offices de priseurs vendeurs de meubles, d'avec celles des huissiers & sergens royaux, & érigea des offices de jurés priseurs, vendeurs de biens meubles, dans toutes les villes & bourgs du royaume, avec attributions de différens droits qui furent augmentés par la déclaration du 12 mars 1697.

Tel étoit l'état des choses lorsque ces *offices* de jurés-priseurs vendeurs de meubles, furent supprimés, & les droits à eux attribués, mis en régie pour être perçus pour le compte du roi.

Ces droits consistoient & consistent encore, 1°. en quatre deniers pour livre sur tous les deniers des prisées & ventes publiques.

2°. En deux sols six deniers pour chaque rôle de grosse des procès-verbaux de ces ventes.

3°. En deux sols six deniers pour l'enregistrement de chacune des oppositions qui seront faites à la délivrance des deniers provenans de ces ventes.

L'édit du mois de février 1771, ayant supprimé & recréé tous les offices de jurés-priseurs, pour être établis dans toutes les villes, bourgs & lieux du royaume où il y a justice royale, un arrêt du conseil, du 7 juillet suivant, revêtu de lettres-patentes, ordonna néanmoins qu'il seroit sursis à la vente de ces *offices*; que pour en connoître la valeur, les droits qui leur étoient attribués seroient perçus au profit de sa majesté.

Cet édit de 1771, ne changea rien aux *offices* de jurés-priseurs de la ville & de la banlieue de Paris; mais voici les principales dispositions qu'il contient.

A R T. V.

Lesdits jurés-priseurs vendeurs de meubles, feront seuls, & à l'exclusion de tous autres, dans toute l'étendue du ressort de la justice royale de leur établissement, la prisée, exposition & vente de tous biens meubles, soit qu'elles soient faites volontairement après les inventaires ou par autorité de justice, en quelque sorte & manière que ce puisse être, & sans aucune exception; recevront les deniers provenans desdites ventes, quand même les parties y appelleroient d'autres huissiers, & jouiront de la faculté d'exploiter, dans le cas de l'exécution & vente de meubles, concurremment avec les autres huissiers, dans l'étendue de leur ressort.

V I.

Leur attribue les droits, dont il a été fait mention, en conformité de l'édit de 1696, & révoque l'augmentation à eux accordée en 1697.

V I I I.

Ordonne que lesdits jurés-priseurs, dans les villes & lieux où ils feront établis, feront bourse commune des deniers provenans des prisées & ventes, à la réserve du quart pour celles qui seront faites dans lesdites villes & lieux, qui appartiendra, par préciput, à celui qui aura fait lesdites prisées & ventes, & du droit entier des vacations, & moitié des autres droits pour les prisées & ventes faites à la campagne & qui appartiendront aussi à ceux desdits officiers qui les auront faites. Ne pourront les parties de ladite bourse commune, être saisies par quelques créanciers que ce puisse être, si ce n'est par ceux qui auront prêté leurs deniers pour l'acquisition desdits *offices*.

I X.

Fait défenses à tous notaires, greffiers, huissiers & sergens royaux, de quelque jurisdiction que ce soit, même des amirautés, de s'immiscer à l'avenir de faire lesdites prisées, expositions & ventes de biens meubles, à peine de mille livres d'amende, &c. &c.

Voyez au surplus le dictionnaire de jurisprudence au mot HUISSIER.

Notre objet se réduisant à considérer le rétablissement & la vente des *offices* de jurés-priseurs, dans leur rapport avec les finances, il convient de rappeler ici ce que prescrit l'arrêt du conseil du 25 novembre 1780, & de donner l'état du produit de tous ces *offices* dans le royaume.

ARTICLE PREMIER.

Il sera procédé, par le receveur général des revenus casuels à Paris, & par ses préposés dans les provinces, à la vente des *offices* de jurés-priseurs-vendeurs de biens-meubles, supprimés & recréés par l'édit du mois de février 1771, dans toutes les villes, bourgs & lieux du royaume où il y a justice royale, à l'exception de la ville & banlieue de Paris; sa majesté levant en conséquence la surséance à la vente desdits *offices*, portée par l'arrêt & lettres-patentes du 7 juillet de la même année.

I I.

Lesdits *offices* seront établis dans chaque bailliage & sénéchaussée, au nombre qui sera jugé nécessaire, & qui sera porté par les rôles qui seront arrêtés au conseil; & les acquéreurs pourront, à leur volonté, résider dans l'endroit du ressort desdits bailliages ou sénéchaussées où ils jugeront à propos de s'établir.

I I I.

Veut sa majesté, que la totalité des *offices* de chaque bailliage & sénéchaussée, en tel nombre qu'ils soient divisés, soit levée ensemble, par un ou plusieurs acquéreurs, afin que la régie, chargée actuellement de la perception desdits droits, soit instruite de ladite vente au moment où elle sera entièrement consommée dans le ressort de chaque bailliage ou sénéchaussée, & puisse y cesser la perception des quatre deniers pour livre du prix des ventes des biens-meubles, attribués auxdits *offices* par ledit édit de février 1771.

I V.

Il sera annexé au présent arrêt, un état, contenant la fixation collective des *offices* qui pourront être établis dans chaque bailliage ou sénéchauffée, de manière que chacune desdites fixations puisse être divisée dans les rôles en autant de parties qu'il sera demandé d'*offices* dans chaque ressort.

V.

Les pourvus ou propriétaires desdits *offices* supprimés par ledit édit de février 1771, seront préférés pour la levée desdits nouveaux *offices*; à la charge par eux de lever en même-tems, la totalité des *offices* du ressort du bailliage ou sénéchauffée où ils se trouveront situés, & d'en payer la finance dans les trois mois du jour de la publication du présent arrêt; sur laquelle finance il leur sera tenu compte de ce qui leur sera dû pour leur remboursement, suivant la liquidation qui en sera faite : sa majesté les dispensant en conséquence de prendre de nouvelles provisions, & de se faire recevoir & prêter de nouveau serment; voulant qu'ils jouissent de tous les *offices* par eux levés, en vertu de leurs anciennes provisions & réceptions, & sur la quittance de finance qui leur sera expédiée, après toutefois qu'ils l'auront fait enregistrer au contrôle général des finances & au greffe de la sénéchauffée ou bailliage du ressort.

V I.

A l'expiration des trois mois de préférence, lesdits *offices* seront vendus à tous ceux qui se présenteront pour les acquérir en totalité par ressort de bailliage ou sénéchauffée; & lesdits acquéreurs pourront, conformément à l'article XII dudit édit de février 1771, posséder conjointement plusieurs desdits *offices*, en vertu d'une seule & même provision, & les faire exercer, après qu'ils en seront pourvus, par telle personne qu'il leur plaira commettre; à la charge par eux de demeurer civilement responsables de ceux qu'ils auront commis, & par lesdits commis, de prendre une commission en la grande chancellerie, & de se faire recevoir pardevant les juges qu'il appartiendra, pour laquelle réception il ne sera perçu que six liv.

V I I.

Les acquéreurs desdits *offices*, ne pourront en exercer les fonctions, ni s'attribuer les droits y attachés, qu'après en avoir payé entièrement la finance entre les mains du receveur général des revenus casuels, & avoir fait enregistrer leur quittance de finance au contrôle général des finances; & jusque-là, la perception des droits continuera d'être faite au profit de sa majesté.

V I I I.

Sa majesté dispense les pourvus desdits *offices*, du paiement de tout droit de centième denier, dont elle leur fait don & remise; voulant qu'ils jouissent de l'affranchissement dudit droit annuel jusqu'au dernier décembre 1788, en payant seulement par eux le vingt-quatrième denier du prix de la finance à la mutation.

I X.

Les droits de marc-d'or & de sceau des premières provisions qui seront expédiées en vertu du présent arrêt, seront modérés au tiers de la somme dûe pour lesdits droits, aux termes des règlemens qui les concernent; & il en sera usé de même pour les droits de marc d'or & de sceau des premières commissions qui seront expédiées & scellées en exécution de l'article ci-dessus.

X.

Les jurés-priseurs-vendeurs de biens-meubles de la province du Haynault, qui ont été confirmés en leurs *offices* par lettres-patentes du 16 avril 1772, à la charge de compter entre les mains des régisseurs de sa majesté, des quatre deniers pour livre de toutes les ventes de meubles qu'ils feroient, continueront à jouir de leursdits *offices*, & à compter desdits quatre deniers pour livre, si mieux ils n'aiment, dans trois mois pour tout délai, à compter de la date du présent arrêt, payer entr'eux, par forme d'augmentation de finance, le montant des fixations des bailliages & prévôtés de ladite province, portées en l'état ci-annexé.

X I.

Sa majesté confirme au surplus les acquéreurs des *offices* de jurés-priseurs-vendeurs de biens-meubles, créés par l'édit de février 1771, dans tous les droits & dans toutes les facultés à eux accordés par ledit édit.

ETAT de la fixation collective des offices de jurés-priseurs-vendeurs de biens-meubles, qui seront établis dans chaque bailliage ou sénéchaussée du royaume, sauf à diviser lesdites fixations dans les rôles en autant de parties qu'il sera demandé d'Offices dans chaque ressort de bailliage ou sénéchaussée.

BAILLIAGES ou SÉNÉCHAUSSÉES.	FIXATION de la finance DES OFFICES.	BAILLIAGES ou SÉNÉCHAUSSÉES.	FIXATION de la finance DES OFFICES.
GÉNÉRALITÉ D'AIX.		Suite D'AUCH.	
Aix	6800 l.	Tarbes	3400 l.
Marseille	72000	Lectoure	4590
Arles	3400	L'Isle-Jourdain	510
Forcalquier	510	**BESANÇON.**	
Castellane	200		
Draguignan	2720	Baume	1700
Grasse	2210	Besançon	11050
Barcelonnette	200	Vésoul	12920
Digne	340	Dôle	8000
Sisteron	850	Gray	5950
Brignolles	680	Arbois	680
Toulon	16150	Lons-le-Saunier	9350
Yerres	1020	Orgelet	1700
		Ornans	1700
AMIENS.		Poligny	510
Amiens	68000	Pontarlier	2890
Abbeville	47600	Quingey	200
Boulogne	42500	Salins	2380
Calais	85850	**BORDEAUX.**	
Montreuil	5100		
Montdidier	6800	Agen	6800
Péronne	8500	Castel-Jaloux	340
Roye	4250	Condom	680
Saint-Quentin	5100	Nérac	2210
		Bazas	2210
AUCH.		Castelmoron	1020
Auch	2720	Bordeaux	98600

BAILLIAGES ou SÉNÉCHAUSSÉES.	FIXATION de la finance DES OFFICES.	BAILLIAGES ou SÉNÉCHAUSSÉES.	FIXATION de la finance DES OFFICES.
Suite de B O R D E A U X.		*Suite de* C H A L O N S.	
Libourne	1700 l.	Sézanne	15300 l.
Périgueux	6800	Troies	108800
Bergerac	680	Saint-Dizier	5610
Sarlat	7650	Vitri-le-François	20400
B O U R G E S.		D I J O N.	
Châteauroux	10200	Auxerre	23800
Châtillon-sur-Indre	1530	Avalon	2550
Iffoudun	11050	Bar-sur-Seine	4760
Mehun	2380	Arnai-le-Duc	5780
Vierzon	850	Autun	10200
Bourges	22100	Nuits	10200
Concreffault	3400	Saulieu	5100
Dun-le-Roi	850	Semur en Auxois	17000
C L E R M O N T - F E R R A N D.		Dijon	51000
		Belley	6800
Aurillac	3400	Bourg	27200
Saint-Flour	1190	Gex	850
Vic-en-Carladez	1250	Auxonne	9520
Clermont	11900	Challon-sur-Saône	39100
Montaigu	200	Mont-Cénis	850
Riom	17000	Saint-Jean-de-Lône	3060
C H A L O N S.		Bourbon Lanci	2550
		Charolles	5950
Châlons	28900	Mâcon	17000
Sainte-Menehould	76500	Semur en Brionnois	1360
Chaumont en Baffigny	73100	Châtillon-sur-Seine	13600
Langres	42500	Beaune	13600
Châtillon-sur-Marne	3400	G R E N O B L E.	
Épernay	10200	Briançon	1020
Fimes	2380	Embrun	510
Reims	81600	Gap	1020
Méry-sur-Seine	4080	Grenoble	10200
Rumilly	680	Creft	500
			Saint-Marcellin

BAILLIAGES ou SÉNÉCHAUSSÉES.	FIXATION de la finance DES OFFICES.	BAILLIAGES ou SÉNÉCHAUSSÉES.	FIXATION de la finance DES OFFICES.
Suite de GRENOBLE.		**Suite de METZ.**	
Saint-Marcellin	7600 l.	Thionville	30600 l.
Courthefon & Orange	680	Phalsbourg	1700
Le Buis	200	Sarrebourg	840
Montelimart	1020	Toul	25500
Romans	510	Carignan	3400
Saint-Paul-trois-Châteaux	200	Marville	3400
Valence	680	Montmedy	7650
Vienne	8500	Mouzon	11900
LA ROCHELLE.		Sedan	13600
La Rochelle	71400	Verdun	16150
Rochefort	13600	Mohon	340
Cognac	4250	**MONTPELLIER.**	
Saint-Jean-d'Angeli	8500	Béziers	16150
Saintes	18700	Montpellier	14450
LIMOGES.		Nîmes	24000
Angoulême	27200	Le Puy en Vélay	5950
Bellac en Baffe-marche	340	Villeneuve-de-Berg	6600
Le Dorat	2550	**MONTAUBAN.**	
Limoges	5100	Cahors	6800
Saint-Yriex	340	Gourdon	510
Brives	1020	Lauzerte	680
Tulles	2380	Martel	340
Uzerches	340	Montaubán	4250
LYON.		Rhodez	4250
Lyon	69700	Figeac	1190
Villefranche en Beaujolois	3400	Villefranche	5100
Bourg-Argental	340	**MOULINS.**	
Montbrifon	8500	Gueret	5100
METZ.		Cuffet	1700
Metz	107200	Moulins	30600
Longwy	8500	Saint-Pierre-le-Moutier	20400
Saarelouis	510	**PAU.**	
		Dax	3400

BAILLIAGES ou SÉNÉCHAUSSÉES.	FIXATION de la finance DES OFFICES.	BAILLIAGES ou SÉNÉCHAUSSÉES.	FIXATION de la finance DES OFFICES.
Suite de **P A U.**		*Suite de* **N A N C I.**	
Mont-de-Marsan.	1360 l.	Châtel-sur-Mozelle.	6800 l.
Saint-Sever.	3400	Darnay.	10200
Tartas.	1530	Saint-Diez.	14450
Bayonne.	30600	Épinal.	13600
Mauléon.	200	Mirecourt.	7650
Saint-Palais.	200	Sainte-Marie-aux-Mines.	2550
Sauveterre.	340	Remiremont.	37400
Morlaas.	200	Briey.	22100
Oleron.	850	Étain.	15000
Orthez.	1360	Longuyon.	5780
Pau.	2210	Pont-à-Mousson.	23800
N A N C I.		Saint-Mihiel.	20400
Bar.	28900	Thiancourt.	9350
Bourmont.	6800	Villers-la-Montagne.	12750
Commercy.	10200	**O R L É A N S.**	
La Marche.	7000	Blois.	96900
Neufchâteau.	12750	Beaugency.	18700
Charmes.	3400	Romorantin.	5950
Lunéville.	32300	Vendôme.	28900
Nancy.	66300	Chartres.	98600
Nemours.	4250	Dourdan.	1700
Rozières.	10200	Yenville.	34000
Vézelise.	22100	Châteaurenard.	1700
Bitche.	5950	Gien.	2550
Blamont.	2550	Lorris.	3910
Boulay.	9350	Montargis.	13600
Bouzonville.	14450	Bois-commun.	1190
Château-Salins.	6800	Neuville.	3400
Dieuze.	17000	Orléans.	112100
Feneftranges.	4250	Vitry-aux-loges.	1700
Lixhem.	4250	Yèvre-le-Châtel.	3400
Sarguemines.	10200	**P A R I S.**	
Tholey.	1530	Le Châtelet de Paris, non compris la ville & banlieue.	159800
Bruyères.	10200		

BAILLIAGES ou SÉNÉCHAUSSÉES.	FIXATION de la finance DES OFFICES.	BAILLIAGES ou SÉNÉCHAUSSÉES.	FIXATION de la finance DES OFFICES.
Suite de *PARIS*		Suite de *SOISSONS*	
Choify le-Roi.	2550 l.	Coucy-le-Château.	5050 l.
Meudon.	1700	Villers-coterets.	4000
Verfailles.	98600	*PERPIGNAN.*	
Vincennes.	3400	Perpignan.	4250
Beauvais.	17000	Prades.	200
Beaumont-fur-Oife.	5100	Prads-de-Moliou.	200
Chambly.	200	Saillagouffe.	200
Compiegne.	8500	Villefranche.	200
Creil fur-Oife.	680	Vinça.	200
Senlis.	15300	*POITIERS.*	
Mantes.	10200	Civray.	2550
Montfort-l'Amaury.	35700	Montmorillon.	5610
Pontoife.	10200	Fontenay-le-Comte.	11900
Meulan.	11900	La Châtaigneraye.	1700
Étampes.	17000	Niort.	340
Melun.	25200	Saint-Maixent.	5610
Nemours.	18700	Châtellerault.	5100
Montereau.	6800	Lufignan.	510
Moret.	10200	Poitiers.	51000
Sens.	47600	*TOULOUSE.*	
Meaux.	39100	Carcaffonne.	15300
Nogent-fur-Seine.	5950	Limoux.	2550
Provins.	28900	Pamiers.	2210
Villeneuve-le-Roi.	4250	Caftelnaudarry.	1700
SOISSONS.		Caftres.	4250
Clermont-en-Beauvoifis.	6800	Touloufe	56100
Chauny.	8500	*TOURS.*	
Ham.	1700	Angers.	105400
Noyon.	10200	Beaufort.	5610
Guife.	30600	Beaugé.	13600
Laon.	43450	Château-du-Loir.	13600
Château-Thierry.	20400	La Flèche.	52700
Crépy-en-Valois.	3480	Château-Gontier.	17000
Soiffons.	32480		

Kk ij

BAILLIAGES ou SÉNÉCHAUSSÉES.	FIXATION de la finance DES OFFICES.	BAILLIAGES ou SÉNÉCHAUSSÉES.	FIXATION de la finance DES OFFICES.
Suite de *T O U R S.*		Suite de *R E N N E S.*	
Laval.	27100 l.	Autrain.	1020 l.
Le Mans.	146200	Bazouges.	340
Mondoubleau.	1700	Dinan.	3400
Chinon.	8500	Fougères.	14450
Loudun.	5610	Herdé.	680
Langeais.	510	Jugon.	1530
Loches.	8500	Ploermel.	47600
Montrichard.	1190	Saint-Aubin-du-Cormier.	510
Tours.	74800	Saint-Brieux.	11900
Saumur.	28900	*A L E N Ç O N.*	
T R É V O U X.		Alençon.	22100
Trévoux.	13600	Argentan.	5100
N A N T E S.		Domfront.	5100
		Exmes.	4250
Nantes.	110030	Falaise.	28900
Auray.	1530	Bernay.	5100
Guérande.	3870	Montreuil-Largile.	1530
Hennebond.	18700	Orbec.	25500
Sarzeau.	200	Beaumont-le-Roger.	6800
Vannes	66300	Belesme.	28900
M O R L A I X.		Breteuil.	8500
Morlaix.	8500	Châteauneuf-en-Thimerais.	14450
Brest.	30900	Conches.	6800
Carhaix.	3400	Mortagne.	17000
Châteaulin.	5100	Verneuil.	2550
Châteauneuf-du-Faon.	5950	*C A E N.*	
Concarneau.	5100		
Gourin.	510	Bayeux.	83300
Lannion.	8500	Caen.	69700
Lesneven.	32300	Carentan.	39100
Quimper.	27200	Coûtances.	56100
Quimperlé.	3400	Périers.	18700
R E N N E S.		Saint-Lo.	30600
		Saint-Sauveur-le-Vicomte.	20400
Rennes.	204000	Valognes.	90100

BAILLIAGES ou SÉNÉCHAUSSÉES.	FIXATION de la finance DES OFFICES.	BAILLIAGES ou SÉNÉCHAUSSÉES.	FIXATION de la finance DES OFFICES.
Suite de CAEN.		**FLANDRE-VALONNE.**	
Avranches.	18700 l.	Lille.	250000 l.
Cérences.	1190	Douay.	95000
Mortain.	9350	**ARTOIS.**	
Tinchebray.	4250	Arras.	125000
Thorigny.	23800	Aire.	17300
Vire.	23800	Bapaume.	2450
ROUEN.		Hesdin.	200
Arcques, séant à Dieppe, à l'exception de la Haute-Justice de Dieppe.	34000	Lens.	12600
		Saint Omer.	60000
Cany.	20400	**FLANDRE-MARITIME.**	
Caudebec.	44200	Bailleul, pour tout ce qui compose la Flandre maritime, tant du ressort du Parlement de Flandre, que du Conseil d'Artois.	266500
Le Hâvre.	37400		
Montivilliers.	56100		
Honfleur.	11900	**HAINAULT.**	
Pont-Audemer.	34000	Valenciennes-Prevôté-le-Comte.	52480
Pont-l'Evêque.	15300	Avesnes.	16430
Chaumont en Vexin.	8500	Bavay.	5280
Évreux.	13600	Bouchain.	5080
Magny.	2550	Givet.	8590
Nonancourt.	3400	Maubeuge.	27330
Pont-de-l'Arche.	20400	Quesnoy.	14680
Charleval.	510	**CAMBRESIS.**	
Neufchâtel en Bray.	22100	Cambrai, non-compris le Câteau-Cambrésis.	42950
Rouen.	323000		

SOMME TOTALE du présent État, sept millions quatre cens seize mille cent quatre-vingt livres.

FAIT & arrêté au conseil royal des finances, tenu à Versailles le vingt-cinquième jour de novembre 1780.

OFFICIERS D'ANJOU. (droits des) Ces droits portent le nom de droits des *officiers d'Anjou*, parce qu'ils font les reftes des attributions accordées, par l'édit du mois de décembre 1633, à des confeillers-contrôleurs & confervateurs établis dans tous les bureaux des cinq groffes fermes. Ces contrôleurs ayant été révoqués par l'édit du mois d'août 1644, leurs droits furent convertis en deux fols pour livre des droits d'entrée & levés au profit du roi.

Au mois d'avril 1658, il fut de nouveau créé & érigé en titre d'offices formés & héréditaires, quatre tréforiers généraux, quatre contrôleurs & quatre premiers & principaux commis de ces tréforiers anciens, alternatifs, triennaux & quatriennaux des deniers des fermes, avec attribution de fix deniers pour livre de tous les droits des fermes, même fur le parifis, & fur les douze deniers précédemment attribués aux contrôleursconfervateurs. En attendant que ces offices fuffent levés, un arrêt du confeil du 10 avril 1658, ordonna que la levée de ces droits feroit faite par les commis de l'adjudicataire des fermes, & que leur produit feroit verfé au tréfor royal. Enfin, tous ces droits furent réunis à ceux des cinq groffes fermes par les arrêts des 28 octobre 1679, 24 juillet 1681, & 17 août 1683. Ces différens règlemens fe trouvent rappellés dans l'article 241 du bail fait à Forceville en 1738.

Les droits des *officiers d'Anjou* donnent un produit annuel d'environ quatre-vingt-dix à cent mille livres.

La perception de ces droits fe fait fur des tarifs manufcrits qui n'ont pas d'autre titre & d'autorité qu'un ancien ufage. *Voyez* PARISIS.

OFFRANDES ET AUMONES ; dans la maifon du roi on donne ce nom à une partie de dépenfe pour laquelle il y a un tréforier particulier qui porte le nom de tréforier des aumônes. Il reçoit des fonds du tréfor royal pour payer, chaque quartier, les frais de la célébration de la meffe & de la chapelle, ou pour faire les aumônes qui font défignées par le roi & le grand aumônier.

Dans la dépenfe des *offrandes & aumônes* eft auffi comprife celle de la cérémonie de la cène, & l'achat des livres de dévotion néceffaire au roi & ceux des femaines faintes, dont il fe faifoit autrefois une diftribution, tant aux princes du fang, qu'aux grands feigneurs attachés à la cour.

La dépenfe des *offrandes & aumônes* eft un objet annuel de deux cens quarante mille livres, qui font remis au tréforier de cette partie, & qui les diftribue fur les ordres du grand aumônier. *Voyez* TRESORIER.

OPINION PUBLIQUE ; tribunal d'un genre unique qui a été élevé en France par l'efprit de fociété, par l'amour des égards & de la louange. Quoique l'*opinion publique* foit fans magiftrats, fans palais & fans code, elle n'en influe pas moins fur toutes les parties du gouvernement, & en particulier fur l'adminiftration des finances, parce que celle-ci a des rapports plus nombreux & plus multipliés avec toutes les claffes des fujets de l'Etat. Tous les hommes qui attirent fur eux les regards, font obligés de comparoître au tribunal de l'*opinion publique*, & là, en fouveraine, elle décerne, comme du haut d'un trône, des prix & des couronnes ; elle fait & défait les réputations.

Nous empruntons ici l'hiftoire de ce tribunal, d'un ouvrage juftement célèbre, dont l'auteur a reçu la récompenfe la plus flatteufe de l'*opinion publique*, puifqu'il a également entendu les fuffrages qu'elle a donnés à fon adminiftration, & les profonds regrets qu'elle a montrés à fa retraite.

Cette autorité de l'*opinion*, y eft-il dit, *tome I, page 58 de l'adminiftration des finances*, fut inconnue tant que des troubles intérieurs remplirent tous les fentimens, occupèrent toutes les penfées. Les efprits divifés par des factions où l'on ne fait jamais qu'aimer & hair, ne pouvoient fe réunir fous les bannières plus tranquilles de l'eftime & de l'*opinion publique*. Mais lorfque, fous Louis XIV, le repos fut affermi, l'*opinion publique* ne put exercer encore que foiblement fon empire. Ce grand monarque attiroit tout à lui ; il vouloit être feul à répandre toutes les efpèces d'encouragement & de gloire ; fon empreffement à chercher le mérite, fon talent à le difcerner, fa vigilance à récompenfer & à punir, cet art qu'il poffédoit, au plus haut degré, d'exciter ou de réprimer par des mots & par des regards, le grand éclat enfin qui environnoit fon trône, tout avoit habitué la nation à ne chercher & à ne connoître que l'approbation d'un fi grand roi ; & l'on vit les hommes les plus élevés par leurs talens, & les plus comblés de la faveur publique, ambitionner encore avec plus d'ardeur, d'être apperçus par ce prince.

Cependant Louis XIV, & les hommes célèbres qui firent l'ornement de fon fiècle, laifsèrent après eux les traces du beau, & comme une idée plus diftincte de toutes les efpèces de talens & de mérites. La nation avoit appris ce qu'elle devoit admirer ; & les hommes fupérieurs dans tous les genres, s'étoient accoutumés à cette récompenfe délicate & prochaine qui tient aux applaudiffemens & à la louange.

De telles difpofitions devoient néceffairement préparer l'empire de l'*opinion publique* ; cependant fes progrès furent encore retardés par l'indifférence & la légéreté qui caractériferent le tems de la régence, par cette hardiesse de mœurs qui vint s'y joindre encore, & par les agitations d'intérêt & de fortune qui occupèrent uniquement l'attention ; mais depuis cette époque, la puissance de *l'opinion publique*, favorisée par diverses circonstances, s'est accrue successivement, & elle seroit aujourd'hui difficile à détruire. Elle règne sur tous les esprits, & les princes eux-mêmes la respectent toutes les fois qu'ils ne sont pas entraînés par de trop grandes passions ; les uns la ménagent volontairement, par l'ambition qu'ils ont de la faveur publique ; & les autres moins dociles, y sont encore soumis, sans s'en appercevoir, par l'ascendant de ceux qui les entourent.

Ce pouvoir de *l'opinion publique* est infiniment plus foible dans d'autres pays, & sous des gouvernemens différens. Les peuples esclaves doivent fixer toute leur attention sur les récompenses que décerne le prince, ou sur les punitions qu'il peut exercer.

Les républicains ne connoissent que le crédit populaire, ou l'ascendant de l'éloquence dans les assemblées nationales ; la liberté, d'ailleurs, qui fait l'essence de pareils gouvernemens, inspire aux hommes plus de confiance dans leurs propres jugemens, & l'on diroit que, jaloux de toute espèce d'empire, ils chérissent jusques à l'indépendance de leurs *opinions*, & sentent un secret plaisir à s'écarter de celle des autres.

Enfin, les nations amolies par le climat du midi, trop occupées de tous les plaisirs des sens, ne voudroient pas du joug de *l'opinion publique*, & elles n'aimeroient point à servir sous un maitre dont les plus grandes faveurs ne vaudroient pas à leurs yeux les douceurs du repos, ou les enchantemens d'une imagination exaltée.

La plupart des étrangers ont peine à se faire une juste idée de l'autorité qu'exerce en France *l'opinion publique*. Ils comprennent difficilement ce que c'est qu'une puissance invisible, qui sans trésors, sans garde & sans armées, donne des loix à la ville, à la cour & jusques dans le palais des rois. Cependant rien n'est plus vrai, rien n'est plus remarquable, & l'on cessera peut-être de s'en étonner, si l'on réfléchit sur ce qui doit résulter de l'esprit de société, lorsque cet esprit règne dans toute sa force au milieu d'une nation sensible qui aime également à juger & à paroitre, qui n'est ni distraite par des intérêts politiques, ni affoiblie par le despotisme, ni subjuguée par des passions trop bouillantes ; chez une nation enfin, où peut-être un penchant général à l'imitation, prévient la multiplicité des opinions, & rend foibles toutes celles qui sont isolées ; ensorte que réunies communément ensemble, & formant alors comme une sorte de flot plus ou moins

impétueux, elles ont, pendant la durée de leur mouvement, une force très-puissante.

Cependant cette réunion d'opinions, cet esprit de société, cette communication continuelle entre les hommes, doivent donner un grand prix aux suffrages des autres, & faire aimer par-dessus tout, la considération, les égards, l'estime & la renommée. C'est une jouissance d'autant plus précieuse qu'elle est de tous les jours & de tous les instans ; c'est une passion qui doit égaler & surpasser en énergie, celle de l'argent & de la fortune ; car les richesses elles-mêmes, sont converties, par ceux qui les possèdent, en biens de pure imagination.

Ces lambris dorés, ces parures éclatantes, ce cortège de valets, ces brillans attelages, que feroient-ils au bonheur, sans le prix qu'on attache à l'impression que pourront faire sur les autres ce luxe & cette vaine splendeur ? Et si de telles vanités, si de semblables chimères ont un pareil attrait ; si on les recherche avec tant d'ardeur, comment seroit-on étonné d'un empire plus noble & plus raisonnable, de celui de *l'opinion publique*, de cette *opinion* qui règne sur les hommes, pour nourrir en eux, l'amour de la véritable gloire, pour les exciter aux grandes choses par l'honneur & par la louange, & pour les éloigner de la bassesse & de la lâcheté, par la crainte du mépris & de la honte ? Comment ne trouveroit-on pas redoutable cette puissance qui peut avilir les hommes jusques sur les marches du trône, & qui peut les relever au contraire dans l'exil ou dans la disgrace ?

Ah ! sentons le prix d'une autorité si salutaire ; rallions-nous pour la défendre contre ceux qu'elle importune & qui voudroient la détruire ; elle seule arrête encore les funestes progrès de l'indifférence ; elle seule, au milieu d'un siècle dépravé, fait encore entendre sa voix, & semble y tenir les assises de l'honneur.

C'est l'ascendant de *l'opinion publique*, qui, souvent plus qu'aucune autre considération, oppose des obstacles, en France, aux abus de l'autorité. Oui, c'est uniquement cette *opinion* & l'estime qu'on en fait encore, qui conservent à la nation une sorte d'influence, en lui confiant le pouvoir de récompenser ou de punir, par la louange ou par le mépris. Que si jamais cette *opinion* étoit absolument dédaignée, que si jamais elle s'affoiblissoit d'elle-même, la liberté, peut-être, perdroit son principal appui, & l'on auroit besoin, plus que jamais, & des vertus du souverain, & de la modération de ses ministres.

Entre tous ceux qui paroissent sur la scène du monde, c'est sur-tout le ministre des finances qui doit ménager, avec le plus de foin, l'*opinion publique* ; malheur à lui s'il la dédaigne ; mais malheur à l'état encore davantage ; car si cet administrateur, par indifférence ou par découragement, renonce à l'espoir de la considération, il ne cherchera plus que les suffrages qu'on obtient avec des complaisances, & ce sera par le sacrifice de l'ordre & par l'abandon des intérêts du prince qu'il groffira le nombre de ses alliés, & qu'il essayera de lutter contre le mépris. On ne peut trop inviter les amis du bien public à seconder les ministres qui tournent leurs premiers regards vers l'*opinion publique*, & qui montrent le desir de l'obtenir. On se nuit à soi-même lorsqu'on éteint leur émulation, ou par une censure anticipée, ou par des jugemens trop sévères.

Il faut laisser aux hommes d'état le tems de se reconnoître, & s'il font paroître l'amour du bien, il faut voir s'ils pourront le faire, & desirer de bonne foi qu'ils y réussissent. Mais on ne doit rien espérer de ceux qui bravent l'*opinion* ; car c'est une preuve certaine qu'ils redoutent son jugement & qu'ils ne veulent point compter avec elle.

Heureusement qu'on ne l'offense point sans risque ; car si l'on a vu des hommes estimables succomber sous les attaques de l'envie ou de la méchanceté, plus souvent encore ; on a vu des ministres entraînés par le mépris public, & délaissés par ceux mêmes auxquels ils avoient immolé leur réputation.

Si l'on examine encore l'*opinion publique* sous un rapport absolument différent, on trouvera que l'administrateur, capable de l'étudier, & avide de l'obtenir, pourroit, par ce seul sentiment, suppléer à la foiblesse de ses talens, & à l'incertitude de ses connoissances. En effet, les idées générales sur le bien de l'État, les notions sur tout ce qui est utile & raisonnable, ont suivi le progrès des lumières & font aujourd'hui fort répandues. Ainsi, l'*opinion publique*, en même-tems qu'elle fert d'encouragement & de récompense, peut encore devenir un conducteur fidèle ; c'est du moins un fanal dont les feux font fans cesse allumés, & l'administrateur des finances peut, à cette seule lueur, parcourir un grand espace & atteindre à beaucoup de gloire.

Mais il ne faut pas confondre l'*opinion publique*, telle qu'on la représente ici, avec ces mouvemens éphémères, qui souvent même n'appartiennent qu'à de certaines sociétés, & de certaines circonstances. Ce n'est pas devant de pareils jugemens que l'homme, capable d'une grande administration, doit se proferner ; il faut, au contraire, qu'il sache les dédaigner, pour demeurer fidèle à cette *opinion publique*, dont tous les caractères font imposans, & que la raison, le tems & l'u-

niverfalité des sentimens ont seuls le droit de consacrer.

Il est, d'ailleurs, une vérité très-importante, & qui mérite d'être observée ; c'est que si dans les grandes places, les actions font la réputation d'un homme, l'homme aussi quelquefois, fait celle de ses actions ; car il est bien peu de dispositions publiques, sur-tout en finance, qui ne présentent différens points de vue, & il arrive souvent qu'on les approuve, ou qu'on les censure, selon l'*opinion* qu'on s'est formée du ministre qui les a conçues.

ORDONNANCE, f. f. ; qui signifie une loi faite par le souverain, & que son enregistrement dans les cours rend d'une exécution générale.

On fent bien qu'une ordonnance concernant la marine ou le militaire, n'a pas besoin d'enregistrement, puisque toutes les difficultés qui peuvent s'élever au sujet de son exécution font décidées par le ministre, sous les ordres duquel elle a été rédigée & publiée, & que d'ailleurs ces ordonnances tenant à l'opinion & aux vues de chaque nouveau ministre, on les voit se succéder, se renouveller & se contrarier à chaque changement qui arrive dans ces départemens.

Mais en matière de jurisprudence civile & criminelle, en matière d'impôt, on conçoit que toute ordonnance du roi ne peut acquérir de force & de sanction, que par sa promulgation & son enregistrement dans les tribunaux supérieurs & inférieurs, à qui est attribuée la connoissance des contestations que ces ordonnances ont pour objet de prévenir ou de terminer.

Pour nous borner aux ordonnances qui concernent les finances, nous devons dire qu'il en existe quatre qui ont été rendues sous le règne de Louis XIV, & qui font dûes aux soins du grand Colbert.

La première, qui est du mois de mai 1680, porte un règlement sur le fait des gabelles ; elle est composée de vingt-un titres qui traitent des objets suivans.

Tit. 1. De l'achat des sels sur les marais pour le fourniffement des greniers.

2. Du chargement & du transport du sel dans les dépôts aux embouchures des rivières.

3. Des mesurages & contremesurages.

4. De la voiture, descente & emplacement du fel dans les greniers.

5. Des greniers à sel de vente volontaire & du prix du sel.

6. De la vente volontaire du sel.

7.

7. Des greniers à sel d'impôt , & du prix du sel.

8. De la distribution du sel par impôt.

9. De la revente du sel à petites mesures.

10. Du droit du quart-bouillon des salines de Normandie.

11. Des déchets.

12. Des péages & autres droits prétendus sur le sel.

13. Des corps & communautés & personnes privilégiées dans les pays de gabelles.

14. Des lieux privilégiés dans les pays de gabelles , & des salines appartenantes aux particuliers.

15. De la salaison des poissons , chairs & beurres.

16. Du commerce du sel dans le Poitou & autres pays rédimés , & des dépôts établis dans les paroisses limitrophes des pays de gabelles.

17. Du faux-saunage.

18. Des officiers établis pour la jurisdiction des gabelles.

19. De la police générale des gabelles , visites & recherches qui sont faites par les officiers, commis & gardes.

20. Des confiscations , amendes & restitutions des droits de gabelles.

Des droits sur le sel , dans le gouvernement de Brouage & pays adjacens.

Les dispositions de tous ces titres ont été développées aux mots CAPITAINE GÉNÉRAL , FAUX-SAUNAGE , FOURNISSEMENT , GABELLES , & GRENIERS A SEL , & le seront encore dans quelques parties , aux articles PÉAGES , SALINES , QUART-BOUILLON , &c. &c.

L'ordonnance des aydes , qui est du mois de juin 1680 , est divisée en quatre sections ou paragraphes qui contiennent les matières suivantes.

PREMIERE SECTION.

Droits d'entrée dans la ville & fauxbourg de Paris, sur le vin & autres boissons.

TIT. 1. Des droits d'entrée dans la ville & fauxbourgs de Paris , sur le vin & autres boissons.

2. Des droits d'entrée sur les vendanges.

3. Des droits d'entrée dans le fauxbourg de la Conférence.

4. Des entrepôts & du barillage.

5. Du transport du vin en la ville & fauxbourg de Paris.

6. De l'entrée du vin dans la ville & fauxbourg de Paris.

7. Des déclarations & du paiement des droits.

Des anciens & nouveaux cinq sols sur le vin.

SECONDE SECTION.

Droits de gros sur le vin.

TIT. 1. Des droits de gros & augmentation.

2. Des droits de gros & augmentation sur les vendanges.

3. Des inventaires & récollement du vin.

4. De la vente en gros & du transport du vin.

5. De la vente en gros dans Paris.

6. Du commerce du vin dans les trois lieues près des villes où il y a étape.

7. Des déclarations , dépris & congés.

8. Des contraintes pour le gros.

9. Des exemptions du gros.

Des droits de sol pour livre & d'augmentation aux entrées.

Des droits sur le bétail à pied fourché dans Paris.

Des droits sur le poisson de mer , frais , sec , & salé , dans Paris.

Des droits sur le bois dans Paris.

TROISIEME SECTION.

Droits de détail sur le vin.

TIT. 1. Des droits sur la vente du vin en détail.

2. De la vente du vin en détail.

3. Des hôteliers , taverniers & cabaretiers.

4. De ceux qui logent en chambres garnies & autres de pareille qualité.

5. Des exercices des commis.

6. Des contraintes pour les droits de détail.

7. Des abonnemens.

8. Des droits de bauvin.

9. Des exemptions du détail.

Des droits de détail dans le ressort de la cour des aides de Paris où le quatrième a cours.

QUATRIEME SECTION.

Du droit de subvention.

TIT. 1. Du droit de subvention dans le ressort de la cour des aides de Paris où le huitième réglé a cours.

2. Du droit de subvention dans le ressort de la

cour des aydes de Paris où le quatrième a cours.

Du droit de subvention par doublement.

Du droit du pont de Joigny.

Du droit sur l'eau-de-vie.

Des droits sur la bierre.

Des droits sur le cidre & le poiré.

Du droit annuel des vendans vin.

Des quarante-cinq sols des rivières.

Des trois livres & quarante-cinq sols par charroi.

Des neuf livres dix-huit sols par tonneau de vin & du sol pour pot.

Des droits de marque sur le fer, acier & mines de fer.

Des droits de marque & contrôle du papier.

Des droits sur le papier & parchemin timbré.

On doit observer ici qu'il a été rendu, pour le ressort de la cour des aides de Rouen, une *ordonnance* particulière qui règle la perception des droits de ce genre, & dont les titres sont à-peu-près les mêmes que ceux qui sont compris dans les trois premières sections qu'on vient de rapporter.

La troisième *ordonnance* de Louis XIV, qui est du 22 juillet 1681, est un règlement particulier sur plusieurs droits des fermes, & sur tous en général. C'est une sorte de supplément aux *ordonnances* précédentes. Celle-ci est divisée par chapitres, dont le titre annonce l'objet qui y est traité. En voici l'énumération.

Du commerce du tabac dans le royaume.

Des droits de marque sur l'or & l'argent.

De la première moitié des octrois & deniers communs.

Des parisis, douze & six deniers sur les droits des officiers des cuirs.

Du tiers retranché sur les cendres, soudes & gravelées.

Des droits sur l'étain.

Des droits de sortie sur les vins transportés hors du royaume par les provinces de Champagne & de Picardie.

Des droits sur les toiles, bazins, futaines, canevas, &c.

Des droits d'abord & de consommation sur le poisson.

Du droit de fret.

Des publications, enchères & adjudication des fermes & enregistrement des baux.

Titre commun pour toutes les fermes.

La troisième *ordonnance* de Louis XIV, concernant les droits de traites, est du mois de février 1687. Ce qui est remarquable, c'est que cette *ordonnance*, comme les deux précédentes, est signée de M. de Colbert; & cependant tous les monumens historiques du tems attestent que ce grand ministre étoit mort le 6 septembre 1683, & que M. le Pelletier lui succéda dans le ministère des finances; aussi cette *ordonnance* est visée de ce dernier ministre. Voulut-on faire à M. Colbert l'honneur de publier sous son nom, quoiqu'il eût disparu de ce monde, une *ordonnance* très-intéressante, qui étoit son ouvrage, ou bien fût-elle réellement signée par son fils, M. Colbert de Seignelay, qui avoit succédé à son père dans la charge de secrétaire d'état; c'est un problème historique que l'on laisse à résoudre.

Voici quel est le contenu de l'*ordonnance* de 1687, qu'on appelle communément l'*ordonnance* des cinq grosses fermes.

On peut dire en général qu'elle a quatre objets distincts; la sûreté des droits, la police du commerce, la discipline des employés & les formes des tribunaux.

Tit. 1. Des droits de sortie & d'entrée; des droits d'acquits à caution & des certificats de descente.

2. De l'entrée & sortie des marchandises; des déclarations; de la visite & des acquits.

3. Des lieux destinés pour l'entrée des drogueries, épiceries, des chevaux & des ouvrages de fil & de soie, venant des pays étrangers ou des provinces réputées étrangères.

4. De la marque des toiles & autres étoffes dans les frontières des provinces de l'étendue de la ferme.

5. Des marchandises qui seront sauvées du naufrage.

6. Des acquits à caution.

7. Des inventaires & du transport du vin & de l'eau-de-vie dans les quatre lieues proche les limites de la ferme dans les provinces d'Anjou, du Maine & du Poitou.

8. Des marchandises de contrebande, & de celles dont la sortie ou l'entrée du royaume est défendue.

9. Des magasins & entrepôts.

10. Du bureau de Paris.

11. Des saisies des marchandises.

12. De la jurisdiction des juges des droits de sortie & d'entrée.

13. Des amendes & confiscations.

14. De la police générale de la ferme des droits de sortie & d'entrée.

Depuis la promulgation de ces quatre *ordonnances*, il est intervenu grand nombre d'arrêts & de règlemens, pour en interprèter, modifier, restraindre ou étendre les dispositions, & c'est ce qui compose la jurisprudence particulière à chacune des quatre parties pour lesquelles ces *ordonnances* ont été rendues. A mesure que nous avons eu occasion de traiter des mots usités dans la langue consacrée à la régie de ces quatre branches de revenu, nous y avons rappellé tout ce qui s'y rapportoit, c'est à-dire, ou les dispositions de l'*ordonnance* si elles étoient encore en vigueur, ou celles des dernières loix qui s'observent actuellement & constituent l'état des choses. Ainsi on peut consulter chaque mot suivant son ordre alphabétique.

On appelle encore *ordonnances*, les jugemens des intendans de province sur les matières dont la connoissance leur est attribuée, & que nous avons fait connoître au mot INTENDANT.

Nous devons dire ici que ces *ordonnances* doivent être exécutées, & sans préjudice de l'appel au conseil.

L'article premier du tite 8 de la première partie du règlement de la procédure du conseil du 28 juin 1738, porte que les appels des *ordonnances* ou jugement des intendans & commissaires départis, ou autres commissaires du conseil, députés pour juger à la charge de l'appel, ne pourront être relevés au conseil que par lettres ou par arrêt de soit communiqué.

ORDONNATEUR, s. m.; on donne ce nom en général, à tous les seigneurs de la cour qui, étant pourvus de grandes charges, ont le droit d'ordonner des dépenses qui se rapportent aux fonctions qu'ils exercent. Ainsi le grand écuyer, le premier écuyer, le grand maître de la garderobe, le grand chambellan, le grand aumônier, les gentilshommes de la chambre, les secrétaires d'état avec un département, le contrôleur général des finances, le directeur général des bâtimens, sont *ordonnateurs*, chacun dans leurs parties respectives.

ORDRE, s. m. Nous ne pouvons rien dire de mieux sur l'*ordre* qui convient dans l'administration des finances, que ce que comprend le chapitre 27 de l'ouvrage publié en 1785 sur cette administration. *Voyez* ci devant OPINION PUBLIQUE. En voici l'extrait.

» On ne peut rien connoître avec certitude,

» on ne peut rien déterminer avec sagesse, sans
» le secours de l'*ordre*. L'homme est trop borné
» dans ses facultés pour embrasser des objets
» multipliés, s'il n'en simplifie pas l'enchaîne-
» ment par la méthode. C'est ainsi qu'on réu-
» nit, sous une même idée, toutes les notions
» qui doivent y appartenir. C'est ainsi qu'en ren-
» dant plus faciles toutes les opérations de l'en-
» tendement, on étend, en quelque manière, la
» puissance de l'esprit; les vérités générales ne
» sont jamais plus sensibles que dans l'administra-
» tion des finances d'un grand Etat. L'*ordre* qu'on
» y introduit, donne cette quiétude d'esprit si
» favorable à la méditation ».

» Ce même *ordre* met un administrateur en état
» de préparer à l'avant toutes les dispositions que
» les circonstances exigent; & ne se trouvant ja-
» mais surpris par le moment, il n'est point obligé
» d'y faire des sacrifices.

» C'est par le tableau général des revenus & des
» dépenses de l'année, par celui des recettes & dé-
» penses pendant le quartier, pendant le mois & la
» semaine, qu'en revenant souvent sur les mêmes
» objets, que la connoissance certaine de la for-
» tune du plus grand royaume de l'Europe peut de-
» venir aussi familière que celle des finances d'une
» petite république.

« On ne sauroit imaginer à quel point cette
» connoissance exacte attache à l'économie. Un
» accroissement de dépense de plusieurs millions
» n'est presque rien aux yeux de celui qui ne rap-
» porte cette dépense qu'à l'idée confuse des res-
» sources d'un grand royaume; mais la plus pe-
» tite somme devient intéressante, quand on la
» rapproche de cette solde précise qui distingue
» la recette de la dépense; & plus une pareille
» solde est rendue modique par la section de
» l'année en diverses divisions, plus une légère
» épargne acquiert de l'importance aux yeux de
» l'administrateur; car c'est toujours par des rap-
» ports avec d'autres idées, que les impressions
» qu'on reçoit sont, ou superficielles, ou pro-
» fondes.

» Enfin, c'est par le secours de l'*ordre* que les
» diverses connoissances propre à servir d'aliment
» continuel à la réflexion, s'y unissent intime-
» ment, & servent de sauve garde contre les
» écarts de l'esprit; au lieu que si la faculté de
» penser & le besoin d'agir se trouvent séparés
» d'une instruction positive, & sur l'état des fi-
» nances, & sur l'embarras des affaires, & sur
» les difficultés du moment, un administrateur se
» livre à des abstractions dangereuses; il veut
» suppléer, par des idées générales, aux connois-
» sances précises dont le défaut d'ordre lui a ren-
» du la science insupportable. Il semble voir un
» architecte qui, au milieu d'un amas de pierres
» de formes différentes, & ne pouvant se ré-

» foudre à prendre la peine de les claffer & de
» les féparer, fe borne à chercher s'il n'eft point
» d'édifice qui puiffe être compofé de pièces de
» toute efpèce de dimenfion, & il conftruit un
» ouvrage informe, fans proportion & fans ré-
» gularité ».

ORDRES DU ROI ; on n'entend par ces
mots que les *ordres* qui font une diftinction honorable, & dont les membres jouiffent en leur
qualité de chevaliers, de quelques privilèges ou
exemptions.

L'*ordre* du Saint-Efprit, inftitué par Henri III,
jouit, en vertu de l'édit de fa fondation, & de
plufieurs autres, notamment de la déclaration du
20 mars 1618, de l'exemption de tous droits feigneuriaux, droits de rachats, lods & ventes,
quints & requints, des terres qu'ils vendront ou
acheteront, tenues mouvantes & relevantes du
roi & du domaine de fa majefté ; révoquant à
cette fin tous dons qui pourroient avoir été faits
defdits droits, les déclarant nuls & comme non
avenus.

L'édit du mois de janvier 1734, a de nouveau
confirmé ces privilèges, qui ne s'étendent point
aux droits de contrôle, infinuation & centième
denier, comme il a été jugé par les décifions du
confeil des 30 feptembre 1729, & 26 feptembre
1730.

L'*ordre* royal & militaire de Saint-Louis, ne
jouit d'aucun privilège relatif aux droits du roi,
domaniaux & autres.

Les droits de gabelle, des aides, des traites
& du tabac, ne comportent point d'autres immunités que celles dont il a été fait mention fous
les noms de ces differentes parties ; & à l'égard des
aides, les chevaliers de l'*ordre* du Saint-Efprit &
de Saint-Louis, ne jouiffent que des privilèges
attribués en général à l'*ordre* de la nobleffe.

ORT ; terme de douane qui fignifie la même
chofe que *brut* Le poids *ort* eft celui dans lequel
eft compris l'emballage. *Voyez* BRUT.

PAI

PAI

PAIR & IMPAIR ; ces termes font en ufage pour defigner l'exercice d'une place remplie par deux titulaires qui entrent alternativement en fonctions; l'un des deux eft néceffairement chargé de l'exercice des années *paires*, comme 1782, 84, 86 ; & l'autre, de l'exercice *impair*, qui comprend les années 1783, 85, 87.

Ce font fur-tout les places comptables qui font ainfi exercées par année *paire & impaire*, fous prétexte que le titulaire qui eft hors d'exercice, profite de l'année d'inactivité pour dreffer & rendre fes comptes.

PAÏS D'ÉLECTION ; en matière de tailles & d'impofition, on diftingue tout le royaume en *païs d'élection*, *païs* d'Etat & *païs* conquis.

Les *païs d'élection* font, les généralités d'Alençon, compofée de neuf élections ; d'Amiens, de fix élections ; Auch & Pau où fe trouvent cinq élections ; de Bordeaux, fix élections ; de Bourges, comprenant fept élections ; de Caen, comprenant neuf élections ; de Chaalons, comprenant douze élections ; de Grenoble, comprenant fix élections ; de la Rochelle, comprenant cinq élections ; de Limoges, comprenant cinq élections; de Lyon, comprenant cinq élections ; de Montauban, comprenant fix élections ; de Moulins, comprenant fept élections ; d'Orléans, comprenant douze élections ; de Paris, comprenant vingt-deux élections ; de Poitiers, comprenant neuf élections ; de Riom, comprenant fept élections ; de Rouen, comprenant quatorze élections ; de Soiffons, comprenant fept élections ; de Tours, comprenant feize élections.

Sous le nom de *païs* d'Etat on entend les généralités d'Aix, de Dijon, de Montpellier, de Rennes. A ces *païs* d'Etat on peut joindre différens cantons qui ont auffi leurs Etats particuliers, ou qui font abonnés pour la taille.

De ce nombre font le *païs* de Foix, le comté de Bigorre, le *païs* de Marfan, la vicomté de Neboufan, les quatre vallées de Magnoac, de Nefte, d'Aure & de Barrouffes, le *païs* de Soule & de Labour, le Bearn & la Baffe-Navarre.

On comprend fous le nom de *païs* conquis, les trois Evêchés, l'Alface, le Rouffillon, l'Artois, la Flandre, le Haynault & la Franche-Comté. *Voyez* TAILLE.

PAÏS de Gex. *Voyez* GEX.

PAÏS exempts de Gabelles.

Nous avons obfervé, au mot GABELLE, que cet impôt n'étoit point établi dans toutes les provinces de la France ; celles qui n'en faifoient point alors partie, conferverent, lors de leur réunion, les privilèges dont elles jouiffoient à cet égard ; d'autres fe rédimèrent de cet impôt. Ainfi l'on peut divifer ces provinces en *païs* originairement exempts, & en *païs* rédimés.

Les provinces originairement exemptes font, l'Artois, le Haynault, le Cambrefis, la Flandre, le Boulonnois & le Calaifis, la Bretagne, le Béarn, la Navarre, & l'Alface.

On ajoutera feulement, relativement à l'Alface, que dans cette province le roi ne jouit des droits de la vente du fel que dans les lieux de l'ancienne domination.

Voyez SALINES ; le fel qui fe confomme en Alface provenant des falines de Lorraine, & l'approvifonnement de cette province, de quelques cantons Suiffes & de plufieurs autres petits Etats d'Allemagne, étant l'objet de la fabrication des fermiers des falines.

PAÏS rédimés de gabelles. Ce font les provinces qui fe font rachetées de l'impôt fur le fel, en payant à l'Etat une fomme convenue ; ces provinces font, le Poitou, l'Aunis, l'Angoumois, la Saintonge, le Limoufin, la partie feptentrionale de l'Auvergne, la Marche, la Combraille & la Guyenne.

On a fait connoître, à l'article DÉPÔT, les époques & les conditions auxquelles chacune de ces provinces s'eft rédimée de la gabelle. On peut le confulter, tome premier, *page* 494.

PAÏS & lieux privilégiés dans l'étendue des grandes gabelles.

Les privilèges dont jouiffent les habitans de plufieurs villes de Normandie & de Picardie, & la police relative aux falines appartenant aux particuliers, ont été réglés par le titre 14 de l'ordonnance du mois de mai 1680 ; quant aux immunités que l'intérêt de la pêche nationale a fait accorder à ceux qui la font, elles font l'objet du titre 15 de la même ordonnance.

Ces deux titres maintiennent les habitans du Havre-de-Grace, Dieppe, Fécamp, Saint-Valery-en-Caux, Harfleur, Eu & Tréport, Bourg-d'Ault, & Saint-Vallery fur Somme, dans le droit de faire venir de Brouage le sel nécessaire, tant pour leur pot & salière, & leurs salaisons ordinaires, que pour les salaisons des poissons de leur pêche. Ils règlent en même-tems une forme de régie, dont l'observation a été jugée nécessaire pour empêcher que ces habitans n'abusassent de leur privilège.

Conformément aux articles 1 & 2 du titre 14 de cette ordonnance, les habitans du Havre-de-Grace, de Dieppe, & du fauxbourg de cette dernière ville appellé Polet, ont la faculté, ainsi que ceux de Fécamp & de Saint-Vallery-en-Caux, de faire venir des marais de Brouage le sel nécessaire pour leur consommation de deux ans, qui, par l'article 2 a été fixée, savoir, celle de Fécamp, à raison de dix muids, & celle de Saint-Vallery-en-Caux, à raison de cinq muids par chaque année.

La ville de Honfleur, qui n'avoit point été placée au même rang, a été admise à ce privilège par les arrêt & lettres-patentes du 2 juillet 1766.

Et l'article 3 du même titre 14, permet aux habitans des villes dénommées de prendre, pour leur plus grande commodité, leur provision dans les greniers du roi, où le sel doit leur être délivré au prix marchand.

Ces privilèges ont ensuite été confirmés par plusieurs arrêts, notamment par celui du 27 mai 1732, pour la ville du Havre; & par ceux des 30 octobre 1708, & 21 août 1744, pour Saint-Vallery-en-Caux. Mais l'arrêt de la cour des aydes de Paris, du 26 janvier 1748, a jugé que les sels enlevés des marais de Brouage pour la consommation des habitans de la ville du Havre, étoient sujets aux droits de Brouage, nonobstant le privilège & exemption de droits de gabelles dont jouissent ces habitans.

Par un arrêt du conseil du 14 septembre 1694, le prix du sel, tant de pêche que de provision, délivré en tems de guerre, a été fixé, savoir, pour les habitans du Havre, Harfleur, & Honfleur, à raison de deux cens livres le muid; pour ceux de Fécamp & Saint-Vallery-en-Caux, à raison de deux cens dix livres; pour ceux de Dieppe, Eu & Tréport, à raison de deux cens livres; & pour ceux du bourg d'Ault, & de Saint Vallery sur Somme, à raison de deux cens trente livres. Cet arrêt a de plus été confirmé par ceux des 28 février 1696, 7 août 1717, 6 mai 1719, & 21 août 1744. Celui du 16 janvier 1703, a fixé ce prix à quatre-vingt-dix livres en tems de paix. Mais par arrêt du 2 mai 1702, les habitans de Saint-Vallery sur Somme, & de Cayeux, qui est un fauxbourg de cette ville, ont été mis dans un cas particulier relativement à la quotité du prix marchand, qu'il fixe à dix livres par minot pour le sel de provision, grosses & menues salaisons,

& à quatre livres quinze sous par minot pour le sel délivré pour la pêche; le tout tant pour le tems de paix, que pour celui de guerre.

Au reste, ce prix a de plus été assujetti aux différentes augmentations mises successivement sur le prix principal; ainsi il est sujet aux dix sous pour livre.

Le titre 14 de l'ordonnance a réglé, depuis l'article 4 jusques & compris le vingt-deuxième, tout ce qui doit être observé par les habitans des villes désignées dans les articles précédens, pour jouir des privilèges qui leur sont accordés; les précautions propres à empêcher les abus des sels de franchise, y sont également prescrites. On peut à ce sujet consulter cette ordonnance.

Les plus importans des règlemens intervenus postérieurement sur cet objet, sont, les déclarations des 22 août 1711, & 15 octobre 1712; les arrêts du conseil du 6 août 1720, 26 juillet 1742, 14 août 1745, 7 mai 1748, 15 mai 1753, & 2 juillet 1766.

Celui du 30 janvier 1731, a fixé à cinq sous par minot, tant pour les sels de pêche que pour ceux de franchise, les droits dûs aux mesureurs par les marchands saleurs de Dieppe.

Les versemens occasionnés dans le païs de gabelles, par les habitans des villes & lieux privilégiés, que confirmoit l'ordonnance de 1680, donnèrent lieu à la déclaration du 22 août 1711. Suivant cette déclaration, aucun habitant des lieux privilégiés ne peut être admis à la qualité de bourgeois, pour jouir du privilège du sel, qu'en présence du commis du fermier, & qu'après une demeure continuelle pendant trois années, en justifiant que pendant ce tems il a levé son sel au grenier, comme les autres contribuables.

Elle fixe la consommation des bourgeois, à proportion du nombre de personnes dont leurs familles sont composées, à raison d'un minot pour sept personnes pour chaque année, pour les menues & grosses salaisons ordinaires; & déclare déchus pour toujours du privilège de bourgeoisie, ceux qui auront fait de fausses déclarations de l'état de leurs familles. Enfin, elle contient aussi plusieurs dispositions pour prévenir les abus des sels délivrés pour la salaison des pêches, & qui n'y auroient pas été employés.

Un arrêt du conseil du 6 août 1720, a dérogé à quelques dispositions de cette dernière partie de la déclaration de 1711, & révoqué l'arrêt du conseil du 18 avril 1719, en accordant aux habitans de Dieppe des facilités & la décharge des déchets réglés à un muid par vingt; mais elle ordonne que ceux qui auront abusé de leur privilège, & feront convaincus d'avoir fait le faux-faunage, feront déchus de leur droit de bourgeoifie, privés pour toujours de faire aucun commerce, & condamnés comme fauxfauniers, aux peines portées par l'ordonnance de 1680, & qu'à cet égard les marchands feront garans & civilement refponfables de leurs facteurs & domeftiques.

L'article 53 du titre 14 de l'ordonnance des gabelles, a maintenu les habitans de Cherbourg dans le privilège d'ufer du fel blanc, & il a été confirmé par les lettres patentes du 29 mai 1722, en prefcrivant toutes les précautions capables d'obvier aux abus.

Indépendamment des villes de Normandie & de Picardie, qui font privilégiées dans l'étendue des grandes gabelles, & dont il vient d'être queftion; la Champagne, & le duché de Bourgogne renferment auffi plufieurs paroiffes & communautés qui jouiffent du privilège d'avoir du fel à diminution de prix. Telles font la communauté de la Perrière, & cinq autres qui, avant l'ordonnance de 1680, faifoient partie du marquifat de Chauffin. Elles réclamèrent les privilèges réfervés, par l'article 13 de l'ordonnance des gabelles, à plufieurs paroiffes & communautés régulières fituées dans le duché de Bourgogne & limitrophes de la Franchecomté, où elles étoient dans l'ufage de s'approvifionner. Le 14 juin 1723, un arrêt du confeil leur rendit commune la difpofition de l'article 7 du titre 13 de cette ordonnance. Voici en quoi elle confifte.

Elle fait défenfes aux chapitres, monaftères & communautés des pays de gabelles, de faire venir aucun fel des falines du comté de Bourgogne, & leur enjoint de s'en fournir aux greniers de leur demeure, où le fel leur fera délivré au prix marchand, fixé à fept livres le minot pour les communautés féculières & régulières qui font dénommées.

Plufieurs communautés de la province de Champagne, parmi lefquelles étoit la ville & prévôté de Vaucouleurs, dont l'ordonnance ne faifoit point mention, prétendirent dans le tems, avoir droit, en vertu des lettres de conceffion qu'elles en avoient obtenues fous différens règnes, d'ufer pour leur confommation, des fels blancs des falines de Lorraine, des Evêchés & de Franche-Comté, ou d'autres lieux à proximité defquelles elles étoient fituées. Mais par arrêt du 21 février 1682, ces habitans furent déclarés fujets aux droits de gabelles; les greniers dans lefquels ils feroient tenus de prendre leur fel, furent défignés, & le prix en fut cependant fixé, par modération, à vingt livres le minot. Cet arrêt a été confirmé poftérieurement, par une déclaration du 24 juin 1691.

Un arrêt du confeil du 19 février 1726, ordonne que le fel feroit délivré aux habitans des villages de Grignoncourt & Lironcourt, ainfi qu'à ceux des autres paroiffes de la prévôté de Paffavant, fur le pied de vingt livres le minot, au grenier de Langres, & leur fait défenfes de prendre leur fel ailleurs, à peine de déchéance de leur privilège.

Enfin, par un arrêt & des lettres patentes du 29 octobre 1737, différentes communautés du duché de Bourgogne, ont obtenu des fixations pareilles à celles portées par les arrêts que l'on a rappellés, les unes à fept livres le minot, les autres à dix livres, & plufieurs à vingt livres, en y ajoutant les fous pour livre & les droits manuels.

Les habitans du bourg du Catelet ont auffi le privilège de prendre leur fel au grenier de Vichy, au prix marchand de dix livres feize fous le minot; & ceux du May & de Montagne, au même grenier, à raifon de dix livres le minot, conformément aux arrêts du confeil des 18 juin 1686, & 9 feptembre 1601.

L'ordonnance n'a point parlé du privilège accordé à la ville de Richelieu; mais on voit par les arrêts & lettres-patentes des 7 & 16 juillet 1722, que le privilège de la franchife du fel fut accordé aux habitans de cette ville par des lettres-patentes du mois de décembre 1631, confirmées par celles du 19 janvier 1633. Cet arrêt de 1722, ratifie leur privilège, & ordonne que les maire & échevins de cette ville remettront, tous les ans, au commis du fermier, des rôles contenant le nombre de perfonnes dont chaque famille, habituée dans ladite ville, fera compofée; & que le fel leur fera diftribué, à raifon d'un minot par an pour fept perfonnes, tant pour pot & falière que pour groffes falaifons. Le même règlement défend à ces habitans d'avoir dans leurs maifons plus de fel, que pour leur provifion de fix mois, dans la proportion ci-deffus, à peine de confifcation de l'excédent, & de deux cens livres d'amende.

Les habitans de la principauté d'Yvetot jouiffent auffi de l'exemption de la gabelle, privilège qui paroît leur avoir été accordé par des lettres-patentes des mois d'octobre 1464, & juillet 1544; il a été confirmé par un arrêt du confeil du 2 avril 1726. Ce dernier arrêt, en confirmant ces habitans dans l'exemption de toutes recherches & vifites des commis des fermes, pour le fel, les difpenfe de fournir aux commis de l'adjudicataire, aucuns rôles, ni dénombremens.

Indépendamment du prix principal du fel, fuivant les fixations portées par les arrêts qu'on a cités, il en eft un autre additionel formé par les crues, dont la levée a été ordonnée par des règlemens postérieurs, par les droits manuels fixés à quarante-un sous six deniers par minot, & par les dix sols pour livre du prix principal, & des droits manuels.

Les privilèges de ces différentes paroisses ont au surplus été confirmés par l'article 3 du bail fait à Forceville en 1738.

Grand nombre de règlemens, qu'il seroit trop long de rappeller, ont prescrit les formalités &

une police à observer par toutes les paroisses privilégiées lorsqu'il leur est délivré du sel. Il suffit de citer les arrêts & lettres-patentes des 2 & 24 septembre 1727, & ceux du 27 septembre 1747.

Pour rassembler d'un coup-d'œil tous les lieux privilégiés, relativement aux gabelles, nous allons les comprendre dans le tableau suivant.

ÉTAT

ÉTAT des paroisses non comprises dans l'ordonnance des gabelles, & qui jouissent du privilège de se fournir de sel, à diminution de prix.

NOMS des GRENIERS qui fournissent les sels.	PAROISSES PRIVILÉGIÉES.	PRIX auquel LE SEL leur est délivré.	QUOTITÉ DU SEL delivré, année commune.				RÉGLEMENS qui ont accordé LE PRIVILÈGE.
			muids.	septiers.	minots	& quart.	
Joinville.	Ville & prévôté de Vaucouleurs, & paroisses qui en dépendent....	20 l. le minot	9	5	1	2.	Arrêt du Conseil, du 21 février 1682, & déclaration du 24 juin 1691.
Ste.-Ménnehould.	Beaumont en Argonne, Villefranche sur Meuse, Mons, près la Marche..	Idem....		2	6.		Idem.
If-sur-Thil.	L'Argillière.......... Idem....			9	1	2.	Idem, & arrêt du 29 octobre 1737.
	Bussière.......... Idem....						Idem, & arrêt du 28 juillet 1716.
	Belmont.......... Idem....			3	7	2.	Arrêt du 28 juillet 1716.
Mont-saugeon.	Rigny.......... Idem....			11		2.	Lettres-patentes des 24 décembre 1450; mai 1569; mai 1569; avril 1599; avril 1612; novembre 1656, & arrêt de la cour des aides de Paris, du 10 septembre 1579.
	La Grange franche..... Idem....			1	1	2.	
	Grignoncourt........ Idem....			2	3	3.	Arrêt du 19 février 1726.
	Lironcourt.......... Idem....			1	1	2.	Idem.
	Aigremont.......... Idem....			5	1.		Idem, qu'à Vaucouleurs.
	Larivière.......... Idem....		1	5.			Idem.
Langres.	Mont.......... Idem....			9	3	3.	Arrêt du 5 septemb. 1702.
	Passavant.......... Idem....		1		2	1.	Idem, qu'à Vaucouleurs, & arrêts des 19 février 1726 & 5 mai 1733.
	Vaugecourt.......... Idem....			1	3	2.	
	La Roche-Écart...... Idem....			1		2.	
	Lacoste.......... Idem....			5		1.	Idem, qu'à Vaucouleurs, & arrêt du 5 mai 1733.
Aubenton.	Montcornet en Ardennes. Idem....			4	2	2.	Idem, qu'à Vaucouleurs, & arrêt du 5 août 1777.
St.-Quentin.	Le Catelet..........	10 l. 16 s.		2	3	1.	Lettres-patentes du 10 août 1576; décembre 1610; mai 1644; arrêt du conseil, du 9 septembre 1601; & ordonnance des commissaires, du 4 avril 1647.

SUITE *de l'état des paroisses non comprises dans l'ordonnance des gabelles, & qui jouissent du privilège de se fournir de sel, à diminution de prix.*

NOMS des GRENIERS.	PAROISSES PRIVILÉGIÉES.	PRIX auquel LE SEL leur est délivré.	QUOTITÉ DU SEL délivré, année commune. muids.	septiers.	minots	& quarts.	RÉGLÉMENS qui ont accordé LE PRIVILÉGE.
Vichy ...	Mayet-de-Montagne ...	10 l. le minot.	1	6.			Ordonnance de 1680, & arrêt du conseil, du 18 juin 1686.
Is-sur-Thil	Neuvy.............	Idem.....	1	5	3	2.	
	Bassoncourt..........	Idem.....		11	1.		
	Merrey.............	Idem.....		8	3	2.	Arrêt du 29 octobre 1737.
	Poinson.............	Idem.....	1	4	2.		
	Fontvent-la-Ville......	Idem.....		10	1.		
Richelieu.	Aux habitans de la ville.	Idem.....	8	9.			Lettres-patentes des 23 décembre 1631, 19 janvier 1633, 7 & 16 juillet 1722.
Auxonne.	Flageay.............	....		4	3	2.	Lettres-patentes du mois de mars 1716; arrêt du 14 juin 1723, & arrêt & lettres-patentes du 29 octobre 1737.
	Saint-Seine en Bache ...	....		8	2.		Arrêt & lettres-patentes du 29 octobre 1737.
	Laperrière...........	....		11	2.		Idem.
	Saint-Simphorien......	7 l.....		6	2	2.	Idem.
	Samery.............	....		4	1	2.	Idem.
	Saint-François........	....		2	3.		Idem.
	Foucherans.........	....	1	2	3.		Arrêt du 14 juin 1723; & arrêt & lettres-patentes du 29 octobre 1737.
Mirebeau.	Chaume.............	....		4		2.	Arrêt & lettres-patentes du 29 octobre 1737.
	Fontaine-Françoise.....	7 l.....	2	6.			Article 7 du titre 13 de l'ordonnance de 1680.
	Talmay.............	....	2	4	3.		Idem, & arrêt du 29 octobre 1737.
Is-sur-Thil	Faybillot.............	7 l.	4	11		2.	Article 7 du titre 13, & lettres-patentes de février 1716.
	Toumay.............			10	1.		Article 7 du titre 13.
Seurre...	Marquisat de Chauffin, & dépendances......	7 l.	2	5.			Article 7 du titre 13.
Louhans..	Savigny & hameau du Vernay..........	7 l.	1	6	2	2.	Arrêt du 23 octobre 1731, & arrêt & lettres-patentes du 29 octobre 1737.

L'état fuivant indique les paroiffes privilégiéés, non comprifes dans l'arrêt du 4 avril 1773, auxquelles il eft délivré du fel à fept livres le

minot, fujet feulement aux huit fols pour livre du prix marchand, & des droits manuels de deux livres un fol fix deniers qu'il fupporte.

ÉTAT des paroiffes qui ne payent le fel que fept livres le minot, avec les fols pour livre de ce prix, & des droits manuels.

NOMS des GRENIERS.	NOMS des PAROISSES.	OBSERVATIONS
Auxonne........	Flageay. Laperrière. Samery. Foucherans. aint-Seine. Saint-Symphorien. Saint-François.	Dénommées dans l'article 7 du titre 13 de l'ordonnance de 1680.
Seurre	Chauffin, Comté.	Non compris audit article 7 du titre 13 de l'ordonnance de 1680 ; l'eft dans celle de M. d'Argouges, du 8 avril 1693.
Mirebeau........	Talmay............. Fontaine-Françoife.....	Comprifes dans l'ordonnance de 1680.
	Chaume.............	Non comprife dans l'ordonnance de 1680.
If-fur-Thil........	Faybillot............. Toumay.............	Comprifes dans l'ordonnance de 1680.
Louans..........	Savigny en Revermont, Et Vernay, hameau en dépendant.........	Non comprifes en l'article 7 du titre 13 de l'ordonnance de 1680 ; mais le font dans celle de M. d'Argouges, du 8 avril 1693.

Aux différens lieux privilégiés dans le pays de gabelles, on doit encore ajouter le duché de Rethel-Mazarin, dont les habitans ont été maintenus dans toutes leurs franchifes, par l'article 28 du titre 16 de l'ordonnance des gabelles. Il prefcrit en mème-tems l'établiffement de trois magafins, qui doivent être fournis de fel blanc, pour être diftribué à différens prix fixés par le même article, & dont le plus haut n'excède pas trente deniers la livre. Ces difpofitions font confirmées par les articles 11, 12 & 13 du bail fait à Forceville, en 1738.

Toutes les formalités d'ufage, pour prévenir les abus de confommation, & les verfemens en païs de gabelles, ont été ordonnées par différens réglemens, notamment par la déclaration

du 5 décembre 1724, & confirmée par l'arrêt du confeil du 5 août 1777.

PANCARTE, f. f. ; par lequel on défigne une affiche qui fe met à la porte des bureaux où il eft dû des droits, afin d'indiquer le lieu où on les paie. On donne auffi le nom de *pancarte* au tarif même des droits qui doit être expofé à la vue dans chaque bureau de traites, & communiqué aux redevables. Il en eft de même des droits de péage, paffage ou pontonnage ; la *pancarte* qui les contient eft ordinairement affichée à la porte du lieu où ils fe perçoivent. *Voyez* TARIF.

PAPIER, f. m. Il ne s'agit pas ici de décrire la manière de faire le *papier*, mais de parler feulement du *papier* qui a des rapports avec les finances.

Ainsi nous devons nous fixer à ce qu'on appelle *papier*, *droits des papiers & cartons*, ensuite au *papier* monnoie, pour faire connoître ce que c'est, où il a lieu, & en quoi il consiste; enfin, à parler des *papiers* royaux & du *papier* timbré.

PAPIERS & CARTONS (droit des).
Le droit sur les *papiers* remonte à l'ordonnance de 1680. Un titre exprès, règle tout ce qui a rapport à la déclaration des matieres premieres propres à la fabrication du *papier*, à l'apposition des marques particulieres à chaque fabricant, & à l'obligation de tenir ces matieres & papiers dans les moulins & magasins, & d'y souffrir la visite des commis qui sont chargés de tenir un inventaire des chiffons, & d'en suivre la consommation, ainsi que des *papiers* qui en seront provenus.

Il est enjoint aussi aux maîtres des moulins à *papier*, de transporter les papiers fabriqués dans les lieux où les bureaux de perception sont établis, un mois après qu'ils auront été colés, pour y être marqués, & les droits payés.

Ces droits sont fixés, par le tarif joint à cette ordonnance :

Sur chaque rame de *papier* du poids de six livres. . . . . 4 f.

Sur *idem*, de douze à dix-huit livres. 5
Sur *idem*, de dix-huit à vingt-quatre livres 6
Sur *idem*, de vingt-quatre à trente livres. . 8
Sur chaque rame de *papier* gris, bleu, brun, de quelque poids qu'elle puisse être. 2

Outre ces droits, il en est établi un autre de contrôle, fixé à un sol quatre deniers par rame de *papier* de toute espece, entrant, par terre & par eau, dans la ville & les fauxbourgs de Paris.

Un écrivain que nous avons déjà cité avec éloges, & qui en mérite, parce qu'il est le premier qui ait parlé des finances avec jugement & avec connoissance, fait, sur les droits dont il s'agit, des réflexions qui méritent une place ici.

« Le droit de marque, dans les papeteries, » n'est pas considérable; mais moins l'objet étoit » important, moins le réglement étoit digne de » M. Colbert. On croiroit, en le lisant, qu'il » s'agit d'une manufacture d'indienne tolérée par » l'Etat en faveur du commerce étranger seule- » ment.

» Le droit, puisqu'on en vouloit un, ne pou- » voit-il pas être perçu aux entrées des villes, » sans venir troubler des manufacturiers, de jour

» & de nuit, au gré d'un commis ? sans astrein- » dre la marchandise à des transports coûteux » dans un bureau, & le fabricant à des formalités » qui le déplacent, lui font perdre du tems, & » le découragent? Que penser, par exemple, de » la nécessité qui lui est imposée par cette or- » donnance, de faire marquer son *papier* un mois » après qu'il est collé ; de le faire emballer en » présence d'un commis, & de le garder en cet » état jusqu'à ce qu'il soit expédié ?

» Pour faire sentir jusqu'où portent les vexa- » tions sur le commerce, observons que l'article » 7 dispense de la marque, les *papiers* d'Auvergne » & de l'Angoumois. Ils y avoient d'abord été » soumis comme les autres ; mais le commerce » en fut suspendu sur le champ : la raison est que » ces *papiers* devoient porter la marque d'Hol- » lande pour être consommés, comme si l'on » initoit l'espece de *papier* que les Génois en- » voient aux colonies espagnoles, il faudroit le » marquer de même pour le vendre ».

Au reste, les droits portés par l'ordonnance de 1680, furent supprimés par arrêt du conseil du 26 février 1720. Il n'en resta qu'à l'entrée de Paris & de ses fauxbourgs & banlieue, suivant les arrêt & déclaration du roi des premier avril & 15 mai 1722. Le tarif du 20 juin 1724 fixa ensuite ces droits selon l'espece des *papiers & cartons*.

On a vu, au mot ENTRÉES DE PARIS, que les officiers si multipliés sur les quais & les ports de cette capitale, d'abord supprimés en 1715 avec une partie de leurs attributions, furent rétablis par édit du mois de juin 1730, avec de nouveaux droits, consignés dans le tarif du 13 du même mois.

Parmi ces officiers se trouvoient trente contrô- leurs, visiteurs, marqueurs de toutes sortes de *papiers & cartons*, qui exercerent leurs fonctions & leurs droits jusqu'en 1741. Mais à cette épo- que, les besoins de l'Etat ayant mis dans la néces- sité de chercher des ressources, un édit de dé- cembre 1743 rétablit la partie des attributions des officiers supprimés en 1715, pour avoir lieu pendant quinze années, au profit du roi. Cet état des choses ne dura que cinq années. Un édit du mois de février 1748 supprima ces trente offi- ciers, pour faire percevoir leurs droits au profit du roi dans Paris ; & créer de nouveaux droits dans tout le royaume.

Il ordonnoit en même tems l'apposition d'une marque sur tous les *papiers & cartons* existans dans le royaume, en payant les droits fixés; réta- blissoit les visites des commis dans les moulins, manufactures, ouvroirs & magasins. Ces disposi- tions ne subsisterent qu'une année ; un arrêt du conseil, du 4 février 1749, en suspendit l'exécution, & remit à Paris les chofes telles qu'elles étoient en 1743. Mais en 1756, une déclaration du 7 juillet prorogea les droits rétablis à Paris, pour dix années, à commencer au premier janvier 1759, & fixa leur quotité fur le même pied que les droits des officiers, dont elle n'avoit jufques là fait que le tiers.

Un édit du mois de Mars 1760, augmenta encore les droits qui fe percevoient au profit du roi, fur les *papiers* & *cartons*, à l'entrée de la ville, des fauxbourgs & de la banlieue de Paris; & en 1771, la déclaration du premier mars établit un nouveau fyftême d'impofition & de perception à cet égard, dans toute l'étendue du royaume. Comme il fubfifte encore dans toute fa force, c'eft une raifon pour donner ici cette déclaration.

Louis, par la grace de Dieu, roi de France & de Navarre : à tous ceux qui ces préfentes lettres verront, falut. Nous avions, par notre édit du mois de février 1748, ordonné la perception, pendant douze années, dans toutes les villes & autres lieux de notre royaume, de droits fur différentes marchandifes ; cependant la guerre, dont les befoins avoient exigé ce fecours, ayant ceffé par la paix conclue dans la même année, nous nous empreffames de faire ceffer auffi-tôt ces droits. Nous aurions fouhaité n'être jamais obligés d'en rétablir aucun ; mais l'économie que nous avons déjà portée dans plufieurs parties d'adminiftration, ne produifant pas, jufqu'à préfent, un effet fuffifant pour affurer invariablement le paiement des charges indifpenfables de l'état, nous fommes obligés, pour parvenir à ce but effentiel & principal, d'augmenter encore la recette de nos finances, jufqu'à ce qu'ayant fait fur la dépenfe de plus grandes réductions, nous foyons enfin à portée de faire éprouver à nos peuples tous les foulagemens que nous défirons. En même tems qu'un motif auffi intéreffant pour leur avantage & leur tranquillité, nous force à rechercher, dans le moment, de nouvelles branches de revenu public, nous préférerons toujours à des perceptions infolites ou trop à charge, celles qui, déjà connues & ufitées, laiffent dès lors moins d'inquiétude fur leurs effets, & peuvent recevoir des modifications propres à les rendre moins onéreufes. Ces confidérations nous ayant déterminé à rétablir un droit uniforme & général fur les *papiers* & *cartons*, pareil à celui qui fut impofé en 1748, & dont l'origine, confacrée par l'ordonnance du mois de juin 1680, remonte à des temps encore plus éloignés, nous avons voulu non-feulement que la perception n'en fût accompagnée que de formalités inévitables ; mais en la reftreignant aux principaux lieux de notre royaume, laiffer aux manufactures, qui, la plupart, font fituées dans les campagnes, toute la liberté néceffaire pour entretenir l'émulation des fabricans ; & fi le nou-

veau tarif préfente des différences par rapport aux précédens, elles compenfent & au-delà, l'augmentation de droit qui en peut réfulter, en ce que, d'un côté, la proportion exacte qui y règne entre la quotité du droit & la valeur de la marchandife, laiffe au marchand & au confommateur, l'avantage de ne contribuer qu'à raifon du prix d'achat ; & de l'autre, les caractères diftinctifs de chaque claffe du tarif y font déterminés de manière à prévenir toute difficulté entre les prépofés & les redevables. A ces caufes, & autres à ce nous mouvant, &c. nous avons dit, déclaré & ordonné, difons, déclarons & ordonnons, voulons & nous plaît ce qui fuit :

ARTICLE PREMIER.

Les droits fur les *papiers* & *cartons* entrans dans notre bonne ville, fauxbourgs & banlieue de Paris, tels qu'ils font fixés par le tarif annexé à notre édit du mois de mars 1760, cefferont d'être levés à compter du jour de l'enrégiftrement des préfentes ; défendons aux officiers contrôleurs, vifiteurs & marqueurs defdits *papiers* & *cartons*, de plus s'immifcer en la perception defdits droits, à peine de concuffion.

II.

Lefdits officiers & leurs créanciers feront tenus, dans le délai de trois mois, à compter dudit jour, de remettre au fieur contrôleur-général des finances, leurs quittances de finance & les groffes de leurs contrats de conftitution, à l'effet d'être par nous pourvu au rembourfement, tant defdites finances que des capitaux des rentes dues par lefdits officiers, auxquels nous attribuons, jufqu'à leur rembourfement, l'intérêt à cinq pour cent, fans retenue, du montant de leurs finances.

III.

Voulons qu'à l'avenir les droits fur les *papiers* & *cartons*, établis dans toute l'étendue de notre royaume par notre édit du mois de février 1748, foient, à compter du jour de la publication des préfentes, perçus, conformément au tarif attaché fous le contre-fcel defdites préfentes, à l'égard feulement des villes & lieux dont l'état y eft pareillement annexé, ainfi qu'à l'entrée des ports de l'île de Corfe : défendons l'importation dans ladite île, de tous *papiers* autres que ceux provenant des manufactures de notre royaume, à peine de confifcation, & de mille livres d'amende.

IV.

Difpenfons de la marque prefcrite par l'article 9 dudit édit du mois de février 1748.

V.

Les *papiers* étrangers arrivant dans lefdites villes & lieux, n'y payeront que les droits portés audit tarif, en juftifiant du paiement de ceux dûs à l'entrée du royaume. A l'égard de ceux qui y auront été fabriqués, sera pareillement justifié du paiement de nos droits des cinq grosses fermes & autres droits de traite, dans le cas où ils auront dû être perçus.

V I.

Voulons en conséquence que, conformément aux articles 9 & 12 du titre des droits de marque & contrôle du *papier*, de l'ordonnance du mois de Juin 1680, les voituriers par eau & par terre, chargés de la conduite des *papiers & cartons*, soient porteurs de lettres de voiture en bonne forme, lesquelles, ainsi que les acquits des droits payés sur la route, ils seront tenus de représenter aux bureaux des barrieres, portes, ports & autres, pour y être visées, le tout à peine de confiscation des *papiers*, bateaux, charrettes & chevaux, & de cinq cens livres d'amende, qui ne pourra être modérée.

V I I.

Ne seront sujets aux droits portés par ledit tarif les *papiers & cartons* de manufactures françoises, destinés pour l'étranger, à l'entrée des villes d'où ils devront être voiturés hors du royaume, ou des ports d'embarquement; leur accordons, dans les villes & ports de Dunkerque, Calais, Dieppe, le Havre, Saint-Malo, l'Orient, Nantes, la Rochelle, Bordeaux, Bayonne, Marseille & Toulon, un entrepôt de six mois, en observant les formalités ordinaires; passé lequel terme, les droits en seront exigibles. si mieux n'aiment les commissionnaires & fabricans expédier par acquit à caution; à la charge de le rapporter déchargé, dans le délai de six mois, à peine de restitution du quadruple des droits.

V I I I.

Les *papiers* destinés pour la consommation de notre bonne ville de Paris, jouiront, aux mêmes conditions, de la même faveur d'entrepôt dans les villes de Rouen & Orléans, s'ils ne sont pareillement expédiés par acquit à caution: n'auront lieu toutefois lesdits entrepôts chez les marchands papetiers, imprimeurs, libraires & relieurs, lesquels ne pourront avoir en magasin aucuns *papiers & cartons*, sans en avoir payé les droits, sous les peines portées par l'article 9 de notredit édit du mois de février 1748.

I X.

Tous *papiers & cartons* destinés pour quelqu'un des lieux énoncés en l'état annexé aux présentes, seront sujets aux droits dudit tarif, quand bien même ils auroient été expédiés de quelqu'autre lieu compris audit état, s'ils ne sont accompagnés d'un congé ou certificat justificatif que les droits y ont été payés.

X.

Les *papiers & cartons* entrans dans notre bonne ville, fauxbourgs & banlieue de Paris, payeront, outre les droits portés audit tarif, le vingtième attribué à l'hôpital-général de ladite ville, & en sus les six sous pour livre, tels qu'ils se perçoivent sur les autres droits aux entrées d'icelle; & sera le produit, tant du droit principal que desdits six sous pour livre, spécialement affecté au paiement des capitaux & arrérages des finances & créances mentionnées en l'article 2 des présentes: ne seront sujets qu'auxdits vingtièmes & six sous pour livre, les *cartons* qui seront justifiés avoir été fabriqués dans quelqu'un des lieux compris audit état.

X I.

Seront au surplus celles des dispositions de notredit édit du mois de février 1748, qui concernent les droits sur les *papiers & cartons*, exécutées selon leur forme & teneur, en ce qui n'y est pas dérogé par ces présentes. Si donnons en mandement, &c.

ÉTAT des villes & lieux où sa majesté veut & entend que soient perçus, en exécution de la déclaration du premier mars 1771, les droits énoncés au tarif annexé à ladite déclaration, sur les papiers & cartons *qui entreront dans lesdites villes, pour y être consommés.*

Généralité d'Amiens.

Abbeville, Amiens, Ardres, Boulogne-sur-mer, Calais, Doulens, Mondidier, Montreuil-sur-mer, Péronne, Saint Quentin, Saint-Vallery.

Province d'Artois.

Aire, Arras, Bapaume, Béthune, Carvin, Hesdin, Lens, Lillers, Saint-Omer, Saint-Paul.

Généralité de Châlons.

Ay, Bar-sur-Aube, Châlons, Château-Porcien, Chaumont, Epernay, Joinville, Langres,

Reims, Réthel-Mazarin, Saint-Dizier, Sainte-Menehould, Sedan, Sézanne, Troyes, Villenaux, Vitry-le-François.

Généralité d'Orléans.

Beaugency, Blois, Chartres, Châteaudun, Clamecy, Dourdans, Gien, Jargeau, Montargis, Mer ou Menard-la-Ville, Meun, Orléans, Pithiviers, Romorantin, Selles, Vendôme.

Généralité de Paris.

Argenteuil, Beaumont-sur-Oise, Beauvais, Chably, Chevreuse, Compiegne, Corbeilles,

Coulomiers, Dreux, Etampes, Fontainebleau, Joigny, la Ferté-fous-Jouarre, Lagny, Mantes, Meaux, Melun, Montereau, Montfort-Lamaury, Moret, Nanterre, Nemours, Nogent fur-Seine, Paris, Poiffy, Provins, Saint-Denis, Senlis, Sens, Saint-Germain, Tonnerre, Villeneuve-le-Roi & Verfailles.

Généralité de Poitiers.

Châtellerault, Confolens, Fontenay, Montmorillon, Niort, Partenay, Poitiers, les Sables d'Olonne, Thouars.

Généralité de Soiffons.

Château-Thierry, Chauny, Clermont, Crefpy, Effomes, Guife, Laon, Noyon, Pont-Sainte-Maixence, Soiffons.

Généralité de Tours.

Amboife, Angers, Baugé, Craon, Doué, Château-Gontier, Château-du-Loir, Chinon, la Flèche, Laval, Loches, Loudun, le Mans, Mayenne, Montreuil-Belley, Richelieu, Saumur, Tours.

Généralité de la Rochelle.

Cognac, Jonzac, Marans, Marennes, Oleron, Pons, Rochefort, la Rochelle, Saint-Jean-d'Angely, Saint-Martin de-Rhé, Saintes.

Généralité de Bourges.

Le Blanc, Bourges, la Charité, la Châtre, Châteauroux, Iffoudun, Saint-Amand, Vierzon.

Généralité de Moulins.

Aubuffon, Château-Chinon, Evaux, Gannat, Gueret, Montluçon, Moulins, Nevers, Saint-Pourçain.

Généralité de Riom.

Aurillac, Brioude, Clermont-Ferrand, Iffoire, Riom, Saint-Flour.

Généralité de Lyon.

Beaujeu, Charlieu, Condrieux, Lyon, Montbrifon, Rive-de-Giés, Roanne, Saint-Chaumont, Saint-Étienne, Villefranche.

Généralité de Rouen.

Arques, les Andelis, Bolbec, Gaudebec, Cormeilles, Chaumont, Dieppe, Elbeuf, Eu, Fécamps, Gifors, le Havre, Honfleur, Louviers, Magny, Montivilliers, Neufchâtel, Pontaudemer, Pont-de-l'Arche, Pont-l'Evêque, Pontoife, Rouen, Saint-Vallery, Vernon, Yvetot.

Généralité de Caen.

Avranches, Bayeux, Caen, Carentan, Cherbourg, Coutances, Grandville, Mortain, Saint-Lô, Torigny, Vallogne, Ville-Dieu, Vire.

Généralité d'Alençon.

L'Aigle, Alençon, Argentan, Bellefme, Ber-nay, Conches, Domfront, Falaife, Lifieux, Mamers, Mortagne, Neubourg, Nogent-le-Rotrou, Orbec, Séez, Verneuil-au-Perche.

Généralité de Touloufe.

Alby, Aleth, Carcaffonne, Caftelnaudarry, Caftel-Sarazin, Caftres, Gaillac, Lavaur, Limoux, Mirepoix, Rieux, Saint-Papoul, Touloufe.

Généralité de Montpellier.

Agde, Alais, Andufe, Bagnols, Beaucaire, Béziers, Clermont, Lodêve, Lunel, Marvejols, Mende, Montpellier, Narbonne, Nîmes, Pézenas, le Puy, Saint-Efprit, Saint-Hypolite, Uzès, Viviers.

Pays de Foix.

Foix, Mazère, Pamiers, Tarafcon.

Province de Bourgogne.

Avalon, Autun, Auxerre, Bar-fur-Seine, Beaune, Bourg-en-Breffe, Chablis, Châalon fur-Saône, Châtillon, Dijon, Louans, Mâcon, Nantua, Saulieu, Semur en Auxois.

Généralité de Grenoble.

Baurgoin & Jallieu, Bourg-d'Oifans, Briançon, Creft, Die, Gap, Grenoble, Montelimart, Romans, Vienne, Voiron & le Buy.

Province de Bretagne.

Breft, Dinan, Guincamp, Hennebond, Lamballe, Landernau, Morlaix, Nantes, l'Orient, Quimper, Rennes, Redon, Saint-Brieuc, Saint-Malo, Vannes.

Province de Rouffillon.

Perpignan & Collioure.

Généralité de Metz.

Longwy, Metz, Phalsbourg, Sarre-Louis, Thionville, Toul, Verdun, Vic.

Province de Franche-Comté.

Arbois, Befançon, Dôle, Gray, Lons-le-Saunier, Ornans, Poligny, Pontarlier, Salins, Véfoul.

Province d'Alface.

Colmar, Fort-Louis, Haguenau, Landau, Oberneing, Strasbourg, Scheleftat, Weiffembourg.

Province de Flandre.

Armentières, Bailleuil, la Baffée, Bergues, Bourbourg, Caffel, Commines, Douai, Dunkerque, Eftaires, Gravelines, Harbrouck, Hambourdin, Houfchoofte, Lille, Merville, Orchies, Roubaix, Turcoin.

Haynault.

Cambrai, Câteau Cambrefis, Condé, Maubeuge, Saint-Amand, Valenciennes.

Généralité de Bordeaux.

Agen, Bergerac, Blaye, Bordeaux, Bourg, Cadillac, Castillon, Clerac, Condom, Coutras, Libourne, Marmande, Périgueux, la Réole, Saint-Emilion, Sainte-Livrade, Sarlat, Tonneins.

Généralité de Limoges.

Angoulême, Bellac, Limoges, Saint-Junien, Tulles, Brives, Bourganeuf, Ruffec, la Rochefoucault, Saint-Léonard.

Généralité de Montauban.

Cahors, Cauffade, Figeac, Milhaud, Montauban, Rodès, Ville-franche.

Généralité de Bayonne.

Bayonne, Pau, Acqs *ou* Dax, Saint-Jean-de-Luz, Oleron, Nay.

Généralité d'Auch.

Auch, Tarbes, Lectoure, Grenade, Saint-Bertrand, Nogaro.

Provence.

Aix, Arles, Avignon, Carpentras, Cavaillon, Fréjus, Grasse, Marseille, Sisteron, Tarascon, Toulon.

Dombes.

Trevoux.

Lorraine.

Bar-le-Duc, Lunéville, Nancy, Plombieres, Pont-à-Mousson.

Fait & arrêté au conseil d'Etat du roi, tenu à Versailles, le 2 mars 1771.

TARIF des droits à percevoir en conséquence de la déclaration du premier mars 1771, à l'entrée & consommation des villes, dont l'état est annexé à ladite déclaration.

Papiers *blancs pour écritures, impressions, & autres usages.*

ARTICLE PREMIER.

Pour chaque rame de *papier*, appelé *Grand-Louvois, Grand-Monde*, & autres dont les dimensions excéderont celles de trente-sept pouces de largeur, la feuille étant ouverte, & vingt-six pouces de hauteur; sera payé quinze livres, ci........................15 liv.

II.

Pour chaque rame de *papier Grand-Aigle, Grand-Elephant, Grand-Soleil*, & autres de dimensions au-dessous de celles de la premiere classe, jusques & y comprises celles de trente-deux pouces de largeur, & de vingt-quatre pouces neuf lignes de hauteur; sera payé douze livres, ci...12 liv.

III.

Pour chaque rame de *papier Grand-Colombier* ou *Impérial, Grande Fleur-de-Lys, au Soleil, à l'Eléphant, Chapelet, petit Chapelet, Grand-Atlas, petit Atlas*, & autres de dimensions au dessous de celles de la seconde classe, jusques & y comprises celles de vingt-six pouces quatre lignes de largeur, & de vingt pouces quatre lignes de hauteur; sera payé neuf livres, ci........................9 liv.

IV.

Pour chaque rame de *papier* nommé *Grand-Jésus* ou *Super-Royal, Petit-Soleil, Grand-Royal étranger, Petite Fleur-de-Lys, Grand-Lombard*, & autres de dimensions au-dessous de celles de la troisième classe, jusques & y comprises celles de vingt-quatre pouces de largeur, & dix-sept pouces dix lignes de hauteur, ensemble chaque rame de papier nommé *Capucin*; sera payé quatre livres dix sols, ci........................4 liv. 10 f.

Ceux des papiers dénommés ou désignés dans les quatre premieres classes ci-dessus, qui seront de pâte commune, appellée *pâte-bulle*; ne payeront que les deux tiers des droits y énoncés.

V.

Pour chaque rame de papier *Lombard, Gran-Royal, Grand-Raisin*, de quelque poids & qualité que ce soit, & autres dimensions au-dessous de celles de la quatrième classe, jusques & y comprises celles de vingt-deux pouces six lignes de largeur, & de dix-sept pouces six lignes de hauteur; sera payé une livre seize sols, ci...1 l. 16 f.

VI.

Pour chaque rame de papier appelé *Royal ordinaire, Petit-Royal, Lombard-Royal, Lombard ordinaire* ou *Grand-Carré*, & autres dimensions au-dessous de celles de la cinquième classe, jusques & y comprises celles de vingt pouces de largeur, & seize pouces de hauteur; sera payé une livre dix sols, ci........................1 liv. 10 f.

VII.

Pour chaque rame de papier nommé *Carré* ou *Grand-compte, Carré au Raisin, au Sabre* ou *Sabre au Lion, Cavalier, bâtard de Dauphiné; Grand-Messel, Basahomme, raisin collé, Raisin fluant*, & autres dimensions au-dessous de celles de la sixième classe, jusques & y comprises celles de

dix neuf

dix-neuf pouces de largeur, fur quinze pouces de hauteur, enfemble pour chaque rame nommée *Double-Cloche*; fera payé vingt fous, ci..... 1 liv.

VIII.

Pour chaque rame de papier nommé à *l'Ecu* ou *Moyen-Compte*, *Compte*, *Pomponne*, trois O de *Normandie* ou d'*Auvergne*, *Carré de Caen*, *Petit-Cavalier*, *Second-Meſſel* ou *Coutelas*, à *l'Etoile*, à *l'Eperon* ou *Longuet*, *Grand Cornet*, à la *Main*, *Joſeph Baſafemme*, & autres dimenſions au-deſſous de celles de la feptième claſſe, juſques & y compriſes celles de dix-fept pouces de largeur, & treize pouces fix lignes de hauteur, enfemble pour chaque rame nommée *Serpente*; fera payé feize fous, ci..................................16 ſ.

IX.

Pour chaque rame de papier nommé *Couronne* ou *Griffon*, *Champy* ou *Bâtard de Normandie*, *Telliere*, *Grand-Format*, & autres de dimenſions au-deſſous de celles de la huitième claſſe, juſques & y compriſes celles de feize pouces fix lignes de largeur, fur treize pouces de hauteur; fera payé treize fous, ci..................13 ſ.

X.

Pour chaque rame de papier nommé *Cadran*, *Telliere*, *Pantalon*, *petit Raiſin* ou *Bâton royal aux armes d'Amſterdam*, ou *Propatria*, ou *Libertas*, *Cartier grand format de Dauphiné*, *Cartier grand format ordinaire*, *petit Cornet*, *trois O* ou *trois ronds de Gènes*, *Licornes à la Cloche*, & autres de dimenſions au-deſſous de celles de la neuvième claſſe, juſques & y compriſes celles de quinze pouces trois lignes de largeur, & onze pouces fix lignes de hauteur; fera payé douze fous, ci. 12 ſ.

XI

Pour chaque rame de papier nommé *Petit-Nom de Jéſus*, *Romaine*, *Pigeonne* ou *Poulette*, *Cartier au pot* ou *Cartier ordinaire*, *Eſpagnol*, *Lys à la Cloche*, & autres de dimenſions au-deſſous de celles de la dixième claſſe, juſques & y compriſes celles de quatorze pouces de largeur, & dix pouces quatre lignes de hauteur; fera payé dix fous, ci..................................10 ſ.

XII.

Pour chaque rame de papier nommé *Petit-Jéſus*, *Petit à la Main* ou *Main-fleurie*, *Marie*, & autres petites fortes de dimenſions au-deſſous de la claſſe ci-deſſus, fera payé huit fous, ci..........8 ſ.

Tous papiers connus dans les pays où ils font en uſage, fous des dénominations autres que celles énoncées au préſent tarif, & dont les dimenſions fe rapporteront à quelques-unes de celles ſpécifiées au tarif joint à l'arrêt du conſeil du 18 Septembre 1741, payeront le droit fixé pour celle des claſſes ci deſſus, dans laquelle fe trouve la dénomina-

tion, telle qu'elle eſt exprimée audit tarif de 1741.

Papiers dorés & argentés.

Pour chaque rame de papier doré ou argenté, uni ou à grandes ou à petites fleurs, fera payé, ſuivant celle des claſſes de papiers blancs ci-deſſus, auxquelles ils doivent être rapportés par leurs dimenſions, le triple des droits y portés.

Papiers marbrés.

Pour chaque rame de papier marbré, fera ſuivant ſes dimenſions, le double des droits des papiers blancs.

Papiers de couleur fine.

Pour chaque rame de papier, teint d'une couleur fine, ou peint d'un côté & d'une ſeule couleur fans mélange, ainſi que pour chaque rame de papier gris, fin, à deſſiner; fera payé, ſuivant les dimenſions, les mêmes droits que pour les papiers blancs.

Papiers gris & papiers de couleur, communs.

Pour chaque rame de papier gros-bleu, brun, dit *Muſc* ou *Muſqué*, & gris commun pour enveloppes, ainſi que pour chaque rame de celui nommé *Traſſe* ou *Etreſſe*, ou *Mainbrune*; fera payé, ſuivant les dimenſions, la moitié des droits des papiers blancs.

Papiers brouillards.

Pour chaque rame de papier brouillard ou à la demoiſelle; fera payé, ſuivant ſa dimenſion, les trois quarts des droits des papiers blancs.

Cartes ou Cartons de feuille.

Pour chaque cent feuilles de cartes ou cartons, formés de pluſieurs feuilles de papier collées enſemble; fera payé, ſuivant l'eſpèce de papier blanc auxquelles ils devront être rapportés par leurs dimenſions, le quadruple des droits portés au tarif ci deſſus pour chaque rame.

Cartons de pâte.

Pour chaque cent feuilles de cartons de pâte; fera payé les mêmes droits que pour les cartes & cartons ci-deſſus, ſuivant les dimenſions dont ils approcheront le plus.

Fait & arrêté au conſeil d'état du roi, tenu à Verſailles le 2 mars 1771.

L'adjudicataire général des fermes, fut chargé par l'arrêt du conſeil du 21 août de la même année, de faire la régie de ces droits pour le compte du roi; & le 16 octobre, un nouvel arrêt interprêtant la déclaration de 1771, accorda une modération de droits ſur les papiers brouillards, & régla que les papiers tontiſſes, les images, les papiers à tapiſſerie & toute eſpèce de dominoterie, payeront le double des droits des papiers bleus, suivant la claffe auxquels ils pourroient être rapportés d'après les dimenfions des feuilles, & à proportion de leur nombre.

Un arrêt du conſeil du 4 mai 1773, a ordonné conformément à l'édit de 1748 & à la déclaration de 1771, que tous fabricans de papiers, cartons, ou dominoteries dont les fabriques, ouvriers ou magaſins ſont ſitués dans l'enceinte, fauxbourgs, territoire & banlieue des villes & lieux déſignés dans l'état annexé à la déclaration de 1771, ſeroient tenus de faire au bureau du régiſſeur, déclaration des papiers, cartons & dominoteries qu'ils voudroient fabriquer & qu'ils auroient fabriqués; comme auſſi de ſouffrir les viſites & exercices des commis, à toute réquiſition, à peine de trois cent livres d'amende & de confiſcation des papiers cartons & dominoteries non déclarés.

La régie des droits des papiers & cartons reſta encore en 1774, réunie au bail des fermes adjugé à Laurent David; mais elle lui fut retirée pour entrer dans la première régie générale formée en 1777. En 1780, elle a de nouveau été compriſe dans les droits qui compoſent ſa conſiſtance; & en 1786, elle eſt entrée dans cette régie qui a été renouvellée pour ſix ans.

Le produit des droits ſur les *papiers, cartons,* avec les dix ſols pour livre, auxquels ils ſont ſujets, peut s'élever à environ deux millions cinq cens mille livres.

PAPIER MONNOYE. Cette dénomination n'a rien de commun avec les billets de monnoye dont il a été parlé au mot Billet, *tom. I. pag. 3.*

On donne le nom de *papier monnoye* à des billets mis dans la circulation aux iſles de France & de Bourbon. Il y a eu de ces billets depuis cinq ſols juſqu'à mille livres, & ils furent créés originairement par ordonnance de M. de la Bourdonnaye du 26 mai 1736, ſous le nom de *billets de boutique.* Cet adminiſtrateur, qui avoit conçu de grands projets d'amélioration pour ces iſles, fit, en conſéquence, faire beaucoup de travaux. Ils furent payés pendant quelque tems en piaſtres, que la compagnie des Indes, alors ſouveraine de ces iſles, y faiſoit paſſer. Ces envois ayant manqué, il fallut y ſuppléer par une monnoye fictive; & M. de la Bourdonnaye imagina les *billets de boutique.*

Leur valeur n'excéda pourtant pas cinq mille livres. Ils furent tous retirés l'année ſuivante, & brûlés publiquement.

Mais la commodité de cette invention en fit adopter l'uſage pour les beſoins du moment; on en créa donc de nouveaux pour ſoixante-dix mille

livres; & la compagnie des Indes arrêta que ces billets, qui ne devoient être regardés que comme *papiers de confiance & de crédit* entr'elle & la colonie, ne pourroient jamais être convertis en lettres de change que par ſes ordres, ni devenir en aucun cas des titres obligatoires contr'elle, ailleurs qu'à l'iſle de France.

La maſſe de ces billets fut encore augmentée en 1741, & elle s'accrut tellement d'année en année juſqu'en 1761, que la compagnie des Indes défendit toute création poſtérieure de ces billets.

Les lettres de change qui avoient été tirées pour raiſon de ces *papiers monnoye* ou *billets de boutique,* n'étoient déjà plus payées avec exactitude dès 1758. En 1761 on prit le parti d'acquitter tous ces papiers en lettres de change, tirées, partie à neuf mois, partie à douze, & juſqu'à trois ans de vue.

Cette opération décrédita tellement ces *papiers,* qu'on ne les regarda plus que comme une propriété très-fragile; leur valeur baiſſa prodigieuſement, & celle des piaſtres reçut une telle augmentation, qu'une piaſtre, dont le prix étoit fixé à trois livres douze ſols, étoit payée quatre livres dix ſols en billets.

Ce fut bien pis encore à la fin de cette même année 1761. Quelques armemens s'étant faits en l'iſle de France, pour Batavia, pour le Cap & Madagaſcar, l'empreſſement pour y prendre part fut ſi vif, que, comme il falloit des piaſtres, elles monterent juſqu'à vingt livres; ſuite funeſte du parti que la compagnie des Indes avoit pris, d'adopter la piaſtre comme monnoye courante, au lieu de l'avoir ſimplement donnée comme marchandiſe.

Le roi étant rentré en poſſeſſion des iſles de France & de Bourbon, en vertu de l'édit de 1764, comme on l'a dit au mot Inde, *tom. II. pag 578,* le *papier-monnoye* de la compagnie fut ſupprimé par édit de 1766, qui en créoit un autre de carte pour cinq cent dix mille livres. Celui-ci devoit être reçu en tout tems & ſans difficulté dans toutes les caiſſes, pour être rembourſé en argent comptant. Mais les moyens manquoient également pour le rembourſement & pour retenir ces *papiers* dans les iſles de France & de Bourbon.

Les cartes qui devoient ſervir de *papier-monnoye* furent envoyées de France, & devoient être ſignées par l'intendant & les commiſſaires & contrôleur. Mais comme la peine de faire tant de ſignatures, devenoit très fatigante, on imagina d'avoir une griffe, qui fut confiée à un dépoſitaire, ſans être effrayés des dangers d'une pareille méthode.

Le *papier-monnoye* de carte ayant été ſupprimé

en 1768, on lui en subſtitua un autre pour deux millions de livres, & le dépoſitaire de la griffe des ordonnateurs fut ſeul chargé de cette création. Dans le même tems le tréſorier de l'iſle, ſur ſa ſimple ſignature, donnoit naiſſance à d'autres *papiers-monnoye*, juſqu'à la concurrence de deux autres millions, ſous le nom de bons de caiſſe, de promeſſes de récépiſſés, ou de lettres de change. Un auſſi étrange ſyſtême de finances ne pouvoit manquer d'avoir les ſuites les plus fâcheuſes. On les attribua au *papier - monnoye*, tandis que c'étoit dans l'abus qui en avoit été fait, qu'il en falloit chercher la cauſe, & que le remede au déſordre ſe préſentoit naturellement dans une juſte meſure de ce papier, & dans l'exactitude de ſon paiement, ou de celui des lettres de change qui le repréſentent.

L'édit du mois de mars 1781 ſupprima donc tout *papier - monnoye*; & l'édit du 8 août 1784 ordonna la vérification de tout celui qui exiſtoit, par des prépoſés auxquels on attribua le titre de commiſſaires du roi, quoique toute leur miſſion ſe bornât à une opération méchanique, conſiſtant à inventorier & viſer tous les *papiers-monnoye*.

Laiſſons parler ici cet arrêt; il va nous apprendre tout ce qu'il eſt intéreſſant de ſavoir ſur les *papiers-monnoye*.

Le roi s'étant fait rendre compte, en ſon conſeil, de l'exécution de ſon édit du mois de mars 1781, par lequel ſa majeſté avoit ordonné la ſuppreſſion de tous *papiers-monnoye* & bons de caiſſe, aux iſles de France & de Bourbon, & leur converſion en récépiſſés du tréſorier deſdites iſles, payables en quatre années par le tréſorier-général de la marine à Paris; ſa majeſté a reconnu qu'il n'eſt encore arrivé qu'une petite quantité de ces récépiſſés, quoiqu'il ſe ſoit écoulé trois ans depuis la publication de ſon édit, & que leur acquittement ne s'étant point fait aux époques qui avoient été déſignées, il en eſt réſulté des inquiétudes déſavantageuſes au crédit de l'Etat, des négociations onéreuſes aux particuliers, & des doutes contraires à l'intention conſtante où eſt ſa majeſté, que tous engagemens contractés en ſon nom, ſoient toujours remplis avec la plus ſcrupuleuſe exactitude : informée auſſi que la diſpoſition de ſon édit, ſuivant laquelle tout le *papier-monnoye* exiſtant dans ſes caiſſes des iſles de France & de Bourbon, ainſi que celui qui auroit été converti en récépiſſés, devoit être brûlé ſur le champ, n'a point été fidélement exécutée; qu'au contraire, ce *papier monnoye*, qui auroit dû être annullé, a été, en grande partie, remis en circulation dans leſdites iſles; qu'il s'en eſt fait & ſe fait encore un agiotage abuſif, qui tourne néceſſairement au détriment des finances, ce qu'il perd par ſon diſcrédit devenant un accroiſſement

de dépenſes pour l'Etat, par le renchériſſement des fournitures au paiement deſquelles il eſt employé, ſa majeſté a réſolu de réprimer un déſordre ſi intolérable; & néanmoins, quelque peu de faveur que méritaſſent des effets acquis de cette manière, elle n'a pas voulu, même à leur égard, manquer à ce qu'elle avoit annoncé pour l'ordre des paiemens, & elle a ordonné leur rembourſement entier & effectif, à des termes fixés d'après les mêmes principes qui avoient dirigé ſon édit du mois de mars 1781. Sa majeſté a pris en même-tems toutes les meſures néceſſaires pour conſtater la maſſe de ces *papiers-monnoye*, pour en prévenir l'accroiſſement & pour en aſſurer la ſuppreſſion graduelle. A quoi voulant pourvoir : Oui le rapport : le roi, étant en ſon Conſeil, a ordonné ce qui ſuit :

ARTICLE PREMIER.

Tout le *papier-monnoie* des iſles de France & de Bourbon, déjà converti en récépiſſés du tréſorier deſdites iſles, ou qui le ſera par la ſuite, conformément aux diſpoſitions de l'édit du mois de mars 1781, ſera payé en eſpèces, & ſans aucune réduction, par les tréſoriers-généraux de la marine à Paris, en quatre années, dans la forme ſuivante :

I I.

Les porteurs deſdits récépiſſés de *papier-monnoie*, les préſenteront au tréſorier-général de la marine en exercice, lequel, après les avoir vérifiés ſur les états de la colonie, les enregiſtrera ſuivant l'ordre de leur préſentation, & fournira en échange de chacun deſdits récépiſſés quatre reconnoiſſances; dont la première ſera par lui payée comptant, trois mois après la date de la préſentation; la ſeconde, un an après la même date, & les deux autres ſucceſſivement d'année en année; chaque reconnoiſſance devant être du montant du quart du récépiſſé, au rembourſement duquel elle aura ſervi.

I I I.

Ceux des récépiſſés, dont le premier quart a déjà été payé, recevront en échange des trois quarts qui leur reſtent, trois reconnoiſſances payables d'année en année, à compter du jour où ces reconnoiſſances leur auront été délivrées.

I V.

Pour vérifier & conſtater la quantité de *papier-monnoie*, récépiſſés ou bons de caiſſe qui exiſtent réellement aux iſles de France & de Bourbon, & aſſurer les moyens de les retirer de la circulation, ſa majeſté a nommé & délégué ſes commiſſaires, pour ſe rendre inceſſamment dans leſdites iſles, & y procéder aux examen, vérification, & inventaire de tous *papiers monnoie*, récépiſſés & bons de caiſſe qui ſe trouveront, ſoit dans les caiſſes royales, dont ils ſont autoriſés à prendre connoissance, ainsi que des registres & états re'atifs, soit dans les mains des particuliers & habitans desdites isles, lesquels seront tenus de leur en faire la représentation dans le terme de trois mois pour tout délai.

V.

Tous lesdits *papiers-monnoie* ou bons de caisse, ainsi que les récépissés dans lesquels aucuns d'eux auroient été convertis & qui se trouveront dans lesdites isles, seront visés, signés, datés & numérotés par lesdits commissaires, qui les remettront ensuite aux parties, après en avoir dressé un état général en forme de procès-verbal, signé d'eux à chaque séance. Et à l'égard de ceux desdits récépissés qui se trouvant en d'autres lieux, ne pourroient pas être représentés auxdits commissaires, leur existence & leur montant seront par eux constatés d'après les états de délivrance & d'enregistrement du trésorier desdites isles, & le procès-verbal qui en sera dressé & signé par lesdits commissaires, tiendra lieu à l'égard des récépissés du *visa* ci-dessus ordonné.

VI.

Les *papiers-monnoie* ainsi visés, signés, datés & numérotés, seront désormais les seuls qui puissent être admis en récépissés du trésorier desdites isles, payable par celui de la marine à Paris, conformément à l'édit du mois de mars 1781; & à mesure que ces récépissés seront délivrés, les *papiers-monnoie* qu'ils remplaceront, au lieu d'être brûlés, ainsi qu'il avoit été prescrit par l'édit, seront biffés à l'instant par ledit trésorier des isles, & annexés par lui à chaque récépissé qu'il donnera en échange, lequel ne sera acquitté par le trésorier général de la marine à Paris, qu'autant que ledit *papier-monnoie*, ainsi biffé, s'y trouvera joint lorsqu'il lui sera présenté; sans préjudice néanmoins à la valeur des expéditions par duplicata desdits récépissés, auxquels devra être annexée une copie certifiée des *papiers-monnoie* convertis en iceux.

VII.

Tous ceux desdits *papiers-monnoie* ou bons de caisse qui n'auroient point été rapportés aux commissaires de sa majesté, & visés par eux dans le terme prescrit par l'article premier du présent arrêt; seront & demeureront nuls & de nulle valeur; ne pourront en conséquence être donnés en paiement, avoir aucun cours, ni être échangés en récépissés.

VIII.

Fait sa majesté très-expresses inhibitions & défenses à toutes personnes, de quelque rang & qualité qu'elles soient, de créer à l'avenir, mettre en circulation, & autoriser directement ou indirectement, pour quelque cause & raison que ce puisse être, aucune sorte de *papier-monnoie*, à peine de concussion. Enjoint aux commandant &

intendant desdites isles, d'y tenir la main, chacun en droit soi, à peine d'en être responsables en leurs propres & privés noms: dérogeant sa majesté à tout ce qui auroit fait ou ordonné de contraire aux dispositions du présent arrêt, &c. Fait au conseil d'état du roi, sa majesté y étant, tenu à Versailles, le 8 août 1784.

Le résultat de l'opération ordonnée par cet arrêt, a été qu'il existoit encore pour près de huit millions de *papier-monnoie* dans les isles de France & de Bourbon.

Un homme très-instruit, qui a examiné sur les lieux & par ordre du gouvernement, en homme d'état, les ressources que peuvent fournir ces deux colonies, leur condition naturelle & leurs moyens respectifs relativement au commerce intérieur & extérieur, n'est pas d'avis qu'il y faille supprimer tout *papier-monnoie*.

Il pense, au contraire, que l'Isle-de-France, abstraction faite de son utilité politique, doit être considérée comme une vaste hôtellerie placée sur la grande route de l'Inde, & destinée à procurer des rafraîchissemens à ceux qui ont besoin de s'y arrêter.

Qu'elle n'a point de commerce & n'en peut faire aucun, parce qu'elle n'a rien à exporter.

Que les piastres, qui sont d'une nécessité indispensable pour le commerce de l'Inde, ne pouvant jamais être retenues dans cette isle, ne doivent jamais y être que marchandise. Que si on les établit comme monnoie courante, c'est en exposer la valeur à une variabilité dangereuse pour le gouvernement, pour la colonie & pour les mœurs; parce que c'est tenter la fidélité, & exciter la cupidité de tous les préposés du roi chargés de la garde & de la distribution de ces espèces; parce que les piastres que le roi donne pour cinq livres huit sous, en valent toujours le double & souvent le triple entre les mains des particuliers.

Qu'en conséquence il est nécessaire d'y établir un *papier-monnoie*, dont la quantité soit proportionnée aux objets de change, & qu'on puisse réaliser à son gré, & en France seulement, par une forme de paiement qui soit unique, exacte, invariable & étrangère aux spéculations du commerce de l'Inde. Qu'en créant ce *papier* pour cette colonie, sans en faire au-dessous de trois livres ou de quarante sous, on peut en même-tems en assurer la valeur par des fonds annuellement destinés à son remboursement & jamais détournés.

Qu'enfin, l'utilité de ce *papier* est démontrée par l'unanimité & l'empressement des colons à demander cette monnoie comme une chose de première nécessité.

PAPIERS ROYAUX. Dans ce fens, ces mots fignifient la même chofe qu'effets royaux. *Voyez* ce qui a été dit au mot EFFETS, *tome II, pag. 39.* *

PAPIER TIMBRÉ, f. m., qui fignifie la même chofe que formule. *Voyez* ce qui eft dit fous ce dernier mot, *tome II, page 254 & fuivantes.*

PARAPHE, f. m. C'eft un trait de plume, ou un caractère compofé de plufieurs traits que l'on s'habitue à joindre à fon nom & toujours de la même manière. Le *paraphe* eft le complément d'une fignature & une précaution pour la rendre plus difficile à contrefaire.

Lorfque des commis des fermes ou régies rédigent un procès-verbal, & qu'ils y font des renvois ou des additions, ils font tenus d'y mettre leur *paraphe* en même-tems qu'ils le fignent.

PARIS. On a déjà parlé de cette ville au mot généralité, où l'on évalue le montant des droits & des contributions qu'elle paye à environ quatre-vingt millions. Comme dans un dictionnaire des finances, on ne doit confidérer les objets que dans leur rapport avec cette partie, & du côté des reffources qu'ils fourniffent, on ne peut rien ajouter à ce qu'on a dit. *Voyez* le IIe vol., pag. 362 & 363.

PARISIS, f. m. droit qui eft de cinq fols pour livre du droit principal. Il a reçu ce nom d'après une monnoie appellée *parifis* qui fe fabriquoit à Paris, & dont la valeur étoit d'un quatt plus forte que celle qui étoit fabriquée à Tours. Le fol *parifis* valoit quinze deniers tournois, & la livre *parifis*, vingt fols tournois.

Comme les droits ont toujours été impofés fur le pied de la livre tournois, & que l'addition de cinq fols pour livre en les augmentant d'un quart, les mettoit dans la même proportion que s'ils euffent été établis fur le pied de la livre *parifis*, on donna le nom de *parifis* à cette augmentation que l'on pouvoit appeller également les cinq fols pour livre.

Le droit de *parifis*, eft compofé des fix deniers attribués aux offices de confeillers confervateur des droits des fermes créés par édit de décembre 1633, ci. . . . . 5 f. 6 d.

Des fix deniers également attribués aux lieutenans de ces officiers, établis par édit de novembre 1639, ci.   6

De douze deniers d'augmentation impofés par arrêt du confeil du 25 février 1643, pour avoir lieu avec les douze

deniers attachés aux offices ci-devant créés, & qui furent fupprimés par le même arrêt, ci.   1 f.

Une déclaration du mois de feptembre 1645, ayant mis vingt-quatre nouveaux deniers fur tous les droits des fermes, pour en compofer les quatre fols pour livre, il en réfulta donc.   2

Finalement, l'édit du mois de mars 1654, ajouta aux quatre fols pour livre déjà levés, un nouveau fol qui acheva de former cinq fols pour livre, qu'on appella & qu'on appelle encore *parifis*, & qui porta fur tous les droits des fermes aliénés ou non aliénés, ci.   1

                                                                              ————
                                                                              5 f.

A ce *parifis* font toujours joints deux autres droits qu'on appelle fol & fix deniers pour livre, & dont voici l'origine.

Les offices de confeillers du roi confervateurs des droits des fermes & de leur lieutenans qui avoient été fupprimés en 1643, furent rétablis par édit du mois de février 1657, avec la même attribution de douze deniers pour livre, à prendre non-feulement fur tous les droits des fermes, mais encore fur le *parifis* de ces droits; mais comme ces offices ne furent point levés, la perception des droits n'en fubfifta pas moins, & fe fit au profit du roi.

Il en fut de même des quatre offices de tréforiers généraux des fermes, des quatre de contrôleurs, & quatre de commis principaux, anciens, alternatifs, triennaux & quatriennaux, avec attribution de fix deniers pour livre, à partager entre eux, fur le produit de tous les droits, même du *parifis* & du fol pour livre. N'ayant pas été levés aux parties cafuelles, la perception en fut ordonnée pour le compte du roi.

Le *parifis*, fol & fix deniers pour livre, eft encore perçu fous cette dénomination, par addition en Anjou, à d'autres droits dûs fur la Loire & les rivieres affluentes; cette addition a continué de fubfifter, quoique plufieurs des droits principaux ayent été fupprimés. La perception de ce *parifis* a été reglée provifoirement par l'arrêt du confeil du 20 février 1718, & fe trouve rappellée par l'article 240 du bail de Forceville dans les termes fuivans:

« Jouira ledit adjudicataire, des *parifis*, fol & fix
» deniers pour livre, des droits aliénés, octroyés,
» accordés, attribués & concédés nonobftant
» la fuppreffion d'aucuns d'iceux, qui fe lèvent
» fur la Loire & rivieres affluentes; lefdits *parifis*,
» fol & fix deniers, créés par déclaration du 19
» décembre 1643. Edits des mois de feptembre

» 1645, mars 1654, février 1657 & avril 1658,
» dont l'aliénation avoit été ordonée par édits
» des mois de mars 1655 & avril 1658, réunis
» à la ferme générale des aides par édit de dé-
» cembre 1663 ; & joints aux cinq grosses fermes
» par les baux de Legendre, Saunier, Boutet,
» Fauconnet & Dommergue ; le tout ainsi que les
» précédens fermiers en ont joui ou dû jouir ».

Le produit du droit de *parisis*, sol & six deniers, est un objet d'environ quinze à seize
mille livres.

PARME, PLAISANCE & GUASTALLE,
(finances de). Tout ce qui suit est tiré des mémoires de M. de Beaumont, intendant des finances, imprimés au Louvre en 1768 ; ouvrage dont
nous avons parlé plusieurs fois avec les éloges
qu'il mérite.

Les impositions & droits qui se lèvent &
perçoivent dans les duchés de *Parme*, *Plaisance*
& *Guastalle*, se divisent sous deux classes ; ceux
qui sont susceptibles de variations & ceux qui
sont fixes & permanents.

Dans la première classe sont compris, les droits
de douane sur les marchandises & denrées, les
droits sur les bestiaux & les boissons, les droits
sur les boucheries, sur la mouture, sur la fabrication & la vente du sel, tant volontaire, que
d'impôt ; la ferme des tabacs & eaux-de-vie ; celle
des poudres & salpêtres ; la ferme des cuirs ; la
loterie de Gênes ; les postes aux lettres & aux
chevaux, l'exploitation des mines de fer, le papier
timbré, la ferme des chiffons & autres privilèges
exclusifs, les droits des ports, bacs & péages,
les droits allodiaux & leurs dépendances.

Dans la seconde classe, sont comprises les taxes
réelles & personnelles, telles que les collectes, la
solde militaire & autres de ce genre.

Des différens objets qui composent les revenus sujets à variations, les uns sont entièrement
différens dans chacun des trois duchés, les autres
y sont exactement les mêmes.

Ceux qui admettent des différences entr'eux,
sont connus sous le nom de *droits* de *perception*.

Ceux qui sont les mêmes dans les trois duchés, consistent dans les privilèges & impôts
exclusifs, & dans les droits qui ont été nouvellement établis.

Les droits de bacs, ponts, péages & les droits
allodiaux dépendent des circonstances, & ont un
rapport direct avec le territoire où la perception
en a été établie.

On va rendre compte successivement de ce qui
concerne la levée & la perception de ces impositions & droits dans chacun des trois duchés.

DROITS appellés de perception, qui ont
lieu dans le duché de *Parme*.

Droits de douane.

Les droits de douane sont perçus dans la
douane principale, aux quatre portes de la ville
de *Parme*, & dans quatre petits bureaux particuliers qui sont répandus dans l'étendue de ce
duché.

Ces droits ont été établis, les uns par le souverain, les autres par le corps de ville de *Parme*,
qui formant anciennement une espèce de répu-
publique, avoit le droit d'imposer des droits ;
elle ne peut actuellement faire usage de cette
prérogative, qu'autant que ce souverain veut bien
lui permettre, & il n'en accorde la permission que
lorsqu'il ne veut pas paroître faire l'imposition de
son autorité.

On perçoit aussi des droits de douane dans
l'étendue du territoire de Palavicini, qui comprend les villes & bourgs de Borgo-Saint-Domingo, Busseto, Corte-Maggiore, Monticelli, Dongina & leurs territoires qui formoient anciennement un domaine ou seigneurie particulière, mais
qui depuis un long espace de tems a été réunie
au duché de *Parme*.

Tous ces droits sont perçus d'après des réglemens & des tarifs qui sont propres & particuliers
à chacun de ces bureaux.

Les droits de douane dont les anciens ducs
de *Parme* ont ordonné l'établissement sous la dénomination de *droits cameraux* ou de la chambre
du domaine, sont perçus à l'entrée & à la sortie
& au passage de toutes espèces de marchandises &
de denrées.

Suivant un réglement du 24 janvier 1705, dont
les dispositions ont été renouvellées par un autre
du 24 janvier 1722, on est obligé pour les marchandises & denrées que l'on veut faire entrer,
& circuler dans le duché de *Parme*, d'en faire
la déclaration au premier bureau de la frontière,
d'y payer les droits, & de prendre un acquit ;
le défaut de ces formalités emporte la confiscation des marchandises & denrées ; mais il n'est
prononcé aucune amende.

Quant aux marchandises & denrées que l'on
veut faire sortir, la déclaration doit être faite
au bureau le plus prochain de l'enlèvement, &
faute de s'y conformer, les marchandises sont
pareillement dans le cas d'être confisquées.

Le montant des droits qui doivent être perçus, est consigné dans des tarifs dont les originaux forment un regiftre que l'on appelle *le livre d'or*, qui est dépofé dans les archives de l'hôtel de ville de *Parme*, & qui contient non-feulement les impofitions originaires & les accroiffements fucceffifs qu'elles ont reçu depuis; mais encore les ordonnances & réglemens qui y font relatifs.

Il exifte encore deux douanes dans l'étendue du duché de *Parme*, & le long du Pô, dont l'une eft établie à Toricella & l'autre à Polefino.

On perçoit dans chacune de ces douanes, des droits de tranfit fur les marchandifes qui montent & defcendent le Pô, & en outre un droit fur les barques, & qui eft connu fous la dénomination de fonds de bateaux.

La facilité que les canaux & les rivieres qui arrofent la Lombardie, donnent aux conducteurs des barques & bateaux, d'éviter de paffer dans ces douanes, engage à faire des remifes fur les droits de tranfit qui par eux-mêmes font très-médiocres.

Les droits qui ont été établis par la communauté de *Parme*, ne font perçûs qu'à l'entrée des marchandifes, fous la dénomination d'impofition, addition & entrée des huiles.

L'impofition fe perçoit en conféquence d'un réglement & d'un tarif de 1720, renouvellé le 2 décembre 1758, fur les marchandifes qui y font énoncées; ces réglemens comprennent auffi les droits de détail fur les boiffons dont on rendra compte dans la fuite.

L'addition n'a lieu que fur les fromages, la cire, les cuirs, le poiffon falé & mariné & l'huile d'olive qui vienment de l'étranger, & fur les chandelles, foit étrangeres, foit fabriquées dans la ville de *Parme*; mais comme le droit fur ces deux derniers objets n'a été établi en 1728, que pour acquitter le don gratuit que la ville de *Parme* devoit payer au duc Antoine, à l'occafion de fon mariage, il ne fe perçoit que dans cette ville feule, & non dans les campagnes.

On ordonna à la même époque de 1728, pour dix années feulement, la perception d'autres droits tels que le doublement du péage du pont d'Euza, un droit fur les fruits & légumes étrangers, & un fol trois deniers, monnoie de France d'augmentation, fur le prix courant de chaque livre de fel; mais les befoins qui font furvenus depuis, ont fait continuer cette perception qui exifte encore actuellement.

L'entrée des huiles confifte dans un droit de neuf fols, (ou deux fols trois deniers monnoie de France) par poids d'huile d'olive qui entre dans

la ville & dans le duché de *Parme*, & dont l'établiffement ne remonte qu'au 10 décembre 1748.

Indépendamment de la confifcation qui feule a lieu pour les contraventions aux réglemens fur les droits de douane établis par les ducs de *Parme*, il y a une amende pour les contraventions aux droits établis par la ville de *Parme*.

Avant 1763, il exiftoit dans l'étendue des trois duchés différens petits droits & privilèges exclufifs qui étoient très-onéreux au public, fans qu'il en réfultât des avantages réels pour le duc; ces droits & privilèges ont été fupprimés, & il y a été fubftitué, fous le nom de *nouvelles additions camerales*, un droit additionnel fur les marchandifes de luxe & de prix, telles que les étoffes d'or & d'argent, les gallons, les toiles fines, les draperies, les vins étrangers, les drogueries & épiceries; mais pour ne pas déranger le commerce de ces efpèces de marchandifes avec l'étranger, il a été ordonné que le montant des droits additionnels feroit reftitué fur les expéditions qui feroient faites à l'étranger, en rapportant un certificat en bonne forme de l'arrivée des marchandifes dans le lieu de leur deftination.

Il s'étoit introduit par fucceffion de tems, un abus qui confiftoit, en ce que, quoique fuivant les anciens réglemens, les étrangers duffent payer le double de ce que payoient les nationnaux pour le droit de douane, cependant les étrangers ne payoient pas davantage; on a fait revivre l'ancien ufage, de manière que les étrangers font tenus de payer le double, & le produit de ce doublement fait partie des droits établis fous la dénomination de nouvelles additions.

Les objets qui forment les produits les plus confidérables des droits de douane, font les cocons & les foies, les cuirs, les fromages, les riz, les huiles & les favons.

La foie qui forme la production la plus précieufe, & la branche de commerce la plus étendue du pays, a principalement excité dans tous les tems, l'atttention du gouvernement, foit pour en empêcher la fortie, jufqu'à ce qu'elle fût au moins travaillée en trame, foit pour en perfectionner les apprêts, foit enfin pour affurer la perception des droits auxquels elle eft affujettie.

Dans le tems de la récolte des cocons, il fe tient, dans la ville de *Parme* & dans les principales villes & bourgs de ce duché, des foires & marchés où les gens de la campagne les apportent.

Chaque partie de cocons eft pefée, avec des balances ou romaines publiques, par des perfonnes prépofées à cet effet; plufieurs officiers de police font chargés de régler le prix de ces cocons, de décider fommairement les conteftations qui peuvent furvenir entre les vendeurs & les acheteurs ; ils font porter les cocons dans des ufines qui font établies pour filer la foie ; & pendant la faifon des ventes, on garnit les frontières de foldats & de gardes pour empêcher la fortie des cocons.

On a perçu, jufqu'en 1766, dans la ville de *Parme*, un droit de huit livres de *Parme*, ou deux livres de France, par poids de vingt-cinq livres pefant, & un droit de quatre livres, ou vingt fols de France, fur la même quantité, dans les campagnes : on perçoit en outre différens petits droits dans l'étendue du territoire de Pallavicini ; mais en 1766, tous ces droits ont été fupprimés, & il en a été établi un feul qui fe paie à la ville & à la campagne, & qui revient à trois livres deux fols fix deniers du pays, par livre de douze onces, fur la foie grife ; c'eft-à-dire, fur la foie telle qu'elle eft en fortant du cocon.

Les foies en trame paient un droit de fortie à raifon de trente fous par livre ; les fleurets, un droit de quinze fous, & les rebuts, un droit de dix fols. Le produit de ces derniers droits eft réfervé pour le corps des fabricans de foieries, foit pour les indemnifer de quelques droits qui leur ont été ôtés, foit pour leur donner des encouragemens.

Les habitans de la campagne font obligés de faire, au bureau de la douane le plus prochain, une déclaration de la quantité de cocons qu'ils ont tirés de leurs vers à foie, & de juftifier de la vente qu'ils en ont faite, faute de quoi ils feroient tenus de payer les droits qu'auroit acquittés le fileur.

Les cuirs & peaux font affujettis :

1°. Aux droits cameraux d'entrée, de fortie & de tranfit.

2°. Aux droits de communautés, c'eft-à-dire, à ceux qui ont été ajoutés aux premiers, en 1728.

Ces droits fe paient à raifon de cinquante fous, ou douze fols fix deniers de France, par poids de vingt-cinq livres, fur les cuirs étrangers, & à raifon de quarante-deux fous, ou dix fols fix deniers, auffi par poids de vingt-cinq livres pefant fur les cuirs du pays.

Les peaux apprêtées en mégie & pelleterie, paient à raifon de cinq livres deux fous du pays, pour le même poids.

Les peaux en verd doivent être marquées aux extrémités avant d'être mifes à la tannerie, ou de paffer par quelqu'autre apprêt ; elles reçoivent une

nouvelle marque & acquittent les droits à la fortie de ces apprêts : les tanneurs & autres fabricans font tenus de faire des déclarations, aux bureaux des donanes, des peaux qu'ils ont à faire tanner & apprêter, afin qu'on puiffe les prendre en charge, c'eft-à-dire, les infcrire fur un regiftre, & les marquer ; le tout à peine de confifcation, d'amende, & même de peine afflictive.

Les corroyeurs, les cordonniers, ne peuvent, fous les mêmes peines, avoir chez eux des cuirs, foit entiers, foit entamés, qu'ils ne foient revêtus de la marque.

Les cuirs étrangers font marqués à leur entrée dans le duché de *Parme*, & ils acquittent les mêmes droits que ceux de la fabrique intérieure.

Les peauffiers, les gantiers & les fourreurs, acquittent les droits par abonnement, & font, par ce moyen, difpenfés de faire marquer leurs peaux.

Le riz du Piémont & du Milanois ; les huiles & les favons de Gènes, & les fromages de Lodi, forment auffi un objet de revenu affez confidérable, non-feulement par les droits d'entrée, auxquels font affujettis ceux qui fe confomment dans le duché de *Parme*; mais à caufe des droits de tranfit qui fe perçoivent fur ceux qui y paffent & qui font tranfportés dans les États voifins.

Les fromages qui font confommés dans le pays & ceux qui font envoyés au-dehors, doivent être déclarés & marqués ; ils acquittent les droits fur le pied de quarante deux fols du pays, par poids de vingt-cinq livres pefant, indépendamment des droits qui fe perçoivent à la fortie fur ceux qui font envoyés au-dehors : la régie de ces droits eft établie de manière que ceux qui fabriquent des fromages font affujettis, par compte ouvert, à juftifier, mois par mois, de l'emploi de ceux qu'ils ont fabriqués : on n'appofe aucune marque, & on ne perçoit aucun droit, fur ceux que les propriétaires réfervent pour leur confommation.

Le fouverain, les fermiers de fes domaines, les officiers des cours & bureaux du prince, les militaires & les pères de famille qui ont douze enfans, font exempts des droits de douane fur toutes les denrées & marchandifes qui viennent pour leur fervice.

Le clergé régulier & féculier, les hôpitaux, les maifons de retraite, n'en font exempts qu'en partie. Les nouveaux règlemens qui ont été faits, ont retranché plufieurs privilèges qui leur avoient été accordés, & l'on s'occupe encore de cet objet. Toutes les marchandifes qui paffent pour le fervice des États voifins, ne font point fujettes aux droits de tranfit, & ces princes en ufent de même à l'égard du duc de *Parme*.

Droits

Droits du marché des bestiaux & des boissons.

Les droits sur les bestiaux & les vins se perçoivent, tant dans la ville que dans l'étendue du duché de *Parme*.

Dans la ville, le bureau pour la perception de ces droits, est établi sur la place où se tient, deux fois par semaine, le marché des bestiaux & des vins ; il y a dans l'hiver un bureau particulier pour les porcs ; dans les campagnes, les buralistes ou douaniers sont chargés de cette perception.

Ces droits, connus sous la dénomination de *droits de contrats*, sont perçus d'après un tarif inscrit dans le livre d'or, sur les ventes & achats des bestiaux vifs, & sur la vente des vins en gros ; ils sont payés, moitié par le vendeur & moitié par l'acheteur ; & s'il arrive que l'un des deux soit exempt, on ne perçoit que la moitié du droit. Le droit de contrat semble peu différent de celui que l'on connoît en France sous le nom de sou pour livre ou droit de gros, dû également sur les vins & sur les bestiaux.

Le même tarif comprend aussi quelques droits qui sont perçus à l'abatis des bestiaux, & à la vente du vin en détail dans les cabarets ; ces droits sont plus considérables & plus multipliés dans les villes que dans les campagnes.

Comme les droits sur les vins en gros, sont fixés à tant par livre du prix de la vente, les redevables déclarent des prix inférieurs à ceux auxquels ils sont vendus : on est occupé des moyens de prévenir ces abus.

Les cabaretiers de la ville de *Parme* & de la banlieue, sont sujets à des exercices qui représentent imparfaitement ceux qui ont lieu en France dans les pays d'aides ; dans les campagnes les cabaretiers sont abonnés.

Les droits sur la vente des vins en détail reviennent, en y comprenant l'entrée, à raison de six livres, ou trente sols, monnoie de France, par *brente*, mesure qui contient la quantité de soixante-douze pintes, mesure de Paris. On accorde aux cabaretiers une demi brente, ou trente pintes par tête, tous les mois, pour la consommation de leur famille, à l'exception néanmoins des enfans au-dessous de sept ans. On leur fait en outre, tous les six mois, une remise de cinq pour cent sur la totalité de la vente qu'ils ont faite.

Dans les campagnes où la consommation des bestiaux n'est pas assez considérable pour supporter les frais d'exercice, les droits à l'abatis sont perçus par abonnement fait avec chaque boucher.

Le commerce des bestiaux, & notamment celui

---

des porcs, est très-considérable dans le duché de *Parme*, & exige qu'on lui procure des facilités & des encouragemens.

Tous ceux qui élèvent des porcs sont tenus de fournir, au mois de juillet de chaque année, des déclarations, par écrit, du nombre qu'ils en possèdent ; ainsi l'on est à portée de connoître la quantité de porcs qui existent, & qui sont destinés à l'engrais, le nombre nécessaire pour la consommation du pays, & de permettre l'exportation du surplus ; ce qui procure des facilités au commerce & augmente le produit des droits de sortie. On s'occupe des mêmes arrangemens pour le gros bétail ; & l'on travaille pareillement à réformer les abus qui résultent des privilèges & exemptions de droits sur les bestiaux & sur les vins, qui ont eu lieu jusqu'à présent.

Droits des boucheries de Parme.

On perçoit dans les boucheries de la ville de *Parme*, un droit de quarante-trois sols neuf deniers, ou dix sols dix deniers de notre monnoie, sur chaque partie de vingt-cinq livres de viande qui se vend en détail.

Lorsque les bestiaux sont abattus, on pèse la viande en présence des commis qui sont établis à cet effet ; ils la prennent par charge, en compte ouvert avec les bouchers : on fait l'arrêté le jeudi de chaque semaine, & les droits sont acquittés sur le résultat de la vente : on déduit aux bouchers, le montant de ce qu'ils ont fourni aux personnes qui sont exemptes, suivant les certificats de ces mêmes personnes ; mais comme ces exemptions donnent lieu à des fraudes & à des abus, on s'occupe des moyens de les faire cesser.

Droits des moutures.

Les droits de mouture se perçoivent sur les gros & menus grains qui sont moulus, sur le pain qui est destiné à être vendu & sur les pâtes.

Pour chaque stare, ou soixante-douze livres pesant de blé de froment,

Le particulier paie une livre quinze sous du pays, ou huit sous neuf deniers de France.

Le boulanger, quatre livres deux sous, ou vingt sous six deniers de France.

Le fabricant de pâtes, quatre livres trois sous, ou vingt sous neuf deniers de France.

Pour chaque stare de menus grains, le particulier paie dix-sept sous six deniers, ou quatre sous quatre deniers de France.

Le boulanger & le faiseur de pâtes, deux livres un sous six deniers, ou dix sous quatre deniers de France.

Les boulangers de la campagne ne paient pour chaque ftare de froment, que quarante fous, ou dix fous de France. Les farines qui entrent dans la ville de *Parme*, paient, outre les droits qu'on vient de rappeller, un droit d'entrée de dix fous deux deniers de notre monnoie, par ftare de froment.

Lorfqu'on veut faire moudre du grain on eft obligé de le conduire au bureau de la mouture, où il eft pefé & enregiftré, & les droits acquittés.

De ce bureau il eft porté au moulin avec un bulletin qui eft remis au meûnier qui doit le rendre en farine dans un terme qui eft fixé.

Après la mouture, la farine eft reportée au bureau avec le bulletin, & lorfque l'identité eft reconnue, le propriétaire peut l'enlever; on obferve feulement de déchirer un coin du bulletin, afin qu'il ne puiffe plus fervir une autre fois. Les grains & les farines qui ne font pas accompagnés de bulletin, à l'exception des grains qui viennent directement au bureau, font dans le cas d'être confifqués; les boulangers & les fabricans de pâtes dans le plat-pays, font abonnés pour les droits qui les concernent.

Les mêmes exemptions que l'on a rapportées ci-deffus, ont lieu pour la mouture des grains; mais on s'occupe des moyens de les faire ceffer, ou au moins, de remédier aux abus qui en réfultent.

Un édit du 22 mai 1767, a ordonné la perception, pendant dix ans, de la moitié en fus des droits de mouture.

L'objet de cette augmentation eft:

1°. De faire rentrer dans le tréfor du prince le montant des fommes qui en ont été tirées pour les approvifionnemens faits pendant les deux années de difette que l'on vient d'éprouver.

2°. De fe procurer les fonds néceffaires pour un magafin d'abondance qui contiendra foixante mille ftares de grains.

Cette augmentation de droits porte fur toutes fortes de perfonnes indiftinctement, & fans aucunes exemptions. En conféquence, ceux qui étoient exempts auparavant, font tenus de payer, à titre d'augmentation, tant les anciens droits que les nouveaux, fur les grains qu'ils feront moudre.

Les grains qui fortoient de la ville de *Parme* pour le dehors, & qui n'étoient fujets à aucuns droits, acquittent actuellement ceux qui ont été mis par augmentation.

Droits de l'État de Pallavicini.

Ces droits, établis par les anciens feigneurs,

ont continué à être perçus depuis la réunion de cette province au duché de *Parme*.

Ils font connus, dans la ville & territoire de Borgo-Saint Domingo, fous la dénomination d'ancienne & nouvelle impofition, & fe lèvent fur différentes efpèces de marchandifes ou beftiaux; ils s'acquittent à la douane avec les droits du duché de *Parme*.

On y perçoit auffi un droit de quarante fous, ou dix fous de France, par ftare de grains deftinés pour les boulangers; un droit de huit fous du pays, par ftare de farine deftinée à faire du pain, & vingt-huit fous du pays par ftare de farine deftinée à faire des pâtes; les boulangers & les faifeurs de pâtes font abonnés pour raifon de ces droits.

La viande qui fe vend en détail paie deux fortes de droits qui reviennent à trois fols neuf deniers par vingt cinq livres; les bouchers font exercés pour ces droits.

Les vins qui fe vendent en détail font auffi affujettis à des droits qui reviennent à vingt-trois fous de France par brente, ou foixante-douze pintes, mefure de Paris; les cabaretiers font abonnés pour ces droits.

Dans les villes de Buffeto, Corte-Maggiore, Monticelli, Dongina, Caftelvetro, & leurs ritoires, les droits locaux ne portent que fur la fortie & le tranfit des beftiaux, marchandifes & denrées, dont la perception eft faite fuivant d'anciens tarifs renouvellés en 1729.

Droits de communautés.

Les principales villes & bourgs du duché de *Parme*, jouiffoient de certains revenus qui, en 1756, ont été réunis au domaine du prince, & qui confiftent dans les droits de péage, des droits de marché; dans des bois, prés, terres, moulins, fours, dépôts de gages & faifies.

La ville de *Parme* poffède auffi des revenus de ce genre, tels que la marque des cartes à jouer, le péage du pont d'Euza, la marque des toiles, la marque des pots & bouteilles, & le droit fur les fours à brique.

On va maintenant rendre compte des droits qui fe perçoivent dans le duché de Plaifance.

Droits de douane.

Les droits de douane qui fe perçoivent à l'entrée, à la fortie, & au paffage de toutes efpèces de marchandifes, denrées & beftiaux, font acquittés dans la douane principale, & dans foixante petites douanes qui font répandues dans toute l'é du duché de Plaifance.

Ces droits de douanes qui avoient été imposés dans l'origine, les uns par le gouvernement, les autres par la ville de Plaisance, ont été réunis, par un tarif du 17 juin 1702, eu un seul & même droit.

La situation de la ville de Plaisance sur le Pô, rend cette ville l'entrepôt des marchandises qui viennent de Gênes, pour se répandre dans la Lombardie; ces marchandises paient des droits de transit qui sont perçus en conséquence d'un tarif particulier.

La douane de Plaisance réunit la perception de différents droits qui, dans celle de Parme, ont chacun leurs bureaux, tels que les droits sur le foin, les bestiaux, les droits à l'abatis, les droits à la sortie des porcs & autres de ce genre : quand à la marque des cuirs & aux droits sur les poissons marinés, ils sont à Plaisance comme à Parme, du ressort des douanes.

Les augmentations qui ont été faites en 1763, des droits sur les marchandises de luxe & de prix, ont lieu dans le duché de Plaisance comme dans le duché de Parme.

Les exemptions des droits de la douane de Plaisance, sont les mêmes que dans le duché de Parme, & sont sujettes aux mêmes inconvéniens.

Les cabaretiers sont également abonnés dans la ville & la campagne pour les droits de détail; mais ces droits de détail sont beaucoup plus forts que dans le duché de Parme, puisqu'au lieu de six livres, trente sous de France, par bruete, ou soixante-douze pintes de vin, ils montent à quatorze livres dix sous, c'est-à-dire, trois livres douze sous six deniers de France.

Le commerce du duché de Plaisance embrasse les mêmes objets que celui du duché de Parme; les cocons & les soies, les fromages, les huiles, les savons, les bestiaux, les vins, les riz & les lins.

Les cocons paient à raison de quatre livres dix sous du pays par vingt cinq livres pesant; & lorsque la soie est filée elle paie encore vingt sous par livre.

La foire ou marché de cocons se tient dans la ville de Plaisance seule. La police y est la même qu'à Parme.

Les droits sur la soie sont fixés, pour l'entrée, à huit sous six deniers par livre, ou deux sols un denier de France; pour la sortie, à douze sous six deniers, & pour le transit, à six sous trois deniers du pays.

Il y a, dans la ville de Plaisance, un très-beau &

très-vaste moulin à organsins, dont la direction est confiée, par le gouvernement, à des personnes au fait du commerce; les trames & organsins qui en sortent, sont envoyés à Lyon & en Angleterre, & y sont très recherchés.

Les soies étrangères que l'on envoie dans ce moulin pour y être travaillées, paient pour droit de douane, cinq sous par livre à l'entrée, & autant à la sortie, c'est-à-dire, un sou trois deniers de notre monnoie.

Les porcs sont si abondans dans le duché de Plaisance, qu'il s'en fait un commerce très-considérable au dehors; ce qui augmente les produits des droits de douane.

Tout étranger qui arrive à cheval à Plaisance, paie un droit d'entrée par tête. Les courtisannes sont pareillement assujetties à ce droit; mais comme il doit se percevoir sur la déclaration, il est facile de sentir qu'il n'est d'aucun produit.

Droits du vin & du poisson frais.

Les vins & les poissons frais qui entrent dans la ville de Plaisance, sont assujettis à des droits imposés par la ville, & qui sont réglés par des tarifs particuliers.

Droits de boucheries.

Les droits sur la vente en détail de la viande, font partie des douanes dont les commis exercent les bouchers; il n'y a d'exempt de ces droits que l'évêque & les officiers des cours.

Droits de mouture.

Les droits de mouture ont été imposés anciennement, par la ville, sur tous les grains qu'on y fait moudre.

Le particulier paie par stare, ou soixante-douze livres pesant de froment, & de méteil, vingt sols du pays, & quinze sols pour les menus grains.

Les boulangers de la ville, outre ces droits, paient vingt sols de plus par stare de froment.

Les boulangers de la campagne sont abonnés.

Il y a dans Plaisance des boulangers & des fourniers.

Le boulanger est celui qui fait du pain pour le vendre au public.

Le fournier reçoit la pâte toute pétrie & la fait cuire dans son four : le boulanger ne peut empiéter sur les fonctions du fournier.

Les mêmes exemptions qu'à Parme ont lieu dans le duché de Plaisance pour les droits de mouture.

L'augmentation qui a été établie dans le duché de *Parme*, fur les droits de mouture, n'a point lieu dans celui de Plaifance, parce que le prince n'a point été obligé d'y pourvoir à la fubfiftance du peuple; il y a un tribunal dont les fonctions font de veiller à ce que les marchés foient fuffifamment garnis de grains & qui en règle le prix.

Droits locaux de Fiorenzuola.

La ville de Fiorenzuola, indépendamment des droits de douane, eft affujettie à des droits locaux & particuliers, tel que le droit ducal qui fe perçoit à l'entrée, à la fortie, & au paffage des marchandifes & denrées; le droit de fept fols fix deniers par brente de vins qui fe récolte dans l'étendue de fon territoire; le droit de contrat qui confifte dans un fou par brente de vin vendu en gros; & enfin, le droit de détail fur les cabaretiers à raifon de cinq livres cinq fols par breute; il eft dû auffi un droit d'abat & de contrat fur les beftiaux ont porcs; un autre de quatorze fols du pays par chariot, de foin qui fe récolte dans le territoire.

Perfonne n'eft exempt de ces droits, pas même les eccléfiaftiques.

Droits de l'État Landi & Borgotaro.

L'État Landi étoit compofé des bourgs de Bardy & Compiano; il appartenoit aux marquis de Landi, maifon très-ancienne dans le duché de Plaifance; les Farnèfe l'ont réuni, ainfi que Borgotaro & fon territoire, à leur domination; ces diftricts ont leurs ufages particuliers, & font affujettis à des droits locaux, tels que les droits de douane & les droits fur les beftiaux & boiffons, tant à la vente en gros qu'au détail.

Privilèges.

Il exifte dans le duché de Plaifance divers privilèges exclufifs, tels que ceux de la fabrication des verres & de la fabrique du vinaigre; ces privilèges s'afferment à la chaleur des enchères.

Droits de communautés.

La ville de Plaifance jouiffoit de différens droits & revenus, qui confiftent dans la marque des poids & balances, la marque des pots & bouteilles, les dépôts des gages & faifies.

Quelques autres villes jouiffoient des droits de péage, de marché, de moulins de boulangeries & boucheries; ces droits ont été réunis au domaine du prince en 1756.

DES droits qui fe perçoivent dans le duché de Guaftalle.

Droits de douane

La ville de Guaftalle eft fituée à peu de diftance du Pô; ainfi on y connoît, comme à Plaifance & à Parme, deux fortes de douanes, celle de terre & celle de rivière.

Les droits de terre portent fur les mêmes objets que ceux des douanes des duchés de Parme & de Plaifance.

La douane de rivière ne perçoit qu'un droit de tranfit, & celui qui eft connu fous la dénomination de fonds de bateaux; toutes les marchandifes, à l'exception des grains, vins, foins, bois & poiffons, paient à raifon de quatre livres du pays, ou vingt fous, monnoie de France, par fomme de cinq cens livres pefant, & en outre, huit pour cent du montant du droit pour l'agio de l'efpèce. La continence ou portée des barques, fe juge à l'eftimation fur les bulletins ou acquits des douanes étrangères dont les patrons font munis; en cas de foupçon, on fait pefer tout le chargement. Ces droits ont été impofés par les ducs; le dernier tarif a été publié par les ordres du duc Antoine-Ferdinand de Gonzague.

On étoit dans l'ufage de ne point exiger de droits fur les petites parties de marchandifes au-deffous de vingt-cinq livres pefant; mais cet ufage a été aboli en 1763, en même tems qu'on établit, dans les douanes de Guaftalle, l'augmentation qui a été ajoutée aux droits exiftans.

Les mêmes exemptions que dans les deux autres duchés, ont lieu à Guaftalle.

Les droits de boucheries & de vente de boiffons en détail, font affermés aux bouchers & aux cabaretiers; on afferme en même-tems le droit de fix deniers qui fe perçoit fur chaque livre de porc que l'on tue depuis le mois d'octobre jufqu'au carême.

Le duché de *Guaftalle*, quoique d'une très-petite étendue, produit beaucoup de grains, de beftiaux, de porcs, de vins, de cocons & de chanvres; l'exportation de ces denrées procure de l'aifance aux habitans, & augmente les droits.

Les marchés ou foires de cocons fe tiennent à *Guaftalle*, à Luzara & Reggiolo; on y obferve la même police qu'à *Parme* & à *Plaifance*; le cocon paie, en totalité, cinq livres cinq fols du pays, pour un poids de vingt-cinq livres.

La foie ne reçoit d'autre apprêt dans le duché de *Guaftalle*, que la première filature: on fe propofe d'y établir des manufactures pour la travailler en trame ou organfin.

Droits de mouture.

Les droits de mouture font de deux fortes, le caméral & le droit de communauté.

Le caméral se perçoit en nature, à raison d'un huitieme de stare par sac de froment & de maïs ou blé de Turquie que l'on fait moudre ; le sac est composé de deux stares, qui font cent quarante-quatre livres, poids de France.

Quant à ceux qui sont exempts de ce droit, il n'est perçu que sur la portion qui appartient à leurs fermiers ou métayers.

On rassemble dans des greniers les grains qui proviennent de cette perception, & on les fait vendre ensuite au cours du marché.

Le droit de communauté se perçoit en argent; il n'étoit anciennement que de dix-neuf sols du pays par sac; actuellement le boulanger & les marchands de farine paient quatre livres du pays ou vingt sols par sac, & les autres quarante sols; ceux qui font moudre des grains sont obligés de payer les deux droits en même tems.

Le droit de mouture, dans le bourg de Luzara & son territoire, est en partie caméral & en partie de communauté.

Le droit caméral est de trois livres par sac de farine, pour les boulangers; de quarante sols par sac pour les particuliers, & de trente sols par sac de farine de blé de Turquie, pour les marchands de farine.

Le droit de communauté consiste dans une capitation annuelle, qui est réglée à cinquante sols pour tous les particuliers.

Le droit de mouture, à Reggiolo, est purement caméral ; il est fixé à six livres du pays par sac de farine de froment, à trois livres par sac de blé de Turquie, pour les boulangers & les marchands de farine ; on paie en outre cinq sols pour le bulletin, qui est délivré à tous ceux qui font moudre.

Les exemptions du droit de mouture portent, à Guastalle, sur les mêmes personnes que dans les duchés de Parme & de Plaisance.

Tous les actes & contrats qui, dans les districts de Luzara & de Reggiolo, sont passés pardevant notaires, sont sujets à un droit d'insinuation ou contrôle.

On paie pour les ventes, les constitutions & amortissemens des rentes, sept & demi pour cent du capital.

Pour les dots, deux & demi pour cent, & en cas de restitution, cinq pour cent; pour les permutations ou échanges, cinq pour cent.

En cas de contravention, on paie le double

droit, & dix écus d'or, qui reviennent à environ dix-huit livres, monnoie de France.

Les notaires sont tenus de déclarer, dans la huitaine, les actes qu'ils ont passés, à peine de nullité de ces actes : les baux à ferme ne paient aucun droit.

Privilèges.

Les privilèges exclusifs, tels que la fabrique des pots & vaisselle de terre, la manufacture des chapeaux, la vente des huiles d'olive, la vente exclusive, à Luzara & à Reggio, des papiers, cartons, cartes à jouer, & des verres, sont affermés à la chaleur des enchères, pour trois, six ou neuf années.

Droit de communauté.

Il consiste principalement, à Guastalle, dans le péage sur le Pô, & se perçoit en conséquence d'un tarif particulier.

On va actuellement rendre compte des privilèges exclusifs & des droits nouvellement établis, qui sont communs aux trois duchés de Parme, de Plaisance & de Guastalle.

Impôt ou Gabelle du Sel.

Dans les duchés de Parme & Plaisance, la fabrication & la vente du sel, & dans le duché de Guastalle, la vente du sel, appartiennent au souverain.

Il est nécessaire de donner une idée de cette fabrication, avant d'entrer dans les détails qui concernent l'impôt.

Au pied du mont Apennin, à vingt-cinq milles de Plaisance, ou environ neuf de nos lieues, & à vingt milles de Parme, est un bourg nommé Salso, au milieu duquel & à quatre milles à l'entour, sont plusieurs sources salées, dont les eaux sont recueillies & conservées dans des puits construits à cet effet; non loin de ces sources sont des bois pour fournir à l'aliment des usines dans lesquelles le sel se fabrique.

Ces sources produisoient anciennement la quantité de sel nécessaire pour la consommation des duchés de Parme & de Plaisance ; mais elles sont aujourd'hui insuffisantes, & l'on y supplée par le sel que l'on tire de la Sicile, & qui se trouve dans les ports de la mer Adriatique.

On avoit jusqu'à présent délivré ce sel tel qu'on le faisoit venir ; mais on a reconnu que c'étoit ouvrir la porte à la contrebande, parce que les faux-sauniers de la riviere de Gênes avoient la facilité de s'en procurer de semblable dans les ports de cette république ; & l'on a imaginé, pour prévenir des fraudes, d'identifier ce sel avec celui

de Salfo , dont la qualité est entièrement différente de celle du sel des contrebandiers; on donne
même , d'après ce qui se pratique en Toscane depuis plus d'un siecle, une légère teinture au sel
que l'on destine pour certains districts , & par ce
moyen la contrebande n'est plus praticable, ou se
découvre très-facilement.

Vente & distribution du sel.

On distingue , dans les états du duc de *Parme* ,
le sel d'impôt , le sel de vente volontaire, le sel
des exempts & privilégiés , & le franc-salé.

L'impôt est de deux sortes :

1°. La plupart des bourgs & paroisses des duchés de *Parme* & de *Plaisance* situés dans la montagne , sont imposés à une quantité de sel relative
à l'étendue des fonds qu'ils cultivent , au nombre
des colons , & à la quantité des bestiaux qu'ils
peuvent avoir.

Le sel se paie & s'enleve par quartiers; les
syndics apportent , au commencement de chaque
quartier , à *Parme* & à *Plaisance* , le montant de
la taxe; le trésorier du prince leur donne une
quittance , & le bureau des finances un ordre,
qu'ils portent au grenier à sel, où on leur délivre
la quantité de sel fixée pour leur paroisse; ils en
font ensuite la distribution à chaque famille , à
proportion de ce qu'il revient à chacun.

L'autre forme d'imposition n'a lieu que dans
les districts de Borgotaro , Bardi , Campiano ,
Ciano , Castel, Arquato, & dans les autres districts qui ont été nouvellement assujettis à prendre
le sel dans les greniers du prince ; comme le sel
leur a été accordé, dans les commencemens , à
un prix très-modéré , on a cru devoir imposer
chaque habitant à raison de dix-huit livres par an,
à l'exception seulement des enfans au-dessous de
trois ans. L'imposition a lieu sur les dénombremens , que l'on a soin de faire fournir tous les
ans , à la fin de l'année ; & cette maniere d'imposer s'appelle *le sel bocciatico* , ou le sel imposé
par bouche ; les syndics & consuls paient le sel
& en font la distribution.

La vente volontaire a lieu dans les villes de
Parme & *Plaisance* , & dans les bourgs & paroisses du plat pays & des environs ; ce sont les
regratiers qui en sont chargés; on leur accorde
depuis cinq jusqu'à dix pour cent, suivant les
endroits.

Le prix commun du sel est de quinze livres,
ou de trois livres quinze sols de France par vingt-
cinq livres pesant , dans le duché de *Parme* ; de
douze livres du pays ou trois livres de France,
dans le duché de *Plaisance* ; & de cinq livres douze sols du pays , dans le duché de *Guastalle.*

Dans les districts où le sel est imposé par bouche , il ne se vend que la moitié du prix ordinaire.

Quant aux exempts & privilégiés , on les distingue en deux classes.

La premiere comprend le clergé séculier &
régulier , les hôpitaux & maisons de retraite.

La seconde comprend la maison de son altesse
royale & ses domaines, les officiers de justice,
les bureaux du prince , les militaires, les professeurs de l'université , les peres qui ont douze enfans , & quelques maisons privilégiées.

Parmi le clergé régulier, tous les ordres mendians & les hôpitaux reçoivent le sel gratis ; les
couvens rentés le paient sur le pied des tarifs ; le
prix en est très-modique.

Les maisons religieuses des deux sexes & les
hôpitaux doivent présenter , tous les six mois,
au tribunal des finances de *Parme* , ou à ses subdélégués à *Plaisance* & à *Guastalle*, des états
exacts de toutes les personnes qui composent leurs
monasteres , & de leurs domestiques ; on leur expédie en conséquence un ordre pour aller lever
au grenier, le sel qui leur est nécessaire pour le
semestre.

Quant au clergé séculier, le délégué ecclésiastique du ressort met son certificat sur le carnet
dont chaque ecclésiastique est porteur ; il délivre
en outre un billet, qui reste au grenier , comme
piece justificative de la délivrance qui a été faite.
La fixation , pour les simples clercs, est de vingt-
cinq livres de sel par année.

Pour ceux qui sont dans les ordres sacrés , cinquante livres.

Et pour les bénéficiers & ceux qui ont quelque
dignité, soixante-quinze ou cent livres.

Dans les villes de *Parme* , *Plaisance* & *Guastalle* , les officiers des greniers à sel sont mi-partis ;
les uns sont établis par le prince directement,
les autres par l'administration.

Ces officiers sont chargés de la délivrance &
distribution du sel d'impôt, du sel imposé par
bouche , du franc-salé, du sel de privilege &
du sel des regratiers : ils sont pareillement la vente
en détail jusqu'à la concurrence de douze livres
& demie pesant. Ce sont les peseurs même du
bureau , qui font office de regratiers, moyennant
des remises qui leur sont accordées sur le sel qui
est délivré.

Les produits de la partie du sel qui est vendue
dans le duché de *Parme* , appartiennent , pour
une portion , à la ville de *Parme* , qui est chargée

du paiement des voitures qui y transportent le sel de Salso.

C'est le grenier de *Parme* qui est chargé des achats qu'il est nécessaire de faire du sel étranger.

Dans le duché de *Guastalle*, l'impôt du sel n'a point lieu ; on n'y connoît que la vente volontaire & la vente aux privilégiés.

Les réglemens concernant la gabelle & le faux-saunage, ont été renouvellés & rassemblés dans une ordonnance du 12 Octobre 1754. Les peines contre le faux-saunage sont très rigoureuses.

Fermes unies des tabacs & eaux-de-vie.

La fabrication & la vente exclusive des tabacs, eaux-de-vie & liqueurs, forme une des principales branches des revenus du duc de *Parme* : ces deux privilèges sont affermés à un même fermier.

Ce fermier est le seul qui ait le droit de faire entrer des tabacs, tant bruts que travaillés ; il peut même en planter & en cultiver, s'il le juge à propos, & faire préparer les tabacs bruts, pour les exposer en vente ; les prix auxquels les tabacs doivent être vendus, sont fixés par des tarifs, qui ne peuvent être changés que de l'autorité du gouvernement.

L'entrepôt général des tabacs est à *Parme*, & c'est ce magasin qui approvisionne les bureaux des trois duchés. Les réglemens concernant le tabac, ont été rappellés dans un réglement qui a été renouvellé le 5 Octobre 1757.

L'administration seule a le droit de faire distiller les vins pour les convertir en eaux-de-vie & en fabriquer des liqueurs ; on tolère cependant aux apothicaires & aux pharmacies des communautés religieuses, l'usage d'un petit alambic pour distiller les fleurs, & en exprimer les essences & les esprits pour la composition des drogues.

L'administration tient plusieurs fabriques ou laboratoires ; celui de *Parme* est assez considérable ; mais il le cède à ceux de *Guastalle* & de *Reggiolo*, qui sont occupés pendant toute l'année, parce que les vignes étant très-multipliées dans le duché de *Guastalle*, on y achète une quantité immense de raisins, que l'on convertit en vins, eaux-de-vie & esprit-de-vin.

Différens propriétaires obtiennent des permissions de distiller ; mais ils sont tenus de remettre, dans les magasins de l'administration, les eaux-de-vie qui proviennent de cette distillation, moyennant le prix convenu.

Les liqueurs de toutes espèces ne se fabriquent que dans la seule ville de *Parme*.

Le fermier des eaux-de-vie est seul chargé d'en vendre, conformément aux prix fixés par les tarifs.

Ferme des poudres & salpêtres, & du vitriol.

Le droit de tirer le salpêtre, la fabrication & la vente de la poudre, & le droit de faire commerce avec l'étranger de ces deux genres de marchandises, est donné, à titre de ferme, dans les trois duchés.

Les salpêtriers sont autorisés à se transporter partout, pour y prendre le salpêtre, en se conformant aux règles qui leur sont prescrites ; ils jouissent de quelques exemptions, telles que le service militaire, les droits de péage, & autres.

On fabrique de la poudre de quatre sortes ; la poudre fine, la poudre grise & la poudre de munition : le prix de chaque espèce est fixé par des tarifs qui ne peuvent être changés que par les ordres du gouvernement.

Le salpêtre, qui forme un objet de commerce, n'a point de prix fixe.

Loterie à l'instar de Gènes.

Cette loterie est exactement la même que celle connue en France sous la dénomination de loterie de l'école royale militaire, changée & amplifiée sous le nom de loterie royale de France, comme on l'a dit au mot LOTERIE.

Papier timbré.

L'établissement du papier timbré dans les duchés de *Parme*, *Plaisance* & *Guastalle*, ne remonte qu'à l'année 1753. Les réglemens qui ont lieu sur cet objet, sont les mêmes que ceux que l'on observe en France.

Droits de notulation.

Sous cette dénomination sont compris les droits de contrôle & insinuation, tels qu'ils sont établis en France.

Nouvel impôt sur les cuirs.

Cet impôt, établi en 1758, porte sur deux objets différens, l'un de commerce, l'autre d'établissemens de droits.

Quant au commerce, les bouchers & autres sont tenus de porter les peaux des bêtes qu'ils abattent ou qui meurent, aux magasins établis à cet effet dans les villes & chefs-lieux de chaque arrondissement ; le prix de ces peaux est payé à raison du poids, suivant des tarifs qui sont arrêtés à cet effet.

Ces peaux sont ensuite vendues aux fabricans, & le bénéfice consiste en ce que le prix de l'achat est inférieur à celui de la vente, qui est pareillement fixé par des tarifs.

Quant au second objet, les peaux que les fabricans font venir de l'étranger pour les tanner & apprêter, font assujetties à un droit, qui représente le bénéfice que le gouvernement auroit fait s'il les eût vendues.

Les cuirs tannés & apprêtés qui viennent de l'étranger, font pareillement assujettis à un droit de neuf livres dix fols, monnoie du pays, ou quarante-sept fols six deniers de France, pour vingt-cinq livres pesant.

On perçoit enfin, par proportion, les mêmes droits sur les ouvrages en cuir, tels que les bottes, les harnois & les souliers qui viennent de l'étranger.

Postes aux lettres & aux chevaux, couriers.

Les postes aux lettres font établies à peu près comme en France, & le ministre en a la sur-intendance; les détails de l'administration en sont confiés à un intendant-général, auquel sont subordonnés les directeurs & autres employés, les maîtres de poste & les couriers.

Les postes aux chevaux font affermées à la chaleur des enchères, avec le droit de tenir auberge, & les autres privilèges qui en dépendent.

Le gouvernement fournit les maisons de postes & une partie des effets nécessaires pour les monter; mais le maître de poste est obligé de les entretenir & de les rendre en bon état à la fin de son bail, ou d'en payer la valeur.

Cette partie d'administration vient d'être mise parfaitement en règle: les postillons portent tous la livrée du prince.

Exploitation des mines de fer.

Dans les montagnes de l'Apennin, à trente mille de Plaisance & aux environs, il existe des mines de fer, à portée desquelles le gouvernement a fait construire des forges considérables.

On étoit dans l'usage de donner, à titre de ferme, l'exploitation de ces mines & de ces forges; mais depuis quelques années, elles font dans la main du prince, qui les fait valoir, & qui, par ce moyen, prend les mesures convenables pour perfectionner différens genres d'ouvrage, qui promettent déjà les plus heureux succès.

Privilèges de différentes espèces.

L'achat & la vente des chiffons qui servent à la fabrication du papier, forment un privilège exclusif, qui se donne, à titre de ferme, au plus offrant & dernier enchérisseur.

Le fermier achète les chiffons de ceux qui les ramassent sur le pied & eu égard à leur qualité: s'il en a plus que ses moulins ne peuvent en consommer, il obtient la permission de les vendre à l'étranger.

Privilège du plâtre & de la craie dans le duché de Parme.

Le plâtre & la craie se trouvent dans le territoire de Bargone, village situé entre Borgo-Saint-Domingo & Salso; ceux qui en font l'extraction font obligés de les vendre à celui qui a affermé ce privilège, & celui-ci doit en tenir des magasins dans les villes & bourgs, pour en approvisionner le public; ceux qui font destinés pour le service du prince, font vendus à un quart moins que ceux qui font achetés par le public.

Privilèges des œufs & volailles de Borgo, Saint-Domingo & Monticelli.

Le fermier de ce privilège a seul le droit d'acheter dans les marchés les œufs & la volaille; mais il ne peut faire ses achats que lorsque les particuliers ont fait leurs provisions.

Privilège de l'huile à brûler.

Ce privilège, qui consiste dans la fabrication & la vente exclusive de l'huile à brûler, a été supprimé dans le duché de Parme; mais il subsiste dans celui de Plaisance, & s'afferme à la chaleur des enchères.

Biens allodiaux & dépendances.

Sous la dénomination de biens allodiaux font compris les domaines fonciers du prince, tels que les terres de Colorno, Sala, Cornochio, Fonteriro, dans le duché de Parme, beaucoup d'autres dans le duché de Guastalle, & les droits de pêche, les moulins, les droits de cabarets, de boucheries, de ponts, bacs, péages & autres de ce genre.

Revenus fixes.

Ces revenus consistent dans la taxe du sel forcé, dont on a rappelé les détails, & dans les collectes, qui forment une sorte de taille réelle, qui est imposée sur les biens, maisons, moulins & rentes.

Dans le duché de Parme, chaque biolche de terre comprend huit cens toises quarrées de France, & paie, suivant la qualité des terres, qui sont divisées en trois classes, trente sols, quarante sols, ou cinquante sols du pays; ce qui revient à sept fols six deniers, dix sols, & douze sols six deniers de France.

Les maisons paient dix pour cent du montant des loyers.

Les

Les moulins paient à raison de tant par roue tournante; la plus forte taxe n'excède pas vingt-deux livres dix sols par an, ou cinq livres douze sols six deniers, monnoie de France.

Les fonds eccléfiaftiques ont toujours été réputés exempts de la collecte; mais comme les eccléfiaftiques ont joui jufqu'en 1764, dans les trois duchés, de la faculté d'acquérir, & qu'au moyen des acquifitions qu'ils avoient faites, les fonds des particuliers fe trouvoient furchargés, parce qu'on vouloit retirer de l'impofition le même produit, il a été ordonné que les fonds acquis par les eccléfiaftiques & gens de main-morte depuis la formation du dernier cadaftre, qui remonte à cent cinquante années, feroient affujettis à la collecte.

Taxe du folde militaire.

Tous les gens de la campagne des Etats de l'infant font infcrits & enrôlés à la milice depuis l'âge de quatorze ans jufqu'à quarante, & non au-delà: chaque milicien doit payer, par chaque mois, vingt-quatre fols du pays, ou fix fols de France. C'eft le produit de cette taxe qui forme le folde militaire: au moyen du paiement de cette impofition, le milicien eft difpenfé de différentes corvées, & jouit de quelques exemptions.

Les milices font formées par régiment; le colonel réfide dans le chef-lieu de l'arrondiffement, & fait paffer fes ordres aux capitaines & lieutenans, qui, de leur côté, réfident dans les bourgs ou villages où font les compagnies.

Les capitaines font chargés du recouvrement de la taxe, dont ils remettent le produit, les uns à *Parme*, les autres à *Plaifance*, où réfident les généraux de la milice de chaque duché.

Au moyen de cet établiffement, qui doit fon origine à un prince de la maifon de Farnèze, toute la jeuneffe de l'Etat fe trouve enrôlée, non-feulement fans qu'il en coûte rien au fouverain, mais en lui fournissant, au contraire, une branche de revenu.

Les compagnies de grenadiers portent l'uniforme lorfqu'elles font de fervice; le refte n'en a point: une partie de cette milice eft à cheval.

Tout milicien peut avoir un fufil chez lui; mais il ne peut le porter que lorfqu'il eft commandé; on ne peut le faire affigner fans une permiffion du général: ces petites prérogatives lui font acquitter la taxe fans aucune répugnance.

On emploie les miliciens dans toutes les occafions qui intéreffent la police & le bon ordre, dans les incendies, les inondations, & le paffage des contrebandiers.

Le duc de *Parme* pofsède un grand nombre de cens, rentes & redevances, dont une partie fe paie en nature, & une autre en argent: les plus confidérables font celles de Fonteriro, Sala, Bardi & Compiano.

Les Juifs paient une taxe annuelle pour la liberté qu'on leur accorde de faire le commerce & d'habiter dans les Etats du duc de *Parme*; mais ils ne peuvent faire leur réfidence dans les villes de *Parme* & *Plaifance*.

PARTI, f. m., qui, en France, fignifie traité, marché que des particuliers font avec le roi pour une création d'offices, pour une nouvelle impofition. Ainfi on dit, telle affaire a été mife en *parti*. On a donné, en conféquence, le nom de partifans & traitans, à ceux qui prenoient des affaires en *parti*. Jamais la méthode de mettre les affaires en *parti* ne fut plus en ufage fous le miniftère des cardinaux de Richelieu & de Mazarin, jufqu'à celui de Colbert en 1661. Voici comme en parle M. de Forbonnais, dans fes *Recherches & confidérations fur les finances*.

Il avoit été fait diverfes créations de rentes, pour en appliquer le capital à des remboursemens d'offices, de gages & d'aliénations fupprimées, dans le deffein d'en réunir le produit aux fermes. Mais les liquidations néceffaires en cette circonftance, fournirent le prétexte de plufieurs vexations. Les effets publics fe trouvèrent tellement multipliés qu'ils s'avilirent, parce que l'Etat n'y pouvoit faire honneur.

Par divers traités avec les gens d'affaires, on entreprit, foit de rembourfer des charges & des rentes, foit de retirer des aliénations au profit du roi; ces traités n'avoient fervi qu'à leur faciliter de nouvelles rapines. Le befoin continuel où l'on étoit d'eux, leurs alliances avec les premières familles de l'Etat, avoient engagé le miniftre à diffimuler.

Les partifans, au lieu de procurer au roi, au moins une partie du bénéfice qu'offroit l'achat des effets décriés, les achetèrent eux-mêmes à vil prix, & les paffèrent en compte à-peu près fur le pied de la conftitution originaire. Pour couvrir ce manège, ils fe procuroient des ordonnances de comptant fur le tréfor royal, & en y remettant les contrats quittancés ils paroiffoient avoir rempli leurs engagemens.

D'autres, plus adroits, paffoient les remboursemens au roi fur le pied effectif où ils les avoient faits, mais fe faifoient donner des remifes fi confidérables fur d'autres traités, que, de toutes les manières, l'Etat s'obéroit fous leurs ufures; car on leur accorda jufqu'au tiers de remife avec quinze pour cent d'intérêt.

P p

Pour les rembourfer eux-mêmes , il falloit de nouveau créer d'autres rentes & d'autres charges qui fe mettoient encore en *parti* à une remife confidérable , & qui fe négocioient dans le public fur le pied du denier quatre & cinq.

Malgré ces exemples de pertes confidérables pour l'Etat , dans les affaires mifes ou données en *parti* , ce n'eft que fous des miniftres habiles , & vraiment zélés pour le bien public , que cette manière a été proferite ; & malheureufement ils font rares. *Voyez* le mot OFFICES D'HUISSIERS-PRISEURS.

PARTICIPE , f. m. ; par lequel on défigne , en finances , une perfonne qui a une part fecrete dans un traité ou ferme du roi. Ce terme peut fe rendre par celui d'affocié. Mais il y a cette différence entre un traitant & un *participe* , c'eft que le premier eft engagé fous fon nom , envers le roi , comme caution de l'adjudicataire , au lieu que le *participe* n'a part à l'affaire que par un traité fecret paffé avec l'intéreffé auquel il prête des fonds.

Lorfque les traitans & financiers furent taxés à la chambre de juftice , ainfi qu'on l'a dit à ce mot , leurs *participes* fupportèrent une partie de la taxe.

Un édit du mois de juin 1700 , contient un règlement pour les traitans , fous-traitans , leurs cautions & *participes*.

On a vu beaucoup de *participes* dans le bail des fermes fait à Laurent David , & commencé au mois d'octobre 1774. Ils furent tous fupprimés en 1780. *Voyez* ce qui a été dit aux mots CROUPES & CROUPIERS.

Au refte , quoique le bon ordre & la juftice femblent exiger que l'autorité ne donne point de *participes* aux gens d'affaires , les circonftances , quelquefois , les forcent d'en prendre , en admettant au partage d'une portion de leurs bénéfices , les prêteurs dont ils obtiennent des fonds.

C'eft ainfi que quelques capitaliftes , d'ailleurs honnêtes & délicats , jufqu'à ne vouloir pas prêter argent au-deffus de l'intérêt légal de cinq pour cent , ne fe font pourtant pas de fcrupule de profiter du befoin des financiers ou partifans emprunteurs , pour exiger qu'ils les rendent *participes* d'un bénéfice de deux ou deux & demi pour cent dans le produit des fonds qu'ils ont prêté , & trouvent ainfi le moyen , en compofant avec leur confcience , de retirer de leur argent , fans peine & fans travail , un intérêt de fept & fept & demi pour cent.

On trouve dans la vie du maréchal de Villars , édition *in*-12 , 1784 , troifième volume , *pag.* 43 ,

que dans les premiers jours d'octobre 1722 , lorf-que le tarif des droits de contrôle des actes eut été enrégiftré , il fe préfenta des *partifans* qui en offrirent jufqu'à onze millions par an.

PARTIES CASUELLES , f. f. On a expliqué , au mot CASUEL , tome premier , *page* 209 , ce qu'on appelle *parties cafuelles* , en quoi confifte leur produit , & quel en eft le montant annuel. Celui qui eft chargé du recouvrement des droits dépendans des *parties cafuelles* , porte le nom de *receveur général des revenus cafuels*. C'eft ainfi qu'il eft qualifié dans l'arrêt du confeil d'état du 27 février 1780 , qui fixe fon traitement à vingt-cinq mille livres par an , à commencer de l'exercice de 1781 , indépendamment des gages , au denier vingt , de la finance de fon office , & fupprime toutes taxations fixes & cafuelles , toutes gratifications & attributions généralement quelconques. Jufqu'à cette époque , l'office de receveur général des revenus cafuels , avoit été regardé comme une mine d'or dont il n'étoit pas poffible d'évaluer le produit ; mais cet arrangement n'a pas été de longue durée ; en 1784 , les chofes ont été remifes dans leur premier état.

Les princes qui poffèdent des apanages ont auffi leurs *parties cafuelles* , pour les offices qui viennent à vaquer dans l'étendue de leur apanage.

M. le chancelier a de même fes *parties cafuelles* pour certains offices dont la nomination lui appartient.

PARTIE , f. f. , qui , dans la langue de la comptabilité , fignifie un article , une fomme portée dans un compte. Ainfi , quand la chambre des comptes ordonne quelque radiation , on dit , on a rayé une ou plufieurs *parties* de tel comptable.

Le mot de *partie* s'emploie auffi dans les paiemens que l'on fait & que l'on reçoit. Par exemple , j'ai touché deux *parties* de ma penfion de 1784 ; fa penfion fe paie en quatre *parties*.

PARTIES PRENANTES ; on appelle de ce nom les différentes perfonnes comprifes dans un rôle pour la fomme qui leur revient refpectivement , ou dans un état de diftribution de fonds.

On compte beaucoup de *parties prenantes* fur les domaines du roi. Lorfque chacune fe préfente pour recevoir la fomme qui lui eft affignée , elle doit produire le titre par lequel elle eft autorifée à recevoir.

PARTIES EN SOUFFRANCE ; terme de la chambre des comptes pour défigner celles qui préfentent quelques difficultés , qui exigent des éclairciffemens , & qui ne peuvent être allouées qu'après que les unes auront été levées ou les autres admis.

Suivant les déclarations du roi de 1695 & 1698, les auditeurs de la chambre peuvent donner aux comptables un délai de six mois pour rapporter les pièces propres à faire rétablir les *parties* laissées en souffrance.

PARTISAN, s. m. ; nom que l'on donnoit autrefois à un particulier qui prenoit des affaires du roi en parti. *Voyez* ce dernier mot ci-devant.

La définition qui se trouve du mot *partisan*, dans la première édition de l'Encyclopédie, est trop intéressante par le nom du laborieux écrivain à qui elle est dûe, M. de J., & trop curieuse en elle-même pour ne pas trouver une place ici.

On peut définir les *partisans*, des hommes qui bâtissent si vîte leurs fortunes aux dépens du public, qu'on en voit le faire aussitôt que les fondemens. Ce sont ces pâtres qui habitent les sables voisins de Palmyre, & qui, devenus riches par des traités avec l'Etat, achetent du plus pur sang des peuples, des maisons royales pour les embellir encore & les rendre plus superbes. Ces gens-là, dit un écrivain célèbre, exigeroient des droits de tous ceux qui boivent de l'eau de la rivière, ou qui marchent sur la terre ferme. Ils trafiqueroient des arts & des sciences, & mettroient en parti jusqu'à l'harmonie.

La ressource utile pour un tems très-court, mais dangereuse pour toujours, j'entends celle de vendre les revenus de l'Etat à des *partisans* qui avancent de l'argent, est une invention que Catherine de Médicis apporta d'Italie, & qui peut contribuer plus qu'aucune autre aux malheurs de ce beau royaume.

Les gros gains que font les *partisans*, en achetant du prince les subsides qu'il impose, sont nuisibles au monarque & au peuple. Ces gens-là sont également prêteurs & cautions ; en sorte qu'ils fournissent toujours la majeure partie des fonds, & le profit de leurs avances sert encore à grossir la masse de leurs biens. L'argent cherche l'argent, & chacun conçoit que les *partisans* possèdent des capitaux immenses gagnés dans le cours d'un petit nombre d'années ; ils sont en état d'acquérir les papiers les plus avantageux, d'en faire un monopole, enfin d'ajouter chaque jour quelque nouveau degré à leur fortune & à leurs dépenses.

PAS DE PENAS, s. m., qui est le nom d'un droit dû sur les bestiaux, à la sortie du Haynault, & auquel les chevaux ne sont point sujets. Ce droit est un de ceux qui fait partie des anciens octrois accordés aux Etats du pays par la domination espagnole, & dans lesquelles les provinces

trouvoient les moyens de fournir les subsides qui leur étoient demandés. Le droit de *pas de penas* a été réuni au domaine du roi, & affermé, avec tous ceux de ce genre, ainsi qu'on le voit dans le bail de Forceville, passé en 1738, article 495. *Voyez* ce qui en a été dit au mot BAIL, tome premier, *pag.* 76, au mot DOMAINE, même volume, *page* 620 ; & encore aux articles FLANDRES, & MEMBRES (QUATRE).

PASSAVANT, s. m. ; c'est le nom d'une expédition des bureaux des fermes, qu'on appelle simple, parce qu'elle ne porte aucun droit. Cette expédition se délivre dans le cas où les marchandises qui en sont l'objet ne sont sujettes à aucun droit par leur nature, par leur destination & par la route qu'elles tiennent pour y parvenir, de sorte qu'alors le seul effet de cette expédition est de justifier qu'elles ont été présentées au bureau des fermes pour y être visitées.

Suivant les articles 15 & 16 du titre 6 de l'ordonnance du mois de février 1687, sur le fait des cinq grosses fermes, les marchands voituriers, rouliers, messagers & autres, qui amenent des marchandises du dedans des provinces des cinq grosses fermes, & qui les font passer dans les quatre lieues proche de leurs limites, sont tenus, sous peine de trois cens livres d'amende, & de confiscation, de faire leur déclaration au bureau du lieu dont ils partent, s'il y a bureau, sinon au premier bureau de leur route, & d'y prendre des acquits à caution, encore que les marchandises soient destinées pour le dedans de la ferme.

De même ceux qui enlèvent des marchandises dans les quatres lieues, doivent aussi faire leur déclaration au bureau du lieu d'enlèvement ou au plus prochain, soit que les marchandises soient destinées pour ces quatre lieues, ou pour être portées plus avant. Ces dispositions furent ensuite confirmées par les lettres-patentes du 13 juillet 1725.

En 1746, pour donner plus de facilité aux colporteurs & marchands ambulans, on avoit restraint les quatre lieues frontières à une seule lieue, dans laquelle ils étoient obligés à l'acquit à caution ; dans les trois autres, il leur suffisoit de prendre un passavant, dont ils payoient seulement le papier timbré à raison d'un sol.

Il en résulta long-tems des abus ; la ferme générale les exposa ; les dispositions de l'ordonnance de 1687, qu'on vient de rappeller, furent remises en vigueur par l'arrêt du 13 août 1772. Quatre années après ce règlement, le commerce se plaignit de nouveau, & réclama l'usage des *passavans* dans les trois lieues en-deçà des frontières de la ferme. Le conseil décida, le 20 juin 1776, qu'on ne pouvoit pas déroger aux dispositions de l'arrêt du 13 août 1772.

PASSE-DE-BOUT, f. m. ; qui a-peu-près la même fignification que paffavant ; mais ce terme eft particulièrement en ufage dans la partie des aydes, pour défigner une expédition qui accompagne les vins, des eaux-de-vie, du poiffon même qui traverfent la ville de Paris, ou un pays fujet aux droits de quatrième, pour paffer à une deftination ultérieure ; mais ce *paffe-de-bout* oblige aux mêmes formalités qu'un acquit à caution, pour les droits des cinq groffes fermes, c'eft-à-dire, que le conducteur eft tenu de donner caution, avec une foumiffion de rapporter un certificat en bonne forme, juftifiant que les vins, les eaux-de-vie, le poiffon, ont rempli la deftination qui a été déclarée.

PASSEPORT, f. m. ; qui dans fa fignification rigoureufe veut dire permiffion de paffer.

On applique ce mot aux perfonnes & aux chofes. Dans le premier, c'eft une lettre ou un mandement accordé par le roi, ou par les commandans des frontières, à un particulier pour qu'il puiffe fortir du royaume ou aller d'un lieu à un autre, fans être inquiété, ni troublé dans fa marche.

Une ordonnance du roi, du 19 novembre 1765, défend à tous les artiftes, ouvriers & artifans établis dans le royaume, d'en fortir, fous quelque prétexte que ce foit, fans être munis de *paffeports* en bonne forme, à peine d'être pourfuivis extraordinairement.

Dans les *paffeports* accordés aux chofes, on en diftingue de deux fortes ; les *paffeports* qui procurent l'affranchiffement des droits, & ceux qui portent fimplement la permiffion d'introduire dans le royaume ou d'en exporter les marchandifes fpécifiées. Mais, dans l'un & l'autre cas, la vifite des objets doit toujours être faite au premier bureau d'entrée, ou à celui de l'enlèvement, de fortie ou d'arrivée. Le confeil a décidé, le 23 janvier 1751, que l'exemption même des droits n'emportoit pas l'exemption de vifite.

Les *paffeports* ordinaires pour l'entrée des marchandifes prohibées, font délivrés par le miniftre des finances, toujours fous la condition du paiement des droits, à moins que des confidérations majeures n'exigent une exception. Cette règle eft fondée fur les articles 393 & 394 du bail général des fermes fait à Forceville en 1738, & dont les claufes font toujours en vigueur. Voici la teneur de ces articles.

« Si nous permettons l'entrée ou la fortie des » marchandifes de contrebande, les droits appar- » tiendront à l'adjudicataire, & feront payés fui- » vant les tarifs ; & s'il y a des condamnations » d'amende, ou des confifcations, elles lui ap- » partiendront fans qu'il en foit comptable, & il

» ne fera tenu d'avoir égard aux permiffions qui » auront été données, fi elles ne font contrefi- » gnées de l'un de nos fecrétaires d'état, & vi- » fées du contrôleur général de nos finances.

» Les marchandifes & denrées qui feront defti- » nées pour notre fervice & ufage, & même les » armes, chevaux, munitions, vivres, meubles » & hardes, feront déclarées & vifitées dans les » bureaux de leur paffage, & elles feront fujettes » au paiement de nos droits, fi ce n'eft qu'elles » foient tranfportées en vertu de nos *paffeports*, » vifés par le contrôleur général de nos finances ; » au quel cas, il en fera tenu compte à l'adjudi- » cation, en rapportant le *paffeport* avec le certi- » ficat des conducteurs, contenant la liquidation » des droits ; à l'exception néanmoins des armes » deftinées pour notre fervice, qui feront exemp- » tes de droits, fuivant l'arrêt du confeil du 2 » mars 1728 ».

Long-tems avant les difpofitions de ces deux articles, un arrêt du confeil royal des finances, du 22 avril 1698, avoit ordonné que toutes les marchandifes & munitions deftinées pour le fervice du roi, & expédiées fous des *paffeports*, feroient exemptes de tous droits d'octroi, de péage, pontonnage & autres que ceux des fermes. Les motifs & le prononcé de cet arrêt, font d'autant plus intéreffans à connoître, qu'ils établiffent les véritables principes de la perception des droits dont il s'agit, & qu'en conféquence ils ne peuvent & ne doivent pas être exigés fur tout ce qui concerne le fervice du roi & la défenfe de l'Etat.

Le roi ayant, par divers arrêts de fon confeil, & par les *paffeports* expédiés en tous les tems, ordonné que les munitions & marchandifes deftinées pour fon fervice, feroient tranfportées & conduites aux lieux de leur confommation, fans payer dans ceux de paffage, aucuns droits aux fermiers de fes fermes, ni aux villes, communautés & feigneuries particulières ; fa majefté auroit depuis réfolu, dans le dernier renouvellement de fes fermes, d'affujetir aux droits d'icelles lefdites munitions & marchandifes, au lieu de tenir compte à fes fermiers, ainfi qu'elle avoit accoutumé de faire auparavant, des fommes auxquelles montoient les droits des marchandifes qui avoient paffé en franchife. Et quoique ce changement, qui n'eft que dans la forme, & qui n'a été fait que pour des raifons de la police & du bon ordre de la régie des fermes de fa majefté, ne puiffe être tiré à conféquence par lefdites villes, communautés & feigneuries particulières, quelques-uns d'entr'eux néanmoins, n'auroient pas laiffé de prétendre pouvoir auffi affujetir au paiement des droits d'octroi, péages, & autres à eux dûs, lefdites munitions & marchandifes, &

même en auroient fait faifir quelques-unes qui paffoient pour les arfenaux de marine, nonobftant des *paffeports*, contenant l'exemption defditsdroits d'octroi & de péages : ce qui eft une entreprife infoutenable, contraire aux ordonnances & règlemens, à l'ufage inviolablement obfervé & à leurs propres titres, étant certain que lefdits feigneurs particuliers, villes & communautés, ne peuvent tenir lefdits droits de péages & d'octroi, que de la conceffion de fa majefté, ou des rois fes prédeceffeurs ; lefquels ne font jamais préfumés avoir accordé ces fortes de privilèges contre eux-mêmes, ni au préjudice des droits royaux, dont la réferve a toujours été exprimée, & eft devenue une claufe du ftyle dans toutes les lettres-patentes : à quoi fa majefté voulant pourvoir, en prévenant d'un côté les retardemens & les contre-temps qu'une telle prétention pourroit caufer dans l'exécution de fes ordres, & donner de l'autre auxdits feigneurs particuliers, villes & communautés, les fecours juftes & néceffaires contre les abus & les fraudes qu'on pourroit commettre à leur préjudice, fous prétexte defdites exemptions. Oui le rapport du fieur Phelypeaux de Pontchartrain, confeiller ordinaire au confeil royal, contrôleur général des finances, fa majefté étant en fon confeil royal des finances, a ordonné & ordonne, que conformément à l'ufage obfervé jufques à préfent, toutes les marchandifes & munitions qui feront tranfportées pour les troupes, camps & armées de fa majefté, pour les vaiffeaux & galères, & pour les fortifications de fes places, en quelque lieu que ce-foit, en vertu des *paffeports* qu'elle fera expédier à cet effet, feront exemptes de tous droits d'octroi, de péages, & autres que ceux de fes fermes ; & en conféquence, fait défenfes à tous feigneurs particuliers, officiers des villes & communautés, leurs fermiers & receveurs de les arrêter, ni faifir, fous quelque prétexte que ce foit, pour raifon defdits droits, à peine de tous dépens, dommages & intérêts des voituriers & fourniffeurs, & d'être refponfables du retardement du fervice de fa majefté. Fait en outre pleine & entière mainlevée des faifies qui ont été faites marchandifes & munitions, & décharge les fourniffeurs qui fe font obligés au paiement defdits droits, de l'évenement de leurs foumiffions. Défend fa majefté auxdits fourniffeurs & voituriers, d'abufer defdits *paffeports*, & de faire paffer, fous prétexte d'iceux, en franchife defdits droits, aucunes autres denrées, marchandifes & munitions, que celles deftinées pour les caufes fufdites, à peine du quadruple des droits en faveur defdites villes, communautés & feigneurs particuliers, & de tous dépens, dommages & intérêts : auquel effet fa majefté permet auédites villes, communautés & feigneurs particuliers, leurs fermiers & receveurs, de faire fuivre les batteaux & autres voitures chargées defdites munitions &

marchandifes, jufques au lieu dudit déchargement, ou d'y faire trouver, fi bon leur femble, quelqu'un pour eux, qui pourra y être préfent ; & en cas d'abus de la part defdits fourniffeurs & voituriers, lefdites villes, communautés & feigneurs particuliers fe retireront pardevant les fieurs intendans des armées de fa majefté, de la marine & des galères, ou pardevant les fieurs intendans & commiffaires départis pour l'exécution de fes ordres dans les provinces, auxquels fa majefté enjoint d'y pourvoir chacun en droit foit, & de tenir la main à l'exécution du préfent arrêt. Fait au confeil royal des finances, fa majefté y étant, tenu à Verfailles le vingt-deuxième jour d'avril 1698.

Toutes les marchandifes accompagnées de *paffeports*, doivent être préfentées aux bureaux des fermes fitués fur leur paffage, pour que le receveur liquide les droits dûs en fon bureau, au dos même du *paffeport* ou de la copie collationée qui lui eft repréfentée. Cette opération étant ainfi renouvellée à tous les bureaux de la route qui tiennent les marchandifes, depuis le lieu de leur enlevement jufqu'à celui de leur deftination, il fuit de là qu'en réuniffant le montant de ces diverfes liquidations, l'adjudicataire des fermes voit celui de l'indemnité, qu'il eft fondé à réclamer pour les objets paffes en franchife.

Indépendamment de ce que ces fortes de *paffeports* s'accordent prefque toujours aux fourniffeurs, munitionaires, entrepreneurs d'approvifionemens pour le fervice de terre & de mer, & pour les hôpitaux militaires, il en eft également expédié aux ambaffadeurs, miniftres & envoyés des puiffances étrangères en France, & à ceux de France dans les cours étrangères, pour leur procurer l'affranchiffement de tous les droits fur ce qu'ils font venir pour l'ufage & la confommation de leur maifon.

Comme, à la faveur des termes généraux, d'effets, d'équipages, employés dans les *paffeports*, il arrivoit qu'on faifoit paffer, en immunité des droits, toutes fortes de marchandifes, ou prohibées, ou fujettes à des droits confidérables, il fut fait, par le roi, le 21 février 1770, un règlement pour prefcrire des règles certaines fur cette matière. On ne peut fe difpenfer de le rapporter.

ARTICLE PREMIER.

Les *paffeports* qui portent un terme fixe, ne feront valables que jufqu'à ce terme, à compter de leur date ; après lequel il feront regardés comme nuls, & les droits des marchandifes & effets y contenus, en pourront être exigés, à moins qu'il ne foit fourni, de la part de celui qui a obtenu le *paffeport*, une foumiffion à l'adjudicataire des fermes, de rapporter, dans le délai de trois mois, un nouveau *passeport*.

Si néanmoins les *passeports*, dont le terme se trouvera expiré, font pour des marchandises ou effets venus par mer, & dont l'arrivée aura été retardée par des vents contraires ou autres accidens; ils feront admis, en justifiant, par le conducteur des effets, des causes du retard, par un procès-verbal dressé par les officiers de l'amirauté du port d'arrivée, sur la déclaration de l'équipage; & ce procès-verbal sera remis au bureau des fermes, conjointement avec le *passeport*, pour en opérer la validité. Pourra néanmoins le conducteur se dispenser de rapporter ledit procès-verbal, s'il aime mieux donner au bureau des fermes du port, une soumission d'une personne domiciliée & solvable, de rapporter dans trois mois un nouveau *passeport*.

Au cas de refus de la part du conducteur, de remettre le procès-verbal ou la soumission, il sera libre au fermier d'exiger les droits; & il en sera de même, dans le cas où, ladite soumission ayant été faite, le nouveau *passeport* ne seroit pas rapporté dans le terme prescrit.

I I.

Les *passeports* qui ne marqueront pas jusqu'à quel tems ils feront valables, feront regardés comme nuls après l'année expirée, à compter du jour de leur date.

I I I.

Les munitionnaires ou régisseurs des vivres, & les commissaires aux transports d'effets militaires, auxquels il est d'usage de remettre des *passeports* pour une année, d'octobre en octobre, continueront de remettre au bureau des *passeports*, à l'hôtel des fermes, leurs *passeports* généraux, & à faire leur service de détail, sur les copies collationnées de ces *passeports*; mais ces copies ne feront admissibles dans les bureaux des fermes, qu'autant qu'elles feront collationnées par un secrétaire de marine, avec déclaration mise au bas, & signée desdits commissaires, régisseurs & munitionnaires, des espèces & quantités auxquelles ils auront déterminé l'usage de chaque copie.

I V.

La clause insérée dans la plupart des *passeports* de la marine, d'*exiger des soumissions de rapporter des certificats des intendans ou ordonnateurs des ports de destination, justificatifs de la remise des marchandises dans les magasins du roi*, ayant souvent donné lieu à de grandes difficultés dans l'exécution, elle sera à l'avenir supprimée desdits *passeports*, & l'adjudicataire ne sera point tenu d'exiger ces soumissions, ni de justifier de la remise des marchandises dans les magasins du roi.

Mais pour obvier à l'abus qui pourroit se pra-

tiquer, en faisant passer, en exemption de droits sur lesdits *passeports*, des marchandises qui ne seroient pas, par l'évènement, pour le compte du roi, attendu qu'elles ne seroient pas reçues dans les magasins de sa majesté; le fermier joindra au compte qu'il présente chaque année, un état détaillé contenant les noms des munitionnaires ou fournisseurs, qui auront fait passer des marchandises ou autres effets dans les ports, les dates de leurs *passeports*, les quantités des marchandises passées, les lieux de leur destination, & le montant des droits sur chaque partie. Le ministre de la marine enverra cet état à celui de la marine, qui fera vérifier si toutes les marchandises ont été admises dans les magasins, & fera retenir sur le munitionnaire ou fournisseur, les droits de celles qui pourroient n'avoir pas été reçues.

Et dans le cas où les munitionnaires ou fournisseurs auroient été payés, & qu'il ne leur seroit rien dû; ledit état sera renvoyé par le ministre de la marine, à celui de la finance, avec mention qu'il n'étoit plus rien dû auxdits entrepreneurs ou fournisseurs, & ils seront poursuivis par l'adjudicataire des fermes, pour le recouvrement des droits des marchandises rebutées, duquel recouvrement ils compteront au profit de sa majesté.

V.

Dans le cas de matières premières, telles que les fers, chanvres & toiles, venant en conséquence des *passeports* du roi, soit de l'étranger, dans le royaume, soit d'une province du royaume dans une autre, pour être converties en ancres, clous, linges, sacs ou autres ouvrages, & passer en d'autres lieux après la fabrication; il sera expédié un *passeport* pour le passage des matières premières du lieu de leur origine, au lieu où elles devront être ouvrées; & un autre pour le transport des ouvrages, depuis le lieu de la fabrication jusqu'au lieu de leur destination.

Le fermier ne sera pas tenu de justifier de la remise des choses ainsi fabriquées dans les magasins du roi; mais seulement de joindre à son compte un état conforme à ce qui est prescrit par l'article précédent, pour en être fait l'usage y mentionné.

V I.

Il en sera usé de même à l'égard des entrepôts de bois, fers, vivres, habillemens ou autres effets rassemblés à Nantes, Indret, Lyon, Arles ou ailleurs, pour être en d'autres tems envoyés ailleurs, & il sera en conséquence expédié un *passeport* pour l'envoi desdits effets aux entrepôts; & un autre pour le transport de l'entrepôt à la dernière destination. Et pour mettre le ministre de la marine en état de connoître les remises faites & reçues aux entrepôts ou aux ports, le fermier joindra à son compte un état conforme à celui mentionné en l'article IV, dont il fera fait l'ufage marqué audit article.

VII.

Aucun *paffeport* ne pourra être appliqué qu'à la deftination y portée ; & en cas de changement de deftination, le fermier pourra exiger un nouveau *paffeport*. Pour éviter néanmoins les retards dans le fervice, il fera tenu de laiffer paffer la marchandife, fur la foumiffion par écrit du commiffaire ou autre officier de marine du lieu, ou à leur défaut, d'une perfonne domiciliée & folvable, de rapporter un autre *paffeport* dans le délai de trois mois ; & au cas de refus de fournir ladite foumiffion, ou d'y fatisfaire dans ledit délai, il fera libre au fermier de faire payer les droits.

VIII.

Le munitionnaire & les autres fourniffeurs de la marine, feront dorénavant autorifés par une claufe expreffe qui fera inférée dans leur *paffeport*, à prendre dans les entrepôts établis, foit pour le commerce des ifles & colonies françoifes, foit pour les prifes en tems de guerre, les mêmes marchandifes, vivres & denrées que leurs *paffeports* leur permettent de tirer du royaume ou de l'étranger.

Mais pour être en état de juger, relativement aux droits des fermes, de l'origine des marchandifes tirées de l'entrepôt des colonies, & de la route qu'elles auront faite jufqu'à l'entrepôt ; le fermier rapportera, lors de fon compte, des extraits du regiftre des acquits à caution du lieu de l'enlèvement, & du regiftre d'entrepôt, lorfqu'il s'agira de marchandifes venues du royaume, & un extrait du bureau de l'entrepôt feulement, lorfqu'elles feront venues de l'étranger ; le tout indépendamment des liquidations faites dans la forme ordinaire, & foufcrites, tant par le négociant vendeur, que par le munitionnaire ou fourniffeur.

IX.

A l'égard des marchandifes tirées de l'entrepôt des prifes, le fermier rapportera, outre les liquidations foufcrites par le vendeur & par l'acheteur, des extraits, tant de l'adjudication des marchandifes, que des regiftres dudit entrepôt.

X.

Les exemptions générales de tous droits, portées aux *paffeports*, ne feront pas cenfées comprendre celle du droit de fret de cinq livres ou dix livres par tonneau, fur les vaiffeaux étrangers employés au tranfport, fi les *paffeports* n'accordent nommément cette exemption, en marquant les marchandifes qui devront être, ou qui auront été ainfi tranfportées ; & ces marchandifes ne jouiront de l'exemption, qu'autant qu'elle leur fera auffi nommément accordée par le *paffeport*.

XI.

Les *paffeports* qui ne porteront que les mots génériques d'*effets*, *hardes*, *bagages & équipages*, ne devront s'appliquer qu'aux voitures, chevaux, harnois, habillemens, linge de corps & de table, livrées de domeftiques, meubles faits, vaiffelle d'argent ou autre, & batterie de cuifine, à l'ufage de la perfonne à qui le *paffeport* aura été accordé, & de fa fuite : aucune marchandife ou autre chofe ne fera cenfée comprife auxdits *paffeports*, à moins qu'elle n'y foit fpécialement dénommée.

Les privilèges & affranchiffemens portés dans les *paffeports* ordinaires, ne s'étendant jamais aux droits d'aides ou à ceux qui font réunis à cette partie, fuivant l'arrêt du confeil du 19 février 1760. Il eft accordé, par le département des affaires étrangères, des *paffeports* particuliers pour procurer l'exemption des droits fur les vins & liqueurs deftinés pour les ambaffadeurs & miniftres ; c'eft un objet annuel de dépenfe d'environ huit à neuf mille livres.

Les autres *paffeports* pour le fervice de la guerre, de la marine, & relatifs aux faveurs accordées chaque année aux princes & aux ambaffadeurs, entraînent une indemnité d'environ quatre cens cinquante à cinq cens mille livres.

PASSERIES, f. f. & pluriel, par lequel on défigne, & la liberté de commerce dont jouiffent les habitans des frontières de la France avec ceux qui les avoifinent du côté de l'Efpagne, & l'étendue du terrein où elle a lieu. Suivant le procès-verbal de M. Lamoignon de Bafville, intendant de Languedoc en 1697, c'eft fur-tout par le Montvallier que fe communiquent les deux nations, le côté méridional étant fous la domination Efpagnole, & le côté oriental fous celle de France & du diocèfe de Rieux.

C'eft à Seix, lieu qui dépend de cet évêché, qu'aboutiffent les portes ou paffages privilégiés, entre autres, ceux de *Daula*, de *Sulan* & de *Martelat* ; les frontaliers des deux royaumes, ont, dans une grande étendue, dit ce magiftrat, la liberté de ce commerce appelé *pafferies*.

On n'en fait pas l'origine ; mais il paroit, par l'énumération de diverfes lettres de confirmation de nos rois, que ce pays en jouiffoit en 1315, du tems de Roger, & que tous les rois, depuis Charles VIII, jufqu'à préfent, ont confirmé ce privilège. Sous Louis XII, la convention des *pafferies* qui avoit reçu quelque atteinte, fut renouvellée dans l'affemblée de Brat, où fe trouvèrent les députés des lieux intéreffés, tant de France que d'Arragon.

Les principaux articles qui s'obſervent encore aujourd'hui, & qu'on dit ſe renouveller tous les ans : conſiſtent :

1°. Dans la liberté de tranſporter toute ſorte de marchandiſes qui ne ſont pas de contrebande, & dans celle du paſſage des hommes & des beſtiaux, dans les limites marquées.

2°. Dans la ſtipulation qu'au cas que l'un des deux rois ne voulût pas la continuation des *paſſeries*, les frontaliers feroient tenus de s'en avertir réciproquement trente jours d'avance, avant de commettre aucun acte hoſtile.

3°. Dans le droit de faire arrêter, dans toute l'étendue des *paſſeries*, les criminels de l'un ou l'autre royaume qui voudroient ſe retirer par les portes & routes des montagnes, pour ſe dérober aux pourſuites de la juſtice.

On trouve encore le traité des *lies & paſſelies*, & non *paſſeries*, rappellé dans le mémoire de l'intendant de Guyenne, rédigé en 1698, pour l'inſtruction de *M. le duc de Bourgogne*.

Les vallées de Bigorre, & les Eſpagnols leurs voiſins, quoique les deux nations ſoient en guerre, commercent entre eux, ſur une permiſſion qui leur fut donnée anciennement par le gouverneur de la Guyenne & le vice-roi d'Arragon. Ils font un traité que l'on nomme *les lies & paſſelies*. Il s'exécute de ſi bonne foi, que pendant la diſette de grains de 1693, la ſortie des bleds étant défendue en Eſpagne, les Eſpagnols portoient du pain aux vallées, & leur donnoient toute ſorte de ſecours.

M. de la Houſſaye, intendant de la généralité de Montauban, parle auſſi des *paſſeries* dans le mémoire qu'il compoſa, en 1699, ſur ſon département, pour la même inſtruction.

Le haut Comminge, dit ce magiſtrat, jouit du privilège des *lies & paſſeries* qui a été accordé à tous les pays qui ſont ſur la même ligne limitrophe de l'Eſpagne. Il conſiſte dans une franchiſe commune aux deux nations pour commercer entre elles, de toute ſorte de marchandiſes, excepté celles de contrebande, pendant la guerre comme pendant la paix. Ces *lies & paſſeries* ſont très-avantageuſes.

Sans doute que le commerce qui ſe fait à la faveur des *paſſeries* eſt peu conſidérable, puiſque le fiſc n'a pas jugé devoir établir des bureaux ſur cette frontière pour le ſoumettre à une ſurveillance qui en empêchât les abus. Au reſte, on ne connoît aucune loi de finance qui autoriſe ce commerce en franchiſe, & il ne faut pas moins que l'autorité de trois intendans pour faire croire à ſon exiſtence.

PASTEL, Garence, (droit de quatre deniers anciens & quatre deniers nouveaux ſur le). Ce droit, qui fait partie de la ferme des aides, n'a lieu qu'à Rouen, & paroît être une dépendance de droits anciennement accordés à cette ville par forme d'octroi.

Un édit du mois de décembre 1663, ayant ordonné le partage des octrois qui exiſtoient alors entre le roi & les villes qui en avoient obtenu, il fut ordonné, par arrêt du 6 janvier 1670, que la levée des droits de *paſtel*, garence, toiles, &c. ſeroit faite en entier au profit de ſa majeſté, & elle fut compriſe dans la ferme des aides. On les trouve rappellés dans l'article 462 du bail de Forceville paſſé en 1738 ; il fixe leur perception ainſi qu'il ſuit :

Par balle de *paſtel*, cinq ſols.

Par balle de garence, trente ſols.

Par cent peſant de toile blanche, dix ſols.

Par cent de canevas, dix ſols ſix deniers.

Quatre deniers anciens & quatre deniers nouveaux ſur chaque cent peſant des marchandiſes portées en la vicomté de Rouen.

L'auteur du traité général des aides, obſerve, que la perception de ces droits n'étant réglée que par l'uſage, ne peut qu'être très incertaine, & qu'il ſeroit fort à déſirer qu'elle fût fixée par un réglement. Il paroît en effet, par le tableau qu'il donne de cette perception, qu'elle a été changée à l'avantage du percepteur ; on va le rapporter.

Quatre deniers anciens & nouveaux par cent, ou ſix ſols huit deniers par mille de marchandiſes portées en la vicomté de Rouen.

Eſme de romaine, quatre deniers du cent peſant, outre les quatre deniers anciens & nouveaux.

Voide ou *paſtel*, cinq ſols par cuve.

Toile blanche, dix ſols par cent.

Toile de lin écrue, cinq ſols par cent.

Toile de chanvre écrue, deux ſols ſix deniers par cent.

Canevas, *idem*.

Garence par futaille, peſant à-peu-près la moitié de la balle qui eſt de dix-huit quintaux, quinze ſols.

Ces droits ſont d'ailleurs ſujets aux dix ſols pour livre.

PATACHE, ſ. f. ; c'eſt le nom d'un bâtiment de mer ou de rivière que le fermier du fiſc tient à l'entrée des ports, ſur une côte ou ſur des rivières, pour veiller à ce qu'il ne ſe paſſe rien de contraire à ſes droits.

L'article 556 du bail général des fermes fait

à Forceville en 1738, porte : « nous permettent » à l'adjudicataire de tenir en mer, & aux em- » bouchures des fleuves & rivières, & en tels » endroits que bon lui femblera, des vaiffeaux, » *pataches* ou chaloupes armées, à la charge par » lui de mettre, de fix mois en fix mois, au greffe » de l'amirauté de la province, un état certifié » de lui ou de fon commis général, des noms & » furnoms de ceux qui y font employés ».

L'article 391 du même bail, dit que les bâti- mens étrangers & autres qui fe trouveront à la mer fur les côtes, à une ou deux lieues au large, feront arrêtés par les employés des *pataches*, barques & chaloupes de l'adjudicataire, pour en faire la vérification & vifite; & il leur eft per- mis, en cas de refus ou de réfiftance, de con- traindre par force, les maîtres defdits bâtimens, de venir à bord. *Voyez* MER, FAUXSAUNNAGE.

La prémière difpofition de cet article eft tirée de l'arrêt du confeil du 9 mars 1719, qui auto- rife expreffément la vifite des employés des *pa- taches*, à une ou deux lieues des côtes.

Suivant l'arrêt du confeil du 23 février 1691, les *pataches*, chaloupes, felouques ou tartanes de l'adjudicataire des fermes, doivent porter le pavillon blanc.

Sur les côtes, ces *pataches* font ordinairement montées de huit ou fix hommes commandés par un brigadier, & armées de quatre ou fix fprin- goles; elles doivent tenir la mer dans le jour pour aller à la découverte, & s'affurer qu'il n'y a point de bâtiment de mer qui épie l'occafion & le moyen de faire un verfement de fel, de tabac ou d'autre contrebande.

PATENTE DE LANGUEDOC, f. f. C'eft

le nom d'un droit de foraine qui fe perçoit dans l'étendue de la maîtrife des ports de Touloufe, & dans le reffort du parlement de cette ville. C'eft par cette dernière raifon que ce droit a lieu à la fortie de l'Armagnac, de la Bigorre, du Comminge, du Couferans & du pays de Foix, fuivant le tarif qui porte le nom de *patente du Languedoc*, dont nous avons parlé au tome II, pag. 242; tarif qui a été imprimé à Paris en 1741.

Le bail de Forceville, en parlant de la foraine & domaniale, la défigne fous le nom de *patente de Languedoc*, & l'article 288 femble indiquer que le droit de traite domaniale eft établi au lieu de la *patente de Languedoc* fur certaines marchandifes tranfportées en pays étrangers ou à Marfeille. Ce- pendant il eft de fait que le droit de la *patente de Languedoc*, que l'on peut regarder comme la fo- raine primitive qui fe levoit anciennement fur tou- tes les frontières du Royaume, eft abfolument diftinct de la domaniale, qui ne fut établie qu'en 1559, comme il a été dit au mot DOMANIALE.

Tome III. Finances.

D'ailleurs, les marchandifes fujettes à la doma- niale, ne font aujourd'hui que de deux ou trois efpèces, & n'en paient pas moins la *patente de Lan- guedoc*. C'eft donc une erreur palpable, que cette énonciation de l'article 288 du bail de Forceville; puifqu'elle tend à faire regarder la domaniale, comme un droit fubftitué à celui de la *patente de Languedoc*, tandis qu'il eft conftant que chacun de ces droits a une exiftence réelle, féparée & indépendante.

Au refte, pour revenir au droit de la *patente de Languedoc* ou foraine, il convient de remar- quer que le tarif qui fert à fa perception, eft le plus clair de tous les tarifs de la foraine; qu'il renferme un plus grand nombre de dénomina- tion de marchandifes, & qu'il conferve le mieux l'effence conftitutive du droit qui en eft l'objet.

Toutes les marchandifes portées dans ce tarif, y font eftimées d'après l'évaluation comprife dans l'édit du mois de mai 1581.

Enfuite on y a ajouté la réappréciation faite par le tarif du 11 octobre 1632, & le parifis, ou cinq fols pour livre du total.

Les marchandifes fujettes au droit de haut- paffage, y font taxées à vingt-trois deniers de leur valeur, non compris le parifis.

Les autres à vingt deniers, & quelques-unes, en petit nombre, à feize deniers. Tout ce qui eft marchandife, eft féparé de ce qui eft drogue- rie & épicerie; en un mot, le tarif de la *pa- tente de Languedoc* étant le plus général, le plus exact & le plus régulier de tous ceux de la fo- raine, il femble que fi l'on vouloit établir la clarté, l'unité & l'uniformité dans la perception de ce droit, qui, comme on l'a dit, eft le droit de fortie de la Provence, du Languedoc, & de toutes les provinces méridionales au-delà de la Guyenne, on ne pourroit mieux faire que d'a- dopter le tarif dont il s'agit.

Si l'on penfe, comme de raifon, que pour fe livrer à la réforme des autres tarifs qui fub- fiftent, il faille des motifs folides, on va en juger, en rapportant le témoignage même de plufieurs fermiers généraux, & de deux magif- trats, dont l'autorité eft du plus grand poids. *Voyez* le mot FORAINE, page 244.

Le plus grand abus, *à l'égard de la foraine*, dit M. d'Aguelfeau, *eft celui des tarifs d'ufage, & manufcrits, fans aucune autorité, dont on fe fert par une efpèce de tradition des commis, les uns aux autres, pour la levée de ce droit, avec les mêmes différences, contrariétés & inconvéniens qui fe trou- vent dans le tarif de la douane de Lyon.*

M. le Juge, fermier général du bail de Do- mergue, rapporte dans une inftruction imprimée en 1691, pour les commis de la direction de

Montpellier, *que tous les tarifs de la foraine sont dissemblables, défectueux, & si usés, qu'on a peine à y reconnoître la perception.*

M. de Basville, intendant de Languedoc, disoit également en 1697 : *les tarifs sont dans une fort grande confusion dans tous les bureaux de la foraine. Il y a des marchandises qui sont trop appréciées ; d'autres qui le sont trop peu ; d'autres qui ne le sont point du tout, & dont les droits sont à la discrétion des commis. C'est un travail bien nécessaire, de réformer tous les tarifs, & de les mettre dans l'état où ils doivent être.*

Plusieurs fermiers généraux, députés dans ces provinces, ont parlé à-peu-près dans les mêmes termes, des tarifs de la foraine & de leur défectuosité.

M. Legendre, en 1698 ; M. de la Porte, en 1705 & 1706 ; M. de la Garde, en 1735 & 1738 ; ils observent, que ces tarifs, qui ne sont que manuscrits, ont été altérés par les additions & les corrections arbitraires des receveurs.

Voici, en effet, quelle peut avoir été la source de cette grande variété dans la perception de la foraine.

En 1542, François premier ayant créé, comme on l'a dit, des maitres des ports, il les chargea de la levée des droits de foraine, avec une attribution sur son produit. Henri II & Charles IX confirmèrent ces officiers dans leurs fonctions, & leur accordèrent, en 1551 & 1561, cinq & six sols pour livre de leur recette.

Ces receveurs, intéressés à bonifier leur recette, par le désir d'augmenter les revenus de leurs places, composèrent vraisemblablement des droits, de manière à engager les marchands à passer, par préférence, dans l'étendue de leur perception respective ; & lorsque la *foraine* fut dans la suite mise en ferme, en Provence, en 1565, & en Languedoc en 1596, les adjudicataires trouvèrent cette diversité d'usages subsistante, & la continuèrent.

Si depuis ces époques, il s'est encore introduit des nouveautés & des bigarrures dans les tarifs de la foraine, elles sont nées du relâchement inséparable de toutes les opérations humaines ; ou elles ont été produites par la nécessité de lever ce droit, sur des objets de commerce jusqu'alors inconnus, & dont l'évaluation changeoit suivant le degré d'instruction & d'intelligence des percepteurs.

En examinant tous les tarifs imprimés de la foraine, qui sont au nombre de huit, on reconnoît, sans parler de l'inconvénient des dénominations, aujourd'hui inconnues, des articles employés doublement, & d'une manière contradictoire ; on voit que ce droit se lève en Provence, ainsi qu'on l'a dit, à raison de vingt deniers pour livre de l'évaluation des marchandises ; & qu'au fond ce tarif est à-peu-près le même que celui qui a lieu en Languedoc, sur les bords du Rhône ; mais qu'il en diffère dans la forme, en ce que la réappréciation & la domaniale sont réunies & confondues dans le tarif imprimé pour la Provence ; au lieu qu'elles sont distinctes & séparées dans le tarif imprimé pour le Languedoc, dont les bords du Rhône composent la maîtrise des ports de Villeneuve d'Avignon.

Il arrive de cette différence, que les marchandises des foires de Lyon, sortant du royaume par la Provence, payent moins que celles qui sortent par le Languedoc ; parce que les premières ne sont assujetties qu'au cinquième de la quotité portée dans le tarif ; tandis que les autres acquittent, conformément à l'article 29 du bail de Forceville, le cinquième de l'ancienne foraine, la réappréciation entière de 1632, & la domaniale si elles y sont sujettes.

La foraine, qui se leve dans la maîtrise des ports de Narbonne, dont le ressort comprend toute la côte du Languedoc, n'est réglée que par l'usage & par des tarifs manuscrits, tous dissemblables. Quelques marchandises ne payent que seize deniers de leur valeur, d'autres en payent vingt-trois, & toutes celles qui sont comprises dans ces tarifs, ont aujourd'hui la même évaluation qu'en 1632, quoique leur prix soit presque triplé & quadruplé.

D'un autre côté, la foraine établie dans l'étendue de la maîtrise de Toulouse, se lève suivant le tarif général désigné par le nom de *patente de Languedoc*, dont il s'agit dans cet article.

Mais ce tarif général n'a véritablement lieu qu'à sortie du pays de Foix & de la Bigorre ; car, quoique la foraine se lève encore sous le même nom de *patente de Languedoc*, sur les confins de l'Armagnac, du Couserans & du Cominges, le tarif particulier à ces pays, & qui est imprimé, présente nombre d'articles plus foibles de moitié, que ceux du tarif général, dont il tire pourtant son origine.

Le droit de la traite d'Arzac, qui se lève dans les Landes & la Chalosse, près Bayonne, est encore un enfant dégénéré de la foraine ancienne, qui n'existe plus que dans le tarif appellé *patente de Languedoc*. Le tarif de la traite d'Arzac ne comprend qu'un petit nombre d'articles, qui paroissent visiblement avoir été autant de compositions du droit primitif. Les seules marchandises qui y sont omises sont ramenées au taux ordinaire, en payant cinq pour cent de leur estimation.

Si l'on vouloit donc réformer tous ces tarifs, si variés & si défectueux, d'un même droit, & en composer un qui fût simple, clair & commun, à toutes ces provinces, en conciliant toutefois l'intérêt de leur commerce actuel, avec l'intérêt des revenus de l'Etat, qu'on ne cherche point à augmenter, mais qu'il est important de conserver, il conviendroit de prendre pour base le tarif général de la *patente de Languedoc*, imprimé en 1741, d'y rapporter tous les autres tarifs, aussi imprimés, en distinguant l'ancien droit forain, y compris le parisis, de la réappréciation de 1632, laquelle ne porte que sur environ quarante-cinq articles, & de régler toutes les autres perceptions sur le pied de ce tarif général.

On a rempli ce but par le tableau des trois premières lettres de ces divers tarifs. Et si la nature de ce dictionnaire pouvoit permettre de présenter ici ce travail incomplet, & qui n'est qu'un petit essai, on seroit à portée d'appercevoir toute l'étendue de la variété qu'on propose de faire cesser ; de juger combien cette variété seroit plus grande encore, si on avoit rassemblé tous les tarifs manuscrits qui sont en grand nombre, & d'en conclure combien il est pressant de ramener à l'uniformité un droit dont la dégénération, sans cesse accrue & fortifiée par le temps, devient chaque année plus difficile à rectifier.

Au reste, on jugera mieux, d'après le projet d'édit, propre à ordonner cette réforme, par quel esprit, & dans quelles vues elle seroit dirigée.

Louis, par la grace de Dieu, &c. Salut. La persuasion où nous sommes, que le commerce est une source inépuisable de richesses pour nos sujets, & de forces pour l'Etat, nous a porté, depuis notre avènement au trône, à nous occuper sans cesse de tout ce qui pouvoit étendre ses progrès, & accroître son activité.

Dans cette vue, nous avons fait des traités, qui, en ouvrant des débouchés, jusqu'alors fermés aux productions de notre royaume, ont fait germer de nouvelles branches de commerce & d'industrie.

Mais notre affection pour nos peuples, ne se bornant pas seulement à multiplier, à assurer leurs communications extérieures, nous avons encore cherché à faciliter les opérations intérieures de leur commerce, en diminuant les embarras & les entraves qu'ils pouvoient recevoir, par la différence, la variété & l'incertitude introduites dans la fixation de nos droits d'entrée & de sortie, en ramenant la forme de percevoir un même droit à l'uniformité, depuis si long-temps réclamée.

A cet effet, nous nous sommes fait rendre compte de l'état des tarifs servant à la levée de ces droits. Nous avons remarqué, que nos augustes ancêtres, de glorieuse mémoire, animés du même esprit qui nous dirige aujourd'hui, avoient annoncé dans l'arrêt du 2 avril 1702, & dans les articles 18 & 19 de l'édit du mois d'août 1717, *qu'ils faisoient travailler à la révision générale des tarifs, & vouloient simplifier les droits des fermes, afin de rendre la vie & le mouvement au commerce.*

Mais, soit que des circonstances particulières aient empêché de suivre un travail aussi utile, soit que les malheurs des temps aient mis à son exécution des obstacles insurmontables, il n'en est pas moins constant que ce projet n'a pas été porté à sa fin ; mais, que dès-lors ils étoient très-vicieux ; & c'est un motif de satisfaction pour nous, de penser que leur réformation, devenue plus nécessaire encore à présent, par l'altération qui s'y est accrue, est digne de notre amour pour nos sujets, & de la protection que nous sommes résolus d'accorder à leur commerce.

Le résultat de l'examen que nous avons ordonné de tous ces tarifs, nous a fait voir, que le droit de foraine, établi dès 1360, & auquel ceux de reve & de haut passage ont été réunis par la suite, après avoir reçu quelque augmentation en 1581 & 1632, a long-temps été levé à la sortie de presque toutes les provinces de notre royaume ; mais que depuis la formation du tarif de 1664, pour la partie qui compose les cinq grosses fermes, ledit droit de foraine n'a plus lieu, & sous des noms différens, que dans le Languedoc & la Provence, le pays de Foix & l'Armagnac, le pays des Landes & de la Chalosse, & en quelques districts des généralités de Montauban, d'Auch & Bordeaux ; que ce droit se lève, le plus généralement, d'après des tarifs manuscrits, qui n'ont d'autre autorité qu'un usage ancien & particulier à chaque bureau ; que ceux de ces tarifs, qui ont été imprimés en divers temps, sont au nombre de sept, parmi lesquels il n'en est pas deux qui se ressemblent exactement ; que dans les uns il se trouve des espèces de marchandises dont il n'est fait aucune mention dans les autres ; que chacun de ces tarifs laisse voir que la perception n'est réglée en chaque lieu, que par une mesure locale, & sur une évaluation habituelle ; que tous offrent des dénominations actuellement inconnues, ou hors d'usage ; qu'ils énoncent une même marchandise ou denrée sous plusieurs noms, & la taxent diversement ; qu'enfin, les temps & le relâchement ont apporté dans tous les tarifs de la foraine, tant de désordre & de confusion, que si la perception qui en résulte, n'est pas entièrement arbitraire, elle eſt devenue au moins très-variée, très-biſarre, & auſſi incertaine qu'inintelligible.

Indépendamment de ces vices dans la forme des tarifs de la foraine, il nous a paru que la quotité du droit étoit encore, par le fond, très-irrégulière, & par-tout inégale, ſoit par les compoſitions qui ont été faites en différens temps, ſoit par l'addition de divers droits acceſſoires dans quelques diſtricts, & qui ne ſe lèvent pas en d'autres.

Et ſur ce qui nous a été repréſenté, que de tous ces tarifs, celui qui ſembloit avoir le moins dégénéré de ſon ancienne conſtitution, étoit le tarif général de la foraine, imprimé ſous le nom de *patente de Languedoc* : tarif qui réunit un plus grand nombre de dénominations & d'articles, ſous un ordre plus clair & plus méthodique qu'aucun des autres, nous avons ordonné de le faire ſervir de baſe à la compoſition du nouveau tarif de la foraine, dont la quotité a été réglée d'après la fixation la plus uſitée & la plus conforme à l'eſprit de ſa création, qui s'eſt trouvé conſignée dans un des ſept tarifs ; enſorte que le nouveau vocabulaire des marchandiſes & denrées, a été formé d'après tous ces tarifs, ſans autre innovation que d'éviter les répétitions, les doubles emplois, & des dénominations inuſitées, & que la taxe adoptée pour chaque objet, n'a été véritablement que le réſultat de tous ces tarifs fondus en un ſeul ; notre intention, au ſurplus, ayant été qu'il ne ſoit rien changé à l'eſtimation des marchandiſes & denrées que préſentent ces tarifs, quoique leur valeur ſoit plus que triplée depuis la dernière réappréciation qui en a été faite, attendu que nous n'avons ordonné la confection du nouveau tarif de la foraine, que par le déſir de faire une choſe avantageuſe au commerce de nos ſujets, & non dans des vues d'amélioration pour nos revenus.

A ces cauſes, &c. nous avons ordonné & ordonnons, voulons & nous plaît ce qui ſuit.

Les droits de foraine, domaine forain, *patente de Languedoc*, & traite d'Arzac, ſeront perçus dans tous les cas & circonſtances où ils l'ont été juſqu'à préſent, ſuivant le tarif annexé au préſent, ſans déroger aux exemptions, privilèges & immunités accordés à aucunes villes & provinces ; en conſéquence, les marchandiſes & denrées compriſes audit tarif, acquitteront les droits à la ſortie de la Provence, du Languedoc, pays de Foix, Armagnac, Couſerans, Donnezan, des Landes & de la Chaloſſe, &c. ſoit lorſqu'elles ſeront deſtinées pour le pays étranger, pour Marſeille, Bayonne, l'Orient & Dunerque ; ſoit lorſqu'elles paſſeront le détroit de Gibraltar, ou lorſqu'elles ſeront portées dans nos provinces où les aides n'ont pas cours, excepté

toutefois à l'égard de Marſeille, où toutes les denrées & productions du crû de la Provence pourront être portées en exemption dudit droit de foraine ; ſauf les eſpèces qui ſont dénommées dans les arrêt & lettres-patentes des 5 & 12 juillet 1723, dont les diſpoſitions continueront à être exécutées ; & pour ce qui regarde le Béarn, en ſe conformant aux arrêts de notre conſeil, des 24 avril 1688, 3 mars 1693, & 28 juin 1704, qui continueront également d'avoir leur entière exécution. N'entendons, non plus, rien changer à ce qui a été ordonné ſur la régie & perception des droits de foraine, compris au tarif de compoſition, arrêté en 1705 & 1706, confirmé par les arrêts de notre conſeil, des 2 octobre 1742 & 31 juillet 1745, leſquels continueront d'être exécutés ſelon leur forme & teneur.

Et pour écarter tout prétexte de variation dans la perception deſdits droits de foraine, par-tout où ils ſe lèvent, nous ordonnons que toutes marchandiſes & denrées qui ne ſeront pas dénommées au préſent tarif, ſeront aſſimilées à celles qui y ſont compriſes, & avec leſquelles elles auront de l'analogie, ſoit par leur nature, ſoit par la parité de leur emploi, avec la clauſe, que dans le cas où une marchandiſe ou denrée omiſe au tarif, pourroit être aſſimilée, avec une égale exactitude, à pluſieures eſpèces & dénommées, l'article qui opérera la moindre perception, ſera adopté par préférence, comme plus favorable au commerce.

Il ſera tenu regiſtre en chaque bureau, de ces aſſimiliations & de leurs motifs, & à la fin de chaque année il en Tera remis un état général au contrôleur général de nos finances, qui le fera communiquer aux députés du commerce à la ſuite de notre conſeil, pour être enſuite ſtatué ce qu'il appartiendra.

Dérogeons à tous édits, déclarations, &c. &c. Si donnons en mandement, &c.

PATY. *Voyez* PÉAGE.

PAULETTE, ſ. f., qui ſignifie la même choſe qu'annuel ; mais ce nom commence à n'être plus d'uſage. On diſoit ci-devant, payer la *paulette*, pour payer l'annuel ; c'eſt aujourd'hui ce dernier terme qui s'emploie le plus communément. *Voyez* au ſurplus ce qui a été dit au mot ANNUEL, *tome I*, *page* 45.

PAVAGE (droit de). C'eſt le nom d'une taxe particulière à quelques villes, & qui ſe lève ſur les marchandiſes qu'on y introduit, pour en appliquer la recette à l'entretien du pavé & des rues. *Voyez* le dictionnaire du commerce.

PAYEUR, f. m. Nom que l'on donne à différens officiers, & auquel on joint la nature des paiemens dont ils font chargés. Ainfi, on diftingue les *payeurs* des gages, & les *payeurs* des rentes.

Les *payeurs* des gages font ceux qui font, par leurs offices, attachés aux cours fouveraines, pour payer les gages des magiftrats qui les compofent; enforte qu'il y a les *payeurs* des gages du parlement, celui de la chambre des comptes, celui de la cour des aides, &c. &c.

Un édit du mois d'octobre 1782, ordonna la fuppreffion des offices de *payeurs* des gages des officiers de la grande chancellerie, & de celle établie près le parlement de Paris, & des offices de contrôleurs defdits *payeurs*, comme inutiles, & ordonna que les paiemens faits par ces *payeurs*, le feroient, à commencer de l'exercice de 1781, par les receveurs généraux des finances de la généralité de Paris.

Les *payeurs* des rentes font des officiers établis dès l'année 1576, pour payer toutes les efpèces de rentes créées par le roi. On fe réferve à traiter de leur origine, de leurs fonctions, de leur nombre, & des changemens qu'il a éprouvé, au mot RENTE.

PÉAGE, f. m. Nom d'un droit particulier, qui fe lève fur les ponts, fur les rivières, & fur les chemins, en raifon du poids des voitures chargées de marchandifes, ou de celui que portent des bêtes de fomme, & abftraction faite de la valeur & du prix de ces marchandifes. Les droits de *péage* font encore un refte du gouvernement féodal; de ces temps où un feigneur, ufant arbitrairement de fon pouvoir, s'arrogeoit le droit de taxer ceux qui paffoient fur fon territoire, ou prenoit le prétexte de lever des contributions fur les ponts, les chemins & les rivières; dans les foins qu'il donnoit à leur entretien & à leur réparation, fans voir que par la raifon même, que fa feigneurie étoit plus fréquentée, elle devenoit plus riche, & que fes vaffaux y trouvoient plus de moyens d'acquitter leurs redevances & leurs contributions perfonnelles. Quoi qu'il en foit, ces droits paroiffent avoir été invariables. Depuis leur origine, ils furent, & ils forment encore une forte de dédommagement attribué aux propriétaires des terrains fur lefquels font pratiquées des routes, ou de ceux fur lefquels fe fait le hallage des bateaux le long des rivières. En effet, il paroît jufte que des voitures, des chevaux, ou des bêtes de fomme paient une fomme proportionnée à la dégradation qu'elles peuvent caufer à un chemin, à un pont, lorfque ce pont ou ce chemin a été conftruit aux frais d'un particulier,

qui eft chargé de l'entretenir en bon état, & même de le garder.

Il paroît, en effet, par les capitulaires de Charlemagne, qu'anciennement les feigneurs étoient obligés de veiller à la fûreté des chemins. M. le préfident Hénault rapporte, qu'en 1256 un arrêt remarquable condamna le feigneur de Vernon à dédommager un marchand, qui, en plein jour, avoit été volé dans un chemin de fa feigneurie. La loi obligeoit les feigneurs à faire garder les chemins, depuis le foleil levant jufqu'au foleil couché, & les autorifoit à percevoir un droit de *péage* pour raifon de cette dépenfe. En 1287, le comte d'Artois fut condamné, par arrêt, à la même peine qui avoit été prononcée contre le feigneur de Vernon. *Voyez l'abregé chronologique de l'hiftoire de France, édition de 1768, in-8°., tom. I, pag.* 243.

On voit auffi, par un arrêt de la Touffaint, de 1295, que le roi faifoit de même rembourfer les vols faits fur le territoire de fa juftice.

Les hiftoriens, & l'auteur de l'article PÉAGE, (hiftoire), penfent que les Romains avoient auffi des droits de *péage*, parce qu'ils traduifent par ce mot, celui de *portorium*; mais il femble que ce terme défigne plus particulièrement un impôt établi dans les ports, à l'importation & à l'exportation des marchandifes, & qu'on connoît en Europe fous le nom de douane, ou droit de douane; au contraire, le *péage* eft dû par le feul fait du paffage dans l'endroit où il fe lève, quelle que foit d'ailleurs la deftination ou le fort des marchandifes.

Ce qui femble confirmer notre opinion à cet égard, c'eft que les marchandifes qui paffoient feulement d'une province dans une autre, pour y être commercée, étoient fujettes à un *portorium* particulier, qui s'appelloit *portorium circumvectionis*, que l'on peut rendre, par *droit de circulation*. Cette diftinction eft établie par Ciceron, dans fa lettre 16e. à Atticus. *Illud tamen, quod fcribit* Quintus, *frater : animadvertas velim, de portorio circumvectionis* ...... Quintus, *fon* frère, l'avoit confulté pour favoir fi les droits de douane étoient dûs pour des marchandifes portées d'une province dans une autre, fans avoir été vendues, & que les commerçans refufoient abfolument de payer. Ciceron fut d'avis que l'impôt n'étoit pas exigible dans ce cas; mais fon frere renvoya la connoiffance de cette affaire au fénat, dont la décifion n'eft pas parvenue jufqu'à nous.

En France, les *péages* reçoivent différens noms, felon l'objet particulier pour lequel ils fe perçoivent. On appelle les uns, *barrage*, *pontonnage*; les autres, *paffages*, *travers*.

Le roi feul peut établir des *péages.* Si quelques feigneurs, *haut jufticiers,* en ont dont ils ne rapportent pas le titre primitif, c'eft qu'une longue poffeffion fait préfumer qu'originairement la conceffion leur en a été accordée par le fouverain ; & tous les *péages* dont la fource n'émane pas de l'autorité royale, font dans le cas d'être abolis.

Le propriétaire d'un *péage* ne peut, fans permiffion du roi, transférer le bureau de fa perception dans un lieu différent de celui où il a été établi, ni en placer de nouveaux.

Tous ceux qui ont droit de *péage* font obligés d'avoir une pancarte contenant le tarif de la quotité, fuivant les différens cas où il eft dû, & cette pancarte doit être attachée fur des poteaux aux entrées des ponts, paffages & pertuis où les droits font prétendus, fans pouvoir les lever autrement ni les excéder, fous aucun prétexte, nonobftant tous ufages contraires, à peine de punition exemplaire contre les contrevenans ; ce font les termes de l'article 7 du titre des *péages* de l'ordonnance des *eaux & forêts,* publiée en 1669 fous les ordres de M. Colbert.

Avant de rappeller les autres difpofitions de ce même titre, il ne fera pas fuperflu de dire ici deux mots des opérations de M. Colbert fur cette partie, & qui préparèrent l'ordonnance dont il s'agit, en 1669. On y joindra les réflexions du judicieux écrivain de qui nous empruntons ce récit.

Le plus fûr moyen de diminuer le nombre des pauvres, étant d'augmenter le travail, M. Colbert commença, dès cette année, (1662) à y pourvoir par une réforme confidérable.

« Les grands chemins du royaume, & toutes » les rivières, étoient gardées par des armées de » receveurs de *péages* ou droits locaux. Les uns » étoient ufurpés ; les autres, de création nou- » velle, avoient été concédés pour un tems ; quel- » ques-uns, appartenant au domaine, avoient été » aliénés. Cette multiplicité de droits, tous mo- » diques en particulier, n'avoient pas laiffé en » total, de renchérir les denrées ; l'embarras des » formalités retardoit les voituriers, & ajoutoit » de nouveaux frais à la valeur intrinfèque des » marchandifes ; les communications même inté- » rieures étoient diminuées ; à plus forte raifon » celles de l'étranger ; le travail manquoit de tous » côtés.

» Un édit ordonna la recherche de ces fervi- » tudes, & de procéder extraordinairement contre » ceux qui en jouiffoient fans titre, ou hors les » termes fixés par leurs conceffions. On ne fait » par quelle fatalité ces recherches, continuées » de tems en tems jufqu'à nos jours, n'ont pas

» produit autant de bien que le prince le défi- » roit, & que les peuples l'efpéroient.

» Quelques petits *péages* ont été éteints, pour » reparoître enfuite fous de nouveaux prétextes ; » quelques-uns ont été totalement fupprimés ; » mais les plus onéreux fubfiftent. Une partie de » ceux que le roi avoit cru devoir être rembour- » fés, ont été réunis au domaine, jufqu'à ce que » le remboursement en fût achevé ; aucun cepen- » dant n'eft encore forti de la main des fermiers, » & l'on peut avancer en fûreté que le tréfor pu- » blic n'en retire rien. Pour s'en convaincre, il » n'y a qu'à comparer le produit des domaines » lors de ces réunions, & l'augmentation com- » mune à tous les biens du royaume, avec le pro- » duit actuel.

» Enfin, en quelque main que foient les droits » locaux, le nombre en eft effrayant de tous côtés. » La Loire, par exemple, cette belle rivière qui » traverfe prefque tout le royaume, & qui com- » munique, dans fon cours, avec quatorze pro- » vinces, eft fujette à vingt-huit *péages,* depuis » Saint-Rambert en Forêts, jufqu'à Nantes ; elle » en eft devenue tellement impraticable, que pour » les marchandifes envoyées de Paris à Nantes, » on préfère la voiture par terre ».

L'article premier du titre 29 de l'ordonnance des eaux & forêts, fupprime tous les droits de *péage* établis depuis cent années, fans titre, fur les rivières.

A l'égard des *péages* & droits établis avant les cent années par titres légitimes, dont la poffeffion n'aura point été interrompue, il eft ordonné, par l'article 2, aux eccléfiaftiques, feigneurs & propriétaires, de quelque qualité qu'ils foient, de juftifier de leur droit & poffeffion par-devant le grand maître des eaux & forêts, pour, fur les procès-verbaux, être ftatué ce qu'il appartiendra.

L'article 3 défend aux propriétaires, fermiers, receveurs & péagers, de faifir & arrêter les chevaux, équipages, bateaux & nacelles, faute de paiement des droits qui feront compris dans la pancarte duement approuvée ; il permet feulement de faifir les meubles, marchandifes & denrées, jufqu'à la concurrence de ce qui fera légitimement dû par eftimation raifonnable.

L'article 5 eft fur-tout remarquable ; en voici les termes : « *N'entendons qu'aucuns de ces droits (de* » *péages) foient réfervés, même avec titres & pof-* » *feffion, où il n'y a point de chauffées, bacs,* » *éclufes, & ponts à entretenir, & à la charge des* » *feigneurs & propriétaires* ».

Enfin, l'article 6 attribue la connoiffance des conteftations élevées, pour raifon de ces droits, aux grands maîtres & officiers des eaux & forêts, & veut que leurs jugemens foient exécutés par proviſion, nonobſtant & ſans préjudice de l'appel.

L'auteur d'un ouvrage intitulé, *des Canaux navigables*, homme éloquent, mais qui ne s'eſt pas toujours garanti de la manie des paradoxes, s'exprime, ſur les abus & les dangers des *péages*, d'une manière propre à réveiller l'attention du gouvernement, & à plaire à tous les bons patriotes.

» Examinez le canal de Briare creuſé ſous Henri IV, celui de Languedoc établi par Colbert; » regardez le cours de la Saone, de la Loire, » vous y verrez l'avidité étendre ſes filets à chaque » pont, à chaque écluſe, à chaque maſure toléré-» rée dans le voiſinage.

» Vous verrez l'induſtrie ſe débattre en vain ſous » les efforts d'une multitude d'oiſeaux de proie, » appellés buraliſtes, receveurs, péagers... elle » n'échappe de leurs ſerres qu'en y laiſſant une » partie de ſa dépouille; & comme à chaque pas » la même ſcène ſe renouvelle, elle arrive enfin » expirant, au terme de ſon voyage.

» N'élevez donc point, meſſieurs, pourſuit-il, » en s'adreſſant aux Etats d'Artois, de ces gué-» rites terribles où ſe logera bientôt, malgré » vous, la rapacité des traitans. Il vaut mieux ne » point ouvrir de routes, que de les voir infeſtées » par les harpons meurtriers des *péagers*. Il eſt » moins dangereux de laiſſer le commerçant ram-» per ſur la terre, que de le réduire, dès l'entrée » d'un canal, à reculer d'épouvante à l'aſpect de » ces retraites perfides où s'embuſquent ces vam-» pires impitoyables qui l'attendent pour le ſucer; » écartez-en donc pour toujours ces pirates pri-» vilégiés qui rançonnent les paſſans ſans autres » armes que des pancartes & des parchemins ».

Nous avons fait voir, au mot DROIT, tome premier, *pag*. 652 & 653, combien la Saone & le Rhone ſont également ſurchargés de *péages*, puiſque des fers de Franche-Comté, conduits à Marſeille par ces deux rivières, c'eſt-à-dire, dans l'eſpace de deux cens lieues, ſe trouvent payer beaucoup plus pour ce tranſport que des fers apportés de Ruſſie, qui ont à faire un trajet au-moins de neuf cens lieues.

On a également propoſé, dans ce même volume, *pag*. 423, un plan qui tend à abolir tous les droits de *péages*, & même les corvées, en les remplaçant par une taxe modique percevable ſur les grandes routes, ainſi qu'il ſe pratique en Angleterre & dans pluſieurs autres Etats.

Depuis long-tems tous les bons miniſtres ont ſenti combien la multitude des droits de *péages* nuiſoit à la navigation & au commerce. M. Colbert, en 1669, dans ſon ordonnance des eaux & forêts, s'étoit, comme on l'a vu, occupé des moyens d'en ſupprimer un grand nombre, en fai-

ſant vérifier les titres de leur perception, & en ordonnant que tous ceux, dont les propriétaires ne ſeroient pas en même-tems chargés de l'entretien de quelques ponts, chauſſées, paſſages ou marche-pieds de rivières, ſeroient abolis.

En 1724, un arrêt du 29 août nomma des commiſſaires pour faire la vérification des titres des droits de *péages*, qu'il ordonnoit aux propriétaires de leur repréſenter, dans toute l'étendue du royaume; & cette commiſſion ſubſiſte encore.

Comme l'objet de ſa création eſt de ſeconder les vues du gouvernement, dont les principes & l'eſprit ſont toujours ceux que M. Colbert a conſignés dans cette ordonnance, la commiſſion ne manque pas de ſe conformer aux diſpoſitions de l'article 5, toutes les fois qu'il s'agit de confirmer un ancien droit de *péage*. C'eſt ce qui ſe voit par l'arrêt du conſeil du 6 janvier 1680, qui maintient M. le duc de Villeroi dans la poſſeſſion & jouiſſance d'un droit de *péage* ſur la rivière de Seine à Corbeil, & d'un autre par terre.

Cette confirmation n'eſt accordée que ſous la condition de faire la levée du *péage* ſuivant le nouveau tarif compris dans l'arrêt, & à la charge d'entretenir les ponts & chemins accoutumés dans l'étendue de la juriſdiction de Corbeil, & d'entretenir pareillement les chemins de tire, le long de la rivière de Seine, & d'acquitter les autres charges impoſées pour raiſon dudit droit.

Mais comme à l'époque de 1724 les duchés de Lorraine & de Bar n'étoient point encore paſſés ſous la domination du roi, ce n'eſt qu'en 1773 que l'arrêt du conſeil du 9 mai rendit communes à ces duchés les diſpoſitions de ceux des 29 août 1724, & 20 novembre 1725; ce dernier porte, que les propriétaires des droits de bacs ſeront, comme ceux des *péages*; tenus de juſtifier des titres de leur propriété pardevant les magiſtrats compoſant la commiſſion établie en 1724.

Mais jamais le gouvernement n'avoit manifeſté des intentions auſſi bienfaiſantes, & des projets d'une exécution auſſi prochaine, relativement à la ſuppreſſion des *péages*, que par l'arrêt du conſeil du 15 août 1779. Ce règlement intéreſſe trop l'Etat en général, & le commerce en particulier, pour omettre de le rapporter. Son préambule expoſe d'ailleurs ſi clairement les inconvéniens des droits de *péages*, qu'on ne peut trop le rappeller à l'attention publique, pour qu'elle dénonce à celle du miniſtre un objet ſi important.

Le roi s'occupant avec intérêt, des moyens de bienfaiſance envers ſes peuples, que le retour de la paix pourra lui procurer, croit devoir ordonner à l'avance, les recherches & les travaux propres à ſeconder l'exécution de ſes deſſeins. Entre les principaux objets de ce genre, qui ont fixé ſon attention, fa majefté a fortement à cœur de dé-livrer la nation de ces nombreux péages établis à la fois, & fur les grandes routes, & fur les ri-vières navigables. Elle eft inftruite que cette per-ception arrête & fatigue le commerce ; que n'é-tant point réglée par des tarifs uniformes, leur complication & leur diverfité exigeoient une vé-ritable étude de la patt des marchands & des voi-turiers ; que cependant des difficultés s'élevoient fans ceffe, & qu'il étoit même une infinité de petites vexations que l'adminiftration générale la plus attentive ne pouvoit ni furveiller ni punir ; que tous ces droits enfin, nés, pour la plupart, des malheurs & de la confufion des anciens tems, formoient autant d'obftacles à la facilité des échanges, ce puiffant encouragement de l'agricul-ture & de l'induftrie.

Sa majefté, fur-tout, a été frappée de la par-tie confidérable de ces droits, dont la navigation des rivières eft furchargée, & qui fouvent ont contraint le commerce à préférer les routes de terre. Cet abus d'adminiftration a paru à fa ma-jefté d'autant plus important, que fon excès ne tendroit à rien moins qu'à rendre inutiles cette diverfité & cette heureufe diftribution des rivié-res, fi propres à contribuer effentiellement à la profpérité du royaume, bienfait précieux de la nature, dont le gouvernement doit d'autant plus faciliter la jouiffance, qu'il préfente l'avantage ineftimable de ménager les grandes routes, de diminuer la néceffité des corvées, ou des contri-butions qui les remplacent, & d'arrêter les pro-grès de ce nombre exceffif d'animaux de tranf-port, qui partagent avec l'homme les fruits de la terre.

Sa majefté, pour ne pas étendre trop loin les rembourfemens qu'elle auroit à faire, ne com-prend point, dans les péages qu'elle a deffein de fupprimer, ceux établis fur les canaux ou fur les parties des rivières qui ne font navigables que par des éclufes ou d'autres ouvrages d'art, puifque ce font des navigations, pour ainfi dire, acquifes & confervées au prix d'une induftrie, dont la rétri-bution, bien loin d'être un facrifice onéreux pour le commerce, eft la jufte récompenfe d'une en-treprife utile à l'Etat.

Sa majefté a vu avec fatisfaction, que tous les autres péages, quoiqu'infiniment multipliés, ne formoient pas un produit affez confidérable, pour qu'il ne fût aifé de le remplacer par quelqu'autre revenu beaucoup moins à charge à fes peuples ; c'étoit même un des foulagemens que fa majefté fe propofoit de leur accorder en entier, fi la guerre n'étoit pas venue confumer le fruit de fes foins & de fon économie.

Quoi qu'il en foit, comme c'eft encore un véritable bienfait d'adminiftration que de changer

& de modifier les impôts qui nuifent à l'Etat, & contrarient la richeffe publique, fa majefté veut connoître exactement quelle eft la partie de *péages*, dont la fuppreffion donneroit ouverture à des rembourfemens, ou à des indemnités : & comme cette liquidation exige du tems pour être faite avec foin, fa majefté a jugé à propos de prefcrire, dès à préfent, le travail néceffaire à cet égard, afin qu'au moment où la paix permet-tra l'exécution des projets généraux d'améliora-tion que la guerre tient fufpendus, le roi puiffe, en aboliffant tous les *péages*, faire marcher, d'un pas égal, fa juftice envers les particuliers, & fa bienfaifance envers l'Etat. A quoi voulant pour-voir : oui le rapport ; le roi étant en fon confeil, a ordonné & ordonne ce qui fuit :

Article premier.

Tous les propriétaires des droits de *péages* qui font perçus fur les rivières navigables de leur na-ture, & fur les routes & chemins du royaume, à titre d'engagement, ou patrimonialement, fe-ront tenus d'envoyer inceffamment au confeil, fa-voir, les engagiftes defdits droits, une expédition en forme de leur contrat d'engagement ; & les propriétaires à titre patrimonial, l'arrêt du con-feil rendu fur l'avis des fieurs commiffaires du bureau des *péages*, qui les a maintenus dans le droit de percevoir lefdits *péages*, ainfi que les der-niers baux à ferme defdits droits, s'ils font affer-més, ou les regiftres des recettes des dix dernières années, fi lefdits droits ont été régis.

I I.

Les engagiftes & propriétaires devront joindre aux fufdites pièces, un état des charges dont ils font tenus, à raifon defdits *péages* & des travaux faits, à leurs dépens, aux ponts, chauffées & chemins, à l'entretien defquels ils font obligés ; auquel état fera joint un certificat du fieur inten-dant de la généralité, qui conftate qu'ils ont fa-tisfait exactement à la loi qui leur étoit prefcrite à cet égard.

I I I.

Il fera procédé à la fixation de ladite indemnité, par le roi en fon confeil, fur l'avis des fieurs commiffaires que fa majefté commettra à cet effet.

I V.

Sa majefté fe réferve de faire connoître fes intentions fur la manière de pourvoir au paiement des fommes ainfi liquidées par l'arrêt qui ordon-nera la fuppreffion de tous les *péages* ; & jufques-là fa majefté veut que tous ces droits continuent à être payés exactement, & comme par le paffé, à qui il appartient.

V.

N'entend point fa majefté comprendre dans les difpofitions des articles I, II & III, les *péages* établis fur les canaux ou fur les rivières qui ne

font

font navigables que par le moyen d'éclufes, ou d'autres ouvrages d'art, & qui exigent un entretien & un fervice journalier.

VI.

Enjoint fa majefté aux fieurs intendans & commiffaires départis dans les différentes généralités du royaume, de tenir la main à l'exécution du préfent arrêt, qui fera lu, publié & affiché partout où befoin fera. Fait au confeil d'état du roi, fa majefté y étant, tenu à Verfailles le 15 août 1779.

Un autre arrêt du confeil du 11 feptembre de la même année, ordonna que les commiffaires du bureau des *péages* procéderoient à la fixation des indemnités qui feroient dûes aux propriétaires des *péages* lorfque le roi jugeroit à propos de les fupprimer.

La publication de l'arrêt du 15 août 1779, excita le zèle de différens propriétaires des *péages*, pour le bien public, & les détermina à en faire le facrifice par cette confidération.

Un arrêt du confeil du 26 novembre 1780, fait mention que la comteffe de Ligny fit l'abandon du *péage* perçu à fon profit dans le comté de Courtenay, quoique fes auteurs euffent été maintenus dans fa perception par arrêt du confeil du 21 mai 1754.

Un autre arrêt du même jour rappelle le confentement donné par M. de Thomaffin, préfident du parlement de Provence, à l'extinction du *péage* perçu à fon profit dans fon marquifat de Saint-Paul, quoique ce droit eût été confirmé par arrêt du confeil du 20 Octobre 1739; & fupprime ce *péage* en applaudiffant au défintéreffement de ce magiftrat & à fon amour pour le bien public.

C'eft ainfi qu'une nation fenfible & éclairée, s'empreffe d'entrer dans les vues d'un gouvernement bienfaifant, lorfque toutes fes opérations démontrent qu'il n'eft occupé que de la félicité publique.

PÉAGE DE PERONNE. (droit du)

Ce droit appartient au roi; quoique domanial de fa nature, il a été réuni à ceux des cinq groffes fermes, pour en faciliter la perception avec les droits du tarif de 1664. Il eft dû fur toutes fortes de marchandifes & denrées, généralement quelconques, qui entrent dans l'étendue du tarif de 1664, ou qui en fortent, depuis le pont de Larche, près Mézières, jufques & compris les bureaux de Calais & de Saint-Vallery fur Somme.

On doit excepter des marchandifes qui paient le *péage de Peronne*, les beftiaux, les bois, les charbons, les tourbes, les grains, les farines, & les légumes de toute forte; les fels que l'on transporte de Calais, Boulogne & Etaples, dans l'Artois, la Flandre & autres provinces du pays conquis; enfin les marchandifes qui entrent par mer dans les ports de Calais, Saint-Vallery & autres ports, ou qui en fortent auffi par mer.

Ce droit fe percevoit anciennement fur un extrait du tarif du 20 novembre 1658, à raifon de deux fols par quintal de marchandifes; mais ce tarif & plufieurs règlemens poftérieurs ayant rendu fa perception fufceptible d'embarras & de difficultés, elle fut fixée, par une déclaration du 5 décembre 1724, à fix deniers pour livre du droit d'entrée & de fortie des cinq groffes fermes.

Ces différentes difpofitions font rappellées dans l'article 237 du bail général des fermes fait à Jacques Forceville en 1738.

Le droit du *péage* de Peronne eft fujet aux dix fols pour livre comme tous les autres droits des fermes. Son produit annuel, y compris les fols pour livre, eft d'environ vingt-quatre à vingt-cinq mille livres.

PÉAGE DU PATY. (droit du)

Ce droit eft dû dans la principauté d'Orange enclavée dans le Dauphiné, fur le Rhône & par terre. Il fait partie des droits domaniaux de cette principauté, qui fut réunie à la couronne par contrat du 23 avril 1731, en échange avec le prince de Conty.

Il eft rappellé dans le bail fait à Forceville en 1738, à l'article 540.

Ce droit fe perçoit au poids des marchandifes & fur l'eftimation du chargement d'un bateau ou d'une voiture, avec les quatre fous pour livre feulement.

Son produit, pris fur les années 1781, 1782, 1783 & 1784, donne une année commune de trente un mille livres.

PÉAGE DU PONT-SUR-YONNE; (droit du)

il appartient à la partie des aydes, & fe perçoit fur les vins qui paffent, tant deffus que deffous le pont qui éxifte fur l'Yonne, à l'entrée de la ville de Pont-fur-Yonne, à raifon de quatre fols par muid de vin.

On ignore dans quel tems a été établi ce droit de *péage*; mais il paroît que dans fon origine c'étoit un octroi accordé à la ville de Sens pour le paiement de fes dettes & de fa taille. Par le bail paffé à Barberé, le 25 feptembre 1630, il fut joint à d'autres droits de *péage* pour être levé au profit du roi, qui fe réferva de pourvoir aux dettes de la ville de Sens, & il fut arrêté par ce bail, que la perception, au lieu de fe faire à Sens, fe feroit à *Pont-fur-Yonne*.

Ce droit, fuivant le même bail, étoit alors de huit fols dix deniers par muid de vin. La moitié en fut accordée, par lettres-patentes de 1675, à la princeffe de Meckelbourg, & enfuite réunie au domaine du roi par arrêt du confeil du 28 juin 1681.

L'adjudicataire des fermes fut confirmé dans la jouiffance de la première moitié de ce droit, par arrêt du confeil du 14 février 1682. La feconde moitié lui ayant été conteftée en 1745, il fut maintenu en poffeffion par un autre arrêt du confeil du 21 feptembre de la même année.

L'article 438 du bail de Forceville, comprend en effet les deux moitiés de ce droit, & en donne la jouiffance à cet adjudicataire. Cependant le droit n'eft, comme on l'a ci-devant, que de quatre fols par muid de vin, quoique dans le bail de Barberé il fut porté à huit fols dix deniers; on n'a pu trouver dans quel tems & par quel titre cette réduction a été ordonnée.

Le vin deftiné pour les habitans de Pont-fur-Yonne, qu'il foit de cru ou d'achat, n'eft point fujet au droit dont il s'agit.

PÉAGE fur les vins apportés à Paris. *Voyez* QUARANTE-CINQ SOLS DES RIVIÈRES.

En 1707, il fut créé des offices de contrôleurs des *péages* des domaines du roi, étant ès mains de fa majefté, ou engagés, pour veiller à ce que ces droits fuffent perçus, conformément aux tarifs & pancartes, & il leur fut attribué le dixième, ou deux fols pour livre par augmentation fur le produit entier des droits; ces offices furent fupprimés par édit d'octobre 1716, & il fut ordonné que les deux fols pour livre, continueroient d'être perçus au profit du roi, comme avant l'édit de 1707, attendu qu'ils faifoient partie de ceux dont l'établiffement avoit été ordonné en 1705, fur tous les droits des fermes.

Les circonftances malheureufes dans lefquelles fe trouvoit l'Etat en 1709, obligèrent à chercher des reffources de finance dans les droits de *péage*. Les déclarations des 29 décembre 1708, & 30 avril 1709, ordonnèrent que tous les droits de *péage*, fous quelque nom qu'ils fuffent perçus, tant par eau que par terre, foit au profit du roi ou des feigneurs, foit au profit des engagiftes & des particuliers, feroient levés par doublement, pendant fept années; cette augmentation fut enfuite prorogée jufqu'au mois de février 1722, par déclarations du roi des 15 décembre 1711, & 22 mars 1712, mais elle fut fupprimée par édit du mois d'août 1714.

Aujourd'hui une partie des *péages* eft fujette aux dix fols pour livre; quelques-uns cependant, dont le droit principal eft très-médiocre, en ont

été exemptés; d'autres n'ont été foumis qu'aux quatre ou fix fols pour livre.

Les marchandifes & munitions deftinées pour le fervice du roi, & accompagnées de paffeports; les bois provenans des forêts du roi, & conduits par les adjudicataires, en rempliffant différentes formalités prefcrites par l'arrêt du confeil du 10 octobre 1716; enfin, les bleds, les grains, les farines & les légumes verts ou fecs, font également affranchis de tous droits de *péage*, pontonnage, travers & coutumes, fuivant les arrêts du confeil des 19 février & 23 août 1695, 22 avril 1698, 23 feptembre 1719, & 10 novembre 1739. *Voyez* PASSEPORTS.

Un arrêt du confeil du 13 juillet 1785, interprétant celui du 21 juillet 1784, que nous avons rapporté fous le mot EAU-DE-VIE, affranchit les eaux-de-vie & efprits-de-vin deftinés pour l'étranger, de tous droits de *péage* domaniaux & fols pour livre d'iceux.

Quand le droit de *péage* excède cinq fols, la déclaration du roi de 1663 veut que les percepteurs délivre une quittance de ce qu'ils ont reçu.

PÉAGE ROYAL D'AIX. Il paroît, par ce qui eft dit de ce droit, dans la collection des mémoires imprimés au Louvre, fous les ordres de M. de Beaumont, intendant des finances, que ce *péage* exiftoit avant 1237, & qu'il doit fon établiffement aux anciens fouverains de la Provence. Ce droit fe lève fur toutes les marchandifes & denrées qui paffent dans la ville & le territoire d'Aix. Mais comme les différentes exemptions qui avoient été accordées de ce droit, en avoient tellement diminué le produit qu'il ne fuffifoit plus pour acquitter les trois cens vingt-cinq livres que Charles, comte de Provence, avoit léguées au monaftère de Notre-Dame de Nazareth, aujourd'hui Saint-Barthelemy, à prendre fur ce *péage*, les religieux obtinrent, en 1402, de nouvelles lettres-patentes pour en rétablir la perception.

En 1559, ces mêmes religieux cédèrent ce droit aux confuls de la ville d'Aix, à la charge d'une penfion annuelle de trois cens livres. L'objet des confuls, qui font procureurs du pays, étoit, felon les apparences, de libérer la province de ce *péage*, puifqu'on ne voit point que la perception en ait été continuée jufqu'en 1685, que les fermiers du domaine en demandèrent la réunion, comme n'ayant pû être aliéné par les religieux de Nazareth, auxquels la propriété n'en appartenoit pas, & qui n'avoient qu'une fimple rente à prendre fur fon produit.

Cette réunion fut prononcée par un jugement des commiffaires du domaine en Provence, du 9 juillet 1686, en exécution duquel la levée de ce droit de *péage* fut rétablie, en en accordant l'exemption aux habitans de la ville d'Aix. Il ordonna en même-tems que le droit seroit perçu sur une ancienne pancarte déposée dans-les archives de Provence, & que les taxes seroient évaluées au quadruple, à cause de la différence des monnoies anciennes aux monnoies courantes.

Ce tarif ne rappelle qu'un petit nombre de marchandises; mais par un article final il porte, qu'à l'égard de celles qui n'y sont pas comprises, on en percevra les droits à proportion des autres. Cette clause donne lieu à beaucoup de difficultés, parce qu'on ne voit pas quelle est la base sur laquelle les autres sont taxées.

Des péages perçus sur les sels.

Avant que le roi eût établi des droits sur le sel, les seigneurs en percevoient, à titre de péages, sur cette denrée, comme sur toutes celles qui passoient dans l'étendue de leurs fiefs; & cette perception, qui se faisoit le plus communément en nature, continua lorsque les besoins du gouvernement l'eurent déterminé à ordonner la perception d'un droit à son profit. Mais on reconnut bientôt que l'on ne pourroit laisser les seigneurs péagistes continuer à lever en nature les droits qu'ils étoient dans l'usage d'exiger, sans leur abandonner en quelque sorte, une portion de ceux imposés par le roi sur le sel, & cette considération détermina François premier à ordonner, par l'édit du 9 mars 1546, que les seigneurs prétendant droits & péages ne pourroient les exiger en essence de sel, mais qu'ils en seroient payés par les marchands, suivant les évaluations portées par cet édit. Ses dispositions furent confirmées, tant par l'article 24 du bail fait à Josse en 1598, que par l'édit du 15 août 1579, & par celui du 28 avril 1599.

L'article premier du titre 12 de l'ordonnance des gabelles du mois de mai 1680, en renouvellant ces règlemens, a défendu de lever aucuns péages, estrelages, & autres droits en essence sur le sel, sauf aux propriétaires à s'en faire payer en argent. L'article 26 du bail de Forceville, passé en 1738, a encore ordonné que le sel destiné au fournissement des greniers, ne seroit sujet à aucuns droits d'entrée, d'octrois & de parisis, ni même à aucuns autres péages que ceux fixés par l'édit de 1546, par lettres patentes duement vérifiées, ou arrêt du conseil.

Pour empêcher que les propriétaires des péages, sous prétexte d'assurer la perception de leurs droits, ne pussent occasionner aucun retard aux voituriers qui conduisent les sels, l'article 2 du titre 12 de la même ordonnance des gabelles, a ordonné que les péages perceptibles sur chaque muid de sel étant dans les bateaux, seroient acquittés d'après les quantités qui seroient portées

sur les rescriptions; & il est défendu, par l'article 198 du même bail, aux péagistes, d'arrêter les voituriers chargés de sel, sauf à les envoyer visiter, à peine des dommages & intérêts du fermier, & de cinq cens livres d'amende. L'article 200 leur enjoint d'apposer les pancartes, tarifs & arrêts autorisant cette perception, à un poteau au lieu où elle se fait, sinon que l'adjudicataire des gabelles & ses voituriers pourroient passer sans rien payer, après en avoir pris acte des juges ou des notaires des lieux.

Malgré les dispositions de l'article premier du titre 12 de l'ordonnance des gabelles, qui défend de lever aucuns péages en essence sur le sel, il s'en perçoit cependant encore aujourd'hui à Pecquigny, à Malicorne, à Cheffes, à la Rocheguyon, & à Saint-Denis.

Le péage de Pecquigny, qui appartient au seigneur de la baronnie de ce lieu, consiste en trois quarts de minot de sel par chaque muid passant sur la Somme à la chaîne de Pecquigny. On trouve, dans les arrêts du conseil des 26 août 1693, & 21 janvier 1698, que ce péage est très-ancien, puisqu'il existoit déjà en 1270, époque où Jean de Pecquigny fit donation, à l'abbaye du Paraclet d'Amiens, d'un muid de sel mesure de Paris.

On voit, par l'arrêt du conseil du 3 mars 1722, que le seigneur de Pecquigny continuoit à prendre sur le sel levé à titre de péage, celui qu'il consommoit dans sa maison, ainsi que les huit minots & demi qu'il devoit aux dames du Paraclet d'Amiens. Ce même arrêt ordonnoit aussi que M. le duc de Chaulnes seroit payé de huit minots deux tiers par bateau maire, ainsi qu'il est porté par le règlement de 1546, ou en cas de contestation, à raison de trois quarts de minot par muid de sel, passant audit lieu de Pecquigny, & que sur ce sel il en seroit annuellement délivré huit minots deux quarts à l'abbaye du Paraclet d'Amiens.

Ce règlement a eu son exécution jusqu'en 1774, qu'une décision du conseil a réglé qu'il seroit accordé au seigneur de la terre & baronnie de Pecquigny, en payant les droits manuels & les huit sous par livre, huit minots de sel à prendre dans l'un des greniers d'Amiens, Paris ou Peronne, à son choix, à compte sur le péage qu'il perçoit en nature, & que pour le surplus il lui seroit payé, suivant l'usage, la somme de dix livres par minot, sans qu'il puisse être disposé d'aucune quantité de sel, au profit de l'Abbaye du Paraclet d'Amiens, sous quelque prétexte que ce soit.

Comme il passe, année commune, environ neuf cens quatre-vingt-cinq muids de sel à Pecquigny, & qu'il eſt dû trois quarts de minot par muid, ce droit de *péage* peut s'évaluer à ſept cens trente-huit minots trois quarts de ſel par an, ce qui, à raiſon de dix livres par minot, produit une ſomme de ſept mille trois cens livres.

Le *péage* de Malicorne appartient au ſeigneur de cette terre, & ſe perçevoit, à l'époque de l'édit du 9 mars 1546, à raiſon de deux minots par chaque ſentine-maire, ce qui donnoit un produit annuel de vingt-huit minots. Quoique cet édit l'eût évalué à vingt-ſept ſous ſix deniers tournois, il ne ceſſa cependant pas d'être exigé en nature. En 1693, il fut de nouveau réglé à deux minots, par chalant ou bateau chargé de ſel paſſant ſur la rivière de Sarthe dans l'étendue de la châtellenie de Malicorne, à la charge par le propriétaire d'entretenir les chauſſées, portes & portineaux qui ſont ſur cette rivière dans l'étendue de la ſeigneurie ; cette diſpoſition fut confirmée par les arrêts du conſeil des 17 juillet 1703, & 28 avril 1704.

Mais elle a poſtérieurement été changée par deux déciſions miniſtérielles, & confirmée par les arrêts du conſeil des 13 avril 1775, & 22 juin 1776 ; ils ordonnent qu'il ſera délivré, chaque année, au propriétaire du *péage* de Malicorne, quatre minots de ſel, ſur leſquels il paiera les droits manuels & les dix ſous pour livre, tant de ces droits que du prix principal des gabelles.

Quant aux vingt-quatre autres minots que produiroit ce *péage*, s'ils étoient livrés en nature, le fermier des gabelles en paie au propriétaire huit, à raiſon de quarante livres le minot, & dix livres le ſurplus qui eſt de ſeize minots.

Le *péage* de Cheffes appartient au ſeigneur de la terre du Pleſſis-Bourré en Anjou, à laquelle eſt annexée la châtellenie de Cheffes, & il conſiſte en ſept boiſſeaux de ſel, meſure de Criſſé, valant un minot trois quarts par chaque bateau-maire, ou chalant chargé de ſel, qui paſſe ſur la rivière de Sarthe à la porte marinière de Cheffes.

Il paroît, par l'édit du 9 mars 1546, que ce *péage* avoit été conſidéré comme d'un ſeptier de ſel par chaque ſentine-maire, & qu'il étoit évalué à quarante-cinq ſols tournois. Mais en 1648, le propriétaire fut autoriſé, par arrêt & lettres-patentes des 29 mars & 8 Avril, à percevoir ce *péage* en ſel à raiſon de ſept boiſſeaux, faiſant un minot trois quarts par chaque bateau-maire ou chalant, & cet arrangement fut confirmé par l'arrêt du conſeil du 31 mars 1711.

Mais la déciſion du conſeil du 11 octobre 1773, réduiſit à quatre minots la quantité qui ſeroit délivrée au propriétaire, & régla que le ſurplus de ce *péage* ſeroit payé, par l'adjudicataire, à dix livres par minot.

Sur les réclamations de ce propriétaire contre cette déciſion, eſt intervenu l'arrêt du 14 avril 1780, qui, en le confirmant dans la jouiſſance de ſon droit de *péage* de ſept boiſſeaux de ſel, par chaque bateau chalant, paſſant ſur la rivière de Sarthe aux écluſes de Cheffes en Anjou, a ordonné que le produit de ce *péage* ſeroit porté au grenier d'Angers, & qu'il lui ſeroit délivré chaque année quatre minots de ſel, à la charge d'acquitter les droits manuels & les huit ſous pour livre, tant de ces droits que du prix principal de gabelles ; & que pour raiſon du ſurplus, l'adjudicataire paieroit annuellement, & ſans aucune déduction, une ſomme de neuf cens livres.

Comme il paſſe, année commune, à Cheffes, dix-huit bateaux chargés de ſel, le produit du *péage* peut être évalué à trente-un minots deux quarts.

Le *péage* de la Rocheguyon, qui appartient au ſeigneur de cette petite ville, paroît avoir été perçu dès 1196 ; il conſiſtoit originairement en trois baſſins de ſel, dont un comble & deux raz, par chaque bateau chargé, en tout ou en partie de ſel, paſſant ſur la rivière de Seine, vis à vis la Rocheguyon, pourvu que le bateau portât au moins quarante ſeptiers de ſel. La continence de ces baſſins a depuis été réglée à cinq minots & demi par bateau.

Le ſel provenant du *péage* de la Rocheguyon devoit autrefois être dépoſé dans la chambre à ſel établie en ce lieu, & mis ſous trois clefs, des officiers du roi, du ſeigneur de la Rocheguyon, & du commis du fermier des gabelles.

Quoique l'édit du 9 mars 1546, en eût ordonné la converſion en argent, & évalué à quatre livres huit ſous tournois pour chaque bateau-maire ; le ſeigneur de la Rocheguyon continua à le percevoir en nature, & à prélever chaque année ſur ſon produit, les quantités de ſel qu'il arbitroit lui être néceſſaires pour la conſommation de ſa maiſon ; le ſurplus lui étoit payé par l'adjudicataire des gabelles au prix marchand, d'abord fixé à ſept livres quatre ſous par minot, & enſuite à dix livres ; cet arrangement a été autoriſé par un arrêt du conſeil du 9 août 1781.

Le *péage* de Saint-Denis appartient à l'abbé & aux religieux de Saint-Denis près Paris, & depuis que la manſe abbatiale de cette abbaye a été réunie à la maiſon royale de Saint-Cyr, ſon produit ſe partage entre cette maiſon & les religieux. Il a, au ſurplus, été accordé par Charles-le-Chauve, & l'abbaye a été maintenue dans le droit de le percevoir par différentes chartes qui ont été confirmées par les arrêts du conſeil des 16 ſeptembre 1692, & 18 août 1693, ainſi que par les lettres-patentes du mois de juillet 1698.

À l'époque du 9 mars 1546, il confiftoit, 1°. en trois minots un boiffeau de fel, évalué à cinquante fous trois deniers tournois, à prendre par les abbé & religieux fur chaque bateau-maire paffant fur la Seine vis-à-vis de l'ifle & de la ville de Saint-Denis, hors le tems du boitage, qui dure depuis le 9 octobre jufqu'au premier novembre de chaque année. 2°. En deux feptiers trois quarts de minots évalués à fept livres treize fols onze deniers tournois, à prendre par les mêmes, fur chaque bateau-maire, paffant au même lieu pendant le tems du boitage. 3°. En trois boiffeaux un quart, évalués à douze fols neuf deniers tournois, à prendre par le maître des charités de ladite abbaye, fur chaque bateau maire paffant au même lieu. 4°. Enfin, en un boiffeau trois litrons & demi, évalués à quatre fous neuf deniers tournois, à prendre par le grand prieur de ladite abbaye, fur chaque bateau-maire paffant également fur la Seine devant l'ifle Saint Denis.

Malgré ces difpofitions, ce *péage* a continué d'être perçu en nature jufqu'en 1693, qu'il fut fixé à quatre cens foixante livres pefant de fel pour chaque bateau, par une convention paffée entre l'adjudicataire & l'économe de la maifon royale de Saint-Cyr. Il fut réglé en même-tems que ce *péage* feroit levé fur ce pied jufqu'à la concurrence de trois muids de fel, & que le furplus feroit payé à raifon de quarante fous par minot. Cet état de chofes a fubfifté jufqu'à la décifion du 11 octobre 1779, qui a converti ce *péage* en franc falé de quarante minots fujets aux droits manuels, & huit fous pour livre, tant de ces droits que du prix principal des gabelles; favoir, trente minots à la maifon royale de Saint-Cyr, & dix minots aux prieur & religieux de Saint-Denis.

Mais cette décifion étant demeurée fans exécution, de même que celle du 11 décembre 1781, l'arrêt du confeil du 11 mai 1782, a définitivement ftatué fur cet objet; il ordonne que ce *péage* ceffereroit d'être perçu en nature, & que pour tenir lieu de fon produit il fera accordé auxdites maifon royale de Saint Cyr & abbaye de Saint-Denis :

1°. Un franc falé de quarante minots, dont trente à la maifon de Saint-Cyr, & dix à l'abbaye de Saint-Denis. 2°. Pour le furplus dudit *péage*, dix livres par minot jufqu'à la concurrence de trois muids, dont les quarante minots feront partie. 3°. Quarante fous par chaque bateau qui paffera après que les premiers auront fictivement donné lieu à la perception de ladite quantité de trois muids; & cet arrêt ordonne que les quarante minots délivrés en nature, feront fujets aux droits manuels établis par les déclarations des 15 mai 1722, & premier juin 1771, & aux dix fous

pour livre, tant defdits droits manuels que du prix principal de gabelle, conformément à l'édit du mois de novembre 1771, & aux arrêts du confeil des 22 novembre 1772, février 1780, & août 1781.

Dans les pays de petites gabelles, les *péages*, leudes, feftrages, & autres droits dûs fur le fel, doivent être acquittés en argent, fuivant les règlemens des années 1597 & 1611.

Il n'y a d'excepté, 1°. que le droit de leude de quatre-vingt-feize minots en effence aux comtes de Saint-Jean de Lyon par chaque année; il en eft tenu compte à l'adjudicataire dans les états de franc-falés des gabelles du Lyonnois, conformément à l'arrêt du confeil du 12 juillet 1718.

2°. Vingt minots de fel à l'archevêque d'Alby, avec la fomme de quatre cens livres en argent, pour fon droit de leude & eftalage fur le fel qui paffe & fe débite à Alby; au moyen de quoi le fermier demeure fubrogé à fes droits, fuivant l'arrêt du confeil du 11 janvier 1657.

3°. Aux co-feigneurs d'Avignon, trois livres par chaque gros muid de fel : à l'égard des trois livres dûes pareillement par gros muid de fel à la principauté d'Orange, le fermier en jouit depuis fa réunion à la couronne par contrat du 23 avril 1731.

PECCAIS. (falins de) En Languedoc & en Provence, on appelle falins ce qu'on nomme marais falans en Bretagne, en Saintonge & en Poitou. Les falins de *Peccais*, fitués fur la Méditerranée, font fi étendus, qu'ils pourroient fournir du fel à toute la France fi on les faifoit fauner.

PÊCHE. La *pêche* eft une branche d'induftrie fi intéreffante pour l'État; elle devient, quand elle eft ménagée & favorifée, une fource fi précieufe de revenus, qu'elle doit naturellement trouver place dans un dictionnaire des finances. Mais on fe bornera à confidérer la *pêche* du côté des exemptions & des faveurs qu'elle a reçues relativement aux droits. On laiffe au dictionnaire de jurifprudence le foin de rappeller & de recueillir les divers règlemens qui prefcrivent la police & les formalités qui doivent être obfervées par les pêcheurs.

On a fi bien fenti, dès le commencement du dernier fiècle, combien il étoit avantageux d'encourager la pêche, que lors de l'établiffement du droit d'un écu par tonneau de mer, le 23 janvier 1598, fur toutes les denrées & marchandifes entrantes & fortantes par mer dans les ports du royaume, les lettres-patentes des 14 & 20 janvier 1604, exemptèrent de ce droit les pêcheurs de Dieppe pour le poiffon de leur *pêche*, &

modérèrent le même droit au tiers fur les poiffons de la *pêche* du Havre.

Cette faveur dura jufqu'en 1714, qu'elle fut encore étendue.

Un arrêt du confeil du 16 décembre ordonna, que le fermier de l'écu par tonneau remettroit aux maire & échevins du Havre une fomme de quatre mille livres, pour être répartie aux pêcheurs, fuivant l'état des morues & harengs qu'ils apporteroient de leurs *pêches*; l'année fuivante, un autre arrêt du 17 février 1615, accorda une fomme de trois mille livres pour le même objet & dans la même forme, aux habitans de Dieppe, à la charge de payer, fur le poiffon de leur *pêche*, le tiers de l'écu par tonneau, de même que les pêcheurs du Havre; & ils jouirent de cette gratification jufqu'à la fuppreffion de ce droit en 1664, lorfqu'il fut fondu dans ceux du tarif de cette année.

L'intérêt de la *pêche* exigeant qu'il fût délivré du fel à bas prix aux bâtimens qui vouloient aller à Terreneuve pêcher des morues, il devint indifpenfable de prefcrire des précautions propres à prévenir les abus qu'on pouvoit faire de ces fels contre la ferme des gabelles; en conféquence, le titre 15 de l'ordonnance des gabelles, du mois de mai 1680, prefcrit tout ce qui doit être obfervé par les habitans d'Honfleur, du Havre & de Dieppe, lorfqu'ils iront ou envertont aux marais de brouage charger le fel néceffaire à la falaifon des poiffons de leur *pêche*. Voici le précis de ce qui eft ordonné dans ce cas.

Ils doivent, avant de partir, faire leur déclaration de la quantité de fel qu'ils entendent lever aux marais de brouage, & de l'ufage qu'ils en veulent faire. Après cette déclaration il leur eft délivré, fans frais, un congé qu'ils doivent repréfenter aux commis établis fur le marais, & qui leur délivre un certificat contenant la quantité de fel qu'ils ont chargés pour être repréfenté à leur retour de la *pêche* de la morue, le tout à peine de confifcation & trois cens livres d'amende.

Mais d'après l'article 10, le fel pris en brouage pour la falaifon des harengs & des maquereaux, doit être mefuré & dépofé dans des magafins fermés à trois clefs; favoir, celle des officiers du grenier à fel, celle du commis du fermier, & celle des propriétaires.

Suivant l'article 2 du même titre, les habitans de Normandie & de Picardie font tenus, fous les mêmes peines, de prendre au grenier à fel, en faifant une femblable déclaration, le fel néceffaire pour la *pêche* & la falaifon de leurs poiffons; fel qui doit leur être livré au prix marchand, & être porté directement du grenier dans les bateaux.

Le fel néceffaire pour les falaifons des harengs

eft réglé, par les articles 7 & 9, à fept minots & demi pour chaque leth de harengs blancs, & trois minots pour chaque leth de harengs faurs; d'après le tarif de 1664, le leth eft de douze barils, contenant chacun un millier; & pour la falaifon des maquereaux, à deux minots & demi pour chaque millier.

L'article 8 porte, que le fel neuf de rapport qui reftera en effence, tant de la *pêche* & falaifon des morues, que de celle des harengs & autres poiffons, fera mefuré & mis dans un magafin, fous les clefs des officiers du grenier à fel, des propriétaires & du commis du fermier des gabelles, pour être délivré, fans frais, à ces propriétaires lorfqu'ils retourneront aux *pêches* l'année fuivante.

Le fel deftiné à la falaifon des harengs doit être délivré dans la faifon de la *pêche*; mais pour les maquereaux, l'article XI veut qu'il n'en foit délivré qu'après l'arrivée des bateaux dans les ports au retour de la *pêche*, finon aux marchands & bourgeois connus & approuvés par les officiers & les commis de l'adjudicataire.

Les dix-huit autres articles du même titre, prefcrivent tout ce qui doit être obfervé pour la falaifon des maquereaux, pour les mettre dans des caques, & pour leur tranfport de la maifon des faleurs dans celle des acheteurs; & enfin pour le commerce des beurres falés dans l'étendue des grandes gabelles.

Indépendamment de la modération fur le prix du fel, & de la permiffion d'en aller charger à Brouage, qui étoient accordées aux armemens pour la *pêche* des harengs, maquereaux & morues, en Normandie & en Picardie, il fembloit qu'un plus grand moyen d'encouragement encore étoit l'affranchiffement de tous droits d'entrée dans les villes, puifque c'étoit le véhicule d'une grande confommation. Cependant on prit le parti contraire. L'ordonnance des aides, du mois de juin 1680, établit un droit de vingt-quatre deniers pour livre du prix de la vente fur le poiffon de mer frais, fec & falé, qui feroit apporté à Paris, & d'un fol fur celui qui entreroit à Rouen.

Auffi l'eftimable auteur des Recherches & Confidérations fur les finances, fait, au fujet de cet impôt, des réflexions qui doivent naturellement trouver ici leur place.

« Si le droit de vingt-quatre deniers pour livre » fur le poiffon frais & falé étoit le feul qu'on » permît, on diroit que l'intérêt de nos grandes » *pêches* a été peu ménagé, quoiqu'elles ne foient » pas moins intéreffantes pour la profpérité de » l'État que l'agriculture même; dans les villes, » la plus grande partie du peuple eft néceffaire- » ment compofée d'artifans & d'autres ouvriers, » dont il ne convient pas de trop renchérir la

» subsistance, & pour laquelle le produit de nos
» pêches pourroit être une manne, même pen-
» dant les jours gras ; il étoit donc peu réfléchi
» d'imposer sur le poisson salé, le même droit que
» sur le poisson frais à l'usage des riches. La véri-
» table proportion étoit de six deniers pour livre,
» tandis que le poisson frais eût payé trois sols
» six deniers ; mais helas ! sur quoi porte cette
» observation ? Ces vingt-quatre deniers pour
» livre sont noyés aujourd'hui (en 1754) dans
» l'immensité des droits qui se perçoivent presque
» à l'égal, sur l'un & sur l'autre.

» Il reste cependant un motif d'espérance ; l'abus
» est tel qu'il est impossible qu'on ne vienne pas
» à appercevoir un jour l'augmentation considé-
» rable qu'une diminution de droits pourroit pro-
» duire sur cette branche de revenus. La consom-
» mation du nécessaire, & celle du superflu, ont
» diminué à proportion de l'excès de l'imposition
» au-delà des bornes marquées par les facultés des
» contribuables. La discipline ecclésiastique a été
» négligée au mépris de la religion & avec une
» grande perte pour les forces maritimes de l'Etat.
» Faut-il donc être un grand spéculateur pour
» imaginer que la consommation du poisson salé
» deviendroit seconde nécessité en France, comme
» dans les autres pays, si le prix étoit propor-
» tionné au facultés du peuple ? & ce point une
» fois établi comme vraisemblable, n'est-il pas
» clair que si le produit est de mille livres, le to-
» tal des droits, à trente pour cent, il monte-
» roit à six mille livres ; le droit à cinq pour cent,
» par l'abondance des consommations. La pro-
» portion sera la même sur le poisson frais si le
» droit est réduit de cinquante à quinze pour
» cent ».

La vérité de la proposition de M. de Forbonnais, est démontrée par les faits subséquens.

En 1775, la déclaration du 8 janvier, & l'arrêt
du conseil du 8 du même mois, supprimèrent tous
les droits d'entrée & de halle sur le poisson salé
apporté à Paris, & la moitié des droits qui se
percevoient sur la marée fraîche. Cette opération, dit l'historien de la vie & des travaux de
M. Turgot, si favorable à l'extension de nos pêches, ne coûta au roi presque aucun sacrifice réel
de revenus. La consommation s'accrut au point
que la recette de la moitié des droits sur la marée fraîche, se trouva peu inférieure au produit
qu'avoit donné antérieurement la perception des
droits entiers. Belle expérience de finance, ob-
serve-t-il, & l'on doit espérer qu'elle ne sera pas
perdue pour le genre-humain.

Postérieurement à l'ordonnance des gabelles &
des aides, la pêche reçut grand nombre de faveurs. Les sels enlevés, tant par terre que par
mer, des marais salans du Poitou, avec la des-

tination de la pêche, furent exemptés de tous
droits de brouage. Toutes les fois que les sels
nationaux se trouvèrent renchéris par leur disette,
& par les circonstances d'une mauvaise récolte,
il fut permis aux armateurs pour la pêche, d'en
aller chercher en Espagne ou en Portugal, à la
charge de faire, préalablement, leur déclaration
de la quantité dont ils avoient besoin, & celle
des sels neufs qu'ils rapporteroient à leur retour de
Terreneuve. C'est ce que prescrivirent les arrêts
du conseil des 23 & 30 décembre 1713, 9 janvier 1714, & 24 décembre 1717 ; ensuite les arrêts du conseil du 5 septembre 1721, & la déclaration du 3 septembre 1726.

Jusqu'à cette même année 1713, les dispositions de l'arrêt du conseil, du 4 octobre 1691,
avoient eu leur exécution ; les poissons de pêche
françoise, ne payoient que les droits ordinaires
des tarifs, & ceux de la pêche des étrangers étoient
assujettis à un droit de douze livres par cent pesant pour les morues vertes, & à quatre livres
pour les morues sèches. Les maquereaux, les
saumons salés, étoient également taxés dans la
proportion, & de manière à procurer un grand
avantage au débit des poissons de pêche françoise ;
mais le 9 septembre 1713, un arrêt du conseil
déchargea les morues & les huiles provenans de
pêche françoise, de tous droits des fermes pendant dix années.

Cette immunité fut prorogée pour dix autres
années, le 3 mai 1723 ; ensuite, pour le même
tems, le 17 mai 1733, le 26 mars 1743, le 18
mai 1751, & enfin le 18 octobre 1757, jusqu'à
ce qu'il en fut autrement ordonné ; & le 6 juin
1763, l'arrêt du conseil la rendit indéfinie en imposant, sur les poissons de pêche étrangère, de
nouveaux droits combinés de façon à assurer la
préférence à ceux de pêche françoise, & néanmoins à en favoriser l'importation.

Dans la vue d'étendre cette branche d'industrie
& de commerce, l'arrêt du 31 juillet 1767, accorda une gratification de vingt-cinq sols, par quintal, de morues sèches de pêche françoise qui seroient portées dans les isles françoises du Vent ;
cette même espèce de morue fut affranchie de tous
droits d'entrée & de circulation, à son arrivée en
France, par l'arrêt du conseil du 30 janvier 1775.

Dix années après, cette gratification fut considérablement augmentée par l'arrêt du conseil du
18 septembre 1785. En voici le résumé.

Il est accordé aux armateurs & négocians françois, pendant le terme de cinq années, à compter du premier octobre prochain, une prime de
dix livres par quintal de morues sèches qu'ils
transporteront, soit des ports de France, soit des
lieux où ils auront fait leur pêche, dans les isles
françoises du Vent & sous-le-Vent, sous la con-

dition que ces morues feront de *pêche* françoife, & que l'exportation s'en fera fur des navires françois.

Les capitaines des navires qui partiront des lieux de *pêche*, feront leurs déclarations, tant au greffe de l'amirauté, qu'au bureau du domaine, dans l'ifle où ils aborderont; ceux qui partiront des ports de France, la feront de même, au greffe de l'amirauté & au bureau des fermes du port de leur départ.

Dans les fix premiers jours de chaque mois, les procureurs de fa majefté, des amirautés des ports de France, enverront au fecrétaire d'état, ayant le département de la marine, & les directeurs des fermes, au contrôleur général des finances, un état des déclarations expédiées le mois précédent. Ces primes fe paieront en France, trois mois après la remife des expéditions certifiées véritables.

Les armateurs des bâtimens de la *pêche* fédentaire, qui ne feront point leur retour en France, y enverront ces pièces en forme, & chargeront un correfpondant de toucher pour eux le montant de la prime qui pourra leur revenir.

En cas de fraude ou de fauffeté des certificas & déclarations ordonnées, les capitaines ou autres qui en feront prévenus, feront pourfuivis extraordinairement, felon la rigueur des ordonnances, & l'armateur condamné au paiement du quadruple de la fomme à laquelle pourront s'élever les primes, dont les certificats auroient procuré l'acquittement.

Le même arrêt accorde encore, pendant le même efpace de cinq années, une prime de cinq livres, par quintal de morues fèches qui feront portées par des navires françois dans les autres ports de l'Europe, tels que ceux d'Italie, d'Efpagne & de Portugal, fous la même condition que ces morues feront de *pêche* françoife, & que l'exportation s'en fera fur des navires françois.

Dans le même mois de feptembre, un arrêt du confeil du 23 a fixé, à cinq livres par quintal la taxe impofée fur la morue de *pêche* étrangère qui fera importée aux ifles de l'Amérique du Vent & fous-le-Vent; enforte que l'objet de ce droit eft, ou d'écarter la concurrence de la *pêche* étrangère dans nos colonies, ou de convertir le produit qui réfultera de la taxe qu'elle aura payée, en gratifications propres à exciter notre *pêche*, & à en attirer les fruits dans les colonies.

PÉCULAT, f. m.; par lequel on défigne le crime de ceux qui divertiffent ou détournent les deniers publics.

Ce crime reçut le nom de *péculat* chez les Romains, parce que leurs monnoies portoient l'empreinte de quelques figures d'animaux appellés en latin *pecus*.

Marc-Caton, fe plaignant que de fon tems le *péculat* demeuroit impuni, difoit que ceux qui voloient les particuliers, paffoient leur vie dans les prifons & dans les fers; mais que ceux qui pilloient le peuple, vivoient dans l'opulence & dans la grandeur.

Cependant, chez les Romains, ceux qui étoient convaincus de ce crime étoient punis de mort; ils ne pouvoient en obtenir l'abolition; nous fommes bien moins févères à préfent. *Voyez* CANADA, tom. premier, *pag.* 168.

Le *péculat* fe commet par les receveurs & officiers qui ont le maniement des deniers publics, & par les magiftrats & autres officiers fupérieurs qui en font les ordonnateurs.

Il a lieu de diverfes manières; ou par omiffion dans la recette des comptes, ou par faux & doubles emplois dans la dépenfe; ou par des exactions, & des levées excédentes aux fommes portées dans les ordres ou édits du roi; ou par la délivrance de doubles contraintes pour une même fomme que l'on fait payer deux fois, en ne donnant point de quittance de la première; ou encore, en cachant au peuple, à une province, la remife que le roi a bien voulu lui accorder fur certaines impofitions, & en percevant ces impofitions en entier; en exigeant des redevables des gros intérêts pour les délais qu'on leur accorde; en employant dans fes comptes des pertes fuppofées, en portant en reprife des fommes qu'on a reçues; enfin, en fe fervant des fonds à fon profit particulier.

Anciennement le crime de *péculat* étoit puni de mort en France comme chez les Romains. Bouchel, dans fon traité de la juftice criminelle, en rapporte plufieurs exemples antérieurs à l'ordonnance de François premier, dont on va rappeller les principales difpofitions.

Cette ordonnance, qui eft du mois de mars 1545, porte que fi le crime de *péculat*, par quelque perfonne qu'il foit commis, fera puni par la confifcation de corps & de biens; que fi le délinquant eft noble ou extrait de lignage noble, il fera, outre ladite peine, privé de nobleffe, & déclaré roturier & vilain, lui & fes defcendans; & que fi aucuns comptables fe latitent & retirent du royaume, fans avoir rendu compte & payé le reliquat par eux dû, il fera procédé contre eux par déclaration de mêmes peines, que ceux qui ont commis le crime de *péculat*.

Malgré cette ordonnance, on a vu très-peu de perfonnes condamnées à mort pour crime de *péculat*

culat. Voyez ce qui a été dit aux mots CANADA, CHAMBRE DE JUSTICE , tom. premier , *pag.* 169 & 226. *Voyez* aussi CONCUSSION.

PÉCULE, f. m. ; on appelle *pécule* ce qu'un fils de famille , un religieux , un esclave amasse par son industrie , ou acquiert par des moyens qui lui sont particuliers , & dont on lui laisse l'administration.

PECUNIA, f. m ; qui dans le langage des jurisconsultes Romains signifie , non-seulement l'argent comptant , mais toute sorte de biens , meubles & immeubles, droits même ou prétentions. *Voyez* le Digeste , livre 50 , *de la signification des mots & des choses.*

PÉCUNIAIRE , adj. qui veut dire d'argent, peine pécuniaire , amende pécuniaire ; signifie une peine , une amende d'argent. Toutes les fraudes aux droits du roi , la plupart des contraventions aux loix politiques, ne sont punies que par des amendes pécuniaires , à moins que ces délits ne soient accompagnés de circonstances aggravantes, comme port d'armes, attroupemens ou rébellion ; cas dans lesquels les loix prononcent , avec des peines pécuniaires , des peines corporelles & infamantes. *Voyez* CONTREBANDE , FAUXSAUNAGE , FAUXSAUNIERS.

PÉCUNIEUX , adjectif qui s'applique également aux personnes & aux choses , pour dire qu'elles ont beaucoup d'argent comptant ; ainsi on dit une ville, une province pécunieuse ; un homme , un souverain pécunieux. Ce mot paroit dérivé de *pécune*, qu'on prétend avoir été la divinité qui présidoit à l'argent chez les Romains. Pécune n'est guère d'usage que dans le style familier ou dans le burlesque, & cependant le terme *pécunieux* est généralement reçu & s'emploie fréquemment, sur-tout dans la langue commerciale.

❧

PEINE, f. f., par lequel on entend la punition d'un crime , d'un délit. En matière de finance il y a des peines pécuniaires & des peines capitales , afflictives , infamantes. *Voyez* CONTREBANDE , FAUXSAUNAGE , FAUXSAUNIERS, PROHIBITIONS.

PELLETERIE , f. f. ; ce terme est usité dans les douanes pour désigner un genre de marchandises qui comprend toute sorte de peaux garnies de poils & destinée à faire des fourures ; ensuite on distingue la *pelleterie* crue de la *pelleterie* apprêtée ou accoutrée ; la *pelleterie* commune de la *pelleterie* fine. La *pelleterie* crue est celle qui se trouve telle qu'elle a été levée de dessus le corps des animaux.

L'autre *pelleterie* est celle qui a reçu un apprêt qui la met en état d'être employée.

Par *pelleterie* commune, on entend les peaux de renards , de loutres & fouines ; chats, chiens , putois , rat , & autres.

La *pelleterie* fine est celle qui provient des lapins , lièvres, petits-gris , hermines & autres animaux des contrées septentrionales.

Les marchandises qui composent la classe de la *pelleterie* , & dans laquelle sont comprises les peaux d'agneaux & de chevreaux apprêtées , sont dispensées de la marque des cuirs ; mais aussi elles ne participent pas à l'exemption de tous droits de circulation comme les cuirs & les peaux qui portent cette marque ; c'est ce qui a été décidé par le conseil, les 22 mai 1760, & 11 décembre 1764.

Toute *pelleterie* venant du pays étranger doit, à l'entrée du royaume, un quart en sus du droit ordinaire , en conformité de l'article 4 de l'arrêt du 15 mai 1760.

Celle qui vient de l'Amérique septentrionale , c'est à-dire , des pays qui composent la République des États-Unis , doit être traitée comme la *pelleterie* étrangère.

Les *pelleteries* du Canada & de toutes les possessions angloises , de même que celles qui viennent directement de l'Angleterre , sont prohibées par l'arrêt du 17 juillet 1785.

Mais les *pelleteries* provenant de nos colonies, comme celles des îles de Saint-Pierre & de Miquelon , sont exemptes du quart des droits imposé par augmentation en 1760.

Les habillemens & les parures de *pelleterie* sont sujets aux mêmes droits d'entrée que les *pelleteries* apprêtées en venant de l'étranger ; mais quand ces objets sont expédiés du royaume pour le pays étranger , ils ne doivent qu'un pour cent de leur valeur , conformément à l'article 8 de l'arrêt du 15 mai 1760.

Des *pelleteries* qui viendroient du levant ou seroient de même nature que celles qui en sont apportées ordinairement, comme peaux de lion , de tigre & de loups cerviers , seroient, non-seulement sujettes aux droits dont il a été fait mention, mais de plus , au droit de vingt pour cent si elles n'étoient pas accompagnées du certificat prescrit par l'arrêt du conseil de 1750 , ainsi qu'on l'a dit au mot LEVANT , tom. 2 , *pag.* 714.

PENSION , f. f. Sous le nom de *pension*, on n'entend qu'une grace , ou une récompense du souverain. Et , comme ces sortes de dons ont

S f

de tout temps, été une charge très-pesante pour les finances de l'Etat, tous les ministres de cette partie, se sont occupés des moyens de porter de l'économie dans la concession des *pensions*, en raison de leur plus ou moins de zèle pour le bien public.

Sully, à son avènement à la charge de surintendant des finances, pensa à réduire les *pensions*; mais ce projet resta sans exécution; & alors les *pensions* ne montoient qu'à deux millions.

On voit, par les propositions qui furent faites en 1614, dans l'assemblée des Etats généraux de la nation, que celle qui concernoit les *pensions*, avoit pour objet de les réduire à deux millions, comme elles étoient à la mort de Henri IV; tandis qu'elles montoient alors à plus de cinq millions. Mais, l'année suivante, le maréchal d'Ancre, qui étoit sur-intendant des finances, fit créer trois charges de trésoriers des *pensions*, & elles lui valurent un million.

Le désordre & la dépradation qui règnoient dans les finances, les brigandages que commettoient les financiers, & le luxe qu'ils affichoient avec une ostentation insultante, réveillèrent le zèle du parlement, est-il dit dans les recherches & considérations sur les finances, *tome I, page 290, in-12*. Cette cour porta aux pieds du trône les gémissemens des peuples, & fit la peinture la plus vive du malheur public; animée par le plus noble désintéressement, elle supplia le roi de n'accorder aucune *pension* aux officiers des cours supérieures, & d'ordonner que toute gratification au dessus de mille livres, seroit enregistrée à la chambre des comptes.

En 1625, la place de sur-intendant des finances étant exercée par M. de Marillac, créature du cardinal de Richelieu, & cette partie étant dans l'épuisement, on retrancha de l'état des *pensions*, une foule de protégés inutiles, qu'y avoient introduits les fréquens changemens dans le ministère. Il fut défendu aux secrétaires d'Etat de signer aucunes ordonnances sur le trésor royal, sans le commandement formel du roi; & le sur-intendant eut ordre de ne point autoriser le paiement des ordonnances, sans une juste considération.

L'année suivante, le marquis d'Effiat succéda à M. de Marillac. On convoqua une assemblée des notables au 2 décembre, & le rapport que le sur-intendant des finances y fit de la révolution des finances, depuis la mort de Henri IV, & de leur état actuel, donne de nouvelles lumières sur les *pensions*.

Le roi, dit ce ministre, désirant que les grands se ressentissent de ses munificences, aussi bien que

les petits, tripla les *pensions* de tous les princes: donnant à M. le prince de Condé trois cents mille livres de *pension*; à MM. les princes de Conti & comte de Soissons, chacun deux cents mille livres; aux autres princes, chacun cent mille livres.

Les ducs, pairs & officiers de la couronne, reçurent leur part de ses bienfaits, & il n'y eut seigneur à la cour qui ne s'en ressentit; de sorte que cette augmentation de dépense compose une somme d'environ quatre millions de livres: le prix du marc d'argent étoit alors à vingt-cinq livres cinq sols quatre deniers.

Cette assemblée demanda encore que les *pensions*, qui montoient à six millions, fussent réduites à deux, comme sous le règne précédent.

Une partie de cette demande fut accordée, par l'édit du mois de janvier 1629, qui réduisit les *pensions* à quatre millions, ordonna que toute personne qui en obtiendroit, n'en pourroit jouir qu'en vertu de lettres-patentes dûement enregistrées à la chambre des comptes. On voit aussi dans le testament politique du cardinal de Richelieu, où se trouve le tableau des recettes & dépenses de l'Etat, à sa mort, en 1642, que les *pensions* n'y sont portées encore que pour quatre millions cinq cents mille livres, en y joignant le montant des dons ordinaires du roi.

L'histoire des finances ne nous fournit aucun renseignement sur les *pensions*, depuis 1642 jusqu'en 1678, qu'une déclaration du 30 décembre, abrogea l'enregistrement nécessaire à la chambre des comptes, pour jouir des *pensions*: aussi, il en fut dès-lors accordé à une infinité de personnes sans brevets, & par de simples ordonnances, qui avoient été expédiées dans les différens bureaux des ministres & des secrétaires d'Etat.

Elles parurent si multipliées, après la mort de Louis XIV, que le Régent en fit former un état général, pour en réformer une partie. Mais, la difficulté d'établir des différences équitables sur la nature de ces *pensions*, fit prendre le parti d'ordonner une réduction générale.

En conséquence, parut la déclaration du 30 janvier 1717, pour cette réduction, & pour établir dans le paiement des *pensions*, un ordre indépendant de l'arbitraire & de l'importunité. Voici comment s'explique le préambule; il va nous apprendre tout ce qui avoit été fait relativement aux *pensions*, sous les deux règnes précédens.

» Par l'article 274 de l'édit du mois de jan-
» vier 1629, donné par le feu roi Louis XIII,
» notre trisaïeul, suivant l'avis des députés de

» l'affemblée des notables, tenue à Paris en l'an-
» née 1626, il fut ordonné que les états, entre-
» tenemens & *penfions* feroient réduits à une
» fomme fi modérée, que les autres charges de
» l'Etat pûffent être préalablement acquittées,
» & qu'il feroit fait un état pour chacune an-
» née, qui contiendroit le nom de ceux qui en
» devroient jouir, & hors lequel perfonne ne
» feroit reçu à les prétendre, quelque brevet &
» ordonnance qu'il en pût obtenir, ou être em-
» ployé dans ledit état, qu'en vertu de lettres-
» patentes enregiftrées à la chambre des comptes.
» Mais, par la déclaration du 30 décembre 1678,
» le feu roi, notre très-honoré feigneur & bi-
» faïeul ordonna que les *penfions* & gratifications
» feroient paffées & allouées fur les fimples quit-
» tances des parties prenantes, les difpenfant de
» rapporter aucunes lettres-patentes enregiftrées à
» la chambre des comptes, & ce, tant qu'il pren-
» droit le foin & l'adminiftration de fes finances.

» Quoiqu'aux termes de cet édit, & fuivant
» l'efprit de cette déclaration, *les penfions ac-*
» *cordées par le feu roi, foient éteintes de plein*
» *droit au jour de fon décès*, & que fon inten-
» tion n'ait point été d'engager les revenus de
» la couronne, par des dons & des libéralités au-
» delà du cours de fon règne ; cependant lorf-
» que nous confidérons les différens motifs qui
» les ont fait accorder, nous ne pouvons nous
» empêcher de les regarder, en quelque forte,
» comme des dettes de l'Etat, & nous nous
» fentons obligés d'en conferver au moins une
» partie.

» Si la condition de ceux qui font chargés du
» poids des impofitions, exige que nous donnions
» tous nos foins à rendre leur fituation plus heu-
» reufe, & nous invite à ne pas les charger de
» nouveau d'une contribution dont la libération
» paroît leur être acquife ; le même efprit d'é-
» quité nous engage à traiter favorablement ceux
» qui ont mérité les bienfaits de notre bifaïeul,
» par les fervices qu'ils ont rendus, en s'expo-
» fant pour la patrie, ou par leur attachement,
» ou des affiduités auprès de fa perfonne, ou
» enfin, par la confidération d'une naiffance il-
» luftre, fur-tout d'un mérite folide, & deftitué
» des biens de la fortune.

» Nous remplirons, autant qu'il eft poffible,
» cette double obligation, lorfqu'au lieu de re-
» trancher abfolument une dépenfe fi confidéra-
» ble, nous nous contenterons de la diminuer,
» en faifant, avec de juftes proportions, & par
» des claffes féparées, une loi générale à l'égard
» de toutes les *penfions* & gratifications ordinaires
» qui fubfiftent, fans en fupprimer aucune en
» entier, afin que le traitement étant égal, per-
» fonne n'ait lieu de fe plaindre d'aucune pré-

» férence, & qu'ils entrent tous, avec le même
» zèle qui leur a fait mériter ces diftinctions,
» dans l'obligation & la néceffité où nous fommes
» de foulager notre Etat ; cependant, nous avons
» jugé devoir excepter de cette loi générale, les
» *penfions* qui font de fix cents livres & au-deffous,
» parce que la plûpart de ceux qui en ont été
» gratifiés, peuvent n'avoir aucune autre ref-
» fource pour leur fubfiftance. Nous conferverons
» auffi en leur entier, tant pour le préfent, que
» pour l'avenir, les *penfions* attribuées à l'ordre de
» Saint-Louis, attendu qu'elles font le prix du
» fang répandu pour l'Etat, & nous ne ferons
» aucune réduction de celles qui font attachées
» aux corps de nos troupes, non plus que de
» celles dont jouiffent les officiers des troupes de
» notre maifon, par forme d'appointemens ou
» de fupplémens de folde, & qui font attachées
» non pas à leurs perfonnes, mais à leurs em-
» plois, ni pareillement de celles qui font partie
» des appointemens & attributions des charges
» de plufieurs officiers de nos cours ; & comme,
» malgré la réduction que nous fommes obligés
» de faire des autres *penfions* perfonnelles & gra-
» tifications ordinaires, la dépenfe en fera encore
» extrêmement onéreufe ; afin qu'elle ne foit pas
» perpétuelle, notre intention eft de les fuppri-
» mer, en cas que ceux à qui elles ont été ac-
» cordées, obtiennent, dans la fuite, d'autres
» emplois ou établiffemens, & de n'en faire
» revivre aucunes, lorfqu'elles fe trouveront
» éteintes par le décès de ceux qui en jouiffent,
» jufqu'à ce qu'elles foient réduites & limitées à
» une fomme fixe, qui foit moins à charge à
» nos peuples, & qui ne pourra alors être augmen-
» tée.

» Mais, étant jufte, & même néceffaire, de
» faire envifager des récompenfes, pour encou-
» rager à la vertu, & tout fervice rendu à la
» patrie, méritant un prix proportionné, nous
» nous réfervons une fomme fixe, par chacun
» an, pour être diftribuée par forme de grati-
» fication, à ceux que nous jugerons l'avoir
» mérité, en attendant que les *penfions* annuelles
» & les gratifications ordinaires foient réduites à
» un objet certain, & que nous puiffions difpofer
» de celles qui viendront à vacquer.

» Notre très-cher & très-amé oncle le duc d'Or-
» léans, régent, uniquement occupé de la libéra-
» tion de notre Etat, & du foulagement de nos
» peuples, a jugé qu'il étoit néceffaire de nous
» propofer ces différens arrangemens, quoique
» par notre déclaration du 23 feptembre 1715,
» il ait été déclaré ordonnateur, ainfi que l'étoit
» le feu roi, & qu'en cette qualité, il ait le droit
» de faire & d'ordonner les mêmes chofes. Il a
» de plus défiré qu'il fût établi un ordre inva-
» riable & uniforme dans les payemens, fans que

» la faveur ou l'importunité puiffent faire accor-
» der aucune préférence aux uns, aux préjudice
» des autres ; & pour y parvenir, il nous a re-
» préfenté, que rien n'étoit plus convenable, que
» de faire comprendre toutes les *penfions* per-
» fonnelles, & les gratifications ordinaires, dans
» un état général, diftingué par des chapitres fé-
» parés, fuivant la qualité des perfonnes & la
» différence de leurs emplois, qui fera arrêté
» chaque année, en notre confeil, & dont il
» fera expédié deux doubles ; l'un pour le garde
» de notre tréfor royal, qui acquittera fuccef-
» fivement les parties qui y feront employées,
» & l'autre pour être envoyé à notre chambre
» des comptes, avec des lettres-patentes, fous
» le contre-fcel defquelles il fera attaché, pour
» y allouer les mêmes parties ; au moyen de
» quoi nous ferons obferver, en même temps,
» & la lettre & l'efprit, tant de l'édit du mois
» de janvier 1629, que de la déclaration du 30
» décembre 1678, fans néanmoins affujettir cha-
» penfionnaire à demander tous les ans, l'expé-
» dition d'une nouvelle ordonnance, ou à obte-
» nir des lettres-patentes particulières ; ce qui fe-
» roit difficile à pratiquer, à caufe de la mul-
» titude des *penfions* qui fubfiftent ; outre que
» cela feroit trop à charge à ceux qui n'en ont que
» de modiques, ainfi nous préviendrons défor-
» mais toute forte de confufion & d'embarras ;
» & par les ordres que nous donnons, pour
» être affurés de l'exiftence de ceux qui devront
» être employés fur l'état général, nous connoî-
» trons toujours, d'une année à l'autre, les *pen-
» fions* qui feront éteintes, pour proportionner
» les fonds deftinés à l'acquittement de celles qui
» fubfifteront. »

En conféquence, les *penfions* de dix mille livres, & au-deffus, furent réduites aux trois cinquièmes.

Celle de fix mille livres, jufqu'à dix mille livres, aux deux tiers.

Celle de trois mille livres jufqu'à fix mille livres, aux trois-quarts.

Celle de mille livres, jufqu'à trois mille livres, aux quatre cinquièmes.

Et celles au-deffus des fix cents livres, jufqu'à mille livres, aux cinq fixièmes.

Il étoit dit auffi qu'aucune *penfion* ou gratifi-cation ordinaire ne feroit accordée jufqu'à ce que celles qui fubfiftoient fe trouvaffent réduites à la fomme de *deux millions*, par le décès des pen-fionnaires, ou leur nomination à d'autres emplois.

Cependant, pour ne pas laiffer les fervices préfens fans récompenfe, il fut réfervé annuel-

lement un fond de cinq cent mille livres, pour accorder des gratifications extraordinaires : mé-thode la plus fûre pour entretenir l'émulation, & perpétuer les fervices.

La dépenfe des *penfions* diminuoit d'un million, du jour même de la déclaration, & cette éco-nomie devoit s'augmenter fans ceffe ; mais on ordonna encore que les *penfions* ne fe payeroient plus qu'à leur échéance, au lieu qu'auparavant elles étoient acquittées dès le jour de l'expédition. Par cet arrangement on profita d'une année en-tière, qui montoit à fix millions.

La même année un édit du mois d'août vint encore toucher aux *penfions*. Après avoir rap-pellé tout ce qui avoit été fait pour l'améliora-tion des finances, le préambule parle des *pen-fions* dans les termes fuivans :

» Quoique nous ayons déjà fait une première
» réduction fur les *penfions*, par notre déclaration
» du 30 janvier dernier, nous avons cru devoir y
» faire encore de nouveaux retranchemens, qui,
» joints aux premiers, en réduiront la plus grande
» partie à la moitié ; & quelque faveur que mé-
» rite une partie de ceux qui jouiffent des *penfions*,
» nous efpérons qu'ils fouffriront fans peine cette
» nouvelle réduction, quand ils fauront, que notre
» très-cher & très-amé oncle le duc d'Orléans,
» petit-fils de France, régent de notre royaume,
» dont le défintéreffement & la grandeur d'ame
» égalent la vigilance & l'attention fur nos in-
» térêts & fur ceux de nos peuples, a voulu,
» auffi bien que les princes de notre fang, donner
» l'exemple à tous ceux à qui nous accordons des
» *penfions*, par la réduction de celles dont ils
» jouiffent ; ainfi, ne pouvant augmenter, ni même
» conferver toutes les impofitions, fans charger
» un peuple fi digne des foulagemens que nous
» voulons lui donner, nous avons trouvé une
» reffource plus fûre & plus honorable dans le
» retranchement de notre dépenfe, & de ce qui
» eft plutôt un effet de notre libéralité, qu'une vé-
» ritable dette de l'Etat.

» Mais, comme les retranchemens que nous
» faifons fur nous même, fur les princes de notre
» fang, fur les dépenfes de la guerre & de la
» marine, fur les doubles emplois, & en géné-
« ral fur toutes fortes de dépenfes privilégiées ou
» privilégiées, ne fuffifent pas pour remplir
» le vuide qui fe trouve dans nos revenus, par
» la fuppreffion du dixième d'impofition, nous
» fommes forcés de retrancher pareillement tous
» les privilèges & exemptions des droits de ga-
» belles & d'aides, qui font également à charge
» à nos revenus, &c &c.

Après ces difpofitions, toutes les *penfions* au-deſſus de ſix cents livres furent aſſujetties à la retenue d'un cinquième, il en réſulta que le montant de toutes les *penſions*, y compris celles des princes du ſang, ſe trouva réduit à trois millions quatre cent mille livres, au lieu d'environ ſept millions, à quoi elles montoient.

Les *penſions* éprouvèrent ſans doute encore de l'augmentation, puiſqu'en 1725 une déclaration du 20 novembre ordonna l'extinction de celles dont les poſſeſſeurs viendroient à mourir, & que le fonds qui leur étoit deſtiné ſeroit réduit à deux millions, en réſervant néanmoins une ſomme annuelle de cinq cent mille livres, pour accorder des gratifications.

Mais il paroît que ces vues d'ordre & d'économie n'eurent pas de grands effets; car en 1759, un nouveau miniſtre des finances, rempli de zèle pour le bien public, ſignala ſon avènement au miniſtère, par une déclaration du roi, du 17 avril, concernant les *penſions*, & dont l'objet étoit de les réduire à trois millions, non compriſes celles des princes du ſang, & quelques autres, & toutes celles au-deſſous de ſix cents livres.

Il eſt intéreſſant de voir les motifs & les diſpoſitions de ce règlement, plus rapproché de notre temps, & d'ailleurs d'un intérêt ſi général pour le peuple, à qui tous les bons miniſtres ont cherché à procurer des ſoulagemens. On reconnoîtra auſſi que la déclaration de 1717 a ſervi de modèle à celle de 1759.

» Louis, par la grace de Dieu, &c. L'amour » que nous portons à nos ſujets nous auroit fait » rechercher les moyens de concilier les mou- » vemens de notre tendreſſe pour eux, avec l'obli- » gation où nous ſommes de maintenir les droits, » la ſûreté & la gloire de notre couronne. C'eſt » dans cette vue que nous avons commencé par » l'examen & le retranchement des dépenſes de nos » maiſons, & que nous avons recommandé à ceux » qui ſont chargés de l'exécution de nos ordres » en cette partie, de veiller à l'économie qu'il » eſt convenable d'apporter à celles de ces mêmes » dépenſes qu'il n'eſt pas poſſible de ſupprimer; » mais ces réglemens économiques, les plus pré- » cieux de tous, ne pouvant nous procurer des » ſecours proportionnés aux beſoins de l'Etat, » nous aurions conſidéré que les dons, *penſions* » & gratifications accordés à quelques-uns de nos » ſujets, ne doivent point nuire à la juſtice dont » nous ſommes tenus envers les autres.

» Les ordonnances des rois nos prédéceſſeurs, » dont nous nous ferons toujours gloire de ſuivre » les exemples, en ce qui peut tendre au bien » des peuples dont la providence nous a confié

» le ſoin & le gouvernement, ſont autant de mo- » numens qui conſtatent que les importunités ont » ſouvent préjudicié au vrai mérite, dans la diſ- » tribution de leurs graces, & interverti, au dé- » triment du ſervice public, la juſte proportion » qui doit être établie dans les récompenſes. Tous, » dans l'occaſion, ſoit de leur propre mouvement, » ſoit ſur les repréſentations qui leur ont été » faites, ont fait examiner à diverſes repriſes les » dons obtenus ſans titre légitime, pour les an- » nuller; ils ont voulu qu'à l'avenir toute grace » fût nulle, à moins que les placets préſentés » pour l'obtenir, & le brevet qui l'accordoit, » ne continſſent les dons & graces déjà reçus par » ceux qui les ſollicitoient: ils ont enfin ordonné » dans tous les temps, que ces ſortes de dons » ne fuſſent payés qu'à la fin de l'année, ſur les » fonds reſtans après l'acquittement des charges » de l'Etat. Ces règles ſont particulièrement preſ- » crites par les ordonnances de Charles VII, en » 1336; de Charles VIII, en 1492; de Louis XII, » en 1498; de François premier, en 1523; de » Henri II, en 1556; de Charles IX, en 1566; » de Henri III, en 1579; de Henri IV, en » 1608; de Louis XIII, en 1629.

» Nous-mêmes, à leur exemple, par nos dé- » clarations des 30 janvier 1717, & 20 novem- » bre 1725, nous avions ordonné, que les *pen- » ſions* ſeroient éteintes, en cas que leurs poſſeſ- » ſeurs obtinſſent de nous d'autres emplois ou » établiſſemens; & que le fonds des *penſions* » ſeroit réduit à la ſomme de deux millions, nous » réſervant cependant de reconnoître les ſervices » préſens, par des gratifications, ſur un fonds » de cinq cens mille livres que nous deſtinions à » cet effet. Si nous nous ſommes laiſſé entraîner à » nous relâcher de cette règle, & à condeſcendre » aux prières qui nous ont été faites, ſans en » approfondir rigoureuſement le titre, plutôt que » de nous expoſer à laiſſer un ſeul ſervice ſans ré- » compenſe, nous n'en ſommes pas moins obligés » à modérer notre inclination bienfaiſante, par les » égards de juſtice que nous devons aux beſoins de » nos peuples, & de nos affaires, ſans ceſſer ce- » pendant de diſtinguer, dans une proportion équi- » table, les particuliers qui ont mérité nos récom- » penſes par les ſervices qu'ils ont rendus à » l'Etat, par leur attachement à notre perſonne, » & leur aſſiduité auprès de nous, & par la con- » ſidération d'une illuſtre naiſſance, plus riche en » vertus qu'en biens de la fortune: nous nous » croyons également obligés, par les mêmes mo- » tifs, d'établir des règles, pour éloigner de nous » à l'avenir, toute inégalité dans la diſtribution » de nos dons. A ces cauſes & autres, à ce nous » mouvant, de l'avis de notre conſeil, voulons & » & nous plaît ce qui ſuit.

ARTICLE PREMIER.

» Tous ceux qui jouiffent de dons , penfions ,
» augmentations de penfions & gratifications an-
» nuelles , feront tenus de fe pourvoir par-devers
» nos fecrétaires d'Etat, chacun dans fon dépar-
» tement, comme auffi par-devers le contrôleur
» général de nos finances, relativement aux pen-
» fions accordées en finance, pour , fur l'examen
» qui en fera fait , fuivant qu'il fera par nous or-
» donné, & fur le compte qui nous en fera rendu,
» en obtenir la confirmation , s'il y a lieu.

I I.

» Il fera remis par ceux qui jouiffent defdits
» dons, penfions & gratifications annuelles, à l'ef-
» fet d'en obtenir la confirmation , une déclaration
» fignée d'eux , qui contiendra un détail exact des
» différentes graces, honneurs & dignités qu'ils
» ont reçus de nous , & des revenus & émolu-
» mens qui y font attachés ; comme auffi l'expo-
» fition des motifs fur lefquels lefdits dons, pen-
» fions & gratifications annuelles leur auront été
» accordés ; & faute par eux de fatisfaire aux
» difpofitions du préfent article , dans le cours de
» la préfente année , (exception faite néanmoins
» en faveur de ceux qui peuvent fe trouver fur
» mer , en Amérique ou dans les Indes orien-
» tales , à l'égard defquels nous fixons pour délai,
» le terme de fix mois après leur retour dans le
» royaume) , voulons & ordonnons que lefdits
» dons, penfions & gratifications foient rayés de
» nos états , fans qu'ils puiffent y être rétablis.

I I I.

» N'entendons foumettre auxdites déclarations,
» ni audit examen, les penfions des princes de notre
» fang, celles attribuées à l'ordre de Saint-Louis ,
» les penfions attachées aux corps de nos troupes ,
» celles dont jouiffent les officiers des troupes de
» notre maifon , par forme d'appointemens ou de
» fupplément de folde , & qui font attachées ,
» non pas à leur perfonne , mais à leurs emplois ;
» pareillement celles qui font partie des attribu-
» tions de charges de plufieurs officiers des cours
» fupérieures ; celles attachées aux académies,
» corps & facultés d'étude , établis dans la ca-
» pitale ; non plus que les penfions de fix cents
» livres & au-deffous , accordées aux officiers
» de nos troupes de terre , & à ceux de notre
» marine , comme auffi à ceux de notre maifon ,
» & aux veuves defdits officiers.

I V.

» Le payement de toutes les penfions & gratifi-
» cations annuelles , fauf de celles exceptées par
» l'article précédent , demeurera fufpendu juf-
» qu'à ce que l'examen en ait été fait , & que
» nous en ayons ordonné la confirmation ; à
» l'effet de quoi il en fera arrêté en notre con-

» feil un état général , diftingué par chapitres ,
» fuivant les qualités des perfonnes & la diffé-
» rence de leurs fervices ou de leurs emplois,
» dont il fera expédié deux doubles, l'un pour le
» garde de notre tréfor royal, qui acquittera fuc-
» ceffivement les parties qui y feront employées,
» & l'autre pour être envoyé en notre chambre
» des comptes , avec des lettres fous le contre-
» fcel defquelles une expédition dudit état fera
» attaché, pour y allouer les mêmes parties.

V.

» Jufqu'à ce que le fonds des penfions , autres
» que celles des princes de notre fang, celles de
» l'ordre de Saint-Louis , & celles qui font partie
» des appointemens ou attributions d'emplois,
» charges & offices , foit réduit à la fomme de
» trois millions , à laquelle nous fixons ledit
» fonds pour l'avenir ; voulons & entendons qu'il
» ne foit accordé de nouvelles penfions en rem-
» placement de celles qui feront éteintes , que
» jufqu'à concurrence de la moitié defdites ex-
» tinctions ; & à cet effet il fera dreffé annuel-
» lement , en notre confeil , un état particulier de
» toutes les penfions éteintes dans le cours de
» l'année , comme auffi des nouvelles penfions qui
» auront été accordées en remplacement ; def-
» quels états il fera fait une double expédition,
» l'une pour le garde de notre tréfor royal, qui
» fera chargé de les acquitter, l'autre pour être
» revêtue de lettres-patentes , & enregiftrée en
» notre chambre des comptes , afin que le paye-
» ment y en foit alloué ; & feront enfuite &
» fucceffivement lefdits états de remplacement an-
» nuel , compris dans l'état général des penfions
» de chaque année fubféquente.

V I.

» Voulons & ordonnons , à l'effet d'accélérer de
» plus en plus la réduction du fonds des penfions , à
» la fomme de trois millions , que dans le cas où
» ceux qui feront employés dans les états defdites
» penfions , obtiendront de nous quelques autres
» emplois ou établiffemens , graces, charges ou
» dignités , lefdites penfions foient diminuées en
» proportion , ou fupprimées de l'état qui fera
» arrêté pour l'année qui fuivra immédiatement
» celle de leur nomination auxdits emplois. Vou-
» lons en conféquence , qu'il ne foit accordé au-
» cune penfion nouvelle , don , gratification ,
» charge ou emploi , que ceux qui devront les
» obtenir , n'aient remis une déclaration , fignée
» d'eux , de tous les dons, penfions , graces &
» emplois qu'ils auront ci-devant obtenus ; que
» faute par eux de le faire , ou d'en omettre une
» partie , ils foient non-feulement déchus des nou-
» velles graces qui leur feroient accordées , mais
» encore de toutes celles dont nous les aurions
» précédemment favorifés. Et pour affurer de plus
» en plus l'exécution des préfentes difpofitions,

» voulons que le double defdites déclarations , foit
» remis au contrôleur général de nos finances, à
« l'effet de les faire vérifier.

V I I.

» Comme il eft jufte néanmoins & néceffaire ,
» fur-tout dans le cours d'une guerre , de récom-
» penfer les fervices préfens , voulons que fur
» le montant des réductions & diminutions que
» fubira le fonds des penfions & gratifications an-
» nuelles, en conféquence & en exécution des pré-
» fentes, il foit réfervé un fonds annuel , qui
» ne pourra excéder la fomme d'un million, pour
» être diftribué , fur nos ordres , en gratifications
» extraordinaires, à ceux qui pourront les mériter;
» & à cet effet, il en fera dreffé par chacun an,
» un état en notre confeil, en conféquence des
» ordonnances particulières qui en auront été
» expédiées ; du montant duquel état il fera fait
» emploi dans les rôles de notre tréfor royal, en
» rapportant feulement ledit état, avec les quit-
» tances des parties prenantes.

V I I I.

» Et pour prévenir que lefdites gratifications ex-
» traordinaires ne puiffent être converties en gra-
» tifications ordinaires & annuelles , voulons &
» ordonnons que perfonne ne puiffe être porté
» fur l'état defdites gratifications extraordinaires ,
» deux années de fuite , ni qu'il puiffe , quoique
» l'intervalle ici prefcrit ou ou de plufieurs
» années , foit obfervé, y être jamais porté plus
» de trois fois. Si donnons en mandement , &c.
» Donné à Verfailles le dix-feptième jour d'avril ,
» l'an de grace 1759, & de notre règne le quarante-
» quatrième.

La chambre des comptes, par fon enrégiftrement du 23 avril fuivant, arrêta que le roi feroit
fupplié d'ordonner, que fur les brevets des dons
& penfions , il feroit expédié à l'avenir des lettres-
patentes adreffantes à la chambre, pour y être
regiftrées conformément aux anciennes loix du
royaume, notamment aux articles 374 & 379 de
l'ordonnance du mois de janvier 1629 ; mais les
chofes reftèrent fur le même pied, probablement
parce que les miniftres auroient été trôp gênés
dans la conceffion des graces du roi à leurs protégés & à leurs favoris.

Les penfions avoient été foumifes au dixième ,
lorfqu'il avoit été établi en 1733 & enfuite en
1741. La fuppreffion de cet impôt ayant eu lieu
en 1749, il y fut fubftitué un vingtième , à compter du premier janvier 1750, qui , de même,
porta fur toutes efpèces de penfions. En 1756
elles furent de nouveau grevées d'un fecond
vingtième impofé cette année ; & d'un troifième,
impofé en 1760, & fupprimé en 1764; enforte
que les penfions ne furent plus dès-lors fujettes
qu'à la retenue d'un dixième.

Un arrêt du confeil , du 29 janvier 1770, confirma cette retenue , & en impofa une nouvelle
fur toutes les penfions au-deffus de fix cents livres,
avec la claufe bien extraordinaire , & s'il eft permis de le dire , bien oppofée à toute équité, que
cette nouvelle retenue auroit lieu fur les penfions
échues trois années auparavant ; enforte, qu'au
défavantage de voir fa penfion arriérée de trois ans,
le penfionnaire joignoit encore la douleur de la
voir diminuer de deux ou trois dixièmes , par la
raifon que le paiement en avoit été retardé.

Voici les difpofitions de cet arrêt.

» Le roi s'étant fait repréfenter en fon confeil,
» l'état des penfions & gratifications ordinaires &
» extraordinaires, qui fe payent au tréfor royal ;
« fa majefté voulant apporter la plus grande éco-
» nomie dans toutes fes dépenfes , & en dimi-
» nuer le montant par des retenues graduelles &
» proportionnées , fur lefdites penfions & gratifi-
» cations ordinaires & extraordinaires, jufqu'à ce
» que la fituation de fes finances lui permette de
» fupprimer lefdites retenues : oui le rapport du
» fieur abbé Terray , confeiller ordinaire au con-
» feil royal, contrôleur général des finances ; le
» roi étant en fon confeil, a ordonné & ordonne
» ce qui fuit :

ARTICLE PREMIER.

» Les penfions & gratifications, tant ordinaires
» qu'extraordinaires de fix cents livres & au-def-
» fous, continueront à être fujettes à la retenue
» ordinaire du dixième.

I I.

» Les retenues à faire fur les penfions & grati-
» fications ordinaires & extraordinaires au-deffus
» de fix cents livres , demeurent fixées : favoir ,
» fur celles au-deffus defdites fix cents livres juf-
» qu'à douze cents livres , à raifon d'un dixième
» & demi ; fur celles au-deffus de douze cents
» livres jufqu'à dix-huit cents livres , à raifon de
» deux dixièmes ; fur celles au-deffus de dix-huit
» cents livres jufqu'à deux mille quatre cents
» livres , à raifon de deux dixièmes & demi ;
» & fur celles au-deffus de deux mille quatre
» cents livres , à quelques fommes qu'elles puif-
» fent monter , à raifon de trois dixièmes : lef-
» quelles retenues graduelles feront faites feule-
» ment fur le montant defdites penfions. A l'é-
» gard des intérêts à fix pour cent , qui y font
» joints, ils ne feront fujets, comme par le paffé ,
» qu'au dixième ordinaire.

I I I.

» Lefdites retenues , ordonnées par l'article
» précédent, auront lieu : favoir , pour les pen-
» fions , à compter de celles échues en 1768 ;
» & pour les gratifications ordinaires & extraor-
» dinaires, à compter de tout ce qui en écherra
» en 1770.

IV.

» Veut fa majefté, que les retenues énoncées
» au préfent arrêt, foient faites pendant le temps
» qu'elles auront lieu, par les gardes de fon tré-
» for royal, qui feront tenus d'en faire arrêter
» un état au confeil des finances, pour fervir à
» leur comptabilité, fans être obligés d'en juftifier
» autrement. Fait au confeil d'Etat du roi, à
» Marli, le vingt-neuvième jour de janvier 1770.

Les *penfions*, ainfi qu'on vient de le voir, étoient
arriérées de trois années, & grevées de plufieurs
dixièmes, en 1770. Il étoit bien plus aifé alors
de les réduire, que de trouver le moyen de les
mettre au courant.

Cette habile opération étoit réfervée à l'homme
d'Etat qui fut d'abord chargé, en 1776, de la
direction du tréfor royal, & enfuite de l'adminiftration générale des finances.

Il faut voir dans le réglement de la fin de cette
même année, avec quelle nobleffe il développe
les vues d'ordre & d'économie, dont tous les
miniftres zélés pour la profpérité de l'Etat ont
fenti l'importance.

» Le roi, en examinant la fituation de fon tré-
» for royal, dont fa majefté s'eft réfervé la con-
» noiffance d'une manière plus particulière, a vu,
» avec peine, que des libéralités fucceffives
» avoient extrêmement chargé l'état de fes finan-
» ces; & fa majefté a fenti la néceffité de pré-
» venir cet inconvénient dans la fuite.

» Dans cette vue elle fe propofe de renvoyer
» à une feule époque de l'année, la diftribution
» des graces pécuniaires, de quelque efpèce
» qu'elles foient : elle pourra découvrir ainfi toute
» l'étendue des demandes; & en raffemblant fous
» fes yeux la fomme des différentes extinctions,
» elle pourra remplir le deffein qu'elle a formé de
» n'en appliquer qu'une partie à la diftribution
» des graces nouvelles, afin de ramener infenfi-
» blement cet objet de dépenfe à une mefure con-
» venable. Eclairée par la réunion de ces circonf-
» tances, & par la connoiffance de la fituation de
» fes finances, fa majefté fera plus certaine de
» concilier toujours fa bienfaifance avec cette juf-
» tice générale, le premier de fes devoirs; en fe
» réfervant néanmoins de prononcer elle-même
» fur ce petit nombre d'exceptions où la prompti-
» tude eft une des conditions effentielles du bien-
» fait.

» Sa majefté a remarqué de plus, que la mul-
» titude de caiffes & de tréforiers, qui s'eft in-
» troduite dans fes recettes & dans fes dépenfes,
» a permis d'affigner, d'autant de manières dif-
» férentes, le paiement des *penfions* & des gra-
» tifications annuelles; d'où il réfulte une plus

» grande difficulté de les raffembler fous fes
» yeux, & une plus grande facilité pour obtenir
» des graces fous différens rapports. Ainfi, pour
» prévenir ce genre d'abus, & dans la réfolution
» où eft fa majefté d'établir au tréfor royal une
» exactitude qui ne laiffe rien à defirer, elle veut
» que toutes les *penfions* nouvelles y foient affi-
» gnées; & que toutes les perfonnes qui follicite-
» ront des graces pécuniaires, faffent connoître
» en même temps les divers traitemens dont
» elles jouiffent, à quelque titre que ce foit.

,, C'eft avec de femblables précautions que fa
,, majefté fe ménagera les moyens de ne jamais
,, refufer des faveurs véritablement méritées, &
,, qu'elle pourra même aller au-devant des hom-
,, mes modeftes, qui ne demanderoient ni la ré-
,, compenfe de leurs fervices, ni l'encouragement
,, auquel des talens diftingués peuvent prétendre.

,, Sa majefté eft informée que, par une fuite de
,, circonftances malheureufes, les *penfions* ne com-
,, mencent à être payées que trois ou quatre an-
,, nées après qu'elles ont été accordées, ce qui
,, laiffe dans la fouffrance les perfonnes à qui ces
,, *penfions* font véritablement néceffaires, & la
,, prive ainfi elle-même de la fatisfaction qui lui
,, eft la plus chère. Ainfi, déterminée, comme
,, elle l'eft, à n'accorder des graces qu'avec juf-
,, tice & modération, elle croit pouvoir, fans
,, contrarier l'ordre de fes finances, rapprocher
,, le payement des *penfions* qu'elle donnera à l'a-
,, venir; & fi les circonftances ne lui permettent
,, point encore de changer l'ordre établi pour celles
,, qui font antérieures au préfent réglement, fa
,, majefté n'a pas moins à cœur d'en diminuer
,, les arrérages; & c'eft comme un gage de cette
,, intention favorable, qu'elle y deftine, dès l'an-
,, née prochaine, un fonds extraordinaire de *cinq
,, cents mille livres*, applicable, par préférence,
,, au payement des plus petites parties.

,, Sa majefté n'ignore pas non plus, que par
,, un ufage qui ne fert qu'à perpétuer le fouvenir
,, d'opérations fâcheufes, auxquelles elle efpère
,, n'avoir jamais recours, on fait différentes dé-
,, ductions au tréfor royal, fur toutes les *penfions*
,, que fa majefté accorde; & comme une telle
,, méthode, en donnant à fes bienfaits un capi-
,, tal fictif, s'éloigne de la fimplicité vers laquelle
,, fa majefté defire ramener toutes fes affaires,
,, elle veut que, fans rien changer à cet ufage,
,, relativement aux *penfions* déjà accordées, il ne
,, fubfifte plus pour les nouvelles, & qu'elles
,, foient payées fans aucune déduction.

,, Enfin, voulant diffiper l'obfcurité à la faveur
,, de laquelle on cache fouvent l'étendue de fes
,, demandes, & défirant, au contraire, donner
,, aux graces cette publicité qui retient les fol-
,, licitations indifcrètes, & procure aux bienfaits
,, mérités

,, mérités un nouveau prix , par l'approbation pu-
,, blique , fa majefté a cru devoir interdire toute
,, demande, & toute attribution d'intérêt dans
,, les fermes, ou les régies de fes revenus, &
,, dans toutes les affaires de finance, fous quel-
,, que dénomination que ce foit : fon intention
,, étant de n'y admettre, à titre d'intéreffés, que
,, les perfonnes qui font néceffaires à l'adminif-
,, tration de ces mêmes affaires, afin qu'on ne
,, foit plus obligé de leur accorder un bénéfice qui
,, excède la rétribution dûe à leur travail, & à
,, l'avance de leurs fonds. Sa majefté, néanmoins,
,, n'entend priver perfonne des intérêts dont ils
,, jouiffent, lefquels leur feront confervés jufqu'à
,, l'expiration des baux auxquels ils font affociés.

,, Par ces différentes confidérations, fa majefté a
,, ordonné & ordonne ce qui fuit :

ARTICLE PREMIER.

,, Les demandes de graces pécuniaires de toute
,, nature, foit fous la dénomination de *penfions*,
,, gratifications, traitemens, augmentations d'ap-
,, pointemens, foit par forme d'échanges, ou à
,, titre d'anciennes prétentions, ne pourront à
,, l'avenir être préfentées à fa majefté que dans
,, le mois de décembre de chaque année ; fa ma-
,, jefté fe propofant de faire connoître fes in-
,, tentions à cet égard, auffitôt qu'elle aura fait
,, l'examen de ces demandes.

II.

,, Les penfions nouvelles, & autres graces pé-
,, cuniaires, ne feront plus accordées que fur le
,, tréfor royal ; elles fe payeront au bout de
,, l'année révolue, & ne feront fujettes à aucune
,, déduction.

III.

,, Il fera fait, à commencer de l'année pro-
,, chaine, un fonds extraordinaire de *cinq cents*
,, *mille livres*, applicable à la liquidation des
,, penfions arriérées, & par préférence au paye-
,, ment des plus petites parties ; fe réfervant, fa
,, majefté, d'augmenter ce fonds auffitôt que les
,, circonftances pourront le permettre.

IV.

,, Sa majefté défend toute demande & attribu-
,, tion d'intérêt dans les fermes ou les régies de
,, fes revenus, ainfi que dans toute efpèce d'af-
,, faires de finance, à moins qu'on n'en foit ad-
,, miniftrateur.

,, Fait à Verfailles, le 22 décembre 1776.

Ces premières difpofitions furent fuivies, deux
ans après, des lettres-patentes du 8 novembre
1778, enregiftrées à la chambre des comptes,
pour prefcrire une nouvelle forme de paiement
des *penfions*, à commencer en 1780. Comme

cette forme s'obferve encore, il n'eft pas inutile
de rapporter ces lettres-patentes.

« Louis, par la grace de Dieu, &c. &c. Etant
» informés que le paiement des *penfions*, des gra-
» tifications annuelles & de toutes les graces via-
» gères, eft affigné fur une multitude de caiffes
» différentes, & qu'il réfulte de cette fubdivifion
» une obfcurité contraire à l'ordre & à l'écono-
» mie que nous defirons de plus en plus établir ;
» nous avons cru effentiel d'ordonner que doré-
» navant toutes ces graces, fans diftinction, fe-
» roient payées par l'un des deux gardes de notre
» tréfor royal, & nous défendrons en confé-
» quence à notre chambre des comptes de paffer
» en dépenfe aucun article de ce genre dans les
» comptes de tout autre comptable.

» Notre intention eft que le paiement de ces
» penfions, ainfi raffemblé, il en foit dreffé un ta-
» bleau qui fera mis fous nos yeux, en claffant
» féparément les parties qui appartiennent à divers
» départemens ; de manière que, d'après la con-
» noiffance que nous en prendrons, nous puiffions
» fixer, par un règlement ftable, & enregiftré à
» notre chambre des comptes, la fomme d'extinc-
» tions annuelles dont nous voudrons que le rem-
» placement puiffe être fait chaque année : en at-
» tendant nous nous propofons de n'en accorder
» aucune fans les plus juftes motifs, & de nous
» aftreindre toujours à ne le faire qu'à la fin de
» l'année révolue ; arrangement dont nous avons
» reconnu l'utilité, & qui nous a déjà permis
» de diminuer cette charge de nos finances, de-
» venue trop confidérable.

» Nous avons de plus obfervé que cette partie
» de dépenfe ne s'étant accrue que fucceffive-
» ment, les formalités qu'on avoit jugé fuffi-
» fantes pour un objet modique dans fon principe,
» ne pouvoient plus convenir à l'étendue actuelle
» de ce même objet : c'eft ainfi que la forme des
» paiemens par ordonnances annuelles, qui ne pré-
» fentoit que peu d'inconvéniens, lorfque le
» nombre des penfionnaires étoit circonfcrit, ne
» peut maintenant fe concilier avec les idées d'or-
» dre & d'exactitude, puifque toutes ces ordon-
» nances nous étant toujours préfentées féparé-
» ment du titre qui les a fondées, nous autori-
» fons de notre fignature une multitude de paie-
» mens dont nous ne pouvons jamais connoître
» par nous-mêmes la régularité ; mais afin que les
» nouvelles difpofitions que nous croyons indif-
» penfables, n'apportent aucun retard dans les
» paiemens, nous avons bien voulu accorder un
» an pour les remplir, & ordonner que les paie-
» mens des penfions, quoique réunis dès le pre-
» mier janvier au tréfor royal, s'y faffent encore
» pendant le cours de l'année prochaine, dans la
» forme ordinaire.

» De cette manière nous satisfaisons, par de
» sages mesures, aux vues générales d'ordre &
» de justice, sans que les personnes qui jouissent,
» en vertu de titres réguliers, en reçoivent aucun
» préjudice. A ces causes, & autres à ce nous.
» mouvant, de l'avis de notre conseil, & de
» notre certaine science, pleine puissance & au-
» torité royale, nous avons ordonné, & par ces
» présentes signées de notre main, ordonnons ce
» qui suit :

ARTICLE PREMIER.

» A commencer du premier janvier prochain,
» aucune *pension*, gratification annuelle ou autres
» graces viagères, sous quelque titre & dénomi-
» nation que ce soit, ne seront plus payées que
» par le sieur Savalete, l'un des gardes de notre
» trésor royal, que nous avons choisi à cet effet.

II.

» N'entendons pas comprendre, dans l'article
» ci-dessus, les soldes & demi-soldes accordées.
» pour retraite aux soldats & bas officiers, les-
» quelles, à cause de la modicité des objets, con-
» tinueront d'être payées comme ci-devant.

III.

» Défendons très expressément à notre cham-
» bre des comptes, de passer en dépense, sous
» quelque prétexte que ce soit, dans les comptes
» de tout autre comptable que ceux du garde de
» notre trésor royal, ci-dessus nommé, aucun
» paiement de pensions ou autres graces viagères.

IV.

» Voulons que les divers départemens, dépo-
» sitaires des décisions, en vertu desquelles au-
» cun pensionnaire jouit d'une grace viagère,
» aient à en faire passer l'ampliation au départe-
» ment des finances ; pour lesdites décisions &
» autres titres probant, y être enregistrés & com-
» pris dans des états qui seront remis sous nos.
» yeux, pour être par nous approuvés & servir
» de titre permanent à la perception annuelle de
» ces mêmes *pensions* ; & voulons que les mêmes
» formes soient observées pour les nouvelles gra-
» ces de ce genre, que nous ferons dans le cas
» d'accorder.

V.

» Pour éviter toute erreur, & de la part des
» pensionnaires, ou dans les bureaux du trésor
» royal, lesdits états, ainsi que les registres tenus
» en conséquence, contiendront en deux colon-
» nes, & la somme de chaque *pension*, & celle à
» laquelle elles ont été réduites par l'effet des dif-
» férentes retenues ordonnées dans les arrêts du
» conseil rendus à ce sujet, antérieurement à cette.
» époque.

VI.

» Ces diverses formalités étant observées, nous
» voulons, qu'à commencer du premier janvier
» 1780, les pensionnaires puissent recevoir leurs
» *pensions* sur leurs simples quittances, sans être
» obligés de solliciter chaque année une ordon-

nance, en joignant toutefois à leur quittance
» un certificat de vie, dans la forme usitée pour
» les rentes sur l'hôtel-de-ville ; & nous nous ré-
» servons de faire connoître quel ordre de paie-
» ment le plus régulier & le plus commode aux
» pensionnaires devra être observé.

VII.

» Afin que les nouvelles dispositions que nous
» ordonnons n'apportent aucun retard dans les
» paiements, notre intention est que dans l'année
» prochaine le garde de notre trésor royal paie
» selon les formes usitées jusqu'à présent.

VIII.

» Voulons qu'il soit dressé un tableau de toutes
» les pensions & autres graces annuelles, en réu-
» nissant dans le même article celles qui ont été
» accordées à la même personne ; lequel tableau
» nous sera remis par l'administrateur général de
» finances.

IX.

» En suite de la connoissance que nous pren-
» drons de ce tableau, nous nous réservons de
» déterminer, par un règlement général, enre-
» gistré à notre chambre des comptes, de quelle
» somme d'extinctions pour chaque département,
» nous permettrons qu'on nous propose le rem-
» placement.

X.

» Voulons qu'au commencement de chaque an-
» née il nous soit remis un état des extinctions
» qui auront eu lieu dans le cours de la précé-
» dente, & le double de ce même état sera en-
» voyé à chaque ordonnateur, pour la partie qui
» concerne son département.

XI.

» Le garde de notre trésor royal comptera du
» paiement annuel des *pensions*, par un compte
» distinct & séparé, & dans la forme qui sera par
» nous prescrite Si vous mandons, &c. Donné
» à Versailles le huitième jour du mois de no-
» vembre, l'an de grace 1778, & de notre règne.
» le cinquième ».

Une déclaration du roi du 7 janvier 1779,
confirma l'ordre établi l'année précédente, &
régla d'un côté comment le garde du trésor royal
devoit payer les *pensions* arréragées, & comment il
devoit en compter ; & de l'autre, que les pensionnaires seroient payés sur leurs simples quittances, en produisant leur certificat de vie comme
il en est usité pour le paiement des rentes de l'hôtel-de-ville de Paris.

Cette même déclaration comprend encore d'autres dispositions qu'il est important de faire connoître. Telles sont celles des articles 11, 13, 17
& 18.

XI.

» Les *penfions*, qui ne feront point réclamées
» pendant trois années confécutives, feront cen-
» fées éteintes, fauf néanmoins à les rétablir lorf-
» que les penfionnaires fe préfenteront, juftifie-
» ront de leur exiftence, & rapporteront certificat
» du fecrétaire d'état, dans le département du-
» quel leur brevet aura été expédié, pour conftá-
» ter qu'ils n'en auront encouru la perte,
» conformément aux ordonnances.

XIII.

» Nous avons déclaré & déclarons toutes lef-
» dites *penfions* & graces viagères, non faififfables
» ni ceffibles pour quelque caufe & raifon que ce
» foit, fauf aux créanciers des penfionnaires à
» exercer, après leur décès, fur les décomptes
» de leurs *penfions*, toutes les pourfuites & dili-
» gences néceffaires pour la confervation de leurs
» droits & actions, & fans préjudice des ordres
» particuliers qui pourroient être donnés par nos
» fecrétaires d'état pour arrêter le paiement de
» quelques-unes defdites graces, ainfi qu'il en a
» été ufé par le paffé.

XVII.

» Conformément aux exceptions portées par
» nos lettres-patentes du 8 novembre 1778, nous
» n'entendons pas comprendre dans les difpofi-
» tions de notre préfente déclaration, les foldes
» & demi-foldes, & récompenfes militaires ac-
» cordées pour retraites aux foldats & bas officiers
» invalides, ainfi que les penfions ou gratifications
» annuelles, attachées invariablement à différentes
» charges; les fupplémens d'appointemens fixés,
» lors de la nouvelle compofition des troupes, en
» 1769, aux meftres-de camp de cavalerie, de huf-
» fards, de dragons, & à quelques colonels-com-
» mandans, colonels en fecond des régimens d'in-
» fanterie, & autres officiers en activité, pour
» les indemnifer de partie d'appointemens qu'ils
» ont perdus en paffant d'un grade à un autre;
» lefquels fupplémens d'appointemens s'étein-
» dront lorfque lefdits officiers pafferont à des
» grades fupérieurs ou quitteront leurs corps; les
» retraites dont jouiffent les officiers étrangers ci-
» devant à notre fervice, retirés dans leur patrie,
» & qui font payées par la voie de nos ambaffa-
» deurs; & enfin, les penfions ou retraites ac-
» cordées, & qui le feront par la fuite aux offi-
» ciers reçus à l'hôtel des invalides, pourvu tou-
» tefois qu'elle n'excèdent pas quatre cens livres
» par an. Le paiement de toutes lefquelles graces
» continuera d'être faît par le tréforier de la guer-
» re, comme par le paffé. Et nous voulons auffi,
» que les *penfions* affignées fur notre domaine de
» Verfailles, & dont les fonds ont une deftina-
» tion particulière, continuent d'être payées fur
» ledit fonds.

XVIII.

» Il ne fera plus accordé à l'avenir, aux offi-

» ciers de nos troupes, aucune retraite ni *penfions*,
» fous la dénomination de traitemens, aux offi-
» ciers entretenus dans les places ni à la fuite des
» corps, mais feulement des *penfions* fur notre
» tréfor royal. Voulons néa moins que ceux def-
» dits officiers qui ont obtenu jufqu'à préfent des
» traitemens à la fuite defdites places feulement,
» continuent d'en être payés, comme ci devant,
» par le tréforier de la guerre, fur les revues des
» commiffaires des guerres.

» Donné à Verfailles le feptième jour du mois
» de janvier, l'an 1779 ».

La même année, une nouvelle déclaration, du
8 août, confirmant ce qui avoit été prefcrit par
la précédente, renouvelle la faculté accordée aux
femmes mariées, aux mineurs & aux religieux &
religieufes, de toucher les *penfions* dont ils jouiffent, fans autorifation de leurs maris, tuteurs &
fupérieurs, & fixe le prix des quittances à payer
aux notaires.

Il eft à propos de donner ici cette loi en entier.

« Louis, par la grace de Dieu, &c. En or-
» donnant, par l'article XVI de notre déclara-
» tion du 7 janvier dernier, que le fieur Savalete,
» garde de notre tréfor royal, fe conformeroit,
» pour le paiement des *penfions*, aux loix rendues
» fur le fait des rentes viagères, nous avons eu
» principalement en vue de foumettre ce paie-
» ment aux formalités prefcrites par la déclara-
» tion du 26 juin 1763; mais comme cette décla-
» ration ne s'eft pas expliquée fur les facilités,
» fouvent accordées aux religieux, religieufes &
» autres, par nos édits & créations de rentes, &
» qu'elle ne peut fervir de titre d'exceptions aux
» femmes en puiffance de maris, & autres de nos
» penfionnaires qui ne peuvent légalement rece-
» voir leurs *penfions* fans autorifation, nous avons
» réfolu, en renouvellant les difpofitions de notre-
» dite déclaration du 26 juin 1763, d'établir,
» d'une manière invariable, les exceptions dont
» jouiront les femmes mariées, les mineurs, les
» religieux & religieufes qui ont obtenu ou aux-
» quels nous accorderons à l'avenir des *penfions*
» ou autres graces viagères. A ces caufes, &c. &c.
» nous avons déclaré & ordonné, &c. voulons &
» nous plaît ce qui fuit :

ARTICLE PREMIER.

» Les penfionnaires ne pourront recevoir du
» fieur Savalete, garde de notre tréfor royal,
» l'année commencée, à telle époque que ce
» foit de 1779, des *penfions*, gratifications an-
» nuelles, appointemens confervés, retraites,
» fubfiftances & autres graces dont ils jouiffent,
» qu'autant qu'ils fe feront conformés aux forma-
» lités prefcrites & aux ufages reçus pour le re-
» couvrement des rentes viagères dont le paie-

» ment fe fait en l'hôtel - de - ville de Paris.

I I.

» Nous renouvellons en conféquence toutes les
» difpofitions de la déclaration du 26 juin 1763,
» & particulièrement celles par lefquelles elle a
» réglé la forme des certificats de vie & la
» compétence des perfonnes qui pourroient les
» délivrer ; & nous fixons à huit fous, le par-
» chemin compris, le droit des notaires de Paris
» pour chacune des quittances qui toutes feront
» paffées devant eux, foit pour l'année entière,
» foit pour chaque femeftre des *penfions* conte-
» nues dans les brevets nouveaux qui feront les
» titres fur lefquels les arrérages de ladite année
» 1779, & des fuivantes, feront reçus.

I I I.

» Les femmes mariées, les mineurs, les reli-
» gieux & religieufes ayant reçu jufqu'à préfent
» les *penfions* & autres graces qui leur ont été
» accordées, & en ayant donné quittance fans y
» avoir été autorifés par leurs maris, tuteurs, fu-
» périeurs ou fupérieures, nous les confirmons
» dans ce privilège & les affranchiffons, ainfi que
» toutes les perfonnes de même état qui pour-
» roient obtenir de nous à l'avenir des graces pa-
» reilles, de l'obligation de fe faire autorifer par
» leurs maris, tuteurs, fupérieurs ou fupérieures,
» dans les quittances qu'elles en donneront elles-
» mêmes, ou dans les procurations qu'elles paf-
» feront à l'effet de les recevoir ; dérogeant ex-
» preffément, en leur faveur, aux loix & cou-
» tumes de notre royaume, auxquelles lefdites
» perfonnes demeureront affujetties pour tout ce
» qui ne concernera pas leurs *penfions*.

I V.

» Renouvellons & confirmons nos précédentes
» lettres-patentes & déclarations rendues, con-
» cernant les *penfions* & autres graces, & les rè-
» glemens donnés fur le fait des rentes viagères,
» Si donnons en mandement, &c. &c. Donné à
» Verfailles le huitième jour du mois d'août 1779.»

Avant de préfenter la fuite des règlemens
intervenus fur les *penfions*, il ne peut qu'être
agréable de trouver ici les réflexions qu'un célèbre adminiftrateur des finances fait à cet
égard dans un ouvrage qui, malgré les critiques,
fera toujours le catéchifme des hommes deftinés
à l'adminiftration des finances, & la lecture
favorite de tous les bons citoyens qui voudront
connoître les moyens d'opérer la profpérité de
leur patrie.

Après avoir rappellé que le montant de toutes
les *penfions* s'élève à vingt-huit millions, ainfi
qu'il l'avoit annoncé dans le compte rendu au
roi en 1781, cet adminiftrateur ajoute :

« Je n'aurai pas befoin, je penfe, de grands
» efforts pour faire fentir l'excès d'une pareille
» munificence : on diroit, à voir cette profufion,
» que l'or & l'argent font apportés par les flots
» de la mer ; au lieu que les richeffes des fou-
» verains font le produit des impôts, & l'accu-
» mulation des facrifices de la généralité des
» citoyens ; de ce peuple fur-tout, qui ne reçoit
» en récompenfe des travaux de fa journée, que
» la fubfiftance néceffaire pour lui donner la force
» de les reprendre le lendemain. Qu'on ne dife
» point que cette grace en particulier eft la ré-
» compenfe des fervices rendus à l'Etat : j'en con-
» viendrai fans peine. Mais que répondra-t-on
» fur telle autre ? ou comment défendra-t-on le
» défaut de mefure dans la fixation du plus grand
» nombre ? Je fuis loin, d'ailleurs, de vouloir in-
» viter à des recherches où des révifions à la
» faveur & la prédilection s'y glifferoient encore.
» Il eft peu de perfonnes en état d'exercer une
» jufte cenfure, & fi elles exiftoient, on leur
» imputeroit bientôt des paffions & des intérêts
» pour les rendre fufpectes.

» Je crois qu'en adminiftration, il faut, dans
» les amendemens comme dans les inftitutions,
» fe gouverner par des règles générales, & s'abf-
» tenir d'une trop grande confiance dans l'impar-
» tialité du jugement des hommes. Je reconnois
» auffi les droits que donne une longue poffeffion,
» & je penfe enfin que la fidélité des engage-
» mens, eft une vertu d'une fi grande importan-
» ce, en morale & en politique, que les fou-
» verains doivent fe foumettre à quelques facri-
» fices, pour ne point manquer à ce principe,
» même à l'égard des conceffions qu'ils n'auroient
» pas dû faire.

» Mais ce qu'on ne peut rejetter raifonnable-
» ment, ce font toutes les difpofitions qui, fans
» aucune injuftice envers perfonne, remédieroient
» graduellement à un abus dont on ne peut diffi-
» muler les funeftes conféquences.

» On a vu ci-devant, par les lettres-patentes
» de 1778, que le roi fe propofoit de fixer, par
» un règlement ftable, la partie des extinctions
» annuelles dont il vouloit que le remplacement
» pût être fait chaque année.

» Les difpofitions qu'il refte à prefcrire font
» diftinctement tracées. Au lieu de deftiner aux
» *penfions* nouvelles, une part quelconque des ex-
» tinctions, ce qui auroit entraîné des calculs &
» des incertitudes, j'aurois propofé à fa majefté
» de déterminer, d'une manière fixe, la fomme
» annuelle de ces graces, & voici le calcul que
» j'avois fait ».

Les extinctions des *penfions*, peuvent être évaluées, d'après l'expérience, à trois & un quart

pour cent environ ; c'est plus que la proportion observée dans l'amortissement des rentes viagéres ; mais celles-ci sont constituées, en grande partie, sur de jeunes têtes ; & l'on évite, autant qu'il est possible, de placer des capitaux sur la vie des personnes dont la santé paroît incertaine ; toutes ces circonstances n'existent point à l'égard des *pensions*, puisque l'âge & les infirmités sont un titre de plus pour en obtenir.

Suppposant donc que l'étendue de ces graces fut de vingt-huit millions, les extinctions annuelles devroient être estimées à environ neuf cens mille livres. Ainsi le roi assureroit une économie successive de quelque importance ; en fixant la somme des nouvelles *pensions* à quatre cens cinquante mille livres. Il y auroit sans doute d'excellentes raisons à alléguer pour réduire davantage ces nouveaux dons ; mais si l'on vouloit aller trop loin, l'exécution n'y répondroit pas, & les limites qu'on auroit posées, étant une fois franchies, on ne sait plus où l'on s'arrêteroit. L'attachement aux règles, comme toutes les idées morales, n'a qu'un degré de force ; & si l'on veut, dans les monarchies, que l'ordre serve de défense, il ne faut pas l'exposer à de trop fortes attaques.

Pour assurer l'observation de cette règle, il faudroit défendre à la chambre-des-comptes d'admettre aucun article dans les comptes du trésor royal, au-delà du capital fixé pour les graces nouvelles. Cette disposition seroit aujourd'hui d'autant plus facile à maintenir, que les *pensions* ne sont plus acquittées qu'à une seule & même caisse.

On pourroit, de ces quatre cens cinquante mille livres, en appliquer trois cens mille aux armées de terre & de mer, & cent cinquante mille à toutes les autres parties.

On représenteroit, sans doute, que les quatre cens cinquante mille livres ne suffiroient pas aux graces absolument nécessaires ; mais ce qui est plus indispensable encore, c'est d'établir une juste proportion entre les revenus & les dépenses, entre les récompenses & les divers besoins de l'Etat, entre les libéralités & le sort du peuple.

C'est l'habitude, il faut en convenir, qui, dans toutes ces dispositions généreuses, forme les plus forts liens ; mais de nouveaux usages feroient bientôt oublier les précédens ; d'ailleurs, la facilité avec laquelle on accorde, & le défaut de justesse dans leur distribution, sont la cause même des importunités dont on se plaint, car c'est des comparaisons que naissent les prétentions, & quand la faveur influe sur les récompenses, les sollicitations n'ont point de terme, puisqu'on compte alors, parmi les titres, tous les droits qui manquent aux autres.

Au reste, la mesure dans les récompenses est comme la proportion dans la beauté ; tous les grands effets en dépendent, & peut-être qu'en considérant ces récompenses sous un point de vue moral, les gouvernemens qui en répandent davantage sont ceux qui en accordent le moins.

Cet état des choses n'éprouva aucun changement pendant cinq années, & sans doute que l'ordre prescrit pour procurer, au ministre des finances, une connoissance exacte de toutes les *pensions* accordées dans les différens départemens des ministres, n'étoit pas exactement suivi, puisque le roi jugea, en 1785, devoir rappeller & ordonner de nouveau l'exécution des diverses dispositions qu'on a vues ci-devant. Voici cet arrêt.

« Le roi s'étant fait représenter le règlement du » 22 décembre 1776, les lettres-patentes du 8 » septembre 1778, & la déclaration du 7 janvier » 1779, par lesquels en établissant un nouvel or- » dre pour le paiement des pensions, sa majesté a » voulu arrêter le progrès de leurs augmentations : » & s'étant fait rendre compte en même-tems de » l'effet qui en est résulté, elle a reconnu que ses » intentions avoient été remplies utilement, en ce » qui concerne l'ordre de la comptabilité, mais » que la fixation qu'elle s'étoit proposé de faire de » la somme d'extinctions annuelles dont le rem- » placement pourroit être fait en chaque départe- » ment, n'ayant pas encore été déterminée, la » réunion au trésor royal de toutes les *pensions* & » graces pécuniaires, n'avoit pas produit la réduc- » tion économique qu'elle en avoit espéré ; que » même le ministre de ses finances n'étoit pas ins- » truit assez promptement des graces & brevets » expédiés dans chaque département, pour pou- » voir estimer & porter avec exactitude, dans les » états de la dépense annuelle, le paiement des » *pensions*, conséquemment aux variations qui » surviennent d'une année à l'autre.

» Sa majesté, de plus en plus convaincue de la » nécessité de ramener cet objet de dépense à une » mesure plus convenable, a jugé que le moyen le » plus efficace pour compléter & assurer le succès » de ses vues à cet égard, seroit de régler tous les » ans, dans son conseil, la somme des *pensions* » qui seroient accordées pour chaque départe- » ment, dans une proportion toujours moindre » que celle des extinctions de l'année précédente, » afin d'en diminuer successivement la masse, & » de mettre l'administration des finances en état » de prévoir assez tôt & de toujours connoître » avec certitude, le montant de leur paiement an- » nuel. A quoi voulant pourvoir : oui le rapport » du sieur de Calonne, &c. le roi étant en son » conseil, a ordonné & ordonne ce qui suit :

ARTICLE PREMIER.

» La somme des *pensions* & graces pécuniaires

» que fa majefté permettra de lui propofer chaque
» année , fera réglée & déterminée par elle , pour
» chaque département , dans un confeil qu'elle a
» réfolu de tenir tous les ans , à cet effet , dans le
» courant de mars.

II.

» Le contrôleur général mettra alors fous les
» yeux de fa majefté le tableau général de toutes
» les *penfions* & graces annuelles réunies au tréfor
» royal , en exécution du règlement du 22 dé-
» cembre 1876 ; enfemble l'état des extinctions
» d'icelles furvenues dans le cours de l'année pré-
» cédente , en claffant féparément les parties rela-
» tives aux divers départemens.

III.

» Veut fa majefté que fur le total defdites ex-
» tinctions , les deux tiers feulement puiffent lui
» être propofés en remplacement dans l'année fui-
» vante , l'autre tiers demeurant fupprimé pour
» opérer une diminution fucceffive fur le total
» defdites *penfions* , jufqu'à ce qu'il fe trouve ré-
» duit au taux que fa majefté jugera à propos de
» fixer.

IV.

» La fomme à laquelle monteront les deux tiers
» defdites extinctions , fera , par fa majefté , par-
» tagée & diftribuée entre les divers départemens ,
» en telle proportion qu'elle eftimera convenable ;
» & les états qui en feront arrêtés par elle , dans
» ledit confeil , pour chaque département , feront
» remis à chacun des ordonnateurs pour s'y con-
» former.

V.

» Le contrôleur général portera , dans l'état de
» la dépenfe annuelle , le montant defdits états ,
» & en fera les fonds qui ne pourront être excé-
» dés fous aucun prétexte , ni portés en compte
» pour plus forte fomme ; l'intention de fa majefté
» étant que dans les cas extraordinaires où les
» graces qu'elle jugeroit à propos d'accorder ,
» pour récompenfes de fervices , furpafferoient le
» montant des fommes affignées à chaque dépar-
» tement , lefdites graces ne foient accordées
» qu'en expectative , & pour n'être payées que
» par remplacement fur les extinctions de l'année
» fuivante ; de quoi les brevets , s'ils étoient dès-
» lors expédiés , porteroient mention expreffe.
» Fait au confeil d'état du roi , à Verfailles le 8
» mai 1785 ».

Pour ne rien omettre de toute la légiflation qui
concerne les *penfions* , nous ajouterons ici l'arrêt
du confeil du 3 feptembre 1785 , qui regarde
particulièrement celles des gens de lettres.

« Le roi s'étant fait rendre compte de l'état où
» fe trouvent les différens travaux littéraires com-
» mencés par fes ordres ou par ceux des rois fes
» prédéceffeurs , a cru devoir porter fon attention
» fur les moyens de proportionner , à leur utili-
» té , les bienfaits qui doivent en être la récom-
» penfe , & d'empêcher qu'à l'avenir des falaires

» fixes , attribués à l'entreprife d'un ouvrage ,
» n'en perpétuent l'objet au lieu d'en faciliter
» l'exécution. Sa majefté , réfolue d'affigner tous
» les ans un fonds deftiné uniquement à étendre
» les progrès de l'inftruction publique , & à en-
» courager les favans qui peuvent y contribuer ,
» ne fe propofe aujourd'hui de furveiller davan-
» tage l'emploi des talens , que pour pouvoir en
» accélérer les productions , en apprécier le mé-
» rite , & régler en conféquence la mefure de fes
» faveurs. Cette jufte protection , qui honore le
» trône autant que les lettres , devenant auffi plus
» utile , en même-tems que plus éclatante , aug-
» mentera l'émulation de ceux qui les cultivent ,
» & donnera un nouveau prix aux graces que fa
» majefté répandra fur eux avec autant de fatif-
» faction qu'ils auront d'empreffement à s'en ren-
» dre digne. A quoi voulant pourvoir : oui le rap-
» port du fieur de Calonne , &c. Le roi a ordon-
» né ce qui fuit :

» Les favans & gens de lettres qui , en vertu
» d'ordres donnés par fa majefté ou par le feu roi ,
» font chargés de travaux littéraires pour lefquels
» ils ont traitement , *penfion* ou récompenfe , fe-
» ront tenus d'adreffer , dans l'efpace de trois
» mois , à dater du préfent arrêt , au contrôleur
» général des finances , des mémoires fignés d'eux ,
» qui contiendront l'objet defdits travaux , la date
» des ordres qui les ont prefcrits , & le montant
» des traitemens , *penfions* ou gratifications qui y
» ont été attribués.

» Ceux qui n'étant plus chargés d'aucun ouvra-
» ge , jouiffent de *penfions* ou traitemens conti-
» nués par forme de récompenfe , enverront auffi ,
» dans ledit terme , au contrôleur général des fi-
» nances , un mémoire contenant la quotité , l'é-
» poque & les motifs defdits traitemens ou *pen-*
» *fions*.

» N'entend fa majefté rien retrancher aux dons
» & graces accordés par elle ou par fes prédécef-
» feurs , aux gens de lettres ; mais pour faire par-
» venir , le plutôt qu'il fera poffible , à leur fin ,
» les ouvrages dont ces libéralités font le prix , &
» affurer la plus jufte diftribution de celles qu'elle
» fe propofe d'accorder , fa majefté ordonne que
» le fieur bibliothécaire du roi , & le magiftrat
» chargé , par M. le chancelier ou garde des fceaux
» de France , de l'infpection de la librairie , pren-
» dront connoiffance du progrès des travaux lit-
» téraires qui auront été ordonnés , des obftacles
» qui pourroient les retarder , ainfi que des fe-
» cours qui leur feroient néceffaires , & en ren-
» dront compte à M. le chancelier ou garde des
» fceaux , au fecrétaire d'état que l'objet du tra-
» vail pourroit concerner , & au contrôleur-géné-
» ral des finances , auxquels ils propoferont ce
» qu'ils croiront convenable pour accélérer lefdits
» travaux & les conduire à leur perfection,

»Sur le vu des mémoires & comptes rendus, »mentionnés aux articles précédens, il sera dreſſé »un état général des ſommes à payer par le tré- »ſor royal pour encouragemens, traitemens, »gratifications & *penſions*, aux gens de lettres ; »d'après lequel état ſa majeſté déterminera, cha- »que année, les ſommes qui continueront d'y »être employées, celles qu'elle jugera à propos »d'y ajouter, & les remplacemens de celles qui »n'auroient plus d'objet.

»Les nouvelles demandes qui auroient été faites »en chaque département, & les mémoires en- »voyés au contrôleur-général, tendant à obtenir »des encouragemens pour les gens de lettres, ſe- »ront mis en même-tems ſous les yeux de ſa »majeſté ; & d'après leur réunion, ſa majeſté »fixera tous les ans, en ſon conſeil, la ſomme »total qui ſera deſtinée, tant pour leſdits tra- »vaux littéraires, que pour les graces qu'elle »voudra bien accorder aux talens les plus diſtin- »gués ».

PÉNURIE, ſ. f., qui eſt fort en uſage en finances pour ſignifier le beſoin ou le *manque* d'une choſe.

Si un grenier à ſel n'eſt pas approviſionné ſui- vant ſa conſommation, il tombe en *pénurie*. De même un entrepoſeur du tabac ſe rend repréhenſible ſi ſon bureau ſe trouve en *pénurie*.

PERCEVOIR, v. a., qui veut dire recevoir, recueillir, faire payer & lever les droits du roi.

PERCEPTION, ſ. f ; c'eſt l'action de per- cevoir, de faire la levée, ou les recouvremens des droits, des impoſitions.

PÉREMPTION, ſ. f.; c'eſt une eſpèce de preſcription, de nullité, qui anéantit un procès, lorſqu'il eſt reſté trois ans ſans qu'aucune des parties fit des pourſuites.

La *péremption* n'a pas lieu dans les affaires qui regardent le droit public, ni par conſéquent dans les cauſes & procès qui concernent le domaine du roi. Elle n'a pas lieu contre le fiſc, parce que l'action domaniale eſt perpétuelle & peut toujours s'intenter de nouveau, le domaine étant impreſ- criptible. Ainſi, l'on peut reprendre les inſtances du domaine, en quelques tribunaux qu'elles ſoient pendantes, ſoit ſous le nom des receveurs ou fer- miers, ſoit ſous le nom de leurs ſucceſſeurs, par un ſimple acte de repriſe.

Le conſeil a jugé, en conſéquence, qu'il n'y avoit point de *péremption*, quoique pendant une année il n'eût pas été donné de ſuite à une aſſigna-

tion, & pendant pluſieurs, à une contrainte ſigni- fiée. *Voyez* les déciſions des 10 août 1752, 5 avril 1753, & 29 août 1754, rapportées dans le dictionnaire des domaines de Boſquet.

Une inſtance périmée eſt celle qui a ſubi la *péremption*.

Les inſtances intentées contre les fermiers du roi ſont ſujettes à *péremption* comme les autres, ſuivant la déclaration du 20 janvier 1699.

PERMIS, ſ. m. ; ce mot s'emploie quelque- fois pour paſſavant, congé. C'eſt une expédition par laquelle il eſt permis de décharger, de char- ger & d'enlever des marchandiſes qui ſont exemp- tes de droits. *Voyez* CONGÉ, PASSAVANT.

PERMUTATION, ſ. f. ; plus communément d'uſage en matière bénéficiale que dans la langue fiſcale ; il ſignifie échange ; ainſi on peut faire la permutation de ſon emploi avec un autre, après en avoir obtenu la permiſſion des commettans.

PÉSEUR, adj. ; pris ſubſtantivement pour dé- ſigner un ou deux employés qui, dans les douanes conſidérables, ſont uniquement occupés à peſer les marchandiſes & denrées qui y ſont amenées. C'eſt ſur le certificat du peſeur, que la liquidation des droits eſt faite & qu'ils ſont perçus.

Il eſt d'autres peſeurs publics dans les villes où le roi jouit du privilège excluſif de tout peſer à ſon poids, que par cette raiſon on appelle poids le roi. *Voyez* ce mot.

PETIT BLANC. (droit de) *Voyez* BLANC, tome premier, *pag.* 116.

PETIT SCEL. *Voyez* SCEL.

PEYRIAC ET SIJEAN. (ſalins de) Au mot FOURNITURE, tome ſecond, *pag.* 269, on a parlé des ſalins dont il s'agit, de la qualité des ſels qu'ils donnent, & des greniers à ſel qui en ſont approviſionnés. Tout ce qui a été dit à ce ſujet eſt tiré des articles 121, 122, 124 & 125 du bail général des fermes fait à Forceville en 1738. *Voyez* auſſi les mots BLANC & BLANQUE.

PIÈCES, ſ. f. ; ce ſont les différens titres, pa- piers, acquits & quittances qui ſervent à l'appui d'un compte, ſoit pour conſtater la recette, ſoit pour prouver la dépenſe ; auſſi leur donne-t-on communément le nom de pièces juſtificatives, de pièces probantes.

Suivant l'édit du mois de mai 1717, concer- nant les tréſoriers, les dépenſes que les comptables emploient dans leurs comptes, ne doivent leur être allouées que d'après les *pièces justificatives* de leur paiement effectif.

PIED FOURCHÉ, f. m. On appelle droits du *pied fourché* les droits qui ont lieu fur les beftiaux à *pied fourché*, & qui en général font partie de la ferme des aides.

Suivant la Bellelande, auteur d'un traité général des aides, l'origine des droits fur le *pied fourché* fe perd dans la nuit des tems. On n'en trouve aucun veftige dans les différens recueils des anciennes ordonnances de nos rois des deux premières races. Ces fortes d'impofitions étant extraordinaires & momentanées, les titres en devenoient inutiles lorfqu'elles n'exiftoient plus ; & comme il n'y avoit point alors de tribunaux fixes & fouverains qui fuffent dépofitaires de ces loix primitives, elles ne font pas arrivées jufqu'à nous.

Jacquin, commentateur de l'ordonnance des aides, prétend cependant, & fans citer aucune autorité, que le droit de *pied fourché* remonte au règne de Pepin, en 755, & defcend d'un fol pour livre établi *super victualia & cornualia*, c'eft-à-dire fur les denrées & le betail à corne, qui eft en même-tems celui qui a le pied fendu ou fourché, par appofition à celui qui a le pied rond, comme les chevaux, les mulets, les anes.

Il fuffit d'avoir rapporté ce qu'on vient de voir fur l'origine du *pied fourché* ; paffons à l'examen de fa fixation actuelle qui eft compofée de différens droits, & de la variété qu'il éprouve à cet égard dans les divers endroits où il a lieu.

L'ordonnance des aides du mois de juin 1680, comprend un titre exprès pour régler tout ce qui concerne *les droits fur le betail à pied fourché dans Paris.*

Ils font fixés à { trois livres quatre fols par bœuf. trente-deux fols par vache. fept fols fix deniers par mouton.

Et il eft dit que ces droits feront perçus, fur tous bœufs, vaches & moutons vifs ou morts, & fur les pièces & morceaux à proportion.

Ces droits paroiffent repréfenter, 1°. l'ancien droit de fol pour livre établi à la vente fur toutes les marchandifes & denrées en 1356, & fupprimé à Paris par lettres-patentes de Louis XI du 3 août 1465, excepté fur les quatre efpèces réfervées dont le betail à *pied fourché* fait partie.

2°. Le droit de fix deniers pour livre du prix de la vente des beftiaux attribué à quarante offices de vendeurs de bétail qui devoient affifter aux foires & marchés tenus dans les vingt lieues à la ronde de Paris. Ce droit fut enfuite fupprimé dans Paris par l'édit du mois de feptembre 1655, qui le convertit en un droit d'entrée de quarante fols par bœuf, vingt fols par vache, cinq fols par mouton, dix fols par veau & porc, avec le fol pour livre de ces droits : cet édit portoit, que ces droits feroient non-feulement exigibles à l'entrée de Paris, mais encore dans les foires & marchés, fur les beftiaux qui y feroient vendus pour toute autre ville & lieux que cette capitale ; ce droit paroît avoir été fubftitué à la *fubvention* générale établie à l'inftar de l'ancien fol pour livre de 1356, par édit du mois de novembre 1640.

Suivons les droits du *pied fourché* à Paris ; malgré les difpofitions des édits de 1655, l'ordonnance de 1680 ne fixa point les droits fur les veaux à l'entrée ; l'article 12 de ce titre ordonna que les droits feroient perçus à la vente qui s'en feroit fur la place, à raifon du fol pour livre de leur prix, & de deux fols pour livre dudit droit, & en outre, de fix deniers, tant pour la fubvention, que pour le fol pour livre de la fubvention.

L'article IX du même titre ordonne que la perception des mêmes droits fe fera fur les porcs, outre le parifis fol & fix deniers pour livre attribué aux jurés vendeurs.

Mais fur les repréfentations des bouchers, chaircuitiers, & marchands forains, que la variation du prix des porcs leur occafionnoit des difficultés avec les commis du fermier, d'où réfultoit du retard dans les expéditions, & du préjudice pour l'approvifionnement des marchés, l'arrêt du confeil du 28 décembre 1680, changea la perception & la fixa à un droit d'entrée de trente-deux fols par veau & trois livres par porc.

Le droit fur les veaux ayant été aliéné, par l'édit de mai 1696, à cent cinquante officiers vendeurs de veaux, qui, l'année fuivante furent réduits à foixante, cette aliénation fut de peu de durée. La déclaration du 4 février 1698, fupprima tous ces officiers, & réunit ce droit à la ferme des aides.

Indépendamment des droits de *pied fourché*, fixés, par l'ordonnance de 1680, fur les beftiaux entrant à Paris, ils font encore fujets aux droits de domaine & barrage, à ceux des jurés-vendeurs créés par édit de janvier 1690, à ceux des infpecteurs aux boucheries établis, comme on l'a dit au mot INSPECTEUR, par édit de 1704, aux deux vingtièmes des hôpitaux, qui a lieu fur tous les droits des entrées de Paris, & à quelques droits des officiers fupprimés en 1775, en forte qu'ils font, en 1786.

Pour les bœufs, de vingt livres, dont quinze livres dix-fept fols cinq deniers à la ferme générale, trois livres à l'hôtel-de-ville, & vingt-deux fols fept deniers aux hôpitaux.

Pour

Pour les vaches, de douze livres dix fols, dont huit livres quinze fols à la ferme générale, trois livres à la ville, & quatorze fols 4 deniers aux hôpitaux.

Pour les moutons & brebis, de trente-six fols.

Pour les veaux, de cinq livres un denier.

Pour les chêvres, de six livres onze fols.

Pour les porcs vifs, de fept livres fix fols onze deniers.

Pour les porcs morts du poid de cent livres, de neuf livres huit fols deux deniers.

Il faut de plus ajouter, à chaque fomme de ces droits, les deux fols pour livre, impofés par l'édit d'août 1781.

Dans la vue de prévenir la fraude de ces droits, le titre 26 de l'ordonnance de 1680, défigne les barrières de Paris, par lefquelles on peut faire entrer le betail à *pied fourché*, & fixe les heures paffé lefquelles il n'eft pas permis de l'amener. Les articles 2, 3, 14 & 28, prefcrivent tout ce qui doit être obfervé par les bouchers & conducteurs de beftiaux, relativement à la déclaration qu'ils en doivent faire, à l'acquit des droits, & à plufieurs autres formalités de police. L'article 30 rend les bouchers & chaircuitiers refponfables civilement du fait de leurs valets & facteurs.

Enfin le 31 porte que ces droits feront payés par toute forte de perfonnes, corps, collèges, & particuliers fans exception.

Les arrêts du confeil & lettres-patentes des 18 & 30 mars 1719, accordent aux commis & gardes des barrières, la faculté d'emprifonner ceux qui tranfportent de jour, avec attroupement, au nombre de cinq, ou de nuit, même fans attroupement, des viandes, de quelque efpèce que ce foit, même en morceaux, dans l'étendue d'un quart de lieue des extrémités des fauxbourgs, ou qui en font entrer même de jour & fans attroupement, fans déclaration, en conftatant la fraude par procès-verbal.

Les mêmes règlemens défendent aux juges de les mettre hors de prifon, ou de leur donner provifion de leur perfonne, fi ce n'eft en payant l'amende de cent livres, qui ne peut être, ni remife, ni modérée, outre la confifcation des viandes faifies, & des voitures fervant à leur tranfport.

Les vingt bouchers & feize chaircuitiers, fuivant la cour, ne jouiffant, d'après l'article 31 de l'ordonnance d'aucun privilége, l'arrêt du confeil du 27 avril 1688, a réglé qu'il leur feroit accordé une indemnité; elle eft comprife dans l'article 467 du bail des fermes fait à Forceville, & réglée à fix mille livres pour les bouchers, à raifon de

trois cens livres à chacun, & à trois mille deux cens livres pour les chaircuitiers, à raifon de deux cens livres pour chacun.

On a dit, au mot GROS, qui eft l'ancien fol pour livre à la vente, que lors que le droit fut fupprimé en 1465, tom. 2, pag. 441, il continua de fe percevoir fur quelques efpèces de marchandifes qui furent exceptées de la loi générale, & réfervées pour être fujettes à ce fol pour livre. Au nombre de ces marchandifes eft le bétail à *pied fourché*; & quoique ce droit foit déjà compris parmi les droits d'entrée de Paris, cependant, comme il eft cenfé tenir lieu de celui qu'on auroit dû percevoir à la première vente dans les foires & marchés, il fe lève encore toutes les fois que le bétail eft revendu ou échangé, ou pris en paiement dans l'intérieur de la ville & des fauxbourgs. Les vendeurs font tenus de faire la déclaration de cette vente ou mutation au bureau général, & d'y payer les droits, à peine de confifcation & de cent livres d'amende, article 5 du même titre qui a été analyfé ci-devant.

Suivant l'article 6, le fermier eft autorifé à faire preuve, par témoins, de la vente, revente, ou prife en paiement, ou de la fauffeté de la déclaration, & l'acheteur peut être au nombre des témoins.

Ce même droit de fol pour livre, perçu dans l'intérieur de Paris, à la vente & revente des beftiaux, a encore lieu aux entrées des villes dénommées dans le titre *des droits de fol pour livre & augmentation*, de l'ordonnance de 1680; & c'eft le même droit que le gros fur les boiffons. Mais comme il avoit été converti, par les arrêts du confeil des 31 mars 1670, & 9 feptembre 1673, en un droit fixe, arrêté par des tarifs d'évaluation, dreffés par les élus de chaque lieu, relativement à la valeur qu'avoit alors les marchandifes; l'ordonnance prefcrit l'exécution de ces tarifs. Ce droit, pour le diftinguer du gros fur les boiffons, qui varie, fuivant le prix de leur vente, a confervé le nom de droit du *pied fourché*.

Il fe trouve encore à Rouen deux droits d'entrée fur le bétail appellés, *droits de grand & de petit pied fourché*. Ils ont la même origine que ceux qui fe perçoivent à Paris, c'eft-à-dire, qu'ils defcendent de l'ancien fol pour livre, du droit des jurés-vendeurs de bétail, avec les deux fols, & le fol pour livre de ces droits; & enfin, de la fubvention générale créée en 1640, & fupprimée en 1643, en en réfervant la perception fur les boiffons & fur le *pied fourché* à Rouen, quoique Paris en fut déchargé, par édit de feptembre 1655, fur le bétail.

La police qui s'obferve à Paris, pour affurer le paiement de ce droit, eft également prefcrite

V v

à Rouen, par l'ordonnance dés aides rendue, pour le reſſort de la cour des aides de Normandie, en juin 1680, titre 13.

A ce droit de *pied fourché*, il faut en ajouter un autre qui eſt particulier au Coutantin ou Cotentin, c'eſt-à-dire au reſſort du bailliage de Coutances.

Ce droit, connu ſous le nom de *pied fourché*, du Cotantin, paroît avoir été originairement un droit de péage, qui enſuite a été converti en un droit perceptible dans les foires & marchés ; le titre de ſa perception actuelle remonte à l'arrêt du conſeil du 3 juillet 1633, & en une pancarte arrêtée le 9 novembre ſuivant, au bureau des finances de Caen.

Mais ce n'eſt pas ſeulement le bétail à *pied fourché* qui y eſt ſujet ; le bétail à pied rond, comme les chevaux & les jumens le doivent auſſi, d'après cette pancarte. Ce droit dépend de la partie des aides, & le plus ſouvent eſt ſous-fermé ; il eſt compris dans le 452 article du bail des fermes fait à Forceville.

Le fermier eſt obligé d'avoir un bureau ou une cabane dans le lieu le plus commode de la foire, pour y recevoir les droits qui doivent être payés avant la ſortie des beſtiaux.

Au reſte, l'arrêt de 1633, regiſtré en la cour des aides de Rouen, le 27 mars, preſcrit toutes les formalités qui doivent être ſuivies, tant par les percepteurs, que par les redevables, & toutes les précautions que les premiers ſont fondés à prendre pour aſſurer le paiement du droit, & le défendre de la fraude.

PISTOLE, ſ. f. ; c'eſt une monnoie de compte qui vaut dix livres. Il y a apparence que cette valeur, aujourd'hui idéale, vient des *piſtoles* d'Eſpagne apportées en France après le mariage de Louis XIV, & qui valoient alors dix francs. Ces pièces ont ceſſé d'avoir cours enſuite, mais leur dénomination eſt reſtée pour ſignifier dix livres. Ainſi l'on dit auſſi bien cinquante, cent & deux cens *piſtoles*, que cinq cens, mille & deux mille livres.

PITE, ſ. f ; nom d'une petite monnoie aujourd'hui hors d'uſage, & qui étoit, à ce qu'il paroît, par les comptes de Barême, le quart d'un denier, en ſorte que le ſemi-pite en étoit le huitième. *Voyez* OBOLE.

POIDS-LE-ROI, ſ. m. (droit de) Il en a été déjà queſtion au mot DOUANE & BARRAGE, parce qu'il ſe lève conjointement avec ces deux

droits ; mais c'eſt ici plus particulièrement le lieu de faire connoître celui du *poids-le-roi*.

Ce dernier droit eſt une rétribution payée pour la peſée des marchandiſes au *poids-du-roi*, qui eſt établi à la douane de Paris. Cette rétribution eſt de deux ſortes ; l'une de dix ſols cinq deniers par cent peſant ; & l'autre de trois ſols.

La première ſe paie ſur toutes les drogueries & épiceries, depuis une livre juſqu'au quintal.

La ſeconde ne ſe paie que pour une peſée de vingt-cinq livres, juſqu'à cent ſur toutes autres eſpèces de marchandiſes qui ne ſont pas du genre des premières, & que les ordonnances appellent marchandiſes communes, d'œuvre de poids.

La date de l'établiſſement du *poids-le-roi*, eſt inconnue ; mais il paroît que c'eſt un droit ſeigneurial que s'eſt attribué tout ſeigneur juſticier pour l'entretien des balances & des poids qu'ils fourniſſoient à leurs vaſſaux pour peſer leurs marchandiſes ; car ce droit eſt commun en France, & attaché au domaine ſuzerain de pluſieurs grandes terres.

Les monumens hiſtoriques atteſtent que bien auparavant le règne de Louis VII, le *poids-le-roi* avoit fait partie du domaine de la couronne ; mais en 1169, il fut aliéné à des particuliers, à la charge de la foi & hommage.

A ce *poids* ſe peſoient alors toutes les marchandiſes qui arrivoient à Paris, à la réſerve de la cire qui avoit un *poids* à part appelé *poids* de la chancellerie, vraiſemblablement à cauſe de la cire qui ſervoit à ſceller les chartes, lettres & mandemens de nos rois.

Il paroît qu'en 1238 les droits du *poids-le-roi* avoient été réunis au domaine du roi, & que cette réunion dura plus d'un ſiècle ; car ce n'eſt qu'en 1324 qu'il s'en fit une nouvelle aliénation, dont moitié au chapitre de Paris ; l'autre moitié, ſans doute, paſſa en d'autres mains, puiſqu'on voit ce même chapitre l'acquérir encore en 1417. Il reſta poſſeſſeur de ces droits en entier juſqu'en 1691, qu'il fut réuni à perpétuité au domaine, par l'arrêt du 24 juillet.

Sauval, dans ſes *Antiquités de Paris*, remarque que pendant très-long-tems les *poids* dont on ſe ſervoit, pour peſer les marchandiſes au *poids-le-roi*, n'étoient que de cailloux, ce qui fait croire que le *poids* d'étalonage étoit de pierre.

L'arrêt de 1691, en même-tems qu'il remit entre les mains du roi la perception des droits du *poids-le-roi*, fait défenſe, conformément aux anciens édits & règlemens, à tout marchands forains de vendre & débiter aucunes marchandiſes d'œuvres de *poids*, qu'elles n'aient été pesées & acquittées, une fois, audit *poids-le-roi*, à peine de confiscation ; il fait pareillement inhibition à tous marchands ou autres, de peser ou faire peser, en ladite ville & fauxbourgs de Paris, aucunes marchandises d'œuvre de *poids* pour autrui, ailleurs qu'au bureau dudit *poids*, à peine de cent livres d'amende ; comme aussi, sous semblable peine, à tout marchands d'avoir fléaux & balances en leurs maisons, au-dessus du *poids* de vingt-cinq livres, à la réserve cependant des marchands épiciers & merciers, auxquels sa majesté permet, comme par le passé, d'en avoir de tel *poids* qu'ils jugeront à propos, sans néanmoins qu'ils puissent peser pour autrui ; il est aussi défendu aux hôteliers de la ville & des fauxbourgs, d'avoir chez eux aucunes balances, fléaux ni romaines.

Deux ans après la réunion au domaine du *poids-le-roi*, parut l'arrêt du conseil du 16 juin 1693, qui la confirma, & auquel fut annexé un nouveau tarif pour la perception du droit.

Ce règlement ordonne que, conformément aux offres des marchands de la ville & fauxbourgs de Paris, il sera payé dix sols six deniers pour chaque cent pesant de marchandises de drogueries & épiceries, entrant dans la ville & les fauxbourgs, & trois sols pour cent pesant de toutes autres marchandises, au moyen de quoi il ne seroit perçu aucun autre droit de sortie, de toute sorte de marchandises voiturées au *poids*, hors de ladite ville & fauxbourgs, mais seulement pour les hardes & bagages, balles & ballots, qui seroient voiturés par les maîtres des coches & carrosses, messagers & rouliers, & sur le pied de dix-huit deniers pour cent.

Mais la perception de ce dernier droit de sortie ayant donné lieu à divers représentations, les arrêts & lettres-patentes des 10 & 30 août 1700, le supprimèrent dans les termes suivans.

Sa majesté ayant été informée que ledit droit de sortie est très-à-charge à tous les voituriers, par l'obligation où il les met d'aller faire peser, au bureau du *poids-le-roi*, toutes les hardes, bagages, balles & ballots, ce qui retarde souvent leur départ, & les engage à de grands frais, outre que cela leur sert souvent de prétexte pour augmenter le prix des voitures ; pour faire cesser tous ces inconvéniens, elle ordonne qu'à l'avenir il ne sera perçu aucun droit de *poids-le-roi*, sur les marchandises, hardes, bagages, balles & ballots qui sortiront de la ville & des fauxbourgs de Paris ; tant par eau que par terre, en quelque manière que ce soit ; fait défense au fermier du roi & à ses commis, d'en exiger aucun, ni d'arrêter aux portes & barrières, les voituriers qui sorti-

ront, sous prétexte de paiement dudit droit, à peine de cinq cens livres d'amende, & de tous dépens, dommages & intérêts.

Le doublement du droit de *poids-le-roi* fut ensuite ordonné en même-tems que celui du domaine & barrage dont il a été parlé au mot DOMAINE, par la déclaration du 7 juillet 1705, & prorogé de même en 1771, ainsi qu'on l'a dit *pag.* 619 du premier volume.

Depuis la déclaration du 12 août 1711, les marchandises qui ne sont que du poids de vingt-quatre livres & au-dessous, ne doivent point le droit de *poids-le-roi* ; mais celles qui sont du poids de vingt-cinq livres & au-dessus, y sont sujettes, comme si les cent livres étoient complettes.

Les marchandises dont le poids ne va que jusqu'à cent vingt-quatre livres, ne paient que comme cent livres ; celles de cent-vingt-cinq paient pour deux cens ; & ainsi des quantités plus considérables.

On peut voir à ce sujet le 414 article du bail de Forceville.

C'est le bureau des finances qui connoit en première instance des contestations qui s'élèvent pour raison du droit de *poids-le-roi*, comme droit domanial, l'appel est porté au parlement.

Le produit annuel de ce droit est d'environ deux cents soixante mille livres.

Il est plusieurs autres villes dans le royaume qui ont un *poids-le-roi*, & dont la perception est réglée à peu-près dans la même forme que celle de ce droit à Paris, & assurée par les mêmes précautions exclusives. *Voyez* les lettres-patentes du 2 septembre 1779, rendues pour le *poids-le-roi* de Poitiers. Dans plusieurs autres villes, bourgs & villages, le droit de *poids* est attaché, comme celui de halle, à la seigneurie du territoire ; mais à Marseille on retrouve le véritable *poids-le-roi*, sous le nom de droit de poids & casse.

On prétend que ce droit y fut établi le 19 janvier 1228, & qu'il consistoit dans un modique droit qui se payoit sur les marchandises que l'on envoyoit peser au *poids* commun établi pour la sureté & la commodité des négocians.

On a trouvé, dans les archives de la chambre-des-comptes d'Aix, un ancien titre en forme d'état, qui paroît avoir servi à la perception du droit de *poids* & casse.

Cet état renferme les marchandises qui se vendoient à Marseille au *poids*, mais il n'explique point la quotité du droit qu'elles devoient payer.

Avant l'édit du mois de mars 1669, on ne

payoit qu'une obole pour chaque cent pefant de marchandifes groffières, lorfque le vendeur & l'acheteur étoient Marfeillois, & le double quand ils ne l'étoient pas.

Depuis la déclaration de mars 1669, ce droit a été doublé, pour indemnifer, en quelque façon, le roi du facrifice qu'il faifoit d'une portion de fes droits, en affranchiffant le port de Marfeille.

En exécution de cette déclaration, tous les bureaux des droits qui fe levoient à Marfeilles, en furent ôtés & portés aux extrémités du territoire de cette ville, à l'exception du bureau du *poids* & caffe, où les fermiers levèrent le double de ce qu'ils avoient coutume de percevoir.

Voici quel eft le plan du tarif d'ufage, que l'on fuit actuellement dans les bureaux du droit de *poids* & caffe.

Ce droit eft dû, par le vendeur & par l'acheteur, & fe perçoit, à toutes les ventes, fur les marchandifes qui fe vendent & revendent au *poids*, conformément à l'état que l'on en trouve dans ce tarif.

On les y a divifées en marchandifes groffières, en marchandifes fines & réputées drogues ou drogueries; en marchandifes appellées demi-drogues ou grabeaux, c'eft-à-dire, droguerie en morceaux & en pouffière, qu'on appelle demi-drogueries; & enfin en toutes marchandifes fans diftinction, pefées pour reconnoiffance de nolis ou fret.

Les marchands ayant élevé la prétention qu'ils ne pouvoient pas être forcés à faire pefer leurs marchandifes au *poids* commun, il fut ordonné, par un arrêt de la cour des aides de Provence, du 30 juin 1678, que toutes les marchandifes, vendues à Marfeille, qui excéderoient, en une feule efpèce, le poids de trente-fix livres, feroient portées au *poids-le-roi*, & paieroient l'impofition du *poids* & caffe, fuivant l'augmentation ordonnée par la déclaration de 1669.

Chacune de ces marchandifes paie donc les droits de *poids* & caffe, fuivant le taux général établi pour la claffe dans laquelle elle fe trouve, & ce taux eft différent, fuivant que la marchandife appartient à des citadins ou bourgeois, ou à des forains & étrangers.

Les marchandifes groffières font tariffées, pour les citadins, à raifon de trois deniers le quintal, & celles pour les forains & étrangers payent le double.

Les marchandifes fines, & réputées drogueries, paient à raifon de douze fous le quintal, pour les citadins, & de vingt-quatre fols pour les étrangers.

Les marchandifes appellées demi-drogueries, n'acquittent, pour les citadins, qu'à raifon de fix fols par quintal, & doivent douze fous pour les étrangers.

Et par rapport à toutes les autres marchandifes, fans diftinction, elles font tariffées de trois différentes façons: les citadins paient à raifon de trois deniers par quintal; les forains, fix deniers, & les Malouins, quoiqu'étrangers, par rapport à Marfeille, paient trois deniers feulement, & pour encourager ceux des régnicoles qui fe livrent à la navigation.

Dans tous les différens cas que l'on vient d'expliquer, le quintal fe prend au net *poids* de table, qui ne fait que quatre-vingt-quatre livres, *poids* de marc.

Le bois, le charbon, le foin, le poiffon pêché par les pêcheurs de Marfeille, ne doivent point le droit de *poids* & caffe, quoiqu'ils fe vendent au *poids*.

Dans les ventes des marchandifes d'une même efpèce, dont le *poids* n'excède pas trente-fix livres pefant, les marchands peuvent fe fervir du *poids* ordinaire de leur boutique; & dans ce cas ils ne doivent point le droit de *poids* & caffe.

Et comme on ne paie le droit, dont il eft ici queftion, que fur les marchandifes qui fe pefent, celles qui fe vendent à l'aunage & à la mefure, telles que les étoffes, les merceries, la quincaillerie, & toutes les marchandifes qui font dans le même cas, ne doivent point le droit de *poids* & caffe.

On voit que ce droit eft, à proprement parler, ce que l'on connoît ailleurs fous le nom de *poids-le-roi*, avec cette différence cependant, que l'on eft libre, prefque partout, au moins pour une infinité de marchandifes, de fe fervir du *poids-le-roi*, ou de n'en pas faire ufage; au lieu qu'à Marfeille, tout ce qui fe vend & s'achete au *poids*, eft fujet aux droits de *poids* & caffe, dont il eft ici queftion.

La connoiffance des conteftations que cette perception peut occafionner, appartient à l'intendant de Provence.

Le produit annuel de ce droit eft d'environ cent à cent vingt mille livres, non compris les dix fols pour livre, auxquels il eft fujet comme tout autre droit des fermes.

Cette perception eft confirmée par l'article 275 du bail général des fermes fait à Forceville en 1738.

Voyez l'article MARSEILLE, *pag.* 118 de ce volume.

POIDS AU DUC en Bretagne; nom d'un droit qui se perçoit en Bretagne, & qui n'est connu que par l'article 441 du bail de Forceville, dans lequel il est compris, dans ces termes:

Jouira, ledit adjudicataire, des droits de *poids* de notre province de Bretagne, ainsi qu'en ont joui les précédens fermiers; & à l'égard des *poids* publics, qu'aucuns particuliers ont prétendu n'avoir pas été aliénés, & leur appartenir en pleine propriété, l'arrêt de notre conseil du 28 décembre 1666, sera exécuté, ensemble celui du 11 juin 1667, suivant lesquels arrêts, ledit adjudicataire jouira de la traite domaniale, & des étaux & cuirateries de la ville de Rennes, tout ainsi qu'en ont joui ou dû jouir les engagistes & précédens fermiers.

POLICE, s. f.; c'est le nom d'une jurisdiction établie pour le maintien du bon ordre, & pour veiller à la sûreté des citoyens. C'est à 1667 que remonte sa création à Paris, & à 1699 l'érection des lieutenans généraux de police dans toutes les villes où il y avoit cour souveraine, ou présidial, bailliage & autre jurisdiction royale.

Suivant l'édit de 1699, les amendes prononcées pour fait de police appartiennent au roi, à l'exception du quart attribué aux commissaires créés par le même édit. Le recouvrement & la recette de ces amendes doivent être faits, en totalité, par les commis du fermier des domaines, comme représentant les receveurs des amendes qui avoient été créés pour les siéges de police, ainsi que pour toutes les cours & siéges royaux. Ces receveurs doivent faire payer, en outre, les deux sols huit deniers pour livre, & les droits de quittance, suivant l'article 504 du bail de Forceville passé en 1738.

Il y a quelques villes dans le royaume, telles que Nantes & Autun, où les amendes de *police* sont perçues au profit des hôpitaux, parce que le roi leur en a fait don. L'hôpital de cette dernière ville, à qui il a été fait concession, par lettres-patentes de 1668, du quart des amendes prononcées pour délits & malversations, avoit prétendu dans ces derniers tems, que cette faveur devoit tomber sur toutes les amendes prononcées par les jurisdictions de la ville, mais le ministre des finances décida, le 3 décembre 1782, que la concession faite à l'hôpital ne s'étendoit qu'aux amendes de police.

La réponse du roi à l'article 7 du cahier des états de Bourgogne, présenté en 1779, porte que les droits de petit-scel & de contrôle des expéditions de greffe doivent être perçus pour les sentences & ordonnance de police, attendu que les siéges de police sont des jurisdictions royales.

Tous les actes qui concernent la *police*, & qui sont faits à la requête des procureurs du roi, seuls parties, sont exempts du paiement des droits de contrôle; cette exemption a été confirmée par l'arrêt de la cour des aides de Paris du 6 septembre 1782.

POLOGNE; il n'est fait aucune mention de ce royaume dans la collection des mémoires rédigés & imprimés par M. de Beaumont, sans doute parce qu'il n'a pas été possible de se procurer des renseignemens sur les finances de cet État, long-tems agité par des dissensions intestines, & dont le gouvernement aristocratique laissoit difficilement reconnoître les principes de ses finances & la forme des impositions.

Depuis que cet Etat a reçu une constitution plus tranquille, & subi des démembremens considérables, on a vu le monarque qui représente la puissance publique, s'occuper sérieusement de tout ce qui concerne l'économie politique de ses Etats, & chercher les moyens d'en améliorer les revenus.

Suivant un état publié en 1783, les revenus de la couronne de Pologne ont monté, depuis le premier septembre 1781, jusqu'au dernier août 1782, à vingt-cinq millions quatre cens trente-six mille deux cens dix-huit florins Polonois.

Les droits sur la bierre & l'eau-de-vie ont rapporté la somme nette de soixante-quatre mille florins.

La loterie a donné au trésor, un bénéfice de treize mille six cens florins; & la taxe sur les perruquiers de Varsovie a produit quarante-cinq mille florins; le florin polonois, vaut environ trente sols de notre monnoie.

POLONOIS, sujets du royaume de Pologne. On ne fait mention ici de cet article que pour faire voir combien la jurisprudence fiscale a changé à l'égard des membres de cette nation; & sans doute qu'il faut en faire honneur à la propagation des lumières.

Un arrêt du conseil du 6 août 1748, avoit adjugé au roi, à titre d'aubaine, la succession d'un ecclésiastique *Polonois* naturalisé françois, & confesseur de la reine; des lettres patentes du 9 novembre 1777, ont aboli le droit d'aubaine; mais il est dit en même-tems que les *Polonois* ne pourront être admis à réclamer les effets des successions à eux échues, que pendant l'espace de trois années, à compter du jour de leur ouverture, & que faute de se présenter dans ledit délai, les meubles & immeubles en provenant seront vendus au profit de sa majesté, à la requête des procureurs aux bureaux des finances, à la poursuite

PON

&. diligence des fermiers ou régiffeurs des domaines.

PONDAGE, f. m. ; c'eft le nom d'un ancien droit qui fe levoit en Angleterre , & qui eft aujourd'hui compris parmi ceux que perçoit la douane.

Ce droit marche de compagnie avec le droit de tonnage , en obfervant que ce dernier eft dû fur les vins & les liquides qui fe tranfportent en tonnes , tandis que le *pondage* porte fur toutes les autres efpèces de marchandifes.

Voici ce qu'on trouve de relatif à ces deux droits dans le mémoire fur l'adminiftration des finances, publié en 1768, & attribué à M. Greenville, miniftre d'état.

Ces deux droits avoient été accordés , dans l'origine , pour mettre le fouverain en état de maintenir la liberté de la navigation & de l'entrée des ports du royaume. Henri V fut le premier qui l'obtint pour la durée de fon règne. Cet ufage ne fut guères interrompu jufqu'à Charles premier, auquel il ne fut point accordé pour ce terme, parce que fes miniftres ne le follicitèrent pas avec affez de chaleur.

Ils voulurent , après cela , l'établir de vive force , & ils le firent payer , pendant quinze années , de leur propre autorité , fans le concours du parlement. Cette imprudence fut une des caufes des troubles affreux de ce règne. Le malheureux roi remédia trop tard à cet abus, par l'acte dans lequel il promit de ne plus lever le *tonnage* & le *pondage* , fans le confentement du parlement.

Ces droits furent encore accordés à charles II, pour la durée de fon règne, ainfi qu'à Jacques II & à Guillaume III.

Mais enfin, trois actes paffés fous la reine Anne, fous George premier & fous George II, l'ont rendu perpétuel , & l'ont hypothéqué à la fureté & aux intérêts de la dette nationale.

Le droit de *pondage* eft de douze deniers par livre de la valeur de toutes les marchandifes feches importées dans le royaume.

PONT DE JOIGNY. (droit du) Ce droit tire fon origine de celui de fubvention qui appartient à la régie des aides.

Lorfque l'arrêt du confeil du 14 juin 1656, & la déclaration du 20 juillet fuivant, impofa la fubvention à la vente en détail des vins , dans les refforts de la cour des aides de Paris , les élections d'Auxerre , de Mâcon , de Bar-fur-Seine , de Joigny , de Tonnerre & de Vezelay , en furent

déchargées dans cette circonftance ; mais il fut ordonné que le droit de fubvention par doublement feroit levé fur les vins enlevés de ces élections & de tous autres lieux , qui pafferoient deffus ou deffous le *pont de Joigny* , ou feroient chargés au port du Follet , fitué à une demi-lieue au deffous de ce *pont* , & aujourd'hui comblé par des atté-riffemens.

L'ordonnance des aides , au titre du droit du *pont de Joigny* , art. 1 , a fixé le droit de ce nom, en y comprenant le parifis , fol & fix deniers pour livre , à cinquante-trois fols neuf deniers par muid de vin. Il eft le même fur le vin de liqueur que fur le vin ordinaire.

Les cas de la perception de ce droit font, fuivant les lettres-patentes du 21 novembre 1752, regiftrées en la cour des aides de Paris le 11 mai 1754, 1°. fur le vin qui paffe deffus ou deffous le *pont*.

2°. Sur celui qui eft chargé au port du Follet ou aux environs , encore qu'il ne paffe ni deffus ni deffous le *pont*.

3°. Sur le vin qui eft enlevé des élections de Joigny , Tonnerre , Vezelay , Auxerre , Macon & Bar-fur-Seine , pour être voituré par eau à Paris ou ailleurs , foit qu'il paffe ou non fous le *pont de Joigny*.

4°. Sur le vin enlevé de ces différentes élections , & conduit , foit par eau , foit par terre, dans les villes de Joigny , Villeneuve-le-roi , Sens, Pont-fur-Yonne , Montereau , Moret , Melun & Corbeil , auffi , quoiqu'il ne paffe ni deffus ni deffous le *pont*.

5°. Sur le vin pareillement enlevé de ces élections , & voituré par terre en fuivant le cours de la rivière d'Yonne , au lieu de paffer le *pont de Joigny* , pour quelque deftination que ce foit.

Dans ces quatre derniers cas , le droit eft dû fans paffer ni deffus ni deffous le *pont de Joigny*.

D'un autre côté , l'arrêt d'enregiftrement des lettres-patentes de 1752 , porte que le vin enlevé des élections ci-deffus dénommées , & deftiné pour toutes les villes & lieux du royaume , autre que ceux rapportés dans le quatrième cas ci-deffus , voituré par terre feulement , & paffant fur la rivière d'Yonne par les bacs légitimement établis , & fur les *ponts* de ladite rivière autres que celui de Joigny , ne fera point fujet au droit.

Il eft d'ailleurs défendu aux voituriers de paffer par les gués de la rivière au-deffus ou au-deffous du *pont de Joigny* , qui font déclarés faux paffages depuis Auxerre jufqu'à Villeneuve-le roi.

Toutes ces difpofitions doivent être exécutées,

à l'égard des vendanges, sur le pied de deux muids de vin pour trois muids de vendanges ; c'est ce que prescrit l'article IV du titre de l'ordonnance de 1680, relatif au droit du *pont de Joigny*.

Les articles 5, 6 & 7, ordonnent que le droit sera payé par toute sorte de personnes, ecclésiastiques, nobles, secrétaires du roi, commensaux, &c., sans aucune exception.

Qu'il sera fait déclaration des vins aux bureaux où l'on représentera les lettres de voiture pour être visées & paraphées par les commis, en la même manière & sous les mêmes peines que pour les droits d'entrée.

Et que les droits dont il s'agit seront payés comme les droits d'entrée, sinon qu'aucune déduction ne sera faite d'un muid sur chaque fois vingt-un muids, encore que le vin fût voituré par eau.

Plusieurs communautés jouissoient de l'exemption des droits du *pont de Joigny*, de même que de celles des droits d'entrée de Paris pour un certain nombre de muids de vin destinés à leur consommation ; mais en 1766, un arrêt du conseil du 24 novembre, arrêta que quelques communautés ou corps, comme les Invalides, l'Hôpital général, l'Hôtel-Dieu, les Incurables, la Charité, les Petites-Maisons, le Gouvernement de la Bastille, & l'Hôpital des gardes françoises, jouiroient seuls de l'exemption des droits d'entrée & du *pont de Joigny*, sur le nombre de muids de vin qu'il fixoit ; qu'aux autres monastères, collèges & communautés dénommés, il seroit payé annuellement, dans le courant d'avril, par l'adjudicataire des fermes, la somme qui est fixée dans cet arrêt, pour tenir lieu de l'exemption dont ils jouissoient, tant à l'égard des droits d'entrée que de ceux du *pont de Joigny*. Le même arrêt laissa subsister l'affranchissement des droits de l'hôtel-de-ville, ou d'une portion des droits attribués aux officiers rétablis par édit du mois de juin 1730, en faveur des communautés régulières & séculières qui en ont joui jusqu'à cette époque, & pour le nombre de muids de vin qui est fixé. Mais par un autre arrêt du conseil du 24 février 1773, cet affranchissement fut révoqué, les dispositions de celui de 1766, furent confirmées relativement aux attributions en argent qui y sont accordées ; quant à l'immunité des droits, il est dit que les hôpitaux & les établissemens militaires seulement, continueront d'en jouir en la manière & aux charges prescrites, mais que les communautés religieuses, les collèges, séminaires & autres énoncés dans l'article 4 de l'arrêt de 1766, seront tenus d'acquitter pour tous les vins & boissons de leur consommation, & même de leur crû, tous les droits, tant en principaux que huit sols pour livre dûs à l'entrée de la ville de

Paris, soit au profit de sa majesté, soit au profit de l'hôtel-de-ville, des hôpitaux & communautés d'officiers ; dérogeant sa majesté en conséquence, à ce qui est porté par l'article 5 de l'arrêt du conseil de 1766, & à tous autres règlemens, lettres de privilège & autres titres contraires.

PONT DE MEULAN ; (droit du) on ne connoît point le titre de leur établissement ; on sait seulement, par le préambule de l'arrêt du conseil du 13 octobre 1685, qu'ils avoient été créés avant l'année 1596, & qu'ils faisoient partie du bail des aides passé à Jacques Barberé le 15 septembre 1630.

Originairement ils furent de quinze sols par cent de plâtre, & de six livres par bateau. Ensuite, lors de la création du parisis, douze & six deniers pour livre, ces droits additionnels se portèrent à vingt sols trois deniers par cent de plâtre, & à huit livres un sol six deniers par bateau chargé de marchandises passant sous le *pont de Meulan*.

Les droits du *pont de Meulan* sont compris dans l'article 433 du bail général des fermes fait à Forceville en 1738.

Suivant l'arrêt du 13 octobre 1685, & celui du 2 octobre 1731, il est défendu à tous marchands, voituriers & autres, de faire passer leurs bateaux, sans les déclarer au bureau du fermier, du droit dont il s'agit, pour l'acquitter, à peine de confiscation des bateaux & de cinq cens livres d'amende.

La connoissance des contestations sur la perception de ces droits appartient aux juges de l'élection de Mantes, à qui elle a été renvoyée par l'arrêt du 2 octobre 1731, contre la prétention du bureau de la ville de Paris, qui vouloit en connoître sur le motif que ces droits étoient perçus sur des marchandises destinées pour la ville de Paris.

PONTONAGE, f. m. Droit local, qui tient à une seigneurie, à un fief, & qui consiste dans une taxe qui se paie en passant sur un pont, ou dessous.

POPULATION, f. f. On ne s'arrête à cet article, que par ce que la *population* est la source des finances, sur-tout en France, ou la plus grande partie des impôts porte sur les consommations. Ainsi, plus la *population* va en augmentant, & plus les revenus de l'État s'accroissent par les taxes qu'il lève, indépendamment de la richesse qu'il acquiert par un plus grand nombre de bras, & par conséquent par une plus forte somme de travail.

Si depuis un siècle on se fût occupé, comme à présent, de recherches sur la *population*, on seroit à portée de voir quels progrès elle a pu faire. Mais ce n'est que depuis environ trente ans que l'attention du Gouvernement s'est tournée sur cette partie de l'économie politique; comme si cet objet, dont l'amélioration est si avantageuse, ne valoit pas bien autant de combinaisons & de soins, que la sublime spéculation de quelques lieues de terrein, qui ne peuvent s'acquérir qu'au prix du sang de bien des milliers d'hommes, & de plusieurs années de guerre, à la suite-desquelles viennent la misère & la dépopulation.

M. l'Abbé Expilly est le premier écrivain qui, de nos jours, ait donné des détails sur la *population* de la France. Le résultat de ses recherches à cet égard, publié en 1772, est que ce royaume contenoit alors quatre millions sept cent quarante-sept mille cinq cents seize hommes, ou garçons, au-dessous de vingt ans;

Quatre millions sept cents quatre-vingt seize mille sept cents trente-cinq femmes & filles entre vingt & cinquante;

Quatre millions deux cents quarante-trois mille cinq cents seize hommes & garçons;

Quatre millions six cents quarante-huit mille cinquante femmes & filles, de cinquante à soixante-cinq ans;

Un million quatre-vingt dix-sept mille trois cents six hommes & garçons;

Un million trois cents dix-huit mille trois cents quarante-quatre femmes & filles, de soixante-cinq à quatre-vingt;

Quatre cents treize mille deux cents quarante hommes & garçons;

Cinq cents quatre-vingt-huit mille cinq cents quatre-vingt-cinq femmes & filles au-dessus de quatre-vingt ans;

Soixante-un mille cinquante-trois hommes & garçons;

Cent mille douze femmes & filles.

Total des hommes. Dix millions cinq cents soixante-deux mille six cents trente-un;

Des femmes. Onze millions quatre cents cinquante-un mille sept cents vingt-six.

Total général. Vingt-deux millions quatorze mille trois cents cinquante-sept.

Un ancien administrateur des finances nous a donné plus récemment des renseignemens sur la *population* de chaque généralité: on les a rapportés au mot GÉNÉRALITÉS. En comparant ces résultats avec ceux que l'on trouve dans les mémoires des intendans, rédigés à la fin du siècle dernier, pour l'instruction de M. le duc de Bourgogne, on reconnoît que cette *population* est réellement très-augmentée. Mais, à propos de ces mémoires qui avoient été demandés en particulier à chaque intendant, on ne peut, en les lisant, s'empêcher de regretter qu'on ne leur ait pas en même temps adressé un volume de questions sur tous les points de topographie, d'histoire morale & naturelle, & d'économie politique qu'il étoit intéressant d'éclaircir; car on peut regarder l'exécution de ce beau projet comme absolument manquée, par la différence & la prolixité qui se trouve dans le plan de l'histoire de chaque généralité, & par l'opposition des vues qui ont présidé à son exécution.

Au contraire, si un intendant, un subdélégué général n'eût eu qu'à répondre à des questions faites dans un même esprit & sur des principes uniformes, on eût, avec ces matériaux, élevé le plus beau monument historique & politique, qui puisse jamais illustrer un empire, satisfaire une nation jalouse de se connoître, & préparer l'instruction des générations futures.

Au reste, on pourroit peut-être renouveller ce projet avec succès aujourd'hui, que les lumières sont plus répandues, & que nous avons également de jeunes princes à instruire. Mais on feroit bien de ne pas prendre pour modèles les mémoires sur la Guyenne, ou ceux sur la Bourgogne, de M. Ferrand, alors intendant. Ceux de M. de Basville, sur le Languedoc; de M. de la Houssaye, sur le Quercy; de M. l'Archer, sur la Champagne, seroient excellens à consulter & à suivre, pour disposer le plan général de toutes les questions que l'on voudroit faire; l'on auroit ainsi l'histoire complette de chaque province, & l'on reconnoîtroit si l'esprit social, aujourd'hui si répandu, n'a pas apporté quelque changement dans le caractère particulier à chacune des provinces, & duquel la peinture se trouve dans tous les mémoires des intendans.

On a vu au mot GÉNÉRALITÉ, tom. II, pag. 368, quelle est la *population* que chacune comprend. Pour comparer la *population* actuelle en 1784, avec celle qui existoit dans les quatre dernières années du siècle précédent, on va rapporter ici le nombre des habitans que les intendans de la Bretagne, de la Provence & du Dauphiné comptoient alors dans leurs départemens respectifs. On souhaite que cet essai puisse engager quelque homme laborieux à exécuter ce rapprochement sur toutes les provinces du royaume, en faisant attention que plusieurs généralités étoient alors bien plus étendues qu'elles ne le sont aujourd'hui. Telle étoit celle de Montauban, où M. de la Houssaye, intendant, en 1699, estime dans son

mémoire,

mémoire, qui est un des mieux faits, la population de son intendance à huit cents un mille deux cents personnes ; on n'en compte aujourd'hui dans cette même généralité, qui ne comprend plus, comme alors, le pays de Foix, le Donnezan, le Nebouzan, les quatre Vallées, &c., que cinq cents trente mille deux cents. Le résultat de cette comparaison ne manqueroit pas d'en imposer à ces esprits chagrins, toujours tourmentés par la manie de décrier le temps présent, & de sonner l'alarme sur le décroissement de la *population*. Ce résultat prouveroit aussi, que le temps de splendeur & d'éclat, pour un monarque jaloux de remplir l'univers de sa renommée & de sa grandeur, n'est pas le temps du bonheur & de la prospérité d'une nation, quand il en coûte des sacrifices aussi considérables à sa *population* que ceux dont elle a payé l'illustration du siècle de Louis XIV. Voyez les mémoires des intendans ; celui de M. Pomereu de la Bretesche, intendant d'Alençon. Il dit, en 1698, que la *population* étoit diminuée à-peu-près d'un sixième.

Celui de M. de la Bourdonnaye, pour la généralité de Rouen.

Celui de M. l'Archer, intendant de Champagne, qui comprenoit, en 1697, le duché de Luxembourg & le comté de Chiny.

M. de Bechamel de Nointel, intendant de Rennes, rapporte que la Bretagne contenoit, en 1698, dix-sept cents mille ames, dont treize mille cent seize ecclésiastiques, & dix-sept mille trois cents quarante-deux matelots.

On estime que cette même province contient aujourd'hui deux millions deux cents soixante-seize mille personnes ; ensorte qu'en moins de quatre-vingt-dix ans la *population* y seroit augmentée de cinq cents soixante-seize mille personnes.

En Provence, l'intendant, qui paroît avoir rédigé ses mémoires en 1696 ou 1697, compte dans cette province cinq cents soixante-cinq mille neuf cents cinquante-cinq personnes. On en compte aujourd'hui sept cents cinquante-quatre mille.

M. Bouchu, intendant du Dauphiné, en 1696, donne à cette province cinq cents quarante-trois mille cinq cents quatre-vingt-cinq habitans ; mais il observe que cette *population* étoit alors diminuée d'un huitième, ou environ, par la guerre, par la stérilité des années 1693 & 1694, & par la désertion d'une partie des religionnaires.

Ce magistrat ajoute : dans la seule élection de Grenoble on comptoit six mille soixante onze religionnaires. En 1687, à la fin du mois de novembre de la même année il en avoit déserté deux mille vingt-cinq.

Dans celle de Gap, on en comptoit onze mille deux cents quatre-vingt-seize, & trois mille sept cents quatre-vingt-deux déserteurs.

Dans l'élection de Vienne, cent quarante-sept religionnaires, & soixante treize déserteurs.

Dans celle de Romans, sept cents vingt un religionnaires, & trois cents trente-trois déserteurs.

Dans celle de Montelimart, quinze mille cinq cents quatre-vingt religionnaires, & deux mille sept cents seize déserteurs.

Enfin, sur environ trente-neuf mille religionnaires, il en compte dix mille deux cents en fuite à la fin de 1687.

On estime aujourd'hui que cette province renferme six cents soixante-quatre mille six cents habitans. Ainsi les torts faits à la *population*, en 1687, ont été réparés dans un siècle, par une augmentation de cent vingt-un mille vingt-cinq personnes.

Nous croyons en avoir assez dit sur ce sujet, pour faire voir qu'un travail attentif, qui exécuteroit, sur toutes les provinces du royaume, le rapprochement que nous venons de faire de trois généralités, ne seroit pas seulement un objet de curiosité ; mais qu'il prouveroit que les progrès de la *population* tiennent aux progrès des lumières, & à ceux de l'esprit philosophique, qui, répandu parmi tous les ordres de l'Etat, a beaucoup contribué à introduire, dans les principes des gouvernemens, des combinaisons plus analogues au bien général, & des mesures mieux dirigées vers la prospérité publique.

Nous ne pouvons plus agréablement terminer cet article, qu'en rapportant ici tout le chapitre de l'intéressant ouvrage, publié sur les finances, par l'homme d'Etat, qui nous a déja fourni les connoissances précieuses que nous avons placées au mot GÉNÉRALITÉ, & sur la *population* de chacune, & sur l'étendue des contributions qui s'y lèvent.

L'on a maintenant, sur la *population* du royaume, des connoissances plus sûres & plus exactes qu'autrefois ; & c'est l'effet des soins du gouvernement. Il n'étoit pas possible, sans doute, de faire le dénombrement général d'un si vaste pays ; il étoit encore moins praticable de le renouveller chaque année ; mais, après en avoir ordonné de partiels en différens lieux, on en a comparé le résultat avec le nombre des naissances, des morts & des mariages ; & ces rapports, confirmés jusques à un certain point, par les expériences faites dans d'autres pays, ont établi une mesure de comparaison, à laquelle il est raisonnable d'avoir confiance.

L'indice le moins incertain, est celui qui résulte du nombre des naissances. Une maladie épidémique, une émigration, peuvent occasionner des différences passagères, dans l'étendue de la mortalité ; d'ailleurs, il arrive souvent que les curés des paroisses de campagne, négligent de faire mention, sur leurs registres, des enfans morts en très-bas âge, lorsque ces enfans appartiennent à de pauvres paysans, & qu'on est ainsi moralement assuré de l'inutilité de leur extrait mortuaire.

Le nombre des mariages a paru, de tout temps, une mesure de comparaison très-imparfaite, & la dépravation des mœurs a dû fortifier cette opinion.

Enfin, le rapport entre le nombre des naissances & celui des habitans, n'est pas le même dans toutes les parties d'un royaume : les occupations utiles que le luxe & la richesse des grandes villes rassemblent, y attirent un grand nombre d'habitans nés dans d'autres lieux ; & la *population* alors doit s'écarter davantage du nombre des naissances : c'est tout le contraire dans les villages dénués de ressources, parce qu'un grand nombre d'indigènes s'en éloignent à l'âge où ils peuvent gagner leur vie par le travail.

Les différens degrés de salubrité du pays, changent aussi les rapports communs entre le nombre des naissances & celui des habitans : ainsi, partout où la mortalité est constamment plus accélérée, le nombre des naissances répond à un moindre nombre d'habitans que dans les lieux où l'air & le climat n'abrègent pas la vie des hommes. Cependant, toutes les différences que l'on vient d'observer, & d'autres encore, acquièrent une sorte d'uniformité, quand on les considère en masse, & dans l'immense étendue d'un royaume tel que la France. Ainsi, l'on a pu, d'après diverses recherches, se former une mesure générale de comparaison.

Le nombre des naissances est à celui des habitans, de un à vingt-trois & vingt-quatre, dans les lieux contrariés par la nature, ou par des circonstances morales : ce même rapport, dans la plus grande partie de la France, est de un à vingt cinq, vingt-cinq & demi & vingt-six ; enfin, dans les villes, selon leur commerce & leur étendue, chaque naissance répond à vingt-sept, vingt-huit, vingt-neuf & jusques à trente habitans, & même à davantage pour la capitale.

Au milieu de ces variétés, les opinions ne peuvent pas être réunies sur la proportion précise qu'on doit adopter, pour juger de la *population* par le nombre des naissances ; & ayant hésité moi même entre vingt-cinq & demi & vingt-

six, je prendrai ici un terme moyen ; ainsi, pour évaluer la *population* du royaume, je multiplierai les naissances par vingt-cinq trois-quarts.

Le dernier tableau complet, dont j'ai pu avoir connoissance, est celui de l'année 1780.

Les naissances se montoient à neuf cents quatre-vingt neuf mille trois cents six.

Celles de l'année 1779, à neuf cents cinquante-six mille six cents soixante-sept.

Celles de l'année 1778, à neuf cents trente-deux mille huit cents.

Celles de l'année 1777, à neuf cents quatre vingt dix-huit mille cent quatre-vingt onze.

Celles de l'année 1776, à neuf cents trente-neuf mille soixante-quatorze.

Celles de l'année 1775, à neuf cents trente-quatre mille quatre cents quatre vingt.

Celles de l'année 1774, à neuf cents trente-neuf mille six cents huit.

Celles de l'année 1773, à neuf cents mille quatre cents trente-huit.

Celles de l'année 1772, à neuf cents cinq mille cinq cents quatre-vingt.

Celles de l'année 1771, à neuf cents treize mille deux cents quatorze.

Total, neuf millions quatre cents neuf mille trois cents cinquante-huit.

Ce qui fait, pour l'année commune des dix, neuf cents quarante mille neuf cents trente-cinq.

Le nombre des morts, pendant ce même intervalle, s'est monté à huit millions cent quatre-vingt-quatre mille neuf cents dix-huit.

Ce qui fait pour l'année commune des dix, huit cents dix-huit mille quatre cents quatre-vingt-onze.

Le nombre des mariages pendant ces dix années, s'est monté à deux millions cent trente-sept mille sept cent quarante.

Ce qui fait, pour l'année commune, deux cents treize mille sept cents soixante-quatorze.

Les naissances multipliées par vingt-cinq trois-quarts, représenteroient vingt-quatre millions deux cents vingt-neuf mille soixante quinze individus ; & en multipliant les morts par vingt-neuf trois cinquièmes, & les mariages par cent-treize un tiers, on trouveroit à-peu-près le même résultat.

Que si, au lieu du tableau précédent, composé de dix années, on arrêtoit seulement son attention fur les cinq dernières, 1776, 1777, 1778, 1779 & 1780, on trouveroit que, pendant cet intervalle, le nombre des naissances s'est élevé à quatre millions huit cent seize mille trente-huit.

Ce qui fait pour l'année commune, neuf cents soixante-trois mille deux cents sept.

Et ce nombre, multiplié par vingt-cinq trois-quarts, donneroit un total de vingt-quatre millions quatre-vingt-deux mille cinq cents quatre-vingt individus.

Je crois qu'en tirant une induction du nombre des naissances pendant les cinq années les plus rapprochées, on se forme une idée plus juste de la *population*, qu'en prenant la moyenne proportionnelle de dix.

On s'écarte moins, en effet, du moment présent; & d'ailleurs, il est certain que l'ordre observé pour recueillir des renseignemens sur cette matière, acquiert chaque jour plus de perfection; & récemment l'on vient encore de découvrir que le Clermontois, sous l'administration particulière de la maison de Condé, n'avoit jamais été compris dans les états de *population*: cependant il y a lieu de présumer que ce petit pays contient environ quarante mille ames: enfin, il est aisé d'appercevoir que des relevés de régistres sont plus susceptibles d'omission, que de doubles emplois.

On doit encore observer, qu'à la réserve des Juifs de Lorraine, d'Alsace & du pays Messin, qui sont compris dans les états de *population*, tous les autres non conformistes n'y trouvent point, à moins qu'ils n'aient été baptisés à l'église romaine. C'est par toutes ces raisons, & d'autres encore, que je suis fermement persuadé, qu'aujourd'hui, dix-huit mois après la paix, les naissances du royaume, y compris la Corse, s'élèvent à plus d'un million; ce qui indiqueroit une *population* de près de vingt-six millions d'ames: cependant, pour ne point trop s'écarter des idées communes, & des bases les plus généralement adoptées, on croit pouvoir compter une *population* de vingt-quatre millions huit cents mille ames.

Je ne doute point que la France, abstraction faite de son agrandissement par les conquêtes, ne soit beaucoup plus peuplée de nos jours, qu'elle ne l'a été dans les siècles précédens: ceux qui ont annoncé le contraire, dans quelques-uns des écrits économiques qui ont paru depuis une vingtaine d'années, n'ont appuyé leur opinion d'aucun calcul; & l'on voit aujourd'hui manifestement, qu'ils étoient dans l'erreur sur un des points les plus essentiels de leurs conjectures,

puisqu'ils n'évaluoient la population du royaume qu'à quinze ou seize millions d'ames.

D'ailleurs, si l'on fixe son attention sur les principales causes de la multiplication des hommes dans une contrée, on auroit peine à concevoir pourquoi la *population* de la France seroit diminuée; l'art de la culture n'a pas rétrogradé, l'étendue des anciennes forêts n'est plus la même; des marais ont été desséchés, la mer a délaissé plusieurs rivages, & des terreins immenses ont été rendus productifs: on peut observer encore, que la confection de plusieurs canaux, & les nouveaux chemins ouverts dans toute la France, ayant rendu le commerce des bleds plus facile, le superflu d'une partie du royaume a pu être répandu dans les provinces qui avoient besoin de secours, & la *population* de ces mêmes provinces a dû s'accroître en proportion.

Enfin, à mesure que les manufactures se sont multipliées & perfectionnées, l'industrie nationale a fourni de grands moyens d'échange, & l'exportation des bleds a cessé d'être une ressource nécessaire pour s'acquiter envers les nations étrangères.

Il seroit à désirer qu'on pût rapprocher de ces idées générales quelques notions positives sur l'étendue des consommations, à diverses époques de la monarchie. Mais la plus considérable de ces consommations, celle des bleds, ne peut encore de nos jours être appréciée, & c'est par le nombre des habitans du royaume qu'on cherche à s'en former une idée.

La consommation du sel est, après celle des grains, la plus universelle, & l'on peut indiquer que depuis l'année 1559, (époque où M. de Sully remit à une seule compagnie la régie des gabelles), jusqu'à nos jours, les ventes de sel dans les mêmes provinces n'ont jamais été portées si haut qu'elles le sont maintenant: l'on n'a pas conservé, sans doute, tous les états qui en font foi: mais en comparant le montant des baux avec les prix d'achat & de vente, on se forme des idées peu distantes de la vérité. On peut, à ce sujet, citer seulement une particularité simple & remarquable: c'est que dans le bail passé sous Louis XIII, en 1632, à Phillippe Hamel, le roi garantissoit au fermier une consommation de dix mille deux cents cinquante muids. Cette convention, à la vérité, n'étoit relative qu'aux provinces de grandes gabelles; mais la consommation de ces mêmes provinces se monte actuellement, comme on l'a vu, à près de seize mille muids. *Voyez* le mot GRENIER, tome II, pag. 424.

Ces rapprochemens ajoutent quelque chose aux idées générales; mais on ne peut cependant en

tirer aucune conféquence pofitive ; car la régie
des dixelles étant devenue plus induftrieufe &
plus vigilante, la ferme a pu augmenter fes ventes,
fans que la confommation du royaume fe foit
accrue dans la même proportion. Enfin, le prix
d'une denrée, l'étendue du numéraire, la maffe
générale des impôts, font auffi des confidérations
qui augmentent ou diminuent la confommation ;
& lorfqu'un réfultat dépend d'une infinité de
circonftances, il feroit déraifonnable de l'attribuer à une feule caufe, ou d'effayer même de
déterminer, d'une manière pofitive, ce qui peut
y appartenir.

Il y a eu, fans doute, des fecouffes momentanées dans la *population*, & les maladies épidé-
miques, les difettes, les rigueurs de l'hiver,
dans certaines années, la guerre & les émigrations funeftes à la France, ont occafionné des
diminutions fenfibles dans le nombre de fes habitans ; mais tel eft le progrès annuel de la régénération, qu'au bout d'un certain nombre d'années, la *population* d'un pays induftrieux & commerçant, fe rapproche de la mefure des fubfiftances.

Ainfi, quand la culture augmente, quand les
communications intérieures font faciles, & quand
les riches trouvent à échanger les productions
de leurs terres contre les travaux divers de l'induftrie nationale, les principales fources de la
population femblent affurées.

Mais, ce n'eft pas fur les effets du temps que
les gouvernemens doivent fe repofer ; & ils ont
à fe reprocher toutes les calamités deftructives
qu'ils n'ont pas fçu prévenir ou tempérer, quand
ils en avoient le pouvoir. Il ne leur eft pas permis
d'être indifférens au moment préfent, & de fe
confoler des maux dont ils font fpectateurs, en
fe fiant à cette bienfaifance féconde, qui prend
foin de l'efpèce humaine, & qui la fait triompher
des erreurs de l'adminiftration & des iniquités
politiques. Ainfi, les guerres qui détruifent les
hommes, le poids des impôts qui les décourage,
les rigueurs qui les éloignent, & l'indifférence,
qui, dans des temps malheureux, les livre à la
merci des évènemens. Toutes ces circonftances,
fur lefquelles le gouvernement influe immédiatement, occafionnent dans la *population*, des diminutions plus ou moins fenfibles, & il ne peut
fuffire au fouverain que le temps, un jour, les
répare.

On doit obferver encore, qu'une forte de
luxe arrêtera, dans tous les temps, l'entier développement de la *population* : ces parcs, ces
jardins fomptueux que le foc de la charrue ne
fillonnera plus ; ce grand nombre de chevaux
deftinés à tranfporter commodément les riches
dans les lieux où leurs affaires & leurs plaifirs les

appellent ; ces feux multipliés, qu'un fafte de valets occafionne ; cet art recherché, où la fubftance
qui nourriroit plufieurs familles, fert à flatter
un moment, le goût d'un homme blafé, & à lui
valoir l'applaudiffement de quelques convives ;
tous ces rafinemens enfin, de la molleffe ou de
la grande fortune, diffipent une portion des productions de la terre, & nuifent à l'étendue de
la *population*. Il eft difficile, fans doute, dans
un grand Etat, de prévenir les effets inféparables
de l'inégalité des richeffes ; mais, ainfi que je
tâcherai de le développer, en traitant féparément
la queftion du luxe, c'eft fouvent l'adminiftration elle même qui contribue à l'accroiffement
de ces difparités.

Ce n'eft pas encore un des moindres inconvéniens de la jaloufie des fouverains, & de l'excès
de l'état militaire en temps de paix, que cette
nombreufe cavalerie, dont l'entretien oblige à
refferrer les hommes fur un plus petit efpace
de terre, pour en céder une partie aux animaux
qui doivent les aider à fe détruire.

Il eft encore des caufes de dépopulation, dont
les effets feroient fans doute d'une toute autre
importance : on peut imaginer une telle pro-
penfion au célibat, une telle dépravation de mœurs,
un tel affoibliffement dans la nature humaine,
qu'au milieu même d'une terre féconde, les naiffances ceffaffent d'être proportionnées à l'étendue de la mortalité ; mais on eft loin encore de
cette funefte fituation.

Les célibataires des villes, dût-on les confidérer comme entièrement étrangers aux races
futures, compofent jufqu'à préfent une trop petite portion des habitans du royaume, pour arrêter les progrès de la *population* : ce qui deviendroit véritablement dangereux, ce feroit la
corruption des mœurs dans les campagnes, la
crainte d'être père, & l'abandon dénaturé des
enfans dans ces lieux d'afyle où la mort fait tant
de ravages : ce fera peut-être un des maux de
l'avenir, & l'on apperçoit déjà les indices d'un
coupable relâchement. Mais il eft un mal exiftant, dont on ne doit point fe diffimuler les
funeftes effets, c'eft la grande mifère du peuple
des campagnes ; & je dois faire ici une obfervation d'une véritable importance. On voit le
nombre des naiffances furpaffer le nombre des
morts, & l'on a lieu d'être tranquille fur l'état
de la *population* du royaume ; mais il ne faut pas
perdre de vue que cette *population*, felon qu'elle
eft différemment compofée, n'a pas la même influence fur le bonheur & fur la force des Etats.

Que dans un pays, le plus grand nombre des
habitans jouiffent à peine d'un étroit néceffaire ;
entraînés cependant par les plaifirs des fens, ils
auront peut être le même nombre d'enfans que

s'ils vivoient dans l'aifance; mais après avoir fait quelques efforts pour les élever, trop pauvres pour leur donner, ou une nourriture fuffifante, ou des fecours dans leurs maladies, la plus grande partie de cette génération ne paffera pas l'âge de trois ou quatre ans; & il fe trouvera que dans un tel pays, le nombre des enfans en bas-âge, fera conftamment dans une difproportion trop grande avec le nombre des adultes ou des hommes faits. Alors un million d'individus ne préfenteront ni la même force, ni la même capacité de travail, qu'un pareil nombre dans un royaume où le peuple eft moins miférable.

Le nivellement des fortunes n'eft pas au pouvoir d'un gouvernement; mais diftributeur des impôts & de toutes les charges publiques; mais à la fois furveillant & légiflateur, il a des moyens pour adoucir le fort du peuple, & pour empêcher qu'une claffe nombreufe d'hommes ne voient dans l'accroiffement de leur famille, une fource de peine & d'anxiété, ou ne s'accoutument enfin à devenir comme étrangers aux plus doux fentimens de la nature.

On ne peut fouvent fe défendre des plus triftes penfées, en parcourant ces nombreux regiftres de morts & de naiffances, & en mefurant le petit efpace qui fépare ces deux termes de la vie; & quand on voit un quart de la génération périr avant trois ans; un autre avant vingt-cinq; un troifième avant cinquante, & le refte fe diffiper en peu de temps, on croit être fpectateur d'un naufrage; & l'on eft tantôt épouvanté de la fragilité de la vie, & tantôt étonné des vaftes projets que l'efprit humain fait unir à cette courte durée.

Que l'adminiftration eft grande & peut s'énorgueillir, lorfqu'elle réfléchit fur tous les moyens qui lui font remis pour féconder l'un des plus beaux deffeins dont nous ayons connoiffance, la multiplication des hommes fur la terre, l'accroiffement de leur bonheur, & la perfection de leurs lumières. Mais auffi, que cette adminiftration eft petite & digne de mépris, lorfqu'avec une pareille carrière au devant d'elle, on ne la voit s'agiter que pour des prérogatives ou des prétentions! lorfqu'elle eft plus jaloufe de commander que de bien faire; & lorfqu'entourée des efclaves de la fortune, elle aime mieux jouir de leurs refpects, qu'étendre fes regards fur cet efpace immenfe, où la nature en filence follicite fes foins! Oh! miniftres des rois, comment êtes-vous indifférens à votre véritable grandeur! & tandis que dans la carrière où vous marchez, vous pourriez briller d'un éclat qui n'appartiendroit qu'à vous, comment en détournez-vous les yeux fi promptement, pour courir après ces vanités ridicules où vous avez tant de rivaux!

PORT DE LETTRES, f. m. C'eft la taxe mife fur chaque lettre arrivée par la pofte, & qui eft une portion du falaire de l'établiffement fait pour entretenir les couriers chargés de porter les lettres. Voyez LETTRES. On y trouvera le dernier réglement qui a taxé tous les ports de lettres, fuivant les cas où ils font dûs.

PORTATIF, adjectif qui eft pris fubftantivement dans le langage des douanes & dans celui de la régie des aides.

Dans la première circonftance on donne le nom de portatif à un petit livre qu'on appelle ailleurs agenda, manuel ou carnet, & qui fert, à Bordeaux, aux vifiteurs de la douane, à infcrire un précis des vifites qu'ils font fur les navires entrant ou fortant, qui eft enfuite rapporté plus au long fur un regiftre.

Les commis aux aides appellent portatif, un regiftre à-peu-près de forme in quarto, fur lequel ils infcrivent, ou doivent infcrire, le réfultat de l'opération qu'ils font chez les vendans vin en détail, chaque fois qu'ils y font leurs exercices, en conformité de l'article V du titre de l'ordonnance des aides, de 1680, concernant l'exercice des commis. Ces portatifs font en papier marqué du timbre de la généralité dans laquelle eft située la direction des aides dont dépendent les commis, & doivent être reliés; chaque feuillet eft coté & paraphé par un élu, ou le juge à qui appartient la connoiffance des droits.

Chaque vendant vin ou autres boiffons en détail, a un compte ouvert fur ce regiftre, pour la quantité de boiffons qu'il a en cave; & chaque jour les commis doivent conftater, par un acte, figné de deux, ce qu'il a débité & ce qui lui refte; ils doivent auffi, à chaque exercice, fommer le vendant vin de figner cet acte, & faire mention de ce refus.

Les commis font tenus de diftinguer fur le portatif, les vendans vin à affiette de ceux qui vendent à pot. Mais cette diftinction n'a lieu qu'en pays de huitième. Dans les provinces où le quatrième a cours, cette formalité feroit fuperflue.

L'article IX du même titre V de l'ordonnance des aides, porte que les regiftres portatifs feront crus jufqu'à l'infcription de faux.

Un arrêt du confeil, du 2 feptembre 1727, a caffé une fentence de l'élection de Chatellerault, du 5 juillet précédent, qui avoit admis le procureur du roi à faire informer contre la foi d'un portatif, fans avoir auparavant formé une infcription de faux.

Les portatifs fe renouvellent ordinairement tous les mois dans les villes, ou à chaque tierce, composée de deux mois, dans les lieux où les exercices sont moins fréquens. Chaque fois qu'il arrive du vin ou des boissons chez un vendant en détail, ce vin doit être pris en charge sur le *portatif*, & la futaille qui le contient être marquée. *Voyez* ROUANE.

PORT-A-COL, ou PORTE-COL, s. m., par lequel on désigne un homme qui porte, ou de l'eau de-vie, ou des marchandises, ou du sel, pour les revendre.

Les *porte-à-cols*, qui revendent de l'eau-de-vie à petites mesures, de six deniers ou un sol au plus, soit sur les chemins, soit au coin des rues, ne doivent point de droits pour raison de ce trafic, parce qu'ils sont censés acheter cette eau-de-vie par pintes, de marchands sujets aux droits de détail & à l'annuel.

Dans la partie des gabelles, les *porte-à-col*, sont des faux-sauniers, qui, chargés de sel de contre-bande, vont le débitant dans les villages, à six ou sept sols par livre, à meilleur marché que le sel du fermier des gabelles. On s'est suffisamment expliqué aux mots FAUX-SAUNIER, *tome II*, *pag.* 102, sur les peines que prononcent les loix contre les faux-sauniers *porte-à-cols*.

PORTEURS DE SEL, DE GRAINS, DE FARINE, DE CHARBONS & DE CHAUX. Ce sont des gens revêtus d'offices créés, pour être exercés à Paris exclusivement, moyennant le salaire qui leur est attribué par le titre qui a établi ces offices.

Il ne sera question ici que des *porteurs de sel*, comme plus particulièrement attachés à la partie des gabelles, qui constitue une des plus considérable branche des finances de l'Etat.

Les *porteurs de sel* sont appelés *jurés-hannouards-porteurs de* sel dans l'ordonnance de la ville, du mois de décembre 1672, & ce terme *d'hanouard* est emprunté de l'ordonnance du roi Jean, du 30 janvier 1350; il paroit qu'alors il signifioit *porteur de sel*, quoique la gabelle ne fût pas encore établie; mais ces porteurs dépendoient de la ville. Ils ont été établis pour porter les sels à leur arrivée, des bateaux, aux greniers, & du grenier chez les bourgeois, au moyen du salaire qui est fixé par chaque minot.

Ce sont les *porteurs de sel* qui doivent fournir de radoires aux jurés-mesureurs du grenier à sel de Paris.

On a vu au mot ENTRÉE, *tome II*, *pag.* 49, que parmi la multitude d'officiers, dans lesquels sont compris les jurés-porteurs de farine, de grains, charbons & de chaux, ceux qui se chargent des sels ne sont pas dénommés, parce qu'ils font une classe particulière, & qu'ils n'ont point été supprimés.

Lorsqu'il vaque un de ces offices, le choix du nouveau titulaire appartient au receveur & aux officiers du grenier à sel, qui communément le prennent parmi les surnuméraires admis à servir d'aides *aux porteurs de sel* en titre.

PORTS FRANCS. On ne devroit donner le nom de *ports francs*, qu'à ceux qui jouissent d'une franchise absolue, comme celui de Dunkerque, c'est-à-dire où il n'est dû aucune déclaration, ni aucuns droits, & où même il n'existe aucun établissement du fisc. Mais, dans le langage ordinaire, on appelle *ports francs*, ceux qui, comparés avec les autres ports, jouissent de quelques exemptions de droits, ou de l'affranchissement de différentes formalités.

Ainsi, Marseille, Bayonne & l'Orient passent pour des *ports francs*, quoiqu'ils ne le soient pas entièrement comme Dunkerque. On compte par conséquent quatre *ports francs* en France. On a vu au mot L'ORIENT, & à l'article MARSEILLE, en quoi consiste la franchise de ces ports. Celle de Bayonne est-à peu-près la même. A la vérité il ne se lève aucuns droits dans ces ports à l'arrivée des marchandises; mais il est des espèces qui sont prohibées; on est tenu de donner une déclaration de toutes celles qui composent la cargaison du bâtiment, de souffrir la visite des employés. Au contraire, dans le port de Dunkerque, il n'existe ni bureau, ni employés des fermes. *Voyez* DUNKERQUE, *tome I*, *pag.* 677. L'arrivée & le débarquement y sont parfaitement libres & affranchis de toutes formalités. Ce n'est que lorsque les marchandises passent du port dans la basse ville de Dunkerque, qu'elles doivent des droits & qu'elles sont visitées.

Mais, malgré les entraves que le fisc, pour sa sûreté, croit devoir perpétuer dans les ports de Marseille, Bayonne & l'Orient, on ne peut disconvenir que leur franchise, telle qu'elle existe, ne soit très-utile. Cette franchise les rend dès entrepôts du commerce national avec l'étranger, parce que tout ce qui est envoyé de l'intérieur dans ces ports est censé passé à l'étranger, & que de même les marchandises venues de l'étranger, ne sont réputées entrées dans le royaume, que lorsqu'elles ont franchi les limites de la franchise circonscrite; en sorte que ces *ports* peuvent être le centre d'un commerce de réexportation très-utile & très-étendu.

PORTS & HAVRES, (droits des). On a dit au mot BRETAGNE, *tome I*, *pag.* 139, que ces droits se percevoient dans cette province, suivant un tarif appellé pancarte, qui eſt de 1565.

L'article 354 du bail de Jacques Forceville, paſſé en 1738, rappelle ces droits dans les termes ſuivans : « Jouira l'adjudicataire des droits » des *ports & havres*, ſur les marchandiſes & den- » rées qui ſont ſujettes, à l'entrée & à la ſortie de » la province par mer, & les rivières y affluentes, » droits *d'ancienne coutume, d'impoſition, rivage,* » *cellerage, de flute*, & tous autres, ſous telle » dénomination que ce ſoit, aux endroits où ils » ſont dûs à l'entrée & ſortie, & dans l'intérieur, » pour ce qui ſe tranſporte par charroi ; pour » être leſdits droits perçus conjointement avec » ceux des cinq groſſes fermes, ſuivant l'arrêt » du conſeil du premier juillet 1721.

Celui du 6 mars 1725 a ordonné que les droits des *ports & havres*, énoncés dans la pancarte du 21 juin 1565, ſeroient perçus ſur toutes les marchandiſes & denrées dénommées dans ce tarif, ſoit à l'entrée ou à la ſortie ; ces pancartes ſont dépoſées à la chambre des comptes de Nantes, qui en fait délivrer des extraits aux fermiers.

On voit que ſous le nom de droits des *ports & havres*, ſont compris pluſieurs autres droits rappellés par le bail de Forceville.

La pancarte de ces droits ayant été imprimée en 1705, on y diſtingua les différens endroits dans leſquels ils ont lieu ; & ſans doute que ce parti a été pris, parce que juſques-là, quoique ces droits fuſſent levés ſous le même nom dans tous les *ports & havres* de la province, la quotité en étoit néanmoins très-différente ſur pluſieurs eſpèces de marchandiſes.

Les diſtricts où ſe perçoivent ces droits, ſont Vannes, Ruis, Auray, Hennebon, Redon, Muſillac, la rivière de Villaigne, Cornoailles, Quimpercorentin, Pontl'abbé & Penmarch, Pontecroix, Cong & Foeſnant, Quimperlé, Tréguier & Morlaix, Lannion, Larochederien, Treu & l'Entreguier, Pontrieu, Pempoul & Bénic ; tout l'évêché de Leon, Saint-Brieux, Lelegue & Daoueſt.

Dans quelques-uns de ces diſtricts, tels que ceux de Vannes & d'Auray, les marchandiſes qui entrent ſont tariffées ſéparément de celles qui ſortent.

Dans quelques autres, l'entrée & la ſortie ne ſont point du tout exprimées, ou ſont confondues, de manière qu'il eſt impoſſible que la perception ſe faſſe conformément aux vrais principes de l'adminiſtration générale, relativement au commerce.

Mais ce qui prouve encore mieux la défectuoſité & le vice de cette pancarte, ou du tarif des droits des *ports & havres*, c'eſt l'impoſſibilité d'y

reconnoître l'eſprit dans lequel il a été conçu, & le taux qui lui ſert de baſe générale.

On trouve dans le département ou diſtrict, intitulé *la rivière de Villaigne*, l'article ci-après :

Et toutes autres marchandiſes, conduites par eau, doivent le vingtième de ce qu'elles ſont vendues ſur le lieu, excepté de laines, qui ſont franches, & ne trouve-t-on point qu'il ſoit rien levé d'eſperons ne de harnoys, & étoit accoutumé autrefois être levé la moitié deſdits devoirs à l'Iſle.

Et dans le département de Tréguier & Morlaix, on lit l'article qui ſuit :

Et des autres marchandiſes que l'on fait entrer & iſſir par mer, de ladite recette l'on prend le vingtième.

Ces deux articles paroîtroient d'abord indiquer que le taux général des droits de *ports & havres*, eſt le vingtième du prix de la marchandiſe ; mais les autres articles gardent le ſilence à ce ſujet, & laiſſent dans l'incertitude ſur le taux qui a ſervi de baſe à ce tarif.

Au reſte, on ne peut donner une preuve plus ſûre du cahos qui règne dans le tarif des *ports & havres*, tel qu'il a été rédigé en 1565, & imprimé le 27 mai 1705, qu'en aſſurant que quelque peine qu'on prît pour l'expliquer, l'éclaircir & le commenter, on courroit riſque de ſe perdre dans la vague des explications, & encore de n'être point entendu.

Les droits de *ports & havres* ſont en général d'un objet peu conſidérable ; ils ſont les mêmes depuis plus de deux cents ans, malgré l'augmentation ſurvenue dans le prix des denrées, par l'accroiſſement de la valeur du marc d'argent ; ils ont ſeulement ſupporté, comme tous les autres droits des fermes, l'addition des dix ſols pour livre.

Suivant le mémoire de M. Bechamel de Nointel, ſur la Bretagne, dont il étoit intendant, les droits des *ports & havres*, rapportoient ſoixantedix mille livres, en 1697. Leur produit n'eſt aujourd'hui que de quarante-cinq à quarante-huit mille livres en principal.

La cauſe de cette diminution doit être attribuée au parti que l'on a pris, depuis 1667, d'aſſujettir à des droits uniformes, pour l'intérêt du commerce national, un grand nombre de marchandiſes ou denrées, qui dès-lors ſont affranchies des droits de *ports & havres*. Voyez DROITS UNIFORMES, *tome I, pag. 663.*

PORTUGAIS. Les *Portugais* jouiſſent de

l'exemption du droit d'aubaine, en vertu des lettres-patentes du 8 novembre 1778, regiſtrées en parlement le 23 avril 1776. *Voyez* au ſurplus le mot AUBAINE, pour ſavoir ce que c'eſt que ce droit, tom. premier, *pag.* 60.

PORTUGAL, (finances du). Cet article eſt tiré de la collection des mémoires en quatre volumes in-4°, imprimés au Louvre, ſous les ordres de M. de Beaumont, intendant des finances, dont il a déjà ſi ſouvent été parlé avec éloge, & notamment à l'article MILAN ci-devant, *pag.* 130

La difficulté de raſſembler des renſeignemens clairs & certains ſur la nature & la forme d'adminiſtration des différens objets qui compoſent les revenus du roi de *Portugal*, ne permet pas de donner des détails auſſi précis qu'on le déſireroit ; c'eſt un aſſemblage compliqué de revenus particuliers, d'impoſitions & de droits, dont les uns ſont auſſi anciens que la monarchie, & les autres ont été ſucceſſivement établis, tantôt dans un endroit, tantôt dans un autre, ſur des principes preſque toujours différens.

Les diverſes parties qui compoſent les revenus du roi de *Portugal*, ſont ſi multipliées, qu'elles donnent lieu chaque année à quatre comptes généraux, qui comprennent la totalité des pays ſoumis à la domination du roi de *Portugal*.

Le premier, pour Lisbonne & la province d'Eſtramadoure.

Le ſecond, pour les autres provinces du royaume, les Açores & l'iſle de Madère.

Le troiſième, pour l'Afrique occidentale, le Maragnon, & les Commarques du territoire de la relation de la Baie de tous les Saints, & des gouvernemens qui reſſortiſſent à ce tribunal. On entend par Commarques, les ſubdiviſions des provinces.

Le quatrième, pour le territoire de la relation de Rio-Janeiro, de l'Afrique orientale & des poſſeſſions portugaiſes en Aſie.

Ces quatre comptes généraux ſont formés de cent-ſix comptes particuliers, & chacun de ces derniers offre le produit d'une branche de revenu.

Sans ſe livrer à l'énumération faſtidieuſe de tous ces objets, on ſe bornera à réſumer les principaux.

1°. Tous les revenus ou produits des fonds faiſant partie du domaine.

2°. Les revenus de l'hôtel des monnoies, les produits des fermes du ſel, du tabac & des cartes à jouer, de la Compagnie des Indes & des douanes.

3°. Les droits établis ſur toutes les denrées de conſommation, de quelque genre qu'elles ſoient.

4°. Les droits qui ſont dûs à chaque mutation des immeubles, & ceux qui ſe perçoivent ſur tout ce qui eſt vendu & acheté dans la ville de Lisbonne & dans l'étendue de ſon territoire.

5°. Le produit des grandes & petites chancelleries.

6°. Les droits qui ſe perçoivent ſur tous les offices de judicature.

7°. Les dixmes, qui appartiennent au ſouverain, dans la plus grande partie du royaume de *Portugal*.

8°. Le montant du tiers qui revient au ſouverain, dans le produit des fonds communaux, dont jouiſſent les habitans des différentes communautés.

9°. Le produit d'une eſpèce de capitation, à laquelle ſont aſſujettis les propriétaires de fonds.

10°. Les revenus des grandes maîtriſes des ordres du Chriſt, de Saint Jacques & d'Avis.

11°. Le produit du centième denier, ou d'un pour cent ſur les rentes des particuliers.

12°. Les anciens & nouveaux droits d'entrée ſur les eſclaves.

13°. Le produit de la ferme des diamans & du cinquième de l'or en poudre, que l'on eſt obligé de porter aux hôtels des monnoies, pour y être fondu.

14°. Les droits de péage, par terre & par eau.

Il faut ajouter à ces différens produits celui du dixième, dont le roi de *Portugal* a ordonné la levée & perception à l'occaſion de la dernière guerre, (en 1760).

Comme il n'a pas été poſſible de raſſembler les détails néceſſaires, pour donner une connoiſſance exacte de ces différens objets, on ſe contente de préſenter le réſultat des notions générales que l'on s'eſt procurées.

Les Maures, en même temps qu'ils s'étoient rendu maîtres de l'Eſpagne, avoient pareillement envahi le *Portugal*, ils ſe maintinrent un aſſez grand nombre d'années dans ces Etats : ce ne fut que ſucceſſivement & avec beaucoup de peines

nes.

ties que les naturels du pays parvinrent à les expulfer.

On ne connoiffoit plus alors les anciens propriétaires de fonds ; chaque contrée reconquife fur les Maures, devint, par le droit de la guerre, le partage du chef qui s'en étoit rendu maître.

Le *Portugal* étant depuis devenu un Etat monarchique, le fouverain fe mit en poffeffion des fonds qui avoient appartenu à ces chefs. Il établit dans chaque contrée des almofcherifs, ou régiffeurs, qu'il autorifa à concéder les terres moyennant des cens & redevances payables au domaine.

Ces acenfemens ou conceffions ne furent point dirigés par des principes uniformes ; plufieurs particuliers d'ailleurs, qui fe foumirent volontairement à la nouvelle domination, furent maintenus dans la libre propriété des terres dont ils étoient en poffeffion. Ainfi il eft des terres, pour raifon defquelles le propriétaire paye des redevances affez confidérables à la couronne ; d'autres ne payent que le tiers ou le quart de ce que les premières fupportent ; d'autres enfin ne font affujetties à aucune redevance.

Les biens eccléfiaftiques font dans ce dernier cas.

L'accife, qui forme une impofition ou un droit qui fe perçoit fur tout ce qui fe vend & s'achète, n'a point lieu dans toute l'étendue du *Portugal* ; plufieurs provinces en font exemptes, & cette impofition, dans les endroits où elle eft établie, eft tantôt plus forte & tantôt plus foible.

Les droits de douane portent principalement fur les denrées & marchandifes qui fe confomment dans les colonies, & fur les marchandifes étrangères qui font importées dans le *Portugal* ; ces dernières payent, à l'entrée, des droits qui reviennent à vingt-fept pour cent de leur valeur.

Les droits de paffage & de péage appartenoient tous, dans le principe, aux feigneurs des lieux dans lefquels ils avoient été établis ; ce n'a été que fucceffivement, & par degrés, que le fouverain les a réunis à fon domaine ; ces droits forment un revenu affez confidérable.

Il eft dû à chaque mutation des fonds, un droit au fouverain : on ne connoît point l'objet de ce droit.

Les propriétaires de fonds font fujets à une efpèce de capitation qui revient à quatre & demi pour cent du produit des fonds qui leur appartiennent.

Il n'y a dans le *Portugal* aucune efpèce de denrée ou boiffon qui ne foit fujette à des droits ; mais on n'en connoît ni la nature, ni la quotité.

Tous les particuliers qui jouiffent de rentes, font tenus de payer annuellement un pour cent du montant de ces rentes.

Le fouverain jouit de la dixme de tous les fonds fitués dans certaines contrées, & du tiers des communes dans toute l'étendue de fes Etats.

Les efclaves deftinés pour le fervice & l'exploitation des mines, payent à l'entrée dans la baie de Tous les-Saints & à Fernambouc, deux droits, l'un de trois mille cinq cents réis, l'autre de mille réis. Le réis vaut un denier & demi, en forte que mille réis équivalent à fix livres cinq fols de notre monnoie.

On ne connoît, dans le *Portugal*, d'impofition véritablement générale, que le dixième & le droit fur le tabac, le fel & les cartes.

Le dixième fe perçoit fur les fonds, fur les contrats & autres actes produifant des intérêts ; fur les penfions, les gages & les appointemens, à l'exception de ceux des militaires, qui en font exempts.

Il fe perçoit pareillement, par eftimation, fur les bénéfices que font les commerçans & les gens à induftrie.

Ces eftimations font faites en préfence du corrégidor, ou juge du lieu : les réclamations qu'elles occafionnent font portées devant le furintendant.

Les eccléfiaftiques féculiers font affujettis à cette impofition pour les fonds qu'ils poffedent à titre patrimonial, à l'exception néanmoins de ceux qui conftituent leur titre clérical.

Quant aux biens eccléfiaftiques, le clergé paye un don gratuit, qui tient lieu du dixième.

Enfin, les droits fur tous les actes & expéditions des procédures, fur ceux des chancelleries, font multipliés à l'infini, & forment un des principaux objets des revenus du roi de *Portugal*.

On eftime que ces revenus peuvent monter annuellement, en totalité, à cinquante millions.

Telles font les connoiffances que l'on a pu fe procurer fur les différens objets qui compofent les finances du roi de *Portugal*.

Il refte à expofer l'ordre qui s'obferve, foit pour la rentrée & le verfement des fonds au tréfor du prince, foit pour la fortie & l'emploi de ces mêmes fonds.

Avant 1761, l'infpection générale des finances étoit confiée à une chambre des comptes ou maifon royale ; il exiftoit dans les principales villes, des coffres dans lefquels étoient dépofés les fonds provenans des revenus domaniaux, des impofitions & des droits.

Ceux à qui la garde de ces fonds étoit confiée, tiroient des coffres, fur les ordres qui leur étoient donnés par le fecrétaire d'Etat, & par la chambre des comptes, les fommes néceffaires pour les payemens qui leur étoient prefcrits.

Cette forme d'adminiftration étoit fujette à des inconvéniens, & donnoit lieu à des prévarications de tout genre. On a pris le parti d'établir un tréfor royal, dans lequel font directement verfés tous les deniers provenans, tant des impofitions que des droits de toutes efpèces, dans les délais fixés, fous les peines les plus févères.

Le tréfor royal a pour chef un infpecteur général, & pour principaux officiers, un grand-tréforier, un écrivain, & quatre compteurs généraux; fous ces premiers font des fubalternes en grand nombre, comme des teneurs de livres, des fidèles & des huiffiers.

L'infpecteur général préfide au tréfor royal, comme lieutenant immédiat du roi.

Le grand tréforier eft tenu principalement de veiller à ce que les livres & les comptes des chefs des quatre départemens principaux foient toujours en règle; leur fituation eft conftatée tous les famedis de chaque femaine, & il en eft fait mention dans un regiftre tenu à cet effet. Tous les huit jours l'infpecteur général met fous les yeux du roi l'état de fon tréfor, c'eft-à-dire, le réfultat de la recette & des dépenfes qui ont été faites pendant la femaine.

Le grand tréforier a la première clef du coffre dans lequel fe garde l'argent deftiné aux dépenfes de chaque mois; la feconde eft entre les mains de fon écrivain; la troifième eft gardée par le premier compteur général de chaque département. Il en eft de même des clefs des autres coffres deftinés à tenir les fonds de réferve.

L'écrivain du grand tréforier à un regiftre numéroté & paraphé par l'infpecteur général, dans lequel il eft écrit d'un côté toutes les fommes qu'il reçoit chaque jour, le nom des perfonnes qui les ont remifes, & d'où elles proviennent; & de l'autre côté font infcrites dans le même ordre, les dépenfes jour par jour. Ces regiftres font tenus avec la plus grande exactitude, & vérifiés tous les jours par le grand-tréforier, qui figne fon arrêté.

Le tréfor royal eft divifé, ainfi qu'on l'a obfervé, en quatre départemens principaux, à la tête de chacun defquels eft un compteur général, qui a un diftrict fixe & déterminé.

Le premier eft chargé de faire rentrer les fom-

mes que doivent payer les corrégidors, les próvéditeurs, les juges, les almofchérifs, les receveurs & les fermiers des rentes & revenus de Lisbonne & de la province d'Eftramadoure.

Le fecond doit faire rentrer tous les revenus, impofitions & droits des provinces de *Portugal*, de l'Algarve, des ifles Açores, & de l'ifle de Madère.

Le troifième a dans fon département, l'Afrique, le Maragnon, les Commarques du territoire de la relation de la baie de Tous-les-Saints, & des gouvernemens qui font du reffort de ce tribunal.

Le quatrième eft chargé du territoire de la relation & du gouvernement de Rio-Janeiro, de l'Afrique orientale, & des poffeffions portugaifes en Afie.

Chaque compteur en Afie, a fous lui plufieurs écrivains, qui font obligés de tenir les livres en partie doubles.

Les quatre fidèles font établis pour l'expédition & l'accélération des paiemens qui font faits aux différentes perfonnes qui fe préfentent pour toucher.

Les quatre huiffiers font obligés de fe tenir tous les jours, foir & matin, dans la grande falle du tréfor, pendant la durée du travail, pour faire les fignifications & autres actes dont on a à les charger.

Le tréfor royal eft fous la garde d'une compagnie d'infanterie, dont le capitaine prend les ordres de l'infpecteur général, lorfqu'il s'y trouve, & dans les autres temps, du grand-tréforier.

Tous les emplois, offices & poftes dans le tréfor royal ne font que pour trois ans, & ceux qui les rempliffent peuvent, dans cet intervalle, être révoqués.

Il eft fait les défenfes les plus expreffes à tout officier du tréfor royal, de rien exiger, ni recevoir des parties, à quelque titre que ce foit, fous peine de perdre fa place, & même fous plus grandes peines, fuivant l'exigence des cas.

On fe rappelle que les fonds dépendans du domaine forment une branche de revenu affez confidérable. Comme l'adjudication de ces fonds eft faite, dans chaque territoire, par des tribunaux qui n'ont aucune relation ni connexité avec le tréfor royal, on a pris le parti d'établir un certain nombre de courtiers des finances, dont les fonctions confiftent à remettre, ou faire remettre au tréfor royal, des expéditions en forme de toutes les adjudications qui fe font dans le diftrict qui leur eft affigné. Cette recette doit être faite dans les dix jours, à compter de celui dé leur adjudication , fous peine ; contre le courtier , de fufpenfion de fon office, & contre l'adjudicataire , de nullité de l'adjudication.

On connoît, par ce moyen, au tréfor royal les époques auxquelles commencent· & finiffent les baux ou adjudications , le montant des fommes. qui doivent être payées par les adjudicataires ou fermiers , l'échéance des payemens & les conditions fous lefquelles les adjudications ont été faites.

La même forme eft obfervée à l'égard des adjudications des biens faifis & vendus, fur ceux qui font en retard de porter au tréfor royal les fommes dont ils font débiteurs.

Quant aux deniers royaux, qui font de nature à être perçus par les almofcherifs, tréforiers, receveurs, exacteurs , & autres perfonnes chargées de la régie ou recette des deniers, ils font remis , avec la plus grande exactitude, au tréfor royal, dans les délais qui font fixés.

La moindre inexactitude, le plus léger retard eft puni par la fufpenfion des places, par la faifie des meubles & immeubles, par des emprifonnemens ; enfin , par toutes les voies les plus rigoureufes : les mêmes peines s'infligent aux rentiers ou fermiers qui font en retard de payer ; on procède à de nouvelles adjudications , & fi les biens font adjugés à un prix au-deffous de celui auquel ils les tenoient, on leur fait fupporter la diminution.

Voici maintenant ce qui s'obferve pour l'emploi des fonds remis au tréfor royal.

Ces fonds font employés,

1°. Aux dépenfes de la maifon royale ;

2°. Au payement des appointemens, des rentes & des penfions.

3°. Au payement des troupes & des autres dépenfes qui concernent cette partie.

4°. A l'entretien des magafins , & à l'acquit des dépenfes pour la marine.

5°. Enfin, au payement des anciennes dettes des magafins de Guinée & des Indes.

Quant aux dépenfes de la maifon royale, voici ce qui fe pratique.

Le tréforier de la maifon royale , le garde-tapifferie, le pourvoyeur, le garde-meuble & le tréforier des gages ont chacun un regiftre numeroté & paraphé par le grand-maître de la maifon du roi, ou par celui qui en fait les fonctions.

Ils infcrivent fur ce regiftre ,

1°. Le montant des appointemens & gages, par chaque quartier.

2°. Le montant des achats qu'ils ont faits pendant ce même quartier.

3°. Les menues dépenfes.

Tous ces objets doivent être établis & juftifiés, foit par les ordres qui leur ont été donnés , foit par des mémoires & quittances vérifiés & approuvés par le grand-maître.

Ils fe préfentent , avec ces différentes pièces , à l'infpecteur du tréfor, qui les renvoie par-devant les compteurs généraux , & lorfque les calculs ont été vérifiés , on leur expédie le montant des fommes contenues dans les états de dépenfe, & ils font dépofés dans les archives deftinées à cet effet.

Avant de toucher au fecond quartier, ils font obligés de rapporter la preuve que les fommes qu'ils ont reçues pour le précédent, ont été employées au payement des dépenfes pour lefquelles elles ont été délivrées ; & par ce moyen on eft affuré qu'à chaque quartier , tout eft foldé.

On fuit la même méthode pour tous les objets relatifs aux dépenfes de la maifon royale.

Le payement des arrérages, des rentes & des penfions ne fe fait qu'à la révolution de l'année : on fuit les mêmes formes , & on prend les mêmes précautions, pour conftater que tous les payemens de l'année précédente ont été véritablement & réellement faits.

Pour le payement des troupes , voici ce qui fe pratique.

Il y a fix caiffes de recette & de dépenfe, pour tout ce qui concerne le militaire.

Dans ces caiffes, entre le produit de certains fonds deftinés pour fubvenir à ces dépenfes.

Le tréforier en chef de la junte des trois Etats fe préfente le premier jour de chaque quartier, & on lui avance les fommes néceffaires pour les dépenfes à faire pendant ce quartier.

A la fin de l'année on vérifie les recettes & les dépenfes ; on fait la balance du tout , & c'eft d'après cette balance, que les comptes font arrêtés, & que l'on fixe , d'après l'augmentation ou la diminution que l'on rencontre dans le montant de ces dépenfes, ce qui doit être délivré au tréfor de la Junte, pour l'année fuivante.

Il en eft de même pour l'acquittement des dépenſes des magaſins de la marine & des anciennes dettes des magaſins de Guinée ; il y a des ſommes deſtinées pour ces différens objets, & l'emploi en eſt vérifié avec la plus grande attention.

Enfin, tous les ſix mois on préſente au ſouverain une balance, ou état de ſituation générale des finances, dans lequel ſont portées les recettes &· les dépenſes pendant ces ſix mois, & ce qui reſte au tréſor royal. Lorſque cet état de ſituation a été vérifié, l'argent qui doit reſter eſt exactement compté, & l'on dreſſe du tout un procès verbal.

Chaque tréſorier, receveur, exacteur & fermier doit compter, comme on l'a dit, de ce qu'il a reçu ou de ce qu'il doit, dans le délai qui lui eſt fixé, ſous des pourſuites & des peines très-rigoureuſes ; ce qui opère la rentrée de tous les revenus, droits & impoſitions, dans la plus grande exactitude.

POSTES, ſ. f. ; c'eſt le nom d'un établiſſement qui a pour objet de faire porter les lettres des particuliers dans toutes les parties de l'univers, au moyen de ce qu'il a été adopté par toutes les puiſſances ſouveraines. Mais pour ne parler ici que des *poſtes* de France, qui forment une branche des revenus du roi, il convient, en faiſant abſtraction des *poſtes* aux chevaux, de ne s'arrêter qu'à la ferme de la *poſte* aux lettres.

On a déjà vu, ſous ce dernier mot, tome 2, *pag.* 685, que le prix du port des lettres eſt fixé par un tarif publié en 1759 ; ainſi, l'objet de la ferme des *poſtes* eſt d'un côté, de pourvoir au tranſport des dépêches, tant de la cour & de la capitale, que des provinces ; & de l'autre, d'en percevoir les droits portés par ce tarif. Rien n'eſt plus ſimple que cette adminiſtration, & l'on ſent que toute ſa vigilance ſe borne à mettre de l'exactitude & de la célérité dans le ſervice, à empêcher les abus intérieurs, à modérer la dépenſe & prévenir les exactions des ſubalternes.

A meſure que le commerce s'anime & prend de l'activité, les correſpondances ſe multiplient, & les produits de la ferme des *poſtes* augmentent, mais la forme de leur recouvrement ne peut pas plus être ſujette à des variations qu'à des difficultés. Auſſi le célèbre homme d'état qui adminiſtroit les finances en 1778, & qui s'occupoit ſans relâche à porter de l'économie dans l'exploitation des différentes branches des revenus de l'Etat, jugea que celle des *poſtes* en étoit ſuſceptible ; & elle fut miſe en régie par arrêt du 17 août 1777, à commencer du premier janvier 1778. Les motifs de ce changement ſont ſi juſtes, la différence que cette loi établit entre le bail des fermes & un bail des *poſtes* eſt ſi ſen-

ſible, qu'on ſera étonné qu'une pareille affaire de finance, n'ait pas toujours été régie pour le compte du roi,

Le roi, toujours attentif aux plans de réforme & d'économie néceſſaires pour préſerver ſes peuples de nouveaux impôts, & pour ſe procurer le moyen de les ſoulager, ſe fait rendre compte ſucceſſivement des divers objets qui peuvent concourir à l'exécution de ſes vues, & ſa majeſté n'a pu remarquer, ſans étonnement, les profits conſidérables qu'avoit donné la ferme des *poſtes*, particulièrement dans ces derniers tems. Sa majeſté a vu que la durée du bail, qui devoit expirer au mois de décembre 1779, avoit été abrégée de trois années, & qu'on y avoit ſubſtitué un nouveau bail de neuf ans, à compter du premier janvier 1777. Et ſa majeſté a reconnu que ce bail, quoique moins déſavantageux à ſes finances que le précédent, aſſuroit encore aux intéreſſés de trop grands bénéfices. Dans une pareille poſition, ſa majeſté a examiné attentivement quelle étoit ſon obligation, & ſi elle devoit ſacrifier pendant neuf ans, au maintien d'un bail de cette nature, renouvellé par anticipation, tous les moyens de bienfaiſance qu'une régie ſagement combinée pourroit lui procurer.

Sa majeſté a ſenti parfaitement qu'un bail tel que celui de la ferme générale, dont la moitié du terme eſt écoulé, & dont les produits, dépendans d'une infinité de circonſtances, ſe trouvent continuellement expoſés à l'intempérie des ſaiſons, aux viciſſitudes du commerce & à l'influence de la politique, ne devoit éprouver aucune interruption. Mais ſa majeſté a remarqué que le produit de la ferme des *poſtes* n'étoit ſoumis à aucun de ces haſards, parce que les motifs de s'écrire & de ſe communiquer, qui peuvent varier dans le cours d'une année, avec le nombre des événemens, ſont les mêmes dans un eſpace de tems donné ; & que ces motifs, loin de s'affoiblir, doivent toujours aller en croiſſant par l'effet naturel de l'augmentation des richeſſes & du progrès des arts, du commerce, & de l'induſtrie : & comme les limites d'une telle affaire, & le peu de riſques qui l'accompagnent, n'exigent point la précaution d'un bail ; ſa majeſté, par toutes ces conſidérations, s'eſt déterminée à faire régir pour ſon compte, cette partie de ſes revenus ; elle a jugé en même tems que ſix perſonnes ſuffiroient parfaitement à cette adminiſtration ; & malgré les bénéfices conſidérables que les intéreſſés ont fait pendant le cours du bail qui a été interrompu au mois de janvier dernier, ſa majeſté voulant abonder en juſtice, ſe réſerve encore d'examiner, s'il y a lieu, à leur accorder une indemnité. L'intention d'ailleurs de ſa majeſté, eſt qu'ils jouiſſent des bénéfices juſqu'à la fin de cette année, & que leurs fonds d'avance ſoient rembourſés comptant.....

C'eft dans les momens où fa majefté peut fe livrer à l'efpérance de répandre fes bienfaits fur la claffe la plus indigente des contribuables, qu'elle fent plus fortement que les bénéfices de finance qui n'ont aucune proportion, ni avec le travail, ni avec les rifques, font une véritable injuftice envers fes peuples, &c.

A compter du premier janvier prochain, la ferme actuelle des *poftes* fera convertie en une régie intéreffée, & confiée aux fix adminiftrateurs que fa majefté jugera à propos de nommer. Cette nouvelle forme de régie ne fubfifta qu'avec l'adminiftrateur général qui l'avoit établie. Dès 1782, le nombre des régiffeurs des *poftes* fut augmenté de trois. Il leur fut accordé un traitement fixe de huit mille livres à chacun, avec une remife fur les produits, dont l'objet pouvoit être annuellement de douze à quinze mille livres.

On a dit, au mot *lettre*, déjà cité, que le bail des *poftes* étoit, en 1703, de trois millions deux cens mille livres. En 1716, ce produit n'étoit plus que de trois millions cent mille livres, parce qu'en général il eft plus confidérable en tems de guerre qu'en tems de paix. On ne le fuivra pas dans les augmentations fucceffives que ce même produit a reçu jufqu'à nos jours. Le préambule de l'arrêt qu'on vient de donner en explique les caufes naturelles. Nous nous contenterons d'obferver, qu'en 1783 & 1784, les *poftes* donnèrent un revenu de dix millions trois cens mille livres; qu'en 1786, elles ont été remifes en ferme, par un bail de fix ans, moyennant une fomme annuelle de dix millions fix cents mille livres.

POT, vendre à pot; terme ufité dans la régie des aides, pour faire entendre que le débit de vin ou des boiffons fe fait fans donner à manger aux buveurs; la vente à *pot* eft le contraire de la vente à affiette. *Voyez* ce qui a été dit à ce dernier mot, tom. premier, *pag*. 58. On ajoutera ici que ceux qui veulent vendre du vin ou d'autres boiffons étant obligés d'en faire préalablement leur déclaration au bureau des aides, doivent dire en même-tems, s'ils veulent vendre à *pot* ou à affiette; de leur côté, les commis de cette partie font tenus d'en faire mention fur leur portatif. *Voyez*, ci-devant, ce mot.

POT-DE-VIN, f. m. Expreffion triviale, pour défigner un préfent qui fe fait en fus du prix ftipulé dans un acte portant tranfaction quelconque. Pour borner la fignification de ce terme à la partie des finances, on fe contentera de parler du *pot-de-vin*, qui eft, fuivant la coutume, donné au contrôleur général des finances, par les fermiers généraux, à l'occafion du renouvellement du bail des fermes, & qui confifte en cent mille écus.

Empruntons ici ce qu'en dit l'écrivain à qui font dûs les mémoires fur la vie & les ouvrages de M. Turgot, in-8°. 1782.

« Quelques contrôleurs généraux obfervant » qu'il eft rare de l'être pendant fix ans, & trou- » vant peu convenable que leur prédéceffeur em- » portât à lui feul une efpèce de rétribution, plus » attachée à la place qu'à l'homme, avoient tranf- » formé ce *pot-de-vin* en une gratification annuelle » de cinquante mille francs. Leurs fucceffeurs n'en » avoient pas moins cru que le don de cent mille » écus devoit toujours avoir lieu pour la figna- » ture du bail des fermes. La facilité de nos » mœurs fe prêtoit à tous ces arrangemens, de- » venus, par l'habitude & l'opinion, une forte » de droit, & regardés comme des émolumens » légitimes du miniftère des finances ».

» M. Turgot, qui voyoit clairement que, fans » cette convention tacite, les baux feroient au » total de fix cens mille livres plus chers, crut » devoir abolir l'un & l'autre ufage.

» M. l'abbé Terrai, qui avoit paffé le bail & » reçu les cent mille écus, crut devoir les rendre. » Cette fomme fut diftribuée aux curés de Paris, » pour être employée à former les avances d'un tra- » vail de filature & de tricot, dont les ouvrages » feroient vendus; ce qui procuroit à ces pafteurs » charitables la rentrée de leurs fonds, & perpé- » tuoit ainfi les moyens d'occuper les pauvres de » leurs paroiffes. »

Au renouvellement du bail des fermes, fous le nom de Nicolas Salzard, qui finit le 31 dé- cembre 1786, il n'y eut aucun *pot-de-vin* payé par la ferme générale, ni par l'adminiftration des domaines, ni par la régie générale, au miniftre des finances, mais la première des trois com- pagnies s'engagea à donner, chaque année, dix mille livres, & les deux autres une fomme de fix mille livres, le tout applicable aux hofpices éta- blis en faveur des pauvres malades, fur les pa- roiffes de Saint Euftache & de Saint Roch.

POTS ET PINTES; mefures dont les ca- baretiers & vendans vin en détail fe fervent pour livrer au public ce qu'il demande. Suivant l'arrêt de la cour des aides de Paris, du 15 février 1676, les *pots* & *pintes* qui fervent à l'ufage des cabare- tiers, hôteliers, aubergiftes, doivent être mar- qués & étalonnés fur ceux qui font dépofés aux greffes des élections & autres jurifdictions, & il ne leur eft pas permis de fe fervir de bouteilles, à peine de confifcation & de cinq cens livres d'a- mende. La régie des aides a admis quelque tolérance à cet égard, en permettant aux cabaretiers d'avoir des vins, d'une qualité supérieure, en bouteilles. Mais cette permission est toujours subordonnée à l'obligation, de la part du vendant vin, à ne mettre son vin en bouteilles qu'en préſence des commis, qui ſont tenus d'en prendre le nombre en charge ſur leur portatif, après les avoir cachetées du cachet de la régie. Les vins qui arrivent en bouteilles ſont également cachetés & examinés de tems en tems, pour faire payer les droits de détail ſur le déficit qui ſe trouve au nombre des bouteilles manquantes.

POT ET SALIÈRE; termes de la régie des gabelles, par leſquels on déſigne le ſel qui ſert dans la conſommation d'une maiſon, à la cuiſine & à la table.

On l'appelle ſel de *pot & ſalière*, pour le diſtinguer de celui des ſalaiſons auxquelles il est défendu de l'appliquer.

Voyez SEL.

POUDRES ET SALPÊTRES. (ferme des) Pour expliquer ce que c'est que la ferme des *poudres & ſalpêtres*, il faut d'abord dire que le fiſc s'étant réſervé le droit excluſif de fabriquer & de vendre dans le royaume la *poudre & le ſalpêtre*, il en concédoit la jouiſſance à une compagnie de financiers qui exerçoit ce privilège d'une manière plus avantageuſe pour elle-même, que pour l'État, qui n'en retiroit que cinquante à cinquante-cinq mille livres par an.

Les choſes ſubſiſtoient depuis près d'un demi ſiècle ſur ce pied, lorſqu'en 1775, le miniſtre des finances qui venoit d'être appellé à ce département, depuis que Louis XVI étoit monté ſur le trône, ſignala ſon amour du bien public, par la réſiliation du bail des *poudres*. Ce qui étoit très-extraordinaire & bien digne d'être remarqué, c'est que lorſque les conditions du bail des *poudres* étoient arrêtées par le miniſtre des finances, il n'avoit plus le droit de ſavoir comment elles étoient remplies; il n'avoit pas celui de s'informer ſi les fournitures de *poudres* ſtipulées, comme ſeul prix de bail, étoient effectivement faites aux arſenaux de la guerre & de la marine. Les miniſtres de ces deux parties penſoient qu'eux ſeuls devoient veiller à ces fournitures, & ſe faire rendre compte de l'exactitude des fermiers à les livrer, comme ſi chacun d'eux n'eût pas eu un même objet, celui de faire le bien public, d'aſſurer le ſervice du roi & la défenſe de l'État. Malheureuſement en France, ce concours de pouvoirs devient ſouvent un choc de prétentions, & chacun de ceux qui devroit marcher au même but, cherche à oppoſer des obſtacles aux efforts de ſes concur-

rens & à envahir toute l'autorité, en ſorte qu'au milieu de ces combats, les loix les plus ſages reſtent ſans exécution.

Les mémoires ſur la vie & les ouvrages de M. Turgot, miniſtre d'état, & contrôleur général des finances, depuis le mois d'août 1774, juſqu'en mai 1776, publié en 1782, vont nous apprendre tout ce qu'étoit alors la ferme des *poudres & ſalpêtres*, & tout ce qui fut fait pour la rendre plus avantageuſe au roi. Il est difficile de trouver une opération mieux combinée & dans laquelle il y ait eu un concert plus parfait des arrangemens de finances, avec les moyens d'inſtruction & les précautions de la plus ſage prévoyance.

« Lorſque le miniſtre des finances avoit paſſé le bail des *poudres & ſalpêtres*, il y avoit un commiſſaire général que ſon titre & ſa commiſſion conſtituoient l'homme du roi pour, veiller à l'exactitude & au bien du ſervice en cette partie. Mais l'uſage s'étoit introduit que ce commiſſaire général fut toujours un des fermiers, & ordinairement celui d'entre eux qui avoit le plus gros intérêt dans l'entrepriſe; le brevet de commiſſaire général étoit expédié ſur la préſentation de la compagnie même dont il étoit membre; & toutes les fois qu'une compagnie ſuccédoit à une autre, dans cette entrepriſe, le commiſſaire général étoit changé & repris dans la nouvelle compagnie, en ſorte que l'homme du roi étant auſſi l'homme de la choſe, l'intérêt du dernier devoit repouſſer abſolument les impulſions du zèle du premier.

La compagnie qui exiſtoit au commencement de 1775, avoit le bail des *poudres*, à la ſeule charge de fournir par an, un million peſant de livres de *poudre*, dans les arſenaux du roi, ſur le pied de ſix ſols la livre.

Cette *poudre* coûtoit environ douze ſols la livre au fermier; c'étoit donc cent mille écus dont le prix de ſon bail paroiſſoit être.

Si l'État avoit beſoin d'une fourniture de *poudre* qui excédât un million de livres peſant, il devoit ſe pourvoir où & comment le gouvernement jugeroit à propos, mais il n'avoit rien à demander au fermier. Il réſultoit de cette clauſe que la défenſe de la nation en guerre, n'étoit point aſſurée, car elle a ſouvent conſumé juſqu'à trois & quatre millions de *poudre*.

En paix on étoit loin d'en conſumer un million de livres. Depuis la paix, faite en 1763, la compagnie à laquelle le bail avoit toujours été renouvellé, n'en avoit jamais fourni plus de cinq cens milliers.

On avoit gliſſé dans un ancien bail, la clauſe ſingulière qu'on a fait valoir, quoiqu'elle n'eût pas été renouvellée depuis, que l'année finie, le département de la guerre, & celui de la marine, ne pourroient rien répéter pour les fournitures qui leur feroient dûes, mais qu'ils auroient négligé de réclamer & d'exiger dans l'année même. Ainsi, leurs demandes, en tems de paix, n'allant qu'à cinq cens milliers, l'État perdoit sans retour, la moitié du prix de bail convenu ».

L'autre moitié étoit sujette aux déductions suivantes :

« La compagnie devoit prendre le salpêtre que fabriqueroient les salpêtriers du roi & le payer sept sols la livre. Comme ce prix, qui n'étoit pas augmenté depuis quarante ans, étoit devenu insuffisant, le roi s'étoit chargé de faire payer, par le trésor royal, un supplément aux salpêtriers de Paris, qui coûtoit de cinquante à soixante mille livres tous les ans. On donnoit aussi, mais pendant la guerre seulement, des gratifications aux salpêtriers des provinces, lesquelles ont plusieurs fois été portées jusqu'à quarante mille livres, & ces gratifications devoient encore être à la charge du trésor royal.

Les événemens de force majeure, tels que les incendies, si fréquens dans ce genre de travail, la submersion ou l'enlevement des matières, effets & ustensiles, étoient restés au compte du roi. Il y avoit même un abonnement de vingt-sept mille livres par année, avec la compagnie, pour le seul article des frais de moulins. Les autres dépenses éventuelles, à la charge du roi, pouvoient monter, année commune, à dix mille livres.

Ainsi, pour environ cinquante mille écus que le roi paroissoit avoir de bon marché sur les fournitures de poudre faites à son armée & à sa marine, il étoit obligé de payer quatre-vingt dix sept mille livres d'indemnité à la compagnie & aux salpêtriers ; & le bail, en apparence de cent mille écus, ne se trouvoit réellement valoir à l'État, que cinquante à cinquante cinq mille livres par an ; c'étoit à ce prix qu'on avoit engagé la fabrication & la vente exclusive de la poudre & du salpêtre dans tout le royaume.

La compagnie avoit eu le crédit de faire augmenter, à son profit, de deux sols par livre, dans le cours du bail, le prix du salpêtre qu'elle vendoit ; & elle avoit obtenu cette augmentation sous prétexte de celle du prix des denrées, tandis qu'elle continuoit de ne payer le salpêtre aux salpêtriers, que sept sols, & que le supplément de prix & les gratifications qui leur étoient accordées, se prenoient sur les revenus du roi. Mais tel est l'esprit de la France, ou, pour mieux dire, de l'avidité générale, qu'il semble presque excusable lorsqu'il ne s'exerce qu'aux dépens du gouvernement ; comme si dans les vrais principes de

la morale, il étoit possible d'allier l'honnêteté qui se feroit un scrupule d'abuser de la bonne foi d'un particulier, avec cette hardiesse à se permettre sans remords des gains excessifs, des profits usuraires, & des marchés illusoires, lorsqu'ils se rapportent au gouvernement.

Comme les salpêtriers ne recevoient pas le juste salaire dû à leur travail, on leur avoit attribué des privilèges qui les rendoient odieux & onéreux à la nation. Ils avoient droit de fouiller pour chercher les matières salpêtrées, non-seulement dans les écuries, les granges & les bergeries, mais encore dans les maisons, les salles basses & les caves des citoyens.

Les paroisses où ils s'établissoient étoient obligées de leur fournir des voitures & le logement gratis, & des bois à vil prix. Il en résultoit une imposition inégale, & très-pesante sur une partie de la nation.

On a calculé que ces faux frais coûtoient soixante-neuf mille livres par année, aux seuls villages de la Franche-Comté, & l'on peut juger, en supposant une part proportionelle dans les autres provinces, combien le peuple étoit surchargé pour procurer des profits considérables à une compagnie, & seulement une économie de cinquante mille livres par an au roi, sur la fourniture habituelle de la poudre nécessaire à ses troupes en tems de paix, sans assurer la défense du royaume en tems de guerre.

La défense de l'État étoit en effet d'autant moins assurée, que les communautés effrayées des prétentions & des droits des salpêtriers, prenoient ordinairement le parti de transiger avec eux pour les envoyer porter le même effroi dans une autre paroisse, & s'y faire ensuite payer de la même complaisance ; ainsi les salpêtriers se promenant avec leur attirail, levoient un impôt sur les villages, sans que la fabrication du salpêtre, qui en étoit l'objet, en fût plus avancée. La nation supportoit la dépense de la récolte du salpêtre national qui, à la fin du dernier siècle, donnoit annuellement trois millions cinq cent mille livres pesant, & se trouvoit réduite à moins de dix-huit cens milliers,

Les fermiers des poudres & salpêtres, se soucioient peu de soutenir ou de rétablir l'abondance du salpêtre ; ils en achetoient qui venoit de l'Inde à meilleur marché que celui du royaume. Ne pouvant être guidés que par leur intérêt personnel & par l'intérêt du moment, rien ne les engageoit à s'occuper de ce qui arriveroit, si la guerre venoit à intercepter l'importation du salpêtre étranger.

L'art du salpêtrier étoit encore, en France, au premier état d'enfance, tandis qu'il étoit perfectionné en Suede & en Prusse. On n'y savoit que démolir & leffiver les décombres des vieux édifices. On ignoroit qu'on pût conftruire des nitrières artificielles , & recueillir l'immenfe quantité de cette fubftance qui , diffoute dans l'air , ou prête à fe former par fon moyen , ne demande qu'à fe dépofer fur les terres préparées pour l'attirer & la recevoir.

Comment des financiers qui n'avoient qu'un bail de fix ans auroient-ils fongé à faire de grandes dépenfes pour des atteliers de phyfique , qui n'auroient rien ajouté à leurs profits , & n'euffent été utiles qu'à leurs fucceffeurs.

La compagnie avoit quatre millions de fonds d'avances en matières & uftenfiles de toute efpèce. Elle commençoit par partager tous les ans *quinze pour cent* de ce capital entre fes membres, & à la fin de fon bail le partageoit enfuite une maffe de bénéfices qui , plufieurs fois , s'étoient élevés à quinze autres pour cent par an ; auffi au moyen de ces trente pour cent par an , elle trouvoit que tout alloit au mieux dans l'Etat.

M. Turgot crut qu'un tel bail , quoiqu'il eût encore quatre ans & demi à courir , étoit réfiliable , & le feroit au jugement de tous les tribunaux de la terre ; qu'il ne pouvoit lier un monarque & une nation vifiblement furpris.

Il affura en quatre ans le remboursement des fermiers. Il leur accorda l'intérêt à onze pour cent de leur capital , fujet à la retenue du dixième, ce qui le réduifoit à neuf & neuf dixièmes pour cent. Malgré cette indemnité , & ce taux d'intérêt, qu'on peut regarder comme trop forts pour une compagnie qui depuis vingt ans avoit fait des gains immenfes , & qui n'étoit plus foumife à aucun travail ni expofée à aucun danger ; la réfiliation du bail des *poudres* excita les murmures les plus violens contre le miniftre. Depuis qu'il avoit appris lui-même au public le mot de propriété, tout ceux dont on dérangeoit les profits exceffifs , ou les privilèges exclufifs , ou les monopoles, crioient qu'il n'y avoit plus rien de facré , & qu'on portoit atteinte à leur propriété ; tant il eft vrai que l'intérêt perfonnel , ou plutôt la cupidité , ne voit jamais rien de bon & d'équitable , dans ce qui la bleffe , quelques ménagemens que l'on garde encore.

M. Turgot ne voulut point fubftituer de nouveaux fermiers aux anciens , quoiqu'on lui eût fait à cet égard des propofitions très-avantageufes ; il fentit qu'un fermier , tel qu'il pût être , ne feroit pas plus intéreffé à perfectionner l'art du falpêtrier , qu'à encourager la production nationale du falpêtre ; & que la néceffité de déterminer la quotité de la fourniture de poudre aux arfenaux du roi , rendroit trop précaire la défenfe de l'Etat lorfque la guerre furviendroit.

Il préféra donc l'établiffement d'une régie pour

le compte du roi. Ce fut l'objet du réfultat du confeil du 30 mai 1775.

L'arrêt du confeil du 24 juin fuivant, nomma les régiffeurs qui furent choifis avec foin. On plaça parmi eux quelques membres diftingués de l'ancienne compagnie, on y joignit deux nouveaux membres , l'un qui avoit été l'ame du fervice & de la manutention des *poudres* , en qualité de directeur général de l'ancienne compagnie , & qui lui-même avoit eu le courage de dévoiler les abus au miniftre qui l'avoit confulté , & de propofer un plan plus utile au bien public ; l'autre , un homme connu par fes lumières en chymie , & qui étoit déjà fermier général.

Les nouveaux régiffeurs firent des fonds d'avances deftinés à former une partie du rembourfement des anciens fermiers , le refte de ce rembourfement fut pris fur les profits même de l'entreprife ; il fut ftipulé ; pour les fonds qu'ils fourniroient , que l'intérêt n'en feroit jamais payé qu'au cours du commerce , c'eft-à-dire , à un pour cent au-deffus de l'intérêt légal , & que cet intérêt diminueroit fi l'intérêt légal venoit à baiffer.

Cette claufe étoit d'autant plus utile , que le miniftre avoit déja pris des mefures très-bien combinées pour que cette condition ne préfentât pas un avantage imaginaire , & pour faire baiffer en effet l'intérêt de l'argent. *Voyez* ce qui a été dit à ce fujet au mot INTÉRÊT , tome fecond, *pag.* 642.

Après les rembourfemens de l'ancienne compagnie , les nouveaux régiffeurs ne devoient garder & n'ont gardé en effet de fonds d'avance que ceux qui font abfolument néceffaires à la manutention du fervice. S'il furvient un moment de befoin qui furpaffe les forces de leur caiffe , ils mettent fur la place leurs billets à courts termes , & l'Etat ne paie que l'intérêt de ce befoin paffager. L'intérêt de leurs fonds compris , ils font pour moins de cent mille francs , le même fervice pour lequel l'ancienne compagnie avoit fouvent touché un million deux cens mille livres.

La prévoyance du légiflateur ayant attaché leurs plus grands profits à l'accroiffement de la récolte du falpêtre national , & leurs plus fortes remifes à celui qui provient des nitrières artificielles , la régie a favorifé les établiffemens , & le travail des falpêtriers. L'arrêt qui lui confie le foin de l'adminiftration des poudres , délivre le peuple des corvées auxquelles il étoit affujeti , pour voiturer les matières falpêtrées & les uftenfiles des falpêtriers, & de l'obligation de leur fournir , ni logement , ni bois , autrement qu'en payant au prix courant de gré à gré. C'étoit une impofition arbitraire d'environ fix cens mille livres , & une foule de vexations non moins onéreufes , dont la nation étoit foulagée.

Le

Le ministre fit plus encore : il annonça la suppression de la fouille, pour un tems déterminé. Les privilèges des salpêtriers furent remplacés par une augmentation de prix du salpêtre, qui coûtoit beaucoup moins à l'Etat, qui leur étoit plus profitable, & qui les excitoit à la fabrication.

Dans le même tems on recherche les procédés des différens peuples étrangers. On profita de l'expérience des Suédois, qui sont très-habiles dans cette partie ; on fit recueillir & traduire leurs méthodes, & on les rendit publiques. On répandit dans les provinces des instructions imprimées sur l'art de former des nitrières. M. Turgot donna des fonds à l'académie des sciences pour proposer un prix sur cette matière importante.

Il choisit des savans pour les envoyer jusqu'aux Indes étudier les causes qui y rendent le salpêtre en si grande quantité & à si vil prix, & s'instruire de la manière dont on y aide à sa formation, & dont on fait sa récolte ; on leur donna des encouragemens & des leçons pour un pareil voyage.

Ce concours d'opérations de finance & de moyens d'instruction, a produit l'effet qu'on en devoit attendre ; le salpêtre est devenu plus abondant & de meilleure qualité. On a pu épargner au peuple la gêne de la fouille dans les maisons & dans les caves, à l'époque précise où M. Turgot l'avoit annoncé, & malgré la cessation de cette ancienne manière de recueillir le salpêtre, la récolte qui, tandis qu'on exerçoit le droit de fouille à la rigueur, étoit tombée à dix-huit cens milliers, est remontée jusqu'à deux millions sept cens mille livres. Elle continue de s'accroître, de sorte qu'on peut se flatter qu'avant peu d'années, non-seulement on en recueillera ce qui est nécessaire à la consommation du royaume, mais le salpêtre deviendra un nouvel objet d'exportation.

Dans la crainte d'exagérer, on ne compte que pour huit cens mille livres le profit annuel qui revient à l'Etat, de la nouvelle forme donnée à l'administration des poudres. Mais on doit compter aussi l'avantage d'avoir en outre fourni à la sommation de poudre que la guerre a occasionnée, & aux secours de ce genre que l'Etat a donnés à ses alliés.

On doit compter encore l'avantage d'avoir soulagé la nation d'une foule de vexations & de contributions qui coûtoient au moins six cens mille livres par an à la classe la plus pauvre & la plus utile des sujets du roi, & qui étoient répartis sur elle avec une inégalité & un arbitraire effrayans.

Enfin on doit compter le grand bien, d'avoir fait naître, pour le peuple, une nouvelle branche de production, d'industrie & de revenu, & en remarquant (en 1782) que depuis six ans & demi

que la régie des poudres existe, elle a remboursé, fourni ou payé à l'Etat, la valeur de sept millions : on verra que ses revenus seront accrus de plus d'un million par année ».

Aussi l'administrateur des finances qui rendoit compte au roi, en 1781, de ses travaux, dit que la seule affaire de finance où il n'ait point vu d'abus, est la régie des poudres, dont les conditions avoient été réglées par M. Turgot.

Mais reprenons l'ordre chronologique des règlemens concernant la régie des poudres & salpêtres.

Deux ans après son établissement, un arrêt du conseil, du 8 août 1777, restreignit la fouille du salpêtre, & encouragea la formation des nitrières artificielles.

Voyez NITRIÈRES.

Deux autres années étoient à peine expirées que la régie, établie pour le compte du roi, fut confirmée & continuée, par arrêt du conseil du 5 septembre 1779, pour six années, finissant le dernier décembre 1785, aux quatre régisseurs alors existans. Comme les dispositions de ce règlement sont encore en vigueur & constituent l'essence de cette régie, on va le rapporter.

Le roi s'étant fait rendre compte des travaux de la régie des poudres & salpêtres, sa majesté a vu avec satisfaction que cette régie avoit procuré à ses finances, à son service & à ses peuples, les avantages qu'elle s'en étoit promis ; que les bénéfices précédemment abandonnés à ses fermiers, avoient tourné en entier au profit du trésor royal ; que les régisseurs avoient augmenté, par l'établissement des nitrières artificielles, & par la découverte des terres naturellement salpêtrées, la récolte en salpêtre dans le royaume ; en sorte qu'on peut espérer de pouvoir successivement se passer de la ressource onéreuse & incertaine des achats à l'étranger, pour cette matière indispensable à la défense de l'Etat ; qu'enfin les peuples avoient été affranchis de la recherche du salpêtre dans les caves ou celliers, & des fournitures gratuites ou à vil prix, des bois, voitures & logement aux salpêtriers. Sa majesté voulant assurer de plus en plus les avantages de cette régie, donner aux régisseurs des témoignages de sa satisfaction, & réunir dans ce règlement les principales dispositions faites par sa majesté & par les rois ses prédécesseurs, pour l'exploitation des poudres & salpêtres : ouï le rapport ; sa majesté étant en son conseil, a ordonné & ordonne ce qui suit ;

ARTICLE PREMIER.

L'exploitation du droit exclusif de fabrication, recherche, vente & débit des poudres & salpêtres dans tout le royaume, continuera d'être faite pour le compte & au profit de sa majesté.

I I.

Les sieurs Lefaucheux, Clouet, Lavoisier, Barbaut de Glatigny, continueront de régir, sous l'autorité & inspection de l'administrateur général des finances, ladite exploitation pendant six années, qui commenceront au premier janvier prochain, & finiront au dernier décembre 1785. Veut & entend sa majesté qu'ils soient reconnus de tous ses sujets en ladite qualité, & qu'il soit déféré par tous les employés dans le service des *poudres & salpêtres*, aux ordres qu'ils leur donneront relativement à ce service.

I I I.

Les fonds de l'exploitation de ladite régie seront faits, à commencer du premier janvier prochain, par lesdits quatre régisseurs, chacun par égale portion, & seront portés, s'il est nécessaire, d'abord à *huit cens mille livres*, & même à *un million*, si le service le requiert. L'intérêt desdits fonds sera & demeurera fixé à cinq pour cent, sans aucune retenue, déduction ni retranchement quelconque, soit pour vingtième, dixième, ni autres impositions mises ou à mettre, dont sa majesté les décharge dès-à-présent & pour l'avenir.

I V.

Voulant sa majesté que lesdits régisseurs puissent avoir un traitement de dix à douze mille livres, elle leur accorde, à titre de droit de présence, la somme de quatre mille livres chacun, laquelle sera distribuée pour assistance effective aux assemblées, qui se tiendront deux fois par semaine au bureau de la régie. Les droits de remises seront de deux sous pour livre pesant, de *poudre* fine vendue au delà de huit cens milliers, & de neuf deniers par livre pesant de salpêtre, provenant des ateliers de la régie & des nitrières artificielles, desquels ateliers & nitrières ils remettront un état certifié, dans le cours de décembre de chaque année, à l'administration générale des finances; le tout à partager également entre lesdits quatre régisseurs.

V.

Les régisseurs choisiront, pour entrer dans les emplois de la régie, des sujets instruits & de bonne réputation, pourvus de connoissance chymiques & mécaniques nécessaires à cette partie; ils ne nommeront aux emplois sédentaires qui viendront à vaquer, que ceux qui auront été précédemment admis, d'après l'état par eux fourni chaque année à l'administration générale des finances; ils établiront des personnes capables pour la vente des *poudres & salpêtres*, & pour la recherche & amas du bois de bourdenne.

V I.

Lesdits régisseurs pourront, avec l'autorisation par écrit de l'administrateur général des finances, faire pour le compte de sa majesté, dans les villes, bourgs & villages du royaume, les établissemens convenables, afin d'augmenter de plus en plus la récolte en salpêtre : veut & entend sa majesté qu'il leur soit donné par les villes & communautes, les emplacemens inutiles, les tours ou châteaux abandonnés, & toutes les facilités qui pourront accélérer les moyens d'affranchir en entier les peuples, de la fouille & recherche des terres salpêtrées, dans les maisons & autres bâtimens.

V I I.

Sa majesté ayant augmenté le prix du salpêtre, afin de faire cesser le plutôt qu'il sera possible, cette fouille & recherche onéreuses, elle veut, qu'à compter du premier octobre prochain, la *poudre* fine soit vendue trente-cinq sous la livre aux débitans, pour n'être jamais par eux revendue que quarante sous, & trente six sous la livre aux particuliers qui la prendront dans les magasins principaux de la régie. Les poudres de guerre, de mine & traite, continueront d'être vendues comme par le passé; savoir, la *poudre* de guerre, vingt sous seulement, & les *poudres* de mine & traite, dix-huit sous. Le salpêtre brut continuera également d'être vendu douze sous la livre, le salpêtre de deux cuites, dix sept sous la livre, & le salpêtre de trois cuites, vingt sous la livre, le tout poids de marc; à l'exception des provinces où le poids de table est usité, dans lesquelles la vente des *poudres & salpêtres* continuera d'être faite au poids du pays, en considération des dépenses plus fortes que le service & la fabrication exigent dans lesdites provinces.

V I I I.

Les régisseurs pourront, s'il est nécessaire, faire délivrer aux armateurs & négocians, les *poudres* de guerre & de traite, aux prix dont ils conviendront avec eux de gré à gré, afin de donner plus de facilité au commerce national, & de prévenir la sortie de l'argent du royaume.

I X.

Comme depuis l'établissement de la régie, il a été découvert, dans différentes provinces du royaume, des terres, pierres & craies naturellement salpêtrées, qu'il est de l'intérêt public de mettre en valeur, sa majesté exhorte tous les propriétaires desdites terres, pierres & craies, à en extraire, avec l'autorisation de la régie, le salpêtre, pour le livrer dans les magasins de sa majesté, au prix qui sera prescrit ci-après; & dans le cas où ils se refuseroient à ce nouveau genre d'industrie, permet sa majesté aux salpêtriers ou entrepreneurs de nitrières, de les extraire pour les lessiver; se réservant sa majesté de pourvoir, sur

l'avis des fieurs intendans & commiffaires départis, au dédommagement que les propriétaires
pourroient être en droit de réclamer.

X.

Fait fa majefté très-expreffes défenfes & inhibitions aux falpêtriers, d'exiger gratuitement, ni
même à un prix inférieur à celui ufité dans chaque
communauté, aucune fourniture de bois & logement dans les paroiffes où ils travailleront;
quant aux voitures néceffaires, tant pour le tranfport des falpêtres aux magafins de fa majefté, que
pour le déménagement des falpêtriers, elles feront fournies par les communautés, au prix convenu, ou à celui qui aura cours dans lefdites
communautés; & en cas de refus ou de conteftation, au prix déterminé par les fieurs intendans & commiffaires départis.

X I.

Le falpêtre fourni par les falpêtriers qui feront encore ufage du droit de fouille dans les
maifons, fera payé à raifon de huit fous la livre,
poids de marc; celui des falpêtriers qui ne travailleront que des terres de démolition, fans ufer
de la fouille, fera payé à raifon de neuf fous la
livre, même poids; le tout à la déduction des
quatre au cent, & à condition, pour les uns &
les autres, que le déchet au raffinage de brut en
trois cuites n'excédera pas trente pour cent. Le
falpêtre provenant des nitrières artificielles, ou
du leffivage des terres naturellement falpêtrées,
fera payé à dix fous la livre, même poids, à la
déduction des quatre au cent, & pourvu qu'il ne
déchoie pas de plus de vingt-cinq pour cent au
raffinage en trois cuites.

X I I.

L'arrêt du confeil du 21 novembre 1761, concernant les poudres & falpêtres amenés dans les ports du
royaume, provenans d'achat, d'échange, & même de prifes fur les ennemis, fera exécuté felon
fa forme & teneur; en conféquence, les régiffeurs
de fa majefté pourront prendre lefdites matières
pour fon compte, aux prix & conditions portés
audit arrêt, fans qu'elles puiffent être vendues ni
mifes en adjudication, fous quelque prétexte que
ce foit, que du confentement des régiffeurs, qui
ne pourront le donner, qu'après y avoir été autorifés fpécialement par le fieur directeur général
des finances; n'entendant point fa majefté comprendre dans cette difpofition, les poudres que
les armateurs & négocians François pourroient
faire venir de l'étranger, pour les employer dans
le commerce extérieur.

X I I I.

Les commis, diftributeurs & débitans de poudre, ne pourront abfolument tenir & débiter d'autres poudres que celles fabriquées pour le compte
de fa majefté; ils ne pourront les vendre à plus

haut prix que ceux fixés par l'article VII ci-deffus, à peine, dans l'un & l'autre cas, de trois
cens livres d'amende & de confifcation de la
poudre, pour la première fois, & d'être traités
comme faux-fauniers en cas de récidive : Leur
enjoint fa majefté d'avoir à leur porte un écriteau,
portant débit de poudre du roi, & dans leur boutique ou chambre de débit, un extrait imprimé
du préfent arrêt, contenant l'article VII, fous
peine de révocation & de deux cens livres d'a-
mende.

X I V.

A commencer du premier janvier prochain,
lefdits régiffeurs feront vendre & débiter, pour
la facilité du public, au profit de fa majefté, le
plomb à giboyer par tous les diftributeurs & débitans de poudres & dans les magafins principaux
de la régie, au prix courant & fuivi dans le commerce; n'entendant point fa majefté ufer à cet
égard du privilège exclufif établi par la déclaration du premier octobre 1699, ni priver les marchands de la liberté de vendre ledit plomb en
concurrence avec les débitans de poudres.

X V.

Les régiffeurs feront réparer chaque année toutes les poudres qui leur feront remifes des départemens de la guerre & de la marine, afin que les
poudres de fa majefté foient toujours dans le meilleur état poffible.

X V I.

Les régiffeurs s'occuperont des moyens d'accélérer & de perfectionner la fabrication des poudres, afin de faire face, par les moyens les plus
économiques, à tous les befoins du fervice, fans
que fa majefté foit obligée de faire conftruire de
nouvelles fabriques.

X V I I.

Difpenfe fa majefté les régiffeurs, de faire une
nouvelle foumiffion au greffe du confeil, en confidération de celle par eux précédemment faite le
30 juin 1775, qui vaudra pour la continuation de
la préfente régie.

X V I I I.

Les régiffeurs continueront de préfenter, à
la fin de chaque mois, à l'adminiftration des finances, un état certifié d'eux, de la fituation
exacte de la régie, tant en deniers qu'en matières, & de compter généralement, à la fin de
chaque année, des recettes & dépenfes en deniers, matières & effets, & des fournitures par
eux faites; pour ledit compte être arrêté au confeil royal des finances de fa majefté.

X I X.

Les ordonnances, déclarations, arrêts & règlemens, concernant les poudres & falpêtres, notamment les arrêts des 30 mai & 24 juin 1778, 14
août 1777, & 24 janvier 1778, feront exécutés
felon leur forme & teneur, en tout ce qui n'y eft

pas dérogé par le présent arrêt ; toutes les contestations qui pourroient s'élever sur le fait des *poudres & salpêtres* , continueront d'être portées pardevant les sieurs intendans & commissaires départis dans les provinces , & pardevant le sieur lieutenant général de police pour les villes & fauxbourgs de Paris , pour être par eux jugées , sauf l'appel au conseil ; sa majesté leur en attribuant la connoissance privativement à toutes ses cours & autres juges. Fait au conseil d'état du roi , sa majesté y étant , tenu à Versailles le 5 septembre 1779.

La même année , sur les représentations des régisseurs des *poudres* , au lieutenant général de police de Paris , étoit intervenu , le 4 août , une ordonnance de ce magistrat , dont l'objet est d'assurer le travail des salpêtriers dans la ville de Paris , & de leur procurer tous les moyens qui se concilient avec la liberté & la propriété des citoyens , de tirer parti des démolitions & plâtres , & des cendres qui sont abandonnées dans les rues , ou de celles que les particuliers voudront vendre , à raison de deux sols six deniers le boisseau contenant trente-deux pintes.

La même ordonnance a renouvellé les privilèges des salpêtriers , en défendant à tous commis , fermiers & préposés à la levée des droits du roi & autres aux barrières de Paris. , de prendre ni exiger aucuns droits sur les salpêtres , ni pour le passage & péage des chevaux & harnois des salpêtriers , terres , bois , cendres , eaux-mères & généralement tous autres servant à la fabrication du salpêtre.

Voici comment le même administrateur parle de cette régie dans son excellent ouvrage sur les finances , publié en 1784 , qui est une source précieuse de morale & d'instruction.

Les huit cens mille livres de revenus que donne la régie des *poudres* ne doivent point être dans le tableau des contributions des peuples , puisque la partie de ces recouvremens , qui surpasse le bénéfice du roi , est un remboursement , & du prix des matières premières , & des frais de fabrication , & de la dépense des transports.

Les taxations des régisseurs , qui n'ont fait ensemble qu'un million de fonds d'avance , sont aujourd'hui réglées si modérément , qu'on peut envisager cette récompense comme au-dessous du bénéfice que feroient les fabriquans si ce commerce étoit libre.

Pour rassembler ici tout ce qui a rapport à la régie des *poudres* , il faut terminer cet article par l'arrêt du conseil du 26 avril 1783 , dont les dispositions donnent une idée avantageuse de l'état de cette manutention.

Le roi s'étant fait rendre compte de l'état actuel de la régie des *poudres* , de celui de la récolte du *salpêtre* & du produit de la vente exclusive des . *poudres* & *salpêtres* dans le royaume ; sa majesté a reconnu avec satisfaction que , malgré la consommation occasionnée par la guerre & les secours donnés aux alliés de la France , les magasins de la régie sont encore abondamment approvisionnés ; que la récolte du salpêtre se trouve actuellement suffisante pour subvenir au service du roi & du public ; que son accroissement successif dispensera même bientôt des achats à l'étranger pour subvenir à tous les besoins du commerce : sa majesté a également reconnu que les produits actuels de sa régie des *poudres* lui permettent de procurer un nouveau soulagement à ses sujets , en supprimant l'usage établi dès le siècle dernier, de vendre dans quelques provinces du royaume , la *poudre* pliée en papier marqué aux armes de sa majesté , & de renoncer au bénéfice que cette manière de vendre la *poudre* procuroit à ses finances. A quoi voulant pourvoir : oui le rapport du sieur le Fevre d'Ormesson , &c. Sa majesté étant en son conseil , a ordonné & ordonne : qu'à compter du premier janvier 1784 , la *poudre* sera vendue par sa régie aux débitans & au public , en grain & sans être pliée , au poids usité dans chaque province. Défend sa majesté aux débitans-revendeurs de *poudres* de forcer les acheteurs , à compter de l'époque du premier janvier prochain , à la prendre pliée ou à un poids inférieur à celui auquel elle leur aura été livrée , à peine de concussion , de dommages & intérêts, de trois cens livres d'amende , & de révocation de leur permission de vendre la *poudre* , &c. &c. Fait au conseil d'état du roi , sa majesté y étant , tenu à Versailles le 26 avril 1783.

PRÉAMBULE , s. m. ; en finance, c'est la première partie d'une loi , une espèce d'exorde par lequel le législateur annonce les vues & les motifs qui lui dictent la loi fiscale dans laquelle il parle.

Les *préambules* , dit un homme d'Etat , dans un excellent ouvrage sur les finances , sont d'une forme particulière au gouvernement françois. Ailleurs , & sous l'empire du despotisme , on dédaigne d'instruire , ou l'on craint d'habituer les sujets à réfléchir , & à raisonner ; & dans les pays de liberté , tels que l'Angleterre , toutes les loix nouvelles étant discutées dans une assemblée des députés de la nation , les peuples sont éclairés ou censés l'être au moment où ces loix sont promulguées ; & chacun peut en connoître les motifs dans le recueil des débats parlementaires ou dans les papiers publics.

Mais en France , où les assemblées nationales n'existent point , & où les loix du prince ont besoin cependant de l'enregistrement des cours souveraines ; en France, où le pouvoir conserve des égards pour le caractère national, & où les ministres eux mêmes sentent à chaque instant qu'ils ont besoin de l'approbation publique, l'on a cru essentiel d'expliquer le motif des volontés du monarque, lorsque ces volontés se manifestent aux peuples, ou par des édits, ou par de simples arrêts du conseil du prince.

Ce soin, si politique & si juste, est sur-tout applicable aux loix de finance. Les principales dispositions de cette administration sont nécessairement exposées à différentes interprétations, & comme elles ont en vue l'avenir autant que le présent, elles seroient long-tems, pour la multitude, une espèce d'hiéroglyphe si l'on négligeoit d'en expliquer les motifs.

Qu'on ne s'y refuse point, sous le prétexte que l'autorité n'en a jamais besoin ; ces idées seroient dures & tiendroient de trop près au despotisme. Sans doute dans une monarchie telle que la France, il est aisé de se faire obéir ; mais une soumission éclairée détruit elle le charme de l'autorité ? & n'est-ce pas exhausser, pour ainsi dire, la majesté du prince, que de relever un peu la nation qu'il gouverne en lui faisant connoître le motif des loix qu'on lui donne ? Est-ce trop que de mettre un prix à sa confiance ? Est-ce trop que de vouloir de son amour ? & l'obéissance ou la crainte font-ils les seuls sentimens dignes d'envie ?

Mais plus le développement des motifs du souverain se lie à une intention grande & bienfaisante, plus il importe que les *préambules* des loix soient revêtus du *caractère* qui leur est propre, & le ministre doit y donner une attention particulière.

Ce n'est point une vaine puissance que la parole, souvent on y obéit, souvent on est déja son esclave, lorsqu'on ne croit céder qu'à sa propre réflexion. Les expressions, le langage, sont l'interprête du sentiment & l'image de la pensée ; ainsi l'on ne peut être inattentif à ces moyens, sans se montrer indifférent, & à l'impression qu'on veut produire & à l'instruction qu'on veut donner ; mais c'est au langage digne d'un grand monarque, qu'il faut tâcher de s'élever dans le *préambule* de ses loix ; on y desire cette noble simplicité qui appartient à la véritable grandeur ; on y veut découvrir cet esprit de justice qui inspire le respect, & cette sensibilité qui seconde & qui favorise le desir qu'on a d'aimer son roi ; on y cherche sur tout cette empreinte de la vérité qu'il est si facile de reconnoître, & qui cependant est encore restée comme un secret entre les mains de ceux qui ne trompent jamais.

Enfin, il est une sorte de majesté dont il faut saisir l'esprit & le sentiment ; ainsi, le dessein affecté de plaire, le ton de dissertation, la bonté trop familière, sont des écueils qu'il faut éviter ; ce n'est point un chef de république qui cherche à capter les suffrages ; c'est encore moins un érudit qui s'efforce d'instruire ; ce n'est pas même uniquement un père qui s'ouvre & se communique à ses enfans ; c'est un grand roi qui ne peut jamais oublier un moment son pouvoir, mais qui appelle ses sujets à connoître la pureté de ses motifs, la bienfaisance de ses intentions, la justice de ses volontés, la sagesse de ses moyens. Il faut sans doute que les *préambules* de ses loix subjuguent la raison, & captivent les cœurs ; mais ils ne doivent jamais détonner avec le commandement qui va suivre.

En général, plus les sentimens de bonté se trouvent mêlés à un caractère de grandeur, & plus ils font d'impression ; l'orgueil des hommes se complaît dans l'élévation de leurs maîtres & de leurs bienfaiteurs, & c'est ainsi que le respect ajoute presque toujours à la reconnoissance.

Toutes ces observations, toutes ces nuances, paroissent subtiles, quand on les rapproche des grandes choses ; mais il ne faut pas perdre de vue que les plus sages entreprises ont encore besoin, pour réussir, du mouvement qu'on fait donner aux esprits, & par un contraste singulier, cette même imagination qui a la force de conduire & d'entraîner les hommes, un souffle l'émeut, un rien la blesse, & des mots quelquefois l'enflamment ou la rallentissent.

Tout s'anime en France à la voix d'un monarque qui met un prix à se faire aimer, & qui ne dédaignant point d'éclairer sur la sagesse & la pureté de ses vues, associe tous les cœurs à sa gloire ; on s'empresse à l'envi de le seconder, & il connoît pour la première fois toute sa puissance. La limite des efforts d'une grande nation, seroit difficile à déterminer, s'il étoit possible que par une union d'intérêt & de sentiment, elle agît toujours en masse & d'un accord commun. Il s'en faut bien que ses ressources soient épuisées, lorsqu'un gouvernement absolu en apperçoit le terme ; il ne peut, malgré toute son autorité, mouvoir à son gré la fortune publique ; il a ses loix de circonspection ; il a des résistances à calculer, & le joug qu'il impose est toujours pesant à manier. Ce seroit, sur-tout en France, une grande & dangereuse erreur que de vouloir y fonder la puissance politique sur le despotisme ; c'est une faulx qui brûle la moisson, tandis que la confiance, au contraire, féconde & développe tous les moyens de force & de richesse.

Parmi les loix de finance il n'en est peut-être point qui offre un caractère plus parfait de grandeur & de bienfaisance, que le *préambule* du tarif de 1664. C'eſt un modèle pour la nobleſſe, de l'expreſſion que l'on prête au prince, & par la ſimplicité avec laquelle il fait l'hiſtoire abregée de toutes les opérations du gouvernement en faveur du commerce ; enfin par les grandes maximes & les inſtruétions qu'il préſente à tous les ſiècles. *Voyez* TARIF ; on y donne quelques morceaux de ce *préambule* ſi intéreſſant.

PRÉCOMPTER, v. a. qui a la même ſignification que déduire. Ce terme eſt plus uſité dans la banque & le commerce que dans la finance.

PRÉFÉRENCE du roi & de ſes fermiers, ſur les biens-meubles & immeubles des comptables, & autres débiteurs de deniers royaux.

Cette *préférence* du fiſc dans tous les gouvernemens, eſt fondée ſur l'intérêt public ; la néceſſité des dépenſes auxquelles il eſt obligé rendent ſes revenus ſacrés, s'ils ſont altérés ou diminués par l'infidélité ou la fraude des receveurs, il eſt indiſpenſable qu'il reprenne le montant de ce qu'il perd, ſur les autres ſujets de l'Etat.

En France, l'article premier de l'édit du mois d'août 1669, porte, que le roi aura la *préférence* ſur les créanciers des officiers comptables, fermiers généraux ou particuliers, & autres ayant le maniement de ſes deniers, qui lui ſeront redevables, tant ſur les deniers comptans, que ſur ceux qui proviendront de la vente des meubles & effets mobiliaires ſur eux ſaiſis, ſans concurrence ni contribution avec les autres créanciers, nonobſtant toutes ſaiſies précédentes, à l'exception néanmoins des frais funéraires, de juſtice, & autres privilégiés, des droits du marchand qui réclame ſa marchandiſe dans les délais de la coutume, & du propriétaire des maiſons de ville, ſur les meubles qui s'y trouveront, pour ſix mois de loyer.

Le roi, par l'article 3, entend être préféré ſur le prix des immeubles acquis depuis le maniement de ſes deniers, néanmoins après le vendeur & celui de qui les deniers auront été employés à l'acquiſition, pourvu qu'il en ſoit fait mention ſur la minute & ſur l'expédition du contrat ; à l'égard des immeubles acquis auparavant, le roi a ſeulement hypothèque du jour des proviſions des offices, des baux des fermes, des traités ou des commiſſions.

L'article 5 ordonne que les diſpoſitions des articles précédens ſeront exécutées, nonobſtant les oppoſitions & aétions des femmes ſéparées de leurs maris, tant à l'égard des meubles trouvés dans la maiſon du mari, qui n'auront pas appartenu à la femme, avant le mariage, que ſur le prix des immeubles acquis par elle, depuis la ſé-

paration, s'il n'eſt juſtifié que les deniers employés à l'acquiſition lui appartiennent légitimement.

Citons encore l'arrêt du conſeil du 14 mai 1748, rendu ſur la conteſtation élevée entre Forceville, adjudicataire général des fermes, & le contrôleur des bons d'états. Forceville étoit créancier du ſieur Rouvelin, comme chargé de la recette générale du tabac à Paris, & le contrôleur des bons d'états ſtipuloit pour le roi, qui ſe trouvoit direétement créancier pour une ſomme avancée au ſieur Rouvelin, dans la vue de favoriſer l'exploitation d'une manufaéture de cryſtaux. Cet arrêt jugea, qu'en conformité de l'édit de 1669, Forceville devoit être payé par *préférence* à tous créanciers, ſur le prix provenu de la vente des meubles.

Un autre arrêt du 29 avril, concernant la partie des gabelles, n'eſt pas moins remarquable ; il juge que Carlier, adjudicataire général des fermes, ſaiſiſſant les biens de Jean Chaudun, qui étoit reſté reliquataire ſur la recette du grenier à ſel de Brou, & dont les biens avoient été ſaiſis & adjugés, & leur prix conſigné, ſeroit payé dans le jour de la ſignification de l'arrêt, ſans aucune retenue ni diminution du droit de conſignation que le receveur de cette partie prétendoit prélever.

En matière d'aide, l'article 14 du titre 8, concernant le droit de gros, aſſure le paiement du fermier ſur les deniers provenans des meubles ſaiſis & vendus, par *préférence* à tous créanciers, même au propriétaire de la maiſon, excepté pour deux quartiers de loyer, y compris le courant ; pour leſquels le propriétaire ſera préféré, en affirmant qu'ils lui ſont dûs, & ſans qu'ils puiſſent prétendre aucune *préférence* pour les réparations.

Suivant l'article 15, le fermier doit être auſſi *préféré* à tous créanciers, même au vendeur, & au juré-vendeur, ſur le prix du vin ſaiſi & vendu en vertu des contraintes, après toutefois que le propriétaire de la maiſon, en cas que les meubles ne ſoient pas ſuffiſans, aura été payé des deux quartiers, en affirmant comme deſſus, les droits de la vente du vin ſaiſi préalablement perçus par le fermier.

Les meubles étant dans la maiſon des marchands & vignerons, porte l'art. 17, ne pourront être réclamés par leurs femmes, ſous prétexte de ſéparations de biens, & de la vente ou délaiſſement qui leur en auroit été fait en conféquence ; voulons néanmoins, à l'égard des bourgeois non marchands & fabriquans de vin, que les ſéparations de biens jugées & exécutées, ſortent leur plein & entier effet, en la manière accoutumée.

Ces diſpoſitions ſont encore rappellées dans

l'article 6 du titre commun de l'ordonnance de
1681, qui se rapporte à tous les droits des
fermes.

« Voulons que les fermiers & sous-fermiers qui
» feront crédit de nos droits, & qui viendront,
» par action, opposition, intervention, plainte,
» ou autrement, même dans les cas auxquels ils
» pourroient se faire payer sur le champ, soient
» *préférés* sur les meubles à tous autres créan-
» ciers, même à ceux qui ont prêté leurs deniers
» pour les acheter, aux exceptions portées par
» le règlement de nos droits d'aides ».

Un arrêt de la cour des aides de Paris, du 6
août 1728, a ordonné que le fermier des aides &
le collecteur des tailles, qui réclamoient chacun
de leur côté la *préférence* de paiement, seroient
payés en concurrence sur les deniers provenans
de la vente des meubles d'un cabaretier.

Quant aux droits domaniaux, l'arrêt du conseil du 21 mai 1709, ordonne que pour raison du
paiement des droits d'insinuation laïque, les fermiers de ce droit auront, tant sur les fonds que
sur les fruits des immeubles sujets auxdits droits,
privilège & *préférence* à tous créanciers, même
aux vendeurs & à ceux qui ont prêté leurs deniers
pour l'acquisition desdits immeubles; veut sa majesté que les redevables desdits droits, les locataires & fermiers conventionnels ou judiciaires des
biens immeubles, commissaires aux saisies réelles,
receveurs des consignations, & autres dépositaires
des biens de justice, soient contraints au paiement
desdits droits, nonobstant toutes saisies & oppositions faites ou à faire; quoi faisant ils demeureront bien & valablement déchargés, tant envers les parties saisies, que les créanciers oppo-
sans & saisissans.

Sur les droits d'amortissement, franc-fief &
nouvel acquêt, l'arrêt du 14 août 1714, renouvellé par celui du 5 février 1726, ordonne que
les fruits & revenus des héritages sujets aux droits
dont il s'agit, qui ont été ou seront saisis à la
requête du fermier, lui seront baillés & délivrés,
ou à ses procureurs, commis & préposés, jusqu'à concurrence des sommes portées par les états
de contrainte, nonobstant & par *préférence* à toutes autres saisies ou oppositions faites & à faire.

Les arrêts du 23 décembre 1721, 20 septembre
1722, 24 octobre 1724, 26 juillet 1757, & 14
août 1770, accordent également toute *préférence*
au fermier des droits de centième denier, dans
les cas où il est dû, soit pour mutation de propriété, soit pour une succession collatérale; l'arrêt
du conseil de 1757 casse celui du parlement
de Bordeaux, qui étoit contraire à la *préférence*
due au fermier pour raison du droit de centième
denier. Mais lorsque le triple droit de centième

denier est dans le cas d'être exigé, comme c'est
la peine de l'omission d'une formalité, il n'y
a aucune *préférence* pour ce triple droit, mais seulement pour le premier, suivant la décision de
M. de Fulvy, intendant des finances, du 14 août
1747.

PRÉLEVER, v. a. qui signifie lever d'abord
une somme sur le produit d'une affaire pour payer
les frais de son établissement & de sa manutention.
Exemple : les droits compris dans le bail de la
ferme générale, y compris les derniers sols pour
livre mis en 1781, sont de cent quatre-vingt-six
millions par an; mais sur cette somme il faut d'a-
bord *prélever* celle de vingt millions, qui sont
annuellement consacrés à l'achat des sels, des matières propres à la fabrication du tabac; il ne reste
plus par conséquent que cent soixante-six millions,
sur lesquels il faut encore *prélever* la somme de
vingt-deux millions pour appointemens de commis & tous les autres frais d'exploitation. *Voyez*
FRAIS DE RECOUVREMENT, *tome 2, pag. 278.*

PRÉPOSÉ, adjectif qui s'emploie fréquemment comme substantif. Dans ce sens on dit : un
préposé de la ferme générale à la recette des gabelles, à l'entrepôt du tabac au contrôle d'un
bureau de traites. Il signifie la même chose que
commis.

PRÉROGATIVE, s. f., par lequel on désigne
des honneurs, des préférences, attachés à une
personne. Ce mot se dit sur-tout, du rang, des
places dans une cérémonie qui font l'attribut d'une
charge. Il ne peut pas suppléer le terme de privilège, parce que celui-ci regarde quelque avantage d'intérêt, & annonce l'affranchissement d'une
loi générale; la naissance & les charges donnent
des *prérogatives* & des privilèges, mais ceux-ci
viennent le plus souvent de la concession du
prince, au lieu que les premières tiennent à un
sang illustre, à une place éminente.

PRESCRIPTION, s. f.; par lequel on entend
une fin de non-recevoir, une nullité de demande
lorsqu'elle est faite après un certain tems; la *prescription* sert à assurer la tranquillité de ceux qui
n'ont pas conservé leurs titres de libération ou de
possession. Quelques écrivains anciens & moder-
nes, appellent la *prescription* la patrone du genre-
humain; mais cette qualité ne peut lui être appliquée que lorsqu'elle est invoquée de bonne-
foi.

On ne parle ici de la *prescription*, qui appartient plus particulièrement au Dictionnaire de Jurisprudence, que pour observer qu'elle n'a pas
lieu contre les droits fixes & le domaine du roi.
Cependant les droits casuels & seigneuriaux se

preſcrivent, à l'égard du roi, de la même manière que pour les autres ſeigneurs, par le délai fixé par les coutumes pour le recouvrement de ces droits. *Voyez* FIN DE NON-RECEVOIR, tome 2, pag. 135.

A l'égard des droits de contrôle des actes, inſinuation, centième denier, amortiſſemens, franc-fiefs, les art. 529 & 535 du bail fait à Forceville en 1738, portent, qu'il ne pourra faire de recherche que pour ceux de ces droits qui ſont échus depuis vingt années; ſa majeſté ſe réſerve de faire faire à ſon profit, ſi elle le juge bon, le recouvrement de ceux qui ſeront échus antérieurement.

Cette clauſe a été répétée dans l'arrêt de priſe de poſſeſſion de Laurent David du 26 avril 1774, en ajoutant que le fermier pourroit recevoir à ſon profit les droits qui ſeroient volontairement apportés & payés dans ſes bureaux, ſans être tenu d'en compter au roi.

Il eſt à propos de remarquer ici, que les droits dûs pour des actes ſous ſignature privée ne ſont point ſujets à *preſcription*; ou du moins cette preſcription de vingt années ne peut courir que du jour que l'acte eſt produit en juſtice ou dépoſé chez un notaire; c'eſt ce que le conſeil a décidé le 17 avril 1771.

PRÉSENTATION. (droit de) Ce droit appartient à la régie des domaines, & ſe perçoit ſur les actes de procédure par leſquels un procureur déclare au greffe qu'il occupera pour telle partie contre telle autre.

Le droit de *préſentation* eſt de ſix ſous huit deniers dans les cours, préſidiaux, bailliages & ſénéchauſſées qui reſſortiſſent nuement aux cours ſouveraines, outre le droit de contrôle de trois ſous par *préſentation*; ſuivant la déclaration du 12 juillet 1695.

Dans les autres juriſdictions royales qui ne reſſortiſſent pas nuement aux cours, & même dans les juriſdictions des hôtels-de-ville, des juges-conſuls, des marchands, dans les ſièges d'élections & de greniers à ſel, dans les maîtriſes des eaux & forêts, le droit de *préſentation* n'eſt que de cinq ſous, & celui de contrôle de deux ſous; conformément à l'arrêt du conſeil du 24 janvier 1696.

La déclaration du roi du 13 mars 1696, rendue pour le parlement d'Aix, où elle a été enregiſtrée le 7 avril ſuivant, règle le droit des *préſentations* à treize ſous au parlement, pour une préſentation ſimple.

A ſeize ſous pour une double.

Et à vingt-deux ſous quatre deniers pour une préſentation perſonnelle.

A la chambre-des-comptes d'Aix, la préſentation ſimple n'eſt que d'un ſou; la double de deux ſous; & dans les ſièges inférieurs, ſix ſous la ſimple, neuf ſous la double, & dix ſous chaque *préſentation* perſonnelle.

L'origine des *préſentations* remonte au tems où l'on a commencé à procéder; elles ſe prenoient d'abord au greffe de la juriſdiction, en payant au greffier une rétribution pour l'enregiſtrement & l'expédition qu'il donnoit.

Mais en 1575, l'édit du mois d'août créa & érigea en chef & titre d'office formé, un greffier & garde des *préſentations* en chacune des cours de parlement, grand-conſeil, cour-des-aides & autres cours ſouveraines où il n'y avoit greffiers des *préſentations* établis, & ſéparés des greffiers ordinaires.

Deux déclarations du roi du 5 mars & du 27 ſeptembre 1578, ordonnèrent de même les *préſentations* dans les ſénéchauſſées, préſidiaux, prévôtés, élections, & autres juſtices & juriſdictions royales.

Deux années après les offices de greffiers civils & criminels, & des *préſentations*, furent ſupprimés par édit du mois de mars 1580, pour être réunis & incorporés au domaine, & l'aliénation en fut ordonnée à faculté de rachat perpétuel.

L'édit de mars 1695, ordonna que par-tout où il y avoit greffier de *préſentations* il lui ſeroit payé, tant par le demandeur que par le défendeur, deux ſous tournois pour recevoir & enregiſtrer chaque préſentation, & que ce greffier en mettroit l'acte au bas de l'exploit ou cédule qui lui ſeroit préſenté. Au mois de juillet ſuivant, les droits furent augmentés du pariſis ou douze deniers.

Les choſes reſtèrent en cet état juſqu'en 1620, que l'édit du mois de février régla qu'il ſeroit perçu quatre ſous pariſis, pour chaque *préſentation*, c'eſt-à-dire cinq ſous.

La déclaration du roi du 12 juillet 1695, ordonna tout ce qui devoit être obſervé par les greffiers pour aſſurer la formalité des *préſentations*, & déchargea de moitié des droits celles des pauvres mercenaires, dans les cauſes où ils demanderoient le paiement de leurs ſalaires & journées, lorſqu'ils n'excéderoient pas dix livres, en ſtatuant que cependant le droit entier des *préſentations* ſeroit payé par le défendeur.

Les différentes diſpoſitions de ces règlemens ont été maintenues par pluſieurs arrêts du conſeil, qui ont déclaré nulles des procédures faites ſans qu'elles euſſent été précédées de *préſentation*. Tels

Tels font les arrêts du 8 avril 1721, du 12 février 1723, & 8 février 1729.

Les exceptions à la règle générale, c'est-à-dire les cas particuliers où la *préfentation* n'eft pas néceffaire, font : 1°. dans les affaires portées à l'audience fans affignation ; 2°. dans les caufes fommaires dans lefquelles on ne juge point le fond des conteftations ; 3°. dans les affaires de police ; dans celles qui concernent les droits du roi & de fes fermes. On peut confulter le Dictionnaire de Jurifprudence. *Voyez* auffi le mot GREFFE, *tôme II, pag.* 405.

Nous allons terminer cet article par la lettre écrite par le miniftre des finances aux fermiers généraux, le 31 mars 1773, fur les droits de greffe & des *préfentations.*

« Je me fuis fait rendre compte, MM., des difficultés qui fe font élevées entre vos prépofés & les procureurs des bailliages, au fujet des droits de greffe & autres dûs pour les jugemens rendus en dernier reffort par les bailliages, dans les caufes pures perfonnelles qui n'excédent pas la fomme de quarante livres, & j'ai reconnu que les édits des mois de mai 1749, avril & feptembre 1769, n'ont eu d'autre objet que de faciliter l'expédition des affaires de cette nature, en évitant des frais & un degré de jurifdiction aux parties ; mais que l'intention de fa majefté n'avoit pas été de fupprimer les droits qui font dûs pour toutes les expéditions de fentences des bailliages. Il eft cependant néceffaire de faire quelques diftinctions à cet égard, & c'eft ce que je vais vous expliquer.

Les parties ayant la liberté de comparoître elles-mêmes, fans miniftère d'avocats ni procureurs, il ne peut être dû de droits de *préfentations* lorfqu'elles ufent de cette faculté ; mais lorfqu'elles conftituent procureurs & qu'elles fe fervent de leur miniftère, les procureurs font alors obligés de fe préfenter, & d'acquitter les droits de greffes & de *préfentations.*

Il en eft de même des défauts & congés ; s'il n'y a pas de procureur conftitué, le défaut doit être donné à l'audience, & il ne peut y avoir lieu aux droits fur les défauts. Mais il en feroit tout autrement s'il y avoit procureur conftitué ; le défaut doit alors être levé au greffe, & les droits dûs pour ces défauts, ainfi que pour la vérification du défaut, acquittés. Il ne peut y avoir de difficultés fur les droits de greffes des expéditions de ces jugemens, les édits n'en contiennent aucune exemption, & les parties ou leurs procureurs ne peuvent fe difpenfer de les acquitter.

Ils doivent également acquitter les droits de contrôle, des dépens liquidés par ces jugemens,

ainfi que le droit de petit fcel, fur le pied fixé par le tarif de 1708, pour les fentences des bailliages.

A l'égard de la manière dont ces jugemens doivent être expédiés, vous devez vous conformer à l'article 7 de la déclaration du mois de juin 1691, qui veut que tous jugemens émanés de juftices royales, foient expédiés en parchemin.

Il n'eft pas à préfumer que les officiers des bailliages cherchent à s'écarter des règles que je viens de vous tracer ; mais s'il furvenoit cependant quelques difficultés, après que vous leur aurez fait part de ce que je viens de vous prefcrire, vous aurez foin de m'en informer, afin que je puiffe les faire ceffer promptement.

Je fuis, MM., entièrement à vous. *Signé*, TERRAY. »

On a vu que le droit des *préfentations* n'avoit pas toujours été fixé fur le même pied ; ceux à qui il a été aliéné ou concédé à titre d'engagement, ne peuvent prétendre que la portion qui leur a été aliénée ; ou le droit entier tel qu'il fe comportoit, lors de l'engagement ou de la conceffion.

Ainfi, tous engagemens faits depuis l'édit du mois de février 1620, jufqu'à celui du mois de décembre 1639, ont pu comprendre le droit de *préfentation* au taux de cinq fous ; mais l'engagifte ne pourroit jouir que du droit de *préfentation* des défendeurs. Celui des demandeurs ayant été fupprimé en 1667, n'a été rétabli qu'en 1695, pour être levé au profit du roi.

Les engagiftes des offices alternatifs & triennaux greffiers des *préfentations* créés en 1639, doivent jouir, dans leurs années d'exercice, des droits de *préfentations* des défendeurs, tels qu'ils étoient dûs lors de leur engagement primitif, & en outre du quart en fus dans les mêmes années. Mais dans tous les cas, les uns & les autres ne peuvent prétendre plus de cinq fous dans les fièges où le droit de *préfentation* a été réduit en 1696.

On a dit, au mot GREFFE, tom. fecond, *pag.* 406, que les droits de petit greffe dans lefquels font compris ceux de *préfentation*, étoient un objet annuel de fix cens mille livres ; les feuls droits de *préfentation* peuvent former deux cinquièmes de cette fomme.

PRESTATION, f. f. par lequel on défigne des redevances annuelles, qui fe paient en grains, en denrées, & même en voitures ou travaux.

PRESTATION DE SERMENT, eft l'acte par lequel on promet, fous ferment fait devant un Juge, de s'acquitter convenablement des fonctions attachées à un office, à un emploi, ou à une commission. Cette formalité étant un acte judiciaire, n'est point sujette au contrôle des actes, mais l'acte en doit être scellé; & comme tous les employés des fermes des domaines & des aides ne peuvent exercer leurs emplois qu'après avoir prêté serment, un arrêt, du 9 septembre 1772, a ordonné que, conformément à celui du 4 juillet précédent, rendu pour la province de Bretagne, le droit de petit-scel seroit, suivant le tarif du 20 mars 1708, d'une livre cinq sous pour la *prestation de serment* des directeurs, receveurs, inspecteurs, contrôleurs & capitaines généraux, contrôleurs ambulans, receveurs & contrôleurs des traites, des greniers à sel, entreposeurs de tabac, & commis à la descente des sels; de douze sous six deniers pour la *prestation de serment* des lieutenans & brigadiers, des distributeurs du tabac & de la formule, & des regrattiers; & de six sous trois deniers pour celle des simples gardes; lesquels droits, ensemble ceux des greffes, & droits réservés desdits actes, & les anciens & nouveaux sous pour livre d'iceux, seront payés par lesdits employés, avant qu'ils puissent exercer les fonctions de leurs emplois, à peine de restitution des droits, & de deux cens livres d'amende pour chacune contravention, contre chacun des contrevenans.

Une décision du conseil, du 10 février 1773, a déclaré ces dispositions communes aux employés dans la ferme des devoirs de Bretagne.

PRÊT. Nom d'un droit qui se confond avec le droit annuel dû sur les offices casuels. *Voyez ce qui en a été dit au mot* ANNUEL, *tom. I. pag. 45.*

PRÊT, s. m. dans la langue de l'art militaire, il signifie *paie*. C'est la solde qui est faite tous les cinq jours, ou toutes les semaines, & par avance, aux troupes. On dit: nous toucherons notre *prêt* dans deux jours; je compte sur le *prêt* pour m'acquitter. L'article XXVII de l'ordonnance du premier juillet 1727 prononce la peine de mort, ou des galères perpétuelles, contre un soldat qui aura volé le *prêt* d'un de ses camarades de chambrée, suivant les circonstances.

PRÊTE-NOM, s. m. On donne cette qualification à un particulier sous le nom duquel s'exploitent les fermes & les régies des droits du roi. Ce mot s'applique cependant plus proprement à celui qui prête son nom à une compagnie, pour régir une partie de finance; & le terme d'*adjudicataire* convient mieux à celui qui prend un bail, & auquel on adjuge une ferme.

Le terme de *prête-nom* est souvent synonyme d'*adjudicataire*: quoi qu'il en soit, voyez ce dernier mot, *tom. I. pag. 13,* ce qui a été dit de l'ad-

judicataire est commun au *prête-nom* d'une régie; les régisseurs sont sa caution.

PRÉVÔTÉ (droit de). Ce droit n'a lieu qu'en Bretagne, & paroît remonter au tems où cette province avoit ses souverains particuliers. Il est composé de différens droits, tels que ceux d'ancienne coutume, de sénaige, de brieux, de quillage, de registre, de congés, & plusieurs autres.

Le droit de *prévôté* est dû sur tout ce qui vient depuis la mer jusqu'à Nantes, & sur tout ce qui va de Nantes à la mer, ainsi que sur ce qui est chargé & déchargé à Saint-Nazaire jusqu'à Nantes.

Le tarif de ce droit porte pour titre, *Pancarte des droits & devoirs de la prévôté de Nantes,* & a été collationné & autorisé, en 1565, par la chambre des comptes, le 25 Juin.

La forme de cette pancarte est toute différente de celle des droits des ports & havres, dont il a été question ci-devant, & n'est pas moins défectueuse.

Elle est divisée en plusieurs chapitres, qui ne sont distingués que parce qu'ils ont pour titre les noms des différentes marchandises sujettes au droit.

Le premier de ces chapitres paroît établir un taux général, & ce taux est le quarantième du prix desdites marchandises, suivant les termes même de la pancarte, que l'on croit devoir rapporter en entier.

» Le roi & duc prend, sur toutes denrées & marchandises, de quelques sortes & espèces qu'elles soient, poissons salés & parés, blés, pierres, & en général toutes choses montées en vaisseaux par-devant Saint-Nazaire, venant de la mer ou pour y aller, étant chargées au port de Nantes, & au-dessous, jusqu'audit lieu de Saint-Nazaire, le quarantième, ou six deniers pour livre, qui est de vingt sous; la somme de six deniers du prix que lesdites marchandises peuvent valoir, lors de la vente d'icelles, en la ville de Nantes & fauxbourgs, qui est en l'option du receveur, ou fermier dudit sieur, de prendre ledit quarantième par espece, ou au prix que lesdites marchandises pourront valoir à ladite ville ou fauxbourgs, excepté des vins, bleds, fardeaux de toiles, épiceries, merceries, drogueries, & autres sortes de marchandises qui sont spécifiées ci-après ».

On voit donc par cet article, 1°. que le quarantième est le taux général du tarif de la *prévôté* de Nantes.

2°. Que par ce quarantième, il faut entendre les six deniers pour livre du prix que les marchandises peuvent valoir dans la ville & fauxbourgs de Nantes.

3°. Que le fermier a l'option de prendre son droit en nature, ou au prix que les marchandises peuvent valoir.

4°. Qu'il faut excepter des marchandises dont le taux général est le quarantième, les vins, les bleds, les toiles, les épiceries, les merceries, & les drogueries, dont on fait autant d'articles ou chapitres distincts & séparés.

Il est pareillement à remarquer que, parmi les marchandises & denrées dont le pied général est le quarantième, il en est quelques-unes qui doivent, indépendamment de ce droit, les devoirs que l'on appelle d'ancienne coutume. Les draps, par exemple, doivent, par trente aunes de Paris, trois deniers, & de plus, cinq sous monnoie, par charge desdits draps, lorsqu'ils baissent à la mer & qu'ils passent devant Saint-Nazaire.

Les autres marchandises, qui sont sujettes aux droits d'ancienne coutume, sont les cires, les porcs salés, les cuirs, les harengs ou sardines, & les laines, de quelque pays qu'elles viennent.

Quant aux marchandises non sujettes au quarantième, les drogueries, les épiceries, la mercerie & la quincaillerie, sont comprises dans le même chapitre, & toutes paient à raison de deux sous six deniers monnoie, pour chaque fardeau de cent cinquante livres pesant, payables une fois seulement, à la venue & au baissage, ce qui signifie, à l'entrée & à la sortie.

Le chapitre des bleds contient plusieurs cas de perception des droits, sur le bled & le seigle, sur l'orge, l'avoine, les noix, les feves & le mil ; ces denrées paient suivant les endroits d'où elles viennent, ceux où elles vont, ceux par lesquels elles passent, & ceux où on les décharge.

En général ces denrées doivent, par muid, cinq sous monnoie, & en outre, pour devoir ancien que l'on appelle ancienne coutume, trois deniers monnoie.

Mais les bleds déchargés au Pélerin, au port de Launay, à Coéron (ou ailleurs, entre ledit lieu de Coéron & Saint-Nazaire), ne doivent point les trois deniers d'ancienne coutume, & acquittent seulement les cinq sous monnoie.

Les bleds & grains venant d'amont, & baissés à la mer, quelque part qu'ils aillent décharger, soit en Bretagne, soit ailleurs, ne doivent que trois deniers pour muid, pourvu qu'ils aient payé les devoirs dûs à la venue d'amont.

Les règles, en un mot, & les exceptions sont si prodigieusement multipliées dans ce seul article des bleds que l'on a pris pour exemple, qu'il seroit impossible de les détailler ici toutes, sans se jetter

dans l'obscurité & la confusion. Au reste, la législation établie, en 1763, à l'égard des grains, a fait cesser toutes les perceptions locales, qui pouvoient avoir quelque utilité, au moins pour les ducs de Bretagne, lorsque cette province n'étoit pas sous la domination françoise, mais qui n'étoient plus, depuis sa réunion, que des entraves inconsidérées à la communication des sujets d'un même roi. Voyez GRAINS, tom. II. pag. 400.

Plusieurs des droits qui se perçoivent en vertu de cet ancien titre, se partagent entre le roi & l'évêque de Nantes ; le roi a les deux tiers, & l'autre tiers appartient à l'évêque.

Quelques seigneurs particuliers ont aussi certaines portions à prendre desdits droits, & ce partage a principalement lieu pour l'article du sel, que l'on distingue en sel venant d'aval en navire, escaffe, barque, barge & autres vaisseaux, & le sel montant amont la rivière de Loire, en chalant ou sentine.

Ce second article du sel se divise encore en petite & grande onzaine :

Les petites onzaines paient vingt-cinq sous monnoie par muid ;

Les grandes payent.

1°. Vingt-trois sous deux deniers par quatre muids jusques à six.

2°. Pour devoir de salage, dix sous six deniers.

3°. Pour devoir de congé & registre de chaque vaisseau, sentine & onzaine, quatre deniers.

4°. Dix deniers obole monnoie, par chacun muid de sel, mesure nantoise, si ledit sel est pris à terre.

Les vins amenés au port de Nantes, tant par la mer que par la rivière de Loire, doivent aussi des droits qui leur sont particuliers, & qui varient suivant les différens cas dans lesquels les vins s'y trouvent assujettis, mais dont le détail embarrasseroit beaucoup trop.

Le poisson frais, venant d'aval, doit (mais en carême seulement) un droit appellé de sénaige. Ce droit se prend en nature, & consiste à retenir le plus beau poisson qui soit dans chaque vaisseau, après néanmoins un poisson, que peut choisir le marchand ou propriétaire de la marchandise. Mais apparemment qu'il faut, pour cela, que le vaisseau soit rempli jusques à un certain point, puisqu'il est dit, dans la pancarte, que s'il n'y a, audit vaisseau, plus d'un marhon, le roi n'aura que cinq sous monnoie pour son droit.

C'est en avoir dit assez sur le tarif des droits de prévôté de Nantes, pour faire juger combien il seroit important de le réformer.

On a vu également aux mots BRIEUX, PORTS ET HAVRES, que les droits qui portent ces noms n'ont pas des tarifs moins vicieux. Ce seroit donc rendre un service signalé au commerce de cette province, que d'établir, dans ses douanes, une perception claire & précise, ou de la comprendre dans l'enceinte du royaume, qui doit être circonscrite par le tarif uniforme auquel le gouvernement fait travailler depuis cinq ans. Voyez ce qui a été dit au mot BRETAGNE, *tom. I. pag.* 140, & au mot DROIT, même volume, *pag.* 664.

Un arrêt du conseil, du 24 Novembre 1705, a condamné les intéressés en la compagnie de la Chine, à payer le *droit de prévôté* ou quarantième, pour les cuivres venus par ce commerce, & vendus au roi pour l'arsenal de Paris; celui du 22 janvier 1709, en interprétant la pancarte relative aux *droits de prévôté*, déclare que l'exemption des droits de sortie portée par l'article II de ladite pancarte, ne doit avoir lieu que pour les marchandises qui, étant venues de la mer à Nantes, y retournent, après avoir acquitté les droits d'entrée; mais non pour celles qui, étant sorties de Nantes, y seront ramenées. Cet arrêt casse la sentence du juge des traites, & ordonne que les droits de quarantième de la *prévôté* seront payés pour cent treize barres de fer, qui étoient dans le dernier cas.

La Bretagne n'ayant obtenu de faire le commerce des isles & colonies françoises, que sous la condition que le *droit de prévôté* seroit payé sur toutes les denrées coloniales apportées dans ses ports, un autre arrêt du conseil, du 16 décembre 1721, a permis l'entrée des drogueries & épiceries par tous les ports de Bretagne, à la charge d'acquitter les droits de la *prévôté* de Nantes, qu'ils n'avoient pas payé jusques-là.

En 1712, les négocians de la ville de Nantes avoient exposé au conseil, qu'il étoit d'un usage notoire, que les drogueries-épiceries, étoient, de tems immémorial, reçues sans difficultés, non-seulement dans le port de Nantes, mais aussi dans tous les ports de Bretagne; & le 9 Août de cette même année, M. Desmarets, ministre des finances, donna ordre de continuer de laisser jouir les drogueries-épiceries, de l'importation dans le port de Nantes & dans tous les autres ports de la Bretagne, en ne payant que les droits locaux en usage dans chaque port.

L'exposé sur lequel cet ordre avoit été accordé n'étoit pas exact, puisque l'usage de laisser entrer les drogueries-épiceries, n'avoit lieu qu'en faveur de la compagnie des Indes pour celles qu'elle apportoit des pays de sa concession. En conséquence, il fut représenté que l'ordre de 1713 donnoit lieu à beaucoup d'abus, en ce que, n'y ayant aucuns droits locaux établis dans les ports & havres de

Bretagne, autres que celui de la *prévôté* dans les ports du comté Nantois, les drogueries-épiceries qui entroient par les autres ports de la province, étoient traitées plus favorablement que celles qui s'importoient à Nantes & dans le pays Nantois, où elles payoient le droit de *prévôté*. Ce fut sur ces représentations qu'intervint l'arrêt de 1721; & depuis cette époque, son exécution n'a pas souffert de difficulté.

Ce petit historique fait voir, que si quelquefois le commerce peut se plaindre des fermiers du fisc, ceux-ci, de leur côté, ont également à repousser, assez souvent, les atteintes que les négocians cherchent à donner à leurs droits, en dissimulant la vérité, dans des exposés faits au ministre, ou en la présentant d'une manière captieuse, de façon à obtenir des faveurs préjudiciables à la perception des revenus du roi.

Pour revenir au droit de *prévôté*, ou quarantième, l'arrêt du conseil, du 5 avril 1740, a ordonné que ce droit de quarantième, de même que celui du domaine d'Occident, seroit perçu sur l'évaluation générale du prix desdites denrées, arrêtée sur un pied commun, pour servir de règle dans tous les ports du royaume.

Suivant le mémoire de M. Bechameil de Nointel, sur la province de Bretagne, dont il étoit intendant en 1698, le droit de *prévôté* produisoit annuellement quatre-vingt mille livres; aujourd'hui il donne environ cent quatre-vingt mille livres en principal, au moyen de ce qu'il se perçoit sur toutes les drogueries-épiceries, & sur toutes les marchandises & denrées de nos colonies.

PREUVE par témoins. Un arrêt du conseil, du 10 septembre 1689, défend aux juges de l'admettre, pour justifier des causes du retard survenu dans le transport d'une marchandise accompagnée d'acquit à caution. *Voyez* ce dernier mot, *tom. 1. pag.* 8.

En général, la *preuve* testimoniale ne peut être reçue, ni contre les procès-verbaux, ni contre aucun acte des commis, suivant les arrêts du conseil, des 13 septembre & 14 décembre 1723, 18 avril 1730.

Celui du 8 mai 1744, casse deux arrêts du parlement de Dijon, qui avoient admis la *preuve* par témoins.

PRINCIPAL. On appelle droit principal celui qui est originairement fixé par la loi qui l'a établi, pour le distinguer du droit accessoire ou additionnel, qui y a été ajouté postérieurement. Cette distinction est nécessaire, sur-tout dans le cas où il est dû un triple ou un quadruple droit, parce qu'alors le droit *principal* ne se perçoit qu'une fois avec les accessoires, c'est-à-dire les huit ou dix sous pour livre; & la seconde, la troisième, & la quatrième perception ne comprennent pas ces droits additionels.

PRISAGE, droit qui se percevoit anciennement dans les douanes d'Angleterre, sur les vins, & qui a été converti en celui de butlerage. *Voyez* ce dernier mot ; *tome I, pag.* 151.

PRISE (droit de). On donne ce nom à la liberté que s'arrogeoient les rois, les princes & leurs principaux officiers, de prendre arbitrairement chez les particuliers tout ce qui étoit nécessaire pour leur usage & leur service.

On faisoit des *prises* de vivres, de chevaux & de charettes, non-seulement pour le roi, pour la reine & leurs enfans, mais encore pour le connétable & les officiers, pour les baillis, les receveurs & les commissaires.

En 1355, le roi Jean ordonna qu'on ne pourroit plus faire de *prises* de bled, de vin, de vivres, de charettes, ni de chevaux, ni d'autres choses pour le roi, ni pour quelque personne que ce fût; mais que quand le roi, la reine, ou le duc de Normandie, ce titre appartenoit au fils aîné du roi, avant la donation du Dauphiné, seroient en route dans le royaume, les maîtres-d'hôtel pourroient, hors des villes, faire prendre, par la justice des lieux, des bancs, des tables, des treteaux, des lits de plumes, coussins, de la paille & du foin, pour le service du roi, de la reine & du duc de Normandie, pendant un jour; que l'on pourroit aussi prendre les voitures nécessaires, à condition qu'on ne les retiendroit qu'un jour, & que l'on payeroit le lendemain, au plus tard, le juste prix de ce qui auroit été pris.

La même ordonnance autorise ensuite ceux sur qui on auroit fait des *prises* indûement, à les empêcher par voie de fait, à à reprendre ce qui leur auroit été enlevé, même en appellant à leur secours leurs voisins & les habitans des villes.

Mais lorsque les provinces ou les villes eurent octroyé des AIDES au roi, il fut défendu d'y faire aucune *prise*, ni pour l'hôtel du roi, ni pour celui de la reine, ni pour aucun officier.

Quoique les choses soient aujourd'hui changées à cet égard, cependant les maréchaux-des-logis du roi & des princes de la famille royale usent encore du droit de *prise*, en prenant des logemens, des lits & des écuries pour le service de leurs maîtres, lorsqu'ils voyagent, ou lorsque dans leurs maisons de plaisance ces supplémens deviennent nécessaires.

PRISE. MARCHANDISES DE PRISE. On donne ce nom à celles qui se trouvent sur un navire pris en tems de guerre. On n'en parle dans ce Dictionnaire, que parce que ces marchandises jouissent de différentes faveurs relatives aux droits.

La grande maxime de la guerre étant de faire à son ennemi le plus de mal qu'il est possible, on en a conclu que dans les guerres maritimes, les sujets des puissances belligérantes devoient être autorisés respectivement à courir sur les mers, pour enlever, prendre ou rançonner tous les bâtimens ennemis qu'ils rencontreroient, quand même ils ne serviroient qu'à faire paisiblement le commerce, & que la nature des cargaisons innocentes pût écarter toute idée de secours porté aux ennemis.

D'après ce principe, étranger aux guerres de terre, dans lesquelles le pillage des marchands n'est pas permis, aussitôt qu'une guerre maritime est ouverte, le gouvernement cherche à encourager la course sur mer, par toutes sortes de faveurs. C'est ainsi que dans la guerre suscitée à la France en 1778, par l'Angleterre, au sujet du traité passé au mois de février, avec les Etats-Unis de l'Amérique, la déclaration du 24 juin de la même année accorda des faveurs pécuniaires & des immunités, aux armemens pour la course.

L'article premier de cette déclaration prononce l'exemption de tous droits de traites pour les vivres, munitions, artillerie & ustensiles de toute espèce, servant à la construction, avitaillement & armement des navires destinés à la course.

Le roi fournit à ces navires des canons de ses arsenaux, ou les fit payer de son argent ; il accorda des gratifications pour les canons trouvés sur les bâtimens de *prises*, & fixa celles qui seroient accordées aux équipages, selon le rang de chaque homme.

Au mois d'août suivant, une autre déclaration du 27 fit un réglement sur les marchandises provenant de *prises*, & c'est le seul qui intéresse particulièrement les finances, comme rendu dans ce département. Nous devons en conséquence le consigner ici, afin de faire voir tous les sacrifices de cette partie, sans compter ceux que lui coûte ce malheureux tems de crise, où, quoique toutes les sources des revenus de l'Etat soient obstruées, cependant l'accroissement des impôts devient presqu'indispensable. *Voyez* le mot GUERRE, *tome II, pag.* 449.

Le roi s'étant fait représenter, en son conseil, la déclaration de sa majesté, du 24 juin dernier, portant différens encouragemens pour la course contre les ennemis de l'Etat, & les règlemens précédemment faits, soit pour assurer aux bâtimens armés en course, des exemptions de droits sur les vivres, provisions, & tous objets servant à la construction, équipement & armement desdits bâtimens, soit pour accorder aux marchandises provenant des *prises*, les faveurs dont elles sont susceptibles : Et sa majesté voulant faire jouir des avantages exprimés par les précédens règlemens, ceux de ses sujets qui, dans les circonstances présentes, armeront en course : ouï le rapport, &c. Le roi étant en son conseil, a ordonné & ordonne :

ARTICLE PREMIER.

Les navires, uniquement armés pour la course, jouiront, conformément à l'article premier de la déclaration du 24 juin dernier, de l'exemption des droits de traites sur les vivres, vins, eaux-de-vie & autres boissons servant à leur avitaillement, ainsi que sur les bois, goudron, cordages, ancres, voiles, armes, munitions de guerre, ustensiles, & toutes marchandises généralement servant à la construction, équipement & armement desdits navires ; & cette exemption n'aura pas lieu pour les marchandises autres que celles ci-dessus mentionnées, qui pourroient être embarquées.

II.

Chaque armateur pour la course, sera tenu de représenter au bureau des fermes du port de l'armement, la commission en guerre qui lui aura été accordée par M. l'amiral, & d'y remettre un *duplicata* du rôle de son équipage, certifié par le commissaire de la marine, ou autre officier chargé du bureau des classes.

III.

Il ne pourra être embarqué, en exemption de droits, sur chaque navire armé en course, conformément à l'article 21 de la déclaration du 24 juin dernier, une plus forte provisions de vins & eaux-de-vie que pour quatre mois, & dans la proportion suivante : pour chaque homme d'équipage, ou trois-quarts de pinte de vin, mesure de Paris, par jour, ou l'équipollent en eau-de-vie, à raison du quart de ce qui est accordé en vin pour les officiers-mariniers, ou une ration & demie de vin, aussi par jour, ou l'équipollent en eau-de-vie, aussi à raison du quart : chaque volontaire sera réputé homme d'équipage, & deux mousses ne seront comptés que pour un seul.

IV.

Au retour du navire dans le port d'où il sera parti, il sera fait par le fermier ou ses préposés, un recensement de tous les vins & eaux-de-vie qui s'y trouveront encore en nature, dont il sera dressé procès-verbal ; & ce qui aura été consommé au-delà de la quantité ci-dessus réglée, proportionnément au tems de la course, sera sujet aux droits, sans que pour raison du déchet ou coulage, & sous quelqu'autre prétexte que ce soit, il puisse être fait aucune diminution ; de quoi il sera pris soumission & caution au bureau des fermes avant le départ.

V.

Les vins & eaux-de-vie qui auront été embarqués en exemption des droits pour la course, & qui n'y auront pas été consommés, ne pourront demeurer à bord plus de trois jours après le retour dans le port du départ, lequel tems passé ils seront déchargés : néanmoins il sera libre à l'armateur qui voudra remettre en mer le même bâtiment, de les laisser à bord après l'expiration de ce délai ; à la charge par lui de faire sa déclaration de la quantité qui lui en restera, tant du jour de l'arrivée de son navire, que lorsqu'il le remettra en mer ; laquelle déclaration le fermier pourra faire vérifier par ses commis, pour être ladite quantité imputée sur celle dont l'armateur pourroit avoir besoin pour un nouveau voyage.

VI.

Les navires qui reviendront dans un autre port que celui où ils auront armé en course, ne pourront y décharger aucuns vins ni eaux-de-vie, qu'en payant, par l'armateur ou capitaine, tous les droits dûs au lieu du départ, & ceux dûs au port où ils auront abordé ; si ce n'est dans les cas forcés d'une visite ou d'un radoub, dans lesquels cas l'armateur ou capitaine sera tenu de faire sa déclaration au bureau des fermes, & d'entreposer ses boissons sous la clef du fermier, si le commis l'exige.

VII.

En cas de fraude reconnue, faite sous l'apparence de la course, soit par un commerce de vins & eaux-de-vie, soit par un versement sur les côtes du royaume ou autrement, l'armateur ou le capitaine sera condamné à une amende de trois mille livres, qui ne pourra être remise ni modérée, & au payement de laquelle les navire, agrès & apparaux seront affectés par privilège, sans préjudice à la contrainte par corps contre le capitaine.

VIII.

Les marchandises de *prises*, de quelque qualité qu'elles soient, pourront entrer & être déchargées dans tous les ports du royaume où aborderont les vaisseaux armés en course, nonobstant les arrêts & réglemens qui ont prohibé ou fixé, par certains ports ou bureaux, l'entrée des différentes espèces de marchandises.

IX.

A l'arrivée de chaque *prise* dans le port où elle sera conduite, l'adjudicataire général des fermes de sa majesté, ou son préposé, aura la faculté d'envoyer des commis & gardes sur le navire, pour le furveiller en la manière accoutumée.

X.

Le directeur des fermes, s'il y en a un, ou à fon défaut, le receveur defdites fermes, & en leur abfence, ou en cas d'empêchement quelconque, celui des prépofés des fermes qu'ils auront commis à cet effet, fera appellé pour affifter au procès-verbal de l'état de la *prife*, & à l'appofition des fcellés de l'amirauté fur les écoutilles ; comme auffi à la levée defdits fcellés, aux inventaires, vente & adjudications des *prifes*, & à la fignature des procès-verbaux qui en feront dreffés, & dont il lui fera délivré des copies aux frais du fermier. Fait fa majefté très-expreffes inhibitions & défenfes aux officiers des amirautés, de procéder, fous quelque prétexte que ce foit, à la levée des fcellés, auxdits inventaires, vente & adjudications des *prifes*, & à la fignature defdits procès-verbaux, qu'en préfence defdits commis des fermes, ou eux dûment appellés, à peine d'en demeurer refponfables en leur propre & privé nom, & de tous dommages & intérêts.

X I.

Il ne fera déchargé aucunes marchandifes des *prifes* ni des vaiffeaux armés en courfe, qu'en préfence des commis des fermes. Les marchandifes feront mifes en magafin aux dépens des armateurs, & ce magafin fera fermé à trois clefs, dont l'une demeurera entre les mains du greffier de l'amirauté, une feconde en celles defdits commis des fermes, & la troifième fera remife à l'armateur.

X I I.

N'entend fa majefté affujettir aux formalités portées par les articles IX, X & XI du préfent réglement, les ports de Marfeille & de Dunkerque, qui feront maintenus dans leurs franchifes, en obfervant ce qui eft prefcrit à leur égard, par l'article XXIX du préfent réglement.

X I I I.

Les navires françois, repris fur les ennemis, & conduits directement dans les ports du royaume, fans avoir touché à aucun port étranger, ne feront pas fujets aux difpofitions du préfent réglement ; & les marchandifes compofant les cargaifons, feront traitées, dans les bureaux des fermes, comme celles de tous navires qui, dans les tems ordinaires, n'ont pu, par cas de force majeure, fuivre leur deftination, & font forcés de rentrer dans un des ports du royaume.

X I V.

Les marchandifes dénommées au préfent article, continueront à être prohibées, & l'adjudication n'en pourra être faite qu'à la charge du renvoi à l'étranger, & fans pouvoir être expé-

diées pour les colonies françoifes : favoir, étoffes de foie des Indes, de la Chine ou du Levant, écorces d'arbres, mouchoirs de foie & de coton, mouffelines & toiles de coton blanches, toiles peintes ou teintes, glaces de miroirs, fel étranger, & tout fel de falpêtre & de verrerie, tabacs de toutes fortes, les draps & couvertures de toutes fortes, de laine, fil, foie, poil ou coton ; les brocards, velours, damas, taffetas & autres étoffes, & rubans d'or, d'argent & de foie, les bas & autres ouvrages de bonneterie de toutes fortes, les chapeaux de toutes fortes, & les taffias ou guildives.

X V.

Les adjudicataires des marchandifes prohibées par l'article ci-deffus, auront un an de délai, à compter du jour de l'adjudication, pour les faire paffer directement à l'étranger, & pendant ledit tems, elles demeureront renfermées dans le magafin, comme il eft dit à l'article XI, & après le terme d'un an, il y fera pourvu par fa majefté, ainfi qu'il appartiendra.

X V I.

Le renvoi du fel à l'étranger, & du tabac à l'étranger, fe fera directement par mer ; pourra néanmoins l'adjudicataire général des fermes, comme ayant le privilège exclufif du tabac, difpofer à fon profit du tabac de *prifes* qui lui aura été adjugé.

X V I I.

Les autres marchandifes prohibées, pourront être envoyées par terre à l'étranger, par forme de tranfit, à travers le royaume, fans payer aucuns droits, & fous la condition de paffer & fortir par les ports & bureaux ci-après défignés, & à l'exclufion de tous autres ; favoir, pour ce qui fortira du royaume par mer, par Dunkerque, Calais, Saint-Valery, Dieppe, le Havre, Honfleur, Saint-Malo, le Port-Louis, Nantes & Paimbeuf, la Rochelle, Bordeaux, Bayonne, Cette, Agde & Marfeille : Et à l'égard de ce qui fortira par terre pour l'Efpagne, par les bureaux de Bayonne, Pas de-Behobie, Afcain & Ainhoa ; pour la Savoie, par les bureaux du Pont de-Beauvoifin & Chaparillan ; pour Genève & la Suiffe, par les bureaux de Seiffel & Longeray, ou par les bureaux d'Auxonne, & d'Auxonne par celui de Pontarlier, fuivant la deftination ; pour les Pays-Bas & pays de Liège, par les bureaux de la baffe ville de Dunkerque, Lille, Valenciennes, Maubeuge & Givet ; dans lefquels bureaux les commis défigneront, en vifant les acquits à caution de tranfit qui leur feront préfentés, le dernier bureau de la frontière par où les marchandifes devront fortir, fuivant la route ; & par le côté de Luxembourg, par Torcy, & de-là par Sedan.

XVIII.

Les marchandiſes prohibées, ne pourront ſortir des ports où elles auront été amenées, pour être envoyées à l'étranger, qu'en préſence du commis du fermier, par-devant lequel elles devront être reconnues & conduites au vaiſſeau, ſi elles ſortent par mer, ou chargées ſur les voitures ; ſans que celles qui ſortiront par mer, puiſſent être entrepoſées dans aucun port intermédiaire. A l'égard des ſels & des tabacs, dont le renvoi à l'étranger, comme il eſt dit, article XVI, ne pourra être fait que par mer, ils feront pareillement reconnus & conduits au vaiſſeau.

XIX.

Toutes les marchandiſes de *priſes*, autres que celles ci-deſſus prohibées, auront la faculté de pouvoir être envoyées ſans payer aucuns droits, directement du port de l'adjudication à l'étranger : elles jouiront auſſi du bénéfice du tranſit au travers du royaume, en paſſant & ſortant par les bureaux déſignés en l'article XVII, à l'excluſion de tous-autres ; & en attendant qu'elles ſoient deſtinées & expédiées, elles feront enfermées dans les magaſins, ainſi qu'il eſt dit à l'article XI. Leſdites marchandiſes pourront également être expédiées pour les colonies françoiſes, ſoit directement du port de l'adjudication, ſoit en les envoyant dans un port intermédiaire ; & ce tranſport pourra ſe faire par mer, ou par terre, en rempliſſant les formalités ordinaires ; mais dans ce dernier cas, elles feront, à leur arrivée dans le port intermédiaire, renfermées juſqu'à l'expédition dans les magaſins, ſous la clef du fermier.

XX.

Leſdites marchandiſes permiſes, ne pourront demeurer dépoſées en magaſin, ſans deſtination & expédition, plus de ſix mois, à compter du jour de l'adjudication, après lequel terme, les droits en feront acquis & payés au fermier par les adjudicataires ; veut néanmoins ſa majeſté, que celles deſdites marchandiſes permiſes, qui feroient déclarées pour les colonies françoiſes, avant l'expiration des ſix mois d'entrepôt, jouiſſent encore de ſix autres mois, ſans être ſujettes à aucuns droits ; mais ſi, après avoir été déclarées pour leſdites colonies, la deſtination en étoit changée, ou pour l'étranger, ou pour le royaume, dans le cours des ſix derniers mois, les propriétaires deſdites marchandiſes feront tenus de payer ; ſavoir, pour celles qui paſſeront à l'étranger, les droits d'entrée, & moitié de ceux de ſortie ; & pour celles qui feront deſtinées à la conſommation du royaume, les droits d'entrée, avec moitié en ſus.

XXI.

En cas de non-rapport dans le délai ci-deſſus,

des acquits à caution dûment déchargés, les ſoumiſſionnaires payeront, s'il s'agit de marchandiſes prohibées, par forme de confiſcation deſdites marchandiſes, le double de l'adjudication, & en outre, l'amende portée par les réglemens ; & à l'égard des marchandiſes permiſes, le quadruple des droits fixés par les articles ci-après.

XXII.

L'acier non-ouvré, les chairs ſalées de toute eſpèce, la cire jaune non-ouvrée, les cuirs verds ou en poil non-ſalés, le caſtor en peau ou en poil, le cuivre non-ouvré, l'étain non-ouvré, le plomb non-ouvré & le ſuif, déclarés pour la conſommation du royaume, payeront pour tous droits d'entrée des traites, dans tous les bureaux des ports où l'adjudication en aura été faite, deux & demi pour cent du prix de leur adjudication.

XXIII.

Le charbon de terre, les bouteilles ou flacons de verre, les bufles, cafés de tous lieux & pays, cire jaune ou blanche ouvrée, les cuirs apprêtés ou tannés, cuirs dorés, cuivre ouvré, drogueries de toutes ſortes, étain ouvré, fer ouvré, ferblanc ou tôle ouvré, linge de table ouvré, non ouvré, mercerie, morue verte ou ſèche, & toutes ſortes de poiſſons ſecs ou ſalés, papiers de toutes ſortes, quincaillerie de toutes ſortes, rubans de fil, toiles, futaines & coutils, tapis & tapiſſeries, verres de toutes ſortes, auſſi déclarés pour la conſommation du royaume, paieront pour tous droits d'entrée des traites, dans tous les bureaux des ports où l'adjudication en aura été faite, *dix pour cent* du prix de l'adjudication ; & quant aux cafés & ſucres de toutes eſpèces, qui feront également déclarés pour la conſommation du royaume, ils acquitteront ; ſavoir, le café Moka, le droit de *trente-ſix livres* du quintal ; le café, autre que celui de Moka, le droit de *quatorze livres*, auſſi du quintal ; & les ſucres, ceux du *tarif de 1667*, à l'exception néanmoins des ſucres bruts, qui ne paieront que *trois livres quinze ſous* du cent peſant.

XXIV.

Toutes les marchandiſes permiſes, autres que celles dénommées aux articles 22 & 23 du préſent règlement, & qui feront déclarées pour la conſommation du royaume, paieront pour tous droits d'entrées des traites des ports où l'adjudication en aura été faite, autres que Marſeille, Bayonne & Dunkerque, *cinq pour cent* de leur prix de leur adjudication ; à l'exception néanmoins des ſoies de toutes ſortes, qui acquitteront les droits d'entrées de *quatorze ſous* par livre peſant, impoſés par l'édit de janvier 1722 ; & feront leſdites ſoies de *priſes*, diſpenſées d'être envoyées à Lyon.

XXV.

Dans le cas où les droits des marchandiſes des *priſes*, réglés par le préſent arrêt, à *deux & demi*

qu

ou à *cinq pour cent* du prix de l'adjudication, pourroient se trouver plus forts que les droits d'entrées ordinaires qui seroient dûs pour aller à la destination déclarée, suivant les tarifs & règlemens, les droits desdites marchandises seront réduits à ceux portés par lesdits tarifs & règlemens, ce qui ne pourra avoir lieu pour les marchandises denommées en l'*article* 23 du présent règlement, lesquelles demeureront assujetties aux droits portés par ledit article, pour quelque destination que ce soit dans le royaume.

XXVI.

Les droits des marchandises des prises, devant être acquittés suivant le prix de leur adjudication, veut sa majesté que la vente & adjudication en soient faites par les juges de l'amirauté, par parties d'une même sorte & qualité de marchandises; & que les negocians & autres qui devront en acquitter les droits, soient tenus de rapporter au bureau des fermes, avec leur déclaration, un certificat de l'amirauté, du prix de l'adjudication de la marchandise déclarée, avec le numéro, la date & le nom de l'adjudicataire porté par l'inventaire, ce qui sera vérifié sur le double dudit inventaire, qui doit être remis au commis du fermier, suivant l'*article* 10 du présent règlement; & faute par lesdits négocians & autres de rapporter certificat dans la forme ci dessus prescrite, les droits seront acquittés à la valeur, sur le pied du plus haut prix qui se trouvera porté audit inventaire sur les marchandises de même espèce.

XXVII.

Les acquits de paiement des droits de deux & demi, & de cinq ou de dix pour cent, suivant l'espèce de marchandises, tiendront lieu, tant des droits d'entrée & droits locaux des traites, dûs dans la province où l'adjudication en aura été faite, que de tous autres droits des traites qui pourroient se trouver dûs au passage par terre d'une province à l'autre, même de *vingt pour cent* dûs sur les marchandises du Levant, pourvu néanmoins que le transport s'en fasse dans les trois mois de la date de l'acquit de paiement pris au bureau du lieu de l'adjudication; n'entend sa majesté, que la présente disposition puisse avoir lieu à l'égard des marchandises dont les droits de deux & demi & de cinq pour cent de l'adjudication, auront été réduits, en conformité de l'*article* 25, à ceux portés par les tarifs & règlemens, lesquelles continueront à payer les différens droits dûs sur leur route : n'entend pareillement sa majesté, exempter les marchandises des autres droits indépendans des traites ou cinq grosses fermes, auxquelles elles se trouveroient sujettes, lesquels droits seront payés indépendamment desdits droits de traites, portés par le présent règlement.

XXVIII.

Les droits des marchandises ne seront payés,
Tome III. Finances.

que lorsqu'elles seront enlevées du lieu de l'adjudication, pour être transportées dans un autre lieu du royaume, ou pour être consommées dans le lieu de l'adjudication; & en cas que les adjudicataires veuillent les tirer du dépôt & les avoir en leur disposition, avant d'en avoir fait la destination, ils seront tenus d'en payer les droits.

XXIX.

Les marchandises des prises conduites dans le port de Dunkerque, qui seront destinées pour l'intérieur ou pour passer en *transit* au travers du royaume à l'étranger, seront représentées au bureau de la basse ville de Dunkerque, où la déclaration en sera faite à l'ordinaire, & elles seront accompagnées d'un certificat de l'amirauté, qui fera foi qu'elles proviennent de telle prise, lequel sera dans la forme prescrite par l'*article* 26, & sera vérifié dans ledit bureau, sur le double de l'inventaire qui y sera remis à cet effet; & sur lesdits certificats vérifiés, elles seront visitées pour être ensuite acquittées ou expédiées en *transit*, & plombée avec acquit-à-caution, & soumission de remplir les conditions prescrites par le présent règlement. Il en sera usé de même au bureau de Septeme, ou autres premiers bureaux d'entrée près de Marseille, pour les marchandises des prises, conduites dans ce port, & qui de-là, seront envoyées dans l'intérieur du royaume ou à l'étranger par *transit*; réservant néanmoins sa majesté à l'adjudicataire général des fermes, & à ses commis établis à Marseille, la faculté de prendre connoissance des marchandises desdites prises qui y seront amenées, & de s'opposer à l'introduction de celles qui y sont défendues par les règlemens : entend sa majesté que les marchandises des prises, qui entreront dans la Flandre françoise par le bureau de la basse ville de Dunkerque, acquittent audit bureau le droit de trente sous par livre de tabac, imposé par la declaration du 4 mai 1749.

XXX.

Les marchandises des prises, amenées au port de Bayonne, payeront, après l'adjudication, les droits ordinaires de la coutume, dans le cas où les adjudicataires y seroient sujets, & elles ne seront assujetties aux droits de deux & demi, de cinq & de dix pour cent, qu'à la sortie du Coutumat pour la destination du royaume, & en justifiant, comme il est dit ci-dessus, du prix de leur adjudication. Elles jouiront au surplus du bénéfice du *transit*, tant pour les marchandises prohibées qui devront être renvoyées à l'étranger, que pour les marchandises permises, que les négocians & autres voudront faire passer à l'étranger; le tout en observant les formalités prescrites en pareil cas par le présent règlement; & à l'égard des marchandises permises, sous la condition qu'elles n'auront pas été en la disposition desdits négocians ou autres non privilégiés; en forte que l'exemption des droits d'entrée & de fortie, ne porte que fur celles defdites marchanfifes permifes qui paſſeront directement en *tranſit* à l'étranger, fans avoir été en la difpofition des adjudicataires. Veut fa majeſté que les tabacs provenant des prifes, & deſtinés pour la confommation de ladite ville de Bayonne, acquittent le droit de trente fous par livre de tabac, impoſé par la déclaration du 4 mai 1749.

XXXI.

Le préfent règlement, dans tout fon contenu, fera exécuté pour les marchandifes provenant des échouemens des navires ennemis pendant la préfente guerre.

XXXII.

Le contenu aux articles ci-deſſus, aura pareillement lieu pour les prifes faites par les vaiſſeaux de fa majeſté, & les droits ordonnés par le préfent règlement, feront perçus fur les marchandifes de toutes les prifes faites avant fa publication, comme fur celles qui pourront fe faire à l'avenir.

XXXIII.

La connoiſſance des fraudes & contraventions au préfent règlement, demeurera aux maîtres des ports & juges qui ont coutume d'en connoître, fauf l'appel, ainfi que de droit.

Fait au confeil d'état du roi, fa majeſté y étant, tenu à Verſailles le 27 août 1778.

Au reſte, pour avoir une connoiſſance complette de tout ce qui concerne la jurifprudence des prifes, il faut confulter le *Code des prifes* en 2 vol, *in*-4°. imprimés par ordre du roi en 1784.

C'eſt l'ouvrage d'un magiſtrat laborieux, nommé, dès 1777, à la place de procureur général au confeil des prifes, & qui a raſſemblé, dans ce code, toutes les loix relatives à la matière depuis l'an 1400 jufqu'à nos jours.

PRIVILÈGE, f. m. ; en finance, comme dans le commerce & dans le gouvernement, ce mot fignifie une diſtinction utile ou honorable dont jouiſſent certains membres de la fociété.

Il y a pluſieurs fortes de *privilèges*.

1°. Ceux qui font inhérens à la perſonne par les droits de fa naiſſance ou de fon état. Tel eſt le *privilège* dont jouit un pair de France, ou un membre du parlement, de ne pouvoir être jugé, en matière criminelle, que par le parlement.

2°. Les *privilèges* accordés par lettres du prince, enregiſtrées dans les cours où la jouiſſance de ces privilèges pouvoit être conteſtée. Cette feconde efpèce fe fubdivife encore en deux autres, fuivant la différence des motifs qui ont déterminé le prince à les accorder.

Les premiers peuvent s'appeller *privilèges* de dignité ; ce font ceux qui, ou pour fervices rendus, ou pour faire refpecter ceux qui font à rendre, font accordés à des particuliers ; tel que le *privilège* de nobleſſe accordé gratuitement à un roturier. Telles font auſſi toutes les exemptions de tailles & d'autres charges publiques que donnent certains offices.

Entre ceux de cette dernière eſpèce, il faut encore diſtinguer les *privilèges* qui n'ont pour objet que de rendre les fonctions & les perſonnes de ceux qui en jouiſſent plus honorables, & ceux qui ont été accordés moyennant des finances, payées dans les befoins de l'Etat, mais toujours, & dans ce dernier cas même, fous l'apparence de l'utilité des fervices.

Enfin la dernière eſpèce de *privilège*, eſt de ceux qu'on peut appeller de néceſſité.

On entend par ceux-ci les exemptions particulières qui, n'étant point accordées à la dignité des perſonnes & des fonctions, le font à la fimple néceſſité de mettre telles perſonnes à couvert des vexations auxquelles leurs fonctions même, les expofent de la part du public.

Tels font les *privilèges* accordés aux commis des fermes & autres prépofés à la perception des impofitions. Comme leur devoir les oblige de faire les recouvremens dont ils font chargés ; ils font expofés à la haine & aux reſſentimens de ceux contre lefquels ils ont à faire des pourfuites ; de forte que s'il étoit à la difpofition des habitans des lieux, de leur faire porter une partie des charges publiques, ou ils en feroient fort furchargés, ou la crainte de cette vexation leur confeilleroit des ménagemens qui comprometroient leurs fonctions.

De la différence des motifs qui ont produit ces différentes eſpèces de *privilèges*, naît auſſi, dans celui qui en a la confervation, la différence des égards qu'il doit à ceux qui en font pourvus. Ainfi, lorfqu'un cas de néceſſité politique & urgent, cas où ceſſent tous les *privilèges*, exige qu'il foit dérogé aux *privilèges*, ceux qui, par leur nature, font les moins refpectables, doivent être auſſi les premiers auxquels il foit dérogé.

En général, & hors les cas des *privilèges* de la première eſpèce, c'eſt-à-dire ceux qui font inhérens aux perſonnes ou aux fonctions, on ne doit reconnoître aucuns privilèges que ceux qui font accordés par des lettres du prince, dûement enregiſtrées dans les cours qui doivent en connoître. Il faut même en ces cas qu'ils foient réduits dans l'ufage à leurs juftes bornes, conformément au titre qui les conftitue. Ils ne font point du tout dans l'efprit de la maxime *favores ampliandi*, parce qu'autrement étant déja, & par leur nature, une furcharge pour le refte du public, cette furcharge portée à un trop haut point, deviendroit infoutenable ; ce qui n'a jamais été ni pû être dans l'intention du légiflateur.

Il feroit fort à fouhaiter que les befoins de l'Etat, la néceffité des affaires, ou des vues particulières, n'euffent pas, autant qu'il eft arrivé, multiplié les *privilèges*, & que de tems en tems on revînt fur les motifs de leur conception, qu'on les examinât foigneufement, & qu'ayant bien diftingué la différence de ces motifs, on réfolut de ne conferver que les *privilèges* qui auroient des vues utiles au prince & au public.

Il eft très-jufte que la nobleffe, dont le devoir eft de fervir l'Etat dans les armées, ou du moins d'élever des fujets pour remplir cette obligation ; que des magiftrats refpectables par l'importance de leurs fonctions, & qui rendent la juftice dans les tribunaux fupérieurs, jouiffent de diftinctions honorables qui en même tems font la récompenfe des fervices qu'ils rendent, & leur procurent le repos d'efprit, & la confidération dont ils on befoin pour vaquer utilement à leurs fonctions.

La portion des charges publiques dont ils font exempts, retombe, à la vérité, fur le furplus des citoyens, mais il eft jufte auffi que ces citoyens, au repos & à la fûreté defquels veillent les magiftrats, contribuent à payer le prix de leurs travaux.

Il eft jufte & décent pareillement que ceux qui ont l'honneur de fervir le roi dans fa maifon domeftique, & qui approchent de fa perfonne, participent en quelque forte à la dignité de leur maître, en ne reftant pas confondu dans la dernière claffe du peuple.

Mais il femble qu'il faudroit encore diftinguer, dans tous les cas, les perfonnes dont les fervices font réels & utiles, foit à l'Etat, foit au public, & ne pas avilir les faveurs dont ceux-ci jouiffent légitimement, en les confondant avec un grand nombre de gens inutiles à tous égards, & qui n'ont pour titres qu'un morceau de parchemin acquis prefque toujours à bas prix.

Un bourgeois aifé, & qui lui feul pourroit payer la moitié de la taille de toute une paroiffe, s'il étoit impofé dans une jufte proportion, pour le montant d'une année ou de deux de fes impofitions, & fouvent pour moins, fans éducation & fans talens, achete une charge dans une élection, dans un grenier à fel, ou toute autre charge inutile & exempte de tout fervice chez le roi ou chez

un prince ; charge dont le titre même eft fouvent ignoré du maître & dont il ne fait jamais ufage ; ou fe fait donner dans les aides ou dans les fermes, un petit emploi de buralifte fouvent inutile, & qui n'a d'autres émolumens que les exemptions attachées à la commiffion, & l'on jouit, à la vue du public, de toutes les immunités dont jouiffent la nobleffe & la grande magiftrature, tandis qu'un officier du principal fiège de juftice de la province, qui n'eft point cour fupérieure, eft, pour les impofitions & autres charges, confondu avec les moins confidérés du peuple.

De ces abus de *privilèges* naiffent deux inconvéniens très-fenfibles ; l'un, que la partie de citoyens la plus pauvre, eft toujours furchargée au-delà de fes forces ; or cette partie eft cependant la plus véritablement utile à l'Etat, puifqu'elle eft compofée de ceux qui cultivent la terre, & procurent la fubfiftance aux ordres fupérieurs.

L'autre inconvénient eft, que les *privilèges* dégoûtent les gens qui ont du talent & de l'éducation, d'entrer dans la magiftrature & dans des profeffions qui exigent de l'application & de l'étude, & leur font préférer de petites charges & de petits emplois, où il ne faut que de l'avidité, de l'intrigue & de la morgue pour fe foutenir & en impofer au public.

De ces réflexions il faut conclure, que, foit les tribunaux ordinaires chargés de l'adminiftration de la partie de la juftice qui a rapport aux impofitions & aux *privilèges*, foit ceux qui par leur état font obligés de veiller à la répartition particulière des impofitions & des autres charges publiques, ne peuvent rien faire de plus convenable & de plus utile que d'être fort circonfpects à étendre les *privilèges* ; ils doivent, autant qu'il dépend d'eux, les réduire aux termes précis dans lefquels ils font circonfcrits, en attendant que des circonftances plus heureufes permettent à ceux qui font chargés de cette partie de l'adminiftration, de les réduire au point unique où ils feroient tous utiles.

Cette vérité eft parfaitement connue de tous les adminiftrateurs, mais la néceffité de pourvoir à des indemnités ou à des équivalens, arrête fans doute fur cela leurs defirs, ou contrarie leurs projets ; d'ailleurs, les befoins publics fans ceffe renaiffans les forcent, fouvent non-feulement à en éloigner l'exécution, mais même à rendre cette exécution plus difficile pour l'avenir.

De-là eft arrivé que la nobleffe, qui, pareillement, eft, ou devroit être la récompenfe la plus honorable des fervices importans ou des talens fupérieurs, a été prodiguée à des milliers de familles, dont les auteurs n'ont eu pour fe la procurer que la peine d'employer des fommes, fou-

vent même affez modiques, à acquérir des charges qui la leur donnoient ; charges dont l'utilité
pour le public étoit au moins nulle, fi elles ne devenoient pas un véritable fardeau. Cet article deviendroit un volume fi l'on y recherchoit le nombre & la qualité de ces titres, & les abus de ces
privilèges ; mais on a cru devoir fe reftreindre à
ce qu'il y a fur cette matière de plus général,
de plus connu, & de moins contefté. *Voyez* OF-
FICES.

PRIVILÈGES des commis & employés des
fermes & des régies. *Voyez* le mot COMMIS. On
y a rapporté, pag. 330, tom. premier, différens
articles du titre commun de l'ordonnance de
1681, qui regarde généralement les commettans
& les commis. On ajoutera ici la note de différens arrêts du confeil qui ont confirmé ces *privilèges.*

Tels font l'arrêt du 14 août 1725, qui ordonne
en même tems la réunion de différens emplois.

Celui du 26 janvier 1734, & la lettre du miniftre des finances du 7 février 1744, qui jugent
que les commis aux aides font exempts du péage
du pont de Mantes, & qu'en conféquence ils ne
doivent pas être affujettis à l'impofition faite à
Iffoudun pour réparation & reconftruction du
pont de cette ville.

L'arrêt du 10 janvier 1747, qui décharge les
employés des fermes à Sedan, du paiement des
fommes auxquelles ils ont été compris dans les
rôles de l'impofition établie pour la penfion des
enfans-trouvés.

Celui du 10 juillet 1759, qui ordonne que tous
les commis des fermes & tout prépofé à la perception & au recouvrement des deniers royaux,
feront exempts de fervice, dans les compagnies
détachées de la milice garde-côte, & dans celles
du guet.

Enfin, l'arrêt du confeil du 21 avril 1779, qui
rappelle tous les réglemens rendus fur le fait des
privilèges, exemptions & immunités dont les
commis de la partie des domaines doivent jouir,
& ordonne même que leurs enfans ne feront point
fujets à la milice. *Voyez* COMMIS, TAILLE.

Les *privilèges* accordés aux employés des fermes & des régies, & à tous ceux qui font attachés à quelque partie de finance, n'ont point
pour objet unique, comme l'obferve l'auteur de
l'article *privilège,* dans la première édition du
dictionnaire Encyclopédique qui a été rapporté
ci-devant, de les mettre à couvert des effets de
la haine & des reffentimens qu'ils feroient dans le
cas d'exciter par la nature même de leurs fonctions. Ces *privilèges* doivent être confidérés com-

me une partie de leurs falaires ; & à l'égard des
commis aux aides & aux fermes, comme la fuite
de leur inftabilité dans les lieux même où ils rempliffent leurs fonctions. Expofés pour le bien du
fervice, à changer fréquemment de réfidence, &
à fe trouver envoyés à une grande diftance de l'endroit qu'ils habitoient d'abord, on fent combien
il feroit difficile de les comprendre dans le rôle
des impofitions, fans fixer auparavant par combien
de tems de réfidence ils y pourroient être affujettis, & de fuivre le recouvrement de leur cote.

D'ailleurs, les appointemens qu'ils reçoivent
étant en général mefurés fur la néceffité de fournir à leur fubfiftance comme une fimple penfion
alimentaire, il eft clair que fi la fomme de cette
penfion étoit diminuée par des taxes ou des impofitions, ce feroit à l'Etat qui la paie, à l'augmenter du montant de la réduction ; dès-lors
cette augmentation deviendroit une dépenfe confidérable. On doit donc conclure de ces obfervations, que les *privilèges* dont jouiffent les perfonnes que l'Etat emploie dans la perception de
fes revenus, font une partie des falaires qu'il
donne, & qu'en les retranchant il en réfulteroit
néceffairement une dépenfe très-confidérable. Au
refte, ces falaires font fi médiocres pour la claffe
fubalterne des employés, qui eft la plus nombreufe, que les *privilèges* dont ils jouiffent dans
leur mifère, en même tems qu'ils font un mince
fupplément de traitement, deviennent encore néceffaires, pour leur éviter les embarras & les
inquiétudes, inféparables des impofitions qu'on
eft forcé de payer, & qui leur déroberoient un
tems qu'ils doivent en entier aux fonctions qu'ils
rempliffent.

PROCÈS-VERBAL, f. m. C'eft un acte par
lequel eft juridiquement conftaté un fait. En
matière de finance, un *procès-verbal* de commis,
ou d'employés, fert à établir des faits dans
lefquels ils apperçoivent une contravention aux
réglemens. C'eft proprement le récit de ce qui
s'eft paffé dans une vifite, dans une defcente,
ou commiffion particulière, ou dans une capture & faifie, avec le rapport des dires, répli-
ques & conteftations des parties, ou celui de
leur abfence, & de toutes les circonftances propres à appuyer ce récit.

La première condition d'un *procès-verbal,* eft
d'être clair, fimple & vrai. Il faut y diftinguer
la forme & le fond, c'eft-à-dire les formalités
intrifèques, & celles qui font extrinfèques.

La forme confifte à obferver tout ce qui eft
prefcrit par les loix pour ces fortes d'actes.

Il faut dénommer, fans abréviation, l'année,
le jour & l'heure dans lefquels on a commencé
la rédaction du *procès-verbal.*

Si c'eſt avant, ou après-midi, & déſigner le lieu où l'on verbaliſe.

Nommer l'adjudicataire, à la requête duquel ſe fait l'acte, & élire domicile chez le directeur, ou le receveur, ou celui qui ſera chargé de faire les pourſuites ſur ce *procès-verbal*.

Conſtituer le procureur qui devra occuper, en indiquant ſa demeure.

Dénommer, par noms de baptême & de famille, par qualités d'emploi, les commis & employés qui procèdent; les gardes doivent faire mention qu'ils étoient revêtus de leurs bandoulières.

Les procédans doivent auſſi déſigner leur réſidence habituelle; dire en quelle juriſdiction chacun d'eux à prêté ſerment.

Après ces préliminaires, vient l'expoſition des faits, tels qu'ils ſe ſont paſſés; le récit des circonſtances eſſentielles, qui ſont preuve de la fraude ou de la contravention, dans l'ordre des tems; déclarer la ſaiſie aux parties, ſi elles ſont préſentes, ſinon faire mention de leur abſence, ou de leur évaſion, depuis la découverte de la fraude.

Si elles ſont préſentes, leur lire le *procès-verbal*; les interpeller de le ſigner, ou les perſonnes qui repréſentent le propriétaire des choſes ſaiſies, & faire mention de leur acquieſcement ou de leur refus; & enfin leur délivrer copie ſur papier marqué, en déclarant à qui elle a été remiſe, & faire ſigner ſur cette copie tous ceux qui ont ſigné l'original du *procès-verbal*.

Les *procès-verbaux* doivent être ſur papier timbré de la généralité dans laquelle eſt ſitué le chef-lieu de la juriſdiction dont relèvent les employés verbaliſans, ſuivant les arrêts & lettres-patentes des 15 & 26 mars, 21 & 30 juin 1720, décembre 1738 & 28 juin 1757.

L'arrêt du conſeil, du 2 décembre 1738, a jugé qu'un *procès-verbal*, quoiqu'écrit ſur du papier timbré pour une autre généralité que celle d'où dépend le lieu où l'on verbaliſe, n'en eſt pas moins valable, en caſſant une ſentence de l'élection de Saint-Quentin, qui avoit prononcé le contraire.

Quant au fond d'un *procès-verbal*, ce qui le conſtitue, eſt l'expoſé des diſpoſitions faites par les employés pour parvenir à la découverte de la fraude, l'indication du tems où ils l'ont apperçue, le détail des mouvemens qu'ils ſe ſont donnés pour en reconnoître l'objet, & l'annonce

du moment où ils ont commencé à rédiger par écrit ce qu'ils ont vu.

Par exemple, lors d'une ſaiſie faite en pleine campagne, on ſent bien que les employés n'ont pas verbaliſé à l'inſtant où elle a eu lieu.

Il en eſt de même d'un cas de rébellion. Ce ſeroit pécher contre la vraiſemblance & la vérité, que de prendre pour la date du *procès-verbal*, le tems de la rébellion.

Dans l'une ou l'autre de ces conjonctures, ainſi qu'en pluſieurs autres, il convient de ne dater le *procès verbal*, que du lieu où l'on a pu s'arrêter & jouir de la tranquillité néceſſaire, pour procéder après la ſaiſie ou la rébellion, à ſa rédaction.

Si la vérification des choſes ſaiſies, ou leur conduite dans un bureau, ou des obſtacles, de quelque nature qu'ils ſoient, ont exigé pluſieurs vacations ou journées, chaque journée doit être cloſe & ſignée par les ſaiſiſſans, qui ne doivent expoſer que ce qui s'eſt paſſé en chacune.

En recommençant le lendemain, il faut faire mention que c'eſt une continuité de la première opération, & rappeller les noms des employés.

S'il en eſt ſurvenu de nouveaux, on doit les dénommer, & en général avoir attention de ne rapporter que des faits connus de ceux qui ſignent la clôture de chaque ſéance.

Toutes les fois que des vins, des boiſſons ou des marchandiſes ſont accompagnés d'un congé, acquit, ou pièce fauſſe, ou ſuſpecte de faux, il eſt néceſſaire que cette pièce ſoit paraphée par les employés ſaiſiſſans, avec ces mots : *ne varietur*, qui veulent dire que c'eſt *pour empêcher qu'elle ne ſoit changée*, & qu'elle reſte annexée au *procès-verbal*, dans lequel il doit être parlé de ce paraphe.

S'il ſe trouve pluſieurs eſpèces de fraude à la fois, c'eſt-à-dire aux droits d'aides, à ceux de traites, & aux privilèges de la gabelle & du tabac, il faut dreſſer autant de *procès-verbaux* qu'il y a de fraudes ſéparées, dont la connoiſſance appartient à des juges différens, devant leſquels il ſera donné aſſignation.

Lorſqu'il s'agit, dans un *procès-verbal*, de lieux privilégiés, tels que les maiſons royales, les palais des princes, les hôtels des ambaſſadeurs, les communautés régulières, les égliſes, les citadelles, châteaux & caſernes, il faut énoncer ſi les viſites qui ont conduit à la découverte de la fraude, ont eu lieu en préſence des juges, ou des conſuls des lieux, ou des gouverneurs, &

autres officiers commandans ; & paffer enfuite au récit des faits, fuivant qu'il a été dit.

Lorfqu'il n'a pas été poffible de délivrer copie du *procès-verbal*, immédiatement après fa rédaction, la déclaration du 30 janvier 1717, a étendu à cet égard les difpofitions de l'ordonnance qui portoit, qu'il feroit délivré copie dans le jour : cette obligation n'exifte que pour les *procès-verbaux* rédigés avant midi ; mais s'ils font faits après midi, les employés ont jufqu'au lendemain midi, pour délivrer leur copie.

La dernière formalité, qui eft le complément de toutes celles qui valident les *procès-verbaux*, c'eft l'affirmation qui doit en être faite pardevant un juge, & le dépôt d'une copie de ce procès-verbal, au greffe de la même jurifdiction où il eft affirmé.

Dans la partie des aides, l'article 7 du titre 5 de l'ordonnance de 1680 porte, que les *procès-verbaux*, concernant les fraudes & autres incidens, feront affirmés véritables pardevant l'un des élus, dans la quinzaine au plûtard, à l'égard des élections compofées de cent paroiffes & au-deffus, & dans la huitaine, pour les autres élections ; que l'acte d'affirmation fera mis au pied du *procès-verbal*, & figné fans frais, & les contrevenans affignés dans la huitaine de l'affirmation. *Voyez* ce dernier mot, *tome I, pag. 22. Voyez* auffi SAISIE, ci-après.

On a dit au mot PREUVE PAR TÉMOIN, que cette efpèce de preuve ne pouvoit être admife, ni contre les *procès-verbaux*, ni contre aucun acte des commis, parce qu'ils font crus jufqu'à l'infcription de faux. On a rapporté à ce dernier article tout ce qui concerne les infcriptions de faux, *tome II, pag. 600.*

Nous allons rappeller ici des réglemens généraux, rendus fur le fait de différens *procès-verbaux*. Quoique leurs difpofitions foient particulièrement applicables à la partie des traites & des gabelles, elles n'en établiffent pas moins la jurifprudence du confeil, & on peut raifonnablement l'invoquer dans toutes les autres parties des droits du roi.

Parmi ces réglemens font deux arrêts du confeil, des 5 mars & 5 novembre 1771 ; ceux des 20 juin 1775 & 7 juillet 1778. Voici le fait fur lequel ont prononcé les deux premiers.

Deux employés des fermes rencontrèrent, le 23 juillet 1770, fur la route d'Avranches, deux particuliers conduifant un cheval chargé de malles, & qui leur déclarèrent n'avoir ni acquit-à-caution, ni paffavant ; ils les menèrent au bureau d'Avranches : ces prévenus n'étoient que les

facteurs ; les frères Emmanuel, Juifs, propriétaires du cheval & des marchandifes, arrivèrent prefqu'auffi-tôt à ce bureau ; la vérification qui fut faite en leur préfence, établit qu'il y avoit dans ces malles, deux coupons d'écorce d'arbres, deux autres coupons de foie, fans plomb ni marque de fabrique, des bas, des mitaines de foie, auffi fans plomb ni marque ; enfin, différentes efpèces de bijouteries & merceries mêlées.

La prohibition abfolue des coupons d'écorce d'arbres, le défaut de plomb & de marque de fabrique à ceux de foie, le tranfport dans les quatre lieues des limites, fans acquit-à-caution, étoient autant de caufes qui validoient la faifie. Les frères Emmanuel, qui fe virent fans reffource quant au fond, attaquèrent la forme. Sentence de la jurifdiction des traites d'Avranches, du 24 du même mois, qui déclara la faifie nulle, ordonna la reftitution des marchandifes, & condamna le fermier en cinquante livres de dommages-intérêts, & aux dépens. La nullité de cette faifie eft réfultée principalement de ce qu'il n'avoit point été verbalifé au tems même de la faifie, du retard du bureau d'Avranches pendant trois heures, de l'ouverture des malles & de la defcription des marchandifes ; de ce qu'on n'avoit point arrêté ni figné différens contextes, & de ce que les copies du *procès-verbal* ne fe trouvoient pas écrites de la main des faififfans. L'arrêt de la cour des aides, qui a confirmé ce jugement, s'eft déterminé par les mêmes motifs ; fa caffation juftifie qu'il eft dans l'efprit des réglemens & dans les principes du confeil ; 1°. que les employés peuvent ne point verbalifer au lieu de la faifie ; 2°. qu'ils ne font pas plus obligés de marquer chacune de leurs opérations par des contextes particuliers ; 3°. que le retard de ces mêmes opérations au bureau du dépôt, n'eft point une irrégularité ; 4°. qu'il eft indifférent par qui les *procès-verbaux* foient écrits, pourvu qu'ils foient fignés de deux employés.

Les deux autres arrêts ont été rendus dans l'efpèce fuivante.

La jurifdiction des gabelles de Seurre en Bourgogne, prétendoit que le *procès-verbal* de faifie de faux-fel, rédigé à la requête de l'adjudicataire, & le dépôt qui en étoit fait au greffe, conftituoit néceffairement cet adjudicataire partie civile dans toutes les procédures que ce tribunal jugeoit devoir fuivre, quoique le fermier confentît à la liberté des prévenus ; & que cet adjudicataire étoit, par fuite, tenu d'acquitter les frais de ces procédures. L'arrêt du confeil, du 7 juillet 1778, juge fur ce point, conformément aux articles 10 & 12 du titre 18 de l'ordonnance des gabelles, que l'adjudicataire n'eft partie civile dans une procédure de faux-faunage fimple ou de récidive, que dans le cas où il a pris des conclufions, & que, fans cette circonftance, les frais de l'inftruction ne peuvent point tomber à fa charge.

L'arrêt confirme auffi les principes établis par les réglemens, & notamment par la déclaration du 21 décembre 1721, relativement au fimple dépôt des *procès-verbaux*, pour lequel il n'eft rien dû au greffier. La loi lui adjuge feulement vingt fous en matière de faifie domiciliaire, tant pour ce dépôt, que pour le *procès-verbal* de reconnoif-fance de cachets, vérification des échantillons, & pour l'expédition.

Enfin, il eft encore jugé, que les officiers des jurifdictions des gabelles ne peuvent point exiger d'épices pour décrets décernés fur les *procès-verbaux*, attendu que le décret ne doit point entrer dans ce genre de procédure.

Enfin, les lettres-patentes du 17 feptembre de la même année 1778 ont réglé les précautions à prendre pour valider les *procès-verbaux* de ceux des employés de la ferme générale, qui ne favent ni lire, ni écrire, à peine de nullité.

Ces lettres-patentes font fi intéreffantes à con-noître, qu'elles vont terminer cet article.

Louis, par la grace de Dieu, &c. Nous nous fommes fait rendre compte en notre con-feil des difpofitions de l'arrêt de règlement de notre cour des aides de Paris, du 25 avril 1766, par lequel il a été ordonné que l'adjudicataire de nos fermes ne pourroit fe fervir de commis, com-mandans & gardes qui ne fuffent écrire. Le motif de cet arrêt a été de prévenir l'abus qu'on auroit pu faire de la foi qui doit être accordée aux *procès-verbaux* defdits commis, & d'empêcher que fous leurs noms, & à la faveur de leur fignature, on n'attentât à la juftice, des faits dont ils n'auroient point eu de connoiffance; mais comme nous avons été informés que l'adjudicataire avoit fouvent de la difficulté à fe procurer des employés fachant lire & écrire nous avons cherché à concilier les droits de la juftice avec l'intérêt d'un fervice im-portant, & nous avons pris des précautions fuf-fantes pour que le témoignage des employés de l'adjudicataire fût conftaté juridiquement, avec une entière fûreté pour nos fujets. A ces caufes, & autres, &c.

ARTICLE PREMIER.

Lorfque l'un ou plufieurs des commis, employés ou gardes, qui auront été préfens à la faifie, cap-ture ou autre contravention, qui auront donné lieu à un *procès-verbal*, en matière de traites, faux-fau-nage & faux-tabac, ne fauront lire ni écrire, mais feulement figner leurs noms, ils ne pourront appo-fer leurs fignatures au pied dudit *procès-verbal*,

qu'après qu'un Juge de nos droits, ou l'un des procureurs de nous, ou leurs fubftituts aux jurifdic-tions des traites, leur aura fait lecture, à chacun féparément, & hors la préfence des autres em-ployés, qu'ils affirmeront véri-table; ce dont il fera fait mention dans l'affirma-tion qui continuera à être faite dans les délais pref-crits par les réglemens.

II.

Dans le cas de faifie & capture faites au bureau du fermier de nos droits, ou des contraventions qui y feront conftatées, le *procès-verbal* ne pourra y être rédigé que par des commis fachant lire & écrire.

III.

En matière de traites, & dans le cas où, à raifon de faux-faunage & de faux-tabac, il y a lieu de pro-céder à la defcription des objets faifis, fi la faifie a été faite par un ou plufieurs employés ne fachant lire ni écrire, & hors le bureau, dans une maifon ou magafin, lefdits employés feront tenus d'en appeler d'autres fachant lire & écrire, pour être procédé à la defcription telle qu'elle eft prefcrite par l'article IV du titre II de l'ordonnance de 1687; & fi la faifie eft faite à la campagne, la defcription ou défignation en gros en fera faite fans déballer, & verbalement, avec les conducteurs ou voituriers, auxquels feront faites les interpellations portées en l'article VI du même titre; mais il ne fera procédé à la defcription en détail, mentionnée en l'article V du même titre que dans les bureaux, & par des em-ployés fachant lire & écrire.

IV.

Lorfque la defcription aura été faite, ou lorfque, en matière de faux-faunage ou de faux-tabac, le corps du délit aura été faifi, fans qu'il y ait eu lieu d'en faire defcription, par un acte particu-lier, les employés ne fachant lire, ni écrire, qui auront fait la faifie & capture, & même ceux qui, s'il y échet, auront fait les defcriptions portées au précédent article, feront tenus, fans divertir à d'autres actes, de fe préfenter avec les parties faifies, ou elles dûment interpellées, de les accompagner devant l'un des juges de nos droits, ou devant l'un des procureurs de nous, aux fièges des traites-foraines, ou de leurs fubfti-tuts, auxquels ils demanderont acte de leur rap-port, qui fera rédigé par ledit juge de nos droits, le procureur de nous, ou fon fubftitut aux fièges des traites, puis figné & affirmé véritable en leur préfence, tant par les employés, dont ils auront reçu ledit rapport, que par ceux qui auront ré-digé les *procès-verbaux* de defcription ci-deffus mentionnés, lefquels feront annexés, & du tout fera fait mention dans l'acte ainfi rédigé.

V.

Lefdits *procès-verbaux* pourront contenir affigna-tion, lorfqu'il y aura eu un acte de defcription, &

la copie, ainsi que l'assignation, pourront être délivrées audit cas, par les commis qui auront rédigé l'acte de description, ou par tous commis qui en auront fait la copie, en présence du juge, pendant la redaction du *procès verbal*; & seront observés, dans tous les cas, les délais des significations des *procès verbaux*, prescrits par la déclaration du 6 novembre 1717, ainsi que les délais des assignations, prescrits en matière de traites, par l'article VII du titre II de l'ordonnance de 1687, & dans les autres matières, par la déclaration du 17 février 1668.

VI.

Seront toutes les formalités ci-dessus, exécutées par les employés ne sachant lire ni écrire, à peine de nullité des *procès-verbaux*.

VII.

Les frais des actes de lecture séparée & de rédaction des *procès-verbaux* par les juges, procureurs de nous, ou leurs substituts, seront & demeureront fixés à la somme de trois livres, non compris le coût du papier timbré. Si vous mandons, &c. Donné à Versailles le dix-septième jour de septembre, l'an de grace 1778, & de notre règne le cinquième.

Registrées, oui, & ce requérant le procureur général du roi, pour être exécutées selon leur forme & teneur, &c. &c. Fait à Paris, en la cour des aides, les chambres assemblées, le 4 décembre 1778.

En matière de droits de domaine, l'article VI de la déclaration du 20 mars 1708 porte, que les amendes de contravention demeureront encourues contre les notaires & greffiers, pour refus de communiquer leurs inventaires, répertoires & liasses, &c., sur le simple *procès verbal* des contrôleurs des actes ou commis, pourvu que ce commis se soit fait recevoir, & ait prêté serment devant l'intendant de la généralité où il sera établi, ou ses subdélégués.

La décision du conseil, du 26 novembre 1740, a confirmé ces dispositions, en condamnant à l'amende un notaire & greffier au bailliage de Vermandois, qui avoit refusé de représenter ses minutes aux employés des domaines, en exigeant l'exhibition des autorités qui leur donnoient le droit de demander cette communication.

PRODUIT, s. m., par lequel on entend le montant d'une recette, d'une ferme, ou d'un droit quelconque.

On distingue deux sortes de produit. Le *produit* brut & le *produit* net.

Le *produit* brut est celui que donne une ferme, un droit, y compris les frais d'exploitation ou de perception.

Le *produit* net est celui sur lequel on fait la déduction de ces frais.

PROHIBER, v. a., qui a la même signification que défendre. Il est fort en usage dans la langue fiscale, pour synonime de ce dernier verbe. Ainsi, on dit indifféremment *prohiber* l'entrée d'une marchandise, ou *prohiber* une marchandise à l'entrée du royaume. Contrevenir à la loi qui *prohibe* l'entrée des glaces, par exemple, des étoffes de soie, c'est faire la contrebande. *Voyez* ce dernier mot, *tome I, pag.* 364.

PROHIBITION, s. f., qui vient de prohiber. On a donné au mot CONTREBANDE, l'état des marchandises qui sont sous le joug de la *prohibition*, tant à l'entrée qu'à la sortie du royaume; & on s'est livré à quelques observations, *pag.* 369, sur l'inconséquence de permettre l'affiche & la vente publiques, dans la capitale, de plusieurs espèces de marchandises angloises, tandis que la loi les prohiboit sévèrement. On a remarqué, en même temps, qu'à la vérité, la permission dont jouissoient les fermiers du fisc, de vendre chaque année soixante-quatre ou quarante-quatre ballots de marchandises confisquées pour raison de *prohibition*, mettoit dans l'impossibilité de distinguer celles qui étoient vendues légitimement, sous la tolérance du Gouvernement, d'avec celles qui avoient usurpé cette faveur par une introduction clandestine & on a proposé le moyen de faire cesser cet usage bizarre, & de mauvais exemple, en appliquant à toutes les marchandises confisquées, comme contrebande, la législation existante à l'égard des marchandises du même genre, qui provenoient de prises, nous avons eu la satisfaction de voir que ce que nous avions présenté en 1783, sur cet objet, a entièrement été adopté en 1785, par l'arrêt du 17 juillet, auquel se trouve joint un nouvel état des marchandises qu'il est permis de tirer d'Angleterre.

Le roi s'étant fait rendre compte des plaintes qui lui ont été adressées par les marchands & fabricans de son royaume, sur le préjudice que leur cause le débit qui se fait ouvertement des marchandises étrangères, & sur tout de celles des fabriques angloises, auxquelles la mode & la fantaisie font donner une préférence décourageante pour l'industrie nationale, & d'autant plus intolérable, que les marchandises françoises sont exclues de l'Angleterre par les *prohibitions* les plus rigoureuses: Et sa majesté s'étant fait représenter les arrêts & réglemens qui, pour favoriser les **manufactures**

manufactures du royaume, ainsi que par le motif d'une juste réciprocité, ont défendu l'entrée de certaines marchandises étrangères, & en ont soumis d'autres à des droits considérables, dont on élude aujourd'hui le payement; sa majesté a reconnu que la protection qu'elle doit au commerce de ses sujets, exigeoit qu'elle renouvellât ces différentes loix, & qu'elle prescrivît des règles pour en assurer plus efficacement l'exécution : elle a bien voulu néanmoins que les *prohibitions* qui ont pour objet d'empêcher la vente des marchandises étrangères, n'étendissent pas leur effet jusqu'à interdire absolument à ceux de ses sujets qui ne font aucun commerce, la liberté de satisfaire leur goût, en faisant venir de l'étranger des objets nouvellement inventés, ou qu'ils croiroient être d'une fabrication plus parfaite que celle du royaume; mais en même tems, sa majesté a jugé nécessaire d'en assujettir l'introduction à des droits assez forts pour qu'elle ne puisse préjudicier aux manufactures nationales, à l'encouragement desquelles le produit de ces droits sera employé; en sorte que les jouissances de luxe deviendront en quelque sorte tributaires de l'utilité générale. A quoi voulant pourvoir, &c.

1°. Les denrées & marchandises étrangères, dont l'introduction dans le royaume est défendue par les ordonnances & réglemens rendus depuis 1687 jusqu'à ce jour, seront & demeureront prohibées à toutes les entrées du royaume, sous les peines portées auxdits réglemens.

2°. Les marchandises de fabriques angloises, autres que celles dont l'entrée a été nommément permise par l'arrêt du 6 septembre 1701, ou autres subséquens, desquelles l'état sera annexé au présent arrêt, continueront d'être prohibées à toutes les entrées du royaume, notamment toute espèce de sellerie, bonneterie, draperie & quincaillerie, sous peine de confiscation desdites marchandises, & de dix mille livres d'amende.

3°. Défend sa majesté, sous les mêmes peines, l'introduction de tous ouvrages d'acier poli, autres que les outils & instrumens propres aux arts & aux sciences, & de tous cristaux & verres provenans de l'étranger.

4°. Permet néanmoins sa majesté à ceux de ses sujets, qui ne font aucun commerce, de faire venir d'Angleterre, ou d'autres pays étrangers, mais seulement pour leur propre usage & consommation personnelle, les objets dont l'introduction dans le royaume est prohibée, en demandant au préalable une permission qui leur sera délivrée par le contrôleur général des finances, sur la déclaration qu'ils feront de la qualité & quantité des marchandises, & du bureau par lequel elles devront être introduites; & à la charge de payer

à l'adjudicataire des fermes générales, trente pour cent de leur valeur, ensemble les dix sous pour livre, suivant l'état estimatif desdites marchandises, qui sera envoyé, par les ordres de sa majesté, dans tous les bureaux par lesquels elle en permettra l'entrée ; & seront lesdites marchandises expédiées sous plomb, depuis le premier bureau jusqu'à leur destination.

5°. Veut & entend sa majesté qu'il ne puisse être accordé ni exemption ni modération quelconque desdits droits à aucune personne, de quelque rang & qualité qu'elle soit, ni pour quelque cause que ce puisse être.

6°. Renouvelle sa majesté les défenses faites par l'arrêt du 6 septembre 1701, à tous marchands & négocians, tant en gros qu'en détail, des villes & autres lieux du royaume, & à toutes autres personnes, d'exposer en vente, débiter ou vendre, de manière quelconque, aucune desdites marchandises prohibées, à peine de confiscation d'icelles, & de trois mille livres d'amende, sans qu'en aucun cas il puisse en être fait remise ou modération.

7°. Fait pareillement sa majesté très-expresses inhibitions & défenses à tous marchands des villes & autres lieux du royaume, de mettre sur les portes de leurs boutiques, le titre de *magasin de marchandises d'Angleterre*, ou d'autres pays étrangers, sous la même peine de trois mille livres d'amende, & d'être déchus des droits & privilèges de marchands. Enjoint sa majesté, sous les mêmes peines, à ceux dont les boutiques porteroient actuellement pareille inscription, de la faire biffer & supprimer, dans huit jours pour tout délai, à compter de celui de la publication du présent arrêt : Ordonne aux gardes, syndics & adjoints des corps & communautés d'arts & métiers, à Paris & dans les provinces, de tenir la main à l'exécution du présent article, & de dénoncer aux juges de police les contraventions.

8°. Les marchandises prohibées qu'on tenteroit d'introduire, de vendre ou faire circuler dans le royaume, en contravention aux dispositions du présent arrêt, seront saisies par les préposés de l'adjudicataire des fermes générales, qui en poursuivra la confiscation & l'amende pardevant le sieur lieutenant général de police à Paris, & pardevant les sieurs intendans & commissaires départis pour l'exécution des ordres du roi dans les provinces du royaume; sa majesté leur attribuant, chacun en droit soi, la connoissance de toutes les contraventions aux dispositions du présent arrêt, sauf l'appel en son conseil, icelle interdisant à toutes ses cours & autres juges.

9°. Les marchandises, dont la confiscation aura été prononcée, seront aussitôt après, expédiées fous plomb, & par acquit à caution, au bureau général du prohibé de Paris, où elles feront eftimées par deux experts à ce commis, pour être, la moitié du prix de ladite eftimation, accordée & payée comptant aux commis faififfans, fans aucune retenue; & feront enfuite lefdites marchandifes, réexportées à l'étranger, & à cet effet renvoyées; fçavoir, celles connues fous le nom de *marchandifes blanches*, dans le port de l'Orient, & les autres dans l'un des ports francs du royaume, où elles feront vendues au mois de janvier de chaque année, par vente publique, fans pouvoir en aucun cas rentrer dans le royaume; defquelles ventes le produit fera diftribué, ainfi qu'il fera ordonné par fa majefté, après le prélèvement de la moitié attribuée aux commis, & des frais qui feront payés fur l'autre moitié. Fait au confeil d'état du roi, le 17 juillet 1785.

ETAT des marchandifes qui continueront d'être reçues dans le royaume, quoiqu'elles foient du crû ou fabriques d'Angleterre; à la charge de payer les droits fixés par l'arrêt du 6 feptembre 1701, & autres fubféquens.

Chevaux, laines, cotons en laine, cuirs verds, peaux de bœuf, peaux de veau, ploc, ou poil de vache, fuifs de toute efpèce, cire jaune, cire blanche, charbons de terre, chairs falées, bière, en bouteille feulement, cole, *dite* d'Angleterre, corne ronde ou plate, dents d'éléphant, couperofe, drogues fervant à la teinture, forces à tondre, & autres outils ou inftrumens propres aux arts, meules à taillandier, étain non ouvré & bois de conftruction, bois feuillards, bois merrains, futailles venant d'Angleterre ou des colonies angloifes.

En même tems le miniftre des finances marqua aux fermiers généraux, que l'intention du roi étoit qu'à l'avenir il ne fe fît plus entr'eux, de partage des marchandifes prohibées; qui tomberoient en confifcation; mais qu'elles fuffent toutes envoyées, comme le porte l'article IX, pour être vendues, fous la condition de leur expédition, en pays étranger.

Quelques jours auparavant, l'arrêt du confeil du 10 du même mois de juillet, avoit défendu l'entrée de toutes toiles de coton & mouffelines étrangères, autres que celles qui proviendroient du commerce de la compagnie des Indes; ainfi, ces marchandifes doivent être ajoutées dans la claffe des marchandifes de contrebande, ainfi que les cendres, falins, potaffes, le groifil, ou verre caffé, prohibés à la fortie, par arrêt du confeil du 10 juillet 1785.

Avant de rechercher fi les anciens nous ont donné l'exemple des *prohibitions*, de préfenter quelques réflexions fur leurs effets en général, il convient de faire obferver qu'on diftingue en France plufieurs fortes de *prohibitions*.

On compte donc les *prohibitions* générales & abfolues;

Les *prohibitions* relatives ou locales;

Les *prohibitions* politiques.

Les premières font celles qui interdifent abfolument l'entrée d'une marchandife, d'une étoffe, par intérêt pour l'induftrie ou le commerce de la nation. Telles font les étoffes des Indes & du Levant, & toutes les marchandifes dont on a donné l'état au premier volume, *page 366*.

Les étoffes de laine & de foie des autres pays ne font que dans une *prohibition* locale; c'eft-à-dire qu'elles peuvent entrer dans le royaume, pourvû que ce foit feulement par certains bureaux que la loi a défignés à cet effet.

Voici l'état des marchandifes fujettes à des *prohibitions* locales, & que l'on a promis fous le mot MARCHANDISES.

ÉTAT *alphabétique des marchandises, dont l'entrée dans le royaume est restreinte à certains bureaux ; ensemble les droits qu'elles y payent, & les réglemens qui les assujettissent à ces formalités.*

GENRE ET ESPÈCE des MARCHANDISES.	BUREAUX indiqués pour leur ENTRÉE.	DROITS qu'elles y payent.	RÉGLEMENS qui prescrivent ces conditions.
Café Moka & autres, que des isles françoises de l'Amérique.	l'Orient & Septemes ...	25 livres du quintal.	Arrêt du 25 janv. 1767.
Crèpes lisses de Boulogne.	Auxonne & Lyon......	30 pour cent de la valeur.	Tarif de 1667 ; arrêt du 24 janvier 1690.
Crespons de Zurich....	*Idem*	5 livres la pièce de vingt-cinq aulnes.	Arrêts des 13 avril 1689 & 24 janvier 1690.
Couvertures de fil & coton, apportées d'Italie & autres pays étrangers.	Marseille & Toulon...	Droits de la douane de Lyon & autres.	Décision du Conseil, du 27 août 1739.
Cuirs tannés & corroyés, autres que d'Angleterre, qui sont prohibés. La Normandie & la Picardie étant voisines de cet État, cette proximité paroît le motif de cette restriction par cette partie du royaume.	En Normandie, Rouen & Caen. En Picardie..... Calais.	20 pour cent de la valeur.	Arrêts des 7 septembre 1688, 10 mai 1689, 26 mars 1718.
Dentelles de fil, fines ...	Lille & Valenciennes..	20 liv. la livre.......	Arrêts du 30 décembre 1719, 10 avril 1734.
Drogueries, épiceries de toute espèce.	Bordeaux, Calais, basse-ville de Dunkerque, Lyon, la Rochelle, Nantes, Rouen, Saint-Vallery ; tous les ports de la Bretagne ; Agde, Boulogne, Caen, Dieppe, Honfleur, Toulon.	Droits, suivant leur espèce	Titre III de l'ordonnance de 1687 ; arrêts des 25 novembre 1698, 16 décembre 1721, 28 juin 1723. Arrêt du 6 janv. 1756.

SUITE de l'état alphabétique des marchandises, &c.

GENRE ET ESPÈCE des MARCHANDISES.	BUREAUX indiqués pour leur ENTRÉE.	DROITS qu'elles y payent.	RÉGLEMENS qui prescrivent ces conditions.
Drogueries du Nord....	Les mêmes ports que ci-devant; & de plus, le Havre, Cette, St.-Dizier	Suivant les tarifs.......	Arrêts du 25 octobre 1728; 6 mars 1736; & 14 mars 1752.
Etain ouvré, à l'exception de celui d'Angleterre, qui est prohibé.	Agde, Bordeaux, Calais, Cette, Dieppe, la Rochelle, Marseille, Lyon, Narbonne, Rouen, Saint-Vallery, Toulon.	Droits des tarifs........	Ordonnance de 1681; décisions du Conseil, des 12 janvier 1739, 28 août 1754.
Etain non ouvré, d'Angleterre seulement.	*Idem*	4 liv. du quintal.......	Arrêt du 20 mai 1738; décis. du Conseil, du 28 août 1754.
Etoffes de laine, de toute sorte, comprenant la bonneterie, les couvertures, les ouvrages de laine, poil, coton, fil & soie, & mêlés de ces cinq matières; à l'exception de ces ouvrages d'Angleterre, qui sont prohibés, suivant les arrêts des 6 septembre 1701, 18 septembre 1763, & 17 juillet 1785.	Calais & Saint Vallery...	Les droits portés au tarif de 1667, ou 30 pour cent de leur valeur, si elles n'y sont pas dénommées.	Tarif de 1667; arrêts des 8 novemb. 1687, 17 février 1688, 3 juillet 1692, 8 août 1719, & 27 mars 1731.
Etoffes de coton, comme velours & autres, ou mêlées de fil & coton.	*Idem*..............	30 pour cent, sur l'estimation de 770 liv. le quintal.	Arrêt du 2 juin 1775.
Etoffes de soie, de filoselle & fleuret, ou fil & soie, comprenant la bonneterie, & tous ouvrages de ces matières, à l'exception de ceux d'Angleterre, qui sont dans la *prohibition* absolue, comme les étoffes de laine & coton.	Marseille, le Pont-de-Beauvoisin & Lyon, où elles doivent passer.	Droits locaux & douane de Lyon............. Plus, trente sous par livre.	Edit de janvier 1722; arrêts du 27 mars 1731, 18 sept. 1763. Arrêt du 15 mars 1760.
Etoffes de soie, *idem* pour pour la Flandre.......	Lille & Valencienne.	20 liv. par livre......	

SUITE *de l'état alphabétique des marchandises, &c.*

GENRE ET ESPÈCE des MARCHANDISES.	BUREAUX indiqués pour leur ENTRÉE.	DROITS qu'elles y payent.	RÉGLEMENS qui prescrivent ces conditions.
Linge de table, ouvré, autre que d'Angleterre.	Bayonne, Calais, Bordeaux, Boulogne, Dieppe, la Rochelle, le Havre, Nantes, Port-Louis, Saint - Malo, St.-Vallery, Longeray substitué à Collonges, Dunkerque, Lille, Maubeuge, Ste-Mennehould, Seissel, Septemes, Torcy, Valenciennes.	40 livres du quintal...	Arrêts des 23 novembre 1688, 9 janvier 1736, 8 janv. 1754.
Linge de toute sorte, d'Angleterre.	....	Prohibé............	Arrêt du Conseil, du 17 juillet 1785.
Livres & librairie.....	Amiens, Bordeaux, Calais, Lille, Lyon, Marseille, Metz, Nantes, Paris, Rheims, Rouen, Seissel, Strasbourg, les Rousses, Villeneuve-lés-Avignon.	En franchise........	Réglement de 1723; arrêts des 31 octobre 1728, 21 juin 1746, 23 avril 1775.
Marchandises des Isles..	Tous les ports désignés au mot ISLES, *tome II*, page 648.	Les droits sont fixés par les lettres-pat. de 1717, art. 19 & 23.	
Marchandises de l'Inde..	L'Orient & Nantes, avec entrepôt de six mois.	Suivant leur espèce, à l'entrée des cinq grosses fermes.	Arrêt du 28 septembre 1726; articles 13 & 46 de l'arrêt du Cons. du 14 avril 1785.
Ornemens d'église & habillemens de toute sorte, ne peuvent entrer que par les mêmes bureaux par lesquels sont admises les étoffes dont ils sont composés.	Calais, Saint-Vallery, Marseille, Pont - de-Beauvoisin.	Même droits que les étoffes.	Arrêt du 30 novembre 1768.
Sel d'epsum & de glaubert.	Rouen, Ingrande, Saint-Vallery & Dunkerque.	30 liv. du quintal.....	Arrêt du 30 mars 1719; décision du Conseil, du 29 mai 1768.
Sel gemme, sel de nitre, & sel arcanum.	Même restriction	Comme marchandise omise au tarif.	Arrêt du 13 octobre 1711; décis. du Cons. du 30 mars 1748.

SUITE de l'état alphabétique des marchandises , &c.

GENRE ET ESPÈCE des MARCHANDISES.	BUREAUX indiqués pour leur ENTRÉE.	DROITS qu'elles y payent.	RÉGLEMENS, qui prescrivent ces conditions.
Soies , excepté pour la Flandre & le Hainault, & excepté les soies écrues de la Chine, appellées Nankins.	Marseille , le Pont-de-Beauvoisin & Lyon....	14 sous de la livre.....	Edits d'octobre 1554, janvier, 1722. *Voyez* le mot SOIE.
Tabacs..............	Dunkerque , Wervich , Comines , pour le pays conquis ; Héricourt, pour la Franche-Comté.	1 liv. 10 sous de la livre. *Idem.*	Déclaration du 4 mai ; arrêt du 7 juin 1749. *Id.*, arrêt du 30 décembre 1749.
Toiles de toute sorte & de tout pays , autre que d'Angleterre , & pour tout le royaume, excepté la Flandre , le pays conquis.	Lyon , Rouen.........	Celles de lin , par pièce de quinze aulnes , 8 liv. Celles de chanvre , par pièce , *id*....... 4 liv.	Arrêts du 22 mars 1692 , 2 décembre 1738, 22 févr. 1752, 24 janvier 1773.
Idem , pour le pays conquis ; à la charge d'entrer dans le royaume, par terre seulement, par Péronne , Amiens , Saint-Quentin.	Tous les bureaux du pays	2 liv. 5 sous , & 5 liv., suivant leurs qualités.	Arrêt du 24 mars 1744.
Toiles d'Angleterre.....	*Idem.*..............	Prohibées , comme non-dénommées.	Arrêt du Conseil , du 17 juillet 1785.
Toiles peintes, imprimées & étrangères	*Par terre*, Jougnes, Morteau , Juffey , Lille , Valenciennes , Pont - de-Beauvoisin, St.-Dizier, Ste. Mennehould , Clermont , Rocroy , Givet , Sedan , Septemes. *Par mer*, Calais, Dieppe, le Havre , Rouen , Honfleur , Cherbourg , Vannes , Saint-Malo , Brest, Nantes , Libourne , la Rochelle , Bordeaux , Bayonne , Cette , Marseille , Dunkerque & l'Orient.	90 liv. du quintal brut.	Arrêt du 25 avril 1777. *Nota.* L'arrêt du 10 juillet 1785 a changé ces dispositions , en prohibant absolument l'entrée de toutes toiles peintes & imprimées , étrangères , à l'exception de celles qui seront destinées pour le commerce de Guinée.
Toiles de Nankin.....	....	Prohibées, excepté celles apportées par la compagnie des Indes.	Arrêt du 10 juill. 1785.

SUITE *de l'état alphabétique des marchandises, &c.*

GENRE ET ESPÈCE des MARCHANDISES.	BUREAUX indiqués pour leur ENTRÉE.	DROITS qu'elles y payent.	RÉGLEMENS qui prescrivent ces conditions.
Toiles peintes, du commerce de l'Inde.	L'Orient............	Doivent y être vendues, à la charge de l'exportation à l'étranger.	Arrêt du 10 juill. 1785.
Verres & ouvrages de Verre, de tout pays étranger, apportés dans le royaume, non compris les bouteilles.	En Champagne; St.-Dizier & Ste-Mennehould. En Flandre; Lille & Dunkerque-basse-ville. En Hainault; Maubeuge, Givet & Valenciennes.	Verre blanc, 30 liv. du quintal. Verre en table, 12 liv. id.	Arrêts du conseil, du 11 novembre 1738, & 15 août 1752.

Les *prohibitions* dictées par la politique, font celles qui font établies fur le droit de réciprocité, comme, par exemple, entre la France & l'Angleterre. Ces deux Etats défendent absolument l'entrée des marchandises respectives qu'elles jugent les plus capables de nuire à l'industrie de leurs sujets.

Les trois efpèces de *prohibitions* que nous avons spécifiées, ont été connues des anciens, & on en trouve des exemples dans l'histoire.

Le traité de commerce, passé entre les Carthaginois & les Romains, trois cents quarante-sept ans avant Jesus-Christ, portoit, suivant Polybe, qu'aucun Romain ne pourroit trafiquer ni bâtir en Sardaigne, ni en Afrique; qu'il ne leur feroit permis d'y entrer que pour se pourvoir de provifions, ou radouber leurs vaifseaux;

Que s'ils y étoient portés par la tempête, ils ne pourroient y refter que cinq jours.

Que dans la partie de la Sicile, dépendante de Carthage, & à Carthage même, il feroit permis à tout Romain de faire ou vendre tout ce qu'il voudroit, & que tout Carthaginois auroit à Rome la même liberté. *Histoire universelle, traduite de l'Anglois.* Amfterdam, in-4°., tome 8, pag. 254.

Hérodote rapporte aussi, *liv.* 2, *chap.* 8, qu'Amafis, roi d'Egypte, avoit rendu une loi par laquelle il étoit défendu à tous les étrangers qui viendroient trafiquer dans fes Etats, d'aborder ailleurs que dans la ville de Naucrate, place commerçante; s'ils abordoient ailleurs, ils étoient tenus d'affirmer, par ferment, qu'ils y avoient été pouffés, malgré eux, par les vents; & il leur étoit seulement permis de naviguer jufqu'à l'embouchure du Nil vers Canope.

Ainfi, l'on voit que les *prohibitions* font nées de la crainte, de l'ignorance & de la jaloufie, plutôt que de la méditation des véritables principes du commerce; c'eft aux peuples libres, généreux, éclairés & tolérans qu'on en doit l'origine. Toutes les connoiffances acquifes, étant liées à des rapports connus, il doit en réfulter un tableau vivant & univerfel de toutes les efpèces de commerce propres à chaque pays; & de la comparaifon de ces connoiffances, doivent naître des combinaifons nouvelles de commerce, foit pour étendre les branches qui exiftent, foit pour en créer de nouvelles.

Mais un des grands obftacles à l'extenfion du commerce & de l'induftrie, c'eft qu'il règne toujours entre les différentes puiffances une jaloufie, qui femble être une fecrète confpiration pour fe ruiner toutes, en empêchant qu'aucune s'enrichiffe.

Dans tous les temps, ceux qui gouvernèrent les peuples, mirent toujours plus d'adreffe à fe défendre de l'induftrie des autres nations, qu'à chercher à triompher de leur rivalité & de leur concurrence, en excitant l'activité & l'induftrie: de-là vinrent les contraintes & les gênes dans le commerce. Ces difpofitions à envier la fortune de fes voifins, plutôt qu'à tenter de la partager, fomentèrent fouvent des divifions, & le caractère d'une nation légère dans fes jugemens, en tant qu'elle eft attachée à fes fantaifies, fouffrit fouvent des *prohibitions*, fur l'innportation des objets de pure induftrie, en même tems qu'elle eut à redouter les effets de l'exportation des denrées communes.

Aux trois fortes de *prohibitions*, dont il eft parlé, on peut ajouter encore celle qui confifte à charger une marchandife de tels droits, qu'ils deviennent prohibitifs; c'eft-à-dire, qu'ils ne permettent pas d'importer la marchandife qui les supporte, à cause du renchériffement exceffif qu'elle éprouve par leur payement. Cette forte de *prohibition*, comme les autres, fe défigne fous le nom de *loix prohibitives*. Les droits prohibitifs tourneroient contre l'Etat, s'ils n'étoient pas combinés avec la poffibilité de l'introduction de la marchandife. Par exemple, fi des diamans, une montre & des bijoux étoient fujets à des droits de cinquante ou cent pour cent de la valeur, on fent bien qu'ils ne feroient jamais acquittés, à caufe de la facilité de les paffer clandeftinement. Ce n'eft donc qu'à l'égard des objets d'un volume confidérable, que l'on peut ufer de la voie des droits prohibitifs.

Lorfqu'en 1759, le droit impofé fur les toiles peintes, à l'entrée du royaume, fut fixé à cent-cinquante livres par cent pefant, il rapporta à peine cent mille livres par année, & on ne le paya guères que fur des toiles fines, dont la qualité & la valeur pouvoient fupporter cet accroiffement de prix.

L'arrêt du 13 août 1772 ayant réduit ce droit à quatre-vingt-dix livres auffi par quintal, l'année fuivante fon produit fut de huit cents mille livres; preuve que les marchandifes de grand encombrement peuvent être affujetties à de forts droits, fans aucun rifque pour leur introduction, qui eft plus difficile, en raifon de leur volume, & qui ne peut fe faireque par la féduction & la connivence des prépofes pour l'empêcher.

Les réflexions que nous allons donner fur les *prohibitions* & les *loix prohibitives*, font tirées des notes de l'*éloge de Colbert*, couronné en 1773 par l'académie françoife, & dû à un homme de génie qui, mieux que perfonne, a fu développer celui de ce grand miniftre, & fe montrer enfuite à la même place, digne de devenir l'émule & le compagnon de fa gloire.

» Par *loix prohibitives*, (eft-il dit, pag 80. *in-8°*) on entend celles qui défendent la fortie de quelques productions nationales, ou qui interdifent l'entrée de quelques marchandifes étrangères; les obftacles qu'on apporte à cette exportation ou à cette introduction par de gros droits, font également partie des *loix prohibitives*.

Ces loix font fort délicates à déterminer, parce qu'elles doivent tenir la balance entre le bonheur & la force. Il faut pour le bonheur des propriétaires, qu'ils puiffent jouir de leur fortune, & faire venir des pays étrangers tout ce qui leur plaît.

Il faut pour la population & la force d'un pays, que les propriétaires employent toutes leurs fubftances fuperflues à nourrir leurs compatriotes; le fouverain concourt à ce but par la *prohibition* de quelques marchandifes étrangères, puifque cette interdiction donne plus de faveur aux objets de l'induftrie nationale.

C'eft entre ces deux principes contraires, l'un indiqué par le bonheur, & l'autre par la force publique, qu'ont été établies & modifiées les *loix prohibitives* qui exiftent dans les différens pays de l'Europe. On a tort, ce femble, de les envifager comme des inftitutions ignorantes & barbares; ce font des loix de fociété, femblables à tant d'autres qui repréfentent un facrifice fait en faveur de la puiffance nationale, & une prime payée par le bonheur, pour affurer fa confervation.

L'art de l'adminiftration dans la modification des *loix prohibitives*, confifte à rendre ce facrifice infenfible, ou à le proportionner avec fageffe aux circonftances.

Il feroit dur & contraire à l'efprit focial de défendre dans un pays l'entrée des biens étrangers dont il eft privé, lorfque ces biens contribuent effentiellement au bonheur de la vie.

Si la France défendoit le tabac, les thés, les épiceries, fi l'Allemagne prohiboit le fucre & le café, ce feroit impofer fans néceffité, des privations aufteres & défagréables; mais il eft fage de défendre ou de contrarier par des droits, l'entrée des manufactures que l'on peut établir dans fon pays; car le bonheur ne fouffre point de ce qu'on empêche en France l'introduction des draps d'Angleterre, tandis qu'on en fabrique en France qui font à-peu-près femblables; & ce qui fe dit des draps, peut s'appliquer à mille autres objets.

S'il en étoit même qu'on ne pût pas imiter chez foi, mais qui ne contribuaffent ni aux plaifirs des fens, ni à la commodité, & qui n'excitaffent la fantaifie des propriétaires qu'à titre de luxe & de diftraction, il n'y auroit aucun inconvénient de en contrarier l'entrée; car la vanité ayant une multitude de moyens de fe fatisfaire, lui en ôter un, n'eft pas une privation fenfible.

Il faut encore obferver ici que lorfqu'on dit que les *loix prohibitives* mettent quelquefois la force en contrariété avec le bonheur, c'eft toujours du bonheur des propriétaires dont on parle, car le bonheur des falariés eft toujours favorifé par les loix, puifqu'elles multiplient les occupations, en protégeant les manufactures nationales.

Les *loix prohibitives* ne doivent s'exercer qu'à l'entrée du royaume & des villes. Toutes celles qui obligent à des inquifitions dans les maifons, font une violation de la liberté domeftique; ainfi les *loix prohibitives* font très difficilement applicables aux marchandifes de petit volume. La défenfe pure & fimple de porter telle ou telle parure, eft auffi une loi odieufe, parce qu'on ne peut prouver la contravention que par des accufations formées

...tres dans le sein de la vie privée, moyens toujours révoltans.

Il est remarquable que les nations les plus favorisées par la culture, ont tout à la fois moins de motifs pour établir des *loix prohibitives*, & plus de moyens pour le faire sans inconvéniens ; elles ont moins de motifs pour en établir, parce qu'ayant plus de ressources pour s'enrichir, elles peuvent être moins sévères dans leurs institutions économiques.

Elles peuvent en établir avec moins d'inconvéniens que d'autres, parce que la société qui présente à ses citoyens le plus grand nombre de jouissances, court le moins de risque à leur imposer quelques privations.

C'est par un effet de cette derniere considération, que l'Angleterre qui retient ses habitans, par les douceurs de la liberté, s'est permis d'interdire au plus grand nombre d'entre eux l'usage du vin, en le chargeant de droits excessifs. Si le gouvernement de cette nation changeoit, on seroit peut-être obligé d'adoucir cette loi. En général, c'est le peuple qui a les *loix prohibitives* les plus sévères & les plus étendues.

On a souvent relevé cette circonstance comme une contradiction avec l'amour de la liberté qui regne en Angleterre ; mais il semble au contraire que c'est parce que les Anglois mettent un prix infini à leur liberté politique, qu'ils se portent sans répugnance aux *loix prohibitives* qui assurent la conservation de cette liberté, en augmentant la richesse nationale.

La France qui retient ses habitans, par la fécondité variée de ses productions, par un climat agréable, par une situation avantageuse, par les douceurs de la société, & par la réunion de tous les arts agréables, pourroit aussi porter plus loin qu'une autre nation, *ses loix prohibitives* ; mais elle en est dispensée par les mêmes circonstances, qui, en augmentant ses ressources, lui permettent d'être moins circonspecte dans ses précautions.

Les pays qui par leur sol & leur situation ont très-peu d'objets de luxe & de commodité à présenter en échange aux autres nations, en sont d'autant plus obligés d'avoir des *loix prohibitives*.

Il y a tel pays du nord qui, par ses productions particulieres, ne peut pas se procurer les denrées de seconde nécessité, que désirent ses propriétaires, telles que le vin, l'eau-de-vie, le sucre & le café : si le souverain ne combattoit pas autant qu'il est possible, les objets de luxe étranger, son pays ne pourroit achever de payer qu'en subsistances, sa population diminueroit, & nulle richesse ne s'y amasseroit. Chez de telles nations, on est souvent obligé d'étendre les *prohibitions*, jusqu'à défendre aux gros propriétaires de terres,

de rester long-tems hors de leur pays, & cette défense qui paroît une institution du despotisme, n'est qu'une loi de pauvreté ; ce n'est pas l'éloignement de la personne qui déplaît au souverain, c'est la consommation des revenus dans des pays étrangers.

Les pays pauvres n'ont presque jamais de gros propriétaires de richesses mobiliaires ; ainsi ils risquent moins en établissant des *loix prohibitives*. L'autorité de ces loix ne sauroit éloigner les propriétaires & les cultivateurs des terres ; ils sont retenus par le sol, & c'est aussi par ce motif que la tyrannie est beaucoup moins contraire à la puissance dans ces pays-là, que dans ceux qui ont besoin d'arrêter dans leur sein de grandes richesses mobiliaires.

Parmi les personnes qui déclament avec exagération contre les *loix prohibitives*, il en est qui les attaquent comme une barbarie entre les hommes qui devroient se traiter en frères, & se communiquer réciproquement & sans contrainte, les productions qui leur sont particulieres. Cette morale est très-respectable ; mais toute société est aussi distincte d'une autre, qu'un homme l'est d'un autre homme. On leur prêcheroit inutilement aux uns & aux autres l'abandon d'eux mêmes & la communauté des biens ; ils chercheront dans toutes les occasions à faire valoir leurs avantages, & l'on doit se borner à convaincre les princes que leur puissance est presque toujours un effet du bonheur public.

Un pays ne peut acheter, qu'autant qu'on reçoit ses propres richesses en paiement ; ainsi refuser d'acheter de lui, c'est refuser de lui vendre ; c'est détruire le commerce.

Ce raisonnement pourroit être juste, si un pays ne pouvoit payer qu'avec ses manufactures ; encore faudroit il examiner quel intérêt on auroit à lui vendre, pour n'être payé qu'en objets dont on peut se passer, ou qui contrarieroient des établissemens intérieurs.

Mais ce qu'il importe le plus d'observer ; c'est qu'un pays peut payer, non-seulement en travaux d'industrie, mais encore en subsistance ou en argent, qui représente le pouvoir d'en acquérir par-tout.

Ainsi moins une société achetera d'objets d'industrie étrangere, plus elle aura de moyens pour obtenir en échange de la sienne, ou des subsistances, ou de l'argent, seule fin de commerce qui augmentent la population & la richesse, tous les autres échanges n'étant qu'un troc de jouissances.

Une académie avoit proposé pour question, d'examiner quel seroit l'effet de l'abolition des *loix prohibitives* à l'égard de la nation qui les abrogeroit la premiere.

Si les principes qu'on a ci-devant développés

étoient juftes, cette queftion ne feroit pas le fujet d'une longue differtation.

Une fociété qui laifferoit entrer toutes les productions de l'induftrie étrangère, tandis que les autres nations continueroient à interdire l'introduction des fiennes, feroit à-peu-près obligée de payer, en fubfiftances ou en argent, ce qu'elle demanderoit aux étrangers; bientôt fes richeffes & fa population diminueroient. Ce que l'on vient de dire, dans une hypothèfe abfolue, telle que l'introduction totale des marchandifes d'un pays jointe à la libre introduction dans ce même pays de toutes les marchandifes étrangères, s'appliqueroit proportionnellement aux hypothèfes mixtes & temporelles. *Voyez* la page 2 de l'avertiffement qui eft à la tête du premier volume de cet Ouvrage; on y répond à la propofition d'abolir toutes les douanes en France.

Mais lorfqu'une nation propofe à une autre de laiffer entrer chez elle une partie de fes objets d'induftrie, à condition de permettre l'introduction réciproque d'une partie des fiens, on peut y confentir, fi la chance d'acheter ou de vendre paroît à-peu-près égale; car tout échange étant l'accompliffement d'un defir réciproque, il feroit dur & déraifonnable d'y mettre obftacle, quand la force nationale n'y feroit pas compromife.

Mais il eft rare qu'entre deux nations induftrieufes, l'entrée réciproque d'une manufacture femblable puiffe être établie; l'une d'elles craindra toujours que l'intelligence ou l'activité fupérieure de l'autre ne faffe tomber fa manufacture; elle fera bien alors de la foutenir par une *loi prohibitive*, & l'autre aura raifon de lui rendre le change.

Les nations pauvres ont toujours befoin de veiller fur leurs *loix prohibitives*. Les nations favorifées par la nature, en ont établi quelquefois avec raifon, pour exciter l'intelligence de leurs habitans; mais quand les derniers font parvenus à déployer toutes leurs forces, elles devroient defirer que tous les Etats, d'un commun accord, aboliffent ces loix: c'eft le cas de la France, elle y gagneroit fûrement; mais tant que les autres pays maintiendront leurs *loix prohibitives*, il eft fage & politique d'obferver une jufte réciprocité dans tous les objets qui n'intéreffent pas ces jouiffances. »

Le même homme de génie, après avoir gouverné long-tems les finances de l'état avec les fuffrages univerfels, a publié fes réflexions fur les *prohibitions* & les droits prohibitifs. L'analyfe de ce morceau intéreffant fe préfente naturellement ici.

Ce fut pour entretenir la puiffance qui naît d'une grande population, que les gouvernemens durent s'appliquer à exciter & à favorifer l'induftrie nationale, & que faifant un pas de plus, ils voulurent affurer à cette même induftrie, une préférence indubitable, en éloignant la concurrence des manufactures étrangères, foit par une *prohibition*, foit par des droits d'entrée à peu près équivalens.

Voyons comment les *prohibitions*, ou les droits prohibitifs contre les manufactures étrangères, s'accordent avec la félicité & avec la force publiques.

Cette propofition femble la plus difficile à foutenir. Comment eft-il poffible, dira-t-on, de lier aux idées de bonheur, les diverfes privations qui font l'effet des loix prohibitives? Celui qui veut fe vêtir de draps d'Angleterre, d'étoffes des Indes, ou du Levant; celui qui veut jouir de tant d'autres productions de l'induftrie étrangère, ou le defire en vain, ou ne peut fe fatisfaire qu'en payant des droits exceffifs: n'eft ce pas là une véritable atteinte donnée à la liberté? J'en conviens. Ceux qui font affez favorifés des biens de la fortune, pour n'avoir d'autre intérêt que le choix du plus agréable emploi de leur revenu, peuvent envifager comme une peine, le plus léger obftacle mis à la fatisfaction de leurs goûts & de leurs fantaifies; mais le bonheur public n'eft jamais repréfenté par une liberté indéfinie; il l'eft par toute l'étendue de la liberté qui ne nuit point aux autres.

Or, les loix politiques d'adminiftration participent à l'efprit des loix civiles; celles-ci, foigneufes d'entretenir l'ordre, c'eft-à-dire, la plus parfaite harmonie entre les prétentions & les droits de tous les membres de la fociété, empêchent que le caprice ou les paffions d'un feul, ne faffent le mal de plufieurs: ces loix laiffent chaque citoyen le maître du choix de fes amufemens, mais elles interdifent les plaifirs qui troublent le repos public.

De même, l'adminiftration politique ne facrifie point, au vœu d'une des claffes de la fociété, les intérêts de toutes les autres: & tandis que les riches propriétaires fe plaignent d'être gênés, par les obftacles apportés à l'introduction des manufactures étrangères, le fouverain obferve, qu'ils ne compofent pas feuls la fociété; il jette les yeux fur cette nombreufe claffe de fes fujets, qui ne peuvent vivre que de l'emploi de leur tems, & il les défend, par de fages loix, de l'effet de ces modes ou de ces caprices, qui alimenteroient l'induftrie étrangère aux dépens du travail national; enfin, il fera plus allarmé de l'inaction des manufactures, que du malheur imaginaire de ceux qui fe trouvent trop refferrés, lorfqu'ils ont à choifir entre les biens & les travaux de toute efpece, que leur offre le royaume le plus fertile & le plus induftrieux de l'Europe.

Le regard du fouverain va même encore plus loin, & ce tuteur de la félicité publique apperçoit que les propriétaires eux-mêmes ne font qu'un calcul du moment, lorfqu'ils regrettent de ne pouvoir pas appliquer librement leurs revenus à tous les objets de dépenses qu'ils envient ; puisque c'est, par le nombre d'ouvriers & d'artistes de toute espece, réunis autour d'eux, qu'ils trouvent plus facilement le débit des productions de leurs terres, & que leurs revenus font devenus plus considérables & plus assurés.

Sans doute, si toutes les nations, par un pacte commun, vouloient abroger toutes les *prohibitions* & tous les droits d'entrée, la France ne devroit pas s'y refuser ; car il est probable qu'elle gagneroit à ces conventions ; cependant elle auroit encore lieu d'y réfléchir, si l'accroissement des charges publiques hausfoit sensiblement le prix de la main-d'œuvre, & s'il s'élevoit une nation industrieuse au milieu d'un pays fécond & affranchi des impôts que les guerres & le luxe des gouvernemens ont introduits en Europe.

Mais toutes ces hypothèses, fondées sur une liberté générale de commerce, font des questions chimériques : les puissances qui perdroient à cette liberté, ne l'adopteront point ; & celles qui y gagneroient, la desireroient vainement : cependant, si l'on vouloit l'introduire, en donnant l'exemple, on imiteroit la folie d'un particulier qui, dans l'espoir d'établir la communauté des biens, admettroit tous ses voisins au partage de son patrimoine.

On peut faire aisément un beau tableau de la fraternité des nations ; on peut appeller barbares ces loix de précaution, qui féparent les différens Etats de l'Europe, pour ménager à chacun ses moyens naturels de prospérité ; mais lorsqu'on, en même-tems, qu'on allume, sans héfiter, tous les flambeaux de la guerre, pour se disputer les bords de quelqu'isle déferte, c'est former une association bifarre des idées les plus contraires.

On emploie un autre raisonnement, & l'on dit que, pour vendre, il faut nécessairement acheter : ce principe n'est point absolu ; car on peut être payé en or & en argent, & c'est le genre d'échange que les nations ambitionnent : le pays, au contraire, dont les achats feroient exactement proportionnés à la somme de ses ventes, n'auroit point de balance de commerce en sa faveur, n'obtiendroit aucune part aux richesses qui accroissent la force des Etats, & feroit même obligé de se priver annuellement d'une partie de son numéraire, pour acquitter les intérêts qu'il devroit aux étrangers.

Enfin, on doit observer que les achats & les ventes des nations ne correspondent point ensemble, ne s'exécutent point dans les mêmes lieux, & l'habitant du nord qui vient chercher vos vins, ne s'informe point si vous avez acheté des mouflelines en Suisse, ou des taffetas en Italie.

Si l'on examine ensuite quels moyens il faut choisir pour s'opposer à l'introduction des manufactures étrangères ; il semble qu'on doit préférer les droits d'entrée aux *prohibitions* absolues, parce qu'il n'est jamais possible d'arrêter entièrement la contrebande ; & qu'en établissant des droits proportionnés aux dépenses & aux rifques que ces introductions illicites occasionnent, on a le double avantage, & de prévenir des actions immorales, & de faire jouir le tréfor public d'un revenu équivalent aux profits qui se distribuent entre tous les entremetteurs d'un pareil commerce.

Le droit à l'introduction des manufactures étrangères, n'étant préférable à une *prohibition* absolue, que par l'infuffifance des moyens économes & raisonnables dont on peut faire usage pour s'opposer à la plupart des importations, on apperçoit, d'après ce principe, que la mesure du droit d'entrée devroit être proportionnée aux rifques & au tarif, pour ainsi dire, du prix commun de la contrebande : ainsi, des frontières plus ou moins ouvertes, des objets de commerce qui, felon leur volume, font plus ou moins susceptibles d'échapper à la surveillance, toutes ces considérations, & d'autres encore, devroient occasionner des différences sur la quotité du droit ; mais les réglemens, dans un grand royaume, ne pouvant être adaptés qu'aux circonstances générales ou très-distinctes, il paroît qu'à peu d'exceptions près, un droit de quinze pour cent feroit le tarif raisonnable pour le droit d'importation sur les manufactures étrangères. *Voyez* le mot TRAITES.

PRORATA, f. m. ou plutôt adverbe composé de trois mots latins *pro rata parte*, qui veulent dire pour part déterminée, & dont on n'a fait qu'un feul mot, en retranchant, par syncope, le dernier, qui est toujours fous-entendu. Le terme de *prorata* est fort en usage en finance, & dans la pratique. Ainsi on dit distribuer, partager, contribuer au *prorata* de ce qui est dû, de sa créance, de ses facultés. Il signifie la même chose qu'à proportion.

Le droit de franc-fief se réduit au *prorata* de la jouissance, lorsque le nouveau possesseur d'un bien noble le vend, ou meurt avant l'an & jour de sa possession. *Voyez* FRANC-FIEF, *tome II*, *page* 288.

PROROGATION, f. f. qui en général signifie extension, prolongation.

C'est l'action d'accorder un délai pour satisfaire à une obligation, pour remplir une formalité.

PROTOCOLE, f. m. Chez les Romains, le *protocole* étoit une écriture qui étoit à la tête de la première page du papier fur lequel les tabellions de Conftantinople étoient obligés de mettre leurs actes. Ce *protocole* contenoit le nom du comte des largeffes facrées, *comes facrarum largitionum*, qui étoit le furintendant des finances créé par Conftantin. *Voyez* la pag. 12 du difcours préliminaire qui eft à la tête du premier volume de cet Ouvrage.

Aujourd'hui le mot de *protocole* fignifie généralement un modèle, une forme donnée. Ainfi on dit le *protocole* des miniftres, pour fignifier l'ufage qu'ils obfervent dans leur correfpondance épiftolaire. Chaque miniftre fe fait un *protocole* conforme aux dignités & aux titres dont il eft revêtu, ou à fa naiffance perfonnelle. Mais tous les *protocoles* s'accordent fur le titre de monfeigneur, que tous les miniftres doivent donner au chancelier & au garde des fceaux.

PROVÉDITEUR, f. m. Nom que l'on donne à celui qui a à Livourne l'intendance & l'infpection générale de la douane & des droits d'entrée & de fortie. Le *provéditeur* de la douane tient dans Livourne le premier rang après le gouverneur. Il y a un *fous-provéditeur*, qui eft comme le lieutenant ou le fecond du *provéditeur*, & qui remplit fes fonctions en fon abfence.

On peut juger des foins du *provéditeur* par la fréquentation de la douane de Livourne, & par l'étendue du commerce qui s'y fait. On prétend qu'année commune il aborde dans ce port, en tems de paix, trois cens vaiffeaux, dont la moitié appartient aux Anglois, & environ mille ou douze cens petits bâtimens, comme barques & felouques qui viennent des côtes voifines, & doivent à la douane la déclaration de toutes les marchandifes & denrées qui compofent leur chargement.

PROVENCE. Province de France fituée fur la mer Méditerranée, & qui jouit de différens privilèges par rapport aux impofitions & aux droits.

Elle eft comme le Languedoc, pays d'états, province réputée étrangère à l'égard des cinq groffes fermes, abfolument exempte de droits d'aides, & feulement fujette aux petites gabelles.

Nous avons annoncé au mot ÉTATS (pays d') que nous ferons connoître dans l'ordre alphabétique de chacun de ces pays, les formes d'impofition qui y font établies.

La Collection des Mémoires imprimés au Louvre, fous les ordres de M. Moreau de Beaumont, intendant des finances, va nous fournir tous les détails qui concernent les impofitions auxquelles la *Provence* eft fujette, leur répartition & leur recouvrement.

On fait que le nom de *Provence* vient de *Province*, que les Romains donnèrent à cette partie des Gaules qu'ils conquirent la première. Elle comprenoit alors indépendamment du Languedoc, le Dauphiné & la Savoie jufqu'à Genève; le nom de comté de Provence eft demeuré au pays renfermé entre la mer Méditerranée, le Rhône, la Durance & les Alpes.

Les anciens comtes de *Provence* n'exigeoient la taille qu'en certains cas, & la levée s'en faifoit par feu, c'eft-à-dire, fur les particuliers ayant *focum & larem*.

Les différens changemens que la fucceffion des tems apportoit dans les domiciles & poffeffions, obligeoient de faire des recours d'affouagemens, c'eft-à dire, des revues générales des feux, & de nouvelles cotifations en conféquence.

Il y en eut une célèbre en 1471, faite par huit commiffaires députés par l'affemblée des trois états de l'autorité du fénéchal.

Il eft néceffaire d'obferver, qu'originairement les eccléfiaftiques & les feigneurs ayant fief avec jurifdiction, étoient exempts de taille; les premiers pour tous leurs biens indiftinctement; les feconds pour ceux qu'ils acquéroient dans l'étendue de leurs fiefs.

Le privilège d'immunité que les eccléfiaftiques communiquoient à tous leurs biens perfonnels, parut trop étendu; on le reftreignit aux biens d'églife qu'ils poffédoient, par un ftatut qui s'exprime ainfi; *clerici pro bonis patrimonialibus tenentur contribuere in talliis & fubfidiis regiis, & oneribus provincia, falvâ immunitate folùm, pro bonis ecclefia.*

Quant à l'exemption des feigneurs, elle fubfifta long-tems, & comme elle caufoit un grand préjudice aux habitans fur lefquels retomboient les impofitions dont ces biens acquis par les feigneurs étoient affranchis, cette exemption fit naître des conteftations continuelles entre la nobleffe & le tiers-état, & qui furent enfin terminées par les différentes reftrictions que l'on apporta au privilège des feigneurs.

Les commiffaires députés en 1471 pour l'affouagement, fe tranfportèrent fur les lieux, s'informèrent auprès des adminiftrateurs & principaux des villes & villages, du nombre des maifons & des habitans, de la quantité du bétail, de la fertilité & commodité des terroirs, du commerce, des charges & des biens des différentes communautés, fi les héritages étoient poffédés en franc-aleu ou non.

Ils ne comprirent point les héritages que les feigneurs poffédoient dans l'étendue de leur jurifdiction, ni ceux qui appartenoient aux eccléfiaftiques à cause de leurs bénéfices ; ils restreignirent cependant par leur déclaration, l'exemption des seigneurs aux biens qu'ils acquéreroient à l'avenir, & même ceux qu'ils avoient acquis par commise, confiscation, prélation ou délaissement, ce que les commissaires appellent biens obtenus de leurs droits ; & ils déclarèrent que, par rapport aux autres, les seigneurs contribueroient à toutes les charges avec les roturiers ; cette décision fut fondée sur ce que, quoique les tailles parussent mixtes, devant être employées *personis pro rebus*, elles étoient néanmoins plus réelles & prédiales que personnelles.

En conséquence de cette déclaration, les communautés de *Provence* dressèrent leurs cadastres, dans lesquels elles décrivirent tous les héritages assis dans leur territoire, possédés par d'autres que par les seigneurs des lieux, & par les ecclésiastiques, à raison de leurs bénéfices ; elles firent l'évaluation de leurs héritages, pour les régler à un pied certain sur lequel les tailles pussent être imposées au sou la livre.

La déclaration faite par les commissaires lors de l'affouagement général de 1471, excita de vives représentations de la part des nobles & de la part du tiers état.

Les nobles soutenoient qu'on n'avoit pû préjudicier à leur qualité & exemption ; que la décision des commissaires, relativement aux biens qu'ils avoient acquis antérieurement, ne pourroit leur nuire, puisque les biens n'avoient point été compris dans l'affouagement général, & qu'ils n'avoient pas fait fonds dans l'établissement & département des feux ; que d'ailleurs les commissaires n'avoient d'autres pouvoirs que de visiter le pays, & nullement de statuer entre les gens d'église, la noblesse & le tiers état.

Le tiers-état de son côté, se plaignoit de la déclaration des commissaires, qui donnoit aux nobles un moyen simple & commun d'acquérir les meilleurs héritages, dépendans de leurs fiefs & directes, qui étoit la retenue par prélation ; que les seigneurs subrogés, par le retrait féodal, au lieu & droit des acheteurs, devoient être regardés comme de véritables acquéreurs ; que les fonds changent continuellement de mains, par les aliénations qui donnent ouverture au retrait féodal, les nobles & les ecclésiastiques, possédans fiefs, pourroient sans cesse acquérir, & diminuer par cette voie, les cadastres des communautés, & le pied de leur affouagement & rejetter entièrement les tailles sur les héritages les moins fertiles, restes dans les mains du pauvre peuple, hors d'état de supporter les charges & les feux départis par l'affouagement général.

La question s'étant élevée entre les seigneurs

& les habitans de Grombois, François premier nomma huit commissaires, qui, par jugement du 17 septembre 1534, déclarèrent l'ordonnance des commissaires, sur le fait du fouage, nulle & abusive, ordonnèrent en conséquence, que le seigneur de Grombois payeroit la taille des biens par lui acquis, par droit de prélation, & le déboutèrent de l'exemption d'un demi-feu.

Ils jugèrent qu'il falloit restreindre l'exemption aux cas par lesquels les héritages retournent au seigneur purement & simplement, *jure feudi*, & *jurisdictionis*, & *ex lege primæ investituræ* ; parce qu'alors la faute du vassal ou emphytéote, & la contravention qu'il commet aux loix féodales, ou à celles du bail, font que la chose retourne à l'inféodant, en la qualité qu'elle étoit auparavant, & déchargée de toutes charges & hypothèques.

En vertu de ce jugement, le syndic du tiers-état obtint, en 1541, des lettres-patentes pour contraindre les gens d'église & les nobles à payer la taille des biens ruraux qu'ils possédoient ; mais l'enregistrement de ces lettres, adressées au parlement de *Provence*, composé de nobles & de gens d'église, qui, même par le seul privilège de leurs offices, se prétendoient exempts, y souffrit de la difficulté. Le tiers-état obtint une déclaration du 17 mars 1547, portant que les biens & héritages d'ancienne contribution, en quelques mains qu'ils fussent advenus, par acquisition, confiscation, ou autrement, seroient & demeureroient contribuables aux tailles, octrois, & autres charges ordinaires ou extraordinaires, comme ils étoient auparavant.

Cette déclaration fut enregistrée au grand-conseil le 26 avril 1548.

Le tiers-état en poursuivit l'enregistrement au Parlement de *Provence* ; les nobles s'y opposèrent ; il y eut une jussion, & ensuite une évocation au parlement de Paris, où, par deux autres arrêts, l'un du 6 mars 1549, l'autre du 15 septembre 1552, le premier provisionnel, le second définitif, les seigneurs furent condamnés à donner une déclaration des terres roturières qu'ils tenoient ou avoient acquises depuis 1471, soit par achat, donation, permutation, ou autre titre quelconque, qui furent déclarées sujettes à la contribution des tailles & autres charges. L'arrêt donne, & c'est l'origine du droit de compensation, aux seigneurs, la faculté de compenser les héritages ruraux, par eux acquis depuis l'époque de 1471, avec les héritages nobles & féodaux qu'ils avoient aliénés, & ceux acquis, quoiqu'ils fussent situés dans des territoires différens, avec la faculté de se servir, en compensation, des terres gaïtes, vagues, ni cultivées, dépendantes de leurs fiefs, & par eux données en cenfive, emphytéofe, ou autrement aliénées, jufqu'à concurrence de la valeur & eftimation defdites terres.

Cet arrêt ne plut ni à la noblefle, ni au tiers-état. La difpofition qui obligeoit les feigneurs à donner une déclaration des fonds par eux acquis depuis 1471, les blefloit par deux raifons : l'une, parce que tous les héritages par eux poflédés, étant préfumés nobles & féodaux, jufqu'à ce qu'il apparût du contraire, la preuve du fait de roture devoit être rejettée fur le tiers-état ; l'autre, en ce qu'on renverfoit le règlement fait lors de l'affouagement général, & l'on privoit les feigneurs de ce que le droit leur attribue par la loi primitive des inféodations & inveftitures.

Le tiers-état, de fon côté, fe plaignoit, 1°. de ce que l'arrêt ne portoit point expreflément, que les nobles contribueroient au payement des tailles pour toutes fortes de biens acquis, & fpécialement par prélation, qui étoit la principale queftion du procès ; 2°. de ce qu'on accordoit aux nobles la compenfation des biens qu'ils avoient aliénés, quoique fitués dans différens territoires : difpofitions dont l'exécution renverfoit les règles établies par l'affouagement.

Ces conteftations furent évoquées au confeil, par arrêt du 23 avril 1554, & l'on furfit au jugement jufqu'après l'aflemblée des Etats, où on fe flatta, mais fans fondement, de pacifier ces différends. Les commiffaires du roi donnèrent leur avis, fur lequel, arrêt intervint le 15 décembre 1556 ; il fut ordonné que les biens retenus & échus ès mains des nobles, par le droit de leurs fiefs & jurifdictions, & lors par eux tenus & poflédés, feroient immunes de toutes tailles, charges & impofitions ; & que quant aux biens qui reviendroient après ès mains defdits nobles, par le droit de prélation, contrat ou échange, lefdits biens, quoiqu'échus par leurfdits droits de fief, feroient néanmoins contribuables à la taille, ainfi qu'ils l'étoient avant qu'ils leur fuflent revenus, fi ce n'eft au cas que pour lefdits biens pris par échange, ils baillaflent autres biens par eux auparavant tenus francs & quittes defdites tailles, lefquels feroient fuffifans, & tenus porter pareille charge que ceux que lefdits nobles auroient retirés & recouvrés par échange ; & où aucuns biens reviendroient ès mains defdits nobles, par commife, délaiffement ou confifcation, ils feroient en ce cas tenus par eux, francs & quittes de toutes tailles & impofitions.

Il fut expédié fur cet arrêt, le 12 juin 1557, des lettres-patentes qui furent enregiftrées à la cour des aides de *Provence*. Il paroît que cet arrêt, loin de terminer les conteftations, donna naiffance à de nouvelles, fur-tout au fujet des

biens acquis, ou aliénés avant cet arrêt : queftion qui fut décidée par un autre arrêt du 24 janvier 1625. Depuis ce dernier arrêt il eft demeuré pour conftant en *Provence*, que les communautés ne peuvent demander le payement des tailles des biens acquis par les feigneurs, dans leurs fiefs & jurifdictions, depuis l'affouagement général de 1471 jufqu'au 15 décembre 1556 ; & pareillement les feigneurs ne peuvent demander la compenfation pour les biens nobles aliénés dans cette époque.

Il y eut fur cet arrêt des lettres-patentes en forme de déclaration, enregiftrées à la cour des aides de *Provence*.

L'arrêt de 1556 n'ayant été rendu qu'avec le fyndic de la noblefle, les eccléfiaftiques & les officiers des cours fouveraines prétendirent n'y être pas compris.

Mais il fut établi, par une maxime conftante, que les héritages qui étoient acquis à l'églife avant l'affouagement de 1471, ne pouvoient être cadaftrés, allivrés, ni cotifés ; & comme cet affouagement fert d'époque & de terme à l'exemption des eccléfiaftiques, on oblige les communautés à prouver que les biens ont été acquis ou donnés aux bénéfices depuis cet affouagement ; cependant dans certains cas, par exemple, lorfque les eccléfiaftiques ont fouffert, pendant un tems confidérable, que les héritages dépendans de leurs bénéfices demeuraffent décrits & allivrés dans les terriers, c'eft à eux à prouver que les acquifitions font antérieures à l'affouagement de 1471.

Les officiers des cours fouveraines foutinrent que l'arrêt de 1556 ne les concernoit point. Par une tranfaction du 26 avril 1580, l'exécution fut limitée à un certain nombre de membres, tant du parlement que de la cour des aides, & il fut expédié fur cette tranfaction des lettres-patentes. Plufieurs communautés & les Etats même réclamèrent contre cet arrangement. Le roi ordonna au duc de *Guife*, à l'archevêque d'*Aix* & au préfident du *Vair*, de lui donner leur avis, fur lequel intervint arrêt du mois de juin 1666, qui foumet à l'avenir lefdits officiers au payement des tailles & autres impofitions pour leurs biens roturiers ; déchargeant des arrérages des tailles, pour le paffé, ceux qui étoient du nombre des exempts aux termes de la tranfaction de 1580.

Le tiers-état obtint une déclaration & un arrêt, qui firent revivre toutes les conteftations avec la noblefle.

La déclaration du mois de février 1666 portoit, que tous les biens du pays de *Provence* demeureroient toujours en l'état noble ou roturier dans lequel ils fe trouvoient alors, fans qu'ils puffent à l'avenir changer de nature, par droit de compenfation, déguerpiffement, commife, confifcation, vente, ou pour quelqu'autre caufe que ce pût être, directement ni indirectement ; enforte que les biens nobles jouiroient de la franchife de la taille dans les mains des perfonnes roturières, comme des perfonnes nobles ; & que les biens roturiers demeureroient toujours taillables dans les mains des perfonnes nobles.

L'arrêt du confeil, intervenu le 23 juin 1666, fur le fait des charges négociales, ordonnoit que tous propriétaires, poffeffeurs d'héritages roturiers, fitués dans la province, foit qu'ils fuffent eccléfiaftiques, nobles, feigneurs & co-feigneurs, domiciliés ou forains, contribueroient, fuivant leur allivrement, à toutes tailles, & généralement à toutes autres impofitions ordinaires & extraordinaires, fans en excepter ni réferver aucunes, dans les lieux où lefdits biens étoient fitués, foit que les propriétaires ou poffeffeurs y fuffent domiciliés ou non.

La nobleffe fit les plus vives réclamations, & contre la déclaration, & contre l'arrêt, qui ne furent ni publiés ni enregiftrés. On fe rapprocha de part & d'autre, & les parties ayant arrêté des articles, par la médiation du cardinal de Vendôme & de M. d'Oppède, premier préfident, & intendant de la province, il intervint, en conformité, le 15 juin 1668, deux arrêts du confeil.

Le premier maintint les nobles dans le droit de compenfer les biens roturiers qu'ils avoient acquis, avec les biens nobles qu'ils avoient aliénés depuis 1556, comme ils auroient pu le faire avant la déclaration de 1666, qui eft révoquée ; il détermine les objets qui pourront être donnés en compenfation, & les règles & formes à fuivre dans les demandes en compenfation.

Par l'autre arrêt, le roi déclare que par celui du 23 juin 1666, il n'a point entendu rendre contribuables les feigneurs & co-feigneurs dans leurs fiefs, au paiement des tailles négociales & frais municipaux pour raifon des biens roturiers qu'ils y poffèdent ; fait défenfes aux communautés de les cotifer pour raifon defdites tailles négociales, & pour autres charges que pour celles qu'ils payoient avant l'arrêt du confeil du 23 juin 1666, que le roi révoqua à leur égard feulement.

Mais en 1675, le tiers-état fit de nouvelles remontrances pour obtenir la révocation des deux arrêts de 1668, & l'exécution des déclarations & arrêts de 1666.

Le roi répondit qu'il feroit droit en connoiffance de caufe.

En conféquence, les procureurs du pays firent affigner le fyndic de la nobleffe, l'affaire fut de nouveau inftruite & exactement difcutée, & elle fut terminée en 1702, par un arrêt du confeil, qui fut rendu fur les avis du comte de Grignan, commandant, & de M. le Bret, intendant de la province : cet arrêt fit ceffer les difcuffions dont elle étoit depuis fi long-tems agitée, & régla les différens objets de conteftations qui jufqu'à cette époque s'étoient fans ceffe renouvellés.

Pour donner une intelligence plus parfaite des difpofitions qu'il renferme, il eft à propos de tracer un précis des moyens refpectivement propofés.

La conteftation rouloit fur deux objets principaux :

Le droit de compenfation,

Le droit de forain : ce dernier objet avoit trait aux charges négociales ; on s'attachera principalement au premier.

Le tiers-état demandoit l'exécution de la déclaration de 1666, qui avoit abrogé le droit de compenfation, & voici quels étoient les motifs.

La compenfation eft une fource d'abus : elle n'eft ni de l'effence ni du droit des fiefs ; elle ne fut accordée à la nobleffe que comme une fimple convenance, & une grace dont le peuple ne recevoit aucun préjudice.

La fixation permanente de la qualité des fonds portée par la déclaration de 1666, n'a rien que d'avantageux pour les feigneurs, parce que pouvant par cette difpofition vendre leurs biens nobles à des roturiers avec exemption de tailles, ils en trouveroient un prix plus confidérable.

L'ufage de la *Provence* de ne pouvoir faire paffer un bien noble avec la franchife de la taille, entre les mains d'un acquéreur, qu'en lui tranfportant en même tems quelque portion de la jurifdiction, ne peut faire aucun obftacle.

Il foutenoit qu'aux termes de l'arrêt de 1556, la compenfation n'étoit permife que dans le feul cas de l'échange dans lequel la communauté fouffroit un moindre préjudice, attendu la valeur des fonds qui faifoient la valeur de l'échange.

Que dans les autres cas, tels que celui de la vente, la communauté étoit léfée, parce qu'un feigneur compenfoit l'acquifition d'un bien roturier faite à l'inftant, avec l'aliénation d'un bien noble faite quatre vingt ans auparavant, & peut-être encore plus anciennement, en remontant jufqu'à l'arrêt de 1556, ce qui réfiftoit à la raifon du droit : le bien noble étant tombé en roture au moment de l'aliénation qui en avoit été faite, ne pouvoit avoir confervé le pouvoir de communiquer la franchife aux biens roturiers acquis depuis.

Il s'élevoit contre la difpofition de l'arrêt du 15 juin 1668, qui portoit que la compenfation fe feroit fur le pied de la valeur des biens dans le tems de l'acte de compenfation, le feigneur prenant de cette difpofition occafion de ne compenfer que lorfqu'il voit que fon bien jadis noble, eft mis en bon état par le travail & les dépenfes de l'acquéreur.

Il attaquoit encore comme injufte la difpofition qui déclare perpétuellement compenfable le bien noble aliéné par le feigneur, qui a refté cinq ans fur le cadaftre, & qui a porté ou pû porter la taille pendant ce tems; il repréfentoit que pour rendre la compenfation égale, il eût fallu ordonner que le bien noble aliéné par le feigneur, porteroit fucceffivement & à perpétuité la même même charge que le roturier par lui acquis, en forte que la compenfation ne fubfifteroit qu'autant que le bien jadis noble, poteroit réellement cette charge, que telle étoit la difpofition de l'arrêt de 1556, qui ordonnoit que les biens que les feigneurs voudroient donner en compenfation, feroient fuffifans & tenus de porter pareilles charges que les biens roturiers par eux acquis.

Qu'en partant de l'arrêt de 1668, fi un bien noble aliéné, a fubfifté feulement pendant cinq années dans le cadaftre, quoiqu'immédiatement après il vienne à être déguerpi, la compenfation à laquelle il auroit donné lieu ne laifferoit pas d'être entretenue; & par ce moyen le feigneur recouvrera, en franchife de taille, le bien noble qu'il avoit aliéné: tel étant, fuivant ce même arrêt, l'effet du déguerpiffement; & il aura encore le bien roturier par lui acquis avant cette exemption; ce qui eft contre l'équité.

Enfin, que fous prétexte de ce droit de compenfation les feigneurs commettoient plufieurs autres abus.

1°. En compenfant les terres gaftes, montagnes, pâturages, tranfportés par leurs auteurs aux communautés, & où ils prenoient encore eux-mêmes leurs facultés.

2°. En faifant affranchir leurs biens roturiers, fous prétexte d'exemption de droits feigneuriaux, fouvent imaginaires, & quoique la compenfation ne fe doive faire que de fonds à fonds.

3°. En donnant en compenfation des ufurpations prétendues faites par des particuliers fur leurs terres gaftes, laiffant aux communautés le foin de difcuter fi ces ufurpations font réelles.

Que ceux-mêmes qui n'avoient rien à compenfer, quand on leur demandoit le payement de

leur taille, ne laiffoient pas d'oppofer la compenfation, & obtenoient, fous ce prétexte & fur cette fimple allégation, des furféances qui n'étoient jamais levées.

La nobleffe demandoit, de fon côté, l'exécution de l'arrêt du 15 juin 1668, qui avoit fait revivre la compenfation: voici quels étoient fes moyens.

La juftice du droit de compenfation, confidéré en lui-même, fe fait d'abord fentir. Quand le feigneur acquiert un bien roturier, il en doit payer la taille comme faifoit l'ancien poffeffeur; mais s'il aliéné une partie de fon bien noble, & que par cette aliénation il groffiffe le cadaftre, il eft de l'équité, que l'un foit compenfé avec l'autre, fur une évaluation d'experts: cette compenfation eft confacrée par des titres & par une poffeffion infurmontable.

Loin d'avoir été adjugée comme une grace, par l'arrêt du 15 décembre 1556, elle le fut au contraire par forme d'indemnité, de la faculté que cet arrêt faifoit perdre aux feigneurs, de pofféder en franchife de taille, les biens qu'ils avoient acquis dans l'étendue de leurs fiefs, par droit de prélation: franchife dans laquelle ils avoient été confirmés par le jugement du roi René, comte de *Provence*, de 1448, & par l'ordonnance de 1471, des commiffaires, pour le recours de l'affouagement général.

Les feigneurs s'étoient toujours maintenus dans cette faculté, ils y furent confirmés, pour le paffé, par la première partie de l'arrêt de 1556, & ils en furent privés pour l'avenir, par la feconde, qui, en même tems leur adjugea définitivement le droit de compenfation.

Cet arrêt doit s'entendre, & a toujours été entendu, non-feulement du cas d'échange, mais même des autres titres d'acquifition.

La raifon d'équité fur laquelle la compenfation eft fondée, & qui réfulte de ce que le feigneur, par l'aliénation de fon bien noble, met autant de fonds dans le cadaftre qu'il en tire par l'acquifition du bien roturier, fe rencontre dans tous les autres cas, comme dans celui d'échange.

L'égalité en valeur, que l'on prétend plus affurée & plus parfaite, en matière d'échange, n'eft d'aucune confidération; en effet, l'égalité fe forme aifément par un rapport d'experts, lorfque la compenfation vient à fe faire dans tous les autres titres d'acquifition.

Les arrêts ont regardé comme une circonftance indifférente, l'intervalle qui peut fe trouver entre l'acquifition du bien roturier, & l'aliénation du bien noble; parce que le droit de compenfer ne

peut

peut être mis en usage qu'en supposant la rencontre des deux extrêmes, aliénation & acquisition.

Les arrêts n'ont jamais exigé cette permanence successive & perpétuelle des biens nobles, aliénés dans le même état qu'ils étoient lors de la compensation; ces termes de l'arrêt de 1556 : *lesquels seront suffisans, & tenus porter pareille charge*, ne signifiant pas, qu'à perpétuité, le seigneur doive garantir que ce bien noble, aliéné, ne recevra jamais d'altération, par laquelle il cesse de pouvoir porter la même charge : les arrêts de réglement n'ont point ordonné la compensation de taille à taille, mais de fonds à fonds.

Dans le cas du déguerpissement, le seigneur, avant de pouvoir réunir à son fief le fonds déguerpi, est obligé de faire différentes proclamations & sommations; la communauté a la faculté de fournir un homme qui se charge de ce fonds, & en acquitte les droits seigneuriaux; & lorsque le seigneur reprend son ancien bien noble, ensuite d'un déguerpissement, c'est pour une cause toute nouvelle, par un titre indépendant de tout ce qui s'est passé lors de la compensation, & *ex primavâ lege feudi*.

L'extinction des droits seigneuriaux, la concession des usages dans les bois, montagnes, & terres gastes, sont un sujet de compensation, puisque la valeur des biens qui entrent dans les cadastres en est augmentée; il en est de même des usurpations faites par des particuliers, des terres gastes des seigneurs, lorsque ces usurpations sont entrées dans le cadastre, n'y ayant nulle différence à faire entre ce cas, & celui où le seigneur auroit donné de ses terres gastes à bail : ces usurpations ne peuvent au surplus être inconnues à la communauté, parce que les cadastres sont formés non-seulement sur le pied de la valeur, mais encore sur celui de l'étendue des fonds de chaque particulier.

La déclaration de 1666 détruit les règles & les principes par lesquels les fiefs ont été de tout tems régis en *Provence*, comment les concilier avec la fixation de la qualité des fonds en quelques mains qu'ils passent; la qualité de fonds roturiers étant une fois invariable, plus de réunion noble dans le cas de délaissement, commise, confiscation, le bien noble étant pareillement fixé, les fonds de l'ancien domaine du fief passeroient avec exemption de taille dans des mains roturières, sans aucune part à la jurisdiction, quoique suivant la jurisprudence invariable observée en *Provence*, un fonds originairement noble, venant à être aliéné par le seigneur, tombe d'abord en roture, & devient sujet à la taille, quelque condition qu'on ait stipulée le contraire arrive, si au moment de l'aliénation l'on a transporté à l'acquéreur une portion

de la jurisdiction, qui seule est capable de soutenir l'exemption des tailles; en sorte que pour pouvoir transférer les biens nobles avec effet, sur le pied de la déclaration de 1666, il faudroit que le seigneur mît en lambeaux sa jurisdiction; on ne doute pas de la puissance royale, si elle ordonnoit que les fonds originairement nobles passeroient comme tels à l'acquéreur, sans être accompagnés d'aucune portion de jurisdiction; (mais le roi est trop juste pour vouloir renverser l'ordre établi dans une province : ordre conforme aux règles du droit commun); cette innovation introduiroit une troisième espèce de bien, inconnue jusqu'alors en *Provence*, où l'on ne voit que les fiefs avec jurisdiction, dont les possesseurs rendent un service personnel au roi & à l'Etat, & les rotures qui rendent aussi service, par la prestation de la taille, au lieu que ces acquéreurs de biens nobles ne seroient tenus à rien de tout cela.

Il est de la grandeur & de l'intérêt du roi, que les fiefs demeurent dans leur ancienne consistance, pour que les seigneurs aient toujours plus de moyens de lui rendre les services qu'ils lui doivent; le seigneur, par la compensation, réintègre parfaitement son fief, le bien par lui acquis, quoique roturier, devenant entre ses mains, noble comme exempt de taille, d'un côté, & restant joint à la jurisdiction de l'autre.

L'autre partie des moyens rouloit de part & d'autre, sur le droit de forain, ou l'exemption des charges négociales.

Voici maintenant les dispositions de l'arrêt de 1702.

La première maintient les seigneurs féodataires dans l'exemption des tailles négociales, qui ne concernent que la simple commodité des habitans pour les biens roturiers qu'ils possèdent dans l'étendue de leurs fiefs & jurisdictions, pourvu qu'ils aient moitié dans la jurisdiction, & que leurs biens aient été acquis par eux ou leurs auteurs, depuis qu'ils ont eu ladite part dans la jurisdiction.

Et à l'égard des tailles négociales qui s'imposent pour l'utilité des fonds, veut sa majesté qu'ils soient tenus d'y contribuer, ainsi que les possesseurs des autres biens roturiers.

Maintient les seigneurs féodataires au droit de compenser les biens roturiers, par eux acquis, *par achat, donation, prélation, ou échange*, depuis le 15 octobre 1556, ou qu'ils acqueront ci-après, avec les biens nobles par eux aliénés depuis ledit tems, ou qu'ils aliéneront à l'avenir, le tout dans l'étendue de leurs fiefs & jurisdictions, & ainsi qu'ils auroient pu faire avant la déclaration du mois de février 1666, que sa majesté a révoquée.

Ordonne fa majefté, que les feigneurs ne pourront donner l'extinction ou diminution des droits feigneuriaux, non plus que les ufages concédés aux habitans, par eux ou leurs auteurs, dans les bois, terres gaftes, montagnes & autres lieux dépendans de leurs fiefs.

Ils ne pourront pareillement donner en compenfation les terres gaftes, bois ou domaines délaiffés par eux, ou leurs auteurs, aux communautés, à moins que lefdites terres, bois & domaines ne fe trouvent entre les mains des particuliers, & encadaftrés, ni les ufurpations faites dans lefdites terres, bois & domaines, à moins que la réunion à leur profit n'en ait été ordonnée par juftice.

Les demandes en compenfation feront faites par exploits, contenant les fituations, confronts & allivremens, tant des biens roturiers, acquis par les feigneurs, que des biens nobles par eux aliénés, qu'ils voudront donner en compenfation; le nom des poffeffeurs defdits biens, & le tems de l'aliénation; & feront lefdites demandes fignifiées au fyndic de la province, dans quinzaine au plûtard, du jour de la fignification qui en aura été faite aux communautés, pour y intervenir, fi bon leur femble, & fans frais; le tout à peine de nullité des demandes, & de tout ce qui pourroit s'en être fuivi.

La compenfation, en cas qu'elle ait lieu, fera faite du jour des demandes libellées, & fignifiées en la manière ci deffus; & feront les biens nobles, qui auront été donnés en compenfation, fuffifans, & tenus porter les mêmes charges qu'auroient dû porter les biens roturiers acquis par les feigneurs, dont ils demeureront garans pendant dix ans, à compter du jour que la compenfation aura été ordonnée, fauf les cas fortuits, ou de force majeure, dont ils ne feront pas refponfables.

Lefdits biens ne pourront rentrer dans les mains de ceux qui les auront donnés en compenfation, confifcation, déguerpiffement, ou autrement, pendant l'efpace de trente années, à compter du jour que la compenfation aura été jugée ou acceptée, qu'à condition qu'ils demeureront roturiers & fujets aux mêmes charges dont ils étoient tenus.

L'eftimation des biens qui feront donnés, ou pris par les feigneurs, en compenfation, fera faite par les experts convenus ou nommés d'office, fur le pied de la valeur, au tems de la compenfation.

Le fol des maifons ne pourra être donné en compenfation, qu'avec un bien de même qualité, & dans les lieux où le fol des maifons eft encadaftré; ce qui fera pareillement obfervé à l'égard des maifons & bâtimens.

Sa majefté déclare nuls tous affranchiffemens de taille faits à prix d'argent, ou fous prétexte d'acquitter des droits feigneuriaux, ou arrérages defdits droits, & en quelque manière que ce puiffe être, autrement que par compenfation, enfemble tous actes par lefquels la cote des biens roturiers, poffédés pour des feigneurs, ou autres, aura été fixée, & ce, nonobftant tout laps de tems.

Veut fa majefté, que les héritages ainfi affranchis foient réunis au cadaftre, fauf aux poffeffeurs de pourfuivre, devant les juges qui en doivent connoître, la liquidation & le rembourfement des fommes qu'ils auront payées, ou vérification des droits par eux réunis, en confidération defdits affranchiffemens, dans lefquels droits ils pourront rentrer; le tout fans reftitution de frais & intérêts pour le paffé.

Fait fa majefté défenfe à toutes cours & juges d'accorder aux feigneurs aucune furféance au paiement de la taille, fous prétexte, foit de compenfation, foit d'exemption de taille négociale, par eux prétendus, jufqu'au jugement définitif defdites prétentions, & déclare nulles toutes celles qui ont pu ou pourroient être accordées.

La nature & les principes de la taille, en *Provence*, ainfi développés, il s'agit maintenant de retracer la forme d'adminiftration qui y eft fuivie.

On fait que René d'Anjou, comte de *Provence*, ayant difpofé de ce comté en faveur de Charles, comte du Maine, fon neveu, celui-ci inftitua, à fon tour, fon héritier, en 1481, Louis XI qui prit, à la mort de Charles, poffeffion de la *Provence*, & promit aux habitans de leur conferver leurs loix particulières & leurs privilèges, fans que par l'union à la couronne, leur pays pût devenir province de France: c'eft pour cette raifon que le roi prend la qualité de comte de *Provence* dans les expéditions qui concernent ce pays.

Après la mort de Louis XI, René, duc de Lorraine, fils d'Yolande, renouvella fes prétentions fur la *Provence*, mais fans aucun fuccès; Charles VIII, à la prière des trois Etats, unit & annexa à perpétuité cette province à la couronne. Ce gouvernement eft compofé des comtés de *Provence* & Forcalquier, & terres adjacentes.

L'affemblée générale des Etats, y eft depuis long tems remplacée & repréfentée par celle des procureurs du pays; l'archevêque d'Aix eft le chef de cette affemblée, comme le premier des procureurs du pays; après lui font deux évêques, procureurs joints du clergé; enfuite les deux gentilshommes, procureurs joints de la nobleffe; après ceux-ci, les confuls d'Aix, procureurs-nés du pays : les procureurs-syndics des trente communautés, ont droit d'assister aux assemblées ; le trésorier général, les deux greffiers & l'agent : il y assiste toujours un commissaire du roi.

On y délibère sur le don gratuit, qui est de sept cents mille livres ; on fixe aussi le montant du surplus des dépenses nécessaires à la province.

Indépendamment du don gratuit, la *Provence* paie, à titre de fouage, taillon & subside, cent quinze mille huit cents seize livres ; l'imposition sur les communautés des terres adjacentes, monte à trente-neuf mille neuf cents soixante-dix-huit livres.

La répartition des impôts, entre toutes les communautés, se fait pareillement dans cette assemblée, ou plutôt elle est toute faite au moyen de l'affouagement.

On appelle de ce nom un tableau qui renferme les noms de toutes les communautés de *Provence*, estimées à un certain nombre de feux, eu égard à la quantité de fonds taillables qui y sont situés : ainsi le mot *feu* ne signifie pas une maison ; mais une certaine quantité de biens-fonds taillables, & évalués cinquante mille livres de tailles réelles. La ville & viguerie d'Aix, par exemple, contient quatre-vingt trois communautés, & est évaluée cinq cents dix-neuf feux un vingtième & un septième ; celle de Tarascon est de vingt-quatre communautés &. deux cents quarante-six feux sept vingt-quatrième & un vingtième.

La subdivision de chaque viguerie est faite dans cet affouagement général, par communautés, estimée chacune un certain nombre de feux. Le total des biens taillables de *Provence* est de trois mille trente-deux feux & demi & un tiers & ensorte que l'on sçait que les fonds sujets à ce genre d'imposition, équivalent à cent cinquante un millions six cents quarante-un mille six cents soixante-six livres treize sous quatre deniers, qui produisent environ sept millions cinq cents quatre-vingt-deux mille quatre-vingt-trois livres six sous huit deniers.

On ne parlera point ici de l'afforinement qui est, par rapport à l'imposition sur les biens nobles, un tableau de la même espèce à-peu-près que l'affouagement pour les fonds roturiers ; on ne traite ici que de ce qui concerne la taille, & la manière dont elle s'impose.

Il résulte de ce qui vient d'être dit, qu'avant que l'assemblée des procureurs du pays soit séparée, toutes les communautés savent ce qu'elles doivent payer ; car elles connoissent le nombre de feux dont elles sont composées ; elles savent de plus, à combien chaque feu a été imposé dans la répartition générale.

Alors chaque communauté s'assemble, convoquée par les administrateurs ; & c'est-là que l'on délibère sur la manière d'acquitter sa cotepart de l'imposition générale, & de satisfaire en même-tems aux dépenses qui la concernent : cette dernière imposition s'appelle taille négociale, à la différence de la taille royale, qui ne se paie qu'au profit du roi.

Les communautés ont deux voies pour satisfaire à cette imposition ; l'une, de répartir l'imposition sur tous les habitans, à raison de leurs biens ; & il ne peut jamais à cet égard y avoir de difficulté. En effet, chaque communauté a son cadastre, dans lequel sont inscrits tous les fonds qu'elle possède, avec leur estimation ; la répartition se fait au marc le livre de cette estimation, & chaque particulier est toujours en état de vérifier si sa taxe est juste & proportionnelle.

L'autre moyen est également facile, & souvent préféré, comme plus commode, & consiste à établir des impositions sur les fruits & denrées qui se recueillent dans le territoire ; on n'a besoin pour cet établissement que de l'attache de la cour des aides.

Ces impositions se lèvent quelquefois en argent, & alors on les appelle impositions sur les fruits ; quelquefois aussi elles consistent en quotité, se paient en nature, s'adjugent au plus offrant & dernier enchérisseur, qui fait les deniers bons : on les nomme dans ce cas impositions en fruits.

Mais quelque parti qu'adoptent les communautés, elles commencent toujours par employer au paiement de leurs impôts le revenu des biens patrimoniaux lorsqu'elles en ont.

Quant au recouvrement de l'imposition, il est confié & adjugé au rabais, à celui qui exige un moindre salaire pour ses soins, & le produit en est versé dans une seule & même caisse, dans laquelle se prennent les sommes nécessaires pour acquitter les subsides, & celles qui doivent fournir aux autres dépenses de la communauté.

Les exacteurs font toujours les deniers bons, & portent, en quatre termes, le montant de la portion dont chaque communauté est tenue dans les impositions de la province, à un receveur, que la viguerie, ou le trésorier des États nomme, & dont ils sont responsables. Les rétributions accordées à tous les receveurs des vigueries ensemble, ne montent en tout qu'à dix-huit mille cinq cents six livres seize sous par année. Les receveurs des vigueries versent, à leurs frais, & aux mêmes quatre termes, le montant de leur recette, dans la caisse du receveur général, établi par les Etats, dont les attributions se montent à trente-un mille neuf cents quatre vingt onze livres sept sols sept deniers ; ensorte qu'il n'en coûte que cinquante mille six cents huit livres trois sous huit deniers , tant à la province qu'aux vigueries en particulier , pour faire lever le montant des impositions ; & le produit net , tant du don gratuit que de la capitation & des vingtièmes, passe , sans aucune défalcation , dans les coffres du roi.

La *Provence*, relativement aux droits domaniaux de contrôle , insinuation , amortissement , &c. ne jouit d'aucun privilège. L'aliénation de ceux de contrôle, insinuation & petit-scel ayant été nommément accordée aux Etats de *Provence* , par la déclaration du roi , du 3 février 1711 , moyennant la somme de quarante mille livres pour dix années, elle ne subsista que jusqu'en 1714 , que l'édit du mois de mars en prononça la révocation. Cependant la même année tous les droits de même nature ayant été mis en ferme générale pour l'universalité du royaume, il en fut fait des sous-fermes , & les Etats de *Provence* obtinrent celle de leur province , par l'arrêt du 6 octobre 1714 , qui fut ensuite révoqué par celui du 13 décembre 1718 ; & depuis cette époque , les droits domaniaux de *Provence* ont continué de suivre le sort général des mêmes droits dans tout le du royaume.

Mais l'arrêt du conseil , du 25 août 1781 , a néanmoins fait une exception en faveur de la vente faite par le roi à la ville & communauté de Marseille , de l'ancien arsenal des galères de la même ville , moyennant dix millions. Le préambule de cet arrêt est d'autant plus curieux , qu'il établit des raisons favorables à l'aliénabilité du domaine, & qui sont véritablement puisées dans une logique aussi juste que politique.

Ce préambule porte, « que le département des » galères ayant été supprimé en 1749 , & les » forçats distribué ensuite dans différens ports, » l'arsenal de Marseille étoit devenu inutile au » service de sa majesté , & onéreux à ses fi-» nances, par les frais d'entretien , & par le nom-» bre d'officiers de marine & d'administration qui » y sont employés , que sa majesté s'est déterminée » d'autant plus volontiers à vendre cet arsenal , » avec réserve des droits seigneuriaux, que cette » vente décharge ses finances d'une dépense con-» sidérable, leur procure , par la réserve des droits » de lods & mutation, un produit important ; » qu'elle offre d'ailleurs aux acquéreurs, la sûreté » la plus entière , attendu que les loix relatives » aux biens appartenans au domaine de la cou-» ronne , exceptent *de l'inaliénabilité* , *les do-» maines dont les charges consomment les revenus ,* » *ceux qui occasionnent de la perte en voulant les* » *garder* , *& du profit en les vendant* ; que les do-

» maines , *même utiles & avantageux* , *sont encore* » excepés *de la rigueur de ces loix* , *dans les cas* » *de vente pour les nécessités de la guerre :* exemp-» tion qui donneroit, dans les tems, aux acqué-» reurs & à leurs représentans , auprès des suc-» cesseurs de sa majesté , la sûreté la plus en-» tière , dans le cas même où l'arsenal de Mar-» seille feroit partie de l'ancien domaine de la » couronne , & où il seroit d'un produit avan-» tageux à ses finances , &c. &c. ».

En conséquence il est ordonné par autre arrêt du même jour , que ladite vente & les reventes qui seront faites par la ville de Marseille , seront exemptes de tous droits de contrôle , insinuation , centième denier , amortissement , lods & ventes, & que la troisième mutation en demeurera pareillement affranchie , sous la condition qu'elle aura lieu dans le cours de dix années qui suivront immédiatement le jour de la passation du contrat consenti à ladite ville au nom de sa majesté.

Aux mots GABELLE & GRENIER , *tome II* , *pag.* 324 & 418 , on a fait connoître en quoi consiste la ferme des gabelles de *Provence* ; le nombre des greniers que contient cette province, le prix que le sel s'y vend , & la quantité qui se consomment dans le district de chacun. On n'a rien à ajouter sur cet objet.

PROVINCES DES CINQ GROSSES FERMES ;

PROVINCES DES GRANDES ET PETITES GABELLES ;

PROVINCES RÉPUTÉES ÉTRANGÈRES. Manière de parler dans la langue fiscale , pour désigner différentes parties du royaume *Voyez* ce qui a été dit au mot CINQ GROSSES FERMES , *tom. I , pag.* 298 ; sous le mot GABELLE , *tome II , pag.* 311 & 320 ; & enfin , l'article ÉTRANGÈRES , *tome II , pag.* 93.

PROVISIONNAIRE, s. m. Dans la partie des aides , sur-tout en Normandie , on appelle *provisionnaires* , des artisans & gens du commun, suspects, dont les commis suivent la consommation , comme s'ils vendoient leur boisson en détail. Ces particuliers sont portés sur un registre, dans lequel on inscrit la quantité de boissons qu'ils fabriquent ou font venir , & celles qu'ils consomment tous les mois , en les visitant plusieurs fois par semaine.

Ce n'est ordinairement qu'après qu'on s'est aperçu de quelques excès dans une consommation disproportionnée à l'état & à la fortune d'un particulier , excès qui fait soupçonner qu'il a des intelligences avec quelque cabaretier, auquel il sert d'entrepôt, qu'on prend le parti d'exercer & de suivre ce particulier, comme *provisionnaire*, & on le fait condamner au paiement des droits de détail. *Voyez* ce mot, *tom. 1, pag.* 516.

PRUSSE. (finances du royaume de) On va donner ici le mémoire qui se trouve dans la collection de M. de Beaumont, intendant des finances, imprimé au Louvre, en 1768.

Les revenus les plus considérables du roi de Prusse, consistent en terres ou domaines propres, qu'on nomme *bailliages*, & qui sont affermés à divers particuliers du pays, avec les droits & privilèges qui y sont attachés.

Les baillis sont obligés de tenir registre des produits & dépenses, afin qu'à l'expiration de leur bail, on puisse juger si le prix de la ferme est dans le cas d'être haussé.

Ces fermes sont sous l'inspection des collèges provinciaux, appellés *chambres de guerre, domaines & finances*, qui sont elles-mêmes subordonnées à un collège supérieur, établi à Berlin sous le nom de *directoire général*.

C'est ici le tribunal où se règle, en dernier ressort, tout ce qui concerne les finances. Aussi il est composé des ministres d'Etat, des conseillers privés, des conseillers des finances assemblés.

Ce directoire a des cartes très-détaillées de tous les pays qui composent le royaume de Prusse, & rend compte immédiatement au roi de tout ce qu'il fait. Il arrive pourtant que les chambres des finances, qui sont composées d'un président & de plusieurs conseillers ordinaires, correspondent directement avec sa majesté.

Le seul impôt capital dont la perception ait lieu dans les villes, est un *droit de service*, dont personne n'est exempt. Il est fixé en proportion du revenu des *immeubles, honoraires, pensions, appointemens*, de chaque particulier, à raison d'un pour cent, depuis cent écus jusqu'à dix mille écus, & seulement à un pour mille, passé les dix mille écus.

Les autres impositions dans les villes consistent uniquement dans un droit *d'accises*, mis sur les denrées, sur les objets de commerce & de consommation. Ce droit se perçoit aussi, comme droit d'entrée, sur ce qui est apporté dans les villes, soit de l'étranger, soit de quelques lieux privilégiés, soit enfin du plat-pays, ou des campagnes & villages, qui ne sont pas assujettis à l'accise.

Dans les villages & les campagnes, que l'on comprend sous le nom collectif de *plat-pays*, on paie un droit de *contribution*, qui répond à nos tailles en France; mais le droit d'accise n'y est pas établi.

Les revenus des biens ecclésiastiques catholiques, y sont le plus chargés de cette contribution, sur-tout en Silésie, où elle est portée depuis cinquante jusqu'à soixante & dix pour cent.

Les Juifs, qui sont en grand nombre, paient un droit de *protection* pour avoir un établissement dans les villes, & un droit de *sauf-conduit* pour ceux qui ne font qu'y passer.

Les nobles, qui habitent leurs terres, ne paient au roi qu'un droit de *cheval* ou de *chevalerie*.

Il y a un nombre infini de privilégiés ecclésiastiques & autres, à qui sa majesté a confirmé, lors de son avènement au trône, en 1740, la jouissance paisible de leurs privilèges, sans qu'on puisse exiger la représentation d'autres titres que la preuve de possession lors de cette époque.

Les produits du droit d'accise proviennent principalement de la perception sur les bierres & les eaux de-vie de grains; & elle a lieu, tant à la fabrication que par *exercice*, à-peu-près comme on lève, en France, les droits d'aides, les droits sur les cuirs, les cartes, papiers, amidon, &c. Les régisseurs françois, que le roi a fait venir, ont substitué ces exercices, à l'usage où l'on étoit de faire seulement registre, aux moulins, des quantités de grains que les brasseurs de bierre & les bouilleurs d'eau-de-vie, y faisoient porter & écraser pour leur fabrication, dont l'inspection étoit ensuite confiée à des officiers de police.

Les objets de commerce qui ne font qu'emprunter le passage par les Etats du roi, ne sont point sujets à l'accise; lorsqu'elle a été payée à l'entrée des villes pour lesquelles ces objets étoient d'abord destinés, & que, par un second commerce, on les expédie pour l'étranger, ce droit est restitué.

Outre les droits dont on vient de parler, le roi tire un revenu très-considérable des *péages* ou *licent*, & qui sont établis en grand nombre sur les routes, par terre & par eau, & principalement à la navigation sur le Rhin, dans ses Etats en Westphalie; rien n'en est exempt; mais le taux des péages sur ce fleuve est si haut, que si on les exigeoit à la rigueur, ils absorberoient, avec les droits semblables dont jouissent aussi l'électeur Palatin & les Hollandois, plus de la valeur de la marchandise, & détruiroient tout commerce. Ces considérations engagent à tolérer des compositions arbitraires, entre les percepteurs & les redevables.

C'est de l'administration de ces droits d'accise & de péages, que les régisseurs françois, appellés par le roi en 1765, ont été chargés pendant un bail de six années, commencé le 1er. Juin 1766; & dont le plus ancien d'entr'eux, avec cinq adjoints, en partie nationaux, étoit encore chargé en 1776.

Le roi a plusieurs autres branches de revenus, qui toutes sont régies en son nom & pour son compte, & chacune par des administrateurs particuliers.

Chaque administration, distincte & séparée, est présidée par un ministre d'Etat, & répond à un département du directoire général.

Les droits de contrôle, ou marque d'or & d'argent, n'y sont pas établis. Ceux de contrôle des actes, d'insinuations, & autres semblables, que nous avons en France, ne le sont pas nommément; mais en 1766, il fut créé un droit de timbre, mis d'abord en ferme, par un bail qui fut bientôt résilié, parce que les fermiers ne purent pas en acquitter le prix. Ce bail comprenoit aussi un droit sur les cartes à jouer, créé par le même édit que celui de timbre. Ces deux droits réunis furent mis en régie.

Quoique le droit de timbre n'égale pas notre droit de contrôle des actes, il peut lui être comparé, en ce qu'il se proportionne à la valeur des objets mentionnés dans les contrats.

L'assujettissement à l'usage du papier timbré est très-étendu; les lettres-de-change & billets de commerce, ainsi que les mémoires, placets ou requêtes aux ministres, conseillers & autres officiers civils, & tous les actes judiciaires, ne peuvent être écrits que sur ce papier.

Il y a de plus des bureaux ou caisses d'hypothèques, dans lesquels, presque sans frais, on enregistre tous les actes portant engagement, mutation de propriété, & autres pareils. Chaque particulier a la faculté d'y recourir, pour s'assurer, par des certificats que le bureau délivre, des hypothèques dont peuvent être grevés les objets qu'il projette d'acquérir, ou qu'on propose d'affecter à la sûreté des emprunts demandés.

Sa majesté, en 1765, s'étant réservée exclusivement, dans ses Etats, la fabrication & la vente du tabac, qui, jusques-là, étoient un objet de commerce libre, elle en fit d'abord une ferme; mais, quoique les fermiers eussent la facilité, autorisée par le roi, de trouver des fonds, dans la création de mille actions de mille écus chacune, portant intérêt au denier dix, desquelles le roi prit un quart pour son compte, ils ne purent acquitter le prix de leur bail, même la première année,

Aussi sa majesté le résilia, se chargea des actions, & mit la partie en régie.

Le roi la confia d'abord aux régisseurs françois des accises & péages, en leur adjoignant quelques nationaux. Mais comme cette surcharge gratuite n'avoient que momentanément cette surcharge gratuite; il les en déchargea peu de tems après, lorsqu'ils eurent établi l'ordre nécessaire pour laisser toute cette administration à ses sujets, sous l'inspection d'un de ses ministres.

La vénalité proprement dite n'a pas lieu par rapport aux charges, offices & emplois, &c. mais le roi ne laisse pas que d'en faire une branche de revenu.

L'électeur de Brandebourg créa, en 1686, une caisse, où, dès-lors & à l'avenir, tous les officiers civils nouvellement pourvus furent obligés de payer, lors de leur installation, le premier quartier de leurs honoraires ou appointemens. C'est, en quelque sorte, la représentation de notre droit de marc d'or. Voyez ce mot, cy-devant pag. 66. Ce prince la nomma d'abord, caisse marine, parce qu'il en destinoit les fonds à l'entretien d'une flotte. Le roi Fréderic-Guillaume lui substitua, en 1721, celle des recrues, toujours du nom de la destination des fonds; elle a pris depuis, & conserve encore actuellement, le nom de caisse des charges, dénomination analogue à la nature de ces produits. Il fallut un ordre exprès du roi, pour dispenser de ce droit, les régisseurs françois & leurs nouveaux employés.

Tout le sel qui se consomme dans les Etats du roi, est tiré des fontaines ou sources d'eaux salées, principalement de la ville de Halle. Quelques-unes appartiennent à des particuliers, & la majeure partie au roi, qui paie à ces premiers une somme, au moyen de quoi tout le sel est préparé & vendu pour son compte. Mais ce sel n'étant pas propre pour les grosses salaisons des chairs destinées aux avituaillemens de la marine, sa majesté permet l'entrée, pour cet usage seulement, des sels de France & d'Espagne.

Cette partie forme aussi une administration particulière.

La monnoie fait encore une branche des revenus administrés au profit de sa majesté. On y fabrique des espèces d'or, telles que les ducats, les fréderics doubles, simples, & demi fréderics: des espèces d'argent, telles que les rixdallers ou écus, les demi-tiers ou quart-d'écu; des monnoies de billon ou d'argent mêlé d'un fort alliage; telles que les fénins ou douzième partie du gros, des gros ou vingt-quatrième partie de l'écu, des doubles-gros, &c. dont l'aloi est plus bas, à mesure que l'espèce diminue de valeur; c'est-à-dire que, proportion même gardée, un gros a moins de grains de fin qu'un double-gros, & que l'écu en a plus que toutes les pièces inférieures.

Les postes-aux-lettres & les relais de poste font aussi l'objet d'une administration particulière pour le compte du roi ; il en est de même pour tout ce qui concerne les mines, les eaux & forêts de sa majesté.

Par édit du 17 Janvier 1765, il fut établi, à Berlin & à Breslau, une *banque royale des viremens d'escompte*, & un *lombard* ou *mont-de-piété*. On en plaça des comptoirs à Kœnigsberg, Magdebourg, Minden, à Stetin & à Francfort sur l'Oder. Toutes les lettres-de-change au-dessus de cent écus, doivent être payées en banque.

La valeur permanente & proportionnelle fut fixée par un édit du 29 octobre 1766. Les négocians sont obligés de tenir leurs livres ou écritures, par livres, gros & fénins de banque, la livre évaluée à vingt-quatre gros, & le gros à douze fénins, le tout monnoie imaginaire ou fictive, comme notre livre tournois de France. Il y a vingt-cinq de différence, en faveur de la livre de banque contre l'or ; c'est-à-dire, que cent vingt-cinq écus en or, ou vingt-cinq frédérics de cinq écus la pièce, ne valent que cent livres de banque ; & comme l'or vaut encore six à sept pour cent de plus que l'argent, il faut cent trente-un ou cent trente-deux écus en argent, selon le cours du change, pour cent livres de banque, lesquelles se négocient, sauf les variations des changes, contre quatre-vingt-quinze à cent livres tournois.

Les billets de banque sont signés par des ministres d'Etat & par des commissaires-directeurs, préposés par sa majesté pour l'administration de cette partie, qui se fait aussi pour son compte.

Les négocians ont des comptes ouverts à la banque, pour les viremens & les escomptes.

Quand au lombard, qui est sous la même administration que la banque, l'on y prête, à l'intérêt ordinaire, sur des nantissemens qui, n'étant pas libérés ou dégagés au bout d'un an, sont vendus à l'encan, qu'on nomme *caution*.

Il y a enfin un loto ou loterie génoise, établie en 1764 ou 1765, également administrée & régie pour le compte de sa majesté. Elle diffère très-peu de celle que nous avons sous le nom de loterie royale de France.

Comme les principautés de Neuchatel & d'Oost-frise, au comté d'Embden, se trouvent fort éloignées des autres Etats du roi, sa majesté a jugé à propos d'en abonner tous les droits qui lui reviennent.

Le roi jouit aussi personnellement de quelques revenus ecclésiastiques, tels que ceux de l'évêché de Magdebourg, &c.

On ne peut parler ici des revenus que sa majesté tire de ses nouvelles possessions en Pologne. Les papiers publics ont retenti, à cet égard, des clameurs des Polonois & des Dantzickois.

Ce monarque voit tout par ses yeux. Il est lui-même son sur-intendant & son contrôleur-général des finances. Chaque année, à l'époque de la Trinité (ou plutôt à la fin de mai, car les années de ses régies commencent au 1.er juin), les ministres chargés spécialement de l'inspection de chaque partie, en font leur rapport au roi, lui présentent les projets d'état de toutes les dépenses à faire dans l'année suivante, pour les arrêter ; ce qu'il fait de sa main, après examen.

Les régisseurs généraux des accises & péages, dont l'administration est aussi présidée par un ministre d'Etat (qui n'a néanmoins que sa voix), portent de même, chaque année, à la même époque, leurs projets d'états des dépenses de l'année suivante, pour être approuvés & arrêtés par sa majesté. Sans cette approbation, aucune dépense ne seroit admise à la chambre générale des comptes, où toutes les parties sont vérifiées, & les comptes de chacune arrêtés aussi chaque année.

Quant au montant ou objet des produits de toutes ces branches de revenu, il est difficile d'en donner une idée. Le roi de Prusse, pour empêcher que la connoissance n'en parvienne au public, fait prêter, par tous ses régisseurs, serment de garder le silence sur ce point. D'ailleurs, non-seulement il sépare avec soin toutes ses administrations, mais il inspire à chaque membre, un zèle discret & un attachement jaloux pour sa partie ; d'où naissent une concurrence & des contrôles respectifs, qui empêchent la communication & contiennent les uns & les autres dans une application exclusive & dans un silence vaniteux sur-tout ce qui regarde leur manutention. Par ce moyen, le roi seul connoît l'objet général, & n'en confie lui-même que ce qu'il lui plaît, à ceux de ses secrétaires qui travaillent auprès de sa personne, entre lesquels il divise aussi les parties.

On a pris, au surplus, toutes les précautions qu'on a cru propres à prévenir l'inégalité de la répartition du droit de contribution, dans les Etats du roi de Prusse.

Les terres sont distribuées en différentes classes, selon la qualité du terrein, sa situation, ses avantages pour le commerce ; & de tems en tems, on fait la revision de cette distribution des terres.

Deux fortes de perfonnes concourent à la répartition des impôts ; favoir, les nobles du diftrict, ou les propriétaires des terres, & les gens qui font chargés des intérêts du fouverain.

La chambre des finances a des fubdélégués dans le diftrict, qui font, avec le directeur, la perception des deniers royaux qu'ils reçoivent des mains des baillis & collecteurs, qui touchent la quote-part des payfans ; mais fans pouvoir les exécuter.

Ainfi, le collecteur porte à la caiffe de fon diftrict, ce qu'il a reçu, & l'état de ceux qui font en retard de payer. C'eft le directeur qui employe la contrainte. Les propriétaires paient environ vingt ou vingt-cinq pour cent de leur revenu, c'eft-à-dire à peu-près le quart ; & les eccléfiaftiques paient quarante ou quarante cinq pour cent, c'eft-à-dire près de moitié.

Il réfulte de cette forme d'adminiftration, que l'opération de ceux qui font prépofés au recouvrement des deniers eft éclairée par le directeur du diftrict ; que la contrainte s'exerce par le directeur, & qu'il en rend compte à l'affemblée du diftrict ; que les directeurs n'ont aucun profit à faire dans les abus, étant payés par une fomme fixe & annuelle ; & enfin, que l'impofition étant folidaire, tout le monde a intérêt d'avoir les plus grands ménagemens, parce que la ruine du contribuable tomberoit à la charge du diftrict.

Au furplus, la contrainte affurée de la perception, forme le contrôle des opérations refpectives.

Les impofitions territoriales, dans la Siléfie, ont été fixées & déterminées, d'après un cadaftre qui a été formé, depuis quelques années, avec la plus grande attention, & dans lequel les différentes natures de bien & leur produit annuel, font diftingués très-exactement.

Pour parvenir à la formation de ce cadaftre, le roi de *Pruffe* chargea des opérations qu'elle exigeoit, les deux chambres de finance établies à Breflau & à Glogaw, auxquelles il joignit d'autres officiers, au nombre de quinze qu'il choifit entre ceux, qui étoient les plus inftruits & les plus éclairés dans les autres chambres de finances établies dans fes Etats.

La bafe de ce travail demandoit une connoiffance exacte de la valeur & du produit des différens fonds, & des facultés des contribuables. On établit dans chaque cercle du duché, une commiffion pour conftater fur les lieux le revenu de chaque poffeffeur, foit eccléfiaftique féculier, noble ou roturier ; toutes ces terres ayant été fujettes, dans tous les tems, à l'impofition,

de même que dans la Bohême, dont dépendoit autrefois la Siléfie.

Pour que les opérations de ces différentes commiffions fuffent dirigées fur des principes uniformes, on forma un tableau, qui, pour établir une proportion dans les taxes, diftinguoit les différentes qualités du fol, les différentes natures de produit, tous les différens genres d'induftrie.

Le fol étoit divifé en terres labourables, pâturages, prairies, bois & étangs.

Chacune de ces claffes étoit fous-divifée.

Les terres labourables, fuivant le produit que donnoit la femence.

Les pâturages, en bons, moyens & mauvais.

Les prairies, fuivant la qualité & le prix du foin.

Les bois, fuivant leur nature, en bois durs, fapins & buiffons.

Les étangs & la pêche en rivières, fuivant l'abondance & la qualité du poiffon.

Les autres genres de revenus, tels que les péages, les briqueteries, brafferies de bierre & d'eau de-vie, les mines de charbon & de fer, les forges, étoient rappellés comme devant être taxés fur le moindre revenu de fix à dix ans.

Il y avoit pareillement des règles prefcrites pour la taxe des meûniers, fuivant le nombre de roues des moulins, des pafteurs, des bergers, des maréchaux-ferrans, des cabaretiers, des tifferands, des merciers, & autres métiers en général.

On entroit auffi dans le détail des corvées, ou fixées à un certain nombre, ou indéterminées, ou gratuites, ou à prix d'argent, ou nourriture, pour déterminer la taxe de ceux qui en étoient tenus.

On envoya ce tableau à chaque commiffion, qui, d'après les règles qu'il prefcrivoit, forma fon cadaftre, & le fit paffer à l'intendant de la province. Ce magiftrat, après avoir réuni les différens cadaftres, & en avoir compofé le total de fa province, adreffa le tout à la direction générale à Breflau, où fut dreffé le cadaftre général des onze provinces, ou principautés, qui compofent la Siléfie.

Lorfque le cadaftre fut entièrement achevé, il fut préfenté au fouverain, pour fixer la quotité de l'impofition que chaque claffe de fonds devoit fupporter.

Les terres & poffeffions de l'évêque de Breflau furent

furent taxées à vingt-cinq pour cent du revenu annuel.

Les biens eccléſiaſtiques, des deux religions, à cinquante pour cent.

Les commanderies Teutonique & de Malte, à quarante pour cent.

Les terres nobles, à trente-huit un tiers pour cent.

Et les poſſeſſions roturières, à trente-cinq un tiers pour cent.

Afin de donner plus de facilité aux redevables, le montant de ces impoſitions a été diviſé en douze parties, dont une s'acquitte chaque mois. C'eſt le ſeigneur du lieu, contribuable lui-même, qui, d'après l'uſage dans lequel il étoit, & qu'on a laiſſé ſubſiſter, de recevoir les impoſitions de la communauté, remet chaque mois la portion qui eſt dûe & échue de l'impoſition, au receveur du cercle, qui fait paſſer le fonds à la caiſſe générale militaire de Breſlau & de Glogaw, en joignant un bordereau viſé par l'intendant de la province.

Les receveurs des cercles jouiſſent d'une remiſe, qui n'eſt jamais fixée au-delà de deux pour cent, & ſont d'ailleurs exempts des corvées & preſtations perſonnelles.

Les habitans des différentes villes n'étant ſujets à l'impoſition du cadaſtre que pour les fonds qu'ils poſſèdent dans le plat-pays, & leurs maiſons & jardins dans la ville n'y étant point aſſujettis, on a jugé que le plus propre à faire contribuer, dans la proportion convenable, le commerce & l'induſtrie, qui ſont concentrés dans les villes, étoit l'établiſſement des droits, à l'entrée & à la ſortie des villes, à titre de péages & d'acciſe, ſur les marchandiſes & denrées de toute eſpèce. Ces droits ſont réglés par des tarifs, à l'exécution deſquels on tient exactement la main.

Les habitans des villes ſont ſujets au logement des gens de guerre. Chaque habitant eſt obligé de loger plus ou moins de ſoldats, ſuivant que la garniſon eſt plus ou moins forte ; & quelquefois ce nombre peut monter juſqu'à dix pour un habitant.

Celui qui loge un moindre nombre de ſoldats que celui pour lequel il eſt inſcrit, paie un florin, par chaque ſoldat qu'il loge de moins, de même que celui qui loge un plus grand nombre de ſoldats, reçoit un florin pour chaque ſoldat, qui excède le nombre pour lequel il eſt inſcrit.

A ce morceau tiré, comme on l'a dit, de la collection des mémoires de feu M. de Beaumont,

intendant des finances, nous ajouterons des détails intereſſans, qui ſont dûs à M. P**, homme inſtruit par une longue expérience ſur les revenus du royaume de *Pruſſe*, & ſur les formes de la perception de toutes les contributions qui s'y lèvent. C'eſt en même tems l'occaſion de lui en marquer toute notre reconnoiſſance.

Les électeurs de Brandebourg, avant le règne de Fréderic-Guillaume, ne levoient ſur leurs ſujets, que les contributions de convention, ou des impôts momentanés qui leur étoient accordés par les Etats du pays.

Le prince ne pouvoit rien exiger d'autorité, & les demandes qu'il faiſoit, pour avoir des ſecours extraordinaires, rencontroient le plus ſouvent des difficultés & des oppoſitions inſurmontables.

Fréderic-Guillaume, roi, régla & détermina la perception de ſes droits. La bonne adminiſtration & la ſage économie qu'il introduiſit dans ſes finances, augmentèrent conſidérablement ſes revenus.

Tandis que le prince d'Anhalt formoit des ſoldats, adroitement répartis dans les provinces, & que le roi établiſſoit un gouvernement militaire, le miniſtre de Grumbkow poſoit des principes fixes & invariables, pour ſervir de baſe aux finances ; il rédigéoit des tarifs pour aſſurer les perceptions, ſouvent arbitraires, & plus ſouvent encore éludées ; il faiſoit des réglemens pour circonſcrire les privilèges ; il traçoit à chaque employé ſes devoirs, ordonnoit & ſimplifioit la marche de la comptabilité.

Ces changemens, avantageux pour le fiſc, eurent le tems de ſe conſolider pendant la vie de ce prince ; car la tranquillité de ſon règne ne fut troublée que par une ſeule campagne qui lui acquit la plus grande partie de la Poméranie.

Cette province fut miſe au rang des autres, & adminiſtrée de même.

A la mort de Fréderic-Guillaume, Fréderic II, ſon fils, qui lui ſuccéda, trouva une armée bien exercée, un tréſor rempli, & des finances bien régies. Les guerres dans leſquelles il fut engagé à ſon avènement à la couronne, introduiſirent le relâchement & des abus dans ces finances : il y régnoit une eſpèce d'anarchie, qui mécontentoit également le prince & les ſujets : déſordre d'autant plus difficile à détruire, qu'il étoit entretenu par ceux-mêmes qui pouvoient y remédier ; mais que leur intérêt portoit à le perpétuer.

Après la paix de 1745 le roi s'occupa ſérieufement d'une réforme dans ſes finances ; mais une nouvelle guerre allumée en 1756, le força d'abandonner cet utile projet ; il le reprit en 1763, en parla à M. Helvetius, qui ſe trouvoit pour lors à Berlin, & l'exécuta en 1766.

Juſqu'à cette époque le grand-directoire avoit été le tribunal ſuprême des finances : ſous le feu roi, M. de Grumbkow en étoit l'ame, il lui donnoit l'impulſion & l'activité, & ce miniſtre rendoit compte au roi de toutes les opérations. Après ſa mort ce collège conſerva ſon pouvoir ; mais il fut diviſé entre les différens membres qui le compoſoient.

Chaque miniſtre eut un département diſtinct, & des conſeillers pour travailler ſous lui. Quoique les affaires ſe référaſſent au collège aſſemblé, chaque miniſtre rendoit compte enſuite directement au roi, de la partie qui lui étoit confiée.

Les chambres de guerre & des domaines repréſentent, dans les provinces, le grand-directoire ; elles dirigent, ſous ſon autorité, toutes les parties de finances ; elles reçoivent & font exécuter ſes ordres, & lui rendent compte de leurs opérations.

Ces chambres ont ſous elles des conſeillers de cercle & des conſeillers du pays, ou provinciaux.

Les conſeillers de cercle, qui ſont quelquefois des membres des chambres, ont l'inſpection ſur les perceptions qui ſe font dans les villes de leur département, ſur la manutention générale & ſur la conduite particulière des employés ; enfin, ſur l'emploi du revenu des villes. Ils ſont auſſi chargés de veiller à ce que la police ſoit exactement faite.

Les conſeillers du pays ſont ordinairement des nobles de la province ; ils ont ſous eux les receveurs des tailles & des autres impôts perçus ſur les biens, ſur les individus & ſur les beſtiaux de la campagne ; ils veillent à la rentrée & à la ſûreté des deniers ; décernent des contraintes contre ceux qui ſont en retard de payer, & font exécuter dans leur département les ordres du roi, qui concernent les habitans de la campagne.

Les perceptions des droits ſont faites par des receveurs établis dans chaque bureau d'acciſe, de licent ou de douane, de péages & autres, qui ſont ſous l'inſpection des conſeillers de cercle ; & par les receveurs des tailles & capitation, payés par le roi, ou par les gens de la campagne ; mais ces derniers ſont diſtribués par diſtricts, & dépendent des conſeillers provinciaux.

Les receveurs des acciſes & licents comptent tous les mois de leur recette ; ceux des péages,

tranſit, tailles, &c. tous les trois mois ; mais comme l'aſſiette des tailles eſt fixée, on paye un quartier par avance.

Tous ces receveurs particuliers verſent les deniers de leur maniement dans les caiſſes de la province, qui ſont dans les villes où réſident les chambres, ſouſtraction faite des appointemens qu'ils ont payés, d'après l'état qui en eſt arrêté tous les ans par le roi.

Ces caiſſes provinciales ſont ſous l'inſpection des chambres, relativement au revirement & aux précautions à prendre pour la ſûreté des deniers ; mais elles ne payent que d'après les états arrêtés par le roi, ou ſur des mandats ſignés de ſa main.

Les receveurs particuliers, qui comptent par mois, font l'arrêté de leur recette & dépenſe le 25. Ils envoyent aux chambres de leur province les bordereaux, d'après leſquels celles-ci forment des états ſéparés de chaque partie, & elles les adreſſent au grand-directoire. Chaque miniſtre fait faire un relevé général de la partie qui lui eſt confiée. Ce relevé préſente un apperçu du produit net de chaque recette, comparé avec le même produit de l'année précédente, & il eſt mis ſous les yeux du roi à la fin du mois.

On fait la même opération pour les droits dont on compte par quartier.

Les paiemens ſont aſſignés par mois ou par quartier ; les derniers s'acquittent les 25 d'août, de novembre, de février & le 31 mai, époque à laquelle les receveurs ont déja reçu les états de dépenſe pour l'année qui doit ſuivre.

Chaque receveur fait ſon état de recette & de dépenſe de l'année ; il doit être remis aux chambres, du 4 au 5 juin ; celles-ci en forment un pour leur département reſpectif, diviſé par chaque partie de recette ; elles le font paſſer au grand-directoire, qui en fait faire un général, diviſé de même, & comparé comme les autres, avec le produit net de l'année précédente, & avec la fixation annuelle.

Les caiſſes provinciales font la même opération, relativement aux deniers qui leur ont été remis, & aux paiemens qu'elles ont fait. Le grand directoire remet au roi l'état général, diviſé par province, & le réſultat eſt ce qui reſte à verſer au tréſor.

Au moyen de ces deux états, le roi peut voir d'un coup-d'œil l'augmentation ou la diminution de ſes revenus, & les épargnes à verſer dans ſon tréſor.

Tous les receveurs doivent remettre aux chambres leurs comptes de l'année, avec les regiftres & pièces juftificatives, avant que les trois premiers mois de l'année fuivante foient écoulés.

Les calculateurs en font la vérification, & leurs procès-verbaux, les comptes, les regiftres & pièces juftificatives font envoyés à la chambre des comptes de Berlin, pour en faire la revifion : cette dernière communique les procès-verbaux de débet ou de déficit aux receveurs, pour y répondre ; & s'ils ne peuvent légitimer les erreurs de perception, ils font condamnés à compter des droits qui n'ont pas été perçus, ou à reftituer ceux qui l'ont été mal-à-propos. Les enregiftremens faits, & les reftitutions certifiées, la chambre des comptes les quittance.

Les revenus du roi de *Pruffe* confiftent dans les droits ci-après détaillés.

1. Les accifes, ou droits de confommation des villes.

2. Les licents ou douanes, péages & tranfit.

3. La vente exclufive du tabac.

4. La taille fur les biens & beftiaux de la campagne.

5. La capitation & le droit de protection que payent les juifs.

6. La vente exclufive du fel.

7. Les domaines & haras.

8. Le produit des forêts.

9. Les amodiations, ou fermes des chaffes & vente du gibier.

10. Le papier timbré & les cartes.

11. L'amodiation, ou ferme de la mufique.

12. Le droit de recrue dans quelques provinces.

13. Le droit de fervice.

14. L'amodiation du ramonnage des cheminées.

15. L'amodiation de l'écorcherie.

16. Le reftant du revenu des villes.

17. Le produit des poftes.

18. Le produit des mines.

19. Le produit des monnoies.

20. Le produit de la caiffe des charges.

21. Les lombards, ou monts-de-piété.

22. Les droits de franc-fief, quint, requint, lods & vente, réunion des fiefs à la couronne, confifcations, &c.

23. Le reftant de la caiffe des épices.

24. Les manufactures de foierie, de porcelaine, les monopoles, la banque & autres affociations dans diverfes branches de commerce.

25. Les loteries.

26. La vente exclufive de la poudre à tirer.

On a dit plus haut, que le roi avoit exécuté en 1766 le projet de réforme de fes finances. Il créa pour cet effet deux adminiftrations générales, l'une pour régir les accifes, péages & licents ; l'autre pour adminiftrer les plantations du tabac, & la vente de cette denrée, dont le roi s'attribua le débit exclufif.

Au commencement de l'année financière de 1766, ces deux branches furent entièrement diftraites de la direction des chambres ; elles n'eurent même qu'un rapport très indirect avec le grand directoire, les chefs de ces adminiftrations étant chargés de rendre compte directement au roi de leurs opérations.

Ces adminiftrations une fois fubftituées aux chambres, & au directoire même, elles fe firent repréfenter, dans les provinces, par des directeurs, des infpecteurs généraux, & des contrôleurs provinciaux, qui prirent les places des chambres & des confeillers de cercle ; mais le roi, penfant qu'il pourroit réfulter des inconvéniens, en laiffant aux adminiftrateurs, qui étoient françois, le pouvoir de prononcer fur les fraudes, ainfi que l'avoient eu les chambres & le grand directoire, il créa des juftices, pour juger de celles qui fe commettroient dans ces parties.

Chaque province eut une jurifdiction reffortiffante à la cour fupérieure, qui fut établie à Berlin.

Les employés ne pouvant faire d'accommodement, toutes les faifies furent portées en juftice. Cet arrangement, qui jettoit les fraudeurs dans des frais très-fouvent plus confidérables que la valeur de l'objet faifi, ou de l'amende encourue, occafionna des plaintes ; le roi les prit en confidération.

Il donna une déclaration en interprétation du règlement, qui concilia les intérêts du monarque avec les intérêts de fes fujets. Il ordonna que les procès-verbaux de faifie feroient rédigés aux bureaux, par le prépofé fupérieur qui s'y trouveroit ; que la partie faifie y comparoîtroit, accompagnée d'un juge ou de deux témoins ; qu'après la dénonciation des employés, elle fourniroit fur le champ fes défenfes, qui feroient mifes à la fuite du procès-verbal ; qu'on l'interpelleroit de déclarer fi elle fe reconnoiffoit coupable, fi, en conféquence, elle offroit une amende quelconque, ou fi elle préféroit que l'affaire fût décidée par la juftice : il fut enjoint de lui faire lecture de fes défenfes & réponfes, de la requérir de les figner, ou de faire mention de fon refus, & de faire fignet le juge ou les témoins en marge, pour certifier la vérité du contenu des défenfes.

Ainfi toute partie faifie peut faire telle offre qu'il lui plaît. L'adminiftration l'accepte ordinairement, à moins qu'elle ne foit abfolument difproportionnée à l'amende, ou que ce ne foit en récidive, ce que les employés font obligés de relater dans leur procès-verbal ; dans ce cas, les affaires font traitées très-fommairement.

L'adminiftration rédige la fentence, lorfque les objets faifis font au-deffus de la valeur de vingt écus ; elle l'envoye à la juftice fupérieure, pour y être enrégiftrée ; la partie faifie paie, pour tous frais, un écu de Brandebourg, (l'écu vaut trois livres douze fous de France). Mais fi les objets faifis font au-deffous de vingt écus, c'eft la direction qui fait la fentence, & elle eft enregiftrée à la juftice provinciale, où il n'eft payé que douze gros, (le gros vaut trois fous, monnoie de France).

Cette réforme dans la finance, ne changea que très-peu de chofe dans la perception des droits. Mais ceux qui fe payoient fur les bierres, les eaux-de-vie, le vin, le café, les viandes de boucherie, furent augmentés, & l'on fupprima en partie les droits perçus fur la viande de cochon, & entièrement ceux fur les grains & farines, enforte que l'augmentation des premiers compenfa à peine cette fuppreffion. Au furplus, on fuivit exactement les tarifs qui avoient été faits par M. de Grumbkow. On fe contenta de le réimprimer, en y faifant les changemens que les circonftances des tems rendoient néceffaires, & en y rapportant les prohibitions des marchandifes étrangères. Elles ont été fi multipliées fous le règne actuel, qu'il étoit prefqu'impoffible que les employés puffent les avoir préfentes.

Des droits d'accife.

Les droits d'accife ou de confommation, fe perçoivent fur tous les objets qui entrent dans les villes, excepté fur les légumes, fruits, qui font récoltés fur le territoire de ces villes, fur le lait provenant des vaches qui y font nourries, parce que les propriétaires paient une taxe fixe, à moins que les villes n'aient un privilège qui les en exempte nommément ; toutes les marchandifes des fabriques royales en font exemptes.

Les droits de confommation fe perçoivent fuivant le tarif de chaque province. Lorfqu'ils ont été acquités dans une ville, & qu'on en exporte quelque chofe dans une autre, accompagné d'un laiffez-paffer du bureau du lieu de l'enlèvement, on ne perçoit qu'un droit de fupplément, de quatre pour cent de la valeur.

Si les droits des objets exportés montent à cinq écus, ils font reperçus dans la ville où ils doivent être confommés, & le bureau de l'enlèvement fait bon du montant de la première perception, à celui qui a fait l'envoi, en repréfentant le laiffez-paffer, fur lequel la feconde perception eft certifiée.

Chacun eft tenu d'obferver les formalités & de fe foumettre à la vifite en entrant dans une ville. Si l'on y importe des objets fujets aux droits, ils doivent être acquités fur le champ, ou au plus tard dans le délai de trois jours, fous peine d'exécution militaire.

Cependant, depuis que l'adminiftration françoife exifte, le roi s'eft relâché de cet article du règlement en faveur des négocians des villes commerçantes. Il leur a permis d'entrepofer dans fes magafins, en payant très peu de chofe pour les frais d'entrepôt, les marchandifes fujettes à de gros droits. Les employés des bureaux d'accife & de licent tiennent des regiftres d'entrepôt, que l'on décharge à mefure que les enlèvemens fe font.

Si un négociant tire de l'entrepôt des marchandifes pour le commerce de la ville, il en paie les droits fur le champ ; mais fi elles font deftinées pour une autre ville des Etats du roi, ou pour l'étranger, on lui permet d'en faire l'enlèvement, en donnant caution pour fûreté des droits. Les marchandifes exportées font pefées, emballées & plombées dans les magafins, & elles n'en fortent qu'accompagnées d'un acquit-à-caution, qui doit être rapporté au bureau de l'enlèvement, dans le délai de quinze jours, ou d'un mois au plus tard.

Les droits font perçus dans les bureaux des villes pour lefquelles les marchandifes font deftinées, & le paiement eft certifié fur l'acquit-à-caution. La fortie eft également certifiée par le dernier bureau de frontière, lorfqu'elles paffent à l'étranger. Auffi-tôt que ces acquits font rentrés dans les bureaux où ils ont été expédiés, on décharge les enlèvemens aux regiftres, & on annulle les cautionnemens.

C'eft ici l'endroit de parler des prohibitions des marchandifes étrangères, dont le nombre augmente tous les jours.

Telles font les étoffes en foieries, en laine, les indiennes, une grande partie de la mercerie, les toiles de fil & de coton, les mouffelines, les étoffes demi-foie & laine, les cotonades, la porcelaine, la faïence, la poterie, l'amidon, la poudre à tirer, les cartes à jouer, &c. Mais toutes ces espèces de marchandises qui sont fabriquées dans les provinces prussiennes en-deçà du Weser, relativement à Berlin, entrent & sortent, en exemption de tous droits, lorsqu'elles sont revêtues des plombs des fabriques, & de ceux des bureaux des villes d'où elles proviennent. On accorde même une gratification de deux pour cent sur certaines marchandises, lorsqu'elles passent à l'étranger.

Malgré toutes les prohibitions, les droits d'accise, y compris le débit exclusif du café, dont le roi s'est emparé depuis environ cinq ans, peuvent rapporter huit millions d'écus.

Les droits de licent ou de douane, ceux de péages & de transit, se perçoivent sur toutes les marchandises qui entrent, sortent ou transitent, par terre par eau. Ils se perçoivent d'après la valeur, poids ou la mesure, ainsi que ceux d'accise. Les droits de transit n'ont lieu que sur différentes marchandises, dans les provinces où il n'y a point de péages, ou dans les autres, lorsqu'ils sont plus forts que ces derniers droits. C'est ordinairement au bureau que se conduisent les ballots, caisses, &c. pour être visités & plombés, & à ceux d'accise, lorsqu'il n'y a pas de licent ou de packhoffe.

Il n'y a que ceux qui possèdent des biens nobles, ou les fermiers des domaines, qui jouissent de l'exemption des droits de péage, dans la province où les biens sont situés, soit pour l'exportation des denrées du crû de leurs terres ou de celles des domaines, soit pour l'importation des marchandises & denrées dont l'entrée est permise, pour leur propre consommation seulement, & en observant à la rigueur ce qui est prescrit par les règlemens. Ils sont obligés de faire vérifier dans les bureaux, les certificats qu'ils donnent, sur lesquels leurs armes sont empreintes, ou celles du roi, pour les fermiers des domaines : si l'on découvre quelques abus, celui qui en est convaincu est privé pour toujours de son privilège. Les droits de licent ou douane, ceux de péage & de transit, donnent un produit qui s'élève à deux millions cinq cent mille écus.

Le roi s'est approprié, en 1766, comme on l'a dit plus haut, la vente exclusive du tabac, tant à ses sujets qu'aux étrangers ; & le transit en est même défendu. Cette nouveauté fit abandonner la culture de cette plante, qui formoit une branche florissante de commerce dans plusieurs provinces, où les François & les Saltzbourgeois s'étoient retirés, dans le siècle dernier, lors des émigrations, qui furent occasionnées par des règlemens au moins très-impolitiques. Ces réfugiés non-seulement approvisionnoient la plus grande partie des Etats de *Prusse*, mais ils en exportoient

encore des quantités très-considérables dans la Pologne, dans la Lithuanie & dans la Courlande.

Aussi-tôt que le privilège exclusif de la vente eut été établi, la culture cessa. On fut même obligé d'en tirer pour quelques cents mille écus de l'étranger ; mais les fermiers des domaines du roi s'étant déterminés à entreprendre cette culture, elle réussit parfaitement. Après avoir récolté & fait sécher les tabacs, ils les livrèrent dans les magasins royaux, à des prix fixés par le tarif. L'exemple des grands bénéfices qu'ils retirèrent des plantations de tabac, par comparaison avec les autres genres de culture les plus avantageux, multiplia tellement le nombre des planteurs, qu'on fut obligé de défendre les plantations au-dessous d'un demi-arpent. Il fut en même tems enjoint à chaque planteur de faire une déclaration de la quantité de terrein qu'il prétendoit ensemencer en tabac ; & on lui en donna une permission, qu'il devoit représenter aux employés chargés de vérifier l'étendue de la culture, ses produits, & les livraisons dans les magasins.

Cette partie ne rapporta, les premières années, qu'un million d'écus ; à présent, elle en produit dix-huit cent mille.

De la taille.

La taille porte sur les biens-fonds & sur les bestiaux. La cotisation des fonds est invariable. Il n'y a que le principal manoir d'une terre noble, consistant à-peu-près en six arpens, qui en est exempt.

M. de Grumbkow a fait rédiger, pour chaque province, des rôles appellés *cadastres*, sur lesquels les terres sont enregistrées, selon les propriétés qui existoient alors ; de sorte qu'à chaque mutation, il n'y a que le nom du possesseur à changer.

Pour faire cette répartition aussi égale qu'il est possible, on a partagé les terres labourables en trois classes ; bonnes, médiocres & mauvaises, & la répartition en a été faite suivant leurs produits.

Les prairies ont formé deux autres classes, distribuées en bonnes & mauvaises.

Les bois forment une troisième classe, & sont répartis comme les terres. Cependant, comme lors de la rédaction de ces cadastres, il y avoit la moitié des terres incultes, & que, depuis ce tems, il y a eu des défrichemens considérables, on les a simplement ajoutés. Cette partie a dû augmenter, après la révolution des années de franchise accordées pour encourager les défrichemens. Le produit de la taille ne peut manquer de croître de plus en plus, si l'on continue à suivre le système du roi régnant. Non-seulement ce prince accorde aux nouveaux colons l'exemption de tous droits & charges quelconques pendant un certain nombre d'années, mais encore il leur fournit des bois pour bâtir, des bestiaux pour labourer, & leur abandonne, pour une légère redevance, la propriété des terres.

Le roi a fait rédiger des cadastres dans les provinces qu'il a conquises, & on a suivi le même plan.

Cet impôt peut rapporter quinze millions d'écus.

La capitation appellée *Kopfgeld* (argent tête), est une taxe qui se lève sur chaque individu, proportionnément à son état. Les nobles & ceux qui servent le roi, soit dans le militaire, soit dans le civil, en sont exempts. Cette capitation, y compris le droit de protection, payé par les Juifs, peut rendre trois millions.

Les domaines, dans lesquels on comprend les terres labourables, prés, cens, surcens, corvées & redevances des vassaux, moulins à baux amphitéotiques, &c. sont affermés par bailliage.

Chaque fermier a le droit de brasser de la bierre & de brûler de l'eau-de-vie, pour les débiter exclusivement dans les villages domaniaux de son district; & les vassaux qui les habitent ne peuvent ni brasser, ni fabriquer d'eau-de-vie, ni tirer des bierres & eaux-de-vie d'aucun autre endroit, sous peine d'amende considérable.

Il est encore permis à ces fermiers de vendre de ces boissons à l'étranger, en payant aux bureaux d'accise un droit très-modique.

Les fermiers sont obligés de tenir un registre exact de leur recette, qui sert de guide aux chambres de guerre & domaines, pour les augmentations à faire au renouvellement des baux.

Cette partie, y compris les haras, rapporte environ cinq millions.

Les forêts sont sous la direction d'un grand maître pour chaque province : il prend les ordres du grand directoire, & se concerte avec les chambres des guerres & domaines pour les exploitations, replantations & ensemencemens. Ces grands-maîtres ont sous eux les employés pour les forêts & les chasses.

Les produits des bois du roi qui sont exploités par une compagnie, peut monter à près de dix-huit cens mille écus.

Les chasses sont affermées tous les six ans & adjugées par les grands maîtres & les députés des chambres, au plus offrant; mais la vente du gibier que l'on tue sur les chasses réservées, est faite par le grand-maître ou ses subordonnés : chaque district doit fournir une somme fixe tous les ans, &

elle est versée à la caisse par le chasseur en chef du district.

La ferme des chasses & la vente du gibier des endroits réservés, peuvent rapporter cent mille écus.

Le roi a la vente exclusive du sel tant à ses sujets qu'aux étrangers. Il le tire de ses salines de Halle & d'Unna en Westphalie : un ministre d'Etat est spécialement chargé de cette partie.

La consommation de cette denrée est fixée par personne, & selon le nombre de vaches, brebis & cochons que chaque particulier peut avoir : on est obligé de prendre la quantité à laquelle on est imposé. Pour s'en assurer, les inspecteurs donnent à chaque ménage un livret, en tête duquel est portée la consommation de sel de celui à qui il est remis, d'après les dénombremens arrêtés par les magistrats. Chaque fois qu'il vient lever du sel, il est obligé de l'apporter, & de le représenter au garde-magasin, ou au regratier, qui est tenu d'inscrire la quantité de sel, ou le nombre de mesures qu'il délivre.

Vers la fin de chaque année les inspecteurs vérifient les livrets pour les registres des distributions : si quelqu'un a pris moins que sa taxe, il est forcé de la remplir, & il est condamné à une amende plus ou moins forte, selon la circonstance.

Au reste l'introduction du sel étranger est défendue sous peine de galere & même de la vie : c'est le seul objet sur lequel la loi soit aussi sévère. Elle a été dictée par Frédéric-Guillaume, & le roi régnant l'a maintenue; cependant il n'y a point d'exemple qu'un faux-saunier ait été condamné à mort sous son règne.

Il existe encore des salines privilégiées à Colberg dans la Poméranie. Elles appartiennent à des particuliers qui peuvent vendre le sel à l'étranger, & même dans la principauté de Cammin, qui fait partie de cette province; mais sous la condition qu'ils ne le donneront pas au-dessous du prix que le roi leur a fixé, & qui revient à-peu-près au prix du sel de la couronne,

Les revenus de la vente exclusive du sel peuvent monter à trois millions cinq cents mille écus.

Le droit de timbre est celui que l'on perçoit sur le papier marqué, dont on doit faire usage dans tous les actes, accords, marchés, & même sous seing-privé, pour qu'ils soient valables. On doit aussi s'en servir pour les quittances des pensions & gratifications payées par les caisses du roi & des villes.

La vente exclusive des cartes à jouer est attachée à cette partie, & ces deux objets peuvent produire trois cens mille écus.

La ferme ou admodiation de la musique est un privilège que le roi accorde aux fermiers de jouer exclusivement aux fêtes, mariages, bals, &c. leurs honoraires sont fixés; & ils leurs sont dûs, lors même qu'on se sert d'autres musiciens. Ces amodiations sont divisées par villes & par cercles: elles peuvent produire environ quinze mille écus.

Le droit de recrue est payé par quelques villes & provinces qui ne sont pas sujettes aux enrôlemens. Le roi fait encore payer à cette caisse une somme qu'il détermine, pour quelques privilèges ou graces particulières qu'il accorde. Cette branche de revenu peut produire cinquante mille écus.

Le droit de service est payé par ceux qui sont appointés par le roi ou par les villes; il consiste en une retenue de quatre pour cent sur les appointemens.

Ceux qui par leur naissance ou par les charges qu'ils possèdent ne sont pas exempts de logemens de gens de guerre, & qui ne logent pas, payent une somme annuelle qui entre dans cette caisse: le tout peut produire ensemble cinq cens mille écus.

Le roi afferme par district le droit de ramoner les cheminées deux fois par an: chaque particulier est obligé de se servir des ramonneurs des fermiers, & de payer le prix de la taxe: cette partie rapporte environ soixante mille écus.

On a dit ci-devant que le droit d'écorcher les bestiaux est une ferme particulière: en voici l'origine. Il existe en Allemagne un préjugé, d'après lequel on tient pour vil, déshonoré, quiconque écorche, ou même touche un animal mort: les bourreaux ou leurs valets étoient chargés d'enlever ces animaux, & les peaux leur appartenoient. Le roi de Prusse, ainsi que presque tous les princes de l'Allemagne ayant remarqué que ce préjugé ne pouvoit servir qu'à enrichir les bourreaux, ont jugé utile à leur intérêt, d'en former une ferme pour leur compte: elle est toujours donnée aux bourreaux, qui, outre la peau qui leur appartient, reçoivent encore vingt-quatre sols pour l'enlèvement de l'animal: ceux-là font exploiter par leurs serviteurs.

La ferme de l'écorcherie & le droit qu'ont les bourreaux de vendre une marque qu'on attache aux cols des chiens dans la canicule, si l'on ne veut pas risquer qu'ils soient tués dans les rues par leurs valets, peut produire deux cents mille écus.

Le revenu des villes, comme on l'a dit plus haut, étant sous l'inspection des conseillers de cercle, les corps municipaux ne peuvent faire aucune dépense, sans y être autorisés par leur cour: elle n'ordonne que celles qui sont absolument indispensables, le surplus des revenus annuels est versé dans la caisse du roi, qui se charge des embellissemens & reconstructions des bâtimens publics, & même de ceux des particuliers après un incendie ou quelque évènement désastreux; mais cette dépense se réduit à peu de chose pour ce dernier objet, depuis l'établissement des caisses pour les incendies. Chaque particulier possesseur de bâtimens est obligé de contribuer au marc la livre, de la valeur pour laquelle ces bâtimens sont portés sur le cadastre de la ville ou de la province qui est rédigé à cet effet.

Le roi retire environ trois cens mille écus.

Les revenus des postes consistent dans le bénéfice des ports de lettres qui s'expédient par des couriers. Lorsqu'elles sont un peu pesantes & qu'on ne les recommande pas, on les fait partir par les charriots & guimbardes qui servent à transporter les voyageurs, les caisses, les ballots & les paquets. Ces voitures, dont le roi a le profit, sont un peu plus lentes que les couriers, sur-tout lorsque les chemins sont mauvais. Il est défendu sous peine de dix écus d'amende, de se charger de lettres cachetées, & aux rouliers, voituriers & messagers, de prendre des paquets au-dessous de cinquante livres.

Les loueurs de voitures sont obligés, lorsqu'ils conduisent quelqu'un, de payer au bureau des postes pour en obtenir la permission, sinon ils courent risque d'être condamnés à l'amende.

Le roi a encore le profit des postes à relais. Les chevaux sont fournis par des entrepreneurs, ou par les habitans de l'endroit où est fixé le relai, s'il n'y a pas d'entrepreneurs.

Un ministre d'état qui est chargé des détails & de tout ce qui concerne cette partie, en rend compte directement au roi. Ce ministre a sous lui les directeurs & leurs commis. Ces employés entretiennent avec lui une correspondance suivie.

Cette partie peut valoir un million d'écus.

Les mines sont toutes exploitées au compte du roi: c'est un ministre d'état qui est à la tête de cette partie, dont il rend compte au roi directement: elles peuvent produire environ quatre cens mille écus.

Il est difficile d'indiquer au juste le bénéfice des monnoies: leur valeur intrinsèque a été sujette à de grandes variations, sur tout depuis 1758 jusqu'en 1763, mais à cette époque, les espèces ont été remises à un taux fixe. Les espèces d'or ont une valeur proportionnée à celles qui ont cours dans les autres Etats de l'Europe; mais celles d'argent sont infiniment au-dessous; aussi ne sont-elles pas reçues dans les provinces étrangères, même les plus limitrophes des états de *Prusse*.

Le gros qui revient à-peu-près à trois sous argent de France, les pièces de six, de trois &

d'un féning, qui équivalent au liard de France, dont il y a une affez grande quantité, font des pièces de billon de très-bon alloi.

Nous devons obferver que la *Pruffe* proprement dite, la Siléfie & les provinces de Weftphalie, ont des monnoies qui leur font particulières, & qui n'ont pas cours dans les autres provinces.

On peut évaluer le profit des monnoies à deux cens mille écus.

La monnoie frappée depuis 1768 jufqu'en 1763, a été réduite dans le cours à cinq huitièmes de la valeur qu'elle avoit eu primitivement. Après leur rentrée dans les caiffes royales, elles ont été envoyées aux monnoies pour être refondues; mais comme la réduction étoit de quelque chofe au-deffous de leur valeur intrinsèque, il en a été exporté une très-grande quantité, ce qui a forcé le roi d'en défendre la fortie. On voit aujourd'hui très-peu de ces pièces dans le commerce, excepté dans quelques provinces de la frontière, où on les agiote avec un peu de bénéfice.

Le droit des charges, eft la finance que payent ceux qui font pourvus d'une place : il confifte dans le paiement de trois mois d'appointemens, lorfqu'ils font au-deffus de foixante écus par an : ceux qui obtiennent des charges titulaires, donnent une fomme beaucoup plus confidérable.

Le revenu peut fe monter à environ cent mille écus.

Les lombards du royaume ou monts-de-piété, qui font au compte du roi, peuvent produire deux cens mille écus.

Les droits de franc-fief, quints & requints, lods & ventes, aubaine & autres droits royaux; le droit de rentrer dans les fiefs de la mouvance de la couronne qui ont été donnés à titre d'engagement, ou de préfent à défaut d'enfant mâle de la famille qui les poffédoit, peuvent rapporter environ cinquante mille écus.

La régence de chaque province, qui eft le collège fupérieur de la juftice, eft chargée de recevoir les foi & hommage, & de percevoir les droits.

Le furplus de la caiffe des épices, déduction faite des appointemens des gens de juftice, eft de quatre-vingt mille écus.

Les produits des manufactures qui font au compte du roi, celui des monopoles, les profits de la banque & des affociations dans différentes branches de commerce, douze cens mille écus.

Les loteries peuvent rapporter huit cens mille écus.

La vente exclufive de la poudre à tirer, environ fix mille écus.

Le roi a des magafins immenfes de grains & de farines, fur lefquels il fait des bénéfices confidérables dans les années de difette : mais, comme ces bénéfices font accidentels, on n'en parle ici que pour mémoire.

RÉCAPITULATION

RÉCAPITULATION des revenus du roi de Pruſſe *, en argent du pays, évalué en monnoie de France.*

	Monnoie du pays.	Monnoie de France.
Les acciſes..	8000000. écus.	28800000. livres:
Les licents ou douanes, tranſits & péages.........	2500000.	9000000.
Le tabac..	1800000.	6480000.
La taille..	15000000.	54000000.
La capitation, &c..................................	3000000.	10800000.
Les domaines & haras.............................	5000000.	18000000.
Les forêts..	1800000.	6480000.
La ferme des chaſſes, &c..........................	100000.	360000.
La vente excluſive du ſel..........................	3500000.	12600000.
Le papier timbré & les cartes.....................	300000.	1080000.
La ferme de la muſique............................	15000.	54000.
Le droit de recrue.................................	50000.	180000.
Le droit de ſervice.................................	500000.	1800000.
La ferme du ramonnage des cheminées...........	60000.	216000.
L'écorcherie, &c...................................	200000.	720000.
Le reſtant du revenu des villes....................	300000.	1080000.
Les poſtes..	1000000.	3600000.
Les mines..	400000.	1440000.
Le bénéfice des monnoies..........................	200000.	720000.
Le droit de charges................................	100000.	360000.
Les lombards ou monts de piété...................	200000.	720000.
Les droits de franc-fief, &c.......................	50000.	180000.
Le produit des manufactures, &c..................	1200000.	4320000.
Le reſte des épices.................................	80000.	288000.
Les loteries..	800000.	2880000.
La vente de la poudre à tirer......................	6000.	21600.
TOTAL..	46,081,000.	165,891,600.

On ne peut pas donner un état certain de la dépenſe ; mais pluſieurs raiſons portent à croire que les épargnes du tréſor royal ſont de ſoixante-ſept millions de livres de France par année. On penſe que le comptant actuel du tréſor ſe monte à un milliard trente-quatre millions, déduction faite des dépenſes occaſionnées pour les campagnes relatives à la ſucceſſion de la Bavière.

QUA

QUADRIENNAL, adj. , par lequel on deligne un office, une charge qui ne s'exerce que tous les quatre ans , par quatre titulaires femblables. Les offices *quadriennaux* ont été une des reffources du fifc dans des tems de befoin, où la voie des emprunts n'étoit pas praticable, par le défaut de confiance dans le gouvernement, ou plutôt dans les adminiftrateurs. Mais l'inutilité de ces offices *quadriennaux* pour le public, & le préjudice qu'ils caufoient à l'Etat, par les intérêts confidérables qu'il falloit payer pour le prix des finances, par les remifes & les taxations qu'il accordoit fur le montant de leur recette, puifque tous les offices *quadriennaux* étoient comptables, ont fait fupprimer toute quadriennalité. Ces offices , ainfi que les triennaux, ont été fupprimés & réunis aux alternatifs.

QUADRUPLE-DROIT. On a dit au mot acquit-à caution, *tome I, pag.* 6 , que le *quadruple-droit* eft une amende prononcée dans le cas de l'inobfervation des formalités relatives à cette expédition de bureau; & on a expliqué en quoi confifte ce *quadruple-droit.*

QUALITÉS des perfonnes. On ne préfente ici cet article que pour remarquer qu'il y a différens droits dépendans de la partie des domaines , que les tarifs ont fixés fuivant les *qualités* des perfonnes contractantes, qu'ils ont placées en différentes claffes.

Ces claffes font comprifes en trois divifions, relatives à chaque efpèce de droit dû fuivant la *qualité.*

La principale divifion contient fix claffes différentes; elle s'obferve, 1°. pour le droit de contrôle des contrats de mariage, lorfque les biens ne font ni défignés ni évalués.

2°. Pour le droit de contrôle des teftamens, codiciles, donations à caufe de mort, fubftitutions, & autres actes portant donation, qui ne doivent avoir effet qu'après la mort des teftateurs ou donateurs, foit que les chofes aient été évaluées ou non.

3°. Pour l'infinuation des teftamens dans lefquels le legs univerfel ou l'hérédité mobiliaire ne font point évalués.

4°. Pour l'infinuation des fubftitutions de meubles ou immeubles , dont le droit eft fixé par chaque fubftitué , fuivant la *qualité* des fubftituans ; fans cependant qu'il puiffe être perçu plus de quatre droits, compris celui de l'inftitution.

Les droits fixés pour ces fix claffes font les mêmes dans les quatre cas, à la feule exception que pour l'infinuation des fubftitutions, les deux dernières claffes font réunies, & que le droit en eft fixé à cinq livres.

La première claffe renferme les perfonnes conftituées en dignités, foit eccléfiaftiques, foit laiques, les gentilshommes qualifiés, ou ceux qui poffèdent des terres , ayant haute, moyenne ou baffe-juftice , tant gentilshommes que roturiers ; les préfidens , confeillers , avocats ou procureurs généraux , & greffiers en chef des parlemens & autres cours fupérieures ; les officiers de finance, fecrétaires du roi, tréforiers, & autres pourvus d'emplois confidérables ; les fermiers, fous-fermiers, & traitans des droits du roi ; les banquiers, negocians & marchands en gros de toutes les villes ; les premiers officiers & bourgeois vivans de leurs revenus, des villes où il y a cour fupérieure , préfidial ou évêché ; leurs veuves & leurs enfans , cinquante livres.

La feconde comprend les chanoines , curés, & autres eccléfiaftiques pourvus de bénéfices, de toutes les villes & paroiffes , les fimples gentilshommes de toutes les villes ; les officiers de judicature des préfidiaux, bailliages, fénéchauffees, vigueries, élections, & autres jurifdictions royales ; les premiers officiers & bourgeois vivans de leur revenu, de toutes les autres villes que celles qui font énoncées dans l'article précédent ; les directeurs, receveurs & principaux commis des fermes & droits du roi, trente livres.

Dans la troifième claffe font renfermés les officiers de judicature des duchés-pairies & autres jurifdictions feigneuriales reffortiffantes nuement ès parlemens ; les avocats , notaires , procureurs, greffiers , & autres officiers ; les médecins, chirurgiens , apothicaires , peintres , fculpteurs, orfèvres , marchands en détail, & autres notables artifans des villes où il y a cour fupérieure, préfidial, bailliage, fénéchauffée, élection & autres jurifdictions royales, vingt livres.

Dans la quatrième claffe font les eccléfiaftiques non pourvus de bénéfice, de toutes les villes & paroiffes ; les officiers de judicature des autres jurifdictions feigneuriales ; les procureurs, notaires , greffiers, & autres officiers des mêmes jurifdictions ; les médecins, chirurgiens, apothicaires, marchands, bourgeois des autres villes, gros laboureurs & fermiers, dix livres.

Dans la cinquième claffe, les artifans, manouvriers, journaliers, & autres, du commun des villes, trois livres.

La fixième & dernière, contient les fimples manouvriers, journaliers & autres de même genre, habitant la campagne, trente fols. Mais le droit d'infinuation des fubftitutions eft pour les deux dernières claffes, fixé à cinq livres.

La feconde divifion ne contient que trois claffes;

1°. Pour le contrôle des dons mutuels entre maris & femmes;

2°. Pour celui des émancipations;

3°. Pour idem des exhérédations.

Et pour l'infinuation des dons mutuels entre maris & femmes, des féparations de biens & de corps, des renonciations à communauté & à fucceffion; des lettres de bénéfice d'âge, lettres & actes d'émancipation, de bénéfice d'inventaire, des nominations de curateur aux fucceffions, aux interdits, aux mineurs, &c. &c.

Ces différens droits font réglés fur la qualité des perfonnes, & l'on peut confulter le *Dictionnaire raifonné des domaines*, par Bofquet, ou la nouvelle édition qui en a été faite, en 1784, à Rennes, 3 vol. in-4°.

La troifième divifion, que nous avons établie, ne renferme que deux claffes, fuivant lefquelles doivent être perçus les droits de contrôle des actes de refpect, ou requifitions faites par des enfans à leurs pere & mere, pour confentir à leur mariage; de ceux d'autorifation d'un mari à fa femme, ou des actes contenans refus d'autorifation.

Dans la première claffe font toute forte de perfonnes, à l'exception des artifans & gens du commun, qui compofent la feconde.

Il ne refte plus à obferver fur cet article, que fi un particulier a pris une *qualité* qui ne lui appartenoit pas, il a établi la règle du droit qui devoit être perçu, & ne peut s'en plaindre, puifqu'il s'y eft foumis, foit par vanité, foit par des motifs particuliers: dès-lors il ne peut obtenir aucune réduction, quelques preuves qu'il pût rapporter de fa véritable *qualité* ou condition.

Une multitude de décifions du confeil a confirmé cette jurifprudence, en prononçant que les droits étoient fuivant les *qualités* prifes par les parties.

Au contraire, fi des particuliers qui paffent des actes fujets aux droits, fuivant la condition des perfonnes, déguifent leurs véritables *qualités*, dans le deffein de diminuer la quotité du droit, ici perce un efprit de fraude que les loix fifcales puniffent, comme fauffe déclaration, d'une amende de deux cents livres. L'article XII de la déclaration du roi, du 14 juillet 1669, s'explique formellement à cet égard.

QUARANTE SOUS (droit de) par tonneau de cidre; il fe perçoit à l'entrée de la ville de Rouen. On a parlé de fon origine ci devant, au mot NEUF LIVRES par tonneau, (droit de). *Voyez la page* 209.

QUARANTE SOUS (droit de) fur les fucres. Ce droit étoit impofé fur les fucres raffinés aux Colonies, & importés dans le royaume, pour être perçu au profit du domaine d'Occident, & faifoit partie de celui de vingt-deux livres dix fous par quintal, mis fur tous les fucres raffinés, étrangers, dans des vues de protection pour les raffineries nationales. Mais le droit prohibitif fur les fucres étrangers ayant été porté à foixante livres par quintal, en 1781, il n'a plus été queftion de la portion qui en devoit appartenir au domaine d'Occident; & le droit de *quarante fous* eft tombé en défuétude.

Il n'eft plus connu que par l'article 542 du bail général des fermes fait à Forceville, en 1738. Dailleurs, cette diftinction n'étoit néceffaire que quand la ferme du domaine d'Occident étoit dans des mains différentes de celles qui tenoient la ferme des autres droits. Depuis cette réunion il n'a plus été fait mention du droit de *quarante fous* par quintal, dû par les fucres terrés, & caffonnades des colonies, à leur arrivée en France, pour droit du domaine d'Occident. Suivant l'article IX des lettres-patentes de 1717, ce même droit fe lève, en tems de guerre, à l'exportation des fucres de Saint-Domingue pour le pays étranger. *Voyez* SAINT-DOMINGUE.

QUARANTE-CINQ SOUS des rivières (droit de). On a donné ce nom à un droit établi pour remplacer plufieurs droits de péage levés au profit de différens particuliers. Comme ces propriétaires cherchoient fans ceffe à étendre & groffir leur perception d'une façon ruineufe pour le commerce, & vexatoire pour les voituriers & conducteurs par eau, le roi prit en confidération les plaintes qui s'élevèrent à ce fujet, & rendit, le 12 janvier 1733, une déclaration portant fuppreffion de tous les péages établis fur la rivière de Seine, & autres affluentes jufqu'à Rouen. En même tems il fut ordonné que les propriétaires de ces péages feroient rembourfés par fa majefté , au profit de laquelle il feroit levé un droit de *quarante-cinq fous* par muid , fur le vin voituré d'un port à l'autre , ou d'une ville dans une autre fur ces rivières , depuis l'endroit où elles font navigables , jufqu'à Rouen , dans les différens bureaux défignés pour en faire la perception.

Cette commutation , dit l'auteur du *Traité général des aides* , fut avantageufe aux marchands & voituriers, non feulement parce que le nouveau droit étoit moindre que le montant des péages dont il tenoit lieu , & qui alloit , favoir , au-deffus de Paris , à cinquante-deux fous un denier , & au deffous , à cinquante-quatre fous quatre deniers ; mais encore parce qu'il fe percevoit en une feule fois , & dans des lieux commodes pour l'abord des bateaux.

L'ordonnance des aides , du 21 juin 1680 , comprend un titre exprès pour ce droit.

Les cas où il eft dû font , lorfque le vin monte ou defcend par la Seine , & par les rivières qui s'y déchargent.

Ces rivières font l'Yonne , Beuvron , Cure , Coufin , Armanfon , Loing , Marne , Eftampe , Oife , Aifne & Eure. Il fuffit que le vin foit chargé & voituré fur une de ces rivières , pour que le droit foit dû , quand même le vin n'entreroit pas dans la Seine.

Mais il n'eft point exigible fur le vin qui ne fait que traverfer d'un bord à l'autre d'une de ces rivières , pourvu qu'il foit tranfporté par charroi , c'eft à-dire fur les bacs , fur les ponts , ou par des endroits guéables : il feroit dû fi ce tranfport d'un bord à l'autre , fe faifoit par bateau.

Ce droit eft dû fur le vin aigri & gâté , à moins qu'il ne foit converti en vinaigre effectif , porte l'article 6 ; à cet effet il eft permis au fermier de ce droit , de tirer , de chaque vaiffeau , quatre pintes au plus , fi bon lui femble , & de les remplacer par pareille quantité de vinaigre ; l'arrêt du confeil & les lettres-patentes du 10 avril & 25 mai 1742 permettent d'en verfer dix pintes au lieu de quatre.

Suivant les VIII, IX, X, XI & XII articles du même titre , ce droit ne doit être payé qu'une feule fois ; & s'il l'a été dans un bureau établi fur la Seine , il n'eft plus exigible dans ceux qui font placés fur les rivières affluentes : réciproquement , s'il a été acquitté dans un bureau établi fur une de ces rivières , il ne fera rien dû aux bureaux fitués fur la Seine , pourvu toutefois que les conducteurs en juftifient , par la repréfentation du premier acquit

Il eft enjoint aux voituriers de repréfenter leurs lettres de voiture au premier bureau de la route ,

& de les faire vifer des commis , à peine de confifcation , & de cent livres d'amende , s'ils font trouvés au-delà du bureau , fans lettres de voiture dûment vifées.

Il eft défendu , fur les mêmes peines , de décharger le vin , & de le mettre à terre , que le droit n'ait été payé , à moins qu'il n'y eût péril imminent de naufrage ; auquel cas les voituriers feront tenus d'en faire faire un procès-verbal par le juge du lieu , le commis du plus prochain bureau préfent , ou dûment appellé.

Il eft permis aux marchands qui voudront faire des magafins dans les villes fituées fur la Seine , ou fur les rivières affluentes , d'y faire venir leur vin , par eau , des paroiffes voifines , fans payer le droit , pour la quantité qu'ils déclareront être deftinée à entrer dans Paris , en fe foumettant de rapporter , dans trois mois , un certificat de l'entrée , qui fera délivré fans frais ; mais ils doivent payer le droit de tout ce qui ne fera pas déclaré pour Paris , ou des quantités dont ils ne rapporteront point le certificat d'entrée.

Perfonne , fans exception , n'eft exempt de ce droit , pas même les eccléfiaftiques , pour le vin du crû de leurs bénéfices , & pour leur provifion ; & il eft fujet aux dix fous pour livre , comme tous les autres.

QUARANTE-CINQ SOUS ET TROIS LIVRES , par charroi , (droit de). Ce droit fe trouve compris dans un titre particulier de la même ordonnance de 1680 , à la fuite du droit dont on vient de traiter. Il fut impofé à raifon de fept livres par muid de Paris , fur le vin du crû des villes & paroiffes fituées dans les huit lieues des environs des rivières de Seine , Andelle , Eure & Iton , qui feroit tranfporté des provinces de l'Ifle de France & de Normandie , par charroi , dans celle de Picardie.

Les fréquentes conteftations qui s'élevoient par rapport aux lieux dont les vins étoient fujets à ce droit ; la qualité même de ces vins , qui eft trop médiocre pour fupporter un droit auffi fort ; les frais confidérables qu'il occafionnoit pour affurer fa perception , eu égard à fon produit qui étoit très-modique , ont fait prendre le parti d'en prononcer la fuppreffion. Elle fut ordonnée par Arrêt du confeil , du 30 décembre 1755 , pour commencer au premier octobre 1756. On n'a fait mention de ce droit , que parce qu'il eft dénommé dans l'ordonnance ; il ne fubfifte plus que parmi les droits d'entrée , impofés fur le vin conduit dans la ville , fauxbourgs & banlieue de la ville de Rouen.

QUARANTIÈME (droit de) , eft le nom que l'on donne au droit de prévôté , parce que fon taux général est le *quarantième* de la valeur des marchandises. *Voyez* ci-devant PRÉVÔTÉ.

QUARANTIÈME (droit de) à Libourne. Cette ville, qui est située dans la Guyenne, faisant un commerce considérable de sel, toutes les cargaisons de cette denrée, lorsqu'elle est portée dans les magasins de la ville, jouissent de la déduction d'une pipe, mesure composée de six mines, pesant chacune deux cents-cinquante à deux cents-soixante livres, sur le nombre de quarante; de façon que les marchands n'acquittent les droits que sur trente-neuf pipes. Mais cette faveur n'a pas lieu pour les sels qui sont mesurés sur les bateaux, ou qui sont enlevés sans entrer dans la ville.

Ce privilège est fondé sur un concordat passé le premier juillet 1669, entre les maire, jurats & communauté de la ville de Libourne, & les fermiers généraux du bail de François Legendre, représentés par leur directeur général en Guyenne, & ratifiée par M. l'Huilier, fermier général en département, le 31 décembre 1681, pour le bail de Fauconnet. Et quoique cette convention n'ait pas été renouvellée depuis cette époque, elle n'a pas cessé d'être exécutée comme par tacite réconduction.

Au reste elle semble être expressément autorisée & confirmée par l'article 5 des arrêt & lettres-patentes du 27 mai 1746, concernant les privilèges de Libourne.

QUART-BOUILLON, T. m. C'est le nom d'un droit qui se perçoit, en Basse-Normandie, sur le sel blanc, qui y est fabriqué dans quatre cents-quatre salines, & dont l'usage est permis, par privilège, aux habitans de quelques élections des généralités de Rouen & Caen. Il fait partie de la ferme des gabelles, & sa dénomination étymologique, désigne sa nature; il consiste principalement dans la perception du *quart* du prix, auquel les habitans des ressorts privilégiés, le paient à des sauniers, qui fabriquent ce sel.

On prétend, dans un ouvrage qui jouit d'une grande réputation, & qui la mérite, que l'emploi du mot *quart*, dans la dénomination de ce droit, vient de ce qu'originairement les sauniers étoient obligés de remettre gratuitement, dans les greniers du roi, le quart de leur fabrication. Mais, sans s'occuper de la discussion de cette origine, assez indifférente; il paroît probable que ce droit, qui faisoit autrefois partie des baux des aides, a la même source que celui de quatrième, qui se perçoit en Normandie, sur les boissons; &, en effet, c'est le quatrième du prix du sel, d'abord augmenté du parisis, du sol pour livre & des six deniers pour livre, & ensuite assujetti aux dix sols

pour livre; ensorte qu'il excède aujourd'hui la moitié du prix auquel ce sel est vendu.

Le droit de gabelles, c'est-à-dire le prix auquel le gouvernement fait payer le sel, dans les greniers où il en exerce la vente exclusive, a été successivement porté à un taux si élevé, que, malgré la perception du droit de *quart-bouillon*, il y a toujours eu un bénéfice très-considérable à faire dans le faux saunage; c'est-à-dire, à verser le sel blanc du pays de *quart bouillon*, sur les pays sujets au privilège exclusif des gabelles. Ce bénéfice étoit encore plus considérable, quand la livre de ce sel ne valoit que trois deniers. Aussi, pour empêcher, ou du moins restreindre le faux-saunage, le gouvernement a été obligé de faire des loix particulières sur-tout ce qui se rapporte au sel de *quart-bouillon*. Elles ont pour objet : 1°. La formation du sel; 2°. sa consommation; 3°. la perception du droit qu'il supporte.

On va considérer séparément ces trois objets, en distinguant ce qui concerne les salines de la généralité de Caen, de ce qui est applicable aux salines de Touques, situées dans la généralité de Rouen.

De la formation du sel blanc.

La province de Normandie, où il se fabrique, n'a pas une température assez chaude, pour que le sel marin puisse se former sur ses côtes. Il paroît que la Nature a fixé au quarante-huitième degré de latitude de l'hémisphère septentrional, le terme où la chaleur du soleil peut, dans le cours d'un été, faire évaporer une assez grande quantité d'eau de mer, retenue dans une enceinte exactement close, pour que le résidu soit ce corps cubique, que son extrême abondance, & son usage si général, font assez connoître. C'est dans la province de Bretagne, que cesse la puissance créatrice de cet astre, où son action forme encore du sel marin, sur les côtes méridionales de cette province; mais l'art seul peut en fabriquer sur celles du nord, & sur celles de Normandie, par le secours du feu.

Au printems, on dispose d'abord les grèves pour que la mer, dans les hautes marées, les couvre & les imprègne de ses eaux. Lorsqu'elle est retirée, & que, par la sècheresse, la superficie de ces grèves se trouve visiblement couverte d'une poussière blanche & brillante, cette poussière est gratée avec un grand rateau traîné par un cheval, & amassée en petits tas, dont on forme des monticules, qu'on enlève ensuite.

La première opération qu'on fait subir à ce sable, est de le lessiver, en le faisant passer au travers de l'eau de mer ou de l'eau douce, indifféremment. Par cette filtration, l'eau entraîne le sel dont le sable est chargé. Lorsqu'elle a acquis le degré de falure que l'expérience rend néceffaire, on la met dans des vafes de plomb, & on la fait bouillir, jufqu'à entière évaporation. Il paroît. que c'eft la qualité du métal employé pour cette ébulition, qui ne permet pas de donner à l'eau tout le degré de falure dont elle feroit fufceptible ; car plus ce degré feroit confidérable, plus l'action du feu pourroit être modérée, & la confommation du bois diminuée, fur-tout, fi, comme on le pratique dans les falines de Lorraine, on vouloit opérer la volatilifation des parties aqueufes, par le moyen des bâtimens de graduation.

Le gouvernement ayant toujours eu intérêt de reftreindre la fabrication de ce fel, parce que tout ce qui ne peut pas être confommé par les habitans du pays privilégié, devenoit la matière du faux-faunage, cette branche d'induftrie n'a, par cette raifon, jamais été travaillée, ni perfectionnée, de manière à acquérir une plus grande étendue : &, en effet, elle ne mérite pas la faveur qui, au premier coup-d'œil, femble due à une production de l'art, qui donne quelque valeur à une chofe qui n'en a aucune ; mais cette valeur n'eft que relative. Sans l'exiftence du droit de gabelle, on ne fabriqueroit pas une livre de fel du *quart-bouillon*, parce que les frais de fabrication le rendent plus cher que le fel marin, auquel il eft extrêmement inférieur en qualité, & parce que, par là même, il ne peut jamais être la matière d'une exportation utile.

Colbert, dont toutes les vues tendoient à la profpérité de l'Etat, avoit reconnu, dès fon avènement au miniftère des finances, qu'il étoit néceffaire que la quantité de fel blanc qui fe façonnoit dans les marais de Baffe-Normandie, n'excédât pas celle qui pouvoit être confommée par les habitans du pays privilégié. Il fit, en conféquence, ordonner, par Louis XIV, que le nombre de falines ou fauneries feroit réduit à celui qui fuffiroit pour la fabrication du fel néceffaire à la confommation ; & cette réduction fut exécutée, dès 1660, dans les marais de Touques & Trouville, de l'élection de Pont-l'Evêque, généralité de Rouen. Une partie des falines fut détruite, & le travail fut diminué des deux tiers dans les vingt-quatre qui furent confervées, fous la condition qu'il ne pourroit être fait du fel par huit de ces falines en un même jour.

L'ordonnance des gabelles, rendue en 1680, renouvella ces difpofitions. Mais, fans doute qu'il faut attribuer le parti qui fut pris, de détruire une partie de ces falines, plutôt que de limiter leur travail, à des infinuations étrangères à l'efprit de juftice de Colbert, ou à des circonftances momentanées, dont la connoiffance ne nous eft pas parvenue, puifqu'on fe difpenfa de dédommager les propriétaires des falines condamnées à

l'anéantiffement. Ce fyftême de deftruction ne fut pas exécuté dans la généralité de Caen, où les falines étoient en nombre très-confidérable. Sa rigueur & fon injuftice, firent naître des difficultés, qui en fufpendirent l'exécution. Les déclarations du roi de 1691 & 1711, l'ordonnèrent de nouveau ; mais les mêmes difficultés continuèrent à rendre l'autorité impuiffante à cet égard.

La ferme générale, qui fouffroit toujours beaucoup des verfemens du fel blanc, fur le pays de gabelles, renouvelloit conftamment fes efforts, pour obtenir la réduction effective du nombre des falines. Le confeil, entraîné par les difpofitions que contenoient déja cette profcription, fit auffi, en différentes fois, les tentatives néceffaires pour la faire exécuter, fans pouvoir triompher des obftacles. Mais, après la révolution d'un fiècle, pendant lequel la fcience de la finance avoit, comme tous les autres genres de connoiffances humaines, fait des progrès vers la perfection, les abus reconnus, en 1660, dans la manutention particulière du *quart-bouillon*, fe trouvèrent portés au point qu'il ne fût plus poffible de leur laiffer un libre cours. Le produit étoit devenu infuffifant, pour acquitter les dépenfes qu'exigeoit cette régie. La ferme générale, qui n'étoit frappée que de ce point-de-vue, prit le change, en augmentant beaucoup fes frais, & follicitant, dans la forme du recouvrement de ce droit, des changemens, qu'elle obtint par les lettres-patentes du 31 décembre 1754.

On rendra compte de ces changemens, en traitant de la perception.

Pour affurer les fuites de cette réformation, on forma, en 1756, une direction, compofée de tout le pays privilégié ; & le fiège en fut placé à Coutances. En même-tems cette direction fut confiée à un jeune homme, plein de zèle & de fagacité, & & particulièrement inftruit dans cette partie.

Il s'apperçut bientôt qu'on perdoit de vue le but de Colbert, & qu'il étoit poffible de l'atteindre, par des moyens moins rigoureux que ceux même qui avoient été employés fous ce miniftre. Ces moyens, très-fimples, & d'accord avec les règles de l'équité, confiftoient à conferver toutes les falines fubfiftantes, à défendre d'en conftruire aucune nouvelle, à fixer uniformément, pour chacune, le nombre de jours de travail, & à déterminer, pour chaque havre, le nombre & la contenance des plombs.

Ce nouveau plan fut l'objet d'un règlement, qui, après douze ans de conteftations, obtint enfin, en 1768, la fanction de la cour des aides de Rouen : c'eft la déclaration du roi, du 24 mai 1768, que nous croyons devoir inférer ici en entier, parce qu'elle eft aujourd'hui la bafe principale de la régie du *quart-bouillon*.

Louis, par la grace de Dieu, roi de France & de Navarre : à tous ceux qui ces préfentes lettres verront, falut. La néceffité de mettre un terme aux conteftations qui fe font élevées entre l'adjudicataire de nos fermes & les propriétaires des falines de Baffe-Normandie, par l'inexécution des déclarations des 2 janvier 1691 & 19 mai 1711, nous a porté à expliquer nos intentions fur le privilège de fabriquer le fel blanc, dans l'ufage duquel cette partie de notre province a été maintenue, par l'article XXIV du titre 14 de l'ordonnance des gabelles, du mois de mai 1680. Nous aurions pu, en fuivant ce qui a été réglé par le même titre de cette ordonnance pour les falines de Touques, fupprimer la plus grande partie de celles qui fubfiftent en Baffe-Normandie ; mais notre bonté nous a fait préférer de nous borner à prévenir leur multiplication abufive, en confervant le privilège de fabriquer le fel blanc, à tous les propriétaires actuels des falines : nous fixerons, dans une jufte proportion avec la confommation qui eft faite annuellement de ce fel, le nombre des jours pendant lefquels la fabrication en fera permife, & nous déterminerons, d'une manière uniforme pour chaque havre, le nombre & la contenance des plombs qui y feront employés ; nous pourvoirons auffi aux abus de la livraifon des fels, en la faifant faire au poids dont l'arrêt de notre cour des aides de Rouen, du 30 feptembre 1756, a établi l'ufage dans la vérification des enlèvemens, & à ceux qui fe commettent dans l'achat & le tranfport des fels, en foumettant à des délais, la durée illimitée des expéditions, fur lefquelles ils ont été, jufqu'à préfent, enlevés & tranfportés. Par des mefures auffi fages, dont l'exécution de l'arrêt de notre confeil, du 27 décembre 1765, a préparé le fuccès ; nous aurons la fatisfaction de fupprimer le germe des conteftations qui ont troublé la tranquillité des propriétaires des falines, & de confirmer les habitans de notre province de Normandie, dans la jouiffance du privilège de confommer le fel blanc, en renfermant ce privilège dans des bornes qui ne laiffent plus aux fauniers & aux voituriers la liberté d'en abufer. A ces caufes, & autres à ce nous mouvant, &c. voulons & nous plait ce qui fuit :

ARTICLE PREMIER.

Maintenons les propriétaires de toutes les falines qui ont été revêtues de numéros, en exécution de l'arrêt de notre confeil, du 27 décembre 1765, & dont l'état, cejourd'hui arrêté en notre confeil, eft ci-attaché fous le contre-fcel des préfentes, dans le privilège d'y fabriquer ou faire fabriquer le fel blanc néceffaire pour la confommation de la partie de notre province de Normandie, qui jouit, par privilège, de l'ufage dudit fel.

II.

Ordonnons que l'article XIII de la déclaration du 19 mai 1711, fera exécuté felon fa forme & teneur ; & en l'interprétant, en tant que de befoin, faifons défenfes à tous feigneurs des paroiffes qui s'étendent fur les côtes, & à tous autres propriétaires de terreins ou grèves fur lefquelles la mer monte, dans les hautes marées, de conftruire aucunes falines nouvelles, fous prétexte de reconftruction, ou en vertu de titres qu'ils prétendroient avoir, de la propriété de falines qui auroient exifté fur lefdits terreins ou grèves, avant la publication des préfentes ; déclarons tous lefdits titres, dès-à préfent, nuls & de nul effet, & ne pourra en être fait aucun ufage, quant à la reconftruction de falines, à peine de mille livres d'amende.

III.

En cas de deftruction des falines confervées par l'article premier des préfentes, ou de néceffité de transférer celles defdites falines qui font conftruites fur des terreins que la mer aura gagnés, les propriétaires ne pourront, fous la peine portée par l'article précédent, procéder à leur reconftruction ou tranflation, qu'après y avoir été autorifés par ordonnance des juges de nos droits de *quart bouillon*.

IV.

La requête qui fera préfentée à cet effet, défignera les falines par les numéros particuliers dont elles font revêtues, fuivant l'état attaché fous le contre-fcel des préfentes ; & l'ordonnance qui les défignera pareillement, à peine de nullité, ne pourra intervenir qu'après que la requête aura été fignifiée à l'adjudicataire, en la perfonne de fon directeur, lequel fera tenu de remettre fa réponfe au greffe dans quinzaine, à peine de tous dépens, dommages-intérêts ; fera ladite ordonnance fignifiée à l'adjudicataire, qui fera tenu de figner au pied de l'original de fignification, un acte d'acquiefcement ou d'appel ; en cas d'acquiefcement, la requête, la réponfe de l'adjudicataire, l'ordonnance & l'original de fignification, foufcrit de l'acte d'acquiefcement, demeureront dépofés au greffe ; en cas d'appel, nous le déclarons fufpenfif.

V.

La déclaration de bouillir dans les falines qui auront été reconftruites, ou transférées, en obfervant les formalités prefcrites par l'article précédent, ne pourra être reçue qu'après qu'il aura été dreffé, aux frais des propriétaires, en préfence de l'adjudicataire, repréfenté par fon directeur ou celui qu'il commettra à cet effet, procèsverbal de l'appofition des numéros affectés aufdites falines, & que copie en aura été fignifiée à l'adjudicataire.

VI.

En cas de mutation dans la propriété des falines, les déclarations de bouillir ne pourront être reçues, qu'après que les nouveaux propriétaires auront remis au bureau de contrôle du port où seront situées lesdites salines, des expéditions en forme, & d'eux certifiées véritables, de leurs titres de propriété, comme actes de notoriété, inventaires, partages, contrats d'acquisition, de donation, d'échange ou autres; desquelles expéditions il sera donné reconnoissance dans le premier permis de bouillir qui sera délivré; sauf le recours des sauniers locataires contre les propriétaires qui n'auront pas satisfait au présent article.

V I I.

Ordonnons que le contenu en l'article précédent sera exécuté, sous la peine y portée, dans le délai de trois mois, à compter de la publication des présentes, pour les mutations de propriété survenues depuis la confection du procèsverbal dressé en exécution de l'arrêt de notre conseil, du 27 décembre 1765, & sur lequel nous avons fait arrêter l'état ci-attaché sous le contrescel des présentes.

V I I I.

Voulons que, par le directeur de nos fermes, il soit tenu registre, contenant, dans l'ordre dudit état, les noms, surnoms, qualités & demeures des propriétaires de chacune des salines, leurs numéros, les changemens qui pourront survenir dans leur position, & les mutations qui arriveront dans leur propriété; duquel registre vérification sera faite chaque année, par un de nos conseillers en notre cour des aides de Rouen, qui se trouvera sur les lieux, & en dressera procès-verbal sur les pièces justificatives des changemens & mutations.

I X.

Ordonnons que l'article VII de la déclaration du 2 janvier 1691, sera exécuté selon sa forme & teneur; &, en l'interprétant en tant que besoin, avons fixé & réglé à quatre-vingt jours pour chaque année, à raison de quarante pour chaque semestre, le nombre des jours pendant lesquels il sera fait sel en chaque saline; nous réservant d'augmenter ou diminuer ledit nombre de jours, sur le compte qui nous en sera rendu en notre conseil.

X.

Les articles II de la déclaration du 2 janvier 1691, & premier de celle du 19 mai 1711, seront exécutés; &, en les interprétant, en tant que de besoin, & y ajoutant, ordonnons que les sauniers seront tenus de déclarer, au bureau de contrôle, dont dépendent les salines, la veille du jour qu'ils voudront mettre le feu sous les plombs, les jours auxquels ils voudront travailler; lesquelles déclarations seront par eux signées sur le registre; &, dans le cas où ils ne sauroient signer, le contrôleur en fera mention, ainsi que de l'interpellation : sera délivré sans frais, par le

contrôleur, un permis, où seront énoncés les jours de fabrication déclarés, lequel permis les sauniers seront obligés de conserver dans leurs salines, pour le représenter aux commis & gardes dans leurs visites, les jours qu'ils feront sel; défendons auxdits sauniers de déclarer des jours non consécutifs, s'il n'y a fête; voulons qu'ils soient tenus de représenter le permis, & de faire ouverture de leurs salines à toute requisition, à peine de dix livres d'amende, en cas de refus, & de trente livres, en cas de récidive.

X I.

La déclaration de bouillir dans une saline possédée & exploitée par plusieurs co-propriétaires par indivis, ne pourra être faite que par l'un d'eux, qui sera seul employé au tableau, pour avoir voix délibérative & passer au syndicat, & pourra seul signer ou marquer les permis sur lesquels les sels seront enlevés de ladite saline, sans préjudice de l'exécution de nos lettres-patentes du 23 février 1765, pour le recouvrement de nos droits contre tous les co-propriétaires, que nous avons déclarés solidaires.

X I I.

Défendons aux sauniers de bouillir & faire sel sans déclaration, ni d'autres jours que ceux énoncés au permis du contrôleur, & de commencer leur travail avant le soleil levant du premier jour déclaré, ou de le continuer après soleil levant du jour qui suivra le dernier de ceux déclarés, à peine de confiscation du sel qui se trouvera dans les plombs, & de dix livres d'amende pour la première fois, & de trente livres en cas de récidive, pour chacune desquelles ladite amende sera augmentée de la même somme.

X I I I.

Ordonnons que les paroisses de Saint-Germainsur-Ay & de Montmartin-en-Graigne, seront distraites du ressort de la jurisdiction de Carentan, & qu'elles ressortiront à l'avenir; savoir, celle de Saint-Germain-sur-Ay, de la jurisdiction de Coutances, & celle de Montmartin-enGraigne, de la jurisdiction de Saint-Lo; dérogeant à cet égard à nos lettres-patentes du 5 juillet 1746, qui seront au surplus exécutées selon leur forme & teneur.

X I V.

Voulons que l'article III de la déclaration du 2 janvier 1691, soit exécuté; & en conséquence ordonnons que le nombre des plombs qui sera employé à l'avenir dans les salines, demeurera réglé comme ci-après; savoir, dans les salines de la jurisdiction d'Avranches, à trois plombs; dans celles de la jurisdiction de Granville, à deux plombs; dans celles de la jurisdiction de Coutances, à quatre plombs; dans celles de la jurisdiction de Saint-Lo, à trois plombs; & dans celles

celles de la jurifdiction de Valognes, fur la côte de l'oueft, à trois plombs, & fur la côte de l'eft, à deux plombs; à peine contre les contrevenans de confifcation des plombs employés au-delà du nombre ci-deffus réglé, & de trente livres d'amende.

XV.

En exécution dudit article III de la déclaration du 2 janvier 1691, & en l'interprêtant & dérogeant en tant que de befoin, ordonnons que la contenance des plombs demeurera réglée comme ci-après; favoir, dans les falines de la jurifdiction d'Avranches, à fept pots & demi, mefure de Paris, pour chaque plomb; dans celles de la jurifdiction de Coutances, à onze pots; dans celles de la jurifdiction de Granville, à onze pots; dans celles de la jurifdiction de Saint-Lo, à onze pots; & dans celles de la jurifdiction de Valognes, à quinze pots. Seront les plombs, dont les fauniers fe fervent actuellement, réformés relativement à la contenance ci-deffus fixée, dans le délai de trois mois après la publication des préfentes, à peine de confifcation defdits plombs, & de trente livres d'amende contre ceux qui en employeront d'une plus grande contenance que celle ci-deffus réglée.

XVI.

Laiffons néanmoins à la prudence de nos juges, d'avoir égard à l'augmentation caufée par l'action du feu, de la contenance ci-deffus réglée, laquelle augmentation ne pourra être oppofée par les fauniers, lorfque la contravention fera conftatée avant que les plombs aient été remplis d'eau pour la feconde fois. Voulons que lefdits plombs foient rebattus, dans les falines de la jurifdiction d'Avranches, tous les jours, & dans les falines des autres jurifdictions, tous les deux jours, le tout fous les peines portées par l'article précédent.

XVII.

Voulons que les fauniers faffent cuire le fel jufqu'à ce qu'il ait acquis la confiftance néceffaire; leur faifons défenfes de le vendre que trois jours après qu'il aura été retiré des plombs, à peine des dommages & intérêts des acheteurs.

XVIII.

La vérification des fels continuera à être faite par la pefée, dans les bureaux de contrôle des paffages, à raifon de cinquante livres, poids de vicomté, pour chaque ruche, déduction faite du poids des facs ou paniers, fuivant l'arrêt de notre cour des aides de Rouen, du 30 feptembre 1756; & dérogeant à l'article IV de la déclaration du 2 janvier 1691, voulons que les fauniers ne puiffent pareillement vendre à l'avenir leur fel qu'au poids, & leur permettons d'en livrer à la fois la quantité de douze livres & demie.

XIX.

Lefdits fauniers feront tenus de fe pourvoir des poids néceffaires, dans le délai de trois mois après la publication des préfentes, & ne fera reçue la déclaration de bouillir des fauniers qui ne s'en feront pourvus dans ce délai.

XX.

Seront lefdits poids étalonnés en la manière ordinaire, fous peine de confifcation, amende & autres peines prononcées par les ordonnances, contre ceux qui en employeront de faux; voulons que la vérification en puiffe être faite à toute réquifition, foit par nos juges du *quart-bouillon*, chacun dans leur reffort, foit par les commis de l'adjudicataire.

XXI.

Les contraventions feront conftatées & jugées en obfervant ce qui eft prefcrit par les articles IV, V, VI, VII, VIII, IX, X, XI & XII, de l'arrêt de notre cour des aides de Rouen, du 16 août 1746; en conféquence, attribuons la connoiffance defdites contraventions à nos juges du *quart-bouillon*, icelle interdifant à nos juges de police.

XXII.

Ordonnons que les articles XXIV du titre 14 de l'ordonnance du mois de mai 1680, fur le fait des gabelles, & V de la déclaration du 2 janvier 1691, enfemble l'arrêt de notre confeil & lettres-patentes fur icelui, des 7 & 25 novembre 1724, feront exécutés felon leur forme & teneur, & en les interprêtant en tant que de befoin, avons fait & faifons défenfes à tous ufagers & voituriers de lever & conduire des fels blancs fur des permis, lettres de voiture & paffavans qui leur font délivrés, après l'expiration des délais qui y font fixés, fous les peines portées par lefdits arrêts & lettres-patentes des 7 & 25 novembre 1724, concernant les fels levés aux reventes, que nous avons déclarés & déclarons communs pour les fels levés aux falines.

XXIII.

Les délais feront réglés eu égard à la diftance des bureaux de reventes aux falines, & des bureaux de contrôle aux lieux de la deftination des fels; favoir, quand la diftance ne fera que de deux lieues pendant le femeftre d'hiver, & de quatre lieues pendant le femeftre d'été, à raifon d'un jour, qui fera celui de l'expédition, fi elle eft faite avant midi; finon & quand la diftance fera plus confidérable, à raifon de trois lieues par jour pendant le femeftre d'hiver, & de fix lieues pendant le femeftre d'été; fauf, en cas de conteftation ou d'accident extraordinaire, à être les parties réglées par nos juges du *quart-bouillon* du reffort où la conteftation s'élèvera, lefquels feront tenus de le faire en conformité du préfent article, fommairement & fans frais.

H h h

XXIV.

Les ufagers & voituriers feront tenus de déclarer le havre où ils entendent lever leur fel, dont il fera fait mention dans les permis, à peine de confifcation du fel levé dans un autre havre que celui déclaré ; & dans le cas où il ne fe trouveroit point de fel fabriqué dans ledit havre, les permis feront mis en dépôt au bureau de contrôle des paffages, où les ufagers & voituriers feront tenus de les reprendre dans un mois pour tout délai, paffé lequel tems nous les avons déclarés & déclarons nuls, fi mieux n'aiment lefdits ufagers & voituriers faire changer leurs permis par les contrôleurs des paffages, pour un autre port où il fe trouveroit du fel, auquel cas, les délais feront prorogés par lefdits contrôleurs, en raifon de la diftance, comme il eft réglé par l'article précédent.

XXV.

Ordonnons que l'article VI de la déclaration du 19 mai 1711, fera exécuté felon fa forme & teneur, & en l'interprêtant en tant que de befoin, & y ajoutant, faifons défenfes, fous peine de faux-faunage, à tous ufagers & voituriers porteurs de permis, lettres de voiture ou paffavans, de tranfporter ou conduire des fels, & à tous fauniers d'en vendre & livrer, avant le lever ou après le coucher du foleil.

XXVI.

Voulons au furplus que l'ordonnance du mois de mai 1680, fur le fait des gabelles, les déclarations des 2 janvier 1691 & 19 mai 1711, nos lettres-patentes des 5 juillet 1746 & 31 décembre 1754, l'arrêt de notre cour des comptes, aides & finances de Normandie, du 30 feptembre 1756, nos lettres-patentes du 23 février 1765, & autres réglemens, foient exécutés felon leur forme & teneur, en ce qui ne fe trouvera point contraire à ces préfentes. Si donnons en mandement, &c. &c. Donné à Verfailles, le 24 mai 1768.

A la fuite de ce réglement, fe trouve l'état des falines défignées par leur fituation, dans telle paroiffe & telle jurifdiction, par un numéro & par le nom de chaque propriétaire. Ce détail feroit abfolument inutile à rapporter.

Au moment où s'élèvent de grandes difficultés fur la formation d'un établiffement quelconque, la curiofité des contemporains peut être excitée en raifon de l'intérêt plus ou moins éloigné qu'ils peuvent y prendre ; mais il n'eft pas de même de la poftérité. Les détails d'une conteftation terminée depuis long-tems, ne manquent pas de lui être indifférens ; peut-être auroient ils quelque attrait pour des hommes obfervateurs, qui trouvent dans le paffé, des leçons utiles pour l'avenir, parce qu'ils favent que l'efprit humain parcourt toujours le même cercle, dont l'intérêt perfonnel eft le centre. Mais ces obfervateurs font en fi petit nombre, & ces détails demanderoient une fi grande étendue, qu'il vaut mieux les paffer fous filence.

Il fuffit de dire que le confeil découragé par l'expérience du paffé, croyoit la réforme impoffible, & héfita long-tems à faire, fur les fimples calculs d'un jeune homme, ce qui n'avoit pû être exécuté ni par Colbert, ni par fes fucceffeurs.

Comme les plus fortes oppofitions venoient de la cour des aides de Rouen, le directeur de Coutances fut autorifé à conférer avec les commiffaires de cette cour, & parvint à les convaincre des avantages du nouveau plan, pour les revenus du roi, & de la facilité de fon exécution : la nouvelle loi fut en conféquence enregiftrée. On va juger des effets de la réforme qu'elle établit dans la fabrication du fel blanc, par le rapport des ventes des greniers de la direction de Caen, dont les arrondiffemens forment une partie de l'enceinte du pays privilégié.

Les ventes dans les greniers de la direction de Caen, n'avoient été, pendant les fix années antérieures à la réforme, c'eft-à-dire, depuis le mois d'octobre 1762, jufqu'au premier octobre 1768, bail de Prévôt, que de deux mille deux cent quarante-quatre muids, fix feptiers, un minot, un feizième.

Les fix années fuivantes d'octobre 1768 à octobre 1774, elles furent de deux mille huit cent cinquante-trois muids, fept feptiers, un minot.

Première augmentation, fix cent neuf muids, trois minots, un quart, un huitième & un feizième.

Si l'on y ajoute l'augmentation que reçut l'impôt du fel dans la direction de Caen, pour les neuf premiers mois de 1774, qui fut de douze muids, deux minots, un quart, un huitième & un trente-deuzième, on aura une augmentation effective de confommation dans le bail d'Alaterre, de fix cent vingt un muids, un feptier, un minot, trois-quarts, un feizième & un trente-deuzième.

Dans les fix années du bail de David, depuis octobre 1774 jufqu'au même mois 1780, les ventes du fel de *quart-bouillon* ont été de trois mille trente-quatre muids, deux feptiers, trois minots.

L'impôt ayant reçu en même-tems un accroiffement de trois cent treize muids, trois feptiers, un minot, il en eft réfulté une confommation plus forte pendant le même tems, de onze cents deux muids, onze feptiers, trois minots.

Depuis le mois d'octobre 1780 jufqu'à celui d'octobre 1785, les ventes du *quart-bouillon* préfentent une quantité de deux mille cinq cent cinquante neuf muids, fept feptiers, & l'augmentation de l'impôt, trois cent quatre muids, onze feptiers; en forte que les cinq années du bail de Salzard, comparées à celles de Prévôt, offrent une plus forte confommation de mille trente muids, onze feptiers, un minot.

Il s'enfuit donc de ces différens tableaux, que dans les dix-fept années qui ont fuivi la déclaration du 24 mai 1768, la confommation des gabelles comparée à celle des fix années antérieures, a fait un progrès de deux mille fept cent cinquante-cinq muids, deux minots, un huitième, dans la feule direction de Caen. On ne doute pas qu'il n'y en ait eu un également confidérable dans les directions d'Alençon & de Laval, dont les arrondiffemens confinent de même le pays du *quart-bouillon*, puifque la même caufe a dû y produire les mêmes effets. On peut donc évaluer à environ cinq mille muids, l'accroiffement de la confommation qu'a procuré la loi portée en 1768, dans le pays de gabelles, en confervant dans la généralité de Caen, trois cent quatre-vingt falines, mais en fixant leur fabrication à quatre-vingt jours par an.

Cette même loi a ftatué fur deux autres abus très-importans, que nous allons indiquer en traitant de la confommation du fel blanc.

De la confommation du fel blanc.

Il eft dans la nature d'un privilège exclufif, tel que la ferme des gabelles, qui forme une partie très-confidérable des revenus de l'Etat, de foumettre tous les privilèges particuliers qui peuvent lui nuire, à des règles qui en reftreignent l'exercice à leur ufage légitime, & ces règles étoient en général établies, à l'égard du fel de *quart-bouillon*, par des loix antérieures à l'ordonnance des gabelles qui les a renouvellées. Il feroit fuperflu de rechercher ce qui avoit précédé cette loi générale.

Les précautions jugées propres à réprimer les abus de ce fel, confiftoient principalement, 1°. à empêcher que les fauniers qui le fabriquent, n'en verfaffent fur le pays de gabelles; 2°. à circonfcrire très-exactement le terrein fur lequel on ufoit de ce fel; 3°. à limiter cet ufage à la quantité de fel abfolument néceffaire.

On vient de voir ce qui a été fait fur le premier objet pour les falines de la généralité de Caen. Leur travail a été réglé & fixé, dans la propor-

tion indiquée, par les befoins connus du pais privilégié; enforte que les fauniers, affurés de la vente de tout le fel qu'ils fabriquent, n'ont qu'un intérêt médiocre à le livrer pour le faux-faunage.

Dans la généralité de Rouen, où les falines ont été confervées en petit nombre, on a pris un moyen plus fimple & plus fûr. Chaque faunier eft obligé de dépofer, chaque jour, le produit de fa fabrication, dans un magafin dont le fermier a une clef. Toutes les paroiffes auxquelles il eft permis d'ufer du fel blanc, dans cette généralité, au nombre de quarante-fix, font dans le reffort de l'élection de Pont-l'Evêque; mais l'article XXXVIII du titre 14 de l'ordonnance des gabelles, explique que quarante deux de ces paroiffes, ne peuvent ufer de ce fel que pour le pot & falière, & pour les menues falaifons feulement. A l'égard des quatre autres, fur le territoire defquelles font conftruites les falines, ou qui en font très-voifines, l'article XXXVII les maintient dans le privilège d'ufer du fel blanc pour leurs provifions, groffes & menues falaifons; auffi les quatre dernières font abfolument étrangères aux gabelles, tandis que les autres font, au contraire, affujetties à l'impôt du fel, dans une proportion qui répond à la moitié de leur confommation, enforte qu'ils ne peuvent employer le fel blanc que pour l'autre moitié. Les eccléfiaftiques, & nobles domiciliés dans ces paroiffes, font de même leur confommation, moitié en fel gris, moitié en fel blanc.

Les chefs de famille de chacune des quatre paroiffes privilégiées, fe préfentent au bureau établi près du magafin, avec un certificat du curé de leur paroiffe, & y prennent un bulletin, qui porte la quantité de fel qui doit leur être livrée, en conféquence d'un état de répartition, dans lequel eft arrêté le montant de la confommation de chaque paroiffe.

Il eft de même fait un état pour chacune des quarante-deux paroiffes foumifes à l'impôt, & la diftribution fe fait enfuite aux chefs des familles.

Les eccléfiaftiques, & les nobles domiciliés dans ces paroiffes, ne font pas compris dans ces états. En repréfentant le certificat des officiers du grenier d'où ils reffortiffent, qui conftate la quantité de fel gris dont ils s'y font approvifionnés, il leur eft délivré une égale quantité de fel blanc; mais les deux parties ne peuvent excéder cent cinquante-trois boiffeaux. Les quatre paroiffes privilégiées ne peuvent lever enfemble que mille neuf boiffeaux; les quarante-deux autres ne peuvent lever enfemble que deux mille deux cent quatre-vingt-trois boiffeaux.

Dans la généralité de Caen, le grand nombre de falines, & la grande étendue du pays privilégié, n'ont pas permis d'ufer des mêmes moyens. On s'eft donc borné, comme on l'a dit, à limiter la fabrication à un nombre déterminé de jours dans l'année.

Le pays privilégié comprend le reffort entier des élections d'Avranches, Carentan, Coutances, Domfront, Mortain, Saint-Lo, Valognes & Vire, & cent vingt paroiffes dans l'élection de Bayeux, ainfi que les dénomme l'article XXIII du titre 14 de l'ordonnance des gabelles de 1680. Mais ce n'eft que onze ans après fa publication, que le réglement du premier janvier 1691, a fixé la quantité de fel que chaque chef de famille peut faire lever aux falines, à une demi-ruche, ou vingt-fix livres par tête au-deffus de huit ans. Il prefcrit en même tems, que chaque chef de famille donnera, chaque année, fa déclaration, pour fervir à former des états de dénombrement, dont une expédition eft dépofée chez le curé de la paroiffe, & l'autre au bureau dans l'arrondiffement dont elle dépend.

Ces bureaux font au nombre de trente-trois, établis fous le nom de *bureaux de revente*, dans les villes & principaux bourgs du pays privilégié. Chaque chef de famille s'y préfente, porteur d'un certificat de fon curé, pour juftifier au commis, qu'il eft véritablement celui au nom de qui il vient demander un permis pour la levée de fa demi-provifion d'une année. Il fe rend aux falines avec fon permis, & lève, chez le faunier qu'il préfère, la quantité de fel qui eft fixée. De la faline, il fe rend au bureau de vifite établi fur le havre auquel il correfpond, pour y dépofer fon permis, foumettre fon fel à la vérification, qui en eft faite par la pefée, & recevoir un paffavant pour la conduite de fon fel à fa maifon. Les commis qui réfident dans ces bureaux, font appellés *contrôleurs aux paffages*, par l'ordonnance des gabelles & les réglemens poftérieurs.

Le nombre des feux connus par le dénombrement, eft de cinquante quatre mille, qui comprennent fix cents quatorze mille têtes au-deffus de huit ans. Leur approvifionnement eft de deux cents trente mille ruches, ou de cent vingt mille quintaux par année. Il fuit de cet état des chofes, que les habitans dont il s'agit, n'ufent pas de leur privilège dans toute fon étendue, puifqu'ils pourroient confommer annuellement trois cents mille fept cents ruches de fel.

Quoiqu'on juge inutile d'expofer le détail de toutes les opérations dont le but eft relatif au fujet que nous traitons, il n'eft cependant pas fuperflu de s'arrêter quelques inftans à ce qui concerne la confommation des pauvres, claffe fi intéreffante par fa condition malheureufe, & qui, par-tout, forme le plus grand nombre des confommateurs.

On fent bien qu'ils ne font pas en état de faire un approvifionnement de fel, puifque leurs facultés fuffifent à peine à leur fubfiftance journalière. Dans le pays de gabelles, il exifte des regrats, établis en leur faveur; & c'eft par cette voie que fe fait plus de la moitié de la confommation des greniers. Anciennement il en exiftoit auffi dans le pays de *quart-bouillon*, & ils étoient établis dans les mêmes bureaux où fe délivrent les permis pour la levée du fel aux falines; c'eft de-là qu'ils en ont confervé le nom de *bureaux de revente.*

L'article IV du titre 10 de l'ordonnance des gabelles, avoit impofé un fecond droit de *quart-bouillon* fur la revente de ce fel; la déclaration de 1691 ordonna que le tarif qui feroit arrêté, comprendroit de plus les frais de voiture, d'appointemens des commis, & de loyers de bureaux; mais comme le produit de ce droit avoit toujours été fort modique, & que, par le dernier tarif, le prix du fel fe trouvât en général décuplé; toute revente de fel en détail, ceffa entièrement, dans le pays de *quart bouillon*; enforte que le droit fubfifte, fans qu'il en foit fait aujourd'hui aucune perception. Exemple frappant d'une impofition trop forte, & preuve de la vérité du principe reçu en arithmétique politique, que deux & deux ne font pas quatre, & font quelquefois zéro.

Pour revenir aux pauvres, qui ont befoin de fel pour leur confommation, ils remettent leurs certificats à des voituriers, qui fe font délivrer leurs permis, & enlèvent, fous leur nom, la quantité de fel qui leur revient; ces voituriers font dans l'habitude de ne leur en remettre qu'une partie, & de garder l'autre, qu'ils vendent en faux-faunage, pour fe dédommager du prix d'achat & de voiture de la première.

Les eccléfiaftiques & gentilshommes du pays privilégié, dont les befoins excèdent fouvent la quantité fixée, ont obtenu, par des lettres-patentes, du 25 novembre 1724, la faculté de prendre aux reventes, au prix du tarif, le fel qui leur eft néceffaire par extraordinaire; mais la cherté de ce tarif les porte à fuppléer à ces befoins, par une partie de la provifion des pauvres; & cet ufage eft devenu général, parce que la régie n'a pas de moyens pour les faire ceffer.

L'ordonnance des gabelles n'avoit pas penfé à limiter, ni la validité des permis de lever du fel, au tems néceffaire aux porteurs de ces expéditions, pour fe rendre aux falines; ni la durée des paffavans, à l'efpace de tems qui peut fuffire à tranfporter le fel du bureau de vifite à fa deftination; auffi ces expéditions donnoient lieu aux abus, en fervant à multiplier les tranfports & favorifer le faux-faunage. La déclaration du roi du 24 mai 1768, les a foumife à des délais, qu'elle a réglés de la manière la plus favorable, puisqu'elle n'assujettit les conducteurs du sel à faire que six lieues par jour, en été, & trois lieues seulement en hiver.

La pesée, qui est ordonnée par cette déclaration, a encore beaucoup servi à réprimer les fraudes qui se faisoient, lorsque les vérifications n'avoient lieu que par le mesurage, de même que la livraison faite par les sauniers ; car l'expérience apprenoit qu'entre deux mesurages, il se trouvoit souvent une différence d'un quart ou d'un cinquième, à cause du peu de consistance du sel, & de sa susceptibilité d'affaissement. Les voituriers, instruits à cet égard, chargeoient des excédens de sel aux permis, dans cette proportion, pour nourrir le faux-saunage, qui pouvoit recevoir ainsi, impunément, soixante mille ruches par année.

Dans les contestations auxquelles donnoient lieu les saisies, les juges ordonnoient toujours le second mesurage, & non seulement jamais il n'en résultoit d'excédent, mais souvent, avec la main-levée des saisies, il étoit accordé des dommages-intérêts, & quelquefois même le fermier étoit encore condamné à fournir, à ses frais, la quantité de sel qui manquoit à celle que portoit le permis.

A ces circonstances fâcheuses, la ferme générale n'avoit trouvé de remède, qu'à défendre à ses commis de saisir aucuns excédens.

De la perception du droit de quart-bouillon.

On a vu, au commencement de cet article, en quoi consiste ce droit, qui est de plus de la moitié du prix du sel. Un exemple de cette perception va en être la preuve. On suppose qu'un saunier vende une partie de sel dont le prix est de quatre cents livres ; il est dû, pour le droit principal, ou quatrième de cette somme, cent livres, ci .... 100 l.

Pour le parisis, ou le quart en sus, vingt-cinq livres, ci 25

Pour le sou pour livre, ou vingtième de cette somme, six livres, cinq sous, ci 6   5 s.

Pour les six deniers pour livre, ou quarantième de cette dernière somme, trois livres dix sous sept deniers & demi, ci... 3   10   7 d. ½.

134 l. 15 s. 7 d. ½.

---

134 l. 15 s.   7 d. ½.

Pour les dix sous pour livre, ou moitié de cette dernière somme, soixante-sept livres sept sous neuf deniers trois quarts, ci... 67   7   9   ¾

Total de la perception, deux cents deux livres trois sous cinq deniers un quart, ci .... 202 l. 3 s. 5 d. ¼.

Si l'origine de cette imposition remonte, comme on l'a dit ci-devant, à celle du droit de quatrième, imposé sur les boissons, on peut la placer à l'an 1360. Ce qui est très-sûr, c'est que ce droit, après avoir été réglé par le titre 10 de l'ordonnance des gabelles, du mois de mai 1680, a reçu successivement une augmentation considérable, ainsi que les autres droits des fermes, par l'invention des sols pour livre.

Dans la généralité de Rouen, le dépôt que fait chaque saunier, du sel qu'il fabrique, dans le magasin établi à Touques, & dont le fermier a une clef, rend la perception du droit de quart-bouillon très-facile. Le prix de cette denrée est fixé par une sentence des officiers du grenier d'Honfleur, à dix livres quatre sols la ruche, du poids de cinquante livres; & c'est sur cette somme que se liquide le droit.

Ce qui se pratique dans la généralité de Rouen, où les salines sont en petit nombre, étoit inadmissible dans celles de la généralité de Caen.

Les articles III & IV du titre 10 de l'ordonnance des gabelles, avoient ordonné que les salines & lieux où se fabrique le sel, seroient, à l'instar des vendans des boissons en détail, visités & exercés par les commis de l'adjudicataire, appellés commis aux quêtes, qui feroient mention, sur des registres portatifs, du nombre de plombs employés par les sauniers, des jours qu'ils auroient travaillé, de la quantité de sel qu'ils auroient fabriqué, & des prix auxquels ils l'auroient vendu chaque jour. Ces registres devoient être arrêtés le samedi de chaque semaine, ou le jour précédent, si le samedi étoit fête. Il devoit être fait un prix commun, des différens prix auxquels le sel avoit été vendu, pour servir de base à la perception.

Ces commis aux quêtes ne pouvoient, sans d'énormes frais, que le produit de ce droit ne comportoit pas, être assez multipliés pour constater, par des actes journaliers, les quantités effectives de sel qui étoient fabriquées; & ces actes occasionnoient de continuelles contestations, par rapport aux mesurages & aux pesées, dont les résultats étoient incertains, à cause de la nature du sel; car il est si friable, sur-tout en sor-

134 l. 15 s.   7 d. ½

tant des plombs, qu'il se détruit, s'il n'est manié avec précaution.

La pesée n'offroit pas moins d'inconvéniens. Fraîchement fabriqué, il est encore gonflé d'eau, & en séchant il éprouve un déchet considérable.

La déclaration du 2 janvier 1691, avoit essayé de corriger ces vices, en ordonnant que, dans chaque havre, deux sauniers seroient syndics chaque mois, & feroient, le lundi de chaque semaine, la déclaration du prix que le sel seroit vendu pendant son cours.

C'étoit, à la vérité, un moyen de connoître la somme totale sur laquelle le droit étoit à percevoir, mais non celle que devoit séparément chaque saunier; & aussi, le fermier avoit été obligé de capituler avec eux, en faisant une évaluation particulière, du montant de la fabrication, pour chaque havre, suivant le nombre & la contenance des plombs qu'on y employoit.

On reconnut, en 1752, que cet arrangement étoit d'autant plus préjudiciable, que les registres tenus aux bureaux, faisoient foi qu'il avoit été annuellement enlevé des quantités de sel à-peu-près doubles de celles de l'évaluation supposoit avoir été fabriquées, & sur lesquelles les droits avoient été perçus.

Il fut donc question de chercher à constater plus sûrement les produits de la fabrication, qui sembloit promettre le double de la recette, en ne s'arrêtant qu'aux quantités de sel vendues; on augmenta, en conséquence, le nombre des commis aux quêtes.

Les légions fiscales, que la ferme générale fit passer en Basse-Normandie, ne se livrèrent qu'à des exercices inutiles, & causèrent une violente agitation dans la province, qui crut qu'on vouloit y établir le droit de gabelles; les propriétaires des salines, ainsi que les sauniers, multiplièrent les résistances, & élevèrent mille contestations.

Au milieu de ces mouvemens tumultueux, il s'éleva une idée, heureuse par sa simplicité, qui alloit droit au but où l'on tendoit depuis si long-tems, en mettant à portée de connoître la quantité effective de sel vendu par chaque saunier; & le gouvernement l'adopta aussi-tôt. Cette idée fut d'assujettir chaque saunier à signer, ou marquer d'une empreinte qui lui seroit particulière, les permis sur lesquels il livreroit du sel; car il leur est défendu d'en vendre sans cette expédition, sous peine de faux-saunage.

Cette nouvelle forme de régie fut ordonnée par les lettres-patentes du 31 décembre 1754; & en conséquence, on prit le parti de faire tenir, dans les bureaux de visite, des registres de compte ouvert, pour chaque saunier; ensorte que leurs ventes respectives se trouvoient constatées par l'addition de chaque article.

La comparaison des produits de ce droit antérieurs à cette réforme, avec ceux qui l'ont suivie, mettra à portée de juger si elle a été fructueuse.

Cependant, pour ne rien dissimuler de ce qui concerne le *quart bouillon*, il convient de porter un coup-d'œil sur l'ancien régime, & sur celui qui subsiste.

L'ancien système étoit plus conforme à la nature du droit, en ce que la perception portoit sur tout le sel fabriqué. Il est vrai que comme on ne pouvoit en connoître la quantité précise, il falloit avoir recours à des évaluations toujours fort au-dessous de la réalité. A cet inconvénient se joignoit celui de faire payer d'avance aux sauniers le droit du sel, qu'ils ne vendoient souvent que long-tems après la fabrication, & de ne pouvoir établir le droit que sur le prix qu'ils déclaroient, c'est-à-dire très-bas, dans le tems où ils vouloient travailler, en se refusant pendant ce tems-là à en vendre, sauf à se dédommager ensuite, par un surhaussement, dans le tems de la vente.

Le régime établi en 1755 a dénaturé le droit, il est vrai, en ne le faisant porter que sur les sels vendus, & enlevés en vertu des permis, & reconnus aux bureaux de visite. Il excite les sauniers aux faux saunage, en leur faisant gagner le montant de tous les sels qu'ils livrent clandestinement. Mais la fabrication étant limitée, & son objet étant réglé sur le montant de la consommation habituelle, les sauniers n'ont nul intérêt à vendre aux faux-sauniers, par préférence aux habitans privilégiés, puisqu'ils sont assurés d'en trouver le débit.

D'un autre côté ce régime est plus équitable que le premier, en ce qu'il n'oblige à payer les droits qu'après que le fabriquant les a reçus de l'acheteur dans le prix du sel, & en ce qu'il n'y soumet pas les déchets supportés par les sels, pour le retard de la vente, & qui sont considérables. De plus, ce régime a contribué à former une branche intéressante de revenu, d'un droit dont la ferme générale avoit trop négligé la régie, & qui étoit devenu onéreux au gouvernement, par des frais de régie & de police, qui absorboient au-delà du produit.

En voici le tableau depuis 1743.

Il s'y trouve quelques lacunes qu'il n'a pas été possible de remplir; mais ce rapprochement, tel qu'il est, suffira toujours pour donner une idée de ce que peuvent, en matière fiscale, l'intelligence & l'activité d'un seul homme, quand il sait les appliquer à l'amélioration de la partie dont il est chargé.

ÉTAT des produits du droit de quart-bouillon, distingués par les années correspondantes à chaque bail des fermes.

NOMS DES BAUX, ET ANNÉES.	DATES DES ANNÉES.	PRODUITS.		
Forceville, sixième année. . . .	Octobre 1743 à octobre 1744 . .	67,974 liv.	8 f.	4 d.
La Rue, cinq dernières années.	Octobre 1745 à octobre 1746 . .	134,548	6	10.
	Octobre 1746 à octobre 1747 . .	188,845	2	9.
	Octobre 1747 à octobre 1748 . .	109,535	5	3.
	Octobre 1748 à octobre 1749 . .	108,435	8	2.
	Octobre 1749 à octobre 1750 . .	113,700	7	9.
Girardin & Boquillon.	Octobre 1750 à octobre 1751 . .	123,621	4	4.
Henriet, quatre années.	Octobre 1756 à octobre 1757 . .	466,742	5	3.
	Octobre 1759 à octobre 1760 . .	285,466	18	8.
	Octobre 1760 à octobre 1761 . .	259,706	7	8,
	Octobre 1761 à octobre 1762 . .	280,137	2	8.
Bail de Prévot. . . .	Octobre 1762 à octobre 1763 . .	239,185	16	4.
	Octobre 1763 à octobre 1764 . .	310,212	19	4.
	Octobre 1764 à octobre 1765 . .	348,284	2	7.
	Octobre 1765 à octobre 1766 . .	314,098	18	9.
	Octobre 1766 à octobre 1767 . .	340,168	4	1.
	Octobre 1767 à octobre 1768 . .	375,267	11	1.
	Total	1,927,217 l.	11 f.	2 d.
Bail d'Alaterre . . .	Octobre 1768 à octobre 1769 . .	541,274 l.	5 f.	1 d.
	Octobre 1769 à octobre 1770 . .	501,449	2	2.
	Octobre 1770 à octobre 1771 . .	581,105	16	8.
	Octobre 1771 à octobre 1772 . .	591,807	14	7.
	Octobre 1772 à octobre 1773 . .	629,727	5	6.
	Octobre 1773 à octobre 1774 . .	635,453	14	7.
	Total	3,480,817	18	7.

SUITE *de l'état des produits du droit de* quart-bouillon, &c.

NOMS DES BAUX, ET ANNÉES.	DATES DES ANNÉES.	PRODUITS du droit de *quart-bouillon.*
Bail de David	Octobre 1774 à octobre 1775 . .	681,902 l. 10 f. 1 d.
	Octobre 1775 à octobre 1776 . .	672,266 6 11.
	Octobre 1776 à octobre 1777 . .	690,458 1.
	Octobre 1777 à octobre 1778 . .	702,901 16 7.
	Octobre 1778 à octobre 1779 . .	660,831 4 6.
	Octobre 1779 à octobre 1780 . .	649,824 15 11.
	Total	4,058,184 15.
Bail de Salzard, cinq années.	Quartier d'octobre 1780 . . .	257,023 14 9.
	Premier janvier 1781	636,603 10 7.
	Premier janvier 1782	649,538.
	Premier janvier 1783	710,546 1 11.
	Premier janvier 1784	707,537 4.
	Trois premiers quartiers 1785 . .	393,414 1 6.
	Total	3,354,662 liv. 12 f. 9. d.

L'effet combiné des deux réformes de 1756 & 1768, a donc donné, quant au produit du droit de *quart-bouillon*, une augmentation de dix millions six cents quarante-quatre mille deux cents dix-huit livres dix huit sous sept deniers.

Dans cette somme, l'effet particulier de la réforme de 1768, est de plus de moitié ; les comparaisons ci-dessus le portant à cinq millions quatre cents quatre-vingt-sept mille cent soixante-quatorze livres trois sous un denier.

Si l'on ajoute à ce résultat, l'effet qu'elle a produit sur les ventes des greniers, qui est de cinq cents muids de sel, ainsi qu'on l'a exposé ci-devant, on trouvera, en ne supposant le prix commun du muid à deux mille huit cents livres, que les gabelles ont également profité, d'une augmentation de quinze millions quatre cents vingt-huit mille livres.

Voilà donc une amélioration de plus de vingt millions dans les revenus de l'État, opérée en dix-sept ans, par les dispositions de la déclaration du 24 mai 1768, qui a limité la fabrication du sel de *quart-bouillon*.

QUATRE LIEUES frontières de l'étranger. Espace fatal, dans lequel des marchandises ne peuvent être voiturées ou conduites, sans être accompagnées d'un acquit-à-caution, ou de l'acquit de paiement des droits dûs à l'entrée du royaume, si elles viennent du pays étranger.

On a parlé au mot ACQUIT A CAUTION, *tome I*, *pag.* 7, de la nécessité de cette espèce d'expédition, & dans quel cas.

A l'article ENTREPÔT, *tom. II*, *pag.* 61, on a vu que tout magasin de marchandises est défendu dans les *quatre lieues* près des frontières des cinq grosses fermes par l'article 7 du titre 9 de l'ordonnance de 1687, & comment les lieues doivent être mesurées.

Observons à ce sujet combien le commerce est gêné dans ces *quatre lieues*, par l'obligation de remplir la formalité de l'acquit à caution. Supposons un particulier habitant dans l'espace fatal, & voulant conduire des marchandises à une distance de six lieues ; pour ne pas s'exposer, il faut qu'il aille d'abord au bureau déclarer la quantité & la qualité de sa marchandise ; qu'il prenne un permis des commis du fermier, & qu'il retourne au bureau présenter sa marchandise pour être visitée ; car ce n'est qu'après cette visite que l'acquit à caution peut régulièrement être délivré, & que la marchandise peut être voiturée sûrement. Voilà cinq ou six lieues faites pour cette fâcheuse formalité ; & cependant elle devient indispensable à cause du paiement des droits d'entrée & de sortie, qu'on éluderoit aisément, si le conducteur de la marchandise qui y est sujette, n'étoit pas astreint à représenter ou un acquit à caution, ou un acquit de paiement pour justifier son origine. Mais en convenant de l'effet de cet acquit à caution, ne pourroit-on pas en réduire la nécessité, dans la dernière lieue de l'extrême frontière pour les marchandises ordinaires, & réserver la rigoureuse régie des *quatre lieues*, seulement pour les marchandises prohibées ou sujettes à un droit excédant dix pour cent, soit à l'entrée, soit à la sortie du royaume.

On doit ajouter ici, pour compléter ce qui a été dit des acquits à caution, que cette expédition n'est de rigueur que dans les *quatre lieues* frontières de l'étranger & des cinq grosses fermes ; mais que des marchandises circulant dans les provinces réputées étrangères, ne sont point assujetties à l'acquit à caution, quand cette province est intérieure, c'est-à-dire qu'elle ne touche point la frontière du royaume. C'est ainsi que le conseil l'a décidé le 20 décembre 1760.

QUATRE MEMBRES. (droit des) Ce droit qui est établi sur les denrées de consommation dans la Flandre maritime, avoit été compris dans les droits qui composoient la régie générale en 1780. Il en a été défuni en 1784, & donné à la province, pour le régir par elle-même. *Voyez* MEMBRES, ci-devant, *pag.* 123.

QUATRE POUR CENT. (droit de) Nom d'un droit particulièrement imposé sur les drogueries & épiceries, mais qui n'a lieu que dans les provinces méridionales & à Lyon.

Il en a été parlé au mot DROGUERIES, *tom. I. pag.* 647, parce qu'on appelle indifféremment le *droit de quatre pour cent*, *droit des drogueries*. On a parlé du tarif qui sert à sa perception, & des lieux où il se leve ; on ne peut que renvoyer à cet article, & insister sur les observations & les conclusions qui le terminent. *Voyez* aussi le mot MARCHANDISES, ci-devant, *pag.* 80.

QUATRE SOUS POUR LIVRE. *Voyez* SOUS POUR LIVRE.

QUATRIÈME. (droit de) Ce droit a la même origine que celui de HUITIEME, dont il a été traité à son article, *tom. II. pag.* 517, ainsi nous n'avons plus à parler ici que des provinces & villes où se leve le quatrième des exceptions ou exemptions qu'il comporte, & de la quotité à laquelle il est fixé.

Le quatrième a lieu dans toute la généralité d'Amiens, dans la ville & l'élection de Bar-sur-Seine, dans la ville & l'élection de Pontoise & dans le fauxbourg de la basse-Aumône seulement ; tous ces endroits sont dans le ressort de la cour des Aides de Paris.

Dans les trois généralités qui comprennent la haute & basse Normandie, qui sont Rouen, Caën & Alençon.

Cette règle générale souffre cependant quelques exceptions, qu'il ne faut pas passer sous silence.

D'abord la ville & la banlieue d'Amiens, la ville & les fauxbourgs d'Abbeville, les villes d'Albert & de Bray, ne sont sujettes qu'au huitième réglé. Le quatrième fut réduit au huitième dans celle d'Amiens, par lettres-patentes de Louis XI, du 29 mars 1470.

La même réduction fut accordée aux habitans d'Abbeville, par lettres-patentes du 4 février 1476.

Les villes de Montreuil, Doullens, Saint-Quentin & Péronne, sont également affranchies du droit de *quatrième* ; il ne s'y perçoit même que les droits de *parisis* sols & six deniers pour livre du huitième réglé, fixé comme il a été dit au mot HUITIEME. *pag.* 518, à 27 sols 3 den. par muid de vin vendu à pot, & 33 sols 3 den. par muid vendu à assiette.

La même exception a encore lieu en faveur des villes & bourgs de Boulogne, Calais, Ardres, Guines, Marquise, Hons, Huissens, Esure, Samer, Hacquilliers & Etaples, dépendant de l'élection de Doullens, où il ne se perçoit qu'un sol par pot.

En Normandie, les habitans de Cherbourg, Grandville & Pontorson, sont exempts du *quatrième*, & ne payent que la subvention & le parisis sol, & six deniers pour livre fixé au tiers du quatrième.

Ceux de Dieppe, non compris les fauxbourgs du Pollet & de la Barre, sont exempts du *quatrième* & du parisis, sol & six deniers pour livre, & ne payent que la subvention.

Ceux de Tréport & Harfleur jouissent de l'exemption de la moitié du *quatrième*, & sont sujets à l'autre moitié & au parifis fol , & fix deniers pour livre du *quatrième* entier.

Les habitans du Havre font exempts de tous les droits de *quatrième* , fubvention & parifis , &c. excepté fur l'eau-de-vie , pour laquelle ils payent la fubvention au détail.

Mais pour empêcher l'abus auquel les habitans de ces lieux privilégiés pourroient fe livrer , il leur eft défendu de vendre aucunes boiffons pour être tranfportées en cruches ou bouteilles hors de ces villes , & à tous autres de s'en charger , à peine de confifcation , & de cent livres d'amende.

La même défenfe a lieu par rapport à la principauté d'Yvetot , généralité de Rouen , dans laquelle le feigneur a le droit de percevoir le *quatrième* fur les boiffons qui fe vendent en détail ; l'arrêt du Confeil du 19 juin 1725 , défend même d'enlever de cette principauté , aucuns vins ou eaux-de-vie , foit en muid , foit en bouteilles , à peine de confifcation , & de cinq cens livres d'amende. Cet arrêt va même jufqu'à fixer à foixante muids par an , la quantité d'eau-de-vie que le feigneur & les habitans pourront faire venir pour leur confommation , en prefcrivant diverfes formalités qui doivent être obfervées par ceux qui voudront acheter cette eau-de-vie.

Le droit de *quatrième* n'a point été , comme celui de huitième , déterminé à une fomme fixe par muid , fans égard au prix de la vente en détail des boiffons. Dans le principe il étoit le double du huitième ; mais comme il y auroit une difproportion trop forte dans cette fixation , fi elle eût été la même fur tous les vins , quoique d'une qualité très différente , elle fut réglée fur le pied du quatrième effectif du prix de la vente en détail : & même pour entrer dans les confidérations des déchets des lies , des coulages , & de la boiffon journalière confommée par les propriétaires , le titre 2 de l'ordonnance des aides leur accorde un cinquième de déduction fur le montant des droits , ou , ce qui eft la même chofe , le *quatrième* eft réduit au cinquième du prix de la vente , fur le vin , le cidre & le poiré.

Quoi qu'il ne foit point queftion dans l'ordonnance de cette réduction fur la bierre , elle eft cependant paffée en ufage dans la généralité d'Amiens & dans l'élection de Bar-fur-Aube ; mais elle n'a lieu en aucun endroit fur l'eau-de-vie.

Le *quatrième* fe lève auffi dans le reffort de la cour des aides de Rouen ; mais on a tâché de rendre cette levée plus facile , en déterminant les droits qui font dûs par chaque muid proportionnellement au prix que chaque pinte eft vendue.

Auffi le *quatrième* réduit au cinquième , en y joignant l'augmentation du parifis fol & fix deniers pour livre , comme ci-deffus , fur le vin dé-

bité , foit à pot , foit à affiette , & vendu par fuppofition , un fou la pinte de Paris , s'y perçoit , à raifon de trois livres dix-huit fols par muid contenant 288 pintes , & pour celui qui eft vendu plus ou moins , toujours fur le même pied , à raifon de trois livres dix-huit fols par muid , pour chaque fou du prix de la pinte de toute efpece de vin , même des vins de liqueur.

Le même droit de *quatrième* fur le cidre & le poiré vendus par hypothèfe fix deniers la pinte , eft fixé à trente-huit fous par muid , contenant deux quatre-vingt pintes feulement , au lieu de deux cens quatre-vingt-huit qu'il contient réellement , lefquels font augmentés ou diminués fuivant le prix de ces boiffons , à raifon de fix fols par muid , pour chaque denier du prix de la pinte.

L'article IV du titre du droit de *quatrième* autorife les vendans vin en détail , à vendre leurs vins à fi haut prix que bon leur femble , non-obftant tous réglemens de police , & l'article fuivant les difpenfe de déclarer s'ils entendent vendre à pot ou affiette. *Voyez* ce qui a été dit au mot DÉTAIL , *tome I. pag.* 514.

QUESTE. f. f. par lequel on défigne un droit feigneurial qui , dans certains endroits , fe lève fur chaque chef de maifon tenant feu & lieu.

Quefte abonnée , *quefte* courante , font les noms d'une taille feigneuriale qui eft fixe ou arbitraire. *Voyez* pour ces trois mots , le *Dictionnaire de jurifprudence* , à qui appartient leur définition , plutôt qu'au *Dictionnaire des finances*.

COMMIS AUX QUESTES. *Voyez* ci-devant QUART-BOUILLON , *pag.* 429.

QUESTEURS , f. m. On appelloit *Quefteurs* chez les Romains , des magiftrats chargés de la garde du tréfor public & de plufieurs autres fonctions importantes. On ne pouvoit être *quefteur* qu'à vingt-cinq ans ; c'étoit le premier pas vers les dignités. On a comparé les *quefteurs* à nos receveurs généraux des finances ; c'eft fous ce dernier mot que nous remonterons à leur origine , que nous ferons connoître les fonctions des *quefteurs* chez les Romains.

Dans l'univerfité de Paris , on appelle *quefteur* un officier qui eft chargé de recevoir les deniers communs , & de les diftribuer à qui ils font dûs.

QUILLAGE. (droit de) On appelle droit de *quillage* un droit que payent en France les vaiffeaux marchands qui entrent pour la première fois dans quelque port du royaume. A Bordeaux , ce droit eft de treize livres quatre fols ; *c'eft bien cher & bien mal entendu ; il faudroit encore faire une gratification à chaque bâtiment pour fa première venue.*

A cet article tiré de l'ancienne édition de l'Encyclopédie, nous ajouterons que le droit de *quillage* n'est heureusement connu & perçu que dans la Bretagne & dans la Guyenne.

Dans cette première province, ce n'est point un droit isolé, c'est un droit qui fait, comme on l'a dit, partie de ceux qui sont perçus sous le nom de droits des ports & havres. *Voyez* PORTS & HAVRES.

En Guyenne, le droit de *quillage* est si ancien, que l'on ne connoît pas précisément l'époque de son établissement. Ce que l'on a pu apprendre à ce sujet, & par tradition, c'est que ce droit provient d'une rétribution que les capitaines des navires qui venoient pour la première fois au port de Bordeaux, étoient dans l'usage de donner aux commis de la douane : rétribution qui a été réunie aux droits des fermes, depuis l'ordonnance de 1687, ainsi que les droits d'acquits & plusieurs autres gratifications de même genre que les commis recevoient.

Le droit de *quillage* se perçoit sur tous les navires, tant François qu'étrangers, qui viennent pour la première fois dans le port de Bordeaux, à raison de trois livres quatre sous par chaque navire, quelle que soit sa contenance.

Cette perception est autorisée par l'article 325 du bail général des fermes fait par Jacques Forceville en 1738.

Suivant le dépouillement des registres de la douane d'entrée de Bordeaux, pendant les neuf années des baux d'Alaterre & de David, c'est-à-dire depuis 1768 jusqu'en 1778, le droit de quillage n'a produit année commune, qu'environ cent livres.

A Blaye le même droit de *quillage* se perçoit dans les mêmes circonstances qu'à Bordeaux, &

sur le même pied. Sans doute que c'est par erreur, que sa quotité est portée à treize livres quatre sols dans l'ancienne Encyclopédie.

Une autre erreur, qu'il convient également de relever à propos du droit de *quillage*, c'est qu'il est dit dans le *Mémoire sur les droits de traite*, tome III, page 540, qui fait partie de la Collection imprimée au Louvre, en quatre volumes in-4°, sous les ordres de M. de Beaumont, intendant des finances, qu'il se perçoit dans les villes de Bourg & Libourne de la généralité de Bordeaux, il n'a réellement lieu, comme on l'a dit, qu'à Bordeaux & à Blaye.

QUINCAILLERIE, f. f., par lequel on désigne, dans la langue fiscale, une classe qui comprend plusieurs espèces de marchandises, sujettes aux mêmes formalités & aux mêmes droits.

Les motifs qui nous ont engagé à donner l'état des marchandises réputées merceries, sous ce mot, pag. 126, nous déterminent également à rassembler en un tableau toutes les marchandises qui composent la *quincaillerie*. Mais il est bon d'observer qu'on distingue deux sortes de *quincailleries*; celle de cuivre, & celle de fer ou acier; & que toute *quincaillerie* venant d'Angleterre, est nommément prohibée par l'arrêt du 6 septembre 1701, & par l'article II de l'arrêt du conseil, du 17 Juillet 1785, qui prononce la confiscation de la marchandise, avec dix mille livres d'amende.

Il faut ajouter aussi que toutes marchandises de *quincaillerie* de cuivre, doivent sept livres dix sols, à l'entrée du royaume, par quintal pesant.

Celles de *quincaillerie* de fer, six livres, aussi à l'entrée, par quintal, suivant l'arrêt du conseil, du 18 août 1764.

Et qu'à la sortie, le droit n'est, sur les unes & les autres, que d'un pour cent de la valeur.

ÉTAT des marchandises placées dans la classe de la quincaillerie *, par le tarif de 1664, ou ajoutées postérieurement.*

Agraffes.

Aiguilles à tricotter.

Anneaux, pour rideaux.

Bêches.

Batte-feux, ou briquets sur lesquels la lime n'a point passé, & autres semblables outils & uftensiles. } Décision du Conseil, du 29 janvier 1782, n°. 413.

Broches à rôtir, & d'autres fortes.

Boucles, croix, médailles de cuivre, doivent être traitées comme quincaillerie de cuivre.

Chandeliers.

Chauffrettes.

Chenets.

Chevilles.

Cizeaux de jardinier, & autres gros.

Cloux moyens, & petits.

Compas de fer.

Couvercles.

Dez à coudre, de fer.

Ecumoires.

Epinettes, comme batte-feux. } Même décision que les batte-feux.

Étrilles.

Faulx & faucilles.

Fers à cheval.

Fers de robinet, &c.

Fers à frifer & à repaffer.

Forces à tondre les draps & les buis. } Décision du Conseil, du 27 novembre 1747.

Fourchettes de fer..... *Idem*, du 21 juillet 1750.

Grils.

Lampes.

Lechefrittes.

Limes grossières.

Marteaux ordinaires.

Médailles de cuivre, comme quincaillerie de cuivre.

Mors de bride.

Mouchettes.

Pelles, nommées écoupes, pour les écuries.

Pelles à feu.

Pentures.

Pincettes.

Pioches.

Poëles à frire.

Poids de marc, de laiton, ou cuivre, comme quincaillerie de cuivre. } Décision du Conseil, du 26 mars 1766.

Réchauds.

Refforts en acier, pour voitures.

Scies.

Serpes.

Targettes.

Tenailles.

Tournebroches.

Trompes, ou guimbardes. } Décision du Conseil, 21 avril 1749.

Truelles.

Verges de vitres.

Verroux.

Vrilles montées & non montées. } Décision du Conseil, du 5 décembre 1775.

La *quincaillerie* étrangère d'acier poli, eft prohibée à l'entrée du royaume, par l'article III de l'arrêt du conseil du 17 juillet 1785.

Celle de fer poli par la lime, a été de même prohibée, par la décision du conseil, du 18 octobre 1785.

La *quincaillerie* venant de Lorraine, doit être traitée comme celle du pays étranger effectif, d'après la décision du conseil, du 15 mars 1785.

Il existe dans le royaume quatre fabriques de *quincaillerie*, dont les ouvrages sont exempts de tous droits à la circulation, depuis le lieu de la fabrique, jusqu'à celui de la première destination.

Ces fabriques sont celles de Saint-Etienne & Saint-Chaumont, celle de la Charité-sur-Loire, & celle d'Amboise.

Les deux premières ont obtenu cette immunité, par les arrêts du conseil des 25 novembre 1671 & 21 juillet 1685.

La manufacture de la Charité jouit du même privilège, en vertu de l'arrêt du conseil, du 13 février 1766.

Et celle d'Amboise, d'après l'arrêt du 11 août 1772.

Ces privilèges sont subordonnés à la condition, de prendre un certificat du commis de la ferme établi dans le lieu de chaque manufacture, pour justifier de l'origine de la marchandise, & l'accompagner jusqu'à la première destination. Mais lorsque la même marchandise passe plus loin, elle redevient sujette à tous les droits.

En 1780, les regards de l'administration s'étant portés sur le commerce des marchandises de mercerie & de *quincaillerie*, il fut reconnu qu'il convenoit de favoriser les fabriques nationales de ce genre, par une augmentation de droits sur les objets qui composent ces deux classes.

Les députés du commerce furent consultés en 1781. Leur avis fut qu'un droit de trente-six livres par quintal, sur tous les ouvrages en acier, en fer poli, & en cuivre, apportés de l'étranger, rempliroit les vues proposées. En conséquence, un arrêt du conseil, du mois de décembre 1781, adopta le droit de trente-six livres, qui, avec les dix sols pour livre, formoit une imposition de cinquante-quatre livres par cent livres pesant.

Cependant, la sagesse de l'administration ayant jugé devoir communiquer les dispositions de cet arrêt, avant sa publication, aux marchands merciers & quincailliers des principales villes du royaume, ils adressèrent des représentations très-pressantes contre les suites de l'exécution de cet arrêt.

Ils observèrent que, parmi les ouvrages de mercerie & de *quincaillerie*, les uns étoient de première nécessité pour les arts, comme les outils en fer & en acier, & qu'il ne s'en fabriquoit, ni d'aussi bons, ni à aussi bas prix dans le royaume; les autres avoient si peu de valeur, que le droit de cin-

quante-quatre livres par quintal, deviendroit prohibitif à leur égard.

Ils ajoutèrent, que si cet impôt avoit lieu, l'Etat alloit perdre la fourniture qu'il fait, en mercerie & *quincaillerie*, à l'Espagne, au Portugal & à l'Amérique indépendante, attendu que ces nations préféreroient de s'en approvisionner dans les ports des Pays-Bas, qui sont à portée d'en recevoir d'Allemagne & d'Angleterre, plutôt que de les prendre en France, où leur réexportation éprouveroit un sur-haussement de prix très-considérable.

D'après ces représentations, il fut fait un nouvel examen de l'arrêt suspendu, & des propositions des marchands merciers & quincailliers; & le résumé du tout envoyé aux députés du commerce.

Ce résumé présentoit, sous six divisions séparées, & les objets étrangers qui nuisent particulièrement au débit de ceux qui se fabriquent en France; & ceux qui, destinés à un commerce de réexportation, pouvoient être susceptibles d'une augmentation de droits, sans affoiblir cette branche de trafic. L'avis des députés ayant été favorable, il fut aussi-tôt rédigé un projet d'arrêt en conformité, mais qui est resté, comme beaucoup d'autres projets, sans exécution.

On va le rapporter ici, pour mettre à portée de juger s'il ne présente pas quelqu'avantage.

Le roi, en son conseil, étant informé que les droits imposés sur certaines marchandises de mercerie & *quincaillerie*, ne suffisent pas pour conserver aux ouvrages de même genre, fabriqués dans le royaume, la préférence qu'ils doivent avoir sur ceux qui sont importés de l'étranger, & que l'introduction de ces derniers devient si considérable, que l'industrie nationale éprouve à cet égard un préjudice très-nuisible à ses progrès & à l'intérêt du commerce en général; sa majesté s'est déterminée à régler ces droits dans une proportion convenable, pour obvier à ces inconvéniens; à quoi voulant pourvoir, &c.

Le roi, étant en son conseil, a ordonné & ordonne ce qui suit:

ARTICLE PREMIER.

Les ouvrages en cuir, comme harnois, selles, brides, bridons, martingalles, fouets, sangles, courroies, & autres de cette espèce, propres à l'équipement des chevaux, & venant du pays étranger, paieront à l'avenir, à toutes les entrées du royaume, les droits fixés par l'arrêt du 19 mai 1768, sur l'évaluation de trente sols la livre.

Les autres ouvrages de même matière, tels que les bottes, bottines, brodequins, souliers, guêtres, ceinturons, jarretières, porte-feuilles, écritoires,

tabatières, poires à poudre, cuirs à rasoirs, &
autres semblables, acquitteront également les mêmes droits, sur l'estimation de trois livres la livre,
le tout au poids brut, & à compter du jour de la
publication du présent.

II.

Les marchandises qui composent la grosse *quincaillerie* de fer, comme chandeliers, chenets, broches, chauffrettes, fers à cheval, fers à repasser,
marteaux, mors de bride, poëles, pincettes, cloux,
grils, tourne-broches, ressorts pour voitures,
chappes de boucles non polies, venant de l'étranger, paieront, à compter dudit jour, huit livres
du cent pesant; savoir, six livres d'ancien droit,
& quarante sols d'augmentation; n'entend sa majesté comprendre dans cette classe les outils &
instrumens, propres aux arts, aux fabriques & à
l'agriculture, comme ciseaux de toute espèce, limes, faulx, faucilles, serpes, haches, coignées,
scies, vrilles, &c. lesquels outils continueront
d'acquitter les droits suivant les tarifs & réglemens
accoutumés.

III.

Les objets réputés faire partie de la grosse *quincaillerie* de cuivre, comme poids de marc, grelots,
chandeliers, martinets, garnitures de chenets,
mouchettes, compas, robinets, &c. paieront, à
toutes les entrées du royaume, à compter dudit
jour, douze livres dix sols par quintal; savoir,
sept livres dix sols pour l'ancien droit, & cinq
livres pour le nouveau.

IV.

Toutes les marchandises comprises dans la classe
de la mercerie, les couteaux, ciseaux, rasoirs,
canifs, &c. les ouvrages vernis, soit en tole,
fer blanc, cuivre ou acier, les boucles de toute
espèce, de quelque métal qu'elles soient fabriquées, à l'exception de l'or & de l'argent, les
chappes polies, les tresses & jarretières de laine,
acquitteront uniformément, à toutes les entrées
du royaume, le droit de dix-huit livres du quintal, c'est-à-dire, cinq livres dix sols d'augmentation, sur le droit de douze livres dix sols, actuellement établi.

V.

Les chaînes & breloques d'acier pour montre,
les porte-mousquetons, les poignées & crochets
d'épée, les cachets, clefs de montre, boutons &
ganses de chapeaux, les pinces, aussi en acier,
les ouvrages d'optique, ceux en émail, les serrures, depuis un pouce & au-dessus jusqu'à trois
d'étendue, pour porte-feuilles & ébénisteries, &
généralement toutes sortes d'ouvrages dorés ou
argentés, de quelque métal qu'ils soient, seront
soumis au droit de trente livres par quintal, le
tout au poids brut; défend sa majesté de mêler
dans le même paquet, les marchandises sujettes à
des droits différens, à peine de confiscation, &

de l'amende de cent livres, prononcée par les
réglemens contre les fausses déclarations.

VI.

Les boutons d'habit & de veste, de toute espèce de métaux & de forme, à l'exception de
ceux d'or & d'argent, pourront, à l'avenir, entrer dans le royaume, en payant uniformément le
droit de soixante & dix livres par cent pesant;
dérogeant à cet égard sa majesté aux arrêts de son
conseil des 22 juillet 1749, & à la déclaration du
25 janvier 1740, sans néanmoins rien innover aux
dispositions de l'arrêt du 6 septembre 1701, concernant les marchandises provenant d'Angleterre,
ni à celles de la déclaration du 15 mai 1736, relative aux boutons de crin & d'étoffe; lesquelles
dispositions continueront d'être exécutées, ainsi
qu'elles l'ont été jusqu'à ce jour.

VII.

Sur tous les droits portés dans les articles précédens, il sera perçu, outre les anciens huit sous
pour livre, les deux nouveaux sols pour livre,
établis par notre édit du mois d'août dernier.

VIII.

Veut & entend sa majesté que Nicolas Salzard,
adjudicataire de ses fermes, soit chargé de la perception desdits droits additionels & nouveaux,
portés par les articles II, III, IV & VI du présent, pour en compter au conseil, outre & par-
dessus le prix de son bail, suivant les états de recette fournis à la fin de chaque année, par les
receveurs & contrôleurs des bureaux où la perception aura eu lieu, duement certifiés par eux
véritables, & par cinq des cautions dudit adjudicataire.

On doit observer sur l'article VI, que les députés du commerce, sans intérêt pour soutenir &
étendre le système des prohibitions, avoient pensé
que, puisqu'il se consommoit, dans le royaume,
une quantité énorme de boutons, qu'on savoit n'y
pas être fabriqués, & y entrer par voie d'assurance,
en permettre l'entrée, c'étoit nécessairement diminuer la masse des introductions frauduleuses, enlever aux étrangers, nos voisins, les bénéfices de
commission & d'envoi, & enfin, appliquer au profit
de l'État, les frais d'assurance, le prix des risques
du marchand & de l'importation clandestine, au
moyen du droit fixé à cent cinq livres par quintal;
droit doublement combiné avec la valeur de la
marchandise & avec les vues de protection pour
les fabriques nationales.

QUINT, s. m. Droit féodal dû pour les mutations de fief par vente ou autre acte équivalent
à vente. Ce droit fixé dans la plupart des coutumes à la cinquième partie du prix, a retenu le

dom de *quint* par analogie à sa quotité. *Voyez* au surplus le *Dictionnaire de Jurisprudence*.

QUINZIEME, s. m. Nom d'une ancienne taxe qui se levoit en Angleterre, non par tête, mais par chaque ville qui en faisoit la répartition sur son territoire. L'an 18 du règne d'Edouard premier, auquel le parlement accorda cet impôt, la ville de Londres paya deux mille huit cens soixante livres sterlings. *Voyez* CHAMBERS. * *

QUITTANCE, s. f. Acte par lequel on constate avoir reçu la somme ou la chose stipulée de la personne qui est dénommée. Toute *quittance* dont on veut faire usage en justice, doit préalablement être contrôlée. *Voyez* le *Dictionnaire de Jurisprudence*.

QUITTANCES DE FINANCES. On donne ce nom aux *quittances* qui sont expédiées par le garde du trésor royal, ou par le trésorier des parties casuelles, aux particuliers qui versent dans leurs caisses une somme quelconque, soit pour une constitution de rente, soit pour le prix d'une charge.

Ces *quittances* de finance doivent être sur parchemin lorsqu'il s'agit d'une charge ou d'un office; mais dans un emprunt pour une constitution de rente, les premières *quittances* se délivrent sur papier, & ne sont proprement que des reconnoissances qui sont ensuite converties en *quittances* régulières.

Toutes les *quittances* de finances doivent être contrôlées par le contrôleur général des finances, & le droit de contrôle est de vingt-quatre sous.

Ce droit qui avoit été supprimé en 1778, a été rétabli par l'arrêt du conseil du 4 mars 1784.

QUITTANCES COMPTABLES. On appelle de ce nom les *quittances* qui sont fournies à la décharge d'un comptable, & qui lui servent de pièces justificatives pour faire allouer ses dépenses dans ses comptes.

Les gardes du trésor royal expédient des *quittances comptables*, à la décharge de ceux dont ils reçoivent les fonds.

Les trésoriers généraux fournissent pareillement des *quittances comptables* à la décharge du garde du trésor royal, lorsqu'ils reçoivent les fonds destinés au service de leur département.

Les receveurs généraux des finances fournissent

aussi leurs *quittances comptables* aux receveurs des tailles, à mesure qu'ils sont assurés que les rescriptions qu'ils ont tirées sur eux sont acquittées, ou qu'ils ont reçu les fonds de leur recette.

Toutes les *quittances comptables*, de même que les *quittances de finances*, doivent être contrôlées; mais les unes n'ont qu'un délai d'un mois, les autres de six mois, & les autres d'un an.

QUITTANCÉ, adj. Ce mot se dit d'un écrit, d'un mémoire au bas, ou au dos, duquel est la *quittance* de la somme stipulée.

QUITTANCER, v. a. C'est donner une *quittance*, un reçu au pied ou au dos de l'acte qui constitue la somme dûe. On *quittance* des mémoires de marchandises fournies, lorsqu'on en reçoit le paiement.

Les obligations & autres actes obligatoires qui ont minutes, se *quittancent* au dos de la minute, & la grosse se rend à ceux qui les acquittent.

Mais quand on donne une *quittance* séparée du titre qui établit la dette, on dit simplement donner *quittance*.

QUITUS, ou QUICTUS, adj. C'est un terme de la basse latinité, qui signifie quitte. Il est usité à la chambre des comptes du roi, & vient de l'ancien usage de la chambre, du tems que l'on y faisoit les expéditions en latin. On mettoit à la fin du dernier compte, *quictus hic receptor*: on se sert encore à la chambre ce terme *quitus*, pour exprimer la décharge finale que l'on donne à un comptable. Aucun officier comptable n'est reçu à résigner son office, qu'il n'ait obtenu son *quitus*. De même le remboursement de la finance qu'il a payée, ne lui est accordé qu'après avoir exhibé son *quitus*.

QUOTE-PART, s. f. *Voyez* COTE-PART.

QUOTITÉ, s. f. qui sert à désigner la somme particulière à laquelle est fixé un droit. Il seroit très-important que les receveurs des fermes fussent tenus de spécifier dans les quittances qu'ils délivrent, la quotité du droit & le titre qui l'établit, afin qu'il fût aisé de vérifier si le total est juste, au lieu qu'en ne faisant mention que de la somme reçue, sans indiquer quel est le montant du droit principal; il est impossible de reconnoître & de prévenir les erreurs.

RAB

RABAIS, f. m., qui fignifie *diminution*. Il eft oppofé à enchère. On appelle adjudication au *rabais*, celle qui fe fait de différentes fournitures, à diminution de prix. Elles font d'ufage pour les étapes, les fourrages des troupes du roi, pour l'entretien des chemins, & divers travaux publics; dans tous les cas où il s'agit d'obtenir le meilleur marché poffible, fans rien changer à la qualité des chofes qui en font l'objet, & en fe conformant aux conditions de l'adjudication.

RABAT, f. m., emprunté du langage propre à la chaffe, par celui qui eft particulier aux brigades des fermes. Elles appellent faire un *rabat* ou *rebat*, l'action de retourner fur les mêmes lieux qu'elles ont parcouru, pour découvrir la contrebande, & la prévenir, ou l'arrêter.

RACHAT. (droit de) On donne ce nom à un droit particulier, qui eft impofé, dans les pays fujets aux petites gabelles, fur le poiffon-falé qui y eft apporté des provinces étrangères, ou des pays privilégiés en matière de gabelles. Ce droit a pour objet d'indemnifer le fermier, de fon droit de gabelle fur le fel employé à la falaifon des poiffons.

On a déja parlé de ce droit à l'article des PETITES GABELLES, *tom. II, pag.* 326, & l'on a cité les titres de fon établiffement, en rappellant en même tems les formes de fa perception.

On ajoutera ici qu'en général la quotité de ce droit eft modique, parce que l'on cherche à concilier avec l'intérêt du fermier des gabelles, les moyens de procurer aux habitans des provinces méridionales, une fubfiftance aifée, & ceux d'encourager la pêche en Bretagne, d'où vient la plus grande partie de ce poiffon. Il faut obferver que, dans cette double vue, les harengs, la morue, & le congre falés, ont été exempts du paiement du droit de *rachat*.

RACHAT OU RELIEF, droit féodal dû aux feigneurs, pour les mutations qui arrivent de la part des vaffaux, à l'exception néanmoins de celles qui s'opèrent par ventes, ou qui arrivent à titre fucceffif, en ligne directe, lefquelles, en quelques coutumes, en font difpenfées.

Le droit de *rachat* confifte, pour l'ordinaire, en une année du revenu des biens qui y font fujets, à moins qu'il ne foit fixé autrement, par des ufages locaux. *Voyez*, au furplus, le *Dictionnaire de jurifprudence*.

RAD

RACHETABLE, adj., fe dit de ce qui eft fujet au rachat. Un domaine eft *rachetable*; une rente conftituée eft *rachetable* par fa nature; une rente foncière ne l'eft que par convention. *Voyez* ce qui a été dit fur les droits féodaux, & fur les avantages que l'Etat retireroit, fi une loi les rendoit *rachetables*, *tom. II, pag.* 110 & *fuivantes*.

RACHETER, v. a., dans la même acception que les mots précédens, fignifie, payer le droit de relief ou de rachat.

RADURIE, f. f., nom que les relations de voyage donnent à un droit qui fe lève en Perfe, dans les lieux où les voleurs font à craindre, fur toutes les marchandifes qui y paffent, fans doute pour dédommager des frais de la garde qu'on y établit.

RADEURS, f. m., par lequel on défigne ceux qui radent les grains & le fel que l'on mefure. Il y a eu des *radeurs* établis en titre d'office dans les greniers à fel; mais ils ont été fupprimés.

RADIATION, f. f. Ce mot s'emploie à la chambre des comptes, pour fignifier l'action de rayer un article dans un compte. La *radiation* a lieu, lorfque le comptable ne juftifie pas, par une pièce probante, l'article de dépenfe qu'il préfente. On dit, dans ce ftyle : il a douze *radiations* dans fon compte; la *radiation* de cet article a été ordonnée, &c.

RAISONNER, v. a. En terme de douane, comme dans la langue du commerce, ce mot fe prend pour déclarer, faire la déclaration des marchandifes dont on eft conducteur. Tout particulier qui tranfporte des marchandifes, & paffe devant un bureau des fermes, eft tenu d'y *raifonner* pour les faire vifiter, s'affurer fi elles doivent des droits, & les acquitter, ou faire voir, fi elles en font affranchies, qu'elles n'en mafquent pas d'autres, qui font fujettes à prohibition ou à des droits.

RAPÉS. On diftingue le *rapé* copeau & le *rapé* raifin, dans le *Dictionnaire des aides*.

Ce qu'on appelle *rapé* copeau, eft un tonneau rempli de copeaux neufs, que l'on a fait tremper dans le vin, pour les en imbiber, & dans lequel on jette les vins que l'on veut éclaircir. Le vin, en filtrant à travers les copeaux, fe décharge des parties qui le rendoient trouble, & fe clarifie en très-peu de tems. Quelquefois, à la place de ces
copeaux,

copeaux, on met de la paille, & elle produit le même effet.

Quoi qu'il en foit, les *rapés* de copeaux ou de paille font défendus à tous les vendans vins, par l'article X de l'ordonnance des aides, tit. 2, à peine de confifcation & de cent livres d'amende.

« Permettons, porte cet article, aux commis, » s'ils en trouvent dans les caves des vendans » vins, de les faire enlever & mettre entre les » mains de perfonnes folvables, après que les » bondons auront été cachetés; & faute d'en trou- » ver qui s'en veuillent charger, les faire porter » au bureau de la ferme, les débondonner en pré- » fence d'un tonnelier ou d'un habitant des lieux, » la partie faifie préfente, ou duement appellée, » leur faire voir les copeaux, dont ils drefferont » leur procès-verbal, qu'ils feront figner, tant à » la partie faifie qu'au tonnelier ou à l'habitant; » finon ils y feront mention de l'interpellation & » du refus. »

Les motifs du légiflateur, pour défendre l'ufage des *rapés* copeaux, ont été d'ôter aux débitans les moyens de remplir, à l'infu des commis, un tonneau qui a toujours l'apparence d'être plein, & dont le débit ne peut fe fuivre par diminution, comme une futaille qui ne contient purement que du vin.

Les *rapés* raifins font des tonneaux à demi rem- plis de raifins en grappes choifies, fur lefquels on paffe des vins ufés, afin de leur rendre de la force & de la couleur.

Cette dernière forte de *rapé* n'eft permife, par l'article II du titre qu'on vient de citer, qu'autant que les vendans vins ont au moins vingt muids de vin dans leur cave, dans le tems où le vin fera mis fur le *rapé*; & dans ce cas ils peuvent avoir un *rapé* de demi-muid; pour quarante muids & au-deffus, ils ont la liberté d'avoir un *rapé* d'un muid, en une ou deux pièces; le tout à peine de confifcation des *rapés* qui feroient en plus grande quantité, & de cent livres d'amende.

Mais les vendans vins ne peuvent, fous les mêmes peines, tenir les *rapés* raifins en d'autres caves que celles de leur domicile, quoiqu'ils faffent leur débit en différentes caves; ni mettre le vin fur les *rapés*, que les commis des fermes ne foient préfens, ou duement appellés.

RATIFICATION, f. f., acte par lequel on approuve ce qui a été fait par un affocié ou un fondé de pouvoir.

On appelle *lettres de ratification*, des lettres qui s'obtiennent dans les chancelleries créées près des bailliages & fénéchauffées, & dont l'effet eft

de libérer les biens qui font vendus, & de fixer l'ordre des hypothèques dont ils font grevés. *Voyez* le mot HYPOTHÈQUE, tom. II, pag. 519.

RATIFIER, v. a., qui a la même fignification qu'*approuver*.

RATURE, f. f., qui vient de *raturer*, fyno- nyme d'*effacer*. Tout acte important, dans lequel il fe trouve des *ratures*, eft nul, fi elles ne font approuvées des parties contractantes, & des no- taires ou témoins.

RATURER, v. a., qui veut dire la même chofe qu'*effacer*.

RÉ. (ifle de) Cette ifle jouit, ainfi que celle d'Oleron, de différens privilèges, rappellés dans l'article 227 du bail des fermes fait à Forceville, & qu'on va fe borner à donner ici.

« Les habitans des ifles de *Ré* & Oleron, & du » Gouvernement, demeureront fujets aux droits » d'entrée & de fortie du tarif de 1667, c'eft-à- » dire, aux droits uniformes (*V.* le mot DROIT), » arrêts & réglemens depuis intervenus; fuivant » les arrêts du confeil des 9 Novembre 1700 & » 21 juillet 1703, nul ne pourra faire décharger, » dans ladite étendue, aucunes marchandifes dé- » fendues, drogueries & épiceries, & autres dont » nous n'avons permis l'entrée que par certains » lieux de notre royaume, à peine de confifca- » tion, & des amendes portées par nos réglemens.

» Il ne pourra pareillement y avoir, dans le gou- » vernement de Brouage, & l'ifle de *Ré* & d'Ole- » ron, aucun magafin, ou entrepôt d'autre mar- » chandife & groffes denrées, que jufqu'à con- » currence de ce qui fera néceffaire pour la con- » fommation des habitans, & à la charge d'en » faire déclaration au bureau de l'adjudicataire, à » peine de confifcation, & de quinze cents livres » d'amende.

» Quant aux marchandifes qui feront amenées » du dedans de nos fermes, dans l'étendue des » ifles de *Ré* & Oleron, & du gouvernement de » Brouage, les habitans, négocians & conduc- » teurs, feront tenus de rapporter au bureau de » l'adjudicataire, les acquits des droits qu'ils au- » ront payés à la fortie des bureaux, & l'adjudi- » cataire pourra faire les vifites néceffaires dans » ladite étendue.

RÉACAPTE, f. f., nom d'un droit feigneurial. Les *acaptes*, en Languedoc & en Guyenne, font de certains droits dûs au feigneur foncier & direct par le changement de l'emphytéote, foit que le changement foit arrivé par mort, mariage ou venre , &c. Les *réacaptes* , ou *arriere-acaptes* , font des droits dûs par les emphytéotes , à la mutation des feigneurs , foit par mort , mariage , ou autrement.

RÉAL. (droit de) Nom d'un droit particulier au Rouffillon , & qui appartient à la province. *Voyez* ROUSSILLON.

RÉALISER , v. a. , qui fignifie *effectuer*. *Réalifer* un rembourfement promis , c'eft l'exécuter. *Réalifer* des effets royaux , des contrats , c'eft les convertir en deniers , en les vendant fur la place. *Voyez* au furplus , le *Dictionnaire de jurifprudence* , fur les autres fignifications de *réalifer*.

RÉAPRÉCIATION , f. f. , ancien mot qui , dans la langue fifcale , fignifie *nouvelle évaluation*. Ce terme eft fouvent employé dans le tarif du droit de douane de Lyon , dont on a remarqué les vices, de même que de ceux du tarif de la Foraine. *Voyez* les mots DOUANE DE LYON , FORAINE , & PATENTE DE LANGUEDOC.

Lorfqu'on eut remarqué que , d'après l'augmentation du numéraire en France , les marchandifes qui devoient ces trois droits fur leur valeur , avoient acquis un prix fupérieur à celui qui fe trouvoit configné dans les tarifs , on jugea devoir augmenter ce prix. En conféquence , on fit une *réapréciation* des efpèces de marchandifes fur lefquelles la difproportion parut la plus frappante. Ce fut l'objet de l'édit du mois de mai 1581.

Un demi fiècle après cette opération , on la recommença ; elle fut ordonnée par la déclaration du roi , du 14 août 1632. Mais cette méthode fut dès-lors abandonnée. Et pour conferver à la quotité des droits , une jufte proportion , entre fa fixation & la valeur des marchandifes qui , par le laps des tems & l'accroiffement du numéraire , recevoient fucceffivement une valeur plus confidérable , on découvrit l'heureufe invention des fous pour livre , additionnels au principal des droits. C'eft ainfi qu'en 1643 , les droits des contrôleurs-confervateurs furent convertis en deux fous pour livre de tous les droits des fermes. *Voyez* SOUS POUR LIVRE.

REBELLION , f. f. On donne ce nom à la réfiftance que des particuliers apportent à l'exercice des fonctions des employés des fermes , des commis aux aides , foit en s'y oppofant de vive force , foit en les injuriant , en les menaçant de voies de fait , & en les maltraitant par des violences offenfives.

La *rebellion* eft confidérée comme une révolte contre l'autorité fouveraine , & plufieurs écrivains

en droit la placent au rang des crimes de leze-majefté au fecond chef.

L'ordonnance criminelle de 1670 met la *rebellion* à juftice , au nombre des cas royaux , & même les ordonnances de Moulins & de Blois avoient prononcé la peine de mort à cet égard.

Mais celle de 1670 ordonne feulement , article IV du titre 16 , que le procès foit fait & parfait à ceux qui , par violence & voies de fait , ont empêché , directement ou indirectement , l'exécution des arrêts & jugemens des tribunaux.

La déclaration du roi du 6 décembre 1707 , article VIII , prefcrit à-peu-près les mêmes règles pour les *rebellions* faites aux employés des fermes , en ordonnant qu'elles feront inftruites comme les affaires criminelles.

La cour des aides de Montpellier a rendu , le 10 juin 1655 , un arrêt mémorable contre les habitans & la communauté de la ville de Lunel , par rapport à des infultes & excès commis contre le vifiteur-général des gabelles , juge de cette partie.

Cet arrêt déclare les habitans atteints & convaincus des crimes de *rebellion* , fédition , défobéiffance à juftice , émotion populaire , attroupement avec port d'armes , tambours battans , fon de tocfin , en punition defquels cas , ordonne que cette communauté fera privée à l'avenir des livrées confulaires , de foires & marchés publics , & tous autres privilèges ; elle ordonnoit encore , que le grenier à fel feroit transféré au lieu de Lunel-le-Vieux ; que la tour de l'horloge feroit diminuée de quatre pieds de hauteur ; que la cloche de l'horloge qui avoit fervi à fonner le tocfin , feroit brifée & fondue , & que les portes de la ville feroient ôtées & brûlées.

En même-tems la communauté fut condamnée en fix mille livres d'amende envers le roi , trois mille envers la ferme des gabelles , & quatre mille livres pour la réparation du palais de juftice , & pour des œuvres pies.

Un autre arrêt de la même cour , du 16 août 1657 , prononça les mêmes peines contre les confuls & habitans de Carcaffonne , qui s'étoient révoltés à l'occafion des vifites pour les gabelles ; mais il eft à croire qu'il entroit dans ces *rebellions* , plus encore de fanatifme de religion , qui , à cette époque , échauffoit vivement les efprits , dans les provinces méridionales , & les portoit à toutes fortes d'excès , que le defir de fe fouftraire aux obligations & aux affujettiffemens prefcrits pour la confervation des gabelles.

En matière de droits d'aides , les loix prononcent des peines rigoureufes pour fait de *rebellion*.

Suivant les arrêts du conseil, des 30 septembre 1719, celui du 20 mars 1719, & les lettres-patentes du 4 mai 1723, les commis aux aides sont autorisés à emprisonner les contrevenans qui leur font *rebellion*, sans demander permission à justice; & il est fait défenses à tous juges de mettre en liberté, les coupables & complices de *rebellion*, qu'après l'instruction & le jugement définitif, & en cas d'appel du fermier, qu'après le jugement de cet appel, à peine de répondre par ces officiers, en leur propre & privé nom, des dépens, dommages-intérêts du fermier, même des amendes & confiscation encourues contre les fraudeurs.

La déclaration du 30 janvier 1714, duement enregistrée dans les cours des aides de Paris & de Rouen, au mois de février suivant, porte, qu'il sera procédé extraordinairement contre les fraudeurs qui ont fait violence & *rebellion*, sans qu'il puisse être fait aucune poursuite contre les commis, qui, en se défendant, auroient tué quelques-uns des fraudeurs ou de leurs complices, sa majesté imposant à cet égard silence à ses procureurs.

Les maîtres de maison, ainsi que les pères & mères, sont responsables civilement & solidairement, des condamnations jugées contre leurs domestiques, & les enfans de famille mineurs & demeurant avec eux, pour fraude, violence, *rebellion*, ou pour complicité.

Plusieurs arrêts du conseil, & des cours des aides, ont condamné en l'amende-honorable, aux galères, à des peines afflictives, & à des amendes considérables, suivant la gravité des circonstances, des particuliers qui avoient fait *rebellion* & usé de voies de fait contre les commis aux aides, dans le cours de leurs exercices. Tels sont les arrêts du conseil, du 5 août 1722; ceux de la cour des aides de Paris, du 6 août 1724, 28 août 1730, celui du 27 janvier 1764, 23 février 1776, & 6 août 1779.

Voyez l'article FAUX-SAUNAGE, *tom. II*, *pag.* 102, pour ce qui regarde les gabelles.

Quant à la partie des domaines, Bosquet, auteur du *Dictionnaire raisonné des domaines*, rappelle, au mot *rebellion*, différentes ordonnances des intendans, & plusieurs arrêts du conseil, qui condamnent des notaires à des amendes considérables, & d'autres à des peines infamantes, pour avoir refusé, avec violences & voies de fait, par outrages, émotions populaires, la communication de leurs minutes aux commis des domaines, ou les avoir empêché de faire les recherches & vérifications qu'ils se proposoient. Arrêts du conseil, des 19 avril 1720 & 4 octobre 1723. Jugement souverain, du premier décembre 1729, de l'intendant de Riom, commis par le conseil.

RÉCAPITULATION, s. f. En finance, c'est le rapport des différentes sommes employées, tant en recette que dépense, d'un compte, pour en présenter le résultat en une ligne.

RECÉLÉ, s. m. propre à la langue fiscale, dans la partie des aides. On appelle *recélé*, tout lieu où un cabaretier, ou vendant vin, tient des boissons cachées aux yeux des commis, pour vendre en fraude, ou pour servir à remplir celles qu'il débite légitimement.

Tout *recélé* est défendu par l'article XVI du titre 2 de l'ordonnance des aides, à peine de confiscation & de cent livres d'amende.

Voyez le mot DÉTAIL, *tome premier*, *pag.* 516.

RECENSEMENT, s. m., qui vient de *recensus* ou *recensio*, qui veut dire dénombrement, revue. Le mot *recensement* est usité dans la langue propre aux aides de Normandie, pour signifier la vérification & le compte que les commis de cette partie font des boissons qui sont chez les particuliers, soit après leur arrivée, soit tous les trois mois, dans les lieux sujets à la subvention à l'entrée.

Les motifs de cette gêne, si contraire à la liberté, tiennent aux vues que le législateur a eues de prévenir les fraudes au droit de quatrième, qui a cours en Normandie, & donne un produit considérable. Ceux qui vendent des boissons en détail, & doivent en conséquence ce droit, étant d'autant plus portés à la fraude, que le gain est plus considérable, auroient pu la pratiquer facilement, en faisant venir des boissons sous un nom emprunté, & même se concerter avec un voisin, pour former un recélé ou entrepôt, dans lequel ils auroient pris de quoi remplacer celles qu'ils auroient débitées. C'est donc pour mettre des entraves à cette fraude, qu'il a été défendu généralement, dans tous les pays d'aides, d'enlever & de transporter aucuns vins, aucunes boissons sujettes aux droits, sans en avoir fait déclaration, & pris un congé, ainsi qu'on l'a dit au mot CONGÉ, *tome premier*, *pag.* 358.

Mais dans le ressort de la cour des aides de Rouen, où, comme on vient de le dire, les droits de détail sont d'un objet important, le fermier des aides a été expressément autorisé, par l'arrêt du conseil du 6 octobre 1684, & par celui du 12 décembre 1690, à faire faire le *recensement* particulier des boissons, dans la huitaine du jour de leur entrée; & en outre, un *recensement* général, quatre fois par an, de toutes les boissons qui sont chez les habitans des villes & bourgs où la subvention se lève à l'entrée.

A cet effet il est enjoint, sous peine de dix

livres d'amende, à ces habitans, de faire à ces commis l'ouverture de leurs caves & celliers, à leur première réquifition ; & ceux-ci, en cas de refus, peuvent en faire ouvrir les portes, en préfence d'un officier de l'élection, dans les lieux où eft établi le fiège de l'élection ; & dans les autres endroits, en préfence d'un juge ordinaire, ou même de deux voifins, à défaut d'officier de juftice. Grand nombre de réglemens ont ordonné & confirmé cette difpofition, dans les trois généralités de Normandie, & la déclaration du roi du premier décembre 1750, enregiftrée le premier octobre fuivant, a rendu ces réglemens communs aux trois généralités.

En diftinguant ces deux fortes de recenfemens, il eft bon d'en expliquer la forme & les effets.

Le premier s'exécute par les commis, comme il a été dit, dans la huitaine du jour où la boiffon eft arrivée, en fe tranfportant chez le particulier pour qui elle a été déclarée, & enfuite en en faifant mention à fon article, dans le compte ouvert qui eft tenu pour chaque habitant. Cette opération a pour objet d'empêcher les fauffes deftinations.

Le fecond, qui fe fait tous les trois mois, eft pour conftater la confommation de chaque habitant, & reconnoître s'il n'y a pas d'abus, fi les boiffons venues depuis le dernier recenfement, ont acquitté les droits d'entrée, & fi l'excès d'une confommation difproportionnée avec l'état & la fortune, n'infpire pas des foupçons de connivence avec le confommateur & un cabaretier, ou tout vendant en détail. *Voyez* ce qui a été dit au mot DÉTAIL, *tome premier, pag.* 516.

L'ufage des recenfemens en Normandie, a été confirmé par l'arrêt de la cour des aides de Rouen, du 6 février 1764.

RÉCÉPISSÉ, f. m., qui eft emprunté du latin. Il fignifie *reçu.* Un *récépiffé* de caiffe, eft le reçu ou la quittance de la fomme qu'on y a verfé.

RECETTE, f. f. Il fignifie la réception ou le recouvrement des fommes qui font dûes. Dans ce fens, on dit, faire la *recette* du 10, du 20, du 30 du mois, parce que ces dates font les époques ordinaires des paiemens.

On applique auffi le mot *recette*, 1°. au lieu où les receveurs tiennent leur bureau ; & dans cette acception, on dit, porter les deniers à la *recette.*

2°. A l'office d'un receveur ; comme quand on défigne la *recette* des tailles de Paris, la *recette* générale des finances de Bordeaux, la *recette* des décimes, la *recette* générale des fermes ; dans ces

différentes phrafes, le mot *recette* fe prend pour receveur.

3°. A la fomme même dont le recouvrement a été effectué. Dans ce fens on dit : la *recette* du mois, de l'année, a été de cent mille livres, d'un million.

Dans la comptabilité, le mot *recette* exprime toutes les fommes reçues & employées dans un compte. En rapprochant l'article de la *recette* de celui de la dépenfe, qui eft le premier, on forme la balance, dont le réfultat établit la fituation du receveur.

RECEVEUR, f. m. C'eft un officier, foit en titre, foit par commiffion, dont les fonctions font de recevoir les deniers dont le paiement eft ordonné entre fes mains.

On diftingue autant de *receveurs* qu'il y a de parties qui les employent. Ainfi l'on connoît les *receveurs* des aides, les *receveurs* des domaines, les *receveurs* des gabelles, les *receveurs* des loteries, les *receveurs* des traites.

Tous ces *receveurs* fe divifent encore en *receveurs* généraux, & *receveurs* fimples, ou particuliers.

Les premiers font ceux, qui, comme dans les aides, reçoivent tous les deniers d'une ou de deux élections ; c'eft-à-dire des receveurs établis en différens départemens reffortiffans à ces élections ; ou comme dans la ferme générale, qui font chargés du recouvrement d'une direction ou d'une généralité.

Sans defcendre dans le détail des fonctions des *receveurs* généraux & particuliers des aides, il fuffit de renvoyer à ce qui eft dit en général des *receveurs* des droits du roi.

Quant aux *receveurs* des domaines, ce font les directeurs qui, en chaque généralité, font chargés de recueillir tous les fonds de leur direction, & de les verfer enfuite dans la caiffe de l'adminiftration générale des domaines à Paris.

On a dit au mot DOMAINE, *tome premier, pag.* 610, que les *receveurs* généraux des domaines & bois ont été fupprimés en 1777. Il convient de donner ici quelques renfeignemens fur leur création, & de les fuivre dans leurs fonctions & leurs attributions, jufqu'à leur fuppreffion.

Les *receveurs* généraux des domaines & bois avoient été établis par édit du mois d'août 1685, pour fuccéder aux *receveurs* ordinaires du domaine, d'une création très-ancienne, & aux tréforiers des domaines, érigés en 1639. Enfuite un autre édit, du mois de décembre 1701, avoit mis en chaque généralité un fecond *receveur* général, pour être alternatif, & un troifième, fous le titre de triennal, avec fa réunion aux deux autres offices.

L'édit du mois de juin 1725, fupprima toutes ces charges, & en recréa de femblables, fous le titre de *receveur* général, ancien & mitriennal, & alternatif & mitriennal en chaque généralité, & en même-tems un contrôleur général des domaines & bois, pour chaque *receveur* général.

Les fonctions de ces *receveurs* généraux, telles que le porte l'édit de 1685, étoient de recevoir des fermiers des domaines, les fonds des charges locales & autres affignés fur les domaines, & en faire le paiement fur les lieux, fuivant les états arrêtés au confeil; de recevoir auffi les deniers provenans des différens droits féodaux & cafuels appartenans au roi, & réfervés par les baux des fermes; le prix des ventes des forêts du roi & des communautés; & enfin de faire les enfaifinemens des titres de propriété.

Comme plufieurs *receveurs* généraux des domaines & bois, des créations de 1685 & 1701, avoient été maintenus dans leurs offices, un arrêt du confeil, du 9 avril 1726, leur impofa la condition de payer un fupplément de finance, auquel ils s'étoient engagés. En 1727, l'édit du mois de décembre confirma de nouveau ces officiers dans leurs charges, en ordonnant qu'il feroit arrêté des rôles de fupplément de finance, pour les nouvelles attributions qui leur furent accordées.

Cette même opération fut renouvellée en 1743, par édit du mois de décembre, qui leur accorda de nouvelles taxations, à condition de payer un fupplément de finance.

En 1773, un édit du mois de mai créa deux offices de *receveurs* & contrôleurs généraux des domaines & bois, exprès pour le duché d'Anjou, le comté du Perche & du Maine; un fecond pour le comté de Senonches & de Thimerais, compofant l'apanage de M. le comte de Provence. Ces offices furent exceptés de la fuppreffion générale prononcée, comme on l'a dit au mot DOMAINE, par l'édit du mois d'août 1777, de même que ceux de Berry & du Poitou, provinces qui compofent l'apanage de M. le comte d'Artois.

L'édit du mois de janvier 1780, fupprima ces deux offices, qui fubfiftoient dans le Berry & le Poitou, & il en fut créé trois, avec trois contrôleurs généraux; favoir: un pour les duchés de Berry & de Châteauroux, le comté d'Argenton, la feigneurie d'Enrichemont; un pour le comté de Poitou & le duché d'Angoulême; & un troifième pour le comté de Ponthieu en Picardie.

RECEVEURS des fermes. Chaque partie de revenu, comprife dans le bail des fermes, a fes receveurs particuliers qui verfent enfuite leurs deniers entre les mains du receveur général établi, prefque en chaque généralité, pour recevoir les fonds de toutes les parties, à l'exception de celle du tabac qui a fes receveurs généraux féparés.

Pour ne parler d'abord que des receveurs fimples, il en eft pour les gabelles, pour les droits des huiles & favons, pour les droits de la marque des fers, & pour les droits de traites.

Les receveurs des gabelles ont des fonctions très-faciles. Voici les principales de ceux qui leur font prefcrites par la procuration que leur délivre l'adjudicataire des fermes.

D'affifter à la décharge & emplacement des fels dans fon grenier, & d'en dreffer procès-verbal avec les officiers pour en demeurer garant & refponfable folidairement avec eux.

De faire la vente & diftribution des fels au grenier, en préfence des grenetier & contrôleur aux jour & heure par eux réglés, fuivant l'article premier du titre 8 de l'ordonnance des gabelles de 1680.

De fe faire remettre par les collecteurs des tailles de chaque année, copie de leurs rôles, dans la forme & les délais indiqués par les réglemens; de faire vérifier ces rôles, pour reconnoître s'il n'y a aucune omiffion de lieux ou de perfonnes, mais encore fi la diftinction des claffes y eft régulièrement obfervée fuivant les règles établies par la déclaration du 29 août 1724; de former en conféquence les regiftres fextés divifés par paroiffe, & dans lefquels chaque chef de famille occupera une cafe particulière, contenant fon nom, fa profeffion, le nombre de perfonnes qui compofent fa famille, celui de fes beftiaux, fa quote de taille ou de capitation, & de porter à chaque jour de vente, fur ces fextés les articles du regiftre de la diftribution de fel relative à chaque chef de famille.

De faire à l'expiration de chaque femeftre, en conféquence de la déclaration du 11 octobre 1710, l'extrait des fextés, contenant le nom des chefs de famille qui n'ont pas rempli leur devoir de gabelles à raifon d'un minot pour quatorze perfonnes; extrait qui fera vifé par les officiers du grenier, avec injonction aux fyndics de chaque paroiffe, d'en faire la publication à l'heure de la meffe paroiffiale.

De décerner après la quinzaine de cette publication, contre les particuliers qui n'auront pas fatisfait à leurs obligations, une contrainte pour le recouvrement des reftitutions & amendes qu'ils auront encourues, & de les en prévenir par des avertiffemens; mais il ne doit procéder par voie d'emprisonnement, saisie & exécution, que d'après les ordres des directeurs ou des fermiers.

De faire exécuter les arrêts & lettres-patentes des 25 juillet & premier août 1719, en faisant exercer les particuliers qui seroient dans le cas d'avoir fait des salaisons sans déclaration, en guidant à ce sujet les recherches des employés d'après le sexté, sur lequel doivent être portées les levées faites pour salaisons de chairs, beurre & fromages.

De tenir la main à ce que les regratiers soient approvisionnés, à ce que leurs mesures, poids & balances soient réguliers, à ce qu'ils ne mêlent aucun corps étranger dans le sel, à ce qu'ils ne le vendent point à plus haut prix que celui porté par le tarif des officiers, & à ce qu'ils ne fassent aucun commerce de marchandises de salines, soit en gros, soit en détail, conformément à l'article 8 du titre 9 de l'ordonnance des gabelles.

De faire le recouvrement de l'impôt ; & à cet effet, d'envoyer aux collecteurs les mandemens aussi-tôt qu'ils lui seront remis, de leur faire la livraison du sel qui leur revient, dans les huit premiers jours de chaque quartier suivant. On a vu au mot IMPÔT DU SEL, *tom.* 2. *pag.* 560, tout ce qui concerne les collecteurs de ce genre, leurs attributions & leurs fonctions.

Les autres obligations des receveurs des gabelles regardent la discipline intérieure de la ferme, comme d'envoyer chaque mois un état de la situation de sa recette & dépense, tant en sel qu'en deniers, d'envoyer dans les dix premiers jours de chaque mois les fonds au receveur général du département, de communiquer ses registres aux directeurs, contrôleurs & autres préposés chargés de leurs ordres ou pouvoirs, de tenir un registre journal, & tous ceux qui sont nécessaires pour l'ordre de la comptabilité.

De même les receveurs de la marque des fers, ceux des huiles & savons, & ceux des traites, sont tenus de fonctions à-peu-près semblables. Ce qui a été dit au mot BUREAU, *tom. I. pag.* 148, peut déja donner une idée de la dépendance établie entre les différens receveurs attachés à chacun des bureaux pour le versement de leurs deniers.

Les obligations principales de tous ces receveurs des droits du roi, telles que la commission qu'ils reçoivent s'exprime, & dont l'exécution se rapporte au commerce, & à la police intérieure de la régie, sont 1°. d'écrire dans les registres qui leur sont fournis par le directeur du département, sur le champ, jour par jour, sans chifres ni abbréviations, tous les articles de recette, sauf

à tirer hors ligne, en chifres & par répétition, le montant de chaque article, sans laisser aucun blanc, & en spécifiant la nature de la marchandise, son poids, sa qualité, & toutes les circonstances qui servent de base à la perception de la somme reçue.

2°. De tenir autant de registres séparés, qu'il perçoit de droits de différente nature, ou au moins en faire des chapitres séparés, sur le même registre, s'il n'en a qu'un.

3°. De s'appliquer à liquider exactement les droits qu'il aura reçus, & à les tirer en recette, à peine du quadruple en cas d'omission, & d'une amende de vingt livres pour chaque erreur de calcul, outre le paiement de la somme non employée.

4°. De tenir outre tous les registres ordinaires, un registre journal dans la forme prescrite par l'édit du mois de juin 1716. La déclaration du 4 octobre 1723, a dispensé les comptables dont la recette ne se fait que par petites parties, & qui sont obligés de tenir plusieurs registres particuliers de recette, de faire sur leur journal le détail de toutes ces parties : il suffit qu'ils enregistrent la totalité de la recette du jour, portée séparément sur chaque registre, en distinguant ce qu'ils ont reçu en masse sur chaque nature de recette.

5°. D'observer que les poids & mesures sur lesquels les droits sont acquittés, soient réduits & évalués aux poids & mesures de Paris, conformément à l'article 40 du titre commun de l'ordonnance de 1687, & que les tarifs des droits soient placés dans le lieu le plus apparent du bureau, afin que les redevables en puissent prendre communication.

6°. De tenir la main à ce que les gardes attachés à son bureau, ou dans son ressort, fassent fidèlement & diligemment leur devoir, & procédent aux visites avec le soin & l'attention qui sont requis.

7°. D'envoyer tous les mois & tous les quartiers, tant à la ferme générale, qu'au directeur & au receveur général du département, leurs états de recette & dépense, avec un bordereau de la situation de leur caisse.

8°. Enfin de représenter ses registres toutes les fois qu'il en sera requis, & sans délai, à tous les employés des fermes qui voudront vérifier l'enregistrement des acquits qu'ils auront retirés en campagne ou ailleurs. Il seroit aussi ennuyeux qu'inutile de faire ici l'énumération des registres que chaque *receveur* doit tenir : il en est de particuliers à chaque partie des revenus, & ils sont prescrits par les ordres de régie.

Ce qu'on a dit au mot LOTERIE, *tom. II. pag. 761*, suffit pour faire connoître les fonctions des *receveurs* de cette partie, qu'on appelle aussi buralistes.

Au reste, en rapprochant de cet article ce qui se trouve sous les mots COLLUSION, COMMIS & DIVERTISSEMENT DE DENIERS, *tom. I. pag.* 317, 333, & 568. On sera instruit de tout ce que les *receveurs* des deniers royaux ont à craindre, s'ils manquent à la fidélité qu'ils doivent mettre à la garde des sommes dont ils sont dépositaires.

On se réserve à parler des *receveurs* des tailles & de tout ce qui se rapporte à cette imposition, au mot TAILLE.

Il s'agit actuellement de s'arrêter aux *receveurs* généraux des finances, qui sont regardés comme formant, avec les trésoriers généraux, la première classe des financiers, après avoir dit quelques mots des *receveurs* généraux des fermes.

Ces derniers sont établis, comme on l'a dit, dans chaque généralité, pour recevoir les fonds des receveurs particuliers des gabelles & des droits de traites, marque des fers, huiles & savons : quelquefois même un seul *receveur* général suffit pour deux généralités & pour trois directions.

Quoiqu'il n'y ait que de très-médiocres appointemens attachés aux emplois de *receveurs* généraux des fermes, cependant ce sont les meilleurs de la ferme générale, par la facilité qui leur est accordée de remettre leurs fonds, à la caisse de Paris, en effets à deux usances ; ce qui leur procure deux mois & deux mois & demi d'intérêts à cinq pour cent : aussi dans les places commerçantes, comme Bordeaux, Lyon, Marseille, Rouen & Nantes, on a vu en tems de paix, ces emplois valoir quatre-vingt mille livres, soixante-dix & soixante mille livres, trente & quarante ; année commune ils rapportent les quatre cinquièmes de ces sommes.

Comme on n'apperçoit pas la nécessité d'accorder un traitement aussi considérable à des employés dont les talens & le travail se réduisent à de l'ordre & de l'exactitude, quand le directeur même auquel ils sont subordonnés, & dont la surveillance sur toutes les parties de la ferme, entretient une correspondance aussi vive que fréquente, n'a tout au plus que le tiers ou le quart de leurs émolumens, il semble qu'on pourroit, sans inconvénient, admettre sur cet objet, une réforme qui tourneroit au profit du roi.

Le moyen qui se présente, est facile, & en même tems avantageux au public. Il s'agit de délivrer à Paris des refcriptions comme à l'ordinaire, & même de cinquante & de cent livres,

sur ces *receveurs* généraux, en assignant un jour fixe pour leur payement. On peut connoître à la caisse générale de Paris la situation de toutes les recettes de provinces, puisqu'elles n'acquittent rien que sur les mandats, refcriptions ou ordres émanés de Paris ; dès-lors il est aisé de savoir, ce que tel receveur peut acquitter à telle époque, & quelles ressources il a pour faire de légères avances.

Dans l'état actuel des choses, les *receveurs* généraux des fermes ont intérêt de dégoûter le public des refcriptions, parce qu'ils n'ont que six, quatre ou trois livres par mille livres, suivant leur distance de Paris, pour le montant des traites qui sont tirées sur eux ; au lieu qu'en faisant passer leurs fonds, par des effets de commerce à deux & trois usances, leur bénéfice devient considérable.

Au lieu d'obliger tous les *receveurs* particuliers à envoyer leur argent à la caisse du *receveur* général de sa province, on pourroit les autoriser à faire parvenir directement leurs deniers à Paris, autant qu'ils en trouveroient l'occasion. Ils recevroient du *receveur* général de Paris un récépissé qu'ils échangeroient contre celui du *receveur* provincial, & l'ordre de la comptabilité, propre à établir la recette de chaque généralité ou chaque direction, ne seroit point interverti.

L'administration des finances, se concertant avec celle de la guerre & de la marine, pourroit encore disposer les choses de manière à faire remettre aux trésoriers provinciaux de ces deux départemens, une partie des fonds qui se trouveroient dans les caisses des *receveurs* généraux des fermes, en leur accordant une remise de vingt sols par mille livres. Ce concours, une fois établi, éviteroit les doubles voyages des fonds des provinces à Paris, & de Paris dans les provinces, feroit cesser ces remises ou taxations qui sont accordées aux différens *receveurs*, caissiers ou trésoriers, par les mains desquels ils passent ; & enfin donneroit une nouvelle activité à la circulation.

RECEVEURS GÉNÉRAUX DES FINANCES. D'après ce que nous avons dit au mot QUESTEURS, c'est ici le lieu de faire connoître, nonseulement les magistrats romains, qu'on suppose avoir rempli les fonctions de *receveurs généraux des finances*, mais encore tous les officiers qui, sous différentes dénominations, ont rempli chez toutes les nations anciennes, les mêmes fonctions qui sont, en France, attachées aujourd'hui à la charge de *receveur général des finances*.

Il est probable qu'en même tems que la puissance publique mit des impôts sur les peuples, elle commit auffi des officiers pour en faire le recouvrement, & lui en rendre compte. Parmi ces prépofés il dût y en avoir de différens grades; les uns établis au premier rang, pour raffembler tous les deniers d'impôt d'une ou de plufieurs provinces; les autres au fecond & au troifième rang, pour recueillir les contributions particulières des villes, ou d'une étendue circonfcrite. Ce font ces diverfes fonctions qui ont conftitué & conftituent encore l'état de ces officiers, que l'on connoît fous les noms de *receveurs généraux* & *receveurs particuliers des finances*.

Comme, fuivant la définition de Tacite, dont nous avons emprunté le langage, au commencement du difcours préliminaire, qui eft à la tête du premier volume, les finances font à la fois le nerf de la guerre, le foutien & l'ornement de la paix, & le double lien qui unit les fujets à l'Etat, & l'Etat aux fujets, & enfin le plus folide appui des empires; il étoit naturel que l'importance des finances procurât des honneurs & des diftinctions aux perfonnes chargées en chef de l'adminiftration & de la difpenfation des revenus publics. Auffi, dans les anciennes républiques, l'état de *receveur général* devint l'un des plus confidérables.

Plutarque, Thucydide, Diodore de Sicile, nous apprennent que dans la troifième année de la foixante-douzième olympiade, Ariftide le jufte, fils de Lyfimaque, étoit chargé du maniement des deniers publics, comme *receveur général* de l'Etat; qu'il fut nommé un des dix généraux de l'armée contre les Perfes, & enfuite Archonte. Ce fut ce même Ariftide qui fit la répartition générale de l'impôt que la Grèce devoit fupporter pour le foutien de la guerre; & on a dit cy-devant, difcours préliminaire, à la tête du *tome I*, *page 3*, comment il s'acquitta de cette fonction délicate.

Paufanias rapporte que Licurgue, fils de Lycophron, fut pendant quinze ans *receveur général* des revenus de la république, & que fon maniement, pendant cette période, fut de dix-huit mille talens. Suivant Budée, chaque talent valant treize cents trente-trois livres, il en réfulte une fomme de près de vingt-quatre millions de notre monnoie.

Périclès, qui fut un des grands généraux d'Athènes, y exerça auffi l'emploi de *receveur général*.

Si l'on confulte l'hiftoire ancienne des Perfes & des Indiens, on voit Darius divifer fon royaume en vingt fatrapies ou gouvernemens, & ordonner que le fatrape feroit en même tems la recette des impofitions royales, dans l'étendue de fon département. Sous Cyrus, Tritechme fils d'Artabafe général d'armée, fut *receveur géné-*

tal de la fatrapie de Babylone, dont la recette, fuivant Hérodote, montoit annuellement à plus de quarante-deux millions.

Chez les Romains, les *receveurs généraux* furent inftitués dès le berceau de l'empire. Il y en eut fous Romulus: on les appella quefteurs, parce que l'objet de leurs fonctions étoit de faire le recouvrement des impofitions, & de conferver les deniers qui en provenoient, pour les dépenfes publiques. *Dicti funt quæftores, ab eo quod inquirenda & confervanda pecunia, causâ creati fant.*

Après la mort de Brutus, Valerius Publicola plaça le tréfor public dans le temple de Saturne, & confia à deux perfonnages diftingués, la garde de ce tréfor & le recouvrement des fommes que le fénat ordonneroit être levées pour les dépenfes de la république; & on les appella quefteurs; mais ils réuniffoient tant d'autres fonctions, qu'ils paffoient de l'emploi de quefteur aux premières dignités de la république. Il eft vrai que les quefteurs étoient d'abord tirés du corps des patriciens: ce ne fut que fous le confulat de Cneius Cornelius & L. Furius Medullinus, que le peuple tira pour la première fois des quefteurs de fon fein. Trois furent nommés en même tems, & on les appelloit, les candidats de l'Etat, par allufion à la candeur & à l'intégrité avec laquelle ces offices devoient être exercés. *Vocabantur cardidi principes, quia vefte candidâ in argumentum integritatis utebantur.*

Les emplois de finances étoient donc regardés comme là pierre-de-touche fur laquelle on éprouvoit les hommes, & la loi *Cornelia* défendoit d'afpirer à aucune dignité avant d'avoir paffé par la quefture. *Majores magiftratus petere non poterat, nifi qui priùs quæftor fuerat.*

Dans la fuite les quefteurs furent remplacés par les intendans du tréfor, *præfecti ærarii*, puis par des intendans créés par Céfar fous le nom de *procuratores*. A ces derniers on vit fuccéder de nouveau, les quefteurs de l'épargne, & on en diftingua deux fortes; les uns demeuroient dans les villes, & appellés pour cette raifon *quæftores urbani*; les autres qui accompagnoient les confuls ou proconfuls, ou les préteurs, étoient nommés *quæftores provinciales*.

Sous Conftantin le grand, les quefteurs furent remplacés par deux grands officiers qualifiés, l'un de comte des largeffes facrées, que l'on peut comparer à nos anciens fur-intendans des finances, ou à un tréforier général de l'empire; & l'autre d'intendant du domaine impérial. *Voyez le* DISCOURS PRÉLIMINAIRE, *tom. I. pag. 12.*

Ces dignités fubfiftèrent jufqu'à la ruine de l'empire Romain, & paffèrent même à quelques-unes des nations qui en avoient fécoué le joug.

On

On voit par ce que rapporte Grégoire de Tours, que dans la Germanie & dans les Gaules, les burgraves ou comtes menoient les milices à la guerre, & faisoient le recouvrement des tributs.

Ces doubles fonctions donnant une grande autorité à ces officiers, les mirent à portée d'exciter des troubles, & d'en profiter pour s'approprier les territoires sur lesquels ils les exerçoient.

Après cette révolution, le revenu du souverain ne consista plus que dans son domaine & dans les impositions qu'il mettoit sur les sujets qui l'habitoient. Alors la régie de ses revenus & le recouvrement des impôts furent confiés aux baillifs royaux & à des officiers domaniaux. La chambre des comptes jusqu'à Charles IV, jouissoit aussi du droit de nommer aux recettes des impôts; mais ce prince lui interdit cette faculté, & le mandement de Philippe de Valois du 14 juillet 1349, fait défenses aux gens des comptes de commettre aucune personne pour les recettes: car, dit ce mandement, quand ils sont faits par vous gens des comptes, ils ne comptent point, & s'enrichissent; nous vous avons établis pour ouïr & recevoir les comptes, & non pour faire payer ce qui est dû.

Les choses restèrent à-peu-près sur ce pied jusqu'au tems de Philippe-le-Bel, que le peuple fut admis aux assemblées générales de la nation. Dans celle qui se tint en 1304, on nomma neuf commissaires généraux, dont trois furent pris dans le tiers-état; ceux qui furent chargés de l'assiette & la répartition des impôts, reçurent le nom d'élus généraux, & ils avoient sous eux des receveurs généraux, dont la réputation déterminoit le choix, mais qui n'avoient de fonctions, qu'autant que duroit le recouvrement des impôts momentanés qui se levoient suivant les besoins de l'Etat.

On croit que c'est Charles IV qui le premier établit quatre receveurs généraux, d'où sont venus ensuite les receveurs généraux des finances. Mais c'est à François premier que sont dues les recettes générales des finances telles qu'elles existent. Deux édits, donnés à Cognac le même jour 7 décembre 1542, portent qu'il sera établi seize recettes générales, en seize villes & provinces du royaume, & autant de receveurs généraux pour y résider, auxquelles recettes seront départies les recettes particulières les plus prochaines, tant du domaine que des aides, impositions, équivalens, tailles, gabelles, décimes des gens d'église, octrois, contributions des villes, & tous autres deniers extraordinaires qui devroient y être portés par les receveurs particuliers, moyennant certaine composition pour les frais de voiture, & aux gages de douze cens livres; ainsi les fonctions du receveur général des aides, & du receveur général des

Tome III. Finances.

deniers extraordinaires, furent confondues dans celles qui étoient attribuées aux nouveaux receveurs généraux des finances; mais ceux-ci perdirent bientôt la recette des deniers des aides, des décimes, des gabelles, des octrois, & elle fut remise entre les mains de receveurs particuliers créés pour ces parties, soit en titre, soit par commission. Henri II, par édit de 1553, créa des receveurs généraux des finances alternatifs, & Henri IV de triennaux, aux mêmes gages, privilèges & prérogatives que les anciens.

Ces privilèges & prérogatives ne se trouvent énoncés que dans l'ordonnance de Charles IX du 28 janvier 1576, enregistrée à la cour des aides le 4 juin suivant. Il y est dit que les conseillers receveurs généraux des finances, leurs successeurs & leurs veuves durant leur viduité, jouiront des mêmes & semblables privilèges, franchises & exemptions dont ont joui & jouissent les receveurs généraux des finances; ce faisant, qu'ils seront exempts de toutes charges tant ordinaires qu'extraordinaires, ou de taille, emprunt & toutes autres impositions généralement quelconques, comme étant, & ne faisant qu'un même corps & collège avec eux.

Ces dispositions furent ensuite confirmées par l'édit du mois de septembre 1644, qui leur attribue, en tant que besoin seroit, l'exemption de toutes tailles, taillon, crues, subvention, subsistance, logement de gens de guerre, tant en leur domicile, maison des champs, que métairies & autres contributions & impositions quelconques, ce qui a encore été confirmé au commencement de ce siècle par les édits de mai 1707, & janvier 1710.

On a vu que sous le ministère de Sully, *tom. I. pag.* 227, il fut établi une chambre de justice pour la recherche des financiers qui avoient diverti les deniers royaux: les receveurs généraux ne se trouvant pas innocens, transigèrent de bonne grace avec le ministre, & obtinrent une décharge entière, moyennant six cens mille livres.

En 1662, c'est-à-dire peu d'années après l'avènement de M. Colbert à l'administration des finances, ce ministre ayant fait remettre aux peuples les restes considérables qu'ils devoient sur les impositions, depuis 1647 jusqu'en 1656, le recouvrement des nouvelles devint plus facile, & la nation reçut comme un bienfait, la remise de ce qu'elle ne pouvoit pas payer. Mais, comme les droits accordés aux receveurs généraux des finances avoient successivement monté à cinq sols pour livre de leur recette, il parut juste de les réduire à neuf deniers pour livre; savoir, cinq aux receveurs généraux, & quatre aux receveurs des tailles.

En bornant ainsi les frais de perception, *dit*

» M. de *Forbonnais*, qui nous fournit ces détails,
» tome II, in-12, pag. 182, il n'étoit pas moins
» important d'en affurer la fidélité. C'eft de la
» confufion des recettes que partoient principa-
» lement les pertes de l'Etat. Chaque *receveur* dé-
à guifoit, à fon gré, l'état de fa caiffe. Le miniftre preffé, avoit recours aux emprunts, aux
» traités ruineux; & ces mêmes *receveurs* prê-
» toient au roi fes propres deniers, à un quart
» & un tiers de profit.

» Souvent c'étoit fur les porteurs d'affignation
» que comboient leurs ufures; ils les faifoient
» languir jufqu'à ce que le befoin en arrachât
» un efcompte très-avantageux. Enfin, tous les
» défordres que Sully avoit bannis s'étoient re-
produits pendant la licence des tems.

» Colbert rappella les anciennes ordonnances
» qui avoient été négligées. Tout comptable fut
» aftreint à fournir, au confeil, des états au vrai
» de fa recette & de fa dépenfe, trois mois
» après fon exercice, & à faire recevoir fon
» compte à la chambre, dans l'année fuivante:
» méthode excellente, qui faifoit jouir l'Etat des
» fonds confidérables qui reftoient entre les mains
» des *receveurs généraux* jufqu'à la reddition de
» leurs comptes, & dont le roi payoit cepen-
» dant l'intérêt, puifqu'ils fervoient aux avances
» dont il avoit befoin.

» En réformant cet abus, qui fera toujours
» plus grand, à mefure que les comptes feront
» plus retardés, il obligea les *receveurs généraux*
» à figner des réfultats, pour fixer le payement
» des tailles dans dix-huit mois, & depuis, dans
» quinze mois, lorfque les campagnes furent
» un peu rétablies. En 1669, il ajouta à ces
» précautions celle d'obliger les *receveurs* à tenir
» un journal très-détaillé.

» C'eft à la faveur de ces réfultats, qu'on a
» attaché aux charges des *receveurs généraux* une
» idée de befoin; mais a t-on bien examiné fi
» ces réfultats ne pourroient pas être faits avec
» la même fûreté, & avec plus d'économie, par
» les *receveurs particuliers*? La caiffe commune
» des recettes générales ne pourroit-elle pas
» former, fans inconvénient, une des caiffes
» du tréfor royal, où l'on ne fauroit montrer
» trop d'abondance? Eft-il néceffaire qu'il
» y ait des charges dont l'intérêt rapporte neuf
» à dix pour cent, pendant la paix, pour une
» régie fort fimple, fi la tenue des regiftres eft
» en bel ordre? Ces neuf à dix pour cent, ne
» font ils pas une diminution de la recette du
» prince, ou un accroiffement de charges fur le
» peuple?

» On dira fans doute que le principal objet d'u-

» tilité de cet arrangement, confifte dans l'ufage
» du crédit des *receveurs-généraux*. Il ne s'agiroit
» plus alors que d'approfondir la caufe de leur
» crédit, & la nature de celui de l'Etat, lorfqu'il
» voudra l'employer à droiture avec économie &
» fidélité. Chaque particulier, en prêtant fon ar-
» gent à un *receveur-général*, quelque riche qu'il
» foit, connoît très-bien la nature de cet enga-
» gement; & s'il n'avoit point de confiance dans
» l'Etat, il ne prêteroit pas, ou fe prévaudroit
» fur les conditions, du rifque qu'il s'imagineroit
» courir. Une preuve fans réplique de ce qu'on
» avance ici, c'eft que l'intérêt a hauffé dans tous
» les tems critiques, vis-à-vis des financiers, qui
» eux-mêmes font intéreffés à ce qu'il foit tou-
» jours cher. Cette dépendance volontaire, où
» l'on s'eft tenu d'eux, même dans les tems d'or-
» dre & de tranquillité, a toujours été fort coû-
» teufe à l'Etat, & leur a donné les moyens de la
» rendre forcée dans d'autres circonftances, parce
» que l'argent s'eft trouvé entre leurs mains.

» Lorfqu'un Etat dépenfe par anticipation, ou
» bien il prévoit un prompt remplacement, ou
» bien il ne le prévoit qu'éloigné; dans le premier
» cas, une caiffe des emprunts, des promeffes du
» tréfor royal, fourniront toujours promptement
» & à bon marché, les fecours dont on peut
» avoir befoin, fi le gouvernement a de l'ordre &
» de l'exactitude; dans le fecond cas, le crédit
» des finances eft pour l'ordinaire infuffifant.

» Toute conftitution d'Etat qui a de la ftabi-
» lité, aura toujours un crédit national propor-
» tionnel à l'exactitude & à l'économie du gou-
» vernement, à l'étendue des reffources publiques;
» mais tout crédit médiat, eft précaire, borné &
» coûteux par fa nature. Ce vain étalage de crédit
» des compagnies de finance, reffemble exacte-
» ment à celui que feroit un grand feigneur d'une
» multitude de domeftiques, qui s'enrichiffent des
» débris de fa fortune. » *Voyez* le mot CRÉDIT
PUBLIC, *tom. I, pag.* 449.

Suivons les *receveurs généraux* des finances jufqu'à
nos jours, dans les révolutions qu'ont éprouvé
leurs charges.

Le compte que M. Defmarets, contrôleur-général des finances, à la mort de Louis XIV,
rendit au régent, au mois d'octobre 1715, va nous
inftruire des fervices que ces financiers rendirent à
l'Etat, fous fon miniftère.

» Le fâcheux état des finances, après les dépenfes
» confidérables occafionnées par les circonftances
» de la guerre, d'un hiver exceffif, & de la ftérilité
» qui en avoit été la fuite, dans les années 1708
» & 1709, mettoit de grandes difficultés à trou-

» ver des reffources pour la guerre, qui conti-
» nuoit avec plus de vivacité que jamais, après
» la prife de Tournay. Dans cette fituation, je
» propofai au roi de faire faire une régie par douze
» receveurs généraux, de plufieurs affaires extraor-
» dinaires, dont ils pourfuivroient le recouvre-
» ment.

» Ils donnèrent en cette occafion des preuves
» de bonne volonté pour le fervice, & déclarè-
» rent qu'en fe chargeant de cette régie, ils ne
» prétendoient aucune remife ni bénéfice, & fe
» contenteroient des intérêts des avances qu'ils
» pourroient faire, moyennant que le roi fe char-
» geroit des frais de bureau, tant à Paris qu'en
» province.

» Cette nouvelle forme de régie prit d'autant
» plus de faveur, que le public, qui étoit fort
» rebuté des traitans, vit que les recouvremens
» feroient faits fans frais; auffi le crédit de cette
» caiffe fe fortifia tellement, qu'on peut dire
» qu'elle a foutenu l'Etat jufqu'au mois d'avril
» 1715.

» Les affaires extraordinaires dont les receveurs
» généraux furent chargés de faire la régie & le
» recouvrement, confiftoient :

» 1°. Dans le rachat du prêt & droit annuel.

» 2°. Dans un denier d'augmentation de re-
» mife aux receveurs généraux & aux receveurs des
» tailles.

» 3°. Dans de nouvelles taxations ou augmen-
» tations de gages aux officiers comptables.

» 4°. Dans l'aliénation ou engagement du con-
» trôle des actes des notaires.

» 5°. Dans l'affranchiffement de la capitation
» du clergé.

» Tous ces fonds extraordinaires ont produit
» près de foixante-huit millions. Les affaires ré-
» gies par les receveurs généraux, en donnèrent
» quarante-trois, huit cents dix-fept mille deux
» cents quarante-fix livres, dont la remife, fur
» le pied du fixième & des deux fols pour livre,
» remife qui avoit été fixée précédemment, par
» M. Colbert, en faveur des traitans, auroit monté
» à onze millions fix cent quatre-vingt-dix-huit
» livres, qu'on a ménagés pour le roi, & pour
» les redevables. Telle eft l'origine de cette caiffe
» de régie, qui paffa entre les mains de le Gen-
» dre, & qui devint quelque tems le centre de
» toutes les opérations & la bafe du crédit na-
» tional.

Les fonds néceffaires pour les dépenfes de 1711
& 1712, ne purent néanmoins fe faire qu'avec

beaucoup de difficultés. Il fallut engager les receveurs généraux à faire l'avance de dix-huit millions, fur le produit du dixième, tant du quartier
d'Octobre 1710, que de l'année entière 1711.
Mais ce produit ne monta, dans les dix-neuf généralités taillables, qu'à quatorze millions.

Les fonds manquant abfolument, dit M. Defmarets, pour la campagne de 1713, on eut recours aux banquiers, pour continuer à faire des
remifes deftinées à la fubfiftance des troupes, dont
on leur paieroit, partie en affignations, fur les
fonds reftans libres, & partie par anticipations,
fur les produits de 1714 & 1715 ; mais ils demandèrent des efcomptes & des intérêts fi exhorbitans, que pour éviter cette perte, je m'adreffai
aux receveurs généraux, qui avancèrent, fur leurs
recouvremens ordinaires, neuf millions fix cents
huit mille livres.

Le roi fut fi content de ces fervices, & des fecours qu'ils avoient fournis pour la fubfiftance
de l'armée de Catalogne, qu'il fit expédier, le 30
mai 1713, une ordonnance de cent cinquante-deux
mille livres, à titre de gratification, à partager
entre tous les receveurs généraux des finances.

A la mort de Louis XIV, en 1715, les receveurs généraux fe trouvèrent avoir fait des avances
confidérables, dont une grande partie leur avoit
été allouée pour des intérêts. Mais ils s'étoient fait
donner, pour ces avances, des quittances comptables, non-feulement des exercices paffés, mais
même de leurs exercices à venir; enforte qu'ils
comptoient que la partie qu'ils verfoient annuellement au tréfor royal, & qui étoit d'environ
quinze cents mille livres, leur appartenoit prefque
en entier jufqu'à l'année 1718.

Dans la détreffe où le régent trouva les affaires, il jugea néceffaire de ménager les receveurs
généraux des finances, & de les gagner par quelques complaifances, en attendant que les ténèbres
dont on étoit environné, fuffent un peu diffipées.

A la fin de feptembre 1715, ils fignèrent un
réfultat, par lequel ils s'obligeoient à fournir
deux millions, pendant chacun des quatre derniers
mois de cette année ; & deux millions cinq cent
mille livres, pendant chaque mois de 1716, pour
la folde des troupes. En conféquence, une déclaration du roi, du 12 octobre, les confirma
dans l'exercice de leurs charges, foit pour employer
leurs recettes au paiement des troupes,
foit pour le rembourfement de leurs avances.

Mais comme leur recette n'étoit pas fuffifante
pour fatisfaire à ces deux objets à la fois, dans le
courant d'une année, il fut réglé qu'à l'échéance
de leurs billets, ils en paieroient le tiers comptant, & que les deux autres tiers feroient parta-

gés en deux billets, dont l'un payable dans un an, & l'autre dans deux, avec l'intérêt y compris, à sept & demi pour cent.

La même disposition eut lieu pour les billets de le Gendre, endossés par les *receveurs généraux*, dont ils avoient reçu la valeur en assignations ou quittances comptables sur leurs recettes.

Quant à ceux de ces mêmes billets qu'ils avoient endossés par ordre, sans en avoir reçu aucune valeur, il fut arrêté que chaque *receveur général* qui les avoit endossés, seroit tenu de les convertir, aux échéances, en des billets particuliers, payables, un tiers au 10 novembre 1717; un tiers au 10 novembre 1718; un tiers au 10 novembre 1719, l'intérêt, à sept & demi pour cent, compris dans chacun de ces billets. Il s'en trouva pour six millions.

En même tems, il fut ordonné que tous les billets faits, & les rescriptions données à l'avenir par les *receveurs généraux* des finances, seroient acquittés en entier à leurs échéances, en deniers comptans, sans surséance ni retardement.

Au mois de novembre, lorsqu'on compta avec eux pour connoître leur situation & les engagemens de l'Etat, leurs billets montoient à soixante-six millions neuf cents vingt-deux mille huit cents dix-sept livres.

Ceux de le Gendre, qu'ils avoient endossés, à six millions six cents trente-quatre mille quarante livres; ensorte qu'il eût fallu environ dix années pour éteindre ce capital, de soixante-treize millions cinq cents cinquante-six mille huit cents cinquante-sept livres, sans compter les intérêts, puisque le résultat qu'ils avoient signé ne laissoit plus, annuellement, qu'un fond de sept millions sept cents soixante-un mille quatre cents six livres, applicable à l'acquittement des billets existans.

Ce résultat n'ayant pas été exactement rempli, le paiement des troupes languissoit, & l'Etat étoit menacé de quelques grands malheurs; l'inexactitude des *receveurs généraux* venoit de leur impuissance; car tel étoit le cahos de leur administration, qu'eux mêmes ignoroient leur véritable situation, soit avec l'Etat, soit avec les *receveurs* particuliers & avec leurs créanciers.

Quelle que fût la cause de ce désordre, on sentit la nécessité absolue de faire rentrer le roi dans ses revenus, sans égard aux avances des *receveurs généraux*; comme Sully & Colbert l'avoient pratiqué autrefois, dans des occasions semblables. En conséquence, le projet d'une administration générale des recettes des impositions fut bientôt rédigé.

Pour en préparer l'exécution, la déclaration du 14 mars 1716 ordonna le visa des billets délivrés par les *receveurs généraux*, pour le montant des assignations tirées sur eux par anticipation, & des billets de le Gendre, qu'ils avoient endossés. Voici comment elle s'explique.

» Par notre déclaration du 12 octobre 1715, » nous avions ordonné aux *receveurs généraux de* » *nos finances*, d'acquitter en différens termes; & » par portions égales, les rescriptions, & les bil- » lets qu'ils avoient fait sous le précédent règne, » pour le montant des assignations qui avoient été » tirées sur eux par anticipation; nous les avions » pareillement chargés de payer les billets du » nommé le Gendre, par eux endossés, même » ceux dont ils n'avoient pas reçu la valeur; & » nous les avions mis en état de satisfaire avec » exactitude à ces différens engagemens; au moyen » des fonds fixes & certains que nous leur avions » accordés; de sorte que nous avions sujet de » croire, comme ils nous l'avoient eux-mêmes » assuré, que cet arrangement produiroit l'effet » que nous en attendions. Cependant nous som- » mes informés qu'on négocie encore leurs bil- » lets, à des pertes énormes, & que ceux qui en » sont les porteurs, n'en ont tiré aucun avantage; » ce qui ne peut venir que du peu de régularité » que plusieurs desdits *receveurs généraux* ont eu à » payer, à leur échéance, la première portion des- » dits billets; ou de ce qu'ils en ont répandu de » nouveaux dans le public; peut-être même de » ce que quelques-uns d'entr'eux n'ont pas donné » leur attention pour remettre lesdits billets en » crédit; & comme nous sommes obligé de veiller » à la libération des charges de notre Etat, nous » avons jugé qu'il étoit absolument nécessaire de » connoître précisément le montant des différens » billets desdits *receveurs généraux* qui sont présen- » tement dans le public, afin d'en faire la com- » paraison avec les états qui nous ont été four- » nis, & de prendre pour cela les mesures qui » nous paroîtront les plus convenables.

Huit jours suffirent pour conduire le travail de ce visa particulier à son terme. Les billets des *receveurs généraux* qui furent visés, montèrent à soixante-cinq millions trois cents un mille soixante-cinq livres.

Cette opération préliminaire fut suivie d'une autre non moins importante, qui devoit établir un ordre exact dans les journaux des *receveurs* particuliers, & dans ceux des *receveurs généraux*, afin que les uns fussent le contrôle des autres. Un secret profond & une précision singulière, soit dans les ordres, soit dans les mesures prises pour en suivre l'exécution, pouvoient seuls en assurer le fruit qu'on se promettoit. Tout fut combiné de manière que, dans le même jour, les procès-verbaux de la situation des caisses, le paraphe des regiſtres & l'inventaire de toutes les pièces, furent faits chez tous les *receveurs généraux* & particuliers des impoſitions.

M. le duc de Noailles, préſident du conſeil royal des finances, avoit écrit, le 4 juin, aux intendans, de faire viſer & parapher par leurs ſubdélégués, tous les regiſtres des *receveurs* des tailles & des commis à la recette générale, dans l'état où ils ſe trouveroient, tant les regiſtres journaux que regiſtres de dépouillement pour toute eſpèce d'impoſition, ſoit de l'année courante, ſoit des années antérieures.

Les quittances comptables ou finales, les récépiſſés à compte, les reſcriptions ou traités qui ſe trouvèrent, furent viſés, & il en fut dreſſé des états certifiés, année par année.

Par ce moyen, le conſeil fut en état de faire compter tous les *receveurs* de ce qui avoit précédé, ſans qu'il fût poſſible de déguiſer les faits, ni de détourner les fonds.

Le 10 du même mois de juin, parut une déclaration du roi, portant réglement pour fixer la nouvelle adminiſtration des *receveurs généraux*, & preſcrire aux *receveurs* des tailles, la conduite qu'ils devoient tenir.

Laiſſons parler ici la loi. Il eſt important de voir comment ce nouveau plan fut alors conduit à ſa perfection, afin de le rapprocher de celui qui avoit été ſi heureuſement conçu & exécuté en 1780, dont nous avons à rendre compte.

» Louis, &c. L'un de nos premiers ſoins, après » notre avènement à la couronne, a été de nous » faire rendre compte de l'état de nos revenus, » & des différens engagemens que les *receveurs* » *généraux* de nos finances avoient contracté pour » le ſervice de l'État, au moyen des aſſignations » qui avoient été tirées ſur eux par anticipation, » afin d'aſſurer ſur le produit de leurs recettes, » une ſomme fixe, payable de mois en mois, pour » la ſubſiſtance de nos troupes, & de leur deſti- » ner enſuite des fonds certains, pour acquitter » les charges aſſignées ſur les états de nos finan- » ces, & les billets & reſcriptions qu'ils avoient » ſignés ou endoſſés.

» Quoiqu'ils ſe fuſſent ſoumis à l'exécution d'un » réſultat qui contenoit cet arrangement équita- » ble, & que nous euſſions donné, le 12 octobre » dernier, une déclaration qui règle les termes » du paiement de leurs billets; cependant, quel- » ques-uns d'entr'eux ont eu ſi peu d'exactitude » à remplir leurs engagemens, que non ſeulement » les charges aſſignées ſur nos états, & une partie » conſidérable de leurs billets, n'ont point été

» acquittés; mais que nous avons même été obli- » gés de pourvoir d'ailleurs à la ſolde & à la ſub- » ſiſtance de nos troupes. Et comme rien n'eſt » plus important que d'aſſurer le paiement de ces » dépenſes privilégiées, & de rétablir le bon or- » dre dans cette partie de nos finances, nous » croyons ne le pouvoir faire d'une manière plus » ſolide, qu'en ordonnant que leſdits *receveurs* » *généraux* auront à l'avenir une caiſſe commune » & générale d'adminiſtration, qui ſera tenue » dans le bureau même où ils font leurs aſſem- » blées, & dans laquelle ils ſeront tenus de remet- » tre directement le total du produit; tant des » impoſitions courantes des vingt-quatre géné- » ralités de nos pays d'élection, que de ce qui » en eſt dû de reſte, des années précédentes.

» Nous avons jugé en même tems devoir » choiſir & commettre une partie deſdits *rece-* » *veurs généraux* de nos finances, pour avoir la » régie & l'adminiſtration de cette caiſſe, veiller » au recouvrement des impoſitions, empêcher » qu'il en ſoit fait aucun divertiſſement, ſoit par » les receveurs des tailles, les commis aux re- » cettes générales & particulières, ou par les » autres perſonnes qui y ſont employées; & » pour faire diſtribuer exactement les ſommes » qui ſeront portées à la caiſſe, conformément » aux ordres qu'ils recevront de notre conſeil des » finances, & aux états particuliers qui y ſeront » arrêtés; au moyen de quoi, & par le concours » de leurs ſoins & de leur travail, les recouvre- » mens ſeront ſuivis dans le même eſprit & ſur » les mêmes principes, & tout ce qui en pro- » viendra ſera employé ſuivant ſa deſtination.

» Nous prendrons en même tems, & ſans rien » déranger, une connoiſſance exacte de la ſitua- » tion actuelle de tous les *receveurs généraux* » & particuliers, tant par rapport à leur re- » cette & dépenſe effective, qu'aux avances qu'ils » pourront avoir faites pour le ſervice de l'État, » ſoit de leurs deniers, ſoit de ceux du public, » en les faiſant compter depuis le dernier compte » par eux rendu, afin d'éviter toute eſpèce de » confuſion, & de faire rendre la juſtice qui eſt » dûe aux particuliers, porteurs de leurs billets. » A ces cauſes, &c. voulons & nous plaît.

ARTICLE PREMIER.

» Que les *receveurs généraux* de nos finances, » des vingt généralités des pays d'élection, aient » à l'avenir une caiſſe commune & générale d'ad- » miniſtration, qui ſera tenue dans leur bureau » en notre bonne ville de Paris, à laquelle caiſſe » ſeront directement portés tous les deniers des » impoſitions courantes de toute nature deſdites » impoſitions, & les reſtes qui en ſont dûs des » années précédentes; leſquels deniers nous

» avons , en tant que de befoin , affectés &
» affectons au paiement de la partie revenante
» à notre tréfor royal , de celle des charges &
» dépenfes affignées fur les états de nos finances,
» & au payement des billets faits & endoffés par
» lefdits *receveurs généraux* de nos finances , con-
» formément à notre déclaration du 12 octobre
» dernier. Voulons qu'en cas qu'il fe trouve quel-
» qu'un defdits *receveurs généraux* qui ait fait des
» billets pour une plus grande fomme qu'il ne
» juftifiera lui être par nous due , il foit contraint,
» même par corps , d'en remettre la valeur à ladite
» caiffe générale , afin que tous les billets y
» puiffent être régulièrement acquittés.

I I.

» Sera ladite caiffe générale régie & adminiftrée
» par ceux des *receveurs généraux de nos finances*
» que nous choifirons & commettrons à cet effet ,
» lefquels demeureront folidairement refponfables
» des deniers qui y feront remis , & recevront
» les ordres de notre confeil des finances , pour
» la diftribution & le payement defdits fonds ,
» fuivant leur deftination ; le tout conformément
» aux états particuliers de diftribution , qui en
» feront arrêtés par les commiffaires de notre
» confeil.   ▬

Les autres articles portoient , que les *receveurs généraux* compteroient par devant les commiffaires du confeil , par bref état , & repréfentation des pièces juftificatives , depuis le dernier
compte rendu par chacun d'eux à la chambre.

Qu'ils tiendroient un regiftre journal , conformément à ce qui eft prefcrit par l'édit du même
jour.

Qu'ils y enregistreroient , jour par jour , les
récépiffés , & qu'ils feroient un article au long
de la fomme portée en chaque quittance finale
ou comptable qu'ils délivreroient.

Qu'ils enverroient tous les quinzièmes & derniers jours de chaque mois , au confeil des finances,
une copie au long , fidele & bien écrite de ce
regiftre journal , de leur recette & dépenfe pendant les quinze jours précédens ; & que les receveurs des tailles feroient parapher aux mêmes
époques , leur dernier article de leur journal , par
le préfident ou le plus ancien officier de l'élection.

Qu'il feroit envoyé dans chacune des vingt
généralités des pays d'élection , un infpecteur ,
pour vérifier la recette & la dépenfe , tant des
commis aux recettes générales , que des receveurs
des tailles.

Que ceux des receveurs , qui accéléreroient
le plus leurs recouvremens , en faifant le moins

de frais , recevroient tous les ans des gratifications proportionnées à leur bonne conduite , vigilance , & aux fuccès de leurs foins ; mais qu'ils
feroient commis à la place de ceux qui négligeroient les recouvremens , ou feroient un mauvais
ufage des deniers de leur recette.

Que les receveurs des tailles , qui tireroient des
mandemens fur les collecteurs , ou en recevroient
leur payement en denrées , feroient traités comme
concuffionnaires.

Et qu'ils feroient tenus de compter devant l'infpecteur de leur généralité , par bref état , depuis
leur dernier compte.

Dix *receveurs généraux* furent choifis pour être
chargés de la nouvelle adminiftration des recettes
générales. Ils firent leur foumiffion au greffe du
confeil , & s'obligèrent folidairement pour l'exécution du réfultat , par lequel ils devoient faire
l'avance d'un million par mois , à commencer du
mois de juillet 1716 , indépendamment de ce
qu'ils devoient faire porter , directement au tréfor
royal , les fonds de la caiffe commune , à mefure
qu'ils y arrivoient.   ·

Ce nouvel arrangement eut tant de fuccès, que
les adminiftrateurs furent bientôt libérés de l'obligation de faire l'avance à laquelle ils s'étoient foumis.

Le travail fut diftribué en quatre départemens.
Deux *receveurs généraux* furent chargés de la fuite
de la caiffe générale ; deux des livres & regiftres ;
quatre de la correfpondance avec les receveurs
particuliers , & deux des états des reftes.

Un arrêt du confeil commit le fieur Geoffroy
pour caiffier de la caiffe commune , à la charge
de rendre compte chaque jour du montant de
la recette & de la dépenfe , par un état dûment
certifié , & envoyé au confeil des finances , dans
lequel étoient diftingués les papiers , des efpèces ;
en forte que l'état de cette caiffe étoit continuellement éclairé.

Indépendamment de cette précaution , des commiffaires du confeil , chargés du département de
la caiffe commune , vérifieroient tous les quinze
jours les états de diftribution , fur le regiftre
même de la caiffe , & fur les pièces préfentées
par le caiffier.

Comme cette caiffe n'étoit que le dépôt de
tous les fonds des recouvremens , elle ne produifit jamais aucun compte à rendre , fi ce n'eft
du caiffier au *receveur général* , parce que les fonds
étant portés réellement ou fictivement au tréfor
royal , le caiffier de la caiffe commune en retiroit
les décharges , qu'il remettoit enfuite à chacun
des *receveurs généraux* ; ce qui opéroit toujours

entr'eux un appurement abſolu, & un compte final & ſoldé.

Le conſeil nomma les inſpecteurs qui devoient paſſer dans les provinces. On leur remit une inſtruction & des modèles d'états propres à conſtater les reſtes qui étoient à recouvrer, & les charges à payer en chaque élection, pour être envoyés aux commiſſaires du conſeil. Ces inſpecteurs reçurent auſſi les comptes des receveurs particuliers, & en adreſſèrent des doubles en bonne forme.

La conduite des collecteurs fut également inſpectée dans les élections où les recouvremens étoient le plus en retard, par des contrôleurs qui rapprochèrent des rôles des impoſitions, les quittances fournies aux collecteurs par les receveurs des tailles, pour s'aſſurer ſi les premiers avoient remis à ceux-ci tous les deniers de leur collecte. Enfin, l'attention fut telle, qu'en vérifiant ainſi le collecteur, & les regiſtres des receveurs des tailles, dès commis à la recette générale, du receveur général & de la caiſſe commune, on s'aſſuroit ſi les fonds des impoſitions payées par les redevables, étoient exactement parvenus à la caiſſe commune dans les termes preſcrits.

On ſe rappelle que le contingent des receveurs généraux des finances avoit été fixé, au mois d'octobre 1715, à quinze millions pour les ſix premiers mois de l'année 1716, à raiſon de deux millions cinq cents mille livres par chaque mois. Au premier juillet il leur reſtoit à payer ſix millions cinq cents mille livres; & c'eſt à cette même époque que commença l'adminiſtration des recettes générales.

Malgré la difficulté du tems, la recette effective, pendant cette demi-année, fut de vingt-cinq millions ſix cents cinquante mille cent ſoixante-neuf livres; en ſorte que ſi le réſultat de 1715 eût été ſuivi dans ſon exécution, il ſe fût trouvé un excédent de dix millions ſix cents cinquante mille cent ſoixante-neuf livres, qui eût tourné à la libération des receveurs généraux & particuliers.

Dans quelque délabrement que les affaires ſoient tombées, obſerve l'écrivain eſtimable dont nous empruntons ces faits, voilà de ces opérations qui ſont propres à ranimer le crédit & inſpirer de la confiance. Il ſe livre enſuite à des réflexions qui ſortent naturellement du ſujet, & dont l'application convient également à l'opération faite en 1779 ſur cette même partie.

» Trop de gens étoient cependant intéreſſés à » décrier l'ordre, pour que cet établiſſement n'eſ- » ſuyât point de contradictions & des murmures: » en pareil cas, c'eſt une choſe ſurprenante que » la facilité avec laquelle chacun ſe prête aux » plaintes d'autrui, & les répète, ſans en exa- » miner le fond; le tems diſſipe enſuite les cla- » meurs inconſidérées, & l'on vient à s'étonner » de ſang-froid, que la perfection même d'un » projet, ait contribué à le renverſer. Voyez ce qui a été dit dans le diſcours préliminaire ſur le même objet, tome I, pag. 4.

» Ajoutons ici, que par la nouvelle adminiſ- » tration des recettes générales, il ſort moins » d'argent des provinces; car le roi n'a point à » payer d'intérêts d'avance, ſans en impoſer l'é- » quivalent. Dès que cette adminiſtration diſ- » penſoit de recourir à des avances coûteuſes, » l'impoſition étoit moindre, le peuple & le » commerce étoient ſoulagés.

» Il en réſultoit encore un autre bien: les » receveurs, obligés de remettre leurs fonds tous » les quinze jours, ou tous les mois, n'exigeoient » plus d'eſcompte ſur les lettres-de-change des » négocians, trop heureux d'en trouver pour » gagner la voiture. On répliquera peut-être, que » les lettres-de change à deux uſances ne pouvoient » plus ſe négocier; mais cette eſpèce d'inconvé- » nient ne pouvoit durer que pendant le premier » mois; & aſſurément il n'eſt pas comparable au » bien général qui en réſultoit.

L'année ſuivante, l'édit du mois de juin 1717, qui ſupprima le dixième, réduiſit l'intérêt des billets des receveurs généraux des finances, fixé à ſept & demi pour cent, par la déclaration du 12 octobre 1715, il ordonna que ces billets ſeroient convertis en billets de la caiſſe commune des recettes générales, avec un intérêt de quatre pour cent, juſqu'au rembourſement, & la faculté de les placer, comme les autres effets royaux, en rentes viagères à huit pour cent, ou dans des loteries, ou dans les actions de différentes compagnies de commerce.

Peu de tems après cette réduction d'intérêt, les taxations des receveurs généraux furent réduites, de ſix deniers, à cinq, pour livre de leurs recouvremens, comme en 1669; mais on y ajouta cette reſtriction, juſqu'à la concurrence de quinze cents mille livres du montant des impoſitions dans chaque année d'exercice; & dans le cas où elles excéderoient cette ſomme, la remiſe ſur cet excédent fut bornée à trois deniers pour livre. Cependant, comme ils avoient avancé diverſes ſommes pour l'acquiſition des taxations retranchées, leurs gages furent augmentés.

En 1719, la compagnie des Indes qui étoit la baſe & le centre de toutes les opérations du fameux ſyſtême, & dont on vouloit étayer le crédit, par la réunion de toutes les affaires de finance, fut chargée de l'exercice des recettes générales des finances, en remboursant les offices des *receveurs généraux*. Ils furent rétablis à la fin de l'année suivante; & rendus aux anciens titulaires, conformément aux dispositions de l'arrêt du conseil, du 5 janvier 1721, qui retira à la compagnie des Indes la régie & administration des recettes générales des finances.

L'arrêt du conseil, du 9 août suivant, rend un témoignage éclatant du zèle des *receveurs généraux*, nouvellement rétablis, en acceptant une somme de trois millions qu'ils offrirent, sans

aucun intérêt, pour procurer des secours à la Provence & au Gévaudan, qui étoient alors attaqués de la peste.

Nous allons donner ici le tableau des offices des *receveurs généraux* des finances, avec la date de leur création, & le montant de leurs finances respectives, en 1721. On sera à portée de juger des variations arrivées dans le prix de ces offices, depuis leur création jusqu'à nos jours, en comparant cet état, au rôle arrêté en 1781, & qui se trouve à la fin de cet article.

TABLEAU de la création des offices de Receveurs généraux des finances, *& des fixations qu'ils ont reçus succeſſivement, depuis 1681 jusqu'en 1725.*

GÉNÉRALITÉS.	DATES DE LA CRÉATION.	FIXATION du prix de ces offices, faite en		
		1681, Par M. Colbert. L'argent à 29 l. 6 ſ. 11 d. le marc.	1717, Par M. de Noailles. L'argent à 34 l. 7 ſ. 3 d. le marc.	1725. Par M. Dodun. L'argent à 44 l. 8 ſ. le marc.
Paris	Décembre 1542 . . .	295,000 *l.*	400,000 *l.*	1,000,000 livres.
Chaalons.	Idem	120,000	180,000	446,000.
Amiens.	Idem	110,000	110,000	330,000.
Rouen.	Idem	240,000	260,000	700,000.
Caën.	Idem	190,000	180,000	484,000.
Bourges.	Idem	100,000	100,000	250,000.
Tours.	Idem	240,000	360,000	825,000.
Poitiers.	Idem	180,000	220,000	604,000.
Riom.	Idem	150,000	290,000	550,000.
Bordeaux.	Idem	210,000	280,000	790,000.
Lyon.	Idem	150,000	160,000	368,000.
Grenoble.	Idem	110,000	150,000	490,000.
Limoges.	Avril 1558. . . .	160,000	180,000	448,000.
Orléans.	Septembre 1573 . . .	200,000	240,000	634,000.
Moulins.	Septembre 1587 . . .	150,000	150,000	400,000.
Soiſſons.	Novembre 1595 . . .	120,000	110,000	360,000.
Montauban.	Janvier 1635	165,000	230,000	608,000.
Alençon.	Mai 1636.	100,000	180,000	400,000.
La Rochelle.	Avril 1694	. . . .	130,000	325,000.
Auch.	Avril 1716 . . .	. . . .	160,000	375,000.
Metz.	Novembre 1661 . . .	. . . .	. . . .	373,000.
Flandre	Avril 1680	. . . .	. . . .	300,000.
Besançon	. . . . . .	. . . .	. . . .	286,000.

11,346,000 livres.

En y ajoutant les offices alternatifs, de la même valeur, on aura une somme de vingt-eux millions, ſix cents quatre-vingt douze mille livres.

La réunion de la Lorraine à la France, en 1737, donna lieu d'y établir, comme dans les autres provinces, des offices de *receveurs généraux des* finances, dont le prix fut fixé à trois cents cinquante mille livres : ce qui en porta le nombre à quarante-huit pour vingt-quatre provinces.

L'exercice de toutes ces charges n'éprouva aucune révolution pendant quarante-trois années, si ce n'est qu'en conséquence de l'édit du mois de février 1737, il fut formé un rôle de tous ces offices pour en augmenter la finance : dès-lors les titulaires jouirent paisiblement de remises & de taxations d'autant plus profitables, qu'elles s'augmentoient & par l'accroissement des impositions & par le bénéfice des intérêts considérables qui leur étoient accordés, en raison du terme des anticipations assignées sur les fonds de leur recette future.

Mais, en 1780, l'homme d'Etat qui administroit les finances depuis trois ans, jugea avec raison, après avoir porté une réforme économique dans toutes les parties de la finance, que l'exercice des recettes générales pouvoit se faire à moins de frais. En conséquence, un édit du mois d'avril 1780, supprima les quarante-huit *receveurs généraux*, & établit pour les suppléer une nouvelle forme de gestion dans cette partie.

Les motifs de cette loi sont expliqués si clairement, ses vues sont développées avec tant de noblesse & de raison, qu'un simple extrait déroberoit une partie de cette éloquence persuasive, qui caractérise particulièrement les réglemens proposés par cet administrateur.

Louis, par la grace de Dieu, &c. Salut. Les réformes ou les réductions que nous avons ordonnées successivement dans le nombre & les émolumens des places de finance, ont tellement avancé l'exécution de nos plans dans cette partie, qu'il ne nous reste plus à nous occuper que des *receveurs généraux*. Nous avons vu qu'il y en avoit quarante huit établis à Paris, pour correspondre avec les *receveurs* particuliers des impositions, pour suivre leurs recouvremens, & verser à notre trésor royal le montant de la taille, des vingtièmes, & de la capitation des provinces ; que cette trop grande division multiplioit inutilement les frais, les taxations & les caisses ; & que cette dépense augmentoit encore, lorsque nous étions forcés d'accroître par de nouveaux impôts le fardeau de nos peuples.

Nous avons reconnu que nous trouverions une économie importante & beaucoup d'autres convenances, en réunissant les fonctions de ces quarante-huit titulaires, à une seule compagnie composée de douze personnes, que nous choisirions parmi les *receveurs généraux* actuels, en leur accordant un traitement fixe, & en intéressant toujours leur activité & leur vigilance, par des soumissions que nous exigerions de cette compagnie, à des termes fixes, de la même manière qu'on le pratique à

présent, vis-à-vis de chaque *receveur général en* particulier : que nous aurions d'autant plus de facilités pour l'exécution d'un pareil plan, qu'il existoit déjà un caissier des recettes générales & différens bureaux ; mais que cet établissement, dont nous supportions la dépense, n'avoit eu pour but qu'une confection d'états & une manutention d'enregistremens.

Nous désirons que la nouvelle compagnie de *receveurs généraux*, forme un corps de finance, digne de la plus grande confiance ; & à cet effet non-seulement nous la composerons avec beaucoup d'attention, mais nous exigerons encore de chacun des membres, un cautionnement d'un million.

Nous avons remarqué avec satisfaction, qu'en remettant à l'avenir à une société ainsi constituée, toute la gestion de nos recettes générales, on n'auroit plus à craindre l'impression momentanée qu'a fait quelquefois sur le crédit de tous les *receveurs généraux*, le dérangement d'un seul, quoiqu'étant divisés d'intérêts, & dirigeant leurs recettes séparément, il n'y eût aucune liaison entre leurs opérations. Aussi avons-nous encore apperçu un grand bien d'administration dans le nouvel établissement que nous formons, c'est qu'en réunissant ainsi à un même centre, & en faisant dépendre d'une seule délibération, toutes les instructions que les *receveurs généraux* ont à donner dans les provinces, nous nous assurons d'autant plus, que le recouvrement des impositions sera dirigé d'après des principes uniformes, & conformément à nos intentions.

Par ces divers motifs, nous nous sommes donc déterminés à supprimer les quarante-huit offices de *receveurs généraux* actuellement existans. Nous pourvoirons à leur remboursement en argent comptant, aussitôt que les comptes seront rendus ; & cette avance de notre part, qui n'aura lieu que successivement, sera diminuée par les compensations que pourront nous proposer les *receveurs généraux* que nous admettrons dans la nouvelle compagnie.

Nous ferons connoître avant le premier janvier prochain, époque du commencement des exercices de cette compagnie, dans quelle forme devront être les recettes qu'elle seroit dans le cas de négocier ; en attendant, la plus entière confiance est également due à celles qui sont tirées par tous les *receveurs généraux* actuels ; car dès qu'elles ont passé à la caisse commune, ce qui est justifié par la signature du sieur Geoffroy, trésorier de ladite caisse, ces rescriptions ne représentent qu'une assignation fournie sur une rentrée certaine, & dont nous garantissons, dans tous les cas, le paiement.

Nous avons trouvé, dans le nouvel ordre que nous établissons, différens avantages ; & nous avons encore remarqué avec satisfaction, que cette opération complétoit la réforme dont les places & les émolumens de finance nous avoient paru susceptibles, & qu'ainsi nous achevions un ouvrage si conforme à nos vues d'ordre & d'économie, si salutaire aux mœurs, par les obstacles qu'il apporte aux progrès du luxe, & qui, en détruisant ces grands & nombreux moyens de fortune, auxquels l'espoir de la faveur suffisoit pour prétendre, encouragera davantage à suivre ces carrières pénibles, où les talens & l'étude ne conduisent que lentement à des récompenses modérées; entreprise, enfin, si souvent indiquée par l'opinion publique, & jamais exécutée, nous croyons l'avoir portée à-peu-près à sa perfection; le nombre des premières places de finance que nous avons conservées, est presqu'en entier nécessaire; & n'ayant assuré à ceux qui les rempliront, que des bénéfices raisonnables & proportionnés à leurs soins, nous ne verrons plus en eux que des personnes utiles à notre service, & dignes à tous égards de notre protection.

Nous regrettons, sans doute, les privations particulières qui sont l'effet inséparable de cette réforme, & de toutes celles qui l'ont précédée; mais nous avons senti qu'il étoit impossible d'aller à notre but par une autre voie, & que si la loi impérieuse du bien public eût dû nous y obliger dans tous les tems, les circonstances actuelles nous en faisoient un devoir encore plus indispensable, puisque le retranchement des abus & des gains inutiles, devoit nécessairement précéder l'augmentation des impôts, dont nous prenons tant de soin de préserver nos peuples.

Nous chercherons d'ailleurs à adoucir le sort des receveurs, trésoriers, fermiers & régisseurs généraux supprimés, en leur donnant, ou à leurs enfans, la préférence pour des places vacantes, toutes les fois qu'étant aussi propres que leurs concurrens aux occupations qu'ils solliciteront, cette préférence ne contrariera point le bien de l'Etat & l'utilité de notre service. A ces causes, & autres à ce nous mouvant, &c. voulons & nous plaît ce qui suit :

ARTICLE PREMIER.

Nous avons éteint & supprimé, éteignons & supprimons, à compter du premier janvier 1781, tous les offices de *receveurs généraux* des finances de nos provinces ou généralités d'Alençon, Amiens, Auch, Bordeaux, Bourges, Caen, Châlons, Flandre, Haynault & Artois, Franche-Comté, Grenoble, la Rochelle, Limoges, Lorraine, Lyon, Metz & Alsace, Montauban, Moulins, Orléans, Paris, Poitiers, Riom, Rouen, Soissons & Tours.

II.

Les *receveurs généraux* remettront en notre conseil, les quittances de finance, provisions & autres titres de propriété de leurs offices, pour être procédé à la liquidation desdites finances, & pourvu à leur remboursement, qui sera effectué en deniers comptans, en trois paiemens égaux; savoir, un tiers après le jugement, le second tiers après l'appurement, & le dernier après la correction de leurs comptes.

III.

Les *receveurs généraux* supprimés jouiront, à compter du premier janvier 1781, des intérêts au denier vingt, sans aucune retenue, du montant de la liquidation des finances de leurs offices : voulons qu'ils soient payés exactement desdits intérêts, par les gardes de notre trésor royal en exercice, jusqu'au remboursement de leurs finances.

IV.

Nous créons & instituons une compagnie de douze *receveurs généraux* de nos finances, lesquels, à compter de l'exercice 1781, rempliront collectivement toutes les fonctions des *receveurs généraux* supprimés, & seront tenus envers nous des mêmes obligations auxquelles lesdits officiers étoient assujettis.

V.

Lesdits *receveurs généraux* des finances nous présenteront un caissier, dont ils seront cautions, & que nous ferons pourvoir en notre grande chancellerie, de la commission de caissier général de la caisse commune des impositions; sauf à eux à lui faire fournir tel cautionnement qu'ils estimeront convenable.

VI.

Lesdits *receveurs généraux* des finances seront tenus de déposer en notre trésor royal, avant le dernier décembre prochain, un million de livres chacun, par forme de cautionnement, laquelle somme leur sera remboursée en deniers comptans en cas de démission, ou à leurs héritiers, en cas de décès.

VII.

Nous avons attribué & attribuons annuellement à chacun desdits douze *receveurs généraux*, cinquante mille livres pour l'intérêt au denier vingt de leur cautionnement, & vingt-cinq mille livres par forme de traitement, le tout à compter du premier janvier prochain, & sans aucune retenue de dixièmes, vingtièmes, sols pour livre, ni dixième d'amortissement : nous réservant, d'après les arrangemens qui seront pris pour les versemens au trésor royal, d'examiner s'il n'est pas des frais particuliers qu'il soit juste de prendre à notre charge.

XII.

Ladite compagnie des *receveurs généraux*, correspondra avec les *receveurs* particuliers des impositions, qui seront tenus de lui fournir leurs traités dans la forme actuelle, de verser les fonds de leur recette de la manière qui s'observe à présent,

& de rendre leurs comptes au caiffier général, dans les mêmes termes & de la même manière qu'ils le font actuellement vis-à-vis des *receveurs généraux* des finances ; & feront lefdits comptes arrêtés par ledit caiffier général, en préfence & fur le vu de ceux defdits *receveurs généraux* que la compagnie aura choifis pour l'examen & l'arrêté defdits comptes.

XIII.

Ledit caiffier général fera, entre les mains de l'adminiftrateur général de nos finances, fous la garantie des douze *receveurs généraux*, qui s'obligeront de les exécuter, les foumiffions que faifoient les *receveurs généraux* fupprimés.

XIV.

Le caiffier général de ladite caiffe commune, rendra fes comptes en préfence & fous la garantie defdits douze *receveurs généraux*, du montant des impofitions & de l'acquit des charges employées dans nos états, en faifant un chapitre particulier pour chaque généralité, & ce dans la forme & de la manière qui feront particulièrement par nous réglées.

XV.

Nous pourvoirons, par des réglemens particuliers, à tout ce qui n'auroit pas été prévu par le préfent édit. Si donnons en mandement, &c. Donné à Verfailles, au mois d'Avril 1780.

Un arrêt du confeil, du 28 mai fuivant, nomma les douze *receveurs généraux* qui devoient remplir collectivement toutes les fonctions des *receveurs généraux* fupprimés ; & peu de tems après, huit autres furent nommés en qualité d'adjoints & furvivanciers des douze premiers.

Cette grande opération n'obtint pas, comme on le penfe bien, les fuffrages des financiers. On en a dit ci-devant les raifons, au fujet de cette même réforme en 1719. Mais tous les gens éclairés, tous les amis de la patrie, l'applaudirent avec tranfport. Eh ! comment eût on refufé un tribut d'éloges & d'acclamations à une réforme qui économifoit annuellement deux millions, & accéléroit la circulation ?

Il faut favoir que les *receveurs généraux* des finances avoient vingt-un mois pour verfer au tréfor royal, le montant des impofitions des vingt-quatre généralités, qui étoit alors de cent cinquante millions, & qu'ils recevoient en un an des receveurs particuliers ; enforte que l'intérêt de cette fomme pendant neuf mois, à fept & demi pour cent, formoit huit millions neuf cents mille livres que prélevoient à leur profit les *receveurs généraux*, fur les impofitions du royaume. Et fi on porte cet intérêt à dix pour cent, à caufe des anticipations, & en obfervant que les fonds qu'ils prêtoient à l'Etat, étoient des fonds qui lui appartenoient, & dont ils étoient dépofitaires, on verra que cette maffe d'intérêts s'élevoit à onze millions deux cents cinquante mille livres. En remarquant que l'augmentation des impôts accroiffoit encore leurs produits : c'étoit bien aux *receveurs généraux* que pouvoit s'appliquer l'axiôme, *que leurs profits étoient en raifon des malheurs publics.*

C'eft ici le lieu de rappeller comment l'habile adminiftrateur, qui avoit conçu & exécuté cette utile réforme, en parloit dans le compte rendu au roi en 1781.

» C'eft un grand mal que cette multitude de » caiffes, parce qu'il n'en eft aucune qui n'entraîne » avec elle un fonds mort, & que tout fonds mort » diminue le mouvement de la circulation ; d'ail- » leurs, les inconvéniens d'un grand nombre de » caiffes, font de multiplier les rifques, & d'échap- » per plus aifément aux regards de la furveillance.

» Les *receveurs généraux* étoient au nombre de » quarante-huit, & chacun avoit fa caiffe parti- » culière. Toute leur geftion réunie à une feule » compagnie compofée de douze perfonnes, qui » n'ont qu'une caiffe commune, indépendamment » de l'économie effentielle qu'elle a produit, a » fait ceffer toutes les jouiffances d'argent qui ne » tournoient pas au profit de votre majefté. Il y » a déja fix finances de *receveurs généraux* éteintes » par les fonds reftés entre les mains des titulaires, » & dont ils avoient difpofé depuis plufieurs an- « nées, foit pour payer les engagemens qu'ils » avoient pris en achetant leurs charges, foit pour » faire au roi des avances à intérêt, avec fes propres » deniers, foit enfin pour entrer dans des affaires » particulières.

« A l'avenir & par l'effet du nouvel arrange- » ment que votre majefté a adopté, tous ces in- » convéniens feront prévenus, puifque rien ne » pourra être myftérieux ni caché, & qu'ainfi nul » emploi particulier des deniers du roi ne fera » poffible. Il faudroit pour y parvenir une intelli- » gence & un accord entre trop de perfonnes, & » l'on ne peut feulement en concevoir l'idée. » D'ailleurs, une compagnie n'a pas de motifs » pour s'écarter de la règle ; car ce n'eft que le dé- » fordre privé qui égare un comptable : or, l'incon- » duite même de quelques individus, n'influeroit » pas fur les démarches d'une compagnie, dont » l'effence eft d'agir & de délibérer en commun, » & qui ne peut même ordonner des difpofitions » extraordinaires fur la caiffe, qu'avec l'autorité » du miniftre. Il réfulte donc de ces obfervations, » que la feule manière de mettre une grande ma- » nutention de recettes & de dépenfes à l'abri de » toute inquiétude, c'eft de la confier à une com- » pagnie.

« On ne tardera pas à fentir le prix de la fé-
» curité qui réfultera de la nouvelle inftitution
» des *receveurs généraux*, fur-tout fi long-tems
» qu'on confervera le fouvenir de la furveillance
» imparfaite, à laquelle quarante-huit *receveurs*
» obligeoient continuellement. Cependant, &
» c'étoit une bifarrerie finguliere, quoique ces
» quarante-huit *receveurs* fuffent défunis dans leurs
» opérations, & ne fuffent point garants les uns
» des autres, néanmoins par la fimple reffemblance
» de noms, & leur réunion dans de certaines oc-
» cafions, leur crédit fe confondoit du plus au
» moins dans l'opinion, & il fe trouvoit que le
» dérangement d'un feul *receveur général* étoit en-
» vifagé comme une affaire d'Etat, qu'il falloit
» prévenir, n'importe par quel facrifice : c'eft ainfi
» qu'une mauvaife conftitution dérange les idées
» & bouleverfe toutes les proportions.

« Enfin, un autre avantage important, qui ré-
» fultera du nouvel ordre établi, ce fera de mettre
» à portée de connoître parfaitement & à livre
» ouvert, l'état exact des recouvremens, ce qui
» permettra de les diriger avec plus d'uniformité,
» ou du moins dans des proportions plus rappro-
» chées des facultés des provinces ; de manière que
» fans diminuer les revenus de votre majefté, mais
» en hâtant un peu les recouvremens de la pro-
» vince qui feroit favorifée par les récoltes, on
» puiffe donner plus d'aifance à celle qui fe trou-
» veroit avoir befoin de ménagement. »

Tous les avantages de ce nouvel établiffement
furent bientôt perdus pour l'Etat & pour la nation, à caufe des changemens arrivés au mois
de mai de la même année 1781, dans l'adminiftration des finances. Avant la fin de l'année les offices des *receveurs généraux* des finances
furent rétablis. Ce fut l'objet de l'édit du mois
d'octobre 1781, que nous allons rapporter,
parce que les chofes fubfiftent dans l'état où il
les a mifes, en y joignant le rôle des nouvelles
finances fixées pour chacun de ces offices. On
peut le rapprocher de l'état que nous avons donné
ci-devant, pour juger de l'augmentation du prix
de ces offices dans l'efpace d'un fiecle.

Louis, par la grace de Dieu, &c. Salut. Par
notre édit du mois d'avril 1780, nous avons fupprimé quarante-huit offices de *receveurs généraux*
des finances, qui avoient été anciennement établis dans les pays d'élection & dans les pays
conquis ; & nous avons ordonné que la recette &
la dépenfe des impofitions de ces vingt-quatre généralités feroient faites à l'avenir collectivement,
par une compagnie compofée de douze des anciens officiers fupprimés ; à la charge, par chacun d'eux, de dépofer en notre tréfor royal, une
fomme d'un million de livres, par forme de

cautionnement : Nous en avons enfuite nommé
huit autres, en qualité d'adjoints & furvivanciers.

Nous avions efpéré que cette portion importante de nos revenus feroit adminiftrée fous cette
nouvelle forme, avec plus d'économie, d'exactitude & de célérité.

Mais nous fommes informés que, malgré le
zele & l'intelligence de cette compagnie, malgré
les mefures qu'elle a prifes pour la diftribution
du travail, une correfpondance auffi active & auffi
multipliée, ne pouvoit pas être fuivie par une
compagnie, & qu'il lui feroit difficile de maintenir l'ordre dans la comptabilité, & l'économie
dans les dépenfes, fur-tout lorfque le renouvellement fucceffif des exercices augmentera les détails.

Nous avons donc jugé qu'il étoit indifpenfable
de revenir à l'ordre ancien, comme dans les premieres années du regne du feu roi notre très-honoré feigneur & aïeul.

Ce rétabliffement fera d'autant plus utile au
bien de notre fervice, qu'en créant de nouveaux
offices, fous de nouvelles conditions, nous avons
pris les précautions convenables pour prévenir les
abus inféparables des anciens établiffemens, pour
faire rentrer dans nos mains l'entiere difpofition
de ces offices, & qu'en réduifant à un taux
uniforme & plus modéré, les attributions qui
étoient attachées aux anciens, en chargeant ces
nouveaux officiers de tous frais & de toute garantie, nous remplirons les vues d'ordre & d'é-
conomie que nous nous étions propofés, fans
courir le rifque de la confufion entre ces différens
exercices. A ces caufes & autres, à ce nous mouvant, &c., voulons & nous plaît ce qui fuit.

ARTICLE PREMIER.

Nous avons éteint & fupprimé, éteignons &
fupprimons, à compter du premier janvier 1782,
la compagnie des douze *receveurs généraux* des
finances, créée & inftituée par l'article IV de
notre édit du mois d'avril 1780, pour remplir
collectivement toutes les fonctions des quarante-
huit *receveurs généraux* fupprimés par ledit édit.

II.

Et de la même autorité, nous avons créé &
érigé ; créons & érigeons en titre d'offices formés & héréditaires, deux offices de nos confeil-
lers-*receveurs généraux* de nos finances, dans chacune des vingt-quatre provinces & généralités,
dont l'état arrêté en notre confeil, fera mis fous
le contre-fcel de notre préfent édit.

III.

Ceux que nous jugerons à propos de pourvoir defdits offices, feront alternativement, d'an-

née en année, à compter du premier janvier prochain, la recette de toutes les sommes qui feront levées par nos ordres, fur les provinces & généralités dont ils feront *receveurs généraux* ; & ils verferont toutes lefdites sommes en notre tréfor royal.

I V.

Voulons en conféquence, que les receveurs particuliers des impofitions des élections defdites généralités, foient tenus de remettre, fans délai & fans divertiffement, au *receveur général* de la province, qui fera en exercice, toutes les fommes de deniers qu'ils auront été chargés de lever fur lefdites élections, par les mandemens & commiffions qui leur auront été adreffés par nos ordres.

V.

Les *receveurs généraux* créés par notre préfent édit, jouiront de tous les droits, honneurs, prérogatives & privilèges dont jouiffoient ceux que nous avons fupprimés par notre édit du mois d'avril 1780.

V I.

La finance des nouveaux offices, fera & demeurera fixée à la fomme pour laquelle chacun d'eux eft employé dans le rôle joint au préfent édit. Voulons que ceux des anciens *receveurs généraux* auxquels nous jugerons à propos de conférer l'un des nouveaux offices, foient admis à donner en payement de ladite finance, celle à laquelle leur ancien office a été fixé, & qu'il en foit ufé de même à l'égard des cautionnemens qui ont été fournis par les douze *receveurs généraux* établis par l'édit du mois d'avril 1780.

V I I.

Dans le cas où l'un defdits offices deviendroit vacant, par mort, démiffion ou autrement, il ne fera pas permis de le vendre au-delà du prix de la finance fixée par ledit rôle ; déclarons nulles & de nul effet toutes conventions contraires : voulons qu'en cas de contravention, le vendeur foit condamné à la reftitution de l'excédent, au profit de l'hôpital des enfans-trouvés, & que l'acquéreur foit incapable de poffeéder à l'avenir aucunes charges ou emplois de finance.

V I I I.

Ceux qui prêteront leurs deniers pour l'acquifition defdits offices, auront hypothèque & privilège fpécial fur iceux, par privilège à tous autres créanciers, nous exceptés ; duquel privilège il fera fait mention dans les quittances de finance qui feront expédiées par les gardes de notre tréfor royal. Entendons que les créanciers déjà affectés par privilège, fur le montant des anciennes finances, conservent leur droit d'antériorité fur les nouveaux prêteurs. Permettons à cet effet aux *receveurs généraux* de faire inférer à cet égard, dans les quitances de nos gardes du tréfor royal, les déclarations néceffaires pour opérer toute fûreté en faveur des anciens créanciers privilégiés.

I X.

Avons accordé & accordons à chacun defdits *receveurs généraux*, pour leur tenir lieu de gages, l'intérêt de la finance de leur office, à raifon de cinq pour cent par an; voulons que, fur lefdits gages, il leur foit fait, chaque année, la retenue du dixième & de la capitation. Au moyen defdites retenues, nous exemptons lefdits *receveurs généraux* & leurs fucceffeurs, du centième denier, & du payement du dixième d'amortiffement; & les déchargeons à toujours defdites impofitions & de toutes autres repréfentatives ou équivalentes à icelles.

X.

Les taxations dont jouiffoient les anciens *receveurs généraux* des finances, demeureront réduites à trois deniers pour livre feulement, fur le montant de chacune des différentes natures d'impofitions dont ils feront le recouvrement. Autorifons lefdits *receveurs généraux* à retenir, par leurs mains, le montant defdites taxations.

X I.

La caiffe commune des recettes générales, établie par déclaration du 10 juin 1716, continuera d'être adminiftrée par ceux des *receveurs* créés par le préfent édit, que nous nous réfervons de choifir. Nous nous réfervons pareillement de nommer le caiffier de ladite caiffe.

X I I.

Nofdits *receveurs généraux* feront tenus de compter de toutes leurs recettes & dépenfes, en notre confeil, par état au vrai, & enfuite en nos chambres des comptes, dans les délais prefcrits par les déclarations des 3 février 1770 & 8 mai 1772 ; & en ce qui concerne les épices des comptes defdites recettes générales, voulons qu'elles demeurent fixées aux mêmes fommes portées par les lettres-patentes enregiftrées en nos chambres des comptes, notamment pour notre chambre des comptes de Paris, par les lettres du premier mai 1773.

X I V.

Les veuves, enfans & héritiers des anciens *receveurs généraux* décédés avant ou depuis la fuppreffion ordonnée par ledit édit du mois d'avril 1780, enfemble ceux defdits anciens *receveurs généraux*, qui n'auront point été pourvus d'aucun des nouveaux offices créés par notre préfent édit, feront tenus de fe conformer aux difpofitions des articles II & III de celui dudit mois d'avril 1780, que nous voulons être exécutés à leur égard, fuivant leur forme & teneur. Si donnons en mandement, &c. Donné à Verfailles, au mois d'octobre, l'an de grace 1781, & de notre règne le huitième.

RÔLE des Sommes auxquelles le roi , étant en son conseil royal des finances, a fixé le prix des quarante-huit offices de receveurs généraux *des finances des Généralités ci-après dénommées.*

GÉNÉRALITÉS.		SOMMES.
Alençon	Les deux offices de *receveurs généraux* des finances d'Alençon , chacun	560,000 livres.
Amiens	Les deux offices de *receveurs généraux* des finances d'Amiens , chacun	480,000
Auch	Les deux offices de *receveurs généraux* des finances d'Auch , chacun	450,000
Bordeaux	Les deux offices de *receveurs généraux* des finances de Bordeaux, chacun	1,010,000
Bourges	Les deux offices de *receveurs généraux* des finances de Bourges , chacun	250,000
Caen	Les deux offices de *receveurs généraux* des finances de Caen , chacun	660,000
Châlons	Les deux offices de *receveurs généraux* des finances de Châlons , chacun	700,000
Flandre	Les deux offices de *receveurs généraux* des finances de Flandre & Artois, chacun . . .	610,000
Franche-Comté . .	Les deux offices de *receveurs généraux* des finances de Franche-Comté , chacun	440,000
Grenoble	Les deux offices de *receveurs généraux* des finances de Grenoble , chacun	430,000
La Rochelle . . .	Les deux offices de *receveurs généraux* des finances de la Rochelle , chacun	400,000
Limoges	Les deux offices de *receveurs généraux* des finances de Limoges , chacun	480,000
Lorraine	Les deux offices de *receveurs généraux* des finances de Lorraine , chacun	470,000
Lyon	Les deux offices de *receveurs généraux* des finances de Lyon , chacun	510,000
Metz & Alsace . .	Les deux offices de *receveurs généraux* des finances de Metz & Alsace, chacun . . .	670,000
Montauban	Les deux offices de *receveurs généraux* des finances de Montauban , chacun	620,000
		8,740,000 livres.

SUITE du rôle des sommes , &c.

GÉNÉRALITÉS.		SOMMES.
	De l'autre part..............	8,740,000 livres.
Moulins......	Les deux offices de *receveurs généraux* des finances de Moulins , chacun............	430,000
Orléans......	Les deux offices de *receveurs généraux* des finances d'Orléans , chacun...........	730,000
Paris.......	Les deux offices de *receveurs généraux* des finances de Paris , chacun...........	1,280,000
Poitiers......	Les deux offices de *receveurs généraux* des finances de Poitiers , chacun.........	650,000
Riom.......	Les deux offices de *receveurs généraux* des finances de Riom , chacun...........	750,000
Rouen......	Les deux offices de *receveurs généraux* des finances de Rouen , chacun..........	940,000
Soissons......	Les deux offices de *receveurs généraux* des finances de Soissons , chacun........	410,000
Tours......	Les deux offices de *receveurs généraux* des finances de Tours , chacun..........	1,070,000
Total pour le premier office.........		15,000,000
Total pour le second office.........		15,000,000
TOTAL GÉNÉRAL............		30,000,000.

Fait & arrêté au conseil royal des finances, tenu à Versailles le 7 octobre 1781.

A la suite de cet édit, parurent d'abord des lettres-patentes du 7 octobre, pour régler la forme dans laquelle seroit parachevé l'exercice des recettes générales cette même année 1781, & dans laquelle il en seroit compté, tant au conseil qu'à la chambre des comptes.

Ensuite un arrêt du conseil, du 16 octobre, ordonna, qu'à commencer du premier janvier 1782, les rescriptions qui, pendant l'administration des recettes générales, avoient été tirées par les douze *receveurs généraux*, & endossées du sieur Geoffroy d'Assy, caissier de leur caisse commune, ne le seroient plus que par les *receveurs généraux* séparément, sur les commis aux recettes générales dans les provinces, chacun pour leur année d'exercice, endossées de même par le sieur Geoffroy, caissier conservé pour la caisse commune ; & que ces rescriptions, de même que les anciennes, fournies par la compagnie des douze, seroient acquittées par les *receveurs généraux* nouvellement rétablis, chacun

dans sa généralité, comme s'il les avoit signées & acceptées.

Au mois de janvier suivant, l'article XII de l'édit qui créa des offices de receveurs des tailles, prescrivit que ceux qui voudroient en obtenir, seroient tenus de représenter le consentement des *receveurs généraux* des finances de la généralité ; & les déclara, au moyen de ce consentement, civilement & pleinement garants & responsables envers le roi, de la solvabilité des premiers.

Cette dernière clause, jointe à la réduction à trois deniers des taxations des *receveurs généraux* des finances, fut citée comme un avantage très-précieux pour le roi, & propre à légitimer cette opération ; qui, si elle n'étoit pas économique, étoit du moins donnée comme plus sûre, à cause de cette responsabilité. Mais il restera toujours à objecter qu'elle étoit la caution du *receveur général* envers le roi, puisque la finance de son office se trouvoit toujours fort inférieure à la moitié

moitié du montant de la recette dont il devenoit garant.

Cependant, le rétablissement de l'ancien état des choses à cet égard, fut, deux années après, jugé si convenable, qu'on crut devoir accroître encore le nombre des *receveurs généraux* dont il s'agit. En conséquence l'édit du mois de mars 1784, dûment regiſtré à la chambre des comptes, le 2 avril ſuivant, créa deux offices de *receveurs généraux* des finances pour la ville de Paris, avec la finance d'un million. Ils furent chargés de recevoir les deniers & les comptes des receveurs des impoſitions de cette capitale, leſquels auparavant les verſoient directement au tréſor royal.

Nous ne pouvons mieux terminer cet article des *receveurs généraux* des finances, que par les réflexions de l'homme d'Etat, qui avoit conçu & exécuté le projet de leur suppreſſion.

Ce morceau, qui eſt en quelque ſorte le réſumé de tout ce qui a été dit précédemment, raſſemble tout ce qui eſt intéreſſant à connoître ſur les fonctions des *receveurs généraux*, ſur leur utilité, ſur leur ſuppreſſion en 1719 & 1780; enfin, ſur leur rétabliſſement à ces deux époques, & ſur ſes motifs & ſes effets.

Les *receveurs généraux* des finances, dit cet adminiſtrateur, étoient chargés du recouvrement de la taille, des vingtièmes & de la capitation dans toutes les généralités des pays d'élection, qui ſont au nombre de vingt-quatre. L'on avoit établi deux *receveurs généraux* pour chacune. L'un étoit chargé des recouvremens d'une année, l'autre de ceux de la ſuivante, enſorte que l'exercice de leurs fonctions étoit alternatif. Ces fonctions ſe bornoient à recevoir, à Paris, les fonds verſés par les collecteurs entre les mains des receveurs particuliers, connus autrement ſous le nom de receveurs des tailles.

Ces *receveurs généraux*, chacun pour leur généralité, s'engageoient à remettre au tréſor royal le produit des impoſitions qu'on vient de dénommer, & ils le faiſoient en argent ou en reſcriptions tirées à l'avance, ſur leurs commis réſidens dans le chef-lieu de la province qui compoſoit leur département.

Ce ſont ces quarante-huit *receveurs généraux*, revêtus d'un office, & ayant chacun une caiſſe particulière, que j'avois propoſé au roi de ſupprimer, en réuniſſant leurs différentes fonctions à une ſeule compagnie, compoſée de douze perſonnes agiſſant collectivement, & n'ayant qu'une ſeule caiſſe.

Cette inſtitution a été changée depuis ma retraite du miniſtère, & l'on a rétabli les quarante-

huit charges de *receveurs généraux*. A-t-on bien fait? c'eſt ce qu'il eſt important d'examiner; & pour rendre une pareille queſtion un peu plus intéreſſante, je ferai ſervir cette diſcuſſion au développement d'une vérité digne de beaucoup d'attention: c'eſt que preſque toutes les propoſitions en matière de finance, ont tant d'aſpects différens, qu'on n'eſt jamais à l'abri d'erreurs, toutes les fois qu'on ſe détermine ſur le rapport d'un petit nombre de perſonnes, guidées par le même intérêt; car elles ſont toujours en état de préſenter pluſieurs raiſons qui paroiſſent plauſibles, tant que la contradiction n'eſt point entendue.

Je préſume que, pour obtenir de l'adminiſtration, un retour aux anciennes habitudes, on tenoit à-peu-près ce langage. Tout doit porter le miniſtre à propoſer au roi le rétabliſſement des quarante-huit *receveurs généraux* ſupprimés: il eſt impoſſible que douze perſonnes viennent à bout de conduire une adminiſtration auſſi immenſe que la recette annuelle de cent cinquante millions: ceux qui ont été choiſis pour former la compagnie nouvelle le ſentent eux-mêmes; & malgré tout le zèle qu'ils ont déployé pour ſeconder, contre leur ſentiment, les vues du précédent miniſtre des finances, ils reconnoiſſent aujourd'hui que cette adminiſtration eſt au-deſſus de leurs forces, & que le déſordre s'introduira néceſſairement dans la comptabilité. Ce n'eſt pas tout encore: le public n'a plus la même confiance dans les reſcriptions, depuis qu'elles ſont tirées par une compagnie qui n'eſt pas garante de l'exactitude des paiemens: les anciens *receveurs généraux* n'en répondoient point non plus, mais pluſieurs capitaliſtes l'imaginoient, & cette opinion étoit favorable au crédit des reſcriptions. Enfin, depuis deux mois, il ſe fait très-peu de négociations; c'eſt un fait que le miniſtre peut vérifier lui-même, en interrogeant ceux qui ſont chargés des ſervices, & l'agent de change du tréſor royal. Quant à l'économie, qui déjà n'étoit pas conſidérable, on peut la rendre à-peu-près nulle, eu diminuant un peu les taxations qu'on accordoit autrefois aux quarante-huit *receveurs généraux*. Au reſte, toutes les anciennes idées, ſur l'étendue des fonds dont ils jouiſſent, doivent être abſolument contredites par l'examen de la caiſſe de la nouvelle compagnie: on ne peut diſconvenir, que le précédent miniſtre des finances n'en eût tiré, dès les premiers mois de l'exercice, quelques millions de ſecours extraordinaires; mais, à ſa retraite, la compagnie a redemandé en grande partie; & dans ce moment, les recouvremens qu'elle fait, quadrent exactement aux époques des engagemens qu'elle a pris. Enfin, s'il n'en coûtoit au roi qu'un léger ſacrifice pour rendre un état à quarante-huit familles honnêtes, dont pluſieurs ſont des plus anciennes de la finance, la bonté

de fa majefté ne pourroit s'y refufer , & ces perfonnes , remplies de reconnoiffance , s'empref-
feroient , dans toutes les circonftances , à donner des preuves non équivoques de leur zèle &
de leur confiance. On pourroit , *ajoutoit · on
vraifemblablement ,* fe contenter d'un feul *receveur*
par généralité ; mais la comptabilité fera plus
facile , s'il y en a deux , l'un pour les années *paires ,*
& l'autre pour les années *impaires.* On croit auffi ,
par la même raifon , qu'il fera très - convenable
de rétablir l'ancien ufage de deux *receveurs* des
tailles dans chaque élection , lefquels feront leur
exercice alternativement : nos pères l'avoient imaginé ainfi , & ils favoient bien ce qu'ils faifoient :
on ne gagne rien à toutes ces innovations , qui
tiennent plus à l'efprit de fyftême , qu'à une fage
réflexion.

Voilà , ce me femble , tout ce qu'on a ouï-dire
en faveur du rétabliffement des *receveurs généraux ;*
& peut-être que ces obfervations ifolées devoient
faire une forte d'impreffion. Examinons maintenant fi cette impreffion eût fubfifté , après qu'une
perfonne inftruite des confidérations contraires
auroit été confultée.

Voici , par exemple , ou à-peu-près , ce que
j'euffe repréfenté.

Ce n'eft pas l'étendue numérique d'une recette ,
qui exige un grand nombre d'hommes pour la
conduire , c'eft le genre de difficultés auxquelles
cette recette eft affujetie. Il faut autant de collecteurs de la taille que de paroiffes , parce que ces
fonctions étant envifagées comme une charge onéreufe , à laquelle chaque habitant eft foumis à fon
tour , on eft forcé de les confier à des gens de
campagne qui ont d'autres occupations , & qui
ne pourroient y vaquer , s'ils étoient obligés de
s'éloigner de leurs foyers. Ces collecteurs de plus ,
étant refponfables de l'exacte rentrée des deniers
qu'ils ont à recouvrer , il faut néceffairement les
mettre à portée de recevoir à chaque inftant &
par petites portions , la contribution de la plupart
des taillables. Il faut auffi un *receveur* des tailles
dans chaque élection , afin que les collecteurs des
paroiffes du même diftrict foient à portée de la
caiffe où ils doivent remettre les deniers qu'ils ont
recueillis. On peut encore , comme on l'a toujours
pratiqué , établir un commis principal dans chaque généralité , afin que les *receveurs* des tailles
correfpondent habituellement avec lui , & verfent , entre fes mains , les fonds qui doivent fervir
à l'acquit des refcriptions , ou au paiement des
différentes charges affignées fur le produit des
recettes générales.

Mais pour recevoir à Paris l'excédent de ces
charges , objet alors de cent vingt millions , &
pour en faire le verfement au tréfor royal , on ne
concevra point comment il faut quarante-huit per-

fonnes revêtues d'un office ; & je ne crois pas
que , dans aucun pays du monde , on puiffe l'i-
maginer , ni en préfenter d'exemple.

Les deux gardes du tréfor royal reçoivent &
payent alternativement des fommes bien plus confidérables : ils en comptent pareillement à la
chambre ; & cependant ils ne donnent pas à leur
travail le quart de leur journée.

La caiffe d'efcompte a payé & reçu , dans une
année , près de trois cens millions ; elle a une
double manutention d'argent & de billets qui
exige le plus grand ordre ; elle tient la caiffe de
plufieurs maifons de banque ; elle ne demanderoit
pas mieux que de tenir celles de tous les *receveurs
généraux* , & beaucoup d'autres encore. Cependant les adminiftrateurs font au nombre de douze ,
qui tous ont en même tems , des maifons de commerce à diriger , ou des places confidérables dans
la finance à remplir.

La banque d'Angleterre , établiffement immenfe , a vingt-quatre directeurs , dont la plupart
ont auffi d'autres occupations.

Ces diverfes compagnies , dira-t-on , ne font pas
obligées , comme les *receveurs généraux* , à fuivre
une correfpondance. Mais qu'eft-ce qu'une correfpondance avec deux cens quatre *receveurs* des
tailles , & s'ils étoient alternatifs , avec quatre
cens-huit ? une correfpondance , fur-tout, qui s'applique aux objets les plus fimples , & fe borne effentiellement à accufer la réception des fonds envoyés par ces *receveurs* , & à leur faire des reproches lorfqu'ils ne fe conforment pas aux engagemens qu'ils ont pris ? Il faut remarquer , d'ailleurs , que cette furveillance fur l'exactitude des
receveurs des tailles , eft d'autant moins pénible , que
le roi accorde deux deniers par livre fur le montant des impofitions , pour être diftribués à ceux
d'entre ces *receveurs* qui exécutent ponctuellement leurs traités ; & cette gratification , indépendante de toutes les autres taxations , appartient aux *receveurs généraux* quand les *receveurs* des
tailles ne l'ont pas méritée ; en forte que ce facrifice , de la part du roi , rend véritablement le rôle
des *receveurs généraux* très-facile.

La partie effentielle de leurs occupations confifte dans les efcomptes & les viremens de fonds
auxquels ils font obligés de s'appliquer , pour tirer
le plus grand parti poffible des deniers dont ils
jouiffent plus ou moins long tems ; mais cette
geftion , particulière à la fubdivifion actuelle des
recettes générales , n'étoit point applicable à la
conftitution d'une compagnie qui devoit verfer
au tréfor royal tous fes fonds oififs.

Ceux qui pourroient confidérer la correfpondance des *receveurs généraux* comme un travail ,
dont il faut divifer la direction , entre quarante-huit

-perfonnes, feroient bientôt détrompés, s'ils fa-voient qu'il exifte en Europe plufieurs maifons de commerce, régies par deux ou trois affo-ciés, qui ont près de mille correfpondans, & dont les lettres roulent fur des affaires continuel-lement variées. Enfin, le premier commis des finances que j'avois choifi, homme rare à la vé-rité, étoit perfuadé comme moi, qu'il auroit eu moins de peine à conduire feul, en chef, la re-cette générale, qu'à diriger le département dont il étoit chargé.

Auffi, quand je propofai au roi de compofer de douze perfonnes, la compagnie qui devoit exer-cer à l'avenir les fonctions des quarante-huit *rece-veurs généraux*, ce n'étoit pas que j'euffe regardé ce nombre comme néceffaire ; mais on ne peut fouvent atteindre à la perfection que par degrés ; & j'avois été contrarié, en commençant, & par l'âge des perfonnes qu'il avoit fallu choifir pour refpecter les droits d'ancienneté, & par cette mul titude de confidérations qui gênent un miniftre, lorfqu'il veut faire un grand changement dans les perfonnes, en même-tems qu'un grand change-mens dans les chofes.

Quant au credit des refcriptions, comment per-fuader que celles tirées par une compagnie de douze perfonnes, ne foient pas auffi dignes de confiance, que celles foufcrites par un *receveur général* feul ! La différence, aux yeux de la raifon, feroit toute à l'avantage de la première manière ; car aucun abus n'eft poffible de la part d'une com-pagnie collective : cependant fous le feul rapport du crédit, on ne peut admettre aucune fupério-rité d'une forme fur l'autre, parce que la com-pagnie collective, non plus que les *receveurs di-vifés*, ne font garans d'aucun fait du gouverne-ment, & il eft aifé de fentir qu'une pareille ga-rantie ne feroit ni jufte ni raifonnable. L'expé-rience d'ailleurs a fuffifamment inftruit à cet égard ; puifqu'aux deux époques connues de la fufpen-fion du paiement des refcriptions, l'une en 1759, & l'autre en 1771, les porteurs de ces effets n'ont eu aucun recours contre les *receveurs généraux*. La fortune du plus grand nombre de ces *receveurs* n'a aucune proportion avec la fomme des refcrip-tions qu'ils foufcrivent ; & la confiance, dans ce papier, naît & de la refponfabilité du gouverne-ment, & de la certitude où l'on eft, que ces affignations font tirées fur le fonds réel des im-pofitions de chaque année.

Mais, dira-t-on, les raifonnemens ne prouvent rien contre les faits ; & il eft conftant qu'il s'eft négocié, immédiatement après le rétabliffement des *receveurs généraux*, beaucoup plus de refcrip-tions que dans les deux ou trois mois qui ont précédé cette époque. Il faudroit être à portée d'examiner cette allégation ; mais elle pourroit

être jufte fans qu'on dût en tirer aucune confé-quence : on avoit répandu le bruit d'un change-ment prochain dans la nouvelle conftitution des recettes générales, il n'en falloit pas davantage pour tenir en fufpens plufieurs capitaliftes ; c'eft ce qu'on a vu dans toutes les occafions pareilles, & j'en pourrois citer plufieurs exemples. Mais quand le changement annoncé vaguement eft ef-fectué, & que chacun voit l'ordre des paiemens également maintenu, les négociations reprennent leur cours, & communément elles font groffies de tout l'argent dont on avoit retardé le paie-ment. J'ai éprouvé tous ces différens effets, & à l'égard des billets des fermes, & à l'égard des billets des tréforiers, lors des réformes établies dans les établiffemens d'où ces différens billets de crédit émanoient ; mais je n'ai pas moins vu, qu'au bout de très-peu de tems, toutes ces opé-rations d'économie étendoient la confiance. Enfin, on ne doit pas perdre de vue, qu'il n'y a qu'une certaine fomme de capitaux deftinée habituelle-ment à des placemens fur le gouvernement, paya-bles à terme fixe : ainfi, à moins d'un difcrédit gé-néral, lorfque la négociation de certains effets pu-blics fe ralentit momentanément, celles de quel-ques autres augmentent en proportion : & les fa-crifices qu'on feroit, pour favorifer la circulation d'un de ces papiers en particulier, ne procure-roient pas une plus grande fomme de reffources.

Toutes ces explications pourront manquer d'in-térêt auprès de beaucoup de gens ; mais elles aver-tiront l'adminiftration, de ne pas céder trop faci-lement à l'autorité de certains faits ifolés, dont les principaux agens de la finance favent parfaite-ment fe fervir pour arriver à leur fin.

La confiance foiblit, le fervice va manquer, voilà des mots bien impofans fans doute ; mais pour en connoître l'aftuce ou le peu de juffeffe, il ne faut qu'arrêter fon attention fur la petiteffe des moyens que ces mêmes perfonnes indiquent comme fuffifans pour réparer ce prétendu difcré-dit. Ce n'eft point l'économie, ce n'eft point un redoublement d'ordre & de vigilance qu'elles con-feillent ; c'eft quarante-huit *receveurs généraux*, au lieu de douze ; c'eft deux tréforiers, par tout, au lieu d'un ; c'eft, dans les différentes parties de recettes ou de dépenfes, un plus grand nombre de financiers, ou un plus grand refpect pour leurs convenances. Quels petits légiflateurs pour un fi grand empire ! quels foibles confeillers pour une fi vafte adminiftration !

Il faut cependant que je revienne encore au fu-jet particulier, dont je dois néceffairement par-courir les principaux détails ; car, en fe refufant à prendre de la peine, les vérités utiles font tou-jours imparfaitement défendues. On a tâché fans doute de rabaiffer l'augmentation de dépenfe qui réfultoit du rétabliffement des *receveurs généraux ;* mais qu'eft-il befoin de calcul, dans une affaire où, par un fimple apperçu moral, on eft en état de·porter un jugement fi certain ? Quarante-huit *receveurs généraux* avoient été fupprimés, & dans ce nombre on en avoit choifi douze pour diriger collectivement la nouvelle adminiftration ; ces douze ont défiré ardemment de recouvret leur ancien état., & les trente-fix autres l'ont fouhaité bien davantage ; ils avoient chacun un caiffier à payer, & plufieurs d'entr'eux un ou deux commis encore ; peut-on douter que l'amélioration de fortune attendue par les douze, & les bénéfices entiers des trente-fix, ne foient autant de facrifices impofés fur les revenus du roi ; ainfi, quoique je joigne ici un calcul pour appuyer cette propofition, je n'en faurois tirer aucune conféquence auffi perfuafive que la raifonnement. J'irai plus loin ; je fuppofe que les frais d'une adminiftration réduite à douze perfonnes, furpaffaffent ceux de cette même adminiftration, lorfqu'elle étoit compofée de quarante-huit membres ; ce fait indiqueroit feulement que la dépenfe, dans le plan de la réforme, n'auroit pas été réglée avec affez d'attention, & il faudroit y porter remède ; mais comme la multiplication des agens ne paroîtroit jamais le meilleur moyen pour atteindre à la plus parfaite économie, ce n'eft pas celui non plus que le fimple bon-fens confeilleroit.

J'ai déjà dit, qu'au lieu de douze adminiftrateurs, fix auroient pu fuffire, fur-tout quand la nouvelle conftitution auroit été parfaitement affife : je crois auffi qu'on eût pu diminuer un peu les frais de manutention ; car un fentiment de bonté, pour une multitude de commis qui avoient perdu leur état, m'avoit rendu plus facile, en déterminant le nombre de ceux que chaque adminiftration nouvelle exigeoit.

J'évalue à près d'un million l'augmentation de dépenfe annuelle qui réfulte du rétabliffement des *receveurs généraux.*

Leurs taxations, réduites à trois deniers pour livre, coûteront, pour cent quarante-fix millions, montant annuel de la partie des impofitions, fur lefquelles on prélève des taxations, un million huit cents vingt-cinq mille livres, ci   1,825,000 *l.*

Cette dépenfe eft en fus des intérêts au denier vingt, qui feront payés, à titre de gages, fur le montant de la finance des charges ; mais comme cette finance eft une dette du roi, on ne peut pas compter les intérêts qu'on y attache, parmi les frais de la manutention des recettes générales, il eft même jufte de déduire de ces frais le dixième, qu'on retiendra au profit du roi, fur ces

même gages', puifqu'ils font fixés à l'intérêt ordinaire, c'eft-à-dire, au denier vingt, & ce dixième fe montera à cent cinquante mille livres, ci . . . . 150,000 *l.*

Il faut déduire encore de la dépenfe, l'augmentation de la capitation que paieront les quarante-huit *receveurs généraux,* & les droits de marc-d'or, & de mutation, parce que ce fera une rentrée, au profit du roi, de cent mille livres, ci . . . . 100,000 *l.*   250,000 *l.*

Reftera donc, pour la dépenfe annuelle des quarante-huit *receveurs généraux,* en fus de l'intérêt des finances, un million cinq cents foixante-quinze mille livres, ci . . . . . .   1,575,000 *l.*

La compagnie fupprimée coûtoit, pour les appointemens attribués aux douze régiffeurs qui la compofoient, à raifon de vingt-cinq mille francs chacun, trois cents mille livres, ci   300,000

Les frais de commis à Paris, & en province, fe montoient à trois cents dix mille livres, ci   310,000

Divers frais de papiers, feu, lumières, &c., eftimés annuellement trente mille livres, ci . . . . 30,000 *l.*
Autres, imprévus, trente mille livres, ci . . 30,000 *l.*   60,000

                           670,000 *l.*

Mais, comme on avoit compris dans l'article de trois cents dix mille livres ci-deffus, les frais autrefois payés par le tréfor royal, foit pour le fervice de la caiffe commune des recettes générales, foit pour le paiement des intérêts & des rembourfemens des anciennes refcriptions, & qui fe montoient à foixante-dix mille francs, fans le loyer de l'hôtel, (repréfenté aujourd'hui par fon capital, puifque cet hôtel a été acheté par le roi,) il faut déduire cette fomme de celle ci-deffus,   70,000.

Reſtoit comme dépenſe de régie, ſix cents mille livres, ci . . . . 600,000.

Ainſi, les quarante-huit *receveurs généraux* coûtent un million cinq cents ſoixante-quinze mille livres, 1,575,000.

Et les frais de la compagnie ſupprimée, ne montant qu'à ſix cents mille livres, ci . . . . 600,000.

Il y a une première augmentation de dépenſe, de neuf cents ſoixante-quinze mille livres, ci . . . . 975,000.*l.*

On n'a paſſé, ni dans les frais de la compagnie ſupprimée, ni dans ceux des quarante-huit *receveurs-généraux*, les épices de la chambre des comptes, parce qu'elles ont été payées de tout tems par le roi, & continueront à l'être; mais comme ces frais ſont conſidérables, il eût été peut-être raiſonnable de les modérer, ſi la réunion des recettes générales à une ſeule compagnie, avoit ſimplifié la comptabilité.

On ne comprend pas dans la dépenſe de la nouvelle compagnie, ce qu'on a pu allouer aux ſix *receveurs généraux* qui ont été en tournée, objet peut-être de trente à quarante mille livres; parce que ce n'eſt pas une dépenſe néceſſaire annuellement; & que d'ailleurs, ces voyages étant une inſtitution nouvelle, relative à des améliorations d'adminiſtration, on ne peut pas conſidérer ces frais extraordinaires comme une dépenſe inhérente à la manutention des recettes générales.

Les frais de voiture de l'argent des provinces à Paris, ne doivent point être compris parmi les frais de manutention de la compagnie ſupprimée, puiſqu'ils n'ont eu lieu que ſur la partie des reſcriptions qui, étant payables en province, ont été acceptées pour être acquittées dans Paris, environ deux mois plus tard; & qu'ainſi il y a eu une jouiſſance extraordinaire de fonds, qui compenſe, & au-delà, ces frais de tranſport: les *receveurs généraux* le ſavent bien, & ils ſollicitent habituellement l'agrément du tréſor royal, pour payer dans Paris, la plus grande partie de leurs reſcriptions. Tout ce *thic* n'eſt guères intelligible que pour les gens d'affaires; mais comme en de telles matières on fait voir aux miniſtres tout ce qu'on veut, il n'eſt pas indifférent d'éveiller leur attention par un premier mot.

Mais il faut obſerver encore que leur traitement s'accroît lorſqu'il ſurvient des impoſitions extraordinaires, puiſque ce traitement ſe trouve réglé à tant de deniers pour livre, au lieu que l'adminiſtration dont j'avois conſeillé l'établiſſement, avoit des émolumens fixes; ainſi le troi-

ſième vingtième, par exemple, occaſionne pour les ſeules taxations des *receveurs généraux*, une dépenſe de deux cens ſoixante-dix mille livres de plus par an, & qui ne fait point partie du calcul de comparaiſon qu'on vient de préſenter. Enfin, le roi ſe trouvera privé de toutes les jouiſſances de fonds, qui forment un des profits additionnels des *receveurs généraux*; & il n'y a nulle incertitude ſur la réalité de ce bénéfice, puiſque les *receveurs* des tailles ſont obligés de verſer des fonds entre les mains des *receveurs généraux*, un mois avant l'époque où ceux-ci doivent acquitter leurs engagemens envers le tréſor royal; ſouvent même, dans les généralités où le paiement des impoſitions s'exécute plus facilement, les *receveurs* des tailles devancent les termes de leurs traités; & comme ceux qui ſont en retard, perdent une gratification de deux deniers pour livre accordée par le roi, & que cette gratification eſt alors dévolue aux *receveurs généraux*, l'on voit que le jeu de toute cette manutention tourne toujours à l'avantage de ces derniers: ils trouvent encore d'autres facilités, en ne payant pas les charges aſſignées ſur leurs recettes aux époques préciſes déſignées dans l'état de répartition; enfin ils ont la liberté de payer à Paris, la plus grande partie des fonds qui ont été reçus dans les provinces, & ils le font à un terme plus éloigné que l'époque de leurs engagemens: cette prolongation eſt accordée comme une indemnité des frais néceſſaires pour faire venir l'argent de la province à Paris; mais cet arrangement donne lieu encore à un jeu de caiſſe, parce qu'ils épargnent ſouvent une partie de ces frais. Enfin, toutes ces diverſes jouiſſances varient encore, ſelon les facilités plus ou moins grandes qu'on accorde aux *receveurs généraux* dans la ſtipulation des termes de leurs traités; & l'on ſent tout l'avantage que doit avoir, ſoit dans un tems, ſoit dans un autre, un corps toujours ſubſiſtant, ſur-tout quand les facilités accordées à quelques perſonnes favoriſées, ſervent de titre aux demandes des autres.

Je n'étendrai pas plus loin tous ces petits détails; il ſuffit d'avoir mis ſur la voie des différentes jouiſſances de fonds qui groſſiſſent le traitement connu des *receveurs généraux*; & quand on n'évalueroit pas aujourd'hui ces bénéfices indirects à plus d'un million par an, qui peut répondre qu'en d'autres tems ils ne s'étendront pas plus loin? Enfin, les faits poſitifs dont j'ai eu connoiſſance, viennent à l'appui de ces réflexions; cinq *receveurs généraux* ayant eu beſoin de ſecours dans le cours de mon miniſtère, j'ai été dans le cas de les obliger à me déclarer leur ſituation; & il en réſulte de leur aveu, qu'ils avoient enſemble, depuis nombre d'années, près de cinq millions appartenans au roi, & dont ils ne pouvoient s'acquitter qu'en partie, avec la finance de leurs charges. Auſſi eſt-il une conſidération qu'on peut encore compter parmi les défavantages du rétablissement des *receveurs généraux*, c'est que la finance des nouvelles charges se trouvant composée de la finance des anciennes, le roi reste débiteur d'un gros capital dont il payera les gages au denier vingt, tandis que ce même capital eût pu être éteint, en grande partie, par des compensations légitimes avec les *debets*, qui se seroient trouvés entre les mains de plusieurs *receveurs généraux*, si l'on eût compté définitivement avec eux.

Qu'après ces différens éclaircissemens, on voulût prouver par les registres de l'administration, établie sous mon ministère, que les jouissances des fonds dont je viens d'expliquer l'origine, ont été très-foibles; on ne pourroit se défendre de chercher les causes d'un pareil résultat, & l'on verroit sans doute que l'exercice entier d'une année n'ayant point été fini, nulle notion certaine n'a pu être acquise; l'on verroit que dès les premiers mois de cet établissement, j'avois disposé, au soulagement du trésor royal, de plusieurs millions oisifs dans la caisse; on verroit que cette année les brevets de la taille avoient été remis fort tard à cause des changemens qu'avoit occasionnés la loi rendue en 1780, pour la fixation positive de cette imposition; on verroit enfin que, du moment où les chefs de l'administration nouvelle ont eu l'espoir de recouvrer leur ancien état, on n'a plus dû attendre le zèle nécessaire pour faire valoir les avantages d'un établissement dont ils desiroient la destruction; on verroit enfin, que les *receveurs généraux* une fois rétablis, sont entrés tout de suite dans des jouissances considérables. Je pourrois citer des faits encore plus particuliers; mais dans ces sortes de discussions, les circonstances les plus probantes touchent de si près aux personnes, qu'on ne peut se le permettre. Je suis entré déja dans trop de discussions, & il m'est pénible d'avoir été réduit à appuyer d'une petite controverse, les principes qui sont si clairs aux yeux de la simple raison.

On découvre cependant, au milieu de ces broussailles, le germe d'une grande vérité; c'est qu'entre toutes les dispositions publiques dont un ministre des finances peut s'occuper, ce sont toujours les actes d'économie qui sont les plus difficiles; c'est qu'on y prend toujours l'intérêt personnel corps à corps, & que dans ces combats particuliers on n'est que foiblement soutenu par l'opinion publique: elle ne peut en effet être éclairée que sur les grandes masses; elle rend bien hommage à l'esprit d'économie; mais dès que les objets se compliquent, elle ne croit plus que sur la parole; & dans une opération de finance, il y a mille cris qui étouffent la voix du réformateur.

Cependant, ce n'est pas le calcul seul qu'il faut employer pour juger sainement de l'utilité de la réunion des fonctions éparses de quarante-huit *receveurs généraux* à une seule administration; en effet, cette dernière constitution est encore essentielle pour connoître & suivre de près différens détails intéressans pour les peuples. On peut, de cette manière, surveiller & modifier plus facilement l'exercice des contraintes qui sont mises en usage pour la levée des impositions; on peut acquérir une instruction plus approfondie, & surtout plus certaine, des motifs qui doivent engager à prolonger, dans quelques provinces, les termes de paiement accordés aux contribuables; mais lorsque les recettes générales sont divisées entre quarante-huit personnes qui font chacune leur traité, & qui sont toutes mues par un intérêt particulier, l'administration générale se tient en défiance; & elle est exposée à confondre des représentations justes & raisonnables, avec les tentatives habituelles des *receveurs généraux* pour obtenir de nouvelles facilités; & le ministre s'accoutumant ainsi à considérer ces *receveurs* comme une partie adverse, il ne peut pas avoir constamment cette justice éclairée, qui seule peut assurer la sagesse des déterminations. Enfin, sans que j'étende davantage ces observations, l'on appercevra facilement qu'il y a une grande différence entre un administration éparse & divisée, & celle qui rassemble sous les yeux du chef des finances, un tableau simple, & dont aucun détail n'est suspect.

La multitude des caisses, l'accroissement du nombre des financiers, sont encore une source de grands inconvéniens. *Il en a été question aux mot* CAISSES, CRÉDIT PUBLIC, FINANCIERS. *Voyez ces différens articles.*

Je ne sais si l'on aura pu insister sérieusement sur les sacrifices dûs à quarante-huit familles qui, par la suppression des charges de *receveurs généraux*, se trouvoient privées d'un état qu'elles avoient hérité de leurs pères: l'ancienneté du service dans les recettes générales n'est, il faut en convenir, qu'une longue & heureuse fortune; ainsi l'on ne peut ranger de pareils titres, au nombre de ceux qui acquièrent des droits à la reconnoissance publique. D'ailleurs, qu'on dédaigne tant qu'on voudra un ou deux millions d'économie, il n'est pas moins vrai qu'avec une somme à-peu-près semblable, on peut doubler les fonds destinés aux atteliers de charité, ou augmenter la solde des soldats d'un sou par jour; & près de ce simple apperçu, ce ne sont pas seulement les prétentions de quarante-huit *receveurs généraux* qui perdent leur force, mais beaucoup d'autres encore bien plus respectables.

Les personnes les plus indifférentes aux petites économies, en sentiroient elles-mêmes le prix, si chacune de ces économies se convertissoit à l'instant dans une disposition de bienfaisance ou d'utilité publique ; mais quand toutes ces épargnes ne servent, ainsi que je l'ai malheureusement éprouvé, qu'à réparer lentement un désordre ignoré, ou à reculer des maux imprévus, on ne peut ni aspirer à la même reconnoissance, ni s'attendre à la même justice.

Il ne me reste plus qu'une observation à faire : le préambule de l'édit qui a rétabli les *receveurs généraux* au mois d'octobre 1781, rappelle, comme un motif à l'appui de cette détermination, qu'en 1719 on avoit supprimé les *receveurs généraux*, & qu'en 1721, on avoit été obligé de les rétablir. Mais a-t-on dit au roi que lors de la suppression de 1719, on n'avoit été guidé par aucune vue de sagesse ou d'économie ? On avoit voulu réunir l'administration des recettes générales à la compagnie des Indes, par les mêmes motifs qui décidèrent le régent à remettre entre les mains de cette compagnie, la perception de presque tous les revenus de l'État, la direction des monnoies, le commerce exclusif de la Chine, de l'Afrique & des deux Indes, & les opérations de la banque de Law ? Un pareil systême où l'on prenoit l'exagération pour la grandeur des idées, la confusion pour le génie, & l'aveuglement du public pour un sentiment de confiance, un pareil systême ne devoit pas durer long tems ; & dès qu'il s'écroula, toutes les parties dont on l'avoit composé, reprirent leur ancienne place ; & l'on fut d'autant moins tenté d'y apporter aucun changement, que le bouleversement dont on venoit de faire l'épreuve, avoit inspiré une véritable frayeur pour toute espèce d'innovation.

Les hommes de finance & leurs affiliés citeront un jour, avec plus de confiance, le rétablissement des *receveurs généraux* fait en 1781 ; & comme un tel exemple séparé des observations qui peuvent répandre du jour sur les motifs qui ont été présentés au roi, pourroit avoir une grande autorité dans l'avenir, les réflexions que je dépose ici, sont peut-être un véritable service : car si elles ne tombent pas dans un profond oubli, l'on doutera peut-être un jour que quarante-huit *receveurs généraux* soient nécessaires au royaume de France. Mais si jamais on veut revenir à un ordre plus simple, je conseille à celui qui l'entreprendra, de profiter d'une faute que j'ai faite, & de n'admettre qu'un ou deux *receveurs généraux* supprimés dans l'administration économique qu'il proposera au roi de former : car l'habitude d'un ancien état, & le souvenir de plus grands bénéfices sont de trop forts liens à rompre, & l'on ne peut pas compter sur un pareil abandon de soi même : dès lors cependant, l'établissement nouveau qu'on a fondé se trouve privé de ses défenseurs naturels. Ce n'est pas qu'un ministre ne

puisse aisément s'assurer du zèle de toutes les personnes dont il surveille les travaux ; & c'est par ce motif que je cédai sans crainte à des égards d'équité pour les personnes, en proposant au roi d'appeller à l'administration nouvelle les principaux d'entre les *receveurs généraux* qui perdoient leur état par ce changement ; mais à la vérité, n'envisageant pas alors la fin de ma carrière ministérielle comme si prochaine, je croyois avoir le tems de rendre cet établissement indestructible.

RÉCIDIVE, s. f., qui signifie la rechûte dans une même faute. Les loix fiscales prononcent des peines plus sévères contre ceux qui sont pris faisant le commerce de faux sel en *récidive*, que contre ceux qui le font pour la première fois. *Voyez* le mot FAUX-SAUNIER, *tome II*, *pag.* 102, 103 & 104.

RÉCLAMATEUR, s. m. En matière de douane & de commerce, c'est celui qui réclame une chose qui lui appartient, & qui lui est refusée sous quelques prétextes.

RÉCLAMATION, s. f. C'est l'action de réclamer. *Voyez* ce qui a été dit ci-devant au mot MARCHANDISE, *pag.* 86, au sujet des marchandises restées dans les douanes, sans être réclamées. *Voyez* aussi le *dictionnaire de jurisprudence*, pour connoître toutes les acceptions dans lesquelles s'emploie le mot *réclamation*.

RÉCOLLEMENT, s. m., que nous ne devons considérer que dans l'emploi qui en est fait dans la langue fiscale propre à la partie des aides ; il signifie vérification. *Voyez* ce qui a été dit du *récollement* au mot INVENTAIRE, *tomme II*, *pag.* 445, & le mot RÉCENSEMENT, avec lequel il est synonime dans la même langue.

RECOUVREMENT, s. m. En finance, ce mot est consacré pour signifier l'action de lever & de rassembler les deniers royaux, soit qu'ils proviennent des droits de perception ou des impositions.

On a déjà parlé au mot FRAIS, *tome II*, *pag.* 278, de tous ceux de *recouvrement* que coûtent les contributions du peuple, d'après un homme d'État, dont l'administration sera à jamais célèbre dans les fastes de la nation. C'est ici le lieu de donner, d'après ce même administrateur, les notions qu'il présente sur l'économie, dont l'universalité des frais de *recouvrement* est susceptible.

On a rapporté au mot DROIT, *tome I*, *pag.* 665, l'arrêt de réglement du 8 janvier 1780, qui divife le *recouvrement* de tous les droits du rôi, entre trois compagnies.

Mais, en n'arrêtant fon attention que fur les idées d'économie, eft-il dit dans l'ouvrage intitulé, *de l'adminiftration des finances*, tome *I*, pag. 134. On ne doit point douter qu'il ne foit aifé de mieux faire, lorfqu'en renouvellant ces traités en tems de paix, on pourra diminuer, par des rembourfemens, la maffe confidérable de fonds dont le roi eft débiteur envers les différens fermiers & régiffeurs. J'avois commencé de le faire dans l'année 1777, lorfque je propofai à fa majefté de réunir un grand nombre de régies en une feule ; mais les befoins de la guerre ayant confumé depuis toutes les reffources du crédit, il ne fut plus poffible de continuer ce plan d'extinction : cependant, au mois d'octobre 1779, époque de l'expiration du bail des fermes, les capitaux dûs aux membres des compagnies de finance exiftantes alors, fe montoient encore à cent quinze millions ; il fallut donc fe borner à baiffer le prix de l'intérêt, & ce fut beaucoup au milieu de la guerre. Cette tentative fut même d'abord envifagée comme imprudente, & l'on regardoit de même comme une entreprife inconfidérée, en de telles circonftances, la réduction du nombre des fermiers généraux, la diminution de leurs attributions, & tous les autres changemens que je propofai au roi, & qui eurent cependant leur entière exécution. Je dois dire encore, qu'en d'autres momens on eût pu étendre beaucoup plus loin ces réformes. Je fuis perfuadé que vingt perfonnes d'élite conduiroient parfaitement la ferme générale, & que quinze fuffiroient pour la direction de chacune des deux autres régies ; mais il faut pouvoir choifir uniquement des hommes de talent & laborieux : c'eft ce qui deviendra plus facile, dès qu'on ne fera pas obligé de chercher des régiffeurs en état de fournir douze à quinze cents mille livres de fonds,

Les mêmes circonftances qui permettent de réduire le nombre des premiers agens du fifc, fourniffent auffi plus de moyens pour reftreindre leurs bénéfices ; mais à cet égard, il exifte des difficultés qu'il faut connoître. Il n'y en a point pour déterminer, de la manière la plus raifonnable, le traitement fixe qui leur eft accordé ; mais comme il faut encore leur attribuer une part dans les augmentations de produit, afin de s'affurer de l'attention & de la vigilance qu'exige une adminiftration fi variée & fi étendue, c'eft dans le réglement de cette part, qu'il y a toujours du hafard, parce que le cours des augmentations eft incertain, & depend quelquefois de plufieurs circonftances imprévues.

Les fermiers généraux, dans le dernier traité fait avec eux pour fix ans, n'ont été admis à un partage de moitié, que fur les produits qui excéderoient le prix de leur bail, de trois millions cent mille livres par an, c'eft-à-dire, de dix-huit millions fix cents mille livres pendant le cours de leur traité.

Les adminiftrateurs des domaines ont un quart fur les accroiffemens au-delà des produits, tels qu'ils exiftoient à l'époque de la convention.

Les régiffeurs des aides, d'après les mêmes bafes, n'ont que deux vingtièmes fur les fix premiers millions d'augmentation, dans le cours d'un traité également de fix ans, & un vingtième de plus fur chaque accroiffement pareil.

L'on n'a acquiefcé à toutes ces conditions, qu'après beaucoup de débats ; mais différentes économies faites fur les frais de *recouvrement*, l'attribution accordée fur les nouveaux fols pour livre, peut-être après moi un peu moins de douceur de la part de l'adminiftration première, dans le foutien des droits du fifc, enfin une augmentation naturelle dans les produits, & au-deffus des conjectures, toutes ces circonftances éleveront la part des régiffeurs plus haut que je n'avois compté. Ce réfultat, fans doute, prouve combien le roi a gagné à ne pas faire un bail de fes différens droits. (Le roi, dans le précédent bail, fait cependant avec attention & au milieu de la paix, avoit cédé aux fermiers généraux tous les bénéfices au deffus du prix du bail, en fe réfervant feulement moitié fur les quatre *premiers* millions d'augmentation, dans le cours entier de fix ans, deux cinquièmes fur les quatre fuivans, trois dixièmes fur les quatre autres, & un cinquième feulement fur le furplus.

On leur avoit accordé, de plus, vingt-cinq mille francs de droit de préfence, dix pour cent d'intérêt fur un million de fonds, fix fur cinq cents foixante, & ils étoient au nombre de foixante.

Les droits de contrôle, &c. confiés à la régie des domaines, faifoient partie de ce traité, de même qu'une partie des droits d'aides, dont on n'avoit fuppofé les produits que fur l'année moyenne des dix années antérieures à l'époque du bail. Mais il n'en eft pas moins vrai que, même avec beaucoup de foin, on n'eft pas fûr d'atteindre, dans ces traités, à l'économie qu'on doit chercher.

Cette obfervation conduit à examiner s'il ne vaudroit pas mieux confier la régie des droits à de fimples premiers commis, qu'on difpenferoit de fournir aucun fonds capital, & qui auroient des appointemens fixes, & même une gratification dépendante de la fatisfaction qu'on auroit de leurs fervices. Et quoiqu'on ait toujours envifagé cette forme comme la plus contraire à la confervation des revenus du roi, je fuis perfuadé qu'un adminiftrateur

niftrateur des finances, attentif, vigilant, & ayant fous lui, pour cette partie, un commiffaire du confeil doué des mêmes qualités, viendroit à bout de prévenir tous les inconvéniens qui paroiffent attachés au défaut d'intérêt de la part des premiers agens du fifc. Mais les miniftres capables d'entretenir l'activité par l'amour du devoir, font déja rares; il faudroit enfuite des directeurs ou des premiers commis, choifis avec le plus grand foin; & cette connoiffance des hommes appartient à bien peu de gens : enfin, la protection, dans un gouvernement tel que la France, influe tellement fur les choix, qu'infenfiblement le mérite deviendroit la plus foible des recommandations.

C'eft pour obvier à ces inconvéniens, qu'en réglé générale il eft utile d'exiger des régiffeurs des droits du roi, non pas une avance d'argent immodérée, mais un fonds capital, qui réponde du moins de cette éducation & de ce refpect apparent de foi-même, qui font plus communément l'effet d'une fortune aifée ; & c'eft peut-être un des grands facrifices des miniftres diftingués, par leur caractère & par leur amour du bien, que d'être fouvent forcés de renoncer aux inftitutions qui exigent le concours permanent des différentes vertus d'adminiftration.

Les bénéfices des fermiers & des régiffeurs des droits du roi, ne compofent que la plus foible partie des frais de recouvrement : l'autre eft compofée de tous les appointemens d'employés & des diverfes dépenfes générales qu'entraîne une manutention fi variée. Je crois que dans la conftitution actuelle des droits fur les confommations, ces frais approchent de bien près du degré d'économie qu'on peut raifonnablement attendre : il y a eu différentes réformes & plufieurs réductions à l'époque du renouvellement des derniers traités, & la réunion de toutes les perceptions d'un genre femblable dans les mêmes mains, a facilité ces difpofitions. J'ignore cependant fi l'on a fuivi le plan que j'avois adopté, & pour réduire un peu les bénéfices des receveurs des fermes, en refferrant les facilités qui leur font accordées, & pour diminuer le nombre des caiffes de province, en réuniffant enfemble, à mefure de vacances, les recettes principales & celles des gabelles & du tabac.

Toutes les obfervations que j'ai faites jufqu'à préfent, font relatives à la forme actuelle des droits levés au nom du roi ; mais les divers changemens importans que l'on peut faire dans cette conftitution, deviendroient une autre fource d'économie. La fuppreffion des droits de traites dans l'intérieur du royaume, & fur-tout la modification différente de l'impôt du fel, occafionneroient une diminution importante fur les frais de recouvrement.

Les droits de contrôle fur les actes, font fufceptibles de quelques améliorations intéreffantes, pour l'ordre & pour la tranquillité des contribuables ; mais ces changemens n'auroient pas une influence directe fur les frais de recouvrement ; l'on y a déja apporté beaucoup d'économie, & la plus grande perfection n'eft plus qu'une œuvre de détail.

La levée des droits d'aides, recouvrés par la régie générale, eft la plus difpendieufe de toutes, & la nature de ces droits en eft la caufe ; ainfi tant qu'on aura befoin des mêmes produits, il fera difficile de fimplifier les formes & la légiflation d'un impôt qui s'étend fur une grande diverfité de denrées ou de productions de l'induftrie, & qui eft exigible, tantôt à l'époque de la récolte ou de la fabrication, tantôt au paffage d'un lieu dans un autre, tantôt à la vente en gros, tantôt au débit en détail, & de plufieurs manières encore différentes. C'eft donc là l'efpèce de droits dont la fuppreffion importeroit le plus aux vues générales d'économie, les feules aufquelles je m'arrête en ce moment. J'aurois propofé au roi de tourner vers cet objet l'attention des adminiftrations provinciales ; & je crois qu'il eût été poffible de parvenir, avec leur fecours, à convertir graduellement ces droits, qui font purement locaux, partie dans quelque contribution nouvelle, mais d'un recouvrement plus facile & moins coûteux, & partie, s'il l'eût fallu, dans une addition à la taille, aux vingtièmes, aux octrois des villes, ou à quelque autre impôt particulier à chaque province. Cette opération, qu'un léger facrifice de la part du tréfor royal eût pu faciliter, auroit occafionné une grande réduction dans les frais généraux de recouvrement.

Cependant je dois faire, à cette occafion, une obfervation importante. Les receveurs & les collecteurs de certains impôts, tels que la taille, les vingtièmes & la capitation, font récompenfés par une rétribution proportionnée à l'étendue de leurs recouvremens ; mais les commis employés à la levée des droits fur les confommations, ont communément des appointemens fixes. Si donc l'on convertiffoit fimplement une partie aliquote de ces mêmes droits dans les autres impôts que je viens d'indiquer, il arriveroit qu'au lieu de faire une économie fur les frais de recouvrement, on étendroit ces frais davantage : car les appointemens des commis employés à la levée des droits fur les confommations, ne feroient pas diminués, parce que la fomme de ces droits feroit un peu moins confidérable, & les impôts établis en remplacement, occafionneroient une nouvelle dépenfe. Ces réflexions conduifent à faire fentir que, fous le rapport de l'économie, il vaut mieux fupprimer, ou dans une province, ou dans l'univerfalité du royaume, un feul impôt qui exige des commis particuliers & une adminiftration diftincte, que de retrancher une petite portion de tous les droits, dont les frais de *recouvrement* confiftent en appointemens indépendans de la mefure des produits.

On ne fauroit négliger de compter parmi les *recouvremens* fufceptibles d'économie, ceux que font les Etats de Bretagne fous le nom de *devoirs*; ce n'eft pas uniquement la nature de ces droits qui en rend la perception difpendieufe, une circonftance particulière en eft encore la caufe. Les Etats ne paffent un bail aux traitans que pour deux années, afin de rentrer à chaque affemblée de la province, dans l'exercice de leur droit de confentement à cette levée de deniers : cependant il eft clair que la courte durée de ces conventions, rend la fpéculation des fermiers plus incertaine; & l'on peut admettre comme une règle générale, que, dans un efpace de tems donné, la valeur d'opinion que les traitans mettent à toute efpèce de hafard, retombe toujours en diminution du prix des baux : l'expérience a continuellement juftifié cette vérité.

Il eft évident encore, que les fermiers des *devoirs* de Bretagne n'étant jamais fûrs que de deux ans d'exercice, ils n'ont pas le tems de s'adonner à la recherche des économies dont cette adminiftration feroit fufceptible; & comme ces mêmes économies feroient à peine établies, que le profit ne leur en appartiendroit plus, ils n'ont prefqu'aucun intérêt à s'en occuper. J'ai eu fouvent occafion d'infifter fur ces obfervations auprès des principaux membres des Etats de Bretagne : & afin de concilier l'intérêt de la province avec les précautions auxquelles fa prudence attache un grand prix, j'avois donné l'idée de faire un bail, ou de former une régie intéreffée pour l'efpace de fix années, fous la condition que tous les deux ans également, les fermiers feroient munis d'un nouveau pouvoir de la part des Etats, pour continuer leurs *recouvremens*.

Une compagnie de finance n'eût eu aucune inquiétude d'une pareille reftriction, parce qu'elle auroit confidéré cette chance d'interruption comme infiniment peu probable; & fi des fermiers cependant avoient mis quelque prix à ce hafard, prefqu'imaginaire, l'on eût pu convenir envers eux d'une indemnité. Je n'avois pu réuffir encore à faire agréer ce plan, foit en tout, foit en partie; mais l'intérêt de la province s'y trouvoit tellement lié, que le moment feroit venu fans doute où les Etats n'auroient fait aucune difficulté d'y adhérer, ou d'adopter quelques autres vues propres à remplir le même but.

Les régiffeurs des droits d'aides, ayant des employés dans la plupart des lieux où les officiers municipaux font autorifés à lever des octrois, pour fubvenir aux dépenfes particulières des villes,

il réfulteroit fûrement quelque économie de la réunion de ces deux adminiftrations; mais les villes ne confentiroient point volontairement, à confondre leurs octrois dans la maffe générale des contributions du royaume, quels que fuffent les engagemens pris par le fouverain, pour leur affurer le même revenu; & l'on ne pourroit équitablement les affujettir à ce changement, à moins que la même loi ne pût affurer la conftante fidélité des principes du gouvernement : & l'on n'a point encore trouvé de garantie de ce genre. J'avois donc écarté de femblables propofitions : l'économie n'eft pas la feule confidération qu'il faille admettre, & par-tout il a des limites à obferver : j'avois d'ailleurs tâché de me rapprocher un peu du même but, en autorifant la régie générale des droits du roi, à veiller fur l'adjudication des octrois des villes, & à fe préfenter aux enchères, afin d'empêcher que l'inattention ou les faveurs particulières ne fiffent admettre des traités onéreux aux finances des différentes municipalités.

En réuniffant ici les différens objets d'économie, dans les recouvremens, on en trouve d'abord une par l'adminiftration des recettes générales des finances, & par la réduction du nombre des receveurs des tailles, de *deux millions cinq cens mille livres*.

La nouvelle réduction indiquée fur le nombre & les profits des fermiers généraux ou des régiffeurs, au moyen du rembourfement d'une partie de leurs fonds d'avance, en produiroit une au moins de trois *millions*.

La réunion fucceffive des caiffes des fermes dans les provinces, & les économies de détail, qui peuvent encore être faites par les trois compagnies chargées du *recouvrement* des droits, environ deux *millions*.

Un changement dans la conftitution des gabelles & des traites, trois à quatre *millions*.

La converfion fucceffive des droits d'aides dans quelques autres impôts, à l'aide des adminiftrations provinciales, & en fuppofant, comme il eft probable, que la perception de ces nouveaux impôts coûteroit moitié moins que le *recouvrement* des droits d'aides, trois *millions*.

La fuppreffion de la loterie royale, en fuppofant même que ce revenu fût converti dans quelque autre, mais dont le *recouvrement* ne coûteroit que dix pour cent, ci *douze cens mille livres*.

Changement dans la forme du traité des *devoirs* de Bretagne & les économies qui pourroient s'enfuivre, environ *fix cens mille livres*.

Les différens articles qu'on vient de récapituler, s'élèveroient à environ feize millions; & cette fomme étant retranchée des cinquante-huit miltions qu'on dépenfe aujourd'hui pour la levée des contributions, les frais de *recouvrement* fe trouveroient réduits à quarante-deux millions, c'eft-à-dire à fept & demi pour cent.

Les diverfes économies qui viennent d'être indiquées, font toutes pratiquables; mais par degrés, & avec le fecours de la paix & d'une parfaite adminiftration. On ne peut auffi, fans fe bercer d'illufions, fe flatter d'aller plus loin, & il eft bon de le dire, pour ceux qui toujours prêts à provoquer les dépenfes & les profufions, affignent la réparation de tous les dommages, fur la diminution des frais de *recouvrement*, & fe plaifent à croire aux exagérations & aux chimères de de tous les faifeurs de projets.

Cependant, entre les différentes idées qui circulent dans les écrits, & dans les converfations, il en eft une plus digne d'attention, ne fût-ce que par égard pour fes nombreux partifans. On a vu dans le tableau des frais de *recouvrement* de toutes les contributions, qu'il y a parmi ces frais une grande variété; & comme les dépenfes occafionnées par la levée des droits fur les confommations, font les plus confidérables de toutes, plufieurs perfonnes inftruites d'une manière générale de cette vérité, invitent à fupprimer ces droits en totalité, & confeillent l'établiffement d'un feul & unique impôt fur le revenu des terres. Cette idée, je l'avoue, me paroît abfolument fpéculative. *Voyez* Impôt, *tom. II. pag.* 549.

RECTO, f. m. Ce terme, qui s'emploie en finance, comme au palais, fe joint toujours au mot *folio*. Il fignifie la page à droite d'un regiftre, qui fe préfente à fon ouverture; c'eft l'oppofé du verfo, qui eft la page qu'on trouve après avoir tourné la feuille. Cette façon de parler vient de ce qu'anciennement chaque feuillet n'avoit qu'un chiffre fur le premier côté de la page.

REDEVABLE, adj. qui, dans la langue fifcale, fe prend fubftantivement. Ce mot fignifie alors tout homme qui eft fujet à un droit & à une impofition.

REDEVANCE, f. f. Charge annuelle, qui doit s'acquitter pour un fonds originairement concédé fous la condition de ce payement. Il y a des *redevances* en argent; il y en a en denrées, en travaux ou corvées, ou en devoirs perfonnels.

En 1776, un édit du mois d'août a converti en une *redevance* annuelle, au profit de la maifon royale de Saint-Cyr, l'obligation des abbayes & monaftères de filles, de recevoir, à chaque changement d'abbeffe, ou prieure titulaire, une

perfonne du fexe, brevetée par le roi, pour y vivre, & y être entretenue toute fa vie, aux frais de la communauté, fans aucune charge de la part de cette perfonne; fans être tenue de s'engager à la vie religieufe.

Il a été réglé, qu'à compter du premier janvier de la même année, tous les monaftères de filles, à nomination ou de fondation royale, payeroient annuellement à la maifon royale de Saint-Cyr, & à perpétuité; favoir, ceux qui ont huit mille livres de revenu, & au-deffus, foixante-quinze livres.

Ceux qui ont vingt mille livres, cent cinquante livres.

Ceux qui ont trente mille livres, deux cents livres.

Permis à ceux qui ont moins de huit mille livres de revenu, de compofer avec la maifon de Saint-Cyr, pour proportionner la *redevance*, qui néanmoins ne pourra être au-deffous de trente livres, & au-deffus de quarante-huit livres.

RÉFACTION, f. f. Terme de douane, qui s'emploie pour déduction. Il fignifie la remife qui fe fait fur le poids de certaines marchandifes fpongieufes qui ont été mouillées. Ainfi, la *réfaction* confifte à réduire ce poids, à celui qu'elles auroient naturellement, fi elles étoient sèches. Ces marchandifes font les cotons, les laines, les chanvres, les lins, & même les étoffes.

L'article VIII de l'arrêt & lettres-patentes de 1723, ordonne que pour vérifier le poids jufte des marchandifes qui auront été mouillées, le propriétaire fera tenu d'en repréfenter la facture; mais que fi l'augmentation de poids ne va qu'à cinq pour cent, ou au-deffous, le fermier des droits ne fera point tenu d'en faire *réfaction*.

RÉFORMATION, f. f. On donne le nom de *réformation* à deux jurifdictions établies aux falines de Lorraine & de Franche-Comté, pour connoître des abus qui fe commettent dans les bois affectés à ces falines. Ces jurifdictions font préfidées chacune par un commiffaire du confeil, qui entretient une correfpondance fuivie avec le miniftre des finances, & prend fes ordres fur la punition des délits & malverfations. *Voyez* l'article SALINE.

REFOUL, f. m. On appelle en quelques provinces, vin de *refoul*, ce qu'ailleurs on nomme *demi-vin* ou *piquette*. C'eft de l'eau jettée fur un marc de raifin preffuré une feule fois, & que l'on refoule une feconde, pour tirer encore quelque liqueur vineufe.

Suivant le titre IV de l'ordonnance des aides de 1680, concernant les droits d'anciens & nouveaux cinq fous, ils doivent être perçus partout où ils ont lieu, fur les demi-vins, vins de refoul & piquettes.

REFUGE, f. m. Terme propre à la langue fifcale dans la partie des aides; il fignifie le dépôt qu'un particulier fait de fon vin ou de fes boiffons chez un autre.

Suivant l'article XIV du titre des anciens & nouveaux cinq fous, dans l'ordonnance des aides, du mois de juin 1680, les vins amenés en refuge, ne font fujets aux droits qu'après un féjour de fix mois, c'eft-à-dire, aux droits des anciens & nouveaux cinq fous; & de gros, à ceux de fubvention, dans les endroits où ils ont lieu.

Mais, comme la faculté de déclarer, mettre des boiffons en refuge, occafionnoit beaucoup d'abus, l'arrêt du confeil & les lettres-patentes des 10 & 31 octobre 1721, firent défenfes de voiturer aucuns vins ou autres boiffons, fur des congés, ou lettres de voiture, où il foit fait mention que ces boiffons font deftinées à être mifes en refuge.

Ces réglemens expliquent en même tems, que le refuge, en faveur duquel l'exemption des droits eft accordée, ne doit s'entendre que de celui qui fe fait, en cas de force majeure, d'accidens imprévus & de néceffité urgente, dont la preuve, en cas de conteftation, doit être faite par pièces authentiques, ou par témoins; & cette exemption eft fubordonnée à la condition de déclarer, par les voituriers ou propriétaires des boiffons, fur le champ, au bureau du lieu; & s'il n'y en a point, au bureau le plus prochain, l'endroit où ils entendent dépofer les boiffons; de fouffrir qu'elles foient vifitées, marquées & démarquées par les commis dans le lieu du refuge, & de faire annuller leurs premières déclarations, lorfqu'ils veulent les en faire fortir pour les conduire au lieu de la véritable deftination; le tout à peine de confifcation des boiffons, & de trois cents livres d'amende, qui ne peut être modérée par les juges.

L'ordonnance des aides, rendue pour le reffort de la cour des aides de Normandie, ne fait aucune mention des boiffons en refuge.

RÉGALE (droit de). C'eft un droit attaché à la couronne, en vertu duquel le roi jouit des fruits & revenus des évêchés & archevêchés du royaume, & de la difpenfation des bénéfices qui en dépendent, tant qu'ils font vacans, & jufqu'après la preftation de ferment du nouveau

pourvu, nommé par le roi. Voyez au furplus le Dictionnaire de jurifprudence.

RÉGALES (les), ou DROITS RÉGALIENS. Ce font tous les droits qui tiennent à l'indépendance abfolue, qui ne peuvent être exercés que par la fouveraineté, & font incommunicables, comme inceffibles, parce qu'ils font inhérens au fceptre & à la royauté.

On diftingue deux fortes de régales,

Les grandes & les petites.

Les grandes, majora regalia, font celles qui appartiennent au roi, jure proprio, & fingulari.

Tel eft le droit de faire des loix, de rendre la juftice, de battre monnoie, d'accorder la nobleffe & toute forte de privilèges & d'immunités, de faire grace de la vie.

Les petites régales, minora regalia, qui peuvent être féparées de la couronne & aliénées, font la propriété des mers, des fleuves & rivières navigables, des grandes routes, &c.

RÉGIE, f. f., qui eft oppofé à celui de ferme. Dans ce dernier cas, les fermiers, en payant le prix du bail fixé, jouiffent de tous les bénéfices qui excédent ce prix; au lieu que dans la régie, ces bénéfices appartiennent rigoureufement au propriétaire de la chofe régie, à moins qu'il ne foit ftipulé, que les régiffeurs auront, outre les honoraires & émolumens déterminés, telle part dans les bénéfices, & c'eft ce qui fe fait toujours. Voyez ce qui a été dit au mot FERME, tome II, page 121.

On a donné le nom de régie générale à une compagnie de finance, formée en 1780, de diverfes régies particulières, fupprimées & réunies en une feule, en 1777, comme on l'a dit au mot DROIT, tome I, pag. 667, pour être chargée du recouvrement des droits qui fe perçoivent par exercice, à la confommation & à la fabrication.

Voici le détail de ces droits, joint au réglement de 1780.

PREMIÈRE DIVISION.

Droits dûs principalement fur les boiffons, aux entrées, à l'exercice, &c.

I. Les aides & droits y joints, dans les provinces & généralités où elles ont lieu, la Dombe y comprife, telles qu'elles font affermées à Laurent David.

II. Les droits sur les boissons, dans la province d'Alsace, appelés *masphening*.

III. Les droits réservés du don gratuit, dans les villes & bourgs où ils se lèvent par perception effective.

IV. Les droits connus sous le nom d'octrois municipaux, par-tout où la perception effective a lieu.

V. Les sous pour livre, perçus au profit de sa majesté, en exécution de l'édit de novembre 1771, & déclarations antérieures, sur les droits principaux concédés ou aliénés.

DEUXIÈME DIVISION.

Droits généraux aux entrées des villes & lieux sujets.

I. Les droits dûs sur les papiers & cartons.

II. Les droits d'inspecteurs aux boucheries, dans tous les lieux y sujets.

TROISIÈME DIVISION.

Droits de fabrication perçus à l'exercice.

Les droits dûs à la fabrication, dans tous les lieux & circonstances où ils sont perceptibles par exercice ;

SAVOIR:

I. Les droits de marque sur les cuirs & peaux, dans toutes les circonstances.

II. Le droit de la marque d'or & d'argent.

III. Celui sur l'amidon.

IV. Le droit sur les cartes.

V. Le droit à la fabrication des huiles, dans les provinces & lieux où il est perceptible par exercice, chez les huiliers ou fabriquans.

VI. Le droit de marque des fers, perçu par exercice, dans les forges & fourneaux.

QUATRIÈME DIVISION.

Droits locaux.

I. Les droits appelés des *quatre-membres* de la Flandre maritime, à l'exception des droits sur le sel & sur la saline, & de ceux appelés de *vidangle*, sur les bestiaux sortans de cette province.

Le commerce des eaux-de-vie, dans l'étendue de ladite province, réuni à la perception des droits sur les boissons.

On a vu au mot FLANDRE, tome II, pag. 216,

que le bail de ces droits a été accordé à la province, pour en faire elle-même la *régie* pendant dix années. *Voyez* aussi le mot MEMBRE ci-devant, *page* 123.

II. Le commerce des eaux-de-vie dans le Haynault, & les différens droits ayant fait partie de l'ancienne ferme des domaines de cette province, à l'exception pareillement des parties ci-dessus conservées à la ferme générale, des droits d'usage, & de ceux appelés *vingtièmes, feux & cheminées.*

III. Les droits de *coutume, travers, pontonnage, passage*, & autres de pareille nature, ceux de la Dombe y compris, perçus au profit de sa majesté, sur les routes & rivières, autres que ceux dont la perception est liée à celle des droits de traite.

Les *sous pour livre*, perçus au profit du roi, en sus des droits de même nature que ceux ci-dessus, dont le principal ne fait pas partie des revenus du roi.

CINQUIÈME DIVISION.

Abonnemens.

Le recouvrement des abonnemens, prix des fermes particulières & sommes fixes, dues en vertu d'arrêts du conseil, ou décisions de sa majesté, par M. le duc d'Orléans, & par les Etats, provinces, villes ou communautés, pour tenir lieu du produit de la perception de ceux des droits principaux & sous pour livre, ci-dessus mentionnés, ou désignés dans les provinces, villes & districts où la perception effective n'est pas faite au profit du roi, y compris les abonnemens avec les Etats du Mâconnois, tant celui de la *jauge & courtage*, que celui des anciennes aides de ladite province, actuellement versés à l'administration des domaines.

Cette *régie* expirant au 31 décembre 1786, a été renouvellée au mois de mars précédent pour six années, & la fixation des produits a été portée à cinquante-un millions par an, parce qu'on y a joint la partie des sous pour livre imposés en 1781, & qui n'étoient pas entrés dans la fixation de 1780.

En même tems l'ancien plan a été changé. Le nombre des régisseurs qui étoit de vingt-cinq, non compris la vingt-sixième place créée pour être partagée entre les directeurs de la correspondance de cette partie, dans la vue d'exciter leur zèle, & de récompenser leur travail, a été augmenté de trois, en sorte qu'ils sont vingt-huit, & leurs fonds ont été portés à douze cens mille livres.

REGISTRE, s. m. On sait assez ce que c'est

qu'un *regiftre*, pour n'avoir pas befoin d'en donner la définition.

Le titre XIV de l'ordonnance du mois de février 1687, pour les cinq groffes fermes, porte article III, que le fermier des droits tiendra *regiftre* dans chaque bureau, des déclarations & paiemens des droits, foumiffions des marchands ou de leurs cautions, & defcente ou déchargement des marchandifes, & décharges ou acquits à caution, à peine de répondre en fon nom, des dommages - intérêts des marchands, & que les fommes feront écrites fans chiffres ni abréviations, fauf après qu'elles auront été écrites, à les tirer en chiffres hors ligne.

Article IV. Que dans les bureaux où il y aura un contrôleur, il y aura un *regiftre* de contrôle féparé de celui de la recette.

Article V. Que les *regiftres* feront reliés, collés, & les feuillets cotés par premier & dernier par le directeur général en chaque département.

Cette dernière difpofition a été confirmée par l'article DLIV du bail général fait à Jacques Forceville en 1738.

Dans la partie des gabelles, les officiers des greniers à fel font, fuivant l'ordonnance & l'article XXXII du bail de Forceville, obligés de tenir *regiftre* des ventes de fel faites dans les greniers à fel. *Voyez* ce qui a été dit au mot GRENIER, tom. II. pag. 427.

Dans le régime des aides, les *regiftres* doivent être cotés & paraphés par les officiers de l'élection fans frais, fuivant l'ordonnance de cette partie de 1680, article VII. du titre des dépris & congés ; ce qui a été confirmé par l'arrêt du confeil du 6 octobre 1691.

Les arrêts du confeil & lettres-patentes des 21 & 3 Juin 1720, ordonnent que dans les départemens compofés de lieux de différentes jurifdictions, les commis pourront faire parapher les *regiftres* néceffaires à la régie & perception des droits, par un des officiers du fiège dans l'étendue duquel eft fitué le principal lieu du département.

Lorfque tous les droits jufques-là fous-fermés, eurent été réunis à la ferme générale, en 1756, un arrêt du confeil, revêtu de lettres-patentes du 28 juin 1757, ordonna que les *regiftres* journaux deftinés à la perception de tous les droits des fermes, pourroient être paraphes indifféremment par un officier de la jurifdiction des fermes, dans le reffort de laquelle feroit fitué le chef-lieu de la direction.

Il doit être dreffé procès-verbal de ces fignatures, cotes & paraphes ; le procès-verbal doit être tranfcrit fur le premier feuillet du *regiftre*, & contenir le nom & la qualité de l'officier qui les a faites, le nom du comptable auquel ce *regiftre* eft deftiné, l'année pour laquelle il doit fervir, la défignation des recettes & dépenfes qui doivent y être portées.

Dans la partie des domaines & contrôle des actes, les déclarations des 15 feptembre 1706 & 15 juillet 1710, ordonnent que les *regiftres* fervant à cette partie, feront paraphés fans frais par ces fubdélégués des intendans, parce que ce font les magiftrats qui connoiffent des conteftations fur le droit de contrôle, infinuation, &c.

L'édit du mois de mars 1693, défend expreffément aux commis de laiffer aucun blanc dans leurs *regiftres*, à peine de deux cens livres d'amende pour chaque contravention.

Ces défenfes ont enfuite été renouvellées plufieurs fois, notamment par l'arrêt du confeil, du 19 avril 1720, rendu contre le commis du bureau des domaines de Saint-Palais, élection du Mans; cet arrêt l'interdit de fes fonctions, & le condamne en cinq cens livres d'amende, pour avoir laiffé dans fon *regiftre*, environ un tiers de page en blanc.

Pour prévenir toute antidate des actes, l'arrêt du confeil du 6 mars 1725, ordonne que les commis à la perception des droits de contrôle des exploits & des actes & infinuation, feront tenus d'arrêter leurs *regiftres* à la fin de chaque jour, immédiatement après le dernier enregiftrement, de figner & répéter les arrêtés chaque jour, quand bien même ils n'auroient fait aucun enregiftrement depuis le dernier arrêté, fous peine de trois cens livres d'amende pour chaque omiffion.

Un arrêt du confeil, du 6 février 1725, en forme de règlement, décharge les commis au contrôle des actes, de toutes affignations qui pourroient leur être données dans les différentes jurifdictions, pour avoir communication de leurs *regiftres* de contrôle : veut fa majefté que, dans le cas, où les parties auroient intérêt de faire ordonner la communication des *regiftres*, la demande afin de l'obtenir, ne puiffe être inftruite qu'avec les parties qui y ont intérêt, fans que les commis puiffent être mis en caufe pour la faire ordonner avec eux ; & feront tenus lefdits commis de donner la communication qui leur fera demandée, fur la repréfentation des jugemens qui l'auront ordonnée.

Cet arrêt réitère les défenfes faites aux commis de donner communication des *regiftres* concernant le contrôle des actes, qu'elle n'ait été ordonnée avec les parties intéreffées, fous les peines prononcées par les réglemens, fans préjudice de la communication qu'ils feront tenus de donner, fuivant les ordonnances, des *regiſtres* contenant les inſinuations, comme étant *regiſtres* publics établis à cet effet.

Dans les autres parties, il eſt défendu par l'ordre des régiſſeurs, de donner communication de leurs *regiſtres*, ou d'en délivrer des extraits, ſans leur autoriſation. Cette police eſt néceſſaire pour laiſſer aux commettans la faculté de juger ſi les demandes qui peuvent être faites à cet égard, ne tendent pas à bleſſer les intérêts d'autrui, ou à compromettre la perception des droits du roi.

L'article 555 du bail fait à Forceville en 1738, que nous avons cité au mot Fin de non-recevoir, décharge l'adjudicataire des fermes, dix ans après l'expiration de ſon bail, de la garde des *regiſtres* de recette, & de tous autres qui ont ſervi à l'exploitation des fermes, ſans qu'il puiſſe être tenu de les repréſenter, ſous prétexte de prendre droit par iceux, à moins qu'il n'y eût des inſtances encore ſubſiſtantes. *Voyez le tom. II. pag.* 135.

RÈGLEMENT, ſ. m. En finance on donne indiſtinctement le nom de *réglement* à toute ordonnance, à tout édit, déclaration & arrêt du conſeil qui preſcrit une règle à ſuivre dans la perception ou dans les formes qui doivent être obſervées.

REGRAT, ſ. m. On appelle *regrat* tout trafic qui ſe fait en détail par petites parties ou meſures. Ce mot s'applique ſur tout au débit du ſel, du tabac, des grains, des légumes & du charbon.

Un *regrat*, ou un débit de ſel, eſt une commiſſion donnée par l'adjudicataire des gabelles à une perſonne pour l'autoriſer à vendre cette denrée dont il a le privilège excluſif.

REGRATTIER, ſ. m. C'eſt le nom de celui qui eſt pourvu d'un regrat de ſel. Il ne peut l'exercer qu'après avoir fait enregiſtrer ſa commiſſion au greffe du grenier à ſel où il reſſortit.

Le titre IX de l'ordonnance des gabelles de 1680, a réglé tout ce qui concerne la revente du ſel à petites meſures. Quoique cette ordonnance ait expreſſément défendu à toute perſonne de vendre du ſel ſans avoir une commiſſion de l'adjudicataire, & que cette diſpoſition ait été confirmée par les arrêt & lettres-patentes des 27 ſeptembre & 8 octobre 1720, on a vu des ſeigneurs prétendre avoir le droit de nommer des *regrattiers* dans l'étendue de leur juriſdiction. Mais cette prétention a été proſcrite notamment par l'arrêt du conſeil du 8 mars 1725.

La déclaration du roi du 18 mars 1710, a ordonné que le ſel qui juſques là avoit été vendu par

les *regrattiers*, conformément à l'ordonnance, aux meſures qu'elle preſcrit, ſeroit vendu au poids ou à la meſure, au choix des acheteurs. Depuis cette époque l'uſage s'eſt établi de ne ſe ſervir que des poids comme moins ſuſceptibles d'abus. La déclaration du 13 juin 1777, a ſeulement défendu d'uſer de balances de cuivre, comme pouvant être dangereuſe pour le conſommateur, & a ordonné d'y ſubſtituer des baſſins de fer blanc ou étamé, ſuſpendu à des chaînes de fil de fer, à peine de cens livres d'amende.

Il eſt auſſi défendu aux *regrattiers* par les arrêts du conſeil des 18 août & 17 novembre 1722, de délivrer à une même perſonne, plus d'un litron ou une livre & demie de ſel, à peine d'amende de trois cens livres payables ſolidairement entre le vendeur & l'acheteur.

Il eſt enjoint tant par l'ordonnance des gabelles, que par des règlemens poſtérieurs, aux officiers des greniers à ſel, de faire des viſites fréquentes chez les *regrattiers*, & de dreſſer procès verbaux contre ceux qu'ils trouveront en contravention.

Dans le reſſort des greniers de vente volontaire, les regrats n'ont été établis que pour les chefs de famille qui payeroient trois livres de taille ou de capitation, ſuivant la déclaration du 8 décembre 1780. Voilà pourquoi il eſt défendu aux *regrattiers* de leur délivrer à la fois plus d'une livre & demie de ſel.

Les *regrattiers* jouiſſent des mêmes privilèges que les employés des fermes, & y ont été maintenus toutes les fois qu'on a voulu y porter atteinte. C'eſt ce qu'atteſtent nombre d'arrêts du conſeil, & notamment celui de la cour des aides de Paris, du 22 février 1713, & celui de la cour des aides de Rouen, du 15 janvier 1776.

On voit dans les ordonnances de 1366, de 1372 & 1379, que les *regrattiers* ſont auſſi anciens que le ſont les établiſſemens royaux faits pour la vente du ſel; mais alors ils étoient à la nomination des officiers des greniers, chargés de toute la régie de cette partie. Tel étoit l'état des choſes en 1517, année où parut une ordonnance ſur le fait des gabelles. Dans la ſuite, lorſqu'on prit le parti d'affermer le fourniſſement de chaque grenier à des marchands, on leur accorda la faculté de nommer des *regrattiers*, & le nombre de ceux-ci s'augmenta prodigieuſement. Leur bénéfice étant moindre, ils cherchèrent à s'en dédommager, en vendant le ſel à un prix ſupérieur au taux fixé par les officiers.

L'édit de novembre 1576, eut pour objet de faire ceſſer ces abus, en créant des *regrattiers* en titre d'office, avec la permiſſion de vendre le ſel un quart au-deſſus du prix du grenier, c'eſt-à-dire, d'ajouter le pariſis au prix tournois, avec défenses à tous ceux qui ne seroient pas pourvus de ces offices, de s'immiscer dans la vente du sel.

Les adjudicataires des fournissemens ayant fait des représentations contre ce nouvel arrangement, une déclaration du 8 mars 1580, leur rendit la nomination des *regrattiers*, à la charge de rembourser ceux qui étoient déjà pourvus d'offices.

Mais les besoins de l'Etat firent revenir au premier plan de création d'offices, & elle fut ordonnée par l'édit du 20 septembre 1585. Quoique ces offices eussent été rendus héréditaires en 1588, par édit du mois de mars, il en fut si peu levé, qu'on les supprima au mois de juillet suivant, avec plusieurs autres offices de la même importance.

La déclaration de 1594 rétablit encore les offices de *regrattiers*, & voulut en fixer le nombre. Mais la difficulté qui se rencontra à cette fixation la fit abandonner, & rendit encore la nomination des *regrattiers*, aux adjudicataires des greniers.

Elle leur fut retirée par déclaration du 6 juillet 1604, qui ordonna l'exécution de celle de 1594; mais elle fut différée jusqu'à l'édit d'août 1617, qui régla les droits, des *regrattiers* à deux sous six deniers par livre de sel, qui formoit le demi-parisis du prix que se vendoit cette denrée. Comme le prix du sel augmentoit successivement, & que la remise des *regrattiers* s'accroissoit en proportion, la déclaration de 1624 ordonna la revente des offices, ou le payement d'un supplément de finance.

Les mêmes motifs firent encore user du même moyen en 1633; mais les *regrattiers* parvinrent à s'en indemniser, en obtenant des officiers, des taxes plus considérables; en sorte que le prix du sel des regrats fut tellement augmenté, qu'il donna lieu à la suppression des offices de *regrattiers*, en 1634.

Ils furent encore rétablis en 1638, confirmés en 1641, avec attribution de gages en 1643, & supprimés par la déclaration du premier août 1679.

Alors la revente du sel à petites mesures fut donnée, dans toute l'étendue du pays de gabelles, à des sous-fermiers qui la faisoient déjà valoir, par-tout où il n'y avoit pas de *regrattiers* en titre, avec le droit de percevoir le demi-parisis sur le prix du sel.

La même année 1696 vit recréer & supprimer des offices de jurés-vendeurs de sel à petites mesures. Les regrats furent remis en sous-fermes, & les droits perçus au profit du roi.

Cette variation continuelle de création & de sup-

pression d'offices de *regrattiers* subsista jusqu'au mois de février 1710, qu'en exécution de l'article V de la déclaration du 28 décembre de l'année précédente, la sous-ferme des regrats, & le droit de demi-parisis furent abolis; on rendit à l'adjudicataire des gabelles, le droit de nommer les *regrattiers*.

Les choses n'ont depuis éprouvé aucun changément, malgré les tentatives qui ont été faites pour ramener cette sous-ferme; car dans tous les tems, il se trouve des gens oisifs & peu favorisés de la fortune, qui cherchent à se dédommager de sa négligence ou de ses revers, par des projets avantageux pour eux mêmes, mais préjudiciables au public. Ils s'embarrassent peu si leur exécution, en dernier résultat, opprime cette classe du peuple, déjà si malheureuse par son indigence, & plus malheureuse encore par l'impuissance où elle est de sortir du cercle de travaux & de besoins qui se renouvellent sans cesse, pourvu que leur fortune soit assurée.

Cette réflexion se présente naturellement, lorsqu'il s'agit de rendre compte du projet de mettre en ferme les regrats de sel, avec une augmentation du prix de cette denrée, sur-tout si l'on se rappelle que cette forme de vente n'a été établie que pour ceux qui payent moins de trois livres de taille, & ne peuvent lever du sel aux greniers.

Ce projet d'affermer les regrats de sel avoit été adopté en 1705; il en avoit été passé bail pour douze ans, au nommé Gigon, moyennant trois cents vingt mille livres par an, & une avance de treize cents mille livres.

Ce bail avoit été résilié, comme on l'a dit, par l'article V de la déclaration du 28 décembre 1709, dont les motifs sont pris dans les abus qui s'étoient glissés dans la vente du sel à petites mesures, & dans le prix exorbitant du sel, qui étoit supporté par les plus pauvres habitans.

Mais ces motifs ne sont pas faits pour toucher des gens avides, & animés par la cupidité. Aussi en 1742, tems de guerre, où les besoins d'argent sont toujours pressans, une compagnie demanda le rétablissement de la ferme générale des *regrats* de sel, avec le demi-parisis, qui est de deux sous six deniers pour livre, sur le prix principal du minot de sel, en laissant aux *regrattiers* le même bénéfice dont ils jouissoient; & pour cette ferme elle offroit six cents mille livres par an, pendant neuf années.

Les fermiers généraux, à qui cette proposition fut communiquée, rappellèrent la déclaration du 28 décembre 1709, & ses motifs. Ils firent voir, par le relevé du sel délivré aux *regrattiers*, pendant l'année 1740, dans les grandes gabelles, qu'ils en avoient reçu trois mille huit cents vingt-
trois

trois muids, dix boisseaux trois minots, ou cent quatre-vingt-trois mille cinq cents quarante-sept minots ; qu'en supposant le prix commun du minot à quarante livres, à cause de la diversité de prix, qui alloit depuis trente jusqu'à quarante-deux livres, il en résulteroit une somme de neuf cents dix sept mille sept cents trente-cinq livres, qui tomberoit sur la classe des sujets les plus pauvres & les plus malheureux, qui, par humanité, comme par justice, sembloient attendre des ménagemens. A l'observation faite par la compagnie intéressée à l'exécution du projet, que l'augmentation de prix du sel étoit insensible, on répondit, que rien n'étoit insensible à ceux qui étoient déjà trop chargés, & dans une situation douloureuse, sur-tout quand le surhaussement portoit sur une denrée de première nécessité, & d'un usage journalier.

Ces représentations eurent leur effet, & le conseil rejetta ce projet. Comme on ne seroit pas étonné que quelque jour on ne le fît revivre, & que des puissances, ou des circonstances ne favorissassent son établissement, on a cru devoir, par intérêt pour le peuple, & pour l'honneur de M. Orry, ministre des finances en 1742, qui refusa des ressources aussi onéreuses, consigner ici tout l'historique de la ferme des regrats, en 1705 & 1742.

REJETTER, v. a. Terme très-usité en matière de comptabilité, pour signifier qu'un article de recette ou de dépense ne doit point entrer dans le compte présenté, mais qu'il doit être rejetté sur un autre compte, ou sur une autre année.

RÉIMPOSER, v. a., qui signifie imposer de nouveau. Une généralité étant taxée pour la taille à une somme fixe, la répartition s'en fait entre toutes les paroisses qui la composent ; mais si une de ces paroisses se trouve trop surchargée, & occasionne des non-valeurs, le rejet du montant de ces non-valeurs se fait sur une ou plusieurs autres paroisses ; & alors on le réimpose par ordonnance de l'intendant.

RELEVÉ, s. m. Ce mot, qui est fort usité en finance, se dit d'un ou de plusieurs articles qu'on extrait de quelques comptes ou registres, pour en composer un état ou une note particulière.

RELIEF. (droit de) Voyez RACHAT, & le Dictionnaire de jurisprudence.

RELIQUAT, s. m., qui signifie la même chose que reste, debet. Ainsi on dit, il a payé le reliquat de son compte : ce reliquat s'appelle à la chambre des comptes, debet de clair.

RELIQUATAIRE, s. m. C'est le débiteur d'un reliquat. Il est reliquataire, ou en debet, sur son compte de 1784, de cinq mille livres.

REMBOURSEMENT, s. m. C'est le rachat d'une rente, d'une obligation, en payant le capital, reçu primitivement pour sa constitution.

REMBOURSER, v. a. C'est rendre ce qu'on a emprunté, ou la somme pour laquelle on a hypothéqué un bien-fonds. Quand le roi supprime un office, il rembourse la finance qui a été payée ; ou si cet office est comptable, il paie les intérêts de cette finance jusqu'au remboursement, qui ne peut s'effectuer qu'après la reddition & l'apurement des comptes du titulaire : ce remboursement ne se fait que sur la représentation du quitus délivré par la chambre des comptes.

REMISE, s. f. Dans la langue des financiers, ce mot signifie une gratification de tant pour cent, sur les produits, ou sur ce qui excède les fixations qui en sont arrêtées.

On doit remarquer, qu'il n'est pas indifférent pour les intérêts du roi, comme on le présente le plus souvent, de fixer cette remise sur les produits de six années rassemblées, pour en composer une moyenne, ou d'accorder cette remise séparément sur les produits particuliers de chaque année, quand elle est progressive : c'est-à-dire, d'un sou pour livre sur le premier million, de deux sous pour livre sur le second, de trois sous sur le troisième, & ainsi de suite.

Un exemple est nécessaire pour rendre sensible cette observation.

Supposons une régie établie pour six années, avec la première condition : si les régisseurs ont, la première année, un accroissement de produit d'un million, & la seconde de cinq millions ; ces deux sommes réunies, feront six millions, & ne donneront une remise que de trois cents mille livres pour l'année moyenne, ou pour les deux, six cents mille livres.

Mais, si cette remise s'établit sur chaque année séparément, elle sera alors de cinquante mille livres pour la première, & de sept cents cinquante mille livres pour la seconde ; en tout, huit cents mille livres.

Le grand moyen d'intéresser les employés d'une partie quelconque, à la prospérité des produits, est d'en faire une ou deux fixations, graduées avec raison, & au-delà desquelles il leur est accordé une remise d'un sou sur la première fixation, & de deux ou trois sous sur la seconde.

REMPLAGE, f. m., qui s'employe dans la langue propre à la partie des aides, pour *rempliſſage*, l'action de remplir. Il eſt défendu à tous cabaretiers, & aux vendans vin, de faire aucun *remplage* des boiſſons qu'ils ont en débit chez eux, ſans appeller les commis, à peine de confiſcation & de cent livres d'amende, ſuivant l'article IX du titre premier de l'ordonnance des aides de 1680.

REMUAGE, f. m. L'action de déplacer. *Voyez* ce qui a été dit au mot CONGE, *tome I*, *pag. 358.*

RENTE, f. f. C'eſt un revenu, ſoit en argent, ſoit en denrées, qui eſt dû à une perſonne par une autre, pour les cauſes exprimées dans le titre de la conſtitution.

En juriſprudence on diſtingue pluſieurs ſortes de *rentes*, comme la rente conſtituée, la *rente* ſpéciale, la *rente* foncière, &c. Pour nous, notre tâche va ſe borner à conſidérer les *rentes* en général, ſoit perpétuelles, ſoit viagères, comme une reſſource de finance, qui n'a jamais été tant employée que depuis le commencement de ce ſiècle.

Sous ce point de vue, en nous arrêtant d'abord aux *rentes* perpétuelles, nous remonterons à l'origine de la création des *rentes*, & du denier auquel on les conſtituoit; nous ſuivrons ce denier, dans la réduction qu'il a ſucceſſivement éprouvée juſqu'au tems préſent.

Les *rentes* perpétuelles, conſtituées, repréſentent un capital quelconque, placé à la charge d'en recevoir annuellement l'intérêt au denier ſtipulé dans le contrat de conſtitution. Cette eſpèce de rente eſt toujours rachetable par le débiteur, & paſſe aux héritiers du prêteur, ou à toute autre perſonne.

François premier paſſe pour avoir été le premier de nos rois qui ait créé des *rentes*. On prétend qu'il commença en 1552, & qu'en cinq fois différentes, il en créa, ſur l'hôtel-de-ville, pour ſoixante-quatre mille quatre cents ſeize livres treize ſous, le marc d'argent étant alors de douze à quatorze livres.

Cependant, il paroît par le fameux réglement fait par M. de Sully, en 1604, pour la vérification de toutes les *rentes* dûes par le roi, qu'il en exiſtoit de bien plus anciennes, puiſqu'il parle de *rentes* créées en vertu d'édits vérifiés avant 1375, au denier dix ou douze, ſans fraude, mais par argent entièrement débourſé. Peut-être ces *rentes* provenoient-elles, comme l'obſerve l'auteur des *Recherches ſur les finances*, d'an-

ciennes aliénations des domaines, dans leſquels le roi rentroit, en aſſignant la *rente* de l'argent qu'il avoit reçu pour ces aliénations. C'eſt ainſi qu'on avoit vu, ſous Louis XII, père de François premier, le domaine aliéné pour ſix cents mille livres de *rente*, par la déclaration du 27 janvier 1513.

Quoi qu'il en ſoit, les ſucceſſeurs de François premier ſuivirent ſon exemple. Henri II créa des *rentes* en trente fois différentes, pour cinq cents quarante-trois mille huit cents ſeize livres treize ſous quatre deniers; le marc d'argent à quatorze livres dix ſous.

François II, en quatre fois, pour quatre-vingt-trois mille livres.

Charles IX, en vingt-ſept fois, pour un million ſept cents quatre-vingt quatorze mille livres; le marc d'argent à dix-ſept livres.

Henri III, en ſept fois, pour neuf cents trente-deux mille livres; le marc d'argent à dix-neuf livres.

Ainſi, dans l'eſpace de quatre-vingt ans il fut créé pour trois millions quatre cents vingt-huit mille deux cents trente-trois livres ſix ſous huit deniers de *rente* ſur l'hôtel-de-ville de Paris, ſans parler de celles qui furent conſtituées ſur les tailles & ſur d'autres revenus locaux, leſquelles ſe payoient ſur les lieux même.

On trouve dans l'ouvrage que nous venons de citer, qu'il ne fut créé aucune *rente* ſous le règne de Henri IV, & que les anciennes n'étoient plus, lors de ſon avènement au trône, que de deux millions trente-huit mille neuf cents cinquante-cinq livres deux ſous ſix deniers, qui ſubſiſtoient encore en 1621, lorſqu'il en fut créé pour quatre cents mille livres.

En 1625, nouvelle création de *rente* au denier ſeize, pour cinq cents mille livres; & en 1627, pour trois cents mille livres.

En 1630, pour cinquante mille livres, au denier quatorze; & 1631, pour deux cents cinquante mille livres.

Ce moyen de trouver de l'argent parut ſi facile dans la pratique, qu'il ſeroit trop long de rapporter combien de fois il fut employé. Depuis 1621 il ſe paſſa peu d'années où l'on ne fit de nouvelles créations de *rente*, juſqu'au tems où le grand Colbert devint miniſtre des finances.

En 1636, toutes les *rentes* ſur l'hôtel-de-ville de Paris furent diviſées en dix parties, & il n'en fut plus conſtitué de nouvelles ſous le règne de Louis XIII.

Voici le tableau de celles qui exiſtoient à cette époque.

ANCIENNES RENTES.	Sur les gabelles	800,000 livres	2,038,955 livres.
	Sur les aides	1,238,955	
NOUVELLES RENTES.	Sur les gabelles & cinq groſſes fermes	2,250,000	
	Sur les aides	2,010,000	17,910,955.
	Sur les recettes générales	112,000	
CRÉATION de 1634.	Sur les gabelles	3,000,000	
	Sur les tailles	8,500,000	

19,949,910 livres.

En donnant un eſſai hiſtorique ſur les *rentes*, il ne faut pas oublier de remarquer, qu'en 1639 il avoit été créé ſix cents mille livres de *rente* au denier quatorze, dont le capital devoit être fourni par les aiſes du royaume. Il étoit queſtion de les perſuader, & non pas de les contraindre. Faute du premier moyen & des ménagemens qu'il exigeoit, des clameurs s'élevèrent de toutes parts; les obſtacles ſe multiplièrent. L'emprunt fut révoqué, & on lui ſubſtitua l'impôt du vingtième de la valeur de toutes les marchandiſes vendues.

Malgré le peu de ſuccès de cette taxe, déguiſée ſous le nom d'emprunt, on la vit renaître cinq ans après, & enſuite en 1709, pour les familles naturaliſées en France, & elle y cauſa beaucoup de mal, ſans fruit. *Voyez* ce qui a été dit ci-devant au mot NATURALISATION, *pag.* 207.

L'opération propoſée en 1639 avoit tellement décrié les *rentes*, qu'après la mort de Louis XIII, en 1643. lorſqu'on voulut emprunter douze millions, on fut obligé de prendre cette ſomme au denier quatre : méthode qui, quoique ruineuſe, étoit pourtant vantée par le préſident Bailleul, alors ſurintendant des finances, qui ne s'entendoit guères en finances, en diſant : *que ſi le prince donnoit un haut intérêt, il le donnoit à ſes peuples, qui s'enrichiſſoient à ſes dépens.*

Cette maxime pourroit avoir quelque fondement, ſi les étrangers ne mettoient pas dans les emprunts du gouvernement, & ſi les *rentes* qui en réſultent ſe répandoient parmi toutes les claſſes des ſujets ; mais l'argent étant à un intérêt plus bas chez les étrangers qu'en France, ils ne manquent pas d'y apporter leurs fonds toutes les fois qu'ils peuvent en tirer un meilleur parti qu'ailleurs. Et dans le royaume même, quels ſont ceux qui s'enrichiſſent ? Des capitaliſtes qui achètent des effets publics à l'inſtant de leur création, pour les revendre à profit, quand la confiance publique en a augmenté la valeur ; des gens déja

riches, qui veulent augmenter leur revenu ; & c'eſt ſur les pauvres enſuite, que le payement en eſt aſſigné, ſans diminution de leurs charges ordinaires. Auſſi, tous les citoyens ſont ſurchargés, & deux ou trois mille s'enrichiſſent.

Il ne faut pas paſſer ſous ſilence ce qui arriva en 1644, à l'occaſion de trois millions deux cents mille livres de *rente*, qui furent créés ſur les aides, pour être diſtribuées aux riches & aux notables. Dans l'enregiſtrement de cette déclaration, on trouve inſérée cette condition : *que ſeroient ſujets à cette taxe ſeulement, ceux qui, depuis vingt ans, avoient été employés dans les finances, qui auroient exercé le commerce, ou ceux qui avoient déja volontairement fait des avances au roi.* Voilà, dit l'eſtimable auteur des *Recherches ſur les finances,* les bons citoyens bien encouragés, le commerce bien protégé ! Quel étrange renverſement d'idées ! Le conſeil réforma cette condition, par une nouvelle déclaration, qui aſſujettiſſoit tous les ſujets à la taxe, eu égard à leurs facultés ; mais lors de l'enregiſtrement, il y fut mis encore une reſtriction, en faveur des officiers de judicature, des avocats, procureurs, notaires, officiers & ſuppôts de l'univerſité, comme ſi la claſſe de cet ordre de perſonnes, étoit diſpenſée de donner des preuves d'attachement au roi, & d'amour pour la patrie.

Au reſte, ces *rentes* ayant été miſes en parti, les traitans qui s'en étoient chargés, commirent tant de vexations, que le titre de leur création fut révoqué.

Ce qui eſt ſingulier, c'eſt qu'au milieu du beſoin preſſant d'argent où ſe trouvoit l'Etat, avec la néceſſité d'aliéner le domaine & les droits nouveaux qu'on établiſſoit, on prit le parti, en 1648, de différer le paiement de quatre quartiers des *rentes* dûes par le roi, & de retrancher quatre années de gages aux compagnies ſouveraines, & à tous les officiers de juſtice.

Auſſi le cri fut général, à la lecture de ces édits au parlement : c'étoit s'ôter juſqu'à l'eſpérance du crédit. Le mécontentement devint universel, & de ces circonstances naquit ce germe de troubles & de divisions , qui se développa deux années après , d'une manière si fâcheuse pour l'Etat , & si funeste au cardinal Mazarin qui le gouvernoit.

Passons à des tems plus heureux. Ce ministre étant mort, Colbert est nommé contrôleur général des finances. Parmi les soins qu'il se donna pour mettre de l'ordre dans cette partie , il faut compter les arrangemens qu'il prit pour rembourser une portion des *rentes* assignées sur l'hôtel-de-ville , en obligeant chaque particulier de représenter son titre , pour connoître le prix de l'acquisition. Et comme ces rentes avoient subi des réductions en différens tems ; que les unes avoient été données à des traitans en paiement de prétendus remboursemens qu'ils avoient été chargés de faire pour le roi, & les autres s'étoient vendues au denier deux ou trois, on en racheta quelques-unes, & d'autres furent éteintes. Cette opération qui se fit en 1664 & 1665 , fut suivie d'une autre non moins avantageuse.

Toutes les *rentes* créées depuis 1656 furent supprimées , & les propriétaires remboursés sur le pied des liquidations ; il s'en trouva pour huit millions cinq cents soixante-douze mille quatre cents trente-six livres.

Les anciennes *rentes* avoient partagé l'avilissement des autres ; le prix de leur remboursement fut réglé sur celui qu'elles avoient dans le commerce.

Celles qui , de mille livres originaires , ne rendoient que six cents vingt-cinq livres , furent réduites à cinq cents livres , & le remboursement fixé à neuf mille livres.

D'autres qui , de mille livres, ne donnoient que cinq cents soixante-deux livres dix sous , furent réduites à quatre cents livres , & le remboursement fixé à huit mille huit cent livres.

Les *rentes* qui , de mille livres , n'étoient plus que de cinq cents livres , furent réduites à quatre

cents livres , & le remboursement fixé à sept mille trois cents livres.

Celles qu'on appelloit *rentes* des petites tailles, de mille livres , furent réduites à trois cents livres : celles-ci avoient toujours eu peu de faveur , dès leur origine , parce qu'elles avoient souvent été altérées, & pendant tout le règne de Louis XIV cette sorte de *rente* fut tellement décriée , que leur prix courant resta constamment au-dessous du denier dix. Elles montoient à un million cinq cents quatre-vingt six mille sept cents quatre-vingt-cinq livres , & furent remboursées sur ce pied , en 1678 , moyennant quinze millions huit cents soixante-sept mille huit cents cinquante livres.

Mais suivons les révolutions que subissoient successivement les *rentes*. En 1670 , un réglement du 14 avril établit , que celles qui se payoient à l'hôtel de-ville , étoient divisées en quatorze parties , & réduites à six millions neuf cents quatre-vingt quatorze mille deux cents cinq livres. Depuis 1672 jusqu'en 1680 , la guerre ayant amené des besoins pressans, parmi les expédiens qui furent employés , la création de nouvelles *rentes* ne fut point oubliée ; mais il paroît que ce fut contre l'avis de M. Colbert , & par celui de M. de Louvois; qu'il fut donné au roi , par le premier président du parlement , auquel M. de Colbert dit : qu'il répondroit devant , Dieu du préjudice qu'il causoit à l'Etat , & du mal qu'il faisoit au peuple. *Voyez* les *Recherches & Considérations sur les finances , tome VI , in-12 , pag.* 118.

On créa donc pour trois millions de *rentes* , au denier dix-huit , sur les aides & gabelles , & on les négocia au denier quatorze pour s'en défaire ; on invita les étrangers à en prendre. Cette ressource fut encore employée en 1679 , pour deux nouveaux millions de *rente* , au denier seize & dix-huit ; ensorte qu'en 1680 , le total des *rentes* payées à l'hôtel-de-ville , montoit à dix millions quatre cents sept mille quatre cents dix-neuf livres onze sols.

Ces *rentes* étoient composées de trois parties, qu'il est bon de rappeller.

SAVOIR :

De cinq millions quatre cents sept mille quatre cents dix-neuf livres , d'anciennes constitutions, décriées dans le public , ci	5,407,419 livres.
De trois millions, au denier quatorze , créées en 1673 , 1674 , 1675 , 1676 , 1677 , 1678 , ci	3,000,000
De deux millions, de l'année 1679 , au denier seize & dix-huit , ci	2,000,000
	10,407,419 livres.

En 1682, trente-six offices de payeurs & contrôleurs des *rentes* furent supprimés ; il n'y en eut que quatorze de conservés. Il avoit été arrêté au conseil, deux ans auparavant, que les anciennes *rentes* seroient remboursées au denier quinze ; les nouvelles, depuis 1673, sur le pied de leur constitution ; ensorte que la première ne coûtoit que quatre-vingt-un million cent onze mille deux cents quatre-vingt-cinq livres, ci   81,111,285

La seconde, quarante-deux millions, ci   42,000,000

La troisième, trente-quatre millions, ci   34,000,000

Pour faire cette somme il fut créé, en 1680,   157,111,285 livres.

un million de *rente*, au denier vingt, ci . . .   20,000,000 millions

En 1681, deux millions de *rente*, au même denier, ci   40,000,000

En 1682, quatre millions, au même denier . .   80,000,000   }   158,000,000 millions

Et un million, au denier dix-huit   18,000,000

Par ce moyen, les *rentes* se trouvèrent réduites à huit millions, & l'Etat fut soulagé de deux millions quatre cents & tant de mille livres par année.

La mort de Colbert étoit arrivée en 1683, & la guerre qui survint quelques années après, fit perdre de vûe les principes qu'il avoit suivis, pour la réduction des charges de l'Etat. Depuis 1688, jusqu'en 1699, il fut créé pour trois cents trente-cinq millions de *rente*, tant au denier dix-huit qu'au denier douze & quatorze ; & les dernières furent ensuite remboursées par le capital d'autres *rentes* constituées au denier vingt.

Les premières années de ce siècle virent renaître les créations de *rente* au denier seize & au denier quatorze. Au reste, ce seroit une entreprise aussi difficile que peu utile, de suivre toutes celles qui eurent lieu. Mais il est bon de dire, qu'on employa toutes sortes de moyens pour placer ces *rentes*. On en distribua aux acquéreurs de lettres de noblesse, aux privilégiés des villes franches, aux familles étrangères, naturalisées ; aux intéressés dans les affaires.

En 1709, & dans les suivantes, on n'avoit pu payer que six mois, chaque année, des arrérages des *rentes* ; ensorte, qu'à la fin de 1713 il étoit dû deux années entières. Un édit du mois

d'octobre de cette année, ordonna que toutes les *rentes* de l'hôtel-de-ville, acquises à prix d'argent, avant le premier janvier 1702, seroient converties en nouveaux contrats, au denier vingt-cinq, en joignant au principal les deux années d'arrérages qui étoient dûes.

A l'égard des *rentes* acquises depuis le mois d'avril 1706, comme elles procédoient de billets de monnoie & d'autres effets, elles furent réduites aux trois cinquièmes, auxquels on joignit les deux années d'arrérages, pour être converties en nouveaux contrats à quatre pour cent.

En même tems les *rentes* viagères, créées au denier dix, furent réduites d'un quart, & de moitié, suivant la date de leur constitution.

Cette opération déchargea l'Etat, suivant le compte rendu à Louis XIV, par M. Desmarets, contrôleur général, d'un capital de cent quarante millions.

En 1715, après la mort de Louis XIV, les *rentes* qui n'étoient pas payées à l'hôtel-de-ville, furent également réduites, par les édits d'octobre & décembre de cette année. Voici quel fut le résultat de cet arrangement, que nous tirons des *Recherches & considérations sur les finances*, *tome V*, in-12, *page 258.*

ETAT des rentes créées en différens tems, & réduites, par les édits d'octobre & de décembre 1715.

ÉDITS DE CRÉATION.	PRINCIPAUX, avant la réduction.	Bénéfice sur les principaux.	BÉNÉFICE sur les arrérages.
Rentes au denier douze, sur les tailles, créées par édits de juin 1712, juillet & décembre 1713, & mars 1714, réduites au denier vingt-cinq, sans retranchement sur le capital	20,447,216 l. 13 f.	. . . .	liv. f. d. 886,047 12 9
Rentes au denier seize, sur les tailles, créées pour le sieur Fargès, munitionnaire, par édit de juin 1713, réduites au denier vingt-cinq, sans retranchement sur le capital	8,000,000	. . . . . .	180,000
Rentes au denier dix-huit, sur les recettes générales, créées par édit de juillet 1689, réduites sans retranchement de capital	23,742	. . . . . .	369 6 5
Rentes au denier vingt, sur lesdites recettes générales, créées par édits d'octobre 1704, novembre 1706, mai 1707, janvier & mars 1710, réduites au denier vingt-cinq, avec retranchement des deux cinquièmes	5,682,000	2,272,800 l.	147,732
Rentes au denier vingt, sur lesdites recettes générales, créées par édit de février 1709, réduites sans retranchement sur le capital	27,020	. . . .	270 4
Rentes au denier vingt-cinq, sur lesdites recettes générales, créées par édits de février 1711, & avril 1714, retranchées des deux cinquièmes sur le capital	22,500,000	9,000,000	360,000
Rentes au denier vingt, sur les postes, créées par édit de janvier 1700, réduites, sans retranchement sur le capital	5,356,996	. . . . . .	53,569 19 2
	72,036,974 l. 13 f.	11,272,800 l.	1,627,978 19

SUITE de l'état des rentes, *&c.*

ÉDITS DE CRÉATION.	PRINCIPAUX, avant la réduction.	Bénéfice fur les principaux.	BÉNÉFICE fur les arrérages.
Ci-contre	72,036,974 l. 13 f.	11,272,800 l.	1,627,978 l. 19 f.
Rentes au denier douze , fur le grenier à fel d'Avignon, créées partie perpétuelles , & partie viagères , par édit d'août 1705 ; la *rente* viagère a été fupprimée , & la *rente* perpétuelle eft reftée au denier vingt, en conféquence de l'édit d'avril 1716	1,200,000	. . . .	40,000
Rentes au denier vingt , fur le contrôle des actes des notaires, créées par édits de mars 1702 , & mars 1709 , réduites au denier vingt-cinq , avec retranchement des deux cinquièmes , fur le capital	4,742,000	1,896,800	123,292
Rentes au denier feize , fur ledit contrôle des actes des notaires, créées par édits de mai & août 1714 , & mai 1715 , réduites au denier vingt-cinq , avec retranchement des deux cinquièmes fur le capital	24,000,000	9,600,000	924,000
Rentes au denier vingt , fur le contrôle des exploits , créées par édit de décembre 1713 , réduites au denier vingt-cinq , avec retranchement des deux cinquièmes fur le capital	4,400,000	1,760,000	114,400
Rentes au denier vingt , fur différens revenus , créées pour le rachat de la capitation, par édits de feptembre 1708 , & mai 1709 , réduites au denier vingt-cinq , fans aucun retranchement fur le capital.	8,000,000	. . . .	80,000
Rentes viagères , au denier douze , fur les tailles , créées par édits de mai 1714 & mars 1715 , dont une grande partie a été réduite à la moitié , & quelques-unes aux trois-quarts de la jouiffance.	. . . .	. . . . . .	255,935
	104,378,974 livres.	24,529,600 l.	3,165,616 livres.

En 1719, lorsque le bail des fermes eut été réuni à la compagnie des Indes, elle offrit de prêter à l'État douze cens millions, à trois pour cent, pour rembourfer les *rentes* fur les aides, gabelles, tailles, &c. Et en effet, les rentes de l'hôtel-de-ville, les payeurs & contrôleurs furent fupprimés le 27 août de la même année, & leur remboursement fut ordonné en actions à trois pour cent; mais comme l'année fuivante il y eut une nouvelle constitution de *rentes*, au denier quarante, de vingt-cinq millions fur l'hôtel-de-ville, toutes celles qui restoient furent réduites à ce taux, & peu de tems après on en créa encore fur les tailles au denier cinquante.

Depuis 1722, il fe paffa peu d'années où cet expédient ne fût mis en ufage, en donnant aux prêteurs un avantage calculé fur le befoin de leur argent. On prétend qu'en 1733, le montant de toutes les rentes, y compris huit millions de viageres, étoit de foixante-cinq millions.

Au mot INTÉREST, tom. II. pag. 642, nous avons rapporté une partie de l'édit du mois de février 1770, qui a fixé le taux de la constitution des *rentes* au denier vingt: il n'a pas varié jufqu'à préfent.

En 1786 on estime, que le montant des *rentes* conftituées à la charge du roi, n'est gueres au-deffous de cent quarante millions, parmi lefquelles on compte vingt millions de *rentes* viageres, dont l'extinction est eftimée annuellement à feize ou dix-huit cens mille livres. On ne parle pas ici des capitaux empruntés à terme, ou par voie de loterie, & dont le remboursement ne devant s'opérer que dans l'efpace de plufieurs années, entraîne en attendant qu'il arrive, le paiement des intérêts à cinq pour cent, ou quelque chofe de plus.

Les *rentes* qu'on appelle viageres, reçoivent ce nom, parce qu'elles n'ont cours que pendant la vie des perfonnes fur la tête defquelles le capital est conftitué.

On diftinguoit autrefois parmi les *rentes* viageres, les *rentes* tontines, qui étoient fufceptibles d'accroiffement à mefure que les années s'accumuloient; mais en 1770 elles ont été converties en *rentes* purement viageres, & tout accroiffement a été fupprimé. *Voyez* TONTINES.

La première création des *rentes* viageres a eu lieu par l'édit du mois d'août 1693, qui partage en dix claffes les rentiers, avec une augmentation d'intérêt diftribuée en dix claffes, intérêt gradué de dix en dix ans; mais en 1699 on en créa pour quatre cens mille livres au denier dix, & ce denier est le même encore aujourd'hui fur une feule tête.

En 1758, on imagina de permettre par l'édit du

mois de novembre, de conftituer fur deux têtes, des *rentes* à huit pour cent: en 1781, cette conftitution fut autorifée à fept pour cent fur quatre têtes; mais jamais elle n'a été plus favorifée que par l'édit du mois de janvier 1782, portant création de *rentes* viageres. Il accorde dix pour cent fur une tête, depuis la naiffance, jufqu'à cinquante ans; onze pour cent, depuis cinquante ans jufqu'à foixante; douze pour cent, depuis foixante ans & au-deffus; & neuf pour cent fur deux têtes, fans diftinction d'âge.

C'eft ici le lieu de placer les obfervations qu'on trouve fur les *rentes* viageres, dans l'ouvrage du célèbre homme d'Etat dont l'administration promettoit tant d'avantages à la nation, & qui nous a fi fouvent fourni d'excellens morceaux fur les finances. Nous les ferons fuivre du précis que nous nous fommes réfervé, au mot PAYEUR, de donner fur les payeurs des *rentes*; nous y ajouterons quelques détails fur les formalités néceffaires pour toucher les *rentes* de toute efpèce, & fur les époques de leur paiement.

On ne peut raifonnablement approuver ou critiquer les emprunts en *rentes* viageres, fi l'on n'examine en même-tems la fituation du crédit & fes moyens d'un gouvernement pour lever de l'argent de quelque autre manière. On doit compter parmi les malheurs de la guerre, la néceffité de recourir à des reffources dont on apperçoit les inconvéniens, & c'eft dans le calme de la paix qu'il faut fe mettre en état de faire le moins de facrifices poffibles à l'empire des circonftances.

Après différens emprunts ouverts par la médiation des pays d'Etats, des villes, du clergé & de quelques autres corps, mais qui ne fournirent que des reffources infuffifantes pour fubvenir à la guerre qni venoit de s'allumer, il fallut recourir à des emprunts en *rentes* viageres, les uns à neuf pour cent fur une tête, les autres à dix.

L'on n'avoit jamais emprunté à plus bas prix en France, même en tems de paix, & c'eft ce qu'on a vu ci-devant; l'on devroit mettre un grand prix à n'être point contraint de s'écarter de la propofition ufitée, puifqu'avec ce ménagement la confiance étoit maintenue.

D'ailleurs il eft un autre avantage que la reffource des *rentes* viageres a procuré, c'eft qu'on a été difpenfé de multiplier les effets fufceptibles d'être achetés & vendus journellement, forte de fonds dont le cours toujours public, devient un des thermomètres du crédit; ainfi dans les tems où l'on a befoin de rétablir la confiance, dans les tems où il faut la foutenir contre les inquiétudes que la guerre infpire, on doit éviter foigneufement, d'expofer en quelque manière, l'opinion

des

des prêteurs, au hasard des fluctuations qui surviennent nécessairement dans le prix de tous les effets négociables, quand la masse en est trop étendue : cependant comme il n'est pas moins vrai que les *rentes* viagères ont des inconvéniens, soit qu'on en juge par les calculs de probabilité sur la vie commune des hommes, soit qu'on considère cette sorte d'emprunt, sous un point de vue moral, je pensois qu'il falloit profiter assez sagement de la paix, pour réduire tellement le prix de l'intérêt, qu'à l'époque malheureuse d'une nouvelle guerre, on pût se procurer de grands secours par la seule voie des *rentes* perpétuelles ou remboursables.

Les *rentes* viagères sont devenues plus onéreuses au roi depuis qu'on ne se borne plus à les rechercher comme un moyen d'augmenter son revenu, pendant la durée de sa vie ou de celle de ses enfans, mais qu'on en fait encore un emploi de simple spéculation.

C'est à Genève où ce nouvel usage s'est d'abord introduit, & l'exemple a été suivi dans quelques autres endroits : on choisit trente têtes de sept ans ou à-peu-près, âge où la durée de la vie est la plus longue ; on a soin d'écarter toutes les personnes dont la santé annonce quelque incertitude, ou qui n'ont pas encore franchi les dangers de la petite vérole ; on pousse même l'attention jusqu'à donner la préférence au sexe qui, par sa vie tranquille, semble exposé à moins d'accidens imprévus ; enfin on prend toutes les précautions qui peuvent répondre de la longue existence de ces trente personnes : les capitalistes placent alors telle somme qui leur convient, sur chaque tête ; & comme de pareils contrats peuvent se vendre & se transférer, on comprend qu'on trouve toute sorte d'encouragement à étendre cette spéculation.

Pour y mettre obstacle, il faudroit établir l'intérêt des *rentes* viagères par gradation d'âge, ou fixer la somme qu'il seroit permis de constituer sur la même tête, ou sur celles depuis sept ans jusqu'à douze ; mais toutes ces gênes & d'autres encore, on ne peut les imposer qu'en proportion du besoin où l'on est, & du crédit dont on jouit.

A l'égard des payeurs des *rentes*, ce sont des officiers établis pour payer toutes les *rentes* dues par le roi, tant perpétuelles que viagères.

L'origine des payeurs des *rentes* remonte à quelques années après la création des premières *rentes* par François premier. On place cette origine en 1576. La déclaration du roi, du 28 janvier de cette année, qui crée leurs offices, attribue aux pourvus la qualité de conseillers du roi, trésoriers, receveurs généraux, & payeurs des *rentes*

de l'hôtel-de-ville de Paris, receveurs des consignations, dépositaires des débets de quittances, commissaires aux *rentes* saisies réellement, & greffiers des feuilles & immatricules. Ces titres sont répétés dans les édits d'avril 1594 & mai 1608, & ils leur attribuent les mêmes privilèges & exemptions dont jouissent les receveurs généraux des finances.

On voit par ce que nous avons dit de la division des *rentes* de l'hôtel-de-ville de Paris, en dix parties en 1636, & en quatorze en 1670 ; que le nombre des payeurs étoit égal à celui des parties de *rentes* ; mais les *rentes* ayant été très-multipliées après la mort de Colbert, les payeurs furent également multipliés, au point que lors de leur suppression en 1719, ils étoient au nombre de soixante-dix-neuf.

L'année suivante, les nouvelles créations de *rente*, donnèrent lieu au rétablissement des douze payeurs seulement, & leur nombre fut successivement porté jusqu'à cinquante, qui a subsisté pendant trente-huit ans.

En 1758, on ajouta dix-neuf payeurs des *rentes* aux cinquante qui subsistoient : en 1760, quatre autres, & en 1768, l'édit du mois de juin, qui ordonnoit la conversion de tous les effets au porteur en contrats, créa encore six payeurs des *rentes*, ce qui porta leur nombre à soixante-quatorze.

Mais en 1771, un édit du mois de mai les réduisit à trente, de même que les contrôleurs. Toutes les *rentes* payées à l'hôtel-de-ville, furent également réduites à trente parties, & la finance de chaque office de payeur fut fixée à trois cens mille livres ; & comme chacun des payeurs est possesseur des deux offices, la charge de payeur resta depuis cet édit, véritablement fixée à six cens mille livres, & celle de contrôleur, qui étoit de cinquante six mille livres, le fut à quatre-vingt-dix mille livres. En même-tems il fut attribué aux payeurs & contrôleurs cinq pour cent de leur finance ; neuf mille livres aux premiers pour taxations & droits d'exercice, & trois mille livres de frais de bureau ; & aux seconds, outre les intérêts au denier vingt de leur quatre-vingt-dix mille livres, deux mille sept cents livres de droits d'exercice.

Il est utile de rapporter ici les articles les plus importans de cet édit, parce qu'ils intéressent la classe des rentiers & des capitalistes.

Art. VI.

Les payeurs réservés par notre présent édit, seront tenus de payer à l'hôtel-de-ville, à bureau ouvert, tous les huit jours, au jour indiqué pour leur paiement. Ne pourront lesdits payeurs, pour quelque caufe ou prétexte que ce foit, remettre leurs paiemens à quinzaine, à peine d'interdiction de leurs fonctions, auxquelles nous commettrons d'office ; & lorfqu'il fe rencontrera une fête au jour de leur paiement, voulons qu'ils le faffent au jour non fêté qui fuivra immédiatement celui auquel leur paiement auroit dû être effectué.

VII.

Si, après l'appel des rentiers & le paiement fait à ceux qui fe préfenteront, il reftoit des deniers entre les mains des payeurs, voulons que la fomme reftante defdits paiemens, foit par eux ajoutée à celle de la femaine fuivante, de manière que tous les fonds que nous leur aurons diftribués, foient employés au paiement effectif des parties prenantes, fans qu'ils puiffent retenir en leurs mains aucuns deniers, fous prétexte de parties faifies ou non réclamées ; à peine contre les contrevenans, d'interdiction & d'amende arbitraire. Enjoignons au prévôt des marchands de notre bonne ville de Paris, & aux contrôleurs des *rentes*, de tenir la main à l'exécution du préfent article, & en cas de contravention, d'en donner avis au contrôleur général de nos finances.

VIII.

Notre intention étant qu'il ne refte à l'avenir aucuns débets entre les mains des payeurs des *rentes* dudit hôtel-de-ville, les états de diftribution defdites *rentes*, ne contiendront, à compter de celui qui fera arrêté en notre confeil pour l'année 1771, que les fommes qui auront été effectivement payées par lefdits payeurs fur chacun de leurs exercices. Ordonnons en conféquence, que lefdits payeurs ne feront tenus de préfenter leurs comptes en notre chambre des comptes, qu'après que lefdits états de diftribution auront été arrêtés. Dérogeons à cet égard, aux difpofitions de l'ordonnance du mois d'août 1669, & autres règlemens qui pourroient avoir été rendus fur cette matière.

IX.

Maintenons & confirmons lefdits payeurs & contrôleurs réfervés, leurs fucceffeurs, les vétérans, & les veuves, dans tous les droits, fonctions, difpenfes, facultés, honneurs, exemptions, privilèges, émolumens, prérogatives & prééminences, droits de franc-falé & de *committimus* en nos grandes & petites chancelleries, à eux attribués par nos précédens édits, déclarations & arrêts de notre confeil, de la même manière que s'ils étoient plus amplement détaillés au préfent édit.

X.

Rétabliffons lefdits payeurs & contrôleurs réfervés, dans le droit d'hérédité attribué à leurs offices par nos précédens édits & déclarations ; voulons en conféquence, qu'eux & leurs fucceffeurs jouiffent à l'avenir defdits offices hérédi-

tairement, fans nous payer aucuns droits d'annuel, de mutation, & de centième denier, de la même manière qu'ils en jouiffoient avant la révocation portée par notre édit du mois de février 1771 ; dérogeant à cet égard à notre édit, fans néanmoins tirer à conféquence pour les autres offices de notre royaume.

XI.

Confirmons lefdits payeurs & contrôleurs réfervés, dans l'exemption des dixièmes, vingtièmes & deux fous pour livre du dixième à eux accordée par nos précédens édits, déclarations & arrêts de notre confeil ; déchargeons en conféquence, à compter du 1er janvier de la préfente année, leurs gages, taxations & droits d'exercice, de la retenue du dixième d'amortiffement, établie par notre édit du mois de décembre 1764.

XVII.

Nous avons fixé & fixons irrévocablement les épices des comptes defdits payeurs réfervés, à la fomme de huit mille livres pour chacune defdites trente parties, à quelque fomme que puiffe monter le fonds des *rentes* qui feront diftribuées dans lefdites parties. Voulons que le fonds defdites épices foit ainfi fait à l'avenir dans les états de diftribution defdites *rentes*, à compter de celui qui fera arrêté en notre confeil pour l'année 1771 ; dérogeant à cet égard, aux édits des mois d'avril 1671, décembre 1690 & avril 1704.

Les années fuivantes, différens règlemens furent rendus fur la comptabilité des *rentes*.

Les lettres-patentes du 30 décembre 1772, enregiftrées à la chambre des comptes le 16 feptembre 1773, ordonnèrent qu'il ne feroit fait mention dans les comptes des payeurs des *rentes*, que du net des *rentes*, parce qu'en même-tems le montant de ces retenues ne feroit pas mis entre leurs mains, & qu'il ne feroit plus fait fonds dans les états de diftribution, que du net revenant à chacune des parties prenantes, c'eft-à-dire, déduction faite des retenues & impofitions dont chaque portion de *rente* feroit fufceptible.

Une déclaration du 31 janvier 1773, des lettres-patentes du 1er mai fuivant, & une déclaration du 28 février 1774, réglèrent tout ce qui a rapport à la comptabilité des payeurs des *rentes*, en fixant les délais dans lefquels ils rendroient leurs comptes, & ceux dans lefquels ils payeroient les épices précédemment réglées, à la chambre des comptes.

L'année 1784 fut remarquable par rapport aux *rentes* fur l'hôtel-de-ville de Paris, en ce que les lettres-patentes du 15 août, enregiftrées en parlement le 31 du même mois, rapprochèrent leurs paiemens, & fixèrent irrévocablement les époques où ils auroient lieu, dans les termes suivans.

Sa majesté voulant qu'il ne soit plus éprouvé de retards dans les paiemens des arrérages des *rentes*, tant viagères que perpétuelles, qui s'acquittent en l'hôtel-de-ville de Paris, a ordonné ce qui suit :

ARTICLE PREMIER.

Indépendamment des fonds ordinaires qui sont & continueront d'être destinés au paiement des arrérages des rentes perpétuelles & viagères qui s'acquittent à l'hôtel-de-ville de Paris, il sera remis aux payeurs desdites *rentes*, par l'adjudicataire des fermes générales, un million d'augmentation dans le cours du mois d'octobre prochain, & pareille somme dans chacun des mois suivans, jusques & compris le mois de juin mil sept cent quatre-vingt six ; le tout pour servir à l'entier acquittement de tous les arrérages desdites *rentes* échues jusqu'au dernier décembre mil sept cent quatre-vingt-cinq.

II.

Les arrérages des six premiers mois mil sept cent quatre-vingt six, de toutes les *rentes* perpétuelles & viagères, payables à l'hôtel-de-ville, seront acquittés en entier dans les six derniers mois de la même année ; ceux desdits six derniers mois mil sept cent quatre-vingt-six, seront payés dans les six premiers mois de 1787, & ainsi de suite, sans retard ni interruption ; ensorte que les arrérages d'un semestre seront toujours acquittés en entier dans le semestre suivant. Veut sa majesté, que cet ordre ne soit jamais interrompu pour quelque cause & dans quelque cas que ce puisse être, même dans celui de guerre ; à l'effet de quoi elle a ordonné & ordonne expressément au contrôleur général des finances, de faire remettre exactement aux payeurs desdites *rentes*, par chaque semestre, & de semaine en semaine, les fonds nécessaires pour l'acquittement des arrérages du semestre précédent.

III.

L'état annexé sous le contre-scel des présentes lettres-patentes, qui indiquera le mois de chaque semestre, dans lequel chaque rentier sera payé, en suivant l'ordre alphabétique établi pour les paiemens desdites *rentes*, sera imprimé, & demeurera affiché dans les salles de l'hôtel-de-ville de Paris où se font lesdits paiemens, pour être ledit état suivi constamment & toujours, sans que, sous aucun prétexte, il puisse être fait aucun changement.

IV.

Quant aux parties arriérées, faute par les propriétaires de s'être présentés ou mis en règle aux époques où leurs arrérages étoient payables, elles seront acquittées dans le mois, à dater du jour qu'elles auront été demandées & mises en état d'être reçues, sans que leurs paiemens puissent être retardés ni morcelés sous aucuns prétextes.

V.

Les *rentes* perpétuelles & viagères sur l'hôtel-de-ville de Paris, devant se trouver au courant au premier juillet mil sept cent quatre-vingt six, par l'effet des présentes dispositions, sa majesté destinera alors des fonds particuliers pour rapprocher les paiemens arriérés de tous les autres objets employés dans les différens états.

TABLEAU des payemens qui seront faits à l'hôtel-de-ville, par ordre alphabétique, pendant l'année 1786.

Six derniers mois, & **année 1785.**	Janvier . . . A . . . B.	
	Février . . . C . . . D . . . E.	
	Mars . . . . F . . . G . . . H.	
	Avril . . . . J . . . L.	
	Mai . . . . M . . . N . . . O.	
	Juin . . . . P . . . Q . . . R, &c.	
Six premiers mois, & **année 1786.**	Juillet . . . . . . A . . . B.	
	Août . . . . . . C . . . D . . . E.	
	Septembre . . . F . . . G . . . H.	
	Octobre . . . J . . . L.	
	Novembre . . . M . . . N . . . O.	
	Décembre . . . P . . . Q . . . R, &c.	

Un édit du mois de feptembre de la même année, créa vingt offices de payeurs des *rentes*, & autant d'offices de contrôleurs pour payer, à commencer en 1785, dix nouvelles parties de *rentes*, formées de tous les arrérages qui fe payoient précédemment à la caiffe des amortiffemens, & qui en avoient été diftraits par arrêt du confeil du 14 août. La finance de ces offices, réunis par deux, fur la tête de chaque payeur, fous le titre d'ancien triennal, & d'alternatif quatriennal, fut fixée à trois cens mille livres pour chaque office, en forte que chacun d'eux eût à payer fix cens mille livres, & chaque contrôleur cent foixante mille livres, à raifon de quatre-vingt-dix mille livres par office, avec attribution de gages au denier vingt de cette finance, de franc-falé, exemption de logement de gens de guerre, & de tous les privilèges attribués aux payeurs & contrôleurs des *rentes* anciennes, exemptions de toutes retenues de dixième, vingtième & autres impofitions royales : en même-tems, il leur eft accordé les mêmes taxations & frais de bureau, qu'aux trente anciens payeurs ; il leur eft permis de compter à la chambre des comptes dans les délais fixés par la déclaration du roi du 23 février 1774 ; & les épices, qui pour les trente payeurs étoient réglées par les lettres-patentes du 22 décembre 1776, à quatre cens quatre-vingt mille livres, le font à cinq cens foixante mille livres, à raifon de quatorze mille livres pour chacune des quarante parties.

Nous ajouterons, pour ne rien laiffer à defirer fur cette matière, qu'une déclaration du roi, du 20 juillet 1785, publiée le 4 août, a réglé les droits du contrôleur des hypothèques fur les *rentes*, ainfi qu'il fuit.

A compter du jour de la publication de la préfente déclaration, fa majefté ordonne que tous droits de vérification d'oppofitions & enregiftrement de lettres de ratification, fur tranfports & autres actes tranflatifs de propriété des *rentes*, augmentation de gages & autres charges femblables affignées fur fes revenus, comme auffi pour les certificats qu'il n'exifte point d'oppofitions, lors des quittances paffées à fa décharge, pour raifon de rembourfemens réels & de reconftitution, il foit payé auxdits confervateurs des hypothèques, un droit unique par chaque contrat, quel que foit le nombre des propriétaires, favoir :

Pour les parties au-deffous de 50 *l.* . . . . . 2 *l.*

Pour celles de	50 *l.*	à	100 *l.*	. . . .	4
de	100	à	200	. . . .	8
de	200	à	300	. . . .	12
				exclufivement.	
de	300	à	400	. . . .	16
de	400	à	500	. . . .	20
de	500	à 1000		. . . .	24
de	1000	& au-deffus		. . .	30 *l.*

N'entend néanmoins fa majefté, que pour les parties de douze livres & au deffous, dont le rembourfement eft ordonné, il puiffe être perçu plus de trente fous, conformément à ce qui a été précédemment réglé à ce fujet.

Sa majefté réitère la difpenfe relative aux hypothèques, accordée aux étrangers par les lettres-patentes du 30 octobre 1764.

Le tarif annexé à l'édit de juillet 1685, fera au furplus exécuté en ce qui n'y eft pas dérogé par la préfente déclaration.

Les formalités à remplir pour toucher des *rentes* de nouvelle conftitution, confiftent à fournir au payeur l'ampliation du contrat, avec les quittances des arrérages échus.

Quant aux *rentes* acquifes par fucceffion, par vente ou échange, le nouveau propriétaire doit juftifier de fon droit par pièces duement légalifées par un juge royal, ou par actes paffés devant notaires.

RENTES, terme générique en ufage dans les finances d'Efpagne, pour défigner les droits qui y font perçus, & qui compofent les revenus du roi.

Ainfi on appelle *rentes* particulières, les droits qui fe perçoivent fur les laines, la poudre & le plomb, fur le fel & fur le tabac, & *rentes* provinciales, différentes branches des revenus de l'Etat, confiftant dans les droits fur les huiles, les vins, les vinaigres, fur la viande, fur la vente des meubles & immeubles, &c. *Voyez* ESPAGNE, *tom. II. pag.* 69 & *fuiv.*

RÉPARATIONS, f. f. dont le fens eft très-intelligible. Suivant l'article 551 du bail général des fermes fait en 1738 à Forceville, l'adjudicataire des fermes n'eft tenu que des menues *réparations* des maifons & bâtimens, bureaux, murs de clôtures qui appartiennent au roi, & dont il a l'ufage pour l'exploitation de fes fermes.

RÉPARTITION, f. f. qui fignifie partage. A la fin d'un bail il fe fait une *répartition* des bénéfices entre tous les affociés à ce bail. On appelle état ou compte de *répartition*, le tableau qui conftate l'objet de la *répartition*.

La *répartition* des tailles, qu'on appelle auffi régalement, eft la diftribution d'une fomme fixe impofée fur une paroiffe, entre tous les contribuables qu'elle renferme.

REPRISE, f. f. qui eft fort ufité dans toute

comptabilité : les *reprifes* forment ordinairement la troifième partie d'un compte.

La *reprife* eft une efpèce de dépenfe qui eft toujours à la décharge d'un comptable. Le chapitre des *reprifes* contient en général, des objets qui doivent être déduits du compte comme indécis & incertains, & qu'il n'eft pas au pouvoir du comptable de réalifer.

RESCRIPTION, f. f. C'eft un ordre de payer une fomme déterminée, adreffé à un caiffier ou receveur, par la perfonne à laquelle il doit un compte, & qui a reçu cette même fomme fous la condition de la faire paffer au lieu défigné.

Les fermiers généraux, les régiffeurs généraux, les adminiftrateurs des domaines & des poftes, tirent des *refcriptions* fur leurs receveurs en province, & les receveurs généraux des finances en délivrent fur les commis à la recette des tailles de leur généralité.

Comme ces dernières *refcriptions* étoient fouvent tirées par les receveurs généraux à fix, huit mois, & remifes au tréfor royal, qui les donnoit aux différens tréforiers pour faire leur fervice, il arrivoit qu'elles fe négocioient fur la place, & les fonds en provenant étoient employés aux dépenfes du gouvernement qui accordoit un intérêt de cinq pour cent, avec un pour cent de commiffion pour la négociation. Souvent au terme de leur échéance on les renouvelloit encore pour un tems femblable, & il en coûtoit au gouvernement des frais de commiffion qui devenoient un objet de plufieurs millions ; c'eft à cette efpèce d'effets que l'on donne proprement le nom de *refcriptions*, parce qu'elles font les feules dé ce nom, qui, au moyen de cet intérêt, offrent aux capitaliftes des occafions avantageufes de placer leur argent : auffi lorfque leur paiement fut fufpendu par arrêt du 18 février 1770, le murmure fut général à Paris, & ces effets perdirent trente-cinq à quarante pour cent : il en exiftoit alors pour environ foixante millions.

Une déclaration du roi du même mois de février, vint apporter quelque foulagement au mal qu'avoit produit la fufpenfion des *refcriptions* ; mais elle ne fervit qu'à faire une plaie mortelle au crédit de l'Etat, car elle ordonnoit que les fommes deftinées, pendant quatre ans, au rembourfement des capitaux d'emprunts, feroient employés à rembourfer les *refcriptions* fufpendues.

Quelques années après il fut affigné annuellement un fonds régulier de trois millions pour fatisfaire au rembourfement de ces refcriptions par voie du fort, au moyen d'un tirage ordonné

pour chaque année, jufqu'à leur entier acquittement.

On voit par l'arrêt du confeil, du 26 juin 1785, qu'au premier janvier de cette même année, il en reftoit encore pour plus de trente-deux millions cinq cens mille livres, dont le parfait rembourfement ne devoit être opéré qu'en 1795, à raifon de trois millions par année ; mais cet arrêt agréant les offres des receveurs généraux des finances, ordonna que cette fomme feroit rembourfée en dix mois, au moyen des affignations qui leur feroient données pour pareille fomme, & payables aux mêmes termes que les *refcriptions*.

RÉSERVÉS. (droits). Au mot DROIT, tom. I. *pag.* 675. nous avons fait connoître en quoi confiftent les droits *réfervés* proprement dits, qui dépendent de l'adminiftration des domaines.

Et au mot DON GRATUIT, même *volume*, *pag.* 626, nous avons expliqué que les droits originairement établis en 1758, fous ce nom, étoient dégénérés en droits *réfervés* & perpétuels : on peut avoir recours à ces deux articles.

RÉSIDENCE, f. f. C'eft la demeure fixe que quelqu'un a dans un lieu. *Voyez* ABSENCE & CONGÉ. On a rapporté fous ces deux articles, ce qui concerne particulièrement les employés dans les différentes parties de finance.

RÉSILIATION, f. f. Il provient de réfilier, qui fignifie caffer, annuler.

RESSORT, f. m. qui fignifie l'étendue de territoire dont les jurifdictions relèvent par appel à un tribunal fupérieur : ainfi le *reffort* du parlement de Paris comprend toutes les provinces qui n'ont point de parlement. *Voyez le Dictionnaire de Jurifprudence.*

RESTANT EN CAISSE, f. m. Ce mot eft ufité parmi les comptables, pour défigner l'argent comptant qui fe trouve en caiffe, lorfqu'un commis remet fon bordereau de fituation, ou rend compte de fon maniement.

RESTES, f. m. On employe ce terme dans les compagnies de finance, pour parler des recouvremens qui font à faire après l'expiration d'un bail, d'une régie ; recouvrement dans lefquels chaque intéreffé à ce bail, ou fes repréfentans ont droit de partage. On a vu les *reftes* du bail de Desboves donner à chacun des quarante fermiers généraux, un million ; ceux d'un autre bail, trois à quatre cens mille livres, quoiqu'ils euffent reçu trois cens mille livres pour chaque année.

RÉSULTAT, f. m. C'eft ce qui a été recueilli

ou conclu après une difcuffion, une conférence ou une affemblée. Ainfi le *réfultat* du confeil eft un arrêt rendu après une délibération fur une affaire de finance, & qui comprend les objets qui y font relatifs, & preferit les formes dans lefquelles on doit les régir.

RÉTENTION, f. f. qui fignifie l'action de retenir. La *rétention* de deniers arrive lorfqu'un comptable ne veut pas fe défaifir des fonds qu'il a entre les mains, & refufe de les diftribuer fuivant la deftination qui leur eft affignée, ou de les remettre à fon fupérieur. Celui qui fe rend coupable de *rétention*, reçoit le nom de rétentionaire.

RÉTENTIONAIRE des deniers royaux. Les anciennes ordonnances de 1557, le condamnent à reftituer la fomme qu'il a retenue avec le double par forme d'amende. Cette peine a enfuite été modérée par autre ordonnance de novembre 1573, aux fimples intérêts des fommes retenues depuis la préfentation du compte, jufqu'à leur parfait acquittement, fans qu'il fût befoin d'aucune fommation ni fignification; mais comme il arrive rarement qu'il y ait rétention de deniers royaux fans divertiffement, *voyez* ce qui a été dit à **ce** dernier mot.

RETENUE, f. f. par lequel on entend une déduction qui eft faite fur une rente, fur des gages ou appointemens, du dixième, ou de la capitation, ou de toute autre impofition à laquelle la fomme payée eft affujettie.

On appelle *brevet de retenue*, une grace accordée par le roi au titulaire d'une charge qui n'eft point héréditaire. Cette grace, qui eft exprimée dans un brevet figné du roi & du fecrétaire d'État du département, confifte dans la faculté qui eft accordée à ce titulaire, à fes héritiers, de répéter auprès du fucceffeur à la charge, une fomme déterminée : fans quoi la mort du titulaire entraîneroit la perte de la fomme qu'il fe trouveroit avoir payée.

RÉTHELOIS. *Voyez* PAÏS privilégié pour les gabelles *pag. 275 de ce volume.*

RETRAITE, f. f. En finance, faire fa retraite, c'eft fe retirer des affaires pour vivre paifible & dégagé de tous les foins qu'elles entraînent. Demander fa *retraite* fe dit d'un employé qui, après avoir rempli les fonctions attachées à fon titre pendant un long efpace de tems, defire jouir du calme de l'efprit & du repos du corps, qui font fi néceffaires quand la vieilleffe commence à appefantir toutes les facultés.

Jufqu'en 1768, les anciens employés des fermes, qui avoient confumé leur jeuneffe & leurs forces dans le travail, ceux qui dans leurs fonctions éprouvoient des accidens qui les mettoient hors d'état de continuer leurs fervices, n'avoient, dans ces triftes conjonctures, d'autre efpérance que dans la juftice, l'humanité & la libéralité de leurs commettans ; mais à cette époque, un des fermiers généraux, diftingué par des connoiffances très-étendues, & par un jugement folide auquel tient un caractère très-prononcé, imagina de faire un établiffement propre à procurer des fecours aux légionnaires de la ferme devenus infirmes, incapables ou invalides. Indépendamment de l'afpect honorable pour l'humanité, fous lequel ce projet fe préfente, on fent que fon exécution ne pouvant qu'être utile à la ferme, en attachant davantage les fujets à leurs emplois, & leur offrant en proportion, un moyen affuré de fubfiftance, après avoir épuifé leurs facultés. Voici l'extrait de fon plan, configné dans une délibération prife par fa compagnie, & approuvée du miniftre des finances le 21 février 1768.

La compagnie s'étant fait inftruire des arrangemens convenus dans plufieurs départemens entre les employés des brigades, pour procurer quelques fecours à ceux d'entre eux à qui l'âge, les infirmités ou les bleffures reçues dans l'exercice de leurs fonctions, ne permettent plus de continuer le fervice, elle a reconnu qu'ils s'étoient affujettis à des contributions, pour former une maffe de fonds qui pût remplir ces vues : elle a vu auffi avec fatisfaction, que les employés fupérieurs, perfuadés du bon effet que ces arrangemens pouvoient procurer pour un meilleur travail, relativement aux parties fur lefquelles portent leurs émolumens, avoient confenti de s'affujettir à des contributions perfonnelles, & elle n'a pu qu'applaudir aux foins qu'ils fe font donnés pour recueillir & adminiftrer les fonds deftinés aux retraites ; mais elle a remarqué en même-tems, que l'objet des contributions, & celui des fecours annuels & momentanés, n'avoient point été réglés d'après une proportion uniforme dans les différens départemens où ces établiffemens fe font faits, & qu'il en étoit de même des règles qui avoient été fuivies pour la difpenfation de ces fecours : elle a reçu d'ailleurs des plaintes de la part de quelques employés, qui annonçoient, fur cette adminiftration, des préjugés capables de refroidir le zèle des fupérieurs : enfin, plufieurs de ceux admis aux retraites annuelles, ont marqué des inquiétudes fur l'avenir, qui pouvoient faire regretter à ceux qui y contribuent, le facrifice qu'ils font, & ôter à ces arrangemens les bons effets qu'on en peut attendre. Dans ces circonftances, la compagnie a cru devoir s'occuper des moyens d'affurer par elle-même à ces établiffemens, tous les avantages dont ils font fufceptibles, & de prévenir les inconvéniens dont l'expérience a fait appercevoir les germes : elle a pensé aussi qu'il étoit nécessaire de les rendre communs à tous les départemens, & de les soumettre à des règles fixes & uniformes. Son intention d'ailleurs est de contribuer par elle-même en argent, & par la destination de plusieurs emplois propres à servir de retraites, à un arrangement aussi conforme aux loix de l'humanité & de la justice, qu'au bien de la régie ; & en conséquence, elle a délibéré & arrêté ce qui suit.

ARTICLE PREMIER.

Les directeurs, les contrôleurs généraux, les inspecteurs des fermes, les contrôleurs des bureaux généraux du tabac, contribueront aux fonds destinés pour les retraites, à raison de trois deniers pour livre de leurs appointemens, sur quelque partie qu'ils soient assignés.

II.

Les receveurs généraux des fermes, & ceux du tabac, contribueront, à raison de six deniers pour livre de leurs appointemens, attendu les autres émolumens dont ils jouissent.

III.

Les receveurs des grandes gabelles, contribueront à raison de trois deniers pour livre de leurs appointemens fixes, & autres émolumens dont ils se payent par leurs mains, de laquelle contribution ils feront recette dans leurs comptes ; & quant aux gratifications qui leur sont accordées sur les excédens de vente, & dont il est d'usage d'assigner le paiement sur la recette générale du département, les mêmes trois deniers pour livre leur seront retenus par le receveur général.

IV.

Les contrôleurs que la compagnie jugera convenable d'établir dans les greniers des grandes gabelles, seront assujettis, pour les appointemens & autres émolumens dont ils devront jouir, aux mêmes retenues que les receveurs.

V.

Les receveurs des petites gabelles contribueront, à raison de trois deniers pour livre, tant des appointemens fixes, s'il leur en est accordé, que des remises dont ils jouissent, pour leur tenir lieu de gages, & les charges qui y sont attachées.

VI.

Les entreposeurs du tabac contribueront pour trois deniers pour livre de la valeur des tabacs qui leur sont accordés sur ceux de chacune de leurs levées, pour tenir lieu d'appointemens & les indemniser des frais de voiture & de manutention de leur entrepôt ; laquelle contribution

sera par eux payée au receveur général sur chacune des levées, en même tems que les entreposeurs lui payeront le prix des tabacs.

VII.

Les capitaines généraux, les capitaines particuliers, lieutenans, brigadiers, sous brigadiers, officiers des pataches & gardes-matelots, & généralement tous les employés des brigades, tant à cheval, qu'à pied, & des pataches, au profit desquels se fait le présent établissement, y contribueront à raison de six deniers pour livre de leurs appointemens, sur quelque partie qu'ils soient assignés.

VIII.

La compagnie consent de fournir une somme égale à celle provenant des contributions des employés supérieurs, & autres qui ne devront point participer aux gratifications de *retraites*, suivant les règles prescrites par les six premiers articles de la présente.

IX.

Les retenues formeront, avec ce que la compagnie se propose d'y joindre, une masse de fonds, dont la totalité sera employée indistinctement aux destinations faites par la présente délibération dans chaque département, & sans relation entre la somme qui s'y trouvera répartie, & celle pour laquelle il aura contribué à la masse.

X.

Pour ajouter à ces secours, autant qu'il sera possible, elle destine aux employés qui seront dans le cas d'être admis à la *retraite*, les places des commis aux reventes principales & subordonnées, & celles des contrôleurs aux enlèvemens & aux passages dans le quart-bouillon, les contrôles des dépôts & salorges, & toutes les places de fournisseurs & minotiers dans lesdits dépôts & salorges, les entrepôts de tabac de cinq cens livres & au-dessous ; & enfin tous les regrats au-dessus de cinquante minots, sauf à ajouter quelque gratification, annuelle dans le cas où le travail attaché à aucune de ces places, ou la modicité de leur produit, exigeroient ce supplément, qui sera toujours pris sur le fonds des *retraites*.

XXIV.

Les *retraites* annuelles demeureront fixées à quatre cens livres pour les capitaines généraux, à deux cens cinquante livres pour les commandans des brigades à cheval, à deux cens livres pour les lieutenans de ces mêmes brigades, ainsi que pour les cavaliers d'ordre ; à cent quatre-vingt livres pour les simples cavaliers ; & à la moitié des appointemens ordinaires pour les autres officiers des brigades & pataches, & pour les simples gardes & matelots.

XXV.

Les employés ne pourront être proposés pour

les *retraites*, qu'après vingt ans de service effec-tif, remplis fans interruption, avec l'approbation des fupérieurs., & en fuppofant que l'état de leurs forces ne leur permet plus d'y fuffire ; en obfervant encore de préférer, dans le nombre des fujets propofés, ceux qui par leurs infirmités feroient abfolument hors d'état de continuer le travail.

X X V I.

Les vingt ans de fervice ne feront point exigés à l'égard des employés qui auroient été bleffés dans les attaques des fraudeurs, de manière à ne pouvoir remplir leur fervice par la fuite, & il on fera ufé de même à l'égard de ceux qui au-roient éprouvé quelques accidens dans l'exercice de leurs fonctions : la compagnie ftatuera, fui-vant les circonftances, & relativement à la durée & au mérite de leurs fervices antérieurs, fur le traitement qui leur fera accordé, foit par la gra-tification de *retraite* annuelle en tout ou en partie, ou en leur accordant une gratification une fois payée, ou foit enfin, en leur procurant un des emplois mentionnés en l'article IX.

X X I X.

Les employés admis aux *retraites*, en feront privés, & pour toujours, s'ils fe rendent cou-pables de quelque fraude, ou de complicité avec les fraudeurs.

Ce premier établiffement a eu des effets fi heu-reux, que toutes les autres parties de la ferme gé-nérale l'ont adoptée comme, les entrées de Paris, les traites pour leurs employés refpectifs. Il fe-roit à defirer que la partie des aides prît égale-ment de fages mefures pour s'approprier le même plan, en y ajoutant des combinaifons calculées fur la modicité des appointemens qu'elle donne, & fur la mobilité de fes emplois.

R**Ê**VE. (droit de) Ancien droit créé par Charles-le-Bel, par ordonnance du 13 décem-bre 1324. Voici à quelle occafion ce droit fut établi. Ce prince avoit fait revivre l'ordonnance de Philippe-le-Bel, du premier février 1304, qui, défendoit l'exportation des laines & de toutes ef-pèces de denrées & de marchandifes fabriquées, fans en avoir obtenu la permiffion expreffe, qui bien entendu, étoit fuffifamment payée.

Cette interdiction du commerce extérieur, ayant allarmé les étrangers, en grande partie Italiens, qui faifoient un grand trafic en France, ils offrirent de payer quatre deniers pour livre de la valeur, de toutes les marchandifes qu'ils enleve-roient, & ce fut cette impofition qui reçut le nom de *rève*. Ducange prétend que ce mot dé-rive de *rogue*, *rogari* : d'autres difent que ce mot fignifioit fimplement recette. Cette dernière opi-

nion eft d'autant plus probable, qu'on trouve dans une ordonnance du mois d'avril 1361, les termes de *rève* & de recette employés comme fynonyme. Quoi qu'il en foit, à l'ordonnance de 1324 fut joint un tarif, portant un droit fixe fur plufieurs efpèces de marchandifes fortant du royaume, & vendues dans l'intérieur, comme les vins, les grains, les harengs, les beftiaux, le fel, les cuirs, la pelleterie.

En même-tems il étoit défendu d'exporter du royaume, des armes, des harnois, des chevaux, du fer, de l'acier, des draps blancs écrus & non teints, des fils de laine, des chardons à drapiers, le fil, le chanvre, le lin, les toiles & le linge de table ; & pour maintenir cette prohibition, les con-ducteurs des marchandifes étoient tenus de payer le droit au lieu de leur chargement, & de pren-dre un acquit pour être repréfenté aux gardes éta-blis fur les confins du royaume, ainfi qu'il a été dit dans le difcours préliminaire fur les finances, à la tête du premier volume, *pag. 25.*

L'ordonnance de 1324 ne devoit avoir fon exé-cution que jufqu'à la fête de la Touffaint 1325 ; mais elle fut prorogée fucceffivement tous les ans, jufqu'à la mort de Charles-le-Bel.

Son fucceffeur, Philippe de Valois, imita fon exemple, comme on le voit par les lettres-pa-tentes du 7 mai 1332.

Mais l'année fuivante, par d'autres lettres-pa-tentes du 9 mars 1325, le droit de *rève* fut fup-primé dans tout le royaume. Cette fuppreffion dura peu, fans doute, puifqu'on voit dans les lettres du même roi, du mois de juin 1340, que différens marchands en font exemptés. Elle ne fouffrit plus d'interruption ; *& on peut voir dans l'hiftoire du tarif de 1664, par M. de Franche-ville*, les différentes manières dont elle fut affer-mée & régie jufqu'à fon extinction en 1664.

Mais cette extinction n'eut lieu que dans les provinces qui compofent les cinq groffes fermes. Le droit de *rève* continua de fubfifter dans les au-tres, & fut réuni, en Languedoc, à la foraine, comme il a été dit fous ce mot, *tome II, pag. 238* ; & il eft refté confondu avec ce droit, par-tout où il fe lève. *Voyez* FORAINE.

REVENU, f. m. C'eft l'univerfalité de la recette d'un particulier, d'un Etat. Pour nous borner à ce qui peut intéreffer généralement, c'eft-à-dire à la connoiffance des *revenus* de l'Etat, nous allons raffembler ici le montant du produit des différentes branches de finance qui compofent ces *revenus* ; mais nous obfer-verons que comme nous avons rapporté fous le mot FRAIS, le détail de ceux que coûtent

les

les recouvremens de toutes les charges publiques, parmi lesquelles il est plusieurs contributions qui n'ont pas lieu au profit de l'Etat, & qu'on a présentées sous le mot GÉNÉRALITÉ ; nous allons donner ici le tableau de tous les *revenus* qui lui appartiennent exclusivement, en y réunissant le montant des frais de perception, applicables à chaque partie, afin d'avoir une connoissance exacte du produit net de chacune.

TABLEAU général des revenus de l'Etat, au *premier janvier* 1786, avec le montant des frais que coûte la perception de chaque partie.

DÉNOMINATION de chaque branche DE REVENU.	TOTALITÉ de son produit brut.	FRAIS de perception à déduire sur ce produit.	MONTANT DU REVENU NET.	OBSERVATIONS.
Les deux vingtièmes, & quatre sous pour livre	55,000,000 millions			Il faut observer qu'à la fin de 1786, doit cesser la perception du troisième vingtième ; ce qui occasionnera une diminution dans cette partie, d'environ vingt millions seulement, parce que les frais diminueront aussi.
Troisième vingtième mis en 1782 . . .	21,500,000	12,600,000 l.	196,400,000	
Taille	91,000,000			
Capitation	41,500,000			
Ferme générale . . .	170,000,000	23,000,000	147,000,000	Le bail de Mager est le cent-cinquante millions.
Régie générale	52,000,000	8,800,000	43,200,000	On a compris le produit des nouveaux deux sous pour livre, mis en 1781.
Administration des domaines	52,000,000	5,400,000	46,600,000	
Ferme de Sceaux & de Poissy	1,100,000	300,000	800,000	
Ferme des postes . .	10,300,000	1,200,000	9,100,000	
Ferme des messageries	1,100,000	. . . .	1,100,000	C'est le prix du privilège exclusif.
Bénéfice sur les monnoies	500,000	. . . .	500,000	Cet article a reçu, en 1786, une augmentation momentanée de huit à neuf millions.
Régie des poudres . .	800,000		800,000	Prix du privilège exclusif.
Loterie royale	11,500,000	2,400,000	9,100,000	
Parties casuelles . . .	3,500,000	180,000	3,320,000	
Marc-d'or	1,700,000	50,000	1,650,000	
Aides de Versailles . .	1,000,000	200,000	800,000	
Impositions de la Corse	600,000	100,000	500,000	
Don gratuit du clergé	3,400,000	. . . .	3,400,000	A raison de seize ou dix-sept millions tous les cinq ans.
	5,18,500,000 livres.	54,200,000 l.	4,64,270,000 l.	

REVÉNDEUR & REVENDEUSE, f. m. & f. Celui ou celle qui fait métier de revendre. Les débitans de tabac, les regratiers de fel font proprement les *revendeurs* de la ferme générale.

On appelle à Paris, *revendeufes* à la toilette certaines femmes dont le métier eft de courir les maifons pour y vendre des nippes & des bijoux. Sous ce prétexte, elles fe chargent auffi de débiter myftérieufement, foit pour leur compte, foit pour celui des perfonnes qui les paient, toute forte de marchandifes de contrebande, comme gazes d'Angleterre, étoffes des Indes & du Levant, des mouffelines de Suiffe, &c. &c. Ce trafic, fi pernicieux pour les fabriques nationales, & pour les revenus du roi, eft défendu par plufieurs réglemens qui prononcent des peines trèsgraves contre ceux qui le font.

REVENDICATION, f. f. C'eft l'action par laquelle on réclame une chofe à laquelle on prétend avoir droit.

En matière de droits des fermes, l'article XXVII du titre commun de l'ordonnance de 1681, porte, que les effets mobiliers faifis, à fin de confifcation, ou confifqués, ne pourront être fufceptibles de *revendication* par les propriétaires, ni leur prix, qu'il foit configné ou non, réclamé par aucun créancier, même privilégié, fauf leur recours contre les auteurs de la fraude. Il fuit de ces difpofitions, que lorfque le porteur d'une marchandife, & de tout objet quelconque, fujet aux droits, l'a expofé à être faifi, foit par une fauffe déclaration, foit faute d'en avoir fait une, la perfonne qui l'en a chargée, ou celle à qui elle eft adreffée, ne peuvent être fondées à la revendiquer, fans payer les droits & l'amende prononcée dans le cas de faifie.

REVENTE des domaines du roi. C'eft l'adjudication qui fe fait au confeil, ou par fes commiffaires nommés *ad hoc*, d'un domaine actuellement engagé à faculté de rachat perpétuel, à la charge par l'adjudicataire, de rembourfer comptant, & en un feul paiement, la finance payée par l'engagifte, & en outre d'acquitter au domaine une rente annuelle, avec le fou pour livre du capital de cette rente, fur le pied du denier trente.

La *revente* eft un moyen de dépoffécer un engagifte qui a primitivement payé une finance trop modique, & d'augmenter les revenus de l'Etat fans augmenter fes charges : c'eft-à-dire que le nouvel engagifte étant tenu de rembourfer l'ancien, & de plus, d'une redevance annuelle, lorfqu'on veut réunir au domaine l'objet de cet engagement, il ne s'agit que de rembourfer la première finance, & pendant la durée de l'aliénation l'Etat à bénéficié de la rente qu'il a reçue.

L'adjudicataire, par *revente*, eft entièrement fubrogé au contrat d'engagement fait à celui qu'il depoffede ou à fes auteurs ; il jouit au même titre, des mêmes privilèges, & il eft tenu des mêmes charges, outre la nouvelle rente ; au lieu que lorfque les biens engagés font rentrés dans la main du roi, par réunion ou autrement, ils n'en fortent plus que par un nouvel engagement. La déclaration du roi, du 19 juillet 1695, & l'arrêt du confeil du 22 mai 1745, établiffent cette diftinction.

Lorfqu'un réglement, tel que l'édit de mars 1695, ou le réglement du 7 mars 1777, rapporté au mot DOMAINE, *tome I, pag.* 607, a ordonné la *revente* des biens domaniaux, celui qui veut dépoffécer un engagifte, & fe rendre adjudicataire par *revente*, doit faire entre les mains du contrôleur général des finances, ou des commiffaires nommés pour procéder à cette opération, des offres de rembourfer comptant, & en un feul paiement, la finance de l'engagifte, fur le pied de la liquidation qui en fera arrêtée, & en outre, de payer au domaine, une rente annuelle de telle quotité. Si ces offres font reçues, un arrêt du confeil ordonne qu'après les publications fuffifantes, il fera procédé à l'adjudication, à titre de *revente*, au plus offrant & dernier enchériffeur. *Voyez* auffi l'arrêt du confeil du 14 janvier 1781, *tom. I, pag.* 611.

Si les engagiftes prétendent avoir des moyens de s'oppofer à la *revente*, ou à Paris au greffe de la commiffion, trois jours avant celui qui eft indiqué pour l'adjudication définitive ; c'eft ce que prefcrit l'arrêt du confeil du 26 février 1725.

Les formalités des adjudicataires, font fuivant l'édit de 1667, & l'arrêt du confeil du 20 juin 1724, de rembourfer la finance des engagiftes, avec les intérêts à raifon du denier trente, à compter du jour de la remife qu'ils ont faite de leurs titres, pour être procédé à la liquidation de cette finance.

Ils doivent faire expédier & retirer les contrats des adjudications qui leur ont été faites à titre de *revente*, en remettre des expéditions en forme au fermier du domaine, & les faire enregiftrer aux greffes des bureaux des finances, ou à ceux des chambres des comptes, dans les provinces où il il n'y a point de bureaux des finances ; faute de quoi il fera procédé à nouvelle adjudication à leur folle-enchère.

Ces expéditions ne peuvent leur être délivrées, qu'ils n'aient préalablement payé le fou pour livre, au denier trente du capital de la rente ftipulée par l'adjudication.

REVENTE A LA FOLLE-ENCHÈRE. On donne

ce nom, toujours en matière de domaine, à une adjudication qui se fait aux risques, périls & fortune d'un précédent adjudicataire qui n'a pas pu payer le prix de son adjudication, ou qui n'a pas satisfait aux conditions sous lesquelles il l'avoit obtenue.

Lorsque ceux qui ont obtenu une adjudication de biens domaniaux n'ont pas fait expédier leur contrat, on procéde à une nouvelle adjudication à leur *folle-enchère*; de plus, ils doivent être contraints, à la requête & diligence du fermier des domaines, au paiement du principal, à raison du denier trente, de la totalité, ou de la portion des rentes, à la charge desquelles l'adjudication leur avoit été faite, suivant le montant de la folle-enchère; en conséquence, si la première adjudication étoit, à la charge de rembourser l'ancien engagiste, & de payer cent livres de rente au domaine, & que dans la seconde adjudication cette rente n'ait été portée qu'à quatre vingt livres, le premier adjudicataire sera contraint au paiement de six cents livres, qui, au denier trente, forment le capital de vingt livres de rente qui se trouvent perdues par la *revente à la folle-enchère*. Les arrêts du conseil, des 20 novembre 1725, & 24 mars 1739 s'expliquent ainsi.

REVENTE de sel. *Voyez* REGRAT.

REVISION de compte, s. f. C'est le second examen d'un compte qui se fait en vertu des lettres-patentes nommant des juges pour y procéder. Cette *revision* a lieu lorsqu'il y a des erreurs, des omissions ou des faux emplois dans les comptes rendus à la chambre, ou lorsqu'il s'élève des contestations entre les héritiers d'un comptable & le contrôleur des restes. *Voyez* ce dernier mot.

RÉVOCATION, s. f. qui a la même signification que destitution : c'est l'acte par lequel on retire à un commis les pouvoirs qui lui avoient été donnés d'exercer ses fonctions.

RIVAGE; (droit de) C'est une portion des droits que comprend la dénomination générale de droits *des ports & havres de Bretagne*. *Voyez* PORTS & HAVRES.

ROLE, s. m. qui vient du mot latin *rotulum* : c'est un état de taxes ou de personnes qui doivent y être sujettes. Ces états ont reçu le nom de *rôles*, parce qu'anciennement ils étoient inscrits sur de grandes peaux, ou sur du parchemin, que l'on rouloit ensuite pour les porter plus commodément.

Le *rôle* des tailles, le *rôle* de la capitation, est un état de répartition, dans lequel sont compris les contribuables, avec la cote qu'ils doivent supporter.

ROMAIN, chiffre. *Voyez* CHIFFRE.

ROMAINE, s. f. sorte de balance propre à peser de grands fardeaux. L'établissement à la douane de Rouen d'une *romaine* avec laquelle on pese une voiture entière chargée de marchandises, a fait donner le nom de bureau de la *romaine*, ou même celui de *romaine* seul, à la douane où se perçoivent les droits d'entrée & de sortie du royaume. On appelle receveur, contrôleur, visiteur de la *romaine*, les préposés des fermes attachés à cette douane.

ROUANNE, s. f. Nom d'un instrument de fer, dont les commis aux aides se servent comme d'un compas, pour tracer un cercle sur un des fonds de chaque pièce de boisson qui arrive chez un cabaretier ou vendant en détail ; ensuite ils inscrivent cette pièce, & sa continence sur leur portatif: c'est ce qu'on appelle prendre en charge.

Lorsqu'ensuite cette pièce ainsi marquée de la *rouanne*, est entamée, & mise en débit, les commis aux aides, chaque fois qu'ils la visitent, ou l'exercent, tirent sur le cercle tracé par leur *rouanne*, une ligne qui indique l'état de la pièce. Si elle est vuide au huitième, au quart, au tiers, cette ligne coupe le cercle par huitième, par quart, par tiers, & ainsi de suite jusqu'à moitié; cas ou une ligne horisontale coupe le cercle en deux parties égales ; puis d'autres lignes indiquent toujours la diminution successive de la pièce, par fractions restantes, du tiers, du quart, du huitième, jusqu'à ce qu'elle soit entièrement vuide ; alors le cercle imprimé par la *rouanne*, est coupé par deux lignes obliques, en forme de croix, & qui indiquent que la pièce est vuide & rabattue.

On doit observer qu'à chaque changement qui arrive dans les marques d'une pièce de vin, les commis font tenus d'en faire mention sur leur portatif, à l'article de la pièce prise en charge, & c'est ce qui constate le débit des vendans en détail.

Les *rouannes* dont les commis se servent dans leurs exercices, leur sont fournies par le fermier des aides, & leur empreinte doit préalablement être déposée par les directeurs, au greffe de l'élection où l'on en fait usage.

ROUSSILLON, s. m. C'est la plus petite des provinces de France ; elle est située dans les Pyrénées, entre la Catalogne, qui appartient à l'Espagne, le Languedoc & la mer méditerranée.

On s'arrête sur le *Roussillon*, 1°. parce que les impositions se lèvent dans cette province, d'une manière particulière, de laquelle les Mémoires de M. de Beaumont, intendant des finances, vont nous inftruire.

2°. Parce que fa conftitution, relativement aux droits des fermes, pour lefquels cette province avoit des tarifs particuliers, vient d'être changée abfolument.

Il n'y a point dans cette province de taille proprement dite ; mais ce qui en tient lieu, eft une impofition connue fous le nom d'impofition ordinaire, affectée au paiement des différentes charges de la province, dont l'intendant arrête annuellement un état, montant pour l'ordinaire, à environ foixante mille livres.

Sur cet état eft expédié un arrêt du confeil, qui ordonne l'impofition ; la répartition eft faite par l'intendant, qui adreffe en conféquence des mandemens, aux différentes communautés, dont les officiers municipaux, affiftés des collecteurs, font enfuite la fubdivifion fur les habitans. Il eft à obferver que la nobleffe, les officiers militaires, ni tout ce qui eft exempt par des emplois ou autrement, ne contribuent point à cette impofition, qui peut conféquemment, être confidérée comme roturière.

Le recouvrement s'en fait par les receveurs particuliers des finances, qui en verfent les produits dans les mains du receveur général, & celui-ci en fait l'emploi d'après l'état général arrêté par l'intendant, & d'après les ordonnances féparées qu'il délivre pour chaque article de dépenfe.

L'impofition porte principalement fur les fonds, & ce n'eft qu'en quelques endroits qu'on y fait contribuer l'habitant pour raifon de certains objets d'induftrie.

S'il furvient des conteftations, foit fur la répartition, foit fur la forme de la levée, elles font décidées par l'intendant, fommairement & fans frais.

Le *Rouffillon*, comme province réputée étrangère, ainfi qu'il a été dit au mot ÉTRANGÈRES PROVINCES, avoit un tarif particulier appellé *tarif Catalan*, parce qu'originairement il étoit écrit en langue Catalane. Il n'avoit pas ceffé d'avoir lieu depuis la réunion de cette province à la France, par le traité des Pyrénées de 1659.

Les droits de ce tarif, divifé en plufieurs claffes, fe levoient également fur les marchandifes apportées en *Rouffillon* par les étrangers & par les nationaux ; mais la perception des droits uniformes établis dans cette province, comme dans le refte du royaume, veilloit à l'intérêt général du commerce national, tant à l'entrée qu'à la fortie, en favorifant l'exportation des denrées & productions indiquées, de même que l'importation des matières premières qui font propres aux fabriques,

& en écartant ou reftreignant la fortie & l'entrée de tout ce qui pouvoit être préjudiciable à notre induftrie.

Jufqu'en 1720, il avoit exifté un autre tarif, dont les droits fe percevoient en Languedoc, fur ce qui paffoit par terre du Languedoc en *Rouffillon*, & reverfiblement de cette dernière province dans la première, indépendamment des droits établis à l'entrée & à la fortie du *Rouffillon* ; mais à cette époque, on commença à reconnoître que la liberté de commerce, fi elle étoit établie entre les deux provinces, ne pourroit manquer d'être très-avantageufe ; en conféquence, ce tarif fut fupprimé ; mais en même-tems l'arrêt revêtu de lettres-patentes du 25 juillet 1720, qui ordonne cette fuppreffion, impofa par forme de remplacement, quarante fols par minot de fel, fur le prix du fel vendu dans les greniers du *Rouffillon*.

D'après ce nouvel état des chofes, ce qui alloit du Languedoc en *Rouffillon* par terre, ne payoit rien à la fortie de cette première province, mais acquittoit les droits du tarif Catalan à l'entrée du *Rouffillon*, & ce tarif avoit de même, fon exécution fur la partie de la méditerrannée qui tient à cette province ; enforte que c'étoit la feule portion de cette mer où il fe perçût des droits différens de ceux qui font établis dans les ports de la Provence & du Languedoc, où on lève les droits de la douane de Lyon à l'entrée, & ceux de la foraine à la fortie.

Le commandant & l'intendant de la province, frappés des avantages que le *Rouffillon* pourroit retirer d'une communication entièrement libre avec le Languedoc, demandèrent que le projet ébauché en 1720, fût abfolument confommé ; qu'à cet effet, au tarif Catalan, on fubftituât les mêmes droits qui fe percevoient à l'entrée & à la fortie du Languedoc, de façon que le *Rouffillon* ne fut plus, en quelque façon, relativement aux droits de traites, qu'un prolongement de la cote du Languedoc. Pour faire cette propofition, ils choifirent l'année 1780, tems où les finances étoient gouvernées par un homme d'Etat plein du génie de l'adminiftration, & fans ceffe occupé du bien public.

Avant de prendre aucun parti, l'affaire fut, fuivant la marche ordinaire, communiquée aux fermiers du fifc ; ceux-ci, toujours alarmés à la moindre innovation dont ils craignent des fuites nuifibles à l'intérêt de leur bail, repréfentèrent que le *Rouffillon* ne pouvoit jamais devenir un moyen intermédiaire utile au Languedoc & à la Provence, pour faire le commerce d'Efpagne par terre, puifque ces deux provinces avoient la voie de la mer plus directe & moins difpendieufe. A cette réponfe, ils joignirent le tableau qui leur avoit été demandé, 1°. du montant des droits perçus fur les objets du commerce établi entre le

Languedoc & le *Rouffillon* : 2°. des droits dont la perception auroit lieu, en fuppofant exécuté l'établiffement propofé : 3°. du produit que donneroient les gabelles du *Rouffillon*, fi le fel y étoit porté au même prix qu'en Languedoc, avec lequel on demandoit fon incorporation.

De ce triple relevé réfultoit une lumière qui devint très-précieufe, c'eft que la recette des droits perçus dans la communication du *Rouffillon* au Languedoc n'étoit qu'un objet de vingt-fept mille trente livres, ci   27,030 livres.

Que la perception propofée pour remplacement, ne produiroit que quatorze mille deux cents quatre-vingt quatre livres, pour laquelle il feroit indifpenfable de faire une augmentation de frais de régie de deux mille neuf cents quatre-vingt-cinq livres; en forte qu'il ne refteroit en produit que onze mille trois cents dix-neuf livres, ci .... 11,319 liv.

D'où s'enfuivroit une perte de quinze mille fept cents onze livres, ci ... 15,711 liv.

En même-tems ils repréfentèrent que ce facrifice du gouvernement pour faire le bien particulier du *Rouffillon*, & vivifier fon commerce, étoit peu de chofe à la vérité, mais qu'il deviendroit nul & fans effet, fi ce commerce reftoit encore chargé des droits d'impariage & de réal, qui fe levoient au profit de la province, & qui étoient bien plus confidérables, bien plus onéreux que les droits des fermes, puifque le premier étoit affermé quatre-vingt-dix mille livres, & le fecond vingt-quatre mille livres, non compris les huit fols pour livre qui étoient de trente-trois mille trois cents cinquante livres.

Cependant les conjonctures d'une guerre très-animée, qui exigeoit fans ceffe de nouvelles reffources, ne permirent pas alors de faire pour le *Rouffillon* en particulier, une opération qui entroit dans des vues générales, dont l'exécution étoit réfervée pour les premières années de paix.

Au moyen de ce que cette affaire avoit été parfaitement examinée & éclairée en 1780, & qu'il avoit été conftaté qu'en portant en *Rouffillon* le fel au même prix qu'en Languedoc, il en réfultoit une augmentation de recette, de cent foixante-quinze mille neuf cens quatre-ving feize liv. qui mettoit en état de remplacer à la province, le montant de fes droits d'impariage & de réal, il a été facile de la terminer définitivement au gré de cette province : c'eft ce qui a eu lieu en effet par les lettres-patentes du 24 feptembre 1785, enregif-

trées au confeil fouverain de Perpignan, le 17 octobre fuivant.

Elles ordonnent, qu'à commencer au premier janvier 1787, les droits de traites qui fe perçoivent en Languedoc fur les marchandifes venant du *Rouffillon*, & pareillement ceux qui appartiennent à la province fous le nom de réal & d'impariage, feront fupprimés ; que les droits de douane de Lyon à l'entrée, ceux de la foraine à la fortie, feront fubftitués dans les bureaux de *Rouffillon*, aux droits du tarif Catalan de 1654, qui fera de même fupprimé, & qu'en tout, la province du *Rouffillon* fera, quant aux droits de traites, affimilée à celle de Languedoc.

Par le réfultat du confeil d'Etat, portant bail des fermes générales à Jean-Baptifte Mager, du 19 mars 1786, cette adjudicataire eft tenu de verfer, chaque année, dans la caiffe des ponts & chauffées du *Rouffillon*, la fomme de trente-un mille livres, en remplacement du droit de réal ; & dans la caiffe de la ville de Perpignan, celle de quarante-fix mille fix cents livres, en remplacement du droit d'impariage, fans aucune déduction fur le prix de fon bail.

On a parlé au mot GABELLES, tome II, page 323, des greniers à fel du *Rouffillon*, & du prix que s'y vend cette denrée. Il a été augmenté par les lettres-patentes de 1785 & en 1787, de fept livres, fix livres dix fols, & cinq livres treize fols, par minot, non compris les dix fols pour livre de cette crue, qui font dûs auffi.

ROUTE, f. f. qui exprime quelque chofe de plus grand & de plus fréquenté que le mot CHEMIN. Ainfi on dit la *route* de Lyon, la *route* de Flandres, le chemin de Saint-Cloud, le chemin d'Iffy.

Un miniftre des finances, dont nous avons eu occafion de faire remarquer le zèle pour l'extinction des fervitudes oppreffives de l'agriculture, au mot CORVEE, manifefta ces mêmes vues de bienfaifance, par l'arrêt du confeil, du 6 février 1776. Cet arrêt mérite d'autant plus d'être configné ici, que fes difpofitions ne font pas affez connues, & qu'il feroit à defirer qu'elles ferviffent de règle générale dans tout le royaume.

Le roi s'étant fait repréfenter l'arrêt du confeil du 3 mai 1720, qui fixe à foixante pieds la largeur des chemins royaux; fa majefté a reconnu que, fi la vue de procurer un accès facile aux denrées néceffaires pour la confommation de la capitale, & d'ouvrir des débouchés fuffifans aux villes d'un grand commerce, avoit pu engager à prefcrire une largeur auffi confidérable aux grandes *routes*, cette largeur, néceffaire feulement auprès de ces villes, ne faifoit, dans le refte du royaume, qu'ôter des terreins à l'agriculture, fans qu'il en réfultât aucun avantage pour le commerce. Elle a cru, qu'après avoir, par la fuppreffion des corvées & celle des convois militaires, rendu aux hommes qui s'occupent de la culture des terres, la libre difpofition de leurs bras & de leur tems, fans qu'aucune contrainte puiffe déformais les enlever à leurs travaux, il étoit de fa juftice & de fa bonté pour fes peuples, de laiffer à l'induftrie des cultivateurs, devenue libre, & à la reproduction des denrées, tout ce qu'il ne feroit pas abfolument néceffaire de deftiner aux chemins, pour faciliter le commerce. Elle s'eft déterminée en conféquence, à fixer aux grandes *routes* une largeur moindre que celle qui leur étoit précédemment affignée, en réglant celle des différentes *routes*, fuivant l'ordre de leur importance pour le commerce général du royaume, pour le commerce particulier des provinces entre elles; enfin, pour la fimple communication d'une ville à une autre. A quoi voulant pourvoir.

ARTICLE PREMIER.

Toutes les *routes* conftruites à l'avenir, par ordre du roi, pour fervir de communication entre les provinces & les villes ou bourgs, feront diftinguées en quatre claffes ou ordres différens.

La première claffe comprendra les grandes *routes* qui traverfent la totalité du royaume, ou qui conduifent de la capitale dans les principales villes, ports, ou entrepôts de commerce.

La feconde, les *routes* par lefquelles les provinces & les principales villes du royaume communiquent entr'elles, ou qui conduifent de Paris à des villes confidérables, mais moins importantes que celles défignées ci-deffus.

La troifième, de celles qui ont pour objet la communication entre les villes principales d'une même province, ou de provinces voifines.

Enfin, les chemins particuliers, deftinés à la communication des petites villes ou bourgs, feront rangés dans la quatrième.

II.

Les grandes *routes* du premier ordre feront déformais ouvertes fur la largeur de quarante-deux pieds; les *routes* du fecond ordre feront fixées à la largeur de trente-fix pieds; celles du troifième ordre à trente pieds.

Et à l'égard des chemins particuliers, leur largeur fera de vingt-quatre pieds.

III.

Ne feront compris dans les largeurs ci-deffus fpécifiées, les foffés ni les empattemens des talus ou glacis.

IV.

Sa majefté fe réferve, & à fon confeil, de déterminer, fur le compte qui lui fera rendu de l'importance des différentes *routes*, dans quelle claffe chacune de ces *routes* doit être rangée, & quelle doit en être la largeur, en conféquence des règles ci-deffus prefcrites.

V.

Entend néanmoins fa majefté, que l'article du titre des chemins royaux de l'ordonnance des eaux & forêts, qui, pour la fûreté des voyageurs, a prefcrit une ouverture de foixante pieds pour les chemins dirigés à travers les bois, continue d'être exécuté felon fa forme & teneur.

VI.

Entend pareillement fa majefté, que dans les pays de montagnes, & dans les endroits où la conftruction des chemins préfente des difficultés extraordinaires, & entraîne des dépenfes très-fortes, la largeur des chemins puiffe être moindre que celle ci-deffus prefcrite, en prenant d'ailleurs les précautions néceffaires pour prévenir tous les accidens : Et fera, dans ce cas, ladite largeur fixée d'après le compte rendu au confeil, par les fieurs intendans, de ce que les circonftances locales pourront exiger.

VII.

La grande affluence des voitures aux abords de la capitale, & de quelques autres villes d'un grand commerce, pouvant occafionner divers embarras ou accidens, qu'il feroit difficile de prévenir, fi l'on ne donnoit aux *routes* que la largeur ci-deffus fixée de quarante-deux pieds, fa majefté fe réferve d'augmenter cette largeur aux abords defdites villes, par des arrêts particuliers, après en avoir fait conftater la néceffité; fans néanmoins que ladite largeur puiffe être, en aucun cas, portée au-delà de foixante pieds.

VIII.

Seront lefdites *routes* bordées de foffés, dans les cas feulement où lefdits foffés auront été jugés néceffaires, pour les garantir de l'empiètement des riverains, ou pour écouler les eaux; & les motifs qui doivent déterminer à en ordonner l'ouverture, feront énoncés dans les projets des différentes parties de *route* envoyés au confeil, pour être approuvés.

IX.

Les bords des *routes* feront plantés d'arbres propres au terrein, dans les cas où ladite plantation fera jugée convenable, eu égard à la fituation & difpofition defdites *routes*; & il fera pareillement fait mention dans les projets envoyés au confeil, pour chaque partie de *route*, des motifs qui doivent déterminer à ordonner que lefdites plantations aient ou n'aient pas lieu.

X.

Il ne fera fait, quant à préfent, aucun changement aux *routes* précédemment conftruites & terminées, encore que la largeur en excédât celle ci-deffus fixée; fufpendant à cet égard, fa majefté, l'effet du préfent arrêt, fauf à pourvoir par la fuite, & d'après le compte qu'elle s'en fera rendre, aux réductions qu'elle pourra juger convenable d'ordonner.

XI.

Sera au surplus l'arrêt du 3 mai 1720, exécuté selon sa forme & teneur, en tout ce à quoi il n'a point été dérogé par le présent arrêt.

Fait au conseil d'état du roi, sa majesté y étant, tenu à Versailles, le 6 février 1776.

On ne peut s'empêcher d'observer à l'égard des grandes *routes*, qu'il seroit à désirer, que l'attention du département des ponts & chaussées ne s'étendît pas moins sur les plantations qui bornent & ornent les *routes*, qu'à l'entretien du pavé. La plus grande partie des arbres n'est pas élaguée tous les ans, comme elle devroit l'être; & de cette négligence il résulte que ces arbres, au lieu d'acquérir une belle hauteur perpendiculaire, répandent leur sève en branches latérales, prennent une forme désagréable & se rabougrissent.

C'est particulièrement sur les *routes*, à douze & vingt lieues aux environs de Paris, du côté de la Normandie & de la Picardie que se remarque ce défaut.

N'oublions pas ici de dire que cette loi de bienfaisance, que nous avons rapportée au mot CORVÉE, *tome I*, *pag.* 405, vient d'être, eu partie, remise en vigueur par l'arrêt du conseil, du 6 novembre 1786; tant il est vrai, qu'une disposition fondée sur la raison & l'humanité, ne peut manquer d'être adoptée, quand le progrès des lumières a amené les esprits au point de secouer les préjugés d'une vieille routine, & d'appercevoir que la prospérité d'une grande nation ne peut s'opérer sous le joug de la servitude, parce qu'il est destructif de toute industrie.

Comme cet arrêt substitue une contribution en argent, pour faire faire les *routes*, par forme d'essai, pendant trois années, à l'obligation des corvées, nous nous faisons un plaisir de le consigner dans cet ouvrage; il devient un supplément à l'article CORVÉE.

Le roi, à son avènement au trône, a porté ses premiers regards sur l'objet de la construction & de l'entretien des *routes* de son royaume. Une loi bienfaisante a signalé le commencement de son règne par l'abolition de la corvée en nature, dont l'expérience avoit dévoilé tous les vices. Si sa majesté a cru devoir suspendre l'exécution de cette sage disposition, parce qu'elle a senti les inconvéniens attachés au mode qui lui avoit été proposé pour remplacer cette charge publique, elle a autorisé en même temps les administrateurs de ses provinces à s'assurer par différens essais, du moyen le plus propre à remplir ses vues. Telle est l'origine de la faculté accordée dans une grande partie du royaume, aux communautés, de se racheter, à prix d'argent, de leurs tâches: méthode plus douce, sans doute, & plus favorable qu'un service forcé, mais sus-

ceptible d'une multitude d'abus, & dont l'usage a seulement convaincu sa majesté qu'il n'étoit point de forme qui ne fût préférable à celle du travail en nature. Cependant sa majesté ayant reconnu que ces diverses tentatives, faites suivant des méthodes différentes, produisoient des variétés sans nombre dans une administration dont les principes doivent être les mêmes pour tout le royaume, elle a résolu d'ordonner un essai uniforme & général du nouveau régime qu'elle a cru devoir adopter; & dans la vue de s'assurer davantage de la préférence qu'il pourroit mériter, elle a jugé à propos de réunir les avis de tous les commissaires de son conseil, chargés de l'exécution de ses ordres dans ses provinces, lesquels ont paru unanimement convaincu de la nécessité de proscrire l'usage de la corvée, & d'en soumettre le rachat à des règles fixes. Sa majesté, toujours attentive aux intérêts de ses sujets, a considéré qu'en effet une prestation pécuniaire, substituée à la corvée, & répartie au marc la livre des impositions roturières, remédieroit en même temps aux inconvéniens attachés au travail en nature, & à ceux qui auroient résulté de la base de répartition indiquée par l'édit de 1776: Que cette contribution purement locale, ne pouvoit être regardée comme un accroissement d'imposition, puisqu'elle n'étoit que la représentation, fort adoucie, d'une charge beaucoup plus onéreuse, & qui existe depuis long-temps; d'ailleurs, en évaluant en argent, au plus bas prix, les journées de bras & de voitures, & en calculant d'un autre côté la perte de temps résultante, soit de l'espace que les communautés avoient à parcourir, pour se rendre sur les atteliers, soit de la négligence, de l'impéritie & du défaut de volonté d'ouvriers non salariés, le roi a reconnu que la contribution représentative se porteroit, à peine, à la moitié du montant de l'évaluation de ces journées, pour la même quantité d'ouvrage; qu'en outre ces ouvrages faits par des entrepreneurs solvables, suivant les principes de l'art, ne donneroient plus lieu à ces réfections multipliées que la mauvaise exécution des tâches rendoit nécessaires, ce qui procureroit à ses sujets un soulagement inappréciable; que cette contribution pécuniaire deviendroit bien moins sensible lorsqu'elle s'étendroit sur l'universalité des communautés, qui profitent toutes, plus ou moins, de l'avantage des routes; tandis que, suivant le régime des corvées, on ne pouvoit appeller aux travaux que celles qui se trouvoient dans une distance déterminée des ateliers: Que non-seulement toutes les communautés acquitteroient leur part de la contribution représentative de la corvée; mais que cette contribution seroit supportée par tous les sujets taillables indistinctement; au lieu qu'un nombre considérable d'entr'eux, & les plus aisés, étoient affranchis de la corvée, non à raison de véritables privilèges qui, suivant la constitution de l'Etat, ne font accordés qu'à quelques claffes diftinguées des fuiets de fa majefté, mais à raifon de l'incompatibilité de leurs professions avec le travail corporel. Sa majefté voit encore avec fatisfaction, que cette contribution, qui ne pourra jamais excéder la proportion du fixième de la taille & de fes acceffoires, mais qui fe trouvera toujours au-deffous lorfque les befoins des provinces feront inférieurs à ce taux, non-feulement ne fera point une charge accablante pour fes peuples, mais deviendra au contraire un moyen précieux de vivification dans fon royaume, puifque les fonds levés dans chaque province y feront invariablement confommés, & opéreront une circulation d'autant plus avantageufe à la claffe indigente, qu'elle fera encore favorifée par l'attention de divifer les ouvrages en autant d'ateliers qu'il fera poffible.

Les principes d'équité & de bienfaifance qui dirigent les vues de fa majefté, ne peuvent permettre de douter que fon intention ne foit de laiffer dans les provinces tous les fonds qui y font levés pour les travaux de leurs grandes *routes*. Sa majefté l'a manifefté de la manière la plus frappante, en abandonnant déformais à chaque généralité l'emploi de l'impofition qu'elle fupporte pour les ouvrages d'art des *routes*; elle n'a point attendu que fa juftice & fa bonté fuffent provoquées fur cet objet, pour ordonner que les fonds provenans de cette impofition fuffent à l'avenir confommés en totalité dans les provinces où ils auroient été levés; elle entend, par cette difpofition, s'interdire la faculté d'en appliquer le produit à un autre ufage, & raffurer fes peuples fur l'inégalité de leur diftribution. Sa majefté étend plus loin encore fa prévoyance. Pour empêcher que la contribution, repréfentative de la corvée, ne puiffe être diftraite, dans aucun temps, de fa deftination, elle en ordonne l'emploi fuivant une forme particulière, qui en rendra la diftraction auffi impoffible que celles des charges locales, puifqu'à mefure que le recouvrement de la contribution fe fera, il n'entrera dans les mains des receveurs que pour les rembourfer de leurs avances, en forte que la dépenfe fera faite avant que les fonds deftinés à la payer foient levés. Toutes ces confidérations réunies, mûrement examinées dans le confeil de fa majefté, & pefées dans fa fageffe, l'ont perfuadée qu'elle ne pouvoit pourvoir plus efficacement au foulagement de fes fujets, qu'en fubftituant une contribution pécuniaire à la corvée en nature. Cependant, comme l'expérience peut feule bien conftater les avantages de ce changement, fa majefté a réfolu de ne l'établir que pour un temps limité, pendant lequel fes fujets auront la liberté de faire connoître leur vœu fur la méthode qui leur paroîtra la moins onéreufe; fe réfervant, après ce délai, de déclarer définitivement fes intentions fur un objet tellement lié

au bonheur de fes peuples, qu'il méritera toujours de fa part une attention particulière. A quoi voulant pourvoir: Ouï le rapport du fieur de Calonne, &c. Le roi étant en fon confeil, a ordonné & ordonne ce qui fuit:

ARTICLE PREMIER.

Les fonds levés dans chacune des généralités du royaume, pour la confection des ouvrages d'art de fes *routes*, & qui font partie du brevet général des impofitions, dont la formation a lieu chaque année, en exécution de la déclaration du 13 février 1780, feront à l'avenir, & à compter du premier janvier 1787, remis à la difpofition des fieurs intendans & commiffaires départis, pour être employés à leur deftination, d'après les états du roi, dans la forme ordinaire, & pour la généralité de Paris, à la difpofition du fieur intendant au département des ponts & chauffées, pour être pareillement employés, fur fes ordres, & fur les mandemens des tréforiers de France au bureau des finances de ladite généralité, conformément à ce qui s'eft pratiqué jufqu'à préfent.

II.

A commencer du premier janvier 1787, tous les travaux des grandes *routes* feront exécutés dans tout le royaume, pendant les années 1787, 1788 & 1789, au moyen d'une preftation ou contribution en argent, repréfentative de la corvée.

III.

Ladite contribution fera réglée chaque année, en raifon des ouvrages qui auront été reconnus néceffaires, & fera répartie fur toutes les communautés, de manière qu'elle ne puiffe jamais excéder le fixième de la taille, des impofitions acceffoires & de la capitation roturière, réunies pour les lieux taillables, non plus que les trois cinquiemes de la capitation roturière, pour les villes ou communautés franches ou abonnées, ainfi que pour les pays de taille réelle.

IV.

Tous les contribuables, affujettis à la taille ou à la capitation roturière, le feront également à ladite preftation repréfentative de la corvée, & ce, nonobftant toute exemption dont ils auroient joui jufqu'à préfent.

V.

Ladite répartition fera faite indiftinctement, & fans exception, fur tous les individus taillables ou fujets à la capitation roturière; les rôles feront vérifiés, & rendus exécutoires par les fieurs intendans & commiffaires départis, ou par tels fubdélégués qu'il leur plaira commettre,

VI.

Il fera dreffé, dans le courant du mois de feptembre de chaque année, ou plutôt, s'il eft poffible;

poſſible; & pour cette année, avant le 30 novembre ſeulement, 1°. un état détaillé, par communautés, des fonds que devra fournir chacune d'elles, & au total chaque généralité, pour être employés, l'année ſuivante, au paiement de l'adjudicataire de chaque atelier ; 2°. un état dreſſé dans la forme des états du roi, en uſage pour les ouvrages d'art des ponts & chauſſées, & qui contiendra, tant l'indication des travaux auxquels il pourra être jugé convenable d'employer ces fonds, que les noms des communautés, en obſervant de diviſer les travaux en autant d'ateliers qu'il ſera poſſible, pourvu que chaque atelier ſoit aſſez conſidérable pour procurer à l'adjudicataire un bénéfice ſuffiſant.

VII.

Il ſera, chaque année, rendu pour chaque généralité, un arrêt particulier, pour approuver les ouvrages propoſés, & ordonner l'impoſition néceſſaire pour y pourvoir ; cet arrêt contiendra en outre toutes les diſpoſitions relatives aux différences que pourront exiger les localités.

VIII.

Auſſitôt après la réception de l'arrêt mentionné dans l'article précédent, il ſera envoyé, par l'intendant, ou ſon ſubdélégué, à chacune des communautés, un mandemement, ou avertiſſement, qui lui indiquera, 1°. le jour de l'adjudication des ouvrages de l'atelier, dans lequel ſa tâche ſera compriſe ; 2°. le montant de ſa contribution & de celle des autres communautés appellées au même atelier ; 3°. la nature & la quantité des travaux à exécuter, ainſi que leur évaluation en bloc.

IX.

Au jour indiqué par le ſieur intendant, ou ſon ſubdélégué, il ſera paſſé, ſans frais, ſur affiches & publications, des adjudications publiques, & au rabais, des ouvrages neufs, à la charge, par les adjudicataires de ces ouvrages, de les entretenir juſques & compris l'année 1789 ; & quant aux *routes* anciennement faites, & en état d'être miſes dès-à-préſent à l'entretien, il en ſera paſſé des baux d'entretien pour trois années, dans la même forme d'adjudications publiques, & au rabais.

X.

Ne ſeront admis aux adjudications, que des entrepreneurs dont la capacité & la ſolvabilité ſoient reconnues, & qui fourniſſent des cautions ſolvables.

XI.

Dans le cas ou le rabais des adjudications ſur le montant des eſtimations produiroit des revenans-bon, le montant en ſera employé la même année, ſi faire ſe peut, ou la ſuivante, en augmentations d'ouvrages ; & dans le cas, au contraire, ou l'ex-

cédant des adjudications, ſur le montant des eſtimations, produiroit un *déficit*, l'entrepreneur en ſera payé ſur la contribution de l'année ſuivante.

XII.

La réception des ouvrages exécutés par les adjudicataires, ſe fera par les ingénieurs des ponts & chauſſées, & ils délivreront, ſuivant les progrès de l'ouvrage, à l'adjudicataire, des certificats d'à-compte & de réception définitive.

XIII.

Pourront les communautés nommer, par délibération, ſoit des prépoſés *ad hoc*, ſoit leurs ſyndics, pour prendre connoiſſance des devis & conditions de l'adjudication, aſſiſter auxdites adjudications, ainſi qu'aux indications & aux réceptions d'ouvrages, & faire tels dires & requiſitions qu'ils croiront convenables ; leſquelles requiſitions, néanmoins, ne pourront, arrêter les opérations, & ſeront jugées par le ſieur intendant, ſauf l'appel au conſeil ; ſeront à cet effet, les communautés, averties du jour de l'adjudication, de la diſtribution du travail, & de ſa réception, par des affiches appoſées à la porte de l'égliſe paroiſſiale, par le ſyndic.

XIV.

Il ſera permis aux communautés qui auront reconnu, dans le cours de l'année prochaine, ou des deux ſuivantes, que la contribution en argent leur eſt moins favorable que le travail en nature, d'adreſſer au ſieur intendant & commiſſaire départi, leurs repréſentations à cet égard, par une délibération rédigée dans une aſſemblée générale, tenue ſuivant les formalités requiſes. Il ſera dreſſé, par chaque intendant, un état de toutes les délibérations de ce genre qu'il aura reçues, dans le cours de chaque année ; lequel état ſera par lui envoyé au conſeil, dans le courant du mois de ſeptembre ; en ſorte que, ſur le compte qui en ſera rendu à ſa majeſté, elle puiſſe connoître quel eſt le vœu commun des ſujets de ſon royaume, pour la contribution en argent, ou pour la contribution en nature.

XV.

Les deniers provenans de la contribution de chaque communauté, ſeront levés en vertu d'un rôle ſéparé, par le même collecteur chargé du recouvrement des impoſitions ordinaires, & remis aux receveurs particuliers des finances de l'élection, dans les termes preſcrits par les règlemens, pour le payement des autres impoſitions ; ſans néanmoins, que leur deſtination puiſſe jamais être confondue, ſous aucun prétexte : & ſeront les contribuables en retard, contraints par les mêmes voies, & dans la même forme que pour les charges locales des communautés.

X V I.

Les receveurs particuliers verferont le produit de leur recette, à fur & à mefure, dans la caiffe de la recette générale des finances, établie dans le chef-lieu de chaque province, à l'effet de rembourfer les receveurs généraux, chacun pour leur exercice, des avances qu'ils auront faites pour le payement des ordonnances expédiées fucceffivement fur eux, par le fieur intendant & commiffaire départi, pour la confection des chemins qui auront été approuvés, en la forme prefcrite par l'article VII du préfent arrêt ; lefdites ordonnances devront être accompagnées des certificats délivrés par les ingénieurs des ponts & chauffées, conformément à l'article XII ci-deffus.

X V I I.

Dans le cas où, par des circonftances imprévues, & qui ne peuvent être qu'infiniment rares, quelques parties d'ouvrages feroient tellement en retard, que les receveurs généraux n'euffent pas eu à faire, pour ces mêmes parties, les avances mentionnées au précédent article, & où ils auroient reçu les fonds deftinés au payement defdits ouvrages, ne pourront lefdits receveurs généraux difpofer d'aucune portion defdits fonds, pour tout autre ufage que pour fe paiement defdits ouvrages, auquel ils pourront être contraints, même par corps, comme pour les deniers de fa majefté.

X V I I I.

Il fera impofé, en fus de la contribution de chaque communauté, dix deniers pour livre, favoir : quatre deniers pour les taxations des collecteurs ; trois deniers pour celles des receveurs particuliers, & pareils trois deniers, pour tenir lieu aux receveurs généraux des finances, de toutes taxations & intérêts de leurs avances ; & au moyen de ladite rétribution, ils feront tenus d'acquitter lefdites ordonnances auffitôt qu'elles feront préfentées à eux ou à leurs commis à la recette générale, établie dans le chef-lieu de chaque généralité.

X I X.

Les receveurs particuliers compteront aux receveurs généraux des finances, du produit de cette partie de leur recouvrement, ainfi qu'ils font dans l'ufage de le faire, pour leurs recettes ordinaires, mais par un compte diftinct & féparé ; auquel effet ils feront tenus de remettre auxdits receveurs généraux, en comptant avec eux, les états arrêtés pour la contribution des communautés de chaque élection. Lefdits receveurs généraux compteront enfuite, auffi par un compte particulier, pardevant les fieurs intendans & commiffaires départis feulement, des fommes

qui auront été verfées dans leurs caiffes, par les receveurs particuliers, pour cet objet : la recette defdits comptes fera juftifiée, tant par le double de ceux des receveurs particuliers, arrêtés par lefdits receveurs généraux, que par les états de la contribution des communautés, qui leur auront été remis par lefdits receveurs particuliers, & la dépenfe, par les ordonnances revêtues de l'acquit des adjudicataires, & accompagnées des certificats des ingénieurs des ponts & chauffées.

X X.

La forme introduite récemment dans les généralités de Bourges & de Montauban, qui différe peu de celle ordonnée par le préfent arrêt, continuera d'être obfervée pendant les années 1787, 1788 & 1789.

X X I.

Enjoint fa majefté aux fieurs intendans & commiffaires départis dans fes provinces, & au fieur Intendant au département des ponts & chauffées, de tenir la main, chacun en droit foi, à l'exécution du préfent arrêt ; attribuant à cet effet auxdits fieurs commiffaires départis dans les différentes généralités, toute cour & jurifdiction, fauf l'appel au confeil, icelle interdifant à toutes fes cours, & autres juges, à peine de nullité, &c.

Fait au confeil d'état du roi, fa majefté y étant, tenu à Fontainebleau, le 6 novembre 1786.

ROYAUME, f. m. On ne dira pas comme ces républicains outrés, que ce mot fignifie *un tyran & des efclaves*, mais un roi & des fujets. Ainfi, un *royaume* eft un Etat où un feul homme en gouverne des millions, & dans lequel font établies des loix fixes, qui règlent la condition des perfonnes & la propriété des chofes.

Nous ne devons nous arrêter au mot *royaume*, que pour remarquer que la France, comme *royaume*, reçoit, en matière de finance, prefque autant de divifions qu'il fe trouve de droits & d'impofitions de différente nature.

Ainfi, relativement aux droits d'aides, le *royaume* fe diftingue en provinces fujettes, provinces exemptes.

En matière de gabelles, on a fait connoître fous ce mot, les provinces des grandes gabelles, les provinces des petites gabelles, les païs rédimés & les païs exempts.

Quant aux droits de traites, une partie du *royaume* compofe les cinq groffes fermes ; une autre les provinces réputées étrangeres ; une troifième, les païs traités comme étrangers. *Voyez* les mots CINQ GROSSES FERMES, *tome I.*

pag. 298; DROITS , *tome I, pag.* 650 ; ETRAN-
GÈRES PROVINCES , *tome II , pag.* 93.

Sur le fait des tailles, le *royaume* se divise en
païs d'élection & païs d'Etats ; ensuite , en païs
de taille réelle , païs de taille personnelle. *Voyez*
TAILLE.

Pour la partie des domaines , le *royaume* ne
reçoit d'autre division que par généralités , parce
que ce sont les intendans qui connoissent de
toutes les contestations qui s'élèvent à l'occasion
des droits de domaine : car ces droits ont lieu dans
toute l'étendue du *royaume* , sauf quelques provinces , où , au lieu d'être perçus réellement , ces
droits sont représentés par des abonnemens annuels. *Voyez* les mots CONTRÔLE DES ACTES,
INSINUATION.

SACQUIERS, f. m. Nom que l'on donne à Bordeaux, à des porteurs de fel en titre d'office, qui font au nombre de quarante. Ces offices valent quatre à cinq cents livres chacun, & rapportent au moins leur capital par année.

Les *facquiers* font employés avec les mefureurs, pour le chargement, le mefurage & le déchargement des bateaux qui apportent des fels à Bordeaux.

SAINT-DOMINGUE. Ifle confidérable de l'Amérique, qui appartient à la France & à l'Efpagne. On ne fait mention ici de cette colonie qu'à caufe de fon importance, & des reffources qu'elle procure aux finances de l'Etat ; & pour avoir occafion de parler du fyftême d'impofition, qui convient généralement à toutes les colonies de l'Amérique.

C'eft d'un magiftrat qui a longtems eu part à l'adminiftration des colonies, & principalement de celle de *Saint-Domingue*, que nous allons emprunter les réflexions qui fuivent. Elles furent envoyées au gouvernement, après avoir été lues dans l'affemblée des deux confeils fupérieurs de *Saint-Domingue*, en 1764 : époque où la paix venoit de terminer la guerre de 1756, & où, pour payer les dettes qu'elle avoit occafionnées, le roi demandoit quatre millions à cette colonie.

L'Amérique & l'Europe ne fe reffemblent point ; & en matière d'impôts on ne peut pas raifonner d'une colonie d'après ce qui fe paffe dans la métropole.

En Europe, la culture & la fabrication ont d'abord pour objet la fubfiftance & la confervation intérieure. Le commerce extérieur ne confifte que dans la vente du fuperflu des productions naturelles ou artificielles, après la confommation intérieure.

Dans les colonies, comme *Saint-Domingue*, la culture principale n'a aucun rapport à la fubfiftance, & prefque point du tout à la confommation intérieure. Tout ce que l'on fabrique eft, par fa nature, deftiné à paffer au-dehors : delà, point de commerce intérieur ; ainfi, la fubfiftance & le revenu, c'eft-à-dire la vie & la richeffe, font très-précaires à *Saint-Domingue*, de même que dans toutes les autres ifles Antilles.

Si le commerce extérieur ceffe en Europe, le cultivateur & le manufacturier vendent moins ;

mais ils vendent dans l'intérieur, & exportent par les routes de terre : dans les ifles, tout commerce extérieur eft fufpendu, & alors tout ceffe ; plus de vente, plus d'achat, plus de circulation ; tout languit, tout meurt.

En Europe, la guerre, par-tout fi funefte pour les peuples, eft un moment de crife ; elle devient un fléau accablant pour les colonies. Là, elle eft le prétexte ou la caufe de nouveaux impôts ; ici elle anéantit, à coup fûr, le produit des cultures & des fabriques ; bien plus, elle ne laiffe pas même au colon fa fubfiftance & fes frais.

Il fuit de cet état des chofes, que le revenu des colonies, dépendant uniquement du commerce extérieur, les impôts, dans les colonies, doivent fuivre la nature du commerce maritime. Or, comme elle eft d'importer & d'exporter, les droits doivent être fur les entrées & les forties.

Le commerce étant de même variable par effence, les droits dans les colonies, doivent donc varier avec le commerce, & le fuivre dans fes augmentations & diminutions. Ces droits ne doivent donc être ni fixes ni perpétuels ; il convient qu'ils foient à tems court & limité, afin de les tenir dans une quotité proportionnelle à la valeur des objets, & d'en rendre la perception poffible.

Une feconde différence qui exifte entre la culture en Europe & la culture en Amérique, c'eft que dans cet hémifphère, il faut néceffairement qu'une habitation embraffe une grande étendue de terrein, une certaine quantité d'efclaves, de bâtimens, d'uftenfiles propres à la culture de chaque denrée : il en faut de différens pour le fucre, pour l'indigo, pour le caffé & le coton ; & le moindre de ces cultures exige un fonds d'avance confidérable, entretient chaque année une dépenfe d'exploitation plus forte que celle d'une terre confidérable en Europe. Aux colonies, chaque propriétaire d'habitation eft à proprement parler un manufacturier, & ne doit conféquemment payer à l'Etat qu'une portion du produit de fa manufacture.

En fait d'impôts en France, on ne confidère point les dettes des particuliers, parce que les capitaux & les intérêts appartiennent au royaume, & que l'Etat n'en eft point appauvri. Dans la colonie de *Saint-Domingue* il en eft autrement. Ce fonds confidérable, que la culture y exige, demande fans ceffe des réparations ; on ne peut renouveller la partie de ce fonds, la plus chère & la plus fragile, que par des dépenses excessives & sans cesse renaissantes ; de-là s'est formée une dette énorme envers le commerce : dette excessive, dont les intérêts se sont accumulés à un point effrayant, par l'interruption du commerce, dès que la mer n'est plus libre, & qui finiroient par absorber tous les capitaux de la colonie, si deux guerres maritimes se succédoient assez promptement pour enlever le tems de se refaire un peu des ravages de la première.

Le résultat de ces réflexions est, qu'en général les colons sont plutôt les fermiers du commerce que les propriétaires des habitations ; que si on prélève les frais d'exploitation, ceux de la subsistance, & les intérêts des dettes, le plus grand nombre des colons ne possède plus rien ; qu'on ne peut donc l'imposer sans raccourcir cette subsistance, sans diminuer la culture, & sans suspendre le paiement des sommes dûes au commerce.

Les impositions qui ont lieu à *Saint-Domingue*, sont de cinq espèces :

1°. Les droits de sortie sur les denrées exportées.

2°. La capitation sur les esclaves.

3°. Une taxe sur le loyer des maisons des villes.

4°. Un impôt sur les jeux, sur les cabarets, sur les boucheries, sur les cafés, sur les bacs & passages des rivières.

5°. les droits domaniaux & seigneuriaux.

Les quatre premières sortes de droits ont été établis par les colons, & se distinguent par la dénomination d'octroi, parce que depuis 1713 les habitans de *Saint-Domingue*, représentés par les Conseils supérieurs, eurent le privilège de s'imposer eux-mêmes.

La cinquième a pris naissance avec les tribunaux ; elle appartient au roi à titre de haut-justicier ; mais son produit a été donné à la colonie, pour le paiement & l'entretien des cours de justice, des hôpitaux & autres établissemens publics.

Droits de sortie sur les denrées.

Ces droits ont cet avantage, qu'ils mettent une parfaite égalité entre les contribuables ; celui qui fait & vend beaucoup, paye beaucoup, & *vice versâ*.

L'indigo est la première denrée qui ait été assujettie à cette taxe ; en 1696 elle étoit de deux sous par livre pesant.

En 1713, où l'octroi prit la forme qu'il conserve encore, le droit fut conservé jusqu'en 1751, qu'il fut ajouté un sou par livre, pour avoir lieu pendant cinq ans ; mais ce droit a été prorogé jusqu'à présent. On estime qu'il s'exporte annuellement près de dix-neuf cents mille livres d'indigo. En 1764 le droit de sortie ayant été fixé à sept pour cent de la valeur, réglée à cent sous la livre, il en résulta une perception de six cents cinquante-huit mille livres.

Après l'indigo, le sucre brut, d'abord taxé à trois livres par barrique créole, estimée peser mille livres, le fut ensuite, en 1751, à six livres, & en 1764, à douze livres dix sous. On évaluoit alors la quantité exportée, à quatre-vingt mille barriques, qui donnoient un million de livres.

Le sucre blanc, ou terré, qui, en 1713, n'étoit imposé qu'à trois livres par barrique, pesant six cents livres net, reçut une augmentation de vingt sous par barrique, en 1718 ; en 1751, de cinq livres ; en 1764, ce droit fut réglé à vingt-cinq livres par barrique, & évalué sur cent trente-cinq mille, à huit cents soixante-quinze mille livres.

Les plantations de café n'ayant commencé à *Saint-Domingue* que vers l'année 1737, il fut imposé l'année suivante à trois deniers par livre, à la sortie de l'isle ; ce droit fut doublé en 1751, & augmenté de trois deniers en 1754. Son produit, supposé sur sept millions de livres, fut alors évalué à deux cents soixante-six mille deux cents cinquante livres.

La culture du coton a la même date que celle du café, & n'a été adoptée que pour suppléer à celle de l'indigo. En 1738, l'exportation du coton fut soumise à un droit de cinquante sous par quintal, & ce droit fut doublé en 1751. En 1764, on le fixa à sept pour cent de la valeur, comme sur l'indigo & les sucres, & on évalua son produit, à raison de dix-huit deniers par livre pesant, sur un poids de quinze cents mille livres, à seize cents douze mille cinq cents livres.

Le cacao avoit été imposé à un sou par livre exportée, en même tems que le café & le coton, en 1738 ; mais l'année suivante le droit fut supprimé pour dix années. En 1751 & 1764 cet affranchissement fut confirmé en considération de la médiocrité de la culture de cette denrée.

Les cuirs tannés, les cuirs en poil, quoique provenant en grande partie des Espagnols, furent imposés à la sortie de *Saint-Domingue*, en 1764, à quinze sous par côté, les premiers ; & les autres, à quarante sous par bannette. Ainsi, en comptant trente deux mille côtés de cuirs tannés, & quatorze mille bannettes de cuirs en poils, exportés annuellement, il en réfulte une perception de cinquante deux mille livres.

L'exportation des fyrops & taffias, qui étoit évaluée à cinquante mille barriques de Bordeaux, par année, fut impofée à raifon de trois livres par barrique de fyrop, & de quatre livres dix fous par barrique de taffias ; ce qui donnoit un produit de cent cinquante mille livres.

En même tems il fut pris des mefures pour régler les dimenfions des futailles fervant à l'enlèvement des denrées, de manière à prévenir les abus & les difficultés.

Capitation fur les efclaves.

En 1713, pour fatifaire à un octroi qui étoit demandé par le roi, & vu le peu de denrées que produifoit alors cette colonie, les confeils affemblés furent obligés d'établir, fur les efclaves travaillans, une taxe de fix livres par tête. Mais, fur les repréfentations qui furent faites au gouvernement, elle fut modérée à moitié en 1718. La difficulté de conftater fûrement le nombre de ces efclaves travaillans, fit enfuite, en 1744, réduire cette capitation à quarante fous fur tous les efclaves, fans diftinction d'âge ni de fexe. En 1751 cette capitation fut doublée, & le roi ordonna qu'elle feroit triplée fur les nègres des colons abfens de l'ifle, par la raifon qu'ils ne contribuoient pas à fa défenfe, par la milice qui fubfiftoit à cette époque. On y comptoit alors cent quatre-vingt mille efclaves.

On reconnut dans l'affemblée de 1764, que de tous les impôts établis à *Saint-Domingue*, le plus deftructeur & le plus accablant pour les colonies en général, étoit la capitation fur les efclaves ; on reconnut qu'elle étoit vicieufe en elle même, abfolument contraire à la nature des colonies, qu'elle étoit injufte, inégale, & d'une perception dure & odieufe.

1°. Les enfans, les vieillards, les infirmes, compofent le tiers des efclaves, & ce tiers, loin d'être utile, eft une charge pefante pour les propriétaires, elle eft fupportée par l'humanité feule, à l'égard des vieillards & des infirmes. Quant aux enfans, ce même fentiment parle encore pour eux, bien plus qu'un intérêt auffi éloigné que précaire & douteux. Sous ce point de vue, c'eft une injuftice criante, ou plutôt une barbarie révoltante, que d'impofer un tribut fur des maîtres, par le feul motif qu'ils prennent foin de prolonger les jours, & de foulager les maux d'efclaves inutiles.

Un autre vice encore de cet impôt, c'eft qu'une fois le récenfement fait, fi des nègres meurent, la capitation en eft dûe par le colon, alors-même

qu'il a éprouvé la perte de fon capital, & une diminution de revenu.

Le tems de guerre ajoute à ces maux d'autres maux encore. Tout commerce étant fufpendu, l'impôt, déjà fi onéreux, le devient alors bien davantage, puifque les denrées s'accumulant en magafin, le colon refte fans revenu, & fe voit contraint de les donner à vil prix, pour fubvenir à fes frais d'exploitation, & à fa fubfiftance. Il faut néanmoins payer pour ces nègres, qui ne produifent rien. Heureux encore, fi en payant leur capitation au fifc, ces infortunés efclaves ne font pas enlevés à leurs maîtres, & employés à des travaux publics, où l'on eft encore tenu de leur fournir la fubfiftance.

L'inégalité de cet impôt tient à l'emploi des efclaves. Ceux qui travaillent dans des habitations fituées fur de bonnes terres, donnent un bien plus grand produit que ceux qui font attachés à des terres ingrates, ou à un fol aride. Ainfi, le propriétaire d'une riche & féconde habitation, qui nourrit cent efclaves, paie moins que celui qui ne poffède qu'un terrein de médiocre qualité, qui exige le même nombre de bras.

Le colon, qui fabrique du fucre, de l'indigo, ou qui cultive le café, le coton, fupporte deux impofitions : une fur la denrée à l'exportation, l'autre fur fes efclaves ; tandis que le fabriquant de tuile, de poterie, de chaux, le marchand & tous les artifans, n'en portent qu'une feule.

Quant à la perception de cette capitation, on a dit qu'elle eft difficile ; elle fe fait d'après la déclaration des colons, & cette déclaration eft vérifiée par les prépofés du fifc. Les efclaves non déclarés font fujets à confifcation : peine hors de toute proportion, & qui tend à anéantir la culture. D'ailleurs, lorfque l'habitant des montagnes veut fatisfaire à cet impôt, il faut qu'il abandonne fes efclaves à eux-mêmes pendant plufieurs jours, & qu'il faffe un voyage, dont les frais font une addition au droit.

Le détail de tous ces inconvéniens ayant frappé l'affemblée de 1764, il fut réfolu de demander au roi la fuppreffion de toute capitation fur les nègres-cultivateurs, en la laiffant feulement fubfifter fur les efclaves des villes ; & elle fut accordée.

En conféquence, on régla la taxe des efclaves attachés aux poteries, tuileries, fours à chaux, jardiniers dans les campagnes, à quatre livres par tête ; celle de ces efclaves réfidans dans les villes, à douze livres : fomme qui, fur huit mille, donna un produit d'environ cent mille livres.

Celle des efclaves-domeftiques des villes, à vingt-quatre livres ; avec exception en faveur des domeſtiques des officiers & des perſonnes employées au ſervice du roi, des hôpitaux & maiſons religieuſes. Le nombre de ces eſclaves montant à douze mille, il en réſulte un produit de deux cents quatre-vingt-huit mille livres.

En même tems il fut établi un droit de deux pour cent de la valeur, ſur tous les nègres introduits à *Saint-Domingue*; ſa recette fut évaluée à trois cents mille livres.

Parmi les autres contributions qui ſe lèvent dans cette colonie, l'on compte la taxe ſur les lettres, qui eſt un objet de cinquante mille livres par an; celle que ſupportent les maiſons, fixée en 1751, à deux pour cent du prix de location, & portée en 1764, à cinq pour cent.

La permiſſion de tenir des cabarets, des cafés, des boucheries, forme une branche de revenu pour la colonie, qui en retire environ deux cents quarante mille livres.

Les droits de bac ſur les rivières, s'affermoient, & pouvoient procurer quelque revenu à la colonie; mais les deux plus conſidérables, par un abus énorme, qui ne peut être trop hautement dénoncé, pour en prévenir de ſemblables, avoit été donné, en 1747, à titre de gratification, pour vingt années, à un commis du bureau des colonies. Ces droits de bacs n'avoient rendu juſques-là que dix mille cinq cents livres par année; mais la même année 1747 ils furent affermés trente mille cent livres.

Le bail augmenta ſucceſſivement, juſqu'en 1755, qu'il fut adjugé à quarante mille deux cents livres; enſorte que la gratification que le commis a retirée dans ſes vingt années de jouiſſance, a été un objet de ſept cents quatre-vingt-douze mille livres enlevées à *Saint-Domingue*. Nous croyons inutile d'ajouter aucunes réflexions à l'obſervation que nous avons faite ſur une pareille gratification.

La cinquième branche de revenu que fournit *Saint-Domingue*, conſiſte dans le produit des droits ſeigneuriaux, comme amendes, épaves, déshérences, confiſcations & ſucceſſions vacantes. Ces droits prirent naiſſance avec l'établiſſement des juſtices royales, & furent perçus au profit du roi, juſqu'en 1721, que la déclaration du 8 avril en fit don à la colonie.

Le produit de tous ces droits eſt, année commune, de cent mille livres; il eſt employé aux frais de juſtice, à l'entretien du palais & des priſons.

Un autre article de contribution pour les habitans de *Saint-Domingue*, eſt un droit de deux

pour cent ſur le montant des adjudications judiciaires, dont le produit eſt applicable aux ponts & chauſſées, & à des conſtructions publiques. Ce produit peut faire annuellement un objet d'environ cent mille livres.

La dernière impoſition dont nous ayons à parler, eſt celle qui a lieu ſur les libertés accordées à des eſclaves. Voici qu'elle en eſt l'origine. Le code noir avoit ordonné la confiſcation des mulâtres provenant du concubinage des maîtres avec leurs eſclaves. On s'eſt relâché enſuite de la ſévérité de cette diſpoſition; mais il a été ordonné que toute liberté accordée aux eſclaves, ne ſeroit valable qu'après la ratification commune, du général & de l'intendant. Poſtérieurement, ſoit pour réprimer le concubinage, ſoit pour le faire contribuer à des œuvres pies, les ordonnateurs de la colonie imaginèrent de taxer la ratification de l'affranchiſſement des mulâtres, à une certaine ſomme en faveur des hôpitaux. Peu de tems après ces taxes furent perçues au profit du roi. Elles formoient un objet d'environ vingt mille livres, en 1764, quand elles furent ſupprimées par la délibération de l'aſſemblée coloniale. Il fut en même tems arrêté de demander au roi un règlement, pour défendre aux maîtres d'accorder aucune liberté par teſtament & diſpoſition de dernière volonté, à cauſe des abus multipliés qui en réſultoient.

L'année ſuivante 1765, M. le comte d'Eſtaing étant paſſé à *Saint-Domingue*, en qualité de gouverneur général, convoqua une nouvelle aſſemblée coloniale, dans laquelle le ſyſtême des impoſitions que l'on vient d'expoſer, reçut quelques modifications.

Le droit de ſortie ſur les denrées fut augmenté; la taxe qui avoit été ſupprimée ſur les nègres attachés à la culture des denrées d'exportation, fut rétablie, pour compenſer le produit des fermes des boucheries, cabarets, cafés & paſſages qui furent réſervés au roi, à titre de ſouveraineté.

En 1770, le roi ayant demandé cinq millions à la colonie, les droits de ſortie reçurent une nouvelle augmentation, qui devoit durer cinq ans, de même que la contribution. Les cafés, qui ſupportoient un impôt de quatorze deniers par livre, étant tombé, en 1774, de vingt-quatre ſous, à neuf & dix ſous par livre, le roi, par une ordonnance particulière, réduiſit le droit auquel ils étoient ſoumis, à huit deniers par livre, ainſi qu'en 1765.

Le terme de la contribution fixée en 1770, étant près d'expirer, une nouvelle aſſemblée coloniale fut convoquée en 1776, pour renouveller la répartition des contributions, de manière à produire cinq millions, comme en 1770, & dans une forme convenable aux circonſtances.

Il fut arrêté dans cette assemblée, comme dans celle de 1764, que la taxe sur les nègres attachés aux cultures d'exportation, seroit supprimée. Afin de remplir ce vuide, ainsi que celui qu'opéroit la réduction du droit sur le café, voici comment fut fixée la quotité de ces droits de sortie.

Sur les indigos, à raison de dix sols par livre net.

Sur les sucres bruts, à dix-huit livres par millier pesant.

Sur les sucres blancs, à trente-six livres par millier.

Sur les cafés, à dix-huit livres par millier.

Sur les cotons, à deux sols six deniers par livre.

Sur les cuirs tannés, à vingt sols par côté.

Sur les cuirs en poil, à quarante sols par bannette.

Sur les taffias, à raison de trente sols par barrique.

En même tems la capitation sur les nègres des villes & des briqueteries, tuileries, fours à chaux, & autres ouvriers, fut portée à vingt-quatre livres par chaque tête de nègre, sans distinction d'âge ni de sexe.

Le droit sur le loyer des maisons resta fixé à deux & demi pour cent.

Ces détails sur l'état des impositions à *Saint-Domingue*, en 1780, sont tirés des mémoires d'un ancien ordonnateur de cette colonie, homme très-instruit dans toutes les parties de l'administration, chargé ensuite de plusieurs missions importantes par le gouvernement, & qui les a remplies avec tout l'esprit & l'intelligence propres à confirmer la réputation qu'il s'est faite par son équité & par son zèle pour le bien public.

C'est de cet administrateur que nous allons emprunter les réflexions suivantes, sur l'état de la comptabilité des receveurs des deniers publics à *Saint-Domingue*, & sur les moyens de la rendre plus régulière & plus prompte.

Pourquoi la colonie devoit-elle, au mois de juin 1780, deux millions quatre cents six mille huit cents une livres, à la seule caisse des octrois? Et pourquoi les quatre cinquièmes de cette somme n'y rentreront-ils jamais? C'est que les receveurs n'ont jamais eu d'autres motifs que leur devoir pour accélérer les recouvremens, qui sont toujours pénibles, & quelquefois impossibles, soit par la fréquence & la multitude des mutations arrivées dans les maisons contribuables, soit à cause de la confection trop tardive des recensemens généraux, presque toujours remplis de non-valeurs.

En faisant numéroter les maisons des villes, j'ai applani beaucoup de difficulté dans les recouvremens; j'ai aussi perfectionné la forme des recensemens, & fixé le tems de leur rédaction, de manière que les receveurs puissent chaque année commencer leur recette dès les premiers jours de janvier.

Mais toutes ces précautions deviennent insuffisantes, si le receveur manque de zèle pour la poursuite des redevables; & l'intérêt pouvant être, en ce cas, l'aiguillon le plus sûr de ce zèle, il seroit infiniment plus avantageux de réduire à moitié, les appointemens qu'on donne à ces receveurs, pour la perception des droits d'exportation, & de leur accorder une remise de trois ou quatre pour cent, sur la recette effective du montant de la capitation des nègres, & des taxes des maisons, sans espoir d'aucune autre déduction que celle des quittances dont ils justifieroient la non-valeur, pour cause d'erreur de nom, double emploi, ou de l'insolvabilité des contribuables; & sous la condition expresse de constater, dans les quatre premiers mois de chaque année, la non-valeur des quittances sur les nègres, & dans les six premiers, celle du droit de deux & demi pour cent sur les maisons.

A ces précautions, on pourroit joindre celle de ne viser tous les mois les bordereaux de leur recette, qu'après la vérification exacte de leur caisse, sans se dispenser d'une vérification plus profonde encore, à la fin de chaque année, avant l'expédition des ordonnances de recette; mais les visas des bordereaux de mois sont accordés si légèrement, par les officiers de l'administration, qu'on a vu les receveurs de l'octroi, au mois de juin 1780, être en débet de près de six cents mille livres; en 1782, les débets de tous les comptables publics de la colonie s'élevoient au moins à deux millions. Pour obvier à ce désordre, il seroit donc nécessaire d'établir auprès de chaque receveur, & même auprès des curateurs aux successions vacantes, un contrôleur actif, qui tiendroit les mêmes registres que chacun d'eux, & suivroit toutes ses opérations.

Il conviendroit encore, pour concourir au même but, celui d'assurer la comptabilité des receveurs, de leur faire fournir une caution, dont les biens seroient examinés & discutés jusqu'à la concurrence du cautionnement, avec le zèle & la sollicitude d'un créancier ordinaire, par les procureurs du roi, qui demeureroient personnellement responsables des déficits de ces cautions, excepté dans des cas de malheurs imprévus & notoires, qui auroient détérioré ou anéanti les biens hypothéqués.

En même tems que cet ancien administrateur de *Saint-Domingue* indique les moyens les plus efficaces

efficaces de rétablir l'ordre & la sûreté dans toutes les caisses de cette colonie; il propose aussi la suppression absolue des deux caisses municipales, qui sont destinées à recevoir le montant des droits appellés *curiaux* & *suppliciés*, parce que leur produit étoit anciennement appliqué à l'instruction des nègres dans la religion catholique, & à maintenir la sûreté publique, en procurant aux propriétaires, le remboursement des esclaves tués en maraudage, ou exécutés à mort, par arrêt des cours, lorsqu'ils avoient été dénoncés à la justice. Ces droits consistent dans une taxe annuelle de trente sols par esclave, dans le ressort du conseil du Cap, & de cinquante sols à quatre livres, dans le ressort du conseil du Port-au-Prince.

Le produit de cette taxe est évalué à cinq cents cinquante mille livres par année, & presque entièrement absorbé par la solde des maréchaussées, & par le paiement des ecclésiastiques qui desservent les cures. Ces caisses municipales étant devenues odieuses, à cause du grand nombre de personnes qui ont été exemptées d'y contribuer; & par rapport aux poursuites rigoureuses qui se font contre les redevables, il conviendroit de les supprimer, & de remplacer la taxe par une augmentation de deux sols pour livre, sur les droits d'exportation, qui seroient perçus par les receveurs de l'octroi.

Cet administrateur estime qu'en 1784, les contributions de *Saint-Domingue* pouvoient s'élever à six millions de livres, & que cette charge ne pouvoit pas être onéreuse à une colonie aussi riche & aussi peuplée.

SAISIE, s. f., qui signifie en général un acte, par lequel on met sous la main du roi & de la justice, les personnes & les choses.

On distingue plusieurs espèces de *saisies*, comme la *saisie-arrêt*, la *saisie & exécution*, la *saisie féodale*, la *saisie réelle*, &c. Mais la définition de toutes ces sortes de *saisies* appartient au Dictionnaire de jurisprudence; nous devons nous borner à parler des *saisies* fiscales, c'est-à-dire de celles qui ont lieu pour contravention aux loix conservatoires des droits du fisc.

On a rappellé aux mots FAUX-SAUNAGE & FAUX-SAUNIERS, tout ce qui a trait aux *saisies* des gabelles.

Les *saisies* qui se font dans la partie des droits de traites, intéressant tous les voyageurs & tous les commerçans, il convient de s'étendre à ce sujet, 1°. de manière à éclairer sur les moyens de les prévenir, & sur la nécessité d'en arrêter les suites quand elles sont fondées; 2°. pour indiquer les formes que les saisissans, d'un côté, doivent observer, & les ressources que la loi

Tome III. Finances.

fournit aux parties, dans ce cas, pour attaquer la validité des actes des préposés de la ferme.

Le titre XI de l'ordonnance du mois de février 1687, règle tout ce qui a rapport aux *saisies* : voici ses principales dispositions.

On a vu au mot DÉCLARATION, que toutes les fois qu'il se trouve de la fausseté dans une déclaration de marchandises, soit du côté de la quantité, soit du côté de la qualité, les marchandises sont susceptibles de *saisies*; qu'elles le deviennent encore, si elles passent les bureaux sans y être déclarées, ou si elles ont pris, pour entrer dans le royaume, une route oblique, un chemin détourné où il n'existe pas de bureau.

Les marchandises qui seront saisies dans les bureaux, porte l'article premier, y seront déposées, & il en sera fait description par le procès-verbal de *saisie*, en présence des marchands ou voituriers; & s'ils sont absens, en présence de nos procureurs sur les lieux, & le receveur ou le contrôleur du bureau, sera établi gardien par le procès-verbal.

ART. II.

L'interpellation faite au marchand ou voiturier, en parlant à sa personne, d'être présent à la description des marchandises, vaudra, comme s'ils étoient présens.

III.

L'équipage saisi sera rendu au marchand ou voiturier, en donnant par lui caution solvable, de le représenter, ou la juste valeur, en cas de confiscation.

V.

Si la *saisie* est faite à la campagne, il sera fait description des marchandises en gros, sans les déballer; elles seront conduites au plus prochain bureau, ou s'il est trop éloigné, en la plus prochaine ville, où il en sera fait description en détail.

Les quatre articles suivans ont rapport aux formalités qui doivent être remplies dans la rédaction & l'affirmation des procès-verbaux de *saisie*, il en a été fait mention aux mots AFFIRMATION, ASSIGNATION, PROCÈS-VERBAL, REBELLION.

X.

Les marchandises de *saisie*, qui ne pourront être gardées, sans perte considérable, seront vendues au plus offrant & dernier enchérisseur, & les deniers en provenans, consignés entre les mains du fermier, si mieux n'aiment les marchands, donner bonne & suffisante caution de la valeur des marchandises, ou en consigner le prix, entre les mains du fermier, estimation préalablement faite.

T t t

XI.

Les *saisies* seront jugées sur les procès-verbaux des commis & gardes des fermes, sans autre preuve, pourvu qu'ils soient en la forme prescrite, & signés de deux commis, ou d'un commis & d'un garde.

XII.

Si la *saisie* a été faite par un commis seul, ou par un garde seul, il sera procédé à l'interrogatoire des voituriers, sur les faits contenus au procès-verbal seulement ; & en cas de dénégation de ces faits, le juge ordonnera qu'il en sera fait preuve respectivement.

XIII.

Défendons à tous juges de nos droits, de donner main-levée des *saisies*, soit simple ou à caution, sinon en jugeant définitivement, à peine de nullité des jugemens, & des dommages-intérêts du fermier ; défendons aux procureurs de signer aucune requête pour les obtenir, à peine de cent livres d'amende, si ce n'est au cas de l'article X du présent titre, & en consignant le prix des marchandises.

Les articles XIV & XV défendent aux cours de recevoir l'appel des *saisies*, & autorisent les premiers juges à donner, par provision, mainlevée des marchandises saisies, en donnant par le marchand bonne & suffisante caution.

XVI.

Les *saisies* faites dans les provinces étrangères, ou réputées étrangères, seront jugées par le juge dans le département duquel sera le garde ou le commis qui aura fait la *saisie*, si la marchandise n'est point ramenée dans l'étendue des provinces des cinq grosses fermes ; si elle y est ramenée, la *saisie* sera jugée par le juge dans le ressort duquel elle sera déposée.

XVII & DERNIER.

Les marchandises *saisies*, qui auront été abandonnées par les marchands & voituriers, & qui ne seront pas réclamées dans la huitaine, pourront être vendues, &c. *Voyez* ce qui a été dit à cet égard au mot MARCHANDISES, *pag.* 85.

Il résulte de ces diverses dispositions, 1°. que la *saisie* d'une marchandise n'est qu'une sorte de séquestre, qui doit être suivi de la confiscation ou de la main levée ; que par conséquent il est essentiel que le procès-verbal de *saisie* contienne une description exacte des objets saisis, & qu'elle soit faite en présence des parties intéressées, afin que si ces objets sont rendus, il n'y ait aucune difficulté sur leur état & leurs qualités.

2°. Que ce n'est que dans le cas d'une absence

de bonne-foi, ou présumée, que la présence du procureur du roi doit être requise, & non lorsqu'une *saisie* a été faite sous les yeux du propriétaire qui ensuite s'est évadé.

3°. Qu'il est de la prudence des préposés des fermes, ainsi que le porte l'ordonnance, d'offrir la main-levée provisoire des voitures & chevaux saisis, pour ne pas priver le conducteur des marchandises qui ont occasionné la *saisie*, des moyens de continuer son commerce, & exposer le *sisc*, à des dommages-intérêts & à des frais considérables.

4°. Que comme l'ordonnance propose deux moyens à l'égard des marchandises qui ne peuvent pas se garder, la remise des marchandises sous caution, est celui qui semble préférable, parce qu'il entraîne moins de conséquences, dans le cas où l'évènement de la procédure seroit favorable à la partie saisie.

Ce que prescrit l'article XI ci-devant rapporté, peut paroître contraire à l'ordre commun : que le témoignage de deux commis nommés & appointés par le fermier, suffise pour opérer des condamnations rigoureuses ; mais il faut observer que dans ce cas, les employés sont des témoins nécessaires, liés à la vérité, par la foi du serment, par l'intérêt de la conservation de leur emploi, par les peines sévères qu'ils encourroient en cas de faux, par la vigilance des juges, & la malveillance générale ; enfin, par toutes les formalités nécessaires pour assurer la validité de leurs procès-verbaux.

On voit par l'article XII, que le législateur, principalement occupé à réprimer les contraventions, a voulu suppléer à l'insuffisance d'un procès-verbal signé d'un seul commis, par des formes propres à opérer la conviction du contrevenant, mais restraintes aux faits contenus dans le procès-verbal.

Les dispositions de l'article XIII paroissent d'autant plus sages, pour prévenir tout incident de chicane, toute instance interlocutoire sur des demandes de main-levée ou de réception de caution, que le fermier étant responsable des dommages-intérêts, si la *saisie* est irrégulière, c'est à lui de juger s'il doit accorder, ou refuser la main-levée des objets saisis ; le recours des parties, pour le préjudice qu'elles peuvent recevoir étant toujours assuré. Ces dispositions ont été confirmées par deux arrêts de la cour des aides de Paris, des 4 décembre 1781 & 15 décembre 1782, sur une *saisie* faite à Lyon, de différentes marchandises, que le courrier de Paris tentoit d'y introduire en fraude des droits, & dont la main-levée provisoire avoit été accordée par sentence des premiers juges, à des négocians qui s'étoient portés réclamateurs, sans juger le fond. Sur l'apel de cette sentence, la cour des aides en défendit l'exécution, & ensuite ordonna que la demande des réclamateurs seroit jointe au fond, à fin de main-levée provisoire.

On sent que les règles posées par l'article XVI. étoient nécessaires pour éviter les conflits, les révendications & la prétention des juges en première instance, en expliquant les cas où les *saisies* devoient être portées devant tels ou tels juges.

L'abandon des marchandises *saisies* ne pouvant jamais être du fait des commis, mais pouvant cependant avoir lieu sans être suivi de la confiscation, le législateur a concilié ici l'intérêt des parties, avec celui de son fermier, en ordonnant la vente des marchandises en présence d'un officier de justice, & laissant toutefois au propriétaire la faculté de réclamer ces mêmes marchandises ; ou si elles ont été vendues, le prix de leur vente.

SALAGE (droit de), s. m. On donne ce nom au droit que quelques seigneurs ont de prendre une certaine quantité de sel sur chaque bateau qui passe, chargé de cette denrée, dans l'étendue de leur seigneurie. *Voyez* ce qui a été dit de ce droit au mot PÉAGE, ci-devant *pag. 309.*

SALAISON, s. f. On donne ce nom à tout ce qui a été salé, soit chair, soit poisson ; ce mot exprime aussi l'action de saler des chairs, des beurres & des fromages. A ce mot, très-usité en ce sens, dans la langue propre aux gabelles, est jointe l'obligation de lever en particulier, tous les sels qu'on destine à des *salaisons* ; car l'article VII du titre VI de l'ordonnance des gabelles, en fixant la consommation des habitans du pays des grandes gabelles, à un minot par an, pour quatorze personnes, déclare expressément que cette fixation est pour le pot & salière seulement.

De même les articles XXXII & XXXIII du titre VIII, portent, 1°. que le sel d'impôt ne pourra jamais être employé en grosses *salaisons*, excepté dans certains cas dont il a été parlé au mot IMPÔT DU SEL ; 2°. que les exempts de l'impôt seront tenus de lever au grenier le sel nécessaire pour *salaisons*, outre le sel pour pot & salière.

Ensuite les arrêts & lettres-patentes des 25 juillet & premier août 1719 ont enjoint à tous particuliers, de quelque qualité & condition qu'ils soient, qui veulent faire des *salaisons* de chairs, beurres & fromages, de le déclarer aux officiers & receveurs des greniers, & de lever le sel nécessaire à cet effet ; en même tems il est ordonné aux receveurs de tenir registre de ces déclarations, & délivrer des bulletins, qui doivent être

représentés à toute requisition des employés & gardes des fermes. Dans le cas où ceux-ci trouveroient des *salaisons*, sans qu'il fût justifié qu'elles ont été faites avec du sel du grenier, elles sont confiscables, avec trois cents livres d'amende, outre la restitution des droits de gabelle.

Au reste, comme l'ordonnance n'a point réglé la proportion de la quantité de sel nécessaire pour un poids déterminé de chair, beurre ou fromage, ni même astreint à distinguer l'espèce de *salaison* qu'on veut faire, on sent qu'il est difficile d'établir à cet égard une police bien sûre, & que cependant les recherches que les gardes sont autorisés à faire dans les maisons, pour s'assurer s'il n'y a point de *salaisons* faites avec du sel de contrebande, ou même du sel pris au regrat, sont la source de beaucoup d'exactions & d'abus.

On peut cependant induire des dispositions de l'arrêt de la cour des aides de Paris, du 31 janvier 1753, que cette cour a pensé qu'il falloit au moins une once de sel, pour la *salaison* de chaque livre de viande.

On remarque que dans toute l'étendue des grandes gabelles, les *salaisons* ne consomment, année commune, qu'environ mille muids de sel ; il seroit à désirer que le gouvernement, jaloux de montrer au peuple combien il désire son bonheur, se déterminât à abolir cette funeste distinction de sel pour pot & salière, & sel pour *salaison*, en rendant à chacun la liberté de faire des *salaisons* avec le sel de sa consommation usuelle, ou celui des regrats ; peut-être même, que cette liberté qui délivreroit de toutes perquisitions & des inquiétudes qu'elles donnent, les gens de la campagne, en favorisant les *salaisons*, augmenteroit la masse des consommations en sel ; & qu'ainsi une faveur précieuse à la nation, tourneroit encore à l'avantage de l'Etat.

SALIÈRE. (pot &) Expression d'un grand usage dans les gabelles, pour désigner le sel qui est destiné à la cuisine & à la table ; ce qu'on exprime par sel de pot & *salière*.

SALINES, s. f. On donne ce nom à des usines où l'on ramasse des eaux salées, que l'on fait évaporer, pour en obtenir du sel. Il est bon de remarquer que l'on n'appelle *salines*, que les lieux où l'on fait du sel par les procédés de l'art : ceux où il se fait naturellement, s'appellent en Provence & en Languedoc, *salins* ; en Bretagne & en Poitou, *marais salans*.

On a parlé des *salines* de la basse-Normandie au mot QUART-BOUILLON. Il ne reste donc plus qu'à faire connoître celles qui subsistent en Lorraine & en Franche-Comté, & dont l'exploitation est ordinairement confiée à la ferme générale qui est chargée seule du privilège exclusif de la vente du sel dans le royaume, & par-là intéressée à veiller sur les abus d'une consommation de sel qui lui seroit étranger.

On compte six de ces *salines* : sçavoir, deux en Lorraine, une dans les Trois Evêchés, & trois en Franche-Comté.

Celles de Lorraine sont, Dieuze, à huit lieues de Nancy, capitale de la province, & la plus considérable de toutes.

Château-Salins, à quatre lieues de Dieuze.

Moyenvic, généralité de Metz, à deux lieues de la première *saline*, & à dix lieues de cette capitale.

En Franche-Comté, la *saline* de Salins, située à six lieues de Besançon, capitale de la province, est la première & la plus ancienne.

On distingue ensuite celle de Montmorot, à huit lieues de Salins.

Et celle de Chaux, qui en est à trois lieues, bien moins renommée par ses sels, que par des bâtimens magnifiques qui servent à leur fabricaion : monument digne d'orner la capitale du royaume ; mais dont la situation dans un lieu isolé, au milieu d'une forêt, blesse toutes les règles de la convenance, & d'une sage administration.

Afin de mettre de l'ordre & de la clarté dans tout ce que nous avons à dire des *salines*, & de leur travail, nous le diviserons en huit sections.

La première comprendra un abrégé historique de leur origine & de leur établissement, en commençant par les *salines* de Lorraine.

Dans la seconde, on traitera de la jurisdiction appellée réformation, à laquelle appartient la connoissance de tout ce qui concerne les bois, leur affectation à chaque *saline*, leur exploitation ; de sa composition, de sa forme de procéder ; de la coupe des bois, de leur transport, du prix qu'il coûte.

On fera mention dans la troisième, des puits salés, ou sources salées, du degré de salure, & de la conduite des eaux, & de l'usage des bâtimens de graduation.

La formation des sels, tant en gros que menus grains & en pains ; un abrégé des procédés relatifs à cette formation, le dépôt des sels, & leur déchet ; les employés attachés aux *salines*, les

quantités de sel formées en chacune, avec des remarques sur cette fabrication, feront la matière de la quatrième section.

La cinquième contiendra quelques détails sur la délivrance des sels aux *salines*, tant dans l'intérieur des provinces qu'aux Suisses.

La sixième traitera de la vente étrangère, du transport des sels, du bénéfice qu'il donne, & de l'intelligence qu'il demande.

Il sera question de la régie & de l'administration des *salines*, du bénéfice qu'elles ont donné, dans la septième section.

Enfin, on proposera dans la huitième quelques vues nouvelles de régie & d'administration pour les *salines*, tendant au bien des provinces où elles sont situées, en diminuant la consommation des bois, contre l'excès de laquelle les peuples ne cessent de faire des représentations.

PREMIÈRE SECTION.

Abrégé historique de l'origine & de l'établissement des salines.

LORRAINE.

D'après les recherches qui ont été faites au trésor des chartres de la chambre des comptes de Nancy, où sont déposés tous les actes de la législation des anciens ducs de Lorraine, on peut assurer qu'il existoit des *salines* dans cette province avant 1100. Comme elles faisoient la principale partie du revenu de ces princes, ils apportoient la plus grande attention à leur régie.

Ils avoient créé des charges de gouverneurs, trilleurs, bouttavans : des contrôleurs-tailleurs des bois, des contrôleurs à la délivrance des sels. Tous ces offices subsistent encore, & leurs prétentions, autant que leurs fonctions, mettent une telle gêne dans l'exploitation des *salines*, qu'on est étonné que leurs offices n'aient pas été supprimés. Vingt-cinq années de gages, gratifications en bois & sel, qui sont attribués à ces offices, indemniseroient largement la ferme générale, qui pourroit être chargée de leur remboursement ; l'Etat, en se libérant de ces attributions, prises sur ses revenus, verroit, après la révolution des vingt-cinq années, augmenter sensiblement le produit des *salines*, par plus de simplicité & d'économie dans leur manutention.

On trouve dans le trésor des chartres, dont il a été parlé, différens comptes rendus, tous les ans aux ducs, par les gouverneurs des *salines*. Ces comptes sont divisés par chapitres de recette & dépense, qui comprennent les produits des fels , les frais de fabrication , d'exploitation & de voiture de bois , de gages d'officiers & appointemens d'agens.

Mais il paroît par ces comptes même , que du tems des ducs de Lorraine , les *salines* étoient en plus grand nombre qu'à préfent.

Il en exiftoit une à Rozière , à trois lieues & demie de Nancy , qu'on a vu détruire en 1760. Elle étoit anciennement la plus confidérable , & donnoit , par année , jufqu'à quinze mille muids de fel , chacun de fix cents cinquante livres.

Les eaux du puits de cette *faline* provenoient de différentes fources , qui , réunies , compofoient un mélange de fept à huit degrés de falure. Elle avoit fes bâtimens de graduation ; on en expliquera les effets , en parlant des *falines* de Montmorot & de Chaux. Mais un homme entreprenant & en faveur , ayant propofé , dans la vue, difoit-il , de détourner les eaux douces des eaux falées , & d'augmenter confidérablement le degré de falure des dernières , & par conféquent les produits de la *faline* , en accélérant la formation , ayant indifcrettement propofé différens travaux fur ces fources , fans égard pour les repréfentations qu'on lui fit fur le danger de cette entreprife , les fources falées fe perdirent ; on tenta vainement de les rétablir , & il fallut détruire cette *faline*.

La *faline* de Dieuze paroît avoir une origine antérieure à l'an 1300 ; mais en même tems on préfume que fon produit étoit bien foible , en le comparant à fon produit actuel. Ce qui fonde cette préfomption , c'eft qu'on fçait qu'il y exiftoit encore des bâtimens de graduation , en 1735 & 1736 : preuve que l'on n'avoit pas encore fait la découverte de la fource fi abondante que renferme le puits de Dieuze , & la plus riche en fel que l'on connoiffe dans aucune *faline* , puifqu'elle a feize degrés de falure , & donne chaque jour , dix-huit cents muids d'eau , qui pourroient former annuellement trois cents quatre-vingt mille quintaux de fel.

La *faline* de Château-Salins eft auffi ancienne que celle de Dieuze ; toutes deux paroiffent avoir exifté en même tems ; mais on ne peut pas dire avec certitude , qu'elle a été la première.

Il y avoit une troifième *faline* à Salonne , qui travailloit encore fous le règne du duc Léopold ; mais on ignore l'époque de fa deftruction.

Une cinquième , appellée Saltzbroun , paroît avoir été en activité dans le feizième fiècle ; & l'on croit qu'elle a été détruite par les Suédois.

On a tenté plufieurs fois de la rétablir , notamment lorfque Louis XIV fe fut emparé de la

Lorraine. Le projet qui fut préfenté dans cette vue au confeil , ne refta fans exécution , que pai ce que cette province fut rendue peu de ●●●●●● avoir été conquife.

En 1724 , le duc Léopold femble ●● penfé à tirer parti de la *faline* de Saltzbroun , puifqu'il ordonna des vifites , & la reconnoiffance de l'état des eaux ; mais il fut détourné de ce projet par d'autres vues.

La Lorraine ayant paffé fous la domination du roi en 1735 ; dès 1738 on propofa à M. Orry , alors contrôleur général des finances , un plan de rétabliffement pour la même *faline* ; mais la contrariété des opinions , qui régnoit dans la ferme générale , empêcha de l'adopter. Il en fut de même encore en 1775 , quoique le réfultat de ce rétabliffement , parut offrir un bénéfice annuel aux fermiers généraux de plus de deux cents mille livres. Voici comment on en démontroit la poffibilité.

Il étoit queftion de former à Saltzbroun douze mille muids de fel chaque année , que l'on eût diminué fur la *faline* de Dieuze.

Le prix de formation revenoit alors dans cette dernière , pour un muid de fel pefant fix cents cinquante livres , à .... 3 liv.   3 fols.

Et pour un muid de vente étrangère , pefant huit cents livres , à ...	3	17	6 den.
Le prix d'achat & voiture de bois , calculé fur le pied de cinq livres la corde , étoit de trois livres quinze fols , ci.......	3	15	
	7 liv. 12 fols 6 den.		
Le moindre prix de vente de fel , aux traitans du Rhin : on appelle ainfi les particuliers qui viennent acheter le fel aux *falines* eft de	21 liv.	13 fols	
Si l'on en déduit le prix de	7	12	6 den.
Il refte toujours en bénéfice...............	14	1	1

A ce premier bénéfice il faut ajouter celui qui fe feroit trouvé fur le tranfport des fels , depuis Dieuze à Saint-Avold : lieu où les traitans font

Ci-contre.......... 14 liv.	1 fols	1 den.

la levé ▓▓ur fel, qu'ils font ▓▓▓▓▓e enfuite à Vaud▓▓▓▓é , pour les faire embarquer fur la Sarre. Ce trajet, depuis Dieuze à Saint-Avold , coûte ordinairement trois livres fix fols , ci..... 3 6

Et comme la Sarre paffe au milieu de Saltz-broun , & que les fels y auroient pu être embar-qués, les traitans écono-mifant la dépenfe du tranfport de Saint-Avold à Vaudrevange , qui eft un objet de quarante-cinq à cinquante fols , ils ne fe feroient pas refufé à une augmentation de trente fols par muid de fel, en raifon des frais du nouvel établiffement fait à Saltzbroun, ci... 1 10

Total du bénéfice ... 18 liv. 17 fols 1 den.

Si l'on multiplie cette fomme par douze mille muids de fel , qui auroient été fabriqués dans cette *faline* , on aura une fomme de deux cents vingt-fix mille huit cents livres.

Un avantage auffi décifif offroit fans dôute des moyens d'élever une *faline* avec des bâti-mens de graduation, dont les devis ne montoient qu'à fix cents mille livres. Mais la ferme géné-rale qui avoit encore fous les yeux , l'exemple en effet très-frappant de la *faline* de Chaux , qui lui avoit fenté feize cents dix mille livres, tandis que les devis avoient été arrêtés à fix cents mille livres , fe refufa à l'établiffement de Saltzbroun : peut-être auffi entra-t-il dans ce parti, quelque mouvement raifonnable de défiance contre un homme qui avoit préfidé à la conftruction de la *faline* de Chaux , & qui n'avoit montré dans fes dépenfes , ni fageffe , ni modération. Mais, n'eft-il donc pas poffible de concilier le bien pu-blic avec l'économie ?

Si la *faline* de Chaux offroit un monument extraordinaire , dont l'idée n'a pu être infpirée , ni par le local , ni par les befoins de l'ufine , celle de Montmorot préfentoit des leçons d'in-telligence & d'utilité , qui pouvoient fervir de guide. On fait qu'elle a été bâtie en fix ans , depuis 1744 à 1750, avec quatre mille cinq cents pieds de bâtimens de graduation , & qu'elle n'a

pas coûté huit cents mille livres : les entrepre-neurs ont même avoué enfuite , que d'après leur expérience , ils en conftruiroient une femblable pour fix cents mille livres. Si jamais la *faline* de Saltzbroun étoit rétablie , vingt-quatre années fuffiroient pour rembourfer tous les frais , & le roi pofféderoit une feptième *faline* , qui augmente-roit fon revenu de plus de deux cents mille livres par année.

A cet avantage , il faut encore ajouter celui que le gouvernement auroit trouvé à faire le bien de la province ; car en déchargeant Dieuze de douze mille muids de formation, on eût reftitué chaque année , à l'arrondiffement de cette *faline* , plus de fept mille cordes de bois, qui auroient procuré l'abondance & le bon marché d'une den-rée , dont la difette & le haut prix excitent fans ceffe les plaintes des cours fouveraines , & de. toutes les claffes d'habitans.

Salines des *Trois-Evêchés.*

Les évêques de Metz poffédoient autrefois en toute propriété , & à titre de fouveraineté , deux *falines*, dans cette province : l'une à Moyenvic, & l'autre à Marfal, qui n'en étoit éloignée que de trois-quarts de lieue. Cette dernière a été détruite, parce que la formation du fel y étoit trop coûteufe.

L'hiftoire apprend , qu'avant 1298, Gerard, foixante-huitième évêque de Metz , acquit ces deux *falines* de quelques feigneurs particuliers , & les réunit à l'évêché. Raoul de Coucy, foixante-feizième évêque , engagea , environ l'an 1390, le château de Moyenvic à Henri Gilleux , foixante muids de fel à Robert , duc de Bar , & dix muids à Philippe de Boifremon.

Conrard Bayer de Roppar , foixante-dix-fep-trième évêque , retira cet engagement l'an 1443 ; mais lui & fon frère Théodoric Bayer, ayant été arrêtés prifonniers , par l'ordre du duc René, roi de Naples & de Sicile , il en coûta à l'évêque pour fa liberté, plufieurs feigneuries , & notam-ment les *falines* , que le duc lui rendit dans la fuite.

On voit dans le tréfor des chartres de la cham-bre des comptes de Nancy, différens concordats paffés entre les évêques de Metz & les ducs de Lorraine , pour s'accorder refpectivement aide & protection dans l'exploitation de leurs *falines.*

D'autres actes préfentent un accord pour régir ces mêmes *falines* à profit commun. Ces traités paroiffent avoir été fondés fur ce que les évêques de Metz n'avoient pas des bois fuffifamment, & fur ce qu'ils étoient obligés d'emprunter le territoire de la Lorraine, pour procurer des débouchés à leurs sels.

En 1751, le cardinal de Lorraine, administrateur, & le cardinal de Guise, évêque, laissèrent, en fief, au duc de Lorraine, les *salines* de l'évêché, moyennant quatre mille cinq cents livres, monnoie de Lorraine, & quatre cents muids de sels. Ces ducs, devenus propriétaires, étoient obligés, suivant le soixante-dixième article du traité des Pyrénées, de fournir le sel nécessaire à la consommation des évêchés, à raison de seize livres six sols le muid.

Moyenvic ayant été cédé au roi, par le douzième article du traité de 1661, conclu à Vincennes, entre le duc Charles IV de Lorraine & le cardinal Mazarin, & la *saline* ayant été ruinée par les guerres, elle fut rétablie en 1673.

Marsal passa sous la domination du roi, en 1663, par le traité de Noméni, avec le même prince.

Tout le pays des environs de Dieuze, Château-Salins, Moyenvic, Marsal & Salonne, offre des filtrations d'eaux salées, qui dénotent une grande abondance de mines de sel. La ferme générale a fait combler, & fait encore garder certains puits, pour empêcher l'abus qu'on pourroit faire de leurs eaux, au préjudice de la gabelle.

Salines de Franche-Comté.

Parmi ces *salines*, celle de Salins tient le premier rang, & son origine remonte à plus de douze cents ans. Elle se divise en grande & petite *saline*, qui se communiquent par une voûte souterraine de deux cents six pieds de long, sur cinq pieds six pouces de large, & sept pieds cinq pouces de haut; de façon que ces deux parties ne font qu'un seul corps de bâtiment. Il est situé au centre de Salins, dans une gorge fort étroite, & séparé par le rempart, de la rivière de Furieuse. Un mur ferme la *saline* du côté de la ville, à qui elle a donné la naissance & le nom; car Salins a commencé par quelques habitations construites pour les ouvriers qui travailloient à la formation du sel.

Les eaux de la *saline* de Salins en avoient fait un domaine d'un grand revenu, & ce fut un de ceux que Sigismond, roi de Bourgogne, donna au commencement du sixième siècle pour doter le monastère d'Agaune. Ce monastère posséda dès-lors Salins en toute propriété jusqu'en 943, que Meinier, abbé d'Agaune, le donna en fief à Albéric, comte de Bourgogne & de Mâcon. Strabon assure qu'on faisoit grand cas à Rome des chairs salées dans le pays des Séquanois.

La grande *saline* occupe un terrein irrégulier, qui a cent quarante trois toises dans sa plus grande longueur, & cinquante dans sa largeur. La petite *saline* placée au nord de la grande, n'a que quarante toises de long, & vingt-cinq de large.

Cette dernière renferme un puits, appellé *puits à muire*; il est à soixante six pieds de profondeur depuis la voûte supérieure jusqu'au fond du récipient qui reçoit les eaux salées; & il a trente pieds de largeur de toutes faces. L'on y descend par un escalier, & l'on trouve au fond, deux sources salées, qui, dans vingt-quatre heures, donnent cent soixante muids mesure de Paris, d'une eau claire, à dix-sept degrés de salure, qui est conduite par un tuyau de bois dans le récipient des eaux salées où il en contient quarante-sept muids. Tout près de ce premier en est un second, de la contenance de soixante-un muids; c'est là que l'on rassemble les eaux de quarante autres sources une fois plus abondantes que les deux premières, mais qui, n'étant qu'à trois degrés, font par cette raison nommées petites eaux.

En terme de *saline*, on entend par degrés la quantité de livres de sel renfermées dans cent livres d'eau; c'est-à-dire, qu'une eau à dix-sept degrés, rend par l'ébullition dix-sept livres de sel, sur cent livres d'eau; celle à trois degrés n'en donne que trois livres.

On n'entrera pas ici dans la description des autres sources & puits d'eau salée, ni dans le détail des machines & des procédés servant à la fabrication du sel, ce soin appartient au Dictionnaire des arts & métiers. Suivons l'historique de la *saline* de Salins & des autres salines de la Franche-Comté.

Lorsque la Franche-Comté passa à la couronne d'Espagne, la propriété des salines étoit divisée en quatre cents dix-neuf parts, qui appartenoient à des particuliers & à des communautés régulières. Cette division avoit pris naissance sous les seigneurs de Salins, qui avoient associé aux travaux de leurs *salines* ces particuliers, auxquels ils avoient accordé, en récompense des découvertes qu'ils avoient faites d'eaux salées, une certaine quantité de ces eaux. Ces parts étoient appellées *quartiers*, & chaque quartier étoit de trente sceaux d'eau salée.

Les rois d'Espagne, devenus maîtres des salines, formèrent le projet de réunir ces quartiers à leur domaine; ils n'y trouvèrent de difficultés que de la part des gens d'église, qui en possédoient la plus grande partie, vraisemblablement ensuite des dons qui leur en avoient été faits. L'affaire fut portée à Rome, où cependant elle ne fut pas décidée à l'avantage des ecclésiastiques. Leurs portions furent estimées, & l'on en créa des rentes en argent, & des redevances en fel, comme l'on avoit fait pour les autres particuliers dont on avoit amiablement racheté les droits. On donna à ces rentes & redevances le nom de *rachat du droit de muire* qui fubfifte encore. Ces rentes & redevances font une des charges du bail des fermes. Les rentes au commencement du bail de Salzard, commencé en 1780, formèrent un objet de huit mille quatre-vingt-feize livres onze fous, diftribuées d'après un état formé fuivant les droits de chaque partie prenante.

La *faline* de Montmorot eft fituée à huit lieues fud-oueft de Salins, dans une petite plaine, entre la ville de Lons-le Saunier & le village de Montmorot.

On prétend que la ville de Lons-le-Saunier a reçu très-anciennement fon nom, d'un puits d'eaux falées qui avoit un flux & reflux, d'où elle avoit été appellée *Lædo*, mot tiré du grec qui fignifie flux & reflux. Les *falines* de Lons-le Saunier ont long-tems été les feules de la Franche-Comté; mais on ignore également l'époque de leur établiffement & la caufe, ainfi que la date, de leur deftruction. On a trouvé dans les fouilles qui ont été faites, une grande quantité de poulies, de rouages, d'arbres de roue à demi-brûlés; d'où l'on peut conjecturer que ces *falines* ont été dévorées par le feu.

La ville de Lons-le-Saunier, dans une requête préfentée, en 1650, au confeil des finances du roi d'Efpagne, expofa que fes anciennes *falines* avoient été détruites en 1290, pour mettre celles de Salins en plus grande valeur, & qu'elle avoit obtenu fur les dernieres quatre-vingt-feize charges de fel par mois. Ce droit lui avoit été accordé, en forme de dédommagement, par Marie de Bourgogne & Charles V, fon petit-fils; elle en avoit joui jufqu'aux guerres & aux peftes des années 1636 & 1637; elle demandoit à être rétablie dans ce droit; elle l'obtint, & il a été enfuite converti en argent. On lui paye encore chaque année une fomme de mille livres.

Bien que la ruine des *falines* de Lons-le-Saunier foit fixée dans l'acte qui vient d'être cité à l'année 1290, il eft cependant certain qu'elle eft poftérieure à cette époque. Philippe de Vienne légua, par fon teftament, en 1294, à Alaïs, fa fille, abbeffe de l'abbaye de Lons-le-Saunier, dix-huit montées de muire à prendre au puits de Lons-le-Saunier, pour elle & pour les abbeffes qui lui fuccéderoient. C'eft donc au commencement du quatorzième fiècle qu'on peut vraifemblablement rapporter la deftruction des *falines* de cette ville.

Quoi qu'il en foit, il paroît certain que les eaux qu'on y faifoit bouillir, étoient meilleures

que celles dont la nouvelle *faline*, établie à Montmorot, fait ufage. Quand les anciennes *falines* de Salins furent abandonnées, on tâcha d'en perdre les fources, en les noyant dans les eaux douces, afin d'empêcher qu'on ne pût en former du fel; mais l'on n'a pu enfuite les féparer entièrement. C'eft à ce mélange, encore fubfiftant, qu'on doit attribuer la foibleffe des eaux que Montmorot employe à préfent.

Ce n'eft qu'en 1744 que cette nouvelle *faline* a été conftruite, & même le premier projet fut de la placer à Lons-le-Saunier; on adopta enfuite le lieu où elle eft, par la raifon qu'il fe trouve plus à portée des puits dont elle tire fes eaux falées. Ils font au nombre de trois, fitués à différentes diftances, & n'ont rien de curieux. Il s'en trouve un, fitué dans la ville de Lons-le-Saunier, dont les eaux n'ont que deux degrés de falure; celles des autres puits font à fept & à neuf.

Le plan de conftruction fut confié à une compagnie particulière, compofée de fix affociés. Ils firent un fonds de fix cens mille livres, jugé néceffaire pour l'élévation de tous les bâtimens, tant de l'intérieur que de ceux de graduation, au moyen d'un traité paffé avec la ferme générale, qui leur affura la jouiffance de cette *faline*, pendant vingt-quatre années, à compter de 1750. Les prix de formation du fel & de voiture, furent réglés de manière à laiffer aux entrepreneurs un intérêt de dix pour cent de leurs fonds, avec une latitude propre à leur en procurer le rembourfement, à raifon d'un vingt-quatrième par année. Par cet arrangement, le roi a acquis la propriété d'une *faline* mife en valeur, fans débourfer un fou

Cependant les intéreffés dans cette *faline* gagnèrent environ cent cinquante mille livres par année, outre, & par-deffus les intérêts de leurs fonds, & le rembourfement de près de huit cens mille livres, à quoi montèrent tous les frais d'établiffement.

Le procès-verbal de rendue ou remife de cette *faline* fut fait en 1774, par le commiffaire du confeil pour la réformation, en préfence des parties intéreffées, du député de la ferme générale, & de plufieurs affociés de la compagnie des formateurs, entre les mains defquels la *faline* devoit paffer: on devoit donc conftater dans ce procès-verbal l'état des bâtimens & des réparations qui pouvoient être néceffaires, & defquelles les premiers entrepreneurs étoient tenus, fuivant les conditions de leur traité.

L'hiftorique de la *faline* de Chaux ne peut avoir beaucoup d'étendue. Les motifs, ou plutôt les prétextes

extes de cet établissement , furent que les autres *salines* de la province , ainsi que celles de Lorraine, étoient arriérées sur la fourniture des Suisses , de trois cents cinquante mille quintaux de sel , & que cette nation réclamoit sans cesse l'exécution des traités ; qu'on ne pouvoit y satisfaire qu'en augmentant considérablement la formation des sels ; mais que le local de la *saline* de Salins ne permettant pas cette augmentation, non plus que la difficulté d'y faire voiturer des bois, il convenoit de construire une nouvelle *saline*, au milieu de la forêt de Chaux , à peu de distance de Salins, & ce nouvel établissement fut autorisé par arrêt du conseil , du 12 mars 1774. Il est vrai qu'il imposa les conditions , 1°. D'y construire quinze cents pieds de bâtimens de graduation , & en outre les pompes , rouages , canaux, vannes & écluses nécessaires.

2°. D'y faire établir deux files de conduite, ou corps de fontaine, en bois de sapin , d'un pied de diamètre, pour amener les petites eaux de Salins à Chaux , & les y faire graduer de façon à pouvoir former annuellement soixante mille quintaux de sel.

La ferme générale s'associa des entrepreneurs pour vingt-quatre années , & partagea avec eux soixante-dix sous d'intérêt , pour être de moitié dans les profits & pertes.

Cette *saline*, comme on l'a dit ci-devant, *pag.* 512, ne devoit coûter que six cents mille livres, selon les calculs qui avoient été présentés pour une construction simple & solide , telle que sa destination & le local le demandoient ; mais pour construire un bâtiment superbe , & assurément déplacé , il en coûta seize cents dix mille livres. A la vérité , la ferme générale espéroit que le roi entreroit dans ce surcroît de dépense, qui passoit d'un million celle du devis , & sollicita une indemnité ; le ministre des finances, par sa lettre du 8 juillet 1776, accorda seulement cent mille livres.

Cependant, l'établissement de la *saline* de Chaux fut un prétexte pour demander la réunion des cinq *salines* existantes en Lorraine, dans les Trois-Evêchés & en Franche-Comté, pour le tems de vingt-quatre années , & les entrepreneurs, déja admis pour la *saline* de Chaux , entrèrent dans ce traité de réunion, passé en 1774, sous le nom de Monclar. L'arrêt du conseil , du 24 mars 1782, a résilié ce traité, & autorisé la ferme générale à prendre seule la régie entière des six *salines* , à la charge de rembourser les fonds des intéressés , & de liquider le tems de leur jouissance.

SECONDE SECTION.

Tribunal de la réformation , quelle est sa composition , sa jurisdiction , sa forme de procéder ; de la coupe des bois , de leur transport , & du prix qu'il coûte.

Lorsque la Lorraine eut été réunie à la France, la ferme générale , ou plutôt l'entreprise de la fabrication des sels , attentive à ce qui pouvoit contribuer aux progrès de cette affaire , sollicita le conseil du roi de Pologne , de lui accorder une affectation de bois pour l'entretien des *salines* de Lorraine, à l'exemple de ce qui étoit établi en Franche-Comté, depuis 1724, en faveur de la *saline* de Salins.

Cette jurisdiction fut établie, en 1750, en Lorraine, pour cette province & les Trois-Evêchés. Le siège est composé d'un commissaire du conseil, réformateur, d'un commissaire-subdélégué, d'un lieutenant, d'un procureur du roi, de deux gardes-marteaux, d'un arpenteur, d'un receveur de la réformation, de deux collecteurs des amendes, d'un greffier, de deux gardes à cheval, faisant les fonctions d'huissiers, & de plusieurs gardes à pied.

La place de commissaire, qui est nommé par le conseil , vaut environ douze mille livres ; celle de subdélégué, trois mille livres ; de lieutenant, huit cents livres; de procureur du roi, deux mille livres ; de greffier, douze cents livres ; de collecteurs d'amende & gardes à cheval, six cents livres ; des gardes à pied, cent livres. La médiocrité du traitement de ces derniers est une source d'abus ; car s'ils ne ferment pas les yeux sur les délits qu'ils apperçoivent, au moyen d'une rétribution de la part des délinquans, ils sont portés à en commettre eux-mêmes , par la nécessité de pourvoir à leur subsistance.

La réformation juge , tant au civil qu'au criminel. L'arrêt d'attribution défend à toutes les cours de connoître des jugemens de cette jurisdiction ; le roi s'en réservant, & à son conseil, l'évocation & l'appel. Dans les affaires criminelles on appelle le nombre de gradués requis par l'ordonnance.

Celle de 1669, qui concerne les eaux & forêts, sert de règle pour l'instruction des affaires criminelles; mais au civil les procédures se font plus sommairement, & avec beaucoup moins de frais que dans les maîtrises des eaux & forêts.

Les parties surprises en délit, par les gardes, sont assignées par un même procès-verbal, qui constate le fait, & qui est affirmé dans les vingt-quatre heures. La cause portée à l'audience, est jugée immédiatement, & fans autres frais que ceux du procès-verbal, qui ne font que de fept fols fix deniers ; enfuite on fignifie le jugement.

Le rôle des amendes fe fait tous les mois, par le greffier, & il le remet au collecteur, qui prépare fes commandemens & faifies en conféquence. Les frais font réglés à une fomme modique, parce qu'on a foin d'en faire faire plufieurs en même tems, dont les dépens font fupportés en commun, par toutes les parties.

Ce collecteur a deux fols pour livre du montant des amendes, & rend fes comptes au commiffaire général qui en figne l'arrêté. La moitié de ces amendes, ainfi que des confifcations eft pour le compte du roi, & l'autre appartient, à titre d'indemnité, aux entrepreneurs de la formation des fels.

Les fonctions des officiers de la réformation, pour ce qui regarde les *falines*, confiftent à marquer les bois d'affouagement, d'après les tableaux d'affiettes deftinées pour chaque coupe ordinaire.

Le garde-marteau marque chaque année les arbres qui doivent être réfervés, & dépofe fon procès-verbal au greffe ; il en eft enfuite délivré une expédition aux entrepreneurs de la *faline*, qui paient trois livres par arpent de délivrance. Cette fomme fe verfe dans la caiffe du receveur de la réformation, avec le produit des branchages qui font vendus par les officiers, celui des amendes & chofes faifies, & encore avec le prix des permiffions de pâturage & de glandée, dans les bois défenfables. Ces différens objets réunis, fervent au paiement des appointemens des officiers & des gages des gardes.

Après l'exploitation de plufieurs coupes, il eft dreffé procès-verbal par les officiers de la réformation, en préfence du contrôleur des bois, attaché à la *faline*, des quantités effectives de bûches & de fagots ; & c'eft d'après cet acte qu'eft payée la façon des bois exploités. La corde coûte depuis vingt fols jufqu'à trente fols de façon, & on compte cent-vingt fagots pour une corde de bois.

La voiture de ces bois aux *falines* eft un objet de dépenfe fi important, qu'il mérite quelques détails.

En Lorraine, les deux *falines* de Château-Salins & de Moyenvic ont des canaux de flottage, ce qui fait une grande économie. A Dieuze il devoit y en avoir un auffi ; les entrepreneurs s'étoient obligés à l'établir à Londrefing, par leur traité avec la ferme générale, qui elle-même, en étoit chargée par l'arrêt du confeil, du 12 mars 1774. Après les nivellemens & les opérations prépa-

ratoires, la poffibilité de ce canal a été démontrée ; mais la mife dehors de deux cents cinquante mille livres a effrayé les entrepreneurs, & fur divers motifs fpécieux ils ont éludé leur obligation, parce que fon exécution eût diminué leurs profits.

Il eft cependant bien certain que la conftruction de ce canal eût procuré différens avantages très-fenfibles.

1°. Il eût mis à portée de tirer des forêts de la baronnie de Feneftranges, fept à huit mille cordes de bois, fur lefquelles on auroit économifé plus de trois livres par corde pour le tranfport.

2°. Cette même quantité de bois, ménagée ainfi dans les coupes ordinaires, auroit mis en état d'atteindre à une révolution plus avantageufe pour les faire ; au lieu qu'à préfent on eft forcé de les anticiper de deux, trois & quatre années, fur les vingt-cinq ans, qui eft le terme fixé, & qui même devroit, en bonne adminiftration être porté à trente années, pour trouver de meilleur bois.

3°. Ce canal de flottage, en épargnant les voitures de terre, eût fait rendre aux campagnes & à leur culture, les hommes & les chevaux que l'on force à voiturer des bois pour les *falines* dans des tems précieux.

Les voitures par terre, coûtent depuis trois livres par corde, jufqu'à fix & fept livres.

On a en Lorraine une manière particulière de faire arriver à portée des grands chemins, les bois exploités fur les plus hautes montagnes ; c'eft ce qu'on appelle *fcheliter*.

On place des bûches arrêtées en forme d'échellons, à la diftance de deux pieds & demi, depuis le haut de la montagne jufqu'en bas. On forme des efpèces de traîneaux de trois ou quatre pieds de haut, propres à contenir une demi-corde de bois, & qui portent un brancard dans lequel fe met un feul homme. Le traîneau étant lâché, fon propre poids l'entraîne en bas ; mais le conducteur qui le tient comme une brouette, fe piétant fucceffivement contre chaque bûche qui fait l'efcalier, parvient à defcendre ainfi une demi corde de bois, fans accident, quoique le poids en paroiffe beaucoup trop confidérable pour un feul homme.

Cette manœuvre n'a jamais pu être adoptée en Franche-Comté, où cependant prefque tous les bois font placés fur les montagnes. On y jette les bois du haut en bas, à bûches perdues ;

& en effet il s'en perd beaucoup : des bûches se caſſent ou perdent leur écorce. Il ſemble cependant, qu'en faiſant paſſer en Franche-Comté un de ces hommes de Lorraine, habitué à ſcheliter les bois, cette manœuvre y réuſſiroit également.

On ne parlera pas du flottage des bois ſur les canaux des *ſalines* de Château-Salins & de Moyenvic ; cette opération ne diffère pas de celle qui s'exécute par-tout. Malgré les ſoins que l'on donne au tranſport des bois, il y arrive toujours un déchet de deux ou trois pour cent : autrefois il alloit juſqu'à quinze & ſeize ; mais une ſurveillance plus active l'a fait diminuer.

L'affouagement des bois à la *ſaline* de Dieuze eſt fixé à vingt-un mille cordes & onze centsdix milliers de fagots, par année.

A celle de Château Salins, à neuf mille cordes & douze cents milliers de fagots, le tout à prendre & exploiter par les entrepreneurs des *ſalines*, dans les bois taillis & fagoteries appartenans au roi, affectés aux *ſalines*, en ſe conformant aux arrêts & règlemens rendus ſur cet objet.

L'article XLVI de l'arrêt du conſeil, du 12 mars 1774, ordonne, qu'en cas de déficit dans les forêts du roi, le commiſſaire-général-réformateur, achetera aux frais de ſa majeſté, dans les forêts des paroiſſes & communautés ſituées à deux ou trois lieues des *ſalines*, les quantités ſuffiſantes pour couvrir chaque année ce déficit ; & affecte, en tant que de beſoin, leſdits bois des communautés, ainſi qu'ils l'étoient par les arrêts des 22 août 1750, 14 août 1767, 11 juin & 16 octobre 1770.

Le même arrêt affecte, par l'article XLIV, à la *ſaline* de Moyenvic, les mêmes bois déjà affectés par l'article XXXIX du bail général des fermes fait à Forceville, tant dans les forêts de ſa majeſté que dans pluſieurs autres, en payant aux propriétaires les prix réglés par les arrêts du conſeil des 23 janvier 1731, 15 juillet 1732, & 12 janvier 1737 ; & en cas de déficit, l'adjudicataire des *ſalines* peut également acheter des bois dans les lieux les plus convenables, aux prix réglés avec les particuliers, ou, en cas de conteſtation, ſuivant la taxe qui en ſera faite par le commiſſaire départi, ainſi que le porte l'article XLII du bail de Forceville.

Le même corps de juriſdiction, appellé *réformation*, ſubſiſte en Franche Comté depuis 1724, avec un commiſſaire général pour les deux *ſalines* de Salins & de Montmorot ; mais pour celle de Chaux, c'eſt le grand-maître des eaux & forêts qui fait les fonctions de commiſſaire-général-

réformateur, & les officiers de la maîtriſe de Dole rempliſſent celles de détail, qui appartiennent aux officiers particuliers de la réformation : au reſte, les mêmes principes que l'on ſuit en Lorraine, dirigent auſſi la réformation de la Franche-Comté, avec quelque différence dans les formes.

L'article XXVII de l'arrêt du conſeil, du 12 mars 1774, ordonna que l'entrepriſe des *ſalines* ceſſeroit de jouir, pour la *ſaline* de Salins, des bois compris dans la nouvelle affectation, c'eſt-à-dire à quatre lieues, & juſques dans la ſixième lieue qui formoit l'arrondiſſement de Salins, dès que la nouvelle *ſaline* de Chaux ſe trouveroit en état de former juſqu'à trente-huit mille quintaux de ſel, à la décharge de Salins, époque à laquelle l'affectation des bois ſeroit réduite à une, deux & trois lieues, comme le preſcrit l'arrêt du conſeil, du 29 avril 1773.

Celui du 4 mars 1776, dérogeant aux réglemens précédens, rendit aux propriétaires des bois affectés à la *ſaline* de Salins & de Montmorot, la liberté de diſpoſer de la moitié de ces bois ſituée dans la partie la plus éloignée de ces *ſalines*, & fixa au premier octobre 1778, l'époque où ils pourroient rentrer dans la jouiſſance de l'autre moitié.

A l'égard de la nouvelle *ſaline* de Chaux, l'article XV de l'arrêt du conſeil, du 12 mars 1774, affecta à cette *ſaline* vingt-deux mille arpens des bois du roi, à prendre dans la forêt de Chaux, à la charge qu'ils ſeront employés à la cuite des ſels. Un autre arrêt du 29 avril de la même année, régla ce qui devoit être obſervé touchant l'aménagement de cette forêt, & établit les principes de juriſdiction auxquels l'entrepreneur devoit ſe conformer.

TROISIÈME SECTION.

Des puits & ſources d'eaux ſalées, de leur conduite.

La *ſaline* de Dieuze a, comme on l'a dit, les eaux les plus riches en ſel. Son puits eſt compoſé de différentes ſources ſi abondantes, qu'elles fourniſſent, chaque jour, près de dix-huit cents muids d'eau chargée de ſeize degrés de ſalure. On a ci-devant expliqué ce que l'on entend par degré. *Voyez* la page 513.

On doit remarquer ici, qu'il eſt probable que ces eaux ſalantes paſſent par des carrières de ſel gemme, où elles ſe chargent de parties de ſel, & contractent ce degré plus ou moins fort de ſalure, ſuivant qu'elles en parcourent, ſans interruption, un plus ou moins long eſpace ; car cette carrière ne paroît compoſée que de roches iſolées, de filons de ſel ſéparés par veines, par couches & par cantons, puiſqu'à côté d'une fource falée, coule une fource d'eau douce; ainfi, il ne femble pas probable que l'on puiffe efpérer de trouver des carrières de fel en maffe, comme il en exifte à Wilizfcha en Pologne & en d'autres pays. Les recherches que l'on a tentées à cet égard avoient toujours été infructueufes jufqu'en 1784. Mais cette année, M. Touvenel, médecin très-inftruit dans la phyfique & dans la minéralogie, qui accompagnoit le fieur Bleton, connu pour avoir le talent de découvrir les eaux fouterraines & les mines, femble avoir trouvé l'origine des fources falées, qui alimentent les *falines* de la Lorraine & de la Franche-Comté.

A deux lieues de Saverne, dit ce favant, entre le village de Hultenhaufen, & celui de Garbourg, dans une haute montagne, dite Penfenperck, exiftent deux grands réfervoirs d'eau falée; l'un au levant, à l'origine d'une vallée profonde & très étroite, que l'on appelle grand-Limerthaal, prefqu'au pied de la montagne; l'autre au couchant, fur la pente oppofée vers Garbourg, dans le fein même de cette montagne. Ils communiquent entr'eux par cinq rameaux qui, fe détachant du réfervoir d'en-haut, viennent fe réunir à celui d'en-bas. De ces deux baffins, originaires de falaifon, marqués fur place, par des arbres blanchis, & infcrits comme autant de bornes, partent, fuivant les deux pentes de la montagne, deux grands écoulemens d'eau; le fupérieur fe porte en Franche-Comté, & l'inférieur en Lorraine, où ils fourniffent, par des divifions & fous-divifions, aux différentes *falines* qui y font établies.

On peut donc avancer que les fontaines falées de ces deux provinces, ont une origine commune, quoiqu'elles aillent jaillir à plus de foixante-dix lieues les unes des autres : trajet qui a été fuivi & défigné de manière à ne laiffer aucun doute fur les réfultats de cette importante opération. On doit en conclure qu'il exifte là des mines de fel gemme, & cette découverte eft plus intéreffante encore pour l'hiftoire naturelle. Ce qui porte à croire que les mines de fel marin ne fe bornent pas à la grande montagne du Penfenpeck, ni aux grouppes des montagnes adjacentes, & ce qui fait préfumer qu'elles pourroient bien s'étendre, fuivant la chaîne des Vofges, depuis Landau jufqu'à Beffort, c'eft qu'il fe rencontre dans toute l'étendue du vallon d'Alface, le long & à la chûte de ces montagnes, des fources plus ou moins imprégnées de fel marin, qui toutes dérivent de cette chaîne montueufe; mais toutes ces fontaines falées d'Alface, font beaucoup moins riches & moins abondantes que celles qui, partant du centre des Vofges, vont en Lorraine & en Franche-Comté. Il eft vraifemblable que c'eft dans ce centre même que gît la tête de la mine de fel gemme.

On doit croire que des fuccès réitérés d'après nos opérations, & confirmés par les fouilles, infpireront affez de confiance à l'adminiftration, pour la déterminer à tranfporter dans le chef-lieu de cette énorme falaifon, foit pour en extraire les eaux falines non altérées, foit pour en tirer le fel en nature, les travaux que l'on exécute dans les provinces éloignées, au grand détriment des forêts, pour fe procurer du fel. Mais, en attendant, nous croyons pouvoir promettre, affez à portée des *falines* actuelles, des mines de charbon de terre, qui fuppléeront à l'immenfe quantité de bois que l'on y confomme.

Cette découverte, en le fuivant, comme y invite M. Touvenel, eft un motif à ajouter à ceux que nous préfentons ci-après, pour abandonner les *falines*, rendre au roi douze cents mille livres, qui font le prix des bois qu'elles confomment, & tranquilifer les provinces fur la crainte qu'elles témoignent de manquer abfolument de bois, ou de le payer un prix exceffif.

Sans doute, la mer eft trop éloignée pour imaginer, comme on l'a cru, qu'elle foit la caufe de la falure de ces eaux; l'eau filtrée dans les terres pendant fi long-tems, fe dépouilleroit néceffairement de fon fel, à moins qu'on ne fuppofât qu'elles font apportées par un canal fort droit & fort large; ce qui eft contredit par l'expérience & par la raifon, puifque l'eau de ces fources vient par différentes embouchures, & qu'elles augmentent ou diminuent, fuivant que la faifon eft fèche ou pluvieufe.

On remarque même que plus elles font abondantes, plus elles font falées; ce qui provient de ce qu'ayant alors plus de volume, de poids & de viteffe, elles frappent avec plus de violence, & émouffent plus aifément les angles des finuofités qu'elles parcourent, & en détachent ainfi plus de particules falées.

Le produit des fources falées qui arrivent à Dieuze, y alimente non feulement trente-quatre poêles ou poêlons, mais on en renvoye tous les jours, près de cinq ou fix cents muids au réfervoir de la faline de Moyenvic : d'ailleurs les dix-huit cents muids qu'on reçoit à Dieuze, en vingt-quatre heures, n'arrivent que dans les tems les plus humides de l'année : les féchereffes en retranchent jufqu'à cent muids, & font diminuer la force de la falure d'un tiers ou d'une moitié de degré.

Les eaux de la *faline* de Moyenvic proviennent de deux puits qui ont entre douze & treize degrés de falure, & font affez abondantes; mais comme on a reconnu qu'elles étoient très-dures à cuire, ce qui occafionnoit une dépenfe en bois fort confidérable, on a pris le parti en 1748, d'y faire paffer, comme on vient de le dire, cinq à fix cents muids des eaux de Dieuze, pour les mélanger dans la proportion d'un tiers ou d'un quart, ce qui réduit leur salure à quatorze degrés & demi, ou quinze degrés.

Ces eaux arrivent par une file de tuyaux de bois, dont la conduite est placée sur une étendue de trois lieues, avec des regards distribués assez près les uns des autres, pour mettre en état d'y reconnoître & d'y réparer les dégradations qui surviennent, soit accidentellement, soit par le fait des fraudeurs qui viennent voler les eaux pour en fabriquer du sel. Lorsqu'ils sont pris en délit, par les employés, ou que ceux-ci trouvent des eaux salées au domicile de quelques particuliers, ils sont condamnés aux peines prononcées contre les faux-sauniers en pays de gabelles. *Voyez* FAUX-SAU-NAGE.

A Château-Salins, le puits de la *saline* reçoit plusieurs sources, qui mélangées, donnent communément douze degrés & demi ou treize degrés de salure. Elles sont si abondantes, que l'on n'a pas pu en constater le produit avec précision ; mais tout annonce qu'elles pourroient fournir à une formation de sel, triple & quadruple de la quantité qui s'y fabrique. Le même puits renfermant des eaux douces, on a établi une machine qui est continuellement en jeu, pour séparer celles-ci des eaux salées, & les conduire à la rivière de Seille.

On a parlé ci-devant des sources de Salins ; on ajoutera ici que depuis quinze ans elles ont beaucoup changé en produit & en salure ; on en a trouvé une que l'on appelle *le Merle blanc*, & qui dans trente-six ou quarante-huit heures acquiert une abondance & une qualité étonnantes. Elle augmente depuis sept degrés jusqu'à quinze & dix-huit, & toujours en raison du volume de ses eaux ; mais dans un tems sec, elle perd la quantité & la qualité qu'elle acquiert par les pluies.

La *saline* de Montmorot tire, ainsi qu'on l'a dit, ses eaux de trois puits, qui donnent six à sept cents muids, par vingt-quatre heures, à trois à quatre degrés de salure. Comme leur formation en sel exigeoit une trop forte consommation de bois, on y a adopté la méthode des bâtimens de graduation dont on ne connoît pas l'auteur ; mais on croit que la *saline* de Soultz en basse-Alsace, a fourni le modèle des machines de ce genre.

Quoi qu'il en soit, l'art a cherché à imiter la nature par les bâtimens de graduation : pour cela il n'a changé que la forme de l'évaporation ; celle de la nature se fait dans une disposition horisontale, celle de l'art dans une disposition verticale.

L'objet de ces bâtimens est donc de dégager des eaux salées, les parties d'eau douce qui s'y trouvent, & de diminuer par-là la consommation du bois qui seroit nécessaire pour procurer une plus longue ébullition.

Les bâtimens de graduation sont à jour, élevés de vingt, à vingt-cinq pieds de la cuve à la sablière. On force l'eau que l'on veut graduer, à monter par des pompes jusqu'au haut de ces bâtimens, d'où elle se distribue dans des augets de quatre à six pouces de largeur & autant de profondeur ; ils sont disposés suivant la longueur du bâtiment, & parsemés de petits robinets à six pouces de distance les uns des autres, qui ne laissent échapper l'eau que par gouttes. Ces gouttes tombant sur une masse de fascines, ou fagots d'épines de vingt à vingt-cinq pieds de haut, sur dix de large, se subdivisent & multiplient leur surface à l'infini, en sorte que l'air auquel cette subdivision donne beaucoup de prise, emporte dans l'espace, comme une rosée, les parties douces & légères de l'eau qui se sont trouvées soumises à son action, pendant que les parties qui sont chargées de sel, déterminées par leur poids, décrivent constamment une perpendiculaire, & se précipitent dans le bassin destiné à les recevoir ; mais bientôt elles en sont encore enlevées par d'autres pompes qui les portent dans d'autres divisions d'augets, pour retomber, par la même manœuvre qu'on vient de décrire, dans une autre division de bassins, & successivement jusqu'au dernier : le nombre de ces bassins est proportionné au degré de la salure de l'eau.

On donne aux plus foibles de deux ou trois degrés, jusqu'à sept divisions, & on pourroit les porter jusqu'à trente degrés, en trois jours, dans la bonne saison.

Plus la disposition des bâtimens de graduation est parfaite, & plus les économies sont sensibles. Leur forme, l'exposition de ces bâtimens, la manière d'élever les eaux, l'attention au progrès de la salure pour éviter un travail inutile, & ménager un tems précieux, le gouvernement des robinets qu'il faut conduire suivant les variations & le caprice du vent, & mille autres détails que l'on croiroit indifférens, sont d'une importance extrême.

Pour pouvoir déterminer avec certitude l'étendue des bâtimens nécessaires à graduer une source salée, il en faut connoître avec précision la qualité ; mais pour en donner une idée générale, de même que de l'économie qui en résulte, on dira que pour opérer la graduation de sept mille tonneaux de sel de six cents livres chacun, avec de l'eau à quatre degrés, il faut trois mille pieds de bâtiment, & cinq mille cordes de bois, & que sans graduation, il en coûteroit trente-deux mille cordes de bois,

Ainsi, en supposant qu'il faille trois pieds de

bois cubes pour évaporer un muid d'eau, on ne brûlera que deux cens cinquante-deux pieds de bois pour avoir seize muids de sel, si on se sert d'une eau à seize degrés ; mais si elle n'en a que deux ; pour avoir la même quantité de sel, il faudra brûler deux mille trois cens cinquante-trois pieds de bois. La raison est sensible dans le premier cas, cent muids d'eau contiennent seize muids de sel, il n'en reste que quatre-vingt quatre à évaporer ; mais dans le second, il faut huit cens muids d'eau pour en avoir seize de sel ; l'on a par conséquent sept cens quatre-vingt-quatre muids d'eau à évaporer ; pour y parvenir il faut consommer deux mille deux cens pieds de bois que l'on eût épargné, en employant de l'eau à seize degrés.

Ce calcul suffit pour démontrer que si l'on faisoit travailler des eaux à deux, trois & quatre degrés, la dépense en bois excéderoit de beaucoup la valeur du sel qu'on en retireroit.

Au reste, les tems les plus favorables pour la graduation, sont les tems secs avec un air modéré. On ne peut pas en user dans les fortes gelées, parce que l'eau se gelant dans les pompes & sur les épines, feroit briser toute la machine ; mais la violence même du froid qui empêche l'évaporation, y supplée, en graduant les eaux par congélation, parce que les parties d'eau douce sont les seules qui se gèlent, & les eaux salées acquièrent ainsi trois ou quatre degrés de plus.

Les grands vents ne sont pas convenables pour la graduation : ils perdent beaucoup d'eau, la jettent hors des bâtimens, emportant à la fois les parties douces & les parties salées. Lorsque l'air est très-humide, & pendant les brouillards fort épais, l'eau, loin d'acquérir de nouveaux degrés, perd quelquefois un peu de ceux qu'elle avoit ; elle se gradue, mais foiblement, par les tems presque calmes : l'air, comme un corps spongieux, passant sur les surfaces de l'eau, s'imbibe & se charge de leurs parties les plus légères : aussi les grandes chaleurs ne produisent-elles pas la graduation la plus avantageuse, parce que l'air se trouvant alors condensé par les exhalaisons de la terre, perd de sa porosité, & conséquemment de son effet.

On croit qu'il y auroit un moyen de tirer encore un plus grand avantage des différentes températures de l'air dont dépend absolument la graduation, ce seroit de construire un bâtiment à trois rangs parallèles d'épines, où les vents les plus violens gradueroient toutes les eaux sans les perdre ; s'ils emportoient celles de la première & de la seconde ligne, ils les laisseroient tomber à la troisième, qui achevant de rompre leur impétuosité déja affoiblie, ne leur laisseroit plus jetter en-dehors que les parties les plus légères de l'eau.

Un second bâtiment à deux rangs d'épines, serviroit pour les tems où l'air est médiocrement agité.

Enfin il y en auroit un troisième à un seul rang, & c'est sur celui-ci que l'on gradueroit les eaux, lorsque l'air presque tranquille, ne pouvant agir qu'à travers une seule masse d'épines, perdroit entièrement sa force, s'il en rencontroit une seconde, & y laisseroit retomber les parties douces qu'il auroit emportées de la première.

Les eaux en coulant sur les épines, y laissent une matière terreuse, sans salure & sans goût, qui s'y durcit tellement au bout de sept ou huit ans, que l'air n'y pouvant plus passer, on est obligé de les renouveller : d'un autre côté, les épines rendent l'eau graisseuse, & lui donnent une couleur rousse : c'est pour cette raison que dans les salines où il y a des bâtimens de graduation, le sel n'est jamais si blanc que lorsqu'on fait bouillir les eaux telles qu'elles sortent de leur source.

Pour revenir aux bâtimens de graduation particuliers à la saline de Montmorot, ils sont divisés en trois corps séparés. Le premier a cent quarante-sept fermes, ou dix-sept cens soixante-quatre pieds de long ; on appelle ferme une étendue de douze pieds : le second est de soixante-dix-huit fermes, ou neuf cens trente-six pieds, & le troisième de cent soixante-deux fermes, ou dix-neuf cens quarante-quatre pieds de long ; tous ont vingt-cinq pieds de haut, & communiquent ensemble par des canaux de bois qui conduisent les eaux dans des bassins ou réservoirs construits avec des madriers de sapin joints & serrés avec force, dans toute la longueur de chaque bâtiment : les réservoirs qui sont destinés à recevoir les eaux salées, ont six pouces de profondeur, & peuvent contenir dix sept mille sept cens muids.

C'est au-dessus, & précisément au milieu de ces bassins, que sont élevées deux masses parallèles d'épines, distantes de trois pieds l'une de l'autre, & disposées en forme pyramidale, ayant quatre pieds neuf pouces de large à leur base, trois pieds trois pouces au sommet élevé de vingt-deux pieds & demi : sur ce sommet d'épines sont posés des cheneaux d'un pied de large & de dix pouces de profondeur, percés de robinets, de trois en trois pieds, pour distribuer les eaux dans d'autres cheneaux plus petits & crénelés sur leurs bords : ces derniers cheneaux distribuent les eaux goutte à goutte sur la surface des épines, dont les pointes les subdivisent encore à l'infini.

On a remarqué à Montmorot que les eaux sont bonnes à bouillir dès qu'elles ont acquis douze, treize, & quatorze degrés de salure ; que si on leur en fait acquérir davantage, leur formation en sel devient plus difficile, ou plutôt le sel est de moins, bonne qualité, en ce que leur concrétion s'opérant plus vîte, elles n'ont pas le tems de se dégager des parties étrangères, grasses & terreuses qui doivent tomber au fond de la poële dans l'ébullition.

QUATRIEME SECTION.

De la formation des sels en gros & menus grains & en pains, tant en Lorraine qu'en Franche-Comté; du dépôt des sels & de leur déchet; des employés attachés aux salines; des quantités de sel formées en chacune; remarque sur cette fabrication.

Pour convertir en sel les eaux salées, soit en sortant de leur source immédiatement, soit après leur graduation, on les met dans des poëles qui ont ordinairement vingt-huit pieds de long, sur trente à trente-deux de large: le nombre de ces poches est en raison de la quantité de sel que l'on fabrique en chaque *saline*, & de la forme sous laquelle on doit le livrer. On laisse au Dictionnaire des Arts à décrire en détail, les procédés de cette fabrication, de même que la manière de construire les fourneaux, celle d'y placer les poëles & poëlons, de faire connoître par des planches les instrumens dont on se sert, de définir les termes techniques en usage aux *salines* dans les différentes opérations qui conduisent le sel à sa perfection.

Nous le supposons à ce terme, & porté aux bans: on donne ce nom à des magasins où les sels sont déposés après avoir passé dans des étuves ou séchoirs, pour commencer leur dessication: quelque soin que l'on prenne à cet égard, il arrive toujours un déchet de cinq & même davantage, pour cent, sur les quantités de sel entrées dans les bans, lorsqu'on le vuide pour le livrer aux consommateurs.

Il est bon de remarquer qu'à Dieuze & à Château-Salins, on forme de gros sels pour la vente étrangère, & d'autres que l'on appelle sels de gabelles, pour être distribués dans l'intérieur de la Lorraine.

En Franche-Comté on en fabrique également à gros grains & en pains pour le canton de Fri-

bourg, & en pains pour la consommation de la province: ce dernier sel ne doit être ni aussi grainé, ni aussi friable que l'autre, afin qu'on puisse le pêtrir avec des eaux douces ou des eaux salées, & le mettre ensuite dans des moules étalonnés pour y recevoir une forme ronde, sans laquelle la province ne voudroit pas le prendre. En vain des chymistes éclairés ont prouvé par l'analyse de ce sel, qu'il étoit très-inférieur à celui qui est en grains. Les Francs-Comtois ont persisté à n'en pas vouloir d'autres: les tribunaux de la province ont reclamé contre toute innovation, & n'ont pas plus été touchés du résultat des expériences chymiques mis sous leurs yeux, que des raisons d'économie qu'on leur alléguoit, parce qu'ils se sont persuadés que l'épargne de trente ou quarante mille livres qu'opéreroit la substitution du sel en grains au sel en pains, ne tourneroit qu'en bénéfice pour la ferme générale.

Les employés attachés à chaque *saline* consistent en un directeur, un receveur, des contrôleurs aux cuites & à la délivrance des sels, un inspecteur des bâtimens, un inspecteur général des *salines*, payé par la ferme générale, & deux autres inspecteurs payés par le roi. Cette dépense, sans compter le salaire des ouvriers occupés aux travaux méchaniques, est un objet d'environ quatre-vingt mille livres par année.

On a dit ci-devant que toutes les *salines* avoient été réunies en 1774, & leur manutention confiée pour vingt-quatre années, à une compagnie d'entrepreneurs, par un traité passé sous le nom de Monclar, résilié en 1782. Cette compagnie s'étoit engagée envers la ferme générale, à fabriquer chaque année des quantités de sel déterminées par chaque *saline*, afin de la mettre de son côté en état de fournir, tant les approvisionnemens nécessaires aux provinces de Lorraine & de Franche-Comté, que ceux qu'elle doit aux Suisses & aux princes d'Allemagne par des conventions particulières.

Voici l'état de cette formation convenue, comparée à celle qui a eu lieu effectivement, pendant les cinq années qu'a duré le traité de Monclar, à commencer du premier octobre 1774, jusqu'à pareille époque de 1779.

NOMS DES SALINES.	FORMATION portée par le traité.		NATURE DES SELS.	FORMATION effective pendant les cinq années.	PRIX accordé aux entrepreneurs pour la formation.
	Par année.	RÉSULTAT pour les cinq années			
	quintaux.	quintaux.			par quintal. 18 sols.
Dieuze	230,000	1,150,000	Menus & gros sels ..	1,385,712	
Château-Salins.	100,000	500,000	Idem............	532,738	1 liv. 3 4 d.
Moyenvic.....	130,000	650,000	Idem............	668,822	1 6 8
Salins	130,000	650,000	En pains & en grains.	638,974 { Pour le sel en grains. { En pains	1 8 8 ; 1 13 8
Montmorot ...	60,000	300,000	Idem............	261,999 { En grains. { En pains.	3 2 ; 3 9
Chaux........	60,000	300,000	En grains.........	14,438 { En grains. { En pains.	3 10 ; 3 17
	710,000	3,550,000		3,502,683	

On doit observer sur cet état, que les *salines* de Lorraine ont excédé de beaucoup la formation à laquelle les entrepreneurs s'étoient engagés, tandis que celles de Franche-Comté ne l'ont pas atteinte : il est vrai que la *saline* de Chaux qui devoit donner soixante mille quintaux de sel, à la décharge de celle de Salins, n'a été en état de travailler que dans la quatrième année des cinq dont il s'agit : au reste il semble qu'on a trop présumé de cette première *saline*, en comptant sur la possibilité de soutenir à la fois un double service, dans ces deux *salines*, avec des sources dont le produit devient, de jour en jour, plus foible & plus incertain.

Quant au *déficit* de la *saline* de Montmorot, il paroît qu'on doit l'attribuer au peu de soin qu'on a porté au travail de la graduation, & à l'économie mal entendue qu'on a prétendu faire à cet égard, en supprimant les places de quelques employés qui surveilloient ci-devant cette opération.

L'excédent de formation que présentent les *salines* de Lorraine & des Trois Evêchés, & qui est de deux cens quatre-vingt-dix mille quintaux, s'il est avantageux aux entrepreneurs, est d'un effet tout contraire pour la province, car on n'a pu le produire qu'au moyen de trente-six mille cordes de bois acheté des particuliers, & qui ont dû opérer une concurrence ruineuse pour les habitans ; ou si ces bois sont sortis des forêts du roi,

ce n'a pu être que par des anticipations de coupes très-préjudiciables, puisque dans la suite on sera forcé de faire des achats de bois avec un accroissement de prix fort onéreux à l'entreprise, & par conséquent à l'Etat. Dans le moment présent, en forçant ainsi la formation, moins pour satisfaire aux engagemens formés par la politique avec les Suisses, que pour étendre la vente étrangère en Allemagne à des prix supérieurs à celui que payent les Cantons Helvétiques, le bénéfice est plus considérable sans doute, mais il prépare de grands obstacles à la formation à venir ; s'il ne produit pas l'impossibilité de fabriquer ce qui sera nécessaire pour la province & pour les alliés, en causant un surhaussement de prix exorbitant.

CINQUIEME SECTION.

De la délivrance des sels, tant pour l'intérieur des provinces que pour les Suisses.

Il étoit d'usage autrefois de ne délivrer des sels aux *salines*, qu'après six mois de dépôt, parce qu'acquérant plus de consistance & de qualité, ils éprouvoient moins de déchets dans leurs transports ; mais depuis que l'amour du gain a beaucoup fait étendre la vente étrangère, afin d'y suffire, le sel reçoit à peine deux mois de dépôt après sa formation, & c'est surtout aux magasins de gabelles dans la Lorraine & les Trois-Evêchés, que l'on distribue le sel le plus nouvellement formé ; cette

fourniture

fourniture eft un objet de cent-vingt, à cent vingt-cinq mille quintaux par année.

Il y a dans la Lorraine & les Trois-Evêchés, des magafineurs principaux, qui vont prendre leurs fels aux *falines*. Ils font délivrés dans des facs ficelés & plombés, qui contiennent chacun cent foixante-feize livres. Outre le prix du fel, à quoi il faut ajouter les frais de voiture, ils payent aux *falines*, un droit de trente & trente-cinq fols par muid pefant fept cent quatre livres : droit qui appartient aux officiers des *falines*, & forme les émolumens de leurs charges : il eft tel magafineur à qui le fel revient à cent foixante & cent foixante-dix livres par muid de fept cents quatre livres.

Ce font les magafineurs qui fourniffent aux re-grattiers ou revendeurs, le fel qui eft néceffaire pour leur débit, & le public le paye à ceux-ci huit à neuf fous la livre, depuis l'impôt des fous pour livre mis en 1781. Une circonftance encore qui contribue au renchériffement du fel de gabelles, c'eft la combinaifon mal-adroite de l'affectation des magafineurs à telle ou telle *faline*. Au lieu de défigner la plus prochaine à chaque magafineur, prefque tous font obligés d'aller fe fournir à Château-Salins, & de faire ainfi près de deux lieues de plus, en paffant devant la *faline* de Moyenvic, dont le fel fe livre à la Suiffe, tandis que celui de la *faline* de Dieuze eft prefque tout deftiné pour la vente étrangère.

Il paroîtroit plus fimple & plus naturel que la *faline* de Château-Salins ne fournît que les magafins qui l'avoifinent, ainfi que le pays Meffin & le Clermontois, & que le furplus de fa formation fût converti en gros fel pour la vente étrangère, à la décharge de Dieuze : ce feroit un objet d'environ fix à fept mille muids. Et comme Château-Salins eft plus près que Dieuze, de Delmé, premier entrepôt des fels, il en réfulteroit une économie de frais de voiture, pendant quatre lieues.

En Franche-Comté, les fels délivrés pour la confommation de la province, font tous en pains, & peuvent s'évaluer à quatre-vingt-quinze ou cent mille quintaux : la livraifon des fels fe fait par charge compofée de quatre benates ; la benate de douze pains, qui pèfent depuis douze jufqu'à dix-huit livres.

On diftingue plufieurs efpèces de fel : le fel de gros & petit ordinaire, deftiné aux villes & communautés qui le levent tous les mois : le fel de porte pour quelques paroiffes voifines de Salins : le fel de rofiere d'extraordinaire, pour les particuliers qui levent du fel au prix du tarif ; & le fel de Fribourg deftiné au canton de ce nom, à raifon de quatre mille trois cents charges, de cent quatorze livres chacune.

Les voituriers qui viennent charger du fel aux *falines* de Franche-Comté, s'appellent fauniers, & font obligés d'y apporter du bled. Ils payent différens droits pour leur chargement, pour l'embenatage des pains, & pour diverfes fonctions remplies par des officiers en charge, dont l'exercice eft non-feulement inutile, mais encore très-onéreux au public. Cette multiplicité d'officiers multiplie en même-tems les formalités des chargemens, au point que les voituriers font fouvent forcés de coucher aux *falines*, s'ils ne veulent pas acheter leur prompte expédition par quelque facrifice d'argent. Ces abus font dignes de l'attention d'une adminiftration bienfaifante qui s'occupe du bonheur des peuples. On fe perfuade qu'elle prononceroit la fuppreffion & le rembourfement de tous les offices. Cette opération peut fouffrir d'autant moins de difficultés, que les officiers de la réformation, particulièrement intéreffés à la confervation de ces charges, qui leur procurent des droits à l'inftallation des nouveaux pourvûs, n'exercent que par commiffion, & n'ont par conféquent pas acquis, par une finance, la faculté de percevoir ces droits.

La fourniture de fels qui fe fait aux Suiffes, eft fondée, à l'égard des Cantons catholiques, fur des traités qui fe renouvellent par le miniftre des affaires étrangères, & dont le but eft de fortifier l'alliance qui exifte depuis longtems entre la France & cette nation. Auffi ces cantons ne payent le fel que trois livres dix fols par quintal ; & comme le prix en eft évalué à cinq livres douze fous, y compris les frais de voiture jufqu'à Grandfon & Yverdun, le roi tient compte à la ferme générale, fur le prix du bail, de deux livres deux fous par quintal de fel, délivré à ces Cantons, pour compléter le prix de cinq livres douze fous.

Indépendamment de ces traités politiques, qui affurent l'approvifionnement en fel des Cantons catholiques, il exifte des contrats particuliers entre différens Cantons proteftans & la ferme générale, pour des fournitures de fel. Il n'eft point de nation fi foigneufe d'affurer fa confommation à cet égard, fans doute à caufe de l'emploi qu'elle en fait pour la fabrication de fes fromages. Le gouvernement s'en occupe, dans chaque Canton, comme d'une chofe capitale. Une chambre, ou tribunal, eft chargé de fuivre l'effet des traités, de faire arriver, emplacer, diftribuer les fels & en recevoir le prix. On préfume que quelques Cantons ont leur provifion de fel pour plus de quarante ans. Cependant ceux envers qui la ferme générale eft en retard de plufieurs années, ne manquent pas de folliciter l'accompliffement des traités, comme s'ils craignoient une difette.

Il eft vrai que l'empreffement de vendre a fait

contracter à cette compagnie, des engagemens bien au-delà de ses pouvoirs de fournir, & la vente, par préférence, à des princes Allemands, qui payent le sel plus cher que les Suisses, a arriéré la fourniture qu'elle doit aux Cantons catholiques, de près de trois cents, ou trois cents cinquante mille quintaux. Ce sont même ces arrérages, qui, comme on l'a dit ci-devant, ont été le motif de la construction d'une saline à Chaux, dont la formation médiocre ajoutera toujours aux regrets d'y avoir fait une dépense aussi confidérable.

Il étoit bien plus simple pour satisfaire à ces arrérages de prendre le parti, qui est encore praticable aujourd'hui, de faire arriver à Grandson & Yverdun des sels de Peccais, dont le prix ne seroit revenu qu'à sept livres, & ne reviendroit à présent qu'à sept livres dix sous par quintal. Ces sels remonteroient par les canaux & par le Rhône, de la même manière que ceux qui sont fournis à Genève, ou pourroient encore être transportés, par la Saône & le Doux, jusqu'en Franche-Comté, d'où ils seroient distribués dans la Suisse.

SIXIÉME SECTION.

De la vente étrangère des sels, de leur transport, du bénéfice qu'il donne, & de l'intelligence qu'il demande.

Les spéculations de la ferme générale, ont eu pour but d'étendre, autant qu'il étoit possible, la vente étrangère qu'on a divisée en deux départemens; celui de Metz & celui de Strasbourg; villes où sont formés & entretenus des magasins de sels.

Le premier fournit une partie de l'électorat de Trèves, le duché de Luxembourg & d'autres principautés.

Le second étend ses ventes au-delà du Rhin, dans le Wirtemberg, dans les vallées que forment les montagnes noires, & jusques dans le Brisgaw.

Les *salines* de Château-Salins & Dieuze fournissent les sels du département de Metz; celui de Strasbourg n'en tire que de Dieuze exclusivement. Quelques traitans d'au-delà du Rhin viennent lever des sels dans la *saline* de Dieuze, mais la partie la plus confidérable de la vente étrangère est expédiée par la ferme générale, dans des chariots, appellés embauchures, garnis intérieurement de jonc & d'une forte toile, appellé bauche, qui se replie pour envelopper le sel, & dont les extrémités sont plombées de même manière que le sont les sacs dans lesquels se voiture le sel de gabelles.

Le prix de transport de Dieuse à Strasbourg, d'abord réglé par le traité de Monclar à vingt-trois sols trois deniers par quintal, avoit été porté en 1777 à vingt-sept sous deux deniers, pour quatre muids, pesant chacun huit cents trente-deux livres, composant une voiture; la ferme générale passoit donc environ quarante-quatre livres par voiture aux entrepreneurs des *salines*, & ceux-ci la payoient depuis vingt-six livres jusqu'à trente-une livres: ensorte qu'ils gagnoient dix-huit & treize livres par voiture, & cinq à six livres par bauche; au total, l'article des voitures, tant en Suisse, que pour le département de Metz & de Strasbourg, tous frais faits, donnoit un bénéfice de quatre-vingt mille livres par année.

Mais ce profit, dû à la vigilance & aux soins continuels des entrepreneurs, ne peut pas être le même pour une régie, telle que celle qui se fait aujourd'hui par la ferme générale; car on peut assurer que le transport des sels & la voiture des bois aux *salines*, forment peut-être la partie la plus difficile à conduire, parce que c'est de-là que dépend le bénéfice, ou la perte de l'exploitation générale des *salines*, puisque le nombre des voitures néceffaires à leur service monte à plus de trois cens quarante mille. On sent combien l'économie & l'intelligence doivent, à cet égard, rapporter de fruits; & qu'elles ne peuvent se trouver que dans une partie immédiatement intéressée aux succès de l'affaire; laquelle, par ses connoissances des lieux, des personnes & des esprits, sache saisir à propos une infinité de circonstances & d'habitudes propres à opérer des diminutions de prix. Par exemple, chaque canton ayant un genre de culture particulier suivant la nature du sol, il est des momens d'inaction où les voituriers peuvent se relâcher sur les prix de voitures; il est d'autres conjonctures où il convient de les hausser sans hésiter, mais avec des conditions qui empêchent que cette augmentation ne tourne en habitude: il faut enfin se montrer toujours conduit par l'équité.

Peut-on raisonnablement attendre que les employés d'une régie quelconque, soit inspecteurs, soit contrôleurs, s'attacheront à modifier leur conduite avec tant de soin? S'ils sont mal payés, ils pourront favoriser l'augmentation de prix, ou par indifférence, ou par ressentiment, ou peut-être même par des motifs encore plus répréhensibles. Si au contraire ils sont contens & zélés, l'attachement aux intérêts de leurs commettans les portera à chicaner sans cesse les voituriers, pour en obtenir des diminutions; l'entêtement de ceux-ci s'accroîtra par le refus & la discussion; tous ceux du canton se concerteront pour ne marcher qu'au taux qu'ils fixeront, & le prix, quel qu'il soit, sera non-seulement permanent à l'avenir dans ce canton; mais de proche en proche, fa réfiftance des uns deviendra un exemple pour les autres, & l'inexpérience, le mécontentement ou le zèle mal entendu d'un commis, peut coûter cent cinquante mille livres par an à des commettans éloignés, qui ne voient que par fes yeux.

Dans le principe, la vente des fels à l'étranger étoit limitée à la fourniture des feuls Cantons Suiffes catholiques, en vertu de traités politiques faits par le gouvernement, avec abftraction de toute vue fifcale. Succeffivement la ferme générale a paffé différens marchés avec les Cantons proteftans, en calculant le bénéfice qui lui en reviendroit, & fans s'inquiéter fi les provinces où fe forment les feis, feroient dans le cas de gémir de l'excès de la confommation de bois que néceffitent une formation fans mefure, & fans proportion avec fes facultés. Malgré l'accroiffement de cette formation, la ferme générale étoit arriérée à l'égard des Suiffes, au premier octobre 1774, fur les feules *falines* de Lorraine, de deux cens vingt-cinq mille neuf cents douze quintaux, non compris ce qui étoit dû par les *falines* de Franche-Comté. On en a donné ci-devant les raifons; elles font dans les efforts qu'on a faits pour étendre la vente des fels en Allemagne, au préjudice des conventions paffées pour la fourniture des Suiffes, qui procure beaucoup moins de bénéfices; & ces efforts, pour étendre la vente étrangère, font l'effet d'une remife, qui, par une inftitution vicieufe, eft accordée en raifon de l'extenfion qu'elle reçoit, & des fels qu'elle confomme.

Si l'on remonte à l'origine de la vente étrangère, qui ne date que de 1750, on voit la première entreprife, à cet égard, propofée & conduite par un traitant appellé Laurent Wolff; mais n'ayant pu atteindre à une confommation de dix-neuf mille muids, qui faifoient l'objet de fon traité, il en demanda la réfiliation à la ferme générale, & elle la lui accorda. En même tems elle prit des arrangemens; elle établit des bureaux & des agens pour procurer des débouchés à fes fels dans l'Allemagne, en négociant auprès des électeurs & des princes, ou en rendant leurs Confeils favorables à fes vues. Le fuccès s'enfuivit fi bien, qu'en 1772 elle fongeoit à mettre en réferve, pour la vente étrangère, cinquante mille muids de huit cens livres chacun, ou trois cens mille quintaux. Pendant les cinq premières années du traité de Monclar, la vente aux Suiffes & à l'étranger a été de près de cinq cens mille quintaux, & la fourniture aux gabelles de Lorraine, Trois-Évêchés, Franche-Comté & Alface de deux cens vingt-cinq mille quintaux; enforte que la formation générale, dans toutes les *falines* a été d'environ fept cens vingt-cinq mille quintaux.

SEPTIEME SECTION.

De la régie & exploitation des falines ; du bénéfice qu'elles ont donné.

Les ducs de Lorraine & les rois d'Efpagne ont toujours été dans l'ufage de faire régir leurs *falines* en Lorraine & en Franche-Comté. Lorfqu'elles ont été réunies à la couronne, nos rois les ont fait entrer dans le bail de leur ferme générale. On voit celles de Franche Comté faire partie de celui de 1681, & elles n'en ont plus été diftraites. Mais il paroît que les fermiers généraux, reconnoiffant que cette manutention particulière exigeoit des connoiffances, des foins & une application qui n'avoient nulle connexion avec l'adminiftration des autres parties de leur ferme, qui d'ailleurs étoient bien plus intéreffantes, prirent le parti de fous-traiter les *falines*, ou plutôt ils s'affocièrent des perfonnes habituées depuis long-tems à les conduire, pour fabriquer le fel feulement, & fe réfervèrent d'en fuivre la confommation & la deftination, dès l'inftant qu'il feroit formé, foit dans les pays de gabelles, foit dans l'approvifionnement des Suiffes. Mais dans la fuite voyant que l'entreprife de la formation des fels faifoit des bénéfices confidérables, la ferme générale tentoit à chaque renouvellement de traité, de faire des réferves lucratives, ou des modifications avantageufes. En 1744, le prix de formation fut diminué, & fit un bénéfice pour la ferme générale d'environ cinquante mille livres par année. En 1750, il y eut deux traités, un pour la formation & la voiture des fels, dans les *falines* de Lorraine & des Trois-Évéchés, & une autre pour la *faline* de Salins. A l'expiration de ces traités, qui avoit la même durée que le bail des fermes, c'eft-à-dire en 1756, toutes les *falines* furent données à une feule compagnie, fous le nom de Labat, & le miniftre réferva annuellement quatre-vingt mille livres fur les bénéfices.

Le traitant Joly ayant fuccédé à Labat en 1762, la ferme générale, frappée de l'étendue des bénéfices que faifoient les entrepreneurs, chercha à y participer. A cet effet, elle commença par s'attribuer les quatre-vingt mille livres dont le miniftre avoit difpofé dans le traité précédent; puis, par une autre réferve annuelle de quarante mille livres, par la fuppreffion de l'avance de cent quarante mille livres qu'elle étoit dans l'ufage de faire aux entrepreneurs, & par le retranchement de la gratification de trois livres par corde de bois qui étoit économifée à Salins, elle parvint à fe former un revenu d'environ cent quarante mille livres par année.

L'expiration de ce traité lui fournit, en 1768, l'occafion de faire un arrangement encore plus avantageux. Le bail de Julien Alaterre commençoit ; elle se mit en commun, & de moitié dans la régie des *salines*, en se réservant le tiers dans les bénéfices de la formation & du transport des sels ; les deux autres divisés en vingt-trois sols d'intérêt, furent répartis entre vingt personnes, dont la plus grande partie ne coopéroit en rien au bien de l'affaire. Aussi n'eût-elle pas un grand succès, puisque le tiers de la ferme générale ne lui rapporta annuellement que soixante-trois mille livres.

La *saline* de Montmorot étant, comme on l'a dit, entrée en 1774 dans le traité qui fut fait sous le nom de Monclar, pour vingt-quatre années, l'entreprise de ces cinq *salines* fut composée de soixante-dix sols d'intérêt, & la ferme générale en garda la moitié. L'autre fut divisée entre plusieurs intéressés, les uns en nom, avec droit d'assister aux assemblées, les autres, comme cessionnaires ou croupiers. Cette jouissance de vingt-quatre années avoit été accordée, en considération de l'engagement que l'entreprise prenoit de construire la nouvelle *saline* de Chaux, dont il a été question ci-devant.

Le bénéfice des trois premières années du traité de Monclar, fut de quatre cents sept mille deux cents quarante-six livres, en sorte que chaque sou d'intérêt, donna cinq mille huit cents dix-huit livres, pour vingt-huit mille sept cents livres qui composoient les fonds de chaque sou. Ainsi, en ajoutant l'intérêt à cinq pour cent de cette dernière somme, qui n'est pas entrée dans les cinq mille huit cents dix-huit livres, il en résultera que les fonds de chaque intéressé rapporteroient près de vingt-six pour cent, les trois premières années ; l'on sent qu'au moyen des améliorations que laissoit le tems de faire une jouissance de vingt-quatre années, cet intérêt eût pu être doublé, ou à-peu-près, comme dans les entreprises précédentes, dans lesquelles un intéressé retiroit huit mille livres pour un sou, avec un fonds d'avance de dix-neuf mille livres. Le bail de la ferme générale passé en 1780, & contenu dans les lettres-patentes que nous avons rapportées *tom. I. pag. 75.* assure aux fermiers l'exploitation des *salines* de Lorraine & de Franche-Comté, sans spécifier quel est le prix pour lequel on compte cette branche de revenu. Elle a été évaluée à cinq millions soixante mille livres, par l'article 3 du résultat du Conseil, portant bail des fermes générales, à commencer du premier janvier 1787. Cette augmentation est due, sans doute, à l'addition des deux sous pour livre sur le prix du sel, & à l'incorporation du Clermontois dans la province des Trois-Evêchés. *Voyez* VENTE ÉTRANGÈRE.

En supposant que cette partie n'ait pas déchu, par des vices de régie de ce qu'elle a été pendant les cinq premières années du traité de Monclar, le bénéfice qu'elle donne doit s'élever à plus d'un million par année. Voici le calcul

sur lequel est fondée cette présomption, qui se fortifie par la considération que de bail en bail, la consommation d'un côté, la vente étrangère de l'autre, doivent naturellement éprouver des accroissemens.

Les gabelles de Lorraine, des Trois-Evêchés, de Franche-Comté & de l'Alsace, consomment annuellement, à-peu-près deux cents vingt-cinq mille quintaux de sel, sur lesquels la ferme générale retire au moins douze livres de profit, par chaque quintal, déduction faite de toutes charges & dépenses. C'est donc un objet de deux millions sept cents mille livres.. | 2,700,000 livres.

Elle a délivré, année commune des cinq années du traité de Monclar, quatre cents quatre-vingt-dix mille quintaux de sel tant aux Suisses qu'à l'Etranger, en ne comptant le bénéfice de cette vente qu'à quarante-six sols par quintal, quoiqu'il y ait des portions sur lesquelles le profit soit de plus de trois livres, déduction faite de tous les frais ; ce bénéfice sera d'un million cent vingt-sept mille livres, ci.............. | 1,127,000 livres.

| 3,827,000 livres.

A ce bénéfice doit se joindre encore celui que donne la formation & la voiture des sels, & qui a été, année commune des cinq déjà rappellées, de deux cents trois mille six cents vingt-trois livres, ci.............. | 203,623 livres.

Bénéfice général & annuel pour la ferme sur l'exploitation des *salines* | 1,030,623 livres.

Si l'on vient à considérer ce bénéfice particulier, sous un aspect plus général, c'est-à-dire du côté de l'intérêt de l'Etat, on voit qu'il perd réellement quand la ferme générale gagne ; car si on calcule le prix des bois du domaine consommés par les *salines*, on reconnoît que soixante mille cordes à vingt livres, auroient donné un produit annuel de douze cents mille livres, sans compter celui de plus de deux millions de fagots. Ainsi, pour procurer un million trente mille six cents vingt-trois livres, à ses fermiers, le roi a fait véritablement un sacrifice de douze cents mille livres chaque année.

La conféquence de cette obfervation, eft comme on va le dire dans la feétion fuivante, que fi le bien des provinces paroît demander la confervation des *falines* qu'elles renferment, ce qui n'eft pas démontré; l'intérêt de leurs habitans, & l'intérêt du roi, exigent que la confommation des bois y foit diminuée & réduite autant qu'il eft poffible; on indique les moyens d'opérer cette réforme.

HUITIEME ET DERNIERE SECTION.

*Projet de régie & exploitation pour les falines;
avantages qui réfulteroient de fon exécution.*

Les fources falées qui exiftent dans la Lorraine, dans les Trois-Evêchés & dans la Franche-Comté, devroient fans doute être une fource de richeffe pour ces provinces, en opérant la confommation des bois qui s'y trouvent, & procurant aux habitans des travaux utiles. Mais le fonds de ces bois n'étant pas inépuifable, & l'expérience apprenant que leur dépériffement, fuite d'une confommation fans mefure, aggrave chaque année la difette & la cherté de cette denrée, il paroît de la fageffe du gouvernement de chercher quelque remède à ce mal, dont les progrès excitent dans ces provinces des plaintes univerfelles. Elles fe font même multipliées & élevées avec tant de force, qu'il a été agité, lors du renouvellement du bail des fermes générales, en 1786, fi l'abandon & la deftruction de toutes les *falines*, en remplaçant leur produit par des fels marins, ne feroient pas un foulagement efficace pour ces trois provinces; mais on a cru reconnoître d'abord, que cette fuppreffion leur feroit préjudiciable, ainfi qu'au roi.

Dans l'opinion des Lorrains, le roi perdroit une branche de revenu, dont le remplacement ne pourroit fe faire que par de nouveaux impôts; quoique, comme on l'a remarqué, ce revenu ne foit pas auffi clairement établi qu'on peut le fuppofer.

Les provinces feroient privées du travail qu'une infinité de familles trouve dans l'exploitation de ces *falines*, & du mouvement qu'elles donnent à la circulation par l'argent qu'elles répandent, foit pour la formation des fels, foit pour leur tranfport, foit pour la coupe & la voiture des bois.

Les propriétaires de terres feroient également léfés, car, depuis vingt ans, la confommation

exorbitante des *falines* en bois, a fait monter les fonds, en proportion de l'accroiffement des ventes: la preuve en eft dans le renchériffement que le prix du bois a éprouvé. En 1754, la corde de huit pieds de couche, fur quatre pieds de hauteur, ne valoit, aux environs de Salins, que cent-dix fous & fix livres; en 1784, le particulier l'a payée vingt-une & vingt-trois livres. Dans toute la Lorraine, le prix du bois a fuivi à-peu-près la même progreffion. Tous ceux qui ont donc acquis des terres depuis trente années, les ayant achetées fur le pied de leur rapport, éprouveroient une perte ruineufe fi les *falines* étoient détruites. Quatre-vingt ou cent mille cordes de bois qu'elles confomment, reftant dans l'intérieur de la Lorraine & de la Franche Comté, en aviliroient néceffairement le prix; de-là, perte réelle pour les propriétaires. Vainement on tenteroit l'établiffement d'autres ufines, comme forges ou verreries, elles font déja fi multipliées & fi voifines les unes des autres, qu'elles fe nuifent réciproquement, & fe procurent très-difficilement des débouchés.

La profpérité des provinces dont il s'agit, femble donc exiger la confervation des *falines*; mais pour diminuer les inconvéniens qu'elles éprouvent maintenant, par une exceffive confommation de bois, que l'avenir ne peut manquer d'aggraver encore, il fe préfente un moyen bien fimple; c'eft de régler & déterminer la formation des fels à une quantité fixe, proportionnée aux befoins des provinces & à la fourniture promife aux Cantons Suiffes par la politique, fauf même à laiffer encore un accroiffement dans la formation, en faveur de quelques Cantons proteftans. Il conviendroit au furplus d'abandonner ou de réduire beaucoup toute fpéculation de commerce relative à la vente étrangère; car, on le répète, c'eft l'avidité du gain déguifée fous le nom de fyftême de commerce extérieur avantageux à l'État, qui a fait fermer les yeux, fur les conféquences funeftes qu'entraînoit une fabrication forcée, au moins d'un grand tiers, par le traité réfilié en 1782.

En même tems il feroit effentiel de mefurer la fabrication de chaque *faline*, fur la qualité de fes eaux, fur l'étendue des bâtimens qui la compofent, & fur les facilités qu'on y trouve pour l'approvifionnement de bois.

Voici comment on conçoit cette fixation & la diftribution des fels fabriqués en conféquence.

quintaux.

A Dieuze ..... { En gros fel, 80,000 / En menus fels 100,000 } 180,000 *quintaux* { Partie de ce fel feroit délivrée à la gabelle de Lorraine, & au magafin de Strasbourg ; le furplus à la vente étrangère des deux départemens ; fauf à n'y penfer qu'après avoir acquitté les arré-rages dûs aux Suiffes.

A Château-Salins .. { En gros fels 24,000 / En menus fels 56,000 } 80,000 { Pour la gabelle de Lorraine, des Trois-Evêchés & le Clermon-tois ; le refte pour la vente étran-gère du département de Metz, ou aux Suiffes, en à-compte.

Moyenvic ...... Menus fels ... 100,000 { Pour la gabelle de Lorraine & d'Alface ; & le furplus pour la deftination des Suiffes.

360,000

Salins .... { Sel en pains, 80,000 / Sel en grains, 10,000 } 90,000 { Partie des fels en pains, pour la province & pour le Canton de Fribourg ; les fels en grains pour les franc-falés & gratification.

Chaux .... { Sel en pains, 20,000 / Sel en grains, 25,000 } 45,000 { Les fels en pains, pour la pro-vince ; les autres pour les Suiffes.

Montmorot ..... { Sel en pains, 10,000 / Sel en grains, 25,000 } 35,000 { Les fels en pains, pour la pro-vince & le Canton de Fribourg ; les fels en grains pour les Suiffes.

170,000

En Lorraine 360,000
En Franche-Comté 170,000

Total de la fabrication . . . 530,000 *quintaux.*

L'exécution de ce plan, en retranchant cent mille quintaux de la formation des *falines* de Lorraine portée au traité de Monclar, & quatre-vingt mille quintaux dont elles excèdent annuel-lement cette fixation, reftitueroit à la province, au moins vingt mille cordes de bois par année, qu'exige la fabrication de ces cent quatre-vingt mille quintaux de fel.

En Franche-Comté les avantages n'y feroient pas moindres. Quatre-vingt mille quintaux de fels à former de moins qu'auparavant, laifferoient refluer dans la confommation intérieure neuf à dix mille cordes de bois, & y jetteroient une abondance fuffifante pour produire une diminution dans le prix actuel, & diffiper toute inquiétude fur les prix à venir.

On ne parle pas encore du bien général qui réfulteroit pour l'agriculture, en lui rendant grand nombre de bras & de chevaux occupés aux tranf-ports des fels & des bois, & du bien particulier à l'exploitation des bois du roi par la réduction propofée dans le travail des *falines*. On a dit ci-devant que l'excédent de formation obligeoit à des coupes anticipées ; elles pourroient être recu-lées à trente ans fans rémiffion, au lieu de vingt-cinq, & alors on y trouveroit des bois propres

à la construction, lefquels commencent à devenir fi rares dans ces provinces.

La réunion de tant d'avantages pour les habi-tans, & par conféquent pour l'Etat, follicite donc une réforme à-peu-près telle qu'on l'a expo-fée, & l'on n'apperçoit d'aucun côté qu'elle puiffe porter le moindre préjudice. La ferme générale n'auroit nul motif pour réclamer une indemnité, puifque le produit de fes ventes, fera toujours fupérieur au taux de l'évaluation du produit des *falines*. D'ailleurs, fi fes inftances à cet égard fem-bloient mériter quelque confidération, on pour-roit ne leur en accorder qu'après avoir changé le régime actuel & rétabli l'ancien, en défuniffant l'entreprife de la formation des fels, du privilège de la vente intérieure & extérieure.

Ce parti, qui peut paroître fage à bien des égards, a fans doute befoin d'être éclairé par les faits ; on va en rappeller quelques-uns, pour fervir à fixer le jugement des lecteurs.

Depuis que cette manutention eft entre les mains de la ferme générale, on l'a vue appeller des anciens intéreffés dans la formation, pour en faire des infpecteurs généraux, & leur confier la furveillance de tout le fervice.

On a vu depuis 1782, la principale des *salines* dans l'inaction faute de bois, & presque toutes les autres regorger de sel, faute de voitures. Et quand on fait attention que jamais ces inconvéniens ne sont arrivés, sous le régime d'une compagnie de formateurs, on doit convenir que l'intérêt de ceux-ci, toujours plus vif & plus actif que celui des simples commis, indifférens sur les succès de l'affaire, devoit nécessairement s'éclairer davantage, & tirer un meilleur parti des circonstances comme des habitudes locales : rechercher avec plus d'empressement les voies économiques, & saisir plus vîte, toutes les occasions favorables aux travaux des *salines*.

Au reste, la comparaison de l'état des formations & des bénéfices qu'elles ont donnés depuis 1782, avec celui des mêmes objets pendant les quatre premières années du traité de Monclar, peut mettre le ministère en état de prononcer quelle est l'exploitation la plus avantageuse.

On ajoutera par forme d'observation que si, comme on le suppose, le ministère se décidoit pour une compagnie de formateurs, il ne seroit pas question d'en faire une affaire lucrative, comme ci-devant ; mais d'accorder seulement un sort honnête aux hommes instruits & laborieux qui seroient choisis pour cette manutention.

Cinq ou six au plus suffiroient ; deux résideroient les deux tiers de l'année, l'un en Franche-Comté, & l'autre en Lorraine, pour y méditer les opérations économiques, tandis que les autres suivroient à Paris, la correspondance, l'ensemble du service général. Il conviendroit aussi que l'administration prît sous sa protection immédiate, l'entreprise & les entrepreneurs ; & qu'elle nommât un inspecteur éclairé par l'expérience, pour examiner avec soin tout ce qui tient à la coupe & à l'aménagement des forêts du roi, & tout ce qui se rapporte à la formation des sels suivant la fixation arrêtée pour chaque *saline*, ainsi qu'à leur transport aux magasins de la ferme générale. De son côté, cette compagnie pourroit avoir un préposé sur les lieux, pour s'assurer de la qualité des sels, de leur dépôt nécessaire pendant six mois au moins, avant de les employer au service de la gabelle des trois provinces.

On vient de parler ici le langage d'un patriote zélé pour sa province, & qui craint que la destruction subite des *salines* qu'elle renferme, n'y cause quelque révolution dangereuse pour les intérêts particuliers de ses concitoyens. Mais en ne consultant que le bien général, celui de l'État, on est tenté de croire qu'il est réellement de son avantage d'abandonner l'exploitation de toutes ces *salines*, & d'aprovisionner ces provinces en sels de l'Océan.

1°. Ces *salines* ne peuvent se soutenir que par la dégradation des forêts du roi & des bois des particuliers ; l'accroissement annuel de leur consommation exige des anticipations de coupes, qui successivement dévoreront toute la province ; au lieu qu'en supposant les *salines* anéanties, l'économie s'établiroit dans les coupes ; les bois en acquerreroient plus de force & de valeur ; le roi, par conséquent, retireroit un produit considérable de cent-cinquante mille voies qu'il livre gratuitement chaque année, pour l'aliment de ces *salines* ; & si l'on ajoute que la rareté des bois dans le royaume, la nécessité d'assurer les approvisionnemens de Paris, qui fait une consommation de huit cent mille voies, inspireront vraisemblablement bientôt le projet d'un canal propre à unir la Meuse à la Seine, on sera convaincu que dès-à-présent l'anéantissement des *salines* est préférable à leur conservation.

Mais pour que cet anéantissement n'alarme pas les provinces, il convient de leur faire remarquer, qu'au moyen de ce que le roi retireroit un produit sensible de ses bois, le sel marin leur seroit fourni au même prix que celui des *salines* ; que chaque province retrouveroit dans l'exploitation régulière de ces bois, dans leur transport, dans leur embarquement, les journées, le travail, & les voitures que lui procure l'activité des *salines*, & qu'elle auroit encore une occupation très utile, au débarquement des sels qui seroient apportés, à leur conduite, à leur mesurage & à leur emplacement dans les magasins destinés à les recevoir.

Peut-être que le peuple de la Lorraine, des Trois-Evêchés & de la Franche-Comté, accoutumé au joug d'une habitude qu'il regarde comme un privilège, ne concevroit pas d'abord tout ce que le nouvel établissement auroit d'avantageux ; mais tous les habitans sensés béniroient la mémoire du ministre qui auroit fait exécuter une pareille réforme ; & un jour viendroit, que son nom, transmis aux générations suivantes, avec celui du roi, dont il auroit ainsi secondé les intentions bienfaisantes, elles ne les prononceroient qu'avec attendrissement & reconnoissance.

SALINS, subst. pluriel, par lequel on désigne les cendres des salines, & auxquelles on donne aussi le nom de cendres & potasses. Ces *salins* ou cendres, contenant du sel alkali, s'emploient à la fabrication des verres, des fayances & du salpêtre. La considération de l'utilité de ces matières dans les trois cas dont il s'agit, en a fait défendre la sortie du royaume, par l'arrêt du conseil, du 10 février 1780. Comme en général toutes les cendres de bois contiennent des sels alkalis, elles ont été comprises dans la prohibition ; mais lorsque le traité passé, pour vingt-quatre années, à Monclar, chargé de l'exploitation des salines de Lorraine & Franche-Comté, eut été résilié comme on l'a dit ci-devant, *pag.* 521, par l'arrêt du conseil, du 24 mars 1782, un autre arrêt du conseil, du 19 juillet suivant, annulla tous les marchés faits par ce traitant, à différens entrepreneurs de verreries & fayanceries, pour fourniture de *salins* & potasses, & déchargea l'adjudicataire de la ferme générale, auquel passoit cette exploitation, de toute indemnité relative à ces marchés.

SALORGE. f. f. On donne ce nom à Nantes à des magasins où l'on amasse & conserve les sels.

La ferme générale a des *salorges* dans lesquelles elle vend des quantités considérables de sels pour l'approvisionnement des greniers des grandes gabelles. *Voyez* FOURNISSEMENT.

SALPÊTRE. f. m. *Voyez* NITRIÈRE, POUDRES & SALPÊTRES.

SARDAIGNE. (finances de) C'est dans les mémoires de M. de Beaumont, intendant des finances, dont nous avons si souvent eu occasion de parler, notamment à l'article MILAN, *pag.* 130 de ce volume, que nous avons puisé tout ce qui va suivre.

Le roi ayant jugé à propos de faire prendre des instructions sur les différens cadastres établis dans les Etats du roi de *Sardaigne*, ce prince témoigna le plus vif empressement de satisfaire à ce que désiroit le roi de France. Non seulement ce prince donna ordre à ses ministres de procurer au receveur général des finances, envoyé de Paris à Turin, tous les éclaircissemens & toutes les pièces qu'il pourroit demander ; mais lui-même se fit un plaisir de lui accorder plusieurs audiences, dans lesquelles il lui donna les explications les plus détaillées, & voulut bien aussi s'assurer si les renseignemens qui lui avoient été fournis étoient exacts, & si les mémoires rédigés en conséquence, par ce receveur général, présenteroient fidèlement le tableau de la grande opération exécutée très-heureusement dans ses Etats.

Avant d'entrer en matière, il convient de retracer,

1°. Les usages & les règles, la nature des privilèges qui existoient anciennement dans ces Etats, ainsi que les abus qu'ils avoient introduits.

2°. L'analyse des pièces que le roi de *Sardaigne* a fait remettre.

3°. La forme dans laquelle se fait l'imposition & le recouvrement.

4°. Enfin, les avantages qui ont résulté de la formation des péréquations, soit pour l'Etat en général, soit pour les contribuables en particulier.

PREMIER OBJET.

En Piémont, on a toujours regardé comme une loi fondamentale, qu'il ne pouvoit y avoir que deux natures de biens : les uns féodaux, toujours exempts de tribut, & les autres ruraux, qui y ont toujours été assujettis.

Il résulte de cette loi, que l'exemption ou l'assujettissement au paiement des impôts, dépend de la nature du bien, & non de la qualité du propriétaire, par conséquent la taille y a toujours été réelle.

L'inaliénabilité des biens domaniaux & patrimoniaux de la couronne, est encore une maxime constante, inhérente à ses droits & à son indépendance.

Rien n'étoit donc plus important que la conservation du domaine dans toute son intégrité, ainsi que celle des biens ruraux, sujets au tribut ; cependant le fléau de la guerre, les besoins & la nécessité des ressources extraordinaires, pour la conservation & la défense de l'Etat, occasionnèrent pendant plusieurs siècles, une interversion dans les maximes, dont les abus devinrent également préjudiciables au souverain & au peuple.

Il paroît nécessaire d'en rappeler quelques époques, pour faire connoître l'état où étoient les choses, lorsque le roi Victor Amédée second, prit la résolution de les faire rentrer dans l'ordre.

Avant le quinzième siècle, la plus grande partie du domaine, ainsi que les jurisdictions, avoient été aliénées & inféodées à perpétuité.

En matière féodale, il y avoit une autre maxime qui défendoit à jamais la vente & l'aliénation des biens féodaux, par ceux qui les possédoient, sauf aux agnats ; & faute d'agnats ils étoient réunis de droit au domaine du souverain.

Les femelles ne pouvoient jamais succéder aux fiefs mâles ; & faute de mâles, ils retournoient aussi au domaine.

Les besoins de l'Etat mirent dans la nécessité de donner un édit, le 15 juillet 1475, qui permit à tous les vassaux possédant fiefs nobles, & autres biens féodaux, qui étoient, ou seroient à l'avenir dépendans du domaine ducal, ainsi qu'à leur postérité, de les vendre & aliéner, à toutes sortes de titres, en faveur de toutes personnes, pourvu qu'elles eussent l'agrément du souverain pour pouvoir acquérir, & que le prix en fût employé à marier des filles, à payer les dots, à acquitter d'autres dettes, & à pourvoir à des besoins de quelque nature qu'ils fussent, sans avoir égard aux agnats, & sans que ces derniers pussent s'y opposer.

Cette disposition fut encore étendue par l'édit du 26 octobre 1491, qui permit l'aliénation pour

la

la reſtitution des dots & le paiement de l'augment.

Les fiefs qui doivent écheoir par ſucceſſion, furent déclarés grevés & aſſujettis au paiement des dots & des dettes pour leſquelles ils avoient été légitimement hypothéqués, ſuivant l'édit du premier décembre 1503.

Cette interverſion dans les principes, donna lieu aux poſſeſſeurs des fiefs, de mettre tout en uſage pour les rendre de plus en plus diſponibles dans leurs mains.

Il s'étoit introduit auſſi des innovations dans les biens ruraux, dont une partie avoit été affranchie des tributs.

Dès-lors il régna une égale confuſion dans les biens du domaine de la couronne, dans les biens féodaux & dans les biens ruraux; ce qui occaſionna un préjudice égal, tant au ſouverain & à la nobleſſe, dont le vrai patrimoine conſiſtoit dans la poſſeſſion intégrale du fief, qu'au peuple, par la diminution des biens qui devoient contribuer au paiement des impoſitions.

Les guerres ſe ſuccédèrent, & plongèrent plus que jamais l'Etat dans de nouvelles confuſions, par la néceſſité de trouver des reſſources extraordinaires.

Le roi Victor Amédée ſecond, par l'édit du 7 mai 1706, inféoda la ſeizième partie un tiers de tous les biens ruraux qui étoient ſujets au tribut; il les déclara exempts de toutes impoſitions, en leur donnant la qualité & la nature des anciens biens féodaux, avec le titre de fiefs nobles, comme s'ils euſſent été de toute ancienneté, avec pouvoir de les vendre & aliéner à perpétuité, & de les hypothéquer librement.

Les poſſeſſeurs de ces mêmes biens nouvellement inféodés, furent diſpenſés de tout ſervice perſonnel en tems de guerre; ils ne furent aſſujettis qu'à une impoſition, dans le cas uniquement où elle ſeroit demandée à tous les autres vaſſaux.

Il fut même permis aux communautés d'inféoder cette partie de leur territoire, & pour les dédommager de ces aliénations, il fut ordonné qu'il leur ſeroit déduit une portion d'impoſition.

Tels étoient les abus qui ſubſiſtoient dans la principauté de Piémont; il n'en exiſtoit pas moins dans le duché de Savoie; mais ils étoient d'une eſpèce différente, parce que la taille y étoit elle-même d'une autre nature.

En effet, elle étoit perſonnelle; les nobles en étoient exempts pour tous les biens qu'ils poſſédoient, ſoit qu'ils fuſſent féodaux ou ruraux, qu'ils les exploitaſſent ou qu'ils les donnaſſent

à loyer; de même les biens nobles, qui paſſoient dans la main d'un roturier, étoient aſſujettis à la taille.

Les ſouverains de la Savoie avoient accordé différens, anobliſſemens &. privilèges d'exemptions de taille, à titre de graces, récompenſes, ou moyennant finance; ils avoient fait, comme en Piémont, différentes aliénatious du domaine, qui avoient diminué le patrimoine de la couronne.

Sous prétexte des privilèges, les nobles & les eccléſiaſtiques, ainſi que les châtelains, les principaux fermiers, les praticiens, & autres gens riches, s'exemptoient de payer les portions de taille qu'ils devoient ſupporter; les communautés n'oſoient les y contraindre, par la crainte des mauvais traitemens, ou d'être conſtitués dans de grandes dépenſes, par la longueur des procès.

Pluſieurs même avoient fait des accords avec les officiers des communautés; d'autres, ſous prétexte de ſe faire impoſer dans le lieu de leur domicile, pour l'univerſalité de leurs poſſeſſions, ne payoient que pour une portion, les aſſéeurs ne pouvant connoître la valeur de leur bien; tous abus qui occaſionnoient néceſſairement la ſurcharge des moins aiſés & des pauvres cultivateurs, & qui produiſoient des arrérages conſidérables dans le recouvrement des tributs. Ces déſordres ſubſiſtèrent juſqu'à la paix de 1713.

Le roi Victor conçut alors le projet d'y remédier, il fit à cet effet publier le code de 1729.

Cette loi ordonna qu'à l'avenir le domaine ne pourroit plus être aliéné, & que les portions qui l'avoient été y ſeroient réunies.

Elle ordonna auſſi que toutes les terres, poſſeſſions & biens, qui étoient dans l'étendue de la domination du ſouverain, n'auroient d'autre qualité que celle de féodaux ou ruraux, & elle abolit toute autre eſpèce ou nature de biens, ainſi que les privilèges ou exemptions.

Pour déraciner les abus, elle preſcrivit la rénovation du cadaſtre dans les Etats du Piémont: ſeul moyen qui pût aſſurer la tranquillité des ſujets taillables.

Par l'édit du 9 avril 1728, le roi Victor forma le même établiſſement dans le duché de Savoie, où il n'avoit pas encore eu lieu.

Le clergé avoit également profité des malheurs qui avoient agité l'Etat, pour acquérir des biens conſidérables, & pour les ſouſtraire à toutes contributions.

Dès le 24 juin 1728, le roi Victor avoit rendu un édit qui ordonnoit que » tous les biens qui » étoient taillables, en l'année 1620, y demeu- » reroient perpétuellement obligés à l'avenir,

» & fujets à toutes les charges, tant imposées
» qu'à imposer, quand ils feroient paffés ou paf-
» feroient, par la fuite, à qui que ce fût, foit
» perfonnes, collèges, ou univerfités éccléfiafti-
» ques, féculières ou régulières, fous quelque
» manière, droits, titres ou actions que ce pût
» être ».

Il voulut encore que généralement « tous les
» biens qui feroient affignés à titre de patrimoine
» clérical, fuffent fujets & concouruffent au
» paiement de la taille ».

L'établiffement du cadaftre en Piémont fut
confirmé par le roi regnant, par l'édit du 5 mai
1731.

Celui du cadaftre de la *Savoie* l'a été également par l'édit du 15 feptembre 1738 ; & de
plus il a abrogé abfolument « tous les privilèges
» à titre de nobleffe ; il a affujetti à l'impofi-
» tion, fans nulle exception quelconque, tous
» les biens ruraux de leur nature, & n'a ré-
» fervé d'exemption qu'aux biens véritablement
» féodaux, & aux biens eccléfiaftiques de l'an-
» cien patrimoine de l'églife feulement. »

Depuis cette époque, tous les biens ruraux
de la *Savoie* font donc taillables, ceux poffédés
par des nobles d'ancienne extraction, comme
ceux que tiennent les roturiers ; mais auffi tous
les biens véritablement féodaux font exempts de
la taille, quelque quantité qu'en poffède le
feudataire d'ancienne extraction noble, & ils
confervent leur exemption, foit qu'ils foient exploités ou cultivés par le propriétaire, ou donnés à loyer, ou par amodiation à des taillables.

La taille, qui étoit perfonnelle en *Savoie*,
avant l'édit de la péréquation, y eft devenue
réelle depuis que le cadaftre a été établi ; toutes
les parties font rentrées en même tems dans leur
ordre ordinaire ; les inconvéniens & les abus ont
été détruits.

Quoique la principauté de Piémont & le duché
de *Savoie* appartiennent au même fouverain, les
péréquations qui y exiftent, ont été faites cependant, fur des principes & d'après des méthodes
différentes.

La première fut faite fans le fecours de l'expérience, auffi rencontra t elle des difficultés ;
il en réfulta même des inconvéniens que l'on évita
dans la formation du cadaftre de la Savoie, mais
ce ne fut qu'en multipliant les opérateurs, &
en confommant beaucoup plus de tems & d'argent.

Par les traités de Wormes & de Vienne, les
provinces de Novarre, Tortone, Oltrepo, Sic-
comario & Vigevano, ainfi que celles d'Alexandrie, Valence & Lumelline, dépendantes du
duché de Milan, furent confirmées & cédées
au roi de *Sardaigne*.

Les premières étoient déjà cadaftrées, le roi
regnant jugea néceffaire de cadaftrer les autres ; l'expérience de ce qui avoit été fait en Piémont & en
Savoie, le mit à portée d'établir des règles certaines pour parvenir à une jufte opération, foit
relativement à la mefure, foit eu égard à l'eftimation, & il n'en eft réfulté aucun inconvénient, ni aucune plainte ; au contraire, cet établiffement, toute proportion gardée, a été bien
moins long, le nombre des employés a été diminué de plus de moitié, & la dépenfe réduite
des trois-quarts ; c'eft ce qui a déterminé le roi
de *Sardaigne*, à faire faire des copies pour le roi,
avec le plus de foin & d'attention qu'il a été
poffible, de toutes les pièces de cette dernière
péréquation, comme méritant à tous égards la
préférence : on en va donner l'analyfe.

SECOND OBJET.

Analyfe des pièces que le roi de Sardaigne *a fait
remettre.*

Cette opération eft fondée fur deux bafes ; la
première confifte dans l'établiffement des principes qui doivent fervir de règle ; la feconde, dans
la direction & l'exécution du travail.

Il avoit été envoyé dans la principauté de
Piémont, des commiffaires pour l'établiffement
du cadaftre ; dans le duché de Savoie il fut confié à l'intendant général. La diverfité d'opinions
de ces différens commiffaires fur les opérations,
détermina le roi de *Sardaigne*, pour la formation de la péréquation des provinces conquifes,
à établir une junte confultive auprès de fa perfonne, deftinée à lui préfenter des projets uniformes pour chaque opération, qui fuffent dictés par la juftice, & également utiles à fon fervice & à celui du public ; enfin, qui puffent affurer le fuccès d'une opération auffi importante.

Cette junte fut compofée du premier préfident du fénat, du contrôleur général des finances, de deux préfidens de la chambre des comptes,
de deux confeillers d'Etat, & des avocats & procureurs généraux, tant du fénat que de la chambre des comptes.

Pour la direction de ces opérations, il créa un
bureau compofé de fujets capables, & gouverne
par un réglement propre pour entreprendre, continuer & accomplir les opérations, & mit à la
tête un furintendant.

C'eft fous fa direction & dans ce bureau,
qu'ont été formées toutes les opérations, qui
enfuite ont été communiquées à la junte, & fur
lefquelles elle a propofé au roi tout ce qu'elle
a penfé devoir être utile pour l'expédition de
toutes les affaires,

L'on choisit aussi un homme de mérite & de talent pour diriger le plan & les instructions nécessaires & relatives à la mensuration.

Ce prince a trouvé différens avantages dans ces deux établissemens.

1°. L'uniformité entière & absolue pour toutes les opérations de chaque communauté d'une même province, & pour toutes les provinces entr'elles.

2°. Les difficultés n'ont point été portées devant les tribunaux ordinaires, ce qui est impraticable dans cette matière, par rapport à la perte de tems & aux frais qui en résulteroient.

3°. Enfin, on a trouvé une économie très-grande dans les dépenses indispensables qu'entraînent les opérations d'une péréquation ; tous avantages justifiés par l'expérience & par la comparaison de cette nouvelle forme, avec celles qui avoient été mises en usage dans le Piémont & dans la Savoie.

Dès que la junte & le bureau ont été établis, ils se sont occupés uniquement des objets relatifs à la mensuration, & successivement à l'estimation.

Celui qui fut choisi pour être à la tête des géomètres, forma le plan pour les mesures & pour toutes leurs bases, sur lesquelles le bureau rédigea les instructions en forme, & après qu'elles eurent été approuvées par la junte, le modèle en fut envoyé aux intendans.

Il en fut usé de même pour les projets de manifestes & d'instructions, concernant l'estimation des biens de chaque nature.

Cette estimation a été faite conjointement par deux estimateurs nommés par chaque communauté, & par deux autres d'office, dont un de la province, & l'autre de la province voisine, afin de réunir plus de connoissance sur la valeur des biens qu'ils avoient à estimer.

Ces instructions une fois formées & envoyées aux intendans, l'adjudication de la mensuration se fait au rabais.

Alors le géomètre, conjointement avec les indicateurs de la communauté, & ceux des communautés confinantes, visite tous les confins du territoire, & en trace démonstrativement la figure ; ensuite en présence des seuls indicateurs de la communauté, il forme, avec la table prétorienne, sur l'échelle qui lui a été remise par son directeur, le périmètre régulier du territoire ; c'est-à-dire la circonférence, il y marque les terreins qui peuvent être en contestation ou enclavés, par des lignes en points ; & il y désigne tous les chemins royaux & publics, les différens canaux, ruisseaux, fossés d'écoulement, & autres objets relatifs au terrein, ainsi que le cours des rivières, & la position des vents.

Lorsque le périmètre d'une communauté est fini, il est confronté avec ceux des territoires confinans, en présence des géomètres qui les ont levés, ainsi que du directeur, pour constater si la ligne de circonvallation de ce périmètre, se rencontre dans toutes ses parties avec les autres lignes de circonvallation des périmètres des territoires confinans : après cette vérification l'on dresse un procès-verbal, qui constate la vérité des opérations, & la quantité en superficie du territoire de la communauté.

Ce périmètre est remis au directeur, pour lui servir à contrôler les opérations faites en détail par le géomètre, lors de la formation de la *mappe*.

Le périmètre achevé, le géomètre forme la *mappe*, ou plan détaillé de la communauté, elle comprend toutes les pièces qui en composent le territoire, même celles enclavées, appartenant à un autre territoire, & cette mesure est faite dans la respective étendue & figure de chaque pièce, avec désignation des qualités de terrein de chacune ; elle contient également la mesure du sol de tous les bâtimens, des églises & couvens, celle des chemins publics & royaux, celle des fleuves & torrens ; le tout est calculé séparément, & vérifié par le directeur, dans toutes les règles de l'art.

Cette *mappe* est levée sur une échelle différente de celle du périmètre ; le géomètre y fait les mêmes distinctions que celles portées dans le périmètre ; enfin, on dresse au pied, un procès-verbal pour en constater la vérité & la confistance.

Le géomètre donne une explication des notes qu'il a employées pour former les distinctions.

La *mappe* est nécessairement composée de plusieurs grandes feuilles de papier unies ensemble : si elle étoit réunie aux communautés, elle seroit sujette à des inconvéniens ; pour les prévenir, le géomètre est obligé, par sa soumission, de former un livre contenant les figures de toutes les pièces qui existent dans la mappe, & ce livre doit durer autant que le cadastre : à la tête de chacune des pages sont inscrits les numéros de la mappe, les noms, surnoms & qualités de chaque propriétaire, les qualités des fonds, leurs cantons, leurs degrés de bonté, ou classe, la mesure de leur superficie ; le tout pour autant de pièces qu'il peut en tenir dans le surplus de la page.

Dans chaque figure, on a l'attention d'y marquer les vents, ainsi que les confins.

Lorsque ce livre est entièrement formé, on relève le montant de la mesure de chaque pièce, pour désigner la consistance de chacune; & si étant additionnées toutes ensemble, elles donnent un total semblable à celui du périmètre & à celui de la mappe, c'est la preuve que le figuratif est juste.

Le géomètre forme ensuite le livre d'indication, dans lequel l'on établit distinctement, dans un ordre progressif & successif, les numéros relatifs à la mappe.

Les noms de chaque possesseur, avec la désignation des charges dont leurs fonds peuvent être grevés.

La qualité des pièces & leur charge particulière, relativement à la culture du fonds.

L'indication des biens prétendus exempts.

La région dans laquelle chaque pièce est située.

Le degré de bonté de chacune, & la quantité de mesure de chaque pièce.

Ce livre est communiqué aux experts nommés pour l'estimation, qui constatent par un procès-verbal, la fixation qu'ils ont faite des degrés de bonté du territoire de la communauté, selon leur naturel, respectif, & intrinsèque état, ainsi que l'examen attentif qu'ils ont fait de toutes les pièces séparément, & l'application à chacune, de la classe qui lui convient le mieux, d'après sa bonté & sa valeur intrinsèque.

Comme ces opérations ne peuvent se faire que suivant l'ordre des numéros de la mappe, elles ne feroient point connoître aux propriétaires, la totalité de chacune de leurs possessions : aussi le géomètre est-il obligé de former un autre livre, par ordre alphabétique, des noms de tous les propriétaires, de sorte que tous les numéros des pièces appartenant à un même possesseur, se trouvent réunis sous son nom

Dès que la mappe, le livre d'indication & le livre colonnaire sont achevés, on les publie & on en donne communication, à chacune des parties intéressées, afin qu'elles soient à portée de faire leurs représentations en cas d'erreur ou d'omission, le tout dans la forme prescrite par les instructions données aux délégués à cet effet.

Après cette publication, & lorsque toutes les pièces ont été reconnues par les propriétaires, pour être sans erreur, ou s'il s'en est trouvé,

qu'elles ont été rectifiées, le géomètre forme le livre de cadastre pour le service de la communauté, relatif à ceux dont on vient de rendre compte.

Si les résultats de ces différentes opérations donnent une quantité de mesures semblables à celle résultante du périmètre, c'est une preuve certaine qu'il n'a point été fait d'erreurs; si, au contraire il s'en étoit glissé, il ne seroit pas possible qu'elles échappassent.

Lorsque ce cadastre est fait, il est remis au directeur, & le géomètre se trouve avoir rempli alors l'engagement pris par sa soumission; & par conséquent tout ce qui concerne la mensuration & les opérations qui en sont la suite.

Le directeur transmet au bureau général tous les cadastres, & les estimateurs leurs procès-verbaux d'estime; ils y sont vérifiés, & la valeur capitale de chaque fonds, restée en blanc dans le cadastre, est remplie par le bureau, & par ce moyen toute l'opération est consommée.

Le bureau forme encore le livre de transport, pour y porter toutes les mutations & changemens, partages & divisions des biens inscrits au cadastre; ce livre est divisé de façon qu'il est relatif au cadastre & aux numéros de la mappe.

On y inscrit les changemens qui arrivent, l'énonciation des contrats de vente, leurs dates, les noms des notaires, la délibération du conseil de la communauté, qui en ordonne le changement, & l'indication de la pièce acquise, la quantité de chaque pièce, & la valeur de chacune.

Pour donner même un exemple qui pût servir de règle, on a porté sur ce livre de transport, différens changemens & mutations fictifs, comme s'ils avoient déjà eu lieu.

Enfin, lorsque ces opérations sont achevées dans toutes les communautés, on rend l'édit de la péréquation qui en assure l'exécution.

Il ne s'agit donc plus que de fixer la masse des impositions que l'on doit asseoir sur ces fonds, & c'est encore un des objets dont il est nécessaire de rendre compte.

TROISIÈME OBJET.

On détermine la masse générale du tribut, on la divise ensuite par province & par communauté, & l'état général est arrêté une seule fois par le roi de *Sardaigne*, & ensuite déposé à la chambre des comptes.

L'on envoie une copie de cet état à chaque intendant, pour la province dont il a l'administration, & il fait paſſer au ſecrétaire de chaque communauté, le montant du tribut qu'elle doit porter; ce tribut ſe répartit par un ſimple marc la livre, ſur chaque poſſeſſeur, ſuivant la maſſe totale de l'eſtime de ſon bien, portée au cadaſtre.

Si le roi de *Sardaigne* accorde des diminutions, ou qu'il ſoit obligé d'augmenter le tribut, on envoie à l'intendant la portion de diminution ou d'augmentation que doit ſupporter ſa province; il la répartit relativement à la première maſſe d'impoſition donnée à chaque communauté, & il en fait paſſer la note au ſecrétaire, qui fait la même opération ſur chaque propriétaire, lorſqu'il forme le rôle de chaque année; ainſi, il ne peut y avoir d'injuſtice de la part de celui qui fait le rôle, ni de conteſtation entre les contribuables; il ne peut ſe rencontrer tout au plus que des erreurs de calcul, aiſées à rectifier, & qui ſe réforment de l'autorité de l'intendant.

Pour former les cadaſtres du Piémont & de la Savoie, il a fallu établir des conſeils dans les communautés, ce qui a donné lieu à différens règlemens rendus par le roi Victor & le roi régnant, qui ont également ſtatué ſur la forme d'impoſer & de recouvrer: forme qui avant cette époque, étoit ſemblable à celle qui ſe pratique encore en France.

Pour l'intelligence de cet objet, il eſt néceſſaire de ſe rappeller que la guerre a ſubſiſté pendant pluſieurs ſiècles dans ces provinces; les communautés qui les compoſent avoient été obligées de former des emprunts, & de conſtituer des rentes pour payer les contributions qu'on levoit ſur elles.

Les beſoins des ſouverains les avoient forcés d'autoriſer les communautés à recevoir des inféodations & à faire des aliénations; enfin, elles avoient emprunté pour des beſoins particuliers, au moyen de quoi elles ſont chargées de dettes conſidérables, qui ne peuvent être acquittées que par une impoſition annuelle ſur elles-mêmes.

Le rôle de chaque année eſt donc compoſé du tribut royal, & de la ſomme néceſſaire à impoſer pour acquitter les charges locales & les dettes de la communauté.

Lorſqu'il eſt queſtion de régler le rôle d'impoſition de chaque année, l'on examine dans le conſeil de la communauté, toute la dépenſe qu'elle eſt obligée de faire dans le courant de l'année; on y vérifie les états qui ſont préſentés par ceux qui prétendent le paiement de quelques fournitures ou vacations faites pendant l'année précédente, & ces états ſont examinés pour être paſſés, rejettés ou modérés par le conſeil, & ſont enſuite préſentés à l'intendant, afin d'y avoir l'égard convenable.

Si ceux qui compoſent le conſeil ne ſont point unanimement d'accord, ni ſur les cauſes, ni ſur les ſommes, ou qu'elles excèdent les forces de la communauté, on fait mention du nombre d'oppoſans & de leur motif d'oppoſition, ſur leſquels l'intendant donne ſa déciſion.

Les revenus de la communauté ſont auſſi détaillés dans le rôle de l'impoſition, de même que le reliquat du compte de l'exacteur, de l'année précédente, s'il y en a.

Il eſt défendu au conſeil de faire aucune répartition, ſous quelque titre ou nom que ce ſoit, ſi elle n'eſt approuvée par l'intendant.

Le ſecrétaire ne tire point les ſommes dans le rôle, mais il les porte ſur un brouillard, après toutefois que le rôle a été examiné dans le conſeil, que toutes les dépenſes y ont été admiſes, & que la fidélité de toutes les parties qui le compoſe a été aſſermentée, dont il eſt dreſſé un procès-verbal.

Ce rôle, ainſi que le livre des délibérations, & toutes les pièces de dépenſe, ſont préſentés par le ſecrétaire & un député du conſeil, à l'intendant, pour avoir ſa déciſion.

Lorſqu'il a rendu ſon ordonnance, le ſecrétaire forme le cottet, en tête duquel il inſère tout au long, un double du rôle & de l'ordonnance de l'intendant, & enſuite il y couche le nom & la cote de tous les particuliers; cette cote eſt déterminée au marc la livre de la maſſe de l'eſtime du bien de chacun, portée au cadaſtre.

Lorſque ce rôle & ce cottet ſont ainſi formés, le ſecrétaire en fait une lecture publique aux habitans de la communauté aſſemblés, en leur notifiant, que le tout reſtera entre les mains du ſyndic pendant un nombre de jours, afin qu'il en donne communication à ceux qui le ſouhaiteront; & le temps expiré, ces pièces ſont tranſmiſes à l'exacteur, qui en donne ſon reçu au ſecrétaire: c'eſt à quoi ſe réduit la forme de l'impoſition dans le duché de Savoie.

Les rôles de la principauté de Piémont ſont faits dans la même forme; mais indépendamment du rôle, l'on dreſſe un état de l'impoſition perſonnelle, qui eſt ordinairement, à raiſon de vingt ſous par tête, pour les perſonnes de toutes conditions, de tout ſexe & de tous âges, à l'exception des enfans au-deſſous de ſept ans, & des perſonnes âgées, incapables de gagner leur vie, qui ſont portés dans une colonne diſtincte.

L'on fait auſſi un autre état ſéparé, de tous les bœufs de tirage & attelage que poſſède chacun des particuliers impoſés auſſi uniformément, plus ou moins, suivant les besoins de la communauté.

Enfin, un troisième état, qui contient les négocians & les artisans : le conseil, après avoir considéré scrupuleusement & sans partialité leur plus grand ou moindre trafic, donne à chacun sa cote selon la règle de proportion établie par une décision du roi de *Sardaigne*, & dont la plus forte ne peut excéder quinze livres ; même il impose au-dessous de la fixation, s'il s'apperçoit qu'elle soit au-dessus des forces du trafic ; ceux qui composent le conseil, sont d'autant plus attentifs à cet égard, qu'ils sont dans le cas d'être condamnés en leur nom, par l'intendant, au dédommagement des contribuables, dont les plaintes se trouvent fondées.

Ces états sont publiés en même tems que les rôles & le cottet, & sont aussi présentés à l'intendant, pour qu'il les approuve.

Ces impositions sont uniquement appliquées en déduction des charges particulières des communautés, & nullement en diminution du tribut royal ; de sorte que s'il n'y avoit point de charges particulières, cette imposition seroit abolie.

Au contraire, les revenus communaux que chaque communauté peut avoir, sont portés dans le rôle, en déduction du tribut royal.

Le secrétaire de chaque communauté forme un état de comparaison du rôle de l'imposition de l'année courante, avec celui de la précédente, qu'il envoie aux royales finances, pour qu'elles soient informées de tout ce qui a été imposé dans l'année.

Avant de remettre le rôle entre les mains d'un exacteur ou collecteur, il se tient un conseil de communauté, où on reçoit les mises de ceux qui veulent se charger de l'exaction de la taille ; le recouvrement en est adjugé à celui qui fait la meilleure condition : on ne reçoit point de mises qui excèdent les quatre pour cent ; s'il ne se présente personne pour la mise, ou qu'elle excède les quatre pour cent, le syndic est obligé de faire l'exaction.

L'adjudicataire donne une caution solvable pour la sûreté du recouvrement ; les officiers du conseil de la communauté sont néanmoins obligés de veiller à la conduite de celui qui en est chargé, à peine d'en répondre.

Le paiement du tribut se fait par l'exacteur, entre les mains du trésorier établi dans la province.

Aussitôt que le cottet est remis à l'exacteur, il en envoie une copie à ce trésorier.

La taille étant réelle, elle est privilégiée, & a la préférence sur tous autres créanciers : préférence ordonnée par les règlemens, qui contiennent aussi les devoirs de l'exacteur ; & comme il pourroit s'en écarter, sous prétexte d'ignorance, l'officier local est obligé de lui en faire lecture tous les trois mois, & quinze jours avant l'échéance de chaque quartier.

L'officier local avertit, à la même époque, tous les regiftrans, au sortir de la messe paroissiale, de payer incessamment le quartier échu à l'exacteur, auquel il remet un certificat de l'avis qu'il a donné au général de la paroisse, afin que huit jours après l'échéance, l'exacteur puisse, sans autre formalité, faire procéder à la saisie, vente & adjudication des fruits & effets des débiteurs, par le premier huissier requis, même par le juré-crieur de la communauté, en présence seulement de l'officier local.

L'exacteur est obligé, quinze jours avant l'échéance de chaque quartier, d'aller chez tous les particuliers de la paroisse, pour se faire payer de ce qu'ils doivent, afin d'être en état d'en porter le montant au trésorier de la province, le lendemain de l'échéance du quartier.

L'exacteur émarge sur son cottet l'argent qu'il reçoit de chaque particulier, & lui en donne quittance.

La taille étant réelle, elle est due par le propriétaire ; cependant les fermiers & locataires ne peuvent payer leurs maîtres, s'ils ne leur justifient point des quittances de l'exacteur : les fruits & revenus, entre les mains des fermiers, sont réputés saisis, par un règlement général rendu à cet effet.

Lorsque l'exacteur fait le paiement, le trésorier examine son cottet, pour voir s'il est en règle, & s'il a fait ses diligences ; il dresse un état des particuliers arriérés, & l'envoie à l'intendant ; ce dernier décerne les contraintes & fait faire les poursuites directement, & envoie au contrôleur général, pour qu'il en rende compte au roi de *Sardaigne*, la note de tous les nobles & gens en place, qui sont en retard de payer le tribut.

Le trésorier est obligé de donner ses quittances à l'exacteur, au pied du cottet ; de même ce dernier est aussi obligé de faire enregistrer ces quittances à l'intendance.

Les poursuites se font par voie de brigades militaires, & par voie de saisie & vente des fruits & effets.

Le paiement des tributs se fait chaque année ; pour les deux premiers quartiers, le 20 juillet, le troisième dans le courant de septembre, & le dernier, dans le courant de décembre; le compte s'en rend par l'exacteur, devant le conseil de la communauté, & il est ensuite arrêté par l'intendant.

Telles sont les dispositions des règlemens faits dans les Etats du roi de *Sardaigne*, pour l'imposition & pour le recouvrement des tributs, & dont il résulte de grands avantages par comparaison à l'ancienne forme, soit relativement à la diminution du travail, soit par rapport aux frais: avantages qui doivent toujours être une suite naturelle de toute péréquation bien faite.

QUATRIÈME OBJET.

En effet, on n'est plus obligé de former chaque année, des brevets ni des commissions pour chaque province, ni même de faire faire des tournées par les intendans.

Il n'existe plus d'injustice dans la répartition, d'animosité entre les contribuables, de procès entre ces derniers & les collecteurs, ou les paroisses; plus de surcharge à craindre, nulle demande en surtaux ou en comparaison de cote, plus de rejets ni de réimpositions pour les frais qu'entraînoient toutes ces opérations; au contraire, l'on voit régner la justice la plus équitable, la plus simple, la plus à portée de tous les gens les moins éclairés, la sécurité, la paix, la tranquillité, l'union entre tous les cultivateurs, sources de la population comme de l'amélioration de l'agriculture.

La simplicité des formes & de la procédure introduite pour le recouvrement, procure également les plus grands soulagemens aux contribuables; & tels sont les motifs qui les ont déterminés.

On a considéré que si l'on introduisoit des formes, des procédures preliminaires & des délais, avant qu'un créancier pût faire exécuter son débiteur, c'étoit par la raison, que quel que soit le titre de la créance, le débiteur peut avoir des moyens à opposer contre son créancier.

En matière de recouvrement ou de tribut réel, réparti par la voie d'une juste péréquation, la dette est constante & ne peut jamais être contestée, même lorsque le regittrant ne la devroit pas en définitif, puisqu'il la doit par provision.

La dette étant établie par un rôle notifié aux habitans, aucun d'eux ne peut ignorer ce qu'il doit.

Le rôle est visé, par conséquent il forme un titre exécutoire.

La dette étant donc connue comme le titre, &

le privilège ne pouvant être contesté par un autre créancier, on n'a point trouvé de raison légitime pour obliger d'employer de nouvelles formes, ni des procédures judiciaires pour contraindre les contribuables à payer, puisque bien loin de leur procurer des avantages, ces procédures occasionnoient précédemment leur mal-aise, & souvent leur ruine.

Le roi de *Sardaigne* s'est encore procuré d'autres avantages.

En même tems qu'il a fait procéder à l'opération des cadastres, il a fait faire un dénombrement général dans son royaume, des hommes, des chevaux & des bestiaux.

La forme établie dans l'imposition, opère tout naturellement chaque année un nouveau dénombrement, ce qui est on ne peut pas plus utile, puisque l'on ne peut connoître la puissance & le revenu d'un Etat, si l'on ignore le plus ou le moins d'étendue des parties qui le composent.

Il a aussi fait réunir à son domaine, tous les biens qui en avoient été aliénés au préjudice des constitutions fondamentales de son Etat.

Il est parvenu à connoître la vraie valeur & le produit réel des biens de ce même domaine, de sorte qu'il en tire les mêmes avantages que pourroient en tirer des particuliers qui en seroient propriétaires.

Il a fait rentrer dans la masse des biens sujets au tribut, tous les biens acquis par les gens d'église, depuis l'année 1620, & il y a également assujetti ceux qu'ils pourront acquérir à l'avenir, par quelque voie & manière que ce puisse être.

Par la mensuration, il est parvenu à connoître la superficie du sol de l'Etat, & par conséquent sa juste étendue.

Par l'estimation, le produit exact de ce même sol, partie par partie, production par production; par conséquent le revenu & la richesse de l'Etat: cette seconde connoissance a conduit à établir la juste balance d'imposition annuelle, qui pouvoit y être appliquée avec équité; comme aussi celle que ces productions peuvent porter, par extraordinaire, dans un tems de guerre & de malheur: objet de la dernière importance, puisque c'est le signe certain qui doit décider le souverain pour faire une paix avantageuse, suivant les circonstances, ou pour prolonger la guerre, afin d'obtenir de plus grands avantages.

Le dénombrement des terres, celui des hommes & celui des bestiaux, ont fait connoître les provinces plus ou moins peuplées: par conséquent on a été dans le cas de porter la population & la culture où elles manquoient.

Dès que l'on a connu les productions de chaque province, même celles de chacun de leurs cantons, on a fçu fi elles fuffifoient où non, ou fi elles étoient furabondantes pour la confommation de leurs habitans, eu égard aux befoins de première néceffité; lorfqu'elles ne l'ont pas été, on y en a fait verfer pour y fuppléer, & par-là on a prévenu les chertés & les difettes particulières.

Lorfqu'elles fe font trouvées furabondantes, on a procuré les moyens néceffaires pour en faciliter les débouchés & l'exportation, en formant des chemins de communication : la mifère qui exiftoit dans des provinces, par le défaut de débit & de confommation des denrées, a ceffé ; & les feigneurs & propriétaires de biens fitués dans ces provinces, privés autrefois de tous fermages, par l'impoffibilité où étoient leurs fermiers de les payer, font rentrés dans la jouiffance de leurs revenus : dès-lors ils ont été bien dédommagés de la privation d'une extenfion abufive de privilèges pour leurs biens ruraux. Les gens de bonne foi ne peuvent s'empêcher d'en convenir & d'approuver l'opération. A l'égard des cultivateurs, ils en rendent fans ceffe leurs hommages & leurs actions de graces au fouverain.

En connoiffant le nombre des citoyens, on a connu la confommation générale. Le gouvernement inftruit des différentes productions des terres de l'Etat, a fçu, felon les circonftances des bonnes, médiocres ou mauvaifes récoltes, s'il y avoit néceffité à l'importation ou à l'exportation des denrées, & le degré jufte, auquel l'une & l'autre devoient être fixées : dans le cas d'abondance, on a fait rentrer de l'argent dans le royaume, ainfi qu'il eft arrivé cette année 1764; par la même raifon, ces connoiffances préviendront à jamais les chertés & les famines, dans le cas de mauvaifes récoltes.

On eft parvenu auffi à une économie confidérable fur nombre de parties d'adminiftration, qu'il eft plus aifé de concevoir que de détailler.

Et l'on s'eft auffi procuré des connoiffances certaines & entières, fur la force ou la foibleffe intrinfèque de chacune des parties de l'adminiftration, dans le plus grand détail & dans la plus fcrupuleufe exactitude; on a formé un tableau unique, qui fert au roi de *Sardaigne* à régler annuellement toutes les parties de fon gouvernement.

Enfin, pour donner une idée des frais qu'a entraînés l'opération du cadaftre, fuivant l'opération la moins coûteufe de toutes celles qui ont été fuivies dans les Etats du roi de *Sardaigne*, on obfervera que la province d'Alexandrie contient deux cents vingt mille journaux, revenant à trois cents trente mille arpens de France ; la

dépenfe a monté à cent dix mille livres, monnoie du Piémont, valant trente-deux mille livres, monnoie de France; d'où il réfulte qu'il en a coûté huit fous par arpent.

L'impofition territoriale monte, dans les Etats du roi de *Sardaigne*, au cinquième, ou environ, du produit des terres.

Il paroît qu'il ne s'y perçoit point d'impofitions fur les denrées & marchandifes, fi ce n'eft à titre de douane, aux entrées & forties ; & que les dettes des communautés s'acquittent par une impofition perfonnelle, qui eft une véritable capitation, égale entre tous les contribuables, fans diftinction de rang ni de fortune, mais dont chaque tête eft tenue, de telle manière qu'on compte les femmes, les enfans & les domeftiques.

SAULT, (comté de) qui appartient au duc de Villeroy, & qui, en vertu des arrêts des 26 août 1727 & 23 décembre 1732 jouit de l'exemption de toute levée de deniers, comme taille, capitation, don gratuit, & autres fubfides du même genre.

Le comté de *Sault* comprend le bourg de *Sault*, les communautés de Monieux, Auret & Saint-Treuil, fituées entre le Dauphiné, le comtat d'Avignon, & la Provence.

SAUNAGE, f. m. Qui fert à exprimer l'action par laquelle on fait fauner les marais falans, c'eft-à-dire, qui leur fait produire du fel. Ainfi on dit mettre en *faunage*.

SAUNER, v. n., auquel on joint toujours le mot de faire, qu'on applique à un terrein voifin de la mer, dont on veut tirer du fel.

SAUNIER, f. m., eft l'ouvrier qui travaille au faunage d'un marais, ou qui le fait fauner par fes foins.

SAXE. Tout ce que nous avons à dire fur les finances de cet Etat, qui compofe un des principaux électorats de l'empire, eft tiré de la collection des Mémoires imprimés en 1768, au Louvre, fous les ordres de M. de Beaumont, intendant des finances, qui nous a déja fourni des renfeignemens intéreffans. On peut voir ce que nous penfons de ce magiftrat & de cette collection, à l'article MILAN, pag. 130.

La *Saxe* eft régie comme les autres pays d'Etats. Le fouverain fait demander à l'affemblée nationale les fubfides qu'il juge convenables ; les Etats délibèrent, & lorfque le montant du fubfide eft arrêté & fixé, les Etats règlent la manière dont il fera pourvu à fon acquittement.

Les moyens dont on fait ordinairement usage pour se procurer le montant du subside, consistent dans une taille qui porte sur les biens-fonds, dans une capitation qui s'impose sur les charges & offices seulement, & dans les droits qui se perçoivent sur la bière, sur le vin & sur le papier marqué.

TAILLE.

La taille s'impose annuellement, d'après d'anciens cadastres qui n'ont été formés que sur les déclarations des propriétaires, & sur les évaluations qu'ils ont faites du produit net de leurs fonds. Les variations successivement survenues dans la valeur & le produit de ces fonds, n'ont apporté aucun changement dans la répartition & la fixation de la taille que doit supporter chaque propriétaire, de manière que tel particulier paye quarante pour cent de son revenu, tandis que d'autres ne paient que dix pour cent. Le gouvernement se propose de remédier à cet inconvénient, en faisant former, avec le plus d'ordre & d'exactitude qu'il sera possible, un nouveau cadastre, pour asseoir une répartition uniforme & équitable.

Impôt sur la bière.

La consommation de la bière étant très-considérable dans la Saxe, il s'y trouve un grand nombre de brasseries, tant dans les villes que dans les campagnes.

Chaque propriétaire de brasserie paie deux florins, qui reviennent à quatre livres quatre sous de notre monnoie, par baril contenant quatre cents quatre-vingt bouteilles ou pintes de Paris.

Il y a dans chaque village un commis qui constate, jour par jour, la fabrication, la vente & le débit du brasseur & du détailleur. Il est surveillé par l'inspecteur du cercle.

Indépendamment du droit ci-dessus, le fabricant & le débitant qui résident dans les villes, paient un droit d'accise, ou de consommation, qui est de deux florins par baril, pour le premier. Le débitant paye le double.

Impôt sur le vin.

Le vin qui croît dans la Saxe, ne paie aucun droit lorsqu'il est consommé dans le plat-pays; mais lorsqu'il est conduit dans les villes, il paie l'accise, à raison de dix sous, monnoie de France, par baril de cinquante bouteilles.

Les vins qui viennent de l'étranger, soit qu'ils passent dans la consommation des villes, soit qu'ils restent dans le plat-pays, paient huit livres par eymer, qui forme environ le tiers

du muid de Bourgogne; ensorte qu'un muid de vin de cette province paieroit vingt-quatre livres de droit, monnoie de France.

CAPITATION.

La capitation, qui étoit générale dans la Saxe, a été restreinte, en 1763, dans la dernière assemblée des Etats, aux seuls propriétaires d'offices civils & militaires.

Papier timbré.

La manutention du papier timbré est la même qu'en France; il y a un bureau général & des bureaux particuliers pour les détails.

Dans chaque cercle résident des receveurs ou caissiers généraux, & dans chaque ville & communauté sont des receveurs particuliers. Les appointemens de ces caissiers & receveurs sont acquittés sur les revenus de l'électeur, & ne font point partie des impositions.

On estime, que lorsque le cadastre projetté sera entièrement achevé, les revenus de l'électorat de Saxe pourront former un objet de dix-huit millions de livres, monnoie de France.

SCEL. (droit de petit-) On a vu au mot DOMAINE, tome I, page 617, que les droits de petit-scel font partie de ceux de l'administration générale des domaines. Il reste donc à expliquer ici en quoi consistent ces droits de petit scel, & dans quel cas ils sont dûs.

Les droits de petit-scel consistent dans un certificat que le contrôleur des actes met sur les actes & jugemens émanés des sièges & jurisdictions royales qui n'ont point de chancelleries comme les cours souveraines & les présidiaux; ce certificat porte que ces actes ont été scellés, que le droit en a été acquitté.

Dans cette circonstance, les contrôleurs des actes remplissent les fonctions des officiers gardes-scel, créés en 1619, dans toutes les jurisdictions royales ordinaires & extraordinaires, pour sceller les sentences & jugemens, & les contrats & actes des notaires & tabellions royaux, avec attribution de droits.

En 1676, un arrêt du conseil du 28 mars, ordonna que les droits & fonctions de ces officiers ne seroient point aliénés; qu'ils demeureroient réunis au domaine, & que le fermier général rembourseroit les engagistes, & jouiroit des droits.

Mais c'est principalement dans l'édit du mois de novembre 1696, que l'on voit les motifs de l'établissement du droit de petit-scel, tel qu'il subsiste aujourd'hui.

Il est dit que comme la justice qui s'exerce dans les jurisdictions du royaume prend sa force entière de l'autorité de sa majesté, les rois ses prédécesseurs ont cru qu'il étoit nécessaire, pour en imprimer une marque authentique aux sentences, commissions, mandemens & autres actes qui s'expédient, d'y apposer le *scel* royal ; comme aussi aux contrats & actes qui se passent par les notaires & tabellions, & pour établir l'uniformité dans les fonctions des offices de *gardes-scel* qui avoient été créés, & dans la perception des droits, sa majesté éteint & supprime les offices de *gardes-scel* des sentences, jugemens & autres actes de toutes les justices & jurisdictions royales, ensemble les offices de *gardes-scel* des contrats & actes des notaires & tabellions royaux, soit qu'ils aient été joints & unis à d'autres offices rétablis ou réunis au domaine, à l'exception seulement des offices de *gardes-scel*, créés depuis 1688.

En même tems, au lieu de ces offices supprimés, il en fut créé de nouveaux, sous le titre de conseillers *gardes-scel* des sentences & des contrats dans toutes les justices & jurisdictions royales, ordinaires & extraordinaires du royaume, exprimées ou non exprimées dans l'édit, pour sceller tous les jugemens, sentences provisoires, interlocutoires, définitives, défauts, congés, adjudications des baux judiciaires, tutelles, curatelles, interdictions, séparations, certifications de criées, adjudications par décret, redditions & clôtures de comptes, commissions, décharges de commissaires, main-levées, acquiescemens, exécutoire de dépens, & généralement tous les jugemens, ordonnances & autres actes émanés desdites justices, soit que les expéditions en soient faites par les greffiers, ou qu'elles soient seulement signées des juges, au pied des requêtes & des procès-verbaux ; même les contraintes & les rôles des tailles, ceux de l'impôt du sel, & autres impositions dont le droit de *scel* sera remboursé aux collecteurs, & à cet effet imposé par les rôles.

Il fut aussi ordonné par le même édit, que tous les contrats & actes des notaires & tabellions royaux seroient scellés, & il fut défendu à ces derniers, ainsi qu'aux greffiers, de délivrer aucunes sentences, ordonnances, contrats, obligations & autres actes sujets au *petit-scel*, qu'ils n'eussent été scellés, à peine de nullité, & de mille livres d'amende pour chaque contravention.

Les déclarations du roi des 17 septembre 1697 & 6 mai 1698, apportèrent quelque changement dans la perception du droit de *petit-scel*, & l'édit du mois d'août 1706 le supprima sur les actes des notaires ; définitivement l'édit du mois de décembre 1710 éteignit tous les offices de *gardes scel*, & leurs droits furent réunis au domaine.

L'article II de la déclaration du roi, du 29 septembre 1722, révoque toute aliénation & abonnement des droits de *petit-scel*, & ordonne, qu'à commencer du premier novembre suivant, ils seront perçus généralement dans tout le royaume, conformément au tarif du 20 mars 1708, dont l'exécution fut confirmée & prescrite ; elle l'a été de nouveau par décision du conseil, du 26 janvier 1778.

Ce tarif est divisé en sept classes.

La première comprend les sentences ou jugemens définitifs, contradictoires ou par défaut portant condamnation, liquidation, contrainte ou décharge de somme liquidée, & les exécutoires de dépens, dommages ou intérêts ; & il doit être payé, savoir :

Pour chaque sentence ou jugement définitif exécutoire de cent livres & au-dessous, douze sols six deniers.

Depuis cent livres jusqu'à cinq cents livres, dix-huit sols neuf deniers.

Depuis cinq cents livres jusqu'à mille livres, vingt-cinq sols.

Depuis mille livres & au-dessus, à quelques sommes qu'ils puissent monter, trente-sept sols six deniers.

Dans cette première classe sont encore les sentences ou actes d'enregistrement, insinuation, nantissement, ensaisinement, appropriement, publication de direction, ouverture de testament & autres de cette qualité ; & il sera payé,

Pour ceux de cent livres & au-dessous, douze sols six deniers ; depuis cent livres jusqu'à cinq cents livres, dix-huit sols neuf deniers ; depuis cinq cents livres jusqu'à mille livres, vingt-cinq sols ; & depuis mille livres & au-dessus, trente-sept sols six deniers.

Pour les sentences ou jugemens portant condamnation par provision, ou de sommes liquidées, même celles de paiement d'alimens ou de médicamens, il sera payé moitié des sommes fixées pour les sentences ou jugemens définitifs.

La seconde classe renferme les sentences portant revendication, ou renvoi de cause, débouté de déclinatoire, conversion de déposition en saisie-arrêt, main-levée des saisies, ou qui convertiront les oppositions à fin de charge, ou de distraire, celles qui recevront les appellations, ou qui porteront défense d'exécuter les sentences des juges inférieurs, celles qui donneront acte aux commissaires des saisies-réelles de leurs diligences, qui ordonneront le paiement des sommes colloquées, ou la présentation, ou la reception d'une caution, celles portant commission rogatoire, & pour chacune de ces sentences vingt-cinq sols.

Dans la troifième claffe font les fentences portant nomination de tuteur, curateur, commiffaire-féqueftre, celles qui ordonnent des affemblées de parens, des partages, interdiction, renonciation, des exécutions de retrait, de bénéfice d'âge ou inventaire, &c. chacun de ces actes doit vingt cinq fols.

La quatrième claffe qui comprend les fentences ordonnant la vente ou licitation d'immeubles, vifite, procès-verbaux de vifite ou eftimation & entérinement de rapports, ou portant réception de teftament, de baux judiciaires ou des enchères fur ces baux, n'eft fujette qu'à vingt-deux fols fix deniers.

La cinquième claffe reçoit trois fous-divifions : elle renferme les oppofitions aux criées dont le droit n'eft que de fix fols trois deniers.

Les fentences de vérification ou certification de criées ou congé d'adjuger, fujettes à trente - fept fols fix deniers.

Les adjudications faites en juftice, ou de biens vendus par décret, licitation volontaire ou forcée, qui doivent un femblable droit lorfqu'il s'agit d'objets de la valeur de mille livres & au-deffous.

Pour ceux depuis mille livres jufqu'à quatre mille, trois livres quatre fols.

Et pour ceux de quatre mille & au-deffus, fept livres dix fols.

La fixième claffe renferme les reconnoiffances ou vérifications d'écritures, les jugemens portant règlement fur débats de compte, ceux portant permiffion d'afficher & publier; articles tous fujets au droit de douze fols fix deniers.

Elle renferme auffi les baux judiciaires de quatre cents livres & au-deffous, qui doivent vingt-cinq fols.

Ceux au - deffus de quatre cents livres doivent trente-fept fols fix deniers.

Enfin la feptième claffe comprend un très-grand nombre d'actes, jugemens, fentences & commiffions, même les rôles des tailles & toutes autres impofitions générales & particulières, dont le détail feroit beaucoup trop long.

On doit feulement obferver, que tous les droits de *petit-fcel* font fujets aux dix fols pour livre. *Voyez le Dictionnaire des Domaines*, par Bofquet, & la nouvelle édition qui en a été donnée avec des additions en 1784. A Rennes, 4 vol. *in-4°*. On eftime que le produit de cette branche de revenu peut aller, année commune, à fix ou fept cents mille livres.

SECOURS & SOULAGEMENS du roi, f. m. par lefquels on défigne les bienfaits que le fouve-rain verfe en France fur fes peuples, dans des circonftances malheureufes qui frappent fur - tout la claffe la plus indigente. Les moyens de fournir ces *fecours* qui deviennent une dépenfe extraordinaire, font pris ordinairement dans un impôt momentané fur les places de finance, ou formés par quelque retranchement dans les penfions, ou enfin par la fufpenfion d'une partie des grâces pécuniaires qui s'accordent dans le cours d'une année.

L'arrêt du Confeil, du 14 mars 1784, préfente à la fois un exemple de la bienfaifance du roi en pareilles conjonctures, & la manière qui a été employée pour y fatisfaire.

Le roi s'étant fait rendre compte dans le plus grand détail, des maux que la durée exceffive du froid, l'abondance des neiges & le débordement des rivières ont occafionnés dans fon royaume, a vu avec douleur, que plufieurs villages ont été fubmergés, qu'un grand nombre de maifons & de ponts ont été emportés par les eaux, que les routes publiques font dégradées en plus d'une province, que par tout la claffe de fes fujets la plus indigente, & conféquemment la plus intéreffante pour fon cœur, a beaucoup fouffert, & que malgré les *fecours* diftribués de toutes parts, la mifère eft grande dans les campagnes. Cette calamité étant furvenue dans les circonftances les plus défavorables, & lorfque l'acquittement des dettes de la guerre abforbe toutes les reffources extraordinaires, fa majefté a reconnu que fi les foulagemens qu'elle a réfolu d'ajouter à ceux qu'elle a déja accordés, étoient pris fur la maffe de fes revenus, ils apporteroient quelque dérangement aux difpofitions qu'elle a ordonnées pour fes finances, & aux mefures qu'elle veut maintenir avec une exactitude inviolable pour l'acquittement de fes engagemens.

En conféquence, c'eft en facrifiant toutes dépenfes d'agrément, c'eft en différant dans chaque département, toutes celles qui peuvent fe remettre, c'eft en fufpendant des conftructions qui devoient fe faire fur les fonds de fes bâtimens, c'eft en fe privant pendant quelque tems du plaifir d'accorder des graces, c'eft enfin par une retenue momentanée fur les plus fortes penfions & fur les taxations ou attributions des principales places de finance, qu'elle a raffemblé les fommes néceffaires, pour répandre dès-à-préfent fur fes peuples, les nouveaux fecours provifoires dont le befoin eft preffant, & pour réparer promptement les dégâts qui ont interrompu les communications. Procurer ces foulagemens, & régler l'ordre de leur diftribution, eft pour fa majefté une jouiffance digne des fentimens qu'elle ne ceffe de montrer à fes peuples. A quoi voulant pourvoir : oui le rapport du fieur de Calonne, &c. &c. le roi étant en fon confeil, a ordonné & ordonne : qu'indépendamment des trois millions que fa majefté a déja accordés en moins impofé & en travaux de charité, pour la préfente année, trois autres millions feront donnés & employés en diftributions de *fecours* dans les campagnes, lefquels feront répartis entre ceux de fes fujets qui ont le plus fouffert, & confifteront principalement en denrées de première néceffité, remplacemens de beftiaux ou effets néceffaires à la culture & contribution au rétabliffement d'habitations ordonne qu'il fera en outre ajouté un million au fonds ordinaire des ponts & chauffées, pour fervir aux réparations des grandes routes, & aux reconftructions des ponts détruits; feront lefdits quatre millions remplacés au tréfor royal, tant par l'effet des retranchemens que fa majefté a ordonnés fur les dépenfes extraordinaires de fa maifon, par les réductions qu'elle a faites fur les fonds de fes bâtimens, & par les économies qui lui ont été propofées dans le département de la guerre, que par le produit de l'extinction des penfions de grace, defquelles il ne fera fait aucun don dans aucun département, pendant l'efpace d'une année, & auffi par la retenue d'un vingtième, payable une fois feulement, fur les penfions au-deffus de dix mille livres, & fur les taxations, traitemens ou attributions des places de finance, dont les bénéfices excèdent pareille fomme: veut fa majefté que les différentes provinces de fon royaume participent auxdits *fecours*, en proportion des pertes qu'elles ont éprouvées, fuivant un état de diftribution qui fera arrêté au confeil de fa majefté, fur les mémoires & demandes qui feront inceffamment envoyés par les intendans & commiffaires départis, lefquels rendront compte de l'emploi des fommes qui auront été affignées pour leur généralité, par un état diftinct & particulier, qui fera mis fous les yeux du roi, dans le cours de la préfente année; fe réfervant fa majefté d'accorder fur les tailles & impofitions, telle remife & modération que l'état des perfonnes & les accidens locaux feront juger néceffaires.

Fait au confeil d'Etat du roi, fa majefté y étant, tenu à Verfailles le quatorze mars mil fept cent quatre vingt-quatre,

SECRÉTAIRE D'ÉTAT. C'eft un officier chargé, par le roi, d'une partie du gouvernement de l'Etat, qui rend compte directement au roi des affaires de fon département, & prend de même fes ordres, qu'il fait enfuite paffer en fon nom. L'hiftoire apprend qu'au commencement de la troifième race de nos rois, le chancelier réuniffoit en fa perfonne les fonctions de la place & celles des *fecrétaires d'Etat*; & qu'en 1223, le chancelier Guerin ayant abandonné aux clercs ou notaires du roi, la rédaction & l'expédition des lettres deftinées à paffer au fceau,

ces officiers devinrent plus confidérables qu'auparavant; que parmi eux le roi en ayant diftingué trois pour les charger des affaires les plus fecrettes, ceux-ci reçurent le nom de clercs du fecret, enfuite celui de *fecrétaires* des finances, & finalement le titre de *fecrétaires d'Etat*.

Il paroît par un réglement de Charles VI en 1381, que les *fecrétaires* des finances réuniffoient à ce titre celui de *fecrétaires* des commandemens, & leur nombre fut fixé à cinq par le même prince. Charles VIII confirma les *fecrétaires* des finances dans leurs fonctions, qui confiftoient à figner toutes les lettres & mandemens adreffés aux parlemens & aux chambres des comptes fur le fait des finances; mais ce fut fous fon règne que commença le degré d'élévation auquel eft actuellement portée la place de *fecrétaire d'Etat*. Henri II fixa le nombre de ces grands officiers à quatre par lettres-patentes du 4 feptembre 1547, fous le titre de fes *Confeillers, Secrétaires de fes Commandemens & Finances*; mais fous le règne fuivant ils commencèrent à figner pour le roi, & dès-lors ces places furent briguées comme les premières & les plus honorables de l'Etat, & poffédées par les feigneurs des plus illuftres maifons.

On peut voir dans le *Dictionnaire de Jurifprudence*, le détail des fonctions & des prérogatives des *fecrétaires d'Etat*.

SECRÉTAIRES DU ROI, officiers établis pour figner les lettres qui s'expédient dans les grandes & petites chancelleries. Ils tirent leur origine du référendaire du roi ou du palais. On voit qu'il en exiftoit un fous Childebert roi de Paris, & qu'il prenoit la qualité de notaire du roi. On peut voir dans l'*Hiftoire de la Chancellerie* par Teffereau, les variations qu'a éprouvé leur nombre, & le détail des privilèges qu'ils ont obtenus en différens tems. Nous allons nous borner aux privilèges que procurent les charges de *fecrétaires du roi* relativement aux droits & aux impofitions.

Ils font difpenfés du fervice du ban & de l'arrière-ban, & de contribuer à la folde des gens de guerre.

Ils font exempts, ainfi que leurs fermiers, métayers & jardiniers, du logement & uftenfiles des gens de guerre; défenfes font faites aux maréchaux & fourriers des logis du roi, de marquer ou faire marquer leur logis, foit à la ville ou à la campagne.

Ils font encore exempts des droits de péage, tonlieu, travers, paffages & autres de ce genre, pour les bleds, vins, animaux, bois & autres denrées qu'ils font venir à Paris, foit par eau, foit par terre, pour la provifion de leurs maifon.

Ils jouissent aussi de l'affranchissement de différens droits d'aides sur les vins & autres boissons : par exemple à Rouen , ils sont exempts de la subvention à l'entrée : dans les pays de gros, ils sont exempts de ce droit sur les vins de leur crû qu'ils vendent en gros ; mais ils doivent le droit d'augmentation, & dans tous les pays d'aides, ils peuvent vendre les vins de leur crû en détail, sans payer les droits de ce nom , tant de huitième que de quatrième , ni de la subvention, quand elle se perçoit en ce cas, en remplissant certaines conditions prescrites par l'ordonnance des aides. *Voyez* les mots GROS, *tome II, pag.* 446, & DÉTAIL, *tom. I. pag.* 518.

Les *secrétaires du roi* ont joui jusqu'en 1771 , de l'exemption des droits seigneuriaux dûs au roi pour raison de mutation de biens situés dans la mouvance de sa majesté, soit qu'ils fussent vendeurs ou acheteurs ; ce privilège a été supprimé par l'arrêt du Conseil du 26 mai & la déclaration du roi du premier juin 1771. Cette suppression étoit d'autant plus raisonnable , qu'on voyoit souvent des particuliers riches qui vouloient acquérir une terre considérable dans la mouvance du roi, acheter d'abord une charge de *secrétaire du roi*, & faire ensuite leur acquisition avec l'immunité des lods & ventes, & droits seigneuriaux, dont le montant étoit le double & le triple du prix de cette charge, qu'ils revendoient après leur mise en possession.

SEDAN , ville de France , située sur les frontières de-la Champagne , qui jouit de plusieurs privilèges relatifs aux droits du roi.

Pour parler d'abord des aides , les habitans de cette ville étoient exempts des droits de subvention par doublement, de ceux de gros, ainsi que des autres droits d'aides anciens sur les vins & eaux-de-vie qu'ils tiroient du royaume pour leur consommation : on appelle anciens droits, les anciens & nouveaux cinq sols, le gros & augmentation, la subvention , la jauge & courtage , & le huitième & quatrième.

Les droits de gros étoient dûs sur les boissons qu'ils vendoient & envoyoient à l'étranger, ou dans les provinces réputées étrangères , seulement lorsqu'elles n'étoient pas de leur crû.

Mais l'article III des lettres-patentes du mois de mai 1779 , duement enregistrées le 9 juillet suivant à la cour des aides de Paris, ont fixé ce privilège en ces termes :

» Seront tenus les habitans des ville & principauté de Sédan, & de la principauté de Saint-Mange, d'acquitter, comme par le passé, les droits d'inspecteurs aux boissons & courtiers-jaugeurs dans tous les cas où ils sont dus, confor-

» mément aux réglemens de 1705 & 1722 , & les » droits d'anciens & nouveaux cinq sols, ceux de » gros & autres drois y joints, mais seulement » sur les boissons qui seront exportées de la ville » & principauté de Sédan dans le royaume ou à » l'étranger , soit qu'elles aient été recueillies, fa-» briquées ou façonnées dans lesdites villes & prin-» cipautés, ou qu'elles aient été tirées de l'étran-» ger ou du royaume. »

A l'égard des droits de traites , voici les immunités qui sont particulières aux habitans de *Sédan*, suivant les mêmes lettres-patentes.

ARTICLE VII.

Maintenons & gardons lesdits habitans dans le droit & possession d'exporter directement à l'étranger, en exemption des droits de sortie, toutes les denrées, bestiaux, marchandises & autres choses qui naissent, croissent, sont faites & fabriquées ou manufacturées dans l'étendue desdites ville & principauté.

VIII.

Les maintenons pareillement dans le droit & possession de faire passer en exemption des droits d'entrée, dans nos provinces des cinq grosses fermes, les denrées, bestiaux, marchandises & autres espèces désignées au précédent article, en justifiant de leur origine, soit par les marques dont elles doivent être revêtues, soit par un certificat qui constate qu'elles ont été fabriquées ou manufacturées dans la principauté.

XI.

Confirmons lesdits habitans dans l'exemption des droits pour l'entrée & la sortie des marchandises, lorsque ces droits n'excéderont pas trente sols pour la moitié qui appartient au fermier, & dans la même exemption, sur un habit complet pour homme & pour femme avec ses fournitures, & sur le détail des choses des manufactures & du crû de *Sédan*.

XII.

Lesdits habitans continueront d'avoir le droit de tirer librement de l'étendue du royaume, toute sorte de bestiaux, denrées & marchandises non prohibées pour être débitées & consommées dans l'étendue des principautés, en payant seulement moitié des droits de sortie, lorsqu'ils excéderont trente sols, pour la moitié appartenant au fermier, & en payant pareillement deux livres sept sols trois deniers par chaque pièce de vin, jauge de Champagne, & pour les autres vaisseaux à proportion ; à la charge toutefois que, dans le cas où lesdites denrées ne seroient pas consommées dans lesdites principautés, mais seroient exportées en pays étranger ou réputé tel, la seconde moitié des droits sera payée à la sortie, au bureau de supplément établi à *Sédan.*

XIII.

Les maintenons dans le droit & possession de tirer, sans payer aucun droit, toute espèce de denrées, grains, bestiaux, vins & autres marchandises, provenant des terres, fermes & héritages qu'ils possédent en France, dans la distance de huit lieues seulement desdites principautés, suivant les états que chaque propriétaire fournira desdites terres & biens, lesquels états seront arrêtés avec c le directeur général des fermes du département.

XVI.

Voulons que le réglement de notre conseil, du 16 mai 1720, continue d'avoir son exécution; en conséquence, que le gros d'autruche, l'indigo, le sumac, le bois d'inde, la couperose & autres ingrédiens propres à la teinture, venant de *Sédan* par le port de Saint-Valery, jouissent du bénéfice du transit, en exemption des droits, soit que ces ingrédiens aient été tirés de Hollande ou de tout autre pays étranger.

XVII.

Maintenons les habitans dans l'exemption & franchise d'aides, gabelles, grenier à sel, portés dans l'édit du mois de juin 1664, dans les arrêts de notre conseil des 22 mars 1660, 18 mars 1711, & 11 juillet 1713, & conformément à iceux.

Mais suivant les articles IV, V & VI, les habitans de *Sédan* ne jouissent d'aucun privilège à l'égard des droits des domaines, comme controle des actes & des exploits, insinuation, centième denier, droits de lots & ventes, droits de marque des fers, droits de marque du controle des ouvrages d'or & d'argent, du droit unique de la marque des cuirs, de ceux sur l'amidon, la poudre, les papiers & cartons.

La vente exclusive du tabac a de même lieu à *Sédan* & dans la principauté; mais il est permis à l'adjudicataire de tenir deux espèces de tabac, l'une de première qualité, au prix fixé par-tout le royaume; l'autre de qualité inférieure, au prix réduit de quarante-deux sous la livre.

SEIGNEURIAGE & BRASSAGE. (droit de)

» C'est ainsi qu'on nomme le profit que le prince » prend sur les matières, tant comme seigneur » que pour les fabriquer en monnoie. Ces droits » montent peut-être en France à trois pour cent » de la valeur. Selon cette supputation, celui » qui porte des matières à l'hôtel de la monnoie, » pesant cent onces, & du même titre que les » espèces, ne reçoit que quatre-vingt-dix-sept » onces fabriquées.

» L'Angleterre ne prend aucun profit du sei-» gneuriage ni du *brassage* sur la monnoie. La fa-» brique est défrayée par l'Etat; & c'est une » excellente vue politique.

On ne rapporte ici cet article tiré de la première édition de l'Encyclopédie, que pour le rectifier, & parce que le droit de *seigneuriage* a long-tems été une des principales sources des finances de nos anciens souverains; car il n'entre pas dans le plan du Dictionnaire des finances, ainsi qu'on s'en est expliqué dans l'avertissement, *pag. 6*, de parler de ce qui a rapport aux monnoies, pour lesquelles on a un Dictionnaire particulier.

Le droit de *seigneuriage* a si bien été regardé comme un des principaux revenus du domaine, qu'on l'augmentoit lorsque les besoins de l'Etat l'exigeoient, ou bien on suppléoit à cette augmentation, par l'affoiblissement du titre des espèces.

Avec ce premier droit, le roi levoit alors celui de *brassage*, dont le produit étoit destiné au paiement des frais de fabrication.

On prétend que le droit de *seigneuriage* remonte à l'année 755, sous le règne de Pepin. Une ordonnance de ce prince, porte, que le maître de la monnoie rendra vingt-un sous à celui qui lui apportera une livre d'argent, & retiendra pour lui le vingt-deuxième.

On continua pendant long-tems de percevoir ainsi le droit de *seigneuriage*; ensuite il fut converti dans la difference plus ou moins considérable qu'on mit entre la valeur intrinsèque des espèces, & leur valeur numéraire.

Sous le règne de saint Louis, le marc d'argent étoit admis au change sur le pied de cinquante-quatre sous sept deniers, & on le faisoit valoir, étant converti en espèces, cinquante huit sous; ainsi, le droit de *seigneuriage* étoit alors de trois sous cinq deniers par marc.

Sous le règne de Louis XV, pendant un intervalle de quarante-sept ans, c'est-à-dire depuis le mois de mai 1726, jusqu'à pareille époque de 1773, le droit de *seigneuriage* a produit trois livres cinq sous six deniers par marc d'argent; car le poids étoit reçu au change sur le pied de cinquante-une livres trois sous trois deniers, & rendoit, étant converti en écus, cinquante quatre livres huit sous neuf deniers; ensorte que le droit de *seigneuriage* étoit le même que sous saint Louis; mais l'arrêt du 15 mai 1773 a réduit le droit de *seigneuriage* à vingt-sept sous par marc d'argent, & treize livres un denier par marc d'or; en voici la preuve.

Le tarif annexé à l'arrêt du 15 mai 1773, a fixé le prix du marc d'or fin, à vingt-quatre karats, à sept cents quatre-vingt-quatre livres onze sous onze deniers $\frac{598}{674}$.

Celui du marc d'argent fin, à douze deniers, à cinquante-trois livres neuf sous deux deniers $\frac{114}{161}$.

Les louis n'étant fabriqués qu'au titre de vingt-un karats vingt-trente-deuxièmes, à cause du remède de loi, il s'enfuit qu'un marc de louis, qui en comprend trente, n'a une valeur intrinsèque que de sept cents six livres dix-neuf sous onze deniers; tandis que sa valeur numéraire est de sept cents vingt livres, & que le droit de seigneuriage est de treize livres onze deniers.

De même un marc d'écus, composé de huit écus de six livres & de trois pièces de douze sous, au titre de dix deniers vingt-un grains, n'a qu'une valeur intrinsèque de quarante-huit livres neuf sous, & sa valeur numéraire est de quarante-neuf livres seize sous, ensorte que le droit de seigneuriage est de vingt-sept sous.

Si les espèces étoient fabriquées précisément au titre prescrit, c'est-à-dire, celles d'or à vingt-deux karats, trente louis auroient une valeur intrinsèque de sept cents dix-neuf livres quatre sous trois deniers; celle des écus, fabriqués au titre d'onze deniers, seroit de quarante-neuf livres un denier; & comme le roi paie aux officiers des monnoies les droits de braffage, qui sont de quarante sous trois deniers par marc d'or, & quinze sous par marc d'argent, les déchets compris, il feroit en perte de vingt-quatre sous six deniers par marc d'or, & n'auroit, pour droit de seigneuriage, par marc d'argent, qu'onze deniers.

Il résulte donc de cette observation, que sans le bénéfice que produit l'emploi du remède de loi, le produit du droit de seigneuriage ne suffiroit pas même pour payer les frais de la fabrication.

On ne fait pas mention du bénéfice que peut donner le remède de poids, parce qu'il compense la quantité de trente-deuxième, ou de grains de fin que contiennent les espèces au-delà de celle à laquelle on les réduit, en supposant que le remède de loi soit employé en entier; ce qui n'arrive pas toujours.

D'après ce que nous venons d'exposer, il est difficile de concevoir comment l'auteur de l'article que nous avons d'abord rapporté, peut évaluer le droit de seigneuriage à trois pour cent de la valeur des matières, & sur quelle base il appuie ses calculs. Il est sûr, qu'en 1763, tems où ce volume a été publié, entre un marc de matière d'argent, contenant deux cents soixante un grains de fin, apporté au change, & les espèces fournies en paiement, qui contenoient deux cents quarante-deux grains $\frac{33}{41}$, il devoit y avoir une différence de dix-huit grains $\frac{7\cdot 3}{41}$; ce qui revient à environ sept pour cent, & non pas trois, comme on l'a avancé.

Au reste, pour terminer l'histoire du droit de seigneuriage, il convient de remarquer qu'il existe plusieurs exemples de la remise qui en a été faite. Philippe de Valois l'accorda à tous ceux qui apporteroient leur vaiffelle à la monnoie, & on ne leur retenoit que les frais de fabrication.

Le roi Jean, son fils, sur la fin de son règne, diminua ce droit, qui avoit été porté à un taux excessif.

Louis XIII accorda aussi la remise de ce droit, pendant quelques mois seulement, & pour favoriser la suppression d'une quantité d'espèces légères, qui s'étoient introduites dans la circulation.

Louis XIV, par la déclaration du 28 mars 1679, ordonna, dans les mêmes vues, que tous ceux qui, dans l'espace de trois mois, apporteroient aux hôtels des monnoies, des espèces étrangères, en recevroient la valeur entière, sans aucune retenue, foit pour le droit de seigneuriage, foit pour les frais de fabrication. Le terme de trois mois fut ensuite prorogé pendant plusieurs années: c'est le premier & l'unique exemple de la remise totale des droits de seigneuriage & de braffage.

Tout cet article est tiré de l'ouvrage que nous avons déja cité avec les éloges qu'il mérite, à la page 155 de ce volume: Ouvrage qui, sous un titre peu imposant, réunit les recherches les plus profondes aux détails les plus instructifs.

SEL, f. m. En chymie & en médecine, on comprend sous le nom de sel, trois espèces de substance; les acides, les alkalis & les sels neutres.

On conçoit aifément que dans un Dictionnaire des finances il ne doit être question que des sels qui, sans égard pour la claffe dans laquelle la chymie les place, contribuent à former une branche confidérable des revenus de l'Etat. Ainfi, c'est sous la dénomination adoptée par le fifc, qu'il faut faire mention ici des sels dont il s'est réfervé la vente exclusive ou la fabrication.

Ces sels font le sel marin, formé naturellement sur les marais salans de l'Océan, & dans les falins de la Méditerrannée; le sel blanc, qui se fait d'eau de sources salées, en Franche-Comté & en Lorraine, en la faifant bouillir & évaporer sur le feu. Le sel de quart-bouillon, que l'on fabrique avec de l'eau de mer filtrée à travers du fable de mer, & réduite par l'ébulition & l'évaporation, en une substance cryftaline & salée.

Le sel du faux-faunage, ou le faux sel, est celui qui eft apporté fur les pays du privilège exclusif, clandeftinement, & vendu à un prix très-inférieur au prix que se vend le sel du fermier du fifc.

Nous avons déja donné toutes les explications que peuvent comporter ces différens mots, aux articles EAU DE MER, *tome II*, *pag.* 1 ; FAUX-SAUNAGE, *pag.* 101 ; FAUX-SAUNIER, *pag.* 109 ; FOURNISSEMENT, *pag.* 261 ; FOURNITURE, *pag.* 269, FRANC-SALE, *pag.* 289 ; GABELLE, *pag.* 310 ; GRENIER A SEL, *pag.* 407 ; IMPÔT DU SEL, *pag.* 556 ; QUART-BOUILLON, SALINES.

Il ne s'agit donc plus que de confidérer les *fels* comme objets de commerce dans les pais exempts de gabelles, & de voir quels revenus l'Etat retire par les droits auxquels ils font impofés, tant à leur exportation pour le pais étranger, qu'à leur enlèvement des marais falans, pour les provinces non fujettes à la gabelle.

On a vu fous ce dernier mot, ainfi qu'au mot PAÏS, que tout le royaume eft divifé en pais exempt de gabelle, pais rédimé & pais fujet.

Les provinces exemptes, & celles qui font rédimées, pour n'avoir pas des greniers à *fel*, & tout le cortège effrayant de la gabelle, ne reçoivent pas le *fel* affranchi de tous droits. Le fifc, pour fe dédommager de la privation de cet impôt, dans les provinces dont il s'agit, a affujetti le *fel* à des droits qui fe payent, foit à l'enlèvement des marais falans, foit à l'arrivée & au déchargement de ces *fels* aux lieux de leur deftination. C'eft ce qu'on a déja obfervé au mot CONVOI, *tome I*, *pag.* 395.

Les droits qui ont lieu sur les *fels*, dans l'un ou l'autre cas, font ceux de traite de Charente, de convoi & de comptablie ; & leur produit, année commune, eft de deux millions fix cents foixante mille quarante fept livres.

SAVOIR :

Traite de Charente 1,212,714⎫
Convoi . . . . . 1,397,882⎬2,660,047 *l.*
Comptablie . . . 49,450⎭

A l'égard des *fels* exportés pour l'étranger, ou enlevés pour la pêche nationale, ils ne font fujets qu'à des droits modiques, dans la vue de favorifer le commerce de cette denrée, & d'exciter à la pêche. *Voyez* ce dernier mot, *pag.* 317.

SEPTEM. (droit de) Le nom de ce droit forme fon étymologie, puifqu'il confifte dans la feptième partie du *fel* façonné dans les falins de Provence & de Languedoc.

Il paroît, par les articles 108 & 109 du bail général des fermes, fait à Forceville, en 1738, que l'on diftingue deux droits de *feptem*, ou plutôt, que ce droit, qui eft le même dans les deux provinces, s'y perçoit différemment.

En Provence où font fitués les falins de Badon & des Maries, près d'Arles, le fermier des gabelles prend la feptième partie du fel, qui y eft formé, conformément aux arrêts du confeil des 12 octobre 1647, & 14 juin 1656.

En Languedoc où font les falins de Peccais, voici l'origine du droit de *feptem*, & la forme de fa perception, telles qu'on les trouve rapportées dans la collection des Mémoires de M. de Beaumont, intendant des finances, dont nous avons fi fouvent eu occafion de parler.

Le territoire de Peccais appartenoit originairement à un feigneur de la maifon d'Uzès, qui l'inféoda à différens particuliers, à la charge d'y conftruire des falins, & fous la redevance annuelle de la feptième partie des fels qui y feroient fabriqués : c'eft cette redevance qu'on appelle *droit de feptem*.

La conftruction des falins pouvoit caufer quelque préjudice au port d'Aiguemortes qui appartenoit au roi. Il s'étoit même déja élevé des difficultés à ce fujet ; pour les faire ceffer, Philippe-le-Bel acquit, à titre d'échange, la feigneurie de Peccais : le contrat qui en fut paffé le 7 mars 1290, confirma en même-tems l'inféodation dont il s'agit.

Le droit de *feptem* fe percevoit en nature, & le fel qui en provenoit avoit le privilège d'être vendu par préférence à tous les autres. L'abus que les fermiers du droit faifoient de ce privilège en l'étendant à des fels auxquels il ne devoit pas être appliqué, & quelques autres inconvéniens, obligeoient les propriétaires des falins, qui en reffentoient le préjudice, à demander, qu'au lieu de faire percevoir le droit de *feptem* en effence, il fût commué en la feptième partie du prix des fels qui feroient par eux vendus annuellement au fermier des gabelles ; ils demandèrent auffi, que ce prix, qui jufqu'àlors avoit varié fuivant les circonftances, fût établi sur un pied certain & immuable.

Ces repréfentations furent communiquées aux tréforiers de France, & fur leur avis il intervint, le 28 juillet 1596, un arrêt du confeil, portant que le prix du fel demeureroit fixé, à perpétuité, à raifon de trente livres par gros muid, & que la feptième partie de ce prix feroit remife, de quarier en quartier, au receveur du domaine.

Par un arrêt du confeil, du 31 octobre 1671, le droit de *feptem* fut réuni à la ferme des gabelles, & après cette réunion, le fermier qui payoit la feptième partie du prix de trente livres, au receveur du domaine, fut déchargé de ce payement ; enfuite le produit du droit de *feptem* s'eft confondu dans le produit de la ferme des gabelles. La perception du droit confifte en ce que les propriétaires

propriétaires des falins, qui fourniffent au fermier des gabelles fept minots de fel, ne font payés que de fix.

SEQUESTRE, f. m. Il fe dit à la fois de la chofe mife en main-tierce, pour fa confervation, & de la perfonne à laquelle la garde en eft confiée. Ainfi on dit, des biens en *féqueftre* ; & il eft le *féqueftre* dans cette affaire. En obfervant que les *féqueftres* & directions font un objet d'environ quarante millions par an dans la feule ville de Paris ; que ces fonds reftent morts pendant un grand nombre d'années, au préjudice des débiteurs & des créanciers, il fe préfente une idée qui offre les moyens de prévenir cet inconvénient, & de rendre ces fonds utiles aux uns & aux autres, en les faifant fervir aux dépenfes de l'Etat, qui en emploie peu qu'ils ne lui coûtent fix pour cent.

Ce feroit d'ordonner, que tous les deniers mis en *féqueftre*, appartenans à des directions de créanciers, ou dont le dépôt eft prefcrit par juftice, feroient verfés dans une caiffe commune, appellée *caiffe des féqueftres*, qui en paieroit l'intérêt à trois pour cent, & accumuleroit chaque année les intérêts des intérêts, pour être joints au principal. A Berlin, la banque royale ne paye que deux & demi pour cent des dépôts de fonds ordonnés par juftice.

Cette caiffe pourroit être régie par cinq ou fix adminiftrateurs, qui, pour cautionner leur manutention, feroient un fonds d'avance de deux ou trois cents mille livres chacun, & à qui l'Etat accorderoit, outre l'intérêt de cette finance à cinq pour cent, un pour cent de toutes les fommes dépofées dans leur caiffe, tant pour leur traitement, que pour les frais d'établiffement ; & ces fommes, quel qu'en fût le montant, feroient affectées à une partie quelconque des dépenfes publiques, fans pouvoir jamais en être détournées.

Les créanciers trouveroient dans cet arrangement un bénéfice fenfible, puifqu'il mettroit non-feulement en fûreté l'actif & les recouvremens de leurs débiteurs, mais qu'il opéreroit l'accroiffement annuel de la maffe des fonds, par la réunion des intérêts au principal, fans mettre aucun obftacle aux répartitions.

L'avantage des débiteurs n'y feroit pas moins ménagé, en ce que leurs deniers, portant intérêt pendant tout le tems de la difcuffion des créanciers, ils ne feroient plus expofés à des pertes, & à des frais exceffifs, fuite du penchant des fyndics des directions, des *féqueftres* & dépofitaires, à différer les répartitions, & à s'épuifer en fubtilités praticiennes, pour éloigner un compte définitif, ou embrouiller une liquidation générale.

Tout *féqueftre* ne pouvant avoir lieu que par une fentence, un jugement, ou arrêt, & toute

direction n'ayant fon effet qu'après l'homologation, & par l'infinuation du contrat qui la conftitue, il feroit aifé aux adminiftrateurs de la caiffe des *féqueftres*, de fe procurer une connoiffance fûre & exacte de toutes les affaires mifes en direction, ou dans lefquelles un *féqueftre* eft ordonné ; ils feroient tenus de fuivre la rentrée des deniers dépendans de chacune, d'exécuter les répartitions légalement autorifées, & de veiller à ce qu'elles n'éprouvaffent aucuns délais. En même-tems on tiendroit à la caiffe des *féqueftres* un compte ouvert pour chaque union de créanciers, afin d'en préfenter la fituation particulière, & tous les ans elle rendroit un compte public & général, pour mettre au jour le réfultat de l'univerfalité de fes opérations. Il y a lieu de croire que le travail de cette caiffe, & fon utilité, s'accroîtroient en proportion de l'augmentation du luxe, qui accroît les dépenfes, & dévore les fortunes des particuliers. Ainfi, un vice prefque incurable dans une grande nation, deviendroit du moins utile en quelque chofe.

On fent bien que ce plan peut avoir befoin de plus grands développemens, incompatibles avec la nature de cet Ouvrage ; elle force de s'en tenir à cet efquiffe, & on la croit fuffifante pour perfuader que l'exécution de ce nouvel établiffement fe préfente fous un afpect également favorable au public & au roi.

SERF. *Voyez* MAIN-MORTE, *pag.* 1, & SUITE (droit de).

SERGENT des gabelles. On donnoit autrefois ce nom à des *fergens* créés exprès pour faire tous exploits relatifs à cette partie, de même qu'il y en avoit pour les aides & pour les tailles. Tous ces offices, ou du moins prefque tous, ont été fupprimés & remplacés par les huiffiers des greniers à fel & des élections.

Les *fergens* des gabelles, qui exiftent encore, doivent jouir, conformément à l'article 9 du bail général des fermes, fait à Forceville, en 1738, d'un demi-minot de fel de franc-falé, aux termes de l'article III du titre XIII de l'ordonnance de 1680 ; mais cette jouiffance eft fubordonnée à deux conditions, 1°. De rapporter les provifions de leur office, avec les quittances de la première finance ; 2°. De fervir actuellement à l'ouverture des greniers à fel, & aux audiences de la jurifdiction.

SERMENT, f. m. Les employés & commis des fermes & régies des droits du roi font obligés de faire en juftice le ferment, qu'il s'acquitteront fidellement de leurs fonctions, & diront la vérité en toute occafion : ils font dans le cas affimilés aux huiffiers & fergens, qui étant quelquefois obligés de dreffer des procès-verbaux, femblent leur donner plus de poids par le *ferment* qu'ils ont fait en juftice d'être toujours véridiques.

Au reste, ce *serment* doit être reçu sans information de vie & mœurs, sans conclusion du procureur du roi, sur la simple requête du fermier ou régisseur, parce qu'il demeure civilement garant & responsable des faits de ses commis, dans l'exercice de la commission qu'il leur a délivrée. Ce *serment* peut être reçu par tous les juges à qui la connoissance des droits du roi est attribuée.

Les règlemens sur cette matière enjoignent aux juges, qui reçoivent des commis à *serment*, d'en garder les actes & minutes dans leur greffe. Il leur étoit prescrit aussi, par l'ordonnance, d'inscrire les noms & surnoms des employés dans un tableau aussi déposé au greffe; mais ce dernier article ne s'observe plus depuis les lettres-patentes du 23 juin 1734, confirmées par l'arrêt du conseil du 21 janvier 1772. Il est fait défenses aux juges d'annuller les procès-verbaux des commis & employés, sous prétexte que leurs noms ne sont pas inscrits sur les tableaux dont il s'agit, à peine de nullité de leurs sentences, & de tous dépens, dommages-intérêts.

La cour des aides de Paris a en conséquence infirmé, par arrêt du 7 juin 1775, une sentence des élus de Dreux, qui avoit enjoint au fermier des aides, de remettre à leur greffe, sous quinze jours, un tableau de ses employés.

Il est d'usage, au renouvellement de chaque bail des fermes & des régies, de rendre un arrêt du conseil, pour mettre le nouveau fermier ou régisseur en possession de sa partie; & par un article exprès, les employés ou commis sont dispensés de prêter un nouveau *serment*.

Les mêmes lettres-patentes, du 23 juin 1734, que l'on vient de citer, ainsi que l'arrêt du conseil, de 1772, portent, que tous commis & employés, ayant *serment* en justice, pourront, en quelque lieu qu'ils se trouvent, même hors du ressort de la jurisdiction dans laquelle ils ont prêté *serment*, dresser leurs procès-verbaux, qui seront crus jusqu'à l'inscription de faux. *Voyez* ce mot & l'article PROCÈS-VERBAL.

SIGNIFICATION, s. f., qui exprime la connoissance que l'on donne, la notification que l'on fait d'un acte par la voie judiciaire. Des lettres-patentes, enregistrées le 28 août 1779 à la cour des aides de Paris, ont réglé la manière dont les arrêts, sentences, jugemens & contraintes devoient être mis à exécution contre l'adjudicataire des fermes ou ses cautions. Elles ordonnent que les pièces des procès de cette espèce, pourront être remises aux directeurs des fermes dans les provinces, au lieu qu'elles devoient l'être auparavant à Paris au receveur général des fermes. Il est enjoint aux directeurs de viser ces pièces, & de les rendre aux parties dans le délai d'un mois.

L'objet de ce réglement a été d'épargner aux habitans des provinces éloignées les frais d'un voyage dispendieux dans la capitale, & de leur procurer les moyens d'obtenir une prompte justice sur leurs demandes, sans quitter leurs foyers.

SILÉSIE. (finances de) *Voyez* PRUSSE.

SOL pour livre. *Voyez* SOU.

SOLDE, s. f., qui signifie, dans l'art militaire, la paye, & en finance comme dans le commerce, acquit, payement. La *solde* d'un compte, d'un mémoire, en est l'arrêt après le payement.

SOLDER, v. a., qui se dit pour acquitter, arrêter. C'est un compte soldé, déterminé.

SOMMIER, s. m. C'est en finance un gros registre, dans lequel les receveurs des aides tiennent un compte ouvert pour chaque particulier, dans les pays où sont dûs des droits d'entrée, d'inventaire, & des droits de gros. Ils inscrivent les différens paiemens qu'ils reçoivent à-compte du montant de la taxe de chaque contribuable: ces mêmes receveurs ont aussi des *sommiers* pour les droits de détail.

SOU ou SOL. Il ne s'agit pas ici de considérer le *sou* comme monnoie courante, & de rechercher quelles variations il a éprouvées dans sa fabrication & dans sa valeur, c'est au Dictionnaire des monnoies à remplir cette tâche. La nôtre va se borner à exposer quelle a été la génération des *sous* pour livre, ajoutés en différens tems, à la perception des droits du roi.

L'augmentation du numéraire en France & dans toute l'Europe, s'étant manifestée d'une manière très-sensible après la découverte de l'Amérique, par le renchérissement général des denrées, on jugea aussi devoir augmenter les droits. Comme ils étoient généralement établis à la valeur, par des tarifs d'entrée & de sortie, à raison de cinq pour cent de l'estimation des choses, il parut tout naturel de renouveller cette estimation, en la fixant dans une proportion convenable à l'état des choses: cette opération reçut le nom de réappréciation, & la première, dont on ait connoissance, se trouve dans l'édit du 20 avril 1542; elle eut lieu pour la foraine, qui étoit le droit de sortie levé dans tout le royaume.

En 1582 il se fit une nouvelle réappréciation, toujours dans la vue de ramener la perception des droits à leur taux originaire, relativement à la valeur des objets de commerce, & cette méthode fut encore adoptée par l'édit du 12 octobre 1632.

L'année suivante, l'édit du mois de novembre créa des offices de contrôleurs-conservateurs des droits des fermes, avec attribution de six deniers pour livre de ces droits. A ces offices il en fut ajouté, en 1639, de lieutenans des conservateurs, en leur accordant une autre attribution de six deniers pour livre. Voilà la souche de tous les *sous* pour livre, successivement imposés jusqu'à nos jours.

Il se passa à peine trois ans, qu'une déclaration du mois de décembre 1643 ordonna la levée d'un second *sou* pour livre sur tous les droits des fermes, en supprimant les conservateurs & leurs lieutenans, & réunissant la perception de leurs droits à celle de ce second *sou* pour livre.

Ensuite la déclaration de septembre 1645, l'édit de 1654 créèrent trois nouveaux *sous* pour livre, qui composèrent ce qu'on appella le parisis. *Voyez* ce mot, ci-devant *pag.* 285.

La réforme qui eut lieu en 1664, dans les droits d'entrée & de sortie des cinq grosses fermes, ne changea rien à ce qui se pratiquoit pour les autres droits & dans les autres provinces. Le cinquième, ou parisis, resta inhérent au principal, & continua de se percevoir.

La déclaration du 3 mars 1705 ayant imposé, pour un an, deux *sous* pour livre, ou un dixième, sur le prix du sel & sur tous les droits d'aides, de traites & de domaine, elle eut son exécution, qui fut successivement prorogée jusqu'en 1715. Alors une nouvelle déclaration, du 7 mai, ordonna que ces deux *sous* pour livre seroient doublés, & que le produit de ces quatre *sous* pour livre, seroit employé au remboursement des billets de la caisse des emprunts, après lequel remboursement ces quatre *sous* pour livre demeureroient éteints & supprimés.

Ils le furent en effet par la déclaration du 13 février 1717. Nous avons reconnu, y est il dit, que ces diverses augmentations sont non-seulement onéreuses à nos peuples, par la surcharge de ces nouveaux droits sur toutes nos consommations nécessaires à la vie, mais encore qu'elles empêchent le débit des denrées, & qu'elles causent la diminution du commerce. Malgré la solidité de ces principes, on rétablit les quatre *sous* pour livre, par lettres-patentes du 5 mars 1718. La levée en fut successivement prorogée par différentes déclarations, notamment par les édits de décembre 1743, septembre 1747, & par la déclaration du 8 septembre 1755.

L'édit de 1747 avoit étendu la perception des quatre *sous* pour livre à des droits qui ne se levoient pas au profit du roi, tels que les droits des officiers des ports, quais, halles, chantiers, foires & marchés, dans la ville & les fauxbourgs de Paris. La déclaration du 3 février 1760, qui ajouta un nouveau *sou* pour livre aux quatre qui subsistoient, ordonna qu'il auroit lieu sur tous les droits qui se lèvent dans les provinces du royaume, au profit des Etats, des villes, bourgs & communautés, à l'entrée, passage, vente en gros & en détail des marchandises, boissons, liqueurs de toute espèce, & toutes autres denrées.

C'est ici le lieu de placer les réflexions très-sensées qu'on trouve, sur les *sous* pour livre, dans l'éloge de Colbert, par un homme livré au commerce, par état, & qui sait très-bien en calculer les opérations.

Nos administrateurs, depuis le cardinal de Fleury, pour fuir la peine, se sont accoutumés, suivant leurs besoins, à renchérir nos impositions, de deux, quatre, six & huit *sous* pour livre.

Cette route vicieuse ruine nos recettes. Les *sous* pour livre, par gradation & par leur répétition, doublant & triplant les droits d'entrée & de transit, le commerce diminue ; ces opérations & cette réduction arrière le produit des impositions premières, de sorte que, ni les droits anciens ou nouveaux, ni les *sous* pour livre, ne produisent jamais la somme que l'on en espéroit.

La preuve de cette vérité n'est pas difficile à trouver. Tirez, pour Paris, une partie de marchises de Marseille ; elles auront à payer des droits au bureau de Septemes, à Valence, à Lyon & à Paris. Autrefois ces droits étoient, par exemple, de dix pour cent.

Par les deux, quatre, six & huit *sous* pour livre d'augmentation, ils sont de seize pour cent aujourd'hui ; & par les *sous* pour livre sur les *sous* pour livre, de dix-huit pour cent ; ce qui renchérit les frais de l'imposition, de vingt pour cent.

Ce renchérissement répété dans trois cents-quatre bureaux, augmente le prix des marchandises arrivées à Paris, de vingt à vingt cinq pour cent. De cette augmentation il en résulte une réduction de consommation, & même de spéculation, & de l'un & de l'autre un vuide dans nos recettes. Telle est la source du constant épuisement de nos finances.

Mais jamais la perception des *sous* pour livre additionnels, ne fut aussi étendue que par l'édit du mois de novembre 1771, qui imposa deux nouveaux *sous* pour livre, pour en composer huit avec ceux qui existoient. Il fut ordonné que les droits de toute espèce, qui étoient levés au profit des seigneurs & particuliers, villes & communautés, même les droits de péage, hallage, & droits de bacs, qui jusques-là n'avoient supporté aucun *sou* pour livre, seroient assujettis aux huit *sous* qui étoient imposés.

Une décision ministérielle fit ensuite quelques exceptions en faveur de différens droits de péage, de halle & de bac, dont le principal étoit au-deſſous de quinze deniers. Un arrêt du conſeil, du 15 ſeptembre 1774 confirma ces exceptions, & la prononça nommément en faveur de tous droits de péage, hallage, paſſage, pontonnage, travers, barrage, coutume, étalage, leyde, afforage, de poids, droits de bac appartenans aux princes du ſang & à tous ſeigneurs & particuliers les poſſédans à titre patrimonial ou autre titres équivalens.

Quelques-uns des *ſous* pour livre devant ceſſer au premier octobre 1780, & premier janvier 1781, leur perception fut prorogée juſqu'au 21 décembre 1790 incluſivement, par l'article III de l'édit du mois de février 1780 ; l'édit du mois d'août 1781 vint encore ajouter deux nouveaux *ſous* pour livre aux huit qui ſubſiſtoient, & pour avoir lieu auſſi juſqu'au 31 décembre 1790.

En même tems l'eſprit fiſcal ſe déploya d'une manière frappante ; car les droits de toute eſpèce, & à quelque titre qu'ils fuſſent perçus, demeurèrent expreſſément aſſujettis aux dix *ſous* pour livre, même le montant des abonnemens & compoſitions, & celui des ſommes fixes, payées annuellement par les villes & communautés, pour tenir lieu des octrois municipaux.

Les articles VI, VII, VIII & IX de cet édit de 1781 prononcèrent néanmoins l'exemption abſolue des dix *ſous* pour livre ſur tout article de droit qui ſeroit en principal, au-deſſous de ſix deniers, & l'exemption particulière en faveur des droits ſeigneuriaux & féodaux, fixes ou caſuels, les droits de greffes, & droits réſervés, perçus dans les cours & juriſdictions, les droits de meſurage, minage, hallage, & autres de ſemblable nature ſur les grains & farines ; des droits pour la conſervation des hypothèques, du prix du ſel dans les gabelles d'Alſace & de Franche Comté.

Tel eſt l'état actuel des choſes en 1786. Tous les droits des fermes & des régies ſont ſujets à dix *ſous* pour livre d'augmentation ; mais il reſte l'eſpérance de voir ſupprimer quatre de ces *ſous* au dernier décembre 1790. *Voyez* VINGTIEME.

SOU pour livre. On diſtingue pluſieurs droits de ce nom. Il en exiſte deux ſur le poiſſon de mer ; mais il s'agit ici d'un droit particulier, qui a la même origine que le droit de gros, & qui fait la matière d'un titre de l'ordonnance des aides, ainſi qu'on l'a dit au mot ORDONNANCE. *Voyez* auſſi GROS, *pag.* 441. Ce titre porte, que les droits de *ſou* pour livre & d'augmentation ſeront levés ſur le prix du bois, poiſſon de mer, frais, ſec & ſalé, ſur le bétail à pied fourché, mort ou vif, aux entrées des villes qui ſont dénommées & font partie du reſſort de la cour des aides de Paris.

Le droit de gros, ou *ſou* pour livre, mis en

1356, ou 1360, ſur toutes les denrées & marchandiſes vendues, revendues & échangées, ayant été ſupprimé en 1668, il fut conſervé ſur les boiſſons, le poiſſon de mer, frais, ſec & ſalé, le bétail à pied fourché, & le bois. Ce droit continua de ſe percevoir à la vente & revente des boiſſons ; mais il fut converti en un droit d'entrée ſur les autres eſpèces de denrées, par les arrêts du conſeil des 31 mars & premier juillet 1670, & 9 ſeptembre 1673. L'ordonnance des aides, du mois de juin 1680, s'expliqua enſuite de la manière qu'on vient de le dire ſur la perception de ce *ſou* pour livre, en nommant les villes où elle auroit lieu, ſuivant les tarifs arrêtés par les élus, & les exemptions qu'elle comporteroit.

Le *ſou* pour livre ſur le poiſſon, dut ſon origine à l'établiſſement des offices de jurés-vendeurs de poiſſon dans tous les lieux où il s'en faiſoit commerce, avec le droit de prendre un *ſou* pour livre de la valeur du poiſſon dont ils feroient la vente, & dont ils avanceroient le prix aux marchands & mariniers qui les chargeroient volontairement de cette vente.

Ces offices ayant été ſupprimés par la déclaration du 13 février 1635, excepté dans Paris, comme on l'a dit à l'article du droit, d'abord, *tome I, pag.* 2, il fut ordonné que le droit qui leur étoit attribué ſeroit levé au profit de ſa majeſté. Mais pluſieurs de ces offices n'ayant pas été rembourſés, les titulaires continuèrent de percevoir le *ſou* pour livre de leur attribution, ou ce droit fut engagé à ceux qui firent leur rembourſement.

Un édit de janvier 1651, créa deux cents-vingt nouveaux officiers, tant receveurs que contrôleurs, auxquels on attribua des gages fixes, pour faire, au profit du roi, la recette du *ſou* pour livre en entier, par-tout où il étoit dû, & en même tems on ordonna le rembourſement des engagiſtes. Ces offices n'ayant point été levés, il fut nommé des prépoſés, & réglé que le rembourſement des engagiſtes ſe feroit ſur les deniers qui proviendroient de la perception du droit. En 1657 ce droit fut affermé à Jean Chapelle, & dans la ſuite compris au bail général fait à Fauconnet en 1681 : peut-être qu'il entroit dans les projets du grand Colbert de le ſupprimer, parce qu'il n'en a fait aucune mention dans l'ordonnance des aides, partie de laquelle ce droit dépend.

Le droit de *ſou* pour livre eſt dû dans tous les ports, havres, villes & autres lieux principaux deſdits ports & rivières affluentes, le long des côtes des provinces de Normandie & Picardie, ſur tout le poiſſon de mer, frais, ſec & ſalé, qui eſt apporté de la mer la première fois, & doit être payé ſur le prix de la première vente, aux commis du fermier, qui ſont chargés de faire les fonctions & exercices des jurés-vendeurs.

Ces commis tiennent registre des ventes qu'ils font, & ils sont obligés d'en faire les deniers bons aux pêcheurs & mariniers, en faisant l'avance du prix le jour même de la vente, ou au plûtard le lendemain; au moyen de quoi ils peuvent retenir par leurs mains, sur ces ventes, le droit de *sou* pour livre, qui leur est accordé pour droits, salaires & avances de deniers. C'est ce qui a été réglé par arrêt du 16 avril 1680.

Mais lorsque les pêcheurs ou mariniers veulent vendre eux-mêmes, ou par leurs femmes & enfans, le poisson qu'ils ont pêché, ils sont dispensés de se servir du ministère des commis, & de payer le *sou* pour livre.

La même exemption a lieu en faveur des morues, harengs & de tout poisson salé que les armateurs ou maîtres de navire, qui font la pêche de ces poissons, vendent ou font vendre à leur retour en Picardie ou Normandie, après être sortis des ports de ces provinces. Mais s'ils se servoient des commis du fermier, pour la vente de ces poissons, ils devroient le *sou* pour livre. Ce droit, suivant les arrêts du conseil des 23 avril 1709 & 3 mars 1711, est de même exigible sur tout le poisson apporté des autres provinces & de l'étranger, dans les ports de Picardie & de Normandie.

Sou pour livre des droits de douane de Lyon. *Voyez* Douane de Lyon, *tome I, pag. 639.*

Sou pour livre sur les suifs : droit qui fait partie de ceux d'entrée de Paris. *Voyez* Suifs.

Sou pour pot sur le vin, en Picardie. On peut voir à l'article du droit de *neuf livres dix-huit sous, pag. 208 & 209,* qu'il est la souche de celui dont il s'agit ici : souche malheureuse de laquelle sortirent trois funestes branches, dont les épines existent encore.

Le titre du droit de neuf livres dix-huit *sous* par tonneau, dans l'ordonnance des aides du mois de juin 1680, établit aussi, article IX, la perception du droit d'un *sou* par pot, avec l'augmentation à raison de six livres dix-sept *sous* par muid de vin ordinaire, ou liqueur, vendu en détail dans les mêmes lieux qui sont dénommés comme sujets au droit de neuf livres dix-huit *sous,* & que l'on a ci-devant rapportés.

Mais les vins transportés à l'étranger, dans des vaisseaux au dessous du quart de muid, appellés ancres ou demi-ancres, sont déchargés du droit de *sou* pour pot, & de tous autres droits de détail, par l'arrêt du conseil du 15 septembre

1722. *Voyez* Barrillage, pour entendre les motifs de cet affranchissement.

Les articles X & XII du même titre prescrivent différentes formalités semblables à celles qui ont lieu dans les pays où le droit de gros a cours, en vue d'assurer le paiement de celui de *sou* pour pot.

Enfin, l'article XI porte, que le vin de ceux qui vendent en gros & en détail, même en des caves & maisons séparées, est réputé entièrement vendu en détail, & sujet au droit de *sou* pour livre, si on ne représente pas les acquits de la partie vendue en gros, & l'article XIII prescrit, pour l'exercice & la perception du droit de *sou* pour pot, l'observation des réglemens faits pour les autres droits de détail.

SOUS-BRIGADIER. Nom d'un employé de la milice fiscale, subordonné au brigadier, & qui le supplée en son absence. *Voyez* Brigadier.

SOUSCRIPTION, s. f. Ce mot, dans les finances d'Angleterre, signifie l'intérêt que les particuliers prennent dans un emprunt public ou dans un établissement de commerce, en signant sur un registre, qu'ils se soumettent à y prendre part pour telle somme qu'ils spécifient.

SOUS-FERME, s. f. C'est en général une portion de ferme détachée d'un bail général, pour être exploitée séparément.

Dans la langue des finances, on appelloit anciennement *sous-ferme,* les parties des aides & des domaines, qui, quoique comprises dans le bail général des droits du roi, fait aux fermiers généraux, étoient ensuite sous-fermées par provinces, à des compagnies de financiers, pour être régies particulièrement ; mais, comme les fermiers généraux restoient *cautions* des sous-fermes envers le roi, il s'ensuivoit que le prix des sous-fermes seules étoit déjà pour eux un objet de bénéfice considérable, quoique suivant l'article XV du titre des publications & adjudications des fermes, dans l'ordonnance du 22 juillet 1681, les *sous-fermes* des fermes générales dussent être faites en présence d'un commissaire du conseil, & données au plus offrant & dernier enchérisseurs, après trois publications & trois remises consécutives.

Les articles XVI & XVII prescrivent aux sous-fermiers de donner au contrôleur général des finances, un état certifié d'eux, de tous les associés en chacune de leurs *sous-fermes,* avec les parts que chacun d'eux aura en vingt sous, dont les sociétés seront composées, & défendent d'admettre aucun autre intéressé dans les *sous-fermes,* & aux sous-fermiers de donner aucune part ou intérêt dans leurs portions, directement ni indirectement, sous quelque prétexte que ce soit, à moins qu'il ne leur soit expressément permis par arrêt du conseil.

Voici les observations que faisoit M. de Colbert vers l'année 1680, sur l'adjudication des fermes & *sous-fermes*, & qui se trouvent dans les *Recherches & considérations sur les Finances*, édition in-12, tome III, *pag.* 278.

La forme de donner les fermes & *sous-fermes* au plus offrant & dernier enchérisseur, en éloignant tous monopoles, trafics, pensions, gratifications, accommodemens & autres abus, dont le retranchement est ordonné par les divers réglemens faits depuis 1681 jusqu'à présent, a produit en partie les augmentations prodigieuses qui se font trouvées sur les fermes. Elle a aussi des inconvéniens assez considérables, en ce que les sous-fermiers ont porté leurs *sous-fermes* beaucoup au-delà de leur juste valeur, ce qui donne lieu à deux désordres considérables, l'un, que tous les sous-fermiers demandent toujours des diminutions, & l'autre, qu'ils vexent beaucoup les peuples, pour s'indemniser de l'excès de leurs *sous-fermes*.

Le remède de remettre ces adjudications des fermes, ainsi qu'elles se faisoient ci-devant, c'est à dire en choisissant les compagnies, leur donnant à vil prix, & les *sous-fermes* de même, pourroit peut être bien produire le soulagement des peuples; mais ce remède seroit assurément pire que le mal, ensorte qu'il seroit dangereux de changer de conduite. Il faut donc, si le roi veut donner du soulagement à ses peuples, sur les droits de ses fermes, les diminuer, & punir sévèrement ces sous-fermiers qui demandent des diminutions.

Toutes les *sous-fermes* des droits du roi ont été supprimées en 1756. Le nombre des fermiers généraux, alors de quarante, fut porté à soixante, pour régir toutes les parties précédemment sous-fermées.

Jusqu'à présent les *sous-fermes* n'ont pas été rétablies; mais des objets sous-fermés, c'est-à-dire des aides & des domaines, & des droits analogues, on a composé, en 1780, la régie générale, & l'administration des domaines, qui ont été conservées sur le même pied, en 1786.

SOUS-FERMER, v. a. C'est donner à ferme une partie de ce qui compose une ferme générale.

SOUS-FERMIER, s. m. C'est celui qui tient ce qu'il exploite, d'un fermier général.

On appelloit autrefois simplement *sous-fermiers*, & *sous-traitans*, ceux qui prenoient des sous-

fermes sous les fermiers généraux : maintenant ils se donnent le titre d'*intéressés dans les fermes du roi*. *

SOUTENEMENS DE COMPTE, s. m., en usage dans la comptabilité. Ce sont les raisons qu'un comptable donne, par écrit, pour répondre aux discussions élevées sur quelque article de son compte. On dit dans ce sens : j'ai fourni mes *soutenemens*.

SOYE, matière très-connue, qui n'a pas besoin de définition. On ne la considère que du côté des ressources qu'elles fournit aux finances de l'Etat, par les droits qu'elle paie à l'entrée du royaume.

On a dit à l'article DOUANE DE LYON, *tome I, pag.* 631, que même avant 1540 ce droit étoit établi sur les *soyes* crues & teintes, apportées dans le royaume, sous la condition de passer par Lyon. Les fabriques, déja établies dans cette ville avoient sans doute dicté cette obligation, dont l'objet étoit d'y rendre les matières de *soye* abondantes, & de les mettre à portée des fabriquans. Ce qui est singulier, c'est que même les *soyes* originaires du Dauphiné, de la Provence & du Languedoc ne pouvoient être expédiées de ces provinces, pour d'autres villes du royaume, sans être tenues de passer également par Lyon, pour y acquitter, & les droits de douane appartenans au roi, & ceux de tiers-surtaux & quarantième, dont la régie appartenoit à cette ville. C'est ce que l'on voit par les lettres-patentes du 8 novembre 1583, l'arrêt du conseil du 27 juin 1613, & celui du 3 février 1670.

Cette gêne pour les marchands de *soye* du Languedoc, qui en envoyoient à Paris, à Tours & ailleurs, avoit donné lieu à de fréquentes contestations, qui avoient toujours été terminées à l'avantage de la ville de Lyon. Mais enfin l'arrêt du 26 juillet 1687 fit à ce sujet un réglement si précis, tant pour adoucir cette gêne que pour fixer les droits qui devoient être perçus sur les *soyes*, qu'il est bon d'en faire connoître les principales dispositions.

Il ordonne que les anciens édits, ordonnances, déclarations & arrêts faits pour la douane de Lyon seront exécutés ; en conséquence, que toutes les *soyes* venant des pays étrangers, par mer, ne pourront entrer dans le royaume, que par le port de Marseille, & par terre, par le Pont-de Beauvoisin, pour être conduites dans la ville de Lyon, & y payer les droits en la manière accoutumée, sans exception de celles d'Avignon & du Comtat, lesquelles, ainsi que les étrangères, seront conduites dans la ville de Lyon directement, sans qu'entre les lieux par lesquels lesdites *soyes* entreront, & ladite ville de Lyon, il puisse en être fait aucune vente, débit ni entrepôt, à peine de confiscation des marchandises, chevaux & équipages.

Et à l'égard des *soyes* originaires de Languedoc, Provence & Dauphiné, qui seront envoyées dans les cinq grosses fermes, elles ne pourront passer que par la ville de Lyon, ou par les bureaux de Gannat & Vichy, en y acquittant les droits.

Ces droits sont fixés au bureau de Lyon, outre les droits de la douane de Valence, pour chaque balle de cent-soixante livres net, poids de marc, les *soies* crues, à seize livres au fermier de la douane de Lyon, & huit livres à celui du tiers surtaux & quarantième.

Ce même dispositif dénomme ensuite les différentes sortes de *soyes*, comme les *soyes* torses ouvrées, les *soyes* teintes, &c. Mais les droits sur les *soyes* passant aux bureaux de Gannat & Vichy sont beaucoup plus considérables.

A tous ces droits, l'édit du mois de juin 1711 ajouta celui de sept sous six deniers par livre de *soye* étrangère & du Comtat d'Avignon, ouvrée ou non ouvrée, & deux sous six deniers par livre de *soye* originaire du royaume; le même droit de sept sous six deniers sur toute espèce de *soye* passant aux bureaux de Gannat & de Vichy, & la moitié de tous les droits, sur les filoselles, fleurets, capitons & bourres de *soye*, tant étrangères que nationales. Ces nouveaux droits furent concédés aux prévôt des marchands & échevins de la ville de Lyon, pour être perçus par leurs préposés, & les anciennes défenses de faire entrer aucune sorte de *soye*, ni étoffe de *soye* dans le royaume par ailleurs que par Lyon, furent renouvellées.

Ces dernières dispositions furent encore confirmées par arrêt du conseil du 13 mars 1717, à l'égard des habitans d'Avignon, qui prétendoient faire venir directement chez eux des *soyes* étrangères, sans être obligés de les faire passer à Lyon.

Tel étoit l'état des choses, quand l'arrêt du conseil, du 18 mai 1720, supprima, sans exception, tous les droits qui se levoient sur les *soyes*, & les remplaça par le droit modique de vingt sous par quintal de *soye* étrangère & du Comtat d'Avignon: droit réuni à la ferme générale, & perceptible au profit du roi. Cette suppression, de même que celle du droit de tiers surtaux, étoit dûe à l'excessive prospérité des affaires de la compagnie des Indes, qui étoit le centre de la banque alors existante, & qui réunissoit l'administration des fermes, des recettes générales, & de presque tous les revenus du roi.

Cette compagnie avoit offert de prêter à sa majesté quinze cents millions. C'est sur cette

somme que fut affecté le remboursement de la ville de Lyon, à qui il étoit dû huit millions trois cents dix mille quatre-vingt-cinq livres, pour les emprunts qu'elle avoit faits, & elle fut chargée de rembourser ses prêteurs. *Voyez* TIERS-SURTAUX.

On sait comment l'ivresse & l'enchantement qu'avoit produit le système de Law, pendant quelques momens, furent dissipés. *Voyez* BILLETS DE BANQNE, *tome I, pag.* 114. Il fallut revenir sur tous les beaux projets de suppression d'impôts & d'adoucissement, qu'on avoit d'abord adoptés. Ces circonstances amenèrent de nouveaux changemens dans les droits sur les *soyes*.

L'édit du mois de janvier 1722 substitua au droit de vingt sous par quintal, celui de quatorze sous par livre sur les *soyes* étrangères & d'Avignon, & imposa le droit de trois sous six deniers par livre, sur les *soyes* nationales, ouvrées ou non ouvrées, en les assujettissant toutes, sans distinction, à passer par Lyon, conformément aux anciens réglemens qui sont confirmés à cet égard. Le 20 du même mois, un arrêt du conseil aliéna la perception de ces droits pour vingt ans à la ville de Lyon, & le 27 un autre arrêt du conseil modéra ce droit à six sous par livre sur les *soyes* crues, apportées par la compagnie des Indes, sur ses vaisseaux des pays de sa concession, & elles furent dispensées du passage par Lyon, par un autre arrêt du conseil du 8 septembre de la même année.

Deux années après ces dispositions, l'arrêt du 21 novembre 1724 rétablit sur les *soyes* nationales la perception des droits de table de mer, foraine, douane de Valence, & autres droits locaux.

Ce nouvel arrangement fiscal subsista ainsi trente-trois années, sans autre innovation, sinon que par le concordat passé en 1734, entre les commissaires du roi & le vice-légat d'Avignon, le droit sur les *soyes* du Comtat fut réduit à moitié. Mais la ville de Lyon fut confirmée dans l'aliénation dont elle jouissoit par différens réglemens, & notamment par l'édit du mois de novembre 1743, qui le prorogea jusqu'au premier octobre 1762.

Cependant, comme les lumières sur la nature du commerce, sur les moyens de l'encourager, & sur les avantages d'une grande liberté à cet égard, commençoient à s'étendre & à se multiplier, on reconnut que les soins & les dépenses du gouvernement, pour encourager les plantations de mûriers en différentes provinces du royaume, étoient contrariés par les entraves qu'éprouvoit le commerce intérieur des *soyes*, tant qu'elles seroient sujettes à tous les droits locaux établis au passage d'une province dans une autre.

En conséquence on prit le parti d'affranchir

généralement de tous droits, les *soyes* nationales, & de leur affujettiffement au paffage par Lyon. Mais les officiers municipaux de cette ville ayant refufé de confentir, fans une indemnité, à la double faveur qu'on accordoit à ces *foyes*, quoique ce ne fut un objet que de foixante-dix à quatre-vingt mille livres, le bail des droits dont elle jouiffoit fut réfilié, par arrêt du conseil du 30 décembre 1755. L'adjudicataire des fermes générales fut chargé de la perception de ces droits, & il entra en jouiffance au premier février 1756, à la charge de payer à la ville de Lyon une fomme de quatre cents mille livres par année jufqu'en 1762, terme où devoit finir l'aliénation de 1743.

L'adjudicataire des fermes générales ne refta que deux années en poffeffion du droit dont il s'agit. La ville de Lyon follicita fon ancienne jouiffance. Le préambule de l'édit du mois de juin 1758 va nous inftruire du fujet des repréfentations de cette ville, & des motifs qui déterminèrent le gouvernement à prendre fa demande en confidération.

Nous ayant été repréfenté par les prévôt des marchands & échevins de notredite ville, que l'aliénation qui leur a été faite defdits droits, jufqu'au premier octobre 1762, eft le gage des emprunts que ladite ville a faits, tant dans notre royaume qu'en pays étrangers, pour nous fournir les fecours qu'elle nous a donnés, en exécution de nofdits édits de janvier 1722 & mai 1743, & & que leurs créanciers font alarmés, tant par la fuppreffion dudit droit de trois fous fix deniers fur les *foyes* nationales, que parce que la perception du droit, qui fubfifte fur les *foyes* étrangeres & d'Avignon, ne fe fait plus directement par les prépofés de notredite ville. Que cependant, voulant fe conformer à nos vues, pour l'avantage du commerce général de notre royaume, ladite ville n'auroit pas formé d'oppofition à la fuppreffion dudit droit de trois fous fix deniers fur les *foyes* nationales; mais qu'à l'égard de la perception de celui fur les *foyes* étrangeres d'Avignon & du Comtat, elle avoit de tout tems été accordée à ladite ville, & que y ayant été confirmée par l'arrêt de notre conseil du 27 juin audit an 1743, portant homologation des contrats paffés à Gènes, par lefdits prévôt des marchands & échevins, en conféquence de notredit édit du mois de mai précédent, ils ont lieu de craindre que le crédit de ladite ville fouffre en effet du changement que ledit arrêt du 30 décembre 1755 a produit à cet égard: Et lefdits prévôt des marchands & échevins, animés du même zèle de leurs prédéceffeurs & de leurs concitoyens, pour notre fervice & celui de l'Etat, défirant contribuer aux dépenfes extraordinaires, occafionnées par la préfente guerre, fi intéreffante pour le commerce général du royaume, & en particulier pour celui de notredite ville, nous ayant offert un fecours de la fomme

de fix millions huit cents mille livres en deniers comptans, nous nous fommes d'autant plus volontiers portés à écouter leurs très-humbles repréfentations fur la perception du droit fur les *foyes* étrangeres & d'Avignon, qu'ils fe font foumis, tant à la fuppreffion dudit droit de trois fous fix deniers fur les *foyes* nationales, qu'à leur libre circulation dans le royaume, conformément audit arrêt du 30 décembre 1755, fans en prétendre d'indemnité; & à la demande qu'ils nous ont faite d'une prorogation en faveur de ladite ville, pendant dix-neuf ans trois mois confécutifs, à compter dudit jour premier octobre 1762, de la jouiffance & perception dudit droit fur les *foyes* étrangeres, d'Avignon & du Comtat, à condition que ces *foyes* ne pourront être introduites dans le royaume, que conformément aux édits, arrêts & réglemens fur ce intervenus, & notamment à notre édit du mois de janvier 1722, qu'en paffant par notredite ville pour y acquitter ledit droit.

Pour le payement de laquelledite fomme de fix millions huit cents mille livres, & des intérêts d'icelle, à compter du premier juillet prochain jufqu'audit jour premier octobre 1762, lefdits fieurs prévôt des marchands & échevins nous ont en outre fait fupplier de leur permettre d'emprunter dans les pays étrangers, comme dans le royaume, à conftitution de rentes héréditaires ou viageres, même par obligations portant intérêts, & aux conditions les plus avantageufes qu'ils pourront; d'y affecter, par privilège, ladite prorogation du droit fur les *foyes*, &c.

Ces différentes propofitions furent acceptées par cet édit, dont le terme s'étendoit jufqu'au 31 décembre 1781, & le droit fur les *foyes* rentra dans la ferme des octrois de Lyon.

Huit années avant l'expiration de ce terme, le fermier des octrois, réuni aux officiers municipaux de la ville de Lyon, trouva le moyen de fe faire accorder une nouvelle jouiffance du droit fur les *foyes*, pendant trente années, à commencer du premier janvier 1773. Cette conceffion, mêlée adroitement avec beaucoup d'autres objets, eft la matière du treizième article des lettres-patentes en forme d'édit, du mois de novembre 1772.

En même tems l'article XIV réimpofa le droit de trois fous fix deniers par livre de *foye* nationale entrant dans la ville de Lyon.

Mais ce dernier droit, fi mal conçu, qu'il étoit tout entier au préjudice des fabriquans de Lyon, & uniquement au bénéfice de la municipalité, & de fon fermier; fi impolitique, qu'il repouffoit de Lyon les *foyes* nationales, fut fupprimé par arrêt du conseil du 20 feptembre 1775, ainfi que les fous pour livre dont il avoit été frappé.

Il paroît, par les relevés des bureaux ouverts à l'introduction des *foyes* étrangeres, pour les années

années 1777, 1778, 1779 & 1780, qu'il en entre, année commune, environ un million de livres, cent mille livres de fleuret, filoselle & autres matières de *soye*, qui ne payent que cinq fous, ou deux fous fix deniers par livre ; & à-peu-près vingt-cinq à trente mille livres de *soye* Nankin provenant de Chine : l'importation de cette dernière forte de *soye* doit naturellement être plus confidérable en tems de paix qu'en tems de guerre.

Le produit brut du droit fur les *soyes* eft d'environ fept à huit cents mille livres, & tous les frais de régie ne s'élèvent qu'à trente à trente-cinq mille livres.

Ainfi il eft le double de ce qu'il étoit eftimé en 1756, terme où l'on a dit que l'indemnité accordée à la ville de Lyon, & payée par l'adjudicataire général des fermes, n'étoit fixée qu'à quatre cents mille livres.

On doit fuppofer auffi, que la récolte & la confommation des *soyes* nationales font augmentées dans la même proportion que l'importation des *soyes* étrangères.

Seroit-il donc fi impolitique de tempérer l'excès de l'introduction de ces fortes de *soyes*, en ajoutant au droit de quatorze fous par livre une augmentation qui ne pût ni nuire à leur confommation, ni contrarier l'induftrie qui les employe. On fent bien que ce ne feroit qu'une avance du fabriquant, & qu'il la retrouveroit fûrement fur le confommateur. Comme la claffe de ceux-ci n'eft pas comptée parmi le peuple, l'impofition propofée femble avoir peu d'inconvéniens, & on y apperçoit quelques avantages.

Peut-être qu'en renchériffant les ouvrages faits avec les *soyes* étrangères, & tempérant l'excès du luxe en ce genre, cette impofition pourroit fervir à accroître la maffe des *soyes* nationales, influer favorablement fur l'emploi des laines, lequel opéreroit la multiplication des troupeaux qui la donnent, & exciteroit à perfectionner leur éducation.

Au refte, on ne fait qu'indiquer légèrement le bien qui fuivroit la multiplication des bêtes à laine, & pour les fabriques & pour l'agriculture. On laiffe aux perfonnes verfées dans l'économie politique, le foin de développer cette propofition, & au tems à amener le moment où le gouvernement fentira qu'il feroit infiniment plus utile à l'Etat, plus favorable à une grande population, d'avoir de nombreux troupeaux pour fournir des engrais & des fubfiftances, que de laiffer introduire l'ufage de la *soye*, jufques parmi les dernières claffes du peuple.

Il n'eft cependant pas inutile de remarquer, comme une contradiction frappante dans la légif-

lation, que tandis que les étoffes de *soye* provenant de notre commerce, au Levant, dans l'Inde & à la Chine, font abfolument prohibées, on permet l'entrée de celles de l'Italie & des autres Etats méridionaux de l'Europe, en payant des droits qui fans doute affurent la préférence à nos fabriques, mais dans le fait, ne les garantiffent pas de la concurrence.

Il femble qu'il feroit jufte de laiffer auffi libre l'importation des étoffes de *soye* de notre commerce, au moyen d'un droit combiné fur leur prix originaire, & fur leur valeur intrinsèque, comparée avec nos étoffes de même efpèce.

SUBSIDE, f. m. Il fignifie en général toutes les taxes & impofitions que les fujets payent au gouvernement, pour fubvenir à fes dépenfes.

On défigne auffi par ce mot, les fecours que de grandes puiffances accordent, par des traités, à des fouverains, pour les foutenir & les empêcher, ou d'être accablés par leurs voifins, ou de contracter des alliances préjudiciables aux intérêts de l'Etat qui paye le *fubfide*.

On trouve fous le mot SUBSIDE de la première édition de l'Encyclopédie, des réflexions fervant à la défenfe des maximes de M. de Montefquieu, contre les obfervations de M. Peffelier, qui a comparé les deux méthodes d'affermer & de régir les revenus publics, en donnant l'avantage à la première, contre l'opinion de M. de Montefquieu. *Voyez* ce qui a été dit à ce fujet au mot FERME, *tome II, pag.* 124.

Sans nous répéter, nous allons feulement donner ici les réflexions de l'anonyme, dans l'ordre convenable, pour correfpondre à celui qui fe trouve configné à la *pag.* 122 du fecond volume de cet Ouvrage.

§. I.

Si de la folution de cette première queftion dépendoit celle de la thèfe générale, le principe de M. de Montefquieu auroit bientôt force de loi. Le régime le plus fage ne peut imprimer la perfection à aucun établiffement, il ne peut que diminuer à un certain point le nombre & la grandeur des abus. Laiffons donc à la régie & à la *ferme* ceux dont elles font fufceptibles, & nous ferons convaincus que le peuple paye plus dans la feconde que dans la première. La négligence ne pourfuit ni ne furcharge ; elle eft lente, elle oublie, mais elle ne tourmente pas. Si elle fait perdre, c'eft au fouverain, qui, dans une bonne adminiftration, doit compter fur ces pertes légères en elles-mêmes, utiles à plufieurs citoyens, par là, faciles à réparer, puifqu'elles laiffent des moyens dont le gouvernement peut fe reffaifir dans des tems orageux. La méthode de régir ne peut donc, avec fon abus, nuire à l'Etat. Il n'en eſt pas ainſi de l'exécution ; le petit nombre qui l'exerce eſt le ſeul qui en profite : un peuple eſt écraſé , & le prince ne s'enrichit point. Le royaume ſera épuiſé , ſans que le tréſor royal ſoit rempli ; les gains extraordinaires attaqueront les reſſources dans leur principe , & les enfans n'auront , dans les plus preſſans beſoins de leur père , que des vœux ſtériles à lui offrir.

Ceux qui connoîtront les hommes & les gouvernemens , avoueront que dans une monarchie , l'ardeur de l'intérêt particulier eſt bien plus impoſſible à réprimer , qu'il n'eſt difficile d'exciter le zèle , & de s'aſſurer de l'exactitude de ceux qui prennent ſoin des intérêts d'autrui : accordons cependant que l'un n'eſt pas plus aiſé que l'autre ; il n'en ſera pas moins évident , que la pareſſe de la régie eſt préférable à la cupidité de la ferme.

Tout homme aime l'ordre , & l'obſerve tant que ſon intérêt ne s'y oppoſe point. C'eſt parce que le régiſſeur n'en a aucun à la perception , qu'elle ſera juſte. Mais le fermier , dont les richeſſes augmentent en raiſon de l'étendue des droits , intreprêtera , éludera & forcera ſans ceſſe , la loi. Seul , il multipliera les frais , parce qu'ils déterminent le recouvrement , qui eſt le mobile de ſa fortune , & qui eſt , comme nous l'avons ſuppoſé , indifférent au régiſſeur.

§. II.

Il ne s'agit pas de ſavoir pas quels moyens on parvient à la remiſe d'une partie des *ſubſides* ou tributs ; il eſt encore moins néceſſaire d'établir , qu'en accordant d'un côté , il faut reprendre d'un autre. Mais j'examine ſi le ſouverain , quand il peut , & quand il veut retarder la levée de l'impôt eſt plus en état de le faire dans la régie que dans la ferme. Je me décide pour l'affirmative.

En effet , s'il juge à propos d'accorder des modérations , en affermant , il faut qu'il revienne ſur un arrangement conſommé , qu'il change des diſpoſitions arrêtées , qu'il renonce à la deſtination déja donnée à des revenus fixes , qu'enfin il interverti ſſe l'ordre qu'il avoit établi. Ce qui exige ainſi des opérations contraires à celles qui ont été faites , découle naturellement d'une régie qu'on preſſe , ou qu'on retient conformément aux circonſtances.

§. III.

C'eſt ſûrement ne pas tout voir , ne pas bien voir , que d'aſſurer que la régie perd en frais ce que la ferme abſorbe en profits. Il a été démontré plus haut , que le régiſſeur fait peu de frais , parce qu'il a moins d'intérêt au produit que rendent ces frais : à lumières égales , ſon adminiſtration ſera donc plus douce , & moins chère que celle du fermier. Que ſera-ce , ſi l'on

veut comparer ce que coûtent à l'Etat les profits de celui-ci avec le montant des appointemens de l'autre ? Si c'eſt aux hommes d'Etat qu'il appartient de décider ſur cet objet , perſonne n'en conteſtera , je crois , le droit à M. de Monteſquieu. Dans cette occaſion il ne falloit que calculer ; il le fit , & prononça.

§. IV.

Les fortunes exceſſives de quelques particuliers , n'attriſtent pas par elles-mêmes , ce ſont les images qu'elles préſentent avec elles ; la diſette du peuple , & la dépopulation des provinces , les fondemens ſur leſquelles elles ſont élevées , les matériaux dont elles ſont conſtruites , les moyens qui les conſervent & les augmentent : voilà ce qui porte le déſeſpoir dans le cœur des ſujets. La matière des troubles , dit Bacon , eſt dans la miſère publique & dans le mécontentement univerſel.

Les émigrations , les terres en friche , le germe de l'Etat deſſéché , telles ſont les conſéquences des richeſſes accumulées par les fermiers du fiſc. Elles doivent donc inſpirer l'effroi ! Le ridicule alors ſuffit-il pour punir des abus auſſi violens ? Les riches ſont-ils ſuſceptibles d'une punition que tout le monde leur inflige au loin , mais que perſonne ne leur dénonce ?

Les fortunes immenſes & précipitées des gens d'affaires , eſt-il dit dans l'édit de 1716 , l'excès de leur luxe & de leur faſte , qui ſemble inſulter à la miſère de nos autres ſujets , ſont par avance une preuve de leurs malverſations , & il n'eſt pas étonnant qu'ils diſſipent avec profuſion ce qu'ils ont acquis avec injuſtice ; les richeſſes qu'ils poſſèdent ſont les dépouilles de nos provinces , la ſubſtance de nos peuples , & le patrimoine de l'Etat.

§. V.

L'auteur de l'*Eſprit des loix* ne ſuppoſe pas , que le régiſſeur retire du peuple autant d'argent que le fermier ; il dit ſimplement , ce qui eſt très-vrai , qu'il en remet davantage au tréſor royal. Son idée , pour être entendue , n'avoit pas beſoin de cet éclairciſſement. Ce ſeul moyen paroît d'abord bien efficace : pour moins intercepter la circulation , il n'eſt pas douteux qu'elle eſt bien plus vive , quand le prince a l'argent , qu'il eſt forcé de répandre promptement juſqu'aux extrémités de ſon royaume , que lorſque des fermiers l'entaſſent dans leurs coffres , ou le prodiguent dans la capitale.

§. VI.

Il a déja été prouvé , que l'inexactitude à faire obſerver les loix anciennes , ne peut , dans aucun cas , être auſſi funeſte que l'avarice , qui.

chaque jour, en obtient de nouvelles. Le fermier abufe également des unes & des autres ; il interprète cruellement celles qui font faites ; il en propofe fans ceffe d'analogues à fon avidité, de façon qu'il corrompt tout, le paffé & le préfent.

§. VII.

Peut-on parler des rifques que court le fermier, & des travaux qu'il effuye ? Ne le voit-on pas, au-moindre danger, folliciter une indemnité ? Eft-ce là fe charger des évènemens ? Pour fon travail, il le remet à des commis ! & fon opulence n'eft-elle pas le plus fouvent le prix de l'oifiveté ! Ses avances, au moyen de l'intérêt qu'elles lui valent, font plutôt une charge ruineufe qu'une reffource réelle pour l'Etat ! ...

Une compagnie, qui ne prête qu'à un fort intérêt, qui ne donne d'une main que pour qu'on lui laiffe la liberté de faifir de l'autre des droits plus onéreux ; qui répète que les moyens qu'elle fournit, dépendent du fuccès de fes engagemens, & que ce fuccès tient à tel ou tel réglement, doit forcer le prince à lui accorder toutes les loix qu'elle defire. Elle eft donc bien loin de la générofité patriotique qu'on s'efforce de lui attribuer ! Elle eft donc defpotique ! Les expédiens qu'elle fournit, font donc funeftes à ceux qui les reçoivent, & n'ont d'utilité que celle que trouve un homme obéré dans la bourfe d'un ufurier.

§. VIII.

Il femble qu'on ne pourroit mieux s'y prendre, pour débarraffer cette queftion des difficultés, qui, à force d'être généralifées, deviendroient infolubles, que de raffembler des faits, & d'en tirer des conféquences. L'expérience eft un guide fûr, les inductions qui en naiffent ne trompent point, il n'étoit point inutile d'y avoir recours. Pour détruire l'opinion de M. de Montefquieu, qui dit, que les Etats les plus malheureux, font ceux où le prince donne à ferme fes ports de mer & fes villes de commerce, il falloit lui oppofer des réfultats hiftoriques, contraires à ceux qu'il préfente ; nous montrer les revenus publics affermés dans quelque Etat que ce fût, & ce même Etat, redoutable au dehors, floriffant au-dedans, & ne cherchant d'autre gloire que la félicité du peuple ; il falloit, en combattant un grand homme, ufer du fcepticifme décent, qui doit être le partage de ceux qui ne penfent pas comme lui ; il falloit, dans un examen qui tient au bien de la patrie, procéder avec l'impartialité d'un citoyen ; il falloit que la prévention fe tût ; il falloit enfin fentir, que peu de mots tracés fur un objet, par un génie vigoureux, étoient le fruit d'une méditation profonde, qu'ils ne pouvoient être attaqués qu'avec un efprit patriotique, & non pas avec un efprit de finance.

Le même écrivain combat encore M. Peffelier, dans l'article FINANCIER, en remarquant qu'il s'attache à pourfuivre le refpeçtable auteur de l'*Efprit des loix. Voyez* le mot FINANCIER, tome II, pag. 204.

Ici l'adverfaire de M. Peffelier développe parfaitement les idées de M. de Montefquieu, & fait voir qu'une ame libre & vraie comme la fienne, ne pouvoit pas affigner aux *financiers* d'autre lot que la richeffe. La capacité du financier, dit cet anonyme, ne s'exerce que pour fa propre utilité ; fon défintéreffement eft un être de raifon ; & fa vertu, fi elle donne des exemples à fuivre, eft celle du particulier, & non pas celle de fon état.

La différence des autres corps à celui des financiers eft fenfible. Dans les premiers, quelques membres ifolés manquent à leurs devoirs, & font flétris ; dans l'autre, c'eft le petit nombre feul qui mérite l'eftime ; & cela, parce que là l'efprit général eft celui de l'honneur, & qu'ici, l'efprit général eft celui de l'amour des richeffes. Il y a plus, dans l'efpèce préfente, la nature même de la chofe réfifte à une meilleure conftitution.

M. Peffelier, en peignant le financier tel qu'il devroit être, felon fes principes, s'eft attaché à une chimère qu'aucun effort de la part du miniftère ne pourroit réalifer : la grande fortune eft le fléau de la vertu, & ne la fouffre point avec elle.

Comment feriez-vous homme de bien, vous, qui n'ayant pas eu de fortune de votre père, poffédez de grands tréfors ? Cette queftion, d'un Romain à Sylla, ne peut, dans l'application, fouffrir de réplique. Quel eft l'homme, qui ait la tête affez froide, & le cœur affez pur, pour conjurer la féduction des richeffes ? Elles énervent le courage, aviliffent l'ame, concentrent dans l'individu, l'affection qu'il auroit étendue fur fes femblables. Le cœur endurci, les mœurs font bientôt corrompues. Le vice infecte également l'extrême mifère & l'extrême opulence ; le pauvre a par-tout, fur le riche, l'ineftimable avantage de ne pouvoir faire le mal avec la même facilité. **.

SUBVENTION, f. f. Ce mot a anciennement défigné tout impôt ajouté à ceux qui exiftoient pour fubvenir aux befoins de fi circonftances, & cette *fubvention*, alors momentanée, ceffoit au terme fixé pour fa durée Malheureufement ce moyen de trouver des reffources a été très-peu pratiqué depuis Sully. Toute *fubvention* créée pour un tems, eft devenue éternelle, & fon poids, loin de s'alléger par l'effet des années, a toujours reçu de nouvelles augmentations, & va toujours, s'aggravant fur les générations futures. Ou fi l'impôt établi sous le nom de *subvention* a cessé, ce n'est qu'après avoir donné naissance à une funeste famille de droits, de taxes & de perceptions, plus étendues & plus rigoureuses.

Ces observations sont particulièrement applicables à la *subvention*, qui est l'objet de cet article.

Cet impôt fut créé par édit de novembre 1640, pour subvenir aux dépenses de la guerre, à l'instar de l'ancien sou pour livre, sur toutes les marchandises vendues, revendues & échangées, & on lui donna le nom de *subvention* générale du vingtième. L'année suivante une déclaration du 8 janvier changea cette forme de perception, & ordonna que ce nouveau droit seroit perçu à l'entrée de toutes les villes, bourgs & principaux villages du royaume, suivant des tarifs d'évaluation dressés à cet effet.

Mais les difficultés qui se rencontrèrent dans une perception aussi divisée, les frais de régie qu'elle occasionnoit, donnèrent lieu à la conversion de cette *subvention*, en une taxe de quinze cents mille livres, pour être levée sur toutes les villes & lieux du royaume. Cet arrangement fut ordonné par les arrêt & déclaration du 25 février 1643, & la *subvention* fut supprimée sur toutes espèces de marchandises, excepté sur les boissons, & sur le pied-fourché à Paris, où elle ne fut abolie qu'en 1655.

Dans tous les pays sujets aux aides, cette imposition resta fixée, par la même déclaration, conformément au tarif arrêté en 1641, à vingt sous par muid de vin, dix sous par muid de cidre & de bière, cinq sous par muid de poiré, & quarante sous par barrique d'eau-de-vie, & ces droits payables au lieu du crû. Comme la Bourgogne, la Bresse, les Comtes d'Auxerre, Bar-sur Seine & Mâcon avoient passé, le 16 juin 1642, un traité pour le rachat de la *subvention*, en payant une somme de quatorze cents mille livres, ces pays en furent déclarés exempts par la déclaration du 22 août de la même année, ainsi que la généralité de Lyon, qui s'étoit aussi rachetée de ce nouveau droit.

La perception ordonnée au lieu du crû, étoit trop difficile & trop dispendieuse pour avoir son exécution. Les arrêts du 18 novembre, & les lettres-patentes du 19 décembre 1643, ordonnèrent qu'elle se feroit à l'entrée des villes & bourgs, suivant l'état qui en seroit dressé en chaque généralité sujette aux aides, sur toutes sortes de personnes privilégiées ou non, sans aucune exception.

D'après ces dispositions le bail en fut passé à Jean Maubouge, le 3 décembre suivant; & c'est de-là que la *subvention* reçoit le nom de droit de *Maubouge*. C'est aussi sous ce nom qu'elle fut sup-

primée, par déclaration du 2 octobre 1648, lors des troubles arrivés à Paris sous le cardinal Mazarin; mais elle fut rétablie sous le nom de *subvention*, par édit de décembre 1652, pour être perçue en conformité de la déclaration des 23 septembre 1644, & premier mai 1647.

Leurs dispositions furent renouvellées par la déclaration du 22 juin 1655, qui ordonna que la *subvention* seroit levée dans tous les lieux compris dans les états dressés par les intendans, & même dans tous ceux où avoient cours les anciens & nouveaux sous, ou bien par-tout où il y avoit élection, grenier ou chambre à sel, ou enfin dans les paroisses composées de cent-cinquante feux dans le ressort de l'élection de Paris, & de cent-vingt feux dans les autres élections, & qui auroient été omises dans les états, ainsi que dans les hameaux & écarts dépendans de ces paroisses, finalement que ce droit, après avoir été payé à l'entrée du premier lieu sujet, le seroit une seconde fois à la sortie du royaume, ou des provinces où les aides ont cours.

L'année suivante, 1656, fut l'époque du funeste enfantement de la *subvention*, imposée seulement, ainsi qu'on vient de le voir, comme droit d'entrée. Il en sortit la *subvention* en détail, la *subvention* par doublement, & le droit du pont de Joigny, dont il a été question ci devant, *pag.* 342.

Les habitans des provinces de Poitou & de Berry avoient demandé, dès 1652, lors du rétablissement de la *subvention*, qu'elle fût perçue à la vente au détail, & cette faveur avoit été accordée par arrêt du conseil du 27 juin 1654. Deux années après, les arrêt du conseil du 14 juin, & la déclaration du 20 juillet 1656, ordonnèrent cette même conversion en faveur de toutes les provinces & lieux du ressort de la cour des aides de Paris, sujets au huitième réglé, avec quelques exceptions. C'est ce qui se trouve confirmé par l'ordonnance des aides, du mois de juin 1680, titre du droit de *subvention*. Il est fixé, compris le parisis, à vingt-sept sous par muid de vin, cinq livres huit sous par muid d'eau-de-vie, treize sous six deniers sur le gros & petit cidre & la bière; six sous neuf deniers sur le poiré. Sur les vendanges, à raison de trois muids, pour deux muids de vin, & trois muids de pommes ou poires, pour un muid de cidre ou poiré, entrant depuis le premier du mois de septembre jusqu'au premier mars: dans les autres mois de l'année, ces fruits ne dévroient pas la *subvention*. L'affranchissement de ce droit, pour la généralité de Lyon, sans y comprendre la ville & l'élection de Roanne, qui y restèrent assujettis; pour les élections de Mâcon, Auxerre, Tonnerre, Vezelay & Joigny, est de même confirmé, ainsi que pour les villes d'Abbeville & de Châlons, parce que la *subvention* y est perçue à l'entrée.

Les bourgeois de la ville & fauxbourgs de Bourges, ceux de la ville & des fauxbourgs de Langres, font confirmés dans le privilège de ne payer ce droit au détail fur les boiffons de leur crû; les premiers, qu'à raifon de vingt-deux fous par muid, & les autres, fur le pied de dix-huit fous.

Comme il n'avoit été queftion, en 1656, que des pays fujets au huitième réglé, pour la perception du droit de *fubvention* au détail, elle continua d'avoir lieu à l'entrée, dans tous les pays où le quatrième avoit cours, & par conféquent dans toute la Normandie. Mais, fur les repréfentations faites en 1657, par les députés de cette province, que la levée de ce droit, telle qu'elle avoit lieu, dans les fimples villages, hameaux & écarts, étoit extrêmement onéreufe aux habitans de la campagne, une déclaration du 8 août 1658, ordonna que ce droit ne fe percevroit plus à l'entrée que des villes, bourgs, paroiffes où il y auroit jurifdiction royale, ou foire & marché, & qu'ailleurs elle feroit perçue à la vente en détail. En même tems, pour retrouver ce que cette converfion pouvoit faire perdre aux produits de ce droit, cette déclaration affujettit toutes les villes & bourgs de la Normandie à payer la *fubvention* au détail, indépendamment du même droit de *fubvention*, qui s'y levoit déja à l'entrée.

Il réfulte donc de cet état des chofes, que dans le reffort de la cour des aides de Rouen, ce droit a lieu à l'entrée dans les endroits défignés, & par toute la Normandie, à la vente en détail; tandis que dans le reffort de la cour des aides de Paris, elle fe perçoit même dans les lieux où le quatrième a cours, uniquement à l'entrée, étant expreffément défendu de la percevoir fur la vente en détail, à peine de concuffion. Il eft vrai auffi, que dans ce dernier reffort la *fubvention* doit être payée dans toutes les paroiffes compofées au moins de cent feux, y compris les hameaux & écarts en dépendans. Dans la fuite, la déclaration du 10 avril 1714 appliqua à la *fubvention*, & aux anciens & nouveaux cinq fous, les difpofitions relatives aux hameaux & écarts que nous avons rapportés aux mots, ANCIENS CINQ SOUS, *tome I, pag.* 373 enforte que c'eft une dérogation à l'ordonnance qui comprenoit les feux des hameaux & écarts, au nombre de ceux des paroiffes, puifque ces endroits en font exempts, toutes les fois qu'ils fe trouvent entièrement détachés du lieu principal dont ils dépendent, quoiqu'il foit fujet à la *fubvention*.

La feule exception que préfente, dans le reffort de la cour des aides de Paris, la double levée de la *fubvention* au détail & à l'entrée en même tems, eft la ville de Pontoife, parce que l'élection de cette ville fait partie de la province de Normandie.

Au refte, ce droit eft payable comme le font ceux des anciens & nouveaux cinq fous, à l'entrée du lieu de la deftination; & non dans les lieux de paffage, à moins que les boiffons n'y féjournent plus de huit jours venant par eau, & de trois jours venant par terre; car, dans ces deux cas, les lieux de paffage font réputés lieux de la deftination.

Ce droit eft dû autant de fois que les boiffons font tranfportées d'une paroiffe fujette dans une autre de même qualité, pour y être vendues ou confommées, encore que ces paroiffes foient d'une même élection.

A l'égard des boiffons mifes en refuge, pour un terme au-deffous de fix mois, les difpofitions dont on a parlé fous ce mot, font communes aux anciens & nouveaux cinq fous, de même que la *fubvention*. *Voyez* REFUGE.

Les ordonnances des aides, tant pour le reffort de la cour des aides de Paris, que pour celui de la même cour à Rouen, prefcrivent d'ailleurs toutes les précautions & toutes les formalités propres à empêcher la fraude du droit de *fubvention*, en ordonnant des inventaires par les commis, des déclarations par les propriétaires, & en défendant de tenir magafin & entrepôt de vin dans les bourgs, villages & châteaux fitués dans les trois lieues limitrophes des lieux où la *fubvention* fe lève à l'entrée, à peine de confifcation des boiffons & de cent livres d'amende.

La difpofition qu'on vient de rappeller, ne fe trouvant pas dans l'ordonnance des aides de Normandie, on y a fupplée, 1°. par la défenfe d'enlever aucuns vins ou boiffons, fans un congé de remuage, même dans les lieux où la *fubvention* ne fe lève pas; 2°. par le recenfement particulier que le fermier eft autorifé à faire par fes commis, des boiffons, dans la huitaine de leur arrivée, & par un recenfement général de trois mois en trois mois, de toutes les boiffons exiftantes chez les habitans des lieux où fe perçoit la *fubvention* à l'entrée. *Voyez* le mot RECENSEMENT.

Les perfonnes exemptes de la *fubvention*, font les eccléfiaftiques, pour les boiffons du crû de leur bénéfice feulement.

Les nobles.

Les officiers des cours fouveraines de Paris & de Rouen, les fecrétaires du roi, pour les boiffons de leur crû.

Tous ceux qui ont prétendu jouir de la même faveur, comme les tréforiers de France, les officiers commensaux, les officiers des monnoies, & plusieurs autres officiers militaires, ont été assujettis à la payer; les hôpitaux même y ont été déclarés sujets, par les arrêts du conseil des 5 juin 1714 & 19 juin 1717.

Les habitans & négocians des villes de Dieppe, Grandville & Honfleur, ont été déchargés du payement des droits de *subvention*, & autres d'entrée, sur les boissons qu'ils font embarquer pour la nourriture des équipages des navires armés pour la pêche, ou pour des voyages de long cours, de même que pour le grand & le petit cabotage, sous la condition de faire la déclaration des boissons qu'ils feront venir pour les avitaillemens, de les représenter à toute réquisition des commis, jusqu'à ce qu'elles soient arrivées, de souffrir la visite des commis sur les navires, & de ne pas permettre que des particuliers aillent boire à bord, ou que les gens de l'équipage emportent de ces boissons chez eux; & encore à la charge de déclarer, au retour des bâtimens, le reste des boissons qui n'auront pas été consommées, & d'en payer les droits d'entrée, s'ils veulent les vendre.

SUBVENTION PAR DOUBLEMENT. On a vu, par ce qui a été rapporté ci devant, que suivant la déclaration du 22 juin 1655, la *subvention* simple devoit être payée deux fois: 1°. A l'entrée d'un lieu sujet; 2°. A la sortie du royaume ou de la province d'aides; qu'ensuite, l'année suivante, cette *subvention* d'abord imposée à l'entrée, le fut à la vente en détail, dans les pays de huitième.

La déclaration du 14 juin 1656, qui ordonna ce changement, établit en même tems la *subvention par doublement*, sur les vins sortant des provinces sujettes à la *subvention* au détail, par la raison que conformément à sa création, ce droit devoit être perçu deux fois sur les vins sortant pour l'étranger ou pour les provinces exemptes d'aides.

La *subvention par doublement* forme un chapitre séparé dans l'ordonnance des aides. Sa quotité est fixée à cinquante-quatre sous par muid de vin ordinaire ou de liqueur; & sur les vendanges, à raison de trois muids pour deux muids de vin.

A vingt-sept sous par muid de gros & petit cidre, & de bière.

A treize sous six deniers par muid de poiré, & trois muids de fruits pour un muid de boisson.

A cinq livres dix sous par muid d'eau-de-vie simple; au double, sur l'eau-de-vie double ou rectifiée, & au triple sur l'esprit-de-vin.

Les cas où ce droit est exigible, sont:

1°. Lorsque les boissons sortent des provinces où les aides ont cours, pour être transportées dans les provinces exemptes, ou au pays étranger, à l'exception des eaux-de-vies exportées du royaume.

2°. Sur les boissons venant, ou des pays étrangers, ou des provinces affranchies d'aides, dans celles qui sont sujettes à la *subvention* au détail.

3°. Sur les boissons, vendanges ou fruits sortant d'un pays d'aides, pour rentrer dans une autre de même condition, ou venant d'un pays exempt d'aides, & passant sur un pays sujet, pour être transportées dans un autre, exempt; quand, dans l'un & l'autre cas, l'emprunt de passage, comprend un espace au-dessus de trois lieues, l'arrêt & les lettres-patentes des 28 décembre & 3 février 1724, rendus pour les anciens & nouveaux cinq sous, & pour la jauge-courtage, ont été déclarés communs à la *subvention. Voyez* JAUGE-COURTAGE, *tome II, pag.* 665.

Les boissons pour lesquelles le droit de *subvention par doublement*, a été payé deux fois, n'y sont plus sujettes, en quelque endroit qu'elles soient transportées, quand elles n'ont pas changé de destination depuis le lieu de leur enlèvement; mais une fois la première destination consommée, elles sont confondues avec les boissons du crû du lieu, & seroient assujetties aux mêmes droits, si elles en sortoient par un second commerce. L'ordonnance des aides porte, article VI, du titre de ce droit, que dans le droit de sortie, imposé particulièrement sur les vins sortant du royaume, par les généralités d'Amiens, Soissons & Châlons, est comprise la *subvention par doublement*.

Il n'existe aucune exemption personnelle pour le droit de *subvention par doublement*, si ce n'est pour les habitans de Charleville, Pondarche, Mouzon, Rocroy & Sedan, qui ont été déchargés du payement de ce droit, ainsi que des autres droits d'aides sur les boissons qu'ils tirent du royaume pour leur consommation.

Mais on ne connoît aucun affranchissement accordé en particulier à des personnes ou à des titres; & les ecclésiastiques même ont été condamnés à le payer pour les vins du crû de leurs bénéfices, toutes les fois qu'ils l'ont voulu contester.

L'arrêt du conseil, du 10 septembre 1776, a ordonné que ce droit seroit perçu sur les vins enlevés du Poitou & autres pays d'aides, à la destination des Marches communes, & réciproquement sur les vins sortant de ce canton & passant en pays d'aides.

Mais des considérations particulières en faveur

du commerce de quelques provinces, ont déterminé le gouvernement à affranchir entièrement leurs vins ou leurs eaux-de-vies du droit dont il s'agit, ou à le modérer.

Ainsi, les vins de Bourgogne envoyés dans les pays & lieux sujets aux aides, ont été déchargés du paiement du droit de *subvention par doublement*, par arrêts du conseil des 11 novembre 1669, 20 juillet 1670 & 11 octobre 1687; mais ils le payent véritablement lorsqu'ils passent dessus ou dessous le pont de Joigny. *Voyez* ce mot ci-devant, *pag.* 342.

L'article VII du titre de la *subvention par doublement*, réduit ce droit à moitié sur les vins d'Anjou, du duché du Maine, de Beaumont, de Thouars & de la châtellenie de Champtoceaux; & à cent sous par muid d'eau de vie, descendant par la rivière de Loire, ou transportés, par terre, en Bretagne; les arrêts du conseil, des 14 septembre 1745 & 14 janvier 1749, ont encore modéré ce même droit au tiers, sur les vins & vendanges du crû de la Châtellenie de Champtoceaux & de la paroisse de Bouzillé, portés en Bretagne par les habitans.

Par l'article VIII du même titre, les vins & eaux-de-vies enlevés dans l'étendue de la ferme du droit de traite de Charente, sont affranchis du droit de *subvention par doublement*, attendu que ce droit a été remplacé par un autre de huit livres par muid de sel.

Les arrêts du conseil des 12 août 1727 & 28 octobre suivant, confirmés par la décision des commissaires du conseil au bureau du commerce, du 5 novembre 1730, ont jugé que les eaux-de-vie tirées du Bordelois & des autres provinces réputées étrangères, par les négocians du Calaisis & du Boulonnois, ne devoient pas être sujettes au droit de *subvention par doublement*, attendu que ces pays ne sont pas proprement pays d'aides.

En 1760 il s'éleva une contestation entre l'adjudicataire des fermes & les Etats du Mâconnois, relativement au droit de *subvention par doublement*. Le fermier vouloit l'exiger sur les vins du pays, destinés pour le réputé étranger, comme la Bresse, le Bugey & même la Bourgogne, en se fondant sur ce que le Mâconnois étoit un pays sujet aux aides.

Les Etats du pays répondoient, qu'en effet tous les droits de cette nature y avoient eu cours; mais qu'ils s'en étoient rédimés, en payant à la maison d'Armagnac, à laquelle ils avoient été aliénés, une somme de cinquante-cinq mille livres pour le seul droit de gros; qu'ils avoient également racheté les autres droits d'aides, de

mademoiselle d'Armagnac, & qu'ils avoient été autorisés à convertir leur perception en un seul droit dû à la vente en détail; qu'ainsi, le droit de *subvention par doublement* se trouvoit compris parmi ceux qui avoient été rachetés, & n'avoit jamais été compris dans les baux de la ferme generale. Cette contestation est restée sans suite.

Comme la *subvention*, soit au détail, soit à l'entrée se lève & se confond avec d'autres droits, on sent qu'il n'est pas possible d'en évaluer le produit. Quant à celui de la *subvention par doublement*, il paroît par le relevé qui en a été fait sur les registres des années 1770, 1771 & 1772, que c'est un objet, année commune, de trois cents à trois cents vingt mille livres, non compris les dix sous pour livre.

SUBVENTION ou SUBSISTANCE DES VILLES. On donne ce nom à une imposition particulière, qui a lieu dans les villes de Rheims, Caen, Troyes, Châlons, Bourges, le Havre, Amiens, Angers, & quelques autres. Elle y tient lieu des taxes mises en différens tems sur ces villes, pour subvenir à l'entretien & à la subsistance des troupes. On a continué de lever ces taxes dans ces villes, pour servir à l'entretien de leurs fortifications, ou pour acquitter leurs dettes, de même que les deniers d'octroi; mais elles furent comprises en entier dans le bail des aides, fait en 1663, à Rouvelin, & elles n'ont pas cessé d'en faire partie. L'article 435 du bail de Forceville, comprend ces taxes sous le nom de *subvention & subsistance des villes*.

La régie des aides en jouit, en conformité de l'arrêt du conseil du 14 mars 1724, rendu pour la ville de Troyes, ainsi que l'indique le bail de Forceville.

Cet arrêt porte, que les marchandises de ladite ville payeront annuellement à la ferme des aides, tant pour la première moitié de leurs octrois, que pour le droit de *subsistance & de subvention*, la somme de trente mille livres, suivant l'arrêt du 7 juillet 1663, qui avoit fixé à cette somme, ce qui devoit revenir à sa majesté, pour lui tenir lieu de la perception dudit droit.

Dans les autres villes, où les droits de *subvention & de subsistance* sont également établis, l'évaluation de la partie revenant au roi, à cause de la réunion, a de même été faite sur le produit annuel de ces droits; & elles payent, en conséquence, à la régie des aides, les sommes auxquelles elles ont été taxées.

SUBVENTION-TAILLE. On donne encore le nom de *subvention* à une imposition qui est comprise dans le brevet annuel des tailles, & qui se lève dans quelques villes & pays.

Ces *subventions*, dit M. de Beaumont, dans fa collection imprimée au Louvre, & dont nous avons fi fouvent tiré des fecours, font des abon-nemens, au moyen defquels ils payent toujours la même fomme.

En voici le détail.

Sur le pays Boulonnois, quarante-trois mille neuf cents cinquante livres, ci   43950 livres.

Sur les villes franches & abonnées, de la généralité de Champagne, quatre-vingt mille livres... 80000.

Sur les habitans de la ville d'Amboife, mille livres................. 1000

Sur les villes franches & abonnées, de la généralité de Moulins, neuf mille trois cents livres.. 9300

Sur les habitans de la ville de Clermont-Ferrand, fept mille trois cents livres. 7300

Sur ceux de la ville d'Angoulême, dix-fept cents livres............. 1700

Sur les contribuables de la ville de Lectoure, quatre mille cinq cents livres : favoir, quatre mille livres, pour *fubvention*, cinq cents livres pour les réparations des chemins des environs de la ville 4500

Et les deux fous pour livre des *fubventions* des villes & pays ci-deffus énoncés.

Sur les contribuables aux tailles, du Comté de Bigorre, douze mille livres.. 12000

Sur ceux du Mont-de-Marfan, Turfan & Gabardan, huit mille livres.... 8000

Sur le comté de Nebouzan, quatre mille cinq cents livres.......... 4500

Sur les contribuables des vallées d'Aure, Magnoac, Neftes & Barouffe, quatre mille livres.. 4000

Sur le comté de Foix & la ville de Pamiers, quinze mille livres...... 15000 livres.

Il eft encore quelques provinces où l'on donne le nom de *fubvention* à un impôt levé, par forme d'octroi, aux entrées des villes, ou joint à la taille, ou à d'autres droits.

Voyez DOUANE DE LYON, *tome I*, *pag.* 640.

SUCRE, f. m. C'eft une fubftance fi connue, qu'il ne s'agit ici que de parler de la légiflation qui eft particulière aux *fucres*, relativement aux droits qu'ils payent, fuivant leurs qualités, foit lors de leur importation, ou de leur exportation.

Dès l'inftant que la France eut des Colonies en Amérique, le gouvernement penfa, avec raifon, qu'il convenoit d'y favorifer la culture des cannes à *fucre*, en procurant à cette denrée un débouché avantageux dans le royaume On a dit au mot ISLES & COLONIES FRANÇOISES DE L'AMÉRIQUE, *tome II*, *pag.* 647, que jufqu'en 1674, elles appartinrent à la compagnie des Indes occidentales, & qu'à cette époque le roi les ayant retirées, le commerce en fut abfolument libre.

Tant que ces ifles avoient été fous le joug du privilège exclufif de la compagnie des Indes, leur produit avoit été très-médiocre, elles avoient fourni très-peu de *fucres*. Il paroît même qu'alors on ne connoiffoit pas bien la différence qui fe trouve entre le *fucre* raffiné & la caffonnade, qui n'eft qu'un *fucre* terré, puifque le tarif arrêté au mois de feptembre 1664, impofe les *fucres* raffinés en pains ou en poudre, & les caffonnades du Bréfil, au même droit de quinze livres du cent pefant ; & les *fucres* bruts de Saint-Chriftophe, alors à la France, & mêmes des ifles étrangères, à quatre livres par quintal. Il n'exiftoit alors dans le royaume que deux ou trois raffine-ries

ries établies à Rouen, pour faire du *sucre* royal & du *sucre* candy.

Ils étoient trop éclairés par leur intérêt, sur le préjudice que leur causoit cette assimilation de *sucres* raffinés & de cassonnades, pour la supporter tranquillement. Ils représentèrent que les cassonnades étoient l'aliment de leurs manufactures; l'arrêt du conseil, du 15 septembre 1665, porta les droits du *sucre* raffiné à vingt-deux livres dix sous, par cent pesant, ceux des cassonnades à quinze livres, & fixa les droits des *sucres* bruts, des colonies françoises d'Amérique, à quatre livres par quintal; ces mêmes droits furent rappellés dans la déclaration du 18 avril 1667, dont l'objet particulier étoit d'encourager les fabriques nationales, en repoussant par des droits plus forts que ceux qui existoient, tout ce qui pouvoit nuire à leur progrès.

Cependant, par une contradiction qu'il n'est pas rare de trouver entre les principes qu'un administrateur a manifestés, & sa conduite, qui, trop souvent cède à la complaisance ou à la nécessité des circonstances, en 1681 il fut défendu de réexporter des *sucres* bruts à l'étranger, & l'année 1682 vit porter un coup fatal au commerce des *sucres* & aux fabriques du royaume, en permettant d'établir cinq raffineries dans les colonies.

L'intendant de Saint-Christophe, qui possédoit de grandes habitations dans cette colonie, fit entendre à M. de Colbert, que le seul moyen de ranimer la culture des colonies, & en même-tems leur commerce, étoit d'y former des raffineries de *sucres*, à l'imitation des Anglois. Mais, en moins d'un an, plus de cinquante vaisseaux, qui faisoient le commerce des isles, restèrent dans l'inaction; les matelots manquoient d'occupation & désertoient.

En 1684 on fut obligé de défendre tout établissement de nouvelles raffineries aux isles, & on laissa subsister celles qui existoient. Si Colbert eût vécu il les eût fait détruire, en dédommageant les propriétaires: c'étoit le moyen le plus sûr & le plus prompt de remettre les choses dans leur état naturel, en y ajoutant la permission de réexporter les *sucres* bruts aux étrangers.

Dans la suite, c'est-à-dire en 1698, l'arrêt du conseil, du 20 juin, réduisit encore les droits d'entrée sur les *sucres* bruts, à trois livres du quintal, & confirma la perception de ceux de vingt-deux livres dix sous, & de quinze livres sur les *sucres* raffinés en pain, & sur les cassonnades ou *sucres* terrés venant des isles & colonies Françoises. Et comme dès 1684, l'arrêt du 8 septembre avoit ordonné, par des vues d'encou-

ragement, que les droits payés sur les *sucres* bruts, fixés alors à quatre livres par quintal, seroient restitués sur le pied de neuf livres quinze sous, lors de l'exportation, des *sucres* raffinés à Rouen & en d'autres ports, à raison de deux cents vingt-cinq livres de *sucre* brut pour cent livres de *sucre* raffiné, l'arrêt du 15 mars 1702 fixa cette restitution en conséquence de la réduction du droit des *sucres*, à six livres quinze sous, & confirma le transit, avec affranchissement de tous droits locaux dont jouissoient les *sucres* ainsi exportés.

Mais les lettres-patentes du mois d'avril 1717 ayant prescrit de nouvelles règles sur ce qui concernoit le commerce des isles & colonies françoises, le droit dû sur les *sucres* bruts, à leur arrivée dans le royaume, fut encore réduit à cinquante sous par quintal, celui des *sucres* terrés à huit livres aussi par quintal, & les *sucres* raffinés restèrent sujets au droit de vingt-deux livres dix sous, comme propre à écarter de la concurrence des *sucres* raffinés en France, ceux qu'on apporteroit des colonies. En même-tems on réduisit la restitution des droits sur les *sucres* raffinés, exportés du royaume, dans la proportion où elle devoit être, c'est-à-dire, à cinq livres douze sous six deniers par quintal.

L'article XXVIII de ces mêmes lettres-patentes plaça, comme le tarif de 1664, les *sucres* de toute espèce, dans la classe des drogueries-épiceries, en ordonnant qu'ils ne seroient sujets à aucun droit à leur sortie du royaume.

La liaison qui existoit entre la traite des nègres & la culture de nos colonies, ne tarda pas à être apperçue après qu'on eut posé les règles de leur commerce avec la métropole. En conséquence l'arrêt du 27 septembre 1720 ordonna que les *sucres* achetés avec le produit de la vente d'une cargaison de nègres, ou pris en troc & en paiement de ces esclaves, jouiroient de l'exemption de la moitié de tous les droits dûs dans le royaume, lorsqu'ils y seroient importés, avec les pièces nécessaires pour justifier cette origine. L'abus qui se faisoit journellement de cette exemption, a déterminé à la supprimer en 1784, & à la remplacer par des primes accordées aux capitaines de navires débarquant des nègres dans les isles & colonies françoises. *Voyez* ce qui a été dit à ce sujet au mot GUINÉE, *tome II*, pag. 464.

Enfin, l'arrêt du conseil, du 17 novembre 1733, étendit aux *sucres* raffinés, exportés par mer, la même faveur dont jouissoient ceux qui étoient expédiées en transit par terre.

Quoique les vues de protection & d'encouragement, pour le commerce des *sucres*, qui forment la principale branche du commerce de nos colonies, & font la bafe de leur profpérité, foient bien manifeftées par la légiflation dont on a rapporté les articles les plus importans, elles fouffrirent néanmoins quelques contrariétés de la part des percepteurs, & donnèrent lieu à des difficultés entre les négocians & les fermiers du fifc. Une des plus curieufes eft celle qui s'éleva en 1780, & fut terminée par la décifion du confeil, du 12 juin. Elle fait voir que l'intérêt ne raifonne pas toujours avec la jufteffe qui convient à l'impartialité.

Il s'agiffoit d'environ treize cents livres de fucre raffiné, expédiées d'Orléans à Lille, fur lefquelles on avoit perçu à Péronne une fomme de cinquante-fept livres pour droits de fortie des cinq groffes fermes, & dont le fabriquant réclamoit la reftitution.

On juftifioit cette perception, en obfervant, qu'à la vérité le tarif de 1664 plaçoit les fucres dans la claffe des drogueries ; mais que comme alors la confommation de cette denrée étoit trèsmédiocre, il n'étoit plus queftion de lui appliquer actuellement les règles concernant les drogueries ; qu'il étoit d'ailleurs établi par les arrêts des 11 août 1699 & 5 juin 1725, que les fucres raffinés dans les provinces réputées étrangères, étoient fujets à tous les droits de circulation ; qu'enfin ces fucres provenans de fucres bruts, qui n'avoient payé que des droits très-modiques à leur arrivée, ces derniers étoient changés de nature par le raffinage ; que par conféquent le fucre raffiné n'étoit plus du fucre brut, & qu'il devoit être fujet aux droits d'entrée & de fortie, comme toutes les autres marchandifes des fabriques du royaume ; enfin, on finiffoit par dire, que les droits perçus étant des droits de circulation, & non de fortie, leur perception étoit légitime.

La partie intéreffée répondoit à ces raifonnemens, qu'ils étoient vicieux, parce que l'efprit des règlemens y étoit perverti, leur fens contourné, & leurs difpofitions dénaturées ; elle rapportoit les expreffions littérales de l'article final du tarif de 1664, & l'article XXVIII des lettres-patentes de 1717 ; elle remarquoit que cette légiflation tenoit au principe général, adopté depuis long-tems, à l'égard des drogueries & épiceries de toute efpèce, pour en attirer le commerce, & le favorifer tant au-dedans qu'au dehors du royaume. Elle traitoit de fubtilité praticienne, la prétention de vouloir que les droits de fortie du tarif de 1664 ne fuffent que des droits de circulation, & répondoit fur la différence que l'on avoit mife entre du fucre raffiné & du fucre brut ; que purifier une fubftance quelconque, la dépouiller de fes parties hétérogènes, ce n'étoit ni l'altérer, ni la dénaturer, mais la perfectionner & la rendre plus elle-même. Auffi, le confeil prononça, le 20 juin 1720, en ces termes : Cette

perception eft contraire à la difpofition de l'article final du tarif de 1664, & il fut donné des ordres pour le rembourfement réclamé.

Mais jamais le commerce des fucres n'a reçu de plus grandes faveurs que celles qu'il a obtenues récemment.

L'arrêt du 25 mai 1786 ordonne que tous les fucres bruts provenans des colonies Françoifes en Amérique, & qui auront été raffinés dans un des ports du royaume, jouiront à leur exportation à l'étranger, ou dans les provinces de France affimilées à l'étranger, de la reftitution de la totalité des droits qui auront été acquittés à leur arrivée comme fucres bruts, même de ceux du domaine d'Occident & de tous autres, fous quelque dénomination que ce puiffe être ; & pour prévenir toute difficulté dans l'évaluation du rembourfement, un quintal de fucre raffiné fera confidéré repréfenter deux cents vingt-cinq livres de fucre brut.

A R T I C L E   I I.

Tout négociant ou raffineur qui aura expédié à ladite deftination, foit par mer, foit par terre, des fucres raffinés, ainfi qu'il eft dit ci-deffus, obtiendra, indépendamment du rembourfement de droits, ordonné par le précédent article, une prime de quatre livres par quintal defdits fucres, fous la condition cependant, qu'il ne pourra réclamer le paiement de ladite prime, ni ledit rembourfement, qu'après avoir conftaté par des certificats en bonne forme, que lefdits fucres feront parvenus à la deftination qu'il aura déclarée. On obfervera que la proportion de deux cents vingt-cinq livres de fucre brut pour un quintal de fucre raffiné, eft trop forte, puifque des raffineurs honnêtes & de bonne foi, conviennent qu'il ne faut que cent foixante-dix à cent quatrevingt livres de fucre brut pour en fabriquer cent livres de raffiné à Orléans.

Dans la vue de ne rien omettre de ce qui regarde les fucres, on doit ajouter qu'un arrêt du confeil, du 17 mars 1782, a porté le droit de vingt-deux livres dix fous par quintal fur les fucres raffinés, importés dans le royaume, de l'étranger, à quarante livres ; enforte que ce droit revient à foixante livres, avec les dix fous pour livre ; que l'arrêt du 30 juin 1786 a fupprimé le droit local de cinquante fols par quintal, qui fe percevoit à Rouen fur les fucres & fur les cires ; le roi ayant bien voulu accorder cette grace, aux maire & échevins de cette ville, qui lui en ont fait la demande à fon paffage par leur ville, lorfque fa majefté eft revenue de Cherbourg.

SUÈDE. (finances de) La collection des Mémoires raffemblés par M. de Beaumont, intendant des finances, eft la fource unique qui nous fournit tout ce que nous avons à dire sur les impositions & les droits qui se lèvent en *Suède*. Nous ne faisons que transcrire l'article de ce royaume, renfermé au *tome I* de cette Collection, *pag.* 26.

La *Suède* a des revenus fixes & immuables, qui ont été anciennement établis sur la partie des biens-fonds qui appartient à la couronne.

On nomme *héman* une portion de terre qui, cultivée par un paysan, suffit à l'entretien d'une famille. La division des hémans n'est pas faite en égalité géométrique, mais suivant la qualité du terrain. C'est sur ces hémans que les taxes sont établies; & si une portion de terrain ne compose pas un héman entier, on la taxe pour une partie: ce qui a établi la division du demi-héman & du quart de héman, &c.

Les hémans sont invariables, & si un paysan veut partager son héman entre ses enfans, ou en vendre quelque portion, il faut que ce soit une partie connue & mesurée, comme un quart, un huitième, &c.; ensorte que dans la répartition pour l'État, l'héman subsiste toujours en entier.

Tous les impôts étoient autrefois établis en nature en *Suède*, comme grains, foin, beurre, &c. travaux de journée, charrois, &c. les noms en subsistent encore; mais une partie a été évaluée en argent, d'une manière fixe. L'autre partie, comme les grains, corvées, se payent, ou en nature, ou en argent, suivant le cours courant dans les villes, pour les grains; & dans les provinces, pour les corvées. Le choix dépend de la couronne, qui le fait annoncer plusieurs mois d'avance, & quand le paysan paye en nature, il est obligé de faire transporter lui-même les denrées un certain espace de chemin.

Outre ces anciennes redevances, le héman paie à la couronne un dixième de la récolte en grains, dont un tiers est pour le clergé, & les deux autres tiers pour les magasins de la couronne, ou pour le paiement des officiers militaires & civils, qui ont également le droit de se faire payer en nature ou en argent.

Les hémans sont encore chargés de l'entretien & des recrues de tous les régimens provinciaux de cavalerie & d'infanterie, & d'un certain nombre de matelots. A cet égard un certain nombre de paysans doit entretenir un certain nombre de matelots, qui varie suivant la bonté du pays. En quelques endroits un héman est seul chargé d'un soldat; en d'autres, un héman & demi ou plus. Ils sont aussi tenus de fournir au soldat un *torp*, c'est-à-dire une portion de terre, trop petite pour être réduite en portion d'héman, comme deux ou trois arpens: portion suffisante pour l'entretien d'un ménage, & sur laquelle il y a une petite habitation. Ils doivent aussi lui payer une somme annuelle, inégale, suivant les provinces, d'environ trente écus, ou quatre-vingt-dix livres de France, un habit de travail: le roi fournissant les armes & l'uniforme à l'infanterie, tandis que le paysan est tenu de les fournir à la cavalerie. Ils doivent encore l'entretenir au quartier d'assemblée pendant vingt-un jours de chaque année, & quand l'assemblée est plus longue, le roi fournit l'excédent, proportionné à sa durée. Si le soldat meurt, ou est tué, l'héman en doit fournir un autre, ou le paysan est tenu de marcher pour lui, ou de renoncer à sa terre. Et, pour prévenir cet inconvénient, chaque héman se fournit d'une nouvelle recrue; ce qui forme dans le royaume une milice perpétuelle. Il en est de même pour la cavalerie, sauf qu'un plus grand nombre de hémans fournissent à la dépense plus grande de cet entretien.

Chaque officier a, dans le territoire occupé par son régiment, une terre de la couronne, pour son habitation: elle est plus ou moins étendue, suivant son grade, & il jouit d'une portion dans la dixme sur les grains.

Les hémans sont encore chargés de l'entretien des grands chemins, des bâtimens des paroisses, presbytères & maisons de justice, de fournir des chevaux aux troupes, sur l'ordre du roi, à huit sous par mille *Suédois*, & aux voyageurs, journellement, à douze sous par mille.

Les paysans qui cultivent les hémans de la couronne, dont on a parlé jusqu'ici, ayant seuls droit d'être députés à la diette, sont aussi les seuls qui soient chargés de l'entretien des députés de leur ordre, pendant la tenue des Etats.

Toutes ces contributions ne peuvent pas être évaluées avec précision, parce que les hémans sont taxés différemment dans diverses provinces, & parce que le prix des denrées varie suivant les années; cependant, on ne croit pas se tromper beaucoup, en estimant que chaque héman est taxé au neuvième de son revenu.

Il y a une autre espèce de biens de la couronne, appellés plus particulièrement *biens du roi*: ce sont les châteaux & maisons royales; les revenus en sont employés à l'entretien de la cour. Ils sont pour la plupart affermés à différens particuliers, par des baux à divers termes, même de cinquante ans, & ils ne sont sujets à aucunes impositions.

Après les terres, dont le fonds appartient en propriété à la couronne, on en distingue de deux sortes, les satteries & les hémans francs.

Les satteries sont la terre que le gentilhomme habite lui-même, sur laquelle il est obligé d'avoir une maison bâtie, parce que les franchises sont attachées à cette maifon & difparoîtroient avec elle. Ces terres ne font chargées que de leur quote-part de l'entretien des chemins , des paroiffes & des presbytères ; & elles ne peuvent être poffédées que par des nobles , à moins d'une permiffion expreffe du roi & du fénat.

Les hémans francs peuvent être poffédés par les bourgeois & par les prêtres ; ils payent les dixmes , une portion des contributions ci-deffus mentionnées , fourniffent leur quote-part à l'entretien des foldats & matelots , des chemins & des fournitures de chevaux ; & en outre ils font obligés d'entretenir tous enfemble un corps de cavalerie , nommé l'*étendard de la nobleffe* , qui eft deftiné particulièrement à la défenfe du pays , qui ne doit jamais paffer les frontières , ni être commandé que dans la néceffité. La couronne en paye les officiers , & leur donne une terre comme à ceux des régimens provinciaux.

Les autres revenus fixes du royaume font :

1°. La dixme de tout le fer qui fort des fourneaux fitués fur les terres de la couronne , & qui fe paie en argent , fuivant le prix courant du fer.

2°. Le centième de tout le fer qui fort de la forge : il s'étend fur tout le royaume , & fe paie auffi en argent.

3°. Le quart de tout le cuivre , qui fe paie en nature.

4°. Le trentième fur l'alun , qui fe paie en argent.

5°. Les mines d'argent appartiennent en entier à la couronne.

6°. Les fabriques de la poudre à canon font à la couronne , en privilège excluſif.

7°. Une partie des lacs & des pêches appartient à la couronne , qui l'afferme à des particuliers.

8°. Les douanes , qui font affermées quinze tonnes d'or par an , avec la claufe , que fi par la fuite on veut affranchir quelque marchandife actuellement taxée , on défalquera , fur le prix du bail , le produit des entrées , à raifon d'une année commune fur dix.

9°. Les revenus de la pofte aux lettres , qui font fous la direction d'un fecrétaire d'Etat , & non affermés.

10°. Le papier timbré , affermé foixante mille écus : (l'écu de *Suède* vaut trois livres , monnoie de France ; ainfi , foixante mille écus font cent quatre vingt mille livres.)

11°. Un droit fur les expéditions favorables dans les bureaux de l'Etat , qui a rapporté treize mille écus , (trente-neuf mille livres , monnoie de France ,) en 1763.

12°. Un impôt fur tous les chevaux & bêtes à cornes dans les villes.

13°. Une accife fur toutes les denrées , nommée *droit de confommation*.

14°. Un droit fur tous les navires marchands , à proportion de leur grandeur , attribué à une caiffe d'amortiffement , pour les dettes de la couronne , du tems de Charles XII , & un droit de pareille nature , attribué aux dépenfes de l'Etat , pour la protection du commerce , les appointemens des confuls , &c.

15°. Une capitation générale fur tout ce qui n'eft pas noble , des deux fexes , depuis feize ans jufqu'à foixante-trois , tant dans les villes que dans les campagnes , de vingt-quatre fous par tête.

16°. Chaque feu de la campagne , de tous les ordres , paie dix huit fous également , pour l'entretien des fénéchaux , juges & gens de juftice.

17°. Chaque feu eft fixé à fix fous pour l'entretien du juge territorial , quand il vient rendre la juftice.

18°. Un impôt qui entre dans la caiffe d'amortiffement , pour les dettes de la couronne , du tems de Charles XII , taxé ainfi qu'il fuit :

Tous les officiers de la couronne , fuivant leur rang , depuis treize écus jufqu'à un écu , (de trente-neuf livres à trois livres , monnoie de France.)

Tous les nobles , qui ne font pas au fervice , felon leur bien , depuis dix écus jufqu'à un écu & trente-deux fous.

Tous les prêtres , évêques , & l'archevêque d'Upfal , depuis quinze écus jufqu'à un écu , (de quarante-cinq livres à trois livres , monnoie de France.)

Tous les poffeffeurs de mines , forges & fourneaux , depuis quinze écus jufqu'à un écu & trente deux fous , (de quarante-cinq livres à quatre livres douze fous , monnoie de France.)

Tous les valets & fervantes de gens qui ne font pas payfans , feize fous.

Un payfan , chef de famille , vingt-un fous.

Un valet de payfan , chef de famille , feize fous.

Une fervante de payfan , chef de famille , quatre fous.

19°. Enfin , un fubfide pour le bâtiment du château , taxé au quart de ce qui eft compris dans l'article précédent.

Ces deux derniers revenus de la couronne ne font pas précifément fixes ; ils ont été accordés par les diettes de 1723 & de 1727 ; mais il est vraisemblable qu'ils subsisteront toujours.

Il y a encore , sur les grains , une imposition toute différente. Quand ils sont au-dessous d'un certain prix , comme de vingt-quatre dallers , ou douze livres de France , par tonneau de seigle , on le charge d'un impôt qui en monte le prix jusqu'à la valeur à laquelle on veut le soutenir. Le produit de cet impôt doit être employé à construire des magasins dans tout le royaume ; il a été établi il y a huit à neuf ans , & il n'a pas encore rapporté de quoi travailler à la construction des magasins.

La perception de tous les revenus est confiée à des receveurs de la couronne , distribués dans le pays , par département , sous la direction du gouverneur de la couronne.

Chaque habitant de héman reçoit, tous les ans, un état libellé de ce qu'il doit payer , divisé en trois termes , à chacun desquels le receveur se trouvant au lieu indiqué pour le payement, donne quittance au bas de l'état & sur le livre du paysan. Ce dernier peut obtenir deux termes de délai. S'il ne paie pas au troisième , le receveur se transporte chez lui pour exécuter les meubles , & si la valeur n'égale pas la somme de l'impôt arriéré , il chasse le paysan de son héman , quand même il en auroit acquis l'hérédité.

Le receveur a trois ans pour régler les comptes , & se faire payer l'arriéré ; mais après ce terme, il est tenu de payer de ses deniers , étant comptable à la couronne , de la somme qu'il doit lever.

S'il se trouve des non-valeurs , il en rend compte au tribunal du juge territorial, qui a douze paysans pour assesseurs , & leur certification le rend quitte.

Les comptes sont portés au gouverneur de la province , examinés & contrôlés dans un bureau qui a pour directeur un subdélégué des finances , & la recette est déposée entre les mains du trésorier de la province.

Le gouverneur remet les comptes au collège de la chambre des finances , elle examine les résultats ; s'il se trouve des arrérages , le receveur en est comptable ; il a , pour la dernière fois , son recours sur le paysan , & ce sont ces formalités qui composent les trois années de délai.

Ces comptes sont remis ensuite au collège de revision , qui les examine par article , & le receveur est obligé de fournir tous les éclaircissemens.

S'il ne peut pas répondre , il est condamné à payer la somme qui manque , & en outre à une amende de douze pour cent. S'il est hors d'état de payer la somme, ou si le *deficit* monte seulement à cinquante écus , (cent-cinquante livres, monnoie de France ,) il est condamné aux travaux publics , pour un an ; pour cent écus , à deux ans ; & ainsi de suite : une année de plus , pour cent écus jusqu'à cinq cents ; & au-delà il est puni de mort ; & cette loi est générale pour tous les receveurs de la couronne , tant à la ville qu'à la campagne.

Si quelqu'un des officiers de la couronne lève, par supercherie ou par violence , la moindre chose au-delà des contributions ordonnées, il est puni comme coupable de vol. Si c'est par persuasion , & du consentement du paysan , l'officier est cassé , & condamné à une amende de deux cents écus , (six cents livres, monnoie de France ;) & s'il reçoit un présent , offert volontairement, il est obligé de le rendre , & de payer cent écus , (trois cents livres , monnoie de France ,) d'amende. L'exécution de toutes ces ordonnances, ainsi que l'économie générale du royaume , est confiée au collège de la chambre des finances ; mais les recettes, qui sont remises d'abord aux trésoriers des provinces , demeurent à la disposition du comptoir de l'État , qui rend compte directement au sénat.

Il y a en outre des contributions variables , qui se déterminent à chaque diette , & qui portent sur toutes sortes de personnes , d'états & de choses , le détail en seroit immense à exposer ici ; mais pour y suppléer on a joint à ce rapport une copie exacte de ce qui a été déterminé à ce sujet par la diette tenue en 1761.

Il reste à observer, que depuis plusieurs années , la circulation de l'espèce numéraire a disparu presqu'entièrement en *Suède* ; ce royaume est réduit à une monnoie représentative en papier, dont le crédit porte sur une banque anciennement établie , & qui avoit toujours soutenu & mérité la confiance publique jusqu'à 1761 , où le prétexte des besoins de l'État , & de fausses spéculations , ont engagé à multiplier, sans mesure , les billets de la banque. Cette ressource , dont l'abus , trop tentant , a toujours laissé de longues plaies aux États les mieux constitués , cause , dans ce moment , de grands maux en *Suède* , sans qu'il soit facile d'en prévoir la fin.

TABLEAU des contributions réglées à la diette de 1761.

OBSERVATIONS.

L'écu de *Suède* vaut trois livres, monnoie de France.

Le fou de *Suède* eft la foixante-quatrième partie de l'écu.

Ceux qui ne font pas mentionnés dans l'état de contribution, payent à proportion de leurs égaux.

Dans les villes, la taxe fe fait par le grand-gouverneur à Stockolm, & par les gouverneurs des provinces, dans les autres villes, conjointement avec les magiftrats & les premiers bourgeois, fur leur ferment, & felon la profeffion & l'aifance de chaque contribuable.

A la campagne, par le gouverneur de la ville, ou quelqu'un à fa place, le juge, les députés de la nobleffe, du clergé & des payfans.

L'acte de taxation doit être examiné dans un bureau à Stockolm & aux comptoirs des provinces, pour voir s'il eft conforme à ce qui eft ordonné; mais la taxation des bourgeois, fur leur profeffion & aifance, ne peut être diminuée ni augmentée, parce qu'il eft à fuppofer que perfonne ne fait mieux ces particularités que les magiftrats & leurs confrères, qui les ont taxés.

Les taxations ainfi examinées, le grand-gouverneur & les gouverneurs en ordonnent la perception: le commis, ou receveur, donne à chaque contribuable une lifte de ce qu'il doit payer; & s'il ne paie pas dans un tems prefcrit, ou s'il ne fe plaint pas d'être trop taxé, au lieu convenable, il eft exécuté.

CONTRIBUTIONS, tant perfonnelles que fur les biens-fonds, réglées à la diette de 1761, pour être perçues jufqu'à la diette prochaine, l'année courante de la diette inclufivement.

CONTRIBUABLES.	TAXES.	
	Écus.	Sous.
Tous les officiers de la couronne, tant de l'état militaire, que de l'état civil, & tous ceux, en général, qui occupent quelque place publique, de tout rang, & de tout grade, payent deux pour cent de leurs appointemens & revenans-bons.		
Ceux de ces officiers, qui font payés en grain ou autres denrées, payent quatre pour cent.		
Tous les ouvriers qui travaillent pour la couronne, à l'artillerie, à l'amirauté, ou aux fortifications, & qui ont une paye journalière de feize fous ou au-delà, font taxés par année, à............................	1.	
Ceux qui font au-deffous de feize fous par jour...................		32.
On en a excepté les bas-officiers & les foldats.		
Ceux qui fervent, fans toucher de gages, payent également avec leurs égaux, dans les mêmes places, avec appointemens.		
Ceux qui ont un caractère plus élevé que la charge qu'ils exercent, paient à proportion de l'appointement affecté à la place dont ils portent le titre.		
Ceux qui ont un caractère, & qui ne fervent point, qui même n'ont jamais fervi, paient le double de ce qu'ils devroient payer s'ils étoient réellement au fervice.		
Ceux qui ont eu leur démiffion, mais qui ont reçu un caractère au-deffus de la place qu'ils ont quittée, paient comme ceux qui fervent dans le même grade.		

CONTRIBUABLES	TAXES.	
	Écus.	Sous.
Ceux qui ont quitté, fans autre caractère que celui qui étoit affecté à la place qu'ils occupoient, ne paient rien.		»
Ceux qui ont quelque charge momentanée, & qui ont des appointemens jufqu'à ce qu'ils foient employés, paient deux pour cent de leurs gages.		
Ceux qui ont des penfions, ou autres gratifications, montant au-delà de deux cents-cinquante écus, paient douze pour cent.		
Ceux qui ont des charges publiques, auxquelles il n'y a point de gages fixes affectés, mais qui jouiffent d'autres revenans-bons de leurs emplois, paient à proportion de leurs charges, revenus & aifance, depuis........	6.	
jufqu'à...	20.	
Ceux qui font dans les collèges & bureaux, pour s'inftruire, & qui font fans emploi.		
Ceux qui n'ont que des profits journaliers, variables & incertains, joints aux muficiens dans les villes, paient depuis	1.	
jufqu'à...	3.	
Les nobles, & tous ceux qui poffèdent des trals-hémans, paient à pro-portion de la part qu'ils ont à l'entretien du corps appelé l'*étendard noble*, ou *adels fana*, vingt-un fous un tiers; ce qui peut monter, par héman, à...	5.	
L'archevêque, l'évêque & le curé, dont la paroiffe eft de foixante-quatre hémans, paient	11.	16.
Ceux qui ont des paroiffes au-deffous de cette étendue, paient à proportion.		
Ceux des prêtres, qui font en ville, qui font payés en argent, & non en denrées, deux pour cent.		
Les évêques paient en outre, pour leurs appointemens, en cette qualité, deux pour cent.		
Chapelains, organiftes & bedeaux en ville, deux pour cent de leurs gages.		
Chapelains à la campagne, dans les paroiffes de foixante-quatre hémans.	1.	
Dans les moindres, à proportion.		
Les bedeaux des églifes de la campagne, s'ils ont une terre à faire valoir........		48.
finon		16.
Les organiftes de la campagne		32.
Tout le haut & petit clergé, y compris les profeffeurs & maîtres d'école, qui ont leurs appointemens en denrées, paient en outre quatre pour cent de leurs gages.		
Ceux qui font payés en argent, deux pour cent.		
Ceux du bas-ordre, qui fervent à l'églife..........................		32.
Chirurgiens à Stockolm, qui ont un certain appointement..........	30.	
Ditto, tant à Stockolm que dans les grandes villes, moins aifés........	20.	
Ditto, au-deffous.....................................	15.	
Chirurgiens dans les moindres villes, depuis.....................	10.	
jufqu'à...	3.	

CONTRIBUABLES.	TAXES.	
	Écus.	Sous.
Médecins à Stockolm, & dans les grandes villes, à proportion de leur aisance, depuis	40.	
jusqu'à	20.	
Ditto, dans les autres villes, depuis	20.	
jusqu'à	10.	
Les apothicaires à Stockolm, depuis	80.	
jusqu'à	60.	
Ditto, à Upsal, Gottenbourg & Carlscrona	50.	
Ditto, dans les autres grandes villes, depuis	30.	
jusqu'à	20.	
Ditto, dans les moindres villes, depuis	15.	
jusqu'à	10.	
Courtiers de change, à Stockolm, depuis	200.	
jusqu'à	12.	
Ditto, pour les vaisseaux à Stockolm, depuis	37.	
jusqu'à	7.	
Ditto, à Gottenbourg, faisant les deux fonctions	40.	
jusqu'à	6.	
Ditto, dans les autres villes, depuis	15.	
jusqu'à	4.	
Marchands en gros à Stockolm & à Gottenbourg, à proportion de leur aisance, depuis	400.	
jusqu'à	25.	
Ditto, au-dessous, depuis	200.	
jusqu'à	15.	
Fabriquant, ouvrier, artisan, maître de vaisseau, maître jardinier, bourgeois, depuis	300.	
jusqu'à	10.	
Architecte, méchanicien, peintre, sculpteur, maître maçon, cabaretier, depuis	50.	
jusqu'à	6.	
Compagnon, depuis	1.	32.
jusqu'à	1.	
Chaque carrosse, dit fiacre	50.	
Charretiers, inspecteurs des mesureurs, depuis	10.	
jusqu'à	4.	
Cafetiers à Stockolm, depuis	100.	
jusqu'à	50.	

Mesureurs

CONTRIBUABLES.	TAXES.	
	Écus.	Sous.
Mesureurs en gros , depuis	5.	
jusqu'à...	3.	
Travailleurs au magasin aux fers, pêcheur, maçon, charpentier, valets de villes servant sans gages fixes , depuis	4.	
jusqu'à	1.	32.
(Tout cela s'entend des villes de Stockolm & de Gottenbourg feulement.)		
Marchands , fabricans, ouvriers, & d'autres bourgeois , dans les villes du second ordre , depuis...............................	150.	
jusqu'à..............	5.	
Ditto , du troifième ordre , depuis	100.	
jusqu'à	4.	
Ditto, du quatrième ordre, depuis	75.	
jusqu'à	3.	
Ditto , du cinquième ordre , depuis	40.	
jusqu'à	2.	
Cafetiers dans les villes , depuis	25.	
jusqu'à	10.	
Les autres gens, nommés fous la claffe des villes de Stockolm & de Gottenbourg, qui fe trouvent dans les autres villes indifféremment, depuis.	3.	
jusqu'à		32.
Les veuves , qui continuent la profeffion de leurs maris , paient comme les autres bourgeois.		
Les nobles commerçans paient comme les commerçans roturiers.		
Les propriétaires des maifons , qui ne font d'aucuns des quatres ordres de l'Etat , & autres gens de la même forte , qui habitent dans les villes , avec aifance connue , & qui ne peuvent être compris dans aucune claffe, paient à proportion de leurs biens.		
Tout propriétaire d'un héman , excepté les payfans , paie pour chaque héman, pour le droit de diftiller de l'eau-de-vie................	4.	
A proportion pour les hémans divifés.		
Les payfans, pour le même droit , par héman	5.	
Ditto , pour trois-quarts d'héman	4.	
Ditto , pour un demi , même trois huitièmes d'héman	2.	32.
Ditto, pour trois huitièmes d'héman , jufqu'au quart	2.	
Ditto , depuis le quart , jufqu'au demi-quart	1.	16.
Ditto, au-deffous du demi-quart d'héman	1.	
Ceux qui font hypothécaires d'une terre noble	2.	
Les maîtres de poftes, & les pilotes - côtiers, qui ont des hémans de la couronne, payent en outre, pour chaque héman	2.	
Les moindres , à proportion.		
Les cabaretiers & aubergiftes à la campagne, paient pour la vente de l'eau-		

CONTRIBUABLES.	TAXES.	
	Écus.	Sous.
de vie , depuis	25.	
jusqu'à	2.	32.
Torpare , & autres possédans une portion de terre..................		48.
Les fils demeurans chez leur père , sans emplois publics ; les valets de gens de tout ordre ; les derniers ouvriers des fabriques , salpêtrières , mines , &c. passé dix-huit ans		32.
Les domestiques des particuliers , comme secrétaires , intendans , teneurs de livres de compte , caissiers , maîtres-d'hôtel , prêtres , précepteurs , payent deux pour cent de leurs gages.		
Laquais portant livrée	1.	
Les mines & forges , pour cent fois quatre cents livres pesant qu'elles travaillent par an	50.	
Les forges possédées par des paysans	33.	
Celles qui ne travaillent que cent-cinquante fois quatre cents livres...	25.	
Fabriques & manufactures de fer , depuis	150.	
jusqu'à	100.	
Les fonderies pour les canons	50.	
Forges pour les ancres , pour cent fois quatre cents livres pesant ...	66.	32.
Fourneau à fondre le fer , par semaine de travail	1.	32.
Pour cent livres pesant d'acier		18.
Les forges fabriquant des clous pour leurs besoins	3.	
Ditto , pour vendre..	10.	
Forges de fer , en plaques	37.	32.

FORGES DE CUIVRE.

		Écus.	Sous.
Norkoping ... } chaque		150.	
Eskilstuna ... }			
Tyresio .... } chaque		37.	32.
Hallstad .... }			
Harg ..... } chaque		7.	32.
Mortefors ... }			
Almerid .... }			
Adelfors .... } chaque		37.	32.
Grenfors .... }			

MANUFACTURES.

	Écus.	Sous.
De laiton , pour quatre cents livres pesant		48.
D'alun , pour une tonne .		36.
De poudre à canon	225.	

CONTRIBUABLES.	TAXES.	
	Écus.	Sous.
FABRIQUES D'ARMES A FEU,		•
Jonkoping		
Norkoping Chaque	18.	32.
Soderhamn		
Nortelje		
Orebro Chaque	62.	32.
Runnaby		
FABRIQUES DIVERSES.		
De fucre, privilégiées avant 1756, payoient	300.	
Depuis 1756	200.	
De verre, chaque, depuis	150.	
De favon, jufqu'à	75.	
Fayence à Roftrand	150.	
Ditto, à Marieberg	75.	
De papier	15.	
De vitriol & de foufre	500.	
D'armes blanches, chaque, depuis	25.	
D'huiles & de pipes, jufqu'à	12.	32.
De briques, pour un cent	....	2.
De toiles, depuis	80.	
jufqu'à	40.	
Ouvrier des mines, en comparaifon de fon égal, depuis	3.	
jufqu'à	....	32.
Propriétaires des mines, près de Talhun, depuis	10.	
jufqu'à	1.	32.
Imprimeurs, depuis	20.	
jufqu'à	4.	
Libraires à Stockolm	10.	
MOULINS A EAU.		
En ville, en campagne, tournant toujours	20.	
D'autres	9.	
Situés fur la terre du fralfe-héman, depuis	8.	
jufqu'à	4.	
Sur terre de la couronne, depuis	6.	
jufqu'à	2.	
Tournant feulement au printems & en automne, paient moitié.		

CONTRIBUABLES.	TAXES.	
	Écus.	Sous.

MOULINS A VENT.

A la campagne, depuis	3.	
jufqu'à	1.	32.
Près des villes, depuis	10.	
jufqu'à	2.	
A fcier, pour chaque lame, travaillant toute l'année	6.	
Ditto, travaillant une partie de l'année, depuis	3.	
jufqu'à	1.	32.
Ditto, fitués fur terre de nobles, appelés *jatery*, paie moitié des précédens.		
A tan & à foulon, depuis	9.	
jufqu'à	1.	32.

MAITRES.

Meunier	2.	
Salpêtrier	1.	32.
Tailleur, } à la campagne, depuis	1.	32.
Cordonnier, } jufqu'à	1.	
Serruriers, } à la campagne	1.	32.
Divers ouvriers, }		
Muficien à la campagne, depuis	4.	
jufqu'à	3.	

Les terres de la couronne, hypothéquées à des particuliers, avant l'an 1700, paient quinze pour cent des rentes auxquelles elles font taxées par l'Etat.

Celles qui font hypothéquées depuis 1700, jufqu'à 1740, paient fix pour cent.

Ditto, depuis 1740, deux pour cent.

Les fermiers, qui ont obtenu leurs contrats fans adjudication, paient cinq pour cent.

Ditto, les adjudicataires, deux pour cent, felon leurs baux.

Fermiers des moulins & des pêches de la couronne, vingt pour cent, felon leurs baux.

Les fermiers de la douane	15000.	
Le comptoir du fer	5000.	
Chantiers des vaiffeaux, depuis	200.	
jufqu'à	25.	
Le comptoir d'affurance de mer	1000.	

Les actions de Trolhetta, qui font à douze pour cent, paient un quart de cette rente.

CONTRIBUABLES.	TAXES.	
	Écus.	Sous.
Les fermiers du papier timbré	100.	
Comptoir des plongeurs au fud	500.	
Ditto, au nord	250.	
La chambre des encans à Stockolm . . r . . .	300.	
Les maifons paient fix pour cent du loyer.		
Les aubergiftes & cabaretiers, vendant de l'eau-de-vie à la campagne, paient pour un kannor, ou trois pintes	. . . . . .	12.
Ils font taxés à proportion de leur fituation, plus, ou moins favorable pour la vente, à . . . . jufqu'à cent vingt-huit kannors, dont il faut quarante-huit pour un tonneau.		18.
Pour la diftillation de cette eau-de-vie, ils paient quatre écus par tonneau, à proportion de leur vente	4.	
La ville de Stockolm, pour la diftillation de l'eau-de-vie . .	100000.	
Laquelle fomme eft répartie fur les braffeurs, qui feuls ont ce droit, & de revendre aux autres.		
Gottenbourg, pour le même droit	6000.	
Carlfcrona	3000.	
Dans les autres villes, chaque feu a droit de diftiller pour fon ufage, & paie à proportion des terres affectées à chaque ville, qu'il pofsède, depuis.... jufqu'à	5. 1.	
Ils ne peuvent en vendre, mais les cabaretiers doivent s'en fournir, & payer par tonneau	5.	
Et pour le débit, par kannor	. . . . . .	12.
Ils font taxés au moins à quatre-vingts kannors.		
Pour l'ufage du vin, café, thé, chocolat, tabac, poudre à cheveux, fucre, carroffes; on paie en tout, depuis le premier officier de la couronne, jufqu'au colonel, tant civil que militaire.	10.	
Les moins employés	6.	
Au-deffous, même les curés	3.	
Officier fubalterne, curés à moindre revenu, & chapelain dans les villes..	2.	
Employé au moindre grade	1.	32.
Bas-officier, commis	1.	
Subalterne à l'univerfité, & recteur d'école	2.	
Bedeaux, organiftes des grandes paroiffes en ville . . .	2.	
Ditto, des moindres paroiffes	1.	
Chapelains, ditto	. . . . . .	32.
Poffeffeurs des forges, depuis	4.	
jufqu'à	3.	
Officiers fubalternes des mines, intendant, teneur de livres chez des particuliers, depuis	1.	32.
jufqu'à	. . . . . .	32.

CONTRIBUABLES.	TAXES.	
	Écus.	Sous.
Nobles & gens de condition, non brevetés, les plus aisés	6.	
Les moins aisés	2.	
Marchands en gros & en détail, fabricans & manufacturiers dans les grandes villes, depuis	8.	
jufqu'à	3.	
Ouvriers, les plus aisés	3.	
Ditto, moins aisés	1.	
Autres bourgeois dans les mêmes villes	1.	
Marchands & fabricans dans les villes moyennes	4.	
Ditto, moins aisés.	2.	
Ouvrier & bourgeois aisé	1.	32.
Ditto, moins aisé	1.	
Marchand & fabricant des villes du troisième ordre, aisé	2.	
Ditto, moins aisé	1.	32.
Ouvrier, bourgeois aisé	1.	
Ditto, moins aisé	....	32.
Marchands & fabricans des plus petites villes, aisés	1.	32.
Ditto, moins aisés.	1.	
Ouvriers & bourgeois aisés	....	48.
Ditto, moins aisés	....	25.
Tout valet-de-chambre, laquais, coureur, chasseur, cocher, &c. qui a passé quinze ans, paie	....	4.
Tout paysan & travailleur à la campagne, qui a passé quinze ans, pour user du tabac, paie	....	2.

SUIFS ET CHANDELLES. (droits des) Il paroît par d'anciennes ordonnances, du tems de Charles IX & de Henri III, qu'il existoit dès-lors, à Paris, des officiers prud'hommes, pour la police des *suifs*; mais on ignore jusqu'où s'étendoient leurs fonctions, & comment ils les exerçoient. Il est probable, qu'à l'instar d'autres officiers, créés comme eux, sous les apparences du bien public, ils percevoient des droits pour tenir lieu des intérêts de leurs finances, sans être plus utiles.

Quoi qu'il en soit, l'édit du mois d'avril 1693 supprima ces offices, & en créa douze nouveaux, sous le titre de contrôleurs-visiteurs des *suifs*, avec attribution d'un sou par livre pesant de *suif* de toute nature. Mais depuis dix ans que Colbert étoit mort, on avoit tellement multiplié les offices de tout genre & de toute espèce, que

ceux de contrôleurs-visiteurs des *suifs* restèrent aux parties casuelles. Un régisseur fut chargé de la perception de ce droit au profit de sa majesté, & ses préposés remplirent les fonctions des officiers.

Pour assurer le paiement du droit, l'édit de 1693 enjoignoit aux bouchers de porter, le jeudi de chaque semaine, tous leurs *suifs* à la place aux Veaux, destinée à la vente des *suifs*. L'exécution de cette disposition occasionna des difficultés que termina l'arrêt du conseil du 26 juillet 1695, en réglant la manière dont les bouchers devoient faire la déclaration de leurs abbatis, & les chandeliers celle de leurs fontes de *suifs*. Cette forme fut confirmée dans la suite, par les déclarations des 26 mars 1707 & 5 juin 1708, lorsqu'elles établirent un second sou par livre pesant de *suif*, & la ferme de ce droit fut portée à neuf cents vingt mille livres par année.

L'ivreſſe què cauſa un inſtant la fameuſe bân-que de Law, & le haut degré de proſpérité où fut portée la compagnie des Indes, qui étoit le centre de cette banque, produiſit, comme on l'a déja dit au mot HUILE, *toms II, pag.* 507, un bien paſſager, par la ſuppreſſion de pluſieurs droits : celui qui portoit ſur les *ſuifs* fut du nom-bre. L'arrêt du conſeil, du 19 ſeptembre 1719, l'anéantit avec les autres droits rétablis.

Mais l'avidité de ceux qui commercent & qui employent les *ſuifs*, ne permit pas de laiſſer long-tems les choſes dans cet état de liberté. Les bouchers, les tripiers & les chandeliers n'étoient plus ſujets à des déclarations, ni à aucune inſ-pection ; ils ſe concertèrent, & manœuvrèrent tellement, que le prix de la chandelle devint ex-ceſſif.

Un arrêt du conſeil, du 9 août 1720, tenta de remédier à ce déſordre, en établiſſant des commis pour inſpecter ces différens marchands, & en ordonnant la levée d'un denier par livre peſant de *ſuif*, pour les frais de cette nouvelle police. Cette perception n'ayant pas ſuffi, l'arrêt du conſeil, du 11 mai 1721, rétablit l'ancien droit de ſou pour livre, qui ſe perçoit encore, non-ſeulement ſur les *ſuifs* apportés dans Paris, mais auſſi ſur ceux qui y ſont façonnés ou fabri-qués dans la ville & la banlieue.

Indépendamment de ce ſou par livre peſant, les *ſuifs* & chandelles apportés à Paris, paient ceux de domaine & barrage, ceux de poids le-roi, ceux des officiers gardes de nuit & plan-cheyeurs ; & enfin le vingtième de ces différens droits, qui appartient à l'hôpital général.

Le droit de ſou par livre ſur les *ſuifs* & chan-delles fut accompagné d'un ſecond ſou en 1748 ; mais il ſubſiſta peu de tems. Cependant, le com-merce des beſtiaux ayant été rendu libre à Paris, par l'édit de février 1776, qui ſupprimoit la caiſſe de Poiſſy, le miniſtre qui avoit conçu cette ré-forme, porta ſon attention ſur le commerce des *ſuifs*, & le fit jouir de la même faveur.

Laiſſons parler ici la loi rendue ſur cet objet, elle va nous apprendre les motifs & les vues qui l'ont dictée.

Le roi s'étant fait rendre compte, en ſon con-ſeil, des différens réglemens de police, jugemens & arrêts intervenus ſur le fait du commerce des *ſuifs* dans la ville de Paris, comme auſſi des droits de différente nature, qui ſe perçoivent ſur cette marchandiſe, & de la forme de leur perception ; ſa majeſté a reconnu que les précautions ima-ginées depuis deux ſiècles, pour procurer l'abon-dance & le bon marché d'une matière ſi eſſen-tielle aux beſoins du peuple, avoient dû né-

ceſſairement produire des effets abſolument con-traires à leur objet : que, par d'anciens régle-mens de 1567 & 1577, maintenus par des juge-mens poſtérieurs, & notamment par un arrêt du 19 août 1758, il n'étoit permis, ni aux bouchers qui raſſemblent & fondent les *ſuifs*, d'en garder chez eux, ou de les vendre librement, ni aux chandeliers qui les emploient, de s'approviſionner de la quantité qu'ils jugent néceſſaire à leur fabrication : que les *ſuifs* devoient, à des jours fixes, être expoſés en vente, & lotis entre les maîtres chandeliers, qui ne pouvoient les payer qu'à un prix uniforme, à peine d'amende : que ceux qu'il eſt néceſſaire de tirer de l'étranger, pour ſuppléer à l'inſuffiſance de ceux du royaume, étoient ſoumis aux mêmes règles, & pareillement lotis ; en ſorte qu'aucun particulier ne pouvoit ſe permettre de ſpéculation ſur cette branche utile de commerce : que la communauté entière des chandeliers ne pouvoit même s'y livrer, à cauſe des droits conſidérables dont cette matière étoit grevée à l'importation, juſqu'à ce qu'il ait plu au feu roi de les modérer, par l'arrêt de ſon conſeil du 28 novembre 1768. Sa majeſté n'a pu reconnoître dans cette police, contraire à tous les principes du commerce, qu'une ſuite & un abus réſultant de la conſtitution vicieuſe des corps & communautés, qu'elle ſe détermine à ſupprimer. Son intention étant, qu'à l'avenir les profeſſions de boucher & de chandelier, ſoient ainſi que les autres, exercées librement, la mé-thode d'expoſer en vente publique, & de lotir ces matières, ne peut plus ſubſiſter ; & les droits auxquels elles ſont ſujettes, ne pouvant continuer d'être perçus dans la forme ci-devant uſitée, il eſt néceſſaire d'y ſubſtituer une forme plus ſimple & plus avantageuſe au peuple. A quoi étant né-ceſſaire de pourvoir : oui le rapport du ſieur Turgot, &c. Le roi étant en ſon conſeil, a or-donné & ordonne ce qui ſuit :

ARTICLE PREMIER.

Le commerce des *ſuifs* ſera libre à l'avenir dans la ville de Paris ; & l'obligation de les expoſer en vente, pour être lotis entre les chandeliers, demeurera abrogée du jour de la publication du préſent arrêt, nonobſtant tous réglemens, juge-mens de police, ou arrêts confirmatifs d'iceux, que ſa majeſté veut être regardés comme nuls & non avenus ; en conſéquence il ſera libre à tous bouchers de vendre, comme à tous chandeliers d'acheter leſdites matières, dans tels tems ou lieux, & en telle quantité que bon leur ſemblera.

I I.

Le droit d'un ſou par livre, établi ſur la vente des *ſuifs* dans l'intérieur de Paris, ſera ſupprimé & ceſſera d'être perçu, à compter du même jour.

I I I.

Pour ſuppléer au montant dudit droit, il ſera

remplacé par un droit fur les beftiaux qui produifent du *fuif*, proportionnément à la quantité
moyenne qu'on en retire; lequel droit, modéré
dans fa quotité, ne fera perçu aux entrées &
barrières de Paris, qu'à raifon de

Deux livres douze fous deux deniers trois cinquièmes, par bœuf.

Une livre neuf fous trois deniers un cinquième,
par vache.

Cinq fous deux deniers deux cinquièmes, par
mouton.

I V.

Ne fera ledit droit d'entrée, établi par l'article précédent, fujet à aucuns droits additionnels en faveur de la ville de Paris, de l'hôpital
général, de la ferme des droits réfervés, ni de
l'adjudicataire des fermes générales, attendu que
ce droit n'eft qu'un remplacement, & que le
droit remplacé n'étoit point fujet aux droits additionnels.

V.

Le droit principal de cent fous par quintal,
à l'entrée des *fuifs* étrangers dans Paris, fera
réduit à une livre dix-huit fous neuf deniers trois
cinquièmes, pour, avec les droits de domaine,
barrage, poids-le-roi, & fou pour livre d'iceux,
qui fe montent à onze fous deux deniers deux
cinquièmes, former une fomme de deux livres
dix fous par quintal, ou fix deniers par livre de
fuif ou de chandelle.

V I.

Tous les droits additionnels de premier & fecond vingtièmes, quatre fous pour livre du premier vingtième, gare, don gratuit, vingtième
du don gratuit, & huit fous pour livre d'iceux,
établis à l'entrée du *fuif* étranger, feront & demeureront fupprimés; fe réfervant fa majefté de
pourvoir, s'il y échoit, à l'indemnité de qui
il appartiendra.

Fait au confeil d'état du roi, fa majefté y étant,
tenu à Verfailles le cinquième jour de février 1776.

Des lettres-patentes, expédiées le même jour,
furent enregiftrées le 12 mars 1776, au lit de
juftice tenu à Verfailles. Ces difpofitions furent
enfuite confirmées par un autre arrêt du confeil,
du 3 juin 1777.

Ce nouvel état des chofes a donné lieu à la
fuppreffion des vifites, & de l'affujettiffement
auxquels étoient tenus les chandeliers, bouchers
& tripiers de Paris. Mais, comme le fou par
livre pefant de *fuif* fubfifte toujours dans la banlieue de cette ville, les chandeliers paffent des
abonnemens pour le paiement de ce droit, qui
eft dû fur tous les *fuifs* qu'ils tirent du dehors,
de la banlieue & même de la ville de Paris.

SUISSE. Aux mots BASLE, BERNE & LU-
CERNE, nous avons fait connoître les finances;
ou ce qui compofe les revenus de ces Cantons
Suiffes, dont le gouvernement eft ariftocratique,
ou mêlé d'ariftocratie & démocratie. Ces trois
Cantons paffant auffi pour être les plus confidérables par leur étendue & par leur commerce,
cette raifon nous a déterminé à en traiter particulièrement. Nous nous fommes réfervés de
faire connoître les finances des autres Cantons &
de leurs alliés, fous le mot SUISSE, & c'eft ici
le lieu de nous acquitter de cette tâche, en faifant ufage des mêmes fecours dont nous avons
ufé pour les articles BASLE, BERNE, &c. Après
l'avoir remplie, nous parlerons de la condition
des *Suiffes* en général, c'eft-à-dire des privilèges
dont ils ont joui & dont ils jouiffent encore
en France, relativement aux droits des fermes,
& aux impofitions, foit par rapport à leur commerce, foit par leur fimple réfidence.

On ne connoît point de peuple en Europe,
chez lequel les impôts foient moins multipliés &
plus modiques, que chez les *Suiffes*.

La raifon en eft fimple. Une partie du territoire qu'ils habitent, n'offre que des montagnes
très élevées & couvertes de bois, dont l'exportation eft pour ainfi dire impraticable; l'autre ne
préfente que des vallons extrêmement refferrés,
qui ne produifent que des pâturages.

Le gros bétail forme l'unique richeffe de plufieurs des Etats helvétiques; & le tribut qu'une
grande partie de la nation paye à la Nature,
femble la difpenfer de payer d'autres impôts.

Les exactions auxquelles fe livroient les gouverneurs autrichiens, hâtèrent les pas rapides que
les *Suiffes* firent vers l'indépendance, & réveillèrent en eux ce defir de liberté, qu'une terre
marâtre leur infpiroit fans ceffe, & que leur pofition, au milieu des montagnes très-élevées,
leur donnoit les moyens de fe procurer plus facilement, & de s'y maintenir.

Quelques Cantons *Suiffes* ont été forcés, par
la nature du fol & du climat qu'ils habitent, de
conferver leur ancienne manière d'être, & avec
elle fe font perpétués l'amour de la liberté, &
l'éloignement invincible pour toute efpèce d'impôt, au moins fixe & permanent.

De petites conquêtes, un fol moins ingrat,
des relations de commerce, & l'efpoir enfin de
fe civilifer, qui entraîne toujours avec lui une
forte de luxe, ont rapproché quelques cantons
des mœurs européennes, ont mis quelques entraves à leur indépendance, & ont enfin conduit à la néceffité d'établir parmi eux quelques
impôts.

On peut divifer tous les Etats helvétiques en
trois claffes.

Dans

Dans la première, on place ceux qui font presque aristocratiques, où le peuple, presque sans pouvoir, a beaucoup perdu de cette liberté primitive, sous l'empire de laquelle il étoit affranchi de toutes taxes : Etats où, par conséquent, il existe plus de droits & d'impositions que dans les autres. De ce nombre font Berne, Lucerne, Fribourg & Soleure. Comme il a déja été question des deux premiers, on ne parlera que des deux derniers.

Dans la seconde classe, font compris les Etats aristo-démocratiques ; le peuple concourant avec les nobles, à la puissance législative, la liberté y est plus étendue, les mœurs y font plus austères, & les impôts presque de nulle considération. Tels sont les Cantons de Zurich, Schaffouse, Saint-Gall, Mulhausen, Bienne.

La troisième classe, enfin, renfermera les Etats purement démocratiques, où la liberté du peuple est sans bornes, & par-là même dangereuse, à cause des excès où elle peut se porter. Tels sont les Cantons d'Uri, Schwitz, Undervald, Zug, & Glaris, le pays des Grifons & le Valais.

§. Ier.

Cantons Suisses aristocratiques.

On peut voir au *tome premier*, *pag.* 85 & 107, ce qui a été dit des finances de Bâle & de Berne ; il ne nous reste à parler que de celle de Fribourg & Soleure.

FRIBOURG.

Avant 1555 on étoit dans l'usage d'imposer seulement, en cas de besoin urgent, une taille dont la répartition étoit faite sur tous les habitans ; sans exception, relativement aux facultés de chacun ; depuis cette époque il n'a plus été question de taille.

Les fabriquans & artisans ne sont sujets à aucune taxe pour raison de leur commerce & de leur industrie ; mais ils sont obligés de se faire aggréger aux maîtrises, & de payer, pour cette aggrégation, quelques droits qui sont très-modiques.

Les terres sont sujettes à des dixmes & à des redevances foncières ; mais il y en a qui sont exemptes de ces charges. Les lods & ventes ne sont dûs que pour raison de celles qui y sont assujetties, les héritiers n'en sont tenus que dans les cas où n'étant point habiles à succéder, *ab intestat*, ils recueillent les successions en conséquence de dispositions faites à leur profit par testament.

Chaque communauté paye annuellement une taxe connue, sous la dénomination d'argent de guerre ; mais cette taxe ne forme qu'une partie du produit des terres que l'Etat a abandonné anciennement à ces communautés.

Chaque bourgeois de la ville de Fribourg paye annuellement une taxe qui revient à quarante sous de France, pour l'entretien de la garnison.

La plus forte partie des revenus du Canton de Fribourg consiste dans des droits de péage & de douane, qui sont réglés depuis un jusqu'à trente schellings, ou trente sous de France, suivant la qualité & le poids des denrées & marchandises.

Les formes de la perception de ces droits sont les mêmes à-peu-près qu'en France.

Outre les droits de douane & de péage, chaque marchand-forain paye environ le trentième denier du produit des ventes qu'il fait sur le territoire dépendant du Canton.

Il y a cette différence entre l'administration de *Fribourg*, & celle du Canton de Berne, que dans le premier, les matières brutes, & non travaillées, doivent pour l'entrée, la moitié du droit qu'elles payent à la sortie ; & que les matières travaillées payent en revanche la moitié de plus à l'entrée qu'à la sortie, ce qui forme un encouragement pour les fabriquans ; au lieu que dans le Canton de Berne, où le luxe est plus étendu, les marchandises qui sont importées de l'étranger, payent moins que les marchandises du pays lorsqu'elles en sont exportées à l'étranger.

SOLEURE.

Ce Canton est le seul Etat de la *Suisse* où l'on ait établi un impôt pour l'entretien des fortifications de la ville.

Ce droit, qui, depuis soixante-dix ans, n'a pas varié, se lève de trois manières différentes.

Dans la ville ce sont les onze confrairies, ou les onze tribus de la bourgeoisie qui l'acquittent, par égales portions, sur leurs fonds particuliers. Celles de ces tribus qui n'ont point de fonds, répartissent leurs contributions sur chaque bourgeois, à proportion de leurs facultés, & cette taxe est si modique, qu'elle n'a jamais excité aucune réclamation.

Dans les villages un peu opulens, cette contribution est également acquittée par chaque pere de famille ; & dans ceux qui sont plus pauvres, la communauté s'assemble, & règle la taxe de chaque habitant, suivant la nature & l'objet du bien qu'il posséde.

Les cabaretiers, & tous ceux qui débitent du

vin, font affujettis à un impôt annuel, dont l'objet est très-modique.

Chaque bourgeois de la ville de Soleure paye fix livres de *Suiffe*, équivalentes à fept livres dix fous de France, pour l'entretien de la garde de la ville : les quatre chefs de la république font exempts de cette contribution.

Les officiers, qui font au fervice étranger, lorfqu'ils parviennent à des compagnies, & les magiftrats, lorfqu'ils obtiennent des places d'un certain ordre, font obligés de payer à la maffe du tréfor des arquebufiers, les uns fix livres, les autres vingt-quatre livres. Le produit de ces contributions eft deftiné à établir des prix annuels, que les bourgeois fe difputent par leur adreffe à tirer de l'arquebufe.

L'État jouit d'une partie des dîmes & redevances foncières qui fe lèvent dans le Canton ; l'autre partie appartient au clergé & à quelques particuliers ; le bourgeois ne paye aucun droit de lods ; mais l'habitant de la campagne paye un pour cent de tout ce qu'il acquiert par achat, échange, donation & fucceffion.

Les droits de péage dans ce Canton font à-peu près les mêmes que dans celui de Berne, avec cette différence, que les bourgeois & les gens de la campagne ne payent rien pour raifon des denrées qui proviennent de leur crû. Les marchands forains payent, indépendamment du droit de péage, quarante-cinq fous pour cent livres du montant des ventes qu'ils déclarent avoir faites dans le Canton. Les Juifs, toutes les fois qu'ils entrent dans la ville, ou qu'ils en fortent, payent un droit de péage.

Tout étranger, ou habitant de la campagne, qui obtient la permiffion de s'établir, ou de féjourner quelque tems dans la ville, paye un droit d'habitation, qui eft fixé arbitrairement.

Les péages, dans la ville, font perçus par trois commis, qui en remettent tous les mois le produit, au tréforier de l'État ; les autres péages font affermés au plus offrant & dernier enchériffeur, & le prix de l'adjudication eft remis entre les mains du fecrétaire du tréfor.

L'impôt, pour les fortifications, eft payé dans la ville, au tréforier de l'État, & dans les campagnes, aux baillifs, qui en rendent compte en plein confeil d'État, ainfi que des dîmes & autres revenus qu'ils perçoivent.

Les revenus du Canton de Soleure, en y comprenant les graces qu'il reçoit du roi de France, peuvent monter annuellement à deux cents cinquante mille livres, monnoie de France.

Cantons Suiffes, *dont le gouvernement eft ariftodémocratique.*

ZURICH.

Ni le magiftrat, ni le bourgeois, ni les gens de la campagne ne payent aucune impofition ; mais chaque particulier, fans exception, qui a dix-neuf ou vingt ans, eft obligé de fe faire enrégimenter & de fervir, & s'habiller à fes dépens ; il doit toujours être prêt à marcher.

Une loi expreffe porte, que dans des cas de befoin, chaque particulier fera taxé à proportion de fes revenus, en quoi qu'ils puiffent confifter, & qu'il indiquera fous la foi du ferment.

Le Canton de Zurich jouit, comme celui de Berne, de dîmes, de rentes foncières & de droits de lods, qui fe perçoivent fur toutes les terres fans exception, mais dont l'objet eft beaucoup plus modique.

Les droits de péage font d'un produit affez confidérable, relativement à l'étendue du commerce de la ville. Chaque chariot, ou autre voiture chargée de marchandifes ou denrées, de quelque nature qu'elles foient, paye dix fous de France.

Les fabriquans & artifans payent pour les marchandifes qu'ils ont façonnées & qu'ils envoyent hors du pays, un droit très-modique, dont ils fixent eux-mêmes le montant.

Tous les droits qui fe perçoivent dans la ville, font reçus par des commis aux douanes, qui portent toutes les femaines leur recette au tréforier de l'État ; il leur paye fur cette recette leurs appointemens, & rend compte chaque mois à une commiffion fouveraine.

Tous les revenus & droits qui fe lèvent hors de la ville, font perçus par les baillis & par les principaux habitans des villages, qui font ces levées à peu de frais. Les baillis rendent compte à l'État de ce qu'ils ont perçu & fait percevoir par les notables qui habitent dans l'étendue de leur bailliage.

SCHAFFOUSE.

On ne peut guères donner le nom d'impôts aux droits qui fe lèvent dans ce Canton.

Tout particulier eft obligé de déclarer, par ferment, la quantité de vin qu'il fait entrer dans fa cave, & de payer quatre fous fix deniers par mefure ; ce droit augmente d'un tiers à la vente en détail, & lorfque le vin eft porté à l'étranger.

Les cabaretiers & taverniers payent d'ailleurs une petite taxe pour le droit de tenir auberge.

Lorsque l'Etat a des besoins pressans, on augmente les droits sur le vin, à proportion de la nécessité des dépenses.

Le sel est pareillement sujet à un droit, mais qui est très-modique.

Tout officier qui recrute pour des compagnies avouées, paye un sou par homme à la chambre des recrues, & celui qui recrute pour des compagnies non avouées, deux sous par homme.

Le Canton de Schaffouse a, comme les autres, des droits de souveraineté, consistant en dîmes, en rentes foncières, en droits de lods & droits sur les successions. Ces droits étant du même genre qu'ailleurs, se perçoivent de la même manière que dans les autres Cantons.

Mais les péages forment la principale richesse de cet Etat. Ils varient en quotité, suivant la nature & le poids des marchandises & denrées qu'on importe ou qu'on exporte.

Le gouvernement de Schaffouse jouit aussi de plusieurs maisons, boutiques & fabriques qu'il afferme à des habitans moyennant un assez bon prix.

De ces différentes branches de revenus, il n'y a que quelques dîmes, & le droit sur le vin, qui soient régis pour le compte de l'Etat, les autres sont donnés à ferme.

VILLE DE SAINT-GALL.

La ville de Saint-Gall jouit de petits droits & revenus qui sont entièrement semblables, & se perçoivent de la même manière que ceux des Cantons de Zurich & de Bâle.

Dans les besoins extraordinaires, chaque bourgeois déclare au magistrat quelles sont ses facultés, & on le taxe en conséquence.

On lève dans cette ville une taxe, qui revient à sept sous six deniers par chaque partie de deux cents cinquante livres de revenu dont jouit chacun des habitans.

MULHAUSEN.

Dans cette ville chaque bourgeois paye annuellement douze à quinze livres de France pour la garde.

Le sujet paye une taxe qui revient environ à la cent-cinquantième partie de son revenu.

Dans les cas de nécessité, la même taxe se lève sur les bourgeois, à proportion des biens qu'ils déclarent.

Le simple habitant, non-bourgeois, paye un droit d'habitation fort modique, qui ne varie jamais.

Les cabaretiers en payent un semblable pour leur enseigne.

On ne connoît dans le territoire de Mulhausen aucune taxe sur les fonds, à l'exception des successions qui passent à un étranger. Ceux-ci payent dix pour cent du montant de ces successions.

Les commerçans étrangers payent des droits de péage, qui sont fixés depuis un demi, jusqu'à un pour cent de la valeur des marchandises qu'ils déclarent ; le bourgeois est sujet aux mêmes droits, à l'exception des denrées & marchandises qui servent à la consommation de sa maison, & sont affranchies de droit.

Chaque nature de droits est perçue par un receveur particulier, qui rend compte au conseil d'Etat.

BIENNE.

On ne perçoit dans la ville de Bienne, qu'un seul impôt sur le vin qui se vend en gros & en détail.

Le droit sur la vente en gros est fixé à neuf sous par chaque pièce.

Sur la vente en détail, le droit est réglé à trois pour cent du montant du prix reçu.

La bourgeoisie est divisée en six tribus, qui, dans les besoins urgens, se cotisent pour acquitter la somme qui est imposée sur le corps entier des bourgeois; ces tribus lors des expéditions militaires, pourvoient pareillement à la paye du soldat, & l'Etat à celle des officiers.

Les dîmes dont jouit la ville de Bienne ne se lèvent que sur les grains & sur le vin.

Les marchandises étrangères, qui ne font que passer sur le territoire de cette ville, payent un droit de transit de trois sous par quintal ; celles que le bourgeois travaille & envoye à l'étranger, la moitié de ce droit.

Enfin, celles qui sont vendues par les marchands-forains, acquittent un droit de trois pour cent de leur valeur.

§. III.

Cantons Suisses, dont le gouvernement est purement démocratique.

URI.

Le Canton d'Uri perçoit un droit très-modique,

& dont le conseil est communément l'arbitre ; sur les terres qui changent de mains, par ventes, échanges, successions, donations, ou autres actes translatifs de propriété.

On y perçoit aussi des droits de péage assez considérables, qui sont quelquefois régis pour le compte de l'Etat ; le plus souvent ils sont donnés à ferme.

SCHWITZ.

On n'a point de connoissance qu'il se perçoive aucune somme à titre d'impôt dans ce Canton ; la forme de son gouvernement paroît être directement opposée à tout ce qui pourroit être levé à ce titre. Cette circonstance rend entièrement étranger aux vues qu'on se propose dans les mémoires relatifs aux finances, tout ce qui peut concerner ce Canton.

UNDERVALD.

Le territoire d'Undervald est si souvent dévasté par des orages & des inondations, que ce Canton a quelquefois des dépenses extraordinaires à acquitter.

Dans ces cas le peuple s'assemble, chacun convient avec la plus grande franchise, du bien dont il jouit, & est taxé, tantôt à cinq sous, quelquefois à dix sous par mille livres de capital. On décide dans la même assemblée l'espace de tems pendant lequel l'impôt doit subsister.

On lève en outre dans le Canton d'Undervald un droit qui revient à six sous par pot de vin : ce droit est perçu sur la déclaration qui est faite par chaque particulier, du vin qu'il a consommé dans sa maison pendant l'année.

On perçoit aussi un droit modique sur le sel vendu en détail.

ZUG.

On perçoit dans le Canton de Zug, comme dans celui d'Undervald, un impôt sur le vin qui s'y consomme, & d'après la déclaration des habitans.

Il y a dans l'étendue de ce Canton, des bailliages dans lesquels, lorsqu'un pere de famille vient à mourir, les héritiers sont obligés de donner à l'Etat le plus beau cheval ou le plus beau bœuf de la succession.

Le même droit est attaché à certains fiefs qui sont possédés par des particuliers, & lorsque ces fiefs changent de main, celui qui les achete paye pour le droit de lods, cinq pour cent du prix de la vente.

Les droits de péage, dans le Canton de Zug,

sont les mêmes que dans celui d'Uri ; mais le peu d'étendue & de commerce de ce premier Canton en rend l'objet très-médiocre.

GLARIS.

Toutes les fois que les dépenses de la bourse commune excèdent la recette, on a recours, dans le Canton de Glaris, à une imposition dont le montant est déterminé entre les habitans des deux religions, & dont les deux tiers portent sur les fonds, & l'autre tiers sur les personnes.

Le montant de ces taxes a été, jusqu'en 1730, d'un florin par mille, & d'un demi-florin par tête ; mais elles ont été depuis réduites à moitié.

Lorsqu'il est question de renouveller les rôles de ces taxes, on examine s'il est survenu de l'augmentation ou de la diminution dans la fortune des particuliers, & les taxes sont réglées en conséquence des éclaircissemens qu'on s'est procuré.

S'il s'agit d'un habitant qui n'a point encore été imposé, les conseillers qui sont chargés de régler la taxe, sont tenus, par serment, de donner un avis équitable, & qui tende plutôt à faire imposer à une somme plus foible que trop forte ; & si celui qui a été taxé, se trouve surchargé, il peut porter ses plaintes, & quand elles sont fondées, la taxe est diminuée.

L'impôt par tête doit être payé par tous les citoyens âgés de seize ans & au-delà, même par les pauvres.

Les valets, les ouvriers, les étrangers & les ecclésiastiques sont seuls exempts de cette capitation.

Les droits de péage sont d'un produit si médiocre dans ce Canton, qu'on les abandonne aux péagers.

Tous les revenus de l'Etat de Glaris sont levés & perçus par six commis qui en remettent le montant au trésorier & au banneret ; ces officiers en rendent compte annuellement à la république.

PAYS DES GRISONS.

Les Grisons ne payent aucune espèce d'impôt en tems de paix ; mais il font lever, dans le pays qui leur est sujet, des tailles sur les biens-fonds des particuliers. Ces tailles sont réglées, chaque année, par une commission nommée *syndicature*, que la république envoye sur les lieux, & le montant est employé uniquement à l'entretien du pays sujet, & à celui des vicaires ou baillis qu'on a députés.

En tems de guerre, les communautés qui composent la république, sont obligées, suivant d'anciennes conftitutions, de fournir leur contingent pour le befoin de l'Etat ; chacun impofe fur fes membres , une taxe qui eft déterminée d'après une eftimation très-fuperficielle de leurs biens ; & jamais ces taxes n'ont excité , depuis la confédération de ces communautés , aucune plainte ni réclamation.

Les Grifons n'ayant point eu de guerre depuis celle de la Valteline , fous le règne de Louis XIII, il n'a été fait aucune impofition pour des expéditions militaires ; mais il n'y a aucun doute que fi la république venoit à entrer en guerre , elle ne fît fupporter une partie des dépenfes qu'elle occafionneroit aux habitans de la Valteline , de Chiavenne , & de Bormio.

Les fucceffions qui font dévolues à des habitans du pays, ou aux fujets , ne font foumifes à aucuns droits ; mais lorfqu'elles paffent à des étrangers, ils payent cinq pour cent du montant de ces fucceffions , à moins qu'il n'y ait entre les nations , dont l'héritier eft membre , & la république , un traité de réciprocité d'exemption.

Les péages qui appartiennent à l'Etat , font de trois fortes.

Le premier à lieu fur les marchandifes étrangères qui paffent fur le territoire de la république ; & il eft payé , fans diftinction , par les fujets & par les étrangers.

Le fecond fe lève fur les fruits & denrées provenans du territoire du pays, qui font tranfportés d'une communauté dans une autre , ou qui font exportés à l'étranger.

Le troifième porte fur les marchandifes que tout fabriquant ou artifan , fujet ou étranger , fait entrer dans le pays pour en fournir les fabriques , ou pour les faire travailler ; & lorfque ces marchandifes fortent après y avoir été importées , elles payent une feconde fois les mêmes droits de péage.

Indépendamment de ces péages, il y a quelques autres droits moins étendus , & dont le produit eft deftiné aux réparations des chemins.

Les trois droits de péage font affermés. Le fermier acquitte les dépenfes qui font tirées fur lui , & rend compte annuellement de ce qu'il a dépenfé par ordre du gouvernement.

RÉPUBLIQUE DU VALAIS.

On ne connoît d'impofitions dans le Valais , que dans la partie de cette république qui eft fituée le long du Rhône ; & les impofitions y ont été introduites par la néceffité de réparer les fréquentes irruptions de ce fleuve.

Ces impofitions confiftent dans une taille qui eft impofée fur les fonds , relativement à leur étendue , & dont l'objet eft tantôt plus foible & tantôt plus fort , fuivant les befoins.

Les autres revenus de la république de Valais , confiftent dans des dîmes, des rentes foncières , des droits fur le fel , & des droits de péage , ou de tranfit , fur les marchandifes

La république de Valais fe fournit de fel d'Italie pour le haut-Valais , & de fel de France pour le bas-Valais.

Dans l'une & l'autre partie , la vente du fel fe fait par des prépofés qui rendent compte de la vente & de leur recette à la diette générale.

Il y a deux grands commis , un pour le haut , l'autre pour le bas-Valais ; & les commiffions qui font d'un certain rapport, font exercées fucceffivement par les premiers magiftrats.

La ville de Sion a du fel de France en fon particulier ; c'eft un des magiftrats du premier ordre qui en fait la diftribution pendant-quatre années.

Les commis établis pour la vente du fel en détail , font choifis parmi les notables des lieux.

L'ABBAYE DE SAINT-GALL ET L'ÉVÊCHÉ DE BALE.

Les deux Etats fuivans , qui font alliés des *Suiffes* , ont un gouvernement monarchique ; auffi reconnoîtra-t-on bientôt, que les peuples y font plus chargés d'impôts que fous les gouvernemens populaires. La raifon en eft fimple , la volonté du fouverain y faifant la loi, les contributions qu'il demande n'ont de règle que fes befoins ; & des goûts de dépenfe, des prétextes fpécieux pourroient fouvent y tenir lieu de motifs légitimes , s'il n'étoit retenu par la crainte des émigrations du pays voifin , dont l'exemple eft toujours un fujet de comparaifon pour les contribuables.

ABBAYE DE SAINT-GALL.

Les toiles & les mouffelines qui fe fabriquent en grande quantité dans le territoire de cette abbaye , forment un des plus confidérables revenus de l'abbé qui la poffède. Chaque pièce paye trois ou quatre fous.

Il perçoit pareillement fur les cabarets & fur les boucheries une taxe qui eft plus ou moins forte, felon la fituation de l'auberge ou de la boucherie , & en raifon du plus ou moins de confommation qui s'y fait.

Chaque capitaine paye quelque fous par chaque homme de recrue qu'il enrôle dans le pays.

Dans les besoins extraordinaires, chaque communauté impose, d'après d'anciens rôles, une taxe sur les propriétaires de fonds & sur les fabriquans ; les taxes sont arbitraires, & la communauté seule a le droit de statuer sur les contestations qu'elles occasionnent.

Tous les fonds, de quelque nature qu'ils soient, sont assujettis à des redevances envers l'abbé de Saint-Gall ; & lorsqu'il meurt un pere de famille, la meilleure bête de l'écurie appartient à l'abbé, pour tenir lieu de lods. Les péages sont de même nature que dans les Cantons *Suisses*, avec une exception en faveur des denrées & marchandises destinées à la consommation particulière des habitans.

EVÊCHÉ DE BÂLE.

Les princes évêques de Bâle, sont autorisés par les constitutions de l'empire d'Allemagne, à lever des impositions, soit pour la défense, soit pour les besoins du souverain. Dans ces cas extraordinaires, il convoque les Etats, leur demande une somme déterminée, & c'est à l'assemblée à pourvoir aux moyens de la lever.

Depuis 1747 on se sert d'un cadastre, qui contient l'estimation qui a été faite des terres, par des experts.

Un fonds, qui est estimé cent livres, paye cinq sous ; lorsque le prince le juge nécessaire, il rend une ordonnance qui prescrit de payer deux ou trois impositions.

Dans chaque bailliage est un receveur qui forme les rôles des contribuables ; ces rôles sont visés, sans frais, par le bailli, & remis ensuite au notable, qui fait la collecte moyennant quatre deniers pour livre. Ce collecteur remet sa recette au receveur du bailliage, & celui-ci au receveur général du prince, qui a une remise d'un sou pour livre.

Les cabaretiers, les meûniers & les artisans des villes sont aussi soumis à une espèce de capitation, dont le montant sert à acquitter la somme demandée par le prince.

On lève aussi dans l'évêché de Bâle une accise sur les vins d'achat, vendus en gros, & sur tous les vins vendus en détail dans les cabarets, de même que sur la viande de boucherie, sur les cartes, le tabac & les liqueurs ; ces droits, au reste, sont très-modiques.

Les droits de lods n'ont lieu que dans un seul bailliage de l'évêché, & ils s'y perçoivent à raison du dixième denier.

Il se perçoit aussi quelques droits de péage dans l'étendue du territoire de l'évêché de Bâle ; mais ils ne sont dûs que par les étrangers & par les commerçans du pays, qui font passer des marchandises venues d'ailleurs, en transit à l'étranger.

On remarque que le cadastre de la principauté de Bâle, qui a été renouvellé en 1767, a deux vices essentiels.

Le premier consiste en ce qu'on n'a point compris les fonds communaux dans l'estimation des terres d'une communauté ou paroisse.

Le second, en ce qu'on n'a point fait entrer dans cette estimation les bois & les forêts.

La principauté de Neufchâtel est encore un petit Etat, allié de la Suisse. On prétend qu'elle ne rend au roi de Prusse, qui la possede, toutes charges acquittées, que cent mille livres par an.

Ce revenu provient de rentes foncières, de dîmes, de lods & ventes, droits d'habitation & de péages, qui, en général, sont très-modiques.

Privilèges des Suisses.

L'histoire apprend que les rois Charles VII, Louis XI, Charles VIII, & Louis XII accordèrent aux *Suisses* différens privilèges pour leur commerce dans la ville de Lyon. Il en est fait mention dans les traités de 1453, 1463, 1484, 1503 & 1512. Mais le plus solemnel & le plus utile pour eux fut passé avec François premier, en décembre 1516, & reçut le nom de paix perpétuelle.

Ce souverain fut porté à cette alliance par des vues politiques, dont l'objet étoit d'enlever le Milanois à la Maison d'Autriche : vues dans lesquelles il espéroit bien être servi par les *Suisses*, dont les forces & la situation voisine de ce duché lui devenoient très-utiles.

Suivant l'article V de ce traité, les marchands & sujets du pays des ligues sont confirmés dans les privilèges & particulières franchises qui peuvent leur avoir été donnés & concédés par les feus rois de France en la ville de Lyon.

Et l'article IX porte : « Voulons que tous » marchands, négocians, pélerins, & autres gens, » de quelque dignité & état qu'ils soient, puis- » sent franchement & quittement, avec leurs » corps, biens & marchandises, sûrement tra- » fiquer, aller & venir par tout notre pays, » dans nos terres circuites & seigneuries, sans » aucune molestation, ni nouvelles impositions » de péage ou d'autres choses ; mais seulement » en payant comme par le passé, & suivant qu'il » est accoutumé.

Cette concession étoit, comme on voit, bornée à la ville de Lyon, & circonscrite dans les limites posées anciennement ; ensorte qu'elle s'expliquoit naturellement par la jouissance passée des Suisses. Mais cette nation, habile à profiter de toutes les circonstances qui pouvoient étendre ses privilèges, voyant que les édits de 1542, 1549 & 1556 avoient altéré & réuni en un seul droit, appellé *domaine forain*, les anciens droits de reve, haut-passage & foraine, parvinrent à les faire considérer comme une imposition nouvelle, & réussirent à s'y soustraire. Les tems de guerre & de troubles, à la suite desquels marchent le désordre & la confusion dans les finances, favorisèrent cette prétention, & elle s'établit en droit incontestable.

Les lettres-patentes du premier août 1571, & adressées au sénéchal de Lyon, portant que les *Suisses* jouiront de leurs privilèges à la forme des anciens traités, donnèrent lieu à une sentence qui vient à l'appui de l'observation qu'on vient de faire sur l'extension de ces privilèges.

Ce sénéchal s'exprime ainsi : « Quels subsides » ou impositions ont accoutumé ceux des ligues » de payer ? *Non satis liquet* par les pièces qui » ont été communiquées. J'estime que si le traité » qui fut fait, l'an 1512, avec le roi de bonne » mémoire Louis XII, étoit exhibé, les diffi- » cultés seroient éclaircies, & ce qui est dou- » teux seroit clair & liquide ; d'autant que par » ledit traité, les choses sont spécifiées par le » menu ; mais on ne peut savoir quels droits sa » majesté entend leur remettre, ni ceux qu'elle » veut être payés ». Ce juge ordonne ensuite l'enregistrement des lettres-patentes, à l'effet par les *Suisses*, de jouir de leurs privilèges, conformément aux anciens traités.

Les lettres-patentes, du 24 mars 1559, & celles du mois de mai 1595, ordonnèrent ensuite, que pour jouir de ces privilèges, les *Suisses* seroient tenus de faire inscrire leurs noms, le lieu de leur origine en *Suisse*, tant à l'hôtel-de-ville de Lyon qu'au bureau de la douane de la même ville.

Henri IV, en 1602, Louis XIII, le 4 mars 1622, & Louis XIV, en 1650, confirmèrent les privilèges des *Suisses*, sans autre explication, qu'en disant : tels qu'ils en avoient joui ; de façon que, non-seulement ils étoient affranchis de droits sur les marchandises originaires de leur pays, mais sur toutes celles qu'ils apportoient à Lyon indistinctement. Mais en 1644, & quelques années après, les arrêts du conseil des 22 mars & 2 décembre 1655, 1663, 1667 & 1670, exclurent formellement de l'exemption des droits, les marchandises & denrées qui ne seroient point du crû de la *Suisse*, & prescrivirent de constater cette origine helvétique, par des certificats délivrés par les magistrats des lieux, qui attesteroient en même-tems la propriété du *Suisse* inscrit. Ainsi, ces formalités ont eu pour but de concentrer le commerce des *Suisses* à Lyon.

Ces dispositions furent ensuite confirmées par l'arrêt du conseil du 21 juillet 1716 ; & en 1734 & 1735, par des ordres ministériels, qui rappellèrent que les espèces de marchandises qui pouvoient être importées de *Suisse* à Lyon, étoient réduites à sept. On les a rapportées, d'après M. d'Aguesseau, au mot DOUANE DE LYON, *tome I, pag.* 643, ce sont le cuivre, l'étain, le fil-de-fer, le fil-de-laiton, la mercerie, les fromages, les toiles blanches & treillis.

Les infractions aux formalités sous lesquelles les privilèges des *Suisses* doivent avoir lieu, se multiplièrent tellement dans l'espace d'un demi-siècle, qu'elles donnèrent occasion aux chambres de commerce de faire des représentations, en observant que la réciprocité d'exemption n'avoit pas lieu en *Suisse* à l'égard des François, ni de leurs marchandises, puisqu'ils y étoient assujettis à tous les droits, & même les sels qui étoient envoyés par la France à différens Cantons.

Ces abus, en effet, consistoient à l'entrée, de la part des *Suisses*, à vendre chez eux des marchandises pour lesquelles ils prêtoient leurs noms ; leurs marques, à la faveur desquelles elles entroient à Lyon franches de droits.

A la sortie, ces abus étoient de prêter également leurs noms, leurs marques & leurs numéros à des marchands de Lyon, pour faire sortir, dans la quinzaine qui suit la clôture des foires, accordée uniquement aux *Suisses*, des marchandises de toute espèce, & de leur procurer ainsi l'exemption des droits qu'elles devoient.

Mais l'abus le plus considérable, & le plus préjudiciable au commerce & à l'industrie du royaume, étoit, qu'au moyen de l'affranchissement de tous droits d'entrée, accordé aux toiles *suisses*, les négocians de cette nation faisoient passer, pour être de leurs fabriques, des toiles de Souabe, de Silésie & d'une grande partie de l'Allemagne, qu'ils savoient naturaliser chez eux par un simple apprêt, & par la manière de les plier. En vain le règlement du 8 mai 1736 ordonna des marques particulières sur toutes les toiles étrangères portées à Lyon. La réclamation des négocians *suisses*, contre cette nouvelle formalité, qu'ils prétendirent être une atteinte à leurs immunités, fut accueillie favorablement, & les toiles *suisses* continuèrent d'être mêlées avec les toiles nationales, & expédiées aux colonies, en participant à l'exemption des droits accordée aux dernières, quoique les autres fussent expressément assujetties aux droits par les lettres-patentes de 1717.

Enfin, les représentations du commerce, celles de la ferme générale, mirent dans une telle évidence les dommages & le préjudice que les privilèges des *Suisses* causoient à l'industrie nationale & aux finances du roi , qu'après plusieurs conférences tenues devant le ministre des affaires étrangères , par toutes les parties intéressées , l'édit du mois de décembre 1781 , enregistré le 8 janvier suivant , statua d'une manière très-claire sur ces privilèges , & les fixa dans les justes bornes que dictoient la politique & la bonne intelligence , établie depuis si longtems entre les deux nations.

Voici cet édit. Louis , par la grace de Dieu , roi de France & de Navarre , &c. Après avoir examiné avec la plus scrupuleuse attention , les privilèges dont la nation *Suisse* a joui dans notre royaume , nous avons reconnu qu'il en est quelques-uns qui émanent principalement de la paix perpétuelle de l'année 1516 , & d'autres de différentes concessions qui lui ont été faites & confirmées de tems en tems par les rois nos prédécesseurs. Tous ces privilèges , fondés sur l'esprit & sur la lettre du traité de la paix perpétuelle de 1516 , reposoient sur la base de la parfaite réciprocité qui y est stipulée ; mais le corps helvétique n'ayant rempli , dans aucun tems , les conditions de cette réciprocité , qu'il représente comme incompatible avec la constitution des différentes républiques qui le composent , non-seulement les articles de la paix perpétuelle qui accordent des privilèges aux *Suisses* , mais les concessions qui en ont été comme la suite , sembleroient abrogées par le fait , & nous aurions pu être d'autant plus facilement portés à les regarder comme entièrement caduques , que le changement des circonstances , la progression étonnante du commerce des *Suisses* , & le tort considérable qu'il fait à nos sujets & à nos finances , étoient pour nous un motif puissant & légitime de faire cesser des prérogatives aussi préjudiciables. Néanmoins , voulant donner à la nation helvétique un témoignage éclatant de notre constante affection , nous avons préféré de chercher les moyens de concilier l'intérêt de nos peuples & de nos propres revenus , avec les avantages dont nous pouvons faire jouir les *Suisses* dans notre royaume , sans exiger d'eux une réciprocité que leurs constitutions ne comportent pas. Cette même affection pour nos fidèles alliés nous a sur-tout guidés dans cet examen ; & nous nous persuadons que tous les Etats qui composent le louable corps helvétique , regarderont comme une nouvelle preuve de notre bienveillance les concessions que nous nous déterminons à leur faire. A ces causes , &c.

ARTICLE PREMIER.

Les sujets des Etats qui composent le louable corps helvétique , de quelque rang & qualité qu'ils soient , auront , comme par le passé , la liberté d'entrer dans notre royaume , d'y aller , venir , séjourner , sans trouble ni empêchement ,

en se conformant toutefois aux loix de l'Etat , auxquelles il n'est pas dérogé par le présent édit.

II.

Nous voulons bien , par une faveur spéciale , & à l'exemple de plusieurs de nos prédécesseurs , accorder à tous les sujets des Etats du corps helvétique , la permission de se domicilier dans notre royaume , d'y acquérir comme les nationaux , & , s'ils ont quelque commerce , profession , métier ou industrie , de pouvoir l'exercer en toute liberté , pourvu qu'ils se soumettent aux loix , règlemens & usages établis dans les lieux où ils feront leur demeure ; ladite permission n'emportant pas la faculté de posséder des charges , offices ou bénéfices , auxquels nul étranger ne peut être promû en France.

III.

Les *Suisses* , qui feront domiciliés en France , mais qui n'y posséderont aucun bien-fonds , & qui n'y exerceront ou n'y auront exercé aucun commerce , profession , métier ou industrie , feront exempts de la capitation & autres charges quelconques personnelles. Dans cette classe seront compris ceux qui séjourneront dans notre royaume pour vaquer à leurs études , de même que les marchands *Suisses* qui y viendront pour y suivre les affaires de leur commerce , mais sans y établir un domicile , & qui n'y feront qu'un séjour passager.

IV.

Les *Suisses* domiciliés , qui posséderont des biens-fonds dans notre royaume , comme ceux qui y exerceront , ou y auront exercé quelque commerce , profession , métier ou industrie , supporteront , comme nos propres sujets , toutes les charges de l'Etat , & celles attachées à la nature de leurs possessions , commerce , profession , métier ou industrie. Ils seront seulement exempts de la milice , du guet & garde , & du logement des gens de guerre ; sauf , quant à cette dernière exemption , à être , en cas de foule , assujettis , comme tous autres exempts , audit logement des gens de guerre.

V.

Les *Suisses* , domiciliés en France , qui se seroient établis dans l'intérieur des campagnes , ou autres lieux sujets aux corvées usitées pour les réparations & entretien des chemins , y seront sujets comme les nationaux ; permettons néanmoins que , pour acquitter des corvées , ils puissent se faire remplacer par des ouvriers mercenaires.

VI.

Les *Suisses* ne payeront en France , pour *pareatis*

-reatis, droits de greffe, droits de fceau, & autres, que ce que les nationaux payent eux-mêmes.

VII.

Les marchands *Suiffes* continueront de jouir de la franchife pendant les foires de Lyon, & dix jours après, conformément au traité de 1516: &, voulant donner aux fujets des républiques helvétiques une nouvelle preuve de notre affection, nous voulons bien renouveller en leur faveur la teneur des lettres-patentes de Henri II, qui prorogent ce terme à cinq jours au-delà.

VIII.

Les marchandifes entrant en France par la *Suiffe*, feront diftinguées en marchandifes étrangères & en marchandifes de crû & fabrication *Suiffe*. Les premières payeront les mêmes droits que fi elles étoient entrées dans notre royaume par toute autre frontière; les autres, confiftant en fromages, toiles & fils-de-fer, payeront déformais comme il fuit:

IX.

Les fromages de *Suiffe* pourront entrer en France par le bureau de Longerai & par celui de Pontarlier, en exemption de tous droits d'entrée, mais à condition d'y être expédiés fous acquit-à-caution, & fous plomb, pour Lyon, où il fera juftifié, par un certificat du magiftrat du lieu d'où les feront expédiés, de leur qualité de crû & fabrication *Suiffe*; &, s'ils entrent par tout autre bureau, ils feront affujettis aux mêmes droits d'entrée que tous autres fromages étrangers. Ils feront traités au furplus, à la circulation, ainfi qu'à la fortie, comme le font maintenant & le feront à l'avenir les fromages de crû & fabrication Françoife.

X.

Les toiles de lin & de chanvre, unies ou ouvrées, écrues ou en blanc, y compris le linge de table de crû & fabrication *Suiffe*, dont il fera juftifié par des atteftations en bonne & dûe forme, tant de propriété que de crû & fabrication *Suiffe*, & munies des marques infcrites à la douane de Lyon, comme adoptées par les maifons *Suiffes* établies dans cette ville, ne payeront aux entrées, que la moitié feulement des droits dûs & perçus, ou qui fe percevront fur toutes les autres toiles étrangères: bien entendu toutefois, notamment pour le linge de table, que ces toiles feront introduites en pièces, & que, s'il s'agit de linge fait, il devra en totalité les droits d'entrée ordinaire.

XI.

Les toiles de fabrication Françoife pouvant circuler dans notre royaume, & en fortir librement, nous voulons bien étendre cette même

Tome III. Finances.

faveur aux toiles *Suiffes*, qui auront reçu à Lyon un plomb & un bulletin. Entendons, en conféquence, que les toiles de fabrication *Suiffe*, après avoir payé la moitié feulement des droits dûs aux entrées par les toiles étrangères, puiffent, ainfi que celle de fabrication Françoife, circuler & fortir librement, fans payer aucun droit de circulation ni de fortie; à la charge toutefois, que fi les toiles Françoifes étoient à l'avenir impofées dans leur circulation ou fortie, dans ce cas, les toiles *Suiffes* fupporteroient la même impofition.

XII.

Quant au furplus des toiles de lin ou de coton, fabriquées avec du fil teint, mouffelines, toiles de coton blanches, & autres telles qu'elles foient, le tout reftera foumis aux divers règlemens que nous jugerons à propos de maintenir & d'établir fur tous ces articles.

XIII.

Les fils-de-fer de crû & fabrication *Suiffe*, dont il fera juftifié par des atteftations en bonne & dûe forme, payeront la moitié feulement des droits dûs aux entrées par les fils-de-fer étrangers.

XIV.

Les toiles & les fils-de-fer qui entreront en France, en exemption ou diminution de droits, conformément aux articles X & XIII ci-deffus, n'auront d'autre paffage que par le bureau de Longerai; ils y feront expédiés fous plomb, par acquit à-caution pour Lyon, où ils recevront la marque ou plomb, & le bulletin, qui feront défignés pour ces fortes de marchandifes.

XV.

Les *Suiffes* pourront exporter dans leur pays les marchandifes qu'ils acheteront dans notre royaume, & ne payeront, pour cette exportation, d'autres droits que ceux que les François auroient à payer eux-mêmes.

XVI.

Si un *Suiffe* abufe des privilèges ci-deffus, en prêtant fon nom à tout autre négociant quelconque, ou autrement, il ne fera plus réputé *Suiffe*, & fera puni par les tribunaux de notre royaume, fuivant l'exigence du cas.

XVII.

Les marchands & négocians *Suiffes* pourront tranfporter l'or & l'argent monnoyé qu'ils auront reçu pour le prix de leurs marchandifes, pourvu qu'ils en faffent leurs déclarations, & qu'ils prennent les paffe-ports néceffaires.

XVIII.

Dans tous les cas fur lefquels il n'aura point

été statué par le préfent édit, les *Suiffes* feront entièrement affimilés aux François, & ne pourront prétendre d'être traités plus favorablement que nos propres fujets.

X I X.

Les privilèges & conceffions portés par le préfent édit commenceront au premier janvier 1782, & continueront d'avoir lieu jufqu'au 28 mai 1827, terme auquel doit expirer le traité d'alliance conclu entre nous & le louable corps helvétique en 1777. Si donnons en mandement, &c. Donné à Verfailles au mois de décembre 1781.

SUITE. (droit de) On donne ce nom à la revendication que pouvoit faire, d'une perfonne de condition ferve, le feigneur d'une terre où les hommes font ferfs, lorfque cette perfonne quittoit fa terre fans fon confentement, pour aller s'établir ailleurs. Ce droit de *fuite* a été aboli dans tout le royaume, par l'édit du mois d'août 1779, dont nous avons rapporté le préambule au mot MAIN-MORTABLE. *Voyez la page 2* de ce volume. Mais c'eft ici le lieu de donner le difpofitif de ce même édit.

A R T I C L E   P R E M I E R,

Nous éteignons & aboliffons dans toutes les terres & feigneuries de notre domaine, la *main-morte* & condition fervile, enfemble tous les droits qui en font des fuites & des dépendances. Voulons, qu'à compter du jour de la publication des préfentes, ceux qui, dans l'étendue defdites terres & feigneuries, font affujettis à cette condition, fous le nom d'*hommes de corps*, de *ferfs*, de *main-mortables*, de *mortaillables*, de *taillables*, ou fous telle autre dénomination que ce puiffe être, en foient pleinement & irrévocablement affranchis : Et qu'à l'égard de la liberté de leurs perfonnes, de la faculté de fe mariér & de changer de domicile, de la propriété de leurs biens, du pouvoir de les aliéner ou hypothéquer, & d'en difpofer entre vifs, ou par teftament, de la tranfmiffion defdits biens à leurs enfans, ou autres héritiers, foit qu'ils vivent en commun avec eux, ou qu'ils en foient féparés, & généralement en toutes chofes, fans aucune exception ni réferve, ils jouiffent des mêmes droits, facultés & prérogatives qui, fuivant les loix & coutumes, appartiennent aux perfonnes franches ; notre intention étant, que dans toutes lefdites terres & feigneuries il n'y ait déformais que des perfonnes & des biens de condition franche, & qu'il n'y fubfifte aucun veftige de la condition fervile ou main-mortable.

I I.

La difpofition de l'article précédent fera exécutée dans nos domaines engagés ; & fi quelques-

uns des engagiftes fe croyent léfés, il leur fera libre de nous remettre les domaines par eux tenus à titre d'engagement, auquel cas ils feront rembourfés des finances qu'ils juftifieront avoir été payées par eux ou par leurs auteurs.

I I I.

Lorfque par la fuite il fera acquis à notre domaine, à quelque titre que ce foit, de nouvelles terres & feigneuries, dans lefquelles le droit de fervitude ou main-morte aura lieu, ledit droit fera éteint & fupprimé, & les habitans & tenanciers de ces terres en feront affranchis dès l'inftant que nous, ou les rois nos fucceffeurs, feront devenus propriétaires defdites terres & feigneuries.

I V.

Les héritages main-mortables, fitués dans nos terres & feigneuries, ou dans nos domaines engagés, & poffédés par des perfonnes franches ou main-mortables, lefquels héritages deviendront libres en vertu de la difpofition des articles I, II & III ci-deffus, feront, à compter de la même époque, chargés, envers nous & notre domaine, d'un fou de cens par arpent feulement ; ledit cens emportant lods & ventes, conformément à la coutume de leur fituation.

V.

Les feigneurs, même les eccléfiaftiques, & les corps & communautés qui, à notre exemple, fe porteroient à affranchir de ladite condition fervile & main-mortable, telles perfonnes & tels biens de leurs terres & feigneuries qu'ils jugeront à propos, feront difpenfés d'obtenir de nous aucune autorifation particulière, & de faire homologuer les actes d'affranchiffement en nos chambres des comptes, ou ailleurs, ou de nous payer aucune taxe ni indemnité, à caufe de l'abrégement ou diminution que lefdits affranchiffemens paroîtroient opérer dans les fiefs tenus de nous, defquelles taxes ou indemnité nous leur faifons pleine & entière remife.

V I.

Nous ordonnons que le *droit de fuite* fur les *main-mortables demeurera éteint & fupprimé dans tout notre royaume*, dès que le ferf, ou main-mortable, aura acquis un véritable domicile dans un lieu franc ; voulons qu'alors il devienne franc au regard de fa perfonne, de fes meubles, & même de fes immeubles, qui ne feroient pas main-mortables par leur fituation, ou par des titres particuliers. Si donnons en mandement, &c. &c.

SUPPLÉMENT, f. m. Ce mot fignifie en général une addition ; quoique fuppléer, dont il dérive, veuille dire fubftituer, remplacer. En finance, on appelle *supplément*, une nouvelle taxe qui est demandée à des titulaires de charges ou d'offices, dont le prix paroît trop médiocre relativement aux avantages qu'ils procurent ; ou à des aliénataires de biens domaniaux, qu'on suppose n'avoir pas été portés à leur véritable valeur lors de leur aliénation.

SUR-ACHAT, f. m. On appelle, en finance, *fur-achat*, la remise du bénéfice que le roi fait fur les monnoies, & qui est accordée à des particuliers, pour une quantité de matières qu'ils fe chargent de faire venir de l'étranger. *Voyez* ce qui a été dit ci devant de cette cession de bénéfice, *pag.* 148, article MONNOIE. Nous ajouterons ici ce que l'auteur estimable *des Recherches & Considérations fur les Finances* dit d'une pareille opération, *tome* 5, in-12, *pag.* 377.

» Nul homme, au fait des principes politiques de l'administration, ne doute qu'il ne soit avantageux de payer au commerce les matières qu'il apporte, suivant leur valeur entière ; c'est-à-dire, de rendre poids pour poids & titre pour titre ; car si le prince retient un bénéfice sur sa monnoie, & délivre en monnoie une moindre quantité de grains pesant de métal pur, pour une plus grande qui lui est apportée ; il est évident qu'une telle retenue est une imposition sur le commerce avec les étrangers. Or, le commerce avec les étrangers est la seule voie de faire entrer de l'argent dans le royaume ; d'où il est aisé de conclure que toute remise générale des droits du prince fur la fabrication de la monnoie, est un encouragement accordé à la culture & aux manufactures, puisque le négociant est en état, au moyen de cette remise, ou de payer mieux la marchandise qu'il exporte, ou de procurer à l'Etat une exportation plus abondante, en faisant meilleur marché aux étrangers : unique moyen de se procurer la préférence des ventes, & dès-lors du travail.

» Cette police occasionne encore des entrepôts de matières pour le compte des autres nations ; or, tout entrepôt est utile à celui qui entrepose. On se contente d'exposer les principes évidens, qui suffisent pour détruire les sophismes que peuvent suggérer fur cette matière de petites vues intéressées.

» Dans ces matières il n'est qu'un *intérêt* à considérer, c'est celui des hommes qui produisent, c'est-à-dire du cultivateur, du manufacturier, de l'armateur. Mais lorsque l'Etat n'est point dans une situation qui lui permette de faire cette gratification entière au commerce, il est dangereux qu'il l'accorde à des particuliers qui s'offrent de faire venir de grandes

sommes dans le royaume : prétexte ridicule aux yeux de ceux qui font quelque usage de leurs réflexions.

» Nous ne pouvons recevoir de l'argent que par la solde du commerce, lorsqu'il rend les étrangers nos débiteurs. Si nous en recevons d'eux qu'ils ne nous doivent pas, il est clair que nous leur devons ; ainsi ils auront plus de lettres-de-change fur nous que nous n'en aurons fur eux, par conséquent le change fera contre nous, & c'est le commerce total du royaume, qui en porte la perte ; c'est-à-dire que pendant que durera ce désavantage, le commerce du royaume recevra moins de valeur de fes denrées qu'il ne devoit en recevoir, & fa dette à l'étranger lui coûtera plus cher à acquitter. Pour faire cesser cette perte, il n'y aura qu'un seul moyen, c'est de solder notre dette en envoyant des marchandises, ou en envoyant de l'argent.

» Si l'étranger n'a pas besoin de nos marchandises, ou bien elles y resteront invendues, ce qui ne le rendra pas notre débiteur, ou bien elles y seront vendues à perte, ce qui est toujours fâcheux. Si l'étranger a besoin de nos marchandises, il est clair qu'il les auroit également achetées, quand même nous n'aurions pas commencé par tirer son argent ; & il est également évident, qu'ayant été payés avant d'avoir livré, nous aurons payé l'intérêt de cet argent par le change, & dès-lors que nos denrées ne nous auront pas rapporté ce qu'elles nous auroient valu, si nous ne nous étions pas rendu débiteurs de l'étranger par des *fur-achats* de matières.

» Si enfin, nous faisons sortir notre dette en nature, pour faire cesser le désavantage du change, il est clair que l'entrée de cet argent n'aura été d'aucune utilité à l'Etat, & qu'elle aura aussi troublé le cours du commerce général, pour favoriser un particulier. Tel sera toujours l'effet de toute importation forcée de l'argent dans les monnoies. Il doit, & ne peut entrer que par les bénéfices du commerce avec les étrangers, & non par les emprunts du commerce à l'étranger.

» Dans le cas enfin où l'étranger se trouveroit notre débiteur, il est clair que tout *fur-achat* est un privilège accordé à un particulier pour faire son commerce avec plus d'avantages que les autres, ce qui renverse toute égalité, toute concurrence ; enfin, ce particulier pouvant, au moyen du bénéfice du *fur-achat*, payer les matières plus cher que les autres, on le rend maître du cours du change, & c'est positivement lever à son profit un impôt sur la tota-

» lité du commerce national, & dès-lors fur la
» culture, les manufactures & la navigation.

» Voilà au juste le fruit de ces fortes d'opé-
» rations, où les propofans font leurs efforts
» pour ne faire envifager aux miniftres, qu'une
» grande introduction d'argent, & une grace
» particulière, qui ne coûte rien au prince. On
» leur cache que le commerce perd réellement
» tout ce qu'ils gagnent, & bien au-delà. Peut-
» on dire férieufement qu'il n'en coûte rien au
» prince, quand fes fujets perdent, & qu'un mo-
» nopoleur s'enrichit.

SURANNATION, f. f. SURANNÉ,
SURANNÉE, adj. Termes de chancellerie,
par lequel on défigne le laps de plus d'une année; enforte que des lettres de *furannation* font
deftinées à valider d'autres lettres qui font *fur-
années*, ou périmées, c'eft-à-dire nulles.

SUR-INTENDANT. Titre ufité en France,
& qui marque la fupériorité de celui qui en eft
revêtu, fur tout ce qui concerne la partie de
l'adminiftration qui forme fon département.

Ainfi, on a vu le cardinal de Richelieu, qui,
par fon état, ne pouvoit poffeder la charge militaire d'amiral, prendre le titre de *fur-intendant* de la navigation & du commerce.

Il y a eu auffi des *fur-intendans* généraux des
bâtimens du roi, & même des *fur-intendans*
particuliers pour chaque maifon royale, des *fur-
intendans* généraux des poftes & relais de France,
des *fur-intendans* des finances.

C'eft de ceux-ci qu'il doit être uniquement
queftion. Le *fur-intendant* des finances avoit un
pouvoir beaucoup plus étendu que ne l'a aujourd'hui le contrôleur général. C'eft lui qui
ordonnoit abfolument de la difpofition des fonds
du tréfor royal. Ces grands officiers prenoient
en conféquence le titre de fouverains maîtres, de
fouverains gouverneurs des finances; parce qu'en
effet ils étoient grands tréforiers & grands ordonnateurs de cette partie. *Voyez* ce qui a été
dit de la place de *fur-intendant* des finances, au
mot CONTRÔLEUR GÉNÉRAL DES FINANCES,
tome I, pag. 386 & 387.

SURNUMERAIRE, adj. & fubft. Il fignifie
ce qui eft au-deffus d'un nombre fixe & déterminé. On dit des convives *furnumeraires*, des
officiers, des juges *furnumeraires*.

Dans la langue propre aux finances, on appelle *furnumeraire*, un jeune homme admis à
travailler dans une partie quelconque, avec la
perfpective d'un emploi, lorfqu'il arrivera des
vacances. Ce n'eft ordinairement que pour les

emplois fubordonnés, pour ceux où commence
l'inftruction, que l'on admet des *furnumeraires*.
Ainfi on compte des *furnumeraires* dans les aides,
dans les domaines, dans les fermes générales;
mais ce n'eft que pour obtenir une première place,
qui conduit graduellement à une plus élevée &
plus lucrative. Mais on ne voit point de *furnumeraires* directeurs, receveurs.

SURTAUX, f. m. Il fignifie une taxe exceffive, au-delà des forces de celui à qui elle
eft impofée. Suivant la déclaration du 18 avril
1690, les contribuables qui fe trouvent taxés
au-deffus de la fomme qu'ils doivent naturellement payer, font autorifés à fe pourvoir en
furtaux.

Ce même règlement permet aux officiers des
élections de juger en dernier reffort jufqu'à la
fomme de cinquante livres pour les *furtaux.*

SURTAXER, v. a. C'eft furcharger un contribuable hors de toute proportion avec fes facultés.

SURVIVANCE, f. f. C'eft une grace, qui
confifte à affurer à quelqu'un la jouiffance d'une
place ou d'un emploi, à la mort de celui qui
le poffede. On appelle *furvivancier* celui qui doit
ainfi fuccéder à un autre.

Sans examiner s'il réfulte quelque avantage de
la méthode aujourd'hui fi fort ufitée des *furvivances*, dans les grandes charges & dans les
offices de judicature, nous devons nous borner
à quelques réflexions très-rapides fur les *furvivances* qui font accordées pour des places ou
des emplois de finances.

Tous les bons miniftres ont reconnu que l'ufage
des *furvivances* éteignoit l'émulation & arrêtoit
le progrès des talens; auffi fe font-ils rendus
très-difficiles lorfqu'ils ont été follicités à cet
égard. D'ailleurs, en même-tems qu'une *furvi-
vance*, prefque toujours arrachée par la faveur
& l'intrigue, eft donnée, il y a à parier que
celui qui l'obtient, eft moins capable de remplir
la place, que celui qui avoit l'efpoir d'y arriver
par fon travail, &, qui, fier de fes droits, dédaigne de les étayer par des foupleffes ou des
facrifices. En général, donner des *furvivances*,
c'eft s'ôter les moyens de récompenfer le mérite,
de l'encourager & de le faire naître. Quel eft
l'homme de talent, qui, ayant confacré une
partie de fes jours à acquérir des connoiffances
profondes dans une partie de finance, n'eft pas
porté à des regrets fur le paffé, à des dégoûts
fur le préfent, & à l'apathie fur l'avenir, quand
il voit les compagnies même de finance, fans
égard pour l'inftruction & l'ancienneté, difpofer,

par des *survivances* ou des adjonctions, des emplois sur lesquels il avoit fixé ses regards, comme sur le but où l'attendoient l'aisance & le repos, en faveur de gens nouveaux, dont tous les titres sont dans l'alliance ou la protection immédiate d'un des membres de cette compagnie.

SYSTÈME, s. m. On sent aisément que dans un Dictionnaire des Finances, il ne doit être question que du *système* du fameux Law, qui causa une si terrible révolution dans les fortunes des particuliers & dans les finances de l'Etat.

On a déjà parlé, aux mots BANQUE & BILLETS, *tome I, pag.* 90 & 115, des opérations qui furent la base de ce *système*. C'est ici le lieu de disséquer, pour ainsi dire, ce grand projet, & d'en montrer les principes. Voici comment s'explique à ce sujet un écrivain qui le premier a donné, sur les finances, un Ouvrage aussi profondément pensé que sagement écrit.

M. Law avoit posé en principes, que l'introduction de l'argent dans le commerce, pour y servir de moyen terme à l'évaluation des denrées, avoit corrigé les inconvéniens des échanges usités primitivement, qu'il avoit engagé les hommes à produire une plus grande variété d'ouvrages, à cultiver plus de terres, qu'il avoit enfin étendu & facilité, entre les sociétés, la communication de toutes les espèces de productions, soit naturelles, soit artificielles.

De ces principes incontestables, il tiroit ces conséquences.

1º. Toutes les matières qui ont des qualités propres au monnoyage, peuvent devenir *espèces*.

2º. L'abondance des espèces est le principe du travail, de la culture, de la population.

Ces deux propositions, une fois établies, mais dont il faut se garder d'admettre la seconde, sans distinction; voici quel étoit son raisonnement.

1º. La monnoie de papier est plus aisée à délivrer que celle d'espèces; car cinq cents livres en papier seront plutôt comptées que cinq cents livres en argent.

2º. Le transport en sera évidemment plus facile & moins coûteux.

3º. On la garde avec moins d'embarras, elle occupe moins de place.

4º. Les frais de la monnoie en espèces tombent à la charge du particulier, souvent même la dépense de la fabrication, au lieu que la monnoie de papier se fabrique & se produit aux frais de l'Etat.

5º. Elle est divisible sans perte, en échangeant les grandes sommes contre des billets de moindre valeur.

6º. Elle peut recevoir un coin, une empreinte.

Il est une multitude d'observations à faire sur la nature de la monnoie en papier, soit du côté des facilités qu'elle offre pour le vol, pour dépouiller des successions, soit en la comparant aux métaux précieux qu'elle remplace, & qui sont des signes admis entre toutes les nations, & d'un usage à l'abri de ces renouvellemens forcés pour le papier-monnoie.

D'ailleurs, la matière de celle-ci est si commune, il est si aisé au législateur de doubler, en quelques jours, la masse de tout le numéraire circulant dans le royaume, que nécessairement cette monnoie en seroit avilie. Par cet avilissement les denrées renchériroient considérablement; le commerce étranger seroit entièrement passif, parce que les autres peuples apporteroient leurs productions à moindre prix que celles du pays, & ne recevroient point en paiement une monnoie fictive, qui seroit pour eux sans aucune valeur.

Ainsi son plan de payer toutes les dettes de l'Etat en monnoies de papier, devoit, selon Law, libérer non seulement les revenus publics, mais répandre une aisance inconnue parmi les sujets, procurer au prince la faculté de diminuer les impositions les plus onéreuses, augmenter considérablement celles qui portent sur les consommations, diminuer considérablement la valeur de l'argent, & procurer aux particuliers des moyens faciles, soit d'acquitter leurs dettes, soit de mettre leurs biens en valeur.

C'est pour arriver à cette fin, que se multiplièrent toutes les combinaisons du *système* dont il s'agit. L'auteur ne se proposa donc pas seulement d'accréditer la nouvelle monnoie en papier, en la faisant recevoir dans les caisses publiques, en ordonnant qu'elle y seroit échangée à la volonté des porteurs, contre l'or & l'argent; enfin, en bannissant l'argent des gros paiemens; il porta plus loin ses vues, il forma une compagnie, dépositaire du crédit public, à laquelle il réunit successivement le privilège exclusif des affaires de commerce & de finance, les plus lucratives du royaume; enfin, des créances sur le roi, & dont les actions étoient convertibles en billets, qui pouvoient eux-mêmes redevenir actions, par une nouvelle conversion, au gré des propriétaires.

Cette compagnie, payant un dividende, à ses actions fondé sur de grands profits apparens; & les divers avantages qu'on lui destinoit, ne s'accordant que successivement, M. Law s'étoit persuadé qu'il en devoit résulter:

1°. Une vivacité dans les négociations, qui rendroit l'argent incommode, & la multiplication du papier nécessaire.

2°. Un accroissement successif dans la confiance publique, dans la valeur de l'action, & dès-lors dans le crédit du billet.

Mais tous ces avantages présumés, ne dévoient-ils pas avoir un terme ? N'étoit-il pas dans la nature des choses, que ce terme arrivé, la compagnie ne pouvant plus recevoir de nouvelles faveurs, & l'imagination du public ne pouvant plus se créer des espérances & des illusions, la valeur de ses actions tomberoit au niveau de leur produit réel ? Et la valeur des actions baissant à ce niveau, le crédit de la monnoie de papier ne devoit-il pas baisser dans la même proportion, & même perdre de son estime dans l'opinion générale, quand une fois on se seroit apperçu de sa surabondance ? Et dès l'instant où cette perte se manifestoit, la défiance s'emparoit des esprits ; cette défiance entraînoit nécessairement l'ardeur de réaliser, & par-là l'avilissement de la monnoie artificielle.

M. Law avoit pensé que ce désordre n'arriveroit jamais, parce que le crédit d'un négociant monte au décuple de son fonds, ce qui est vrai en général ; mais l'application de ce fait au crédit de l'Etat n'étoit pas juste.

D'abord il ne pouvoit espérer que les douze cents millions d'espèces circulantes dans l'Etat, seroient déposés dans les caisses du roi, à moins que l'autorité & la violence ne s'en mêlassent : mais, dans ce cas, c'étoit décréditer la monnoie de papier, & augmenter la recherche de l'argent.

2°. Le grand crédit que les particuliers obtiennent est fondé sur l'emploi utile qu'ils font de leur argent, & sur le produit qu'ils en tirent ; l'Etat n'a rien de semblable à montrer pour rassurer ses créanciers.

3°. Le négociant qui manque d'argent pour faire honneur à son crédit, a des effets sur lesquels il trouve de l'argent. La sûreté de la banque consistoit dans le dépôt de deux cents mille actions que l'on vouloit que le public regardât comme monnoie, par leur propriété d'être converties en billets ; par conséquent le paiement du billet en argent pouvoit seul en rétablir le crédit, dès qu'il seroit une fois attaqué.

4°. Les engagemens des particuliers ont un terme prévu ; ceux de la banque pouvoient être réclamés en entier, dans peu de jours, du moment que la défiance se montreroit, & c'est ce qui arriva en effet.

5°. Enfin, l'argent étant au billet & à l'action,

comme un à sept, chacun pouvoit donc connoître que l'argent étoit sept fois plus précieux que le papier.

Si, pour mieux développer les ressorts du *système* de Law, on le considère sous une autre face, le résultat n'en sera pas plus favorable.

Supposons que la compagnie de crédit eût été formée avec tous ses avantages à la fois, qu'aucun manège n'eût présidé à la négociation des souscriptions, il est constant que la valeur de l'action se feroit proportionnée à celle du dividende annoncé ; la quantité des billets eût été bornée à la somme qu'eût exigé la circulation du capital de ces actions, sans quoi on se seroit récrié contre leur surabondance inutile. Dans ce cas l'auteur du *système* n'atteignoit point son but, il n'aviliSSoit pas la monnoie d'argent, il ne multiplioit pas la monnoie de papier, au point de réduire l'intérêt à un & demi pour cent, en remboursant les dettes publiques en billets ; enfin, il ne parvenoit pas à donner aux denrées, dans toute l'étendue du royaume, ce mouvement rapide & convulsif, qui, selon ses idées, devoit produire la libération du peuple envers le roi, celle des propriétaires envers les créanciers ; dès-lors cette augmentation de revenu, dont il avoit flatté le régent, devenoit une chimère. Le *système* étoit donc fondé sur un jeu forcé, qui ne pouvoit pas durer dans l'ordre ordinaire des choses. Un joueur, animé par le gain, peut bien d'abord ne pas compter, ni examiner les espèces qu'il reçoit ; mais il vient un moment où il compte son argent, & veut s'assurer la jouissance de son gain.

Les faits & les évènemens qui arrivèrent alors, & dont on a parlé au mot BILLETS DE BANQUE, se réunissent aux principes, pour prouver que ce *système*, de la manière dont il étoit conçu, ne pouvoit avoir assez de solidité pour être durable. On compta trouver dans l'autorité des ressources pour violenter la confiance ; on ne fit que la compromettre, & l'on éprouva, que pour soutenir un projet vicieux, il n'est point de bons expédiens.

Peut-être l'auteur du *système* s'étoit-il persuadé, que le pays où il pouvoit opérer, donneroit la préférence aux opérations d'un effet rapide & précipité, sur celles, dont le succès progressif exige une assiduité constante de vues, & une uniformité de conduite pendant des années. Mais il devoit concevoir aussi, par la même raison, que dans un pareil pays les révolutions de l'opinion devoient être rapides & précipitées.

Avec de la confiance, disent les partisans du *système*, on eût mis son auteur en état de perfectionner son établissement, de porter les revenus du roi à trois cents millions , & dès-lors d'affigner annuellement des remboursemens confidérables fur les capitaux. Mais, pour la gagner cette confiance, il faut des opérations claires, folides, dont le but foit le bonheur général. Chez un peuple qui n'a point de part à l'adminiftration publique, on doit employer, pour obtenir fa confiance, de plus grands ménagemens qu'ailleurs ; parce que ce peuple l'a retire d'autant plus vîte, qu'il voit la facilité d'en abufer ; & parce que les combinaifons générales ne venant point à fa connoiffance, chacun n'en juge que par les effets perfonnels. Alors, dans les circonftances critiques, il n'arrive que trop, que le foin de pourvoir aux fûretés particulières, détruit la fûreté générale ; c'est-à-dire, que la prudence timide de chaque citoyen, rompt les mefures de celui qui le gouverne. Mais celui-ci doit connoître la nature de la conftitution de l'Etat, y accommoder fes règlemens, en prévoir les fuites. Il feroit auffi injufte de rejetter le blâme du mauvais fuccès, fur la légéreté ou la précipitation de la nation, que de reprocher à un malade de n'avoir pas été guéri par le même remède qui a fauvé fon voifin.

Chaque conftitution de gouvernement a des avantages qui lui font propres, & il n'en eft point qui puiffe les réunir tous au même degré. Toutes les fois qu'il, s'agira de rendre les hommes heureux dans chacune, on arrivera au même but, fi l'on fait choifir le moyen d'exécution qui lui convient. Mais fi l'on n'apportoit pas l'habileté dans ce choix, le gouvernement du legiflateur le mieux intentionné, ne feroit que l'affemblage monftrueux de toutes les inftitutions qui ont produit ailleurs quelque bien.

Recherches & Confidérations fur les Finances, édit. in-12, tome *VI*, pag. 370.

Les réflexions qu'a données un célèbre adminiftrateur, fur le *fyftême* de Law, dans un Ouvrage immortel, fur les finances, vont terminer cet article. Elles y feront d'autant mieux placées, qu'elles confirment le jugement d'abord porté fur ce *fyftême* : jugement que perfonne n'étoit plus en état de prononcer qu'un homme d'Etat, qui, comme Law, a gouverné les finances, avec la différence toutefois, que le premier n'a laiffé que des fouvenirs amers & cruels pour la nation, tandis que le fecond, au contraire, a mérité les bénédictions du peuple, & les regrets des citoyens, à qui la mémoire de fes opérations & de fes projets eft toujours préfente.

» Après avoir développé les bafes de la con-
» fiance accordée aux billets de la banque d'An-
» gleterre ; après avoir indiqué les précautions
» néceffaires pour entretenir cette confiance, il
» devient aifé de porter un jugement éclairé des

». opérations qui troublèrent la France fous l'ad-
» miniftration de M. Law. C'eft bien impropre-
» ment qu'on en a tranfmis la mémoire fous le
» titre pompeux de *fyftême* ; c'eft un trop beau
» nom pour une folie.

» M. Law, témoin des premiers fuccès de la
» banque d'Angleterre, en établit une en France fur
» le même modèle, & dont les premiers fonds fu-
» rent très-modiques ; cependant s'il l'avoit laiffée
» s'accroître & fe fortifier infenfiblement, elle
» eût rendu des fervices plus ou moins étendus
» à la circulation ; mais dans un tems où l'Etat
» n'avoit point de crédit, cette banque devoit
» craindre, fur-tout, de délivrer des billets fans
» mefure, contre des créances fur le gouverne-
» ment ; puifque des-lors ces billets ne pouvoient
» plus jouir que d'une confiance proportionnée
» à celle dont l'Etat jouiffoit lui-même.

» Mais, foit que M. Law n'eût pas arrêté fon
» attention fur les motifs raifonnés du crédit des
» billets de banque en Angleterre, & qu'il n'eût
» vu qu'un trait d'imagination dans le remplace-
» ment de la monnoie réelle par une monnoie
» fictive ; foit plutôt, qu'emporté par l'envie de
» tout facrifier à une faveur paffagère, il rejettât
» volontairement les confeils de la fageffe ; foit
» enfin, qu'après des premières démarches im-
» prudentes, il fe trouvât comme forcé de pouffer
» à l'extrême ce qu'il avoit déjà conduit trop
» loin ; il dévoua la banque, prefque dès fa naif-
» fance, au fervice du gouvernement, & la con-
» fondit tellement dans les affaires publiques,
» qu'elle n'en parut que l'agent inconfidéré, &
» qu'elle dût participer néceffairement à la dé-
» fiance qu'infpiroit l'état de défordre où fe trou-
» voient les finances.

» On effaya cependant d'engager le public à
» diftinguer le crédit que méritoit la banque,
» de celui qui appartenoit au gouvernement ; ce
» fut fous ce point de vue qu'on réunit fucceffi-
» vement à la banque générale, divers privilèges
» exclufifs de commerce & de finance, afin que
» le public, fe formant une idée chimérique
» des bénéfices qui pourroient en réfulter, en-
» vifageât ces profits comme une fûreté des en-
» gagemens que prendroit la banque ; & auffi,
» afin que cette multitude d'entreprifes, cumu-
» lées entre les mains du même établiffement,
» donnât, pendant quelque tems au moins, un
» prétexte apparent à l'accroiffement fucceffif des
» billets de banque. Mais, comment des illufions
» euffent-elles pu fonder une confiance durable ?
» L'opinion publique ne tarda pas à s'éclairer,
» & l'on effaya vainement, tantôt de la ramener
» par de nouvelles chimères, & tantôt de la maî-
» trifer par des loix impératives & rigoureufes.

» Long-tems après, & lorfque le fouvenir de

» ces commotions s'eſt affoibli, on a voulu quel-
» quefois relever la réputation de M. Law, en
» le préſentant comme un homme qui avoit une
» grande idée, & formé un vaſte deſſein : c'eſt
» qu'on eſt tenté d'admirer ce que l'on ne com-
» prend point ; c'eſt qu'on aime à rapporter aux
» plus hautes conceptions, les diſpoſitions politi-
» ques dont on a peine à ſuivre la chaîne ; c'eſt
» que mécontens pour la plûpart de leur fortune,
» les hommes ont un goût ſecret pour les révo-
» lutions, & qu'ils en parlent avec indulgence,
» toutes les fois, qu'à une certaine diſtance des
» évènemens, c'eſt l'eſprit ſeul qui s'en occupe.

» M. Law ne pouvoit pas avoir le mérite de
» l'invention, dans la formation d'un établiſſe-
» ment dont le modèle exiſtoit à Londres ; mais
» il auroit eu des droits à la reconnoiſſance pu-
» blique, ſi, diſcernant avec intelligence, ce
» qu'exigeoit la différence des gouvernemens de
» France & d'Angleterre, il eût guidé ſes opé-

» rations ſous ce point de vue ; & ſi, averti par
» la ſituation du crédit public, qu'il ne pouvoit
» y lier étroitement celui de la banque, ſans
» en compromettre en peu de tems l'exiſtence,
» il eût apporté de la réſerve par-tout où il ne
» mit que de l'exagération. Mais il ſacrifia les
» avantages progreſſifs que l'Etat eût pu tirer
» d'un établiſſement conſtitué ſolidement, à
» l'éclat paſſager d'une grande illuſion ; mais il
» abandonna l'appui de la raiſon, pour ſe fier aux
» emportemens de la folie ; mais il méconnut le
» caractère national, & prit une facilité d'imagi-
» nation pour un ſentiment fixe ; mais il trompa
» le ſouverain par de vaines eſpérances, & le public
» par de fauſſes promeſſes ; mais il n'eut de
» confiance en aucune vertu, & n'eut honte
» d'aucun déſordre. Si ce ſont là de grandes idées
» d'adminiſtration, il eſt aiſé d'y atteindre, en
» ſe délivrant du joug de la réflexion, de la ſa-
» geſſe & des principes de morale.

TAB

TAB

TABAC, f. m. Nom d'une plante, dont la vente mise en privilège exclusif, a formé une branche très-intéressante de revenu. Nous allons, par cette raison, donner quelques détails sur les formes de son exploitation. Nous remonterons d'abord à la découverte de cette plante & à son importation en France. Nous ferons connoître ensuite, comment son usage, d'abord très borné, & d'un produit de cent cinquante mille livres par année, en s'étendant successivement, par l'habitude, a exigé une légiflation particulière ; comment de ces circonstances, auxquelles se font joints les soins d'une régie plus vigilante, il en est réfulté un produit annuel de vingt-huit millions pour les finances de l'Etat. Nous laiffons au Dictionnaire des Arts à traiter de la fabrication du *tabac* & des procédés qu'elle exige.

La collection, imprimée au Louvre, fous les ordres de M. de Beaumont, intendant des finances, de laquelle nous avons fi fouvent eu occafion de parler avec éloge ; *voyez* la page 130 de ce volume, renferme, fur la régie du *tabac*, un excellent mémoire, que nous avons jugé devoir adopter en entier, parce qu'il ne laiffe rien à defirer. Mais, comme ce mémoire s'arrête à l'année 1768, époque à laquelle précifément on a commencé à introduire dans le régime du *tabac* quelques innovations qui ont partagé les opinions des régiffeurs, & occafionné des difcuffions. Nous expoferons l'état de la queftion, en rapportant les principaux raifonnemens dont elle a été étayée de part & d'autre.

Nous y ajouterons des obfervations prifes dans l'intéreffant ouvrage publié en 1784, fur l'adminiftration des finances de la France ; & nous terminerons cet article par rappeller le prix actuel de la ferme du *tabac*.

Cette plante connue d'abord fous la dénomination de *petun*, & à laquelle l'ufage a fixé depuis, le nom de *tabac*, fut apportée en France, en 1560, fous le règne de François II, par Jean Nicot, ambaffadeur de France auprès de Sébaftien, roi de Portugal. On prétend que les Efpagnols avoient fait la découverte de cette plante à Tabaco, province du royaume de Jucatan, dont ils lui donnèrent le nom ; que ce fut Hermandès de Tolède, qui le premier l'envoya en Efpagne & en Portugal ; que Jean Nicot la préfenta au grand-prieur, à fon arrivée à Lisbonne, & à la reine Catherine de Médicis en France ; qu'ils la firent appeller chacun de leur nom, *nicotiane*, *l'herbe au grand-prieur*, *l'herbe à la reine*.

On s'accoutuma fuccellivement, & par degrés, à faire ufage de cette plante, & une déclaration du 17 novembre 1629, enregiftrée par exprès commandement du roi, en la cour des aides de Paris, le 31 décembre fuivant, fait connoître que cette production attiroit déjà l'attention du gouvernement. Elle ne payoit aucun droit à l'entrée, n'ayant pas été comprife dans les anciens tarifs & pancartes. Cette déclaration affujettit tout le petun ou *tabac*, venant des pays étrangers, à un droit d'entrée de trente fous par livre : elle excepta, dans la vue de favorifer l'établiffement & l'accroiffement de la compagnie de commerce, qui avoit été formée fous les aufpices du cardinal de Richelieu, fur-intendant général de la navigation & du commerce du royaume, le *tabac* qui feroit apporté de l'ifle de Saint-Chriftophe, de la Barbade, & autres ifles occidentales, qui appartenoient à cette compagnie. Le plus grand ufage qui fe faifoit alors de cette plante, étoit de la prendre en fumée ; la fabrique des pipes formoit un objet de commerce affez confidérable ; c'étoit en 1661, un fieur de Montfalcon qui en avoit le privilège, en vertu de lettres-patentes, enregiftrées en plufieurs cours de parlement.

On vient de voir, que par la déclaration du 17 novembre 1629, les *tabacs* du crû des colonies avoient été exceptés de l'affujettiffement au droit d'entrée dans le royaume, impofé par cette déclaration. Ils furent, par le tarif de 1664, impofés à un droit de quatre livres par cent pefant, qui, par arrêt du premier décembre 1670, fut modéré à deux livres.

Quant au *tabac* de Vérine, Virginie, Bréfil, & autres pays étrangers, il fut, par le tarif de 1664, affujetti à un droit de treize livres, par cent pefant.

Ainfi, cette production, en payant à l'entrée du royaume les droits auxquels elle étoit affujettie par le tarif, pouvoit enfuite y être commercée librement ; mais les chofes changèrent à cet égard par la déclaration du 27 feptembre 1674 ; ce commerce fut interdit aux particuliers, & le roi fe réferva le privilège exclufif de cette vente. Le préambule de la déclaration en fait connoître les motifs. L'ufage du *tabac* étoit devenu fi commun dans tous les Etats, qu'il avoit donné lieu à la plûpart des princes voifins, de faire de ce commerce un de leurs principaux revenus. Le roi penfa que dans les fiens il pouvoit s'en établir un femblable, & il jugea la propofition qui lui en avoit été faite d'autant plus raifonnable, qu'il ne s'agiffoit point d'une denrée né-

Gggg

ceffaire pour la fanté, ni pour l'entretien de la vie ; que c'étoit même un moyen de foulager les peuples d'une portion des dépenfes extraordinaires de la guerre qu'il avoit alors à foutenir, par le fecours qu'il comptoit tirer du privilège de vendre cette marchandife, dont le prix ne feroit point augmenté par la vente en détail, & dont le commerce demeurant libre au-dehors, les fujets feroient toujours en état de faire valoir leurs établiffemens, foit dans le royaume, foit dans les ifles françoifes de l'Amérique, & de tirer par leurs mains l'utilité de ce commerce.

Ce fut d'après ces motifs qu'il fut ordonné par cette déclaration, que le *tabac* du crû du royaume, des ifles françoifes de l'Amérique, le *tabac* mâtiné du Bréfil, & tous les autres, venant des pays étrangers, en feuilles, rouleau, corde, parfumé & non parfumé, ou autrement, de quelque forte & manière que ce fût, feroient à l'avenir vendus & débités, tant en gros qu'en détail, par ceux qui feroient prépofés, & au prix fixé par fa majefté ; favoir, celui du crû du royaume à vingt fous, & celui du Bréfil à quarante fous la livre.

Il fut en conféquence fait défenfe à tous autres, de vendre & débiter aucuns *tabacs*, trois mois après la publication de cette déclaration, qui fut adreffée à la cour des aides, à laquelle l'exécution en fut attribuée, & qui y fût enregiftrée. Elle révoqua les privilèges particuliers qui avoient été donnés pour le filage-mâtinage & vente des *tabacs*, & même une impofition de cinq fous par livre fur tous les *tabacs* entrant par la Provence, qui avoit été accordée aux hôpitaux de Touloufe, d'Aix & de Marfeille, le roi fe réfervant de pourvoir à leur indemnité, pour le tems qui reftoit encore à expirer de cette conceffion : cette indemnité fut fixée, par l'article XIV du bail de Breton, dont on parlera dans un moment, à une fomme de douze mille livres, dont les fonds feroient annuellement laiffés entre les mains de ce fermier.

Ce bail fut paffé, par réfultat du Confeil, du dernier novembre 1674 : il comprenoit, avec le privilège de la vente exclufive du *tabac* dans toute l'étendue du royaume, le droit d'un fou par livre pefant, pour la marque de l'étain qui y feroit fabriqué ; il devoit durer fix années, & le prix en fut fixé à cinq cents mille livres par année, pendant les deux premières, & à fix cents mille livres pour chacune des quatre dernières.

Les ports fixés par les ordonnances, déclarations, & autres règlemens, pour l'entrée des drogueries & épiceries dans le royaume, étoient ceux de Rouen, de Bordeaux & de la Rochelle pour l'Océan, & Marfeille pour la Méditerranée :

l'article XI, du bail de Breton, ajouta, quant aux *tabacs*, pour la facilité du commerce, le port de Dieppe pour la Normandie, & ceux de Nantes, Saint-Malo & Morlaix pour la Bretagne. L'entrée des *tabacs* fut interdite par tous autres lieux que les ports défignés, fous les peines rappellées dans cet article.

Par le même bail, les provinces & lieux qui étoient dans l'ufage de cultiver du *tabac*, y avoient été maintenus fous les conditions qui avoient été jugées néceffaires pour le maintien de la vente exclufive, en donnant l'option aux propriétaires des *tabacs*, ou de s'en accommoder de gré à gré avec le fermier du privilège, ou de les vendre aux étrangers, qui avoient même la permiffion de venir les acheter, en prenant par le fermier fes fûretés pour éviter les verfemens qui pourroient en être faits. Les fraudes qui fe commettoient déterminèrent, par un arrêt du confeil du 25 janvier 1676, les ports par lefquels l'exportation des *tabacs* du crû du royaume, deftinés pour les pays étrangers, feroit faite. Ces ports font, pour l'Océan, Bordeaux, les Sables-d'Olonne, la Rochelle, Nantes, Morlaix, Saint-Malo, Rouen, Dieppe & Saint-Valery ; & pour la Méditerranée, les ports de Narbonne, Cette, Agde, Marfeille & Toulon. L'arrêt ordonne que les marchands, voituriers, & autres, qui feront ce commerce, feront tenus de prendre des congés des commis du fermier dans les bureaux les plus prochains des lieux où fe fait la récolte ; & fait défenfes de fortir les *tabacs* par d'autres endroits que les ports qu'il défigne, à peine de confifcation, & de trois mille livres d'amende.

Le fermier repréfenta au confeil le préjudice qu'il fouffroit des plantations de *tabac*, que faifoient différens particuliers, dans des lieux où il n'avoit point été d'ufage jufqu'alors d'en recueillir, & de ce que ces particuliers faifoient enfuite filer & mâtiner ces *tabacs*, & les vendoient, malgré les défenfes prononcées à ce fujet : ces repréfentations donnèrent lieu à un arrêt du confeil, du 14 mars 1676, qui, en permettant aux habitans des généralités de Bordeaux & Montauban, & des environs de Mondragon, Saint-Maixant, Lery & Metz, de continuer la récolte des *tabacs*, en fe conformant aux conditions qui leur étoient prefcrites, fit défenfes à toutes perfonnes, hors des lieux rappellés dans cet arrêt, d'enfemencer leurs terres de *tabac*, à peine de confifcation & de mille livres d'amende.

Un nouvel arrêt du Confeil, du 6 janvier 1677, fixa les lieux mêmes des généralités de Bordeaux & de Montauban, dans lefquels cette culture pourroit être faite, elle fut interdite dans tous autres endroits que ceux réfervés par cet arrêt.

La ferme du *tabac* fut, au premier octobre 1680,

réunie aux autres fermes de sa majesté , & comprise dans le bail qui en fut fait à Claude Boutet : ce fut dans le cours de ce bail , que le roi desirant donner à cette nouvelle branche de ses revenus , une consistance & des principes , d'après lesquels elle pût être convenablement régie , fit , par son ordonnance du 22 juillet 1681 , concernant plusieurs droits de ses fermes , un règlement sur celle du *tabac* , dont il est nécessaire de rappeler les dispositions , parce qu'elles ont servi de base à tous les autres règlemens qui ont été faits sur cette matière depuis cette époque.

Voici le précis des dispositions que renferme à cet égard l'ordonnance du 22 juillet 1681.

1°. Elle défend à toutes personnes, autres que le fermier , ses commis & préposés , de faire le commerce , la vente & le débit dans le royaume , en gros & en détail , d'aucun *tabac* en corde & en poudre , filé , roulé , parfumé , mâtiné , & autre, de quelque qualité qu'il soit , soit du Brésil , côte Saint-Dominique , Malte , Pontgibon , & autres pays étrangers , soit du crû du royaume & des isles françoises de l'Amérique.

2°. Le *tabac* en corde , vendu en gros & en détail , doit être marqué d'un plomb , & celui en poudre , mis dans des sacs cachetés.

3°. L'ordonnance prescrit le dépôt aux greffes des élections , & autres jurisdictions , qui doivent être établies dans les lieux où seront les bureaux , de l'empreinte & figure , tant du plomb que des cachets.

4°. Il est défendu , à peine de punition corporelle , aux préposés à la vente dans les magasins , de vendre aucun *tabac* qui ne soit revêtu de la marque ou cachet.

5°. 6°. & 7°. Ces différens articles fixent le prix des *tabacs* à la vente & revente , de la manière suivante.

Le *tabac* en corde , du Brésil & autres pays étrangers , dans les magasins , quarante sous la livre ; & à la revente, par les particuliers qui en auront la permission du fermier , cinquante sous.

Celui du crû du royaume & des isles françoises de l'Amérique , dans les magasins , à raison de vingt sous la livre ; & à la revente vingt-cinq sous.

Le *tabac* mâtiné , du crû du royaume , à la vente & revente , le même prix que celui du Brésil.

Le *tabac* en poudre , celui commun , à raison de dix sous l'once , le moyen , parfumé , vingt sous, celui de Malte , Pontgibon , & autres pays

étrangers , vingt-cinq sous, soit à la vente dans les magasins , soit à la revente par les particuliers.

8°. Défenses au fermier & ses préposés , d'excéder dans les ventes & reventes les prix ci-dessus fixés , à peine de concussion.

9°. La vente & distribution ne peut être faite que de l'ordre & pouvoir , par écrit , du fermier , à peine de confiscation , de trois cents livres d'amende pour la première fois , & de mille livres , en cas de récidive ; & pour constater les contraventions , les commis sont autorisés à faire les visites nécessaires , & à en dresser leurs procès-verbaux , qui doivent faire foi , ainsi que pour les droits des autres fermes.

10°. L'entrée dans le royaume , des *tabacs* , est interdite par terre , & celle par mer est restreinte aux ports de Marseille , Bordeaux , la Rochelle , Nantes , Saint-Malo , Morlaix , Rouen & Dieppe, le tout à peine de confiscation & de mille livres d'amende.

11°. Il est enjoint aux maîtres des navires , barques & autres vaisseaux , de déclarer , dans les vingt-quatre heures de leur arrivée , & avant de faire aucun débarquement , la quantité & la qualité du *tabac* dont ils sont chargés , sous les peines portées par l'article précédent.

12°. Le *tabac* destiné à être consommé dans le royaume , ne peut être vendu , pour cette destination , qu'au fermier ; & si les marchands ne peuvent s'accorder avec lui sur le prix , il leur est permis de le rembarquer , ou d'en disposer par vente ou autrement , au profit de tout autre , pour être incessamment transporté hors du royaume ; & en cas de séjour , il doit être déposé , à leurs frais , dans les magasins du roi , le tout sous les mêmes peines.

13°. Il est défendu à toutes personnes de fabriquer , filer , mâtiner & mettre en poudre aucun *tabac* étranger , à peine de cinq cents livres d'amende , & de confiscation du *tabac* & des instrumens & moulins employés à cet usage.

14°. & 15°. Les plantations de *tabac* sont défendues , & il n'y a d'exception à cette défense , qu'en faveur des habitans des lieux que l'ordonnance dénomme , & dans lesquels elle permet cette culture en la manière accoutumée.

16°. Les habitans sont tenus de déclarer , chaque année , devant les juges des lieux , notaires , ou autres personnes publiques , la situation & la quantité des terres qu'ils entendent ensemencer de *tabac* , & de remettre leur déclaration au commis du plus prochain bureau , un mois , au plûtard , après que les terres auront été ensemencées , à peine de confifcation du *tabac*, & de cinq cents livres d'amende.

17° & 18°. Il leur eft défendu, & à tous autres, de mâtiner & mettre en poudre aucun *tabac* du crû du royaume, fous les peines portées par l'ordonnance pour le *tabac* étranger; ils peuvent néanmoins, en vertu d'un congé, par écrit, des commis du plus prochain bureau, le fabriquer, filer & mettre en rôle; mais ils doivent en remettre inceffamment leur déclaration au bureau, en retirer un certificat, & il leur eft défendu de fe défaifir auparavant du *tabac*, ni de le tranfporter d'un lieu à un autre, à peine de confifcation & de cinq cents livres d'amende.

19°. Ils n'ont la faculté de le vendre que pour être tranfporté hors du royaume; & s'il y féjourne, il ne peut être dépofé que dans les magafins du roi, fous les peines portées à l'égard du *tabac* étranger.

20°. Les acheteurs ne peuvent en faire l'enlèvement que fur un congé des commis du plus prochain bureau, déclaration préalablement faite de la quantité & qualité, du lieu de la deftination, & de celui par lequel ils entendent le faire fortir du royaume, & avec foumiffion, fous caution fuffifante, de rapporter, dans le tems convenu, un certificat, en bonne forme, du déchargement, & d'en payer la valeur au fermier, le tout à peine de confifcation & de cinq cents livres d'amende.

21°. Le fermier eft autorifé à retenir la quantité qu'il croira néceffaire pour la fourniffement des magafins du roi, au prix convenu avec les acheteurs, & en les rembourfant.

22°. Cet article prononce la confifcation des *tabacs* du crû du royaume, trouvés en entrepôt hors le lieu du crû, ou voiturés fans congé, & une amende de cinq cents livres contre les contrevenans.

23°. Les ports défignés pour l'exportation font ceux de Marfeille, Toulon, Agde, Cette, Narbonne, Bordeaux, les Sables-d'Olonne, la Rochelle, Nantes, Morlaix, Saint-Malo, Rouen, Dieppe & Saint-Valery; tous autres ports font interdits, à peine de confifcation & de trois mille livres d'amende.

24°. Les peines contre ceux qui auront contrefait les marques & les cachets du *tabac*, ou qui les auront aidés à en faire le débit, font, pour la première fois, mille livres d'amende, l'amende-honorable à la porte de la principale églife de la jurifdiction, & les galères pour cinq ans; & en cas de récidive, les galères à perpétuité.

25°. Les mêmes peines doivent avoir lieu contre ceux qui feront convaincus d'avoir tranfporté ceux qui feront convaincus d'avoir tranfporté, par attroupement & avec armes, des *tabacs* en fraude.

26°. Le fermier eft autorifé à faire arrêter tous les vagabonds & gens fans aveu, qui fe trouveroient faifis de *tabac* en fraude; fi la fraude eft prouvée, & qu'ils foient hors d'état de payer l'amende, elle fera convertie, pour la première fois, en la peine du carcan; en celle du fouet, pour la feconde; & en celles des galères, pour cinq ans, à la troifième.

27°. Il eft défendu, fous peine de complicité, à tous particuliers de retirer dans leurs maifons, les paffans & voituriers, porteurs de *tabac* en fraude, ni de fouffrir que les *tabacs* y foient entrepofés.

28°. Défenfes à tous foldats, & autres, étant dans les garnifons, fur les vaiffeaux & les galères, à ceux qui y fervent le roi volontairement, ou par force, de vendre ni débiter aucun *tabac* en corde ni en poudre, à peine de punition corporelle, s'il y échoit, & de trois cents livres d'amende; au paiement de laquelle les officiers & employés, qui l'auront fouffert, feront contraints par faifie de leur folde & appointemens.

29°. Cet article fixe les peines & amendes contre ceux qui feront furpris vendant ou expofant des *tabacs* en corde ou en poudre, qui ne font pas revêtus de la marque ou cachet du fermier; favoir, pour le *tabac* en corde, trente livres pour chaque livre de *tabac*, depuis une livre jufqu'à dix; cinq cents livres, depuis dix jufqu'à cinquante, & mille livres d'amende au-deffus de cinquante livres, le tout pour la première contravention; & en cas de récidive, pour la première, deux mille livres d'amende & un banniffement de trois ans; & pour la feconde, le carcan & le banniffement à perpétuité.

Quant au *tabac* en poudre, pour la première fois, dix livres d'amende pour chaque once, depuis une once jufqu'à une livre; & cinq cents livres d'amende au-deffus de dix livres : les peines, en cas de récidive, font les mêmes que celles portées pour le *tabac* en corde.

30°. Les conteftations en première inftance doivent être jugées par les officiers des élections, dans les lieux où il y en a d'établis, & ailleurs, par ceux que le roi fe réferve de commettre; & en cas d'appel, par les cours des aides.

Telles font, fur ce qui concerne le *tabac*, les difpofitions de l'ordonnance du 22 juillet 1681. La fuite de ce Mémoire fera connoître ce que les circonftances ont exigé qui fût changé ou ajouté à ces difpofitions, à mefure que la régie s'eft per-fectionnée, & qu'elle a procuré à cette branche des revenus du roi, alors naiffante, les accroiffemens qu'elle a fucceffivement reçus.

Le bail fait à Boutet fut réfilié, & il en fut paffé un nouveau à Fauconnet, par réfultat du confeil, du 26 juillet 1681, à commencer au premier octobre fuivant, & dans lequel le *tabac* fut également compris; il le fut auffi dans le bail de Domergue. Dans l'énumération portée par le réfultat du confeil, du 18 mars 1687, des. droits qui font l'objet de ce bail, fe trouve : *Plus, la ferme de la vente & débit de toutes fortes de* tabacs, *en feuilles, corde, rouleaux & en poudre, parfumé & non parfumé, dans tout notre royaume, pays & terres de notre obéiffance.*

Ce bail contient le détail des droits dont le fermier doit jouir, & rappelle les ordonnances & règlemens d'après lefquels la levée & perception en doivent être faites : chaque efpèce de droits y eft traitée fous des titres distincts & féparés, & divifés par articles; celui du commerce du *tabac*, renferme dix articles; il y eft dit, que l'adjudicataire fera feul le commerce du *tabac* dans le royaume, dans les Trois-Evêchés, & dans les ifles de Ré, Noirmoutier & Belle-Ifle; il n'y a d'excepté que l'Artois & les autres pays conquis. La vente lui eft pareillement attribuée dans les prévôtés réunies aux Trois-Evêchés & dans le Barrois mouvant; à la charge de payer en fus du prix du bail la fomme qui feroit fixée par le confeil : elle le fut par arrêt du 15 mars 1689, à fix mille livres.

Par ce bail, les entrepôts de *tabac* dans la province d'Artois, dans les trois lieues limitrophes de la ferme, font défendus, à peine de confifcation & de quinze cents livres d'amende, & l'adjudicataire eft autorifé à y faire faire les vifites néceffaires par fes commis & gardes.

Ce bail, qui ne comprenoit, ni les aides, ni les domaines, à l'exception de ceux de la Lorraine, que la France occupoit alors, énonce les prix auxquels les fermes & droits, dont il étoit compofé, étoient laiffés à l'adjudicataire; & ces différens articles réunis, formèrent un prix total de trente-fix millions, que l'adjudicataire étoit tenu de payer par chacune des fix années que devoit durer fa jouiffance. La ferme du *tabac* ne formoit point encore un objet de produit affez intéreffant, pour occuper un rang marqué dans cette fixation de prix; elle eft confufément comprife à la fuite des droits d'entrée & de fortie, fous cette énonciation, *& droits y joints*; mais cette partie commença, à cette époque, à être régie avec plus d'ordre qu'elle n'avoit été jufqu'alors; c'eft ce que font connoître les dé-

tails des inftructions données par le fermier, & dont voici le précis.

On a vu que l'ordonnance du 22 juillet 1681, avoit fixé les lieux dans lefquels la culture des *tabacs* continueroit d'être permife; les inftructions portent, qu'il feroit établi dans ces lieux des bureaux, avec un nombre fuffifant de commis, pour obliger les habitans à fournir, chaque année, aux termes de cette ordonnance, leur déclaration de la fituation & de la quantité des terres qui devoient être enfemencées, & à prendre les congés requis pour les fabriquer.

Ces commis furent chargés de faire des vérifications exactes des déclarations des *tabacs*, tant en corde qu'en feuille, de conftater, par des inventaires & des récollemens, ce qu'ils étoient devenus.

Les inftructions prefcrivent la tenue de deux regiftres; l'un contenant la quantité des terres enfemencées, avec les extraits des déclarations qui en avoient été faites, les comptes exacts du débit de ce que chaque particulier en avoit fait filer & mettre en rôles, ou laiffé en feuilles, des congés qu'il en avoit pris, & des déclarations qu'il en avoit faites.

Le fecond regiftre devoit contenir la fortie des *tabacs* par quantités, efpèces & qualités, le lieu particulier du crû, & celui de leur deftination, ainfi que les congés pour les tranfports, les foumiffions & cautions de rapporter les certificats de leur déchargement, en bonne forme, avec mention, en marge, de leur rapport, lorfque cette obligation avoit été remplie.

Les commis prépofés pour veiller fur les manufactures, doivent tenir cinq regiftres.

Le premier, deftiné à renfermer tous les *tabacs* en corde & en feuille qui y étoient reçus, par leurs efpèces, quantités & qualités.

Le fecond, contenant la livraifon & l'envoi de tous ceux qui étoient tranfportés de la manufacture dans les bureaux de la ferme.

Le troifième, fervant de journal des dépenfes arrêtées jour par jour.

Le quatrième, pour les comptes des ouvriers employés à la fabrique.

Le cinquième enfin, contenant l'état des drogues, eaux, fauces & parfums reçus pour façonner le *tabac*, la dépenfe & l'emploi qui en étoient faits dans la manufacture.

Voici maintenant ce qui étoit prefcrit pour la vente & débit des *tabacs*.

Il doit être établi dans toutes les villes, bourgs & bourgades de chaque province, un certain nombre de débitans, en vertu de permissions du fermier, qui doit en tenir un état exact.

Chaque débitant doit laisser entre les mains du fermier, une ampliation de la permission qui lui est donnée, avec sa soumission, au pied, de s'y conformer, & de prendre dans les magasins du fermier, tous les *tabacs* qu'il débitera ; ils sont tenus de rapporter aux receveurs des bureaux les plombs & empreintes de tout ce qu'ils auront débité.

Pour leur fournir les quantités de *tabacs* nécessaires, on établit des bureaux généraux, & des bureaux d'entrepôt, qui ressortissent aux premiers, dans les villes les plus commodes pour les fournitures.

Chaque bureau d'entrepôt doit avoir un receveur & un contrôleur, & sa marque ou tenaille particulière, dont les *tabacs* qui en proviennent doivent porter l'empreinte.

Il doit y être tenu des registres, où sont inscrits exactement, jour par jour, & article par article, les quantités remises, soit par les bureaux généraux aux bureaux d'entrepôt, soit par ceux-ci aux débitans.

Le total du débit doit être arrêté chaque jour, & le total général tous les mois.

Ces états doivent être envoyés par les bureaux d'entrepôt aux bureaux généraux.

Les commis du fermier doivent faire de fréquentes visites dans les bureaux d'entrepôt, pour vérifier s'ils sont en règle.

Le service des bureaux généraux doit être rempli par un receveur général, un contrôleur général, & deux hommes de peine : il leur est enjoint de tenir chacun un brouillard de recette, coté & paraphé par le directeur de leur département, sur lequel ils doivent porter exactement, article par article, & jour par jour, les ventes qu'ils font, les noms & demeures des débitans & des receveurs des entrepôts, l'espèce & le prix des *tabacs* qu'ils vendent, avec le nombre des plombs dont ils sont marqués.

Tous ces objets doivent ensuite être reportés sur un registre au net, paraphé également par le directeur du département, sur lequel le total des ventes doit être arrêté tous les soirs, & à la fin de chaque mois.

Indépendamment de ce registre, les receveurs

& contrôleurs généraux des bureaux doivent en tenir quatre autres, & le contrôleur un cinquième.

Le premier est le registre des dépenses, sur lequel doivent être portés les gages des commis, & les frais, tant ordinaires qu'extraordinaires.

Le second est celui des amendes & confiscations, dans lequel doivent être inscrits tous les procès-verbaux de capture & de saisie.

Le troisième doit contenir les factures de tous les envois de *tabacs* qu'ils reçoivent, & de tous ceux qu'ils adressent aux autres bureaux.

Le quatrième est le registre des numéros des *tabacs* reçus, dans lequel doivent être insérés les poids, tares & surtares de toutes les caisses.

Le cinquième, que le contrôleur seul doit tenir, est le registre des comptes courans, avec tous les receveurs & débitans de son département.

On devoit former à chaque bureau un arrondissement d'environ six à sept lieues, dans l'étendue duquel les débitans étoient tenus de se pourvoir au bureau, & de payer comptant leurs fournitures, qui ne pouvoient être moins de trois livres à la fois.

On pouvoit donner aux receveurs des entrepôts, lorsqu'ils avoient donné caution, *l'aller pour le revenir*, c'est-à-dire du *tabac* à crédit, pour une fois seulement, sous la condition d'employer en nouveaux achats le montant de leur débit.

Les principaux magasins pour la fourniture de la ferme, devoient être établis dans les bureaux généraux les plus commodes, & les plus à portée de la mer ou des rivières, pour épargner les frais de voitures ; de-là ils devoient être transportés dans tous les autres bureaux, en observant de dresser des factures d'envoi, & de retirer celles de réception.

On établit dans chaque généralité un ou deux directeurs, destinés à faire agir les employés, relativement à ce que le bien du service pouvoit exiger ; ils doivent visiter les bureaux, en régler & arrêter les comptes à la fin de chaque année, & les envoyer au directeur général de la ferme à Paris.

On établit, sous ces directeurs, des commis sédentaires dans les villes, & des commis ambulans, pour faire les visites & exercices nécessaires chez tous les débitans, vérifier leurs registres, & se mettre à portée, par cet examen, de rendre compte de leur conduite. Les contrôleurs devoient faire les mêmes visites dans les villes de leur résidence ; les commis étoient autorisés à saisir tous les *tabacs* de contrebande, & à dresser leurs pro-

TAB 607

ès-verbaux des fraudes qu'ils découvriroient, soit chez les débitans, soit chez les simples particuliers ; ils prêtoient, à cet effet, serment devant les élections : c'étoit les contrôleurs & receveurs généraux, qui, sur ces procès-verbaux, étoient chargés de poursuivre les condamnations.

Telle fut la forme de la régie établie en 1688, par les cautions de Domergue.

Le fermier porta ses plaintes au conseil, de ce que le procureur du roi, en l'élection de Mantes, avoit fait faire des commandemens à tous les débitans que la ferme avoit établis, pour la commodité publique, & la facilité de son débit dans les paroisses de cette élection, & des sommations de rapporter leur permission, avec défenses de continuer leurs ventes ; sur quoi il intervint, le 13 juillet 1688, un arrêt du conseil, qui déchargea les débitans de tabac, en gros ou en détail, dans cette élection, des assignations qui leur avoient été données, fit défenses aux officiers de les troubler dans la vente & débit de leur tabac, en vertu des permissions du fermier, ni d'exiger d'eux aucuns droits, sans néanmoins que ces débitans pussent faire aucune fonction de commis qu'ils n'eussent prêté serment en justice.

Un autre arrêt du conseil de la même date, dispensa les commis généraux & particuliers, employés pour le fait du tabac, qui auroient été reçus en la cour des aides, de réitérer leur serment, & de se faire recevoir dans les élections du ressort, & les obligea seulement à y faire enregistrer, sans frais, celui qu'ils auroient prêté en cette cour.

Le même arrêt porte, que les commis des gabelles, traites, & autres, qui auroient serment en justice, pourroient exercer, sur le fait du tabac, dans les élections & jurisdictions où ils auroient prêté serment, sans en prêter un nouveau, ni faire enregistrer leurs commissions, dont ils feroient seulement mention dans leurs actes.

La contrebande faisoit chaque jour de nouveaux progrès, par la facilité qu'avoient ceux qui faisoient entrer du tabac en fraude dans le royaume, de se retirer dans les châteaux, maisons royales, même celles des princes & seigneurs, couvens, communautés, & autres lieux, regardés comme privilégiés, dans lesquels ils parfumoient des tabacs, & en faisoient ensuite la vente & distribution, ce qui portoit un préjudice considérable aux droits de la ferme : un arrêt du conseil, du 14 août 1688, permit au fermier, ses commis & préposés, de faire les visites & recherches nécessaires dans ces différens endroits, en se faisant accompagner d'un officier de l'élection ; enjoignit aux gouverneurs, capitaines, concierges, & autres officiers des

places, châteaux, maisons royales, de celles des princes & seigneurs, ainsi qu'aux chefs & supérieurs des couvens, communautés, & autres endroits privilégiés, d'en faire faire l'ouverture, & de tous autres lieux, dont ils seroient requis par les officiers de l'élection, à peine de désobéissance, & de tous dommages & intérêts envers le fermier.

L'ordonnance du 22 juillet 1681, en réglant ce qui concernoit le fait du tabac, n'avoit point ordonné que l'appel des sentences définitives ne pourroit être reçu, que les sommes auxquelles montoient les condamnations pour les amendes, n'eussent été consignées, ainsi qu'il avoit été prescrit pour les droits des gabelles, par l'ordonnance du mois de mai 1680. La facilité que trouvoient les condamnés, à interjetter appel des sentences, & l'abandon que le fermier préféroit de faire de ses poursuites, plutôt que de se constituer dans des frais considérables, sans espérance de recours vis-à-vis des parties, qui, la plûpart étoient insolvables, rendoient les fraudes très-fréquentes, par la perspective de l'impunité ; une déclaration du 25 janvier 1687, enregistrée en la cour des aides de Paris, le 15 février suivant, ordonna que ceux qui auroient été condamnés, même à peine afflictive, pour avoir façonné, transporté, exposé en vente, ou vendu du tabac en fraude, ne seroient reçus à interjetter appel des sentences de condamnation, qu'après avoir consigné la totalité des amendes, lorsqu'elles seroient de trois cents livres & au-dessous, & cette somme, lorsque les amendes l'excéderoient ; & que si ces sommes n'étoient payées ou consignées dans le mois, du jour de la prononciation des sentences, soit qu'il y en eût appel, ou non, elles passeroient en force de chose jugée, & seroient pleinement exécutées.

Il s'éleva une question à laquelle les apothicaires de la ville de Clermont en Auvergne, donnèrent lieu. Les commis du fermier avoient saisi, dans le jardin de l'un d'entr'eux, quarante plantes de tabac ; le corps des apothicaires intervint, & demanda, qu'ils fussent autorisés à faire cette plantation, sous le nom d'herbe nicotiane, pour l'usage de leurs remèdes. La cour des aides de Clermont, où l'affaire avoit été portée, sur l'appel d'une sentence de l'élection de cette ville, avoit renvoyé les parties à se pourvoir au conseil. Le fermier représenta, que s'il étoit permis à tous les apothicaires du royaume d'ensemencer du tabac dans leurs jardins, sans limitation, les versemens & les abus que l'ordonnance avoit voulu prévenir, par la fixation des lieux où les plantations devoient être faites, ne rencontreroient point d'obstacles ; l'exercice, de la part du fermier, de ces plantations, n'étant pas praticable, & étant même, à peine possible, dans les lieux où l'ordonnance avoit permis cette culture; le conseil, par arrêt du 28 juin 1689, ordonna que l'article XIV de l'ordonnance du 22 juillet 1681, seroit exécuté selon sa forme & teneur; fit, en conséquence, défenses aux apothicaires de la ville de Clermont, & à tous autres, d'ensemencer leurs terres de *tabac*, sous le nom d'*herbe nicotiane*, ou *autre*, à peine de confiscation, & de mille livres d'amende.

La ferme du tabac fit encore, par résultat du conseil, du 12 septembre 1691, partie du bail général fait à Pointeau, des autres fermes unies, ainsi que de celui fait à Templier, par résultat du conseil, du 30 avril 1697: ce dernier bail devoit commencer au premier octobre suivant, & finir le dernier septembre 1702; mais avant l'époque à laquelle Templier devoit entrer en jouissance, la vente exclusive du *tabac* fut distraite du bail des autres fermes générales, & il en fut fait un bail particulier pour six années, à Nicolas Duplantier, par résultat du conseil du 17 septembre 1697; le prix de ce bail fut de quinze cents mille livres par année, indépendamment desquelles Duplantier se soumit, par acte passé devant notaires, le 28 novembre de la même année, à payer annuellement à Templier, la somme de dix mille livres, pour les droits d'entrée, passage, transport, sortie, & autres, faisant partie du bail des fermes générales, sur tous les *tabacs* en corde, en feuille & en poudre, nécessaires à l'approvisionnement & à la consommation des magasins & bureaux de distribution: l'exécution de cet abonnement fut ordonnée par arrêt du conseil du 6 septembre 1701.

Il avoit été créé des receveurs du *tabac*, en titre d'office, par édit du mois de décembre 1694: Duplantier fut autorisé, par arrêt du conseil du 11 mars 1698, à les rembourser.

Au bail de Duplantier, succéda celui de Germain Gaultier, par résultat du conseil, du 18 septembre 1703: le prix de ce bail fut le même que celui du précédent; savoir, quinze cents mille livres pour le trésor royal, & dix mille livres payables aux fermiers généraux, pour les droits d'entrée & de sortie, le tout annuellement, pendant le cours du bail de Gaultier, qui devoit durer six années.

Une déclaration du même jour 18 septembre 1703, dans la vue de remédier aux fraudes qui se multiplioient sous des formes qui n'avoient pas été prévues par l'ordonnance de 1681, ajouta, pour les faire cesser, de nouvelles précautions à celles déjà prises par cette ordonnance; & en interprétant, en tant que de besoin, les dispositions qu'elle renfermoit, elle défendit aux receveurs, entrepreneurs, détailleurs & débitans dans l'étendue de la ferme, d'avoir, ni de tenir aucuns *tabacs* dans leurs maisons, bureaux, ni ailleurs, sous quelque prétexte que ce fût, d'en vendre, donner, ni débiter, s'ils n'étoient marqués des plombs & cachets de la ferme, à peine de mille livres d'amende pour la première contravention, & de punition corporelle, en cas de récidive.

Elle renouvella les défenses à toutes personnes, de quelque qualité & condition qu'elles fussent, de semer, planter, ni cultiver *du tabac* dans leurs terres, parcs, jardins & vergers, sans la permission expresse & par écrit du fermier, à peine de mille livres d'amende & de confiscation *du tabac*; elle autorisa le fermier à le faire arracher en quelque lieu qu'il fût semé & planté, à la seule exception des terres dans lesquelles la plantation avoit été permise par l'ordonnance du 22 juillet 1681; elle enjoignit aux propriétaires des terres, maisons, jardins, vergers, & à leurs domestiques, en l'absence de leurs maîtres, d'en ouvrir les portes aux commis du fermier, à la première réquisition, & ordonna, sur leur refus, l'ouverture, dont il seroit dressé procès-verbal, autorisa le fermier, ses procureurs & commis, sans qu'ils eussent besoin d'autre permission, sentence, ni arrêt, à faire arrêter & constituer prisonniers les vagabonds & gens sans aveu, artisans, gens de métier, facteurs, messagers, voituriers, crocheteurs, gens de peine, & autres personnes de cette qualité, qui seroient trouvés saisis de tabac en fraude, qui ne pourroient être élargis qu'en connoissance de cause; elle ordonna, qu'en cas de preuve de la fraude, le *tabac* seroit confisqué, & les particuliers accusés & convaincus, condamnés pour la première fois en mille livres d'amende, & en cas de récidive, au carcan.

Enfin, attendu la difficulté de découvrir ceux qui vendoient du *tabac* en fraude, & qui ne pouvoient le plus souvent en être convaincus que par ceux qui en achetoient, la déclaration de 1703, veut que la preuve de la fraude soit reçue par six témoins, & que de ce nombre puissent être ceux qui en auront acheté, comme témoins nécessaires.

Cette déclaration fut enregistrée en la cour des aides de Paris, le 10 octobre 1703.

Les officiers de plusieurs élections & autres juridictions, auxquelles étoit attribuée la connoissance de ce qui concernoit le *tabac*, ordonnoient la conversion de peine, sans que le fermier en eût aucune connoissance, non-seulement sur la réquisition qu'en faisoient quelquefois d'office, les procureurs du roi, mais même sur la simple requête des condamnés qui, pour l'ordinaire, gens
sans

TAB 609

fans honneur, loin de pouvoir être retenus par la peine du carcan, demandoient au contraire, eux-mêmes à la subir promptement, pour éviter le paiement des amendes prononcées contr'eux, & pouvoir, en fortant de prifon, recommencer plutôt leur commerce. Tels font les motifs énoncés dans le préambule de la déclaration du 13 juin 1705, enregiftrée en la cour des aides de Paris, le 27 du même mois, qui ordonne que la converfion des peines & amendes établies contre les fraudeurs, & ceux qui auront contrevenu aux règlemens concernant le *tabac*, ne pourra être prononcée par aucun juge, que fur la requifition & du confentement du fermier, à peine de nullité, & de répondre, par les juges, en leur propre & privé nom, des amendes auxquelles les contrevenans auroient été condamnés, & des dommages & intérêts du fermier.

Le préambule de la déclaration du 6 décembre 1707, annonce que d'un côté l'expérience avoit fait connoître, que les peines portées par les règlemens déjà intervenus fur le fait du *tabac*, n'étoient point affez fortes pour retenir les fraudeurs ; que d'un autre côté il s'étoit gliffé dans l'inftruction & le jugement des affaires, plufieurs abus qui, en procurant l'impunité aux coupables, leur donnoient plus de hardieffe pour recommencer leur commerce, c'eft fous le point de vue de faire ceffer ces différens inconvéniens, qui tendoient à entraîner infenfiblement la ruine d'une ferme envifagée déjà comme une branche intéreffante des revenus du roi, que furent rédigées les difpofitions de cette déclaration, qui eft divifée en quinze articles, dont voici l'analyfe.

1°. Elle déclare *tabacs* en fraude tous ceux qui ne fe trouveront pas marqués des plombs ou cachets de la ferme, dont l'empreinte eft dépofée aux greffes des élections.

2°. Elle prononce contre tous ceux qui feront trouvés faifis ou vendans du *tabac* en fraude, indépendamment de la confifcation des *tabacs* & des chevaux, charrettes & équipages où ils fe feront trouvés, mille livres d'amende, qui ne pourra être modérée ; elle veut que fur cette amende, les condamnés configent, dans le mois de la fignification ou prononciation de la fentence, une fomme de trois cents livres, & que faute de faire cette confignation, l'amende, fur la fimple requête du fermier, & fans frais, foit convertie ; favoir, en la peine des galères à l'égard des vagabonds & gens fans aveu, artifans, gens de métier, facteurs, meffagers, voituriers, crocheteurs, gens de peine, gens repris de juftice, matelots, & autres perfonnes de cette qualité ; & en la peine du fouet & du banniffement de la province, pour cinq ans, à l'égard des femmes & filles de pareille condition.

3°. Elle fait défenfes à toutes perfonnes, d'acheter aucun *tabac* en fraude, à peine de confifcation & de mille livres d'amende, qui ne pourra pareillement être modérée.

4°. Elle permet aux commis & gardes des gabelles, aides, traites, & autres fermes du roi, enfemble à tous particuliers ayant ferment en juftice, d'arrêter les vendeurs ou porteurs de *tabac* en fraude, de faire toutes faifies & procès-verbaux néceffaires, de conftituer même prifonniers ceux de la condition marquée ci-deffus, ainfi que par la déclaration du 18 feptembre 1703 ; elle veut que leurs procès-verbaux bien & dûement affirmés, faffent foi en juftice jufqu'à l'infcription de faux.

5°. Elle autorife un feul commis, affifté d'un huiffier, ou d'un cavalier de maréchauffée, à dreffer procès-verbal, qui doit être affirmé devant les officiers de l'élection ; & s'il eft fait dans un lieu où il n'y ait point d'élection, dedevant le juge royal le plus prochain, fans néanmoins que ce dernier puiffe prétendre aucune jurifdiction pour la fuite de l'affaire.

6°. Elle ordonne, quant à la ferme du *tabac*, l'exécution de la déclaration du 14 avril 1699, concernant les infcriptions de faux contre les procès-verbaux des commis aux aides ; en conféquence, ceux qui veulent s'infcrire en faux, doivent, dans les trois jours de l'échéance des affignations qui leur feront données, le déclarer à l'audience, ou par écrit, & configner l'amende de foixante livres aux élections, & de cent livres aux cours des aides ; ils font tenus de figner leur infcription de faux le jour même qu'elle eft reçue, de fournir & mettre au greffe leurs moyens de faux dans les trois jours ; & fi les moyens font déclarés pertinens & admiffibles, ils doivent prendre, dans le jour fuivant, l'ordonnance du juge pour faire entendre les témoins, lui déclarer, dans le même jour, les noms, furnoms, qualités & demeure de ceux dont ils voudront fe fervir, fans que dans la fuite ils puiffent en faire entendre d'autres ; il eft défendu aux juges d'accorder de plus longs délais, à peine de nullité.

7°. Les premiers juges ne peuvent inftruire extraordinairement les procès dans lefquels il ne s'agira que d'une fimple faifie, par répétition, récolement ou confrontation, ni même interroger les particuliers, à moins que ce ne foit fur la requifition par écrit du fermier.

8°. Il leur eft enjoint de juger ces caufes fommairement, & à l'audience, ainfi que celles concernant les plantations de *tabac*, fans qu'ils puiffent les appointer ; & s'il y a lieu, par la nature de l'affaire, d'ordonner un délibéré, il leur eſt défendu de prendre, pour le jugement, aucunes épices, à peine de concuſſion, priſe à partie & reſtitution du quadruple.

9°. On excepte cependant des diſpoſitions qui viennent d'être rappellées, les affaires criminelles où il ſe trouvera une inſcription de faux reçue, une rebellion, un tranſport de *tabac*, avec armes & attroupement, & où l'on prétendra que les marques & cachets de la ferme ont été contrefaits : toutes ces différentes affaires doivent être inſtruites & jugées dans la forme preſcrite par les ordonnances.

10°. Si quelque fraudeur, de la condition déſignée dans les précédentes diſpoſitions, a été conſtitué priſonnier, il eſt défendu aux premiers juges de l'élargir, même en vertu du jugement qu'ils pourroient rendre, lorſque le fermier en a interjetté appel dans les vingt-quatre heures, à moins que l'accuſé ne donne caution de ſe repréſenter, & de payer l'amende.

11°. Il eſt enjoint aux officiers des élections, de ſe tranſporter ſur les lieux, à la première requiſition qui leur en ſera faite par le fermier, ſes commis & prépoſés, à peine d'être reſponſables des dommages & intérêts.

12°. Il eſt défendu, à peine de galères, aux prépoſés à la vente du *tabac* dans les magaſins de la ferme, & à ceux qui en vendent en vertu de commiſſions ou de permiſſions du fermier, ſous le titre d'entrepoſeurs, débitans, diſtributeurs, détaillans, ou autres, de vendre, ou d'avoir chez eux aucuns *tabacs* en fraude, & ſans la marque du fermier.

13°. Il eſt pareillement fait défenſes à tous propriétaires & fermiers des coches, carroſſes & meſſageries, de ſe charger d'aucuns *tabacs* en corde ni en poudre, ſans les factures des commis du bureau du *tabac*, dont les conducteurs doivent être porteurs : les commis du fermier ſont autoriſés, à cet effet, à faire toutes les viſites néceſſaires.

14°. La déclaration rappelle & confirme les diſpoſitions de l'arrêt du conſeil du 14 août 1688, concernant les viſites dans les places, châteaux, maiſons royales, & autres lieux déſignés dans cet arrêt.

15°. Enfin, elle ordonne l'exécution des règlemens précédens, dans ce qui n'eſt point contraire aux diſpoſitions qu'elle renferme.

Germain Gaultier fut remplacé dans la jouiſſance de la vente excluſive du *tabac*, par Charles Michault, auquel le bail en fut adjugé, par réſultat du conſeil du 24 juillet 1708, pour ſix années, qui devoient commencer au premier octobre 1709, & au même prix que le bail précédent, ſavoir, quinze cents mille livres au profit du roi, & dix mille livres, payables à la ferme générale, pour les droits d'entrée, ſortie & paſſage.

Mais en 1714 il y eut une augmentation ſur le prix de cette ferme ; elle fut, par réſultat du conſeil du 18 décembre adjugée à Guillaume Filtz, pour ſix années, qui devoient commencer au premier octobre 1715, & le prix en fut porté à deux millions, pour les deux premières années, & à deux millions deux cents mille livres pour les quatre dernières.

Ce bail n'eut pas ſa pleine & entière exécution : il avoit été donné au mois d'août 1717, des lettres-patentes en forme d'édit, qui furent enregiſtrées au parlement de Paris, le 6 ſeptembre ſuivant, pour l'établiſſement d'une compagnie de commerce, ſous le nom de *compagnie d'Occident*, avec le privilège de faire, pendant vingt-cinq années, le commerce excluſif dans le gouvernement de la Louiſiane, & de recevoir dans la colonie du Canada, tous les caſtors gras & ſecs que les habitans de la colonie auroient traités.

Les fonds de cette nouvelle compagnie devoient être compoſés de billets de l'Etat, dont la converſion ſeroit faite en rentes au denier vingt-cinq ; l'intérêt de la première année étoit deſtiné à ſervir de fonds de commerce à la compagnie, & chaque actionnaire devoit, dans les ſuivantes, être payé de la rente, de trois mois en trois mois.

Un édit du mois de décembre ſuivant, fixa les fonds de cette compagnie à cent millions, pour leſquels il fut créé quatre millions de rente au denier vingt-cinq, ſavoir, deux millions ſur la ferme du contrôle des actes, un million ſur la ferme du *tabac*, & un million ſur celle des poſtes.

On avoit fait l'épreuve que le *tabac* croiſſoit avec ſuccès à la Louiſiane ; on enviſagea comme un objet utile au royaume, d'en pouvoir tirer une quantité conſidérable d'une colonie françoiſe, & d'en payer la plus grande partie en marchandiſes nationales, au lieu de remettre les mêmes fonds en Angleterre pour celui qu'on importoit de Virginie. Ces conſidérations engagèrent à accorder à la compagnie d'Occident le bail de la vente excluſive, pour ſix années, par réſultat du conſeil du premier août 1718, ſous le nom de *Jean Ladmiral* : le prix du bail fut porté, par ce réſultat, à quatre millions vingt mille livres.

Un édit du mois de ſeptembre ſuivant, ſupprima les deux millions de rente créés ſur la ferme du contrôle des actes, & le million créé fur celle des poftes, au profit de la compagnie d'Occident, par l'édit du mois de décembre 1717, & recréa ces trois millions fur la ferme du *tabac*, pour faire, avec le million créé par l'édit que l'on vient de rappeller, les quatre millions de rente que la compagnie retiendroit, par fes mains, fur le prix de la ferme du *tabac*, en paiement du fonds de cent millions, fourni par les actionnaires.

Un arrêt du confeil, du 4 du même mois, accorda à la compagnie, pour neuf années, au lieu de fix années, la jouiffance de la vente exclu-five, fans augmentation du prix de bail, & par le réfultat du confeil, du 16 du même mois de feptembre 1718, elle fut autorifée à vendre le *tabac*, foit des crûs du royaume & des colonies françoifes, foit de l'étranger, quarante fous la livre en gros, & cinquante fous en détail.

On fait que le peu de fuccès qu'avoient eu les opérations des compagnies particulières de com-merce, dans l'exercice des privilèges qui leur avoient été accordés, fit prendre le parti de raf-fembler, en faveur d'une feule compagnie, ces différens privilèges. Un édit du mois de mai 1719, réunit à la compagnie d'Occident les compagnies des Indes Orientales & de la Chine ; elle remplaça pareillement, dans la traite des nègres, & autres branches de ce commerce, les compagnies de Guinée & du Sénégal ; mais cette compagnie fut bientôt diftraite des objets de commerce dont elle devoit être uniquement occupée ; elle devint le centre des opérations de finance entreprifes par M. Law, & la bafe du fyftême de crédit général, dont il fut l'auteur, & dont l'exécution & l'abus qu'on en fit, occafionnèrent dans les fortunes tant de révolutions : auffi, dès que l'il-lufion de ces tems fi finguliers eut été entièrement diffipée, la compagnie des Indes fut-elle ramenée au feul & véritable objet de fon établiffement.

L'article XI de l'édit du mois de juin 1725, par lequel le roi confirma les différens privilèges qui avoient été concédés à cette compagnie, porte que l'expérience avoit fait connoître qu'au-tant l'établiffement de la compagnie des Indes étoit utile & néceffaire, lorfqu'elle étoit unique-ment occupée du foin des colonies importantes, & des parties de commerce confidérables qui lui avoient été concédées, autant il étoit contre le bon ordre & l'intérêt de l'Etat, qu'elle entrât dans ce qui pouvoit avoir rapport aux finances ; auffi le roi, par cet article, défend à cette com-pagnie de s'immifcer directement ni indirectement dans les affaires & finances de fa majefté, voulant qu'elle foit & demeure, conformément à fon inftitution, compagnie purement de commerce, appliquée uniquement à foutenir celui qui lui eft confiée, & à faire valoir, avec fageffe & éco-nomie, les fonds des intéreffés, fans qu'ils

puiffent être, en aucun cas, employés à d'autre ufage qu'à fon commerce.

Reprenons ce qui fe paffa en 1719, relative-ment à l'objet que nous traitons dans ce mé-moire.

Un arrêt du confeil, du 27 août 1719, d'après les offres faites par la compagnie des Indes, de prêter au roi, à trois pour cent, douze cents millions, pour être employés à l'extinction des capitaux dûs par l'Etat, avoit ordonné le rem-bourfement des rentes fur les aides & gabelles, & fur les recettes générales. La compagnie offrit auffi de fournir cent millions pour le rembourfe-ment des quatre millions de rente dont elle jouif-foit fur la ferme du *tabac*, ces offres furent re-çues par un arrêt du confeil du 29 feptembre 1719, qui ordonna en même tems, que pour la valeur, & jufqu'à concurrence des cent millions, il feroit conftitué à fon profit, un ou plufieurs contrats de rente à raifon de trois pour cent ; que ces rentes continueroient d'être affignées fur la ferme du *tabac*, qu'elle retiendroit en confé-quence annuellement, pendant le cours de fon bail, trois millions fur le produit de ce bail ; & que dans le cas où cette ferme pafferoit en d'au-tres mains, ceux qui en feroient les adjudicataires feroient tenus de lui payer les trois millions, de mois en mois, à raifon de deux cents cin-quante mille livres par mois.

Ainfi cette opération produifit une réduction de quatre à trois pour cent, du taux des arré-rages des rentes qui avoient été conftituées à la compagnie, pour les cent millions de fonds four-nis par les actionnaires ; mais ces fonds avoient été faits en billets de l'Etat, & d'ailleurs la com-pagnie confervoit fon affignation pour le paiement des arrérages, fur le produit d'une ferme qui étoit entre fes mains.

Cette compagnie fe trouvoit alors chargée de la régie & perception de tous les revenus du roi ; l'arrêt du 27 août 1719, dont on vient de parler, lui avoit réuni les fermes générales pour neuf années ; & un autre arrêt du 27 feptembre fui-vant, lui réunit encore les droits d'aides, & au-tres, qui y étoient joints, ceux du controôle, des francs-fiefs & amortiffemens.

Dans de pareilles circonftances, les directeurs de la compagnie exposèrent au confeil, que dans le nombre des différentes vues qu'ils avoient pour procurer dans le recouvrement des droits dépen-dans des fermes de fa majefté, une régie fimple & convenable au bien de l'Etat, du public & de la compagnie, ils croyoient devoir propofer la converfion du privilège exclufif accordé à la com-pagnie, fous le nom de *Jean Ladmiral*, de la vente du *tabac* dans le royaume, en un droit d'entrée ; que le commerce de *tabac*, au moyen de ce droit, devenant libre, il en réfulteroit un accroiffement confidérable de la navigation, de la culture du *tabac* dans les colonies françoifes, & du commerce intérieur du royaume ; mais qu'en propofant cette liberté & ces avantages, ils ne pouvoient fe difpenfer de repréfenter que l'exécution n'en pouvoit être faite qu'en révoquant la liberté des plantations dans le royaume, & en prenant d'autres précautions pour affurer la perception du nouveau droit, pour raifon duquel la compagnie payeroit le même prix de quatre millions vingt mille livres par chaque année reftante de fon bail, qu'elle s'étoit engagée de payer pour la vente exclufive ; que la prohibition des plantations paroiffoit devoir fouffrir d'autant moins de difficulté, que la culture des terres qui y fervoient, pouvoit être faite plus utilement pour le royaume.

Il fut rendu fur cette propofition, le 29 décembre 1719, un arrêt du confeil qui révoqua, à compter du jour de fa publication, le privilège de la vente exclufive du *tabac*, accordé à Jean Ladmiral, convertit ce privilège en un droit qui feroit payé à l'entrée, & permit à tous les fujets du roi, de faire le commerce du *tabac* en gros & en détail, même de le faire fabriquer : le droit d'entrée eft fixé, par quintal, de la manière fuivante ; trois cents livres pour le *tabac* d'Efpagne en poudre ; cent cinquante livres pour celui du Bréfil ; foixante livres pour le *tabac* de Saint-Domingue & des autres colonies françoifes, à l'exception de celui de la Louifiane qui, pendant la durée du privilège de la compagnie des Indes, ne devoit payer que vingt-cinq livres, & cinquante livres après fon expiration.

Les *tabacs* d'Artois, de Flandre, de Lorraine, d'Alface & de Franche-Comté, devoient payer trente livres aux entrées.

Au moyen des droits que l'on vient de rappeller, le *tabac* fut déclaré exempt de tous les autres droits des cinq groffes fermes & du domaine d'Occident, & même des quatre fous pour livre.

L'arrêt fixa les ports & lieux par lefquels l'entrée des *tabacs*, foit par mer, foit par terre, feroit feulement permife, & déclara contrebande tous ceux qui pafferoient par d'autres routes : il défendit, fous peine de dix mille livres d'amende, à toutes perfonnes, même aux habitans des lieux auxquels, depuis l'arrêt de 1674, cette plantation avoit été nommément permife, d'enfemencer & cultiver aucuns *tabacs* dans leurs terres, vergers, jardins & autres lieux, fous quelque prétexte que ce fût ; ainfi il n'y eut d'exceptés que

les habitans des pays conquis, dans lefquels le privilège de la ferme du *tabac* n'avoit pas lieu.

L'arrêt fixa en même-tems les droits que payeroient les *tabacs* reftans des récoltes du crû du royaume où la plantation étoit permife, & qui feroient deftinés pour être confommés dans le royaume.

Il ordonna, à l'égard de ceux de ces *tabacs* qui feroient deftinés pour l'étranger, qu'après les fix mois, du jour de la publication, fi cette deftination n'avoit pas été remplie, ils payeroient les droits comme ceux deftinés à la confommation du royaume.

Quant aux *tabacs* étrangers étant en entrepôt dans le royaume, ils devoient être envoyés à l'étranger dans le délai de trois mois, à moins que les marchands & propriétaires ne préféraffent d'acquitter le nouveau droit d'entrée ; & en ce cas, la vente leur en étoit permife dans le royaume.

Enfin, par l'arrêt dont on rappelle les difpofitions, le roi réunit à fes fermes générales, dont la compagnie des Indes étoit adjudicataire, fous le nom d'Amand Pillavoine, la ferme des droits d'entrée fur le *tabac*, de laquelle il fut dit que la compagnie jouiroit, fous le nom du même fermier, pendant le tems qui refteroit à expirer du bail de la ferme du *tabac*, fous le nom de Jean Ladmiral.

Les vues que le roi s'étoit propofées, en révoquant le privilège exclufif de la vente du *tabac*, de favorifer le commerce de fes fujets, d'augmenter la navigation, d'accroître la culture de cette production dans les colonies françoifes, & d'en diminuer le prix dans le royaume, ne furent pas remplies : le prix augmenta au contraire confidérablement, & la liberté qui étoit donnée à tous les négocians d'en faire entrer, fut une occafion pour en introduire en fraude de grandes quantités. On chercha à remédier à ces inconvéniens par la déclaration du 17 octobre 1720, fans néanmoins reftreindre la liberté qui avoit été accordée à tous les fujets du roi, de fabriquer & vendre en détail du *tabac* dans toute l'étendue du royaume : tels furent les motifs de cette déclaration, par laquelle le roi, en confirmant la réunion de la ferme du *tabac* aux fermes générales-unies, dont la compagnie des Indes, fous le nom d'Armand Pillavoine, étoit adjudicataire, réferva à fon fermier le privilège exclufif de faire entrer dans le royaume du *tabac* de quelque crû & qualité qu'il fût, même des provinces privilégiées ; & cependant laiffa à tous fes fujets la liberté d'y établir des manufactures pour la fabrication de toutes-efpèces de *tabacs* qu'ils auroient achetés en gros dans les magafins du fermier, &

de revendre ces *tabacs*, en gros ou en détail, *après qu'ils les auroient façonnés, & non autrement.*

Cette loi déclara *tabac* de fraude, celui qui feroit vendu en feuilles, par autres que par le fermier, & en prononça la confiscation.

Elle aftreignit les particuliers qui fabriqueroient du *tabac*, à en faire leur déclaration aux greffes des élections ou des traites, dans le reffort de leur réfidence, & à y dépofer l'empreinte de la marque particulière en plomb, pour le *tabac* en corde, & du cachet pour le *tabac* en poudre, qui devoient être appofés fur ces *tabacs*.

Les autres difpofitions de la déclaration du 17 octobre 1720, empruntent de celles des règlemens précédens, les précautions & les peines qui furent jugées néceffaires pour affurer l'exécution de ce nouveau plan d'adminiftration.

La chûte du fyftème entraîna celle des projets dont les fondemens avoient été établis fur la compagnie des Indes; l'expérience fit bientôt reconnoître qu'il étoit indifpenfable de remettre les chofes dans leur premier état.

Par un arrêt du 5 janvier 1721, le roi ordonna, qu'à commencer du premier du même mois, la compagnie cefferoit d'avoir la régie & adminif-tration des recettes générales des finances; fa ma-jefté réfilia & annula par le même arrêt, les baux de fes fermes, faits à la compagnie, fous le nom d'Armand Pillavoine, & ne lui laiffa que celle du *tabac*; elle la conferva même peu de tems, & le bail qui lui en avoit été paffé fut réfilié, à compter du premier feptembre fuivant, par arrêt du 19 juillet de la même année, par lequel le roi fe réferva de pourvoir, s'il y échéoit, au paye-ment des rentes affignées à la compagnie, fur le produit de cette ferme, & qu'elle retenoit par elle-même.

Sa majefté, par le même arrêt, fupprima, à commencer de la même époque du premier fep-tembre fuivant, les droits d'entrée, dont la levée fur les *tabacs* avoit été ordonnée par l'arrêt du 29 décembre 1719; révoqua le privilège de l'en-trée & vente en gros des *tabacs*, accordé à la compagnie des Indes, par la déclaration du 17 octobre 1720, la permiffion qu'avoient les fujets de faire le commerce du *tabac*, d'en fabriquer & d'en vendre de façonné, en gros & en détail, pourvu qu'ils en euffent fait l'achat en gros dans les magafins du fermier, & ordonna que le pri-vilège exclufif de la vente de toute efpèce de *tabac*, dans l'étendue du royaume, feroit & de-meureroit rétabli, pour en être l'exploitation faite fuivant la déclaration du 27 feptembre 1674, l'ordonnance du 22 juillet 1681, les déclarations & arrêts rendus en conféquence, & conformé-ment au règlement que fa majefté entendoit faire pour la police & manutention de la ferme du tabac.

Il y fut en effet pourvu par la déclaration du premier août 1721.

Le préambule de cette déclaration annonce que l'importance du rétabliffement de cette ferme exi-geoit de nouvelles difpofitions, par rapport à la conjoncture & au défordre dans lequel elle fe trouvoit par les quantités confidérables de *tabacs* introduits dans le royaume, la plus grande partie en fraude, depuis que ce commerce avoit été rendu libre; que d'ailleurs la déclaration du 27 feptem-bre 1674, & l'ordonnance du 22 juillet 1681, n'a-voient pas pu prévoir tout ce qui étoit néceffaire, foit pour la régie de cette ferme, foit pour le jugement des fraudes, contraventions & autres conteftations, ce qui avoit donné lieu à un grand nombre de déclarations, arrêts du con-feil, ou des cours auxquelles la connoiffance en étoit attribuée; l'objet que le légiflateur fe pro-pofe en conféquence dans cette nouvelle loi, eft d'expliquer fes intentions fur l'exécution des différens règlemens déjà intervenus fur cette fer-me, & de pourvoir à ce qui convenoit pour la rétablir, & pour en régler la régie.

Comme cette déclaration établit les principes d'après lefquels cette branche des revenus de l'Etat, devenue depuis fi confidérable & fi in-téreffante, a toujours été adminiftrée, il eft con-venable d'en retracer les principales difpofi-tions.

La liberté qui avoit été accordée, & qui avoit fubfifté jufqu'au 29 juillet précédent, de fabriquer les *tabacs*, & de les vendre façonnés en gros & en détail, en faifoit, au moment que cette nouvelle déclaration fut rendue, exifter des amas confidérables entre les mains des marchands, né-gocians, manufacturiers, débitans, & autres perfonnes; ils furent tous affujettis, avant de pouvoir en difpofer, à faire, dans le délai qui leur étoit prefcrit, des déclarations exactes des quantités & qualités de *tabacs* qu'ils avoient en leur poffeffion, & à les faire marquer de la marque du fermier, auquel ils étoient tenus de payer le droit fixé par la déclaration, pour l'appofition de cette marque, le tout à peine de confifcation des *tabacs*, & de mille livres d'amende.

Le fermier a feul, par cette déclaration, & à l'exclufion de tous autres, le privilège de faire entrer, fabriquer, vendre & débiter dans le royaume toutes fortes de *tabacs* en feuilles, en corde & en poudre, & d'établir à cet effet des manufactures, magafins, bureaux & entrepôts, des commis & gardes, en tel nombre, & dans les villes & lieux qu'il jugera à propos.

Les provinces de Franche-Comté, Artois, Hainault, Cambrefis, Flandre & Alface font exceptées de l'exercice du privilège exclufif; mais il eft défendu aux habitans de ces provinces de faire aucune plantation & culture, manufacture, magafins, amas ni entrepôts de *tabacs*, dans les trois lieues limitrophes de la ferme, à peine de confifcation des *tabacs*, & de quinze cents livres d'amende : il eft défendu à ceux qui demeurent dans l'étendue de ces trois lieues, d'avoir, pour leur ufage, une plus grande provifion de *tabac* que celle de deux livres par mois, pour chaque chef de famille, fous peine de confifcation du *tabac*, d'une amende de cent livres, pour la première fois, & de cinq cents livres pour la feconde.

La déclaration du premier août 1721, fixe les prix des *tabacs*, au lieu de ceux portés par l'ordonnance de 1681, de la manière fuivante, favoir; les *tabacs* fupérieurs en corde, mêlés & compofés de feuilles du crû des ifles & des provinces privilégiées où les plantations avoient lieu, à cinquante fous la livre dans les magafins & bureaux; & à foixante fous à la vente en détail, par les débitans qui en auroient la permiffion du fermier.

Les *tabacs* inférieurs, auffi en corde, compofés feulement de feuilles du crû des provinces privilégiées, vingt-cinq fous la livre dans les magafins & bureaux; & trente-deux fous à la vente en détail.

Le *tabac* du Bréfil, trois livres dix fous la livre dans les magafins & bureaux, & en détail, quatre livres.

Enfin, les *tabacs* en poudre, aux prix fixés par l'article VII de l'ordonnance de 1681.

La déclaration autorife les commis du fermier à fe trouver aux bureaux des meffageries, carroffes, coches & autres voitures publiques, même dans les auberges de leur route, à leur arrivée & départ, pour vifiter & fouiller les conducteurs, être préfens aux déchargemens & chargemens des voitures, & dreffer leurs procès-verbaux du *tabac* en fraude qu'ils auront trouvé.

Elle rappelle & confirme les difpofitions des précédens règlemens concernant les vifites & recherches dans les maifons royales & lieux privilégiés : des lettres-patentes, du 19 octobre 1734, réglèrent depuis ce qui concernoit les vifites des commis dans les abbayes & autres couvens de filles, les circonftances dans lefquelles ils feroient tenus de s'en rapporter à la déclaration de la fupérieure & de quatre anciennes religieufes, & celles où, avec la permiffion de l'évêque diocéfain, & affifté d'un officier, ou

de l'élection ou des traites, ou du juge royal des lieux, ils pourroient entrer dans ces maifons pour y faire les vifites & perquifitions néceffaires.

La déclaration de 1721, fait défenfes à tous marchands, débitans de *tabac*, & autres perfonnes, de quelque état & condition qu'elles foient, d'avoir aucuns moulins pour hacher, broyer & pulvérifer le *tabac* en feuilles, filé, ou autrement fabriqué, ni aucune preffe, outils ni uftenfiles pour le ficeler, d'en vendre ni débiter aucun ficelé, fans la permiffion, par écrit, du fermier, & fans qu'il foit marqué de fa marque, à peine de confifcation des moulins, preffes, outils, uftenfiles & *tabacs*, & de mille livres d'amende.

Elle ordonne l'exécution de la difpofition de la déclaration du 17 octobre 1720, portant défenfes d'enfemencer & cultiver aucuns *tabacs* dans les lieux qui y font défignés; elle défend, en conféquence, d'avoir dans toute l'étendue de la ferme, aucunes graines de *tabac*, à peine de confifcation & de mille livres d'amende.

Elle déclare les difpofitions du titre du faux-faunage, de l'ordonnance des gabelles, du mois de mai 1680, communes pour la ferme du *tabac*, & prononce les mêmes peines contre les perfonnes nobles, qui commettroient cette fraude.

Elle rappelle l'obligation impofée par l'ordonnance de 1681, aux maîtres de navires & autres bâtimens, de faire, dans les vingt-quatre heures de leur arrivée, au bureau de la ferme, leur déclaration des *tabacs* de chargement, ou pour leur provifion, qu'ils pourront avoir; elle leur défend de faire, pendant ce tems, débarquer aucun *tabac*, à peine de confifcation & de mille livres d'amende, folidaire contre le capitaine & l'équipage; elle autorife les commis à fe transporter à bord des bâtimens, pour veiller & empêcher qu'il ne foit déchargé aucun coffre ni ballot qu'après en avoir fait & affuré la vifite; elle enjoint aux capitaines & autres officiers de l'équipage, de leur donner l'aide, faveur & protection néceffaires dans leurs fonctions, & d'empêcher qu'ils n'y foient troublés, à peine de répondre en leur propre & privé nom, de la perfonne des commis, de tous dommages & intérêts, & de pareille amende de mille livres, également folidaire contre les capitaines, officiers & gens de l'équipage.

Elle veut que les procès-verbaux de faifie, quoique faits & fignés par plufieurs commis, foient valables lorfqu'ils feront affirmés par deux d'entr'eux.

Elles fait défenfes à tous procureurs, huiffiers & fergens, de figner, ni fignifier aucuns actes ni reliefs d'appel, qu'il ne leur foit apparu

TAB 615

de la quittance de la confignation faite dans le tems prefcrit, de la fomme de trois cents livres; elle leur enjoint de donner copie de cette quittance, par l'acte de fignification d'appel; le tout à peine de nullité, & de cent livres d'amende contre chacun des procureurs, huiffiers & fergens.

Elle ordonne, que conformément à l'article X du titre XII de l'ordonnance du mois de février 1687, l'appel des ordonnances ou fentences interlocutoires, ne pourra empêcher l'inftruction & le jugement des inftances civiles ou criminelles, concernant la ferme du tabac; elle défend aux cours de donner aucune furféance ou défenfe de procéder, déclare nulles toutes celles qui pourroient être accordées, veut que fans y avoir égard il foit paffé outre par les premiers jüges, jufqu'au jugement définitif inclufivement, & que les procureurs, qui auroient figné les requêtes, foient condamnés en leur propre & privé nom, en une amende de cent livres, qui ne pourra être remife ni modérée.

Elle applique aux jugemens portant confifcation & amende, en matière de tabac, le tems fixé par l'ordonnance du mois de juillet 1681, au titre commun, pour relever l'appel des fentences qui condamnent au paiement des droits, & pour mettre ces appels en état d'être jugés.

Telles font les principales difpofitions du règlement que contient la déclaration du premier août 1721, pour la police & manutention de la ferme du tabac.

On voit par les mémoires qui furent alors préfentés au confeil, que le changement & la converfion qui avoient été faits du privilège de la vente exclufive du tabac, en droits d'entrée, & la liberté du commerce accordée par l'arrêt du confeil du 29 décembre 1719, avoient donné lieu à l'entrée dans le royaume, d'une très-grande quantité de tabacs, qui, avec ceux que la compagnie des Indes avoit vendus en gros au mois de juin 1720, avoient mis les confommateurs en état d'en faire des provifions pour plufieurs années.

Que d'ailleurs la compagnie des Indes n'ayant point, aux termes de la déclaration du 17 octobre 1720, fait des magafins pour la provifion des fabricans, elle avoit donné des permiffions en conféquence defquelles il en étoit entré dans le royaume des parties confidérables, qui avoient encore augmenté les amas qui avoient été faits.

Que cette compagnie, depuis que les fermes générales en avoient été défunies, n'avoit plus été en état de foutenir la régie intérieure, & de faire garder exactement les côtes & la frontière, ce qui avoit donné occafion aux fraudeurs, de s'attrouper & d'introduire des quantités prodigieufe de tabac en fraude.

On expofoit encore dans ce mémoire, que le rétabliffement de cette ferme exigeoit de grandes précautions pour prévenir les mefures que les manufacturiers & les négocians qui avoient des magafins de tabac, ainfi que les fraudeurs & les confommateurs ne manqueroient pas de prendre pour faire encore de plus grandes provifions, & les fouftraire à la connoiffance du fermier, s'ils étoient inftruits, par des affiches, des difpofitions de la déclaration du premier août précédent.

Que d'ailleurs on ne pouvoit parvenir au rétabliffement de la ferme du tabac, que par des dépenfes auffi grandes qu'indifpenfables, foit pour tirer des pays étrangers des matières dont, par la fituation dans laquelle les changes étoient alors, les prix étoient prefque triplés, foit pour faire dans le royaume des achats & provifions de tabacs & d'uftenfiles pour former l'établiffement des manufactures & bureaux, foit enfin pour fubvenir au paiement des employés, des ouvriers, du fret, des voitures & autres dépenfes extraordinaires & indifpenfables, avant que le fermier pût retirer aucun produit de la vente des tabacs.

Telles étoient les circonftances dans lefquelles le 19 août 1721, il fut fait bail à Edouard Duverdier, de la ferme générale du privilège de l'entrée, fabrication & vente exclufive de tabac, en gros & en détail, pour neuf années & un mois, qui devoient commencer le premier feptembre fuivant, & finir le dernier feptembre 1730.

Le prix porté par le bail, fut d'un million trois cent mille livres pour les treize premiers mois, un million huit cent mille livres pour la feconde année, deux millions cinq cent mille livres pour la troifième, & trois millions pour chacune des fix dernières années.

Duverdier fut, indépendamment de ce prix, chargé de payer annuellement, pendant le cours de fon bail, au régiffeur ou adjudicataire des fermes-unies, la fomme de cent mille livres, par forme d'abonnement des droits d'entrée & fortie, & autres faifant partie des fermes générales.

On prévit, par le bail, deux circonftances, l'une où, pendant fa durée, les plantations de tabac, défendues par l'arrêt du confeil du 29 décembre 1719, & par la déclaration du 17 octobre 1720, feroient retablies, & il fut dit qu'en ce cas il feroit fait chaque année une diminution de cinq cents mille livres, à compter du jour que ces plantations auront été permifes.

L'autre évènement prévu par le bail, fut celui de la réfiliation avant l'expiration du terme qui avoit été réglé ; il fut inféré dans le réfultat, que fi cet évènement arrivoit, le fermier qui remplaceroit Duverdier, feroit tenu, à compter de l'époque de la réfiliation, & pour le tems qui refteroit à expirer, de lui payer annuellement la fomme de deux cents mille livres, à titre d'indemnité & de dédommagement des dépenfes & frais extraordinaires qu'il auroit faits pour le rétabliffement & l'exploitation de cette ferme.

La jouiffance de Duverdier fut de peu de durée ; le bail qui lui avoit été paffé, fut réfilié par arrêt du confeil du 6 feptembre 1723, à compter du premier octobre fuivant ; & voici ce qui donna lieu à cet arrangement.

Dès le 22 mars précédent il avoit été rendu un arrêt du confeil, dont le préambule fait connoître, que le roi ayant jugé, lors de l'arrêté du compte que la compagnie des Indes avoit à lui rendre, qu'il étoit jufte de la rétablir dans la jouiffance de fes effets, & entr'autres dans celle des trois millions de rentes, au principal de cent millions conftitués fur la ferme du *tabac*, dont la vente exclufive avoit été originairement affectée au paiement de ces rentes ; fa majefté n'avoit pas trouvé de voie plus fûre, pour affurer ce paiement, que de lui accorder le privilège de cette vente ; c'eft d'après ces motifs que, par le difpofitif de cet arrêt, le roi accorde à la compagnie des Indes le privilège de la vente exclufive du *tabac*, à compter du premier octobre fuivant, pour demeurer quitte envers ladite compagnie, du paiement des trois millions de rentes, jufqu'à concurrence de deux millions cinq cents mille livres, fomme à laquelle le privilège en queftion fut évalué ; fans néanmoins que cette évaluation, en cas de plus ou moins value du privilège, pût opérer aucune garantie, recours ou action contre aucune des parties ; fa majefté fe réfervant au furplus de pourvoir, ainfi qu'il appartiendroit, au paiement des cinq cents mille livres de rentes qui reftoient à acquitter fur les trois millions.

Au mois de feptembre de la même année, le roi voulant affurer pour toujours à la compagnie des Indes le privilège exclufif de la vente du *tabac*, foit pour encourager les plantations dans les colonies concédées à cette compagnie, foit pour affurer de plus en plus l'état & la fortune des actionnaires, fa majefté, par arrêt du premier de ce mois, ordonna que par les commiffaires de fon confeil, qui feroient nommés à cet effet, il lui en feroit paffé, fes directeurs ftipulant pour elle, un contrat d'aliénation à titre d'engagement.

Le contrat fut paffé, en conféquence de cet arrêt, le 19 feptembre fuivant.

Cette aliénation fut depuis confirmée par l'article VII de l'édit du mois de juin 1725, dont on a déjà parlé ; l'article VII de cet édit porte, qu'elle exercera ce privilège comme chofe à elle appartenante en pleine propriété, fans pouvoir augmenter le prix des *tabacs*.

Un arrêt du 30 août 1723, avoit réglé la forme de l'adminiftration de la compagnie des Indes : aux termes de cet arrêt, cette adminiftration devoit être compofée de douze directeurs, tous actionnaires, tenus de dépofer cinquante actions, qu'ils ne pourroient retirer tant qu'ils feroient directeurs, & de huit fyndics, qui, pendant l'année de leur fyndicat, devoient également remplir cette formalité.

Six, d'entre ces fyndics, devoient avoir l'infpection fur les douze départemens entre lefquels le règlement partageoit les différens commerces dont jouiffoit la compagnie.

Les deux autres fyndics étoient chargés de veiller fur la régie du *tabac*, qui devoit être confiée à huit directeurs, lefquels devoient former un corps féparé, & n'être chargés que des droits de cette régie, & des affaires qui y feroient jointes : le roi s'étoit réfervé de nommer pour la première fois ces huit directeurs, & ils le furent par arrêt du 7 feptembre 1723.

C'eft ici le lieu d'obferver, que depuis le premier octobre 1723, jufqu'au 30 feptembre 1730, la compagnie des Indes a régi par elle-même la ferme du *tabac*, fous le nom de *Pierre le Sueur* ; chaque année de la régie alloit à fept millions de produit net : ce ne fut que le premier octobre 1730, que les fermiers généraux entrèrent en poffeffion de cette ferme, fous le nom de *Pierre Carlier*. Le motif de cet arrangement fut que les fermiers généraux étoient feuls en état d'en augmenter confidérablement les produits, par la fuppreffion des commis, employés & gardes du *tabac*, ceux des fermes devant fuffire à l'une & à l'autre exploitation. Le prix du bail paffé le 5 feptembre 1730, pour huit années, fut de fept millions cinq cents mille livres par an, pour les quatre premières années, & & de huit millions pour les quatre dernières. Ce bail fut fuivi de plufieurs autres, jufqu'à l'édit du mois de juin 1747, dont on fe propofe de rendre compte dans le cours de ce mémoire, & par lequel le roi réunit à fes autres droits le privilège exclufif de cette vente.

Le prix auquel fut paffé le bail de 1730, fait connoître l'accroiffement qu'avoit déjà reçu, dans les mains de la compagnie des Indes, le produit du privilège de la vente exclufive du *tabac* : on attribue cette augmentation aux circonftances fuivantes.

1°. Le privilège exclusif du commerce & de la vente, avoit été rétabli dans son intégrité.

2°. Les plantations, dans l'intérieur de la ferme, avoient été totalement défendues & discontinuées en 1720.

3°. La compagnie obtint différens arrêts du conseil, qui confirmèrent, par des dispositions encore plus claires & plus précises, celles de la déclaration du premier mars 1721, concernant l'interdiction de ces plantations dans les trois lieues limitrophes de toutes les provinces où elle jouissoit du droit exclusif, & la fixation des consommations dans l'étendue de ces trois lieues.

4°. Les tabacs des anciennes récoltes de l'intérieur, & les *tabacs* étrangers, que la liberté du commerce avoit fait entrer dans le royaume, étoient, dès 1723, pour la plus grande partie, consommés, exportés ou gâtés, & le peu qui en restoit s'épuisoit journellement, en sorte que la consommation des *tabacs* de la ferme ne pouvoit que s'accroître progressivement pendant le cours de cette régie.

On observe que cette progression fut très-sensible pendant les trois premières années, & que la bonne régie soutint, pendant les quatre dernières, l'augmentation qu'avoit procuré l'épuisement des *tabacs*, que les plantations & la liberté du commerce avoient mis dans les mains d'une infinité de marchands & de particuliers.

Tel étoit l'état des choses, lorsqu'en 1730 l'exercice de ce privilège fut réuni aux autres fermes de sa majesté.

Pour donner une idée des principales conditions sous lesquelles les fermiers-généraux eurent ce privilège, on va rappeler les dispositions du titre de la ferme générale du *tabac*, dans le bail fait à Forceville, le 16 septembre 1738, pour six années, à commencer du premier octobre suivant.

1°. L'adjudicataire doit jouir du privilège exclusif de faire entrer, par mer & par terre, dans l'étendue du royaume, à l'exception de la Flandre, Hainault, Cambresis, Artois, Franche-Comté & Alsace, vendre & débiter en gros & en détail, le tabac de tous crûs & espèces, en feuilles, en corde & en poudre, ou autrement, fabriqué & non fabriqué, conformément à l'ordonnance du mois de juillet 1681, déclaration, arrêts & règlemens depuis intervenus, notamment à la déclaration du premier août 1721.

2°. Il lui est défendu de vendre les tabacs en corde ou filés, de toutes qualités, au-delà des prix portés par la déclaration du premier août 1721, & l'arrêt du conseil du 28 novembre 1730; & les *tabacs* en poudre, de toutes espèces,

au-dessus des prix fixés par l'article VII de l'ordonnance de 1681, le tout au poids de marc, ou de table, suivant les différens usages des provinces.

Il faut ici observer que cette distinction a cessé par la disposition de la déclaration du 24 août 1758, qui a ordonné que le *tabac* seroit vendu par-tout le royaume au poids de marc : cette déclaration, dont on parlera dans la suite, a en même-tems établi la perception des quatre sous pour livre sur les différentes espèces de *tabacs*, ce qui en a augmenté le prix d'un cinquième en sus.

3°. L'adjudicataire est tenu de fournir du *tabac* de cantine aux troupes, dans l'étendue de la ferme, à raison d'une livre de *tabac*, par mois, pour chaque soldat, conformément aux ordonnances des 30 juillet 1720, & 20 avril 1734, & au prix de douze sous la livre.

4°. Il doit avoir une marque & cachet pour plomber & marquer les *tabacs*, en déposer les empreintes aux greffes des élections & autres jurisdictions des fermes, conformément à l'article VI de la déclaration du premier août 1721 ; il a la liberté de changer de marque, à la charge pareillement du dépôt des empreintes.

5°. Il doit jouir de l'exemption de tous droits de péages, passages, octrois, & généralement de tous autres droits appartenans aux villes, corps & communautés, engagistes & seigneurs particuliers, même de ceux attribués aux officiers créés par l'édit de juin 1730, en la ville de Paris, suivant l'arrêt du 17 juin 1736, pour tous les *tabacs*, & pour les ustensiles des manufactures qu'il fera entrer, sortir ou traverser le royaume.

6°. Comme le privilège appartenoit encore à la compagnie des Indes, quoique exercé par l'adjudicataire des fermes générales, l'adjudicataire, relativement à la ferme du *tabac*, ne devoit jouir de l'exemption des droits d'entrée & sortie, & autres faisant partie des fermes générales des gabelles, cinq grosses fermes, aides & domaines, qu'au moyen de l'abonnement de cent mille livres par chaque année, dont la ferme du *tabac* étoit tenue envers les fermes générales-unies.

7°. L'adjudicataire doit être mis en possession des maisons & autres lieux, servant de manufactures, magasins & bureaux de *tabac*, ainsi que des ustensiles, en payant la valeur à celui auquel il succède.

8°. Il en doit être de même des *tabacs* existans entre les mains du précédent adjudicataire, en le remboursant, sur les factures d'achats, lettres-de-voiture & autres pièces justificatives, du prix auquel les *tabacs* seront revenus.

9°. L'adjudicataire doit avoir la préférence sur les *tabacs* des prifes qui feront amenées dans les ports du royaume, foit qu'ils foient vendus de gré à gré, ou par autorité de juftice, fuivant l'article XXXIX de la déclaration du premier août 1721.

10°. On ne rétablira point les plantations de *tabac*, défendues & détruites en exécution de l'arrêt du confeil du 29 décembre 1719, & de la déclaration du premier août 1721.

11°. Les médecins, apothicaires, & autres, ne pourront enfemencer leurs terres & jardins d'*herbe nicotiane*, *herbe à la reine*, ni autre efpèce de *tabac*, fous les peines portées par l'ordonnance de 1681.

L'évènement juftifia le parti qui avoit été adopté de réunir l'exploitation du privilège de la vente exclufive du *tabac* à celles des fermes générales : l'harmonie qui régna entre les différentes parties, en fimplifiant la régie, mit plus à portée de la perfection, & la ferme du *tabac* fit fucceffivement des progrès qu'elle dut principalement aux foins & à l'attention continuelle avec lefquels les différens détails qui y font relatifs furent fuivis.

Les établiffemens qui ont été faits paroiffent remplir tous les objets qu'exige le fervice de la vente exclufive.

On a placé dans les différens ports de mer, & fur les rivières qui y font affluentes, des manufactures dans lefquelles toutes les efpèces de *tabac* néceffaires à la confommation font fabriquées ; & les emplacemens de ces manufactures ont été déterminés d'après la confidération de pouvoir approvifionner, avec le moins de frais & le plus de célérité poffible, les bureaux généraux qui y reffortiffent ; elles ont été établies dans les lieux que l'on va rappeller ; Arles, Cette, Dieppe, le Havre, Marfeille, Morlaix, Paris, Tonneins, Touloufe & Valenciennes.

Chaque manufacture a un certain nombre de bureaux généraux à approvifionner.

A chaque bureau général reffortit un certain nombre d'entrepôts, qui vont y lever les *tabacs* dont ils ont befoin.

On a formé à chaque entrepôt un arrondiffement de plufieurs villes, bourgs, villages & paroiffes ; & dans chacun de ces lieux, felon la grandeur, le commerce, le nombre de feux, il y a pour la revente au public, un ou plufieurs débitans qui vont prendre le *tabac* qui leur eft néceffaire au bureau de l'entrepôt dans l'arrondiffement duquel ils font établis.

On a foin de tenir les bureaux généraux approvifionnés, de manière qu'en tout évènement ils foient toujours en état de fubvenir aux demandes qui peuvent leur être faites par les entrepôts qui y reffortiffent, & que ces entrepôts puiffent pareillement remplir l'objet des demandes des débitans qui font dans leur arrondiffement ; ainfi il n'y a point de lieu fufceptible de quelque confommation en *tabac*, où il n'y ait plufieurs, ou au moins un débitant en état de fournir au public celui qu'il peut defirer.

L'ordre de travail prefcrit aux contrôleurs généraux des fermes, pour la partie qui concerne le *tabac*, par les inftructions que les fermiers généraux donnèrent au mois de mars 1731, raffemble toutes les mefures néceffaires pour découvrir & faire ceffer les abus & les prévarications dont ces inftructions contiennent les détails, foit par rapport au fervice intérieur, qui concerne les bureaux généraux, les entrepôts, les débitans, & tout ce qui a rapport à la vente des *tabacs* de la ferme, foit relativement au fervice extérieur, qui regarde la difcipline & le travail des brigades, pour empêcher l'introduction frauduleufe, le débit des *tabacs* étrangers, & les plantations défendues dans le royaume.

Cette inftruction rappelle tout ce qui concerne la manutention des bureaux généraux, pour la rentrée des fonds, la tenue exacte des différens regiftres de ventes, de factures, de numéros de frais, de faifies, pour empêcher les abus des tenailles & cachets fervant à la marque des *tabacs*, pour la jufteffe des poids & balances, pour la confervation des *tabacs* dans les magafins, pour conftater les déchets véritables de l'envoi à la réception ou à la garde, pour affurer la fidélité dans les ventes des *tabacs* à peu-près de même efpèce, & fabriqué à différens prix ; enfin, pour que les bureaux généraux foient ouverts aux heures prefcrites, afin que les entrepofeurs, les débitans & le public n'effuyent aucun retardement.

Elle entre dans les mêmes détails fur ce qui regarde les entrepôts, pour découvrir les moyens par lefquels des entrepofeurs infidèles peuvent fe procurer une augmentation de poids fur les *tabacs* qu'ils lèvent aux bureaux généraux, pour vérifier s'ils font fuffifamment approvifionnés, & s'ils ne le font que des levées qu'ils y ont faites, fi, fans la permiffion de la compagnie, ils ne font pas le détail par eux-mêmes, & ne contreviennent pas à la défenfe qui leur eft faite de vendre aux particuliers moins d'une livre de *tabac* à la fois ; fi les employés du bureau général ne les favorifent point en leur faifant un poids trop fort ; s'ils expédient promptement, à tour de rôle, & fans préférence, les particuliers & les débitans qui viennent acheter du *tabac*, & s'ils n'excèdent point les prix fixés, s'ils font des tournées dans leurs arrondiffemens, afin d'examiner s'il ne s'y fait point de plantation de faux *tabac*, ou quelqu'introduction frauduleufe, ou s'il y a suffifamment ou trop peu de débitans, & leur conduite.

L'instruction traite avec le même ordre ce qui a rapport aux débitans; elle expofe les inconvéniens qui réfultent, ou d'un trop petit nombre, ou d'un nombre trop confidérable.

D'un trop grand nombre, en ce que le bénéfice de chaque débitant est si modique, qu'ils hafardent plus aifément de fe livrer à la contrebande, qu'ils ne font d'ailleurs que de très-petites levées à la fois, ce qui multiplie les pefées dans le bureau général & dans l'entrepôt, les déchets, les enregistremens, les embarras dans les vérifications des registres, les difficultés dans les exercices.

D'un trop petit nombre, en ce que le confommateur ne trouvant pas à fa portée, de débitant établi par la ferme, attend & préfère celui qui vient lui en offrir en contrebande.

Elle prefcrit la conduite que les receveurs & entrepofeurs doivent tenir dans l'établiffement des débitans, fur lefquels elle donne aux contrôleurs généraux le droit d'infpection, fans qu'ils puiffent néanmoins les deftituer, que de concert avec le receveur ou entrepofeur qui leur a fourni la permiffion de revente; elle veut que dans ces établiffemens on confulte la fituation des lieux, l'objet de la confommation; elle indique d'en établir dans les places principales des communautés où fe tiennent les foires & marchés, dans les rues les plus fréquentées, fur les ports & les quais dans les villes, de ne choifir que des gens aifés & en état de répondre des amendes s'ils tomboient en contravention; elle défend les débits exclufifs, c'eft-à-dire confiés à un feul débitant, dans les lieux qui en exigent plufieurs; elle obferve que dans les départemens où, pour fe parer du voifinage de la fraude, on eft obligé de diftribuer des *tabacs* à bas prix, on ne fauroit établir trop de débitans fur la frontière limitrophe des provinces d'où viennent les verfemens; mais qu'à l'égard de celle qui avoifine les lieux où les *tabacs* fe vendent à un prix plus fort, on doit toujours laiffer une diftance au moins d'une lieue, dans laquelle il n'y ait point de débitans à bas prix, qui puiffent verfer fur les paroiffes à haut prix.

Elle charge les contrôleurs généraux des fermes, indépendamment des vifites fréquentes que les brigades doivent faire pour exercer les débitans, d'en faire eux-mêmes accompagnés d'un ou plufieurs employés, de fe faire repréfenter,

dans ces vifites, le livret ou portatif du débitant, pour vérifier fi les levées qu'il a faites au bureau général ou à l'entrepôt d'où il relève, font enregistrées par ordre de date, & fpécifiées, foit pour la qualité, foit pour le prix, ainfi qu'elles doivent l'être, & fi elles font relatives à celles du relevé qu'il doit avoir pris lors de fa vifite dans les bureaux & entrepôts; de fe faire repréfenter pareillement les *tabacs*, d'examiner s'ils font marqués, s'ils font des qualités défignées fur le livret, & s'ils ne font point mouillés, altérés ou dénaturés; de vérifier les balances & les poids, de ne pas fouffrir qu'ils fe fervent de petites pierres, ou de balles de plomb aplaties, de les obliger d'en avoir de fonte, marqués & étalonnés, de veiller à ce qu'ils n'excèdent point les prix fixés, de tenir la main à ce qu'ils aient, à peine de révocation, dans un lieu apparent de leur boutique, le tarif de chaque efpèce de *tabac* au détail par livre, demi-livre, quarteron, once & demi-once, arrêté par le directeur du département, & figné de lui.

Ils doivent s'informer des débitans, fi le receveur ou l'entrepofeur, de qui ils relèvent, n'exige point d'eux quelque rétribution, s'il ne leur furvend point les *tabacs*, s'il leur fait le poids jufte, s'il porte exactement fur leurs livrets tous les *tabacs* qu'il leur livre.

Aux termes de l'instruction, les contrôleurs généraux des fermes font tenus de faire, une fois au moins tous les trois mois, la vifite de tous les bureaux généraux & entrepôts de leur département, & chez quelques-uns des débitans qui en relèvent, de vifer exactement à chaque vifite les registres des bureaux généraux, ceux des entrepôts & les livrets des débitans, de rendre compte de ces vifites, en adreffant, tous les quartiers, un précis de leur travail au fermier chargé de la correfpondance du département, & au directeur, & d'y joindre un état, dont le modèle eft joint à l'instruction, de la confommation faite dans chaque entrepôt pendant le quartier précédent, & des *tabacs* reftant au moment de l'envoi de cet état.

Ils doivent d'ailleurs dreffer en tout tems leur procès-verbal des prévarications & faits graves qu'ils découvrent, & en envoyer, à peine de révocation, copie, dans les vingt-quatre heures, à la compagnie & au directeur.

Il leur eft recommandé de n'avoir point de tems fixe pour leurs vifites, & de faire par intervalles des contre-vifites, afin de tenir toujours les employés dans la crainte d'être furpris s'ils viennent à s'écarter de leur devoir.

Tel eft le précis des détails contenus dans l'instruction, fur les objets qui y font traités comme appartenans au service intérieur. Voici maintenant ceux qui concernent le service extérieur.

Ils font divisés en trois parties, la discipline & le service des brigades, les saisies & les poursuites.

1°. Pour remplir convenablement la première de ces trois parties, l'instruction recommande au contrôleur général des fermes, de s'attacher à bien connoître, par de fréquentes tournées, le local de son département, pour se mettre au fait des lieux qu'il convient de garder de préférence, des brigades plus ou moins fortes, selon l'importance des passages, qu'il est à propos d'y porter, & être en état de juger de la route que peut tenir une bande de contrebandiers, afin de la faire attendre ou poursuivre plus sûrement.

L'instruction entre au surplus dans les plus grands détails sur les fonctions des capitaines généraux, des lieutenans & des inspecteurs, & sur les qualités qui leur font nécessaires pour les bien remplir; sur les ordres de travail que le contrôleur général des fermes doit donner aux brigades, sur l'obligation des brigadiers, d'inscrire sur leur portatif, & de faire certifier, jour par jour, par tous les employés de leur brigade, le service qu'ils auront fait, & de tenir toujours, à peine de privation de leurs appointemens pendant le tems du retardement, des copies de ces portatifs, pour être remises, sur leur demande, aux contrôleurs généraux des fermes; sur la correspondance continuelle que ces derniers doivent entretenir avec les commandans & principaux employés des brigades, sur les revues qu'ils doivent en faire, sur la nécessité de les faire changer souvent de poste.

Après avoir ainsi traité ce qui regarde le service des brigades ambulantes, qui forment des lignes sur les frontières exposées aux versemens, elle s'explique sur ce qui concerne celui des brigades sédentaires destinées à la garde des ponts & chaussées, des bacs, des passages fréquentés, des portes d'une ville, ainsi que de celles préposées à la garde de l'intérieur, & à exercer les entreposeurs & débitans; sur l'obligation dans laquelle font ces employés, comme ceux des brigades ambulantes, d'avoir des portatifs, & sur la nécessité de ne les pas laisser toujours dans les mêmes districts.

2°. L'instruction, pour prévenir les inconvéniens qui résultent relativement aux procès-verbaux, soit de l'omission de quelques-unes des formalités prescrites par les ordonnances, soit de la manière obscure dont les faits font rédigés, soit enfin du défaut de mention de quelques circonstances essentielles, charge les contrôleurs

généraux des fermes, de délivrer à tous les brigadiers, sous-brigadiers, & à tous les employés détachés dans les différens postes, des modèles de ces actes, semblables à ceux qui font à la suite de cette instruction, avec ordre de s'y conformer, suivant les différentes circonstances, à peine de révocation; elle leur enjoint, dans les cas de captures considérables, & lorsque des contrebandiers auront été arrêtés, de se transporter au bureau ou entrepôt où la conduite doit être faite, afin d'empêcher le divertissement des tabacs & effets saisis, & de pouvoir veiller à ce que la procédure à suivre dans de pareilles circonstances soit régulièrement faite; elle explique les formalités à observer dans les visites domiciliaires, dans les saisies qui se font dans ces visites, & dans le dépôt qui se fait ensuite des tabacs saisis au bureau ou à l'entrepôt le plus prochain. Le cas de rébellion est aussi prévu; l'instruction indique ceux où il faut s'en tenir à la voie ordinaire, & donner simplement assignation par le procès-verbal, en concluant à la confiscation & à l'amende de mille livres, & les cas où il convient de prendre la voie extraordinaire, tels qu'un amas considérable, une rébellion marquée, un attroupement ou transport à port d'armes, de fausses empreintes de la marque de l'adjudicataire, ou la fraude commise, soit par un débitant, soit par les commis des fermes.

3°. Quoique les directeurs des provinces soient principalement chargés des poursuites des saisies, l'instruction n'en prescrit pas moins aux contrôleurs généraux d'y donner leurs soins, & de prendre à cet effet sur la procédure les connoissances nécessaires; elle leur indique les ordonnances & les principaux règlemens aux dispositions desquels ils doivent apporter l'attention la plus suivie; elle leur recommande, dans la vue d'éviter autant qu'il est possible les frais, de faire remettre, sans retardement, les soldats surpris avec de faux tabac, au pouvoir des officiers de l'état-major de la place la plus voisine, en faisant deux originaux des procès-verbaux, dont l'un doit être remis à ces officiers, & l'autre doit être retiré avec leurs reconnoissances; de faire pareillement vendre promptement les effets saisis qui dépériroient à la garde, & les chevaux qui occasionneroient des dépenses, en se conformant dans ces ventes aux dispositions de l'arrêt du 25 juillet 1713.

Indépendamment de ces instructions données aux contrôleurs généraux des fermes, il en fut formé une particulière pour tous les autres employés, dans laquelle font rappelées toutes les formalités à observer dans la rédaction des procès-verbaux, & dans les procédures qui doivent être faites sur les saisies, avec des modèles des différens actes & procédures, pour leur servir de règle dans l'exercice de leurs fonctions.

En même-tems que le précis, que l'on vient de retracer des instructions données en 1731, par les fermiers généraux, fait connoître le plan de la régie établie pour l'exercice du privilège exclusif du commerce & de la vente du *tabac* dans le royaume, il met à portée de juger des dépenses considérables en employés qu'exige cette régie, par la nécessité de s'opposer, autant qu'il est possible, aux versemens de faux *tabacs*, que l'étranger & les provinces privilégiées font continuellement sur l'étendue de la ferme.

Une déclaration du 2 août 1729, en rappellant les principales dispositions des anciennes ordonnances, déclarations, arrets & règlemens qui établissoient des peines contre ceux qui se livroient à la contrebande, en avoit prononcé encore de plus sévères, sur-tout dans les cas d'attroupemens; mais cette dernière loi ne paroissoit pas à plusieurs des juges contenir des dispositions assez claires & assez précises pour déterminer leurs jugemens dans les différentes affaires soumises à leur décision; & ce fut pour fixer une jurisprudence certaine sur un objet qui intéressoit également la tranquillité de l'État, la sûreté des sujets, & la perception des droits du roi, que fut donnée la déclaration du 25 janvier 1733, qui contient les dispositions suivantes.

1º. Conformément à l'article XX de la déclaration du 17 octobre 1720, & à l'article premier de l'édit du mois d'octobre 1726, elle prononce la peine de mort contre tous particuliers, qui seront trouvés armés, au nombre de trois & au-dessus, portant du *tabac* en fraude, & la confiscation de leurs biens, même dans les lieux où la confiscation n'a pas lieu.

2º. Ceux qui seront convaincus d'avoir escorté avec armes, & au nombre de cinq au moins, des hommes, chevaux ou voitures, chargés de contrebande, subiront les mêmes peines: la preuve pourra être acquise par voie d'information & audition de témoins, récollement, confrontation, & autres règles prescrites par l'ordonnance de 1670, pour les crimes de toute autre nature, & celui dont il s'agit sera censé prouvé lorsqu'on les aura vus escortans des ballots, quand même on ne leur auroit saisi aucune desdites marchandises de contrebande lors de leur marche ou passage.

3º. Tous vagabonds, gens sans aveu, artisans, gens de métier, gens de peine, matelots, paysans, & autres, auxquels le port d'armes est interdit, & qui seront rencontrés attroupés, au nombre de cinq au moins, avec des armes à feu, seront punis de la peine de galères à perpétuité, quand même ils ne se trouveroient chargés d'aucunes marchandises.

4º. Ils seront punis de mort, s'ils ont été précédemment condamnés pour fait de contrebande.

Une contestation portée en l'élection de Rouen, entre le capitaine d'un navire hollandois & l'adjudicataire des fermes générales, sur le refus qu'avoit fait ce capitaine, de déposer pendant son séjour dans ce port, au bureau des fermes, le *tabac* de provision qu'il avoit, & qu'il prétendoit être en droit de garder pour sa consommation, donna lieu à un arrêt du conseil, du 15 septembre 1733, qui contient sur cet objet le règlement suivant.

1º. Les employés de la ferme sont autorisés, à l'instant de l'arrivée de tout navire étranger, à se transporter à bord, pour exiger la représentation des *tabacs* de provision, & prendre les mesures convenables pour qu'il n'en soit fait aucun versement frauduleux.

2º. Les maîtres & capitaines de navires, dans les vingt-quatre heures de leur arrivée, sont tenus de déclarer au bureau du *tabac* le plus prochain, les quantités, espèces & qualités de *tabacs* qu'ils ont sur leurs bâtimens pour leur provision, & le nombre effectif d'officiers, matelots, & autres, dont l'équipage est composé.

3º. Dans l'instant de la déclaration, qui doit être transcrite sur un registre tenu à cet effet dans chaque bureau, & signée par le capitaine ou écrivain du navire, les *tabacs* de provision doivent être apportés au bureau, & y rester en dépôt tant que le navire séjournera dans le port où il aura abordé.

4º. S'il se trouve, après ce dépôt, du *tabac* caché dans le navire, il en sera dressé procès-verbal, sur lequel la confiscation en sera poursuivie, avec amende, contre le capitaine, comme étant civilement responsable de cette fraude.

5º. & 6º. Il doit être rendu toutes les semaines, pendant le séjour du navire dans le port, douze onces par tête, pour la consommation journalière de ceux qui composent l'équipage, & à chaque livraison, le capitaine ou l'écrivain doivent en donner leur reconnoissance.

7º. Si la déclaration faite par le capitaine, se trouve excéder la quantité effective d'hommes dont son équipage est composé, il ne leur sera fait, pendant leur séjour, aucune délivrance du *tabac* mis en dépôt.

8º. Il en sera usé de même à l'égard de ceux de l'équipage, qui seront rencontrés hors de leur vaisseaux, ayant sur eux plus de deux onces de leur *tabac* de provision; & ils doivent d'ailleurs être condamnés aux peines portés par les règlemens.

9°. Les *tabacs* de provifion, qui n'auroient pas été confommés, doivent être rendus à l'inftant du départ du navire, au capitaine ou à l'écrivain, qui en donneront leur décharge à la marge du regiftre fur lequel leur déclaration aura été tranfcrite & fignée.

Le fermier, dans la vue de remédier aux verfemens des *tabacs* de contrebande, que les habitans des provinces privilégiées introduifoient journellement dans le pays de la ferme, avoit pris le parti de ne faire vendre dans fes magafins & bureaux fitués en-deçà des rivières les plus voifines de ces provinces, le *tabac* fupérieur, en corde, que fur le pied de trente-trois fous la livre, au lieu de cinquante fous, & de fournir le *tabac* inférieur, en corde, à raifon de feize fous la livre, au lieu de vingt-cinq fous, dans l'étendue du terrein fitué entre lefdites provinces & les rivières en deçà defquelles le *tabac* fupérieur, en corde, n'étoit vendu que fur le pied de trente-trois fous la livre; mais cet arrangement produifoit, par l'abus qui s'en faifoit, des effets directement oppofés à ceux que l'on s'étoit propofés. Les habitans des lieux fitués dans l'étendue du terrein pour lequel le *tabac* à feize fous étoit deftiné, ne confommoient, pour la plupart, que des *tabacs* de contrebande qui leur étoient fournis par les provinces privilégiées, & verfoient les *tabacs* qu'ils avoient à feize fous, dans les bureaux du fermier, dans les départemens où le *tabac* fupérieur à trente-trois fous étoit en ufage; & pareillement les habitans des lieux où le *tabac* à trente-fous devoit être confommé, l'introduifoient dans les provinces de l'intérieur, & réfervoient pour leur ufage le *tabac* inférieur, à feize fous, qui leur étoit fourni par les habitans des lieux contigus aux provinces privilégiées.

Le fermier déféra cet abus au confeil, & il expofa qu'il étoit d'autant plus jufte d'en arrêter les progrès, que les remèdes qu'il demandoit qui y fuffent apportés, ne tendroient qu'à interrompre un commerce illicite, fans priver les habitans des lieux voifins des provinces privilégiées, de l'avantage que leur fituation leur procuroit d'avoir, pour leur ufage, des *tabacs*, en corde, fupérieurs & inférieurs, à des prix beaucoup au-deffous de ceux fixés par les règlemens. Il intervint, le 23 octobre 1733, un arrêt du confeil, qui ordonna que les *tabacs*, ainfi vendus à diminution de prix, ne pourroient être confommés que dans l'étendue des bureaux ou entrepôts où ils auroient été achetés, en prononça la confifcation au profit du fermier, lorfqu'ils feroient tranfportés dans les lieux où le *tabac* en corde étoit à plus haut prix, & des amendes contre les particuliers qui feroient trouvés faifant le tranfport ou la vente defdits *tabacs* à bas prix; favoir, vingt livres d'amende, pour une livre de *tabac* & au-deffous; cinquante livres,

depuis une livre jufqu'à cinq; trois cents livres, au-deffus de cinq livres de *tabac*; & en cas de récidive, le double defdites amendes.

Le comtat Venaiffin faifoit des verfemens de *tabac* très-confidérables fur les provinces du Dauphiné, du Lyonnois, de Provence, de Languedoc, du Vivarais & du Rouffillon: on fe concerta avec la cour de Rome, fur les moyens de remédier à ces abus; elle s'arrêta à celui de défendre, dans tout le Comtat, les plantations de *tabac*, d'y établir, au profit du pape, le privilège exclufif d'en vendre, & d'affermer à perpétuité ce privilège au fermier du roi.

Il fut paffé, en conféquence, entre le nonce Delci, & M. Rouillé, commiffaire du roi, le 11 mars 1734, un concordat qui porte, qu'à commencer du premier avril fuivant, fa fainteté fe réfervera à elle-même & à fes fermiers le privilège de la fabrication, vente & débit des *tabacs* de toute efpèce, qui fe confommeront dans l'étendue d'Avignon & du comtat Venaiffin, & qu'il fera fait défenfes à tous les habitans du Comtat, d'en enfemencer & d'en recueillir aucuns; qu'il fera paffé, de l'autorité de fa fainteté, aux fermiers généraux du *tabac*, de fa majefté, fous le nom d'un bourgeois d'Avignon, un bail pour neuf années, dont le prix fera de deux cents trente mille livres par an, que les fermiers paieront, de trois mois en trois mois, & par avance; qu'il fera renouvellé aux mêmes claufes, prix & conditions à tous les renouvellemens des fermes générales du *tabac*, & qu'en vertu de ce bail les fermiers généraux François auront le privilège exclufif de la vente du *tabac* dans toute l'étendue du Comtat, le débiteront au même prix qu'en France, & pourront établir à Avignon, & dans toutes les autres villes de ce pays, les mêmes bureaux & les mêmes commis que dans l'intérieur du royaume.

Il fut en même-tems convenu que le pape donneroit, pour le Comtat, un règlement qui contiendroit les mêmes prohibitions, & établiroit les mêmes peines fur lefquelles cette régie eft appuyée en France.

Ce règlement fut donné & publié à Avignon le 31 du même mois de mars 1734; & le jour même de fa publication, le bail fut paffé aux fermiers généraux, qui, depuis cette époque, ont toujours joui, dans le Comtat, de la vente exclufive du *tabac*, comme fermiers du pays, & moyennant deux cents trente mille livres par an.

On a vu dans les différens règlemens dont on a rendu compte, que l'objet qui avoit fixé principalement l'attention du confeil, comme étant le plus important pour le maintien de la ferme du tabac, avoit été de remédier aux verfemens que les habitans des provinces privilégiées faioient dans celles où la vente exclufive a lieu ; on a rappellé la difpofition de la déclaration du premier août 1721, qui avoit, fous ce point de vue, interdit les plantations, magafins & entrepôts de tabac, dans les trois lieues limitrophes du pays de la ferme, & fixé même les quantités que les habitans, dans l'étendue de cês trois lieues, pouvoient avoir en provifion pour leur ufage.

Un arrêt du confeil, du 12 feptembre 1723, s'étoit expliqué plus particulièrement fur ce qui concernoit la Franche-Comté, & avoit dénommé les villes, bourgs, villages & hameaux de cette province, dans lefquels les défenfes portées par la déclaration de 1721, devoient être exécutées, comme étant fitués dans les trois lieues limitrophes des provinces de Champagne, Bourgogne & Breffe.

Le nombre des marchands de tabacs qui pourroient être établis dans les villes de Dole, Gray & Lons-le-Saunier, fituées dans les trois lieues limitrophes, & les quantités qu'ils pourroient avoir en magafin pour la confommation des habitans & des troupes du roi, dans ces trois lieues, avoient été fixés par un autre arrêt du confeil, du 29 décembre 1723, & par celui du 14 octobre 1732, on avoit affujetti les marchands, & ceux qui venoient acheter les tabacs, à des formalités lors de la livraifon, qui avoient pour objet d'affurer l'exécution des règlemens qui avoient limité les quantités pour la confommation, & de faire ceffer les verfemens fur les pays de la ferme, auxquels les tabacs qui étoient levés au-delà de cette fixation, fervoient fans ceffe d'aliment.

Les mefures prifes par ces différens règlemens n'étoient pas fans doute fuffifantes, ou étoient mal exécutées, puifque le préambule d'un arrêt du confeil, du 11 décembre 1736, qui contient un règlement général fur cette matière, en rappellant & réuniffant les difpofitions de ceux qui étoient précédemment intervenus, annonce que la contrebande étoit portée dans cette province à un tel excès, qu'il en réfultoit chaque année une introduction dans la Champagne, la Bourgogne & la Breffe, & de-là dans les autres provinces du royaume, de plus de deux millions de livres de tabac : c'eft dans la vue de faire ceffer des abus auffi préjudiciable à la vente exclufive dans l'intérieur du royaume, fans donner atteinte à la liberté du commerce du tabac pour l'ufage des habitans du comté de Bourgogne, que ce dernier arrêt renferme les difpofitions fuivantes :

1°. Il renouvelle celles de la déclaration du premier août 1721 & de l'arrêt du confeil du 12 feptembre 1724; en conféquence, fait défenfes à tous les habitans de la Franche-Comté de faire aucunes plantations, cultures, ni récoltes de tabacs, dans l'étendue des trois lieues limitrophes de la Champagne, de la Bourgogne & de la Breffe, à peine de confifcation & de quinze cents livres d'amende.

2°. Il ordonne l'exécution de l'arrêt du confeil du 29 décembre 1725; & qu'en conféquence les huit marchands de tabac permis pour la ville de Dole, les quatre établis à Gray, les deux de Lons-le-Saunier, les deux de Saint-Claude, celui de Juffey, ne pourront avoir en magafin que chacun mille livres de tabac à la fois, fans pouvoir l'entrepofer dans aucun autre endroit que leurs boutique & maifon de réfidence ; qu'ils ne pourront tirer leurs tabacs étrangers que de la ville de Befançon ; le tout à peine de confifcation & de quinze cents livres d'amende.

3°. Il leur eft enjoint, fous les mêmes peines, & fous celle de révocation, de fe conformer exactement, pour la diftribution, à l'arrêt du confeil du 14 octobre 1732, de tenir un regiftre coté & paraphé par le fubdélégué du lieu, fur lequel ils enregiftreront journellement les tabacs qu'ils recevront pour compofer les mille livres qu'ils pourront avoir à la fois, & les noms des particuliers auxquels ils en feront fucceffivement la diftribution.

4°. On leur fait défenfes, & toujours fous les mêmes peines, de vendre en gros aucuns tabacs, ni d'en vendre en détail plus de deux livres à la fois; & à tous particuliers demeurans dans l'étendue des trois lieues limitrophes, d'en acheter, tranfporter, ni avoir chez eux ou ailleurs, une plus grande provifion qu'à raifon de deux livres par mois pour chaque chef de famille.

5°. Pour conftater les contraventions aux difpofitions qui viennent d'être rappellées, les commis font autorifés à faire, dans l'étendue des trois lieues limitrophes, chez les marchands, & chez tous les particuliers, & même dans les communautés & maifons religieufes, toutes les vifites & perquifitions néceffaires, & dreffer leurs procès-verbaux, fur lefquels les peines portées par ce règlement feront prononcées, fans efpérance de remife ni modération.

6°. Le tabac, dans les trois lieues limitrophes, ne doit être fourni aux troupes, que fur les extraits de revue, & fur les billets du contrôleur, & pour les quantités permifes par l'arrêt du confeil du 7 août 1729; & aux maifons religieufes, fur les certificats au-bas d'un état contenant le nombre de perfonnes dont la communauté eft compofée , & figné des fupérieurs, à raifon d'une livre au plus par mois , pour chaque perfonne.

7°. Tous particuliers , qui n'étant point originaires de Franche Comté , domiciliés ou établis dans cette province , feront trouvés dans les trois lieues limitrophes , portant plus de deux livres de *tabac* à la fois , feront réputés fraudeurs, & comme tels condamnés , outre la confifcation de leurs chevaux, *tabacs* & équipages, en mille livres d'amende, qui , faute de payement dans le mois , fera convertie en la peine des galères contre les hommes , & en celle du fouet & du banniffement pour cinq ans à l'égard des femmes.

8°. Il eft défendu de tenir aucun entrepôt, ni magafin de *tabac* dans les villes , bourgs & villages fitués au-delà de la rivière de Saône , foit qu'ils foient fitués dans les trois lieues limitrophes des provinces de la ferme, ou qu'ils en foient dans une diftance plus éloignée , à peine de confifcation des *tabacs* , & de cinq cents livres d'amende.

9°. 10°. & 11°. Après toutes les précautions dont on vient de retracer les détails , & qui ont pour objet , ainfi que celles dont on rendra compte encore , d'empêcher les verfemens , il eft permis à tous les habitans du Comté de Bourgogne , de continuer, dans l'intérieur de la province , hors des trois lieues limitrophes , les plantations de *tabac* , mais fous les conditions fuivantes :

1°. Ils doivent préalablement faire une déclaration pardevant les juges des lieux ou autres perfonnes publiques , de la quantité & fituation des terres qu'ils entendent enfemencer en *tabac*, réitérer chaque année cette déclaration , & en remettre une expédition en bonne forme au commis , un mois au plutard après que les terres auront été enfemencées.

2°. Ils font tenus de faire , au tems de la récolte , une feconde déclaration de tous les *tabacs* qu'ils auront recueillis.

3°. Enfin , ils doivent en faire une troifième de ceux qu'ils auront fabriqués , ficelés & mis en rôles.

Ils ne peuvent difpofer d'aucuns de ces *tabacs*, qu'après avoir remis ces déclarations en bonne forme au bureau le plus prochain , où il doit leur en être délivré des certificats *gratis* ; ils ne peuvent pareillement fe deffaifir de ces *tabacs* que pour l'intérieur de la province , hors des trois lieues limitrophes , & fur des acquits-à-caution , en faifant leur foumiffion de rapporter les acquits déchargés , dans le délai qui fera fixé.

Si, trois mois après la récolte , ils n'ont pas

pris ces acquits , ils doivent repréfenter leurs *tabacs* , qui doivent être confrontés avec les déclarations qu'ils ont faites , & dépofés dans un magafin à deux clefs, dont l'une leur demeurera , & l'autre fera remife au receveur du bureau le plus voifin , pour être enfuite ces *tabacs* retirés & remis fur acquits-à-caution , lorfque lefdits propriétaires en auront fait la difpofition qui leur eft permife.

Toutes les formalités que l'on vient de rappeller , font prefcrites à peine de confifcation des *tabacs* & de cinq cents livres d'amende.

12°. Une ordonnance de l'intendant de la province , du 31 juillet 1734, dont le règlement de 1736, que l'on rappelle actuellement , ordonne l'exécution, avoit enjoint à tous les particuliers qui vouloient faire le commerce de *tabac*, hors des trois lieues limitrophes , de fe faire préalablement infcrire fur un régiftre qui devoit être tenu à cet effet dans chaque fubdélégation , afin que l'on pût n'admettre à faire ce commerce que des marchands ou particuliers domiciliés & connus , & fupportant toutes les charges perfonnelles dans l'intérieur de la province.

Il eft défendu , par l'arrêt de règlement dont on retrace les difpofitions , à tous autres marchands & particuliers ainfi infcrits , ou qui le feront dans la fuite , de faire venir pour leur compte , ou à titre de commiffion , des *tabacs* d'Alface , ou des pays étrangers , à peine de confifcation & de mille livres d'amende.

13°. On défigne les bureaux d'Arcey & de Voujaucourt , comme les feuls bureaux d'entrée, & la grande route de ces endroits à Befançon , comme la feule par laquelle les *tabacs* d'Alface & des pays étrangers puiffent arriver en Franche-Comté ; ils ne peuvent être adreffés qu'à un marchand de *tabac* de Befançon , & doivent être conduits directement dans cette ville , d'où ils feront diftribués dans l'intérieur de la province, en obfervant les formalités ci-après prefcrites ; toutes autres adreffes , toutes entrées ou paffages font déclarés obliques ; & la confifcation des *tabacs* , chevaux & voitures , ordonnée avec mille livres d'amende folidaire contre les propriétaires & conducteurs.

14°. Ces *tabacs* doivent être déclarés à celui des deux bureaux d'Arcey ou de Voujaucourt, par lequel ils entreront en Franche-Comté : les conducteurs font tenus d'y repréfenter des factures ou lettres-de-voiture en bonne forme , qui contiennent l'efpèce & le poids des *tabacs*, le tems & le lieu du chargement , le nom de celui qui en aura fait l'envoi, & du marchand de *tabac* infcrit & réfidant à Befançon , auquel ils feront adreffés , foit pour fon compte , ou

pour

pour les faire paffer à d'autres marchands dans l'intérieur de la province, le tout fous les mêmes peines de confifcation & d'amende.

15o. Il doit être tenu dans ces deux bureaux un regiftre, pour y infcrire les déclarations qui y feront faites ; elles feront fignées par les voituriers, s'ils favent figner, faute de quoi ils rapporteront des déclarations fignées des marchands de Befançon auxquels les tabacs feront adreffés ; elles contiendront le nombre, les numéros & les marques des caiffes, tonneaux, balles ou ballots, & les mêmes détails qui doivent être inférés dans les factures ou lettres de voiture.

16o. On fuivra ce qui aura été porté par les déclarations, fans qu'il puiffe y être fait aucun changement.

17o. Lorfque la vérité de la déclaration & des factures ou lettres de voiture, aura été reconnue & conftatée par la vifite des tabacs, il fera délivré aux voituriers un conduit-à-caution, portant foumiffion de les conduire directement au bureau de Befançon, & d'y faire décharger l'acquit dans le délai qui fera fixé, fous les peines ci-deffus exprimées.

18o. & 19o. Si les expéditions font en règle, & les tabacs arrivés & repréfentés dans le délai fixé, les commis du bureau de Befançon déchargeront les acquits, & les marchands de cette ville, auxquels les tabacs auront été adreffés, pourront, ou les garder pour les débiter, s'ils font pour leur compte, ou les faire paffer, foit à un marchand de tabac infcrit, domicilié dans l'intérieur de la province, foit même à des marchands de Gray, Dole, Lons-le-Saunier, Saint-Claude & Juffey, en faifant préalablement leur déclaration de ces envois au bureau de Befançon, accompagnée de la repréfentation des factures ou lettres de voiture, & en prenant à ce bureau des acquits à-caution, portant foumiffion de rapporter, dans le délai qui y fera marqué, un certificat du contrôleur des fermes, pour les envois aux marchands établis dans les villes de Gray, Dole, Lons-le-Saunier, Saint-Claude & Juffey, & pour ceux faits aux marchands de l'intérieur de la province, des officiers municipaux du lieu, portant que les tabacs auront été reçus & déchargés dans les mêmes efpèces, nombre, volume & poids portés par l'acquit-à-caution ; ce certificat doit auffi être figné par le marchand auquel l'envoi aura été fait, le tout à peine de mille livres d'amende, & de reftitution de la valeur des tabacs contre le marchand qui en aura fait l'envoi.

20o. On laiffe aux marchands de l'intérieur, qui, avec les formalités dont on vient de faire

le détail, ont reçu leurs tabacs par Befançon, la liberté d'en envoyer d'un lieu à un autre à des marchands pareillement de l'intérieur de la province ; à la charge de remplir au greffe de la fubdélégation du lieu de leur réfidence, les mêmes formes, & fous les mêmes peines.

21o. 22o. & 23o. Le commerce en gros de tabac dans l'intérieur de la province eft interdit à toute autre perfonne, & par toute autre voie que celles que l'on vient de rappeler, & les marchands autorifés ne peuvent en débiter en détail, & à chaque particulier, plus de deux livres à la fois, à peine de confifcation & de trois cents livres d'amende.

On excepte néanmoins les eccléfiaftiques, gentilshommes & bourgeois vivans de leurs revenus, dans l'intérieur de la province, hors les trois lieues limitrophes, on peut leur vendre les quantités de tabacs dont ils ont befoin ; mais des certificats fignés d'eux, doivent, à chaque livraifon qui leur eft faite, en exprimer la quantité & la qualité, & ils ne peuvent en prendre plus de deux livres fans cette formalité.

On permet auffi aux colporteurs, originaires de la province, ayant coutume de débiter du tabac, conjointement avec d'autres marchandifes à l'ufage des habitans, de continuer leur commerce ; mais ils ne peuvent avoir plus de vingt livres de tabac à la fois ; ils font tenus de l'acheter d'un marchand infcrit, demeurant dans l'une des villes de l'intérieur de la province, qui ne peut leur vendre cette quantité que fur un billet, par écrit, du fubdélégué du lieu, qu'ils doivent être en état de repréfenter toutes les fois qu'ils en font requis, ainfi qu'un certificat du fubdélégué, contenant qu'ils font colporteurs, originaires & domiciliés dans tel endroit de l'intérieur de la province ; & ils doivent d'ailleurs, avec le tabac, avoir l'affortiment ordinaire de menues marchandifes à l'ufage des habitans, le tout à peine d'être arrêtés comme fraudeurs de tabac, avec confifcation & mille livres d'amende.

Tous les tabacs qui fe voitureront dans l'intérieur de la province, au-delà du poids de deux livres, fans les formalités que l'on a rappelées, ainfi que tous ceux fortant de la province pour la Lorraine, la Suiffe, ou autres pays étrangers, feront réputés tabacs de fraude ; & les voituriers-conducteurs, ou colporteurs, condamnés aux peines ci-deffus.

24o. & 25o. Indépendamment des formalités auxquelles on a expofé que les marchands de l'intérieur de la province étoient affujettis, ils font encore tenus d'avoir un regiftre coté & paraphé par le fubdélégué du lieu de leur réfidence ; ils porteront fur un côté de ce regiftre, les quantités & qualités de *tabacs* qu'ils auront reçues, le lieu d'où ils les auront tirés, & le tems, celui des deux bureaux défignés, par lequel ils feront entrés dans la province ; les lieux où auront été recueillis ceux du crû, de qui ils en auront fait l'achat, toutes les ventes en gros & envois de *tabacs*, avec mention des époques, & de toutes les pièces qui ont dû les accompagner.

Ils porteront de l'autre côté du registre les ventes en détail, jour par jour, article par article, depuis le plus petit poids jufqu'à deux livres inclufivement, de manière que leurs livres & leurs magafins foient toujours d'accord, foit pour les *tabacs* qu'ils auront reçus pour leur compte, & par commiffion, foit pour ceux qu'ils auront envoyés & débités en gros ou en détail.

Ils font obligés de repréfenter leurs regiftres, & d'ouvrir leurs magafins à toutes les requifitions des controleurs & autres employés des fermes, à peine de cinq cents livres d'amende, en cas de refus ou de fraude, réfultante de la différence vérifiée entre le regiftre & le magafin, ou autrement ; il leur eft défendu d'avoir aucun magafin de *tabac* ailleurs que dans leurs boutique & maison de réfidence. L'intendant peut cependant, en connoiffance de caufe, accorder à des marchands de Befançon, eu égard aux commiffions, dont ils font dans le cas d'être chargés pour ceux de l'intérieur de la province, des permiffions par écrit, de tenir des magafins ailleurs ; & ces marchands doivent, toutes les fois qu'ils en font requis, repréfenter ces permiffions : ces différentes obligations doivent être remplies de la part des marchands, à peine de confifcation des *tabacs* & de mille livres d'amende.

260. Les controleurs & autres employés des fermes font autorifés à faire dans les villes & autres lieux de l'intérieur de la province, toutes les vifites & perquifitions néceffaires pour l'exécution des difpofitions dont on a rendu compte, & à dreffer leurs procès-verbaux des contraventions, fur lefquels il fera ftatué par l'intendant, en vertu de l'attribution qui lui en a été donnée.

Les obftacles que le règlement de 1736 apportoit au commerce des fraudeurs & des contrebandiers, les avoient déterminés à fe jetter du côté de la Lorraine, où l'établiffement des trois lieues limitrophes dépendantes de la province de Franche-Comté n'avoit pas été fait, ce qui leur donnoit la facilité de verfer leurs *tabacs* en Champagne & dans les autres provinces de la ferme : il y fut pourvu par un arrêt du confeil du 21 juillet 1739, qui défendit les plantations, entrepôts & magafins de *tabac* dans les villes, bourgs, villages & communautés qui y font dénommées,

comme étant fitués dans les trois lieues limitrophes des duchés de Lorraine & de Bar.

Cet arrêt ordonne l'établiffement d'un marchand de *tabac* dans le bourgs de Vauvillers, & d'un pareillement dans chacune des villes de Luxeuil & de Faucogney, & prefcrit à leur égard les mêmes règles & les mêmes formalités qui, aux termes de l'arrêt de 1736, avoient lieu pour les marchands de Gray, Dole, Lons-le-Saunier, Saint-Claude & Juffey.

Comme les contrebandiers venoient jufques dans les villages d'Amence, Baulay, Menoux, Senoncourt, & autres, quoiqu'éloignés de plus de trois lieues des frontières de la ferme, & de celles des duchés de Lorraine & de Bar, & que les habitans de ces villages n'ufoient communément que du *tabac* à fumer ; que d'ailleurs ils avoient la facilité de fe procurer, s'ils le jugeoient à propos, du *tabac* à raper dans les entrepôts de Juffey, Vauvillers, Luxeuil & Faucogney, l'arrêt de 1739, interdit & défend à tous marchands infcrits, & autres, dans les lieux qui viennent d'être rappellés, tout commerce de *tabac* en carotte, ficelé, & autres, que du *tabac* à fumer ; à peine de confifcation & de mille livres d'amende, & autorife l'intendant à prononcer fucceffivement, & fuivant l'exigence des cas, la même interdiction pour les autres villages fufpects.

Toutes ces précautions & ces formalités auxquelles les habitans du Comté de Bourgogne ont été affujettis dans leur commerce de *tabac*, & l'attention avec laquelle l'exécution en a été fuivie, ont diminué confidérablement le préjudice que cette province occafionnoit au privilège exclufif. On a en même-tems établi une police plus exacte fur l'objet des plantations, & la quantité de *tabac* pour laquelle elles ont continué d'être permifes, a été fixée de manière à prévenir les abus que l'on faifoit de cette production.

Ces différentes circonftances ont fucceffivement procuré au fermier du roi la faculté de faire vendre pour fon compte, dans la Franche-Comté, des *tabacs* de la ferme, non au titre de fermier, mais comme marchand autorifé.

On doit auffi obferver, à l'égard du Hainault, qui fe trouve rappellé dans l'article premier de la déclaration du premier août 1721, au nombre des provinces privilégiées, qu'il a exifté toujours dans cette province un droit domanial de fept patards, impofé au profit du fouverain, fur chaque livre de *tabac* à l'ufage du nez, qui s'y conformoit, à l'exception de la ville de Valenciennes, qui a toujours joui, à titre d'octroi patrimonial, d'un droit de douze patards par livre de *tabac* qui se consomme dans cette ville : le droit domanial de sept patards, dans le surplus de cette province, a été converti, par arrêt du conseil, du premier mai 1725, en privilège exclusif de la vente du *tabac* en corde & à fumer, aux prix qui seroient réglés par les intendans, & a toujours fait depuis partie des fermes générales ; & les fermiers généraux, jusqu'en 1738, ont été dans l'usage de sous-fermer ce privilège ; mais en conséquence d'un arrêt du conseil, du 28 décembre 1738, & depuis cette époque, l'adjudicataire des fermes l'a toujours exploité & régi, ainsi que l'octroi particulier de la ville de Valenciennes, afin de diminuer d'une manière plus assurée les versemens qui se faisoient du Hainault sur la Picardie.

Au surplus, ce qui concernoit les trois lieues limitrophes du pays de la ferme dans l'Artois, le Hainault & le Cambresis, fut réglé par les déclarations des 9 avril 1743 & 13 mai 1746, & plus particulièrement encore, par rapport au Cambresis, par une déclaration du 8 septembre de la même année 1746 ; ces déclarations déterminent, dans l'étendue de ces trois lieues, les fonctions des commis des fermes, fixent les quantités de *tabac* qu'elles permettent à chaque chef de famille d'avoir dans son domicile pour sa provision, prescrivent les formalités qui doivent être observées dans les ventes, achats & transports, établissent les peines pour les contraventions, & ajoutent aux règlemens déjà intervenus, toutes les nouvelles précautions dont l'expérience des fraudes pratiquées depuis ces règlemens, avoit fait sentir la nécessité.

Les dispositions que renferment ces déclarations, ont été rappellées avec les détails qu'elles ont paru exiger, dans l'article du Mémoire sur les gabelles, qui traite des provinces qui en sont exemptes ; & comme presque toutes ces dispositions appliquent également au *tabac* comme au sel la police qu'elles établissent ; ce qui a été exposé à cet égard paroit suffisant pour remplir l'objet qu'on s'est proposé en formant le Mémoire dont il s'agit.

On observera que, quoique la ville de Bayonne & le pays de Labour ne soient point dénommés dans l'article premier de la déclaration du premier août 1721, dans le nombre des pays exempts du privilège exclusif, & que l'article XXXVIII de cette déclaration ordonne que la vente du *tabac* seroit établie dans les isles de Bouin & de Noirmoutier, le privilège exclusif n'a point eu lieu jusqu'à présent dans ces quatre endroits.

Lorsqu'à l'époque de 1730, on a parlé de la réunion faite aux fermes générales, de l'exercice & exploitation du privilège exclusif du commerce & de la vente du *tabac*, on a observé que l'aliénation qui avoit été faite à la compagnie des Indes de ce privilège, en 1723, avoit subsisté jusqu'à l'édit du mois de juin 1747, par lequel il fut réuni aux autres fermes de sa majesté.

Le roi reconnoît dans le préambule de cet édit, que l'augmentation de produit que cette ferme avoit reçue, lorsqu'elle étoit exploitée par la compagnie des Indes, étoit l'effet de la bonne régie de cette compagnie, ainsi que des dépenses considérables qu'elle avoit faites pour la mettre en valeur, & dont elle auroit pu employer les fonds à son commerce. Il est dit que le roi a fait examiner en son conseil les représentations faites par les syndics & directeurs, soit par rapport aux dépenses qu'a occasionnées à la compagnie la traite des nègres qu'elle a conduits dans les colonies de l'Amérique, soit relativement aux pertes qu'elle avoit souffertes depuis la guerre, & aux dépenses excessives qu'elle avoit été obligée de faire pour la sûreté & l'approvisionnement de ses établissemens dans l'Inde, pendant que son commerce diminuoit considérablement ; comme aussi les demandes qu'elle avoit formées pour raison du privilège exclusif du commerce de Saint-Domingue, dont elle avoit été privée, & pour la non-jouissance du droit de cinquante livres par tonneau d'exportation, & de soixante-quinze livres par tonneau d'importation des marchandises de son commerce, dont le paiement avoit été suspendu depuis 1731.

Sa majesté voulant, en même-tems qu'elle augmente ses revenus, rendre à la compagnie des Indes la justice qui lui étoit due, tant sur la plus-value de la ferme des *tabacs*, que sur ses autres demandes & représentations ; désirant en même tems donner à la compagnie de nouvelles marques de protection, lui fixer un état stable, & procurer la sûreté des actionnaires ; elle liquide les indemnités, demandes & prétentions des syndics & directeurs, à la somme de quatre-vingt millions, qui, joints aux quatre-vingt-dix millions, prix du contrat d'aliénation à titre d'engagement du privilège exclusif du *tabac*, & aux dix millions faisant le surplus de l'ancien fonds de la compagnie, fait en 1717, forment un total de cent quatre-vingt millions, pour lesquels le roi annonce, dans le préambule de l'édit, son intention de créer & aliéner, en rentrant dans la propriété de la ferme du *tabac*, neuf millions de rentes au profit de la compagnie, affectés par privilège & préférence sur cette ferme.

L'édit renferme sept articles.

Par le premier, le roi réunit à son domaine la vente exclusive du *tabac*.

Par le second, pour les causes énoncées dans le préambule, sa majesté aliène au profit de la compagnie neuf millions de rentes annuelles & perpétuelles, franches & quittes de toute retenue, diminution & réduction, & affecte spécialement au paiement de cette rente, le produit de la ferme du *tabac*.

Il doit, suivant l'article III, être expédié à la compagnie des Indes, & au nom de son caissier général, des quittances de finances jusqu'à concurrence du capital de cent quatre-vingt millions, sur lesquels les neuf millions de rentes seront vendus & aliénés à la compagnie, par les commissaires du conseil.

Aux termes de l'article IV, la compagnie des Indes doit commencer à jouir, du premier juillet 1747, des neuf millions de rentes comme de sa propre chose, vrai & loyal acquêt, & être payée des arrérages, de mois en mois, à raison de sept cents cinquante mille livres par mois, sur les quittances du caissier général de la compagnie, visées par un syndic & directeur, sur lesquelles il en sera tenu compte à l'adjudicataire des fermes générales.

L'article V autorise les syndics & directeurs à emprunter les sommes nécessaires pour le commerce de la compagnie, par contrats de constitution, actions rentières, ou rentes viagères, suivant qu'il sera réglé par les délibérations prises à cet effet, & autorisées par le conseil, & à affecter, jusqu'à concurrence des emprunts, la rente de neuf millions, sauf les hypothèques pour les engagemens antérieurement contractés.

L'article VII maintient & confirme la compagnie dans tous ses privilèges, droits & exemptions, & notamment dans la jouissance du droit de cinquante livres par tonneau d'exportation, & de soixante-quinze livres par tonneau d'importation des marchandises de son commerce, & ce, à compter du premier janvier 1747.

Il fut ordonné, par arrêt du conseil du 3 décembre suivant, que la compagnie des Indes seroit employée dans l'état des charges & assignations sur les fermes générales, pour les neuf millions de rente, pour en être payée de mois en mois, & par avance, à raison de sept cents cinquante mille livres par mois.

Le contrat de constitution des neuf millions, fut passé par les commissaires du conseil, commis par lettres-patentes des 17 octobre & 14 décembre 1747.

Il avoit été rendu, le 4 mai précédent, une déclaration dont le préambule rappellant la faculté dont jouissoient quelques provinces, de faire usage des *tabacs* qui se cultivoient dans l'intérieur de chacune de ces provinces, pour leur propre consommation, & pour l'exportation à l'étranger, expose en même-tems les abus que les habitans desdites provinces faisoient de cette facilité, par des versemens continuels dans l'étendue de la ferme où le privilège exclusif de la vente avoit lieu, non-seulement des tabacs de leur crû, mais encore de ceux qu'ils tiroient de l'étranger, pour en améliorer la qualité & en favoriser le débit; c'est dans la vue de remédier à des abus si préjudiciables à la ferme de la vente exclusive, que cette déclaration établit à l'entrée du royaume, dans toutes les provinces indistinctement, un droit de trente sous par chaque livre de seize onces, sur tous les *tabacs* étrangers qui y entreront, pour toute autre destination que pour celle de la ferme générale.

Ce droit doit être également perçu sur les *tabacs* du crû des provinces où cette culture a continué d'avoir lieu, lorsque ces *tabacs*, après avoir passé par l'étranger, rentreront par quelque province que ce soit du royaume.

La déclaration prononce la confiscation au profit du fermier, des *tabacs* introduits en fraude du droit qu'elle établit, & ordonne que les propriétaires ou introducteurs seront poursuivis & punis suivant la rigueur des ordonnances, édits & déclarations rendus sur le fait de l'introduction & débit des faux *tabacs* dans l'étendue de la ferme.

Elle permet en même-tems à celles des provinces dans lesquelles le roi a bien voulu tolérer la plantation & la culture du *tabac*, de les continuer pour l'usage & la consommation des habitans seulement, & pour en faire commerce avec l'étranger.

Cette déclaration fut enregistrée au parlement de Paris, le 8 du même mois de mai 1747.

Le produit de la ferme du *tabac* n'avoit point été assujetti aux quatre sous pour livre, qui avoient été imposés en sus de la plûpart des autres droits des fermes : cette circonstance parut, en 1758, fournir un moyen de se procurer un secours, qui seroit d'autant moins onéreux aux peuples, qu'il ne porteroit que sur une branche des revenus du roi, qui résultoit d'une consommation volontaire & superflue; on saisit en même-tems cette occasion de rendre les prix des *tabacs* égaux & uniformes dans toutes les provinces où la vente exclusive avoit lieu; ce fut l'objet de la déclaration du 24 août 1758, par laquelle il fut ordonné, que pendant dix années, à commencer du premier octobre suivant, indépendamment & en sus des prix auxquels les différentes espèces de *tabacs* devoient être vendues, il seroit payé au profit de sa majesté, quatre sous pour livre, ou le cinquième en sus, du prix principal, & que les *tabacs* de toutes espèces , en corde & filés , feroient également vendus au poids de marc , dans toutes les provinces du royaume , même dans celles où on fe fervoit du poids de table ou autres poids locaux , dérogeant à cet égard à la déclaration du premier août 1721. On excepta de l'augmentation des quatre fous pour livre , les tabacs de cantine , que l'adjudicataire des fermes générales doit fournir aux troupes , & dont il fut dit , que le prix continueroit de lui être payé fur le même pied qu'il l'avoit été jufqu'alors.

Les quatre fous pour livre , impofés par la déclaration que l'on vient de rappeller , ont été continués pour dix années , par celle du 17 mars 1767.

Les faits qui ont été rappellés dans le cours de ce mémoire , mettent à portée de reconnoître que des différentes branches qui compofent les revenus du roi , aucune n'a fait des progrès auffi rapides & auffi confidérables que celle du tabac : elle eft entrée dans le prix du bail des fermes générales , paffé à Julien Alaterre , par réfultat du confeil , du 19 mai 1767 , & qui a commencé au premier octobre 1768 , en y comprenant les quatre fous pour livre établis par la déclaration du 24 août 1738 , pour vingt deux millions cinq cents quarante-un mille deux cents foixante-dix-huit livres : c'eft de la part des peuples une contribution purement volontaire ; fi elle eft devenue en quelque forte un befoin , ils font eux-mêmes les auteurs de cette néceffité nouvelle. Le roi peut-il trouver , pour fubvenir aux dépenfes de fon Etat , une reffource qui foit moins onéreufe à fes fujets ? & ne doit-on pas défirer de voir cette partie de fon domaine acquérir toute la progreffion dont elle peut être fufceptible , pour mettre fa majefté à portée de diminuer les impôts fur les objets de confommation , qui forment les befoins réels & indifpenfables ?

Ce vœu de l'auteur du mémoire qu'on vient de lire , fur les avantages que procureroit l'augmentation des ventes du tabac , formé en 1768 , annonçoit que dès lors on recherchoit les moyens d'opérer cette augmentation , & en effet , on crut les avoir trouvés en établiffant d'abord à la manufacture de Paris des moulins pour réduire en poudre le tabac , & un bureau exprès pour le vendre dans ce nouvel état , & en approvifionner les débitans.

Ce qui eft fingulier , c'eft que cette méthode avoit été pratiquée par les premiers fermiers du privilège excluff de la vente du tabac , & enfuite abandonnée , & même profcrite par différens réglemens comme favorable aux mèlanges de matières étrangères dans le tabac , & à toute forte de manœuvres abufives.

En 1674 , lorfque la vente du tabac avoit été affermée à le Breton & Boutet , ces fermiers tiroient leurs tabacs tout préparés de l'étranger & les revendoient aux droguiftes & parfumeurs & autres détailleurs ; qui les débitoient au public. Mais en 1681 , cette ferme ayant été réunie au bail général de Fauconnet , l'ordonnance du mois de juillet de la même année , fixa comme on l'a vû , des règles & pofa des principes pour la régie de cette ferme & pour la vente du tabac. Cet adjudicataire ayant tenté l'avantage de faire fabriquer lui-même des tabacs , il établit des atteliers pour le raper , & il le vendoit ainfi en poudre , quatre livre dix fols la livre aux débitans , qui le revendoient au public aux différens prix fixés par l'ordonnance. La confommation des débitans étoit fixée , & ils étoient obligés de rapporter à la fin de l'année tout le tabac qui n'étoit pas confommé , & dont on leur rembourfoit la valeur. Dans plufieurs villes le privilège de vendre du tabac en poudre étoit fous-fermé à des particuliers ou au corps des droguiftes , qui le faifoient débiter par des détailleurs. Ce plan fut fuivi par les adjudicataires des fermes générales & par les fermiers particuliers du tabac , lorfque cette partie eut été défunie du bail général.

Dans la fuite , lorfque la ferme du tabac paffa entre les mains de la compagnie des indes par contrat d'aliénation du 22 mars 1723 , fon produit net fut évalué à deux millions cinq mille livres.

On a vu qu'en 1730 , la ferme générale fut remife en poffeffion de la régie du tabac , moyennant fept millions cinq cents mille livres. Les ventes de cette denrée ne paffoient pas quatre millions de livres pefant : le tabac en poudre étoit livré aux débitans , qui le revendoient en détail ; auffi en remit-elle alors à Carlier , adjudicataire des fermes , plus d'un million de livres pulvérifé.

Mais les intéreffés au bail de Carlier ayant fenti qu'il étoit impoffible d'empêcher les abus & les fubftitutions de tabacs ou matières étrangères , tant que les tabacs feroient remis en poudre aux débitans , demandèrent à n'en plus délivrer qu'en bouts ficelés , en laiffant à ceux-ci & à tous confommateurs , le foin de le raper felon leurs befoins ; l'arrêt du confeil du 28 novembre 1730 les autorifa en conféquence , & il fut défendu aux débitans d'avoir chez eux du tabac rapé au-delà de ce qui étoit néceffaire pour leur confommation perfonnelle d'un jour. Ce parti eut le fuccès le plus heureux. Les ventes furent doublées la première année de ce bail. Elles s'élevèrent enfuite à neuf millions de livres , & fucceffivement à dix , onze , douze & treize millions , dans les baux fuivans de la Rue & Bocquillon.

Dans ce dernier bail , foit inconfidération , foit négligence , on laiffa dénaturer l'ufage rigoureux auquel les débitans de *tabac* étoient foumis, & on leur permit de raper eux-mêmes du *tabac* pour le diftribuer au public. Cette permiffion fut confirmée par les lettres-patentes du 28 mai 1743. Il eft vrai que fuivant les commiffions délivrées alors aux débitans de *tabac*, le fermier ne perdoit pas de vue fon intérêt, ni la fûreté de fa régie.

« Permettons, eft-il dit, s'il eft établi en boutique, & que quelques particuliers lui propofent de leur livrer le *tabac* rapé pour leur confommation journalière, d'y fatisfaire, & de leur donner le *tabac* rapé provenant de bouts ficelés & non d'autres, once par once, en convenant avec eux de gré à gré, du paiement du rapeur, fous la condition que le *tabac* fera rapé dans fa boutique ».

Ce nouveau régime contenu dans ces bornes, ne mit aucun obftacle à la profpérité des ventes; chaque année ajoutoit un fuccès dans une proportion de fept cents cinquante mille livres pefant. Cette progreffion fut fans doute un peu contrariée par l'impofition des quatre fols pour livre établis par la déclaration du 24 août 1758. Malgré les effets défavantageux de ce nouvel impôt qui augmentoit la difproportion déja exiftante, entre le prix du *tabac* de contrebande & le prix du *tabac* de la ferme, on penfe que fi l'on n'eut pas dans ce tems-là, laiffé aux débitans, qui furent très-multipliés, la facilité de fubftituer à la rape, des moulins pour pulvérifer le *tabac*; celle d'avoir des approvifionnemens confidérables, & la liberté de tenir de plufieurs fortes de *tabacs*, en poudre, fous prétexte de fatisfaire aux fantaifies des confommateurs, & d'en vendre tout autrement qu'once par once, cette ferme n'eût pas éprouvé dans fes produits, la décadence qui furvint alors, & à laquelle on a voulu parer enfuite en s'attribuant les bénéfices de la pulvérifation. La queftion fe réduit donc a examiner fi réellement, il eft plus utile au fermier, de livrer directement au public du *tabac* réduit en poudre, que de laiffer aux débitans le méchanifme & les profits de cette opération.

Leur étendue avoit été calculée dès 1763, par un particulier qui avoit propofé de donner annuellement cent mille livres au roi, fi on vouloit lui donner le privilège exclufif de pulvérifer du *tabac* à raifon de dix fols par livre; mais le confeil, d'après les repréfentations des fermiers généraux, décida le 20 juillet 1764 que ce projet étoit inadmiffible.

En 1768, le même projet fut de nouveau préfenté par une compagnie, qui faifoit des offres plus avantageufes encore; mais elles furent également rejettées.

Il eft probable que ce fut la communication de ces projets qui éveilla l'attention de la ferme générale, ou du moins de quelques-uns de fes membres, fur les heureux réfultats que pouvoit donner le fyftême propofé, en en réuniffant l'exécution, à l'exercice du privilège exclufif de la vente du *tabac*, puifque c'eft en 1768 que l'entrepofeur établi cette année à Paris, fut autorifé à vendre du *tabac* en poudre. On ne fut point arrêté par la confidération de ce qui s'étoit paffé depuis 1674 jufques à la fin de 1730, intervalle dans lequel la vente du *tabac* avoit été foible & languiffante, parce que le fermier délivrant du *tabac* rapé, la circulation de cette denrée, fous cette forme, favorifoit l'introduction clandeftine & frauduleufe, & laiffoit moins de moyens pour les conftater & les réprimer.

Cependant cette innovation d'abord établie dans la capitale, d'où l'on fe propofoit de l'étendre par-tout le royaume, ne réunit pas les fuffrages de tous les intéreffés. Le nouveau régime trouva des partifans en plus grand nombre que celui des détracteurs; c'eft ici le cas, non pas de compter, mais de pefer les raifons principales que l'on donnoit de part & d'autre pour foutenir fon opinion.

Les premiers expofoient, 1°., que le fermier ayant feul le droit de manufacturer & vendre du *tabac*, c'étoit le départir d'une portion de cet avantage, que d'abandonner au débitant une préparation, dont l'effet étoit de diminuer les bénéfices du fermier & d'augmenter fes rifques.

2°. Que le débitant reftant maître de la pulvérifation, il y trouvoit la facilité de dénaturer en peu d'inftant les *tabacs*, foit par l'humectation, foit par l'introduction des matières hétérogènes, & affurer à des *tabacs* de contrebande l'ufage peut-être pernicieux, le nom, le titre & le prix du *tabac* de privilège.

3°. Que le *tabac* ne pouvant être confommé qu'en poudre, il étoit inconféquent au fermier de ne pas le livrer dans l'état le plus près de la confommation.

4°. Que quoique l'avantage de marquer fes *tabacs* d'un caractère diftinctif toujours propre à les faire reconnoître, fût très-précieux au fermier, cependant il en perdoit le fruit, puifque cette marque difparoiffoit dès l'inftant que le *tabac* paffoit dans les mains du particulier, dont la préparation l'anéantiffoit abfolument, enforte que le caractère fe trouvoit toujours où il ne devoit pas être, & n'étoit jamais où il étoit utile.

5°. Que la ferme perdoit un produit immenfe, qui après avoir fait le fuccès d'un bail, augmenteroit de plufieurs millions les revenus de l'Etat, puifque les débitans faifoient un bénéfice de dix-huit fols par livre, fans compter celui de la mouillade que l'on peut encore évaluer à dix pour cent ; que cette somme répartie sur dix millions de liv. qu'ils vendoient, opéreroit sûrement un gain net de cinq millions, supposant que celui de l'humectation serviroit à la remise qu'on accorderoit à ces débitans, & que les huit sols par livre compenseroient les frais d'attelier & de pulvérisation.

6°. Que le méchanisme de la pulvérisation du *tabac* une fois confié aux manufactures, il en résulteroit une perfection de qualités & de procédés, & une économie d'un million dans la fabrication, en ce qu'on pourroit faire passer au moulin les côtes qui, dans l'état actuel, ne sont utiles qu'aux employés supérieurs des manufactures.

Les diffidens objectoient : la liberté accordée au débitant de pulvériser du *tabac* n'altère nullement le privilège exclusif du fermier, puisque lui seul établit le débitant. La faculté de vendre qu'il lui transmet, affoiblit l'effet toujours dangereux d'un privilège exclusif, en procurant à une foule de personnes des moyens de subsistance qui contribuent au bien général & à l'avantage du fermier, en multipliant les consommations.

2°. Ce n'est pas cette liberté de vendre du *tabac* rapé qui donne la faculté de dénaturer dans un instant une quantité considérable de *tabac*, mais les moulins qu'on a permis d'employer ; en restreignant cette liberté dans les bornes mises en 1730, les choses rentreront dans l'ordre, & tous les dangers cesseront.

3°. Lorsque la compagnie des Indes a obtenu le privilège exclusif de vendre du café, elle n'a pas prétendu devoir ne le livrer que brûlé & moulu ; de même que la ferme des gabelles ne peut prétendre distribuer dans ses greniers, le sel à la livre, ou égrugé, parce qu'on le consomme en grande partie réduit en cet état ; le débitant pour satisfaire aux différens goûts des consommateurs, est obligé d'avoir du *tabac* sec, du *tabac* plus ou moins humecté, chose impossible au fermier, puisqu'il ne peut pas livrer ces différentes sortes de *tabac* aux débitans, ce qui a l'inconvénient de priver le particulier d'une qualité de *tabac* qui flatte davantage. D'ailleurs la proscription de la rape chez les débitans par la ferme elle même, qui a encouragé l'établissement des moulins, a concouru à multiplier les abus ; car la rape laissant subsister jusqu'au dernier morceau d'un bout de *tabac*, la marque & les caractères de sa fabrication, faisoit craindre une surprise au débitant & au rapeur, les exposoit à être découverts dans leur contravention, s'ils usoient de *tabac* de contrebande, au lieu que le moulin anéantissant en un instant tout ce qu'on

lui donne à pulvériser, laisse la liberté d'y jetter de la cendre, du bois pourri, du poivre & plusieurs autres ingrédiens qui s'identifient tellement avec le *tabac*, qu'on ne peut plus les distinguer, & ôte tous les moyens de reconnoître la malversation.

Indépendamment du mal qu'a produit à cet égard la substitution des moulins à la rape, ils ont encore l'inconvénient d'altérer la qualité des *tabacs* ; car les meilleurs, qui sont onctueux, tenaces & gommeux, pour subir la trituration, doivent être sechés au soleil ou au four : ainsi les moulins les dépouillent de leur onctuosité, ils en accélèrent la fermentation par un frottement plus rapide, & développent les parties les plus fines qui s'évaporent & sont perdues pour la qualité.

4°. Le fermier en vendant du *tabac* en poudre, borne tous ses avantages à se mettre en concurrence avec le débitant, le rapeur & le contrebandier, que l'intérêt associe naturellement ; mais par cette concurrence il renonce au privilège exclusif de manufacturer ; il s'interdit les moyens de reconnoître les produits de sa fabrique ; il légitime la circulation du *tabac* de contrebande qui se trouve confondu avec le sien, & il rapproche ainsi plus sûrement, le débitant du contrebandier, en ôtant aux tribunaux tous moyens de punir leurs manœuvres.

5°. S'il est vrai que les débitans de *tabac* en vendent dix millions de livres actuellement qu'ils sont chargés de sa préparation, & qu'ils étendent leurs ventes par les crédits, par leurs soins à varier cette préparation & à satisfaire à tous les moyens que l'amour du gain, est-il bien sûr qu'ils en vendront la même quantité lorsque le *tabac* leur sera remis en état d'être consommé ? Leurs bénéfices étant diminués de plus de moitié, & ne pouvant à leurs besoins comme auparavant, n'y a-t-il pas à craindre qu'ils ne se livrent à d'autres travaux, & que celui qui étoit leur principale occupation, ne devienne plus qu'un accessoire indifférent. De plus, ce débitant qui se conformoit à la diversité des goûts ; à l'illusion des fantaisies, en fournissant du *tabac* de tout grain, c'est-à-dire, du gros & du fin, du sec ou plus ou moins humecté ; n'en ayant qu'une sorte, sa consommation sera moindre & diminuera encore ses profits. C'est donc un calcul très-hasardé, que celui qui présente cinq millions d'augmentation sur le *tabac* vendu par les débitans.

Mais supposons ce bénéfice réel, & examinons-en la base. Suivant les relevés faits à la manufacture de Cette en Languedoc, un quintal pesant de *tabac* vendu en bouts par les bureaux généraux,

aux entreposeurs, ne produit que trois cents trois livres six sous six den., ci   303 liv. 6 s. 6 d.

Un quintal de *tabac* en poudre, pris dans les mêmes bureaux, par les mêmes commis, rend trois cents soixante-trois livres trois sous trois deniers, ci............   363   3   3.

Bénéfice net, par livre, onze sous onze deniers, ou par quintal, cinquante-neuf livres seize sous trois deniers, ci......   59   16   3.

Une consommation de dix millions de livre de *tabac* en poudre, donneroit donc un profit de cinq millions neuf cents cinquante-huit mille trois cents trente-trois livres six sous quatre deniers, ci   5,958,333   6   4.

D'où vient-il ce profit? De la mouillade ou de l'humectation, qui, dans cette même manufacture, est de quinze livres une once un gros, par cent; enforte qu'avec les dix millions de livres de *tabac*, il faut vendre plus d'un million cinq cents mille livres d'eau, au prix de trois livres douze sous la livre, comme le *tabac*. En réduisant cette humectation à dix pour cent, un million de livres d'eau à trois livres douze sous, donnera toujours un produit de trois millions six cents mille livres...... 3,600,000 livres.

Et si ce bénéfice est, par les loix qui défendent toute addition & mélange de matières étrangères au *tabac*, jugé illégitime entre les mains des débitans, à qui pourtant les consommateurs semblent l'accorder, comme le prix du choix qu'ils trouvent chez eux, peut-il raisonnablement être légitimé, par l'adoption qu'en fera une compagnie qui a la confiance du gouvernement, & qui, d'ailleurs, n'offrira au public qu'une seule forte de *tabac*, d'un grain & d'une humectation toujours uniformes.

Après avoir ainsi opposé des raisonnemens à des raisonnemens, on discutoit les faits.

Les approbateurs de la vente du *tabac* en poudre, en citoient les succès dans le Haynault & la Lorraine, en Bretagne, dans la Guyenne & la Provence.

Leurs antagonistes, à la tête desquels étoit un des hommes de la finance, le plus instruit, le plus laborieux, & le plus versé dans l'art d'écrire, examinant les faits cités, en comparoient les résultats avec ceux des tems antérieurs & les espérances progressives qu'ils promettoient; ils prouvoient que dans le Haynault, les produits du *tabac* rapé n'avoient point dédommagé des dépenses causées par son établissement & des sacrifices faits sur les prix de sa vente, pendant la guerre d'Amérique, tems d'un renchérissement considérables sur les matieres; qu'en Lorraine où l'on vendoit communément six cents milliers de livres de *tabac* en bout, on n'en avoit vendu, depuis l'établissement du *tabac* rapé, & dans la plus forte année, que trois cents soixante mille livres; qu'à la vérité, l'augmentation de prix du *tabac* depuis 1771 présentoit une augmentation de recette, mais que la vente en nature, diminuant en raison de l'accroissement de la contrebande qui paroissoit avoir fourni chaque année trois cent milliers de *tabac*, non seulement la progression qu'on devoit espérer dans la consommation, étoit perdue; mais qu'il y avoit lieu de craindre que la contrebande ne s'étendît par sa facilité, & n'envahit presque tout l'approvisionnement de la province; qu'enfin en gagnant par la *tabac* rapé trois cents mille livres en argent, l'Etat avoit perdu un million en consommation.

En Bretagne, les effets du *tabac* ont été les mêmes. L'année qui a précédé l'établissement du *tabac* rapé, c'est-à-dire, en 1772, les ventes étoient d'un million huit cents quarante-un mille trois cents trente livres; elles n'ont été en 1780, qu'à un million six cents trente-trois mille quatre cents vingt-neuf livres, enforte qu'elles ont éprouvé une diminution de deux cents sept mille neuf cents une livres, quoique l'innovation ait occasionné une augmentation de dépenses en frais de brigades, de plus de cent vingt mille livres par année. Cependant cette province a reçu cent mille ouvriers ou soldats, pendant la guerre terminée en 1783.

La Guyenne & la Provence n'offrent pas des effets plus avantageux; par-tout c'est augmentation de recette, mais diminution dans la masse des ventes, malgré la faveur des circonstances.

Au sixième chef d'allégation, en faveur de l'établissement du *tabac* rapé, relatif à l'économie d'un million dans la fabrication, on répondoit, par des détails, dont la conclusion étoit, que la pulvérisation dans les manufactures ne procureroit aucune économie, attendu que la préparation antérieure des *tabacs* étoit la même, sauf le ficelage, & que si l'on y introduisoit les côtes

de

de la feuille, la qualité des *tabacs* en feroit altérée ; que généralement les chofes de détail réuffiffoient rarement à une grande adminiftration , parce qu'elles exigeoient une furveillance & des foins minutieux qu'un particulier ne fe donne jamais pour l'intérêt général ; qu'enfin les approvifionnemens en *tabacs*, en poudre, devant être de dix millions de livres, pour fuffire à la confommation, les déchets à la garde feroient confidérables, fans compter les difficultés des envois, les accidens produits par la fermentation , les facilités pour les vols, pour les fubftitutions , pour les mélanges , fans pouvoir acquérir ni certitude, ni probabilité légale de ces malverfations.

Une partie de ce qui avoit été prévu fut juftifié par les évènemens. Des *tabacs* envoyés en poudre, en Bretagne, en Dauphiné & en Provence, prirent dans ce tranfport un mauvais goût, caufé par la fermentation , & excitèrent des plaintes générales. Les parlemens en firent examiner l'objet, &, fur le rapport des experts, il y eut des *tabacs* brûlés pour des fommes confidérables. Ces accidens nuifirent beaucoup à l'extenfion du nouveau régime ; mais ils dictèrent au miniftère le parti le plus convenable à l'intérêt de l'Etat, & aux circonftances. Ce fut, au renouvellement du bail, qui doit commencer en 1787, d'impofer la condition aux fermiers de fatisfaire le goût du public, c'eft-à-dire de lui délivrer du *tabac*, ou en poudre, ou en carottes, comme il le demanderoit.

A la fuite du précis que l'on vient de lire fe place ici naturellement le chapitre qui traite du *tabac*, dans l'excellent Ouvrage, publié en 1784, fur l'adminiftration des finances.

» Tout le royaume eft affujetti à l'impôt du *tabac*, excepté la Flandre, l'Artois, le Hainault, le Cambrefis, la Franche Comté, l'Alface, le pays de Gex, la ville & le territoire de Bayonne, & quelques lieux particuliers dans la généralité de Metz.

Les ventes de la ferme s'élèvent actuellement à plus de quinze millions de livres pefant, & elle compte environ quarante mille débitans , prépofés tant dans les villes que les campagnes. Le douzième de cette quantité de *tabac*, ou à peu près, fe débite en *tabac* à fumer ; & comme le nombre des habitans, dans les généralités où le privilège exclufif du *tabac* eft introduit, compofe environ vingt deux millions d'ames, on peut évaluer la confommation de cinq huitièmes à trois quarts de livre par chaque individu.

Si, pour établir un fyftême général d'uniformité, le fouverain fe déterminoit à abolir la franchife de ces villes & provinces, il feroit de fa juftice de les indemnifer du montant de ce nou-

vel impôt, qui repréfenteroit environ trois millions, favoir :

Pour la Flandre & l'Artois , à peu-près un million.

Pour le Hainault & le Cambrefis, trois cents cinquante mille livres.

Pour l'Alface, huit à neuf cents mille livres.

Pour la Franche-Comté, fept cents mille livres.

On met une fomme plus petite pour la Franche-Comté que pour l'Alface, quoique cette dernière province foit moins peuplée ; mais la ferme générale, fans privilège exclufif, vend beaucoup de *tabac* en Franche-Comté, & le bénéfice qu'elle en tire, doit être fouftrait du produit de l'impôt, dans la fuppofition dont il eft ici queftion.

Pour les autres lieux affranchis de l'impôt du *tabac*, environ cent mille livres.

Il n'eft pas indifférent de réduire ainfi ces hypothèfes à des fommes exactes ; c'eft fouvent le vague, ou l'obfcurité de certaines notions effentielles, qui empêchent le gouvernement, & les provinces même, de juger des avantages ou des inconvéniens, des facilités ou des difficultés qui fe rencontreroient à l'introduction d'un nouveau plan, & à l'établiffement de l'uniformité, fi defirable en adminiftration. J'ai donc cru devoir déterminer à-peu-près la fomme des impôts actuels, dont il faudroit décharger les provinces qui font exemptes des droits fur le *tabac*, fi l'on fe propofoit de les foumettre à cet impôt.

Je ne m'arrêterai point fur les formes qu'il faudroit employer pour faire réuffir le projet ; je les ai fuffifamment indiquées & développées, en traitant des changemens applicables à la conftitution des gabelles : les circonftances étant abfolument femblables, il faudroit ufer de la même équité, obferver la même modération, donner les mêmes marques de confiance , prendre les mêmes mefures, & garder la même fidélité dans l'exécution.

Cependant, en arrêtant fon attention fur l'impôt du *tabac*, une circonftance particulière & très-importante, doit être rapprochée des motifs généraux, qui font defirer un fyftême d'impofition uniforme. Il faut remarquer qu'en établiffant le privilège exclufif du débit de cette denrée dans les provinces qui en font exemptes, on feroit obligé d'y défendre en même-tems la culture de cette plante ; & comme on l'a fort étendue, fur-tout en Flandre & en Alface, une pareille interdiction feroit très-préjudiciable à un grand nombre de propriétaires.

L'impôt fur le *tabac* eft, de toutes les contributions, la plus douce & la plus imperceptible,

TAB 633

& on le range, avec raison, dans la classe des habiles inventions fiscales; cependant, l'on peut reprocher à ceux qui l'ont imaginé, ou plutôt aux circonstances qui l'ont rendu nécessaire, la nécessité où s'est trouvé le gouvernement, de proscrire la culture du *tabac* dans toutes les parties du royaume, assujetties au privilège exclusif de la régie royale; car plusieurs terreins étoient, les uns favorables, les autres uniquement propres à cette espèce de production.

Cependant, si la culture du *tabac* n'avoit pas été interdite, le royaume eût gagné ce qu'il dépense aujourd'hui pour s'approvisionner de cette denrée dans les pays étrangers. Les achats de *tabac*, pendant le cours de la dernière paix, se sont montés à environ six millions par année; mais ces achats représentent seulement les approvisionnemens de la ferme générale, il faut y joindre encore ceux des provinces affranchies du privilège exclusif, & les versemens furtifs des contrebandiers.

La dépense de la ferme générale a plus que doublé pendant quelques années de la guerre, non-seulement à cause de la hausse survenue dans le prix de la denrée, mais aussi parce que cette cherté, en diminuant l'action de la contrebande, a donné plus d'étendue aux ventes de la ferme.

Le souverain, en permettant la libre culture du *tabac* dans son royaume, ne seroit pas obligé, sans doute, de renoncer à toute espèce de revenu sur la production de cette denrée; mais le tribut que le cultivateur seroit obligé de payer, avant d'avoir été remboursé de ses avances, ne pourroit jamais égaler le bénéfice que le roi tire d'une ferme, dont les recouvremens n'ont lieu qu'à mesure des consommations.

Cependant, dès que les *tabacs* cultivés dans le royaume, se trouveroient renchéris par un impôt considérable, il faudroit, pour en favoriser le débit, mettre un droit encore plus fort à l'introduction du *tabac* étranger; mais cette précaution seroit insuffisante; car ce n'est qu'avec le secours du privilège exclusif dont la régie royale est en possession, qu'on peut résister aux efforts des fraudeurs, & soutenir le prix du *tabac* dans une si grande disproportion avec sa valeur réelle.

Supposons maintenant qu'on voulût allier la libre culture de cette denrée avec le privilège exclusif de la vente, entre les mains du souverain; il faudroit imaginer des inquisitions bien extraordinaires, pour se rendre maître des productions de chaque terroir, & pour empêcher l'exercice habituel d'une fraude, encore plus difficile à prévenir que celle dont il faut se défendre aujourd'hui.

Enfin, si l'on a interdit la culture du *tabac*

dans un tems où le produit de la vente exclusive étoit infiniment modique, & dans un tems encore où, pour satisfaire aux besoins du royaume, il falloit recourir à une nation, tantôt rivale, & tantôt ennemie de la France; on ne peut pas raisonnablement attendre que la liberté de la culture soit rétablie, à l'époque où la ferme du *tabac* rapporte au souverain près de trente millions, & lorsque c'est avec une nation alliée du roi, qu'on peut traiter des approvisionnemens nécessaires.

Il y a dans toutes les affaires publiques des circonstances accessoires d'une telle force, qu'on ne peut les séparer des idées principales, sans se livrer à des spéculations vaines. D'ailleurs, si c'est un désavantage que d'acheter hors du royaume, les biens qu'il est en état de produire, on trouvera quelque dédommagement, en s'acquittant avec des ouvrages d'industrie: les Américains en ont besoin, & leurs *tabacs* sont, jusqu'à présent, le principal objet d'exportation qu'ils peuvent donner en échange.

On demandera peut-être si, sans permettre la culture du *tabac*, & sans rien changer à l'état actuel des choses, on ne devroit pas, au moins, convertir le privilège exclusif exercé par le souverain, dans l'établissement d'un droit à l'introduction des *tabacs* en France? On présente, en faveur de ce système, des réflexions générales sur la liberté du commerce, & l'on fait valoir l'avantage qui reviendroit au roi, s'il pouvoit économiser toutes les dépenses d'achat, de fabrication & de débit. J'ai discuté des considérations d'un genre absolument semblable, dans le chapitre des gabelles; j'ai montré quelle étoit la liberté du commerce essentielle au bien de l'Etat; & je dirai de même, que pour le *tabac* comme pour le sel, le roi ne peut s'affranchir des dépenses d'achat, de fabrication, de voiture & de distribution, qu'en faisant retomber cette charge sur les consommateurs; ce qui seroit une addition d'impôt. Et si le gouvernement diminuoit le droit d'entrée, dans la proportion de ces mêmes dépenses, la denrée, à la vérité, ne seroit pas renchérie, mais aussi le revenu du souverain resteroit le même, & le profit d'économie qu'on se proposeroit, n'auroit aucune réalité. Enfin, les observations qui ont été faites dans le chapitre précédent, sur les effets possibles du monopole ou des spéculations exagérées, trouveroient également ici leur application; & j'ajouterai, relativement au *tabac* en particulier, que cette denrée n'étant pas, comme le sel, une production nationale, la hausse du prix dans l'étranger, que la concurrence des acheteurs pourroit occasionner, tourneroit au désavantage de l'Etat.

Il est important encore de ne pas perdre de

vue, que l'on doit en partie la grande vogue du *tabac* en France, à la perfection des manufactures royales ; & comme cette perfection est le résultat d'une longue suite d'observations, ce seroit courir un risque sans utilité, que de détruire des fabriques consommées dans leur art, pour y substituer une multitude d'établissemens conduits par des particuliers, & qui pourroient souvent, à l'envi les uns des autres, chercher l'épargne au détriment de la qualité.

Je sais bien qu'on avoit accusé la ferme générale de manquer d'intelligence & d'économie dans la direction de ses manufactures de *tabac* ; mais ce reproche étoit uniquement fondé sur la différence de prix, entre le *tabac* rapé & le *tabac* non rapé : le premier valoit trois livres douze sous, & le dernier trois livres deux sous. Cette manutention, en effet, auroit été trop chère, si elle avoit coûté dix sous par livre à la ferme ; mais la trop grande disproportion entre les deux prix, tournoit au bénéfice du roi. La différence n'est plus aujourd'hui que de huit sous, & cependant la ferme préfère encore de vendre le *tabac* après l'avoir rapé : je crois donc qu'il seroit convenable de rapprocher davantage les conditions de ces deux formes de débit, afin qu'il n'y eût plus d'intérêt à préférer l'un à l'autre. L'usage de vendre le *tabac* en corde est le plus ancien, & pendant long-tems on ne s'en est jamais écarté ; l'expérience avoit montré que cette méthode rendoit la contrebande plus difficile ; l'on remarque d'ailleurs, que malgré tous les soins qu'on apporte à la préparation du *tabac* rapé, le mélange d'eau qui s'y trouve, nuit quelquefois à sa conservation ; l'on s'en est plaint sur-tout dans les provinces méridionales. L'opinion des fermiers généraux les plus instruits, est cependant partagée sur ces deux manières de débiter le *tabac* ; mais s'il n'y avoit plus d'avantage pécuniaire à le vendre rapé, je doute que la controverse subsistât.

Pour terminer cet article, il ne nous reste plus qu'à dire, que la ferme du *tabac*, qui étoit, suivant ce qu'on a exposé ci-devant, de cinq cents mille livres, en 1674, se trouvoit un siècle après, c'est-à-dire, en 1774, de vingt-quatre millions quatre-vingt-trois mille livres, & qu'elle rendoit trente-un millions cinq cents dix mille livres ; sur quoi déduisant cinq millions quatre-vingt sept mille livres de frais d'exploitation & de régie, son produit net restoit de vingt - six millions quatre cents mille livres.

En 1780, le bail de Salzard a compris la ferme du *tabac* pour vingt-six millions ; mais lorsque l'année suivante l'édit du mois d'août imposa deux nouveaux sous pour livre sur tous les droits, on accorda à la ferme générale, par rapport à cette augmentation dans le prix du

tabac, que ni pour leur garantie à l'égard du roi, ni pour leur compte de partage dans les bénéfices, ils ne courroient point l'évènement de la diminution possible dans le produit de cette partie.

L'article 4 du résultat du conseil, du 19 mars 1786, portant bail des fermes générales à Jean-Baptiste Mager, s'explique ainsi qu'il suit. Le roi a fait bail audit adjudicataire, (sous le cautionnement des fermiers généraux qui sont dénommés,) « du privilège de la vente exclusive des » *tabacs* de toute nature, dans les provinces qui » y sont sujettes, & dans le Clermontois, au » même prix, tant en principal que sous pour » livre, que ledit privilège a été affermé à Ni» colas Salzard, ensemble des quatre sous im» posés sur chaque livre de *tabac*, par l'édit » d'août 1781, & dont ledit Nicolas Salzard » tient compte à sa majesté en sus du prix de » son bail, de quoi ne sera tenu ledit preneur, » comme aussi du droit de trente sous en prin» cipal, sur le *tabac* étranger, dans les provinces » où le privilège n'a pas lieu, & des sous pour » livre dudit droit, dans leur consistance actuelle ; » ensemble de la somme de huit mille livres pour » laquelle le pays de Gex contribue à l'impôt » du *tabac*, d'après l'abonnement accordé par sa » majesté audit pays ; le tout moyennant un prix » annuel de vingt-sept millions ; à la charge, par » ledit preneur, de fournir aux matelots qui se» ront employés pendant la paix, sur les vais» seaux de sa majesté, au service du cabotage, » & pendant le tems seulement qu'ils feront ledit » service, du *tabac* à diminution de prix, sur » le pied de vingt sous la livre, & dans la pro» portion de neuf livres par an pour chaque » homme.

Il n'est pas parlé du *tabac* à fumer, fourni aux soldats, au-dessous du prix courant, parce que le roi tient compte aux fermiers de cette diminution de prix, ainsi que de celle qui a lieu sur le sel. Ce sacrifice est annuellement porté de sept cents mille livres. Il étoit double avant 1780, époque du bail de Salzard, dans lequel la distribution du *tabac* a été diminuée, & celle du sel augmentée dans une proportion convenable, & de façon à réduire la contrebande qui avoit lieu auparavant sur ces deux denrées.

TABLE DE MER. (droit de) On prétend que ce droit fut autrefois établi pour l'entretien de la table de l'amiral de Provence ; mais cette opinion n'est appuyée d'aucun monument qui puisse y faire prendre foi. Quelques écrivains rapportent l'origine de ce droit à 1257, en disant, qu'il fut simplement établi par la ville de Marseille, sur les marchandises étrangères, pour conserver un avantage aux siennes.

Une autre opinion, non moins probable, &

fondée fur les lettres-patentes du 24 août 1581, c'est que ce droit faisoit partie du domaine des comtes de Provence, & qu'il portoit fur certaines denrées & marchandises importées dans le port de Marseille, par les étrangers, ou qu'ils en exportoient.

Dans la suite ce droit fut aliéné à la ville de Marseille, moyennant quarante mille livres. Mais, au mois de février 1577, cette ville qui avoit été assujetie au paiement des droits imposés fur les drogueries & épiceries venant des pays étrangers, par édit de Henri II, du 10 septembre 1549, en obtint l'exemption pour celles qui appartiendroient aux originaires & bourgeois de cette ville seulement, en remettant au roi le droit de *table de mer*, sans demander aucun remboursement.

La peste, dont la ville de Marseille fut affligée en 1581, obligea les négocians d'aller charger & décharger leurs marchandises dans les autres ports de la Provence; mais des lettres-patentes du 24 août 1581, déclarèrent qu'ils continueroient d'être assujettis au paiement de la *table de mer*.

Ce droit, depuis sa réunion au domaine du roi, fut successivement engagé à différens aliénataires, notamment au cardinal de Richelieu, & ensuite à plusieurs autres; ils en jouirent jusqu'à l'édit du mois de mars 1669, qui établit la franchise du port de Marseille, comme on l'a dit, *tome II, pag*. 702. Cet édit ordonna, que la perception du droit de *table de mer* seroit continuée dans les autres ports de la Provence, & dans les bureaux placés aux environs de Marseille, & que les originaires de Marseille & les habitans de Provence continueroient d'en être exempts pour les marchandises qui entreroient & fortiroient pour leur compte, tant par terre que par mer.

Il fut depuis reconnu, que les habitans de Provence n'avoient ni titre, ni possession, pour réclamer cette exemption. En conséquence, l'arrêt du conseil, du 29 janvier 1678, la restreignit aux seuls citadins ou bourgeois de Marseille.

Il est vrai, que pour acquérir le droit de bourgeoisie ou de citadinage, suivant l'édit de 1669, les étrangers n'ont qu'une des quatre conditions suivantes à remplir.

1°. Avoir épousé une fille marseilloise.

2°. Avoir acquis dans l'enceinte de la ville une maison du prix de dix mille livres & au-dessus, & l'avoir habitée trois ans.

3°. Avoir acheté dans la même ville, une maison de cinq mille livres & au-dessus, jusqu'à dix, & l'avoir habitée cinq ans.

4°. Enfin, y avoir établi son domicile, & fait un commerce assidu pendant douze ans.

La ville de Marseille faisant presque tout le commerce de la Provence, & les exemptions du droit de *table de mer* étant si multipliées, on sent bien que son produit est peu considérable.

Le taux de ce droit est d'un demi pour cent de la valeur des marchandises. La perception s'en fait fur un tarif arrêté en 1669; & comme elle étoit fixée fur le poids de table, qui est d'usage dans toute la Provence, & d'un sixième plus foible que le poids de marc, les arrêt & lettres-patentes des 29 août & 4 septembre 1724 ont ordonné que cette perception auroit lieu dorénavant fur le poids de marc, en ajoutant un cinquième du droit porté au tarif de 1669.

Le droit de *table de mer* se lève fur toutes sortes de marchandises & denrées, entrant ou sortant par les ports & havres de Provence, ou par les bureaux établis aux environs de Marseille; mais les habitans d'Arles sont affranchis du paiement de ce droit, fur les marchandises & denrées du crû du territoire de cette ville seulement, par les lettres-patentes du mois de janvier 1717. Les contestations qu'il occasionne sont jugées en première instance, par les maîtres des ports de cette ville & de la Provence, & en cas d'appel, par la cour des aides d'Aix.

Le produit de ce droit est un objet annuel de trente-six à quarante mille livres par année.

Les observations que présente l'article DROGUERIES, *tome I, pag*. 649, s'appliquent naturellement au droit de *table de mer*; *voyez* dans quelles vues elles ont été faites.

TABLIER, s. m., en usage autrefois pour désigner le district dans lequel se levoit un droit. Le terme de *tablier* paroit emprunté du jeu d'échec, ou de dame, dans lequel il signifie la table fur laquelle on pose les pièces; peut-être parce que les *tabliers*, en finance, étoient de forme irrégulière, ou renfermoient dans leur étendue, des paroisses situées de droite & de gauche, comme les cases d'un échiquier.

Il paroit, par la définition que l'on trouve du mot *tablier*, dans le préambule du tarif de 1664, que ces *tabliers* étoient composés d'un certain nombre de villages ou paroisses, & que les marchandises & denrées du crû de leur territoire, ne pouvoient sortir des bornes du *tablier* qui les renfermoit, pour entrer dans un autre, sans être sujettes à payer les droits de la traite d'Anjou. Il est dit aussi dans ce préambule, « que la liberté » du commerce est si restreinte entre les habitans » de la même province, qu'ils ne peuvent s'en-

» tre-aider des fruits & denrées du pays, ni des
» marchandises originaires „ni en faire commerce
» avec leurs voisins, ni les transporter d'un lieu
» dans un autre, sans faire autant de soumissions
» qu'il y a de bureaux sur leur route, au pas-
» sage de chaque *tablier* dans un autre.

TABLIER, droit de *tablier* & prévôté. On a
vu au mot CINQ GROSSES FERMES, *tome I,*
pag. 300, que le droit dont il s'agit ici se perçoit à la Rochelle.

Ce droit, dont on ne connoît point l'origine,
n'a lieu que dans le port de la Rochelle. On
prétend que ce droit avoit été accordé, en 1536,
à titre d'octroi à la ville de la Rochelle ; qu'il
fut aliéné, en 1633, au cardinal de Richelieu,
qui le transmit à ses héritiers, & réuni au domaine en 1666. A l'entrée de ce port il ne se
lève que sur le suif, le plomb & la chandelle ;
& à la sortie, sur quelques espèces de marchandises qui vont à l'étranger. Dans les deux cas
la quotité de ce droit est de quatre deniers pour
livre de la valeur des marchandises.

Au reste, son produit est si modique, qu'il
mérite peu d'attention. L'année commune, prise
sur les six du bail d'Alaterre, & les trois premières de David, donne à peine cent quatre-
vingt livres.

TAILLABLE, adject. qui signifie sujet à la
taille, & s'employe aussi substantivement.

TAILLAGE, SCUTAGE, HYDAGE.
Noms des anciens droits qui se levoient en
Angleterre sur les terres, & auxquels on a substi-
tué la taxe de deux, trois & quatre sous pour
livre de la valeur des terres. *Voyez* ANGLE-
TERRE.

TAILLE, s. f. C'est le nom d'un tribut ordinaire, payé chaque année par ceux qui y sont
sujets. Cet article est dû à un ancien receveur
des *tailles*, qui a joint à une grande instruction
théorique de la matière, les leçons d'une longue
expérience.

Quelques écrivains prétendent que le mot *taille*
vient du verbe *talerari*, qui signifie partager,
diviser ; d'autres attribuent son origine à des morceaux de bois sur lesquels les collecteurs faisoient
des entailles pour marquer les sommes qu'ils
avoient reçues. C'est par les mêmes raisons que
l'on donne encore en différentes provinces le
nom de *taille* à deux morceaux de bois, dont
un reste entre les mains du boucher ou du boulanger, & l'autre est conservé par le particulier

qui reçoit la marchandise. Chaque fois que le
fournisseur en apporte, on réunit les deux *tailles*,
& on y fait, par la même incision, une marque
ou des chiffres, „ qui désignent le poids de la
chose fournie.

Quoi qu'il en soit de cette étymologie du nom
de *taille*, il est bien plus certain que la chose
remonte au règne de César, ainsi que nous l'avons
dit dans le discours préliminaire sur les finances,
à la tête du premier volume, *pag.* 6.

Ainsi, les Romains ont été nos maîtres dans
la science fiscale, comme dans celle de la jurisprudence, & des beaux arts.

Mais, sans rechercher comment l'art funeste
de créer des impôts & d'exiger la *taille* nous a
été transmis depuis César, bornons-nous à parler
de la *taille* établie en France.

Pour se former des notions exactes de cette
dénomination prise en général, il est nécessaire de
remonter au tems du despotisme féodal des seigneurs, où presque tous les habitans des terres
étoient réduits à un état de servitude. Tout serf
étoit taillable & corvéable à la volonté du seigneur ; mais il en étoit quelques-uns, qui, en
conséquence des conventions faites avec lui,
payoient annuellement une *taille* appellée *abonnée*.

On a donné aussi le nom de *taille*, à un droit
seigneurial, plus généralement appellé *aide*, &
qui étoit dû par les hommes francs & serfs, dans
différentes circonstances ; comme de la rançon
du seigneur, du mariage de sa fille aînée, de la
promotion de son fils à l'ordre de la chevalerie,
& d'un voyage en Terre-sainte.

Cette volonté arbitraire des seigneurs d'exiger
une *taille* particulière dans leurs fiefs, amena
l'usage d'asseoir une *taille* générale sur tous les
vassaux de la couronne, lorsque le souverain avoit
des guerres à soutenir, & ce fut l'origine de la
taille réelle. Elle fut d'abord imposée par les
seigneurs eux-mêmes, quoique destinée aux besoins de l'Etat. Chacun, dans son territoire,
étoit chargé de l'imposition & de la répartition,
& il en résultoit une grande surcharge pour les
peuples, car le seigneur faisoit un abonnement
avec les receveurs du roi, & se réservoit l'excédent, qu'il ne manquoit pas d'imposer.

Une transaction passée en 1185, entre l'évêque
de Laon, & ses hommes, fait connoître que les
prélats levoient la *taille* sur leurs sujets, en trois
cas ; pour l'ost, ou la chevauchée du roi; pour
les besoins du pape, & lorsque ces prélats avoient
une guerre particulière à soutenir.

On voit dans l'ordonnance de 1190, par laquelle Philippe-Auguste, avant de partir pour

la Terre-fainte, régla l'adminiftration du royaume, que la *taille* devoit être levée par les prélats & par les vaffaux du roi, fur tous leurs hommes, tant que ce prince feroit hors du royaume pour la guerre fainte. Il défend aux uns & aux autres de remettre la *taille*, tant qu'il fera *in fervitio Dei*, & il veut même qu'elle dure, dans le cas où il viendroit à mourir hors du royaume, jufqu'à ce que fon fils foit en état de gouverner par lui-même.

La forme de la levée de cette *taille* étoit très-fimple. Les officiers du feigneur faifoient le rôle, & dénonçoient enfuite à chaque habitant la fomme pour laquelle il y étoit impofé. *Tunc autem talliam effe impofitam intelligimus*, dit l'ordonnance de 1214, *quando denunciatum eft alicui, vel domus fua, quantum debeat folvere.*

Suivant cette même ordonnance, les croifés ne pouvoient être impofés perfonnellement à la *taille*, pendant l'année dans laquelle ils avoient pris la croix; mais ils n'en étoient pas exempts pour les fonds taillables qu'ils pouvoient pofféder.

Les clercs, poffeffeurs des fonds taillables, étoient exempts de cet impôt, quoiqu'ils duffent tous les autres services dont les terres étoient chargées; mais ce privilège opérant une diminution confidérable dans la perception des *tailles*, il fut convenu entre Philippe-Augufte, les barons & les clercs de fon royaume, qu'aucun particulier ne laifferoit à fon fils, eccléfiaftique, jufqu'à concurrence de la moitié de fon héritage, ou au-deffus; en même tems il fut réglé que l'on mettroit à la *taille* ceux des clercs qui feroient le commerce.

Les monumens hiftoriques atteftent que fous faint Louis, la *taille* n'étoit point regardée comme un revenu ordinaire des terres des feigneurs. Il s'éleva la queftion de favoir, fi le feigneur qui jouiffoit de la terre pendant l'année du relief, étoit en droit d'impofer la *taille* fur les hommes de fon nouveau vaffal; faint Louis décida la négative, par l'article IV de fon ordonnance de 1235.

Les érections en communes, & les affranchiffemens des villes & bourgs, ne changèrent rien à l'impofition des *tailles*. On voit feulement que ces communautés commencèrent à les répartir elles-mêmes, & qu'il leur fut libre de porter ce genre d'impofition affez haut pour acquitter leurs propres dettes en principaux & intérêts.

L'ordonnance de faint Louis, de 1256, porte : *Qualibet communia tantam talliam quolibet anno faciat, quam quando computatum, veniant coram noftris gentibus, ad terminum fuprà dictum, ab omnibus ufuris & debitis penitùs fit immunis.*

Le même fouverain voulant que les *tailles* impofées pour les befoins de l'Etat, fuffent réparties avec juftice & égalité, dans les villes de fon domaine, fit un règlement intitulé : *Comment on doit affeoir la taille ès villes notre fire le roi.*

Il porte, qu'il fera élu *trente ou quarante hommes, ou plus ou moins, bons & loyaux, par le confeil des prêtres, des autres hommes de religion, enfemble des bourgeois & autres prud'hommes, felon la qualité & la grandeur des villes; que ceux qui feront ainfi élus feront ferment de choifir, ou parmi eux, ou dans le refte de la communauté, les douze plus capables d'affeoir la taille; que ces douze feront pareillement ferment, que bien & léaument ils affeoiront ladite taille, & n'épargneront nul, ni ne grèveront nul, par amour, ou par prière, ou par crainte, ou en quelqu'autre manière que ce foit; ils affeoiront la taille à leur volonté, la livre également, & la valeur des chofes - meubles en l'affife devant ladite taille.*

Outre ces douze perfonnes, il en étoit choifi quatre autres, dont les noms devoient être tenus fecrets, jufqu'à ce que les douze euffent fait l'affiette; & avant qu'elle fût publiée, ces quatre, après avoir prêté ferment, devoient cotifer les douze.

On voit par le même règlement, & il eft encore prouvé par les établiffemens de faint Louis, de 1270, que la *taille* étoit alors une impofition perfonnelle; mais qui participoit de la réalité, en ce qu'elle étoit dûe à raifon des biens, & impofée proportionnellement aux poffeffions des taillables. Ainfi, un gentilhomme qui avoit une maifon taillable, s'il l'habitoit lui-même, la maifon n'étoit pas fujette à cet impôt; mais s'il l'avoit louée ou accenfée à l'homme coutumier, il ne pouvoit la garantir de la *taille*; fi ce même gentilhomme faifoit le commerce, on l'impofoit à la *taille*, mais feulement pour fon commerce; lorfqu'il le ceffoit, il rentroit en poffeffion de fon privilège.

Les eccléfiaftiques étoient pareillement exempts des *tailles* perfonnelles; mais ils payoient celles qui étoient dûes par les fonds qu'ils poffédoient. *Clerici*, dit l'ordonnance de 1274, *fi conjugati non funt in Francia, non contribuunt tallis cum laïcis; fed onera rerum duntaxat agnofcunt; unde confules Tolofani fatis poffunt abftinere à contributione quam petunt à clericis in talliis, nifi tales exiftant talliæ quæ poffeffiones onoraverunt ab antiquo.*

Environ un demi-fiècle après faint Louis, la *taille* fe paya au roi, hors de fes domaines, par les habitans des fiefs appartenans aux feigneurs. On voit qu'en 1325, les barons & feigneurs haut-jufticiers du duché de Normandie portèrent leurs plaintes au roi, de ce que ses commissaires députés dans les bailliages de Caen, & du Cotentin, contraignoient leurs sujets des villes à payer la *taille* en sus de l'imposition sur les denrées, qui y avoit été assise & accordée. Le roi, par ses lettres du 12 avril de la même année, fit défenses à ses commissaires, & aux baillis, de cumuler l'une & l'autre imposition; il ordonna, qu'au moyen des droits levés dans les villes, les habitans seroient exempts de *taille*.

Les barons se plaignant aussi de ce que ces commissaires n'avoient appellé, lorsqu'ils étoient venus sur leurs terres, pour remplir leur commission, ni eux, ni aucuns de leurs gens, pour les aider & conseiller à induire leurs sujets à leur obéir, le roi ordonna à ses commissaires d'appeller les seigneurs ou leurs officiers, dans les lieux où ils auroient encore à se rendre pour l'exécution de ses ordres.

Indépendamment de la *taille* imposée pour les besoins de l'Etat, ou des droits qui en étoient le remplacement, les villes étoient encore assujetties à des impositions particulières pour l'acquittement des dépenses qui étoient à leur charge, telles que les réparations de leurs murs & de leurs fortifications. C'est ce qu'on voit par l'article VIII de l'ordonnance de 1331, rendue par Philippe de Valois, pour la ville de Laon.

Les *tailles*, auxquelles le roi avoit souvent recours dans les besoins de l'Etat, n'étoient alors qu'une imposition momentanée.

Il est dit, dans les lettres accordées aux habitans de la Normandie, le 22 juillet 1315, par Louis Hutin, & qui sont connues sous le nom de chartre normande, que le roi ne levera en Normandie que ses revenus ordinaires, & n'exigera que les services qui lui sont dûs; qu'il ne pourra lever *taille*, subvention, imposition, ou exaction quelconque, si une grande nécessité ne le requiert. Lorsque Charles, dauphin & régent du royaume, en 1358, obtint les aides pour la rançon du roi Jean son pere, il promit que moyennant ce subside il ne seroit imposé aucune *taille*.

Dans une ordonnance du roi Jean lui-même, du 20 avril 1363, il est parlé des charges que les peuples des sénéchaussées de Beaucaire & de Nismes avoient souffert & souffroient tous les jours, pour le fait des *tailles* qui avoient été imposées, tant pour la rançon du souverain, que pour l'expulsion des ennemis, & pour les gages des gens d'armes, & pour d'autres dépenses pressantes.

C'est dans ce même tems que plusieurs villes furent affranchies des *tailles*, que d'autres en

obtinrent la conversion en redevances annuelles. Le roi, par des chartres accordées à quelques villes, s'engage à n'y lever aucune *taille*, si ce n'est lorsqu'il la levera générale sur ses sujets: preuve qu'elle n'étoit ni permanente, ni uniforme, ni universelle, & qu'elle ne se levoit que dans le cas de besoins extraordinaires.

Charles VII, en 1444, la rendit ordinaire & annuelle, & elle n'a pas cessé de l'être.

Ce prince connoissoit les dangers de cette milice féodale, & de ces troupes levées à la hâte, qui, dans la guerre comme dans la paix, vivoient de pillage; elles étoient si mal disciplinées, que soit qu'on les réunît, pour les mener à l'ennemi, soit qu'à la paix on les licentiât, elles portoient, par leurs brigandages & leurs excès, la désolation dans toutes les provinces du royaume. Il choisit dans cette multitude effrénée, les gens de guerre les plus capables, les retint à son service, & en forma un corps de cavalerie de neuf mille hommes, divisé en quinze compagnies d'ordonnance, qu'on doit regarder comme les premieres troupes réglées qu'ait eu la France.

Ce prince déclara que le produit de la *taille* seroit affecté à la solde de ces troupes, qui, les années suivantes, furent augmentées de quatre mille archers pour servir à pied. Les peuples, qui, en sacrifiant une portion médiocre de leurs revenus, s'assuroient la possession paisible du reste de leurs biens, virent, sans regret, s'établir une contribution dont la destination les mettoit à l'abri des pillages auxquels ils étoient exposés avant l'institution de cette nouvelle police.

Le montant de la *taille* n'excéda jamais, pendant le règne de Charles VII, deux millions que coûtoit l'entretien de ses treize mille hommes d'armes, avec leurs officiers. L'argent étoit alors à huit livres quatorze sous huit deniers un douzième le marc.

Louis XI augmenta la *taille*, ainsi que ses troupes, & elle fut portée à cinq millions. Charles VIII la continua sur le même pied; mais Louis XII accorda sur cet impôt la remise d'un million, que François premier ne laissa point subsister; il y ajouta plusieurs millions, & créa même un second impôt, appellé *la grande crue*, pour la solde des cinquante mille hommes qu'il leva, & qui reçurent le nom de légionnaires Ils furent divisés par compagnies, avec un capitaine, deux lieutenans & deux enseignes; elles devinrent la souche de ce qu'on appelle aujourd'hui les vieux corps. La *taille* monta à près de neuf millions sous ce règne, & subsista sur le même pied les deux règnes suivans.

Les *tailles* reçurent, sous Henri III, d'énormes augmentations, puifqu'elles s'élevèrent, fui-vant le préfident Hainault, à près de trente-deux millions, y compris les crûes, & le taillon, éta-bli par Henri II en 1549 ; enforte qu'à l'avè-nement de Henri IV au trône, en 1589, elles étoient encore à cette fomme. Les troubles de la guerre civile, qui défola la France pendant cinq à fix ans, ne laiffèrent pas le tems de s'ap-percevoir combien les peuples étoient opprimés. M. de Sully ayant été chargé de l'adminiftra-tion des finances, en 1596, les voyages qu'il fit dans les provinces, le mirent à portée de voir la mifère des campagnes, où grand nombre de terres étoient abandonnées & reftoient en friche.

En 1598, il reconnut, que faute de fa-cultés pour les cultiver, il étoit dû vingt millions d'arrérages fur les *tailles* des années 1594, 1595 & 1596. Il en fit accorder la remife par Henri IV ; & les peuples, foulagés de ce fardeau, acquit-tèrent aifément les reliquats de 1597, en bénif-fant la bonté du fouverain. Ses bienfaits ne fe bornèrent pas à cette remife, chaque année les *tailles* reçurent une diminution ; & en 1610 elles fe trouvèrent réduites de cinq millions.

Sous la minorité de Louis XIII, les peuples obtinrent encore le foulagement de deux mil-lions ; mais ce fut le dernier. La majorité de ce prince, en 1614, fut bientôt fuivie d'une augmen-tation d'impôts. La *taille* fupporta un accroiffe-ment de deux fous par livre, qui ne fut que mo-mentané ; mais de cette époque elle n'éprouva plus de diminution. En 1634, le roi fit cepen-dant la remife d'un quartier des *tailles* : elles montoient alors à trente-fix millions ; & à la mort du cardinal de Richelieu, en 1642, leur produit étoit de quarante-quatre millions.

Sans doute qu'elles reçurent de l'augmenta-tion les années fuivantes, puifque, fuivant l'état détaillé de cette impofition, en l'année 1649, tiré des *Recherches fur les Finances*, elles mon-toient à cinquante millions deux cents quatre-vingt quatorze mille deux cents huit livres. On donne ici cet état, avec le montant de la même impofition, en 1738, pour avoir un point de com-paraifon avec les tems actuels.

TABLEAU du produit de la taille *, du taillon & des subsistances,*

GÉNÉRALITÉS.	En 1649, suivant M. de Forbonnais.		En 1738, suivant M. l'abbé d'Ef-pilly.
Paris	5,139,639 liv.		3,398,000 livres.
Orléans	3,386,065	16 f.	3,000,000
Moulins	1,982,796	14	1,356,000
Alençon	2,212,417		2,015,000
Châlons	1,350,960		2,400,000
Soissons	1,421,222	19	1,645,000
Caen	2,275,065	4	2,490,000
Rouen	3,150,327	10	2,310,000
Limoges	2,338,613	14	1,090,000
Poitiers	2,220,372		1,087,000
Bourges	1,117,657	6	1,090,000
Dauphiné	1,323,942	16	1,100,000
Provence	315,180	14	1,000,000
Montpellier	2,722,961	18	2,300,000
Riom	2,897,711	10	1,500,000
Bourgogne	6,293,791	5	3,900,000
Bretagne	582,613	11	2,200,000
Bordeaux	3,180,373	9	1,624,000
Montauban	3,271,075	8	1,790,000
Amiens	555,250		1,300,000
Tours	4,410,820	8	2,480,000
Lyon	1,997,774	7	2,389,000
Toulouse	1,812,487	18	1,260,000 livres.

50,294,208 liv. 9 f.

On doit remarquer que dans cet état , ne font pas comprifes l'Alface, la Lorraine , les Trois-Evêchés , la Flandre , l'Artois , la Franche-Comté & le Rouffillon. D'ailleurs , le rapprochement qui a été fait, de l'année 1649 à 1738 , peut encore manquer de justeffe , en ce que , 1º. la capitation, qui n'existoit pas en 1649 , fe trouve joint , en 1738 , à la *taille* & aux dons gratuits des pays d'Etats.

2º. Plusieurs généralités n'avoient pas la même étendue qu'elles ont aujourd'hui , ou en avoient une plus confidérable.

Tome III. Finances.

Postérieurement à 1649 , les *tailles* reçurent encore de l'augmentation. Un mémorial de la main même du grand Colbert, configné dans *les Recherches & Confidérations fur les Finances ,* *tome III , in-12 , pag.* 279 , porte , que les *tailles* étoient , en 1657 , à cinquante-trois millions quatre cents mille livres ; que depuis 1662 juf-qu'en 1679 , elles avoient toujours été depuis trente-trois jufqu'à quarante-un millions ; & qu'elles étoient , en 1682 , à trente-cinq millions. L'avis que donne ce grand miniftre , à la fuite de ces obfervations, eft de diminuer les *tailles* ,

M m m m

& de les réduire, en trois ou quatre années, à vingt-cinq millions.

Après sa mort, arrivée en 1683, l'administration des finances ayant passé dans des mains moins habiles., toutes les dispositions qu'il avoit faites dans la vue de diminuer les *tailles*, furent perdues pour le peuple. Mais les guerres malheureuses qui terminèrent le dix-septième siècle, & commencèrent le dix-huitième ; la création d'une multitude d'officiers avec des fonctions inutiles, dont l'exercice étoit payé par des attributions onéreuses au commerce ; l'hiver excessif de 1709 ; toutes ces circonstances furent autant de calamités pour la nation ; & en la mettant dans l'impuissance de payer les impôts, elles obligèrent le souverain de les réduire. En 1695 les *tailles* furent diminuées de trois millions, & en 1710 & 1712, de près de douze millions.

Cependant, en 1715, à la mort de Louis XIV, la *taille* des pays d'élections étoit de quarante-un

millions deux cents quatre-vingt-sept mille cent soixante-dix-huit livres. Elle fut diminuée l'année suivante, de trois millions quatre cents soixante-huit mille huit cents quatre-vingt-sept livres ; & sous le règne de Louis XV, elle a éprouvé diverses variations dans sa quotité jusqu'en 1767. Cette année, le roi, par sa décision du 29 juin, ordonna que toutes les crues militaires, comme le taillon, les étapes & les maréchaussées, demeureroient réunies à la *taille*, & seroient à l'avenir imposées par un seul brevet, sans pouvoir jamais être augmentées ; & qu'à l'égard des autres impositions locales & particulières qui s'ajoutoient au brevet de la *taille*, soit pour les ponts & chaussées, soit pour différentes dépenses générales, dans les ports maritimes du royaume, elles seroient comprises dans un second brevet, pour être réparties ensuite entre les généralités, les élections & les paroisses, & les contribuables, au marc la livre du brevet de la *taille*.

D'après cet arrangement, le brevet de la *taille* fut fixé, pour l'année 1768, & pour toujours, à . . . . 31,178,259 livres.

Le taillon, à 1,186,756

Les fonds des maréchaussées, à 1,749,445

Le fonds des étapes, à 2,346,667

Ainsi, le principal du brevet de la *taille*, est invariablement fixé à . . . 36,461,127

Les deux sous pour livre de ces différentes impositions, suivant les déclarations & arrêts du conseil, des 3 & 24 mars, & 26 décembre 1705, 29 mai, 15 juin, & 18 octobre 1706, sont de 3,646,112

Par conséquent le montant total du brevet de la *taille*, est irrévocablement réglé à . . . . 40,107,239 livres.

Il est réparti annuellement, sur les vingt généralités des pais d'élection, paroisses & sujets du roi, contribuables aux *tailles*.

Les crues & les dépenses particulières, ainsi que les impositions militaires & extraordinaires, sont comprises dans un second brevet, dont le montant est réparti au marc la livre de celui de la *taille*; & inscrit en marge des rôles de cet impôt, à chaque cote du taillable. Ainsi, quelques variations qui arrivent dans le montant de ce second brevet, il n'en peut résulter aucun inconvénient ; car le brevet de la *taille* demeurant toujours le même, & sa répartition pouvant être faite avec autant d'égalité que de justice, elle sert de matrice à toutes les autres impositions, quelle qu'en soit la quotité.

Celle de ce second brevet, expédié pour l'année 1774, montoit à . . . 21,414,679 livres.

En le rapprochant du brevet de la *taille*, de 40,107,239

Il en résulte un total, de . . . . 61,521,918 livres.

Lorsque ces deux brevets ont été arrêtés au conseil, la répartition s'en fait par généralité & l'avis des intendans. Pour chaque généralité il s'expédie des lettres-patentes, sous le titre de commission des tailles, qui ordonnent qu'il sera réparti sur toutes les paroisses de chaque élection la somme portée dans la commission, laquelle est adressée à l'intendant, au bureau des finances & aux officiers de l'élection. Mais avant de parler de l'assiette de la *taille*, il convient d'observer que l'on distingue la *taille* réelle, la *taille* personnelle, & la *taille* mixte.

La *taille* réelle est celle qui s'impose sur les fonds, comme dans les généralités de Grenoble, de Montauban & d'Auch, dans celle de Paris, depuis quelques années, dans les élections d'Agen & de Condom; la qualité de biens nobles ou de biens roturiers décide de l'exemption ou de l'assujettissement.

La *taille* personnelle, est celle qui porte capitalement sur les personnes, à raison de leurs facultés connues, de leur commerce & de leur industrie.

La *taille* mixte participe des deux autres; c'est-à-dire, qu'elle est tout à la fois réelle & personnelle, en ce qu'elle a lieu non-seulement sur les fonds, mais encore sur les facultés, sur le commerce & sur l'industrie.

Lorsque la *taille* eut été rendue perpétuelle par Charles VII, comme on l'a dit, ce prince institua des élus en titre d'office, par les ordonnances des 19 juin 1445 & 26 août 1452; & ces élus déja existans sous le titre de commis ou lieutenans des élus généraux, furent chargés de l'assiette & de la répartition des *tailles*. L'article 16 de l'ordonnance de 1452, porte, « que tous les » élus seront tenus d'être ensemble, pour icelles » asseoir & imposer, afin que plus justement ils » les puissent égaler ès lieux qu'ils verront être » plus convenables pour ce faire ».

L'ordonnance de 1459, celle de 1508, prescrivent différentes formalités relatives à l'assiette de la *taille*, & à la confection des rôles; mais l'ordonnance de François Ier, du dernier juin 1517, entre dans les plus grands détails à cet égard. Elle porte que sa majesté est instruite que les élus ne s'acquittent point des chevauchées qu'ils sont tenus de faire dans leurs élections, pour connoître les facultés des habitans, quoiqu'il reçoivent les taxations qui leur sont attribuées; d'où il arrive journellement, qu'en formant l'assiette & le département des *tailles*, ils n'y gardent aucune égalité; le roi leur enjoint très-expressément de faire chaque année leurs visites; de procéder dans la huitaine où ils auront reçu le mandement & la commission pour imposer les *tailles*, d'en faire le département sur les paroisses particulières des élections, le fort portant le foible, conformément aux anciennes ordonnances, & que le département fait, ils fassent délivrer ces commissions aux receveurs des *tailles*, pour les employer le plus diligemment que faire se pourra, à peine d'être responsables du retardement, & d'amende arbitraire.

Les assiettes & départemens doivent être faits par les élus ou greffier, & signés deux, les procureurs du roi aux élections, & les receveurs des *tailles* assisteront & auront voix aux départemens.

Quoique les *tailles* doivent être assises, portées & payées par toutes manières, de gens contribuables, le fort portant le foible, néanmoins les plus riches sont ceux qui payent le moins, & qui cherchent à s'exempter, les uns sous prétexte qu'ils sont nobles, quoiqu'ils n'en justifient point, les autres en qualité de fermiers & métayers de gens d'églises, nobles ou autrement, ce qui est toujours à la foule du pauvre peuple; sur quoi le roi enjoint aux élus, qu'en faisant leurs visites ils s'informent si tous les habitans sont assis & imposés aux *tailles*, & qu'ils fassent porter à un taux raisonnable ceux qui ne le seroient pas, suivant leurs facultés; & si les habitans & asséeurs ne le font pas, les élus, appellés avec eux trois ou quatre des plus gens de bien de la communauté, les imposeront & les feront contraindre au paiement comme pour les propres deniers du roi, nonobstant toute opposition ou appellation quelconque.

Il est défendu aux élus, sous peine de suspension de leurs offices, & d'amende arbitraire, de commetter des collecteurs pour la levée des *tailles*; ils doivent être élus par les habitans, à leurs risques & périls, & avoir douze deniers pour livre pour frais de collecte, & au-dessous, s'il en est qui veulent mettre au rabais : ces taxations doivent être imposées avec la *taille*.

Henri II, Charles IX & Henri III. donnèrent aussi quelques règlemens sur le fait des *tailles*, en 1552, 1560, 1567, 1576, 1578, 1581, 1583, & 1586.

Dès que le traité de Vervins eut rétabli le calme dans le royaume, Henri IV s'occupa principalement de remédier aux abus qui s'étoient introduits dans l'imposition & dans la levée des *tailles*; le préambule de l'édit du mois de mars 1600, offre des traits touchans d'intérêt & de sensibilité.

Henri, &c. Aussi-tôt qu'il a plu à dieu, mettre ce royaume en repos, nous avons jetté les yeux avec larmes de pitié sur notre peuple appauvri, & presque réduit à la dernière misère, par les playes de plusieurs années de guerre, & mis tout notre soin à chercher les moyens de diminuer les tailles *& autres impositions qui se lèvent sur lui ; plus désireux d'acquérir le nom de père de peuple, lui faisant du bien, que de laisser quelque souvenance à la postérité d'autres titres plus spécieux & élevés que nos périls & labeurs nous auroient pu faire mériter ; mais ne l'ayant pu faire aussi promptement que sa misère le requéroit, à cause des charges excessives qui se sont trouvées sur cet Etat, nous avons, sur les plaintes faites & réitérées souvent en notre conseil, des abus, inégalités, malversations & exactions qui se commettoient en la levée & perception des* tailles*, député des commissaires, personnes de qualité & intégrité connue, pour informer, châtier les coupables, pro-*

céder au réglement d'icelles, & nous donner avis des moyens qu'ils jugeroient les plus propres & convenables pour faire cesser ces désordres à l'avenir, & par leur rapport, être informés que nos sujets ont souffert beaucoup de foule & d'oppression, à cause desdits abus & malversations, même de ce que l'égalité n'a été gardée par les Etats au département des paroisses, moins encore par les asséeurs en l'assiette, & ès taxes des particuliers habitans qu'ils ont gratifié, surchargé ou exempté comme il leur a plu, sans y garder aucune règle, que celle de leur passion ou intérêt, &c. &c.

En conséquence, il est ordonné aux élus de procéder dans la quinzaine après les commissions reçues, aux départemens des paroisses de leur élection, avec égalité & justice.

Pour qu'ils soient mieux instruits de ce que chaque paroisse devra porter, & qu'ils soient sans excuse, s'il y a quelque inégalité dans les départemens, il leur est enjoint de faire leurs tournées chaque année en saison convenable, & sans pouvoir aller deux années consécutives dans les mêmes paroisses; ils doivent s'informer des moyens & facultés des habitans, de l'abondance ou stérilité de l'année, du nombre des charrues, du commerce qui se fait dans lesdites paroisses, enfin, de toutes les autres commodités ou incommodités qui les peuvent rendre aisés ou pauvres.

Ils s'informeront aussi des non-exempts, & de la cause de leurs exemptions, pour connoître si aucun d'eux ne s'attribue induement cette qualité; ils vérifieront aussi s'il y a inégalité dans les taxes, soit en excès ou diminution; ils prendront avis de trois ou quatre de la paroisse & des paroisses circonvoisines, des plus gens de bien, & les mieux instruits de leurs facultés & moyens, ensuite en l'assemblée des officiers à l'élection, & après avoir examiné le procès-verbal de l'élu, qui aura été fait sur les lieux, les départemens des paroisses seront faits avec droiture & sincérité; on taxera ceux qui s'exemptoient induement, on modérera ou on augmentera les cottes des autres, ainsi que les élus jugeront en leur conscience, & sur le rapport desdits prud'hommes, devoir être fait. Ces taxes seront portées sur les commissions que les élus enverront aux paroisses de leur ressort.

Les asséeurs seront collecteurs la même année de leur charge, comme un moyen propre à les empêcher de cottiser les médiocres & pauvres habitans, au-dessus de ce qu'ils doivent porter, par la crainte d'avancer leurs taxes.

Les asséeurs feront l'assiette en lieux où ils soient libres, & personne n'y assistera, que ceux qui en auront la charge : défense aux seigneurs d'y

faire procéder dans leurs maisons, ou d'y être présens lorsqu'elle se fera ailleurs; de contraindre ni forcer la volonté desdits asséeurs, sous peine de perdre leurs fiefs & droits de haute-justice.

Les asséeurs comprendront entre les contribuables, les fermiers ecclésiastiques, gentilshommes & autres privilégiés, tant à raison de leurs biens que des profits qu'ils font sur lesdites fermes.

Défenses aux privilégiés de soustraire leurs fermiers au paiement des *tailles* par des baux secrets, & sous prétexte qu'ils font leurs secrétaires & domestiques, à peine de déchéance du droit & privilège de pouvoir retenir leurs terres par leurs mains, & de payer pareilles sommes que leurs fermiers eussent fait, leurs terres étant données à fermes, à quoi les revenus desdites terres demeureront spécialement affectés.

Tous les contribuables généralement seront cottisés à raison de leurs facultés, quelque part qu'elles soient, meubles ou immeubles, héritages nobles ou roturiers, trafic & industrie; & si les asséeurs en exemptent aucunes, ils en seront responsables, & paieront en leur propre & privé nom, à la décharge des autres habitans de la paroisse, les sommes auxquelles les prétendus exempts auroient dû être cottisés, avec injonction aux élus de les condamner en outre à l'amende, & de les punir exemplairement s'il y échoit.

Les contribuables domiciliés, dans les pays où les *tailles* sont réelles, & possédant des biens dans ceux où elles sont personnelles, seront cottisés dans les lieux où les biens sont situés pour raison desdits biens, & les biens qui en proviendront, demeureront affectés au paiement de leurs taxes.

Des contribuables pour s'exempter du paiement des *tailles*, faisoient publier au prône, avant la Saint-Remi, leur translation de domicile dans une autre paroisse, & retournoient après l'assiette de la *taille*, dans celle qu'ils avoient annoncé vouloir quitter; d'où il arrivoit, ou qu'ils n'étoient imposés, ni dans l'une ni dans l'autre paroisse, ou qu'ils l'étoient beaucoup moins qu'ils ne devoient l'être, leurs facultés n'étant pas connues dans les paroisses où leurs biens n'étoient pas situés; d'autres placés sur les confins de diverses élections ou généralités, bâtissoient & résidoient hors de leur demeure ordinaire, & s'accordoient à y être cottisés à quelque somme légère, quoique allant & venant au lieu de leur vrai domicile, y ayant partie de leur famille, leurs bestiaux, labourage, & toutes les aisances dont on peut tirer profit.

Pour obvier à ces fraudes, il est ordonné aux asséeurs de cottiser les premiers, au lieu de leur ancienne demeure pendant l'an & jour de leur fortie & de continuer à impofer les autres au lieu de leur premier & plus vrai domicile, quoiqu'ils foient cottifés dans celui où ils fe font retirés, à moins qu'ils n'ayent donné leurs héritages du premier domicile à des fermiers qui foient taxés à raifon de leurs profits.

Enfin, pour que l'infpection du rôle puiffe faire mieux connoître fi la *taille* a été répartie avec inégalité, il eft ordonné aux afféeurs d'ajouter aux noms des taillables, leurs qualités & poffeffions; s'ils font laboureurs, le nombre de charrues, fi c'eft pour eux ou pour autrui; ils doivent auffi porter au pied du rôle les noms des exempts & les caufes d'exemptions.

Ce même édit de 1600, règle par les articles XXV, XXVI, XXVII, XXVIII, XXIX, XXX, XXXI & XXXII, les privilèges des exempts, & les fixe à différens grades militaires, à des offices & états civils, en dénommant quels font ceux qui doivent en jouir. Nous ferons connoître ci-après l'état actuel des chofes à cet égard.

A l'égard des bâtards des nobles d'extraction, l'édit en queftion, veut qu'ils ne puiffent prétendre à la nobleffe, qu'en obtenant des lettres d'annobliffement.

Les articles fuivans prefcrivent les formes de procéder les plus fommaires & les moins difpendieufes, les cas où les receveurs pourront décerner folidairement leurs contraintes contre une paroiffe.

En 1634, Louis XIII envoya dans les provinces des commiffaires chargés d'avifer au moyen de rendre la diftribution des *tailles* plus jufte & plus égale; & au mois de janvier de la même année, il intervint un édit portant règlement fur cet objet.

L'article XLII, prefcrit aux élus de s'affembler huit jours après avoir reçu leurs commiffions; & comme leurs chevauchées dans tous les lieux taillables de leur élection, doivent avoir été faites dans le mois d'octobre précédent, ils font tenus de procéder fans le moindre retardement à la répartition entre les paroiffes.

Il porte auffi, que fi les tréforiers de france, en faifant leurs chevauchées, reconnoiffent que les élus favorifent la ville où ils demeurent, ils pourront la taxer, affemblés en leur bureau en nombre fuffifant, à la décharge & au foulagement des autres paroiffes de l'élection.

Cet édit qui a pour objet principal de réduire les privilégiés, en fixe le nombre à huit dans les villes, bourgs & paroiffes qui fupportent une *taille* de neuf cents livres en principal & au-deffus; & à quatre, pour les autres paroiffes taxées au-deffous de neuf cents livres.

Six années après cet édit, en parut un autre du mois de novembre 1640, qui révoqua tous les annobliffemens accordés depuis trente années, ainfi que toute exemption de *taille*, à l'exception de celle des officiers des cours fupérieures & des chancelleries, & il fufpendit auffi, mais pendant la guerre feulement, les privilèges des officiers commenfaux des maifons du roi, de la reine & des princes de la famille royale.

L'avènement de Louis XIV au trône, fut marqué par une déclaration préparée par fon prédéceffeur, & adreffée aux cours au mois de juillet 1643.

Son préambule rappelle, qu'il avoit été député des commiffaires dans les provinces & généralités, pour faire obferver l'égalité aux départemens & affiettes des impofitions, comprendre & taxer les nobles depuis trente ans, & les officiers dont les exemptions avoient été révoquées par l'édit de 1640, enfemble les riches & puiffans, à proportion de leurs facultés, commerce & trafic, qui étoit le feul moyen de faire fubfifter les foibles, & maintenir l'Etat; que la plus grande partie des riches & puiffans, qui devroient d'eux-mêmes, par la propre confidération de leur confervation, contribuer volontairement aux grandes charges de l'Etat, étoient ceux qui y réfiftoient, & s'en exemptoient par différens moyens & prétextes; que plufieurs officiers, receveurs, commis & autres prépofés pour l'impofition & recettes des deniers, toléroient & même contribuoient aux furcharges des uns à la décharge des autres; ce qui occafionnoit des non-valeurs, des grandes violences & exactions de frais qui fe faifoient fur les communautés & les particuliers contribuables : l'objet de cette déclaration eft de faire obferver plus exactement les loix précédentes en ce qui concerne l'affiette, la levée & le recouvrement defdites impofitions.

En conféquence, l'article III ordonne que les commiffions des *tailles* feront portées au bureau des finances, où l'intendant fe trouvera, préfidera & y aura la première féance, pour, enfa préfence, faire expédier fur lefdites commiffions, les attaches & ordonnances néceffaires defdits bureaux, & les remettre incontinent, avec lefdites attaches, entre les mains de l'intendant, qui fe tranfporte enfuite dans toutes les élections de fon département, avec l'un des tréforiers de France commis par le bureau; & là, avec trois, au plus, des préfidens & élus de l'élection qu'il a choifis, ainfi que le procureur du roi & le greffier de l'élection, & le receveur des *tailles*, il doit procéder à l'affiette & département des impofitions avec l'égalité requife.

Par l'article IV , pour qu'il ne foit apporté aucun retardement aux impofitions, il eft ordonné aux préfidens & tréforiers de France de chaque bureau, de s'affembler avec l'intendant , auffi-tôt les commiffions reçues , & de nommer & déléguer fans aucune remife , un d'entre eux pour chaque élection , pour, au jour qui fera pris & convenu avec ledit intendant, fe trouver dans le lieu où l'élection eft établie , & y procéder avec les officiers dudit fiège , que l'intendant aura nommés & choifis , à l'affiette & département des impofitions avec égalité & en confcience.

Les attaches & ordonnances des bureaux fur les commiffions , doivent à cet effet, être déclarées à l'intendant , qui ordonne & affigne avec les tréforiers de France , le tems & jour qu'il pourra fe trouver au lieu de l'élection , afin que celui des tréforiers de France qui aura été délégué s'y rende au jour fixé , pour procéder , conjointement avec l'intendant , auxdites impofitions , & en appellant les officiers de l'élection qui auront été défignés.

Les tréforiers de France peuvent , fi bon leur femble , déléguer un de leur confrère, pour une feule ou plufieurs élections.

Suivant l'article V , fi les tréforiers de France font difficulté de fouffrir la préfidence & féance libre dans leurs bureaux, aux intendans , d'expédier leurs attaches fur les commiffions , & de déléguer leurs confrères dans les élections , au premier refus ou délai, les intendans expédieront feuls leurs ordonnances fur les commiffions, les feront figner par leurs greffiers , les adrefferont enfuite aux élus , & leur indiqueront le jour auquel ils procéderont avec eux, fans les tréforiers de France , aux affiettes & départemens.

Aux termes de l'article VI, les affiettes & départemens faits, font remis au greffier de l'élection , qui fait expédier les commiffions ou mandemens pour être envoyés dans chaque paroiffe ; elles font intitulées du nom de l'intendant, du tréforier de France, & des élus qui ont affifté aux affiettes.

Suivant l'article VIII, c'eft aux intendans, conjointement avec les autres officiers du département, à taxer d'office les privilégiés , dont les exemptions ont été révoquées par l'édit de 1640, & les habitans puiffans , qui par crainte ou par crédit , fe maintiennent dans des modérations ou des cottes modiques.

M. Colbert , ayant été chargé de l'adminiftration des finances en 1662, s'occupa des moyens de procurer l'exécution des réglemens déja rendus fur le fait des tailles & impofitions. Il y eut des commiffaires nommés , pour examiner ces régle-

mens , ainfi que différens mémoires qui avoient été donnés fur leur inexécution, & fur les difpofitions néceffaires, pour éviter à l'avenir les abus qui fubfiftoient encore. Le roi annonça , que fon intention étoit , que les diminutions qu'il fe propofoit d'accorder , fuffent appliquées à ceux qui avoient été furtaxés; que ceux qui fe feroient fait induement foulager , fuffent impofés fuivant leurs biens & facultés, & fur-tout de faire ceffer les procès & différends qui fe renouvelloient fans ceffe pour les nominations ou décharge des collecteurs. Ce fut pour parvenir à ces fins, que fut donnée la déclaration du 12 février 1663 : comme la cour des aides avoit apporté des modifications à fon enregiftrement, des lettres de juffion des 11 juillet & 29 décembre fuivant, fupprimèrent ces modifications, à l'exception de quelques-unes de peu d'importance.

La déclaration dont il s'agit , renouvelle à-peuprès, tout ce qui a précédemment été ordonné pour l'affiette & la répartition des *tailles* , & confirme les difpofitions du réglement de 1643, en y ajoutant diverfes claufes propres à réprimer les abus que les privilégiés en faifoient, relativement aux terres qu'ils faifoient valoir.

L'édit du mois de mars 1667, s'occupa de nouveau de ce dernier objet, en ordonnant que les eccléfiaftiques , gentilshommes & chevaliers de Malthe , ne pourroient tenir qu'une ferme par leurs mains dans une même paroiffe, & fans fraude, avec quatre charrues ; que les officiers privilégiés & bourgeois de Paris ne pourroient avoir que deux charrues chacun, & dans une même paroiffe ; fauf s'ils ont des héritages ailleurs , à les donner à ferme à gens taillables, à peine d'être cottifés eux-mêmes , par les intendans & officiers des élections , comme le feroit un fermier qui exploiteroit ces héritages.

Le réglement du 20 mars 1673, réduifit enfuite à une feule charrue, & dans l'étendue de l'élection de Paris feulement, le privilège de bourgeois de Paris ; il ordonna qu'on ne réputeroit tels, que ceux qui y feroient une réfidence actuelle au moins de fept mois par année , tenant maifon, & payant les taxes des pauvres, boues & lanternes.

En 1683, la déclaration du 16 août vint régler ce qui concernoit les tranflations de domicile.

Les habitans qui veulent d'éloger de leur paroiffe, pour aller demeurer dans une autre , feront tenus de faire publier au prône de la meffe paroiffiale leur délogement , & de le faire fignifier aux habitans en la perfonne du fyndic de la paroiffe qu'ils veulent quitter , avant le premier octobre de l'année qui précédera leur déménagement; ils doivent dans le même terme, déclarer au greffe de l'élection de laquelle dépend la paroiffe où ils voudront demeurer, la paroiffe d'où ils fortent, la fomme à laquelle ils y étoient impofés ; s'ils étoient laboureurs, ou de quelque autre profeffion, combien de charrues ils avoient & à qui elles appartiennent ; la paroiffe où ils vont s'établir, le métier qu'ils veulent profeffer, combien de charrues ils feront valoir, & de qui ils les tiendront ; il eft défendu aux élus d'accorder aucune décharge, qu'à la vue de l'extrait délivré par le greffier, de cette déclaration, à peine d'en répondre en leur propre & privé nom.

Les tranflations de domicile doivent être exécutées & jugées avec les habitans de la paroiffe que les contribuables entendent quitter avant le premier janvier, à peine de nullité, & d'être impofés dans les deux paroiffes.

Les actes de tranflation de domicile feront enregiftrés au premier octobre, dans un regiftre qui fera cotté & paraphé par le préfident & un élu de l'élection, & remis au greffier après être par eux clos le premier octobre, pour en être délivrés des extraits à ceux qui les requerront.

Ceux qui auront fatisfait aux formalités cideffus prefcrites, feront taxés pendant deux années dans la paroiffe qu'ils auront quittée, après lefquelles ils feront impofés dans celles où ils auront transféré leur domicile, à la même fomme qu'ils payoient dans la paroiffe d'où ils feront fortis.

S'ils continuent de faire valoir leurs héritages ou des fermes dans les paroiffes d'où ils feront délogés, & qu'ils exploitent en même-tems une ou plufieurs fermes dans la nouvelle paroiffe, ils feront taxés dans l'une ou dans l'autre, à proportion de la valeur de leur exploitation, pendant tout le tems qu'ils les continueront, quoique les paroiffes foient fituées dans une même élection ; ce qui aura lieu lorfqu'elles feront de différentes élections.

Ceux qui transféreront leur domicile dans une paroiffe, pour y faire valoir quelque ferme, & qui cefferont de travailler à la culture des héritages de la paroiffe d'où ils feront fortis, feront impofés une année feulement dans la même paroiffe, après laquelle ils feront taxés dans celle de leur nouvel établiffement.

Les paroiffes qu'ils auront quittées feront déchargées de leurs taux, & celles où ils auront transféré leurs demeures, chargées d'autant.

Les veuves des habitans taillables ont la liberté, par la déclaration du 24 janvier 168-, de fe choifir tel domicile que bon leur femblera, même dans Paris, & dans les autres villes franches du royaume, en le déclarant par écrit dans les quarante jours du décès de leurs maris, aux fyndics ou marguilliers des paroiffes où ils font décédés, en faifant auffi publier cette déclaration aux prônes de la meffe patoiffiale, & la faifant fignifier aux collecteurs élus pour faire l'impofition de l'année, fuivant le décès de leur mari, avant la confection des rôles.

Celles qui poffèdent des maifons ou autres héritages dans l'étendue des paroiffes où leur mari étoit taillable, font tenues de les donner à loyer, dans l'année du jour du décès de leur mari ; finon, elles feront comprifes aux rôles des *tailles*, eu égard au profit qu'elles tireront de ces héritages.

Sous le même règne, parut encore l'édit du mois d'août 1715, portant réglement général fur les *tailles*, fuppreffion, tant des annobliffemens par lettres que des privilèges de nobleffe, attribués depuis le premier janvier 1689 aux offices, foit militaires ou de judicature, police & finances ; révocation de tous les privilèges & exemptions auffi attribués à tous les offices créés, depuis le même tems, dont la première finance eft audeffous de dix mille livres ; fuppreffion des offices de fubdélégués & leurs greffiers, & de toutes les charges créées dans les élections depuis le même jour.

En faifant connoître les réglemens fucceffivement rendus fur le fait des *tailles*, nous ne devons pas oublier la lettre circulaire écrite par le Régent aux intendans de province, le 4 octobre 1715. Elle mérite d'être confignée dans un ouvrage confacré aux finances, par le fentiment qu'elle préfente, & par les inftructions qu'elle renferme.

Monfieur,.... « comme je defire rétablir l'or-
» dre dans la régie & le recouvrement des deniers
» du roi, & procurer à fes fujets, les foulagemens
» & les diminutions qu'ils font en droit d'efpérer
» de la tendreffe & de l'affection que j'ai tou-
» jours eu pour eux, j'ai cru devoir donner les
» premiers foins de ma régence à ce qui regarde les
» *tailles*. Mon intention, eft d'arrêter le cours fur ce
» point des frais exceffifs que font aux taillables, les
» receveurs, huiffiers & autres ; d'établir une
» jufte égalité dans les impofitions ; d'empêcher,
» & les vengeances que les collecteurs exercent
» contre ceux, dont ils croyent avoir lieu de fe
» plaindre, & les protections injuftes qu'ils don-
» nent à leurs parens & à leurs amis, de remé-
» dier aux non-valeurs fuppofées ; de régler les
» effets qui ne font point faififfables, enfin, de
» mettre dans ce recouvrement une forme cer-
» taine & invariable.

» Le réglement que je me propofe de faire fur
» cette matière, demande de férieufes réflexions ;

» mandez moi ce que vous croyez que je pour-
» rois ordonner de plus utile ; la connoiffance
» que vous avez dû prendre, tant des biens.&
» facultés de ceux qui font dans votre généra-
» lité, que du produit des terres & des différens
» commerces qui s'y font, vous met en état de
» me donner les avis qui me font néceffaires ;
» mais en attendant que je puiffe procurer aux tail-
» lables le foulagement que je defire, vous don-
» nerez tous vos foins dans le département pro-
» chain à détruire entièrement les abus qui fe
» font commis jufqu'à préfent.

» Je fuis informé que la liaifon qui eft fouvent
» entre les officiers des élections & les receveurs,
» donne lieu à la multiplicité des frais, qu'ils
» regardent comme des revenans-bons de leurs
» charges ; je fais que plufieurs d'entre eux em-
» ploient leur autorité, plutôt à protéger les ri-
» ches qu'à foulager les pauvres, & que les frais
» que l'on fait toujours payer par préférence à
» la taille, en empêchant ou en retardent le recou-
» vrement, qui doit préfentement fe faire avec
» plus de facilité, depuis la ceffation des fommes
» qui s'impofoient pour l'uftenfile, pour les four-
» rages, pour les voitures, & pour le rembour-
» fement ou fuppreffion de beaucoup d'affaires
» extraordinaires.

» C'eft à cet abus que je veux remédier, afin
» que les peuples jouiffent du fruit de la paix,
» en leur procurant les moyens de rétablir la
» culture & l'engrais des terres, qui eft un objet
» important à l'Etat. Et comme il eft de la
» juftice & de la piété d'empêcher l'oppreffion
» des taillables, je crois qu'il n'eft point de peine
» affez forte pour punir ceux qui voudroient s'op-
» pofer au deffein de les foulager.

» Pour concourir de votre part à ce deffein,
» vous aurez foin de me mander les noms des offi-
» ciers ou receveurs qui ne rempliront point leurs
» devoirs ; vous recevrez les plaintes des collec-
» teurs, fur l'excès des frais qui peuvent leur
» avoir été faits, & en procédant aux départe-
» mens, vous vous informerez aux officiers des
» élections, du montant des taxes qu'ils auront
» faites aux receveurs pour chaque paroiffe.

» Je me propofe, pour arrêter ces vexations,
» de faire fupporter, par les officiers des élections
» les frais qui auront taxés, & d'obliger les re-
» ceveurs de rapporter le quadruple de ceux qu'ils
» auront faits lorfqu'ils feront exceffifs. Mais
» comme je veux diftinguer ceux qui donneront
» des marques de probité, je me propofe en
» même tems, d'accorder une récompenfe chaque
» année à un ou deux receveurs en chaque gé-
» néralité, qui fe trouveront avoir apporté plus
» de ménagement dans les pourfuites.

» Vous vous informerez avec beaucoup d'exac-
» titude, fi les huiffiers employés au recouvre-
» ment, ne reçoivent point d'argent des collec-
» teurs ou autres redevables, même s'ils n'en
» exigent point. Vous aurez la même attention
» fur la conduite des receveurs des tailles &
» des officiers des élections, pour connoître s'ils
» ne reçoivent point de préfens qui les portent a
» accorder des protections injuftes, & vous ferez
» exécuter, en tous ces cas, les ordonnances avec
» une grande févérité.

» Vous tiendrez la main à ce que les collec-
» teurs, procédant par voie d'exécution contre
» les taillables, n'enlèvent point leurs chevaux
» & bœufs fervant au labourage, ni leur lits,
» habits, uftenfiles & outils avec lefquels les
» ouvriers & artifans gagnent leur vie.

» La juftice de l'impofition de la taille, étant
» mon principal objet, vous aurez foin de me
» mettre en état, par des connoiffances certai-
» nes, & par des mémoires bien réfléchis, de
» faire un réglement pour l'affeoir avec égalité,
» tant par rapport aux biens affermés que par
» rapport aux biens affermés que par
» l'on fait valoir, que par rapport au commerce
» & aux facultés des artifans & manouvriers.

» Dans l'examen des moyens, vous préférerez
» toujours ceux qui favoriferont la culture des
» terres, augmenteront le commerce & la con-
» fommation des denrées, faciliteront le recou-
» ment, & feront le moins à charge aux fujets
» du roi.

» Vous porterez toute votre attention a pré-
» venir & borner l'autorité que les officiers des
» jurifdictions & les perfonnes puiffantes exer-
» cent fur les collecteurs, pour fe procurer à
» eux ou à leurs fermiers, des cottes médiocres,
» & faire rejetter fur les autres habitans la taille
» qu'ils devroient fupporter. C'eft de-là que font
» venues les non - valeurs, la difficulté dans les
» recouvremens, les contraintes pour les foli-
» dités, la ruine enfin de plufieurs taillables. Ce
» pouvoir injufte a eu des fuites trop malheu-
» reufes, pour le laiffer fubfifter plus long-
» tems.

» La multiplicité des officiers créés depuis
» plufieurs années, & les différens privilèges de
» nobleffe & d'exemption de taille qui étoient
» attribués à leurs offices, ayant beaucoup con-
» tribué à furcharger les taillables, dont j'ai les
» intérêts extrêmement à cœur, la fuppreffion
» qui a été faite d'une partie de ces offices, doit
» tourner à leur décharge ; ainfi il eft de votre
» devoir de taxer d'office les officiers fupprimés
» à une cotte jufte, & proportionnée à leurs
» biens, fans néanmoins les furcharger.

» Defirant au furplus, de rendre publique l'intention

» tention que j'ai de travailler au foulagement des
» peuples ; fatigués depuis plufieurs années par dif-
» férentes impofitions, & voulant que tous fujets
» zélés me puiffent fournir des avis pour remédier
» aux abus qui fe font commis jufqu'à préfent,
» je fouhaite que vous envoyez des copies de
» cette lettre aux fyndics & marguilliers de toutes
» les paroiffes de votre généralité, afin que per-
» fonne n'ignore quelles font mes difpofitions
» à cet égard.

» Travaillez donc inceffamment à ce que je vous
» demande, donnez-moi des marques de votre zéle.
» Examinez les inconvéniens qui arrivent dans
» l'impofition de la *taille*, les abus qui s'y com-
» mettent & les remèdes qu'il convient d'y ap-
» porter, pour rendre aux fujets du roi la juftice
» qu'ils attendent. Vous m'engagerez par-là, à
» vous donner auprès de fa majefté des marques
» de ma protection, & de la bienveillance par-
» ticulière que j'ai pour vous ».

Le fuccès de cette lettre, dit l'eftimable auteur des *Recherches & Confidérations fur les Finances*, de qui nous l'empruntons, ne fut pas auffi
heureux qu'on avoit lieu de l'efpérer. Cependant,
comme les campagnes étoient extrêmement furchargées, l'année fuivante les *tailles* furent diminuées d'environ trois millions cinq cents mille
livres.

La lettre du régent, fut fuivie deux années après
d'une déclaration du 24 mai, & des lettres-patentes du 5 feptembre 1717, pour régler la forme
de la nomination des collecteurs des *tailles*, &
défigner les juges qui devoient connoître des conteftations qu'elle pouvoit occafionner.

Ce feroit une tâche immenfe que d'indiquer
tous les réglemens relatifs aux *tailles*, & à la nature de cet ouvrage, ne peut en comporter l'exécution. Il fuffit de rappeller les plus importans, &
ceux qui ont fixé l'état des chofes à cet égard, en
fuivant le plan que nous nous fommes fait. Si cette
méthode laiffe defirer des connoiffances plus étendues, on peut fe les procurer dans le *Code des
tailles*; ouvrage eftimable, publié en 1783, en fix
volumes in-douze, par un homme très-inftruit,
qui préfente dans l'ordre chronologique, toutes
les loix, tous les réglemens & arrêts du confeil
ou des cours qui fixent la jurifprudence des
tailles.

L'année 1723, fut l'époque d'une nouvelle déclaration du 9 août, pour remettre en vigueur
l'exécution de celle de 1717, concernant le choix
des collecteurs.

Ces réglemens ordonnent qu'il fera dreffé dans
chaque paroiffe, un tableau ou état des habitans,
fuivant lequel ils viendront chacun à leur tour,
d'année en année, à la collecte.

Ce tableau fera divifé en plufieurs colonnes,
l'une defquelles contiendra tous les habitans
exempts de la collecte, & ceux qui en doivent
être exclus par leur âge, leur pauvreté ou autre
caufe légitime.

Les habitans capables d'être collecteurs, feront
rangés en autant de colonnes qu'il y aura de
collecteurs à nommer chaque année dans les paroiffes où il eft d'ufage de n'en nommer qu'un,
deux, ou trois.

Il fera fait feulement deux colonnes dans les
paroiffes où le nombre eft de quatre collecteurs,
& trois dans celles où il eft de fix ; ils feront
pris en nombre égal dans chaque colonne ; & il
ne pourra y avoir à l'avenir plus de fix collecteurs dans une paroiffe.

Les habitans feront placés fur le tableau dans
l'ordre du tems qu'ils auront été mis pour la
première fois à la *taille*, en quelque lieu que ce
foit ; ceux qui fupporteront les cotes les plus
fortes, feront dans la première colonne, ceux
au-deffous, dans la feconde, & ceux dont les
cottes feront les plus foibles, dans la troifième.

Dès qu'un habitant qui a changé de demeure
fera taillable dans la paroiffe où il a transféré fon
domicile, il fera ajouté au tableau, pour être
collecteur, la même année qu'il auroit été chargé
de la collecte dans la paroiffe qu'il a quittée.

Les tableaux feront faits dans chaque paroiffe,
à la diligence du fyndic & des collecteurs en
charge, dans l'affemblée des habitans ; & le reco-
lement en fera fait chaque année par les collecteurs & les officiers des élections, pour ôter du
tableau les habitans décédés ou devenus hors
d'état d'être collecteurs, & y comprendre ceux
qui feront devenus fufceptibles de cette charge.

Parmi les réglemens très-multipliés qui tendent
à perfectionner l'impofition de la *taille*, en en
partageant le fardeau avec plus d'égalité & de
juftice, la diminution des exempts a été de tout
tems, un des moyens le plus fréquemment employé.

On a rapporté plufieurs exemples de l'ufage
qui en a été fait fous les règnes précédens. Ce
moyen fut encore employé en différentes conjectures critiques, où l'État avoit befoin de toutes fes reffources pour améliorer fes finances &
fatisfaire à des dettes forcées. Ainfi, la déclaration du 17 août 1757, celle du 13 juillet 1764
fufpendoient pendant la guerre, & trois années
après la paix, tous privilèges relatifs à la *taille*,
à l'exception de ceux qui font attachés aux officiers des cours & compagnies fupérieures, & à
différens grades militaires.

Enfuite l'édit du mois de juillet 1766, en rendant l'exercice de ces privilèges à ceux qui avoient droit d'en jouir, s'expliqua d'une manière positive à cet égard. Comme les difpofitions de cet édit s'exécutent encore, il eft intéreffant de les rapporter, à la fuite du préambule qui les précède & qui onnonce les vues du légiflateur.

Louis, &c. La multiplicité des offices auxquels le privilège d'exemption de *tailles* a été attribué fucceffivement, a fouvent donné lieu à des repréfentations, fur le préjudice qui en réfultoit pour les contribuables. Si les befoins de l'Etat n'ont pas toujours permis aux rois nos prédéceffeurs, de fuivre les mouvemens que leur infpiroit leur amour pour leurs fujets, ils ont néanmoins, fuivant les différentes circonftances, réduit le nombre de ces offices, ou fufpendu pour un tems limité, & quelquefois même indéfini, l'exercice de ce privilège. Louis XIV, notre augufte bifaïeul, avoit appris par une longue expérience dans le gouvernement, combien il étoit dangereux de faciliter aux contribuables les plus riches, les moyens de fe fouftraire au paiement de la *taille*, & de quelle importance il étoit de venir au fecours des autres taillables, furchargés alors du poids de l'impofition. Il voulut remédier à une partie des maux qu'ils éprouvoient, par fon édit du mois d'août 1725; & nous n'avons point ceffé depuis notre avènement à la couronne, de nous occuper du foin de leur procurer tous les foulagemens que les circonftances nous ont permis de leur accorder. Celles où nous nous trouvions en 1759, nous déterminèrent à faire rentrer dans la claffe des contribuables, ceux de nos fujets, qui, nés taillables, s'étoient affranchis par acquifition d'offices, du paiement de cette impofition, & nous annonçâmes dès lors, le defir que nous avions de fupprimer, au retour de la paix, la plupart des charges qui procurent ces fortes d'exemptions.

Ayant été informés en 1760, que nos officiers commenfaux & ceux de judicature, reconnoiffant eux-mêmes combien toute efpèce d'exploitation étoit peu conciliable avec la nature de leurs fonctions, avoient remis ces exploitations entre les mains des taillables, qui en acquittoient les impofitions; nous crûmes qu'il étoit de notre juftice de leur rendre l'exemption de *taille* perfonnelle, dont ils jouiffoient avant notre déclaration de 1759. Nous avons profité des premiers inftans de la paix, pour preferire les moyens de parvenir un jour à établir l'égalité dans la répartition des impôts, & nous n'avons pas laiffé ignorer par notre déclaration du 13 juillet 1764, que nos vues à cet égard, ne pourroient être remplies que lorfque nous aurions fait ceffer toute efpèce d'arbitraire, & mis par ce moyen nos fujets en état de fe livrer entièrement à la culture des terres & à leur induftrie.

Pour fuivre un objet auffi important, nous nous fommes fait repréfenter les titres des offices auxquels l'exemption de *taille* eft attachée : nous n'avons pu voir qu'avec peine, la difficulté de procéder dans le moment actuel à la fuppreffion de la plupart de ces charges; & que fi nous voulions attendre que nous fuffions en état de fuivre nos vues à cet égard, nous retarderions trop long-tems les fecours que nos fujets taillables attendent de nous. Le defir d'accélérer leur foulagement, nous a donc déterminé à fupprimer pour toujours, le privilège d'exemption de *taille* d'exploitation, à l'exception de celui dont jouiffent les nobles, les eccléfiaftiques, nos officiers des cours fupérieures & bureaux des finances, ceux des grandes & petites chancelleries, & à ne conferver à nos officiers commenfaux, officiers des élections, & à ceux des officiers de judicature ou de finance, qui étoient exempts de *taille*, que le privilège d'exemption de *taille* perfonnelle, qui eft en effet le feul qui doit les diftinguer des autres contribuables, & dont, par cette raifon, nous avons récompenfé en 1764 le zèle & l'affiduité des officiers de nos bailliages & fiéges préfidiaux, reffortiffant nuement en nos cours de parlement : mais voulant en même-tems rendre à ceux defdits officiers, dont le privilège d'exemption de *taille* d'exploitation fe trouvera fupprimé, & qui fe croiroient fondés à nous demander quelque indemnité, toute la juftice que nous leur devons; nous leur réfervons de nous adreffer leurs mémoires, dont nous nous ferons rendre un compte exact, à l'effet d'y pourvoir fuivant les règles de l'équité.

Nous nous fommes en même tems propofé de rendre le privilège d'exemption de *taille* perfonnelle, aux prévôts, lieutenans & exempts des compagnies de maréchauffées, qui en avoient été privés par l'édit de mars 1760, afin d'exciter de plus en plus leur zèle pour un fervice auffi effentiel à la fûreté & au bon ordre de nos provinces. Nous nous fommes fait repréfenter auffi les titres en vertu defquels les habitans des villes franches jouiffent de l'exemption de la *taille*; & quoiqu'il nous ait été facile d'appercevoir que plufieurs de ces exemptions n'avoient été accordées que pour des confidérations qui nous auroient permis de les révoquer, nous croyons devoir leur donner une nouvelle marque de notre protection, en les laiffant jouir d'une grace perfonnelle, qui ne pourra point être onéreufe à nos fujets taillables, lorfque l'exercice du privilège fera renfermé, comme il doit l'être par fa nature, dans l'enceinte des villes, & qu'il ne fera point permis à ceux qui les habitent, de partager les travaux ni l'induftrie des gens de la campagne, fans contribuer avec eux au paiement de leurs impofitions. Nous avons cru néanmoins devoir établir une diftinction en faveur des bourgeois de notre bonne ville de Paris, qui étant la capitale de notre royaume, a été de tout tems décorée de plusieurs privilèges, tant par nos rois nos prédécesseurs, que par nous. A ces causes, & autres, à ce nous mouvant, &c. voulons & nous plaît.

ARTICLE PREMIER.

Que le clergé, la noblesse, les officiers de nos cours supérieures, ceux des bureaux des finances, nos secrétaires & officiers des grandes & petites chancelleries, pourvus des charges qui donnent la noblesse, jouiffent seuls à l'avenir du privilège d'exemption de *taille* d'exploitation dans notre royaume, conformément aux réglemens qui ont fixé l'étendue de ce privilège, & en se conformant par les officiers de nos cours & ceux des bureaux des finances, à la déclaration du 15 juillet 1764, concernant la résidence. N'entendons néanmoins, que ceux des officiers de nos cours qui auroient obtenu de nous des lettres d'honoraires, lesquelles auroient été enregistrées en nosdites cours, soient tenus, pour jouir du privilège d'exemption de *taille*, à la résidence prescrite par notredite déclaration, ni obligés de faire aucun service : dispensons pareillement ceux des officiers de nosdites cours, qui y auroient servi vingt années, de l'obligation de justifier chaque année qu'ils se seront conformés à ce qui est ordonné par notredite déclaration.

I I.

Pour restreindre de plus en plus l'usage des privilèges, il ne sera accordé des lettres de nobleffe que pour des considérations importantes ; & ces lettres n'auront aucun effet, & ne pourront être présentées par ceux à qui nous aurons jugé à propos de les accorder dans nos autres cours, qu'après qu'elles auront été présentées & enregistrées en notre cour de parlement.

I I I.

Maintenons & gardons nos officiers commensaux, ceux des élections, & ceux qui parmi les officiers de judicature ou de finance, étoient exempts de *taille*, dans le privilège d'exemption de *taille* personnelle, en se conformant à la déclaration du 13 juillet 1764, par rapport à la résidence, & à condition qu'ils ne prendront aucun bien à ferme, & ne feront aucun trafic ou autre acte dérogeant à leur privilège.

I V.

Les prévôts, lieutenants & exempts des compagnies de maréchauffées, jouiront à l'avenir de l'exemption de *taille* personnelle, dans le lieu où leur service exige résidence de leur part, tant qu'ils y résideront affidument, & qu'ils ne feront pareillement aucun acte de dérogeance.

V.

Ceux qui, pour raison de la suppression de l'exemption de *taille* d'exploitation, se croiront fondés à nous demander quelque indemnité, seront tenus d'adresser leurs mémoires & pièces dans l'espace de six mois, à compter de la publication du présent édit, au contrôleur-général de nos finances, pour, sur le compte qui nous en sera rendu, y être pourvu suivant l'exigence des cas.

V I.

Les habitans des villes franches, qui jouiffent maintenant de l'exemption de *taille* en vertu de lettres-patentes émanées de nous, & dûment enregistrées en nos cours des aides, continueront d'en jouir ; mais s'ils font quelque exploitation dans l'étendue des paroiffes taillables, pour une ou plusieurs années, de quelque nature que puiffent être ces exploitations, ou s'ils y prennent quelque bien, soit à ferme générale, ou particulière, soit à titre d'adjudication, ou à quelque autre titre que ce puiffe être, ils feront imposés dans les paroiffes où lesdits biens feront situés, & où se fera ladite exploitation, pour raison du bénéfice à faire, tant sur ladite ferme générale ou particulière, que sur ladite adjudication ou convention particulière.

V I I.

Lesdits habitans des villes franches, ainsi que les officiers qui continueront de jouir de l'exemption de *taille* personnelle, qui exploiteront leurs biens propres, situés dans les paroiffes sujettes à la *taille*, soit par leurs mains, soit par celles des personnes taillables, de quelque nature que soient ces biens, tels que terres labourables, prairies naturelles ou artificielles, bois, vignes, chenevières, enclos portant revenus quelconques, moulins à blé ou à foulons, forges, usines, & autres non désignés, feront imposés dans le lieu de l'exploitation, comme tout autre exploitant, sujet à la *taille* : voulons néanmoins que les bourgeois de notre bonne ville de Paris, ne puiffent être imposés à la *taille* pour raison de leurs châteaux ou maisons de campagne, & de l'exploitation qu'ils pourront faire des clos fermés de murs, foffés ou haies joignant immédiatement lesdits châteaux ou maisons de campagne.

V I I I.

Ordonnons au surplus l'exécution de nos édits, déclarations, arrêts & règlemens ci-devant rendus sur le fait de nos *tailles*, en ce qu'il n'y est point dérogé par ces présentes. Si donnons en mandement, &c. &c.

La cour des aides, par son enregistrement de cet édit, le premier septembre 1768, y apporta quelques modifications, dont il est essentiel de rappeller les principales, comme faisant une partie intégrante de cette loi. Registré, &c. A la charge, 1°. que les officiers des cours ne feront responsables de leur résidence qu'à leurs compagnies refpéctives ; fans préjudice néanmoins de la compétence de la cour, dans le cas d'impofitions.

2°. Que conformément aux intentions dudit feigneur roi, données à entendre par fa réponfe du 17 août dernier, & à la jurifprudence conftante de la cour, la noblefle, le clergé & les officiers des cours, feront confervés dans le droit, dont ils ont toujours joui & dû jouir, de ne pouvoir être impofés à la *taille* pour tous les biens qui leur appartiennent, de quelque nature qu'ils puiffent être, que pour l'excédent des terres labourables qu'ils feroient labourer au-delà de quatre charrues.

3°. Que les ventes & adjudications des bois, prés, étangs, & autres biens de pareille nature, ne pourront donner lieu, en aucun cas, à impofer à la *taille* ceux qui les auront achetés, ou qui en auroient entrepris l'exploitation à autre titre que celui de bail à ferme.

4°. Que les officiers des élections & habitans des villes franches ne feront impofés, jufqu'au premier octobre 1769, qu'ainfi & de la même manière qu'ils l'ont été & dû l'être depuis la déclaration du 17 avril 1759.

A ces privilèges, relatifs aux *tailles*, il convient d'ajouter ceux qui ont été accordés aux membres de l'univerfité de Paris, par l'édit du mois d'octobre 1775.

La déclaration du 7 février 1768, prefcrit de nouvelles formes à fuivre dans la confection des rôles de la *taille*, afin d'y faire cefter l'arbitraire ; & l'arrêt d'enregiftrement de la cour des aides, du 5 feptembre fuivant, a joint diverfes interprétations, confirmées par fon arrêt du 5 feptembre 1770.

Pour abréger & fimplifier les procédures en matière de *tailles*, la déclaration du 27 janvier 1772, régla ce qui devoit être fait en cas de plainte de furtaux, en abus & malverfations contre les collecteurs, de tranflation de domicile, &c. Cette déclaration a été refondue enfuite dans celle du 23 avril 1778, regiftrée à la cour des aides de Paris le 5 mai fuivant. Comme cette loi appartient à la jurifprudence, c'eft au dictionnaire de cette partie à la rapporter.

Nous allons continuer de paffer en revue les principaux règlemens qui ont un rapport plus direct avec la partie de la finance, en matière de *tailles*.

Tandis que, chaque année, le légiflateur manifeftoit le defir de perfectionner l'impofition de la *taille*, & de procurer du foulagement aux campagnes à cet égard, les intendans, de leur côté, fe donnoient des foins & faifoient des tentatives dans les mêmes vues.

L'intendant de Paris ayant fait procéder à la répartition de la *taille*, d'après une méthode particulière, qui avoit eu les meilleurs effets pendant quatre années, des lettres-patentes du premier janvier 1775, enregiftrées le 27 du même mois, validèrent cette opération, commencée dès 1772 ; elles approuvèrent auffi l'établiffement de prépofés, fous le nom de *commiffaires aux rôles des tailles*, ainfi que l'inftruction qui leur avoit été donnée pour diriger leurs fonctions.

Comme il ne peut qu'être avantageux de connoître & d'établir par-tout, la méthode en ufage dans la généralité de Paris, nous nous faifons un devoir de donner cette inftruction avec le détail de tout ce qui l'a fuivie.

ARTICLE PREMIER.

Les commiffaires des *tailles* fe tranfporteront dans les paroiffes, au mois d'avril, pour y recevoir les déclarations des biens des contribuables, pour parvenir à la confection des rôles de l'année fuivante, & fe feront affifter par les collecteurs qui auront été nommés à cet effet.

II.

Ils annonceront leurs commiffions au fyndic de chaque paroiffe, au moins huit jours avant celui où ils devront s'y rendre, par un mandement qui indiquera le jour, le lieu & l'heure qu'ils auront fixés pour leur opération, & feront les fyndics anciens, & nouveaux collecteurs, tenus de s'y trouver, fous peine de vingt livres d'amende, qui fera prononcée par l'intendant & commiffaire départi ; les autres habitans feront pareillement tenus d'y comparoître ; faute de quoi leurs déclarations feront faites par le furplus de la communauté.

III.

A leur arrivée dans les paroiffes, les commiffaires feront fonner la cloche pour affembler la communauté ; ils commenceront par fe procurer des connoiffances générales fur la fituation de la paroiffe, fa population, les noms des feigneurs, & autres objets qui doivent entrer dans la rédaction de leur procès-verbal.

IV.

Ils s'enquerront particulièrement fur la nature & la qualité du territoire, pour déterminer la néceffité ou l'inutilité de faire plufieurs claffes dans l'évaluation des terres, d'après l'égalité ou la variété du fol, & ils comprendront dans chaque claffe, les noms de différens cantons dont elles doivent être compofées.

V.

Les commiffaires prendront les renfeignemens

les plus exacts fur tout ce qui pourra conduire à la jufte fixation de l'eftimation des biens impofables, ou du prix commun du loyer, relativement à chaque claffe, pour en faire leur rapport au département.

V I.

Seront tenus les commiffaires de prendre les autres inftructions prefcrites par l'édit du mois de mars 1600, celui de janvier 1634, l'arrêt du confeil du 28 février 1688, & les déclarations des mois d'avril 1761, de février 1768.

V I I.

Les commiffaires procéderont enfuite à la réception des déclarations de chaque contribuable; ils les rédigeront en préfence du déclarant, des collecteurs, & au moins des principaux habitans; ils feront figner la déclaration par le déclarant, lorfqu'il faura figner, après toutefois les avoir avertis que les déclarations doivent être exactes & fans fraude, à peine du doublement de leurs cotes, ainfi qu'il eft prononcé par les déclarations de 1761 & 1768.

V I I I.

Les déclarations de chaque contribuable contiendront, 1°. les noms & furnoms du déclarant, & fa profeffion; 2°. le détail du biens propres qu'il exploite fur la paroiffe, article par article, en diftinguant la nature des biens, & les différens cantons où ils font fitués, afin de les comprendre dans les claffes qui pourront avoir été faites; & dans le cas où la totalité de ces biens, ou partie d'iceux, feroit chargée de rente, il en fera fait mention, ainfi que des noms & demeures des perfonnes à qui elles font dûes; 3°. les biens qu'il exploite à loyer, avec la même diftinction; le prix de la location, & les noms & demeures des propriétaires; 4°. ce qu'il exploite dans es paroiffes voifines, en propre ou à loyer, avec les autres diftinctions indiquées ci-devant; 5°. la maifon dans laquelle habite le taillable, en diftinguant fi elle lui appartient en propre, ou, s'il l'a tient à loyer ou à rente; il fera fait mention du prix du loyer, ou de la rente, & des noms & demeures de ceux qui font propriétaires defdites maifons, ou créanciers des rentes; 6°. les revenus actifs, foit en loyer de maifon, de terres ou rentes de toute nature, & les noms & demeures de ceux par qui ces revenus font payés; 7°. le commerce ou l'induftrie de chaque taillable, fuivant la commune renommée & la déclaration du taillable; 8°. le déclarant fera tenu, autant qu'il fera poffible, d'appuyer la déclaration de pièces juftificatives, telles que baux, quittances, partages, &c.

I X.

Lorfque les déclarations auront été reçues, elles feront lues en préfence des fyndics, collecteurs & principaux habitans, qui pourront les contredire, & dans le cas où le déclarant n'auroit pas appuyé fa déclaration de pièces, la contradiction de la paroiffe l'emportera fur l'affertion particulière du déclarant; & fi les habitans arguoient les pièces de fraude, le commiffaire en référera à l'intendant, pour ordonner un arpentage, ou telle autre vérification qu'il jugera convenable, dont les frais feront alors fupportés par ceux des déclarans ou des habitans dont l'affertion aura été reconnue fauffe.

X.

Après la réception & la difcuffion des déclarations, le commiffaire terminera fon procès-verbal, il en fignera la minute, & la fera figner auffi par les fyndic, collecteurs & principaux habitans.

X I.

Les commiffaires feront leur rapport au département, des connoiffances particulières qu'ils auront prifes dans chaque paroiffe, pour parvenir à la fixation de l'eftimation du prix des terres labourables, & prés, fuivant les différentes claffes qui auront été convenues avec les habitans, ainfi que des jardins & chenevières, vignes, bois & autres biens; & d'après ce rapport, difcuté entre toutes les perfonnes qui affiftent au département, le prix du loyer fera fixé & fervira de bafe pour les opérations ultérieures des commiffaires.

X I I.

Après le département, les commiffaires feront, en préfence des collecteurs de chaque paroiffe, la répartition de la *taille* portée par la commiffion.

X I I I.

Chaque cote de la *taille*, dans le rôle, fera divifée en deux parties, celle de la *taille* réelle, & celle de la *taille* perfonnelle.

X I V.

La partie de la *taille* réelle fera compofée des objets fuivans, & dans l'ordre où ils feront rangés dans le préfent article, favoir: 1°. des terres labourables, prés, vignes & autres biens de cette nature qu'il exploite, foit en propre, foit à loyer: 2°. des moulins & ufines qu'il fait valoir: 3°. des dixmes ou champarts, rentes ou droits feigneuriaux qu'il afferme: 4°. de la maifon ou corps de ferme que le taillable occupe.

X V.

Le taux d'occupation des maifons fera dans l'élection de Paris, & dans toutes les villes de la généralité, au fou pour livre de la location, ou de l'évaluation comparée avec la location, pour celles qui ne font pas louées, ou dont le prix ne peut être connu; & de fix deniers pour livre feulement dans les campagnes des autres élections.

XVI.

Les moulins ou autres ufines feront impofés fuivant le prix de la redevance, aux taux de la paroiffe, fans aucune déduction.

XVII.

Les dixmes, champarts, droits feigneuriaux affermés, feront également impofés aux taux de la paroiffe, auffi fans déduction.

XVIII.

Les terres labourables, prés, vignes & autres biens de pareille nature, feront impofés uniformément, entre les mains de tous ceux qui en feront l'exploitation, au taux de la paroiffe, fuivant l'eftimation donnée à l'arpent dans la claffe où ils fe trouveront, & fans avoir égard à la redevance portée par les baux.

XIX.

La partie de la *taille* perfonnelle de chaque objet fera compofée, favoir : 1°. du revenu des moulins & ufines, & des maifons en propre, données à loyer ou occupées, fur lefquels objets on déduira le quart pour les réparations : 2°. des revenus des terres données à loyer, fuivant la redevance, ou de celles exploitées en propre, fuivant le prix du loyer des claffes dans lefquelles elles fe trouveront : 3°. des rentes actives : 4°. du bénéfice de l'induftrie : 5°. du dixième du prix des journées de la profeffion à laquelle chacun des contribuables s'adonne.

XX.

Tous les revenus ou facultés, réfultans des objets ci-deffus, feront impofés au fou pour livre, en telle manière, à l'égard des journées ; par exemple, que fi un artifan, ou un journalier eft cenfé gagner deux cents journées par an, ces journées ayant été tirées pour vingt dans l'évaluation des facultés, ce même journalier ne fera impofé qu'au prix d'une feule de fes journées ; les fermiers feront auffi impofés pour le bénéfice de leur exploitation, attendu que, ne l'étant pour les arpens de terre qu'ils cultivent, que dans la même proportion que tous les autres exploitans, & même ceux qui n'ont à eux aucuns moyens de culture, il eft jufte qu'ils contribuent perfonnellement aux charges de l'État, pour raifon des fonds qu'ils emploient à leurs exploitations, comme un commerçant à raifon des fonds qu'il met dans fon commerce ; fans quoi il fera effectivement traité comme les privilégiés, qui font exempts de la *taille* perfonnelle, & ne contribuent qu'à la *taille* d'exploitation.

L'année fuivante, le roi, par fa déclaration du 11 août 1776, annonça qu'il approuvoit que la même forme de procéder à la répartition de la *taille* dans la généralité de Paris, eût lieu pen-

---

dant fix années, pendant lefquelles fa majefté fe feroit rendre compte, avec foin, des effets qu'elle auroit produits, afin d'en étendre l'exécution. à toutes les provinces du royaume, ou d'y faire les changemens que l'expérience auroit fait reconnoître néceffaires Cette déclaration eft divifée en deux parties très-intéreffantes : la première traite de la formation des rôles, & la feconde des principes de la répartition.

De la formation des rôles.

ARTICLE PREMIER.

Les difpofitions de l'édit du mois d'août 1715, & les déclarations des 13 avril 1761 & 7 février 1768, concernant les commiffaires pour la confection des rôles de la *taille*, & impofitions acceffoires feront exécutées ; en conféquence, l'intendant & commiffaire départi dans la généralité de Paris, pourra continuer de faire procéder, foit en fa préfence, ou en préfence de tel commiffaire qu'il fubdéléguera à cet effet, à la confection des rôles des villes, bourgs & paroiffes taillables de ladite généralité, & ce, en tel nombre qu'il jugera à propos, à la charge feulement d'en faire dépofer chaque année, un état au greffe des élections, qui contiendra les noms & domiciles defdits commiffaires, & les paroiffes dont chacun d'eux fera chargé.

II.

Il fera procédé dans chaque paroiffe, dans les formes prefcrites par les déclarations des premier août 1716 & 9 août 1723, & en fuivant l'ordre des tableaux ordonnés par lefdites déclarations, à la nomination des collecteurs, dès le premier dimanche du mois d'avril de l'année qui précédera celle de l'impofition qu'ils feront chargés de percevoir, afin que les commiffaires aient plus de tems pour faire leurs travaux, & puiffent parcourir les paroiffes dans une faifon plus favorable, & où les habitans de la campagne foient le plus raffemblés. Les collecteurs nommés feront admis à fe pourvoir contre leurs nominations, dans les formes ordinaires ; mais les jugemens qui y feront relatifs, ne pourront être rendus, en première inftance, dans les élections, paffé le premier août ; & par appel en notre cour des aides, plus tard que le 7 feptembre.

III.

Lorfque les nominations des collecteurs feront faites, les commiffaires qui auront été nommés par ledit intendant & commiffaire départi, fe transporteront dans les villes, bourgs & paroiffes, pour y dreffer des procès-verbaux de l'état defdites paroiffes, & des déclarations des biens & facultés des contribuables, ou pour y faire le récollement des procès-verbaux qui auroient été rédigés précédemment : Et feront tenus à cet

effet , d'annoncer leur tranfport aux officiers municipaux des villes, & aux fyndics des paroiffes,
au moins huit jours avant leur arrivée , par un
mandement qui indiquera le jour , le lieu &
l'heure qu'ils auront choifis pour leurs opérations,
& qui fera affiché à la diligence du fyndic, à
la principale porte de l'églife paroiffiale.

I V.

A leur arrivée dans les paroiffes , les commiffaires feront fonner la cloche : feront tenus
le fyndic , les collecteurs de l'année courante &
de l'année fuivante , de comparoître devant eux,
à peine de vingt livres d'amende , laquelle fera
prononcée par l'intendant , & fera dépofée entre
les mains du receveur des impofitions , pour
être diftribuée en moins-impofé fur la *taille* de
l'année fuivante : feront tenus pareillement tous
les autres habitans , de comparoître lorfqu'il
s'agira de faire de nouveaux procès-verbaux; à
peine , par ceux des habitans qui ne paroîtront
point, d'être impofés fur la déclaration des autres habitans ; & ne pourront les non-comparans
être admis à fe pourvoir contre les impofitions
qui auront été faites , d'après les déclarations des
autres habitans , à moins qu'ils ne juftifient d'a-
voir fourni , ou fait fignifier depuis , au commiffaire , une déclaration fignée d'eux , laquelle
fera communiquée à la paroiffe avant le département , pour être par elle avouée ou contre-
dite.

V.

Les commiffaires prendront la déclaration générale des habitans affemblés , fur la fituaiton
de la paroiffe , fa population , le nom des feigneurs , fa jurifdiction, la proportion des mefures , & fur les autres renfeignemens généraux
qui leur feront néceffaires. Ils détermineront , de
concert avec les habitans , les différentes claffes
qui divifent le territoire de la paroiffe , & les
cantons , ou portions de cantons , qui doivent
compofer ces claffes. Enfin , ils fe procureront les
renfeignemens les plus exacts fur tout ce qui
pourra conduire à la jufte eftimation des biens
impofaoles , ou du prix commun des loyers des
différentes claffes , pour en faire leur rapport
au département. Seront tenus , au furplus, lefdits
commiffaires de prendre les autres inftructions
prefcrites par l'édit du mois de mars 1600,
celui de janvier 1634, & les déclarations des
mois d'avril 1761, & 7 février 1768.

V I.

Après avoir rédigé dans leurs procès verbaux
les différens objets dont il vient d'être fait mention , les commiffaires procéderont à la réception de la déclaration , foit verbale , foit écrite,
de chaque contribuable ; ils la rédigeront en préfence du déclarant , des collecteurs & des ha-

bitans , la feront figner par le déclarant lorfqu'il
faura figner ; finon ils feront mention qu'il ne
fait figner , & l'avertiront que fa déclaration doit
être exacte & fans fraude , à peine du doublement de cote.

V I I.

Les déclarations de chaque contribuable , contiendront , 1°. les noms & furnoms du déclarant,
& fa profeffion ; 2°. le détail des biens propres
qu'il exploite fur la paroiffe , en diftinguant la
différente nature des biens , & les différens cantons ou portions du canton où ils feront fitués
afin de les comprendre dans les claffes qui pourront avoir été faites ; & dans le cas où la totalité de ces biens , ou partie d'iceux , feroient
chargées de rente , il en fera fait mention , ainfi
que des noms & demeures de ceux à qui elles
font dûes ; 3°. les biens qu'il exploite à loyer,
avec la même diftinction , le prix de la location,
& les noms & demeures des propriétaires ; 4°.
ce qu'il exploite dans les paroiffes voifines , foit
en propre , foit à loyer ; avec les diftinctions
indiquées ci deffus ; 5°. la maifon dans laquelle
habite le taillable , en diftinguant fi elle lui appartient en propre , ou s'il la tient à rente ou
à loyer ; & dans les deux derniers cas , il fera
fait mention de la quotité de la rente ou loyer ,
& des noms & demeures de ceux à qui ces rentes
ou loyers font payés ; 6°. les revenus actifs,
foit en loyers de maifons , de terres , ou rentes
de toute nature , & les noms & demeures de ceux
par qui ces revenus font payés ; 7°. le commerce
ou l'induftrie de chaque taillable , dont le produit impofable fera établi d'après le gain net,
déduction de tous les frais ; fans qu'en aucun cas
les marchands puiffent être tenus de repréfenter
leurs livres & écritures de commerce : feront
inférés dans la déclaration , autant qu'il fera
poffible , l'âge du déarant , le nombre , le fexe
& l'âge de fes enfans , fon état de fanté ou d'in-
firmité , & les beftiaux qu'il a de toute efpèce.

V I I I.

Les déclarans , auront la faculté d'affurer leurs
déclarations par pièces juftificatives , telles que
baux , quittances , contrats , partages , & fur-
tout , par la repréfentation des reconnoiffances
faites aux terriers des feigneurs.

I X.

Chaque déclaration fera lue aux fyndics , collecteurs & habitans affemblés qui pourront les
contredire ; & dans le cas où il n'auroit point
roit point appuyé fa déclaration de pièces juftificatives , la contradiction de la paroiffe l'emportera fur l'affertion particulière du déclarant ;
& fi les habitans arguoient les pièces de fraude,
le commiffaire en référera à l'intendant , qui ordonnera un arpentage , ou telle autre vérification
qu'il jugera convenable , dont les frais feront

supportés par ceux des déclarans ou des habitans dont l'affertion a été reconnue fauffe. Pourra même le commiffaire, provoquer un arpentage général, qui fera ordonné par ledit fieur intendant, & dont les frais feront répartis fur ceux qui auront fait de fauffes déclarations. N'entendons néanmoins que, fous prétexte defdites vérifications, les intendans puiffent connoître des infcriptions de faux, qui feroient formées contre de certaines pièces, foit en faux principal, foit en faux incident, lefquelles ils feront tenus de renvoyer par devant les élections, & par appel en notre cour des aides.

X.

Après la réception & difcuffion des déclarations, le commiffaire terminera fon procès-verbal, en fignera la minute, & la fera figner auffi par les fyndic, collecteurs & principaux habitans ; & feront tous les procès-verbaux dreffés par le commiffaire, clos & terminés au plus tard au 15 juin de chaque année.

X I.

Lorfque les procès-verbaux de fituation des paroiffes, & des déclarations des contribuables auront été régulièrement & exactement faits; ils ne pourront être renouvellés pendant lefdites fix années; il en fera fait feulement, chaque année, par les commiffaires, un récollement en préfence des fyndic & collecteurs, auquel pourront fe préfenter les habitans qui voudront rectifier ou changer leurs déclarations, lefquelles déclarations feront contredites, s'il y a lieu, en la forme ci deffus prefcrite. Seront tenus auffi de fe préfenter, à la réquifition du commiffaire, ceux defdits habitans qu'il croira devoir appeller, pour vérifier avec eux les augmentations à faire à leurs déclarations, dont il auroit eu connoiffance particulière, & ce, à peine de fupporter ladite augmentation, fans pouvoir être admis à s'en plaindre, à moins qu'ils ne fourniffent ou faffent fignifier comme il eft ordonné ci-deffus, au commiffaire, une déclaration fignée, laquelle fera communiquée à la paroiffe avant le département.

X I I.

Lorfque les procès-verbaux de chaque paroiffe auront acquis la perfection & le degré de certitude convenables, on en formera des matrices de rôles, qui feront dépofées entre les mains de celui des taillables, qui fera choifi par les habitans, chaque rôle fera formé fur cette matrice, & on ne pourra s'en écarter, fous quelque prétexte que ce foit, à moins qu'on n'y foit autorifé par arrêt, jugement ou commiffion particulière. Sera tenu le dépofitaire de ladite matrice, de faire note des changemens qui pourroient furvenir pendant le courant de l'année, dans les poffeffions ou l'exiftence des individus de la pa-

roiffe, lefquelles feront conftatées au paffage du commiffaire, en préfence des fyndic, collecteurs & habitans ; & il en fera dreffé procès-verbal, pour être annexé à la matrice du rôle.

X I I I.

Le dépofitaire de la matrice du rôle, fera tenu d'en donner communication à chaque contribuable, toutes les fois qu'il en fera requis, & même de délivrer en papier non timbré, des extraits ou des copies des déclarations y contenues; il fera obligé auffi de fournir au bureau de l'intendant & au greffe de l'élection, copie en forme de ladite matrice, & chaque année pareillement, copie du procès-verbal des changemens qui y feront furvenus.

X I V.

D'après les procès-verbaux des commiffaires, & fur leur rapport, le prix du loyer des terres, prés, vignes, bois & autres natures de revenus, fera fixé au département, & l'état par paroiffe en fera affiché dans l'auditoire de chaque élection ; en conféquence, chaque commiffaire apportera au département les minutes de fes procès-verbaux, & les projets des rôles des paroiffes dont il aura été chargé, en y laiffant en blanc, feulement, l'impofition de la taille qui doit porter fur les fonds ; & pour les paroiffes dont les rôles n'auront pas été faits en préfence des commiffaires, les receveurs auront foin de fe procurer & de rapporter au département les roles de l'année précédente, & l'extrait certifié par le dépofitaire de la matrice du rôle, des changemens furvenus dans le courant de l'année, qui pourroient influer fur la fixation de la *taille*.

X V.

Auffi-tôt après le département, il fera procédé définitivement, foit par les collecteurs feuls, dans les paroiffes où il n'auroit point été nommé de commiffaires, foit par les collecteurs, en préfence des commiffaires, dans les autres, à la répartition du montant de la *taille* porté par la commiffion.

X V I.

Comme au moyen des principes établis, & des formes prefcrites par les préfentes, on ne pourra s'écarter des règles de la juftice, & que toutes les opérations fe réduiront à des calculs relatifs aux déclarations fignées par chaque contribuable, & avouées ou difcutées par les collecteurs & habitans, les collecteurs ne pourront fe difpenfer, fous quelque prétexte que ce foit, de figner la minute du rôle ; elle fera fignée pareillement par le commiffaire qui aura foin de la parapher à chaque page.

X V I I.

La minute du rôle fera remife enfuite aux collecteurs, fous leur reconnoiffance, pour en faire

faire faire les deux expéditions conformes à icelle, l'une pour servir au recouvrement, après qu'elle aura été vérifiée & rendue exécutoire par l'officier de l'élection à ce préposé; & l'autre pour être déposée au greffe de l'élection : & ne pourront lesdits collecteurs, sous prétexte de faire copier lesdites minutes, les garder plus de huitaine, après lequel délai ils seront tenus de les rapporter au commissaire. Faisons très expresses inhibitions & défenses auxdits collecteurs, de faire ni souffrir qu'il soit fait aucun changement auxdites minutes, de quelque nature & sous prétexte que ce soit, à peine d'être poursuivis extraordinairement comme faussaires.

X V I I I.

Lorsque les deux expéditions des rôles seront faites & signées du commissaire & collecteurs, elles seront portées par lesdits collecteurs, avec la commission, à l'officier de l'élection préposé pour en faire la vérification & les rendre exécutoires. Voulons que, conformément aux anciens règlemens, les officiers chargés de ladite vérification y vaquent sans délai, & ne puissent garder les rôles que trois jours au plus, aux peines portées par lesdits règlemens, qui ne seront regardées comme comminatoires, mais de rigueur.

S E C O N D E P A R T I E.

Des principes de la répartition.

A R T I C L E P R E M I E R.

Chaque cote de *taille*, dans le rôle, sera divisée en deux parties, celle de la *taille* réelle, & celle de la *taille* personnelle.

I I.

La partie de la *taille* réelle sera composée des objets suivans, dans l'ordre où ils seront rangés dans le présent article, savoir; 1°. des terres labourables, prés, vignes, bois & autres biens de cette nature, exploités par les taillables, soit en propre, soit à loyer; 2°. des moulins & usines qu'ils font valoir; 3°. des dîmes ou champarts, rentes ou droits seigneuriaux qu'ils tiennent à ferme; 4°. des maisons ou corps de fermes que les taillables occupent.

I I I.

Le taux d'occupation des maisons sera, dans l'élection de Paris, & dans toutes les villes de la généralité, au sou pour livre du prix de la location, ou de l'évaluation comparée avec la location, pour celles qui ne sont pas louées, ou dont le prix ne peut être connu; & de six deniers pour livre seulement, dans les campagnes des autres élections.

I V.

Les moulins & autres usines, les dîmes, champarts & droits seigneuriaux tenus à ferme, se-

ront imposés au taux de la paroisse, sans déduction.

V.

Les terres labourables, prés, vignes, bois & autres biens de pareille nature, seront imposés uniformément entre les mains de tous ceux qui en feront l'exploitation; au taux de la paroisse, suivant l'estimation donnée à l'arpent, dans la classe où ils se trouveront, & sans avoir égard à la redevance portée par les baux.

V I.

Le taux de la *taille* réelle, ou la proportion de l'imposition avec les revenus contribuables, sera fixé au département, il servira de base à l'imposition, & on ne pourra s'en écarter dans la répartition particulière.

V I I.

La partie de la *taille* personnelle, sera composée; savoir, 1°. du revenu des moulins & usines, & des maisons en propre, données à loyer ou occupées, sur lesquelles on déduira le quart en considération des réparations dont les propriétaires sont chargés; 2°. des revenus des terres données à loyer, suivant la redevance, ou de celles exploitées en propre, suivant le prix du loyer des classes dans lesquelles elles se trouveront; 3°. des rentes actives; 4°. du bénéfice de l'industrie, ou du dixième du prix des journées, de la profession à laquelle chacun des contribuables s'adonne.

V I I I.

Tous les revenus ou facultés résultans des objets ci dessus, seront imposés au sou pour livre, en telle manière, à l'égard des journées, par exemple, que si un artisan ou journalier est censé gagner deux cents journées par an, ces journées ayant été tirées pour vingt dans l'évaluation des facultés, comme journalier, il ne sera imposé qu'au prix d'une seule de ces journées.

I X.

La permission accordée par la déclaration du 17 février 1728, aux contribuables, de se faire imposer dans le lieu de leur domicile, pour les biens qu'ils exploitent dans d'autres paroisses de la même élection, ne pouvant se concilier avec la fixation de l'imposition de chaque paroisse, nous avons revoqué & révoquons par ces présentes, pour la généralité de Paris seulement, ladite déclaration du 17 février 1728 : en conséquence, ordonnons que les contribuables aux *tailles*, qui exploiteront dans plusieurs paroisses d'une même élection, seront imposés à la *taille* dans chacune desdites paroisses, pour les exploitations qu'ils y feront; à l'égard de leur cote personnelle, ils la paieront dans la seule paroisse de leur domicile, & non dans celle où ils feront seulement des exploitations.

X.

Voulons que la déclaration du 13 avril 1761, l'édit du mois de juillet 1766, la déclaration du 7 février 1758, & autres règlemens sur le fait de nos *tailles*, continuent d'être exécutés en ce qui n'est pas contraire aux présentes. N'entendant au surplus, par icelles, rien innover sur les privilèges des ecclésiastiques, des nobles, des officiers de nos cours, & de tous les privilégiés, qui continueront d'en jouir conformément aux édits, déclarations & lettres-patentes, données à cet effet.

La déclaration du 4 juillet 1781, a protogé l'exécution des opérations détaillées dans celle de 1776, pour dix années; le préambule porte, que sa majesté a vu avec satisfaction leur résultat, & que leur utilité déja reconnue ne pourra qu'augmenter encore, à mesure que l'expérience y ajoutera les différens degrés de perfection dont le plan est susceptible, que le terme de dix années paroît suffisant pour son entière exécution, & que, si des vues de sagesse déterminent sa majesté à ordonner des travaux semblables dans d'autres généralités, elle fera connoître ses intentions aux cours des aides, & se félicitera d'accélérer l'instant où les peuples pourront ressentir à cet égard de nouvelles preuves de sa bienfaisance & de sa justice.

Dans la vue de rassembler sous un seul point de vue, tout ce qui a été fait dans la généralité de Paris, relativement à l'imposition de la *taille*, nous avons présenté de suite les règlemens qui ont imprimé à ces travaux la sanction de l'autorité souveraine. Ce soin qui nous a été dicté par le désir de voir adopter en d'autres provinces le même procédé, en le combinant avec leurs ressources & leurs facultés particulières, ne doit pas nous faire perdre de vue une des plus intéressantes loi qui ait été rendue sur le fait des *tailles*, la déclaration du 13 février 1780, de laquelle nous avons déja indiqué l'objet & l'auteur au *tom. premier, pag. 391.*

C'est ici le lieu de la donner dans son entier, en y joignant ce que l'administrateur des finances, qui l'a proposée, a dit de la *taille*, dans le compte rendu au roi en 1781.

Louis, &c. En étudiant la nature & les circonstances des différens impôts qui pèsent sur nos peuples, notre attention particuliere s'est arrêtée sur la *taille* & sur la capitation taillable; & nous n'avons pu voir sans peine, que ce tribut de la partie la moins fortunée de nos sujets, s'étoit accru néanmoins dans une proportion supérieure à celle de tous les autres impôts : occupé d'en connoître la cause, nous n'avons pu nous dissimuler que la forme usitée jusqu'a présent pour l'augmentation de la *taille* & de ses accessoires, ayant

fait de cette imposition la ressource la plus prompte & la plus facile, l'administration des finances y avoit eu recours par préférence, quoique plusieurs eussent été moins onéreuses à nos peuples, & moins contraires à la prospérité du royaume.

Souvent même de cette facilité, sont nés des projets de dépenses dans les provinces, dont l'utilité n'étoit pas assez démontrée; & le second brevet de la *taille* s'est accru successivement, & presque obscurément, sans que les peuples, en sentant l'augmentation de leur fardeau, en aient été consolés, ou par ces grandes améliorations qui préparent de nouveaux moyens de richesses, ou par ces nobles entreprises qui étendent la gloire de leur souverain & l'éclat de leur patrie.

Que cependant, les taillables déja tourmentés par les variations attachées à la répartition individuelle de la *taille*, se voyoient encore annuellement exposés à ces augmentations inattendues, provenant des besoins plus ou moins passagers de la finance; qu'ainsi, nulle loi ne pouvoit être si importante à la plus nombreuse partie de nos sujets, que celle qui, en déterminant d'une manière invariable le montant de la *taille* & de la capitation dans chaque généralité, assujettiroit toute espèce d'augmentation aux formes qui sont nécessaires pour toutes les autres impositions, & que si, dans aucun tems, l'administration des finances avoit à nous proposer des contributions nouvelles pour le besoin de l'Etat, elle ne fût jamais guidée dans son choix, par des motifs étrangers au bien de nos peuples.

En exécutant ce plan de bienfaisance, nous avons pris pour base de la fixation de la *taille* & de la capitation dans chaque généralité, les impositions de 1780, parce que, malgré la guerre, elles sont encore les mêmes qu'en 1779; & nous trouverons dans la diminution successive de quelques dépenses actuellement comprises dans le second brevet de la *taille*, le dédommagement de celles de même genre, auxquelles nous serions dans le cas de pourvoir.

Quoi qu'il en soit, nous déclarons que nous ne voulons plus à l'avenir, que la fixation de ces impositions puisse être changée, si ce n'est par des loix enregistrées dans nos cours; & à cet effet, nous ferons déposer, chaque année, aux greffes de nos chambres des comptes & de nos cours des aides, une expédition du brevet général de la *taille* & de la capitation, afin que l'exécution fidelle de notre volonté puisse être facilement suivie & constamment reconnue.

Nous voulons cependant que la partie de ces impositions, destinée à des objets particuliers, y soit toujours appliquée, & qu'il en soit rendu comme ci-devant, un compte distinct à nos chambres des comptes.

Nous continuerons d'ailleurs, à venir au fe-cours de chaque généralité, foit par des dimi-nutions locales & partielles, fous le nom de *moins-impofé*, foit par des fonds deftinés aux travaux de charité.

Nous nous réfervons encore d'examiner un jour dans notre fageffe, fi les proportions de la *taille* & de la capitation, établies entre les diffé-rentes généralités, font les plus conformes à leur richeffe refpective; mais, fi cette étude nous engage jamais à faire quelque changement dans la répartition de ces impofitions, nous l'ordon-nerons par une loi femblable à celle - ci, afin que nos motifs foient toujours manifeftes; &, c'eft encore fous ce point de vue, que nous avons fenti l'avantage de fixer dans chaque généralité, le montant de la *taille* & de la capitation d'une manière authentique. Nous avons également ap-perçu que ce préliminaire étoit indifpenfable, dans le deffein où nous fommes de nous occuper à la paix, & pour le bonheur de nos peuples, de la gabelle, des traites, & des droits d'aides : car fi en tendant à cette fimplicité & à cette uni-formité, fi néceffaires pour la profpérité de la France, nous étions obligés d'établir une ba-lance & des compenfations, foit en augmen-tant, foit en diminuant dans quelques généralités, les impofitions territoriales & perfonnelles, com-ment pourrions-nous donner à nos difpofitions, ce caractère évident de juftice dont nous fommes jaloux, fi la *taille* & la capitation taillable, cette partie effentielle des impofitions des cam-pagnes, dépendoient à préfent d'une détermination arbitraire & variable ? Et comment établirions-nous, au milieu des foupçons & de l'obfcurité, un fyftême de bienfaifance, qui ne doit s'appuyer que fur la perfuafion & la con-fiance ?

Loin de nous donc, cette crainte de la lu-mière & de la vérité, & fur-tout, la moindre défiance d'adreffer nos loix de finance à l'enre-giftrement de nos cours ! comme fi le fecours de leurs obfervations, les éveils de leur zèle, pou-voient jamais nous être inutiles ou indifférens ! ou comme fi ce pouvoit être un obftacle à l'exé-cution de notre volonté, au moment où elle fe-roit fuffifamment éclairée ! Ainfi, c'eft fans au-cune inquiétude & avec une pure fatisfaction, que nous rendons aujourd'hui une déclaration conforme à ces principes, & qu'en témoignant à nos cours notre confiance, nous donnons à nos fidèles fujets, une preuve fenfible du foin que nous prenons de leur tranquillité & de leur bonheur. A ces caufes, &c. voulons & nous plaît ce qui fuit :

ARTICLE PREMIER.

A compter du département des impofitions

de 1781, il ne fera plus arrêté en notre confeil pour les généralités des pays d'élection & pays conquis, qu'un feul brevet général, qui compren-dra avec la *taille*, impofition ordinaire ou fub-vention, fuivant les différentes dénominations ufitées dans les provinces, les différentes impo-fitions qui fe répartiffent chaque année au mar-la livre d'icelles, ainfi que la capitation, les quatre fous pour livre additionnels, & les im-pofitions réparties au marc la livre de ladite ca-pitation. Le montant de ce brevet général, de-meurera invariablement fixé à la fomme impofée pour cette année; & fi nous jugeons jamais nécef-faire de l'augmenter, ou pour les befoins de notre royaume, ou par des confidérations d'utilité publique, nous ferons connoître nos intentions à nos cours dans les formes ordinaires.

I I.

La divifion defdites impofitions, reftera telle qu'elle eft actuellement, jufqu'à ce qu'étant affu-rés des difproportions qui peuvent exifter dans les contributions & les reffources refpectives de nos provinces, nous ayons pu prendre les me-fures convenables pour faire ceffer ces mêmes difproportions, & établir entre les généralités, & même entre les contribuables, l'égalité qui doit être la bafe de toute répartition. Les chan-gemens que nous ordonnerons alors, ne feront faits qu'en vertu de lettres-patentes, également enregiftrées en nos cours.

I I I.

Nous voulons que la capitation de la nobleffe, des privilégiés, des officiers de juftice, des em-ployés, des habitans des villes franches & abon-nées, & qui fait partie du brevet général, con-tinue de tourner à la décharge de taillables, & qu'il en foit arrêté en conféquence, comme par le paffé, des rôles en notre confeil. Voulons même, que dans le cas de réduction dans le nombre des privilégiés, officiers de juftice & employés, foit de révocation des exemptions perfonnelles, ou abonnemens de quelques-unes des villes franches ou abonnées, les taillables recueillent le fruit de ces réformes, qui augmen-teront le nombre des contribuables à la portion du brevet général que fupportent lefdits tailla-bles.

I V.

Les contribuables continueront de jouir des bienfaits & des fecours que nous leur avons tou-jours accordés, tant par les remifes fur la *taille*, que par l'établiffement d'ateliers de charité, & nous nous ferons rendre compte à cet effet, cha-que année, de la fituation exacte de nos provin-ces, afin d'y proportionner fans ceffe les foula-gemens dont elles auront réellement befoin.

V.

Au moyen de cette fixation générale, nous continuerons de pourvoir au paiement de toutes les dépenses qui s'acquittent actuellement dans lesdites provinces, n'exceptant desdites dépenses, que les reconstructions & réparations d'églises ou presbytères, & autres charges locales, qui étant précédées de la délibération des communautés, continueront d'être autorisées par notre conseil, lorsque la nécessité ou l'utilité en auront été suffisamment constatées : Voulons que pour toute autre espèce de dépense, il ne puisse être fait ni ordonné d'imposition sur les taillables, qu'en vertu de lettres-patentes enregistrées en nos cours.

V I.

Afin que rien ne puisse déranger à l'avenir un ordre aussi essentiel, pour le bonheur & la tranquillité de nos peuples, nous voulons & ordonnons que le double brevet général, divisé par généralités, & qui ne pourra excéder les sommes imposées en 1780, soit désormais adressé chaque année à nos chambres des comptes & cours des aides ; & l'extrait dudit brevet, relatif à chaque généralité, sera envoyé aux bureaux des finances.

V I I.

A compter de l'année prochaine, les états de nos finances qui s'arrêtent annuellement en notre conseil, seront composés en recette dudit brevet général, & l'emploi de ladite recette, sera justifié par les quittances du garde du trésor royal, & par les pièces probantes des dépenses annuelles & accidentelles que nous aurons ordonnées ; de manière que la recette & la dépense desdits états puissent se balancer exactement. Il en sera usé de même dans les états au vrai de l'année 1781, des receveurs généraux de nos finances, &c. &c. Donné à Versailles le 13 février 1780.

Les dispositions du premier article de cette déclaration, ont été confirmées par une autre déclaration du 17 décembre 1782, qui a fait quelques changemens à l'article VII, relativement à la composition des états des finances.

Nous parlerons des autres dispositions de cette déclaration de 1782, aux divers articles qu'elles concernent.

On croit avoir proposé à votre majesté, une loi majeure pour le bien de ses peuples, en l'engageant à fixer la *taille*, la capitation taillable, & tous les autres accessoires de la *taille*. J'ai vu que cet impôt, le plus à charge de tous, aux habitans des campagnes, s'étoit élevé dans une proportion supérieure à tous les autres, & que chaque année il s'accroissoit encore ; j'en ai trouvé facilement la raison, en remarquant que c'étoit le seul impôt qu'on pouvoit augmenter obscurément, ou du moins sans aucune forma-

lité gênante, & par un simple arrêt du conseil ; rendu souvent à l'insçu même du souverain ; dèslors, on conçoit aisément comment, dans toutes les pénuries d'argent qui n'ont cessé de régner dans la finance depuis tant d'années, il étoit plus commode de recourir à cette ressource, tandis qu'à formes égales, on eut le plus souvent préféré des moyens différens.

Je crois donc que c'est un rempart perpétuel établi pour la protection des campagnes, & un bienfait éminent de votre majesté envers elles, que d'avoir assujetti l'augmentation des accessoires de la *taille*, aux mêmes formalités que tous les autres impôts. Votre majesté n'a point été arrêtée par l'idée de soumettre à l'enregistrement de ses cours, ce qu'elle ordonnoit auparavant par un arrêt de son conseil ; & dans cet acte d'une véritable grandeur, vos sujets ont reconnu également & votre justice & votre puissance.

Cependant, au moyen de cette disposition bienfaisante, un ministre des finances, qui se verra forcé d'augmenter les revenus de votre majesté, ne sera point déterminé dans le choix des moyens, par des considérations étrangères au bien de vos peuples. D'ailleurs, ces accroissemens de la *taille*, quelques considérables qu'ils aient été par la succession des années, n'offrent jamais, pour le moment, qu'une foible ressource, & elle ne peut avoir de prix que pour un ministre des finances, qui ne préparant rien à l'avance, laisse le trésor royal au milieu de la paix dans un continuel embarras.

Après avoir ainsi fixé la *taille* & la capitation taillable dans chaque généralité, il restera un jour un grand bien à faire, & qui sera l'ouvrage de la justice & de la puissance, il faudra s'efforcer d'établir des proportions égales entre les provinces, & déja l'on apperçoit comment les dispositions de votre majesté, relativement à la *taille* & à la capitation, faciliteront cette entreprise, & l'étayeront de la confiance si nécessaire au succès. En effet, comment rendre sensible la justice d'une distribution d'impôt, tant que la somme de cet impôt est arbitraire ou changeante ? On n'auroit aucun moyen de persuader que l'augmentation portée dans telle province, seroit balancée par une diminution équivalente dans telle autre, & les intentions bienfaisantes de votre majesté seroient souvent obscures & calomniées. Je crois qu'on ne sauroit trop le dire ; ou il faut renoncer aux grandes choses, ou il faut les préparer par des moyens simples & ouverts ; les hommes, & sur-tout les contribuables, on les à tant trompés, qu'une longue suite de franchise & de loyauté, pourra seule triompher de leurs soupçons & de leur défiance.

Un autre objet digne de l'intérêt de votre majesté, & de l'attention de ses ministres, c'est de perfectionner la répartition individuelle de la *taille*. L'on a fait un essai dans la généralité de Paris, qui peut être susceptible de perfection, mais dont les principes paroissent raisonnables. Cette nouvelle méthode consiste principalement dans une première instruction, sur l'étendue de toutes les terres cultivées d'une paroisse ; on les divise ensuite en différentes classes, dont les proportions sont fixées par les taillables eux-mêmes; alors chacun d'eux fait la déclaration du nombre d'arpens qu'il possède ou qu'il exploite ; & comme tout recèlement particulier fait tort à la masse des contribuables, chacun devient partie contre le déclarant infidele, & la vérité s'établit par le plus simple & le plus puissant des moyens, celui de l'intérêt personnel. Enfin, lorsqu'il survient des contestations entre le particulier & le reste de la communauté, l'on arpente, & les frais sont payés par ceux des deux parties dont la prétention s'est trouvée fausse ; c'est à-dire, par le contribuable, s'il a diminué, dans sa déclaration, le nombre de ses arpens, ou par la paroisse, si elle a contredit cette déclaration mal-à-propos ; & il se forme une sorte de cadastre, sans frais & sans contrainte, mais par le seul effet du désir de l'égalité.

La répartition entre les contribuables une fois établie, les proportions de paroisse à paroisse deviendroient plus faciles à régler, puisqu'on acquéreroit de nouvelles notions à cet égard, en comparant l'impôt qu'on paye dans ces différens lieux, pour un arpent d'un produit semblable.

Indépendamment de la *taille* réelle & de la *taille* d'exploitation, qu'on peut ainsi répartir d'après des principes fixes, il existe encore une *taille* appellée personnelle, & qui dépend, non de la propriété territoriale, mais des autres facultés des contribuables. Celle-ci est beaucoup plus difficile à régler, & quelque soin qu'on y apporte, quelque modification qu'on adopte, la répartition de cette espèce de *taille*, ne pourra jamais avoir pour base qu'une opinion plus ou moins éclairée, & il seroit à désirer que l'on pût renoncer à cette espèce d'imposition, ou parvenir à la dénaturer ; car il faut regarder comme contraires à l'ordre & au bonheur public, toutes celles dont la mesure & les proportions sont arbitraires. Mais quand les impôts sont extrêmement multipliés ; quand il n'est aucune partie qui n'ait besoin de ménagement, il faut des tems tranquilles, & sur-tout de l'aisance, pour entreprendre de grands changemens, quelques pressans qu'ils soient aux yeux de la raison.

L'imposition générale de la taille présente quatre sortes de répartitions.

La première, entre les vingt généralités des pays d'élection.

La seconde, entre les différentes élections de chaque généralité.

La troisième, entre les paroisses dont chaque élection est composée.

La quatrième, enfin, entre les contribuables de chaque paroisse.

La première s'arrête, comme le porte la déclaration de 1780, avec les accessoires de la *taille*, & avec la capitation, par un seul brevet arrêté au conseil, & signé du roi. On en fait ensuite deux extraits pour chaque généralité, dont l'un est adressé à l'intendant, & l'autre aux officiers du bureau des finances ; ils doivent se concerter avec l'intendant, & donner leur avis sur l'objet de cette répartition.

Lorsque cet avis est parvenu au conseil, des lettres-patentes sont expédiées, en forme de commission, adressée aux intendans, aux trésoriers de France, & à chaque élection.

Cette commission rappelle les principales dispositions des règlemens, d'après lesquelles l'assiette & la répartition de la *taille* doivent être faites, & les quatre termes dans lesquels l'imposition doit être payée, par portions égales.

Le premier quartier est exigible au premier décembre;

Le second au dernier février;

Le troisième au dernier avril ;

Et le quatrième au premier octobre.

On voit, par cette distribution, que l'année de la *taille* est fixée d'octobre en octobre; ce qui a été ainsi réglé à cause des récoltes & des travaux de la campagne ; mais, malgré la fixation de ces termes de paiement, au moyen des traités que le ministre des finances fait avec les receveurs généraux, & ceux-ci avec les receveurs des *tailles*, les taillables ont, pour s'acquitter, depuis dix-huit mois, jusqu'à vingt-un & vingt-quatre, suivant les usages établis dans chaque généralité, en raison des ressources & des circonstances.

La commission porte encore, qu'il sera imposé sur les contribuables aux *tailles*, de chaque paroisse, six deniers pour livre de toutes les sommes imposées, qui sont attribués aux collecteurs pour frais de recouvrement; moyennant cette taxation, ils sont responsables, en leur propre & privé nom, envers les receveurs des *tailles*, des deniers de leur collecte.

Après le vœu que nous avons annoncé ci-devant, pour voir adopter dans tout le royaume le procédé établi dans la généralité de Paris, pour l'imposition de la *taille*, il nous paroit inutile d'entrer dans le détail de toutes les opérations qui précédent actuellement l'assiette de cet impôt. Mais il convient d'observer, que quoique la répartition de la *taille* ait été faite avant le mois d'octobre, il est des cas où le roi accorde une diminution qu'on appelle le *moins-impoſé*. A cet effet, tous les ans, au mois de juillet, les tréſoriers de France font des chevauchées dans les élections, pour y prendre connoiſſance de l'état des récoltes, & en évaluer le produit par eſtimation, c'eſt-à-dire, par pleine année, deux tiers d'année, demi année, & quart d'année.

Ils doivent auſſi conſtater les accidens de toute nature, qui ont pu arriver dans l'élection, en dreſſer procès-verbal, qu'ils rapportent au bureau des finances ; lorſque tous ces procès-verbaux font réunis, on les adreſſe au miniſtre des finances.

Les intendans, de leur côté, ſe font remettre des renſeignemens ſur les apparences des récoltes de toutes les paroiſſes de leur généralité, d'après leſquels ils forment un état général de ſituation, & ils y joignent leur avis ſur la diminution qu'ils jugent néceſſaire d'accorder.

Le miniſtre des finances fait enſuite le rapport au conſeil de ces procès-verbaux & états, & il eſt en conſéquence ſtatué ſur le *moins-impoſé* à accorder à chaque généralité.

Cette faveur, une fois fixée, un arrêt du conſeil eſt expédié pour chaque province ; il porte, que quoique le brevet de la *taille* monte à telle ſomme, il ne ſera néanmoins impoſé dans telle généralité, que la ſomme de .... Chacun de ces arrêts s'envoye à l'intendant qui fait la diſtribution du moins-impoſé, ſur chaque élection, relativement à leur poſition, après la confection des rôles.

La répartition de ce moins impoſé ſe fait enſuite ſur les paroiſſes de l'élection, & ſur les contribuables de ces paroiſſes, à proportion des pertes & accidens qu'ils ont ſoufferts, par les ordonnances de l'intendant. Si tous les habitans d'une paroiſſe ont éprouvé les mêmes accidens, le montant de la remiſe eſt réparti au marc la livre de la *taille*, en diminution de toutes les cotes de la paroiſſe.

Mais s'il n'y a qu'un petit nombre d'habitans, qui ſoit dans le cas d'obtenir grace, l'ordonnance de l'intendant eſt rendue au nom de ces particuliers, & les collecteurs ſont tenus de la recevoir en déduction de la cote de *taille* de ces habitans ; de leur côté, les receveurs des *tailles* prennent auſſi ces ordonnances pour comptant ; & ils en donnent des quittances particulières aux collecteurs.

Ces mêmes ordonnances de remiſe font paſſées, par les receveurs des *tailles*, aux receveurs généraux des finances, qui les joignent au compte qu'ils rendent au conſeil, par états au vrai.

L'article VI de la déclaration du 27 décembre 1782 porte, que la diſtribution de la diminution accordée par le roi, ſur la *taille* de chaque généralité, continuera d'être faite par les intendans, & d'être homologuée par un arrêt du conſeil, dont une expédition ſera rapportée par chacun des receveurs généraux, au jugement de ſon compte, avec des certificats de *non ſoluto*, ſigné de deux officiers de chaque élection ; leſquels certificats conſtateront ce dont chaque communauté aura réellement profité dans ladite diminution, dont les rôles, & par élection, & par paroiſſe ou communauté, arrêtés par leſdits intendans, ainſi que celui de la diſtribution faite dans chaque paroiſſe, par les ſyndics & collecteurs, ſeront dépoſés au greffe de chaque élection, avec les rôles de l'impoſition.

Il reſte encore à rendre compte de deux opérations qui font partie du département de la *taille* : ce ſont les rejets ou réimpoſitions, & les taxes d'office.

Les mots rejet & réimpoſition ſont ſynonimes ; & ſignifient que lorſqu'une cote a été rayée ou modérée, pour en rembourſer celui qui a obtenu la décharge ou la modération, il faut que la même ſomme, qui avoit été précédemment impoſée, ſoit réimpoſée ; ainſi, ce n'eſt point une nouvelle impoſition. Comme il ne doit jamais y avoir, en fait de *taille*, de non-valeur au préjudice du roi, il eſt néceſſaire que les collecteurs acquittent, entre les mains du receveur, le montant du rôle ; & la décharge ou modération n'eſt accordée à celui qui s'eſt pourvu pour l'obtenir, qu'à la charge de payer proviſoirement, ſauf ſon rembourſement, par la voie de la réimpoſition, dans l'année qui ſuit celle où il a payé.

Si néanmoins, & c'eſt le ſeul cas d'exception, les collecteurs ont fait l'impoſition en contravention à des jugemens obtenus par celui qu'ils ont mal-à-propos impoſé, ils ſe mettent alors dans le cas d'être condamnés perſonnellement à l'avance de la cote ; & comme elle a profité au général de la paroiſſe, la réimpoſition s'en fait à leur profit.

On compte quatre objets ordinaires de réimpoſition, ou rejet.

Le premier est celui qui est fait pour une cote dont le taillable a été entièrement déchargé.

Le second, pour une portion de cote, dont le taillable à été seulement modéré, en conséquence d'une demande en sur-taux.

Le troisième est celui qui se fait au profit des collecteurs, pour des non-valeurs qui se sont trouvées dans leurs rôles, & dont ils ont été obligés de faire l'avance. Ces non-valeurs proviennent de cotes que les collecteurs n'ont pu recouvrer, soit parce que les débiteurs sont morts, insolvables, soit parce qu'ils ont fait banqueroute, sans qu'il y ait ni faute, ni négligence des collecteurs, autrement la perte seroit à leur charge, & la réimposition ne leur seroit point accordée.

Le quatrième rejet se fait au profit des receveurs des *tailles*, pour solidité.

La solidité est un droit que les receveurs des *tailles* exerçoient sur les paroisses, lorsqu'un collecteur avoit fait banqueroute, ou diverti les deniers de sa recette. Le receveur, en ce cas, avoit le droit de faire assigner la paroisse en solidité, & lorsqu'elle étoit jugée, de prendre, dans le nombre des taillables, cinq ou six, à son choix, & de les contraindre, par corps, au paiement de ce qui avoit été diverti par les collecteurs. Ce droit de solidité, contre une paroisse en général, & contre un nombre d'habitans en particulier, venoit de la faculté qu'ont les habitans de nommer eux-mêmes les collecteurs, dont ils sont, par cette circonstance, civilement responsables. Et comme il en eût coûté trop de frais, si tous avoient été à la fois poursuivis, le receveur des *tailles* avoit la liberté d'asseoir la solidité sur ceux qu'il vouloit choisir; & ensuite la demande en solidité étoit convertie en une réimposition sur la communauté, dont chaque membre supportoit sa portion.

Ces contraintes solidaires ont été abolies par la déclaration du roi, du 3 janvier 1775, excepté dans le seul cas de rebellion. Voici les articles principaux de ce règlement.

ARTICLE PREMIER.

Il ne sera plus décerné de contraintes solidaires contre les principaux contribuables des paroisses, pour le paiement de nos impositions, que dans le seul cas de rebellion, jugée contre la communauté; voulons que les receveurs, même dans ce cas, soient tenus d'en avertir par écrit, les sieurs intendans & commissaires départis dans les provinces, afin qu'ils puissent employer l'autorité que nous leur avons confiée, pour rétablir l'ordre & la subordination, &

prévenir, s'il est possible, la nécessité de ces poursuites.

I I.

Ordonnons l'exécution des déclarations des premier août 1716, 24 mai 1717, & 9 août 1723, concernant la nomination des collecteurs; enjoignons aux sieurs intendans, conformément à l'article XIII, de la déclaration du 9 août 1723, de choisir dans le nombre de ceux qui sont compris dans les états qui leur seront remis exactement chaque année, les plus hautes impositions à la *taille* pour faire les fonctions de collecteurs, & de les nommer d'office dans les paroisses où il n'aura point été fait de nomination, ou dont les habitans nommés, seront insuffisans pour faire la collecte.

I I I.

Dans le cas où les collecteurs nommés par les paroisses, ou ceux qui le seront d'office par lesdits sieurs intendans, conformément au précédent article, refuseroient ou négligeroient de faire l'assiette des impositions & le paiement d'icelles, dans les termes prescrits par les règlemens, ils seront contraints à les payer par les voies ordinaires, & suivant les formes établies par lesdits règlemens.

I V.

En cas d'insolvabilité desdits collecteurs, après discussion sommaire de leurs meubles, & procès-verbal de perquisition de leur personne, fait à la requête des receveurs des *tailles*, lesdits receveurs se pourvoiront pardevers lesdits sieurs intendans, pour obtenir la réimposition des sommes qui leur seront dues par les paroisses, lesquelles réimpositions, après que leurs demandes auront été communiquées aux habitans, & que ceux-ci auront été entendus, seront faites au prochain département, tant de la somme principale, que des intérêts & des frais légitimement faits par lesdits receveurs, sur tous les contribuables desdites paroisses.

V.

Laissons à la prudence des sieurs intendans, dans le cas où la somme dissipée seroit trop forte pour pouvoir être imposée en une seule année, sans surcharger les contribuables, d'en ordonner la réimposition en principal & intérêts, en deux ou plusieurs années.

V I.

Les sommes réimposées seront payées dans les mêmes termes que l'imposition de l'année où la réimposition en auroit été faite, & les intérêts en courront au profit du receveur, à compter du jour où l'insolvabilité des collecteurs aura été constatée dans la forme ordinaire, jusqu'au temps marqué pour les paiemens.

VII.

La même réimposition aura lieu, & sera faite dans la même forme, au profit des principaux contribuables qui auront été contraints solidairement dans le cas de rebellion seulement, au paiement des impositions dues par les paroisses.

VIII.

Dérogeons à tous édits, déclarations, arrêts & règlemens, qui pourroient être contraires à ces présentes : si donnons en mandement, &c.

Il est défendu aux officiers de l'élection, par la commission des *tailles*, de faire aucun rejet ; & pour être pourvu à ceux qui auront été ordonnés, les arrêts des cours des aides, & les sentences qui adjugent les rejets pour décharges, ou pour modération de taux, ou pour solidité jugées & exécutées, ou autres deniers, doivent être représentés à l'intendant procédant au département des *tailles*, pour en faire l'imposition jusqu'à concurrence seulement du cinquième du principal de la *taille* que portera la paroisse, conformément à l'article II, de la déclaration du 13 avril 1761.

Les taxes qu'on appelle d'office, & qui se font dans le cours du département, sont de différens genres.

La première espèce des taxes d'office, est celle qui regarde les particuliers à qui ce privilège a été accordé par des charges relatives aux finances, ou à la police publique ; charges qui n'exemptent point de *taille*, ou qui concerne les commis & employés à la perception des droits du roi L'utilité des fonctions des uns ou des autres ne permet pas de laisser leur taxe à la discrétion des collecteurs & asséeurs, de crainte qu'ils ne les surchargent, ce qui occasionneroit sans cesse des procès pour faire réformer leurs cotes.

La seconde espèce de cote d'office, est relative à ceux qui, par crédit & autorité dans une paroisse, ont trouvé le moyen de s'exempter de la *taille*, ou de ne payer qu'une somme peu proportionnée à leurs facultés.

La troisième espèce, est pour ceux qui, étant taillables, se sont retirés dans une ville franche, tarifiée ou abonnée, où ils doivent demeurer taillables pendant dix ans par droit de suite.

La quatrième, est pour les incendiés ou autres taillables qui ont soufferts des pertes considérables, lesquels sont, dans ce cas, imposés d'office à une somme modique, & inférieure à celle qu'ils portoient les années antérieures, ce qui forme une exception à l'article de la commission, qui défend de faire des cotes d'office en diminution de celles faites par les rôles des trois années précédentes ; mais l'expression qui est faite

du motif, met l'exception à l'abri de toute critique.

La cinquième, est celle que l'on fait sur les habitans qui font valoir dans une paroisse autre que celle de leur domicile.

Il y a encore d'autres espèces de taxes d'office, qui se font pour des cas particuliers, & toujours dans l'esprit des règlemens qui ont été rappellés précédemment.

Comme les cottes d'office font partie du rôle qui doit être pour la paroisse, il est nécessaire que les collecteurs en aient connoissance, & c'est pour cette raison que la commission ordonne qu'il en sera fait mention sur les départemens de l'élection, & sur le mandement de la paroisse.

La fixation des cotes d'office en chaque élection tirant son origine de plusieurs années, lorsqu'il s'agit du département de la *taille*, on forme un état à neuf colonnes, qui ont chacune leur destination.

Dans la première, on place le nom de la paroisse, la *taille* qu'elle portoit l'année précédente, & le taux de la *taille*.

Dans la seconde, le nom & la qualité des taxés d'office.

Dans les troisième, quatrième & cinquième, les cotes qu'ils avoient les trois années antérieures.

La sixième, comprend le détail des biens, tenures, loyers & facultés des taxés d'office.

La septième, ce que chacun de ces objets doit porter de *taille*, par proportion au taux de la paroisse.

Dans la huitième, l'intendant fixe la cote d'office pour l'année suivante.

Mais, comme il peut arriver que dans l'opération générale, la paroisse du taxé d'office soit augmentée ou diminuée, & qu'il est juste qu'il participe à l'augmentation ou à la diminution, on en fait un marc la livre, que l'on porte en diminution ou augmentation sur chaque cote d'office, la neuvième colonne reçoit la cote de chaque taxé d'office, telle qu'elle résulte de la répartition de ce marc la livre, ce qui forme la cote effective.

Lorsque le net de chaque cote d'office a été tiré en ligne, on en forme un rôle, dont les sommes sont portées en toutes lettres, & qui est signé par l'intendant, par les trésoriers de France, qui assistent au département, & par les officiers de l'élection. Il s'en fait trois expéditions, dont

dont l'une refte au fecrétariat de l'intendance, une autre entre les mains du greffier de l'élection, pour qu'il puiffe délivrer des extraits de chaque cote d'office aux particuliers qui en demandent. La troi-fième expédition eft remife au receveur des *tailles*, pour qu'il foit en état d'en faire le recouvre-ment. Il eft à propos d'obferver à ce fujet, que quoique les receveurs des *tailles* n'aient point à faire aux contribuables pour le recouvrement de l'impofition faite fur la paroiffe, mais feulement aux collecteurs, qui font civilement refponfables & par corps, des cotes qu'ils font dans leurs rôles, il ne feroit pas jufte qu'il le fuffent des taxes d'office, auxquelles ils n'ont aucune part; d'ailleurs, comme le taxé a eu le crédit de s'exempter de la *taille*, de fe faire impofer à une fomme modique, il auroit également celui de fe fouftraire au paiement, s'il n'étoit pourfuivi que par les collecteurs. Pour prévenir cet inconvé-nient, la commiffion ordonne que les taxes d'of-fice feront directement payées au receveur des *tailles*, qu'elle charge à cet égard, de décerner les contraintes néceffaires contre les redevables; enfin, les fix deniers pour livre de taxation, font retranchés aux collecteurs, quant aux cotes d'of-fice; & font attribués aux receveurs, qui par cette circonftance deviennent garants, au lieu des col-lecteurs, de ce recouvrement; auffi la commiffion porte-t elle, qu'ils en demeureront refponfables fans répétition contre les paroiffes.

Ceux qui ont été taxés d'office ne peuvent fe pourvoir par oppofition que devant l'intendant : il eft défendu aux officiers des élections d'en prendre connoiffance. Les appels font portés aux cours des aides fuivant la déclaration du 20 mai 1759, qui prefcrit les formes de procéder fur les appels.

Nous avons précédemment fait remarquer les différentes fortes de *taille* & les pays où elles ont lieu; il ne nous refte donc plus qu'à rap-peller ici, que la maffe totale de la *taille* dans le royaume, forme une fomme de quatre-vingt-quatre millions, ainfi que nous l'avons éva-luée au mot REVENU, *pag.* 497, d'après un ancien & célèbre adminiftrateur des finances. On fait que cette fomme d'abord recueillie particu-lièrement par les collecteurs de chaque paroiffe, eft enfuite portée au receveur de l'élection, & que celui-ci la fait paffer au receveur général, créé pour chaque généralité, lequel verfe fes fonds au tréfor royal.

Nous avons fait connoître l'origine, & l'état ancien & actuel des receveurs-généraux des fi-nances, & nous nous fommes engagés à parler des receveurs particuliers, connus fous le nom de receveurs des *tailles*, fous ce dernier mot; c'eft ici le lieu de remplir cet engagement.

On n'eft pas bien certain de l'époque de la créa-tion des places de receveurs des *tailles*. Comme les élections ne furent d'abord établies que dans les villes épifcopales, il eft à préfumer qu'on y mit en même-tems un receveur particulier, pour raffembler les fonds des collecteurs des *tailles*.

Mais lorfque la vénalité fe fut introduite dans les offices, ceux des receveurs des impofitions, tant principaux que fubordonnés, fe multipliè-rent à tel point, qu'on érigea dans chaque pa-roiffe, des receveurs qui n'étoient autre chofe que des collecteurs; & quoique ces charges ne fuffent pas levées, on exigea cependant le fou pour livre attribué à ces nouveaux offices, par l'arrêt du confeil du 30 décembre 1638.

On voit par l'édit du mois d'avril 1656, qu'il y avoit alors quatre receveurs des *tailles* par élec-tion, & autant de receveurs du taillon.

En 1661, l'édit du mois d'août réduifit ce nombre à deux; & l'édit du même mois 1669, réunit les offices de receveur du taillon à ceux de receveur des *tailles*. On vit enfuite créer des offices triennaux, quadriennaux, de receveurs des *tailles*, dans des tems où des befoins fans me-fure, faifoient ufer de toute forte de reffources, fans ménagement & fans réflexion, fur les fuites de ces créations.

Mais comme le nombre de deux receveurs des *tailles* par élection fubfifte encore, après avoir néanmoins éprouvé de notre tems, quelques variations dont nous rendrons compte, nous al-lons parler des fonctions & des obligations de ces receveurs.

L'article XXXIV, XXXV & XXXVI de l'é-dit du mois de mars 1600, leur prefcrivent des de-voirs dont l'accompliffement a été fréquemment recommandé dans d'autres règlemens, & no-tamment par l'édit du mois d'août 1717, qui fupprima les charges quadriennales & triennales.

Les receveurs des *tailles*, ainfi que tous les receveurs des deniers royaux, ne peuvent être marchands, à peine de deftitution, mais ils peuvent prendre intérêt dans les compagnies de commerce établies par lettres-patentes.

Ils ne peuvent prendre à ferme aucuns biens, ni directement ni indirectement.

Il leur eft défendu de recevoir des préfens des contribuables.

Ils doivent réfider affiduement dans la ville ou fiège l'élection, dont ils ont la recette.

Ils ne peuvent fe faire payer des impofitions en denrées ni en marchandifes, à peine de con-cuffion.

Il leur eſt défendu de faire pourvoir leurs domeſtiques d'offices d'huiſſiers, ou de commiſſions de garniſaires.

Il leur eſt enjoint de ménager les frais le plus qu'il leur eſt poſſible, & à cet effet, de remettre à un même ſergent, les commandemens & exploits qu'ils ont à faire faire à pluſieurs paroiſſes.

Ils ne peuvent prendre, ni accepter aucune ceſſion de droits ni de condamnations contre les communautés qui dépendent de leur recette, ni ſous leurs noms, ni ſous celui de perſonnes interpoſées.

Ils doivent recevoir des collecteurs toutes les ſommes qu'ils apportent, quoique inſuffiſantes pour l'acquittement du quartier; en délivrer un billet & le convertir enſuite en une quittance, ſans rien prendre pour raiſon de ce billet.

Ils doivent porter toutes les ſommes qu'ils reçoivent en toutes lettres, ſur des regiſtres cotés & paraphés, & tenus dans la forme preſcrite.

L'arrêt du 24 juin 1750, les diſpenſe de fournir le pain aux collecteurs qui ſont empriſonnés à leur requête.

En 1775, un miniſtre des finances, zélé pour le bonheur des peuple & pour la libération de l'Etat, penſa qu'il ne pouvoit qu'être très-avantageux de diminuer le nombre des charges de finance. Et comme elles ſont preſque toutes doubles, ſous prétexte que tandis qu'un titulaire eſt en exercice, l'autre met ſa comptabilité en ordre, il imagina de faire rembourſer une de ces charges, par celui des deux pourvus qui ſurvivroit à ſon confrère ou reſteroit en place après lui. De ſupprimer les gages attribués pour tenir lieu de l'intérêt du capital de leur prix, & y laiſſer ſimplement attachées les taxations ordinaires, dont l'objet, ſur de plus groſſes ſommes, formeroit des émolumens ſuffiſans pour le produit du prix de la charge, & pour la récompenſe du travail qu'elle donne.

En conſéquence, l'édit du mois d'août 1775, ſupprima tous les offices anciens, alternatifs, triennaux, mi-triennaux, des receveurs des *tailles*, & créa en leur place un ſeul office de receveur des impoſitions, pour chaque élection, baillage, diocèſe ou viguerie, où il en exiſtoit pluſieurs. Cependant, pour ne pas dépoſſéder tout-à-coup un grand nombre d'officiers qui n'avoient donné aucun ſujet de mécontentement, cet édit portoit que la ſuppreſſion ordonnée n'auroit lieu, quant à ſes effets, que lors de la vacance, arrivant dans des offices doubles, par la mort ou

la démiſſion des titulaires; que dans ce cas, celui qui demeureroit, ſeroit tenu de rembourſer à celui qui ſe retireroit ou à ſes héritiers, s'il étoit mort, le montant de la finance de l'office; ſavoir, un tiers comptant, un tiers ſix mois après, & l'autre tiers, lorſque les comptes du receveur décédé ou démis auroient été rendus.

Au moyen de ces diſpoſitions, le ſurvivant ou le *remanent* devoit être pourvu de nouvelles proviſions ſans frais, pour l'office de receveur des impoſitions, & les taxations des deux charges formoient un ſort plus avantageux qu'il n'étoit précédemment pour les deux titulaires, malgré les gages & les attributions. Et par la ſuppreſſion de ces gages, l'Etat ſe trouvoit déchargé d'une dette conſidérable, & les contribuables étoient ſoulagés, en ne craignant plus le croiſement des pourſuites des receveurs des années paires & impaires, & la multiplication des frais que chacun d'eux faiſoit à l'envi, pour tâcher de retirer ſes fonds avant ſon collègue.

Cet état des choſes, qui, aux yeux de la raiſon, paroiſſoit le mieux, ne ſubſiſta cependant qu'environ ſept ans. Les receveurs généraux des finances qui avoient été ſupprimés, comme on l'a dit, ayant été rétablis par édit du mois d'octobre 1781, & rendus reſponſables de la geſtion des receveurs des *tailles* & impoſitions, on prit dans cette condition nouvelle, le prétexte de ſupprimer les receveurs des impoſitions créés en 1775, & de rétablir deux offices de receveurs particuliers des finances, dans chaque élection, baillage & viguerie des généralités, où il exiſtoit des receveurs généraux; tel fut l'objet de l'édit du mois de janvier 1782. L'article IX leur accorda pour tenir lieu de gages, l'intérêt de la finance de leurs offices, à raiſon de cinq pour cent par an, ſauf la retenue annuelle du dixième & de la capitation; mais au moyen de ces retenues, ils furent, ainſi que leurs ſucceſſeurs, affranchis du centième denier & du dixième d'amortiſſement, & de toutes autres impoſitions équivalentes; l'article X fixa leurs taxations, à compter du premier janvier ſuivant, à trois deniers pour livre ſur le montant du brevet général, & à deux deniers ſur le montant des vingtièmes & ſou pour livre du premier vingtième, ils furent autoriſés à retenir par leurs mains ces gages & taxations.

L'arrêt du conſeil du 18 mai ſuivant, offre la liquidation des offices de ces receveurs des *tailles*, ou receveurs particuliers des finances, conformément à l'état ſuivant, qui rappelle l'évaluation que les mêmes offices avoient reçue par les titulaires, pour acquitter le centième denier.

ÉTAT de l'évaluation des offices de receveurs des tailles & impositions, supprimés par édit de janvier 1782, & de la fixation de ceux des receveurs particuliers des finances, créés par le même édit.

GÉNÉRALITÉ D'ALENÇON.		EVALUATION des offices supprimés en 1782.	FINANCES des offices créés par l'édit de janvier 1782.
ÉLECTIONS.			
Alençon	Ancien	60000 liv.	67500 livres.
	Alternatif	60000.	67500.
Argentan	Ancien	63000.	79500.
	Alternatif	64000.	79500.
Bernay	Ancien	57919 16.	58500.
	Alternatif	56000.	58500.
Conches	Ancien	74000.	70000.
	Alternatif	60000.	70000.
Domfront	Ancien	23000.	33000.
	Alternatif	24000.	33000.
Falaise	Ancien	90500.	1,03000.
	Alternatif	89500.	1,03000.
Lisieux	Ancien	80000.	90000.
	Alternatif	80000.	90000.
Mortagne	Exercice pair	1,06000.	90500.
	Exercice impair.	1,10000.	90500.
Verneuil	Ancien	46400.	49000.
	Alternatif	49400.	49000.
GÉNÉRALITÉ D'AMIENS.			
Amiens	Ancien	1,25000.	1,31500.
	Alternatif	1,20000.	1,31500.
Abbeville	Ancien	64000.	65000.
	Alternatif	46000.	65000.
Doulens & Montreuil	Ancien	55000.	75500.
	Alternatif	55000.	75500.
Mondidier	Ancien	70000.	91000.
	Alternatif	66000.	91000.
Péronne	Ancien	65900.	72000.
	Alternatif	65900.	72000.
Saint-Quentin	Ancien	35000.	32000.
	Alternatif	35000.	32000.

GÉNÉRALITÉ D'AUCH.		EVALUATION des offices supprimés en 1782.	FINANCES des offices créés par l'édit de janvier 1782.
ELECTIONS.			
Auch	Ancien...	99000 livres.	1,19000 livres.
	Alternatif.	1,02000.	1,19000.
Comminges	Ancien...	2,30000.	1,11500.
	Alternatif.	2,30000.	1,11500.
Lomagne	Ancien...	80000.	98500.
	Alternatif.	82000.	98500.
Riviere-Verdun	Ancien...	1,80000.	91000.
	Alternatif.	1,80000.	91000.
Aftarac	Ancien...	55000.	62000.
	Alternatif.	55000.	62000.
GÉNÉRALITÉ DE BORDEAUX.			
Bordeaux	Ancien...	1,60000.	3,31000.
	Alternatif.	1,60000.	3,31000.
Agen	Ancien...	1,47000.	2,46500.
	Alternatif.	1,53000.	2,46500.
Condom	Ancien...	1,30000.	1,89000.
	Alternatif.	1,30480.	1,89000.
Les Lannes	Ancien...	71000.	93500.
	Alternatif.	68000.	93500.
Périgueux	Ancien...	1,30000.	1,89000.
	Alternatif.	1,30000.	1,89000.
Sarlat	Ancien...	80000.	99500.
	Alternatif.	65000.	99500.
GÉNÉRALITÉ DE BOURGES.			
Bourges	Ancien...	1,41000.	72000.
	Alternatif.	1,41000.	72000.
Le Blanc	Ancien...	32000.	40500.
	Alternatif.	47000.	40500.
Châteauroux	Ancien...	42000.	44000.
	Alternatif.	37000.	44000.
Iffoudun	Ancien...	43000.	44500.
	Alternatif.	44200.	44500.
La Charité	Ancien...	35000.	29500
	Alternatif.	35000.	29500.

Suite de la généralité de BOURGES.		ÉVALUATION des offices supprimés en 1782.	FINANCES des offices créés par l'édit de janvier 1782.
ÉLECTIONS.			•
La Châtre	Ancien...	27000 livres.	27000 livres.
	Alternatif.	20000.	27000.
Saint-Amand	Ancien...	28000.	28000.
	Alternatif.	40000.	28000.
GÉNÉRALITÉ DE CAEN.			
Caen	Ancien...	75000.	1,14000.
	Alternatif.	75000.	1,14000.
Avranches	Ancien...	51500.	56500.
	Alternatif.	43500.	56500.
Bayeux	Ancien...	80000.	92500.
	Alternatif.	77000.	92500.
Carentan	Ancien...	50000.	67000.
	Alternatif.	60000.	67000.
Coutances	Ancien...	76000.	88500.
	Alternatif.	60000.	88500.
Mortain	Ancien...	48000.	61000.
	Alternatif.	52000.	61000.
Saint-Lo	Ancien...	64275.	78500.
	Alternatif.	64275.	78500.
Valognes	Ancien...	81000.	1,05000.
	Alternatif	81000.	1,05000.
Vire	Ancien...	85000.	99000.
	Alternatif.	85000.	99000.
GÉNÉRALITÉ DE CHALONS.			
Châlons	Ancien...	70000.	69000.
	Alternatif.	74000.	69000.
Bar-fur-Aube	Ancien...	53000.	57500.
	Alternatif.	43600.	57500.
Chaumont	Ancien...	29000.	40000.
	Alternatif.	28000.	40000.
Épernay	Ancien...	38000.	43000.
	Alternatif.	38000.	43000.
Joinville	Ancien...	44200.	38500.
	Alternatif.	44200.	38500.

Suite de la généralité de CHALONS.		EVALUATION des offices fupprimés en 1782.	FINANCES des offices créés par l'édit de janvier 1782.
ÉLECTIONS.			
Langres	Ancien...	70000 livres.	72000 livres.
	Alternatif.	60000.	72000.
Reims	Ancien...	1,37000.	1,46000.
	Alternatif.	1,25000.	1,46000.
Réthel	Ancien...	74000.	76000.
	Alternatif.	76000.	76000.
Sainte-Ménéhould	Ancien ..	38000.	41000.
	Alternatif.	38000.	41000.
Sezanne	Ancien...	30000.	29000.
	Alternatif.	30000.	29000.
Troyes	Ancien...	80000.	1,02000.
	Alternatif.	81000.	1,02000.
Vitry	Ancien ..	60000.	68000.
	Alternatif.	60000.	68000.
GÉNÉRALITÉ DE GRENOBLE.			
Grenoble	Ancien...	95000.	1,14500.
	Alternatif.	95000.	1,14500.
Vienne	Ancien ..	1,00000.	1,14500.
	Alternatif.	1,00000.	1,14500.
Valence	Ancien...	50000.	53000.
	Alternatif.	50000.	53000.
Montelimart	Ancien ..	62000.	80000.
	Alternatif.	62000.	80000.
Romans	Ancien ..	55000.	72500.
	Alternatif.	55000.	72500.
Briançon	Ancien ..	36000.	10500.
	Alternatif.	36000.	10500.
Gap	Ancien ..	40000.	50000.
	Alternatif.	40000.	50000.
GÉNÉRALITÉ DE LA ROCHELLE.			
La Rochelle	Ancien ..	57500.	96000.
	Alternatif.	57500.	96000.
Saint-Jean d'Angely	Ancien ..	61000.	70500.
	Alternatif.	50000,	70500.

Suite de la généralité de LA ROCHELLE.		ÉVALUATION des offices fupprimés en 1782.	FINANCES des offices créés par l'édit de janvier 1782.
ELECTIONS.			
Cognac	Ancien...	49000 liv.	67500 livres.
	Alternatif.	55000.	67500.
Saintes & Barbezieux	Ancien...	1,50000.	1,96000.
	Alternatif.	1,50000.	1,96000.
Marennnes	Ancien...	20000.	31500.
	Alternarif.	20000.	31500.
GÉNÉRALITÉ DE LIMOGES.			
Limoges	Ancien...	2,03209 15 fous.	1,76500.
	Alternatif.	2,03209 15.	1,76500.
Brives	Ancien...	80000.	86000.
	Alternatif.	75000.	86000.
Angoulême	Ancien...	1,54000.	1,68500.
	Alternatif.	1,48000.	1,68500.
Bourganeuf	Ancien...	20000.	17500.
	Alternatif.	20000.	17500.
Tulles	Ancien...	90000.	93500.
	Alternatif.	90000.	93500.
GÉNÉRALITÉ DE LYON.			
Lyon	Ancien...	1,20000.	1,14500.
	Alternatif.	1,20000.	1,14500.
Montbrifon	Ancien...	94000.	94500.
	Alternatif.	1,02400.	94500.
Roanne	Ancien...	90000.	62000.
	Alternatif.	90000.	62000.
Saint-Etienne	Ancien...	87000.	1,10000.
	Alternatif.	87000.	1,10000.
Villefranche	Ancien...	80000.	82500.
	Alternatif.	80000.	82500.
GÉNÉRALITÉ DE MONTAUBAN.			
Montauban	Ancien...	1,02000.	1,24000.
	Alternatif.	1,02000.	1,24000.
Milhaud	Ancien...	1,00000.	1,14000.
	Alternatif.	1,00000.	1,14000.
Villefranche de Rouergue	Ancien...	1,05000.	1,16000.
	Alternatif.	1,05000.	1,16000.

Suite de la généralité DE MONTAUBAN.		ÉVALUATION des offices fupprimés en 1782.	FINANCES des offices créés par l'édit de janvier 1782.
E L E C T I O N S.			
Rhodès....................	{Ancien...	1,00000 liv.	1,05500 livres.
	{Alternatif.	1,00000.	1,05500.
Cahors...................	{Ancien...	1,11500.	1,30000.
	{Alternatif.	1,11500.	1,30000.
Figeac...................	{Ancien...	1,00000.	1,16500.
	{Alternatif.	1,00000.	1,16500.
GÉNÉRALITÉ DE MOULINS.			
Moulins..................	{Ancien...	90000.	95000.
	{Alternatif	90000.	95000.
Nevers...................	{Ancien...	82400.	87500.
	{Alternatif.	84700.	87500.
Monluçon	{Ancien...	45000.	51500.
	{Alternatif.	45480.	51500.
Gannat	{Ancien...	90000.	88000.
	{Alternatif.	90000.	88000.
Gueret	{Ancien...	1,05000.	1,19000.
	{Alternatif	1,20000.	1,19000.
Évaux....................	{Ancien...	27500.	28500.
	{Alternatif.	27500.	28500.
Châteauchinon.............	{Ancien...	27070.	21000.
	{Alternatif.	27078.	21000.
GÉNÉRALITÉ D'ORLÉANS.			
Orléans..................	{Ancien...	1,20000.	1,27500.
	{Alternatif.	1,20000.	1,27500.
Beaugency	{Ancien...	38500.	38500.
	{Alternatif.	38500.	38500.
Blois....................	{Ancien...	58000.	60000.
	{Alternatif.	52000.	60000.
Vendôme	{Ancien...	55000.	51500.
	{Alternatif	65000.	51500.
Châteaudun	{Ancien...	95000.	1,03500.
	{Alternatif	95000.	1,03500.
Chartres.................	{Ancien...	1,50000.	1,71500.
	{Alternatif.	1,50000.	1,71500.
Dourdan..................	{Ancien...	50000.	48000.
	{Alternatif.	50000.	48000.
Pithiviers	{Ancien...	50000.	59000.
	{Alternatif.	50000.	59000.

Suite

Suite de la généralité D'ORLÉANS.		EVALUATION des offices fupprimés en 1782.	FINANCES des offices créés par l'édit de janvier 1782.
ÉLECTIONS.			
Montargis................	{Ancien...	32500 livres.	37500 livres.
	Alternatif.	32500.	37500.
Gien....................	{Ancien...	37500.	49000.
	Alternatif.	37500.	49000.
Clamecy..............	{Ancien...	33600.	34500.
	Alternatif.	33600.	34500.
Romorantin	{Ancien ..	49000.	45500.
	Alternatif.	49000.	45500.
GÉNÉRALITÉ DE PARIS.			
Paris	{Ancien...	3,70000.	4,91000.
	Alternatif.	3,70000.	4,91000.
Beauvais...............	{Ancien...	71000.	85000.
	Alternatif.	69000.	85000.
Compiègne.............	{Ancien ..	23000.	29500.
	Alternatif.	24000.	29500.
Coulomiers.............	{Ancien...	26000.	31000.
	Alternatif.	27000.	31000.
Dreux.................	{Ancien ..	44000.	42000.
	Alternatif.	42000.	42000.
Étampes.	{Ancien...	30000.	32000.
	Alternatif.	30000.	32000.
Joigny.................	{Ancien ..	33000.	38000.
	Alternatif.	33000.	38000.
Mantes................	{Ancien ..	53000.	58000.
	Alternatif.	57000.	58000.
Meaux	{Ancien ..	1,12000.	1,28500.
	Alternatif.	1,11000.	1,28500.
Melun'.................	{Ancien ..	65000.	55500.
	Alternatif.	65000.	55500.
Montfort	{Ancien ..	33000.	39500.
	Alternatif.	32000.	39500.
Montreau..............	{Ancien ..	30000.	25500.
	Alternatif.	31000.	25500.

Suite de la généralité de PARIS.		ÉVALUATION des offices supprimés en 1782.	FINANCES des offices créés par l'édit de janvier 1782.
ELECTIONS.			
Nemours	Ancien...	40000 liv.	47500 livres.
	Alternatif.	40000.	47500.
Nogent	Ancien...	22000.	29000.
	Alternatif.	25000.	29000.
Pontoise	Ancien...	71000.	51500.
	Alternatif.	71000.	51500.
Provins	Ancien...	30000.	30500.
	Alternatif.	30000.	30500.
Rozoy	Ancien...	45000.	44500.
	Alternatif.	45000.	44500.
Saint-Florentin	Ancien...	19500.	24500.
	Alternatif.	19500.	24500.
Senlis	Ancien...	49000.	57500.
	Alternatif.	53000.	57500.
Sens	Ancien...	44000.	44500.
	Alternatif.	43000.	44500.
Tonnerre	Ancien...	45000.	51500.
	Alternatif.	45000.	51500.
Vézelay	Ancien...	19500.	20000.
	Alternatif.	17000.	20000.
GÉNÉRALITÉ DE POITIERS.			
Poitiers	Ancien...	1,15000.	1,46000.
	Alternatif.	1,24000.	1,46000.
Châtellerault	Ancien...	30000.	25500.
	Alternatif.	30000.	25500.
Châtillon	Ancien...	71000.	67000.
	Alternatif.	70000.	67000.
Confolens	Ancien...	45000.	56000.
	Alternatif.	45000.	56000.
Fontenay-le-Comte	Ancien...	1,07000.	1,39500.
	Alternatif.	1,02000.	1,39500.
Niort	Ancien...	67500.	81000.
	Alternatif.	67500.	81000.

Suite de la généralité de POITIERS.		ÉVALUATION des offices supprimés en 1782.	FINANCES des offices créés par l'édit de janvier 1782.
ÉLECTIONS.			
Les Sables-d'Olonne..........	Ancien...	50000 livres.	85500 livres.
	Alternatif.	64000.	85500.
Saint-Maixent..............	Ancien...	37000.	51500.
	Alternatif.	37000.	51500.
Thouars	Ancien...	67000.	85500.
	Alternatif.	69000.	85500.
GÉNÉRALITÉ DE RIOM.			
Riom	Ancien...	1,30000.	1,13500.
	Alternatif.	1,30000.	1,13500.
Clermont..................	Ancien...	2,08000.	2,44000.
	Alternatif.	2,60000.	2,44000.
Issoire....................	Ancien...	95882.	1,10500.
	Alternatif.	95600.	1,10500.
Brioude...................	Ancien...	71000.	85000.
	Alternatif.	71000.	85000.
Aurillac	Ancien...	96000.	1,17000.
	Alternatif.	96000.	1,17000.
Saint-Flour & Mauriac........	Ancien...	1,49000.	1,95500.
	Alternatif.	1,49000.	1,95500.
GÉNÉRALITÉ DE ROUEN.			
Rouen	Ancien...	74000.	1,22500.
	Alternatif.	51000.	1,22500.
Pont-de l'Arche	Ancien...	36000.	49500.
	Alternatif.	36000.	49500.
Pont-Audemer............	Ancien...	1,03000.	1,11000.
	Alternatif.	1,07000.	1,11000.
Pont-l'Évêque.............	Ancien...	69000.	98500.
	Alternatif.	71000.	98500.
Caudebec..................	Ancien...	1,00000.	1,26500.
	Alternatif.	1,10000.	1,26500.
Montivilliers..............	Ancien...	74500.	1,12500.
	Alternatif.	82500.	1,12500.
Arques.	Ancien...	1,20000.	1,26500.
	Alternatif.	1,00000.	1,26500.

Suite de la généralité DE ROUEN.		EVALUATION des offices supprimés en 1782.	FINANCES des offices créés par l'édit de janvier 1782.
ELECTIONS.			
Neufchâtel	Ancien...	41500 livres.	55000 livres.
	Alternatif.	40500.	55000.
Gisors	Ancien...	38000.	38000.
	Alternatif.	37000.	38000.
Lyons	Ancien...	22000.	31500.
	Alternatif.	26000.	31500.
Chaumont & Magny	Ancien...	35000.	34500.
	Alternatif.	35000.	34500.
Andely & Vernon	Ancien...	42000.	47500.
	Alternatif	41000.	47500.
Évreux	Ancien...	34000.	45000.
	Alternatif.	35000.	45000.
Eu	Ancien...	41000.	-34000.
	Alternatif.	41000.	34000.
GÉNÉRALITÉ DE SOISSONS.			
Soissons	Ancien...	85000.	89500.
	Alternatif.	75000.	89500.
Noyon	Ancien...	55000.	47500.
	Alternatif.	45000.	47500.
Château-Thiery	Ancien...	50000.	51500.
	Alternatif.	50000.	51500.
Crespy	Ancien...	50000.	55500
	Alternatif.	50000.	55500.
Clermont	Ancien...	50000.	46500.
	Alternatif.	52000.	46500.
Guise	Ancien...	26000.	37500.
	Alternatif.	23000.	37500.
Laon	Ancien...	1,10000.	1,24000.
	Alternatif.	1,10000.	1,24000.
GÉNÉRALITÉ DE TOURS.			
Tours	Ancien...	90000.	78000.
	Alternatif.	85000.	78000.

Suite de la généralité DE TOURS.		ÉVALUATION des offices supprimés en 1782.	FINANCES des offices créés par l'édit de janvier 1782.
ELECTIONS.			
Amboiſe	Ancien...	27000 liv.	32500 livres.
	Alternatif.	27000.	32500.
Angers	Ancien...	1,70000.	1,88500.
	Alternatif	1,69000.	1,88500.
Beaugé	Ancien...	55000.	51000.
	Alternatif.	55000.	51000.
Château-du-Loir	Ancien...	52500.	65500.
	Alternatif.	52500.	65500.
Château-Gontier	Ancien...	42000.	54000.
	Alternatif	45000.	54000.
Chinon	Ancien...	43000.	33500.
	Alternatif.	39800.	33500.
La Flèche	Ancien...	78000.	87500.
	Alternatif.	79000.	87500.
Laval	Ancien...	60000.	72000.
	Alternatif.	60000.	72000.
Loches	Ancien...	30000.	33000.
	Alternatif.	37000.	33000.
Loudun	Ancien...	18000.	17500.
	Alternatif	12000.	17500.
Le Mans	Ancien...	2,37400.	2,68000.
	Alternatif.	3,00000.	2,68000.
Mayenne	Ancien...	60000.	74000.
	Alternatif	60000.	74000.
Montreuil-Bellay	Ancien...	66000.	55500.
	Alternatif	66000.	55500.
Richelieu	Ancien...	24000.	29500.
	Alternatif.	24000.	29500.
Saumur	Ancien...	55000.	60000.
	Alternatif.	60000.	60000.
FRANCHE-COMTÉ. **BAILLIAGES.**			
Beſançon	Ancien...	27500.	36500.
	Alternatif.	27500.	36500.
Dole	Ancien...	35000.	51000.
	Alternatif.	35000.	51000.

Suite de la FRANCHE-COMTÉ.		ÉVALUATION des offices fupprimés en 1782.	FINANCES des offices créés par l'édit de janvier 1782.
BAILLIAGES.			
Gray	Ancien...	29000 livres.	64000 livres.
	Alternatif.	29000.	64000.
Vezoul	Ancien...	62000.	1,26500.
	Alternatif.	62000.	1,26500.
Baume & Ornans	Ancien...	29000.	67500.
	Alternatif.	29000.	67500.
Salins & Quingey	Ancien...	25000.	35000.
	Alternatif.	25000.	35000.
Poligny & Arbois	Ancien...	19918 10 fols.	35500.
	Alternatif.	19918 10.	35500.
Lons-le-Saunier & Orgelet	Ancien...	37000.	55500.
	Alternatif.	37000.	55500.
Pontarlier	Ancien...	30000.	29500.
	Alternatif.	30000.	29500.
Saint-Claude	Ancien...	14000.	16000.
	Alternatif.	14000.	16000.
LORRAINE.			
BUREAUX.			
Nancy	Ancien...	90000.	1,03500.
	Alternatif.	90000.	1,03500.
Bar	Ancien...	82900.	71000.
	Alternatif.	82900.	71000.
Boulay	Ancien...	34000.	37000.
	Alternatif.	34000.	37000.
Bourmont	Ancien...	70800.	52000.
	Alternatif.	70800.	52000.
Briey	Ancien...	33000.	29000.
	Alternatif.	33000.	29000.
Dieuze	Ancien...	33000.	36500.
	Alternatif.	33000.	36500.
Épinal	Ancien...	60000.	65000.
	Alternatif.	60000.	65000.

Suite de la LORRAINE.		EVALUATION des offices supprimés en 1782.	FINANCES des offices créés par l'édit de janvier 1782.
BUREAUX.			
Étain	Ancien	31600 liv.	28000 livres.
	Alternatif	31600.	28000.
Lunéville	Ancien	48000.	54500.
	Alternatif	48000.	54500.
Méricourt	Ancien	52000.	57500.
	Alternatif	52000.	57500.
Neufchâteau	Ancien	43000.	46500.
	Alternatif	43000.	46500.
Pont-à-Mousson	Ancien	42000.	36000.
	Alternatif	42000.	36000.
Sarguemines	Ancien	40000.	48000.
	Alternatif	46451.	48000.
Saint-Diez	Ancien	58000.	64000.
	Alternatif	58000.	64000.
Saint-Mihel	Ancien	78100.	65000.
	Alternatif	78100.	65000.
METZ ET ALSACE.			
Metz	Ancien	55000.	87000.
	Alternatif	55000.	87000.
Thionville	Ancien	32000.	32500.
	Alternatif	32000.	32500.
Vic	Ancien	50000.	58500.
	Alternatif	50000.	58500.
Toul	Ancien	35000.	37500.
	Alternatif	35000.	37500.
Verdun	Ancien	50000.	51500.
	Alternatif	50000.	51500.
Sédan	Ancien	28000.	38500.
	Alternatif	28000.	38500.
Colmar	Ancien	1,00000.	1,49000.
	Alternatif	1,09000.	1,49000.
Strasbourg	Ancien	1,00000.	1,34000.
	Alternatif	1,00000.	1,34000.
Landau	Ancien	1,00000.	1,34000.
	Alternatif	1,00000.	1,34000.

28,748,825 liv. 8 fols.   32,659,000 liv.

Fait & arrêté au conseil d'Etat du roi, tenu à Versailles, le 18 mai 1782.

Nous allons terminer cet article par des réflexions tirées du même ouvrage, qui nous en a fourni sur les receveurs généraux des finances.

Au moyen de ce qu'il a été créé deux receveurs des *tailles* par élection, pour faire un service alternatif, il y a quatre cents huit charges, au lieu de deux cents quatre. L'observation principale qui se présente à ce sujet, c'est qu'indépendamment des inconvéniens attachés à la multiplication des privilèges & des hommes du fisc, cette disposition est encore contraire aux intérêts des contribuables ; & il sera aisé de le sentir, en remarquant que chaque année d'imposition, tant de la *taille* que des vingtièmes & de la capitation, se paye par portion, dans l'espace de dix-huit, vingt-un & vingt-quatre mois, selon les usages établis en chaque généralité ; ainsi, un *receveur des tailles*, lors même qu'il n'est en fonction que de deux années l'une, a nécessairement des recouvremens continuels à faire. Cependant, si dans le même tems que le receveur chargé de l'exercice de l'année courante, commence a exiger les premiers termes des impositions, son collègue poursuit le paiement des restes de l'année précédente, il se trouvera que deux agens, mûs par un intérêt absolument distinct, & chargés chacun de rendre compte à un receveur général différent, presseront ensemble les contribuables ; l'activité rigoureuse de l'un, forcera peut-être l'autre à une sévérité qu'il n'auroit jamais eue, s'il n'avoit pas craint d'être devancé par son collègue. Ils exerceront alors des contraintes concurremment, & ils se disputeront quelquefois le produit des meubles d'un malheureux taillable.

Que si, au contraire, le même receveur étoit chargé sans interruption des recouvremens de toutes les années indistinctement, il ne verroit pas d'un œil différent la fin d'un exercice & le commencement de l'autre, & il auroit un intérêt uniforme aux ménagemens que la sagesse lui dicteroit. Aussi est-il bien peu de receveurs des *tailles* qui ne souscrivissent à se charger de la recette totale, pour le même émolument à-peu-près dont chacun jouit alternativement, mais il ne faudroit pas exiger d'eux double finance.

La principale raison qu'on a mise en avant, pour appuyer ce doublement des receveurs des *tailles*, c'est que la comptabilité seroit plus distincte : ce prétexte n'est d'aucune valeur ; car un seul receveur avec deux registres peut entretenir le même ordre que deux receveurs alternatifs. Qu'est-ce, après tout, que la commodité de ceux qui comptent, près du repos ou du soulagement de ceux qui paient ? Mais le véritable motif de ces multiplications d'agens, c'est, ou le prix qu'on met à une petite avance d'argent, ou le plaisir qu'on

trouve à distribuer des places. L'usage de mettre deux hommes alternatifs pour réunir les revenus & pour payer les dépenses est ancien, sans doute ; mais cet usage fut introduit par les mêmes causes que l'on vient d'indiquer. Ce n'en est pas moins une erreur volontaire, que d'appeller de pareils abus le sentiment de nos pères, & de donner aux rectifications les plus simples & les plus raisonnables, le nom d'esprit de systême.

On a vu ci devant, *pag.* 497, que le montant général de la *taille*, proprement dite, est de quatre-vingt onze millions, & que l'universalité de la recette des receveurs généraux & particuliers des finances, d'environ deux cents millions. On a pu voir ci-devant, aux mots RECEVEURS-GÉNÉRAUX & RECOUVREMENT, ce que coûte à l'Etat la levée de ces deux cents millions, & que l'économie dans cette partie, pourroit faire un objet de deux millions cinq cents mille livres.

Indépendamment du produit que donne naturellement une recette des *tailles* par les émolumens & les taxations, & qui est toujours de douze ou treize pour cent du montant de la finance, on peut encore en retirer davantage, quand la soif de l'or fait préférer la fortune à la réputation, & que l'absence de toute délicatesse ne laisse plus de scrupules sur le choix des moyens qui conduisent à cette honteuse fin ; aussi un receveur des *tailles* qui est avide, cherche ceux d'accélérer son recouvrement. Comme il a par son traité vingt ou vingt-trois mois pour verser ses fonds à la recette générale, on sent que s'il peut les avoir en treize ou quinze, une partie des deniers lui reste pendant sept ou huit mois, & ce n'est pas inutilement.

L'avidité peut encore le conduire à s'entendre avec un huissier pour se faire payer de frais qu'il n'a pas faits, & aggraver ainsi le sort des malheureux contribuables. De son côté, le receveur général des finances qui voit les termes de son traité avec le *receveur des tailles* exactement remplis, s'inquiete peu si quelques élections de sa généralité sont vexées, & c'est encore un des motifs qui rendoit la suppression des recettes générales & des recettes des *tailles* utile aux campagnes, en les remplaçant par une régie active & surveillante, qui non-seulement auroit éclairé la comptabilité des receveurs de chaque élection, mais qui se fut encore fait instruire de la conduite qu'ils tenoient envers le redevables, & eut pu prescrire une marche uniforme pour parvenir au recouvrement des impositions, avec le moins de frais possible.

Une régie eut encore prévenu un abus facile à pratiquer, & qui n'est pas sans exemple ; c'est celui d'un receveur-général, qui nommant aux

recettes

recettes particulières de fa généralité, place un caiffier ou tout autre homme à lui; fait un arrangement pour s'affurer la moitié du bénéfice de la charge, & fe rend ainfi le participe & le complice de toutes les vexations de fon commis, en fe mettant dans la néceffité de les tolérer.

TAILLON, f. m. C'eft une impofition particulière qui fe lève avec la taille, & dont le produit a été, dès l'origine, confacré à l'entretien d'un corps de troupes; auffi cet impôt eft du département du miniftre de la guerre.

Henri II, voulant foulager le peuple qui étoit exceffivement foulé par les troupes qui, lors de leur logement chez les particuliers, en exigeoient de vivres à difcrétion, impofa le taillon pour fuppléer à cet affujettiffement qu'il fupprima. Les Romains offroient le modèle d'un impôt du même genre & d'une deftination femblable.

L'hiftoire rapporte, que Numa Pompilius établit le milliarifme, qui confiftoit en une fomme déterminée pour mille foldats entretenus; mais comme vraifemblablement ce milliarifme ne fuffifoit pas pour la fubfiftance du foldat, ou qu'il aimoit mieux l'avoir en argent qu'en nature, le fénat ordonna en 347 de la fondation de Rome, que les foldats recevroient une folde réglée, en monnoie de cuivre.

Quoi qu'il en foit de cet exemple, Henri II ne pouvoit mieux faire que de le fuivre. Les longues guerres qui avoient précédé le règne de Charles VII, & celles que ce prince avoit lui-même foutenues, ayant engendré une licence & un brigandage extrêmes, les troupes, faute de paye, vivoient à difcrétion dans les campagnes, & la mifère qu'elles y trouvoient, accroiffoit encore leur inhumanité. Plufieurs bandes commandées par de braves capitaines, fous prétexte de chercher à fubfifter, rafloient dit l'hiftorien Mezeray, tout ce qu'elles trouvoient non-feulement en comeftibles, mais en meubles de toute efpèce; auffi, deux de ces bandes qui avoient reçu le nom d'écorcheurs & de retondeurs, commirent des défordres affreux.

Le roi touché des maux de fon peuple, & defirant d'y mettre fin, convoqua une affemblée des notables en 1440, pour avifer aux moyens de rétablir la tranquillité par tout; en attendant, il fut réfolu de réduire toute la gendarmerie à des compagnies d'ordonnance bien réglées, chaque gendarme à trois chevaux qui feroient payés tous les mois, au lieu qu'auparavant, ils en avoient fept ou huit avec un grand nombre de valets, qui dévoroient les pays par où ils paffoient. Mais malgré cette réfolution, le règlement qui ordonna cette réforme, ne parut qu'en 1445; la gendar-

merie fut compofée de quinze compagnies de cent hommes d'armes chacune, qui devoient avoir cinq hommes avec eux, ce qui faifoit fix cents hommes par compagnie, & formoit un corps de neuf mille chevaux toujours fubfiftant, foit en paix, foit en guerre.

Les finances du roi ne pouvant pourvoir alors à la fubfiftance de ces compagnies, on engagea les villes & les campagnes à fe charger de leur entretien. D'après leur confentement, on diftribua ces troupes par vingt, vingt-cinq ou trente hommes dans les villes, tant de la frontière que de l'intérieur du royaume.

Mais, comme les gendarmes caufoient encore des défordres, & n'obfervoient aucune difcipline dans les campagnes, François premier, par fon ordonnance du 20 janvier 1515, régla qu'elles feroient déformais logées dans les villes clofes, où elles recevroient l'uftenfile, fans qu'elles en puffent prétendre à la campagne. L'impofition qui fut établie à cette occafion, fut appellée folde de cinquante mille hommes, & feulement mife fur les habitans des villes murées.

Dans la fuite, les villes clofes fe trouvèrent tellement furchargées de troupes, qu'elles adreffèrent leurs repréfentations au roi pour demander du foulagement. C'eft dans ces circonftances que Henri II, pour leur en accorder, mit par fes ordonnances des 20 novembre 1549, & 4 mars 1552, l'impofition à la quelle on donna le nom de taillon, ou petite taille, pour fervir de folde aux compagnies. En même-tems, il leur fut fait défenfe, fous les peines les plus févères, d'exiger ni vivres ni fourrages, à moins que ce ne fût en payant, & du confentement de leurs hôtes. Le taillon qui a continué de fubfifter jufqu'à préfent, eft un objet d'environ douze cents mille livres, qui fe verfent dans la caiffe du tréforier de l'ordinaire des guerres.

TARIF, f. m. C'eft une table ou lifte par ordre alphabétique des marchandifes, avec la quotité des droits dont chaque article eft fufceptible. On diftingue ainfi le tarif d'entrée & le tarif de fortie, pour les objets importés dans le royaume, ou qui en font exportés.

Il exifte en France un grand nombre de tarifs qui fervent à la perception des droits de traites fur les marchandifes. Les tarifs qui règlent celle des droits de péages, s'appellent plus communément pancartes.

On a déjà eu plufieurs fois occafion de parler des tarifs. *Voyez* les mots CINQ GROSSES FERMES, tome I, pag. 299 & 300. DROIT, *idem*, pag. 651. DOUANE DE LYON, *idem*, pag. 644. (ETRANGÈRES, PROVINCES RÉPUTÉES), tome *II, pag.* 93. FORAINE, *idem, pag.* 242 & 243.

De tous ces *tarifs*, celui de 1667 eſt le ſeul qui ait ſon exécution dans toute la circonférence du royaume, en en exceptant les provinces & lieux traités comme pays étrangers, tels que l'Alſace, la Lorraine, les Trois-Evêchés, & le pays de Gex; les villes de Marſeille, Dunkerque, Bayonne & l'Orient. Nous avons promis au mot DROIT, *pag.* 663, de donner quelques détails hiſtoriques ſur ce *tarif.* C'eſt ici le lieu de ſatisfaire à cet engagement.

On a dit que les hollandois furent les ſeuls qui pénétrèrent les vues de Colbert dans la rédaction du *tarif* de 1667. C'eſt par cette raiſon, que lorſqu'il fut queſtion de paix en 1670, ils firent tous leurs efforts pour engager le roi a rendre la Flandre plutôt que la Franche-Comté; ils ſentoient que le voiſinage de la France, & ſon commerce, qu'elle étendoit tous les jours, ne pouvoit manquer de devenir redoutable pour eux-mêmes.

Louis XIV, parut d'abord céder, ſur ce point, aux deſirs de la Hollande, qui avoit mis dans ſon parti l'Angleterre & la Suède; mais il ſe réſervoit de chercher dans l'intimité de ſon conſeil, les moyens de rendre inutiles les efforts de la Hollande. Dans cette vue, il commença par s'aſſurer du roi d'Angleterre, que d'autres affaires occupoient ailleurs. Il détacha enſuite de la Hollande le roi de Suède, qui n'étoit entré dans la triple alliance que pendant ſa minorité. Après ces précautions, Louis marcha contre la Hollande avec un appareil impoſant, & capable d'inſpirer la terreur aux nations les plus formidables, & fit en perſonne, une partie de la célèbre campagne de 1672. Ainſi, le germe de cette guerre fut dans le *tarif* de 1667. Et ſans ce *tarif,* qui aigrit les eſprits, & les porta par reſſentiment à toute ſorte de mauvais procédés contre la France, quel intérêt les Hollandois pouvoient-ils avoir, à indiſpoſer un roi tel que Louis XIV, dont ils n'avoient d'ailleurs point à ſe plaindre, & dont ils avoient tout à redouter? Mais le nouveau *tarif* attaquoit eſſentiellement leur commerce; c'étoit les bleſſer dans la partie la plus ſenſible de leur exiſtence; dès-lors, ils crurent ne devoir plus rien ménager.

Les Hollandois s'étoient tenus tranquilles, tant qu'ils avoient vu que nous ne pouvions pas nous paſſer d'eux; ils ſe liguèrent contre nous, dès qu'ils virent que l'illuſion commençoit à ſe diſſi-per, & le *tarif* de 1667, fut l'époque de leur défection. Ils firent des traités, des alliances, & des ligues qui contrarioient leur ancienne liaiſon avec nous, & n'oublièrent rien pour conſerver les avantages que leur commerce en avoit retirés, ou pour nous faire repentir de la découverte que nous avions faite de nos véritables intérêts.

Les hiſtoriens ont, à la vérité, attribué la conduite des Hollandois à toute autre cauſe, comme ſi celle du commerce n'étoit pas ſuffiſante pour produire de grands effets ou opérer des révolutions conſidérables dans les Etats. Mais il paroît aujourd'hui évident, qu'ils ſe ſont trompés. Si l'on examine avec quelque attention, la poſition de la Hollande, le caractère de ſes habitans, & toute leur conduite; ſi l'on remarque que le commerce avoit été la ſeule reſſource de cette nation dans les conjonctures les plus difficiles, & la ſource de ſes richeſſes dans tous les tems, on ſe perſuadera aiſément quelle ne pouvoit pas abandonner ſans beaucoup de chagrin, un objet ſi précieux pour elle, & que le plan de Colbert, en attaquant ce commerce dans ſon principe, fut le ſeul & véritable motif de tout ce que les Hollandois firent contre nous depuis 1667. Ce qui ſuivit la paix de 1678, en eſt une nouvelle preuve. Louis XIV, pour gage de réconciliation avec eux, voulut bien leur accorder des adouciſſemens ſur leur commerce qu'il avoit chargé de droit onze années auparavant, en révoquant le *tarif* de 1667 à leur égard, par arrêt du conſeil du 30 août 1678.

Comme on a fait connoître les *tarifs* particuliers à chaque droit, ſous ſon nom alphabétique, on va réunir ici dans un état la dénomination de tous les *tarifs* qui ſervent à la perception des droits de traites.

Les provinces qui ſont ſujettes au *tarif* de 1664, étant dénommées ſous le mot CINQ GROSSES FERMES, on y a donné la nomenclature complette de tous les droits locaux qui ſe lèvent dans leur étendue. On en a uſé de même à l'article ETRANGERES, PROVINCES RÉPUTÉES; il ne s'agit donc plus ici, pour compléter la connoiſſance des droits de ce genre qui ont lieu dans l'univerſalité du royaume, que d'obſerver que les droits de domaine d'Occident, les droits de fret & de vingt pour cent, ſont dans le même cas que ceux du *tarif* de 1667, parce qu'ils ont été impoſés dans des vues politiques qui embraſſent toute l'étendue de la France.

ETAT des tarifs *de tous les droits locaux établis dans les provinces réputées étrangères, avec l'indication de la base de leur fixation, des accessoires qu'ils supportent, de l'étendue & des circonstances de leur perception.*

DÉNOMI-NATION des DROITS locaux.	BASE de la fixation des *tarifs* servant à les percevoir.	DATE de la confection de ces *tarifs*.	ACCESSOI-RES inhérens au droit principal, & sujets aux dix sous pour livre.	ÉTENDUE des pays où ces *tarifs* ont lieu.	CIRCONS-TANCES dans lesquelles ils se lèvent.	OBSERVATIONS *sur les* tarifs.
Droits en Flandre.	Cinq pour cent.	*Tarif du* 13 juin 1671.	....	La Flandre, l'Artois, le Hainault.	A l'entrée & à la sortie.	Toutes les matières premières font tirées à *néant*, à l'entrée, dans ce tarif.
Douane de Lyon.	Cinq pour cent fur les marchandifes étrangères. Deux & demi pour cent fur les marchandi-fes nationales.	*Tarif du* 27 octobre. 1632.	Un fou pour livre à Lyon. Deux fous pour livre par-tout ailleurs.	La Provence, le Languedoc, le Lyonnois, & quelquefois en Dauphiné, pays de Foix. Avignon, fur un tarif parti-culier.	A l'entrée feulement.	Il fe trouve tant de dénomina-tions d'une même efpèce de mar-chandife, ou qui font inconnues, qu'il en réfulte beaucoup d'embar-ras & de difficultés. De plus, il s'eft introduit dans ce tarif tant de variétés, par celles des eftimations, qu'il y a au-tant d'ufages différens que de bureaux de perception.
Douane de Valence.	Trois pour cent.	15 janvier 1659.	....	Le Dauphi-né, quelques parties du Fo-rez & de la Breffe.	A l'entrée & à la sortie.	Ce tarif préfente peu de déno-minations; & cependant les objets omis, font fujets aux droits, par affimilation à ceux qui y font compris, fuivant l'arrêt de 1760. Exemple utile dans tous les *tarifs*, pour établir l'unité & l'unifor-mité de perception.
Foraine...	Huit un tiers pour cent, ou vingt deniers pour livre.	12 octobre 1632.	Cinq fous pour livre en Provence, fai-fant dix & cinq douziè-mes pour cent. Trois fous pour livre en Languedoc, faifant neuf & fept dou-zièmes pour cent.	La Provence, le Languedoc.	A la fortie, pour le pays étranger, pour les pays où les aides n'ont pas cours; fur les marchandifes portées au-de-là du détroit de Gibraltar.	Autant de bureaux, autant de perceptions différentes, nées des *tarifs* manufcrites qui s'y font éta-blis, d'après les eftimations & les diftinctions de qualités, admifes arbitrairement.
Patente de Langue-doc.	Dix un tiers pour cent, ou vingt-huit de-niers pour livre.	Mai 1581.	....	Le Comté de Foix, l'Arma-gnac, Bigorre & Commin-ges.	A la fortie, pour le pays étranger, le Rouffillon, la Navarre, le Béarn, le pays de Soule.	Le tarif d'ufage préfente des ar-ticles, tantôt plus foibles, & tantôt plus forts que les mêmes articles du tarif de 1581, auquel on a recours feulement pour les chofes omifes.

DÉNOMINATION des DROITS locaux.	BASE de la fixation des *tarifs* servant à les percevoir.	DATE de leur confection.	ACCESSOIRES qui se confondent dans le droit principal, & sujets aux dix sous pour liv.	ÉTENDUE des pays où ces *tarifs* ont lieu.	CIRCONSTANCES dans lesquelles ils se lèvent.	OBSERVATIONS *sur les* tarifs.
Traite d'Arsac.	Cinq pour cent.	12 octobre 1632.	....	Les Landes, la Chalosse.	A la sortie, pour l'étranger, pour Bayonne & le Labour, le Béarn, la Navarre.	Ce droit, qui est encore une émanation de la foraine, en differe pourtant beaucoup, & n'a de regle que l'usage établi en 1584, ainsi qu'il est rapporté dans l'arrêt du 28 juin 1704.
Denier St.-André.	Près de demi pour cent.	15 juillet 1634.	Trois sous pour livre.	Tout le long du Rhône, depuis le Vivarais, jusqu'à la mer.	A l'entrée & à la sortie.	Ce droit est perçu au bureau du Saint-Esprit, par ancienne composition, & sur un pied moitié moindre qu'il ne se perçoit dans les autres bureaux du Languedoc, sur le Rhône.
Table de mer.	Demi pour cent.	9 juillet 1669.	Un cinquième en sus du droit, par quintal. Arrêt du 4 septembre 1724.	Tous les ports de Provence, les bureaux des environs de Marseille.	A l'entrée & à la sortie.	M. de Forbonnais a dit mal-à-propos que ce droit est de dix pour cent, en Provence, & en Languedoc, où il n'a pas lieu. *Tome II, pag. 293.* Les droits d'entrée & de sortie sont plus forts en Provence qu'en Languedoc.
Deux pour cent d'Arles, & liard du Baron.	Deux pour cent. Ou trois deniers par quintal des marchandises.	29 mars 1557. Arrêt de 1724.	Un douzième en sus sur les marchandises qui acquittent au net.	La ville & le territoire d'Arles.	Entrée & sortie.	Ce droit nuit beaucoup à la navigation du Rhône, qu'il est très-difficile de remonter, & qui auroit besoin d'être favorisée.
Droits du Roussillon.	Dix pour cent de l'estimation-portée.	Au *tarif* Catalan de 1654.	....	Le Roussillon.	A l'entrée & sortie.	Il seroit très-avantageux à la province de supprimer ce *tarif*, comme elle l'a demandé en 1720, & se rendre plus en commerce libre avec le Languedoc. *Voyez* ROUSSILLON. Ce *tarif* a dû cesser au premier janvier 1787.
Comptablie.	Trois & demi pour cent sur l'estimation, pour les privilégiés. Six pour cent pour les étrangers.	*Tarifs* des 27 septembre 1688, & 23 mai 1702.	Deux sous pour livre.	A Bordeaux.	A l'entrée.	On ne parle pas de plusieurs autres droits, qui se lèvent à Bordeaux, & dans quelques ports de la Guyenne, tels que ceux de quillage, de visite, dûs par tonneau de fret, de la branche de Cyprès; & les droits d'acquits, à la sortie, qui sont depuis quatre livres douze sous jusqu'à treize livres huit sous pour un navire. *Voyez* COMPTABLIE.
A la sortie.	Deux & demi pour cent pour les nationaux. Cinq pour cent pour les étrangers.	....	....	Bordeaux.	A la sortie.	
Idem.	Cinq pour cent, sans distinction.	....	Idem. ...	Dans tous les bureaux de la Guyenne.	Entrée & sortie.	Le *tarif* de la comptablie est souvent en contradiction avec celui des drogueries, de la douane de Lyon, & celui de 1664. *Voyez* MARCHANDISES, *Tome III, pag.*
Convoi.	Fixé sur les vins, le miel, s prunes, le l, la résine, a cire, les oix, les châtignes, sans proport. avec leur valeur.	Art. 309 du bail des fermes, de 1627 à 1652.	Deux sous pour livre.	Bordeaux & sa sénéchaussée.	Entrée & sortie.	
Courtage.	Un pour cent de l'estimation	du *tarif* de 1688.	....	Bordeaux & sa sénéchaussée.	Entrée & sortie.	

DÉNOMI-NATION des DROITS locaux.	BASE de la fixation des tarifs.	DATE de leur confection.	ACCESSOIRES qui se confondent dans le droit principal, & sujets aux dix sous pour liv.	ETENDUE des pays où ces tarifs ont lieu.	CIRCONSTANCES dans lesquelles ils se lèvent.	OBSERVATIONS sur ces tarifs.
Traite de Charente.	Cinq pour cent.	1681, bail de Fauconnet.	....	La Saintonge & quelques parties du Poitou & du pays d'Aunis.	Entrée & sortie.	Ce droit comprend ceux de courtage, mesurage, jadis attribués à des officiers ; le parisis, ou quart d'iceux, article 343 du bail. Il y a peu de droit sur lequel il y ait autant de compositions & de variétés.
Prévôté de Nantes.	Deux & demi pour cent.	25 juin 1565.	....	Nantes, Guerande, & quelques bureaux d'Anjou, voisins de la Bretagne.	Entrée & sortie.	On ne fait pas mention des droits de Brieu, rivage, cellerage, flute, & autres, parce qu'ils ne portent que sur les bâtimens, suivant leur continence & leur grandeur, & que ces droits ne peuvent être évalués à tant pour cent. Voyez BRIEU.
Droit des drogueries.	Quatre pour cent de la valeur du tarif du	10 septembre 1549 ; de celui de 1582.	Deux sous pour livre.	Provence, Languedoc, Lyon, Guyenne.	A l'entrée, outre les autres droits.	Ce tarif, un des plus anciens, qui devroit faire loi à l'égard de toutes drogueries, est en contradiction avec le tarif de 1664, avec celui de la douane de Lyon, & occasionne des embarras & des inconséquences dans la perception. Voyez MARCHANDISES, pag. 80.
Domaniale	Fixé seulement sur les vins, chevaux, mulets, châtaignes, toiles, sans proportion, & sans évaluation.	Edit de février 1577.	....	Provence, Languedoc, Dauphiné, Guyenne & Béarn.	A la sortie, pour le pays étranger.	Ce droit, qui a également lieu dans le tarif de 1664, n'est plus de quelque produit que sur les vins, depuis l'assujettissement des grains & des bestiaux à un droit uniforme.
Droit de Coutume.	Cinq pour cent	14 mai 1664.	....	Bayonne & le pays de Labour.	Entrée & sortie.	La moitié de ce droit appartient à M. le duc de Grammont. Le tarif est tout entier un tarif de compositions, en deux classes ; l'une fixe le droit sur les marchandises acquittées au poids brut.
Pour un bourgeois.	Trois & demi pour cent. Un & demi pour cent.	....	....		A l'entrée. A la sortie.	L'autre donne l'évaluation sur laquelle le droit de trois & demi pour cent doit être perçu au net. Et comme il se trouve quelques espèces comprises par double emploi, dans les deux classes, le conseil a décidé, le 18 septembre 1761, que dans ce cas les droits seroient toujours perçus sur le pied de la classe la plus favorable au commerce.
Pour un étranger.	Trois & demi pour cent. Trois & demi pour cent.	....	....		A l'entrée. A la sortie.	
Droit des aluns.	Trois livres par quintal.	Janvier 1554.	....	Provence, Languedoc, Guyenne, pour tous droits.	A l'entrée,	Ce droit est réduit à moitié, par arrêt du 15 mai 1760 ; & regardé comme droit uniforme, excluant le paiement de tous droits locaux.

Le *tarif*, qui a son exécution en Franche-Comté, est celui de 1667, & auquel sont joints les droits des arrêts rendus postérieurement, pour avoir leur exécution, à toutes les entrées & à toutes les sorties du royaume.

Le *tarif* de 1664 embrasse, comme on l'a dit aux mots CINQ GROSSES FERMES & DROIT, toutes les provinces de l'intérieur du royaume, depuis la Rochelle, en exceptant la Bretagne, jusques & compris Calais, & la Picardie, la Champagne, la Bourgogne, le Bourbonnois, le Berry, le Nivernois, le Poitou, l'Anjou, le Maine, & toutes les généralités renfermées dans ce cercle. On a donné la nomenclature des droits locaux & particuliers qui se lèvent deans ces provinces. *Voyez* le premier volume, *pag.* 299 & 332. Il est question, dans cette dernière, de l'affiche des *tarifs* dans les bureaux de perception, de l'impossibilité & de l'inutilité de satisfaire à cet égard à la loi, qui ordonne cette affiche, & des précautions qu'il est possible de prendre pour remplir les mêmes vues.

Tous ces *tarifs*, sans en excepter un seul, sont devenus défectueux par le laps des tems, & on a dit au mot DROIT, combien de fois le gouverment s'étoit occupé de leur suppression & de leur remplacement, par un *tarif* unique pour tout le royaume. Cette grande affaire si souvent tentée, & toujours abandonnée, fut reprise avec chaleur en 1758, & portée, en 1761, au moment de son exécution. Mais elle manqua encore par les déclamations de quelques esprits mal intentionnés, & par les clameurs des gens intéressés à la confusion & au désordre qui règnent dans la perception des droits de traites. *Voyez* ce qui a été dit sur ce sujet au mot LORRAINE, *pag.* 756.

Comme ce projet s'est renouvellé plus vivement que jamais en 1784, il est à propos de donner une idée du *tarif* formé en 1761, afin qu'on puisse le rapprocher de celui qui semble devoir être établi en 1787.

Voici comment M. de Beaumont, intendant des finances, en rend compte dans son mémoire, sur les droits de traites, faisant partie de sa collection, imprimé au Louvre en 1768.

La circulation des marchandises, dans toutes les provinces, est nécessairement interceptée par tous les bureaux qui les divisent, & forment un cercle où chaque droit particulier est dû.

On se propose de supprimer ces divisions, détruire toutes ces barrières qui forment autant d'obstructions au commerce, & de rendre entièrement libre la communication de tout l'intérieur du royaume, ensorte qu'il n'y ait de droits à payer que dans les cas d'importation de l'étranger, ou de l'exportation à l'étranger.

On conservera pourtant dans ce projet quelques villes franches, telles que Dunkerque, Marseille, Bayonne, Strasbourg, qui entretiendront une libre communication avec l'étranger, & ne pourront, par conséquent, pas en avoir une également libre avec le royaume, à l'égard duquel elles seront traitées, sauf quelques exceptions, comme pays étranger.

Les droits qui doivent former ce nouveau *tarif*, qui est à-peu-près entièrement rédigé, sont combinés dans l'intérêt du commerce & des manufactures.

Ils sont établis sur six taux différens.

Le premier taux & le plus fort, est celui de vingt pour cent, ce droit est regardé comme prohibitif. Il a pour objet d'empêcher l'importation des marchandises de fabrique étrangère absolument nuisibles aux manufactures de France; & pour l'exportation, il est conservatoire des matières nécessaires à l'aliment des fabriques nationales.

Le second taux, qui est de dix pour cent, a pour but, de donner au national sur l'étranger, une préférence à l'importation, par rapport à quantité de marchandises qui ne se fabriquent pas dans le royaume a aussi bon compte, que chez l'étranger; & de gêner dans l'exportation celles que nous n'avons pas en assez grande quantité pour ne pas les conserver.

Le troisième taux, est de sept & demi pour cent; il concerne principalement les drogueries & épiceries à l'importation. La consommation de ces espèces de denrées, ne se fait que par petites portions, & par des gens riches. Cette considération a déterminé à charger ces marchandises de droits dans une proportion beaucoup plus forte que les autres espèces. Mais toutes les drogueries qui peuvent être nécessaires pour les fabriques, n'entrent point dans la classe de ce droit; elles sont traitées plus ou moins favorablement, en raison de leur utilité.

Le quatrième taux, regarde les marchandises dont l'importation ou l'exportation sont absolument indifférentes. Il est fixé à cinq pour cent, comme le *tarif* de 1664.

Le cinquième taux, qui est de trois pour cent, s'applique aux marchandises qui sont utiles, ou de seconde nécessité à notre consommation & à nos fabriques, & dont il est convenable de faciliter l'importation; ce même droit de trois pour cent porte aussi, à l'exportation, sur les productions de notre sol que nous avons avec une certaine abondance, fur celles qui ont été fabriquées dans le royaume, mais qui n'ont pas reçu toute la main d'œuvre dont elles font fufceptibles; & encore fur celles dont la fabrication n'eft pas fort intéreffante.

Le fixième taux qui eft celui de la plus grande faveur, doit être d'un, ou d'un & demi, ou d'un quart pour cent à l'importation; il concernera les matières premières, & drogues à teinture qui ne fe trouvent point en France dans une quantité affez abondante pour l'aliment de nos fabriques; par rapport à l'exportation, il s'étendra fur tout ce qui eft de fabrique intéreffante, mais moins, comme on le fent bien, pour former une branche de produit, que pour affurer la déclaration des chofes exportées, & fervir à former annuellement les états de la balance de notre commerce avec l'étranger.

Nous avons rapporté à l'article DROIT, *pag.* 664, les réflexions d'un adminiftrateur des finances, qui fentoit, comme tous fes prédéceffeurs, la néceffité de réformer les droits de traites, & fe propofoit d'établir un fyftême de régie plus fimple & plus avantageux au commerce. Ce même homme d'Etat, dont le mémoire s'unira déformais à celle des plus grands miniftres, a donné du développement à fes idées fur ce projet, dans un ouvrage infiniment précieux à tous les bons citoyens, & univerfellement accueilli. C'eft ici l'inftant d'enrichir cet Ouvrage de ce morceau, puifqu'indépendamment de ce qu'il a rapport aux droits de traites, il préfente encore les formes d'un *tarif* fimple, & conçu dans des vues de faveur & de profpérité pour le commerce de la France.

Après avoir rappellé la divifion du royaume, telle que nous l'avons expofée au mot CINQ GROSSES FERMES; il eft dit:

Toute cette conftitution eft monftrueufe aux yeux de la raifon: il eft évident que les droits d'entrée & de fortie, devroient être femblables dans toute l'étendue du royaume; & cette vérité paroîtra fenfible, foit qu'on prenne intérêt à l'égalité dans la diftribution des impôts foit qu'on apperçoive l'union intime qui exifte entre la légiflation des droits de traite, & la profpérité du commerce extérieur, foit qu'on attache enfin quelque importance à rendre les droits exigés au nom du prince, fimples, intelligibles, & à l'abri des interprétations du fifc, ou des abus des employés fubalternes.

On demandera d'abord, comment, fous l'autorité d'une légiflation fi contraire aux bons principes, le commerce de France a pu atteindre au degré de fupériorité dont on a préfenté le tableau au mot IMPORTATION? C'eft que les

droits de traites, dans l'état actuel, forment plutôt un embroglie pour l'adminiftration, & une gêne pour les négocians, qu'un obftacle réel à cette partie des échanges qui importe à la richeffe nationale. L'exportation à l'étranger des ouvrages d'induftrie, & l'importation des matières premières, ont été par-tout affranchies de droit; & peu-à-peu différens arrêts particuliers, émanés du confeil, ont réglé, d'une manière uniforme, les droits d'entrée & de fortie des principaux objets de commerce.

C'eft par l'effet de ces différentes modifications, que depuis long-tems, le commerce extérieur a reffenti foiblement l'effet des entraves, qui embarraffent encore la circulation intérieure du royaume; mais, combien peu de gens font à portée de faire ces diftinctions! Il n'eft pas de droit de paffage impofé fur une marchandife, qui ne foit dénoncé comme la ruine du commerce, on unit enfuite, au même intérêt, l'agriculture, la population, le numéraire, le crédit, & la fortune publique; & ce font communément les raifonneurs les plus fuperficiels, qui font le plus d'ufage de ces généralités, & qui fe procurent ainfi le plaifir de lier de grands mots à leurs petites idées. Rien n'eft fi commun que toutes ces exagérations, & je crois qu'elles vont prefque toujours à fin contraire; l'adminiftration s'accoutume à ces difcours, qui ont néceffairement la même couleur; mais, & par un autre extrême, elles les profcrit tous indiftinctement, fous le nom de déclamation. Je crois donc, que, pour faire effet, il ne faut reprocher à la conftitution des droits de traites, que les inconvéniens réels dont elle eft la fource; & ces inconvéniens font affez grands, pour difpenfer de recourir aux amplifications & à l'emphafe.

On eft vraiment effrayé, en s'enfonçant dans l'étude de ces droits, lorfqu'on découvre leur nombre & leur diverfité: auffi, cette légiflation eft-elle tellement embrouillée, qu'à peine un ou deux hommes par génération, viennent-ils à bout d'en poffédér complettement la fcience; & je crois pouvoir avancer, à ce fujet, une vérité fingulière; c'eft qu'un pareil ordre de chofes s'eft maintenu par fes propres défauts: la multitude de cas particuliers, l'accumulation des règlemens, la confufion des principes, toute cette vieille contexture enfin, formée de tant de nœuds, a préfenté l'idée d'une entreprife immenfe, toutes les fois qu'on a voulu procéder à une réformation par l'étude des détails; & c'eft après avoir dirigé mes premiers travaux de la même manière, que j'ai vu diftinctement la difficulté d'une pareille méthode. J'ai reconnu, au contraire, qu'en fe rendant maître de l'enfemble par la réflexion, & en s'appliquant à difcerner les divifions principales, & les élémens, ainfi que les réfultats de chacune, toute cette affaire fe fimplifioit, au point, qu'on s'étonnoit enfuite de la multitude d'écrits & de recherches qu'elle avoit fi fouvent occafionnée, & toujours fans effet & fans fruits.

Ces idées générales, deviendront plus diftinctes, à mefure que je développerai le cours de mes obfervations fur cette matière.

J'ai dû d'abord fixer mon attention, fur le produit entier des droits de traites, dans lefquels je comprends tous les droits *locaux*, fans excepter ceux de Lorraine & d'Alface: j'ai trouvé que ces droits, les frais non déduits, fe montent, avec les derniers fous pour livre, à environ vingt-deux millions.

Examinant enfuite la nature de ces différens droits, j'ai vu que, fous le rapport d'un plan de réforme, il falloit les divifer en trois claffes: la première doit comprendre les droits qui peuvent fubfifter fans aucun inconvénient, tels qu'ils font, ou qui ne paroiffent fufceptibles de changement, qu'en raifon des modifications qui feroient apportées à certaines branches de revenu, auxquelles ces mêmes droits font plus particulièrement affimilés. Tels font les droits de traites fur les fels, deftinés à la confommation des provinces franches & rédimées, & qui tiennent au fyftème général des gabelles: tels font les droits fur les vins, connus fous le nom de *fubvention*, & qui ont été confondus parmi les droits de traites, parce qu'ils font perçus au paffage de certains lieux dans d'autres: leur établiffement cependant, eft relatif à l'affranchiffement des droits d'aides dans certaines provinces; ainfi leur fuppreffion, ou leur modification, doivent fe lier au fyftème général des aides: tels font enfin, dans un genre différent, les droits de confommation fur les denrées des colonies dans l'intérieur du royaume, le droit de fret fur les navires étrangers, & quelques autres de moindre importance, dont le maintien ne préfente aucun inconvénient, & qui font abfolument diftinéts des droits généraux de traites, dont la conftitution eft vicieufe.

Les divers droits que je viens d'indiquer, & qui forment, dans ma divifion, la première claffe des droits de traites, fe montent à près de cinq millions; & en déduifant cette fomme de vint-deux millons qui compofent le produit de l'univerfalité des droits de traites, on trouve que le recouvrement dont il faut changer le fyftème, fe borne à environ dix-fept millions. C'eft un premier apperçu très-important puifqu'on fait fans doute un premier pas vers l'exécution d'un projet de réforme, lorfqu'on parvient à refferrer l'étendue de l'objet auquel ce projet doit être appliqué.

Je rangerai maintenant dans la feconde claffe des droits de traites, tous ceux qu'on perçoit fur la généralité des marchandifes qui fe transportent

d'une province à l'autre; & dans la troifième claffe, tous ceux qui portent fur le commerce de France avec les pays étrangers.

Il faut fe propofer de fupprimer abfolument les droits intérieurs, & de modifier fagement les autres; mais comme on doit en même-tems s'occuper de la confervation des revenus du roi, il étoit important de fe former une idée du produit actuel des droits fur la circulation intérieure, & c'eft une connoiffance qu'on n'a jamais eue: on ne pouvoit même l'acquérir avec certitude, qu'après un dépouillement de tous les regiftres des fermes, dans les différens bureaux de recette du royaume: encore un pareil travail ne conduira-t-il jamais à une exactitude parfaite, vu le grand nombre d'objets qu'il faut diftinguer, & qui font néceffairement dans un ordre plus ou moins confus. Mais une notion précife ne m'avoit pas paru indifpenfable, pour fixer fes idées fur le plan auquel on devoit s'arrêter: & lorfqu'après avoir fait achever toutes les recherches néceffaires pour la réforme des gabelles, j'avois également déterminé, que le même chef de travail s'occuperoit du dépouillement des regiftres des droits de traite, c'étoit particulièrement pour acquérir toutes les inftructions propres à éclairer fur leur véritable intérêt, & les provinces réputées étrangères, & celles d'étranger effectif. Ce dépouillement des regiftres des traites, doit être près d'être achevé; & j'ai lieu de croire que les réfultats feront conformes à ceux que divers renfeignemens & différentes recherches m'ont procurés. C'eft d'après ces notions, que j'eftime à environ douze millions les recouvremens relatifs au commerce de France avec l'étranger, & à cinq, à-peu-près, ceux qui proviennent des droits levés fur la circulation intérieure.

La fuppreffion de ces derniers droits, étant une condition inféparable de l'établiffement de toutes les douanes aux frontières du royaume, j'avois dû confidérer comment on en remplaceroit le produit, & je croyois qu'on pouvoit y parvenir, du moins en grande partie, fans aucune impofition nouvelle. J'obferverai d'abord, que les denrées d'Amérique deftinées à la confommation des habitans de la France, rendent aujourd'hui près de moitié moins qu'on ne devroit attendre de l'étendue de cette même confommation, & de la quotité du droit auquel elle eft affujettie: cette perte provient de ce qu'on déclare fauffement pour l'étranger, une grande partie des quantités verfées dans l'intérieur du royaume; or, ce genre de fraude peut être prévenu de différentes manières; & des arrangemens, déja concertés avec quelques fermiers généraux, m'avoient perfuadé que cette partie des revenus du roi, auroit pu être accrue d'environ deux millions: l'on ne peut pas fans doute confidérer comme un nouvel impôt les obftacles apportés à

des

des profits contraires aux loix, & qui rendent même les négocians de bonne foi, victimes de l'infidélité des autres. Voyez TRANSIT.

Un second avantage, qui auroit servi à dédommager de la privation des droits sur la circulation intérieure, c'est l'économie qu'auroit procuré la suppression d'ue multitude de bureaux intérieurs, & la diminution du nombre des gardes, du moment que les droits de traites n'auroient plus été perçus qu'aux frontières du royaume : on a toujours exagéré cette économie, comme on le fait ordinairement pour toutes les choses inconnues ; cependant, d'après un examen approfondi, j'ai lieu de penser qu'on pourroit difficilement la porter à douze cents mille livres ; car la plupart des buralistes n'ont que des appointemens infiniment modiques ; mais à mesure que l'on adopteroit, pour les différentes parties d'impôt, un systême plus simple, les dépenses générales d'administration seroient susceptibles de réduction. Enfin, je croyois que le produit des droits de traites pourroit être augmenté par une disposition qui auroit réuni d'autres convenances : c'étoit la commutation de diverses prohibitions dans un droit d'entrée ; mais ce développement trouvera mieux sa place, lorsque j'indiquerai les bases d'un nouveau tarif pour le commerce avec les nations étrangères. Il me suffit ici, d'avoir montré comment la privation des droits sur la circulation intérieure, pourroit être compensée presque sans aucun impôt ; & cependant, cette condition, toujours désirable, n'est point essentielle à un arrangement que la nation devroit souhaiter, lors même que le produit des droits sur la circulation intérieure, seroit remplacé, en partie, par une contribution nouvelle.

Il me reste maintenant à examiner comment les droits de traites, qui portent sur le commerce extérieur de la France, pourroient être rendus, & plus simples, & plus conformes à l'avantage de l'Etat.

Le tableau que j'ai donné des exportations du royaume, & de ses importations, est bien propre à faire connoître que le tarif des droits d'entrée & de sortie n'exige pas un travail compliqué ; & c'est pour n'avoir pas fixé son attention sur un pareil tableau, que l'administration s'est constamment exagéré cette entreprise, & qu'on a fait une étude d'un détail immense, de ce qui n'eût dû exiger que le discernement des grands traits caractéristiques. Ainsi, l'on a composé des volumes in-folio, pour y ranger par ordre alphabétique, la nomenclature de toutes les marchandises du monde connu, depuis l'aloès & l'albâtre, jusqu'à la véronique & le zinc, & l'on s'est appliqué gravement à distinguer celles qui devoient supporter un droit d'un quart ou

demi pour cent, de plus ou de moins ; tandis qu'en considérant cette affaire avec plus d'étendue, ont eût vu que le code des droits de traites devoit être composé d'un petit nombre de classes, & que les marchandises étrangères à ces divisions, ne pouvoient jamais procurer au fisc plus de cinq ou six cents mille livres ; & qu'ainsi, dans cette matière, on pouvoit se gouverner, sans risque, par des règles générales & des principes absolument simples. Voyons maintenant, comment le tarif des droits de traites peut être réduit à ce petit nombre de dispositions.

Les exportations & importations de la France, composent sans doute un commerce immense, puisque les unes se montent à trois cents millions, & les autres à deux cents trente ; mais cette masse numérique n'est pas composée d'une grande diversité d'espèces de marchandises ; les principales n'offrent presqu'aucun objet de doute, lorsqu'on s'occupe des droits de traites ; les autres composent ensemble une somme si modique, qu'il ne seroit pas raisonnable de sacrifier les avantages d'un ordre simple, à des spéculations minutieuses.

Qu'on observe d'abord, que la moitié des exportations de la France consiste en ses manufactures ; & ce genre de commerce, où le travail & le prix du tems ajoutent une nouvelle valeur aux productions de la terre, est un commerce tellement avantageux à un Etat, qu'il faut bien se garder de le contrarier par aucun droit : la France doit s'estimer assez heureuse d'avoir pu, jusqu'à présent, jouir d'une si grande fortune, sans autre secours que celui de l'industrie supérieure de ses habitans ; un tems viendra peut-être, où elle ne pourra conserver cet avantage qu'en accordant des primes d'exportation, & en diminuant ainsi le bénéfice général de l'Etat.

La majeure partie des manufactures de France, est exempte d'impôt à la sortie du royaume ; cependant une exception s'est maintenue pour les galons, les broderies, & sur-tout pour les diverses parures : la perfection du goût en France, & l'empire de la mode, que les nations semblent lui avoir, jusqu'à présent, abandonné sans jalousie, ont permis de mettre un léger droit sur la sortie de la plupart des objets de frivolité ; & à la faveur d'une ancienne habitude de la part des étrangers, il en a résulté peu d'inconvéniens pour le commerce, comme aussi, bien peu d'avantages pour le fisc. Cependant, il est plus raisonnable de ne faire aucune exception au principe politique, qui invite à encourager sans restriction, la sortie des ouvrages d'industrie ; la supériorité qui tient à l'opinion, ne repose pas sur des bases immuables, & il est prudent de n'en point abuser.

L'on a vu, qu'après les manufactures, l'exportation la plus confidérable, étoit celle des denrées des colonies ; elles compofent, en effet, près du quart des envois de la France dans les pays étrangers : cette exportation ne fupporte que le droit du domaine d'Occident, qui revient à cinq un quart pour cent ; mais l'évaluation des marchandifes étant réglée avec modération, le revenu que le roi tire de cette branche de commerce, n'y portera vraifemblablement aucun préjudice. Cependant, fi la culture s'étendoit, & que les productions vinffent à furpaffer la confommation actuelle de l'Europe, il feroit de l'intérêt de l'Etat, de chercher à étendre cette même confommation, en diminuant l'impôt dont elle fe trouve aujourd'hui grevée.

Le troifième article d'exportation confidérable, ce font les vins, & comme cette production exige plus de travail & de main-d'œuvre qu'aucune autre culture, le commerce des vins eft un des plus avantageux au royaume, après celui des manufactures : néanmoins, en confidérant que les vins de France appartiennent à fon fol, d'une manière privilégiée, on a pu, fans inconvénient, conferver un droit modique fur cette branche d'exportation ; mais la fortie de tous les vins de qualité commune, devroit être abfolument affranchie.

Les eaux-de-vie, dont la fabrication donne lieu à un nouvel emploi de l'induftrie, font un commerce d'exportation encore plus précieux que celui des vins ; & comme les eaux-de-vie de Catalogne, & même, dans plufieurs pays, celles de genièvre & de grains, forment une concurrence habituelle, l'exemption des droits à la fortie du royaume, ne peut qu'être avantageufe à l'Etat. (On a vu au mot EAU-DE-VIE, qu'elle a été accordée.)

L'exportation des bleds ne fauroit former, du moins raifonnablement, un objet de revenu pour le fifc : cette exportation ne doit être permife que dans les tems d'abondance ; & comme en de tels momens, le prix de la denrée eft néceffairement fort bas, ce feroit aggraver le fort des cultivateurs, que de les forcer à acheter par un facrifice, la faculté de fe défaire de leur fuperflu : une pareille difpofition tourneroit d'ailleurs au préjudice de l'Etat, puifque les quantités de bleds qui excèdent la confommation nationale, & les approvifionnemens de précaution que la fageffe exige, ne font d'aucune valeur ; & l'on ne fauroit trop favorifer alors le commerce qui convertit en argent une marchandife inutile.

La principale exportation des fels, provient des fournitures annuelles, que la ferme générale eft obligée de faire à plufieurs Etats fouverains : le bénéfice modéré qu'elle fait fur ces fournitu-

res, eft une forte de droit d'extraction ; & comme il n'apporte aucun obftacle à ces tranfactions, l'on feroit, en y renonçant, un facrifice inutile. Le commerce maritime exporte auffi des fels dans l'étranger : l'objet eft peu confidérable, confidéré feulement fous le rapport numérique ; mais ce commerce n'eft pas moins précieux, puifqu'il concourt au débit d'une production qui n'eft point limitée, & qui ne tient la place d'aucune autre. La fituation des marais falans de l'Océan, très-favorable aux approvifionnemens du Nord, & la qualité fupérieure des fels de l'Aunis & de la Saintonge, avoient permis d'établir un petit droit fur cette exportation ; mais le foible revenu que le roi en tiroit, n'avoit aucune proportion avec le plus petit danger de favorifer la concurrence des fels de Portugal, de la Sardaigne, & des côtes d'Efpagne.

Les marchandifes étrangères qui fortent du royaume, après y être entrées, ne doivent être foumifes à aucun impôt ; foit qu'elles traverfent le royaume en fimple tranfit ; foit que, deftinées d'abord pour la France, elles aient payé un droit d'importation : il fuffit à l'Etat d'avoir gagné les frais de commiffion, de voiture & d'entrepôt ; & ce font autant de petits bénéfices qu'il ne faut point contrarier.

On ne croit pas néceffaire, ni même convenable, d'interdire abfolument la fortie des matières premières, propres aux manufactures du royaume ; leur production a befoin encore d'être encouragée, & un droit d'extraction de douze pour cent, fuffit pour affurer aux fabriques nationales, une préférence proportionnée à l'étendue de leurs befoins. Il n'en eft pas de même des métiers & des inftrumens de manufacture : on ne peut jamais en faire un commerce habituel ; & comme cette exportation ne fert qu'à encourager des établiffemens, dont la concurrence devient préjudiciable au royaume, il faut s'y oppofer autant qu'il eft poffible.

Toutes les exportations de la France, qui ne peuvent pas être comprifes dans les claffes que je viens d'indiquer, forment à peine un capital de huit millions, & elles font compofées des huiles fines, des citrons, des fruits fecs, des beurres, des fromages, des légumes, & de quelques autres denrées, dont le commerce eft principalement fuivi par les provinces frontières : la fortie de toutes ces productions, dont aucune n'eft privilégiée, ne devroit être foumife à aucune impofition.

Il réfulteroit cependant, de ces différentes obfervations, que les droits fur les exportations de la France, en les fuppofant combinés d'après les meilleurs principes, ne rapporteroient pas au fifc plus de deux millions; & dans l'état actuel des chofes, le produit de ces mêmes droits ne s'élève pas au double, autant du moins que j'ai pu l'arbitrer. Je crois en revanche, que les droits fur les importations, peuvent produire un peu plus qu'ils ne valent aujourd'hui, fans que le bien de l'Etat en éprouve aucun préjudice. Jettons également un coup-d'œil rapide fur cette feconde partie des droits de traites.

On a vu par le tableau des importations & des exportations, que la partie la plus importante des achats de la France au-dehors, étoit com-pofée des matières néceffaires à l'entretien des fabriques nationales; & l'on apperçoit d'abord que, fi le débit du produit de ces manufactures n'avoit lieu que dans le royaume, le fouverain pourroit, fans aucun inconvénient, mettre une taxe à l'entrée des matières premières qui font achetées dans l'étranger; puifque ce droit en dé-finitif, porteroit fur les vêtemens, les parures, les ameublemens; & que, de cette manière, ce feroit un des impôts les plus proportionnés à la différence des fortunes : mais les matières pre-mières, au moment de leur entrée en France, font également deftinées, & à la fabrication des étoffes néceffaires pour la confommation na-tionale, & à la fabrication de celles qui font ex-portées dans l'étranger; ainfi le même droit qui pourroit renchérir les premières fans inconvé-nient, porteroit un préjudice fenfible au com-merce des autres. On obvieroit à ces inconvé-nient, en accordant à la fortie des ouvrages de l'induftrie françoife, une prime proportionnée au renchériffement, qu'auroit occafionné le droit établi fur l'entrée des matières premières; mais cette complication, cette négociation habituelle avec le fifc dans un pays monarchique, entraî-neroient fûrement beaucoup d'inconvéniens; & le commerce des manufactures eft une affaire na-tionale fi grande, fi importante, qu'il feroit imprudent d'intervertir le cours naturel de ces tranfactions, dans la feule vue d'accroître les im-pôts, ou de les modifier d'une manière diffé-rente.

Le fecond article effentiel d'importation, eft compofé des manufactures étrangères, dont les unes paient un droit d'entrée; & les autres, ab-folument prohibées, ou foumifes à un droit trop confidérable, s'introduifent en fraude : les prin-cipaux articles entre ces dernières, font les étof-fes de laine & de foie, les toiles peintes, la clincaillerie d'Angleterre, & par-deffus tout, les mouffelines fabriquées en Suiffe, & celles ap-portées des Indes, par le commerce des autres nations.

L'on peut regarder comme un moyen de force pour les Etats, les obftacles qu'ils mettent à l'in-troduction des manufactures étrangères, mais il refte beaucoup d'incertitude fur le choix des moyens propres a atteindre ce but. Peut-être fe-roit-il plus avantageux de fubftituer un droit d'entrée aux prohibitions abfolues. Du moins on parviendroit de cette manière à connoître exactement quelle eft la nature, & quelle eft la quantité des manufactures étrangères qui font in-troduites dans le royaume. Cette inftruction éclai-reroit pofitivement, & fur l'efpèce d'encourage-ment qu'il faudroit accorder à telle ou telle partie de l'induftrie nationale, & fur le genre d'établiffemens nouveaux qu'il feroit convenable d'exciter.

Un autre moyen d'augmenter fans inconvé-nient le revenu du fifc, ce feroit de faire quel-ques changemens dans la forme de la levée du droit d'entrée, fur les ouvrages de main-d'œuvre qui viennent de l'étranger. Ce droit eft le plus fouvent établi en raifon du poids, & l'on a pré-féré cette forme, afin d'éviter l'effet des décla-rations fauffes fur la valeur des marchandifes : il en réfulte cependant, que tous les ouvrages d'un grand prix ne fupportent qu'un impôt infi-niment modique; tandis que ce font précifément ceux dont un royaume doit être le plus jaloux de fe ménager la fabrication, puifque la cherté eft toujours l'effet d'une plus grande fomme de travail; ainfi donc, en modérant les droits d'en-trée, j'euffe été d'avis de faire un nouvel effai de la bonne foi du commerce, en exigeant une déclaration de la valeur de toutes les marchan-difes importées dans le royaume, & en réglant les droits fur cette déclaration; cependant j'euffe voulu en même-tems décourager la fraude, par toutes les précautions que l'adminiftration peut employer, la fimple publicité d'une action vile feroit un des freins les plus efficaces; car les négocians ne peuvent fe paffer de réputa-tion; & lorfque les loix du fifc feroient ren-dues plus fages & plus modérées, le gouverne-ment, en combattant les abus, uniroit alors la puiffance de l'opinion aux efforts que fon au-torité déploie. Enfin, fi l'on ne vouloit point fe fier à l'effet de ces difpofitions, on pourroit fui-vre le même plan, fans courir aucun rifque, & il fuffiroit de déterminer que le droit exigible ne pourroit jamais être au-deffous de telle quotité par quintal.

Indépendamment des ouvrages de manufacture, la plupart des pays de l'Europe, ou par leur fol, ou par celui des colonies dont ils ont la poffef-fion, difpofent de diverfes productions qui leur font particulières, & l'on ne doit point oppofer à l'introduction de ces fortes de marchandifes, les mêmes obftacles qu'à l'entrée des objets d'indu-ftrie : les biens de la nature font le plus fouvent inimitables, & l'on ne pourroit en interdire la

jouiſſance, ſans une rigueur incompatible avec les
loix de la félicité publique, & avec les principes
d'une ſaine politique. Il eſt même tels de ces
biens, dont la privation éloigneroit d'un pays,
es propriétaires d'une fortune indépendante &
mobiliaire : c'eſt ainſi que les Anglois, infiniment
jaloux de la créance que nous acquérons ſur
eux par le débit de nos vins, ſe ſont bornés
cependant à en circonſcrire la conſommation
parmi les riches, en augmentant le prix de cette
denrée par un impôt conſidérable : quelques
nations pauvres, & dépourvues de colonies, en
ont uſé de même à l'égard des cafés.

La France a peu de productions précieuſes à
envier, & elle réunit tant de moyens d'échanges,
qu'il lui ſied & lui convient de ne mettre aucun
obſtacle formel à l'introduction de tous les fruits
& de toutes les denrées dont elle ſe trouve privée ; mais, comme la plupart ſervent à ſatisfaire
le goût des riches ou des gens aiſés, il eſt raiſonnable d'aſſeoir un revenu ſur cette conſommation ; & l'on ne doit pas perdre de vue, qu'entre
tous les impôts, les plus convenables, ſont ceux
qu'on perçoit à l'entrée & à la ſortie du royaume,
toutes les fois qu'ils ne préjudicient point à
l'intérêt de l'Etat : car les douanes une fois
établies, les frais n'augmentent point en raiſon
de l'étendue du recouvrement. Je crois donc,
qu'il faut impoſer un droit de dix ou douze pour
cent à l'entrée des vins, des liqueurs, des épiceries, des fruits ſecs, du cacao, des parfums,
& des autres objets de même nature ; & qu'on
doit borner l'impôt à moitié ſur les denrées d'une
utilité plus commune, telles que l'huile, le
ris, les fromages, les viandes fumées, les drogues néceſſaires à la pharmacie, &c.

Les matériaux propres à la conſtruction des
vaiſſeaux, ſont depuis long-tems affranchis d'impôt, & cette faveur, donnée à la navigation, eſt
très-raiſonnable.

Les droits établis ſur les marchandiſes des
Indes, de la Chine, & de l'iſle de Bourbon,
apportées par le commerce, peuvent être con-
ſervés ſans inconvénient ; en obſervant cependant
que, ſi le gouvernement Anglois venoit à bout
de contrarier efficacement le trafic des contrebandiers qui s'approviſionnent de thés ſur les côtes
de France, il deviendroit probablement néceſſaire
de diminuer en France le droit d'importation ſur
cette denrée, & de compenſer ainſi, par l'accroiſſement de leur profit, l'augmentation de
leurs riſques. Il ſeroit pourtant à deſirer qu'une
légiſlation morale, unît un jour les gouvernemens pour l'extirpation de la contrebande,
& que le mot de réciprocité ne ſervît plus à
légitimer des ſpéculations politiques, abſolument
contraires aux loix d'ordre, dont les rois doivent
être les ſoutiens.

L'importation des bleds, comme leur exportation, ne peut raiſonnablement être aſſujettie à
aucun droit ; elle a preſque toujours lieu dans
le tems de cherté, & c'eſt alors le peuple ouvrier qui ſouffre : ainſi, un impôt mis ſur les
ſecours que le commerce étranger vient apporter, ſeroit à la fois impolitique & barbare.

Les produits de la pêche étrangère, doivent
être ſoumis à un droit prohibitif, afin de favoriſer celles des ports maritimes : c'eſt une occupation précieuſe, qui doit être encouragée
comme l'agriculture, puiſqu'elle augmente pareillement la maſſe des ſubſiſtances ; & comme les
manufactures, puiſque la valeur des produits de
la pêche eſt entièrement compoſée du prix du
travail ; & comme un objet particulier de politique, puiſque cette occupation, en formant,
pendant la paix, des navigateurs & des matelots,
devient un moyen de force au moment de la
guerre. Il eſt, au reſte, des circonſtances où ces
règles générales exigent des exceptions ; & l'introduction des produits de la pêche étrangère
doit être permiſe, lorſque les évènemens malheureux d'une guerre maritime, mettent obſtacle
à celle du royaume.

Toutes les productions des mines étrangères,
peuvent être aſſujetties à un droit d'entrée de
dix pour cent, mais l'introduction des métaux
précieux, tels que l'or & l'argent, doit être
exempte d'impôt ; ces métaux en ſupportent un,
ſous le nom de droit de contrôle, lorſqu'ils ſont
employés en vaiſſelles, en bijoux, ou en d'autres ouvrages de main-d'œuvre ; & la partie qui
eſt convertie en monnoies, eſt taxée indirectement, au moyen du bénéfice que fait le ſouverain
ſur cette fabrication.

Tous les autres objets d'importation qui ne
ſont pas compris dans les claſſes précédentes,
compoſent à peine une ſomme de dix millions,
& l'on pourroit, ſans inconvénient, les aſſujettir
généralement à un droit de cinq pour cent.

Les droits de traites ſur l'importation des marchandiſes étrangères, en ſuppoſant ces droits
établis ſelon les baſes qu'on vient d'indiquer, &
en évaluant toujours les ſommes inévitables, ſe
monteroient, autant que j'ai pu l'arbitrer, de
huit à neuf millions ; en y joignant le produit
des droits à l'exportation, l'enſemble des droits
de traites ſur le commerce de la France avec
l'étranger, ne s'élèveroient qu'à dix ou onze millions ; mais qu'importeroit, ſi par évènement,
le changement apporté aux droits de traites, diminuoit les revenus du roi d'un ou deux millions ? Eſt-ce une circonſtance à mettre en balance avec les avantages qui réſulteroient pour
l'Etat & pour le commerce, d'une légiſlation
infiniment ſimple, & de la ſuppreſſion de toutes

les gênes qui embarraffent la circulation ? Je dirai plus ; l'accroiffement dans l'induftrie, que des impôts fagement combinés ne manquent jamais d'exciter, ne tarderoit pas à dédommager le fifc même, du léger facrifice qu'il auroit fait.

Ce feroit à tort cependant, qu'en prenant conhoiffance du revenu des douanes dans plufieurs pays de l'Europe, on s'étonneroit du modique produit de celles de France : il eft fingulier peut-être, au premier coup-œil, de voir que l'immenfe commerce de ce royaume avec l'étranger, ne peut rendre en droits de traites que dix à douze millions, & que même on ne doit pas fagement en attendre davantage ; mais une feule réflexion fuffit pour expliquer cette efpèce de contradiction : c'eft que le revenu des douanes n'eft point la mefure de la profpérité d'un pays, & perfonne ne croira, par exemple, que les richeffes de l'Efpagne fuffent diminuées, fi ce royaume, augmentant d'induftrie, parvenoit à fe paffer des ouvrages de main-d'œuvre des autres nations, & fi le fouverain perdoit en même-tems tout le produit des droits impofés fur leur introduction.

On oppofera peut-être à ces principes, qu'en Angleterre, pays d'une grande induftrie, les douanes font un des principaux revenus du pays ; & en effet, leur produit doit fe monter aujourd'hui, de foixante à foixante-dix millions, monnoie de France ; mais on comprend dans cette fomme les droits fur les thés, forte de confommation qui, en raifon de fon étendue, eft particulière à l'Angleterre, les droits fur l'importation des vins étrangers, revenu de douze millions, & que l'Angleterre ne doit qu'à fes privations ; & enfin, les droits établis fur le café, le fucre, le tabac & le charbon de terre.

Ainfi, pour former un jufte parallele, on feroit autorifé à compter parmi les produits des douanes en France, & le revenu que le roi tire de fa ferme de tabac, & les droits du domaine d'Occident, dus à l'introduction des denrées des colonies françoifes, & ceux établis fur leur confommation dans le royaume, & même encore les droits exigés à l'entrée du bois de chauffage dans les villes, puifque ce dernier impôt répond à celui du charbon de terre en Angleterre. Cependant, fi l'on réuniffoit enfemble ces divers recouvremens, on ne trouveroit pas une grande difparité entre leur produit & celui des douanes d'Angleterre.

Jufqu'ici, je n'ai point examiné l'intérêt particulier des diverfes provinces de France, à l'adoption du plan de réforme qu'on vient de développer ; mais il ne peut y avoir de doute, que pour les provinces diftinguées fous le nom d'étranger effectif ; car celles réputées étrangères, n'au-

roient pas de peine à reconnoître que l'affujettiffement à un tarif général très-modéré, feroit moins onéreux pour elles, que le maintien de leurs droits locaux, & des impofitions qu'elles paient à l'entrée ou à la fortie des provinces des cinq groffes fermes.

Au refte, le dépouillement des regiftres des traites, dont j'ai déja parlé, donnera les connoiffances de détail les plus propres à lever toutes les objections ; & l'on verra qu'au moyen des droits uniformes établis fucceffivement, les provinces réputées étrangères, font, à l'égard des autres, dans une pofition moins avantageufe qu'elles n'en ont conçu l'idée, d'après d'anciennes préfomptions.

Le changement futur de fituation du petit nombre de provinces qui font traitées comme un véritable pays étranger, devroit être confidéré par elles d'une tout autre manière : ce feroit en effet, non-feulement la mefure de leur contribution aux droits de traites qui feroit différente, mais encore leur pofition de commerce ; puifqu'elles trafiquent librement avec les pays étrangers, & ne font gênées par des douanes, que fur la partie de leurs frontières limitrophes des provinces de l'intérieur du royaume. Je crois donc utile de donner ici une idée fuccinte de leurs nouveaux rapport, dans l'hypothèfe de l'établiffement de toutes les douanes à l'extrémité du royaume, & fous la loi d'un tarif conforme aux principes que j'ai pofés.

On voit d'abord, que l'état préfent des provinces d'étranger effectif, n'effuyeroit prefqu'aucune altération pour la partie des exportations à l'étranger ; puifque toutes les marchandifes expédiées hors du royaume, feroient affranchies de droits, à la réferve des vins, & des matières premières propres aux manufactures ; & comme les vins du Barrois font un objet de commerce extérieur, & que le plus petit droit pourroit nuire à cette branche d'affaires, une exception favorable n'auroit aucune conféquence, & le facrifice feroit infiniment petit.

La pofition des provinces d'étranger effectif, ne feroit pas changée non plus à l'égard d'un grand nombre d'importation : en effet, on a vu que les matières premières propres aux manufactures, & d'autres objets encore, devroient entrer dans tout le royaume en exception de droits : ainfi, la véritable altération dans l'état préfent des provinces d'étranger effectif, feroit relative à la faculté qu'elles ont maintenant d'importer librement chez elles, & les ouvrages d'induftrie de tous les pays du monde, & les épiceries, & les diverfes autres denrées de luxe, & les métaux communs de toute efpèce, & tous les autres objets qui, dans le plan d'un tarif général, doivent être foumis à un droit d'entrée ; enfin , & c'eſt l'objet principal , elles feroient aſſujetties au droit de confommation fur les denrées d'Amérique.

En échange , la Lorraine & l'Alſace feroient affranchies des droits de péage & de traite foraine , auxquelles elles font maintenant affujetties ; & ces deux provinces , qui compoſent , avec la généralité de Metz , le pays d'*étranger effectif* recevroient en exemptions de droits , tout ce qu'elles tirent de l'intérieur du royaume ; & ce qui feroit plus important , elles ne feroient plus aſſujetties aux prohibitions ou aux impôts , qui gênent aujourd'hui leur commerce d'exportation dans le reſte de la France. Voilà le précis , àpeu-près , de leur changement de poſition : il en réſulteroit ſûrement un grand moyen d'encouragement pour leurs manufactures ; & comme le prix du bled eſt conſtamment plus bas dans ces provinces que dans le reſte du royaume , elles fe trouveroient naturellement appellées à avoir une grande induſtrie , ſi le débit de leurs ouvrages de main-d'œuvre , dans toute l'étendue du royaume ne fe trouvoit plus interdit , ou contrarié par des droits d'entrée conſidérables. Elles auroient donc tort , je le penſe , lorſqu'elles conſidéreroient le nouveau plan pour leurs droits de traites , de fe borner à comparer leur contribution probable à ces mêmes droits , avec l'impoſition que leur commerce fupporte aujourd'hui. Cependant la queſtion réduite à cet objet d'intérêt , ne préſenteroit pas un réſultat qui leur fût défavorable , & je vais mettre à portée d'en juger , par un apperçu très-fimple.

J'ai évalué les droits du nouveau *tarif* , de dix à onze millions pour tout le royaume , compofé de vingt-quatre millions fix cents foixantefeize mille ames : la population des trois généralités , traitées comme un pays étranger , eſt de dix-huit cents dix mille trois cents ames ; ainſi , dans cette proportion , leur contingent aux droits de traites , feroit au plus de huit cents mille livres.

Le droit de conſommation fur les denrées des colonies , dont ces provinces font maintenant affranchies , feroit , dans le nouveau ſyſtême , au nombre de leurs charges nouvelles ; & ce droit , en le fuppoſant exactement perçu , s'éleveroit vraifemblablement pour leur part , à environ trois cents mille livres.

C'eſt en tout onze cents mille livres.

En revanche , les droits levés en Alſace & en Lorraine , fous les noms de *péages* , *traverfe* , *haut-conduit* , & *traite-foraine* , fe trouveroient fupprimés , ainſi que tous ceux exigés fur la ligne de démarcation , qui fépare les trois provinces de l'intérieur du royaume ; & comme ces

droits intérieurs fe montent feuls à environ cinq cents mille livres , je crois qu'en faiſant fimplement un compte fifcal , on trouveroit que la fituation des provinces d'étranger effectif , feroit peu différente de leur état préſent , mais l'attention fuperficielle qu'on a portée juſqu'à préſent à ces fortes de matières , & l'obſcurité dont on les a toujours environnées , ont entretenu toutes fortes d'erreurs ou d'opinions exagérées.

On doit eſpérer que ces obſervations , en éclairant tous les bons eſprits fur les avantages de la fuppreſſion des douanes intérieures , & de l'établiſſement d'un *tarif* uniforme aux extrémités du royaume , ne laiſſera plus ni motifs , ni prétextes aux habitans de la Bretagne , de la Lorraine , des Trois-Evêchés , & de l'Alſace , de combattre le nouveau ſyſtême des droits de traites ſi intéreſſant pour le bien public , & pour la proſpérité commerce.

Ce qui eſt certain , c'eſt que le miniſtère eſt férieuſement occupé de cette réforme , & que dans la vue de l'opérer , il a fait reprendre les travaux fort avancés en 1761 , dont nous avons ci-devant rendu compte. Ils ont heureuſement été conduits à leur fin , & il ne reſte plus qu'à en voir adopter le réſultat.

Il conſiſte , 1°. dans la fuppreſſion de tous les droits dûs à la circulation & au paſſage des provinces , & dénommés dans l'édit auquel doit être annexé le nouveau *tarif*.

2°. Dans l'abolition de divers droits perçus actuellement fur des bafes , & dans des proportions différentes , tant à l'importation qu'à l'exportation.

3°. Dans le remplacement de tous ces droits anéantis , par ceux d'un *tarif* uniforme & général , dont la bafe eſt déterminée par l'intérêt que la France a de gêner ou de favoriſer les importations ou les exportations.

Pour l'entrée , les proportions du *tarif* font diviſées en ſix claſſes.

Dans la première , qui eſt la plus favorable , les droits font fixés à raiſon d'un quart pour cent de la valeur ; quotité qui n'a pour objet que de fe procurer une connoiſſance exacte de tout ce qui fera importé.

Auſſi , cette claſſe comprend toutes les matières premières d'une néceſſité abſolue pour les manufactures & pour la navigation , telles que les bois de conſtruction & les munitions navales ; les chanvres , les lins , les cotons , les laines & poils de toute eſpèce , les ingrédiens pour les teintures , & les matières propres à la fabrication du papier.

La seconde claffe préfente des droits de deux pour cent fur tous les objets néceffaires, à la vérité, pour l'induftrie nationale, mais qui ont déjà reçu une première main-d'œuvre chez l'étranger.

Le droit de la troifième claffe, eft tiré à cinq pour cent.

La quatrième claffe, dont le droit eft de fept & demi pour cent, comprend tous les articles de drogueries & épiceries, propres à la médecine & pharmacie.

La cinquième claffe, avec le droit de dix pour cent de la valeur, renferme tout ce qui eft de fabrique étrangère, dont la concurrence peut-être nuifible aux fabriques nationales.

La fixième & dernière claffe, qui porte un droit de douze pour cent de la valeur, ne s'applique qu'aux objets dont il eft avantageux de gêner l'importation.

Quant à la claffe des prohibitions, elle ne s'étend qu'aux productions des colonies étrangères, aux toiles de coton blanches & peintes.

A la fortie du royaume, les droits font fixés dans le même efprit, & ne compofent que quatre claffes.

La première, & la plus favorable pour l'induftrie, comprend les objets de fabrication nationale & les productions territoriales; le droit n'eft que d'un quart pour cent de la valeur.

Dans la feconde claffe, dont le droit eft de deux & demi pour cent, font compris les objets de fabrication qui n'ont reçu qu'une première main-d'œuvre dans le royaume, & au débit defquels ce droit ne paroît pouvoir porter aucun obftacle.

La troifième claffe eft compofée des articles qui, ayant par l'utilité ou l'agrément dont ils font pour l'étranger, un débit affuré, peuvent fans inconvénient être affujettis au droit de cinq pour cent de leur valeur.

Dans la quatrième & dernière claffe, dont le droit eft de douze pour cent, font renfermées nos matières, dont l'utilité pour nos manufactures fait defirer de les conferver abondamment dans le royaume.

Les vins ne font pas compris dans ces différentes claffes. Les plus rénommés par leur excellence, feront foumis à un droit d'environ douze pour cent de leur valeur; & le droit defcend en dégradant de deux & demi pour cent, fuivant les qualités, jufqu'à un quart pour cent; & même, on fe propofe d'accorder à quelques-uns une légère prime d'exportation pour la favorifer. L'é-

norme difproportion qui fe trouve dans les prix en raifon de leurs qualités, notamment dans les vins de la Guyenne, qui font l'objet d'une exportation très-confidérable, n'a pas permis de les tariffer généralement.

On a traité avec des ménagemens particuliers les vins de la Lorraine, des Trois-Evêchés, de l'Alface, & de la Franche-Comté. Ils ne doivent payer qu'environ un quart pour cent de leur valeur.

Si l'on obferve qu'à cette fixation modique des droits de fortie fur les vins, fe joint encore la fuppreffion de ceux de fubvention par doublement, de jauge & courtage qui fe perçoivent, foit dans l'intérieur du royaume, foit à la fortie, on conviendra, que jamais aucun *tarif* n'a été plus heureufement combiné pour faire profpérer le commerce des vins.

Les prohibitions à la fortie, portent fur les matières dont la difette nuiroit aux manufactures nationales.

Indépendamment de la faveur de ces nouvelles combinaifons, le *tarif* projetté comprend celle des entrepôts & des tranfits, fi avantageux pour le commerce de réexportation. *Voyez* ce que nous avons dit à ce fujet, aux mots CUIRS, tom. I, *pag.* 453; à l'article ENTREPÔT, tome II, pag. 66.

Ce *tarif* doit être accompagné d'une nouvelle ordonnance, dont les difpofitions font conformes aux principes qui ont fervi de bafe à la rédaction de ce *tarif*; mais dans laquelle font fubftituées aux amendes & confifcations, des peines plus proportionnées aux délits, & pourtant fuffifantes pour contenir & refferrer la fraude.

L'effet du *tarif* uniforme étant la fuppreffion des barrières locales, & de tous les bureaux de vifite dans l'intérieur du royaume, il en eft réfulté la néceffité de changer les modes de perception de différens droits, & d'en abolir quelques autres. Nous allons rappeller ici ce qui doit fuivre le nouveau fyftème des droits de traites.

1°. Les droits de confommation fur les marchandifes des ifles & colonies françoifes, qui font, comme on l'a dit *tome* II, *pag.* 652, d'un produit très intéreffant, & peuvent encore en donner un plus confidérable, doivent être étendus généralement dans toutes les provinces où ils n'avoient pas lieu. Sans cette uniformité, il faudroit féparer du refte du royaume, la Bretagne, la Franche Comté, la Lorraine, les Trois-Evêchés, & l'Alface, & dès-lors les avantages de l'affranchiffement intérieur feroient très-incertains,

2°. L'anéantiſſement de droit de fabrication des huiles, eſt auſſi une ſuite néceſſaire d'un nouveau *tarif*, ſans rien changer à ce que doivent les huiles étrangères & les ſavons de Marſeille à leur importation dans le royaume.

3°. Il en eſt de même du droit de marque des fers, dont nous avons parlé ci-devant, *pag.* 97, & fait connoître l'origine & la nature, en rappellant les circonſtances dans leſquelles il eſt percevable. Mais ce droit ſera conſervé à la fabrication, & converti en abonnement modéré, & perçu à l'entrée du royaume, ſur les fers & aciers, ſur les ouvrages fabriqués de ces métaux.

4° Il entre dans les vues qui ont dicté le *tarif*, de ſupprimer différens droits particuliers ou dépendans des amirautés, qui par les dix ſous pour livre additionnels, grèvent la pêche & le commerce maritime, ſauf l'indemnité due aux engagiſtes ou propriétaires.

5°. Les mêmes vues de bienfaiſance ſe ſont encore fixées ſur les droits de péage, ſi multipliés & ſi onéreux par la perte du tems; mais elles attendent pour prononcer leur abolition, que le montant des indemnités dues aux propriétaires ſoit liquidé; & c'eſt à quoi travaille une commiſſion particulière créée, à la vérité, depuis 1724, mais dont les opérations approchent heureuſement de leur terme.

6°. Ces mêmes vues ont également conçu l'abolition des droits impoſés à la fabrication des cuirs & peaux, des papiers, cartons & amidons, droits exceſſivement fatiguans par les entraves qu'ils impoſent, les viſites qu'ils néceſſitent, & les obſtacles qu'ils mettent à la proſpérité de ces fabriques; & pour les remplacer, on ſe propoſe de les convertir, lorſque les effets des conjonctures fâcheuſes d'épizootie & de diſette de fourrages ne ſe feront plus ſentir, partie en un droit d'entrée par tête de bétail dans les villes, & partie en des abonnemens payés par les communautés de tanneurs.

7°. Les privilèges de pluſieurs provinces exemptes ou rédimées de gabelles, comme on l'a expliqué au mot, *tome II*, *pag.* 317, rendroient imparfait & preſque inutile le grand ouvrage de la ſuppreſſion des douanes intérieures, s'il falloit laiſſer ſubſiſter des bureaux, & la néceſſité des viſites dans la communication réciproque des provinces ſujettes à la gabelle, avec celles qui en ſont affranchies, & *vice verſà*. On a donc cherché pour les gabelles, un régime conciliable, avec cette liberté de communication qu'on vouloit établir d'une extrémité du royaume à l'autre. On a penſé qu'en convertiſſant dans tous les pays de gabelles, grandes & petites, & dans les gabelles

locales de baſſe-Normandie, de Lorraine, Alſace, Franche-Comté, Flandre & Artois, ce droit en une capitation fixée par tête au-deſſus de ſept ou huit ans, à raiſon du prix de douze livres de ſel par année, ſuivant la valeur actuelle en chaque pays, on pouvoit laiſſer le commerce du ſel abſolument libre; ſauf à y joindre un droit de cent ſous par quintal à l'enlèvement des marais ſalans. Dans les villes conſidérables & dans les villes tarifées, ce plan ſeroit modifié de manière que la nouvelle capitation du ſel, s'uniroit dans ſa quotité à la capitation ordinaire. Ainſi, tous les chefs de famille impoſés à douze livres de capitation ſeront aſſujettis à la *capitation ſaline*, à raiſon de douze livres de ſel par perſonne compoſant leur maiſon; au-deſſous de douze livres de capitation ordinaire juſqu'à ſix livres, on ne payeroit pour *capitation ſaline*, qu'à raiſon du prix de ſept livres de ſel par tête; & au-deſſous de ſix livres de capitation ordinaire juſqu'à trois livres, la *capitation ſaline* ſeroit fixée à raiſon du prix de quatre livres de ſel par tête; au-deſſous de trois livres de capitation ordinaire, on ſeroit exempt de capitation ſaline. Mais les aubergiſtes, les cabaretiers, pâtiſſiers, chaircutiers, & autres gens tenant penſion, école, &c. ſeroient aſſujettis particulièrement à une capitation ſaline, arbitrée ſuivant leur commerce.

Les perſonnes jouiſſant de franc-ſalé, ne paieroient pour capitation ſaline, que la fixation du prix qu'ils paient aujourd'hui à raiſon de douze livres de ſel, par tête, de leurs maiſons, & même, pour ſoulager le peuple, le prix du ſel ſeroit diminué d'un dixième dans le diſtrict des grandes gabelles. *Voyez* le mot GABELLE, où nous avons donné à ce projet tout le développement propre à le rendre parfaitement intelligible, *tome II*, *page* 341.

Ce plan auroit donc l'avantage de ne donner aucune atteinte aux privilèges des provinces, de laiſſer libre le commerce du ſel, & de favoriſer la fabrication des ſels ſur les marais ſalans pour le commerce étranger; cas dans lequel il ne ſeroit dû aucun droit, non plus que pour les ſels de pêche.

8°. Il ne reſte plus que la partie du tabac, dont la vente excluſive n'étant pas établie en Franche-Comté, en Alſace, en Flandre, Hainault, Cambreſis & Artois, néceſſiteroit des barrières pour les ſéparer du reſte du royaume, s'il ne ſe préſentoit pas un moyen de faire ceſſer cette indiſparate; c'eſt d'y interdire la culture du tabac, en indemniſant ces pays du produit qu'ils pouvoient en retirer. En calculant que la population de toutes ces provinces, eſt à-peu-près de dix-neuf cents mille ames, qui ſont la quatorzième de celles du royaume, leur ſoumiſſion au privilège excluſif de la vente du tabac, pourroit donner

ner à cette forme, dont le prix est de vingt-huit millions, une augmentation de deux millions. Cette somme seroit répartie à ces provinces à titre d'indemnité, à raison de leur population respective, en la subdivisant ensuite par portions, accordées préférablement aux cultivateurs de tabacs, jusqu'à ce qu'ils eussent substitué à cette plante, des lins ou des chanvres, dont la matière seroit un aliment de plus pour l'industrie.

Le *tarif* projetté, dont nous venons de donner un précis, & qui se trouve plus développé au mot TRAITES, est un véritable bienfait, sous quelque aspect qu'on le considère ; il faut espérer que son admission n'éprouvera aucun obstacle dans ce siècle éclairé. Il a été précédé d'un traité de commerce & de navigation conclu avec l'Angleterre ; traité qui ouvre de nouveaux débouchés aux productions de notre sol & de notre industrie, & devient une preuve des efforts du gouvernement pour opérer la prospérité du royaume & le bonheur de ses sujets.

Ce traité portant un *tarif* des droits perceptibles sur les objets du commerce réciproque des deux nations, désignant les marchandises de contrebande & celles qui sont prohibées, nous allons en extraire les articles qui ont un rapport direct à l'exécution de ce *tarif.*

A R T. VI.

Pour fixer d'une manière invariable le pied sur lequel le commerce sera établi entre les deux nations, les deux hautes parties contractantes ont jugé à propos de régler les droits pour certaines denrées & marchandises. Elles sont convenues en conséquence du *tarif* suivant ; savoir : 1°. les vins de France importés en droiture de France dans la Grande-Bretagne, ne paieront dans aucuns cas, pas de plus gros droits que ceux que paient présentement les vins de Portugal.

Les vins de France, importés directement de France en Irlande, ne paieront point de plus gros droits que ceux qu'ils paient actuellement.

2°. Les vinaigres de France, au lieu de soixante-sept livres cinq shillings trois sous & douze vingtièmes de sous sterling, par tonneau qu'ils paient à présent, ne paieront à l'avenir, dans la Grande-Bretagne, pas de plus gros droits que trente-deux livres dix-huit shillings dix sous & seize vingtièmes de sous sterling par tonneau.

3°. Les eaux-de-vie de France, au lieu de neuf shillings six sous, douze vingtièmes de sous sterling, ne paieront à l'avenir dans la Grande-Bretagne, que sept shillings sterling par gallon, faisant quatre quartes, mesure d'Angleterre.

4°. Les huiles d'olive, venant directement de France, ne paieront pas à l'avenir un plus fort

droit que paient actuellement celles des nations les plus favorisées.

5°. La bière paiera mutuellement un droit de trente pour cent de la valeur.

6°. On classera les droits sur la quincaillerie & la tabletterie, (en Anglois *hard-ware, cutlery, cabinet-ware and turnery*) & tous les ouvrages gros & menus, de fer, d'acier, de cuivre & d'airain, & le plus haut droit ne passera pas dix pour cent de la valeur.

7°. Les cotons de toutes espèces, fabriqués dans les Etats des deux souverains en Europe, ainsi que les lainages, tant tricotés que tissus, y compris la bonneterie, (en Anglois *hosiery*) paieront de part & d'autre un droit d'entrée de douze pour cent de la valeur. On excepte tous les ouvrages de coton & de laine mêlés de soie, lesquels demeureront prohibés de part & d'autre.

8°. Les toiles de batiste & linons, (en Anglois *cambricks and laws*) paieront de part & d'autre un droit d'entrée de cinq shillings, ou six liv. tournois par demi pièce de sept verges trois-quarts d'Angleterre, (*yards*) & les toiles de lin & de chanvre, fabriquées dans les Etats des deux souverains en Europe, ne paieront point de plus forts droits, tant en France que dans la Grande-Bretagne, que les toiles fabriquées en Hollande & en Flandre, importées dans la Grande-Bretagne, payent actuellement.

Et les toiles de lin & de chanvre fabriquées en France & en Irlande, ne paieront mutuellement point de plus forts droits que les toiles fabriquées en Hollande, importées en Irlande, paient à présent.

9°. La sellerie paiera mutuellement un droit d'entrée de quinze pour cent de la valeur.

10°. Les gazes de toutes espèces paieront mutuellement dix pour cent de la valeur.

11°. Les modes composées de mousselines, linons, batistes, gazes de toutes espèces, (en Anglais *millinery*) & de tous les autres articles admis par le présent *tarif*, payeront mutuellement un droit de douze pour cent de la valeur; & s'il y entre des articles non énoncés audit *tarif*, ils ne paieront pas de plus forts droits que ceux que paient pour les mêmes articles les nations les plus favorisées.

12°. La porcelaine, la fayence & la poterie paieront mutuellement douze pour cent de la valeur.

13°. Les glaces & la verrerie seront admises de part & d'autre moyennant un droit de douze pour cent de la valeur.

Sa majefté Britannique fe réferve la faculté de compenfer , par des droits additionnels fur les marchandifes ci-deffous énoncées , les droits intérieurs actuellement impofés fur les Manufactures , ou ceux d'entrée qui font levés fur les matières premières ; favoir , fur les toiles de toutes efpèces , teintes ou peintes , fur la bière , fur la verrerie , fur les glaces & fur les fers.

Et fa majefté très-chrétienne fe réferve auffi la faculté d'en ufer de même à l'égard des marchandifes fuivantes ; favoir , fur les cotons , fur les fers & fur la bière.

Pour d'autant mieux affurer la perception exacte des droits énoncés audit *tarif*, payables fur la valeur , elles conviendront entr'elles, non-feulement de la forme des déclarations , mais auffi des moyens propres à prévenir la fraude fur la véritable valeur defdites denrées & marchandifes.

Et s'il fe trouve , par la fuite , qu'il s'eft gliffé dans le *tarif* ci-deffus des erreurs contraires aux principes qui lui ont fervi de bafe , les deux fouverains s'entendront de bonne-foi pour les redreffer.

La claffification énoncée dans la fixième fection de cet article , a été fixée par une convention particulière du 15 Janvier 1787 , & il a été ajouté des explications à d'autres articles , ainfi qu'il fuit.

Il eft convenu que la tabletterie , (en Anglois , *cabinet-ware* & *turnery*), & tout ce qui eft compris fous ces dénominations , de même que les inftrumens de mufique , paieront dix pour cent de leur valeur.

Tous les articles compofés de fer ou d'acier , purs ou mélangés , ou travaillés , ou montés avec d'autres fubftances , dont la valeur ne fera pas au-deffus de foixante liv. tournois ou de cinquante fchillings le quintal , paieront feulement cinq pour cent de leur valeur ; & tous les autres objets , comme boutons , boucles , couteaux , cifeaux , & tous les différens articles compris dans la clincaillerie , (en anglois , *hard ware* & *cutlery*) , ainfi que tous autres ouvrages de fer & d'acier , de cuivre & d'airain , purs ou mélangés , ou travaillés , ou moullés avec d'autres fubftances , paieront dix pour cent de leur valeur.

Si l'un des deux fouverains juge à propos d'admettre lefdits articles , ou quelques-uns feulement de quelqu'autre nation , à raifon de leur utilité , fous un droit plus modéré , il fera participer audit rabais les fujets de l'autre fouverain , afin qu'aucune nation étrangère n'ait fur ce point de préférence à leur préjudice.

Par les ouvrages de fer , d'acier , de cuivre & d'airain , on n'entend point le fer en barre & le fer gueufe , (en anglois , *bar-iron* & *pig-iron*) , & en général aucune forte de fer , d'acier , de cuivre ou d'airain , qui font dans l'état de matière première.

Il eft convenu que chaque déclaration fera donnée par écrit , & fignée par le marchand , le propriétaire ou le facteur , qui répond des marchandifes à leur entrée , laquelle déclaration contiendra un détail exact defdites marchandifes & de leurs emballages , des marques , numéros & chiffres du contenu de chaque ballot ou caiffe , atteftera qu'elles font du produit du fol ou des manufactures du royaume d'où elles font importées , & fera mention de la jufte & véritable valeur defdites marchandifes , afin d'en payer les droits en conféquence. Que les officiers de la douane où la déclaration fera faite , auront la liberté de faire telle vifite qu'ils jugeront à propos defdites marchandifes , à leur defcente à terre , non-feulement pour conftater les faits expofés dans ladite déclaration , que les marchandifes font le produit du pays y mentionné , & que l'expofé de leur valeur & quantité eft exact ; mais auffi , pour prévenir l'introduction clandeftine d'autres marchandifes dans les mêmes ballots ou caiffes : bien entendu cependant que lefdites vifites feront faites avec tous les égards poffibles pour la commodité des commerçans , & pour la préfervation defdites marchandifes.

Si les officiers des douanes ne font pas contens de l'eftimation faite dans ladite déclaration , de la valeur defdites marchandifes , ils auront la liberté , avec le confentement du chef de la douane du port , ou tel autre officier nommé pour cet effet , de prendre lefdites marchandifes , fuivant l'eftimation faite par la déclaration , en accordant au marchand ou propriétaire , un excédent de dix pour cent , & lui reftituant ce qu'il pourroit avoir payé pour les droits fur lefdites marchandifes. Dans ce cas , le montant en fera payé , fans délai , par la douane du port , s'il s'agit d'objets dont la valeur n'excède pas quatre cents quatre-vingt livres tournois , ou vingt livres fterlings ; & dans quinze jours au plus tard , fi leur valeur excède ladite fomme.

Et s'il arrive qu'il y ait des doutes , ou fur la valeur defdites marchandifes , ou fur les pays dont elles font le produit , les officiers de la douane du port donneront leur décifion là-deffus avec la plus grande expédition poffible , & le tems employé à cet effet n'excédera , en aucun cas , l'efpace de huit jours , dans les ports où les officiers , ayant la régie principale des droits , font établis , ni celui de quinze , dans quel autre port que ce foit.

Il eſt ſuppoſé & entendu que les marchandiſes admiſes par le préſent traité, ſont reſpectivement du crû du ſol ou du produit des manufactures des Etats des deux ſouverains en Europe.

Pour obliger les commerçans à être exacts dans les déclarations requiſes par le préſent article, ainſi que pour prévenir tout doute qui pourroit s'élever ſur la partie de l'article X, qui porte : que s'il y a une omiſſion d'effets dans la déclaration fournie par le maître du navire, ils ne ſeront pas ſujets à la confiſcation, à moins qu'il y ait une apparence manifeſte de fraude ; il eſt entendu que, dans un tel cas, leſdits effets ſeront confiſqués, à moins que des preuves ſatisfaiſantes ne ſoient données aux officiers de la douane, qu'il n'y avoit aucune intention de fraude.

4°. En réglant les droits ſur les batiſtes & les linons, on a entendu que leur largeur n'excédera point, pour les batiſtes, ſept huitièmes de verge, meſure d'Angleterre, (environ trois quarts de France) ; &, pour les linons, une verge & un quart, meſure d'Angleterre (une aune de France) ; & ſi, dans la ſuite, on en fait d'une largeur qui excède celle-ci, ils paieront un droit de dix pour cent de leur valeur.

VII.

Les droits énoncées ci-deſſus ne pourront être changés que d'un commun accord, & les marchandiſes qui n'y ſont pas énoncées acquitteront dans les Etats des deux ſouverains les droits d'entrée & de ſortie dûs dans chacun deſdits Etats, par les nations européennes les plus favoriſées à la date du préſent traité ; & les navires appartenans aux ſujets deſdits Etats, auront auſſi dans l'un & dans l'autre tous les privilèges & avantages accordés à ceux des nations européennes les plus favoriſées.

Et l'intention des deux hautes parties contractantes étant que leurs ſujets reſpectifs ſoient les uns chez les autres ſur un pied auſſi avantageux que ceux des autres nations européennes, elles conviennent que dans le cas où elles accorderoient dans la ſuite de nouveaux avantages de navigation & de commerce à quelqu'autre nation européenne, elles y feront participer mutuellement leurſdits ſujets, ſans préjudice toutefois des avantages qu'elles ſe réſervent ; ſavoir, la France en faveur de l'Eſpagne, en conſéquence de l'article XXIV, du pacte de famille ſigné le 10 mai 1761 ; & l'Angleterre, ſelon ce qu'elle a pratiqué en conformité & en conſéquence de la convention de 1703, ſignée entre l'Angleterre & le Portugal.

Et afin que chacun puiſſe ſavoir certainement en quoi conſiſtent les ſuſdits impôts, douanes, & droit d'entrée & de ſortie, quels qu'ils ſoient,

on eſt convenu qu'il y aura dans les lieux publics, tant à Rouen & dans les autres villes marchandes de France, qu'à Londres & dans les autres villes marchandes de l'obéiſſance du roi de la Grande-Bretagne, des *tarifs* qui indiquent les impôts, douanes & droits accoutumés, afin que l'on y puiſſe avoir recours toutes les fois qu'il s'élevera quelque différend à l'occaſion de ces impôts, douanes & droits, qui ne pourront ſe lever que conformément à ce qui ſera clairement expliqué dans les ſuſdits *tarifs* & ſelon leur ſens naturel ; & ſi quelqu'officier ou quelqu'un en ſon nom, ſous quelque prétexte que ce ſoit, exige & reçoit publiquement ou en particulier, directement ou indirectement, d'un marchand ou d'un autre, aucune ſomme d'argent ou quelqu'autre choſe que ce ſoit, à raiſon de droit dû, d'impôt, de viſites ou de compenſation, même ſous le nom de don fait volontairement, ou ſous quelque prétexte que ce ſoit, au-delà ou autrement qu'il n'eſt marqué ci deſſus, en ce cas, ſi ledit officier ou ſon ſubſtitut, étant accuſé devant le juge compétent du lieu où la faute a été commiſe, s'en trouve convaincu, il donnera une ſatisfaction entière à la partie léſée, & il ſera même puni de la peine dûe & preſcrite par les loix.

VIII.

A l'avenir aucune des marchandiſes exportées reſpectivement des pays de l'obéiſſance de leurs majeſtés, ne ſeront aſſujetties à la viſite ou à la confiſcation, ſous quelque prétexte que ce ſoit, de fraude ou de défectuoſité dans la fabrique ou travail, ou pour quelque défaut que ce ſoit. On laiſſera une entière liberté au vendeur & à l'acheteur de ſtipuler, & d'en faire le prix, ainſi qu'ils le trouveront à propos, nonobſtant toutes les loix, ſtatuts, édits, arrêts, privilèges, conceſſions ou uſages.

IX.

Comme il y a pluſieurs genres de marchandiſes de celles qui ſeront apportées ou importées en France par les ſujets de la Grande-Bretagne, qui ſont enfermées dans des tonneaux, dans des caiſſes ou dans des emballages, dont les droits ſe payent au poids, on eſt convenu qu'en ce cas, leſdits droits ſeront ſeulement exigés par proportion au poids effectif de la marchandiſe, & qu'on fera une diminution du poids des tonneaux, des caiſſes & emballages, de la même manière qu'il a été pratiqué & qu'il ſe pratique actuellement en Angleterre.

X.

Il eſt encore convenu, que ſi quelque inadvertence ou faute avoit été commiſe par quelque maître de navire, par l'interprète, le procureur ou autre chargé de ſes affaires, en faiſant la déclaration de ſa cargaiſon, le navire pour cela, ni ſa

cargaifon, ne feront point fujets à confifcation ;
il fera même loifible au propriétaire des effets
qui auront été omis dans la lifte, ou déclaration
fournie par le maître du navire, en payant les
droits en ufage fuivant la pancarte, de les retirer,
pourvu toutefois qu'il n'y ait pas une apparence
manifefte de fraude ; & pour caufe de cette omiffion, les marchands ni les maîtres de navires, ni
les marchandifes, ne pourront être fujets à aucune peine, pourvu que les effets omis dans la
déclaration n'aient pas encore été mis à terre
avant d'avoir fait ladite déclaration.

X I.

Dans le cas où l'une des deux hautes parties
contractantes jugera à propos d'établir des prohibitions, ou d'augmenter les droits à l'entrée
fur quelque denrée ou marchandife du crû ou
de la manufacture de l'autre, non énoncée dans
le *tarif*, ces prohibitions ou augmentations feront
générales, & comprendront les mêmes denrées
ou marchandifes des autres nations européennes
les plus favorifées, auffi-bien que celles de l'un
ou l'autre Etat ; & dans le cas où l'une des deux
parties contractantes accordera, foit la fuppreffion des prohibitions, foit une diminution des
droits en faveur d'une autre nation européenne
fur quelque denrée ou marchandife de fon crû
ou manufacture, foit à l'entrée, foit à la fortie,
ces fuppreffions ou diminutions feront communes aux fujets de l'autre partie, à condition que
celle-ci accordera aux fujets de l'autre, l'entrée
& la fortie des mêmes marchandifes fous les
mêmes droits, exceptant toujours les cas réfervés
dans l'article VII du préfent traité.

X I I.

Et d'autant qu'il s'eft autrefois établi un ufage,
lequel n'eft autorifé par aucune loi dans quelques
lieux de France & de la Grande-Bretagne, fuivant lequel les François ont payé en Angleterre
une efpèce de capitation nommée en langue du
pays *headmoney*, & les Anglois le même droit en
France, fous le titre d'*argent du chef* ; il eft convenu que cet impôt ne s'exigera plus de part ni
d'autre, ni fous l'ancien nom, ni fous quelqu'autre nom que ce puiffe être.

X I I I.

Si l'une des hautes parties contractantes a accordé ou accorde des primes (en anglois *boun-
ties*), pour encourager l'exportation des articles
du crû du fol ou du produit des manufactures
nationales, il fera permis à l'autre d'ajouter aux
droits déja impofés en vertu du préfent traité,
fur lefdites denrées & marchandifes importées
dans fes Etats, un droit d'entrée équivalent à
ladite prime : bien entendu que cette ftipulation
ne s'étendra pas fur la reftitution des droits &
impôts, (en anglois *drawback*) laquelle a lieu
en cas d'exportation.

X V.

Il a été convenu que les navires appartenans
à des fujets de fa majefté britannique, venant
dans les Etats de fa majefté très-chrétienne des
ports de la Grande-Bretagne, d'Irlande ou de
quelqu'autre port étranger, ne paieront point le
droit de fret, ni aucun droit femblable ;
pareillement les navires françois feront exempts
dans les Etats de fa majefté britannique, du droit
de cinq shillings, ou de tout autre droit ou
charge femblable.

X V I I I.

Il a été ftatué de plus, & l'on eft convenu,
qu'il foit entièrement libre à tous les marchands,
capitaines de vaiffeaux & autres fujets du roi de
la Grande-Bretagne, dans tous les Etats de fa majefté très-chrétienne en Europe, de traiter leurs
affaires par eux-mêmes, ou d'en charger qui bon
leur femblera, & ils ne feront tenus de fe fervir
d'aucun interprète ou facteur, ni de leur payer
aucun falaire, fi ce n'eft qu'ils veulent s'en fervir.
En outre, les maîtres des vaiffeaux ne feront point
tenus de fe fervir, pour charger ou décharger leurs
navires, de perfonnes établies à cet effet par l'autorité publique, foit à Bordeaux, foit ailleurs ;
mais il leur fera entièrement libre de charger ou
décharger leurs vaiffeaux par eux-mêmes, ou de
fe fervir de ceux qu'il leur plaira pour les charger
ou les décharger, fans payer aucun falaire à quelqu'autre perfonne que ce puiffe être. Ils ne feront
point tenus auffi de décharger dans les navires d'autrui, ou de recevoir dans les leurs, quelques marchandifes que ce foit, ni d'attendre leur
chargement plus long-tems qu'ils le jugeront à
propos. Et tous les fujets du roi très-chrétien,
jouiront pareillement, & feront en poffeffion des
mêmes privilèges & libertés, dans tous les Etats
de fa majefté britannique en Europe.

X I X.

On ne pourra obliger les vaiffeaux chargés des
deux parties, paffant fur les côtes l'une de
l'autre, & que la tempête aura obligés de relâcher dans les rades ou ports, ou qui y auront
pris terre de quelqu'autre manière que ce foit,
d'y décharger leurs marchandifes en tout ou en
partie, ou de payer quelques droits, à moins
qu'ils ne les y déchargent de leur bon gré, &
qu'ils n'en vendent quelque partie. Il fera cependant libre, après en avoir obtenu la permiffion
de ceux qui ont la direction des affaires maritimes, de décharger ou de vendre une petite partie
du chargement, feulement pour acheter les vivres
ou les chofes néceffaires pour le radoub du vaiffeau, & dans ce cas, on ne pourra exiger de
droits pour tout le déchargement, mais feulement
pour la petite partie qui aura été déchargée ou
vendue.

X X.

Il fera permis à tous les fujets du roi très-chrétien, & du roi de la Grande-Bretagne, de naviger avec les vaiffeaux en toute fûreté & liberté, & fans diftinction de ceux à qui les marchandifes de leurs chargemens appartiendront, de quelque port que ce foit, dans les lieux qui font déja, ou qui feront ci-après en guerre avec le roi très-chrétien, ou avec le roi de la Grande-Bretagne. Il fera auffi permis auxdits fujets de naviger & négocier avec leurs vaiffeaux & marchandifes avec la même liberté & fûreté, des lieux, ports & endroits appartenans aux ennemis des deux parties, ou de l'une d'elles, fans être aucunement inquiétés ni troublés, & d'aller directement, non-feulement defdits lieux ennemis à un lieu neutre, mais encore d'un lieu ennemi à un autre lieu ennemi; foit qu'ils foient fous la jurifdiction d'un même ou de différens princes. Et comme il a été ftipulé par rapport aux navires & aux marchandifes, & que l'on regardera comme libre tout ce qui fera trouvé fur les vaiffeaux appartenans aux fujets de l'un & de l'autre royaume, quoique tout le chargement, ou une partie de ce même chargement appartienne aux ennemis de leurs majeftés; à l'exception cependant des marchandifes de contrebande, lefquelles étant interceptées, il fera procédé conformément à l'efprit des articles fuivans.

XXI.

Cette liberté de navigation & de commerce s'étendra à toute forte de marchandifes, à la réferve feulement de celles qui feront exprimées dans l'article fuivant, & défignées fous le nom de marchandifes de contrebande.

XXII.

On comprendra fous ce nom de marchandife de contrebande ou défendues, les armes, canons, arquebufes, mortiers, pétards, bombes, grenades, fauciffes, cercles poiffés, affûts, fourchettes, bandoulières, poudre à canon, mêches, falpêtre, balles, piques, épées; morions, cafques, cuiraffes, hallebardes, javelines, fourreaux de piftolets, baudriers, chevaux avec leurs harnois, & tous autres femblables genres d'armes & d'inftrumens de guerre fervant à l'ufage des troupes.

XXIII.

On ne mettra point au nombre des marchandifes défendues celles qui fuivent; favoir, toutes fortes draps, & tous autres ouvrages de manufacture de laine, de lin, de foie, de coton & de toute autre matière; tous genres d'habillemens avec les chofes qui fervent ordinairement à les faire; or, argent monnoyé ou non monnoyé, étain, fer, plomb, cuivre, laiton, charbon à fourneau, blé, orge, & toute autre forte de grains & de légumes; le tabac, toutes fortes d'aromates, chairs falées & fumées, poiffons

falés, fromages & beurre, bière, huiles, vins, fucre, toutes fortes de tels & de provifions, fervant à la nourriture & à la fubfiftance des hommes; tous genres de coton, cordages, cables, voiles, toiles propre à faire des voiles, chanvre, fuif, goudron, brai & réfine; ancres & partie d'ancres, quelles qu'elles puiffent être; mâts de navires, madriers, poutre de toutes fortes d'arbres, & de toutes les autres chofes néceffaires pour conftruire ou pour radouber les vaiffeaux. On ne regardera pas non plus comme marchandifes de contrebande, celles qui n'auront pas pris la forme de quelqu'inftrument ou attirail fervant à l'ufage de la guerre, fur terre ou fur mer, encore moins pour celles qui font féparées ou travaillées pour tout autre ufage. Toutes ces chofes feront cenfées marchandifes non défendues, de même que toutes celles qui ne font pas comprifes, & fpécialement défignées dans l'article précédent, en forte qu'elles pourront être librement tranfportées par les fujets des deux royaumes, même dans les lieux ennemis, excepté feulement dans des places affiégées, bloquées & invefties.

XXIV.

Mais pour éviter & prévenir la difcorde & toutes fortes d'inimitiés de part & d'autre, il a été convenu, qu'en cas que l'une des deux parties fe trouvât engagée en guerre, les vaiffeaux & les bâtimens appartenans aux fujets de l'autre partie devront être munis de lettres de mer, qui contiendront le nom, la propriété & la grandeur du vaiffeau, de même que le nom & le lieu de l'habitation du maître ou du capitaine de ce vaiffeau; en forte qu'il paroiffe que ce vaiffeau appartient véritablement & réellement aux fujets de l'une ou de l'autre partie: & ces lettres de mer feront accordées & conçues dans la forme annexée au préfent traité. Elles feront auffi renouvellées chaque année, s'il arrive que le vaiffeau revienne dans le cours de l'an. Il a été auffi convenu que ces fortes de vaiffeaux chargés ne devront pas être feulement munis des lettres de mer ci-deffus mentionnées, mais encore des certificats contenant les efpèces de la charge, le lieu d'où le vaiffeau eft parti, & celui de fa deftination, afin que l'on puiffe connoître s'il ne porte aucune des marchandifes défendues ou de contrebande, fpécifiées dans l'article XXII de ce traité. Lefquels certificats feront expédiés par les officiers du lieu d'où le vaiffeau fortira felon la coutume. Il fera libre auffi, fi on le defire, & fi on le juge à propos, d'exprimer dans lefdites lettres à qui appartiennent les marchandifes.

XXV.

Les vaiffeaux des fujets & habitans des royaumes refpectifs, arrivant fur quelque côté de l'un ou de l'autre, fans cependant vouloir entrer dans le port, ou y étant entrés, & ne voulant point débarquer ou rompre leurs charges, ne feront point obligés de rendre compte de leurs chargemens, qu'au cas qu'il y eût des indices certains qui les rendiffent fufpects de porter aux ennemis de l'une des deux hautes parties contractantes, des marchandifes défendues, appellées de contrebande.

XXVIII.

Si par l'exhibition des certificats fufdits, contenant un état du chargement, l'autre, partie y trouve quelques-unes de ces fortes de marchandifes défendues & déclarées de contrebande par l'article XXII de ce traité, & qui foient deftinées pour un port de l'obéiffance de fes ennemis, il ne fera pas permis de rompre ni d'ouvrir les écoutilles, caiffes, coffres, balles, tonneaux, & autres vafes trouvés fur ce navire, ni d'en détourner la moindre partie des marchandifes, foit que ce vaiffeau appartienne aux fujets de la France ou à ceux de la Grande-Bretagne, à moins que fon chargement n'ait été mis à terre en la préfence des officiers de l'amirauté, & qu'il n'ait été par eux fait inventaire defdites marchandifes. Elles ne pourront être vendues, échangées, ou autrement aliénées de quelque manière que ce puiffe être, qu'après que le procès aura été fait dans les règles & felon les loix & les coutumes, contre ces marchandifes défendues, & que les juges de l'amirauté refpectivement les auront confifquées par fentence, à la réferve néanmoins, tant du vaiffeau même, que des autres marchandifes qui y auront été trouvées, & qui, en vertu de ce traité, doivent être cenfées libres, & fans qu'elles puiffent être retenues fous pretexte qu'elles feroient chargées avec des marchandifes défendues, & encore moins être confifquées comme une prife légitime; & fuppofé que lefdites marchandifes de contrebande, ne faifant qu'une partie de la charge, le patron du vaiffeau agréât, confentit & offrit de les livrer au vaiffeau qui les a découvertes, en ce cas, celui-ci, après avoir reçu les marchandifes de bonne prife, fera tenu de laiffer aller auffi-tôt le bâtiment, & ne l'empêchera en aucune manière de pourfuivre fa route vers le lieu de fa deftination.

XXIX.

Il a été au contraire convenu & accordé que tout ce qui fe trouvera chargé par des fujets & habitans de part & d'autre, en un navire appartenant aux ennemis de l'autre, bien que ce ne fût pas des marchandifes de contrebande, fera confifqué comme s'il appartenoit à l'ennemi même, excepté les marchandifes & effets qui auront été chargés dans ce vaiffeau avant la déclaration de la guerre, ou l'ordre général des repréfailles, ou même depuis la déclaration, pourvu que ç'ait été dans les termes qui fuivent, à fa-

voir; de deux mois après cette déclaration ou l'ordre des repréfailles, fi elles ont été chargées dans quelque port & lieu compris dans l'efpace qui eft entre Archangel, Saint-Péterfbourg & les Sorlingues; & entre les Sorlingues & la ville de Gibraltar; de dix femaines dans la mer Méditerranée, & de huit mois dans tous les autres pays ou lieux du monde; de manière que les marchandifes des fujets de l'un & l'autre prince, tant celles qui font de contrebande, que les autres qui auront été chargées, ainfi qu'il eft dit, fur quelque vaiffeau ennemi, avant la guerre ou même depuis fa déclaration, dans les rems & les termes fufdits, ne feront en aucune manière fujettes à confifcation, mais feront, fans délai & de bonne foi, rendues aux propriétaires qui les redemanderont, en forte néanmoins qu'il ne foit nullement permis de porter enfuite ces marchandifes dans les ports ennemis, fi elles font de contrebande.

XXXVII.

S'il arrive que des vaiffeaux de guerre ou des navires marchands, contraints par la tempête ou autres accidens, échouent contre des rochers ou des écueils fur les côtes de l'une des hautes parties contractantes, qu'ils s'y brifent & qu'ils y faffent naufrage, tout ce qui aura été fauvé des vaiffeaux, de leurs agrès & apparaux, effets ou marchandifes, ou le prix qui en fera provenu, le tout étant réclamé par les propriétaires, ou autres ayant charge & pouvoir de leur part, fera reftitué de bonne foi, en payant feulement les frais qui auront été faits pour les fauver, ainfi qu'il aura été réglé par l'une & l'autre partie pour le droit de fauvetage, fauf cependant les droits & coutumes de l'une & de l'autre nation, lefquels on s'occupera à abolir ou au moins à modifier dans le cas où ils feroient contraires à ce qui eft convenu par le préfent article. Et leurfdites majeftés, de part & d'autre, interpoferont leur autorité pour faire châtier févèrement ceux de leurs fujets qui auront inhumainement profité d'un pareil malheur.

Pour achever l'article *tarif*, il eft bon de dire que chaque nature de droit a le fien, quand il eft impofé fur plufieurs efpèces de denrées ou marchandifes.

Dans les aides, dans les domaines, on fe fert de *tarif* pour certaines perceptions. Cette dernière partie a le *tarif* de 1722 pour le droit de contrôle, dans lequel on voit avec étonnement que le droit de prife de poffeffion d'un archevêché, eft le même que pour celle d'une cure à portion congrue. Il y a un *tarif* pour le droit d'infinuation; un autre pour le droit de petit-fcel. *Voyez* fur ces objets le *Dictionnaire des Domaines*, nouvelle édition faite à Rennes, en quatre volumes *in-4°.*, en 1784.

TARIF D'ALENÇON. Nom d'un droit particulier à cette ville, établi par arrêt du conseil du premier juin 1658, sous la forme d'octroi, pour y tenir lieu de la taille, du taillon, & des subsides du même genre. Les droits de ce *tarif* ont été réunis à la ferme des aides, par arrêt du conseil du 13 mai 1665.

Ils se perçoivent sur les denrées & marchandises qui entrent dans la ville, pour y être consommées ou vendues. Celles qui passent debout n'y sont point sujettes, pourvu qu'elles en sortent dans l'espace de trois jours, & que ce soit sur les mêmes voitures ou chevaux qui les ont apportées.

Pour assurer la perception, il est enjoint aux maire & échevins de faire fermer les portes de la ville à sept heures du soir, & de ne les faire ouvrir qu'à six heures du matin, depuis la saint-Remy jusqu'à Pâques; & le reste de l'année de les faire fermer à neuf heures & ouvrir à quatre heures.

Les ecclésiastiques, les nobles, les trésoriers de France, secrétaires du roi, les commensaux des maisons royales, les élus & receveurs des tailles, sont exempts des droits de *tarif* sur les denrées qui font entrer pour leur provision; mais la quantité doit en être réglée par l'intendant. Il est défendu à ces privilégiés de vendre ou échanger aucune portion des ces denrées, à peine de déchéance de leur immunité.

Il est plusieurs autres villes dans le royaume où sont également établis des *tarifs* pour tenir lieu de la taille. Telles sont les villes de Poissy, Pontoise, Niort, Aumale.

La déclaration du 5 juillet 1781, a supprimé toutes taxations aux receveurs des villes tarifées sur la portion des impositions qui se versent directement entre les mains des receveurs des tailles.

TAUX, s. m., qui a plusieurs acceptions. En finance, il désigne le prix auquel l'intérêt de l'argent est fixé par la loi, celui que le roi donne dans les constitutions de rente perpétuelles ou viagères.

Dans la langue fiscale, *taux* signifie la base sur laquelle est établi un tarif des droits; ce *taux* est communément de cinq pour cent de la valeur des marchandises; on peut voir dans l'article précédent, pag. 683, combien le *taux* de tous les tarifs qui ont lieu en France est varié. Anciennement, pour ramener les tarifs à leur *taux* primitif de cinq pour cent de la valeur des marchandises qui recevoient des accroissemens de prix par l'augmentation du numéraire, on

avoit eu l'usage de réapprécier les marchandises comprises dans les tarifs, & la dernière opération de ce genre s'est faite en 1632. *Voyez* le mot RÉAPPRÉCIATION, *pag.* 442.

Dans le commerce, *taux* signifie le prix que l'autorité publique met aux monnoies courantes & aux denrées de première nécessité, dans des conjonctures particulières.

TAXATEUR, s. m. On appelle de ce nom à l'hôtel des postes, des commis subalternes, dont toutes les fonctions consistent à mettre sur les adresses des lettres, la taxe de leur port, conformément au tarif arrêté au conseil en 1759, & que nous avons rapporté au mot LETTRES, *tome II*, *pag.* 686.

TAXATIONS, s. f. C'est la remise de deux, trois ou quatre deniers pour livre, accordée aux trésoriers dans toutes les parties, aux receveurs généraux des finances, & autres receveurs des deniers royaux, sur les sommes qui leur passent par les mains. Ces *taxations* ont pour objet de payer le travail que leur occasionne l'exercice de leurs fonctions, & de les indemniser des avances qu'ils peuvent faire sur leur crédit personnel pour le service du roi.

TAXE, s. f. Il se dit dans le même sens que *taux*, pour signifier le prix fixe de certaines denrées ou marchandises.

Ce mot désigne aussi une imposition mise sur certaines personnes aisées, gens de finance, & compagnies.

L'article *taxe* de la première édition de l'Encyclopédie, présentant les vues d'un bon citoyen, & quelques réflexions qui peuvent avoir de l'utilité, on se fait un devoir de les donner ici.

Il faut éviter soigneusement, dans toutes les impositions, des préambules magnifiques en paroles, mais odieux dans l'effet, en ce qu'ils révoltent le public. En 1716 on doubla la *taxe* des droits sur les rivières, pour soulager le peuple, portoit le préambule de l'édit. Quel langage! Pour soulager le peuple, on double les droits qu'il payoit auparavant dans le transport de ses denrées par les rivières! Pour soulager le peuple, on arrêtoit denrées qui le faisoient vivre, & qui le mettoient en situation de payer d'autres droits!

On doit chercher, dans tous les Etats, à établir les *taxes* les moins onéreuses au corps de la nation. Il s'agiroit donc de trouver, pendant la paix, dans un royaume comme la France, un fonds dont la perception ne portât point sur le peuple : telle seroit peut être une *taxe* proportionnelle & générale sur les laquais, les cochers, les cuiſiniers, maîtres-d'hôtel, femmes-de-chambre, caroſſes, &c., parce que la multiplication de ce genre de luxe, devient de jour en jour plus nuiſible à la population & aux beſoins des campagnes.

Cette *taxe* ſe leveroit ſans frais comme la capitation, & ſon produit ne s'éloigneroit pas de douze millions, en ne taxant point le premier laquais ou la première femme-de-chambre de chaque particulier, mais en mettant trente-ſix livres pour le ſecond laquais, ſoixante-douze livres pour le troiſième, & ainſi des ſecondes & troiſièmes femmes-de-chambre. On n'admettroit d'exception qu'en faveur des officiers généraux dans leur commandement, & conformément à leur grade.

On pourroit créer ſur ce fonds environ cinquante millions d'annuités à quatre pour cent, rembourſables en ſix années, capitaux & intérêts. Ces cinquante millions ſeroient donnés en paiement de liquidation des charges les plus onéreuſes, ou des droits les plus préjudiciables au bien public. Le produit de ces rembourſemens ſerviroit à diminuer d'autres impoſitions.

Au bout de ſix années il en ſeroit créé de nouvelles, pour un pareil rembourſement. Dans l'eſpace de vingt-quatre tems, on éteindroit pour deux cents millions d'aliénations, & on augmenteroit les revenus publics de douze millions au moins. Les annuités étant à court terme, ce qui eſt toujours le plus convenable au public & aux intérêts du roi, & affectées ſur un bon fonds, elles équivaudroient à l'argent comptant, & pourroient ſe négocier ſans frais & ſans formalités. *Voyez* le mot ANNUITÉ, *tome I, pag. 46.*

TIERCE, ſ. f., qui, dans la langue propre aux aides, ſignifie l'eſpace de deux mois.

TIERS RETRANCHÉ, (droit de). *Voyez* le mot CENDRE, *tome I, pag. 215,* & ci-après, TRAITE DE CHARENTE.

TIERS & DANGER, nom de deux droits qui appartenoient au roi & à quelques ſeigneurs en Normandie. Ils conſiſtoient dans le *tiers* & le dixième des revenus des bois, ou du prix de leur vente, ſoit en deniers, ſoit en nature ; en ſorte que ſi l'adjudication étoit de trente arpens pour une ſomme de trois cents livres, le roi devoit en avoir dix arpens pour le *tiers,* & trois pour le dixième, ce qui faiſoit treize ſur trente ; ou ſi le droit étoit pris en argent, cent livres pour le *tiers* de trois cents, & trente livres pour le dixième de la même ſomme.

En 1673, un édit du mois d'avril changea les diſpoſitions de l'ordonnance des eaux & fo-

rêts, & ſupprima le droit de *tiers* & *danger.* *Voyez* ce qui en a été dit au mot EAUX & FORÊTS, *tome II, pag. 27.*

TIERS SUR-TAUX. Nom d'un droit ancien qui faiſoit partie de celui de la douane de Lyon, & ſe levoit conjointement. Il a été ſupprimé en 1720. *Voyez* l'article DOUANE DE LYON, *tome I, pag. 640 & 641.*

TIMBRE, ſ. m. Nom de la marque qui s'applique ſur les papiers & ſur les parchemins qu'on appelle de formules. *Voyez* ce mot, *tome II, pag. 254.*

TIROTS ET SOUS-TIROTS. Nom que l'on donne dans la langue des gabelles, à de petits bateaux qui accompagnent le bateau-maire pour lui ſervir d'allèges.

Le titre XII de l'ordonnance des gabelles du mois de mai 1680, porte, article II, que les droits de péage qui peuvent être dûs ſur les ſels ne doivent être exigés que ſur le bateau-maire & non ſur les *tirots* & *ſous-tirots.*

TITRE, ſ. m. Acte ou pièce, en vertu du laquelle on jouit d'un privilège ou on poſſède une choſe quelconque.

Dans la langue des bureaux, *titre* ſignifie l'inſcription qui eſt à la tête d'un regiſtre pour indiquer ſa deſtination ; ce mot s'applique auſſi au préambule d'un compte, dans lequel le comptable explique la matière de ſa geſtion.

TITRE, en monnoie, ſignifie le degré de fineſſe & de pureté de l'or & de l'argent.

TIRER EN LIGNE DE COMPTE, c'eſt une phraſe fort uſitée dans la chambre des comptes, pour dire que la ſomme qui en eſt l'objet eſt paſſée ou compriſe dans la dépenſe.

TITULAIRE, adj. Pris ſubſtantivement, il déſigne celui qui exerce une charge, un emploi en vertu d'un titre, ſoit par proviſion ou lettres ſcellées, ſoit par commiſſion, le *titulaire* d'un office eſt quelquefois différent du propriétaire.

TONLIEU, ſ. m. Droit ancien & ſeigneurial dont l'origine n'eſt pas connue. Il paroit par le préambule de la déclaration du 17 ſeptembre 1692, que nous avons rapportée au mot DOMAINE & BARRAGE, *tom I, pag. 618,* que le droit de *tonlieu* conſiſtoit en une contribution qui ſe payoit dans les marchés & dans les villes, pour avoir la faculté d'y étaler ou emmagaſiner des marchandiſes.

En

En Flandre, où le *tonlieu* se perçoit encore, c'est une forte de péage dû au passage, à l'entrée & à la sortie de certaines marchandises.

TONNAGE. (droit de) Il a lieu en Angleterre, & se lève dans les mêmes bureaux que le droit de pondage. *Voyez* ce dernier mot, *pag.* 342 de ce volume.

TONTINES, espèce de rente, qui a pris son nom de Laurent Tonti, Napolitain, qui, le premier, proposa cette forte de loterie en France, en 1653. Les *tontines* font une association viagère, où ceux qui ont contribué à en former les fonds, se succèdent dans la jouissance des rentes viagères qui la composent, & héritent les uns des autres, à mesure qu'il en meurt quelqu'un ; en sorte néanmoins qu'après la mort du dernier actionnaire, les rentes s'éteignent & retournent au profit de l'Etat, qui se rend caution du fonds & des arrérages. Voici le titre de l'établissement de cette première *tontine*.

Louis, par la grace de Dieu, &c. Les guerres, tant domestiques qu'étrangères de ce royaume, nous ayant obligé à de si grandes & si excessives dépenses, que non-seulement nous avons été contraints, pour les soutenir, outre la recette de nos revenus ordinaires, d'avoir recours à des moyens extraordinaires, mais encore de reculer le paiement des arrérages des rentes constituées en divers tems sur l'hôtel de notre bonne ville de Paris, contre l'intention que nous avons de faire payer ponctuellement lesdits arrérages de rente, même d'en racheter le principal, si l'état de nos affaires le pouvoit permettre pour décharger nos revenus dudit paiement, & pour satisfaire au desir que nous avons de nous acquitter dudit principal & arrérages de rente ; ayant fait examiner dans notre conseil diverses propositions qui nous ont été faites pour y parvenir, nous n'en avons point trouvé de plus avantageuse que celle de Laurent Tonty, tendante à établir une société de dix fonds de cent-deux mille cinq cents livres de revenu chacun, montant à un million vingt-cinq mille livres ; lesdits fonds composés de plusieurs places, le prix desquels sera réglé à trois cents livres chacune, & divisée en dix classes différentes, selon les divers âges de ceux qui entreront en ladite société, sous le titre de *tontine royale* : que pour y avoir part, il faudra que l'intéressé ou l'acquéreur ait du moins une place dont il aura l'intérêt au denier vingt par année : desquels fonds, ou de tel autre qu'il conviendra faire, à proportion du nombre de personnes qui entreront en ladite société. Le premier sera établi pour les enfans qui, depuis leur naissance, ne passeront pas l'âge de sept ans. Le second, pour l'âge d...

Tome III. *Finances.*

puis sept ans jusqu'à quatorze, &c. (de sept ans en sept ans). Le dixième & dernier, depuis soixante-trois jusqu'au-dessus. Tous lesquels fonds seront pris des plus clairs & assurés revenus de nos finances ordinaires, & dont nous recevons les deniers toutes les années, & distraits des recettes générales & particulières de nos finances & de nos fermes, pour être spécialement affectés & hypothéqués au paiement des intéressés en ladite société, sans qu'il en puisse être fait aucun divertissement, ni reculement, pour quelque cause, considération ou prétexte que ce soit, même des nécessités plus pressantes de nos affaires, pour occasion de guerre, ni autre généralement quelconque, & ce, sous les conditions suivantes : à savoir, « que les places » dont chacune des dix classes de ladite société » se trouvera remplie, demeureront éteintes par » la mort des acquéreurs, & les intérêts d'i-» celles appartiendront aux survivans, co-intéressés » en même classe, par droit d'accroissement, & » seront divisés à leur profit, d'année en année, » à proportion des places qu'ils y auront ; de » sorte que toutes les années lesdits revenus » augmenteront, & pourront, par succession de » tems, lesdites places, ainsi réduites, pro-» duire un excessif revenu pour la somme si » modique de trois cents livres, payée une fois » seulement ; » lequel fonds d'un million vingt-cinq mille livres de revenu, affecté à ladite société, tant & si longuement qu'elle subsistera, nous reviendra après l'entière extinction d'icelle, par la mort du dernier acquéreur ; dans lequel fonds d'un million vingt-cinq mille livres de revenu, est contenue la somme de vingt-cinq mille livres par chacun an : à savoir, la somme de douze mille cinq cents livres pour les gages, droits & appointemens des receveurs & payeurs qui seront ordonnés pour faire la recette & paiement des deniers concernant ladite société & leurs commis ; & pareille somme de douze mille cinq cents livres, tant pour le contrôleur général d'icelle, que ceux qui seront par lui employés pour ledit contrôle : moyennant laquelle somme de vingt-cinq mille livres, lesdits receveurs, payeurs, contrôleur général, & leurs commis, délivreront gratuitement toutes les expéditions nécessaires pour icelle société ; après l'extinction de laquelle ledit fonds de vingt-cinq mille livres nous reviendra pareillement, par la mort du dernier acquéreur en chacune classe, par droit de reversion ; & pour ôter toute appréhension auxdits intéressés, que lesdits fonds d'un million vingt-cinq mille livres, destinés au paiement de leurs revenus, & des gages, appointemens & salaires des officiers susdits & leurs commis, ne soient utilement & sincèrement employés à leur profit, sans aucun divertissement ni délai, voulons que lesdits deniers soient déposés & consignés ès mains de tel nombre de notables bourgeois de notre bonne ville de Paris, de probité & fuffifance reconnue, intéreffés en ladite fociété, que nous jugerons à propos, &c.

A ces caufes, ayant fait mettre cette propofition en délibération en notre confeil, où étoient la reine, notre très-honorée dame & mere, & plufieurs princes, ducs, &c., & fait voir & examiner mûrement, en icelui, les mémoires préfentés par ledit fieur Tonty, & confidérant les grands & fignalés avantages que l'établiffement de ladite fociété doit apporter au public, favoir faifons, que de l'avis de notredit confeil, & de notre certaine fcience, &c. nous avons, par ce préfent édit, &c. créé, érigé & établi, créons, &c. en notre bonne ville de Paris, une fociété qui fera nommée *tontine royale*, dans laquelle fociété, qui fera compofée de dix claffes, il fera libre à chacun d'entrer, pour participer aux avantages que nous avons accordés & concédés à ladite fociété, par ces préfentes, pour les places qu'il y achetera, dont nous avons réglé le prix à trois cents livres chacune, & aura l'intérêt au denier vingt par année; lefquelles places demeureront éteintes par la mort des acquéreurs, & les intérêts d'icelles accroîtront aux co-intéreffés furvivans, en même claffe, à proportion des places qu'ils y auront, fans pouvoir être éteintes ni fupprimées en chacune claffe, que par le décès du dernier d'icelle. « Le revenu an-» nuel de ladite fociété fera d'un million vingt-» cinq mille livres pour notre bonne ville de » Paris, & de cent mille livres pour chacune » defdites claffes. Defquelles dix claffes, ainfi » départies, la première fera pour les enfans qui, » depuis leur naiffance, ne pafferont pas l'âge » de fept ans; la feconde, pour l'âge depuis fept » jufqu'à quatorze, &c.; lequel revenu d'un » million vingt-cinq mille livres fera divifé efdites » dix claffes, à raifon de cent mille livres de » revenu chacune; » & les vingt-cinq mille livres reftantes, divifées: favoir, douze mille cinq cents livres pour les frais, &c., & les autres douze mille cinq cents livres, tant pour le contrôleur général, &c.; lequel revenu d'un million vingt-cinq mille livres, après l'extinction defdites

claffes, nous appartiendra, par droit de reverfion, comme il a été dit ci-deffus, &c.

Donné, &c. au mois de novembre 1653.

En 1689 on ouvrit une feconde *tontine* de quatorze cents mille livres de rentes viagères à dix pour cent, & qui devoient former un fonds de quatorze millions. Les claffes étoient au nombre de quatorze; & chacune devoit être compofée de cent mille livres defdites rentes. Les actions étoient de trois cents livres chacune, dont l'intérêt devoit fe recevoir par chaque particulier, fuivant la claffe où fon âge le mettoit; enfin, cet intérêt devoit s'augmenter & accroître au profit des actionnaires furvivans en chaque claffe. Quoique toutes les claffes de cette *tontine* n'aient pas été entièrement remplies, elles ont néanmoins duré jufqu'en 1726. Mais, cette même année on réunit la treizième claffe à la première, & la quatorzième à la feconde, dont toutes les actions étoient tombées fur la tête de la veuve d'un chirurgien à Paris, morte le 24 janvier 1726, âgée de quatre-vingt-feize ans. Pour un capital de trois cents livres, elle jouiffoit, à fa mort, de foixante-treize mille cinq cents livres de rente.

Une *tontine* a donc ceci de commun avec les rentes viagères, que le capital eft perdu; mais elle en diffère, en ce que les intérêts qui font dans la *tontine*, courent auffi long-tems qu'un feul des actionnaires fe trouve vivant, & que la portion de ceux qui meurent, revertit aux furvivans. L'avantage des *tontines*, fur les rentes viagères, confifte principalement, en ce qu'avec un capital médiocre, l'actionnaire peut fe procurer un revenu confidérable, à mefure qu'il avance en âge; & qu'ainfi, la *tontine* lui préfente la perfpective d'une vieilleffe heureufe & pleine d'aifance.

De tous les expédiens de finance, dit M. de Forbonnais, *Recherches fur les Finances*, tome II, in-12, pag. 206, les *tontines* font le plus onéreux au gouvernement, puifqu'il faut environ un fiècle pour éteindre ces loteries.

En effet, on voit par les calculs de M. Struyk, que dans une *tontine*, chaque actionnaire a tiré,

Après 38 ans	2 fois autant que la première année.
45	3 fois
52	4 fois
59	6 fois
61	7 fois
63	8 fois
67	10 fois

En 1759, tems de guerre, où des befoins urgens ne laiffoient pas le choix des moyens propres à fubvenir aux dépenfes de l'Etat, un édit du mois de décembre ouvrit une *tontine*, qui étoit la dixième, & a été la dernière.

Mais elle fut remarquable par l'habileté de celui qui en avoit rédigé le plan & établi les combinaifons & les fubdivifions d'âge, puifqu'elle devoit coûter douze millions trois cens foixante-deux mille quatre cents livres de moins que les précédentes.

Cette dixième *tontine*, dont les actions étoient, comme dans les précédentes, de trois cens livres, renfermoit huit claffes.

La première préfentoit trente-quatre fubdivifions d'âge, depuis un an jufqu'à dix, avec trois cens actions affectées à chacune de ces fubdivifions : ainfi c'étoit dix mille deux cents actions, à raifon de quatorze livres de rente qui formoient une dépenfe annuelle de cent quarante-deux mille huit cents livres pendant quatre-vingt-quatorze années.

La feconde avoit trente-huit fubdivifions depuis dix ans jufqu'à vingt, avec trois cens actions portant quinze livres de rente, & qui devenoient un objet annuel de cent foixante-onze mille livres pendant quatre-vingt-quatre années.

Dans la troifième claffe étoient cinquante fubdivifions de vingt à trente ans, avec trois cens actions formant chacune quinze mille actions à feize livres de rente, & coûtant deux cens quarante mille livres pendant foixante-quatorze ans.

Dans la quatrième, on comptoit cent-treize fubdivifions de trente à quarante ans, faifant trente-trois mille neuf cents actions à dix-huit livres de rente, & coûtant fix cents dix mille deux cents livres pendant foixante-quatre années.

Trois cents foixante-quinze fubdivifions de quarante à cinquante ans, avec trois cents actions pour chacune, compofoient la cinquième claffe; la rente, à vingt livres par action, auroit coûté deux millions deux cents cinquante mille livres par an pendant cinquante-quatre années.

Pour la fixième claffe, cent-quatorze fubdivifions depuis cinquante jufqu'à foixante ans, à raifon de trois cents actions diftribuées en chacune, avec vingt-une livres de rente, auroient été payées par fept millions cent quatre-vingt-deux mille livres par année pendant quarante-quatre ans.

La feptième claffe n'étoit fubdivifée qu'en foixante-cinq parties pour l'âge de foixante à foixante-dix. Trois cents actions attachées à chaque

fubdivifion avec vingt-deux livres de rente, euffent coûté quatre cens vingt-neuf mille livres pendant trente-quatre années.

Enfin, la huitième claffe renfermoit feulement vingt-fix fubdivifions de l'âge de foixante-dix ans & au-deffus avec trois cents actions, produifant vingt-quatre livres de rente, qui devoient coûter cent quatre-vingt-fept mille deux cens livres pendant vingt-quatre années.

De ces différens calculs il réfultoit, que cette *tontine*, fi elle eut été diftribuée comme les précédentes, auroit coûté, à la révolution de quatre-vingt-quatorze années, deux cents cinquante-fix millions fept cents foixante-dix-neuf mille fix cents livres, au lieu que l'Etat, à ce terme, c'eft-à-dire en 1853, n'ayant payé que deux cents quarante-quatre millions quatre cents dix-fept mille deux cents livres, auroit eu un bénéfice de douze millions trois cents foixante-deux mille quatre cens livres

Dans le cas où des circonftances preffantes obligeroient malheureufement à recourir à la voie d'une *tontine*, voici un plan qui pourroit avoir fon avantage. Il confifte dans un emprunt moitié remboursable, & moitié en rentes de *tontines*, calculé fur le pied de cinq pour cent d'intérêt par an.

ARTICLE PREMIER.

Cet emprunt, compofé de cent mille actions de mille livres chacune, formeroit un capital de cent millions, dont l'intérêt, à cinq pour cent, feroit de cinq millions.

I I.

Les cent mille actions feroient converties, par la voie du fort, favoir, cinquante mille en rentes de *tontines*, à cinq pour cent, avec accroiffement aux furvivans, & cinquante mille en rentes héréditaires, à quatre pour cent, remboursables après l'extinction de chacune des claffes dont il va être parlé, à raifon d'une augmentation toujours croiffante de deux pour cent pendant cinquante ans; ce qui feroit monter progreffivement le capital primitif à cent pour cent, & affureroit, dès l'origine, à chacun des actionnaires un intérêt de fix pour cent.

I I I.

Les cinquante mille actions, converties en rentes de *tontines* feroient partagées en vingt-cinq claffes de deux mille actions chacune; de forte que le dernier vivant de chaque claffe jouiroit de foixante mille livres de rente; la première claffe comprendroit les perfonnes les plus jeunes; la feconde, celle d'un âge intermédiaire, & ainfi de fuite, jufqu'à la vingt cinquième & dernière claffe, qui comprendroit les perfonnes les plus avancées en âge.

IV.

Sa majesté accorderoit, par forme de prime viagère, en sus des cinq pour cent, aux actionnaires des cinq dernières classes, savoir : à ceux de la vingt-unième, dix livres, pour completter six pour cent ; à ceux de la vingt-deuxième, trente livres, pour compléter huit pour cent ; à ceux de la vingt-troisième, cinquante livres, pour compléter dix pour cent; à ceux de la vingt-quatrième, soixante-dix livres, pour compléter douze pour cent; & à ceux de la vingt-cinquième, quatre-vingt-dix livres, pour compléter quatorze pour cent.

V ET DERNIER.

A l'égard du tirage des cent mille billets, on suivroit l'usage établi pour l'emprunt des cent vingt-cinq millions, créé par édit du mois de décembre 1784 : en conséquence, il y auroit cinquante bulletins, qui comprendroient chacun une série de deux mille numéros ; & comme il suffiroit d'abord de tirer vingt-cinq bulletins, pour déterminer le sort des cent mille actionnaires, toutes les fois qu'une classe seroit éteinte, on rejetteroit alternativement, dans la roue de fortune, tous les bulletins restans ; celui qui en seroit tiré, indiqueroit les deux mille billets sortis en remboursement.

COROLLAIRE.

40 mille parties de rentes de *tontines*, à cinq pour cent, (de 50 livres)...	2,000,000 millions.
2 mille, *idem*, à six pour cent, (de 60 livres)..............	120,000.
2 mille, *idem*, à huit pour cent, (de 80 livres)..............	160,000.
2 mille, *idem*, à dix pour cent, (de 100 livres)	200,000.
2 mille, *idem*, à douze pour cent, (de 120 livres)	240,000.
2 mille, *id.*, à quatorze pour cent, (de 140 livres)	280,000.
50 mille parties de rentes héréditaires, à quatre pour cent, (de 40 liv.)...	2,000,000.
100 mille parties de rentes	5,000,000 millions.

On doit présumer que cet emprunt ne tarderoit pas à être réduit à quatre & demi pour cent, par l'extinction successive des primes viagères, chacune de ces primes étant accordée aux personnes les plus avancées en âge.

Par M. Caminade de Castres.

Les *tontines*, en général, ont été jugées si désavantageuses à l'État, qu'elles ont toutes, de nos jours, subi le même sort; il avoit été, en quelque sorte, annoncé par la fin de l'article X de la déclaration du 21 novembre 1763, enregistrée au parlement le premier décembre de la même année ; elle porte : « Déclarons que notre » intention est qu'à l'avenir, & pour quelque » cause, ou dans quelque circonstance que ce » soit, il ne puisse être ouvert aucune nouvelle » *tontine*, ou rentes viagères, portant accroisse-» ment au-dessus du denier primitivement cons-» titué.

L'arrêt du conseil & les lettres-patentes du 5 juillet 1770 ont supprimé toutes *tontines*, & converti les rentes qu'elles procuroient, en rentes purement viagères, & en fixant les arrérages & accroissement de chaque classe suivant un tarif, & en ordonnant que les rentiers en jouiroient leur vie durant, & que leurs héritiers en recevroient la portion dûe à leur décès, dans la forme usitée pour les rentes viagères.

TOTAL, s. m. C'est l'assemblage de plusieurs sommes ou quantités portées dans un état ou un compte.

TOULON, ville de Provence, célèbre par son port consacré à la marine royale. Comme il s'y tient une foire qui procure l'exemption de différens droits, nous avons renvoyé au mot FOIRE, à parler ici de celle de *Toulon*.

Il paroît, par le dispositif de l'arrêt du conseil du 22 décembre 1708, qui a rétabli cette foire, que son origine date de 1595, qu'elle fut accordée à cette ville par Henri IV, avec une franchise absolue sur tout ce qui y étoit importé & sur ce qu'on en exportoit. Mais sur les représentations d'Isambert, chargé de la régie des fermes, en 1709, la franchise de cette foire fut réduite, par l'arrêt du conseil, du 15 octobre, aux seuls droits forains, traite domaniale, table de mer, & autres droits dûs par les marchandises & denrées sortant par mer de la ville de *Toulon*, pendant les quinze jours ouvrables que dureroit la foire. En même-tems il fut ordonné que les marchandises importées par mer ou par terre, payeroient les droits d'entrée accoutumés au bureau de *Toulon*, ou les droits locaux dans les bureaux de la route.

En 1712, l'arrêt du conseil du 28 juillet changea les dispositions que l'on vient de voir, en accordant la franchife, en tems de foire, des droits d'entrée, à quelques efpèces de marchandifes dénommées dans cet arrêt, & celui du 15 feptembre 1713 y ajouta encore quelques articles. Ces arrêts n'ont fouffert d'exception que relativement aux efpèces de marchandifes qui font fujettes à des droits uniformes. Le confeil, par une décifion du 17 octobre 1761, ftatua que ces droits devoient être perçus, en tems de foire, à *Toulon*, comme par tout ailleurs. Cette légiflation a été confirmée poftérieurement, par les arrêts du confeil des 29 février 1768 & 25 juillet 1769, relativement à la foire de Dieppe. Ainfi, pour que les marchandifes jouiffent de l'affranchiffement des droits d'entrée, lors de leur importation à la foire de *Toulon*, il faut qu'elles foient comprifes dans l'état annexé à l'arrêt du confeil, de 1712, & qu'elles ne foient pas foumifes à des droits d'entrée uniformes, attendu que ces droits font impofés dans les vues d'un intérêt général.

TRAITANT, f. m. On appelloit autrefois de ce nom, tout homme qui, moyennant une avance d'argent, fe chargeoit du recouvrement d'un droit nouvellement établi, ou de la perception de ceux que l'on attribuoit à des offices de nouvelle création. Ces *traitans* recevoient douze ou quinze pour cent de leurs avances, & gagnoient encore trente & même quarante pour cent à l'exécution de leurs traités. Ces hommes avides n'étoient diftingués du peuple que par leurs richeffes. C'eft chez eux qu'on vit pour la première fois en argent des fortes d'uftenfiles domeftiques, que les princes du fang royal n'avoient qu'en fer, en cuivre & en étain.

Colbert, eft-il dit dans la première édition de l'Encyclopédie, dont on emprunte une partie de cet article, craignoit tellement de livrer l'Etat aux *traitans*, que quelque tems après la diffolution de la chambre de juftice qu'il avoit établi contr'eux, il fut rendu un arrêt du confeil, qui prononçoit la peine de mort contre ceux qui avanceroient de l'argent fur de nouveaux impôts. Il vouloit, par cet arrêt comminatoire, qui ne fut jamais imprimé, effrayer la cupidité des gens d'affaires; mais bientôt après il fut obligé de fe fervir d'eux, fans même révoquer cet arrêt.

TRAITÉ, f. m. En finance, c'eft une convention, un marché qui fe fait entre le miniftre & des particuliers, qui s'engagent à lui fournir une fomme déterminé, dans un tems prefcrit, moyennant, ou un intérêt communément affez confidérable, ou des conceffions équivalentes. Les receveurs généraux des finances ont des traités, d'après lefquels ils doivent remettre les fonds de leur recette au tréfor royal, dans quinze, dix-

huit & vingt-un mois. Les receveurs des tailles ont avec ces derniers des traités, pour verfer dans leurs mains le montant de leur recette à des termes fixés.

TRAITES. (droit de) Il y a apparence que le mot de *traites* vient du latin *trahere*, qu'on a traduit en vieux françois, par traire, d'où l'on a fait *traite*, qui eft l'action de traire ou conduire hors du royaume, ou au-dedans. Le terme de *traites*, qui ne devroit s'employer qu'au pluriel, parce qu'il défigne tous les genres de commerce, indique l'impôt qui fe perçoit fur les marchandifes, à l'entrée & à la fortie du royaume, & à la circulation intérieure. *Voyez* CIRCULATION.

Cette forte d'impofition a lieu dans tous les gouvernemens civilifés, puifque tous ont des douanes. Elle a pour prétexte l'intérêt du commerce national, & pour motif réel, de former une branche de revenu plus ou moins confidérable.

Rappellons d'abord l'article 16 du réfultat du confeil, de 1786, portant bail à Mager, de la ferme générale, dans lequel la partie des droits de *traites* eft donnée en régie avec plufieurs autres.

Indépendamment des perceptions qui forment la confiftance du bail fait par fa majefté audit fieur Jean-Baptifte Mager, ledit preneur, & les fermiers généraux, fes cautions, feront tenus, fuivant leurs offres, de faire, au profit de fa majefté, pendant les fix années fixées pour la durée dudit bail, la régie & le recouvrement des droits ci-après, defquels ils compteront au confeil, en recette, dépenfe & deniers clairs.

1º. De l'univerfalité des droits connus fous la dénomination générique de droits de *traites*: ou compris dans cette divifion, tant ceux qui ont été mis en régie, à compter du premier janvier 1784, que ceux qui font reftés affermés audit Nicolas Salzard, jufqu'à l'expiration de fon bail, tels qu'ils font énoncés dans l'article 5 du réfultat du confeil, portant bail audit Salzard, le tout, tant en principaux qu'anciens & nouveaux fous pour livre, fauf les réductions, fuppreffions, modifications & changemens quelconques, opérés dans leur confiftance, depuis le commencement du bail dudit Salzard, enfemble de la fomme pour laquelle les droits de *traites* font compris dans l'abonnement accordé par fa majefté au pays de Gex; de celle de quarante mille cinq cents livres, payée auffi à titre d'abonnement, par Monfieur, frere du roi, & repréfentative des fous pour livre, du Trépas, de Loire & traite par terre.

Ce que nous avons dit aux mots ACQUITS, BUREAU, & fur-tout DROITS, *tome I, pag.*

650, & ci-devant à l'article TARIF, fait suffisamment connoître la nature des droits de *traites*, & tout ce qui se rapporte à leur perception, à leur régie actuelle, & aux changemens avantageux dont ces deux parties sont susceptibles. Mais, comme depuis que nous avons donné au mot TARIF un précis très-court du projet concernant la suppression de toutes les douanes intérieures, nous nous sommes procuré le mémoire dans lequel ce projet est parfaitement développé, & appuyé des tableaux qui en présentent les effets bienfaisans pour chaque province, nous croyons devoir consigner ici ce mémoire, tel qu'il a été remis à l'assemblée des notables, convoquée le 22 février 1787, & encore actuellement, (le 23 mars,) séante à Versailles, pour y prendre connoissance des projets bienfaisans de sa majesté, & rechercher les moyens les plus simples, les plus avantageux & les plus économiques pour leur exécution. Si malheureusement cette suppression n'avoit pas lieu en ce moment, ce mémoire déposera du moins des intentions bienfaisantes du gouvernement.

Nous aurons ensuite à traiter des droits particuliers, qui sont nommément connus sous la dénomination de *traite*. Tels sont la *traite* d'Arzac, la *traite* de Charente, la *traite* domaniale, la *traite* foraine, la *traite* par terre, la *traite* vive de Nantes.

MÉMOIRE sur la réformation des droits de traite, *l'abolition des barrières intérieures, l'établissement d'un tarif uniforme aux frontières, & la suppression de plusieurs droits d'aides, nuisibles au commerce.*

Les Etats-généraux, assemblés en 1614, se plaignoient au roi de ce que *les droits de traite étoient levés sur ce qui va de certaines provinces du royaume à d'autres d'icelui, tout ainsi que si c'étoit un pays étranger, au grand préjudice de ses sujets, entre lesquels cela conservoit des marques de division qu'il étoit nécessaire d'ôter, puisque toutes les provinces du royaume sont conjointement & inséparablement unies à la couronne pour ne faire qu'un seul corps, sous la domination d'un même roi, & puisque tous les sujets sont unis à une même obéissance. Pour ces causes, ils demandoient qu'il plût à sa majesté ordonner qu'ils jouiroient d'une même liberté & franchise; en ce faisant, qu'ils pourroient librement négocier & porter les marchandises de France en quelques endroits du royaume que ce soit, comme concitoyens du même État, sans payer aucuns droits de* traites... *Qu'à cet effet, les bureaux desdites traites & droits d'entrée seroient établis aux villes frontières & limites du royaume.*

Ce vœu fut inspiré par la raison, par la justice & par l'intérêt public. Il n'a pas cessé d'exister il n'a pas cessé d'être celui de la nation : mais mille obstacles divers & successifs, s'opposèrent à son accomplissement. Les efforts même qu'on fit, pour diminuer les inconvéniens, sans en extirper le germe, semblèrent les enraciner davantage. C'est presque toujours le sort des meilleures intentions, quand les circonstances en bornent les effets. Réformer à demi, c'est perpétuer le désordre; & régler des effets vicieux, c'est donner une constitution au vice, c'est renoncer à le détruire. Il est reconnu, que les ordonnances multipliées, qui ont grossi le code des *traites*, n'ont servi, en compliquant leur régime, qu'à prouver l'impossibilité de le rectifier sans en changer les bases. On est depuis long-tems généralement convaincu, qu'il n'y a qu'une refonte totale dans cette partie qui puisse y établir l'ordre naturel.

Elle va enfin s'effectuer cet refonte générale, sous un roi qui poursuit par-tout les abus, pour fonder sur leur ruine le bonheur de ses peuples. Sa majesté, après s'être occupée des moyens d'établir une répartition plus égale dans les impôts, & de faire prospérer l'agriculture, a porté ses vues sur la multitude & la variété infinie de droits qui grèvent le commerce de son royaume; elle a résolu de supprimer tous ceux qui n'augmentent ses finances qu'aux dépens du bien public.

Les droits de *traite* ont d'abord fixé son attention.

Leur origine remonte au treizième siècle. Les productions nationales, peu abondantes alors, étoient considérées comme devant servir uniquement aux besoins du royaume, comme leur étant nécessairement & exclusivement réservées. Il paroissoit en conséquence fort important d'en empêcher la sortie, & c'est ce qui fut le principe des droits de *traite*. Ils furent établis pour arrêter l'exportation, & compenser en quelque sorte le préjudice qu'on lui attribuoit.

Telle étoit l'erreur de l'administration, dans ces tems peu éclairés, que la cause même du mal sembloit en être le remède. On ne croyoit pas le royaume assez riche pour permettre de vendre au-dehors; & c'est parce qu'on ne permettoit pas de vendre au-dehors, que le royaume ne devenoit pas plus riche. Les productions de son sol & de son industrie pouvoient-elles s'élever au-delà de sa propre consommation, quand sa consommation étoit l'unique mesure du débit & le dernier terme de la vente?

Les choses restèrent en cet état pendant plus de trois siècles. Mais en 1540, l'esprit fiscal, qui ne fut jamais celui du commerce, aggrava le poids des droits de *traite*; les mêmes provinces qui avoient été affujetties à des droits de fortie, furent foumifes à des droits d'entrée; bientôt après on y ajouta des droits locaux, & la circulation fut par-tout gênée, obftruée, interrompue. La contagion de l'exemple, ou plutôt l'appat d'un intérêt mal entendu, entraîna les dominations voifines; & de toutes parts, la puiffance fouveraine parut ne s'occuper que d'étouffer l'induftrie, de mettre des entraves au commerce.

La France s'étoit aggrandie : les droits d'entrée & de fortie devoient naturellement fe reculer en même·tems que fes frontières; mais continuant d'être perçus dans les lieux où ils avoient été établis, ils devinrent des douanes intérieures. On laiffa fubfifter au milieu du royaume une multitude de barrières qui n'avoient été pofées dans leur origine que pour garder fes limites, & les marchandifes nationales ne purent paffer d'une province à l'autre, qu'en payant les mêmes droits impofés fur celles venant de l'étranger ou allant à l'étranger.

A ces droits de _traite_ primitifs avoient été fuccef fivement ajoutés plufieurs droits particuliers créés en différentes provinces du royaume pour un tems limité, & pour des befoins preffans, lorfque la France étoit agitée par les troubles des guerres civiles.

Le commerce fatigué par la perception de tant de droits, dont la fuppreffion toujours promife n'étoit jamais effectuée, fit parvenir fa réclamation jufqu'au trône par la voix des états-généraux. La nation en corps, demanda avec inftance la liberté de circulation dans l'intérieur du royaume, & l'établiffement d'un tarif uniforme des droits perceptibles à l'extrême frontière.

Une demande fi jufte parut faire impreffion, mais n'eut pas le fuccès qu'on devoit en attendre.

Le gouvernement voulut réformer fans perdre; & pour compenfer le produit des droits de circulation dont les états follicitoient la fuppreffion, on propofa aux provinces qui y étoient foumifes, & qui ne l'étoient pas à la perception des droits d'aides, de confentir à y être affujetties. L'échange ne fut pas accepté; & après fept années de vaines tentatives, le régime vicieux continua de fubfifter fans aucun changement.

Sous la fin du règne de Louis XIII, & pendant la minorité de Louis XIV, les droits locaux prirent de nouveaux accroiffemens; ils fe multiplièrent à l'excès, & le commerce languiffoit, écrafé fous le poids de tant de perceptions différentes.

L'œil vigilant de Colbert mefura toute l'étendue des conféquences de ce défordre. Il entreprit de fupprimer les _traites_ intérieures, & d'établir un régime uniforme pour toutes les douanes du royaume. C'eft dans cette vue que fut rédigé le tarif de 1664.

Mais les circonftances ne permirent pas à ce miniftre, fi digne de la reconnoiffance publique, d'effectuer tout le bien qu'il avoit conçu. Le befoin des finances, l'obligea de conferver divers droits locaux, auffi incompatibles avec la liberté du commerce, que ceux dont il avoit fait déterminer la fuppreffion; & pour arriver par degré à l'uniformité des perceptions qu'il avoit en vue, il crut devoir laiffer aux provinces, la liberté d'opter entre le nouveau régime qu'il établiffoit, & celui fous lequel elles avoient exifté jufqu'alors.

Un grand nombre de provinces acceptèrent le tarif : ce font celles qui font connues fous la dénomination de _provinces des cinq groffes-fermes_; les autres préférèrent de demeurer dans leur premier état : ce font celles qui ont le titre de _provinces réputées étrangères_.

Ce partage, qui trompa les efpérances de Colbert, lui fit prendre le feul parti qui lui reftoit, celui d'établir du moins des _droits uniformes_, fur les objets les plus intéreffans du commerce, & d'en ordonner la perception aux frontières des _provinces réputées étrangères_; c'eft ce qui donna lieu·aux tarifs de 1667 & de 1671, dont l'exécution caractérife les provinces ainfi dénommées, & les différencie des provinces des cinq groffes-fermes foumifes particulièrement au tarif de 1664.

Ce fyftême tendant à rapprocher les régimes difparates qu'on crut alors devoir tolérer, & à en diminuer les inconvéniens, a été fuivi depuis, & un grand nombre d'arrêts du confeil ont fucceffivement établi _les droits uniformes_ fur différentes marchandifes qui n'avoient pas été comprifes dans les tarifs de 1667 & 1671. Enforte qu'il y a aujourd'hui plus de deux cinquièmes des principaux objets de commerce qui y font affujettis.

Mais quelques provinces nouvellement conquifes ou réunies, n'y ont pas été foumifes. Les Trois-Evêchés, l'Alface & la Lorraine font demeurées affranchies, tant du tarif de 1664, que de ceux de 1667 & de 1671; elles ont confervé une communication libre avec l'étranger, & c'eft ce qui les a fait dénommer _provinces à l'inftar de l'étranger effectif_.

Cependant cette exception à la loi commune n'a pas été maintenue intégralement à l'égard de ces trois provinces; il a été dérogé dans celle des Trois-Evêchés, par rapport à plufieurs droits, tels que celui des cuirs; & dans la Lorraine, ainſi que dans l'Alſace, il exiſte pluſieurs droits locaux qui gênant la circulation, ſont fort onéreux au commerce.

Ce bizarre aſſemblage de tant de conſtitutions différentes, a toujours paru mériter l'attention particulière du gouvernement, & il eſt enfin reconnu qu'il eſt poſſible de le faire diſparoître ſans bleſſer les droits ni les intérêts d'aucunes provinces, & même en procurant l'avantage de toutes.

Sa majeſté a conſidéré que l'établiſſement des droits uniformes, quand il ſeroit étendu à tous les objets, quand il le ſeroit même aux provinces qui ſont à l'inſtar de l'étranger effectif, ne procureroit que l'avantage d'effacer toute différence dans les relations de notre commerce avec l'étranger ; mais qu'il laiſſeroit toujours à deſirer celui d'une communication parfaitement libre entre les différentes provinces du royaume.

En conſéquence, ſa majeſté a penſé que ſes vues ne ſeroient remplies qu'imparfaitement, ſi en même tems qu'elle ordonnera la confection d'un tarif uniforme pour les droits d'entrée & de ſortie, combiné avec l'intérêt des manufactures nationales, elle ne ſupprimoit pas tous les droits dûs à la circulation dans l'intérieur, & tous les bureaux où ils ſe perçoivent.

Ce projet avoit été tenté en 1760 ; & un magiſtrat * auſſi célèbre par ſes lumières que par les ſervices importans qu'il a rendus dans toutes les parties de l'adminiſtration dont il étoit chargé, s'eſt voué à cette grande opération avec un zèle infatigable. Il employa ſept années à en préparer le travail, & il l'avoit porté au point que ſon ouvrage a donné les principales baſes du plan adopté par ſa majeſté.

Mais d'un côté les difficultés qu'on eut lieu de preſſentir de la part des provinces qui crurent qu'elles ſeroient léſées par l'aſſujettiſſement aux droits d'un tarif uniforme, & d'un autre côté, les exagérations de la ferme générale ſur le produit des droits de circulation, qu'il s'agiſſoit de ſupprimer, firent craindre que l'opération ne fût en même tems nuiſible aux intérêts d'une partie des ſujets du roi, & préjudiciable aux revenus de ſa majeſté. Il parut ſage & néceſſaire de ſuſpendre l'exécution, juſqu'à ce qu'on fût raſſuré ſur ces deux objets eſſentiels par une vérification exacte des recettes de toutes les eſpèces de droits de circulation, & par une juſte balance de ce que les provinces intéreſſées au changement pourroient y perdre ou y gagner.

Le travail immenſe qu'il a fallu faire pour connoître & conſtater ce double réſultat, a été entamé en 1767 ; il a été ſuivi depuis avec la

plus grande application, par la perſonne inſtruite & laborieuſe qui en a été chargée, & ce n'eſt que vers le commencement de l'année dernière qu'il s'eſt trouvé porté à ſon entière perfection.

Ce travail a fait connoître d'une manière certaine, que les relations des différentes provinces du royaume entr'elles, étoient beaucoup plus conſidérables que celles avec l'étranger ; qu'ainſi la liberté de la circulation intérieure ſeroit beaucoup plus de bien, que les droits ſur le commerce extérieur ne pourroient faire de mal.

Il a fait connoître, que les provinces mêmes qui paroiſſent le plus attachées à leur qualité d'étrangères ou de réputées étrangères, & à un commerce inconciliable avec l'intérêt général du royaume, n'y trouvent pas même leur avantage particulier ; que ce commerce les appauvrit tous les ans ; qu'il eſt deſtructeur de leur induſtrie, & que tout conſidéré, c'eſt un bien illuſoire, dont la privation ſollicitée par l'État entier, deviendra pour elles-mêmes une ſource de profits plus réels.

Ce travail enfin a fait connoître que le produit des droits de circulation intérieure, objet de cinq millions cinq cents mille livres, ſeroit facilement compenſé par l'extenſion générale du commerce, par une perception égale de droits ſagement combinés à toutes les entrées & ſorties du royaume, par une diminution très-conſidérable des frais de recouvrement, & par l'abolition de la contrebande, abolition précieuſe ſous tous ſes aſpects, & ſur laquelle ſa majeſté a droit de compter, au moyen du parti qu'elle a pris de ſubſtituer aux prohibitions, ou à des droits réputés prohibitifs par leur énormité, des droits qui, n'excédant pas le prix ordinaire des aſſurances, ne ſeront plus éludés ni fraudés, & cependant, ſuffiront pour maintenir la concurrence & même la préférence qu'il eſt juſte de conſerver aux manufactures nationales.

C'eſt après s'être fait rendre compte de tous les états, de tous les calculs qui juſtifient ces trois vérités ; c'eſt après les avoir fait examiner & diſcuter pendant ſix mois, par une commiſſion compoſée de pluſieurs conſeillers d'état & autres magiſtrats du conſeil, des coopérateurs de l'adminiſtration dont le travail y eſt relatif, de pluſieurs intendans du commerce, & des fermiers-généraux les plus verſés dans la connoiſſance des traites, que ſa majeſté a jugé qu'il ne reſtoit plus de motif pour ſuſpendre davantage l'opération ſalutaire deſirée depuis ſi long-tems, & qu'elle a donné ſon approbation au plan qu'elle fait communiquer aujourd'hui à l'aſſemblée des notables.

Sa Majeſté a voulu que ce plan leur fût développé avec autant de détails qu'ils peuvent en deſirer, pour en avoir une idée juſte & une connoiſſance

noissance suffisante. Mais en même tems qu'elle leur demande les observations dont ils le trouveront susceptible, quant aux principes sur lesquels il est établi, & aux vues qu'il présente, sa majesté est persuadée qu'ils s'en rapporteront aux soins qu'elle a pris, & qu'elle prendra encore pour les formalités d'exécution, ainsi que pour l'exactitude des calculs qui ont servi d'élémens aux résultats, calculs dont on s'occupe depuis vingt ans, & qui ont été revus & constatés depuis six mois avec toute l'attention possible.

Dans son point de vue général, ce plan consiste à supprimer tous les droits qui se perçoivent au passage des provinces des cinq grosses fermes, dans les autres provinces, & aux passages de celles-ci dans les premières ; à rétablir par-là une communication libre, & une égalité parfaite entre toutes les parties de la monarchie ; à détruire jusqu'aux dénominations étrangères qui les distinguent aujourd'hui les unes des autres, & à dégager le commerce de toute entrave.

Tous les droits de *traites* intérieurs, tous les droits locaux seront abolis ; tous les bureaux où ils sont perçus, toutes les barrières établies pour en assurer la recette, seront transportés aux frontières extérieures ; rien ne gênera plus la circulation au-dedans ; le négociant & le voiturier, l'artisan & le cultivateur, le français & l'étranger, ne seront plus arrêtés, fatigués, inquiétés, par ces visites importunes, tourment des voyageurs, & source intarissable de plaintes, de difficultés, quelquefois même de vexations.

Les sujets du roi éprouveront un soulagement réel dans l'extinction de plusieurs droits onéreux. Sa majesté retrouvera dans la diminution des frais & dans la suppression d'une multitude considérable de bureaux & d'employés, plus des trois quarts du produit dont elle fera le sacrifice.

Enfin les droits qui continueront d'être perçus à l'entrée & à la sortie du royaume, seront simplifiés & réglés d'après un nouveau tarif, dont toutes les dispositions concourront à encourager l'industrie nationale, à faciliter l'introduction des matières premières dont le royaume a besoin, & à favoriser l'exportation des ouvrages de ses manufactures, ainsi que du superflu des productions de son sol.

Telle est le but de la réforme : voici de quelle manière elle doit s'exécuter.

Sa majesté se propose d'ordonner :

1°. Qu'à compter du premier octobre prochain, tous les droits quelconques dus sur les marchandises & denrées, lors de leur circulation & passage d'une province dans l'autre, sans aucune distinction d'icelles, seront & demeureront

supprimés. L'énumération en est trop étendue pour être placée ici : ils seront détaillés dans la loi à laquelle le nouveau tarif doit être annexé.

Sa majesté entend comprendre dans cette suppression ceux de ces droits qui auroient été aliénés ou concédés, sauf à pourvoir à l'indemnité des personnes au profit de qui ils sont perçus, d'après la liquidation qui en sera faite sur le vû de leurs titres de propriété.

2°. Qu'à compter de la même époque, les droits d'entrée & de sortie, qui se perçoivent en vertu des différens tarifs en usage dans les *provinces des cinq grosses fermes*, dans les *provinces réputées étrangères*, & dans celles à *l'instar de l'étranger effectif*, seront remplacés par ceux d'un tarif uniforme, qui sera observé & exécuté à toutes les entrées & sorties du royaume indistinctement.

Il suffira d'exposer comment on a procédé à la confection de ce tarif, pour en faire appercevoir tous les avantages.

On a commencé par faire, avec le plus d'exactitude qu'il a été possible, la nomenclature & l'appréciation de tous les objets connus dans le commerce ; les droits ont été fixés en proportion de l'intérêt que la France peut avoir de favoriser ou de gêner telle ou telle espèce d'importation ou d'exportation ; & pour en simplifier la perception, on a compris toutes les marchandises & productions sujettes aux droits, dans le plus petit nombre de classes, entre lesquelles il a été possible de les distribuer.

Elles ont été divisées, quant à l'entrée, en six classes, & quant à la sortie, en quatre.

DROITS D'ENTRÉE.

Les *droits d'entrée* dans le royaume sont fixés, dans la première classe, à un quart pour cent ; dans la seconde, à deux & demi ; dans la troisième, à cinq ; dans la quatrième, à sept & demi ; dans la cinquième, à dix ; dans la sixième, à douze pour cent.

Tous ces droits ont été gradués, selon le plus ou le moins d'utilité dont peuvent être pour le royaume, les marchandises qu'il tire de l'étranger.

Ainsi l'on a réduit au plus petit droit, à un quart pour cent seulement, les objets de la première classe, qui sont les matières premières d'une nécessité absolue pour nos manufactures & notre navigation, tels que *les bois de construction, les munitions navales, les chanvres, lins, cotons, laines, poils de toutes sortes, les ingrédiens servans aux teintures, aux papeteries,* & autres marchandises de même nature, dont on ne peut trop favoriser l'importation. On ne les auroit pas soumises à aucun droit d'entrée, si l'on n'avoit pas eu en vue, par cet assujettissement insensible, de fe procurer une connoiffance exacte de ce qui fera importé.

Le droit fixé pour la feconde claffe à deux & demi pour cent de la valeur, portera fur des objets utiles à l'induftrie nationale, mais moins néceffaires que ceux de la première claffe, ou qui, ayant reçu une première main-d'œuvre chez l'étranger, méritent moins de faveur que les matières premières abfolument brutes : tels font les *fuifs*, les *cornes*, les *gommes*, les *peaux & cuirs en verd*, les *cendres préparées*, les *foies*, les *cires jaunes*, & autres matières de cette efpèce.

On a compris dans la troifième claffe, pour laquelle le droit eft fur le pied de cinq pour cent, les objets dont on a un befoin moins effentiel, parce que le royaume produit une grande partie de ce qui s'en confomme, tels que les *aciers bruts*, les *fruits fecs*, les *bois de marqueterie*, les *chanvres & lins apprêtés*, les *pelleteries non-ouvrées*, les *cires blanches*, &c.

Dans la quatrième claffe le droit eft porté à fept & demi pour cent, & on y a compris tous les articles d'*épiceries*, *les drogueries propres pour la médecine*, & autres objets qu'on ne peut pas regarder comme de première néceffité, qui d'ailleurs font principalement à l'ufage des gens aifés; les dénominations étant trop variées, on n'en citera aucune en particulier.

La cinquième claffe, où le droit eft de dix pour cent de la valeur, comprend tous les objets de fabrique étrangère, qui, entrant en concurrence avec les objets de même nature qui fe fabriquent dans le royaume, paroiffent dans le cas d'être chargés d'un droit plus confidérable, tels que l'*argent trait & filé*, *l'orfèvrerie & la bijouterie*, *les beurres falés & fondus*, *les fers en barre & en verge*, *les fils de chanvre*, *de lins & de coton*, *les laines filées*, *les huiles*, *les vins étrangers*.

Enfin, la fixième claffe, où le droit s'élève à douze pour cent de la valeur, ne comprend que les objets dont, pour l'avantage de l'induftrie nationale, il eft effentiel de reftreindre encore davantage l'importation. Ces objets font principalement les ouvrages de *bonneterie*, *boutonnerie*, *chapellerie*, *les toiles*, *les étoffes de laine*, *de coton & de foie de toutes fortes*; *les papiers & cartons*, *les fayances & porcelaines*, *les aciers & fers façonnés*, *les quincailleries & merceries*, *les peaux & cuirs tannés & apprêtés*, *les pelleteries ouvrées*, *les productions de la pêche étrangère*, *les eaux-de-vie & les favons*.

Quant aux articles dont l'introduction eft prohibée, ils fe réduifent aux productions coloniales étrangères, & aux toiles de coton blanches & peintes.

Les fucres, cafés & autres productions de nos Colonies; continueront de payer les *droits du domaine d'occident*.

DROITS DE SORTIE.

On a fuivi le même principe pour déterminer la fixation des droits de fortie. Ils feront plus confidérables fur les objets qu'il eft de l'intérêt national de retenir, & plus modérés fur ceux qu'il eft avantageux d'exporter. Ainfi, le droit ne fera que d'un quart pour cent, fur tous les *ouvrages de nos fabriques & manufactures*, fur *les productions territoriales dont le royaume a plus qu'il n'en confomme*; fur *les produits de la pêche*, *les eaux-de-vie*, *les fromages*, & autres objets de même genre, dont la première claffe eft compofée.

Dans la feconde claffe, où le droit eft fixé fur le pied de deux & demi pour cent de la valeur, on a compris les objets de fabrication nationale qui n'ont reçu qu'une première main-d'œuvre, *les cuivres & les fers à demi-façonnés*, les *drogueries*, *épiceries*, & autres productions étrangères qui ont payé un droit d'entrée; *l'orfèvrerie la bijouterie* & autres objets au débit defquels un droit auffi modique ne paroît pas pouvoir porter obftacle.

La troifième claffe eft compofée des articles qui, par l'utilité dont ils font pour l'étranger, y ont un débit affez affuré, pour qu'on puiffe fans inconvénient les affujettir à un droit de cinq pour cent de la valeur, tels que le *bray gras & liquide*, *les bois de teinture moulus*, *les fils de lins*, *de chanvre retords*, *ceux de coton & de laine*, *les huiles & les modes*.

Dans la quatrième claffe, où le droit eft porté à douze pour cent, on a compris les matières premières qu'il eft important de réferver pour nos manufactures, & dont en conféquence on doit éviter de trop favorifer la fortie; mais qui pouvant être confidérées comme productions territoriales, ou comme objets d'échange des articles qui nous font fournis par l'étranger, méritent cependant d'obtenir quelque liberté à l'exportation; ces objets font les *laines non filées*, *les peaux & cuirs fecs & en verd*, *les matières premières néceffaires pour les teintures & les cotons bruts*, fauf à l'égard de ce dernier objet, de modérer le droit de fortie momentanément, & jufqu'à ce que les progrès de nos manufactures leur en faffent employer la totalité.

L'extrême difproportion qui fe trouve entre les qualités & les prix des différens vins du crû du royaume, & notamment de ceux de la Guienne, n'a pas permis de les claffer en raifon de leur valeur; mais quant à ces derniers, ils peuvent être confidérés comme rangés entre la claffe de cinq pour cent & celle de douze. Le droit fixé à treize livres dix fols, n'eft pas augmenté fur les *vins de la Sénéchauffée de Bordeaux*, qui font d'une qualité fupérieure. Il eft confidérablement diminué fur ceux *du pays haut*, qui font d'une qualité inférieure. Le droit eft baiffé d'un quart fur les *vins de Bourgogne & de Champagne*, & il eft fi médiocre fur les *autres vins du royaume*, qu'il ne peut aucunement préjudicier à leur exportation.

Les vins du crû du royaume obtiennent d'ailleurs une grande faveur, lorfqu'ils font deftinés pour la confommation de la France, attendu que l'on fupprime tous les droits de circulation intérieure, qui font prefque auffi confidérables que ceux de fortie.

Enfin, il eft des objets dont l'exportation ne pourroit avoir lieu qu'au détriment des manufactures & de l'induftrie nationale. On a cru en conféquence devoir en prohiber abfolument l'exportation ; de ce nombre font les *bois de conftruction, les chanvres & lins, les fils de lin ou de chanvre bis ou écrus, les poils & peaux de lièvre, de lapin & de chèvre, les foies, les foudes & cendres, les fuifs, les vieux linges*, & autres articles, &c.

Tel eft en général l'ordre dans lequel a été rédigé le nouveau tarif ; tel en eft l'efprit, favorable en tous points à l'induftrie nationale, à laquelle la fuppreffion des droits actuels de circulation doit donner un nouvel effort.

Pour ne laiffer à defirer au commerce de la nation, aucune des facilités qu'il peut attendre de la protection que le roi lui accorde, & pour ranimer une de fes branches très-fufceptible de fructifier, fa majefté s'eft déterminée à permettre & favorifer les fpéculations *d'entrepôt & de tranfit*, qui depuis les défenfes portées en 1688, n'avoient plus d'activité que dans les feules provinces qui font *à l'inftar de l'étranger effectif*.

Le roi a reconnu que fi l'intérêt de maintenir le produit des droits de circulation, & la crainte qu'ils ne fuffent éludés par des infidélités dans le tranfit, ou par des fraudes dans l'entrepôt, avoient pu fervir de motif à une interdiction qui depuis un fiècle a privé la France des bénéfices inappréciables que cette branche de commerce auroit pu produire, les mêmes raifons ne fubfiftoient plus, au moyen de l'affranchiffement des *traites intérieures* ; qu'elles ne pouvoient même fe concilier avec les principes de liberté & d'uniformité adoptés par fa majefté, & qu'il étoit poffible d'employer des précautions fuffifantes pour empêcher les verfements frauduleux.

Les formalités & les conditions fous lefquelles l'entrepôt avoit été permis en 1664, étoient fans doute beaucoup trop gênantes pour le négociant,

qu'elles conftituoient en des avances trop confidérables. Une faveur, accompagnée de reftrictions trop onéreufes, rend le bienfait illufoire.

Sa majefté en permettant d'interpofer dans le royaume les marchandifes dont la deftination eft incertaine au moment de leur arrivée, & en accordant le tranfit par acquit à caution, pour celles qui, venant de l'étranger, & deftinées auffi pour l'étranger, ne font qu'emprunter le paffage dans fes Etats, ne les foumettra qu'à des droits modiques, calculés dans la proportion d'un demi pour cent de la valeur quant à l'entrepôt, & dans celle d'un pour cent quant au tranfit. Ces droits fuffiront pour fubvenir aux frais de régie & de furveillance ; ils n'ont pas d'autre objet.

Ils n'auront pas lieu dans les provinces qui jouiffent déja du tranfit en exemption totale, & il n'y aura rien d'innové à cet égard par rapport à la Lorraine, les Trois-Evêchés & l'Alface, ni par rapport aux marchandifes du Levant.

On doit s'attendre que cette facilité defirée depuis long-tems par tous les négocians, produira les effets les plus avantageux, & que la France deviendra, ce qu'elle doit être naturellement par fa fituation, l'entrepôt du commerce des nations du Midi & de celles du Nord.

Plufieurs provinces du royaume qui jouiffent fous différentes modifications de l'exemption des droits fur les fucres, cafés & autres marchandifes des Ifles, pour leur propre confommation, en feront néceffairement privées par la fuppreffion des barrières intérieures, qui ne laifferoit aucun moyen d'empêcher le verfement des provinces franches dans celles qui ne le font pas. La Bretagne, la Franche-Comté, l'Alface, la Lorraine & les Trois-Evêchés, regretteront fans doute cet avantage, qu'il eft impoffible de leur conferver ; mais on verra qu'elles en feront amplement dédommagées.

Au furplus, comme c'eft un objet important, & qui demandera une décifion légale, il fera traité dans un mémoire particulier.

Il eft aifé de juger que ce nouvel ordre de chofes exige une refonte entière des réglemens & ordonnances fur les *traites*. Les difpofitions de l'ordonnance de 1687 ne feroient plus applicables au tarif uniforme qui va être établi, ni aux principes qui en ont dirigé la confection. Les règles & les décifions font devenues d'ailleurs fi multipliées & fi compliquées, qu'une longue étude fuffit à peine pour les entendre, & qu'il eft reconnu indifpenfable d'en changer la rédaction. Sa majefté s'en eft occupée, & la nouvelle ordonnance qu'elle fe propofe de rendre, prefcrira les formalités qui feront obfervées dans tout fon royaume, pour affurer la perception des droits d'entrée & de fortie, en même-temps que pour régler le commerce d'entrepôt : ces formalités feront fimples, faciles à remplir, & telles qu'il ne reftera plus de prétextes pour en éluder l'exécution. Prévenir les contraventions, diminuer la rigueur des peines & les mieux proportionner au délit, font autant d'actes de juftice & de bonté qui entrent néceffairement dans les vues, comme dans les fentimens du roi.

La certitude de faire le bien de tout le royaume fuffifoit fans doute pour déterminer fa majefté à vouloir l'exécution d'un plan qui a toujours été l'objet du vœu national, & elle auroit pu fe borner à confidérer qu'un grand intérêt général doit prévaloir fur tous les intérêts particuliers & locaux : mais l'efprit d'équité qui accompagne les plus fages réfolutions de fa majefté, l'a portée à examiner quelle influence ce plan pouvoit avoir fur le fort des provinces dont il change la conftitution, en ce qui concerne les droits de *traite*.

Elle a vu que les provinces *réputées étrangères*, qui font *la Bretagne, la Saintonge, la Sénéchauffée de Bordeaux, l'Armagnac, le Languedoc, le Rouffillon, la Provence, le Dauphiné, le Lyonnois, la Franche-Comté*, que *la Flandre, l'Artois, le Hainaut, & le Cambrefis*, déja fujettes aux droits uniformes du tarif de 1671, fur leur commerce avec l'étranger, & à divers autres tarifs particuliers, pour les objets exempts des *droits uniformes*, trouveroient toutes un avantage fenfible à n'être plus affujetties qu'aux droits perceptibles aux frontières extérieures, & à jouir d'une communication libre avec toutes les provinces du royaume. Des états comparatifs de ce qu'elles paient actuellement pour les droits qui feront fupprimés, de ce qu'elles auront à payer en vertu du nouveau tarif, en fourniffent une démonftration fans réplique.

Il paroît au premier coup-d'œil y avoir plus de doute par rapport aux provinces *à l'inftar de l'étranger effectif*, qui font *l'Alface*, la *Lorraine* & les *Trois-Evêchés*. Elles jouiffent d'un petit nombre d'exceptions, d'une pleine franchife dans leur commerce avec l'étranger, & l'on doit s'attendre qu'elles la regretteront, tant qu'un examen approfondi, qu'elles n'ont pas encore pu faire, ne les aura pas éclairés fur leurs véritables intérêts.

A peine avoient-elles une notion très-imparfaite des difpofitions nouvelles qui devoient les concerner, que déja des écrits répandus en leur nom, annonçoient leurs allarmes, exprimoient leurs doléances, & articuloient des pertes immenfes dont elles fe difoient menacées.

1°. On a prétendu dans ces écrits, que *la Lor-*raine & les *Trois-Evêchés* ne pourroient plus vendre à l'étranger les productions de leur fol, qui font toutes leurs richeffes, lorfque l'étranger ne pourroit plus leur apporter fes marchandifes, lorfqu'elles n'auroient plus avec lui une libre communication ; & on en a conclu que ce feroit leur ruine : mais on ignoroit alors que le régime prohibitif alloit ceffer d'exercer fes rigueurs, même à l'égard de notre commerce du dehors. A la feule exception des productions coloniales, & des toiles de coton, on ignoroit que les droits fur les marchandifes étrangères, ne feroient pas affez forts pour repouffer l'introduction de celles que les habitans de la Lorraine & des Trois-Evêchés ont coutume de tirer des dominations voifines ; on ignoroit que le nouveau tarif n'apporteroit aucun obftacle à la fortie des vins & des autres denrées qu'ils exportent en retour, & par contre-vente.

2°. On a cru que ces provinces perdroient la partie la plus intéreffante de leur commerce, celle qui confifte dans la commiffion & l'entrepôt : mais on ne favoit pas que l'entrepôt & le tranfit feroient permis déformais dans tout le royaume ; on ne favoit pas que les provinces qui en jouiffent déja, en exemption de tous droits, feroient maintenues dans la même franchife, fans innovation.

3°. On a foutenu que ce que la Lorraine & les Trois-Evêchés gagneroient par la fuppreffion des barrières qui les féparent de la France, ne compenferoit pas à beaucoup près ce qu'elles perdroient par l'établiffement des barrières qui les féparoient de l'étranger.

Cette affertion a été faite au hafard, & fans qu'on ait pu former aucune balance de ce que les droits de circulation intérieure coûtent à ces provinces, avec ce que leur coûteront ceux du nouveau tarif perceptibles aux frontières extérieures ; des relevés exacts de ce qui eft payé chaque année aux bureaux placés fur leurs limites du côté de la France, prouvent que le montant en eft beaucoup plus confidérable que ne le fuppofent les foi-difans défenfeurs de ces provinces, qui n'étant pas inftruits des faits, & même ne pouvant pas l'être, font toujours hors de mefure & loin de la vérité dans les conféquences qu'ils préfentent affirmativement.

Il eft cependant vrai que l'évaluation, telle qu'on a pu la faire d'après la population & la confommation préfumée de ces deux provinces, du montant des droits uniformes auxquels leurs relations avec l'étranger feront affujetties par le tarif général, y compris l'article des fucres & cafés, s'élève au-deffus du montant des droits qu'elles fupportent aujourd'hui fur leurs relations de commerce avec le royaume.

Mais lorfqu'à la fuppreffion de ces droits de

circulation intérieure se réunit, celle de tous les droits de foraine, haut-conduit, & autres droits locaux existans aujourd'hui au sein de ces provinces, celle des droits sur les huiles à la fabrication, celle des droits de la marque des fers, tous objets résolus par sa majesté, & dont les auteurs des réclamations prématurées n'ont pu ni prévoir le bienfait, ni calculer les résultats, alors il est démontré arithmétiquement, que les trois provinces qui sont à l'instar de l'étranger effectif retireront un bénéfice réel de l'opération considérée comme elle doit l'être, dans tout son ensemble, c'est-à-dire, en cumulant les effets du nouveau régime des *traites*, avec ceux des différentes suppressions de droits qui doivent l'accompagner.

Ce bénéfice sera annuellement, toutes déductions prélevées, pour.
l'Alsace, de .... 364,000 liv.
pour la Lorraine, de .... 274,000 liv.
pour les Trois-Evêchés, de ..... 109,000 liv.

On a calculé pareillement les effets du nouveau régime pour toutes les provinces du royaume séparément, & le résumé des mémoires qui ont été faits par chacune d'elles, présente un état général des avantages respectifs que leur procurera le plan d'uniformité pour les *traites*, & l'extinction de divers droits imposés sur plusieurs branches d'industrie.

Cet état, qui a été mis sous les yeux du roi & de son conseil, sera joint au présent mémoire. Il ne doit laisser aucun doute sur la conciliation du bien général avec les intérêts particuliers des différentes provinces. Mais quand il y auroit à desirer de plus grandes preuves, il seroit inutile de s'en occuper quant à présent; & l'examen des calculs qu'on vient de citer, ainsi que des états sur lesquels ils sont appuyés, ne pourroit être regardé comme un préliminaire à remplir avant d'entamer l'opération dont le roi communique en ce moment le projet à l'assemblée des notables, puisque sa majesté a déclaré, & déclarera dans la loi qu'il s'agit de rendre, qu'elle se réserve de pourvoir à toutes les indemnités qui pourroient être dues; & que si quelques provinces du royaume se trouvoient lésées par l'exécution du nouveau régime, sa majesté écouteroit leurs représentations, peseroit leurs plaintes dans sa justice, & leur accorderoit le dédommagement qu'elles auroient droit de demander, en justifiant leurs pertes.

Des suppositions non approfondies, des réclamations anticipées, pourroient-elles être un motif, un prétexte même pour retarder l'exécution d'un plan si nécessaire, auquel on travaille depuis si long-tems, & qui a été amené avec tant de peine, à sa maturité?

C'est de la Lorraine & des Trois-Evêchés que sont sortis les mémoires présentés au gouvernement contre une opération alors inconnue: faut-il les regarder comme l'expression du vœu général des habitans? C'est sans doute celui des négocians commissionnaires, de ceux livrés uniquement au commerce interlope qui est fort en vigueur en Lorraine; de ceux enfin, qui accoutumés à spéculer sur un genre de bénéfice qu'on n'avoue pas, ne cherchent-à jetter l'alarme dans tous les esprits sur les effets du nouveau régime, que parce qu'il ne leur permettra plus d'espérer les mêmes profits: mais les propriétaires de fonds, les commerçans non intéressés à la continuation de la contrebande, les manufacturiers sur-tout, & généralement tous ceux qu'aucune raison particulière n'empêche de rendre hommage à la vérité, conviendront de bonne foi, que la balance du commerce de ces provinces avec l'étranger, est constamment à leur désavantage.; que l'excessive disproportion de valeur entre les productions qu'elles exportent & les marchandises qu'on leur importe, fait écouler annuellement hors du royaume la plus grande partie de leur numéraire, que par ce principe d'épuisement continuel elles se trouveroient dans un court espace, entièrement dépourvues d'argent, si elles n'avoient pas la ressource des garnisons qui les alimentent en consommant leurs denrées; que leur commerce intérieur à toujours été languissant; que leurs manufactures n'ont qu'une foible activité, & enfin que les motifs, qui autrefois pouvoient leur faire craindre le reculement des barrières & l'établissement du tarif uniforme séparé de tous les accessoires favorables qui s'y joignent aujourd'hui, ne doivent plus faire la même impression, depuis que leur rentrée dans le sein de l'Etat est accompagnée de la cessation du régime prohibitif, des faveurs particulières accordées aux vins de leur territoires, de la concession de l'entrepôt & du transit en exemption des droits, de l'entière suppression de tous droits de circulation, soit locaux, soit inhérens à leur ancienne constitution, & de l'affranchissement de plusieurs autres droits onéreux à l'industrie & nuisible à la culture.

Il est impossible que la réunion de tant d'avantages ne donne pas une nouvelle vie à ces provinces; qu'une heureuse expérience ne leur fasse pas bientôt désavouer ce que le seul défaut de connoissance du projet, a fait avancer en leur nom, & qu'elles ne reconnoissent pas enfin combien leur commerce doit profiter par l'acquisition d'une communication absolument libre avec un royaume dont l'immense population leur offre une foule de consommateurs.

On ne s'est expliqué avec autant d'étendue sur ce qui concerne les intérêts des provinces à *l'instar de l'étranger effectif*, que parce que c'est dans leurs réclamations que se trouvent les seules objections spécieuses qu'on puisse opposer à un plan dont l'utilité générale ne sauroit paroître douteuse.

Après avoir présenté toutes les.parties de l'opération qui se rapporte essentiellement aux *traites*, & qui doit en procurer l'entière réformation, il reste à faire conoître à l'assemblée, les vues bienfaisantes de sa majesté, par rapport à d'autres droits qu'on ne peut qualifier *droits de traites*, que lorsqu'ils sont perçus sur des productions étrangères .ou réputées telles ; mais qui se percevant dans l'état actuel, sur des productions nationales, avec des formes & des modifications particulières à différentes provinces, ne pourroient subsister sans contrarier la résolution prise par sa majesté de détruire toutes les barrières intérieures, & qui d'ailleurs lui ont paru trop préjudiciables à l'agriculture, au commerce, & aux progrès de l'industrie, pour qu'elle n'ait pas regardé leur suppression comme une suite du plan qu'elle a conçu pour le bien de ses peuples.

De ce nombre sont :

1°. Les droits de *subvention par doublement*, & de *jauge & courtage*, qui se perçoivent au passage des provinces où les aides ont lieu dans celles qui n'y sont point sujettes, & réciproquement.

2°. Les droits particuliers, désignés par le nom d'*anciens & nouveaux cinq sols*, & de *droits de neuf livres dix-huit sols par tonneau*, qui n'ont lieu que sur les vins importés en Picardie.

3°. Les droits qui se perçoivent *sur les huiles fabriquées dans le royaume*, soit à la fabrication même dans les provinces où l'exercice a lieu, soit à la circulation, pour les huiles expédiées des provinces qui se sont rédimées du droit par abonnement, dans celles qui ne le sont pas, ou à l'étranger.

4°. Le droit *de la marque des fers*, qui n'est point établi dans tout le royaume, & dont la perception est aussi diversifiée dans son mode que dans son application aux différentes provinces.

5°. Les droits d'*ancrage* & autres droits multipliés à l'excès, qui se perçoivent diversement dans les differens ports du royaume, & sont très-nuisibles à la navigation nationale, par conséquent au commerce.

La nature de ces cinq espèces de droits, les disparités de leur perception, & l'impossibilité de les maintenir pour la plupart dans leur état actuel, lorsqu'il n'y aura plus de barrières intérieures, a déterminé sa majesté à faire tous

les sacrifices nécessaires pour en délivrer ses sujets.

Les dispositions que leur suppression exige, seront expliquées dans des mémoires particuliers sur chaque objet.

Il ne manqueroit plus que de supprimer aussi les péages, pour que la circulation intérieure se trouvât dégagée de toute entrave, & c'est bien l'intention de sa majesté : mais l'opération préliminaire dont est chargée une commission du conseil établie depuis plusieurs années pour la vérification des titres, n'étant point achevée, sa majesté ne peut encore appercevoir l'étendue des indemnités qui pourroient être dues aux différens propriétaires, & elle attend du zèle de ses commissaires, que, pressant leur travail avec toute l'activité possible, ils la mettent bientôt en état d'effectuer ses vues sur cet objet.

On ne parle point ici de ce qui concerne la gabelle & les tabacs, parce que ces deux grands objets sur lesquels la suppression des barrières intérieures, & plus encore les intentions bienfaisantes de sa majesté l'ont portée à prendre des mesures nouvelles, seront traités dans des mémoires séparés, qui expliqueront à l'assemblée ce que sa majesté se propose, d'un côté pour adoucir, autant que les circonstances pourront le permettre, la rigueur de l'impôt sur le sel, faire tourner au profit des peuples la suppression d'une foule d'agens employés jusqu'à présent à sa perception, & procurer aux habitans de la campagne le précieux avantage de pouvoir consommer, à peu de frais, une plus grande quantité de cette denrée si intéressante pour l'agriculture : de l'autre côté, pour concilier les intérêts des provinces ou la culture du tabac, est permise avec le régime qui va les incorporer dans le royaume.

La récapitulation ci-jointe des soulagemens que l'ensemble de ces différentes opérations répandra sur toutes les provinces du royaume, montre qu'ils s'élèvent à plus de vingt millions ; indépendamment de l'affranchissement inappréciable des gênes, des poursuites, des contraintes, & de tous les funestes effets de la contrebande qui, chaque année, occasionnent le douloureux sacrifice de plusieurs millers des sujets de sa majesté.

On ne pourra voir qu'avec une juste sensibilité, tant de bienfaits résulter d'un plan qui semble n'avoir pour but que l'ordre & la réformation ; on jugera, sans peine, que c'est par là qu'il est cher au cœur de sa majesté, & qu'elle l'a saisi avec empressement.

Mais peut-être, dans le premier moment, ces fruits de bienfaisance pourront-ils paroître précoces ? Peut-être aura-t-on peine à concevoir qu'ils puiffent s'accorder avec l'état actuel des finances du royaume, & n'être pas en oppofition avec la néceffité où l'on eft de prendre des moyens d'augmenter les revenus ?

Des réflexions fort fimples peuvent réfoudre ce problême.

L'affemblée appercevra aifément, par l'examen des différens mémoires qui font mis fous fes yeux, que des changemens qui confiftent à fimplifier les droits, à les rendre uniformes, à diminuer le nombre des bureaux & des prépofés, procureront une économie très-importante fur les frais de recouvremens.

Elle reconnoîtra pareillement que le remplacement des prohitions & des droits prohibitifs, par des droits modérés & combinés avec l'intérêt national, fera éclore un nouveau principe de produits dans les relations du commerce avec l'étranger, en même-tems, qu'elle fubftituera en quelque forte, le tréfor royal aux bénéfices que faifoit la contrebande.

Ellé eft enfin trop éclairée pour ne pas fentir qu'on ne doit confidérer que comme des avances vraiement utiles & jamais regrettables, des facrifices qui fervent à rendre le commerce plus libre, plus actif, plus étendu ; qui tendent à vivifier également l'agriculture & l'induftrie ; qui rendent plus abondantes toutes les fources productives des richeffes de l'Etat.

Il paroît donc qu'aucune inquiétude ne peut fe mêler au fentiment que doit exciter une opération qui va brifer les chaînes fous lefquelles le commerce gémiffoit depuis long-tems, naturalifer en quelque forte toute les provinces du royaume, extirper des vices enracinés depuis près de cinq cents ans, fatisfaire au vœu exprimé il y a près de deux fiècles, par le corps entier de la nation, & confommer l'exécution d'un plan conçu par Louis XIV, tracé par Louis XV, d'après l'avis de toutes les chambres du commerce, & auquel il femble qu'il appartenoit à la vigilance paternelle du roi, de mettre la dernière main.

ÉTAT général des avantages que procurent à chaque province le plan d'uniformité dans la perception des droits de traites *, & la suppression de divers droits imposés sur l'industrie , & la fabrication nationale.*

NOMS DES PROVINCES.	DÉTAIL DES OBJETS.		Réfultats.
Généralité de Paris.	Droits de circulation	342056 l.	425034 l.
	Droits de fabrication fur les huiles	30036	
	Marque des fers	450	
	Subvention par doublement	52492	
Généralité d'Orléans.	Droits de circulation	165336	234940
	Droits de fabrication fur les huiles	19451	
	Marque des fers	16113	
	Subvention par doublement	34040	
Généralité de Tours.	Droits de circulation	315692	485327
	Droits de fabrication fur les huiles	37101	
	Marque des fers	67607	
	Subvention par doublement	64927	
Généralité de Bourges.	Droits de circulation	109005	283448
	Droits de fabrication fur les huiles	12825	
	Marque des fers	129176	
	Subvention par doublement	32442	
Généralité de Moulins.	Droits de circulation	94582	192555
	Droits de fabrication fur les huiles	11128	
	Marque des fers	64362	
	Subvention par doublement	22473	
Généralité de Châlons-fur-Marne.	Droits de circulation	183258	541142
	Droits de fabrication fur les huiles	19341	
	Marque des fers	303341	
	Subvention par doublement	34722	
Généralité de Soiffons.	Droits de circulation	99051	131096
	Droits de fabrication fur les huiles	11653	
	Subvention par doublement	20392	

NOMS

NOMS DES PROVINCES.	DÉTAIL DES OBJETS.		Résultats.
Généralité d'Amiens.	Droits de circulation . . .	104540 l.	
	Droits de fabrication fur les huiles . . .	13275	
	Marque des fers	9198	150240 l.
	Subvention par doublement . . .	11481	
	Droits d'amirauté	11946	
Boulonnois & Calaifis.	Droits de circulation . . .	61018	
	Droits de neuf livres dix-huit fous, par tonneau	24170	89308
	Anciens & nouveaux cinq fous . .	4120	
Généralité de Caen.	Droits de circulation	237478	
	Droits de fabrication fur les huiles . . .	21285	268376
	Subvention par doublement . , .	6262	
	Droits d'amirauté	3351	
Généralité de Rouen.	Droits de circulation . . .	228757	
	Droits de fabrication fur les huiles . .	18099	
	Subvention par doublement . .	31670	661633
	Droits d'amirauté . . .	21808	
	Droits d'octroi des marchands de Rouen . .	361299	
Généralité d'Alençon.	Droits de circulation	113182	
	Droits de fabrication fur les huiles . .	13315	
	Marque des fers	26221	176020
	Subvention par doublement . . .	23302	
Généralité de Dijon.	Droits de circulation	174685	
	Droits de fabrication fur les huiles . .	20550	
	Marque des fers	104600	335799
	Subvention par doublement . .	35964	
Mâconnois. . . .	Droits de circulation . . .	29914	
	Droits de fabrication fur les huiles . .	14240	54584
	Subvention par doublement . . .	10430	
Breffe, Bugey & Valromey	Droits de circulation . . .	58162	
	Droits de fabrication . . .	17694	88059
	Subvention par doublement . .	12203	

NOMS DES PROVINCES.	DÉTAIL DES OBJETS.		Résultats.
Aunis & Poitou.	Droits de circulation	347404 l.	3700411.
	Droits de fabrication fur les huiles	9233	
	Marque des fers	13404	
Saintonge	Droits de circulation	57090	71525
	Marque des fers	14435	
Guyenne.	Droits de circulation	242886	340175
	Droits d'amirauté, leftage & deleftage	82578	
	Droits de fabrication fur les huiles	14711	
Lannes & Armagnac.	Droits de circulation		221367
Auvergne	Droits de fabrication fur les huiles		4500
Angoumois.	Droits de fabrication fur les huiles		4500
Pays de Foix	Droits de fabrication fur les huiles	2250	84141
	Marque des fers	81891	
Généralité d'Auch & Pau	Droits de fabrication fur les huiles	38365	42899
	Droits d'amirauté, de leftage & deleftage.	4534	
Provence	Droits de circulation	294838	885799
	Droits de fabrication fur les huiles	571680	
	Droits d'amirauté	19281	
Vallée de Barcelonette.	Droits de circulation	6017	17684
	Droits de fabrication fur les huiles	11667	
Dauphiné	Droits de circulation	133020	446846
	Droits de circulation perçus à Lyon	200000	
	Droits de fabrication fur les huiles	87273	
	Marque des fers	26553	
Lang uedoc & Rouergue.	Droits de circulation	421184	658698
	Droits de fabrication fur les huiles	223983	
	Marque des fers	8587	
	Droits d'amirauté, leftage & deleftage	4944	
Lyonnois, Forez & Beaujolois.	Droits de circulation	166887	181598
	Droits de fabrication fur les huiles	14711	
Rouffillon	Droits de circulation	28128	61872
	Droits de fabrication fur les huiles	33407	
	Droits d'amirauté	337	

NOMS DES PROVINCES.	DÉTAILS DES OBJETS.	Résultats.
Ifle de Ré & Oleron.	Droits de circulation . . . . : .	12025 l.
Flandre, Haynault, Artois & Cambrefis.	Droits de circulation . . : . . . 536495 l. Droits de fabrication fur les huiles . . . 417543 Droits d'amirauté 12573	966611
Bretagne . . .	Droits de circulation . . . . . . 1037798 Droits de la traite vive . . . . . 3466 Foraine domaniale . . . . . . 21461 Droits domaniaux . . . . . . 30378 Paffe-ports . . . . . . 4253 Droits de linage & autres menus droits . 2243 Traite domaniale, aliénée . . . 117595 Dix fous pour livre au Roi . . . 58787 } 236392 Droits d'amirauté 35141	
		1371132

La Bretagne eft actuellement exempte des droits de confommation fur les fucres bruts & terrés, qu'elle acquittera dans le nouveau fyftême : elle forme à-peu-près le huitième des provinces qui acquittent ce droit dans l'état actuel.

Suite de la Bretagne.	La confommation des fucres terrés eft de douze millions huit cents foixante-fix mille livres, dont le huitième eft d'un million fix cents huit mille deux cents cinquante livres, qui, à raifon de douze livres le quintal, donneront un accroiffement d'impôt, de . . . . 192984 La confommation des fucres bruts eft de vingt-cinq millions fept cents trente-deux mille livres, ce qui pour le huitième donne une confommation de trois millions deux cents feize mille cinq cents livres, dont le droit, à raifon de trois livres quinze fous le quintal, revient à . . . 120618	
		313602
	Sur quoi, faifant diftraction des droits de prévôté & droits locaux, payés en Bretagne fur les marchandifes des ifles, à leur arrivée dans les ports de cette province, en fus des droits de domaine d'Occident, & qui montent à . . 121500 livres.	
	Refte à déduire 192102	

Ainfi, la Bretagne gagne à l'adoption du nouveau plan, ci   1,179030 l.

NOMS DES PROVINCES.	DÉTAILS DES OBJETS.	Réfultats.
Franche-Comté. . .	Droits de circulation, & droits de treize livres dix fous, par muid, fur les vins de Champagne . .	41863 liv.
	Droits de fabrication fur les huiles . . .	10434
	Marque des fers	153225
	TOTAL	187522
	La Franche-Comté n'eft fujette qu'aux droits uniformes, & cette province acquittera les droits d'entrée & de fortie, fur les marchandifes qui ne doivent point actuellement les droits uniformes ; l'objet de ces droits peut être évalué à 40000 livres.	
	Elle fera en outre affujéttie aux droits de confommation fur les fucres, dont l'objet fera, dans la proportion de la confommation générale de fucres terrés, de quatre cents foixante-quatre mille fix cents livres, dont le droit, à raifon de de douze livres le quintal, eft de . . 55752 livres. En fucres bruts, neuf cents vingt-neuf mille deux cents livres, à raifon de trois livres quinze fous le quintal, ci . . . 34845 livres.	130597
	Partant, bénéfice, 56925, ci	56925
Lorraine & Trois-Évêchés.	Droits de circulation, & droit de treize livres dix fous par muid, fur les vins de Champagne.	93467
	Droits de foraine, traverfe, haut-conduit, & autres droits locaux	357560
	Droits de fabrication fur les huiles . . .	8718
	Marque des fers en Lorraine . . . 139372 Idem, dans les Trois-Evêchés . . 104114	243486
	TOTAL . . .	703231
	Ces provinces feront fujettes aux droits uniformes du tarif général, quant à leurs relations avec l'étranger, lefquels formeront un objet de . . . . 88450 Plus, elles acquitteront les droits de confommation fur les fucres & cafés deftinés à leur ufage, dont le montant fera de 232011	320461
	Bénéfice	382770
	SAVOIR :	
	Pour les Trois-Évêchés	108597 382770
	Pour la Lorraine	274173

NOMS DES PROVINCES.	DÉTAILS DES OBJETS.	Résultats.
Alface . . .	Cette province profitera de la fuppreffion des droits locaux, perçus à titre de péages, montant à, ci . . .	491282ˡ.
	Les droits d'entrée & de fortie du tarif uniforme, auxquels cette province fera affujettie, ne lui font point onéreux, attendu que la compenfation eft opérée en fa faveur d'une manière avantageufe pour la liberté du commerce avec les autres provinces du royaume.	
	Mais l'Alface fera affujettie aux droits de confommation impofés fur les fucres & cafés dont cette province eft exempte dans l'état actuel.	
	La confommation des cafés eft, dans les provinces fujettes au droit, de dix millions cent-vingt-fix mille livres, ce qui, pour la province d'Alface, indique une confommation de deux cents quatre-vingt-fept mille livres, qui, à raifon de quinze livres le quintal, forment un objet de, ci . .	43050
	La confommation des fucres terrés, dans les provinces fujettes au droit de confommation, eft de douze millions huit cents foixante-fix mille livres, ce qui indique une confommation pour l'Alface, de quatre cents vingt-huit mille neuf cents livres, dont les droits, à raifon de douze livres le quintal, s'élèvent à, ci	51360
	Celle des fucres bruts eft de vingt cinq millions fept cents trente-deux mille livres, ce qui donne pour l'Alface une confommation de huit cents cinquante-fept mille huit cents livres, dont le droit, à raifon de trois livres quinze fous le quintal, eft de, ci	32167
	TOTAL	126577
	La fuppreffion des droits, dont cette province fera déchargée, eft de	491282
	Partant, bénéfice pour la province . . .	364705 ,ci 364705.

RÉCAPITULATION des avantages de chaque district, ou Province, dans l'exécution des plans de réforme sur les droits de traites, & sur l'impôt du sel.

NOMS DES PROVINCES.	REMISE sur les perceptions de l'impôt du sel.		REMISE sur les droits de traites, suivant l'état annexé.	TOTAL des remises résultantes des deux plans réunis.
	DÉTAILS.	TOTAUX.		
Généralité de Paris	....	992020 l.	425034 liv.	1417054 l.
Généralité d'Orléans.................	....	819009	234940	1053949
Généralité de Tours	....	629384	485327	1114711
Généralité de Bourges................	....	272936	283448	556384
Généralité de Moulins................	....	130650	192557	323201
Généralité de Châlons - sur - Marne & Réthelois	....	585369	541142	1126511
Généralité de Soissons................	....	352706	131096	483802
Généralité d'Amiens	....	532105	150240	682345
Boulonnois & Calaisis	....	....	89308	89308
Généralité de Caen, partie sujette aux gabelles.................	946821			
Idem......Partie sujette au droit de quart-bouillon	322920	417602	268376	685978
Généralité de Rouen	462005	666005	661633	1327638
Généralité d'Alençon.................	....	551430	176020	727450
Bourgogne	......,....	505873	390383	895256
Lyonnois, Forez, Beaujolois, Dombes, Bresse, Bugey & Mâconnois	....	670000	269657	939657
Lorraine & Trois-Évêchés........	....	579083	382770	961853
Franche-Comté	....	221274	56925	278199
Provence.................	....	110850	903483	1014333
Languedoc, Vivarais, Velay, Gevaudan, Rouergue & Auvergne................	....	923978	663198	1587176
Dauphiné	....	636680	446846	1083526
Roussillon.................	....	38788	61872	100660
Guyenne, Aunis, Poitou, Augoumois, Pays de Foix, généralités d'Auch & Pau....	....	....	1133648	1133648
Flandre, Haynaut, Artois & Cambresis....	....	....	966622	966622
Alsace.................	....	....	364705	364705
Bretagne	....	....	1179030	1179030
Isle de Rhé & d'Oléron	....	....	12025	12025
TOTAUX.................	....	9,635,742 l.	10,470,268 l.	20,106,010 l.

OBSERVATIONS.

Les remifes fur les perceptions actuelles, formeront un objet de.....   20,106,010 liv.

Il convient d'y ajouter la fuppreffion des droits fur les fels exportés à l'étranger, pour la pêche & les colonies appartenans, tant au roi qu'à divers particuliers, objet de   110000 livres.

Les droits déja fupprimés fur les eaux-de-vie, exportées à l'étranger, objet de...... ....:...... 460000

} 570000

Ainfi la remife effective eft de.............................   20,676,010 livres.

MÉMOIRE *fur les droits qui feront ac-quittés uniformément, à l'avenir, fur les marchandifes coloniales.*

Plufieurs provinces du royaume jouiffent de l'exemption des droits de confommation fur les fucres. Quelques-unes en jouiffent auffi fur les cafés, & autres marchandifes coloniales, les unes & les autres en jouiffent fous des modes diffé-rens & avec plus ou moins d'étendue.

La Bretagne reçoit les fucres de nos colonies qui arrivent dans fes ports; elle eft exempte des droits *de confommation*; mais elle eft affujettie aux droits *du domaine d'occident*, & à divers droits locaux; & quand elle expédie des fucres pour les autres provinces du royaume, ils ac-quittent les droits de confommation, fans dé-duction des droits précédemment payés, dont la reftitution n'a pas même lieu pour les fucres qu'elle exporte à l'étranger.

La Franche-Comté eft exempte des droits de confommation fur les fucres, cacaos, gingem-bre, rocou & indigos qu'elle tire de différens ports du royaume, par tranfit & fous acquit à caution, qui conftate que ces objets font deftinés à fa confommation.

L'Alface, la Lorraine, & les Trois-Evêchés jouiffent de l'affranchiffement de tous droits fur les fucres, les cafés, les cacaos, gingembre & indigos qu'ils tirent, foit de nos colonies par les ports du royaume, où ces objets ont cepen-dant acquittés les droits du domaine d'occident, foit de l'étranger, avec qui ces provinces commu-niquent en toute franchife.

Ces différentes exemptions font devenues une fource continuelle d'abus.

Les verfemens frauduleux qui fe font des pro-vinces exemptes, dans l'intérieur du royaume, privent fa majefté d'une partie des droits dûs fur toutes les marchandifes coloniales qui fe con-fomment dans fes Etats.

Les barrières intérieures étant anéanties, ces verfemens n'auroient plus aucun frein, & il faut, ou fupprimer totalement les droits fur les fu-cres, cafés & autres marchandifes coloniales, ou y affujettir les provinces qui en font exemp-tes.

Or, le facrifice entier de ces droits, qui feroit un objet de plus de quatre millions, n'eft pas propofable; le bien public ne le demande pas; l'activité du commerce dans cette partie eft fuffi-famment affurée par le luxe; il n'a befoin que d'encouragemens pour nos raffineries, à qui fa majefté en a déja accordé de très-efficaces, & qu'elle protégera de plus en plus.

Du refte les droits fur les marchandifes colo-niales, portent principalement fur les citoyens les plus aifés, & ne font point au rang de ceux dont la remife eft follicitée pour le foulagement de la claffe indigente.

Il n'y a donc pas de motif de les fupprimer; & dès-lors il devient indifpenfable d'y foumettre tout le royaume.

Mais la Bretagne aura la faculté de l'entrepôt pour toutes les marchandifes des colonies, & cette province, ainfi que la Franche-Comté, l'Alface, la Lorraine, & les Trois-Evêchés, continueront de jouir des avantages du tranfit en franchife.

Ces provinces d'ailleurs profiteront fenfible-ment de la fuppreffion des droits locaux & de circulation intérieure, de ceux fur la marque des fers, de ceux pour les huiles, de tous ceux dont le commerce & l'agriculture vont être af-franchis. Le bien qu'elles en recevront compen-fera & au-delà, la perte de leur exemption fur les fucres & autres marchandifes coloniales, qui deviendroit inconciliable avec le plan général. En tout, leur fort fe trouvera fûrement amélioré : c'est une vérité démontrée par les calculs les plus certains, & dont l'état annexé au mémoire sur les *traites*, présente les résultats.

On y voit que la Bretagne, en particulier, gagnera plus d'un million annuellement, & que toutes les autres provinces auront aussi un bénéfice effectif.

Ensorte qu'indépendamment de la prépondérance que doit avoir l'intérêt général du royaume, il est vrai de dire qu'aucun intérêt particulier ne sera lésé.

Sa majesté se propose en conséquence d'ordonner :

1°. Qu'à compter du premier octobre prochain, les marchandises des isles qui arriveront dans la province de Bretagne, seront exemptes des droits locaux de prévôté, & autres perçus à leur arrivée dans les ports de cette province.

2°. Qu'à la même époque, ces marchandises jouiront d'une année d'entrepôt, en remplissant les formalités qui seront prescrites par l'ordonnance des *traites*, pendant lequel tems ces marchandises pourront être expédiées à l'étranger en exemption de tous droits.

3°. Que les sucres, cafés & autres marchandises des isles qui seront retirées de l'entrepôt pour la consommation du royaume, acquitteront les mêmes droits que celles importées dans les autres ports : à l'effet de quoi, le commerce des isles sera régi dans les ports de Bretagne, par les mêmes principes que dans les autres ports du royaume.

4° Que les exemptions dont jouissent les provinces de Franche-Comté, Alsace, Lorraine & Trois-Evêchés, cesseront à la même époque, en laissant néanmoins subsister toutes les faveurs dont elles jouissent par le transit.

LA TRAITE D'ARZAC est, comme on l'a dit ci-devant, *pag.* 306, un droit dégénéré de la foraine. Cette allégation est fondée sur ce qui se trouve dans l'arrêt du conseil du 28 juin 1704, *pag.* 29. Il n'a lieu qu'à la sortie du pays de Chalosse & des Lannes, sur les marchandises qui sont portées à Bayonne, & dans les pays de Labour, dans le Béarn & la basse-Navarre, dans le pays de Soule & à l'étranger. Les pays de Marsan, de Tiersan & de Gabardan, quoique enclavés dans l'étendue qu'embrasse la *traite* d'Arzac n'en font cependant pas partie, & l'acquittent sur ce qu'ils reçoivent de la Chalosse & des Lannes. Ainsi, la *traite* d'Arzac doit être considérée sous le double aspect de droit local & droit de sortie du royaume.

Comme ce droit a la même origine que la foraine, qui a lieu en Provence & Languedoc, les marchandises qui de ces provinces passent dans l'étendue de *la traite d'Arzac*, & réciproquement celles qui sont envoyés de ce district dans ces provinces, ne doivent acquitter ni la Foraine ni la *traite* d'Arzac ; elles sont seulement expédiées par acquit à caution pour assurer leur destination.

Il en est de même des marchandises qui sont expédiées des cinq grosses-fermes pour le Béarn & pour le pays étranger, en passant par les Lannes & la Chalosse ; elles sont exemptes du paiement de la *traite d'Arzac*, & de comptablie, par les arrêts des 3 juin 1669 & 28 juin 1704, autant parce que les droits de foraine ont été confondus dans ceux du tarif de 1664, que pour favoriser les relations de ces provinces avec celles des cinq grosses-fermes.

La *traite* foraine d'Arzac, se perçoit d'après un tarif particulier qui paroît être une modération de celui de la patente de Languedoc. Le fermier de ce dernier droit fut obligé vers 1584, d'après l'opposition des habitans de la Guyenne à l'établissement des bureaux de la foraine d'en placer à Arzac & dans quelques autres endroits, ce qui composa un district qu'on appella étendue de la foraine d'Arzac, d'accorder une réduction de son droit pour en empêcher la perte entière. C'est de ces compositions, qui ont d'abord eu lieu au bureau d'Arzac, que s'est formé le tarif en usage, dont il ne paroît jamais y avoir eu d'autre homologation que par l'habitude. Son taux est de cinq pour cent, tandis que celui de la patente est de sept & un tiers pour cent. Mais ce tarif, imprimé à Paris, en 1740, porte : on ne sait sur quel fondement la clause singulière, *que le fermier pourra augmenter la perception*, & au lieu de cinq pour cent, prendre vingt deniers pour livres, avec le parisis, de la valeur des marchandises, quand il le jugera à propos. Il est aisé de juger que le tarif dont il s'agit, n'a pu être adopté que dans un tems de trouble. L'article V de l'arrêt du 28 juin 1704, relatif aux privilèges des Béarnois, annonce une réformation de ce tarif, mais elle n'a jamais eu lieu.

Le produit du droit de la *traite d'Arzac* est un objet annuel d'environ vingt-cinq mille livres, non compris les sous pour livre.

TRAITE DE CHARENTE. (droit de la) Ce droit est si ancien, que l'on n'en connoît pas l'origine : on sait seulement qu'il appartenoit aux comtes de Saintonge avant que François premier eût réuni cette province à la couronne.

Le droit de la *traite de Charente*, tant ancienne que

que domaniale & augmentation, comprend plufieurs autres droits acceffoires, dont on fera le
détail ci-après.

1°. Sur les marchandifes & denrées qui entrent
dans la Saintonge par les rivières de Charente,
Boutonne, Seudre, & Gironde, & par les
ports & achenaux qui en dépendent.

2°. Sur ce qui fort de la province par les mêmes rivières.

3°. Sur les marchandifes & denrées qui s'y
trouvent fujettes, en paffant tant par terre que
par eau, dans l'étendue des bureaux de l'Aunis,
de la Saintonge & du Poitou.

Le tarif imprimé des droits de la *traite de Charente*, les diftingue en droit principal & droit ac-
ceffoire.

Le taux général du droit principal eft de vingt
deniers pour livre de la valeur & eftimation des
marchandifes & denrées, entrant & fortant par
les rivières dénommées, de quelques lieux
qu'elles puiffent venir, & en quelque endroit
qu'elles foient tranfportées. Mais ce taux général
n'a lieu que pour les objets non dénommés dans
le tarif. Les efpèces les plus importantes y font
tariffées féparément : auffi les vins, les eaux de-
vie, le vinaigre, le bled & les autres grains, le
fel, ont des articles diftinéts & féparés.

Outre les droits auxquels chacune de ces denrées eft affujettie, elle doit encore deux fous
pour livre, & douze deniers additionnels, c'eft-
à-dire trois fous pour livre.

Voyons maintenant en quoi confiftent les droits
qui font auffi partie de la *traite de Charente*,
mais que l'on confidère comme acceffoires au
droit principal que l'on vient de faire connoître.

1°. Augmentation fur le fel. Elle eft de huit
livres par muid, & a été impofée par déclaration du roi, du mois d'août 1668, pour tenir
lieu du droit de fubvention fur les vins & eaux-
de-vie, fupprimé en même tems. Ce droit n'eft
point fufceptible des trois fous pour livre.

2°. Les droits de jaugeage, courtage & mefurage autrefois attribués aux offices de courtiers-
jaugeurs - mefureurs.

3°. Le parifis, douze fous & fix deniers pour
livre ; droit qui fe lève fur les droits de jaugeage,
courtage & mefurage, fur tous les droits des
feigneurs, péages & coutumes dûs le long des
rivières de Charente & Boutonne, fur les droits
de cent fous par gabarre paffant fous les ponts
de Taillebourg, tant en montant que defcendant.
Ce qui eft fingulier par rapport à ce droit de cent

fous, c'eft que fa levée qui avoit été ordonnée
autrefois pour en appliquer le produit au net-
toiement des bancs de fable qui s'étoient formés
fous ces ponts, a été fupprimée par les arrêts
du confeil des années 1663 & 1664, & cependant le parifis & les acceffoires qui devoient fu-
bir le même fort que le principal, ont été confervés, & compofent un nouveau droit fujet aux
dix fous pour livre.

Le parifis, avec fes additions, fe perçoit encore fur les vingt fous par tonneau de vin paffant fous les ponts de Taillebourg, tant en montant qu'en defcendant, ou qui fe charge fur la
Charente, dans l'étendue de la jurifdiction de
Taillebourg.

4°. Le tiers retranché de ces vingt fous par
tonneau eft encore un des droits qui conftituent
la *traite de Charente*. Lors de la fuppreffion du
droit de vingt fous, qui appartenoit au Prince de
Tarente, il en a été réfervé le tiers pour le roi,
& il porte le nom de tiers retranché.

5°. Les dix deniers deux tiers par muid de fel
qui fe lèvent dans les bureaux de Marennes, la
Rochette, & autres en dépendans, & qui forment le tiers retranché des deux fous huit deniers
aliénés au maréchal de Foucault.

6°. Les cinq deniers & demi par muid de fel,
qui fe lèvent au bureau d'Ars, dans l'ifle de Rhé,
pour le tiers retranché des feize deniers qui
avoient été pareillement aliénés au maréchal de
Foucault.

7°. Les dix deniers par muid de fel, qui fe lèvent dans l'étendue des bureaux de Marennes,
pour le tiers retranché des deux fous fix deniers,
attribués à l'office du contrôleur général par chaque muid de fel enlevé des marais de Brouage
pour l'étranger.

Enfin les droits d'acquits, de vifites & de congés dans le diftrict de la *traite de Charente*.

Il paroît, par la récapitulation des différens
droits portés au tarif de la *traite de Charente*, que
les vins, les eaux-de-vie & le fel font les denrées
les plus chargées, & qu'elles acquittent la *traite*
en principal, puis l'ancienne augmentation & la
nouvelle, & les trois fous pour livre, enfuite le
courtage & le parifis du courtage, le parifis de
gabarre, & le parifis des coutumes de Charente,
Rochefort & Soubife ; enfin le paffage du pont
de Taillebourg ou de l'éclufe de Saint-Jean-d'Angely, & le droit de jauge & courtage : auffi ces
droits font, fans les dix fous pour livre, d'environ vingt-une livres par tonneau de vin, de feize
livres dix fous par barrique d'eau-de-vie, & de
quarante-trois livres neuf fols par muid de fel.
Le bled devoit auffi fix livres onze fous par muid ;

mais depuis 1763, tous les grains font affranchis des droits de circulation.

Indépendamment de cette diverfité de droits perçus fous tant de bifarres dénominations, il faut encore obferver qu'ils varient fuivant les lieux où fe font les enlèvemens de vin, eau-de-vie & de fel, & les bureaux de perception; en forte que c'eft un véritable grimoire que la connoiffance de toutes ces variétés & de toutes ces diftinctions; qu'on juge enfuite s'il eft difficile que les percepteurs puiffent abufer de la bonne-foi des redevables, & fi ce n'eft pas le cas d'appliquer aux difcuffions qui s'élèvent entr'eux le mot que nous avons rapporté à l'article DROIT, pag. 650, que ces derniers font des aveugles qui prennent querelle avec les fourds.

Les droits de la *traite de Charente* étant d'un produit important, il a été rendu grand nombre de règlemens pour en empêcher la fraude, & en af furer la perception. Tels font les arrêts & lettres-patentes du 4 feptembre 1724, les arrêts & lettres du 21 juillet 1739. Ces derniers défendent de voiturer ni tranfporter aucuns vins, eaux-de-vie & autres marchandifes de la province de Saintonge, fur les ports & achenaux des rivières de Seudre & Gironde, dans la dépendance des bureaux de la *traite de Charente*, fans auparavant en avoir fait déclaration aux bureaux d'où dépendent ces ports & achenaux, & y avoir pris des congés ou acquits.

Les principaux privilèges concernant la *traite de Charente*, & qui en accordent l'exemption, regardent le gouvernement de Brouage, la ville de Rochefort & l'abbaye de Notre-Dame de Xaintes.

Le gouvernement de Brouage, appellé aufli pays abonné de Marennes, eft compofé de vingt huit paroiffes, auxquelles les lettres-patentes des 15 décembre 1542 & décembre 1643, accordent l'affranchiffement des droits d'aides & de ceux de la *traite de Charente*, fur toutes efpèces de denrées & marchandifes, à l'exception des fels, au moyen d'une fomme annuelle payée par forme d'abonnement, & en confidération de ce que les habitans compofoient un corps de milice chargé de la garde de leurs côtes.

En 1666, une conteftation s'étant élevée au fujet de ces privilèges, l'intendant de la province la termina l'année fuivante par une convention paffée avec le fermier de la *traite de Charente*, repréfenté par fon directeur. C'eft cette tranfaction qui a depuis toujours fervi de règle. Il en réfulte, que toutes les marchandifes & denrées, paffant de la Saintonge dans l'étendue de l'abonné de Marennes pour la confommation du pays, font exemptes des droits de la *traite de Charente*, à

l'exception des fels, bois de charpente, vins & eaux-de-vie.

Que les vins, eaux de vie & vinaigres, fortant de l'étendue de l'abonné, pour la Saintonge, font exempts de tous droits, ainfi que toute autre efpèce de denrées & marchandifes, foit originaires de l'abonné, foit étrangères, pourvu qu'elles foient en parties d'un poids au-deffous de cent livres; au-delà de ce poids elles font fujettes aux droits ordinaires.

La ville de Rochefort, qui eft un port deftiné aux vaiffeaux de roi, & fait partie de la généralité de la Rochelle, comprife dans les cinq groffes-fermes, a été diftraite par les lettres-patentes du mois de mars 1669, de l'étendue du tarif de 1664, pour être placée dans la Saintonge; elles lui accordent en même tems l'exemption, tant des droits de la *traite de Charente*, que de ceux de fortie des cinq groffes-fermes, fur les comeftibles de toute efpèce deftinés pour la confommation des habitans, fur les bois à bâtir, fur les planches, pierres, fers, briques, & autres matériaux propres à la conftruction des maifons & des navires; mais fi ces objets paffent de Rochefort dans la Saintonge, ceux qui font venus des provinces réputées étrangères, doivent les droits de la *traite de Charente*, & ceux qui font venus de cinq groffes-fermes, doivent de plus les droits de fortie du tarif de 1664, dont la deftination privilégiée de Rochefort les avoit affranchis.

Toute autre efpèce de marchandife que des comeftibles, venant par mer à Rochefort, paye les droits de la *traite de Charente*, à raifon de cinq pour cent de la valeur; de même tout ce qui fort de la même ville par eau, pour toute autre deftination que la Saintonge, eft fujet aux droits de *traite de Charente*.

Au moyen de ce que les denrées & marchandifes apportées à Rochefort ne jouiffent de l'affranchiffement des droits que fous la condition d'être confommées par les habitans, elles deviennent fujettes aux droits quand elles font portées dans les magafins du roi pour les armemens de fes vaiffeaux. Chaque année, il eft pris des arrangemens pour affurer au fermier l'indemnité du montant des droits qu'il eft fondé à réclamer.

Quant au privilège de l'abbaye de Notre-Dame de Xaintes, il donne à l'abbeffe le droit de faire venir des marais falans qui appartiennent à cette maifon, trois muids de fel pour la confommation de fa communauté, en les faifant accompagner de fon certificat, qui juftifie de la deftination.

Le produit du droit de la *traite de Charente*, tant fur les fels que fur les vins, eaux-de-vie & autres marchandifes, étoit, avant 1785, d'environ seize à dix-huit cents mille livrés , non compris les dix sous pour livre. Il est probable que la loi bienfaisante qui a supprimé , en 1784 , les droits de sortie du royaume sur toutes les eaux-de-vie qui sont exportées, aura causé quelque diminution dans la *traite de Charente*. *Voyez* le mot EAU-DE-VIE , tom. 2 , pag. 7.

TRAITE DOMANIALE , s. f. Nom d'un droit de sortie qui a lieu par tout le royaume sur certaines espèces de marchandises & denrées. Comme dans la langue fiscale on l'appelle simplement domaniale , il en a été parlé sous ce mot. *Voyez* le tome premier , *pag.* 622.

Indépendamment de ce droit général , il en est un particulier connu sous le nom de *traite domaniale* de Bretagne.

C'est une imposition dont on ne connoît pas la date. On croit qu'elle a été établie par les anciens souverains de la Bretagne sur toutes les marchandises sortant de la province , tant par eau que par terre.

Ce droit se distingue par deux noms analogues aux objets sur lesquels il a lieu. On appelle *traite vive* celui qui se perçoit sur les bestiaux dans le comté de Nantes. Les droits en sont fixés par une pancarte de 1536. Après avoir été aliénés en 1723 , ils sont rentrés dans la main du roi en 1768 , & ont fait partie des droits domaniaux jusqu'en 1780 , qu'ils ont été réunis à la ferme générale. Suivant l'arrêt du conseil du 30 juin 1733 , les bestiaux & les grains , quoiqu'exempts de tous droits de *traites* à leur circulation dans le royaume , n'en doivent pas moins les droits de la *traite* vive de Nantes , parce que ces droits sont domaniaux.

La seconde dénomination que reçoit la *traite domaniale* de Bretagne , est celle de *traite morte* , parce qu'elle se perçoit sur toutes les espèces de marchandises qui sortent de la province.

Le tarif de ce dernier droit est de 1512 , & très-étendu. Sa base paroît être le trentième de la valeur que les marchandises avoient alors. Le tarif se trouve imprimé avec ceux de la prévôté de Nantes & des devoirs , dans un volume *in*-12 , publié à Nantes , en 1729 , par Nicolas Verger.

La *traite* morte se subdivise encore en *traite par eau* & *traite par mer* , indépendamment de la *traite* par terre.

La première est celle qui se lève sur ce qui remonte la Loire.

La seconde se percevoit sur ce qui sortoit par mer ; elle a fait partie des droits domaniaux en-

gagés en 1759 aux États de la province. Pendant cette aliénation , le parlement de Rennes a supprimé en 1762 la *traite* par mer , comme onéreuse au commerce ; en sorte que lorsque le roi est rentré , en 1771 , dans ses domaines de Bretagne , le droit de *traite* par mer , qui ne se percevoit plus , n'a pas été rétabli ; mais on conçoit aisément que cette suppression ne peut être validée que par un édit ou une déclaration duement enregistrée ; car sans cette loi émanée du souverain , les parlemens pourroient , à leur gré , réduire , aliéner & anéantir le domaine de la couronne , que cependant ils tiennent pour inaliénable.

La *traite* par eau , c'est-à-dire sur la Loire , a été aliénée en 1720 , & elle est passée à M. le duc de Fitzjames & à madame de Talleyrand , qui en jouissent encore , ou leurs représentans.

A l'égard de la *traite* par terre , comme elle est établie à toutes les extrémités de la Bretagne , sa perception a été aliénée par districts. Celle de Dinan a été engagée à M. le comte de Toulouse , qui l'a transmise à M. le duc de Penthièvre à qui la *traite* de Fougères a aussi été aliénée. Les autres portions de ce droit sont restées au roi , & elles ont suivi le sort de la *traite* vive de Nantes , avec laquelle elles sont entrées dans le bail des fermes fait en 1780. *Voyez* le tome premier , *page* 76.

Parmi les droits de la *traite domaniale* de Bretagne , on comprend ceux de méage & rebillotage qui sont dûs , les premiers , sur les sels , les bleds & les vins , & toutes espèces de marchandises , dûs par méage ou mesurage. Les autres appellés rebillotage d'Ingrande , sont un droit de sortie dû sur les marchandises qui , en remontant la Loire , n'ont pas acquitté les droits de la *traite domaniale* dans l'intervalle de Nantes à Ingrande. C'est le receveur des fermes de ce lieu qui en fait la perception , dont l'objet est modique.

TRAITE FORAINE , s. f. Nom d'un droit qui se levoit anciennement sur toutes les frontières du royaume , & qui a été fondu dans le tarif de 1664. *Voyez* ce qui en a été dit sous le mot FORAINE , tom. II , page 237.

TRAITE PAR TERRE. (droit de) On a observé , au mot FORAINE , que ce droit est aussi connu sous le nom d'imposition foraine d'Anjou , & on a annoncé que l'on en traiteroit sous le mot de TRAITE.

Le droit de *traite par terre* , suivant M. de Forbonnail , *dans ses Recherches & Considérations sur les finances* , tom. II , *in*-12. pag. 240 , fut établi par Philippe-Auguste en 1204 , après la conquête de cette province , fur toutes les denrées fortant de l'Anjou , & des vicomtés de Thouars & de Beaumont , pour entrer en Bretagne.

En 1566, ce droit fut concédé avec celui de Trépas de Loire , par Charles IX à Henri de Valois fon frère , comme dépendant de l'Anjou, qu'il avoit reçu en apanage. Henri III , étant monté fur le trône en 1574, il donna , en 1576, au duc d'Alençon fon troifième frère , les duchés d'Anjou , de Touraine & de Berry , pour l'accroiffement de fon apanage , avec tous les droits domaniaux qui y étoient attachés , & fingulièrement les droits de traite , impofition foraine & trépas de Loire , qui avoient lieu dans ces provinces. Ce nouveau duc d'Anjou , étant mort en 1584 , fon apanage avec ces droits , furent réunis à la couronne , & levés , au nom du roi , jufqu'au mois d'octobre 1585 qu'ils furent aliénés fous faculté de rachat , & paffèrent fucceffivement des premières aliénataires à leurs fucceffeurs & repréfentans.

Une déclaration du premier juin 1771 ayant annoncé que le roi étoit dans l'intention de rentrer en poffeffion & jouiffance de tous les droits de traite foraine & autres , à quelque titre que l'aliénation en eût été faite , à l'exception de ceux qui avoient été concédés à titre d'apanage ou d'échange , un arrêt du confeil du 30 décembre de la même année, ordonna qu'à compter du premier janvier 1772 les droits de traite par terre ou impofition foraine d'Anjou , feroient levés & perçus au profit de fa majefté , & que les engagiftes feroient tenus de repréfenter leurs titres , pour être procédé à la liquidation & au rembourfement de leurs finances.

Cette double opération fut faite dans le cours de l'année , & un arrêt du confeil du 19 feptembre annonça que ces finances avoient été liquidées à quatre cents dix mille cent quatre-vingtquinze livres , & diftribuées aux engagiftes , en proportion de leur propriété.

Cet arrangement étoit d'autant plus utile au roi, que moyennant cette fomme de quatre cents dix mille quatre - vingt - quinze livres , il acquéroit une perception annuelle de cent vingt mille livres qui fe faifoit prefque fans frais par les prépofés de la ferme générale ; mais ce qui rendoit cet arrangement précieux & avantageux au bien public , c'eft qu'il mettoit le roi à portée de fupprimer un droit extrêmement onéreux au commerce , fur-tout en tems de guerre , où la navigation de la Loire & la fréquentation des routes de terre font plus animées.

Cet état des chofes fubfifta cinq années , & il eft fâcheux que , tandis que M. Turgot , fi zélé pour la profpérité du commerce, gouvernoit les finances , on ne lui ait pas préfenté la fuppreffion

des droits de traite par terre & de trépas de Loire fous fon véritable point de vue , c'eft-à-dire comme un bienfait pour le commerce.

Louis XVI , étant monté fur le trône en 1774, le confeil de Monfieur , frère du roi , jugea , avec raifon , que d'un côté la tendreffe de fa majefté fe rendroit facilement aux follicitations d'un frère chéri , qui avoit reçu en apanage le duché d'Anjou , dans lequel fe percevoient les droits dont il s'agit , & que de l'autre , fes miniftres feroient fans peine fubjugués par l'afcendant d'un prince affis fur les premières marches du trône , & entraînés par le defir de mériter une protection fi puiffante. En conféquence , Monfieur réclama contre la réunion de ces droits au domaine royal , comme ordonnée poftérieurement à l'édit d'Avril 1771 , qui avoit formé fon apanage , & au préjudice de la faculté qu'il lui accorde de rentrer dans les domaines engagés dans l'étendue du duché d'Anjou en rembourfant les acquéreurs. Ce prince demanda auffi la jouiffance de ces droits , à compter du premier Janvier 1772 , en payant au roi une fomme de trente mille livres par chaque année pour les huit fous pour livre qui fe perçoivent en fus de ces droits. L'arrêt du confeil du 14 décembre 1776 accorda tous ces points , en forte que le montant de la recette , pendant les cinq années dont Monfieur obtenoit la jouiffance rétroactive , faifoit un objet de plus de huit cents mille livres , & laiffoit un bénéfice de deux cents mille livres après le rembourfement des engagiftes & le paiement des cent cinquante mille livres pour les cinq années de l'abonnement des huit fous pour livre.

Lorfqu'en 1781 , l'édit du mois d'août eut impofé deux nouveaux fous pour livre , il fallut bien auffi les ajouter aux droits de traite par terre & de trépas de Loire. Le furintendant des finances de Monfieur prétendit qu'il fuffifoit d'augmenter l'abonnement au prorata de ce qu'il étoit pour les huit fous pour livre ; mais le miniftre des finances du roi , qui jugeoit par l'état des produits des cinq années régies par la ferme générale, que cet abonnement primitif n'avoit pas été fixé dans des proportions parfaitement juftes , infifta pour avoir de nouveaux états du produit depuis 1776 , & les faire fervir de mefure à l'abonnement entier pour les dix fous pour livre qui exiftoient en ce moment ; les états ne furent point fournis ; l'affaire s'arrangea amiablement , & le confeil de Monfieur préféra de donner pour le fecond abonnement des deux nouveaux fous pour livre , la fomme de dix mille cinq cents livres , au lieu de celle de fept mille cinq cents livres qu'il avoit d'abord offerte.

TRAITE VIVE DE NANTES. Voyez cidevant TRAITE DOMANIALE DE BRETAGNE.

TRAITE DES NEGRES. *Voyez* Guinéé, *tome II, pag.*

TRANSACTION, f. f. Acte fait entre plusieurs personnes pour terminer un procès, ou prévenir celui qui pourroit naître de la diversité des prétentions des parties.

Suivant l'article XCII, du tarif du 29 septembre 1722, les *transactions* en matière civile dans lesquelles toutes les sommes, les dommages-intérêts seront désignés, payeront les droits de contrôle, en conformité de l'article III. Celles qui ne portent point d'évaluation doivent ces droits d'après l'article IV, en matière criminelle ; s'il n'y a point de somme désignée, il n'est dû que trois livres.

On suit une autre règle pour les *transactions*, ou accommodemens passés entre les fermiers des droits du Roi, & les personnes surprises en fraude ou contravention. L'amende encourue servoit de base à la perception du droit de contrôle, sans égard pour la réduction qui en étoit faite, en sorte que si les réglemens prononçoient une amende de cinq cents livres, & que le fermier l'eût modéré à cent livres, le droit de contrôle n'étoit pas moins perçu sur cinq cents livres. Mais en 1776, le fermier des droits de domaine a consenti que le droit ne fut plus perçu à l'avenir, que sur la somme qui seroit réellement payée par les contrevenans.

TRANSIT, f. m. Terme de finance pour désigner la faculté accordée à certaines denrées ou marchandises de passer dans un Etat, sur le territoire d'un pays, en exemption de droits, ou en en payant de modiques, appellés droits de *transit*.

On connoit en France plusieurs sortes de *transit*, suivant les espèces de marchandises auxquelles il est recordé, & dont il porte le nom. Ainsi on distingue le *transit* des manufactures, le *transit* des denrées coloniales, le *transit* du levant des marchandises qui en proviennent, le *transit* de la Flandre, & finalement les droits de *transit*. Le plus important & le plus étendu, est celui dont jouissent toutes les étoffes de soie, de laine, de coton, les tapisseries, la bonneterie, les chapeaux fabriqués dans le royaume. Ces différens objets peuvent être envoyés d'une extrémité à l'autre du royaume pour le pays étranger, & le traverser ainsi, en *transit*, sans payer aucun droit, ni dans l'intérieur ni sur la frontière. Mais la condition de ce *transit* en franchise, est que les marchandises soient accompagnées d'un acquit à caution, qui doit être revêtu au dernier bureau de la frontière, du certificat des commis des fermes, attestant que la marchandise est réellement passée au pays

étranger. *Voyez* Acquit a caution, *tome I, pag.* 10. *Voyez* aussi *pag.* 79 de ce volume, l'état de toutes les marchandises exemptes de droits à la sortie du Royaume.

Un second *transit* très-intéressant, est celui qui appartient aux principales denrées coloniales, & dont on a parlé *pag.* 649 du 2e. volume. Comme elles sont sujettes à des droits considérables quand elles entrent dans la consommation du royaume & qu'elles n'en doivent aucuns, en cas d'exportation à l'étranger, le *transit* donnoit lieu à beaucoup d'abus & de fraudes. Pour les prévenir, on avoit imaginé de donner le privilège exclusif de leurs transports, ainsi que des marchandises du Levant aussi admises au *transit*, à la compagnie chargée de l'exploitation des messageries & diligences royales. Tel fut l'objet de l'arrêt du conseil du 9 août 1781. Mais la manière dont ce privilège exclusif fut exercé & dirigé par celui qui en avoit la manutention générale, sans connoitre ni les vues dans lesquelles ce plan avoit été conçu, ni les moyens qu'il falloit faire concourir à son exécution, excita des représentations si multipliées de la part du commerce, que le roi révoqua par l'arrêt du conseil du 14 septembre 1782, le privilège porté par celui du 9 août 1781.

Cependant on ne doit pas douter que si le privilège du transport des marchandises de *transit*, avoit été conduit comme il devoit l'être, il n'en fût résulté de bons effets ; ce privilège devoit embrasser en même-tems toutes les formalités relatives aux acquits à caution, qui sont très-embarrassantes pour le commerce ; mais sans une connoissance parfaite de ces formalités & des modifications qu'elles peuvent comporter, le *transit* devoit languir, éprouver des frottemens très-multipliés, & mécontenter le commerce, ou exciter les plaintes de la ferme générale, sur l'infraction des règlemens ; car le grand point étoit de faire marcher d'un pas égal, la faveur du transit, avec l'assujettissement aux formalités qui en sont inséparables.

Le nouveau plan n'avoit pas eu seulement pour objet de réprimer la fraude aux droits des fermes ; il tendoit également a servir tout le commerce. Chaque négociant honnête devoit y trouver, outre la célérité, l'exactitude & le bon prix pour le transport de ses marchandises, l'affranchissement des soins & des entraves que donnent les acquits à caution. On avoit pensé aussi, que ce *transit* pourroit un jour, par son extension opérer la prospérité générale de l'Etat, soit en l'appliquant aux denrées coloniales, qui par leur nature sont plus propres que d'autres a augmenter la culture & la population dans ces établissemens, comme les cotons filés, les sucres raffinés, les taffias & mélasses, soit en l'attribuant à celles des productions de l'Amérique indépendante, dont la concurrence ne peut être à craindre pour le royaume, & qui par leur réexportation pouvoient accroître l'activité de la marine & augmenter les consommations dans l'intérieur.

Au reste si le privilége du *transit* a été révoqué par l'arrêt de 1782, que l'on vient de citer, il n'a pas moins été la source d'un nouvel établissement dans les bureaux des fermes, connu sous le nom d'inspecteurs du *transit*, tels qu'ils avoient été proposés en 1781; & comme cet arrêt rappelle d'ailleurs différens règlemens qui constituent l'état actuel du *transit* & des formalités qui y sont inhérentes, il n'est pas inutile de le rapporter.

Le roi s'étant fait représenter l'arrêt de son conseil du 9 août 1781, par lequel, pour les causes & motifs qui y sont exposés, sa majesté auroit jugé à propos d'ordonner qu'à l'avenir les marchandises destinées au commerce avec l'étranger, & qui jouissoient du privilége du *transit*, ne pourroient profiter des exemptions ou modérations de droits qui leur ont été accordées par différens règlemens, que lorsqu'elles seroient voiturées par les messageries royales : Et sa majesté étant informée que les dispositions de cet arrêt, & la manière dont elles ont été interprétées & exécutées, ont donné lieu à des représentations, soit de la part de quelques-unes de ses cours, soit de la part des chambres du commerce & de leurs députés, sa majesté s'est déterminée à donner une nouvelle preuve de la protection qu'elle accorde au commerce, & surtout à celui qui se fait avec l'étranger, en révoquant les dispositions dudit arrêt. Mais comme son intention n'est pas que l'on abuse de cette facilité pour faire des versemens frauduleux dans l'intérieur de son royaume, sa majesté a jugé nécessaire de renouveler les dispositions des anciens règlemens concernant le *transit* par terre, & d'y ajouter celles qui lui ont paru les plus capables de prévenir les abus que les voituriers ou rouliers pouvoient se permettre à l'insu & contre le gré de leurs commettans. A quoi voulant pourvoir : Ouï le rapport du sieur Joly de Fleury, conseiller d'état ordinaire, & au conseil royal des finances; le roi étant en son conseil, a ordonné & ordonne ce qui suit :

ARTICLE PREMIER.

L'arrêt du conseil du 9 août 1781, par lequel sa majesté avoit accordé à la régie des messageries le droit exclusif du transport des marchandises qui jouissoient du privilége du *transit* par terre, sera & demeurera révoqué; en conséquence, il sera libre à tous marchans & né-

gocians d'employer auxdits transports, sés messageries, ou tels autres rouliers ou voituriers qu'ils voudront choisir; à la charge par lesdits marchands, négocians, rouliers & voituriers, de se conformer aux dispositions des lettres-patentes du mois d'avril 1717, & autres règlemens, concernant le *transit*, ainsi qu'à ce qui sera prescrit par le présent arrêt.

I I.

Les marchandises ou denrées destinées au commerce avec l'étranger, ne pourront jouir des exemptions ou modérations de droits qui leur ont été accordées par les lettres-patentes du mois d'avril 1717, & autres règlemens, que lorsqu'elles auront été plombées & expédiées par acquit à caution; à l'effet de quoi, lesdites marchandises & denrées seront conduites au bureau des fermes du lieu de leur départ, pour y être visitées en présence des inspecteurs qui seront à ce commis.

I I I.

Les acquits à caution feront mention de la qualité, quantité & poids desdites marchandises, du nombre des caisses ou ballots, dans lesquels elles seront renfermées, du jour du départ, du lieu de la destination, & de la route que le voiturier se proposera de suivre.

I V.

Les rouliers & voituriers seront tenus de faire viser lesdits acquits au bureau des fermes des villes & bourgs où ils passeront, & qui leur seront indiqués dans lesdits acquits.

V.

Seront pareillement tenus lesdits rouliers & voituriers, de représenter toutes lesdites marchandises aux employés des fermes du bureau de sortie, pour y être vérifiées, & ce, dans les vingt-quatre heures au plus tard de leur arrivée audit bureau; & en cas que tout soit en règle & conforme à l'acquit à caution, il sera déchargé en la manière accoutumée, par l'inspecteur qui sera établi à cet effet, & par les autres employés qui auront été présens à la visite.

V I.

Faute par les rouliers de s'être conformés aux dispositions ci-dessus, lesdites marchandises seront sujettes au payement de tous les droits, comme si elles avoient été destinées à la consommation de l'intérieur, & le négociant ou commissionnaire condamné aux peines portées par les ordonnances & règlemens, sauf son recours contre le voiturier.

V I I.

Les arrêts du conseil des 29 mai 1736 & 13 octobre 1750, concernant les cafés provenans du commerce du Levant & des colonies de l'Amérique, feront exécutés, & pourront lefdits cafés circuler librement dans le royaume, & en fortir pour paffer à l'étranger, en juftifiant qu'ils ont payé les droits d'entrée; à l'effet de quoi, les rouliers & voituriers qui en feront chargés, feront tenus de repréfenter les certificats du payement defdits droits, & de fe conformer aux difpofitions des règlemens, & à celles du préfent arrêt. Fait au confeil d'état du roi, tenu à la Muette, le quatorzième jour du mois de feptembre mil fept cent quatre-vingt-deux.

On peut fe faire une idée des avantages du *tranfit*, par les foins que le grand Colbert s'étoit donné pour l'établir en 1664 avec des entrepôts, dans les cinq groffes fermes. Le *tranfit* & ces entrepôts fi propres à favorifer le commerce de réexportation, furent encore confirmés par l'ordonnance des fermes rédigée en 1682, par les ordres de cet immortel miniftre, & feulement publiée en 1687; mais ils furent fupprimés en 1688, fur des prétextes, bien plus que fur des raifons plaufibles. *Voyez* ce qui a déja été dit à ce fujet au mot ENTREPOT, *tome II, pag. 65.*

Le *tranfit* du Levant, c'est-à-dire des marchandifes qui en proviennent, ne concerne que certaines efpèces, défignées dans l'arrêt du confeil du 15 octobre 1704, dans la vue de faire profpérer le commerce du Levant. Le gouvernement en avoit d'abord accordé le privilège exclufif à une compagnie avec un *tranfit* franc pour toutes les marchandifes qui en proviendroient & feroient envoyées de Marfeille par terre, en pays étranger: cette franchife fut reftreinte en 1680, à diverfes efpèces dénommées & les autres furent affujetties pour tous droits, à celui de quarante-cinq fous par quintal.

Le *tranfit* du Levant, implicitement compris dans la révocation générale, prononcée par l'arrêt du 9 mars 1688, fut rétabli par l'arrêt du confeil du 12 octobre de la même année; enfuite il reçut quelques modifications propres à concilier les intérêts de la ville de Lyon, avec la profpérité du commerce du Levant; mais cette ville ayant renouvellé en 1703 „les plus vives repréfentations contre le *tranfit*, & démontré le préjudice qu'elle en recevoit, l'arrêt de 1704 régla tout ce qui a rapport à ce *tranfit*, & ne permit la fortie des marchandifes, que par les feuls bureaux de Seiffel en Bugey fur le Rhône & par Collonges, auquel à été fubftitué Longeray depuis l'affranchiffement du pays de Gex.

Ce *tranfit* pour les marchandifes dénommées, confifte dans l'exemption des droits de la table de mer, de deux pour cent d'Arles, & des péages fur le Rhône. Mais pour les cafés du Levant, tous les droits ont été réunis en celui de trois livres par quintal.

En 1761, fur la demande de la chambre du commerce de Marfeille, le confeil ouvrit huit nouveaux bureaux pour le *tranfit* du Levant; favoir, ceux du Pont-de-Beauvoifin & de Chaparillan en Dauphiné; ceux de Jougnes & d'Héricourt en Franche-Comté, de Ste-Mennehould & de St. Dizier en Champagne, & ceux de Strasbourg & Bourg-Felden en Alface.

Envain la ferme générale follicita en 1767, la révocation de ces huit bureaux, fur le motif qu'ils donnoient lieu à une grande fraude, tant fur les cafés, que fur les cotons filés, le confeil laiffa les chofes dans l'état où elles avoient été mifes en 1761, & elles ont continué de fubfifter jufqu'à préfent.

On appelle *tranfit* de la Flandre, la liberté dont jouiffent les fabricans, négocians & autres habitans des villes de cette province, & de l'Artois, de tirer, en *tranfit* franc, toutes les matières premières, propres aux manufactures, & d'expédier, de même, en pays étranger le produit de ces manufactures. Cette faveur avoit eu anciennement le double objet d'accoutumer ces pays à une domination nouvelle, & de maintenir leur commerce dans la profpérité qui l'avoit toujours diftingué. Ainfi elle remontoit au traité de 1659, & avoit plufieurs fois été confirmée, notamment par les arrêts du confeil, du 24 Février 1674, du 15 Juin 1688, après la révocation générale des *tranfits*, du 30 feptembre 1702, 4 décembre 1708, 8 juillet 1710, 20 juin 1713, & enfin par celui du 10 janvier 1775.

Ce dernier, rendu fur une conteftation élevée entre un fabriquant de Lille & les prévôt des marchands & échevins de la ville de Lyon, relativement au droit de quatorze fous par livre, perçu fur deux balles de foie étrangère, deftinée pour Lille, s'explique d'une manière fi précife que fon difpofitif mérite d'être rapporté.

« Le roi en fon confeil, en confirmant les arrêts qu'on a cités, qui feront exécutés felon leur forme & teneur, a ordonné & ordonne que les négocians, marchands & fabriquants de la Flandre, du Cambrefis, du Haynault & de l'Artois, continueront de jouir de l'exemption des droits qui fe perçoivent au profit de la ville de Lyon, fur les foies qu'ils tireront en *tranfit*, pour l'aliment de leurs manufactures, & qui feront accompagnées d'acquits à caution; veut en conféquence fa majefté que les droits qui ont été perçus fur deux balles de foie étrangère expédiée de Marfeile pour Lille, foient reftitués.

Indépendamment de l'acquit à caution, dont les matières premières, deftinées pour les fabriques de fes provinces, doivent être accompagnées & qui ne peut s'appliquer qu'à celles qui font fujettes aux droits, comme les drogues propres aux teintures, elles font de plus affervies à fortir des cinq groffes fermes, par les bureaux de Peronne Amiens & St-Quentin, ainfi qu'il eft preferit par les différens arrêts du confeil, faifant regler-ment fur le *tranfit* de la Flandre, & particuliè-rement par celui du 15 juin 1739, pour être expédiées à Lille, où elles font vifitées & enfuite envoyées à leur deftination.

TRANSIT. (droits de) En général on appelle droit de *tranfit*, ceux qui fe paient à une Puiffance, pour l'emprunt de fon territoire, dans le tranf-port des marchandifes. Ainfi ces droits, moins forts que ne le feroient ceux d'entrée & de fortie, s'ils étoient exigés, font une forte de compo-fition; ils fe proportionnent ordinairement à la facilité que procure l'emprunt de paffage pour la communication de deux Etats étrangers, ou fe règlent par les liaifons politiques qui exiftent entre la Puiffance qui permet le paffage & celles à qui il eft accordé.

Le *tabac* & le café du Levant, jouiffoient au-trefois du *tranfit* à travers le royaume, pour paf-fer de Marfeille à Genève & en Suiffe, en payant fimplement trois livres par quintal, pour droit de *tranfit*, ainfi que le porte l'arrêt du confeil du 15 octobre 1704. Mais lorfque le roi, par la déclara-tion du 1er. août 1721, eut accordé à l'adjudica-taire générale des fermes, le privilège exclufif de faire entrer, fabriquer & vendre le tabac, le *tranfit* en fut révoqué; celui du café du Levant fut égale-ment fupprimé en 1767; dès-lors il ne fubfifta plus de droit de *tranfit*, que dans la Flandre & le Haynault. *Voyez* ce qui a déja été dit au mot FLANDRE, tome II, pag. 219. On en compte quatre différens, établis fur la communication de plufieurs enclaves, dépendans de la domination de la maifon d'Autriche.

Le premier porte fur les marchandifes & den-rées qui paffent fur les rivières & canaux autres que la Meufe, comme la Lys, la Deulle, l'Ef-caut & la Scarpe.

Ce droit de *tranfit* eft en général de cinq fous par quintal de marchandifes, pour tenir lieu des droits d'entrée & fortie; mais il fouffre encore une modification à l'égard de certaines marchan-difes communes & de vil prix.

Dans cette claffe, font les bois de toute forte, les charbons de bois, les cendres, pierres à bâtir ou à paver, les grès, briques, moëllons, tuiles, ardoifes, les engrais & autres chofes de cette nature; tous ces objets ne doivent que deux demi pour cent de leur valeur.

Les fels ne doivent que deux fous fix deniers par quintal; les grains, les droits d'entrée or-dinaires du tarif de 1671, & font exempts de ceux de fortie, pourvu qu'ils foient expédiés par acquit à caution.

Les tourbes font affranchies des droits d'entrée, & feulement fujettes à ceux de fortie du même tarif.

Les charbons de terre, paffant de Mons à Tour-nay par Condé, fur les rivières de Haine & de l'Efcaut, payent deux fous fix deniers par baril de trois cents livres. Si ces mêmes charbons font enfuite tranfportés par terre de Tournay à Lille, ou dans l'étendue de fa châtellenie, pour la con-fommation de la Flandre françoife, ou pour paffer dans celle des villes d'une domination étrangère, ils payent encore le même droit.

Les grains & les graines, les écorces d'arbre, les draps & couvertures que les fujets de la Flandre Autrichienne envoyent par la rivière de Lys, aux moulins de Comines, font exempts de tous droits de *tranfit*, ainfi que le font les François qui tranfportent les mêmes denrées dans ces mou-lins, en obfervant de part & d'autre les forma-lités preferites par les ordonnances & arrêts des 9 mai 1714 & 20 décembre 1722.

Le fecond droit de *tranfit*, concerne les marchan-difes & denrées, paffant fur la Meufe par Givet. Elles doivent feulement le droit d'entrée du ta-rif de 1671, fi elles y font impofées, ou celui de fortie, fi elles ne font pas tarifées à l'entrée; & au cas qu'elles ne le foient, ni à l'entrée, ni à la fortie, cinq pour cent de leur valeur, con-formément à l'arrêt du confeil du 9 août 1723, qui exclut les ardoifes de cette modération, & les affujettit aux droits d'entrée & de fortie.

Les grains que le prince de Liège envoie par la Meufe, dans les lieux de fa domination, font exempts de tous droits de *tranfit*.

Le troifième droit de *tranfit* fe rapporte aux marchandifes & denrées qui peuvent aller par terre d'un lieu à l'autre de la domination étrangère, fans paffer fur les terres de France, & qui néan-moins les empruntent. Elles font traitées comme les marchandifes dont il a été parlé dans l'article précédent.

Mais lorfque des marchandifes & denrées ne font qu'emprunter un paffage très court, fur quelques enclaves inévitables pour aller d'un lieu à l'autre du pays étranger, on ne perçoit aucuns droits, à moins que les François n'y fuffent affu-jettis dans le même cas, en empruntant le terri-toire Autrichien; le point effentiel étant d'établir la réciprocité de traitement, entre les fujets des deux couronnes, ainfi qu'il a été décidé par le confeil, le 21 août 1761.

Les

Les engrais néceſſaires pour la culture, toutes les productions des champs, provenans des terres étrangères, & paſſant ſur les terres de France, peuvent être tranſportées librement en exemption de tous droits de *tranſit*, en conſéquence du décret du conſeil de Bruxelles du 8 juillet 1715. Mais toute eſpèce de marchandiſes de contrebande, ſi l'on en excepte le ſel, dont il a été ci-devant queſtion, eſt exclue de la liberté du *tranſit*.

Le quatrième droit de *tranſit* a lieu ſur les marchandiſes & denrées qui ſont expédiées de Dunkerque dans la Flandre Autrichienne ou dans le pays de Liège, & réciproquement ſur celles que l'on envoie de ces pays à Dunkerque.

Ce droit eſt de cinq pour cent de la valeur, ſauf quelques exceptions en faveur des harengs & de la morue de la pêche de Dunkerque, qui ne doivent aucuns droits, les grains ne payent que ceux de ſortie des lettres patentes de 1764. Les tabacs & les côtes de tabac, ſont aſſujettis aux droits d'entrée & de ſortie.

Il convient au ſurplus d'ajouter, que toute marchandiſe, pour être admiſe à la faveur du *tranſit*, doit être déclarée au premier bureau d'entrée des terres de France, & expédiée, ou par acquit de payement ou par acquit à caution, afin d'en aſſurer la ſortie; à défaut de cette formalité, elle ſeroit ſujette, ou aux droits d'entrée & de ſortie du tarif de 1671, ou aux droits uniformes établis poſtérieurement.

TRANSPORT DE DENIERS.

Le ſens de ce mot eſt aſſez aiſé à ſaiſir, pour qu'il n'ait pas beſoin d'explication; mais pour arrêter tout abus préjudiciable aux intérêts du roi dans le *tranſport des deniers* de ſes fermes ou régies, l'article 590 du bail général des droits du roi, fait à Forceville en 1738, porte ce qui ſuit: « L'adjudica-» taire ne pourra faire tranſporter les *deniers* de » ſa recette, qu'entre deux ſoleils; & s'ils ſont » volés en chemin, ou enlevés dans les bureaux » par violence, il lui en ſera tenu compte ſur le » prix du préſent bail, en rapportant les procès-» verbaux des plus prochains juges royaux.

TRÉMIE,

ſ. f. Vaſe de bois en forme de pyramide renverſée, qui ſert au meſurage des ſels dans les greniers royaux. La *trémie*, dont l'uſage eſt preſcrit dans les gabelles de France, a des proportions fixées par les arrêts & lettres-patentes des 14 juillet & 18 août 1699, ainſi qu'on l'a dit au mot FOURNISSEMENT, *tome II*, *pag*. 265. Après avoir été établie dans les greniers à ſels & dépôts des pays de grandes gabelles par ces règlemens, la même *trémie* a été ordonnée dans les gabelles du Languedoc, par déclaration du roi du 9 Juin 1711,

& dans les gabelles de Provence par la déclaration du 1er. avril 1714.

TRÉPAS DE LOIRE.

(droit de) Quelques anciens règlemens ont confondu ce droit avec celui de Cloiſon d'Angers, parcequ'l'un & l'autre ſe levoient ſur les marchandiſes paſſant & trépaſſant la rivière de *Loire*, & que leur quotité étoit la même ſur quelques eſpèces Mais ſi l'on veut raprocher ce qui eſt dit du droit de Cloiſon d'Angers, *tome I*, *pag*. 313, de cet article, on verra que ces deux droits n'ont rien de commun, ſinon qu'ils ſont une charge pour le commerce.

L'établiſſement du *trépas de Loire*, remonte à l'année 1369; cette année eſt l'époque qui a donné naiſſance aux droits d'aides, & enſuite à une multitude d'autres, créés pour punir en quelque ſorte les provinces qui ſe refuſoient aux droits d'aides. *Voyez* le mot FORAINE, *tome II*, *pag*. 237.

Les Anglois qui poſſédoient la Guyenne & le Poitou, étant entrés en Anjou en 1368, le fameux du Gueſclin, connétable de France, fut envoyé contre eux par Charles V. Le général arrivé à St. Maur, abbaye ſituée ſur le bord de la *Loire*, entre Saumur & Angers, trouva les ennemis ſi bien fortifiés dans ce monaſtère, que déſeſpérant de les forcer, il prit le parti de compoſer de la reddition de la place, moyennant treize mille francs d'or, dont il fit une obligation au commandant Anglois. Pour acquitter cette ſomme, on impoſa un droit ſur les marchandiſes qui traverſoient la *Loire*, tant en cet endroit qu'à Angers, que ſur les ponts de Cé & de Saumur, & ce droit reçut le nom de *trépas de Loire*. L'obligation fut acquittée, mais l'impôt reſta.

En 1542, lorſque François premier ordonna la réappréciation des marchandiſes compriſes dans les tarifs des droits de foraine, douanne de Lyon & autres, ceux du *trépas de Loire* furent exceptés & leur perception continua d'avoir lieu ſuivant l'uſage alors établi. Mais Jean Meſchine, adjudicataire de ce droit pour dix années, à commencer au premier janvier 1554, ayant repréſenté à Henri II, que ce droit étoit preſque réduit à rien, en raiſon de la valeur des marchandiſes dont le prix s'étoit accru progreſſivement, & du changement ſurvenu dans leurs dénominations, ce prince rendit le 7 février 1555, une déclaration, portant que le ſubſide & acquit, appellé *trépas de Loire*, ſeroit levé ſur toutes denrées & marchandiſes paſſant, montant, trépaſſant & traverſant la rivière de *Loire*, entre les ports de Candes & Ancenis, ſur le pied de deux deniers obole pour livre de leur valeur, ſur l'affirmation des marchands, à l'exception de quelques eſpèces dont les droits furent fixés par un tarif particulier.

Le même règlement portoit que ces droits seroient levés sur toutes personnes indifféremment, hors les maîtres des requêtes, les secrétaires du roi, & autres de semblable qualité; il faisoit en même temps exception en faveur des marchandises enlevées du ressort du baillage de Saumur, & ordonnoit que les contestations concernant le *trépas de Loire*, seroient jugés comme celles des droits de la traite d'Anjou.

Un arrêt de la cour des aides de Paris, du 9 septembre 1559, confirma la perception du *trépas de Loire*, entre Candes & Ancenis, sur toutes espèces de denrées & marchandises, excepté pour celles qui seroient conduites en la ville d'Angers par les marchands y demeurans, pour y être consommées, à la charge par eux, en montant, baissant ou traversant la *Loire*, de remettre au receveur du premier bureau, une déclaration des espèces, qualités & quantités des marchandises, & de s'obliger de rapporter en tems fixé, certificat de la descente des mêmes marchandises à Angers; le tout à peine de confiscation & de déchéance d'exemption.

Le droit de *trépas de Loire* avoit été aliéné en 1585, moyennant cinquante mille écus.

Henri IV. par sa déclaration du 28 septembre 1564, ajouta à sa quotité primitive quelque augmentation sur les espèces désignées, & en fit un bail séparé en 1599. Il supprima le privilège des marchands d'Angers. Enfin en 1638 un nouveau tarif de ce droit, réunit les augmentations faites en 1594 & 1632, pour être perçues pour le compte de sa majesté, en laissant les aliénataires jouir du droit primitif qui leur avoit été concédé en 1585. Mais il laissa subsister un privilège accordé par l'arrêt du conseil du 20 juillet 1613, qui avoit déchargé du payement du *trépas de Loire*, toutes les marchandises & denrées portées dans la ville, fauxbourg sénéchaussée & ressort de Saumur & Doué, pour y être consommées seulement.

Ces réappréciations, comme on le voit par le préambule du tarif de 1664, faisoient partie du bail des fermes, & furent supprimées lors de l'établissement de ce tarif; mais l'ancien droit de *trépas de Loire* subsista toujours dans la main des engagistes, sans doute, puisque l'arrêt du conseil du 14 décembre 1776, qui fait la concession de ce droit, ainsi que celui de la *traite* par terre, le dit formellement. Au reste on peut voir ci-devant, *pag.* 732, ce que nous avons rapporté de ces deux droits, qui sont entrés dans les appanages des frères de nos rois. Il seroit digne de la bienfaisance d'un gouvernement, sans cesse occupé des moyens d'exciter l'industrie, & d'encourager le commerce, de supprimer les droits de traite par terre & de *trépas de Loire*, en les remplaçant dans l'appanage de Monsieur, par un revenu de cent cinquante mille livres. Sans doute que si l'heureux projet de la suppression des douanes intérieures a son exécution, ainsi que l'annoncent les dispositions, qui sont l'objet du Mémoire que nous avons rapporté ci-devant, *page* 710, la navigation de la *Loire* sera enfin débarrassée de toutes les entraves qu'y mettent, non-seulement les droits de traite par terre & de *trépas de Loire*, mais encore ceux de double & triple cloison, ceux des concédés, de parisis & des officiers des traites d'Anjou, & les nombreux bureaux qui hérissent les bords de cette rivière, pour la perception de tous ces impôts.

TRÉSOR ROYAL. On donne ce nom à la caisse de l'Etat, qui a ci-devant porté le nom de *trésor de l'épargne*; comme pour annoncer que l'économie est la première loi qui doive présider à l'administration de ce *trésor*.

Nous avons dit, au mot ÉPARGNE, *tome II, pag.* 66, que le trésorier de l'épargne avoit remplacé le receveur général des aides. C'est par François premier, que fut créée la charge de trésorier de l'épargne; Henri II en érigea une seconde, & Louis XIII une troisième.

Ces charges ayant été supprimées par l'édit d'avril 1664, on leur substitua deux commissaires généraux, que l'on appella gardes du *trésor royal*, avec la qualité de conseillers ès conseils du roi. Cinq années après, l'édit du mois de février 1669 érigea ces commissions en charge. Depuis cette époque jusqu'en 1748, ces places n'éprouvèrent des changemens que dans leur nombre; mais l'édit du mois de juin de cette dernière année fixa ces charges à deux seulement. Suivons la composition du *trésor royal* depuis cent vingt-deux ans.

L'édit de 1664, portoit: « nous avons attribué, » à cause de sa commission de garde du *trésor* » la somme de douze mille livres; plus, celle » de six mille livres pour son cahier de frais, » plus, celle de six mille livres pour les tarres » & défectuosités des deniers de son maniement; » au commis comptant dudit garde, la somme » de huit mille livres par chacun an, & à celui » qui fera la première commission desdits gardes » du *trésor*, la somme de dix mille livres, & » trois mille livres pour la confection des rôles » du conseil, & six mille livres pour les appointemens de cinq autres commis, à raison » de douze cents livres chacun ».

En 1717, un édit augmenta les attributions des gardes du *trésor royal*, & le traitement des premiers commis; mais c'est particulièrement en 1748, que l'édit du mois de juin, en créant les deux offices de garde du *trésor royal*, qui subsistent encore avec une finance de douze cents mille livres, fixa leurs gages & émolumens; il leur accorda soixante mille livres de gages à chacun, quinze cents livres de gages du conseil, douze mille livres pour l'année d'exercice, & chaque année soixante mille neuf cents vingt-cinq livres, tant pour tarres d'espèces, que frais de bureau & appointemens de commis.

Depuis 1748, les frais de bureau ont encore été augmentés, ainsi que le traitement des gardes du trésor royal. Le nombre des commis, qui en 1664 n'étoit que de sept en chaque caisse, est aujourd'hui de plus de quarante dans les deux, & leur dépense annuelle est pour l'Etat un objet de quatre cents mille livres, non compris les gratifications qui s'accordent lors des emprunts & de l'établissement des loteries, à raison du travail extraordinaire qu'ils occasionnent.

Après avoir considéré le trésor royal dans sa composition matérielle, voyons son utilité relativement aux finances de l'Etat.

Nous avons déja eu occasion de remarquer aux mots CAISSE & COMPTABILITÉ, que le trésor royal est la seule caisse de l'Etat, dont toutes les autres caisses sont des émanations, tome I, pag. 164 & 347, qu'il doit être un centre commun où tous les rayons se rapportent. C'est ce que tous les bons ministres ont pensé, & ce qui se trouve exprimé dans le compte rendu au Régent par M. Desmarets, contrôleur général en 1715.

« Je compris, dit ce ministre, que le trésor » royal, comme le centre de la finance, devoit » recevoir tout le produit des revenus de sa » majesté, & je m'attachai à l'y faire remettre » tout entier ». Recherches & Considérations sur les Finances, in-12°., tome 4, pag. 309. Il est également question de l'unité de caisse, ci-devant pag. 267, en exposant combien l'ordre est nécessaire pour connoître la véritable situation d'une caisse aussi occupée, que l'est le trésor royal. Les réflexions que nous avons données sur cette matière, sont celles d'un administrateur qui a si bien senti les avantages de la clarté & de l'ordre, qu'il en avoit fait l'objet de la déclaration du 17 octobre 1779, enregistrée à la chambre des comptes le 23 septembre suivant. Comme ses dispositions n'ont jusqu'à présent éprouvé aucune altération, nous allons donner l'analyse de cette loi.

Louis, par la grace de Dieu, &c. Persuadés que la méthode & la clarté dans la comptabilité, sont un des moyens les plus propres à entretenir l'ordre & la règle dans la manutention des finances, nous nous sommes occupés de cet important objet, & nous n'avons pu voir sans peine, que le tableau de nos revenus & de nos dépenses n'étoit jamais que le résultat de recherches & de connoissances éparses, rassemblées sous nos yeux par le ministre des finances ; ce qui faisoit

dépendre de l'intelligence & de l'exactitude d'un seul homme, la connoissance la plus intéressante pour nos plans & nos déterminations : que le défaut de cette constitution provenoit essentiellement de ce que les registres & les comptes de notre trésor royal, où l'on devroit naturellement trouver le détail exact de l'universalité de nos recettes & de nos dépenses, ne présentoient à cet égard que des connoissances insuffisantes & des renseignemens incomplets : qu'une partie des impositions n'y étoit ni versée, ni même connue, & que plusieurs sortes de dépenses étant acquittées habituellement par diverses caisses, il n'en existoit non plus aucune trace au trésor royal : que cependant les dépôts de la chambre des comptes ne pouvoient point suppléer au vice de ces dispositions, non-seulement parce que ce n'étoit qu'au bout d'un très-grand nombre d'années que les comptes particuliers sont rendus & apurés, mais encore parce qu'étant divisés entre toutes les chambres des comptes de notre royaume, ce ne seroit que par l'effet d'un travail immense qu'on parviendroit à former des résultats ; & ce travail, toujours trop tardif & confus, ne seroit jamais utile. Nous avons donc senti de quel avantage il seroit, & pour nous & pour nos successeurs, d'établir une forme de comptabilité qui fît passer au trésor royal toutes les recettes & tous les paiemens, non pas à la vérité toujours en espèces, pour ne rien changer à la facilité du service & au maintien des hypothèques ou des destinations particulières, mais au moins par forme de quittances & d'assignations, de manière qu'en ouvrant les registres du trésor royal, on pût voir clairement le rapport exact entre les dépenses & les revenus ordinaires de chaque année, & séparément le montant des dépenses & des ressources extraordinaires.

Nous ne pouvons nous dissimuler que cette méthode, si utile & si importante, rendra bien moins secret l'état des finances ; qu'ainsi, c'est une obligation de plus que nous contractons d'entretenir une constante harmonie entre nos revenus & nos dépenses ordinaires, puisque c'est là le fondement du crédit & l'appui de sa confiance : mais nous n'en demanderons jamais aucune qui ne soit légitime & bien fondée ; toute autre, nous le savons, mène tôt ou tard à des injustices & à des manquemens de foi, dont nous voulons à jamais préserver notre règne : & nous découvrons avec satisfaction, que dans les vues qui nous animent, moins nous répandrons de voile sur l'état de nos finances & sur leur administration, & plus nous aurons de droits à l'amour & à la confiance de nos peuples. A ces causes, &c. voulons & nous plaît ce qui suit :

ARTICLE PREMIER.

Afin que les comptes des gardes de notre *trésor royal*, contiennent à l'avenir l'universalité de nos revenus & de nos dépenses, voulons qu'à compter de l'exercice 1780, tous les comptables, sans exception, qui auront reçu de nos deniers pour quelque cause que ce soit, n'en soient valablement déchargés, qu'en rapportant des quittances comptables des gardes de notre *trésor royal* : défendons en conséquence à nos chambres des comptes, d'admettre à l'avenir, à compter dudit exrcice 1780, dans les comptes de nos comptables, aucune recette provenant du recouvrement de nos deniers, que sur le vu desdites quittances comptables.

I I.

Afin que les recettes & les dépenses appartenantes à chaque année, soient à l'avenir distinctes & séparées, voulons que toutes les remises de deniers à faire par les comptables aux gardes de notre *trésor royal*, soient faites, à compter de l'exercice 1780, à celui desdits gardes qui étoit en exercice dans l'année, d'où proviendront les fonds qu'ils auront à remettre.

I I I.

Afin de maintenir en tout tems une balance exacte entre nos revenus & nos dépenses ordinaires, voulons qu'à compter de l'exercice 1780, les gardes de notre *trésor royal*, comptent par des chapitres distincts & séparés, des recettes ordinaires & des recettes extraordinaires; & de même, par des chapitres distincts & séparés, des dépenses ordinaires & des dépenses extraordinaires.

I V.

Les gardes de notre *trésor royal*, compteront aussi par des chapitres particuliers, des remboursemens réels par nous ordonnés.

V.

Les gardes de notre *trésor royal*, rendront un compte séparé des recettes & des dépenses qu'ils feront pour les remboursemens des rentes qui seront reconstituées, en exécution des différentes loix qui permettent les reconstitutions.

V I I I.

Il sera pourvu par lettres particulières aux différens objets de comptabilité, qui n'auroient pas été prévus par la présentes. Donné à Marly, le 17 octobre 1779.

Le même administrateur des finances qui avoit proposé la loi qu'on vient de voir, a parlé dans son excellent *Traité de l'Administration des Finances*, de l'ordre qui doit régner dans le *trésor royal*, & des soins qu'il se donnoit pour en connoître la situation... «Ce ne fut qu'au bout » de plusieurs mois, d'un travail long & assidu, » que je pus parvenir à connoître avec certi- » tude les rapports qui existoient entre les re- » venus & les dépenses de l'Etat, tant étoient » épars & confus, les renseignemens qui pou- » voient conduire à cette instruction! Mais lorsque- » j'eus rassemblé les élémens nécessaires pour » composer un tableau complet, il me fut aisé » de rendre toutes ces connoissances distinctes, » au moyen de registres composés avec méthode » & tenus avec exactitude».

» Cependant, & pour me tenir en garde contre » les erreurs possibles, & pour venir à bout de » posséder presque de mémoire la situation du » *trésor royal*, & l'ensemble des affaires qui y » correspondent, je renouvellois, non-seulement » tous les ans l'état général des revenus, & des » dépenses, & distinguant avec soin, & les objets » permanens & les besoins extraordinaires; mais » je me faisois encore rapporter à la fin de chaque » trimestre, le recensement exact du reste de » l'année; à la fin de chaque mois, le tableau » du reste du quartier, & à la fin de chaque » semaine le précis du reste du mois; ensorte » qu'en rapprochant ces divers états, lorsque » les résultats discordoient ensemble, j'apperce- » vois promptement la cause des différences ».

TRÉSORIER, s. m. En général, on appelle de ce nom des officiers qui sont chargés de la garde du trésor d'un Etat, d'une compagnie, d'un corps, & de la distribution des deniers que l'on y dépose. C'est par cette raison que l'on a donné le titre de *trésorier* de France aux officiers qui composent les bureaux des finances, & dont les fonctions ont été anciennement de veiller à la conservation du domaine du roi, que l'on nommoit le trésor du roi. *Voyez* ce qui a été dit des *trésoriers* de France, au mot BUREAUX DES FINANCES, tome I, pag. 150. Il convient d'ajouter ici, que les *trésoriers* de France ne jouissent que de la noblesse personnelle & graduelle, c'est-à-dire, qu'elle sert de premier degré à celui de leurs enfans mâles qui exercera un pareil office, pour acquérir la noblesse transmissible à leur postérité. Aussi l'arrêt du conseil du 12 décembre 1747, a jugé que les enfans d'un *trésorier* de France, vivans & habitans avec lui, ne pourroient pas jouir, en vertu de la charge de leur père, de l'exemption des droits de franc-fief pour les biens dont ils étoient devenus propriétaires par la succession de leur mère.

TRESORIER en finance, sont des pourvus d'office, pour payer les dépenses de la partie à laquelle ils sont attachés. Ainsi, on distingue le *trésorier* de la maison du roi, les *trésoriers* de la guerre, les *trésoriers* de la marine & des colonies, le *trésorier* des parties casuelles, qui n'est qualifié que receveur général; celui des offrandes & aumônes, celui des bâtimens, le *trésorier-*

des ponts & chauſſées, turcies & levées, celui du marc d'or, & le *tréſorier* de la police, aujourd'hui déſigné par le titre de *tréſorier-payeur* de dépenſes diverſes.

Ces places, juſqu'en 1778 & 1779, avoient été en bien plus grand nombre qu'elles ne ſont aujourd'hui; pour le ſeul département de la guerre, on comptoit neuf titulaires d'offices de *tréſoriers* généraux; ſavoir, deux de l'ordinaire des guerres, deux de l'extraordinaire, deux de l'artillerie & du génie, deux des maréchauſ-ſées, & un des gratifications des troupes.

Pour le département de la marine, il n'y avoit que deux *tréſoriers* généraux, dont les fonctions avoient été réunies en un ſeul.

Dans la maiſon du roi, on comptoit le *tréſo-rier* général de la maiſon, trois *tréſoriers* de la bouche, appellés auſſi, maîtres de la chambre aux deniers. *Voyez* ce qui a été dit de cette CHAMBRE, *tome I, pag.* 234; le *tréſorier* gé-néral des écuries & livrées, le *tréſorier* des me-nus-plaiſirs de la chambre, trois *tréſoriers* de la prévôté de l'hôtel, un *tréſorier* de la venerie & fauconnerie, un *tréſorier* des offrandes & aumô-nes, un *tréſorier* des bâtimens & un *tréſorier* de la maiſon de la reine, deux *tréſoriers* du droit de marc d'or.

Mais, comme nous l'avons dit au mot CAISSE, *tome I, pag.* 164, dans la vue de mettre plus d'ordre, d'économie & de ſimplicité dans les finances, l'homme d'état qui les dirigeoit, jugea devoir diminuer beaucoup le nombre de ces *tré-ſoriers*, & les mettre tous ſous l'inſpection du miniſtre des finances.

En conſéquence, l'édit du mois de novembre 1778, ſupprima tous les *tréſoriers* des départe-mens de la guerre & de la marine, & n'en éta-blit qu'un ſeul pour chacun, avec une finance d'un million, dont l'intérêt ſeroit payé au denier vingt, ſans retenue, avec un traitement fixe de trente mille livres, & ſous la réſerve d'une gratification ar-bitraire. L'édit de juillet 1779, ordonna la ſup-preſſion de tous les *tréſoriers* de la maiſon du roi & de la reine, & les remplaça par l'office de *tréſorier*-payeur général des dépenſes de ces deux maiſons, avec une finance d'un million, pour gages, les intérêts au denier vingt, & un trai-tement de vingt mille livres, & le rembourſe-ment de tous les frais de bureau & de commis.

La même année, un autre édit du mois d'oc-tobre ſupprima encore les trois offices de *tréſo-rier* des ligues Suiſſes, celui de la police de Paris, la commiſſion de payeur des gages des maîtres des poſtes & relais; celle de payeur des

dépenſes des haras, celle de payeur de la garde de Paris & de la maréchauſſée de l'Iſle-de-France, celle de payeur de l'école vétérinaire, celle de caiſſier des mines & agriculture, de caiſſier des grains, des encouragemens de commerce, des carrières, des corps & communautés ſupprimés, celle de receveur des petites loteries, & enfin la caiſſe des ſous pour livre de la revente des domaines. Les fonctions des trois *tréſoriers* des li-gues Suiſſes furent réunies au tréſor royal, & il fut créé un office de *tréſorier*-payeur de dépenſes diverſes, pour ſuppléer toutes les autres caiſſes qui ceſſoient d'exiſter, avec une finance de quatre cents mille livres. Il lui fut accordé pour gages une ſomme de vingt mille livres ſans retenue, & celle de dix mille livres pour tenir lieu de taxa-tions.

Ce nouvel ordre de choſes ne ſubſiſta qu'au-tant qu'il fut maintenu par le miniſtre qui l'avoit conçu. Son ſucceſſeur, en 1781, propoſa dès la même année le rétabliſſement de la charge de *tréſorier* général de la maiſon de la reine, & il fut l'objet de l'édit du mois d'octobre.

L'année ſuivante, deux édits du mois de juin créèrent un office de *tréſorier* général alternatif des dépenſes de la guerre, & un *tréſorier* alter-natif de la marine & des colonies. La finance du premier, ainſi que de l'office ancien, fut fixée à ſeize cents mille livres avec quatre-vingt mille livres de gages, tant en exercice, que hors d'exer-cice, ſuſceptibles de la retenue du dixième. Il fut attribué à chacun de ces *tréſoriers* dans l'an-née de leur exercice, trois deniers pour livre ſur les quarante premiers millions, deux deniers ſur les quarante millions ſuivant, & un denier ſeulement ſur-tout ce qui excéderoit quatre-vingt millions, à quelque ſomme que la dépenſe de la guerre pût monter, & pour leur tenir lieu de rembourſement de frais, ports & voitures d'argent, appointemens de commis, frais de bureau, & de comptabilité.

En rapprochant de cet article, le montant des fonds affectés au département de la guerre, & qui eſt de cent vingt millions annuellement, on voit que le *tréſorier* de la guerre retire annuellement de ſa place un million, non compris ſes gages.

Sur quoi il convient de déduire les frais de bureau & de commis en province, appellés *tré-ſoriers* provinciaux, de la geſtion deſquels ils ſont reſponſables envers le roi, ſuivant l'article 6 de l'édit de leur régénération.

Les deux offices de receveur général de la ma-rine & des colonies, furent taxés à douze cents mille livres de finance avec cinquante-quatre mille livres de gages, le dixième déduit. Les ta-xations furent fixées à deux deniers pour livre fur les trente-cinq premiers millions, un denier pour livre fur les dix millions fuivans, & un demi-denier pour livre fur toutes les fommes excédant quarante-cinq millions, foit en tems de paix, foit en tems de guerre. Au moyen de ces taxations, ces *tréforiers* généraux demeurèrent chargés de tous les frais de manutention, tant à Paris que dans les colonies, & refponfables envers le roi de leurs commis. Des lettres-patentes du 24 octobre de la même année 1782, ajoutèrent à leur traitement un droit d'exercice réglé à quarante mille livres, & trois deniers pour livre fur les premiers quinze cents mille livres de recette des droits du domaine d'Occident & des octrois perçus dans les colonies au profit du roi, & deux deniers pour livre pour toute fomme excédente.

Le traitement de ces *tréforiers* eft moins facile à appercevoir que celui des *tréforiers* de la guerre, parce que leur recette eft moins connue. Cependant, en fuppofant la dépenfe ordinaire de la marine de quarante-cinq millions, on voit que les taxations leur procurent trois cents foixante mille livres, indépendamment de quatre-vingt-quatorze mille livres de fixe, & de vingt-cinq à trente mille livres de cafuel fur la recette du domaine d'Occident & des octrois des colonies.

On fent qu'en tems de guerre, où la dépenfe eft quadruplée, ces émolumens font très-confidérables; auffi on a vu ces places rapporter jufqu'à treize cents mille livres dans une année.

Si l'on obferve enfuite qu'une partie des fonds de leur caiffe leur eft remife en affignations à douze ou quinze mois, ou faite par leurs avances, pour lefquelles il leur eft accordé fix pour cent d'intérêt, on reconnoîtra que les *tréforiers* de la guerre bénéficient par cette remife, de fix à fept cents mille livres par année, & ceux de la marine de deux à trois cénts mille livres.

L'office de *tréforier* ou receveur général des parties cafuelles, a une finance d'un million cinquante mille livres. *Voyez* ce qui en a été dit au mot PARTIES CASUELLES, ci-devant, *pag.* 298. Nous ajouterons feulement que les lettres-patentes du 17 mars 1784, regiftrées en la chambre des comptes le 6 avril, fuivant ont rétabli les droits de quittances, ci-devant attribués à ce *tréforier*, qui eft qualifié receveur général.

L'année 1783, a vu auffi le rétabliffement du *tréforier* des bâtimens du roi, par édit du mois de décembre enregiftré le 13 mars 1784; celui des offrandes & aumônes, qui comme on l'a dit, paye toutes les dépenfes de la chapelle & des eccléfiaftiques qui y font attachés, eut lieu la même année par l'édit du mois de mai, enregiftré à la chambre des comptes le 20 juillet

fuivant. C'eft un objet d'environ huit à neuf cents mille livres par année. On doit faire attention que dans cet article ne font pas compris les fecours, aumônes, & actes de bienfaifance qui font annuellement de quinze à feize cents mille livres, dont les fonds font affignés fur les recettes générales, fur la ferme générale, fur la régie générale, fur la loterie royale, ou pris dans le tréfor royal.

Le *tréforier* des bâtimens, dont la finance eft de fix cents mille livres, reçoit annuellement trois millions deux cents mille livres pour les dépenfes ordinaires de l'entretien des maifons royales, de celui de l'école de peinture & d'architecture, tant à Rome qu'à Paris, & pour le foutien de la manufacture des Gobelins & de la Savonnerie. Mais on conçoit que les frais de conftruction extraordinaire font bien plus confidérables, quand fur-tout on voit des travaux entrepris à la fois, en quatre ou cinq endroits différens.

Il avoit exifté jufqu'en 1779 deux offices de *tréforier* des ponts & chauffées; mais l'édit du mois de février les fupprima, & créa un feul office héréditaire, fous le titre de *tréforier* général des ponts & chauffées, turcies & levées, canaux & navigation des rivières, barrages & pavé de Paris, avec une finance de huit cents quarante mille livres. Les dépenfes ordinaires de cette partie, font, comme on l'a dit au mot CORVÉE, *tome I, pag.* 424, de cinq millions cinq cents quarante mille livres, que l'on propofe de remplacer par un droit général; mais on n'y comprend pas environ deux millions trois cents cents mille livres qui font verfés extraordinairement dans cette caiffe pour des ouvrages particuliers, tels que des deffechemens de marais, des curemens de ports, ou des conftructions de canaux. *Voyez* au furplus le mot ROUTE, *pag.* 502.

Nous avons dit à l'article MARC D'OR, ci-devant, *pag.* 75, tout ce qui peut fervir à faire connoître la finance du *tréforier* de cette partie, fa recette & fes émolumens.

Le dernier *tréforier* dont nous ayons à parler, eft celui de la police, chargé du paiement des dépenfes diverfes; parmi ces dépenfes font celles de l'illumination de la ville de Paris, de la folde de la garde, & de plufieurs autres qui tiennent à la fûreté & à l'ordre public. Elles forment un objet annuel d'environ trois millions.

Dans l'année qui fuivit la réduction du nombre des *tréforiers*, un arrêt du confeil du 24 décembre, défendit à ceux qui avoient été établis, de faire aucun billet particulier pour le fervice de leur département refpectif, fans y avoir été autorifé par l'adminiftration générale des finances, & déclara que ce ne feroit qu'après cette autorifation, & après le vifa des billets par les ordres du miniftre des finances, que la créance du montant de fes effets feroit garantie par le roi.

Toutes ces difpofitions faites dans des vues profondes fe trouvent, expliquées dans le *Compte rendu au roi en 1781*, par l'homme d'Etat qui les avoit conçues, de la manière fuivante.

« Indépendamment des économies que la diminution du nombre des *tréforiers*, & la réduction de leurs taxations ont procurées à votre majefté, il eft des avantages d'adminiftration attachés à cette opération. D'abord, c'eft un grand bien en général que de diminuer le nombre des caiffes, parce qu'il n'en eft aucune qui n'entraîne avec elle un fonds mort, & que tout fonds mort diminue l'action de la circulation; d'ailleurs, multiplier les *tréforiers*, c'eft multiplier les rifques & les furveillances; or, il n'eft ni infpection ni contrôle, qui puiffe être une caution certaine, lorfque le comptable veut abufer & mettre fon art à fe procurer des jouiffances de fonds. En effet, un à compte reçu fur des affignations, dont on eft encore porteur, une quittance obtenue fur un fimple billet, ou fur un bon de caiffe, & tant d'autres manières encore, fuffifent pour dérouter le contrôleur le plus exact. Il eft donc de la plus grande importance que la conduite morale garantiffe la confiance; & comme il eft hors du pouvoir de l'adminiftrateur, de porter les regards fur la vie privée d'un trop grand nombre de perfonnes, il eft effentiel pour les intérêts du roi, qu'un miniftre des finances, n'ait à fixer fon attention que fur un petit nombre de comptables, diftingués encore par leur état & par leur fortune, tels que les gardes du tréfor royal, un feul tréforier pour la guerre, un feul pour la marine, & un feul pour la maifon du roi.

» Enfin, votre majefté en mettant les *tréforiers* fous la dépendance du miniftre des finances, a cherché à prévenir l'abus qu'ils pouvoient faire de leur crédit & pour remplir ce but encore plus efficacement, je viens de propofer à votre majefté de faire vifer par le premier commis des finances, les billets des *tréforiers* dont votre majefté permettroit la négociation.

» » De cette manière la mefure des emprunts fera déterminée, & le miniftre des finances pourra veiller fur le maintien de ce genre de crédit. Il fuffit fouvent, pour le détruire, de délivrer des billets des *tréforiers* à des fourniffeurs, car, à côté du bénéfice qu'ils font fur leurs marchés, une différence d'un demi pour cent fur l'intérêt, eft fi peu de chofe, qu'on ne peut jamais compter fur leurs mé-

nagemens, & cependant, un mouvement de demi pour cent, dans le prix de l'intérêt eft, en fait de crédit public, un évènement de la plus grande importance.

» Ce n'eft point au refte reftreindre fes moyens, que de foumettre les billets des *tréforiers* à la formalité que votre majefté a prefcrite; car ce n'eft pas comme particuliers qu'ils ont du crédit, mais comme occupant une place où l'on fuppofe que leur relation avec le gouvernement les met dans le cas d'emprunter; & dès-lors, plus leurs opérations paroiffent furveillées & foumifes à un ordre exact & régulier, plus leurs engagemens méritent de la confiance. Il y a plus, on ne doit jamais perdre de vue, que ce n'eft pas le nombre des emprunteurs qui multiplie les reffources; l'expérience a démontré qu'il n'eft qu'une certaine fomme d'argent qui fe place en billets, en refcriptions, ou en d'autres effets rembourfables à terme...

» Une conféquence avantageufe qui réfulte encore de la relation établie par votre majefté entre les *tréforiers* & le miniftre des finances, c'eft que les détails des dépenfes ne lui font plus cachés. Il importe au bien du fervice, que les chefs des grands départemens s'inftruifent de la fituation des finances. Il eft également utile que le miniftre de vos finances ait une connoiffance approfondie des dépenfes, & ce n'eft que du rapport & de la comparaifon de toutes ces parties, que naiffent les penfées des hommes d'Etat ».

La même année 1781, la loi dont il vient d'être parlé comme étant en communication, fut publiée & enregiftrée à la chambre des comptes le 20 mars. Cette déclaration ordonne que tous les *tréforiers* & autres comptables des deniers royaux indiftinctement, feront tenus de compter au confeil des finances, & d'y faire arrêter leurs états au vrai, avant de pouvoir être admis à préfenter leurs comptes à la chambre des comptes; ces états fignés du roi doivent fervir au foutien des recettes & dépenfes employées dans les comptes, foumis à l'examen de la chambre des comptes.

Malgré les difpofitions des différentes loix rendues fur le fait de la comptabilité des différens *tréforiers* & receveurs qui font chargés du maniement des deniers royaux, il y exifte des vices qui tournent au profit des comptables & au préjudice du roi.

Le principal de ces vices eft le retard dans la reddition des comptes. On n'eft pas peu furpris de voir qu'en 1786, des lettres-patentes du 17 avril commettent le fucceffeur d'un garde du tréfor royal pour achever les exercices de l'année 1773 & autres fubféquentes. Voilà par conféquent

treize années de comptes en arrière. Le *tréforier*
de la marine, en 1787, n'avoit pas rendu un
feul compte depuis 1771 qu'il étoit entré en exercice, faute d'états arrêtés au confeil. Comment,
après un tel laps de tems, éclairer & vérifier
les pièces prefentées à l'appui de la comptabilité.
Plufieurs *tréforiers* font de même eu retard de
onze & douze années. La caufe de ce vice vient,
de ce qu'en 1780, par exemple, l'état des dépenfes arrêté pour un département quelconque,
monte, par fuppofition, à quarante millions.
Pour parfaire cette fomme, qui comprend des
dettes déjà échues & des paiemens à faire pour
des fournitures, le tréfor royal, fous les ordres
du miniftre des finances, donne tous les mois
des à-comptes ; quelquefois leur réunion ne
monte qu'à trente millions pour l'année entière.
Il refte donc dix millions à payer fur l'exercice
de 1780, & ces fonds ne font faits que par portions en cinq, fix annees, & même dix. Cet
exercice n'étant pas achevé, & le bref état qui doit
en être préfenté & arrêté au confeil, n'ayant pas
eu lieu, on ne peut en rendre les comptes ; on commence une autre exercice, un troifième, de façon
qu'un comptable ayant ainfi des fonds pour cinq
ou fix exercices à la fois, peut, à fon gré, reculer fon apurement par des délais à payer, ou par
des difcuffions furvenues, foit entre les parties
prenantes, foit entre leurs repréfentans.

Il femble qu'on pourroit aifément remédier à ce
vice, dont les conféquences font d'autant plus funeftes, que le retard des comptes d'un feul *tréforier*
en rejette un de deux ans dans les comptes du
tréfor royal. Ce feroit d'obliger tous *tréforiers* à
compter la troifième année après celle de fon
exercice, fans égard s'il eft incomplet, & s'il
lui refte encore des fommes à payer. A cet effet,
ce *tréforier* rendroit fimplement compte de l'emploi des fommes qu'il auroit reçues dans le cours
de fon exercice, & compteroit enfuite, par un
compte fupplémentaire, chaque année des fonds
qui lui auroient été remis pour l'acquit du même
exercice.

A ce nouvel arrangement on pourroit ajouter
la précaution de faire fournir, tous les trois
mois, par chaque *tréforier*, à l'adminiftration des
finances, un bordereau figné de lui & du contrôleur établi à fa caiffe, contenant la date & le
montant des paiemens faits dans le trimeftre, & des
deniers reftans en nature. Ces mefures, que l'on
pourroit étendre aux emprunts faits par les *tréforiers*, quand l'Etat auroit befoin de leur crédit, en
les affujettiffant à faire figner leurs billets par leurs
contrôleurs, qui en tiendroient regiftre comme
eux-mêmes, mettroient en état de reconnoître
en tout tems, & particulièrement à la fin de chaque année, le montant des fommes empruntées,
quelles dettes n'ont pas été payées, quelle partie

eft reftée fans réclamation ; & ces fonds feroient
les premiers employés dans l'année fuivante,
fauf à refaire, par le tréfor royal, ceux qui deviendroient néceffaires après l'année d'exercice finie,
pour fatisfaire aux réclamations légitimes.

Tous ces moyens très-praticables auroient l'a-
vantage de ne laiffer aucuns fonds à la difpofition
des *tréforiers*, d'éclairer leur fituation envers le
roi, & de prévenir les pertes fi fréquentes du
public, qui, fe confiant dans la furveillance de
l'adminiftration fupérieure, prête aveuglément fon
argent aux *tréforiers*, dont la folidité lui eft garantie
par celle même que le gouvernement eft cenfé
s'être affurée.

Nous ne pouvons mieux terminer cet article
que par un extrait des repréfentations de la
chambre des comptes, préfenté au roi le 11 février
1787, à l'occafion de la faillite d'un receveur général des finances & de l'un des tréforiers de la
marine, de qui la difcuffion des biens avoit été
attribuée à une commiffion du confeil.

« Le fcandale de cette nouvelle banqueroute,
celle du *tréforier* de la marine, amènent naturellement, *fire*, à rechercher les caufes qui les multiplient à l'infini : il en eft plufieurs, le luxe, l'a-
vidité, & fur-tout l'impunité.

Le public, *fire*, eft le témoin & la victime de
ces banqueroutes ; depuis long tems on l'accoutume à gémir & à s'indigner du fafte des financiers.

Votre chambre des comptes, *fire*, eft malheureufement trop à portée de voir les exemples &
les abus de l'impunité ; elle nous charge de remettre à votre majefté la lifte des banqueroutes
dans l'efpace de moins de vingt années. Cinquante comptables ont failli : l'on peut évaluer
cette perte à quarante millions pour votre tréfor ;
elle eft inévaluable pour vos fujets. Aucune de
ces prévarications n'a été punie, & le zèle de
votre chambre des comptes a toujours été enchaîné. On feroit tenté de croire, que par une
fatalité inconcevable, l'excès de la déprédation eft
devenue pour les banqueroutes, la mefure de la
protection & de la faveur....

En un mot, *fire*, ces comptables infidèles, qui
ont pillé les coffres de votre majefté, au lieu
d'être punis de leur prévarication, au lieu d'effrayer par un châtiment falutaire, ont prefque
tous obtenu ou des traitemens ou des penfions.

Votre chambre des comptes n'a pu être le témoin de ces defordres fans vous les déférer ; le
refpect & la fidélité guideront toujours fon zele
& fes démarches... »

TRIBUT. f. m. On emploie affez fouvent ce
                                   mot

mot comme synonyme de contribution, de taxe & d'impôt. C'est dans cette acception que le célébre auteur de l'Esprit des loix emploie ce mot quand il dit : *Le tribut naturel au gouvernement modéré est l'impôt sur les marchandises ; tome II, chap.* 14. Sous le nom de *tributs* royaux, on comprend toutes les espèces d'impositions qui se lèvent sur le peuple au profit du roi.

TRIENNAL, adj. Charges *triennales*, offices *triennaux*. Ce sont ceux qui ne s'exercent que tous les trois ans. Les offices *triennaux* n'ont jamais été créés que dans les tems de crise, où le besoin pressant d'argent ne permettoit pas de mettre du choix dans les moyens de s'en procurer ; car indépendamment de ce que les charges triennales étoient toujours sans utilité, elles avoient encore l'inconvénient d'être doublement onéreuses à l'Etat, par les gages & les privilèges qu'il falloit y attacher pour trouver des acquéreurs, & par les attributions qui se levoient sur le peuple, dont elles gênoient la liberté & arrêtoient l'industrie. *Voyez* ce que nous avons dit au mot CHARGE, de ces dénominations bisarres d'officiers, *tome I, pag.* 244. *Voyez* aussi le mot OFFICE.

TRIMESTRE, s. m. C'est un espace de trois mois, pendant lequel on fait un service, ou l'on doit fournir un bordereau de situation. Il seroit à desirer que tous les comptables, d'accord avec leurs contrôleurs, fussent obligés à fournir à la fin de chaque *trimestre*, à l'administration générale des finances, un bordereau de la situation de leur caisse, qui présenteroit l'état de leur recette & dépense, & des fonds non employés, afin de les comprendre, les premiers, dans les sommes qui leur seroient remises pour les dépenses du *trimestre* suivant. Ce seroit un moyen de prévenir les fonds morts pour le roi, mais très-utiles aux comptables, qui savent en retirer un gros intérêt, en les employant dans leur service, comme s'ils les avoient empruntés.

TRIPLE DROIT. Peine prononcée en plusieurs cas, comme la peine d'une contravention aux règlemens ; il en a été parlé au mot ACQUIT A CAUTION, *tome I, pag.* 6.

C'est sur-tout dans la partie des droits de domaines, que la peine du *triple droit* étoit prononcée contre les nouveaux possesseurs de biens-immeubles, soit à titre successif en ligne collatérale, soit par acquisition, ou autrement, lorsqu'ils n'en payoient pas le centième denier dans les délais fixés par les règlemens. Ces délais sont de six mois pour les biens échus par succession, de quatre mois pour ceux qui arrivent par donation entre-vifs, & de trois mois pour les biens acquis.

Tome III. Finances.

Mais l'arrêt du conseil, du 9 juin 1782, a modéré cette peine dans les termes suivans : « Le » roi, en son conseil, s'étant fait représenter les » édits du mois de décembre 1703, octobre 1705 » & août 1706 ; les déclarations des 19 juillet » 1704, & 20 mars 1708, par lesquels il est » ordonné que le droit de centième denier sera » payé à toutes mutations de biens-immeubles, » dans les délais qui y sont fixés, à peine du » *triple* dudit droit, ensemble l'arrêt du conseil, » du 13 juillet 1706, & autres rendus en con- » séquence, portant, que ladite peine ne pourra » être remise, modérée, sursise, ni réputée com- » minatoire ; & sa majesté considérant que ladite » peine est trop forte, eu égard au genre de con- » travention, ce qui donne lieu à beaucoup de » contestations, qui, d'un côté retardent le re- » couvrement dudit droit, & de l'autre, cons- » tituent les redevables en des frais souvent con- » sidérables, qui deviennent une surcharge pour » eux, & voulant, autant qu'il est possible, sou- » lager ses sujets, en leur accordant la remise » entière de ladite peine, pour toutes les con- » traventions qu'ils ont encourues jusqu'à présent, » & en la modérant pour celles qu'ils pourront » commettre à l'avenir, à la charge de se con- » former aux règles qui leur seront prescrites, » & qu'exigent la conservation & le recouvre- » ment desdits droits : Oui le rapport, &c. Le » roi étant en son conseil, a ordonné & or- » donne ce qui suit :

ARTICLE PREMIER.

» Les édits & déclarations, (ci-devant rappel- » lés,) seront exécutés, en ce qui concerne les » délais qui y sont accordés pour le paiement des » droits de centième denier, &c. à peine d'être » contraints à leurs frais, à payer, tant lesdits » droits & dix sous pour livre d'iceux, qu'un » droit en sus du principal de chacun desdits » droits ; dérogeant sa majesté, à cet égard seule- » ment, aux édits & déclarations.

I I.

» Veut sa majesté, à l'égard des mutations an- » térieures à la publication du présent arrêt, dont » les droits de centième denier n'auront pas été » payés à cette époque, que les redevables soient » admis jusqu'au premier octobre prochain, à » les acquitter, avec les dix sous pour livre, sans » être tenus à la peine du *triple droit* qu'ils au- » ront encourue, sa majesté leur en faisant re- » mise entière, par grace, soit que la demande » desdits droits, & *triple* d'iceux, ait été for- » mée ou non ; mais faute par les redevables de » profiter de cette grace, dans le délai, & icelui » passé, ils seront contraints au paiement desdits » droits, avec les dix sous pour livre, & d'un » droit en sus du principal, à quoi sa majesté » veut bien modérer le *triple droit*.

I I I.

» La peine du droit en fus, dans les cas expri-
» més par les articles précédens, ne fera point
» fujette aux dix fous pour livre.

I V.

» Ordonne fa majefté, que les conteftations qui
» furviendront à l'occafion defdits droits, & droits
» en fus d'iceux, circonftances & dépendances,
» feront portées en première inftance, conformé-
» ment aux déclarations des 14 feptembre 1706
» & 15 juillet 1710, & autres règlemens, de-
» vant les fieurs intendans & commiffaires dé-
» partis, pour être jugées fommairement, & fans
» aucuns frais ; fauf l'appel au confeil, &c.

V.

» La peine du droit en fus, ordonnée par les
» articles précédens, ne pourra dans aucun cas
» être réputée comminatoire ; enjoint fa majefté
» aux intendans de la prononcer, & fait défenfes
» aux adminiftrateurs de fes domaines, & à leurs
» prépofés, d'en faire remife & de la modérer
» pour quelque caufe & fous quelque prétexte
» que ce foit, à peine d'en demeurer perfonnel-
» lement refponfables, & d'en compter au profit
» de fa majefté.

V I.

» Ordonne au furplus fa majefté, que les édits,
» déclarations, arrêts & règlemens concernant
» la régie & perception des droits de centième
» denier, feront exécutés fuivant leur forme &
» teneur, &c.

Les difpofitions de l'article V ont eu leur entière exécution. Un directeur des domaines de
province ayant autorifé la prolongation du délai
du paiement du centième denier, & la remife
du droit en fus, le confeil l'a condamné, par
fa décifion du 24 juin 1783, à payer perfonnellement lefdits droits en fus.

Au refte, comme l'arrêt qu'on vient de rapporter ne parloit que des perfonnes en retard de
payer le centième denier, fans faire mention
de celles qui tentoient de le frauder, un fecond
arrêt du confeil, du 7 novembre 1782, a ordonné
que la modération & réduction du *triple droit* de
centième denier à un droit en fus, accordée par
l'arrêt du 9 juin, auroit lieu généralement &
indiftinctement, dans tous les cas où la peine du
triple droit étoit prononcée par les précédens
règlemens ; fans préjudice toutefois des amendes
prononcées dans les cas exprimés.

L'article II du même arrêt eft remarquable. Il
porte, que les héritiers de ceux qui n'auront point
acquitté le centième denier dans les délais, ou
qui auront fait des fauffes déclarations ou eftimations, ne feront point tenus du droit en fus,

encouru par ceux auxquels ils auront fuccédé ;
mais feulement de payer le droit fimple de centième denier non acquitté, à moins que celui qui
auroit encouru la peine du droit en fus, ne fe
fût foumis par écrit de l'acquitter, ou qu'il n'y
eût été condamné de fon vivant, par ordonnance,
jugement ou arrêt ; à la charge, par les héritiers,
d'acquitter le droit de centième denier dû par celui
dont ils auront hérité, dans les trois mois de
la demande qui leur en aura été faite ; fans néanmoins qu'ils puiffent fe difpenfer de payer le double droit, même les amendes prononcées par
les règlemens, dans le cas où ils auroient agi en
juftice, ou devant notaires, en vertu d'actes fujets
au centième denier, avant de les faire revêtir
de l'infinuation.

Ainfi les difpofitions de cet arrêt donnent lieu
à une diftinction jufte en elle-même. Si une vente,
un partage, contenant retour de lods, un échange,
ou autre acte tranflatif de propriété, fait au profit
de différentes perfonnes, n'a pas été infinué, &
que celui qui a paru en chef dans l'acte, foit
décédé, ou fi à raifon dudit acte, on prouve de
l'infuffifance dans l'eftimation, le droit en fus n'eft
pas éteint pour cela à caufe de ce décès, il doit
au contraire être exigé, mais à la déduction de
la fomme pour laquelle le défunt y eût été fondé ;
parce que cette peine eft perfonnelle, & que le
décès de ceux qui l'ont encourue n'en doit point
décharger les autres.

Au refte, cette modération du *triple droit* n'a
rapport qu'au centième denier, elle n'a point
lieu fur cette peine qui tient lieu d'amende pour
les fauffes déclarations de franc-fief. *Voyez* ce dernier mot, *tome II, pag.* 287.

TRIPLEMENT, f. m., qui eft d'ufage dans
les adjudications. Dans celle qui fe faifoit autrefois du bail des fermes générales, le *triplement* étoit
trois fois le montant du tiercement, fuivant le
titre des publications, enchères & adjudications
des fermes, dans l'ordonnance du 22 juillet 1781.

Après l'adjudication pure & fimple, porte
l'article V, aucune enchère ne fera reçue, fi elle
n'eft faite par tiercement, en triplant la dernière
enchère, enforte que l'enchère courante étant de
dix mille livres, celle qui fe fait par tiercement
foit de trente mille livres.

A R T. V I I.

Toutes perfonnes feront reçues au *triplement*
du tiercement huit jours après l'adjudication ; cette
enchère fera toujours de neuf fois l'enchère fimple,
c'eft-à dire de quatre-vingt-dix mille livres fur un
tiercement de trente mille livres, fur l'enchère
fimple de dix mille livres.

V I I I.

Sera l'enchère du *triplement* du tiercement publiée au premier jour de conseil, pour être l'adjudicataire & celui qui fait le *triplement*, seuls, à l'exclusion de tous autres, reçus à enchérir par simple enchère, & l'adjudication faite sur le champ sans y pouvoir revenir. Au reste, toutes les formalités prescrites pour l'adjudication du bail des droits de la ferme générale, ont été abrogées en 1781. *Voyez* Bail, *tome I, pag.* 72.

TROIS LIVRES et QUARANTE-CINQ SOUS par charroi. (droit de) Ce droit dénommé dans l'article CCCCLXI du bail de la ferme générale, fait à Forceville en 1738, appartient à la régie des aides; il fait partie des droits d'entrée, qui se lèvent à Rouen sur les vins, parce que ceux dont il s'agit dans cet article, sont compris dans la quotité fixée par l'ordonnance des aides de 1680.

On en a fait mention ci-devant au mot Quarante-cinq Sous, *pag.* 420.

TROIS POUR CENT. (droit de) On donne ce nom au droit du domaine d'Occident, parce qu'il se perçoit en effet sur le pied de *trois pour cent* de la valeur des denrées & marchandises provenant du crû des colonies françoises de l'Amérique. Il n'a pas lieu sur les denrées des autres possessions françoises. *Voyez* Domaine d'Occident, *tome I, pag.* 621.

TROP-BU. (droit de) Le vulgaire appelle ainsi, les droits de détail que l'on exige des particuliers supposés, d'après une consommation excessive, avoir vendu des boissons clandestinement. *Voyez* Détail, *tome I, pag.* 516. Gros, *tome II, pag.* 443. *Voyez* aussi le mot Provisionnaire ci-devant, *pag.* 404.

TUAGE. (droit de) Il fait partie du domaine du Hainault, & se perçoit à la boucherie sur les bestiaux qui y sont égorgés, ou sur la viande qu'on apporte du dehors dans les villes. *Voyez* Domaine de Flandre, Artois & Hainault, *tome I, pag.* 620.

VAISSELLE D'ARGENT & D'OR. On ne donne une place à cet article que pour éclairer les personnes qui voyagent, sur les cas où leur *vaisselle* doit des droits, & sur les moyens de l'en affranchir.

Sous la dénomination de *vaisselle*, on comprend les couverts d'argent, & tout ce qui sert à l'usage de la table & de la cuisine, comme salières, huiliers, plats, assiettes, casserolles, cafetières, flambeaux, réchauds, pots à l'eau, &c. &c. Mais la *vaisselle* des églises, désignée plus comunément sous le nom d'argenterie, forme une classe particulière, & devient sujette aux droits, comme toute espèce de marchandise, en faveur de laquelle il n'a point été dérogé à la loi générale.

On distingue dans les douanes quatre sortes de *vaisselles*; la *vaisselle* neuve au poinçon de France & armoiriée, la *vaisselle* neuve portant la même marque sans armoiries, la *vaisselle* vieille non armoiriée ni marquée du poinçon de France, la *vaisselle* marquée du poinçon étranger.

La première, revenant du pays étranger dans le royaume, d'où on la suppose sortie, est exempte de tous droits d'entrée. Les fermiers du fisc ont été autorisés en 1784 à permettre cette rentrée en franchise, & s'en sont expliqués en conséquence le 13 mai 1784. Mais si cette *vaisselle* vient d'une province étrangère dans une autre des cinq grosses-fermes, tant que cette distinction de province subsistera, il est dû cinq pour cent de sa valeur, réglée à trente livres le marc, suivant l'explication du 17 février 1780, donnée aux commis des douanes.

Au contraire, si cette *vaisselle* passe d'une province des cinq grosses-fermes dans une province réputée étrangère, elle n'est sujette à aucun droit, en vertu de l'arrêt du conseil du 11 décembre 1717.

La seconde sorte de *vaisselle*, c'est-à-dire, celle qui est neuve & non armoiriée, lorsqu'elle revient du pays étranger, elle ne doit qu'un pour cent de la valeur, fixée à trente livres le marc, suivant la même explication du 13 mai 1784. Mais pour jouir de cette faveur, il faut que le propriétaire en use, comme pour des étoffes françoises qui reviennent de l'étranger; il convient d'en prévenir les fermiers des droits, pour qu'ils donnent au bureau par lequel la *vaisselle* doit entrer dans le royaume, des ordres pour son admission, en payant les droit modératifs d'un pour cent.

Si la *vaisselle* dont il s'agit vient d'une province réputée étrangère dans les cinq grosses-fermes, elle doit de même que la première sorte, cinq pour cent de sa valeur, à raison de trente livres le marc.

La vieille *vaisselle* armoiriée ou non marquée du poinçon de France, entrant dans le royaume, ne doit aucuns droits ni à l'entrée ni à la circulation.

La *vaisselle* vieille ou neuve sans poinçon, ou portant un poinçon étranger, doit cinq pour cent de la valeur à l'entrée des cinq grosses-fermes, & les droits des tarifs qui ont lieu dans les provinces réputées étrangères.

Indépendamment des droits d'entrée du royaume dûs sur la *vaisselle* d'argent de fabrique étrangère, elle est encore susceptible du droit de marque, & des essayeurs-contrôleurs. Ce droit est en principal de trente-trois livres douze sous par marc d'or, & de deux livres seize sous par marc d'argent; avec les dix sous pour livre, il revient à six livres six sous par once d'or, & à dix sous six déniers par once d'argent, ou quatre livres quatre sous par marc.

La *vaisselle* d'argent ou d'or, hors d'état de servir, & rompue par morceaux, est traitée comme vieille matière, ou lingots, & en conséquence de la décision du conseil du 4 août 1746, affranchie de tous droits d'entrée.

La *vaisselle* d'argent expédiée de Paris pour le pays étranger, n'est sujette qu'au tiers du droit de sortie du tarif de 1664, qui revient à dix sous par marc, suivant l'arrêt du conseil du premier août 1733, dont les dispositions ont été confirmées par le conseil le 31 juillet 1771. Les deux tiers du droit de marque & de contrôle sont restitués suivant l'arrêt du conseil du 20 juillet 1751, pourvu qu'elle soit marquée du poinçon de décharge, & que la sortie à l'étranger soit justifiée par le rapport du certificat des commis du dernier bureau. Si cette *vaisselle* est envoyée aux colonies françoises, elle jouit de la même modération de droits, en conformité de l'arrêt du conseil du 24 mai 1765.

La *vaisselle* d'argent exportée de Lyon pour le pays étranger est moins bien traitée. L'arrêt du conseil du 26 août 1760, ordonne qu'elle acquittera un droit de fix pour cent de fa valeur, pour tenir lieu de tous les droits locaux, hors le tems de foire, & celui de deux pour cent en tems de foire.

La *vaiffelle* d'argent vieille ou neuve, paffant de Paris à Lyon pour y refter, eft exempte de tous droits, en conformité de l'arrêt du confeil du 2 octobre 1736; celle qui paffe à Lyon pour la deftination d'une province ultérieure, comme le Dauphiné, le Languedoc & la Guyenne, eft fujette à tous les droits locaux, d'après la décifion du confeil du 4 janvier 1762.

VALENCE (droit de douane de). Nous avons annoncé au mot DOUANE, *tome I, pag.* 630, que nous ferions connoître dans cet articles le droits de la douane de *Valence.* Pour acquitter cette promeffe, nous allons encore emprunter le langage de M. d'Agueffeau, qui nous a déja fourni des détails intéreffans fur les droits de douane de Lyon & de Foraine. *Voyez* ce qui a été dit de ces *Mémoires manuscrits,* à la *pag.* 631, au premier volume de cet ouvrage.

Il n'eft pas inutile de dire d'abord, qu'avant que M. d'Agueffeau eut fait connoître en détail les droits de la douane de *Valence,* Colbert avoit jugé cette impofition de manière à faire efpérer au commerce, qu'il avoit déja ranimé, finon une fuppreffion abfolue, du moins une réforme avantageufe.

Voici ce qu'on trouve fur ce droit, dans un mémorial écrit de la main de cet immortel miniftre, pour rendre compte au roi de l'état de fes finances, & rapporté par l'eftimable auteur des *Recherches & Confidérations fur les Finances, tome III* in-12, *pag.* 274.

La douane de *Valence,* eft la ferme qui eft la plus à charge au commerce, par le grand nombre de bureaux de recette & de conferve.

Ce n'étoit autrefois qu'un péage fur le Rhône au paffage de *Valence*; à préfent, elle s'étend & fe lève fur toutes les marchandifes qui paffent ou qui fe confomment, fortent ou entrent des provinces de Languedoc, Vivarais, Gevaudan, Provence, Dauphiné, Lyonnois, Forez, Beaujolois, Breffe & Bugey.

Cette ferme demande un travail particulier.

Paffons maintenant à l'hiftorique que donne M. d'Agueffeau.

La douane de *Valence* eft un droit qui fe lève fur les denrées & marchandifes qui entrent dans le Dauphiné, qui en fortent, ou qui le traverfent; enfemble fur-tout ce qui entre, fort, ou paffe dans l'étendue des bureaux de la ferme de ce droit.

Mais pour expliquer en détail les différens cas dans lefquels elle eft dûe, il eft néeceffaire de remonter à fon établiffement, de rapporter enfuite les extenfions qu'elle a reçues, & enfin de dire quelle eft à préfent fon étendue.

Le premier titre de l'établiffement de la douane de *Valence,* qui, dans fon origine, étoit appellée douane de Vienne, ne fe trouve point; mais il eft porté dans le bail de ce même droit, fait à Antoine Claperon, le 9 mars 1599, que l'établiffement de l'impofition & droit de douane qui s'exigeoit en la ville de Vienne & Sainte-Colombe, avoit été fait par M. de Montmorency, connétable de France, le 10 mai 1595, & qu'il avoit été confirmé & approuvé par des lettres-patentes d'Henri IV, du 9 juillet de la même année.

On voit encore par ce bail, que le même connétable avoit pour la perception & levée de ce droit, dreffé un tarif qui y eft daté du 9 mai 1595, & qui eft tranfcrit à la fin du bail.

Ce droit fut fupprimé en 1611, & rétabli dix ans après, fous le nom de douane de *Valence.* On trouve un tarif figné de Lefdiguières & de Bullion, daté du 21 décembre 1621, qui porte, que ce droit feroit levé fur toutes fortes de marchandifes & denrées du Levant, Efpagne, Provence & Languedoc, allant à Lyon, foit par eau ou par terre, lefquelles feroient tenues de paffer par *Valence.*

Sur toutes fortes de marchandifes & denrées de Dauphiné, Lyonnois, Forez, Beaujolois, Breffe, Bourgogne, Mâconnois, & autres qui feroient conduites en Languedoc, Provence, & autres lieux par eau ou par terre, & feroient pareillement tenues de paffer par *Valence.*

Et fur les autres marchandifes de Dauphiné, ou d'ailleurs, qui entreroient ou fortiroient pour aller & venir de Piémont, Savoye, Genève & autres lieux.

Cette impofition fut encore fupprimée le 11 mai 1624, & remplacée par une augmentation fur le prix du fel. Mais elle fut définitivement rétablie deux ans après, fous le même nom de douane de *Valence,* & il en fut paffé bail le 22 août 1626, à Théophile Berthouin, moyennant quatre cents mille livres pour les trois années de fa ferme. A cette époque, il fut arrêté au confeil un nouveau tarif qui éprouva plufieurs variations jufqu'en 1659, où l'on forma celui qui fert encore aujourd'hui pour la levée de la douane de *Valence.* Il eft du 15 janvier. Ce tarif n'a aucune reffemblance avec ceux des autres droits : il n'eft point compofé par ordre alphabétique; mais l'on a feulement établi dix neuf claffes ou cathégories, dans lefquelles on a diftribué toutes les denrées & marchandifes; de forte, que fous un même article, il s'en trouve qui font de nature & de qualité tout-à-fait différentes.

Pour qu'on puiffe fe faire une idée précife de l'étendue de la douane de *Valence*, & des différens cas dans lefquels les droits s'en lèvent, j'ai cru devoir donner des efpèces de règles ou d'aphorifmes, qui marquent clairement ce qui fe pratique aujourd'hui dans la perception de ce droit, par rapport aux différentes provinces où il fe lève.

La douane de *Valence* fe lève fur les denrées, marchandifes & beftiaux qui entrent en Dauphiné, ou qui en fortent, ou qui le traverfent.

Elle eft levée fur tout ce qui monte, defcend, ou traverfe le Rhône, tant depuis la rivière d'Ardêche, jufqu'aux rochers qui font au-deffus de Vienne, que depuis Saint-Génis, qui eft le dernier lieu de Savoye, jufqu'à Anthon.

Elle eft levée fur les denrées & marchandifes qui vont de Levant, Italie, Efpagne, Languedoc, Provence, Comtat, Savoye, & Piémont, à Lyon & en Lyonnois, Forez & Beaujolois.

Elle eft levée fur ce qui vient d'Allemagne, Suiffe, Genève & Franche-Comté, à Lyon, par les bureaux établis en Breffe & Bugey.

Elle eft levée fur ce qui va de Languedoc, Vivarais, Rouergue & Velay à Lyon, en Lyonnois & Forez.

Elle eft levée fur ce qui va de Languedoc en Auvergne, par le Forez.

Elle eft levée fur les marchandifes qui fortent de Lyon, Lyonnois, Forez & Beaujolois, pour être portées dans les pays de Rouergue, Velay, Vivarais, Languedoc, Provence, Allemagne, Franche-Comté, Suiffe, Savoye, Piémont, Genève, Italie, Efpagne & Levant, par les bureaux qui font établis.

La douane de *Valence* ne fe lève point fur les marchandifes qui font portées du duché de Bourgogne, & du Mâconnois à Lyon, ni fur ce qui va de Lyon en ces deux provinces.

Elle n'eft point levée fur les denrées & marchandifes qui fortent de Breffe, Bugey, Val-Romey & Gex, pour venir à Lyon par terre, ni fur celles qui vont de Lyon dans ces pays par terre; mais fi les unes & les autres paffent par le Rhône, elles paient les droits au bureau d'Anthon.

Elle n'eft point levée fur les marchandifes qui fe commercent dans l'étendue du Lyonnois,

Forez, Beaujolois, Breffe, Bugey, Val-Romey & Gex; fi ce n'eft qu'elles entraffent fur le Rhône, aux endroits où il eft de l'étendue de ladite douane.

Elle n'eft point levée fur les marchandifes qui vont d'Auvergne à Lyon, Lyonnois, Forez & Beaujolois; mais les marchandifes qui y viennent d'Efpagne par l'Auvergne y font fujettes.

Elle n'eft point levée fur les marchandifes qui vont des provinces des cinq groffes-fermes à Lyon, & en Lyonnois, Forez & Beaujolois; mais fi ces marchandifes venant des provinces des cinq groffes-fermes entrent dans le Dauphiné, elles doivent les droits de douane.

Elle n'eft point levée fur ce qui va de Languedoc en Rouergue & en Auvergne fans paffer par le Forez.

Elle n'eft point levée fur les marchandifes qui vont de Guyenne, Limoufin & pays d'Aunis à Lyon, ni de Lyon auxdits pays.

De ces règles générales, il réfulte,

1°. Que le Dauphiné eft le centre de la douane de *Valence*, & que tout ce qui entre ou fort de cette province eft fujet à ce droit, de quelque lieu qu'il vienne, & en quelque lieu qu'il aille.

2°. Que les autres pays & provinces entre lefquelles fe fait le commerce, doivent être confidérés comme des termes relatifs l'un à l'autre, & qu'il ne fuffit pas que les marchandifes fortent de l'un de ces pays ou provinces pour être affujetties aux droits de la douane de *Valence*; mais qu'il faut encore qu'elles foient portées à l'une des autres provinces oppofées, en un mot, qu'elles paffent d'un des termes en un autre, & que le milieu foit, ou doive être le Dauphiné ou le Rhône, dans l'étendue ci-deffus marquée.

Par exemple, il ne fuffit pas qu'une marchandife vienne du Levant, d'Italie ou Efpagne, pour devoir la douane de *Valence* : car, fi elle s'arrêtoit en Provence ou Languedoc, pour y être confommée, ou qu'elle fût tranfportée de-là en Auvergne, Limoufin, Guyenne ou autres pays de ces côtés, il eft certain qu'elle ne devroit pas la douane de *Valence* : il faut pour qu'elle puiffe être affujettie à ce droit, qu'elle paffe à Lyon, ou dans le Lyonnois, Forez, Beaujolois, Suiffe, Genève, & autres lieux au-deffus de Lyon, qui doivent être regardés comme les termes oppofés, & cela apparemment, fur le fondement que l'on fuppofe que ces marchandifes ont dû paffer, ou par eau devant la ville de *Valence*, ou dans le Dauphiné, & payer la douane, & que, si elles prennent une autre route, c'est en fraude de ce droit.

Il y a plusieurs cas dans lesquels les droits portés par le tarif se paient plusieurs fois sur les mêmes marchandises; ils peuvent se réduire à quatre.

Le premier est, lorsque les denrées & marchandises qui sont sorties de l'étendue de la ferme où elles ont payé les droits, y rentrent, ou en continuant leur route, ou en retrogradant; par exemple, si une marchandise est conduite par le Rhône, de Provence ou Languedoc; en remontant au-dessus de Lyon, elle paye une première fois la douane de *Valence* aux premiers bureaux du Dauphiné, qui sont au-dessous de Lyon; & une seconde fois aux bureaux du Dauphiné, qui sont sur le Rhône au-dessus de Lyon, si elle continue de remonter la même rivière; ou au bureau de Montluel, ou autres qui sont en Bresse & Bugey, si elle va par terre; de même aussi la marchandise qui a payé la douane de *Valence* aux mêmes bureaux au-dessus de Lyon, la paye encore en descendant au-dessous de Lyon. Ainsi, les marchandises qu'on envoie de Lyon à la foire de Beaucaire, paient la douane de *Valence* en descendant aux bureaux de Dauphiné; & si ces mêmes marchandises ne sont pas vendues à ladite foire & qu'on les fasse revenir à Lyon, elles paieront encore la douane de *Valence* aux mêmes bureaux, encore qu'en tous ces cas les marchandises n'aient été déballées ni vendues, & qu'on représente les certificats du paiement au premier passage.

Le second cas est, lorsqu'étant entrées dans le Dauphiné ou dans la partie de la rivière du Rhône, qui est réputée être du Dauphiné, elles y sont déballées ou commercées, ou qu'elles ont changé de main; car alors, si ces marchandises vont plus avant, elles paient une seconde fois la douane de *Valence*, au premier bureau où elles passent, sans pouvoir se servir de leur premier acquit; mais si elles passoient debout, sans être déballées ni commercées, elles ne paieroient qu'une seule fois la douane de *Valence*.

Le troisième cas est, si les marchandises qui traversent le Dauphiné, ont séjourné en quelqu'endroit de la même province plus de quatre jours; car alors on leur fait payer ces droits une seconde fois par un usage établi dans la direction de cette ferme, apparemment sur la présomption qu'elles y ont été commercées. Cet usage a été confirmé par l'arrêt du parlement de Grenoble, du 21 mars 1685, qui porte enregistrement du bail de Fauconnet.

Le quatrième cas est, lorsque les marchandises qui sont entrées dans l'étendue de la ferme, en sortent après y avoir reçu une nouvelle forme, qui en change en quelque sorte la nature & la qualité; car en ce cas, quoiqu'elles aient payé la douane de *Valence* en entrant; néanmoins elles la paient une seconde fois en sortant; par exemple, le fer qui est porté de Lyon à Vienne paye les droits en entrant; & les laines d'épée qui en sont fabriquées, les paient en sortant; les laines paient en entrant, & les draps faits de ces mêmes laines paient en sortant. Il en est de même des chanvres qui entrent en rame dans le Dauphiné, lesquels paient par composition la moitié des droits en y entrant; & quoiqu'ils n'y reçoivent point de nouvelle forme, & qu'ils soient seulement peignés, soit à Vienne, soit ailleurs, on les leur fait payer une seconde fois en sortant.

Quant aux autres marchandises qui ne changent pas de forme, & qui reçoivent seulement quelqu'apprêt dans le Dauphiné, elles ne paient la douane qu'à l'entrée, comme les draps que l'on porte du Vivarais pour y être teints & foulés.

Cette dernière règle ne s'observe pas pour les soyes que les marchands de Lyon envoyent à Nantua en Bugey, pour y être ouvrées; car on leur fait payer deux fois la douane de *Valence* au bureau de Mont-Luel; savoir, une fois lorsqu'elles vont à Nantua, & une seconde fois, lorsqu'après avoir été ouvrées, elles sont rapportées à Lyon.

Toutes sortes de marchandises, denrées & bestiaux sont sujettes au paiement de la douane de *Valence*, & quoiqu'on ne les aient pas toutes nommément comprises dans les articles, & qu'il puisse y avoir d'omis, le dernier article y pourvoit, en donnant la liberté aux fermiers de faire payer ce qui auroit été oublié, sur le pied des articles dans lesquels il auroit dû entrer par sa qualité & sa valeur.

Il n'y a que deux exceptions, l'une pour les menues denrées, telles que les beurres, œufs, volailles, & autres denrées comestibles qui s'apportent à bras dans les marchés de la province. Cette clause qui se trouve dans le bail fait à Pierre Dupont, le 14 décembre 1650, article LXXXV, est rappellée dans les baux postérieurs, & notamment dans celui de Fauconnet, article CXXXVII.

L'autre exception regarde le sel. Il semble d'abord extraordinaire que l'on ait prononcé dans tous les tarifs une exemption pour le sel. La raison est que le sel est marchand dans cette province, c'est-à-dire, qu'il se vend & entre en commerce, & que les muletiers & autres marchands qui en font trafic, peuvent, lorsqu'ils l'ont pris dans les greniers de la ferme, avec un billet qu'on leur délivre, le conduire & transporter de Provence en Dauphiné sans payer aucuns droits.

A ces deux exceptions, on en peut ajouter une troisième, qui n'est fondée que sur un usage pratiqué de tout tems dans les bureaux de Bourg-Argental & de Saint-Julien en Forez : c'est que les bleds & autres grains passant du Vivarais & du Velay en Forez, & les vins passant du Vivarais en Forez par ces deux bureaux, ne paient point la douane de *Valence*. Le commerce des bleds & des grains dépend de l'abondance ou de la stérilité de l'une ou l'autre de ces provinces. A l'égard des vins, il en sortoit autrefois du Vivarais pour aller dans le Velay, & ces vins passoient par ces deux bureaux du Forez ; mais comme on a planté, depuis quelques années, beaucoup de vignes au Puy & dans le Velay, les habitans du pays n'en font plus venir de ce côté-là. Ainsi, ce commerce se réduit présentement aux vins du Vivarais qui passent en Forez, pour la consommation du pays. On prétend qu'autrefois on en tiroit cinq sous six deniers par charge, par composition, au lieu de douze sous qu'ils doivent suivant le tarif, & que cette levée cessa par quelques désordres qui arrivèrent sur les lieux ; mais ce sont des faits peu certains, & non justifiés : ce qui est certain, c'est que ces vins & ces grains ne paient rien depuis très-long-tems, & qu'ils sont d'un très-bas prix.

Les cinq premiers tarifs de la douane de Vienne ou de *Valence*, n'ont point réglé de quel poids on devoit se servir pour la levée de ce droit. Le sixième, qui est de l'année 1651, est le premier qui en parle, & qui en désignant (comme les précédens) que la charge est du poids de trois à quatre quintaux, dit en même-tems, que ce doit être le poids de *Valence*, & non d'ailleurs. Le dernier tarif de l'année 1659, n'en fait aucune mention ; mais l'usage est dans les bureaux, de percevoir ce droit sur le poids de Valence, qui est plus foible d'environ seize pour cent que le poids de marc, de sorte, que lorsque les marchands font leurs déclarations au poids de marc, les commis ajoutent seize pour cent, pour en faire la réduction au poids de *Valence*.

L'instrument dont on sert pour peser dans les bureaux, est la romaine, qui est plus commode, principalement pour les gros fardeaux, que ne le sont les balances.

La plupart des tarifs des autres droits, comme celui de la douane de Lyon, & des entrées & sorties, fixent des manières d'acquitter certaines marchandises à la charge, à la balle, à la caisse,

au quintal, à la pièce, de différens aunages & au nombre ; mais pour la douane de *Valence*, toutes les marchandises se pèsent, & les droits s'acquittent à tant par quintal, ou à tant par livre.

Autrefois on n'acquittoit que brut à la douane de *Valence*, comme il est facile de le juger par les anciens tarifs qui n'étoient taxés qu'à raison de la charge. On en use encore de même pour toutes les marchandises qui passent sur le Rhône, parce que les fermiers ne craignent pas que les marchands emballent légèrement les marchandises qu'ils envoyent par cette voie, où elles pourroient être aisément gâtées : vraisemblablement, on acquittoit aussi au brut dans les bureaux de terre ; mais depuis que les fermiers ont cru que les marchands affoiblissoient les emballages, ils n'ont plus voulu laisser acquitter au brut que les marchandises emballées à leur gré, & ils ont fait payer les autres au net, en déduisant quelque chose pour l'emballage.

Les anciens baux & tarifs de la douane de *Valence*, ne déclaroient exempts, que ceux qui l'étoient de celle de Lyon, par les anciens traités. Le bail fait à Pierre Dupont en 1650, n'en parle pas précisément de la même manière. Il est seulement dit à l'article XVIII, que les marchands Suisses sont exempts de la douane de *Valence* pour les marchandises originaires de leur pays, mais qu'ils la paieront pour toutes les autres dont ils feront commerce. Il est vrai que l'on peut aussi dire, qu'il n'y a que les Suisses inscrits qui soient affranchis de la douane de Lyon, comme il a été rapporté en traitant de cette douane, où l'on a vu que les mêmes Suisses ont aussi été déchargés des augmentations. Cependant, l'article CXXXII, du bail de Fauconnet, qui rappelle l'exemption des Suisses pour la douane de *Valence*, ne la leur accorde qu'à la charge de payer les augmentations pour les marchandises originaires de leurs pays, & tous les droits pour les autres marchandises dont ils font commerce. Ce qui se pratique néanmoins à cet égard, est que l'on ne fait rien payer aux Suisses inscrits à Lyon, ni pour les anciens droits de la douane de *Valence*, ni pour les marchandises originaires de leur pays, ni pour les augmentations. La raison qu'on en donne, est que tous ces droits sont confondus dans le tarif, qu'il auroit fallu le refaire pour distinguer ce qu'ils doivent payer, & que d'ailleurs, puisqu'ils se sont fait décharger des augmentations des droits de la douane de Lyon, il a apparence qu'ils auroient été également déchargés de celle-ci. On a remarqué qu'il entre très-peu de marchandises Suisses dans le Dauphiné.

Les marchands Allemands des villes impériales ne jouissent point de la même exemption, les
fermiers

fermiers se renferment en ce point dans l'article CXXXII de leur bail, qui ne l'accorde qu'aux seuls Suisses inscrits.

Il étoit permis par les anciens baux, au général des galères, de faire descendre deux cents charges de bled, franches des droits de la douane. Le roi s'est toujours conservé la même liberté par les baux suivants, ainsi qu'il est porté à l'article CXXXI du bail de Fauconnet.

Outre ces exemptions énoncées dans les baux, il y a encore certaines personnes & certaines espèces de denrées qui jouissent des droits, en tout, ou en partie.

Les ecclésiastiques de Vienne ne payent pas les droits de la douane pour les vins qu'ils recueillent de leurs dîmes, sur les vignes qui sont dans le terroir de Sainte - Colombe, de l'autre côté du Rhône, & qu'ils font transporter à Vienne. Il y a quelques années que les commis voulurent les exiger, mais l'on dit que, les ecclésiastiques furent processionnellement, & en surplus querir leurs vins, & les commis les laissèrent passer, n'osant pas les arrêter en cet habit. Quoi qu'il en soit, les fermiers ont consenti à ce que desiroient ces ecclésiastiques, par un ordre du 10 avril 1681, qui a toujours été exécuté depuis.

Les habitans de la même ville de Vienne sont accoutumés depuis long-tems à ne payer que trois sous par ânée de vin, qu'ils recueillent dans les vignes qui leur appartiennent en la seigneurie de Sainte-Colombe, au lieu de douze sous qu'ils doivent suivant le tarif, & l'article CXXXI du bail du Fauconnet.

Le chapitre de Sisteron n'a jamais rien payé pour les grains provenans des dîmes qui lui appartiennent en Dauphiné, & qu'il fait passer à Sisteron.

Celui de Saint-Paul, prétend pareillement ne point devoir les droits de la douane de Valence pour les grains qu'il fait porter dans Saint-Paul, provenant des dîmes qui lui appartiennent, dans un hameau nommé Solcilieu, qu'il soutient être du Dauphiné. On dit qu'il y a environ dix ans, il prit fantaisie aux habitans d'arborer les armes du pape, & de se dire du Comtat, ce qui obligea les commis de les assujettir aux droits, pour ce qu'ils font entrer en Dauphiné.

Les chartreux & les religieuses du même ordre, du couvent de Salettes, ont des titres d'exemption pour les denrées qu'ils recueillent en Bugey, & qu'ils font passer en Dauphiné pour la provision de leurs maisons.

La dame de Vertrieu & le seigneur de Bonlieu, sont des personnes de qualité du Dauphiné, qui

ont leurs terres proche du Rhône, du côté où il sépare le Dauphiné d'avec le Bugey. Il y a dans le Bugey des vignes qui dépendent de ces terres, dont ils font passer la vendange en Dauphiné, pour y être pressée & cuvée. On ne leur avoit jamais fait payer les droits de ces vendanges jusqu'au tems du bail de Fauconnet, pendant le cours duquel, les commis ayant fait quelques saisies, cela donna lieu à une instance qui fut portée d'abord devant les juges des fermes, & ensuite au parlement de Grenoble, où l'on prétend qu'il est intervenu arrêt, par lequel il fut ordonné que ces seigneurs paieroient les droits, en la manière qu'on les paye dans les autres endroits de la province, en pareil cas.

Cette manière n'a pas encore été réglée, ni par accommodement ni par arrêt. Il dépendra de sa majesté de prendre connoissance de cette affaire, ou de laisser au parlement de Grenoble à expliquer son arrêt. Ce dernier parti paroît plus régulier.

Le premier bureau de la douane de *Valence*, que l'on trouve en entrant de Lyon, dans le Dauphiné, est celui de Saint-Symphorien, qui en est éloigné de trois lieues, quoique le Dauphiné commence presque au sortir de la Guillotière. Ainsi, il y a entre les deux, quelques villages qui ne payent point la douane de *Valence*, pour ce qui est porté de chez eux à Lyon, & ces villages ont été déclarés être des franchises de Lyon, par la déclaration du roi du 15 décembre 1653, vérifiée par la cour des aides de Vienne, en 1665.

Les habitans de Pragelas, qui est une vallée près de Pignerol, composée de quatre communautés, jouissent de l'exemption de la douane de *Valence*, pour les grains & bestiaux qu'ils font passer de leur vallée à Pignerol & son finage, & pour les vins qu'ils apportent de Pignerol dans la même vallée. Cette exemption leur a été quelquefois contestée ; mais ils y ont été maintenus par un arrêt du conseil du 26 mai 1663, confirmé par un autre du 29 juin 1685. Il reste une difficulté sur cet article : les habitans prétendent, qu'après avoir nourri pendant une année les bestiaux à pied-fourché que l'on mène des autres lieux du Dauphiné dans leur vallée, ils en doivent être censés originaires, & peuvent par conséquent être conduits à Pignerol, sans y payer aucuns droits. Les fermiers soutiennent au contraire, qu'il faut que ces bestiaux soient véritablement originaires de la vallée de Pragelas.

Les habitans de Savoye sont pareillement exempts de la douane de *Valence*, pour les denrées qu'ils recueillent sur les fonds à eux appartenans, situés en Dauphiné, & qu'ils font va-

loir par leurs mains , à condition de faire déclaration de la qualité & quantité de leur récolte ,
& de prendre des paffavans. Il n'y a point d'arrêt
qui ordonne cette exemption ; elle s'exécutoit
avant le bail de Fauconnet , fur des ordres du
roi ; mais , ce font préfentement les fermiers qui
donnent ces ordres. Les derniers font datés des
4 février 1682 , & 17 avril 1685. Il n'en eft pas
de même de ceux du Dauphiné qui ont des fonds
en Savoye , auxquels on fait payer la douane
de *Valence* , pour les fruits qu'ils y recueillent.

Les PP. Chartreux de Saint-Hugon en Savoye , ont des martinets fur la rivière de Bain
qui fépare le Dauphiné d'avec la Savoye , dans
lefquels on porte de la mine de fer de Dauphiné ,
fans payer la douane de *Valence* , quoique ces
martinets foient fitués fur les terres de Savoye.
Il n'y a point d'autre raifon que la tolérance des
fermiers , qui ont confidéré qu'il étoit loifible aux
Chartreux de mettre leurs martinets fur la même
rivière du côté du Dauphiné. D'ailleurs , le fer
qu'ils fabriquent , eft conduit en grande partie
en Languedoc & en Provence , & paye par conféquent , la douane de *Valence* & celle de
Lyon. Or , il eft certain qu'il ne feroit pas fujet
à la dernière , fi les Chartreux le faifoient fabriquer en Dauphiné , puifqu'alors il en feroit
originaire , & comme tel exempt de la douane
de Lyon.

Les fermiers ont encore donné divers ordres
pour laiffer paffer en franchife , les denrées &
étoffes des Capucins , Récollets & autres religieux
mendians.

Outre les exemptions qui viennent d'être rapportées , les fermiers font encore des abonnemens
& des compofitions de droits , avec certaines communautés & fur certaines marchandifes , foit par
la difficulté qui fe rencontre dans la perception ,
foit pour la liberté & la facilité du commerce.

La vallée de Château-Dauphin fur la frontière
de Dauphiné , dans des endroits inacceffibles , eft
compofée de trois communautés habitées par des
gens fort groffiers , qui n'ont jamais voulu fouffrir l'établiffement des bureaux. C'eft pourquoi
les fermiers ont toujours été contraints de les
abonner pour les droits de la douane de *Valence*
fur toutes les denrées & marchandifes qui font
portées de la vallée de Château - Dauphin en
Piémont , & de Piémont dans la même vallée.
L'abonnement eft préfentement à fix cents livres ,
& été renouvellé depuis peu.

Les habitans de la vallée de Vitrolles , en Provence , font abonnés à deux cents vingt livres
pour les grains & beftiaux qu'ils font paffer en
Dauphiné , ou du Dauphiné dans cette vallée.
La raifon eft , que cette vallée eft entièrement enclavée dans le Dauphiné.

Ceux de Vifan , en Comtat , font également
abonnés à deux cents livres , pour les grains
qu'ils recueillent dans le terroir de Tullette , par
la même raifon qu'ils font enclavés dans le Dauphiné.

Les commis permettent aux voituriers des fels
d'entrepofer à *Valence* les avoines qu'ils y font
defcendre de Lyon , pour la nourriture de leurs
chevaux. Ces avoines ont payé la douane de *Valence* en entrant dans le Dauphiné , au bureau de
Vienne , elles la devroient une feconde fois , à
la rigueur , lorfqu'on les fait fortir du magafin
où elles ont été entrepofées , mais , on ne la leur
fait payer qu'une fois , fuivant les ordres donnés
de tems en tems par les fermiers.

Ils font auffi diminution de la moitié des droits
de la douane de *Valence* fur les chanvres en
rame , que les marchands peigneurs de la ville
de Vienne y font venir de Bourgogne. La raifon
eft , que comme il y a beaucoup de chanvres en
Dauphiné , ceux qui entrent n'y reftent pas , &
qu'après y avoir été peignés , on les tranfporte
ordinairement en Languedoc ou en Provence , &
en ce cas ils paient de nouveau les droits , en entier.

Il y a une pareille compofition pour les chanvres de Savoye qui entrent dans quelques lieux
du Dauphiné , comme au Pont-de-Beauvoifin &
autres , pour y être peignés ; par la même raifon
qu'étant apprêtés ils traverfent la province pour
aller ailleurs , & paient de nouveau la douane ,
lorfqu'ils fortent.

On ne fait payer dans le bureau d'Anthon par
une compofition affez ancienne , que les deux tiers
de la douane , fur le papier fabriqué en Bugey , que
l'on conduit à Lyon par le Rhône ; fi l'on ne faifoit
pas cette compofition , les marchands pourroient
s'exempter de toute la douane , en faifant porter
leurs papiers à Lyon , par la voie de terre.

On fait auffi quelque déduction fur les cocons
de vers à foie qui paffent du Vivarais en Dauphiné pour y être filés , parce que ces cocons pourroient être filés en Vivarais , & alors il ne feroit
rien dû. D'ailleurs , lorfque la foie eft faite , elle eft
conduite du Dauphiné à Lyon , & paye en fortant
les droits entiers. Ainfi , cette compofition eft
avantageufe à la ferme.

On fait auffi compofition fur les draps portés
de Lyon , de Vivarais ou de Provence dans le
Dauphiné , pour y être foulés , teints , ou parés ; favoir , fur ceux de Vivarais & Provence ,
l'on perçoit trente fous par pièce , qui pèfe ordinairement quatre-vingt-dix à quatre-vingt-quinze
livres , pour tous droits de douane de *Valence* &
de Foraine , au lieu de fix ou fept livres qu'ils
devroient par quintal , fi les draps étoient teints ,
& de cinq livres ou environ , s'ils étoient en

toile. L'on n'exige rien fur ces draps à la fortie.
A l'égard de ceux qui font conduits de Lyon à
Vienne, comme ils ne doivent point la foraine,
dont le droit eft beaucoup plus fort, on leur fait
feulement payer cinq fous fix deniers de douane
de *Valence* par pièce, fuivant l'art. XIX du tarif
de 1651, & rien à la fortie : fur quoi, il eft
encore à remarquer, que cet article XIX a été retranché dans le tarif de 1659, enforte que fi l'on
exécutoit le dernier tarif, les draps, même ceux
en toile, devroient quarante fous onze deniers par
quintal brut, & quarante-fix fous fix deniers par
quintal net ; cependant, on ne fait payer fur les
draps de Lyon que les cinq fous fix deniers du
tarif de 1651. Les marchands du Vivarais voudroient jouir de la même grace, c'eft-à-dire, ne
payer que cinq fous fix deniers, au lieu de trente
fous qu'ils paient depuis vingt ans, avant lefquels
ils ne payoient que les cinq fous fix deniers du
tarif de 1651.

Il en eft à-peu-près de même pour les laines
que les habitans de Vivarais envoyent teindre à
Romans, dont on leur fait payer fix deniers par
livre pour tous droits, & rien au retour, en
quoi on leur fait remife des droits de la foraine.

Il y a plufieurs lieux de la Provence, du
Comtat, & même du Languedoc, qui font enclavés dans la province du Dauphiné. Ces
enclaves caufent de grandes difficultés dans la levée
de la douane de *Valence*, & gênent confidérablement la liberté du commerce. Pour en connoître
mieux les inconvéniens, il eft néceffaire d'entrer
dans quelque détail de ces enclaves, & d'en examiner la fituation.

Les lieux de la Provence qui fe trouvent enclavés dans le Dauphiné, font :

1°. Les fept communautés de la vallée de Remuzat, favoir; Remuzat, Cornillon, Cornillac,
Saint-May, la Charce, Pommerol, & Lins,
lefquelles font tellement enclavées dans le Dauphiné, entre le Dyois, & les Baronnies au-deffus
de Buix, qu'elles ne peuvent avoir aucune communication avec la Provence, qu'en empruntant
le Dauphiné. C'eft pourquoi on a été obligé
d'entourer ces communautés de bureaux pour y
percevoir la douane de *Valence*.

2°. La vallée de Vitrolles, quoiqu'elle foit
pareillement de Provence, eft néanmoins en
deça de la Durance, & environnée de toutes
parts des principaux lieux du Gapençois & autres du Dauphiné, excepté du côté de la Durance qui eft rarement guéable. Il n'y a point de
bureaux autour de cette vallée, parce qu'elle eft
abonnée à deux cents vingt livres, comme il a
été dit ci-deffus.

3°. Les lieux du Comtat enclavés dans le Dauphiné, font :

4°. Les villages d'Aubres & les Pilles, fitués
près de Nyons, & au milieu des Baronnies,
de manière qu'ils font environnés de tous côtés
du Dauphiné, & par conféquent des bureaux
où l'on acquitte la douane de *Valence*.

Mais la plus confidérable de ces enclaves, eft
celle des villes de Vauréas & de Vifan, & de
quatre ou cinq villages du haut-Comtat, qui font
entièrement enfermés dans le Dauphiné par une
langue de terre du territoire de Tullette, appellé
Barbara, qui s'étend du côté de Miribel, & fépare le haut-Comtat du bas-Comtat. La fituation de cette enclave eft telle, qu'on ne peut
fortir aucunes denrées ni marchandifes, foit pour
aller en Dauphiné ou en Provence, ou même
dans les autres lieux du Comtat, fans paffer par
le Dauphiné ; &, fur ce fondement, on a prétendu les affujettir au paiement de la douane de
Valence, de celle de Lyon & de la foraine.

Les confuls de Vauréas fe font plaints du tort
qu'on leur faifoit en cette occafion, foutenant
que la langue de terre appellée Barbara, laquelle
donne lieu à la conteftation, & que l'on dit
être du Dauphiné, eft en effet du Comtat, ce qu'ils
juftifient par plufieurs actes d'hommages rendus
aux papes en divers tems ; & quand cette langue de
terre feroit du Dauphiné, qu'ils ne devroient
aucuns de ces droits, ni par leur qualité, puifqu'étant régnicoles, ils doivent jouir de tous les
avantages des fujets du roi, ni par la petiteffe
de l'efpace qu'ils traverfent, qui n'eft au plus
que de trois cents pas de largeur, ajoutant que
les habitans de Dauphiné & de Provence ne
paient point de droits, quand ils ne font que paffer
debout fur une petite langue de terre d'une autre
province, fur lefquelles conteftations ils ont fait
un accommodement avec M. de Granval, fermier général, fous le bon plaifir du roi, qui a été
rédigé en forme d'ordre, par lui donné au commis
du bureau de ce paffage.

Par cet ordre, ils doivent payer la douane de
Valence entière, lorfqu'ils traverfent cette ligne,
à l'exception des grains & des vins dont ils ne
paieront que moitié, & à l'égard de la douane
de Lyon & de la Foraine, ils les doivent feulement payer, en certains cas portés par cet ordre, le tout par provifion, & jufqu'à ce qu'il
en ait été autrement ordonné.

Et quant aux lieux du Languedoc ou Vivarais, qui font pareillement enclavés dans le Dauphiné, ce font des terres abandonnées du Rhône,
lefquelles font à préfent partie du continent, du
côté du Dauphiné, & qui ont retenu le nom
d'ifles qu'elles portoient autrefois. Elles dépen-

dent des villes & paroiffes de Beauchâtel, la Voulte, le Pouzin, Cruas, Viviers & le Bourg Saint-Andéol, & font de la taillabilité du Langue-doc & du Vivarais. Ceux à qui ces fonds appartiennent, ont bien la faculté d'en faire paffer les fruits en franchife dans leurs domiciles, conformément à l'arrêt du confeil du 27 novembre 1664, qui fert de règ'ement dans cette matière, ainfi qu'il a été expliqué ci-deffus ; mais ils ne le doivent faire, que fur les congés des bureaux qui font aux environs.

Toutes les enclaves dont il vient d'être parlé font dans le Dauphiné, mais il y a deux villages à l'extrémité de cette province, appellé le Revec & Redortier, qui appartiennent à monfeigneur de Lefdiguières, lefquels, quoique fitués en Dauphiné, dépendent de la Comté de Sault, en Provence. Ces villages font tellement enclavés dans la Provence, que les habitans difent qu'ils ne fubfiftent que par le commerce qu'ils y font, n'en pouvant avoir aucun avec le Dauphiné, où ils ne fauroient entrer que par la montagne de Redortier, qui eft longue, difficile & impraticable pendant plufieurs mois, à caufe des neiges ; de forte qu'ils font même obligé de faire moudre leurs bleds à Sault. Leur commerce confifte en beftiaux & denrées, qu'ils conduifent en Provence, ou qu'ils en apportent. Autrefois on ne leur faifoit payer aucuns droits ; mais il y a quinze ou vingt ans qu'on les obligea de s'abonner pour les droits de foraine, fur les denrées qu'ils tirent de Provence, à une fomme de foixante-quinze livres qui fut augmentée depuis le bail du Gendre, jufqu'à cinquante livres. Les fermiers du bail de Boutet leur firent payer autres cent cinquante livres pour les droits de douane de *Valence*, & ces abonnemens ont fubfifté fur ce pied-là pendant le bail de Fauconnet. Les fermiers du nouveau bail ont fait ceffer cette compofition, & ont établi dans ces deux villages un commis, qui y fait payer les droits de douane de *Valence* & de foraine. Mais cet établiffement fatigue les habitans, & le produit n'en fauroit être affez confidérable pour fournir aux frais qu'il exige, enforte qu'il y a lieu de remettre les chofes en leur premier état.

On fe plaint de ce que le bureau de Mont-luel en Breffe n'eft plus fi fréquenté qu'il l'étoit. La raifon qu'on en donne, eft que les voituriers qui conduifent à Lyon des marchandifes d'Allemagne, Franche-Comté, Breffe & autres pays voifins, fujets à la douane de *Valence* ou de Lyon, dans ces pays, ont quitté le chemin de Montluel pour éviter le paiement des droits dans ce bureau, & ont pris la route de la Saone, par laquelle ils font monter & defcendre leurs marchandifes & denrées. Il a été enjoint par les arrêts du confeil des 30 feptembre 1660 & 21 juin 1675, & par l'article CXXXVI du bail de Fauconnet, aux marchands & voituriers, de reprendre la route de ce bureau, & aux fermiers d'établir d'autres bureaux fur la Saone, & même, en attendant cet établiffement, il leur eft permis de lever les droits de la douane de *Valence* dans les bureaux d'entrée & de fortie du royaume ; mais ni l'un ni l'autre n'a été exécuté.

Avant la déclaration du roi du 19 mars 1672, les fermiers avoient, en conféquence des claufes portées par leurs baux, la faculté de fe pourvoir pardevant tels gradués qu'il leur plaifoit, & de choifir depuis cette déclaration, ils ont été obligés de faire délivrer des commiffions du confeil à ceux par lefquels ils ont voulu faire tenir les jurifdictions établies, au nombre de fept dans le Dauphiné.

Les bureaux de la même douane qui fe trouvent fur les frontières de la Provence, font dans la jurifdiction des maîtres des ports.

Pour achever de donner une connoiffance exacte de la douane de *Valence*, il convient d'ajouter au mémoire intéreffant de M. d'Agueffeau, un précis des changemens & des modifications que ce droit a éprouvé depuis 1688, époque où écrivoit cet illuftre magiftrat.

On doit obferver d'abord que le tarif du droit de la douane de *Valence* eft le plus bifarre de tous ceux qui exiftent, en ce qu'il place dans la même claffe, des marchandifes très-difparates & d'une valeur très-oppofée. Par exemple, le premier article comprend les draps d'or & d'argent, avec le jayet, le corail & les dentelles du Havre ; le fecond, les tapis de Turquie & la tapifferie de Bergame, les fleurs de rofe fèches, & toute efpèce de confitures.

Cependant, à travers cette confufion de chofes différentes, on voit que des dix-neuf articles qui compofent le tarif de la douane de *Valence*, les huit premiers portent des titres qui annoncent les matières qui doivent y être comprifes ; & fans doute, que fi l'on y a joint enfuite d'autres marchandifes d'une nature différente, c'eft qu'on les a jugées d'un prix analogue aux matières indiquées par le titre.

Ainfi, dans le premier article intitulé foies, après les draps d'or & d'argent, on a ajouté fucceffivement les dentelles de Flandres & du Havre, les plumes d'autruches, les glaces, la cochenille, la mouffeline, le corail, le caftor, &c. comme des objets dont la valeur pouvoit fupporter le droit le plus fort du tarif, qui n'eft que de fix livres quatre fous trois deniers par quintal pefant.

Le fecond article du tarif, comprend toutes les drogues, drogueries & épiceries, parmi lefquelles on voit avec étonnement, la toile de coton bleue, les maroquins du Levant, des miroirs, des tapis & tapifferies.

Le troifième article, annonce les laines & les draperies.

Le quatrième, tout ce qui eft réputé merceries.

Le cinquième, les chanvres, étoupes, papiers & parchemins.

Le fixième, les fruits verds & tous les comeftibles.

Le feptième, les fers & cuirs.

Le huitième, les bois.

Les autres articles, jufques & compris le dix-neuvième, concernent les grains, les légumes, les vins, les beftiaux, le poiffon; mais le dernier eft remarquable, en ce qu'il porte que toutes autres fortes de marchandifes, grains & bétail, qui ne font ci-deffus fpécifiés, paieront les droits felon leur qualité & valeur, à proportion des articles ci-deffus, excepté, le fel qui ne payera aucune chofe; enfuite on trouve dénoncées & tariffées certaines marchandifes apparemment d'un paffage connu dans l'étendue de ce péage.

Il fuit de ce léger examen, que ce tarif n'eft proprement qu'une pancarte impofant un droit de péage, & non pas le tarif d'un droit combiné par des principes politiques, fur la valeur & la qualité des marchandifes; car les matières y paroiffent plutôt affujetties, que l'induftrie qui les façonne, & centuple leur valeur primitive; de-là, fi la perception eft quelquefois trop forte fur des matières brutes, elle eft compenfée par fa foibleffe fur les matières ouvrées. Comme le poids fur lequel les droits étoient établis eft de quatorze au cent plus foible que le poids de marc, l'arrêt du 19 feptembre 1724 & les lettres-patentes du 17 octobre fuivant, ont réglé la perception au poids de marc, en l'augmentant dans la proportion d'un feptième.

L'énonciation de l'article XIX, donna lieu en 1758 à une queftion élevée entre la chambre du commerce de Lyon & les fermiers du fifc, dans laquelle il s'agiffoit de favoir, fi, en conformité de cet article, les marchandifes omifes au tarif en devoient payer les droits par affimilation à d'autres marchandifes dénommées, ou à raifon de deux & demi pour cent de leur valeur, qui paroît être la bafe de ce tarif.

Cette queftion fut décidée par l'arrêt du confeil du 26 août 1760, ordonnant qu'à l'avenir les marchandifes qui ne font point nommément comprifes au tarif de la douane de *Valence*, en

paieroient les droits, fuivant les articles de celles comprifes audit tarif, auxquelles par leurs efpèces & par leur nature elles pouvoient être affimilées.

Au furplus, les grains, les beftiaux, & toutes les marchandifes exemptes de droits à la circulation, ne font plus fujettes au paiement de la douane de *Valence*, de même que toutes celles qui jouiffent de l'affranchiffement abfolu à l'entrée & à la fortie du royaume. *Voyez* l'état de ces différentes marchandifes, *pag.* 78, & le tableau des tarifs avec des obfervations, au mot TARIF, *pag.* 683.

Le produit de la douane de *Valence* eft d'environ fix cents mille livres de principal; fes frais de régie de cent mille livres. Mais, comme les marchandifes étrangères paient ce droit à leur importation, foit dans le Dauphiné, foit dans les provinces ultérieures, il paroît d'après les calculs qui ont été faits, que le commerce intérieur fupporte les deux tiers de cette fomme, enforte que la fuppreffion de cette douane, très-onéreufe au commerce & à la navigation du Rhône par les gênes qu'elle caufe, ne coûteroit que le facrifice de quatre cents mille livres.

On a déjà parlé de cette fuppreffion, au mot DROIT, *tome I, pag.* 659. Tout femble annoncer enfin qu'elle eft peu éloignée, & que le tarif uniforme fi fouvent projetté, & toujours abandonné, par l'effet d'une réfiftance mal-entendue de la part de quelques provinces frontières ou maritimes, peu éclairées fur leurs véritables intérêts, va avoir fon établiffement, & anéantir en même-tems les douanes fituées dans l'intérieur du royaume.

VENALITÉ, f. f., qui s'applique aux charges & offices. On difpute fréquemment fur la *vénalité* des charges de judicature, car pour celles de finance, on s'accorde à convenir que ce n'eft pas un grand mal qu'elles foient vénales. Leurs fonctions font très-fimples. Recevoir, payer, rendre compte & bénéficier; ces quatre mots expriment tout ce que les titulaires ont à faire; & comme ce travail n'exige pas une grande étendue de fagacité & de connoiffances, que d'ailleurs il n'influe pas fur la vie & la fortune des particuliers, comme l'exercice des charges de judicature, il femble que la *vénalité* des premières eft fans conféquence, & qu'au contraire, celle de ces dernières peut en avoir de très-importantes; cependant, cette *vénalité* a auffi fes avantages. *Voyez* ce qui a été dit à cet objet, au mot CHARGE, *tome I, pag.* 243; & encore ci-devant, à l'article OFFICE, *pag.* 245.

VENTE, f. f. C'eft l'échange d'une chofe quelconque contre de l'argent.

La forme & les obligations des contrats de *vente*, étant du reffort du Dictionnaire de Jurifprudence, nous devons nous borner ici à l'acception du mot VENTE, relativement aux droits royaux.

En matière d'aides, la *vente* de l'eau-de-vie, du vin, & de toute autre boiffon, foit en gros, foit en détail, eft foumife à des droits.

On peut voir à ce fujet, ce qui a été dit au mot GROS, *tome II, pag.* 440. On ajoutera ici que les articles LXVII, au titre IV de l'ordonnance des aides de 1680, défendent de vendre du vin en gros dans les trois lieues aux environs de Paris, en vaiffeaux, au-deffous d'un quart de muid, & à tous cabaretiers & vendans du vin en détail, d'en vendre aucun en gros, même les vins de leur crû. Cette défenfe s'étend également aux environs de toutes les villes où il y étapes. *Voyez* ce qui a été dit aux mots BARILLAGE, *tome I, pag.* 93; COURTIERS-JAUGEURS, *pag.* 432; ANNUEL, *pag.* 46.

Quant à la *vente* en détail, nous nous fommes fuffifamment étendus à ce dernier mot, fur les obligations & l'affujettiffement auxquels foumet cette *vente*, & fur le droit appelé *trop bû*, qui n'a lieu que comme la peine d'une *vente* clandeftine en détail, préfumée de la part de ceux de qui on l'exige. *Voyez* le premier volume, *pag.* 514 & 516, & ci-devant, le mot PROVISIONNAIRE, *pag.* 404.

Par ce rapport aux gabelles, on diftingue deux fortes de *ventes*; la *vente* étrangère, & la *vente* dans les greniers du fermier.

Cette dernière *vente* exige tant de précautions & de formalités, qu'elles font l'objet d'un article particulier de l'ordonnance des gabelles, portant pour titre, de la *vente* volontaire.

Avant de nous en occuper, il convient de faire connoître ce que l'on entend par *vente* étrangère, en quoi elle confifte, & qu'elle en eft la règle.

On ne donne le nom de *vente étrangère*, qu'à celle qui eft faite par les fermiers du fifc, hors du royaume, du fel qu'ils ont, pris dans les falins, ou fabriqués dans les falines. Ces termes de *vente* étrangère, n'ont par confequent aucun rapport avec la livraifon de fel faite fur les marais falans par les propriétaires, aux étrangers qui viennent l'acheter pour leur pêche ou leur confommation, ou comme objet de fpéculation de commerce.

La *vente* étrangère, comme on vient de l'expliquer, eft autorifée par les 112, 113, 114 & 115e.

articles du bail des fermes unies fait à Jacques Forcville en 1738; mais il n'y eft queftion que du fel de la méditerranée, dans les termes fuivans.

L'adjudicataire aura la faculté de vendre aux Suiffes, à la ville de Genève, & à la Savoye, le fel qui leur fera néceffaire, & de faire dans les pays étrangers, tel commerce de fel que bon lui femblera, à l'exclufion de tous autres.

Il ne fera tenu de fournir ce fel, qu'à condition que la quantité en aura été demandée au commencement de chaque année, & qu'il lui aura été donné caution, pour la fûreté du prix, qui fera payé auffi-tôt qu'il aura été dépofé dans les magafins. Et à l'égard du fel délivré pour la Savoie, le prix marchand & les frais de chargement, feront payés au fur & à mefure des enlèvemens qui en feront faits.

S'il furvient quelque difficulté pour la *vente* du fel aux étrangers, & pour le recouvrement des deniers qu'ils devront à l'adjudicataire, nous donnerons les ordres néceffaires pour lui en faire faire raifon.

A l'égard du fel provenant des falines, l'article XXXIV, du même bail, porte que l'adjudicataire des fermes pourra faire commerce de fel dans les pays étrangers, & le vendre à tel prix qu'il avifera bon être. Il paroît auffi par les articles XC. & XCI., que l'adjudicataire étoit tenu dès ce tems-là, comme à une charge de fon bail, de faire des fournitures de fel aux Suiffes. Mais elles étoient alors calculées fur le travail annuel des falines de Franche-Comté, & n'exigeoient pas une une fabrication forcée.

Ce n'eft qu'en 1758, comme nous l'avons dit cidevant, *pag.* 531, qu'a commencé la *vente* à l'étranger, du fel des falines de Lorraine, indépendamment de la fourniture qui fe faifoit aux Suiffes, en vertu de différens traités politiques, ou de quelques conventions particulières.

Cette *vente* étrangère s'exécute & fe fuit ainfi qu'il a été obfervé *pag.* 530, par deux départemens qui mettent tout en ufage pour l'étendre dans les principautés Germaniques; mais les moyens principaux dont on fait ufage, font 1°. les gratifications pécuniaires accordés aux chefs de l'adminiftration dans ces petits Etats.

2°. Une réduction de prix fur le fel, afin d'écarter la concurrence de fels étrangers.

3°. Une fabrication plus foignée des fels, afin de leur donner une qualité fupérieure à celle des fels deftinés pour la gabelle intérieure; ce qui s'opère par une formation plus lente.

4°. Enfin en intéreffant par une remife, déjà

rappellée *pag.* 531 , les differens employés, dont les fonctions influent fur les progrès de la *vente* étrangère , auffi l'on voit qu'ils ont été rapides. En 1758 , Wolff , le premier entrepreneur de ce commerce , n'avoit pu exporter dix-neuf mille muids de fel de huit cents livres chacun. Deux années après, les négociations de la ferme générale avoient fi bien réuffi en Allemagne , qu'elle expédia fucceffivement , depuis vingt jufqu'à trente-huit mille muids , de huit cents trente - deux livres chacun , fortis de la faline de Dieuze , pour la *vente* étrangère , dans divers païs d'Alllemagne.

On va préfenter ici le tableau de la *vente* étran-gère , & de la fourniture des Suiffes , pendant les fix années du bail de Julien Alaterre , commencé le premier octobre 1768 , & les trois années de fon fucceffeur Laurent David , entré en poffeffion le premier octobre 1774.

Ce relevé fait fur les comptes de la ferme générale elle même , met à portée d'apprécier avec précifion cette branche de commerce , & de croire qu'elle a fans doute éprouvé une grande détérioration depuis quèlques années , puifqu'elle n'eft comprife dans le bail actuel des fermes , fuivant l'article XVI du réfultat du confeil de 1786 , que pour quatre cents mille livres,

RELEVÉ du produit des sels exportés pour la vente étrangère, & pour la fourniture des Suisses, depuis le premier octobre 1768 jusqu'au premier octobre 1777.

DESTINATIONS.	PROVINCES D'OÙ LES SELS SONT TIRÉS.	QUANTITÉS de sels vendus & livrés à l'étranger.	PRODUIT en argent, de la vente étrangère, y compris le supplément de prix payé par le roi, pour les sels de Franche-Comté, délivrés aux Suisses.	DEPENSES de formation, voiture, & frais ordinaires & extraordinaires de régie.	RESTANT en produit effectif, pour la ferme générale.
		Six années du bail de Julien Alaterre.			
		quintaux liv.	liv. liv.	liv. iv.	liv. liv.
Cantons Suisses.	Lorraine	341221. 22.	1942800. } 4841334.	1392198. } 3638015.	550602. } 1203319.
	Franche-Comté . .	533540. 14.	2898534.	2245817.	652717.
		874761. 36.			
		quintaux. liv.			
Allemagne. Département	de Strasbourg 812632. 81. } 1554080. 31.		4305043. } 7293997.	1588512. } 3060321.	2716531. } 4233676.
	de Metz 241447. 50.		2988954.	1475809.	1517145.
	Total des six années . .	2428841. 67.	12135341.	6698336.	5436905.
	Année commune . . .	404807. 10.	2022555.	1116389.	906166.
		Trois années du bail de David.			
		quintaux l.	l. l.	l. l.	l. l.
Cantons Suisses.	Lorraine	268382. 31.	1522107. } 3030941.	1078526. } 2123107.	473781. } 907834.
	Franche-Comté . .	250410. 35.	1478834.	1044581.	434253.
		518792. 66.			
Allemagne. Département	de Strasbourg quintaux. l. 463703. 21. } 817936. 21.		2373426. } 3865201.	938788. } 1663034.	1434638. } 2205667.
	de Metz 354233.		1494775.	724246.	770529.
	Total des trois premières années . . .	quintaux l. 1336787. 87.	6899142.	3786141.	3113501.
	Année commune des trois	445576.	2299714.	1262047.	1037667.

RÉSUMÉ des bénéfices nets de la ferme générale, faits sur la vente des sels aux Suisses, & sur la vente étrangère.

Pendant une année commune, prise sur les six du bail de Julien Alaterre   906,166 livres.

Pendant une année commune des trois premières du bail de David . . 1,037,667.

Il convient de rapprocher de ce relevé l'article entier du bail de Mager, dont il vient d'être question.

Apres avoir rappellé divers objets, dont les fermiers généraux font tenus de faire la régie & recouvrement au profit du roi, pour en compter au conseil, il est dit dans la sixième section; « de la formation des sels des salines, établies ou a établir dans les provinces des gabelles locales, de la fourniture des sels aux Suisses, & de la *vente* étrangère; de l'universalité desquels droits régis, l'évaluation se trouve portée à la somme de trente millions quatre cents quarante mille livres, dans laquelle les produits de la formation & *vente* à l'étranger, des salines, *entrent pour celle de quatre cents quarante mille livres*.

L'article XVIII du même résultat, assure aux intéressés dans ce bail, la moitié de tous les produits desdits objets régis, qui surpasseront la somme de trente millions quatre cents quarante mille livres.

Si l'évaluation de tous ces objets étoit aussi foible que celle du produit de la *vente* étrangère, on pourroit croire que les bénéfices à cet égard, seront au moins de cent pour cent; car s'il n'étoit fait ni changemens ni modifications dans l'état actuel de la formation des sels aux salines & de la *vente* étrangère, des personnes parfaitement instruites de cette manutention, ne feroient pas difficulté de s'en charger, moyennant huit cents mille livres par année, avec le payement d'avance de la première, & feroient convaincues de retirer de leurs travaux une très-honnête récompense.

Le titre de l'ordonnance des Gabelles de 1680, qui concerne la *vente* volontaire, est le sixième; mais malgré son titre, aucune de ses dispositions n'y correspond directement, ce qui donne lieu de penser, que cet intitulé de *vente* volontaire, n'a été adopté que par opposition à celui de *vente* d'impôt.

Les six premiers articles de ce titre contiennent, il est vrai, des règles relatives à la police du mesurage, & à l'ordre dans lequel les distributions doivent se faire : & par-là deviennent communs, aussi-bien aux greniers, d'impôt qu'à ceux de *vente* volontaire. Le septième article se rapporte aux copies que les collecteurs des tailles doivent fournir de leurs rôles aux receveurs; aux registres que les derniers doivent tenir; enfin à l'obligation imposée aux ressortissants, de lever aux greniers, le sel nécessaire à leur consommation, dans la proportion d'un minot par an, pour quatorze personnes, pour le pot & salière seulement, & à l'amende qui doit être prononcée contre ceux qui ne remplissent pas cette obligation.

Ces dispositions ne correspondent donc réellement en aucune manière, avec le sens naturel du mot *vente volontaire*. Car si ce mot ne pouvoit s'appliquer qu'à la liberté de lever ou ne pas lever du sel au grenier, il devoit avoir perdu sa véritable signification, long-tems avant la rédaction de l'ordonnance du mois de mai 1680, puisque des règlemens antérieurs avoient déja imposé le joug du devoir des gabelles, avec l'injonction de le remplir; dès-lors il ne subsistoit entre les ressortissants des greniers de *vente* volontaire & les contribuables de l'impôt, plus d'autre différence, sinon que les premiers sont tenus de se rendre aux greniers & payer comptant le sel qui leur est nécessaire, & que les autres reçoivent au contraire des collecteurs de leurs paroisses, & peuvent n'en payer la valeur qu'à mesure qu'ils le consomment.

On auroit donc dû restraindre le terme de *vente* volontaire aux levées pour grosses salaisons, à celles que font de leur propre mouvement, les ressortissants qui ont satisfait au devoir de gabelles, & les contribuables qui ont reçu leur cotte-part de l'impôt; enfin à celles que font les regratiers pour l'approvisionnement de leurs reventes. Ce n'est en effet que dans ces seuls cas que la *vente* est purement volontaire, & que l'adjudicataire des gabelles ne peut la provoquer par aucuns moyens coactifs.

En examinant avec attention l'article VII du titre 6 de l'ordonnance, on est étonné qu'il ne se soit pas plus étendu sur les moyens d'obliger chaque ressortissant à satisfaire exactement au devoir de gabelles; mais en consultant les règlemens antérieurs, on reconnoit que le rédacteur de cet article n'y a trouvé que des matériaux insuffisants.

Les contradictions que la ferme des gabelles à éprouvées dans les efforts qu'elle a faits, pour en perfectionner la manutention, dès l'instant où elle a été mise entre les mains d'un adjudicataire, ont successivement indiqué les dispositions qu'il convenoit d'ajouter à celles de l'ordonnance.

Les dénombrements étant la base de toutes les opérations qui tendent à obliger les chefs de famille à remplir le devoir de gabelles, on a reconnu combien il étoit important de pourvoir, tant à ce qu'ils fussent formés avec ordre & exactitude, qu'à ce qu'ils fussent remis aux commis de l'adjudicataire le plutôt possible, & il est intervenu sur ces objets plusieurs règlemens qui ont suppléé à l'insuffisance de l'ordonnance.

On a également senti la nécessité de déterminer d'une manière plus précise, les ressortissants qui seroient tenus de remplir le devoir de gabelles, & ceux qui pourroient se pourvoir aux regrats;

de fixer le temps dans lequel le premiers devroient faire leurs levées aux greniers ; de régler les peines qu'encoureroient ceux qui ne satisferoient pas sur ce point, à leurs obligations ; de statuer sur la forme des poursuites qui devroient être dirigées contre eux; de contenir les receveurs sur les négligences qu'ils pourroient se permettre ; enfin de parer à ce que les chefs de famille soumis au devoir de gabelles, ne pussent se soustraire à la surveillance des préposés du fermier en s'approvisionnant à d'autres greniers qu'à ceux dans le ressort desquels leur domicile seroit fixé : ces différens objets ont été la matière de plusieurs réglemens qui ont pourvu au silence de l'ordonnance ; c'est ce que nous nous proposons de faire connoître dans cet article, en traitant,

1°. Des dénombrements ;

2°. De la distinction des classes des ressortissants ;

3°. De la tenue & de la suite du sexté;

4°. Du devoir de gabelles;

5°. De l'obligation imposée aux chefs de famille, de s'approvisionner aux greniers dans le ressort desquels ils sont domiciliés;

6°. De la faculté accordée aux particuliers de s'associer entre eux pour la levée de leur sel;

7°. Enfin, de l'usage du sel prêté qui s'étoit établi en 1660, & qui a subsisté jusqu'en 1711.

Il convient d'abord d'observer, que ce régime n'est suivi dans aucun des greniers de la généralité de Dijon ; par un privilége fondé sur une jouissance ancienne, les habitans de la province de Bourgogne, jouissent de la liberté de s'approvisionner du sel nécessaire à leur consommation soit aux greniers, soit aux regrats, ainsi que bon leur semble; sans qu'il y ait à cet égard aucune distinction entre ceux qui sont aisés, & ceux qui peuvent être rangés dans la classe des pauvres.

§. I.

Des Dénombrements.

Pour assurer aux receveurs des greniers de *vente* volontaire, la facilité de connoître ceux de leurs ressortissans qui ne satisferoient pas à l'obligation de lever au grenier, le sel nécessaire à leur consommation de pot & salière, dans la proportion d'un minot par an pour quatorze personnes, l'article VII du titre de l'ordonnance des gabelles, qui impose cet assujettissement, enjoint en même-tems aux asséeurs & collecteurs des tailles, des paroisses situées dans le ressort de chaque grenier, de remettre au receveur de ce grenier, au plus tard, dans le cours du mois de février de chaque année, à peine de vingt quatre livres d'amende,

une copie de leurs rôles, en y ajoutant un chapitre des exempts; c'est sur le rôle de chaque paroisse que portent toutes les opérations de la régie des gabelles, dans les greniers de *vente* volontaire.

La forme dans laquelle ces rôles doivent être rédigés, a été réglée, tant par le même article, que par les déclarations des 9 mai 1702 & 21 octobre 1710, & par les arrêt & lettres-patentes des 25 juillet & premier août 1719; 12 septembre & 27 octobre 1724. Ces divers règlemens ont prescrit la conduite que doivent tenir en ce cas, tant les syndics, asséeurs & collecteurs des paroisses taillables, que les maires, syndics & échevins des villes franches abonnées ou tariffées. Les arrêt & lettres-patentes de 1719, ont d'ailleurs fixé à cinquante livres contre les collecteurs des paroisses taillables, & à cent livres contre les maires & échevins des villes franches, abonnées ou tariffées, l'amende portée contre ceux qui n'auroient pas fourni, dans le mois de février au plus tard, la copie de leur rôle au receveur du grenier ; ensuite les arrêt & lettres-patentes du 9 mai 1724, ont ordonné que les personnes chargées de la confection des rôles, qui, après avoir omis de les fournir dans le cours du mois de février, & avoir pour cette raison été condamnées en une première amende, ne les auroient pas remis dans le mois d'avril seroient de nouveau condamnées, savoir, les asséeurs & collecteurs en deux cents livres d'amende payable solidairement, & les maires & échevins en quatre cents livres d'amende aussi solidaire. Cette amende, dont le recouvrement peut être poursuivi par la voie de la contrainte par corps, doit, aux termes du même règlement, être prononcée par addition à celles portées par les arrêt & lettres-patentes des 25 juillet & premier août 1719, à défaut de remise des rôles dans le cours de février.

La déclaration du 9 mai 1702, en ordonnant que les enfants au-dessus de huit ans, seroient compris dans les rôles, a prononcé une amende de dix livres contre les collecteurs qui se seroient permis des omissions ; & la déclaration du 21 octobre 1710, en reglant que cette amende seroit pour chaque personne omise, en a prononcé une de quinze livres contre les maires & échevins.

Cette dernière disposition a été confirmée par les arrêt & lettres-patentes des 25 juillet & premier août 1719.

Les rôles des tailles ne suffisant pas toujours pour procurer aux receveurs des greniers à sel, les connoissances qui leur sont nécessaires sur la population de leurs ressorts, l'article III de la déclaration du 21 octobre 1710, a enjoint aux ecclésiastiques, gentilshommes, supérieurs des collèges, hôpitaux, couvents & communautés aux bourgeois & habitants des villes, bourgs & villages, & généralement à toutes personnes de faire la déclaration véritable, toutes les fois qu'ils en feroient requis, du nombre de personnes dont leurs familles, maisons & communautés feroient composées à peine, pour chaque contravention, de cinquante livres d'amende, au payement de laquelle les ecclésiastiques pourroient être contraints par saisie de leur temporel.

Toutes les dispositions qui viennent d'être rapportées, ont été confirmées par un grand nombre d'arrêts particuliers, notamment par ceux du conseil des 22 septembre 1722; 5 & 19 avril, 31 mars, 12 juillet & 9 août 1723, 12 septembre 1724, 8 mai 1725, 12 mars & 25 mai 1726, & 21 mars 1752.

Les articles VIII & IX, de la déclaration du 29 août 1724, en ordonnant l'exécution, tant des déclarations du 28 septembre 1722 & 21 octobre 1710, que des arrêt & lettres-patentes des 25 juillet & premier août 1719, ont autorisé ceux qui feroient chargés de la rédaction des rôles, à exiger de chaque chef de famille qu'il certifiât en marge son article, & à faire mention de ceux qui ne sauroient signer, ou qui refuseroient de le faire: ces règlemens de plus, ont permis à ceux-ci de passer, si bon leur sembloit, leur déclaration affirmative de l'état de leur famille, pardevant des notaires, qui pour raison de chaque déclaration, ne pourroient exiger que cinq sous indépendamment du papier & du droit de contrôle fixé à deux sous.

Ils ont enfin compris sous le nom de chefs de famille les supérieurs des collèges, couvens, communautés séculières ou régulières, & ils leur ont enjointde fournir leurs déclarations certifiées, à la première réquisition des rédacteurs des rôles.

Malgré cette précaution, les préposés à la confection des rôles, ne sont pas déchargés des inexactitudes qui pourroient être reconnues dans les articles qu'ils auroient fait certifier par les chefs de famille. Ce règlement de 1719, porte au contraire, article VIII, conformément aux arrêt & lettres-patentes de 1719, les maires & échevins des villes, collecteurs & asséeurs des paroisses taillables, & autres préposés à la confection des rôles, feront condamnés personnellement, en une amende de dix livres, envers l'adjudicataire, pour chaque personne obmise; sauf à eux à prendre leur recours contre les particuliers qui, en fournissant leurs déclarations, ou en refusant de les fournir, auront donné lieu aux condamnations prononcées contr'eux.

Comme en prescrivant aux maires & échevins, ainsi qu'aux asséeurs & collecteurs des tailles, de signer les copies de leurs rôles, qu'ils doivent remettre aux receveurs des greniers à sel, le cas où

ces derniers ne sauroient pas signer, n'avoit pas été prévu; la cour des aides de Paris y a pourvu par un arrêt du 6 septembre 1769; il ordonne qu'alors les collecteurs feront tenus d'affirmer leurs rôles pardevant notaires.

Cette même cour a aussi suplée à la non-fixation de l'époque dans laquelle les receveurs des grandes gabelles devoient faire procéder à la vérification des rôles; elle a jugé, en plusieurs circonstances, que dans l'universalité de son ressort, on devoit se conformer à l'article II de la déclaration du 13 mai 1746, qui a ordonné que dans l'Artois, le Haynault & le Cambrésis, les rôles feroient vérifiés dans les deux mois du jour où la remise en auroit été faite aux préposés du fermier, faute de quoi ils feroient censés vérifiés pour l'année. Cette jurisprudence paroit avoir eu pour principe, qu'après un plus long délai, la population pourroit avoir éprouvé des variations qui exposeroient les rédacteurs des rôles à être injustement accusés d'inexactitudes.

Indépendamment de toutes les mesures ci-devant détaillées, pour assurer au fermier des gabelles une connoissance parfaite de la population des paroisses & des villes, il est encore autorisé à faire procéder par ses employés, à la vérification des rôles, & à faire constater par des procès verbaux, les obmissions qu'ils découvrent. L'arrêt du conseil du 9 août 1723, a fait défenses aux officiers des greniers à sel, ainsi qu'à tous autres, d'admettre aucune preuve testimoniale, pour établir l'état des familles, au préjudice des procès verbaux rédigés par les employés chargés de cette vérification.

Un arrêt de la cour des aides de Paris, du 17 mars 1745, a de plus jugé, que pour la validité de ces procès-verbaux, il n'étoit pas nécessaire que chacun des articles qui les compose eut été clos & signé par les employés, le même arrêt a en outre jugé, que les assignations données lors de la clôture de ces actes, étoient valables pour tous les contextes qu'ils contenoient, & que dans les cas de cette espèce, les employés n'étoient pas obligés d'avoir recours au ministère d'un huissier.

Les officiers des greniers doivent, conformément aux arrêts du conseil des 30 mai 1730, & 16 septembre 1738, prononcer sans aucun retard sur les assignations données pardevant eux pour obmission dans les rôles, & se conformer dans leurs sentences à ce qui est prescrit par les déclarations des 9 mai 1702, 19 mai 1711, & 29 août 1724; ainsi que par les arrêts & lettres-patentes des 25 juillet & premier août 1719, & 9 août 1723, dont l'exécution est ordonnée par ceux des 30 mai 1730 & 12 septembre 1738.

Un édit du mois de mai 1702, avoit créé en titre d'office, des commissaires-vérificateurs généraux des rôles dans chaque grenier, & des commissaires - vérificateurs particuliers dans chaque paroisse, avec attribution à ces officiers, des amendes qui seroient prononcées contre les collecteurs, dans les rôles desquels il auroit été reconnu des obmissions. L'édit du mois de juin 1708, avoit même divisé ces offices, pour en rendre la vente plus facile, en anciens, alternatifs & triennaux; & un grand nombre d'arrêts avoit assuré à ceux qui s'en feroient pourvoir, des exemptions & privilèges. Mais l'existence de semblables officiers ne pouvant que multiplier les charges, & produire un mal réel, ils ont été supprimés par l'édit du mois de janvier 1717.

§. I I.

De la distinction des classes des ressortissants des greniers de vente volontaire.

La quotité de l'imposition à la taille ou à la capitation, opérant dans les obligations des ressortissants des greniers à sel, une différence très-marquée, quant aux gabelles, il a été enjoint aux asséeurs des tailles, & à ceux qui répartissent la capitation, de les ranger sous deux classes dans la copie des rôles qu'ils ont à fournir aux receveurs des greniers à sel.

Les ressortissants qui forment la première classe, sont tenus de lever chaque année au grenier, dans le ressort duquel ils sont domiciliés, le sel nécessaire à leur consommation de pot & salière, dans la proportion d'un minot par an pour quatorze personnes; les autres ont la liberté de se pourvoir aux regrats.

Les anciens règlemens n'avoient pas établi cette distinction d'une manière claire & précise, & l'ordonnance du mois de mai 1680, ne contenoit rien à cet égard de plus satisfaisant. L'article XI du titre IX, n'accordant la faculté de s'approvisionner aux regrats, qu'à ceux qui consommoient chaque année moins d'un boisseau de sel, il restoit beaucoup d'incertitude sur l'espèce des ressortissants qui ne devoient pas être assujettis au devoir de gabelles.

Mais pour faire cesser cette incertitude, intervinrent les déclarations des 6 Juin 1685, & 28 décembre 1709, différents arrêts du conseil & celui de la cour des aides de Paris, du 19 juillet 1706.

La déclaration du 29 août 1724, statue ensuite sur cet objet d'une manière précise, en dispensant les pauvres, de lever du sel aux greniers, & leur permettant de s'approvisionner aux regrats; elle a laissé parmi les pauvres, les ressortissants qui ne seroient imposés à la taille, ou à la capitation, qu'à *trente sols* & au - dessous; elle fait une exception pour ceux qui possèderoient

quelques terres ou héritages qu'ils feroient valoir; donneroient où tiendroient à ferme; & pour les domestiques, compagnons, apprentifs, & tous autres qui seroient nourris par leurs maîtres ou commettans.

Ce règlement a, en conséquence, ordonné que dans les copies que les collecteurs & les maires & échevins des villes, doivent fournir aux receveurs des greniers à sel, il seroit fait par eux, un chapitre différent & séparé des habitants qui devroient former la classe des pauvres. Il fait défense aux collecteurs & officiers municipaux, de comprendre dans ce chapitre, les habitans qui ne devroient pas y entrer, à peine de cinq cents livres d'amende, pour chaque personne qui y auroit été induement comprise, & de la valeur du sel que l'habitant auroit dû lever pendant l'année, pour satisfaire au devoir de gabelle. La même amende est également prononcée contre les ressortissants qui se feroient fait induement employer dans ce chapitre, ou qui, y ayant été compris, sans leur participation, s'en feroient prévalus pour se dispenser du devoir de gabelles. Ces amendes font solidaires & payables par corps, & il est défendu aux juges de les modérer.

La déclaration du 18 décembre 1780, a modifié ces dispositions, en étendant aux ressortissants imposés à trois livres de taille ou de capitation, & au-dessous, la dispense de s'approvisionner aux greniers, & la faculté de se fournir aux regrats.

§. I I I.

De la tenue du sexté.

L'obligation imposée aux collecteurs par l'article VII du titre VI de l'ordonnance des gabelles, de fournir aux receveurs des greniers des copies de leurs rôles, a eu pour objet, de mettre ceux-ci à portée de former un registre appelé communément sexté; il est destiné à présenter les noms, les qualités & emplois des habitants, avec la quotité de leur taille ou capitation, & la quantité de sel qu'ils doivent lever au grenier chaque année; & à les mettre à portée de connoître ceux qui ne satisferoient pas au devoir de gabelles, afin de diriger contre eux les poursuites prescrites par les règlements qui l'imposent.

Les dispositions de cet article, ont été confirmées par l'arrêt du conseil du 15 mai 1696, & par les déclarations des 9 mai 1702, 21 octobre 1710, & 29 août 1724, qui ont réglé de la manière la plus précise, tout ce qui est relatif, tant à la forme du registre sexté, qu'aux obligations des receveurs; comme cette police est une des branches de l'exploitation intérieure de la ferme des gabelles, il suffit d'avoir indiqué les règlemens qui l'ont établie.

§. IV.

Du devoir de gabelles, des restitutions & amendes encourues par ceux qui n'y ont pas satisfait.

On a observé dans le deuxième paragraphe, qui traite de la distinction des classes, que tous les ressortissants des greniers de vente volontaire imposés à plus de trois livres de taille ou de capitation, étoient assujettis à y lever directement le sel nécessaire à leur consommation de pot & salière, dans la proportion d'un minot par an, pour quatorze personnes. C'est cet assujettissement qui, dans le Dictionnaire des gabelles, reçoit le nom de devoir de gabelles. Il tend à détourner les ressortissants de l'usage du faux sel, & il existoit avant même que la *vente* du sel se fit dans les greniers au profit du roi; c'est-à-dire, dans le temps où la ferme des gabelles ne consistoit encore, que dans la perception d'un droit sur les sels vendus dans les greniers, par les marchands qui les avoient approvisionnés. On en trouve la preuve dans les édits & ordonnances de 1535, 1579, 1639, & 1660.

C'est de ce dernier édit qu'a été tirée la disposition de l'article VII du titre VI, de l'ordonnance des gabelles, qui a autorisé l'adjudicataire à faire donner des assignations pour être procédé par condamnation d'amende, & restitution de droits de gabelles, contre ceux qui n'auroient pas levé au grenier, le sel nécessaire à leur consommation; & cette disposition a été confirmée par les déclarations des 9 mai 1702, & 21 octobre 1710.

Suivant l'article IV de ce dernier règlement, les ressortissants qui n'ont point levé de sel au grenier, dans les six premiers mois de chaque année (*), ou qui en ont levé une quantité inférieure à la proportion d'un minot par an, pour quatorze personnes, pour le pot & salière seulement, doivent être poursuivis pour restitution de droits de gabelles.

Cet article, à la vérité, n'avoit pas déterminé positivement l'objet de cette restitution. Mais le neuvième, du titre XIX, avoit réglé que les condamnations en restitution de droits de gabelles, ne pourroient, avec les amendes & dépens, excéder le quart de la somme à laquelle le particulier seroit imposé à la taille. Comme il résultoit de ce parti, le double inconvénient d'autoriser des condamnations très rigoureuses contre les ressortissants qui supportoient des cotes de taille considérables, & de rendre illusoires, contre ceux qui se trouvoient dans le cas contraire, les mesures prises pour les amener à satisfaire

exactement à leurs obligations, on sentit la nécessité de le faire cesser; c'est dans cette vue que les déclarations des 9 mai 1702, & 21 octobre 1710, ordonnèrent que les restitutions de droits de gabelles, ne pourroient être au-dessous de la valeur, au prix du grenier, des quantités de sel que les ressortissants se trouveroient n'avoir pas levées, dérogeant à cet égard à l'article IX du titre XIX, de l'ordonnance, dont l'exécution est au surplus ordonnée dans le point où cet article veut que les ressortissants en contravention, soient condamnés, non seulement en la restitution des droits de gabelles, mais encore en une amende, & aux dépens.

Postérieurement, les arrêts & lettres-patentes des 25 octobre & 10 novembre 1723, ont ordonné que les redevables des droits de gabelles, seroient contraints au payement du prix du sel qu'ils n'auroient pas levé, suivant le nombre des personnes dont leurs familles seroient composées, & en outre condamnés au payement de la moitié de ce prix, pour tenir lieu de l'amende qu'ils auroient encourue, sans préjudice des dépens. Ainsi, d'après ces règlemens, l'article IX du titre XIX de l'ordonnance, est aujourd'hui sans exécution; mais les ressortissants qui ne remplissent pas le devoir de gabelles, s'exposent à trois peines pécuniaires, 1°. à la restitution des droits de gabelles, comme on l'a expliqué ci-devant; 2°. à l'amende qui demeure fixée à la moitié du montant de la restitution; 3°. aux dépens.

L'ordonnance des gabelles n'avoit rien statué sur ce qui doit être observé, pour faire prononcer ces condamnations. Il a été suppléé par l'article IV, de la déclaration du 21 octobre 1710; il enjoint aux receveurs des greniers, de former tous les six mois, sur les registres sextés qu'ils doivent tenir, des extraits contenant les noms de tous les chefs de famille, maisons & communautés, qui n'auroient pas levé au grenier de leur ressort, la quantité de sel proportionnée au nombre de personnes dont leurs familles ou communautés seroient composées, avec les sommes dûes pour la restitution des droits de gabelles du sel non levé.

Suivant le même article, les receveurs, après avoir certifié ces extraits, doivent les présenter aux officiers des greniers, pour qu'ils les visent & ordonnent la remise aux marguilliers & syndics des paroisses qu'ils concernent; & il est enjoint à ceux-ci de les lire & publier sous quinzaine, à l'issue des messes paroissiales, & d'en fournir leurs certificats aux receveurs dans le même délai, à peine de vingt livres d'amende.

Les particuliers dénommés dans les extraits, sont

(*) *Nota.* L'arrêt de règlement, du 9 janvier 1780, ayant fixé, de janvier en janvier, l'année des fermes, qui se comptoit d'octobre en octobre, pour plusieurs parties, l'article premier de la déclaration du 18 décembre suivant a ordonné, que les semestres dans lesquels les ressortissans des greniers de *vente* volontaire seront tenus de s'approvisionner aux greniers, se comptetront à l'avenir, de janvier en juillet, & de juillet en janvier.

tenus, dans la quinzaine suivante, de lever le sel dont ils sont en retard, à peine d'être contraints en la restitution des droits de gabelles ; de leur côté les officiers des greniers à sel, doivent prononcer ces condamnations sur la simple requête du fermier, juger sommairement & sans frais les oppositions & instances qui pourroient être formées ; le tout à peine, tant contre eux, que contre les receveurs qui auroient négligé de former les extraits, de demeurer garants des sommes auxquels s'élevéroient les droits du sel dont les ressortissants auroient omis de s'approvisionner au grenier, pendant le cours du semestre.

Pour faciliter & rendre moins dispendieuses les poursuites en restitution, l'article XV de la même déclaration a permis que les avertissemens & assignations pour lever du sel, & pour les restitutions de droits de gabelles, exploits de commandemens & emprisonnemens, pussent être valablement faits par les commis & gardes des gabelles ; ce qui a été confirmé par les articles DLXXVI, & DLXIX, des baux faits à Carlier & à Forceville, en 1726 & 1738.

L'arrêt du conseil du 21 décembre 1700, avoit antérieurement ordonné, dans le même objet, que les huissiers audienciers ne pourroient exiger le droit de deux sous six deniers, à eux attribué par l'édit du mois de décembre 1696, pour l'appel de chaque cause, pour celles relatives aux assignations données en restitution de droits de gabelles.

La déclaration du 18 août 1711, a prévu le cas où les officiers des greniers refuseroient de viser sur le champ, & sans frais, les états & contraintes présentées par les receveurs pour restitution de droits de gabelles, & elle a ordonné, ainsi que l'avoit fait précédemment un arrêt du conseil du 6 août 1697, qu'alors les états & contraintes seroient signifiés au greffe, & les particuliers en retard, contraints au paiement des restitutions, sans qu'il fût besoin de jugement, sauf néanmoins les oppositions qui seroient jugées sommairement & sans frais, par les officiers, à peine d'interdiction, & de demeurer garants & responsables des restitutions.

Cette déclaration a en même-temps affranchi les premiers commandemens faits aux ressortissants en retard, des droits de contrôle des exploits, quand-même ils seroient suivis d'exécutions, ou autres procédures, & elle a déchargé des droits de scel, les contraintes décernées pour restitutions des droits de gabelles.

L'arrêt du conseil du 13 mai 1704, avoit décidé que les saisies faites en vertu des contraintes de l'adjudicataire pour cause de restitution de droits de gabelles, ne devroient pas être assu-

jetties à l'enregistrement ordonné par l'édit du mois de mars précédent, portant établissement de commissaires aux saisies mobiliaires ; ce qui a été confirmé par deux autres arrêts des 27 février 1717 & 14 septembre 1728.

L'exécution des déclarations des 21 octobre 1710, & 18 août 1711, a été maintenue dans tous les cas où l'on a cherché à y porter atteinte. C'est ce que justifient les arrêts du conseil des 12 décembre 1711, 22 août 1719, 2 août 1723, & 12 août 1727.

Suivant l'article IV du titre XX, de l'ordonnance des gabelles, les condamnés au payement des amendes au-dessus de dix livres, & des restitutions des droits de gabelles au-dessus d'un minot, pouvoient être contraints par corps à les acquitter, nonobstant opposition ou appellation quelconque, & sans y préjudicier. Mais l'article IV de la déclaration du 21 octobre 1710, a ordonné qu'au payement des mêmes restitutions, les redevables seroient contraints, savoir, les ecclésiastiques & les nobles par saisie de leurs revenus, & les autres personnes par corps, & ce, par préférence à toutes autres dettes.

Les officiers des greniers ont été autorisés par l'article II du titre XVIII de l'ordonnance des gabelles, à statuer en dernier ressort tant en principal que dépens, sur la restitution de ces droits, jusqu'à la concurrence d'un minot de sel & de dix livres d'amende ; & l'exécution de cet article de l'ordonnance a été ordonnée par un arrêt du conseil du 23 août 1681. Un second arrêt du 18 décembre 1681, a de plus ordonné que les officiers des greniers seroient tenus, dans les sentences qu'ils rendroient en dernier ressort, d'y insérer ces termes, *par jugement en dernier ressort* ; & qu'alors elles seroient exécutées comme les arrêts des cours souveraines.

Mais, suivant les déclarations des 14 octobre 1698, & 21 octobre 1710, dont les dispositions ont été confirmées par les articles XXIX & XXX, des baux de Carlier & de Forceville, les officiers des greniers doivent, pour prononcer ces sentences, être au nombre de trois ; & lorsqu'ils sont en moindre nombre, ils doivent appeller avec eux des gradués ou praticiens nécessaires pour les compléter : & les cours des aides ne peuvent recevoir les appels desdites sentences, ni donner aucunes défenses de les exécuter.

§. V.

De l'obligation imposée aux habitans du pays de gabelles, de s'approvisionner de sel, au grenier dans le ressort duquel ils résident.

L'édit du mois d'août 1579 avoit, ainsi que les arrêts de la cour des aides de Paris, des 26 octobre 1612 & 27 octobre 1618, fait défenses à tous ressortissants des pays sujets à la gabelle, de prendre du sel à d'autres greniers ou regrats qu'à ceux dans le ressort desquels leurs domiciles se trouveroient situés. Néanmoins, l'ordonnance du mois de mai 1680, ne contient sur ce point aucunes dispositions. Il paroît même que l'on pensa quelque tems, que la liberté de s'approvisionner au grenier le plus voisin, pouvoit étendre la consommation, & cette liberté fut accordée par un arrêt du conseil du 4 août 1711. On ne tarda pas à reconnoître les inconvéniens de cet arrangement, qui ne permettoit plus aux receveurs de suivre leurs registres sextés ; aussi, dès le 12 décembre suivant, il intervint au conseil un second arrêt, qui ordonna un surfis à celui du 4 août précédent, & enjoignit aux gabellans de continuer à lever le sel nécessaire à leur consommation, au grenier dans le ressort duquel ils seroient domiciliés. Cette obligation leur fut de nouveau imposée par l'arrêt du conseil du 7 juillet 1719, qui ordonna que le sel pour grosses salaisons, seroit, ainsi que celui pour pot & salière, levé par chaque particulier au grenier, dans le ressort duquel son domicile seroit situé.

Enfin, les arrêts & lettres-patentes des 10 & 18 mars 1722, ont ordonné :

1°. Que tous les habitans du pays de gabelles seroient tenus de lever le sel pour leur provision, grosses & menues salaisons, au grenier dans le ressort duquel ils seroieut domiciliés, sans qu'ils pussent s'en dispenser, & sans que l'on pût avoir égard dans les jugemens, aux certificats par lesquels ils justifieroient avoir levé du sel dans d'autres greniers.

2°. Que nonobstant ces certificats, ils seroient poursuivis pour restitution de droits de gabelles, condamnation d'amende, & autres peines s'il y avoit lieu.

3°. Qu'il en seroit de même à l'égard de ceux qui n'auroient pas pris le sel nécessaire, pour leur consommation, à raison d'un minot par an, pour quatorze personnes, pour pot & salière seulement, outre le sel employé aux grosses salaisons, conformément à l'article VII du titre VI de l'ordonnance du mois de mai 1680.

§. VI.

De l'association de plusieurs ressortissants, pour la levée d'une mesure de sel au grenier.

L'article II du titre VI de l'ordonnance du mois de mai 1680, prévoyant que la difficulté de payer en une fois, le prix même de la plus petite mesure de sel, pourroit fournir aux ressortissants peu aisés, un prétexte pour se refuser à l'obligation de lever chaque année, au grenier, le sel nécessaire à leur consommation, dans la proportion fixée par cette ordonnance, leur a permis de s'associer jusqu'au nombre de seize pour le partage d'un minot, & à proportion, pour celui des autres mesures, à la charge néanmoins de diviser entre eux, à la porte même du grenier, les quantités qu'ils auroient levées en commun.

L'intérêt de la ferme des regrats, dont l'association pouvoit diminuer beaucoup les produits, avoit sans doute suggéré cette restriction ; la même considération décida postérieurement à l'étendre par la déclaration du 6 juin 1685 ; mais en confirmant aux ressortissants, la faculté de s'associer au nombre fixé par l'ordonnance, elle régla que cette association ne pourroit avoir lieu, qu'entre des ressortissants d'une même paroisse, & que le partage du sel levé, seroit fait entre les divers associés, à la porte du grenier, le tout à peine de trois cents livres d'amende.

Si on consulte le préambule de cette déclaration, on apperçoit, qu'elle a eu principalement pour objet de faire cesser les difficultés qui s'élevoient souvent, entre l'adjudicataire des gabelles & le fermier particulier des regrats ; car c'étoit à qui se nuiroit réciproquement, le tout pour son intérêt respectif : le premier, en excitant par des crédits la facilité du partage à s'approvisionner directement au grenier, les ressortissants les moins aisés qui auroient dû naturellement se pourvoir aux regrats ; le second, en inquiétant ceux de ces ressortissants qui ne faisoient pas des levées aux reventes qu'il affermoit. Mais comme cette ferme des regrats ne pouvoit se comparer à celle des gabelles, l'adjudicataire de celles-ci devoit naturellement l'emporter sur le premier ; aussi le conseil, par son arrêt du 9 avril 1689, permit provisoirement à l'adjudicataire des gabelles, de prêter telle quantité de sel qu'il jugeroit à propos, à toutes personnes sans distinction de qualités, autorisa les associations entre plusieurs ressortissants, même de différentes paroisses, pourvu que ces paroisses fussent du ressort du même grenier, & dispensa tous les associés d'être présents à la délivrance du sel, & d'en faire le partage à la porte du grenier.

Pour relever un peu la ferme des regrats, que l'arrêt de 1689 avoit anéantie, un autre arrêt du 27 juin de l'année suivante, fit défenses de partager le minot de sel au grenier de Paris à plus de deux personnes ; le bail de la ferme des regrats étant expiré en 1695, il fut renouvellé ; mais pour le faire valoir, il fallut accorder aux nouveaux adjudicataires, un arrêt qui ordonnoit la pleine & entière exécution de la déclaration du 6 juin 1685, en modérant cependant à trente livres, l'amende de trois cents livres, que cette déclaration avoit prononcée contre les contrevenans.

En même-tems, pour assurer l'exécution de ce dernier arrêt, il fut créé dans les greniers, des offices de contrôleurs au partage des sels; l'effet de ce nouvel établissement, tendoit à gêner les ressortissants, & conséquemment contrarioit la consommation du sel. Cette considération dicta la déclaration du 31 mai 1701, qui permit à toutes personnes, même de paroisses différentes, de s'associer, jusqu'au nombre de quatre pour lever un quart de minot de sel, & à proportion pour les autres mesures, sans être obligées d'être toutes présentes à la délivrance du sel, ni de le partager à la porte du grenier.

Enfin, la déclaration du 28 décembre 1709, supprima, comme on l'a dit ci-devant, *pag.* 481, la ferme des regrats, avec le demi-parisis qui en formoit le produit, pour y substituer des reventes exercées par des préposés de l'adjudicataire de la ferme des gabelles; elle ordonna aussi l'usage du quart de minot dans tous les greniers, permit à tous particuliers de s'associer jusqu'au nombre de quatre, pour lever un quart de minot au grenier de Paris, & un demi quart dans les autres greniers, & les dispensa d'en faire le partage à la porte du grenier, ainsi que de payer aucuns droits aux contrôleurs au partage, sous la condition de prendre chacun, un bulletin de gabelle, & de se faire inscrire sur le registre des *ventes.*

§. VII.

Des prêts de sel.

Il paroît que l'usage de lever du sel à crédit dans les greniers du fermier des gabelles, étoit une facilité de sa part pour favoriser ses *ventes,* & pour ôter tout prétexte aux ressortissants de manquer au devoir de gabelles; différents règlemens prescrivoient les formalités auxquelles devoit être soumis ce crédit. Il s'étoit étendu insensiblement aux levées extraordinaires, faites par les contribuables de l'impôt du sel, & même aux levées des regrats. On voit par une déclaration du 10 février 1676, que cet usage subsistoit depuis quelques années; celle du 3 mars 1711 le proscrivit entièrement, à cause des embarras & des désordres même qu'il causoit dans la comptabilité des receveurs.

Comme il n'y a pas d'apparence que cette source d'inconvéniens soit jamais rétablie, nous nous bornerons à citer seulement quelques-unes des règlemens qui avoient prescrit les conditions de ce crédit. Ce sont les déclarations des 10 février 1676, 16 mai 1693; les arrêts de la cour des aides de Paris, des 19 juillet 1706 & 4 août 1710. P. M...M**.

VÉRIFICATEUR, s. m. Nom d'un employé, chargé de faire la *vérification* d'un bureau, d'un compte, & de toute autre pièce d'écriture.

Dans la partie des domaines, il est plusieurs commis qualifiés *vérificateurs,* dont les fonctions sont d'examiner à fond les registres du bureau où ils sont employés, pour s'assurer si les droits de centième denier, d'insinuation, & autres, sont perçus conformément aux règlemens, s'il en est compté exactement, & si toute la manutention du bureau est régulière. Ils doivent aussi proposer les forcemens de recette, & les restitutions qui sont dans le cas d'avoir lieu; se transporter chez les notaires & les greffiers, pour examiner s'ils ont soumis tous leurs actes aux formalités prescrites, constater les contraventions commises sur ce point, & relever les droits négligés.

Les emplois de *vérificateurs,* qui sont trois ou quatre par généralité, ne se donnent communément qu'à des sujets instruits par l'exercice des fonctions de contrôleur sédentaire, & distingués par des preuves de talens & d'activité. Ils valent à-peu-près deux mille ou deux mille quatre cents livres, & ils conduisent à l'emploi de contrôleur ambulant, d'où l'on passe à la place de contrôleur-général ou à la direction. Les places de contrôleurs-généraux ne sont actuellement, en 1787, qu'au nombre de trois, pour tout le royaume; au lieu qu'il se trouve un ou deux directeurs par généralité. *Voyez* le mot DIRECTEUR, *tome I,* *pag.* 560.

VÉRIFICATION, s. f. par lequel on distingue l'action de vérifier. Le vérificateur, dans quelque partie qu'il soit employé, doit procéder aux *vérifications* qui lui sont prescrites.

Voyez le *Dictionnaire de Jurisprudence,* pour les acceptions du mot *vérification,* dans la langue du palais.

VERRE, VERRERIE, VERROTERIE. Dans la langue propre aux douanes, on donne le nom de *verrerie* & *verroterie* à toutes sortes de marchandises, dont le *verre* fait la matière principale; mais on distingue les *verres* fins ou cristallins des *verres* communs; les *verres* assortis, c'est-à-dire, des *verres* à pattes, mélangés avec des gobelets; des *verres* d'assortiment, qui sont des gobelets, des tasses, huiliers, bénitiers, soucoupes, compotiers.

Les *verres* & les ouvrages de *verre,* sont sujets à des droits assez considérables, tant à l'entrée qu'à la sortie du royaume, & à la circulation au-dedans. Deux arrêts du conseil, du 27 décembre 1746, ont réglé la quotité de ces droits dans trois circonstances, & même fixé les dimensions

des

des chariottes, caisses & caissetins dont on se sert ordinairement pour le transport des *verres* & *verreries*, par un tarif joint à ces arrêts.

Ensuite celui du 15 août 1752, qui a déterminé les bureaux d'entrée par lesquels les *verreries* pourroient être importées dans le royaume, a ordonné de mettre ces *verres* dans des caisses séparées, sans aucun mélange de qualité, & de déclarer le poids de chaque caisse.

On n'entrera pas dans le détail de ces droits parce qu'il demanderoit trop d'étendue ; & que d'ailleurs il deviendroit superflu, si, comme on l'annonce, la suppression des douanes intérieures est sur le point d'être ordonnée & va introduire dans la législation sur les droits d'entrée & de sortie, des changemens avantageux au commerce.

On se contentera d'observer, que les *verres* à vitre étant plus communs, & d'un usage plus général, ne sont assujettis qu'à de modiques droits. A propos de cette espèce de *verre*, il est bon de remarquer, que dans la vue d'assurer l'approvisionnement de la ville de Paris, à l'époque où l'usage des carreaux de vitre, fut substitué à celui des panneaux en losange, un arrêt du conseil du 11 août 1711, avoit réglé la quantité de paniers de *verre* que les maîtres des *verreries* de Normandie seroient obligés de fournir au vitriers de Paris & de Rouen, & fixé le prix de cette marchandise au-dessous de sa valeur réelle.

Ces entraves mises à la liberté du commerce de *verres* à vitre, en Normandie, y avoient abâtardi l'industrie à cet égard. On n'y fabriquoit que du *verre* à vitre le plus grossier, tandis que plusieurs autres *verreries* du royaume avoient porté à un très-haut degré de perfection, la fabrication de *verre* blanc, connu sous le nom de *verre* de Bohème. Cette impéritie dans un art précieux fut dénoncée avec ses causes, en 1775, à un ministre qui avoit déja manifesté ses principes contre tout ce qui pouvoit empêcher les progrès & l'activité de l'industrie. En conséquence, la déclaration du roi du 12 janvier 1776, registrée au parlement de Rouen le 24 février suivant, remit les choses dans un état raisonnable & naturel.

Cette police, porte le préambule de cette déclaration, est devenue un obstacle insurmontable au perfectionnement des *verreries* de Normandie ; & malgré les augmentations de prix qui ont été successivement accordées, ce n'est que dans les autres provinces que l'art s'est amélioré, en s'élevant à la fabrication des *verres* communs, sous le nom de *verres* de Bohème & d'Alsace.

Par une suite de cet état de contrainte ; & de la liberté dont jouissent les maîtres des *verreries* des autres provinces, ceux de Normandie éprou-

Tome III. Finances.

vent depuis plusieurs années, le double désavantage de ne vendre à Paris qu'environ la huitième partie des *verres* à vitres qu'ils y vendoient autrefois, & d'être forcés à les livrer au-dessous même du prix auquel ils sont taxés, attendu la préférence qu'obtiennent les *verreries*, à qui la liberté du commerce a donné le tems & les moyens de se perfectionner.

Il est d'autant plus pressant de remédier à l'obstacle qui arrête les progrès de cette industrie dans une de nos principales provinces, que les vitriers seuls profitent, tant contre les maîtres des *verreries*, que contre le public, d'une police si onéreuse ; & qu'il est notoire, à Rouen sur-tout, que les consommateurs paient le panier de *verres* à vitres, plus du double de ce qu'il coûte aux maîtres vitriers.

A ces causes & autres, à ce nous mouvant, de l'avis de notre conseil, &c. voulons & nous plaît : qu'à compter du jour de la publication de la présente déclaration, tous les maîtres de *verreries* de la province de Normandie, jouissent de la liberté de vendre à tous nos sujets des villes de Paris, Rouen, & autres de notre royaume, les *verres* à vitres de leurs fabriques, au prix qui sera librement convenu entr'eux & les maîtres vitriers, ou autres acheteurs. Les dispensons d'entretenir par la suite, aucuns magasins particuliers pour les vitriers, & d'avoir dans les villes d'autres magasins que ceux qu'ils jugeront à propos d'y établir pour l'utilité & la facilité de leur commerce : & ce, nonobstant tous règlemens & arrêts contraires, &c. Donné à Versailles le 12 du mois de janvier 1776.

VERTE MOUTE. s. f. C'est un droit que les seigneurs qui ont des fours bannaux exigent en espèces, pour leur tenir lieu du bénéfice de la mouture du bled, que leurs vassaux ont fait moudre ailleurs que dans leurs moulins. *Voyez le Dictionnaire de Jurisprudence*, article BANNALITE.

VETERAN. s. m. On donne ce nom à des officiers qui ont rempli pendant vingt ans une charge, & qui après ce tems s'en sont démis, & conservent les honneurs, privilèges & prérogatives attribués à cette charge.

VEXATION. s. f. C'est une demande injuste, ou qui n'est pas clairement établie, ou qui est exagérée par une fausse interprétation de la loi, ou par l'extension que l'on donne au sens littéral de ses dispositions. Il n'est pas rare de voir des *vexations* de ce genre en finance ; mais pour les réprimer, tout particulier a la voie du conseil de cette partie dans lequel il obtient promptement & sans frais, une décision conforme à la juſtice. Il ne s'agit que d'adreſſer au miniſtre des finances, un mémoire très-court, pour expoſer le fait dont on ſe trouve vexé ; ce mémoire eſt communiqué aux fermiers ou régiſſeurs du fiſc, qu'il regarde, & ils fourniſſent leurs obſervations. De ce tout, on compoſe un rapport qui eſt mis ſous les yeux du miniſtre ; l'on y rappelle la loi qui autoriſe les fermiers ou régiſſeurs dans la demande ou perception qu'ils ont faite, avec les règlemens interprétatifs, extenſifs, ou modératifs de cette loi primitive, ou bien l'on en développe l'eſprit & les vues ; ſi l'un & l'autre ont été bleſſés, les fermiers ou régiſſeurs du fiſc ſont condamnés à la reſtitution de ce qu'ils ont reçu ; ſi au contraire, ils ne ſe ſont écartés, ni de la lettre, ni du ſens de la loi, leur demande ou leur perception eſt approuvée, & cette déciſion eſt confirmée par un arrêt du conſeil, ſi le cas le requiert. Très-communément on donne le nom de *vexation* dans le monde, à l'exécution ſtricte des règlemens en matière fiſcale, parce qu'il en a fallu de ſévères, pour obliger les ſujets à payer des droits ou des impoſitions, que l'intérêt perſonnel cherche toujours à éluder. Auſſi, eſt-ce en finance qu'on peut dire véritablement, *ſummum jus, ſumma injuria*.

VIAGÈRES. (rentes) On en a parlé à l'article RENTES, ci-devant, *pag. 488. Voyez* auſſi ce qu'on a dit des *rentes viagères*, au mot ANNUITÉ, *tome I, pag. 46*, & des rentiers, au mot DETTE PUBLIQUE, *tome I, pag. 520*.

On ajoutera ſeulement ici quelques obſervations ſur une nouvelle forme d'emprunt *viager*, & ſur la nouvelle méthode qu'on pourroit appliquer à tous ces emprunts.

Emprunt viager, *en forme d'aſſociation, ſur deux têtes, calculé à neuf pour cent d'intérêt.*

ARTICLE PREMIER.

Cet emprunt, compoſé de ſoixante mille billets, de douze cents livres chacun, formeroit un capital de ſoixante-douze millions, dont l'intérêt à neuf pour cent, ſeroit de ſix millions quatre cents quatre-vingt mille livres.

I I.

Les ſoixante mille billets pourroient être acquis ſur toutes têtes ; ſavoir : cinquante-quatre mille, à raiſon de ſept & demi pour cent, depuis la naiſſance juſqu'à ſoixante ans ; & ſix mille, à raiſon de douze & demi pour cent, au-deſſus de ſoixante ans.

I I I.

Les ſoixante mille actionnaires ſeroient claſſés de deux en deux, à égalité d'âge, de ſorte que ceux qui n'auroient d'abord placé leurs capitaux qu'à ſept & demi pour cent, retireroient tôt ou tard, par droit de ſurvivance, quinze pour cent ; & ceux qui auroient placé leurs capitaux à douze & demi pour cent, retireroient tôt ou tard, également par droit de ſurvivance, juſqu'à vingt-cinq pour cent.

I V.

Outre le droit de ſurvivance, dévolu à chacun des ſoixante mille actionnaires, les cinquante-quatre mille d'entre eux, qui auroient placé leurs capitaux qu'à ſept & demi pour cent, participeroient, d'année en année, à un tirage de primes, conformément à la table de diſtribution ci-après ; ce qui leur procureroit, dans le ſort le moins favorable, huit pour cent.

V.

Les actionnaires qui reſteroient ſeuls de leur claſſe, ne pourroient plus prétendre au bénéfice des primes attribuées à chacun des cinquante-quatre mille billets, ce bénéfice ne leur étant accordé, qu'en raiſon de la modicité de leur rente primitive.

V I.

Les arrérages ſeroient exempts à toujours du dixième d'amortiſſement, des ſols pour livre d'icelui, & de toute impoſition généralement quelconque, qui pourroit avoir lieu par la ſuite.

V I I.

Ceux d'entre les cinquante-quatre mille actionnaires qui préféreroient une rente *viagère* pure & ſimple à toute eſpèce d'aſſociation, ſeroient libres, pendant l'année qui ſuivroit immédiatement celle du prêt, d'échanger leur billet contre une reconnoiſſance, portant promeſſe de paſſer contrat de rente *viagère*, ſur une ſeule tête, à raiſon de dix pour cent, & ſur deux têtes, à raiſon de neuf pour cent.

COROLLAIRE.

54 mille parties de rentes, de 90 livres, à ſept & demi pour cent.....	4,860,000 livres.
6 mille parties de rentes, de 150 livres, à douze & demi pour cent..	900,000.
54 mille primes, conformément à la table de diſtribution ci-après...	677,600.
Frais relatifs à l'emprunt...............................	42,400.
Intérêts de ſoixante-douze millions, à neuf pour cent............	6,480,000 livres.

TABLE de la distribution des cinquante-quatre mille primes.

1 de...	100,000 livres.
1 de...	50,000.
1 de...	20,000.
1 de...	12,000.
1 de...	6,000.
5 de 3000 livres	15,000.
10 de 1200	12,000.
30 de 600	18,000.
50 de 300	15,000.
200 de 120	24,000.
300 de 60 (à douze & demi pour cent,)....................	18,000.
800 de 30 (à dix pour cent)	24,000.
4,000 de 18 (à neuf pour cent).........................	72,000.
48,600 de 6 livres, (à huit pour cent)...................	291,600.
54,000 primes	677,600 livres.

Par M. Caminade de Castres.

Lorsque le gouvernement ouvre un emprunt, soit en rentes perpétuelles, soit *viagères*, les capitalistes & les banquiers, sont ordinairement admis à donner leurs soumissions pour des valeurs qui ne s'effectuent qu'à trois, six & neuf mois de leur date. Cet arrangement a pour objet, d'assurer la rentrée des fonds qu'on emprunte aux époques où l'on a des paiemens à faire, & d'engager les capitalistes à placer de grosses sommes, par la facilité des termes qu'on leur accorde, & pendant lesquels ils les font valoir.

Il semble, que si au lieu de ces soumissions, on vouloit recevoir tous les coupons d'effets royaux, les billets des fermes, les rescriptions, billets de loterie, actions de la compagnie des Indes, & autres, qui seroient remboursables au moment de l'ouverture de l'emprunt *viager*, ou dans les trois & six premiers mois de sa promulgation, cette nouvelle forme imprimeroit un grand mouvement à la circulation, & deviendroit un puissant appui du crédit.

On pourroit même encore recevoir au trésor royal, pour comptant, les quittances de rentes perpétuelles ou *viagères*, payables dans le même intervalle de tems, pourvu qu'elles fussent au moins de cent livres, & après qu'elles auroient reçu le visa du payeur chargé de l'acquittement de ces rentes, pour en constater l'existence & la propriété.

Les lettres-patentes du 15 août 1784, fixant irrévocablement les époques où les rentes *viagères* doivent être payées annuellement, en ré-glant que telles lettres doivent être appellées en tel mois, le nom de baptême du propriétaire de la rente indiqueroit d'abord le tems où elle seroit à recevoir; dès-lors, cette nature d'effets après le visa du payeur, pourroit, ainsi que toute autre espèce, être mise en négociation par ceux qui ne voudroient pas constituer. Cependant, afin d'accélérer les constitutions, on pourroit ordonner que ces nouvelles rentes *viagères* seroient payées par ordre de numéros, au lieu de l'être suivant l'ordre alphabétique des noms des rentiers. En six mois un pareil emprunt, quel qu'en fût le montant, seroit rempli, & les cinquante ou soixante millions destinés pendant ce même tems, au paiement des rentes & effets admis dans l'emprunt, seroient appliqués aux dépenses extraordinaires & urgentes.

L'empressement de constituer étant égal à l'empressement de jouir de sa rente, ceux qui ne voudroient pas profiter de cette occasion, de placer les deniers qu'ils auroient à recevoir dans le terme de six mois, se hâteroient de mettre sur la place les titres de leur créance, ceux & les quittances de leurs rentes, dès-lors, ces effets acquerroient toute la valeur d'une lettre-de-change, ou d'un billet de circulation, sauf l'escompte de l'intérêt, suivant l'époque plus ou moins reculée de son acquittement.

VICOMTE. Ancien officier qui tenoit la place du comte, & qui étoit regardé comme son lieutenant ou vicaire. Ainsi, dans le tems où les comtes qui avoient le gouvernement des villes, étoient à la fois chargés du commandement des armes, de l'administration de la justice, & de la perception des tributs des peuples, ils avoient des *vicomtes* pour les suppléer dans ces fonctions si différentes.

Il est fait mention du *vicomte* des aides, dans une ordonnance de Charles VII, du premier mars 1388, qui porte, que les tréforiers ne pourront voir les états de greneriers, receveurs, & *vicomtes* des aides, avant la rendue de leurs comptes. Sans doute que ces *vicomtes* étoient ceux qui faifoient la recette des droits d'aides, comme le dit M. de Laurière, dans son *Gloffaire*, au mot Vicomte.

Le *vicomte* ordinaire du domaine, étoit celui qui faifoit, au lieu du comte, la recette du domaine; on l'appelloit ordinaire, parce que cette recette étoit annuelle & permanente, différente de celle des aides, qui étoit momentanée comme les aides l'étoient elles-mêmes avant 1360.

Le *vicomte* extraordinaire, étoit celui qui étoit commis extraordinairement, pour la recette de quelque partie du domaine, ou envoyé dans une province, avec une commiffion relative à quelque objet domanial.

VICOMTÉ, f. f. C'eft le nom d'une jurifdiction qui exifte en plufieurs villes de Normandie, & qui connoît des conteftations élevées entre roturiers, & pour des fonds roturiers. L'appel du jugement des *vicomtés* fe portent devant le baillif. *Voyez le Dictionnaire de jurifprudence.*

VIN, f. m. Liqueur extraite du raifin & devenue potable par la fermentation; elle eft trop connue pour avoir befoin d'une autre définition; mais notre tâche, en confidérant cette denrée fous fon rapport avec les finances, eft de faire voir combien le fifc a trouvé de reffources dans les impôts qu'elle paye.

L'abondance & la qualité des *vins* de France, les ayant rendus l'objet d'une grande confommation, ou un moyen d'échange & de commerce, tant dans l'intérieur du royaume, qu'à l'extérieur, ils ont été chargés de droits, dans toutes les circonftances de leur vente, foit en gros, foit en détail.

Ainfi les *vins* exportés du royaume, paient indépendamment des droits de fortie, fixés par les tarifs, ceux d'enlèvement dans les provinces fujettes aux aides, comme droits de courtiers-jaugeurs, droits de jauge & courtage, droit de fubvention fimple ou par doublement, & les droits de traite domaniale. A leur importation, en Picardie & en Champagne, ils font affujettis au droit particulier de neuf livres, ou neuf livres dix-huit fols par

tonneau; droit qui fe retrouve en Normandie; & qui eft doublé dans les ports de Calais & Boulogne.

Tous ces droits font exigibles en fus de ceux qui font dûs par le feul fait de la vente en gros, & qui confiftent dans le droit de gros, augmentation & parifis, en quelques généralités.

Enfin, à la vente en détail, les *vins* doivent ou les droits de huitième, ou ceux de quatrième, & celui d'annuel, fuivant les provinces, & de plus les droits d'entrée des villes, comme anciens & nouveaux cinq fous, fubvention, jauge, courtage, infpecteurs aux boiffons; les devoirs, impôts & billots, en Bretagne; en Languedoc, les droits d'équivalents, & en Bourgogne des droits d'octroi, qui forment les revenus patrimoniaux des villes. Par tout il femble qu'on ait voulu interdire l'ufage du *vin* à la claffe indigente, par l'excès des droits dont on l'a chargé. Peut-être auffi qu'en confidérant la néceffité de la confommation, & la forme fous laquelle le peuple l'opère, on a remarqué que l'impôt fupporté par chaque confommateur étoit fi modique, qu'il ne pouvoit pas l'arrêter dans l'ufage d'une chofe, à la fois agréable aux fens, & utile pour la réparation des forces. En effet, le renchériffement d'une bouteille de *vin*, n'étant que de fix, douze, ou dix-huit deniers en général, dans les provinces fujettes aux aides, où il fait la boiffon ordinaire, par l'effet des droits qu'acquitte le muid, on conçoit qu'une perception ainfi fubdivifée & partagée entre un grand nombre de perfonnes, ne peut être d'un poids bien fenfible pour les confommateurs. Auffi n'eft-il point d'Etat en Europe, où les boiffons d'un ufage connu & journalier, ne forment par les impofitions auxquelles elles font foumifes fous le nom d'aides, d'accifes ou d'excifes, une des plus intéreffantes branches de fes revenus. *Voyez* les articles Angleterre, Dannemarck, Efpagne, Hollande, Portugal, Pruffe, Suiffe, Sardaigne, Suede, Saxe.

En France, plufieurs villes fituées dans des pays fertiles en vignobles, s'étoient même emparé du monopole des *vins*; c'eft-à-dire, que les habitans de ces villes étoient parvenus à obtenir des loix qui affuroient le débit exclufif de leurs *vins*, en écartant toute concurrence; les habitans des environs, quoique poffeffeurs des *vins* de même qualité, ne pouvoient en amener dans ces villes, que lorfqu'il n'en reftoit plus à vendre aux citadins, ou du moins à des époques où ils étoient fuppofés les avoir vendus.

Ce tyrannique privilège, auffi contraire au droit naturel qu'à la liberté, avoit des influences trop funeftes à la culture & à la profpérité des provinces où il fubfiftoit, & même à la richeffe générale de l'Etat, pour ne pas être un jour u à la fuppreffion. A peine eût-il été dénoncé au miniftre des finances choifi par Louis XVI, à fon avènement au trône, que cet homme d'Etat, dont nous avons eu fouvent occafion de vanter la paffion pour le bien public & les principes pour la liberté, fit rendre l'édit du mois d'avril 1776; c'eft dans ce monument, non moins admirable par fes motifs que par l'utilité de fes difpofitions, & regardé comme un chef-d'œuvre, où font difcutés les droits des hommes, & établis les vrais principes de la légiflation, que l'on va voir l'hiftorique du monopole fur les *vins*, & connoître comment & dans quels lieux il s'exerçoit.

Louis, par la grace de Dieu, &c. Salut. Chargés par la providence de veiller fans ceffe au bonheur des peuples qu'elle nous a confiés; nous devons porter notre attention fur tout ce qui concourt à la profpérité publique. Elle a pour premier fondement la culture des terres, l'abondance des denrées, & leur débit avantageux, feul encouragement de la culture, feul gage de l'abondance. Ce débit avantageux ne peut naître que de la plus entière liberté des ventes & des achats. C'eft cette liberté feule qui affure aux cultivateurs, la jufte récompenfe de leurs travaux, aux propriétaires des terres un revenu fixe, aux hommes induftrieux des falaires conftans & proportionnés, aux confommateurs les objets de leurs befoins, aux citoyens de tous les ordres la jouiffance de leurs véritables droits.

Nous nous fommes d'abord occupés de rendre, par notre arrêt du 13 feptembre 1774, & nos lettres-patentes fur icelui, du 2 novembre de la même année, la liberté au commerce de la denrée la plus effentielle à la fubfiftance de nos fujets, & dont, par cette raifon, il importe le plus d'encourager la culture, & de faciliter la circulation.

Les *vins* font la feconde richeffe de notre royaume: ils font prefque l'unique reffource de plufieurs de nos provinces, qui n'ont pas d'autre moyen d'échange pour fe pourvoir de grains, & procurer la fubfiftance journalière à une population immenfe que le travail des vignes emploie, & dont les confommations enrichiffent à leur tour la partie de nos fujets occupés à la culture des grains, & en augmentent la production par l'affurance du débit.

La France, par une forte de privilège attaché à la nature de fon climat & de fon fol, eft le feul pays qui produife en abondance des *vins* recherchés de toutes les nations, par leur qualité fupérieure, & parce qu'ils font regardés comme plus propres, que ceux des autres contrées, à la confommation habituelle.

Ainfi les *vins* de France devenus pour la plupart des pays, à qui cette production a été refufée, une boiffon d'un ufage journalier qu'on croit ne pouvoir remplacer par aucune autre, forment pour notre royaume l'objet du commerce d'exportation le plus étendu & le plus affuré.

Animés du defir de voir fleurir une branche de commerce fi importante, nous avons recherché les caufes qui pouvoient mettre obftacle à fes progrès.

Le compte que nous nous fommes fait rendre de quelques conteftations mues en notre confeil, entre diverfes provinces & villes de notre royaume, nous a fait reconnoître que le transfport, la vente & l'achat des *vins*, fe trouvent affujettis dans un très grand nombre de lieux, & fur-tout dans nos provinces méridionales, à des prohibitions, à des gênes multipliées, que les habitans de ces lieux regardent comme des privilèges établis en leur faveur.

Les propriétaires des vignobles fitués dans la fénéchauffée de Bordeaux font en poffeffion d'interdire la confommation & la vente dans la ville de Bordeaux, de tout autre *vin* que celui du crû de la fénéchauffée: il n'eft pas même permis à tout propriétaire de vendre le fien en détail, s'il n'eft bourgeois de Bordeaux, & s'il ne réfide dans la ville avec fa famille, au moins pendant fix mois chaque année.

Le Languedoc, le Périgord, l'Agénois, la Querci, & toutes les provinces traverfées par cette multitude de rivières navigables, qui fe réuniffent fous les murs de Bordeaux, non-feulement ne peuvent vendre leurs vins aux habitans de cette ville, qui voudroient les acheter; ces provinces ne peuvent pas même profiter librement, pour les vendre aux étrangers, de cette voie que la nature leur offroit pour communiquer avec toutes les nations commerçantes.

Les vins du Languedoc n'ont pas la liberté de defcendre la Garonne avant la Saint-Martin; il n'eft pas permis de les vendre avant le premier décembre.

On ne fouffre pas que ceux du Périgord, de l'Agénois, du Querci & de toute la haute-Guyenne, arrivent à Bordeaux avant les fêtes de Noël.

Ainfi les propriétaires des *vins* du haut pays ne peuvent profiter, pour les vendre, de la faifon la plus avantageufe, pendant laquelle les négocians étrangers font forcés de preffer leurs achats, pour approvifionner les nations du Nord, avant que les glaces en aient fermé les ports.

Ils n'ont pas même la reffource de laiffer leurs *vins* à Bordeaux, pour les y vendre après un an de féjour : aucun *vin* étranger à la féneíchauffée de Bordeaux, ne peut refter dans cette ville, paffé le 8 feptembre. Le propriétaire qui n'a pu vendre le fien à cette époque, n'a que le choix, ou de le convertir en eau-de-vie, ou de le faire reffortir de la fénéchauffée en remontant la rivière ; c'eft-à-dire, d'en diminuer la valeur, ou de la confumer en frais inutiles.

Par cet arrangement, les *vins* de Bordeaux n'ont à craindre aucune concurrence, pendant tout l'intervalle qui s'écoule depuis les vendanges jufqu'au mois de décembre.

Depuis cette époque même du mois de décembre, jufqu'au 8 feptembre de l'année fuivante, le commerce des *vins* du haut pays gémit fous des entraves multipliées.

Les *vins* ne peuvent être vendus immédiatement à leur arrivée : il n'eft pas libre de les verfer de bord à bord, dans les vaiffeaux qui pourroient fe trouver en chargement dans ce port, ou dans quelqu'autre port de la Garonne. Il faut néceffairement les décharger & les entrepofer, non pas dans la ville de Bordeaux, mais dans un fauxbourg, dans un efpace déterminé de ce fauxbourg, & dans des celliers particuliers, où il n'eft pas permis d'introduire des *vins* du territoire de Bordeaux.

Les *vins* étrangers à ce territoire doivent être renfermés dans des futailles d'une forme particulière, dont la jauge eft moins avantageufe pour le commerce étranger. Ces futailles, reliées avec des cercles en moindre nombre & d'un bois moins fort, font moins durables & moins propres à foutenir les voyages de long cours, que les tonneaux affectés exclufivement aux vins de Bordeaux.

L'exécution de cet affemblage de règlemens, combinés avec le plus grand art pour affurer aux bourgeois de Bordeaux, propriétaires de vignobles dans la fénéchauffée, l'avantage de vendre leur *vin* plus cher, au préjudice des propriétaires de tous les vignobles des provinces méridionales, au préjudice des confommateurs de toutes les autres provinces du royaume, au préjudice même des commerçans & du peuple de Bordeaux, s'appelle dans cette ville, la police des *vins*. Cette police s'exerce par les jurats, fous l'autorité du parlement.

La ville de Bordeaux n'a jamais repréfenté de titre originaire, portant conceffion de ce privilège ; mais elle en eft en poffeffion depuis plufieurs fiècles, & plufieurs des rois nos prédéceffeurs l'ont confirmé en différens temps. Les premières lettres de confirmation que l'on connoiffe, ont été données par Louis XI en 1461.

Les autres provinces du royaume n'ont pas ceffé de réclamer contre le préjudice que faifoient à leur commerce les gênes qu'il éprouvoit à Bordeaux. En 1483, les députés du Languedoc en portèrent leurs plaintes dans l'affemblée des États généraux tenue à Tours. En 1499, fous le règne de Louis XII, le Languedoc, le Querci, l'Agénois, la Bretagne & la Normandie, s'oppofèrent à la confirmation demandée par les habitans de Bordeaux, de tous leurs privilèges relatifs au commerce des *vins* : ces privilèges reçurent dans ces deux occafions quelque modification.

Depuis cette époque, la ville de Bordeaux a obtenu fucceffivement différentes lettres confirmatives de fa poffeffion. Plufieurs conteftations ont été élevées fucceffivement par différentes villes, par différentes provinces, qui tantôt réclamoient contre le privilège en lui-même, tantôt attaquoient les extenfions qu'y ont donné fucceffivement les Bordelois, tantôt fe plaignoient de quelques vexations de détail, de quelques faifies particulières. Ces conteftations ont donné lieu quelquefois à des tranfactions, quelquefois à des jugemens de notre confeil, tantôt plus, tantôt moins favorables au privilège de Bordeaux, ou aux intérêts des provinces d'en-haut.

Quoique deux arrêts du confeil du 10 mai & du 2 juillet 1741, paruffent avoir de nouveau confacré les privilèges de la ville de Bordeaux contre les *vins* du haut-pays, les autres provinces n'ont pas cru avoir perdu le droit de faire encore entendre leurs réclamations.

La ville de Cahors a préfenté en 1772, une requête, tendante à ce que toutes les lettres confirmatives des prétendus privilèges accordés à la ville de Bordeaux, fuffent déclarés obreptices & fubreptices, & à ce que l'entière liberté du commerce & de la navigation, fût rétablie en toute faifon. Cette requête eft devenue l'objet d'une inftance liée en notre confeil, par la communication que l'arrêt du 11 août 1772 en a ordonnée aux maires & jurats de Bordeaux.

Les États du Languedoc, les officiers municipaux de la ville de Domme, prenant fait & caufe des propriétaires des vignes de la province du Périgord, les États de Bretagne font intervenus fucceffivement dans cette conteftation, qui eft inftruite contradictoirement.

Un très grand nombre de villes dans nos provinces méridionales, s'attribuent, comme la ville de Bordeaux, le droit de refufer le paffage aux *vins* des autres villes, & de ne laiffer vendre, dans leur enceinte, que le *vin* produit par leur territoire ; & nous n'avons pas été peu furpris de voir que la plus grande partie des villes du Querci, du Périgord, de la haute-Guyenne, celles même qui fe plaignent avec le plus d'amertume des entraves que la ville de Bordeaux met à leur commerce, prétendent avoir les mêmes privilèges, chacune dans leur diſtrict, & qu'elles ont eu recours, pour les faire confirmer, à l'autorité du parlement de Bordeaux. La ville de Domme eſt dans ce cas.

La ville de Bergerac a autrefois porté l'abus de ſes prétentions juſqu'à vouloir interdire la navigation de laDordogne aux vins des territoires ſitués au-deſſus de cette ville. Cette vexation fut réprimée en 1724 par arrêt du conſeil.

Les conſuls & jurats de la ville de Belves en Périgord, demandèrent, il y a peu d'années, par une requête au parlement de Bordeaux, qu'il fût défendu, ſous peine de cinq cents livres d'amende, & de confiſcation des bœufs, chevaux & charrettes, d'introduire dans leur ville & banlieue aucuns vins, ni vendanges des lieux voiſins & étrangers. Ils demandèrent qu'il leur fût permis, à l'effet de l'empêcher, de ſe tranſporter dans toutes les maiſons, caves, celliers de la ville & de la banlieue, d'en demander l'ouverture, de faire briſer les portes en cas de refus, & de prononcer eux-mêmes les amendes & confiſcations en cas de contravention. Toutes leurs concluſions leur furent adjugées ſans difficulté, par arrêt du parlement de Bordeaux, du 12 août 1765.

Plus récemment encore, la ville de Montpaſier, le 16 novembre 1772, & celle de Badefol, le 7 décembre de la même année, ont obtenu du parlement de Bordeaux, ſur la requête de leurs officiers municipaux, des arrêts qui défendent aux aubergiſtes de ces villes, le débit & la vente de tous vins étrangers juſqu'après la conſommation des vins du territoire. A cette époque même la vente des vins des territoires voiſins, qu'on appelle étrangers, n'eſt tolérée qu'après qu'on en a obtenu la permiſſion des officiers municipaux.

Le prétexte allégué par ces villes pour faire autoriſer ce monopole en faveur des vins de leur territoire, étoit qu'en 1685, elles avoient acquis, ainſi que pluſieurs autres villes, le droit de banvin que Louis XIV avoit alors aliéné; & que ces autres villes ayant en conſéquence interdit l'entrée des vins étrangers à leur territoire, elles devoient avoir le même droit.

Rien n'étoit plus frivole que ce prétexte. Le droit de banvin, qui, comme les autres droits féodaux, a beaucoup varié ſuivant les temps & les lieux, ne conſiſtoit que dans un droit excluſif exercé par le Seigneur, de faire vendre ſon vin en détail pendant un certain nombre de jours. Les beſoins de l'État firent imaginer, dans des temps difficiles, d'établir ſous ce titre, au profit du roi, dans les lieux où les droits d'aides n'avoient point cours, & où ce droit ne ſe trouvoit pas déjà établi au profit, ſoit du domaine,

ſoit des ſeigneurs de fiefs, un droit excluſif de débiter du vin en détail pendant quarante jours; ce droit fut mis en vente, avec faculté aux ſeigneurs, & aux villes & communautés, de l'acquérir par préférence.

Il eſt évident que ce droit de vendre excluſivement du vin en détail pendant quarante jours, ne pouvoit s'étendre à la défenſe de conſommer pendant un temps indéfini aucun vin recueilli hors du territoire; il n'eſt pas moins évident que les villes, en acquérant ce droit, ont dû l'acquérir pour l'avantage de leurs citoyens, par conſéquent pour les en libérer, & non pour en aggraver encore le fardeau; que ſur-tout après avoir laiſſé écouler quatre-vingt ans ſans exercer ce prétendu droit, les officiers municipaux ne devoient plus être autoriſés, ſur leur ſeule demande, & ſans aucun concours de l'autorité légiſlative, à impoſer de nouvelles prohibitions au commerce.

On ne peut imputer la facilité avec laquelle le parlement de Bordeaux s'eſt prêté à leur demande, qu'à l'habitude de regarder ce genre de prohibitions ſi fréquent dans ces provinces, comme étant en quelque ſorte de droit commun.

En effet, la même façon de penſer, paroît avoir régné dans toute la partie méridionale du royaume.

Les États de Béarn défendirent en 1667, l'introduction & le débit de tous vins étrangers, depuis le premier octobre juſqu'au premier mai de l'année ſuivante. En 1745, ces mêmes États prirent une délibération qui proſcrivoit le débit de tous vins, juſqu'à ce que ceux du crû de la province fuſſent entièrement conſommés. Cette délibération fut homologuée par arrêt du parlement de Pau. Elle fut caſſée, ainſi que l'arrêt, le 2 ſeptembre 1747, ſur la réclamation portée au conſeil par les États de Bigorre.

Les États de Béarn s'étant pourvus en oppoſition en 1768, contre ce dernier arrêt, ils en furent déboutés, & l'arrêt qui caſſoit leur délibération fut confirmé. Mais ſans la réclamation de la province de Bigorre, les États d'une province particulière auroient établi, de leur ſeule autorité, une prohibition qui auroit pu avoir lieu long-temps ſans que le gouvernement y remédiât, & en fût même informé.

Quoique cette prohibition ait ceſſé entre le Béarn & la Bigorre, celles qui ont lieu entre les différentes villes de Béarn n'en ſubſiſtent pas moins dans leur entier, quoiqu'en général elles ne ſoient pas établies ſur d'autres titres que ſur des délibérations des communautés elles-mêmes, homologuées par des arrêts du parlement.

Plufieurs villes du Dauphiné & de la Provence fe font arrogés le même droit, d'exclure de leur territoire la confommation des *vins* prétendus étrangers, ou entièrement, ou jufqu'à une époque déterminée, ou feulement jufqu'à ce que le *vin* du territoire fût vendu.

Les habitans de la ville de Veyne, fituée en Dauphiné, fe pourvurent en 1756, au confeil, pour obtenir la confirmation de leurs privilèges, qui confiftoient dans la prohibition, faite par délibération de la communauté, de laiffer entrer aucuns *vins* étrangers, afin de favorifer la confommation des *vins* de leur territoire, qui n'étoient pas, difoient-ils, faciles à vendre, attendu leur mauvaife qualité. Ils repréfentoient que cette prohibition avoit été confirmée par arrêt du parlement de Grenoble du 27 juillet 1732; & que la faveur qu'ils réclamoient avoit été accordée à la ville de Grenoble, à celle de Gap, & à plufieurs autres du Dauphiné.

Aucune ville n'a porté ce privilège à un plus grand excès; aucune ne l'a exercé avec plus de rigueur que la ville de Marfeille. *Voyez* ce mot ci-devant, *pag.* 120.

L'étendue des pays où règne cette efpèce d'interdiction de commerce de canton à canton, de ville à ville, le nombre des lieux qui font en poffeffion de repouffer ainfi les productions des territoires voifins, prouvent, qu'il ne faut point chercher l'origine de ces ufages dans des conceffions obtenues de l'autorité de nos prédéceffeurs, à titre de faveur & de grace, ou accordées fur de faux expofés de juftice & d'utilité publique.

Ils font nés, & n'ont pû naître que dans ces temps d'anarchie, où le fouverain, les vaffaux des divers ordres, & les peuples ne tenant les uns aux autres que par les liens de la féodalité, ni le monarque, ni même les grands vaffaux, n'avoient affez de pouvoir pour établir & maintenir un fyftême de police, qui embraffât toutes les parties de l'État, & réprimât les ufurpations de la force. Chacun fe faifoit alors fes droits à lui-même.

Les feigneurs moleftoient le commerce dans leurs terres; les habitans des villes, réunis en communes, cherchoient à le concentrer dans l'enceinte de leurs murailles ou de leur territoire.

Les riches propriétaires, toujours dominans dans les affemblées, s'occupoient du foin de vendre feuls à leurs concitoyens, les denrées que produifoient leurs champs, & d'écarter toute autre concurrence, fans fonger que ce genre de monopole devenant général, & toutes les bourgades

d'un même royaume fe traitant ainfi réciproquement comme étrangers & comme ennemies, chacun perdoit au moins autant à ne pouvoir vendre à ces prétendus étrangers, qu'il gagnoit à pouvoir feul vendre à fes concitoyens, & que par conféquent cet état de guerre nuifoit à tous, fans être utile à perfonne.

Cet efprit exclufif a dû varier dans fes effets, fuivant les lieux & fuivant les temps.

Dans nos provinces méridionales, plus fertiles en *vins*, où cette denrée forme en un grand nombre de lieux, la production principale du territoire, la prohibition réciproque du débit des *vins* appellés *étrangers*, eft devenue d'un ufage prefque univerfel; le droit que fe font arrogé à cet égard prefque toutes les villes particulières, n'a pas même été remarqué; il s'eft exercé tellement fans contradiction, que le plus grand nombre n'ont pas crû avoir befoin de recourir à nos prédéceffeurs pour en obtenir la confirmation, & que plufieurs n'ont même penfé que dans ces derniers temps, à fe faire donner par des arrêts de nos cours, une autorifation qui n'eût pu en aucun cas fuppléer à la nôtre.

L'importance & l'étendue du commerce de Marfeille, la fituation du port de Bordeaux, entrepôt naturel & débouché néceffaire des productions de plufieurs provinces, ont rendu plus fenfible l'effet des reftrictions que ces deux villes ont mifes au commerce des *vins*, & le préjudice qui en réfultoit pour le commerce en général: ces villes, dont les prétentions ont été plus combattues, ont employé plus d'efforts pour les foutenir.

Il n'eft pas étonnant que dans des temps, où les principes de la richeffe publique, & les véritables intérêts des peuples étoient peu connus, les princes, qui avoient prefque toujours befoin de ménager les villes puiffantes, fe foient prêtés avec trop de condefcendance à confirmer ces ufurpations, qualifiées de privilèges; fans les avoir auparavant confidérées dans tous leurs rapports avec la juftice dûe au refte de leurs fujets, & avec l'intérêt général de l'État.

Les privilèges dont il s'agit, n'auroient pu foutenir fous ce double point de vue, l'examen d'une politique équitable & éclairée: ils n'auroient pas même pu lui offrir la matière d'un doute.

En effet, les propriétaires & les cultivateurs étrangers au territoire privilégié, font injuftement privés du droit le plus effentiel de leur propriété, celui de difpofer de la denrée qu'ils ont fait naître.

Les confommateurs des villes fujettes à la prohibition, & ceux qui auroient pu s'y approvifionner viſionner par la voie du commerce, ſont injuſtement privés du droit de choiſir & d'acheter, au prix réglé par le cours naturel des choſes, la denrée qui leur convient le mieux.

La culture eſt découragée dans les territoires non privilégiés, & même dans ceux dont le privilège local eſt plus que compenſé par le privilège ſemblable des territoires environnans.

De telles entraves ſont funeſtes à la nation entière, qui perd ce que l'activité d'un commerce libre, ce que l'abondance de la production, les progrès de la culture des vignes & ceux de l'art de faire les *vins*, animés par la facilité & l'étendue du débit, auroient répandu dans le royaume de richeſses nouvelles.

Ces prétendus privilèges ne ſont pas même utiles aux lieux qui en jouiſſent. L'avantage en eſt évidemment illuſoire pour toutes les villes & bourgs de l'intérieur du royaume, puiſque la gêne des ventes & des achats eſt réciproque, comme le ſera la liberté lorſque tous en jouiront.

Par-tout où le privilège exiſte, il eſt nuiſible au peuple conſommateur, nuiſible aux commerçans, les propriétaires des vignes ne ſont favoriſés en apparence qu'aux dépens des autres propriétaires, & de tous leurs concitoyens.

Dans Marſeille, dont les chefs ſe montrent ſi zélés pour l'excluſion des *vins* étrangers, cette excluſion eſt contraire aux intérêts du plus grand nombre des habitans de la ville, qui non-ſeulement ſont forcés de conſommer du *vin* médiocre à un prix que le défaut de concurrence rend exceſſif, mais qui même ſeroient obligés de ſe priver entièrement de *vin*, ſi malgré la défenſe de faire entrer dans cette ville des *vins* prétendus étrangers, ceux qui ſont ſi jaloux de cette défenſe & du privilège excluſif qu'elle leur donne, ne ſe réſervoient pas auſſi le privilège de l'enfreindre, par une contrebande notoire, puiſqu'il eſt notoirement connu que le territoire de Marſeille ne produit pas la quantité de *vin* néceſſaire pour les beſoins de ſon immenſe population.

Auſſi n'eſt-ce que par les voies les plus rigoureuſes, que le bureau du *vin* peut maintenir ce privilège odieux au peuple, & dont l'exécution a plus d'une fois occaſionné les rixes les plus violentes.

Bordeaux, dont le territoire produit des *vins* recherchés dans toute l'Europe par leur délicateſſe, & d'autres qui dans leur qualité plus groſſière ne ſont pas moins précieux, par la propriété ineſtimable qu'ils ont de réſiſter aux impreſſions de la mer, & à la chaleur même de la Zone torride; cette ville, que ſa ſituation la plus fa-

vorable pour embraſſer le commerce de toutes les parties du Monde, a rendue le rendez-vous de toutes les nations de l'Europe; cette ville, dont toutes les provinces qui peuvent vendre leurs denrées en concurrence des ſiennes, ſont forcées d'emprunter le port, & ne peuvent en faire uſage, ſans payer à l'induſtrie de ſes habitans un tribut qui ajoute à ſon opulence; Bordeaux enfin, dont la proſpérité s'accroît en raiſon de l'activité, de l'étendue de ſon commerce, & de l'affluence des denrées qui s'y réuniſſent de toutes parts, ne peut avoir de véritable intérêt à la conſervation d'un privilège qui, pour l'avantage léger & douteux de quelques propriétaires de vignes, tend à reſtreindre & à diminuer ſon commerce.

Ceux donc qui ont obtenu de nos prédéceſſeurs l'autoriſation des prétendus privilèges de Bordeaux, de Marſeille & de pluſieurs autres villes, n'ont point ſtipulé le véritable intérêt de ces villes, mais ſeulement l'intérêt de quelques-uns des plus riches habitans, au préjudice du plus grand nombre & de tous nos autres ſujets.

Ainſi, non-ſeulement le bien général de notre royaume, mais l'avantage réel des villes même qui ſont en poſſeſſion de ces privilèges, exigent qu'ils ſoient anéantis.

Si dans l'examen des queſtions qui ſe ſont élevées ſur leur exécution, nous devions les diſcuter comme des procès, ſur le vu des titres, nous pourrions être arrêtés par la multiplicité des lettres-patentes & des jugemens rendus en faveur des villes intéreſſées.

Mais ces queſtions nous paroiſſent d'un ordre plus élevé; elles ſont liées aux premiers principes du droit naturel & du droit public, entre nos diverſes provinces. C'eſt l'intérêt du royaume entier que nous avons à peſer; ce ſont les intérêts & les droits de tous nos ſujets, qui, comme vendeurs & comme acheteurs, ont un droit égal à débiter leurs denrées, & à ſe procurer les objets de leurs beſoins à leur plus grand avantage; c'eſt l'intérêt du corps de l'État, dont la richeſſe dépend du débit le plus étendu des produits de la terre & de l'induſtrie, & de l'augmentation du revenu qui en eſt la ſuite. Il n'a jamais exiſté de temps, il ne peut en exiſter, où de ſi grandes & de ſi juſtes conſidérations aient pu être miſes en parallèle avec l'intérêt particulier de quelques villes, ou, pour mieux dire, de quelques particuliers riches de ces villes. Si jamais l'autorité a pu balancer deux choſes auſſi diſproportionnées, ce n'a pu être que par une ſurpriſe manifeſte, contre laquelle les provinces, le peuple, l'État entier lézé, peuvent réclamer en tout temps, &, qu'en tout état de cauſe, nous pouvons & voulons réparer, en rendant, par un acte de notre puiſſance légiſlative, à tous nos ſujets, une liberté dont ils n'auroient jamais dû être privés.

A ces caufes, & autres, à ce nous moûvant;
&c. &c.

ARTICLE PREMIER.

Avons révoqué & abrogé, révoquons & abro-
geons tous édits, déclarations, lettres-patentes,
arrêts & règlements accordés à des villes, bourgs
ou autres lieux, portant empêchement à l'entrée,
au débit, à l'entrepôt, au tranfport par terre,
par mer, ou par les rivières, des *vins* & eaux-de-
vie de notre royaume, à quelque titre & fous
quelque prétexte que lefdits édits, déclarations,
lettres-patentes, arrêts & règlements aient été
rendus.

II.

Avons éteint & aboli, éteignons & aboliffons
le droit de banvin, appartenant à des villes, bourgs
ou autres lieux, à quelque titre que ledit droit
leur appartiennent, & foit qu'il ait été acquis
des rois nos prédéceffeurs ou de quelques feigneurs, de tels droits n'ayant dû être acquis par
lefdites villes, que pour en procurer aux habitans
l'affranchiffement.

III.

Et à l'égard du droit de banvin appartenant à
des feigneurs eccléfiaftiques ou féculiers, même
à nous, à caufe de nos domaines, voulons que
nonobftant ledit droit, les *vins* & eaux-de-vie
puiffent, en quelque temps que ce foit, paffer en
tranfit dans l'étendue defdites terres, par les chemins, fleuves & rivières navigables; que le chargement defdits *vins* & eaux-de-vie puiffe y être
fait, foit de bord à bord, foit autrement. Défendons à tous nos fujets, de quelqu'état & qualité
qu'ils foient, d'interdire lefdits paffage & chargement, & d'y apporter aucun obftacle, à peine
de répondre perfonnellement envers les parties,
de tous dépens, dommages & intérêts.

IV.

En conféquence des difpofitions portées aux
articles précédens, la circulation des *vins* fera &
demeurera libre dans notre royaume: Voulons que
tous nos fujets & tous autres propriétaires, marchands, voituriers, capitaines de navire, patrons, & généralement toutes perfonnes, puiffent
dans tous les temps & faifons de l'année, faire
tranfporter librement des *vins* & eaux-de-vie, ainfi
qu'ils aviferont, même des provinces de l'intérieur, dans celles qui feront réputées étrangères,
& les faire entrer ou rentrer de celles-ci, dans
les provinces de l'intérieur; les entrepofer par-
tout où befoin fera, & notamment dans les villes
de Bordeaux & de Marfeille, fans pouvoir être
forcés à les dépofer dans aucun magafin, à fe
pourvoir pour leurs confommations ou pour leurs
provifions dans leurs routes, d'autres *vins* que
de ceux qu'ils y auront deftinés, à faire fortir
leurs *vins* à certaines époques, de la ville où ils

feront dépofés, ou à les convertir en eaux-de-
vie, ni pouvoir être affujettis à autres règles ou
formalités que celles qui font ordonnées pour la
fûreté & perception de nos droits, de ceux d'octrois appartenans aux villes, & autres droits légitimement établis par nous ou par les rois nos
prédéceffeurs.

V.

Pourront auffi lefdits propriétaires, marchands,
voituriers, capitaines de navire, patrons & autres,
acheter & vendre en toutes faifons, lefdits *vins*
tant en gros qu'en détail, dans lefdites villes de
Bordeaux, de Marfeille, & autres qui auroient
ou prétendroient les mêmes privilèges; à l'exception néanmoins des terres des feigneurs eccléfiaftiques ou féculiers, dans lefquelles ledit droit
de banvin feroit établi, & dans le temps ou dans
la faifon feulement qui font fixés pour l'exercice
dudit droit; le tout en acquittant par lefdits propriétaires & autres, à l'entrée, fortie, tranfport
& vente en gros ou en détail, tous les droits qui
nous font dûs, à quelque titre que ce foit, les
droits d'octrois par nous accordés à quelques provinces, villes, communautés, & les autres
droits généralement quelconques, établis par
titres valables.

VI.

Faifons défenfes à tous maires, lieutenans de
maire, échevins, jurats, confuls, & à tous
autres officiers municipaux, même aux officiers
compofant le bureau des *vins* établi à Marfeille,
& autres adminiftrations femblables, qui font &
demeureront fupprimées par le préfent édit, de
porter aucun obftacle à la liberté de ladite circulation, emmagafinement, achat & vente; de requérir aucune confifcation, amende ou autres
condamnations, pour raifon de contravention aux
édits, déclarations, arrêts ou règlemens auxquels
il eft dérogé par l'article Ier. du préfent édit,
ainfi que pour raifon de contravention au droit
de banvin qu'ils prétendroient appartenir auxdites villes; & ce, en quelque temps & fous
quelque prétexte que ce puiffe être; à peine de
demeurer perfonnellement refponfables de tous
frais, dépens, dommages & intérêts, qui feront
adjugés aux parties, pour lefquels ils n'auront
aucun recours contre lefdites villes & communautés.

Si donnons en mandement, &c. Donné à Verfailles au mois d'avril, l'an de grace mil fept cent
foixante-feize.

Poftérieurement à cet édit, des lettres-patentes
de la fin, de 1776, ont rétabli les chofes à Bordeaux, à-peu-près dans l'état où elles étoient ci-
devant, mais cependant avec des modifications
plus avantageufes à la liberté générale; au refte
les droits qui fe perçoivent fur les *vins* & les-
eaux-de-vie, exportés à l'étranger, par les cinq
groffes-fermes feulement, font un objet de pro-

duit de cinq cents mille livres ; dans les autres provinces il peut s'élever à deux millions ; ainsi on peut assurer que les *vins* & eaux-de-vie entrent au moins pour soixante millions dans la balance générale du commerce de la France.

VINGTAIN DE CARENNE. (droit de)

C'étoit une espèce de droit de lods, dû à raison de cinq pour cent dans tous les ports de Provence, sur les bâtimens de mer, ou sur les bois servants à leur construction. Ce droit étoit dû par le vendeur & l'acheteur, lorsque l'un d'eux n'étoit pas du lieu où la vente étoit faite ; & il n'y avoit d'exception, que pour les ventes qui se faisoient entre les habitans de la même ville. Mais la perception de ce droit étant opposée à l'intérêt général de la navigation, qu'il est si important de favoriser, en multipliant les bâtimens qu'elle emploie, il fut supprimé par arrêt du conseil du 15 mai 1738, rappellé dans l'article CCLXXV du bail général des fermes, fait à Forceville le 16 septembre de la même année.

VINGT POUR CENT. (droit de)

Voici comment parle de ce droit, l'illustre magistrat qui nous a fourni des renseignemens *sur la douane de Lyon & sur celle de Valence*, dans le procès-verbal de ses opérations, comme commissaire du conseil, député en 1688 dans les provinces méridionales, pour entendre les plaintes du commerce contre les fermiers du fisc & leurs préposés.

Le droit de *vingt pour cent* a été établi par l'édit du mois de mars 1669, sur les soies & autres marchandises venant du Levant, des pays de la domination du grand-seigneur, du roi de Perse, & de l'Afrique, qui auroient été entreposées, avant d'arriver en France, à Gênes, Livourne, & autres pays étrangers, soit qu'elles appartinssent aux François, ou aux étrangers.

On vouloit obliger par cette imposition, tous ceux qui rapporteroient des marchandises du Levant, à les faire arriver directement à Marseille, sans toucher en Italie. Avant cet édit, les marchands françois préféroient d'aller à Livourne & à Gênes acheter les marchandises du Levant, & par-là, perdoient & faisoient perdre à l'Etat le bénéfice qu'il y avoit à recevoir ces marchandises de la première main. Le droit de *vingt pour cent* fut donc établi, mais avec cette clause, que le port de Marseille en seroit exempt, & seroit regardé comme étranger.

Mais, comme il étoit impossible que cet édit fût exécuté, si l'on permettoit l'entrée des marchandises du Levant, par tous les bureaux du royaume, il fut ordonné par un arrêt du conseil du 9 août 1670, que les marchandises du Le-vant, entreposées dans les ports étrangers, ne pourroient entrer en France par mer, que par Marseille ; & par terre, que par le Pont-de-Beauvoisin & par Lyon, où elles paieroient le droits de *vingt pour cent*, soit qu'elles appartinssent aux François ou aux étrangers.

On a depuis ajouté à ces entrées celle de Rouen. Mais un arrêt du conseil du 15 août 1685, ordonne la levée du droit de *vingt pour cent* sur les marchandises du Levant qui entrent par Rouen, même sur celles apportées en droiture, & en restraint l'exemption au seul port de Marseille, suivant l'édit de 1669.

Les fermiers furent quelque tems chargés de la levée de ce droit ; mais, comme ils le négligeoient, les échevins & députés du commerce de Marseille demandèrent qu'elle leur fût confiée, ce qui leur fut accordé, non-seulement à Marseille, mais aussi au Pont-de-Beauvoisin. On peut voir les conditions de cette concession, *tome II, pag.* 714.

Suivant l'arrêt du conseil du 16 janvier 1706, rappellé dans l'article CCCLV du bail général des fermes, fait en 1738 à Jacques Forceville, le droit de *vingt pour cent* qui se lève au bureau du Pont-de-Beauvoisin & à Marseille, appartient à la chambre du commerce de cette dernière ville ; dans tous les autres bureaux du royaume, il se perçoit au profit de la ferme générale, ainsi qu'on l'a déja dit au mot LEVANT, *tome II, pag.* 714.

La quotité de ce droit, d'abord fixée par l'arrêt du conseil du 10 juillet 1703, auquel est joint un état des marchandises du Levant, fut ensuite augmentée par l'arrêt du conseil du 6 janvier 1706 ; & postérieurement par celui du 22 décembre 1750, qui fixe leur évaluation.

Il est aisé de concevoir que le droit de *vingt pour cent* de la valeur des marchandises étant très-considérable, & se percevant indépendamment des droits d'entrée ordinaires, il devient exclusif, & dès-lors, son produit ne peut être que très-modique. On croit en effet qu'il ne s'élève pas au-dessus de soixante ou quatre-vingt mille livres.

VINGT-QUATRIÈME. (droit de)

Ce droit est particulier à la ville d'Angoulême, & il en porte le nom. Il avoit originairement été établi à titre d'octroi perceptible à la vente en détail, par lettres-patentes de 1591, & confirmé par d'autres du mois de juillet 1674. Son produit d'abord, spécialement affecté au paiement des gages des officiers du présidial, fut ensuite affecté à l'entretien & aux réparations des murs de la ville.

L'arrêt du conseil du 18 juin 1678, cité dans l'article CCCCXXXVII du bail de Forceville, réunit ce droit à ceux qui composoient la ferme des aides, & le roi se réserva de fournir aux dépenses auxquelles il étoit appliqué.

Le vingt-quatrième d'Angoulême, ne se lève que sur le vin vendu en détail.

Il est de
$$\begin{cases} \text{5 sous 7 deniers par barrique de vin,} \\ \text{vendu 1 sou la pinte.} \\ \text{8 s. 2 d. par id., vendu 1 s. 6 den.} \\ \text{11 s. 2 d. par id., vendu 2 s.} \\ \text{Et au-dessus, à proportion.} \end{cases}$$

Ce droit se lève non-seulement dans la ville & l'élection d'Angoulême, mais encore dans toutes les paroisses de l'élection de Coignac, qui faisoient anciennement partie de celle d'Angoulême, & qui en ont été distraites pour former celle-ci.

Les règlemens rendus sur la perception des droits de détail, sont applicables au droit de vingt-quatrième.

VINGTIÈME. s. m. On donne ce nom à une imposition qui consiste dans la vingtième partie du revenu des contribuables.

Il a déjà été question de cet impôt, & principalement de la forme de sa levée, au mot CHARGES PUBLIQUES, tome I, pag. 281, en rapportant ce que M. Boullanger, écrivain estimable, par ses connoissances, & par son zèle pour le bien public, proposoit à ce sujet. Ici, notre tâche doit être de considérer d'abord le vingtième dans son établissement originaire chez les nations anciennes, & sous les différentes dénominations qu'il a reçues; de faire ensuite l'historique de son adoption en France, & de donner un précis de la législation qui en a réglé la perception jusqu'au tems actuel.

On trouve dans les anciens historiens & dans les loix Romaines, plusieurs impôts désignés par le nom de vingtième.

Thucydide, dans son Histoire de la guerre du Péloponèse, rapporte liv. VI, que Pisistrate & ses fils, tyrans d'Athènes, exigeoient des Athéniens le vingtième de leurs revenus. Il ajoute que cette république levoit elle-même un pareil impôt sur divers peuples maritimes qui lui étoient soumis. Aussi, Aristophane appelle le receveur de cet impôt, acte I, de sa Comédie des Grenouilles : vicesima collector maleficus.

Ce même impôt se trouve chez les Romains, & dans plusieurs circonstances. Ils le levoient sur les marchandises apportées dans l'empire par les Syracusains, à raison du vingtième de leur valeur; sur les bleds que les Espagnols étoient obligés de leur fournir; sur le prix des esclaves que les maîtres affranchissoient; enfin, sur les successions collatérales. Ce dernier impôt fut créé par Auguste, & il en a été parlé dans le discours préliminaire qui est à la tête du premier volume, pag. 6.

Le vingtième des successions fut porté au dixième par Antonin Caracalla, suivant Dion Cassius, réduit au vingtième par l'empereur Macrin son successeur, & supprimé, suivant Cujas, par Justinien, c'est-à-dire, environ cinq cents ans après son établissement.

Au reste, pour avoir une connoissance complette du vingtième imposé chez les Romains sur les successions, il convient de consulter l'ouvrage que M. Bouchaud, docteur-régent de la faculté de droit, a publié sur cette matière en 1772, ouvrage plein de recherches & d'érudition, qui annonce un savant laborieux, & que nous avons cité pag. 3 du Discours préliminaire, à la tête du premier volume.

Le premier exemple que l'on trouve d'un vingtième dans notre histoire, remonte à l'année 1147. Louis le Jeune, de retour de sa malheureuse croisade, qui avoit fait tant de veuves & d'orphelins, demanda le vingtième du revenu de tous ses sujets, impôt inconnu, qu'aucun de ses prédécesseurs n'avoit encore tenté d'exiger; aussi, disent les historiens du tems, cette nouveauté excita de grands murmures contre le roi, & donna lieu à des reproches nombreux contre saint Bernard qui avoit prêché cette croisade. Cependant le vingtième fut payé, même par les gens d'église.

En 1188, Philippe-Auguste ayant assemblé, au mois de mars, un grand parlement à Paris, il y fut ordonné qu'on lèveroit la dixième partie de tous les biens, tant meubles qu'immeubles, comme il a été dit au mot DIXIÈME DENIER, tome I, pag. 569.

Philippe-le-Long, pour subvenir aux frais de la guerre de Flandres, guerre qui avoit déjà été pour l'Philippe le Bel un motif de surcharger le peuple de nouveaux impôts, ordonna la levée d'un subside, qui, suivant Mezeray, consistoit dans la quinzième partie de tous les fruits, produits & émolumens des terres, pour chacune année. C'est ainsi que s'expliquent les lettres données à cet effet sous la date du 17 septembre 1318.

On trouve encore que la noblesse s'obligea en 1357, envers le dauphin, alors régent du royaume, pendant que le roi Jean, son père, étoit retenu prisonnier à Londres, à payer le vingtième de ses revenus, & le clergé le dixième.

Postérieurement à ce souverain, on ne vit plus de vingtième, mais un centième, ou cinquantième du revenu; suivant l'exigence des cas. Tous ces impôts disparurent dans le quinzième siècle, lorsque Charles VIII eut rendu la taille perpétuelle. Voyez TAILLE.

On a vu au mot DIXIÈME, *tome I, pag. 571,* qu'elle fut fon origine, fa durée, & comment il fut remplacé en 1749 par le *vingtième,* qui fubfifte encore. Voici le préambule de l'édit du roi qui l'établit, & quelques-unes de fes principales difpofitions.

« Le roi s'étant occupé, au moment de la » paix, de procurer quelque foulagement à fes » fujets, a ordonné la fuppreffion de l'uftenfile, » & celle de quelques autres droits qui avoient » paru leur être le plus à charge; mais s'étant » fait rendre compte de la fituation de fes re- » venus, & des charges dont ils font affectés, fa » majefté a reconnu qu'indépendamment de » l'obligation dans laquelle elle fe trouve de payer » les arrérages des dettes que les circonftances » ont accumulées pendant les guerres, dont le » règne du feu roi a été prefque continuellement » agité, ces dettes fe font d'autant plus confidé- » rablement accrues pendant les deux dernières » guerres, qu'elle a préféré la voie des emprunts » à d'autres moyens qui auroient été plus oné- » reux à fes peuples; qu'indépendamment de » toutes ces charges anciennes & nouvelles, il » eft indifpenfable, pour favorifer le commerce, » de mettre la marine en état, & d'entretenir un » nombre de troupes fuffifant pour affurer la » tranquillité des frontières & maintenir la paix; » que ces différens motifs n'ont cependant point » ébranlé la réfolution dans laquelle elle a tou- » jours été de faire ceffer le dixième; mais, que » pour parvenir à la libération des dettes de l'E- » tat, elle fe voit forcée de recourir à l'impo- » fition du *vingtième* de tous les biens & revenus, » comme étant cette impofition la plus jufte & » la plus égale, &c.

ART. III.

» Voulons, qu'à commencer du premier jan- » vier 1750 le *vingtième* foit annuellement levé » à notre profit, fur tous les revenus & produits » des fujets & habitans de notre royaume, terres » & feigneuries de notre obéiffance, fans aucune » exception.

IV.

» Tous propriétaires ou ufufruitiers, nobles » & roturiers, privilégiés & non privilégiés, » même les appanagiftes & engagiftes, paieront le » *vingtième* du revenu de tous les fonds, terres, » prés, bois, vignes, marais, pacages, ufages, » étangs, rivières, moulins, forges, fourneaux & » autres ufines; cens, rentes, dimes, champarts, » droits feigneuriaux, péages, paffages, droits » de ponts, bacs & rivières, droits de canaux, » & généralement de tous autres droits & biens » de quelque nature qu'ils foient, tenus à rente, » affermés ou non affermés.

V.

» Comme auffi, le *vingtième* du revenu des » maifons des villes & fauxbourgs du royaume,

» louées ou non louées, enfemble pour celles » de la campagne, qui étant louées, procurent » un revenu aux propriétaires ou ufufruitiers, » même pour les parcs & enclos defdites mai- » fons étant en valeur; de manière que le *ving-* » *tième* ne foit levé fur chaque nature de biens » contenus dans le préfent & dans le précédent » article, qu'eu égard au revenu, déduction faite » des charges fur lefquelles lefdits propriétaires » ne pourroient être autorifés à faire la retenue » du *vingtième*; & à l'égard des forges, étangs » & moulins, ils ne feront impofés au *ving-* » *tième* que fur le pied des trois quarts du re- » venu.

VI.

» Et pareillement le *vingtième* de toutes les » rentes fur le clergé, fur les villes, provinces, » pays d'Etat & autres, à l'exception des rentes » perpétuelles & viagères fur l'hôtel de notre » bonne ville de Paris, fur les tailles, des quit- » tances de finance portant intérêt à deux pour » cent, employées dans nos états, enfemble des » gages réduits au denier cinquante, & de toutes » les rentes que nous avons fpécialement exemp- » tées du dixième établi par notre déclaration du » 29 août 1741, lefquelles feront pareillement » exemptes du *vingtième*.

VIII.

» Seront fujettes à la levée du *vingtième* tou- » tes les rentes à conftitution fur particuliers, » rentes viagères, douaires, & penfions créées » & établies par contrats, jugemens, obligations, » ou autres actes portant intérêts, comme auffi » tous les droits, revenus, & émolumens de » quelque nature qu'ils foient, attribués, tant » à nos officiers qu'autres particuliers, corps & » communautés, foit qu'ils leur ayent été aliénés » ou remis; & pareillement les octrois & revenus » patrimoniaux, communaux, & autres biens & » héritages des villes, bourgs, villages, hameaux » & communautés, même les droits de meffa- » geries, carroffes & coches, tant par terre que » par eau, & généralement tous les autres biens » de quelque nature qu'ils foient, qui produifent » un revenu.

IX.

» Mais attendu que les propriétaires ou ufu- » fruitiers des fonds & héritages, maifons & offi- » ces, qui doivent des rentes à conftitution, » rentes viagères, douaires, penfions ou inté- » rêts, paieront le *vingtième* de la totalité du re- » venu des fonds fur lefquels les rentiers pen- » fionnaires & autres créanciers, ont à exercer » ou pourroient exercer leur hypothèque; vou- » lons que le *vingtième* dû par lefdits rentiers, » penfionnaires & autres créanciers, foit à la » décharge defdits propriétaires ou ufufruitiers » des fonds, & qu'à cet effet, les *vingtièmes*

» foient par eux retenus, lorfqu'ils feront le paie-
» ment des arrérages defdites rentes, penfions
» & intérêts, en juftifiant par eux de la quit-
» tance du paiement du *vingtième* du revenu des
» fonds.

XI.

» Comme dans tous les fonds fur lefquels nous
» ordonnons la levée du *vingtième*, ne font pas
» compris les biens des particuliers, commerçans,
» & autres dont la profeffion eft de faire valoir
» leur argent, & qu'il eft jufte toutefois qu'ils
» y contribuent à proportion de leurs revenus &
» profits, ordonnons que chacun d'eux y con-
» tribuera fur le pied du *vingtième* des revenus
» & profits que leur bien peut leur produire, fans
» qu'il puiffe être exigé d'eux d'autre déclaration,
» que celle des biens énoncés aux articles IV &
» V du préfent édit.

XII.

» Voulons que le *vingtième* du revenu des biens
» ordonné être levé par le préfent édit, foit payé
» fuivant les rôles qui en feront arrêtés en notre
» confeil, en quatre termes égaux, dans les mois
» de janvier, avril, juillet, & octobre de cha-
» cune année, par préférence à tous créanciers,
» douaires & autres dettes privilégiées ou hypo-
» théquaires, de quelque nature quelles foient,
» même à nos autres deniers, & que les rede-
» vables, leurs fermiers, locataires ou autres dé-
» biteurs, y foient contraints par les voies ordi-
» naires & accoutumées.

XIII.

» Défendons à tous fermiers, locataires, re-
» ceveurs, régiffeurs, dépofitaires, débiteurs, &
» tous autres, tenans & exploitans des biens dont
» le revenu eft fujet à la levée du *vingtième*, de vui-
» der leurs mains de ce qu'ils doivent ou devront
» ci-après, qu'en juftifiant préalablement, par les
» propriétaires ou ufufruitiers, avoir payé le quar-
» tier courant & les précédens, du *vingtième* du
» revenu que lefdits fermiers, locataires & autres,
» chacun à leur égard, auroient à payer aux-
» dits propriétaires ou ufufruitiers, fi mieux
» n'aiment lefdits propriétaires ou ufufruitiers,
» confentir que leurs fermiers, locataires & au-
» tres, payent à leur acquit, le *vingtième* du prix
» des baux & revenus dont ils font chargés ; ce
» que lefdits fermiers, locataires & autres, fe-
» ront tenus de faire dans les termes ci-deffus
» prefcrits, à peine d'y être contraints, nonobf-
» tant toutes faifies-arrêts, ceffions, tranfports
» & délégations, quoique acceptées, même no-
» nobftant les paiemens d'avance qui pourroient
» avoir été faits par eux, & en rapportant par
» lefdits fermiers, locataires & autres, les quit-
» tances de ce qu'ils auront payé pour le *ving-
» tième*, à l'acquit des propriétaires ou ufufrui-
» tiers, ils en demeureront d'autant quittes, &

» déchargés envers lefdits propriétaires, ou ufu-
» fruitiers, ou autres ayant leurs droits, qui fe-
» ront tenus d'allouer & paffer lefdites quittances
» du *vingtième* dans les comptes defdits fermiers,
» locataires, & autres, qui en auront fait le paie-
» ment.

XIV.

» Et pour fixer le *vingtième* du revenu des
» biens qui y font fujets, ordonnons que les
» propriétaires ou ufufruitiers defdits biens qui
» n'auroient point été compris dans les rôles ar-
» rêtés en notre confeil, en exécution de notre
» déclaration du 29 août 1741, fourniront dans
» quinzaine, du jour de la publication du pré-
» fent édit, des déclarations exactes à ceux qui
» feront prépofés à cet effet, & en la forme qui
» leur fera prefcrite, &c.; & faute par lefdits
» propriétaires ou ufufruitiers de fournir leurs
» déclarations dans les termes ci-deffus prefcrits,
» voulons qu'ils foient tenus de payer le double
» du *vingtième* de leurs revenus, & le quadruple
» en cas de fauffes déclarations.

XV.

» Le recouvrement des deniers provenans dudit
» *vingtième* des revenus, fera fait, comme celui des
» deux fous pour livre du dixième, par les rece-
» veurs des tailles dans les pays d'élection, &
» dans les pays d'Etats, par les receveurs & tré-
» foriers ordinaires des revenus de la province,
» lefquels en remettront les fonds aux receveurs-
» généraux de nos finances, & aux tréforiers-
» généraux des pays d'Etats ».

La guerre ayant été déclarée à l'Angleterre le
9 juin 1756, il fallut de nouveaux fecours. On en
trouva dans l'établiffement de quelques nouveaux
impôts. En conféquence, il parut deux déclarations au mois de juillet fuivant. L'une ordonna
qu'il feroit levé un fecond *vingtième*, mais en
même-tems, le premier, qui étoit indéfini, fut
borné à dix années, & le fecond commençant au
premier octobre de la même année 1756, devoit
finir trois mois après la publication de la paix.

La feconde déclaration enregiftrée comme la
première, dans un lit de juftice tenu à Verfailles
le 21 août, prorogea pour dix années feulement,
à compter du 31 décembre 1756, les deux fous
pour livre du dixième qui devoient expirer avec
cette année.

La guerre qui continuoit, exigeoit encore des
reffources. Au mois de février 1760, parut un
édit, par lequel le roi annonça que dans la néceffité de pourvoir aux dépenfes extraordinaires
que les circonftances rendoient indifpenfables, il
avoit préféré une impofition, dont la forme & le
recouvrement opéroient la rentrée prefque entière du produit dans fon tréfor, à d'autres impôts qui feroient devenus plus onéreux aux peu-

ples , par leur nature & par les frais de leur recouvrement.

Dans cette vue, l'édit ordonna que fur les mêmes rôles, en la même forme & manière que fe percevoit le *vingtième* établi par l'édit de 1749, il feroit levé, à compter du premier octobre 1759, & pendant les années 1760 & 1761, un troifième *vingtième*, avec les deux fous pour livre de ce *vingtième* ; mais de cette perception furent exceptées, les parties qui étoient comprifes dans les rôles d'induftrie & les propriétaires des maifons de Paris.

Dans le même mois de février 1760, une déclaration enregiftrée au parlement le 4 mars fuivant , impofa un *vingtième* ou fou pour livre, pour dix années, finiffant le dernier feptembre 1770, fur les droits de gabelles, aides, traites, octrois, contrôles, & tous autres, foit qu'ils fiffent partie des revenus du roi, ou qu'ils euffent été précédemment aliénés, cédés ou abonnés. Ainfi, fans parler de cette augmentation de droits fur les confommations , ni de la taille , ni de la capitation , le montant des trois *vingtièmes*, avec les deux fous pour livre du dixième, & les deux fous pour livre du troifième *vingtième*, formoit un objet de feize livres dix fous par cent livres du revenu, ce qui revenoit à - peu - près au fixième.

Un arrêt du 4 feptembre de la même année , confirma la nomination des intendans pour arrêter les rôles du troifième *vingtième*, ainfi que des deux autres, & choifir ceux qui devoient être chargés de leur perception.

L'année fuivante, une déclaration du 16 juin enregiftrée dans un lit de juftice , prorogea pour 1762 & 1763 le troifième *vingtième*, & les deux fous pour livre qui devoient finir avec l'année 1761.

Les préliminaires de la paix, fignés à Fontainebleau le 2 novembre 1762, fembloient devoir amener quelque adouciffement dans le poids des impôts. Il fut en effet annoncé , par l'article VI de la déclaration du 21 novembre 1763, concernant la liquidation des dettes de l'Etat, que le fecond *vingtième*, quoique reconnu indifpenfablement néceffaire jufqu'au premier janvier 1770, ne dureroit que jufqu'au premier janvier 1768; & par l'article VIII, que la quotité annuelle du fecond *vingtième* & des autres impofitions feroit diminuée, & même que leur durée feroit abrégée. Il eft vrai que l'article VII de cette même déclaration impofoit un fecond *vingtième* ou fou pour livre, femblable à celui de 1760, fur tous les droits des fermes, octrois, engagés ou aliénés jufqu'au dernier feptembre 1770, ce qui formoit fix fous pour livre de tous ces droits.

L'enregiftrement de cette déclaration eft remarquable, en ce qu'il porte, fans qu'on puiffe induire que le premier *vingtième* puiffe être levé au-delà de dix années après la publication de la paix actuelle ; terme fixé par le feigneur roi pour la durée de ce premier *vingtième*.

La ceffation du fecond avoit été promife pour 1768. Dès 1767, un édit du mois de mai annonça qu'il avoit été reconnu par le roi, que les dépenfes & les dettes occafionnées par les évènemens de la dernière guerre étoient beaucoup plus confidérables que fa majefté ne l'avoit prévu ; que ces circonftances le mettoient dans l'impoffibilité abfolue de réalifer les efpérances que fa tendreffe paternelle lui avoit fait concevoir, de procurer à fes peuples la fuppreffion du fecond *vingtième*, &c. En conféquence, la perception en fut ordonnée jufqu'au premier juillet 1772, comme le feul moyen de maintenir l'ordre & l'harmonie dans toutes les parties de l'adminiftration; cependant, fur les repréfentations du parlement ; un nouvel édit du mois de juin 1767, n'ordonna la prorogation du fecond *vingtième* que pour deux années.

L'enregiftrement de cette loi, fait le 22 du même mois , portoit, « à la charge que le pre-
» mier & le fecond *vingtième*, tant qu'ils auroient
» lieu, feroient perçus fur les rôles actuels dont
» les cotes ne pourroient être augmentées, à peine
» contre les contrevenans d'être pourfuivis ex-
» traordinairement ; que ledit feigneur roi feroit
» très-humblement fupplié de confidérer que le
» paiement du fecond *vingtième*, pendant deux
» années , eft le dernier effort que puiffent faire
» fes peuples, & que fon parlement ne s'eft vu
» dans l'impoffibilité de procéder à l'enregiftre-
» ment de l'édit du mois de mai, & d'obtem-
» pérer aux deux lettres de juffion des 18 & 19
» du préfent mois, que parce qu'il étoit entiè-
» rement convaincu que fes peuples ne pouvoient
» fupporter pendant un auffi long-tems que qua-
» tre années & demie, une impofition auffi oné-
» reufe.

L'année fuivante, dans un lit de juftice tenu à Verfailles le 11 janvier 1769, un édit du mois précédent rétablit l'époque du premier juillet 1772, comme le terme de la ceffation du fecond *vingtième*. Les motifs de cette prorogation furent, que le roi avoit reconnu qu'il étoit impoffible, fans cette partie de revenus, de remplir les engagemens qu'il avoit contractés, & acquitter les charges indifpenfables de l'Etat.

Les mêmes motifs fervirent encore de bafe à l'édit du mois de novembre 1771, & il eft bon de voir comment ils font développés dans le préambule de cette loi, qui, en prolongeant les charges, en aggravoit encore le poids par une addition de deux fous pour livre aux fix fous, déja établis.

Louis , &c. Les évènemens de la dernière guerre , & les moyens que nous avons été forcés d'employer pour la foutenir, ont augmenté confidérablement les dettes de notre Etat. Uniquement occupé , au moment de la paix, du defir de foulager nos peuples , nous nous fommes livrés aux mouvemens de notre affection paternelle , en fupprimant une partie des impofitions que nous avions précédemment établies.

Lorfqu'enfuite nous avons examiné la fituation de nos finances, la crainte de furcharger nos fujets par des impofitions nouvelles, l'efpérance de trouver des reffources dans l'amélioration de nos revenus , nous ont toujours arrêtés fur le feul parti qu'il eût été convenable de prendre : Cependant, le tems qui s'eft écoulé , a amené de nouveaux befoins; il a fallu, pour faire face aux dépenfes les plus indifpenfables , avoir recours chaque année à des emprunts, qui font devenus un furcroit de charges pour les années fuivantes. Ces emprunts même n'ont pas fuffi, & les anticipations dont il eût été fi important de diminuer la maffe, fe font au contraire fucceffivement multipliées; ainfi, loin d'éteindre les capitaux par la voie des rembourfemens, comme nous nous l'étions propofé, nous avons vu la dette de notre Etat s'augmenter dans une progreffion effrayante. Enfin , quand la confiance a été épuifée par l'ufage trop étendu qu'on en avoit fait , nous nous fommes trouvé dans la néceffité d'arrêter un défordre qui devenoit plus grand de jour en jour, & de prévenir la confufion dont toutes les parties de nos finances étoient menacées.

Nous avons d'abord, par notre déclaration du 7 janvier 1770, fufpendu des rembourfemens, dont l'effet ruineux étoit de nous faire emprunter à un intérêt beaucoup plus fort que celui des capitaux que nous rembourfions. Le crédit, à la faveur duquel on étoit parvenu à difpofer de plus d'une année d'avance de la portion de nos revenus qui fe trouvoit libre , s'étant anéanti par degrés, le renouvellement des anticipations eft devenu impoffible : & comme cette portion de nos revenus , fur laquelle elles avoient été affignées , étoit la feule dont nous pûffions faire ufage pour les objets les plus effentiels à la fûreté publique, nous avons été dans la néceffité indifpenfable de porter, par un rembourfement annuel, l'acquittement de ces mêmes anticipations, à des époques plus éloignées ; & nous avons en même-tems deftiné un fonds pour le paiement des intérêts jufqu'au parfait rembourfement.

Cette opération, que les circonftances avoient rendue inévitable, a foulagé nos finances des frais immenfes qu'entraînoit la négociation de ces effets; mais il fubfiftoit encore une différence confidérable entre la recette & la dépenfe : nous avons

cherché les moyens les plus propres à la diminuer, & nous avons penfé que fi les propriétaires des fonds de terre; & la partie induftrieufe de nos fujets devoient garantir la fortune des créanciers de notre Etat, qui dans des tems difficiles ont fourni avec confiance des deniers que nous aurions été obligés de lever fur nos peuples, & les ont foulagés d'un poids qu'ils auroient été dans l'impuiffance de fupporter, il étoit auffi des circonftances extraordinaires où les créanciers, de leur côté, devoient concourir à la réparation des finances, & fe prêter à la néceffité de ménager ces mêmes propriétaires, dont la richeffe & le travail font leur principale fûreté.

Nous nous fommes déterminé, en conféquence, à fufpendre quelques parties d'arrérages fur les effets qui nous en ont paru le plus fufceptibles ; nous avons auffi affujetti nos libéralités à des retenues que nous avons ordonnées dans la proportion que nous avons jugé la plus convenable.

Nous efpérions que ces diverfes opérations, jointes aux retranchemens que nous avons déjà faits , & que nous nous propofons de faire dans les dépenfes , rempliroient le plan que nous avions adopté ; c'eft dans cette vue que nous avons ordonné des diminutions fur différentes parties.

Cependant , comme les dépenfes des départemens forment la fubfiftance d'un grand nombre de nos fujets, l'égalité de protection que nous leur devons à tous , ne nous a point permis de porter fubitement les réductions à leur dernier terme ; mais nous avons pris dès-à-préfent les mefures les plus affurées pour parvenir à la connoiffance de toute l'économie dont l'état des chofes eft fufceptible.

Dans une pareille pofition, nous avons cherché à pourvoir à toutes les charges , non plus par la voie dangereufe des emprunts, mais en nous procurant une recette fuffifante, feul moyen fage & folide de rétablir l'ordre & la confiance. Nous avons confidéré en même tems que nous n'aurions rempli qu'imparfaitement les vues dont nous fommes animés pour la profpérité de notre royaume, fi après avoir rétabli l'équilibre entre la recette & la dépenfe , nous ne nous étions pas occupé de former un fonds réel d'amortiffement, employé au rembourfement des dettes les plus onéreufes , & deftinés non-feulement à procurer un foulagement durable à nos peuples, par la diminution graduelle de la dette de notre Etat, mais qui dût encore mettre un terme à l'inquiétude des créanciers ; & qui, en donnant aux fonds publics une valeur d'opinion proportionnée à leur valeur réelle, augmentât la fortune de ceux de nos fujets qui en font propriétaires, fît tourner par la circulation cet accroiffement de

leurs

leurs richeffes au profit de la richeffe publique, & ranimât en même-tems le crédit, reffource précieufe lorfqu'elle eft bien ménagée.

Obligés pour foutenir fans interruption une opération auffi falutaire, d'avoir recours à de nouvelles reffources, nous avons rejetté loin de nous, pour jamais, toutes ces idées fyftématiques & illufoires, tous ces vains projets qui, fous l'efpoir d'une libération apparente, n'auroient réellement d'autre effet que de porter le trouble & la confufion dans les fortunes particulières, comme dans la fortune publique, & de s'oppofer ainfi au retour de la confiance, en augmentant de toutes parts les embarras & le défordre, nous nous fommes donc arrêté aux moyens qui nous ont paru les plus fimples, les mieux adaptés aux circonftances, & les plus conformes à la juftice que nous devons à tous nos fujets.

Dans le choix des impofitions nouvelles, nous avons donné la préférence à celles qui exigent moins de frais de perception, & nous en avons prorogé d'autres déja exiftantes, dans la durée defquelles les créanciers de notre Etat retrouveront la même fûreté qui leur avoit été donnée par notre édit de mai 1749.

C'eft 'd'après ces vues que nous nous trouvons obligés de proroger les deux *vingtièmes*; d'établir les quatre fous pour livre du premier *vingtième*, pour tenir lieu des deux fous pour livre du dixième; de proroger pareillement les droits ordonnés par notre édit d'avril 1768, & d'ordonner la perception des deux fous pour livre, en fus de ceux qui fe perçoivent fur différens droits de nos fermes & autres.

Nous ne doutons pas que nos fujets, fenfibles aux diverfes confidérations que notre confiance s'eft complu à leur faire connoître, ne fupportent ces charges, avec le zèle dont ils nous ont donné des preuves en tant d'occafions; & nous y comptons d'autant plus, que le prix des denrées, une des caufes de l'augmentation de nos dépenfes, a en même tems bonifié le produit des fonds de terre dans une proportion fupérieure à celle de l'accroiffement des impofitions.

Mais, fi dans ce moment, cette obfervation adoucit notre peine, il s'en faut bien que notre intention foit de les laiffer tous fubfifter : convaincu que la véritable richeffe des rois eft dans le cœur de leurs fujets, nous n'avons point de plus grand defir que de procurer à nos peuples les foulagemens dont nous voudrions déja leur voir recueillir le fruit par l'exécution du plan que nous avons formé.

Par l'effet de ce plan, la recette fuffifant complettement à la dépenfe, les différens fervices fe

feront avec facilité; il en naîtra des moyens d'économie, dont les circonftances nous avoient privés depuis long-tems; d'un autre côté, délivré des foins perpétuels auxquels nous expofoit la fituation embarraffée de nos finances, nous pourrons nous occuper fans interruption d'améliorer plufieurs branches de nos revenus, de fimplifier la perception des impofitions, & d'en écarter fans retour les abus & l'arbitraire.

Ces-diverfes économies, ces améliorations fucceffives, nous les appliquerons, foit à payer les dettes exigibles, arriérées par l'impuiffance où nous étions de fatisfaire à toutes les dépenfes, foit à l'augmentation du fonds d'amortiffement, foit plus particulièrement encore à la diminution des impofitions les plus onéreufes à la partie indigente de nos fujets; objet effentiel que nous portons dans notre cœur, & que nous ne cefferons jamais de regarder comme un de nos devoirs les plus indifpenfables. A ces caufes & autres, &c. voulons & nous plaît ce qui fuit :

Article Premier.

Le premier *vingtième*, établi par notre édit de mai 1749, regiftré alors dans toutes nos cours, fera perçu conformément aux difpofitions dudit édit, jufqu'à ce que par la libération de partie des dettes de notre Etat, nos revenus ordinaires puiffent fuffire à nos autres charges & dépenfes.

II.

Les deux fous pour livre du dixième ceffant d'être perçus au premier juillet 1772, ordonnons que pour en tenir lieu, les quatre fous pour livre dudit premier *vingtième* feront levés à notre profit, en outre du principal, de la même manière & auffi long-tems que ledit premier *vingtième*.

III.

Les fonds, droits, héritages & rentes, fujets au *vingtième* établi par notre édit de mai 1749, feront en outre affujettis à un fecond *vingtième*, jufqu'au premier janvier 1781.

Quatorze mois après cet édit, un arrêt du confeil du 7 février 1773, rappellant les divers règlemens qui avoient commis les intendans pour arrêter & rendre exécutoires les rôles des *vingtièmes* & des deux fous pour livre du dixième, les autorifa dans les mêmes fonctions, pour les rôles des *vingtièmes* des offices & droits, qui, d'après l'édit de 1749, devoient être perçus comme fur les fonds, mais fur la levée defquels on n'avoit pas infifté.

Un nouveau règne commencé en 1774, apporta heureufement des modifications avantageufes dans la légiflation des *vingtièmes*. L'homme d'Etat, à qui l'adminiftration des finances fut confiée en 1777, fans ceffe occupé des moyens de procurer du foulagement au peuple, principalement dans les campagnes, fignala fon entrée dans le miniftère par l'arrêt du 2 novembre 1777.

Son préambule va nous inftruire des vues qui l'animoient, & des principes de fageffe qui conftituent une adminiftration pure & équitable.

Le feu roi, par fon édit du mois de novembre 1771, a ordonné que les *vingtièmes* feroient perçus conformément aux difpofitions de l'édit de mai 1749, lequel portoit expreffément que cette impofition feroit proportionnée au revenu des contribuables ; en conféquence, on a repris dès 1772, les opérations qui avoient été commencées en 1749 ; mais la difficulté d'obtenir des renfeignemens certains, la jufte obligation de les foumettre à l'examen & à la contradiction des contribuables, n'ont permis de procéder qu'avec lenteur aux vérifications néceffaires. Elles ont été finies avec beaucoup d'exactitude dans plufieurs paroiffes, mais dans d'autres, en auffi grand nombre, elles n'ont point été commencées, enforte que malgré l'augmentation confidérable qu'ont éprouvé progreffivement les biens-fonds, les *vingtièmes* y font encore perçus conformément à des rôles formés en 1749, en 1741, & même en 1734.

Sa majefté a fenti qu'elle ne pourroit interrompre aujourd'hui ces vérifications, fans porter atteinte aux loix de fa juftice diftributive, ce feroit renoncer à la contribution dûe par une partie de fes fujets, après l'avoir exigée d'une autre ; ce feroit introduire un nouveau genre de privilège, & fatisfaire à des plaintes injuftes, en excitant des réclamations légitimes ; ce feroit enfin fubftituer aux *vingtièmes*, & par conféquent, à un impôt proportionnel, une fubvention fixe, & qui n'auroit aucun rapport uniforme avec le produit des biens.

Sa majefté, d'ailleurs, a remarqué que c'eft la claffe la plus pauvre de fes fujets qui paye les *vingtièmes* dans la proportion la plus exacte ; en forte que l'immutabilité de toutes les cotes actuelles feroit une faveur accordée principalement aux propriétaires qui en ont le moins de befoin ; & comme cette faveur envers une partie des fujets du roi, ne diminueroit pas la contribution des autres, il en réfulteroit feulement pour l'Etat une privation particulière de revenus, qui rendroit le maintien des impofitions générales plus néceffaire, & le foulagement univerfel des contribuables plus difficile & plus éloigné ; enfin, il réfulteroit encore de ces difparités dans les bafes du *vingtième*, que fi des circonftances extraordinaires contraignoient jamais à un furcroît d'impofition, ce nouveau fardeau, fupportable alors pour une partie des contribuables, feroit peut-être exceffif pour les autres ; & l'adminiftration trompée par ces différens effets, fe trouveroit

expofée, ou à méconnoître les reffources de l'Etat, ou à les employer d'une manière inégale & rigoureufe.

Enfin, fa majefté, lorfqu'elle a réfléchi fur ces grands objets, a bien apperçu que, pour maintenir l'équilibre dans fes finances, il étoit néceffaire que fes revenus fuiviffent, du moins à une certaine diftance, le progrès de la valeur des biens, puifque ce progrès, effet inévitable de l'accroiffement annuel du numéraire, augmentoit dans la même proportion tous les objets de dépenfe.

Mais en même-tems que fa majefté connoît l'importance de ces principes d'adminiftration, elle n'eft pas moins pénétrée du defir de les concilier avec la fatisfaction générale de fes fujets ; elle a fait une férieufe attention aux plaintes qui lui ont été portées fur l'inquiétude que des recherches trop fréquentes répandoient parmi les propriétaires, & c'eft pour y remédier, que fa majefté a déterminé que toutes les vérifications générales qui ont été faites depuis 1771, & toutes celles qui auront lieu dans la fuite, ne pourront être renouvellées que vingt ans après l'époque defdites vérifications, enforte que les *vingtièmes* fixés en conféquence, ne devront jamais être augmentés ni vérifiés pendant cet intervalle. Sa majefté a reconnu que cette révolution de tems étoit néceffaire, non-feulement pour occafionner une variation fenfible dans le produit & la valeur des biens-fonds, mais auffi parce que, dans l'intention où eft fa majefté que les vérifications qu'elle ordonne foient faites, avec beaucoup de foin & d'impartialité, il faut néceffairement un grand nombre d'années pour les compléter dans toutes les généralités d'une certaine étendue.

A ces difpofitions générales, fa majefté a cru devoir ajouter des précautions plus particulières en faveur des contribuables les moins aifés. Sa majefté a fenti que, fans inftruction, fans facultés pour fe défendre & fuivre une conteftation, ils étoient néceffairement plus expofés aux erreurs des employés fubalternes ; & fa majefté guidée par fa juftice, a defiré de les en garantir ; en conféquence, elle a penfé qu'il falloit les mettre fans ceffe fous la protection de leur communauté, en ordonnant que dorénavant aucun propriétaire ne pourroit être impofé au-delà de fa cote précédente, fur un fimple examen particulier de fes biens, mais uniquement à l'époque & par l'effet d'une vérification générale & publique du produit des fonds de fa paroiffe ; & pour que cette vérification foit conftamment faite avec équité, fa majefté veut qu'elle ait lieu en préfence des collecteurs des tailles, du fyndic de la paroiffe, & de trois autres propriétaires notables, que fa majefté permet à chaque communauté de nommer à cet effet, & qui tous devront figner, ou le procès-verbal de vérification, ou les motifs de leurs réfus.

Enfin, sa majesté, en renonçant à augmenter ensuite les cotes des *vingtièmes*, pendant un espace de vingt années, n'entend pas cependant se priver de la douceur d'accorder des décharges & des modérations aux divers contribuables qui, par des malheurs particuliers, auroient acquis des droits à ces foulagemens momentanés.

Ainsi, par ces précautions, sa majesté pourvoit à la tranquillité de tous les propriétaires, & à la défense particulière de ceux à qui leur foiblesse & leur obscurité rendent un appui plus nécessaire. Elle maintient en même tems les loix de la justice & de l'égalité, & elle ménage les intérêts de ses finances, dont l'ordre est essentiel à la sûreté des engagemens de l'Etat, au crédit, & à la force publique.

Sa majesté attend des différens propriétaires, & des seigneurs de terres en particulier, que bien loin de chercher à déguiser jamais la mesure de la contribution qu'ils doivent aux besoins de l'Etat, & de faire retomber ainsi tôt ou tard sur la masse générale la charge dont ils seroient affranchis injustement, ils seconderont les vues équitables de sa majesté, avec cette bonne foi si honorable pour tous les hommes, mais si digne sur-tout des sentimens dont la noblesse françoise a toujours fait profession; & ce seroit avec une véritable satisfaction, que sa majesté verroit naître d'un concours général tous les moyens nécessaires, pour procurer à l'imposition des *vingtièmes* le degré de perfection dont les choses humaines font susceptibles.

Et cependant, sa majesté ayant remarqué qu'une partie de cette imposition portoit sur l'industrie, c'est-à-dire, sur les fruits inconnus & présumés du travail & de l'intelligence, elle a senti qu'une pareille contribution ne pouvoit jamais être répartie avec une sorte d'équité, qu'à l'aide d'une inquisition tellement illimitée, qu'une estimation, même arbitraire, devenoit préférable : sa majesté eût voulu dès-lors abolir entièrement cette imposition ; & en attendant que le fruit journalier de ses économies lui permette de suivre tous les mouvemens de sa bienfaisance, elle a résolu de commencer par supprimer ces *vingtièmes* dans tous les bourgs, les villages & les campagnes, tant pour y attirer davantage l'industrie, que parce qu'on ne peut pas y régler cette imposition comme dans les villes, où la répartition en est confiée aux chefs des corps & communautés.

Sa majesté enfin, ne perd point de vue les autres charges de ses peuples : elle desireroit également de les adoucir par la sagesse de ses loix, & c'est toujours avec regret qu'elle apperçoit, que dans les rapports multipliés de l'admi-

nistration d'un grand empire, la prudence oblige à ne développer que par degrés les plans généraux de réforme & de bienfaisance, pour en rendre l'exécution plus facile, & les effets plus solides & plus salutaires. A quoi voulant pourvoir, &c.

ARTICLE PREMIER.

Les vérifications générales des biens-fonds & droits réels, continueront d'avoir lieu ; & toutes celles de cette espèce qui ont été faites depuis 1771, & celles qui se feront à l'avenir, ne pourront plus être renouvellées avant vingt années révolues, à compter de la date du procès-verbal de ces vérifications ; & pour qu'il n'y ait point d'incertitude sur l'époque de ces vérifications, ordonne très-expressément sa majesté aux directeurs des *vingtièmes*, chargés de la confection des rôles de cette imposition dans les différentes généralités, de faire mention en marge du rôle exécutoire qui sera envoyé chaque année dans les paroisses & communautés, de la date du procès verbal de la vérification générale de chaque paroisse ou communauté.

II.

Afin de rendre ces vérifications générales, aussi exactes & aussi impartiales qu'elles doivent l'être, les contrôleurs des *vingtièmes*, en vertu des ordres qui seront donnés à cet effet par les sieurs intendans & commissaires départis dans les provinces, se feront assister, non-seulement par le syndic & préposé au recouvrement des *vingtièmes*, & des collecteurs des tailles de chaque paroisse, mais encore de trois propriétaires notables qui auront été choisis par les propriétaires de la paroisse, dans une assemblée qui sera tenue dans la même forme que celles qui sont en usage pour la répartition des impositions, pour construction de presbytères, & autres dépenses locales ; & cette assemblée aura lieu dans le mois qui précédera l'arrivée du contrôleur dans ladite paroisse, & dont les habitans auront été informés par le subdélégué du lieu, qui prescrira en même tems le jour de ladite assemblée.

III.

Ces trois notables concourront avec les syndics, préposés, & contrôleurs, à donner tous les renseignemens propres à établir la proportion entre les *vingtièmes* & le revenu des fonds & droits réels qui y sont assujettis : & dans le cas où un contrôleur entreprendroit de s'écarter de cette juste proportion, lesdits notables, syndic, préposé & collecteurs requerront qu'il soit fait mention de leurs dires & protestations, lesquels seront transcrits sans délai, par le contrôleur, (à peine de privation de son emploi, & de plus grande peine même, si le cas l'exigeoit), & signes au pied du procès-verbal de vérification, tant par lesdits notables, & autres, que par le contrôleur lui-même.

IV.

Il ne sera fait usage de ces vérifications géné-rales, qu'après qu'elles auront été encore exami-nées attentivement par le directeur des *vingtièmes* de la généralité : & , si les notables & autres n'a-voient pas été d'accord avec le contrôleur sur quelque point , le directeur sera tenu de rendre compte des difficultés qui se seroient élevées, au sieur intendant, lequel ordonneroit le rapport des actes & pièces convenables, & feroit procéder à une nouvelle vérification, s'il étoit nécessaire : en un mot, il ne négligera rien pour que la jus-tice la plus exacte soit rendue aux contribuables ; & pour que les *vingtièmes* soient en même tems proportionnés au produit des fonds & droits réels qui y sont sujets.

V.

Veut sa majesté, que l'évaluation du produit des biens non affermés, continue d'être faite avec modération : & qu'à l'égard de ceux pour les-quels il n'a rien été prescrit, on continue à di-minuer un quinzième sur le montant des baux faits à prix d'argent, lequel quinzième sera exempt de toute imposition.

VI.

Dans le cas où quelque paroisse, négligeant ses propres intérêts, refuseroit de s'assembler dans le délai prescrit par l'article II, ou ne voudroit pas nommer les notables propriétaires, pour assister à la vérification & éclairer les opérations du con-trôleur, ce dernier en dresseroit procès-verbal, & il procéderoit à cette vérification avec les col-lecteurs des tailles, & les préposés au recouvre-ment des *vingtièmes*, lequel en rendroit compte au sieur intendant, pour être statué par ce dernier ce qu'il appartiendroit, sauf l'appel au conseil de sa majesté.

VII.

Pour mettre tous les propriétaires, & sur-tout les moins aisés, d'autant plus à l'abri de toute ré-partition arbitraire, sa majesté défend qu'il soit dorénavant demandé aucune déclaration, ni or-donné aucune vérification des biens d'aucun con-tribuable, séparément de sa communauté, de manière qu'il ne puisse être assujetti à une aug-mentation de *vingtième*, que par l'effet de la vé-rification générale de la paroisse dans laquelle ses biens sont situés.

VIII.

Sa majesté défend expressément que dans la ré-partition qui sera faite, en cas de vente, décès ou autrement, entre les héritiers, acquéreurs, ou autres nouveaux possesseurs, des sommes que payoient les précédens propriétaires dans les pa-roisses qui auront été vérifiées généralement, la somme totale de l'impôt de ces nouveaux con-tribuables, puisse jamais excéder celle qui étoit comprise dans les rôles des *vingtièmes* desdites paroisses, pour ces mêmes objets.

IX.

Il ne sera rien innové, quant à présent, pour la répartition des *vingtièmes* des maisons dans les villes.

X.

A compter du premier janvier prochain, les *vingtièmes* d'industrie ne seront plus perçus dans les bourgs, les villages & les campagnes.

Fait au conseil d'Etat du roi, sa majesté y étant, tenu à Fontainebleau le 2 novembre 1777.

Quelques - unes des dispositions de cet arrêt, ayant donné lieu à des remontrances de la part du parlement de Paris, sur la médiocrité des déduc-tions accordées aux propriétaires, & sur ce qu'on pouvoit induire de l'article premier, que les *vingtièmes* étoient imposés à perpétuité, ces dis-positions furent expliquées, & modifiées par un nouvel arrêt du conseil du 26 avril 1778, qui augmentent les modérations déja accordées. *Voici* les articles principaux de cet arrêt.

ARTICLE PREMIER.

A mesure qu'on sera dans le cas de demander de nouvelles déclarations, aux termes de l'arrêt du conseil du 2 novembre dernier, sa majesté veut que la déduction du quinzième ordonné par l'article V dudit arrêt, soit portée à un dou-zième ; laquelle déduction accordée pour indem-niser des frais de régie, réparations, entretiens & reconstructions, ne pourra jamais être révo-quée ni diminuée, pour quelque cause que ce soit.

II.

Les propriétaires des biens non affermés par baux en argent, ou qui seront dans le cas d'être imposés, d'après une évaluation de grains, joui-ront également du douzième de déduction, lors-que ladite évaluation sera faite sur le prix moyen des grains, prise sur les vingt années antérieures au règlement de leurs cotes.

III.

Les étangs, moulins & forges, continueront à jouir de la déduction qui leur est accordée par les édits & déclarations ; sa majesté veut même, que ces dispositions soient étendues aux biens de même nature, & qui exigent pour leur conserva-tion, des chaussées, digues ou autres ouvrages d'art dispendieux.

IV.

Sa majesté ne s'étant proposé, par les disposi-tions des articles II & III de son arrêt du 2 no-vembre dernier, que d'assurer un appui à ceux des contribuables qui pourroient manquer des connoissances & des moyens nécessaires pour ex-pliquer & défendre leurs droits, elle autorise ceux desdits contribuables qui se croiront fondés à se plaindre du montant de leurs cotes, sur la communication que le préposé sera tenu de leur en donner, à demander que l'examen de ces cotes foit fait en préfence de trois notables propriéitares, choifis par la paroiffe.

§. VI.

Les cotes des propriétaires, depuis l'époque du règlement qui en aura été fait, ne pourront plus, fous quelque prétexte que ce foit, être recherchées, ni augmentées pendant le cours de vingt années, *fi les* vingtièmes, *ou partie d'iceux, continuent d'avoir lieu pendant ledit tems.*

Suivant l'article III de l'édit de 1771, le fecond *vingtième* devoir ceffer le dernier décembre 1780. La guerre allumée en 1777, duroit encore ; elle avoit exigé des emprunts confidérables dont il falloit payer les intérêts. Cette confidération détermina le roi à proroger le fecond *vingtième* pour dix années, par l'édit du mois de février 1780, avec la claufe que les cotes des propriétaires, dont le règlement auroit été fait, à compter du premier janvier 1778, ne pourroient, fous quelque prétexte que ce fût, être augmentées ni examinées de nouveau pendant le tems des vingt années qui fuivroient ledit règlement, fi les *vingtièmes* ou partie d'iceux continuoient d'avoir lieu pendant ledit tems.

Préfentons ici les réflexions de l'adminiftrateur des finances, fur toutes les modifications introduites dans la légiflation des *vingtièmes*. Elles font confignées dans le *compte rendu au roi en 1781.*

« Un des premiers objets d'adminiftration dont » j'ai été forcé de m'occuper, ce font les *ving-* » *tièmes*, parce que vos cours réclamoient contre » les vérifications faites dans les paroiffes, & de- » mandoient que les cotes des contribuables » aux *vingtièmes* ne fuffent jamais changées. Déja » même, il y avoit eu des arrêts de défenfe, & » d'autres démarches qui avoient mérité la répro- » bation de votre majefté ; enfin, depuis long- » tems cette queftion étoit un objet de difficultés » & d'embarras, fur lequel on avoit tour-à-tour » cédé & réfifté.

» Cette affaire, en effet, préfentoit des diffi- » cultés raifonnables. On pouvoit envifager avec » peine, des exàmens continuels remis à des hom- » mes trop multipliés & trop peu récompenfés, » pour n'être pas pris dans l'état commun de la » fociété, & pour n'être pas expofés aux paffions » qui contrarient l'efprit d'impartialité ; mais » pour remédier à ces inconvéniens, fixer d'une » manière perpétuelle les cotes de chaque con- » tribuable aux *vingtièmes*, & décider que nulle » augmentation ne pouvoit plus avoir lieu, » tandis que fucceffivement, tant d'accidens » de diverfe nature, diminuent partiellement le » produit de cet impôt, c'étoit expofer les re- » venus de votre majefté à une dégradation con- » tinuelle.

» Enfin, au milieu des vérifications & des exa-

» mens commencés depuis plufieurs années, or- » donner tout-à-coup, que toutes les cotes de- » meureroient immuables, c'étoit confacrer des » difparités & des injuftices évidentes, & donner » lieu aux habitans des paroiffes vérifiées de dire, » lors de nouveaux impôts, *ces nouvelles charges* » *dont nous allons fupporter notre part, euffent pu* » *être évitées ou diminuées, fi l'on avoit foumis* » *les vingtièmes de nos voifins aux mêmes règle-* » *mens que les nôtres ; ainfi*, voici le moment ar- » rivé, où nous fouffrons du ménagement particu- » lier qu'on a obfervé envers eux, tandis qu'on ne » l'avoit pas eu pour nous ».

» En effet, c'eft ainfi que toute exception, toute. » faveur, devient tôt ou tard une injuftice envers « la fociété.

» C'eft donc pour trouver un terme moyen entre » ces divers inconvéniens, qu'on a propofé à votre » majefté d'achever les vérifications, en détermi- » nant par une loi pofitive, que les rôles des » *vingtièmes* qui auroient été arrêtés dans les » paroiffes depuis une époque fixée, fubfifteroient » pendant vingt ans fans variation.

» Cette tranquillité parfaite, durant un fi long » efpace, doit fatisfaire un propriétaire raifonna- » bles, & néanmoins, cette difpofition ne porte » aucun préjudice aux finances de votre majefté, » non-feulement parce qu'il faut un pareil intervalle, » avant que la valeur des produits des terres puiffe » varier d'une manière fenfible, mais encore, parce » que le cours entier des vérifications d'une pro- » vinces, exige prefque un auffi grand nombre » d'années, quand on fuit ces opérations avec la » fageffe & l'attention que votre majefté veut » qu'on obferve.

» Elle a donné d'ailleurs une nouvelle marque » de fa protection à la partie des contribuables » qui font le moins en état de défendre leurs droits, » en interdifant toute augmentation dans la con- » tribution d'un propriétaire en particulier, & en » n'autorifant les examens qu'à l'époque de la vé- » rification générale de chaque paroiffe. Les prin- » cipes uniformes qu'on en eft alors obligé d'adopter, » & dont tous les contribuables du lieu font té- » moins, fervent à garantir le foible de toute op- » preffion, & à repouffer toutes les prétentions » injufte du crédit & de la puiffance.

» Je ne doute point qu'en fuivant exactement » cette marche fage, & en ne revenant à aucune » vérification de paroiffe, qu'au bout de vingt » ans révolus, cette grande affaire ceffera pour » toujours d'être un objet de débats & de con- » trariétés.

» C'eft auffi d'après mon rapport, que votre » majefté a exempté du *vingtième* d'induftrie les » bourgs & les campagnes de fon royaume ; il

» n'en eſt pas réſulté une grande privation pour
» les revenus de votre majeſté , & cependant
» vos provinces ont ſenti le prix de ce bienfait ;
» car ce n'eſt pas toujours par ſon étendue qu'un
» impôt inquiète ou devient à charge , c'eſt en-
» core par la difficulté de l'aſſeoir , ou par l'ar-
» bitraire qui l'accompagne ; & c'étoit préci-
» ſément l'inconvénient attaché aux *vingtièmes*
» d'induſtrie que votre majeſté a abolis.

» Dans la plupart des villes , les communautés
» de marchands & d'artiſans , font elles-mêmes
» la répartition de cet impôt , ou du moins on
» l'ordonne ſur leur avis ; mais dans les bourgs
» & les villages , ces moyens de lumière & d'é-
» quité n'exiſtent pas ; & l'induſtrie naiſſante ,
» qu'il eſt ſi important d'introduire dans les
» campagnes , ſe trouvoit ſouvent rebutée par
» le pouvoir ignorant d'un ſimple répartiteur.

La guerre de 1777 n'ayant été éteinte qu'en
178? , les changemens arrivés en 1781, dans l'adminiſtration des finances , amenèrent des principes différens. Le génie tutélaire , qui avoit
depuis près de cinq ans préſervé la France de
toutes nouvelles impoſitions, avoit diſparu. On
ne trouva d'abord des reſſources & des expédiens que dans des opérations ruineuſes , & dans
des rétabliſſemens de places onéreuſes. Vint enſuite le moyen aiſé & commun depuis long-tems,
mais toujours oppreſſif, ſur-tout dans une guerre
maritime, où le commerce languit, tandis que
l'induſtrie eſt ſans activité. Ce fut de mettre deux
nouveaux ſous par livre ſur tous les droits
royaux & autres , & d'impoſer le troiſième *vingtième* ſur tous les objets déjà aſſujettis aux
deux premiers *vingtièmes* , à l'exception de l'induſtrie , des offices & des droits. C'eſt ce qui
fit la matière de l'édit du mois de juillet 1782 ,
portant établiſſement de ce nouvel impôt, à commencer du premier janvier 1783 juſqu'au 31 décembre de la troiſième année , après la ſignature
de la paix. La tournure de cette dernière phraſe,
combinée ſans doute par quelque ſous-ordre , &
bien digne d'un praticien ſubtil, n'étoit pas ſans
intention. On parloit déjà de négociations , & la
paix ſembloit prochaine ; mais comme elle fixoit
le terme de la durée de l'impôt, on ſe ména-
geoit les moyens de le prolonger d'un an , en
reculant la ſignature du traité définitif, quoique
les préliminaires euſſent été ſignés en 1782. Par
ce moyen , ce troiſième *vingtième*, qui ne ſembloit établi que pour trois années , en a duré
quatre entières , & n'a fini qu'avec l'année 1786.
Deux arrêts du conſeil, l'un du 24 août , &
l'autre du 14 ſeptembre 1782 , autoriſèrent les
intendans dans les provinces , & le prévôt des
marchands dans la ville de Paris , à arrêter les
rôles de ce troiſième *vingtième* , ainſi que des deux
premiers.

Les deniers des *vingtièmes* ſont perçus par
ceux qui ſont prépoſés par les intendans & leurs
ſubdélégués , & ils verſent leurs fonds dans la
caiſſe des receveurs des tailles.

L'arrêt du conſeil , du 25 octobre 1783 accorde à ces prépoſés le privilège d'être taxés
d'office , ſans que leurs cotes puiſſent être augmentées par les collecteurs , & les déclare en
même tems exempts de collecte , tutelle, ſolidité
& de milice.

Le *vingtième* eſt de tous les impôts celui qui
ſeroit le plus égal , le moins onéreux & le moins
ſuſceptible d'arbitraire , ſi les déclarations des
propriétaires étoient exactes , & ſi les terres du
clergé ſupportoient cette impoſition. Peut-être
auſſi que pour arriver ſûrement à ce but, il faudroit un cadaſtre en chaque province.

Un autre moyen encore d'aſſurer l'égalité de
la répartition des *vingtièmes* & autres ſubſides ,
ſeroit , s'il étoit poſſible, d'en publier & afficher les rôles à la porte des égliſes des paroiſſes.
Chaque habitant connoiſſant parfaitement les facultés & les poſſeſſions de ſon voiſin & de ſes
concitoyens , verroit la quotité de ſon impôt, jugeroit par comparaiſon avec la ſienne , s'il eſt
fondé à ſe plaindre de ſur-taxe par rapport à
lui-même , ou de la modicité de la taxe de ſon
voiſin , rapprochée de ſes revenus ou de ſes
propriétés. Ce que cette méthode paroît avoir
d'immoral au premier aſpect, en ce qu'elle ſemble
exciter à la délation, diſparoît ſous un examen
réfléchi, puiſqu'il ne s'agit ni de l'honneur, ni
de la réputation des citoyens ; mais qu'on a pour
but de les forcer à la vérité , & de les ramener
à la juſtice.

On a dit ci-devant à l'article REVENU , *pag.*
497 , que les trois *vingtièmes* produiſoient ſoixante-
ſeize millions cinq cents mille livres , dont la
perception ſe fait par les receveurs généraux des
finances & les receveurs des tailles.

VINGTIÈMES, FEUX ET CHEMINÉES.
(droit des) Impoſition qui fait partie du domaine de Hainault , ainſi qu'on l'a dit au premier
volume de cet Ouvrage , *pag.* 621 , & il eſt
compris dans les droits dont l'adminiſtration des
domaines de Hainault eſt chargée.

VISA , ſ. m. par lequel on déſigne communément une permiſſion , ou approbation donnée par un évêque à un eccléſiaſtique de ſon diocèſe , de ſolliciter ou de poſſéder un bénéfice.
C'eſt au Dictionnaire de Juriſprudence à faire
connoître quelle eſt l'origine de ce *viſa*, & dans
quels cas il eſt néceſſaire.

En finance, on appelle *viſa*, une vérification

dont l'objet eft de conftater le montant des dettes exigibles à une époque fixée. Ainfi , en 1715 , après la mort de Louis XIV , l'édit du 7 décembre ordonna le *vifa* de tous les billets faits pour le fervice de l'Etat , les billets de loterie, les actions de tontines , les ordonnances du tréfor royal, dûs jufqu'au premier de feptembre , & de toute efpèce d'effets royaux.

Nous laifferions parler ici cet édit ; & fon langage , qui peut s'appliquer à toutes les cir- conftances femblables , pourroit fervir de modèle, fi nous ne l'avions déjà rapporté au mot BIL- LET , *tome I* , *pag.* 111.

Nous devons ajouter , que le réfultat de ce *vifa* fut, qu'il exiftoit pour cinq cents quatre-vingt- feize millions fix cents quatre-vingt-feize mille neuf cents cinquante-neuf livres d'effets, qui fu- rent liquidés à cent quatre-vingt quinze millions huit cents dix-fept mille cent-trois livres ; en- forte que le bénéfice de cette réduction fut pour l'Etat de deux cents trente-fept millions cent quatre-vingt quatorze mille quatre cents trente- fept livres.

La même opération du *vifa* fut renouvellée par arrêt du confeil du 26 janvier 1721 , après la chûte du fyftême de Law.

Cet arrêt ordonna que tous les contrats de rentes, tant perpétuelles que viagères , tous récépiffés des gardes du tréfor royal , des rece- veurs des tailles , pour rentes , toutes actions de la compagnie des Indes , tous certificats pour compte en banque , toutes les actions rentières & tous les billets de banque , feroient repréfentés dans deux mois , devant les commiffaires du confeil , nommés pour procéder à la vérification de tous ces effets.

On prétend que cette opération , connue fous le nom de *vifa* , avoit été propofée par les frères Paris , qui s'étoient montrés les rivaux de Law en finances. Elle avoit pour but d'arrêter la cir- culation de tous les papiers répandus dans le royaume , & de fixer la valeur des dettes.

Ce *vifa* fit reconnoître qu'en différens tems on avoit livré à la circulation pour plus de trois milliards de billets de banque , ainfi qu'on l'a dit au premier volume , *pag.* 114.

L'édit du mois de décembre 1764 prefcrivit encore une efpèce de *vifa* , en ordonnant que les propriétaires des rentes conftituées feroient tenus de repréfenter leurs contrats à cet effet , & où ils feroient li- quidés & numérotés ; il créa une chambre com- pofée de deux préfidens & dix confeillers du parlement , pour juger les conteftations relatives à ce *vifa*. Le réfultat de cette opération a été

fans fruit pour le public , & d'une dépenfe con- fidérable pour l'Etat. La faveur a fait rembourfer des parties de rente dont l'intérêt étoit très-mo- dique , fur le pied des capitaux originaires , & le public n'a pas acquis un feul degré de fûreté de plus pour le paiement de fes arrérages , ou le rembourfement de fes capitaux.

VISITE, f. f., qui a un grand nombre d'ac- ceptions , ou plutôt qui s'applique à toutes les occafions où il s'agit de voir & d'infpecter les chofes & les perfonnes. Ainfi on connoît les *vifites* des archevêques & évêques dans leurs diocèfes , celles des fupérieurs d'ordres religieux ; dans certaines provinces , celles des grands-maî- tres des eaux & forêts dans leurs départemens, &c. &c.

Pour nous renfermer dans les bornes de notre plan , nous ne devons parler ici que des *vifites* & des vifiteurs qui ont rapport avec les finances ; c'eft-à-dire des *vifites* inhérentes aux fonctions des commis aux aides & des employés des fermes. Nous ferons connoître enfuite ceux de ces pré- pofés , qui font particulièrement défignés par le nom de *vifiteurs*.

Tous les vendans vin & autres boiffons en détail doivent fouffrir la *vifite* des commis aux aides ; & ceux-ci , en cas de refus , d'ouvrir les portes des caves & celliers , font autorifés par l'ordonnance des aides , à les faire ouvrir par le premier ferrurier requis , deux voifins préfens , ou dûement appellés , & fans qu'il foit nécef- faire de demander la permiffion au juge. Cette permiffion eft indifpenfable dans le reffort de la cour des aides de Paris , lorfque les commis font leurs *vifites* chez les bourgeois qui vendent le vin de leur crû.

Ces commis peuvent répéter leurs *vifites* auffi fouvent qu'ils le jugent à propos , même les jours de dimanche & fête , excepté pendant les heures du fervice divin. C'eft ce que per- mettent l'ordonnance des aides , différens arrêts du confeil & de la cour des aides , notamment ceux que cette cour a rendus les 23 août 1681, & 6 feptembre 1718.

Il n'eft point permis aux commis aux aides de faire des *vifites* fans y être autorifés par juf- tice , chez les particuliers qui n'ont point fait de déclaration de vendre des boiffons en détail , excepté dans les lieux fujets aux droits d'inf- pecteurs aux boiffons , & qui ne font pas bien clos de murs , ainfi qu'on l'a dit au mot INS- PECTEURS AUX BOISSONS. , *tome II* , *pag.* 611. Mais lorfqu'ils ont des foupçons de vente clan- deftine ou à muchepot , ils doivent préfenter requête au juge pour en obtenir la permiffion de faire leurs *visites* dans la maison suspecte, suivant l'arrêt de la cour des aides de Paris, du 7 avril 1721 ; mais si dans le cours de leurs exercices, ils découvrent la fraude, & une vente à muchepot ; ils peuvent faire sur le champ leur *visite* & perquisition dans l'endroit où elle a lieu, sans permission de juge. C'est ce qui a été jugé par différens arrêts du conseil, des 28 février 1736 & 4 août 1741, & par la Cour des aides les 26 mai 1735 & 7 février 1741.

On a vu au mot INSPECTEURS AUX BOU-CHERIES, *tome II, page* 618, que les commis aux aides, partie à laquelle sont réunis ces droits, sont autorisés à faire des *visites* journa-lières dans les tueries, échaudoirs, granges, écuries & autres endroits dépendans des maisons des bouchers, & de tous ceux qui font com-merce de viande. *Voyez* au surplus ce qui a été dit des commis aux aides, au mot AIDES, *tome I, pag.* 29.

On peut regarder comme *visites*, pour la partie des aides, celles qui ont lieu aux entrées de Paris par les commis des barrières. Voici un précis de la dernière loi qui prescrit ces *visites*. C'est l'ordonnance, du propre mouvement du roi, du 15 février 1775.

» Sa majesté étant informée, que nonobstant » les ordonnances qu'elle a rendues, les 9 avril » 1729 & 17 février 1757, pour faciliter aux » commis de ses fermes la *visite* qu'ils doivent » faire aux entrées de la ville & fauxbourgs de » Paris, des carrosses, chaises-postes, sur-touts, » fourgons & équipages de toute sorte de per-» sonnes sans exception, même des équipages » de sa majesté & de ceux de la reine & des » princes du sang ; cet abus qu'elle a voulu pros-» crire par ces ordonnances, continuent & aug-» mentent chaque jour, ainsi que sa majesté l'a » reconnu par les états qu'elle s'est fait repré-» senter, & qui contiennent les noms des sei-» gneurs de sa cour, & des autres personnes qui » se sont soustraits aux *visites*, même des cochers » & postillons qui ont refusé de s'arrêter aux » barrières, en poussant leurs chevaux avec tant » de rapidité, que les commis ont été forcés de » se retirer promptement pour n'être pas écra-» sés ; & ces abus tendant à détruire une por-» tion intéressante des revenus de sa majesté, & » étant d'ailleurs contraires à l'ordre qu'elle a » établie pour la perception de ses droits, & » à l'obéissance dûe à ses ordonnances, elle a » jugé à propos d'y apporter le remède conve-» nable.

» Sa majesté a en conséquence ordonné, que » conformément aux ordonnances des 29 avril » 1729 & 17 février 1757, qu'elle veut être » exécutées selon leur forme & teneur, les pos-» tillons, cochers & conducteurs des car-» rosses, chaises-de-poste, fourgons & équipa-» ges de toute sorte de personnes, même les équi-» pages de sa majesté, ceux de la reine, ceux » des princes & princesses du sang, seront tenus » d'arrêter aux portes & barrières de Paris, à » la première réquisition des commis, pour être » la *visite* faite par eux. Enjoint sa majesté aux » commis de ses fermes, de dresser des rap-» ports contre les seigneurs de sa cour, & au-» tres personnes sans exception, qui refuseront » de souffrir la *visite* de leurs équipages, lesquels » rapports seront remis au contrôleur-général » des finances, & être représentés à sa majesté, » pour y être par elle pourvu de la manière qu'elle » jugera le plus convenable.

» Fait sa majesté défenses aux conducteurs des-» dites voitures, domestiques, de s'opposer aux-» dites *visites*, d'insulter les commis, de les » maltraiter, & de faire entrer aucuns vins, vian-» des & marchandises sujettes aux droits, sans » en faire déclaration & payer les droits ; le » tout à peine de cinq cents livres d'amende, » & de confiscation, même de prison, en cas » que ce soit des marchandises prohibées ou dé-» fendues, outre l'amende & la confiscation por-» tées par les règlemens. Veut sa majesté, que » les coffres, malles, valises & autres choses » fermant à clef, soient déchargés & remis dans » les bureaux des entrées, ou conduits à la » douane, pour être rendus, après que la *visite* » en aura été faite, en présence de ceux qui » auront apporté les clefs ; fait défenses aux com-» mis de se transporter dans les hôtels & maisons » pour en faire la *visite* : Mande & ordonne au » lieutenant général de police, & à tous autres, » de tenir la main à l'exécution de la présente » ordonnance, &c. Fait à Versailles le 15 fé-» vrier 1775.

En matière de droits de traites & de gabelles, la *visite* des employés ou gardes des fermes sur les frontières, au passage d'un lieu à un autre, & dans toute circonstance où il est dû des droits, est ordonnée par l'article VIII du titre II de l'ordonnance de 1687, & confirmée par les arti-cles 562, 563 & 564 du bail de Forceville. Mais en même tems il est mis des restrictions à cette liberté de faire des *visites*, à l'égard des nobles, des ecclésiastiques, des bourgeois notables, des abbayes ou monastères de filles, par l'arrêt du conseil du 19 octobre 1734.

L'article DLXV, concernant les *visites*, pour la partie des gabelles, en Lyonnois, Dauphiné, Provence, Languedoc, Roussillon, Rouergue & Auvergne, porte, que les gardes pourront faire leurs *visites* en tous lieux, en se faisant accom-pagner d'un consul, ou, en son absence, du pre-mier habitant des lieux, qui ne pourra se dis-penser d'y assister, moyennant salaire raisonnable, à peine, contre les refusans, de cinquante livres d'amende.

Enfin, dans l'article DLXVI il est dit, qu'ils pourront faire toutes *visites* dans les vaisseaux & galères du roi, pour la conservation des droits ; à quoi les chefs d'escadre & intendans de la marine tiendront la main.

Dans la partie des domaines, les commis peuvent, suivant la déclaration du roi, du premier juin 1771, se transporter chez les notaires, procureurs, huissiers & sergens, pour s'assurer si les règlemens, concernant la formule, sont observés.

VISITE. (droit de) Ce droit, qui est particulier aux ports de Bordeaux & de Blaye, ne se perçoit qu'à la sortie. Son origine & la date de son établissement sont inconnues. Mais on apprend, par une tradition conservée dans le pays, que ce *droit de visite*, de même que celui de quillage, dont il a été ci-devant parlé, *pag.* 434, faisoit partie des émolumens que les receveurs des droits s'étoient abusivement attribués, avec la différence, que celui de quillage n'étoit dû qu'à la première entrée, & celui de *visite* se payoit à toutes les sorties ; ces deux droits ont été réunis dans le même tems aux droits des fermes, pour être perçus au profit du roi.

Tous les bâtimens, tant François qu'étrangers, qui sortent des ports de Bordeaux & de Blaye, quelle que soit la destination des marchandises dont ils sont chargés, paient trois livres pour le droit de *visite*, si le navire est de cinquante tonneaux & au-dessus.

Les bâtimens françois seulement, qui sont d'un port au-dessous de cinquante tonneaux, ne doivent que quarante sous.

Cette fixation n'a d'autre titre qu'un usage très-ancien, qui n'a jamais été contesté, & qui est autorisé par l'article 325 du bail général des fermes fait à Forceville en 1738.

VISITEUR, s. m. Nom d'un employé spécialement chargé dans les douanes, de faire la visite des malles, caisses & ballots de marchandises. Les obligations d'un *visiteur* sont, suivant la teneur de la commission qui lui est délivrée en cette qualité,

1°. De visiter au bureau, & non ailleurs, en présence des receveur & contrôleur, ou l'un d'eux, toutes les denrées & marchandises qui seront amenées & déchargées en ce bureau, après toutefois que les déclarations en auront été faites & signées, & de vérifier soigneusement si

le contenu des malles, balles, caisses, ballots & paquets est conforme aux déclarations, en qualité, quantité, poids, nombre & mesure ;

2o. De tenir registre des visites qui seront par lui faites, & à défaut de registre, d'en faire mention sur le registre des déclarations.

3°. De conserver & renfermer sous deux serrures différentes les coins & plombs servant à plomber les marchandises, meubles & hardes des voyageurs.

4°. De saisir les marchandises de contrebande, ou prohibées, à l'entrée & à la sortie par son bureau, en observant d'offrir toujours main-levée, sous caution, des chevaux, charrettes, navires, bateaux & barques qui sont dans le cas de la confiscation ; & à défaut de caution, pour les navires, barques & bateaux, de les laisser à la caution juratoire des capitaines ou patrons, afin d'éviter les gros dommages-intérêts qui résultent de pareilles saisies, dans les cas où le fermier vient à succomber.

5°. De tenir bon & fidèle registre des marchandises, meubles & hardes déposés au bureau, d'en retirer les acquits, & ensuite d'en prendre une bonne décharge quand elle seront enlevées.

6°. D'observer soigneusement, dans les visites qu'il fera, que les marchandises ne soient point gâtées ni détériorées, qu'elles soient déballées & remballées proprement ; que les expéditions qui dépendent de ses soins, & du fait de sa commission soient exactement & promptement faites, ensorte que les voituriers ou conducteurs n'éprouvent aucun retard mal-à-propos, & n'aient pas lieu de se plaindre.

Le nom de *visiteur* se donne encore à des officiers en titre, créés anciennement pour les petites gabelles ; c'est-à-dire qu'ils n'ont été établis que dans le Lyonnois, dans le Dauphiné, le Languedoc & la Provence.

Michel, dans un *Traité des Gabelles du Languedoc*, avance, que la charge de *visiteur* général des gabelles, en Provence, date de 1398, près d'un siècle avant la réunion de cette province à la couronne de France. On voit par ce qui a été dit au mot CONTRÔLEUR GÉNÉRAL DES GABELLES, *tome I*, *pag.* 378 & 382, que les officiers revêtus du titre de *visiteur* général des gabelles, connoissoient en première instance de tout ce qui intéressoit cette partie dans les quatre provinces. Postérieurement on leur donna des lieutenans auxquels on forma des districts, avec une jurisdiction détachée de celle du *visiteur* général. Les édits de 1670, 1704 & 1706, apportèrent quelque changement dans le nombre des *visiteurs*. *Voyez* sur cet objet le *Dictionnaire de*

Législation, de Jurisprudence & de Finances, par M. Buterne, agent des fermes à Aix.

On peut voir aussi ce qui est dit des *visiteurs des gabelles*, dans les articles 170 & 190 du bail général des fermes-unies, fait à Jacques Forceville, le 16 septembre 1738.

VOITURES PUBLIQUES ou MESSAGE-RIES.

On a promis, sous ce dernier mot, de faire connoître la ferme des messageries comme une branche des revenus du roi.

On peut croire que l'origine des *voitures publiques* a la même date que celle des grandes sociétés. Il est tout simple que l'intérêt particulier, après avoir calculé les bénéfices d'une entreprise, fondée sur son utilité générale, se voue à son exécution. Mais, sans se perdre dans des conjectures qu'il est plus aisé de multiplier que de motiver, il faut se borner à dire que sous les empereurs Romains, il y avoit d'abord des gens à pied & à cheval, établis à de petites distances sur les routes, qui se chargeoient de porter les lettres & les paquets d'un lieu à un autre ; & qu'ensuite on y joignit des charriots, qui probablement transportoient les fardeaux d'un gros volume, & même les personnes.

On prétend que l'établissement des *voitures publiques* eut lieu en France sous Charlemagne, & on en fait honneur à l'université de Paris ; mais l'opinion générale est que cette université ne prit naissance qu'à la fin du règne de Louis VII, vers l'an 1180, tems où se formèrent des écoles dans les cathédrales & dans les monastères ; à moins qu'on ne regarde comme le berceau de l'université, l'école ou académie que Charlemagne établit dans son propre palais, en 790, & dans laquelle il admit le fameux Alcuin qu'il avoit fait venir d'Angleterre.

Quoi qu'il en soit de l'ancienneté de l'université, c'est au tems de sa splendeur antique, qu'on dit qu'elle avoit des voituriers, qui alloient dans les provinces, chercher les personnes qui désiroient venir étudier à Paris, & entretenoient ainsi des relations entre cette capitale & les différentes parties du royaume. Ces voituriers ou messagers, sous le nom de suppôts de l'université, en remplissant exactement leurs fonctions, s'acquirent la confiance du public ; on se servit de leur ministère pour envoyer & faire venir des hardes, ballots & paquets, ensorte que les voituriers de l'université devinrent les messagers publics & de l'Etat : aussi leur accorda-t-on des privilèges très-étendus ; ils jouissoient entr'autres, de l'exemption des péages dûs au roi & aux seigneurs des fiefs, dans l'étendue desquels ils passoient.

Les progrès des arts, & du luxe, qui les accompagne sans cesse, amenèrent l'invention des coches particuliers & publics pour les voyageurs. L'esprit fiscal, qui tend toujours à aggrandir son domaine, s'empara des derniers, & les mit en privilège exclusif, moyennant une redevance, sous le règne de Charles IX. Telle est l'origine de la ferme des *voitures* ou *messageries publiques*.

Henri III, par un édit du mois de novembre 1576, établit en titre d'office, des messagers royaux dans les villes & lieux où sont des jurisdictions ressortissantes des cours de parlemens & des aides, en leur attribuant les mêmes privilèges que ceux des messagers de l'université, & en concurrence avec eux.

Henri IV & Louis XIII firent quelques changemens au régime des *voitures publiques*, & prescrivirent, pour leur manutention, une police qui fit quelques pas vers la perfection, en 1676, lorsque les offices de messagers eurent été supprimés & remboursés par le fermier général des postes, qui fut chargé des baux que l'université, regardée comme propriétaire, faisoit de différentes messageries. Suivant M. de Forbonnais, il y eut en 1677 une augmentation de ferme sur les messageries, coches & carrosses, d'un million ; mais sans doute qu'il y comprend aussi le prix de ferme des postes, qui, en 1662, ne rapportoit que cent mille livres, suivant l'état des revenus qu'il donne pour cette année. Au reste, un arrêt du conseil, revêtu de lettres-patentes, ordonna, en 1719, la réunion des messagers de l'université, qui subsistoient toujours, à la ferme générale des postes, sous la condition que les intéressés à cette ferme lui payeroient chaque année le vingt-huitième effectif du prix du bail général.

Malgré la réunion du privilège de l'université à l'administration des postes, il fut souvent accordé, à titre de faveur, des permissions particulières d'établir des *voitures*, qui étoient régies au profit & sous les ordres de ceux qui obtenoient ces graces.

Jusqu'en 1775, le privilège des *voitures publiques* & *messageries* avoit été réuni à la ferme des postes, qui la sous-fermoit ; & alors il étoit exploité par huit fermiers particuliers, qui prenoient à bail le surplus des droits de carrosses des différens aliénataires ou concessionnaires qui en jouissoient. La sous-ferme, pour la partie du bail des postes, étoit de cinq cents mille livres, & le reste de deux cents cinquante mille livres.

Au mois d'août de cette même année 1775, un arrêt du conseil du 7, réunit au domaine du roi tous les privilèges concédés, pour les droits de carrosses, diligences & messageries du royaume, même pour les *voitures* de la cour & de Saint-

Germain-en-Laye; ordonna la diftraction de ces *voitures*, du bail général des poftes, & la réfiliation de tous les baux paffés, tant par l'adjudicataire des poftes, que par les engagiftes & conceffionnaires; il fut nommé le même jour des commiffaires du confeil, pour procéder à la liquidation de ces privilèges, & il en fut formé une régie générale, dont fut chargé Denis Bergault, fous le cautionnement de fix adminiftrateurs généraux. Il leur fut accordé à chacun fix mille livres par an, pour droit de préfence, & pour tous, une remife de trois deniers pour livre fur les premiers cinq cents mille livres de produit net; fix deniers pour livre, fur la fomme de cinq cents mille livres à un million; neuf deniers pour livre fur les cinq cents mille livres excédant un million; & un fou pour livre fur tout ce qui excéderoit quinze cents mille livres.

L'article IV de l'arrêt du 7 août, fervant de règlement, affranchit les *voitures* & chevaux des meffageries, de tous droits de péages, paffages, traites-foraines, coutumes, pontonage, travers, leyde, & autres de même nature, appartenans au roi, ou qui auroient été concédés par fa majefté, à titre d'aliénation & même d'échange.

Il n'y avoit que deux diligences établies dans le royaume, celle de Lyon & celle de Lille, toutes deux fervies par des relais appartenans aux fermiers. On penfa que la multiplication de ces établiffemens feroit avantageufe au public; un arrêt du 12 août 1775 ordonna qu'il feroit établi une ou plufieurs diligences fur chacune des grandes routes du royaume, & qu'elles feroient conduites par des chevaux de pofte, qui feroient payés à raifon de vingt fous.

Il n'avoit été queftion que des privilèges des *voitures* de terre, pour en donner l'exercice à la nouvelle régie générale, ceux des *voitures*, diligences & coches d'eau fur la Seine, la Marne, l'Oife, l'Aifne, l'Yonne, l'Aube, la Loire, la Saône, le Rhône, le canal de Briare, & tous les canaux navigables du royaume furent de même réunis au domaine du roi, par arrêt du confeil, du 11 décembre 1775, & l'exploitation de toutes ces *voitures* fut donnée à l'adminiftration générale des *voitures* & meffageries de terre.

Malgré la réunion de tant d'objets dans fon exploitation, la régie de Bergault ne fut rien moins que profpère: peut-être auffi exigeoit-elle des connoiffances de détails, des foins & une furveillance qui ne pouvoient fe trouver qu'avec la divifion de toutes les parties qui la compofoient. Il en coûta au roi plus de trois millions pour environ un an qu'elle dura.

Cette confidération détermina le gouvernement à fupprimer la régie, par arrêt du confeil du 17 août 1776, & de confier l'entière exploitation des objets qui la concernoit, aux anciens fermiers des meffageries qui avoient été dépoffédés, que *des connoiffances (porte cet arrêt) acquifes de tous les détails de cette manutention, par une longue expérience, & la confiance qu'ils ont méritée du public, mettent plus en état de fatisfaire au befoin des particuliers & du commerce.*

En même tems cette ferme des meffageries fut remife dans la dépendance de la ferme des poftes, qui fut autorifée à en paffer bail pour neuf ans & quatre mois aux anciens fermiers, à la charge par ceux-ci, de renoncer à toutes indemnités réfultantes de la ceffation de leurs précédens baux.

L'article IX de cet arrêt leur accorda la faculté de faire exploiter à leur profit le courtage, non excluftf, du roulage dans toute l'étendue du royaume, aux prix fixés par un tarif qui devoit être arrêté; mais l'article XI leur impofa la condition de payer tous les droits dont les meffageries avoient été affranchies, comme on l'a dit en 1775, & dont l'exemption avoit excité de nombreufes réclamations en indemnité, tant de la part des aliénataires que des fermiers de ces divers droits.

Le réfultat du confeil, du 11 feptembre de la même année, fixa le prix de ce bail à un million par année, & il fut paffé fous le nom de Claude Laure, pour le terme ci devant déterminé.

La durée de ce bail ne fut que de dix-neuf mois. Dans le cours de 1777, des compagnies auffi avides que peu éclairées fur le détail de cette manutention, offrirent jufqu'à deux millions de prix de bail; enforte que les fermiers en poffeffion furent obligés, pour conferver leur ferme, de porter leurs offres jufqu'à dix-huit cents mille livres, & la préférence leur fut accordée par l'arrêt du confeil du 23 novembre 1777. Il ordonna que l'ancien bail feroit réfilié au premier avril 1778, fous la claufe expreffe, de la part des fermiers, de renoncer à demander jamais de compter de clerc à maître, & de partager avec le roi, tous bénéfices au-deffus de dix-huit cents mille livres, quoique le bail eût été paffé par l'adminiftration des poftes.

L'arrêt du confeil, du 19 janvier 1778, réunit à la même ferme, tous les coches & diligences d'eau, à l'exception de ceux de Paris à Saint-Cloud, & de Rouen à Elbœuf, & l'année fuivante, l'arrêt du 12 décembre ordonna l'établiffement d'une navigation réglée fur la Loire & rivières y affluentes, en fixant, par un tarif, le prix de tranfport des marchandifes.

Malgré tous ces moyens d'amélioration, lorfqu'il fut queftion de rendre compte des recettes

& dépenfes de la première année de ce bail, les intéreſſés expoſèrent leur ſituation, & demandèrent qu'en conſidération des circonſtances de la guerre, & de l'influence qu'elles avoient ſur la langueur des nouveaux établiſſemens de *voitures*, tant par eau que par terre, leur bail fût réſilié, & l'arrêt du 20 avril 1780 leur accorda leur demande, & convertit cette ferme en une régie intéreſſée. Le 9 août de l'année ſuivante, un arrêt du conſeil y joignit le privilège excluſif du tranſport, tant par eau que par terre, des marchandiſes qui jouiſſent de la faveur du tranſit; mais il fut révoqué l'année ſuivante, comme on l'a dit au mot TRANSIT.

Il ſembloit, que par une fatalité attachée à l'exploitation des meſſageries, il ne fût pas poſſible qu'elle prît de la conſiſtance, depuis que ſon ancienne conſtitution avoit été dérangée en 1775, pour la convertir en affaire de finance. On eſſaya, à la fin de 1782, de la remettre ſur ſa première baſe; les régiſſeurs furent évincés, & remplacés par de nouveaux fermiers, qui prirent le bail pour onze cents mille livres. Il fut fait des inventaires des *voitures*, chevaux, uſtenſiles & équipages ſervant à la manutention, par la régie intéreſſée, & ils montèrent à ſeize cents mille livres. Ces nouveaux arrangemens n'eurent pas plus de ſuccès que les précédens. Les fermiers ſe plaignirent des dépenſes énormes qu'entraînoit cette partie des avances néceſſaires pour la ſolde des inventaires, comme ſi ces objets n'euſſent pas dû entrer dans les calculs d'après leſquels ils avoient offert leur prix de bail. On leur accorda une remiſe de quatre cents mille livres ſur ces inventaires.

En 1784, nouvelle indemnité de trois cents mille livres, pour le ſervice pendant l'hiver rigoureux; & l'année ſuivante, autre indemnité de ſix cents mille livres, pour raiſon de la cherté des fourrages, quoique le prix des places dans les diligences & les coches, & celui du tranſport des paquets eût été augmenté; enſuite une défalcation, ſur le prix de bail, de ſoixante-dix mille livres, pour diſtraction du courtage & roulage, ſuppoſé affermé ce prix, & dont la ſous-ferme avoit été réſiliée. Malgré tant de faveurs, parmi leſquelles on doit compter encore, celle de l'acquiſition, par le roi, de l'hôtel de Boulainvilliers, pour l'emplacement de toutes les diligences réunies, & de l'abandon qui en fut fait aux fermiers : faveurs qui ſembloient faites pour opérer la proſpérité de cette ferme, & la fortune

des intéreſſés. Leur ſituation exigea, en 1786, de nouveaux ſecours de la part du gouvernement, & ils en obtinrent une nouvelle diminution de prix de bail de deux cents mille livres; enſorte que depuis 1775, cette affaire, ſans ceſſe changée de forme, & renouvellée, pour un produit de neuf cents mille livres au plus, a coûté, en dix années, ſept millions à l'Etat. On laiſſe à juger ſi cette perte a été cauſée par l'impéritie des fermiers, ou un ſacrifice de la part du gouvernement, pour encourager & ſoutenir des agens choiſis, dont il jugeoit le ſervice néceſſaire, lors même qu'il pouvoit être fait plus utilement pour lui-même, par des gens plus inſtruits, plus vigilans & plus économes.

Les *voitures publiques* & les meſſageries, dans leur rapport avec les finances, ſont ſujettes à la viſite, & au paiement des droits qui ſont dûs, ſuivant les circonſtances, comme toutes *voitures* particulières. L'arrêt du conſeil, du 28 juillet 1722, ordonne expreſſément aux maîtres des carroſſes & *voitures publiques*, de ſouffrir la viſite des employés de la ferme, à peine de trois cents livres d'amende.

L'arrêt du 21 mai 1726, ordonne la confiſcation d'une chaiſe & d'un cheval appartenant à l'entrepreneur des *voitures* de Lille à Ypres, parce que le cocher avoit pris dans cette dernière ville une pièce d'étoffe prohibée, qu'il introduiſoit en France.

L'article III de la déclaration du premier août 1721, porte, que la viſite des *voitures publiques* peut être faite dans les auberges de la route, ſoit au lieu d'arrivée, ſoit dans ceux du départ.

En général, la règle qui s'obſerve relativement aux *voitures* des meſſageries : règle fondée ſur l'arrêt du conſeil du 29 octobre 1712, ſur l'édit du mois d'octobre 1726, & ſur une tranſaction paſſée le 24 novembre 1740, entre l'entrepreneur des *voitures publiques* & meſſageries de Bretagne & Normandie, & Jacques Porceville, adjudicataire des fermes du roi, conſiſte en ce que, ſi des marchandiſes prohibées, ou ſujettes à des droits, & déclarées ſous des noms ſuppoſés, pour en éluder le paiement, ſont portées ſur la feuille de la *voiture*, la confiſcation en eſt faite; mais celle des *voitures* ne peut l'être, & le cocher n'eſt pas dans le cas d'être arrêté; au contraire, ſi les marchandiſes ne ſont pas inſcrites ſur les feuilles, & que le cocher n'en repréſente pas une déclaration en forme de la part du propriétaire, les équipages & *voitures* ſont ſuſceptibles de ſaiſie & confiſcation.

YVE

YVETOT, gros bourg de Normandie, fitué dans le pays de Caux. Il forme une feigneurie particulière, & on prétend même qu'il a porté le nom de royaume.

On ne fait mention de la feigneurie d'*Yvetot*, que parce qu'elle jouit de différens privilèges relatifs aux droits du roi, & qui, avant 1750, étoient beaucoup plus étendus.

On fait remonter l'origine de ces privilèges à Clotaire premier. Ce fouverain, fuivant la tradition, que le plus grand nombre d'hiftoriens regarde comme fabuleufe, ayant tué en 524, dans la chapelle de Soiffons, le jour du vendredi-faint, le feigneur d'*Yvetot*, nommé Gauthier, en expiation de ce crime, il érigea cette feigneurie en royaume, exempt, envers lui & fes fucceffeurs, d'hommage & de tous devoirs.

Quoi qu'il en foit, les habitans de la feigneurie d'*Yvetot*, à l'exemption de la taille & des droits d'aides, joignoient encore l'affranchiffement des droits d'amortiffement & de franc-fief, lorfque le fermier des domaines attaqua, en 1746, leur jouiffance à cet égard, en obtenant un arrêt du confeil, du 11 octobre, qui caffoit l'ordonnance de l'intendant de Rouen, du 25 juillet 1739, prononçant l'exemption du droit de franc-fief, en faveur d'un fief mouvant de la feigneurie d'*Yvetot*, & fondée fur ce qu'elle étoit regardée comme principauté étrangère.

Cet arrêt du confeil, rendu fur la requête du fermier des domaines, fut à fon tour attaqué par la partie condamnée, & cette conteftation donna lieu à un examen approfondi, de la fource & de la nature des privilèges de la feigneurie d'*Yvetot*.

Il fut établi, 1°. que fon érection en royaume étoit une fable reconnue par l'abbé de Vertot, dans un mémoire lu à l'académie des infcriptions, & inféré au tome 4, *pag.* 728; & également profcrite par tous les hiftoriens judicieux.

2°. Que quand même le fait feroit auffi vrai qu'il eft faux, il ne fubfifteroit plus depuis longtems, attendu que, fuivant la loi conftitutionnelle de la monarchie, toutes les érections en principautés, duchés, &c., ne fe perpétuent qu'autant qu'il exifte des enfans mâles, defcen-

dans de ceux en faveur defquels l'érection a été faite.

3°. Que les lettres-patentes de Henri II, en renouvellant les privilèges accordés par Louis XI, en 1464, à la terre d'*Yvetot*, exceptent nommément la fouveraineté, qui eft réfervée à la couronne, & que cette fouveraineté eft prouvée par la perception du dixième, des droits de contrôle, infinuation, centième denier & autres, & par la milice qui fe tire à *Yvetot*.

4°. Qu'à la vérité, les habitans de cette feigneurie jouiffent de plufieurs privilèges; mais que ces immunités ne peuvent s'étendre, fans un titre exprès, aux droits de franc-fief, d'amortiffement, qui font domaniaux, inféparables de la couronne, & inaliénables.

En effet, l'arrêt du confeil, du 28 avril 1750, ordonna que celui du 11 octobre 1746 auroit fon exécution, & qu'en conféquence, les habitans & gens de mainmorte de la feigneurie d'*Yvetot*, feroient fujets au droit de franc-fief & d'amortiffement.

A l'égard des droits d'aides, il paroît que les privilèges dont les habitans d'*Yvetot* jouiffent, leur ont été accordés par lettres patentes de Charles VII, du 14 juillet 1450; mais ils ne font pas entièrement affranchis de ces droits, puifque le quatrième fe lève fur les boiffons vendues en détail, au profit du feigneur. Et pour empêcher qu'il ne puiffe fe faire de verfement frauduleux de boiffons, hors de cette principauté, l'arrêt du confeil, du 19 juin 1725, défend d'en enlever aucuns vins & eaux-de-vie, foit en muid, foit en bouteille, & de quelque façon que ce foit, à peine de confifcation & de cinq cents livres d'amende; il ordonne en même tems, que la quantité d'eau-de-vie que lefdits feigneur & habitans de cette principauté pourront faire venir pour leur confommation, fera fixée à foixante muids par an, fans pouvoir être excédée, à peine de confifcation & de cinq cents livres d'amende; fait défenfe de fabriquer aucune caude-vie, de quelque efpèce que ce foit, & permet néanmoins de tranfporter, hors de cette principauté, des cidres & poirés, à la charge d'en faire déclaration, & d'en payer les droits au bureau le plus prochain.

Fin du troifième & dernier Volume.

TABLE
ORDINALE ET RAISONNÉE,

DES articles de ce Dictionnaire, desquels la lecture peut servir de traité élémentaire pour chaque partie de finance.

ON a distribué tous les mots dont l'enchaînement tend au but qu'on se propose, sous dix titres placés à la tête d'un pareil nombre de paragraphes ou sections.

Chaque titre annonce la partie à laquelle se rapportent les articles qu'il comprend, & ils sont rangés suivant la série dans laquelle on doit les lire, pour s'instruire de l'origine des différentes branches de revenus de l'Etat, & connoître tout le système de leur perception & de leur législation.

Comme de chacune de ces branches sortent différentes ramifications de droits particuliers ou locaux, soumis au même régime, à cause de l'analogie de leur nature avec celle des droits qui forment le tronc principal, on a rassemblé, sous le même titre, tout ce qui est sujet à un mode semblable de perception.

Ainsi, le premier paragraphe, intitulé *AIDES*, comprend non-seulement l'universalité des articles de ces droits proprements dits, mais encore ceux dont l'exercice & la régie se font par les mêmes commis, tels que les droits sur les cuirs, les droits sur les cartes, sur les amidons, sur les papiers & cartons, &c. &c.

On a suivi la même méthode à l'égard des droits inhérens à l'administration des domaines, à celle des gabelles & des traites.

Quant aux impositions; & l'on entend par ce mot les taxes sur les fonds, sur les offices & sur les personnes; le titre *TAILLE*, renferme tous les articles principaux qui sont spécialement consacrés à donner des notions de ces objets : on doit les distinguer des perceptions, comme il a été dit dans l'Avertissement, *page 5 du premier volume*; parce que celles-ci désignent les droits sur les consommations.

Dans la sixième section timbrée en tête, *COMMERCE*, on a rassemblé les articles qui contiennent des renseignemens sur le commerce général du royaume, sur ses rapports avec les finances, à cause des formalités & des obligations prescrites en vue de l'intérêt du fisc, tant pour les personnes occupées de spéculations commerciales, qu'à l'égard des choses qui en deviennent l'objet, & sont susceptibles d'importation ou d'exportation.

Le paragraphe suivant, intitulé *FINANCE & FINANCIERS*, présente une suite de mots propres à donner des détails intéressans sur les gens de finance & sur l'effet général de cette profession. Parmi ces mots on trouvera une discussion sur les avantages & les inconvéniens d'affermer ou de faire régir les revenus de l'Etat.

Sous le titre ADMINISTRATION DES FINANCES, on a classé tous les termes dont la définition se rapporte aux opérations générales du gouvernement ; on fait connoître les qualités nécessaires à un habile administrateur ; on expose la morale d'une bonne administration.

On a dû y joindre naturellement tout ce qui concerne le trésor royal , les trésoriers généraux des divers départemens, les payeurs des rentes, & les autres caisses publiques, non destinées à recueillir les fonds de l'Etat, mais qui sont les agens de l'administration générale , & les intermédiaires, dont le concours tend à l'acquittement de la dette nationale.

Le titre de FINANCE MILITAIRE, que porte la neuvième section, annonce des notions sur tout ce qui concerne la guerre & les officiers , soit par rapport aux emplois sédentaires , destinés à récompenser leurs services, & dont on indique les appointemens ; soit relativement aux différens privilèges & impôts dont les militaires sont affranchis ou susceptibles.

Enfin , la dernière section, sous le titre de FINANCES ÉTRANGÈRES , présente la liste des divers Etats de l'Europe sur lesquels on a pu se procurer des instructions, pour donner une idée de leurs finances, de l'objet de leurs revenus , & des formes de leur recouvrement.

§. I.

AIDES.

Tous les droits qui forment la consistance de cette régie , étant détaillés sous ce mot , on peut recourir à celui que l'on veut connoître particulièrement.

Droit

§. I I.

DOMAINES ET DROITS DOMANIAUX.

§. I I I.

GABELLES ET TABAC.

§. I V.

TRAITES.

§. V.

TAILLES, CAPITATION, VINGTIÈMES, ET AUTRES IMPOSITIONS DU MÊME GENRE.

§. VI.

COMMERCE.

§. V I I.

FINANCE, FINANCIERS.

§. VIII.

ADMINISTRATION DES FINANCES.

Suite de la section VI, administration des finances.

De l'Imprimerie de Cl. SIMON , Imprimeur de Monfeigneur L'ARCHEVÊQUE de Paris ,
rue Saint-Jacques , près Saint-Yves. 1787.

ERRATA pour le premier Volume.

Discours préliminaire, page 36, colonne 2, ligne 2 de la note 79. Compris pour les provinces ; lisez, parmi les provinces.

Page 41, première colonne, ligne 6 en remontant par en-bas. A desirer ; lisez, regretter.

Même discours ; page 56, colonne 1, ligne 6. Henri II ; lisez, Henri III.

Page 5 du dictionnaire, colonne 1, ligne 48. Un arrêt du conseil du 21 mai ; lisez, une déclaration du 31 mai.

Page 13, col. 2, lig. 10. Chariere ; lisez, Pierre Domergue.

Id. id. lig. 16. 4 septembre ; lisez, 8 septembre.

Id. id. lig. 19. Après 6 septembre 1712, ajoutez, & 19 août 1713.

Id. id. lig. 20. Nerville pour deux ans, 29 août & 9 décembre 1713 ; lisez, pour deux ans, 9 décembre 1713, & 15 septembre 1714.

Id. id. lig. 21. Bonnet & Manis ; lisez, Bonne & Manis.

Id. id. ligne 26. Arrêt du conseil du 8 juin ; lisez, du 18 juin.

Id. id. lig. 36. Résilié le 5 septembre ; lisez, le 5 janvier.

Id. id. lig. 40. Arrêts des 7 septembre 1722 ; lisez, des 5 septembre 1721, 7 septembre 1722, &c.

Page 35, col. 1, lig. 25. Ni de leur consacrer ; lisez, ou de leur, &c.

Id. col. 2, lig. 42 & 43. De payer le double du droit qui seroit exigible, s'ils étoient sujets à l'amortissement ; substituez, de payer une amende du montant du droit d'amortissement.

Id id. lig. 56. Du 21 janvier 1738 & du 13 avril 1751 ; lisez, des 21 janvier 1738, 13 avril 1751, & 7 septembre 1785.

Page 36, col. 1, lig. 36. Pour le sol ; ajoutez : & dans ces cas de mise dans le commerce, le premier bail doit aussi être passé aux enchères devant l'intendant, ou son subdélégué.

Id. col. 2, lig. 16. Environ cent-vingt mille livres ; lisez, cent mille livres.

Page 44, col. 1, lig. 21. Cent trente-deux millions ; lisez, deux cents trente-deux.

Page 48, col. 2, lig. 25. L'article XXI du titre ; lisez, l'article XXVI.

Id. id. lig. 53. Les déclarations de 1705 & 1710 ; lisez, les déclarations des 20 janvier & 9 juin 1705, & 16 mars 1720.

Page 49, col. 1, lig. 26. Par la déclaration du roi, revêtue de lettres-patentes ; lisez, par les arrêt & lettres patentes.

Id. id. lig. 28. L'article 377 du bail ; ajoutez, de Forceville.

Page 55, col. 1, lig. 22. Arrêts & lettres-patentes des 25 juillet & premier août 1719 ; ajoutez, 10 & 18 mars 1722.

Id. col. 2, lig. 13. L'ordonnance du mois de mai 1780 ; lisez, 1680.

Page 56, col. 1, lig. 18. Le 29 février 1719 ; lisez, 1720.

Id. id. lig. 27. Du 21 juin 1773 ; lisez, 1723.

Page 59, col 2, lig. 52. Les lettres-patentes du 8 décembre 1722, & un arrêt du conseil du 2 août 1729 ; lisez, les arrêt & lettres-patentes des 7 & 16 juillet 1722, enjoignent, &c.

Page 70, col. 1, lig. 6. Du mois de mai 1780 ; lisez, 1680.

Page 72, col. 2, lig. 32. L'ordonnance du 22 juillet 1781 ; lisez, 1681.

Page 140, col. 2, dernière ligne. Pour dix mois ; lisez, pour six mois.

Page 141, col. 1, lig. 7. Pour provision ; lisez, pour leur provision.

Id. id. lig. 54. Il s'agit de former ; lisez, il s'agiroit seulement de former.

Id. col. 2, ligne 31. Ajoutez : Voyez DÉPÔTS, tome I.

Page 166, col. 1, ligne 30. Tandis qu'elle ; lisez, tandis qu'il.

Id. id. lig. 41. Rappellé dans le bail de ; lisez, dans l'article 24 du bail de, &c.

A

Page 166, colonne 1, ligne 46. Trois cents livres d'amende ; *lifez*, trois mille.

Id. colonne 2, ligne 11. L'arrêt du 23 septembre ; *lifez*, du 23 décembre.

Page 167, col. 1, ligne 42. Défendu à ces habitans ; *lifez*, il eft défendu.

Page 171, col. 2, lig. 7. L'article III de l'ordonnance ; *lifez*, l'article III du titre XIX de l'ordonnance.

Id. id. lig. 22. Un arrêt du confeil du 13 octobre & 10 novembre 1722 permit ; *lifez*, les arrêt du confeil & lettres-patentes des 13 octobre & 10 novembre 1722 permirent.

Id. id. lig. 32. Par des lettres-patentes du 24 mars 1727, les arrêts des 19 octobre 1734 & 9 octobre 1742 ; *lifez*, par les arrêts & lettres-patentes des 25 janvier 1724 & 24 mars 1727, 19 octobre 1734, & 9 octobre 1742.

Page 173, col. 2, lig. 18. En pourtant leur prévoyance ; *lifez*, en portant leur, &c.

Page 196, col. 2, lig. 8. En remontant au-deffous ; *lifez*, au-deffus.

Page 197, col. 1, lig. 17. De l'édit de 1664 ; *lifez*, de l'édit du mois de février 1664.

Page 244, col. 1, ligne 15 en remontant. 1683 ; *lifez* 1783.

Page 245, col. 1, lig. 18. Tenue en 1714 ; *lifez*, en 1614.

Page 300, col. 2, lig. 7. *Voyez* PÉRONNE ; *lifez*, *voyez* PEAGE DE PÉRONNE.

Page 316, col. 2, lig. 8. Déclaration du 15 janvier ; *ajoutez*, 1718.

Page 329, col. 2, lig. 34. Fermiers ; *lifez*, financiers.

Page 330, col. 2, lig. 22. Article IX ; *lifez*, article XI.

Page 333, col. 2, lig. 7 & 8. *Supprimez*, les receveurs généraux.

Id. id. lig. 30. Déclaration du 25 août ; *lifez*, du 2 août.

Id. id. lig. 41. Tout divertiffement de deniers au-deffous de trois mille livres ; *lifez*, tout divertiffement de deniers, de trois mille livres & au-deffus, eft fujet, &c.

Id. id. lig. 43. D'après les arrêts des 5 mai 1690, 3 février, &c. ; *lifez*, d'après la déclaration du 5 mai 1690, & les arrêts des 3 février, &c.

Page 334, col. 1, lig. 42. Du 11 mai ; *lifez*, du mois de mai.

Page 336, col. 2, ligne 20. Juges des aides ; *lifez*, juges des traites.

Id. id. ligne 55. *Après* l'avant-dernier alinea, finiffant par 24 mars 1744, *ajoutez* ; toiles de coton & mouffelines étrangères, autres que celles qui proviendront du commerce de la compagnie des Indes. Arrêt du 10 juillet 1785.

Page 367, col. 1, ligne anté-pénultième ; *ajoutez*, les cendres, falins, potaffes, & le verre caffé ; depuis l'arrêt du confeil du 10 juin 1785.

Page 380, col. 1, lig. 29. Auroient ainfi dû tenir ; *lifez*, autoient dû tenir.

Page 384, col. 2. *Après* le troifième alinea, *il faut mettre en gros caractères*, CONTRÔLEURS AUX MASSES, *& fupprimer ces mots* ; quant aux contrôleurs aux maffes.

Page 453, col. 2, lig. 25. En 1710 ; *lifez*, par l'arrêt du confeil du 7 mars 1714.

Page 460, col. 2, lig. 14. Les lettres-patentes du 10 novembre 1713 ; *lifez*, les arrêt & lettres-patentes des 25 octobre & 10 novembre 1723.

Page 496, col. 2, lig. 5. Alverts, Ré, & autres ; *lifez*, Alverts, Hiers & Ré, & autres, &c.

Page 497, col. 2, lig. 15. L'article VI ; *lifez*, l'article VII.

Page 498, col. 1, lig. 34. Il ordonna ; *lifez*, l'article XXVII de cet édit ordonna.

Id. col. 2, lig. 40. De déclarer ; *lifez*, de délivrer.

Id. id. lig. 56. Angles & Blanc ; *lifez*, Angles & Leblanc.

Id. id. lig. 57. Les dépôts de la Puy ; *lifez*, du Puy.

Page 499, col. 1, lig. 3. De Montauban ; *lifez*, de Clermont-Ferrand.

Id. id. ligne 14. Sarnage ; *lifez*, Jarnage.

Id. id. lig. 15. Mainfal ; *lifez*, Mainfat.

Id. id. lig. 18. Aigue-Perfe ; *lifez*, Aigueperfe.

Id. id. lig. 20. Riff ; *lifez*, Ris.

Page 499 , colonne 1 , ligne 22. Qui compſeroit ; *liſez* , compoſeroient.

Id. *id.* lig. 30. Ces paroiſſes qui ſont dénommées; *liſez* , leſ paroiſſes qui y ſont dénommées.

Page 500 , col. 2 , lig. 20. Rendus en 1723 & 1730; *liſez* , rendus les 8 & 16 novembre 1723 , & 21 novembre 1730.

Page 501 , col. 2 , lig. 55. 19 mars 1767 ; *liſez* , 10 mars.

Page 502 , col. 1 , ligne 23. L'article II du même titre ; *liſez* , l'article XI.

Id. *id.* lig. 28. L'article XIII ; *liſez* ; l'article XII.

Id. *id.* lig. 36. Enfin , l'article XII ; *liſez* , l'article XIII.

Page 503 , col. 1 , lig. 8. Du 10 avril ; *liſez* , du 10 juin.

Id. col. 2 , lig. 14. Le 2 août ; *liſez* , le 2 avril.

Id. *id.* lig. 25. De ſel pour l'année ; *ajoutez* , & cette dernière diſpoſition a été confirmée par un autre arrêt de la même cour , du 9 janvier 1749.

Id. *id.* lig. 29. Dans un chapitre ; *liſez* , dans un article.

Page 504 , col. 2 , lig. 40. Et celui de Saint-Vaulry ; *liſez* , & de Saint-Vaulry.

Id. *id.* lig. 42. De Gernage ; *liſez* , Jarnage.

Id. *id.* avant-dernière ligne. Aigue-Perſe ; *liſez* , Aigueperſe.

Page 505 , col. 1 , lig. 12. A l'édit de leur création ; *ajoutez* , du mois de mai 1691 ; à celui du mois de novembre 1709 , &c.

Id. *id.* lig. 19. Du 22 ſeptembre 1723 ; *liſez* 1733.

Id. *id.* lig. 30. Du 21 février ; *liſez* , janvier.

Id. *id.* lig. 37. L'édit du 25 août ; *liſez* , du 13.

Id. *id.* ligne dernière. L'édit du 28 août ; *liſez* , du 28 avril.

Page 506 , col. 1 , ligne 15. Et quatre lieues ; *liſez* , à quatre lieues.

Page 507 , col. 1 , lig. 35. Les arrêts du 19 janvier ; *liſez* , des 9 janvier & 24 , &c.

Id. col. 2 , lig. 12 & 13. Et l'arrêt du parlement ; *liſez* , & le parlement.

Page 509 , col. 2 , lig. 15. Et 9 février ; *liſez* , & 12 février.

Page 510 , col. 1 , lig. 5. Du 29 novembre ; *liſez* , du 23.

Page 533 , col. 1 , lig. 12. 1784 ; *liſez* , 1724.

Page 571 , col. 1 , lig. 26. 1747 ; *liſez* , 1749.

Page 618 , col. 1 , lig. 1. Trente ſous ; *liſez* , vingt-ſix.

Id. *id.* lig. 6. 1781 ; *liſez* , & 1782 , & rayez en 1781 de près de vingt-huit mille livres.

Page 625 , col. 1 , lig. 2. Modifications à l'article ; *liſez* , à l'exécution de l'article.

Page 668 , col. 1 , avant-dernière ligne. Les titres V & VI ; *liſez* , les titres V & VII.

Page 669 , col. 1 , ligne 31. Juin 1698 ; *liſez* , 1693.

Page 670 , col. 2 , lig. 33. Du 12 ſeptembre ; *liſez* , décembre.

Page 672 , col. 1 , lig. 12. Du 19 décembre ; *ajoutez* , 1713.

Id. col. 2 , lig. 24. Du 17 janvier ; *liſez* , du 16.

Page 673 , col. 2 , lig. 31. Chavre fut commis ; *ajoutez* , par arrêt du 2 février 1745.

ERRATA pour le second Volume.

Fautes à corriger.

Page 1, colonne 2, ligne 36. Saint-Voye ; *lisez*, Saint-Pere.
Page 2, col. 1, ligne 52. Par le fermier contre le nommé ; *supprimez*, contre.
Page 3, col. 1, ligne 16. Du bail de Forceville ; *lisez* du bail fait à Forceville.
    Id.   *id.* ligne 27. Du 29 mai ; *lisez*, du 29 mars.
Même page. L'article ECHANTILLER doit être, page 38, *après* l'article ECHANGE.
Page 96, col. 1, lig. 13. Et 23 avril ; *lisez*, & 5 août 1776.
Page 101, col. 2, lig. 37. Du 6 juillet ; *lisez*, du 5 juillet.
Page 102, col. 1, ligne 27. Payement de consignation ; *lisez*, payement ou consignation.
Pag. *id.* col. 2, lig. 36. Aux termes de l'article VIII de la déclaration ; *lisez*, aux termes de la déclaration.
Page *id.* col. *id.* ligues 55 & 56. L'ordonnance du mois de mai 1680 avoit ordonné ; *lisez*, l'ordonnance du
    mois de mai, & la déclaration du 5 juillet 1704 ont ordonné.
Page 103, col. 1, lignes 35 & 36. Des 25 janvier & 29 mai 1780 ; *lisez*, des 26 janvier & 9 mai 1700.
Page *id.* col. 2, lig. 46. Du 30 mai ; *lisez*, du 30 mars.
Page 105, col. 1, ligne 1. L'article du titre ; *lisez*, l'article V du titre.
Page 106, col. 1, lig. 38. Et 3 juillet ; *lisez*, & 13 juillet.
    Id.   *id.* lig. 39. Du 8 octobre ; *lisez*, du 8 décembre.
    Id. col. 2, ligne 27. Janvier 1704 ; *lisez*, 1714.
Page 107, col. 1, lig. 20. L'article III de la déclaration ; *lisez*, l'article XXIII
    Id. id. ligne 22. Septembre 1711 ; *lisez*, 1701.
Page 108, col. 1, lig. 29. Avril 1711, & 9 septembre 1713 ; *lisez*, août 1711, & 9 décembre 1713.
    Id. id. lig. 46. Des 3 octobre ; *lisez*, 30 octobre.
    Id. col. 2, lig. 3. Des 15 & 16 mars ; *lisez*, des 15 & 26 mars.
Page 109, col. 1, lig. 8. Des 19 novembre ; *lisez*, des 17 novembre.
    Id. col. 1, lig. 16. L'article X ; *lisez*, l'article VIII.
    Id.   *id.* lig. 37. La déclaration du 2 avril ; *lisez*, l'article premier de la déclaration, &c.
    Id.   *id.* lig. 47. Lettres-patentes de 1747 ; *lisez*, du 12 décembre 1747.
Page 110, col. 1, lig. 25. On propose ; *lisez*, on y propose.
Page 117, col. 2, lig. 14. Ses ; *lisez*, ces droits.
Page 205, col. 2, lig. 4. Que les autres ; *lisez*, que sur les autres.
Page 217, col. 1, lig. 5. Suivant l'arrêt ; *lisez*, suivant l'article IV de l'arrêt.
    Id. id. lig. 53. Permis d'en transporter ; *lisez*, permis par l'article V de cet arrêt.
    Id. col. 2, lig. 25. Lille & Douai ; *lisez*, Lille, Douai & Valenciennes.
    Id. id. ligne 31. *Après* Bereu & Mortagne, *ajoutez* ; & pour celui de Valenciennes, par les bureaux
    de Saint-Amand, Mortagne, Condé & Blammisseron.
Page 263, col. 1, lig. 3. Sont de constater ; *lisez*, ont été de constater.
Pag. 164, col. 1, lig. 5. *Après* l'Yonne, *ajoutez*, la haute-Normandie.
Page 265, col. 1, lig. 7. *Après* juillet 1688, *ajoutez*, 28 juin 1689, 6 août 1697, 5 juin 1703.
    Id. id. lig. 8. Mai 1700 ; *lisez*, 1710.
    Id. id. lignes 8 & 9. Tous rappellés ; *lisez*, dont plusieurs ont été rappellés.
    Id. col. 2, lig. 7. Avril 1705 ; *lisez*, 1725.
    Id. id. ligne dernière. 26 décembre ; *lisez*, septembre.
Page 266, col. 1, lig. 2. Bacs ; *lisez*, barques.
    Id. col. 2, lig. 19. 20 juillet ; *lisez*, 2 juillet.
Page 268, col. 2, ligne 14. Et 7 avril 1725 ; *lisez*, & 7 août.
    Id. id. lig. 24. Du 26 mars ; *lisez*, du 26 mai.
Page 269, col. 1, lig. 41. Septembre 1734 ; *lisez*, 1724.
Page 271, col. 1, lig. 22. Le mot bail, pag. 77 ; *lisez*, tome 1, pag. 77.
    Id. id. ligne 23. L'article CXXIII du bail de Forceville en 1738 ; *lisez*, l'article CXXVII du bail fait
    à Forceville en 1738.
Page 273, colonne 1, ligne 41. Levé ; quelque destination ; *lisez*, levés, à quelque destination.
Page 274, col. 2, lig. 44. Le met à l'abri ; *lisez*, le mettent.
Page 275, col. 2, lig. 39. Etoit fondée ; *lisez*, étoient fondées.
Page 290, col. 1, lig. 29. Des 10 juin 1684 ; *lisez*, des 10 juin & 16 décembre 1684.
    Id. id. lignes 30 & 31. 18 février 1698 ; *lisez*, 12 décembre 1698.
Page 291, col. 1, lig. 18. Du 25 mars ; *lisez*, du 25 mai.
Page 292, col. 1, lig. 45. Du 2 septembre ; *lisez*, du 2 décembre.
Page 293, col. 2, lig. 26. Septembre 1703 ; *lisez*, 1723.
Page 294, col. 2, ligne 24. Juin 1691 ; *lisez*, juillet.
Pag. 295, col. 1, lignes 16 & 17. Elle se fait, soustrayant ; *lisez*, en soustrayant.

Pag. 302, col. 1, lig. 16. Philippe de Trye ; *lifez* , Philippe de Brie.

Page 304, col. 1, lig. 54. Le 15 mai ; *lifez* , 15 mars.

Page 305, col. 2 , lig. 2. Du 23 mars ; *lifez* , 23 mai.

Id. id. ligne 43. Du 3 mars 1402 ; *lifez* , 1403.

Page 307, col. 1, ligne 21. Par fes commiffaires ; *lifez* , par les commiffaires.

Id. col. 2 , ligne 11. Quelque provinces ; *lifez* , quelques provinces.

Page 309, col. 1, ligne 41. Et fupplioient le roi, *lifez* , & le fupplioient de

Page 310, col. 2 , ligne 17. Janvier 1548 ; *lifez* , 1547.

Page 311, col. 2, ligne 5. De les laiffer ; *lifez* , de le laiffer.

Page 313 , col. 1 , ligne 7. Du 36 novembre ; *lifez* , du 30 novembre.

Id. id. lignes 36 & 37. Dès la feconde année du bail de Hamel, c'eft-à-dire en 1633 , on ajouta dix fous, &c. *lifez* , pendant le bail de Philippe Hamel, on ajouta, 1°. en 1633, dix fous, &c.

Id. col. 2 , ligne 23. Treize millions deux cents ; *lifez* , treize millions quatre cents , &c.

Page 314, col. 1 , ligne 2. Contrôleurs , confervateurs ; *ajoutez* , des fermes.

Id. id. ligne 18. Taillable à la ferme ; *lifez* , de la ferme.

Id. col. 2 , ligne. 11. Et du droit ; *lifez* , & le droit.

Id. id. ligne 50. Du 27 juillet ; *lifez* , juin.

Page 315, col. 1 , ligne 5. De France ; *ajoutez* , & du Lyonnois.

Id. col. 2 , ligne 2. Septembre 1688 ; *lifez* , 1668.

Page 316. Réformez ainfi le tableau de la confommation de l'impôt.

	muids.	feptiers.	minots.	quarts.	huitièmes.	feizièmes.
En 1774	113.	7.	3.			
En 1775	77.	11.		2.		$\frac{1}{16}$.
En 1776	43.	6.		2.		$\frac{1}{16}$.
En 1777	17.	7.	1.		$\frac{1}{8}$.	
Total des augmentations.	252.	8.	1.	1.		
Impôt de 1773	1924.	1.	3.	1.		
Impôt actuel.	2176.	10.		2.		

Page 318, col. 1 , ligne 6. Les droits de péage à payer ; *lifez* , à acquitter.

Id. id. ligne 8. Des greniers ; *lifez* , les noms des greniers, & *effacez* à la troifième ligne en marge de cette accolade , *les noms*.

Page 320, col. 2 , ligne 27. Par les regratiers ; *fupprimez* , par.

Id. id. lignes 40 & 41. De 1604, & 1665 ; *lifez* , de 1604, & 1666.

Page 322, col. 1, ligne 30. Du 27 feptembre ; *lifez* , du 26.

Id. col. 2 , lig. 39. 13 juillet 1710 , & 16 mars 1736 ; *lifez* , 13 juin 1730 , & 15 mai 1736.

Page 323 , col. 2 , ligne 40. Du 25 juillet ; *lifez* , du 15.

Page 325. col. 1, lig. 21. Du 13 décembre ; *lifez* , du 30.

Id. id. ligne 23. Du 25 février ; *lifez* , du 21.

Id. id. ligne 52. Du 6 juillet ; *lifez* , du 16.

Id. col. 2 , ligne 26. 14 feptembre ; *lifez* , 14 novembre.

Id. id. ligne 34. Août 1632 ; *lifez* , 26 août 1732.

Page 326, colonne 1, ligne 52. Par celui des ; *lifez* , par ceux des.

Page 336, ligne 1 de la troifième colonne du tableau. 6,218,243 ; *lifez* , 6,218,323.

Page 338, lig. 2 de la cinquième colonne du tableau. A 6 liv. la livre ; *lifez* , à cinq fous.

Id. première ligne de la fixième colonne du même tableau. 160,036 ; *lifez* , 159,036.

Id. dernière ligne de la même colonne. 373,528 ; *lifez* , 372,528.

Page 345, col. 2 , lig. 4 & 24. Convertiffable ; *lifez* , converfible.

Page 350, dernière ligne de la feconde colonne du tableau. 3,053,935 ; *lifez* , 3,053,905.

Pag. 406, col. 1, lig. 15, en remontant la pag., après fix cents mille liv. ; *lifez* , *Voyez* PRÉSENTATION. (droit de)

Page 411, col. 1 , lig. 3. Du 25 juillet ; *lifez* , du 27 juin.

Page 412, col. 2 , lig. 11. Des premier mai ; *lifez* , premier mars.

Page 415, col. 2, lig. 7 du tableau de la généralité de Chalons-fur-Marne. Du 12 mai ; *lifez* , du 12 mars.

Pag. 417, col. 4 & 6 du tableau de la généralité de Moulins. Grenier de Château-Chinon , 35 muids ; *lifez* , 30 muids.

Id. Au grenier de Decize, 30 muids ; *lifez* , 35 muids.

Pag. 421. Suite du tableau de la généralité de Rouen, au grenier de Fécamp, cinquième colonne. 50 muids ; *lifez* , 46 muids ; & fixième colonne. 66 muids ; *lifez* , 62 muids.

Total de la cinquième colonne du même tableau. 225 muids ; *lifez* , 221 muids ; & fixième colonne. 1545 muids ; *lifez* , 1541.

Page 422. Tableau de la généralité de Tours. Grenier du Lude, quatrième & sixième colonnes, onzième ligne. 50 muids; *lisez*, 45 muids.

Même tableau, quatorzième ligne. Grenier de Loué, 28 muids; *lisez*, 38 muids.

Même page, total des quatrième & sixième colonnes. 1139 muids; *lisez*, 1134.

Page 423, première ligne du tableau, quatrième & sixième colonnes. Ci-contre, 1139 muids; *lisez*, 1134.

Dernière ligne du même tableau. Total de la quatrième colonne. 1482 muids; *lisez*, 1487.

Même ligne. Total de la sixième colonne. 2192 muids; *lisez*, 2197.

Page 424, dernière colonne du tableau, ligne 10, article de la généralité de Rouen. 1545 muids; *lisez*, 1541.

Même colonne, ligne 12, article de la généralité de Tours. 2192 muids, *lisez*, 2197.

Idem, premier total de la même colonne. 15524; *lisez*, 15525.

Idem, dernier total de la même colonne. 13924; *lisez*, 13925.

Page 425, col. 2, lig. 8. Quelques-uns dans; *lisez*, quelques-uns. Dans une.

Page 426, col. 2, lig. 41. Déclaration du 3 octobre; *lisez*, du 31.

Page 427, col. 1, lig. 6 & suivantes. Il faut seulement être âgé; *réformez* cette phrase, & *lisez*: il faut, suivant l'article V du titre XVIII de l'ordonnance des gabelles, être âgé de vingt-cinq ans; & conformément aux arrêts, &c.

Idem, col. 2, lig. 16 & 17. Suivant la déclaration du 14 octobre; *lisez*, suivant les articles II & IV du titre XVIII de l'ordonn. des gabelles; & suivant les déclarations des 14 octobre 1698 & 21 octobre 1710.

Pag. 429, col. 1, lig. 17. *Supprimez* Carcassonne.

Id. col. 2, lig. 18. Quinze greniers; *lisez*, seize.

Id *id.* ligne 23. *Après* Apt; *ajoutez*, Tarascon.

Page 430, col. 2, lig. 41. Du 9 août; *lisez*, du 29.

Id. *id.* lig. 43. Du premier juillet; *lisez*, du 10.

Id. *id.* lig. 46. Du 22 novembre; *lisez*, du 21.

Page 431, col. 1, lig. 1. Du 25 juillet; *lisez*, du 15.

Page 433, col. 1, lig. 4. Du 21 janvier; *lisez*, du 21 juin.

Id. *id.* lignes 28 & 38. Mars 1669; *lisez*, 1667.

Page 434, col. 1, ligne 8. Crue de trois livres; *lisez*, de quarante sous.

Id. *id.* lignes 13 & 14. Juin; *lisez*, & 4 juin.

Id. *id.* ligne 19. Des 10 septembre; *lisez*, des 14 septembre.

Id. col. 2, lig. 36. Mois de décembre; *lisez*, de novembre.

Page 436. Au total de la première colonne de chiffres. 228,190; *lisez*, 238,190; & *réformez* également cette somme à la première ligne de la même colonne de la page suivante où elle est reportée.

Page 479, col. 1, lig. 44. L'article II de l'arrêt du 23 mars 1770; *lisez*, l'article III de l'arrêt du 23 mars 1720.

Idem, lig. 45 & 46. Lettres-Patentes des premier février; *lisez*, premier janvier.

Id. col. 2, ligne 11. De l'article XVI; *lisez*, de l'article XIV.

Id. lig. 24 & 25. Aux négocians de Valenciennes; *lisez*, aux négocians des villes de Bergue, Lille, Douai & Valenciennes.

Page 479, colonne 2, lignes 27 & 28. Par les bureaux de Saint-Amand, Mortagne, Condé & Blammisseron; *lisez*, par les bureaux désignés dans cet article; mais encore de prendre, &c.

Page 485, col. 1, lig. 55. Par les provinces; *lisez*, pour les provinces.

Page 549, col. 1, lig. 34. Les impositions locales, dans les pays d'élection, qui portent également sur les terres, 11,800,000; *mettez*, 1,800,000, pour que l'addition soit juste.

Idem, col. 2, lig. 20. Des cent quatre-vingt-dix millions; *lisez*, des cent-seize millions.

Page 557, col. 1, lig. 43. Titre VII de l'ordonnance; *lisez*, titre VIII.

Id. col. 2, lig. 16. Ont a réglé; *lisez*, ont réglé.

Idem, lig. 19. Relatif la troisième; *lisez*, relatif à la troisième.

Page 558, col. 1, lig. 28. 26 mars; *lisez*, mai.

Id. lig. 47. Notifier aux habitans par des mandemens; *lisez*, notifier aux habitans leurs mandemens.

Id. col. 2, lig. 30. 10 mars 1733; *lisez*, 19 mars.

Page 559, col. 1, lig. 12. Du 20 mars 1767; *lisez*, du 20 août.

Idem, lig. 53. Et 24 mars 1717; *lisez*, 24 mai.

Page 561, col. 1, lig. 34. Du 2 avril 1712; *lis.*, du 2 août.

Id. col. 2, lig. 21. Du 28 octobre 1683; *lisez*, du 28 décembre.

Idem, lig. 41. Du 4 octobre 1698; *lisez*, 4 octobre.

Id. col. 2, lig. 14. Par l'article VII; *lisez*, l'article XVII.

Page 562, col. 1, lig. 48. Du 20 août 1673; *lisez*, du 22 août 1665.

Page 563, col. 2, lig. 2. Arrêts du conseil des 29 août 1719; *lisez*, des 25 mars 1687, 29 août 1719, &c.

Id. lig. 44. L'article XXXII du titre VIII; *lisez*, l'article XXXIII.

Page 564, col. 1, lig. 3. Et 30 mars; *lisez*, 30 mai.

Id. *id.* lig. 9. Au lieu que l'ordonnance; *lisez*, au lieu que l'article XIII du titre VIII de l'ordonnance.

Page 599, col. 1, lig. 9. *Après* abandonné; *lisez*: elle a été donnée en mai 1786 au sieur Réveillon, dont les soins & le zèle ont contribué aux progrès de l'art de la papeterie.

Id. *id.* lig. 35. L'article IX du du titre; *lisez*, l'article IX du titre.

Id. col. 2, dernière ligne. 1689; *lisez*, 1698.

Page 600, col. 1, lig. 41. Et celle du 9 mai; *lisez*, 19 mai.

Id. col. 2, lig. 36. *Après* 9 mai 1702, *ajout.* 19 mai 1711.

iv

Page 601, col. 1, lig. 16. *Supprim.* 10 mai 1702.

Pag. 602, col. 2, lig. 33. 8 mai 1746 ; *lifez*, 8 mars.

Pag. 763, col. 2, lig. 12. Il y a quatre-vingt-neuf à parier ; *lifez*, il y a dix-huit à parier.

Id. id. lig. 14 & 15. Son avantage eft d'un fur dix-huit, parce que cinq fois dix-huit font quatre-vingt-dix ; *lifez* : fon avantage eft d'un fur trois trois cinquièmes ; parce que cinq fois trois trois cinquièmes font à dix-huit, comme cinq fois dix-huit font à quatre-vingt-dix.

Id. id. lig. 30. Il y a quatre mille quatre à parier ; *lifez*, il y a quatre cents un demi à parier.

Id. id. lig. 32 & 33. Et quatre cents quatre degrés ; *lifez*, & quarante degrés un vingtième.

Id. id. ligne 36. Il y a cent-dix-fept mille quatre cents foixante-dix-neuf ; *lifez*, il y a onze mille fept cent quarante-huit.

Id. id. lig. 40. Et onze mille fept cents quarante-fept degrés ; *lifez*, & onze cents foixante-quatorze degrés quatre cinquièmes.

Id. id. ligne 44. Il y a deux millions cinq cents cinquante-cinq mille cent quatre-vingt-neuf à parier ; *lifez*, il y a cinq cents onze mille trente-huit à parier.

Id. id. ligne 48. Et cinq cents onze mille trente-fept degrés ; *lifez*, & cent deux mille deux cents-fept degrés trois cinquièmes de probabilité.

Id. id. lig. 51. Et quarante-trois millions neuf cents quarante-neuf mille deux cents foixante-fept degrés ; *lifez*, & quarante-trois millions neuf cents quarante-neuf mille deux cents foixante-huit degrés.

Id. id. lig. 55. Il y a quatre cents quarante-neuf à parier ; *lifez*, il a quatre-vingt-dix à parier.

Page 274, col. 1, lig. 4. Et quatre-vingt-neuf degrés ; *lifez*, & dix-huit degrés.

Id. id. lig. 9. Il y a quatre-vingt mille quatre-vingt-dix-neuf à parier ; *lifez*, il y a quatre mille cinq à parier.

Id. id. lig. 14. Et trois cents quatre-vingt-dix-neuf degrés & demi ; *lifez*, & quatre cents degrés & demi de probabilité.

Id. col. 2, lig. 17. Et de les remplacer ; *lifez*, & de la remplacer.

Page 765, dernière ligne. Vingt numéros ; *lifez*, quatre-vingt numéros.

Page 770, col. 1, lig. 14. Vingt-fix lots de deux cents livres ; *lifez* cinquante-fix lots de deux cents livres.

Id. col. 2, lig. 14. Cinquante-fix lots de fix cents livres, trente-cinq mille fix cents livres ; *lifez* trente trois mille fix cents livres.

Page 771, lig. 14. A été comme un modèle ; *lifez*, peut-être citée comme un modèle.

Page 771, lig. 15. En voici un autre qui, par fa compofition ; *lifez*, en voici un autre dont la forme ne feroit, &c.

ERRATA pour le troisième Volume.

Page 62, colonne 1, ligne 39. Que l'ordonnance ; *lisez*, que l'article premier du titre premier de l'ordonnance.

Id. colonne 2, ligne 27. Et 5 novembre ; *lisez*, & 3 novembre.

Page 184, col. 1, lig. 10. Au mot grenne ; *lisez*, grenier.

Id. id. ligne 26. Les articles CCXXIV & CCXXVI ; *lisez*, CXXIV & CXXVI.

Page 210, col. 1, lig. 50 & 51. En Portugal de François II ; *lisez*, de François II. En Portugal.

Page 252, col. 2, lig. 40. De février 1556 ; *lisez*, de mars 1556.

Page 269, col. 2, lig. 18. *Voyez* SALINES ; *supprimez ces mots*, & reportez-les à la fin du même alinea.

Page 270, col. 1, ligne 23. Des villes dénommées ; *ajoutez*, dans les deux articles précédens.

Id. col. 2, lig. 1. Quatre livres quinze sous par minot ; *lisez*, quatre livres quinze sous dix deniers par minot.

Id. id. lig. 23. Par minot ; *lisez*, par muid.

Pag. 271, col. 2, lig. 20. Du May & de Montagne ; *lisez*, du Mayet-de-Montagne.

Pag. 274, col. 2, lig. 2. De l'état des paroisses. Neuvy ; *lisez*, Meuvy : Et lig. 4 du même état. Metrey ; *lisez*, Mercy.

Page 285, col. 1, lig. 45. 5 f. 6 d. ; *lisez* 6 deniers, & *supprimez* les 5 sous.

Page 315, col. 1, lig. 34. Par l'article XXIV ; *lisez*, par l'article XXXIX.

Id. id. lig. 35. Et par celui du 28 avril ; *lisez*, & par l'article XXIV de celui du 28 avril.

Page 316, col. 1, lig. 5. Une somme de sept mille livres ; *lisez*, de plus de sept mille livres.

Id. id. lig. 11, A vingt-sept sous six deniers ; *lisez*, à vingt-sept sous deux deniers.

Id. id. lig. 28. Et les dix sous pour livre ; *lisez*, & les huit sous.

Id. id. lig. 51. L'arrêt du conseil du 31 mars 1711 ; *lisez*, les arrêts du conseil des 11 mai 1694, & 31 mars 1711.

Page 317, col. 1, lig. 2 & 3. Évalué à cinquante sous ; *lisez*, évalués à cinquante & un sous.

Id. id. lig. 6 & 12. Du boitage ; *lisez*, du botaige.

Id. id. lig. 8 & 9. En deux septiers trois quarts ; *lisez*, en deux septiers un minot trois quarts.

Id. id. lig. 11. Octobre 1779 ; *lisez*, 1773.

Id. id. lig. 40. Du 11 mai ; *lisez*, du 15 mai.

Id. col. 2, lig. 4. Des 22 novembre ; *lisez*, des 29 novembre.

Page 319, col. 2, lig. 13. Du 5 septembre ; *lisez*, du 12 septembre.

Id. id. lig. 14. Du 3 septembre 1726 ; *lisez*, du 10.

Page 366, col. 2, lig. 17. Du 29 avril ; *ajoutez*, 1749.

Page 372, col. 2, lig. 43. Des 13 septembre 1713 ; *lisez*, des 27 septembre.

Page 380, col. 1, lig. 15. Qui regarde ; *lisez*, regardent.

Page 381, col. 1, lig. 38. Décembre 1738 ; *lisez*, 2 décembre.

Page 396, col. 1, lig. 47. Ferons connoître ; *lisez*, ferions.

Page 404, col. 2, lig. 26. Consomment ; *lisez*, consomme.

Page 420, col. 1, lig. 9. Avantageux ; *lisez*, avantageuse.

Page 421, col. 2, lig. 53. En le faisant passer ; *lisez*, en faisant passer.

Page 426, col. 1, lig. 53. Ne manquent pas de lui être ; *lisez*, ne peuvent que lui être.

Id. col. 2, lig. 32. Les six années suivantes ; *lisez*, dans les six années suivantes.

Id. id. lig. 35 & 36. Sept septiers un minot ; *lisez*, sept septiers deux quarts.

Id. id. lig. 51. Les ventes de sel de quart-bouillon ; *lisez*, les ventes dans la direction de Caen.

Page 427, col. 1, lig. 4. Les ventes du quart-bouillon ; *lisez*, les ventes de la même direction.

Id. id. lig. 9. Comparées à celles de Prevôt ; *lisez*, comparées aux cinq premières du bail de Prevôt.

Page 427, colonne 1, lig. 17. Cinquante-cinq muids deux minots un huitième ; *lisez*, cinquante-cinq muids un minot trois quarts un seizième un trente-deuxième.

Page 428, col. 1, lig. 41. Est de cinquante-quatre mille ; *lisez*, est de cent cinquante-quatre mille.

Id. id. lig. 49. Trois cents mille sept cents ruches ; *lisez*, trois cents sept mille ruches.

Page 429, col. 1, lig. 19. Le second mesurage ; *lisez*, un second mesurage.

Id. id. lig. 28. Qu'à défendre ; *lisez*, que de défendre.

Page 430, col. 2, lig. 29. Aux faux-saunages ; *lisez*, au faux-saunage.

Id. id. lig. 30. Du montant de tous les sels ; *lisez*, du montant du droit de tous les sels.

Page 432, col. 1, lig. 32. Du muid à deux mille ; *lisez*, du muid qu'à deux mille.

Page 442, col. 2, lig. 12 & 13. La déclaration du 6 décembre 1707, article VIII ; *lisez*, la déclaration du 17 octobre 1720, article XX.

Id. id. lig. 49. Que le desir ; *lisez*, que de desirs.

Page 443. col. 1, lig. 2. Du 10 mars 1719 ; *lisez*, du 26 mars 1720.

Page 445, col. 2, lig. 22. Du titre VIII de l'ordonnance ; *lisez*, du titre VI, &c.

Page 446, col. 2, lig. 33. De l'ordonnance de 1687 ; *lisez*, de 1681.

Page 479, col. 1, avant-dernière ligne. Du 8 mars 1725 ; *lisez*, du 8 mai.

Page 480, col. 1, lig. 49. La même année ; *lisez*, l'année 1696.

Page 494, col. 2, lig. 16. Ne pouvant qu'être ; *lisez*, ne peut.

Page 495, col. 1, lig. 45. Et les charges ; *lisez*, & des charges.

Page 496, col. 1, lig. 38. Rieve ; *lisez*, rêve.

Page 497. Total de la troisième colonne du tableau, 54,200,000 livres ; *lisez*, 54,230,000 liv.

Page 518, col. 1, lig. 30. Vingt-six mille huit cents livres ; *lisez*, vingt-six mille deux cents cinquante livres.

Page 519, col. 1, lig. 3. En 1751 ; *lisez*, en 1571.

Page 521, col. 1, lig. 30. *Page* 512 ; lisez, *page* 518.

Page 523, col. 1, lig. 42. Janvier 1737 ; *lisez*, février.

Id. col. 2, lig. 45. La page 513 ; *lisez* 517.

Page 527, col. 1, lig. 15. De ces poches ; *lisez*, de ces poêles.

Page 532, col. 2, lig. 42. 1,030,623. livres ; *lisez*, 4,030,623 livres.

Id. id. lig. 52. Un million ; *lisez*, quatre millions.

Page 554, col. 1, lig. 25. Juin 1775 ; *lisez*, juin 1755.

Page 555, col. 1, lig. 44. Les lettres-patentes du 5 mars ; *lisez*, les arrêt & lettres-patentes des 5 & 18 mars 1718.

Id. id lig. 46. Différentes déclarations ; *lisez*, différens édits & déclarations.

Page 601, col. 1, lig. 45. Jacutan ; *lisez*, Jucatan.

Page 612, col. 2, lig. 24. D'Amand ; *lisez*, d'Armand.

Pag. 613, col. 1, lig. 33. Du 19 juillet ; *lisez*, du 29.

Page 614, col. 1, lig. 27. Par l'ordonnance ; *lisez*, par l'article XI de.

Id. col. 2, lig. anté-pénultième. Elles fait ; *lisez*, elle fait.

Page 615, col. 2, lig. 3. Ce mémoire ; *lisez*, ces mémoires.

Page 618, col. 1, lig. 10. Du premier août 1721 ; *lisez*, du 17 octobre 1720.

Id. id. lig. 14. Par l'ordonnance ; *lisez*, par l'article XIV de l'ordonnance.

Page 622, col. 1, lig. 48. Le 23 octobre ; *lisez*, le 20 octobre.

Page 623, col. 1, lig. 12. Septembre 1723 ; *lisez*, 1724.

Id. id. lig. 28. Décembre 1723 ; *lisez*, 1725.

Page 627, col. 2, lig. 18. Qu'elles avoit ; *lisez*, qu'elle avoit.

Page 632, col. 1, lig. 14. Trois deniers ; *lisez*, neuf deniers.

Id. id. troisième ligne de chiffres. 59 liv. 16 sous 3 deniers ; *lisez*, 59 liv. 16 s. 9 deniers.

Id. id. lig. 22. Quatre deniers ; *lisez*, huit deniers, & *reformez* également la ligne de chiffres.

Page 641, première colonne de chiffres. Total, 50,294,208 liv. 9 f. ; *lifez*, 55,958,610 liv. 7 fous.

Page 688, col. 2, lig. 11. Ne pouvoit ; *lifez*, ne pourroit.

Id. id. lig. 18. Une norion; *lifez*, une notion.

Page 692, col. 1, lig. 5. Et propriétaires ; *lifez*, les propriétaires.

Page 693, col. 2, lig. 49. En exception ; *lifez*, en exemption.

Page 697, col. 1, lig. 1. Forme ; *lifez*, ferme.

Page 703, col. 2, lig. 44 & 45. On arrêtoit denrées ; *lifez*, les denrées.

Page 431, col. 2, lignes 52 & 53. M. de Forbonnail ; *lifez*, de Forbonnais.

Page 732, col. 1, lig. 20. A fuccefleurs, *lifez*, à leurs fuccefleurs.

Page 733, col. 1, lig. 38. Il eft recordé ; *lifez*, il eft accordé.

Page 735, col. 2, dernière ligne. De fes provinces ; *lifez*, de ces provinces.

Page 736, col. 1, lig. anté-penultième. Que deux demi ; *lifez*, deux & demi.

Page 737, col. 2, lig. 32. En cer endroit ; *lifez*, en cet endroit.

Page 743, col. 2, lig. 19 & 20. En billits ; *lifez*, en billets.

Page 745, col. 2, lig. 4. Edits du mois ; *lifez*, des mois.

Page 748, col. 2, lig. première. Les droit modératifs ; *lifez*, le droit modératif.

Page 751, col. 2, lig. 34. Ne les aient pas ; *lifez*, ne les aie pas.

Page 757, col. 2, lig. 52. Dit à cet objet ; *lifez*, à ce fujet.

Page 760, tableau des fix années du bail d'Alaterre.

Troifième colonne, quatrième ligne de chiffres. 1,554,080 quintaux 31 l. ; *lifez*, 1,054,080 quintaux 31 l.

Même colonne, cinquième ligne de chiffres. 2,428,841 quintaux 67 l. ; *lifez*, 1,928,841 quintaux 67 liv.

Même col. fixième lig. 404,807 quintaux 10 liv. ; *lifez*, 321,473 quintaux 67 liv.

Quatrième colonne, total des fix années. 12,135,341 liv. ; *lifez*, 12,135,331 livres.

Cinquième col., total de la feconde accolade. 3,060,321 livres ; *lifez*, 3,064,321 livres.

Même col., ligne fuivante. 6,698,336 livres ; *lifez*, 6,702,336 livres.

Même colonne, lig. fuivante. 1,116,389 l. ; *lifez*, 1,117,056 livres.

Sixième colonne, quatrième ligne de chiffres. 1,517,145 livres ; *lifez*, 1,513,145 livres.

Même colonne, total de la feconde accolade. 4,233,676 livres ; *lifez*, 4,222,976 livres.

Même colonne, lig. fuivante. 5,436,905 livres ; *lifez*, 5,432,795 livres.

Même colonne, lig. fuivante. 906,166 livres ; *lifez*, 905,499 livres.

Même page 760. Tableau des trois années du bail de David.

Seconde col. de chiffres. Total des trois premières années. 1,336,787 quintaux 87 l. ; *lifez* 1,336,728 quint. 87 l.

Même col., lig. fuivante. 445,576 quintaux ; *lifez*, 445,576 quintaux 29 livres.

Troifième col., addition de la première accolade. 3,303,941 livres ; *lifez*, 3,030,941 livres.

Même col., addition de la feconde accolade. 3,865,201 livres ; *lifez*, 3,868,201 livres.

Même col. Total. 6,899,142 livres ; *lifez*, 6,869,142 livres.

Même colonne. Année commune. 2,299,714 livres ; *lifez*, 2,289,714 livres.

Cinquième col., première lig. de la première accolade. 473,781 l. ; *lifez*, 443,581 livres.

Même col., addition de la première accolade. 907,834 livres ; *lifez*, 877,834 livres.

Même colonne, addition de la feconde accolade. 2,205,667 livres ; *lifez*, 2,205,167 livres.

Même colonne. Total des trois années. 3,113,501 livres ; *lifez*, 3,083,001 liv.

Même colonne. Année commune. 1,037,667 livres ; *lifez*, 1,027,667 liv.

Même page 760, avant-dernière ligne. 906,166 livres ; *lifez*, 905,499 livres.

Idem, dernière ligne. 1,037,667 livres ; *lifez*, 1,027,667 livres.

Page 762, col. 1, lig. 47. L'article VII du titre de l'ordonnance ; *lifez*, du titre VI de, &c.

Id. col. 2, lig. 11. Et 17 octobre ; *lifez*, & 17 octobre.

Page 763, col. 1, lig. 14. 31 mars ; *lifez* 31 mai.

Id. id. ligne 15. Et 25 mai 1726 ; *lifez*, & 18 mai.

Page 763, colonne 1, ligne 42. Ce règlement de 1719 ; *lisez*, de 1724.

    Id. id. id. Porte ; *lisez*, ordonne.

    Id. id. lig. 43 & 44. Que conformément aux arrêts & lettres-patentes de 1719, les maires ; *lisez*, l'exécution des arrêt & lettres-patentes de 1719, suivant lesquels les maires, &c.

    Id. id. lig. 47. Seront condamnés ; *lisez*, doivent être condamnés.

    Id. col. 2, lig. 38. Qui les compose ; *lisez*, qui les composent.

Page 764, col. 1, lig. 48. Statue ; *lisez*, a statué.

Page 765, col. 2, lig. 34. L'article IV ; *lisez*, l'article V.

Page 766, col. 2, lig. 32. Du 18 décembre ; *lisez*, du 13.

Page 767, col. 2, lig. 38. Du 9 avril ; *lisez*, du 19.

Page 768, avant-dernière ligne. Et 4 août ; *lisez*, 4 avril.

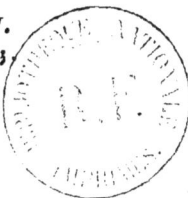